JN112085

司法書士試験
六法
2025

はしがき

本書は、司法書士試験に合格するために必要となる法令を厳選し、収録した司法書士試験六法です。

司法書士試験対策において、六法は欠かせない存在です。しかし、市販されている六法の多くは、司法書士試験の試験範囲外の法令も多く収録されていることから、学習する際に条文の検索がしづらい、書籍に厚みがあり携帯しづらい、といった不便さを感じることが少なくありません。そこで、本書は、学習をする上で必要となる法令を、過去の本試験問題から厳選し収録することにより、条文の検索をしやすく、かつ、コンパクトにしました。

また、条文の掲載の形式を１ページ２分割の横書きとし、算用数字表記とすることで読みづらさを軽減しています。

そして、試験対策における重要条文を**第◎条**のように強調し、条文内のかっこ書きは文字を小さく、かつグレーのアミ掛け表示とすることにより、読み飛ばせるように工夫しました。これにより、本書は条文に苦手意識を持つ受験生や初学者の方でも、六法でありながらテキストのように読みやすいものとなっています。なお、かっこ書の内容は本試験で出題されたこともありますので、学習が進み、ある程度理解できましたら、目を通すことをお勧めします。

さらに、会社法については、受験生からの条文が読みにくい等の声を受け、「第34条第１項＜発起人の出資の履行＞」のように、本文中に引用されている条文の直後に＜＞で内容の要約を掲載しました。これにより、引用元の条文内容を確認する手間を省き、スムーズな会社法の理解に役立つ形になっています。

また、民事訴訟法については、民事訴訟法等の一部を改正する法律（公布の日（令和４年５月25日）から起算して４年を超えない範囲内において政令で定める日から施行）に対応した条文を、民事訴訟法の末尾にまとめて掲載しています。対象の条文については、条文番号の頭に＊を付けていますので、改正法の施行後は末尾の条文をご確認ください。

皆様が本書を活用して、合格を勝ち取られますよう、心よりお祈り申し上げます。

令和６年６月吉日

株式会社　東京リーガルマインド
ＬＥＣ総合研究所　司法書士試験部

凡　例

（基準日）

本書は、令和６（2024）年４月１日までに公布された法令を対象とし、同日時点において、令和７（2025）年４月１日までに施行が確実とされる法令を、施行済みのものとして掲載しました。

（参照情報）

1　以下の法令は、令和６（2024）年４月１日時点のe-ＧＯＶ法令検索（https://www.e-gov.go.jp/）の情報を基に記載しています。なお、各法令の括弧内に記載している施行日は、e-ＧＯＶ法令検索における施行日選択欄の日付を記載したものになります。

・民法（明治二十九年法律第八十九号、施行日 令和六年四月一日）
・動産及び債権の譲渡の対抗要件に関する民法の特例等に関する法律（平成十年法律第百四号、施行日 令和四年四月一日）
・借地借家法（平成三年法律第九十号、施行日 令和五年六月十四日）
・建物の区分所有等に関する法律（昭和三十七年法律第六十九号、施行日 令和五年四月一日）
・利息制限法（昭和二十九年法律第百号、施行日 平成二十七年八月一日）
・不動産登記法（平成十六年法律第百二十三号、施行日 令和六年四月一日）
・不動産登記令（平成十六年政令第三百七十九号、施行日 令和六年四月一日）
・不動産登記規則（平成十七年法務省令第十八号、施行日 令和六年四月一日）
・登録免許税法（昭和四十二年法律第三十五号、施行日 令和七年四月一日）
・工場抵当法（明治三十八年法律第五十四号、施行日 令和四年六月十七日）
・抵当証券法（昭和六年法律第十五号、施行日 令和五年四月一日）
・仮登記担保契約に関する法律（昭和五十三年法律第七十八号、施行日 平成二十七年八月一日）
・農地法（昭和二十七年法律第二百二十九号、施行日 令和五年四月一日）
・信託法（平成十八年法律第百八号、施行日 令和五年六月十四日）
・会社法（平成十七年法律第八十六号、施行日 令和五年六月十四日）
・会社法の施行に伴う関係法律の整備等に関する法律　抄（平成十七年法律第八十七号、施行日 令和四年九月一日）
・会社法施行規則（平成十八年法務省令第十二号、施行日 令和六年四月一日）
・会社計算規則（平成十八年法務省令第十三号、施行日 令和六年四月一日）
・商法　（明治三十二年法律第四十八号、施行日 令和二年四月一日）
・一般社団法人及び一般財団法人に関する法律（平成十八年法律第四十八号、施行日 令和五年六月十四日）
・公益社団法人及び公益財団法人の認定等に関する法律（平成十八年法律第四十九号、施行日 令和四年九月一日）
・商業登記法（昭和三十八年法律第百二十五号、施行日 令和五年六月十四日）

・商業登記規則（昭和三十九年法務省令第二十三号、施行日 令和五年六月十二日）
・組合等登記令（昭和三十九年政令第二十九号、施行日 令和四年十一月一日）
・民事訴訟法（平成八年法律第百九号、施行日 令和六年三月一日）
・民事執行法（昭和五十四年法律第四号、施行日 令和六年四月一日）
・民事保全法（平成元年法律第九十一号、施行日 令和六年三月一日）
・日本国憲法（昭和二十一年憲法、施行日 昭和二十二年五月三日）
・刑法（明治四十年法律第四十五号、施行日 令和五年七月十三日）
・供託法（明治三十二年法律第十五号、施行日 平成二十八年四月一日）
・供託規則（昭和三十四年法務省令第二号、施行日 令和五年九月十八日）
・滞納処分と強制執行等との手続の調整に関する法律（昭和三十二年法律第九十四号、施行日 令和五年六月十四日）
・司法書士法（昭和二十五年法律第百九十七号、施行日 令和五年六月十四日）
・司法書士法施行令（昭和五十三年政令第三百七十九号、施行日 令和三年七月十五日）
・司法書士法施行規則（昭和五十三年法務省令第五十五号、施行日 令和五年三月三十一日）

2　以下の法令は、令和6（2024）年4月1日時点の最高裁判所規則（https://www.courts.go.jp/index.html）の情報を基に記載しています。
・民事訴訟規則（平成八年十二月十七日最高裁判所規則第五号、施行日 令和六年三月一日）
・民事執行規則（昭和五十四年十一月八日最高裁判所規則第五号、施行日 令和六年三月一日）
・民事保全規則（平成二年五月十六日最高裁判所規則第三号、施行日 令和六年三月一日）

3　以下の法令は、令和6（2024）年4月1日時点の法務省 不動産登記関係の主な通達等（https://www.moj.go.jp/MINJI/minji05_00465.html）の情報を基に記載しています。
・不動産登記事務取扱手続準則（平成17年2月25日付け法務省民二第456号法務省民事局長通達、施行日 令和6年4月1日）

4　各法令の附則は、記載を省略しました。

【巻頭特集①】

六法の使い方

ＬＥＣ東京リーガルマインド専任講師　**根本 正次**

1　初めて学習をする方へ

(1)　六法は、覚えるものではなく、理解するための道具

初めて法律を勉強する方の中には、「条文を見ないで言えるように、覚えなければいけない」と思う方もいるでしょう（自分が勉強を始めたときはそう思っていました）。

ただ、実際には条文の一言一句を覚えていなくても、条文をスラスラ言えるようにならなくても、問題は解けますし、合格できます。

条文は、法律を理解するためのツールなのです。

テキストを読むだけでなく、条文で確認することによって、「条文にこういう記載があるから、こういう意味なんだな」とルールがわかってきます。単にテキストを読むより、条文を使うことによって、深い理解ができるようになるのです。

司法書士試験の学習では、六法は理解のための道具として使っていきましょう。

(2)　条文を読んだら要約しよう

はじめのうちは、条文の言葉一つ一つを意識しすぎないことが重要です。細かいところばかり見ると、木を見て森を見ず、という状態になりかねません（たとえば、会社法という法律を見てください。相当細かく書いてあります）。

初学者の方にお勧めしたいのは、条文を読むたびに、「この条文は、どういうことを言いたい条文なんだろう」と要約する作業です。

細かい言葉にこだわらずに、「未成年者は取消しができるのか」「催告をして無視されたら追認拒絶になるのか」といった要約（ざっくりとした理解）をしていきましょう。

(3)　すべての条文を読むものではない

１条から一つ一つ読むのではなく、テキストや問題集で、出てきた条文だけを読んでいくことを勧めます。

民法に規定があっても、一度も試験に出たことがない条文は非常に多くあります。

効率的な学習をするには、テキストや問題集で出てきたものだけを読むようにしましょう。

そして、読んだ条文には、条文の番号に、蛍光ペン等を塗ることをお勧めします。どの条文が出題され、どの条文が出題されないかを一目でわかるようにするためです。

2　学習経験者の方へ（本試験受験経験がある方へ）

(1)　六法を読み込みで使うのか、知識の確認作業で使うのか

学習経験者の方の六法を使った学習法には、二つあると考えています。

一つは、六法を頭から読むことによって、知識を増やしていくという学習方法です。

もう一つは、テキストや問題集に載っている知識を六法で確認し、その確認作業を通して、知識につなげるという方法です。

どちらがいいのかは一概にはいえず、人によって向き不向きがあります。両方試してみるといいでしょう。

(2) 六法を読み込みで使う方へのアドバイス

まず、テキストや問題集に掲載されている条文番号に蛍光ペンを塗っていきましょう。

それによって、どの条文は読んでどの条文は読まないのかのメリハリをつけることが必要です。

すべての条文が試験で出題されるわけではありません。そのためすべての条文を読むことはお勧めできません。

蛍光ペンで塗ったことのある条文のみ、読み込むようにしましょう。

(3) 六法を知識の確認作業で使う方へのアドバイス

知識の確認作業として使う場合、問題演習のときが効率的です。問題演習をして、間違えた問題が出たときに、六法を引いて、間違えた箇所にマークをしていきましょう。

具体的な例を出していきます。

> 【問題】会社法上の公開会社における募集株式の発行において、会社は、取締役会の決議によって募集事項を定めた場合（株主に株式の割当てを受ける権利を与える場合を除く。）には、募集事項において定められた払込期日の２週間前までに、当該募集事項を公告し、かつ、株主に対し、各別にこれを通知しなければならない。〔25-28-ア〕

通知又は公告をすればいいため、この問題は×になります。

もし、この問題を間違えたら、会社法 201 条の 4 項を引いて「公告をもってこれに代えることができる」のところをマークしましょう。

このように、問題で間違えた部分が出たら、そこを条文で確認し、特にポイントになるところにマークをしていくのです。

ポイントになるところにマークをすることによって、その知識を確認し、記憶へつなげることができます。

この学習法、メリットは他にもあります。

「間違えた部分に色を付けていく」という作業を重ねていくと、六法を見るだけで、自分に足りない知識が一目でわかるようになります。

これにより、条文のどの部分を意識して読めばいいのかがわかるようになり、効率的な読み込みが可能になるのです。

この作業は、問題を解く過程だけでなく、どうしても覚えられない部分の暗記作業にも使えます。覚えなければいけない表があって、一部分がどうしても覚えられない（又はすぐに抜けてしまう）ことがあったら、その部分を条文で確認し、色を付けていくのです。

問題を通して色を付ける、暗記作業を通して色を付ける。

これをやっていくと、六法が自分の弱点をまとめたノートへと変貌していきます。

ぜひ試してみてください。

【巻頭特集②】
近年の主な改正法と本試験

ＬＥＣ東京リーガルマインド専任講師　**佐々木ひろみ**

1　近年の主な改正法

⑴　概要

Ⅰ　令和４年民法改正（親族法）

令和４年12月16日に懲戒権の削除、嫡出推定規定の見直し、女性の再婚禁止期間の廃止及び嫡出否認制度の見直しについて定めた民法（親族法）の改正法（令和４年法律第102号）が公布されました。この改正法のうち、懲戒権の削除については、令和４年12月16日に施行され、令和５年度の司法書士試験から試験範囲となりました。その他の嫡出推定規定の見直し等については令和６年４月１日に施行されました。

Ⅱ　令和３年不動産登記法改正（相続登記申請の義務化・住所等変更登記申請の義務化等）

令和３年４月28日に所有者不明土地等に関する不動産登記法の改正法（令和３年法律第24号）が公布されました。この改正法は段階的に施行されることとなり、遺贈による所有権移転登記の簡略化等は令和５年４月１日に施行され、令和５年度の司法書士試験から試験範囲となりました。また、相続登記申請の義務化等については令和６年４月１日に施行されました。

なお、改正法の残部である住所等変更登記申請の義務化等は、令和８年４月１日に施行されることとなりました。

Ⅲ　令和４年民事訴訟法等改正（ＩＴ化関連）

令和４年５月25日に民事訴訟手続のＩＴ化関係について定めた民事訴訟法等の改正法（令和４年法律第48号）が公布されました。この改正法のうち、住所、氏名等の秘匿制度の創設については令和５年２月20日、ウェブ会議等を利用した弁論準備手続期日と和解期日の見直しは令和５年３月１日に施行され、いずれも令和５年度の司法書士試験から試験範囲となりました。また、ウェブ会議を利用した口頭弁論期日に参加することが可能となる仕組みの創設については、令和６年３月１日に施行されました。

なお、オンライン提出、訴訟記録の電子化、法定審理期間訴訟手続の創設などの改正法の残部は、令和８年５月24日までに施行されることとなっていますが、本稿作成時点では施行は未定となっています。

Ⅳ　令和４年・令和５年刑法改正（侮辱罪の厳罰化・性犯罪関係等）

令和４年６月17日に侮辱罪の厳罰化、拘禁刑の創設等について定めた刑法の改正法（令和４年法律第67号）が公布され、侮辱罪の厳罰化等については令和４年７月７日に施行され、令和５年度の司法書士試験から試験範囲となりました。また、令和５年６月23日に性犯罪関係に関する刑法の改正法（令和５年法律第66号）が公布され、令和５年７月13日から施行されました。

なお、拘禁刑の創設についての改正法は令和７年６月１日に施行されることとなりました。

⑵　本試験への影響

改正法の多くは令和７（2025）年度司法書士試験の基準日となる令和７年４月１日までに施行されているため、令和７年度の本試験においては改正法に基づいた論点の出題が予想されます。そのため、令和７年度司法書士試験合格を目指す受験生の方は、これらの改正法の学習が必須となることでしょう。また、施行日未定の民事訴訟法等の改正法については、施行の確定に注意が必要です。施行日が令和７年４月１日までの日とされた場合には、令和７年度司法書士試験での出題可能性がありますので、今後発出される情報に注意しましょう。

以下本稿では、本試験へ影響がある改正点を簡単に説明します。

2　令和6（2024）年度から試験範囲となる改正点

⑴　民法（親族法）

再婚禁止期間の廃止（現民法733条の削除等）、嫡出推定規定の見直し（民法772条）、嫡出否認制度の見直しによる否認権者の拡大（民法774条）及び出訴期間の伸長（民法777条・778条の２）、認知無効の訴えの規律の見直しによる提訴権者の制限（民法786条）及び出訴期間の制限（同条）などが改正点となります。

⑵　不動産登記法（相続登記申請の義務化）

法人・外国居住者の所有権の登記事項の追加（不登法73条の２）、相続登記申請の義務化（不登法76条の２）、この義務を懈怠した者に対する罰則の制定（不登法164条）、相続登記申請の義務の簡易な履行手段として相続人申告登記制度の導入（不登法76条の３）、ＤＶ被害者等の保護のための登記事項証明書等の記載事項の特例の制定（不登法119条６項）が改正点となります。

⑶　民事訴訟法改正（ＩＴ化関連）

ウェブ会議を利用した口頭弁論期日に参加することが可能となる仕組みの創設（民訴法87条の２）は、令和６年３月１日に施行され、令和６年度司法書士試験から試験範囲となることが予想されます。また、オンライン提出、訴訟記録の電子化、法定審理期間訴訟手続の創設などの改正法の残部は、令和８年５月24日までに施行されることとなっていますので、施行日次第では令和６年度・令和７年度司法書士試験の試験範囲となる可能性があります。今後の情報の発出に注意しましょう。

⑷　刑法改正（性犯罪関係等）

不同意性交等罪・不同意わいせつ罪への変更（刑法176条・177条等）、16歳未満の者に対する面会要求等の罪の創設（刑法182条）が改正点となります。

目　次

民法

明治29年法律第89号
最終改正　令和５年法律第53号

目次

第1編　総則

第1章　通則

（基本原則）
第1条　私権は、公共の福祉に適合しなければならない。
2　権利の行使及び義務の履行は、信義に従い誠実に行わなければならない。
3　権利の濫用は、これを許さない。

（解釈の基準）
第2条　この法律は、個人の尊厳と両性の本質的平等を旨として、解釈しなければならない。

第2章　人

第1節　権利能力

第3条　私権の享有は、出生に始まる。
2　外国人は、法令又は条約の規定により禁止される場合を除き、私権を享有する。

第2節　意思能力

第3条の2　法律行為の当事者が意思表示をした時に意思能力を有しなかったときは、その法律行為は、無効とする。

第3節　行為能力

（成年）
第4条　年齢18歳をもって、成年とする。

（未成年者の法律行為）
第5条　未成年者が法律行為をするには、その法定代理人の同意を得なければならない。ただし、単に権利を得、又は義務を免れる法律行為については、この限りでない。
2　前項の規定に反する法律行為は、取り消すことができる。
3　第1項の規定にかかわらず、法定代理人が目的を定めて処分を許した財産は、その目的の範囲内において、未成年者が自由に処分することができる。目的を定めないで処分を許した財産を処分するときも、同様とする。

（未成年者の営業の許可）
第6条　一種又は数種の営業を許された未成年者は、その営業に関しては、成年者と同一の行為能力を有する。
2　前項の場合において、未成年者がその営業に堪えることができない事由があるときは、その法定代理人は、第4編（親族）の規定に従い、その許可を取り消し、又はこれを制限することができる。

（後見開始の審判）
第7条　精神上の障害により事理を弁識する能力を欠く常況にある者については、家庭裁判所は、本人、配偶者、4親等内の親族、未成年後見人、未成年後見監督人、保佐人、保佐監督人、補助人、補助監督人又は検察官の請求により、後見開始の審判をすることができる。

（成年被後見人及び成年後見人）
第8条　後見開始の審判を受けた者は、成年被後見人とし、これに成年後見人を付する。

（成年被後見人の法律行為）
第9条　成年被後見人の法律行為は、取り消すことができる。ただし、日用品の購入その他日常生活に関する行為については、この限りでない。

（後見開始の審判の取消し）

第10条　第7条に規定する原因が消滅したときは、家庭裁判所は、本人、配偶者、4親等内の親族、後見人（未成年後見人及び成年後見人をいう。以下同じ。）、後見監督人（未成年後見監督人及び成年後見監督人をいう。以下同じ。）又は検察官の請求により、後見開始の審判を取り消さなければならない。

（保佐開始の審判）

第11条　精神上の障害により事理を弁識する能力が著しく不十分である者については、家庭裁判所は、本人、配偶者、4親等内の親族、後見人、後見監督人、補助人、補助監督人又は検察官の請求により、保佐開始の審判をすることができる。ただし、第7条に規定する原因がある者については、この限りでない。

（被保佐人及び保佐人）

第12条　保佐開始の審判を受けた者は、被保佐人とし、これに保佐人を付する。

（保佐人の同意を要する行為等）

第13条　被保佐人が次に掲げる行為をするには、その保佐人の同意を得なければならない。ただし、第9条ただし書に規定する行為については、この限りでない。

一　元本を領収し、又は利用すること。

二　借財又は保証をすること。

三　不動産その他重要な財産に関する権利の得喪を目的とする行為をすること。

四　訴訟行為をすること。

五　贈与、和解又は仲裁合意（仲裁法（平成15年法律第138号）第2条第1項に規定する仲裁合意をいう。）をすること。

六　相続の承認若しくは放棄又は遺産の分割をすること。

七　贈与の申込みを拒絶し、遺贈を放棄し、負担付贈与の申込みを承諾し、又は負担付遺贈を承認すること。

八　新築、改築、増築又は大修繕をすること。

九　第602条に定める期間を超える賃貸借をすること。

十　前各号に掲げる行為を制限行為能力者（未成年者、成年被後見人、被保佐人及び第17条第1項の審判を受けた被補助人をいう。以下同じ。）の法定代理人としてすること。

2　家庭裁判所は、第11条本文に規定する者又は保佐人若しくは保佐監督人の請求により、被保佐人が前項各号に掲げる行為以外の行為をする場合であってもその保佐人の同意を得なければならない旨の審判をすることができる。ただし、第9条ただし書に規定する行為については、この限りでない。

3　保佐人の同意を得なければならない行為について、保佐人が被保佐人の利益を害するおそれがないにもかかわらず同意をしないときは、家庭裁判所は、被保佐人の請求により、保佐人の同意に代わる許可を与えることができる。

4　保佐人の同意を得なければならない行為であって、その同意又はこれに代わる許可を得ないでしたものは、取り消すことができる。

（保佐開始の審判等の取消し）

第14条　第11条本文に規定する原因が消滅したときは、家庭裁判所は、本人、配偶者、4親等内の親族、未成年後見人、未成年後見監督人、保佐人、保佐監督人又は検察官の請求により、保佐開始の審判を取り消さなければならない。

2　家庭裁判所は、前項に規定する者の請求により、前条第2項の審判の全部又は一部を取り消すことができる。

（補助開始の審判）

第15条　精神上の障害により事理を弁識する能力が不十分である者については、家庭裁判所は、本人、配偶者、4親等内の親族、後見人、後見監督人、保佐人、保佐監督人又は検察官の請求により、補助開始の審判をすることができる。ただし、第7条又は第11条本文に規定する原因がある者については、この限りでない。

2　本人以外の者の請求により補助開始の審判をするには、本人の同意がなければならない。

3　補助開始の審判は、第17条第1項の審判又は第876条の9第1項の審判とともにしなければならない。

（被補助人及び補助人）

第16条　補助開始の審判を受けた者は、被補助人とし、これに補助人を付する。

（補助人の同意を要する旨の審判等）

第17条　家庭裁判所は、第15条第1項本文に規定する者又は補助人若しくは補助監督人の請求により、被補助人が特定の法律行為をするにはその補助人の同意を得なければならない旨の審判をすることができる。ただし、その審判によりその同意を得なければならないものとすることができる行為は、第13条第1項に規定する行為の一部に限る。

2　本人以外の者の請求により前項の審判をするには、本人の同意がなければならない。

3　補助人の同意を得なければならない行為について、補助人が被補助人の利益を害するおそれがないにもかかわらず同意をしないときは、家庭裁判所は、被補助人の請求により、補助人の同意に代わる許可を与えることができる。

4　補助人の同意を得なければならない行為であって、その同意又はこれに代わる許可を得ないでしたものは、取り消すことができる。

（補助開始の審判等の取消し）

第18条　第15条第１項本文に規定する原因が消滅したときは、家庭裁判所は、本人、配偶者、４親等内の親族、未成年後見人、未成年後見監督人、補助人、補助監督人又は検察官の請求により、補助開始の審判を取り消さなければならない。

2　家庭裁判所は、前項に規定する者の請求により、前条第１項の審判の全部又は一部を取り消すことができる。

3　前条第１項の審判及び第876条の９第１項の審判をすべて取り消す場合には、家庭裁判所は、補助開始の審判を取り消さなければならない。

（審判相互の関係）

第19条　後見開始の審判をする場合において、本人が被保佐人又は被補助人であるときは、家庭裁判所は、その本人に係る保佐開始又は補助開始の審判を取り消さなければならない。

2　前項の規定は、保佐開始の審判をする場合において本人が成年被後見人若しくは被補助人であるとき、又は補助開始の審判をする場合において本人が成年被後見人若しくは被保佐人であるときについて準用する。

（制限行為能力者の相手方の催告権）

第20条　制限行為能力者の相手方は、その制限行為能力者が行為能力者（行為能力の制限を受けない者をいう。以下同じ。）となった後、その者に対し、１箇月以上の期間を定めて、その期間内にその取り消すことができる行為を追認するかどうかを確答すべき旨の催告をすることができる。この場合において、その者がその期間内に確答を発しないときは、その行為を追認したものとみなす。

2　制限行為能力者の相手方が、制限行為能力者が行為能力者とならない間に、その法定代理人、保佐人又は補助人に対し、その権限内の行為について前項に規定する催告をした場合において、これらの者が同項の期間内に確答を発しないときも、同項後段と同様とする。

3　特別の方式を要する行為については、前２項の期間内にその方式を具備した旨の通知を発しないときは、その行為を取り消したものとみなす。

4　制限行為能力者の相手方は、被保佐人又は第17条第１項の審判を受けた被補助人に対しては、第１項の期間内にその保佐人又は補助人の追認を得るべき旨の催告をすることができる。この場合において、その被保佐人又は被補助人がその期間内にその追認を得た旨の通知を発しないときは、その行為を取り消したものとみなす。

（制限行為能力者の詐術）

第21条　制限行為能力者が行為能力者であることを信じさせるため詐術を用いたときは、その行為を取り消すことができない。

第４節　住所

（住所）

第22条　各人の生活の本拠をその者の住所とする。

（居所）

第23条　住所が知れない場合には、居所を住所とみなす。

2　日本に住所を有しない者は、その者が日本人又は外国人のいずれであるかを問わず、日本における居所をその者の住所とみなす。ただし、準拠法を定める法律に従いその者の住所地法によるべき場合は、この限りでない。

（仮住所）

第24条　ある行為について仮住所を選定したときは、その行為に関しては、その仮住所を住所とみなす。

第５節　不在者の財産の管理及び失踪の宣告

（不在者の財産の管理）

第25条　従来の住所又は居所を去った者（以下「不在者」という。）がその財産の管理人（以下この節において単に「管理人」という。）を置かなかったときは、家庭裁判所は、利害関係人又は検察官の請求により、その財産の管理について必要な処分を命ずることができる。本人の不在中に管理人の権限が消滅したときも、同様とする。

2　前項の規定による命令後、本人が管理人を置いたときは、家庭裁判所は、その管理人、利害関係人又は検察官の請求により、その命令を取り消さなければならない。

（管理人の改任）

第26条　不在者が管理人を置いた場合において、その不在者の生死が明らかでないときは、家庭裁判所は、利害関係人又は検察官の請求により、管理人を改任することができる。

（管理人の職務）

第27条　前２条の規定により家庭裁判所が選任した管理人は、その管理すべき財産の目録を作成しなければならない。この場合において、その費用は、不在者の財産の中から支弁する。

2　不在者の生死が明らかでない場合において、利害関係人又は検察官の請求があるときは、家庭裁判所は、不在者が置いた管理人にも、前項の目録の作成を命ずることができる。

3　前２項に定めるもののほか、家庭裁判所は、管理人に対し、不在者の財産の保存に必要と認める処分を命ずることができる。

（管理人の権限）

第28条　管理人は、第103条に規定する権限を超える行為を必要とするときは、家庭裁判所の許可を得て、その行為をすることができる。不在者の生死が明らかでない場合において、その管理人が不在者が定めた権限を超える行為を必要とするときも、同様とする。

（管理人の担保提供及び報酬）

第29条　家庭裁判所は、管理人に財産の管理及び返還について相当の担保を立てさせることができる。

2　家庭裁判所は、管理人と不在者との関係その他の事情により、不在者の財産の中から、相当な報酬を管理人に与えることができる。

（失踪の宣告）

第30条　不在者の生死が７年間明らかでないときは、家庭裁判所は、利害関係人の請求により、失踪の宣告をすることができる。

2　戦地に臨んだ者、沈没した船舶の中に在った者その他死亡の原因となるべき危難に遭遇した者の生死が、それぞれ、戦争が止んだ後、船舶が沈没した後又はその他の危難が去った後１年間明らかでないときも、前項と同様とする。

（失踪の宣告の効力）

第31条　前条第１項の規定により失踪の宣告を受けた者は同項の期間が満了した時に、同条第２項の規定により失踪の宣告を受けた者はその危難が去った時に、死亡したものとみなす。

（失踪の宣告の取消し）

第32条　失踪者が生存すること又は前条に規定する時と異なる時に死亡したことの証明があったときは、家庭裁判所は、本人又は利害関係人の請求により、失踪の宣告を取り消さなければならない。この場合において、その取消しは、失踪の宣告後その取消し前に善意でした行為の効力に影響を及ぼさない。

2　失踪の宣告によって財産を得た者は、その取消しによって権利を失う。ただし、現に利益を受けている限度においてのみ、その財産を返還する義務を負う。

第６節　同時死亡の推定

第32条の２　数人の者が死亡した場合において、そのうちの一人が他の者の死亡後になお生存していたことが明らかでないときは、これらの者は、同時に死亡したものと推定する。

第３章　法人

（法人の成立等）

第33条　法人は、この法律その他の法律の規定によらなければ、成立しない。

2　学術、技芸、慈善、祭祀、宗教その他の公益を目的とする法人、営利事業を営むことを目的とする法人その他の法人の設立、組織、運営及び管理については、この法律その他の法律の定めるところによる。

（法人の能力）

第34条　法人は、法令の規定に従い、定款その他の基本約款で定められた目的の範囲内において、権利を有し、義務を負う。

（外国法人）

第35条　外国法人は、国、国の行政区画及び外国会社を除き、その成立を認許しない。ただし、法律又は条約の規定により認許された外国法人は、この限りでない。

2　前項の規定により認許された外国法人は、日本において成立する同種の法人と同一の私権を有する。ただし、外国人が享有することのできない権利及び法律又は条約中に特別の規定がある権利については、この限りでない。

（登記）

第36条　法人及び外国法人は、この法律その他の法令の定めるところにより、登記をするものとする。

（外国法人の登記）

第37条　外国法人（第35条第１項ただし書に規定する外国法人に限る。以下この条において同じ。）が日本に事務所を設けたときは、３週間以内に、その事務所の所在地において、次に掲げる事項を登記しなければならない。

一　外国法人の設立の準拠法

二　目的

三　名称

四　事務所の所在場所

五　存続期間を定めたときは、その定め

六　代表者の氏名及び住所

2　前項各号に掲げる事項に変更を生じたときは、３週間以内に、変更の登記をしなければならない。この場合において、登記前にあっては、その変更をもって第三者に対抗することができない。

3　代表者の職務の執行を停止し、若しくはその職務を代行する者を選任する仮処分命令又はその仮処分命令を変更し、若しくは取り消す決定がされたときは、その登記をしなければならない。この場合においては、前項後段の規定を準用する。

4　前２項の規定により登記すべき事項が外国において生じたときは、登記の期間は、その通知が到達した日から起算する。

5　外国法人が初めて日本に事務所を設けたときは、その事務所の所在地において登記するまでは、第三者は、その法人の成立を否認することができる。

6　外国法人が事務所を移転したときは、旧所在地においては３週間以内に移転の登記をし、新所在地においては４週間以内に第１項各号に掲げる事項を登記しなければならない。

7　同一の登記所の管轄区域内において事務所を移転したときは、その移転を登記すれば足りる。

8　外国法人の代表者が、この条に規定する登記を怠ったときは、50万円以下の過料に処する。

第38条～第84条　削除

第４章　物

（定義）

第85条　この法律において「物」とは、有体物をいう。

（不動産及び動産）

第86条　土地及びその定着物は、不動産とする。

2　不動産以外の物は、すべて動産とする。

（主物及び従物）

第87条　物の所有者が、その物の常用に供するため、自己の所有に属する他の物をこれに附属させたときは、その附属させた物を従物とする。

2　従物は、主物の処分に従う。

（天然果実及び法定果実）

第88条　物の用法に従い収取する産出物を天然果実とする。

2　物の使用の対価として受けるべき金銭その他の物を法定果実とする。

（果実の帰属）

第89条　天然果実は、その元物から分離する時に、これを収取する権利を有する者に帰属する。

2　法定果実は、これを収取する権利の存続期間に応じて、日割計算によりこれを取得する。

第５章　法律行為

第１節　総則

（公序良俗）

第90条　公の秩序又は善良の風俗に反する法律行為は、無効とする。

（任意規定と異なる意思表示）

第91条　法律行為の当事者が法令中の公の秩序に関しない規定と異なる意思を表示したときは、その意思に従う。

（任意規定と異なる慣習）

第92条　法令中の公の秩序に関しない規定と異なる慣習がある場合において、法律行為の当事者がその慣習による意思を有しているものと認められるときは、その慣習に従う。

第２節　意思表示

（心裡留保）

第93条　意思表示は、表意者がその真意ではないことを知ってしたときであっても、そのためにその効力を妨げられない。ただし、相手方がその意思表示が表意者の真意ではないことを知り、又は知ることができたときは、その意思表示は、無効とする。

2　前項ただし書の規定による意思表示の無効は、善意の第三者に対抗することができない。

（虚偽表示）

第94条　相手方と通じてした虚偽の意思表示は、無効とする。

2　前項の規定による意思表示の無効は、善意の第三者に対抗することができない。

（錯誤）

第95条　意思表示は、次に掲げる錯誤に基づくものであって、その錯誤が法律行為の目的及び取引上の社会通念に照らして重要なものであるときは、取り消すことができる。

一　意思表示に対応する意思を欠く錯誤

二　表意者が法律行為の基礎とした事情についてのその認識が真実に反する錯誤

2　前項第2号の規定による意思表示の取消しは、その事情が法律行為の基礎とされていることが表示されていたときに限り、することができる。

3　錯誤が表意者の重大な過失によるものであった場合には、次に掲げる場合を除き、第1項の規定による意思表示の取消しをすることができない。

一　相手方が表意者に錯誤があることを知り、又は重大な過失によって知らなかったとき。

二　相手方が表意者と同一の錯誤に陥っていたとき。

4　第1項の規定による意思表示の取消しは、善意でかつ過失がない第三者に対抗することができない。

（詐欺又は強迫）

第96条　詐欺又は強迫による意思表示は、取り消すことができる。

2　相手方に対する意思表示について第三者が詐欺を行った場合においては、相手方がその事実を知り、又は知ることができたときに限り、その意思表示を取り消すことができる。

3　前2項の規定による詐欺による意思表示の取消しは、善意でかつ過失がない第三者に対抗することができない。

（意思表示の効力発生時期等）

第97条　意思表示は、その通知が相手方に到達した時からその効力を生ずる。

2　相手方が正当な理由なく意思表示の通知が到達することを妨げたときは、その通知は、通常到達すべきであった時に到達したものとみなす。

3　意思表示は、表意者が通知を発した後に死亡し、意思能力を喪失し、又は行為能力の制限を受けたときであっても、そのためにその効力を妨げられない。

（公示による意思表示）

第98条　意思表示は、表意者が相手方を知ることができず、又はその所在を知ることができないときは、公示の方法によってすることができる。

2　前項の公示は、公示送達に関する民事訴訟法（平成8年法律第109号）の規定に従い、裁判所の掲示場に掲示し、かつ、その掲示があったことを官報に少なくとも1回掲載して行う。ただし、裁判所は、相当と認めるときは、官報への掲載に代えて、市役所、区役所、町村役場又はこれらに準ずる施設の掲示場に掲示すべきことを命ずることができる。

3　公示による意思表示は、最後に官報に掲載した日又はその掲載に代わる掲示を始めた日から2週間を経過した時に、相手方に到達したものとみなす。ただし、表意者が相手方を知らないこと又はその所在を知らないことについて過失があったときは、到達の効力を生じない。

4　公示に関する手続は、相手方を知ることができない場合には表意者の住所地の、相手方の所在を知ることができない場合には相手方の最後の住所地の簡易裁判所の管轄に属する。

5　裁判所は、表意者に、公示に関する費用を予納させなければならない。

（意思表示の受領能力）

第98条の2　意思表示の相手方がその意思表示を受けた時に意思能力を有しなかったとき又は未成年者若しくは成年被後見人であったときは、その意思表示をもってその相手方に対抗することができない。ただし、次に掲げる者がその意思表示を知った後は、この限りでない。

一　相手方の法定代理人

二　意思能力を回復し、又は行為能力者となった相手方

第3節　代理

（代理行為の要件及び効果）

第99条　代理人がその権限内において本人のためにすることを示してした意思表示は、本人に対して直接にその効力を生ずる。

2　前項の規定は、第三者が代理人に対してした意思表示について準用する。

（本人のためにすることを示さない意思表示）

第100条　代理人が本人のためにすることを示さないでした意思表示は、自己のためにしたものとみなす。ただし、相手方が、代理人が本人のためにすることを知り、又は知ることができたときは、前条第1項の規定を準用する。

（代理行為の瑕疵）

第101条　代理人が相手方に対してした意思表示の効力が意思の不存在、錯誤、詐欺、強迫又はある事情を知っていたこと若しくは知らなかったことにつき過失があったことによって影響を受けるべき場合には、その事実の有無は、代理人について決するものとする。

2　相手方が代理人に対してした意思表示の効力が意思表示を受けた者がある事情を知っていたこと又は知らなかったことにつき過失があったことによって影響を受けるべき場合には、その事実の有無は、代理人について決するものとする。

3　特定の法律行為をすることを委託された代理人がその行為をしたときは、本人は、自ら知っていた事情について代理人が知らなかったことを主張することができない。本人が過失によって知らなかった事情についても、同様とする。

（代理人の行為能力）

第102条　制限行為能力者が代理人としてした行為は、行為能力の制限によっては取り消すことができない。ただし、制限行為能力者が他の制限行為能力者の法定代理人としてした行為については、この限りでない。

（権限の定めのない代理人の権限）

第103条　権限の定めのない代理人は、次に掲げる行為のみをする権限を有する。

一　保存行為

二　代理の目的である物又は権利の性質を変えない範囲内において、その利用又は改良を目的とする行為

（任意代理人による復代理人の選任）

第104条　委任による代理人は、本人の許諾を得たとき、又はやむを得ない事由があるときでなければ、復代理人を選任することができない。

（法定代理人による復代理人の選任）

第105条　法定代理人は、自己の責任で復代理人を選任することができる。この場合において、やむを得ない事由があるときは、本人に対してその選任及び監督についての責任のみを負う。

（復代理人の権限等）

第106条　復代理人は、その権限内の行為について、本人を代表する。

2　復代理人は、本人及び第三者に対して、その権限の範囲内において、代理人と同一の権利を有し、義務を負う。

（代理権の濫用）

第107条　代理人が自己又は第三者の利益を図る目的で代理権の範囲内の行為をした場合において、相手方がその目的を知り、又は知ることができたときは、その行為は、代理権を有しない者がした行為とみなす。

（自己契約及び双方代理等）

第108条　同一の法律行為について、相手方の代理人として、又は当事者双方の代理人としてした行為は、代理権を有しない者がした行為とみなす。ただし、債務の履行及び本人があらかじめ許諾した行為については、この限りでない。

2　前項本文に規定するもののほか、代理人と本人との利益が相反する行為については、代理権を有しない者がした行為とみなす。ただし、本人があらかじめ許諾した行為については、この限りでない。

（代理権授与の表示による表見代理等）

第109条　第三者に対して他人に代理権を与えた旨を表示した者は、その代理権の範囲内においてその他人が第三者との間でした行為について、その責任を負う。ただし、第三者が、その他人が代理権を与えられていないことを知り、又は過失によって知らなかったときは、この限りでない。

2　第三者に対して他人に代理権を与えた旨を表示した者は、その代理権の範囲内においてその他人が第三者との間で行為をしたとすれば前項の規定によりその責任を負うべき場合において、その他人が第三者との間でその代理権の範囲外の行為をしたときは、第三者がその行為についてその他人の代理権があると信ずべき正当な理由があるときに限り、その行為についての責任を負う。

（権限外の行為の表見代理）

第110条　前条第1項本文の規定は、代理人が

その権限外の行為をした場合において、第三者が代理人の権限があると信ずべき正当な理由があるときについて準用する。

（代理権の消滅事由）

第111条　代理権は、次に掲げる事由によって消滅する。

一　本人の死亡

二　代理人の死亡又は代理人が破産手続開始の決定若しくは後見開始の審判を受けたこと。

2　委任による代理権は、前項各号に掲げる事由のほか、委任の終了によって消滅する。

（代理権消滅後の表見代理等）

第112条　他人に代理権を与えた者は、代理権の消滅後にその代理権の範囲内においてその他人が第三者との間でした行為について、代理権の消滅の事実を知らなかった第三者に対してその責任を負う。ただし、第三者が過失によってその事実を知らなかったときは、この限りでない。

2　他人に代理権を与えた者は、代理権の消滅後に、その代理権の範囲内においてその他人が第三者との間で行為をしたとすれば前項の規定によりその責任を負うべき場合において、その他人が第三者との間でその代理権の範囲外の行為をしたときは、第三者がその行為についてその他人の代理権があると信ずべき正当な理由があるときに限り、その行為についての責任を負う。

（無権代理）

第113条　代理権を有しない者が他人の代理人としてした契約は、本人がその追認をしなければ、本人に対してその効力を生じない。

2　追認又はその拒絶は、相手方に対してしなければ、その相手方に対抗することができない。ただし、相手方がその事実を知ったときは、この限りでない。

（無権代理の相手方の催告権）

第114条　前条の場合において、相手方は、本人に対し、相当の期間を定めて、その期間内に追認をするかどうかを確答すべき旨の催告をすることができる。この場合において、本人がその期間内に確答をしないときは、追認を拒絶したものとみなす。

（無権代理の相手方の取消権）

第115条　代理権を有しない者がした契約は、本人が追認をしない間は、相手方が取り消すことができる。ただし、契約の時において代理権を有しないことを相手方が知っていたときは、この限りでない。

（無権代理行為の追認）

第116条　追認は、別段の意思表示がないときは、契約の時にさかのぼってその効力を生ずる。ただし、第三者の権利を害することはできない。

（無権代理人の責任）

第117条　他人の代理人として契約をした者は、自己の代理権を証明したとき、又は本人の追認を得たときを除き、相手方の選択に従い、相手方に対して履行又は損害賠償の責任を負う。

2　前項の規定は、次に掲げる場合には、適用しない。

一　他人の代理人として契約をした者が代理権を有しないことを相手方が知っていたとき。

二　他人の代理人として契約をした者が代理権を有しないことを相手方が過失によって知らなかったとき。ただし、他人の代理人として契約をした者が自己に代理権がないことを知っていたときは、この限りでない。

三　他人の代理人として契約をした者が行為能力の制限を受けていたとき。

（単独行為の無権代理）

第118条　単独行為については、その行為の時において、相手方が、代理人と称する者が代理権を有しないで行為をすることに同意し、又はその代理権を争わなかったときに限り、第113条から前条までの規定を準用する。代理権を有しない者に対しその同意を得て単独行為をしたときも、同様とする。

第4節　無効及び取消し

（無効な行為の追認）

第119条　無効な行為は、追認によっても、その効力を生じない。ただし、当事者がその行為の無効であることを知って追認をしたときは、新たな行為をしたものとみなす。

（取消権者）

第120条　行為能力の制限によって取り消すことができる行為は、制限行為能力者（他の制限行為能力者の法定代理人としてした行為にあっては、当該他の制限行為能力者を含む。）又はその代理人、承継人若しくは同意をすることができる者に限り、取り消すことができる。

2　錯誤、詐欺又は強迫によって取り消すことができる行為は、瑕疵ある意思表示をした者又はその代理人若しくは承継人に限り、取り消すことができる。

（取消しの効果）

第121条　取り消された行為は、初めから無効であったものとみなす。

（原状回復の義務）

第121条の2　無効な行為に基づく債務の履行として給付を受けた者は、相手方を原状に復させる義務を負う。

2　前項の規定にかかわらず、無効な無償行為に基づく債務の履行として給付を受けた者は、給付を受けた当時その行為が無効であること（給付を受けた後に前条の規定により初めから無効であったものとみなされた行為にあっては、給付を受けた当時その行為が取り消すことができるものであること）を知らなかったときは、その行為によって現に利益を受けている限度において、返還の義務を負う。

3　第1項の規定にかかわらず、行為の時に意思能力を有しなかった者は、その行為によって現に利益を受けている限度において、返還の義務を負う。行為の時に制限行為能力者であった者についても、同様とする。

（取り消すことができる行為の追認）

第122条　取り消すことができる行為は、第120条に規定する者が追認したときは、以後、取り消すことができない。

（取消し及び追認の方法）

第123条　取り消すことができる行為の相手方が確定している場合には、その取消し又は追認は、相手方に対する意思表示によってする。

（追認の要件）

第124条　取り消すことができる行為の追認は、取消しの原因となっていた状況が消滅し、かつ、取消権を有することを知った後にしなければ、その効力を生じない。

2　次に掲げる場合には、前項の追認は、取消しの原因となっていた状況が消滅した後にすることを要しない。

一　法定代理人又は制限行為能力者の保佐人若しくは補助人が追認をするとき。

二　制限行為能力者（成年被後見人を除く。）が法定代理人、保佐人又は補助人の同意を得て追認をするとき。

（法定追認）

第125条　追認をすることができる時以後に、取り消すことができる行為について次に掲げる事実があったときは、追認をしたものとみなす。ただし、異議をとどめたときは、この限りでない。

一　全部又は一部の履行

二　履行の請求

三　更改

四　担保の供与

五　取り消すことができる行為によって取得した権利の全部又は一部の譲渡

六　強制執行

（取消権の期間の制限）

第126条　取消権は、追認をすることができる時から５年間行使しないときは、時効によって消滅する。行為の時から20年を経過したときも、同様とする。

第５節　条件及び期限

（条件が成就した場合の効果）

第127条　停止条件付法律行為は、停止条件が成就した時からその効力を生ずる。

2　解除条件付法律行為は、解除条件が成就した時からその効力を失う。

3　当事者が条件が成就した場合の効果をその成就した時以前にさかのぼらせる意思を表示したときは、その意思に従う。

（条件の成否未定の間における相手方の利益の侵害の禁止）

第128条　条件付法律行為の各当事者は、条件の成否が未定である間は、条件が成就した場合にその法律行為から生ずべき相手方の利益を害することができない。

（条件の成否未定の間における権利の処分等）

第129条　条件の成否が未定である間における当事者の権利義務は、一般の規定に従い、処分し、相続し、若しくは保存し、又はそのために担保を供することができる。

（条件の成就の妨害等）

第130条　条件が成就することによって不利益を受ける当事者が故意にその条件の成就を妨げたときは、相手方は、その条件が成就したものとみなすことができる。

2　条件が成就することによって利益を受ける当事者が不正にその条件を成就させたときは、相手方は、その条件が成就しなかったものとみなすことができる。

（既成条件）

第131条　条件が法律行為の時に既に成就していた場合において、その条件が停止条件であるときはその法律行為は無条件とし、その条件が解除条件であるときはその法律行為は無効とする。

2　条件が成就しないことが法律行為の時に既に確定していた場合において、その条件が停止条件であるときはその法律行為は無効とし、その条件が解除条件であるときはその法律行為は無条件とする。

3　前2項に規定する場合において、当事者が条件が成就したこと又は成就しなかったことを知らない間は、第128条及び第129条の規定を準用する。

（不法条件）

第132条　不法な条件を付した法律行為は、無効とする。不法な行為をしないことを条件とするものも、同様とする。

（不能条件）

第133条　不能の停止条件を付した法律行為は、無効とする。

2　不能の解除条件を付した法律行為は、無条件とする。

（随意条件）

第134条　停止条件付法律行為は、その条件が単に債務者の意思のみに係るときは、無効とする。

（期限の到来の効果）

第135条　法律行為に始期を付したときは、その法律行為の履行は、期限が到来するまで、これを請求することができない。

2　法律行為に終期を付したときは、その法律行為の効力は、期限が到来した時に消滅する。

（期限の利益及びその放棄）

第136条　期限は、債務者の利益のために定めたものと推定する。

2　期限の利益は、放棄することができる。ただし、これによって相手方の利益を害することはできない。

（期限の利益の喪失）

第137条　次に掲げる場合には、債務者は、期限の利益を主張することができない。

一　債務者が破産手続開始の決定を受けたとき。

二　債務者が担保を滅失させ、損傷させ、又は減少させたとき。

三　債務者が担保を供する義務を負う場合において、これを供しないとき。

第6章　期間の計算

（期間の計算の通則）

第138条　期間の計算方法は、法令若しくは裁判上の命令に特別の定めがある場合又は法律行為に別段の定めがある場合を除き、この章の規定に従う。

（期間の起算）

第139条　時間によって期間を定めたときは、その期間は、即時から起算する。

第140条　日、週、月又は年によって期間を定めたときは、期間の初日は、算入しない。ただし、その期間が午前0時から始まるときは、この限りでない。

（期間の満了）

第141条　前条の場合には、期間は、その末日の終了をもって満了する。

第142条　期間の末日が日曜日、国民の祝日に関する法律（昭和23年法律第178号）に規定する休日その他の休日に当たるときは、その日に取引をしない慣習がある場合に限り、期間は、その翌日に満了する。

（暦による期間の計算）

第143条　週、月又は年によって期間を定めたときは、その期間は、暦に従って計算する。

2　週、月又は年の初めから期間を起算しないときは、その期間は、最後の週、月又は年においてその起算日に応当する日の前日に満了する。ただし、月又は年によって期間を定めた場合において、最後の月に応当する日がないときは、その月の末日に満了する。

第7章　時効

第1節　総則

（時効の効力）

第144条　時効の効力は、その起算日にさかのぼる。

（時効の援用）

第145条　時効は、当事者（消滅時効にあっては、保証人、物上保証人、第三取得者その他権利の消滅について正当な利益を有する者を含む。）が援用しなければ、裁判所がこれによって裁判をすることができない。

（時効の利益の放棄）

第146条　時効の利益は、あらかじめ放棄することができない。

（裁判上の請求等による時効の完成猶予及び更新）

第147条　次に掲げる事由がある場合には、その事由が終了する（確定判決又は確定判決と同一の効力を有するものによって権利が確定することなくその事由が終了した場合にあっては、その終了の時から６箇月を経過する）までの間は、時効は、完成しない。

一　裁判上の請求

二　支払督促

三　民事訴訟法第275条第１項の和解又は民事調停法（昭和26年法律第222号）若しくは家事事件手続法（平成23年法律第52号）による調停

四　破産手続参加、再生手続参加又は更生手続参加

2　前項の場合において、確定判決又は確定判決と同一の効力を有するものによって権利が確定したときは、時効は、同項各号に掲げる事由が終了した時から新たにその進行を始める。

（強制執行等による時効の完成猶予及び更新）

第148条　次に掲げる事由がある場合には、その事由が終了する（申立ての取下げ又は法律の規定に従わないことによる取消しによってその事由が終了した場合にあっては、その終了の時から６箇月を経過する）までの間は、時効は、完成しない。

一　強制執行

二　担保権の実行

三　民事執行法（昭和54年法律第４号）第195条に規定する担保権の実行としての競売の例による競売

四　民事執行法第196条に規定する財産開示手続又は同法第204条に規定する第三者からの情報取得手続

2　前項の場合には、時効は、同項各号に掲げる事由が終了した時から新たにその進行を始める。ただし、申立ての取下げ又は法律の規定に従わないことによる取消しによってその事由が終了した場合は、この限りでない。

（仮差押え等による時効の完成猶予）

第149条　次に掲げる事由がある場合には、その事由が終了した時から６箇月を経過するまでの間は、時効は、完成しない。

一　仮差押え

二　仮処分

（催告による時効の完成猶予）

第150条　催告があったときは、その時から６箇月を経過するまでの間は、時効は、完成しない。

2　催告によって時効の完成が猶予されている間にされた再度の催告は、前項の規定による時効の完成猶予の効力を有しない。

（協議を行う旨の合意による時効の完成猶予）

第151条　権利についての協議を行う旨の合意が書面でされたときは、次に掲げる時のいずれか早い時までの間は、時効は、完成しない。

一　その合意があった時から１年を経過した時

二　その合意において当事者が協議を行う期間（１年に満たないものに限る。）を定めたときは、その期間を経過した時

三　当事者の一方から相手方に対して協議の続行を拒絶する旨の通知が書面でされたときは、その通知の時から６箇月を経過した時

2　前項の規定により時効の完成が猶予されている間にされた再度の同項の合意は、同項の規定による時効の完成猶予の効力を有する。ただし、その効力は、時効の完成が猶予されなかったとすれば時効が完成すべき時から通じて５年を超えることができない。

3　催告によって時効の完成が猶予されている間にされた第１項の合意は、同項の規定による時効の完成猶予の効力を有しない。同項の規定により時効の完成が猶予されている間にされた催告についても、同様とする。

4　第１項の合意がその内容を記録した電磁的記録（電子的方式、磁気的方式その他人の知覚によっては認識することができない方式で作られる記録であって、電子計算機による情報処理の用に供されるものをいう。以下同じ。）によってされたときは、その合意は、書面によってされたものとみなして、前３項の規定を適用する。

5　前項の規定は、第１項第３号の通知について準用する。

（承認による時効の更新）

第152条　時効は、権利の承認があったときは、その時から新たにその進行を始める。

2　前項の承認をするには、相手方の権利についての処分につき行為能力の制限を受けていないこと又は権限があることを要しない。

（時効の完成猶予又は更新の効力が及ぶ者の範囲）

第153条　第147条又は第148条の規定による時効の完成猶予又は更新は、完成猶予又は更新の事由が生じた当事者及びその承継人の間においてのみ、その効力を有する。

2　第149条から第151条までの規定による時効の完成猶予は、完成猶予の事由が生じた当事者及びその承継人の間においてのみ、その効力を有する。

3　前条の規定による時効の更新は、更新の事由が生じた当事者及びその承継人の間においてのみ、その効力を有する。

第154条　第148条第1項各号又は第149条各号に掲げる事由に係る手続は、時効の利益を受ける者に対してしないときは、その者に通知をした後でなければ、第148条又は第149条の規定による時効の完成猶予又は更新の効力を生じない。

第155条～第157条　削除

（未成年者又は成年被後見人と時効の完成猶予）

第158条　時効の期間の満了前6箇月以内の間に未成年者又は成年被後見人に法定代理人がないときは、その未成年者若しくは成年被後見人が行為能力者となった時又は法定代理人が就職した時から6箇月を経過するまでの間は、その未成年者又は成年被後見人に対して、時効は、完成しない。

2　未成年者又は成年被後見人がその財産を管理する父、母又は後見人に対して権利を有するときは、その未成年者若しくは成年被後見人が行為能力者となった時又は後任の法定代理人が就職した時から6箇月を経過するまでの間は、その権利について、時効は、完成しない。

（夫婦間の権利の時効の完成猶予）

第159条　夫婦の一方が他の一方に対して有する権利については、婚姻の解消の時から6箇月を経過するまでの間は、時効は、完成しない。

（相続財産に関する時効の完成猶予）

第160条　相続財産に関しては、相続人が確定した時、管理人が選任された時又は破産手続開始の決定があった時から6箇月を経過するまでの間は、時効は、完成しない。

（天災等による時効の完成猶予）

第161条　時効の期間の満了の時に当たり、天災その他避けることのできない事変のため第147条第1項各号又は第148条第1項各号に掲げる事由に係る手続を行うことができないときは、その障害が消滅した時から3箇月を経過するまでの間は、時効は、完成しない。

第2節　取得時効

（所有権の取得時効）

第162条　20年間、所有の意思をもって、平穏に、かつ、公然と他人の物を占有した者は、その所有権を取得する。

2　10年間、所有の意思をもって、平穏に、かつ、公然と他人の物を占有した者は、その占有の開始の時に、善意であり、かつ、過失がなかったときは、その所有権を取得する。

（所有権以外の財産権の取得時効）

第163条　所有権以外の財産権を、自己のためにする意思をもって、平穏に、かつ、公然と行使する者は、前条の区別に従い20年又は10年を経過した後、その権利を取得する。

（占有の中止等による取得時効の中断）

第164条　第162条の規定による時効は、占有者が任意にその占有を中止し、又は他人によってその占有を奪われたときは、中断する。

第165条　前条の規定は、第163条の場合について準用する。

第3節　消滅時効

（債権等の消滅時効）

第166条　債権は、次に掲げる場合には、時効によって消滅する。

一　債権者が権利を行使することができることを知った時から5年間行使しないとき。

二　権利を行使することができる時から10年間行使しないとき。

2　債権又は所有権以外の財産権は、権利を行使することができる時から20年間行使しないときは、時効によって消滅する。

3　前2項の規定は、始期付権利又は停止条件付権利の目的物を占有する第三者のために、その占有の開始の時から取得時効が進行することを妨げない。ただし、権利者は、その時効を更新するため、いつでも占有者の承認を求めることができる。

（人の生命又は身体の侵害による損害賠償請求権の消滅時効）

第167条　人の生命又は身体の侵害による損害賠償請求権の消滅時効についての前条第1項第2号の規定の適用については、同号中「10年間」とあるのは、「20年間」とする。

（定期金債権の消滅時効）

第168条　定期金の債権は、次に掲げる場合には、時効によって消滅する。

一　債権者が定期金の債権から生ずる金銭その他の物の給付を目的とする各債権を行使することができることを知った時から10年間行使しないとき。

二　前号に規定する各債権を行使することができる時から20年間行使しないとき。

2　定期金の債権者は、時効の更新の証拠を得るため、いつでも、その債務者に対して承認書の交付を求めることができる。

（判決で確定した権利の消滅時効）

第169条　確定判決又は確定判決と同一の効力を有するものによって確定した権利については、10年より短い時効期間の定めがあるものであっても、その時効期間は、10年とする。

2　前項の規定は、確定の時に弁済期の到来していない債権については、適用しない。

第170条～第174条　削除

第2編　物権

第1章　総則

（物権の創設）

第175条　物権は、この法律その他の法律に定めるもののほか、創設することができない。

（物権の設定及び移転）

第176条　物権の設定及び移転は、当事者の意思表示のみによって、その効力を生ずる。

（不動産に関する物権の変動の対抗要件）

第177条　不動産に関する物権の得喪及び変更は、不動産登記法（平成16年法律第123号）その他の登記に関する法律の定めるところに従いその登記をしなければ、第三者に対抗することができない。

（動産に関する物権の譲渡の対抗要件）

第178条　動産に関する物権の譲渡は、その動産の引渡しがなければ、第三者に対抗することができない。

（混同）

第179条　同一物について所有権及び他の物権が同一人に帰属したときは、当該他の物権は、消滅する。ただし、その物又は当該他の物権が第三者の権利の目的であるときは、この限りでない。

2　所有権以外の物権及びこれを目的とする他の権利が同一人に帰属したときは、当該他の権利は、消滅する。この場合においては、前項ただし書の規定を準用する。

3　前2項の規定は、占有権については、適用しない。

第2章　占有権

第1節　占有権の取得

（占有権の取得）

第180条　占有権は、自己のためにする意思をもって物を所持することによって取得する。

（代理占有）

第181条　占有権は、代理人によって取得することができる。

（現実の引渡し及び簡易の引渡し）

第182条　占有権の譲渡は、占有物の引渡しによってする。

2　譲受人又はその代理人が現に占有物を所持する場合には、占有権の譲渡は、当事者の意思表示のみによってすることができる。

（占有改定）

第183条　代理人が自己の占有物を以後本人のために占有する意思を表示したときは、本人は、これによって占有権を取得する。

（指図による占有移転）

第184条　代理人によって占有をする場合において、本人がその代理人に対して以後第三者のためにその物を占有することを命じ、その第三者がこれを承諾したときは、その第三者は、占有権を取得する。

（占有の性質の変更）

第185条　権原の性質上占有者に所有の意思がないものとされる場合には、その占有者が、自己に占有をさせた者に対して所有の意思があることを表示し、又は新たな権原により更に所有の意思をもって占有を始めるのでなければ、占有の性質は、変わらない。

（占有の態様等に関する推定）

第186条　占有者は、所有の意思をもって、善意で、平穏に、かつ、公然と占有をするものと推定する。

2　前後の両時点において占有をした証拠があるときは、占有は、その間継続したものと推定する。

（占有の承継）

第187条　占有者の承継人は、その選択に従い、自己の占有のみを主張し、又は自己の占有に前の占有者の占有を併せて主張することができる。

2　前の占有者の占有を併せて主張する場合には、その瑕疵をも承継する。

第2節　占有権の効力

（占有物について行使する権利の適法の推定）

第188条　占有者が占有物について行使する権利は、適法に有するものと推定する。

（善意の占有者による果実の取得等）

第189条　善意の占有者は、占有物から生ずる果実を取得する。

2　善意の占有者が本権の訴えにおいて敗訴したときは、その訴えの提起の時から悪意の占有者とみなす。

（悪意の占有者による果実の返還等）

第190条　悪意の占有者は、果実を返還し、かつ、既に消費し、過失によって損傷し、又は収取を怠った果実の代価を償還する義務を負う。

2　前項の規定は、暴行若しくは強迫又は隠匿によって占有をしている者について準用する。

（占有者による損害賠償）

第191条　占有物が占有者の責めに帰すべき事由によって滅失し、又は損傷したときは、その回復者に対し、悪意の占有者はその損害の全部の賠償をする義務を負い、善意の占有者はその滅失又は損傷によって現に利益を受けている限度において賠償をする義務を負う。ただし、所有の意思のない占有者は、善意であるときであっても、全部の賠償をしなければならない。

（即時取得）

第192条　取引行為によって、平穏に、かつ、公然と動産の占有を始めた者は、善意であり、かつ、過失がないときは、即時にその動産について行使する権利を取得する。

（盗品又は遺失物の回復）

第193条　前条の場合において、占有物が盗品又は遺失物であるときは、被害者又は遺失者は、盗難又は遺失の時から２年間、占有者に対してその物の回復を請求することができる。

第194条　占有者が、盗品又は遺失物を、競売若しくは公の市場において、又はその物と同種の物を販売する商人から、善意で買い受けたときは、被害者又は遺失者は、占有者が支払った代価を弁償しなければ、その物を回復することができない。

（動物の占有による権利の取得）

第195条　家畜以外の動物で他人が飼育していたものを占有する者は、その占有の開始の時に善意であり、かつ、その動物が飼主の占有を離れた時から１箇月以内に飼主から回復の請求を受けなかったときは、その動物について行使する権利を取得する。

（占有者による費用の償還請求）

第196条　占有者が占有物を返還する場合には、その物の保存のために支出した金額その他の必要費を回復者から償還させることができる。ただし、占有者が果実を取得したときは、通常の必要費は、占有者の負担に帰する。

2　占有者が占有物の改良のために支出した金額その他の有益費については、その価格の増加が現存する場合に限り、回復者の選択に従い、その支出した金額又は増価額を償還させることができる。ただし、悪意の占有者に対しては、裁判所は、回復者の請求により、その償還について相当の期限を許与することができる。

（占有の訴え）

第197条　占有者は、次条から第202条までの規定に従い、占有の訴えを提起することができる。他人のために占有をする者も、同様とする。

（占有保持の訴え）

第198条　占有者がその占有を妨害されたときは、占有保持の訴えにより、その妨害の停止及び損害の賠償を請求することができる。

（占有保全の訴え）

第199条　占有者がその占有を妨害されるおそれがあるときは、占有保全の訴えにより、その妨害の予防又は損害賠償の担保を請求することができる。

（占有回収の訴え）

第200条　占有者がその占有を奪われたときは、占有回収の訴えにより、その物の返還及び損害の賠償を請求することができる。

2　占有回収の訴えは、占有を侵奪した者の特定承継人に対して提起することができない。ただし、その承継人が侵奪の事実を知っていたときは、この限りでない。

（占有の訴えの提起期間）

第201条　占有保持の訴えは、妨害の存する間又はその消滅した後１年以内に提起しなければならない。ただし、工事により占有物に損害を生じた場合において、その工事に着手した時から１年を経過し、又はその工事が完成したときは、これを提起することができない。
2　占有保全の訴えは、妨害の危険の存する間は、提起することができる。この場合において、工事により占有物に損害を生ずるおそれがあるときは、前項ただし書の規定を準用する。
3　占有回収の訴えは、占有を奪われた時から1年以内に提起しなければならない。

（本権の訴えとの関係）

第202条　占有の訴えは本権の訴えを妨げず、また、本権の訴えは占有の訴えを妨げない。
2　占有の訴えについては、本権に関する理由に基づいて裁判をすることができない。

第3節　占有権の消滅

（占有権の消滅事由）

第203条　占有権は、占有者が占有の意思を放棄し、又は占有物の所持を失うことによって消滅する。ただし、占有者が占有回収の訴えを提起したときは、この限りでない。

（代理占有権の消滅事由）

第204条　代理人によって占有をする場合には、占有権は、次に掲げる事由によって消滅する。
一　本人が代理人に占有をさせる意思を放棄したこと。
二　代理人が本人に対して以後自己又は第三者のために占有物を所持する意思を表示したこと。
三　代理人が占有物の所持を失ったこと。
2　占有権は、代理権の消滅のみによっては、消滅しない。

第4節　準占有

第205条　この章の規定は、自己のためにする意思をもって財産権の行使をする場合について準用する。

第3章　所有権

第1節　所有権の限界

第1款　所有権の内容及び範囲

（所有権の内容）

第206条　所有者は、法令の制限内において、自由にその所有物の使用、収益及び処分をする権利を有する。

（土地所有権の範囲）

第207条　土地の所有権は、法令の制限内において、その土地の上下に及ぶ。

第208条　削除

第2款　相隣関係

（隣地の使用）

第209条　土地の所有者は、次に掲げる目的のため必要な範囲内で、隣地を使用することができる。ただし、住家については、その居住者の承諾がなければ、立ち入ることはできない。
一　境界又はその付近における障壁、建物その他の工作物の築造、収去又は修繕
二　境界標の調査又は境界に関する測量
三　第233条第3項の規定による枝の切取り
2　前項の場合には、使用の日時、場所及び方法は、隣地の所有者及び隣地を現に使用している者（以下この条において「隣地使用者」という。）のために損害が最も少ないものを選ばなければならない。
3　第1項の規定により隣地を使用する者は、あらかじめ、その目的、日時、場所及び方法を隣地の所有者及び隣地使用者に通知しなければならない。ただし、あらかじめ通知することが困難なときは、使用を開始した後、遅滞なく、通知することをもって足りる。
4　第1項の場合において、隣地の所有者又は隣地使用者が損害を受けたときは、その償金を請求することができる。

（公道に至るための他の土地の通行権）

第210条　他の土地に囲まれて公道に通じない土地の所有者は、公道に至るため、その土地を囲んでいる他の土地を通行することができる。
2　池沼、河川、水路若しくは海を通らなければ公道に至ることができないとき、又は崖があって土地と公道とに著しい高低差があるときも、前項と同様とする。

第211条　前条の場合には、通行の場所及び方法は、同条の規定による通行権を有する者のために必要であり、かつ、他の土地のために損害が最も少ないものを選ばなければならない。
2　前条の規定による通行権を有する者は、必要があるときは、通路を開設することができる。

第212条　第210条の規定による通行権を有する

者は、その通行する他の土地の損害に対して償金を支払わなければならない。ただし、通路の開設のために生じた損害に対するものを除き、1年ごとにその償金を支払うことができる。

第213条　分割によって公道に通じない土地が生じたときは、その土地の所有者は、公道に至るため、他の分割者の所有地のみを通行することができる。この場合においては、償金を支払うことを要しない。

2　前項の規定は、土地の所有者がその土地の一部を譲り渡した場合について準用する。

（継続的給付を受けるための設備の設置権等）

第213条の2　土地の所有者は、他の土地に設備を設置し、又は他人が所有する設備を使用しなければ電気、ガス又は水道水の供給その他これらに類する継続的給付（以下この項及び次条第1項において「継続的給付」という。）を受けることができないときは、継続的給付を受けるため必要な範囲内で、他の土地に設備を設置し、又は他人が所有する設備を使用することができる。

2　前項の場合には、設備の設置又は使用の場所及び方法は、他の土地又は他人が所有する設備（次項において「他の土地等」という。）のために損害が最も少ないものを選ばなければならない。

3　第1項の規定により他の土地に設備を設置し、又は他人が所有する設備を使用する者は、あらかじめ、その目的、場所及び方法を他の土地等の所有者及び他の土地を現に使用している者に通知しなければならない。

4　第1項の規定による権利を有する者は、同項の規定により他の土地に設備を設置し、又は他人が所有する設備を使用するために当該他の土地又は当該他人が所有する設備がある土地を使用することができる。この場合においては、第209条第1項ただし書及び第2項から第4項までの規定を準用する。

5　第1項の規定により他の土地に設備を設置する者は、その土地の損害（前項において準用する第209条第4項に規定する損害を除く。）に対して償金を支払わなければならない。ただし、1年ごとにその償金を支払うことができる。

6　第1項の規定により他人が所有する設備を使用する者は、その設備の使用を開始するために生じた損害に対して償金を支払わなければならない。

7　第1項の規定により他人が所有する設備を使用する者は、その利益を受ける割合に応じて、その設置、改築、修繕及び維持に要する費用を負担しなければならない。

第213条の3　分割によって他の土地に設備を設置しなければ継続的給付を受けることができない土地が生じたときは、その土地の所有者は、継続的給付を受けるため、他の分割者の所有地のみに設備を設置することができる。この場合においては、前条第5項の規定は、適用しない。

2　前項の規定は、土地の所有者がその土地の一部を譲り渡した場合について準用する。

（自然水流に対する妨害の禁止）

第214条　土地の所有者は、隣地から水が自然に流れて来るのを妨げてはならない。

（水流の障害の除去）

第215条　水流が天災その他避けることのできない事変により低地において閉塞したときは、高地の所有者は、自己の費用で、水流の障害を除去するため必要な工事をすることができる。

（水流に関する工作物の修繕等）

第216条　他の土地に貯水、排水又は引水のために設けられた工作物の破壊又は閉塞により、自己の土地に損害が及び、又は及ぶおそれがある場合には、その土地の所有者は、当該他の土地の所有者に、工作物の修繕若しくは障害の除去をさせ、又は必要があるときは予防工事をさせることができる。

（費用の負担についての慣習）

第217条　前2条の場合において、費用の負担について別段の慣習があるときは、その慣習に従う。

（雨水を隣地に注ぐ工作物の設置の禁止）

第218条　土地の所有者は、直接に雨水を隣地に注ぐ構造の屋根その他の工作物を設けてはならない。

（水流の変更）

第219条　溝、堀その他の水流地の所有者は、対岸の土地が他人の所有に属するときは、その水路又は幅員を変更してはならない。

2　両岸の土地が水流地の所有者に属するときは、その所有者は、水路及び幅員を変更することができる。ただし、水流が隣地と交わる地点において、自然の水路に戻さなければならない。

3　前2項の規定と異なる慣習があるときは、その慣習に従う。

（排水のための低地の通水）

第220条　高地の所有者は、その高地が浸水した場合にこれを乾かすため、又は自家用若しくは農工業用の余水を排出するため、公の水流又は下水道に至るまで、低地に水を通過させることができる。この場合においては、低地のために損害が最も少ない場所及び方法を選ばなければならない。

（通水用工作物の使用）

第221条　土地の所有者は、その所有地の水を通過させるため、高地又は低地の所有者が設けた工作物を使用することができる。

2　前項の場合には、他人の工作物を使用する者は、その利益を受ける割合に応じて、工作物の設置及び保存の費用を分担しなければならない。

（堰の設置及び使用）

第222条　水流地の所有者は、堰を設ける必要がある場合には、対岸の土地が他人の所有に属するときであっても、その堰を対岸に付着させて設けることができる。ただし、これによって生じた損害に対して償金を支払わなければならない。

2　対岸の土地の所有者は、水流地の一部がその所有に属するときは、前項の堰を使用することができる。

3　前条第２項の規定は、前項の場合について準用する。

（境界標の設置）

第223条　土地の所有者は、隣地の所有者と共同の費用で、境界標を設けることができる。

（境界標の設置及び保存の費用）

第224条　境界標の設置及び保存の費用は、相隣者が等しい割合で負担する。ただし、測量の費用は、その土地の広狭に応じて分担する。

（囲障の設置）

第225条　二棟の建物がその所有者を異にし、かつ、その間に空地があるときは、各所有者は、他の所有者と共同の費用で、その境界に囲障を設けることができる。

2　当事者間に協議が調わないときは、前項の囲障は、板塀又は竹垣その他これらに類する材料のものであって、かつ、高さ２メートルのものでなければならない。

（囲障の設置及び保存の費用）

第226条　前条の囲障の設置及び保存の費用は、相隣者が等しい割合で負担する。

（相隣者の一人による囲障の設置）

第227条　相隣者の一人は、第225条第２項に規定する材料より良好なものを用い、又は同項に規定する高さを増して囲障を設けることができる。ただし、これによって生ずる費用の増加額を負担しなければならない。

（囲障の設置等に関する慣習）

第228条　前３条の規定と異なる慣習があるときは、その慣習に従う。

（境界標等の共有の推定）

第229条　境界線上に設けた境界標、囲障、障壁、溝及び堀は、相隣者の共有に属するものと推定する。

第230条　一棟の建物の一部を構成する境界線上の障壁については、前条の規定は、適用しない。

2　高さの異なる二棟の隣接する建物を隔てる障壁の高さが、低い建物の高さを超えるときは、その障壁のうち低い建物を超える部分についても、前項と同様とする。ただし、防火障壁については、この限りでない。

（共有の障壁の高さを増す工事）

第231条　相隣者の一人は、共有の障壁の高さを増すことができる。ただし、その障壁がその工事に耐えないときは、自己の費用で、必要な工作を加え、又はその障壁を改築しなければならない。

2　前項の規定により障壁の高さを増したときは、その高さを増した部分は、その工事をした者の単独の所有に属する。

第232条　前条の場合において、隣人が損害を受けたときは、その償金を請求することができる。

（竹木の枝の切除及び根の切取り）

第233条　土地の所有者は、隣地の竹木の枝が境界線を越えるときは、その竹木の所有者に、その枝を切除させることができる。

2　前項の場合において、竹木が数人の共有に属するときは、各共有者は、その枝を切り取ることができる。

3　第１項の場合において、次に掲げるときは、土地の所有者は、その枝を切り取ることができる。

一　竹木の所有者に枝を切除するよう催告したにもかかわらず、竹木の所有者が相当の期間内に切除しないとき。

二　竹木の所有者を知ることができず、又はその所在を知ることができないとき。

三　急迫の事情があるとき。

4　隣地の竹木の根が境界線を越えるときは、その根を切り取ることができる。

（境界線付近の建築の制限）

第234条　建物を築造するには、境界線から50センチメートル以上の距離を保たなければならない。

2　前項の規定に違反して建築をしようとする者があるときは、隣地の所有者は、その建築を中止させ、又は変更させることができる。ただし、建築に着手した時から1年を経過し、又はその建物が完成した後は、損害賠償の請求のみをすることができる。

第235条　境界線から1メートル未満の距離において他人の宅地を見通すことのできる窓又は縁側（ベランダを含む。次項において同じ。）を設ける者は、目隠しを付けなければならない。

2　前項の距離は、窓又は縁側の最も隣地に近い点から垂直線によって境界線に至るまでを測定して算出する。

（境界線付近の建築に関する慣習）

第236条　前2条の規定と異なる慣習があるときは、その慣習に従う。

（境界線付近の掘削の制限）

第237条　井戸、用水だめ、下水だめ又は肥料だめを掘るには境界線から2メートル以上、池、穴蔵又はし尿だめを掘るには境界線から1メートル以上の距離を保たなければならない。

2　導水管を埋め、又は溝若しくは堀を掘るには、境界線からその深さの2分の1以上の距離を保たなければならない。ただし、1メートルを超えることを要しない。

（境界線付近の掘削に関する注意義務）

第238条　境界線の付近において前条の工事をするときは、土砂の崩壊又は水若しくは汚液の漏出を防ぐため必要な注意をしなければならない。

第2節　所有権の取得

（無主物の帰属）

第239条　所有者のない動産は、所有の意思をもって占有することによって、その所有権を取得する。

2　所有者のない不動産は、国庫に帰属する。

（遺失物の拾得）

第240条　遺失物は、遺失物法（平成18年法律第73号）の定めるところに従い公告をした後3箇月以内にその所有者が判明しないときは、これを拾得した者がその所有権を取得する。

（埋蔵物の発見）

第241条　埋蔵物は、遺失物法の定めるところに従い公告をした後6箇月以内にその所有者が判明しないときは、これを発見した者がその所有権を取得する。ただし、他人の所有する物の中から発見された埋蔵物については、これを発見した者及びその他人が等しい割合でその所有権を取得する。

（不動産の付合）

第242条　不動産の所有者は、その不動産に従として付合した物の所有権を取得する。ただし、権原によってその物を附属させた他人の権利を妨げない。

（動産の付合）

第243条　所有者を異にする数個の動産が、付合により、損傷しなければ分離することができなくなったときは、その合成物の所有権は、主たる動産の所有者に帰属する。分離するのに過分の費用を要するときも、同様とする。

第244条　付合した動産について主従の区別をすることができないときは、各動産の所有者は、その付合の時における価格の割合に応じてその合成物を共有する。

（混和）

第245条　前2条の規定は、所有者を異にする物が混和して識別することができなくなった場合について準用する。

（加工）

第246条　他人の動産に工作を加えた者（以下この条において「加工者」という。）があるときは、その加工物の所有権は、材料の所有者に帰属する。ただし、工作によって生じた価格が材料の価格を著しく超えるときは、加工者がその加工物の所有権を取得する。

2　前項に規定する場合において、加工者が材料の一部を供したときは、その価格に工作によって生じた価格を加えたものが他人の材料の価格を超えるときに限り、加工者がその加工物の所有権を取得する。

（付合、混和又は加工の効果）

第247条　第242条から前条までの規定により物の所有権が消滅したときは、その物について存する他の権利も、消滅する。

2　前項に規定する場合において、物の所有者が、合成物、混和物又は加工物（以下この項において「合成物等」という。）の単独所有者となったときは、その物について存する他の権利は以後その合成物等について存し、物の所有者が合成物等の共有者となったときは、その物について存する他の権利は以後その持分について存する。

（付合、混和又は加工に伴う償金の請求）

第248条　第242条から前条までの規定の適用によって損失を受けた者は、第703条及び第704条の規定に従い、その償金を請求することができる。

第3節　共有

（共有物の使用）

第249条　各共有者は、共有物の全部について、その持分に応じた使用をすることができる。

2　共有物を使用する共有者は、別段の合意がある場合を除き、他の共有者に対し、自己の持分を超える使用の対価を償還する義務を負う。

3　共有者は、善良な管理者の注意をもって、共有物の使用をしなければならない。

（共有持分の割合の推定）

第250条　各共有者の持分は、相等しいものと推定する。

（共有物の変更）

第251条　各共有者は、他の共有者の同意を得なければ、共有物に変更（その形状又は効用の著しい変更を伴わないものを除く。次項において同じ。）を加えることができない。

2　共有者が他の共有者を知ることができず、又はその所在を知ることができないときは、裁判所は、共有者の請求により、当該他の共有者以外の他の共有者の同意を得て共有物に変更を加えることができる旨の裁判をすることができる。

（共有物の管理）

第252条　共有物の管理に関する事項（次条第1項に規定する共有物の管理者の選任及び解任を含み、共有物に前条第1項に規定する変更を加えるものを除く。次項において同じ。）は、各共有者の持分の価格に従い、その過半数で決する。共有物を使用する共有者があるときも、同様とする。

2　裁判所は、次の各号に掲げるときは、当該各号に規定する他の共有者以外の共有者の請求により、当該他の共有者以外の共有者の持分の価格に従い、その過半数で共有物の管理に関する事項を決することができる旨の裁判をすることができる。

一　共有者が他の共有者を知ることができず、又はその所在を知ることができないとき。

二　共有者が他の共有者に対し相当の期間を定めて共有物の管理に関する事項を決することについて賛否を明らかにすべき旨を催告した場合において、当該他の共有者がその期間内に賛否を明らかにしないとき。

3　前2項の規定による決定が、共有者間の決定に基づいて共有物を使用する共有者に特別の影響を及ぼすべきときは、その承諾を得なければならない。

4　共有者は、前3項の規定により、共有物に、次の各号に掲げる賃借権その他の使用及び収益を目的とする権利（以下この項において「賃借権等」という。）であって、当該各号に定める期間を超えないものを設定することができる。

一　樹木の栽植又は伐採を目的とする山林の賃借権等　10年

二　前号に掲げる賃借権等以外の土地の賃借権等　5年

三　建物の賃借権等　3年

四　動産の賃借権等　6箇月

5　各共有者は、前各項の規定にかかわらず、保存行為をすることができる。

（共有物の管理者）

第252条の2　共有物の管理者は、共有物の管理に関する行為をすることができる。ただし、共有者の全員の同意を得なければ、共有物に変更（その形状又は効用の著しい変更を伴わないものを除く。次項において同じ。）を加えることができない。

2　共有物の管理者が共有者を知ることができず、又はその所在を知ることができないときは、裁判所は、共有物の管理者の請求により、当該共有者以外の共有者の同意を得て共有物に変更を加えることができる旨の裁判をすることができる。

3　共有物の管理者は、共有者が共有物の管理に関する事項を決した場合には、これに従ってその職務を行わなければならない。

4　前項の規定に違反して行った共有物の管理者の行為は、共有者に対してその効力を生じない。ただし、共有者は、これをもって善意の第三者に対抗することができない。

（共有物に関する負担）

第253条　各共有者は、その持分に応じ、管理の費用を支払い、その他共有物に関する負担を負う。

2　共有者が1年以内に前項の義務を履行しない

ときは、他の共有者は、相当の償金を支払ってその者の持分を取得することができる。

（共有物についての債権）

第254条　共有者の一人が共有物について他の共有者に対して有する債権は、その特定承継人に対しても行使することができる。

（持分の放棄及び共有者の死亡）

第255条　共有者の一人が、その持分を放棄したとき、又は死亡して相続人がないときは、その持分は、他の共有者に帰属する。

（共有物の分割請求）

第256条　各共有者は、いつでも共有物の分割を請求することができる。ただし、５年を超えない期間内は分割をしない旨の契約をすることを妨げない。

2　前項ただし書の契約は、更新することができる。ただし、その期間は、更新の時から５年を超えることができない。

第257条　前条の規定は、第229条に規定する共有物については、適用しない。

（裁判による共有物の分割）

第258条　共有物の分割について共有者間に協議が調わないとき、又は協議をすることができないときは、その分割を裁判所に請求することができる。

2　裁判所は、次に掲げる方法により、共有物の分割を命ずることができる。

一　共有物の現物を分割する方法

二　共有者に債務を負担させて、他の共有者の持分の全部又は一部を取得させる方法

3　前項に規定する方法により共有物を分割することができないとき、又は分割によってその価格を著しく減少させるおそれがあるときは、裁判所は、その競売を命ずることができる。

4　裁判所は、共有物の分割の裁判において、当事者に対して、金銭の支払、物の引渡し、登記義務の履行その他の給付を命ずることができる。

第258条の２　共有物の全部又はその持分が相続財産に属する場合において、共同相続人間で当該共有物の全部又はその持分について遺産の分割をすべきときは、当該共有物又はその持分について前条の規定による分割をすることができない。

2　共有物の持分が相続財産に属する場合において、相続開始の時から10年を経過したときは、前項の規定にかかわらず、相続財産に属する共有物の持分について前条の規定による分割をすることができる。ただし、当該共有物の持分について遺産の分割の請求があった場合において、相続人が当該共有物の持分について同条の規定による分割をすることに異議の申出をしたときは、この限りでない。

3　相続人が前項ただし書の申出をする場合には、当該申出は、当該相続人が前条第１項の規定による請求を受けた裁判所から当該請求があった旨の通知を受けた日から２箇月以内に当該裁判所にしなければならない。

（共有に関する債権の弁済）

第259条　共有者の一人が他の共有者に対して共有に関する債権を有するときは、分割に際し、債務者に帰属すべき共有物の部分をもって、その弁済に充てることができる。

2　債権者は、前項の弁済を受けるため債務者に帰属すべき共有物の部分を売却する必要があるときは、その売却を請求することができる。

（共有物の分割への参加）

第260条　共有物について権利を有する者及び各共有者の債権者は、自己の費用で、分割に参加することができる。

2　前項の規定による参加の請求があったにもかかわらず、その請求をした者を参加させないで分割をしたときは、その分割は、その請求をした者に対抗することができない。

（分割における共有者の担保責任）

第261条　各共有者は、他の共有者が分割によって取得した物について、売主と同じく、その持分に応じて担保の責任を負う。

（共有物に関する証書）

第262条　分割が完了したときは、各分割者は、その取得した物に関する証書を保存しなければならない。

2　共有者の全員又はそのうちの数人に分割した物に関する証書は、その物の最大の部分を取得した者が保存しなければならない。

3　前項の場合において、最大の部分を取得した者がないときは、分割者間の協議で証書の保存者を定める。協議が調わないときは、裁判所が、これを指定する。

4　証書の保存者は、他の分割者の請求に応じて、その証書を使用させなければならない。

（所在等不明共有者の持分の取得）

第262条の２　不動産が数人の共有に属する場合において、共有者が他の共有者を知ること

ができず、又はその所在を知ることができないときは、裁判所は、共有者の請求により、その共有者に、当該他の共有者（以下この条において「所在等不明共有者」という。）の持分を取得させる旨の裁判をすることができる。この場合において、請求をした共有者が二人以上あるときは、請求をした各共有者に、所在等不明共有者の持分を、請求をした各共有者の持分の割合で按分してそれぞれ取得させる。

2　前項の請求があった持分に係る不動産について第258条第１項の規定による請求又は遺産の分割の請求があり、かつ、所在等不明共有者以外の共有者が前項の請求を受けた裁判所に同項の裁判をすることについて異議がある旨の届出をしたときは、裁判所は、同項の裁判をすることができない。

3　所在等不明共有者の持分が相続財産に属する場合（共同相続人間で遺産の分割をすべき場合に限る。）において、相続開始の時から10年を経過していないときは、裁判所は、第１項の裁判をすることができない。

4　第１項の規定により共有者が所在等不明共有者の持分を取得したときは、所在等不明共有者は、当該共有者に対し、当該共有者が取得した持分の時価相当額の支払を請求することができる。

5　前各項の規定は、不動産の使用又は収益をする権利（所有権を除く。）が数人の共有に属する場合について準用する。

（所在等不明共有者の持分の譲渡）

第262条の３　不動産が数人の共有に属する場合において、共有者が他の共有者を知ることができず、又はその所在を知ることができないときは、裁判所は、共有者の請求により、その共有者に、当該他の共有者（以下この条において「所在等不明共有者」という。）以外の共有者の全員が特定の者に対してその有する持分の全部を譲渡することを停止条件として所在等不明共有者の持分を当該特定の者に譲渡する権限を付与する旨の裁判をすることができる。

2　所在等不明共有者の持分が相続財産に属する場合（共同相続人間で遺産の分割をすべき場合に限る。）において、相続開始の時から10年を経過していないときは、裁判所は、前項の裁判をすることができない。

3　第１項の裁判により付与された権限に基づき共有者が所在等不明共有者の持分を第三者に譲渡したときは、所在等不明共有者は、当該譲渡をした共有者に対し、不動産の時価相当額を所在等不明共有者の持分に応じて按分して得た額の支払を請求することができる。

4　前３項の規定は、不動産の使用又は収益をする権利（所有権を除く。）が数人の共有に属する場合について準用する。

（共有の性質を有する入会権）

第263条　共有の性質を有する入会権については、各地方の慣習に従うほか、この節の規定を適用する。

（準共有）

第264条　この節（第262条の２及び第262条の３を除く。）の規定は、数人で所有権以外の財産権を有する場合について準用する。ただし、法令に特別の定めがあるときは、この限りでない。

第４節　所有者不明土地管理命令及び所有者不明建物管理命令

（所有者不明土地管理命令）

第264条の２　裁判所は、所有者を知ることができず、又はその所在を知ることができない土地（土地が数人の共有に属する場合にあっては、共有者を知ることができず、又はその所在を知ることができない土地の共有持分）について、必要があると認めるときは、利害関係人の請求により、その請求に係る土地又は共有持分を対象として、所有者不明土地管理人（第４項に規定する所有者不明土地管理人をいう。以下同じ。）による管理を命ずる処分（以下「所有者不明土地管理命令」という。）をすることができる。

2　所有者不明土地管理命令の効力は、当該所有者不明土地管理命令の対象とされた土地（共有持分を対象として所有者不明土地管理命令が発せられた場合にあっては、共有物である土地）にある動産（当該所有者不明土地管理命令の対象とされた土地の所有者又は共有持分を有する者が所有するものに限る。）に及ぶ。

3　所有者不明土地管理命令は、所有者不明土地管理命令が発せられた後に当該所有者不明土地管理命令が取り消された場合において、当該所有者不明土地管理命令の対象とされた土地又は共有持分及び当該所有者不明土地管理命令の効力が及ぶ動産の管理、処分その他の事由により所有者不明土地管理人が得た財産について、必要があると認めるときも、することができる。

4　裁判所は、所有者不明土地管理命令をする場合には、当該所有者不明土地管理命令において、所有者不明土地管理人を選任しなければならない。

（所有者不明土地管理人の権限）

第264条の3　前条第4項の規定により所有者不明土地管理人が選任された場合には、所有者不明土地管理命令の対象とされた土地又は共有持分及び所有者不明土地管理命令の効力が及ぶ動産並びにその管理、処分その他の事由により所有者不明土地管理人が得た財産（以下「所有者不明土地等」という。）の管理及び処分をする権利は、所有者不明土地管理人に専属する。

2　所有者不明土地管理人が次に掲げる行為の範囲を超える行為をするには、裁判所の許可を得なければならない。ただし、この許可がないことをもって善意の第三者に対抗することはできない。

一　保存行為

二　所有者不明土地等の性質を変えない範囲内において、その利用又は改良を目的とする行為

（所有者不明土地等に関する訴えの取扱い）

第264条の4　所有者不明土地管理命令が発せられた場合には、所有者不明土地等に関する訴えについては、所有者不明土地管理人を原告又は被告とする。

（所有者不明土地管理人の義務）

第264条の5　所有者不明土地管理人は、所有者不明土地等の所有者（その共有持分を有する者を含む。）のために、善良な管理者の注意をもって、その権限を行使しなければならない。

2　数人の者の共有持分を対象として所有者不明土地管理命令が発せられたときは、所有者不明土地管理人は、当該所有者不明土地管理命令の対象とされた共有持分を有する者全員のために、誠実かつ公平にその権限を行使しなければならない。

（所有者不明土地管理人の解任及び辞任）

第264条の6　所有者不明土地管理人がその任務に違反して所有者不明土地等に著しい損害を与えたことその他重要な事由があるときは、裁判所は、利害関係人の請求により、所有者不明土地管理人を解任することができる。

2　所有者不明土地管理人は、正当な事由があるときは、裁判所の許可を得て、辞任することができる。

（所有者不明土地管理人の報酬等）

第264条の7　所有者不明土地管理人は、所有者不明土地等から裁判所が定める額の費用の前払及び報酬を受けることができる。

2　所有者不明土地管理人による所有者不明土地等の管理に必要な費用及び報酬は、所有者不明土地等の所有者（その共有持分を有する者を含む。）の負担とする。

（所有者不明建物管理命令）

第264条の8　裁判所は、所有者を知ることができず、又はその所在を知ることができない建物（建物が数人の共有に属する場合にあっては、共有者を知ることができず、又はその所在を知ることができない建物の共有持分）について、必要があると認めるときは、利害関係人の請求により、その請求に係る建物又は共有持分を対象として、所有者不明建物管理人（第4項に規定する所有者不明建物管理人をいう。以下この条において同じ。）による管理を命ずる処分（以下この条において「所有者不明建物管理命令」という。）をすることができる。

2　所有者不明建物管理命令の効力は、当該所有者不明建物管理命令の対象とされた建物（共有持分を対象として所有者不明建物管理命令が発せられた場合にあっては、共有物である建物）にある動産（当該所有者不明建物管理命令の対象とされた建物の所有者又は共有持分を有する者が所有するものに限る。）及び当該建物を所有し、又は当該建物の共有持分を有するための建物の敷地に関する権利（賃借権その他の使用及び収益を目的とする権利（所有権を除く。）であって、当該所有者不明建物管理命令の対象とされた建物の所有者又は共有持分を有する者が有するものに限る。）に及ぶ。

3　所有者不明建物管理命令は、所有者不明建物管理命令が発せられた後に当該所有者不明建物管理命令が取り消された場合において、当該所有者不明建物管理命令の対象とされた建物又は共有持分並びに当該所有者不明建物管理命令の効力が及ぶ動産及び建物の敷地に関する権利の管理、処分その他の事由により所有者不明建物管理人が得た財産について、必要があると認めるときも、することができる。

4　裁判所は、所有者不明建物管理命令をする場合には、当該所有者不明建物管理命令において、所有者不明建物管理人を選任しなければならない。

5　第264条の3から前条までの規定は、所有者不明建物管理命令及び所有者不明建物管理人について準用する。

第５節　管理不全土地管理命令及び管理不全建物管理命令

（管理不全土地管理命令）

第264条の9　裁判所は、所有者による土地の管理が不適当であることによって他人の権利又は法律上保護される利益が侵害され、又は侵害されるおそれがある場合において、必要があると認めるときは、利害関係人の請求により、当該土地を対象として、管理不全土地管理人（第３項に規定する管理不全土地管理人をいう。以下同じ。）による管理を命ずる処分（以下「管理不全土地管理命令」という。）をすることができる。

2　管理不全土地管理命令の効力は、当該管理不全土地管理命令の対象とされた土地にある動産（当該管理不全土地管理命令の対象とされた土地の所有者又はその共有持分を有する者が所有するものに限る。）に及ぶ。

3　裁判所は、管理不全土地管理命令をする場合には、当該管理不全土地管理命令において、管理不全土地管理人を選任しなければならない。

（管理不全土地管理人の権限）

第264条の10　管理不全土地管理人は、管理不全土地管理命令の対象とされた土地及び管理不全土地管理命令の効力が及ぶ動産並びにその管理、処分その他の事由により管理不全土地管理人が得た財産（以下「管理不全土地等」という。）の管理及び処分をする権限を有する。

2　管理不全土地管理人が次に掲げる行為の範囲を超える行為をするには、裁判所の許可を得なければならない。ただし、この許可がないことをもって善意でかつ過失がない第三者に対抗することはできない。

一　保存行為

二　管理不全土地等の性質を変えない範囲内において、その利用又は改良を目的とする行為

3　管理不全土地管理命令の対象とされた土地の処分についての前項の許可をするには、その所有者の同意がなければならない。

（管理不全土地管理人の義務）

第264条の11　管理不全土地管理人は、管理不全土地等の所有者のために、善良な管理者の注意をもって、その権限を行使しなければならない。

2　管理不全土地等が数人の共有に属する場合には、管理不全土地管理人は、その共有持分を有する者全員のために、誠実かつ公平にその権限を行使しなければならない。

（管理不全土地管理人の解任及び辞任）

第264条の12　管理不全土地管理人がその任務に違反して管理不全土地等に著しい損害を与えたことその他重要な事由があるときは、裁判所は、利害関係人の請求により、管理不全土地管理人を解任することができる。

2　管理不全土地管理人は、正当な事由があるときは、裁判所の許可を得て、辞任することができる。

（管理不全土地管理人の報酬等）

第264条の13　管理不全土地管理人は、管理不全土地等から裁判所が定める額の費用の前払及び報酬を受けることができる。

2　管理不全土地管理人による管理不全土地等の管理に必要な費用及び報酬は、管理不全土地等の所有者の負担とする。

（管理不全建物管理命令）

第264条の14　裁判所は、所有者による建物の管理が不適当であることによって他人の権利又は法律上保護される利益が侵害され、又は侵害されるおそれがある場合において、必要があると認めるときは、利害関係人の請求により、当該建物を対象として、管理不全建物管理人（第３項に規定する管理不全建物管理人をいう。第４項において同じ。）による管理を命ずる処分（以下この条において「管理不全建物管理命令」という。）をすることができる。

2　管理不全建物管理命令は、当該管理不全建物管理命令の対象とされた建物にある動産（当該管理不全建物管理命令の対象とされた建物の所有者又はその共有持分を有する者が所有するものに限る。）及び当該建物を所有するための建物の敷地に関する権利（賃借権その他の使用及び収益を目的とする権利（所有権を除く。）であって、当該管理不全建物管理命令の対象とされた建物の所有者又はその共有持分を有する者が有するものに限る。）に及ぶ。

3　裁判所は、管理不全建物管理命令をする場合には、当該管理不全建物管理命令において、管理不全建物管理人を選任しなければならない。

4　第264条の10から前条までの規定は、管理不全建物管理命令及び管理不全建物管理人について準用する。

第４章　地上権

（地上権の内容）

第265条　地上権者は、他人の土地において工

作物又は竹木を所有するため、その土地を使用する権利を有する。

（地代）

第266条　第274条から第276条までの規定は、地上権者が土地の所有者に定期の地代を支払わなければならない場合について準用する。

2　地代については、前項に規定するもののほか、その性質に反しない限り、賃貸借に関する規定を準用する。

（相隣関係の規定の準用）

第267条　前章第1節第2款（相隣関係）の規定は、地上権者間又は地上権者と土地の所有者との間について準用する。ただし、第229条の規定は、境界線上の工作物が地上権の設定後に設けられた場合に限り、地上権者について準用する。

（地上権の存続期間）

第268条　設定行為で地上権の存続期間を定めなかった場合において、別段の慣習がないときは、地上権者は、いつでもその権利を放棄することができる。ただし、地代を支払うべきときは、1年前に予告をし、又は期限の到来していない1年分の地代を支払わなければならない。

2　地上権者が前項の規定によりその権利を放棄しないときは、裁判所は、当事者の請求により、20年以上50年以下の範囲内において、工作物又は竹木の種類及び状況その他地上権の設定当時の事情を考慮して、その存続期間を定める。

（工作物等の収去等）

第269条　地上権者は、その権利が消滅した時に、土地を原状に復してその工作物及び竹木を収去することができる。ただし、土地の所有者が時価相当額を提供してこれを買い取る旨を通知したときは、地上権者は、正当な理由がなければ、これを拒むことができない。

2　前項の規定と異なる慣習があるときは、その慣習に従う。

（地下又は空間を目的とする地上権）

第269条の2　地下又は空間は、工作物を所有するため、上下の範囲を定めて地上権の目的とすることができる。この場合においては、設定行為で、地上権の行使のためにその土地の使用に制限を加えることができる。

2　前項の地上権は、第三者がその土地の使用又は収益をする権利を有する場合においても、その権利又はこれを目的とする権利を有するすべての者の承諾があるときは、設定することができる。この場合において、土地の使用又は収益をする権利を有する者は、その地上権の行使を妨げることができない。

第5章　永小作権

（永小作権の内容）

第270条　永小作人は、小作料を支払って他人の土地において耕作又は牧畜をする権利を有する。

（永小作人による土地の変更の制限）

第271条　永小作人は、土地に対して、回復することのできない損害を生ずべき変更を加えることができない。

（永小作権の譲渡又は土地の賃貸）

第272条　永小作人は、その権利を他人に譲り渡し、又はその権利の存続期間内において耕作若しくは牧畜のため土地を賃貸することができる。ただし、設定行為で禁じたときは、この限りでない。

（賃貸借に関する規定の準用）

第273条　永小作人の義務については、この章の規定及び設定行為で定めるもののほか、その性質に反しない限り、賃貸借に関する規定を準用する。

（小作料の減免）

第274条　永小作人は、不可抗力により収益について損失を受けたときであっても、小作料の免除又は減額を請求することができない。

（永小作権の放棄）

第275条　永小作人は、不可抗力によって、引き続き3年以上全く収益を得ず、又は5年以上小作料より少ない収益を得たときは、その権利を放棄することができる。

（永小作権の消滅請求）

第276条　永小作人が引き続き2年以上小作料の支払を怠ったときは、土地の所有者は、永小作権の消滅を請求することができる。

（永小作権に関する慣習）

第277条　第271条から前条までの規定と異なる慣習があるときは、その慣習に従う。

（永小作権の存続期間）

第278条　永小作権の存続期間は、20年以上50年以下とする。設定行為で50年より長い期間を定めたときであっても、その期間は、50年とする。

2　永小作権の設定は、更新することができる。ただし、その存続期間は、更新の時から50年を超えることができない。

3　設定行為で永小作権の存続期間を定めなかったときは、その期間は、別段の慣習がある場合を除き、30年とする。

（工作物等の収去等）

第279条　第269条の規定は、永小作権について準用する。

第6章　地役権

（地役権の内容）

第280条　地役権者は、設定行為で定めた目的に従い、他人の土地を自己の土地の便益に供する権利を有する。ただし、第3章第1節（所有権の限界）の規定（公の秩序に関するものに限る。）に違反しないものでなければならない。

（地役権の付従性）

第281条　地役権は、要役地（地役権者の土地であって、他人の土地から便益を受けるものをいう。以下同じ。）の所有権に従たるものとして、その所有権とともに移転し、又は要役地について存する他の権利の目的となるものとする。ただし、設定行為に別段の定めがあるときは、この限りでない。

2　地役権は、要役地から分離して譲り渡し、又は他の権利の目的とすることができない。

（地役権の不可分性）

第282条　土地の共有者の一人は、その持分につき、その土地のために又はその土地について存する地役権を消滅させることができない。

2　土地の分割又はその一部の譲渡の場合には、地役権は、その各部のために又はその各部について存する。ただし、地役権がその性質により土地の一部のみに関するときは、この限りでない。

（地役権の時効取得）

第283条　地役権は、継続的に行使され、かつ、外形上認識することができるものに限り、時効によって取得することができる。

第284条　土地の共有者の一人が時効によって地役権を取得したときは、他の共有者も、これを取得する。

2　共有者に対する時効の更新は、地役権を行使する各共有者に対してしなければ、その効力を生じない。

3　地役権を行使する共有者が数人ある場合には、その一人について時効の完成猶予の事由があっても、時効は、各共有者のために進行する。

（用水地役権）

第285条　用水地役権の承役地（地役権者以外の者の土地であって、要役地の便益に供されるものをいう。以下同じ。）において、水が要役地及び承役地の需要に比して不足するときは、その各土地の需要に応じて、まずこれを生活用に供し、その残余を他の用途に供するものとする。ただし、設定行為に別段の定めがあるときは、この限りでない。

2　同一の承役地について数個の用水地役権を設定したときは、後の地役権者は、前の地役権者の水の使用を妨げてはならない。

（承役地の所有者の工作物の設置義務等）

第286条　設定行為又は設定後の契約により、承役地の所有者が自己の費用で地役権の行使のために工作物を設け、又はその修繕をする義務を負担したときは、承役地の所有者の特定承継人も、その義務を負担する。

第287条　承役地の所有者は、いつでも、地役権に必要な土地の部分の所有権を放棄して地役権者に移転し、これにより前条の義務を免れることができる。

（承役地の所有者の工作物の使用）

第288条　承役地の所有者は、地役権の行使を妨げない範囲内において、その行使のために承役地の上に設けられた工作物を使用することができる。

2　前項の場合には、承役地の所有者は、その利益を受ける割合に応じて、工作物の設置及び保存の費用を分担しなければならない。

（承役地の時効取得による地役権の消滅）

第289条　承役地の占有者が取得時効に必要な要件を具備する占有をしたときは、地役権は、これによって消滅する。

第290条　前条の規定による地役権の消滅時効は、地役権者がその権利を行使することによって中断する。

（地役権の消滅時効）

第291条　第166条第2項に規定する消滅時効の期間は、継続的でなく行使される地役権については最後の行使の時から起算し、継続的に行使される地役権についてはその行使を妨げる事実が生じた時から起算する。

第292条　要役地が数人の共有に属する場合において、その一人のために時効の完成猶予又は更新があるときは、その完成猶予又は更新は、他の共有者のためにも、その効力を生ずる。

第293条　地役権者がその権利の一部を行使しないときは、その部分のみが時効によって消滅する。

（共有の性質を有しない入会権）

第294条　共有の性質を有しない入会権については、各地方の慣習に従うほか、この章の規定を準用する。

第7章　留置権

（留置権の内容）

第295条　他人の物の占有者は、その物に関して生じた債権を有するときは、その債権の弁済を受けるまで、その物を留置することができる。ただし、その債権が弁済期にないときは、この限りでない。

2　前項の規定は、占有が不法行為によって始まった場合には、適用しない。

（留置権の不可分性）

第296条　留置権者は、債権の全部の弁済を受けるまでは、留置物の全部についてその権利を行使することができる。

（留置権者による果実の収取）

第297条　留置権者は、留置物から生ずる果実を収取し、他の債権者に先立って、これを自己の債権の弁済に充当することができる。

2　前項の果実は、まず債権の利息に充当し、なお残余があるときは元本に充当しなければならない。

（留置権者による留置物の保管等）

第298条　留置権者は、善良な管理者の注意をもって、留置物を占有しなければならない。

2　留置権者は、債務者の承諾を得なければ、留置物を使用し、賃貸し、又は担保に供することができない。ただし、その物の保存に必要な使用をすることは、この限りでない。

3　留置権者が前2項の規定に違反したときは、債務者は、留置権の消滅を請求することができる。

（留置権者による費用の償還請求）

第299条　留置権者は、留置物について必要費を支出したときは、所有者にその償還をさせることができる。

2　留置権者は、留置物について有益費を支出したときは、これによる価格の増加が現存する場合に限り、所有者の選択に従い、その支出した金額又は増価額を償還させることができる。ただし、裁判所は、所有者の請求により、その償還について相当の期限を許与することができる。

（留置権の行使と債権の消滅時効）

第300条　留置権の行使は、債権の消滅時効の進行を妨げない。

（担保の供与による留置権の消滅）

第301条　債務者は、相当の担保を供して、留置権の消滅を請求することができる。

（占有の喪失による留置権の消滅）

第302条　留置権は、留置権者が留置物の占有を失うことによって、消滅する。ただし、第298条第2項の規定により留置物を賃貸し、又は質権の目的としたときは、この限りでない。

第8章　先取特権

第1節　総則

（先取特権の内容）

第303条　先取特権者は、この法律その他の法律の規定に従い、その債務者の財産について、他の債権者に先立って自己の債権の弁済を受ける権利を有する。

（物上代位）

第304条　先取特権は、その目的物の売却、賃貸、滅失又は損傷によって債務者が受けるべき金銭その他の物に対しても、行使することができる。ただし、先取特権者は、その払渡し又は引渡しの前に差押えをしなければならない。

2　債務者が先取特権の目的物につき設定した物権の対価についても、前項と同様とする。

（先取特権の不可分性）

第305条　第296条の規定は、先取特権について準用する。

第2節　先取特権の種類

第1款　一般の先取特権

（一般の先取特権）

第306条　次に掲げる原因によって生じた債権を有する者は、債務者の総財産について先取特権を有する。

一　共益の費用

二　雇用関係

三　葬式の費用

四　日用品の供給

（共益費用の先取特権）

第307条　共益の費用の先取特権は、各債権者の共同の利益のためにされた債務者の財産の保存、清算又は配当に関する費用について存在する。

2　前項の費用のうちすべての債権者に有益でなかったものについては、先取特権は、その費用によって利益を受けた債権者に対してのみ存在する。

（雇用関係の先取特権）

第308条　雇用関係の先取特権は、給料その他債務者と使用人との間の雇用関係に基づいて生じた債権について存在する。

（葬式費用の先取特権）

第309条　葬式の費用の先取特権は、債務者のためにされた葬式の費用のうち相当な額について存在する。

2　前項の先取特権は、債務者がその扶養すべき親族のためにした葬式の費用のうち相当な額についても存在する。

（日用品供給の先取特権）

第310条　日用品の供給の先取特権は、債務者又はその扶養すべき同居の親族及びその家事使用人の生活に必要な最後の6箇月間の飲食料品、燃料及び電気の供給について存在する。

第2款　動産の先取特権

（動産の先取特権）

第311条　次に掲げる原因によって生じた債権を有する者は、債務者の特定の動産について先取特権を有する。

一　不動産の賃貸借
二　旅館の宿泊
三　旅客又は荷物の運輸
四　動産の保存
五　動産の売買
六　種苗又は肥料（蚕種又は蚕の飼養に供した桑葉を含む。以下同じ。）の供給
七　農業の労務
八　工業の労務

（不動産賃貸の先取特権）

第312条　不動産の賃貸の先取特権は、その不動産の賃料その他の賃貸借関係から生じた賃借人の債務に関し、賃借人の動産について存在する。

（不動産賃貸の先取特権の目的物の範囲）

第313条　土地の賃貸人の先取特権は、その土地又はその利用のための建物に備え付けられた動産、その土地の利用に供された動産及び賃借人が占有するその土地の果実について存在する。

2　建物の賃貸人の先取特権は、賃借人がその建物に備え付けた動産について存在する。

第314条　賃借権の譲渡又は転貸の場合には、賃貸人の先取特権は、譲受人又は転借人の動産にも及ぶ。譲渡人又は転貸人が受けるべき金銭についても、同様とする。

（不動産賃貸の先取特権の被担保債権の範囲）

第315条　賃借人の財産のすべてを清算する場合には、賃貸人の先取特権は、前期、当期及び次期の賃料その他の債務並びに前期及び当期に生じた損害の賠償債務についてのみ存在する。

第316条　賃貸人は、第622条の2第1項に規定する敷金を受け取っている場合には、その敷金で弁済を受けない債権の部分についてのみ先取特権を有する。

（旅館宿泊の先取特権）

第317条　旅館の宿泊の先取特権は、宿泊客が負担すべき宿泊料及び飲食料に関し、その旅館に在るその宿泊客の手荷物について存在する。

（運輸の先取特権）

第318条　運輸の先取特権は、旅客又は荷物の運送賃及び付随の費用に関し、運送人の占有する荷物について存在する。

（即時取得の規定の準用）

第319条　第192条から第195条までの規定は、第312条から前条までの規定による先取特権について準用する。

（動産保存の先取特権）

第320条　動産の保存の先取特権は、動産の保存のために要した費用又は動産に関する権利の保存、承認若しくは実行のために要した費用に関し、その動産について存在する。

（動産売買の先取特権）

第321条　動産の売買の先取特権は、動産の代価及びその利息に関し、その動産について存在する。

（種苗又は肥料の供給の先取特権）

第322条　種苗又は肥料の供給の先取特権は、種苗又は肥料の代価及びその利息に関し、その種苗又は肥料を用いた後1年以内にこれを用い

た土地から生じた果実（蚕種又は蚕の飼養に供した桑葉の使用によって生じた物を含む。）について存在する。

（農業労務の先取特権）

第323条　農業の労務の先取特権は、その労務に従事する者の最後の1年間の賃金に関し、その労務によって生じた果実について存在する。

（工業労務の先取特権）

第324条　工業の労務の先取特権は、その労務に従事する者の最後の3箇月間の賃金に関し、その労務によって生じた製作物について存在する。

第3款　不動産の先取特権

（不動産の先取特権）

第325条　次に掲げる原因によって生じた債権を有する者は、債務者の特定の不動産について先取特権を有する。

一　不動産の保存

二　不動産の工事

三　不動産の売買

（不動産保存の先取特権）

第326条　不動産の保存の先取特権は、不動産の保存のために要した費用又は不動産に関する権利の保存、承認若しくは実行のために要した費用に関し、その不動産について存在する。

（不動産工事の先取特権）

第327条　不動産の工事の先取特権は、工事の設計、施工又は監理をする者が債務者の不動産に関してした工事の費用に関し、その不動産について存在する。

2　前項の先取特権は、工事によって生じた不動産の価格の増加が現存する場合に限り、その増価額についてのみ存在する。

（不動産売買の先取特権）

第328条　不動産の売買の先取特権は、不動産の代価及びその利息に関し、その不動産について存在する。

第3節　先取特権の順位

（一般の先取特権の順位）

第329条　一般の先取特権が互いに競合する場合には、その優先権の順位は、第306条各号に掲げる順序に従う。

2　一般の先取特権と特別の先取特権とが競合する場合には、特別の先取特権は、一般の先取特権に優先する。ただし、共益の費用の先取特権は、その利益を受けたすべての債権者に対して優先する効力を有する。

（動産の先取特権の順位）

第330条　同一の動産について特別の先取特権が互いに競合する場合には、その優先権の順位は、次に掲げる順序に従う。この場合において、第2号に掲げる動産の保存の先取特権について数人の保存者があるときは、後の保存者が前の保存者に優先する。

一　不動産の賃貸、旅館の宿泊及び運輸の先取特権

二　動産の保存の先取特権

三　動産の売買、種苗又は肥料の供給、農業の労務及び工業の労務の先取特権

2　前項の場合において、第1順位の先取特権者は、その債権取得の時において第2順位又は第3順位の先取特権者があることを知っていたときは、これらの者に対して優先権を行使することができない。第1順位の先取特権者のために物を保存した者に対しても、同様とする。

3　果実に関しては、第1の順位は農業の労務に従事する者に、第2の順位は種苗又は肥料の供給者に、第3の順位は土地の賃貸人に属する。

（不動産の先取特権の順位）

第331条　同一の不動産について特別の先取特権が互いに競合する場合には、その優先権の順位は、第325条各号に掲げる順序に従う。

2　同一の不動産について売買が順次された場合には、売主相互間における不動産売買の先取特権の優先権の順位は、売買の前後による。

（同一順位の先取特権）

第332条　同一の目的物について同一順位の先取特権者が数人あるときは、各先取特権者は、その債権額の割合に応じて弁済を受ける。

第4節　先取特権の効力

（先取特権と第三取得者）

第333条　先取特権は、債務者がその目的である動産をその第三取得者に引き渡した後は、その動産について行使することができない。

（先取特権と動産質権との競合）

第334条　先取特権と動産質権とが競合する場合には、動産質権者は、第330条の規定による第1順位の先取特権者と同一の権利を有する。

（一般の先取特権の効力）

第335条　一般の先取特権者は、まず不動産以外の財産から弁済を受け、なお不足があるのでなければ、不動産から弁済を受けることができない。

2　一般の先取特権者は、不動産については、まず特別担保の目的とされていないものから弁済を受けなければならない。

3　一般の先取特権者は、前2項の規定に従って配当に加入することを怠ったときは、その配当加入をしたならば弁済を受けることができた額については、登記をした第三者に対してその先取特権を行使することができない。

4　前3項の規定は、不動産以外の財産の代価に先立って不動産の代価を配当し、又は他の不動産の代価に先立って特別担保の目的である不動産の代価を配当する場合には、適用しない。

（一般の先取特権の対抗力）

第336条　一般の先取特権は、不動産について登記をしなくても、特別担保を有しない債権者に対抗することができる。ただし、登記をした第三者に対しては、この限りでない。

（不動産保存の先取特権の登記）

第337条　不動産の保存の先取特権の効力を保存するためには、保存行為が完了した後直ちに登記をしなければならない。

（不動産工事の先取特権の登記）

第338条　不動産の工事の先取特権の効力を保存するためには、工事を始める前にその費用の予算額を登記しなければならない。この場合において、工事の費用が予算額を超えるときは、先取特権は、その超過額については存在しない。

2　工事によって生じた不動産の増価額は、配当加入の時に、裁判所が選任した鑑定人に評価させなければならない。

（登記をした不動産保存又は不動産工事の先取特権）

第339条　前2条の規定に従って登記をした先取特権は、抵当権に先立って行使することができる。

（不動産売買の先取特権の登記）

第340条　不動産の売買の先取特権の効力を保存するためには、売買契約と同時に、不動産の代価又はその利息の弁済がされていない旨を登記しなければならない。

（抵当権に関する規定の準用）

第341条　先取特権の効力については、この節に定めるもののほか、その性質に反しない限り、抵当権に関する規定を準用する。

第9章　質権

第1節　総則

（質権の内容）

第342条　質権者は、その債権の担保として債務者又は第三者から受け取った物を占有し、かつ、その物について他の債権者に先立って自己の債権の弁済を受ける権利を有する。

（質権の目的）

第343条　質権は、譲り渡すことができない物をその目的とすることができない。

（質権の設定）

第344条　質権の設定は、債権者にその目的物を引き渡すことによって、その効力を生ずる。

（質権設定者による代理占有の禁止）

第345条　質権者は、質権設定者に、自己に代わって質物の占有をさせることができない。

（質権の被担保債権の範囲）

第346条　質権は、元本、利息、違約金、質権の実行の費用、質物の保存の費用及び債務の不履行又は質物の隠れた瑕疵によって生じた損害の賠償を担保する。ただし、設定行為に別段の定めがあるときは、この限りでない。

（質物の留置）

第347条　質権者は、前条に規定する債権の弁済を受けるまでは、質物を留置することができる。ただし、この権利は、自己に対して優先権を有する債権者に対抗することができない。

（転質）

第348条　質権者は、その権利の存続期間内において、自己の責任で、質物について、転質をすることができる。この場合において、転質をしたことによって生じた損失については、不可抗力によるものであっても、その責任を負う。

（契約による質物の処分の禁止）

第349条　質権設定者は、設定行為又は債務の弁済期前の契約において、質権者に弁済として質物の所有権を取得させ、その他法律に定める方法によらないで質物を処分させることを約することができない。

（留置権及び先取特権の規定の準用）

第350条　第296条から第300条まで及び第304条の規定は、質権について準用する。

（物上保証人の求償権）

第351条　他人の債務を担保するため質権を設定した者は、その債務を弁済し、又は質権の実行によって質物の所有権を失ったときは、保証債務に関する規定に従い、債務者に対して求償権を有する。

第2節　動産質

（動産質の対抗要件）

第352条　動産質権者は、継続して質物を占有しなければ、その質権をもって第三者に対抗することができない。

（質物の占有の回復）

第353条　動産質権者は、質物の占有を奪われたときは、占有回収の訴えによってのみ、その質物を回復することができる。

（動産質権の実行）

第354条　動産質権者は、その債権の弁済を受けないときは、正当な理由がある場合に限り、鑑定人の評価に従い質物をもって直ちに弁済に充てることを裁判所に請求することができる。この場合において、動産質権者は、あらかじめ、その請求をする旨を債務者に通知しなければならない。

（動産質権の順位）

第355条　同一の動産について数個の質権が設定されたときは、その質権の順位は、設定の前後による。

第3節　不動産質

（不動産質権者による使用及び収益）

第356条　不動産質権者は、質権の目的である不動産の用法に従い、その使用及び収益をすることができる。

（不動産質権者による管理の費用等の負担）

第357条　不動産質権者は、管理の費用を支払い、その他不動産に関する負担を負う。

（不動産質権者による利息の請求の禁止）

第358条　不動産質権者は、その債権の利息を請求することができない。

（設定行為に別段の定めがある場合等）

第359条　前3条の規定は、設定行為に別段の定めがあるとき、又は担保不動産収益執行（民事執行法第180条第2号に規定する担保不動産収益執行をいう。以下同じ。）の開始があったときは、適用しない。

（不動産質権の存続期間）

第360条　不動産質権の存続期間は、10年を超えることができない。設定行為でこれより長い期間を定めたときであっても、その期間は、10年とする。

2　不動産質権の設定は、更新することができる。ただし、その存続期間は、更新の時から10年を超えることができない。

（抵当権の規定の準用）

第361条　不動産質権については、この節に定めるもののほか、その性質に反しない限り、次章（抵当権）の規定を準用する。

第4節　権利質

（権利質の目的等）

第362条　質権は、財産権をその目的とすることができる。

2　前項の質権については、この節に定めるもののほか、その性質に反しない限り、前3節（総則、動産質及び不動産質）の規定を準用する。

第363条　削除

（債権を目的とする質権の対抗要件）

第364条　債権を目的とする質権の設定（現に発生していない債権を目的とするものを含む。）は、第467条の規定に従い、第三債務者にその質権の設定を通知し、又は第三債務者がこれを承諾しなければ、これをもって第三債務者その他の第三者に対抗することができない。

第365条　削除

（質権者による債権の取立て等）

第366条　質権者は、質権の目的である債権を直接に取り立てることができる。

2　債権の目的物が金銭であるときは、質権者は、自己の債権額に対応する部分に限り、これを取り立てることができる。

3　前項の債権の弁済期が質権者の債権の弁済期前に到来したときは、質権者は、第三債務者にその弁済をすべき金額を供託させることができる。この場合において、質権は、その供託金について存在する。

4　債権の目的物が金銭でないときは、質権者は、弁済として受けた物について質権を有する。

第367条～第368条　削除

第10章　抵当権

第1節　総則

（抵当権の内容）

第369条　抵当権者は、債務者又は第三者が占有を移転しないで債務の担保に供した不動産について、他の債権者に先立って自己の債権の弁済を受ける権利を有する。

2　地上権及び永小作権も、抵当権の目的とすることができる。この場合においては、この章の規定を準用する。

（抵当権の効力の及ぶ範囲）

第370条　抵当権は、抵当地の上に存する建物を除き、その目的である不動産（以下「抵当不動産」という。）に付加して一体となっている物に及ぶ。ただし、設定行為に別段の定めがある場合及び債務者の行為について第424条第3項に規定する詐害行為取消請求をすることができる場合は、この限りでない。

第371条　抵当権は、その担保する債権について不履行があったときは、その後に生じた抵当不動産の果実に及ぶ。

（留置権等の規定の準用）

第372条　第296条、第304条及び第351条の規定は、抵当権について準用する。

第2節　抵当権の効力

（抵当権の順位）

第373条　同一の不動産について数個の抵当権が設定されたときは、その抵当権の順位は、登記の前後による。

（抵当権の順位の変更）

第374条　抵当権の順位は、各抵当権者の合意によって変更することができる。ただし、利害関係を有する者があるときは、その承諾を得なければならない。

2　前項の規定による順位の変更は、その登記をしなければ、その効力を生じない。

（抵当権の被担保債権の範囲）

第375条　抵当権者は、利息その他の定期金を請求する権利を有するときは、その満期となった最後の2年分についてのみ、その抵当権を行使することができる。ただし、それ以前の定期金についても、満期後に特別の登記をしたときは、その登記の時からその抵当権を行使することを妨げない。

2　前項の規定は、抵当権者が債務の不履行によって生じた損害の賠償を請求する権利を有する場合におけるその最後の2年分についても適用する。ただし、利息その他の定期金と通算して2年分を超えることができない。

（抵当権の処分）

第376条　抵当権者は、その抵当権を他の債権の担保とし、又は同一の債務者に対する他の債権者の利益のためにその抵当権若しくはその順位を譲渡し、若しくは放棄することができる。

2　前項の場合において、抵当権者が数人のためにその抵当権の処分をしたときは、その処分の利益を受ける者の権利の順位は、抵当権の登記にした付記の前後による。

（抵当権の処分の対抗要件）

第377条　前条の場合には、第467条の規定に従い、主たる債務者に抵当権の処分を通知し、又は主たる債務者がこれを承諾しなければ、これをもって主たる債務者、保証人、抵当権設定者及びこれらの者の承継人に対抗することができない。

2　主たる債務者が前項の規定により通知を受け、又は承諾をしたときは、抵当権の処分の利益を受ける者の承諾を得ないでした弁済は、その受益者に対抗することができない。

（代価弁済）

第378条　抵当不動産について所有権又は地上権を買い受けた第三者が、抵当権者の請求に応じてその抵当権者にその代価を弁済したときは、抵当権は、その第三者のために消滅する。

（抵当権消滅請求）

第379条　抵当不動産の第三取得者は、第383条の定めるところにより、抵当権消滅請求をすることができる。

第380条　主たる債務者、保証人及びこれらの者の承継人は、抵当権消滅請求をすることができない。

第381条　抵当不動産の停止条件付第三取得者は、その停止条件の成否が未定である間は、抵当権消滅請求をすることができない。

（抵当権消滅請求の時期）

第382条　抵当不動産の第三取得者は、抵当権の実行としての競売による差押えの効力が発生する前に、抵当権消滅請求をしなければならない。

（抵当権消滅請求の手続）

第383条　抵当不動産の第三取得者は、抵当権消滅請求をするときは、登記をした各債権者に対し、次に掲げる書面を送付しなければならない。

一　取得の原因及び年月日、譲渡人及び取得者の氏名及び住所並びに抵当不動産の性質、所在及び代価その他取得者の負担を記載した書面

二　抵当不動産に関する登記事項証明書（現に効力を有する登記事項のすべてを証明したものに限る。）

三　債権者が2箇月以内に抵当権を実行して競売の申立てをしないときは、抵当不動産の第三取得者が第1号に規定する代価又は特に指定した金額を債権の順位に従って弁済し又は供託すべき旨を記載した書面

（債権者のみなし承諾）

第384条　次に掲げる場合には、前条各号に掲げる書面の送付を受けた債権者は、抵当不動産の第三取得者が同条第3号に掲げる書面に記載したところにより提供した同号の代価又は金額を承諾したものとみなす。

一　その債権者が前条各号に掲げる書面の送付を受けた後2箇月以内に抵当権を実行して競売の申立てをしないとき。

二　その債権者が前号の申立てを取り下げたとき。

三　第1号の申立てを却下する旨の決定が確定したとき。

四　第1号の申立てに基づく競売の手続を取り消す旨の決定（民事執行法第188条において準用する同法第63条第3項若しくは第68条の3第3項の規定又は同法第183条第1項第5号の謄本が提出された場合における同条第2項の規定による決定を除く。）が確定したとき。

（競売の申立ての通知）

第385条　第383条各号に掲げる書面の送付を受けた債権者は、前条第1号の申立てをするときは、同号の期間内に、債務者及び抵当不動産の譲渡人にその旨を通知しなければならない。

（抵当権消滅請求の効果）

第386条　登記をしたすべての債権者が抵当不動産の第三取得者の提供した代価又は金額を承諾し、かつ、抵当不動産の第三取得者がその承諾を得た代価又は金額を払い渡し又は供託したときは、抵当権は、消滅する。

（抵当権者の同意の登記がある場合の賃貸借の対抗力）

第387条　登記をした賃貸借は、その登記前に登記をした抵当権を有するすべての者が同意をし、かつ、その同意の登記があるときは、その同意をした抵当権者に対抗することができる。

2　抵当権者が前項の同意をするには、その抵当権を目的とする権利を有する者その他抵当権者の同意によって不利益を受けるべき者の承諾を得なければならない。

（法定地上権）

第388条　土地及びその上に存する建物が同一の所有者に属する場合において、その土地又は建物につき抵当権が設定され、その実行により所有者を異にするに至ったときは、その建物について、地上権が設定されたものとみなす。この場合において、地代は、当事者の請求により、裁判所が定める。

（抵当地の上の建物の競売）

第389条　抵当権の設定後に抵当地に建物が築造されたときは、抵当権者は、土地とともにその建物を競売することができる。ただし、その優先権は、土地の代価についてのみ行使することができる。

2　前項の規定は、その建物の所有者が抵当地を占有するについて抵当権者に対抗することができる権利を有する場合には、適用しない。

（抵当不動産の第三取得者による買受け）

第390条　抵当不動産の第三取得者は、その競売において買受人となることができる。

（抵当不動産の第三取得者による費用の償還請求）

第391条　抵当不動産の第三取得者は、抵当不動産について必要費又は有益費を支出したときは、第196条の区別に従い、抵当不動産の代価から、他の債権者より先にその償還を受けることができる。

（共同抵当における代価の配当）

第392条　債権者が同一の債権の担保として数個の不動産につき抵当権を有する場合において、同時にその代価を配当すべきときは、その各不動産の価額に応じて、その債権の負担を按分する。

2　債権者が同一の債権の担保として数個の不動産につき抵当権を有する場合において、ある不動産の代価のみを配当すべきときは、抵当権者は、その代価から債権の全部の弁済を受けることができる。この場合において、次順位の抵当権者は、その弁済を受ける抵当権者が前項の規定に従い他の不動産の代価から弁済を受けるべ

き金額を限度として、その抵当権者に代位して抵当権を行使することができる。

（共同抵当における代位の付記登記）

第393条　前条第２項後段の規定により代位によって抵当権を行使する者は、その抵当権の登記にその代位を付記することができる。

（抵当不動産以外の財産からの弁済）

第394条　抵当権者は、抵当不動産の代価から弁済を受けない債権の部分についてのみ、他の財産から弁済を受けることができる。

2　前項の規定は、抵当不動産の代価に先立って他の財産の代価を配当すべき場合には、適用しない。この場合において、他の各債権者は、抵当権者に同項の規定による弁済を受けさせるため、抵当権者に配当すべき金額の供託を請求することができる。

（抵当建物使用者の引渡しの猶予）

第395条　抵当権者に対抗することができない賃貸借により抵当権の目的である建物の使用又は収益をする者であって次に掲げるもの（次項において「抵当建物使用者」という。）は、その建物の競売における買受人の買受けの時から６箇月を経過するまでは、その建物を買受人に引き渡すことを要しない。

一　競売手続の開始前から使用又は収益をする者

二　強制管理又は担保不動産収益執行の管理人が競売手続の開始後にした賃貸借により使用又は収益をする者

2　前項の規定は、買受人の買受けの時より後に同項の建物の使用をしたことの対価について、買受人が抵当建物使用者に対し相当の期間を定めてその１箇月分以上の支払の催告をし、その相当の期間内に履行がない場合には、適用しない。

第３節　抵当権の消滅

（抵当権の消滅時効）

第396条　抵当権は、債務者及び抵当権設定者に対しては、その担保する債権と同時でなければ、時効によって消滅しない。

（抵当不動産の時効取得による抵当権の消滅）

第397条　債務者又は抵当権設定者でない者が抵当不動産について取得時効に必要な要件を具備する占有をしたときは、抵当権は、これによって消滅する。

（抵当権の目的である地上権等の放棄）

第398条　地上権又は永小作権を抵当権の目的とした地上権者又は永小作人は、その権利を放棄しても、これをもって抵当権者に対抗することができない。

第４節　根抵当

（根抵当権）

第398条の2　抵当権は、設定行為で定めるところにより、一定の範囲に属する不特定の債権を極度額の限度において担保するためにも設定することができる。

2　前項の規定による抵当権（以下「根抵当権」という。）の担保すべき不特定の債権の範囲は、債務者との特定の継続的取引契約によって生ずるものその他債務者との一定の種類の取引によって生ずるものに限定して、定めなければならない。

3　特定の原因に基づいて債務者との間に継続して生ずる債権、手形上若しくは小切手上の請求権又は電子記録債権（電子記録債権法（平成19年法律第102号）第２条第１項に規定する電子記録債権をいう。次条第２項において同じ。）は、前項の規定にかかわらず、根抵当権の担保すべき債権とすることができる。

（根抵当権の被担保債権の範囲）

第398条の3　根抵当権者は、確定した元本並びに利息その他の定期金及び債務の不履行によって生じた損害の賠償の全部について、極度額を限度として、その根抵当権を行使することができる。

2　債務者との取引によらないで取得する手形上若しくは小切手上の請求権又は電子記録債権を根抵当権の担保すべき債権とした場合において、次に掲げる事由があったときは、その前に取得したものについてのみ、その根抵当権を行使することができる。ただし、その後に取得したものであっても、その事由を知らないで取得したものについては、これを行使することを妨げない。

一　債務者の支払の停止

二　債務者についての破産手続開始、再生手続開始、更生手続開始又は特別清算開始の申立て

三　抵当不動産に対する競売の申立て又は滞納処分による差押え

（根抵当権の被担保債権の範囲及び債務者の変更）

第398条の4　元本の確定前においては、根抵当権の担保すべき債権の範囲の変更をすることができる。債務者の変更についても、同様とする。

2　前項の変更をするには、後順位の抵当権者その他の第三者の承諾を得ることを要しない。

3　第1項の変更について元本の確定前に登記をしなかったときは、その変更をしなかったものとみなす。

（根抵当権の極度額の変更）

第398条の5　根抵当権の極度額の変更は、利害関係を有する者の承諾を得なければ、することができない。

（根抵当権の元本確定期日の定め）

第398条の6　根抵当権の担保すべき元本については、その確定すべき期日を定め又は変更することができる。

2　第398条の4第2項の規定は、前項の場合について準用する。

3　第1項の期日は、これを定め又は変更した日から5年以内でなければならない。

4　第1項の期日の変更についてその変更前の期日より前に登記をしなかったときは、担保すべき元本は、その変更前の期日に確定する。

（根抵当権の被担保債権の譲渡等）

第398条の7　元本の確定前に根抵当権者から債権を取得した者は、その債権について根抵当権を行使することができない。元本の確定前に債務者のために又は債務者に代わって弁済をした者も、同様とする。

2　元本の確定前に債務の引受けがあったときは、根抵当権者は、引受人の債務について、その根抵当権を行使することができない。

3　元本の確定前に免責的債務引受があった場合における債権者は、第472条の4第1項の規定にかかわらず、根抵当権を引受人が負担する債務に移すことができない。

4　元本の確定前に債権者の交替による更改があった場合における更改前の債権者は、第518条第1項の規定にかかわらず、根抵当権を更改後の債務に移すことができない。元本の確定前に債務者の交替による更改があった場合における債権者も、同様とする。

（根抵当権者又は債務者の相続）

第398条の8　元本の確定前に根抵当権者について相続が開始したときは、根抵当権は、相続開始の時に存する債権のほか、相続人と根抵当権設定者との合意により定めた相続人が相続の開始後に取得する債権を担保する。

2　元本の確定前にその債務者について相続が開始したときは、根抵当権は、相続開始の時に存する債務のほか、根抵当権者と根抵当権設定者との合意により定めた相続人が相続の開始後に負担する債務を担保する。

3　第398条の4第2項の規定は、前2項の合意をする場合について準用する。

4　第1項及び第2項の合意について相続の開始後6箇月以内に登記をしないときは、担保すべき元本は、相続開始の時に確定したものとみなす。

（根抵当権者又は債務者の合併）

第398条の9　元本の確定前に根抵当権者について合併があったときは、根抵当権は、合併の時に存する債権のほか、合併後存続する法人又は合併によって設立された法人が合併後に取得する債権を担保する。

2　元本の確定前にその債務者について合併があったときは、根抵当権は、合併の時に存する債務のほか、合併後存続する法人又は合併によって設立された法人が合併後に負担する債務を担保する。

3　前2項の場合には、根抵当権設定者は、担保すべき元本の確定を請求することができる。ただし、前項の場合において、その債務者が根抵当権設定者であるときは、この限りでない。

4　前項の規定による請求があったときは、担保すべき元本は、合併の時に確定したものとみなす。

5　第3項の規定による請求は、根抵当権設定者が合併のあったことを知った日から2週間を経過したときは、することができない。合併の日から1箇月を経過したときも、同様とする。

（根抵当権者又は債務者の会社分割）

第398条の10　元本の確定前に根抵当権者を分割をする会社とする分割があったときは、根抵当権は、分割の時に存する債権のほか、分割をした会社及び分割により設立された会社又は当該分割をした会社がその事業に関して有する権利義務の全部又は一部を当該会社から承継した会社が分割後に取得する債権を担保する。

2　元本の確定前にその債務者を分割をする会社とする分割があったときは、根抵当権は、分割の時に存する債務のほか、分割をした会社及び分割により設立された会社又は当該分割をした会社がその事業に関して有する権利義務の全部又は一部を当該会社から承継した会社が分割後に負担する債務を担保する。

3　前条第3項から第5項までの規定は、前2項の場合について準用する。

（根抵当権の処分）

第398条の11　元本の確定前においては、根抵当権者は、第376条第1項の規定による根抵当権の処分をすることができない。ただし、その根抵当権を他の債権の担保とすることを妨げない。

2　第377条第2項の規定は、前項ただし書の場合において元本の確定前にした弁済については、適用しない。

（根抵当権の譲渡）

第398条の12　元本の確定前においては、根抵当権者は、根抵当権設定者の承諾を得て、その根抵当権を譲り渡すことができる。

2　根抵当権者は、その根抵当権を2個の根抵当権に分割して、その一方を前項の規定により譲り渡すことができる。この場合において、その根抵当権を目的とする権利は、譲り渡した根抵当権について消滅する。

3　前項の規定による譲渡をするには、その根抵当権を目的とする権利を有する者の承諾を得なければならない。

（根抵当権の一部譲渡）

第398条の13　元本の確定前においては、根抵当権者は、根抵当権設定者の承諾を得て、その根抵当権の一部譲渡（譲渡人が譲受人と根抵当権を共有するため、これを分割しないで譲り渡すことをいう。以下この節において同じ。）をすることができる。

（根抵当権の共有）

第398条の14　根抵当権の共有者は、それぞれその債権額の割合に応じて弁済を受ける。ただし、元本の確定前に、これと異なる割合を定め、又はある者が他の者に先立って弁済を受けるべきことを定めたときは、その定めに従う。

2　根抵当権の共有者は、他の共有者の同意を得て、第398条の12第1項の規定によりその権利を譲り渡すことができる。

（抵当権の順位の譲渡又は放棄と根抵当権の譲渡又は一部譲渡）

第398条の15　抵当権の順位の譲渡又は放棄を受けた根抵当権者が、その根抵当権の譲渡又は一部譲渡をしたときは、譲受人は、その順位の譲渡又は放棄の利益を受ける。

（共同根抵当）

第398条の16　第392条及び第393条の規定は、根抵当権については、その設定と同時に同一の債権の担保として数個の不動産につき根抵当権が設定された旨の登記をした場合に限り、適用する。

（共同根抵当の変更等）

第398条の17　前条の登記がされている根抵当権の担保すべき債権の範囲、債務者若しくは極度額の変更又はその譲渡若しくは一部譲渡は、その根抵当権が設定されているすべての不動産について登記をしなければ、その効力を生じない。

2　前条の登記がされている根抵当権の担保すべき元本は、1個の不動産についてのみ確定すべき事由が生じた場合においても、確定する。

（累積根抵当）

第398条の18　数個の不動産につき根抵当権を有する者は、第398条の16の場合を除き、各不動産の代価について、各極度額に至るまで優先権を行使することができる。

（根抵当権の元本の確定請求）

第398条の19　根抵当権設定者は、根抵当権の設定の時から3年を経過したときは、担保すべき元本の確定を請求することができる。この場合において、担保すべき元本は、その請求の時から2週間を経過することによって確定する。

2　根抵当権者は、いつでも、担保すべき元本の確定を請求することができる。この場合において、担保すべき元本は、その請求の時に確定する。

3　前2項の規定は、担保すべき元本の確定すべき期日の定めがあるときは、適用しない。

（根抵当権の元本の確定事由）

第398条の20　次に掲げる場合には、根抵当権の担保すべき元本は、確定する。

一　根抵当権者が抵当不動産について競売若しくは担保不動産収益執行又は第372条において準用する第304条の規定による差押えを申し立てたとき。ただし、競売手続若しくは担保不動産収益執行手続の開始又は差押えがあったときに限る。

二　根抵当権者が抵当不動産に対して滞納処分による差押えをしたとき。

三　根抵当権者が抵当不動産に対する競売手続の開始又は滞納処分による差押えがあったことを知った時から2週間を経過したとき。

四　債務者又は根抵当権設定者が破産手続開始の決定を受けたとき。

2　前項第3号の競売手続の開始若しくは差押え又は同項第4号の破産手続開始の決定の効力が消滅したときは、担保すべき元本は、確定しなかったものとみなす。ただし、元本が確定したものとしてその根抵当権又はこれを目的とする権利を取得した者があるときは、この限りでない。

（根抵当権の極度額の減額請求）

第398条の21　元本の確定後においては、根抵当権設定者は、その根抵当権の極度額を、現に存する債務の額と以後2年間に生ずべき利息その他の定期金及び債務の不履行による損害賠償の額とを加えた額に減額することを請求することができる。

2　第398条の16の登記がされている根抵当権の極度額の減額については、前項の規定による請求は、そのうちの1個の不動産についてすれば足りる。

（根抵当権の消滅請求）

第398条の22　元本の確定後において現に存する債務の額が根抵当権の極度額を超えるときは、他人の債務を担保するためその根抵当権を設定した者又は抵当不動産について所有権、地上権、永小作権若しくは第三者に対抗することができる賃借権を取得した第三者は、その極度額に相当する金額を払い渡し又は供託して、その根抵当権の消滅請求をすることができる。この場合において、その払渡し又は供託は、弁済の効力を有する。

2　第398条の16の登記がされている根抵当権は、1個の不動産について前項の消滅請求があったときは、消滅する。

3　第380条及び第381条の規定は、第1項の消滅請求について準用する。

第3編　債権

第1章　総則

第1節　債権の目的

（債権の目的）

第399条　債権は、金銭に見積もることができないものであっても、その目的とすることができる。

（特定物の引渡しの場合の注意義務）

第400条　債権の目的が特定物の引渡しであるときは、債務者は、その引渡しをするまで、契約その他の債権の発生原因及び取引上の社会通念に照らして定まる善良な管理者の注意をもって、その物を保存しなければならない。

（種類債権）

第401条　債権の目的物を種類のみで指定した場合において、法律行為の性質又は当事者の意思によってその品質を定めることができないときは、債務者は、中等の品質を有する物を給付しなければならない。

2　前項の場合において、債務者が物の給付をするのに必要な行為を完了し、又は債権者の同意を得てその給付すべき物を指定したときは、以後その物を債権の目的物とする。

（金銭債権）

第402条　債権の目的物が金銭であるときは、債務者は、その選択に従い、各種の通貨で弁済をすることができる。ただし、特定の種類の通貨の給付を債権の目的としたときは、この限りでない。

2　債権の目的物である特定の種類の通貨が弁済期に強制通用の効力を失っているときは、債務者は、他の通貨で弁済をしなければならない。

3　前2項の規定は、外国の通貨の給付を債権の目的とした場合について準用する。

第403条　外国の通貨で債権額を指定したときは、債務者は、履行地における為替相場により、日本の通貨で弁済をすることができる。

（法定利率）

第404条　利息を生ずべき債権について別段の意思表示がないときは、その利率は、その利息が生じた最初の時点における法定利率による。

2　法定利率は、年3パーセントとする。

3　前項の規定にかかわらず、法定利率は、法務省令で定めるところにより、3年を一期とし、一期ごとに、次項の規定により変動するものとする。

4　各期における法定利率は、この項の規定により法定利率に変動があった期のうち直近のもの（以下この項において「直近変動期」という。）における基準割合と当期における基準割合との差に相当する割合（その割合に1パーセント未満の端数があるときは、これを切り捨てる。）を直近変動期における法定利率に加算し、又は減算した割合とする。

5　前項に規定する「基準割合」とは、法務省令で定めるところにより、各期の初日の属する年の6年前の年の1月から前々年の12月までの各月における短期貸付けの平均利率（当該各月において銀行が新たに行った貸付け（貸付期間が1年未満のものに限る。）に係る利率の平均をいう。）の合計を60で除して計算した割合（その割合に0.1パーセント未満の端数があるときは、これを切り捨てる。）として法務大臣が告示するものをいう。

（利息の元本への組入れ）

第405条　利息の支払が1年分以上延滞した場合において、債権者が催告をしても、債務者がその利息を支払わないときは、債権者は、これを元本に組み入れることができる。

（選択債権における選択権の帰属）

第406条　債権の目的が数個の給付の中から選択によって定まるときは、その選択権は、債務者に属する。

（選択権の行使）

第407条　前条の選択権は、相手方に対する意思表示によって行使する。

2　前項の意思表示は、相手方の承諾を得なければ、撤回することができない。

（選択権の移転）

第408条　債権が弁済期にある場合において、相手方から相当の期間を定めて催告をしても、選択権を有する当事者がその期間内に選択をしないときは、その選択権は、相手方に移転する。

（第三者の選択権）

第409条　第三者が選択をすべき場合には、その選択は、債権者又は債務者に対する意思表示によってする。

2　前項に規定する場合において、第三者が選択をすることができず、又は選択をする意思を有しないときは、選択権は、債務者に移転する。

（不能による選択債権の特定）

第410条　債権の目的である給付の中に不能のものがある場合において、その不能が選択権を有する者の過失によるものであるときは、債権は、その残存するものについて存在する。

（選択の効力）

第411条　選択は、債権の発生の時にさかのぼってその効力を生ずる。ただし、第三者の権利を害することはできない。

第2節　債権の効力

第1款　債務不履行の責任等

（履行期と履行遅滞）

第412条　債務の履行について確定期限があるときは、債務者は、その期限の到来した時から遅滞の責任を負う。

2　債務の履行について不確定期限があるときは、債務者は、その期限の到来した後に履行の請求を受けた時又はその期限の到来したことを知った時のいずれか早い時から遅滞の責任を負う。

3　債務の履行について期限を定めなかったときは、債務者は、履行の請求を受けた時から遅滞の責任を負う。

（履行不能）

第412条の2　債務の履行が契約その他の債務の発生原因及び取引上の社会通念に照らして不能であるときは、債権者は、その債務の履行を請求することができない。

2　契約に基づく債務の履行がその契約の成立の時に不能であったことは、第415条の規定によりその履行の不能によって生じた損害の賠償を請求することを妨げない。

（受領遅滞）

第413条　債権者が債務の履行を受けることを拒み、又は受けることができない場合において、その債務の目的が特定物の引渡しであるときは、債務者は、履行の提供をした時からその引渡しをするまで、自己の財産に対するのと同一の注意をもって、その物を保存すれば足りる。

2　債権者が債務の履行を受けることを拒み、又は受けることができないことによって、その履行の費用が増加したときは、その増加額は、債権者の負担とする。

（履行遅滞中又は受領遅滞中の履行不能と帰責事由）

第413条の2　債務者がその債務について遅滞の責任を負っている間に当事者双方の責めに帰することができない事由によってその債務の履行が不能となったときは、その履行の不能は、債務者の責めに帰すべき事由によるものとみなす。

2　債権者が債務の履行を受けることを拒み、又は受けることができない場合において、履行の提供があった時以後に当事者双方の責めに帰することができない事由によってその債務の履行が不能となったときは、その履行の不能は、債権者の責めに帰すべき事由によるものとみなす。

（履行の強制）

第414条　債務者が任意に債務の履行をしないときは、債権者は、民事執行法その他強制執行の手続に関する法令の規定に従い、直接強制、代替執行、間接強制その他の方法による履行の強制を裁判所に請求することができる。ただし、債務の性質がこれを許さないときは、この限りでない。

2　前項の規定は、損害賠償の請求を妨げない。

（債務不履行による損害賠償）

第415条　債務者がその債務の本旨に従った履行をしないとき又は債務の履行が不能であるときは、債権者は、これによって生じた損害の賠償を請求することができる。ただし、その債務の不履行が契約その他の債務の発生原因及び取引上の社会通念に照らして債務者の責めに帰することができない事由によるものであるときは、この限りでない。

2　前項の規定により損害賠償の請求をすることができる場合において、債権者は、次に掲げるときは、債務の履行に代わる損害賠償の請求をすることができる。

一　債務の履行が不能であるとき。

二　債務者がその債務の履行を拒絶する意思を明確に表示したとき。

三　債務が契約によって生じたものである場合において、その契約が解除され、又は債務の不履行による契約の解除権が発生したとき。

（損害賠償の範囲）

第416条　債務の不履行に対する損害賠償の請求は、これによって通常生ずべき損害の賠償をさせることをその目的とする。

2　特別の事情によって生じた損害であっても、当事者がその事情を予見すべきであったときは、債権者は、その賠償を請求することができる。

（損害賠償の方法）

第417条　損害賠償は、別段の意思表示がないときは、金銭をもってその額を定める。

（中間利息の控除）

第417条の2　将来において取得すべき利益についての損害賠償の額を定める場合において、その利益を取得すべき時までの利息相当額を控除するときは、その損害賠償の請求権が生じた時点における法定利率により、これをする。

2　将来において負担すべき費用についての損害賠償の額を定める場合において、その費用を負担すべき時までの利息相当額を控除するときも、前項と同様とする。

（過失相殺）

第418条　債務の不履行又はこれによる損害の発生若しくは拡大に関して債権者に過失があったときは、裁判所は、これを考慮して、損害賠償の責任及びその額を定める。

（金銭債務の特則）

第419条　金銭の給付を目的とする債務の不履行については、その損害賠償の額は、債務者が遅滞の責任を負った最初の時点における法定利率によって定める。ただし、約定利率が法定利率を超えるときは、約定利率による。

2　前項の損害賠償については、債権者は、損害の証明をすることを要しない。

3　第1項の損害賠償については、債務者は、不可抗力をもって抗弁とすることができない。

（賠償額の予定）

第420条　当事者は、債務の不履行について損害賠償の額を予定することができる。

2　賠償額の予定は、履行の請求又は解除権の行使を妨げない。

3　違約金は、賠償額の予定と推定する。

第421条　前条の規定は、当事者が金銭でないものを損害の賠償に充てるべき旨を予定した場合について準用する。

（損害賠償による代位）

第422条　債権者が、損害賠償として、その債権の目的である物又は権利の価額の全部の支払を受けたときは、債務者は、その物又は権利について当然に債権者に代位する。

（代償請求権）

第422条の2　債務者が、その債務の履行が不能となったのと同一の原因により債務の目的物の代償である権利又は利益を取得したときは、債権者は、その受けた損害の額の限度において、債務者に対し、その権利の移転又はその利益の償還を請求することができる。

第2款　債権者代位権

（債権者代位権の要件）

第423条　債権者は、自己の債権を保全するため必要があるときは、債務者に属する権利（以下「被代位権利」という。）を行使することができる。ただし、債務者の一身に専属する権利及び差押えを禁じられた権利は、この限りでない。

2　債権者は、その債権の期限が到来しない間は、被代位権利を行使することができない。ただし、保存行為は、この限りでない。

3　債権者は、その債権が強制執行により実現することのできないものであるときは、被代位権利を行使することができない。

（代位行使の範囲）

第423条の2　債権者は、被代位権利を行使する場合において、被代位権利の目的が可分であるときは、自己の債権の額の限度においてのみ、被代位権利を行使することができる。

（債権者への支払又は引渡し）

第423条の3　債権者は、被代位権利を行使する場合において、被代位権利が金銭の支払又は動産の引渡しを目的とするものであるときは、相手方に対し、その支払又は引渡しを自己に対してすることを求めることができる。この場合において、相手方が債権者に対してその支払又は引渡しをしたときは、被代位権利は、これによって消滅する。

（相手方の抗弁）

第423条の4　債権者が被代位権利を行使したときは、相手方は、債務者に対して主張することができる抗弁をもって、債権者に対抗することができる。

（債務者の取立てその他の処分の権限等）

第423条の5　債権者が被代位権利を行使した場合であっても、債務者は、被代位権利について、自ら取立てその他の処分をすることを妨げられない。この場合においては、相手方も、被代位権利について、債務者に対して履行をすることを妨げられない。

（被代位権利の行使に係る訴えを提起した場合の訴訟告知）

第423条の6　債権者は、被代位権利の行使に係る訴えを提起したときは、遅滞なく、債務者に対し、訴訟告知をしなければならない。

（登記又は登録の請求権を保全するための債権者代位権）

第423条の7　登記又は登録をしなければ権利の得喪及び変更を第三者に対抗することができない財産を譲り受けた者は、その譲渡人が第三者に対して有する登記手続又は登録手続をすべきことを請求する権利を行使しないときは、その権利を行使することができる。この場合においては、前3条の規定を準用する。

第3款　詐害行為取消権

第1目　詐害行為取消権の要件

（詐害行為取消請求）

第424条　債権者は、債務者が債権者を害することを知ってした行為の取消しを裁判所に請求することができる。ただし、その行為によって利益を受けた者（以下この款において「受益者」という。）がその行為の時において債権者を害することを知らなかったときは、この限りでない。

2　前項の規定は、財産権を目的としない行為については、適用しない。

3　債権者は、その債権が第1項に規定する行為の前の原因に基づいて生じたものである場合に限り、同項の規定による請求（以下「詐害行為取消請求」という。）をすることができる。

4　債権者は、その債権が強制執行により実現することのできないものであるときは、詐害行為取消請求をすることができない。

（相当の対価を得てした財産の処分行為の特則）

第424条の2　債務者が、その有する財産を処分する行為をした場合において、受益者から相当の対価を取得しているときは、債権者は、次に掲げる要件のいずれにも該当する場合に限り、その行為について、詐害行為取消請求をすることができる。

一　その行為が、不動産の金銭への換価その他の当該処分による財産の種類の変更により、債務者において隠匿、無償の供与その他の債権者を害することとなる処分（以下この条において「隠匿等の処分」という。）をするおそれを現に生じさせるものであること。

二　債務者が、その行為の当時、対価として取得した金銭その他の財産について、隠匿等の処分をする意思を有していたこと。

三　受益者が、その行為の当時、債務者が隠匿等の処分をする意思を有していたことを知っていたこと。

（特定の債権者に対する担保の供与等の特則）

第424条の3　債務者がした既存の債務についての担保の供与又は債務の消滅に関する行為について、債権者は、次に掲げる要件のいずれにも該当する場合に限り、詐害行為取消請求をすることができる。

一　その行為が、債務者が支払不能（債務者が、支払能力を欠くために、その債務のうち弁済期にあるものにつき、一般的かつ継続的に弁済することができない状態をいう。次項第1号において同じ。）の時に行われたものであること。

二　その行為が、債務者と受益者とが通謀して他の債権者を害する意図をもって行われたものであること。

2　前項に規定する行為が、債務者の義務に属せず、又はその時期が債務者の義務に属しないものである場合において、次に掲げる要件のいずれにも該当するときは、債権者は、同項の規定にかかわらず、その行為について、詐害行為取消請求をすることができる。

一　その行為が、債務者が支払不能になる前30日以内に行われたものであること。

二　その行為が、債務者と受益者とが通謀して他の債権者を害する意図をもって行われたものであること。

（過大な代物弁済等の特則）

第424条の4　債務者がした債務の消滅に関する行為であって、受益者の受けた給付の価額がその行為によって消滅した債務の額より過大であるものについて、第424条に規定する要件に該当するときは、債権者は、前条第1項の規定にかかわらず、その消滅した債務の額に相当する部分以外の部分については、詐害行為取消請求をすることができる。

（転得者に対する詐害行為取消請求）

第424条の5　債権者は、受益者に対して詐害行為取消請求をすることができる場合において、受益者に移転した財産を転得した者があるときは、次の各号に掲げる区分に応じ、それぞれ当該各号に定める場合に限り、その転得者に対しても、詐害行為取消請求をすることができる。

一　その転得者が受益者から転得した者である場合　その転得者が、転得の当時、債務者がした行為が債権者を害することを知っていたとき。

二　その転得者が他の転得者から転得した者である場合　その転得者及びその前に転得した全ての転得者が、それぞれの転得の当時、債務者がした行為が債権者を害することを知っていたとき。

第2目　詐害行為取消権の行使の方法等

（財産の返還又は価額の償還の請求）

第424条の6　債権者は、受益者に対する詐害行為取消請求において、債務者がした行為の取消しとともに、その行為によって受益者に移転した財産の返還を請求することができる。受益者がその財産の返還をすることが困難であるときは、債権者は、その価額の償還を請求することができる。

2　債権者は、転得者に対する詐害行為取消請求において、債務者がした行為の取消しとともに、転得者が転得した財産の返還を請求することができる。転得者がその財産の返還をすることが困難であるときは、債権者は、その価額の償還を請求することができる。

（被告及び訴訟告知）

第424条の7　詐害行為取消請求に係る訴えについては、次の各号に掲げる区分に応じ、それぞれ当該各号に定める者を被告とする。

一　受益者に対する詐害行為取消請求に係る訴え　受益者

二　転得者に対する詐害行為取消請求に係る訴え　その詐害行為取消請求の相手方である転得者

2　債権者は、詐害行為取消請求に係る訴えを提起したときは、遅滞なく、債務者に対し、訴訟告知をしなければならない。

（詐害行為の取消しの範囲）

第424条の8　債権者は、詐害行為取消請求をする場合において、債務者がした行為の目的が可分であるときは、自己の債権の額の限度においてのみ、その行為の取消しを請求することができる。

2　債権者が第424条の6第1項後段又は第2項後段の規定により価額の償還を請求する場合についても、前項と同様とする。

（債権者への支払又は引渡し）

第424条の9　債権者は、第424条の6第1項前段又は第2項前段の規定により受益者又は転得者に対して財産の返還を請求する場合において、その返還の請求が金銭の支払又は動産の引渡しを求めるものであるときは、受益者に対してその支払又は引渡しを、転得者に対してその引渡しを、自己に対してすることを求めることができる。この場合において、受益者又は転得者は、債権者に対してその支払又は引渡しをしたときは、債務者に対してその支払又は引渡しをすることを要しない。

2　債権者が第424条の6第1項後段又は第2項

後段の規定により受益者又は転得者に対して価額の償還を請求する場合についても、前項と同様とする。

第3目　詐害行為取消権の行使の効果

（認容判決の効力が及ぶ者の範囲）

第425条　詐害行為取消請求を認容する確定判決は、債務者及びその全ての債権者に対してもその効力を有する。

（債務者の受けた反対給付に関する受益者の権利）

第425条の2　債務者がした財産の処分に関する行為（債務の消滅に関する行為を除く。）が取り消されたときは、受益者は、債務者に対し、その財産を取得するためにした反対給付の返還を請求することができる。債務者がその反対給付の返還をすることが困難であるときは、受益者は、その価額の償還を請求することができる。

（受益者の債権の回復）

第425条の3　債務者がした債務の消滅に関する行為が取り消された場合（第424条の4の規定により取り消された場合を除く。）において、受益者が債務者から受けた給付を返還し、又はその価額を償還したときは、受益者の債務者に対する債権は、これによって原状に復する。

（詐害行為取消請求を受けた転得者の権利）

第425条の4　債務者がした行為が転得者に対する詐害行為取消請求によって取り消されたときは、その転得者は、次の各号に掲げる区分に応じ、それぞれ当該各号に定める権利を行使することができる。ただし、その転得者がその前者から財産を取得するためにした反対給付又はその前者から財産を取得することによって消滅した債権の価額を限度とする。

一　第425条の2に規定する行為が取り消された場合　その行為が受益者に対する詐害行為取消請求によって取り消されたとすれば同条の規定により生ずべき受益者の債務者に対する反対給付の返還請求権又はその価額の償還請求権

二　前条に規定する行為が取り消された場合（第424条の4の規定により取り消された場合を除く。）　その行為が受益者に対する詐害行為取消請求によって取り消されたとすれば前条の規定により回復すべき受益者の債務者に対する債権

第4目　詐害行為取消権の期間の制限

第426条　詐害行為取消請求に係る訴えは、債務者が債権者を害することを知って行為をしたことを債権者が知った時から2年を経過したときは、提起することができない。行為の時から10年を経過したときも、同様とする。

第3節　多数当事者の債権及び債務

第1款　総則

（分割債権及び分割債務）

第427条　数人の債権者又は債務者がある場合において、別段の意思表示がないときは、各債権者又は各債務者は、それぞれ等しい割合で権利を有し、又は義務を負う。

第2款　不可分債権及び不可分債務

（不可分債権）

第428条　次款（連帯債権）の規定（第433条及び第435条の規定を除く。）は、債権の目的がその性質上不可分である場合において、数人の債権者があるときについて準用する。

（不可分債権者の一人との間の更改又は免除）

第429条　不可分債権者の一人と債務者との間に更改又は免除があった場合においても、他の不可分債権者は、債務の全部の履行を請求することができる。この場合においては、その一人の不可分債権者がその権利を失わなければ分与されるべき利益を債務者に償還しなければならない。

（不可分債務）

第430条　第4款（連帯債務）の規定（第440条の規定を除く。）は、債務の目的がその性質上不可分である場合において、数人の債務者があるときについて準用する。

（可分債権又は可分債務への変更）

第431条　不可分債権が可分債権となったときは、各債権者は自己が権利を有する部分についてのみ履行を請求することができ、不可分債務が可分債務となったときは、各債務者はその負担部分についてのみ履行の責任を負う。

第３款　連帯債権

（連帯債権者による履行の請求等）

第432条　債権の目的がその性質上可分である場合において、法令の規定又は当事者の意思表示によって数人が連帯して債権を有するときは、各債権者は、全ての債権者のために全部又は一部の履行を請求することができ、債務者は、全ての債権者のために各債権者に対して履行をすることができる。

（連帯債権者の一人との間の更改又は免除）

第433条　連帯債権者の一人と債務者との間に更改又は免除があったときは、その連帯債権者がその権利を失わなければ分与されるべき利益に係る部分については、他の連帯債権者は、履行を請求することができない。

（連帯債権者の一人との間の相殺）

第434条　債務者が連帯債権者の一人に対して債権を有する場合において、その債務者が相殺を援用したときは、その相殺は、他の連帯債権者に対しても、その効力を生ずる。

（連帯債権者の一人との間の混同）

第435条　連帯債権者の一人と債務者との間に混同があったときは、債務者は、弁済をしたものとみなす。

（相対的効力の原則）

第435条の２　第432条から前条までに規定する場合を除き、連帯債権者の一人の行為又は一人について生じた事由は、他の連帯債権者に対してその効力を生じない。ただし、他の連帯債権者の一人及び債務者が別段の意思を表示したときは、当該他の連帯債権者に対する効力は、その意思に従う。

第４款　連帯債務

（連帯債務者に対する履行の請求）

第436条　債務の目的がその性質上可分である場合において、法令の規定又は当事者の意思表示によって数人が連帯して債務を負担するときは、債権者は、その連帯債務者の一人に対し、又は同時に若しくは順次に全ての連帯債務者に対し、全部又は一部の履行を請求することができる。

（連帯債務者の一人についての法律行為の無効等）

第437条　連帯債務者の一人について法律行為の無効又は取消しの原因があっても、他の連帯債務者の債務は、その効力を妨げられない。

（連帯債務者の一人との間の更改）

第438条　連帯債務者の一人と債権者との間に更改があったときは、債権は、全ての連帯債務者の利益のために消滅する。

（連帯債務者の一人による相殺等）

第439条　連帯債務者の一人が債権者に対して債権を有する場合において、その連帯債務者が相殺を援用したときは、債権は、全ての連帯債務者の利益のために消滅する。

２　前項の債権を有する連帯債務者が相殺を援用しない間は、その連帯債務者の負担部分の限度において、他の連帯債務者は、債権者に対して債務の履行を拒むことができる。

（連帯債務者の一人との間の混同）

第440条　連帯債務者の一人と債権者との間に混同があったときは、その連帯債務者は、弁済をしたものとみなす。

（相対的効力の原則）

第441条　第438条、第439条第１項及び前条に規定する場合を除き、連帯債務者の一人について生じた事由は、他の連帯債務者に対してその効力を生じない。ただし、債権者及び他の連帯債務者の一人が別段の意思を表示したときは、当該他の連帯債務者に対する効力は、その意思に従う。

（連帯債務者間の求償権）

第442条　連帯債務者の一人が弁済をし、その他自己の財産をもって共同の免責を得たときは、その連帯債務者は、その免責を得た額が自己の負担部分を超えるかどうかにかかわらず、他の連帯債務者に対し、その免責を得るために支出した財産の額（その財産の額が共同の免責を得た額を超える場合にあっては、その免責を得た額）のうち各自の負担部分に応じた額の求償権を有する。

２　前項の規定による求償は、弁済その他免責があった日以後の法定利息及び避けることができなかった費用その他の損害の賠償を包含する。

（通知を怠った連帯債務者の求償の制限）

第443条　他の連帯債務者があることを知りながら、連帯債務者の一人が共同の免責を得ることを他の連帯債務者に通知しないで弁済をし、その他自己の財産をもって共同の免責を得た場合において、他の連帯債務者は、債権者に対抗することができる事由を有していたときは、その負担部分について、その事由をもってその免責を得た連帯債務者に対抗することができる。この場合において、相殺をもってその免責を得た連帯債務者に対抗したときは、その連帯債務者は、債権者に対し、相殺によって消滅すべきであった債務の履行を請求することができる。

2　弁済をし、その他自己の財産をもって共同の免責を得た連帯債務者が、他の連帯債務者があることを知りながらその免責を得たことを他の連帯債務者に通知することを怠ったため、他の連帯債務者が善意で弁済その他自己の財産をもって免責を得るための行為をしたときは、当該他の連帯債務者は、その免責を得るための行為を有効であったものとみなすことができる。

（償還をする資力のない者の負担部分の分担）

第444条　連帯債務者の中に償還をする資力のない者があるときは、その償還をすることができない部分は、求償者及び他の資力のある者の間で、各自の負担部分に応じて分割して負担する。

2　前項に規定する場合において、求償者及び他の資力のある者がいずれも負担部分を有しない者であるときは、その償還をすることができない部分は、求償者及び他の資力のある者の間で、等しい割合で分割して負担する。

3　前2項の規定にかかわらず、償還を受けることができないことについて求償者に過失があるときは、他の連帯債務者に対して分担を請求することができない。

（連帯債務者の一人との間の免除等と求償権）

第445条　連帯債務者の一人に対して債務の免除がされ、又は連帯債務者の一人のために時効が完成した場合においても、他の連帯債務者は、その一人の連帯債務者に対し、第442条第1項の求償権を行使することができる。

第5款　保証債務

第1目　総則

（保証人の責任等）

第446条　保証人は、主たる債務者がその債務を履行しないときに、その履行をする責任を負う。

2　保証契約は、書面でしなければ、その効力を生じない。

3　保証契約がその内容を記録した電磁的記録によってされたときは、その保証契約は、書面によってされたものとみなして、前項の規定を適用する。

（保証債務の範囲）

第447条　保証債務は、主たる債務に関する利息、違約金、損害賠償その他その債務に従たるすべてのものを包含する。

2　保証人は、その保証債務についてのみ、違約金又は損害賠償の額を約定することができる。

（保証人の負担と主たる債務の目的又は態様）

第448条　保証人の負担が債務の目的又は態様において主たる債務より重いときは、これを主たる債務の限度に減縮する。

2　主たる債務の目的又は態様が保証契約の締結後に加重されたときであっても、保証人の負担は加重されない。

（取り消すことができる債務の保証）

第449条　行為能力の制限によって取り消すことができる債務を保証した者は、保証契約の時においてその取消しの原因を知っていたときは、主たる債務の不履行の場合又はその債務の取消しの場合においてこれと同一の目的を有する独立の債務を負担したものと推定する。

（保証人の要件）

第450条　債務者が保証人を立てる義務を負う場合には、その保証人は、次に掲げる要件を具備する者でなければならない。

一　行為能力者であること。

二　弁済をする資力を有すること。

2　保証人が前項第2号に掲げる要件を欠くに至ったときは、債権者は、同項各号に掲げる要件を具備する者をもってこれに代えることを請求することができる。

3　前2項の規定は、債権者が保証人を指名した場合には、適用しない。

（他の担保の供与）

第451条　債務者は、前条第1項各号に掲げる要件を具備する保証人を立てることができないときは、他の担保を供してこれに代えることができる。

（催告の抗弁）

第452条　債権者が保証人に債務の履行を請求したときは、保証人は、まず主たる債務者に催告をすべき旨を請求することができる。ただし、主たる債務者が破産手続開始の決定を受けたとき、又はその行方が知れないときは、この限りでない。

（検索の抗弁）

第453条　債権者が前条の規定に従い主たる債務者に催告をした後であっても、保証人が主たる債務者に弁済をする資力があり、かつ、執行が容易であることを証明したときは、債権者は、まず主たる債務者の財産について執行をしなければならない。

（連帯保証の場合の特則）

第454条　保証人は、主たる債務者と連帯して債務を負担したときは、前2条の権利を有しない。

（催告の抗弁及び検索の抗弁の効果）

第455条　第452条又は第453条の規定により保証人の請求又は証明があったにもかかわらず、債権者が催告又は執行をすることを怠ったために主たる債務者から全部の弁済を得られなかったときは、保証人は、債権者が直ちに催告又は執行をすれば弁済を得ることができた限度において、その義務を免れる。

（数人の保証人がある場合）

第456条　数人の保証人がある場合には、それらの保証人が各別の行為により債務を負担したときであっても、第427条の規定を適用する。

（主たる債務者について生じた事由の効力）

第457条　主たる債務者に対する履行の請求その他の事由による時効の完成猶予及び更新は、保証人に対しても、その効力を生ずる。

2　保証人は、主たる債務者が主張することができる抗弁をもって債権者に対抗することができる。

3　主たる債務者が債権者に対して相殺権、取消権又は解除権を有するときは、これらの権利の行使によって主たる債務者がその債務を免れるべき限度において、保証人は、債権者に対して債務の履行を拒むことができる。

（連帯保証人について生じた事由の効力）

第458条　第438条、第439条第1項、第440条及び第441条の規定は、主たる債務者と連帯して債務を負担する保証人について生じた事由について準用する。

（主たる債務の履行状況に関する情報の提供義務）

第458条の2　保証人が主たる債務者の委託を受けて保証をした場合において、保証人の請求があったときは、債権者は、保証人に対し、遅滞なく、主たる債務の元本及び主たる債務に関する利息、違約金、損害賠償その他その債務に従たる全てのものについての不履行の有無並びにこれらの残額及びそのうち弁済期が到来しているものの額に関する情報を提供しなければならない。

（主たる債務者が期限の利益を喪失した場合における情報の提供義務）

第458条の3　主たる債務者が期限の利益を有する場合において、その利益を喪失したときは、債権者は、保証人に対し、その利益の喪失を知った時から2箇月以内に、その旨を通知しなければならない。

2　前項の期間内に同項の通知をしなかったときは、債権者は、保証人に対し、主たる債務者が期限の利益を喪失した時から同項の通知を現にするまでに生じた遅延損害金（期限の利益を喪失しなかったとしても生ずべきものを除く。）に係る保証債務の履行を請求することができない。

3　前2項の規定は、保証人が法人である場合には、適用しない。

（委託を受けた保証人の求償権）

第459条　保証人が主たる債務者の委託を受けて保証をした場合において、主たる債務者に代わって弁済その他自己の財産をもって債務を消滅させる行為（以下「債務の消滅行為」という。）をしたときは、その保証人は、主たる債務者に対し、そのために支出した財産の額（その財産の額がその債務の消滅行為によって消滅した主たる債務の額を超える場合にあっては、その消滅した額）の求償権を有する。

2　第442条第2項の規定は、前項の場合について準用する。

（委託を受けた保証人が弁済期前に弁済等をした場合の求償権）

第459条の2　保証人が主たる債務者の委託を受けて保証をした場合において、主たる債務の弁済期前に債務の消滅行為をしたときは、その保証人は、主たる債務者に対し、主たる債務者がその当時利益を受けた限度において求償権を有する。この場合において、主たる債務者が債務の消滅行為の日以前に相殺の原因を有していたことを主張するときは、保証人は、債権者に対し、その相殺によって消滅すべきであった債務の履行を請求することができる。

2　前項の規定による求償は、主たる債務の弁済期以後の法定利息及びその弁済期以後に債務の消滅行為をしたとしても避けることができなかった費用その他の損害の賠償を包含する。

3　第1項の求償権は、主たる債務の弁済期以後でなければ、これを行使することができない。

（委託を受けた保証人の事前の求償権）

第460条　保証人は、主たる債務者の委託を受けて保証をした場合において、次に掲げるときは、主たる債務者に対して、あらかじめ、求償権を行使することができる。

一　主たる債務者が破産手続開始の決定を受け、かつ、債権者がその破産財団の配当に加入しないとき。

二　債務が弁済期にあるとき。ただし、保証契約の後に債権者が主たる債務者に許与した期限は、保証人に対抗することができない。

三　保証人が過失なく債権者に弁済をすべき旨の裁判の言渡しを受けたとき。

（主たる債務者が保証人に対して償還をする場合）

第461条　前条の規定により主たる債務者が保証人に対して償還をする場合において、債権者が全部の弁済を受けない間は、主たる債務者は、保証人に担保を供させ、又は保証人に対して自己に免責を得させることを請求することができる。

2　前項に規定する場合において、主たる債務者は、供託をし、担保を供し、又は保証人に免責を得させて、その償還の義務を免れることができる。

（委託を受けない保証人の求償権）

第462条　第459条の２第１項の規定は、主たる債務者の委託を受けないで保証をした者が債務の消滅行為をした場合について準用する。

2　主たる債務者の意思に反して保証をした者は、主たる債務者が現に利益を受けている限度においてのみ求償権を有する。この場合において、主たる債務者が求償の日以前に相殺の原因を有していたことを主張するときは、保証人は、債権者に対し、その相殺によって消滅すべきであった債務の履行を請求することができる。

3　第459条の２第３項の規定は、前２項に規定する保証人が主たる債務の弁済期前に債務の消滅行為をした場合における求償権の行使について準用する。

（通知を怠った保証人の求償の制限等）

第463条　保証人が主たる債務者の委託を受けて保証をした場合において、主たる債務者にあらかじめ通知しないで債務の消滅行為をしたときは、主たる債務者は、債権者に対抗することができた事由をもってその保証人に対抗することができる。この場合において、相殺をもってその保証人に対抗したときは、その保証人は、債権者に対し、相殺によって消滅すべきであった債務の履行を請求することができる。

2　保証人が主たる債務者の委託を受けて保証をした場合において、主たる債務者が債務の消滅行為をしたことを保証人に通知することを怠ったため、その保証人が善意で債務の消滅行為をしたときは、その保証人は、その債務の消滅行為を有効であったものとみなすことができる。

3　保証人が債務の消滅行為をした後に主たる債務者が債務の消滅行為をした場合においては、保証人が主たる債務者の意思に反して保証をしたときのほか、保証人が債務の消滅行為をしたことを主たる債務者に通知することを怠ったため、主たる債務者が善意で債務の消滅行為をしたときも、主たる債務者は、その債務の消滅行為を有効であったものとみなすことができる。

（連帯債務又は不可分債務の保証人の求償権）

第464条　連帯債務者又は不可分債務者の一人のために保証をした者は、他の債務者に対し、その負担部分のみについて求償権を有する。

（共同保証人間の求償権）

第465条　第442条から第444条までの規定は、数人の保証人がある場合において、そのうちの一人の保証人が、主たる債務が不可分であるため又は各保証人が全額を弁済すべき旨の特約があるため、その全額又は自己の負担部分を超える額を弁済したときについて準用する。

2　第462条の規定は、前項に規定する場合を除き、互いに連帯しない保証人の一人が全額又は自己の負担部分を超える額を弁済したときについて準用する。

第２目　個人根保証契約

（個人根保証契約の保証人の責任等）

第465条の２　一定の範囲に属する不特定の債務を主たる債務とする保証契約（以下「根保証契約」という。）であって保証人が法人でないもの（以下「個人根保証契約」という。）の保証人は、主たる債務の元本、主たる債務に関する利息、違約金、損害賠償その他その債務に従たる全てのもの及びその保証債務について約定された違約金又は損害賠償の額について、その全部に係る極度額を限度として、その履行をする責任を負う。

2　個人根保証契約は、前項に規定する極度額を定めなければ、その効力を生じない。

3　第446条第２項及び第３項の規定は、個人根保証契約における第１項に規定する極度額の定めについて準用する。

（個人貸金等根保証契約の元本確定期日）

第465条の3　個人根保証契約であってその主たる債務の範囲に金銭の貸渡し又は手形の割引を受けることによって負担する債務（以下「貸金等債務」という。）が含まれるもの（以下「個人貸金等根保証契約」という。）において主たる債務の元本の確定すべき期日（以下「元本確定期日」という。）の定めがある場合において、その元本確定期日がその個人貸金等根保証契約の締結の日から５年を経過する日より後の日と定められているときは、その元本確定期日の定めは、その効力を生じない。

2　個人貸金等根保証契約において元本確定期日の定めがない場合（前項の規定により元本確定期日の定めがその効力を生じない場合を含む。）には、その元本確定期日は、その個人貸金等根保証契約の締結の日から３年を経過する日とする。

3　個人貸金等根保証契約における元本確定期日の変更をする場合において、変更後の元本確定期日がその変更をした日から５年を経過する日より後の日となるときは、その元本確定期日の変更は、その効力を生じない。ただし、元本確定期日の前２箇月以内に元本確定期日の変更をする場合において、変更後の元本確定期日が変更前の元本確定期日から５年以内の日となるときは、この限りでない。

4　第446条第２項及び第３項の規定は、個人貸金等根保証契約における元本確定期日の定め及びその変更（その個人貸金等根保証契約の締結の日から３年以内の日を元本確定期日とする旨の定め及び元本確定期日より前の日を変更後の元本確定期日とする変更を除く。）について準用する。

（個人根保証契約の元本の確定事由）

第465条の4　次に掲げる場合には、個人根保証契約における主たる債務の元本は、確定する。ただし、第１号に掲げる場合にあっては、強制執行又は担保権の実行の手続の開始があったときに限る。

一　債権者が、保証人の財産について、金銭の支払を目的とする債権についての強制執行又は担保権の実行を申し立てたとき。

二　保証人が破産手続開始の決定を受けたとき。

三　主たる債務者又は保証人が死亡したとき。

2　前項に規定する場合のほか、個人貸金等根保証契約における主たる債務の元本は、次に掲げる場合にも確定する。ただし、第１号に掲げる場合にあっては、強制執行又は担保権の実行の手続の開始があったときに限る。

一　債権者が、主たる債務者の財産について、金銭の支払を目的とする債権についての強制執行又は担保権の実行を申し立てたとき。

二　主たる債務者が破産手続開始の決定を受けたとき。

（保証人が法人である根保証契約の求償権）

第465条の5　保証人が法人である根保証契約において、第465条の２第１項に規定する極度額の定めがないときは、その根保証契約の保証人の主たる債務者に対する求償権に係る債務を主たる債務とする保証契約は、その効力を生じない。

2　保証人が法人である根保証契約であってその主たる債務の範囲に貸金等債務が含まれるものにおいて、元本確定期日の定めがないとき、又は元本確定期日の定め若しくはその変更が第465条の３第１項若しくは第３項の規定を適用するとすればその効力を生じないものであるときは、その根保証契約の保証人の主たる債務者に対する求償権に係る債務を主たる債務とする保証契約は、その効力を生じない。主たる債務の範囲にその求償権に係る債務が含まれる根保証契約も、同様とする。

3　前２項の規定は、求償権に係る債務を主たる債務とする保証契約又は主たる債務の範囲に求償権に係る債務が含まれる根保証契約の保証人が法人である場合には、適用しない。

第３目　事業に係る債務についての保証契約の特則

（公正証書の作成と保証の効力）

第465条の6　事業のために負担した貸金等債務を主たる債務とする保証契約又は主たる債務の範囲に事業のために負担する貸金等債務が含まれる根保証契約は、その契約の締結に先立ち、その締結の日前１箇月以内に作成された公正証書で保証人になろうとする者が保証債務を履行する意思を表示していなければ、その効力を生じない。

2　前項の公正証書を作成するには、次に掲げる方式に従わなければならない。

一　保証人になろうとする者が、次のイ又はロに掲げる契約の区分に応じ、それぞれ当該イ又はロに定める事項を公証人に口授すること。

イ　保証契約（ロに掲げるものを除く。）　主たる債務の債権者及び債務者、主たる債務の元本、主たる債務に関する利息、違約金、損害賠償その他その債務に従たる全てのものの定めの有無及びその内容並びに主たる債務者がその債務を履行しないときには、その債務の全額について履行する意思（保証人になろうとする者が主たる債務者と連帯して債務を負担しようとするものである場合には、債権者が主たる債務者に対して催告をしたかどうか、主たる債務者がその債務を履行することができるかどうか、又は他に保証人があるかどうかにかかわらず、その全額について履行する意思）を有していること。

ロ　根保証契約　主たる債務の債権者及び債務者、主たる債務の範囲、根保証契約における極度額、元本確定期日の定めの有無及びその内容並びに主たる債務者がその債務を履行しないときには、極度額の限度において元本確定期日又は第465条の4第1項各号若しくは第2項各号に掲げる事由その他の元本を確定すべき事由が生ずる時までに生ずべき主たる債務の元本及び主たる債務に関する利息、違約金、損害賠償その他その債務に従たる全てのものの全額について履行する意思（保証人になろうとする者が主たる債務者と連帯して債務を負担しようとするものである場合には、債権者が主たる債務者に対して催告をしたかどうか、主たる債務者がその債務を履行することができるかどうか、又は他に保証人があるかどうかにかかわらず、その全額について履行する意思）を有していること。

二　公証人が、保証人になろうとする者の口述を筆記し、これを保証人になろうとする者に読み聞かせ、又は閲覧させること。

三　保証人になろうとする者が、筆記の正確なことを承認した後、署名し、印を押すこと。ただし、保証人になろうとする者が署名することができない場合は、公証人がその事由を付記して、署名に代えることができる。

四　公証人が、その証書は前3号に掲げる方式に従って作ったものである旨を付記して、これに署名し、印を押すこと。

3　前2項の規定は、保証人になろうとする者が法人である場合には、適用しない。

（保証に係る公正証書の方式の特則）

第465条の7　前条第1項の保証契約又は根保証契約の保証人になろうとする者が口がきけない者である場合には、公証人の前で、同条第2項第1号イ又はロに掲げる契約の区分に応じ、それぞれ当該イ又はロに定める事項を通訳人の通訳により申述し、又は自書して、同号の口授に代えなければならない。この場合における同項第2号の規定の適用については、同号中「口述」とあるのは、「通訳人の通訳による申述又は自書」とする。

2　前条第1項の保証契約又は根保証契約の保証人になろうとする者が耳が聞こえない者である場合には、公証人は、同条第2項第2号に規定する筆記した内容を通訳人の通訳により保証人になろうとする者に伝えて、同号の読み聞かせに代えることができる。

3　公証人は、前2項に定める方式に従って公正証書を作ったときは、その旨をその証書に付記しなければならない。

（公正証書の作成と求償権についての保証の効力）

第465条の8　第465条の6第1項及び第2項並びに前条の規定は、事業のために負担した貸金等債務を主たる債務とする保証契約又は主たる債務の範囲に事業のために負担する貸金等債務が含まれる根保証契約の保証人の主たる債務者に対する求償権に係る債務を主たる債務とする保証契約について準用する。主たる債務の範囲にその求償権に係る債務が含まれる根保証契約も、同様とする。

2　前項の規定は、保証人になろうとする者が法人である場合には、適用しない。

（公正証書の作成と保証の効力に関する規定の適用除外）

第465条の9　前3条の規定は、保証人になろうとする者が次に掲げる者である保証契約については、適用しない。

一　主たる債務者が法人である場合のその理事、取締役、執行役又はこれらに準ずる者

二　主たる債務者が法人である場合の次に掲げる者

イ　主たる債務者の総株主の議決権（株主総会において決議をすることができる事項の全部につき議決権を行使することができない株式についての議決権を除く。以下この号において同じ。）の過半数を有する者

ロ　主たる債務者の総株主の議決権の過半数を他の株式会社が有する場合における

当該他の株式会社の総株主の議決権の過半数を有する者

ハ　主たる債務者の総株主の議決権の過半数を他の株式会社及び当該他の株式会社の総株主の議決権の過半数を有する者が有する場合における当該他の株式会社の総株主の議決権の過半数を有する者

ニ　株式会社以外の法人が主たる債務者である場合におけるイ、ロ又はハに掲げる者に準ずる者

三　主たる債務者（法人であるものを除く。以下この号において同じ。）と共同して事業を行う者又は主たる債務者が行う事業に現に従事している主たる債務者の配偶者

（契約締結時の情報の提供義務）

第465条の10　主たる債務者は、事業のために負担する債務を主たる債務とする保証又は主たる債務の範囲に事業のために負担する債務が含まれる根保証の委託をするときは、委託を受ける者に対し、次に掲げる事項に関する情報を提供しなければならない。

一　財産及び収支の状況

二　主たる債務以外に負担している債務の有無並びにその額及び履行状況

三　主たる債務の担保として他に提供し、又は提供しようとするものがあるときは、その旨及びその内容

2　主たる債務者が前項各号に掲げる事項に関して情報を提供せず、又は事実と異なる情報を提供したために委託を受けた者がその事項について誤認をし、それによって保証契約の申込み又はその承諾の意思表示をした場合において、主たる債務者がその事項に関して情報を提供せず又は事実と異なる情報を提供したことを債権者が知り又は知ることができたときは、保証人は、保証契約を取り消すことができる。

3　前2項の規定は、保証をする者が法人である場合には、適用しない。

第4節　債権の譲渡

（債権の譲渡性）

第466条　債権は、譲り渡すことができる。ただし、その性質がこれを許さないときは、この限りでない。

2　当事者が債権の譲渡を禁止し、又は制限する旨の意思表示（以下「譲渡制限の意思表示」という。）をしたときであっても、債権の譲渡は、その効力を妨げられない。

3　前項に規定する場合には、譲渡制限の意思表示がされたことを知り、又は重大な過失によって知らなかった譲受人その他の第三者に対しては、債務者は、その債務の履行を拒むことができ、かつ、譲渡人に対する弁済その他の債務を消滅させる事由をもってその第三者に対抗することができる。

4　前項の規定は、債務者が債務を履行しない場合において、同項に規定する第三者が相当の期間を定めて譲渡人への履行の催告をし、その期間内に履行がないときは、その債務者については、適用しない。

（譲渡制限の意思表示がされた債権に係る債務者の供託）

第466条の2　債務者は、譲渡制限の意思表示がされた金銭の給付を目的とする債権が譲渡されたときは、その債権の全額に相当する金銭を債務の履行地（債務の履行地が債権者の現在の住所により定まる場合にあっては、譲渡人の現在の住所を含む。次条において同じ。）の供託所に供託することができる。

2　前項の規定により供託をした債務者は、遅滞なく、譲渡人及び譲受人に供託の通知をしなければならない。

3　第1項の規定により供託をした金銭は、譲受人に限り、還付を請求することができる。

第466条の3　前条第1項に規定する場合において、譲渡人について破産手続開始の決定があったときは、譲受人（同項の債権の全額を譲り受けた者であって、その債権の譲渡を債務者その他の第三者に対抗することができるものに限る。）は、譲渡制限の意思表示がされたことを知り、又は重大な過失によって知らなかったときであっても、債務者にその債権の全額に相当する金銭を債務の履行地の供託所に供託させることができる。この場合においては、同条第2項及び第3項の規定を準用する。

（譲渡制限の意思表示がされた債権の差押え）

第466条の4　第466条第3項の規定は、譲渡制限の意思表示がされた債権に対する強制執行をした差押債権者に対しては、適用しない。

2　前項の規定にかかわらず、譲受人その他の第三者が譲渡制限の意思表示がされたことを知り、又は重大な過失によって知らなかった場合において、その債権者が同項の債権に対する強制執行をしたときは、債務者は、その債務の履行を拒むことができ、かつ、譲渡人に対する弁

済その他の債務を消滅させる事由をもって差押債権者に対抗することができる。

（預金債権又は貯金債権に係る譲渡制限の意思表示の効力）

第466条の5　預金口座又は貯金口座に係る預金又は貯金に係る債権（以下「預貯金債権」という。）について当事者がした譲渡制限の意思表示は、第466条第2項の規定にかかわらず、その譲渡制限の意思表示がされたことを知り、又は重大な過失によって知らなかった譲受人その他の第三者に対抗することができる。

2　前項の規定は、譲渡制限の意思表示がされた預貯金債権に対する強制執行をした差押債権者に対しては、適用しない。

（将来債権の譲渡性）

第466条の6　債権の譲渡は、その意思表示の時に債権が現に発生していることを要しない。

2　債権が譲渡された場合において、その意思表示の時に債権が現に発生していないときは、譲受人は、発生した債権を当然に取得する。

3　前項に規定する場合において、譲渡人が次条の規定による通知をし、又は債務者が同条の規定による承諾をした時（以下「対抗要件具備時」という。）までに譲渡制限の意思表示がされたときは、譲受人その他の第三者がそのことを知っていたものとみなして、第466条第3項（譲渡制限の意思表示がされた債権が預貯金債権の場合にあっては、前条第1項）の規定を適用する。

（債権の譲渡の対抗要件）

第467条　債権の譲渡（現に発生していない債権の譲渡を含む。）は、譲渡人が債務者に通知をし、又は債務者が承諾をしなければ、債務者その他の第三者に対抗することができない。

2　前項の通知又は承諾は、確定日付のある証書によってしなければ、債務者以外の第三者に対抗することができない。

（債権の譲渡における債務者の抗弁）

第468条　債務者は、対抗要件具備時までに譲渡人に対して生じた事由をもって譲受人に対抗することができる。

2　第466条第4項の場合における前項の規定の適用については、同項中「対抗要件具備時」とあるのは、「第466条第4項の相当の期間を経過した時」とし、第466条の3の場合における同項の規定の適用については、同項中「対抗要件具備時」とあるのは、「第466条の3の規定により同条の譲受人から供託の請求を受けた時」とする。

（債権の譲渡における相殺権）

第469条　債務者は、対抗要件具備時より前に取得した譲渡人に対する債権による相殺をもって譲受人に対抗することができる。

2　債務者が対抗要件具備時より後に取得した譲渡人に対する債権であっても、その債権が次に掲げるものであるときは、前項と同様とする。ただし、債務者が対抗要件具備時より後に他人の債権を取得したときは、この限りでない。

一　対抗要件具備時より前の原因に基づいて生じた債権

二　前号に掲げるもののほか、譲受人の取得した債権の発生原因である契約に基づいて生じた債権

3　第466条第4項の場合における前2項の規定の適用については、これらの規定中「対抗要件具備時」とあるのは、「第466条第4項の相当の期間を経過した時」とし、第466条の3の場合におけるこれらの規定の適用については、これらの規定中「対抗要件具備時」とあるのは、「第466条の3の規定により同条の譲受人から供託の請求を受けた時」とする。

第5節　債務の引受け

第1款　併存的債務引受

（併存的債務引受の要件及び効果）

第470条　併存的債務引受の引受人は、債務者と連帯して、債務者が債権者に対して負担する債務と同一の内容の債務を負担する。

2　併存的債務引受は、債権者と引受人となる者との契約によってすることができる。

3　併存的債務引受は、債務者と引受人となる者との契約によってもすることができる。この場合において、併存的債務引受は、債権者が引受人となる者に対して承諾をした時に、その効力を生ずる。

4　前項の規定によってする併存的債務引受は、第三者のためにする契約に関する規定に従う。

（併存的債務引受における引受人の抗弁等）

第471条　引受人は、併存的債務引受により負担した自己の債務について、その効力が生じた時に債務者が主張することができた抗弁をもって債権者に対抗することができる。

2　債務者が債権者に対して取消権又は解除権を有するときは、引受人は、これらの権利の行使によって債務者がその債務を免れるべき限度において、債権者に対して債務の履行を拒むことができる。

第2款　免責的債務引受

（免責的債務引受の要件及び効果）

第472条　免責的債務引受の引受人は債務者が債権者に対して負担する債務と同一の内容の債務を負担し、債務者は自己の債務を免れる。

2　免責的債務引受は、債権者と引受人となる者との契約によってすることができる。この場合において、免責的債務引受は、債権者が債務者に対してその契約をした旨を通知した時に、その効力を生ずる。

3　免責的債務引受は、債務者と引受人となる者が契約をし、債権者が引受人となる者に対して承諾をすることによってもすることができる。

（免責的債務引受における引受人の抗弁等）

第472条の2　引受人は、免責的債務引受により負担した自己の債務について、その効力が生じた時に債務者が主張することができた抗弁をもって債権者に対抗することができる。

2　債務者が債権者に対して取消権又は解除権を有するときは、引受人は、免責的債務引受がなければこれらの権利の行使によって債務者がその債務を免れることができた限度において、債権者に対して債務の履行を拒むことができる。

（免責的債務引受における引受人の求償権）

第472条の3　免責的債務引受の引受人は、債務者に対して求償権を取得しない。

（免責的債務引受による担保の移転）

第472条の4　債権者は、第472条第1項の規定により債務者が免れる債務の担保として設定された担保権を引受人が負担する債務に移すことができる。ただし、引受人以外の者がこれを設定した場合には、その承諾を得なければならない。

2　前項の規定による担保権の移転は、あらかじめ又は同時に引受人に対してする意思表示によってしなければならない。

3　前2項の規定は、第472条第1項の規定により債務者が免れる債務の保証をした者があるときについて準用する。

4　前項の場合において、同項において準用する第1項の承諾は、書面でしなければ、その効力を生じない。

5　前項の承諾がその内容を記録した電磁的記録によってされたときは、その承諾は、書面によってされたものとみなして、同項の規定を適用する。

第6節　債権の消滅

第1款　弁済

第1目　総則

（弁済）

第473条　債務者が債権者に対して債務の弁済をしたときは、その債権は、消滅する。

（第三者の弁済）

第474条　債務の弁済は、第三者もすることができる。

2　弁済をするについて正当な利益を有する者でない第三者は、債務者の意思に反して弁済をすることができない。ただし、債務者の意思に反することを債権者が知らなかったときは、この限りでない。

3　前項に規定する第三者は、債権者の意思に反して弁済をすることができない。ただし、その第三者が債務者の委託を受けて弁済をする場合において、そのことを債権者が知っていたときは、この限りでない。

4　前3項の規定は、その債務の性質が第三者の弁済を許さないとき、又は当事者が第三者の弁済を禁止し、若しくは制限する旨の意思表示をしたときは、適用しない。

（弁済として引き渡した物の取戻し）

第475条　弁済をした者が弁済として他人の物を引き渡したときは、その弁済をした者は、更に有効な弁済をしなければ、その物を取り戻すことができない。

（弁済として引き渡した物の消費又は譲渡がされた場合の弁済の効力等）

第476条　前条の場合において、債権者が弁済として受領した物を善意で消費し、又は譲り渡したときは、その弁済は、有効とする。この場合において、債権者が第三者から賠償の請求を受けたときは、弁済をした者に対して求償をすることを妨げない。

（預金又は貯金の口座に対する払込みによる弁済）

第477条　債権者の預金又は貯金の口座に対する払込みによってする弁済は、債権者がその預金又は貯金に係る債権の債務者に対してその払込みに係る金額の払戻しを請求する権利を取得した時に、その効力を生ずる。

（受領権者としての外観を有する者に対する弁済）

第478条　受領権者（債権者及び法令の規定又は当事者の意思表示によって弁済を受領する権限を付与された第三者をいう。以下同じ。）以外の者であって取引上の社会通念に照らして受領権者としての外観を有するものに対してした弁済は、その弁済をした者が善意であり、かつ、過失がなかったときに限り、その効力を有する。

（受領権者以外の者に対する弁済）

第479条　前条の場合を除き、受領権者以外の者に対してした弁済は、債権者がこれによって利益を受けた限度においてのみ、その効力を有する。

第480条　削除

（差押えを受けた債権の第三債務者の弁済）

第481条　差押えを受けた債権の第三債務者が自己の債権者に弁済をしたときは、差押債権者は、その受けた損害の限度において更に弁済をすべき旨を第三債務者に請求することができる。

2　前項の規定は、第三債務者からその債権者に対する求償権の行使を妨げない。

（代物弁済）

第482条　弁済をすることができる者（以下「弁済者」という。）が、債権者との間で、債務者の負担した給付に代えて他の給付をすることにより債務を消滅させる旨の契約をした場合において、その弁済者が当該他の給付をしたときは、その給付は、弁済と同一の効力を有する。

（特定物の現状による引渡し）

第483条　債権の目的が特定物の引渡しである場合において、契約その他の債権の発生原因及び取引上の社会通念に照らしてその引渡しをすべき時の品質を定めることができないときは、弁済をする者は、その引渡しをすべき時の現状でその物を引き渡さなければならない。

（弁済の場所及び時間）

第484条　弁済をすべき場所について別段の意思表示がないときは、特定物の引渡しは債権発生の時にその物が存在した場所において、その他の弁済は債権者の現在の住所において、それぞれしなければならない。

2　法令又は慣習により取引時間の定めがあるときは、その取引時間内に限り、弁済をし、又は弁済の請求をすることができる。

（弁済の費用）

第485条　弁済の費用について別段の意思表示がないときは、その費用は、債務者の負担とする。ただし、債権者が住所の移転その他の行為によって弁済の費用を増加させたときは、その増加額は、債権者の負担とする。

（受取証書の交付請求等）

第486条　弁済をする者は、弁済と引換えに、弁済を受領する者に対して受取証書の交付を請求することができる。

2　弁済をする者は、前項の受取証書の交付に代えて、その内容を記録した電磁的記録の提供を請求することができる。ただし、弁済を受領する者に不相当な負担を課するものであるときは、この限りでない。

（債権証書の返還請求）

第487条　債権に関する証書がある場合において、弁済をした者が全部の弁済をしたときは、その証書の返還を請求することができる。

（同種の給付を目的とする数個の債務がある場合の充当）

第488条　債務者が同一の債権者に対して同種の給付を目的とする数個の債務を負担する場合において、弁済として提供した給付が全ての債務を消滅させるのに足りないとき（次条第1項に規定する場合を除く。）は、弁済をする者は、給付の時に、その弁済を充当すべき債務を指定することができる。

2　弁済をする者が前項の規定による指定をしないときは、弁済を受領する者は、その受領の時に、その弁済を充当すべき債務を指定することができる。ただし、弁済をする者がその充当に対して直ちに異議を述べたときは、この限りでない。

3　前2項の場合における弁済の充当の指定は、相手方に対する意思表示によってする。

4　弁済をする者及び弁済を受領する者がいずれも第1項又は第2項の規定による指定をしないときは、次の各号の定めるところに従い、その弁済を充当する。

一　債務の中に弁済期にあるものと弁済期にな

いものとがあるときは、弁済期にあるものに先に充当する。
二　全ての債務が弁済期にあるとき、又は弁済期にないときは、債務者のために弁済の利益が多いものに先に充当する。
三　債務者のために弁済の利益が相等しいときは、弁済期が先に到来したもの又は先に到来すべきものに先に充当する。
四　前2号に掲げる事項が相等しい債務の弁済は、各債務の額に応じて充当する。

（元本、利息及び費用を支払うべき場合の充当）
第489条　債務者が1個又は数個の債務について元本のほか利息及び費用を支払うべき場合（債務者が数個の債務を負担する場合にあっては、同一の債権者に対して同種の給付を目的とする数個の債務を負担するときに限る。）において、弁済をする者がその債務の全部を消滅させるのに足りない給付をしたときは、これを順次に費用、利息及び元本に充当しなければならない。
2　前条の規定は、前項の場合において、費用、利息又は元本のいずれかの全てを消滅させるのに足りない給付をしたときについて準用する。

（合意による弁済の充当）
第490条　前2条の規定にかかわらず、弁済をする者と弁済を受領する者との間に弁済の充当の順序に関する合意があるときは、その順序に従い、その弁済を充当する。

（数個の給付をすべき場合の充当）
第491条　1個の債務の弁済として数個の給付をすべき場合において、弁済をする者がその債務の全部を消滅させるのに足りない給付をしたときは、前3条の規定を準用する。

（弁済の提供の効果）
第492条　債務者は、弁済の提供の時から、債務を履行しないことによって生ずべき責任を免れる。

（弁済の提供の方法）
第493条　弁済の提供は、債務の本旨に従って現実にしなければならない。ただし、債権者があらかじめその受領を拒み、又は債務の履行について債権者の行為を要するときは、弁済の準備をしたことを通知してその受領の催告をすれば足りる。

第2目　弁済の目的物の供託

（供託）
第494条　弁済者は、次に掲げる場合には、債権者のために弁済の目的物を供託することができる。この場合においては、弁済者が供託をした時に、その債権は、消滅する。
一　弁済の提供をした場合において、債権者がその受領を拒んだとき。
二　債権者が弁済を受領することができないとき。
2　弁済者が債権者を確知することができないときも、前項と同様とする。ただし、弁済者に過失があるときは、この限りでない。

（供託の方法）
第495条　前条の規定による供託は、債務の履行地の供託所にしなければならない。
2　供託所について法令に特別の定めがない場合には、裁判所は、弁済者の請求により、供託所の指定及び供託物の保管者の選任をしなければならない。
3　前条の規定により供託をした者は、遅滞なく、債権者に供託の通知をしなければならない。

（供託物の取戻し）
第496条　債権者が供託を受諾せず、又は供託を有効と宣告した判決が確定しない間は、弁済者は、供託物を取り戻すことができる。この場合においては、供託をしなかったものとみなす。
2　前項の規定は、供託によって質権又は抵当権が消滅した場合には、適用しない。

（供託に適しない物等）
第497条　弁済者は、次に掲げる場合には、裁判所の許可を得て、弁済の目的物を競売に付し、その代金を供託することができる。
一　その物が供託に適しないとき。
二　その物について滅失、損傷その他の事由による価格の低落のおそれがあるとき。
三　その物の保存について過分の費用を要するとき。
四　前3号に掲げる場合のほか、その物を供託することが困難な事情があるとき。

（供託物の還付請求等）
第498条　弁済の目的物又は前条の代金が供託された場合には、債権者は、供託物の還付を請求することができる。
2　債務者が債権者の給付に対して弁済をすべき場合には、債権者は、その給付をしなければ、供託物を受け取ることができない。

第3目　弁済による代位

（弁済による代位の要件）

第499条　債務者のために弁済をした者は、債権者に代位する。

第500条　第467条の規定は、前条の場合（弁済をするについて正当な利益を有する者が債権者に代位する場合を除く。）について準用する。

（弁済による代位の効果）

第501条　前２条の規定により債権者に代位した者は、債権の効力及び担保としてその債権者が有していた一切の権利を行使することができる。

2　前項の規定による権利の行使は、債権者に代位した者が自己の権利に基づいて債務者に対して求償をすることができる範囲内（保証人の一人が他の保証人に対して債権者に代位する場合には、自己の権利に基づいて当該他の保証人に対して求償をすることができる範囲内）に限り、することができる。

3　第１項の場合には、前項の規定によるほか、次に掲げるところによる。

一　第三取得者（債務者から担保の目的となっている財産を譲り受けた者をいう。以下この項において同じ。）は、保証人及び物上保証人に対して債権者に代位しない。

二　第三取得者の一人は、各財産の価格に応じて、他の第三取得者に対して債権者に代位する。

三　前号の規定は、物上保証人の一人が他の物上保証人に対して債権者に代位する場合について準用する。

四　保証人と物上保証人との間においては、その数に応じて、債権者に代位する。ただし、物上保証人が数人あるときは、保証人の負担部分を除いた残額について、各財産の価格に応じて、債権者に代位する。

五　第三取得者から担保の目的となっている財産を譲り受けた者は、第三取得者とみなして第１号及び第２号の規定を適用し、物上保証人から担保の目的となっている財産を譲り受けた者は、物上保証人とみなして第１号、第３号及び前号の規定を適用する。

（一部弁済による代位）

第502条　債権の一部について代位弁済があったときは、代位者は、債権者の同意を得て、その弁済をした価額に応じて、債権者とともにその権利を行使することができる。

2　前項の場合であっても、債権者は、単独でその権利を行使することができる。

3　前２項の場合に債権者が行使する権利は、その債権の担保の目的となっている財産の売却代金その他の当該権利の行使によって得られる金銭について、代位者が行使する権利に優先する。

4　第１項の場合において、債務の不履行による契約の解除は、債権者のみがすることができる。この場合においては、代位者に対し、その弁済をした価額及びその利息を償還しなければならない。

（債権者による債権証書の交付等）

第503条　代位弁済によって全部の弁済を受けた債権者は、債権に関する証書及び自己の占有する担保物を代位者に交付しなければならない。

2　債権の一部について代位弁済があった場合には、債権者は、債権に関する証書にその代位を記入し、かつ、自己の占有する担保物の保存を代位者に監督させなければならない。

（債権者による担保の喪失等）

第504条　弁済をするについて正当な利益を有する者（以下この項において「代位権者」という。）がある場合において、債権者が故意又は過失によってその担保を喪失し、又は減少させたときは、その代位権者は、代位をするに当たって担保の喪失又は減少によって償還を受けることができなくなる限度において、その責任を免れる。その代位権者が物上保証人である場合において、その代位権者から担保の目的となっている財産を譲り受けた第三者及びその特定承継人についても、同様とする。

2　前項の規定は、債権者が担保を喪失し、又は減少させたことについて取引上の社会通念に照らして合理的な理由があると認められるときは、適用しない。

第2款　相殺

（相殺の要件等）

第505条　二人が互いに同種の目的を有する債務を負担する場合において、双方の債務が弁済期にあるときは、各債務者は、その対当額について相殺によってその債務を免れることができる。ただし、債務の性質がこれを許さないときは、この限りでない。

2　前項の規定にかかわらず、当事者が相殺を禁止し、又は制限する旨の意思表示をした場合には、その意思表示は、第三者がこれを知り、又は重大な過失によって知らなかったときに限り、その第三者に対抗することができる。

（相殺の方法及び効力）

第506条　相殺は、当事者の一方から相手方に対する意思表示によってする。この場合において、その意思表示には、条件又は期限を付することができない。

2　前項の意思表示は、双方の債務が互いに相殺に適するようになった時にさかのぼってその効力を生ずる。

（履行地の異なる債務の相殺）

第507条　相殺は、双方の債務の履行地が異なるときであっても、することができる。この場合において、相殺をする当事者は、相手方に対し、これによって生じた損害を賠償しなければならない。

（時効により消滅した債権を自働債権とする相殺）

第508条　時効によって消滅した債権がその消滅以前に相殺に適するようになっていた場合には、その債権者は、相殺をすることができる。

（不法行為等により生じた債権を受働債権とする相殺の禁止）

第509条　次に掲げる債務の債務者は、相殺をもって債権者に対抗することができない。ただし、その債権者がその債務に係る債権を他人から譲り受けたときは、この限りでない。

一　悪意による不法行為に基づく損害賠償の債務

二　人の生命又は身体の侵害による損害賠償の債務（前号に掲げるものを除く。）

（差押禁止債権を受働債権とする相殺の禁止）

第510条　債権が差押えを禁じたものであるときは、その債務者は、相殺をもって債権者に対抗することができない。

（差押えを受けた債権を受働債権とする相殺の禁止）

第511条　差押えを受けた債権の第三債務者は、差押え後に取得した債権による相殺をもって差押債権者に対抗することはできないが、差押え前に取得した債権による相殺をもって対抗することができる。

2　前項の規定にかかわらず、差押え後に取得した債権が差押え前の原因に基づいて生じたものであるときは、その第三債務者は、その債権による相殺をもって差押債権者に対抗することができる。ただし、第三債務者が差押え後に他人の債権を取得したときは、この限りでない。

（相殺の充当）

第512条　債権者が債務者に対して有する１個又は数個の債権と、債権者が債務者に対して負担する１個又は数個の債務について、債権者が相殺の意思表示をした場合において、当事者が別段の合意をしなかったときは、債権者の有する債権とその負担する債務は、相殺に適するようになった時期の順序に従って、その対当額について相殺によって消滅する。

2　前項の場合において、相殺をする債権者の有する債権がその負担する債務の全部を消滅させるのに足りないときであって、当事者が別段の合意をしなかったときは、次に掲げるところによる。

一　債権者が数個の債務を負担するとき（次号に規定する場合を除く。）は、第488条第４項第２号から第４号までの規定を準用する。

二　債権者が負担する１個又は数個の債務について元本のほか利息及び費用を支払うべきときは、第489条の規定を準用する。この場合において、同条第２項中「前条」とあるのは、「前条第４項第２号から第４号まで」と読み替えるものとする。

3　第１項の場合において、相殺をする債権者の負担する債務がその有する債権の全部を消滅させるのに足りないときは、前項の規定を準用する。

第512条の２　債権者が債務者に対して有する債権に、１個の債権の弁済として数個の給付をすべきものがある場合における相殺については、前条の規定を準用する。債権者が債務者に対して負担する債務に、１個の債務の弁済として数個の給付をすべきものがある場合における相殺についても、同様とする。

第３款　更改

（更改）

第513条　当事者が従前の債務に代えて、新たな債務であって次に掲げるものを発生させる契約をしたときは、従前の債務は、更改によって消滅する。

一　従前の給付の内容について重要な変更を

するもの
二　従前の債務者が第三者と交替するもの
三　従前の債権者が第三者と交替するもの

(債務者の交替による更改)
第514条　債務者の交替による更改は、債権者と更改後に債務者となる者との契約によってすることができる。この場合において、更改は、債権者が更改前の債務者に対してその契約をした旨を通知した時に、その効力を生ずる。
2　債務者の交替による更改後の債務者は、更改前の債務者に対して求償権を取得しない。

(債権者の交替による更改)
第515条　債権者の交替による更改は、更改前の債権者、更改後に債権者となる者及び債務者の契約によってすることができる。
2　債権者の交替による更改は、確定日付のある証書によってしなければ、第三者に対抗することができない。

第516条～第517条　削除

(更改後の債務への担保の移転)
第518条　債権者(債権者の交替による更改にあっては、更改前の債権者)は、更改前の債務の目的の限度において、その債務の担保として設定された質権又は抵当権を更改後の債務に移すことができる。ただし、第三者がこれを設定した場合には、その承諾を得なければならない。
2　前項の質権又は抵当権の移転は、あらかじめ又は同時に更改の相手方(債権者の交替による更改にあっては、債務者)に対してする意思表示によってしなければならない。

第4款　免除

第519条　債権者が債務者に対して債務を免除する意思を表示したときは、その債権は、消滅する。

第5款　混同

第520条　債権及び債務が同一人に帰属したときは、その債権は、消滅する。ただし、その債権が第三者の権利の目的であるときは、この限りでない。

第7節　有価証券

第1款　指図証券

(指図証券の譲渡)
第520条の2　指図証券の譲渡は、その証券に譲渡の裏書をして譲受人に交付しなければ、その効力を生じない。

(指図証券の裏書の方式)
第520条の3　指図証券の譲渡については、その指図証券の性質に応じ、手形法(昭和7年法律第20号)中裏書の方式に関する規定を準用する。

(指図証券の所持人の権利の推定)
第520条の4　指図証券の所持人が裏書の連続によりその権利を証明するときは、その所持人は、証券上の権利を適法に有するものと推定する。

(指図証券の善意取得)
第520条の5　何らかの事由により指図証券の占有を失った者がある場合において、その所持人が前条の規定によりその権利を証明するときは、その所持人は、その証券を返還する義務を負わない。ただし、その所持人が悪意又は重大な過失によりその証券を取得したときは、この限りでない。

(指図証券の譲渡における債務者の抗弁の制限)
第520条の6　指図証券の債務者は、その証券に記載した事項及びその証券の性質から当然に生ずる結果を除き、その証券の譲渡前の債権者に対抗することができた事由をもって善意の譲受人に対抗することができない。

(指図証券の質入れ)
第520条の7　第520条の2から前条までの規定は、指図証券を目的とする質権の設定について準用する。

(指図証券の弁済の場所)
第520条の8　指図証券の弁済は、債務者の現在の住所においてしなければならない。

(指図証券の提示と履行遅滞)
第520条の9　指図証券の債務者は、その債務の履行について期限の定めがあるときであっても、その期限が到来した後に所持人がその証券を提示してその履行の請求をした時から遅滞の責任を負う。

(指図証券の債務者の調査の権利等)
第520条の10　指図証券の債務者は、その証券の所持人並びにその署名及び押印の真偽を調査する権利を有するが、その義務を負わない。ただし、債務者に悪意又は重大な過失があるときは、その弁済は、無効とする。

(指図証券の喪失)

第520条の11　指図証券は、非訟事件手続法（平成23年法律第51号）第100条に規定する公示催告手続によって無効とすることができる。

（指図証券喪失の場合の権利行使方法）

第520条の12　金銭その他の物又は有価証券の給付を目的とする指図証券の所持人がその指図証券を喪失した場合において、非訟事件手続法第114条に規定する公示催告の申立てをしたときは、その債務者に、その債務の目的物を供託させ、又は相当の担保を供してその指図証券の趣旨に従い履行をさせることができる。

第2款　記名式所持人払証券

（記名式所持人払証券の譲渡）

第520条の13　記名式所持人払証券（債権者を指名する記載がされている証券であって、その所持人に弁済をすべき旨が付記されているものをいう。以下同じ。）の譲渡は、その証券を交付しなければ、その効力を生じない。

（記名式所持人払証券の所持人の権利の推定）

第520条の14　記名式所持人払証券の所持人は、証券上の権利を適法に有するものと推定する。

（記名式所持人払証券の善意取得）

第520条の15　何らかの事由により記名式所持人払証券の占有を失った者がある場合において、その所持人が前条の規定によりその権利を証明するときは、その所持人は、その証券を返還する義務を負わない。ただし、その所持人が悪意又は重大な過失によりその証券を取得したときは、この限りでない。

（記名式所持人払証券の譲渡における債務者の抗弁の制限）

第520条の16　記名式所持人払証券の債務者は、その証券に記載した事項及びその証券の性質から当然に生ずる結果を除き、その証券の譲渡前の債権者に対抗することができた事由をもって善意の譲受人に対抗することができない。

（記名式所持人払証券の質入れ）

第520条の17　第520条の13から前条までの規定は、記名式所持人払証券を目的とする質権の設定について準用する。

（指図証券の規定の準用）

第520条の18　第520条の8から第520条の12までの規定は、記名式所持人払証券について準用する。

第3款　その他の記名証券

第520条の19　債権者を指名する記載がされている証券であって指図証券及び記名式所持人払証券以外のものは、債権の譲渡又はこれを目的とする質権の設定に関する方式に従い、かつ、その効力をもってのみ、譲渡し、又は質権の目的とすることができる。

2　第520条の11及び第520条の12の規定は、前項の証券について準用する。

第4款　無記名証券

第520条の20　第2款（記名式所持人払証券）の規定は、無記名証券について準用する。

第2章　契約

第1節　総則

第1款　契約の成立

（契約の締結及び内容の自由）

第521条　何人も、法令に特別の定めがある場合を除き、契約をするかどうかを自由に決定することができる。

2　契約の当事者は、法令の制限内において、契約の内容を自由に決定することができる。

（契約の成立と方式）

第522条　契約は、契約の内容を示してその締結を申し入れる意思表示（以下「申込み」という。）に対して相手方が承諾をしたときに成立する。

2　契約の成立には、法令に特別の定めがある場合を除き、書面の作成その他の方式を具備することを要しない。

（承諾の期間の定めのある申込み）

第523条　承諾の期間を定めてした申込みは、撤回することができない。ただし、申込者が撤回をする権利を留保したときは、この限りでない。

2　申込者が前項の申込みに対して同項の期間内に承諾の通知を受けなかったときは、その申込みは、その効力を失う。

（遅延した承諾の効力）

第524条　申込者は、遅延した承諾を新たな申込みとみなすことができる。

（承諾の期間の定めのない申込み）

第525条　承諾の期間を定めないでした申込みは、申込者が承諾の通知を受けるのに相当な期間を経過するまでは、撤回することができない。ただし、申込者が撤回をする権利を留保したときは、この限りでない。

2　対話者に対してした前項の申込みは、同項の規定にかかわらず、その対話が継続している間は、いつでも撤回することができる。

3　対話者に対してした第1項の申込みに対して対話が継続している間に申込者が承諾の通知を受けなかったときは、その申込みは、その効力を失う。ただし、申込者が対話の終了後もその申込みが効力を失わない旨を表示したときは、この限りでない。

（申込者の死亡等）

第526条　申込者が申込みの通知を発した後に死亡し、意思能力を有しない常況にある者となり、又は行為能力の制限を受けた場合において、申込者がその事実が生じたとすればその申込みは効力を有しない旨の意思を表示していたとき、又はその相手方が承諾の通知を発するまでにその事実が生じたことを知ったときは、その申込みは、その効力を有しない。

（承諾の通知を必要としない場合における契約の成立時期）

第527条　申込者の意思表示又は取引上の慣習により承諾の通知を必要としない場合には、契約は、承諾の意思表示と認めるべき事実があった時に成立する。

（申込みに変更を加えた承諾）

第528条　承諾者が、申込みに条件を付し、その他変更を加えてこれを承諾したときは、その申込みの拒絶とともに新たな申込みをしたものとみなす。

（懸賞広告）

第529条　ある行為をした者に一定の報酬を与える旨を広告した者（以下「懸賞広告者」という。）は、その行為をした者がその広告を知っていたかどうかにかかわらず、その者に対してその報酬を与える義務を負う。

（指定した行為をする期間の定めのある懸賞広告）

第529条の2　懸賞広告者は、その指定した行為をする期間を定めてした広告を撤回することができない。ただし、その広告において撤回をする権利を留保したときは、この限りでない。

2　前項の広告は、その期間内に指定した行為を完了する者がないときは、その効力を失う。

（指定した行為をする期間の定めのない懸賞広告）

第529条の3　懸賞広告者は、その指定した行為を完了する者がない間は、その指定した行為をする期間を定めないでした広告を撤回することができる。ただし、その広告中に撤回をしない旨を表示したときは、この限りでない。

（懸賞広告の撤回の方法）

第530条　前の広告と同一の方法による広告の撤回は、これを知らない者に対しても、その効力を有する。

2　広告の撤回は、前の広告と異なる方法によっても、することができる。ただし、その撤回は、これを知った者に対してのみ、その効力を有する。

（懸賞広告の報酬を受ける権利）

第531条　広告に定めた行為をした者が数人あるときは、最初にその行為をした者のみが報酬を受ける権利を有する。

2　数人が同時に前項の行為をした場合には、各自が等しい割合で報酬を受ける権利を有する。ただし、報酬がその性質上分割に適しないとき、又は広告において一人のみがこれを受けるものとしたときは、抽選でこれを受ける者を定める。

3　前2項の規定は、広告中にこれと異なる意思を表示したときは、適用しない。

（優等懸賞広告）

第532条　広告に定めた行為をした者が数人ある場合において、その優等者のみに報酬を与えるべきときは、その広告は、応募の期間を定めたときに限り、その効力を有する。

2　前項の場合において、応募者中いずれの者の行為が優等であるかは、広告中に定めた者が判定し、広告中に判定をする者を定めなかったときは懸賞広告者が判定する。

3　応募者は、前項の判定に対して異議を述べることができない。

4　前条第2項の規定は、数人の行為が同等と判定された場合について準用する。

第2款　契約の効力

（同時履行の抗弁）

第533条　双務契約の当事者の一方は、相手方がその債務の履行（債務の履行に代わる損害賠償の債務の履行を含む。）を提供するまでは、自己の債務の履行を拒むことができる。ただし、相手方の債務が弁済期にないときは、この限りでない。

第534条～第535条　削除

（債務者の危険負担等）

第536条　当事者双方の責めに帰することができない事由によって債務を履行することができなくなったときは、債権者は、反対給付の履行を拒むことができる。

2　債権者の責めに帰すべき事由によって債務を履行することができなくなったときは、債権者は、反対給付の履行を拒むことができない。この場合において、債務者は、自己の債務を免れたことによって利益を得たときは、これを債権者に償還しなければならない。

（第三者のためにする契約）

第537条　契約により当事者の一方が第三者に対してある給付をすることを約したときは、その第三者は、債務者に対して直接にその給付を請求する権利を有する。

2　前項の契約は、その成立の時に第三者が現に存しない場合又は第三者が特定していない場合であっても、そのためにその効力を妨げられない。

3　第1項の場合において、第三者の権利は、その第三者が債務者に対して同項の契約の利益を享受する意思を表示した時に発生する。

（第三者の権利の確定）

第538条　前条の規定により第三者の権利が発生した後は、当事者は、これを変更し、又は消滅させることができない。

2　前条の規定により第三者の権利が発生した後に、債務者がその第三者に対する債務を履行しない場合には、同条第1項の契約の相手方は、その第三者の承諾を得なければ、契約を解除することができない。

（債務者の抗弁）

第539条　債務者は、第537条第1項の契約に基づく抗弁をもって、その契約の利益を受ける第三者に対抗することができる。

第3款　契約上の地位の移転

第539条の2　契約の当事者の一方が第三者との間で契約上の地位を譲渡する旨の合意をした場合において、その契約の相手方がその譲渡を承諾したときは、契約上の地位は、その第三者に移転する。

第4款　契約の解除

（解除権の行使）

第540条　契約又は法律の規定により当事者の一方が解除権を有するときは、その解除は、相手方に対する意思表示によってする。

2　前項の意思表示は、撤回することができない。

（催告による解除）

第541条　当事者の一方がその債務を履行しない場合において、相手方が相当の期間を定めてその履行の催告をし、その期間内に履行がないときは、相手方は、契約の解除をすることができる。ただし、その期間を経過した時における債務の不履行がその契約及び取引上の社会通念に照らして軽微であるときは、この限りでない。

（催告によらない解除）

第542条　次に掲げる場合には、債権者は、前条の催告をすることなく、直ちに契約の解除をすることができる。

一　債務の全部の履行が不能であるとき。

二　債務者がその債務の全部の履行を拒絶する意思を明確に表示したとき。

三　債務の一部の履行が不能である場合又は債務者がその債務の一部の履行を拒絶する意思を明確に表示した場合において、残存する部分のみでは契約をした目的を達することができないとき。

四　契約の性質又は当事者の意思表示により、特定の日時又は一定の期間内に履行をしなければ契約をした目的を達することができない場合において、債務者が履行をしないでその時期を経過したとき。

五　前各号に掲げる場合のほか、債務者がその債務の履行をせず、債権者が前条の催告をしても契約をした目的を達するのに足りる履行がされる見込みがないことが明らかであるとき。

2　次に掲げる場合には、債権者は、前条の催告をすることなく、直ちに契約の一部の解除をすることができる。

一　債務の一部の履行が不能であるとき。

二　債務者がその債務の一部の履行を拒絶する意思を明確に表示したとき。

（債権者の責めに帰すべき事由による場合）

第543条　債務の不履行が債権者の責めに帰すべき事由によるものであるときは、債権者は、前２条の規定による契約の解除をすることができない。

（解除権の不可分性）

第544条　当事者の一方が数人ある場合には、契約の解除は、その全員から又はその全員に対してのみ、することができる。

2　前項の場合において、解除権が当事者のうちの一人について消滅したときは、他の者についても消滅する。

（解除の効果）

第545条　当事者の一方がその解除権を行使したときは、各当事者は、その相手方を原状に復させる義務を負う。ただし、第三者の権利を害することはできない。

2　前項本文の場合において、金銭を返還するときは、その受領の時から利息を付さなければならない。

3　第１項本文の場合において、金銭以外の物を返還するときは、その受領の時以後に生じた果実をも返還しなければならない。

4　解除権の行使は、損害賠償の請求を妨げない。

（契約の解除と同時履行）

第546条　第533条の規定は、前条の場合について準用する。

（催告による解除権の消滅）

第547条　解除権の行使について期間の定めがないときは、相手方は、解除権を有する者に対し、相当の期間を定めて、その期間内に解除をするかどうかを確答すべき旨の催告をすることができる。この場合において、その期間内に解除の通知を受けないときは、解除権は、消滅する。

（解除権者の故意による目的物の損傷等による解除権の消滅）

第548条　解除権を有する者が故意若しくは過失によって契約の目的物を著しく損傷し、若しくは返還することができなくなったとき、又は加工若しくは改造によってこれを他の種類の物に変えたときは、解除権は、消滅する。ただし、解除権を有する者がその解除権を有することを知らなかったときは、この限りでない。

第５款　定型約款

（定型約款の合意）

第548条の２　定型取引（ある特定の者が不特定多数の者を相手方として行う取引であって、その内容の全部又は一部が画一的であることがその双方にとって合理的なものをいう。以下同じ。）を行うことの合意（次条において「定型取引合意」という。）をした者は、次に掲げる場合には、定型約款（定型取引において、契約の内容とすることを目的としてその特定の者により準備された条項の総体をいう。以下同じ。）の個別の条項についても合意をしたものとみなす。

一　定型約款を契約の内容とする旨の合意をしたとき。

二　定型約款を準備した者（以下「定型約款準備者」という。）があらかじめその定型約款を契約の内容とする旨を相手方に表示していたとき。

2　前項の規定にかかわらず、同項の条項のうち、相手方の権利を制限し、又は相手方の義務を加重する条項であって、その定型取引の態様及びその実情並びに取引上の社会通念に照らして第１条第２項に規定する基本原則に反して相手方の利益を一方的に害すると認められるものについては、合意をしなかったものとみなす。

（定型約款の内容の表示）

第548条の３　定型取引を行い、又は行おうとする定型約款準備者は、定型取引合意の前又は定型取引合意の後相当の期間内に相手方から請求があった場合には、遅滞なく、相当な方法でその定型約款の内容を示さなければならない。ただし、定型約款準備者が既に相手方に対して定型約款を記載した書面を交付し、又はこれを記録した電磁的記録を提供していたときは、この限りでない。

2　定型約款準備者が定型取引合意の前において前項の請求を拒んだときは、前条の規定は、適用しない。ただし、一時的な通信障害が発生した場合その他正当な事由がある場合は、この限りでない。

（定型約款の変更）

第548条の４　定型約款準備者は、次に掲げる場合には、定型約款の変更をすることにより、変更後の定型約款の条項について合意があったものとみなし、個別に相手方と合意をすることなく契約の内容を変更することができる。

一　定型約款の変更が、相手方の一般の利益に適合するとき。

二　定型約款の変更が、契約をした目的に反せず、かつ、変更の必要性、変更後の内容の相当性、この条の規定により定型約款の変更をすることがある旨の定めの有無及びその内容その他の変更に係る事情に照らして合理的なものであるとき。

2　定型約款準備者は、前項の規定による定型約款の変更をするときは、その効力発生時期を定め、かつ、定型約款を変更する旨及び変更後の定型約款の内容並びにその効力発生時期をインターネットの利用その他の適切な方法により周知しなければならない。

3　第1項第2号の規定による定型約款の変更は、前項の効力発生時期が到来するまでに同項の規定による周知をしなければ、その効力を生じない。

4　第548条の2第2項の規定は、第1項の規定による定型約款の変更については、適用しない。

第2節　贈与

（贈与）

第549条　贈与は、当事者の一方がある財産を無償で相手方に与える意思を表示し、相手方が受諾をすることによって、その効力を生ずる。

（書面によらない贈与の解除）

第550条　書面によらない贈与は、各当事者が解除をすることができる。ただし、履行の終わった部分については、この限りでない。

（贈与者の引渡義務等）

第551条　贈与者は、贈与の目的である物又は権利を、贈与の目的として特定した時の状態で引き渡し、又は移転することを約したものと推定する。

2　負担付贈与については、贈与者は、その負担の限度において、売主と同じく担保の責任を負う。

（定期贈与）

第552条　定期の給付を目的とする贈与は、贈与者又は受贈者の死亡によって、その効力を失う。

（負担付贈与）

第553条　負担付贈与については、この節に定めるもののほか、その性質に反しない限り、双務契約に関する規定を準用する。

（死因贈与）

第554条　贈与者の死亡によって効力を生ずる贈与については、その性質に反しない限り、遺贈に関する規定を準用する。

第3節　売買

第1款　総則

（売買）

第555条　売買は、当事者の一方がある財産権を相手方に移転することを約し、相手方がこれに対してその代金を支払うことを約することによって、その効力を生ずる。

（売買の一方の予約）

第556条　売買の一方の予約は、相手方が売買を完結する意思を表示した時から、売買の効力を生ずる。

2　前項の意思表示について期間を定めなかったときは、予約者は、相手方に対し、相当の期間を定めて、その期間内に売買を完結するかどうかを確答すべき旨の催告をすることができる。この場合において、相手方がその期間内に確答をしないときは、売買の一方の予約は、その効力を失う。

（手付）

第557条　買主が売主に手付を交付したときは、買主はその手付を放棄し、売主はその倍額を現実に提供して、契約の解除をすることができる。ただし、その相手方が契約の履行に着手した後は、この限りでない。

2　第545条第4項の規定は、前項の場合には、適用しない。

（売買契約に関する費用）

第558条　売買契約に関する費用は、当事者双方が等しい割合で負担する。

（有償契約への準用）

第559条　この節の規定は、売買以外の有償契約について準用する。ただし、その有償契約の性質がこれを許さないときは、この限りでない。

第2款　売買の効力

（権利移転の対抗要件に係る売主の義務）

第560条　売主は、買主に対し、登記、登録その他の売買の目的である権利の移転についての対抗要件を備えさせる義務を負う。

（他人の権利の売買における売主の義務）

第561条　他人の権利（権利の一部が他人に属する場合におけるその権利の一部を含む。）を売買の目的としたときは、売主は、その権利を取得して買主に移転する義務を負う。

（買主の追完請求権）

第562条　引き渡された目的物が種類、品質又は数量に関して契約の内容に適合しないものであるときは、買主は、売主に対し、目的物の修補、代替物の引渡し又は不足分の引渡しによる履行の追完を請求することができる。ただし、売主は、買主に不相当な負担を課するものでないときは、買主が請求した方法と異なる方法による履行の追完をすることができる。

2　前項の不適合が買主の責めに帰すべき事由によるものであるときは、買主は、同項の規定による履行の追完の請求をすることができない。

（買主の代金減額請求権）

第563条　前条第１項本文に規定する場合において、買主が相当の期間を定めて履行の追完の催告をし、その期間内に履行の追完がないときは、買主は、その不適合の程度に応じて代金の減額を請求することができる。

2　前項の規定にかかわらず、次に掲げる場合には、買主は、同項の催告をすることなく、直ちに代金の減額を請求することができる。

一　履行の追完が不能であるとき。

二　売主が履行の追完を拒絶する意思を明確に表示したとき。

三　契約の性質又は当事者の意思表示により、特定の日時又は一定の期間内に履行をしなければ契約をした目的を達することができない場合において、売主が履行の追完をしないでその時期を経過したとき。

四　前３号に掲げる場合のほか、買主が前項の催告をしても履行の追完を受ける見込みがないことが明らかであるとき。

3　第１項の不適合が買主の責めに帰すべき事由によるものであるときは、買主は、前２項の規定による代金の減額の請求をすることができない。

（買主の損害賠償請求及び解除権の行使）

第564条　前２条の規定は、第415条の規定による損害賠償の請求並びに第541条及び第542条の規定による解除権の行使を妨げない。

（移転した権利が契約の内容に適合しない場合における売主の担保責任）

第565条　前３条の規定は、売主が買主に移転した権利が契約の内容に適合しないものである場合（権利の一部が他人に属する場合においてその権利の一部を移転しないときを含む。）について準用する。

（目的物の種類又は品質に関する担保責任の期間の制限）

第566条　売主が種類又は品質に関して契約の内容に適合しない目的物を買主に引き渡した場合において、買主がその不適合を知った時から１年以内にその旨を売主に通知しないときは、買主は、その不適合を理由として、履行の追完の請求、代金の減額の請求、損害賠償の請求及び契約の解除をすることができない。ただし、売主が引渡しの時にその不適合を知り、又は重大な過失によって知らなかったときは、この限りでない。

（目的物の滅失等についての危険の移転）

第567条　売主が買主に目的物（売買の目的として特定したものに限る。以下この条において同じ。）を引き渡した場合において、その引渡しがあった時以後にその目的物が当事者双方の責めに帰することができない事由によって滅失し、又は損傷したときは、買主は、その滅失又は損傷を理由として、履行の追完の請求、代金の減額の請求、損害賠償の請求及び契約の解除をすることができない。この場合において、買主は、代金の支払を拒むことができない。

2　売主が契約の内容に適合する目的物をもって、その引渡しの債務の履行を提供したにもかかわらず、買主がその履行を受けることを拒み、又は受けることができない場合において、その履行の提供があった時以後に当事者双方の責めに帰することができない事由によってその目的物が滅失し、又は損傷したときも、前項と同様とする。

（競売における担保責任等）

第568条　民事執行法その他の法律の規定に基づく競売（以下この条において単に「競売」という。）における買受人は、第541条及び第542条の規定並びに第563条（第565条において準用する場合を含む。）の規定により、債務者に対し、契約の解除をし、又は代金の減額を請求することができる。

2　前項の場合において、債務者が無資力であるときは、買受人は、代金の配当を受けた債権者に対し、その代金の全部又は一部の返還を請求することができる。

3　前２項の場合において、債務者が物若しくは権利の不存在を知りながら申し出なかったとき、又は債権者がこれを知りながら競売を請求したときは、買受人は、これらの者に対し、損害賠償の請求をすることができる。

4　前３項の規定は、競売の目的物の種類又は品質に関する不適合については、適用しない。

（債権の売主の担保責任）

第569条　債権の売主が債務者の資力を担保したときは、契約の時における資力を担保したものと推定する。

2　弁済期に至らない債権の売主が債務者の将来の資力を担保したときは、弁済期における資力を担保したものと推定する。

（抵当権等がある場合の買主による費用の償還請求）

第570条　買い受けた不動産について契約の内容に適合しない先取特権、質権又は抵当権が存していた場合において、買主が費用を支出してその不動産の所有権を保存したときは、買主は、売主に対し、その費用の償還を請求することができる。

第571条　削除

（担保責任を負わない旨の特約）

第572条　売主は、第562条第１項本文又は第565条に規定する場合における担保の責任を負わない旨の特約をしたときであっても、知りながら告げなかった事実及び自ら第三者のために設定し又は第三者に譲り渡した権利については、その責任を免れることができない。

（代金の支払期限）

第573条　売買の目的物の引渡しについて期限があるときは、代金の支払についても同一の期限を付したものと推定する。

（代金の支払場所）

第574条　売買の目的物の引渡しと同時に代金を支払うべきときは、その引渡しの場所において支払わなければならない。

（果実の帰属及び代金の利息の支払）

第575条　まだ引き渡されていない売買の目的物が果実を生じたときは、その果実は、売主に帰属する。

2　買主は、引渡しの日から、代金の利息を支払う義務を負う。ただし、代金の支払について期限があるときは、その期限が到来するまでは、利息を支払うことを要しない。

（権利を取得することができない等のおそれがある場合の買主による代金の支払の拒絶）

第576条　売買の目的について権利を主張する者があることその他の事由により、買主がその買い受けた権利の全部若しくは一部を取得することができず、又は失うおそれがあるときは、買主は、その危険の程度に応じて、代金の全部又は一部の支払を拒むことができる。ただし、売主が相当の担保を供したときは、この限りでない。

（抵当権等の登記がある場合の買主による代金の支払の拒絶）

第577条　買い受けた不動産について契約の内容に適合しない抵当権の登記があるときは、買主は、抵当権消滅請求の手続が終わるまで、その代金の支払を拒むことができる。この場合において、売主は、買主に対し、遅滞なく抵当権消滅請求をすべき旨を請求することができる。

2　前項の規定は、買い受けた不動産について契約の内容に適合しない先取特権又は質権の登記がある場合について準用する。

（売主による代金の供託の請求）

第578条　前２条の場合においては、売主は、買主に対して代金の供託を請求することができる。

第３款　買戻し

（買戻しの特約）

第579条　不動産の売主は、売買契約と同時にした買戻しの特約により、買主が支払った代金（別段の合意をした場合にあっては、その合意により定めた金額。第583条第１項において同じ。）及び契約の費用を返還して、売買の解除をすることができる。この場合において、当事者が別段の意思を表示しなかったときは、不動産の果実と代金の利息とは相殺したものとみなす。

（買戻しの期間）

第580条　買戻しの期間は、10年を超えることができない。特約でこれより長い期間を定めたときは、その期間は、10年とする。

2　買戻しについて期間を定めたときは、その後にこれを伸長することができない。

3　買戻しについて期間を定めなかったときは、５年以内に買戻しをしなければならない。

（買戻しの特約の対抗力）

第581条　売買契約と同時に買戻しの特約を登記したときは、買戻しは、第三者に対抗することができる。

2　前項の登記がされた後に第605条の２第１項に規定する対抗要件を備えた賃借人の権利は、その残存期間中１年を超えない期間に限り、売主に対抗することができる。ただし、売主を害する目的で賃貸借をしたときは、この限りでない。

（買戻権の代位行使）

第582条　売主の債権者が第423条の規定により売主に代わって買戻しをしようとするときは、買主は、裁判所において選任した鑑定人の評価に従い、不動産の現在の価額から売主が返還すべき金額を控除した残額に達するまで売主の債務を弁済し、なお残余があるときはこれを売主に返還して、買戻権を消滅させることができる。

（買戻しの実行）

第583条　売主は、第580条に規定する期間内に代金及び契約の費用を提供しなければ、買戻しをすることができない。

2　買主又は転得者が不動産について費用を支出したときは、売主は、第196条の規定に従い、その償還をしなければならない。ただし、有益費については、裁判所は、売主の請求により、その償還について相当の期限を許与することができる。

（共有持分の買戻特約付売買）

第584条　不動産の共有者の一人が買戻しの特約を付してその持分を売却した後に、その不動産の分割又は競売があったときは、売主は、買主が受け、若しくは受けるべき部分又は代金について、買戻しをすることができる。ただし、売主に通知をしないでした分割及び競売は、売主に対抗することができない。

第585条　前条の場合において、買主が不動産の競売における買受人となったときは、売主は、競売の代金及び第583条に規定する費用を支払って買戻しをすることができる。この場合において、売主は、その不動産の全部の所有権を取得する。

2　他の共有者が分割を請求したことにより買主が競売における買受人となったときは、売主は、その持分のみについて買戻しをすることはできない。

第４節　交換

第586条　交換は、当事者が互いに金銭の所有権以外の財産権を移転することを約することによって、その効力を生ずる。

2　当事者の一方が他の権利とともに金銭の所有権を移転することを約した場合におけるその金銭については、売買の代金に関する規定を準用する。

第５節　消費貸借

（消費貸借）

第587条　消費貸借は、当事者の一方が種類、品質及び数量の同じ物をもって返還をすることを約して相手方から金銭その他の物を受け取ることによって、その効力を生ずる。

（書面でする消費貸借等）

第587条の２　前条の規定にかかわらず、書面でする消費貸借は、当事者の一方が金銭その他の物を引き渡すことを約し、相手方がその受け取った物と種類、品質及び数量の同じ物をもって返還をすることを約することによって、その効力を生ずる。

2　書面でする消費貸借の借主は、貸主から金銭その他の物を受け取るまで、契約の解除をすることができる。この場合において、貸主は、その契約の解除によって損害を受けたときは、借主に対し、その賠償を請求することができる。

3　書面でする消費貸借は、借主が貸主から金銭その他の物を受け取る前に当事者の一方が破産手続開始の決定を受けたときは、その効力を失う。

4　消費貸借がその内容を記録した電磁的記録によってされたときは、その消費貸借は、書面によってされたものとみなして、前３項の規定を適用する。

（準消費貸借）

第588条　金銭その他の物を給付する義務を負う者がある場合において、当事者がその物を消費貸借の目的とすることを約したときは、消費貸借は、これによって成立したものとみなす。

（利息）

第589条　貸主は、特約がなければ、借主に対して利息を請求することができない。

2　前項の特約があるときは、貸主は、借主が金銭その他の物を受け取った日以後の利息を請求することができる。

（貸主の引渡義務等）

第590条　第551条の規定は、前条第１項の特約のない消費貸借について準用する。

2　前条第１項の特約の有無にかかわらず、貸主から引き渡された物が種類又は品質に関して契約の内容に適合しないものであるときは、借主は、その物の価額を返還することができる。

（返還の時期）

第591条　当事者が返還の時期を定めなかった

ときは、貸主は、相当の期間を定めて返還の催告をすることができる。

2　借主は、返還の時期の定めの有無にかかわらず、いつでも返還をすることができる。

3　当事者が返還の時期を定めた場合において、貸主は、借主がその時期の前に返還をしたことによって損害を受けたときは、借主に対し、その賠償を請求することができる。

（価額の償還）

第592条　借主が貸主から受け取った物と種類、品質及び数量の同じ物をもって返還をすることができなくなったときは、その時における物の価額を償還しなければならない。ただし、第402条第2項に規定する場合は、この限りでない。

第6節　使用貸借

（使用貸借）

第593条　使用貸借は、当事者の一方がある物を引き渡すことを約し、相手方がその受け取った物について無償で使用及び収益をして契約が終了したときに返還をすることを約することによって、その効力を生ずる。

（借用物受取り前の貸主による使用貸借の解除）

第593条の2　貸主は、借主が借用物を受け取るまで、契約の解除をすることができる。ただし、書面による使用貸借については、この限りでない。

（借主による使用及び収益）

第594条　借主は、契約又はその目的物の性質によって定まった用法に従い、その物の使用及び収益をしなければならない。

2　借主は、貸主の承諾を得なければ、第三者に借用物の使用又は収益をさせることができない。

3　借主が前2項の規定に違反して使用又は収益をしたときは、貸主は、契約の解除をすることができる。

（借用物の費用の負担）

第595条　借主は、借用物の通常の必要費を負担する。

2　第583条第2項の規定は、前項の通常の必要費以外の費用について準用する。

（貸主の引渡義務等）

第596条　第551条の規定は、使用貸借について準用する。

（期間満了等による使用貸借の終了）

第597条　当事者が使用貸借の期間を定めたときは、使用貸借は、その期間が満了することによって終了する。

2　当事者が使用貸借の期間を定めなかった場合において、使用及び収益の目的を定めたときは、使用貸借は、借主がその目的に従い使用及び収益を終えることによって終了する。

3　使用貸借は、借主の死亡によって終了する。

（使用貸借の解除）

第598条　貸主は、前条第2項に規定する場合において、同項の目的に従い借主が使用及び収益をするのに足りる期間を経過したときは、契約の解除をすることができる。

2　当事者が使用貸借の期間並びに使用及び収益の目的を定めなかったときは、貸主は、いつでも契約の解除をすることができる。

3　借主は、いつでも契約の解除をすることができる。

（借主による収去等）

第599条　借主は、借用物を受け取った後にこれに附属させた物がある場合において、使用貸借が終了したときは、その附属させた物を収去する義務を負う。ただし、借用物から分離することができない物又は分離するのに過分の費用を要する物については、この限りでない。

2　借主は、借用物を受け取った後にこれに附属させた物を収去することができる。

3　借主は、借用物を受け取った後にこれに生じた損傷がある場合において、使用貸借が終了したときは、その損傷を原状に復する義務を負う。ただし、その損傷が借主の責めに帰することができない事由によるものであるときは、この限りでない。

（損害賠償及び費用の償還の請求権についての期間の制限）

第600条　契約の本旨に反する使用又は収益によって生じた損害の賠償及び借主が支出した費用の償還は、貸主が返還を受けた時から1年以内に請求しなければならない。

2　前項の損害賠償の請求権については、貸主が返還を受けた時から1年を経過するまでの間は、時効は、完成しない。

第7節　賃貸借

第1款　総則

（賃貸借）

第601条　賃貸借は、当事者の一方がある物の使用及び収益を相手方にさせることを約し、相手方がこれに対してその賃料を支払うこと及び引渡しを受けた物を契約が終了したときに返還することを約することによって、その効力を生ずる。

（短期賃貸借）

第602条　処分の権限を有しない者が賃貸借をする場合には、次の各号に掲げる賃貸借は、それぞれ当該各号に定める期間を超えることができない。契約でこれより長い期間を定めたときであっても、その期間は、当該各号に定める期間とする。

一　樹木の栽植又は伐採を目的とする山林の賃貸借　10年

二　前号に掲げる賃貸借以外の土地の賃貸借　5年

三　建物の賃貸借　3年

四　動産の賃貸借　6箇月

（短期賃貸借の更新）

第603条　前条に定める期間は、更新することができる。ただし、その期間満了前、土地については1年以内、建物については3箇月以内、動産については1箇月以内に、その更新をしなければならない。

（賃貸借の存続期間）

第604条　賃貸借の存続期間は、50年を超えることができない。契約でこれより長い期間を定めたときであっても、その期間は、50年とする。

2　賃貸借の存続期間は、更新することができる。ただし、その期間は、更新の時から50年を超えることができない。

第2款　賃貸借の効力

（不動産賃貸借の対抗力）

第605条　不動産の賃貸借は、これを登記したときは、その不動産について物権を取得した者その他の第三者に対抗することができる。

（不動産の賃貸人たる地位の移転）

第605条の2　前条、借地借家法（平成3年法律第90号）第10条又は第31条その他の法令の規定による賃貸借の対抗要件を備えた場合において、その不動産が譲渡されたときは、その不動産の賃貸人たる地位は、その譲受人に移転する。

2　前項の規定にかかわらず、不動産の譲渡人及び譲受人が、賃貸人たる地位を譲渡人に留保する旨及びその不動産を譲受人が譲渡人に賃貸する旨の合意をしたときは、賃貸人たる地位は、譲受人に移転しない。この場合において、譲渡人と譲受人又はその承継人との間の賃貸借が終了したときは、譲渡人に留保されていた賃貸人たる地位は、譲受人又はその承継人に移転する。

3　第1項又は前項後段の規定による賃貸人たる地位の移転は、賃貸物である不動産について所有権の移転の登記をしなければ、賃借人に対抗することができない。

4　第1項又は第2項後段の規定により賃貸人たる地位が譲受人又はその承継人に移転したときは、第608条の規定による費用の償還に係る債務及び第622条の2第1項の規定による同項に規定する敷金の返還に係る債務は、譲受人又はその承継人が承継する。

（合意による不動産の賃貸人たる地位の移転）

第605条の3　不動産の譲渡人が賃貸人であるときは、その賃貸人たる地位は、賃借人の承諾を要しないで、譲渡人と譲受人との合意により、譲受人に移転させることができる。この場合においては、前条第3項及び第4項の規定を準用する。

（不動産の賃借人による妨害の停止の請求等）

第605条の4　不動産の賃借人は、第605条の2第1項に規定する対抗要件を備えた場合において、次の各号に掲げるときは、それぞれ当該各号に定める請求をすることができる。

一　その不動産の占有を第三者が妨害しているとき　その第三者に対する妨害の停止の請求

二　その不動産を第三者が占有しているとき　その第三者に対する返還の請求

（賃貸人による修繕等）

第606条　賃貸人は、賃貸物の使用及び収益に必要な修繕をする義務を負う。ただし、賃借人の責めに帰すべき事由によってその修繕が必要となったときは、この限りでない。

2　賃貸人が賃貸物の保存に必要な行為をしようとするときは、賃借人は、これを拒むことができない。

（賃借人の意思に反する保存行為）

第607条　賃貸人が賃借人の意思に反して保存行為をしようとする場合において、そのために賃借人が賃借をした目的を達することができなくなるときは、賃借人は、契約の解除をすることができる。

（賃借人による修繕）

第607条の2　賃借物の修繕が必要である場合において、次に掲げるときは、賃借人は、その修繕をすることができる。

一　賃借人が賃貸人に修繕が必要である旨を通知し、又は賃貸人がその旨を知ったにもかかわらず、賃貸人が相当の期間内に必要な修繕をしないとき。

二　急迫の事情があるとき。

（賃借人による費用の償還請求）

第608条　賃借人は、賃借物について賃貸人の負担に属する必要費を支出したときは、賃貸人に対し、直ちにその償還を請求することができる。

2　賃借人が賃借物について有益費を支出したときは、賃貸人は、賃貸借の終了の時に、第196条第2項の規定に従い、その償還をしなければならない。ただし、裁判所は、賃貸人の請求により、その償還について相当の期限を許与することができる。

（減収による賃料の減額請求）

第609条　耕作又は牧畜を目的とする土地の賃借人は、不可抗力によって賃料より少ない収益を得たときは、その収益の額に至るまで、賃料の減額を請求することができる。

（減収による解除）

第610条　前条の場合において、同条の賃借人は、不可抗力によって引き続き2年以上賃料より少ない収益を得たときは、契約の解除をすることができる。

（賃借物の一部滅失等による賃料の減額等）

第611条　賃借物の一部が滅失その他の事由により使用及び収益をすることができなくなった場合において、それが賃借人の責めに帰することができない事由によるものであるときは、賃料は、その使用及び収益をすることができなくなった部分の割合に応じて、減額される。

2　賃借物の一部が滅失その他の事由により使用及び収益をすることができなくなった場合において、残存する部分のみでは賃借人が賃借をした目的を達することができないときは、賃借人は、契約の解除をすることができる。

（賃借権の譲渡及び転貸の制限）

第612条　賃借人は、賃貸人の承諾を得なければ、その賃借権を譲り渡し、又は賃借物を転貸することができない。

2　賃借人が前項の規定に違反して第三者に賃借物の使用又は収益をさせたときは、賃貸人は、契約の解除をすることができる。

（転貸の効果）

第613条　賃借人が適法に賃借物を転貸したときは、転借人は、賃貸人と賃借人との間の賃貸借に基づく賃借人の債務の範囲を限度として、賃貸人に対して転貸借に基づく債務を直接履行する義務を負う。この場合においては、賃料の前払をもって賃貸人に対抗することができない。

2　前項の規定は、賃貸人が賃借人に対してその権利を行使することを妨げない。

3　賃借人が適法に賃借物を転貸した場合には、賃貸人は、賃借人との間の賃貸借を合意により解除したことをもって転借人に対抗することができない。ただし、その解除の当時、賃貸人が賃借人の債務不履行による解除権を有していたときは、この限りでない。

（賃料の支払時期）

第614条　賃料は、動産、建物及び宅地については毎月末に、その他の土地については毎年末に、支払わなければならない。ただし、収穫の季節があるものについては、その季節の後に遅滞なく支払わなければならない。

（賃借人の通知義務）

第615条　賃借物が修繕を要し、又は賃借物について権利を主張する者があるときは、賃借人は、遅滞なくその旨を賃貸人に通知しなければならない。ただし、賃貸人が既にこれを知っているときは、この限りでない。

（賃借人による使用及び収益）

第616条　第594条第1項の規定は、賃貸借について準用する。

第3款　賃貸借の終了

（賃借物の全部滅失等による賃貸借の終了）

第616条の2　賃借物の全部が滅失その他の事由により使用及び収益をすることができなくなった場合には、賃貸借は、これによって終了する。

（期間の定めのない賃貸借の解約の申入れ）

第617条　当事者が賃貸借の期間を定めなかったときは、各当事者は、いつでも解約の申入れをすることができる。この場合においては、次の各号に掲げる賃貸借は、解約の申入れの日からそれぞれ当該各号に定める期間を経過することによって終了する。
一　土地の賃貸借　1年
二　建物の賃貸借　3箇月
三　動産及び貸席の賃貸借　1日
2　収穫の季節がある土地の賃貸借については、その季節の後次の耕作に着手する前に、解約の申入れをしなければならない。

（期間の定めのある賃貸借の解約をする権利の留保）
第618条　当事者が賃貸借の期間を定めた場合であっても、その一方又は双方がその期間内に解約をする権利を留保したときは、前条の規定を準用する。

（賃貸借の更新の推定等）
第619条　賃貸借の期間が満了した後賃借人が賃借物の使用又は収益を継続する場合において、賃貸人がこれを知りながら異議を述べないときは、従前の賃貸借と同一の条件で更に賃貸借をしたものと推定する。この場合において、各当事者は、第617条の規定により解約の申入れをすることができる。
2　従前の賃貸借について当事者が担保を供していたときは、その担保は、期間の満了によって消滅する。ただし、第622条の2第1項に規定する敷金については、この限りでない。

（賃貸借の解除の効力）
第620条　賃貸借の解除をした場合には、その解除は、将来に向かってのみその効力を生ずる。この場合においては、損害賠償の請求を妨げない。

（賃借人の原状回復義務）
第621条　賃借人は、賃借物を受け取った後にこれに生じた損傷（通常の使用及び収益によって生じた賃借物の損耗並びに賃借物の経年変化を除く。以下この条において同じ。）がある場合において、賃貸借が終了したときは、その損傷を原状に復する義務を負う。ただし、その損傷が賃借人の責めに帰することができない事由によるものであるときは、この限りでない。

（使用貸借の規定の準用）
第622条　第597条第1項、第599条第1項及び第2項並びに第600条の規定は、賃貸借について準用する。

第4款　敷金

第622条の2　賃貸人は、敷金（いかなる名目によるかを問わず、賃料債務その他の賃貸借に基づいて生ずる賃借人の賃貸人に対する金銭の給付を目的とする債務を担保する目的で、賃借人が賃貸人に交付する金銭をいう。以下この条において同じ。）を受け取っている場合において、次に掲げるときは、賃借人に対し、その受け取った敷金の額から賃貸借に基づいて生じた賃借人の賃貸人に対する金銭の給付を目的とする債務の額を控除した残額を返還しなければならない。
一　賃貸借が終了し、かつ、賃貸物の返還を受けたとき。
二　賃借人が適法に賃借権を譲り渡したとき。
2　賃貸人は、賃借人が賃貸借に基づいて生じた金銭の給付を目的とする債務を履行しないときは、敷金をその債務の弁済に充てることができる。この場合において、賃借人は、賃貸人に対し、敷金をその債務の弁済に充てることを請求することができない。

第8節　雇用

（雇用）
第623条　雇用は、当事者の一方が相手方に対して労働に従事することを約し、相手方がこれに対してその報酬を与えることを約することによって、その効力を生ずる。

（報酬の支払時期）
第624条　労働者は、その約した労働を終わった後でなければ、報酬を請求することができない。
2　期間によって定めた報酬は、その期間を経過した後に、請求することができる。

（履行の割合に応じた報酬）
第624条の2　労働者は、次に掲げる場合には、既にした履行の割合に応じて報酬を請求することができる。
一　使用者の責めに帰することができない事由によって労働に従事することができなくなったとき。
二　雇用が履行の中途で終了したとき。

（使用者の権利の譲渡の制限等）
第625条　使用者は、労働者の承諾を得なければ、その権利を第三者に譲り渡すことができない。
2　労働者は、使用者の承諾を得なければ、自己に代わって第三者を労働に従事させることができない。
3　労働者が前項の規定に違反して第三者を労働

に従事させたときは、使用者は、契約の解除をすることができる。

（期間の定めのある雇用の解除）

第626条　雇用の期間が５年を超え、又はその終期が不確定であるときは、当事者の一方は、５年を経過した後、いつでも契約の解除をすることができる。

2　前項の規定により契約の解除をしようとする者は、それが使用者であるときは３箇月前、労働者であるときは２週間前に、その予告をしなければならない。

（期間の定めのない雇用の解約の申入れ）

第627条　当事者が雇用の期間を定めなかったときは、各当事者は、いつでも解約の申入れをすることができる。この場合において、雇用は、解約の申入れの日から２週間を経過することによって終了する。

2　期間によって報酬を定めた場合には、使用者からの解約の申入れは、次期以後についてすることができる。ただし、その解約の申入れは、当期の前半にしなければならない。

3　６箇月以上の期間によって報酬を定めた場合には、前項の解約の申入れは、３箇月前にしなければならない。

（やむを得ない事由による雇用の解除）

第628条　当事者が雇用の期間を定めた場合であっても、やむを得ない事由があるときは、各当事者は、直ちに契約の解除をすることができる。この場合において、その事由が当事者の一方の過失によって生じたものであるときは、相手方に対して損害賠償の責任を負う。

（雇用の更新の推定等）

第629条　雇用の期間が満了した後労働者が引き続きその労働に従事する場合において、使用者がこれを知りながら異議を述べないときは、従前の雇用と同一の条件で更に雇用をしたものと推定する。この場合において、各当事者は、第627条の規定により解約の申入れをすることができる。

2　従前の雇用について当事者が担保を供していたときは、その担保は、期間の満了によって消滅する。ただし、身元保証金については、この限りでない。

（雇用の解除の効力）

第630条　第620条の規定は、雇用について準用する。

（使用者についての破産手続の開始による解約の申入れ）

第631条　使用者が破産手続開始の決定を受けた場合には、雇用に期間の定めがあるときであっても、労働者又は破産管財人は、第627条の規定により解約の申入れをすることができる。この場合において、各当事者は、相手方に対し、解約によって生じた損害の賠償を請求することができない。

第９節　請負

（請負）

第632条　請負は、当事者の一方がある仕事を完成することを約し、相手方がその仕事の結果に対してその報酬を支払うことを約することによって、その効力を生ずる。

（報酬の支払時期）

第633条　報酬は、仕事の目的物の引渡しと同時に、支払わなければならない。ただし、物の引渡しを要しないときは、第624条第１項の規定を準用する。

（注文者が受ける利益の割合に応じた報酬）

第634条　次に掲げる場合において、請負人が既にした仕事の結果のうち可分な部分の給付によって注文者が利益を受けるときは、その部分を仕事の完成とみなす。この場合において、請負人は、注文者が受ける利益の割合に応じて報酬を請求することができる。

一　注文者の責めに帰することができない事由によって仕事を完成することができなくなったとき。

二　請負が仕事の完成前に解除されたとき。

第635条　削除

（請負人の担保責任の制限）

第636条　請負人が種類又は品質に関して契約の内容に適合しない仕事の目的物を注文者に引き渡したとき（その引渡しを要しない場合にあっては、仕事が終了した時に仕事の目的物が種類又は品質に関して契約の内容に適合しないとき）は、注文者は、注文者の供した材料の性質又は注文者の与えた指図によって生じた不適合を理由として、履行の追完の請求、報酬の減額の請求、損害賠償の請求及び契約の解除をすることができない。ただし、請負人がその材料又は指図が不適当であることを知りながら告げなかったときは、この限りでない。

（目的物の種類又は品質に関する担保責任の期間の制限）

第637条　前条本文に規定する場合において、注文者がその不適合を知った時から1年以内にその旨を請負人に通知しないときは、注文者は、その不適合を理由として、履行の追完の請求、報酬の減額の請求、損害賠償の請求及び契約の解除をすることができない。

2　前項の規定は、仕事の目的物を注文者に引き渡した時（その引渡しを要しない場合にあっては、仕事が終了した時）において、請負人が同項の不適合を知り、又は重大な過失によって知らなかったときは、適用しない。

第638条～第640条　削除

（注文者による契約の解除）

第641条　請負人が仕事を完成しない間は、注文者は、いつでも損害を賠償して契約の解除をすることができる。

（注文者についての破産手続の開始による解除）

第642条　注文者が破産手続開始の決定を受けたときは、請負人又は破産管財人は、契約の解除をすることができる。ただし、請負人による契約の解除については、仕事を完成した後は、この限りでない。

2　前項に規定する場合において、請負人は、既にした仕事の報酬及びその中に含まれていない費用について、破産財団の配当に加入することができる。

3　第1項の場合には、契約の解除によって生じた損害の賠償は、破産管財人が契約の解除をした場合における請負人に限り、請求することができる。この場合において、請負人は、その損害賠償について、破産財団の配当に加入する。

第10節　委任

（委任）

第643条　委任は、当事者の一方が法律行為をすることを相手方に委託し、相手方がこれを承諾することによって、その効力を生ずる。

（受任者の注意義務）

第644条　受任者は、委任の本旨に従い、善良な管理者の注意をもって、委任事務を処理する義務を負う。

（復受任者の選任等）

第644条の2　受任者は、委任者の許諾を得たとき、又はやむを得ない事由があるときでなければ、復受任者を選任することができない。

2　代理権を付与する委任において、受任者が代理権を有する復受任者を選任したときは、復受任者は、委任者に対して、その権限の範囲内において、受任者と同一の権利を有し、義務を負う。

（受任者による報告）

第645条　受任者は、委任者の請求があるときは、いつでも委任事務の処理の状況を報告し、委任が終了した後は、遅滞なくその経過及び結果を報告しなければならない。

（受任者による受取物の引渡し等）

第646条　受任者は、委任事務を処理するに当たって受け取った金銭その他の物を委任者に引き渡さなければならない。その収取した果実についても、同様とする。

2　受任者は、委任者のために自己の名で取得した権利を委任者に移転しなければならない。

（受任者の金銭の消費についての責任）

第647条　受任者は、委任者に引き渡すべき金額又はその利益のために用いるべき金額を自己のために消費したときは、その消費した日以後の利息を支払わなければならない。この場合において、なお損害があるときは、その賠償の責任を負う。

（受任者の報酬）

第648条　受任者は、特約がなければ、委任者に対して報酬を請求することができない。

2　受任者は、報酬を受けるべき場合には、委任事務を履行した後でなければ、これを請求することができない。ただし、期間によって報酬を定めたときは、第624条第2項の規定を準用する。

3　受任者は、次に掲げる場合には、既にした履行の割合に応じて報酬を請求することができる。

一　委任者の責めに帰することができない事由によって委任事務の履行をすることができなくなったとき。

二　委任が履行の中途で終了したとき。

（成果等に対する報酬）

第648条の2　委任事務の履行により得られる成果に対して報酬を支払うことを約した場合において、その成果が引渡しを要するときは、報酬は、その成果の引渡しと同時に、支払わなければならない。

2　第634条の規定は、委任事務の履行により得られる成果に対して報酬を支払うことを約した場合について準用する。

（受任者による費用の前払請求）

第649条　委任事務を処理するについて費用を要するときは、委任者は、受任者の請求により、その前払をしなければならない。

（受任者による費用等の償還請求等）

第650条　受任者は、委任事務を処理するのに必要と認められる費用を支出したときは、委任者に対し、その費用及び支出の日以後におけるその利息の償還を請求することができる。

2　受任者は、委任事務を処理するのに必要と認められる債務を負担したときは、委任者に対し、自己に代わってその弁済をすることを請求することができる。この場合において、その債務が弁済期にないときは、委任者に対し、相当の担保を供させることができる。

3　受任者は、委任事務を処理するため自己に過失なく損害を受けたときは、委任者に対し、その賠償を請求することができる。

（委任の解除）

第651条　委任は、各当事者がいつでもその解除をすることができる。

2　前項の規定により委任の解除をした者は、次に掲げる場合には、相手方の損害を賠償しなければならない。ただし、やむを得ない事由があったときは、この限りでない。

一　相手方に不利な時期に委任を解除したとき。

二　委任者が受任者の利益（専ら報酬を得ることによるものを除く。）をも目的とする委任を解除したとき。

（委任の解除の効力）

第652条　第620条の規定は、委任について準用する。

（委任の終了事由）

第653条　委任は、次に掲げる事由によって終了する。

一　委任者又は受任者の死亡

二　委任者又は受任者が破産手続開始の決定を受けたこと。

三　受任者が後見開始の審判を受けたこと。

（委任の終了後の処分）

第654条　委任が終了した場合において、急迫の事情があるときは、受任者又はその相続人若しくは法定代理人は、委任者又はその相続人若しくは法定代理人が委任事務を処理することができるに至るまで、必要な処分をしなければならない。

（委任の終了の対抗要件）

第655条　委任の終了事由は、これを相手方に通知したとき、又は相手方がこれを知っていたときでなければ、これをもってその相手方に対抗することができない。

（準委任）

第656条　この節の規定は、法律行為でない事務の委託について準用する。

第11節　寄託

（寄託）

第657条　寄託は、当事者の一方がある物を保管することを相手方に委託し、相手方がこれを承諾することによって、その効力を生ずる。

（寄託物受取り前の寄託者による寄託の解除等）

第657条の2　寄託者は、受寄者が寄託物を受け取るまで、契約の解除をすることができる。この場合において、受寄者は、その契約の解除によって損害を受けたときは、寄託者に対し、その賠償を請求することができる。

2　無報酬の受寄者は、寄託物を受け取るまで、契約の解除をすることができる。ただし、書面による寄託については、この限りでない。

3　受寄者（無報酬で寄託を受けた場合にあっては、書面による寄託の受寄者に限る。）は、寄託物を受け取るべき時期を経過したにもかかわらず、寄託者が寄託物を引き渡さない場合において、相当の期間を定めてその引渡しの催告をし、その期間内に引渡しがないときは、契約の解除をすることができる。

（寄託物の使用及び第三者による保管）

第658条　受寄者は、寄託者の承諾を得なければ、寄託物を使用することができない。

2　受寄者は、寄託者の承諾を得たとき、又はやむを得ない事由があるときでなければ、寄託物を第三者に保管させることができない。

3　再受寄者は、寄託者に対して、その権限の範囲内において、受寄者と同一の権利を有し、義務を負う。

（無報酬の受寄者の注意義務）

第659条　無報酬の受寄者は、自己の財産に対するのと同一の注意をもって、寄託物を保管する義務を負う。

（受寄者の通知義務等）

第660条　寄託物について権利を主張する第三者が受寄者に対して訴えを提起し、又は差押え、仮差押え若しくは仮処分をしたときは、受寄者は、遅滞なくその事実を寄託者に通知しなければならない。ただし、寄託者が既にこれを知っているときは、この限りでない。

2　第三者が寄託物について権利を主張する場合であっても、受寄者は、寄託者の指図がない限り、寄託者に対しその寄託物を返還しなければならない。ただし、受寄者が前項の通知をした場合又は同項ただし書の規定によりその通知を要しない場合において、その寄託物をその第三者に引き渡すべき旨を命ずる確定判決（確定判決と同一の効力を有するものを含む。）があったときであって、その第三者にその寄託物を引き渡したときは、この限りでない。

3　受寄者は、前項の規定により寄託者に対して寄託物を返還しなければならない場合には、寄託者にその寄託物を引き渡したことによって第三者に損害が生じたときであっても、その賠償の責任を負わない。

（寄託者による損害賠償）

第661条　寄託者は、寄託物の性質又は瑕疵によって生じた損害を受寄者に賠償しなければならない。ただし、寄託者が過失なくその性質若しくは瑕疵を知らなかったとき、又は受寄者がこれを知っていたときは、この限りでない。

（寄託者による返還請求等）

第662条　当事者が寄託物の返還の時期を定めたときであっても、寄託者は、いつでもその返還を請求することができる。

2　前項に規定する場合において、受寄者は、寄託者がその時期の前に返還を請求したことによって損害を受けたときは、寄託者に対し、その賠償を請求することができる。

（寄託物の返還の時期）

第663条　当事者が寄託物の返還の時期を定めなかったときは、受寄者は、いつでもその返還をすることができる。

2　返還の時期の定めがあるときは、受寄者は、やむを得ない事由がなければ、その期限前に返還をすることができない。

（寄託物の返還の場所）

第664条　寄託物の返還は、その保管をすべき場所でしなければならない。ただし、受寄者が正当な事由によってその物を保管する場所を変更したときは、その現在の場所で返還をすることができる。

（損害賠償及び費用の償還の請求権についての期間の制限）

第664条の2　寄託物の一部滅失又は損傷によって生じた損害の賠償及び受寄者が支出した費用の償還は、寄託者が返還を受けた時から1年以内に請求しなければならない。

2　前項の損害賠償の請求権については、寄託者が返還を受けた時から1年を経過するまでの間は、時効は、完成しない。

（委任の規定の準用）

第665条　第646条から第648条まで、第649条並びに第650条第1項及び第2項の規定は、寄託について準用する。

（混合寄託）

第665条の2　複数の者が寄託した物の種類及び品質が同一である場合には、受寄者は、各寄託者の承諾を得たときに限り、これらを混合して保管することができる。

2　前項の規定に基づき受寄者が複数の寄託者からの寄託物を混合して保管したときは、寄託者は、その寄託した物と同じ数量の物の返還を請求することができる。

3　前項に規定する場合において、寄託物の一部が滅失したときは、寄託者は、混合して保管されている総寄託物に対するその寄託した物の割合に応じた数量の物の返還を請求することができる。この場合においては、損害賠償の請求を妨げない。

（消費寄託）

第666条　受寄者が契約により寄託物を消費することができる場合には、受寄者は、寄託された物と種類、品質及び数量の同じ物をもって返還しなければならない。

2　第590条及び第592条の規定は、前項に規定する場合について準用する。

3　第591条第2項及び第3項の規定は、預金又は貯金に係る契約により金銭を寄託した場合について準用する。

第12節　組合

（組合契約）

第667条　組合契約は、各当事者が出資をして共同の事業を営むことを約することによって、その効力を生ずる。

2　出資は、労務をその目的とすることができる。

（他の組合員の債務不履行）

第667条の2　第533条及び第536条の規定は、

組合契約については、適用しない。

2　組合員は、他の組合員が組合契約に基づく債務の履行をしないことを理由として、組合契約を解除することができない。

（組合員の一人についての意思表示の無効等）

第667条の3　組合員の一人について意思表示の無効又は取消しの原因があっても、他の組合員の間においては、組合契約は、その効力を妨げられない。

（組合財産の共有）

第668条　各組合員の出資その他の組合財産は、総組合員の共有に属する。

（金銭出資の不履行の責任）

第669条　金銭を出資の目的とした場合において、組合員がその出資をすることを怠ったときは、その利息を支払うほか、損害の賠償をしなければならない。

（業務の決定及び執行の方法）

第670条　組合の業務は、組合員の過半数をもって決定し、各組合員がこれを執行する。

2　組合の業務の決定及び執行は、組合契約の定めるところにより、一人又は数人の組合員又は第三者に委任することができる。

3　前項の委任を受けた者（以下「業務執行者」という。）は、組合の業務を決定し、これを執行する。この場合において、業務執行者が数人あるときは、組合の業務は、業務執行者の過半数をもって決定し、各業務執行者がこれを執行する。

4　前項の規定にかかわらず、組合の業務については、総組合員の同意によって決定し、又は総組合員が執行することを妨げない。

5　組合の常務は、前各項の規定にかかわらず、各組合員又は各業務執行者が単独で行うことができる。ただし、その完了前に他の組合員又は業務執行者が異議を述べたときは、この限りでない。

（組合の代理）

第670条の2　各組合員は、組合の業務を執行する場合において、組合員の過半数の同意を得たときは、他の組合員を代理することができる。

2　前項の規定にかかわらず、業務執行者があるときは、業務執行者のみが組合員を代理することができる。この場合において、業務執行者が数人あるときは、各業務執行者は、業務執行者の過半数の同意を得たときに限り、組合員を代理することができる。

3　前2項の規定にかかわらず、各組合員又は各業務執行者は、組合の常務を行うときは、単独で組合員を代理することができる。

（委任の規定の準用）

第671条　第644条から第650条までの規定は、組合の業務を決定し、又は執行する組合員について準用する。

（業務執行組合員の辞任及び解任）

第672条　組合契約の定めるところにより一人又は数人の組合員に業務の決定及び執行を委任したときは、その組合員は、正当な事由がなければ、辞任することができない。

2　前項の組合員は、正当な事由がある場合に限り、他の組合員の一致によって解任することができる。

（組合員の組合の業務及び財産状況に関する検査）

第673条　各組合員は、組合の業務の決定及び執行をする権利を有しないときであっても、その業務及び組合財産の状況を検査することができる。

（組合員の損益分配の割合）

第674条　当事者が損益分配の割合を定めなかったときは、その割合は、各組合員の出資の価額に応じて定める。

2　利益又は損失についてのみ分配の割合を定めたときは、その割合は、利益及び損失に共通であるものと推定する。

（組合の債権者の権利の行使）

第675条　組合の債権者は、組合財産についてその権利を行使することができる。

2　組合の債権者は、その選択に従い、各組合員に対して損失分担の割合又は等しい割合でその権利を行使することができる。ただし、組合の債権者がその債権の発生の時に各組合員の損失分担の割合を知っていたときは、その割合による。

（組合員の持分の処分及び組合財産の分割）

第676条　組合員は、組合財産についてその持分を処分したときは、その処分をもって組合及び組合と取引をした第三者に対抗することができない。

2　組合員は、組合財産である債権について、その持分についての権利を単独で行使することができない。

3　組合員は、清算前に組合財産の分割を求めることができない。

（組合財産に対する組合員の債権者の権利の行

使の禁止）

第677条　組合員の債権者は、組合財産についてその権利を行使することができない。

（組合員の加入）

第677条の２　組合員は、その全員の同意によって、又は組合契約の定めるところにより、新たに組合員を加入させることができる。

２　前項の規定により組合の成立後に加入した組合員は、その加入前に生じた組合の債務については、これを弁済する責任を負わない。

（組合員の脱退）

第678条　組合契約で組合の存続期間を定めなかったとき、又はある組合員の終身の間組合が存続すべきことを定めたときは、各組合員は、いつでも脱退することができる。ただし、やむを得ない事由がある場合を除き、組合に不利な時期に脱退することができない。

２　組合の存続期間を定めた場合であっても、各組合員は、やむを得ない事由があるときは、脱退することができる。

第679条　前条の場合のほか、組合員は、次に掲げる事由によって脱退する。

一　死亡

二　破産手続開始の決定を受けたこと。

三　後見開始の審判を受けたこと。

四　除名

（組合員の除名）

第680条　組合員の除名は、正当な事由がある場合に限り、他の組合員の一致によってすることができる。ただし、除名した組合員にその旨を通知しなければ、これをもってその組合員に対抗することができない。

（脱退した組合員の責任等）

第680条の２　脱退した組合員は、その脱退前に生じた組合の債務について、従前の責任の範囲内でこれを弁済する責任を負う。この場合において、債権者が全部の弁済を受けない間は、脱退した組合員は、組合に担保を供させ、又は組合に対して自己に免責を得させることを請求することができる。

２　脱退した組合員は、前項に規定する組合の債務を弁済したときは、組合に対して求償権を有する。

（脱退した組合員の持分の払戻し）

第681条　脱退した組合員と他の組合員との間の計算は、脱退の時における組合財産の状況に従ってしなければならない。

２　脱退した組合員の持分は、その出資の種類を問わず、金銭で払い戻すことができる。

３　脱退の時にまだ完了していない事項については、その完了後に計算をすることができる。

（組合の解散事由）

第682条　組合は、次に掲げる事由によって解散する。

一　組合の目的である事業の成功又はその成功の不能

二　組合契約で定めた存続期間の満了

三　組合契約で定めた解散の事由の発生

四　総組合員の同意

（組合の解散の請求）

第683条　やむを得ない事由があるときは、各組合員は、組合の解散を請求することができる。

（組合契約の解除の効力）

第684条　第620条の規定は、組合契約について準用する。

（組合の清算及び清算人の選任）

第685条　組合が解散したときは、清算は、総組合員が共同して、又はその選任した清算人がこれをする。

２　清算人の選任は、組合員の過半数で決する。

（清算人の業務の決定及び執行の方法）

第686条　第670条第３項から第５項まで並びに第670条の２第２項及び第３項の規定は、清算人について準用する。

（組合員である清算人の辞任及び解任）

第687条　第672条の規定は、組合契約の定めるところにより組合員の中から清算人を選任した場合について準用する。

（清算人の職務及び権限並びに残余財産の分割方法）

第688条　清算人の職務は、次のとおりとする。

一　現務の結了

二　債権の取立て及び債務の弁済

三　残余財産の引渡し

２　清算人は、前項各号に掲げる職務を行うために必要な一切の行為をすることができる。

３　残余財産は、各組合員の出資の価額に応じて分割する。

第13節　終身定期金

（終身定期金契約）

第689条　終身定期金契約は、当事者の一方が、自己、相手方又は第三者の死亡に至るまで、定期に金銭その他の物を相手方又は第三者に給付することを約することによって、その効力を生ずる。

（終身定期金の計算）

第690条　終身定期金は、日割りで計算する。

（終身定期金契約の解除）

第691条　終身定期金債務者が終身定期金の元本を受領した場合において、その終身定期金の給付を怠り、又はその他の義務を履行しないときは、相手方は、元本の返還を請求することができる。この場合において、相手方は、既に受け取った終身定期金の中からその元本の利息を控除した残額を終身定期金債務者に返還しなければならない。

2　前項の規定は、損害賠償の請求を妨げない。

（終身定期金契約の解除と同時履行）

第692条　第533条の規定は、前条の場合について準用する。

（終身定期金債権の存続の宣告）

第693条　終身定期金債務者の責めに帰すべき事由によって第689条に規定する死亡が生じたときは、裁判所は、終身定期金債権者又はその相続人の請求により、終身定期金債権が相当の期間存続することを宣告することができる。

2　前項の規定は、第691条の権利の行使を妨げない。

（終身定期金の遺贈）

第694条　この節の規定は、終身定期金の遺贈について準用する。

第14節　和解

（和解）

第695条　和解は、当事者が互いに譲歩をしてその間に存する争いをやめることを約することによって、その効力を生ずる。

（和解の効力）

第696条　当事者の一方が和解によって争いの目的である権利を有するものと認められ、又は相手方がこれを有しないものと認められた場合において、その当事者の一方が従来その権利を有していなかった旨の確証又は相手方がこれを有していた旨の確証が得られたときは、その権利は、和解によってその当事者の一方に移転し、又は消滅したものとする。

第3章　事務管理

（事務管理）

第697条　義務なく他人のために事務の管理を始めた者（以下この章において「管理者」という。）は、その事務の性質に従い、最も本人の利益に適合する方法によって、その事務の管理（以下「事務管理」という。）をしなければならない。

2　管理者は、本人の意思を知っているとき、又はこれを推知することができるときは、その意思に従って事務管理をしなければならない。

（緊急事務管理）

第698条　管理者は、本人の身体、名誉又は財産に対する急迫の危害を免れさせるために事務管理をしたときは、悪意又は重大な過失があるのでなければ、これによって生じた損害を賠償する責任を負わない。

（管理者の通知義務）

第699条　管理者は、事務管理を始めたことを遅滞なく本人に通知しなければならない。ただし、本人が既にこれを知っているときは、この限りでない。

（管理者による事務管理の継続）

第700条　管理者は、本人又はその相続人若しくは法定代理人が管理をすることができるに至るまで、事務管理を継続しなければならない。ただし、事務管理の継続が本人の意思に反し、又は本人に不利であることが明らかであるときは、この限りでない。

（委任の規定の準用）

第701条　第645条から第647条までの規定は、事務管理について準用する。

（管理者による費用の償還請求等）

第702条　管理者は、本人のために有益な費用を支出したときは、本人に対し、その償還を請求することができる。

2　第650条第2項の規定は、管理者が本人のために有益な債務を負担した場合について準用する。

3　管理者が本人の意思に反して事務管理をしたときは、本人が現に利益を受けている限度においてのみ、前2項の規定を適用する。

第4章　不当利得

（不当利得の返還義務）

第703条　法律上の原因なく他人の財産又は労

務によって利益を受け、そのために他人に損失を及ぼした者（以下この章において「受益者」という。）は、その利益の存する限度において、これを返還する義務を負う。

（悪意の受益者の返還義務等）

第704条　悪意の受益者は、その受けた利益に利息を付して返還しなければならない。この場合において、なお損害があるときは、その賠償の責任を負う。

（債務の不存在を知ってした弁済）

第705条　債務の弁済として給付をした者は、その時において債務の存在しないことを知っていたときは、その給付したものの返還を請求することができない。

（期限前の弁済）

第706条　債務者は、弁済期にない債務の弁済として給付をしたときは、その給付したものの返還を請求することができない。ただし、債務者が錯誤によってその給付をしたときは、債権者は、これによって得た利益を返還しなければならない。

（他人の債務の弁済）

第707条　債務者でない者が錯誤によって債務の弁済をした場合において、債権者が善意で証書を滅失させ若しくは損傷し、担保を放棄し、又は時効によってその債権を失ったときは、その弁済をした者は、返還の請求をすることができない。

2　前項の規定は、弁済をした者から債務者に対する求償権の行使を妨げない。

（不法原因給付）

第708条　不法な原因のために給付をした者は、その給付したものの返還を請求することができない。ただし、不法な原因が受益者についてのみ存したときは、この限りでない。

第5章　不法行為

（不法行為による損害賠償）

第709条　故意又は過失によって他人の権利又は法律上保護される利益を侵害した者は、これによって生じた損害を賠償する責任を負う。

（財産以外の損害の賠償）

第710条　他人の身体、自由若しくは名誉を侵害した場合又は他人の財産権を侵害した場合のいずれであるかを問わず、前条の規定により損害賠償の責任を負う者は、財産以外の損害に対しても、その賠償をしなければならない。

（近親者に対する損害の賠償）

第711条　他人の生命を侵害した者は、被害者の父母、配偶者及び子に対しては、その財産権が侵害されなかった場合においても、損害の賠償をしなければならない。

（責任能力）

第712条　未成年者は、他人に損害を加えた場合において、自己の行為の責任を弁識するに足りる知能を備えていなかったときは、その行為について賠償の責任を負わない。

第713条　精神上の障害により自己の行為の責任を弁識する能力を欠く状態にある間に他人に損害を加えた者は、その賠償の責任を負わない。ただし、故意又は過失によって一時的にその状態を招いたときは、この限りでない。

（責任無能力者の監督義務者等の責任）

第714条　前2条の規定により責任無能力者がその責任を負わない場合において、その責任無能力者を監督する法定の義務を負う者は、その責任無能力者が第三者に加えた損害を賠償する責任を負う。ただし、監督義務者がその義務を怠らなかったとき、又はその義務を怠らなくても損害が生ずべきであったときは、この限りでない。

2　監督義務者に代わって責任無能力者を監督する者も、前項の責任を負う。

（使用者等の責任）

第715条　ある事業のために他人を使用する者は、被用者がその事業の執行について第三者に加えた損害を賠償する責任を負う。ただし、使用者が被用者の選任及びその事業の監督について相当の注意をしたとき、又は相当の注意をしても損害が生ずべきであったときは、この限りでない。

2　使用者に代わって事業を監督する者も、前項の責任を負う。

3　前2項の規定は、使用者又は監督者から被用者に対する求償権の行使を妨げない。

（注文者の責任）

第716条　注文者は、請負人がその仕事について第三者に加えた損害を賠償する責任を負わない。ただし、注文又は指図についてその注文者に過失があったときは、この限りでない。

（土地の工作物等の占有者及び所有者の責任）

第717条　土地の工作物の設置又は保存に瑕疵があることによって他人に損害を生じたとき

は、その工作物の占有者は、被害者に対してその損害を賠償する責任を負う。ただし、占有者が損害の発生を防止するのに必要な注意をしたときは、所有者がその損害を賠償しなければならない。

2　前項の規定は、竹木の栽植又は支持に瑕疵がある場合について準用する。

3　前2項の場合において、損害の原因について他にその責任を負う者があるときは、占有者又は所有者は、その者に対して求償権を行使することができる。

（動物の占有者等の責任）

第718条　動物の占有者は、その動物が他人に加えた損害を賠償する責任を負う。ただし、動物の種類及び性質に従い相当の注意をもってその管理をしたときは、この限りでない。

2　占有者に代わって動物を管理する者も、前項の責任を負う。

（共同不法行為者の責任）

第719条　数人が共同の不法行為によって他人に損害を加えたときは、各自が連帯してその損害を賠償する責任を負う。共同行為者のうちいずれの者がその損害を加えたかを知ることができないときも、同様とする。

2　行為者を教唆した者及び幇助した者は、共同行為者とみなして、前項の規定を適用する。

（正当防衛及び緊急避難）

第720条　他人の不法行為に対し、自己又は第三者の権利又は法律上保護される利益を防衛するため、やむを得ず加害行為をした者は、損害賠償の責任を負わない。ただし、被害者から不法行為をした者に対する損害賠償の請求を妨げない。

2　前項の規定は、他人の物から生じた急迫の危難を避けるためその物を損傷した場合について準用する。

（損害賠償請求権に関する胎児の権利能力）

第721条　胎児は、損害賠償の請求権については、既に生まれたものとみなす。

（損害賠償の方法、中間利息の控除及び過失相殺）

第722条　第417条及び第417条の2の規定は、不法行為による損害賠償について準用する。

2　被害者に過失があったときは、裁判所は、これを考慮して、損害賠償の額を定めることができる。

（名誉毀損における原状回復）

第723条　他人の名誉を毀損した者に対しては、裁判所は、被害者の請求により、損害賠償に代えて、又は損害賠償とともに、名誉を回復するのに適当な処分を命ずることができる。

（不法行為による損害賠償請求権の消滅時効）

第724条　不法行為による損害賠償の請求権は、次に掲げる場合には、時効によって消滅する。

一　被害者又はその法定代理人が損害及び加害者を知った時から3年間行使しないとき。

二　不法行為の時から20年間行使しないとき。

（人の生命又は身体を害する不法行為による損害賠償請求権の消滅時効）

第724条の2　人の生命又は身体を害する不法行為による損害賠償請求権の消滅時効についての前条第1号の規定の適用については、同号中「3年間」とあるのは、「5年間」とする。

第4編　親族

第1章　総則

（親族の範囲）

第725条　次に掲げる者は、親族とする。

一　6親等内の血族

二　配偶者

三　3親等内の姻族

（親等の計算）

第726条　親等は、親族間の世代数を数えて、これを定める。

2　傍系親族の親等を定めるには、その一人又はその配偶者から同一の祖先にさかのぼり、その祖先から他の一人に下るまでの世代数による。

（縁組による親族関係の発生）

第727条　養子と養親及びその血族との間においては、養子縁組の日から、血族間におけるのと同一の親族関係を生ずる。

（離婚等による姻族関係の終了）

第728条　姻族関係は、離婚によって終了する。

2　夫婦の一方が死亡した場合において、生存配偶者が姻族関係を終了させる意思を表示したときも、前項と同様とする。

（離縁による親族関係の終了）

第729条　養子及びその配偶者並びに養子の直系卑属及びその配偶者と養親及びその血族との親族関係は、離縁によって終了する。

（親族間の扶け合い）

第730条　直系血族及び同居の親族は、互いに扶け合わなければならない。

第2章　婚姻

第1節　婚姻の成立

第1款　婚姻の要件

（婚姻適齢）
第731条　婚姻は、18歳にならなければ、することができない。
（重婚の禁止）
第732条　配偶者のある者は、重ねて婚姻をすることができない。
第733条　削除
（近親者間の婚姻の禁止）
第734条　直系血族又は3親等内の傍系血族の間では、婚姻をすることができない。ただし、養子と養方の傍系血族との間では、この限りでない。
2　第817条の9の規定により親族関係が終了した後も、前項と同様とする。
（直系姻族間の婚姻の禁止）
第735条　直系姻族の間では、婚姻をすることができない。第728条又は第817条の9の規定により姻族関係が終了した後も、同様とする。
（養親子等の間の婚姻の禁止）
第736条　養子若しくはその配偶者又は養子の直系卑属若しくはその配偶者と養親又はその直系尊属との間では、第729条の規定により親族関係が終了した後でも、婚姻をすることができない。
第737条　削除
（成年被後見人の婚姻）
第738条　成年被後見人が婚姻をするには、その成年後見人の同意を要しない。
（婚姻の届出）
第739条　婚姻は、戸籍法（昭和22年法律第224号）の定めるところにより届け出ることによって、その効力を生ずる。
2　前項の届出は、当事者双方及び成年の証人二人以上が署名した書面で、又はこれらの者から口頭で、しなければならない。
（婚姻の届出の受理）
第740条　婚姻の届出は、その婚姻が第731条、第732条、第734条から第736条まで及び前条第2項の規定その他の法令の規定に違反しないことを認めた後でなければ、受理することができない。
（外国に在る日本人間の婚姻の方式）
第741条　外国に在る日本人間で婚姻をしようとするときは、その国に駐在する日本の大使、公使又は領事にその届出をすることができる。この場合においては、前2条の規定を準用する。

第2款　婚姻の無効及び取消し

（婚姻の無効）
第742条　婚姻は、次に掲げる場合に限り、無効とする。
一　人違いその他の事由によって当事者間に婚姻をする意思がないとき。
二　当事者が婚姻の届出をしないとき。ただし、その届出が第739条第2項に定める方式を欠くだけであるときは、婚姻は、そのためにその効力を妨げられない。
（婚姻の取消し）
第743条　婚姻は、次条、第745条及び第747条の規定によらなければ、取り消すことができない。
（不適法な婚姻の取消し）
第744条　第731条、第732条及び第734条から第736条までの規定に違反した婚姻は、各当事者、その親族又は検察官から、その取消しを家庭裁判所に請求することができる。ただし、検察官は、当事者の一方が死亡した後は、これを請求することができない。
2　第732条の規定に違反した婚姻については、前婚の配偶者も、その取消しを請求することができる。
（不適齢者の婚姻の取消し）
第745条　第731条の規定に違反した婚姻は、不適齢者が適齢に達したときは、その取消しを請求することができない。
2　不適齢者は、適齢に達した後、なお3箇月間は、その婚姻の取消しを請求することができる。ただし、適齢に達した後に追認をしたときは、この限りでない。
第746条　削除
（詐欺又は強迫による婚姻の取消し）
第747条　詐欺又は強迫によって婚姻をした者は、その婚姻の取消しを家庭裁判所に請求することができる。

2　前項の規定による取消権は、当事者が、詐欺を発見し、若しくは強迫を免れた後３箇月を経過し、又は追認をしたときは、消滅する。

（婚姻の取消しの効力）

第748条　婚姻の取消しは、将来に向かってのみその効力を生ずる。

2　婚姻の時においてその取消しの原因があることを知らなかった当事者が、婚姻によって財産を得たときは、現に利益を受けている限度において、その返還をしなければならない。

3　婚姻の時においてその取消しの原因があることを知っていた当事者は、婚姻によって得た利益の全部を返還しなければならない。この場合において、相手方が善意であったときは、これに対して損害を賠償する責任を負う。

（離婚の規定の準用）

第749条　第728条第１項、第766条から第769条まで、第790条第１項ただし書並びに第819条第２項、第３項、第５項及び第６項の規定は、婚姻の取消しについて準用する。

第２節　婚姻の効力

（夫婦の氏）

第750条　夫婦は、婚姻の際に定めるところに従い、夫又は妻の氏を称する。

（生存配偶者の復氏等）

第751条　夫婦の一方が死亡したときは、生存配偶者は、婚姻前の氏に復することができる。

2　第769条の規定は、前項及び第728条第２項の場合について準用する。

（同居、協力及び扶助の義務）

第752条　夫婦は同居し、互いに協力し扶助しなければならない。

第753条　削除

（夫婦間の契約の取消権）

第754条　夫婦間でした契約は、婚姻中、いつでも、夫婦の一方からこれを取り消すことができる。ただし、第三者の権利を害することはできない。

第３節　夫婦財産制

第１款　総則

（夫婦の財産関係）

第755条　夫婦が、婚姻の届出前に、その財産について別段の契約をしなかったときは、その財産関係は、次款に定めるところによる。

（夫婦財産契約の対抗要件）

第756条　夫婦が法定財産制と異なる契約をしたときは、婚姻の届出までにその登記をしなければ、これを夫婦の承継人及び第三者に対抗することができない。

第757条　削除

（夫婦の財産関係の変更の制限等）

第758条　夫婦の財産関係は、婚姻の届出後は、変更することができない。

2　夫婦の一方が、他の一方の財産を管理する場合において、管理が失当であったことによってその財産を危うくしたときは、他の一方は、自らその管理をすることを家庭裁判所に請求することができる。

3　共有財産については、前項の請求とともに、その分割を請求することができる。

（財産の管理者の変更及び共有財産の分割の対抗要件）

第759条　前条の規定又は第755条の契約の結果により、財産の管理者を変更し、又は共有財産の分割をしたときは、その登記をしなければ、これを夫婦の承継人及び第三者に対抗することができない。

第２款　法定財産制

（婚姻費用の分担）

第760条　夫婦は、その資産、収入その他一切の事情を考慮して、婚姻から生ずる費用を分担する。

（日常の家事に関する債務の連帯責任）

第761条　夫婦の一方が日常の家事に関して第三者と法律行為をしたときは、他の一方は、これによって生じた債務について、連帯してその責任を負う。ただし、第三者に対し責任を負わない旨を予告した場合は、この限りでない。

（夫婦間における財産の帰属）

第762条　夫婦の一方が婚姻前から有する財産及び婚姻中自己の名で得た財産は、その特有財産（夫婦の一方が単独で有する財産をいう。）とする。

2　夫婦のいずれに属するか明らかでない財産は、その共有に属するものと推定する。

第4節　離婚

第1款　協議上の離婚

（協議上の離婚）
第763条　夫婦は、その協議で、離婚をすることができる。

（婚姻の規定の準用）
第764条　第738条、第739条及び第747条の規定は、協議上の離婚について準用する。

（離婚の届出の受理）
第765条　離婚の届出は、その離婚が前条において準用する第739条第2項の規定及び第819条第1項の規定その他の法令の規定に違反しないことを認めた後でなければ、受理することができない。

2　離婚の届出が前項の規定に違反して受理されたときであっても、離婚は、そのためにその効力を妨げられない。

（離婚後の子の監護に関する事項の定め等）
第766条　父母が協議上の離婚をするときは、子の監護をすべき者、父又は母と子との面会及びその他の交流、子の監護に要する費用の分担その他の子の監護について必要な事項は、その協議で定める。この場合においては、子の利益を最も優先して考慮しなければならない。

2　前項の協議が調わないとき、又は協議をすることができないときは、家庭裁判所が、同項の事項を定める。

3　家庭裁判所は、必要があると認めるときは、前2項の規定による定めを変更し、その他子の監護について相当な処分を命ずることができる。

4　前3項の規定によっては、監護の範囲外では、父母の権利義務に変更を生じない。

（離婚による復氏等）
第767条　婚姻によって氏を改めた夫又は妻は、協議上の離婚によって婚姻前の氏に復する。

2　前項の規定により婚姻前の氏に復した夫又は妻は、離婚の日から3箇月以内に戸籍法の定めるところにより届け出ることによって、離婚の際に称していた氏を称することができる。

（財産分与）
第768条　協議上の離婚をした者の一方は、相手方に対して財産の分与を請求することができる。

2　前項の規定による財産の分与について、当事者間に協議が調わないとき、又は協議をすることができないときは、当事者は、家庭裁判所に対して協議に代わる処分を請求することができる。ただし、離婚の時から2年を経過したときは、この限りでない。

3　前項の場合には、家庭裁判所は、当事者双方がその協力によって得た財産の額その他一切の事情を考慮して、分与をさせるべきかどうか並びに分与の額及び方法を定める。

（離婚による復氏の際の権利の承継）
第769条　婚姻によって氏を改めた夫又は妻が、第897条第1項の権利を承継した後、協議上の離婚をしたときは、当事者その他の関係人の協議で、その権利を承継すべき者を定めなければならない。

2　前項の協議が調わないとき、又は協議をすることができないときは、同項の権利を承継すべき者は、家庭裁判所がこれを定める。

第2款　裁判上の離婚

（裁判上の離婚）
第770条　夫婦の一方は、次に掲げる場合に限り、離婚の訴えを提起することができる。

一　配偶者に不貞な行為があったとき。
二　配偶者から悪意で遺棄されたとき。
三　配偶者の生死が3年以上明らかでないとき。
四　配偶者が強度の精神病にかかり、回復の見込みがないとき。
五　その他婚姻を継続し難い重大な事由があるとき。

2　裁判所は、前項第1号から第4号までに掲げる事由がある場合であっても、一切の事情を考慮して婚姻の継続を相当と認めるときは、離婚の請求を棄却することができる。

（協議上の離婚の規定の準用）
第771条　第766条から第769条までの規定は、裁判上の離婚について準用する。

第3章　親子

第1節　実子

（嫡出の推定）
第772条　妻が婚姻中に懐胎した子は、当該婚姻における夫の子と推定する。女が婚姻前に懐胎した子であって、婚姻が成立した後に生まれたものも、同様とする。

2　前項の場合において、婚姻の成立の日から200日以内に生まれた子は、婚姻前に懐胎したものと推定し、婚姻の成立の日から200日を経過した後又は婚姻の解消若しくは取消しの日から300日以内に生まれた子は、婚姻中に懐胎したものと推定する。

3　第1項の場合において、女が子を懐胎した時から子の出生の時までの間に2以上の婚姻をしていたときは、その子は、その出生の直近の婚姻における夫の子と推定する。

4　前3項の規定により父が定められた子について、第774条の規定によりその父の嫡出であることが否認された場合における前項の規定の適用については、同項中「直近の婚姻」とあるのは、「直近の婚姻（第774条の規定により子がその嫡出であることが否認された夫との間の婚姻を除く。）」とする。

（父を定めることを目的とする訴え）

第773条　第732条の規定に違反して婚姻をした女が出産した場合において、前条の規定によりその子の父を定めることができないときは、裁判所が、これを定める。

（嫡出の否認）

第774条　第772条の規定により子の父が定められる場合において、父又は子は、子が嫡出であることを否認することができる。

2　前項の規定による子の否認権は、親権を行う母、親権を行う養親又は未成年後見人が、子のために行使することができる。

3　第1項に規定する場合において、母は、子が嫡出であることを否認することができる。ただし、その否認権の行使が子の利益を害することが明らかなときは、この限りでない。

4　第772条第3項の規定により子の父が定められる場合において、子の懐胎の時から出生の時までの間に母と婚姻していた者であって、子の父以外のもの（以下「前夫」という。）は、子が嫡出であることを否認することができる。ただし、その否認権の行使が子の利益を害することが明らかなときは、この限りでない。

5　前項の規定による否認権を行使し、第772条第4項の規定により読み替えられた同条第3項の規定により新たに子の父と定められた者は、第1項の規定にかかわらず、子が自らの嫡出であることを否認することができない。

（嫡出否認の訴え）

第775条　次の各号に掲げる否認権は、それぞれ当該各号に定める者に対する嫡出否認の訴えによって行う。

一　父の否認権　子又は親権を行う母
二　子の否認権　父
三　母の否認権　父
四　前夫の否認権　父及び子又は親権を行う母

2　前項第1号又は第4号に掲げる否認権を親権を行う母に対し行使しようとする場合において、親権を行う母がないときは、家庭裁判所は、特別代理人を選任しなければならない。

（嫡出の承認）

第776条　父又は母は、子の出生後において、その嫡出であることを承認したときは、それぞれその否認権を失う。

（嫡出否認の訴えの出訴期間）

第777条　次の各号に掲げる否認権の行使に係る嫡出否認の訴えは、それぞれ当該各号に定める時から3年以内に提起しなければならない。

一　父の否認権　父が子の出生を知った時
二　子の否認権　その出生の時
三　母の否認権　子の出生の時
四　前夫の否認権　前夫が子の出生を知った時

第778条　第772条第3項の規定により父が定められた子について第774条の規定により嫡出であることが否認されたときは、次の各号に掲げる否認権の行使に係る嫡出否認の訴えは、前条の規定にかかわらず、それぞれ当該各号に定める時から1年以内に提起しなければならない。

一　第772条第4項の規定により読み替えられた同条第3項の規定により新たに子の父と定められた者の否認権　新たに子の父と定められた者が当該子に係る嫡出否認の裁判が確定したことを知った時
二　子の否認権　子が前号の裁判が確定したことを知った時
三　母の否認権　母が第1号の裁判が確定したことを知った時
四　前夫の否認権　前夫が第1号の裁判が確定したことを知った時

第778条の2　第777条（第2号に係る部分に限る。）又は前条（第2号に係る部分に限る。）の期間の満了前6箇月以内の間に親権を行う母、親権を行う養親及び未成年後見人がないときは、子は、母若しくは養親の親権停止の期間が満了し、親権喪失若しくは親権停止の審判の取消しの審判が確定し、若しくは親権が回復された時、新たに養子縁組が成立した時又は未成年後見人が就職した時から６箇月を経過するまでの間は、嫡出否認の訴えを提起することができる。

2　子は、その父と継続して同居した期間（当該期間が２以上あるときは、そのうち最も長い期間）が３年を下回るときは、第777条（第２号に係る部分に限る。）及び前条（第２号に係る部分に限る。）の規定にかかわらず、21歳に達するまでの間、嫡出否認の訴えを提起することができる。ただし、子の否認権の行使が父による養育の状況に照らして父の利益を著しく害するときは、この限りでない。

3　第774条第２項の規定は、前項の場合には、適用しない。

4　第777条（第４号に係る部分に限る。）及び前条（第４号に係る部分に限る。）に掲げる否認権の行使に係る嫡出否認の訴えは、子が成年に達した後は、提起することができない。

（子の監護に要した費用の償還の制限）

第778条の３　第774条の規定により嫡出であることが否認された場合であっても、子は、父であった者が支出した子の監護に要した費用を償還する義務を負わない。

（相続の開始後に新たに子と推定された者の価額の支払請求権）

第778条の４　相続の開始後、第774条の規定により否認権が行使され、第772条第４項の規定により読み替えられた同条第３項の規定により新たに被相続人がその父と定められた者が相続人として遺産の分割を請求しようとする場合において、他の共同相続人が既にその分割その他の処分をしていたときは、当該相続人の遺産分割の請求は、価額のみによる支払の請求により行うものとする。

（認知）

第779条　嫡出でない子は、その父又は母がこれを認知することができる。

（認知能力）

第780条　認知をするには、父又は母が未成年者又は成年被後見人であるときであっても、その法定代理人の同意を要しない。

（認知の方式）

第781条　認知は、戸籍法の定めるところにより届け出ることによってする。

2　認知は、遺言によっても、することができる。

（成年の子の認知）

第782条　成年の子は、その承諾がなければ、これを認知することができない。

（胎児又は死亡した子の認知）

第783条　父は、胎内に在る子でも、認知することができる。この場合においては、母の承諾を得なければならない。

2　前項の子が出生した場合において、第772条の規定によりその子の父が定められるときは、同項の規定による認知は、その効力を生じない。

3　父又は母は、死亡した子でも、その直系卑属があるときに限り、認知することができる。この場合において、その直系卑属が成年者であるときは、その承諾を得なければならない。

（認知の効力）

第784条　認知は、出生の時にさかのぼってその効力を生ずる。ただし、第三者が既に取得した権利を害することはできない。

（認知の取消しの禁止）

第785条　認知をした父又は母は、その認知を取り消すことができない。

（認知の無効の訴え）

第786条　次の各号に掲げる者は、それぞれ当該各号に定める時（第783条第１項の規定による認知がされた場合にあっては、子の出生の時）から７年以内に限り、認知について反対の事実があることを理由として、認知の無効の訴えを提起することができる。ただし、第３号に掲げる者について、その認知の無効の主張が子の利益を害することが明らかなときは、この限りでない。

一　子又はその法定代理人　子又はその法定代理人が認知を知った時

二　認知をした者　認知の時

三　子の母　子の母が認知を知った時

2　子は、その子を認知した者と認知後に継続して同居した期間（当該期間が２以上あるときは、そのうち最も長い期間）が３年を下回るときは、前項（第１号に係る部分に限る。）の規定にかかわらず、21歳に達するまでの間、認知の無効の訴えを提起することができる。ただし、子による認知の無効の主張が認知をした者による養育の状況に照らして認知をした者の利益を著しく害するときは、この限りでない。

3　前項の規定は、同項に規定する子の法定代理人が第１項の認知の無効の訴えを提起する場合には、適用しない。

4　第１項及び第２項の規定により認知が無効とされた場合であっても、子は、認知をした者が支出した子の監護に要した費用を償還する義務を負わない。

（認知の訴え）

第787条　子、その直系卑属又はこれらの者の法定代理人は、認知の訴えを提起することができる。ただし、父又は母の死亡の日から３年を経過したときは、この限りでない。

（認知後の子の監護に関する事項の定め等）

第788条　第766条の規定は、父が認知する場合について準用する。

（準正）

第789条　父が認知した子は、その父母の婚姻によって嫡出子の身分を取得する。

2　婚姻中父母が認知した子は、その認知の時から、嫡出子の身分を取得する。

3　前２項の規定は、子が既に死亡していた場合について準用する。

（子の氏）

第790条　嫡出である子は、父母の氏を称する。ただし、子の出生前に父母が離婚したときは、離婚の際における父母の氏を称する。

2　嫡出でない子は、母の氏を称する。

（子の氏の変更）

第791条　子が父又は母と氏を異にする場合には、子は、家庭裁判所の許可を得て、戸籍法の定めるところにより届け出ることによって、その父又は母の氏を称することができる。

2　父又は母が氏を改めたことにより子が父母と氏を異にする場合には、子は、父母の婚姻中に限り、前項の許可を得ないで、戸籍法の定めるところにより届け出ることによって、その父母の氏を称することができる。

3　子が15歳未満であるときは、その法定代理人が、これに代わって、前２項の行為をすることができる。

4　前３項の規定により氏を改めた未成年の子は、成年に達した時から１年以内に戸籍法の定めるところにより届け出ることによって、従前の氏に復することができる。

第2節　養子

第1款　縁組の要件

（養親となる者の年齢）

第792条　20歳に達した者は、養子をすることができる。

（尊属又は年長者を養子とすることの禁止）

第793条　尊属又は年長者は、これを養子とすることができない。

（後見人が被後見人を養子とする縁組）

第794条　後見人が被後見人（未成年被後見人及び成年被後見人をいう。以下同じ。）を養子とするには、家庭裁判所の許可を得なければならない。後見人の任務が終了した後、まだその管理の計算が終わらない間も、同様とする。

（配偶者のある者が未成年者を養子とする縁組）

第795条　配偶者のある者が未成年者を養子とするには、配偶者とともにしなければならない。ただし、配偶者の嫡出である子を養子とする場合又は配偶者がその意思を表示することができない場合は、この限りでない。

（配偶者のある者の縁組）

第796条　配偶者のある者が縁組をするには、その配偶者の同意を得なければならない。ただし、配偶者とともに縁組をする場合又は配偶者がその意思を表示することができない場合は、この限りでない。

（15歳未満の者を養子とする縁組）

第797条　養子となる者が15歳未満であるときは、その法定代理人が、これに代わって、縁組の承諾をすることができる。

2　法定代理人が前項の承諾をするには、養子となる者の父母でその監護をすべき者であるものが他にあるときは、その同意を得なければならない。養子となる者の父母で親権を停止されているものがあるときも、同様とする。

（未成年者を養子とする縁組）

第798条　未成年者を養子とするには、家庭裁判所の許可を得なければならない。ただし、自己又は配偶者の直系卑属を養子とする場合は、この限りでない。

（婚姻の規定の準用）

第799条　第738条及び第739条の規定は、縁組について準用する。

（縁組の届出の受理）

第800条　縁組の届出は、その縁組が第792条から前条までの規定その他の法令の規定に違反しないことを認めた後でなければ、受理することができない。

（外国に在る日本人間の縁組の方式）

第801条　外国に在る日本人間で縁組をしようとするときは、その国に駐在する日本の大使、公使又は領事にその届出をすることができる。

この場合においては、第799条において準用する第739条の規定及び前条の規定を準用する。

第２款　縁組の無効及び取消し

（縁組の無効）

第802条　縁組は、次に掲げる場合に限り、無効とする。

一　人違いその他の事由によって当事者間に縁組をする意思がないとき。

二　当事者が縁組の届出をしないとき。ただし、その届出が第799条において準用する第739条第２項に定める方式を欠くだけであるときは、縁組は、そのためにその効力を妨げられない。

（縁組の取消し）

第803条　縁組は、次条から第808条までの規定によらなければ、取り消すことができない。

（養親が20歳未満の者である場合の縁組の取消し）

第804条　第792条の規定に違反した縁組は、養親又はその法定代理人から、その取消しを家庭裁判所に請求することができる。ただし、養親が、20歳に達した後６箇月を経過し、又は追認をしたときは、この限りでない。

（養子が尊属又は年長者である場合の縁組の取消し）

第805条　第793条の規定に違反した縁組は、各当事者又はその親族から、その取消しを家庭裁判所に請求することができる。

（後見人と被後見人との間の無許可縁組の取消し）

第806条　第794条の規定に違反した縁組は、養子又はその実方の親族から、その取消しを家庭裁判所に請求することができる。ただし、管理の計算が終わった後、養子が追認をし、又は６箇月を経過したときは、この限りでない。

2　前項ただし書の追認は、養子が、成年に達し、又は行為能力を回復した後にしなければ、その効力を生じない。

3　養子が、成年に達せず、又は行為能力を回復しない間に、管理の計算が終わった場合には、第１項ただし書の期間は、養子が、成年に達し、又は行為能力を回復した時から起算する。

（配偶者の同意のない縁組等の取消し）

第806条の２　第796条の規定に違反した縁組は、縁組の同意をしていない者から、その取消しを家庭裁判所に請求することができる。ただし、その者が、縁組を知った後６箇月を経過し、又は追認をしたときは、この限りでない。

2　詐欺又は強迫によって第796条の同意をした者は、その縁組の取消しを家庭裁判所に請求することができる。ただし、その者が、詐欺を発見し、若しくは強迫を免れた後６箇月を経過し、又は追認をしたときは、この限りでない。

（子の監護をすべき者の同意のない縁組等の取消し）

第806条の３　第797条第２項の規定に違反した縁組は、縁組の同意をしていない者から、その取消しを家庭裁判所に請求することができる。ただし、その者が追認をしたとき、又は養子が15歳に達した後６箇月を経過し、若しくは追認をしたときは、この限りでない。

2　前条第２項の規定は、詐欺又は強迫によって第797条第２項の同意をした者について準用する。

（養子が未成年者である場合の無許可縁組の取消し）

第807条　第798条の規定に違反した縁組は、養子、その実方の親族又は養子に代わって縁組の承諾をした者から、その取消しを家庭裁判所に請求することができる。ただし、養子が、成年に達した後６箇月を経過し、又は追認をしたときは、この限りでない。

（婚姻の取消し等の規定の準用）

第808条　第747条及び第748条の規定は、縁組について準用する。この場合において、第747条第２項中「３箇月」とあるのは、「６箇月」と読み替えるものとする。

2　第769条及び第816条の規定は、縁組の取消しについて準用する。

第３款　縁組の効力

（嫡出子の身分の取得）

第809条　養子は、縁組の日から、養親の嫡出子の身分を取得する。

（養子の氏）

第810条　養子は、養親の氏を称する。ただし、婚姻によって氏を改めた者については、婚姻の際に定めた氏を称すべき間は、この限りでない。

第４款　離縁

（協議上の離縁等）

第811条　縁組の当事者は、その協議で、離縁をすることができる。
2　養子が15歳未満であるときは、その離縁は、養親と養子の離縁後にその法定代理人となるべき者との協議でこれをする。
3　前項の場合において、養子の父母が離婚しているときは、その協議で、その一方を養子の離縁後にその親権者となるべき者と定めなければならない。
4　前項の協議が調わないとき、又は協議をすることができないときは、家庭裁判所は、同項の父若しくは母又は養親の請求によって、協議に代わる審判をすることができる。
5　第2項の法定代理人となるべき者がないときは、家庭裁判所は、養子の親族その他の利害関係人の請求によって、養子の離縁後にその未成年後見人となるべき者を選任する。
6　縁組の当事者の一方が死亡した後に生存当事者が離縁をしようとするときは、家庭裁判所の許可を得て、これをすることができる。
（夫婦である養親と未成年者との離縁）
第811条の2　養親が夫婦である場合において未成年者と離縁をするには、夫婦が共にしなければならない。ただし、夫婦の一方がその意思を表示することができないときは、この限りでない。
（婚姻の規定の準用）
第812条　第738条、第739条及び第747条の規定は、協議上の離縁について準用する。この場合において、同条第2項中「3箇月」とあるのは、「6箇月」と読み替えるものとする。
（離縁の届出の受理）
第813条　離縁の届出は、その離縁が前条において準用する第739条第2項の規定並びに第811条及び第811条の2の規定その他の法令の規定に違反しないことを認めた後でなければ、受理することができない。
2　離縁の届出が前項の規定に違反して受理されたときであっても、離縁は、そのためにその効力を妨げられない。
（裁判上の離縁）
第814条　縁組の当事者の一方は、次に掲げる場合に限り、離縁の訴えを提起することができる。
一　他の一方から悪意で遺棄されたとき。
二　他の一方の生死が3年以上明らかでないとき。
三　その他縁組を継続し難い重大な事由があるとき。
2　第770条第2項の規定は、前項第1号及び第2号に掲げる場合について準用する。
（養子が15歳未満である場合の離縁の訴えの当事者）
第815条　養子が15歳に達しない間は、第811条の規定により養親と離縁の協議をすることができる者から、又はこれに対して、離縁の訴えを提起することができる。
（離縁による復氏等）
第816条　養子は、離縁によって縁組前の氏に復する。ただし、配偶者とともに養子をした養親の一方のみと離縁をした場合は、この限りでない。
2　縁組の日から7年を経過した後に前項の規定により縁組前の氏に復した者は、離縁の日から3箇月以内に戸籍法の定めるところにより届け出ることによって、離縁の際に称していた氏を称することができる。
（離縁による復氏の際の権利の承継）
第817条　第769条の規定は、離縁について準用する。

第5款　特別養子

（特別養子縁組の成立）
第817条の2　家庭裁判所は、次条から第817条の7までに定める要件があるときは、養親となる者の請求により、実方の血族との親族関係が終了する縁組（以下この款において「特別養子縁組」という。）を成立させることができる。
2　前項に規定する請求をするには、第794条又は第798条の許可を得ることを要しない。
（養親の夫婦共同縁組）
第817条の3　養親となる者は、配偶者のある者でなければならない。
2　夫婦の一方は、他の一方が養親とならないときは、養親となることができない。ただし、夫婦の一方が他の一方の嫡出である子（特別養子縁組以外の縁組による養子を除く。）の養親となる場合は、この限りでない。
（養親となる者の年齢）
第817条の4　25歳に達しない者は、養親となることができない。ただし、養親となる夫婦の一方が25歳に達していない場合においても、その者が20歳に達しているときは、この限りでない。

（養子となる者の年齢）

第817条の5　第817条の2に規定する請求の時に15歳に達している者は、養子となることができない。特別養子縁組が成立するまでに18歳に達した者についても、同様とする。

2　前項前段の規定は、養子となる者が15歳に達する前から引き続き養親となる者に監護されている場合において、15歳に達するまでに第817条の2に規定する請求がされなかったことについてやむを得ない事由があるときは、適用しない。

3　養子となる者が15歳に達している場合においては、特別養子縁組の成立には、その者の同意がなければならない。

（父母の同意）

第817条の6　特別養子縁組の成立には、養子となる者の父母の同意がなければならない。ただし、父母がその意思を表示することができない場合又は父母による虐待、悪意の遺棄その他養子となる者の利益を著しく害する事由がある場合は、この限りでない。

（子の利益のための特別の必要性）

第817条の7　特別養子縁組は、父母による養子となる者の監護が著しく困難又は不適当であることその他特別の事情がある場合において、子の利益のため特に必要があると認めるときに、これを成立させるものとする。

（監護の状況）

第817条の8　特別養子縁組を成立させるには、養親となる者が養子となる者を6箇月以上の期間監護した状況を考慮しなければならない。

2　前項の期間は、第817条の2に規定する請求の時から起算する。ただし、その請求前の監護の状況が明らかであるときは、この限りでない。

（実方との親族関係の終了）

第817条の9　養子と実方の父母及びその血族との親族関係は、特別養子縁組によって終了する。ただし、第817条の3第2項ただし書に規定する他の一方及びその血族との親族関係については、この限りでない。

（特別養子縁組の離縁）

第817条の10　次の各号のいずれにも該当する場合において、養子の利益のため特に必要があると認めるときは、家庭裁判所は、養子、実父母又は検察官の請求により、特別養子縁組の当事者を離縁させることができる。

一　養親による虐待、悪意の遺棄その他養子の利益を著しく害する事由があること。

二　実父母が相当の監護をすることができること。

2　離縁は、前項の規定による場合のほか、これをすることができない。

（離縁による実方との親族関係の回復）

第817条の11　養子と実父母及びその血族との間においては、離縁の日から、特別養子縁組によって終了した親族関係と同一の親族関係を生ずる。

第4章　親権

第1節　総則

（親権者）

第818条　成年に達しない子は、父母の親権に服する。

2　子が養子であるときは、養親の親権に服する。

3　親権は、父母の婚姻中は、父母が共同して行う。ただし、父母の一方が親権を行うことができないときは、他の一方が行う。

（離婚又は認知の場合の親権者）

第819条　父母が協議上の離婚をするときは、その協議で、その一方を親権者と定めなければならない。

2　裁判上の離婚の場合には、裁判所は、父母の一方を親権者と定める。

3　子の出生前に父母が離婚した場合には、親権は、母が行う。ただし、子の出生後に、父母の協議で、父を親権者と定めることができる。

4　父が認知した子に対する親権は、父母の協議で父を親権者と定めたときに限り、父が行う。

5　第1項、第3項又は前項の協議が調わないとき、又は協議をすることができないときは、家庭裁判所は、父又は母の請求によって、協議に代わる審判をすることができる。

6　子の利益のため必要があると認めるときは、家庭裁判所は、子の親族の請求によって、親権者を他の一方に変更することができる。

第2節　親権の効力

（監護及び教育の権利義務）

第820条　親権を行う者は、子の利益のために子の監護及び教育をする権利を有し、義務を負う。

（子の人格の尊重等）

第821条　親権を行う者は、前条の規定による監護及び教育をするに当たっては、子の人格を尊重するとともに、その年齢及び発達の程度に配慮しなければならず、かつ、体罰その他の子の心身の健全な発達に有害な影響を及ぼす言動をしてはならない。

（居所の指定）

第822条　子は、親権を行う者が指定した場所に、その居所を定めなければならない。

（職業の許可）

第823条　子は、親権を行う者の許可を得なければ、職業を営むことができない。

2　親権を行う者は、第6条第2項の場合には、前項の許可を取り消し、又はこれを制限することができる。

（財産の管理及び代表）

第824条　親権を行う者は、子の財産を管理し、かつ、その財産に関する法律行為についてその子を代表する。ただし、その子の行為を目的とする債務を生ずべき場合には、本人の同意を得なければならない。

（父母の一方が共同の名義でした行為の効力）

第825条　父母が共同して親権を行う場合において、父母の一方が、共同の名義で、子に代わって法律行為をし又は子がこれをすることに同意したときは、その行為は、他の一方の意思に反したときであっても、そのためにその効力を妨げられない。ただし、相手方が悪意であったときは、この限りでない。

（利益相反行為）

第826条　親権を行う父又は母とその子との利益が相反する行為については、親権を行う者は、その子のために特別代理人を選任することを家庭裁判所に請求しなければならない。

2　親権を行う者が数人の子に対して親権を行う場合において、その一人と他の子との利益が相反する行為については、親権を行う者は、その一方のために特別代理人を選任することを家庭裁判所に請求しなければならない。

（財産の管理における注意義務）

第827条　親権を行う者は、自己のためにするのと同一の注意をもって、その管理権を行わなければならない。

（財産の管理の計算）

第828条　子が成年に達したときは、親権を行った者は、遅滞なくその管理の計算をしなければならない。ただし、その子の養育及び財産の管理の費用は、その子の財産の収益と相殺したものとみなす。

第829条　前条ただし書の規定は、無償で子に財産を与える第三者が反対の意思を表示したときは、その財産については、これを適用しない。

（第三者が無償で子に与えた財産の管理）

第830条　無償で子に財産を与える第三者が、親権を行う父又は母にこれを管理させない意思を表示したときは、その財産は、父又は母の管理に属しないものとする。

2　前項の財産につき父母が共に管理権を有しない場合において、第三者が管理者を指定しなかったときは、家庭裁判所は、子、その親族又は検察官の請求によって、その管理者を選任する。

3　第三者が管理者を指定したときであっても、その管理者の権限が消滅し、又はこれを改任する必要がある場合において、第三者が更に管理者を指定しないときも、前項と同様とする。

4　第27条から第29条までの規定は、前2項の場合について準用する。

（委任の規定の準用）

第831条　第654条及び第655条の規定は、親権を行う者が子の財産を管理する場合及び前条の場合について準用する。

（財産の管理について生じた親子間の債権の消滅時効）

第832条　親権を行った者とその子との間に財産の管理について生じた債権は、その管理権が消滅した時から5年間これを行使しないときは、時効によって消滅する。

2　子がまだ成年に達しない間に管理権が消滅した場合において子に法定代理人がないときは、前項の期間は、その子が成年に達し、又は後任の法定代理人が就職した時から起算する。

（子に代わる親権の行使）

第833条　親権を行う者は、その親権に服する子に代わって親権を行う。

第3節　親権の喪失

（親権喪失の審判）

第834条　父又は母による虐待又は悪意の遺棄があるときその他父又は母による親権の行使が著しく困難又は不適当であることにより子の利益を著しく害するときは、家庭裁判所は、子、その親族、未成年後見人、未成年後見監督人又は検察官の請求により、その父又は母について、親権喪失の審判をすることができる。ただし、2年以内にその原因が消滅する見込みがあるときは、この限りでない。

（親権停止の審判）

第834条の2　父又は母による親権の行使が困難又は不適当であることにより子の利益を害するときは、家庭裁判所は、子、その親族、未成年後見人、未成年後見監督人又は検察官の請求により、その父又は母について、親権停止の審判をすることができる。

2　家庭裁判所は、親権停止の審判をするときは、その原因が消滅するまでに要すると見込まれる期間、子の心身の状態及び生活の状況その他一切の事情を考慮して、2年を超えない範囲内で、親権を停止する期間を定める。

（管理権喪失の審判）

第835条　父又は母による管理権の行使が困難又は不適当であることにより子の利益を害するときは、家庭裁判所は、子、その親族、未成年後見人、未成年後見監督人又は検察官の請求により、その父又は母について、管理権喪失の審判をすることができる。

（親権喪失、親権停止又は管理権喪失の審判の取消し）

第836条　第834条本文、第834条の2第1項又は前条に規定する原因が消滅したときは、家庭裁判所は、本人又はその親族の請求によって、それぞれ親権喪失、親権停止又は管理権喪失の審判を取り消すことができる。

（親権又は管理権の辞任及び回復）

第837条　親権を行う父又は母は、やむを得ない事由があるときは、家庭裁判所の許可を得て、親権又は管理権を辞することができる。

2　前項の事由が消滅したときは、父又は母は、家庭裁判所の許可を得て、親権又は管理権を回復することができる。

第5章　後見

第1節　後見の開始

第838条　後見は、次に掲げる場合に開始する。

一　未成年者に対して親権を行う者がないとき、又は親権を行う者が管理権を有しないとき。

二　後見開始の審判があったとき。

第2節　後見の機関

第1款　後見人

（未成年後見人の指定）

第839条　未成年者に対して最後に親権を行う者は、遺言で、未成年後見人を指定することができる。ただし、管理権を有しない者は、この限りでない。

2　親権を行う父母の一方が管理権を有しないときは、他の一方は、前項の規定により未成年後見人の指定をすることができる。

（未成年後見人の選任）

第840条　前条の規定により未成年後見人となるべき者がないときは、家庭裁判所は、未成年被後見人又はその親族その他の利害関係人の請求によって、未成年後見人を選任する。未成年後見人が欠けたときも、同様とする。

2　未成年後見人がある場合においても、家庭裁判所は、必要があると認めるときは、前項に規定する者若しくは未成年後見人の請求により又は職権で、更に未成年後見人を選任することができる。

3　未成年後見人を選任するには、未成年被後見人の年齢、心身の状態並びに生活及び財産の状況、未成年後見人となる者の職業及び経歴並びに未成年被後見人との利害関係の有無（未成年後見人となる者が法人であるときは、その事業の種類及び内容並びにその法人及びその代表者と未成年被後見人との利害関係の有無）、未成年被後見人の意見その他一切の事情を考慮しなければならない。

（父母による未成年後見人の選任の請求）

第841条　父若しくは母が親権若しくは管理権を辞し、又は父若しくは母について親権喪失、親権停止若しくは管理権喪失の審判があったことによって未成年後見人を選任する必要が生じたときは、その父又は母は、遅滞なく未成年後見人の選任を家庭裁判所に請求しなければならない。

第842条　削除

（成年後見人の選任）

第843条　家庭裁判所は、後見開始の審判をするときは、職権で、成年後見人を選任する。

2　成年後見人が欠けたときは、家庭裁判所は、成年被後見人若しくはその親族その他の利害関係人の請求により又は職権で、成年後見人を選任する。

3　成年後見人が選任されている場合においても、家庭裁判所は、必要があると認めるときは、前項に規定する者若しくは成年後見人の請求により又は職権で、更に成年後見人を選任することができる。

4　成年後見人を選任するには、成年被後見人の心身の状態並びに生活及び財産の状況、成年後見人となる者の職業及び経歴並びに成年被後見人との利害関係の有無（成年後見人となる者が法人であるときは、その事業の種類及び内容並びにその法人及びその代表者と成年被後見人との利害関係の有無）、成年被後見人の意見その他一切の事情を考慮しなければならない。

（後見人の辞任）

第844条　後見人は、正当な事由があるときは、家庭裁判所の許可を得て、その任務を辞することができる。

（辞任した後見人による新たな後見人の選任の請求）

第845条　後見人がその任務を辞したことによって新たに後見人を選任する必要が生じたときは、その後見人は、遅滞なく新たな後見人の選任を家庭裁判所に請求しなければならない。

（後見人の解任）

第846条　後見人に不正な行為、著しい不行跡その他後見の任務に適しない事由があるときは、家庭裁判所は、後見監督人、被後見人若しくはその親族若しくは検察官の請求により又は職権で、これを解任することができる。

（後見人の欠格事由）

第847条　次に掲げる者は、後見人となることができない。

一　未成年者

二　家庭裁判所で免ぜられた法定代理人、保佐人又は補助人

三　破産者

四　被後見人に対して訴訟をし、又はした者並びにその配偶者及び直系血族

五　行方の知れない者

第2款　後見監督人

（未成年後見監督人の指定）

第848条　未成年後見人を指定することができる者は、遺言で、未成年後見監督人を指定することができる。

（後見監督人の選任）

第849条　家庭裁判所は、必要があると認めるときは、被後見人、その親族若しくは後見人の請求により又は職権で、後見監督人を選任することができる。

（後見監督人の欠格事由）

第850条　後見人の配偶者、直系血族及び兄弟姉妹は、後見監督人となることができない。

（後見監督人の職務）

第851条　後見監督人の職務は、次のとおりとする。

一　後見人の事務を監督すること。

二　後見人が欠けた場合に、遅滞なくその選任を家庭裁判所に請求すること。

三　急迫の事情がある場合に、必要な処分をすること。

四　後見人又はその代表する者と被後見人との利益が相反する行為について被後見人を代表すること。

（委任及び後見人の規定の準用）

第852条　第644条、第654条、第655条、第844条、第846条、第847条、第861条第２項及び第862条の規定は後見監督人について、第840条第３項及び第857条の２の規定は未成年後見監督人について、第843条第４項、第859条の２及び第859条の３の規定は成年後見監督人について準用する。

第3節　後見の事務

（財産の調査及び目録の作成）

第853条　後見人は、遅滞なく被後見人の財産の調査に着手し、１箇月以内に、その調査を終わり、かつ、その目録を作成しなければならない。ただし、この期間は、家庭裁判所において伸長することができる。

2　財産の調査及びその目録の作成は、後見監督人があるときは、その立会いをもってしなければ、その効力を生じない。

（財産の目録の作成前の権限）

第854条　後見人は、財産の目録の作成を終わるまでは、急迫の必要がある行為のみをする権限を有する。ただし、これをもって善意の第三者に対抗することができない。

（後見人の被後見人に対する債権又は債務の申

出義務）

第855条　後見人が、被後見人に対し、債権を有し、又は債務を負う場合において、後見監督人があるときは、財産の調査に着手する前に、これを後見監督人に申し出なければならない。

2　後見人が、被後見人に対し債権を有することを知ってこれを申し出ないときは、その債権を失う。

（被後見人が包括財産を取得した場合についての準用）

第856条　前3条の規定は、後見人が就職した後被後見人が包括財産を取得した場合について準用する。

（未成年被後見人の身上の監護に関する権利義務）

第857条　未成年後見人は、第820条から第823条までに規定する事項について、親権を行う者と同一の権利義務を有する。ただし、親権を行う者が定めた教育の方法及び居所を変更し、営業を許可し、その許可を取り消し、又はこれを制限するには、未成年後見監督人があるときは、その同意を得なければならない。

（未成年後見人が数人ある場合の権限の行使等）

第857条の2　未成年後見人が数人あるときは、共同してその権限を行使する。

2　未成年後見人が数人あるときは、家庭裁判所は、職権で、その一部の者について、財産に関する権限のみを行使すべきことを定めることができる。

3　未成年後見人が数人あるときは、家庭裁判所は、職権で、財産に関する権限について、各未成年後見人が単独で又は数人の未成年後見人が事務を分掌して、その権限を行使すべきことを定めることができる。

4　家庭裁判所は、職権で、前2項の規定による定めを取り消すことができる。

5　未成年後見人が数人あるときは、第三者の意思表示は、その一人に対してすれば足りる。

（成年被後見人の意思の尊重及び身上の配慮）

第858条　成年後見人は、成年被後見人の生活、療養看護及び財産の管理に関する事務を行うに当たっては、成年被後見人の意思を尊重し、かつ、その心身の状態及び生活の状況に配慮しなければならない。

（財産の管理及び代表）

第859条　後見人は、被後見人の財産を管理し、かつ、その財産に関する法律行為について被後見人を代表する。

2　第824条ただし書の規定は、前項の場合について準用する。

（成年後見人が数人ある場合の権限の行使等）

第859条の2　成年後見人が数人あるときは、家庭裁判所は、職権で、数人の成年後見人が、共同して又は事務を分掌して、その権限を行使すべきことを定めることができる。

2　家庭裁判所は、職権で、前項の規定による定めを取り消すことができる。

3　成年後見人が数人あるときは、第三者の意思表示は、その一人に対してすれば足りる。

（成年被後見人の居住用不動産の処分についての許可）

第859条の3　成年後見人は、成年被後見人に代わって、その居住の用に供する建物又はその敷地について、売却、賃貸、賃貸借の解除又は抵当権の設定その他これらに準ずる処分をするには、家庭裁判所の許可を得なければならない。

（利益相反行為）

第860条　第826条の規定は、後見人について準用する。ただし、後見監督人がある場合は、この限りでない。

（成年後見人による郵便物等の管理）

第860条の2　家庭裁判所は、成年後見人がその事務を行うに当たって必要があると認めるときは、成年後見人の請求により、信書の送達の事業を行う者に対し、期間を定めて、成年被後見人に宛てた郵便物又は民間事業者による信書の送達に関する法律（平成14年法律第99号）第2条第3項に規定する信書便物（次条において「郵便物等」という。）を成年後見人に配達すべき旨を嘱託することができる。

2　前項に規定する嘱託の期間は、6箇月を超えることができない。

3　家庭裁判所は、第1項の規定による審判があった後事情に変更を生じたときは、成年被後見人、成年後見人若しくは成年後見監督人の請求により又は職権で、同項に規定する嘱託を取り消し、又は変更することができる。ただし、その変更の審判においては、同項の規定による審判において定められた期間を伸長することができない。

4　成年後見人の任務が終了したときは、家庭裁判所は、第1項に規定する嘱託を取り消さなければならない。

第860条の3　成年後見人は、成年被後見人に宛てた郵便物等を受け取ったときは、これを開いて見ることができる。
2　成年後見人は、その受け取った前項の郵便物等で成年後見人の事務に関しないものは、速やかに成年被後見人に交付しなければならない。
3　成年被後見人は、成年後見人に対し、成年後見人が受け取った第1項の郵便物等（前項の規定により成年被後見人に交付されたものを除く。）の閲覧を求めることができる。

（支出金額の予定及び後見の事務の費用）
第861条　後見人は、その就職の初めにおいて、被後見人の生活、教育又は療養看護及び財産の管理のために毎年支出すべき金額を予定しなければならない。
2　後見人が後見の事務を行うために必要な費用は、被後見人の財産の中から支弁する。

（後見人の報酬）
第862条　家庭裁判所は、後見人及び被後見人の資力その他の事情によって、被後見人の財産の中から、相当な報酬を後見人に与えることができる。

（後見の事務の監督）
第863条　後見監督人又は家庭裁判所は、いつでも、後見人に対し後見の事務の報告若しくは財産の目録の提出を求め、又は後見の事務若しくは被後見人の財産の状況を調査することができる。
2　家庭裁判所は、後見監督人、被後見人若しくはその親族その他の利害関係人の請求により又は職権で、被後見人の財産の管理その他後見の事務について必要な処分を命ずることができる。

（後見監督人の同意を要する行為）
第864条　後見人が、被後見人に代わって営業若しくは第13条第1項各号に掲げる行為をし、又は未成年被後見人がこれをすることに同意するには、後見監督人があるときは、その同意を得なければならない。ただし、同項第1号に掲げる元本の領収については、この限りでない。
第865条　後見人が、前条の規定に違反してし又は同意を与えた行為は、被後見人又は後見人が取り消すことができる。この場合においては、第20条の規定を準用する。
2　前項の規定は、第121条から第126条までの規定の適用を妨げない。

（被後見人の財産等の譲受けの取消し）
第866条　後見人が被後見人の財産又は被後見人に対する第三者の権利を譲り受けたときは、被後見人は、これを取り消すことができる。この場合においては、第20条の規定を準用する。
2　前項の規定は、第121条から第126条までの規定の適用を妨げない。

（未成年被後見人に代わる親権の行使）
第867条　未成年後見人は、未成年被後見人に代わって親権を行う。
2　第853条から第857条まで及び第861条から前条までの規定は、前項の場合について準用する。

（財産に関する権限のみを有する未成年後見人）
第868条　親権を行う者が管理権を有しない場合には、未成年後見人は、財産に関する権限のみを有する。

（委任及び親権の規定の準用）
第869条　第644条及び第830条の規定は、後見について準用する。

第4節　後見の終了

（後見の計算）
第870条　後見人の任務が終了したときは、後見人又はその相続人は、2箇月以内にその管理の計算（以下「後見の計算」という。）をしなければならない。ただし、この期間は、家庭裁判所において伸長することができる。
第871条　後見の計算は、後見監督人があるときは、その立会いをもってしなければならない。

（未成年被後見人と未成年後見人等との間の契約等の取消し）
第872条　未成年被後見人が成年に達した後後見の計算の終了前に、その者と未成年後見人又はその相続人との間でした契約は、その者が取り消すことができる。その者が未成年後見人又はその相続人に対してした単独行為も、同様とする。
2　第20条及び第121条から第126条までの規定は、前項の場合について準用する。

（返還金に対する利息の支払等）
第873条　後見人が被後見人に返還すべき金額及び被後見人が後見人に返還すべき金額には、後見の計算が終了した時から、利息を付さなければならない。
2　後見人は、自己のために被後見人の金銭を消費したときは、その消費の時から、これに利息を付さなければならない。この場合において、なお損害があるときは、その賠償の責任を負う。

（成年被後見人の死亡後の成年後見人の権限）

第873条の2　成年後見人は、成年被後見人が死亡した場合において、必要があるときは、成年被後見人の相続人の意思に反することが明らかなときを除き、相続人が相続財産を管理することができるに至るまで、次に掲げる行為をすることができる。ただし、第3号に掲げる行為をするには、家庭裁判所の許可を得なければならない。

一　相続財産に属する特定の財産の保存に必要な行為

二　相続財産に属する債務（弁済期が到来しているものに限る。）の弁済

三　その死体の火葬又は埋葬に関する契約の締結その他相続財産の保存に必要な行為（前2号に掲げる行為を除く。）

（委任の規定の準用）

第874条　第654条及び第655条の規定は、後見について準用する。

（後見に関して生じた債権の消滅時効）

第875条　第832条の規定は、後見人又は後見監督人と被後見人との間において後見に関して生じた債権の消滅時効について準用する。

2　前項の消滅時効は、第872条の規定により法律行為を取り消した場合には、その取消しの時から起算する。

第6章　保佐及び補助

第1節　保佐

（保佐の開始）

第876条　保佐は、保佐開始の審判によって開始する。

（保佐人及び臨時保佐人の選任等）

第876条の2　家庭裁判所は、保佐開始の審判をするときは、職権で、保佐人を選任する。

2　第843条第2項から第4項まで及び第844条から第847条までの規定は、保佐人について準用する。

3　保佐人又はその代表する者と被保佐人との利益が相反する行為については、保佐人は、臨時保佐人の選任を家庭裁判所に請求しなければならない。ただし、保佐監督人がある場合は、この限りでない。

（保佐監督人）

第876条の3　家庭裁判所は、必要があると認めるときは、被保佐人、その親族若しくは保佐人の請求により又は職権で、保佐監督人を選任することができる。

2　第644条、第654条、第655条、第843条第4項、第844条、第846条、第847条、第850条、第851条、第859条の2、第859条の3、第861条第2項及び第862条の規定は、保佐監督人について準用する。この場合において、第851条第4号中「被後見人を代表する」とあるのは、「被保佐人を代表し、又は被保佐人がこれをすることに同意する」と読み替えるものとする。

（保佐人に代理権を付与する旨の審判）

第876条の4　家庭裁判所は、第11条本文に規定する者又は保佐人若しくは保佐監督人の請求によって、被保佐人のために特定の法律行為について保佐人に代理権を付与する旨の審判をすることができる。

2　本人以外の者の請求によって前項の審判をするには、本人の同意がなければならない。

3　家庭裁判所は、第1項に規定する者の請求によって、同項の審判の全部又は一部を取り消すことができる。

（保佐の事務及び保佐人の任務の終了等）

第876条の5　保佐人は、保佐の事務を行うに当たっては、被保佐人の意思を尊重し、かつ、その心身の状態及び生活の状況に配慮しなければならない。

2　第644条、第859条の2、第859条の3、第861条第2項、第862条及び第863条の規定は保佐の事務について、第824条ただし書の規定は保佐人が前条第1項の代理権を付与する旨の審判に基づき被保佐人を代表する場合について準用する。

3　第654条、第655条、第870条、第871条及び第873条の規定は保佐人の任務が終了した場合について、第832条の規定は保佐人又は保佐監督人と被保佐人との間において保佐に関して生じた債権について準用する。

第2節　補助

（補助の開始）

第876条の6　補助は、補助開始の審判によって開始する。

（補助人及び臨時補助人の選任等）

第876条の7　家庭裁判所は、補助開始の審判をするときは、職権で、補助人を選任する。
2　第843条第2項から第4項まで及び第844条から第847条までの規定は、補助人について準用する。
3　補助人又はその代表する者と被補助人との利益が相反する行為については、補助人は、臨時補助人の選任を家庭裁判所に請求しなければならない。ただし、補助監督人がある場合は、この限りでない。

（補助監督人）
第876条の8　家庭裁判所は、必要があると認めるときは、被補助人、その親族若しくは補助人の請求により又は職権で、補助監督人を選任することができる。
2　第644条、第654条、第655条、第843条第4項、第844条、第846条、第847条、第850条、第851条、第859条の2、第859条の3、第861条第2項及び第862条の規定は、補助監督人について準用する。この場合において、第851条第4号中「被後見人を代表する」とあるのは、「被補助人を代表し、又は被補助人がこれをすることに同意する」と読み替えるものとする。

（補助人に代理権を付与する旨の審判）
第876条の9　家庭裁判所は、第15条第1項本文に規定する者又は補助人若しくは補助監督人の請求によって、被補助人のために特定の法律行為について補助人に代理権を付与する旨の審判をすることができる。
2　第876条の4第2項及び第3項の規定は、前項の審判について準用する。

（補助の事務及び補助人の任務の終了等）
第876条の10　第644条、第859条の2、第859条の3、第861条第2項、第862条、第863条及び第876条の5第1項の規定は補助の事務について、第824条ただし書の規定は補助人が前条第1項の代理権を付与する旨の審判に基づき被補助人を代表する場合について準用する。
2　第654条、第655条、第870条、第871条及び第873条の規定は補助人の任務が終了した場合について、第832条の規定は補助人又は補助監督人と被補助人との間において補助に関して生じた債権について準用する。

第7章　扶養

（扶養義務者）
第877条　直系血族及び兄弟姉妹は、互いに扶養をする義務がある。
2　家庭裁判所は、特別の事情があるときは、前項に規定する場合のほか、3親等内の親族間においても扶養の義務を負わせることができる。
3　前項の規定による審判があった後事情に変更を生じたときは、家庭裁判所は、その審判を取り消すことができる。

（扶養の順位）
第878条　扶養をする義務のある者が数人ある場合において、扶養をすべき者の順序について、当事者間に協議が調わないとき、又は協議をすることができないときは、家庭裁判所が、これを定める。扶養を受ける権利のある者が数人ある場合において、扶養義務者の資力がその全員を扶養するのに足りないときの扶養を受けるべき者の順序についても、同様とする。

（扶養の程度又は方法）
第879条　扶養の程度又は方法について、当事者間に協議が調わないとき、又は協議をすることができないときは、扶養権利者の需要、扶養義務者の資力その他一切の事情を考慮して、家庭裁判所が、これを定める。

（扶養に関する協議又は審判の変更又は取消し）
第880条　扶養をすべき者若しくは扶養を受けるべき者の順序又は扶養の程度若しくは方法について協議又は審判があった後事情に変更を生じたときは、家庭裁判所は、その協議又は審判の変更又は取消しをすることができる。

（扶養請求権の処分の禁止）
第881条　扶養を受ける権利は、処分することができない。

第5編　相続

第1章　総則

（相続開始の原因）
第882条　相続は、死亡によって開始する。

（相続開始の場所）
第883条　相続は、被相続人の住所において開始する。

（相続回復請求権）
第884条　相続回復の請求権は、相続人又はその法定代理人が相続権を侵害された事実を知った時から5年間行使しないときは、時効によって消滅する。相続開始の時から20年を経過したときも、同様とする。

（相続財産に関する費用）

第885条　相続財産に関する費用は、その財産の中から支弁する。ただし、相続人の過失によるものは、この限りでない。

第2章　相続人

（相続に関する胎児の権利能力）

第886条　胎児は、相続については、既に生まれたものとみなす。

2　前項の規定は、胎児が死体で生まれたときは、適用しない。

（子及びその代襲者等の相続権）

第887条　被相続人の子は、相続人となる。

2　被相続人の子が、相続の開始以前に死亡したとき、又は第891条の規定に該当し、若しくは廃除によって、その相続権を失ったときは、その者の子がこれを代襲して相続人となる。ただし、被相続人の直系卑属でない者は、この限りでない。

3　前項の規定は、代襲者が、相続の開始以前に死亡し、又は第891条の規定に該当し、若しくは廃除によって、その代襲相続権を失った場合について準用する。

第888条　削除

（直系尊属及び兄弟姉妹の相続権）

第889条　次に掲げる者は、第887条の規定により相続人となるべき者がない場合には、次に掲げる順序の順位に従って相続人となる。

一　被相続人の直系尊属。ただし、親等の異なる者の間では、その近い者を先にする。

二　被相続人の兄弟姉妹

2　第887条第2項の規定は、前項第2号の場合について準用する。

（配偶者の相続権）

第890条　被相続人の配偶者は、常に相続人となる。この場合において、第887条又は前条の規定により相続人となるべき者があるときは、その者と同順位とする。

（相続人の欠格事由）

第891条　次に掲げる者は、相続人となることができない。

一　故意に被相続人又は相続について先順位若しくは同順位にある者を死亡するに至らせ、又は至らせようとしたために、刑に処せられた者

二　被相続人の殺害されたことを知って、これを告発せず、又は告訴しなかった者。ただし、その者に是非の弁別がないとき、又は殺害者が自己の配偶者若しくは直系血族であったときは、この限りでない。

三　詐欺又は強迫によって、被相続人が相続に関する遺言をし、撤回し、取り消し、又は変更することを妨げた者

四　詐欺又は強迫によって、被相続人に相続に関する遺言をさせ、撤回させ、取り消させ、又は変更させた者

五　相続に関する被相続人の遺言書を偽造し、変造し、破棄し、又は隠匿した者

（推定相続人の廃除）

第892条　遺留分を有する推定相続人（相続が開始した場合に相続人となるべき者をいう。以下同じ。）が、被相続人に対して虐待をし、若しくはこれに重大な侮辱を加えたとき、又は推定相続人にその他の著しい非行があったときは、被相続人は、その推定相続人の廃除を家庭裁判所に請求することができる。

（遺言による推定相続人の廃除）

第893条　被相続人が遺言で推定相続人を廃除する意思を表示したときは、遺言執行者は、その遺言が効力を生じた後、遅滞なく、その推定相続人の廃除を家庭裁判所に請求しなければならない。この場合において、その推定相続人の廃除は、被相続人の死亡の時にさかのぼってその効力を生ずる。

（推定相続人の廃除の取消し）

第894条　被相続人は、いつでも、推定相続人の廃除の取消しを家庭裁判所に請求することができる。

2　前条の規定は、推定相続人の廃除の取消しについて準用する。

（推定相続人の廃除に関する審判確定前の遺産の管理）

第895条　推定相続人の廃除又はその取消しの請求があった後その審判が確定する前に相続が開始したときは、家庭裁判所は、親族、利害関係人又は検察官の請求によって、遺産の管理について必要な処分を命ずることができる。推定相続人の廃除の遺言があったときも、同様とする。

2　第27条から第29条までの規定は、前項の規定により家庭裁判所が遺産の管理人を選任した場合について準用する。

第3章　相続の効力

第1節　総則

（相続の一般的効力）

第896条　相続人は、相続開始の時から、被相続人の財産に属した一切の権利義務を承継する。ただし、被相続人の一身に専属したものは、この限りでない。

（祭祀に関する権利の承継）

第897条　系譜、祭具及び墳墓の所有権は、前条の規定にかかわらず、慣習に従って祖先の祭祀を主宰すべき者が承継する。ただし、被相続人の指定に従って祖先の祭祀を主宰すべき者があるときは、その者が承継する。

2　前項本文の場合において慣習が明らかでないときは、同項の権利を承継すべき者は、家庭裁判所が定める。

（相続財産の保存）

第897条の2　家庭裁判所は、利害関係人又は検察官の請求によって、いつでも、相続財産の管理人の選任その他の相続財産の保存に必要な処分を命ずることができる。ただし、相続人が一人である場合においてその相続人が相続の単純承認をしたとき、相続人が数人ある場合において遺産の全部の分割がされたとき、又は第952条第1項の規定により相続財産の清算人が選任されているときは、この限りでない。

2　第27条から第29条までの規定は、前項の規定により家庭裁判所が相続財産の管理人を選任した場合について準用する。

（共同相続の効力）

第898条　相続人が数人あるときは、相続財産は、その共有に属する。

2　相続財産について共有に関する規定を適用するときは、第900条から第902条までの規定により算定した相続分をもって各相続人の共有持分とする。

第899条　各共同相続人は、その相続分に応じて被相続人の権利義務を承継する。

（共同相続における権利の承継の対抗要件）

第899条の2　相続による権利の承継は、遺産の分割によるものかどうかにかかわらず、次条及び第901条の規定により算定した相続分を超える部分については、登記、登録その他の対抗要件を備えなければ、第三者に対抗することができない。

2　前項の権利が債権である場合において、次条及び第901条の規定により算定した相続分を超えて当該債権を承継した共同相続人が当該債権に係る遺言の内容（遺産の分割により当該債権を承継した場合にあっては、当該債権に係る遺産の分割の内容）を明らかにして債務者にその承継の通知をしたときは、共同相続人の全員が債務者に通知をしたものとみなして、同項の規定を適用する。

第2節　相続分

（法定相続分）

第900条　同順位の相続人が数人あるときは、その相続分は、次の各号の定めるところによる。

一　子及び配偶者が相続人であるときは、子の相続分及び配偶者の相続分は、各2分の1とする。

二　配偶者及び直系尊属が相続人であるときは、配偶者の相続分は、3分の2とし、直系尊属の相続分は、3分の1とする。

三　配偶者及び兄弟姉妹が相続人であるときは、配偶者の相続分は、4分の3とし、兄弟姉妹の相続分は、4分の1とする。

四　子、直系尊属又は兄弟姉妹が数人あるときは、各自の相続分は、相等しいものとする。ただし、父母の一方のみを同じくする兄弟姉妹の相続分は、父母の双方を同じくする兄弟姉妹の相続分の2分の1とする。

（代襲相続人の相続分）

第901条　第887条第2項又は第3項の規定により相続人となる直系卑属の相続分は、その直系尊属が受けるべきであったものと同じとする。ただし、直系卑属が数人あるときは、その各自の直系尊属が受けるべきであった部分について、前条の規定に従ってその相続分を定める。

2　前項の規定は、第889条第2項の規定により兄弟姉妹の子が相続人となる場合について準用する。

（遺言による相続分の指定）

第902条　被相続人は、前2条の規定にかかわらず、遺言で、共同相続人の相続分を定め、又はこれを第三者に委託することができる。

2　被相続人が、共同相続人中の一人若しくは数人の相続分のみを定め、又はこれを第三者に定めさせたときは、他の共同相続人の相続分は、前2条の規定により定める。

（相続分の指定がある場合の債権者の権利の行使）

第902条の2　被相続人が相続開始の時において有した債務の債権者は、前条の規定による相続分の指定がされた場合であっても、各共同相続人に対し、第900条及び第901条の規定により算定した相続分に応じてその権利を行使することができる。ただし、その債権者が共同相続人の一人に対してその指定された相続分に応じた債務の承継を承認したときは、この限りでない。

（特別受益者の相続分）

第903条　共同相続人中に、被相続人から、遺贈を受け、又は婚姻若しくは養子縁組のため若しくは生計の資本として贈与を受けた者があるときは、被相続人が相続開始の時において有した財産の価額にその贈与の価額を加えたものを相続財産とみなし、第900条から第902条までの規定により算定した相続分の中からその遺贈又は贈与の価額を控除した残額をもってその者の相続分とする。

2　遺贈又は贈与の価額が、相続分の価額に等しく、又はこれを超えるときは、受遺者又は受贈者は、その相続分を受けることができない。

3　被相続人が前2項の規定と異なった意思を表示したときは、その意思に従う。

4　婚姻期間が20年以上の夫婦の一方である被相続人が、他の一方に対し、その居住の用に供する建物又はその敷地について遺贈又は贈与をしたときは、当該被相続人は、その遺贈又は贈与について第1項の規定を適用しない旨の意思を表示したものと推定する。

第904条　前条に規定する贈与の価額は、受贈者の行為によって、その目的である財産が滅失し、又はその価格の増減があったときであっても、相続開始の時においてなお原状のままであるものとみなしてこれを定める。

（寄与分）

第904条の2　共同相続人中に、被相続人の事業に関する労務の提供又は財産上の給付、被相続人の療養看護その他の方法により被相続人の財産の維持又は増加について特別の寄与をした者があるときは、被相続人が相続開始の時において有した財産の価額から共同相続人の協議で定めたその者の寄与分を控除したものを相続財産とみなし、第900条から第902条までの規定により算定した相続分に寄与分を加えた額をもってその者の相続分とする。

2　前項の協議が調わないとき、又は協議をすることができないときは、家庭裁判所は、同項に規定する寄与をした者の請求により、寄与の時期、方法及び程度、相続財産の額その他一切の事情を考慮して、寄与分を定める。

3　寄与分は、被相続人が相続開始の時において有した財産の価額から遺贈の価額を控除した残額を超えることができない。

4　第2項の請求は、第907条第2項の規定による請求があった場合又は第910条に規定する場合にすることができる。

（期間経過後の遺産の分割における相続分）

第904条の3　前3条の規定は、相続開始の時から10年を経過した後にする遺産の分割については、適用しない。ただし、次の各号のいずれかに該当するときは、この限りでない。

一　相続開始の時から10年を経過する前に、相続人が家庭裁判所に遺産の分割の請求をしたとき。

二　相続開始の時から始まる10年の期間の満了前6箇月以内の間に、遺産の分割を請求することができないやむを得ない事由が相続人にあった場合において、その事由が消滅した時から6箇月を経過する前に、当該相続人が家庭裁判所に遺産の分割の請求をしたとき。

（相続分の取戻権）

第905条　共同相続人の一人が遺産の分割前にその相続分を第三者に譲り渡したときは、他の共同相続人は、その価額及び費用を償還して、その相続分を譲り受けることができる。

2　前項の権利は、1箇月以内に行使しなければならない。

第3節　遺産の分割

（遺産の分割の基準）

第906条　遺産の分割は、遺産に属する物又は権利の種類及び性質、各相続人の年齢、職業、心身の状態及び生活の状況その他一切の事情を考慮してこれをする。

（遺産の分割前に遺産に属する財産が処分された場合の遺産の範囲）

第906条の2　遺産の分割前に遺産に属する財産が処分された場合であっても、共同相続人は、その全員の同意により、当該処分された財産が遺産の分割時に遺産として存在するものとみなすことができる。

2　前項の規定にかかわらず、共同相続人の一人又は数人により同項の財産が処分されたときは、当該共同相続人については、同項の同意を得ることを要しない。

（遺産の分割の協議又は審判）

第907条　共同相続人は、次条第1項の規定により被相続人が遺言で禁じた場合又は同条第2項の規定により分割をしない旨の契約をした場合を除き、いつでも、その協議で、遺産の全部又は一部の分割をすることができる。

2　遺産の分割について、共同相続人間に協議が調わないとき、又は協議をすることができないときは、各共同相続人は、その全部又は一部の分割を家庭裁判所に請求することができる。ただし、遺産の一部を分割することにより他の共同相続人の利益を害するおそれがある場合におけるその一部の分割については、この限りでない。

（遺産の分割の方法の指定及び遺産の分割の禁止）

第908条　被相続人は、遺言で、遺産の分割の方法を定め、若しくはこれを定めることを第三者に委託し、又は相続開始の時から5年を超えない期間を定めて、遺産の分割を禁ずることができる。

2　共同相続人は、5年以内の期間を定めて、遺産の全部又は一部について、その分割をしない旨の契約をすることができる。ただし、その期間の終期は、相続開始の時から10年を超えることができない。

3　前項の契約は、5年以内の期間を定めて更新することができる。ただし、その期間の終期は、相続開始の時から10年を超えることができない。

4　前条第2項本文の場合において特別の事由があるときは、家庭裁判所は、5年以内の期間を定めて、遺産の全部又は一部について、その分割を禁ずることができる。ただし、その期間の終期は、相続開始の時から10年を超えることができない。

5　家庭裁判所は、5年以内の期間を定めて前項の期間を更新することができる。ただし、その期間の終期は、相続開始の時から10年を超えることができない。

（遺産の分割の効力）

第909条　遺産の分割は、相続開始の時にさかのぼってその効力を生ずる。ただし、第三者の権利を害することはできない。

（遺産の分割前における預貯金債権の行使）

第909条の2　各共同相続人は、遺産に属する預貯金債権のうち相続開始の時の債権額の3分の1に第900条及び第901条の規定により算定した当該共同相続人の相続分を乗じた額（標準的な当面の必要生計費、平均的な葬式の費用の額その他の事情を勘案して預貯金債権の債務者ごとに法務省令で定める額を限度とする。）については、単独でその権利を行使することができる。この場合において、当該権利の行使をした預貯金債権については、当該共同相続人が遺産の一部の分割によりこれを取得したものとみなす。

（相続の開始後に認知された者の価額の支払請求権）

第910条　相続の開始後認知によって相続人となった者が遺産の分割を請求しようとする場合において、他の共同相続人が既にその分割その他の処分をしたときは、価額のみによる支払の請求権を有する。

（共同相続人間の担保責任）

第911条　各共同相続人は、他の共同相続人に対して、売主と同じく、その相続分に応じて担保の責任を負う。

（遺産の分割によって受けた債権についての担保責任）

第912条　各共同相続人は、その相続分に応じ、他の共同相続人が遺産の分割によって受けた債権について、その分割の時における債務者の資力を担保する。

2　弁済期に至らない債権及び停止条件付きの債権については、各共同相続人は、弁済をすべき時における債務者の資力を担保する。

（資力のない共同相続人がある場合の担保責任の分担）

第913条　担保の責任を負う共同相続人中に償還をする資力のない者があるときは、その償還することができない部分は、求償者及び他の資力のある者が、それぞれその相続分に応じて分担する。ただし、求償者に過失があるときは、他の共同相続人に対して分担を請求することができない。

（遺言による担保責任の定め）

第914条　前3条の規定は、被相続人が遺言で別段の意思を表示したときは、適用しない。

第４章　相続の承認及び放棄

第１節　総則

（相続の承認又は放棄をすべき期間）

第915条　相続人は、自己のために相続の開始があったことを知った時から３箇月以内に、相続について、単純若しくは限定の承認又は放棄をしなければならない。ただし、この期間は、利害関係人又は検察官の請求によって、家庭裁判所において伸長することができる。

2　相続人は、相続の承認又は放棄をする前に、相続財産の調査をすることができる。

第916条　相続人が相続の承認又は放棄をしないで死亡したときは、前条第１項の期間は、その者の相続人が自己のために相続の開始があったことを知った時から起算する。

第917条　相続人が未成年者又は成年被後見人であるときは、第915条第１項の期間は、その法定代理人が未成年者又は成年被後見人のために相続の開始があったことを知った時から起算する。

（相続人による管理）

第918条　相続人は、その固有財産におけるのと同一の注意をもって、相続財産を管理しなければならない。ただし、相続の承認又は放棄をしたときは、この限りでない。

（相続の承認及び放棄の撤回及び取消し）

第919条　相続の承認及び放棄は、第915条第１項の期間内でも、撤回することができない。

2　前項の規定は、第１編（総則）及び前編（親族）の規定により相続の承認又は放棄の取消しをすることを妨げない。

3　前項の取消権は、追認をすることができる時から６箇月間行使しないときは、時効によって消滅する。相続の承認又は放棄の時から10年を経過したときも、同様とする。

4　第２項の規定により限定承認又は相続の放棄の取消しをしようとする者は、その旨を家庭裁判所に申述しなければならない。

第２節　相続の承認

第１款　単純承認

（単純承認の効力）

第920条　相続人は、単純承認をしたときは、無限に被相続人の権利義務を承継する。

（法定単純承認）

第921条　次に掲げる場合には、相続人は、単純承認をしたものとみなす。

一　相続人が相続財産の全部又は一部を処分したとき。ただし、保存行為及び第602条に定める期間を超えない賃貸をすることは、この限りでない。

二　相続人が第915条第１項の期間内に限定承認又は相続の放棄をしなかったとき。

三　相続人が、限定承認又は相続の放棄をした後であっても、相続財産の全部若しくは一部を隠匿し、私にこれを消費し、又は悪意でこれを相続財産の目録中に記載しなかったとき。ただし、その相続人が相続の放棄をしたことによって相続人となった者が相続の承認をした後は、この限りでない。

第２款　限定承認

（限定承認）

第922条　相続人は、相続によって得た財産の限度においてのみ被相続人の債務及び遺贈を弁済すべきことを留保して、相続の承認をすることができる。

（共同相続人の限定承認）

第923条　相続人が数人あるときは、限定承認は、共同相続人の全員が共同してのみこれをすることができる。

（限定承認の方式）

第924条　相続人は、限定承認をしようとするときは、第915条第１項の期間内に、相続財産の目録を作成して家庭裁判所に提出し、限定承認をする旨を申述しなければならない。

（限定承認をしたときの権利義務）

第925条　相続人が限定承認をしたときは、その被相続人に対して有した権利義務は、消滅しなかったものとみなす。

（限定承認者による管理）

第926条　限定承認者は、その固有財産におけるのと同一の注意をもって、相続財産の管理を継続しなければならない。

2　第645条、第646条並びに第650条第１項及び第２項の規定は、前項の場合について準用する。

（相続債権者及び受遺者に対する公告及び催告）

第927条　限定承認者は、限定承認をした後５日以内に、すべての相続債権者（相続財産に属する債務の債権者をいう。以下同じ。）及び受遺者に対し、限定承認をしたこと及び一定の期間内にその請求の申出をすべき旨を公告しなければならない。この場合において、その期間は、2箇月を下ることができない。

2　前項の規定による公告には、相続債権者及び受遺者がその期間内に申出をしないときは弁済から除斥されるべき旨を付記しなければならない。ただし、限定承認者は、知れている相続債権者及び受遺者を除斥することができない。

3　限定承認者は、知れている相続債権者及び受遺者には、各別にその申出の催告をしなければならない。

4　第1項の規定による公告は、官報に掲載してする。

（公告期間満了前の弁済の拒絶）

第928条　限定承認者は、前条第1項の期間の満了前には、相続債権者及び受遺者に対して弁済を拒むことができる。

（公告期間満了後の弁済）

第929条　第927条第1項の期間が満了した後は、限定承認者は、相続財産をもって、その期間内に同項の申出をした相続債権者その他知れている相続債権者に、それぞれその債権額の割合に応じて弁済をしなければならない。ただし、優先権を有する債権者の権利を害することはできない。

（期限前の債務等の弁済）

第930条　限定承認者は、弁済期に至らない債権であっても、前条の規定に従って弁済をしなければならない。

2　条件付きの債権又は存続期間の不確定な債権は、家庭裁判所が選任した鑑定人の評価に従って弁済をしなければならない。

（受遺者に対する弁済）

第931条　限定承認者は、前2条の規定に従って各相続債権者に弁済をした後でなければ、受遺者に弁済をすることができない。

（弁済のための相続財産の換価）

第932条　前3条の規定に従って弁済をするにつき相続財産を売却する必要があるときは、限定承認者は、これを競売に付さなければならない。ただし、家庭裁判所が選任した鑑定人の評価に従い相続財産の全部又は一部の価額を弁済して、その競売を止めることができる。

（相続債権者及び受遺者の換価手続への参加）

第933条　相続債権者及び受遺者は、自己の費用で、相続財産の競売又は鑑定に参加することができる。この場合においては、第260条第2項の規定を準用する。

（不当な弁済をした限定承認者の責任等）

第934条　限定承認者は、第927条の公告若しくは催告をすることを怠り、又は同条第1項の期間内に相続債権者若しくは受遺者に弁済をしたことによって他の相続債権者若しくは受遺者に弁済をすることができなくなったときは、これによって生じた損害を賠償する責任を負う。第929条から第931条までの規定に違反して弁済をしたときも、同様とする。

2　前項の規定は、情を知って不当に弁済を受けた相続債権者又は受遺者に対する他の相続債権者又は受遺者の求償を妨げない。

3　第724条の規定は、前2項の場合について準用する。

（公告期間内に申出をしなかった相続債権者及び受遺者）

第935条　第927条第1項の期間内に同項の申出をしなかった相続債権者及び受遺者で限定承認者に知れなかったものは、残余財産についてのみその権利を行使することができる。ただし、相続財産について特別担保を有する者は、この限りでない。

（相続人が数人ある場合の相続財産の清算人）

第936条　相続人が数人ある場合には、家庭裁判所は、相続人の中から、相続財産の清算人を選任しなければならない。

2　前項の相続財産の清算人は、相続人のために、これに代わって、相続財産の管理及び債務の弁済に必要な一切の行為をする。

3　第926条から前条までの規定は、第1項の相続財産の清算人について準用する。この場合において、第927条第1項中「限定承認をした後5日以内」とあるのは、「その相続財産の清算人の選任があった後10日以内」と読み替えるものとする。

（法定単純承認の事由がある場合の相続債権者）

第937条　限定承認をした共同相続人の一人又は数人について第921条第1号又は第3号に掲げる事由があるときは、相続債権者は、相続財産をもって弁済を受けることができなかった債権額について、当該共同相続人に対し、その相続分に応じて権利を行使することができる。

第３節　相続の放棄

（相続の放棄の方式）
第938条　相続の放棄をしようとする者は、その旨を家庭裁判所に申述しなければならない。
（相続の放棄の効力）
第939条　相続の放棄をした者は、その相続に関しては、初めから相続人とならなかったものとみなす。
（相続の放棄をした者による管理）
第940条　相続の放棄をした者は、その放棄の時に相続財産に属する財産を現に占有しているときは、相続人又は第952条第１項の相続財産の清算人に対して当該財産を引き渡すまでの間、自己の財産におけるのと同一の注意をもって、その財産を保存しなければならない。
２　第645条、第646条並びに第650条第１項及び第２項の規定は、前項の場合について準用する。

第５章　財産分離

（相続債権者又は受遺者の請求による財産分離）
第941条　相続債権者又は受遺者は、相続開始の時から３箇月以内に、相続人の財産の中から相続財産を分離することを家庭裁判所に請求することができる。相続財産が相続人の固有財産と混合しない間は、その期間の満了後も、同様とする。
２　家庭裁判所が前項の請求によって財産分離を命じたときは、その請求をした者は、５日以内に、他の相続債権者及び受遺者に対し、財産分離の命令があったこと及び一定の期間内に配当加入の申出をすべき旨を公告しなければならない。この場合において、その期間は、２箇月を下ることができない。
３　前項の規定による公告は、官報に掲載してする。
（財産分離の効力）
第942条　財産分離の請求をした者及び前条第２項の規定により配当加入の申出をした者は、相続財産について、相続人の債権者に先立って弁済を受ける。
（財産分離の請求後の相続財産の管理）
第943条　財産分離の請求があったときは、家庭裁判所は、相続財産の管理について必要な処分を命ずることができる。
２　第27条から第29条までの規定は、前項の規定により家庭裁判所が相続財産の管理人を選任した場合について準用する。
（財産分離の請求後の相続人による管理）
第944条　相続人は、単純承認をした後でも、財産分離の請求があったときは、以後、その固有財産におけるのと同一の注意をもって、相続財産の管理をしなければならない。ただし、家庭裁判所が相続財産の管理人を選任したときは、この限りでない。
２　第645条から第647条まで並びに第650条第１項及び第２項の規定は、前項の場合について準用する。
（不動産についての財産分離の対抗要件）
第945条　財産分離は、不動産については、その登記をしなければ、第三者に対抗することができない。
（物上代位の規定の準用）
第946条　第304条の規定は、財産分離の場合について準用する。
（相続債権者及び受遺者に対する弁済）
第947条　相続人は、第941条第１項及び第２項の期間の満了前には、相続債権者及び受遺者に対して弁済を拒むことができる。
２　財産分離の請求があったときは、相続人は、第941条第２項の期間の満了後に、相続財産をもって、財産分離の請求又は配当加入の申出をした相続債権者及び受遺者に、それぞれその債権額の割合に応じて弁済をしなければならない。ただし、優先権を有する債権者の権利を害することはできない。
３　第930条から第934条までの規定は、前項の場合について準用する。
（相続人の固有財産からの弁済）
第948条　財産分離の請求をした者及び配当加入の申出をした者は、相続財産をもって全部の弁済を受けることができなかった場合に限り、相続人の固有財産についてその権利を行使することができる。この場合においては、相続人の債権者は、その者に先立って弁済を受けることができる。
（財産分離の請求の防止等）
第949条　相続人は、その固有財産をもって相続債権者若しくは受遺者に弁済をし、又はこれに相当の担保を供して、財産分離の請求を防止し、又はその効力を消滅させることができる。ただし、相続人の債権者が、これによって損害を受けるべきことを証明して、異議を述べたときは、この限りでない。

（相続人の債権者の請求による財産分離）

第950条　相続人が限定承認をすることができる間又は相続財産が相続人の固有財産と混合しない間は、相続人の債権者は、家庭裁判所に対して財産分離の請求をすることができる。

2　第304条、第925条、第927条から第934条まで、第943条から第945条まで及び第948条の規定は、前項の場合について準用する。ただし、第927条の公告及び催告は、財産分離の請求をした債権者がしなければならない。

第6章　相続人の不存在

（相続財産法人の成立）

第951条　相続人のあることが明らかでないときは、相続財産は、法人とする。

（相続財産の清算人の選任）

第952条　前条の場合には、家庭裁判所は、利害関係人又は検察官の請求によって、相続財産の清算人を選任しなければならない。

2　前項の規定により相続財産の清算人を選任したときは、家庭裁判所は、遅滞なく、その旨及び相続人があるならば一定の期間内にその権利を主張すべき旨を公告しなければならない。この場合において、その期間は、6箇月を下ることができない。

（不在者の財産の管理人に関する規定の準用）

第953条　第27条から第29条までの規定は、前条第1項の相続財産の清算人（以下この章において単に「相続財産の清算人」という。）について準用する。

（相続財産の清算人の報告）

第954条　相続財産の清算人は、相続債権者又は受遺者の請求があるときは、その請求をした者に相続財産の状況を報告しなければならない。

（相続財産法人の不成立）

第955条　相続人のあることが明らかになったときは、第951条の法人は、成立しなかったものとみなす。ただし、相続財産の清算人がその権限内でした行為の効力を妨げない。

（相続財産の清算人の代理権の消滅）

第956条　相続財産の清算人の代理権は、相続人が相続の承認をした時に消滅する。

2　前項の場合には、相続財産の清算人は、遅滞なく相続人に対して清算に係る計算をしなければならない。

（相続債権者及び受遺者に対する弁済）

第957条　第952条第2項の公告があったときは、相続財産の清算人は、全ての相続債権者及び受遺者に対し、2箇月以上の期間を定めて、その期間内にその請求の申出をすべき旨を公告しなければならない。この場合において、その期間は、同項の規定により相続人が権利を主張すべき期間として家庭裁判所が公告した期間内に満了するものでなければならない。

2　第927条第2項から第4項まで及び第928条から第935条まで（第932条ただし書を除く。）の規定は、前項の場合について準用する。

（権利を主張する者がない場合）

第958条　第952条第2項の期間内に相続人としての権利を主張する者がないときは、相続人並びに相続財産の清算人に知れなかった相続債権者及び受遺者は、その権利を行使することができない。

（特別縁故者に対する相続財産の分与）

第958条の2　前条の場合において、相当と認めるときは、家庭裁判所は、被相続人と生計を同じくしていた者、被相続人の療養看護に努めた者その他被相続人と特別の縁故があった者の請求によって、これらの者に、清算後残存すべき相続財産の全部又は一部を与えることができる。

2　前項の請求は、第952条第2項の期間の満了後3箇月以内にしなければならない。

（残余財産の国庫への帰属）

第959条　前条の規定により処分されなかった相続財産は、国庫に帰属する。この場合においては、第956条第2項の規定を準用する。

第7章　遺言

第1節　総則

（遺言の方式）

第960条　遺言は、この法律に定める方式に従わなければ、することができない。

（遺言能力）

第961条　15歳に達した者は、遺言をすることができる。

第962条　第5条、第9条、第13条及び第17条の規定は、遺言については、適用しない。

第963条　遺言者は、遺言をする時においてその能力を有しなければならない。

（包括遺贈及び特定遺贈）

第964条　遺言者は、包括又は特定の名義で、その財産の全部又は一部を処分することができる。

（相続人に関する規定の準用）

第965条　第886条及び第891条の規定は、受遺者について準用する。

（被後見人の遺言の制限）

第966条　被後見人が、後見の計算の終了前に、後見人又はその配偶者若しくは直系卑属の利益となるべき遺言をしたときは、その遺言は、無効とする。

2　前項の規定は、直系血族、配偶者又は兄弟姉妹が後見人である場合には、適用しない。

第2節　遺言の方式

第1款　普通の方式

（普通の方式による遺言の種類）

第967条　遺言は、自筆証書、公正証書又は秘密証書によってしなければならない。ただし、特別の方式によることを許す場合は、この限りでない。

（自筆証書遺言）

第968条　自筆証書によって遺言をするには、遺言者が、その全文、日付及び氏名を自書し、これに印を押さなければならない。

2　前項の規定にかかわらず、自筆証書にこれと一体のものとして相続財産（第997条第１項に規定する場合における同項に規定する権利を含む。）の全部又は一部の目録を添付する場合には、その目録については、自書することを要しない。この場合において、遺言者は、その目録の毎葉（自書によらない記載がその両面にある場合にあっては、その両面）に署名し、印を押さなければならない。

3　自筆証書（前項の目録を含む。）中の加除その他の変更は、遺言者が、その場所を指示し、これを変更した旨を付記して特にこれに署名し、かつ、その変更の場所に印を押さなければ、その効力を生じない。

（公正証書遺言）

第969条　公正証書によって遺言をするには、次に掲げる方式に従わなければならない。

一　証人二人以上の立会いがあること。

二　遺言者が遺言の趣旨を公証人に口授すること。

三　公証人が、遺言者の口述を筆記し、これを遺言者及び証人に読み聞かせ、又は閲覧させること。

四　遺言者及び証人が、筆記の正確なことを承認した後、各自これに署名し、印を押すこと。ただし、遺言者が署名することができない場合は、公証人がその事由を付記して、署名に代えることができる。

五　公証人が、その証書は前各号に掲げる方式に従って作ったものである旨を付記して、これに署名し、印を押すこと。

（公正証書遺言の方式の特則）

第969条の2　口がきけない者が公正証書によって遺言をする場合には、遺言者は、公証人及び証人の前で、遺言の趣旨を通訳人の通訳により申述し、又は自書して、前条第２号の口授に代えなければならない。この場合における同条第３号の規定の適用については、同号中「口述」とあるのは、「通訳人の通訳による申述又は自書」とする。

2　前条の遺言者又は証人が耳が聞こえない者である場合には、公証人は、同条第３号に規定する筆記した内容を通訳人の通訳により遺言者又は証人に伝えて、同号の読み聞かせに代えることができる。

3　公証人は、前２項に定める方式に従って公正証書を作ったときは、その旨をその証書に付記しなければならない。

（秘密証書遺言）

第970条　秘密証書によって遺言をするには、次に掲げる方式に従わなければならない。

一　遺言者が、その証書に署名し、印を押すこと。

二　遺言者が、その証書を封じ、証書に用いた印章をもってこれに封印すること。

三　遺言者が、公証人一人及び証人二人以上の前に封書を提出して、自己の遺言書である旨並びにその筆者の氏名及び住所を申述すること。

四　公証人が、その証書を提出した日付及び遺言者の申述を封紙に記載した後、遺言者及び証人とともにこれに署名し、印を押すこと。

2　第968条第３項の規定は、秘密証書による遺言について準用する。

（方式に欠ける秘密証書遺言の効力）

第971条　秘密証書による遺言は、前条に定める方式に欠けるものがあっても、第968条に定める方式を具備しているときは、自筆証書による遺言としてその効力を有する。

（秘密証書遺言の方式の特則）

第972条　口がきけない者が秘密証書によって遺言をする場合には、遺言者は、公証人及び証人の前で、その証書は自己の遺言書である旨並びにその筆者の氏名及び住所を通訳人の通訳により申述し、又は封紙に自書して、第970条第1項第3号の申述に代えなければならない。

2　前項の場合において、遺言者が通訳人の通訳により申述したときは、公証人は、その旨を封紙に記載しなければならない。

3　第1項の場合において、遺言者が封紙に自書したときは、公証人は、その旨を封紙に記載して、第970条第1項第4号に規定する申述の記載に代えなければならない。

（成年被後見人の遺言）

第973条　成年被後見人が事理を弁識する能力を一時回復した時において遺言をするには、医師二人以上の立会いがなければならない。

2　遺言に立ち会った医師は、遺言者が遺言をする時において精神上の障害により事理を弁識する能力を欠く状態になかった旨を遺言書に付記して、これに署名し、印を押さなければならない。ただし、秘密証書による遺言にあっては、その封紙にその旨の記載をし、署名し、印を押さなければならない。

（証人及び立会人の欠格事由）

第974条　次に掲げる者は、遺言の証人又は立会人となることができない。

一　未成年者

二　推定相続人及び受遺者並びにこれらの配偶者及び直系血族

三　公証人の配偶者、4親等内の親族、書記及び使用人

（共同遺言の禁止）

第975条　遺言は、二人以上の者が同一の証書ですることができない。

第2款　特別の方式

（死亡の危急に迫った者の遺言）

第976条　疾病その他の事由によって死亡の危急に迫った者が遺言をしようとするときは、証人3人以上の立会いをもって、その一人に遺言の趣旨を口授して、これをすることができる。この場合においては、その口授を受けた者が、これを筆記して、遺言者及び他の証人に読み聞かせ、又は閲覧させ、各証人がその筆記の正確なことを承認した後、これに署名し、印を押さなければならない。

2　口がきけない者が前項の規定により遺言をする場合には、遺言者は、証人の前で、遺言の趣旨を通訳人の通訳により申述して、同項の口授に代えなければならない。

3　第1項後段の遺言者又は他の証人が耳が聞こえない者である場合には、遺言の趣旨の口授又は申述を受けた者は、同項後段に規定する筆記した内容を通訳人の通訳によりその遺言者又は他の証人に伝えて、同項後段の読み聞かせに代えることができる。

4　前3項の規定によりした遺言は、遺言の日から20日以内に、証人の一人又は利害関係人から家庭裁判所に請求してその確認を得なければ、その効力を生じない。

5　家庭裁判所は、前項の遺言が遺言者の真意に出たものであるとの心証を得なければ、これを確認することができない。

（伝染病隔離者の遺言）

第977条　伝染病のため行政処分によって交通を断たれた場所に在る者は、警察官一人及び証人一人以上の立会いをもって遺言書を作ることができる。

（在船者の遺言）

第978条　船舶中に在る者は、船長又は事務員一人及び証人二人以上の立会いをもって遺言書を作ることができる。

（船舶遭難者の遺言）

第979条　船舶が遭難した場合において、当該船舶中に在って死亡の危急に迫った者は、証人二人以上の立会いをもって口頭で遺言をすることができる。

2　口がきけない者が前項の規定により遺言をする場合には、遺言者は、通訳人の通訳によりこれをしなければならない。

3　前2項の規定に従ってした遺言は、証人が、その趣旨を筆記して、これに署名し、印を押し、かつ、証人の一人又は利害関係人から遅滞なく家庭裁判所に請求してその確認を得なければ、その効力を生じない。

4　第976条第5項の規定は、前項の場合について準用する。

（遺言関係者の署名及び押印）

第980条　第977条及び第978条の場合には、遺

言者、筆者、立会人及び証人は、各自遺言書に署名し、印を押さなければならない。

（署名又は押印が不能の場合）

第981条　第977条から第979条までの場合において、署名又は印を押すことのできない者があるときは、立会人又は証人は、その事由を付記しなければならない。

（普通の方式による遺言の規定の準用）

第982条　第968条第3項及び第973条から第975条までの規定は、第976条から前条までの規定による遺言について準用する。

（特別の方式による遺言の効力）

第983条　第976条から前条までの規定によりした遺言は、遺言者が普通の方式によって遺言をすることができるようになった時から6箇月間生存するときは、その効力を生じない。

（外国に在る日本人の遺言の方式）

第984条　日本の領事の駐在する地に在る日本人が公正証書又は秘密証書によって遺言をしようとするときは、公証人の職務は、領事が行う。この場合においては、第969条第4号又は第970条第1項第4号の規定にかかわらず、遺言者及び証人は、第969条第4号又は第970条第1項第4号の印を押すことを要しない。

第3節　遺言の効力

（遺言の効力の発生時期）

第985条　遺言は、遺言者の死亡の時からその効力を生ずる。

2　遺言に停止条件を付した場合において、その条件が遺言者の死亡後に成就したときは、遺言は、条件が成就した時からその効力を生ずる。

（遺贈の放棄）

第986条　受遺者は、遺言者の死亡後、いつでも、遺贈の放棄をすることができる。

2　遺贈の放棄は、遺言者の死亡の時にさかのぼってその効力を生ずる。

（受遺者に対する遺贈の承認又は放棄の催告）

第987条　遺贈義務者（遺贈の履行をする義務を負う者をいう。以下この節において同じ。）その他の利害関係人は、受遺者に対し、相当の期間を定めて、その期間内に遺贈の承認又は放棄をすべき旨の催告をすることができる。この場合において、受遺者がその期間内に遺贈義務者に対してその意思を表示しないときは、遺贈を承認したものとみなす。

（受遺者の相続人による遺贈の承認又は放棄）

第988条　受遺者が遺贈の承認又は放棄をしないで死亡したときは、その相続人は、自己の相続権の範囲内で、遺贈の承認又は放棄をすることができる。ただし、遺言者がその遺言に別段の意思を表示したときは、その意思に従う。

（遺贈の承認及び放棄の撤回及び取消し）

第989条　遺贈の承認及び放棄は、撤回することができない。

2　第919条第2項及び第3項の規定は、遺贈の承認及び放棄について準用する。

（包括受遺者の権利義務）

第990条　包括受遺者は、相続人と同一の権利義務を有する。

（受遺者による担保の請求）

第991条　受遺者は、遺贈が弁済期に至らない間は、遺贈義務者に対して相当の担保を請求することができる。停止条件付きの遺贈についてその条件の成否が未定である間も、同様とする。

（受遺者による果実の取得）

第992条　受遺者は、遺贈の履行を請求することができる時から果実を取得する。ただし、遺言者がその遺言に別段の意思を表示したときは、その意思に従う。

（遺贈義務者による費用の償還請求）

第993条　第299条の規定は、遺贈義務者が遺言者の死亡後に遺贈の目的物について費用を支出した場合について準用する。

2　果実を収取するために支出した通常の必要費は、果実の価格を超えない限度で、その償還を請求することができる。

（受遺者の死亡による遺贈の失効）

第994条　遺贈は、遺言者の死亡以前に受遺者が死亡したときは、その効力を生じない。

2　停止条件付きの遺贈については、受遺者がその条件の成就前に死亡したときも、前項と同様とする。ただし、遺言者がその遺言に別段の意思を表示したときは、その意思に従う。

（遺贈の無効又は失効の場合の財産の帰属）

第995条　遺贈が、その効力を生じないとき、又は放棄によってその効力を失ったときは、受遺者が受けるべきであったものは、相続人に帰属する。ただし、遺言者がその遺言に別段の意思を表示したときは、その意思に従う。

（相続財産に属しない権利の遺贈）

第996条　遺贈は、その目的である権利が遺言者の死亡の時において相続財産に属しなかったときは、その効力を生じない。ただし、その権利が相続財産に属するかどうかにかかわらず、これを遺贈の目的としたものと認められるときは、この限りでない。

第997条　相続財産に属しない権利を目的とする遺贈が前条ただし書の規定により有効であるときは、遺贈義務者は、その権利を取得して受遺者に移転する義務を負う。

2　前項の場合において、同項に規定する権利を取得することができないとき、又はこれを取得するについて過分の費用を要するときは、遺贈義務者は、その価額を弁償しなければならない。ただし、遺言者がその遺言に別段の意思を表示したときは、その意思に従う。

（遺贈義務者の引渡義務）

第998条　遺贈義務者は、遺贈の目的である物又は権利を、相続開始の時（その後に当該物又は権利について遺贈の目的として特定した場合にあっては、その特定した時）の状態で引き渡し、又は移転する義務を負う。ただし、遺言者がその遺言に別段の意思を表示したときは、その意思に従う。

（遺贈の物上代位）

第999条　遺言者が、遺贈の目的物の滅失若しくは変造又はその占有の喪失によって第三者に対して償金を請求する権利を有するときは、その権利を遺贈の目的としたものと推定する。

2　遺贈の目的物が、他の物と付合し、又は混和した場合において、遺言者が第243条から第245条までの規定により合成物又は混和物の単独所有者又は共有者となったときは、その全部の所有権又は持分を遺贈の目的としたものと推定する。

第1000条　削除

（債権の遺贈の物上代位）

第1001条　債権を遺贈の目的とした場合において、遺言者が弁済を受け、かつ、その受け取った物がなお相続財産中に在るときは、その物を遺贈の目的としたものと推定する。

2　金銭を目的とする債権を遺贈の目的とした場合においては、相続財産中にその債権額に相当する金銭がないときであっても、その金額を遺贈の目的としたものと推定する。

（負担付遺贈）

第1002条　負担付遺贈を受けた者は、遺贈の目的の価額を超えない限度においてのみ、負担した義務を履行する責任を負う。

2　受遺者が遺贈の放棄をしたときは、負担の利益を受けるべき者は、自ら受遺者となることができる。ただし、遺言者がその遺言に別段の意思を表示したときは、その意思に従う。

（負担付遺贈の受遺者の免責）

第1003条　負担付遺贈の目的の価額が相続の限定承認又は遺留分回復の訴えによって減少したときは、受遺者は、その減少の割合に応じて、その負担した義務を免れる。ただし、遺言者がその遺言に別段の意思を表示したときは、その意思に従う。

第４節　遺言の執行

（遺言書の検認）

第1004条　遺言書の保管者は、相続の開始を知った後、遅滞なく、これを家庭裁判所に提出して、その検認を請求しなければならない。遺言書の保管者がない場合において、相続人が遺言書を発見した後も、同様とする。

2　前項の規定は、公正証書による遺言については、適用しない。

3　封印のある遺言書は、家庭裁判所において相続人又はその代理人の立会いがなければ、開封することができない。

（過料）

第1005条　前条の規定により遺言書を提出することを怠り、その検認を経ないで遺言を執行し、又は家庭裁判所外においてその開封をした者は、５万円以下の過料に処する。

（遺言執行者の指定）

第1006条　遺言者は、遺言で、一人又は数人の遺言執行者を指定し、又はその指定を第三者に委託することができる。

2　遺言執行者の指定の委託を受けた者は、遅滞なく、その指定をして、これを相続人に通知しなければならない。

3　遺言執行者の指定の委託を受けた者がその委託を辞そうとするときは、遅滞なくその旨を相続人に通知しなければならない。

（遺言執行者の任務の開始）

第1007条　遺言執行者が就職を承諾したときは、直ちにその任務を行わなければならない。

2　遺言執行者は、その任務を開始したときは、遅滞なく、遺言の内容を相続人に通知しなければならない。

（遺言執行者に対する就職の催告）

第1008条　相続人その他の利害関係人は、遺言執行者に対し、相当の期間を定めて、その期間内に就職を承諾するかどうかを確答すべき旨の催告をすることができる。この場合において、遺言執行者が、その期間内に相続人に対して確答をしないときは、就職を承諾したものとみなす。

（遺言執行者の欠格事由）

第1009条　未成年者及び破産者は、遺言執行者となることができない。

（遺言執行者の選任）

第1010条　遺言執行者がないとき、又はなくなったときは、家庭裁判所は、利害関係人の請求によって、これを選任することができる。

（相続財産の目録の作成）

第1011条　遺言執行者は、遅滞なく、相続財産の目録を作成して、相続人に交付しなければならない。

2　遺言執行者は、相続人の請求があるときは、その立会いをもって相続財産の目録を作成し、又は公証人にこれを作成させなければならない。

（遺言執行者の権利義務）

第1012条　遺言執行者は、遺言の内容を実現するため、相続財産の管理その他遺言の執行に必要な一切の行為をする権利義務を有する。

2　遺言執行者がある場合には、遺贈の履行は、遺言執行者のみが行うことができる。

3　第644条、第645条から第647条まで及び第650条の規定は、遺言執行者について準用する。

（遺言の執行の妨害行為の禁止）

第1013条　遺言執行者がある場合には、相続人は、相続財産の処分その他遺言の執行を妨げるべき行為をすることができない。

2　前項の規定に違反してした行為は、無効とする。ただし、これをもって善意の第三者に対抗することができない。

3　前２項の規定は、相続人の債権者（相続債権者を含む。）が相続財産についてその権利を行使することを妨げない。

（特定財産に関する遺言の執行）

第1014条　前３条の規定は、遺言が相続財産のうち特定の財産に関する場合には、その財産についてのみ適用する。

2　遺産の分割の方法の指定として遺産に属する特定の財産を共同相続人の一人又は数人に承継させる旨の遺言（以下「特定財産承継遺言」という。）があったときは、遺言執行者は、当該共同相続人が第899条の２第１項に規定する対抗要件を備えるために必要な行為をすることができる。

3　前項の財産が預貯金債権である場合には、遺言執行者は、同項に規定する行為のほか、その預金又は貯金の払戻しの請求及びその預金又は貯金に係る契約の解約の申入れをすることができる。ただし、解約の申入れについては、その預貯金債権の全部が特定財産承継遺言の目的である場合に限る。

4　前２項の規定にかかわらず、被相続人が遺言で別段の意思を表示したときは、その意思に従う。

（遺言執行者の行為の効果）

第1015条　遺言執行者がその権限内において遺言執行者であることを示してした行為は、相続人に対して直接にその効力を生ずる。

（遺言執行者の復任権）

第1016条　遺言執行者は、自己の責任で第三者にその任務を行わせることができる。ただし、遺言者がその遺言に別段の意思を表示したときは、その意思に従う。

2　前項本文の場合において、第三者に任務を行わせることについてやむを得ない事由があるときは、遺言執行者は、相続人に対してその選任及び監督についての責任のみを負う。

（遺言執行者が数人ある場合の任務の執行）

第1017条　遺言執行者が数人ある場合には、その任務の執行は、過半数で決する。ただし、遺言者がその遺言に別段の意思を表示したときは、その意思に従う。

2　各遺言執行者は、前項の規定にかかわらず、保存行為をすることができる。

（遺言執行者の報酬）

第1018条　家庭裁判所は、相続財産の状況その他の事情によって遺言執行者の報酬を定めることができる。ただし、遺言者がその遺言に報酬を定めたときは、この限りでない。

2　第648条第２項及び第３項並びに第648条の２の規定は、遺言執行者が報酬を受けるべき場合について準用する。

（遺言執行者の解任及び辞任）

第1019条　遺言執行者がその任務を怠ったときその他正当な事由があるときは、利害関係人は、その解任を家庭裁判所に請求することができる。

2　遺言執行者は、正当な事由があるときは、家庭裁判所の許可を得て、その任務を辞することができる。

（委任の規定の準用）

第1020条　第654条及び第655条の規定は、遺言執行者の任務が終了した場合について準用する。

（遺言の執行に関する費用の負担）

第1021条　遺言の執行に関する費用は、相続財産の負担とする。ただし、これによって遺留分を減ずることができない。

第５節　遺言の撤回及び取消し

（遺言の撤回）

第1022条　遺言者は、いつでも、遺言の方式に従って、その遺言の全部又は一部を撤回することができる。

（前の遺言と後の遺言との抵触等）

第1023条　前の遺言が後の遺言と抵触するときは、その抵触する部分については、後の遺言で前の遺言を撤回したものとみなす。

2　前項の規定は、遺言が遺言後の生前処分その他の法律行為と抵触する場合について準用する。

（遺言書又は遺贈の目的物の破棄）

第1024条　遺言者が故意に遺言書を破棄したときは、その破棄した部分については、遺言を撤回したものとみなす。遺言者が故意に遺贈の目的物を破棄したときも、同様とする。

（撤回された遺言の効力）

第1025条　前３条の規定により撤回された遺言は、その撤回の行為が、撤回され、取り消され、又は効力を生じなくなるに至ったときであっても、その効力を回復しない。ただし、その行為が錯誤、詐欺又は強迫による場合は、この限りでない。

（遺言の撤回権の放棄の禁止）

第1026条　遺言者は、その遺言を撤回する権利を放棄することができない。

（負担付遺贈に係る遺言の取消し）

第1027条　負担付遺贈を受けた者がその負担した義務を履行しないときは、相続人は、相当の期間を定めてその履行の催告をすることができる。この場合において、その期間内に履行がないときは、その負担付遺贈に係る遺言の取消しを家庭裁判所に請求することができる。

第８章　配偶者の居住の権利

第１節　配偶者居住権

（配偶者居住権）

第1028条　被相続人の配偶者（以下この章において単に「配偶者」という。）は、被相続人の財産に属した建物に相続開始の時に居住していた場合において、次の各号のいずれかに該当するときは、その居住していた建物（以下この節において「居住建物」という。）の全部について無償で使用及び収益をする権利（以下この章において「配偶者居住権」という。）を取得する。ただし、被相続人が相続開始の時に居住建物を配偶者以外の者と共有していた場合にあっては、この限りでない。

一　遺産の分割によって配偶者居住権を取得するものとされたとき。

二　配偶者居住権が遺贈の目的とされたとき。

2　居住建物が配偶者の財産に属することとなった場合であっても、他の者がその共有持分を有するときは、配偶者居住権は、消滅しない。

3　第903条第４項の規定は、配偶者居住権の遺贈について準用する。

（審判による配偶者居住権の取得）

第1029条　遺産の分割の請求を受けた家庭裁判所は、次に掲げる場合に限り、配偶者が配偶者居住権を取得する旨を定めることができる。

一　共同相続人間に配偶者が配偶者居住権を取得することについて合意が成立しているとき。

二　配偶者が家庭裁判所に対して配偶者居住権の取得を希望する旨を申し出た場合において、居住建物の所有者の受ける不利益の程度を考慮してもなお配偶者の生活を維持するために特に必要があると認めるとき（前号に掲げる場合を除く。）。

（配偶者居住権の存続期間）

第1030条　配偶者居住権の存続期間は、配偶者の終身の間とする。ただし、遺産の分割の協議若しくは遺言に別段の定めがあるとき、又は家庭裁判所が遺産の分割の審判において別段の定めをしたときは、その定めるところによる。

（配偶者居住権の登記等）

第1031条　居住建物の所有者は、配偶者（配偶者居住権を取得した配偶者に限る。以下この節において同じ。）に対し、配偶者居住権の設定の登記を備えさせる義務を負う。

2　第605条の規定は配偶者居住権について、第605条の4の規定は配偶者居住権の設定の登記を備えた場合について準用する。

（配偶者による使用及び収益）

第1032条　配偶者は、従前の用法に従い、善良な管理者の注意をもって、居住建物の使用及び収益をしなければならない。ただし、従前居住の用に供していなかった部分について、これを居住の用に供することを妨げない。

2　配偶者居住権は、譲渡することができない。

3　配偶者は、居住建物の所有者の承諾を得なければ、居住建物の改築若しくは増築をし、又は第三者に居住建物の使用若しくは収益をさせることができない。

4　配偶者が第1項又は前項の規定に違反した場合において、居住建物の所有者が相当の期間を定めてその是正の催告をし、その期間内に是正がされないときは、居住建物の所有者は、当該配偶者に対する意思表示によって配偶者居住権を消滅させることができる。

（居住建物の修繕等）

第1033条　配偶者は、居住建物の使用及び収益に必要な修繕をすることができる。

2　居住建物の修繕が必要である場合において、配偶者が相当の期間内に必要な修繕をしないときは、居住建物の所有者は、その修繕をすることができる。

3　居住建物が修繕を要するとき（第1項の規定により配偶者が自らその修繕をするときを除く。）、又は居住建物について権利を主張する者があるときは、配偶者は、居住建物の所有者に対し、遅滞なくその旨を通知しなければならない。ただし、居住建物の所有者が既にこれを知っているときは、この限りでない。

（居住建物の費用の負担）

第1034条　配偶者は、居住建物の通常の必要費を負担する。

2　第583条第2項の規定は、前項の通常の必要費以外の費用について準用する。

（居住建物の返還等）

第1035条　配偶者は、配偶者居住権が消滅したときは、居住建物の返還をしなければならない。ただし、配偶者が居住建物について共有持分を有する場合は、居住建物の所有者は、配偶者居住権が消滅したことを理由としては、居住建物の返還を求めることができない。

2　第599条第1項及び第2項並びに第621条の規定は、前項本文の規定により配偶者が相続の開始後に附属させた物がある居住建物又は相続の開始後に生じた損傷がある居住建物の返還をする場合について準用する。

（使用貸借及び賃貸借の規定の準用）

第1036条　第597条第1項及び第3項、第600条、第613条並びに第616条の2の規定は、配偶者居住権について準用する。

第2節　配偶者短期居住権

（配偶者短期居住権）

第1037条　配偶者は、被相続人の財産に属した建物に相続開始の時に無償で居住していた場合には、次の各号に掲げる区分に応じてそれぞれ当該各号に定める日までの間、その居住していた建物（以下この節において「居住建物」という。）の所有権を相続又は遺贈により取得した者（以下この節において「居住建物取得者」という。）に対し、居住建物について無償で使用する権利（居住建物の一部のみを無償で使用していた場合にあっては、その部分について無償で使用する権利。以下この節において「配偶者短期居住権」という。）を有する。ただし、配偶者が、相続開始の時において居住建物に係る配偶者居住権を取得したとき、又は第891条の規定に該当し若しくは廃除によってその相続権を失ったときは、この限りでない。

一　居住建物について配偶者を含む共同相続人間で遺産の分割をすべき場合　遺産の分割により居住建物の帰属が確定した日又は相続開始の時から6箇月を経過する日のいずれか遅い日

二　前号に掲げる場合以外の場合　第3項の申入れの日から6箇月を経過する日

2　前項本文の場合においては、居住建物取得者は、第三者に対する居住建物の譲渡その他の方法により配偶者の居住建物の使用を妨げてはならない。

3　居住建物取得者は、第1項第1号に掲げる場合を除くほか、いつでも配偶者短期居住権の消滅の申入れをすることができる。

（配偶者による使用）

第1038条　配偶者（配偶者短期居住権を有する配偶者に限る。以下この節において同じ。）は、従前の用法に従い、善良な管理者の注意をもって、居住建物の使用をしなければならない。

2　配偶者は、居住建物取得者の承諾を得なければ、第三者に居住建物の使用をさせることができない。

3　配偶者が前2項の規定に違反したときは、居住建物取得者は、当該配偶者に対する意思表示によって配偶者短期居住権を消滅させることができる。

（配偶者居住権の取得による配偶者短期居住権の消滅）

第1039条　配偶者が居住建物に係る配偶者居住権を取得したときは、配偶者短期居住権は、消滅する。

（居住建物の返還等）

第1040条　配偶者は、前条に規定する場合を除き、配偶者短期居住権が消滅したときは、居住建物の返還をしなければならない。ただし、配偶者が居住建物について共有持分を有する場合は、居住建物取得者は、配偶者短期居住権が消滅したことを理由としては、居住建物の返還を求めることができない。

2　第599条第1項及び第2項並びに第621条の規定は、前項本文の規定により配偶者が相続の開始後に附属させた物がある居住建物又は相続の開始後に生じた損傷がある居住建物の返還をする場合について準用する。

（使用貸借等の規定の準用）

第1041条　第597条第3項、第600条、第616条の2、第1032条第2項、第1033条及び第1034条の規定は、配偶者短期居住権について準用する。

第9章　遺留分

（遺留分の帰属及びその割合）

第1042条　兄弟姉妹以外の相続人は、遺留分として、次条第1項に規定する遺留分を算定するための財産の価額に、次の各号に掲げる区分に応じてそれぞれ当該各号に定める割合を乗じた額を受ける。

一　直系尊属のみが相続人である場合　3分の1

二　前号に掲げる場合以外の場合　2分の1

2　相続人が数人ある場合には、前項各号に定める割合は、これらに第900条及び第901条の規定により算定したその各自の相続分を乗じた割合とする。

（遺留分を算定するための財産の価額）

第1043条　遺留分を算定するための財産の価額は、被相続人が相続開始の時において有した財産の価額にその贈与した財産の価額を加えた額から債務の全額を控除した額とする。

2　条件付きの権利又は存続期間の不確定な権利は、家庭裁判所が選任した鑑定人の評価に従って、その価格を定める。

第1044条　贈与は、相続開始前の1年間にしたものに限り、前条の規定によりその価額を算入する。当事者双方が遺留分権利者に損害を加えることを知って贈与をしたときは、1年前の日より前にしたものについても、同様とする。

2　第904条の規定は、前項に規定する贈与の価額について準用する。

3　相続人に対する贈与についての第1項の規定の適用については、同項中「1年」とあるのは「10年」と、「価額」とあるのは「価額（婚姻若しくは養子縁組のため又は生計の資本として受けた贈与の価額に限る。）」とする。

第1045条　負担付贈与がされた場合における第1043条第1項に規定する贈与した財産の価額は、その目的の価額から負担の価額を控除した額とする。

2　不相当な対価をもってした有償行為は、当事者双方が遺留分権利者に損害を加えることを知ってしたものに限り、当該対価を負担の価額とする負担付贈与とみなす。

（遺留分侵害額の請求）

第1046条　遺留分権利者及びその承継人は、受遺者（特定財産承継遺言により財産を承継し又は相続分の指定を受けた相続人を含む。以下この章において同じ。）又は受贈者に対し、遺留分侵害額に相当する金銭の支払を請求することができる。

2　遺留分侵害額は、第1042条の規定による遺留分から第1号及び第2号に掲げる額を控除し、これに第3号に掲げる額を加算して算定する。

一　遺留分権利者が受けた遺贈又は第903条第1項に規定する贈与の価額

二　第900条から第902条まで、第903条及び第904条の規定により算定した相続分に応じて遺留分権利者が取得すべき遺産の価額

三　被相続人が相続開始の時において有した債務のうち、第899条の規定により遺留分権利者が承継する債務（次条第3項において「遺留分権利者承継債務」という。）の額

（受遺者又は受贈者の負担額）

第1047条　受遺者又は受贈者は、次の各号の定めるところに従い、遺贈（特定財産承継遺言による

財産の承継又は相続分の指定による遺産の取得を含む。以下この章において同じ。）又は贈与（遺留分を算定するための財産の価額に算入されるものに限る。以下この章において同じ。）の目的の価額（受遺者又は受贈者が相続人である場合にあっては、当該価額から第1042条の規定による遺留分として当該相続人が受けるべき額を控除した額）を限度として、遺留分侵害額を負担する。

一　受遺者と受贈者とがあるときは、受遺者が先に負担する。

二　受遺者が複数あるとき、又は受贈者が複数ある場合においてその贈与が同時にされたものであるときは、受遺者又は受贈者がその目的の価額の割合に応じて負担する。ただし、遺言者がその遺言に別段の意思を表示したときは、その意思に従う。

三　受贈者が複数あるとき（前号に規定する場合を除く。）は、後の贈与に係る受贈者から順次前の贈与に係る受贈者が負担する。

2　第904条、第1043条第２項及び第1045条の規定は、前項に規定する遺贈又は贈与の目的の価額について準用する。

3　前条第１項の請求を受けた受遺者又は受贈者は、遺留分権利者承継債務について弁済その他の債務を消滅させる行為をしたときは、消滅した債務の額の限度において、遺留分権利者に対する意思表示によって第１項の規定により負担する債務を消滅させることができる。この場合において、当該行為によって遺留分権利者に対して取得した求償権は、消滅した当該債務の額の限度において消滅する。

4　受遺者又は受贈者の無資力によって生じた損失は、遺留分権利者の負担に帰する。

5　裁判所は、受遺者又は受贈者の請求により、第１項の規定により負担する債務の全部又は一部の支払につき相当の期限を許与することができる。

（遺留分侵害額請求権の期間の制限）

第1048条　遺留分侵害額の請求権は、遺留分権利者が、相続の開始及び遺留分を侵害する贈与又は遺贈があったことを知った時から１年間行使しないときは、時効によって消滅する。相続開始の時から10年を経過したときも、同様とする。

（遺留分の放棄）

第1049条　相続の開始前における遺留分の放棄は、家庭裁判所の許可を受けたときに限り、その効力を生ずる。

2　共同相続人の一人のした遺留分の放棄は、他の各共同相続人の遺留分に影響を及ぼさない。

第10章　特別の寄与

第1050条　被相続人に対して無償で療養看護その他の労務の提供をしたことにより被相続人の財産の維持又は増加について特別の寄与をした被相続人の親族（相続人、相続の放棄をした者及び第891条の規定に該当し又は廃除によってその相続権を失った者を除く。以下この条において「特別寄与者」という。）は、相続の開始後、相続人に対し、特別寄与者の寄与に応じた額の金銭（以下この条において「特別寄与料」という。）の支払を請求することができる。

2　前項の規定による特別寄与料の支払について、当事者間に協議が調わないとき、又は協議をすることができないときは、特別寄与者は、家庭裁判所に対して協議に代わる処分を請求することができる。ただし、特別寄与者が相続の開始及び相続人を知った時から６箇月を経過したとき、又は相続開始の時から１年を経過したときは、この限りでない。

3　前項本文の場合には、家庭裁判所は、寄与の時期、方法及び程度、相続財産の額その他一切の事情を考慮して、特別寄与料の額を定める。

4　特別寄与料の額は、被相続人が相続開始の時において有した財産の価額から遺贈の価額を控除した残額を超えることができない。

5　相続人が数人ある場合には、各相続人は、特別寄与料の額に第900条から第902条までの規定により算定した当該相続人の相続分を乗じた額を負担する。

動産及び債権の譲渡の対抗要件に関する民法の特例等に関する法律　抜粋

平成10年法律第104号
最終改正　令和3年法律第37号

第1章　総則

（動産の譲渡の対抗要件の特例等）

第3条　法人が動産（当該動産につき倉荷証券、船荷証券又は複合運送証券が作成されているものを除く。以下同じ。）を譲渡した場合において、当該動産の譲渡につき動産譲渡登記ファイルに譲渡の登記がされたときは、当該動産について、民法第178条の引渡しがあったものとみなす。

2　代理人によって占有されている動産の譲渡につき前項に規定する登記（以下「動産譲渡登記」という。）がされ、その譲受人として登記されている者が当該代理人に対して当該動産の引渡しを請求した場合において、当該代理人が本人に対して当該請求につき異議があれば相当の期間内にこれを述べるべき旨を遅滞なく催告し、本人がその期間内に異議を述べなかったときは、当該代理人は、その譲受人として登記されている者に当該動産を引き渡し、それによって本人に損害が生じたときであっても、その賠償の責任を負わない。

3　前2項の規定は、当該動産の譲渡に係る第10条第1項第2号に掲げる事由に基づいてされた動産譲渡登記の抹消登記について準用する。この場合において、前項中「譲受人」とあるのは、「譲渡人」と読み替えるものとする。

（債権の譲渡の対抗要件の特例等）

第4条　法人が債権（金銭の支払を目的とするものであって、民法第3編第1章第4節の規定により譲渡されるものに限る。以下同じ。）を譲渡した場合において、当該債権の譲渡につき債権譲渡登記ファイルに譲渡の登記がされたときは、当該債権の債務者以外の第三者については、同法第467条の規定による確定日付のある証書による通知があったものとみなす。この場合においては、当該登記の日付をもって確定日付とする。

2　前項に規定する登記（以下「債権譲渡登記」という。）がされた場合において、当該債権の譲渡及びその譲渡につき債権譲渡登記がされたことについて、譲渡人若しくは譲受人が当該債権の債務者に第11条第2項に規定する登記事項証明書を交付して通知をし、又は当該債務者が承諾をしたときは、当該債務者についても、前項と同様とする。

3　債権譲渡登記がされた場合においては、民法第466条の6第3項、第468条第1項並びに第469条第1項及び第2項の規定は、前項に規定する場合に限り適用する。この場合において、同法第466条の6第3項中「譲渡人が次条」とあるのは「譲渡人若しくは譲受人が動産及び債権の譲渡の対抗要件に関する民法の特例等に関する法律（平成10年法律第104号）第4条第2項」と、「同条」とあるのは「同項」とする。

4　第1項及び第2項の規定は当該債権の譲渡に係る第10条第1項第2号に掲げる事由に基づいてされた債権譲渡登記の抹消登記について、民法第468条第1項並びに第469条第1項及び第2項の規定はこの項において準用する第2項に規定する場合について、それぞれ準用する。この場合において、同法第468条第1項中「対抗要件具備時」とあるのは「動産及び債権の譲渡の対抗要件に関する民法の特例等に関する法律第4条第4項において準用する同条第2項に規定する通知又は承諾がされた時（以下「対抗要件具備時」という。）」と、同項並びに同法第469条第1項及び第2項中「譲渡人」とあるのは「譲受人」と、「譲受人」とあるのは「譲渡人」と読み替えるものとする。

第2章　動産譲渡登記及び債権譲渡登記等

（抹消登記）

第10条　譲渡人及び譲受人は、次に掲げる事由があるときは、動産譲渡登記又は債権譲渡登記に係る抹消登記を申請することができる。

一　動産の譲渡又は債権の譲渡が効力を生じないこと。

二　動産の譲渡又は債権の譲渡が取消し、解除その他の原因により効力を失ったこと。

三　譲渡に係る動産又は譲渡に係る債権が消滅したこと。

2　前項の規定による抹消登記は、当該動産譲渡登記に係る動産譲渡登記ファイル又は当該債権譲渡登記に係る債権譲渡登記ファイルの記録に、次に掲げる事項を記録することによって行う。

一　当該動産譲渡登記又は債権譲渡登記を抹消する旨

二　抹消登記の登記原因及びその日付

三　登記番号

四　登記の年月日

3　譲渡に係る動産又は譲渡に係る債権が数個記録されている動産譲渡登記又は債権譲渡登記について、その一部の動産又は債権に係る部分につき抹消登記をするときは、前項第2号から第4号までに掲げる事項のほか、次に掲げる事項をも記録しなければならない。

一　当該動産譲渡登記又は債権譲渡登記の一部を抹消する旨

二　抹消登記に係る動産又は債権を特定するために必要な事項で法務省令で定めるもの

三　抹消後の譲渡に係る債権の総額

（登記事項概要証明書等の交付）

第11条　何人も、指定法務局等の登記官に対し、動産譲渡登記ファイル又は債権譲渡登記ファイルに記録されている登記事項の概要（動産譲渡登記ファイル又は債権譲渡登記ファイルに記録されている事項のうち、第７条第２項第５号、第８条第２項第４号及び前条第３項第２号に掲げる事項を除いたものをいう。次条第２項及び第３項において同じ。）を証明した書面（第21条第１項において「登記事項概要証明書」という。）の交付を請求することができる。

2　次に掲げる者は、指定法務局等の登記官に対し、動産の譲渡又は債権の譲渡について、動産譲渡登記ファイル又は債権譲渡登記ファイルに記録されている事項を証明した書面（第21条第１項において「登記事項証明書」という。）の交付を請求することができる。

一　譲渡に係る動産又は譲渡に係る債権の譲渡人又は譲受人

二　譲渡に係る動産を差し押さえた債権者その他の当該動産の譲渡につき利害関係を有する者として政令で定めるもの

三　譲渡に係る債権の債務者その他の当該債権の譲渡につき利害関係を有する者として政令で定めるもの

四　譲渡に係る動産又は譲渡に係る債権の譲渡人の使用人

借地借家法

平成３年法律第90号
最終改正　令和５年法律第53号

目次

第１章　総則

（趣旨）

第１条　この法律は、建物の所有を目的とする地上権及び土地の賃借権の存続期間、効力等並びに建物の賃貸借の契約の更新、効力等に関し特別の定めをするとともに、借地条件の変更等の裁判手続に関し必要な事項を定めるものとする。

（定義）

第２条　この法律において、次の各号に掲げる用語の意義は、当該各号に定めるところによる。

一　借地権　建物の所有を目的とする地上権又は土地の賃借権をいう。

二　借地権者　借地権を有する者をいう。

三　借地権設定者　借地権者に対して借地権を設定している者をいう。

四　転借地権　建物の所有を目的とする土地の賃借権で借地権者が設定しているものをいう。

五　転借地権者　転借地権を有する者をいう。

第２章　借地

第１節　借地権の存続期間等

（借地権の存続期間）

第３条　借地権の存続期間は、30年とする。ただし、契約でこれより長い期間を定めたときは、その期間とする。

（借地権の更新後の期間）

第４条　当事者が借地契約を更新する場合においては、その期間は、更新の日から10年（借地権の設定後の最初の更新にあっては、20年）とする。ただし、当事者がこれより長い期間を定めたときは、その期間とする。

（借地契約の更新請求等）

第5条　借地権の存続期間が満了する場合において、借地権者が契約の更新を請求したときは、建物がある場合に限り、前条の規定によるもののほか、従前の契約と同一の条件で契約を更新したものとみなす。ただし、借地権設定者が遅滞なく異議を述べたときは、この限りでない。

2　借地権の存続期間が満了した後、借地権者が土地の使用を継続するときも、建物がある場合に限り、前項と同様とする。

3　転借地権が設定されている場合においては、転借地権者がする土地の使用の継続を借地権者がする土地の使用の継続とみなして、借地権者と借地権設定者との間について前項の規定を適用する。

（借地契約の更新拒絶の要件）

第6条　前条の異議は、借地権設定者及び借地権者（転借地権者を含む。以下この条において同じ。）が土地の使用を必要とする事情のほか、借地に関する従前の経過及び土地の利用状況並びに借地権設定者が土地の明渡しの条件として又は土地の明渡しと引換えに借地権者に対して財産上の給付をする旨の申出をした場合におけるその申出を考慮して、正当の事由があると認められる場合でなければ、述べることができない。

（建物の再築による借地権の期間の延長）

第7条　借地権の存続期間が満了する前に建物の滅失（借地権者又は転借地権者による取壊しを含む。以下同じ。）があった場合において、借地権者が残存期間を超えて存続すべき建物を築造したときは、その建物を築造するにつき借地権設定者の承諾がある場合に限り、借地権は、承諾があった日又は建物が築造された日のいずれか早い日から20年間存続する。ただし、残存期間がこれより長いとき、又は当事者がこれより長い期間を定めたときは、その期間による。

2　借地権者が借地権設定者に対し残存期間を超えて存続すべき建物を新たに築造する旨を通知した場合において、借地権設定者がその通知を受けた後2月以内に異議を述べなかったときは、その建物を築造するにつき前項の借地権設定者の承諾があったものとみなす。ただし、契約の更新の後（同項の規定により借地権の存続期間が延長された場合にあっては、借地権の当初の存続期間が満了すべき日の後。次条及び第18条において同じ。）に通知があった場合においては、この限りでない。

3　転借地権が設定されている場合においては、転借地権者がする建物の築造を借地権者がする建物の築造とみなして、借地権者と借地権設定者との間について第1項の規定を適用する。

（借地契約の更新後の建物の滅失による解約等）

第8条　契約の更新の後に建物の滅失があった場合においては、借地権者は、地上権の放棄又は土地の賃貸借の解約の申入れをすることができる。

2　前項に規定する場合において、借地権者が借地権設定者の承諾を得ないで残存期間を超えて存続すべき建物を築造したときは、借地権設定者は、地上権の消滅の請求又は土地の賃貸借の解約の申入れをすることができる。

3　前2項の場合においては、借地権は、地上権の放棄若しくは消滅の請求又は土地の賃貸借の解約の申入れがあった日から3月を経過することによって消滅する。

4　第1項に規定する地上権の放棄又は土地の賃貸借の解約の申入れをする権利は、第2項に規定する地上権の消滅の請求又は土地の賃貸借の解約の申入れをする権利を制限する場合に限り、制限することができる。

5　転借地権が設定されている場合においては、転借地権者がする建物の築造を借地権者がする建物の築造とみなして、借地権者と借地権設定者との間について第2項の規定を適用する。

（強行規定）

第9条　この節の規定に反する特約で借地権者に不利なものは、無効とする。

第2節　借地権の効力

（借地権の対抗力）

第10条　借地権は、その登記がなくても、土地の上に借地権者が登記されている建物を所有するときは、これをもって第三者に対抗することができる。

2　前項の場合において、建物の滅失があっても、借地権者が、その建物を特定するために必要な事項、その滅失があった日及び建物を新たに築造する旨を土地の上の見やすい場所に掲示するときは、借地権は、なお同項の効力を有する。ただし、建物の滅失があった日から2年を経過した後にあっては、その前に建物を新たに築造し、かつ、その建物につき登記した場合に限る。

（地代等増減請求権）

第11条　地代又は土地の借賃（以下この条及び次条において「地代等」という。）が、土地に対する租税その他の公課の増減により、土地の価格の上昇若しくは低下その他の経済事情の変動により、又は近傍類似の土地の地代等に比較して不相当となったときは、契約の条件にかかわらず、当事者は、将来に向かって地代等の額の増減を請求することができる。ただし、一定の期間地代等を増額しない旨の特約がある場合には、その定めに従う。

2　地代等の増額について当事者間に協議が調わないときは、その請求を受けた者は、増額を正当とする裁判が確定するまでは、相当と認める額の地代等を支払うことをもって足りる。ただし、その裁判が確定した場合において、既に支払った額に不足があるときは、その不足額に年1割の割合による支払期後の利息を付してこれを支払わなければならない。

3　地代等の減額について当事者間に協議が調わないときは、その請求を受けた者は、減額を正当とする裁判が確定するまでは、相当と認める額の地代等の支払を請求することができる。ただし、その裁判が確定した場合において、既に支払を受けた額が正当とされた地代等の額を超えるときは、その超過額に年１割の割合による受領の時からの利息を付してこれを返還しなければならない。

（借地権設定者の先取特権）

第12条　借地権設定者は、弁済期の到来した最後の２年分の地代等について、借地権者がその土地において所有する建物の上に先取特権を有する。

2　前項の先取特権は、地上権又は土地の賃貸借の登記をすることによって、その効力を保存する。

3　第１項の先取特権は、他の権利に対して優先する効力を有する。ただし、共益費用、不動産保存及び不動産工事の先取特権並びに地上権又は土地の賃貸借の登記より前に登記された質権及び抵当権には後れる。

4　前３項の規定は、転借地権者がその土地において所有する建物について準用する。

（建物買取請求権）

第13条　借地権の存続期間が満了した場合において、契約の更新がないときは、借地権者は、借地権設定者に対し、建物その他借地権者が権原により土地に附属させた物を時価で買い取るべきことを請求することができる。

2　前項の場合において、建物が借地権の存続期間が満了する前に借地権設定者の承諾を得ないで残存期間を超えて存続すべきものとして新たに築造されたものであるときは、裁判所は、借地権設定者の請求により、代金の全部又は一部の支払につき相当の期限を許与することができる。

3　前２項の規定は、借地権の存続期間が満了した場合における転借地権者と借地権設定者との間について準用する。

（第三者の建物買取請求権）

第14条　第三者が賃借権の目的である土地の上の建物その他借地権者が権原によって土地に附属させた物を取得した場合において、借地権設定者が賃借権の譲渡又は転貸を承諾しないときは、その第三者は、借地権設定者に対し、建物その他借地権者が権原によって土地に附属させた物を時価で買い取るべきことを請求することができる。

（自己借地権）

第15条　借地権を設定する場合においては、他の者と共に有することとなるときに限り、借地権設定者が自らその借地権を有することを妨げない。

2　借地権が借地権設定者に帰した場合であっても、他の者と共にその借地権を有するときは、その借地権は、消滅しない。

（強行規定）

第16条　第10条、第13条及び第14条の規定に反する特約で借地権者又は転借地権者に不利なものは、無効とする。

第３節　借地条件の変更等

（借地条件の変更及び増改築の許可）

第17条　建物の種類、構造、規模又は用途を制限する旨の借地条件がある場合において、法令による土地利用の規制の変更、付近の土地の利用状況の変化その他の事情の変更により現に借地権を設定するにおいてはその借地条件と異なる建物の所有を目的とすることが相当であるにもかかわらず、借地条件の変更につき当事者間に協議が調わないときは、裁判所は、当事者の申立てにより、その借地条件を変更することができる。

2　増改築を制限する旨の借地条件がある場合において、土地の通常の利用上相当とすべき増改築につき当事者間に協議が調わないときは、裁判所は、借地権者の申立てにより、その増改築についての借地権設定者の承諾に代わる許可を与えることができる。

3　裁判所は、前２項の裁判をする場合において、当事者間の利益の衡平を図るため必要があるときは、他の借地条件を変更し、財産上の給付を命じ、その他相当の処分をすることができる。

4　裁判所は、前３項の裁判をするには、借地権の残存期間、土地の状況、借地に関する従前の経過その他一切の事情を考慮しなければならない。

5　転借地権が設定されている場合において、必要があるときは、裁判所は、転借地権者の申立てにより、転借地権とともに借地権につき第１項から第３項までの裁判をすることができる。

6　裁判所は、特に必要がないと認める場合を除き、第１項から第３項まで又は前項の裁判をする前に鑑定委員会の意見を聴かなければならない。

（借地契約の更新後の建物の再築の許可）

第18条　契約の更新の後において、借地権者が残存期間を超えて存続すべき建物を新たに築造することにつきやむを得ない事情があるにもかかわらず、借地権設定者がその建物の築造を承諾しないときは、借地権設定者が地上権の消滅の請求又は土地の賃貸借の解約の申入れをすることができない旨を定めた場合を除き、裁判所は、借地権者の申立てにより、借地権設定者の承諾に代わる許可を与えることができる。この場合において、当事者間の利益の衡平を図るため必要があるときは、延長すべき借地権の期間として第７条第１項の規定による期間と異なる期間を定め、他の借地条件を変更し、財産上の給付を命じ、その他相当の処分をすることができる。

2　裁判所は、前項の裁判をするには、建物の状況、建物の滅失があった場合には滅失に至った事情、借地に関する従前の経過、借地権設定者及び借地権者（転借地権者を含む。）が土地の使用を必要とする事情その他一切の事情を考慮しなければならない。

3　前条第５項及び第６項の規定は、第１項の裁判をする場合に準用する。

（土地の賃借権の譲渡又は転貸の許可）

第19条　借地権者が賃借権の目的である土地の上の建物を第三者に譲渡しようとする場合において、その第三者が賃借権を取得し、又は転借をしても借地権設定者に不利となるおそれがないにもかかわらず、借地権設定者がその賃借権の譲渡又は転貸を承諾しないときは、裁判所は、借地権者の申立てにより、借地権設定者の承諾に代わる許可を与えることができる。この場合において、当事者間の利益の衡平を図るため必要があるときは、賃借権の譲渡若しくは転貸を条件とする借地条件の変更を命じ、又はその許可を財産上の給付に係らしめることができる。

2　裁判所は、前項の裁判をするには、賃借権の残存期間、借地に関する従前の経過、賃借権の譲渡又は転貸を必要とする事情その他一切の事情を考慮しなければならない。

3　第1項の申立てがあった場合において、裁判所が定める期間内に借地権設定者が自ら建物の譲渡及び賃借権の譲渡又は転貸を受ける旨の申立てをしたときは、裁判所は、同項の規定にかかわらず、相当の対価及び転貸の条件を定めて、これを命ずることができる。この裁判においては、当事者双方に対し、その義務を同時に履行すべきことを命ずることができる。

4　前項の申立ては、第1項の申立てが取り下げられたとき、又は不適法として却下されたときは、その効力を失う。

5　第3項の裁判があった後は、第1項又は第3項の申立ては、当事者の合意がある場合でなければ取り下げることができない。

6　裁判所は、特に必要がないと認める場合を除き、第1項又は第3項の裁判をする前に鑑定委員会の意見を聴かなければならない。

7　前各項の規定は、転借地権が設定されている場合における転借地権者と借地権設定者との間について準用する。ただし、借地権設定者が第3項の申立てをするには、借地権者の承諾を得なければならない。

（建物競売等の場合における土地の賃借権の譲渡の許可）

第20条　第三者が賃借権の目的である土地の上の建物を競売又は公売により取得した場合において、その第三者が賃借権を取得しても借地権設定者に不利となるおそれがないにもかかわらず、借地権設定者がその賃借権の譲渡を承諾しないときは、裁判所は、その第三者の申立てにより、借地権設定者の承諾に代わる許可を与えることができる。この場合において、当事者間の利益の衡平を図るため必要があるときは、借地条件を変更し、又は財産上の給付を命ずることができる。

2　前条第2項から第6項までの規定は、前項の申立てがあった場合に準用する。

3　第1項の申立ては、建物の代金を支払った後2月以内に限り、することができる。

4　民事調停法（昭和26年法律第222号）第19条の規定は、同条に規定する期間内に第1項の申立てをした場合に準用する。

5　前各項の規定は、転借地権者から競売又は公売により建物を取得した第三者と借地権設定者との間について準用する。ただし、借地権設定者が第2項において準用する前条第3項の申立てをするには、借地権者の承諾を得なければならない。

（強行規定）

第21条　第17条から第19条までの規定に反する特約で借地権者又は転借地権者に不利なものは、無効とする。

第4節　定期借地権等

（定期借地権）

第22条　存続期間を50年以上として借地権を設定する場合においては、第9条及び第16条の規定にかかわらず、契約の更新（更新の請求及び土地の使用の継続によるものを含む。次条第1項において同じ。）及び建物の築造による存続期間の延長がなく、並びに第13条の規定による買取りの請求をしないこととする旨を定めることができる。この場合においては、その特約は、公正証書による等書面によってしなければならない。

2　前項前段の特約がその内容を記録した電磁的記録（電子的方式、磁気的方式その他人の知覚によっては認識することができない方式で作られる記録であって、電子計算機による情報処理の用に供されるものをいう。第38条第2項及び第39条第3項において同じ。）によってされたときは、その特約は、書面によってされたものとみなして、前項後段の規定を適用する。

（事業用定期借地権等）

第23条　専ら事業の用に供する建物（居住の用に供するものを除く。次項において同じ。）の所有を目的とし、かつ、存続期間を30年以上50年未満として借地権を設定する場合においては、第9条及び第16条の規定にかかわらず、契約の更新及び建物の築造による存続期間の延長がなく、並びに第13条の規定による買取りの請求をしないこととする旨を定めることができる。

2　専ら事業の用に供する建物の所有を目的とし、かつ、存続期間を10年以上30年未満として借地権を設定する場合には、第3条から第8条まで、第13条及び第18条の規定は、適用しない。

3　前2項に規定する借地権の設定を目的とする契約は、公正証書によってしなければならない。

（建物譲渡特約付借地権）

第24条　借地権を設定する場合（前条第2項に規定する借地権を設定する場合を除く。）においては、第9条の規定にかかわらず、借地権を消滅させるため、その設定後30年以上を経過した日に借地権の目的である土地の上の建物を借地権設定者に相当の対価で譲渡する旨を定めることができる。

2　前項の特約により借地権が消滅した場合において、その借地権者又は建物の賃借人でその消滅後建物の使用を継続しているものが請求をしたときは、請求の時にその建物につきその借地権者又は建物の賃借人と借地権設定者との間で期間の定めのない賃貸借（借地権者が請求をした場合において、借地権の残存期間があるときは、その残存期間を存続期間とする賃貸借）がされたものとみなす。この場合において、建物の借賃は、当事者の請求により、裁判所が定める。

3　第1項の特約がある場合において、借地権者又は建物の賃借人と借地権設定者との間でその建物につき第38条第1項の規定による賃貸借契約をしたときは、前項の規定にかかわらず、その定めに従う。

（一時使用目的の借地権）

第25条　第3条から第8条まで、第13条、第17条、第18条及び第22条から前条までの規定は、臨時設備の設置その他一時使用のために借地権を設定したことが明らかな場合には、適用しない。

第3章　借家

第1節　建物賃貸借契約の更新等

（建物賃貸借契約の更新等）

第26条　建物の賃貸借について期間の定めがある場合において、当事者が期間の満了の1年前から6月前までの間に相手方に対して更新をしない旨の通知又は条件を変更しなければ更新をしない旨の通知をしなかったときは、従前の契約と同一の条件で契約を更新したものとみなす。ただし、その期間は、定めがないものとする。

2　前項の通知をした場合であっても、建物の賃貸借の期間が満了した後建物の賃借人が使用を継続する場合において、建物の賃貸人が遅滞なく異議を述べなかったときも、同項と同様とする。

3　建物の転貸借がされている場合においては、建物の転借人がする建物の使用の継続を建物の賃借人がする建物の使用の継続とみなして、建物の賃借人と賃貸人との間について前項の規定を適用する。

（解約による建物賃貸借の終了）

第27条　建物の賃貸人が賃貸借の解約の申入れをした場合においては、建物の賃貸借は、解約の申入れの日から6月を経過することによって終了する。

2　前条第2項及び第3項の規定は、建物の賃貸借が解約の申入れによって終了した場合に準用する。

（建物賃貸借契約の更新拒絶等の要件）

第28条　建物の賃貸人による第26条第1項の通知又は建物の賃貸借の解約の申入れは、建物の賃貸人及び賃借人（転借人を含む。以下この条において同じ。）が建物の使用を必要とする事情のほか、建物の賃貸借に関する従前の経過、建物の利用状況及び建物の現況並びに建物の賃貸人が建物の明渡しの条件として又は建物の明渡しと引換えに建物の賃借人に対して財産上の給付をする旨の申出をした場合におけるその申出を考慮して、正当の事由があると認められる場合でなければ、することができない。

（建物賃貸借の期間）

第29条　期間を1年未満とする建物の賃貸借は、期間の定めがない建物の賃貸借とみなす。

2　民法（明治29年法律第89号）第604条の規定は、建物の賃貸借については、適用しない。

（強行規定）

第30条　この節の規定に反する特約で建物の賃借人に不利なものは、無効とする。

第2節　建物賃貸借の効力

（建物賃貸借の対抗力）

第31条　建物の賃貸借は、その登記がなくても、建物の引渡しがあったときは、その後その建物について物権を取得した者に対し、その効力を生ずる。

（借賃増減請求権）

第32条　建物の借賃が、土地若しくは建物に対する租税その他の負担の増減により、土地若しくは建物の価格の上昇若しくは低下その他の経済事情の変動により、又は近傍同種の建物の借賃に比較して不相当となったときは、契約の条件にかかわらず、当事者は、将来に向かって建物の借賃の額の増減を請求することができる。ただし、一定の期間建物の借賃を増額しない旨の特約がある場合には、その定めに従う。

2　建物の借賃の増額について当事者間に協議が調わないときは、その請求を受けた者は、増額を正当とする裁判が確定するまでは、相当と認める額の建物の借賃を支払うことをもって足りる。ただし、その裁判が確定した場合において、既に支払った額に不足があるときは、その不足額に年1割の割合による支払期後の利息を付してこれを支払わなければならない。

3　建物の借賃の減額について当事者間に協議が調わないときは、その請求を受けた者は、減額を正当とする裁判が確定するまでは、相当と認める額の建物の借賃の支払を請求することができる。ただし、その裁判が確定した場合において、既に支払を受けた額が正当とされた建物の借賃の額を超えるときは、その超過額に年1割の割合による受領の時からの利息を付してこれを返還しなければならない。

（造作買取請求権）

第33条　建物の賃貸人の同意を得て建物に付加した畳、建具その他の造作がある場合には、建物の賃借人は、建物の賃貸借が期間の満了又は解約の申入れによって終了するときに、建物の賃貸人に対し、その造作を時価で買い取るべきことを請求することができる。建物の賃貸人から買い受けた造作についても、同様とする。

2　前項の規定は、建物の賃貸借が期間の満了又は解約の申入れによって終了する場合における建物の転借人と賃貸人との間について準用する。

（建物賃貸借終了の場合における転借人の保護）

第34条　建物の転貸借がされている場合において、建物の賃貸借が期間の満了又は解約の申入れによって終了するときは、建物の賃貸人は、建物の転借人にその旨の通知をしなければ、その終了を建物の転借人に対抗することができない。

2　建物の賃貸人が前項の通知をしたときは、建物の転貸借は、その通知がされた日から6月を経過することによって終了する。

（借地上の建物の賃借人の保護）

第35条　借地権の目的である土地の上の建物につき賃貸借がされている場合において、借地権の存続期間の満了によって建物の賃借人が土地を明け渡すべきときは、建物の賃借人が借地権の存続期間が満了することをその1年前までに知らなかった場合に限り、裁判所は、建物の賃借人の請求により、建物の賃借人がこれを知った日から1年を超えない範囲内において、土地の明渡しにつき相当の期限を許与することができる。

2　前項の規定により裁判所が期限の許与をしたときは、建物の賃貸借は、その期限が到来することによって終了する。

（居住用建物の賃貸借の承継）

第36条　居住の用に供する建物の賃借人が相続人なしに死亡した場合において、その当時婚姻又は縁組の届出をしていないが、建物の賃借人と事実上夫婦又は養親子と同様の関係にあった同居者があるときは、その同居者は、建物の賃借人の権利義務を承継する。ただし、相続人なしに死亡したことを知った後1月以内に建物の賃貸人に反対の意思を表示したときは、この限りでない。

2　前項本文の場合においては、建物の賃貸借関係に基づき生じた債権又は債務は、同項の規定により建物の賃借人の権利義務を承継した者に帰属する。

（強行規定）

第37条　第31条、第34条及び第35条の規定に反する特約で建物の賃借人又は転借人に不利なものは、無効とする。

第3節　定期建物賃貸借等

（定期建物賃貸借）

第38条　期間の定めがある建物の賃貸借をする場合においては、公正証書による等書面によって契約をするときに限り、第30条の規定にかかわらず、契約の更新がないこととする旨を定めることができる。この場合には、第29条第1項の規定を適用しない。

2　前項の規定による建物の賃貸借の契約がその内容を記録した電磁的記録によってされたときは、その契約は、書面によってされたものとみなして、同項の規定を適用する。

3　第1項の規定による建物の賃貸借をしようとするときは、建物の賃貸人は、あらかじめ、建物の賃借人に対し、同項の規定による建物の賃貸借は契約の更新がなく、期間の満了により当該建物の賃貸借は終了することについて、その旨を記載した書面を交付して説明しなければならない。

4　建物の賃貸人は、前項の規定による書面の交付に代えて、政令で定めるところにより、建物の賃借人の承諾を得て、当該書面に記載すべき事項を電磁的方法（電子情報処理組織を使用する方法その他の情報通信の技術を利用する方法であって法務省令で定めるものをいう。）により提供することができる。この場合において、当該建物の賃貸人は、当該書面を交付したものとみなす。

5　建物の賃貸人が第3項の規定による説明をしなかったときは、契約の更新がないこととする旨の定めは、無効とする。

6　第1項の規定による建物の賃貸借において、期間が1年以上である場合には、建物の賃貸人は、期間の満了の1年前から6月前までの間（以下この項において「通知期間」という。）に建物の賃借人に対し期間の満了により建物の賃貸借が終了する旨の通知をしなければ、その終了を建物の賃借人に対抗することができない。ただし、建物の賃貸人が通知期間の経過後建物の賃借人に対しその旨の通知をした場合においては、その通知の日から6月を経過した後は、この限りでない。

7　第1項の規定による居住の用に供する建物の賃貸借（床面積（建物の一部分を賃貸借の目的とする場合にあっては、当該一部分の床面積）が200平方メートル未満の建物に係るものに限る。）において、転勤、療養、親族の介護その他のやむを得ない事情により、建物の賃借人が建物を自己の生活の本拠として使用することが困難となったときは、建物の賃借人は、建物の賃貸借の解約の申入れをすることができる。この場合においては、建物の賃貸借は、解約の申入れの日から1月を経過することによって終了する。

8　前2項の規定に反する特約で建物の賃借人に不利なものは、無効とする。

9　第32条の規定は、第1項の規定による建物の賃貸借において、借賃の改定に係る特約がある場合には、適用しない。

（取壊し予定の建物の賃貸借）

第39条　法令又は契約により一定の期間を経過した後に建物を取り壊すべきことが明らかな場合において、建物の賃貸借をするときは、第30条の規定にかかわらず、建物を取り壊すこととなる時に賃貸借が終了する旨を定めることができる。

2　前項の特約は、同項の建物を取り壊すべき事由を記載した書面によってしなければならない。

3　第1項の特約がその内容及び前項に規定する事由を記録した電磁的記録によってされたときは、その特約は、同項の書面によってされたものとみなして、同項の規定を適用する。

（一時使用目的の建物の賃貸借）

第40条　この章の規定は、一時使用のために建物の賃貸借をしたことが明らかな場合には、適用しない。

第4章　借地条件の変更等の裁判手続

（管轄裁判所）

第41条　第17条第1項、第2項若しくは第5項（第18条第3項において準用する場合を含む。）、第18条第1項、第19条第1項（同条第7項において準用する場合を含む。）若しくは第3項（同条第7項及び第20条第2項（同条第5項において準用する場合を含む。）において準用する場合を含む。）又は第20条第１項（同条第５項において準用する場合を含む。）に規定する事件は、借地権の目的である土地の所在地を管轄する地方裁判所が管轄する。ただし、当事者の合意があるときは、その所在地を管轄する簡易裁判所が管轄することを妨げない。

（非訟事件手続法の適用除外及び最高裁判所規則）

第42条　前条の事件については、非訟事件手続法（平成23年法律第51号）第27条、第40条、第42条の２及び第63条第１項後段の規定は、適用しない。

2　この法律に定めるもののほか、前条の事件に関し必要な事項は、最高裁判所規則で定める。

（強制参加）

第43条　裁判所は、当事者の申立てにより、当事者となる資格を有する者を第41条の事件の手続に参加させることができる。

2　前項の申立ては、その趣旨及び理由を記載した書面でしなければならない。

3　第１項の申立てを却下する裁判に対しては、即時抗告をすることができる。

（手続代理人の資格）

第44条　法令により裁判上の行為をすることができる代理人のほか、弁護士でなければ手続代理人となることができない。ただし、簡易裁判所においては、その許可を得て、弁護士でない者を手続代理人とすることができる。

2　前項ただし書の許可は、いつでも取り消すことができる。

（手続代理人の代理権の範囲）

第45条　手続代理人は、委任を受けた事件について、非訟事件手続法第23条第１項に定める事項のほか、第19条第３項（同条第７項及び第20条第２項（同条第５項において準用する場合を含む。）において準用する場合を含む。次項において同じ。）の申立てに関する手続行為（次項に規定するものを除く。）をすることができる。

2　手続代理人は、非訟事件手続法第23条第２項各号に掲げる事項のほか、第19条第３項の申立てについては、特別の委任を受けなければならない。

（事件の記録の閲覧等）

第46条　当事者及び利害関係を疎明した第三者は、裁判所書記官に対し、第41条の事件の記録の閲覧若しくは謄写、その正本、謄本若しくは抄本の交付又は同条の事件に関する事項の証明書の交付を請求することができる。

2　民事訴訟法（平成８年法律第109号）第91条第４項及び第５項の規定は、前項の記録について準用する。

（鑑定委員会）

第47条　鑑定委員会は、３人以上の委員で組織する。

2　鑑定委員は、次に掲げる者の中から、事件ごとに、裁判所が指定する。ただし、特に必要があるときは、それ以外の者の中から指定することを妨げない。

一　地方裁判所が特別の知識経験を有する者その他適当な者の中から毎年あらかじめ選任した者

二　当事者が合意によって選定した者

3　鑑定委員には、最高裁判所規則で定める旅費、日当及び宿泊料を支給する。

（手続の中止）

第48条　裁判所は、借地権の目的である土地に関する権利関係について訴訟その他の事件が係属するときは、その事件が終了するまで、第41条の事件の手続を中止することができる。

（不適法な申立ての却下）

第49条　申立てが不適法でその不備を補正することができないときは、裁判所は、審問期日を経ないで、申立てを却下することができる。

（申立書の送達）

第50条　裁判所は、前条の場合を除き、第41条の事件の申立書を相手方に送達しなければならない。

2　非訟事件手続法第43条第４項から第６項までの規定は、申立書の送達をすることができない場合（申立書の送達に必要な費用を予納しない場合を含む。）について準用する。

（審問期日）

第51条　裁判所は、審問期日を開き、当事者の陳述を聴かなければならない。

2　当事者は、他の当事者の審問に立ち会うことができる。

（呼出費用の予納がない場合の申立ての却下）

第52条　裁判所は、民事訴訟費用等に関する法律（昭和46年法律第40号）の規定に従い当事者に対する期日の呼出しに必要な費用の予納を相当の期間を定めて申立人に命じた場合において、その予納がないときは、申立てを却下することができる。

（事実の調査の通知）

第53条　裁判所は、事実の調査をしたときは、特に必要がないと認める場合を除き、その旨を当事者及び利害関係参加人に通知しなければならない。

（審理の終結）

第54条　裁判所は、審理を終結するときは、審問期日においてその旨を宣言しなければならない。

（裁判書の送達及び効力の発生）

第55条　第17条第１項から第３項まで若しくは第５項（第18条第３項において準用する場合を含む。）、第18条第１項、第19条第１項（同条第７項において準用する場合を含む。）若しくは第３項（同条第７項及び第20条第２項（同条第５項において準用する場合を含む。）において準用する場合を含む。）又は第20条第１項（同条第５項において準用する場合を含む。）の規定による裁判があったときは、その裁判書を当事者に送達しなければならない。

2　前項の裁判は、確定しなければその効力を生じない。

（理由の付記）

第56条　前条第１項の裁判には、理由を付さなければならない。

（裁判の効力が及ぶ者の範囲）

第57条　第55条第１項の裁判は、当事者又は最終の審問期日の後裁判の確定前の承継人に対し、その効力を有する。

（給付を命ずる裁判の効力）
第58条　第17条第３項若しくは第５項（第18条第３項において準用する場合を含む。）、第18条第１項、第19条第３項（同条第７項及び第20条第２項（同条第５項において準用する場合を含む。）において準用する場合を含む。）又は第20条第１項（同条第５項において準用する場合を含む。）の規定による裁判で給付を命ずるものは、強制執行に関しては、裁判上の和解と同一の効力を有する。

（譲渡又は転貸の許可の裁判の失効）
第59条　第19条第１項（同条第７項において準用する場合を含む。）の規定による裁判は、その効力を生じた後６月以内に借地権者が建物の譲渡をしないときは、その効力を失う。ただし、この期間は、その裁判において伸長し、又は短縮することができる。

（第一審の手続の規定の準用）
第60条　第49条、第50条及び第52条の規定は、第55条第１項の裁判に対する即時抗告があった場合について準用する。

（当事者に対する住所、氏名等の秘匿）
第61条　第41条の事件の手続における申立てその他の申述については、民事訴訟法第１編第８章の規定を準用する。この場合において、同法第133条第１項中「当事者」とあるのは「当事者又は利害関係参加人（非訟事件手続法（平成23年法律第51号）第21条第５項に規定する利害関係参加人をいう。第133条の４第１項、第２項及び第７項において同じ。）」と、同法第133条の２第２項中「訴訟記録等（訴訟記録又は第132条の４第１項の処分の申立てに係る事件の記録をいう。第133条の４第１項及び第２項において同じ。）」とあるのは「借地借家法第41条の事件の記録」と、同法第133条の４第１項中「者は、訴訟記録等」とあるのは「当事者若しくは利害関係参加人又は利害関係を疎明した第三者は、借地借家法第41条の事件の記録」と、同条第２項中「当事者」とあるのは「当事者又は利害関係参加人」と、「訴訟記録等」とあるのは「借地借家法第41条の事件の記録」と、同条第７項中「当事者」とあるのは「当事者若しくは利害関係参加人」と読み替えるものとする。

建物の区分所有等に関する法律　抜粋

昭和37年法律第69号
最終改正　令和３年法律第37号

第１章　建物の区分所有

第１節　総則

（定義）
第２条　この法律において「区分所有権」とは、前条に規定する建物の部分（第４条第２項の規定により共用部分とされたものを除く。）を目的とする所有権をいう。
２　この法律において「区分所有者」とは、区分所有権を有する者をいう。
３　この法律において「専有部分」とは、区分所有権の目的たる建物の部分をいう。
４　この法律において「共用部分」とは、専有部分以外の建物の部分、専有部分に属しない建物の附属物及び第４条第２項の規定により共用部分とされた附属の建物をいう。
５　この法律において「建物の敷地」とは、建物が所在する土地及び第５条第１項の規定により建物の敷地とされた土地をいう。
６　この法律において「敷地利用権」とは、専有部分を所有するための建物の敷地に関する権利をいう。

（区分所有者の権利義務等）
第６条　区分所有者は、建物の保存に有害な行為その他建物の管理又は使用に関し区分所有者の共同の利益に反する行為をしてはならない。
２　区分所有者は、その専有部分又は共用部分を保存し、又は改良するため必要な範囲内において、他の区分所有者の専有部分又は自己の所有に属しない共用部分の使用を請求することができる。この場合において、他の区分所有者が損害を受けたときは、その償金を支払わなければならない。
３　第１項の規定は、区分所有者以外の専有部分の占有者（以下「占有者」という。）に準用する。
４　民法（明治29年法律第89号）第264条の８及び第264条の14の規定は、専有部分及び共用部分には適用しない。

第２節　共用部分等

（共用部分の共有関係）
第11条　共用部分は、区分所有者全員の共有に属する。ただし、一部共用部分は、これを共用すべき区分所有者の共有に属する。
２　前項の規定は、規約で別段の定めをすることを妨げない。ただし、第27条第１項の場合を除いて、区分所有者以外の者を共用部分の所有者と定めることはできない。

3　民法第177条の規定は、共用部分には適用しない。

（共用部分の持分の割合）

第14条　各共有者の持分は、その有する専有部分の床面積の割合による。

2　前項の場合において、一部共用部分（附属の建物であるものを除く。）で床面積を有するものがあるときは、その一部共用部分の床面積は、これを共用すべき各区分所有者の専有部分の床面積の割合により配分して、それぞれその区分所有者の専有部分の床面積に算入するものとする。

3　前２項の床面積は、壁その他の区画の内側線で囲まれた部分の水平投影面積による。

4　前３項の規定は、規約で別段の定めをすることを妨げない。

（共用部分の持分の処分）

第15条　共有者の持分は、その有する専有部分の処分に従う。

2　共有者は、この法律に別段の定めがある場合を除いて、その有する専有部分と分離して持分を処分することができない。

第３節　敷地利用権

（分離処分の禁止）

第22条　敷地利用権が数人で有する所有権その他の権利である場合には、区分所有者は、その有する専有部分とその専有部分に係る敷地利用権とを分離して処分することができない。ただし、規約に別段の定めがあるときは、この限りでない。

2　前項本文の場合において、区分所有者が数個の専有部分を所有するときは、各専有部分に係る敷地利用権の割合は、第14条第１項から第３項までに定める割合による。ただし、規約でこの割合と異なる割合が定められているときは、その割合による。

3　前２項の規定は、建物の専有部分の全部を所有する者の敷地利用権が単独で有する所有権その他の権利である場合に準用する。

（分離処分の無効の主張の制限）

第23条　前条第１項本文（同条第３項において準用する場合を含む。）の規定に違反する専有部分又は敷地利用権の処分については、その無効を善意の相手方に主張することができない。ただし、不動産登記法（平成16年法律第123号）の定めるところにより分離して処分することができない専有部分及び敷地利用権であることを登記した後に、その処分がされたときは、この限りでない。

（民法第255条の適用除外）

第24条　第22条第１項本文の場合には、民法第255条（同法第264条において準用する場合を含む。）の規定は、敷地利用権には適用しない。

第７節　義務違反者に対する措置

（区分所有権の競売の請求）

第59条　第57条第１項に規定する場合において、第６条第１項に規定する行為による区分所有者の共同生活上の障害が著しく、他の方法によつてはその障害を除去して共用部分の利用の確保その他の区分所有者の共同生活の維持を図ることが困難であるときは、他の区分所有者の全員又は管理組合法人は、集会の決議に基づき、訴えをもつて、当該行為に係る区分所有者の区分所有権及び敷地利用権の競売を請求することができる。

2　第57条第３項の規定は前項の訴えの提起に、前条第２項及び第３項の規定は前項の決議に準用する。

3　第１項の規定による判決に基づく競売の申立ては、その判決が確定した日から６月を経過したときは、することができない。

4　前項の競売においては、競売を申し立てられた区分所有者又はその者の計算において買い受けようとする者は、買受けの申出をすることができない。

利息制限法　抜粋

昭和29年法律第100号
最終改正　平成18年法律第115号

第１章　利息等の制限

（利息の制限）

第１条　金銭を目的とする消費貸借における利息の契約は、その利息が次の各号に掲げる場合に応じ当該各号に定める利率により計算した金額を超えるときは、その超過部分について、無効とする。

一　元本の額が10万円未満の場合　年２割

二　元本の額が10万円以上100万円未満の場合　年１割８分

三　元本の額が100万円以上の場合　年１割５分

不動産登記法

平成16年法律第123号
最終改正　令和５年法律第63号

目次

第１章　総則

（目的）

第１条　この法律は、不動産の表示及び不動産に関する権利を公示するための登記に関する制度について定めることにより、国民の権利の保全を図り、もって取引の安全と円滑に資することを目的とする。

（定義）

第２条　この法律において、次の各号に掲げる用語の意義は、それぞれ当該各号に定めるところによる。

一　不動産　土地又は建物をいう。
二　不動産の表示　不動産についての第27条第１号、第３号若しくは第４号、第34条第１項各号、第43条第１項、第44条第１項各号又は第58条第１項各号に規定する登記事項をいう。
三　表示に関する登記　不動産の表示に関する登記をいう。
四　権利に関する登記　不動産についての次条各号に掲げる権利に関する登記をいう。
五　登記記録　表示に関する登記又は権利に関する登記について、一筆の土地又は１個の建物ごとに第12条の規定により作成される電磁的記録（電子的方式、磁気的方式その他人の知覚によっては認識することができない方式で作られる記録であって、電子計算機による情報処理の用に供されるものをいう。以下同じ。）をいう。
六　登記事項　この法律の規定により登記記録として登記すべき事項をいう。
七　表題部　登記記録のうち、表示に関する登記が記録される部分をいう。
八　権利部　登記記録のうち、権利に関する登記が記録される部分をいう。
九　登記簿　登記記録が記録される帳簿であって、磁気ディスク（これに準ずる方法により一定の事項を確実に記録することができる物を含む。以下同じ。）をもって調製するものをいう。
十　表題部所有者　所有権の登記がない不動産の登記記録の表題部に、所有者として記録されている者をいう。
十一　登記名義人　登記記録の権利部に、次条各号に掲げる権利について権利者として記録されている者をいう。
十二　登記権利者　権利に関する登記をすることにより、登記上、直接に利益を受ける者をいい、間接に利益を受ける者を除く。
十三　登記義務者　権利に関する登記をすることにより、登記上、直接に不利益を受ける登記名義人をいい、間接に不利益を受ける登記名義人を除く。

十四　登記識別情報　第22条本文の規定により登記名義人が登記を申請する場合において、当該登記名義人自らが当該登記を申請していることを確認するために用いられる符号その他の情報であって、登記名義人を識別することができるものをいう。

十五　変更の登記　登記事項に変更があった場合に当該登記事項を変更する登記をいう。

十六　更正の登記　登記事項に錯誤又は遺漏があった場合に当該登記事項を訂正する登記をいう。

十七　地番　第35条の規定により一筆の土地ごとに付す番号をいう。

十八　地目　土地の用途による分類であって、第34条第２項の法務省令で定めるものをいう。

十九　地積　一筆の土地の面積であって、第34条第２項の法務省令で定めるものをいう。

二十　表題登記　表示に関する登記のうち、当該不動産について表題部に最初にされる登記をいう。

二十一　家屋番号　第45条の規定により１個の建物ごとに付す番号をいう。

二十二　区分建物　一棟の建物の構造上区分された部分で独立して住居、店舗、事務所又は倉庫その他建物としての用途に供することができるものであって、建物の区分所有等に関する法律（昭和37年法律第69号。以下「区分所有法」という。）第２条第３項に規定する専有部分であるもの（区分所有法第４条第２項の規定により共用部分とされたものを含む。）をいう。

二十三　附属建物　表題登記がある建物に附属する建物であって、当該表題登記がある建物と一体のものとして１個の建物として登記されるものをいう。

二十四　抵当証券　抵当証券法（昭和６年法律第15号）第１条第１項に規定する抵当証券をいう。

（登記することができる権利等）

第３条　登記は、不動産の表示又は不動産についての次に掲げる権利の保存等（保存、設定、移転、変更、処分の制限又は消滅をいう。次条第２項及び第105条第１号において同じ。）についてする。

一　所有権

二　地上権

三　永小作権

四　地役権

五　先取特権

六　質権

七　抵当権

八　賃借権

九　配偶者居住権

十　採石権（採石法（昭和25年法律第291号）に規定する採石権をいう。第50条、第70条第２項及び第82条において同じ。）

（権利の順位）

第４条　同一の不動産について登記した権利の順位は、法令に別段の定めがある場合を除き、登記の前後による。

2　付記登記（権利に関する登記のうち、既にされた権利に関する登記についてする登記であって、当該既にされた権利に関する登記を変更し、若しくは更正し、又は所有権以外の権利にあってはこれを移転し、若しくはこれを目的とする権利の保存等をするもので当該既にされた権利に関する登記と一体のものとして公示する必要があるものをいう。以下この項及び第66条において同じ。）の順位は主登記（付記登記の対象となる既にされた権利に関する登記をいう。以下この項において同じ。）の順位により、同一の主登記に係る付記登記の順位はその前後による。

（登記がないことを主張することができない第三者）

第５条　詐欺又は強迫によって登記の申請を妨げた第三者は、その登記がないことを主張することができない。

2　他人のために登記を申請する義務を負う第三者は、その登記がないことを主張することができない。ただし、その登記の登記原因（登記の原因となる事実又は法律行為をいう。以下同じ。）が自己の登記の登記原因の後に生じたときは、この限りでない。

第２章　登記所及び登記官

（登記所）

第６条　登記の事務は、不動産の所在地を管轄する法務局若しくは地方法務局若しくはこれらの支局又はこれらの出張所（以下単に「登記所」という。）がつかさどる。

2　不動産が２以上の登記所の管轄区域にまたがる場合は、法務省令で定めるところにより、法務大臣又は法務局若しくは地方法務局の長が、当該不動産に関する登記の事務をつかさどる登記所を指定する。

3　前項に規定する場合において、同項の指定がされるまでの間、登記の申請は、当該2以上の登記所のうち、一の登記所にすることができる。

（事務の委任）

第7条　法務大臣は、一の登記所の管轄に属する事務を他の登記所に委任することができる。

（事務の停止）

第8条　法務大臣は、登記所においてその事務を停止しなければならない事由が生じたときは、期間を定めて、その停止を命ずることができる。

（登記官）

第9条　登記所における事務は、登記官（登記所に勤務する法務事務官のうちから、法務局又は地方法務局の長が指定する者をいう。以下同じ。）が取り扱う。

（登記官の除斥）

第10条　登記官又はその配偶者若しくは4親等内の親族（配偶者又は4親等内の親族であった者を含む。以下この条において同じ。）が登記の申請人であるときは、当該登記官は、当該登記をすることができない。登記官又はその配偶者若しくは4親等内の親族が申請人を代表して申請するときも、同様とする。

第3章　登記記録等

（登記）

第11条　登記は、登記官が登記簿に登記事項を記録することによって行う。

（登記記録の作成）

第12条　登記記録は、表題部及び権利部に区分して作成する。

（登記記録の滅失と回復）

第13条　法務大臣は、登記記録の全部又は一部が滅失したときは、登記官に対し、一定の期間を定めて、当該登記記録の回復に必要な処分を命ずることができる。

（地図等）

第14条　登記所には、地図及び建物所在図を備え付けるものとする。

2　前項の地図は、一筆又は二筆以上の土地ごとに作成し、各土地の区画を明確にし、地番を表示するものとする。

3　第1項の建物所在図は、1個又は2個以上の建物ごとに作成し、各建物の位置及び家屋番号を表示するものとする。

4　第1項の規定にかかわらず、登記所には、同項の規定により地図が備え付けられるまでの間、これに代えて、地図に準ずる図面を備え付けることができる。

5　前項の地図に準ずる図面は、一筆又は二筆以上の土地ごとに土地の位置、形状及び地番を表示するものとする。

6　第1項の地図及び建物所在図並びに第4項の地図に準ずる図面は、電磁的記録に記録することができる。

（法務省令への委任）

第15条　この章に定めるもののほか、登記簿及び登記記録並びに地図、建物所在図及び地図に準ずる図面の記録方法その他の登記の事務に関し必要な事項は、法務省令で定める。

第4章　登記手続

第1節　総則

（当事者の申請又は嘱託による登記）

第16条　登記は、法令に別段の定めがある場合を除き、当事者の申請又は官庁若しくは公署の嘱託がなければ、することができない。

2　第2条第14号、第5条、第6条第3項、第10条及びこの章（この条、第27条、第28条、第32条、第34条、第35条、第41条、第43条から第46条まで、第51条第5項及び第6項、第53条第2項、第56条、第58条第1項及び第4項、第59条第1号、第3号から第6号まで及び第8号、第66条、第67条、第71条、第73条第1項第2号から第4号まで、第2項及び第3項、第76条から第76条の4まで、第76条の6、第78条から第86条まで、第88条、第90条から第92条まで、第94条、第95条第1項、第96条、第97条、第98条第2項、第101条、第102条、第106条、第108条、第112条、第114条から第117条まで並びに第118条第2項、第5項及び第6項を除く。）の規定は、官庁又は公署の嘱託による登記の手続について準用する。

（代理権の不消滅）

第17条　登記の申請をする者の委任による代理人の権限は、次に掲げる事由によっては、消滅しない。

一　本人の死亡

二　本人である法人の合併による消滅

三　本人である受託者の信託に関する任務の終了

四　法定代理人の死亡又はその代理権の消滅若しくは変更

（申請の方法）

第18条　登記の申請は、次に掲げる方法のいずれかにより、不動産を識別するために必要な事項、申請人の氏名又は名称、登記の目的その他の登記の申請に必要な事項として政令で定める情報（以下「申請情報」という。）を登記所に提供してしなければならない。

一　法務省令で定めるところにより電子情報処理組織（登記所の使用に係る電子計算機（入出力装置を含む。以下この号において同じ。）と申請人又はその代理人の使用に係る電子計算機とを電気通信回線で接続した電子情報処理組織をいう。）を使用する方法

二　申請情報を記載した書面（法務省令で定めるところにより申請情報の全部又は一部を記録した磁気ディスクを含む。）を提出する方法

（受付）

第19条　登記官は、前条の規定により申請情報が登記所に提供されたときは、法務省令で定めるところにより、当該申請情報に係る登記の申請の受付をしなければならない。

2　同一の不動産に関し2以上の申請がされた場合において、その前後が明らかでないときは、これらの申請は、同時にされたものとみなす。

3　登記官は、申請の受付をしたときは、当該申請に受付番号を付さなければならない。この場合において、同一の不動産に関し同時に2以上の申請がされたとき（前項の規定により同時にされたものとみなされるときを含む。）は、同一の受付番号を付するものとする。

（登記の順序）

第20条　登記官は、同一の不動産に関し権利に関する登記の申請が2以上あったときは、これらの登記を受付番号の順序に従ってしなければならない。

（登記識別情報の通知）

第21条　登記官は、その登記をすることによって申請人自らが登記名義人となる場合において、当該登記を完了したときは、法務省令で定めるところにより、速やかに、当該申請人に対し、当該登記に係る登記識別情報を通知しなければならない。ただし、当該申請人があらかじめ登記識別情報の通知を希望しない旨の申出をした場合その他の法務省令で定める場合は、この限りでない。

（登記識別情報の提供）

第22条　登記権利者及び登記義務者が共同して権利に関する登記の申請をする場合その他登記名義人が政令で定める登記の申請をする場合には、申請人は、その申請情報と併せて登記義務者（政令で定める登記の申請にあっては、登記名義人。次条第1項、第2項及び第4項各号において同じ。）の登記識別情報を提供しなければならない。ただし、前条ただし書の規定により登記識別情報が通知されなかった場合その他の申請人が登記識別情報を提供することができないことにつき正当な理由がある場合は、この限りでない。

（事前通知等）

第23条　登記官は、申請人が前条に規定する申請をする場合において、同条ただし書の規定により登記識別情報を提供することができないときは、法務省令で定める方法により、同条に規定する登記義務者に対し、当該申請があった旨及び当該申請の内容が真実であると思料するときは法務省令で定める期間内に法務省令で定めるところによりその旨の申出をすべき旨を通知しなければならない。この場合において、登記官は、当該期間内にあっては、当該申出がない限り、当該申請に係る登記をすることができない。

2　登記官は、前項の登記の申請が所有権に関するものである場合において、同項の登記義務者の住所について変更の登記がされているときは、法務省令で定める場合を除き、同項の申請に基づいて登記をする前に、法務省令で定める方法により、同項の規定による通知のほか、当該登記義務者の登記記録上の前の住所にあてて、当該申請があった旨を通知しなければならない。

3　前2項の規定は、登記官が第25条（第10号を除く。）の規定により申請を却下すべき場合には、適用しない。

4　第1項の規定は、同項に規定する場合において、次の各号のいずれかに掲げるときは、適用しない。

一　当該申請が登記の申請の代理を業とすることができる代理人によってされた場合であって、登記官が当該代理人から法務省令で定めるところにより当該申請人が第1項の登記義務者であることを確認するために必要な情報の提供を受け、かつ、その内容を相当と認めるとき。

二　当該申請に係る申請情報（委任による代理人によって申請する場合にあっては、その権限を証する情報）を記載し、又は記録した書面又は電磁的記録について、公証人（公証人法（明治41年法律第53号）第8条の規定により公証人の職務を行う法務事務官を含む。）から当該申請人が第1項の登記義務者であることを確認するために必要な認証がされ、かつ、

登記官がその内容を相当と認めるとき。

（登記官による本人確認）

第24条　登記官は、登記の申請があった場合において、申請人となるべき者以外の者が申請していると疑うに足りる相当な理由があると認めるときは、次条の規定により当該申請を却下すべき場合を除き、申請人又はその代表者若しくは代理人に対し、出頭を求め、質問をし、又は文書の提示その他必要な情報の提供を求める方法により、当該申請人の申請の権限の有無を調査しなければならない。

2　登記官は、前項に規定する申請人又はその代表者若しくは代理人が遠隔の地に居住しているとき、その他相当と認めるときは、他の登記所の登記官に同項の調査を嘱託することができる。

（申請の却下）

第25条　登記官は、次に掲げる場合には、理由を付した決定で、登記の申請を却下しなければならない。ただし、当該申請の不備が補正することができるものである場合において、登記官が定めた相当の期間内に、申請人がこれを補正したときは、この限りでない。

一　申請に係る不動産の所在地が当該申請を受けた登記所の管轄に属しないとき。

二　申請が登記事項（他の法令の規定により登記記録として登記すべき事項を含む。）以外の事項の登記を目的とするとき。

三　申請に係る登記が既に登記されているとき。

四　申請の権限を有しない者の申請によるとき。

五　申請情報又はその提供の方法がこの法律に基づく命令又はその他の法令の規定により定められた方式に適合しないとき。

六　申請情報の内容である不動産又は登記の目的である権利が登記記録と合致しないとき。

七　申請情報の内容である登記義務者（第65条、第77条、第89条第１項（同条第２項（第95条第２項において準用する場合を含む。）及び第95条第２項において準用する場合を含む。）、第93条（第95条第２項において準用する場合を含む。）又は第110条前段の場合にあっては、登記名義人）の氏名若しくは名称又は住所が登記記録と合致しないとき。

八　申請情報の内容が第61条に規定する登記原因を証する情報の内容と合致しないとき。

九　第22条本文若しくは第61条の規定又はこの法律に基づく命令若しくはその他の法令の規定により申請情報と併せて提供しなければならないものとされている情報が提供されないとき。

十　第23条第１項に規定する期間内に同項の申出がないとき。

十一　表示に関する登記の申請に係る不動産の表示が第29条の規定による登記官の調査の結果と合致しないとき。

十二　登録免許税を納付しないとき。

十三　前各号に掲げる場合のほか、登記すべきものでないときとして政令で定めるとき。

（政令への委任）

第26条　この章に定めるもののほか、申請情報の提供の方法並びに申請情報と併せて提供することが必要な情報及びその提供の方法その他の登記申請の手続に関し必要な事項は、政令で定める。

第２節　表示に関する登記

第１款　通則

（表示に関する登記の登記事項）

第27条　土地及び建物の表示に関する登記の登記事項は、次のとおりとする。

一　登記原因及びその日付

二　登記の年月日

三　所有権の登記がない不動産（共用部分（区分所有法第４条第２項に規定する共用部分をいう。以下同じ。）である旨の登記又は団地共用部分（区分所有法第67条第１項に規定する団地共用部分をいう。以下同じ。）である旨の登記がある建物を除く。）については、所有者の氏名又は名称及び住所並びに所有者が二人以上であるときはその所有者ごとの持分

四　前３号に掲げるもののほか、不動産を識別するために必要な事項として法務省令で定めるもの

（職権による表示に関する登記）

第28条　表示に関する登記は、登記官が、職権ですることができる。

（登記官による調査）

第29条　登記官は、表示に関する登記について第18条の規定により申請があった場合及び前条の規定により職権で登記しようとする場合において、必要があると認めるときは、当該不動産の表示に関する事項を調査することができる。

2　登記官は、前項の調査をする場合において、

必要があると認めるときは、日出から日没までの間に限り、当該不動産を検査し、又は当該不動産の所有者その他の関係者に対し、文書若しくは電磁的記録に記録された事項を法務省令で定める方法により表示したものの提示を求め、若しくは質問をすることができる。この場合において、登記官は、その身分を示す証明書を携帯し、関係者の請求があったときは、これを提示しなければならない。

（一般承継人による申請）

第30条　表題部所有者又は所有権の登記名義人が表示に関する登記の申請人となることができる場合において、当該表題部所有者又は登記名義人について相続その他の一般承継があったときは、相続人その他の一般承継人は、当該表示に関する登記を申請することができる。

（表題部所有者の氏名等の変更の登記又は更正の登記）

第31条　表題部所有者の氏名若しくは名称又は住所についての変更の登記又は更正の登記は、表題部所有者以外の者は、申請することができない。

（表題部所有者の変更等に関する登記手続）

第32条　表題部所有者又はその持分についての変更は、当該不動産について所有権の保存の登記をした後において、その所有権の移転の登記の手続をするのでなければ、登記することができない。

（表題部所有者の更正の登記等）

第33条　不動産の所有者と当該不動産の表題部所有者とが異なる場合においてする当該表題部所有者についての更正の登記は、当該不動産の所有者以外の者は、申請することができない。

2　前項の場合において、当該不動産の所有者は、当該表題部所有者の承諾があるときでなければ、申請することができない。

3　不動産の表題部所有者である共有者の持分についての更正の登記は、当該共有者以外の者は、申請することができない。

4　前項の更正の登記をする共有者は、当該更正の登記によってその持分を更正することとなる他の共有者の承諾があるときでなければ、申請することができない。

第2款　土地の表示に関する登記

（土地の表示に関する登記の登記事項）

第34条　土地の表示に関する登記の登記事項は、第27条各号に掲げるもののほか、次のとおりとする。

一　土地の所在する市、区、郡、町、村及び字

二　地番

三　地目

四　地積

2　前項第3号の地目及び同項第4号の地積に関し必要な事項は、法務省令で定める。

（地番）

第35条　登記所は、法務省令で定めるところにより、地番を付すべき区域（第39条第2項及び第41条第2号において「地番区域」という。）を定め、一筆の土地ごとに地番を付さなければならない。

（土地の表題登記の申請）

第36条　新たに生じた土地又は表題登記がない土地の所有権を取得した者は、その所有権の取得の日から1月以内に、表題登記を申請しなければならない。

（地目又は地積の変更の登記の申請）

第37条　地目又は地積について変更があったときは、表題部所有者又は所有権の登記名義人は、その変更があった日から1月以内に、当該地目又は地積に関する変更の登記を申請しなければならない。

2　地目又は地積について変更があった後に表題部所有者又は所有権の登記名義人となった者は、その者に係る表題部所有者についての更正の登記又は所有権の登記があった日から1月以内に、当該地目又は地積に関する変更の登記を申請しなければならない。

（土地の表題部の更正の登記の申請）

第38条　第27条第1号、第2号若しくは第4号（同号にあっては、法務省令で定めるものに限る。）又は第34条第1項第1号、第3号若しくは第4号に掲げる登記事項に関する更正の登記は、表題部所有者又は所有権の登記名義人以外の者は、申請することができない。

（分筆又は合筆の登記）

第39条　分筆又は合筆の登記は、表題部所有者又は所有権の登記名義人以外の者は、申請することができない。

2　登記官は、前項の申請がない場合であっても、一筆の土地の一部が別の地目となり、又は地番区域（地番区域でない字を含む。第41条第2号において同じ。）を異にするに至ったときは、職権で、その土地の分筆の登記をしなければならない。

3　登記官は、第1項の申請がない場合であっても、第14条第1項の地図を作成するため必要があると認めるときは、第1項に規定する表題部所有者又は所有権の登記名義人の異議がないときに限り、職権で、分筆又は合筆の登記をすることができる。

（分筆に伴う権利の消滅の登記）

第40条　登記官は、所有権の登記以外の権利に関する登記がある土地について分筆の登記をする場合において、当該分筆の登記の申請情報と併せて当該権利に関する登記に係る権利の登記名義人（当該権利に関する登記が抵当権の登記である場合において、抵当証券が発行されているときは、当該抵当証券の所持人又は裏書人を含む。）が当該権利を分筆後のいずれかの土地について消滅させることを承諾したことを証する情報が提供されたとき（当該権利を目的とする第三者の権利に関する登記がある場合にあっては、当該第三者が承諾したことを証する情報が併せて提供されたときに限る。）は、法務省令で定めるところにより、当該承諾に係る土地について当該権利が消滅した旨を登記しなければならない。

（合筆の登記の制限）

第41条　次に掲げる合筆の登記は、することができない。

一　相互に接続していない土地の合筆の登記

二　地目又は地番区域が相互に異なる土地の合筆の登記

三　表題部所有者又は所有権の登記名義人が相互に異なる土地の合筆の登記

四　表題部所有者又は所有権の登記名義人が相互に持分を異にする土地の合筆の登記

五　所有権の登記がない土地と所有権の登記がある土地との合筆の登記

六　所有権の登記以外の権利に関する登記がある土地（権利に関する登記であって、合筆後の土地の登記記録に登記することができるものとして法務省令で定めるものがある土地を除く。）の合筆の登記

（土地の滅失の登記の申請）

第42条　土地が滅失したときは、表題部所有者又は所有権の登記名義人は、その滅失の日から1月以内に、当該土地の滅失の登記を申請しなければならない。

（河川区域内の土地の登記）

第43条　河川法（昭和39年法律第167号）第6条第1項（同法第100条第1項において準用する場合を含む。第1号において同じ。）の河川区域内の土地の表示に関する登記の登記事項は、第27条各号及び第34条第1項各号に掲げるもののほか、第1号に掲げる土地である旨及び第2号から第5号までに掲げる土地にあってはそれぞれその旨とする。

一　河川法第6条第1項の河川区域内の土地

二　河川法第6条第2項（同法第100条第1項において準用する場合を含む。）の高規格堤防特別区域内の土地

三　河川法第6条第3項（同法第100条第1項において準用する場合を含む。）の樹林帯区域内の土地

四　河川法第26条第4項（同法第100条第1項において準用する場合を含む。）の特定樹林帯区域内の土地

五　河川法第58条の2第2項（同法第100条第1項において準用する場合を含む。）の河川立体区域内の土地

2　土地の全部又は一部が前項第1号の河川区域内又は同項第2号の高規格堤防特別区域内、同項第3号の樹林帯区域内、同項第4号の特定樹林帯区域内若しくは同項第5号の河川立体区域内の土地となったときは、河川管理者は、遅滞なく、その旨の登記を登記所に嘱託しなければならない。

3　土地の全部又は一部が第1項第1号の河川区域内又は同項第2号の高規格堤防特別区域内、同項第3号の樹林帯区域内、同項第4号の特定樹林帯区域内若しくは同項第5号の河川立体区域内の土地でなくなったときは、河川管理者は、遅滞なく、その旨の登記の抹消を登記所に嘱託しなければならない。

4　土地の一部について前2項の規定により登記の嘱託をするときは、河川管理者は、当該土地の表題部所有者若しくは所有権の登記名義人又はこれらの者の相続人その他の一般承継人に代わって、当該土地の分筆の登記を登記所に嘱託することができる。

5　第1項各号の河川区域内の土地の全部が滅失したときは、河川管理者は、遅滞なく、当該土地の滅失の登記を登記所に嘱託しなければならない。

6　第1項各号の河川区域内の土地の一部が滅失したときは、河川管理者は、遅滞なく、当該土地の地積に関する変更の登記を登記所に嘱託しなければならない。

第3款　建物の表示に関する登記

（建物の表示に関する登記の登記事項）

第44条　建物の表示に関する登記の登記事項

は、第27条各号に掲げるもののほか、次のとおりとする。

一　建物の所在する市、区、郡、町、村、字及び土地の地番（区分建物である建物にあっては、当該建物が属する一棟の建物の所在する市、区、郡、町、村、字及び土地の地番）

二　家屋番号

三　建物の種類、構造及び床面積

四　建物の名称があるときは、その名称

五　附属建物があるときは、その所在する市、区、郡、町、村、字及び土地の地番（区分建物である附属建物にあっては、当該附属建物が属する一棟の建物の所在する市、区、郡、町、村、字及び土地の地番）並びに種類、構造及び床面積

六　建物が共用部分又は団地共用部分であるときは、その旨

七　建物又は附属建物が区分建物であるときは、当該建物又は附属建物が属する一棟の建物の構造及び床面積

八　建物又は附属建物が区分建物である場合であって、当該建物又は附属建物が属する一棟の建物の名称があるときは、その名称

九　建物又は附属建物が区分建物である場合において、当該区分建物について区分所有法第２条第６項に規定する敷地利用権（登記されたものに限る。）であって、区分所有法第22条第１項本文（同条第３項において準用する場合を含む。）の規定により区分所有者の有する専有部分と分離して処分することができないもの（以下「敷地権」という。）があるときは、その敷地権

2　前項第３号、第５号及び第７号の建物の種類、構造及び床面積に関し必要な事項は、法務省令で定める。

（家屋番号）

第45条　登記所は、法務省令で定めるところにより、１個の建物ごとに家屋番号を付さなければならない。

（敷地権である旨の登記）

第46条　登記官は、表示に関する登記のうち、区分建物に関する敷地権について表題部に最初に登記をするときは、当該敷地権の目的である土地の登記記録について、職権で、当該登記記録中の所有権、地上権その他の権利が敷地権である旨の登記をしなければならない。

（建物の表題登記の申請）

第47条　新築した建物又は区分建物以外の表題登記がない建物の所有権を取得した者は、その所有権の取得の日から１月以内に、表題登記を申請しなければならない。

2　区分建物である建物を新築した場合において、その所有者について相続その他の一般承継があったときは、相続人その他の一般承継人も、被承継人を表題部所有者とする当該建物についての表題登記を申請することができる。

（区分建物についての建物の表題登記の申請方法）

第48条　区分建物が属する一棟の建物が新築された場合又は表題登記がない建物に接続して区分建物が新築されて一棟の建物となった場合における当該区分建物についての表題登記の申請は、当該新築された一棟の建物又は当該区分建物が属することとなった一棟の建物に属する他の区分建物についての表題登記の申請と併せてしなければならない。

2　前項の場合において、当該区分建物の所有者は、他の区分建物の所有者に代わって、当該他の区分建物についての表題登記を申請することができる。

3　表題登記がある建物（区分建物を除く。）に接続して区分建物が新築された場合における当該区分建物についての表題登記の申請は、当該表題登記がある建物についての表題部の変更の登記の申請と併せてしなければならない。

4　前項の場合において、当該区分建物の所有者は、当該表題登記がある建物の表題部所有者若しくは所有権の登記名義人又はこれらの者の相続人その他の一般承継人に代わって、当該表題登記がある建物についての表題部の変更の登記を申請することができる。

（合体による登記等の申請）

第49条　２以上の建物が合体して１個の建物となった場合において、次の各号に掲げるときは、それぞれ当該各号に定める者は、当該合体の日から１月以内に、合体後の建物についての建物の表題登記及び合体前の建物についての建物の表題部の登記の抹消（以下「合体による登記等」と総称する。）を申請しなければならない。この場合において、第２号に掲げる場合にあっては当該表題登記がない建物の所有者、第４号に掲げる場合にあっては当該表題登記がある建物（所有権の登記がある建物を除く。以下この条において同じ。）の表題部所有者、第６号に掲げる場合にあっては当該表題登記がない建物の所有者及び当該表題登記がある建物の表題部所有者をそれぞれ当該合

体後の建物の登記名義人とする所有権の登記を併せて申請しなければならない。

一　合体前の２以上の建物が表題登記がない建物及び表題登記がある建物のみであるとき。　当該表題登記がない建物の所有者又は当該表題登記がある建物の表題部所有者

二　合体前の２以上の建物が表題登記がない建物及び所有権の登記がある建物のみであるとき。　当該表題登記がない建物の所有者又は当該所有権の登記がある建物の所有権の登記名義人

三　合体前の２以上の建物がいずれも表題登記がある建物であるとき。　当該建物の表題部所有者

四　合体前の２以上の建物が表題登記がある建物及び所有権の登記がある建物のみであるとき。　当該表題登記がある建物の表題部所有者又は当該所有権の登記がある建物の所有権の登記名義人

五　合体前の２以上の建物がいずれも所有権の登記がある建物であるとき。　当該建物の所有権の登記名義人

六　合体前の３以上の建物が表題登記がない建物、表題登記がある建物及び所有権の登記がある建物のみであるとき。　当該表題登記がない建物の所有者、当該表題登記がある建物の表題部所有者又は当該所有権の登記がある建物の所有権の登記名義人

2　第47条並びに前条第１項及び第２項の規定は、２以上の建物が合体して１個の建物となった場合において合体前の建物がいずれも表題登記がない建物であるときの当該建物についての表題登記の申請について準用する。この場合において、第47条第１項中「新築した建物又は区分建物以外の表題登記がない建物の所有権を取得した者」とあるのは「いずれも表題登記がない２以上の建物が合体して１個の建物となった場合における当該合体後の建物についての合体時の所有者又は当該合体後の建物が区分建物以外の表題登記がない建物である場合において当該合体時の所有者から所有権を取得した者」と、同条第２項中「区分建物である建物を新築した場合」とあり、及び前条第１項中「区分建物が属する一棟の建物が新築された場合又は表題登記がない建物に接続して区分建物が新築されて一棟の建物となった場合」とあるのは「いずれも表題登記がない２以上の建物が合体して１個の区分建物となった場合」と、同項中「当該新築された一棟の建物又は当該区分建物が属することとなった一棟の建物」とあるのは「当該合体後の区分建物が属する一棟の建物」と読み替えるものとする。

3　第１項第１号、第２号又は第６号に掲げる場合において、当該２以上の建物（同号に掲げる場合にあっては、当該３以上の建物）が合体して１個の建物となった後当該合体前の表題登記がない建物の所有者から当該合体後の建物について合体前の表題登記がない建物の所有権に相当する持分を取得した者は、その持分の取得の日から１月以内に、合体による登記等を申請しなければならない。

4　第１項各号に掲げる場合において、当該２以上の建物（同項第６号に掲げる場合にあっては、当該３以上の建物）が合体して１個の建物となった後に合体前の表題登記がある建物の表題部所有者又は合体前の所有権の登記がある建物の所有権の登記名義人となった者は、その者に係る表題部所有者についての更正の登記又は所有権の登記があった日から１月以内に、合体による登記等を申請しなければならない。

（合体に伴う権利の消滅の登記）

第50条　登記官は、所有権等（所有権、地上権、永小作権、地役権及び採石権をいう。以下この款及び第118条第５項において同じ。）の登記以外の権利に関する登記がある建物について合体による登記等をする場合において、当該合体による登記等の申請情報と併せて当該権利に関する登記に係る権利の登記名義人（当該権利に関する登記が抵当権の登記である場合において、抵当証券が発行されているときは、当該抵当証券の所持人又は裏書人を含む。）が合体後の建物について当該権利を消滅させることについて承諾したことを証する情報が提供されたとき（当該権利を目的とする第三者の権利に関する登記がある場合にあっては、当該第三者が承諾したことを証する情報が併せて提供されたときに限る。）は、法務省令で定めるところにより、当該権利が消滅した旨を登記しなければならない。

（建物の表題部の変更の登記）

第51条　第44条第１項各号（第２号及び第６号を除く。）に掲げる登記事項について変更があったときは、表題部所有者又は所有権の登記名義人（共用部分である旨の登記又は団地共用部分である旨の登記がある建物の場合にあっては、所有者）は、当該変更があった日から１月以内に、当該登記事項に関する変更の登記を申請しなければならない。

2　前項の登記事項について変更があった後に表題部所有者又は所有権の登記名義人となった者は、その者に係る表題部所有者についての更正の登記又は所有権の登記があった日から1月以内に、当該登記事項に関する変更の登記を申請しなければならない。

3　第1項の登記事項について変更があった後に共用部分である旨の登記又は団地共用部分である旨の登記があったときは、所有者（前2項の規定により登記を申請しなければならない者を除く。）は、共用部分である旨の登記又は団地共用部分である旨の登記がされた日から1月以内に、当該登記事項に関する変更の登記を申請しなければならない。

4　共用部分である旨の登記又は団地共用部分である旨の登記がある建物について、第1項の登記事項について変更があった後に所有権を取得した者（前項の規定により登記を申請しなければならない者を除く。）は、その所有権の取得の日から1月以内に、当該登記事項に関する変更の登記を申請しなければならない。

5　建物が区分建物である場合において、第44条第1項第1号（区分建物である建物に係るものに限る。）又は第7号から第9号までに掲げる登記事項（同号に掲げる登記事項にあっては、法務省令で定めるものに限る。次項及び第53条第2項において同じ。）に関する変更の登記は、当該登記に係る区分建物と同じ一棟の建物に属する他の区分建物についてされた変更の登記としての効力を有する。

6　前項の場合において、同項に規定する登記事項に関する変更の登記がされたときは、登記官は、職権で、当該一棟の建物に属する他の区分建物について、当該登記事項に関する変更の登記をしなければならない。

（区分建物となったことによる建物の表題部の変更の登記）

第52条　表題登記がある建物（区分建物を除く。）に接続して区分建物が新築されて一棟の建物となったことにより当該表題登記がある建物が区分建物になった場合における当該表題登記がある建物についての表題部の変更の登記の申請は、当該新築に係る区分建物についての表題登記の申請と併せてしなければならない。

2　前項の場合において、当該表題登記がある建物の表題部所有者又は所有権の登記名義人は、当該新築に係る区分建物の所有者に代わって、当該新築に係る区分建物についての表題登記を申請することができる。

3　いずれも表題登記がある2以上の建物（区分建物を除く。）が増築その他の工事により相互に接続して区分建物になった場合における当該表題登記がある2以上の建物についての表題部の変更の登記の申請は、一括してしなければならない。

4　前項の場合において、当該表題登記がある2以上の建物のうち、表題登記がある一の建物の表題部所有者又は所有権の登記名義人は、表題登記がある他の建物の表題部所有者若しくは所有権の登記名義人又はこれらの者の相続人その他の一般承継人に代わって、当該表題登記がある他の建物について表題部の変更の登記を申請することができる。

（建物の表題部の更正の登記）

第53条　第27条第1号、第2号若しくは第4号（同号にあっては、法務省令で定めるものに限る。）又は第44条第1項各号（第2号及び第6号を除く。）に掲げる登記事項に関する更正の登記は、表題部所有者又は所有権の登記名義人（共用部分である旨の登記又は団地共用部分である旨の登記がある建物の場合にあっては、所有者）以外の者は、申請することができない。

2　第51条第5項及び第6項の規定は、建物が区分建物である場合における同条第5項に規定する登記事項に関する表題部の更正の登記について準用する。

（建物の分割、区分又は合併の登記）

第54条　次に掲げる登記は、表題部所有者又は所有権の登記名義人以外の者は、申請することができない。

一　建物の分割の登記（表題登記がある建物の附属建物を当該表題登記がある建物の登記記録から分割して登記記録上別の1個の建物とする登記をいう。以下同じ。）

二　建物の区分の登記（表題登記がある建物又は附属建物の部分であって区分建物に該当するものを登記記録上区分建物とする登記をいう。以下同じ。）

三　建物の合併の登記（表題登記がある建物を登記記録上他の表題登記がある建物の附属建物とする登記又は表題登記がある区分建物を登記記録上これと接続する他の区分建物である表題登記がある建物若しくは附属建物に合併して1個の建物とする登記をいう。以下同じ。）

2　共用部分である旨の登記又は団地共用部分である旨の登記がある建物についての建物の分割の登記又は建物の区分の登記は、所有者以外の者は、申請することができない。

3　第40条の規定は、所有権等の登記以外の権利に関する登記がある建物についての建物の分割の登記又は建物の区分の登記をするときについて準用する。

（特定登記）

第55条　登記官は、敷地権付き区分建物（区分建物に関する敷地権の登記がある建物をいう。第73条第1項及び第3項、第74条第2項並びに第76条第1項において同じ。）のうち特定登記（所有権等の登記以外の権利に関する登記であって、第73条第1項の規定により敷地権についてされた登記としての効力を有するものをいう。以下この条において同じ。）があるものについて、第44条第1項第9号の敷地利用権が区分所有者の有する専有部分と分離して処分することができるものとなったことにより敷地権の変更の登記をする場合において、当該変更の登記の申請情報と併せて特定登記に係る権利の登記名義人（当該特定登記が抵当権の登記である場合において、抵当証券が発行されているときは、当該抵当証券の所持人又は裏書人を含む。）が当該変更の登記後の当該建物又は当該敷地権の目的であった土地について当該特定登記に係る権利を消滅させることを承諾したことを証する情報が提供されたとき（当該特定登記に係る権利を目的とする第三者の権利に関する登記がある場合にあっては、当該第三者が承諾したことを証する情報が併せて提供されたときに限る。）は、法務省令で定めるところにより、当該承諾に係る建物又は土地について当該特定登記に係る権利が消滅した旨を登記しなければならない。

2　前項の規定は、特定登記がある建物について敷地権の不存在を原因とする表題部の更正の登記について準用する。この場合において、同項中「第44条第1項第9号の敷地利用権が区分所有者の有する専有部分と分離して処分することができるものとなったことにより敷地権の変更の登記」とあるのは「敷地権の不存在を原因とする表題部の更正の登記」と、「当該変更の登記」とあるのは「当該更正の登記」と読み替えるものとする。

3　第1項の規定は、特定登記がある建物の合体又は合併により当該建物が敷地権のない建物となる場合における合体による登記等又は建物の合併の登記について準用する。この場合において、同項中「第44条第1項第9号の敷地利用権が区分所有者の有する専有部分と分離して処分することができるものとなったことにより敷地権の変更の登記」とあるのは「当該建物の合体又は合併により当該建物が敷地権のない建物となる場合における合体による登記等又は建物の合併の登記」と、「当該変更の登記」とあるのは「当該合体による登記等又は当該建物の合併の登記」と読み替えるものとする。

4　第1項の規定は、特定登記がある建物の滅失の登記について準用する。この場合において、同項中「第44条第1項第9号の敷地利用権が区分所有者の有する専有部分と分離して処分することができるものとなったことにより敷地権の変更の登記」とあるのは「建物の滅失の登記」と、「当該変更の登記」とあるのは「当該建物の滅失の登記」と、「当該建物又は当該敷地権の目的であった土地」とあるのは「当該敷地権の目的であった土地」と、「当該承諾に係る建物又は土地」とあるのは「当該土地」と読み替えるものとする。

（建物の合併の登記の制限）

第56条　次に掲げる建物の合併の登記は、することができない。

一　共用部分である旨の登記又は団地共用部分である旨の登記がある建物の合併の登記

二　表題部所有者又は所有権の登記名義人が相互に異なる建物の合併の登記

三　表題部所有者又は所有権の登記名義人が相互に持分を異にする建物の合併の登記

四　所有権の登記がない建物と所有権の登記がある建物との建物の合併の登記

五　所有権等の登記以外の権利に関する登記がある建物（権利に関する登記であって、合併後の建物の登記記録に登記することができるものとして法務省令で定めるものがある建物を除く。）の建物の合併の登記

（建物の滅失の登記の申請）

第57条　建物が滅失したときは、表題部所有者又は所有権の登記名義人（共用部分である旨の登記又は団地共用部分である旨の登記がある建物の場合にあっては、所有者）は、その滅失の日から1月以内に、当該建物の滅失の登記を申請しなければならない。

（共用部分である旨の登記等）

第58条　共用部分である旨の登記又は団地共用部分である旨の登記に係る建物の表示に関する登記の登記事項は、第27条各号（第3号を除く。）及び第44条第1項各号（第6号を除く。）に掲げるもののほか、次のとおりとする。

一　共用部分である旨の登記にあっては、当該共用部分である建物が当該建物の属する一棟の建物以外の一棟の建物に属する建物の区分所有者の共用に供されるものであるときは、その旨

二　団地共用部分である旨の登記にあっては、

当該団地共用部分を共用すべき者の所有する建物（当該建物が区分建物であるときは、当該建物が属する一棟の建物）

2　共用部分である旨の登記又は団地共用部分である旨の登記は、当該共用部分である旨の登記又は団地共用部分である旨の登記をする建物の表題部所有者又は所有権の登記名義人以外の者は、申請することができない。

3　共用部分である旨の登記又は団地共用部分である旨の登記は、当該共用部分又は団地共用部分である建物に所有権等の登記以外の権利に関する登記があるときは、当該権利に関する登記に係る権利の登記名義人（当該権利に関する登記が抵当権の登記である場合において、抵当証券が発行されているときは、当該抵当証券の所持人又は裏書人を含む。）の承諾があるとき（当該権利を目的とする第三者の権利に関する登記がある場合にあっては、当該第三者の承諾を得たときに限る。）でなければ、申請することができない。

4　登記官は、共用部分である旨の登記又は団地共用部分である旨の登記をするときは、職権で、当該建物について表題部所有者の登記又は権利に関する登記を抹消しなければならない。

5　第1項各号に掲げる登記事項についての変更の登記又は更正の登記は、当該共用部分である旨の登記又は団地共用部分である旨の登記がある建物の所有者以外の者は、申請することができない。

6　共用部分である旨の登記又は団地共用部分である旨の登記がある建物について共用部分である旨又は団地共用部分である旨を定めた規約を廃止した場合には、当該建物の所有者は、当該規約の廃止の日から1月以内に、当該建物の表題登記を申請しなければならない。

7　前項の規約を廃止した後に当該建物の所有権を取得した者は、その所有権の取得の日から1月以内に、当該建物の表題登記を申請しなければならない。

第3節　権利に関する登記

第1款　通則

（権利に関する登記の登記事項）

第59条　権利に関する登記の登記事項は、次のとおりとする。

一　登記の目的

二　申請の受付の年月日及び受付番号

三　登記原因及びその日付

四　登記に係る権利の権利者の氏名又は名称及び住所並びに登記名義人が二人以上であるときは当該権利の登記名義人ごとの持分

五　登記の目的である権利の消滅に関する定めがあるときは、その定め

六　共有物分割禁止の定め（共有物若しくは所有権以外の財産権について民法（明治29年法律第89号）第256条第1項ただし書（同法第264条において準用する場合を含む。）若しくは第908条第2項の規定により分割をしない旨の契約をした場合若しくは同条第1項の規定により被相続人が遺言で共有物若しくは所有権以外の財産権について分割を禁止した場合における共有物若しくは所有権以外の財産権の分割を禁止する定め又は同条第4項の規定により家庭裁判所が遺産である共有物若しくは所有権以外の財産権についてした分割を禁止する審判をいう。第65条において同じ。）があるときは、その定め

七　民法第423条その他の法令の規定により他人に代わって登記を申請した者（以下「代位者」という。）があるときは、当該代位者の氏名又は名称及び住所並びに代位原因

八　第2号に掲げるもののほか、権利の順位を明らかにするために必要な事項として法務省令で定めるもの

（共同申請）

第60条　権利に関する登記の申請は、法令に別段の定めがある場合を除き、登記権利者及び登記義務者が共同してしなければならない。

（登記原因証明情報の提供）

第61条　権利に関する登記を申請する場合には、申請人は、法令に別段の定めがある場合を除き、その申請情報と併せて登記原因を証する情報を提供しなければならない。

（一般承継人による申請）

第62条　登記権利者、登記義務者又は登記名義人が権利に関する登記の申請人となることができる場合において、当該登記権利者、登記義務者又は登記名義人について相続その他の一般承継があったときは、相続人その他の一般承継人は、当該権利に関する登記を申請することができる。

（判決による登記等）

第63条　第60条、第65条又は第89条第1項（同条第2項（第95条第2項において準用する場合を含む。）及び第95条第2項において準用する場合を含む。）の規定にかかわらず、これらの規定により申請を共同してしなければならない者の一方に登記手続をすべきこ

とを命ずる確定判決による登記は、当該申請を共同してしなければならない者の他方が単独で申請することができる。

2　相続又は法人の合併による権利の移転の登記は、登記権利者が単独で申請することができる。

3　遺贈（相続人に対する遺贈に限る。）による所有権の移転の登記は、第60条の規定にかかわらず、登記権利者が単独で申請することができる。

（登記名義人の氏名等の変更の登記又は更正の登記等）

第64条　登記名義人の氏名若しくは名称又は住所についての変更の登記又は更正の登記は、登記名義人が単独で申請することができる。

2　抵当証券が発行されている場合における債務者の氏名若しくは名称又は住所についての変更の登記又は更正の登記は、債務者が単独で申請することができる。

（共有物分割禁止の定めの登記）

第65条　共有物分割禁止の定めに係る権利の変更の登記の申請は、当該権利の共有者であるすべての登記名義人が共同してしなければならない。

（権利の変更の登記又は更正の登記）

第66条　権利の変更の登記又は更正の登記は、登記上の利害関係を有する第三者（権利の変更の登記又は更正の登記につき利害関係を有する抵当証券の所持人又は裏書人を含む。以下この条において同じ。）の承諾がある場合及び当該第三者がない場合に限り、付記登記によってすることができる。

（登記の更正）

第67条　登記官は、権利に関する登記に錯誤又は遺漏があることを発見したときは、遅滞なく、その旨を登記権利者及び登記義務者（登記権利者及び登記義務者がない場合にあっては、登記名義人。第3項及び第71条第1項において同じ。）に通知しなければならない。ただし、登記権利者、登記義務者又は登記名義人がそれぞれ二人以上あるときは、その一人に対し通知すれば足りる。

2　登記官は、前項の場合において、登記の錯誤又は遺漏が登記官の過誤によるものであるときは、遅滞なく、当該登記官を監督する法務局又は地方法務局の長の許可を得て、登記の更正をしなければならない。ただし、登記上の利害関係を有する第三者（当該登記の更正につき利害関係を有する抵当証券の所持人又は裏書人を含む。以下この項において同じ。）がある場合にあっては、当該第三者の承諾があるときに限る。

3　登記官が前項の登記の更正をしたときは、その旨を登記権利者及び登記義務者に通知しなければならない。この場合においては、第1項ただし書の規定を準用する。

4　第1項及び前項の通知は、代位者にもしなければならない。この場合においては、第1項ただし書の規定を準用する。

（登記の抹消）

第68条　権利に関する登記の抹消は、登記上の利害関係を有する第三者（当該登記の抹消につき利害関係を有する抵当証券の所持人又は裏書人を含む。以下この条において同じ。）がある場合には、当該第三者の承諾があるときに限り、申請することができる。

（死亡又は解散による登記の抹消）

第69条　権利が人の死亡又は法人の解散によって消滅する旨が登記されている場合において、当該権利がその死亡又は解散によって消滅したときは、第60条の規定にかかわらず、登記権利者は、単独で当該権利に係る権利に関する登記の抹消を申請することができる。

（買戻しの特約に関する登記の抹消）

第69条の2　買戻しの特約に関する登記がされている場合において、契約の日から10年を経過したときは、第60条の規定にかかわらず、登記権利者は、単独で当該登記の抹消を申請することができる。

（除権決定による登記の抹消等）

第70条　登記権利者は、共同して登記の抹消の申請をすべき者の所在が知れないためその者と共同して権利に関する登記の抹消を申請することができないときは、非訟事件手続法（平成23年法律第51号）第99条に規定する公示催告の申立てをすることができる。

2　前項の登記が地上権、永小作権、質権、賃借権若しくは採石権に関する登記又は買戻しの特約に関する登記であり、かつ、登記された存続期間又は買戻しの期間が満了している場合において、相当の調査が行われたと認められるものとして法務省令で定める方法により調査を行ってもなお共同して登記の抹消の申請をすべき者の所在が判明しないときは、その者の所在が知れないものとみなして、同項の規定を適用する。

3　前2項の場合において、非訟事件手続法第106条第1項に規定する除権決定があったときは、第60条の規定にかかわらず、当該登記権利者は、単独で第1項の登記の抹消を申請することができる。

4　第1項に規定する場合において、登記権利者が先取特権、質権又は抵当権の被担保債権が消滅したことを証する情報として政令で定めるものを提供したときは、第60条の規定にかかわらず、当該登記権利者は、単独でそれらの権利に関する登記の抹消を申請することができる。同項に規定する場合において、被担保債権の弁済期から20年を経過し、かつ、その期間を経過した後に当該被担保債権、その利息及び債務不履行により生じた損害の全額に相当する金銭が供託されたときも、同様とする。

（解散した法人の担保権に関する登記の抹消）

第70条の2　登記権利者は、共同して登記の抹消の申請をすべき法人が解散し、前条第2項に規定する方法により調査を行ってもなおその法人の清算人の所在が判明しないためその法人と共同して先取特権、質権又は抵当権に関する登記の抹消を申請することができない場合において、被担保債権の弁済期から30年を経過し、かつ、その法人の解散の日から30年を経過したときは、第60条の規定にかかわらず、単独で当該登記の抹消を申請することができる。

（職権による登記の抹消）

第71条　登記官は、権利に関する登記を完了した後に当該登記が第25条第1号から第3号まで又は第13号に該当することを発見したときは、登記権利者及び登記義務者並びに登記上の利害関係を有する第三者に対し、1月以内の期間を定め、当該登記の抹消について異議のある者がその期間内に書面で異議を述べないときは、当該登記を抹消する旨を通知しなければならない。

2　登記官は、通知を受けるべき者の住所又は居所が知れないときは、法務省令で定めるところにより、前項の通知に代えて、通知をすべき内容を公告しなければならない。

3　登記官は、第1項の異議を述べた者がある場合において、当該異議に理由がないと認めるときは決定で当該異議を却下し、当該異議に理由があると認めるときは決定でその旨を宣言し、かつ、当該異議を述べた者に通知しなければならない。

4　登記官は、第1項の異議を述べた者がないとき、又は前項の規定により当該異議を却下したときは、職権で、第1項に規定する登記を抹消しなければならない。

（抹消された登記の回復）

第72条　抹消された登記（権利に関する登記に限る。）の回復は、登記上の利害関係を有する第三者（当該登記の回復につき利害関係を有する抵当証券の所持人又は裏書人を含む。以下この条において同じ。）がある場合には、当該第三者の承諾があるときに限り、申請することができる。

（敷地権付き区分建物に関する登記等）

第73条　敷地権付き区分建物についての所有権又は担保権（一般の先取特権、質権又は抵当権をいう。以下この条において同じ。）に係る権利に関する登記は、第46条の規定により敷地権である旨の登記をした土地の敷地権についてされた登記としての効力を有する。ただし、次に掲げる登記は、この限りでない。

一　敷地権付き区分建物についての所有権又は担保権に係る権利に関する登記であって、区分建物に関する敷地権の登記をする前に登記されたもの（担保権に係る権利に関する登記にあっては、当該登記の目的等（登記の目的、申請の受付の年月日及び受付番号並びに登記原因及びその日付をいう。以下この号において同じ。）が当該敷地権となった土地の権利についてされた担保権に係る権利に関する登記の目的等と同一であるものを除く。）

二　敷地権付き区分建物についての所有権に係る仮登記であって、区分建物に関する敷地権の登記をした後に登記されたものであり、かつ、その登記原因が当該建物の当該敷地権が生ずる前に生じたもの

三　敷地権付き区分建物についての質権又は抵当権に係る権利に関する登記であって、区分建物に関する敷地権の登記をした後に登記されたものであり、かつ、その登記原因が当該建物の当該敷地権が生ずる前に生じたもの

四　敷地権付き区分建物についての所有権又は質権若しくは抵当権に係る権利に関する登記であって、区分建物に関する敷地権の登記をした後に登記されたものであり、かつ、その登記原因が当該建物の当該敷地権が生じた後に生じたもの（区分所有法第22条第1項本文（同条第3項において準用する場合を含む。）の規定により区分所有者の有する専有部分とその専有部分に係る敷地利用権とを分離して処分することができない場合（以下この条において「分離処分禁止の場合」という。）を除く。）

2　第46条の規定により敷地権である旨の登記をした土地には、敷地権の移転の登記又は敷地権を目的とする担保権に係る権利に関する登記を

することができない。ただし、当該土地が敷地権の目的となった後にその登記原因が生じたもの（分離処分禁止の場合を除く。）又は敷地権についての仮登記若しくは質権若しくは抵当権に係る権利に関する登記であって当該土地が敷地権の目的となる前にその登記原因が生じたものは、この限りでない。

3　敷地権付き区分建物には、当該建物のみの所有権の移転を登記原因とする所有権の登記又は当該建物のみを目的とする担保権に係る権利に関する登記をすることができない。ただし、当該建物の敷地権が生じた後にその登記原因が生じたもの（分離処分禁止の場合を除く。）又は当該建物のみの所有権についての仮登記若しくは当該建物のみを目的とする質権若しくは抵当権に係る権利に関する登記であって当該建物の敷地権が生ずる前にその登記原因が生じたものは、この限りでない。

第2款　所有権に関する登記

（所有権の登記の登記事項）

第73条の2　所有権の登記の登記事項は、第59条各号に掲げるもののほか、次のとおりとする。

一　所有権の登記名義人が法人であるときは、会社法人等番号（商業登記法（昭和38年法律第125号）第7条（他の法令において準用する場合を含む。）に規定する会社法人等番号をいう。）その他の特定の法人を識別するために必要な事項として法務省令で定めるもの

二　所有権の登記名義人が国内に住所を有しないときは、その国内における連絡先となる者の氏名又は名称及び住所その他の国内における連絡先に関する事項として法務省令で定めるもの

2　前項各号に掲げる登記事項についての登記に関し必要な事項は、法務省令で定める。

（所有権の保存の登記）

第74条　所有権の保存の登記は、次に掲げる者以外の者は、申請することができない。

一　表題部所有者又はその相続人その他の一般承継人

二　所有権を有することが確定判決によって確認された者

三　収用（土地収用法（昭和26年法律第219号）その他の法律の規定による収用をいう。第118条第1項及び第3項から第5項までにおいて同じ。）によって所有権を取得した者

2　区分建物にあっては、表題部所有者から所有権を取得した者も、前項の登記を申請することができる。この場合において、当該建物が敷地権付き区分建物であるときは、当該敷地権の登記名義人の承諾を得なければならない。

（表題登記がない不動産についてする所有権の保存の登記）

第75条　登記官は、前条第1項第2号又は第3号に掲げる者の申請に基づいて表題登記がない不動産について所有権の保存の登記をするときは、当該不動産に関する不動産の表示のうち法務省令で定めるものを登記しなければならない。

（所有権の保存の登記の登記事項等）

第76条　所有権の保存の登記においては、第59条第3号の規定にかかわらず、登記原因及びその日付を登記することを要しない。ただし、敷地権付き区分建物について第74条第2項の規定により所有権の保存の登記をする場合は、この限りでない。

2　登記官は、所有権の登記がない不動産について嘱託により所有権の処分の制限の登記をするときは、職権で、所有権の保存の登記をしなければならない。

3　前条の規定は、表題登記がない不動産について嘱託により所有権の処分の制限の登記をする場合について準用する。

（相続等による所有権の移転の登記の申請）

第76条の2　所有権の登記名義人について相続の開始があったときは、当該相続により所有権を取得した者は、自己のために相続の開始があったことを知り、かつ、当該所有権を取得したことを知った日から3年以内に、所有権の移転の登記を申請しなければならない。遺贈（相続人に対する遺贈に限る。）により所有権を取得した者も、同様とする。

2　前項前段の規定による登記（民法第900条及び第901条の規定により算定した相続分に応じてされたものに限る。次条第4項において同じ。）がされた後に遺産の分割があったときは、当該遺産の分割によって当該相続分を超えて所有権を取得した者は、当該遺産の分割の日から3年以内に、所有権の移転の登記を申請しなければならない。

3　前2項の規定は、代位者その他の者の申請又は嘱託により、当該各項の規定による登記がされた場合には、適用しない。

（相続人である旨の申出等）

第76条の3　前条第1項の規定により所有権の移転の登記を申請する義務を負う者は、法務省令で定めるところにより、登記官に対し、所有権の登記名義人について相続が開始した旨及び自らが当該所有権の登記名義人の相続人である旨を申し出ることができる。

2　前条第1項に規定する期間内に前項の規定による申出をした者は、同条第1項に規定する所有権の取得（当該申出の前にされた遺産の分割によるものを除く。）に係る所有権の移転の登記を申請する義務を履行したものとみなす。

3　登記官は、第1項の規定による申出があったときは、職権で、その旨並びに当該申出をした者の氏名及び住所その他法務省令で定める事項を所有権の登記に付記することができる。

4　第1項の規定による申出をした者は、その後の遺産の分割によって所有権を取得したとき（前条第1項前段の規定による登記がされた後に当該遺産の分割によって所有権を取得したときを除く。）は、当該遺産の分割の日から3年以内に、所有権の移転の登記を申請しなければならない。

5　前項の規定は、代位者その他の者の申請又は嘱託により、同項の規定による登記がされた場合には、適用しない。

6　第1項の規定による申出の手続及び第3項の規定による登記に関し必要な事項は、法務省令で定める。

（所有権の登記の抹消）

第77条　所有権の登記の抹消は、所有権の移転の登記がない場合に限り、所有権の登記名義人が単独で申請することができる。

第3款　用益権に関する登記

（地上権の登記の登記事項）

第78条　地上権の登記の登記事項は、第59条各号に掲げるもののほか、次のとおりとする。

一　地上権設定の目的

二　地代又はその支払時期の定めがあるときは、その定め

三　存続期間又は借地借家法（平成3年法律第90号）第22条第1項前段若しくは第23条第1項若しくは大規模な災害の被災地における借地借家に関する特別措置法（平成25年法律第61号）第7条第1項の定めがあるときは、その定め

四　地上権設定の目的が借地借家法第23条第1項又は第2項に規定する建物の所有であるときは、その旨

五　民法第269条の2第1項前段に規定する地上権の設定にあっては、その目的である地下又は空間の上下の範囲及び同項後段の定めがあるときはその定め

（永小作権の登記の登記事項）

第79条　永小作権の登記の登記事項は、第59条各号に掲げるもののほか、次のとおりとする。

一　小作料

二　存続期間又は小作料の支払時期の定めがあるときは、その定め

三　民法第272条ただし書の定めがあるときは、その定め

四　前2号に規定するもののほか、永小作人の権利又は義務に関する定めがあるときは、その定め

（地役権の登記の登記事項等）

第80条　承役地（民法第285条第1項に規定する承役地をいう。以下この条において同じ。）についてする地役権の登記の登記事項は、第59条各号に掲げるもののほか、次のとおりとする。

一　要役地（民法第281条第1項に規定する要役地をいう。以下この条において同じ。）

二　地役権設定の目的及び範囲

三　民法第281条第1項ただし書若しくは第285条第1項ただし書の別段の定め又は同法第286条の定めがあるときは、その定め

2　前項の登記においては、第59条第4号の規定にかかわらず、地役権者の氏名又は名称及び住所を登記することを要しない。

3　要役地に所有権の登記がないときは、承役地に地役権の設定の登記をすることができない。

4　登記官は、承役地に地役権の設定の登記をしたときは、要役地について、職権で、法務省令で定める事項を登記しなければならない。

（賃借権の登記等の登記事項）

第81条　賃借権の登記又は賃借物の転貸の登記の登記事項は、第59条各号に掲げるもののほか、次のとおりとする。

一　賃料

二　存続期間又は賃料の支払時期の定めがあるときは、その定め

三　賃借権の譲渡又は賃借物の転貸を許す旨の定めがあるときは、その定め

四　敷金があるときは、その旨

五　賃貸人が財産の処分につき行為能力の制

限を受けた者又は財産の処分の権限を有しない者であるときは、その旨

六　土地の賃借権設定の目的が建物の所有であるときは、その旨

七　前号に規定する場合において建物が借地借家法第23条第1項又は第2項に規定する建物であるときは、その旨

八　借地借家法第22条第1項前段、第23条第1項、第38条第1項前段若しくは第39条第1項、高齢者の居住の安定確保に関する法律（平成13年法律第26号）第52条第1項又は大規模な災害の被災地における借地借家に関する特別措置法第7条第1項の定めがあるときは、その定め

（配偶者居住権の登記の登記事項）

第81条の2　配偶者居住権の登記の登記事項は、第59条各号に掲げるもののほか、次のとおりとする。

一　存続期間

二　第三者に居住建物（民法第1028条第1項に規定する居住建物をいう。）の使用又は収益をさせることを許す旨の定めがあるときは、その定め

（採石権の登記の登記事項）

第82条　採石権の登記の登記事項は、第59条各号に掲げるもののほか、次のとおりとする。

一　存続期間

二　採石権の内容又は採石料若しくはその支払時期の定めがあるときは、その定め

第4款　担保権等に関する登記

（担保権の登記の登記事項）

第83条　先取特権、質権若しくは転質又は抵当権の登記の登記事項は、第59条各号に掲げるもののほか、次のとおりとする。

一　債権額（一定の金額を目的としない債権については、その価額）

二　債務者の氏名又は名称及び住所

三　所有権以外の権利を目的とするときは、その目的となる権利

四　2以上の不動産に関する権利を目的とするときは、当該2以上の不動産及び当該権利

五　外国通貨で第1号の債権額を指定した債権を担保する質権若しくは転質又は抵当権の登記にあっては、本邦通貨で表示した担保限度額

2　登記官は、前項第4号に掲げる事項を明らかにするため、法務省令で定めるところにより、共同担保目録を作成することができる。

（債権の一部譲渡による担保権の移転の登記等の登記事項）

第84条　債権の一部について譲渡又は代位弁済がされた場合における先取特権、質権若しくは転質又は抵当権の移転の登記の登記事項は、第59条各号に掲げるもののほか、当該譲渡又は代位弁済の目的である債権の額とする。

（不動産工事の先取特権の保存の登記）

第85条　不動産工事の先取特権の保存の登記においては、第83条第1項第1号の債権額として工事費用の予算額を登記事項とする。

（建物を新築する場合の不動産工事の先取特権の保存の登記）

第86条　建物を新築する場合における不動産工事の先取特権の保存の登記については、当該建物の所有者となるべき者を登記義務者とみなす。この場合においては、第22条本文の規定は、適用しない。

2　前項の登記の登記事項は、第59条各号及び第83条第1項各号（第3号を除く。）に掲げるもののほか、次のとおりとする。

一　新築する建物並びに当該建物の種類、構造及び床面積は設計書による旨

二　登記義務者の氏名又は名称及び住所

3　前項第1号の規定は、所有権の登記がある建物の附属建物を新築する場合における不動産工事の先取特権の保存の登記について準用する。

（建物の建築が完了した場合の登記）

第87条　前条第1項の登記をした場合において、建物の建築が完了したときは、当該建物の所有者は、遅滞なく、所有権の保存の登記を申請しなければならない。

2　前条第3項の登記をした場合において、附属建物の建築が完了したときは、当該附属建物が属する建物の所有権の登記名義人は、遅滞なく、当該附属建物の新築による建物の表題部の変更の登記を申請しなければならない。

（抵当権の登記の登記事項）

第88条　抵当権（根抵当権（民法第398条の2第1項の規定による抵当権をいう。以下同じ。）を除く。）の登記の登記事項は、第59条各号及び第83条第1項各号に掲げるもののほか、次のとおりとする。

一　利息に関する定めがあるときは、その定め

二　民法第375条第2項に規定する損害の賠償額の定めがあるときは、その定め

三　債権に付した条件があるときは、その条件
四　民法第370条ただし書の別段の定めがあるときは、その定め
五　抵当証券発行の定めがあるときは、その定め
六　前号の定めがある場合において元本又は利息の弁済期又は支払場所の定めがあるときは、その定め

2　根抵当権の登記の登記事項は、第59条各号及び第83条第1項各号（第1号を除く。）に掲げるもののほか、次のとおりとする。
一　担保すべき債権の範囲及び極度額
二　民法第370条ただし書の別段の定めがあるときは、その定め
三　担保すべき元本の確定すべき期日の定めがあるときは、その定め
四　民法第398条の14第1項ただし書の定めがあるときは、その定め

（抵当権の順位の変更の登記等）
第89条　抵当権の順位の変更の登記の申請は、順位を変更する当該抵当権の登記名義人が共同してしなければならない。
2　前項の規定は、民法第398条の14第1項ただし書の定めがある場合の当該定めの登記の申請について準用する。

（抵当権の処分の登記）
第90条　第83条及び第88条の規定は、民法第376条第1項の規定により抵当権を他の債権のための担保とし、又は抵当権を譲渡し、若しくは放棄する場合の登記について準用する。

（共同抵当の代位の登記）
第91条　民法第393条の規定による代位の登記の登記事項は、第59条各号に掲げるもののほか、先順位の抵当権者が弁済を受けた不動産に関する権利、当該不動産の代価及び当該弁済を受けた額とする。
2　第83条及び第88条の規定は、前項の登記について準用する。

（根抵当権当事者の相続に関する合意の登記の制限）
第92条　民法第398条の8第1項又は第2項の合意の登記は、当該相続による根抵当権の移転又は債務者の変更の登記をした後でなければ、することができない。

（根抵当権の元本の確定の登記）
第93条　民法第398条の19第2項又は第398条の20第1項第3号若しくは第4号の規定により根抵当権の担保すべき元本が確定した場合の登記は、第60条の規定にかかわらず、当該根抵当権の登記名義人が単独で申請することができる。ただし、同項第3号又は第4号の規定により根抵当権の担保すべき元本が確定した場合における申請は、当該根抵当権又はこれを目的とする権利の取得の登記の申請と併せてしなければならない。

（抵当証券に関する登記）
第94条　登記官は、抵当証券を交付したときは、職権で、抵当証券交付の登記をしなければならない。
2　抵当証券法第1条第2項の申請があった場合において、同法第5条第2項の嘱託を受けた登記所の登記官が抵当証券を作成したときは、当該登記官は、職権で、抵当証券作成の登記をしなければならない。
3　前項の場合において、同項の申請を受けた登記所の登記官は、抵当証券を交付したときは抵当証券交付の登記を、同項の申請を却下したときは抵当証券作成の登記の抹消を同項の登記所に嘱託しなければならない。
4　第2項の規定による抵当証券作成の登記をした不動産について、前項の規定による嘱託により抵当証券交付の登記をしたときは、当該抵当証券交付の登記は、当該抵当証券作成の登記をした時にさかのぼってその効力を生ずる。

（質権の登記等の登記事項）
第95条　質権又は転質の登記の登記事項は、第59条各号及び第83条第1項各号に掲げるもののほか、次のとおりとする。
一　存続期間の定めがあるときは、その定め
二　利息に関する定めがあるときは、その定め
三　違約金又は賠償額の定めがあるときは、その定め
四　債権に付した条件があるときは、その条件
五　民法第346条ただし書の別段の定めがあるときは、その定め
六　民法第359条の規定によりその設定行為について別段の定め（同法第356条又は第357条に規定するものに限る。）があるときは、その定め
七　民法第361条において準用する同法第370条ただし書の別段の定めがあるときは、その定め
2　第88条第2項及び第89条から第93条までの規定は、質権について準用する。この場合において、第90条及び第91条第2項中「第88条」とあ

るのは、「第95条第1項又は同条第2項において準用する第88条第2項」と読み替えるものとする。

（買戻しの特約の登記の登記事項）

第96条　買戻しの特約の登記の登記事項は、第59条各号に掲げるもののほか、買主が支払った代金（民法第579条の別段の合意をした場合にあっては、その合意により定めた金額）及び契約の費用並びに買戻しの期間の定めがあるときはその定めとする。

第5款　信託に関する登記

（信託の登記の登記事項）

第97条　信託の登記の登記事項は、第59条各号に掲げるもののほか、次のとおりとする。

一　委託者、受託者及び受益者の氏名又は名称及び住所

二　受益者の指定に関する条件又は受益者を定める方法の定めがあるときは、その定め

三　信託管理人があるときは、その氏名又は名称及び住所

四　受益者代理人があるときは、その氏名又は名称及び住所

五　信託法（平成18年法律第108号）第185条第3項に規定する受益証券発行信託であるときは、その旨

六　信託法第258条第1項に規定する受益者の定めのない信託であるときは、その旨

七　公益信託ニ関スル法律（大正11年法律第62号）第1条に規定する公益信託であるときは、その旨

八　信託の目的

九　信託財産の管理方法

十　信託の終了の事由

十一　その他の信託の条項

2　前項第2号から第6号までに掲げる事項のいずれかを登記したときは、同項第1号の受益者（同項第4号に掲げる事項を登記した場合にあっては、当該受益者代理人が代理する受益者に限る。）の氏名又は名称及び住所を登記することを要しない。

3　登記官は、第1項各号に掲げる事項を明らかにするため、法務省令で定めるところにより、信託目録を作成することができる。

（信託の登記の申請方法等）

第98条　信託の登記の申請は、当該信託に係る権利の保存、設定、移転又は変更の登記の申請と同時にしなければならない。

2　信託の登記は、受託者が単独で申請することができる。

3　信託法第3条第3号に掲げる方法によってされた信託による権利の変更の登記は、受託者が単独で申請することができる。

（代位による信託の登記の申請）

第99条　受益者又は委託者は、受託者に代わって信託の登記を申請することができる。

（受託者の変更による登記等）

第100条　受託者の任務が死亡、後見開始若しくは保佐開始の審判、破産手続開始の決定、法人の合併以外の理由による解散又は裁判所若しくは主務官庁（その権限の委任を受けた国に所属する行政庁及びその権限に属する事務を処理する都道府県の執行機関を含む。第102条第2項において同じ。）の解任命令により終了し、新たに受託者が選任されたときは、信託財産に属する不動産についてする受託者の変更による権利の移転の登記は、第60条の規定にかかわらず、新たに選任された当該受託者が単独で申請することができる。

2　受託者が二人以上ある場合において、そのうち少なくとも一人の受託者の任務が前項に規定する事由により終了したときは、信託財産に属する不動産についてする当該受託者の任務の終了による権利の変更の登記は、第60条の規定にかかわらず、他の受託者が単独で申請することができる。

（職権による信託の変更の登記）

第101条　登記官は、信託財産に属する不動産について次に掲げる登記をするときは、職権で、信託の変更の登記をしなければならない。

一　信託法第75条第1項又は第2項の規定による権利の移転の登記

二　信託法第86条第4項本文の規定による権利の変更の登記

三　受託者である登記名義人の氏名若しくは名称又は住所についての変更の登記又は更正の登記

（嘱託による信託の変更の登記）

第102条　裁判所書記官は、受託者の解任の裁判があったとき、信託管理人若しくは受益者代理人の選任若しくは解任の裁判があったとき、又は信託の変更を命ずる裁判があったときは、職権で、遅滞なく、信託の変更の登記を登記所に嘱託しなければならない。

2　主務官庁は、受託者を解任したとき、信託管理人若しくは受益者代理人を選任し、若しくは

解任したとき、又は信託の変更を命じたときは、遅滞なく、信託の変更の登記を登記所に嘱託しなければならない。

（信託の変更の登記の申請）

第103条　前２条に規定するもののほか、第97条第１項各号に掲げる登記事項について変更があったときは、受託者は、遅滞なく、信託の変更の登記を申請しなければならない。

２　第99条の規定は、前項の信託の変更の登記の申請について準用する。

（信託の登記の抹消）

第104条　信託財産に属する不動産に関する権利が移転、変更又は消滅により信託財産に属しないこととなった場合における信託の登記の抹消の申請は、当該権利の移転の登記若しくは変更の登記又は当該権利の登記の抹消の申請と同時にしなければならない。

２　信託の登記の抹消は、受託者が単独で申請することができる。

（権利の変更の登記等の特則）

第104条の２　信託の併合又は分割により不動産に関する権利が一の信託の信託財産に属する財産から他の信託の信託財産に属する財産となった場合における当該権利に係る当該一の信託についての信託の登記の抹消及び当該他の信託についての信託の登記の申請は、信託の併合又は分割による権利の変更の登記の申請と同時にしなければならない。信託の併合又は分割以外の事由により不動産に関する権利が一の信託の信託財産に属する財産から受託者を同一とする他の信託の信託財産に属する財産となった場合も、同様とする。

２　信託財産に属する不動産についてする次の表の上欄に掲げる場合における権利の変更の登記（第98条第３項の登記を除く。）については、同表の中欄に掲げる者を登記権利者とし、同表の下欄に掲げる者を登記義務者とする。この場合において、受益者（信託管理人がある場合にあっては、信託管理人。以下この項において同じ。）については、第22条本文の規定は、適用しない。

（上欄）	（中欄）	（下欄）
１　不動産に関する権利が固有財産に属する財産から信託財産に属する財産となった場合	受益者	受託者
２　不動産に関する権利が信託財産に属する財産から固有財産に属する財産となった場合	受託者	受益者
３　不動産に関する権利が一の信託の信託財産に属する財産から他の信託の信託財産に属する財産となった場合	当該他の信託の受益者及び受託者	当該一の信託の受益者及び受託者

第６款　仮登記

（仮登記）

第105条　仮登記は、次に掲げる場合にすることができる。

一　第３条各号に掲げる権利について保存等があった場合において、当該保存等に係る登記の申請をするために登記所に対し提供しなければならない情報であって、第25条第９号の申請情報と併せて提供しなければならないものとされているもののうち法務省令で定めるものを提供することができないとき。

二　第３条各号に掲げる権利の設定、移転、変更又は消滅に関して請求権（始期付き又は停止条件付きのものその他将来確定することが見込まれるものを含む。）を保全しようとするとき。

（仮登記に基づく本登記の順位）

第106条　仮登記に基づいて本登記（仮登記がされた後、これと同一の不動産についてされる同一の権利についての権利に関する登記であって、当該不動産に係る登記記録に当該仮登記に基づく登記であることが記録されているものをいう。以下同じ。）をした場合は、当該本登記の順位は、当該仮登記の順位による。

（仮登記の申請方法）

第107条　仮登記は、仮登記の登記義務者の承諾があるとき及び次条に規定する仮登記を命ずる処分があるときは、第60条の規定にかかわらず、当該仮登記の登記権利者が単独で申請することができる。

２　仮登記の登記権利者及び登記義務者が共同して仮登記を申請する場合については、第22条本文の規定は、適用しない。

（仮登記を命ずる処分）

第108条　裁判所は、仮登記の登記権利者の申立てにより、仮登記を命ずる処分をすることができる。

2　前項の申立てをするときは、仮登記の原因となる事実を疎明しなければならない。

3　第1項の申立てに係る事件は、不動産の所在地を管轄する地方裁判所の管轄に専属する。

4　第1項の申立てを却下した決定に対しては、即時抗告をすることができる。

5　非訟事件手続法第2条及び第2編（同法第5条、第6条、第7条第2項、第40条、第59条、第66条第1項及び第2項並びに第72条を除く。）の規定は、前項の即時抗告について準用する。

（仮登記に基づく本登記）

第109条　所有権に関する仮登記に基づく本登記は、登記上の利害関係を有する第三者（本登記につき利害関係を有する抵当証券の所持人又は裏書人を含む。以下この条において同じ。）がある場合には、当該第三者の承諾があるときに限り、申請することができる。

2　登記官は、前項の規定による申請に基づいて登記をするときは、職権で、同項の第三者の権利に関する登記を抹消しなければならない。

（仮登記の抹消）

第110条　仮登記の抹消は、第60条の規定にかかわらず、仮登記の登記名義人が単独で申請することができる。仮登記の登記名義人の承諾がある場合における当該仮登記の登記上の利害関係人も、同様とする。

第7款　仮処分に関する登記

（仮処分の登記に後れる登記の抹消）

第111条　所有権について民事保全法（平成元年法律第91号）第53条第1項の規定による処分禁止の登記（同条第2項に規定する保全仮登記（以下「保全仮登記」という。）とともにしたものを除く。以下この条において同じ。）がされた後、当該処分禁止の登記に係る仮処分の債権者が当該仮処分の債務者を登記義務者とする所有権の登記（仮登記を除く。）を申請する場合においては、当該債権者は、当該処分禁止の登記に後れる登記の抹消を単独で申請することができる。

2　前項の規定は、所有権以外の権利について民事保全法第53条第1項の規定による処分禁止の登記がされた後、当該処分禁止の登記に係る仮処分の債権者が当該仮処分の債務者を登記義務者とする当該権利の移転又は消滅に関し登記（仮登記を除く。）を申請する場合について準用する。

3　登記官は、第1項（前項において準用する場合を含む。）の申請に基づいて当該処分禁止の登記に後れる登記を抹消するときは、職権で、当該処分禁止の登記も抹消しなければならない。

（保全仮登記に基づく本登記の順位）

第112条　保全仮登記に基づいて本登記をした場合は、当該本登記の順位は、当該保全仮登記の順位による。

（保全仮登記に係る仮処分の登記に後れる登記の抹消）

第113条　不動産の使用又は収益をする権利について保全仮登記がされた後、当該保全仮登記に係る仮処分の債権者が本登記を申請する場合においては、当該債権者は、所有権以外の不動産の使用若しくは収益をする権利又は当該権利を目的とする権利に関する登記であって当該保全仮登記とともにした処分禁止の登記に後れるものの抹消を単独で申請することができる。

（処分禁止の登記の抹消）

第114条　登記官は、保全仮登記に基づく本登記をするときは、職権で、当該保全仮登記とともにした処分禁止の登記を抹消しなければならない。

第8款　官庁又は公署が関与する登記等

（公売処分による登記）

第115条　官庁又は公署は、公売処分をした場合において、登記権利者の請求があったときは、遅滞なく、次に掲げる事項を登記所に嘱託しなければならない。

一　公売処分による権利の移転の登記

二　公売処分により消滅した権利の登記の抹消

三　滞納処分に関する差押えの登記の抹消

（官庁又は公署の嘱託による登記）

第116条　国又は地方公共団体が登記権利者となって権利に関する登記をするときは、官庁又は公署は、遅滞なく、登記義務者の承諾を得て、当該登記を登記所に嘱託しなければならない。

2　国又は地方公共団体が登記義務者となる権利に関する登記について登記権利者の請求があったときは、官庁又は公署は、遅滞なく、当該登記を登記所に嘱託しなければならない。

（官庁又は公署の嘱託による登記の登記識別情報）

第117条　登記官は、官庁又は公署が登記権利者（登記をすることによって登記名義人となる者に限る。以下この条において同じ。）のためにした登記の嘱託に基づいて登記を完了したときは、速やかに、当該登記権利者のために登記識別情報を当該官庁又は公署に通知しなければならない。

2　前項の規定により登記識別情報の通知を受けた官庁又は公署は、遅滞なく、これを同項の登記権利者に通知しなければならない。

（収用による登記）

第118条　不動産の収用による所有権の移転の登記は、第60条の規定にかかわらず、起業者が単独で申請することができる。

2　国又は地方公共団体が起業者であるときは、官庁又は公署は、遅滞なく、前項の登記を登記所に嘱託しなければならない。

3　前2項の規定は、不動産に関する所有権以外の権利の収用による権利の消滅の登記について準用する。

4　土地の収用による権利の移転の登記を申請する場合には、当該収用により消滅した権利又は失効した差押え、仮差押え若しくは仮処分に関する登記を指定しなければならない。この場合において、権利の移転の登記をするときは、登記官は、職権で、当該指定に係る登記を抹消しなければならない。

5　登記官は、建物の収用による所有権の移転の登記をするときは、職権で、当該建物を目的とする所有権等の登記以外の権利に関する登記を抹消しなければならない。第3項の登記をする場合において同項の権利を目的とする権利に関する登記についても、同様とする。

6　登記官は、第1項の登記をするときは、職権で、裁決手続開始の登記を抹消しなければならない。

第5章　登記事項の証明等

（登記事項証明書の交付等）

第119条　何人も、登記官に対し、手数料を納付して、登記記録に記録されている事項の全部又は一部を証明した書面（以下「登記事項証明書」という。）の交付を請求することができる。

2　何人も、登記官に対し、手数料を納付して、登記記録に記録されている事項の概要を記載した書面の交付を請求することができる。

3　前2項の手数料の額は、物価の状況、登記事項証明書の交付に要する実費その他一切の事情を考慮して政令で定める。

4　第1項及び第2項の手数料の納付は、収入印紙をもってしなければならない。ただし、法務省令で定める方法で登記事項証明書の交付を請求するときは、法務省令で定めるところにより、現金をもってすることができる。

5　第1項の交付の請求は、法務省令で定める場合を除き、請求に係る不動産の所在地を管轄する登記所以外の登記所の登記官に対してもすることができる。

6　登記官は、第1項及び第2項の規定にかかわらず、登記記録に記録されている者（自然人であるものに限る。）の住所が明らかにされることにより、人の生命若しくは身体に危害を及ぼすおそれがある場合又はこれに準ずる程度に心身に有害な影響を及ぼすおそれがあるものとして法務省令で定める場合において、その者からの申出があったときは、法務省令で定めるところにより、第1項及び第2項に規定する各書面に当該住所に代わるものとして法務省令で定める事項を記載しなければならない。

（地図の写しの交付等）

第120条　何人も、登記官に対し、手数料を納付して、地図、建物所在図又は地図に準ずる図面（以下この条において「地図等」という。）の全部又は一部の写し（地図等が電磁的記録に記録されているときは、当該記録された情報の内容を証明した書面）の交付を請求することができる。

2　何人も、登記官に対し、手数料を納付して、地図等（地図等が電磁的記録に記録されているときは、当該記録された情報の内容を法務省令で定める方法により表示したもの）の閲覧を請求することができる。

3　前条第3項から第5項までの規定は、地図等について準用する。

（登記簿の附属書類の写しの交付等）

第121条　何人も、登記官に対し、手数料を納付して、登記簿の附属書類（電磁的記録を含む。以下同じ。）のうち政令で定める図面の全部又は一部の写し（これらの図面が電磁的記録に記録されているときは、当該記録された情報の内容を証明した書面）の交付を請求することができる。

2　何人も、登記官に対し、手数料を納付して、登記簿の附属書類のうち前項の図面（電磁的記録にあっては、記録された情報の内容を法務省令で定める方法により表示したもの。次項において同じ。）の閲覧を請求することができる。

3　何人も、正当な理由があるときは、登記官に対し、法務省令で定めるところにより、手数料を納付して、登記簿の附属書類（第1項の図面を除き、電磁的記録にあっては、記録された情報の内容を法務省令で定める方法により表示したもの。次項において同じ。）の全部又は一部（その正当な理由があると認められる部分に限る。）の閲覧を請求することができる。

4　前項の規定にかかわらず、登記を申請した者は、登記官に対し、法務省令で定めるところにより、手数料を納付して、自己を申請人とする登記記録に係る登記簿の附属書類の閲覧を請求することができる。

5　第119条第3項から第5項までの規定は、登記簿の附属書類について準用する。

（法務省令への委任）

第122条　この法律に定めるもののほか、登記簿、地図、建物所在図及び地図に準ずる図面並びに登記簿の附属書類（第154条及び第155条において「登記簿等」という。）の公開に関し必要な事項は、法務省令で定める。

第6章　筆界特定

第1節　総則

（定義）

第123条　この章において、次の各号に掲げる用語の意義は、それぞれ当該各号に定めるところによる。

一　筆界　表題登記がある一筆の土地（以下単に「一筆の土地」という。）とこれに隣接する他の土地（表題登記がない土地を含む。以下同じ。）との間において、当該一筆の土地が登記された時にその境を構成するものとされた2以上の点及びこれらを結ぶ直線をいう。

二　筆界特定　一筆の土地及びこれに隣接する他の土地について、この章の定めるところにより、筆界の現地における位置を特定すること（その位置を特定することができないときは、その位置の範囲を特定すること）をいう。

三　対象土地　筆界特定の対象となる筆界で相互に隣接する一筆の土地及び他の土地をいう。

四　関係土地　対象土地以外の土地（表題登記がない土地を含む。）であって、筆界特定の対象となる筆界上の点を含む他の筆界で対象土地の一方又は双方と接するものをいう。

五　所有権登記名義人等　所有権の登記がある一筆の土地にあっては所有権の登記名義人、所有権の登記がない一筆の土地にあっては表題部所有者、表題登記がない土地にあっては所有者をいい、所有権の登記名義人又は表題部所有者の相続人その他の一般承継人を含む。

（筆界特定の事務）

第124条　筆界特定の事務は、対象土地の所在地を管轄する法務局又は地方法務局がつかさどる。

2　第6条第2項及び第3項の規定は、筆界特定の事務について準用する。この場合において、同条第2項中「不動産」とあるのは「対象土地」と、「登記所」とあるのは「法務局又は地方法務局」と、「法務局若しくは地方法務局」とあるのは「法務局」と、同条第3項中「登記所」とあるのは「法務局又は地方法務局」と読み替えるものとする。

（筆界特定登記官）

第125条　筆界特定は、筆界特定登記官（登記官のうちから、法務局又は地方法務局の長が指定する者をいう。以下同じ。）が行う。

（筆界特定登記官の除斥）

第126条　筆界特定登記官が次の各号のいずれかに該当する者であるときは、当該筆界特定登記官は、対象土地について筆界特定を行うことができない。

一　対象土地又は関係土地のうちいずれかの土地の所有権の登記名義人（仮登記の登記名義人を含む。以下この号において同じ。）、表題部所有者若しくは所有者又は所有権以外の権利の登記名義人若しくは当該権利を有する者

二　前号に掲げる者の配偶者又は4親等内の親族（配偶者又は4親等内の親族であった者を含む。次号において同じ。）

三　第1号に掲げる者の代理人若しくは代表者（代理人又は代表者であった者を含む。）又はその配偶者若しくは4親等内の親族

（筆界調査委員）

第127条　法務局及び地方法務局に、筆界特定について必要な事実の調査を行い、筆界特定登記官に意見を提出させるため、筆界調査委員若干人を置く。

2　筆界調査委員は、前項の職務を行うのに必要な専門的知識及び経験を有する者のうちから、法務局又は地方法務局の長が任命する。

3　筆界調査委員の任期は、2年とする。
4　筆界調査委員は、再任されることができる。
5　筆界調査委員は、非常勤とする。

（筆界調査委員の欠格事由）
第128条　次の各号のいずれかに該当する者は、筆界調査委員となることができない。
一　禁錮以上の刑に処せられ、その執行を終わり、又はその執行を受けることがなくなった日から5年を経過しない者
二　弁護士法（昭和24年法律第205号）、司法書士法（昭和25年法律第197号）又は土地家屋調査士法（昭和25年法律第228号）の規定による懲戒処分により、弁護士会からの除名又は司法書士若しくは土地家屋調査士の業務の禁止の処分を受けた者でこれらの処分を受けた日から3年を経過しないもの
三　公務員で懲戒免職の処分を受け、その処分の日から3年を経過しない者
2　筆界調査委員が前項各号のいずれかに該当するに至ったときは、当然失職する。

（筆界調査委員の解任）
第129条　法務局又は地方法務局の長は、筆界調査委員が次の各号のいずれかに該当するときは、その筆界調査委員を解任することができる。
一　心身の故障のため職務の執行に堪えないと認められるとき。
二　職務上の義務違反その他筆界調査委員たるに適しない非行があると認められるとき。

（標準処理期間）
第130条　法務局又は地方法務局の長は、筆界特定の申請がされてから筆界特定登記官が筆界特定をするまでに通常要すべき標準的な期間を定め、法務局又は地方法務局における備付けその他の適当な方法により公にしておかなければならない。

第2節　筆界特定の手続

第1款　筆界特定の申請

（筆界特定の申請）
第131条　土地の所有権登記名義人等は、筆界特定登記官に対し、当該土地とこれに隣接する他の土地との筆界について、筆界特定の申請をすることができる。
2　地方公共団体は、その区域内の対象土地の所有権登記名義人等のうちいずれかの者の同意を得たときは、筆界特定登記官に対し、当該対象土地の筆界（第14条第1項の地図に表示されないものに限る。）について、筆界特定の申請をすることができる。
3　筆界特定の申請は、次に掲げる事項を明らかにしてしなければならない。
一　申請の趣旨
二　筆界特定の申請人の氏名又は名称及び住所
三　対象土地に係る第34条第1項第1号及び第2号に掲げる事項（表題登記がない土地にあっては、同項第1号に掲げる事項）
四　対象土地について筆界特定を必要とする理由
五　前各号に掲げるもののほか、法務省令で定める事項
4　筆界特定の申請人は、政令で定めるところにより、手数料を納付しなければならない。
5　第18条の規定は、筆界特定の申請について準用する。この場合において、同条中「不動産を識別するために必要な事項、申請人の氏名又は名称、登記の目的その他の登記の申請に必要な事項として政令で定める情報（以下「申請情報」という。）」とあるのは「第131条第3項各号に掲げる事項に係る情報（第2号、第132条第1項第4号及び第150条において「筆界特定申請情報」という。）」と、「登記所」とあるのは「法務局又は地方法務局」と、同条第2号中「申請情報」とあるのは「筆界特定申請情報」と読み替えるものとする。

（申請の却下）
第132条　筆界特定登記官は、次に掲げる場合には、理由を付した決定で、筆界特定の申請を却下しなければならない。ただし、当該申請の不備が補正することができるものである場合において、筆界特定登記官が定めた相当の期間内に、筆界特定の申請人がこれを補正したときは、この限りでない。
一　対象土地の所在地が当該申請を受けた法務局又は地方法務局の管轄に属しないとき。
二　申請の権限を有しない者の申請によるとき。
三　申請が前条第3項の規定に違反するとき。
四　筆界特定申請情報の提供の方法がこの法律に基づく命令の規定により定められた方式に適合しないとき。
五　申請が対象土地の所有権の境界の特定その他筆界特定以外の事項を目的とするものと認められるとき。

六　対象土地の筆界について、既に民事訴訟の手続により筆界の確定を求める訴えに係る判決（訴えを不適法として却下したものを除く。第148条において同じ。）が確定しているとき。

七　対象土地の筆界について、既に筆界特定登記官による筆界特定がされているとき。ただし、対象土地について更に筆界特定をする特段の必要があると認められる場合を除く。

八　手数料を納付しないとき。

九　第146条第5項の規定により予納を命じた場合においてその予納がないとき。

2　前項の規定による筆界特定の申請の却下は、登記官の処分とみなす。

（筆界特定の申請の通知）

第133条　筆界特定の申請があったときは、筆界特定登記官は、遅滞なく、法務省令で定めるところにより、その旨を公告し、かつ、その旨を次に掲げる者（以下「関係人」という。）に通知しなければならない。ただし、前条第1項の規定により当該申請を却下すべき場合は、この限りでない。

一　対象土地の所有権登記名義人等であって筆界特定の申請人以外のもの

二　関係土地の所有権登記名義人等

2　前項本文の場合において、関係人の所在が判明しないときは、同項本文の規定による通知を、関係人の氏名又は名称、通知をすべき事項及び当該事項を記載した書面をいつでも関係人に交付する旨を対象土地の所在地を管轄する法務局又は地方法務局の掲示場に掲示することによって行うことができる。この場合においては、掲示を始めた日から2週間を経過したときに、当該通知が関係人に到達したものとみなす。

第2款　筆界の調査等

（筆界調査委員の指定等）

第134条　法務局又は地方法務局の長は、前条第1項本文の規定による公告及び通知がされたときは、対象土地の筆界特定のために必要な事実の調査を行うべき筆界調査委員を指定しなければならない。

2　次の各号のいずれかに該当する者は、前項の筆界調査委員に指定することができない。

一　対象土地又は関係土地のうちいずれかの土地の所有権の登記名義人（仮登記の登記名義人を含む。以下この号において同じ。）、表題部所有者若しくは所有者又は所有権以外の権利の登記名義人若しくは当該権利を有する者

二　前号に掲げる者の配偶者又は4親等内の親族（配偶者又は4親等内の親族であった者を含む。次号において同じ。）

三　第1号に掲げる者の代理人若しくは代表者（代理人又は代表者であった者を含む。）又はその配偶者若しくは4親等内の親族

3　第1項の規定による指定を受けた筆界調査委員が数人あるときは、共同してその職務を行う。ただし、筆界特定登記官の許可を得て、それぞれ単独にその職務を行い、又は職務を分掌することができる。

4　法務局又は地方法務局の長は、その職員に、筆界調査委員による事実の調査を補助させることができる。

（筆界調査委員による事実の調査）

第135条　筆界調査委員は、前条第1項の規定による指定を受けたときは、対象土地又は関係土地その他の土地の測量又は実地調査をすること、筆界特定の申請人若しくは関係人又はその他の者からその知っている事実を聴取し又は資料の提出を求めることその他対象土地の筆界特定のために必要な事実の調査をすることができる。

2　筆界調査委員は、前項の事実の調査に当たっては、筆界特定が対象土地の所有権の境界の特定を目的とするものでないことに留意しなければならない。

（測量及び実地調査）

第136条　筆界調査委員は、対象土地の測量又は実地調査を行うときは、あらかじめ、その旨並びにその日時及び場所を筆界特定の申請人及び関係人に通知して、これに立ち会う機会を与えなければならない。

2　第133条第2項の規定は、前項の規定による通知について準用する。

（立入調査）

第137条　法務局又は地方法務局の長は、筆界調査委員が対象土地又は関係土地その他の土地の測量又は実地調査を行う場合において、必要があると認めるときは、その必要の限度において、筆界調査委員又は第134条第4項の職員（以下この条において「筆界調査委員等」という。）に、他人の土地に立ち入らせることができる。

2　法務局又は地方法務局の長は、前項の規定により筆界調査委員等を他人の土地に立ち入らせ

ようとするときは、あらかじめ、その旨並びにその日時及び場所を当該土地の占有者に通知しなければならない。

3　第1項の規定により宅地又は垣、さく等で囲まれた他人の占有する土地に立ち入ろうとする場合には、その立ち入ろうとする者は、立入りの際、あらかじめ、その旨を当該土地の占有者に告げなければならない。

4　日出前及び日没後においては、土地の占有者の承諾があった場合を除き、前項に規定する土地に立ち入ってはならない。

5　土地の占有者は、正当な理由がない限り、第1項の規定による立入りを拒み、又は妨げてはならない。

6　第1項の規定による立入りをする場合には、筆界調査委員等は、その身分を示す証明書を携帯し、関係者の請求があったときは、これを提示しなければならない。

7　国は、第1項の規定による立入りによって損失を受けた者があるときは、その損失を受けた者に対して、通常生ずべき損失を補償しなければならない。

（関係行政機関等に対する協力依頼）

第138条　法務局又は地方法務局の長は、筆界特定のため必要があると認めるときは、関係行政機関の長、関係地方公共団体の長又は関係のある公私の団体に対し、資料の提出その他必要な協力を求めることができる。

（意見又は資料の提出）

第139条　筆界特定の申請があったときは、筆界特定の申請人及び関係人は、筆界特定登記官に対し、対象土地の筆界について、意見又は資料を提出することができる。この場合において、筆界特定登記官が意見又は資料を提出すべき相当の期間を定めたときは、その期間内にこれを提出しなければならない。

2　前項の規定による意見又は資料の提出は、電磁的方法（電子情報処理組織を使用する方法その他の情報通信の技術を利用する方法であって法務省令で定めるものをいう。）により行うことができる。

（意見聴取等の期日）

第140条　筆界特定の申請があったときは、筆界特定登記官は、第133条第1項本文の規定による公告をした時から筆界特定をするまでの間に、筆界特定の申請人及び関係人に対し、あらかじめ期日及び場所を通知して、対象土地の筆界について、意見を述べ、又は資料（電磁的記録を含む。）を提出する機会を与えなければならない。

2　筆界特定登記官は、前項の期日において、適当と認める者に、参考人としてその知っている事実を陳述させることができる。

3　筆界調査委員は、第1項の期日に立ち会うものとする。この場合において、筆界調査委員は、筆界特定登記官の許可を得て、筆界特定の申請人若しくは関係人又は参考人に対し質問を発することができる。

4　筆界特定登記官は、第1項の期日の経過を記載した調書を作成し、当該調書において当該期日における筆界特定の申請人若しくは関係人又は参考人の陳述の要旨を明らかにしておかなければならない。

5　前項の調書は、電磁的記録をもって作成することができる。

6　第133条第2項の規定は、第1項の規定による通知について準用する。

（調書等の閲覧）

第141条　筆界特定の申請人及び関係人は、第133条第1項本文の規定による公告があった時から第144条第1項の規定により筆界特定の申請人に対する通知がされるまでの間、筆界特定登記官に対し、当該筆界特定の手続において作成された調書及び提出された資料（電磁的記録にあっては、記録された情報の内容を法務省令で定める方法により表示したもの）の閲覧を請求することができる。この場合において、筆界特定登記官は、第三者の利益を害するおそれがあるときその他正当な理由があるときでなければ、その閲覧を拒むことができない。

2　筆界特定登記官は、前項の閲覧について、日時及び場所を指定することができる。

第3節　筆界特定

（筆界調査委員の意見の提出）

第142条　筆界調査委員は、第140条第1項の期日の後、対象土地の筆界特定のために必要な事実の調査を終了したときは、遅滞なく、筆界特定登記官に対し、対象土地の筆界特定についての意見を提出しなければならない。

（筆界特定）

第143条　筆界特定登記官は、前条の規定により筆界調査委員の意見が提出されたときは、その意見を踏まえ、登記記録、地図又は地図に準ずる図面及び登記簿の附属書類の内容、対象土地及び関係土地の地形、地目、面積及び形状並びに工作物、囲障又は境界標の有無その他の状況及びこれらの設置の経緯その他の事情を総合的に考慮して、対象土地の筆界特定をし、その結論及び理由の要旨を記載した筆界特定書を作成しなければならない。

2　筆界特定書においては、図面及び図面上の点の現地における位置を示す方法として法務省令で定めるものにより、筆界特定の内容を表示しなければならない。

3　筆界特定書は、電磁的記録をもって作成することができる。

（筆界特定の通知等）

第144条　筆界特定登記官は、筆界特定をしたときは、遅滞なく、筆界特定の申請人に対し、筆界特定書の写しを交付する方法（筆界特定書が電磁的記録をもって作成されているときは、法務省令で定める方法）により当該筆界特定書の内容を通知するとともに、法務省令で定めるところにより、筆界特定をした旨を公告し、かつ、関係人に通知しなければならない。

2　第133条第２項の規定は、前項の規定による通知について準用する。

（筆界特定手続記録の保管）

第145条　前条第１項の規定により筆界特定の申請人に対する通知がされた場合における筆界特定の手続の記録（以下「筆界特定手続記録」という。）は、対象土地の所在地を管轄する登記所において保管する。

第４節　雑則

（手続費用の負担等）

第146条　筆界特定の手続における測量に要する費用その他の法務省令で定める費用（以下この条において「手続費用」という。）は、筆界特定の申請人の負担とする。

2　筆界特定の申請人が二人ある場合において、その一人が対象土地の一方の土地の所有権登記名義人等であり、他の一人が他方の土地の所有権登記名義人等であるときは、各筆界特定の申請人は、等しい割合で手続費用を負担する。

3　筆界特定の申請人が二人以上ある場合において、その全員が対象土地の一方の土地の所有権登記名義人等であるときは、各筆界特定の申請人は、その持分（所有権の登記がある一筆の土地にあっては第59条第４号の持分、所有権の登記がない一筆の土地にあっては第27条第３号の持分。次項において同じ。）の割合に応じて手続費用を負担する。

4　筆界特定の申請人が３人以上ある場合において、その一人又は二人以上が対象土地の一方の土地の所有権登記名義人等であり、他の一人又は二人以上が他方の土地の所有権登記名義人等であるときは、対象土地のいずれかの土地の一人の所有権登記名義人等である筆界特定の申請人は、手続費用の２分の１に相当する額を負担し、対象土地のいずれかの土地の二人以上の所有権登記名義人等である各筆界特定の申請人は、手続費用の２分の１に相当する額についてその持分の割合に応じてこれを負担する。

5　筆界特定登記官は、筆界特定の申請人に手続費用の概算額を予納させなければならない。

（筆界確定訴訟における釈明処分の特則）

第147条　筆界特定がされた場合において、当該筆界特定に係る筆界について民事訴訟の手続により筆界の確定を求める訴えが提起されたときは、裁判所は、当該訴えに係る訴訟において、訴訟関係を明瞭にするため、登記官に対し、当該筆界特定に係る筆界特定手続記録の送付を嘱託することができる。民事訴訟の手続により筆界の確定を求める訴えが提起された後、当該訴えに係る筆界について筆界特定がされたときも、同様とする。

（筆界確定訴訟の判決との関係）

第148条　筆界特定がされた場合において、当該筆界特定に係る筆界について民事訴訟の手続により筆界の確定を求める訴えに係る判決が確定したときは、当該筆界特定は、当該判決と抵触する範囲において、その効力を失う。

（筆界特定書等の写しの交付等）

第149条　何人も、登記官に対し、手数料を納付して、筆界特定手続記録のうち筆界特定書又は政令で定める図面の全部又は一部（以下この条及び第154条において「筆界特定書等」という。）の写し（筆界特定書等が電磁的記録をもって作成されているときは、当該記録された情報の内容を証明した書面）の交付を請求することができる。

2　何人も、登記官に対し、手数料を納付して、筆界特定手続記録（電磁的記録にあっては、記録された情報の内容を法務省令で定める方法により表示したもの）の閲覧を請求することができる。ただし、筆界特定書等以外のものについては、請求人が利害関係を有する部分に限る。

3　第119条第３項及び第４項の規定は、前２項の手数料について準用する。

（法務省令への委任）

第150条　この章に定めるもののほか、筆界特定申請情報の提供の方法、筆界特定手続記録の公開その他の筆界特定の手続に関し必要な事項は、法務省令で定める。

第7章　雑則

（情報の提供の求め）

第151条　登記官は、職権による登記をし、又は第14条第1項の地図を作成するために必要な限度で、関係地方公共団体の長その他の者に対し、その対象となる不動産の所有者等（所有権が帰属し、又は帰属していた自然人又は法人（法人でない社団又は財団を含む。）をいう。）に関する情報の提供を求めることができる。

（登記識別情報の安全確保）

第152条　登記官は、その取り扱う登記識別情報の漏えい、滅失又はき損の防止その他の登記識別情報の安全管理のために必要かつ適切な措置を講じなければならない。

2　登記官その他の不動産登記の事務に従事する法務局若しくは地方法務局若しくはこれらの支局又はこれらの出張所に勤務する法務事務官又はその職にあった者は、その事務に関して知り得た登記識別情報の作成又は管理に関する秘密を漏らしてはならない。

（行政手続法の適用除外）

第153条　登記官の処分については、行政手続法（平成5年法律第88号）第2章及び第3章の規定は、適用しない。

（行政機関の保有する情報の公開に関する法律の適用除外）

第154条　登記簿等及び筆界特定書等については、行政機関の保有する情報の公開に関する法律（平成11年法律第42号）の規定は、適用しない。

（個人情報の保護に関する法律の適用除外）

第155条　登記簿等に記録されている保有個人情報（個人情報の保護に関する法律（平成15年法律第57号）第60条第1項に規定する保有個人情報をいう。）については、同法第5章第4節の規定は、適用しない。

（審査請求）

第156条　登記官の処分に不服がある者又は登記官の不作為に係る処分を申請した者は、当該登記官を監督する法務局又は地方法務局の長に審査請求をすることができる。

2　審査請求は、登記官を経由してしなければならない。

（審査請求事件の処理）

第157条　登記官は、処分についての審査請求を理由があると認め、又は審査請求に係る不作為に係る処分をすべきものと認めるときは、相当の処分をしなければならない。

2　登記官は、前項に規定する場合を除き、審査請求の日から3日以内に、意見を付して事件を前条第1項の法務局又は地方法務局の長に送付しなければならない。この場合において、当該法務局又は地方法務局の長は、当該意見を行政不服審査法（平成26年法律第68号）第11条第2項に規定する審理員に送付するものとする。

3　前条第1項の法務局又は地方法務局の長は、処分についての審査請求を理由があると認め、又は審査請求に係る不作為に係る処分をすべきものと認めるときは、登記官に相当の処分を命じ、その旨を審査請求人のほか登記上の利害関係人に通知しなければならない。

4　前条第1項の法務局又は地方法務局の長は、前項の処分を命ずる前に登記官に仮登記を命ずることができる。

5　前条第1項の法務局又は地方法務局の長は、審査請求に係る不作為に係る処分についての申請を却下すべきものと認めるときは、登記官に当該申請を却下する処分を命じなければならない。

6　前条第1項の審査請求に関する行政不服審査法の規定の適用については、同法第29条第5項中「処分庁等」とあるのは「審査庁」と、「弁明書の提出」とあるのは「不動産登記法（平成16年法律第123号）第157条第2項に規定する意見の送付」と、同法第30条第1項中「弁明書」とあるのは「不動産登記法第157条第2項の意見」とする。

（行政不服審査法の適用除外）

第158条　行政不服審査法第13条、第15条第6項、第18条、第21条、第25条第2項から第7項まで、第29条第1項から第4項まで、第31条、第37条、第45条第3項、第46条、第47条、第49条第3項（審査請求に係る不作為が違法又は不当である旨の宣言に係る部分を除く。）から第5項まで及び第52条の規定は、第156条第1項の審査請求については、適用しない。

第8章　罰則

（秘密を漏らした罪）

第159条　第152条第２項の規定に違反して登記識別情報の作成又は管理に関する秘密を漏らした者は、２年以下の懲役又は100万円以下の罰金に処する。

（虚偽の登記名義人確認情報を提供した罪）

第160条　第23条第４項第１号（第16条第２項において準用する場合を含む。）の規定による情報の提供をする場合において、虚偽の情報を提供したときは、当該違反行為をした者は、２年以下の懲役又は50万円以下の罰金に処する。

（不正に登記識別情報を取得等した罪）

第161条　登記簿に不実の記録をさせることとなる登記の申請又は嘱託の用に供する目的で、登記識別情報を取得した者は、２年以下の懲役又は50万円以下の罰金に処する。情を知って、その情報を提供した者も、同様とする。

2　不正に取得された登記識別情報を、前項の目的で保管した者も、同項と同様とする。

（検査の妨害等の罪）

第162条　次の各号のいずれかに該当する場合には、当該違反行為をした者は、30万円以下の罰金に処する。

一　第29条第２項（第16条第２項において準用する場合を含む。次号において同じ。）の規定による検査を拒み、妨げ、又は忌避したとき。

二　第29条第２項の規定による文書若しくは電磁的記録に記録された事項を法務省令で定める方法により表示したものの提示をせず、若しくは虚偽の文書若しくは電磁的記録に記録された事項を法務省令で定める方法により表示したものを提示し、又は質問に対し陳述をせず、若しくは虚偽の陳述をしたとき。

三　第137条第５項の規定に違反して、同条第１項の規定による立入りを拒み、又は妨げたとき。

（両罰規定）

第163条　法人の代表者又は法人若しくは人の代理人、使用人その他の従業者が、その法人又は人の業務に関し、第160条又は前条の違反行為をしたときは、行為者を罰するほか、その法人又は人に対しても、各本条の罰金刑を科する。

（過料）

第164条　第36条、第37条第１項若しくは第２項、第42条、第47条第１項（第49条第２項において準用する場合を含む。）、第49条第１項、第３項若しくは第４項、第51条第１項から第４項まで、第57条、第58条第６項若しくは第７項、第76条の２第１項若しくは第２項又は第76条の３第４項の規定による申請をすべき義務がある者が正当な理由がないのにその申請を怠ったときは、10万円以下の過料に処する。

不動産登記令

平成16年政令第379号
最終改正　令和５年政令第297号

目次

第１章　総則

（趣旨）
第１条　この政令は、不動産登記法（以下「法」という。）の規定による不動産についての登記に関し必要な事項を定めるものとする。

（定義）
第２条　この政令において、次の各号に掲げる用語の意義は、それぞれ当該各号に定めるところによる。
一　添付情報　登記の申請をする場合において、法第22条本文若しくは第61条の規定、次章の規定又はその他の法令の規定によりその申請情報と併せて登記所に提供しなければならないものとされている情報をいう。
二　土地所在図　一筆の土地の所在を明らかにする図面であって、法務省令で定めるところにより作成されるものをいう。
三　地積測量図　一筆の土地の地積に関する測量の結果を明らかにする図面であって、法務省令で定めるところにより作成されるものをいう。
四　地役権図面　地役権設定の範囲が承役地の一部である場合における当該地役権設定の範囲を明らかにする図面であって、法務省令で定めるところにより作成されるものをいう。
五　建物図面　１個の建物の位置を明らかにする図面であって、法務省令で定めるところにより作成されるものをいう。
六　各階平面図　１個の建物の各階ごとの平面の形状を明らかにする図面であって、法務省令で定めるところにより作成されるものをいう。
七　嘱託情報　法第16条第１項に規定する登記の嘱託において、同条第２項において準用する法第18条の規定により嘱託者が登記所に提供しなければならない情報をいう。
八　順位事項　法第59条第８号の規定により権利の順位を明らかにするために必要な事項として法務省令で定めるものをいう。

第２章　申請情報及び添付情報

（申請情報）
第３条　登記の申請をする場合に登記所に提供しなければならない法第18条の申請情報の内容は、次に掲げる事項とする。
一　申請人の氏名又は名称及び住所
二　申請人が法人であるときは、その代表者の氏名
三　代理人によって登記を申請するときは、当該代理人の氏名又は名称及び住所並びに代理人が法人であるときはその代表者の氏名
四　民法（明治29年法律第89号）第423条その他の法令の規定により他人に代わって登記を申請するときは、申請人が代位者である旨、当該他人の氏名又は名称及び住所並びに代位原因
五　登記の目的
六　登記原因及びその日付（所有権の保存の登記を申請する場合にあっては、法第74条第２項の規定により敷地権付き区分建物について申請するときに限る。）
七　土地の表示に関する登記又は土地についての権利に関する登記を申請するときは、次に掲げる事項
イ　土地の所在する市、区、郡、町、村及び字
ロ　地番（土地の表題登記を申請する場合、法第74条第１項第２号又は第３号に掲げる者が表題登記がない土地について所有権の保存の登記を申請する場合及び表題登記がない土地について所有権の処分の制限の登記を嘱託する場合を除く。）
ハ　地目
ニ　地積
八　建物の表示に関する登記又は建物についての権利に関する登記を申請するときは、次に掲げる事項
イ　建物の所在する市、区、郡、町、村、字及び土地の地番（区分建物である建物にあっては、当該建物が属する一棟の建物の所在する市、区、郡、町、村、字及び土地の地番）
ロ　家屋番号（建物の表題登記（合体による登記等における合体後の建物についての表題登記を含む。）を申請する場合、法第74条第１項第２号又は第３号に掲げる者が表題登記がない建物について所有権の保存の登記を申請する場合及び表題登記がない建物について所有権の処分の制限の登記を嘱託する場合を除く。）
ハ　建物の種類、構造及び床面積
ニ　建物の名称があるときは、その名称
ホ　附属建物があるときは、その所在する市、区、郡、町、村、字及び土地の地番（区分建物である附属建物にあっては、当該附属建物が属する一棟の建物の所在する市、区、郡、町、村、字及び土地の地番）並びに種類、構造及び床面積
ヘ　建物又は附属建物が区分建物であるときは、当該建物又は附属建物が属する一棟の建物の構造及び床面積（トに掲げる事項を申請情報の内容とする場合（ロに規定する場合を除く。）を除く。）

ト　建物又は附属建物が区分建物である場合であって、当該建物又は附属建物が属する一棟の建物の名称があるときは、その名称

九　表題登記又は権利の保存、設定若しくは移転の登記（根質権、根抵当権及び信託の登記を除く。）を申請する場合において、表題部所有者又は登記名義人となる者が二人以上であるときは、当該表題部所有者又は登記名義人となる者ごとの持分

十　法第30条の規定により表示に関する登記を申請するときは、申請人が表題部所有者又は所有権の登記名義人の相続人その他の一般承継人である旨

十一　権利に関する登記を申請するときは、次に掲げる事項

イ　申請人が登記権利者又は登記義務者（登記権利者及び登記義務者がない場合にあっては、登記名義人）でないとき（第4号並びにロ及びハの場合を除く。）は、登記権利者、登記義務者又は登記名義人の氏名又は名称及び住所

ロ　法第62条の規定により登記を申請するときは、申請人が登記権利者、登記義務者又は登記名義人の相続人その他の一般承継人である旨

ハ　ロの場合において、登記名義人となる登記権利者の相続人その他の一般承継人が申請するときは、登記権利者の氏名又は名称及び一般承継の時における住所

ニ　登記の目的である権利の消滅に関する定め又は共有物分割禁止の定めがあるときは、その定め

ホ　権利の一部を移転する登記を申請するときは、移転する権利の一部

ヘ　敷地権付き区分建物についての所有権、一般の先取特権、質権又は抵当権に関する登記（法第73条第3項ただし書に規定する登記を除く。）を申請するときは、次に掲げる事項

(1)　敷地権の目的となる土地の所在する市、区、郡、町、村及び字並びに当該土地の地番、地目及び地積

(2)　敷地権の種類及び割合

ト　所有権の保存若しくは移転の登記を申請するとき又は所有権の登記がない不動産について所有権の処分の制限の登記を嘱託するときは、次に掲げる事項

(1)　所有権の登記名義人となる者が法人であるときは、法第73条の2第1項第1号に規定する特定の法人を識別するために必要な事項として法務省令で定めるもの（別表において「法人識別事項」という。）

(2)　所有権の登記名義人となる者が国内に住所を有しないときは、法第73条の2第1項第2号に規定する国内における連絡先に関する事項として法務省令で定めるもの（別表において「国内連絡先事項」という。）

十二　申請人が法第22条に規定する申請をする場合において、同条ただし書の規定により登記識別情報を提供することができないときは、当該登記識別情報を提供することができない理由

十三　前各号に掲げるもののほか、別表の登記欄に掲げる登記を申請するときは、同表の申請情報欄に掲げる事項

（申請情報の作成及び提供）

第4条　申請情報は、登記の目的及び登記原因に応じ、一の不動産ごとに作成して提供しなければならない。ただし、同一の登記所の管轄区域内にある2以上の不動産について申請する登記の目的並びに登記原因及びその日付が同一であるときその他法務省令で定めるときは、この限りでない。

（一の申請情報による登記の申請）

第5条　合体による登記等の申請は、一の申請情報によってしなければならない。この場合において、法第49条第1項後段の規定により併せて所有権の登記の申請をするときは、これと当該合体による登記等の申請とは、一の申請情報によってしなければならない。

2　信託の登記の申請と当該信託に係る権利の保存、設定、移転又は変更の登記の申請とは、一の申請情報によってしなければならない。

3　法第104条第1項の規定による信託の登記の抹消の申請と信託財産に属する不動産に関する権利の移転の登記若しくは変更の登記又は当該権利の登記の抹消の申請とは、一の申請情報によってしなければならない。

4　法第104条の2第1項の規定による信託の登記の抹消及び信託の登記の申請と権利の変更の登記の申請とは、一の申請情報によってしなければならない。

（申請情報の一部の省略）

第6条　次の各号に掲げる規定にかかわらず、法務省令で定めるところにより、不動産を識別するために必要な事項として法第27条第4号の法務省令で定めるもの（次項において「不動産識別事項」という。）を申請情報の内容としたときは、当該各号に定める事項を申請情報の内容とすることを要しない。

一　第3条第7号　同号に掲げる事項

二　第3条第8号　同号に掲げる事項

三　第3条第11号ヘ(1)　敷地権の目的となる土地の所在する市、区、郡、町、村及び字並びに当該土地の地番、地目及び地積

2　第3条第13号の規定にかかわらず、法務省令で定めるところにより、不動産識別事項を申請情報の内容としたときは、次に掲げる事項を申請情報の内容とすることを要しない。

一　別表の13の項申請情報欄ロに掲げる当該所有権の登記がある建物の家屋番号

二　別表の13の項申請情報欄ハ(1)に掲げる当該合体前の建物の家屋番号

三　別表の18の項申請情報欄に掲げる当該区分所有者が所有する建物の家屋番号

四　別表の19の項申請情報欄イに掲げる当該建物の所在する市、区、郡、町、村、字及び土地の地番

並びに当該建物の家屋番号

五　別表の35の項申請情報欄又は同表の36の項申請情報欄に掲げる当該要役地の所在する市、区、郡、町、村及び字並びに当該要役地の地番、地目及び地積

六　別表の42の項申請情報欄イ、同表の46の項申請情報欄イ、同表の49の項申請情報欄イ、同表の50の項申請情報欄ロ、同表の55の項申請情報欄イ、同表の58の項申請情報欄イ又は同表の59の項申請情報欄ロに掲げる他の登記所の管轄区域内にある不動産についての第3条第7号及び第8号に掲げる事項

七　別表の42の項申請情報欄ロ(1)、同表の46の項申請情報欄ハ(1)、同表の47の項申請情報欄ホ(1)、同表の49の項申請情報欄ハ(1)若しくはヘ(1)、同表の55の項申請情報欄ハ(1)、同表の56の項申請情報欄ニ(1)又は同表の58の項申請情報欄ハ(1)若しくはヘ(1)に掲げる当該土地の所在する市、区、郡、町、村及び字並びに当該土地の地番

八　別表の42の項申請情報欄ロ(2)、同表の46の項申請情報欄ハ(2)、同表の47の項申請情報欄ホ(2)、同表の49の項申請情報欄ハ(2)若しくはヘ(2)、同表の55の項申請情報欄ハ(2)、同表の56の項申請情報欄ニ(2)又は同表の58の項申請情報欄ハ(2)若しくはヘ(2)に掲げる当該建物の所在する市、区、郡、町、村、字及び土地の地番並びに当該建物の家屋番号

（添付情報）

第7条　登記の申請をする場合には、次に掲げる情報をその申請情報と併せて登記所に提供しなければならない。

一　申請人が法人であるとき（法務省令で定める場合を除く。）は、次に掲げる情報

イ　会社法人等番号（商業登記法（昭和38年法律第125号）第7条（他の法令において準用する場合を含む。）に規定する会社法人等番号をいう。以下このイにおいて同じ。）を有する法人にあっては、当該法人の会社法人等番号

ロ　イに規定する法人以外の法人にあっては、当該法人の代表者の資格を証する情報

二　代理人によって登記を申請するとき（法務省令で定める場合を除く。）は、当該代理人の権限を証する情報

三　民法第423条その他の法令の規定により他人に代わって登記を申請するときは、代位原因を証する情報

四　法第30条の規定により表示に関する登記を申請するときは、相続その他の一般承継があったことを証する市町村長（特別区の区長を含むものとし、地方自治法（昭和22年法律第67号）第252条の19第1項の指定都市にあっては、区長又は総合区長とする。第16条第2項及び第17条第1項を除き、以下同じ。）、登記官その他の公務員が職務上作成した情報（公務員が職務上作成した情報がない場合にあっては、これに代わるべき情報）

五　権利に関する登記を申請するときは、次に掲げる情報

イ　法第62条の規定により登記を申請するときは、相続その他の一般承継があったことを証する市町村長、登記官その他の公務員が職務上作成した情報（公務員が職務上作成した情報がない場合にあっては、これに代わるべき情報）

ロ　登記原因を証する情報。ただし、次の(1)又は(2)に掲げる場合にあっては当該(1)又は(2)に定めるものに限るものとし、別表の登記欄に掲げる登記を申請する場合（次の(1)又は(2)に掲げる場合を除く。）にあっては同表の添付情報欄に規定するところによる。

(1)　法第63条第1項に規定する確定判決による登記を申請するとき　執行力のある確定判決の判決書の正本（執行力のある確定判決と同一の効力を有するものの正本を含む。以下同じ。）

(2)　法第108条に規定する仮登記を命ずる処分があり、法第107条第1項の規定による仮登記を申請するとき　当該仮登記を命ずる処分の決定書の正本

ハ　登記原因について第三者の許可、同意又は承諾を要するときは、当該第三者が許可し、同意し、又は承諾したことを証する情報

六　前各号に掲げるもののほか、別表の登記欄に掲げる登記を申請するときは、同表の添付情報欄に掲げる情報

2　前項第1号及び第2号の規定は、不動産に関する国の機関の所管に属する権利について命令又は規則により指定された官庁又は公署の職員が登記の嘱託をする場合には、適用しない。

3　次に掲げる場合には、第1項第5号ロの規定にかかわらず、登記原因を証する情報を提供することを要しない。

一　法第69条の2の規定により買戻しの特約に関する登記の抹消を申請する場合

二　所有権の保存の登記を申請する場合（敷地権付き区分建物について法第74条第2項の規定により所有権の保存の登記を申請する場合を除く。）

三　法第111条第1項の規定により民事保全法（平成元年法律第91号）第53条第1項の規定による処分禁止の登記（保全仮登記とともにしたものを除く。次号において同じ。）に後れる登記の抹消を申請する場合

四　法第111条第2項において準用する同条第1項の規定により処分禁止の登記に後れる登記の抹消を申請する場合

五　法第113条の規定により保全仮登記とともにした処分禁止の登記に後れる登記の抹消を申請する場合

（登記名義人が登記識別情報を提供しなければならない登記等）

第8条　法第22条の政令で定める登記は、次のとおりとする。ただし、確定判決による登記を除く。

一　所有権の登記がある土地の合筆の登記

二　所有権の登記がある建物の合体による登記等

三　所有権の登記がある建物の合併の登記
四　共有物分割禁止の定めに係る権利の変更の登記
五　所有権の移転の登記がない場合における所有権の登記の抹消
六　質権又は抵当権の順位の変更の登記
七　民法第398条の14第1項ただし書（同法第361条において準用する場合を含む。）の定めの登記
八　信託法（平成18年法律第108号）第3条第3号に掲げる方法によってされた信託による権利の変更の登記
九　仮登記の登記名義人が単独で申請する仮登記の抹消

2　前項の登記のうち次の各号に掲げるものの申請については、当該各号に定める登記識別情報を提供すれば足りる。
一　所有権の登記がある土地の合筆の登記　当該合筆に係る土地のうちいずれか一筆の土地の所有権の登記名義人の登記識別情報
二　登記名義人が同一である所有権の登記がある建物の合体による登記等　当該合体に係る建物のうちいずれか1個の建物の所有権の登記名義人の登記識別情報
三　所有権の登記がある建物の合併の登記　当該合併に係る建物のうちいずれか1個の建物の所有権の登記名義人の登記識別情報

（添付情報の一部の省略）
第9条　第7条第1項第6号の規定により申請情報と併せて住所を証する情報（住所について変更又は錯誤若しくは遺漏があったことを証する情報を含む。以下この条において同じ。）を提供しなければならないものとされている場合において、その申請情報と併せて法務省令で定める情報を提供したときは、同号の規定にかかわらず、その申請情報と併せて当該住所を証する情報を提供することを要しない。

第3章　電子情報処理組織を使用する方法による登記申請の手続

（添付情報の提供方法）
第10条　電子情報処理組織を使用する方法（法第18条第1号の規定による電子情報処理組織を使用する方法をいう。以下同じ。）により登記を申請するときは、法務省令で定めるところにより、申請情報と併せて添付情報を送信しなければならない。

（登記事項証明書に代わる情報の送信）
第11条　電子情報処理組織を使用する方法により登記を申請する場合において、登記事項証明書を併せて提供しなければならないものとされているときは、法務大臣の定めるところに従い、登記事項証明書の提供に代えて、登記官が電気通信回線による登記情報の提供に関する法律（平成11年法律第226号）第2条第1項に規定する登記情報の送信を同法第3条第2項に規定する指定法人から受けるために必要な情報を送信しなければならない。

（電子署名）
第12条　電子情報処理組織を使用する方法により登記を申請するときは、申請人又はその代表者若しくは代理人は、申請情報に電子署名（電子署名及び認証業務に関する法律（平成12年法律第102号）第2条第1項に規定する電子署名をいう。以下同じ。）を行わなければならない。

2　電子情報処理組織を使用する方法により登記を申請する場合における添付情報は、作成者による電子署名が行われているものでなければならない。

（表示に関する登記の添付情報の特則）
第13条　前条第2項の規定にかかわらず、電子情報処理組織を使用する方法により表示に関する登記を申請する場合において、当該申請の添付情報（申請人又はその代表者若しくは代理人が作成したもの並びに土地所在図、地積測量図、地役権図面、建物図面及び各階平面図を除く。）が書面に記載されているときは、当該書面に記載された情報を電磁的記録に記録したものを添付情報とすることができる。この場合において、当該電磁的記録は、当該電磁的記録を作成した者による電子署名が行われているものでなければならない。

2　前項の場合において、当該申請人は、登記官が定めた相当の期間内に、登記官に当該書面を提示しなければならない。

（電子証明書の送信）
第14条　電子情報処理組織を使用する方法により登記を申請する場合において、電子署名が行われている情報を送信するときは、電子証明書（電子署名を行った者を確認するために用いられる事項が当該者に係るものであることを証明するために作成された電磁的記録をいう。）であって法務省令で定めるものを併せて送信しなければならない。

第4章　書面を提出する方法による登記申請の手続

（添付情報の提供方法）
第15条　書面を提出する方法（法第18条第2号の規定により申請情報を記載した書面（法務省令で定めるところにより申請情報の全部又は一部を記録した磁気ディスクを含む。）を登記所に提出する方法をいう。）により登記を申請するときは、申請情報を記載した書面に添付情報を記載した書面（添付情報のうち電磁的記録で作成されているものにあっては、法務省令で定めるところにより当該添付情報を記録した磁気ディスクを含む。）を添付して提出しなければならない。この場合において、第12条第2項及び前条の規定は、添付情報を記録した磁気ディスクを提出する場合について準用する。

（申請情報を記載した書面への記名押印等）
第16条　申請人又はその代表者若しくは代理人は、法務省令で定める場合を除き、申請情報を記載した書面に記名押印しなければならない。

2　前項の場合において、申請情報を記載した書面には、法務省令で定める場合を除き、同項の規定により記名押印した者（委任による代理人を除く。）の印鑑に

関する証明書（住所地の市町村長（特別区の区長を含むものとし、地方自治法第252条の19第1項の指定都市にあっては、市長又は区長若しくは総合区長とする。次条第1項において同じ。）又は登記官が作成するものに限る。以下同じ。）を添付しなければならない。

3　前項の印鑑に関する証明書は、作成後3月以内のものでなければならない。

4　官庁又は公署が登記の嘱託をする場合における嘱託情報を記載した書面については、第2項の規定は、適用しない。

5　第12条第1項及び第14条の規定は、法務省令で定めるところにより申請情報の全部を記録した磁気ディスクを提出する方法により登記を申請する場合について準用する。

（代表者の資格を証する情報を記載した書面の期間制限等）

第17条　第7条第1項第1号ロ又は第2号に掲げる情報を記載した書面であって、市町村長、登記官その他の公務員が職務上作成したものは、作成後3月以内のものでなければならない。

2　前項の規定は、官庁又は公署が登記の嘱託をする場合には、適用しない。

（代理人の権限を証する情報を記載した書面への記名押印等）

第18条　委任による代理人によって登記を申請する場合には、申請人又はその代表者は、法務省令で定める場合を除き、当該代理人の権限を証する情報を記載した書面に記名押印しなければならない。復代理人によって申請する場合における代理人についても、同様とする。

2　前項の場合において、代理人（復代理人を含む。）の権限を証する情報を記載した書面には、法務省令で定める場合を除き、同項の規定により記名押印した者（委任による代理人を除く。）の印鑑に関する証明書を添付しなければならない。

3　前項の印鑑に関する証明書は、作成後3月以内のものでなければならない。

4　第2項の規定は、官庁又は公署が登記の嘱託をする場合には、適用しない。

（承諾を証する情報を記載した書面への記名押印等）

第19条　第7条第1項第5号ハ若しくは第6号の規定又はその他の法令の規定により申請情報と併せて提供しなければならない同意又は承諾を証する情報を記載した書面には、法務省令で定める場合を除き、その作成者が記名押印しなければならない。

2　前項の書面には、官庁又は公署の作成に係る場合その他法務省令で定める場合を除き、同項の規定により記名押印した者の印鑑に関する証明書を添付しなければならない。

第5章　雑則

（登記すべきものでないとき）

第20条　法第25条第13号の政令で定める登記すべきものでないときは、次のとおりとする。

一　申請が不動産以外のものについての登記を目的とするとき。

二　申請に係る登記をすることによって表題部所有者又は登記名義人となる者（別表の12の項申請情報欄ロに規定する被承継人及び第3条第11号ハに規定する登記権利者を除く。）が権利能力を有しないとき。

三　申請が法第32条、第41条、第56条、第73条第2項若しくは第3項、第80条第3項又は第92条の規定により登記することができないとき。

四　申請が1個の不動産の一部についての登記（承役地についてする地役権の登記を除く。）を目的とするとき。

五　申請に係る登記の目的である権利が他の権利の全部又は一部を目的とする場合において、当該他の権利の全部又は一部が登記されていないとき。

六　同一の不動産に関し同時に2以上の申請がされた場合（法第19条第2項の規定により同時にされたものとみなされるときを含む。）において、申請に係る登記の目的である権利が相互に矛盾するとき。

七　申請に係る登記の目的である権利が同一の不動産について既にされた登記の目的である権利と矛盾するとき。

八　前各号に掲げるもののほか、申請に係る登記が民法その他の法令の規定により無効とされることが申請情報若しくは添付情報又は登記記録から明らかであるとき。

（写しの交付を請求することができる図面）

第21条　法第121条第1項の政令で定める図面は、土地所在図、地積測量図、地役権図面、建物図面及び各階平面図とする。

2　法第149条第1項の政令で定める図面は、筆界調査委員が作成した測量図その他の筆界特定の手続において測量又は実地調査に基づいて作成された図面（法第143条第2項の図面を除く。）とする。

（登記識別情報に関する証明）

第22条　登記名義人又はその相続人その他の一般承継人は、登記官に対し、手数料を納付して、登記識別情報が有効であることの証明その他の登記識別情報に関する証明を請求することができる。

2　法第119条第3項及び第4項の規定は、前項の請求について準用する。

3　前2項に定めるもののほか、第1項の証明に関し必要な事項は、法務省令で定める。

（事件の送付）

第23条　法第157条第2項の規定による事件の送付は、審査請求書の正本によってする。

（意見書の提出等）

第24条　法第157条第2項の意見を記載した書面（次項において「意見書」という。）は、正本及び当該意見を送付すべき審査請求人の数に行政不服審査法（平成26年法律第68号）第11条第2項に規定する審理員の数を加えた数に相当する通数の副本を提出しなければならない。

2　法第157条第２項後段の規定による意見の送付は、意見書の副本によってする。

（行政不服審査法施行令の規定の読替え）

第25条　法第156条第１項の審査請求に関する行政不服審査法施行令（平成27年政令第391号）の規定の適用については、同令第６条第２項中「法第29条第５項」とあるのは「不動産登記法（平成16年法律第123号）第157条第６項の規定により読み替えて適用する法第29条第５項」と、「弁明書の送付」とあるのは「不動産登記法第157条第２項に規定する意見の送付」と、「弁明書の副本」とあるのは「不動産登記令（平成16年政令第379号）第24条第１項に規定する意見書の副本」とする。

（登記の嘱託）

第26条　この政令（第２条第７号を除く。）に規定する登記の申請に関する法の規定には当該規定を法第16条第２項において準用する場合を含むものとし、この政令中「申請」、「申請人」及び「申請情報」にはそれぞれ嘱託、嘱託者及び嘱託情報を含むものとする。

（法務省令への委任）

第27条　この政令に定めるもののほか、法及びこの政令の施行に関し必要な事項は、法務省令で定める。

別表（第3条、第7条関係）

項	登記	申請情報	添付情報
表示に関する登記に共通する事項			
1	表題部所有者の氏名若しくは名称又は住所についての変更の登記又は更正の登記	変更後又は更正後の表題部所有者の氏名若しくは名称又は住所	表題部所有者の氏名若しくは名称又は住所についての変更又は錯誤若しくは遺漏があったことを証する市町村長、登記官その他の公務員が職務上作成した情報（公務員が職務上作成した情報がない場合にあっては、これに代わるべき情報）
2	表題部所有者についての更正の登記	当該登記をすることによって表題部所有者となる者の氏名又は名称及び住所並びに当該表題部所有者となる者が二人以上であるときは当該表題部所有者となる者ごとの持分	イ　当該表題部所有者となる者が所有権を有することを証する情報 ロ　当該表題部所有者となる者の住所を証する市町村長、登記官その他の公務員が職務上作成した情報（公務員が職務上作成した情報がない場合にあっては、これに代わるべき情報） ハ　表題部所有者の承諾を証する当該表題部所有者が作成した情報又は当該表題部所有者に対抗することができる裁判があったことを証する情報
3	表題部所有者である共有者の持分についての更正の登記	更正後の共有者ごとの持分	持分を更正することとなる他の共有者の承諾を証する当該他の共有者が作成した情報又は当該他の共有者に対抗することができる裁判があったことを証する情報
土地の表示に関する登記			
4	土地の表題登記		イ　土地所在図 ロ　地積測量図 ハ　表題部所有者となる者が所有権を有することを証する情報

			ニ　表題部所有者となる者の住所を証する市町村長、登記官その他の公務員が職務上作成した情報（公務員が職務上作成した情報がない場合にあっては、これに代わるべき情報）
5	地目に関する変更の登記又は更正の登記	変更後又は更正後の地目	
6	地積に関する変更の登記又は更正の登記（11の項の登記を除く。）	変更後又は更正後の地積	地積測量図
7	法第38条に規定する登記事項（地目及び地積を除く。）に関する更正の登記	更正後の当該登記事項	
8	分筆の登記	イ　分筆後の土地の所在する市、区、郡、町、村及び字並びに当該土地の地目及び地積 ロ　地役権の登記がある承役地の分筆の登記を申請する場合において、地役権設定の範囲が分筆後の土地の一部であるときは、当該地役権設定の範囲	イ　分筆後の土地の地積測量図 ロ　地役権の登記がある承役地の分筆の登記を申請する場合において、地役権設定の範囲が分筆後の土地の一部であるときは、当該地役権設定の範囲を証する地役権者が作成した情報又は当該地役権者に対抗することができる裁判があったことを証する情報及び地役権図面
9	合筆の登記	イ　合筆後の土地の所在する市、区、郡、町、村及び字並びに当該土地の地目及び地積 ロ　地役権の登記がある承役地の合筆の登記を申請する場合において、地役権設定の範囲が合筆後の土地の一部であるときは、当該地役権設定の範囲	地役権の登記がある承役地の合筆の登記を申請する場合において、地役権設定の範囲が合筆後の土地の一部であるときは、当該地役権設定の範囲を証する地役権者が作成した情報又は当該地役権者に対抗することができる裁判があったことを証する情報及び地役権図面
10	土地の滅失の登記（法第43条第５項の規定により河川管理者が嘱託するものに限る。）	法第43条第５項の規定により登記の嘱託をする旨	
11	地積に関する変更の登記（法第43条第６項の規定により河川管理者が嘱託するものに限る。）	イ　法第43条第６項の規定により登記の嘱託をする旨 ロ　変更後の地積	地積測量図
建物の表示に関する登記			
12	建物の表題登記（13の項及び21の項の登記を除く。）	イ　建物又は附属建物について敷地権が存するときは、次に掲げる事項 (1)　敷地権の目的となる土地の所在する市、区、郡、町、村及び字並びに当該土地の地番、地目及び地積 (2)　敷地権の種類及び割合 (3)　敷地権の登記原因及びその日付	イ　建物図面 ロ　各階平面図 ハ　表題部所有者となる者が所有権を有することを証する情報 ニ　表題部所有者となる者の住所を証する市町村長、登記官その他の公務員が職務上作成した情報（公務員が職務上作成した情報がない場合にあっては、これに代わるべき情報）

		ロ　法第47条第２項の規定による申請にあっては、被承継人の氏名又は名称及び一般承継の時における住所並びに申請人が被承継人の相続人その他の一般承継人である旨	ホ　建物又は附属建物が区分建物である場合において、当該区分建物が属する一棟の建物の敷地（建物の区分所有等に関する法律（昭和37年法律第69号。以下「区分所有法」という。）第２条第５項に規定する建物の敷地をいう。以下同じ。）について登記された所有権、地上権又は賃借権の登記名義人が当該区分建物の所有者であり、かつ、区分所有法第22条第１項ただし書（同条第３項において準用する場合を含む。以下同じ。）の規約における別段の定めがあることその他の事由により当該所有権、地上権又は賃借権が当該区分建物の敷地権とならないときは、当該事由を証する情報 へ　建物又は附属建物について敷地権が存するときは、次に掲げる情報 (1)　敷地権の目的である土地が区分所有法第５条第１項の規定により建物の敷地となった土地であるときは、同項の規約を設定したことを証する情報 (2)　敷地権が区分所有法第22条第２項ただし書（同条第３項において準用する場合を含む。以下同じ。）の規約で定められている割合によるものであるときは、当該規約を設定したことを証する情報 (3)　敷地権の目的である土地が他の登記所の管轄区域内にあるときは、当該土地の登記事項証明書 ト　法第47条第２項の規定による申請にあっては、相続その他の一般承継があったことを証する市町村長、登記官その他の公務員が職務上作成した情報（公務員が職務上作成した情報がない場合にあっては、これに代わるべき情報）
13	合体による登記等（法第49条第１項後段の規定により併せて申請をする所有権の登記があるときは、これを含む。）	イ　合体後の建物について敷地権が存するときは、次に掲げる事項 (1)　敷地権の目的となる土地の所在する市、区、郡、町、村及び字並びに当該土地の地番、地目及び地積	イ　建物図面 ロ　各階平面図 ハ　表題部所有者となる者が所有権を有することを証する情報

		⑵　敷地権の種類及び割合 ⑶　敷地権の登記原因及びその日付 ロ　合体前の建物に所有権の登記がある建物があるときは、当該所有権の登記がある建物の家屋番号並びに当該所有権の登記の申請の受付の年月日及び受付番号、順位事項並びに登記名義人の氏名又は名称 ハ　合体前の建物についてされた所有権の登記以外の所有権に関する登記又は先取特権、質権若しくは抵当権に関する登記であって合体後の建物について存続することとなるもの（以下この項において「存続登記」という。）があるときは、次に掲げる事項 ⑴　当該合体前の建物の家屋番号 ⑵　存続登記の目的、申請の受付の年月日及び受付番号、順位事項並びに登記名義人の氏名又は名称 ⑶　存続登記の目的となる権利 ニ　存続登記がある建物の所有権の登記名義人が次に掲げる者と同一の者であるときは、これらの者が同一の者でないものとみなした場合における持分（2以上の存続登記がある場合において、当該2以上の存続登記の登記の目的、申請の受付の年月日及び受付番号、登記原因及びその日付並びに登記名義人がいずれも同一であるときの当該2以上の存続登記の目的である所有権の登記名義人に係る持分を除く。） ⑴　合体前の表題登記がない他の建物の所有者 ⑵　合体前の表題登記がある他の建物（所有権の登記がある建物を除く。）の表題部所有者 ⑶　合体前の所有権の登記がある他の建物の所有権の登記名義人 ホ　法第49条第1項後段の規定により併せて申請をする所有権の登記があるときは、次に掲げる事項 ⑴　所有権の登記名義人となる者が法人であるときは、法人識別事項	ニ　表題部所有者となる者の住所を証する市町村長、登記官その他の公務員が職務上作成した情報（公務員が職務上作成した情報がない場合にあっては、これに代わるべき情報） ホ　合体後の建物が区分建物である場合において、当該区分建物が属する一棟の建物の敷地について登記された所有権、地上権又は賃借権の登記名義人が当該区分建物の所有者であり、かつ、区分所有法第22条第1項ただし書の規約における別段の定めがあることその他の事由により当該所有権、地上権又は賃借権が当該区分建物の敷地権とならないとき（合体前の2以上の建物がいずれも敷地権の登記がない区分建物であり、かつ、合体後の建物も敷地権の登記がない区分建物となるときを除く。）は、当該事由を証する情報 ヘ　合体後の建物について敷地権が存するとき（合体前の2以上の建物がいずれも敷地権付き区分建物であり、かつ、合体後の建物も敷地権付き区分建物となるとき（合体前の建物のすべての敷地権の割合を合算した敷地権の割合が合体後の建物の敷地権の割合となる場合に限る。）を除く。）は、次に掲げる情報 ⑴　敷地権の目的である土地が区分所有法第5条第1項の規定により建物の敷地となった土地であるときは、同項の規約を設定したことを証する情報 ⑵　敷地権が区分所有法第22条第2項ただし書の規約で定められている割合によるものであるときは、当該規約を設定したことを証する情報 ⑶　敷地権の目的である土地が他の登記所の管轄区域内にあるときは、当該土地の登記事項証明書

		(2)　所有権の登記名義人となる者が国内に住所を有しないときは、国内連絡先事項	ト　合体後の建物の持分について存続登記と同一の登記をするときは、当該存続登記に係る権利の登記名義人が当該登記を承諾したことを証する当該登記名義人が作成した情報又は当該登記名義人に対抗することができる裁判があったことを証する情報 チ　トの存続登記に係る権利が抵当証券の発行されている抵当権であるときは、当該抵当証券の所持人若しくは裏書人が当該存続登記と同一の登記を承諾したことを証するこれらの者が作成した情報又はこれらの者に対抗することができる裁判があったことを証する情報及び当該抵当証券 リ　法第49条第１項後段の規定により併せて申請をする所有権の登記があるときは、登記名義人となる者の住所を証する市町村長、登記官その他の公務員が職務上作成した情報（公務員が職務上作成した情報がない場合にあっては、これに代わるべき情報）
14	法第51条第１項から第４項までの規定による建物の表題部の変更の登記又は法第53条第１項の規定による建物の表題部の更正の登記（15の項の登記を除く。）	イ　変更後又は更正後の登記事項 ロ　当該変更の登記又は更正の登記が敷地権に関するものであるときは、変更前又は更正前における次に掲げる事項 (1)　敷地権の目的となる土地の所在する市、区、郡、町、村及び字並びに当該土地の地番、地目及び地積 (2)　敷地権の種類及び割合 (3)　敷地権の登記原因及びその日付	イ　建物の所在する市、区、郡、町、村、字及び土地の地番を変更し、又は更正するときは、変更後又は更正後の建物図面 ロ　床面積を変更し、又は更正するときは、次に掲げる事項 (1)　変更後又は更正後の建物図面及び各階平面図 (2)　床面積が増加するときは、床面積が増加した部分について表題部所有者又は所有権の登記名義人が所有権を有することを証する情報 ハ　附属建物を新築したときは、変更後の建物図面及び各階平面図並びに附属建物について表題部所有者又は所有権の登記名義人が所有権を有することを証する情報 ニ　共用部分である旨の登記又は団地共用部分である旨の登記がある建物について申請をするときは、当該建物の所有者を証する情報

15	敷地権の発生若しくは消滅を原因とする建物の表題部の変更の登記又は敷地権の存在若しくは不存在を原因とする建物の表題部の更正の登記	イ　敷地権の目的となる土地の所在する市、区、郡、町、村及び字並びに当該土地の地番、地目及び地積 ロ　敷地権の種類及び割合 ハ　敷地権の登記原因及びその日付	イ　区分所有法第5条第1項の規約を設定したことにより敷地権が生じたときは、当該規約を設定したことを証する情報 ロ　イの規約を廃止したことにより区分所有者の有する専有部分とその専有部分に係る敷地利用権とを分離して処分することができることとなったときは、当該規約を廃止したことを証する情報 ハ　区分所有法第22条第1項ただし書の規約における別段の定めがあることその他の事由により区分所有者の有する専有部分とその専有部分に係る敷地利用権とを分離して処分することができることとなったときは、当該事由を証する情報 ニ　登記された権利であって敷地権でなかったものがハの規約の変更その他の事由により敷地権となったときは、当該事由を証する情報 ホ　イ及びニの場合には、次に掲げる情報 (1)　敷地権が区分所有法第22条第2項ただし書の規約で定められている割合によるものであるときは、当該規約を設定したことを証する情報 (2)　敷地権の目的である土地が他の登記所の管轄区域内にあるときは、当該土地の登記事項証明書
16	建物の分割の登記、建物の区分の登記又は建物の合併の登記	イ　分割後、区分後又は合併後の建物についての第3条第8号（ロを除く。）に掲げる事項 ロ　分割前、区分前若しくは合併前の建物又は当該分割後、区分後若しくは合併後の建物について敷地権が存するときは、当該敷地権についての次に掲げる事項 (1)　敷地権の目的となる土地の所在する市、区、郡、町、村及び字並びに当該土地の地番、地目及び地積 (2)　敷地権の種類及び割合 (3)　敷地権の登記原因及びその日付	イ　当該分割後、区分後又は合併後の建物図面及び各階平面図 ロ　共用部分である旨の登記又は団地共用部分である旨の登記がある建物について建物の分割の登記又は建物の区分の登記を申請するときは、当該建物の所有者を証する情報 ハ　建物の区分の登記を申請する場合において、区分後の建物について敷地権が存するときは、次に掲げる情報（区分建物である建物について建物の区分の登記を申請するときは、(1)及び(3)を除く。）

			(1) 敷地権の目的である土地が区分所有法第5条第1項の規定により建物の敷地となった土地であるときは、同項の規約を設定したことを証する情報 (2) 敷地権が区分所有法第22条第2項ただし書の規約で定められている割合によるものであるときは、当該規約を設定したことを証する情報 (3) 敷地権の目的である土地が他の登記所の管轄区域内にあるときは、当該土地の登記事項証明書
17	共用部分である旨の登記又は団地共用部分である旨の登記がある建物の滅失の登記		当該建物の所有者を証する情報
18	共用部分である旨の登記	当該共用部分である建物が当該建物の属する一棟の建物以外の一棟の建物に属する建物の区分所有者の共用に供されるものであるときは、当該区分所有者が所有する建物の家屋番号	イ　共用部分である旨を定めた規約を設定したことを証する情報 ロ　所有権以外の権利に関する登記があるときは、当該権利に関する登記に係る権利の登記名義人（当該権利に関する登記が抵当権の登記である場合において、抵当証券が発行されているときは、当該抵当証券の所持人又は裏書人を含む。）の承諾を証する当該登記名義人が作成した情報又は当該登記名義人に対抗することができる裁判があったことを証する情報 ハ　ロの権利を目的とする第三者の権利に関する登記があるときは、当該第三者の承諾を証する当該第三者が作成した情報又は当該第三者に対抗することができる裁判があったことを証する情報 ニ　ロの権利に関する登記に係る権利が抵当証券の発行されている抵当権であるときは、当該抵当証券
19	団地共用部分である旨の登記	イ　団地共用部分を共用すべき者の所有する建物が区分建物でないときは、当該建物の所在する市、区、郡、町、村、字及び土地の地番並びに当該建物の家屋番号 ロ　団地共用部分を共用すべき者の所有する建物が区分建物であるときは、次に掲げる事項	イ　団地共用部分である旨を定めた規約を設定したことを証する情報

		⑴　当該建物が属する一棟の建物の所在する市、区、郡、町、村、字及び土地の地番 ⑵　当該一棟の建物の構造及び床面積又はその名称	ロ　所有権以外の権利に関する登記があるときは、当該権利に関する登記に係る権利の登記名義人（当該権利に関する登記が抵当権の登記である場合において、抵当証券が発行されているときは、当該抵当証券の所持人又は裏書人を含む。）の承諾を証する当該登記名義人が作成した情報又は当該登記名義人に対抗することができる裁判があったことを証する情報 ハ　ロの権利を目的とする第三者の権利に関する登記があるときは、当該第三者の承諾を証する当該第三者が作成した情報又は当該第三者に対抗することができる裁判があったことを証する情報 ニ　ロの権利に関する登記に係る権利が抵当証券の発行されている抵当権であるときは、当該抵当証券
20	法第58条第５項に規定する変更の登記又は更正の登記	変更後又は更正後の登記事項	イ　変更又は錯誤若しくは遺漏があったことを証する情報 ロ　当該建物の所有者を証する情報
21	建物の表題登記（法第58条第６項又は第７項の規定により申請するものに限る。）	建物又は附属建物について敷地権が存するときは、次に掲げる事項 イ　敷地権の目的となる土地の所在する市、区、郡、町、村及び字並びに当該土地の地番、地目及び地積 ロ　敷地権の種類及び割合 ハ　敷地権の登記原因及びその日付	イ　共用部分である旨又は団地共用部分である旨を定めた規約を廃止したことを証する情報 ロ　表題部所有者となる者が所有権を有することを証する情報 ハ　表題部所有者となる者の住所を証する市町村長、登記官その他の公務員が職務上作成した情報（公務員が職務上作成した情報がない場合にあっては、これに代わるべき情報） ニ　建物又は附属建物が区分建物である場合において、当該区分建物が属する一棟の建物の敷地について登記された所有権、地上権又は賃借権の登記名義人が当該区分建物の所有者であり、かつ、区分所有法第22条第１項ただし書の規約における別段の定めがあることその他の事由により当該所有権、地上権又は賃借権が当該区分建物の敷地権とならないときは、当該事由を証する情報

			ホ　建物又は附属建物について敷地権が存するときは、次に掲げる情報 (1)　敷地権の目的である土地が区分所有法第5条第1項の規定により建物の敷地となった土地であるときは、同項の規約を設定したことを証する情報 (2)　敷地権が区分所有法第22条第2項ただし書の規約で定められている割合によるものであるときは、当該規約を設定したことを証する情報 (3)　敷地権の目的である土地が他の登記所の管轄区域内にあるときは、当該土地の登記事項証明書
権利に関する登記に共通する事項			
22	法第63条第2項に規定する相続又は法人の合併による権利の移転の登記		相続又は法人の合併を証する市町村長、登記官その他の公務員が職務上作成した情報（公務員が職務上作成した情報がない場合にあっては、これに代わるべき情報）及びその他の登記原因を証する情報
23	登記名義人の氏名若しくは名称又は住所についての変更の登記又は更正の登記	イ　変更後又は更正後の登記名義人の氏名若しくは名称又は住所 ロ　当該登記名義人（所有権の登記名義人に限る。）が法人であるときは、法人識別事項（法人識別事項が既に登記されているときを除く。） ハ　変更後又は更正後の所有権の登記名義人の住所が国内にないときは、国内連絡先事項（国内連絡先事項が既に登記されているときを除く。）	当該登記名義人の氏名若しくは名称又は住所について変更又は錯誤若しくは遺漏があったことを証する市町村長、登記官その他の公務員が職務上作成した情報（公務員が職務上作成した情報がない場合にあっては、これに代わるべき情報）
24	抵当証券が発行されている場合における債務者の氏名若しくは名称又は住所についての変更の登記又は更正の登記（法第64条第2項の規定により債務者が単独で申請するものに限る。）	変更後又は更正後の債務者の氏名若しくは名称又は住所	当該債務者の氏名若しくは名称又は住所について変更又は錯誤若しくは遺漏があったことを証する市町村長、登記官その他の公務員が職務上作成した情報（公務員が職務上作成した情報がない場合にあっては、これに代わるべき情報）
25	権利の変更の登記又は更正の登記（24の項及び36の項の登記を除く。）	イ　変更後又は更正後の登記事項 ロ　所有権の更正の登記によって所有権の登記名義人となる者があるときは、次に掲げる事項 (1)　所有権の登記名義人となる者が法人であるときは、法人識別事項	イ　登記原因を証する情報

		(2)　所有権の登記名義人となる者が国内に住所を有しないときは、国内連絡先事項	ロ　付記登記によってする権利の変更の登記又は更正の登記を申請する場合において、登記上の利害関係を有する第三者（権利の変更の登記又は更正の登記につき利害関係を有する抵当証券の所持人又は裏書人を含む。）があるときは、当該第三者の承諾を証する当該第三者が作成した情報又は当該第三者に対抗することができる裁判があったことを証する情報 ハ　ロの第三者が抵当証券の所持人又は裏書人であるときは、当該抵当証券 ニ　抵当証券が発行されている抵当権の変更の登記又は更正の登記を申請するときは、当該抵当証券
26	権利に関する登記の抹消（37の項及び70の項の登記を除く。）		イ　法第69条の規定により登記権利者が単独で申請するときは、人の死亡又は法人の解散を証する市町村長、登記官その他の公務員が職務上作成した情報 ロ　法第70条第３項の規定により登記権利者が単独で申請するときは、非訟事件手続法（平成23年法律第51号）第106条第１項に規定する除権決定があったことを証する情報 ハ　法第70条第４項前段の規定により登記権利者が単独で先取特権、質権又は抵当権に関する登記の抹消を申請するときは、次に掲げる情報 (1)　債権証書並びに被担保債権及び最後の２年分の利息その他の定期金（債務不履行により生じた損害を含む。）の完全な弁済があったことを証する情報 (2)　共同して登記の抹消の申請をすべき者の所在が知れないことを証する情報 ニ　法第70条第４項後段の規定により登記権利者が単独で先取特権、質権又は抵当権に関する登記の抹消を申請するときは、次に掲げる情報 (1)　被担保債権の弁済期を証する情報

			(2) (1)の弁済期から20年を経過した後に当該被担保債権、その利息及び債務不履行により生じた損害の全額に相当する金銭が供託されたことを証する情報 (3) 共同して登記の抹消の申請をすべき者の所在が知れないことを証する情報 ホ　法第70条の２の規定により登記権利者が単独で先取特権、質権又は抵当権に関する登記の抹消を申請するときは、次に掲げる情報 (1) 被担保債権の弁済期を証する情報 (2) 共同して登記の抹消の申請をすべき法人の解散の日を証する情報 (3) 法第70条第２項に規定する方法により調査を行ってもなお(2)の法人の清算人の所在が判明しないことを証する情報 ヘ　イからホまでに規定する申請以外の場合にあっては、登記原因を証する情報 ト　登記上の利害関係を有する第三者（当該登記の抹消につき利害関係を有する抵当証券の所持人又は裏書人を含む。）があるときは、当該第三者の承諾を証する当該第三者が作成した情報又は当該第三者に対抗することができる裁判があったことを証する情報 チ　トの第三者が抵当証券の所持人又は裏書人であるときは、当該抵当証券 リ　抵当証券が発行されている抵当権の登記の抹消を申請するときは、当該抵当証券 ヌ　抵当証券交付の登記の抹消を申請するときは、当該抵当証券又は非訟事件手続法第118条第１項の規定により当該抵当証券を無効とする旨を宣言する除権決定があったことを証する情報
27	抹消された登記の回復	回復する登記の登記事項	イ　登記原因を証する情報

			ロ　登記上の利害関係を有する第三者（当該登記の回復につき利害関係を有する抵当証券の所持人又は裏書人を含む。）があるときは、当該第三者の承諾を証する当該第三者が作成した情報又は当該第三者に対抗することができる裁判があったことを証する情報 ハ　ロの第三者が抵当証券の所持人又は裏書人であるときは、当該抵当証券
所有権に関する登記			
28	所有権の保存の登記（法第74条第1項各号に掲げる者が申請するものに限る。）	イ　申請人が法第74条第1項各号に掲げる者のいずれであるか。 ロ　法第74条第1項第2号又は第3号に掲げる者が表題登記がない建物について申請する場合において、当該表題登記がない建物が敷地権のある区分建物であるときは、次に掲げる事項 (1)　敷地権の目的となる土地の所在する市、区、郡、町、村及び字並びに当該土地の地番、地目及び地積 (2)　敷地権の種類及び割合	イ　表題部所有者の相続人その他の一般承継人が申請するときは、相続その他の一般承継による承継を証する情報（市町村長、登記官その他の公務員が職務上作成した情報（公務員が職務上作成した情報がない場合にあっては、これに代わるべき情報）を含むものに限る。） ロ　法第74条第1項第2号に掲げる者が申請するときは、所有権を有することが確定判決（確定判決と同一の効力を有するものを含む。）によって確認されたことを証する情報 ハ　法第74条第1項第3号に掲げる者が申請するときは、収用によって所有権を取得したことを証する情報（収用の裁決が効力を失っていないことを証する情報を含むものに限る。） ニ　登記名義人となる者の住所を証する市町村長、登記官その他の公務員が職務上作成した情報（公務員が職務上作成した情報がない場合にあっては、これに代わるべき情報） ホ　法第74条第1項第2号又は第3号に掲げる者が表題登記がない土地について申請するときは、当該土地についての土地所在図及び地積測量図 ヘ　法第74条第1項第2号又は第3号に掲げる者が表題登記がない建物について申請するときは、当該建物についての建物図面及び各階平面図

			ト　へに規定する場合（当該表題登記がない建物が区分建物である場合に限る。）において、当該区分建物が属する一棟の建物の敷地について登記された所有権、地上権又は賃借権の登記名義人が当該区分建物の所有者であり、かつ、区分所有法第22条第1項ただし書の規約における別段の定めがあることその他の事由により当該所有権、地上権又は賃借権が当該区分建物の敷地権とならないときは、当該事由を証する情報 チ　へに規定する場合において、当該表題登記がない建物が敷地権のある区分建物であるときは、次に掲げる情報 (1)　敷地権の目的である土地が区分所有法第5条第1項の規定により建物の敷地となった土地であるときは、同項の規約を設定したことを証する情報 (2)　敷地権が区分所有法第22条第2項ただし書の規約で定められている割合によるものであるときは、当該規約を設定したことを証する情報 (3)　敷地権の目的である土地が他の登記所の管轄区域内にあるときは、当該土地の登記事項証明書
29	所有権の保存の登記（法第74条第2項の規定により表題部所有者から所有権を取得した者が申請するものに限る。）	法第74条第2項の規定により登記を申請する旨	イ　建物が敷地権のない区分建物であるときは、申請人が表題部所有者から当該区分建物の所有権を取得したことを証する表題部所有者又はその相続人その他の一般承継人が作成した情報 ロ　建物が敷地権付き区分建物であるときは、登記原因を証する情報及び敷地権の登記名義人の承諾を証する当該登記名義人が作成した情報 ハ　登記名義人となる者の住所を証する市町村長、登記官その他の公務員が職務上作成した情報（公務員が職務上作成した情報がない場合にあっては、これに代わるべき情報）
30	所有権の移転の登記		イ　登記原因を証する情報

			ロ　法第63条第３項の規定により登記権利者が単独で申請するときは、相続があったことを証する市町村長その他の公務員が職務上作成した情報（公務員が職務上作成した情報がない場合にあっては、これに代わるべき情報）及び遺贈（相続人に対する遺贈に限る。）によって所有権を取得したことを証する情報 ハ　登記名義人となる者の住所を証する市町村長、登記官その他の公務員が職務上作成した情報（公務員が職務上作成した情報がない場合にあっては、これに代わるべき情報）
31	表題登記がない土地についてする所有権の処分の制限の登記		イ　登記原因を証する情報 ロ　当該土地についての土地所在図及び地積測量図
32	表題登記がない建物についてする所有権の処分の制限の登記	当該表題登記がない建物が敷地権のある区分建物であるときは、次に掲げる事項 イ　敷地権の目的となる土地の所在する市、区、郡、町、村及び字並びに当該土地の地番、地目及び地積 ロ　敷地権の種類及び割合	イ　登記原因を証する情報 ロ　当該表題登記がない建物についての建物図面及び各階平面図 ハ　当該表題登記がない建物が区分建物である場合において、当該区分建物が属する一棟の建物の敷地について登記された所有権、地上権又は賃借権の登記名義人が当該区分建物の所有者であり、かつ、区分所有法第22条第１項ただし書の規約における別段の定めがあることその他の事由により当該所有権、地上権又は賃借権が当該区分建物の敷地権とならないときは、当該事由を証する情報 ニ　当該表題登記がない建物が敷地権のある区分建物であるときは、次に掲げる情報 (1)　敷地権の目的である土地が区分所有法第５条第１項の規定により建物の敷地となった土地であるときは、同項の規約を設定したことを証する情報 (2)　敷地権が区分所有法第22条第２項ただし書の規約で定められている割合によるものであるときは、当該規約を設定したことを証する情報 (3)　敷地権の目的である土地が他の登記所の管轄区域内にあるときは、当該土地の登記事項証明書

用益権に関する登記			
33	地上権の設定の登記	法第78条各号に掲げる登記事項	イ　借地借家法（平成３年法律第90号）第22条第１項前段の定めがある地上権の設定にあっては、同項後段の書面又は同条第２項の電磁的記録及びその他の登記原因を証する情報（登記原因を証する情報として執行力のある確定判決の判決書の正本が提供されたときを除く。） ロ　借地借家法第23条第１項又は第２項に規定する借地権に当たる地上権の設定にあっては、同条第３項の公正証書の謄本（登記原因を証する情報として執行力のある確定判決の判決書の正本が提供されたときを除く。） ハ　大規模な災害の被災地における借地借家に関する特別措置法（平成25年法律第61号）第７条第１項の定めがある地上権の設定にあっては、同条第３項の書面又は同条第４項の電磁的記録（登記原因を証する情報として執行力のある確定判決の判決書の正本が提供されたときを除く。） ニ　イからハまでに規定する地上権の設定以外の場合にあっては、登記原因を証する情報
34	永小作権の設定の登記	法第79条各号に掲げる登記事項	登記原因を証する情報
35	承役地についてする地役権の設定の登記	法第80条第１項各号に掲げる登記事項（同項第１号に掲げる登記事項にあっては、当該要役地の所在する市、区、郡、町、村及び字並びに当該要役地の地番、地目及び地積）	イ　登記原因を証する情報 ロ　地役権設定の範囲が承役地の一部であるときは、地役権図面 ハ　要役地が他の登記所の管轄区域内にあるときは、当該要役地の登記事項証明書
36	地役権の変更の登記又は更正の登記	変更後又は更正後の法第80条第１項各号に掲げる登記事項（同項第１号に掲げる登記事項にあっては、当該要役地の所在する市、区、郡、町、村及び字並びに当該要役地の地番、地目及び地積）	イ　登記原因を証する情報 ロ　地役権設定の範囲の変更の登記又は更正の登記の申請をする場合において、変更後又は更正後の地役権設定の範囲が承役地の一部であるときは、地役権図面 ハ　要役地が他の登記所の管轄区域内にあるときは、当該要役地の登記事項証明書 ニ　付記登記によってする地役権の変更の登記又は更正の登記を申請する場合において、登記上の利害関係を有する第三者（地役権の変更の登記又は更正の登記につき利害関係を有する抵当証券の所持人又は裏書人を含む。）があるときは、

			当該第三者の承諾を証する当該第三者が作成した情報又は当該第三者に対抗することができる裁判があったことを証する情報 ホ　ニの第三者が抵当証券の所持人又は裏書人であるときは、当該抵当証券
37	地役権の登記の抹消		イ　登記原因を証する情報 ロ　要役地が他の登記所の管轄区域内にあるときは、当該要役地の登記事項証明書 ハ　登記上の利害関係を有する第三者（当該登記の抹消につき利害関係を有する抵当証券の所持人又は裏書人を含む。）があるときは、当該第三者の承諾を証する当該第三者が作成した情報又は当該第三者に対抗することができる裁判があったことを証する情報 ニ　ハの第三者が抵当証券の所持人又は裏書人であるときは、当該抵当証券
38	賃借権の設定の登記	法第81条各号に掲げる登記事項	イ　借地借家法第22条第１項前段の定めがある賃借権の設定にあっては、同項後段の書面又は同条第２項の電磁的記録及びその他の登記原因を証する情報（登記原因を証する情報として執行力のある確定判決の判決書の正本が提供されたときを除く。） ロ　借地借家法第23条第１項又は第２項に規定する借地権に当たる賃借権の設定にあっては、同条第３項の公正証書の謄本（登記原因を証する情報として執行力のある確定判決の判決書の正本が提供されたときを除く。） ハ　借地借家法第38条第１項前段の定めがある賃借権の設定にあっては、同項前段の書面又は同条第２項の電磁的記録（登記原因を証する情報として執行力のある確定判決の判決書の正本が提供されたときを除く。） ニ　借地借家法第39条第１項の規定による定めのある賃借権の設定にあっては、同条第２項の書面又は同条第３項の電磁的記録及びその他の登記原因を証する情報（登記原因を証する情報として執行力のある確定判決の判決書の正本が提供されたときを除く。）

			ホ　高齢者の居住の安定確保に関する法律（平成13年法律第26号）第52条第１項の定めがある賃借権の設定にあっては、同項の書面又は同条第２項の電磁的記録（登記原因を証する情報として執行力のある確定判決の判決書の正本が提供されたときを除く。） ヘ　大規模な災害の被災地における借地借家に関する特別措置法第７条第１項の定めがある賃借権の設定にあっては、同条第３項の書面又は同条第４項の電磁的記録（登記原因を証する情報として執行力のある確定判決の判決書の正本が提供されたときを除く。） ト　建物が配偶者居住権の登記のある建物であるときは、当該建物の所有者が賃借権の設定の登記の登記名義人となる者に当該建物の使用又は収益をさせることを承諾したことを証する当該所有者が作成した情報（当該登記名義人となる者に当該建物の使用又は収益をさせることを許す旨の定めの登記がある場合を除く。） チ　イからトまでに規定する賃借権の設定以外の場合にあっては、登記原因を証する情報
39	賃借物の転貸の登記	法第81条各号に掲げる登記事項	イ　登記原因を証する情報 ロ　賃貸人が賃借物の転貸を承諾したことを証する当該賃貸人が作成した情報又は借地借家法第19条第１項前段若しくは大規模な災害の被災地における借地借家に関する特別措置法第５条第１項前段に規定する承諾に代わる許可があったことを証する情報（賃借物の転貸を許す旨の定めの登記があるときを除く。）
40	賃借権の移転の登記		イ　登記原因を証する情報 ロ　賃貸人が賃借権の譲渡を承諾したことを証する当該賃貸人が作成した情報又は借地借家法第19条第１項前段若しくは第20条第１項前段若しくは大規模な災害の被災地における借地借家に関する特別措置法第５条第１項前段に規定する承諾に代わる許可があったことを証する情報（賃借権の譲渡を許す旨の定めの登記があるときを除く。）

40の2	配偶者居住権の設定の登記	法第81条の2各号に掲げる登記事項	登記原因を証する情報
41	採石権の設定の登記	法第82条各号に掲げる登記事項	登記原因を証する情報
担保権等に関する登記			
42	先取特権の保存の登記（43の項及び44の項の登記を除く。）	イ　法第83条第1項各号に掲げる登記事項（同項第4号に掲げる登記事項であって、他の登記所の管轄区域内にある不動産に関するものがあるときは、当該不動産についての第3条第7号及び第8号に掲げる事項を含み、不動産工事の先取特権の保存の登記にあっては、法第83条第1項第1号の債権額は工事費用の予算額とする。） ロ　1又は2以上の不動産に関する権利を目的とする先取特権の保存の登記をした後、同一の債権の担保として他の1又は2以上の不動産に関する権利を目的とする先取特権の保存の登記を申請するときは、前の登記に係る次に掲げる事項（申請を受ける登記所に当該前の登記に係る共同担保目録がある場合には、法務省令で定める事項） (1)　土地にあっては、当該土地の所在する市、区、郡、町、村及び字並びに当該土地の地番 (2)　建物にあっては、当該建物の所在する市、区、郡、町、村、字及び土地の地番並びに当該建物の家屋番号 (3)　順位事項	登記原因を証する情報
43	建物を新築する場合における不動産工事の先取特権の保存の登記	イ　法第83条第1項各号（第3号を除く。）に掲げる登記事項（同項第1号の債権額は工事費用の予算額とする。） ロ　新築する建物の所在することとなる市、区、郡、町、村、字及び土地の地番（区分建物となる建物にあっては、当該建物が属する一棟の建物の所在することとなる市、区、郡、町、村、字及び土地の地番） ハ　新築する建物の種類、構造及び床面積 ニ　新築する建物に附属建物があるときは、その所在することとなる市、区、郡、町、村、字及び土地の地番（区分建物となる附属建物にあっては、当該附属建物が属する一棟の建物の所在することとなる市、区、郡、町、村、字及び土地の地番）並びに種類、構造及び床面積	イ　登記原因を証する情報 ロ　新築する建物の設計書（図面を含む。）の内容を証する情報

		ホ　新築する建物又は附属建物が区分建物であるときは、当該建物又は附属建物が属する一棟の建物の構造及び床面積 ヘ　ハからホまでの建物の種類、構造及び床面積は設計書による旨	
44	所有権の登記がある建物の附属建物を新築する場合における不動産工事の先取特権の保存の登記	イ　法第83条第１項各号（第３号を除く。）に掲げる登記事項（同項第１号の債権額は工事費用の予算額とする。） ロ　新築する附属建物の所在することとなる市、区、郡、町、村、字及び土地の地番（区分建物となる附属建物にあっては、当該附属建物が属する一棟の建物の所在することとなる市、区、郡、町、村、字及び土地の地番） ハ　新築する附属建物の種類、構造及び床面積 ニ　新築する附属建物が区分建物であるときは、当該附属建物が属する一棟の建物の構造及び床面積 ホ　ハ及びニの建物の種類、構造及び床面積は設計書による旨	イ　登記原因を証する情報 ロ　新築する附属建物の設計書（図面を含む。）の内容を証する情報
45	債権の一部について譲渡又は代位弁済がされた場合における先取特権の移転の登記	当該譲渡又は代位弁済の目的である債権の額	登記原因を証する情報
46	質権（根質権を除く。以下この項において同じ。）の設定又は転質の登記	イ　法第83条第１項各号に掲げる登記事項（同項第４号に掲げる登記事項であって、他の登記所の管轄区域内にある不動産に関するものがあるときは、当該不動産についての第３条第７号及び第８号に掲げる事項を含む。） ロ　法第95条第１項各号に掲げる登記事項 ハ　１又は２以上の不動産に関する権利を目的とする質権の設定又は転質の登記をした後、同一の債権の担保として他の１又は２以上の不動産に関する権利を目的とする質権の設定又は転質の登記を申請するときは、前の登記に係る次に掲げる事項（申請を受ける登記所に当該前の登記に係る共同担保目録がある場合には、法務省令で定める事項） (1)　土地にあっては、当該土地の所在する市、区、郡、町、村及び字並びに当該土地の地番 (2)　建物にあっては、当該建物の所在する市、区、郡、町、村、字及び土地の地番並びに当該建物の家屋番号	登記原因を証する情報

		(3)　順位事項	
47	根質権の設定の登記	イ　法第83条第１項各号（第１号を除く。）に掲げる登記事項 ロ　法第95条第１項各号に掲げる登記事項 ハ　法第95条第２項において準用する法第88条第２項各号に掲げる登記事項 ニ　民法第361条において準用する同法第398条の16の登記にあっては、同条の登記である旨 ホ　一の不動産に関する権利を目的とする根質権の設定の登記又は２以上の不動産に関する権利を目的とする根質権の設定の登記（民法第361条において準用する同法第398条の16の登記をしたものに限る。）をした後、同一の債権の担保として他の１又は２以上の不動産に関する権利を目的とする根質権の設定の登記及び同条の登記を申請するときは、前の登記に係る次に掲げる事項 (1)　土地にあっては、当該土地の所在する市、区、郡、町、村及び字並びに当該土地の地番 (2)　建物にあっては、当該建物の所在する市、区、郡、町、村、字及び土地の地番並びに当該建物の家屋番号 (3)　順位事項 (4)　申請を受ける登記所に共同担保目録があるときは、法務省令で定める事項	イ　登記原因を証する情報 ロ　一の不動産に関する権利を目的とする根質権の設定の登記又は２以上の不動産に関する権利を目的とする根質権の設定の登記（民法第361条において準用する同法第398条の16の登記をしたものに限る。）をした後、同一の債権の担保として他の１又は２以上の不動産に関する権利を目的とする根質権の設定の登記及び同条の登記を申請する場合において、前の登記に他の登記所の管轄区域内にある不動産に関するものがあるときは、当該前の登記に関する登記事項証明書
48	債権の一部について譲渡又は代位弁済がされた場合における質権又は転質の移転の登記	当該譲渡又は代位弁済の目的である債権の額	登記原因を証する情報
49	民法第361条において準用する同法第376条第１項の規定により質権を他の債権のための担保とし、又は質権を譲渡し、若しくは放棄する場合の登記	イ　法第83条第１項各号（根質権の処分の登記にあっては、同項第１号を除く。）に掲げる登記事項（同項第４号に掲げる登記事項であって、他の登記所の管轄区域内にある不動産に関するものがあるときは、当該不動産についての第３条第７号及び第８号に掲げる事項を含む。） ロ　法第95条第１項各号に掲げる登記事項 ハ　１又は２以上の不動産に関する権利を目的とする質権（根質権を除く。）の設定の登記をした後、同一の債権の担保として他の１	イ　登記原因を証する情報 ロ　一の不動産に関する権利を目的とする根質権の設定の登記又は２以上の不動産に関する権利を目的とする根質権の設定の登記（民法第361条において準用する同法第398条の16の登記をしたものに限る。）をした後、同一の債権の担保として他の１又は２以上の不動産に関する権利を目的とする根質権の処分の登記及び同条の登記を申請する場合において、前の登記に他の登記所の管轄区域内にある不動産に関するものがあ

		又は２以上の不動産に関する権利を目的とする質権（根質権を除く。）の処分の登記を申請するときは、前の登記に係る次に掲げる事項（申請を受ける登記所に当該前の登記に係る共同担保目録がある場合には、法務省令で定める事項） (1)　土地にあっては、当該土地の所在する市、区、郡、町、村及び字並びに当該土地の地番 (2)　建物にあっては、当該建物の所在する市、区、郡、町、村、字及び土地の地番並びに当該建物の家屋番号 (3)　順位事項 ニ　根質権の処分の登記にあっては、法第95条第２項において準用する法第88条第２項各号に掲げる登記事項 ホ　民法第361条において準用する同法第398条の16の登記にあっては、同条の登記である旨 ヘ　一の不動産に関する権利を目的とする根質権の設定の登記又は２以上の不動産に関する権利を目的とする根質権の設定の登記（民法第361条において準用する同法第398条の16の登記をしたものに限る。）をした後、同一の債権の担保として他の１又は２以上の不動産に関する権利を目的とする根質権の処分の登記及び同条の登記を申請するときは、前の登記に係る次に掲げる事項 (1)　土地にあっては、当該土地の所在する市、区、郡、町、村及び字並びに当該土地の地番 (2)　建物にあっては、当該建物の所在する市、区、郡、町、村、字及び土地の地番並びに当該建物の家屋番号 (3)　順位事項 (4)　申請を受ける登記所に共同担保目録があるときは、法務省令で定める事項	るときは、当該前の登記に関する登記事項証明書
50	民法第361条において準用する同法第393条の規定による代位の登記	イ　先順位の質権者が弁済を受けた不動産に関する権利、当該不動産の代価及び当該弁済を受けた額	登記原因を証する情報

		ロ　法第83条第１項各号（根質権の登記にあっては、同項第１号を除く。）に掲げる登記事項（同項第４号に掲げる登記事項であって、他の登記所の管轄区域内にある不動産に関するものがあるときは、当該不動産についての第３条第７号及び第８号に掲げる事項を含む。） ハ　法第95条第１項各号に掲げる登記事項 ニ　根質権の登記にあっては、法第95条第２項において準用する法第88条第２項各号に掲げる登記事項	
51	民法第361条において準用する同法第398条の12第２項の規定により根質権を分割して譲り渡す場合の登記	イ　根質権の設定の登記に係る申請の受付の年月日及び受付番号並びに登記原因及びその日付 ロ　分割前の根質権の債務者の氏名又は名称及び住所並びに担保すべき債権の範囲 ハ　分割後の各根質権の極度額 ニ　分割前の根質権について民法第361条において準用する同法第370条ただし書の別段の定め又は担保すべき元本の確定すべき期日の定めが登記されているときは、その定め ホ　分割前の根質権に関する共同担保目録があるときは、法務省令で定める事項	登記原因を証する情報
52	民法第361条において準用する同法第398条の19第２項の規定により根質権の担保すべき元本が確定した場合の登記（法第95条第２項において準用する法第93条の規定により登記名義人が単独で申請するものに限る。）		民法第361条において準用する同法第398条の19第２項の規定による請求をしたことを証する情報
53	民法第361条において準用する同法第398条の20第１項第３号の規定により根質権の担保すべき元本が確定した場合の登記（法第95条第２項において準用する法第93条の規定により登記名義人が単独で申請するものに限る。）		民事執行法（昭和54年法律第４号）第49条第２項（同法第188条において準用する場合を含む。）の規定による催告又は国税徴収法（昭和34年法律第147号）第55条（同条の例による場合を含む。）の規定による通知を受けたことを証する情報
54	民法第361条において準用する同法第398条の20第１項第４号の規定により根質権の担保すべき元本が確定した場合の登記（法第95条第２項において準用する法第93条の規定により登記名義人が単独で申請するものに限る。）		債務者又は根質権設定者について破産手続開始の決定があったことを証する情報

55	抵当権（根抵当権を除く。以下この項において同じ。）の設定の登記	イ　法第83条第１項各号に掲げる登記事項（同項第４号に掲げる登記事項であって、他の登記所の管轄区域内にある不動産に関するものがあるときは、当該不動産についての第３条第７号及び第８号に掲げる事項を含む。） ロ　法第88条第１項各号に掲げる登記事項 ハ　１又は２以上の不動産に関する権利を目的とする抵当権の設定の登記をした後、同一の債権の担保として他の１又は２以上の不動産に関する権利を目的とする抵当権の設定の登記を申請するときは、前の登記に係る次に掲げる事項（申請を受ける登記所に当該前の登記に係る共同担保目録がある場合には、法務省令で定める事項） (1)　土地にあっては、当該土地の所在する市、区、郡、町、村及び字並びに当該土地の地番 (2)　建物にあっては、当該建物の所在する市、区、郡、町、村、字及び土地の地番並びに当該建物の家屋番号 (3)　順位事項	登記原因を証する情報
56	根抵当権の設定の登記	イ　法第83条第１項各号（第１号を除く。）に掲げる登記事項 ロ　法第88条第２項各号に掲げる登記事項 ハ　民法第398条の16の登記にあっては、同条の登記である旨 ニ　一の不動産に関する権利を目的とする根抵当権の設定の登記又は２以上の不動産に関する権利を目的とする根抵当権の設定の登記（民法第398条の16の登記をしたものに限る。）をした後、同一の債権の担保として他の１又は２以上の不動産に関する権利を目的とする根抵当権の設定の登記及び同条の登記を申請するときは、前の登記に係る次に掲げる事項 (1)　土地にあっては、当該土地の所在する市、区、郡、町、村及び字並びに当該土地の地番 (2)　建物にあっては、当該建物の所在する市、区、郡、町、村、字及び土地の地番並びに当該建物の家屋番号 (3)　順位事項	イ　登記原因を証する情報 ロ　一の不動産に関する権利を目的とする根抵当権の設定の登記又は２以上の不動産に関する権利を目的とする根抵当権の設定の登記（民法第398条の16の登記をしたものに限る。）をした後、同一の債権の担保として他の１又は２以上の不動産に関する権利を目的とする根抵当権の設定の登記及び同条の登記を申請する場合において、前の登記に他の登記所の管轄区域内にある不動産に関するものがあるときは、当該前の登記に関する登記事項証明書

		⑷　申請を受ける登記所に共同担保目録があるときは、法務省令で定める事項	
57	債権の一部について譲渡又は代位弁済がされた場合における抵当権の移転の登記	当該譲渡又は代位弁済の目的である債権の額	登記原因を証する情報
58	民法第376条第１項の規定により抵当権を他の債権のための担保とし、又は抵当権を譲渡し、若しくは放棄する場合の登記	イ　法第83条第１項各号（根抵当権の処分の登記にあっては、同項第１号を除く。）に掲げる登記事項（同項第４号に掲げる登記事項であって、他の登記所の管轄区域内にある不動産に関するものがあるときは、当該不動産についての第３条第７号及び第８号に掲げる事項を含む。） ロ　抵当権（根抵当権を除く。ハにおいて同じ。）の処分の登記にあっては、法第88条第１項各号に掲げる登記事項 ハ　１又は２以上の不動産に関する権利を目的とする抵当権の設定の登記をした後、同一の債権の担保として他の１又は２以上の不動産に関する権利を目的とする抵当権の処分の登記を申請するときは、前の登記に係る次に掲げる事項（申請を受ける登記所に当該前の登記に係る共同担保目録がある場合には、法務省令で定める事項） ⑴　土地にあっては、当該土地の所在する市、区、郡、町、村及び字並びに当該土地の地番 ⑵　建物にあっては、当該建物の所在する市、区、郡、町、村、字及び土地の地番並びに当該建物の家屋番号 ⑶　順位事項 ニ　根抵当権の処分の登記にあっては、法第88条第２項各号に掲げる登記事項 ホ　民法第398条の16の登記にあっては、同条の登記である旨 ヘ　一の不動産に関する権利を目的とする根抵当権の設定の登記又は２以上の不動産に関する権利を目的とする根抵当権の設定の登記（民法第398条の16の登記をしたものに限る。）をした後、同一の債権の担保として他の１又は２以上の不動産に関する権利を目的とする根抵当権の処分の登記及び同条の登記を申請するときは、前の登記に係る次に掲げる事項	イ　登記原因を証する情報 ロ　一の不動産に関する権利を目的とする根抵当権の設定の登記又は２以上の不動産に関する権利を目的とする根抵当権の設定の登記（民法第398条の16の登記をしたものに限る。）をした後、同一の債権の担保として他の１又は２以上の不動産に関する権利を目的とする根抵当権の処分の登記及び同条の登記を申請する場合において、前の登記に他の登記所の管轄区域内にある不動産に関するものがあるときは、当該前の登記に関する登記事項証明書

		⑴　土地にあっては、当該土地の所在する市、区、郡、町、村及び字並びに当該土地の地番 ⑵　建物にあっては、当該建物の所在する市、区、郡、町、村、字及び土地の地番並びに当該建物の家屋番号 ⑶　順位事項 ⑷　申請を受ける登記所に共同担保目録があるときは、法務省令で定める事項	
59	民法第393条の規定による代位の登記	イ　先順位の抵当権者が弁済を受けた不動産に関する権利、当該不動産の代価及び当該弁済を受けた額 ロ　法第83条第１項各号（根抵当権の登記にあっては、同項第１号を除く。）に掲げる登記事項（同項第４号に掲げる登記事項であって、他の登記所の管轄区域内にある不動産に関するものがあるときは、当該不動産についての第３条第７号及び第８号に掲げる事項を含む。） ハ　抵当権（根抵当権を除く。）の登記にあっては、法第88条第１項各号に掲げる登記事項 ニ　根抵当権の登記にあっては、法第88条第２項各号に掲げる登記事項	登記原因を証する情報
60	民法第398条の12第２項の規定により根抵当権を分割して譲り渡す場合の登記	イ　根抵当権の設定の登記に係る申請の受付の年月日及び受付番号並びに登記原因及びその日付 ロ　分割前の根抵当権の債務者の氏名又は名称及び住所並びに担保すべき債権の範囲 ハ　分割後の各根抵当権の極度額 ニ　分割前の根抵当権について民法第370条ただし書の別段の定め又は担保すべき元本の確定すべき期日の定めが登記されているときは、その定め ホ　分割前の根抵当権に関する共同担保目録があるときは、法務省令で定める事項	登記原因を証する情報
61	民法第398条の19第２項の規定により根抵当権の担保すべき元本が確定した場合の登記（法第93条の規定により登記名義人が単独で申請するものに限る。）		民法第398条の19第２項の規定による請求をしたことを証する情報

62	民法第398条の20第１項第３号の規定により根抵当権の担保すべき元本が確定した場合の登記（法第93条の規定により登記名義人が単独で申請するものに限る。）		民事執行法第49条第２項（同法第188条において準用する場合を含む。）の規定による催告又は国税徴収法第55条（同条の例による場合を含む。）の規定による通知を受けたことを証する情報
63	民法第398条の20第１項第４号の規定により根抵当権の担保すべき元本が確定した場合の登記（法第93条の規定により登記名義人が単独で申請するものに限る。）		債務者又は根抵当権設定者について破産手続開始の決定があったことを証する情報
64	買戻しの特約の登記	買主が支払った代金（民法第579条の別段の合意をした場合にあっては、その合意により定めた金額）及び契約の費用並びに買戻しの期間の定めがあるときはその定め	登記原因を証する情報
信託に関する登記			
65	信託の登記		イ　信託法第３条第３号に掲げる方法によってされた信託にあっては、同法第４条第３項第１号に規定する公正証書等（公正証書については、その謄本）又は同項第２号の書面若しくは電磁的記録及び同号の通知をしたことを証する情報 ロ　イに規定する信託以外の信託にあっては、登記原因を証する情報 ハ　信託目録に記録すべき情報
66	信託財産に属する不動産についてする受託者の変更による権利の移転の登記（法第100条第１項の規定により新たに選任された受託者が単独で申請するものに限る。）		法第100条第１項に規定する事由により受託者の任務が終了したことを証する市町村長、登記官その他の公務員が職務上作成した情報及び新たに受託者が選任されたことを証する情報
66の2	信託財産に属する不動産についてする権利の変更の登記（次項及び67の項の登記を除く。）		イ　法第97条第１項第２号の定めのある信託の信託財産に属する不動産について権利の変更の登記を申請する場合において、申請人が受益者であるときは、同号の定めに係る条件又は方法により指定され、又は定められた受益者であることを証する情報 ロ　信託法第185条第３項に規定する受益証券発行信託の信託財産に属する不動産について権利の変更の登記を申請する場合において、申請人が受益者であるときは、次に掲げる情報

			(1)　当該受益者が受益証券が発行されている受益権の受益者であるときは、当該受益権に係る受益証券 (2)　当該受益者が社債、株式等の振替に関する法律（平成13年法律第75号）第127条の2第1項に規定する振替受益権の受益者であるときは、当該受益者が同法第127条の27第3項の規定により交付を受けた書面又は同法第277条の規定により交付を受けた書面若しくは提供を受けた情報 (3)　当該受益者が信託法第185条第2項の定めのある受益権の受益者であるときは、同法第187条第1項の書面又は電磁的記録 ハ　信託の併合又は分割による権利の変更の登記を申請するときは、次に掲げる情報 (1)　信託の併合又は分割をしても従前の信託又は信託法第155条第1項第6号に規定する分割信託若しくは同号に規定する承継信託の同法第2条第9項に規定する信託財産責任負担債務に係る債権を有する債権者を害するおそれのないことが明らかであるときは、これを証する情報 (2)　(1)に規定する場合以外の場合においては、受託者において信託法第152条第2項、第156条第2項又は第160条第2項の規定による公告及び催告（同法第152条第3項、第156条第3項又は第160条第3項の規定により公告を官報のほか時事に関する事項を掲載する日刊新聞紙又は同法第152条第3項第2号に規定する電子公告によってした法人である受託者にあっては、これらの方法による公告）をしたこと並びに異議を述べた債権者があるときは、当該債権者に対し弁済し若しくは相当の担保を提供し若しくは当該債権者に弁済を受けさせることを目的として相当の財産を信託したこと又は当該信託の併合若しくは分割をしても当該債権者を害するおそれがないことを証する情報

66の3	信託法第３条第３号に掲げる方法によってされた信託による権利の変更の登記		信託法第４条第３項第１号に規定する公正証書等（公正証書については、その謄本）又は同項第２号の書面若しくは電磁的記録及び同号の通知をしたことを証する情報
67	信託財産に属する不動産についてする一部の受託者の任務の終了による権利の変更の登記（法第100条第２項の規定により他の受託者が単独で申請するものに限る。）		法第100条第１項に規定する事由により一部の受託者の任務が終了したことを証する市町村長、登記官その他の公務員が職務上作成した情報
仮登記			
68	仮登記の登記義務者の承諾がある場合における法第107条第１項の規定による仮登記		イ　登記原因を証する情報 ロ　仮登記の登記義務者の承諾を証する当該登記義務者が作成した情報
69	所有権に関する仮登記に基づく本登記		イ　登記上の利害関係を有する第三者（本登記につき利害関係を有する抵当証券の所持人又は裏書人を含む。）があるときは、当該第三者の承諾を証する当該第三者が作成した情報（仮登記担保契約に関する法律（昭和53年法律第78号）第18条本文の規定により当該承諾に代えることができる同条本文に規定する差押えをしたこと及び清算金を供託したことを証する情報を含む。）又は当該第三者に対抗することができる裁判があったことを証する情報 ロ　イの第三者が抵当証券の所持人又は裏書人であるときは、当該抵当証券
70	仮登記の抹消（法第110条後段の規定により仮登記の登記上の利害関係人が単独で申請するものに限る。）		イ　登記原因を証する情報 ロ　仮登記の登記名義人の承諾を証する当該登記名義人が作成した情報又は当該登記名義人に対抗することができる裁判があったことを証する情報 ハ　登記上の利害関係を有する第三者があるときは、当該第三者の承諾を証する当該第三者が作成した情報又は当該第三者に対抗することができる裁判があったことを証する情報
仮処分に関する登記			
71	民事保全法第53条第１項の規定による処分禁止の登記（保全仮登記とともにしたものを除く。）に後れる登記の抹消（法第111条第１項（同条第２項において準用する場合を含む。）の規定により仮処分の債権者が単独で申請するものに限る。）		民事保全法第59条第１項に規定する通知をしたことを証する情報

72	保全仮登記とともにした処分禁止の登記に後れる登記の抹消（法第113条の規定により仮処分の債権者が単独で申請するものに限る。）		民事保全法第59条第1項に規定する通知をしたことを証する情報
官庁又は公署が関与する登記等			
73	国又は地方公共団体が登記権利者となる権利に関する登記（法第116条第1項の規定により官庁又は公署が嘱託するものに限る。）		イ　登記原因を証する情報 ロ　登記義務者の承諾を証する当該登記義務者が作成した情報
74	不動産の収用による所有権の移転の登記	土地の収用による所有権の移転の登記を申請するときは、法第118条第4項前段の規定により指定しなければならない当該収用により消滅した権利又は失効した差押え、仮差押え若しくは仮処分に関する登記の目的、申請の受付の年月日及び受付番号、登記原因及びその日付並びに順位事項	イ　収用の裁決が効力を失っていないことを証する情報及びその他の登記原因を証する情報 ロ　土地の収用による所有権の移転の登記を申請するときは、この項の申請情報欄に規定する権利が消滅し、又は同欄に規定する差押え、仮差押え若しくは仮処分が失効したことを証する情報
75	不動産に関する所有権以外の権利の収用による権利の消滅の登記		収用の裁決が効力を失っていないことを証する情報及びその他の登記原因を証する情報

不動産登記規則

平成17年法務省令第18号
最終改正　令和6年法務省令第7号

目次

第1章　総則

（定義）

第1条　この省令において、次の各号に掲げる用語の意義は、それぞれ当該各号に定めるところによる。

一　順位番号　第147条第1項の規定により権利部に記録される番号をいう。

二　地図等　地図、建物所在図又は地図に準ずる図面をいう。

三　電子申請　不動産登記法（以下「法」という。）第18条第1号の規定による電子情報処理組織を使用する方法による申請をいう。

四　書面申請　法第18条第2号の規定により次号の申請書を登記所に提出する方法による申請をいう。

五　申請書　申請情報を記載した書面をいい、法第18条第2号の磁気ディスクを含む。

六　添付書面　添付情報を記載した書面をいい、不動産登記令（以下「令」という。）第15条の添付情報を記録した磁気ディスクを含む。

七　土地所在図等　土地所在図、地積測量図、地役権図面、建物図面又は各階平面図をいう。

八　不動産番号　第90条の規定により表題部に記録される番号、記号その他の符号をいう。

九　不動産所在事項　不動産の所在する市、区、郡、町、村及び字（区分建物である建物にあっては、当該建物が属する一棟の建物の所在する市、区、郡、町、村及び字）並びに土地にあっては地番、建物にあっては建物の所在する土地の地番（区分建物である建物にあっては、当該建物が属する一棟の建物の所在する土地の地番）及び家屋番号をいう。

（登記の前後）

第2条　登記の前後は、登記記録の同一の区（第4条第4項の甲区又は乙区をいう。以下同じ。）にした登記相互間については順位番号、別の区にした登記相互間については受付番号による。

2　法第73条第1項に規定する権利に関する登記であって、法第46条の規定により敷地権である旨の登記をした土地の敷地権についてされた登記としての効力を有するものと当該土地の登記記録の権利部にした登記との前後は、受付番号による。

（付記登記）

第3条　次に掲げる登記は、付記登記によってするものとする。

一　登記名義人の氏名若しくは名称又は住所についての変更の登記又は更正の登記

二　次に掲げる登記その他の法第66条に規定する場合における権利の変更の登記又は更正の登記

イ　債権の分割による抵当権の変更の登記

ロ　民法（明治29年法律第89号）第398条の8第1項又は第2項（これらの規定を同法第361条において準用する場合を含む。）の合意の登記

ハ　民法第398条の12第2項（同法第361条において準用する場合を含む。）に規定する根質権又は根抵当権を分割して譲り渡す場合においてする極度額の減額による変更の登記

ニ　民法第398条の14第1項ただし書（同法第361条において準用する場合を含む。）の定めの登記

三　法第76条の3第1項の規定による申出に関する登記

四　登記事項の一部が抹消されている場合においてする抹消された登記の回復

五　所有権以外の権利を目的とする権利に関する登記（処分の制限の登記を含む。）

六　所有権以外の権利の移転の登記

七　登記の目的である権利の消滅に関する定めの登記

八　民法第393条（同法第361条において準用する場合を含む。）の規定による代位の登記

九　抵当証券交付又は抵当証券作成の登記

十　買戻しの特約の登記

第2章　登記記録等

第1節　登記記録

（登記記録の編成）

第4条　土地の登記記録の表題部は、別表1の第1欄に掲げる欄に区分し、同表の第1欄に掲げる欄に同表の第2欄に掲げる事項を記録するものとする。

2　建物（次項の建物を除く。）の登記記録の表題部は、別表2の第1欄に掲げる欄に区分し、同表の第1欄に掲げる欄に同表の第2欄に掲げる事項を記録するものとする。

3　区分建物である建物の登記記録の表題部は、別表3の第1欄に掲げる欄に区分し、同表の第1欄に掲げる欄に同表の第2欄に掲げる事項を記録するものとする。

4　権利部は、甲区及び乙区に区分し、甲区には所有権に関する登記の登記事項を記録するものとし、乙区には所有権以外の権利に関する登記の登記事項を記録するものとする。

（移記又は転写）

第5条　登記官は、登記を移記し、又は転写するときは、法令に別段の定めがある場合を除き、現に効力を有する登記のみを移記し、又は転写しなければならない。

2　登記官は、登記を移記し、又は転写したときは、その年月日を新たに記録した登記の末尾に記録しなければならない。

3　登記官は、登記を移記したときは、移記前の登記記録を閉鎖しなければならない。

（記録事項過多による移記）

第6条　登記官は、登記記録に記録されている事項が過多となったことその他の事由により取扱いが不便となったときは、登記を移記することができる。この場合には、表示に関する登記及び所有権の登記であって現に効力を有しないものも移記することができる。

（登記官の識別番号の記録）

第7条　登記官は、登記記録に登記事項を記録し、若しくは登記事項を抹消する記号を記録するとき又は登記を転写し、若しくは移記するときは、登記官の識別番号を記録しなければならない。共同担保目録又は信託目録に記録すべき事項を記録し、又は既に記録された事項を抹消する記号を記録する場合についても、同様とする。

（登記記録の閉鎖）

第8条　登記官は、登記記録を閉鎖するときは、閉鎖の事由、閉鎖の年月日及び閉鎖する登記記録の不動産の表示（法第27条第1号に掲げる登記事項を除く。）を抹消する記号を記録するほか、登記官の識別番号を記録しなければならない。

（副登記記録）

第9条　法務大臣は、登記記録に記録されている事項（共同担保目録及び信託目録に記録されている事項を含む。）と同一の事項を記録する副登記記録を調製するものとする。

2　登記官は、登記簿に記録した登記記録によって登記の事務を行うことができないときは、前項の副登記記録によってこれを行うことができる。この場合において、副登記記録に記録した事項は、登記記録に記録した事項とみなす。

3　登記官は、登記簿に記録した登記記録によって登記の事務を行うことができるようになったときは、直ちに、前項の規定により副登記記録に記録した事項を登記記録に記録しなければならない。

第2節　地図等

（地図）

第10条　地図は、地番区域又はその適宜の一部ごとに、正確な測量及び調査の成果に基づき作成するものとする。ただし、地番区域の全部又は一部とこれに接続する区域を一体として地図を作成することを相当とする特段の事由がある場合には、当該接続する区域を含めて地図を作成することができる。

2　地図の縮尺は、次の各号に掲げる地域にあっては、当該各号に定める縮尺によるものとする。ただし、土地の状況その他の事情により、当該縮尺によることが適当でない場合は、この限りでない。

一　市街地地域（主に宅地が占める地域及びその周辺の地域をいう。以下同じ。）　250分の1又は500分の1

二　村落・農耕地域（主に田、畑又は塩田が占める地域及びその周辺の地域をいう。以下同じ。）　500分の1又は1000分の1

三　山林・原野地域（主に山林、牧場又は原野が占める地域及びその周辺の地域をいう。以下同じ。）　1000分の1又は2500分の1

3　地図を作成するための測量は、測量法（昭和24年法律第188号）第2章の規定による基本測量の成果である三角点及び電子基準点、国土調査法（昭和26年法律第180号）第19条第2項の規定により認証され、若しくは同条第5項の規定により指定された基準点又はこれらと同等以上の精度を有すると認められる基準点（以下「基本三角点等」と総称する。）を基礎として行うものとする。

4　地図を作成するための一筆地測量及び地積測定における誤差の限度は、次によるものとする。

一　市街地地域については、国土調査法施行令（昭和27年政令第59号）別表第4に掲げる精度区分（以下「精度区分」という。）甲二まで

二　村落・農耕地域については、精度区分乙一まで

三　山林・原野地域については、精度区分乙三まで

5　国土調査法第20条第1項の規定により登記所に送付された地籍図の写しは、同条第2項又は第3項の規定による登記が完了した後に、地図として備え付けるものとする。ただし、地図として備え付けることを不適当とする特別の事情がある場合は、この限りでない。

6　前項の規定は、土地改良登記令（昭和26年政令第146号）第5条第2項第3号又は土地区画整理登記令（昭和30年政令第221号）第4条第2項第3号の土地の全部についての所在図その他これらに準ずる図面について準用する。

（建物所在図）

第11条　建物所在図は、地図及び建物図面を用いて作成することができる。

2　前項の規定にかかわらず、新住宅市街地開発法等による不動産登記に関する政令（昭和40年政令第330号）第6条第2項（同令第11条から第13条までにおいて準用する場合を含む。）の建物の全部についての所在図その他これに準ずる図面は、これを建物所在図として備え付けるものとする。ただし、建物所在図として備え付けることを不適当とする特別の事情がある場合は、この限りでない。

（地図等の閉鎖）

第12条　登記官は、新たな地図を備え付けた場合において、従前の地図があるときは、当該従前の地図の全部又は一部を閉鎖しなければならない。地図を電磁的記録に記録したときも、同様とする。

2　登記官は、前項の規定により地図を閉鎖する場合には、当該地図に閉鎖の事由及びその年月日を記録するほか、当該地図が、電磁的記録に記録されている地図であるときは登記官の識別番号を記録し、その他の地図であるときは登記官印を押印しなければならない。

3　登記官は、従前の地図の一部を閉鎖したときは、当該閉鎖した部分と他の部分とを判然区別することができる措置を講じなければならない。

4　前3項の規定は、地図に準ずる図面及び建物所在図について準用する。

（地図の記録事項）

第13条　地図には、次に掲げる事項を記録するものとする。

一　地番区域の名称

二　地図の番号（当該地図が複数の図郭にまたがって作成されている場合には、当該各図郭の番号）

三　縮尺

四　国土調査法施行令第2条第1項第1号に規定する平面直角座標系の番号又は記号

五　図郭線及びその座標値

六　各土地の区画及び地番

七　基本三角点等の位置

八　精度区分

九　隣接図郭との関係

十　作成年月日

2　電磁的記録に記録する地図にあっては、前項各号に掲げるもののほか、各筆界点の座標値を記録するものとする。

（建物所在図の記録事項）

第14条　建物所在図には、次に掲げる事項を記録するものとする。

一　地番区域の名称

二　建物所在図の番号

三　縮尺

四　各建物の位置及び家屋番号（区分建物にあっては、当該区分建物が属する一棟の建物の位置）

五　第11条第2項の建物所在図にあっては、その作成年月日

（地図及び建物所在図の番号）

第15条　登記官は、地図に記録された土地の登記記録の表題部には第13条第1項第2号の地図の番号（同号括弧書きに規定する場合には、当該土地が属する図郭の番号）を記録し、建物所在図に記録された建物の登記記録の表題部には前条第2号の番号を記録しなければならない。

（地図等の副記録）

第15条の2　法務大臣は、電磁的記録に記録されている地図等に記録されている事項と同一の事項を記録する地図等の副記録を調製するものとする。

2　第9条第2項及び第3項の規定は、登記官が電磁的記録に記録されている地図等によって登記の事務を行うことができない場合について準用する。

（地図等の訂正）

第16条　地図に表示された土地の区画又は地番に誤りがあるときは、当該土地の表題部所有者若しくは所有権の登記名義人又はこれらの相続人その他の一般承継人は、その訂正の申出をすることができる。地図に準ずる図面に表示された土地の位置、形状又は地番に誤りがあるときも、同様とする。

2　前項の申出をする場合において、当該土地の登記記録の地積に錯誤があるときは、同項の申出は、地積に関する更正の登記の申請と併せてしなければならない。

3　第1項の申出は、次に掲げる事項を内容とする情報（以下「地図訂正申出情報」という。）を登記所に提供してしなければならない。

一　申出人の氏名又は名称及び住所

二　申出人が法人であるときは、その代表者の氏名

三　代理人によって申出をするときは、当該代理人の氏名又は名称及び住所並びに代理人が法人であるときはその代表者の氏名

四　申出人が表題部所有者又は所有権の登記名義人の相続人その他の一般承継人であるときは、その旨

五　申出に係る訂正の内容

4　第1項の申出は、次に掲げる方法のいずれかによりしなければならない。

一　法務大臣の定めるところにより電子情報処理組織を使用して地図訂正申出情報を登記所に提供する方法

二　地図訂正申出情報を記載した書面（地図訂正申出情報の全部又は一部を記録した磁気ディスクを含む。）を登記所に提出する方法

5　第1項の申出をする場合には、地図訂正申出情報と併せて次に掲げる情報を提供しなければならない。

一　地図又は地図に準ずる図面に表示された土地の区画若しくは位置若しくは形状又は地番に誤りがあることを証する情報

二　地図又は地図に準ずる図面に表示された土地の区画又は位置若しくは形状に誤りがあるときは、土地所在図又は地積測量図

三　表題部所有者又は所有権の登記名義人の相続人その他の一般承継人が申出をするときは、相続その他の一般承継があったことを証する市町村長（特別区の区長を含むものとし、地方自治法（昭和22年法律第67号）第252条の19第1項の指定都市にあっては、区長又は総合区長とする。第202条の4第6項第1号、第202条の11第4項（第202条の16第4項において準用する場合を含む。）、第202条の14第4項第1号及び第202条の15第4項第1号を除き、以下同じ。）、登記官その他の公務員が職務上作成した情報（公務員が職務上作成した情報がない場合にあっては、これに代わるべき情報）

6　令第4条本文、第7条第1項第1号及び第2号の規定は、第1項の申出をする場合について準用する。

7　第36条第1項から第3項までの規定は前項において準用する令第7条第1項第1号及び第2号の法務省令で定める場合について、第37条の2の規定は第1項の申出をする場合について、それぞれ準用する。

8　令第10条から第14条までの規定は、第4項第1号の方法により第1項の申出をする場合について準用する。

9　第41条及び第44条の規定は前項に規定する場合について、第42条の規定は前項において準用する令第12条第1項及び第2項の電子署名について、第43条第2項の規定は前項において準用する令第14条の法務省令で定める電子証明書について準用する。

10　令第15条、第16条第1項、第17条及び第18条第1項の規定は第4項第2号に掲げる方法により第1項の申出をする場合について、令第16条第5項の規定は第4項第2号に規定する地図訂正申出情報の全部を記録した磁気ディスクを提出する方法により第1項の申出をする場合について準用する。この場合において、令第16条第1項及び第18条第1項中「記名押印しなければ」とあるのは、「署名し、又は記名押印しなければ」と読み替えるものとする。

11　第45条、第46条第1項及び第2項、第53条並びに第55条の規定は第4項第2号に掲げる方法により第1項の申出をする場合について、第51条の規定は第4項第2号に規定する磁気ディスクを提出する方法により第1項の申出をする場合について準用する。この場合において、第51条第7項及び第8項中「令第16条第5項」とあるのは、「第16条第10項において準用する令第16条第5項」と読み替えるものとする。

12　登記官は、申出に係る事項を調査した結果、地図又は地図に準ずる図面を訂正する必要があると認めるときは、地図又は地図に準ずる図面を訂正しなければならない。

13　登記官は、次に掲げる場合には、理由を付した決定で、第1項の申出を却下しなければならない。

一　申出に係る土地の所在地が当該申出を受けた登記所の管轄に属しないとき。

二　申出の権限を有しない者の申出によるとき。

三　地図訂正申出情報又はその提供の方法がこの省令の規定により定められた方式に適合しないとき。

四　この省令の規定により地図訂正申出情報と併せて提供しなければならないものとされている情報が提供されないとき。

五　申出に係る事項を調査した結果、地図又は地図に準ずる図面に誤りがあると認められないとき。
六　地図又は地図に準ずる図面を訂正することによって申出に係る土地以外の土地の区画又は位置若しくは形状を訂正すべきこととなるとき。

14　第38条及び第39条の規定は、第1項の申出について準用する。

15　登記官は、地図等に誤りがあると認めるときは、職権で、その訂正をすることができる。

（行政区画の変更等）

第16条の2　第92条の規定は、地図等について準用する。この場合において、同条第1項中「変更の登記」とあるのは「変更」と、同条第2項中「表題部」とあるのは「地図等」と読み替えるものとする。

第3節　登記に関する帳簿

（申請情報等の保存）

第17条　登記官は、電子申請において提供された申請情報及びその添付情報その他の登記簿の附属書類（これらの情報について行われた電子署名及び電子証明書を検証した結果の記録を含む。）を登記所の管理する電磁的記録に記録して保存するものとする。

2　登記官は、書面申請において提出された申請書及びその添付書面その他の登記簿の附属書類を、第19条から第22条までの規定に従い、次条第2号から第5号までに掲げる帳簿につづり込んで保存するものとする。

（帳簿）

第18条　登記所（第14号及び第15号の帳簿にあっては、法務局又は地方法務局に限る。）には、次に掲げる帳簿を備えるものとする。

一　受付帳
二　申請書類つづり込み帳
三　土地図面つづり込み帳
四　地役権図面つづり込み帳
五　建物図面つづり込み帳
六　職権表示登記等事件簿
七　職権表示登記等書類つづり込み帳
八　決定原本つづり込み帳
九　審査請求書類等つづり込み帳
十　各種通知簿
十一　登記識別情報失効申出書類つづり込み帳
十二　請求書類つづり込み帳
十二の二　申出立件事件簿
十二の三　申出立件関係書類つづり込み帳
十二の四　申出立件事務日記帳
十二の五　代替措置等申出書写しつづり込み帳
十三　筆界特定書つづり込み帳
十四　筆界特定受付等記録簿
十五　筆界特定事務日記帳
十六　筆界特定関係簿
十七　筆界特定関係事務日記帳
十八　閉鎖土地図面つづり込み帳
十九　閉鎖地役権図面つづり込み帳
二十　閉鎖建物図面つづり込み帳
二十一　登記簿保存簿
二十二　登記関係帳簿保存簿
二十三　地図保存簿
二十四　建物所在図保存簿
二十五　登記識別情報通知書交付簿
二十六　登記事務日記帳
二十七　登記事項証明書等用紙管理簿
二十八　登録免許税関係書類つづり込み帳
二十九　再使用証明申出書類つづり込み帳
三十　不正登記防止申出書類つづり込み帳
三十一　土地価格通知書つづり込み帳
三十二　建物価格通知書つづり込み帳
三十三　諸表つづり込み帳
三十四　雑書つづり込み帳
三十五　法定相続情報一覧図つづり込み帳

（受付帳）

第18条の2　受付帳は、登記の申請、登記識別情報の失効の申出及び登記識別情報に関する証明についてそれぞれ調製するものとする。

2　受付帳は、書面により調製する必要がある場合を除き、磁気ディスクその他の電磁的記録に記録して調製するものとする。

（申請書類つづり込み帳）

第19条　申請書類つづり込み帳には、申請書及びその添付書面、通知書、許可書、取下書その他の登記簿の附属書類（申請に係る事件を処理するために登記官が作成したものを含み、この省令の規定により第18条第3号から第5号まで及び第7号の帳簿につづり込むものを除く。）をつづり込むものとする。

（土地図面つづり込み帳等）

第20条　土地図面つづり込み帳には、土地所在図及び地積測量図（これらのものが書面である場合に限る。）をつづり込むものとする。

2　第17条第2項の規定にかかわらず、登記官は、前項の土地所在図及び地積測量図を同条第1項の電磁的記録に記録して保存することができる。

3　登記官は、前項の規定により土地所在図及び地積測量図を電磁的記録に記録して保存したときは、第1項の土地所在図及び地積測量図を申請書類つづり込み帳につづり込むものとする。

4　閉鎖土地図面つづり込み帳には、第85条第2項の規定により閉鎖した第1項の土地所在図及び地積測量図をつづり込むものとする。

（地役権図面つづり込み帳等）

第21条　地役権図面つづり込み帳には、地役権図面（書面である場合に限る。）をつづり込むものとする。

2　前条第2項及び第3項の規定は、前項の地役権図面について準用する。

3　閉鎖地役権図面つづり込み帳には、第87条第1項の規定により閉鎖した第1項の地役権図面をつづり込むものとする。

（建物図面つづり込み帳等）

第22条　建物図面つづり込み帳には、建物図面及び各階平面図（これらのものが書面である場合に限る。）をつづり込むものとする。
2　第20条第２項及び第３項の規定は、前項の建物図面及び各階平面図について準用する。
3　閉鎖建物図面つづり込み帳には、第85条第２項の規定により閉鎖した第１項の建物図面及び各階平面図をつづり込むものとする。

（職権表示登記等書類つづり込み帳）
第23条　職権表示登記等書類つづり込み帳には、職権による表示に関する登記及び地図その他の図面の訂正に関する書類を立件の際に付した番号（以下「立件番号」という。）の順序に従ってつづり込むものとする。

（決定原本つづり込み帳）
第24条　決定原本つづり込み帳には、申請又は申出を却下した決定の決定書の原本をつづり込むものとする。

（審査請求書類等つづり込み帳）
第25条　審査請求書類等つづり込み帳には、審査請求書その他の審査請求事件に関する書類をつづり込むものとする。

（登記識別情報失効申出書類つづり込み帳）
第26条　登記識別情報失効申出書類つづり込み帳には、登記識別情報の失効の申出に関する書類をつづり込むものとする。
2　登記識別情報の失効の申出が電子情報処理組織を使用する方法によりされた場合は、当該申出に係る情報の内容を書面に出力したものを登記識別情報失効申出書類つづり込み帳につづり込むものとする。

（請求書類つづり込み帳）
第27条　請求書類つづり込み帳には、次に掲げる請求に係る書面をつづり込むものとする。
一　登記事項証明書の交付の請求
二　登記記録に記録されている事項の概要を記載した書面（以下「登記事項要約書」という。）の交付の請求
三　地図等の全部又は一部の写し（地図等が電磁的記録に記録されているときは、当該記録された情報の内容を証明した書面）の交付の請求
四　地図等の閲覧の請求
五　土地所在図等の全部又は一部の写し（土地所在図等が電磁的記録に記録されているときは、当該記録された情報の内容を証明した書面）の交付の請求
六　登記簿の附属書類の閲覧の請求
七　登記識別情報に関する証明の請求
八　筆界特定書等の全部又は一部の写し（筆界特定書等が電磁的記録をもって作成されているときは、当該記録された情報の内容を証明した書面）の交付の請求
九　筆界特定手続記録の閲覧の請求
2　前項各号に掲げる請求が電子情報処理組織を使用する方法によりされた場合は、当該請求に係る情報の内容を書面に出力したものを請求書類つづり込み帳につづり込むものとする。

（申出立件事件簿等）
第27条の２　申出立件事件簿には、代替措置等申出（第202条の４第１項に規定する代替措置等申出をいう。第３項及び第４項において同じ。）又は代替措置申出の撤回（第202条の15第１項の規定による撤回をいう。第３項及び第４項において同じ。）の立件の年月日その他の必要な事項を記録するものとする。
2　申出立件事件簿は、書面により調製する必要がある場合を除き、磁気ディスクその他の電磁的記録に記録して調製するものとする。
3　申出立件関係書類つづり込み帳には、代替措置等申出に関する書類及び代替措置申出の撤回に関する書類を立件番号の順序に従ってつづり込むものとする。
4　申出立件事務日記帳には、申出立件事件簿に記録しない代替措置等申出に関する事務又は代替措置申出の撤回に関する事務に係る書類の発送及び受領に関する事項を記録するものとする。

（代替措置等申出書写しつづり込み帳）
第27条の３　代替措置等申出書写しつづり込み帳には、第202条の12第２項（第202条の15第７項及び第202条の16第６項において準用する場合を含む。）の規定により送付を受けた書類をつづり込むものとする。

（筆界特定書つづり込み帳等）
第27条の４　筆界特定書つづり込み帳には、筆界特定書（筆界特定書が電磁的記録をもって作成されているときは、その内容を書面に出力したもの）及び第233条第２項後段又は第３項後段の規定により送付された筆界特定書の写し（筆界特定書が電磁的記録をもって作成されているときは、その内容を書面に出力したもの）をつづり込むものとする。
2　次の各号に掲げる帳簿には、当該各号に定める事項を記録するものとする。
一　筆界特定受付等記録簿　筆界特定の申請の受付の年月日その他の必要な事項
二　筆界特定事務日記帳　筆界特定受付等記録簿に記録しない筆界特定の事務に係る書類の発送及び受領に関する事項
三　筆界特定関係簿　対象土地の所在地を管轄する登記所における筆界特定申請書の提出の年月日その他の必要な事項
四　筆界特定関係事務日記帳　前号の登記所における筆界特定関係簿に記録しない筆界特定の事務に係る書類の発送及び受領に関する事項

（登記簿保存簿等）
第27条の５　次の各号に掲げる帳簿には、当該各号に定める事項を記録するものとする。
一　登記簿保存簿　登記記録の保存状況
二　登記関係帳簿保存簿　登記簿を除く一切の登記関係帳簿の保存状況
三　地図保存簿又は建物所在図保存簿　地図等（閉鎖したものを含む。）の保存状況
四　登記識別情報通知書交付簿　登記識別情報を記載した書面を交付する方法により登記識別情報を通知した旨その他の必要な事項
五　登記事務日記帳　受付帳その他の帳簿に記録し

ない書類の発送及び受領に関する事項

六　登記事項証明書等用紙管理簿　登記事項証明書、地図等の写し、土地所在図等の写し及び登記識別情報を記載した書面の作成に使用する用紙の管理に関する事項

（登録免許税関係書類つづり込み帳等）

第27条の6　次の各号に掲げる帳簿には、当該各号に定める書類をつづり込むものとする。

一　登録免許税関係書類つづり込み帳　登録免許税法（昭和42年法律第35号）第28条第1項及び第31条第1項の通知に関する書類、同条第2項及び第6項の請求に関する書類並びに同条第5項の申出に関する書類

二　再使用証明申出書類つづり込み帳　登録免許税法第31条第3項の申出に関する書類

三　不正登記防止申出書類つづり込み帳　登記名義人若しくはその相続人その他の一般承継人又はその代表者若しくは代理人（委任による代理人を除く。）からのそれらの者に成りすました者が登記の申請をしている旨又はそのおそれがある旨の申出に関する書類

四　土地価格通知書つづり込み帳又は建物価格通知書つづり込み帳　地方税法（昭和25年法律第226号）第422条の3の通知に関する書類

五　諸表つづり込み帳　登記事件及び登記以外の事件に関する各種の統計表

六　雑書つづり込み帳　第18条第2号から第5号まで、第7号から第9号まで、第11号、第12号、第12号の3、第12号の5、第13号、第18号から第20号まで及び第28号から第33号までに掲げる帳簿につづり込まない書類

（土地所在図等の副記録）

第27条の7　法務大臣は、第17条第1項の電磁的記録に記録されている土地所在図等に記録されている事項と同一の事項を記録する土地所在図等の副記録を調製するものとする。

2　第9条第2項及び第3項の規定は、登記官が第17条第1項の電磁的記録に記録されている土地所在図等によって登記の事務を行うことができない場合について準用する。

（法定相続情報一覧図つづり込み帳）

第27条の8　法定相続情報一覧図つづり込み帳には、法定相続情報一覧図及びその保管の申出に関する書類をつづり込むものとする。

第4節　雑則

（保存期間）

第28条　次の各号に掲げる情報の保存期間は、当該各号に定めるとおりとする。

一　登記記録（閉鎖登記記録（閉鎖した登記記録をいう。以下同じ。）を除く。）　永久

二　地図及び地図に準ずる図面（閉鎖したものを含む。）　永久

三　建物所在図（閉鎖したものを含む。）　永久

四　土地に関する閉鎖登記記録　閉鎖した日から50年間

五　建物に関する閉鎖登記記録　閉鎖した日から30年間

六　共同担保目録　当該共同担保目録に記録されているすべての事項を抹消した日から10年間

七　信託目録　信託の登記の抹消をした日から20年間

八　受付帳に記録された情報　受付の年の翌年から10年間（登記識別情報に関する証明の請求に係る受付帳にあっては、受付の年の翌年から1年間）

九　表示に関する登記の申請情報及びその添付情報（申請情報及びその添付情報以外の情報であって申請書類つづり込み帳につづり込まれた書類に記載されたものを含む。次号において同じ。）　受付の日から30年間（第20条第3項（第22条第2項において準用する場合を含む。）の規定により申請書類つづり込み帳につづり込まれたものにあっては、電磁的記録に記録して保存した日から30年間）

十　権利に関する登記の申請情報及びその添付情報　受付の日から30年間（第21条第2項において準用する第20条第3項の規定により申請書類つづり込み帳につづり込まれたものにあっては、電磁的記録に記録して保存した日から30年間）

十一　職権表示登記等事件簿に記録された情報　立件の日から5年間

十二　職権表示登記等書類つづり込み帳につづり込まれた書類に記載された情報　立件の日から30年間

十三　土地所在図、地積測量図、建物図面及び各階平面図（第20条第3項（第22条第2項において準用する場合を含む。）の規定により申請書類つづり込み帳につづり込まれたものを除く。）　永久（閉鎖したものにあっては、閉鎖した日から30年間）

十四　地役権図面（第21条第2項において準用する第20条第3項の規定により申請書類つづり込み帳につづり込まれたものを除く。）　閉鎖した日から30年間

十五　決定原本つづり込み帳又は審査請求書類等つづり込み帳につづり込まれた書類に記載された情報　申請又は申出を却下した決定又は審査請求の受付の年の翌年から5年間

十六　各種通知簿に記録された情報　通知の年の翌年から1年間

十七　登記識別情報の失効の申出に関する情報　当該申出の受付の日から10年間

十八　請求書類つづり込み帳につづり込まれた書類に記載された情報　受付の日から1年間

十九　申出立件事件簿に記録された情報　立件の日から5年間

二十　申出立件関係書類つづり込み帳につづり込まれた書類に記載された情報　立件の日から5年間

二十一　代替措置等申出書写しつづり込み帳につづり込まれた書類に記載された情報　送付を受けた日から5年間

第28条の2　次の各号に掲げる帳簿の保存期間は、当該各号に定めるとおりとする。
一　登記簿保存簿、登記関係帳簿保存簿、地図保存簿及び建物所在図保存簿　作成の日から30年間
一の二　申出立件事務日記帳　作成の年の翌年から1年間
二　登記識別情報通知書交付簿、登記事務日記帳及び登記事項証明書等用紙管理簿　作成の年の翌年から1年間
三　登録免許税関係書類つづり込み帳及び再使用証明申出書類つづり込み帳　作成の年の翌年から5年間
四　不正登記防止申出書類つづり込み帳、土地価格通知書つづり込み帳、建物価格通知書つづり込み帳及び諸表つづり込み帳　作成の年の翌年から3年間
五　雑書つづり込み帳　作成の年の翌年から1年間
六　法定相続情報一覧図つづり込み帳　作成の年の翌年から5年間

（記録の廃棄）
第29条　登記所において登記に関する電磁的記録、帳簿又は書類を廃棄するときは、法務局又は地方法務局の長の認可を受けなければならない。

（登記記録の滅失等）
第30条　登記官は、登記記録又は地図等が滅失したときは、速やかに、その状況を調査し、当該登記官を監督する法務局又は地方法務局の長に報告しなければならない。
2　前項の法務局又は地方法務局の長は、同項の報告を受けたときは、相当の調査をし、法務大臣に対し、意見を述べなければならない。
3　前2項の規定は、登記記録、地図等又は登記簿の附属書類が滅失するおそれがあるときについて準用する。

（持出禁止）
第31条　登記簿、地図等及び登記簿の附属書類は、事変を避けるためにする場合を除き、登記所の外に持ち出してはならない。
2　前項の規定にかかわらず、登記官は、裁判所から登記簿の附属書類を送付すべき命令又は嘱託があったときは、その関係がある部分に限り、登記簿の附属書類を送付するものとする。この場合において、当該登記簿の附属書類が電磁的記録に記録されているときは、その関係がある部分について、電磁的記録に記録された情報の内容を書面に出力し、これを送付するものとする。
3　登記官は、事変を避けるために登記簿、地図等又は登記簿の附属書類を登記所の外に持ち出したときは、速やかに、その旨を当該登記官を監督する法務局又は地方法務局の長に報告しなければならない。

（管轄転属による登記記録等の移送）
第32条　不動産の所在地が甲登記所の管轄から乙登記所の管轄に転属したときは、甲登記所の登記官は、当該不動産の登記記録（共同担保目録及び信託目録を含む。次項において同じ。）並びに地図等及び登記簿の附属書類（電磁的記録に記録されている地図等及び登記簿の附属書類を含む。）を乙登記所に移送するものとする。
2　前項の場合において、甲登記所の登記官は、移送した登記記録並びに電磁的記録に記録されている地図等及び土地所在図等を閉鎖するものとする。

（管轄転属による共同担保目録等の移送）
第33条　前条第1項の規定により乙登記所が共同担保目録の移送を受けたときは、乙登記所の登記官は、必要に応じ、当該共同担保目録の記号及び目録番号を改め、かつ、移送を受けた登記記録の乙区の従前の共同担保目録の記号及び目録番号を新たに付した記号及び目録番号に変更するものとする。
2　前項の規定は、信託目録について準用する。この場合において、同項中「記号及び目録番号」とあるのは「目録番号」と、「乙区」とあるのは「相当区」と読み替えるものとする。
3　第1項の規定は、地役権図面について準用する。この場合において、同項中「記号及び目録番号」とあるのは、「番号」と読み替えるものとする。

第3章　登記手続

第1節　総則

第1款　通則

（申請情報）
第34条　登記の申請においては、次に掲げる事項を申請情報の内容とするものとする。
一　申請人又は代理人の電話番号その他の連絡先
二　分筆の登記の申請においては、第78条の符号
三　建物の分割の登記又は建物の区分の登記の申請においては、第84条の符号
四　附属建物があるときは、主である建物及び附属建物の別並びに第112条第2項の符号
五　敷地権付き区分建物であるときは、第118条第1号イの符号
六　添付情報の表示
七　申請の年月日
八　登記所の表示
2　令第6条第1項に規定する不動産識別事項は、不動産番号とする。
3　令第6条の規定は、同条第1項各号又は第2項各号に定める事項が申請を受ける登記所以外の登記所の管轄区域内にある不動産に係る場合には、当該不動産の不動産番号と併せて当該申請を受ける登記所以外の登記所の表示を申請情報の内容としたときに限り、適用する。
4　令第6条第1項第1号又は第2号の規定にかかわらず、不動産の表題登記を申請する場合、法第74条第1項第2号又は第3号に掲げる者が表題登記がない不動産について所有権の保存の登記を申請する場合及び表題登記がない不動産について所有権の処分

の制限の登記を嘱託する場合には、令第３条第７号又は第８号に掲げる事項を申請情報の内容としなければならない。

（一の申請情報によって申請することができる場合）

第35条　令第４条ただし書の法務省令で定めるときは、次に掲げるときとする。

一　土地の一部を分筆して、これを他の土地に合筆しようとする場合において、分筆の登記及び合筆の登記の申請をするとき。

二　甲建物の登記記録から甲建物の附属建物を分割して、これを乙建物の附属建物としようとする場合において、建物の分割の登記及び建物の合併の登記の申請をするとき。

三　甲建物の登記記録から甲建物の附属建物（区分建物に限る。）を分割して、これを乙建物又は乙建物の附属建物に合併しようとする場合（乙建物又は乙建物の附属建物が甲建物の附属建物と接続する区分建物である場合に限る。）において、建物の分割の登記及び建物の合併の登記の申請をするとき。

四　甲建物を区分して、その一部を乙建物の附属建物としようとする場合において、建物の区分の登記及び建物の合併の登記の申請をするとき。

五　甲建物を区分して、その一部を乙建物又は乙建物の附属建物に合併しようとする場合（乙建物又は乙建物の附属建物が当該一部と接続する区分建物である場合に限る。）において、建物の区分の登記及び建物の合併の登記の申請をするとき。

六　同一の不動産について申請する２以上の登記が、いずれも不動産の表題部の登記事項に関する変更の登記又は更正の登記であるとき。

七　同一の不動産について申請する２以上の登記が、不動産の表題部の登記事項に関する変更の登記又は更正の登記及び土地の分筆の登記若しくは合筆の登記又は建物の分割の登記、建物の区分の登記若しくは建物の合併の登記であるとき。

八　同一の登記所の管轄区域内にある１又は２以上の不動産について申請する２以上の登記が、いずれも同一の登記名義人の氏名若しくは名称又は住所についての変更の登記又は更正の登記であるとき。

九　同一の不動産について申請する２以上の権利に関する登記（前号の登記を除く。）の登記の目的並びに登記原因及びその日付が同一であるとき。

十　同一の登記所の管轄区域内にある２以上の不動産について申請する登記が、同一の債権を担保する先取特権、質権又は抵当権（以下「担保権」と総称する。）に関する登記であって、登記の目的が同一であるとき。

（会社法人等番号の提供を要しない場合等）

第36条　令第７条第１項第１号の法務省令で定める場合は、申請人が同号イに規定する法人であって、次に掲げる登記事項証明書（商業登記法（昭和38年法律第125号）第10条第１項（他の法令において準用する場合を含む。）に規定する登記事項証明書をいう。以下この項及び次項、第209条第３項及び第４項並びに第243条第２項において同じ。）を提供して登記の申請をするものである場合とする。

一　次号に規定する場合以外の場合にあっては、当該法人の代表者の資格を証する登記事項証明書

二　支配人等（支配人その他の法令の規定により法人を代理することができる者であって、その旨の登記がされているものをいう。以下同じ。）によって登記の申請をする場合にあっては、当該支配人等の権限を証する登記事項証明書

2　前項各号の登記事項証明書は、その作成後３月以内のものでなければならない。

3　令第７条第１項第２号の法務省令で定める場合は、申請人が同項第１号イに規定する法人であって、支配人等が当該法人を代理して登記の申請をする場合とする。

4　令第９条の法務省令で定める情報は、住民票コード（住民基本台帳法（昭和42年法律第81号）第７条第13号に規定する住民票コードをいう。）又は会社法人等番号（商業登記法第７条（他の法令において準用する場合を含む。）に規定する会社法人等番号をいう。以下同じ。）とする。ただし、住所についての変更又は錯誤若しくは遺漏があったことを証する情報を提供しなければならないものとされている場合にあっては、当該住所についての変更又は錯誤若しくは遺漏があったことを確認することができることとなるものに限る。

（添付情報の省略等）

第37条　同一の登記所に対して同時に２以上の申請をする場合において、各申請に共通する添付情報があるときは、当該添付情報は、一の申請の申請情報と併せて提供することで足りる。

2　前項の場合においては、当該添付情報を当該一の申請の申請情報と併せて提供した旨を他の申請の申請情報の内容としなければならない。

第37条の2　法人である代理人によって登記の申請をする場合において、当該代理人の会社法人等番号を提供したときは、当該会社法人等番号の提供をもって、当該代理人の代表者の資格を証する情報の提供に代えることができる。

第37条の3　表題部所有者又は登記名義人の相続人が登記の申請をする場合において、その相続に関して法定相続情報一覧図の写し（第247条の規定により交付された法定相続情報一覧図の写しをいう。以下この条及び第158条の20において同じ。）又は法定相続情報番号（11桁の番号であって、当該法定相続情報一覧図を識別するために登記官が付したものをいう。以下この条及び第158条の20において同じ。）を提供したときは、当該法定相続情報一覧図の写し又は当該法定相続情報番号の提供をもって、相続があったことを証する市町村長その他の公務員が職務上作成した情報の提供に代えることができる。ただし、法定相続情報番号を提供する場合にあっては、登記官が法定相続情報（第247条第１項に規定する法定相続情報をいう。次項及び第158条の20において同じ。）を確認することができるときに限る。

2　表題部所有者の相続人が所有権の保存の登記の申

請をする場合又は登記名義人の相続人が相続による権利の移転の登記の申請をする場合において、当該相続人の住所が記載された法定相続情報一覧図の写し又は法定相続情報番号（法定相続情報一覧図に当該相続人の住所が記載されている場合に限る。以下この項において同じ。）を提供したときは、当該法定相続情報一覧図の写し又は当該法定相続情報番号の提供をもって、登記名義人となる者の住所を証する市町村長その他の公務員が職務上作成した情報の提供に代えることができる。ただし、法定相続情報番号を提供する場合にあっては、登記官が法定相続情報を確認することができるときに限る。

（申請の却下）

第38条　登記官は、申請を却下するときは、決定書を作成して、これを申請人ごとに交付するものとする。ただし、代理人によって申請がされた場合は、当該代理人に交付すれば足りる。

2　前項の交付は、当該決定書を送付する方法によりすることができる。

3　登記官は、書面申請がされた場合において、申請を却下したときは、添付書面を還付するものとする。ただし、偽造された書面その他の不正な登記の申請のために用いられた疑いがある書面については、この限りでない。

（申請の取下げ）

第39条　申請の取下げは、次の各号に掲げる申請の区分に応じ、当該各号に定める方法によってしなければならない。

一　電子申請　法務大臣の定めるところにより電子情報処理組織を使用して申請を取り下げる旨の情報を登記所に提供する方法

二　書面申請　申請を取り下げる旨の情報を記載した書面を登記所に提出する方法

2　申請の取下げは、登記完了後は、することができない。

3　登記官は、書面申請がされた場合において、申請の取下げがされたときは、申請書及びその添付書面を還付するものとする。前条第3項ただし書の規定は、この場合について準用する。

（管轄区域がまたがる場合の移送等）

第40条　法第6条第3項の規定に従って登記の申請がされた場合において、他の登記所が同条第2項の登記所に指定されたときは、登記の申請を受けた登記所の登記官は、当該指定がされた他の登記所に当該申請に係る事件を移送するものとする。

2　登記官は、前項の規定により事件を移送したときは、申請人に対し、その旨を通知するものとする。

3　法第6条第2項の登記所に指定された登記所の登記官は、当該指定に係る不動産について登記を完了したときは、速やかに、その旨を他の登記所に通知するものとする。

4　前項の通知を受けた登記所の登記官は、適宜の様式の帳簿にその通知事項を記入するものとする。

第2款　電子申請

（電子申請の方法）

第41条　電子申請における申請情報は、法務大臣の定めるところにより送信しなければならない。令第10条の規定により申請情報と併せて送信すべき添付情報についても、同様とする。

（電子署名）

第42条　令第12条第1項及び第2項の電子署名は、電磁的記録に記録することができる情報に、産業標準化法（昭和24年法律第185号）に基づく日本産業規格（以下「日本産業規格」という。）X5731—8の附属書Dに適合する方法であって同附属書に定めるnの長さの値が2048ビットであるものを講ずる措置とする。

（電子証明書）

第43条　令第14条の法務省令で定める電子証明書は、第47条第3号イからニまでに掲げる者に該当する申請人又はその代表者若しくは代理人（委任による代理人を除く。同条第2号及び第3号並びに第49条第1項第1号及び第2号において同じ。）が申請情報又は委任による代理人の権限を証する情報に電子署名を行った場合にあっては、次に掲げる電子証明書とする。ただし、第3号に掲げる電子証明書については、第1号及び第2号に掲げる電子証明書を取得することができない場合に限る。

一　電子署名等に係る地方公共団体情報システム機構の認証業務に関する法律（平成14年法律第153号）第3条第1項の規定に基づき作成された署名用電子証明書

二　電子署名を行った者が商業登記法第12条の2（他の法令において準用する場合を含む。）に規定する被証明者であるときは、商業登記規則（昭和39年法務省令第23号）第33条の8第2項（他の法令において準用する場合を含む。）に規定する電子証明書

三　電子署名及び認証業務に関する法律（平成12年法律第102号）第8条に規定する認定認証事業者が作成した電子証明書（電子署名及び認証業務に関する法律施行規則（平成13年総務省・法務省・経済産業省令第2号）第4条第1号に規定する電子証明書をいう。）その他の電子証明書であって、氏名、住所、出生の年月日その他の事項により電子署名を行った者を確認することができるものとして法務大臣の定めるもの

四　官庁又は公署が嘱託する場合にあっては、官庁又は公署が作成した電子証明書であって、登記官が電子署名を行った者を確認することができるもの

2　前項本文に規定する場合以外の場合にあっては、令第14条の法務省令で定める電子証明書は、同項各号に掲げる電子証明書又はこれに準ずる電子証明書として法務大臣の定めるものとする。

（住所証明情報の省略等）

第44条　電子申請の申請人がその者の前条第1項第1号に掲げる電子証明書を提供したときは、当該電子証明書の提供をもって、当該申請人の現在の住所

を証する情報の提供に代えることができる。
2　電子申請の申請人がその者の前条第1項第2号に掲げる電子証明書を提供したときは、当該電子証明書の提供をもって、当該申請人の会社法人等番号の提供に代えることができる。
3　前項の規定は、同項の電子証明書によって登記官が確認することができる代理権限を証する情報について準用する。

第3款　書面申請

（申請書等の文字）
第45条　申請書（申請情報の全部を記録した磁気ディスクを除く。以下この款（第53条を除く。）において同じ。）その他の登記に関する書面に記載する文字は、字画を明確にしなければならない。
2　前項の書面につき文字の訂正、加入又は削除をしたときは、その旨及びその字数を欄外に記載し、又は訂正、加入若しくは削除をした文字に括弧その他の記号を付して、その範囲を明らかにし、かつ、当該字数を記載した部分又は当該記号を付した部分に押印しなければならない。この場合において、訂正又は削除をした文字は、なお読むことができるようにしておかなければならない。
（契印等）
第46条　申請人又はその代表者若しくは代理人は、申請書が2枚以上であるときは、各用紙のつづり目に契印をしなければならない。
2　前項の契印は、申請人又はその代表者若しくは代理人が二人以上ある場合は、その一人がすれば足りる。ただし、登記権利者及び登記義務者が共同して登記の申請をするときは、登記権利者又はその代表者若しくはその代理人及び登記義務者又はその代表者若しくはその代理人の各一人がしなければならない。
3　令別表の65の項添付情報欄に掲げる信託目録に記録すべき情報を記載した書面が2枚以上であるときは、申請人又はその代表者若しくは代理人は、各用紙に当該用紙が何枚目であるかを記載し、各用紙のつづり目に契印をしなければならない。この場合においては、前項の規定を準用する。
（申請書に記名押印を要しない場合）
第47条　令第16条第1項の法務省令で定める場合は、次に掲げる場合とする。
一　委任による代理人が申請書に署名した場合
二　申請人又はその代表者若しくは代理人が署名した申請書について公証人又はこれに準ずる者の認証を受けた場合
三　申請人が次に掲げる者のいずれにも該当せず、かつ、当該申請人又はその代表者若しくは代理人が申請書に署名した場合（前号に掲げる場合を除く。）
イ　所有権の登記名義人（所有権に関する仮登記の登記名義人を含む。）であって、次に掲げる登記を申請するもの
(1)　当該登記名義人が登記義務者となる権利に関する登記（担保権（根抵当権及び根質権を除く。）の債務者に関する変更の登記及び更正の登記を除く。）
(2)　共有物分割禁止の定めに係る権利の変更の登記
(3)　所有権の移転の登記がない場合における所有権の登記の抹消
(4)　信託法（平成18年法律第108号）第3条第3号に掲げる方法によってされた信託による権利の変更の登記
(5)　仮登記の抹消（法第110条前段の規定により所有権に関する仮登記の登記名義人が単独で申請するものに限る。）
(6)　合筆の登記、合体による登記等又は建物の合併の登記
ロ　所有権の登記名義人であって、法第22条ただし書の規定により登記識別情報を提供することなく担保権（根抵当権及び根質権を除く。）の債務者に関する変更の登記又は更正の登記を申請するもの
ハ　所有権以外の権利の登記名義人であって、法第22条ただし書の規定により登記識別情報を提供することなく当該登記名義人が登記義務者となる権利に関する登記を申請するもの
ニ　所有権以外の権利の登記名義人であって、法第22条ただし書の規定により登記識別情報を提供することなく当該登記名義人が信託法第3条第3号に掲げる方法によってされた信託による権利の変更の登記を申請するもの
ホ　法第21条本文の規定により登記識別情報の通知を受けることとなる申請人
（申請書に印鑑証明書の添付を要しない場合）
第48条　令第16条第2項の法務省令で定める場合は、次に掲げる場合とする。
一　法人の代表者又は代理人が記名押印した者である場合において、その会社法人等番号を申請情報の内容としたとき。ただし、登記官が記名押印した者の印鑑に関する証明書を作成することが可能である場合に限る。
二　申請人又はその代表者若しくは代理人が記名押印した申請書について公証人又はこれに準ずる者の認証を受けた場合
三　裁判所によって選任された者がその職務上行う申請の申請書に押印した印鑑に関する証明書であって、裁判所書記官が最高裁判所規則で定めるところにより作成したものが添付されている場合
四　申請人が前条第3号ホに掲げる者に該当する場合（同号イ（6）に掲げる者に該当する場合を除く。）
五　申請人が前条第3号イからニまでに掲げる者のいずれにも該当しない場合（前号に掲げる場合を除く。）
（委任状への記名押印等の特例）
第49条　令第18条第1項の法務省令で定める場合は、次に掲げる場合とする。
一　申請人又はその代表者若しくは代理人が署名し

た委任による代理人の権限を証する情報を記載した書面（以下「委任状」という。）について公証人又はこれに準ずる者の認証を受けた場合

二　申請人が第47条第3号イからホまでに掲げる者のいずれにも該当せず、かつ、当該申請人又はその代表者若しくは代理人が委任状に署名した場合

三　復代理人によって申請する場合における代理人（委任による代理人に限る。）が復代理人の権限を証する書面に署名した場合

2　令第18条第2項の法務省令で定める場合は、次に掲げる場合とする。

一　法人の代表者又は代理人が記名押印した者である場合において、その会社法人等番号を申請情報の内容としたとき。ただし、登記官が記名押印した者の印鑑に関する証明書を作成することが可能である場合に限る。

二　申請人又はその代表者若しくは代理人が記名押印した委任状について公証人又はこれに準ずる者の認証を受けた場合

三　裁判所によって選任された者がその職務上行う申請の委任状に押印した印鑑に関する証明書であって、裁判所書記官が最高裁判所規則で定めるところにより作成したものが添付されている場合

四　前条第1項第4号及び第5号に掲げる場合

五　復代理人によって申請する場合における代理人（委任による代理人に限る。）が復代理人の権限を証する書面に記名押印した場合

（承諾書への記名押印等の特例）

第50条　令第19条第1項の法務省令で定める場合は、同意又は承諾を証する情報を記載した書面の作成者が署名した当該書面について公証人又はこれに準ずる者の認証を受けた場合とする。

2　第48条第1号から第3号までの規定は、令第19条第2項の法務省令で定める場合について準用する。この場合において、第48条第2号中「申請書」とあるのは「同意又は承諾を証する情報を記載した書面」と、同条第3号中「申請の申請書」とあるのは「同意又は承諾の同意又は承諾を証する情報を記載した書面」と読み替えるものとする。

（申請情報を記録した磁気ディスク）

第51条　法第18条第2号に規定する磁気ディスクを提出する方法による申請は、法務大臣が指定した登記所においてすることができる。

2　前項の指定は、告示してしなければならない。

3　第1項の磁気ディスクの構造は、日本産業規格X0606に適合する120ミリメートル光ディスクでなければならない。

4　第1項の磁気ディスクには、申請人の氏名又は名称及び申請の年月日を記載した書面をはり付けなければならない。

5　第1項の磁気ディスクには、法務大臣の定めるところにより申請情報を記録しなければならない。

6　申請情報の全部を記録した磁気ディスクは、法務大臣の定めるところにより作成しなければならない。

7　第42条の規定は、令第16条第5項において準用する令第12条第1項の電子署名について準用する。

8　第43条の規定は、令第16条第5項において準用する令第14条の電子証明書について準用する。ただし、当該電子証明書には、指定公証人の行う電磁的記録に関する事務に関する省令（平成13年法務省令第24号）第3条第1項に規定する指定公証人電子証明書を含むものとする。

9　第44条の規定は、前項の電子証明書を提供したときについて準用する。

10　申請情報の一部を記録した磁気ディスクを提出する場合には、当該磁気ディスクに申請人の氏名又は名称を記録したときであっても、申請書に申請人の氏名又は名称を記載しなければならない。この場合において、申請人が二人以上あるときは、その一人の氏名又は名称を記載すれば足りる。

（申請書に添付することができる磁気ディスク）

第52条　前条第3項から第7項までの規定は、令第15条の添付情報を記録した磁気ディスクについて準用する。

2　令第15条後段において準用する令第14条の電子証明書は、第43条第1項又は第2項に規定する電子証明書であって法務大臣が定めるものとする。

（申請書等の送付方法）

第53条　登記の申請をしようとする者が申請書及びその添付書面を送付するときは、書留郵便又は民間事業者による信書の送達に関する法律（平成14年法律第99号）第2条第6項に規定する一般信書便事業者若しくは同条第9項に規定する特定信書便事業者（以下「信書便事業者」と総称する。）による同条第2項に規定する信書便（以下「信書便」という。）の役務であって当該信書便事業者において引受け及び配達の記録を行うものによるものとする。

2　前項の場合には、申請書及びその添付書面を入れた封筒の表面に不動産登記申請書が在中する旨を明記するものとする。

（受領証の交付の請求）

第54条　書面申請をした申請人は、申請に係る登記が完了するまでの間、申請書及びその添付書面の受領証の交付を請求することができる。

2　前項の規定により受領証の交付を請求する申請人は、申請書の内容と同一の内容を記載した書面を提出しなければならない。ただし、当該書面の申請人の記載については、申請人が二人以上あるときは、申請書の筆頭に記載した者の氏名又は名称及びその他の申請人の人数を記載すれば足りる。

3　登記官は、第1項の規定による請求があった場合には、前項の規定により提出された書面に申請の受付の年月日及び受付番号並びに職氏名を記載し、職印を押印して受領証を作成した上、当該受領証を交付しなければならない。

（添付書面の原本の還付請求）

第55条　書面申請をした申請人は、申請書の添付書面（磁気ディスクを除く。）の原本の還付を請求すること

ができる。ただし、令第16条第２項、第18条第２項若しくは第19条第２項又はこの省令第48条第３号（第50条第２項において準用する場合を含む。）、第49条第２項第３号若しくは第156条の６第２項（第156条の７第２項後段において準用する場合を含む。）の印鑑に関する証明書及び当該申請のためにのみ作成された委任状その他の書面については、この限りでない。

2　前項本文の規定により原本の還付を請求する申請人は、原本と相違ない旨を記載した謄本を提出しなければならない。

3　登記官は、第１項本文の規定による請求があった場合には、調査完了後、当該請求に係る書面の原本を還付しなければならない。この場合には、前項の謄本と当該請求に係る書面の原本を照合し、これらの内容が同一であることを確認した上、同項の謄本に原本還付の旨を記載し、これに登記官印を押印しなければならない。

4　前項後段の規定により登記官印を押印した第２項の謄本は、登記完了後、申請書類つづり込み帳につづり込むものとする。

5　第３項前段の規定にかかわらず、登記官は、偽造された書面その他の不正な登記の申請のために用いられた疑いがある書面については、これを還付することができない。

6　第３項の規定による原本の還付は、申請人の申出により、原本を送付する方法によることができる。この場合においては、申請人は、送付先の住所をも申し出なければならない。

7　前項の場合における書面の送付は、同項の住所に宛てて、書留郵便又は信書便の役務であって信書便事業者において引受け及び配達の記録を行うものによってするものとする。

8　前項の送付に要する費用は、郵便切手又は信書便の役務に関する料金の支払のために使用することができる証票であって法務大臣が指定するものを提出する方法により納付しなければならない。

9　前項の指定は、告示してしなければならない。

第４款　受付等

（申請の受付）

第56条　登記官は、申請情報が提供されたときは、受付帳に登記の目的、申請の受付の年月日及び受付番号並びに不動産所在事項を記録しなければならない。

2　登記官は、書面申請の受付にあっては、前項の規定により受付をする際、申請書（申請情報の全部を記録した磁気ディスクにあっては、適宜の用紙）に申請の受付の年月日及び受付番号を記載しなければならない。

3　受付番号は、１年ごとに更新するものとする。

4　第１項及び第２項の規定は、次に掲げる場合について準用する。

一　法第67条第２項の許可があった場合

二　法第71条の規定により登記の抹消をしようとする場合

三　法第157条第３項又は第４項の命令があった場合

四　第110条第３項（第144条第２項において準用する場合を含む。）、第119条第２項、第124条第８項（第120条第７項、第126条第３項、第134条第３項及び第145条第１項において準用する場合を含む。）、第159条第２項（同条第４項において準用する場合を含む。）又は第168条第５項（第170条第３項において準用する場合を含む。）の通知があった場合

（調査）

第57条　登記官は、申請情報が提供されたときは、遅滞なく、申請に関するすべての事項を調査しなければならない。

（登記の順序）

第58条　登記官は、法第20条に規定する場合以外の場合においても、受付番号の順序に従って登記するものとする。

（登記官による本人確認）

第59条　登記官は、法第24条第１項の規定により申請人の申請の権限の有無を調査したときは、その調査の結果を記録した調書を作成しなければならない。同条第２項の嘱託を受けて調査をした場合についても、同様とする。

2　前項後段の場合には、嘱託を受けて調査をした登記所の登記官は、その調査の結果を記録した調書を嘱託をした登記官に送付しなければならない。

（補正）

第60条　登記官は、申請の補正をすることができる期間を定めたときは、当該期間内は、当該補正すべき事項に係る不備を理由に当該申請を却下することができない。

2　申請の補正は、次の各号に掲げる申請の区分に応じ、当該各号に定める方法によってしなければならない。

一　電子申請　法務大臣の定めるところにより電子情報処理組織を使用して申請の補正をする方法

二　書面申請　登記所に提出した書面を補正し、又は補正に係る書面を登記所に提出する方法

第５款　登記識別情報

（登記識別情報の定め方）

第61条　登記識別情報は、アラビア数字その他の符号の組合せにより、不動産及び登記名義人となった申請人ごとに定める。

（登記識別情報の通知の相手方）

第62条　次の各号に掲げる場合における登記識別情報の通知は、当該各号に定める者に対してするものとする。

一　法定代理人（支配人その他の法令の規定により当該通知を受けるべき者を代理することができる者を含む。）によって申請している場合　当該法定代理人

二　申請人が法人である場合（前号に規定する場合を除

く。）当該法人の代表者

2　登記識別情報の通知を受けるための特別の委任を受けた代理人がある場合には、登記識別情報の通知は、当該代理人に対してするものとする。

（登記識別情報の通知の方法）

第63条　登記識別情報の通知は、法務大臣が別に定める場合を除き、次の各号に掲げる申請の区分に応じ、当該各号に定める方法によるものとする。

一　電子申請　法務大臣の定めるところにより、登記官の使用に係る電子計算機に備えられたファイルに記録された登記識別情報を電子情報処理組織を使用して送信し、これを申請人又はその代理人（以下この条において「申請人等」という。）の使用に係る電子計算機に備えられたファイルに記録する方法

二　書面申請　登記識別情報を記載した書面を交付する方法

2　登記官は、前項の通知をするときは、法第21条本文の規定により登記識別情報の通知を受けるべき者及び前条第1項各号に定める者並びに同条第2項の代理人（申請人から登記識別情報を知ることを特に許された者に限る。）以外の者に当該通知に係る登記識別情報が知られないようにするための措置を講じなければならない。

3　送付の方法により登記識別情報を記載した書面の交付を求める場合には、申請人は、その旨並びに次項及び第5項の場合の区分に応じた送付先の別（第5項に規定する場合であって自然人である代理人の住所に宛てて書面を送付することを求めるときにあっては、当該代理人の住所）を申請情報の内容とするものとする。

4　前項の場合における登記識別情報を記載した書面の送付は、次の各号に掲げる場合の区分に応じ、当該各号に定める方法によってするものとする。

一　申請人等が自然人である場合において当該申請人等の住所に宛てて書面を送付するとき、又は申請人等が法人である場合において当該申請人等である法人の代表者の住所に宛てて書面を送付するとき（第3号に掲げる場合を除く。）　日本郵便株式会社の内国郵便約款の定めるところにより名宛人本人に限り交付し、若しくは配達する本人限定受取郵便又はこれに準ずる方法

二　申請人等が法人である場合において当該申請人等である法人の住所に宛てて書面を送付するとき（次号に掲げる場合を除く。）　書留郵便又は信書便の役務であって信書便事業者において引受け及び配達の記録を行うもの

三　申請人等が外国に住所を有する場合　書留郵便若しくは信書便の役務であって信書便事業者において引受け及び配達の記録を行うもの又はこれらに準ずる方法

5　前項の規定にかかわらず、前条第2項の規定により代理人が登記識別情報の通知を受ける場合であって、当該代理人が法第23条第4項第1号に規定する代理人（以下「資格者代理人」という。）であるときは、登記識別情報を記載した書面の送付は、次の各号に掲げる場合の区分に応じ、当該各号に定める方法によってするものとする。

一　当該代理人が自然人である場合において当該代理人の住所に宛てて書面を送付するとき、又は当該代理人が法人である場合において当該代理人である法人の代表者の住所に宛てて書面を送付するとき　日本郵便株式会社の内国郵便約款の定めるところにより名宛人本人に限り交付し、若しくは配達する本人限定受取郵便又はこれに準ずる方法

二　当該代理人が自然人である場合において当該代理人の事務所の所在地に宛てて書面を送付するとき、又は当該代理人が法人である場合において当該代理人である法人の住所に宛てて書面を送付するとき　書留郵便又は信書便の役務であって信書便事業者において引受け及び配達の記録を行うもの

6　送付の方法により登記識別情報を記載した書面の交付を求める場合には、送付に要する費用を納付しなければならない。

7　前項の送付に要する費用は、郵便切手又は信書便の役務に関する料金の支払のために使用することができる証票であって法務大臣が指定するものを申請書と併せて提出する方法により納付しなければならない。

8　第6項の送付は、申請人が当該郵便物をこれと同一の種類に属する他の郵便物に優先して送達する取扱いの料金に相当する郵便切手を提出したときは、当該取扱いによらなければならない。第4項第2号若しくは第3号又は第5項第2号の場合において、信書便の役務であって当該取扱いに相当するものの料金に相当する当該信書便事業者の証票で法務大臣が指定するものを提出したときも、同様とする。

9　前2項の指定は、告示してしなければならない。

第63条の2　官庁又は公署が登記権利者のために登記の嘱託をしたときにおける登記識別情報の通知は、官庁又は公署の申出により、登記識別情報を記載した書面を交付する方法によりすることもできる。この場合においては、官庁又は公署は、当該申出をする旨並びに送付の方法による交付を求めるときは、その旨及び送付先の住所を嘱託情報の内容とするものとする。

2　前項の場合における登記識別情報を記載した書面の送付は、同項の住所に宛てて、書留郵便又は信書便の役務であって信書便事業者において引受け及び配達の記録を行うものその他の郵便又は信書便によって書面を送付する方法によってするものとする。

3　前条第6項から第9項までの規定は、官庁又は公署が送付の方法により登記識別情報を記載した書面の交付を求める場合について準用する。

（登記識別情報の通知を要しない場合等）

第64条　法第21条ただし書の法務省令で定める場合は、次に掲げる場合とする。

一　法第21条本文の規定により登記識別情報の通知を受けるべき者があらかじめ登記識別情報の通知

を希望しない旨の申出をした場合（官庁又は公署が登記権利者のために登記の嘱託をした場合において、当該官庁又は公署が当該登記権利者の申出に基づいて登記識別情報の通知を希望しない旨の申出をしたときを含む。）

二　法第21条本文の規定により登記識別情報の通知を受けるべき者（第63条第1項第1号に定める方法によって通知を受けるべきものに限る。）が、登記官の使用に係る電子計算機に備えられたファイルに登記識別情報が記録され、電子情報処理組織を使用して送信することが可能になった時から30日以内に自己の使用に係る電子計算機に備えられたファイルに当該登記識別情報を記録しない場合

三　法第21条本文の規定により登記識別情報の通知を受けるべき者（第63条第1項第2号に定める方法によって通知を受けるべきものに限る。）が、登記完了の時から3月以内に登記識別情報を記載した書面を受領しない場合

四　法第21条本文の規定により登記識別情報の通知を受けるべき者が官庁又は公署である場合（当該官庁又は公署があらかじめ登記識別情報の通知を希望する旨の申出をした場合を除く。）

2　前項第1号及び第4号の申出をするときは、その旨を申請情報の内容とするものとする。

3　登記官は、第1項第2号に規定する場合には同号に規定する登記識別情報を、同項第3号に規定する場合には同号に規定する登記識別情報を記載した書面を廃棄することができる。

4　第29条の規定は、前項の規定により登記識別情報又は登記識別情報を記載した書面を廃棄する場合には、適用しない。

（登記識別情報の失効の申出）

第65条　登記名義人又はその相続人その他の一般承継人は、登記官に対し、通知を受けた登記識別情報について失効の申出をすることができる。

2　前項の申出は、次に掲げる事項を内容とする情報（以下この条において「申出情報」という。）を登記所に提供してしなければならない。

一　申出人の氏名又は名称及び住所

二　申出人が法人であるときは、その代表者の氏名

三　代理人によって申出をするときは、当該代理人の氏名又は名称及び住所並びに代理人が法人であるときはその代表者の氏名

四　申出人が登記名義人の相続人その他の一般承継人であるときは、その旨及び登記名義人の氏名又は名称及び住所

五　当該登記識別情報に係る登記に関する次に掲げる事項

イ　不動産所在事項又は不動産番号

ロ　登記の目的

ハ　申請の受付の年月日及び受付番号

ニ　次項第1号に掲げる方法により申出をするときは、甲区又は乙区の別

3　第1項の申出は、次に掲げる方法のいずれかによりしなければならない。

一　法務大臣の定めるところにより電子情報処理組織を使用して申出情報を登記所に提供する方法

二　申出情報を記載した書面を登記所に提出する方法

4　申出情報の内容である登記名義人の氏名若しくは名称又は住所が登記記録と合致しないときは、申出情報と併せて当該登記名義人の氏名若しくは名称又は住所についての変更又は錯誤若しくは遺漏があったことを証する市町村長、登記官その他の公務員が職務上作成した情報を提供しなければならない。ただし、公務員が職務上作成した情報がない場合にあっては、これに代わるべき情報を提供すれば足りる。

5　登記名義人の相続人その他の一般承継人が第1項の申出をするときは、申出情報と併せて相続その他の一般承継があったことを証する市町村長、登記官その他の公務員が職務上作成した情報を提供しなければならない。ただし、公務員が職務上作成した情報がない場合にあっては、これに代わるべき情報を提供すれば足りる。

6　令第4条本文、第7条第1項第1号及び第2号の規定は、第1項の申出をする場合について準用する。

7　第36条第1項から第3項までの規定は前項において準用する令第7条第1項第1号及び第2号の法務省令で定める場合について、第37条及び第37条の2の規定は第1項の申出をする場合について、それぞれ準用する。

8　令第10条から第12条まで及び第14条の規定は、第3項第1号に掲げる方法により第1項の申出をする場合について準用する。

9　第41条及び第44条の規定は前項に規定する場合について、第42条の規定は前項において準用する令第12条第1項及び第2項の電子署名について、第43条の規定は前項において準用する令第14条の法務省令で定める電子証明書について、それぞれ準用する。

10　令第15条から第18条までの規定は、第3項第2号に掲げる方法により第1項の申出をする場合について準用する。

11　第45条、第46条第1項及び第2項、第53条並びに第55条の規定は前項に規定する場合について、第47条第1号及び第2号の規定は前項において準用する令第16条第1項の法務省令で定める場合について、第48条第1号から第3号までの規定は前項において準用する令第16条第2項の法務省令で定める場合について、第49条第1項第1号及び第3号の規定は前項において準用する令第18条第1項の法務省令で定める場合について、第49条第2項各号（第4号を除く。）の規定は前項において準用する令第18条第2項の法務省令で定める場合について、それぞれ準用する。

（登記識別情報の提供）

第66条　法第22条本文の規定により同条本文に規定する登記義務者の登記識別情報を提供する場合には、次の各号に掲げる申請の区分に応じ、当該各号に定める方法による。

一　電子申請　法務大臣の定めるところにより電子

情報処理組織を使用して登記識別情報を提供する方法
二　書面申請　登記識別情報を記載した書面を申請書に添付して提出する方法
2　前項第2号の登記識別情報を記載した書面は、封筒に入れて封をするものとする。
3　前項の封筒には、登記識別情報を提供する申請人の氏名又は名称及び登記の目的を記載し、登記識別情報を記載した書面が在中する旨を明記するものとする。

（登記識別情報の提供の省略）

第67条　同一の不動産について2以上の権利に関する登記の申請がされた場合（当該2以上の権利に関する登記の前後を明らかにして同時に申請がされた場合に限る。）において、前の登記によって登記名義人となる者が、後の登記の登記義務者となるときは、当該後の登記の申請情報と併せて提供すべき登記識別情報は、当該後の登記の申請情報と併せて提供されたものとみなす。

（登記識別情報に関する証明）

第68条　令第22条第1項に規定する証明の請求は、次に掲げる事項を内容とする情報（以下この条において「有効証明請求情報」という。）を登記所に提供してしなければならない。
一　請求人の氏名又は名称及び住所
二　請求人が法人であるときは、その代表者の氏名
三　代理人によって請求をするときは、当該代理人の氏名又は名称及び住所並びに代理人が法人であるときはその代表者の氏名
四　請求人が登記名義人の相続人その他の一般承継人であるときは、その旨及び登記名義人の氏名又は名称及び住所
五　当該登記識別情報に係る登記に関する次に掲げる事項
イ　不動産所在事項又は不動産番号
ロ　登記の目的
ハ　申請の受付の年月日及び受付番号
ニ　第3項第1号に掲げる方法により請求をするときは、甲区又は乙区の別
六　第15項の規定により同項に規定する情報を提供しないときは、その旨及び当該情報の表示
2　前項の証明の請求（登記識別情報が通知されていないこと又は失効していることの証明の請求を除く。）をするときは、有効証明請求情報と併せて登記識別情報を提供しなければならない。第66条の規定は、この場合における登記識別情報の提供方法について準用する。
3　第1項の証明の請求は、次に掲げる方法のいずれかによりしなければならない。
一　法務大臣の定めるところにより電子情報処理組織を使用して有効証明請求情報を登記所に提供する方法
二　有効証明請求情報を記載した書面を提出する方法
4　第1項の証明は、次の各号に掲げる場合の区分に応じ、それぞれ当該各号に定める方法によりするものとする。
一　前項第1号に掲げる方法により有効証明請求情報が提供された場合　法務大臣の定めるところにより、登記官の使用に係る電子計算機に備えられたファイルに記録された情報を電子情報処理組織を使用して送信し、これを請求人又はその代理人の使用に係る電子計算機に備えられたファイルに記録する方法
二　前項第2号に掲げる方法により有効証明請求情報が提供された場合　登記官が証明に係る事項を記載した書面を交付する方法
5　有効証明請求情報の内容である登記名義人の氏名若しくは名称又は住所が登記記録と合致しないときは、有効証明請求情報と併せて当該登記名義人の氏名若しくは名称又は住所についての変更又は錯誤若しくは遺漏があったことを証する市町村長、登記官その他の公務員が職務上作成した情報を提供しなければならない。ただし、公務員が職務上作成した情報がない場合にあっては、これに代わるべき情報を提供すれば足りる。
6　登記名義人の相続人その他の一般承継人が第1項の証明の請求をするときは、その有効証明請求情報と併せて相続その他の一般承継があったことを証する市町村長、登記官その他の公務員が職務上作成した情報を提供しなければならない。ただし、公務員が職務上作成した情報がない場合にあっては、これに代わるべき情報を提供すれば足りる。
7　令第4条並びに第7条第1項第1号及び第2号の規定は、第1項の証明の請求をする場合（同条の規定については、資格者代理人により第1項の証明の請求をする場合を除く。）について準用する。この場合において、令第4条ただし書中「申請する登記の目的並びに登記原因及びその日付が同一であるときその他法務省令で定めるとき」とあるのは、「有効証明請求情報の内容である登記名義人の氏名又は名称及び住所が同一であるとき」と読み替えるものとする。
8　第36条第1項から第3項までの規定は前項において準用する令第7条第1項第1号及び第2号の法務省令で定める場合について、第37条及び第37条の2の規定は第1項の証明の請求をする場合について、それぞれ準用する。
9　令第10条から第12条まで及び第14条の規定は、第3項第1号に掲げる方法により第1項の証明の請求をする場合について準用する。
10　第41条及び第44条の規定は前項に規定する場合について、第42条の規定は前項において準用する令第12条第1項及び第2項の電子署名について、第43条の規定は前項において準用する令第14条の法務省令で定める電子証明書について、それぞれ準用する。
11　令第15条から第18条までの規定は、第3項第2号に掲げる方法により第1項の証明の請求をする場合について準用する。
12　第45条、第46条第1項及び第2項、第53条並びに

第55条（第1項ただし書を除く。）の規定は前項に規定する場合について、第47条第1号及び第2号の規定は前項において準用する令第16条第1項の法務省令で定める場合について、第48条第1号から第3号までの規定は前項において準用する令第16条第2項の法務省令で定める場合について、第49条第1項第1号及び第3号の規定は前項において準用する令第18条第1項の法務省令で定める場合について、第49条第2項各号（第4号を除く。）の規定は前項において準用する令第18条第2項の法務省令で定める場合について、それぞれ準用する。

13　第197条第6項及び第204条の規定は、第4項第2号に定める方法により第1項の証明をする場合について準用する。

14　資格者代理人によって第1項の証明の請求をするときは、当該資格者代理人が登記の申請の代理を業とすることができる者であることを証する情報（当該資格者代理人が法人である場合にあっては、当該法人の代表者の資格を証する情報を含む。）を併せて提供しなければならない。

15　資格者代理人によって第1項の証明の請求をする場合には、第5項及び第6項の規定にかかわらず、これらの規定に規定する情報は、提供することを要しない。

（登記識別情報を記載した書面の廃棄）

第69条　登記官は、第66条第1項第2号（前条第2項後段において準用する場合を含む。）の規定により登記識別情報を記載した書面が提出された場合において、当該登記識別情報を提供した申請に基づく登記を完了したとき又は請求の審査を終了したときは、速やかに、当該書面を廃棄するものとする。

2　第29条の規定は、前項の規定により登記識別情報を記載した書面を廃棄する場合には、適用しない。

第6款　登記識別情報の提供がない場合の手続

（事前通知）

第70条　法第23条第1項の通知は、次の各号に掲げる場合の区分に応じ、当該各号に定める方法により書面を送付してするものとする。

一　法第22条に規定する登記義務者が自然人である場合又は当該登記義務者が法人である場合において当該登記義務者である法人の代表者の住所に宛てて書面を送付するとき　日本郵便株式会社の内国郵便約款の定めるところにより名宛人本人に限り交付し、若しくは配達する本人限定受取郵便又はこれに準ずる方法

二　法第22条に規定する登記義務者が法人である場合（前号に掲げる場合を除く。）　書留郵便又は信書便の役務であって信書便事業者において引受け及び配達の記録を行うもの

三　法第22条に規定する登記義務者が外国に住所を有する場合　書留郵便若しくは信書便の役務であって信書便事業者において引受け及び配達の記録を行うもの又はこれらに準ずる方法

2　前項の書面には、当該通知を識別するための番号、記号その他の符号（第5項第1号において「通知番号等」という。）を記載しなければならない。

3　第1項の規定による送付は、申請人が当該郵便物をこれと同一の種類に属する他の郵便物に優先して送達する取扱いの料金に相当する郵便切手を提出したときは、当該取扱いによらなければならない。同項第2号又は第3号の場合において、信書便の役務であって当該取扱いに相当するものの料金に相当する当該信書便事業者の証票で法務大臣が指定するものを提出したときも、同様とする。

4　前項の指定は、告示してしなければならない。

5　法第23条第1項に規定する申出は、次の各号に掲げる申請の区分に応じ、当該各号に定める方法によりしなければならない。

一　電子申請　法務大臣の定めるところにより、法第22条に規定する登記義務者が、第1項の書面の内容を通知番号等を用いて特定し、申請の内容が真実である旨の情報に電子署名を行った上、登記所に送信する方法

二　書面申請　法第22条に規定する登記義務者が、第1項の書面に通知に係る申請の内容が真実である旨を記載し、これに記名し、申請書又は委任状に押印したものと同一の印を用いて当該書面に押印した上、登記所に提出する方法（申請情報の全部を記録した磁気ディスクを提出した場合にあっては、法第22条に規定する登記義務者が、申請の内容が真実である旨の情報に電子署名を行い、これを記録した磁気ディスクを第1項の書面と併せて登記所に提出する方法）

6　令第14条の規定は、前項の申出をする場合について準用する。

7　第43条の規定は、前項において準用する令第14条の法務省令で定める電子証明書について準用する。

8　法第23条第1項の法務省令で定める期間は、通知を発送した日から2週間とする。ただし、法第22条に規定する登記義務者が外国に住所を有する場合には、4週間とする。

（前の住所地への通知）

第71条　法第23条第2項の通知は、転送を要しない郵便物として書面を送付する方法又はこれに準ずる方法により送付するものとする。

2　法第23条第2項の法務省令で定める場合は、次に掲げる場合とする。

一　法第23条第2項の登記義務者の住所についての変更の登記（更正の登記を含む。以下この項において同じ。）の登記原因が、行政区画若しくはその名称又は字若しくはその名称についての変更又は錯誤若しくは遺漏である場合

二　法第23条第2項の登記の申請の日が、同項の登記義務者の住所についてされた最後の変更の登記の申請に係る受付の日から3月を経過している場合

三　法第23条第2項の登記義務者が法人である場合

四　前3号に掲げる場合のほか、次条第1項に規定する本人確認情報の提供があった場合において、当該本人確認情報の内容により申請人が登記義務者であることが確実であると認められる場合

（資格者代理人による本人確認情報の提供）

第72条　法第23条第4項第1号の規定により登記官が資格者代理人から提供を受ける申請人が申請の権限を有する登記名義人であることを確認するために必要な情報（以下「本人確認情報」という。）は、次に掲げる事項を明らかにするものでなければならない。

一　資格者代理人（資格者代理人が法人である場合にあっては、当該申請において当該法人を代表する者をいう。以下この条において同じ。）が申請人（申請人が法人である場合にあっては、代表者又はこれに代わるべき者。以下この条において同じ。）と面談した日時、場所及びその状況

二　資格者代理人が申請人の氏名を知り、かつ、当該申請人と面識があるときは、当該申請人の氏名を知り、かつ、当該申請人と面識がある旨及びその面識が生じた経緯

三　資格者代理人が申請人の氏名を知らず、又は当該申請人と面識がないときは、申請の権限を有する登記名義人であることを確認するために当該申請人から提示を受けた次項各号に掲げる書類の内容及び当該申請人が申請の権限を有する登記名義人であると認めた理由

2　前項第3号に規定する場合において、資格者代理人が申請人について確認をするときは、次に掲げる方法のいずれかにより行うものとする。ただし、第1号及び第2号に掲げる書類及び有効期間又は有効期限のある第3号に掲げる書類にあっては、資格者代理人が提示を受ける日において有効なものに限る。

一　運転免許証（道路交通法（昭和35年法律第105号）第92条第1項に規定する運転免許証をいう。）、個人番号カード（行政手続における特定の個人を識別するための番号の利用等に関する法律（平成25年法律第27号）第2条第7項に規定する個人番号カードをいう。）、旅券等（出入国管理及び難民認定法（昭和26年政令第319号）第2条第5号に規定する旅券及び同条第6号に規定する乗員手帳をいう。ただし、当該申請人の氏名及び生年月日の記載があるものに限る。）、在留カード（同法第19条の3に規定する在留カードをいう。）、特別永住者証明書（日本国との平和条約に基づき日本の国籍を離脱した者等の出入国管理に関する特例法（平成3年法律第71号）第7条に規定する特別永住者証明書をいう。）又は運転経歴証明書（道路交通法第104条の4第5項（同法第105条第2項において準用する場合を含む。）に規定する運転経歴証明書をいう。）のうちいずれか1以上の提示を求める方法

二　国民健康保険、健康保険、船員保険、後期高齢者医療若しくは介護保険の被保険者証、健康保険日雇特例被保険者手帳、国家公務員共済組合若しくは地方公務員共済組合の組合員証、私立学校教職員共済制度の加入者証、基礎年金番号通知書（国民年金法施行規則（昭和35年厚生省令第12号）第1条第1項に規定する基礎年金番号通知書をいう。）、児童扶養手当証書、特別児童扶養手当証書、母子健康手帳、身体障害者手帳、精神障害者保健福祉手帳、療育手帳又は戦傷病者手帳であって、当該申請人の氏名、住所及び生年月日の記載があるもののうちいずれか2以上の提示を求める方法

三　前号に掲げる書類のうちいずれか1以上及び官公庁から発行され、又は発給された書類その他これに準ずるものであって、当該申請人の氏名、住所及び生年月日の記載があるもののうちいずれか1以上の提示を求める方法

3　資格者代理人が本人確認情報を提供するときは、当該資格者代理人が登記の申請の代理を業とすることができる者であることを証する情報を併せて提供しなければならない。

第7款　土地所在図等

（土地所在図、地積測量図、建物図面及び各階平面図の作成方式）

第73条　電子申請において送信する土地所在図、地積測量図、建物図面及び各階平面図は、法務大臣の定める方式に従い、作成しなければならない。書面申請においてこれらの図面を電磁的記録に記録して提出する場合についても、同様とする。

2　前項の土地所在図、地積測量図、建物図面及び各階平面図には、作成の年月日並びに申請人及び作成者の氏名又は名称を記録しなければならない。

第74条　土地所在図、地積測量図、建物図面及び各階平面図（これらのものが書面である場合に限る。）は、0.2ミリメートル以下の細線により、図形を鮮明に表示しなければならない。

2　前項の土地所在図、地積測量図、建物図面及び各階平面図には、作成の年月日を記録し、申請人が記名するとともに、その作成者が署名し、又は記名押印しなければならない。

3　第1項の土地所在図、地積測量図、建物図面及び各階平面図は、別記第1号及び第2号の様式により、日本産業規格B列4番の丈夫な用紙を用いて作成しなければならない。

（土地所在図及び地積測量図の作成単位）

第75条　土地所在図及び地積測量図は、一筆の土地ごとに作成しなければならない。

2　分筆の登記を申請する場合において提供する分筆後の土地の地積測量図は、分筆前の土地ごとに作成するものとする。

（土地所在図の内容）

第76条　土地所在図には、方位、縮尺、土地の形状及び隣地の地番を記録しなければならない。

2　土地所在図は、近傍類似の土地についての法第14条第1項の地図と同一の縮尺により作成するものとする。

3　第10条第4項の規定は、土地所在図について準用する。

（地積測量図の内容）

第77条　地積測量図には、次に掲げる事項を記録しなければならない。
一　地番区域の名称
二　方位
三　縮尺
四　地番（隣接地の地番を含む。）
五　地積及びその求積方法
六　筆界点間の距離
七　国土調査法施行令第2条第1項第1号に規定する平面直角座標系の番号又は記号
八　基本三角点等に基づく測量の成果による筆界点の座標値
九　境界標（筆界点にある永続性のある石杭又は金属標その他これに類する標識をいう。以下同じ。）があるときは、当該境界標の表示
十　測量の年月日
2　近傍に基本三角点等が存しない場合その他の基本三角点等に基づく測量ができない特別の事情がある場合には、前項第7号及び第8号に掲げる事項に代えて、近傍の恒久的な地物に基づく測量の成果による筆界点の座標値を記録しなければならない。
3　第1項第9号の境界標の表示を記録するには、境界標の存する筆界点に符号を付し、適宜の箇所にその符号及び境界標の種類を記録する方法その他これに準ずる方法によってするものとする。
4　地積測量図は、250分の1の縮尺により作成するものとする。ただし、土地の状況その他の事情により当該縮尺によることが適当でないときは、この限りでない。
5　第10条第4項の規定は、地積測量図について準用する。

（分筆の登記の場合の地積測量図）
第78条　分筆の登記を申請する場合において提供する分筆後の土地の地積測量図には、分筆前の土地を図示し、分筆線を明らかにして分筆後の各土地を表示し、これに符号を付さなければならない。

（地役権図面の内容）
第79条　地役権図面には、地役権設定の範囲を明確にし、方位、縮尺、地番及び隣地の地番並びに申請人の氏名又は名称を記録しなければならない。
2　地役権図面は、適宜の縮尺により作成することができる。
3　地役権図面には、作成の年月日を記録しなければならない。
4　地役権図面（書面である場合に限る。）には、地役権者が署名し、又は記名押印しなければならない。

（地役権図面の作成方式）
第80条　第73条第1項及び第74条第1項の規定は、地役権図面について準用する。
2　書面申請において提出する地役権図面（電磁的記録に記録して提出するものを除く。）は、別記第3号様式により、日本産業規格B列4番の丈夫な用紙を用いて作成しなければならない。

（建物図面及び各階平面図の作成単位）
第81条　建物図面及び各階平面図は、1個の建物（附属建物があるときは、主である建物と附属建物を合わせて1個の建物とする。）ごとに作成しなければならない。

（建物図面の内容）
第82条　建物図面は、建物の敷地並びにその1階（区分建物にあっては、その地上の最低階）の位置及び形状を明確にするものでなければならない。
2　建物図面には、方位、縮尺、敷地の地番及びその形状、隣接地の地番並びに附属建物があるときは主である建物又は附属建物の別及び附属建物の符号を記録しなければならない。
3　建物図面は、500分の1の縮尺により作成しなければならない。ただし、建物の状況その他の事情により当該縮尺によることが適当でないときは、この限りでない。

（各階平面図の内容）
第83条　各階平面図には、縮尺、各階の別、各階の平面の形状、1階の位置、各階ごとの建物の周囲の長さ、床面積及びその求積方法並びに附属建物があるときは主である建物又は附属建物の別及び附属建物の符号を記録しなければならない。
2　各階平面図は、250分の1の縮尺により作成しなければならない。ただし、建物の状況その他の事情により当該縮尺によることが適当でないときは、この限りでない。

（建物の分割の登記の場合の建物図面等）
第84条　建物の分割の登記又は建物の区分の登記を申請する場合において提供する建物図面及び各階平面図には、分割後又は区分後の各建物を表示し、これに符号を付さなければならない。

（土地所在図の管理及び閉鎖等）
第85条　登記官は、申請情報と併せて土地所在図、地積測量図、建物図面又は各階平面図の提供があった場合において、当該申請に基づく登記をしたときは、これらの図面に登記の完了の年月日を記録しなければならない。
2　登記官は、次の各号に掲げる場合には、当該各号に定める図面を閉鎖しなければならない。
一　表題部の登記事項に関する変更の登記又は更正の登記をした場合（変更後又は更正後の土地所在図、地積測量図、建物図面又は各階平面図がある場合に限る。）　変更前又は更正前の土地所在図、地積測量図、建物図面又は各階平面図
二　滅失の登記又は表題部の抹消をした場合　滅失前又は抹消前の土地所在図、地積測量図、建物図面又は各階平面図
三　土地改良法（昭和24年法律第195号）又は土地区画整理法（昭和29年法律第119号）に基づく換地処分の登記をした場合（前号に掲げる場合を除く。）　従前の土地に係る土地所在図又は地積測量図
3　登記官は、前項の規定により同項各号に定める図面を閉鎖する場合には、当該図面が、第17条第1項の電磁的記録に記録されているときは当該電磁的記録に閉鎖の事由及びその年月日並びに登記官の識別

番号を記録し、土地図面つづり込み帳又は建物図面つづり込み帳につづり込まれているときは当該図面に閉鎖の事由及びその年月日を記録して登記官印を押印しなければならない。

4　第1項の規定は、同項に規定する図面を第17条第1項の電磁的記録に記録して保存する場合には、適用しない。この場合においては、当該電磁的記録に登記の完了の年月日を記録しなければならない。

（地役権図面の管理）

第86条　登記官は、申請情報と併せて地役権図面の提供があった場合において、当該申請に基づく登記をしたときは、地役権図面にその番号（以下「地役権図面番号」という。）を付さなければならない。この場合においては、当該地役権図面に当該地役権図面番号並びに当該申請の受付の年月日及び受付番号を記録しなければならない。

2　前項後段の規定は、地役権図面を第17条第1項の電磁的記録に記録して保存する場合には、適用しない。この場合においては、当該電磁的記録に地役権図面番号及び登記の年月日を記録しなければならない。

3　地役権図面番号は、1年ごとに更新するものとする。

（地役権図面の閉鎖）

第87条　登記官は、地役権の登記の抹消をしたとき又は地役権図面を添付情報とする申請に基づく分筆の登記、合筆の登記若しくは地役権の変更の登記若しくは更正の登記をしたときは、従前の地役権図面を閉鎖しなければならない。

2　第85条第3項の規定は、前項の場合について準用する。

（土地所在図の訂正等）

第88条　土地所在図、地積測量図、建物図面又は各階平面図に誤りがあるときは、表題部所有者若しくは所有権の登記名義人又はこれらの相続人その他の一般承継人は、その訂正の申出をすることができる。ただし、表題部の登記事項に関する更正の登記（土地所在図、地積測量図、建物図面又は各階平面図を添付情報とするものに限る。）をすることができる場合は、この限りでない。

2　前項の申出は、訂正後の土地所在図、地積測量図、建物図面又は各階平面図を提供してしなければならない。

3　第16条第3項、第4項、第5項第3号及び第6項から第14項までの規定は、第1項の申出について準用する。

第2節　表示に関する登記

第1款　通則

（表題部の登記）

第89条　登記官は、表題部に表示に関する登記をする場合には、法令に別段の定めがある場合を除き、表示に関する登記の登記事項のうち、当該表示に関する登記の登記原因及びその日付並びに登記の年月日のほか、新たに登記すべきものを記録しなければならない。

（不動産番号）

第90条　登記官は、法第27条第4号の不動産を識別するために必要な事項として、一筆の土地又は1個の建物ごとに番号、記号その他の符号を記録することができる。

（表題部の変更の登記又は更正の登記）

第91条　登記官は、表題部の登記事項に関する変更の登記又は更正の登記をするときは、変更前又は更正前の事項を抹消する記号を記録しなければならない。

（行政区画の変更等）

第92条　行政区画又はその名称の変更があった場合には、登記記録に記録した行政区画又はその名称について変更の登記があったものとみなす。字又はその名称に変更があったときも、同様とする。

2　登記官は、前項の場合には、速やかに、表題部に記録した行政区画若しくは字又はこれらの名称を変更しなければならない。

（実地調査）

第93条　登記官は、表示に関する登記をする場合には、法第29条の規定により実地調査を行わなければならない。ただし、申請に係る不動産の調査に関する報告（土地家屋調査士又は土地家屋調査士法人が代理人として登記を申請する場合において、当該土地家屋調査士（土地家屋調査士法人の場合にあっては、その代表者）が作成したものに限る。）その他の申請情報と併せて提供された情報又は公知の事実若しくは登記官が職務上知り得た事実により登記官が実地調査をする必要がないと認めたときは、この限りでない。

（実地調査における電磁的記録に記録された事項の提示方法等）

第94条　法第29条第2項の法務省令で定める方法は、当該電磁的記録に記録された事項を書面に出力する方法又は当該事項を出力装置の映像面に表示する方法とする。

2　法第29条第2項に規定する登記官の身分を証する書面は、別記第4号様式によるものとする。

（実地調査書）

第95条　登記官は、実地調査を行った場合には、その調査の結果を記録した調書を作成しなければならない。

（職権による表示に関する登記の手続）

第96条　登記官は、職権で表示に関する登記をしようとするときは、職権表示登記等事件簿に登記の目的、立件の年月日及び立件番号並びに不動産所在事項を記録しなければならない。

2　登記官は、地図若しくは地図に準ずる図面を訂正しようとするとき（第16条の申出により訂正するときを含む。）又は土地所在図、地積測量図、建物図面若しくは各階平面図を訂正しようとするとき（第88条の申出により訂正するときを含む。）は、職権表示登記等事件簿に事件の種別、立件の年月日及び立件番号並びに不動産所在事項を記録しなければならない。

第2款　土地の表示に関する登記

（地番区域）
第97条　地番区域は、市、区、町、村、字又はこれに準ずる地域をもって定めるものとする。
（地番）
第98条　地番は、地番区域ごとに起番して定めるものとする。
2　地番は、土地の位置が分かりやすいものとなるように定めるものとする。
（地目）
第99条　地目は、土地の主な用途により、田、畑、宅地、学校用地、鉄道用地、塩田、鉱泉地、池沼、山林、牧場、原野、墓地、境内地、運河用地、水道用地、用悪水路、ため池、堤、井溝、保安林、公衆用道路、公園及び雑種地に区分して定めるものとする。
（地積）
第100条　地積は、水平投影面積により、平方メートルを単位として定め、1平方メートルの100分の1（宅地及び鉱泉地以外の土地で10平方メートルを超えるものについては、1平方メートル）未満の端数は、切り捨てる。
（分筆の登記における表題部の記録方法）
第101条　登記官は、甲土地から乙土地を分筆する分筆の登記をするときは、乙土地について新たな登記記録を作成し、当該登記記録の表題部に何番の土地から分筆した旨を記録しなければならない。
2　登記官は、前項の場合には、甲土地に新たな地番を付し、甲土地の登記記録に、残余部分の土地の表題部の登記事項、何番の土地を分筆した旨及び従前の土地の表題部の登記事項の変更部分を抹消する記号を記録しなければならない。
3　前項の規定にかかわらず、登記官は、分筆後の甲土地について従前の地番と同一の地番を付すことができる。この場合には、甲土地の登記記録の表題部の従前の地番を抹消する記号を記録することを要しない。
（分筆の登記における権利部の記録方法）
第102条　登記官は、前条の場合において、乙土地の登記記録の権利部の相当区に、甲土地の登記記録から権利に関する登記（地役権の登記にあっては、乙土地に地役権が存続することとなる場合に限る。）を転写し、かつ、分筆の登記に係る申請の受付の年月日及び受付番号を記録しなければならない。この場合において、所有権及び担保権以外の権利（地役権を除く。）については分筆後の甲土地が共にその権利の目的である旨を記録し、担保権については既にその権利についての共同担保目録が作成されているときを除き共同担保目録を作成し、転写した権利の登記の末尾にその共同担保目録の記号及び目録番号を記録しなければならない。
2　登記官は、前項の場合において、転写する権利が担保権であり、かつ、既にその権利についての共同担保目録が作成されているときは、同項の規定により転写された乙土地に関する権利を当該共同担保目録に記録しなければならない。
3　登記官は、甲土地の登記記録から乙土地の登記記録に所有権以外の権利に関する登記を転写したときは、分筆後の甲土地の登記記録の当該権利に関する登記に、担保権以外の権利（地役権を除く。）については乙土地が共にその権利の目的である旨を、担保権については既にその権利についての共同担保目録が作成されているときを除き第1項の規定により作成した共同担保目録の記号及び目録番号を記録しなければならない。
（地役権の登記がある土地の分筆の登記）
第103条　登記官は、承役地についてする地役権の登記がある甲土地から乙土地を分筆する分筆の登記をする場合において、地役権設定の範囲が分筆後の甲土地又は乙土地の一部となるときは、分筆後の甲土地又は乙土地の登記記録の当該地役権に関する登記に当該地役権設定の範囲及び地役権図面番号を記録しなければならない。
2　登記官は、前項の場合には、要役地の登記記録の第159条第1項各号に掲げる事項に関する変更の登記をしなければならない。
3　登記官は、第1項の場合において、要役地が他の登記所の管轄区域内にあるときは、遅滞なく、当該他の登記所に承役地の分筆の登記をした旨を通知しなければならない。
4　前項の通知を受けた登記所の登記官は、遅滞なく、第2項に規定する登記をしなければならない。
（分筆に伴う権利の消滅の登記）
第104条　法第40条の規定による権利が消滅した旨の登記は、分筆の登記の申請情報と併せて次に掲げる情報が提供された場合にするものとする。
一　当該権利の登記名義人（当該権利が抵当権である場合において、抵当証券が発行されているときは、当該抵当証券の所持人又は裏書人を含む。）が当該権利を消滅させることを承諾したことを証する当該登記名義人が作成した情報又は当該登記名義人に対抗することができる裁判があったことを証する情報
二　前号の権利を目的とする第三者の権利に関する登記があるときは、当該第三者が承諾したことを証する当該第三者が作成した情報又は当該第三者に対抗することができる裁判があったことを証する情報
三　第1号の権利が抵当証券の発行されている抵当権であるときは、当該抵当証券
2　甲土地から乙土地を分筆する分筆の登記をする場合において、法第40条の規定により乙土地について権利が消滅した旨の登記をするときは、分筆後の甲土地の登記記録の当該権利に関する登記についてする付記登記によって乙土地について当該権利が消滅した旨を記録しなければならない。この場合には、

第102条第1項の規定にかかわらず、当該消滅した権利に係る権利に関する登記を乙土地の登記記録に転写することを要しない。

3　甲土地から乙土地を分筆する分筆の登記をする場合において、法第40条の規定により分筆後の甲土地について権利が消滅した旨の登記をするときは、分筆後の甲土地の登記記録の当該権利に関する登記についてする付記登記によって分筆後の甲土地について当該権利が消滅した旨を記録し、当該権利に関する登記を抹消する記号を記録しなければならない。

4　第2項の規定は、承役地についてする地役権の登記がある甲土地から乙土地を分筆する分筆の登記をする場合において、乙土地に地役権が存しないこととなるとき（法第40条の場合を除く。）について準用する。

5　第3項の規定は、承役地についてする地役権の登記がある甲土地から乙土地を分筆する分筆の登記をする場合において、分筆後の甲土地に地役権が存しないこととなるとき（法第40条の場合を除く。）について準用する。

6　登記官は、要役地についてする地役権の登記がある土地について分筆の登記をする場合において、当該分筆の登記の申請情報と併せて当該地役権を分筆後のいずれかの土地について消滅させることを証する地役権者が作成した情報が提供されたとき（当該土地を目的とする第三者の権利に関する登記がある場合にあっては、当該第三者が承諾したことを証する情報が併せて提供されたときに限る。）は、当該土地について当該地役権が消滅した旨を登記しなければならない。この場合においては、第1項第2号、第2項及び第3項の規定を準用する。

（合筆の登記の制限の特例）

第105条　法第41条第6号の合筆後の土地の登記記録に登記することができる権利に関する登記は、次に掲げる登記とする。

一　承役地についてする地役権の登記

二　担保権の登記であって、登記の目的、申請の受付の年月日及び受付番号並びに登記原因及びその日付が同一のもの

三　信託の登記であって、法第97条第1項各号に掲げる登記事項が同一のもの

四　鉱害賠償登録令（昭和30年政令第27号）第26条に規定する鉱害賠償登録に関する登記であって、鉱害賠償登録規則（昭和30年法務省令第47号）第2条に規定する登録番号が同一のもの

（合筆の登記における表題部の記録方法）

第106条　登記官は、甲土地を乙土地に合筆する合筆の登記をするときは、乙土地の登記記録の表題部に、合筆後の土地の表題部の登記事項、何番の土地を合筆した旨及び従前の土地の表題部の登記事項の変更部分を抹消する記号を記録しなければならない。

2　登記官は、前項の場合には、甲土地の登記記録の表題部に何番の土地に合筆した旨及び従前の土地の表題部の登記事項を抹消する記号を記録し、当該登記記録を閉鎖しなければならない。

（合筆の登記における権利部の記録方法）

第107条　登記官は、前条第1項の場合において、合筆前の甲土地及び乙土地が所有権の登記がある土地であるときは、乙土地の登記記録の甲区に次に掲げる事項を記録しなければならない。

一　合併による所有権の登記をする旨

二　所有権の登記名義人の氏名又は名称及び住所並びに登記名義人が二人以上であるときは当該所有権の登記名義人ごとの持分

三　甲土地又は乙土地に第156条の4に規定する法人識別事項又は第156条の6第1項に規定する国内連絡先事項（以下「法人識別事項等」という。）の登記があるときは、当該法人識別事項等

四　合筆の登記に係る申請の受付の年月日及び受付番号

五　信託の登記であって、法第97条第1項各号に掲げる登記事項が同一のものがあるときは、当該信託の登記

2　登記官は、前項の場合において、乙土地の登記記録に承役地についてする地役権の登記があるときは、当該地役権の登記に当該地役権設定の範囲及び地役権図面番号を記録しなければならない。

3　登記官は、第1項の場合において、甲土地の登記記録に承役地についてする地役権の登記があるときは、乙土地の登記記録の乙区に甲土地の登記記録から当該地役権の登記を移記し、当該移記された地役権の登記に当該地役権設定の範囲及び地役権図面番号を記録しなければならない。

4　登記官は、前項の規定により地役権の登記を移記すべき場合において、乙土地に登記の目的、申請の受付の年月日及び受付番号並びに登記原因及びその日付が同一の承役地にする地役権の登記があるときは、同項の規定にかかわらず、乙土地の登記記録に甲土地の地番及び甲土地につき同一事項の登記がある旨を記録しなければならない。

5　第103条第2項から第4項までの規定は、前3項の場合について準用する。

6　登記官は、第1項の場合において、甲土地及び乙土地の登記記録に登記の目的、申請の受付の年月日及び受付番号並びに登記原因及びその日付が同一の担保権の登記があるときは、乙土地の登記記録に当該登記が合筆後の土地の全部に関する旨を付記登記によって記録しなければならない。

（分合筆の登記）

第108条　登記官は、甲土地の一部を分筆して、これを乙土地に合筆する場合において、分筆の登記及び合筆の登記をするときは、乙土地の登記記録の表題部に、合筆後の土地の表題部の登記事項、何番の土地の一部を合併した旨及び従前の土地の表題部の登記事項の変更部分を抹消する記号を記録しなければならない。この場合には、第106条の規定は、適用しない。

2　登記官は、前項に規定する登記をするときは、甲

土地の登記記録の表題部に、残余部分の土地の表題部の登記事項、何番の土地に一部を合併した旨及び従前の土地の表題部の登記事項の変更部分を抹消する記号を記録しなければならない。この場合には、第101条第１項及び第２項の規定は、適用しない。

3　第102条第１項（承役地についてする地役権の登記に係る部分に限る。）、第103条、第104条及び前条の規定は、第１項の場合について準用する。

（土地の滅失の登記）

第109条　登記官は、土地の滅失の登記をするときは、当該土地の登記記録の表題部の登記事項を抹消する記号を記録し、当該登記記録を閉鎖しなければならない。

第110条　登記官は、前条の場合において、滅失した土地が他の不動産と共に所有権以外の権利の目的であったとき（その旨が登記記録に記録されている場合に限る。）は、当該他の不動産の登記記録の乙区に、滅失した土地の不動産所在事項並びに滅失の原因及び当該土地が滅失したことを記録し、かつ、当該滅失した土地が当該他の不動産と共に権利の目的である旨の記録における当該滅失した土地の不動産所在事項を抹消する記号を記録しなければならない。

2　登記官は、滅失した土地が他の不動産と共に担保権の目的であったときは、前項の規定による記録（滅失した土地の不動産所在事項の記録を除く。）は、共同担保目録にしなければならない。

3　登記官は、第１項の場合において、当該他の不動産が他の登記所の管轄区域内にあるときは、遅滞なく、その旨を当該他の登記所に通知しなければならない。

4　前項の規定による通知を受けた登記所の登記官は、遅滞なく、第１項及び第２項の規定による登記をしなければならない。

第３款　建物の表示に関する登記

（建物）

第111条　建物は、屋根及び周壁又はこれらに類するものを有し、土地に定着した建造物であって、その目的とする用途に供し得る状態にあるものでなければならない。

（家屋番号）

第112条　家屋番号は、地番区域ごとに建物の敷地の地番と同一の番号をもって定めるものとする。ただし、２個以上の建物が一筆の土地の上に存するとき、１個の建物が二筆以上の土地の上に存するとき、その他特別の事情があるときは、敷地の地番と同一の番号に支号を付す方法その他の方法により、これを定めるものとする。

2　附属建物には、符号を付すものとする。

（建物の種類）

第113条　建物の種類は、建物の主な用途により、居宅、店舗、寄宿舎、共同住宅、事務所、旅館、料理店、工場、倉庫、車庫、発電所及び変電所に区分して定め、これらの区分に該当しない建物については、これに準じて定めるものとする。

2　建物の主な用途が２以上の場合には、当該２以上の用途により建物の種類を定めるものとする。

（建物の構造）

第114条　建物の構造は、建物の主な部分の構成材料、屋根の種類及び階数により、次のように区分して定め、これらの区分に該当しない建物については、これに準じて定めるものとする。

一　構成材料による区分
　イ　木造
　ロ　土蔵造
　ハ　石造
　ニ　れんが造
　ホ　コンクリートブロック造
　ヘ　鉄骨造
　ト　鉄筋コンクリート造
　チ　鉄骨鉄筋コンクリート造

二　屋根の種類による区分
　イ　かわらぶき
　ロ　スレートぶき
　ハ　亜鉛メッキ鋼板ぶき
　ニ　草ぶき
　ホ　陸屋根

三　階数による区分
　イ　平家建
　ロ　２階建（３階建以上の建物にあっては、これに準ずるものとする。）

（建物の床面積）

第115条　建物の床面積は、各階ごとに壁その他の区画の中心線（区分建物にあっては、壁その他の区画の内側線）で囲まれた部分の水平投影面積により、平方メートルを単位として定め、１平方メートルの100分の１未満の端数は、切り捨てるものとする。

（区分建物の家屋番号）

第116条　区分建物である建物の登記記録の表題部には、建物の表題部の登記事項のほか、当該建物が属する一棟の建物に属する他の建物の家屋番号を記録するものとする。

2　登記官は、区分建物である建物の家屋番号に関する変更の登記又は更正の登記をしたときは、当該建物が属する一棟の建物に属する他の建物の登記記録に記録されていた当該建物の家屋番号を抹消する記号を記録し、変更後又は更正後の家屋番号を記録しなければならない。

（区分建物の登記記録の閉鎖）

第117条　登記官は、区分建物である建物の登記記録を閉鎖する場合において、当該登記記録の閉鎖後においても当該建物（以下この条において「閉鎖建物」という。）が属する一棟の建物に他の建物（附属建物として登記されているものを除く。）が存することとなるときは、第８条の規定にかかわらず、閉鎖建物の登記記録に記録された次に掲げる事項を抹消する記号を記録することを要しない。

一　一棟の建物の所在する市、区、郡、町、村、字及び土地の地番
二　一棟の建物の構造及び床面積
三　一棟の建物の名称があるときは、その名称
四　前条第1項の規定により記録されている当該他の建物の家屋番号

2　登記官は、前項の場合には、閉鎖建物が属する一棟の建物に属する他の建物の登記記録に記録されている当該閉鎖建物の家屋番号を抹消する記号を記録しなければならない。

3　登記官は、第1項に規定する場合以外の場合において、区分建物である建物の登記記録を閉鎖するときは、閉鎖建物の登記記録及び当該閉鎖建物が属する一棟の建物に属する他の建物の登記記録（閉鎖されたものも含む。）の第1項各号に掲げる事項を抹消する記号を記録しなければならない。

（表題部にする敷地権の記録方法）

第118条　登記官は、区分建物である建物の登記記録の表題部に法第44条第1項第9号に掲げる敷地権を記録するときは、敷地権の登記原因及びその日付のほか、次に掲げる事項を記録しなければならない。

一　敷地権の目的である土地に関する次に掲げる事項
　イ　当該土地を記録する順序に従って付した符号
　ロ　当該土地の不動産所在事項
　ハ　地目
　ニ　地積
二　敷地権の種類
三　敷地権の割合

（敷地権である旨の登記）

第119条　登記官は、法第46条の敷地権である旨の登記をするときは、次に掲げる事項を敷地権の目的である土地の登記記録の権利部の相当区に記録しなければならない。

一　敷地権である旨
二　当該敷地権の登記をした区分建物が属する一棟の建物の所在する市、区、郡、町、村、字及び土地の地番
三　当該敷地権の登記をした区分建物が属する一棟の建物の構造及び床面積又は当該一棟の建物の名称
四　当該敷地権が一棟の建物に属する一部の建物についての敷地権であるときは、当該一部の建物の家屋番号
五　登記の年月日

2　登記官は、敷地権の目的である土地が他の登記所の管轄区域内にあるときは、遅滞なく、当該他の登記所に前項の規定により記録すべき事項を通知しなければならない。

3　前項の規定による通知を受けた登記所の登記官は、遅滞なく、敷地権の目的である土地の登記記録の権利部の相当区に、通知を受けた事項を記録しなければならない。

（合体による登記等）

第120条　合体後の建物についての建物の表題登記をする場合において、合体前の建物に所有権の登記がある建物があるときは、合体後の建物の登記記録の表題部に表題部所有者に関する登記事項を記録することを要しない。法第49条第1項後段の規定により併せて所有権の登記の申請があった場合についても、同様とする。

2　登記官は、前項前段の場合において、表題登記をしたときは、当該合体後の建物の登記記録の甲区に次に掲げる事項を記録しなければならない。

一　合体による所有権の登記をする旨
二　所有権の登記名義人の氏名又は名称及び住所並びに登記名義人が二人以上であるときは当該所有権の登記名義人ごとの持分
三　合体前の建物に法人識別事項等の登記があるときは、当該法人識別事項等
四　登記の年月日

3　登記官は、法第49条第1項後段の規定により併せて所有権の登記の申請があった場合において、当該申請に基づく所有権の登記をするときは、前項各号に掲げる事項のほか、第156条の4に規定する法人識別事項、第156条の6第1項に規定する国内連絡先事項並びに当該申請の受付の年月日及び受付番号も記録しなければならない。

4　登記官は、合体前の建物について存続登記（令別表の13の項申請情報欄ハに規定する存続登記をいう。以下この項において同じ。）がある場合において、合体後の建物の持分について当該存続登記と同一の登記をするときは、合体前の建物の登記記録から合体後の建物の登記記録の権利部の相当区に当該存続登記を移記し、その末尾に本項の規定により登記を移記した旨及びその年月日を記録しなければならない。

5　法第50条の規定による権利が消滅した旨の登記は、合体による登記等の申請情報と併せて次に掲げる情報の提供がされた場合にするものとする。

一　当該権利の登記名義人（当該権利が抵当権である場合において、抵当証券が発行されているときは、当該抵当証券の所持人又は裏書人を含む。）が当該権利を消滅させることについて承諾したことを証する当該登記名義人が作成した情報又は当該登記名義人に対抗することができる裁判があったことを証する情報
二　前号の権利を目的とする第三者の権利に関する登記があるときは、当該第三者が承諾したことを証する当該第三者が作成した情報又は当該第三者に対抗することができる裁判があったことを証する情報
三　第1号の権利が抵当証券の発行されている抵当権であるときは、当該抵当証券

6　前項の場合における権利が消滅した旨の登記は、付記登記によってするものとする。この場合には、第4項の規定にかかわらず、当該消滅した権利に係る権利に関する登記を合体後の建物の登記記録に移記することを要しない。

7　第124条の規定は、敷地権付き区分建物が合体し

た場合において、合体後の建物につき敷地権の登記をしないときについて準用する。

8　前条の規定は、合体前の2以上の建物がいずれも敷地権付き区分建物であり、かつ、合体後の建物も敷地権付き区分建物となる場合において、合体前の建物のすべての敷地権の割合を合算した敷地権の割合が合体後の建物の敷地権の割合となるときは、適用しない。

9　第144条の規定は、合体前の建物の表題部の登記の抹消について準用する。

（附属建物の新築の登記）

第121条　登記官は、附属建物の新築による建物の表題部の登記事項に関する変更の登記をするときは、建物の登記記録の表題部に、附属建物の符号、種類、構造及び床面積を記録しなければならない。

（区分建物の表題部の変更の登記）

第122条　法第51条第5項の法務省令で定める登記事項は、次のとおりとする。

一　敷地権の目的となる土地の不動産所在事項、地目及び地積

二　敷地権の種類

2　法第53条第2項において準用する第51条第5項の法務省令で定める事項は、前項各号に掲げる事項並びに敷地権の登記原因及びその日付とする。

（建物の表題部の変更の登記等により敷地権の登記をする場合の登記）

第123条　登記官は、建物の表題部の登記事項に関する変更の登記又は更正の登記により新たに敷地権の登記をした場合において、建物についての所有権又は特定担保権（一般の先取特権、質権又は抵当権をいう。以下この条において同じ。）に係る権利に関する登記があるときは、所有権の登記を除き、当該権利に関する登記についてする付記登記によって建物のみに関する旨を記録しなければならない。ただし、特定担保権に係る権利に関する登記であって、当該登記の目的等（登記の目的、申請の受付の年月日及び受付番号並びに登記原因及びその日付をいう。以下この項において同じ。）が当該敷地権についてされた特定担保権に係る権利に関する登記の目的等と同一であるものは、この限りでない。

2　登記官は、前項ただし書の場合には、職権で、当該敷地権についてされた特定担保権に係る権利に関する登記の抹消をしなければならない。この場合には、敷地権の目的である土地の登記記録の権利部の相当区に本項の規定により抹消をする旨及びその年月日を記録しなければならない。

（敷地権の登記の抹消）

第124条　登記官は、敷地権付き区分建物について、敷地権であった権利が敷地権でない権利となったことによる建物の表題部に関する変更の登記をしたときは、当該敷地権の目的であった土地の登記記録の権利部の相当区に敷地権の変更の登記により敷地権を抹消する旨及びその年月日を記録し、同区の敷地権である旨の登記の抹消をしなければならない。敷地権であった権利が消滅したことによる建物の表題部に関する変更の登記をしたときも、同様とする。

2　登記官は、前項前段の場合には、同項の土地の登記記録の権利部の相当区に、敷地権であった権利、その権利の登記名義人の氏名又は名称及び住所、当該登記名義人の法人識別事項等の登記があるときは当該法人識別事項等並びに登記名義人が二人以上であるときは当該権利の登記名義人ごとの持分を記録し、敷地権である旨の登記を抹消したことにより登記をする旨及び登記の年月日を記録しなければならない。

3　登記官は、前項に規定する登記をすべき場合において、敷地権付き区分建物の登記記録に特定登記（法第55条第1項に規定する特定登記をいう。以下同じ。）があるときは、当該敷地権付き区分建物の登記記録から第1項の土地の登記記録の権利部の相当区にこれを転写しなければならない。

4　登記官は、前項の場合において、第1項の土地の登記記録の権利部の相当区に前項の規定により転写すべき登記に後れる登記があるときは、同項の規定にかかわらず、新たに当該土地の登記記録を作成した上、当該登記記録の表題部に従前の登記記録の表題部にされていた登記を移記するとともに、権利部に、権利の順序に従って、同項の規定により転写すべき登記を転写し、かつ、従前の登記記録の権利部にされていた登記を移記しなければならない。この場合には、従前の登記記録の表題部及び権利部にこの項の規定により登記を移記した旨及びその年月日を記録し、従前の登記記録を閉鎖しなければならない。

5　登記官は、前2項の規定により土地の登記記録の権利部の相当区に登記を転写し、又は移記したときは、その登記の末尾に第3項又は第4項の規定により転写し、又は移記した旨を記録しなければならない。

6　登記官は、第3項の規定により転写すべき登記が、一般の先取特権、質権又は抵当権の登記であるときは、共同担保目録を作成しなければならない。この場合には、建物及び土地の各登記記録の転写された権利に係る登記の末尾に、新たに作成した共同担保目録の記号及び目録番号を記録しなければならない。

7　前項の規定は、転写すべき登記に係る権利について既に共同担保目録が作成されていた場合には、適用しない。この場合において、登記官は、当該共同担保目録の従前の敷地権付き区分建物を目的とする権利を抹消する記号を記録し、敷地権の消滅後の建物及び土地を目的とする権利を記録して、土地の登記記録の当該権利の登記の末尾に当該共同担保目録の記号及び目録番号を記録しなければならない。

8　登記官は、第1項の変更の登記をした場合において、敷地権の目的である土地が他の登記所の管轄区域内にあるときは、遅滞なく、当該他の登記所に同項の登記をした旨及び第2項又は第3項の規定により記録し、又は転写すべき事項を通知しなければな

らない。

9　前項の通知を受けた登記所の登記官は、遅滞なく、第1項から第7項までに定める手続をしなければならない。

10　第6条後段の規定は、第4項の規定により登記を移記する場合について準用する。

（特定登記に係る権利の消滅の登記）

第125条　特定登記に係る権利が消滅した場合の登記は、敷地権の変更の登記の申請情報と併せて次に掲げる情報が提供された場合にするものとする。

一　当該権利の登記名義人（当該権利が抵当権である場合において、抵当証券が発行されているときは、当該抵当証券の所持人又は裏書人を含む。）が当該権利を消滅させることを承諾したことを証する当該登記名義人が作成した情報又は当該登記名義人に対抗することができる裁判があったことを証する情報

二　前号の権利を目的とする第三者の権利に関する登記があるときは、当該第三者が承諾したことを証する当該第三者が作成した情報又は当該第三者に対抗することができる裁判があったことを証する情報

三　第1号の権利が抵当証券の発行されている抵当権であるときは、当該抵当証券

2　前項の場合における特定登記に係る権利が土地について消滅した旨の登記は、付記登記によってするものとする。この場合には、前条第3項の規定にかかわらず、当該消滅した権利に係る権利に関する登記を土地の登記記録に転写することを要しない。

3　第1項の場合における特定登記に係る権利が建物について消滅した旨の登記は、付記登記によってするものとする。この場合には、登記の年月日及び当該権利に関する登記を抹消する記号を記録しなければならない。

4　前3項の規定は、法第55条第2項から第4項までの規定による特定登記に係る権利が消滅した場合の登記について準用する。

（敷地権の不存在による更正の登記）

第126条　登記官は、敷地権の不存在を原因とする建物の表題部に関する更正の登記をしたときは、その権利の目的である土地の登記記録の権利部の相当区に敷地権の更正の登記により敷地権を抹消する旨及びその年月日を記録し、同区の敷地権である旨の登記の抹消をしなければならない。

2　登記官は、前項の場合において、法第73条第1項本文の規定により敷地権の移転の登記としての効力を有する登記があるときは、前項の土地の登記記録の権利部の相当区に当該登記の全部を転写しなければならない。

3　第124条第3項から第10項までの規定は、前項の場合について準用する。

（建物の分割の登記における表題部の記録方法）

第127条　登記官は、甲建物からその附属建物を分割して乙建物とする建物の分割の登記をするときは、乙建物について新たに登記記録を作成し、当該登記記録の表題部に家屋番号何番の建物から分割した旨を記録しなければならない。

2　登記官は、前項の場合には、甲建物の登記記録の表題部に、家屋番号何番の建物に分割した旨及び分割した附属建物を抹消する記号を記録しなければならない。

3　登記官は、第1項の場合において、分割により不動産所在事項に変更が生じたときは、変更後の不動産所在事項、分割により変更した旨及び変更前の不動産所在事項を抹消する記号を記録しなければならない。

（建物の分割の登記における権利部の記録方法）

第128条　第102条及び第104条第1項から第3項までの規定は、前条第1項の規定により甲建物からその附属建物を分割して乙建物とする建物の分割の登記をする場合について準用する。

2　登記官は、分割前の建物について現に効力を有する所有権の登記がされた後当該分割に係る附属建物の新築による当該分割前の建物の表題部の登記事項に関する変更の登記がされていたときは、前項において準用する第102条の規定により当該所有権の登記を転写することに代えて、乙建物の登記記録の甲区に次に掲げる事項を記録しなければならない。

一　分割による所有権の登記をする旨

二　所有権の登記名義人の氏名又は名称及び住所並びに登記名義人が二人以上であるときは当該所有権の登記名義人ごとの持分

三　甲建物に法人識別事項等の登記があるときは、当該法人識別事項等

四　登記の年月日

（建物の区分の登記における表題部の記録方法）

第129条　登記官は、区分建物でない甲建物を区分して甲建物と乙建物とする建物の区分の登記をするときは、区分後の各建物について新たに登記記録を作成し、各登記記録の表題部に家屋番号何番の建物から区分した旨を記録しなければならない。

2　登記官は、前項の場合には、区分前の甲建物の登記記録の表題部に区分によって家屋番号何番及び何番の建物の登記記録に移記した旨並びに従前の建物の表題部の登記事項を抹消する記号を記録し、当該登記記録を閉鎖しなければならない。

3　登記官は、区分建物である甲建物を区分して甲建物と乙建物とする建物の区分の登記をするときは、乙建物について新たに登記記録を作成し、これに家屋番号何番の建物から区分した旨を記録しなければならない。

4　登記官は、前項の場合には、甲建物の登記記録の表題部に、残余部分の建物の表題部の登記事項、家屋番号何番の建物を区分した旨及び従前の建物の表題部の登記事項の変更部分を抹消する記号を記録しなければならない。

（建物の区分の登記における権利部の記録方法）

第130条　登記官は、前条第1項の場合には、区分後の各建物についての新登記記録の権利部の相当区

に、区分前の建物の登記記録から権利に関する登記を移記し、かつ、建物の区分の登記に係る申請の受付の年月日及び受付番号を記録しなければならない。この場合においては、第102条第１項後段、第２項及び第３項並びに第104条第１項から第３項までの規定を準用する。

2　第102条及び第104条第１項から第３項までの規定は、前条第３項の場合における権利に関する登記について準用する。

3　第123条の規定は、前条第１項の規定による建物の区分の登記をした場合において、区分後の建物が敷地権付き区分建物となるときについて準用する。

（建物の合併の登記の制限の特例）

第131条　法第56条第５号の合併後の建物の登記記録に登記することができる権利に関する登記は、次に掲げる登記とする。

一　担保権の登記であって、登記の目的、申請の受付の年月日及び受付番号並びに登記原因及びその日付が同一のもの

二　信託の登記であって、法第97条第１項各号に掲げる登記事項が同一のもの

（附属合併の登記における表題部の記録方法）

第132条　登記官は、甲建物を乙建物の附属建物とする建物の合併（以下「附属合併」という。）に係る建物の合併の登記をするときは、乙建物の登記記録の表題部に、附属合併後の建物の表題部の登記事項及び家屋番号何番の建物を合併した旨を記録しなければならない。

2　登記官は、前項の場合において、附属合併により不動産所在事項に変更が生じた場合には、変更後の不動産所在事項、合併により変更した旨及び変更前の不動産所在事項を抹消する記号を記録しなければならない。

3　登記官は、第１項の場合には、甲建物の登記記録の表題部に家屋番号何番の建物に合併した旨及び従前の建物の表題部の登記事項を抹消する記号を記録し、当該登記記録を閉鎖しなければならない。

（区分合併の登記における表題部の記録方法）

第133条　登記官は、区分建物である甲建物を乙建物又は乙建物の附属建物に合併する建物の合併（乙建物又は乙建物の附属建物が甲建物と接続する区分建物である場合に限る。以下「区分合併」という。）に係る建物の合併の登記をするときは、乙建物の登記記録の表題部に、区分合併後の建物の表題部の登記事項、家屋番号何番の建物を合併した旨及び従前の建物の表題部の登記事項の変更部分を抹消する記号を記録しなければならない。

2　登記官は、前項に規定する場合には、甲建物の登記記録の表題部に家屋番号何番の建物に合併した旨及び従前の建物の表題部の登記事項を抹消する記号を記録し、当該登記記録を閉鎖しなければならない。

3　登記官は、第１項の規定にかかわらず、区分合併（甲建物を乙建物の附属建物に合併する場合を除く。）に係る建物の合併の登記をする場合において、区分合併後の建物が区分建物でないときは、区分合併後の乙建物について新たに登記記録を作成し、当該登記記録の表題部に区分合併後の建物の表題部の登記事項及び合併により家屋番号何番の建物の登記記録から移記した旨を記録しなければならない。

4　登記官は、前項の場合には、区分合併前の乙建物の登記記録の表題部に家屋番号何番の建物を合併した旨、合併により家屋番号何番の建物の登記記録に移記した旨及び乙建物についての建物の表題部の登記事項を抹消する記号を記録し、乙建物の登記記録を閉鎖しなければならない。

（建物の合併の登記における権利部の記録方法）

第134条　第107条第１項及び第６項の規定は、建物の合併の登記について準用する。

2　登記官は、前条第３項の場合において、区分合併前のすべての建物に第131条に規定する登記があるときは、同項の規定により区分合併後の建物について新たに作成した登記記録の乙区に当該登記を移記し、当該登記が合併後の建物の全部に関する旨を付記登記によって記録しなければならない。

3　第124条の規定は、区分合併に係る建物の合併の登記をする場合において、区分合併後の建物が敷地権のない建物となるときについて準用する。

（建物の分割の登記及び附属合併の登記における表題部の記録方法）

第135条　登記官は、甲建物の登記記録から甲建物の附属建物を分割して、これを乙建物の附属建物としようとする場合において、建物の分割の登記及び建物の合併の登記をするときは、乙建物の登記記録の表題部に、附属合併後の建物の表題部の登記事項及び家屋番号何番の建物から合併した旨を記録しなければならない。この場合には、第132条第１項及び第３項の規定は、適用しない。

2　登記官は、前項の場合には、甲建物の登記記録の表題部の分割に係る附属建物について、家屋番号何番の建物に合併した旨及び従前の建物の表題部の登記事項の変更部分を抹消する記号を記録しなければならない。この場合には、第127条第１項及び第２項の規定は、適用しない。

（建物の分割及び区分合併の登記における表題部の記録方法）

第136条　登記官は、甲建物の登記記録から甲建物の附属建物（区分建物に限る。）を分割して、これを乙建物又は乙建物の附属建物に合併しようとする場合（乙建物又は乙建物の附属建物が甲建物の附属建物と接続する区分建物である場合に限る。）において、建物の分割の登記及び建物の合併の登記をするときは、乙建物の登記記録の表題部に、区分合併後の建物の表題部の登記事項、家屋番号何番の一部を合併した旨及び従前の建物の表題部の登記事項の変更部分を抹消する記号を記録しなければならない。この場合には、第133条第１項及び第２項の規定は、適用しない。

2　前条第２項の規定は、前項の場合において、甲建物の登記記録の表題部の記録方法について準用す

る。

3　第133条第3項及び第4項の規定は、第1項の場合（甲建物の附属建物を分割して乙建物の附属建物に合併しようとする場合を除く。）において、区分合併後の乙建物が区分建物でない建物となるときについて準用する。

（建物の区分及び附属合併の登記における表題部の記録方法）

第137条　第135条第1項の規定は、甲建物を区分してその一部を乙建物の附属建物としようとする場合において、建物の区分の登記及び附属合併の登記をするときにおける乙建物の登記記録の表題部の記録方法について準用する。

2　登記官は、前項の場合において、区分前の甲建物が区分建物でない建物であったときは、区分後の甲建物について新たに登記記録を作成し、当該登記記録の表題部に家屋番号何番の建物から区分した旨を記録するとともに、区分前の甲建物の登記記録に区分及び合併によって家屋番号何番及び何番の建物の登記記録に移記した旨並びに従前の建物の表題部の登記事項を抹消する記号を記録し、当該登記記録を閉鎖しなければならない。この場合には、第129条第1項及び第2項の規定は、適用しない。

3　登記官は、第1項の場合において、区分前の甲建物が区分建物であったときは、甲建物の登記記録の表題部に、残余部分の建物の表題部の登記事項、区分した一部を家屋番号何番に合併した旨及び従前の建物の表題部の登記事項の変更部分を抹消する記号を記録しなければならない。この場合には、第129条第3項及び第4項の規定は、適用しない。

（建物の区分及び区分合併の登記における表題部の記録方法）

第138条　第136条第1項の規定は、甲建物を区分して、その一部を乙建物又は乙建物の附属建物に合併しようとする場合（乙建物又は乙建物の附属建物が当該一部と接続する区分建物である場合に限る。）において、建物の区分の登記及び建物の合併の登記をするときにおける乙建物の登記記録の表題部の記録方法について準用する。

2　前条第3項の規定は、前項の場合（区分前の甲建物が区分建物であった場合に限る。）において、甲建物の登記記録の表題部の記録方法について準用する。

（建物の分割の登記及び附属合併の登記等における権利部の記録方法）

第139条　第104条第1項から第3項まで並びに第107条第1項及び第6項の規定は、第135条から前条までの場合における権利部の記録方法について準用する。

（建物が区分建物となった場合の登記等）

第140条　登記官は、法第52条第1項及び第3項に規定する表題部の登記事項に関する変更の登記をするときは、当該変更の登記に係る区分建物である建物について新たに登記記録を作成し、当該登記記録の表題部に本項の規定により登記を移記した旨を記録しなければならない。

2　登記官は、前項の場合には、新たに作成した登記記録の権利部の相当区に、変更前の建物の登記記録から権利に関する登記を移記し、登記の年月日及び本項の規定により登記を移記した旨を記録しなければならない。

3　登記官は、第1項の場合には、変更前の建物の登記記録の表題部に同項の規定により登記を移記した旨及び従前の建物の表題部の登記事項を抹消する記号を記録し、当該登記記録を閉鎖しなければならない。

4　前3項の規定は、区分合併以外の原因により区分建物である建物が区分建物でない建物となったときについて準用する。この場合において、第1項中「区分建物である建物」とあるのは、「建物」と読み替えるものとする。

（共用部分である旨の登記等）

第141条　登記官は、共用部分である旨の登記又は団地共用部分である旨の登記をするときは、所有権の登記がない建物にあっては表題部所有者に関する登記事項を抹消する記号を記録し、所有権の登記がある建物にあっては権利に関する登記の抹消をしなければならない。

（共用部分である旨の登記がある建物の分割等）

第142条　登記官は、共用部分である旨の登記若しくは団地共用部分である旨の登記がある甲建物からその附属建物を分割して乙建物とする建物の分割の登記をし、又は当該甲建物を区分して甲建物と乙建物とする建物の区分の登記をする場合において、甲建物の登記記録に法第58条第1項各号に掲げる登記事項があるときは、乙建物の登記記録に当該登記事項を転写しなければならない。

（共用部分である旨を定めた規約等の廃止による建物の表題登記）

第143条　登記官は、共用部分である旨又は団地共用部分である旨を定めた規約を廃止したことによる建物の表題登記の申請があった場合において、当該申請に基づく表題登記をするときは、当該建物の登記記録の表題部に所有者の氏名又は名称及び住所並びに所有者が二人以上であるときはその所有者ごとの持分並びに敷地権があるときはその内容を記録すれば足りる。この場合には、共用部分である旨又は団地共用部分である旨の記録を抹消する記号を記録しなければならない。

（建物の滅失の登記）

第144条　登記官は、建物の滅失の登記をするときは、当該建物の登記記録の表題部の登記事項を抹消する記号を記録し、当該登記記録を閉鎖しなければならない。

2　第110条の規定は、前項の登記について準用する。

（敷地権付き区分建物の滅失の登記）

第145条　第124条第1項から第5項まで及び第8項から第10項までの規定は、敷地権付き区分建物の滅失の登記をする場合について準用する。

2　第124条第6項及び第7項の規定は、前項の場合において、当該敷地権付き区分建物の敷地権の目的であった土地が二筆以上あるときについて準用する。

第3節　権利に関する登記

第1款　通則

（権利部の登記）

第146条　登記官は、権利部の相当区に権利に関する登記をする場合には、法令に別段の定めがある場合を除き、権利に関する登記の登記事項のうち、登記の目的、申請の受付の年月日及び受付番号並びに登記原因及びその日付のほか、新たに登記すべきものを記録しなければならない。

（順位番号等）

第147条　登記官は、権利に関する登記をするときは、権利部の相当区に登記事項を記録した順序を示す番号を記録しなければならない。

2　登記官は、同順位である2以上の権利に関する登記をするときは、順位番号に当該登記を識別するための符号を付さなければならない。

3　令第2条第8号の順位事項は、順位番号及び前項の符号とする。

（付記登記の順位番号）

第148条　付記登記の順位番号を記録するときは、主登記の順位番号に付記何号を付加する方法により記録するものとする。

（権利の消滅に関する定めの登記）

第149条　登記官は、登記の目的である権利の消滅に関する定めの登記をした場合において、当該定めにより権利が消滅したことによる登記の抹消その他の登記をするときは、当該権利の消滅に関する定めの登記の抹消をしなければならない。

（権利の変更の登記又は更正の登記）

第150条　登記官は、権利の変更の登記又は更正の登記をするときは、変更前又は更正前の事項を抹消する記号を記録しなければならない。

（登記の更正）

第151条　登記官は、法第67条第2項の規定により登記の更正をするときは、同項の許可をした者の職名、許可の年月日及び登記の年月日を記録しなければならない。

（登記の抹消）

第152条　登記官は、権利の登記の抹消をするときは、抹消の登記をするとともに、抹消すべき登記を抹消する記号を記録しなければならない。

2　登記官は、前項の場合において、抹消に係る権利を目的とする第三者の権利に関する登記があるときは、当該第三者の権利に関する登記の抹消をしなければならない。この場合には、当該権利の登記の抹消をしたことにより当該第三者の権利に関する登記の抹消をする旨及び登記の年月日を記録しなければならない。

（法第70条第2項の相当の調査）

第152条の2　法第70条第2項の法務省令で定める方法は、次の各号に掲げる措置をとる方法とする。

一　法第70条第2項に規定する登記の抹消の登記義務者（以下この条において単に「登記義務者」という。）が自然人である場合

イ　共同して登記の抹消の申請をすべき者の調査として次の(1)から(5)までに掲げる措置

(1)　登記義務者が記録されている住民基本台帳、除票簿、戸籍簿、除籍簿、戸籍の附票又は戸籍の附票の除票簿（以下この条において「住民基本台帳等」という。）を備えると思料される市町村の長に対する登記義務者の住民票の写し又は住民票記載事項証明書、除票の写し又は除票記載事項証明書、戸籍及び除かれた戸籍の謄本又は全部事項証明書並びに戸籍の附票の写し及び戸籍の附票の除票の写し（以下この条において「住民票の写し等」という。）の交付の請求

(2)　(1)の措置により登記義務者の死亡が判明した場合には、登記義務者が記録されている戸籍簿又は除籍簿を備えると思料される市町村の長に対する登記義務者の出生時からの戸籍及び除かれた戸籍の謄本又は全部事項証明書の交付の請求

(3)　(2)の措置により登記義務者の相続人が判明した場合には、当該相続人が記録されている戸籍簿又は除籍簿を備えると思料される市町村の長に対する当該相続人の戸籍及び除かれた戸籍の謄本又は全部事項証明書の交付の請求

(4)　(3)の措置により登記義務者の相続人の死亡が判明した場合には、当該相続人についてとる(2)及び(3)に掲げる措置

(5)　(1)から(4)までの措置により共同して登記の抹消の申請をすべき者が判明した場合には、当該者が記録されている住民基本台帳又は戸籍の附票を備えると思料される市町村の長に対する当該者の住民票の写し又は住民票記載事項証明書及び戸籍の附票の写し（(1)の措置により交付の請求をしたものを除く。）の交付の請求

ロ　共同して登記の抹消の申請をすべき者の所在の調査として書留郵便その他配達を試みたことを証明することができる方法による次の(1)及び(2)に掲げる措置

(1)　登記義務者の不動産の登記簿上の住所に宛ててする登記義務者に対する書面の送付（イの措置により登記義務者の死亡及び共同して登記の抹消の申請をすべき者が所在すると思料される場所が判明した場合を除く。）

(2)　イの措置により共同して登記の抹消の申請をすべき者が所在すると思料される場所が判明した場合には、その場所に宛ててする当該者に対する書面の送付

二　登記義務者が法人である場合

イ　共同して登記の抹消の申請をすべき者の調査として次の(1)及び(2)に掲げる措置
(1)　登記義務者の法人の登記簿を備えると思料される登記所の登記官に対する登記義務者の登記事項証明書の交付の請求
(2)　(1)の措置により登記義務者が合併により解散していることが判明した場合には、登記義務者の合併後存続し、又は合併により設立された法人についてとる(1)に掲げる措置
ロ　イの措置により法人の登記簿に共同して登記の抹消の申請をすべき者の代表者（共同して登記の抹消の申請をすべき者が合併以外の事由により解散した法人である場合には、その清算人又は破産管財人。以下この号において同じ。）として登記されている者が判明した場合には、当該代表者の調査として当該代表者が記録されている住民基本台帳等を備えると思料される市町村の長に対する当該代表者の住民票の写し等の交付の請求
ハ　共同して登記の抹消の申請をすべき者の所在の調査として書留郵便その他配達を試みたことを証明することができる方法による次の(1)及び(2)に掲げる措置
(1)　登記義務者の不動産の登記簿上の住所に宛ててする登記義務者に対する書面の送付（イの措置により登記義務者が合併により解散していること及び共同して登記の抹消の申請をすべき者が所在すると思料される場所が判明した場合を除く。）
(2)　イの措置により共同して登記の抹消の申請をすべき者が所在すると思料される場所が判明した場合には、その場所に宛ててする当該者に対する書面の送付
ニ　イ及びロの措置により共同して登記の抹消の申請をすべき者の代表者が判明した場合には、当該代表者の所在の調査として書留郵便その他配達を試みたことを証明することができる方法による次の(1)及び(2)に掲げる措置
(1)　共同して登記の抹消の申請をすべき者の法人の登記簿上の代表者の住所に宛ててする当該代表者に対する書面の送付
(2)　イ及びロの措置により当該代表者が所在すると思料される場所が判明した場合には、その場所に宛ててする当該代表者に対する書面の送付

（職権による登記の抹消）
第153条　登記官は、法第71条第4項の規定により登記の抹消をするときは、登記記録にその事由を記録しなければならない。

（職権による登記の抹消の場合の公告の方法）
第154条　法第71条第2項の公告は、抹消すべき登記が登記された登記所の掲示場その他登記所内の公衆の見やすい場所に掲示して行う方法又は登記所の使用に係る電子計算機に備えられたファイルに記録された情報の内容を電気通信回線を通じて情報の提供を受ける者の閲覧に供し、当該情報の提供を受ける者の使用に係る電子計算機に備えられたファイルに当該情報を記録する方法であってインターネットに接続された自動公衆送信装置（著作権法（昭和45年法律第48号）第2条第1項第9号の5イに規定する自動公衆送信装置をいう。第217条第1項（第232条第5項、第244条第4項、第245条第4項及び第246条第2項において準用する場合を含む。）において同じ。）を使用する方法により2週間行うものとする。

（抹消された登記の回復）
第155条　登記官は、抹消された登記の回復をするときは、回復の登記をした後、抹消に係る登記と同一の登記をしなければならない。

（敷地権の登記がある建物の権利に関する登記）
第156条　登記官は、法第73条第3項ただし書に規定する登記をしたときは、当該登記に付記する方法により、当該登記が建物のみに関する旨及び登記の年月日を記録しなければならない。

第2款　所有権に関する登記

（法人識別事項）
第156条の2　法第73条の2第1項第1号の法務省令で定める事項は、次の各号に掲げる所有権の登記名義人の区分に応じ、当該各号に定める事項とする。
一　会社法人等番号を有する法人　当該法人の会社法人等番号
二　会社法人等番号を有しない法人であって、外国（本邦の域外にある国又は地域をいう。以下この号において同じ。）の法令に準拠して設立されたもの　当該外国の名称
三　前2号のいずれにも該当しない法人　当該法人の設立の根拠法の名称

（法人識別事項を申請情報の内容とする登記の添付情報）
第156条の3　前条第2号又は第3号に定める事項を申請情報の内容とする登記の申請をする場合には、当該事項を証する情報をその申請情報と併せて提供しなければならない。

（法人識別事項の変更の登記又は更正の登記）
第156条の4　第156条の2各号に定める事項（第157条第3項、第196条第1項第4号及び第198条第1項において「法人識別事項」という。）に関する変更の登記又は更正の登記は、所有権の登記名義人が単独で申請することができる。

（国内連絡先事項）
第156条の5　法第73条の2第1項第2号の法務省令で定める事項は、次に掲げる事項とする。
一　所有権の登記名義人の国内における連絡先となる者（以下この条、次条第1項及び第156条の8第1項において「国内連絡先となる者」という。）があるときは、次に掲げる事項
イ　国内連絡先となる者（一人に限る。）の氏名又は名称並びに国内の住所又は国内の営業所、事務所その他これらに準ずるものの所在地及び名称

ロ　国内連絡先となる者が会社法人等番号を有する法人であるときは、当該法人の会社法人等番号

二　国内連絡先となる者がないときは、その旨

(国内連絡先事項を申請情報の内容とする登記の添付情報)

第156条の6　前条各号に掲げる事項(次条第1項及び第2項、第156条の9並びに第157条第3項において「国内連絡先事項」という。)を申請情報の内容とする登記の申請をする場合には、次に掲げる情報をその申請情報と併せて提供しなければならない。

一　国内連絡先となる者があるときは、次に掲げる情報

イ　前条第1号イに掲げる事項を証する情報

ロ　国内連絡先となる者の承諾を証する当該国内連絡先となる者が作成した情報

二　国内連絡先となる者がないときは、前条第2号に掲げる事項を証する情報

2　前項第1号ロに掲げる情報を記載した書面には、令第19条第2項に規定する印鑑に関する証明書に代えてこれに準ずる印鑑に関する証明書を添付することができる。

(国内連絡先事項の変更の登記又は更正の登記)

第156条の7　国内連絡先事項に関する変更の登記又は更正の登記は、所有権の登記名義人が単独で申請することができる。

2　前項の登記を申請する場合には、その申請情報と併せて変更後又は更正後の国内連絡先事項についての前条第1項各号に掲げる情報を提供しなければならない。この場合においては、前条第2項の規定を準用する。

3　第156条の5第1号に掲げる事項についての変更の登記又は更正の登記を申請する場合には、前項の規定にかかわらず、前条第1項第1号ロに掲げる情報を提供することを要しない。

4　第1項の登記を申請する場合には、令別表の25の項添付情報欄イの規定にかかわらず、登記原因を証する情報を提供することを要しない。

第156条の8　第156条の5第1号に掲げる事項についての変更の登記又は更正の登記は、国内連絡先となる者として登記されている者も単独で申請することができる。

2　前項の規定により登記を申請する場合には、所有権の登記名義人の承諾を証する当該所有権の登記名義人が作成した情報をもその申請情報と併せて提供しなければならない。

3　令第12条第2項の規定は電子申請において提供する前項の承諾を証する情報について、令第19条の規定は同項の承諾を証する情報を記載した書面については、適用しない。

(国内連絡先事項が登記されている所有権の登記名義人の住所の変更の登記又は更正の登記)

第156条の9　登記官は、国内連絡先事項が登記されている所有権の登記名義人の住所についての変更の登記又は更正の登記をする場合において、変更後又は更正後の住所が国内にあるときは、当該国内連絡先事項を抹消する記号を記録しなければならない。

(表題登記がない不動産についてする所有権の保存の登記)

第157条　法第75条(法第76条第3項において準用する場合を含む。次項において同じ。)の法務省令で定めるものは、表示に関する登記事項のうち次に掲げる事項以外の事項とする。

一　表題部所有者に関する登記事項

二　登記原因及びその日付

三　敷地権の登記原因及びその日付

2　法第75条の規定により登記をするときは、表題部に所有権の登記をするために登記をする旨を記録するものとする。

3　登記官は、所有権の登記がない不動産について嘱託による所有権の処分の制限の登記をするときは、登記記録の甲区に、所有者の氏名又は名称、住所、法人識別事項及び国内連絡先事項、登記名義人が二人以上であるときは当該所有権の登記名義人ごとの持分並びに処分の制限の登記の嘱託によって所有権の登記をする旨を記録しなければならない。

(表題部所有者の氏名等の抹消)

第158条　登記官は、表題登記がある不動産(所有権の登記がある不動産を除く。)について所有権の登記をしたときは、表題部所有者に関する登記事項を抹消する記号を記録しなければならない。

第2款の2　相続人申告登記等

第1目　通則

(定義)

第158条の2　この款、第158条の33及び第158条の37において、次の各号に掲げる用語の意義は、それぞれ当該各号に定めるところによる。

一　相続人申出　法第76条の3第1項の規定による申出をいう。

二　相続人申告登記　法第76条の3第3項の規定による登記をいう。

三　相続人申告事項　法第76条の3第3項の規定により所有権の登記に付記する事項をいう。

四　相続人申告名義人　相続人申告登記によって付記された者をいう。

五　相続人申告事項の変更の登記　相続人申告事項に変更があった場合に当該相続人申告事項を変更する登記をいう。

六　相続人申告事項の更正の登記　相続人申告事項に錯誤又は遺漏があった場合に当該相続人申告事項を訂正する登記をいう。

七　相続人申告登記の抹消　相続人申告登記を抹消することをいう。

八　相続人申出等　相続人申出、相続人申告事項の

変更若しくは更正の申出又は相続人申告登記の抹消の申出をいう。

九　相続人申告登記等　相続人申告登記、相続人申告事項の変更の登記、相続人申告事項の更正の登記又は相続人申告登記の抹消をいう。

十　相続人電子申出　第158条の４第１号に掲げる方法による相続人申出等をいう。

十一　相続人書面申出　第158条の４第２号に掲げる方法による相続人申出等をいう。

十二　相続人申出等情報　次条第１項各号、第158条の19第１項各号又は第158条の24第２項各号に掲げる事項に係る情報をいう。

十三　相続人申出書　相続人申出等情報を記載した書面をいう。

十四　相続人申出等添付情報　相続人申出等をする場合において、この款の規定によりその相続人申出等情報と併せて登記所に提供しなければならないものとされている情報をいう。

十五　相続人申出等添付書面　相続人申出等添付情報を記載した書面をいう。

（相続人申出等情報）

第158条の３　相続人申出等は、次に掲げる事項を明らかにしてしなければならない。

一　申出人の氏名及び住所

二　代理人によって申出をするときは、当該代理人の氏名又は名称及び住所並びに代理人が法人であるときはその代表者の氏名

三　申出の目的

四　申出に係る不動産の不動産所在事項

２　前項第４号の規定にかかわらず、不動産番号を相続人申出等情報の内容としたときは、同号に掲げる事項を相続人申出等情報の内容とすることを要しない。

３　相続人申出等においては、第１項各号に掲げる事項のほか、次に掲げる事項を相続人申出等情報の内容とするものとする。

一　申出人又は代理人の電話番号その他の連絡先

二　相続人申出等添付情報の表示

三　申出の年月日

四　登記所の表示

（相続人申出等の方法）

第158条の４　相続人申出等は、次に掲げる方法のいずれかにより、相続人申出等情報を登記所に提供してしなければならない。

一　電子情報処理組織を使用する方法

二　相続人申出書を提出する方法

（相続人申出等情報の作成及び提供）

第158条の５　相続人申出等情報は、申出の目的及び登記原因に応じ、一の不動産及び申出人ごとに作成して提供しなければならない。ただし、次に掲げるときは、この限りでない。

一　同一の登記所の管轄区域内にある１又は２以上の不動産について、第158条の19第１項各号に掲げる事項が同一である相続人申出をするとき。

二　同一の登記所の管轄区域内にある１又は２以上の不動産について、同一の相続人申告名義人の氏名又は住所についての変更又は更正の申出をするとき。

三　同一の登記所の管轄区域内にある２以上の不動産について、抹消の理由並びに抹消すべき第158条の23第１項第４号及び第５号に掲げる事項が同一である相続人申告登記の抹消の申出をするとき。

（相続人申出等添付情報）

第158条の６　代理人によって相続人申出等をするときは、当該代理人の権限を証する情報をその相続人申出等情報と併せて登記所に提供しなければならない。

（相続人申出等添付情報の省略等）

第158条の７　第37条及び第37条の２の規定は、相続人申出等をする場合について準用する。

（相続人電子申出の方法）

第158条の８　相続人電子申出における相続人申出等情報及び相続人申出等添付情報は、法務大臣の定めるところにより送信しなければならない。ただし、相続人申出等添付情報の送信に代えて、登記所に相続人申出等添付書面を提出することを妨げない。

２　令第12条第２項及び第14条の規定は、前項本文の規定により送信する相続人申出等添付情報（第158条の６に規定する代理人の権限を証する情報を除く。）について準用する。

３　第42条の規定は前項において準用する令第12条第２項の電子署名について、第43条第２項の規定は前項において準用する令第14条の法務省令で定める電子証明書について、それぞれ準用する。

（相続人電子申出において相続人申出等添付書面を提出する場合についての特例等）

第158条の９　前条第１項ただし書の規定により相続人申出等添付書面を提出するときは、相続人申出等添付書面を登記所に提出する旨及び各相続人申出等添付情報につき書面を提出する方法によるか否かの別をも相続人申出等情報の内容とするものとする。

２　前項に規定する場合には、当該相続人申出等添付書面は、相続人申出等の受付の日から２日以内に提出するものとする。

３　第１項に規定する場合には、申出人は、当該相続人申出等添付書面を提出するに際し、別記第４号の２様式による用紙に次に掲げる事項を記載したものを添付しなければならない。

一　受付番号その他の当該相続人申出等添付書面を相続人申出等添付情報とする申出の特定に必要な事項

二　前条第１項ただし書の規定により提出する相続人申出等添付書面の表示

（相続人書面申出の方法）

第158条の10　相続人書面申出をするときは、相続人申出書に相続人申出等添付書面を添付して提出しなければならない。

２　第45条第１項の規定は、相続人申出書について準

用する。

3　相続人申出書につき文字の訂正、加入又は削除をしたときは、その旨及びその字数を欄外に記載し、又は訂正、加入若しくは削除をした文字に括弧その他の記号を付して、その範囲を明らかにしなければならない。この場合において、訂正又は削除をした文字は、なお読むことができるようにしておかなければならない。

4　申出人又はその代理人は、相続人申出書が２枚以上であるときは、各用紙に当該用紙が何枚目であるかを記載することその他の必要な措置を講じなければならない。

（相続人申出書等の送付方法）

第158条の11　相続人申出等をしようとする者が相続人申出書又は相続人申出等添付書面を送付するときは、書留郵便又は信書便事業者による信書便の役務であって当該信書便事業者において引受け及び配達の記録を行うものによるものとする。

2　前項の場合には、相続人申出書又は相続人申出等添付書面を入れた封筒の表面に相続人申出書又は相続人申出等添付書面が在中する旨を明記するものとする。

（受領証の交付の請求）

第158条の12　第54条の規定は、相続人書面申出をした申出人について準用する。

（相続人申出等添付書面の原本の還付請求）

第158条の13　第55条の規定は、相続人申出等添付書面を提出した申出人について準用する。

（相続人申出等の受付）

第158条の14　登記官は、第158条の４の規定により相続人申出等情報が登記所に提供されたときは、当該相続人申出等情報に係る相続人申出等の受付をしなければならない。

2　前項の規定による受付は、受付帳に申出の目的、申出の受付の年月日及び受付番号並びに不動産所在事項を記録する方法によりしなければならない。

3　登記官は、相続人申出等の受付をしたときは、当該相続人申出等に受付番号を付さなければならない。

4　登記官は、相続人書面申出の受付にあっては、第２項の規定により受付をする際、相続人申出書に申出の受付の年月日及び受付番号を記載しなければならない。

5　第１項、第２項及び前項の規定は、第158条の27第２項の許可があった場合又は第158条の30第４項の規定により相続人申告登記の抹消をしようとする場合について準用する。

（調査）

第158条の15　第57条の規定は、相続人申出等情報が提供された場合について準用する。

（相続人申出等の却下）

第158条の16　登記官は、次に掲げる場合には、理由を付した決定で、相続人申出等を却下しなければならない。ただし、当該相続人申出等の不備が補正することができるものである場合において、登記官が定めた相当の期間内に、申出人がこれを補正したときは、この限りでない。

一　申出に係る不動産の所在地が当該申出を受けた登記所の管轄に属しないとき。

二　１個の不動産の一部についての申出を目的とするとき。

三　申出に係る登記（相続人申告登記のうち第158条の19第１項第１号に規定する中間相続人に係るものを除く。）が既に登記されているとき。

四　申出の権限を有しない者の申出によるとき。

五　相続人申出等情報又はその提供の方法がこの省令により定められた方式に適合しないとき。

六　相続人申出等情報の内容である不動産が登記記録と合致しないとき。

七　相続人申出等情報の内容が相続人申出等添付情報の内容と合致しないとき。

八　相続人申出等添付情報が提供されないとき。

2　登記官は、前項ただし書の期間を定めたときは、当該期間内は、当該補正すべき事項に係る不備を理由に当該相続人申出等を却下することができない。

3　第38条の規定は、相続人申出等を却下する場合について準用する。この場合において、同条第３項中「書面申請がされた」とあるのは、「相続人申出等添付書面が提出された」と読み替えるものとする。

（相続人申出等の取下げ）

第158条の17　第39条第１項及び第２項の規定は、相続人申出等について準用する。

2　登記官は、相続人申出書又は相続人申出等添付書面が提出された場合において、相続人申出等の取下げがされたときは、相続人申出書又は相続人申出等添付書面を還付するものとする。第38条第３項ただし書の規定は、この場合について準用する。

（相続人申告登記等の完了通知）

第158条の18　登記官は、相続人申告登記等を完了したときは、申出人に対し、職権による登記が完了した旨を通知しなければならない。この場合において、申出人が二人以上あるときは、その一人に通知すれば足りる。

2　前項の通知は、当該登記に係る次に掲げる事項を明らかにしてしなければならない。

一　申出の受付の年月日及び受付番号

二　不動産所在事項

三　登記の目的

3　第１項の通知は、次の各号に掲げる相続人申出等の区分に応じ、当該各号に定める方法による。

一　相続人電子申出　法務大臣の定めるところにより、登記官の使用に係る電子計算機に備えられたファイルに記録された通知事項（職権による登記が完了した旨及び前項各号に掲げる事項をいう。以下この条において同じ。）を電子情報処理組織を使用して送信し、これを申出人又はその代理人の使用に係る電子計算機に備えられたファイルに記録する方法

二　相続人書面申出　通知事項を記載した書面を交付する方法

4　送付の方法により通知事項を記載した書面の交付を求める場合には、申出人は、その旨及び送付先の住所を相続人申出等情報の内容としなければならない。
5　第55条第７項から第９項までの規定は、送付の方法により通知事項を記載した書面を交付する場合について準用する。
6　登記官は、次の各号に掲げる場合には、第１項の規定にかかわらず、申出人に対し、職権による登記が完了した旨の通知をすることを要しない。
一　第３項第１号に規定する方法により通知する場合において、通知を受けるべき者が、登記官の使用に係る電子計算機に備えられたファイルに通知事項が記録され、電子情報処理組織を使用して送信することが可能になった時から30日を経過しても、自己の使用に係る電子計算機に備えられたファイルに当該通知事項を記録しないとき。
二　第３項第２号に規定する方法により通知する場合において、通知を受けるべき者が、登記完了の時から３月を経過しても、通知事項を記載した書面を受領しないとき。

第２目　相続人申告登記

（相続人申出において明らかにすべき事項等）
第158条の19　相続人申出においては、次に掲げる事項をも明らかにしてしなければならない。
一　所有権の登記名義人（申出人が所有権の登記名義人の相続人の地位を相続により承継した者であるときは、当該相続人（以下この款において「中間相続人」という。））の相続人である旨
二　所有権の登記名義人（申出人が所有権の登記名義人の相続人の地位を相続により承継した者であるときは、中間相続人）について相続が開始した年月日
三　中間相続人があるときは、次に掲げる事項（当該事項が既に所有権の登記に付記されているときを除く。）
イ　中間相続人の氏名及び最後の住所
ロ　中間相続人が所有権の登記名義人の相続人である旨
ハ　所有権の登記名義人について相続が開始した年月日
2　相続人申出においては、次に掲げる情報をもその相続人申出等情報と併せて登記所に提供しなければならない。
一　申出人が所有権の登記名義人（申出人が所有権の登記名義人の相続人の地位を相続により承継した者であるときは、中間相続人）の相続人であることを証する市町村長その他の公務員が職務上作成した情報（公務員が職務上作成した情報がない場合にあっては、これに代わるべき情報）
二　申出人の住所を証する市町村長その他の公務員が職務上作成した情報（公務員が職務上作成した情報がない場合にあっては、これに代わるべき情報）
三　前項第３号に掲げる事項を相続人申出等情報の内容とするときは、次に掲げる情報
イ　中間相続人が所有権の登記名義人の相続人であることを証する市町村長その他の公務員が職務上作成した情報（公務員が職務上作成した情報がない場合にあっては、これに代わるべき情報）
ロ　中間相続人の最後の住所を証する市町村長その他の公務員が職務上作成した情報（公務員が職務上作成した情報がない場合にあっては、これに代わるべき情報）

（相続人申出における相続人申出等添付情報の省略）
第158条の20　相続人申出をする場合において、申出人が所有権の登記名義人又は中間相続人についての相続に関して法定相続情報一覧図の写し又は法定相続情報番号を提供したときは、当該法定相続情報一覧図の写し又は当該法定相続情報番号の提供をもって、前条第２項第１号又は第３号イに掲げる情報の提供に代えることができる。ただし、法定相続情報番号を提供する場合にあっては、登記官が法定相続情報を確認することができるときに限る。
2　相続人申出をする場合において、申出人が申出人の住所又は中間相続人の最後の住所が記載された法定相続情報一覧図の写し又は法定相続情報番号（法定相続情報一覧図に申出人の住所又は中間相続人の最後の住所が記載されている場合に限る。以下この項において同じ。）を提供したときは、当該法定相続情報一覧図の写し又は当該法定相続情報番号の提供をもって、前条第２項第２号又は第３号ロに掲げる情報の提供に代えることができる。ただし、法定相続情報番号を提供する場合にあっては、登記官が法定相続情報を確認することができるときに限る。
第158条の21　相続人申出をする場合において、申出人が申出人又は中間相続人についての次に掲げる情報（住民基本台帳法第30条の９の規定により機構保存本人確認情報の提供を受けて登記官が申出人の住所又は中間相続人の最後の住所を確認することができることとなるものに限る。）を提供したときは、当該情報の提供をもって、第158条の19第２項第２号又は第３号ロに掲げる情報の提供に代えることができる。
一　出生の年月日
二　氏名の振り仮名（日本の国籍を有しない者にあっては、氏名の表音をローマ字で表示したもの）
第158条の22　相続人申出をする場合において、申出人が相続人電子申出における相続人申出等情報又は委任による代理人の権限を証する情報に第42条の電子署名を行い、当該申出人の第43条第１項第１号に掲げる電子証明書を提供したときは、当該電子証明書の提供をもって、第158条の19第２項第２号に掲げる情報の提供に代えることができる。

（相続人申告事項）
第158条の23　法第76条の３第３項に規定する法務省令で定める事項は、次のとおりとする。
一　登記の目的
二　申出の受付の年月日及び受付番号
三　登記原因及びその日付

四　所有権の登記名義人（申出人が所有権の登記名義人の相続人の地位を相続により承継した者であるときは、中間相続人）について相続が開始した年月日

五　中間相続人があるときは、次に掲げる事項（当該事項が既に所有権の登記に付記されているときを除く。）

イ　中間相続人の氏名及び最後の住所

ロ　中間相続人が所有権の登記名義人の相続人である旨

ハ　所有権の登記名義人について相続が開始した年月日

2　登記官は、相続人申告登記によって2回以上の相続についての相続人申告事項を所有権の登記に付記するときは、当該相続ごとにこれを付記するものとする。

第3目　相続人申告事項の変更の登記又は相続人申告事項の更正の登記

（相続人申告事項の変更又は更正の申出）

第158条の24　相続人申告事項に変更又は錯誤若しくは遺漏があったときは、その相続人申告事項に係る相続人申告名義人又はその相続人は、登記官に対し、相続人申告事項の変更又は更正を申し出ることができる。

2　前項の規定による申出においては、次に掲げる事項をも明らかにしてしなければならない。

一　登記原因及びその日付

二　変更後又は更正後の相続人申告事項

3　第1項の規定による申出をする場合には、相続人申告事項について変更又は錯誤若しくは遺漏があったことを証する市町村長その他の公務員が職務上作成した情報（公務員が職務上作成した情報がない場合にあっては、これに代わるべき情報）をもその相続人申出等情報と併せて登記所に提供しなければならない。

（相続人申告事項の変更又は更正の申出における相続人申出等添付情報の省略）

第158条の25　前条第1項の規定による申出の申出人が相続人申出等情報と併せて申出人又は中間相続人についての次に掲げる情報（住民基本台帳法第30条の9の規定により機構保存本人確認情報の提供を受けて登記官が申出人の住所について変更若しくは錯誤若しくは遺漏があったこと又は中間相続人の最後の住所について錯誤若しくは遺漏があったことを確認することができることとなるものに限る。）を提供したときは、当該情報の提供をもって、申出人の住所について変更若しくは錯誤若しくは遺漏があったこと又は中間相続人の最後の住所について錯誤若しくは遺漏があったことを証する市町村長その他の公務員が職務上作成した情報の提供に代えることができる。

一　出生の年月日

二　氏名の振り仮名（日本の国籍を有しない者にあっては、氏名の表音をローマ字で表示したもの）

（相続人申告事項の変更の登記又は相続人申告事項の更正の登記）

第158条の26　登記官は、第158条の24第1項の規定による申出があったときは、職権で、相続人申告事項の変更の登記又は相続人申告事項の更正の登記をすることができる。

2　登記官は、相続人申告事項の変更の登記又は相続人申告事項の更正の登記をするときは、登記の目的、申出の受付の年月日及び受付番号、登記原因及びその日付、変更後又は更正後の相続人申告事項並びに変更前又は更正前の相続人申告事項を抹消する記号を記録しなければならない。

（相続人申告事項の更正）

第158条の27　登記官は、相続人申告登記、相続人申告事項の変更の登記又は相続人申告事項の更正の登記を完了した後に相続人申告事項に錯誤又は遺漏があることを発見したときは、遅滞なく、その旨をこれらの登記に係る相続人申出等をした者に通知しなければならない。ただし、当該相続人申出等をした者が二人以上あるときは、その一人に対し通知すれば足りる。

2　登記官は、前項の場合において、相続人申告事項の錯誤又は遺漏が登記官の過誤によるものであるときは、遅滞なく、当該登記官を監督する法務局又は地方法務局の長の許可を得て、相続人申告事項の更正をしなければならない。この場合において、登記官は、当該許可をした者の職名、許可の年月日及び登記の年月日を記録しなければならない。

3　登記官が前項の相続人申告事項の更正をしたときは、その旨を第1項本文の相続人申出等をした者に通知しなければならない。この場合においては、同項ただし書の規定を準用する。

第4目　相続人申告登記の抹消

（相続人申告登記の抹消の申出）

第158条の28　相続人申告登記が次の各号のいずれかに該当するときは、当該相続人申告登記によって付記された者は、その付記に係る相続人申告登記の抹消の申出をすることができる。

一　第158条の16第1項第1号から第4号までに掲げる事由のいずれかがあること。

二　相続人申告名義人が相続の放棄をし、又は民法第891条の規定に該当し若しくは廃除によってその相続権を失ったため法第76条の2第1項に規定する者に該当しなくなったこと。

2　前項の規定による申出においては、当該相続人申告登記が前項第1号又は第2号に該当することを証する情報をもその相続人申出等情報と併せて登記所に提供しなければならない。

（相続人申告登記の抹消）

第158条の29　登記官は、前条第1項の規定による申出があったときは、職権で、相続人申告登記の抹消をすることができる。

2　登記官は、相続人申告登記の抹消をするときは、抹消の登記をするとともに、抹消すべき事項を抹消

する記号を記録しなければならない。

（申出によらない相続人申告登記の抹消）

第158条の30　登記官は、相続人申告登記、相続人申告事項の変更の登記又は相続人申告事項の更正の登記を完了した後にこれらの登記が第158条の16第1項第1号から第3号までのいずれかに該当することを発見したときは、当該登記に係る相続人申出等の申出人に対し、1月以内の期間を定め、当該申出人がその期間内に書面で異議を述べないときは、当該登記を抹消する旨を通知しなければならない。ただし、通知を受けるべき者の住所又は居所が知れないときは、この限りでない。

2　前項本文の通知は、次の事項を明らかにしてしなければならない。

一　抹消する登記に係る次に掲げる事項

イ　不動産所在事項及び不動産番号

ロ　登記の目的

ハ　申出の受付の年月日及び受付番号

ニ　登記原因及びその日付

ホ　申出人の氏名及び住所

二　抹消する理由

3　登記官は、第1項の異議を述べた者がある場合において、当該異議に理由がないと認めるときは決定で当該異議を却下し、当該異議に理由があると認めるときは決定でその旨を宣言し、かつ、当該異議を述べた者に通知しなければならない。

4　登記官は、第1項の異議を述べた者がないとき、又は前項の規定により当該異議を却下したときは、職権で、第1項に規定する登記を抹消しなければならない。この場合において、登記官は、登記記録に登記の抹消をする事由を記録しなければならない。

第2款の3　ローマ字氏名の併記

（ローマ字氏名の併記）

第158条の31　次の各号に掲げる登記を申請する場合において、当該各号に定める者が日本の国籍を有しない者であるときは、当該登記の申請人は、登記官に対し、当該各号に定める者の氏名の表音をローマ字で表示したもの（以下この款において「ローマ字氏名」という。）を申請情報の内容として、当該ローマ字氏名を登記記録に記録するよう申し出るものとする。

一　所有権の保存若しくは移転の登記、所有権の登記がない不動産について嘱託によりする所有権の処分の制限の登記、合体による登記等（法第49条第1項後段の規定により併せて申請をする所有権の登記があるときに限る。）又は所有権の更正の登記（その登記によって所有権の登記名義人となる者があるときに限る。）　所有権の登記名義人となる者

二　所有権の登記名義人の氏名についての変更の登記又は更正の登記　所有権の登記名義人

2　前項の規定による申出をする場合には、当該ローマ字氏名を証する市町村長その他の公務員が職務上作成した情報（公務員が職務上作成した情報がない場合にあっては、これに代わるべき情報）をその申請情報と併せて登記所に提供しなければならない。

3　第1項各号に定める者が同項各号に掲げる登記の電子申請をするに際し同項の規定による申出をする場合において、その者が第43条第1項第1号に掲げる電子証明書（登記官が当該ローマ字氏名を確認することができるものに限る。）を提供したときは、当該電子証明書の提供をもって、前項の市町村長その他の公務員が職務上作成した情報の提供に代えることができる。

4　登記官は、第1項の規定による申出があったときは、職権で、当該ローマ字氏名を登記記録に記録するものとする。

第158条の32　日本の国籍を有しない所有権の登記名義人は、登記官に対し、そのローマ字氏名を登記記録に記録するよう申し出ることができる。ただし、当該ローマ字氏名が既に記録されているときは、この限りでない。

2　前項の規定による申出（以下この条において「ローマ字氏名併記の申出」という。）は、次に掲げる事項を明らかにしてしなければならない。

一　申出人の氏名及び住所

二　代理人によって申出をするときは、当該代理人の氏名又は名称及び住所並びに代理人が法人であるときはその代表者の氏名

三　申出の目的

四　所有権の登記名義人の氏名

五　所有権の登記名義人のローマ字氏名

六　申出に係る不動産の不動産所在事項

3　前項第6号の規定にかかわらず、不動産番号を同項各号に掲げる事項に係る情報（以下この条において「ローマ字氏名併記申出情報」という。）の内容としたときは、同項第6号に掲げる事項をローマ字氏名併記申出情報の内容とすることを要しない。

4　ローマ字氏名併記の申出においては、第2項各号に掲げる事項のほか、次に掲げる事項をローマ字氏名併記申出情報の内容とするものとする。

一　申出人又は代理人の電話番号その他の連絡先

二　第7項に規定するローマ字氏名併記申出添付情報の表示

三　申出の年月日

四　登記所の表示

5　ローマ字氏名併記の申出は、次に掲げる方法のいずれかにより、ローマ字氏名併記申出情報を登記所に提供してしなければならない。

一　電子情報処理組織を使用する方法

二　ローマ字氏名併記申出情報を記載した書面（第13項において「ローマ字氏名併記申出書」という。）を提出する方法

6　ローマ字氏名併記申出情報は、一の不動産及び所有権の登記名義人ごとに作成して提供しなければならない。ただし、同一の登記所の管轄区域内にある2以上の不動産についてのローマ字氏名併記の申出が同一の所有権の登記名義人に係るものであるときは、この限りでない。

7　ローマ字氏名併記の申出をする場合には、次に掲げる情報（第10項及び第13項において「ローマ字氏名併記申出添付情報」という。）をそのローマ字氏名併記申出情報と併せて登記所に提供しなければならない。
一　代理人によって申出をするときは、当該代理人の権限を証する情報
二　第2項第5号に掲げる事項を証する市町村長その他の公務員が職務上作成した情報（公務員が職務上作成した情報がない場合にあっては、これに代わるべき情報）
8　第37条の2の規定は、ローマ字氏名併記の申出をする場合について準用する。
9　第158条の8第1項及び第158条の9の規定は、第5項第1号に掲げる方法によりローマ字氏名併記の申出をする場合について準用する。
10　令第12条第2項及び第14条の規定は、前項の場合において送信するローマ字氏名併記申出添付情報（第7項第1号に掲げる情報を除く。）について準用する。
11　第42条の規定は前項において準用する令第12条第2項の電子署名について、第43条第2項の規定は前項において準用する令第14条の法務省令で定める電子証明書について、それぞれ準用する。
12　第5項第1号に掲げる方法によりローマ字氏名併記の申出をする申出人がローマ字氏名併記申出情報又は委任による代理人の権限を証する情報に第42条の電子署名を行い、当該申出人の第43条第1項第1号に掲げる電子証明書（登記官が所有権の登記名義人のローマ字氏名を確認することができるものに限る。）を提供したときは、当該電子証明書の提供をもって、第7項第2号に掲げる情報の提供に代えることができる。
13　第158条の10の規定は第5項第2号に掲げる方法によりローマ字氏名併記の申出をする場合について、第158条の11の規定はローマ字氏名併記の申出をしようとする者がローマ字氏名併記申出書又はローマ字氏名併記申出添付情報を記載した書面（以下この項において「ローマ字氏名併記申出添付書面」という。）を送付する場合について、第55条の規定はローマ字氏名併記申出添付書面を提出した申出人について、それぞれ準用する。
14　第57条及び第158条の14（第5項を除く。）の規定は、ローマ字氏名併記申出情報が提供された場合について準用する。
15　登記官は、ローマ字氏名併記の申出があったときは、職権で、次に掲げる事項を所有権の登記に付記する方法によって登記記録に記録するものとする。
一　登記の目的
二　申出の受付の年月日及び受付番号
三　登記原因及びその日付
四　所有権の登記名義人の氏名
五　所有権の登記名義人のローマ字氏名
16　登記官は、前項の規定による記録をするときは、従前の所有権の登記名義人の氏名を抹消する記号を記録しなければならない。
17　第158条の18の規定は、第15項の規定による記録をした場合について準用する。

（相続人申告登記への準用）
第158条の33　第158条の31の規定は相続人申出をする場合における申出人又は相続人申告名義人の氏名についての変更又は更正の申出をする場合における当該相続人申告名義人が日本国籍を有しない者であるときについて、前条の規定は日本の国籍を有しない相続人申告名義人について、それぞれ準用する。

第2款の4　旧氏の併記

（旧氏の併記）
第158条の34　次の各号に掲げる登記を申請する場合において、当該各号に定める者（当該登記の申請人である場合に限る。）は、登記官に対し、その一の旧氏（住民基本台帳法施行令（昭和42年政令第292号）第30条の13に規定する旧氏をいう。以下この款において同じ。）を申請情報の内容として、当該旧氏を登記記録に記録するよう申し出ることができる。ただし、当該旧氏が登記すべき氏と同一であるときは、この限りでない。
一　所有権の保存若しくは移転の登記、合体による登記等（法第49条第1項後段の規定により併せて申請をする所有権の登記があるときに限る。）又は所有権の更正の登記（その登記によって所有権の登記名義人となる者があるときに限る。）　所有権の登記名義人となる者
二　所有権の登記名義人の氏についての変更の登記又は更正の登記　所有権の登記名義人
2　前項第2号に掲げる登記を申請するに際し同項の規定による申出をする場合において、当該登記記録に同号に定める者の旧氏が記録されているときは、当該申出に係る旧氏は、当該登記記録に記録されている旧氏又は当該旧氏より後に称していた旧氏でなければならない。
3　第1項の規定による申出をする場合には、当該旧氏を証する市町村長その他の公務員が職務上作成した情報をその申請情報と併せて登記所に提供しなければならない。
4　電子申請の申請人が第1項の規定による申出をする場合において、その者が第43条第1項第1号に掲げる電子証明書（登記官が当該申出に係る旧氏を確認することができるものに限る。）を提供したときは、当該電子証明書の提供をもって、前項の市町村長その他の公務員が職務上作成した情報の提供に代えることができる。
5　登記官は、第1項の規定による申出があったときは、職権で、当該申出に係る旧氏を登記記録に記録するものとする。
第158条の35　所有権の登記名義人は、登記官に対し、その一の旧氏を登記記録に記録するよう申し出ることができる。ただし、当該旧氏が登記されている氏と同一であるときは、この限りでない。
2　前項の規定による申出（以下この条において「旧氏併記の申出」という。）をする場合において、当該登記記録に当該所有権の登記名義人の旧氏が記録されている

ときは、当該申出に係る旧氏は、当該登記記録に記録されている旧氏より後に称していた旧氏でなければならない。

3　旧氏併記の申出は、次に掲げる事項を明らかにしてしなければならない。

一　申出人の氏名及び住所

二　代理人によって申出をするときは、当該代理人の氏名又は名称及び住所並びに代理人が法人であるときはその代表者の氏名

三　申出の目的

四　所有権の登記名義人の氏名

五　所有権の登記名義人について記録すべき旧氏

六　申出に係る不動産の不動産所在事項

4　前項第6号の規定にかかわらず、不動産番号を同項各号に掲げる事項に係る情報（以下この条において「旧氏併記申出情報」という。）の内容としたときは、同項第6号に掲げる事項を旧氏併記申出情報の内容とすることを要しない。

5　旧氏併記の申出においては、第3項各号に掲げる事項のほか、次に掲げる事項を旧氏併記申出情報の内容とするものとする。

一　申出人又は代理人の電話番号その他の連絡先

二　第8項に規定する旧氏併記申出添付情報の表示

三　申出の年月日

四　登記所の表示

6　旧氏併記の申出は、次に掲げる方法のいずれかにより、旧氏併記申出情報を登記所に提供してしなければならない。

一　電子情報処理組織を使用する方法

二　旧氏併記申出情報を記載した書面（第14項において「旧氏併記申出書」という。）を提出する方法

7　旧氏併記申出情報は、一の不動産及び所有権の登記名義人ごとに作成して提供しなければならない。ただし、同一の登記所の管轄区域内にある2以上の不動産についての旧氏併記の申出が同一の所有権の登記名義人についての同一の旧氏に係るものであるときは、この限りでない。

8　旧氏併記の申出をする場合には、次に掲げる情報（第11項及び第14項において「旧氏併記申出添付情報」という。）をその旧氏併記申出情報と併せて登記所に提供しなければならない。

一　代理人によって申出をするときは、当該代理人の権限を証する情報

二　第3項第5号に掲げる事項を証する市町村長その他の公務員が職務上作成した情報

9　第37条の2の規定は、旧氏併記の申出をする場合について準用する。

10　第158条の8第1項及び第158条の9の規定は、第6項第1号に掲げる方法により旧氏併記の申出をする場合について準用する。

11　令第12条第2項及び第14条の規定は、前項の場合において送信する旧氏併記申出添付情報（第8項第1号に掲げる情報を除く。）について準用する。

12　第42条の規定は前項において準用する令第12条第2項の電子署名について、第43条第2項の規定は前項において準用する令第14条の法務省令で定める電子証明書について、それぞれ準用する。

13　第6項第1号に掲げる方法により旧氏併記の申出をする申出人が旧氏併記申出情報又は委任による代理人の権限を証する情報に第42条の電子署名を行い、当該申出人の第43条第1項第1号に掲げる電子証明書（登記官が申出に係る旧氏を確認することができるものに限る。）を提供したときは、当該電子証明書の提供をもって、第8項第2号に掲げる情報の提供に代えることができる。

14　第158条の10の規定は第6項第2号に掲げる方法により旧氏併記の申出をする場合について、第158条の11の規定は旧氏併記の申出をしようとする者が旧氏併記申出書又は旧氏併記申出添付情報を記載した書面（以下この項において「旧氏併記申出添付書面」という。）を送付する場合について、第55条の規定は旧氏併記申出添付書面を提出した申出人について、それぞれ準用する。

15　第57条及び第158条の14（第5項を除く。）の規定は、旧氏併記申出情報が提供された場合について準用する。

16　登記官は、旧氏併記の申出があったときは、職権で、次に掲げる事項を所有権の登記に付記する方法によって登記記録に記録するものとする。

一　登記の目的

二　申出の受付の年月日及び受付番号

三　登記原因及びその日付

四　所有権の登記名義人の氏名

五　申出に係る旧氏

17　登記官は、前項の規定による記録をするときは、従前の所有権の登記名義人の氏名を抹消する記号を記録しなければならない。

18　第158条の18の規定は、第16項の規定による記録をした場合について準用する。

（旧氏併記の終了）

第158条の36　登記記録に旧氏が記録されている所有権の登記名義人は、登記官に対し、当該旧氏の記録を希望しない旨を申し出ることができる。

2　前条第3項から第10項まで（第3項第5号及び第8項第2号を除く。）、第14項及び第15項の規定は、前項の規定による申出について準用する。

3　登記官は、第1項の規定による申出があったときは、職権で、次に掲げる事項を所有権の登記に付記する方法によって登記記録に記録するものとする。

一　登記の目的

二　申出の受付の年月日及び受付番号

三　登記原因及びその日付

四　所有権の登記名義人の氏名

4　登記官は、前項の規定による記録をするときは、従前の所有権の登記名義人の氏名及び旧氏を抹消する記号を記録しなければならない。

5　第158条の18の規定は、第3項の規定による記録をした場合について準用する。

（相続人申告登記への準用）

第158条の37　第158条の34の規定は相続人申出をする場合における申出人又は相続人申告名義人の氏についての変更又は更正の申出をする場合における当該相続人申告名義人（当該申出の申出人である場合に限る。）について、第158条の35の規定は相続人申告名義人について、前条の規定は登記記録に旧氏が記録されている相続人申告名義人について、それぞれ準用する。この場合において、第158条の34第２項中「前項第２号に掲げる登記を申請する」とあるのは「相続人申告名義人の氏についての変更又は更正の申出をする」と、「同号に定める者」とあるのは「相続人申告名義人」と読み替えるものとする。

第３款　用益権に関する登記

（地役権の登記）

第159条　法第80条第４項に規定する法務省令で定める事項は、次のとおりとする。

一　要役地の地役権の登記である旨

二　承役地に係る不動産所在事項及び当該土地が承役地である旨

三　地役権設定の目的及び範囲

四　登記の年月日

2　登記官は、地役権の設定の登記をした場合において、要役地が他の登記所の管轄区域内にあるときは、遅滞なく、当該他の登記所に承役地、要役地、地役権設定の目的及び範囲並びに地役権の設定の登記の申請の受付の年月日を通知しなければならない。

3　登記官は、地役権の登記事項に関する変更の登記若しくは更正の登記又は地役権の登記の抹消をしたときは、要役地の登記記録の第１項各号に掲げる事項についての変更の登記若しくは更正の登記又は要役地の地役権の登記の抹消をしなければならない。

4　第２項の規定は、地役権の登記事項に関する変更の登記若しくは更正の登記又は地役権の登記の抹消をした場合において、要役地が他の登記所の管轄区域内にあるときについて準用する。

5　第２項（前項において準用する場合を含む。）の通知を受けた登記所の登記官は、遅滞なく、要役地の登記記録の乙区に、通知を受けた事項を記録し、又は第３項の登記をしなければならない。

（地役権図面番号の記録）

第160条　登記官は、地役権の設定の範囲が承役地の一部である場合において、地役権の設定の登記をするときは、その登記の末尾に地役権図面番号を記録しなければならない。地役権設定の範囲の変更の登記又は更正の登記をする場合において、変更後又は更正後の地役権設定の範囲が承役地の一部となるときも、同様とする。

第４款　担保権等に関する登記

（建物を新築する場合の不動産工事の先取特権の保存の登記）

第161条　登記官は、建物を新築する場合の不動産工事の先取特権の保存の登記をするときは、登記記録の甲区に登記義務者の氏名又は名称及び住所並びに不動産工事の先取特権の保存の登記をすることにより登記をする旨を記録しなければならない。

（建物の建築が完了した場合の登記）

第162条　登記官は、前条の登記をした場合において、建物の建築が完了したことによる表題登記をするときは、同条の登記をした登記記録の表題部に表題登記をし、法第86条第２項第１号に掲げる登記事項を抹消する記号を記録しなければならない。

2　登記官は、法第87条第１項の所有権の保存の登記をするときは、前条の規定により記録した事項を抹消する記号を記録しなければならない。

3　登記官は、法第87条第２項の建物の表題部の登記事項に関する変更の登記をしたときは、法第86条第３項において準用する同条第２項第１号に掲げる登記事項を抹消する記号を記録しなければならない。

（順位の譲渡又は放棄による変更の登記）

第163条　登記官は、登記した担保権について順位の譲渡又は放棄による変更の登記をするときは、当該担保権の登記の順位番号の次に変更の登記の順位番号を括弧を付して記録しなければならない。

（担保権の順位の変更の登記）

第164条　登記官は、担保権の順位の変更の登記をするときは、順位の変更があった担保権の登記の順位番号の次に変更の登記の順位番号を括弧を付して記録しなければならない。

（根抵当権等の分割譲渡の登記）

第165条　第３条第５号の規定にかかわらず、民法第398条の12第２項（同法第361条において準用する場合を含む。）の規定により根質権又は根抵当権（所有権以外の権利を目的とするものを除く。）を分割して譲り渡す場合の登記は、主登記によってするものとする。

2　登記官は、民法第398条の12第２項（同法第361条において準用する場合を含む。）の規定により根質権又は根抵当権を分割して譲り渡す場合の登記の順位番号を記録するときは、分割前の根質権又は根抵当権の登記の順位番号を用いなければならない。

3　登記官は、前項の規定により順位番号を記録したときは、当該順位番号及び分割前の根質権又は根抵当権の登記の順位番号にそれぞれ第147条第２項の符号を付さなければならない。

4　登記官は、第２項の登記をしたときは、職権で、分割前の根質権又は根抵当権について極度額の減額による根抵当権の変更の登記をし、これに根質権又は根抵当権を分割して譲り渡すことにより登記する旨及び登記の年月日を記録しなければならない。

（共同担保目録の作成）

第166条　登記官は、２以上の不動産に関する権利を目的とする担保権の保存又は設定の登記の申請があった場合において、当該申請に基づく登記をするとき（第168条第２項に規定する場合を除く。）は、次条に定めるところにより共同担保目録を作成し、当該担保権の登記の末尾に共同担保目録の記号及び目録番号を記録しなければならない。

2　登記官は、前項の申請が書面申請である場合には、当該申請書（申請情報の全部を記録した磁気ディスクを除く。）に共同担保目録の記号及び目録番号を記載しなければならない。

（共同担保目録の記録事項）

第167条　登記官は、共同担保目録を作成するときは、次に掲げる事項を記録しなければならない。

一　共同担保目録を作成した年月日

二　共同担保目録の記号及び目録番号

三　担保権が目的とする2以上の不動産に関する権利に係る次に掲げる事項

イ　共同担保目録への記録の順序に従って当該権利に付す番号

ロ　当該2以上の不動産に係る不動産所在事項

ハ　当該権利が所有権以外の権利であるときは、当該権利

ニ　当該担保権の登記（他の登記所の管轄区域内にある不動産に関するものを除く。）の順位番号

2　前項第2号の目録番号は、同号の記号ごとに更新するものとする。

（追加共同担保の登記）

第168条　令別表の42の項申請情報欄ロ、同表の46の項申請情報欄ハ、同表の47の項申請情報欄ホ⑷、同表の49の項申請情報欄ハ及びヘ⑷、同表の55の項申請情報欄ハ、同表の56の項申請情報欄ニ⑷並びに同表の58の項申請情報欄ハ及びヘ⑷の法務省令で定める事項は、共同担保目録の記号及び目録番号とする。

2　登記官は、1又は2以上の不動産に関する権利を目的とする担保権の保存又は設定の登記をした後に、同一の債権の担保として他の1又は2以上の不動産に関する権利を目的とする担保権の保存若しくは設定又は処分の登記の申請があった場合において、当該申請に基づく登記をするときは、当該登記の末尾に共同担保目録の記号及び目録番号を記録しなければならない。

3　登記官は、前項の場合において、前の登記に関する共同担保目録があるときは、当該共同担保目録に、前条第1項各号に掲げる事項のほか、当該申請に係る権利が担保の目的となった旨並びに申請の受付の年月日及び受付番号を記録しなければならない。

4　登記官は、第2項の場合において、前の登記に関する共同担保目録がないときは、新たに共同担保目録を作成し、前の担保権の登記についてする付記登記によって、当該担保権に担保を追加した旨、共同担保目録の記号及び目録番号並びに登記の年月日を記録しなければならない。

5　登記官は、第2項の申請に基づく登記をした場合において、前の登記に他の登記所の管轄区域内にある不動産に関するものがあるときは、遅滞なく、当該他の登記所に同項の申請に基づく登記をした旨を通知しなければならない。

6　前項の通知を受けた登記所の登記官は、遅滞なく、第2項から第4項までに定める手続をしなければならない。

（共同担保の根抵当権等の分割譲渡の登記）

第169条　令別表の51の項申請情報欄ホ及び同表の60の項申請情報欄ホの法務省令で定める事項は、共同担保目録の記号及び目録番号とする。

2　登記官は、共同担保目録のある分割前の根質権又は根抵当権について第165条第2項の登記をするときは、分割後の根質権又は根抵当権について当該共同担保目録と同一の不動産に関する権利を記録した共同担保目録を作成しなければならない。

3　登記官は、前項の場合には、分割後の根質権又は根抵当権の登記の末尾に当該共同担保目録の記号及び目録番号を記録しなければならない。

（共同担保の一部消滅等）

第170条　登記官は、2以上の不動産に関する権利が担保権の目的である場合において、その一の不動産に関する権利を目的とする担保権の登記の抹消をしたときは、共同担保目録に、申請の受付の年月日及び受付番号、当該不動産について担保権の登記が抹消された旨並びに当該抹消された登記に係る第167条第1項第3号に掲げる事項を抹消する記号を記録しなければならない。

2　登記官は、共同担保目録に記録されている事項に関する変更の登記又は更正の登記をしたときは、共同担保目録に、変更後又は更正後の第167条第1項第3号に掲げる事項、変更の登記又は更正の登記の申請の受付の年月日及び受付番号、変更又は更正をした旨並びに変更前又は更正前の権利に係る同号に掲げる登記事項を抹消する記号を記録しなければならない。

3　第168条第5項の規定は、前2項の場合について準用する。

4　前項において準用する第168条第5項の規定による通知を受けた登記所の登記官は、遅滞なく、第1項又は第2項に定める手続をしなければならない。

5　第1項、第3項及び第4項の規定は、第110条第2項（第144条第2項において準用する場合を含む。）の規定により記録をする場合について準用する。

（抵当証券交付の登記）

第171条　法第94条第1項の抵当証券交付の登記（同条第3項の規定による嘱託に基づくものを除く。）においては、何番抵当権につき抵当証券を交付した旨、抵当証券交付の日、抵当証券の番号及び登記の年月日を記録しなければならない。

（抵当証券作成及び交付の登記）

第172条　法第94条第2項の抵当証券作成の登記においては、何番抵当権につき何登記所の嘱託により抵当証券を作成した旨、抵当証券作成の日、抵当証券の番号及び登記の年月日を記録しなければならない。

2　法第94条第3項の規定による嘱託に基づく抵当証

券交付の登記においては、何番抵当権につき抵当証券を交付した旨、抵当証券交付の日、何登記所で交付した旨並びに抵当証券の番号を記録しなければならない。

（抵当証券交付の登記の抹消）

第173条　登記官は、抵当証券交付の登記の抹消をする場合において、当該抵当証券について法第94条第２項の抵当証券作成の登記があるときは、当該抵当証券作成の登記の抹消をしなければならない。

（買戻しの特約の登記の抹消）

第174条　登記官は、買戻しによる権利の取得の登記をしたときは、買戻しの特約の登記の抹消をしなければならない。

第５款　信託に関する登記

（信託に関する登記）

第175条　登記官は、法第98条第１項の規定による登記の申請があった場合において、当該申請に基づく権利の保存、設定、移転又は変更の登記及び信託の登記をするときは、権利部の相当区に一の順位番号を用いて記録しなければならない。

2　登記官は、法第104条第１項の規定による登記の申請があった場合において、当該申請に基づく権利の移転の登記若しくは変更の登記又は権利の抹消の登記及び信託の抹消の登記をするときは、権利部の相当区に一の順位番号を用いて記録しなければならない。

3　登記官は、前２項の規定にかかわらず、法第104条の２第１項の規定による登記の申請があった場合において、当該申請に基づく権利の変更の登記及び信託の登記又は信託の抹消の登記をするときは、権利部の相当区に一の順位番号を用いて記録しなければならない。

（信託目録）

第176条　登記官は、信託の登記をするときは、法第97条第１項各号に掲げる登記事項を記録した信託目録を作成し、当該目録に目録番号を付した上、当該信託の登記の末尾に信託目録の目録番号を記録しなければならない。

2　第102条第１項後段の規定は、信託の登記がある不動産について分筆の登記又は建物の分割の登記若しくは建物の区分の登記をする場合の信託目録について準用する。この場合には、登記官は、分筆後又は分割後若しくは区分後の信託目録の目録番号を変更しなければならない。

3　登記官は、信託の変更の登記をするときは、信託目録の記録を変更しなければならない。

第177条　削除

第６款　仮登記

（法第105条第１号の仮登記の要件）

第178条　法第105条第１号に規定する法務省令で定める情報は、登記識別情報又は第三者の許可、同意若しくは承諾を証する情報とする。

（仮登記及び本登記の方法）

第179条　登記官は、権利部の相当区に仮登記をしたときは、その次に当該仮登記の順位番号と同一の順位番号により本登記をすることができる余白を設けなければならない。

2　登記官は、仮登記に基づいて本登記をするときは、当該仮登記の順位番号と同一の順位番号を用いてしなければならない。

3　前２項の規定は、保全仮登記について準用する。

（所有権に関する仮登記に基づく本登記）

第180条　登記官は、法第109条第２項の規定により同条第１項の第三者の権利に関する登記の抹消をするときは、権利部の相当区に、本登記により第三者の権利を抹消する旨、登記の年月日及び当該権利に関する登記を抹消する記号を記録しなければならない。

第４節　補則

第１款　通知

（登記完了証）

第181条　登記官は、登記の申請に基づいて登記を完了したときは、申請人に対し、登記完了証を交付することにより、登記が完了した旨を通知しなければならない。この場合において、申請人が二人以上あるときは、その一人（登記権利者及び登記義務者が申請人であるときは、登記権利者及び登記義務者の各一人）に通知すれば足りる。

2　前項の登記完了証は、別記第６号様式により、次の各号に掲げる事項を記録して作成するものとする。

一　申請の受付の年月日及び受付番号

二　第147条第２項の符号

三　不動産番号

四　法第34条第１項各号及び第44条第１項各号（第６号及び第９号を除く。）に掲げる事項

五　共同担保目録の記号及び目録番号（新たに共同担保目録を作成したとき及び共同担保目録に記録された事項を変更若しくは更正し、又は抹消する記号を記録したときに限る。）

六　法第27条第２号の登記の年月日

七　申請情報（電子申請の場合にあっては、第34条第１項第１号に規定する情報及び第36条第４項に規定する住民票コードを除き、書面申請の場合にあっては、登記の目的に限る。）

（登記完了証の交付の方法）

第182条　登記完了証の交付は、法務大臣が別に定める場合を除き、次の各号に掲げる申請の区分に応じ、当該各号に定める方法による。

一　電子申請　法務大臣の定めるところにより、登記官の使用に係る電子計算機に備えられたファイルに記録された登記完了証を電子情報処理組織を使用して送信し、これを申請人又はその代理人の使用に係る電子計算機に備えられたファイルに記

録する方法
二　書面申請　登記完了証を書面により交付する方法
2　送付の方法により登記完了証の交付を求める場合には、申請人は、その旨及び送付先の住所を申請情報の内容としなければならない。
3　第55条第7項から第9項までの規定は、送付の方法により登記完了証を交付する場合について準用する。
4　官庁又は公署が送付の方法により登記完了証の交付を求める場合の登記完了証の送付は、嘱託情報に記載された住所に宛てて、書留郵便又は信書便の役務であって信書便事業者において引受け及び配達の記録を行うものその他の郵便又は信書便によって書面を送付する方法によってするものとする。

（登記が完了した旨の通知を要しない場合）
第182条の2　登記官は、次の各号に掲げる場合には、第181条第1項の規定にかかわらず、申請人に対し、登記が完了した旨の通知をすることを要しない。この場合においては、同条第2項の規定により作成した登記完了証を廃棄することができる。
一　前条第1項第1号に規定する方法により登記完了証を交付する場合において、登記完了証の交付を受けるべき者が、登記官の使用に係る電子計算機に備えられたファイルに登記完了証が記録され、電子情報処理組織を使用して送信することが可能になった時から30日を経過しても、自己の使用に係る電子計算機に備えられたファイルに当該登記完了証を記録しないとき。
二　前条第1項第2号に規定する方法により登記完了証を交付する場合において、登記完了証の交付を受けるべき者が、登記完了の時から3月を経過しても、登記完了証を受領しないとき。
2　第29条の規定は、前項の規定により登記完了証を廃棄する場合には、適用しない。

（申請人以外の者に対する通知）
第183条　登記官は、次の各号に掲げる場合には、当該各号（第1号に掲げる場合にあっては、申請人以外の者に限る。）に定める者に対し、登記が完了した旨を通知しなければならない。
一　表示に関する登記を完了した場合　表題部所有者（表題部所有者の更正の登記又は表題部所有者である共有者の持分の更正の登記にあっては、更正前の表題部所有者）又は所有権の登記名義人
二　民法第423条その他の法令の規定により他人に代わってする申請に基づく登記を完了した場合　当該他人
三　法第69条の2の規定による申請に基づく買戻しの特約に関する登記の抹消を完了した場合　当該登記の登記名義人であった者
2　前項の規定による通知は、同項の規定により通知を受けるべき者が二人以上あるときは、その一人に対し通知すれば足りる。
3　第1項第1号の規定は、法第51条第6項（法第53条第2項において準用する場合を含む。）の規定による登記には、適用しない。
4　登記官は、民法第900条及び第901条の規定により算定した相続分に応じてされた相続による所有権の移転の登記についてする次の各号に掲げる事由による所有権の更正の登記の申請（登記権利者が単独で申請するものに限る。）があった場合には、登記義務者に対し、当該申請があった旨を通知しなければならない。
一　遺産の分割の方法の指定として遺産に属する特定の財産を共同相続人の一人又は数人に承継させる旨の遺言による所有権の取得
二　遺贈（相続人に対する遺贈に限る。）による所有権の取得

（処分の制限の登記における通知）
第184条　登記官は、表題登記がない不動産又は所有権の登記がない不動産について嘱託による所有権の処分の制限の登記をしたときは、当該不動産の所有者に対し、登記が完了した旨を通知しなければならない。
2　前項の通知は、当該登記に係る次に掲げる事項を明らかにしてしなければならない。
一　不動産所在事項及び不動産番号
二　登記の目的
三　登記原因及びその日付
四　登記名義人の氏名又は名称及び住所

（職権による登記の抹消における通知）
第185条　法第71条第1項の通知は、次の事項を明らかにしてしなければならない。
一　抹消する登記に係る次に掲げる事項
イ　不動産所在事項及び不動産番号
ロ　登記の目的
ハ　申請の受付の年月日及び受付番号
ニ　登記原因及びその日付
ホ　申請人の氏名又は名称及び住所
二　抹消する理由
2　前項の通知は、抹消する登記が民法第423条その他の法令の規定により他人に代わってする申請に基づくものであるときは、代位者に対してもしなければならない。

（審査請求に対する相当の処分の通知）
第186条　登記官は、法第157条第1項の規定により相当の処分をしたときは、審査請求人に対し、当該処分の内容を通知しなければならない。

（裁判所への通知）
第187条　登記官は、次の各号に掲げる場合には、遅滞なく、管轄地方裁判所にその事件を通知しなければならない。
一　法第164条の規定により過料に処せられるべき者があることを職務上知ったとき（登記官が法第76条の2第1項若しくは第2項又は第76条の3第4項の規定による申請をすべき義務に違反した者に対し相当の期間を定めてその申請をすべき旨を催告したにもかかわらず、その期間内にその申請がされないときに限る。）。
二　担保付社債信託法（明治38年法律第52号）第70条第

18号の規定により過料に処せられるべき者があることを職務上知ったとき。

（各種の通知の方法）

第188条　法第67条第1項、第3項及び第4項、第71条第1項及び第3項並びに第157条第3項並びにこの省令第40条第2項及び第183条から前条までの通知は、郵便、信書便その他適宜の方法によりするものとする。

第2款　登録免許税

（登録免許税を納付する場合における申請情報等）

第189条　登記の申請においては、登録免許税額を申請情報の内容としなければならない。この場合において、登録免許税法別表第1第1号（1）から（3）まで、（5）から（7）まで、（10）、（11）及び（12）イからホまでに掲げる登記については、課税標準の金額も申請情報の内容としなければならない。

2　登録免許税法又は租税特別措置法（昭和32年法律第26号）その他の法令の規定により登録免許税を免除されている場合には、前項の規定により申請情報の内容とする事項（以下「登録免許税額等」という。）に代えて、免除の根拠となる法令の条項を申請情報の内容としなければならない。

3　登録免許税法又は租税特別措置法その他の法令の規定により登録免許税が軽減されている場合には、登録免許税額等のほか、軽減の根拠となる法令の条項を申請情報の内容としなければならない。

4　登録免許税法第13条第1項の規定により一の抵当権等の設定登記（同項に規定する抵当権等の設定登記をいう。）とみなされる登記の申請を2以上の申請情報によってする場合には、登録免許税額等は、そのうちの一の申請情報の内容とすれば足りる。ただし、同法第13条第1項後段の規定により最も低い税率をもって当該設定登記の登録免許税の税率とする場合においては、登録免許税額等をその最も低い税率によるべき不動産等に関する権利（同法第11条に規定する不動産等に関する権利をいう。）についての登記の申請情報の内容としなければならない。

5　前項の場合において、その申請が電子申請であるときは登録免許税額等を一の申請の申請情報の内容とした旨を他の申請情報の内容とし、その申請が書面申請であるときは登録免許税額等を記載した申請書（申請情報の全部を記録した磁気ディスクにあっては、登記所の定める書類）に登録免許税の領収証書又は登録免許税額相当の印紙をはり付けて他の申請書にはその旨を記録しなければならない。

6　登記官の認定した課税標準の金額が申請情報の内容とされた課税標準の金額による税額を超える場合において、申請人がその差額を納付するときは、差額として納付する旨も申請情報の内容として追加しなければならない。

7　国税通則法（昭和37年法律第66号）第75条第1項の規定による審査請求に対する裁決により確定した課税標準の金額による登録免許税を納付して登記の申請をする場合には、申請人は、当該課税標準の金額が確定している旨を申請情報の内容とし、かつ、当該金額が確定していることを証する情報をその申請情報と併せて提供しなければならない。

（課税標準の認定）

第190条　登記官は、申請情報の内容とされた課税標準の金額を相当でないと認めるときは、申請人に対し、登記官が認定した課税標準の金額を適宜の方法により告知しなければならない。

2　登記官は、前項の場合において、申請が書面申請であるときは、申請書（申請情報の全部を記録した磁気ディスクにあっては、適宜の用紙）に登記官が認定した課税標準の金額を記載しなければならない。

第3款　雑則

（審査請求を受けた法務局又は地方法務局の長の命令による登記）

第191条　登記官は、法第157条第3項又は第4項の規定による命令に基づき登記をするときは、当該命令をした者の職名、命令の年月日、命令によって登記をする旨及び登記の年月日を記録しなければならない。

（登記の嘱託）

第192条　この省令に規定する登記の申請に関する法の規定には当該規定を法第16条第2項において準用する場合を含むものとし、この省令中「申請」、「申請人」及び「申請情報」にはそれぞれ嘱託、嘱託者及び嘱託情報を含むものとする。

第4章　登記事項の証明等

第1節　登記事項の証明等に関する請求

（登記事項証明書の交付の請求情報等）

第193条　登記事項証明書、登記事項要約書、地図等の全部若しくは一部の写し（地図等が電磁的記録に記録されているときは、当該記録された情報の内容を証明した書面。以下この条において同じ。）又は土地所在図等の全部若しくは一部の写し（土地所在図等が電磁的記録に記録されているときは、当該記録された情報の内容を証明した書面。以下この条において同じ。）の交付の請求をするときは、次に掲げる事項を内容とする情報（以下この章において「請求情報」という。）を提供しなければならない。地図等又は登記簿の附属書類の閲覧の請求をするときも、同様とする。

一　請求人の氏名又は名称

二　不動産所在事項又は不動産番号

三　交付の請求をする場合にあっては、請求に係る書面の通数

四　登記事項証明書の交付の請求をする場合にあっては、第196条第1項各号（同条第2項において準用する場合を含む。）に掲げる登記事項証明書の区分

五　登記事項証明書の交付の請求をする場合において、共同担保目録又は信託目録に記録された事項について証明を求めるときは、その旨
六　地図等又は土地所在図等の一部の写しの交付の請求をするときは、請求する部分
七　送付の方法により登記事項証明書、地図等の全部若しくは一部の写し又は土地所在図等の全部若しくは一部の写しの交付の請求をするときは、その旨及び送付先の住所

2　法第121条第3項又は第4項の規定により土地所在図等以外の登記簿の附属書類の閲覧の請求をするときは、前項第1号及び第2号に掲げる事項のほか、次に掲げる事項を請求情報の内容とする。
一　請求人の住所
二　請求人が法人であるときは、その代表者の氏名
三　代理人によって請求するときは、当該代理人の氏名又は名称及び住所並びに代理人が法人であるときはその代表者の氏名
四　法第121条第3項の規定により土地所在図等以外の登記簿の附属書類の閲覧の請求をするときは、閲覧する部分及び当該部分を閲覧する正当な理由
五　法第121条第4項の規定により土地所在図等以外の登記簿の附属書類の閲覧の請求をするときは、閲覧する附属書類が自己を申請人とする登記記録に係る登記簿の附属書類である旨

3　前項第4号の閲覧の請求をするときは、同号の正当な理由を証する書面を提示しなければならない。この場合において、登記官から求めがあったときは、当該書面又はその写しを登記官に提出しなければならない。

4　第2項第5号の閲覧の請求をするときは、同号の閲覧する附属書類が自己を申請人とする登記記録に係る登記簿の附属書類である旨を証する書面を提示しなければならない。この場合において、登記官から求めがあったときは、当該書面又はその写しを登記官に提出しなければならない。

5　第2項の閲覧の請求をする場合において、請求人が法人であるときは、当該法人の代表者の資格を証する書面を提示しなければならない。ただし、当該法人の会社法人等番号をも請求情報の内容としたときは、この限りでない。

6　第2項の閲覧の請求を代理人によってするときは、当該代理人の権限を証する書面を提示しなければならない。ただし、支配人等が法人を代理して同項の閲覧の請求をする場合において、当該法人の会社法人等番号をも請求情報の内容としたときは、この限りでない。

7　法人である代理人によって第2項の閲覧の請求をする場合において、当該代理人の会社法人等番号をも請求情報の内容としたときは、当該代理人の代表者の資格を証する書面を提示することを要しない。

（登記事項証明書等の交付の請求の方法等）

第194条　前条第1項の交付の請求又は同項若しくは同条第2項の閲覧の請求は、請求情報を記載した書面（以下この章において「請求書」という。）を登記所に提出する方法によりしなければならない。

2　登記事項証明書の交付（送付の方法による交付を除く。）の請求は、前項の方法のほか、法務大臣の定めるところにより、登記官が管理する入出力装置に請求情報を入力する方法によりすることができる。

3　登記事項証明書の交付の請求は、前2項の方法のほか、法務大臣の定めるところにより、請求情報を電子情報処理組織を使用して登記所に提供する方法によりすることができる。この場合において、登記事項証明書を登記所で受領しようとするときは、その旨を請求情報の内容としなければならない。

第195条　削除

第2節　登記事項の証明等の方法

（登記事項証明書の種類等）

第196条　登記事項証明書の記載事項は、次の各号の種類の区分に応じ、当該各号に掲げる事項とする。
一　全部事項証明書　登記記録（閉鎖登記記録を除く。以下この項において同じ。）に記録されている事項の全部
二　現在事項証明書　登記記録に記録されている事項のうち現に効力を有するもの
三　何区何番事項証明書　権利部の相当区に記録されている事項のうち請求に係る部分
四　所有者証明書　登記記録に記録されている現在の所有権の登記名義人の氏名又は名称、住所及び法人識別事項並びに当該登記名義人が二人以上であるときは当該登記名義人ごとの持分
五　一棟建物全部事項証明書　一棟の建物に属するすべての区分建物である建物の登記記録に記録されている事項の全部
六　一棟建物現在事項証明書　一棟の建物に属するすべての区分建物である建物の登記記録に記録されている事項のうち現に効力を有するもの

2　前項第1号、第3号及び第5号の規定は、閉鎖登記記録に係る登記事項証明書の記載事項について準用する。

（登記事項証明書の作成及び交付）

第197条　登記官は、登記事項証明書を作成するときは、請求に係る登記記録に記録された事項の全部又は一部である旨の認証文を付した上で、作成の年月日及び職氏名を記載し、職印を押印しなければならない。この場合において、当該登記記録の甲区又は乙区の記録がないときは、認証文にその旨を付記しなければならない。

2　前項の規定により作成する登記事項証明書は、次の各号の区分に応じ、当該各号に定める様式によるものとする。ただし、登記記録に記録した事項の一部についての登記事項証明書については適宜の様式によるものとする。
一　土地の登記記録　別記第7号様式

二　建物（次号の建物を除く。）の登記記録　別記第8号様式
三　区分建物である建物に関する登記記録　別記第9号様式
四　共同担保目録　別記第10号様式
五　信託目録　別記第5号様式

3　登記事項証明書を作成する場合において、第193条第1項第5号に掲げる事項が請求情報の内容とされていないときは、共同担保目録又は信託目録に記録された事項の記載を省略するものとする。

4　登記事項証明書に登記記録に記録した事項を記載するときは、その順位番号の順序に従って記載するものとする。

5　登記記録に記録されている事項を抹消する記号が記録されている場合において、登記事項証明書に抹消する記号を表示するときは、抹消に係る事項の下に線を付して記載するものとする。

6　登記事項証明書の交付は、請求人の申出により、送付の方法によりすることができる。

（登記事項証明書の受領の方法）

第197条の2　第194条第3項前段の規定により登記事項証明書の交付を請求した者が当該登記事項証明書を登記所で受領するときは、法務大臣が定める事項を当該登記所に申告しなければならない。

（登記事項要約書の作成）

第198条　登記事項要約書は、別記第11号様式により、不動産の表示に関する事項のほか、所有権の登記については申請の受付の年月日及び受付番号、所有権の登記名義人の氏名又は名称、住所及び法人識別事項並びに登記名義人が二人以上であるときは当該所有権の登記名義人ごとの持分並びに所有権の登記以外の登記については現に効力を有するもののうち主要な事項を記載して作成するものとする。

2　前項の規定にかかわらず、登記官は、請求人の申出により、不動産の表示に関する事項について現に効力を有しないものを省略し、かつ、所有権の登記以外の登記については現に効力を有するものの個数のみを記載した登記事項要約書を作成することができる。この場合には、前項の登記事項要約書を別記第12号様式により作成するものとする。

3　登記官は、請求人から別段の申出がない限り、一の用紙により2以上の不動産に関する事項を記載した登記事項要約書を作成することができる。

第199条　削除

（地図等の写し等の作成及び交付）

第200条　登記官は、地図等の全部又は一部の写しを作成するときは、地図等の全部又は一部の写しである旨の認証文を付した上で、作成の年月日及び職氏名を記載し、職印を押印しなければならない。

2　登記官は、地図等が電磁的記録に記録されている場合において、当該記録された地図等の内容を証明した書面を作成するときは、電磁的記録に記録されている地図等を書面に出力し、これに地図等に記録されている内容を証明した書面である旨の認証文を付した上で、作成の年月日及び職氏名を記載し、職印を押印しなければならない。

3　第197条第6項の規定は、地図等の全部又は一部の写し及び前項の書面の交付について準用する。

4　第194条第2項及び第3項並びに第197条の2の規定は、第2項の書面の交付の請求について準用する。

（土地所在図等の写し等の作成及び交付）

第201条　登記官は、土地所在図等の写しを作成するときは、土地所在図等の全部又は一部の写しである旨の認証文を付した上で、作成の年月日及び職氏名を記載し、職印を押印しなければならない。

2　登記官は、土地所在図等が電磁的記録に記録されている場合において、当該記録された土地所在図等の内容を証明した書面を作成するときは、電磁的記録に記録されている土地所在図等を書面に出力し、これに土地所在図等に記録されている内容を証明した書面である旨の認証文を付した上で、作成の年月日及び職氏名を記載し、職印を押印しなければならない。

3　第197条第6項の規定は、土地所在図等の写し及び前項の書面の交付について準用する。

4　第194条第2項及び第3項並びに第197条の2の規定は、第2項の書面の交付の請求について準用する。

（閲覧の方法）

第202条　地図等又は登記簿の附属書類の閲覧は、登記官又はその指定する職員の面前でさせるものとする。

2　法第120条第2項及び第121条第2項の法務省令で定める方法は、電磁的記録に記録された情報の内容を書面に出力して表示する方法とする。

第3節　登記事項証明書等における代替措置

第1款　通則

（公示用住所管理ファイル）

第202条の2　法務大臣は、第202条の12第1項各号に掲げる事項を記録する公示用住所管理ファイルを備えるものとする。

2　公示用住所管理ファイルは、法第119条第6項の申出（以下この節において「代替措置申出」という。）の申出人ごとに電磁的記録に記録して調製するものとする。

3　公示用住所管理ファイルに記録された情報の保存期間は、永久とする。

（代替措置の要件）

第202条の3　法第119条第6項の法務省令で定める場合は、当該登記記録に記録されている者その他の者（自然人であるものに限る。）について次に掲げる事由がある場合とする。

一　ストーカー行為等の規制等に関する法律（平成12年法律第81号）第6条に規定するストーカー行為等に係る被害を受けた者であって更に反復して同法第2条第1項に規定するつきまとい等又は同条第3項に規定する位置情報無承諾取得等をされるおそ

れがあること。

二　児童虐待の防止等に関する法律（平成12年法律第82号）第2条に規定する児童虐待（同条第1号に掲げるものを除く。以下この号において同じ。）を受けた児童であって更なる児童虐待を受けるおそれがあること。

三　配偶者からの暴力の防止及び被害者の保護等に関する法律（平成13年法律第31号）第1条第2項に規定する被害者であって更なる暴力（身体に対する不法な攻撃であって生命又は身体に危害を及ぼすもの（次号において「身体に対する暴力」という。）を除く。）を受けるおそれがあること。

四　前3号に掲げるもののほか、心身に有害な影響を及ぼす言動（身体に対する暴力に準ずるものに限る。以下この号において同じ。）を受けた者であって、更なる心身に有害な影響を及ぼす言動を受けるおそれがあること。

（代替措置等申出）

第202条の4　代替措置申出又は第202条の16第1項の規定による申出（以下この節において「代替措置等申出」という。）は、次に掲げる事項を記載した書面（以下この節において「代替措置等申出書」という。）を登記所に提出してしなければならない。

一　申出人の氏名及び住所

二　代理人によって申出をするときは、当該代理人の氏名又は名称及び住所並びに代理人が法人であるときはその代表者の氏名

三　申出の目的

四　申出に係る不動産の不動産所在事項

2　代替措置等申出は、申出に係る不動産の所在地を管轄する登記所以外の登記所の登記官に対してもすることができる。

3　第1項第4号の規定にかかわらず、不動産番号（申出を受ける登記所以外の登記所の管轄区域内にある不動産について申出をする場合にあっては、不動産番号及び当該申出を受ける登記所以外の登記所の表示）を代替措置等申出書に記載したときは、同号に掲げる事項を代替措置等申出書に記載することを要しない。

4　代替措置等申出においては、第1項各号に掲げる事項のほか、次に掲げる事項を代替措置等申出書に記載するものとする。

一　申出人又は代理人の電話番号その他の連絡先

二　この節の規定により代替措置等申出書に添付しなければならない書面（以下この節において「代替措置等申出添付書面」という。）の表示

三　申出の年月日

四　代替措置等申出書を提出する登記所の表示

5　代替措置等申出書は、申出の目的に応じ、申出人ごとに作成して提出しなければならない。

6　代替措置等申出書には、次に掲げる書面を添付しなければならない。

一　申出人が代替措置等申出書又は委任状に記名押印した場合におけるその印鑑に関する証明書（住所地の市町村長（特別区の区長を含むものとし、地方自治法第252条の19第1項の指定都市にあっては、市長又は区長若しくは総合区長とする。）が作成するものに限る。）その他の申出人となるべき者が申出をしていることを証する書面

二　申出人の氏名又は住所が法第119条第6項の登記記録に記録されている者の氏名又は住所と異なる場合にあっては、当該者であることを証する市町村長その他の公務員が職務上作成した書面（公務員が職務上作成した書面がない場合にあっては、これに代わるべき書面）

三　代理人によって代替措置等申出をするときは、当該代理人の権限を証する書面

7　前項第1号の規定は、申出人が同号の書面（印鑑に関する証明書を除く。）を登記官に提示した場合には、適用しない。この場合において、登記官から求めがあったときは、当該書面又はその写しを登記官に提出しなければならない。

8　第37条及び第37条の2の規定は、代替措置等申出をする場合について準用する。

9　第53条の規定は、申出人が代替措置等申出書及びその代替措置等申出添付書面を送付する場合について準用する。

（立件）

第202条の5　登記官は、代替措置等申出書が提出されたときは、これを立件しなければならない。

2　前項の場合には、登記官は、申出立件事件簿に立件の年月日及び立件番号を記録しなければならない。

3　登記官は、第1項の規定により立件をする際、代替措置等申出書に立件の年月日及び立件番号を記載しなければならない。

（調査）

第202条の6　登記官は、代替措置等申出があったときは、遅滞なく、申出に関する全ての事項を調査しなければならない。

2　登記官は、前項の場合において、必要があると認めるときは、申出人又はその代理人に対し、出頭を求め、質問をし、又は文書の提示その他必要な情報の提供を求める方法により、申出人となるべき者が申出をしているかどうか又は法第119条第6項に規定する場合に該当する事実の有無を調査することができる。

3　登記官は、前項に規定する申出人又は代理人が遠隔の地に居住しているとき、その他相当と認めるときは、他の登記所の登記官に同項の調査を嘱託することができる。

4　登記官は、第2項の規定による調査をしたときは、その調査の結果を記録した調書を作成しなければならない。前項の嘱託を受けて調査をした場合についても、同様とする。

5　前項後段の場合には、嘱託を受けて調査をした登記所の登記官は、その調査の結果を記録した調書を嘱託をした登記官に送付しなければならない。

（代替措置等申出の却下）

第202条の7　登記官は、次に掲げる場合には、理由を付した決定で、代替措置等申出を却下しなければ

ばならない。ただし、当該代替措置等申出の不備が補正することができるものである場合において、登記官が定めた相当の期間内に、申出人がこれを補正したときは、この限りでない。

一　申出に係る事項が公示用住所管理ファイルに既に記録されているとき。
二　申出の権限を有しない者の申出によるとき。
三　代替措置等申出書の記載事項又はその提出の方法がこの省令により定められた方式に適合しないとき。
四　代替措置等申出書に記載された事項が登記記録と合致しないとき。
五　代替措置等申出書の記載事項の内容が代替措置等申出添付書面の内容と合致しないとき。
六　代替措置等申出添付書面が添付されないとき。
七　代替措置申出がされた場合において、法第119条第６項に規定する場合に該当する事実が認められないとき。

2　登記官は、前項ただし書の期間を定めたときは、当該期間内は、当該補正すべき事項に係る不備を理由に当該代替措置等申出を却下することができない。

3　第38条の規定は、代替措置等申出を却下する場合について準用する。この場合において、同条第１項中「申請人ごとに」とあるのは「申出人に」と、同条第３項中「書面申請がされた」とあるのは「代替措置等申出添付書面が提出された」と読み替えるものとする。

（代替措置等申出の取下げ）

第202条の８　代替措置等申出の取下げは、代替措置等申出を取り下げる旨を記載した書面を代替措置等申出書を提出した登記所に提出する方法によってしなければならない。

2　代替措置等申出の取下げは、公示用住所管理ファイルへの記録完了後は、することができない。

3　登記官は、代替措置等申出添付書面が提出された場合において、代替措置等申出の取下げがされたときは、代替措置等申出書及びその代替措置等申出添付書面を還付するものとする。第38条第３項ただし書の規定は、この場合について準用する。

（代替措置等申出添付書面の還付）

第202条の９　代替措置等申出をした申出人は、代替措置等申出添付書面の原本の還付を請求することができる。ただし、第202条の４第６項第１号の書面、第202条の11第４項（第202条の16第４項において準用する場合を含む。）の印鑑に関する証明書及び当該代替措置等申出のためにのみ作成された委任状その他の書面については、この限りでない。

2　前項本文の規定により原本の還付を請求する申出人は、原本と相違ない旨を記載した謄本を提出しなければならない。

3　登記官は、第１項本文の規定による請求があった場合には、調査完了後、当該請求に係る書面の原本を還付しなければならない。この場合には、前項の謄本と当該請求に係る書面の原本を照合し、これらの内容が同一であることを確認した上、同項の謄本に原本還付の旨を記載し、これに登記官印を押印しなければならない。

4　前項後段の規定により登記官印を押印した第２項の謄本は、公示用住所管理ファイルへの記録完了後、申出立件関係書類つづり込み帳につづり込むものとする。

5　第３項前段の規定にかかわらず、登記官は、偽造された書面その他の不正な代替措置等申出のために用いられた疑いがある書面については、これを還付することができない。

6　第３項の規定による原本の還付は、申出人の申出により、原本を送付する方法によることができる。この場合においては、申出人は、送付先の住所をも申し出なければならない。

7　前項の場合における書面の送付は、同項の住所に宛てて、書留郵便又は信書便の役務であって信書便事業者において引受け及び配達の記録を行うものによってするものとする。

8　前項の送付に要する費用は、郵便切手又は信書便の役務に関する料金の支払のために使用することができる証票であって法務大臣が指定するものを提出する方法により納付しなければならない。

9　前項の指定は、告示してしなければならない。

第２款　代替措置

（代替措置における公示用住所）

第202条の10　法第119条第６項の法務省令で定める事項は、当該登記記録に記録されている者と連絡をとることのできる者（以下この節において「公示用住所提供者」という。）の住所又は営業所、事務所その他これらに準ずるものの所在地（以下この節において「公示用住所」という。）とする。

（代替措置申出）

第202条の11　代替措置申出においては、次に掲げる事項をも代替措置等申出書に記載しなければならない。

一　法第119条第６項に規定する場合に該当する事実の概要
二　第202条の13に規定する代替措置を講ずべき住所（以下この節において「措置対象住所」という。）
三　措置対象住所に係る登記記録を特定するために必要な事項
四　公示用住所及び公示用住所提供者の氏名又は名称

2　代替措置申出においては、次に掲げる書面をも代替措置等申出書に添付しなければならない。

一　法第119条第６項に規定する場合に該当する事実を明らかにする書面
二　前項第４号に掲げる事項を証する書面
三　公示用住所提供者の承諾を証する当該公示用住所提供者が作成した書面（公示用住所提供者が法務局又は地方法務局であるときを除く。）

四　法務局又は地方法務局を公示用住所提供者とするときは、申出人に宛てて当該法務局又は地方法務局に送付された文書その他の物の保管、廃棄その他の取扱いに関し必要な事項として法務大臣が定めるものを記載した書面

3　前項第3号の書面には、当該公示用住所提供者が記名押印しなければならない。ただし、当該公示用住所提供者が署名した同号の書面について公証人又はこれに準ずる者の認証を受けたときは、この限りでない。

4　第2項第3号の書面には、前項の規定により記名押印した者の印鑑に関する証明書（住所地の市町村長（特別区の区長を含むものとし、地方自治法第252条の19第1項の指定都市にあっては、市長又は区長若しくは総合区長とする。）若しくは登記官が作成するもの又はこれに準ずるものに限る。）を添付しなければならない。ただし、次に掲げる場合は、この限りでない。

一　法人の代表者又は代理人が記名押印した者である場合において、その会社法人等番号を代替措置等申出書に記載したとき（登記官が記名押印した者の印鑑に関する証明書を作成することが可能である場合に限る。）。

二　公示用住所提供者が記名押印した当該書面について公証人又はこれに準ずる者の認証を受けたとき。

（公示用住所管理ファイルへの記録）

第202条の12　登記官は、代替措置申出があったときは、申出人についての次に掲げる事項を公示用住所管理ファイルに記録しなければならない。

一　氏名及び住所

二　措置対象住所

三　措置対象住所に係る登記記録を特定するために必要な事項

四　公示用住所

2　登記官は、前項の規定による記録をしたときは、遅滞なく、代替措置申出に係る不動産の所在地を管轄する登記所に代替措置等申出書の写しを送付しなければならない。

（代替措置）

第202条の13　登記官は、公示用住所管理ファイルに記録された措置対象住所に係る登記記録について登記事項証明書又は登記事項要約書を作成するときは、当該措置対象住所に代わるものとして公示用住所管理ファイルに記録された公示用住所を記載する措置（次条において「代替措置」という。）を講じなければならない。

（代替措置が講じられていない登記事項証明書の交付の請求）

第202条の14　代替措置申出をした申出人又はその相続人は、当該代替措置申出に係る措置対象住所について代替措置が講じられていない登記事項証明書の交付を請求することができる。

2　前項の交付の請求をするときは、次に掲げる事項をも請求情報の内容としなければならない。

一　請求人の住所

二　請求人が代替措置申出をした申出人の相続人であるときは、その旨及び当該申出人の氏名

三　代理人によって請求をするときは、当該代理人の氏名又は名称及び住所並びに代理人が法人であるときはその代表者の氏名

四　措置対象住所について代替措置を講じないことを求める旨

五　措置対象住所に係る登記記録を特定するために必要な事項

3　第194条第2項及び第3項の規定は、第1項の交付の請求については、適用しない。

4　第1項の交付の請求においては、次に掲げる書面を請求書に添付しなければならない。

一　請求人が請求書又は委任状に記名押印した場合における請求人の印鑑に関する証明書（住所地の市町村長（特別区の区長を含むものとし、地方自治法第252条の19第1項の指定都市にあっては、市長又は区長若しくは総合区長とする。）が作成するものであって、作成後3月以内のものに限る。）その他の請求人となるべき者が請求をしていることを証する書面

二　代替措置申出をした申出人が請求する場合において、請求人の氏名又は住所が法第119条第6項の登記記録に記録されている者の氏名又は住所と異なるときは、当該者であることを証する市町村長その他の公務員が職務上作成した書面（公務員が職務上作成した書面がない場合にあっては、これに代わるべき書面）

三　代替措置申出をした申出人の相続人が請求するときは、法第119条第6項の登記記録に記録されている者の相続人であることを証する市町村長その他の公務員が職務上作成した書面（公務員が職務上作成した書面がない場合にあっては、これに代わるべき書面）。ただし、当該相続人であることが登記記録から明らかであるときを除く。

四　代理人によって請求をするときは、当該代理人の権限を証する書面

5　第202条の4第7項の規定は、請求人が前項第1号の書面（印鑑に関する証明書を除く。）を登記官に提示した場合について準用する。

6　法人である代理人によって第1項の交付の請求をする場合において、当該代理人の会社法人等番号をも請求情報の内容としたときは、当該代理人の代表者の資格を証する書面を添付することを要しない。

7　第202条の9の規定は、第1項の交付の請求をした請求人について準用する。この場合において、同条第1項中「代替措置等申出添付書面」とあるのは「第202条の14第4項第2号から第4号までに掲げる書面」と、同条第3項中「調査完了後」とあるのは「登記事項証明書の交付後」と、同条第4項中「公示用住所管理ファイルへの記録完了後、申出立件関係書類つづり込み帳」とあるのは「登記事項証明書の交付後、請求書類つづり込み帳」と読み替えるものとする。

8　登記官は、第1項の交付の請求があった場合には、

登記事項証明書を作成するに当たり、当該措置対象住所に代替措置を講じないものとする。

（代替措置申出の撤回）

第202条の15　代替措置申出をした申出人は、登記官に対し、いつでも、代替措置申出を撤回することができる。

2　前項の規定による撤回は、次に掲げる事項を記載した撤回書を登記所に提出してしなければならない。

一　代替措置申出をした申出人の氏名及び住所

二　代理人によって撤回をするときは、当該代理人の氏名又は名称及び住所並びに代理人が法人であるときはその代表者の氏名

三　代替措置申出を撤回する旨

四　代替措置申出に係る第202条の4第1項第4号に掲げる事項

五　措置対象住所に係る登記記録を特定するために必要な事項

3　第202条の4第2項から第5項までの規定は、代替措置申出の撤回について準用する。

4　第2項の撤回書には、次に掲げる書面を添付しなければならない。

一　代替措置申出をした申出人が撤回書又は委任状に記名押印した場合におけるその印鑑に関する証明書（住所地の市町村長（特別区の区長を含むものとし、地方自治法第252条の19第1項の指定都市にあっては、市長又は区長若しくは総合区長とする。）が作成するものであって、作成後3月以内のものに限る。）その他の代替措置申出をした申出人が撤回をしていることを証する書面

二　代替措置申出をした申出人の氏名又は住所が法第119条第6項の登記記録に記録されている者の氏名又は住所と異なる場合にあっては、当該者であることを証する市町村長その他の公務員が職務上作成した書面（公務員が職務上作成した書面がない場合にあっては、これに代わるべき書面）

三　代理人によって撤回をするときは、当該代理人の権限を証する書面

5　第202条の4第7項から第9項まで、第202条の5、第202条の6及び第202条の9の規定は、代替措置申出の撤回について準用する。この場合において、第202条の6第2項中「申出人となるべき者が申出をしているかどうか又は法第119条第6項に規定する場合に該当する事実の有無」とあるのは「代替措置申出をした申出人が撤回をしているかどうか」と、第202条の9第1項中「代替措置等申出添付書面」とあるのは「第202条の15第4項第2号及び第3号に掲げる書面」と読み替えるものとする。

6　登記官は、第1項の規定による撤回があった場合には、当該代替措置申出についての第202条の12第1項各号に掲げる事項の記録を公示用住所管理ファイルから削除しなければならない。

7　第202条の12第2項の規定は、前項の規定による削除をした場合について準用する。

第3款　公示用住所の変更

第202条の16　代替措置申出をした申出人は、登記官に対し、代替措置申出に係る公示用住所の変更を申し出ることができる。

2　前項の規定による申出においては、次に掲げる事項をも代替措置等申出書に記載しなければならない。

一　措置対象住所に係る登記記録を特定するために必要な事項

二　変更後の公示用住所及び公示用住所提供者の氏名又は名称

3　第1項の規定による申出においては、次に掲げる書面をも代替措置等申出書に添付しなければならない。

一　前項第2号に掲げる事項を証する書面

二　変更後の公示用住所提供者の承諾を証する当該公示用住所提供者が作成した書面（変更後の公示用住所提供者が法務局又は地方法務局であるときを除く。）

三　法務局又は地方法務局を変更後の公示用住所提供者とするときは、申出人に宛てて当該法務局又は地方法務局に送付された文書その他の物の保管、廃棄その他の取扱いに関し必要な事項として法務大臣が定めるものを記載した書面

4　第202条の11第3項及び第4項の規定は、前項第2号の書面について準用する。

5　登記官は、第1項の規定による申出があった場合には、公示用住所管理ファイルに変更後の公示用住所を記録しなければならない。

6　第202条の12第2項の規定は、前項の規定による記録をした場合について準用する。

第4節　手数料

（手数料の納付方法）

第203条　法第119条第1項及び第2項、第120条第1項及び第2項並びに第121条第1項から第4項までの手数料を収入印紙をもって納付するときは、請求書に収入印紙を貼り付けてしなければならない。

2　前項の規定は、令第22条第1項に規定する証明の請求を第68条第3項第2号に掲げる方法によりする場合における手数料の納付について準用する。

（送付に要する費用の納付方法）

第204条　請求書を登記所に提出する方法により第193条第1項の交付の請求をする場合において、第197条第6項（第200条第3項及び第201条第3項において準用する場合を含む。）の規定による申出をするときは、手数料のほか送付に要する費用も納付しなければならない。

2　前項の送付に要する費用は、郵便切手又は信書便の役務に関する料金の支払のために使用することができる証票であって法務大臣が指定するものを請求書と併せて提出する方法により納付しなければならない。

3　前項の指定は、告示してしなければならない。

（電子情報処理組織による登記事項証明書の交付の請求等の手数料の納付方法）

第205条　法第119条第４項ただし書（法第120条第３項及び第121条第５項並びに他の法令において準用する場合を含む。）の法務省令で定める方法は、第194条第２項及び第３項に規定する方法とする。
2　第194条第２項又は第３項（これらの規定を第200条第４項及び第201条第４項において準用する場合を含む。）に規定する方法により登記事項証明書の交付の請求をする場合において、手数料を納付するときは、登記官から得た納付情報により納付する方法によってしなければならない。
3　前項の規定は、令第22条第１項に規定する証明の請求を第68条第３項第１号に掲げる方法によりする場合における手数料の納付について準用する。

第５章　筆界特定

第１節　総則

（定義）
第206条　この章において、次の各号に掲げる用語の意義は、それぞれ当該各号に定めるところによる。
一　筆界特定電子申請　法第131条第５項において準用する法第18条第１号の規定による電子情報処理組織を使用する方法による筆界特定の申請をいう。
二　筆界特定書面申請　法第131条第５項において準用する法第18条第２号の規定により次号の筆界特定申請書を法務局又は地方法務局に提出する方法による筆界特定の申請をいう。
三　筆界特定申請書　筆界特定申請情報を記載した書面をいい、法第131条第５項において準用する法第18条第２号の磁気ディスクを含む。
四　筆界特定添付情報　第209条第１項各号に掲げる情報をいう。
五　筆界特定添付書面　筆界特定添付情報を記載した書面をいい、筆界特定添付情報を記録した磁気ディスクを含む。

第２節　筆界特定の手続

第１款　筆界特定の申請

（筆界特定申請情報）
第207条　法第131条第３項第４号に掲げる事項として明らかにすべきものは、筆界特定の申請に至る経緯その他の具体的な事情とする。
2　法第131条第３項第５号の法務省令で定める事項は、次に掲げる事項とする。
一　筆界特定の申請人（以下この章において単に「申請人」という。）が法人であるときは、その代表者の氏名
二　代理人によって筆界特定の申請をするときは、当該代理人の氏名又は名称及び住所並びに代理人が法人であるときはその代表者の氏名
三　申請人が所有権の登記名義人又は表題部所有者の相続人その他の一般承継人であるときは、その旨及び所有権の登記名義人又は表題部所有者の氏名又は名称及び住所
四　申請人が一筆の土地の一部の所有権を取得した者であるときは、その旨
五　申請人が法第131条第２項の規定に基づいて筆界特定の申請をする地方公共団体であるときは、その旨
六　対象土地が表題登記がない土地であるときは、当該土地を特定するに足りる事項
七　工作物、囲障又は境界標の有無その他の対象土地の状況
3　筆界特定の申請においては、法第131条第３項第１号から第４号まで及び前項各号に掲げる事項のほか、次に掲げる事項を筆界特定申請情報の内容とするものとする。
一　申請人又は代理人の電話番号その他の連絡先
二　関係土地に係る不動産所在事項又は不動産番号（表題登記がない土地にあっては、法第34条第１項第１号に掲げる事項及び当該土地を特定するに足りる事項）
三　関係人の氏名又は名称及び住所その他の連絡先
四　工作物、囲障又は境界標の有無その他の関係土地の状況
五　申請人が対象土地の筆界として特定の線を主張するときは、その線及びその根拠
六　対象土地の所有権登記名義人等であって申請人以外のものが対象土地の筆界として特定の線を主張しているときは、その線
七　申請に係る筆界について民事訴訟の手続により筆界の確定を求める訴えに係る訴訟（以下「筆界確定訴訟」という。）が係属しているときは、その旨及び事件の表示その他これを特定するに足りる事項
八　筆界特定添付情報の表示
九　法第139条第１項の規定により提出する意見又は資料があるときは、その表示
十　筆界特定の申請の年月日
十一　法務局又は地方法務局の表示
4　第２項第６号及び第７号並びに前項第２号（表題登記がない土地を特定するに足りる事項に係る部分に限る。）及び第４号から第６号までに掲げる事項を筆界特定申請情報の内容とするに当たっては、図面を利用する等の方法により、現地の状況及び筆界として主張されている線の位置を具体的に明示するものとする。

（一の申請情報による複数の申請）
第208条　対象土地の一を共通にする複数の筆界特定の申請は、一の筆界特定申請情報によってすることができる。

（筆界特定添付情報）
第209条　筆界特定の申請をする場合には、次に掲げる情報を法務局又は地方法務局に提供しなければならない。
一　申請人が法人であるときは、次に掲げる情報
イ　会社法人等番号を有する法人にあっては、当該法人の会社法人等番号

ロ　イに規定する法人以外の法人にあっては、当該法人の代表者の資格を証する情報
二　代理人によって筆界特定の申請をするとき（申請人が前号イに規定する法人であって、支配人等が当該法人を代理して筆界特定の申請をする場合を除く。）は、当該代理人の権限を証する情報
三　申請人が所有権の登記名義人又は表題部所有者の相続人その他の一般承継人であるときは、相続その他の一般承継があったことを証する市町村長、登記官その他の公務員が職務上作成した情報（公務員が職務上作成した情報がない場合にあっては、これに代わるべき情報）
四　申請人が表題登記がない土地の所有者であるときは、当該申請人が当該土地の所有権を有することを証する情報
五　申請人が一筆の土地の一部の所有権を取得した者であるときは、当該申請人が当該一筆の土地の一部について所有権を取得したことを証する情報
六　申請人が所有権の登記名義人若しくは表題部所有者又はその相続人その他の一般承継人である場合において、筆界特定申請情報の内容である所有権の登記名義人又は表題部所有者の氏名若しくは名称又は住所が登記記録と合致しないときは、当該所有権の登記名義人又は表題部所有者の氏名若しくは名称又は住所についての変更又は錯誤若しくは遺漏があったことを証する市町村長、登記官その他の公務員が職務上作成した情報（公務員が職務上作成した情報がない場合にあっては、これに代わるべき情報）
七　申請人が法第131条第2項の規定に基づいて筆界特定の申請をする地方公共団体であるときは、その区域内の対象土地の所有権登記名義人等のうちいずれかの者の同意を得たことを証する当該所有権登記名義人等が作成した情報

2　前項第1号及び第2号の規定は、国の機関の所管に属する土地について命令又は規則により指定された官庁又は公署の職員が筆界特定の申請をする場合には、適用しない。

3　第1項第1号の規定は、申請人が同号イに規定する法人であって、次に掲げる登記事項証明書を提供して筆界特定の申請をする場合には、適用しない。
一　次号に規定する場合以外の場合にあっては、当該法人の代表者の資格を証する登記事項証明書
二　支配人等によって筆界特定の申請をする場合にあっては、当該支配人等の権限を証する登記事項証明書

4　前項各号の登記事項証明書は、その作成後3月以内のものでなければならない。

5　法人である代理人によって筆界特定の申請をする場合において、当該代理人の会社法人等番号を提供したときは、当該会社法人等番号の提供をもって、当該代理人の代表者の資格を証する情報の提供に代えることができる。

6　筆界特定の申請をする場合において、所有権の登記名義人又は表題部所有者の第36条第4項に規定する住民票コード（当該所有権の登記名義人又は表題部所有者の住所についての変更又は錯誤若しくは遺漏があったことを確認することができることとなるものに限る。）を提供したときは、当該住民票コードの提供をもって、当該住所についての変更又は錯誤若しくは遺漏があったことを証する市町村長その他の公務員が職務上作成した情報の提供に代えることができる。

（筆界特定電子申請の方法）

第210条　筆界特定電子申請における筆界特定申請情報及び筆界特定添付情報は、法務大臣の定めるところにより送信しなければならない。ただし、筆界特定添付情報の送信に代えて、法務局又は地方法務局に筆界特定添付書面を提出することを妨げない。

2　前項ただし書の場合には、筆界特定添付書面を法務局又は地方法務局に提出する旨を筆界特定申請情報の内容とする。

3　令第12条第1項の規定は筆界特定電子申請において筆界特定申請情報を送信する場合について、同条第2項の規定は筆界特定電子申請において送信する場合における筆界特定添付情報について、令第14条の規定は筆界特定電子申請において電子署名が行われている情報を送信する場合について、それぞれ準用する。

4　第42条の規定は前項において準用する令第12条第1項及び第2項の電子署名について、第43条第2項の規定は前項において準用する令第14条の法務省令で定める電子証明書について、第44条第2項及び第3項の規定は筆界特定電子申請をする場合について、それぞれ準用する。

（筆界特定書面申請の方法等）

第211条　筆界特定書面申請をするときは、筆界特定申請書に筆界特定添付書面を添付して提出しなければならない。

2　第209条第1項第1号ロ及び第2号に掲げる情報を記載した書面であって、市町村長、登記官その他の公務員が職務上作成したものは、作成後3月以内のものでなければならない。ただし、官庁又は公署が筆界特定の申請をする場合は、この限りでない。

3　委任による代理人によって筆界特定の申請をする場合には、申請人又はその代表者は、委任状に記名しなければならない。復代理人によって申請する場合における代理人についても、同様とする。

4　第209条第1項第7号に掲げる情報を記載した書面は、同号の同意をした所有権登記名義人等が記名したものでなければならない。

5　令第12条第1項の規定は筆界特定申請情報の全部を記録した磁気ディスクを提出する方法により筆界特定の申請をする場合について、同条第2項の規定は磁気ディスクに記録された筆界特定添付情報について、令第14条の規定は筆界特定申請情報の全部又は筆界特定添付情報を記録した磁気ディスクを提出する場合について、それぞれ準用する。

6　第45条第1項の規定は筆界特定申請書（筆界特定申

請情報の全部を記録した磁気ディスクを除く。以下この条において同じ。）について、第51条の規定は筆界特定申請情報を記録した磁気ディスクを提出する方法による筆界特定の申請について、第52条の規定は筆界特定添付情報を記録した磁気ディスクについて、それぞれ準用する。この場合において、第51条第７項及び第８項中「令第16条第５項」とあるのは「第211条第５項」と、第52条第１項中「令第15条の添付情報を記録した磁気ディスク」とあるのは「筆界特定添付情報を記録した磁気ディスク」と、同条第２項中「令第15条後段において準用する令第14条の電子証明書」とあるのは「筆界特定添付情報を記録した磁気ディスクに記録すべき電子証明書」と読み替えるものとする。

7　筆界特定申請書につき文字の訂正、加入又は削除をしたときは、その旨及びその字数を欄外に記載し、又は訂正、加入若しくは削除をした文字に括弧その他の記号を付して、その範囲を明らかにしなければならない。この場合において、訂正又は削除をした文字は、なお読むことができるようにしておかなければならない。

8　申請人又はその代表者若しくは代理人は、筆界特定申請書が２枚以上であるときは、各用紙に当該用紙が何枚目であるかを記載することその他の必要な措置を講じなければならない。

9　筆界特定書面申請は、対象土地の所在地を管轄する登記所を経由してすることができる。

（筆界特定申請書等の送付方法）

第212条　筆界特定の申請をしようとする者が筆界特定申請書又は筆界特定添付書面を送付するときは、書留郵便又は信書便事業者による信書便の役務であって当該信書便事業者において引受け及び配達の記録を行うものによるものとする。

2　前項の場合には、筆界特定申請書又は筆界特定添付書面を入れた封筒の表面に筆界特定申請書又は筆界特定添付書面が在中する旨を明記するものとする。

（筆界特定添付書面の原本の還付請求）

第213条　申請人は、筆界特定添付書面（磁気ディスクを除く。）の原本の還付を請求することができる。ただし、当該筆界特定の申請のためにのみ作成された委任状その他の書面については、この限りでない。

2　前項本文の規定により原本の還付を請求する申請人は、原本と相違ない旨を記載した謄本を提出しなければならない。

3　筆界特定登記官は、第１項本文の規定による請求があった場合には、却下事由の有無についての調査完了後、当該請求に係る書面の原本を還付しなければならない。この場合には、前項の謄本と当該請求に係る書面の原本を照合し、これらの内容が同一であることを確認した上、同項の謄本に原本還付の旨を記載し、これに登記官印を押印しなければならない。

4　前項前段の規定にかかわらず、筆界特定登記官は、偽造された書面その他の不正な筆界特定の申請のために用いられた疑いがある書面については、これを還付することができない。

第２款　筆界特定の申請の受付等

（筆界特定の申請の受付）

第214条　筆界特定登記官は、法第131条第５項において読み替えて準用する法第18条の規定により筆界特定申請情報が提供されたときは、当該筆界特定申請情報に係る筆界特定の申請の受付をしなければならない。

2　筆界特定登記官は、筆界特定の申請の受付をしたときは、当該筆界特定の申請に手続番号を付さなければならない。

（管轄区域がまたがる場合の移送等）

第215条　第40条第１項及び第２項の規定は、法第124条第２項において読み替えて準用する法第６条第３項の規定に従って筆界特定の申請がされた場合について準用する。

（補正）

第216条　筆界特定登記官は、筆界特定の申請の補正をすることができる期間を定めたときは、当該期間内は、当該補正すべき事項に係る不備を理由に当該申請を却下することができない。

（公告及び通知の方法）

第217条　法第133条第１項の規定による公告は、法務局若しくは地方法務局の掲示場その他法務局若しくは地方法務局内の公衆の見やすい場所に掲示して行う方法又は法務局若しくは地方法務局の使用に係る電子計算機に備えられたファイルに記録された情報の内容を電気通信回線を通じて情報の提供を受ける者の閲覧に供し、当該情報の提供を受ける者の使用に係る電子計算機に備えられたファイルに当該情報を記録する方法であってインターネットに接続された自動公衆送信装置を使用する方法により２週間行うものとする。

2　法第133条第１項の規定による通知は、郵便、信書便その他適宜の方法によりするものとする。

3　前項の通知は、関係人が法第139条の定めるところにより筆界特定に関し意見又は図面その他の資料を提出することができる旨を明らかにしてしなければならない。

第３款　意見又は資料の提出

（意見又は資料の提出）

第218条　法第139条第１項の規定による意見又は資料の提出は、次に掲げる事項を明らかにしてしなければならない。

一　手続番号

二　意見又は資料を提出する者の氏名又は名称

三　意見又は資料を提出する者が法人であるときは、その代表者の氏名

四　代理人によって意見又は資料を提出するときは、

当該代理人の氏名又は名称及び代理人が法人であるときはその代表者の氏名
五　提出の年月日
六　法務局又は地方法務局の表示
2　法第139条第1項の規定による資料の提出は、前項各号に掲げる事項のほか、次に掲げる事項を明らかにしてしなければならない。
一　資料の表示
二　作成者及びその作成年月日
三　写真又はビデオテープ（これらに準ずる方法により一定の事項を記録することができる物を含む。）にあっては、撮影、録画等の対象並びに日時及び場所
四　当該資料の提出の趣旨

（情報通信の技術を利用する方法）
第219条　法第139条第2項の法務省令で定める方法は、次に掲げる方法とする。
一　法務大臣の定めるところにより電子情報処理組織を使用して情報を送信する方法
二　法務大臣の定めるところにより情報を記録した磁気ディスクその他の電磁的記録を提出する方法
三　前2号に掲げるもののほか、筆界特定登記官が相当と認める方法

（書面の提出方法）
第220条　申請人又は関係人は、法第139条第1項の規定による意見又は資料の提出を書面でするときは、当該書面の写し3部を提出しなければならない。
2　筆界特定登記官は、必要と認めるときは、前項の規定により書面の写しを提出した申請人又は関係人に対し、その原本の提示を求めることができる。

（資料の還付請求）
第221条　法第139条第1項の規定により資料（第219条各号に掲げる方法によって提出したものを除く。以下この条において同じ。）を提出した申請人又は関係人は、当該資料の還付を請求することができる。
2　筆界特定登記官は、前項の規定による請求があった場合において、当該請求に係る資料を筆界特定をするために留め置く必要がなくなったと認めるときは、速やかに、これを還付するものとする。

第4款　意見聴取等の期日

（意見聴取等の期日の場所）
第222条　法第140条第1項の期日（以下「意見聴取等の期日」という。）は、法務局又は地方法務局、対象土地の所在地を管轄する登記所その他筆界特定登記官が適当と認める場所において開く。

（意見聴取等の期日の通知）
第223条　法第140条第1項の規定による通知は、申請人及び関係人が同項の定めるところにより対象土地の筆界について意見を述べ、又は資料を提出することができる旨を明らかにしてしなければならない。
2　第217条第2項の規定は、前項の通知について準用する。

（意見聴取等の期日における筆界特定登記官の権限）
第224条　筆界特定登記官は、意見聴取等の期日において、発言を許し、又はその指示に従わない者の発言を禁ずることができる。
2　筆界特定登記官は、意見聴取等の期日の秩序を維持するため必要があるときは、その秩序を妨げ、又は不穏な言動をする者を退去させることができる。
3　筆界特定登記官は、適当と認める者に意見聴取等の期日の傍聴を許すことができる。

（意見聴取等の期日における資料の提出）
第225条　第218条、第220条及び第221条の規定は、意見聴取等の期日において申請人又は関係人が資料を提出する場合について準用する。

（意見聴取等の期日の調書）
第226条　法第140条第4項の調書には、次に掲げる事項を記録するものとする。
一　手続番号
二　筆界特定登記官及び筆界調査委員の氏名
三　出頭した申請人、関係人、参考人及び代理人の氏名
四　意見聴取等の期日の日時及び場所
五　意見聴取等の期日において行われた手続の要領（陳述の要旨を含む。）
六　その他筆界特定登記官が必要と認める事項
2　筆界特定登記官は、前項の規定にかかわらず、申請人、関係人又は参考人の陳述をビデオテープその他の適当と認める記録用の媒体に記録し、これをもって調書の記録に代えることができる。
3　意見聴取等の期日の調書には、書面、写真、ビデオテープその他筆界特定登記官において適当と認めるものを引用し、筆界特定手続記録に添付して調書の一部とすることができる。

第5款　調書等の閲覧

（調書等の閲覧）
第227条　申請人又は関係人は、法第141条第1項の規定により調書又は資料の閲覧の請求をするときは、次に掲げる事項に係る情報を提供しなければならない。
一　手続番号
二　請求人の氏名又は名称及び住所並びに申請人又は関係人の別
三　請求人が法人であるときは、その代表者の氏名
四　代理人によって請求するときは、当該代理人の氏名又は名称及び住所並びに代理人が法人であるときはその代表者の氏名
2　前項の閲覧の請求をするときは、請求人が請求権限を有することを証する書面を提示しなければならない。
3　第1項の閲覧の請求をする場合において、請求人が法人であるときは、当該法人の代表者の資格を証する書面を提示しなければならない。ただし、当該法人の会社法人等番号をも提供したときは、この限りでない。

4　第1項の閲覧の請求を代理人によってするときは、当該代理人の権限を証する書面を提示しなければならない。ただし、支配人等が法人を代理して同項の閲覧の請求をする場合において、当該法人の会社法人等番号をも提供したときは、この限りでない。
5　法人である代理人によって第1項の閲覧の請求をする場合において、当該代理人の会社法人等番号をも提供したときは、当該代理人の代表者の資格を証する書面を提示することを要しない。
6　第1項の閲覧の請求は、同項の情報を記載した書面を法務局又は地方法務局に提出する方法によりしなければならない。

（調書等の閲覧の方法）
第228条　法第141条第1項の規定による調書又は資料の閲覧は、筆界特定登記官又はその指定する職員の面前でさせるものとする。
2　法第141条第1項の法務省令で定める方法は、電磁的記録に記録された情報の内容を書面に出力して表示する方法その他の筆界特定登記官が適当と認める方法とする。

第3節　筆界特定

（筆界調査委員の調査の報告）
第229条　筆界特定登記官は、筆界調査委員に対し、法第135条の規定による事実の調査の経過又は結果その他必要な事項について報告を求めることができる。

（筆界調査委員の意見の提出の方式）
第230条　法第142条の規定による意見の提出は、書面又は電磁的記録をもってするものとする。

（筆界特定書の記録事項等）
第231条　筆界特定書には、次に掲げる事項を記録するものとする。
一　手続番号
二　対象土地に係る不動産所在事項及び不動産番号（表題登記がない土地にあっては、法第34条第1項第1号に掲げる事項及び当該土地を特定するに足りる事項）
三　結論
四　理由の要旨
五　申請人の氏名又は名称及び住所
六　申請人の代理人があるときは、その氏名又は名称
七　筆界調査委員の氏名
八　筆界特定登記官の所属する法務局又は地方法務局の表示
2　筆界特定登記官は、書面をもって筆界特定書を作成するときは、筆界特定書に職氏名を記載し、職印を押印しなければならない。
3　筆界特定登記官は、電磁的記録をもって筆界特定書を作成するときは、筆界特定登記官を明らかにするための措置であって法務大臣が定めるものを講じなければならない。
4　法第143条第2項の図面には、次に掲げる事項を記録するものとする。
一　地番区域の名称
二　方位
三　縮尺
四　対象土地及び関係土地の地番
五　筆界特定の対象となる筆界又はその位置の範囲
六　筆界特定の対象となる筆界に係る筆界点（筆界の位置の範囲を特定するときは、その範囲を構成する各点。次項において同じ。）間の距離
七　境界標があるときは、当該境界標の表示
八　測量の年月日
5　法第143条第2項の図面上の点の現地における位置を示す方法として法務省令で定めるものは、国土調査法施行令第2条第1項第1号に規定する平面直角座標系の番号又は記号及び基本三角点等に基づく測量の成果による筆界点の座標値とする。ただし、近傍に基本三角点等が存しない場合その他の基本三角点等に基づく測量ができない特別の事情がある場合にあっては、近傍の恒久的な地物に基づく測量の成果による筆界点の座標値とする。
6　第10条第4項並びに第77条第3項及び第4項の規定は、法第143条第2項の図面について準用する。この場合において、第77条第3項中「第1項第9号」とあるのは「第231条第4項第7号」と読み替えるものとする。

（筆界特定の公告及び通知）
第232条　筆界特定登記官は、法第144条第1項の筆界特定書の写しを作成するときは、筆界特定書の写しである旨の認証文を付した上で、作成の年月日及び職氏名を記載し、職印を押印しなければならない。
2　法第144条第1項の法務省令で定める方法は、電磁的記録をもって作成された筆界特定書の内容を証明した書面を交付する方法とする。
3　筆界特定登記官は、前項の書面を作成するときは、電磁的記録をもって作成された筆界特定書を書面に出力し、これに筆界特定書に記録されている内容を証明した書面である旨の認証文を付した上で、作成の年月日及び職氏名を記載し、職印を押印しなければならない。
4　法第144条第1項の規定による筆界特定書の写し（第2項の書面を含む。）の交付は、送付の方法によりすることができる。
5　第217条第1項の規定は法第144条第1項の規定による公告について、第217条第2項の規定は法第144条第1項の規定による関係人に対する通知について、それぞれ準用する。

第4節　筆界特定手続記録の保管

（筆界特定手続記録の送付）
第233条　筆界特定登記官は、筆界特定の手続が終了したときは、遅滞なく、対象土地の所在地を管轄する登記所に筆界特定手続記録を送付しなければならない。

2　対象土地が２以上の法務局又は地方法務局の管轄区域にまたがる場合には、前項の規定による送付は、法第124条第２項において読み替えて準用する法第６条第２項の規定により法務大臣又は法務局の長が指定した法務局又は地方法務局の管轄区域内にある登記所であって対象土地の所在地を管轄するものに対してするものとする。この場合には、筆界特定登記官は、当該２以上の法務局又は地方法務局のうち法務大臣又は法務局の長が指定した法務局又は地方法務局以外の法務局又は地方法務局の管轄区域内にある登記所であって対象土地の所在地を管轄するものに筆界特定書等の写し（筆界特定書等が電磁的記録をもって作成されているときは、その内容を書面に出力したもの。次項及び次条において同じ。）を送付しなければならない。

3　対象土地が２以上の登記所の管轄区域にまたがる場合（前項に規定する場合を除く。）には、第１項の規定による送付は、法務局又は地方法務局の長が指定する登記所に対してするものとする。この場合には、筆界特定登記官は、当該２以上の登記所のうち法務局又は地方法務局の長が指定した登記所以外の登記所に筆界特定書等の写しを送付しなければならない。

（登記記録への記録）

第234条　筆界特定がされた筆界特定手続記録又は筆界特定書等の写しの送付を受けた登記所の登記官は、対象土地の登記記録に、筆界特定がされた旨を記録しなければならない。

（筆界特定手続記録の保存期間等）

第235条　次の各号に掲げる情報の保存期間は、当該各号に定めるとおりとする。

一　筆界特定書に記載され、又は記録された情報　永久

二　筆界特定書以外の筆界特定手続記録に記載され、又は記録された情報　対象土地の所在地を管轄する登記所が第233条の規定により筆界特定手続記録の送付を受けた年の翌年から30年間

2　筆界特定手続記録の全部又は一部が電磁的記録をもって作成されているときは、当該電磁的記録に記録された情報の保存は、当該情報の内容を書面に出力したものを保存する方法によってすることができる。

3　筆界特定手続記録の全部又は一部が書面をもって作成されているときは、当該書面に記録された情報の保存は、当該情報の内容を記録した電磁的記録を保存する方法によってすることができる。

第235条の２　次の各号に掲げる帳簿の保存期間は、当該各号に定めるとおりとする。

一　筆界特定受付等記録簿及び筆界特定関係簿　作成の年の翌年から30年間

二　筆界特定事務日記帳及び筆界特定関係事務日記帳　作成の年の翌年から３年間

（準用）

第236条　第29条から第32条までの規定（同条第２項を除く。）は、筆界特定手続記録について準用する。この場合において、第29条中「登記に関する電磁的記録、帳簿又は書類」とあり、第30条第１項中「登記記録又は地図等」とあり、同条第３項中「登記記録、地図等又は登記簿の附属書類」とあり、第31条第１項中「登記簿、地図等及び登記簿の附属書類」とあり、同条第２項中「登記簿の附属書類」とあり、及び同条第３項中「登記簿、地図等又は登記簿の附属書類」とあるのは「筆界特定手続記録」と、第32条第１項中「当該不動産の登記記録（共同担保目録及び信託目録を含む。次項において同じ。）並びに地図等及び登記簿の附属書類（電磁的記録に記録されている地図等及び登記簿の附属書類を含む。）」とあるのは「当該不動産に係る筆界特定手続記録」と読み替えるものとする。

（筆界確定訴訟の確定判決があった場合の取扱い）

第237条　登記官は、その保管する筆界特定手続記録に係る筆界特定がされた筆界について、筆界確定訴訟の判決（訴えを不適法として却下したものを除く。以下本条において同じ。）が確定したときは、当該筆界確定訴訟の判決が確定した旨及び当該筆界確定訴訟に係る事件を特定するに足りる事項を当該筆界特定に係る筆界特定書に明らかにすることができる。

第５節　筆界特定書等の写しの交付等

（筆界特定書等の写しの交付の請求情報等）

第238条　法第149条第１項の規定により筆界特定書等の写し（筆界特定書等が電磁的記録をもって作成されている場合における当該記録された情報の内容を証明した書面を含む。以下同じ。）の交付の請求をするときは、次に掲げる事項を内容とする情報（以下この節において「請求情報」という。）を提供しなければならない。筆界特定手続記録の閲覧の請求をするときも、同様とする。

一　請求人の氏名又は名称

二　手続番号

三　交付の請求をするときは、請求に係る書面の通数

四　筆界特定書等の一部の写しの交付の請求をするときは、請求する部分

五　送付の方法により筆界特定書等の写しの交付の請求をするときは、その旨及び送付先の住所

2　法第149条第２項の規定により筆界特定書等以外の筆界特定手続記録の閲覧の請求をするときは、前項第１号及び第２号に掲げる事項のほか、次に掲げる事項を請求情報の内容とする。

一　請求人の住所

二　請求人が法人であるときは、その代表者の氏名

三　代理人によって請求するときは、当該代理人の氏名又は名称及び住所並びに代理人が法人であるときはその代表者の氏名

四　法第149条第２項ただし書の利害関係を有する理由及び閲覧する部分

3　前項の閲覧の請求をするときは、同項第４号の利害関係がある理由を証する書面を提示しなければならない。

4　第２項の閲覧の請求をする場合において、請求人

が法人であるときは、当該法人の代表者の資格を証する書面を提示しなければならない。ただし、当該法人の会社法人等番号をも請求情報の内容としたときは、この限りでない。

5　第２項の閲覧の請求を代理人によってするときは、当該代理人の権限を証する書面を提示しなければならない。ただし、支配人等が法人を代理して同項の閲覧の請求をする場合において、当該法人の会社法人等番号をも請求情報の内容としたときは、この限りでない。

6　法人である代理人によって第２項の閲覧の請求をする場合において、当該代理人の会社法人等番号をも請求情報の内容としたときは、当該代理人の代表者の資格を証する書面を提示することを要しない。

（筆界特定書等の写しの交付の請求方法等）

第239条　前条第１項の交付の請求又は同項若しくは同条第２項の閲覧の請求は、請求情報を記載した書面を登記所に提出する方法によりしなければならない。

2　送付の方法による筆界特定書等の写しの交付の請求は、前項の方法のほか、法務大臣の定めるところにより、請求情報を電子情報処理組織を使用して登記所に提供する方法によりすることができる。この場合には、送付先の住所をも請求情報の内容とする。

3　法第149条第３項において準用する法第119条第４項ただし書の法務省令で定める方法は、前項に規定する方法とする。

（筆界特定書等の写しの作成及び交付）

第240条　登記官は、筆界特定書等の写しを作成するとき（次項に規定する場合を除く。）は、筆界特定書等の全部又は一部の写しである旨の認証文を付した上で、作成の年月日及び職氏名を記載し、職印を押印しなければならない。

2　登記官は、筆界特定書等が電磁的記録をもって作成されている場合において、筆界特定書等の写しを作成するときは、電磁的記録に記録された筆界特定書等を書面に出力し、これに筆界特定書等に記録されている内容を証明した書面である旨の認証文を付した上で、作成の年月日及び職氏名を記載し、職印を押印しなければならない。

3　筆界特定書等の写しの交付は、請求人の申出により、送付の方法によりすることができる。

（準用）

第241条　第202条の規定は筆界特定手続記録の閲覧について、第203条第１項の規定は法第149条第１項及び第２項の手数料を収入印紙をもって納付するときについて、第204条の規定は請求情報を記載した書面を登記所に提出する方法により第238条第１項の交付の請求をする場合において前条第３項の規定による申出をするときについて、第205条第２項の規定は第239条第２項に規定する方法により筆界特定書等の写しの交付の請求をする場合において手数料を納付するときについて、それぞれ準用する。この場合において、第202条第２項中「法第120条第２項及び第121条第２項」とあるのは「法第149条第２項」と、第203条第１項中「法第119条第１項及び第２項、第120条第１項及び第２項並びに第121条第１項から第４項まで」とあるのは「法第149条第１項及び第２項」と、第204条第１項中「第193条第１項」とあるのは「第238条第１項」と、「第197条第６項（第200条第３項及び第201条第３項において準用する場合を含む。）」とあるのは「第240条第３項」と読み替えるものとする。

第６節　雑則

（手続費用）

第242条　法第146条第１項の法務省令で定める費用は、筆界特定登記官が相当と認める者に命じて行わせた測量、鑑定その他専門的な知見を要する行為について、その者に支給すべき報酬及び費用の額として筆界特定登記官が相当と認めたものとする。

（代理人等）

第243条　関係人が法人である場合において、当該関係人が筆界特定の手続において意見の提出その他の行為をするときは、次に掲げる情報を法務局又は地方法務局に提供しなければならない。

一　会社法人等番号を有する法人にあっては、当該法人の会社法人等番号

二　前号に規定する法人以外の法人にあっては、当該法人の代表者の資格を証する情報

2　前項の規定は、関係人が同項第１号に規定する法人であって、次に掲げる登記事項証明書を提供して同項の行為をする場合には、適用しない。

一　次号に規定する場合以外の場合にあっては、当該法人の代表者の資格を証する登記事項証明書

二　支配人等によって前項の行為をする場合にあっては、当該支配人等の権限を証する登記事項証明書

3　筆界特定の申請がされた後、申請人又は関係人が代理人を選任したときは、当該申請人又は関係人は、当該代理人の権限を証する情報を法務局又は地方法務局に提供しなければならない。ただし、当該申請人又は関係人が会社法人等番号を有する法人であって、当該代理人が支配人等である場合は、この限りでない。

4　前項本文に規定する代理人が法人である場合において、当該代理人の会社法人等番号を提供したときは、当該会社法人等番号の提供をもって、当該代理人の代表者の資格を証する情報の提供に代えることができる。

（申請の却下）

第244条　筆界特定登記官は、法第132条第１項の規定により筆界特定の申請を却下するときは、決定書を作成し、これを申請人に交付しなければならない。

2　前項の規定による交付は、当該決定書を送付する方法によりすることができる。

3　筆界特定登記官は、申請を却下したときは、筆界特定添付書面を還付するものとする。ただし、偽造

された書面その他の不正な申請のために用いられた疑いがある書面については、この限りでない。

4　筆界特定登記官は、法第133条第1項の規定による公告をした後に筆界特定の申請を却下したときは、その旨を公告しなければならない。第217条第1項の規定は、この場合における公告について準用する。

5　筆界特定登記官は、法第133条第1項の規定による通知をした後に筆界特定の申請を却下したときは、その旨を当該通知に係る関係人に通知しなければならない。同条第2項及び第217条第2項の規定は、この場合における通知について準用する。

（申請の取下げ）

第245条　筆界特定の申請の取下げは、次の各号に掲げる申請の区分に応じ、当該各号に定める方法によってしなければならない。

一　筆界特定電子申請　法務大臣の定めるところにより電子情報処理組織を使用して申請を取り下げる旨の情報を筆界特定登記官に提供する方法

二　筆界特定書面申請　申請を取り下げる旨の情報を記載した書面を筆界特定登記官に提出する方法

2　筆界特定の申請の取下げは、法第144条第1項の規定により申請人に対する通知を発送した後は、することができない。

3　筆界特定登記官は、筆界特定の申請の取下げがあったときは、筆界特定添付書面を還付するものとする。前条第3項ただし書の規定は、この場合について準用する。

4　筆界特定登記官は、法第133条第1項の規定による公告をした後に筆界特定の申請の取下げがあったときは、その旨を公告しなければならない。第217条第1項の規定は、この場合における公告について準用する。

5　筆界特定登記官は、法第133条第1項の規定による通知をした後に筆界特定の申請の取下げがあったときは、その旨を当該通知に係る関係人に通知しなければならない。同条第2項及び第217条第2項の規定は、この場合における通知について準用する。

（筆界特定書の更正）

第246条　筆界特定書に誤記その他これに類する明白な誤りがあるときは、筆界特定登記官は、いつでも、当該筆界特定登記官を監督する法務局又は地方法務局の長の許可を得て、更正することができる。

2　筆界特定登記官は、筆界特定書を更正したときは、申請人に対し、更正の内容を通知するとともに、更正した旨を公告し、かつ、関係人に通知しなければならない。法第133条第2項及びこの省令第217条第2項の規定はこの場合における通知について、同条第1項の規定はこの場合における公告について、それぞれ準用する。

第6章　法定相続情報

（法定相続情報一覧図）

第247条　表題部所有者、登記名義人又はその他の者について相続が開始した場合において、当該相続に起因する登記その他の手続のために必要があるときは、その相続人（第3項第2号に掲げる書面の記載により確認することができる者に限る。以下本条において同じ。）又は当該相続人の地位を相続により承継した者は、被相続人の本籍地若しくは最後の住所地、申出人の住所地又は被相続人を表題部所有者若しくは所有権の登記名義人とする不動産の所在地を管轄する登記所の登記官に対し、法定相続情報（次の各号に掲げる情報をいう。以下同じ。）を記載した書面（以下「法定相続情報一覧図」という。）の保管及び法定相続情報一覧図の写しの交付の申出をすることができる。

一　被相続人の氏名、生年月日、最後の住所及び死亡の年月日

二　相続開始の時における同順位の相続人の氏名、生年月日及び被相続人との続柄

2　前項の申出は、次に掲げる事項を内容とする申出書を登記所に提供してしなければならない。

一　申出人の氏名、住所、連絡先及び被相続人との続柄

二　代理人（申出人の法定代理人又はその委任による代理人にあってはその親族若しくは戸籍法（昭和22年法律第224号）第10条の2第3項に掲げる者に限る。以下本条において同じ。）によって申出をするときは、当該代理人の氏名又は名称、住所及び連絡先並びに代理人が法人であるときはその代表者の氏名

三　利用目的

四　交付を求める通数

五　被相続人を表題部所有者又は所有権の登記名義人とする不動産があるときは、不動産所在事項又は不動産番号

六　申出の年月日

七　送付の方法により法定相続情報一覧図の写しの交付及び第6項の規定による書面の返却を求めるときは、その旨

3　前項の申出書には、次に掲げる書面を添付しなければならない。

一　法定相続情報一覧図（第1項各号に掲げる情報及び作成の年月日を記載し、申出人が記名するとともに、その作成をした申出人又はその代理人が記名したものに限る。）

二　被相続人（代襲相続がある場合には、被代襲者を含む。）の出生時からの戸籍及び除かれた戸籍の謄本又は全部事項証明書

三　被相続人の最後の住所を証する書面

四　第1項第2号の相続人の戸籍の謄本、抄本又は記載事項証明書

五　申出人が相続人の地位を相続により承継した者であるときは、これを証する書面

六　申出書に記載されている申出人の氏名及び住所と同一の氏名及び住所が記載されている市町村長その他の公務員が職務上作成した証明書（当該申出人が原本と相違がない旨を記載した謄本を含む。）

七　代理人によって第1項の申出をするときは、当該代理人の権限を証する書面

4　前項第1号の法定相続情報一覧図に相続人の住所を記載したときは、第2項の申出書には、その住所を証する書面を添付しなければならない。
5　登記官は、第3項第2号から第4号までに掲げる書面によって法定相続情報の内容を確認し、かつ、その内容と法定相続情報一覧図に記載された法定相続情報の内容とが合致していることを確認したときは、法定相続情報一覧図の写しを交付するものとする。この場合には、申出に係る登記所に保管された法定相続情報一覧図の写しである旨の認証文を付した上で、作成の年月日及び職氏名を記載し、職印を押印するものとする。
6　登記官は、法定相続情報一覧図の写しを交付するときは、第3項第2号から第5号まで及び第4項に規定する書面を返却するものとする。
7　前各項の規定（第3項第1号から第5号まで及び第4項を除く。）は、第1項の申出をした者がその申出に係る登記所の登記官に対し法定相続情報一覧図の写しの再交付の申出をする場合について準用する。

（法定相続情報一覧図の写しの送付の方法等）

第248条　法定相続情報一覧図の写しの交付及び前条第6項の規定による書面の返却は、申出人の申出により、送付の方法によりすることができる。
2　前項の送付に要する費用は、郵便切手又は信書便の役務に関する料金の支払のために使用することができる証票であって法務大臣が指定するものを提出する方法により納付しなければならない。
3　前項の指定は、告示してしなければならない。

別表・別記　省略

不動産登記事務取扱手続準則抜粋

平成17年2月25日付け法務省民二第456号法務省民事局長通達
最終改正：令和6年4月1日

第4章　登記手続

第1節　総則

第1款　通則

（申請の却下）
第28条　次の各号に掲げる却下の決定は、当該各号に定める様式による決定書によりするものとし、申請人に交付するもののほか、登記所に保存すべきものを1通作成しなければならない。
一　第2号に掲げるもの以外の登記の申請の却下　別記第42号の2様式
二　法第36条、第47条並びに第58条第6項及び第7項（表題登記をすることによって表題部所有者となる者が相違することを理由として却下されたものを除く。）、第37条、第38条、第42条、第49条、第51条から第53条まで並びに第57条の規定による登記の申請の却下　別記第42号の3様式
2　登記官は、前項の登記所に保存すべき決定書の原本の欄外に決定告知の年月日及びその方法を記載して登記官印を押印し、これを日記番号の順序に従って決定原本つづり込み帳につづり込むものとする。
3　第1項の場合には、受付帳に「却下」と記録し、書面申請にあっては、申請書に却下した旨を記載し、これを申請書類つづり込み帳につづり込むものとする。
4　登記官は、不動産登記令（平成16年政令第379号。以下「令」という。）第4条ただし書の規定により一の申請情報によって2以上の申請がされた場合において、その一部を却下するときは、受付帳に「一部却下」と記録した上、書面申請にあっては、申請書に次の各号に掲げる却下の区分に応じ、当該各号に定める記録をしなければならない。
一　2以上の登記の目的に係る申請のうち一の登記の目的に係る申請についての却下　却下に係る登記の目的についての記載の上部に、別記第43号様式による印版を押印し、当該登記の目的を記録すること。
二　2以上の不動産のうち一部についての却下　却下に係る不動産の所在の記載の上部に、別記第43号様式による印版を押印すること。
5　規則第38条第2項の規定により申請人に送付した決定書の原本が所在不明等を理由として返送されたときでも、何らの措置を要しない。この場合において、当該返送された決定書の原本は、当該登記の申請書（電子申請にあっては、第32条第3項に規定する電子申請管理用紙）と共に申請書類つづり込み帳につづり込むものとする。
6　登記官は、規則第38条第3項ただし書の規定により添付書面を還付しなかった場合は、申請書の適宜の余白にその理由を記載するものとする。この場合において、還付しなかった添付書面は、当該登記の申請書と共に申請書類つづり込み帳につづり込むものとする。
7　捜査機関が申請書又は規則第38条第3項ただし書の規定により還付しなかった添付書面の押収をしようとするときは、これに応じるものとする。この場合には、押収に係る書面の写しを作成し、当該写しに当該捜査機関の名称及び押収の年月日を記載した上、当該書面が捜査機関から返還されるまでの間、前項の規定により申請書類つづり込み帳につづり込むべき箇所に当該写しをつづり込むものとする。
8　法第25条第10号の規定により却下する場合には、期間満了日の翌日の日付をもってするものとする。法第23条第1項の通知（以下「事前通知」という。）を受けるべき者から申請の内容が真実でない旨の申出があったとき又は通知を受けるべき者の所在不明若しくは受取拒絶を理由に当該通知書が返戻されたときも、同様とする。

第2款　受付等

（登記官による本人確認）
第33条　次に掲げる場合は、法第24条第1項の申請人となるべき者以外の者が申請していると疑うに足りる相当な理由があると認めるときに該当するものとする。
一　捜査機関その他の官庁又は公署から、不正事件が発生するおそれがある旨の通報があったとき。
二　申請人となるべき者本人からの申請人となるべき者に成りすました者が申請をしている旨又はそのおそれがある旨の申出（以下「不正登記防止申出」という。）に基づき、第35条第7項の措置を執った場合において、当該不正登記防止申出に係る登記の申請があったとき（当該不正登記防止申出の日から3月以内に申請があった場合に限る。）。
三　同一の申請人に係る他の不正事件が発覚しているとき。
四　前の住所地への通知をした場合において、登記の完了前に、当該通知に係る登記の申請について異議の申出があったとき。
五　登記官が、登記識別情報の誤りを原因とする補正又は取下げ若しくは却下が複数回されていたことを知ったとき。
六　登記官が、申請情報の内容となった登記識別情報を提供することができない理由が事実と異なることを知ったとき。
七　前各号に掲げる場合のほか、登記官が職務上知

り得た事実により、申請人となるべき者に成りすました者が申請していることを疑うに足りる客観的かつ合理的な理由があると認められるとき。

2　登記官は、登記の申請が資格者代理人によってされている場合において、本人確認の調査をすべきときは、原則として、当該資格者代理人に対し必要な情報の提供を求めるものとする。

3　規則第59条第1項の調書（以下「本人確認調書」という。）は、別記第51号様式又はこれに準ずる様式による。

4　本人確認調書は、申請書（電子申請にあっては、電子申請管理用紙）と共に保管するものとする。

5　登記官は、文書等の提示を求めた場合は、提示をした者の了解を得て、当該文書（国民健康保険、船員保険、後期高齢者医療保険若しくは健康保険の被保険者証、健康保険日雇特例被保険者手帳、国家公務員共済組合若しくは地方公務員共済組合の組合員証又は私立学校教職員共済制度の加入者証にあっては保険者番号及び被保険者等記号・番号（それぞれ国民健康保険法（昭和33年法律第192号）第111条の2第1項に規定する被保険者記号・番号等、船員保険法（昭和14年法律第73号）第143条の2第1項に規定する被保険者等記号・番号等、高齢者の医療の確保に関する法律（昭和57年法律第80号）第161条の2第1項に規定する被保険者番号等、健康保険法（大正11年法律第70号）第194条の2第1項に規定する被保険者等記号・番号等、国家公務員共済組合法（昭和33年法律第128号）第112条の2第1項に規定する組合員等記号・番号等、地方公務員等共済組合法（昭和37年法律第152号）第144条の24の2第1項に規定する組合員等記号・番号等又は私立学校教職員共済法（昭和28年法律第245号）第45条第1項に規定する加入者等記号・番号等をいう。以下この項において同じ。）が記載された部分を除き、基礎年金番号通知書（国民年金法施行規則（昭和35年厚生省令第12号）第1条第1項に規定する基礎年金番号通知書をいう。）にあっては基礎年金番号（国民年金法（昭和34年法律第141号）第14条に規定する基礎年金番号をいう。以下この項において同じ。）が記載された部分を除き、個人番号カード（行政手続における特定の個人を識別するための番号の利用等に関する法律（平成25年法律第27号）第2条第7項に規定する個人番号カードをいう。）にあってはその裏面を除く。）の写しを作成し、本人確認調書に添付するものとする。ただし、了解を得ることができない場合にあっては、文書の種類、証明書番号その他文書を特定することができる番号等の文書の主要な内容（保険者番号及び被保険者等記号・番号、基礎年金番号並びに個人番号（同条第5項に規定する個人番号をいう。）を除く。）を本人確認調書に記録すれば足りる。

（他の登記所の登記官に対する本人確認の調査の嘱託）

第34条　登記官が本人確認の調査のため申請人等の出頭を求めた場合において、申請人等から遠隔の地に居住していること又は申請人の勤務の都合等を理由に他の登記所に出頭したい旨の申出があり、その理由が相当と認められるときは、当該他の登記所の登記官に本人確認の調査を嘱託するものとする。

2　前項の嘱託は、別記第52号様式による嘱託書を作成し、これに登記事項証明書及び申請書の写しのほか、委任状、印鑑証明書等の本人確認の調査に必要な添付書面の写しを添付して、当該他の登記所に送付する方法によって行うものとする。

3　第1項の嘱託を受けた登記官が作成した本人確認調書は、調査終了後、嘱託書と共に嘱託をした登記所に送付するものとする。

（不正登記防止申出）

第35条　不正登記防止申出は、登記名義人若しくはその相続人その他の一般承継人又はその代表者若しくは代理人（委任による代理人を除く。）が登記所に出頭してしなければならない。ただし、その者が登記所に出頭することができない止むを得ない事情があると認められる場合には、委任による代理人が登記所に出頭してすることができる。

2　不正登記防止申出は、別記第53号様式又はこれに準ずる様式による申出書を登記官に提出してするものとする。

3　前項の申出書には、登記名義人若しくはその相続人その他の一般承継人又はその代表者若しくは代理人が記名押印するとともに、次に掲げる書面を添付するものとする。

一　登記名義人若しくはその相続人その他の一般承継人又はその代表者若しくは代理人（委任による代理人を除く。）の印鑑証明書。ただし、前項の申出書に当該法人の会社法人等番号（商業登記法（昭和38年法律第125号）第7条（他の法令において準用する場合を含む。）に規定する会社法人番号をいう。第2号、第3号及び第46条第2項において同じ。）をも記載したときは、登記申請における添付書面の扱いに準じて、その添付を省略することができる。

二　登記名義人又はその一般承継人が法人であるときは、当該法人の代表者の資格を証する書面。ただし、前項の申出書に当該法人の会社法人等番号をも記載したときは、その添付を省略することができる。

三　代理人によって申出をするときは、当該代理人の権限を証する書面。ただし、登記名義人若しくはその一般承継人又はその代理人が法人である場合において、前項の申出書に当該法人の会社法人等番号をも記載したときは、登記申請における添付書面の扱いに準じて、その添付を省略することができる。

4　登記官は、不正登記防止申出があった場合には、当該申出人が申出に係る登記の登記名義人又はその相続人その他の一般承継人本人であること、当該申出人が申出をするに至った経緯及び申出が必要となった理由に対応する措置を採っていることを確認しなければならない。この場合において、本人であることの確認は、必要に応じ規則第72条第2項各号に掲げる方法により行うものとし、登記名義人の氏名若しくは名称又は住所が登記記録と異なるときは、氏名若しくは名称又は住所についての変更又は錯誤若しくは遺漏を証する書面の提出も求めるものとする。

5　登記官は、不正登記防止申出を受けたときは、不正登記防止申出書類つづり込み帳に第２項の申出書及びその添付書面等の関係書類をつづり込むものとする。

6　前項の場合は、不正登記防止申出書類つづり込み帳の目録に、申出に係る不動産の不動産所在事項、申出人の氏名及び申出の年月日を記載するものとする。

7　登記官は、不正登記防止申出があった場合において、これを相当と認めるときは、前項の目録に本人確認の調査を要する旨を記載するものとする。

8　不正登記防止申出の日から３月以内に申出に係る登記の申請があったときは、速やかに、申出をした者にその旨を適宜の方法で通知するものとする。本人確認の調査を完了したときも、同様とする。

9　登記官は、不正登記防止申出に係る登記を完了したときは、第２項の申出書を不正登記防止申出書類つづり込み帳から除却し、申請書（電子申請にあっては、電子申請管理用紙）と共に保管するものとする。この場合には、不正登記防止申出書類つづり込み帳の目録に、登記を完了した旨及び除却の年月日を記載するものとする。

第４款　登記識別情報の提供がない場合の手続

（事前通知）

第43条　事前通知は、別記第55号様式の通知書（以下「事前通知書」という。）によるものとする。

2　登記官は、法第22条に規定する登記義務者が法人である場合において、事前通知をするときは、事前通知書を当該法人の主たる事務所にあてて送付するものとする。ただし、申請人から事前通知書を法人の代表者の住所にあてて送付を希望する旨の申出があったときは、その申出に応じて差し支えない。

（相続人等からの申出）

第46条　事前通知をした場合において、通知を受けるべき者が死亡したものとしてその相続人全員から相続があったことを証する情報を提供するとともに、電子申請にあっては当該申請人の相続人が規則第70条第２項の通知番号等を特定する情報及び当該登記申請の内容が真実である旨の情報に電子署名を行った上、登記所に送信したとき、書面申請にあっては当該申請人の相続人が規則第70条第１項の書面に登記申請の内容が真実である旨を記載し、記名押印した上、印鑑証明書を添付して登記所に提出したときは、その申出を適法なものとして取り扱って差し支えない。

2　法人の代表者に事前通知をした場合において、その法人の他の代表者が、規則第70条第１項の書面に登記申請の内容が真実である旨を記載し、記名押印した上、その印鑑証明書及び資格を証する書面を添付して、当該他の代表者から同項の申出があったときも、前項と同様とする。ただし、規則第70条第１項の書面に当該法人の会社法人等番号をも記載したときは、当該印鑑証明書及び資格を証する書面の添付を省略することができる。

（資格者代理人による本人確認情報の提供）

第49条　規則第72条第１項第２号の申請人の氏名を知り、かつ、当該申請人と面識があるときとは、次に掲げるときのうちのいずれかとする。

一　資格者代理人が、当該登記の申請の３月以上前に当該申請人について、資格者代理人として本人確認情報を提供して登記の申請をしたとき。

二　資格者代理人が当該登記の申請の依頼を受ける以前から当該申請人の氏名及び住所を知り、かつ、当該申請人との間に親族関係、１年以上にわたる取引関係その他の安定した継続的な関係の存在があるとき。

2　規則第72条第３項の資格者代理人であることを証する情報は、次に掲げるものとする。

一　日本司法書士会連合会又は日本土地家屋調査士会連合会が発行した電子証明書

二　日本司法書士会連合会又は日本土地家屋調査士会連合会が提供する情報に基づき発行された電子証明書（司法書士法施行規則（昭和53年法務省令第55号）第28条第２項又は土地家屋調査士法施行規則（昭和54年法務省令第53号）第26条第２項の規定により法務大臣が指定するものに限る。）

三　当該資格者代理人が所属する司法書士会、土地家屋調査士会又は弁護士会が発行した職印に関する証明書

四　電子認証登記所が発行した電子証明書

五　登記所が発行した印鑑証明書

3　前項第３号及び第５号の証明書は、発行後３月以内のものであることを要する。

4　登記官は、本人確認情報の内容を相当と認めることができない場合には、事前通知の手続を採るものとする。

第３節　権利に関する登記

第２款　担保権等に関する登記

（前の登記に関する登記事項証明書）

第112条　令別表の47、49、56及び58の項添付情報欄ロに掲げる前の登記に関する登記事項証明書は、他の登記所の管轄区域内にある不動産が２以上あるときであっても、他の登記所ごとに登記事項証明書（共同担保目録に記録された事項の記載があるものに限る。）を１通提供すれば足りる。

登録免許税法　抜粋

昭和42年法律第35号
最終改正　令和５年法律第79号

目次

第１章　総則

（趣旨）
第１条　この法律は、登録免許税について、課税の範囲、納税義務者、課税標準、税率、納付及び還付の手続並びにその納税義務の適正な履行を確保するため必要な事項を定めるものとする。

（課税の範囲）
第２条　登録免許税は、別表第１に掲げる登記、登録、特許、免許、許可、認可、認定、指定及び技能証明（以下「登記等」という。）について課する。

（納税義務者）
第３条　登記等を受ける者は、この法律により登録免許税を納める義務がある。この場合において、当該登記等を受ける者が二人以上あるときは、これらの者は、連帯して登録免許税を納付する義務を負う。

（公共法人等が受ける登記等の非課税）
第４条　国及び別表第２に掲げる者が自己のために受ける登記等については、登録免許税を課さない。
２　別表第３の第１欄に掲げる者が自己のために受けるそれぞれ同表の第３欄に掲げる登記等（同表の第４欄に財務省令で定める書類の添附があるものに限る旨の規定がある登記等にあつては、当該書類を添附して受けるものに限る。）については、登録免許税を課さない。

（非課税登記等）
第５条　次に掲げる登記等（第４号又は第５号に掲げる登記又は登録にあつては、当該登記等がこれらの号に掲げる登記又は登録に該当するものであることを証する財務省令で定める書類を添付して受けるものに限る。）については、登録免許税を課さない。
一　国又は別表第２に掲げる者がこれらの者以外の者に代位してする登記又は登録
二　登記機関（登記官又は登記以外の登記等をする官庁若しくは団体の長をいう。以下同じ。）が職権に基づいてする登記又は登録で政令で定めるもの
三　会社法（平成17年法律第86号）第２編第９章第２節（特別清算）の規定による株式会社の特別清算（同節の規定を同法第822条第３項（日本にある外国会社の財産についての清算）において準用する場合における同条第１項の規定による日本にある外国会社の財産についての清算を含む。）に関し裁判所の嘱託によりする登記又は登録
四　住居表示に関する法律（昭和37年法律第119号）第３条第１項及び第２項又は第４条（住居表示の実施手続等）の規定による住居表示の実施又は変更に伴う登記事項又は登録事項の変更の登記又は登録
五　行政区画、郡、区、市町村内の町若しくは字又はこれらの名称の変更（その変更に伴う地番の変更及び次号に規定する事業の施行に伴う地番の変更を含む。）に伴う登記事項又は登録事項の変更の登記又は登録
六　土地改良法（昭和24年法律第195号）第２条第２項（定義）に規定する土地改良事業又は土地区画整理法（昭和29年法律第119号）第２条第１項（定義）に規定する土地区画整理事業の施行のため必要な土地又は建物に関する登記（政令で定めるものを除く。）
七　都市再開発法（昭和44年法律第38号）第２条第１号（定義）に規定する市街地再開発事業、大都市地域における住宅及び住宅地の供給の促進に関する特別措置法（昭和50年法律第67号）第２条第４号（定義）に規定する住宅街区整備事業又は密集市街地における防災街区の整備の促進に関する法律（平成９年法律第49号）第２条第５号（定義）に規定する防災街区整備事業の施行のため必要な土地又は建物（当該住宅街区整備事業に係る土地又は建物にあつては、大都市地域における宅地開発及び鉄道整備の一体的推進に関する特別措置法（平成元年法律第61号）第17条（大都市地域における住宅及び住宅地の供給の促進に関する特別措置法の特例）の規定により大都市地域における住宅及び住宅地の供給の促進に関する特別措置法第２条第１号に規定する大都市地域とみなされる区域内にある土地又は建物を除く。）に関する登記（政令で定めるものを除く。）
八　国土調査法（昭和26年法律第180号）第32条の２第１項（代位登記）の規定による土地に関する登記
九　入会林野等に係る権利関係の近代化の助長に関する法律（昭和41年法律第126号）第14条第２項（登記）（同法第23条第２項（旧慣使用林野整備の効果等）において準用する場合を含む。）の規定による土地に関する登記
十　墳墓地に関する登記
十一　滞納処分（その例による処分を含む。）に関してする登記又は登録（換価による権利の移転の登記又は登録を除くものとし、滞納処分の例により処分するものとされている担保に係る登記又は登録の抹消を含む。）
十二　登記機関の過誤による登記若しくは登録又はその抹消があつた場合の当該登記若しくは登録の抹消若しくは更正又は抹消した登記若しくは登録の回復の登記若しくは登録
十三　相続又は法人の合併若しくは分割に伴い相続人又は合併後存続する法人若しくは合併により設立する法人若しくは分割により設立する法人若しくは事業を承継する法人が、被相続人又は合併により消滅した法人若しくは分割をした法人の受けた別表第１第33号から第160号までに掲げる登録、特許、免許、許可、認可、認定又は指定を引き続いて受ける場合における当該登録、特許、免許、

許可、認可、認定又は指定

十四　公益社団法人及び公益財団法人の認定等に関する法律（平成18年法律第49号）第９条第１項（名称等）又は第29条第５項（公益認定の取消し）の規定による一般社団法人若しくは一般財団法人又は公益社団法人若しくは公益財団法人の名称の変更の登記

（外国公館等の非課税）

第６条　外国政府が当該外国の大使館、公使館又は領事館その他これらに準ずる施設（次項において「大使館等」という。）の敷地又は建物に関して受ける登記については、政令で定めるところにより、登録免許税を課さない。

2　前項の規定は、同項の外国が、その国において日本国の大使館等の敷地又は建物に関する登記若しくは登録又はこれらに準ずる行為について課する租税を免除する場合に限り、適用する。

（信託財産の登記等の課税の特例）

第７条　信託による財産権の移転の登記又は登録で次の各号のいずれかに該当するものについては、登録免許税を課さない。

一　委託者から受託者に信託のために財産を移す場合における財産権の移転の登記又は登録

二　信託の効力が生じた時から引き続き委託者のみが信託財産の元本の受益者である信託の信託財産を受託者から当該受益者（当該信託の効力が生じた時から引き続き委託者である者に限る。）に移す場合における財産権の移転の登記又は登録

三　受託者の変更に伴い受託者であつた者から新たな受託者に信託財産を移す場合における財産権の移転の登記又は登録

2　信託の信託財産を受託者から受益者に移す場合であつて、かつ、当該信託の効力が生じた時から引き続き委託者のみが信託財産の元本の受益者である場合において、当該受益者が当該信託の効力が生じた時における委託者の相続人（当該委託者が合併により消滅した場合にあつては、当該合併後存続する法人又は当該合併により設立された法人）であるときは、当該信託による財産権の移転の登記又は登録を相続（当該受益者が当該存続する法人又は当該設立された法人である場合にあつては、合併）による財産権の移転の登記又は登録とみなして、この法律の規定を適用する。

（納税地）

第８条　登録免許税の納税地は、納税義務者が受ける登記等の事務をつかさどる登記所その他の官署又は団体（以下「登記官署等」という。）の所在地（第24条の２第１項に規定する財務省令で定める方法により登録免許税を納付する場合にあつては、政令で定める場所）とする。

2　第29条第１項若しくは第４項の規定により徴収すべき登録免許税又は国税通則法（昭和37年法律第66号）第56条第１項（還付）に規定する過誤納金に係る登録免許税の納税地は、前項の規定にかかわらず、納税義務者が次の各号に掲げる場合のいずれに該当するかに応じ当該各号に定める場所とする。

一　この法律の施行地（以下「国内」という。）に住所を有する個人である場合　その住所地

二　国内に住所を有せず居所を有する個人である場合　その居所地

三　国内に本店又は主たる事務所を有する法人である場合　その本店又は主たる事務所の所在地

四　前３号に掲げる場合を除き、国内に事務所、営業所その他これらに準ずるものを有する者である場合　その事務所、営業所その他これらに準ずるものの所在地（これらが２以上ある場合には、政令で定める場所）

五　前各号に掲げる場合以外の場合　政令で定める場所

第２章　課税標準及び税率

（課税標準及び税率）

第９条　登録免許税の課税標準及び税率は、この法律に別段の定めがある場合を除くほか、登記等の区分に応じ、別表第１の課税標準欄に掲げる金額又は数量及び同表の税率欄に掲げる割合又は金額による。

（不動産等の価額）

第10条　別表第１第１号、第２号又は第４号から第４号の４までに掲げる不動産、船舶、ダム使用権、公共施設等運営権、樹木採取権又は漁港水面施設運営権の登記又は登録の場合における課税標準たる不動産、船舶、ダム使用権、公共施設等運営権、樹木採取権又は漁港水面施設運営権（以下この項において「不動産等」という。）の価額は、当該登記又は登録の時における不動産等の価額による。この場合において、当該不動産等の上に所有権以外の権利その他処分の制限が存するときは、当該権利その他処分の制限がないものとした場合の価額による。

2　前項に規定する登記又は登録をする場合において、当該登記又は登録が別表第１第１号又は第２号に掲げる不動産又は船舶の所有権の持分の取得に係るものであるときは、当該不動産又は船舶の価額は、当該不動産又は船舶の同項の規定による価額に当該持分の割合を乗じて計算した金額による。

3　前項の規定は、所有権以外の権利の持分の取得に係る登記又は登録についての課税標準の額の計算について準用する。

（一定の債権金額がない場合の課税標準）

第11条　登記又は登録につき債権金額を課税標準として登録免許税を課する場合において、一定の債権金額がないときは、当該登記又は登録の時における当該登記又は登録に係る債権の価額又は処分の制限の目的となる不動産、動産、立木、工場財団、鉱業財団、漁業財団、港湾運送事業財団、道路交通事業財団、自動車交通事業財団、観光施設財団、企業担保権、鉄道財団、軌道財団、運河財団、鉱業権、特定鉱業権、著作権、出版権、著作隣接権、特許権、実用新案権、意匠権、商標権、回路配置利用権、育

成者権、漁業権、入漁権、ダム使用権、公共施設等運営権、樹木採取権又は漁港水面施設運営権に関する権利（以下第14条までにおいて「不動産等に関する権利」という。）の価額をもつて債権金額とみなす。

2　前条の規定は、前項の不動産等に関する権利の価額について準用する。

（債権金額等の増額に係る変更の登記の場合の課税標準）

第12条　先取特権、質権又は抵当権につき工事費用の予算金額、債権金額又は極度金額を増加する登記又は登録は、その増加する部分の工事費用の予算金額、債権金額又は極度金額についての先取特権、質権又は抵当権の保存又は設定の登記又は登録とみなして、この法律の規定を適用する。

2　鉱業法（昭和25年法律第289号）第114条第２項（予定された損害賠償額の登録）の規定により登録されている損害賠償の支払金額を増加する登録は、その増加する部分の支払金額についての予定された損害賠償額の支払の登録とみなして、この法律の規定を適用する。

（共同担保の登記等の場合の課税標準及び税率）

第13条　一の登記官署等において、同時の申請（官庁又は公署の嘱託を含む。次項において同じ。）により同一の債権のために数個の不動産等に関する権利を目的とする先取特権、質権又は抵当権の保存若しくは設定、移転又は信託の登記又は登録（以下この条において「抵当権等の設定登記等」という。）を受ける場合には、これらの抵当権等の設定登記等を一の抵当権等の設定登記等とみなして、この法律の規定を適用する。この場合において、当該抵当権等の設定登記等に係る不動産等に関する権利の種類の別により別表第１に掲げる税率が異なるときは、そのうち最も低い税率をもつて当該抵当権等の設定登記等の登録免許税の税率とする。

2　同一の債権のために数個の不動産等に関する権利を目的とする抵当権等の設定登記等を受ける場合において、当該抵当権等の設定登記等の申請が最初の申請以外のものであるときは、当該抵当権等の設定登記等に係る登録免許税の課税標準及び税率は、当該抵当権等の設定登記等がこの項の規定に該当するものであることを証する財務省令で定める書類を添付して当該抵当権等の設定登記等の申請をするものに限り、当該抵当権等の設定登記等に係る不動産等に関する権利の件数１件につき1500円とする。

（担保付社債の抵当権の設定の登記等に係る課税の特例）

第14条　担保付社債でその総額を２回以上に分割して発行するものの抵当権の設定の登記又は登録については、登録免許税を課さない。この場合には、当該担保付社債につき担保付社債信託法（明治38年法律第52号）第63条第１項（分割発行の場合の社債発行に関する登記）の規定によつてする登記又は鉄道抵当法（明治38年法律第53号）第30条ノ２第２項（数回に分けて発行する担保付社債の登録）の規定によつてする登録を抵当権の設定の登記又は登録とみなし、かつ、その回の当該担保付社債の金額の合計額を債権金額とみなして、この法律の規定を適用する。

2　前項の規定の適用がある担保付社債の抵当権の移転の登記又は登録に係る登録免許税の課税標準は、当該登記又は登録の申請前に発行された当該担保付社債の金額の合計額とする。この場合において、当該担保付社債の金額がないときは、当該登録免許税の課税標準及び税率は、当該登記又は登録に係る不動産等に関する権利の件数１件につき1500円とする。

3　前２項の規定は、担保付社債でその総額を２回以上に分割して発行するものの企業担保権の設定又は移転の登記について準用する。

（課税標準の金額の端数計算）

第15条　別表第１に掲げる登記又は登録に係る課税標準の金額を計算する場合において、その全額が1000円に満たないときは、これを1000円とする。

（課税標準の数量の端数計算）

第16条　別表第１に掲げる登録に係る課税標準の数量を計算する場合には、次に定めるところによる。

一　別表第１第３号に掲げる航空機の重量は、航空機の自重トン数により、当該トン数に１トン未満の端数があるときは、その端数を切り捨て、当該トン数が１トンに満たないときは、これを１トンとする。

二　別表第１第20号に掲げる鉱区若しくは租鉱区又は同表第22号に掲げる共同開発鉱区の面積に10万平方メートル未満の端数があるときは、その端数を切り捨て、当該面積が10万平方メートルに満たないときは、これを10万平方メートルとする。

（仮登記等のある不動産等の移転登記の場合の税率の特例）

第17条　別表第１第１号（12）イからへまでに掲げる仮登記がされている同号に掲げる不動産について、当該仮登記に基づき所有権の保存若しくは移転の登記、地上権、永小作権、賃借権若しくは採石権の設定、転貸若しくは移転の登記、配偶者居住権の設定の登記、信託の登記又は相続財産の分離の登記を受ける場合には、これらの登記に係る登録免許税の税率は、当該不動産についての当該登記の同号の税率欄に掲げる割合から次の表の上欄に掲げる登記の区分に応じ同表の下欄に掲げる割合を控除した割合とする。

所有権の保存の登記	1000分の２
所有権の相続（相続人に対する遺贈を含む。以下同じ。）又は法人の合併による移転の登記	1000分の２
所有権の共有物（その共有物について有していた持分に応じた価額に対応する部分に限る。以下同じ。）の分割による移転の登記	1000分の２
所有権のその他の原因による移転の登記	1000分の10

地上権、永小作権、賃借権又は採石権の設定又は転貸の登記	1000分の5
地上権、永小作権、賃借権又は採石権の相続又は法人の合併による移転の登記	1000分の1
地上権、永小作権、賃借権又は採石権の共有に係る権利（その共有に係る権利について有していた持分に応じた価額に対応する部分に限る。以下同じ。）の分割による移転の登記	1000分の1
地上権、永小作権、賃借権又は採石権のその他の原因による移転の登記	1000分の5
配偶者居住権の設定の登記	1000分の1
所有権の信託の登記	1000分の2
先取特権、質権又は抵当権の信託の登記	1000分の1
所有権、先取特権、質権及び抵当権以外の権利の信託の登記	1000分の1
所有権である相続財産の分離の登記	1000分の2
所有権以外の権利である相続財産の分離の登記	1000分の1

2　所有権の移転の仮登記又は所有権の移転請求権の保全のための仮登記がされている別表第1第2号に掲げる船舶について、これらの仮登記に基づきその所有権の移転の登記を受ける場合には、当該登記に係る登録免許税の税率は、同号(2)の税率欄に掲げる割合から1000分の4を控除した割合とする。

3　所有権の移転の仮登録又は所有権の移転請求権の保全のための仮登録がされている航空機について、これらの仮登録に基づき移転登録を受けるときは、当該登録に係る登録免許税の税率は、1トンにつき1万5000円とする。

4　地上権、永小作権、賃借権若しくは採石権の設定の登記がされている土地又は賃借権若しくは配偶者居住権の設定の登記がされている建物について、その土地又は建物に係るこれらの権利の登記名義人がその土地又は建物の取得に伴いその所有権の移転の登記を受けるときは、当該登記に係る登録免許税の税率は、別表第1第1号(2)の税率欄に掲げる割合に100分の50を乗じて計算した割合とする。

（事業協同組合等が組織変更等により受ける設立登記の税額）

第17条の2　事業協同組合、企業組合その他の政令で定める者が、その組織を変更して株式会社若しくは合同会社となる場合又は分割により新たに株式会社若しくは合同会社を設立する場合における組織変更又は分割による株式会社若しくは合同会社の設立の登記に係る登録免許税の額は、税率を1000分の7として計算した金額（株式会社の設立の場合において当該金額が15万円に満たないときは15万円とし、合同会社の設立の場合において当該金額が6万円に満たないときは6万円とする。）とする。

（特例有限会社の通常の株式会社への移行の登記）

第17条の3　会社法の施行に伴う関係法律の整備等に関する法律（平成17年法律第87号）第46条（特例有限会社の通常の株式会社への移行の登記）の規定による株式会社の設立の登記は、別表第1第24号(1)ホに掲げる組織変更による株式会社の設立の登記とみなして、この法律の規定を適用する。

（2以上の登記等を受ける場合の税額）

第18条　同一の登記等の申請書（当該登記等が官庁又は公署の嘱託による場合には、当該登記等の嘱託書）により、別表第1に掲げる登記等の区分に応じ2以上の登記等を受ける場合における登録免許税の額は、各登記等につき同表に掲げる税率を適用して計算した金額の合計金額とする。

（定率課税の場合の最低税額）

第19条　別表第1に掲げる登記又は登録につき同表に掲げる税率を適用して計算した金額が1000円に満たない場合には、当該登記又は登録に係る登録免許税の額は、1000円とする。

（政令への委任）

第20条　この章に定めるもののほか、登録免許税の課税標準及び税額の計算に関し必要な事項は、政令で定める。

第3章　納付及び還付

第1節　納付

（現金納付）

第21条　登記等を受ける者は、この法律に別段の定めがある場合を除き、当該登記等につき課されるべき登録免許税の額に相当する登録免許税を国に納付し、当該納付に係る領収証書を当該登記等の申請書（当該登記等を受ける者が当該登記等に係る登記官署等の使用に係る電子計算機（入出力装置を含む。以下同じ。）と当該登記等の申請又は嘱託をする者の使用に係る電子計算機とを電気通信回線で接続した電子情報処理組織（以下「電子情報処理組織」という。）を使用して当該登記等の申請を行う場合には、当該登記等に係る登記機関の定める書類。第26条及び第31条第2項を除き、以下同じ。）に貼り付けて当該登記等に係る登記官署等に提出しなければならない。

（印紙納付）

第22条　登記等（第24条第1項に規定する免許等を除く。）を受ける者は、当該登記等につき課されるべき登録免許税の額が3万円以下である場合その他政令で定める場合には、当該登録免許税の額に相当する金額の印紙を当該登記等の申請書に貼り付けて登記官署等に提出することにより、国に納付することができる。

（嘱託登記等の場合の納付）

第23条　官庁又は公署が別表第1第1号から第31号までに掲げる登記等を受ける者のために当該登記等

を登記官署等に嘱託する場合には、当該登記等を受ける者は、当該登記等につき課されるべき登録免許税の額に相当する登録免許税を国に納付し、当該納付に係る領収証書を当該官庁又は公署に提出しなければならない。この場合において、当該官庁又は公署は、当該領収証書を当該登記等の嘱託書（当該官庁又は公署が電子情報処理組織を使用して当該登記等の嘱託を行う場合には、当該登記等に係る登記機関の定める書類。第25条及び第31条第3項において同じ。）に貼り付けて登記官署等に提出するものとする。

2　前項の場合において、登録免許税の額が3万円以下であるときは、登記等を受ける者は、同項の規定にかかわらず、同項の嘱託する官庁又は公署に対し、当該登録免許税の額に相当する金額の印紙を提出して登録免許税を国に納付することができる。この場合において、当該官庁又は公署は、当該印紙を同項に規定する登記等の嘱託書に貼り付けて登記官署等に提出するものとする。

（免許等の場合の納付の特例）

第24条　別表第1に掲げる登録、特許、免許、許可、認可、認定、指定又は技能証明で政令で定めるもの（以下この章において「免許等」という。）につき課されるべき登録免許税については、当該免許等を受ける者は、当該免許等に係る登記機関が定めた期限までに、当該登録免許税の額に相当する登録免許税を国に納付し、当該納付に係る領収証書を当該登記機関の定める書類に貼り付けて登記官署等に提出しなければならない。

2　免許等に係る登記機関は、当該免許等に係る前項の登録免許税の納付の期限及び書類を定めなければならない。この場合には、その期限を当該免許等をする日から1月を経過する日後としてはならない。

（電子情報処理組織を使用する方法等による納付の特例）

第24条の2　登記等を受ける者又は次条第1項の規定による委託を受けた納付受託者（第24条の4第1項に規定する納付受託者をいう。次条において同じ。）は、当該登記等につき課されるべき登録免許税の額に相当する登録免許税又は当該委託を受けた登録免許税を、第21条から前条までの規定にかかわらず、電子情報処理組織を使用する方法その他の情報通信の技術を利用する方法であつて財務省令で定めるものにより国に納付することができる。ただし、登記機関が当該財務省令で定める方法による当該登録免許税の額の納付の事実を確認することができない場合として財務省令で定める場合は、この限りでない。

2　免許等につき課されるべき登録免許税の額に相当する登録免許税を前項に規定する財務省令で定める方法により国に納付する場合には、当該免許等に係る登記機関は、当該免許等につき課されるべき登録免許税の納付の期限を定めなければならない。この場合には、その期限を当該免許等をする日から1月を経過する日後としてはならない。

（納付受託者に対する納付の委託）

第24条の3　登記等を受ける者は、当該登記等につき課されるべき登録免許税の額に相当する登録免許税を電子情報処理組織を使用する方法その他の情報通信の技術を利用する方法により行う納付受託者に対する通知で財務省令で定めるものに基づき納付しようとするときは、当該納付受託者に納付を委託することができる。

2　前項の規定により免許等につき課されるべき登録免許税の額に相当する登録免許税の納付を委託する場合における前条第2項の規定の適用については、同項中「納付の」とあるのは、「納付の委託の」とする。

3　登記等を受ける者が第1項の通知に基づき登録免許税を納付しようとする場合において、納付受託者が当該登録免許税の納付の委託を受けたときは、当該委託を受けた日に当該登録免許税の納付があつたものとみなして、国税通則法の延滞税に関する規定を適用する。

（納付受託者）

第24条の4　登録免許税の納付に関する事務（以下この項及び第24条の6第1項において「納付事務」という。）を適正かつ確実に実施することができると認められる者であり、かつ、政令で定める要件に該当する者として登記等を所管する省庁の長（以下「所管省庁の長」という。）が指定するもの（以下「納付受託者」という。）は、当該登記等を受ける者の委託を受けて、納付事務を行うことができる。

2　所管省庁の長は、前項の規定による指定をしたときは、納付受託者の名称、住所又は事務所の所在地その他財務省令で定める事項を公示しなければならない。

3　納付受託者は、その名称、住所又は事務所の所在地を変更しようとするときは、あらかじめ、その旨を所管省庁の長に届け出なければならない。

4　所管省庁の長は、前項の規定による届出があつたときは、当該届出に係る事項を公示しなければならない。

（納付受託者の納付）

第24条の5　納付受託者は、第24条の3第1項の規定による委託を受けたときは、政令で定める日までに当該委託を受けた登録免許税を国に納付しなければならない。

2　納付受託者は、第24条の3第1項の規定による委託を受けたときは、遅滞なく、財務省令で定めるところにより、その旨及びその年月日を当該委託に係る所管省庁の長に報告しなければならない。

（納付受託者の帳簿保存等の義務）

第24条の6　納付受託者は、財務省令で定めるところにより、帳簿を備え付け、これに納付事務に関する事項を記載し、及びこれを保存しなければならない。

2　所管省庁の長は、前2条及びこの条の規定を施行するため必要があると認めるときは、その必要な限度で、財務省令で定めるところにより、納付受託者に対し、報告をさせることができる。

3　所管省庁の長は、前2条及びこの条の規定を施行するため必要があると認めるときは、その必要な限度で、その職員に、納付受託者の事務所に立ち入り、納付受託者の帳簿書類（その作成又は保存に代えて電磁的記録（電子的方式、磁気的方式その他人の知覚によつては認識することができない方式で作られる記録であつて、電子計算機による情報処理の用に供されるものをいう。）の作成又は保存がされている場合における当該電磁的記録を含む。）その他必要な物件を検査させ、又は関係者に質問させることができる。

4　前項の規定により立入検査を行う職員は、その身分を示す証明書を携帯し、かつ、関係者の請求があるときは、これを提示しなければならない。

5　第3項に規定する権限は、犯罪捜査のために認められたものと解してはならない。

（納付受託者の指定の取消し）

第24条の7　所管省庁の長は、第24条の4第1項の規定による指定を受けた者が次の各号のいずれかに該当するときは、その指定を取り消すことができる。

一　第24条の4第1項に規定する指定の要件に該当しなくなつたとき。

二　第24条の5第2項又は前条第2項の規定による報告をせず、又は虚偽の報告をしたとき。

三　前条第1項の規定に違反して、帳簿を備え付けず、帳簿に記載せず、若しくは帳簿に虚偽の記載をし、又は帳簿を保存しなかつたとき。

四　前条第3項の規定による立入り若しくは検査を拒み、妨げ、若しくは忌避し、又は同項の規定による質問に対して陳述をせず、若しくは虚偽の陳述をしたとき。

2　所管省庁の長は、前項の規定により指定を取り消したときは、その旨を公示しなければならない。

（納付の確認）

第25条　登記機関は、登記等をするとき（第24条第1項の規定により同項に規定する書類が免許等をした後に提出される場合及び第24条の2第2項の納付の期限が免許等をした日後である場合並びに納付受託者が第24条の3第1項の規定による委託を受けた場合にあつては、財務省令で定めるとき）は、当該登記等につき課されるべき登録免許税の額の納付の事実を確認しなければならない。この場合において、当該納付が第22条、第23条第2項又は次条第3項の規定により印紙をもつてされたものであるときは、当該登記等の申請書（当該登記等が第23条の官庁又は公署の嘱託による場合にあつては、当該登記等の嘱託書）の紙面と印紙の彩紋とにかけて判明に消印しなければならない。

（課税標準及び税額の認定）

第26条　登記機関は、登記等の申請書（当該登記等が官庁又は公署の嘱託による場合にあつては当該登記等の嘱託書とし、当該登記等が免許等である場合にあつては財務省令で定める書類とする。次項及び第4項において同じ。）に記載された当該登記等に係る登録免許税の課税標準の金額若しくは数量又は登録免許税の額が国税に関する法律の規定に従つていなかつたとき、その他当該課税標準の金額若しくは数量又は登録免許税の額がその調査したところと異なるときは、その調査したところにより認定した課税標準の金額若しくは数量又は登録免許税の額を当該登記等を受ける者に通知するものとする。ただし、他の法令の規定により当該登記等の申請を却下するときは、この限りでない。

2　前項の通知を受けた者は、当該通知に係る登記等を受けることをやめる場合を除き、遅滞なく、当該通知を受けた登録免許税の額と当該登記等の申請書に記載された登録免許税の額との差額に相当する登録免許税を国に納付し、その納付に係る領収証書を当該通知に係る登記官署等に提出しなければならない。

3　前項の場合において、第1項の通知に係る登録免許税が免許等以外の登記等に係るものであり、かつ、当該通知をした登記機関が認めるときは、前項に規定する登記等を受ける者は、遅滞なく、同項に規定する差額に相当する金額の印紙を当該通知に係る登記官署等に提出することにより、当該差額に相当する登録免許税を国に納付することができる。

4　第2項の場合において、第1項の通知を受けた者は、当該通知に係る登記等の申請書に記載された登録免許税を第24条の2第1項に規定する財務省令で定める方法により納付しているときは、第2項に規定する差額に相当する登録免許税を当該方法により国に納付することができる。

（納期限）

第27条　登録免許税を納付すべき期限は、次の各号に掲げる登録免許税の区分に応じ、当該各号に定める時又は期限とする。

一　次号に掲げる登録免許税以外の登録免許税　当該登録免許税の納付の基因となる登記等を受ける時

二　免許等に係る登録免許税で当該登録免許税に係る第24条第1項又は第24条の2第2項（第24条の3第2項の規定により読み替えて適用する場合を含む。）の期限が当該登録免許税の納付の基因となる免許等を受ける日後であるもの　当該期限

（納付不足額の通知）

第28条　登記機関は、登録免許税の納期限後において登記等を受けた者が第21条から第23条まで（第35条第4項の規定により読み替えて適用する場合を含む。）、第24条、第24条の2第1項又は第26条第2項から第4項までの規定により当該登記等につき納付すべき登録免許税の額の全部又は一部を納付していない事実を知つたときは、第3項の規定の適用がある場合を除き、遅滞なく、当該登記等を受けた者の当該登録免許税に係る第8条第2項の規定による納税地の所轄税務署長に対し、その旨及び財務省令で定める事項を通知しなければならない。

2　前項の通知は、登記等を受けた者が二人以上ある場合には、そのうち登記機関の選定した者（当該登記等が登記又は登録の権利者及び義務者の申請に係るものである場合には、当該権利者のうちから選定した者）の同項の納税地

の所轄税務署長にするものとする。

3　登記機関は、登録免許税の納期限（第24条の5第1項に規定する政令で定める日が当該納期限後に到来する場合には、当該政令で定める日）後において、納付受託者が第24条の3第1項の規定による委託を受けた登録免許税の額の全部又は一部を納付していない事実を知つたときは、遅滞なく、当該納付受託者の住所又は事務所の所在地の所轄税務署長に対し、その旨及び財務省令で定める事項を通知しなければならない。

（税務署長による徴収）

第29条　税務署長は、前条第1項の通知を受けた場合には、当該通知に係る同項に規定する納付していない登録免許税を当該通知に係る登記等を受けた者から徴収する。

2　税務署長は、前条第3項の通知を受けた場合には、国税の保証人に関する徴収の例により当該通知に係る同項に規定する納付していない登録免許税を当該通知に係る納付受託者から徴収する。

3　税務署長は、第24条の5第1項の規定により納付受託者が納付すべき登録免許税については、当該納付受託者に対して国税通則法第40条（滞納処分）の規定による処分をしてもなお徴収すべき残余がある場合でなければ、その残余の額について当該登録免許税に係る登記等を受けた者から徴収することができない。

4　税務署長は、第1項に規定する場合のほか、登記等を受けた者が第21条から第23条まで（第35条第4項の規定により読み替えて適用する場合を含む。）、第24条、第24条の2第1項又は第26条第2項から第4項までの規定により当該登記等につき納付すべき登録免許税の額の全部又は一部を納付していない事実を知つた場合には、当該納付していない登録免許税をその者から徴収する。

（納付手続等の政令への委任）

第30条　この節に定めるもののほか、登録免許税の納付の手続その他この節の規定の適用に関し必要な事項は、政令で定める。

第2節　還付

（過誤納金の還付等）

第31条　登記機関は、次の各号に掲げる場合のいずれかに該当する場合には、遅滞なく、当該各号に定める登録免許税の額その他政令で定める事項を登記等の申請をした者又は登記等を受けた者（これらの者が二人以上ある場合には、そのうち登記機関の選定した者）の当該登録免許税に係る第8条第2項の規定による納税地の所轄税務署長に通知しなければならない。

一　登録免許税を納付して登記等の申請をした者につき当該申請が却下された場合（第4項において準用する第3項の証明をする場合を除く。）　当該納付された登録免許税の額

二　登録免許税を納付して登記等の申請をした者につき当該申請の取下げがあつた場合（第3項の証明をする場合を除く。）　当該納付された登録免許税の額

三　過大に登録免許税を納付して登記等を受けた場合　当該過大に納付した登録免許税の額

2　登記等を受けた者は、当該登記等の申請書（当該登記等が官庁又は公署の嘱託による場合にあつては当該登記等の嘱託書とし、当該登記等が免許等である場合にあつては財務省令で定める書類とする。）に記載した登録免許税の課税標準又は税額の計算が国税に関する法律の規定に従つていなかつたこと又は当該計算に誤りがあつたことにより、登録免許税の過誤納があるときは、当該登記等を受けた日（当該登記等が免許等である場合において、当該免許等に係る第24条第1項又は第24条の2第2項（第24条の3第2項の規定により読み替えて適用する場合を含む。）に規定する期限が当該免許等をした日後であるときは、当該期限）から5年を経過する日までに、政令で定めるところにより、その旨を登記機関に申し出て、前項の通知をすべき旨の請求をすることができる。

3　登記機関は、登記等を受ける者から登記等の申請の取下げにあわせて、当該登記等の申請書（当該登記等が第23条の官庁又は公署の嘱託による場合にあつては当該登記等の嘱託書とし、当該登記等が免許等である場合にあつては当該登記等に係る登記機関の定める書類とする。次項において同じ。）に貼り付けられた登録免許税の領収証書又は印紙で使用済みの旨の記載又は消印がされたものを当該登記官署等における登記等について当該取下げの日から1年以内に再使用したい旨の申出があつたときは、政令で定めるところにより、当該領収証書又は印紙につき再使用することができる証明をすることができる。この場合には、第5項の申出があつたときを除き、当該証明を受けた領収証書又は印紙に係る登録免許税は、還付しない。

4　前項の規定は、登記機関が、登記等の却下に伴い当該登記等の申請書を当該申請者に返付する場合において、当該申請書に貼り付けられた登録免許税の領収証書又は印紙で使用済みの旨の記載又は消印がされたものを当該登記官署等における登記等について当該却下の日から1年以内に再使用させることを適当と認めるときについて準用する。

5　第3項（前項において準用する場合を含む。）の証明を受けた者は、当該証明に係る領収証書又は印紙を再使用しないこととなつたときは、当該証明をした登記機関に対し、当該証明のあつた日から1年を経過した日までに、政令で定めるところにより、当該証明を無効とするとともに、当該領収証書で納付した登録免許税又は当該印紙の額に相当する登録免許税の還付を受けたい旨の申出をすることができる。この場合において、当該申出があつたときは、当該申出を新たな登記等の申請の却下又は取下げとみなして第1項の規定を適用する。

6　第24条の2第1項に規定する財務省令で定める方法により登録免許税を納付した者が当該登録免許税の納付に係る登記等を受けることをやめる場合には、当該登録免許税を納付した者は、当該納付した日（第24条の3第1項の規定により当該登録免許税の納付の委託をした

者にあつては、当該納付の委託をした日。次項において同じ。）から6月を経過する日までに、政令で定めるところによりその旨を登記機関に申し出て、当該登録免許税の額その他政令で定める事項を当該登録免許税を納付した者の当該登録免許税に係る第8条第2項の規定による納税地の所轄税務署長に対し通知をすべき旨の請求をすることができる。

7　第24条の2第1項に規定する財務省令で定める方法により登録免許税を納付した者が当該納付した日から6月を経過する日までに当該登録免許税の納付に係る登記等の申請をしなかつた場合には、前項の請求があつたものとみなす。

8　登録免許税の過誤納金に対する国税通則法第56条から第58条まで（還付・充当・還付加算金）の規定の適用については、次の各号に掲げる場合の区分に応じ、当該各号に定める日に納付があつたものとみなす。ただし、当該各号（第2号を除く。）に掲げる場合のいずれかに該当する場合の登録免許税に係る過誤納金のうち当該各号に定める日後に納付された登録免許税の額に相当する部分については、この限りでない。

一　登録免許税を納付して登記等の申請をした者につき当該申請を却下した場合（第4項において準用する第3項の証明をした場合を除く。）　当該却下した日

二　第5項の申出があつた場合　当該申出があつた日

三　登録免許税を納付して登記等の申請をした者につき当該申請の取下げがあつた場合（第3項の証明をした場合を除く。）　当該取下げがあつた日

四　過大に登録免許税を納付して登記等を受けた場合　当該登記等を受けた日（当該登記等が免許等である場合において、当該免許等を受けた日が当該免許等に係る第27条第2号に定める期限前であるときは、当該期限）

五　第24条の2第1項に規定する財務省令で定める方法により登録免許税を納付した者が当該登録免許税の納付の基因となる登記等の申請をしなかつた場合　第6項の申出があつた日（同項の申出がなかつた場合には、前項に規定する6月を経過する日）

第4章　雑則

（通知）

第32条　登記機関（政令で定める登記機関については、政令で定める省庁の長）は、政令で定めるところにより、その年の前年4月1日からその年3月31日までの期間内にした登記等に係る登録免許税の納付額を、その年7月31日までに財務大臣に通知しなければならない。

第33条　削除

（変更の届出に係る登録が新たな登録とみなされる場合の当該届出の取扱い）

第34条　保険業法（平成7年法律第105号）第280条第2項（変更等の届出等）の規定による登録のうち別表第1第37号の規定により同法第276条（登録）の特定保険募集人の登録とみなされるものに係る同法第280条第1項第1号の規定による届出については、これを当該登録に係る申請とみなして、この法律の規定を適用する。

（届出が有料職業紹介事業の許可とみなされる場合の当該届出の取扱い）

第34条の2　別表第1第81号の規定により職業安定法（昭和22年法律第141号）第30条第1項（有料職業紹介事業の許可）の有料の職業紹介事業の許可とみなされる高年齢者等の雇用の安定等に関する法律（昭和46年法律第68号）第38条第2項（業務等）の規定による届出については、これを当該許可に係る申請とみなして、前章及びこの章の規定を適用する。

（認定が一般貨物自動車運送事業の許可等とみなされる場合の取扱い）

第34条の3　福島復興再生特別措置法（平成24年法律第25号）第7条第1項（福島復興再生計画の認定）に規定する福島復興再生計画の同条第14項の認定（同法第7条の2第1項（東日本大震災復興特別区域法の準用）において読み替えて準用する東日本大震災復興特別区域法（平成23年法律第122号）第6条第1項（認定復興推進計画の変更）の変更の認定を含む。）が次の各号に掲げる規定により当該各号に定める登記等とみなされる場合における福島復興再生特別措置法第71条第3項（流通機能向上事業に係る許認可等の特例）の同意をした者については、当該福島復興再生計画に係る同法第7条第1項の規定による申請を当該同意をした者の当該登記等に係る申請とみなして、前章及びこの章の規定を適用する。

一　別表第1第125号　貨物自動車運送事業法（平成元年法律第83号）第3条（一般貨物自動車運送事業の許可）の一般貨物自動車運送事業の許可

二　別表第1第139号　貨物利用運送事業法（平成元年法律第82号）第3条第1項（登録）の第1種貨物利用運送事業の登録若しくは同法第7条第1項（変更登録等）の変更登録、同法第20条（許可）の第2種貨物利用運送事業の許可若しくは同法第25条第1項（事業計画及び集配事業計画）の事業計画の変更の認可、同法第35条第1項（登録）の第1種貨物利用運送事業の登録若しくは同法第39条第1項（変更登録等）の変更登録又は同法第45条第1項（許可）の第2種貨物利用運送事業の許可若しくは同法第46条第2項（事業計画）の事業計画の変更の認可

三　別表第1第140号　倉庫業法（昭和31年法律第121号）第3条（登録）の倉庫業者の登録又は同法第7条第1項（変更登録等）の変更登録

（認定が旅行業者代理業の登録とみなされる場合の取扱い）

第34条の4　奄美群島振興開発特別措置法（昭和29年法律第189号）第11条第1項（産業振興促進計画の認定）に規定する産業振興促進計画の同条第8項（同法第13条第2項（認定産業振興促進計画の変更）において準用する場合を含む。）の認定が別表第1第142号の規定により旅行業法（昭和27年法律第239号）第3条（登録）の旅行業者代理業の登録とみなされる場合における奄美群島振興開発特別措置法第11条第5項の同意をした者については、当該産業振興促進計画に係る同条第1項の規

定による申請を当該同意をした者の当該登録に係る申請とみなして、前章及びこの章の規定を適用する。

2　小笠原諸島振興開発特別措置法（昭和44年法律第79号）第11条第1項（産業振興促進計画の認定）に規定する産業振興促進計画の同条第8項（同法第13条第2項（認定産業振興促進計画の変更）において準用する場合を含む。）の認定が別表第1第142号の規定により旅行業法第3条の旅行業者代理業の登録とみなされる場合における小笠原諸島振興開発特別措置法第11条第5項の同意をした者については、当該産業振興促進計画に係る同条第1項の規定による申請を当該同意をした者の当該登録に係る申請とみなして、前章及びこの章の規定を適用する。

（認定等が鉄道事業の許可等とみなされる場合の取扱い）

第34条の5　地域公共交通の活性化及び再生に関する法律（平成19年法律第59号）第27条の2第1項（地域旅客運送サービス継続事業の実施）に規定する地域旅客運送サービス継続実施計画の同法第27条の3第2項（地域旅客運送サービス継続実施計画の認定）（同条第7項において準用する場合を含む。）の認定若しくは同法第27条の14第1項（地域公共交通利便増進事業の実施）（同法第29条の9（鉄道事業再構築事業等に関する規定の準用）において準用する場合を含む。）に規定する地域公共交通利便増進実施計画の同法第27条の15第2項（地域公共交通利便増進実施計画の認定）（同条第7項において準用する場合及びこれらの規定を同法第29条の9において準用する場合を含む。）の認定又は同法第29条の4第1項（交通手段再構築実証事業計画の作成）に規定する交通手段再構築実証事業計画の同条第6項（同条第7項において準用する場合を含む。）の規定による公表が次の各号に掲げる規定により当該各号に定める登記等とみなされる場合における同法第27条の2第3項の同意をした者若しくは同法第27条の14第4項の同意をした者若しくは同項に規定する協定締結実施主体（以下この条において「協定締結実施主体」という。）又は当該交通手段再構築実証事業計画に定められた同法第29条の4第1項に規定する交通手段再構築実証事業の同条第2項第2号の実施主体（以下この条において「実施主体」という。）については、当該地域旅客運送サービス継続実施計画に係る同法第27条の3第1項の規定による申請若しくは当該地域公共交通利便増進実施計画に係る同法第27条の15第1項の規定による申請又は当該交通手段再構築実証事業計画に係る同法第29条の4第4項の規定による協議の申出を、これらの同意をした者若しくは協定締結実施主体又は実施主体の当該登記等に係る申請とみなして、前章及びこの章の規定を適用する。

一　別表第1第120号　鉄道事業法（昭和61年法律第92号）第3条第1項（許可）の第1種鉄道事業、第2種鉄道事業若しくは第3種鉄道事業の許可又は軌道法（大正10年法律第76号）第3条（事業の特許）の軌道事業の特許

二　別表第1第125号　道路運送法（昭和26年法律第183号）第4条第1項（一般旅客自動車運送事業の許可）の一般旅客自動車運送事業の許可又は同法第15条第1項（事業計画の変更）の事業計画の変更の認可

三　別表第1第125号の3　道路運送法第79条（登録）の自家用有償旅客運送者の登録又は同法第79条の7第1項（変更登録等）の変更登録

四　別表第1第133号　海上運送法（昭和24年法律第187号）第3条第1項（一般旅客定期航路事業の許可）の一般旅客定期航路事業の許可

（電子情報処理組織等を使用した登記等の申請等）

第35条　登記等を受ける者又は官庁若しくは公署が電子情報処理組織を使用して当該登記等の申請又は嘱託を行つた場合には、当該登記等の申請又は嘱託は、書面により行われたものとみなして、この法律その他登録免許税に関する法令の規定を適用する。

2　前項に規定する場合において、第4条第2項に規定する財務省令で定める書類の添付の方法その他前項の規定の適用に関し必要な事項は、財務省令で定める。

3　登記を受ける者又は官庁若しくは公署が不動産登記法（平成16年法律第123号）第18条（申請の方法）（他の法令において準用する場合を含む。）の規定により磁気ディスクを提出して登記の申請又は嘱託を行つた場合には、当該登記の申請又は嘱託（当該磁気ディスクに係る部分に限る。）は、書面により行われたものとみなして、この法律その他登録免許税に関する法令の規定を適用する。

4　前項の場合（登記の申請に必要な情報の全部を記録した磁気ディスクを提出して登記の申請又は嘱託を行つた場合に限る。）において、当該登記につき課されるべき登録免許税の額に相当する登録免許税を第21条から第23条までの規定により国に納付するときは、第21条中「当該登記等に係る登記官署等の使用に係る電子計算機（入出力装置を含む。以下同じ。）と当該登記等の申請又は嘱託をする者の使用に係る電子計算機とを電気通信回線で接続した電子情報処理組織（以下「電子情報処理組織」という。）を使用して」とあり、及び第23条第1項中「電子情報処理組織を使用して」とあるのは、「磁気ディスクを提出して」と読み替えて適用するものとする。

5　第2項の規定は、第3項に規定する場合について準用する。

別表第１　課税範囲、課税標準及び税率の表（第2条、第5条、第9条、第10条、第13条、第15条〜第17条、第17条の3〜第19条、第23条、第24条、第34条〜第34条の5関係）

登記、登録、特許、免許、許可、認可、認定、指定又は技能証明の事項	課税標準	税率
１　不動産の登記（不動産の信託の登記を含む。） （注）この号において「不動産」とは、土地及び建物並びに立木に関する法律（明治42年法律第22号）第１条第１項（定義）に規定する立木をいう。		
(1)　所有権の保存の登記	不動産の価額	1000分の４
(2)　所有権の移転の登記		
イ　相続又は法人の合併による移転の登記	不動産の価額	1000分の４
ロ　共有物の分割による移転の登記	不動産の価額	1000分の４
ハ　その他の原因による移転の登記	不動産の価額	1000分の20
(3)　地上権、永小作権、賃借権又は採石権の設定、転貸又は移転の登記		
イ　設定又は転貸の登記	不動産の価額	1000分の10
ロ　相続又は法人の合併による移転の登記	不動産の価額	1000分の２
ハ　共有に係る権利の分割による移転の登記	不動産の価額	1000分の２
ニ　その他の原因による移転の登記	不動産の価額	1000分の10
(3の2)　配偶者居住権の設定の登記	不動産の価額	1000分の２
(4)　地役権の設定の登記	承役地の不動産の個数	１個につき1500円
(5)　先取特権の保存、質権若しくは抵当権の設定、強制競売、担保不動産競売（その例による競売を含む。以下単に「競売」という。）、強制管理若しくは担保不動産収益執行に係る差押え、仮差押え、仮処分又は抵当付債権の差押えその他権利の処分の制限の登記	債権金額、極度金額又は不動産工事費用の予算金額	1000分の４
(6)　先取特権、質権又は抵当権の移転の登記		
イ　相続又は法人の合併による移転の登記	債権金額又は極度金額	1000分の１
ロ　その他の原因による移転の登記	債権金額又は極度金額	1000分の２
(7)　根抵当権の一部譲渡又は法人の分割による移転の登記	一部譲渡又は分割後の共有者の数で極度金額を除して計算した金額	1000分の２
(8)　抵当権の順位の変更の登記	抵当権の件数	１件につき1000円
(9)　賃借権の先順位抵当権に優先する同意の登記	賃借権及び抵当権の件数	１件につき1000円
(10)　信託の登記		
イ　所有権の信託の登記	不動産の価額	1000分の４
ロ　先取特権、質権又は抵当権の信託の登記	債権金額又は極度金額	1000分の２
ハ　その他の権利の信託の登記	不動産の価額	1000分の２
(11)　相続財産の分離の登記		
イ　所有権の分離の登記	不動産の価額	1000分の４
ロ　所有権以外の権利の分離の登記	不動産の価額	1000分の２

⑿　仮登記		
イ　所有権の保存の仮登記又は保存の請求権の保全のための仮登記	不動産の価額	1000分の2
ロ　所有権の移転の仮登記又は移転の請求権の保全のための仮登記		
(1)　相続又は法人の合併による移転の仮登記又は移転の請求権の保全のための仮登記	不動産の価額	1000分の2
(2)　共有物の分割による移転の仮登記又は移転の請求権の保全のための仮登記	不動産の価額	1000分の2
(3)　その他の原因による移転の仮登記又は移転の請求権の保全のための仮登記	不動産の価額	1000分の10
ハ　地上権、永小作権、賃借権若しくは採石権の設定、転貸若しくは移転の仮登記又は設定、転貸若しくは移転の請求権の保全のための仮登記		
(1)　設定若しくは転貸の仮登記又は設定若しくは転貸の請求権の保全のための仮登記	不動産の価額	1000分の5
(2)　相続又は法人の合併による移転の仮登記又は移転の請求権の保全のための仮登記	不動産の価額	1000分の1
(3)　共有に係る権利の分割による移転の仮登記又は移転の請求権の保全のための仮登記	不動産の価額	1000分の1
(4)　その他の原因による移転の仮登記又は移転の請求権の保全のための仮登記	不動産の価額	1000分の5
ニ　配偶者居住権の設定の仮登記	不動産の価額	1000分の1
ホ　信託の仮登記又は信託の設定の請求権の保全のための仮登記		
(1)　所有権の信託の仮登記又は信託の設定の請求権の保全のための仮登記	不動産の価額	1000分の2
(2)　先取特権、質権若しくは抵当権の信託の仮登記又は信託の設定の請求権の保全のための仮登記	債権金額又は極度金額	1000分の1
(3)　その他の権利の信託の仮登記又は信託の設定の請求権の保全のための仮登記	不動産の価額	1000分の1
ヘ　相続財産の分離の仮登記又は移転の請求権の保全のための仮登記		
(1)　所有権の分離の仮登記又は移転の請求権の保全のための仮登記	不動産の価額	1000分の2
(2)　所有権以外の権利の分離の仮登記又は移転の請求権の保全のための仮登記	不動産の価額	1000分の1
ト　その他の仮登記	不動産の個数	1個につき1000円
⒀　所有権の登記のある不動産の表示の変更の登記で次に掲げるもの		
イ　土地の分筆又は建物の分割若しくは区分による登記事項の変更の登記	分筆又は分割若しくは区分後の不動産の個数	1個につき1000円

ロ　土地の合筆又は建物の合併による登記事項の変更の登記	合筆又は合併後の不動産の個数	１個につき1000円
⒁　付記登記、抹消された登記の回復の登記又は登記事項の更正若しくは変更の登記（これらの登記のうち、⑴から⒀までに掲げるもの及び土地又は建物の表示に関するものを除く。）	不動産の個数	１個につき1000円
⒂　登記の抹消（土地又は建物の表題部の登記の抹消を除く。）	不動産の個数 （同一の申請書により20個を超える不動産について登記の抹消を受ける場合には、申請件数１件につき２万円）	１個につき1000円
２から４の４　省略		
５　工場財団、鉱業財団、漁業財団、港湾運送事業財団、道路交通事業財団、自動車交通事業財団又は観光施設財団の登記（これらの財団の信託の登記を含む。）		
⑴　所有権の保存の登記	財団の数	１個につき３万円
⑵　抵当権の設定、強制競売、競売、強制管理若しくは担保不動産収益執行に係る差押え、仮差押え、仮処分又は抵当付債権の差押えその他権利の処分の制限の登記	債権金額又は極度金額	1000分の2.5
⑶　抵当権の移転の登記	債権金額又は極度金額	1000分の1.5
⑷　根抵当権の一部譲渡又は法人の分割による移転の登記	一部譲渡又は分割後の共有者の数で極度金額を除して計算した金額	1000分の1.5
⑸　抵当権の順位の変更の登記	抵当権の件数	１件につき6000円
⑹　信託の登記	債権金額又は極度金額	1000分の1.5
⑺　付記登記、仮登記、抹消された登記の回復の登記又は登記事項の更正若しくは変更の登記（これらの登記のうち⑴から⑹までに掲げるものを除く。）	財団の数	１個につき6000円
⑻　登記の抹消	財団の数	１個につき6000円
６から８　省略		
９　動産の譲渡又は債権の譲渡若しくは質権の設定の登記		
⑴　動産の譲渡の登記	申請件数	１件につき１万5000円
⑵　債権の譲渡又は質権の設定の登記	申請件数	１件につき１万5000円
⑶　⑴又は⑵に掲げる登記の存続期間を延長する登記	申請件数	１件につき7500円
⑷　登記の抹消	申請件数	１件につき1000円
10から23　省略		
24　会社又は外国会社の商業登記（保険業法の規定によつてする相互会社及び外国相互会社の登記並びに一般社団法人及び一般財団法人に関する法律（平成18年法律第48号）の規定によつてする一般社団法人（公益社団法人を除く。以下この号において同じ。）及び一般財団法人（公益財団法人を除く。以下この号において同じ。）の登記を含む。）		
⑴　会社又は相互会社若しくは一般社団法人若しくは一般財団法人（以下この号において「一般社団法人等」という。）の登記（⑶に掲げる登記を除く。）		

登記の区分	課税標準	税率
イ　株式会社の設立の登記（ホ及びトに掲げる登記を除く。）	資本金の額	1000分の７
	（これによつて計算した税額が15万円に満たないときは、申請件数１件につき15万円）	
ロ　合名会社若しくは合資会社又は一般社団法人等の設立の登記	申請件数	１件につき６万円
ハ　合同会社の設立の登記（ホ及びトに掲げる登記を除く。）	資本金の額	1000分の７
	（これによつて計算した税額が６万円に満たないときは、申請件数１件につき６万円）	
ニ　株式会社又は合同会社の資本金の増加の登記（ヘ及びチに掲げる登記を除く。）	増加した資本金の額	1000分の７
	（これによつて計算した税額が３万円に満たないときは、申請件数１件につき３万円）	
ホ　新設合併又は組織変更若しくは種類の変更による株式会社又は合同会社の設立の登記	資本金の額	1000分の1.5（新設合併により消滅した会社又は組織変更若しくは種類の変更をした会社の当該新設合併又は組織変更若しくは種類の変更の直前における資本金の額として財務省令で定めるものを超える資本金の額に対応する部分については、1000分の７）
	（これによつて計算した税額が３万円に満たないときは、申請件数１件につき３万円）	
ヘ　吸収合併による株式会社又は合同会社の資本金の増加の登記	増加した資本金の額	1000分の1.5（吸収合併により消滅した会社の当該吸収合併の直前における資本金の額として財務省令で定めるものを超える資本金の額に対応する部分については、1000分の７）
	（これによつて計算した税額が３万円に満たないときは、申請件数１件につき３万円）	
ト　新設分割による株式会社又は合同会社の設立の登記	資本金の額	1000分の７
	（これによつて計算した税額が３万円に満たないときは、申請件数１件につき３万円）	
チ　吸収分割による株式会社又は合同会社の資本金の増加の登記	増加した資本金の額	1000分の７
	（これによつて計算した税額が３万円に満たないときは、申請件数１件につき３万円）	
リ　相互会社の設立（新設合併又は組織変更による設立を含む。）の登記	申請件数	１件につき30万円
ヌ　新株予約権の発行による変更の登記	申請件数	１件につき９万円

ル　支店又は従たる事務所の設置の登記	支店又は従たる事務所の数	１箇所につき６万円
ヲ　本店若しくは主たる事務所又は支店若しくは従たる事務所の移転の登記	本店若しくは主たる事務所又は支店若しくは従たる事務所の数	１箇所につき３万円
ワ　取締役会、監査役会、監査等委員会若しくは指名委員会等（会社法第２条第12号（定義）に規定する指名委員会等をいう。以下(1)において同じ。）又は理事会に関する事項の変更の登記	申請件数	１件につき３万円
カ　取締役、代表取締役若しくは特別取締役、会計参与、監査役、会計監査人、指名委員会等の委員、執行役若しくは代表執行役若しくは社員又は理事、監事、代表理事若しくは評議員に関する事項の変更（会社又は相互会社若しくは一般社団法人等の代表に関する事項の変更を含む。）の登記	申請件数	１件につき３万円（資本金の額が１億円以下の会社又は一般社団法人等については、１万円）
ヨ　支配人の選任の登記又はその代理権の消滅の登記	申請件数	１件につき３万円
タ　取締役、代表取締役若しくは特別取締役、会計参与、監査役若しくは指名委員会等の委員、執行役若しくは代表執行役の職務執行の停止若しくは職務代行者の選任、社員の業務執行権の消滅、職務執行の停止若しくは職務代行者の選任又は理事、監事、代表理事若しくは評議員の職務執行の停止若しくは職務代行者の選任の登記	申請件数	１件につき３万円
レ　会社又は相互会社若しくは一般社団法人等の解散の登記	申請件数	１件につき３万円
ソ　会社若しくは一般社団法人等の継続の登記、合併を無効とする判決が確定した場合における合併により消滅した会社若しくは相互会社若しくは一般社団法人等の回復の登記又は会社若しくは相互会社若しくは一般社団法人等の設立の無効若しくはその設立の取消しの登記	申請件数	１件につき３万円
ツ　登記事項の変更、消滅又は廃止の登記（これらの登記のうちイからソまでに掲げるものを除く。）	申請件数	１件につき３万円
ネ　登記の更正の登記	申請件数	１件につき２万円
ナ　登記の抹消	申請件数	１件につき２万円
(2)　外国会社又は外国相互会社の登記（(3)に掲げる登記を除く。）		
イ　営業所の設置の登記（ロに掲げる登記を除く。）	営業所の数	１箇所につき９万円
ロ　営業所を設置していない場合の外国会社の登記又は当該営業所を設置していない外国会社が初めて設置する一の営業所の設置の登記	申請件数	１件につき６万円
ハ　イ、ロ及びニに掲げる登記以外の登記	申請件数	１件につき9000円
ニ　登記の更正の登記又は登記の抹消	申請件数	１件につき6000円

(3)　会社又は相互会社若しくは一般社団法人等の清算に係る登記（外国会社又は外国相互会社の清算に係る登記を含む。）		
イ　清算人又は代表清算人の登記	申請件数	1件につき9000円
ロ　清算人若しくは代表清算人の職務執行の停止若しくはその取消し若しくは変更又は清算人若しくは代表清算人の職務代行者の選任、解任若しくは変更の登記	申請件数	1件につき6000円
ハ　清算の結了の登記	申請件数	1件につき2000円
ニ　登記事項の変更、消滅若しくは廃止の登記（これらの登記のうちロに掲げるものを除く。）、登記の更正の登記又は登記の抹消	申請件数	1件につき6000円
25から28の２　省略		
29　個人の商業登記		
(1)　個人につきその本店の所在地においてする登記		
イ　商号の新設の登記又はその取得による変更の登記	申請件数	1件につき３万円
ロ　支配人の選任又はその代理権の消滅の登記	申請件数	1件につき３万円
ハ　商法（明治32年法律第48号）第５条（未成年者登記）又は第６条第１項（後見人登記）の規定による登記	申請件数	1件につき１万8000円
ニ　商法第17条第２項（営業譲渡の際の免責の登記）の登記	申請件数	1件につき１万8000円
ホ　商号の廃止の登記又は登記の更正、変更若しくは消滅の登記（これらの登記のうちイ又はロに掲げるものを除く。）	申請件数	1件につき6000円
ヘ　登記の抹消	申請件数	1件につき6000円
(2)　個人につきその支店の所在地においてする登記		
イ　(1)イからニまでに掲げる登記	申請件数	1件につき9000円
ロ　(1)ホに掲げる登記又は登記の抹消	申請件数	1件につき6000円
30から160　省略		

別表第２・別表第３　省略

工場抵当法　抜粋

明治38年法律第54号
最終改正　令和4年法律第68号

第2条　工場ノ所有者カ工場ニ属スル土地ノ上ニ設定シタル抵当権ハ建物ヲ除クノ外其ノ土地ニ附加シテ之ト一体ヲ成シタル物及其ノ土地ニ備附ケタル機械、器具其ノ他工場ノ用ニ供スル物ニ及フ但シ設定行為ニ別段ノ定アルトキ及債務者ノ行為ニ付キ民法（明治29年法律第89号）第424条第3項ニ規定スル詐害行為取消請求ヲスルコトヲ得ル場合ハ此ノ限ニ在ラス
② 前項ノ規定ハ工場ノ所有者カ工場ニ属スル建物ノ上ニ設定シタル抵当権ニ之ヲ準用ス

第3条　工場ノ所有者カ工場ニ属スル土地又ハ建物ニ付抵当権ヲ設定スル場合ニ於テハ不動産登記法（平成16年法律第123号）第59条各号、第83条第1項各号並ニ第88条第1項各号及第2項各号ニ掲ゲタル事項ノ外其ノ土地又ハ建物ニ備付ケタル機械、器具其ノ他工場ノ用ニ供スル物ニシテ前条ノ規定ニ依リ抵当権ノ目的タルモノヲ抵当権ノ登記ノ登記事項トス
② 登記官ハ前項ニ規定スル登記事項ヲ明カニスル為法務省令ノ定ムルトコロニ依リ之ヲ記録シタル目録ヲ作成スルコトヲ得
③ 第1項ノ抵当権ヲ設定スル登記ヲ申請スル場合ニ於テハ其ノ申請情報ト併セテ前項ノ目録ニ記録スベキ情報ヲ提供スベシ
④ 第38条乃至第42条ノ規定ハ第2項ノ目録ニ之ヲ準用ス

第8条　工場ノ所有者ハ抵当権ノ目的ト為ス為1箇又ハ数箇ノ工場ニ付工場財団ヲ設クルコトヲ得数箇ノ工場カ各別ノ所有者ニ属スルトキ亦同シ
② 工場財団ニ属スルモノハ同時ニ他ノ財団ニ属スルコトヲ得ス
③ 工場財団ハ抵当権ノ登記ガ全部抹消セラレタル後若ハ抵当権ガ第42条ノ2第2項ノ規定ニ依リ消滅シタル後6箇月内ニ新ナル抵当権ノ設定ノ登記ヲ受ケザルトキ又ハ第44条ノ2ノ規定ニ依ル登記ヲ為シタルトキハ消滅ス

第11条　工場財団ハ左ニ掲クルモノノ全部又ハ一部ヲ以テ之ヲ組成スルコトヲ得
一　工場ニ属スル土地及工作物
二　機械、器具、電柱、電線、配置諸管、軌条其ノ他ノ附属物
三　地上権
四　賃貸人ノ承諾アルトキハ物ノ賃借権
五　工業所有権
六　ダム使用権

第13条　他人ノ権利ノ目的タルモノ又ハ差押、仮差押若ハ仮処分ノ目的タルモノハ工場財団ニ属セシムルコトヲ得ス
② 工場財団ニ属スルモノハ之ヲ譲渡シ又ハ所有権以外ノ権利、差押、仮差押若ハ仮処分ノ目的ト為スコトヲ得ス但シ抵当権者ノ同意ヲ得テ賃貸ヲ為スハ此ノ限ニ在ラス

第14条　工場財団ハ之ヲ1箇ノ不動産ト看做ス
② 工場財団ハ所有権及抵当権以外ノ権利ノ目的タルコトヲ得ス但シ抵当権者ノ同意ヲ得テ之ヲ賃貸スルハ此ノ限ニ在ラス

第20条　工場財団登記簿ハ其ノ一登記記録ヲ表題部及権利部ニ分ツ
② 表題部ニハ工場財団ノ表示ニ関スル事項ヲ記録ス
③ 権利部ニハ所有権及抵当権ニ関スル事項ヲ記録ス

第22条　工場財団ニ付所有権保存ノ登記ヲ申請スル場合ニ於テハ法務省令ヲ以テ定ムル情報ノ外其ノ申請情報ト併セテ工場財団目録ニ記録スベキ情報ヲ提供スベシ

第38条　工場財団目録ニ掲ケタル事項ニ変更ヲ生シタルトキハ所有者ハ遅滞ナク工場財団目録ノ記録ノ変更ノ登記ヲ申請スヘシ
② 前項ノ登記ノ申請ヲスルニハ其ノ申請情報ト併セテ抵当権者ノ同意ヲ証スル情報又ハ之ニ代ルヘキ裁判ガアリタルコトヲ証スル情報ヲ提供スベシ

第39条　工場財団ニ属スルモノニ変更ヲ生シ又ハ新ニ他ノモノヲ財団ニ属セシメタルニ因リ変更ノ登記ヲ申請スルトキハ変更シタルモノ又ハ新ニ属シタルモノヲ工場財団目録ニ記録スル為ノ情報ヲ提供スベシ

第42条　工場財団ニ属シタルモノカ滅失シ又ハ財団ニ属セサルニ至リタルニ因リ変更ノ登記ノ申請アリタルトキハ目録ニ其ノ登記ノ目的タルモノカ滅失シ又ハ財団ニ属セサルニ至リタル旨、申請ノ受付ノ年月日及受付番号ヲ記録シ其ノモノノ表示ヲ抹消スル記号ヲ記録スベシ

第42条ノ2　工場ノ所有者ハ数箇ノ工場ニ付設定シタル1箇ノ工場財団ヲ分割シテ数箇ノ工場財団ト為スコトヲ得
② 抵当権ノ目的タル甲工場財団ヲ分割シテ其ノ一部ヲ乙工場財団ト為シタルトキハ其ノ抵当権ハ乙工場財団ニ付消滅ス
③ 前項ノ場合ニ於ケル工場財団ノ分割ハ抵当権者ガ乙工場財団ニ付抵当権ノ消滅ヲ承諾スルニ非ザレバ之ヲ為スコトヲ得ズ

第44条ノ2　工場財団ニ付抵当権ノ登記ガ全部抹消セラレタルトキ又ハ抵当権ガ第42条ノ2第2項ノ規定ニ依リ消滅シタルトキハ所有者ハ工場財団ノ消滅ノ登記ヲ申請スルコトヲ得但シ其ノ工場財団ノ登記記録ニ所有権ノ登記以外ノ登記アルトキハ此ノ限ニ在ラズ

抵当証券法　抜粋

昭和６年法律第15号
最終改正　令和３年法律第37号

第14条　抵当証券ノ発行アリタルトキハ抵当権及債権ノ処分ハ抵当証券ヲ以テスルニ非ザレバ之ヲ為スコトヲ得ズ

②　抵当権ト債権トハ分離シテ之ヲ処分スルコトヲ得ズ

第15条　抵当証券ノ譲渡ハ裏書ニ依リテ之ヲ為ス

②　手形法第13条第１項ノ規定ハ前項ノ裏書ニ之ヲ準用ス尚其ノ裏書ニハ被裏書人ノ氏名又ハ商号、裏書人ノ住所及裏書ノ年月日ヲ記載スルコトヲ要ス

第16条　抵当証券ノ発行アリタル場合ニ於テハ抵当権ノ変更ハ不動産登記法（平成16年法律第123号）ノ定ムル所ニ従ヒ其ノ登記ヲ為シ且抵当証券ノ記載ノ変更ヲ為スニ非ザレバ之ヲ以テ第三者ニ対抗スルコトヲ得ズ数個ノ不動産ニ付抵当権アル場合ニ於テ其ノ一ヲ消滅セシメタルトキ亦同ジ

第19条　抵当証券ノ発行アリタル場合ニ於テ登記官ガ抵当権ノ変更、消滅又ハ更正ノ登記ヲ完了シタルトキハ抵当証券ノ記載ヲ変更シ之ヲ其ノ所持人ニ還付スルコトヲ要ス

第25条　抵当証券ノ所持人ハ元本ノ一部又ハ利息ノ支払アリタルトキハ証券ニ其ノ金額及受領ノ年月日ヲ記載シ且之ニ記名捺印スルコトヲ要ス

第27条　抵当証券ノ所持人ハ元本ノ弁済期後１月内ニ債務者ニ対シテ支払ノ請求ヲ為スコトヲ要ス

②　前項ノ場合ニ於テ債務者ガ支払ヲ為サザルトキハ抵当証券ノ所持人ハ公証人又ハ執行官ニ其ノ支払ナキ旨ノ証明ヲ求ムルコトヲ要ス

第28条　抵当証券ニ元本及利息ノ支払ノ場所ノ記載ナキ場合ニ於テ債務者ノ現時ノ住所ガ知レザルトキハ登記簿ニ記録シタル住所ニ於テ支払ノ請求ヲ為スヲ以テ足ル

第30条　抵当証券ノ所持人ハ債務者ガ元本ノ支払ヲ為サザルトキハ弁済期ヨリ３月内ニ抵当権ノ目的タル土地、建物又ハ地上権ニ付競売ノ申立ヲ為スコトヲ要ス

②　已ムコトヲ得ザル事由ニ因リ前項ノ期間内ニ競売ノ申立ヲ為スコト能ハザルトキハ抵当証券ノ所持人ハ期間ノ伸長ヲ裁判所ニ請求スルコトヲ得裏書人全員ノ同意アリタルトキ亦同ジ

第31条　抵当証券ノ所持人ハ競売代金ヲ以テ支払ヲ受ケザル債権ノ部分ニ付テノミ其ノ前者ニ対シ償還ノ請求ヲ為スコトヲ得但シ第27条又ハ前条ニ定メタル手続ヲ為サザリシトキハ其ノ権利ヲ失フ

第38条　抵当証券ノ所持人又ハ償還ヲ為シタル裏書人ハ左ノ金額中支払アラザリシモノニ付其ノ前者又ハ債務者ニ対シ償還又ハ支払ノ請求ヲ為スコトヲ得

一　元本及支払ノ請求ヲ為シタル日迄ノ利息

二　支払ノ請求ヲ為シタル日後ノ元本ニ対スル法定利率ニ依ル利息但シ約定利率ガ法定利率ニ超ユルトキハ約定利率ニ依ル利息

三　第27条第２項ノ規定ニ依ル証明書作成ノ費用其ノ他ノ費用

仮登記担保契約に関する法律抜粋

昭和53年法律第78号
最終改正　平成16年法律第152号

（趣旨）
第1条　この法律は、金銭債務を担保するため、その不履行があるときは債権者に債務者又は第三者に属する所有権その他の権利の移転等をすることを目的としてされた代物弁済の予約、停止条件付代物弁済契約その他の契約で、その契約による権利について仮登記又は仮登録のできるもの（以下「仮登記担保契約」という。）の効力等に関し、特別の定めをするものとする。

（所有権移転の効力の制限等）
第2条　仮登記担保契約が土地又は建物（以下「土地等」という。）の所有権の移転を目的とするものである場合には、予約を完結する意思を表示した日、停止条件が成就した日その他のその契約において所有権を移転するものとされている日以後に、債権者が次条に規定する清算金の見積額（清算金がないと認めるときは、その旨）をその契約の相手方である債務者又は第三者（以下「債務者等」という。）に通知し、かつ、その通知が債務者等に到達した日から2月を経過しなければ、その所有権の移転の効力は、生じない。

2　前項の規定による通知は、同項に規定する期間（以下「清算期間」という。）が経過する時の土地等の見積価額並びにその時の債権及び債務者等が負担すべき費用で債権者が代わつて負担したもの（土地等が2個以上あるときは、各土地等の所有権の移転によつて消滅させようとする債権及びその費用をいう。）の額（以下「債権等の額」という。）を明らかにしてしなければならない。

（清算金）
第3条　債権者は、清算期間が経過した時の土地等の価額がその時の債権等の額を超えるときは、その超える額に相当する金銭（以下「清算金」という。）を債務者等に支払わなければならない。

2　民法（明治29年法律第89号）第533条の規定は、清算金の支払の債務と土地等の所有権移転の登記及び引渡しの債務の履行について準用する。

3　前2項の規定に反する特約で債務者等に不利なものは、無効とする。ただし、清算期間が経過した後にされたものは、この限りでない。

（物上代位）
第4条　第2条第1項に規定する場合において、債権者のために土地等の所有権の移転に関する仮登記がされているときは、その仮登記（以下「担保仮登記」という。）後に登記（仮登記を含む。）がされた先取特権、質権又は抵当権を有する者は、その順位により、債務者等が支払を受けるべき清算金（同項の規定による通知に係る清算金の見積額を限度とする。）に対しても、その権利を行うことができる。この場合には、清算金の払渡し前に差押えをしなければならない。

2　前項の規定は、担保仮登記後にされた担保仮登記（第14条の担保仮登記を除く。以下「後順位の担保仮登記」という。）の権利者について準用する。

3　第13条第2項及び第3項の規定は、後順位の担保仮登記の権利者が前項の規定によりその権利を行う場合について準用する。

（優先弁済請求権）
第13条　担保仮登記がされている土地等に対する強制競売、担保権の実行としての競売又は企業担保権の実行手続（以下「強制競売等」という。）においては、その担保仮登記の権利者は、他の債権者に先立つて、その債権の弁済を受けることができる。この場合における順位に関しては、その担保仮登記に係る権利を抵当権とみなし、その担保仮登記のされた時にその抵当権の設定の登記がされたものとみなす。

2　前項の場合において、担保仮登記の権利者が利息その他の定期金を請求する権利を有するときは、その満期となつた最後の2年分についてのみ、同項の規定による権利を行うことができる。

3　前項の規定は、担保仮登記の権利者が債務の不履行によつて生じた損害の賠償を請求する権利を有する場合において、その最後の2年分についても、これを適用する。ただし、利息その他の定期金と通算して2年分を超えることができない。

（強制競売等の場合の担保仮登記）
第15条　担保仮登記がされている土地等につき強制競売等の開始の決定があつた場合において、その決定が清算金の支払の債務の弁済前（清算金がないときは、清算期間の経過前）にされた申立てに基づくときは、担保仮登記の権利者は、その仮登記に基づく本登記の請求をすることができない。

2　前項の強制競売等の開始の決定があつた場合において、その決定が清算金の支払の債務の弁済後（清算金がないときは、清算期間の経過後）にされた申立てに基づくときは、担保仮登記の権利者は、その土地等の所有権の取得をもつて差押債権者に対抗することができる。

第16条　担保仮登記がされている土地等につき強制競売等が行われたときは、担保仮登記に係る権利は、前条第2項の場合を除き、その土地等の売却によつて消滅する。

2　民事執行法（昭和54年法律第4号）第59条第2項及び第3項の規定は前項の規定により消滅する担保仮登記に係る権利を有する者に対抗することができない土地等に係る権利の取得及び仮処分の執行について、同条第5項の規定は利害関係を有する者のした前項の規定又はこの項において準用する同条第2項の規定と異なる合意の届出について準用する。

（強制競売等の特則）
第17条　裁判所書記官は、所有権の移転に関する仮登記がされている土地等に対する強制競売又は担保権の実行としての競売において配当要求の終期を定めたときは、仮登記の権利者に対し、その仮登記が、担保仮登記であるときはその旨並びに債権（利息その他の附帯の債権を含む。）の存否、原因及び額を、担保仮登記でないときはその旨を配当要求の終期までに執行裁判所に届け出るべき旨を催告しなければならない。

2　差押えの登記前にされた担保仮登記に係る権利で売却により消滅するものを有する債権者は、前項の規定による債権の届出をしたときに限り、売却代金の配当又は弁済金の交付を受けることができる。

3　所有権の移転に関する仮登記がされている土地等につき企業担保権の実行の開始の決定があつたときは、管財人は、仮登記の権利者に対し、第1項に規定する事項を企業担保法（昭和33年法律第106号）第22条第1項第5号の期間内に届け出るべき旨を催告しなければならない。

4　民事執行法第50条の規定は第1項又は前項の規定による催告を受けた仮登記の権利者について、同法第87条第2項の規定は第2項の債権者のための担保仮登記が仮差押えの登記後にされたものである場合について、同条第3項の規定は第2項の債権者のための担保仮登記が執行停止に係る差押えの登記後にされたものである場合について準用する。

（不動産登記の特則）

第18条　担保仮登記の権利者は、清算金を供託した日から1月を経過した後にその担保仮登記に基づき不動産登記法（平成16年法律第123号）第109条第1項に規定する本登記を申請する場合には、同項の規定にかかわらず、先取特権、質権若しくは抵当権を有する者又は後順位の担保仮登記の権利者が第4条第1項（同条第2項において準用する場合を含む。）の差押えをしたこと及び清算金を供託したことをもつてこれらの者の承諾に代えることができる。ただし、その本登記の申請に係る土地等につきこれらの者のために担保権の実行としての競売の申立ての登記がされているときは、この限りでない。

農地法　抜粋

昭和27年法律第229号
最終改正　令和4年法律第68号

第2章　権利移動及び転用の制限等

（農地又は採草放牧地の権利移動の制限）

第3条　農地又は採草放牧地について所有権を移転し、又は地上権、永小作権、質権、使用貸借による権利、賃借権若しくはその他の使用及び収益を目的とする権利を設定し、若しくは移転する場合には、政令で定めるところにより、当事者が農業委員会の許可を受けなければならない。ただし、次の各号のいずれかに該当する場合及び第5条第1項本文に規定する場合は、この限りでない。

一　第46条第1項又は第47条の規定によつて所有権が移転される場合

二　削除

三　第37条から第40条までの規定によつて農地中間管理権（農地中間管理事業の推進に関する法律第2条第5項に規定する農地中間管理権をいう。以下同じ。）が設定される場合

四　第41条の規定によつて同条第1項に規定する利用権が設定される場合

五　これらの権利を取得する者が国又は都道府県である場合

六　土地改良法（昭和24年法律第195号）、農業振興地域の整備に関する法律（昭和44年法律第58号）、集落地域整備法（昭和62年法律第63号）又は市民農園整備促進法（平成2年法律第44号）による交換分合によつてこれらの権利が設定され、又は移転される場合

七　農地中間管理事業の推進に関する法律第18条第7項の規定による公告があつた農用地利用集積等促進計画の定めるところによつて同条第1項の権利が設定され、又は移転される場合

八　特定農山村地域における農林業等の活性化のための基盤整備の促進に関する法律（平成5年法律第72号）第9条第1項の規定による公告があつた所有権移転等促進計画の定めるところによつて同法第2条第3項第3号の権利が設定され、又は移転される場合

九　農山漁村の活性化のための定住等及び地域間交流の促進に関する法律（平成19年法律第48号）第9条第1項の規定による公告があつた所有権移転等促進計画の定めるところによつて同法第5条第10項の権利が設定され、又は移転される場合

九の二　農林漁業の健全な発展と調和のとれた再生可能エネルギー電気の発電の促進に関する法律（平成25年法律第81号）第17条の規定による公告があつた所有権移転等促進計画の定めるところによつて同法第条5第4項の権利が設定され、又は移転される場合

十　民事調停法（昭和26年法律第222号）による農事調停によつてこれらの権利が設定され、又は移転される場合
十一　土地収用法（昭和26年法律第219号）その他の法律によつて農地若しくは採草放牧地又はこれらに関する権利が収用され、又は使用される場合
十二　遺産の分割、民法（明治29年法律第89号）第768条第２項（同法第749条及び第771条において準用する場合を含む。）の規定による財産の分与に関する裁判若しくは調停又は同法第958条の２の規定による相続財産の分与に関する裁判によつてこれらの権利が設定され、又は移転される場合
十三　農地中間管理機構が、農林水産省令で定めるところによりあらかじめ農業委員会に届け出て、農業経営基盤強化促進法第７条第１号に掲げる事業の実施によりこれらの権利を取得する場合
十四　農業協同組合法第10条第３項の信託の引受けの事業又は農業経営基盤強化促進法第７条第２号に掲げる事業（以下これらを「信託事業」という。）を行う農業協同組合又は農地中間管理機構が信託事業による信託の引受けにより所有権を取得する場合及び当該信託の終了によりその委託者又はその一般承継人が所有権を取得する場合
十四の二　農地中間管理機構が、農林水産省令で定めるところによりあらかじめ農業委員会に届け出て、農地中間管理事業（農地中間管理事業の推進に関する法律第２条第３項に規定する農地中間管理事業をいう。以下同じ。）の実施により農地中間管理権又は経営受託権（同法第８条第３項第３号ロに規定する経営受託権をいう。）を取得する場合
十四の三　農地中間管理機構が引き受けた農地貸付信託（農地中間管理事業の推進に関する法律第２条第５項第２号に規定する農地貸付信託をいう。）の終了によりその委託者又はその一般承継人が所有権を取得する場合
十五　地方自治法（昭和22年法律第67号）第252条の19第１項の指定都市（以下単に「指定都市」という。）が古都における歴史的風土の保存に関する特別措置法（昭和41年法律第１号）第19条の規定に基づいてする同法第11条第１項の規定による買入れによつて所有権を取得する場合
十六　その他農林水産省令で定める場合

2　前項の許可は、次の各号のいずれかに該当する場合には、することができない。ただし、民法第269条の２第１項の地上権又はこれと内容を同じくするその他の権利が設定され、又は移転されるとき、農業協同組合法第10条第２項に規定する事業を行う農業協同組合又は農業協同組合連合会が農地又は採草放牧地の所有者から同項の委託を受けることにより第１号に掲げる権利が取得されることとなるとき、同法第11条の50第１項第１号に掲げる場合において農業協同組合又は農業協同組合連合会が使用貸借による権利又は賃借権を取得するとき、並びに第１号、第２号及び第４号に掲げる場合において政令で定める相当の事由があるときは、この限りでない。
一　所有権、地上権、永小作権、質権、使用貸借による権利、賃借権若しくはその他の使用及び収益を目的とする権利を取得しようとする者又はその世帯員等の耕作又は養畜の事業に必要な機械の所有の状況、農作業に従事する者の数等からみて、これらの者がその取得後において耕作又は養畜の事業に供すべき農地及び採草放牧地の全てを効率的に利用して耕作又は養畜の事業を行うと認められない場合
二　農地所有適格法人以外の法人が前号に掲げる権利を取得しようとする場合
三　信託の引受けにより第１号に掲げる権利が取得される場合
四　第１号に掲げる権利を取得しようとする者（農地所有適格法人を除く。）又はその世帯員等がその取得後において行う耕作又は養畜の事業に必要な農作業に常時従事すると認められない場合
五　農地又は採草放牧地につき所有権以外の権原に基づいて耕作又は養畜の事業を行う者がその土地を貸し付け、又は質入れしようとする場合（当該事業を行う者又はその世帯員等の死亡又は第２条第２項各号に掲げる事由によりその土地について耕作、採草又は家畜の放牧をすることができないため一時貸し付けようとする場合、当該事業を行う者がその土地をその世帯員等に貸し付けようとする場合、その土地を水田裏作（田において稲を通常栽培する期間以外の期間稲以外の作物を栽培することをいう。以下同じ。）の目的に供するため貸し付けようとする場合及び農地所有適格法人の常時従事者たる構成員がその土地をその法人に貸し付けようとする場合を除く。）
六　第１号に掲げる権利を取得しようとする者又はその世帯員等がその取得後において行う耕作又は養畜の事業の内容並びにその農地又は採草放牧地の位置及び規模からみて、農地の集団化、農作業の効率化その他周辺の地域における農地又は採草放牧地の農業上の効率的かつ総合的な利用の確保に支障を生ずるおそれがあると認められる場合

3　農業委員会は、農地又は採草放牧地について使用貸借による権利又は賃借権が設定される場合において、次に掲げる要件の全てを満たすときは、前項（第２号及び第４号に係る部分に限る。）の規定にかかわらず、第１項の許可をすることができる。
一　これらの権利を取得しようとする者がその取得後においてその農地又は採草放牧地を適正に利用していないと認められる場合に使用貸借又は賃貸借の解除をする旨の条件が書面による契約において付されていること。
二　これらの権利を取得しようとする者が地域の農業における他の農業者との適切な役割分担の下に継続的かつ安定的に農業経営を行うと見込まれること。
三　これらの権利を取得しようとする者が法人である場合にあつては、その法人の業務を執行する役員又は農林水産省令で定める使用人（次条第１項第

3号において「業務執行役員等」という。）のうち、一人以上の者がその法人の行う耕作又は養畜の事業に常時従事すると認められること。

4　農業委員会は、前項の規定により第1項の許可をしようとするときは、あらかじめ、その旨を市町村長に通知するものとする。この場合において、当該通知を受けた市町村長は、市町村の区域における農地又は採草放牧地の農業上の適正かつ総合的な利用を確保する見地から必要があると認めるときは、意見を述べることができる。

5　第1項の許可は、条件をつけてすることができる。

6　第1項の許可を受けないでした行為は、その効力を生じない。

（農地の転用の制限）

第4条　農地を農地以外のものにする者は、都道府県知事（農地又は採草放牧地の農業上の効率的かつ総合的な利用の確保に関する施策の実施状況を考慮して農林水産大臣が指定する市町村（以下「指定市町村」という。）の区域内にあつては、指定市町村の長。以下「都道府県知事等」という。）の許可を受けなければならない。ただし、次の各号のいずれかに該当する場合は、この限りでない。

一　次条第1項の許可に係る農地をその許可に係る目的に供する場合

二　国又は都道府県等（都道府県又は指定市町村をいう。以下同じ。）が、道路、農業用用排水施設その他の地域振興上又は農業振興上の必要性が高いと認められる施設であつて農林水産省令で定めるものの用に供するため、農地を農地以外のものにする場合

三　農地中間管理事業の推進に関する法律第18条第7項の規定による公告があつた農用地利用集積等促進計画の定めるところによつて設定され、又は移転された同条第1項の権利に係る農地を当該農用地利用集積等促進計画に定める利用目的に供する場合

四　特定農山村地域における農林業等の活性化のための基盤整備の促進に関する法律第9条第1項の規定による公告があつた所有権移転等促進計画の定めるところによつて設定され、又は移転された同法第2条第3項第3号の権利に係る農地を当該所有権移転等促進計画に定める利用目的に供する場合

五　農山漁村の活性化のための定住等及び地域間交流の促進に関する法律第5条第1項の規定により作成された活性化計画（同条第4項各号に掲げる事項が記載されたものに限る。）に従つて農地を同条第2項第2号に規定する活性化事業の用に供する場合又は同法第9条第1項の規定による公告があつた所有権移転等促進計画の定めるところによつて設定され、若しくは移転された同法第5条第10項の権利に係る農地を当該所有権移転等促進計画に定める利用目的に供する場合

六　土地収用法その他の法律によつて収用し、又は使用した農地をその収用又は使用に係る目的に供する場合

七　市街化区域（都市計画法（昭和43年法律第100号）第7条第1項の市街化区域と定められた区域（同法第23条第1項の規定による協議を要する場合にあつては、当該協議が調つたものに限る。）をいう。）内にある農地を、政令で定めるところによりあらかじめ農業委員会に届け出て、農地以外のものにする場合

八　その他農林水産省令で定める場合

2　前項の許可を受けようとする者は、農林水産省令で定めるところにより、農林水産省令で定める事項を記載した申請書を、農業委員会を経由して、都道府県知事等に提出しなければならない。

3　農業委員会は、前項の規定により申請書の提出があつたときは、農林水産省令で定める期間内に、当該申請書に意見を付して、都道府県知事等に送付しなければならない。

4　農業委員会は、前項の規定により意見を述べようとするとき（同項の申請書が同一の事業の目的に供するため30アールを超える農地を農地以外のものにする行為に係るものであるときに限る。）は、あらかじめ、農業委員会等に関する法律（昭和26年法律第88号）第43条第1項に規定する都道府県機構（以下「都道府県機構」という。）の意見を聴かなければならない。ただし、同法第42条第1項の規定による都道府県知事の指定がされていない場合は、この限りでない。

5　前項に規定するもののほか、農業委員会は、第3項の規定により意見を述べるため必要があると認めるときは、都道府県機構の意見を聴くことができる。

6　第1項の許可は、次の各号のいずれかに該当する場合には、することができない。ただし、第1号及び第2号に掲げる場合において、土地収用法第26条第1項の規定による告示（他の法律の規定による告示又は公告で同項の規定による告示とみなされるものを含む。次条第2項において同じ。）に係る事業の用に供するため農地を農地以外のものにしようとするとき、第1号イに掲げる農地を農業振興地域の整備に関する法律第8条第4項に規定する農用地利用計画（以下単に「農用地利用計画」という。）において指定された用途に供するため農地以外のものにしようとするときその他政令で定める相当の事由があるときは、この限りでない。

一　次に掲げる農地を農地以外のものにしようとする場合

イ　農用地区域（農業振興地域の整備に関する法律第8条第2項第1号に規定する農用地区域をいう。以下同じ。）内にある農地

ロ　イに掲げる農地以外の農地で、集団的に存在する農地その他の良好な営農条件を備えている農地として政令で定めるもの（市街化調整区域（都市計画法第7条第1項の市街化調整区域をいう。以下同じ。）内にある政令で定める農地以外の農地にあつては、次に掲げる農地を除く。）

(1)　市街地の区域内又は市街地化の傾向が著しい区域内にある農地で政令で定めるもの

(2)　(1)の区域に近接する区域その他市街地化

が見込まれる区域内にある農地で政令で定めるもの

二　前号イ及びロに掲げる農地（同号ロ(1)に掲げる農地を含む。）以外の農地を農地以外のものにしようとする場合において、申請に係る農地に代えて周辺の他の土地を供することにより当該申請に係る事業の目的を達成することができると認められるとき。

三　申請者に申請に係る農地を農地以外のものにする行為を行うために必要な資力及び信用があると認められないこと、申請に係る農地を農地以外のものにする行為の妨げとなる権利を有する者の同意を得ていないことその他農林水産省令で定める事由により、申請に係る農地の全てを住宅の用、事業の用に供する施設の用その他の当該申請に係る用途に供することが確実と認められない場合

四　申請に係る農地を農地以外のものにすることにより、土砂の流出又は崩壊その他の災害を発生させるおそれがあると認められる場合、農業用用排水施設の有する機能に支障を及ぼすおそれがあると認められる場合その他の周辺の農地に係る営農条件に支障を生ずるおそれがあると認められる場合

五　申請に係る農地を農地以外のものにすることにより、地域における効率的かつ安定的な農業経営を営む者に対する農地の利用の集積に支障を及ぼすおそれがあると認められる場合その他の地域における農地の農業上の効率的かつ総合的な利用の確保に支障を生ずるおそれがあると認められる場合として政令で定める場合

六　仮設工作物の設置その他の一時的な利用に供するため農地を農地以外のものにしようとする場合において、その利用に供された後にその土地が耕作の目的に供されることが確実と認められないとき。

7　第1項の許可は、条件を付けてすることができる。

8　国又は都道府県等が農地を農地以外のものにしようとする場合（第1項各号のいずれかに該当する場合を除く。）においては、国又は都道府県等と都道府県知事等との協議が成立することをもつて同項の許可があつたものとみなす。

9　都道府県知事等は、前項の協議を成立させようとするときは、あらかじめ、農業委員会の意見を聴かなければならない。

10　第4項及び第5項の規定は、農業委員会が前項の規定により意見を述べようとする場合について準用する。

11　第1項に規定するもののほか、指定市町村の指定及びその取消しに関し必要な事項は、政令で定める。

（農地又は採草放牧地の転用のための権利移動の制限）

第5条　農地を農地以外のものにするため又は採草放牧地を採草放牧地以外のもの（農地を除く。次項及び第4項において同じ。）にするため、これらの土地について第3条第1項本文に掲げる権利を設定し、又は移転する場合には、当事者が都道府県知事等の許可を受けなければならない。ただし、次の各号のいずれかに該当する場合は、この限りでない。

一　国又は都道府県等が、前条第1項第2号の農林水産省令で定める施設の用に供するため、これらの権利を取得する場合

二　農地又は採草放牧地を農地中間管理事業の推進に関する法律第18条第7項の規定による公告があつた農用地利用集積等促進計画に定める利用目的に供するため当該農用地利用集積等促進計画の定めるところによつて同条第1項の権利が設定され、又は移転される場合

三　農地又は採草放牧地を特定農山村地域における農林業等の活性化のための基盤整備の促進に関する法律第9条第1項の規定による公告があつた所有権移転等促進計画に定める利用目的に供するため当該所有権移転等促進計画の定めるところによつて同法第2条第3項第3号の権利が設定され、又は移転される場合

四　農地又は採草放牧地を農山漁村の活性化のための定住等及び地域間交流の促進に関する法律第9条第1項の規定による公告があつた所有権移転等促進計画に定める利用目的に供するため当該所有権移転等促進計画の定めるところによつて同法第5条第10項の権利が設定され、又は移転される場合

五　土地収用法その他の法律によつて農地若しくは採草放牧地又はこれらに関する権利が収用され、又は使用される場合

六　前条第1項第7号に規定する市街化区域内にある農地又は採草放牧地につき、政令で定めるところによりあらかじめ農業委員会に届け出て、農地及び採草放牧地以外のものにするためこれらの権利を取得する場合

七　その他農林水産省令で定める場合

2　前項の許可は、次の各号のいずれかに該当する場合には、することができない。ただし、第1号及び第2号に掲げる場合において、土地収用法第26条第1項の規定による告示に係る事業の用に供するため第3条第1項本文に掲げる権利を取得しようとするとき、第1号イに掲げる農地又は採草放牧地につき農用地利用計画において指定された用途に供するためこれらの権利を取得しようとするときその他政令で定める相当の事由があるときは、この限りでない。

一　次に掲げる農地又は採草放牧地につき第3条第1項本文に掲げる権利を取得しようとする場合

イ　農用地区域内にある農地又は採草放牧地

ロ　イに掲げる農地又は採草放牧地以外の農地又は採草放牧地で、集団的に存在する農地又は採草放牧地その他の良好な営農条件を備えている農地又は採草放牧地として政令で定めるもの（市街化調整区域内にある政令で定める農地又は採草放牧地以外の農地又は採草放牧地にあつては、次に掲げる農地又は採草放牧地を除く。）

(1)　市街地の区域内又は市街地化の傾向が著しい区域内にある農地又は採草放牧地で政令で定めるもの
(2)　(1)の区域に近接する区域その他市街地化が見込まれる区域内にある農地又は採草放牧地で政令で定めるもの
二　前号イ及びロに掲げる農地（同号ロ（1）に掲げる農地を含む。）以外の農地を農地以外のものにするため第3条第1項本文に掲げる権利を取得しようとする場合又は同号イ及びロに掲げる採草放牧地（同号ロ（1）に掲げる採草放牧地を含む。）以外の採草放牧地を採草放牧地以外のものにするためこれらの権利を取得しようとする場合において、申請に係る農地又は採草放牧地に代えて周辺の他の土地を供することにより当該申請に係る事業の目的を達成することができると認められるとき。
三　第3条第1項本文に掲げる権利を取得しようとする者に申請に係る農地を農地以外のものにする行為又は申請に係る採草放牧地を採草放牧地以外のものにする行為を行うために必要な資力及び信用があると認められないこと、申請に係る農地を農地以外のものにする行為又は申請に係る採草放牧地を採草放牧地以外のものにする行為の妨げとなる権利を有する者の同意を得ていないことその他農林水産省令で定める事由により、申請に係る農地又は採草放牧地の全てを住宅の用、事業の用に供する施設の用その他の当該申請に係る用途に供することが確実と認められない場合
四　申請に係る農地を農地以外のものにすること又は申請に係る採草放牧地を採草放牧地以外のものにすることにより、土砂の流出又は崩壊その他の災害を発生させるおそれがあると認められる場合、農業用用排水施設の有する機能に支障を及ぼすおそれがあると認められる場合その他の周辺の農地又は採草放牧地に係る営農条件に支障を生ずるおそれがあると認められる場合
五　申請に係る農地を農地以外のものにすること又は申請に係る採草放牧地を採草放牧地以外のものにすることにより、地域における効率的かつ安定的な農業経営を営む者に対する農地又は採草放牧地の利用の集積に支障を及ぼすおそれがあると認められる場合その他の地域における農地又は採草放牧地の農業上の効率的かつ総合的な利用の確保に支障を生ずるおそれがあると認められる場合として政令で定める場合
六　仮設工作物の設置その他の一時的な利用に供するため所有権を取得しようとする場合
七　仮設工作物の設置その他の一時的な利用に供するため、農地につき所有権以外の第3条第1項本文に掲げる権利を取得しようとする場合においてその利用に供された後にその土地が耕作の目的に供されることが確実と認められないとき、又は採草放牧地につきこれらの権利を取得しようとする場合においてその利用に供された後にその土地が耕作の目的若しくは主として耕作若しくは養畜の事業のための採草若しくは家畜の放牧の目的に供されることが確実と認められないとき。
八　農地を採草放牧地にするため第3条第1項本文に掲げる権利を取得しようとする場合において、同条第2項の規定により同条第1項の許可をすることができない場合に該当すると認められるとき。

3　第3条第5項及び第6項並びに前条第2項から第5項までの規定は、第1項の場合に準用する。この場合において、同条第4項中「申請書が」とあるのは「申請書が、農地を農地以外のものにするため又は採草放牧地を採草放牧地以外のもの（農地を除く。）にするためこれらの土地について第3条第1項本文に掲げる権利を取得する行為であつて、」と、「農地を農地以外のものにする行為」とあるのは「農地又はその農地と併せて採草放牧地についてこれらの権利を取得するもの」と読み替えるものとする。

4　国又は都道府県等が、農地を農地以外のものにするため又は採草放牧地を採草放牧地以外のものにするため、これらの土地について第3条第1項本文に掲げる権利を取得しようとする場合（第1項各号のいずれかに該当する場合を除く。）においては、国又は都道府県等と都道府県知事等との協議が成立することをもつて第1項の許可があつたものとみなす。

5　前条第9項及び第10項の規定は、都道府県知事等が前項の協議を成立させようとする場合について準用する。この場合において、同条第10項中「準用する」とあるのは、「準用する。この場合において、第4項中「申請書が」とあるのは「申請書が、農地を農地以外のものにするため又は採草放牧地を採草放牧地以外のもの（農地を除く。）にするためこれらの土地について第3条第1項本文に掲げる権利を取得する行為であつて、」と、「農地を農地以外のものにする行為」とあるのは「農地又はその農地と併せて採草放牧地についてこれらの権利を取得するもの」と読み替えるものとする」と読み替えるものとする。

信託法

平成18年法律第108号
最終改正　令和5年法律第53号

目次

第1章　総則

（趣旨）

第1条　信託の要件、効力等については、他の法令に定めるもののほか、この法律の定めるところによる。

（定義）

第2条　この法律において「信託」とは、次条各号に掲げる方法のいずれかにより、特定の者が一定の目的（専らその者の利益を図る目的を除く。同条において同じ。）に従い財産の管理又は処分及びその他の当該目的の達成のために必要な行為をすべきものとすることをいう。

2　この法律において「信託行為」とは、次の各号に掲げる信託の区分に応じ、当該各号に定めるものをいう。

一　次条第1号に掲げる方法による信託　同号の信託契約

二　次条第2号に掲げる方法による信託　同号の遺言

三　次条第3号に掲げる方法による信託　同号の書面又は電磁的記録（同号に規定する電磁的記録をいう。）によってする意思表示

3　この法律において「信託財産」とは、受託者に属する財産であって、信託により管理又は処分をすべき一切の財産をいう。

4　この法律において「委託者」とは、次条各号に掲げる方法により信託をする者をいう。

5　この法律において「受託者」とは、信託行為の定めに従い、信託財産に属する財産の管理又は処分及びその他の信託の目的の達成のために必要な行為をすべき義務を負う者をいう。

6　この法律において「受益者」とは、受益権を有する者をいう。

7　この法律において「受益権」とは、信託行為に基づいて受託者が受益者に対し負う債務であって信託財産に属する財産の引渡しその他の信託財産に係る給付をすべきものに係る債権（以下「受益債権」という。）

及びこれを確保するためにこの法律の規定に基づいて受託者その他の者に対し一定の行為を求めることができる権利をいう。

8　この法律において「固有財産」とは、受託者に属する財産であって、信託財産に属する財産でない一切の財産をいう。

9　この法律において「信託財産責任負担債務」とは、受託者が信託財産に属する財産をもって履行する責任を負う債務をいう。

10　この法律において「信託の併合」とは、受託者を同一とする2以上の信託の信託財産の全部を一の新たな信託の信託財産とすることをいう。

11　この法律において「吸収信託分割」とは、ある信託の信託財産の一部を受託者を同一とする他の信託の信託財産として移転することをいい、「新規信託分割」とは、ある信託の信託財産の一部を受託者を同一とする新たな信託の信託財産として移転することをいい、「信託の分割」とは、吸収信託分割又は新規信託分割をいう。

12　この法律において「限定責任信託」とは、受託者が当該信託のすべての信託財産責任負担債務について信託財産に属する財産のみをもってその履行の責任を負う信託をいう。

(信託の方法)

第3条　信託は、次に掲げる方法のいずれかによってする。

一　特定の者との間で、当該特定の者に対し財産の譲渡、担保権の設定その他の財産の処分をする旨並びに当該特定の者が一定の目的に従い財産の管理又は処分及びその他の当該目的の達成のために必要な行為をすべき旨の契約（以下「信託契約」という。）を締結する方法

二　特定の者に対し財産の譲渡、担保権の設定その他の財産の処分をする旨並びに当該特定の者が一定の目的に従い財産の管理又は処分及びその他の当該目的の達成のために必要な行為をすべき旨の遺言をする方法

三　特定の者が一定の目的に従い自己の有する一定の財産の管理又は処分及びその他の当該目的の達成のために必要な行為を自らすべき旨の意思表示を公正証書その他の書面又は電磁的記録（電子的方式、磁気的方式その他人の知覚によっては認識することができない方式で作られる記録であって、電子計算機による情報処理の用に供されるものとして法務省令で定めるものをいう。以下同じ。）で当該目的、当該財産の特定に必要な事項その他の法務省令で定める事項を記載し又は記録したものによってする方法

(信託の効力の発生)

第4条　前条第1号に掲げる方法によってされる信託は、委託者となるべき者と受託者となるべき者との間の信託契約の締結によってその効力を生ずる。

2　前条第2号に掲げる方法によってされる信託は、当該遺言の効力の発生によってその効力を生ずる。

3　前条第3号に掲げる方法によってされる信託は、次の各号に掲げる場合の区分に応じ、当該各号に定めるものによってその効力を生ずる。

一　公正証書又は公証人の認証を受けた書面若しくは電磁的記録（以下この号及び次号において「公正証書等」と総称する。）によってされる場合　当該公正証書等の作成

二　公正証書等以外の書面又は電磁的記録によってされる場合　受益者となるべき者として指定された第三者（当該第三者が二人以上ある場合にあっては、その一人）に対する確定日付のある証書による当該信託がされた旨及びその内容の通知

4　前3項の規定にかかわらず、信託は、信託行為に停止条件又は始期が付されているときは、当該停止条件の成就又は当該始期の到来によってその効力を生ずる。

(遺言信託における信託の引受けの催告)

第5条　第3条第2号に掲げる方法によって信託がされた場合において、当該遺言に受託者となるべき者を指定する定めがあるときは、利害関係人は、受託者となるべき者として指定された者に対し、相当の期間を定めて、その期間内に信託の引受けをするかどうかを確答すべき旨を催告することができる。ただし、当該定めに停止条件又は始期が付されているときは、当該停止条件が成就し、又は当該始期が到来した後に限る。

2　前項の規定による催告があった場合において、受託者となるべき者として指定された者は、同項の期間内に委託者の相続人に対し確答をしないときは、信託の引受けをしなかったものとみなす。

3　委託者の相続人が現に存しない場合における前項の規定の適用については、同項中「委託者の相続人」とあるのは、「受益者（二人以上の受益者が現に存する場合にあってはその一人、信託管理人が現に存する場合にあっては信託管理人）」とする。

(遺言信託における裁判所による受託者の選任)

第6条　第3条第2号に掲げる方法によって信託がされた場合において、当該遺言に受託者の指定に関する定めがないとき、又は受託者となるべき者として指定された者が信託の引受けをせず、若しくはこれをすることができないときは、裁判所は、利害関係人の申立てにより、受託者を選任することができる。

2　前項の申立てについての裁判には、理由を付さなければならない。

3　第1項の規定による受託者の選任の裁判に対しては、受益者又は既に存する受託者に限り、即時抗告をすることができる。

4　前項の即時抗告は、執行停止の効力を有する。

(受託者の資格)

第7条　信託は、未成年者を受託者としてすることができない。

(受託者の利益享受の禁止)

第8条　受託者は、受益者として信託の利益を享受する場合を除き、何人の名義をもってするかを問わず、信託の利益を享受することができない。

（脱法信託の禁止）

第9条　法令によりある財産権を享有することができない者は、その権利を有するのと同一の利益を受益者として享受することができない。

（訴訟信託の禁止）

第10条　信託は、訴訟行為をさせることを主たる目的としてすることができない。

（詐害信託の取消し等）

第11条　委託者がその債権者を害することを知って信託をした場合には、受託者が債権者を害することを知っていたか否かにかかわらず、債権者は、受託者を被告として、民法（明治29年法律第89号）第424条第3項に規定する詐害行為取消請求をすることができる。ただし、受益者が現に存する場合においては、当該受益者（当該受益者の中に受益権を譲り受けた者がある場合にあっては、当該受益者及びその前に受益権を譲り渡した全ての者）の全部が、受益者としての指定（信託行為の定めにより又は第89条第1項に規定する受益者指定権等の行使により受益者又は変更後の受益者として指定されることをいう。以下同じ。）を受けたことを知った時（受益権を譲り受けた者にあっては、受益権を譲り受けた時）において債権者を害することを知っていたときに限る。

2　前項の規定による詐害行為取消請求を認容する判決が確定した場合において、信託財産責任負担債務に係る債権を有する債権者（委託者であるものを除く。）が当該債権を取得した時において債権者を害することを知らなかったときは、委託者は、当該債権を有する債権者に対し、当該信託財産責任負担債務について弁済の責任を負う。ただし、同項の規定による詐害行為取消請求により受託者から委託者に移転する財産の価額を限度とする。

3　前項の規定の適用については、第49条第1項（第53条第2項及び第54条第4項において準用する場合を含む。）の規定により受託者が有する権利は、金銭債権とみなす。

4　委託者がその債権者を害することを知って信託をした場合において、受益者が受託者から信託財産に属する財産の給付を受けたときは、債権者は、受益者を被告として、民法第424条第3項に規定する詐害行為取消請求をすることができる。ただし、当該受益者（当該受益者が受益権を譲り受けた者である場合にあっては、当該受益者及びその前に受益権を譲り渡した全ての者）が、受益者としての指定を受けたことを知った時（受益権を譲り受けた者にあっては、受益権を譲り受けた時）において債権者を害することを知っていたときに限る。

5　委託者がその債権者を害することを知って信託をした場合には、債権者は、受益者を被告として、その受益権を委託者に譲り渡すことを訴えをもって請求することができる。この場合においては、前項ただし書の規定を準用する。

6　民法第426条の規定は、前項の規定による請求権について準用する。

7　受益者の指定又は受益権の譲渡に当たっては、第1項本文、第4項本文又は第5項前段の規定の適用を不当に免れる目的で、債権者を害することを知らない者（以下この項において「善意者」という。）を無償（無償と同視すべき有償を含む。以下この項において同じ。）で受益者として指定し、又は善意者に対し無償で受益権を譲り渡してはならない。

8　前項の規定に違反する受益者の指定又は受益権の譲渡により受益者となった者については、第1項ただし書及び第4項ただし書（第5項後段において準用する場合を含む。）の規定は、適用しない。

（詐害信託の否認等）

第12条　破産者が委託者としてした信託における破産法（平成16年法律第75号）第160条第1項の規定の適用については、同項各号中「これによって利益を受けた者が、その行為の当時」とあるのは「受益者が現に存する場合においては、当該受益者（当該受益者の中に受益権を譲り受けた者がある場合にあっては、当該受益者及びその前に受益権を譲り渡した全ての者）の全部が信託法第11条第1項に規定する受益者としての指定を受けたことを知った時（受益権を譲り受けた者にあっては、受益権を譲り受けた時）において」と、「知らなかったときは、この限りでない」とあるのは「知っていたときに限る」とする。

2　破産者が破産債権者を害することを知って委託者として信託をした場合には、破産管財人は、受益者を被告として、その受益権を破産財団に返還することを訴えをもって請求することができる。この場合においては、前条第4項ただし書の規定を準用する。

3　再生債務者が委託者としてした信託における民事再生法（平成11年法律第225号）第127条第1項の規定の適用については、同項各号中「これによって利益を受けた者が、その行為の当時」とあるのは「受益者が現に存する場合においては、当該受益者（当該受益者の中に受益権を譲り受けた者がある場合にあっては、当該受益者及びその前に受益権を譲り渡した全ての者）の全部が信託法（平成18年法律第108号）第11条第1項に規定する受益者としての指定を受けたことを知った時（受益権を譲り受けた者にあっては、受益権を譲り受けた時）において」と、「知らなかったときは、この限りでない」とあるのは「知っていたときに限る」とする。

4　再生債務者が再生債権者を害することを知って委託者として信託をした場合には、否認権限を有する監督委員又は管財人は、受益者を被告として、その受益権を再生債務者財産（民事再生法第12条第1項第1号に規定する再生債務者財産をいう。第25条第4項において同じ。）に返還することを訴えをもって請求することができる。この場合においては、前条第4項ただし書の規定を準用する。

5　前2項の規定は、更生会社（会社更生法（平成14年法律第154号）第2条第7項に規定する更生会社又は金融機関等の更生手続の特例等に関する法律（平成8年法律第95号）第169条第7項に規定する更生会社をいう。）又は更生協同組織金融機関（同法第4条第7項に規定する更生協同組織金融機関をいう。）について準用する。この場合において、第3項中「民事再生法（平成11年法律第225号）第127条第1項」とあるのは「会社更生法（平成14年法律第154号）第86条第1項並びに金融機関等の更生手続の特例等に関する法律（平成8年法律第95号）第57条第1項及び第223条第1項」と、「同項各号」とあるのは「これらの規定」と、前項中「再生債権者」とあるのは「更生債権者又は更生担保権者」と、「否認権限を有する監督委員又は管財人」とあるのは「管財人」と、「再生債務者財産（民事再生法第12条第1項第1号に規定する再生債務者財産をいう。第25条第4項において同じ。）」とあるのは「更生会社財産（会社更生法第2条第14項に規定する更生会社財産又は金融機関等の更生手続の特例等に関する法律第169条第14項に規定する更生会社財産をいう。）又は更生協同組織金融機関財産（同法第4条第14項に規定する更生協同組織金融機関財産をいう。）」と読み替えるものとする。

（会計の原則）

第13条　信託の会計は、一般に公正妥当と認められる会計の慣行に従うものとする。

第2章　信託財産等

（信託財産に属する財産の対抗要件）

第14条　登記又は登録をしなければ権利の得喪及び変更を第三者に対抗することができない財産については、信託の登記又は登録をしなければ、当該財産が信託財産に属することを第三者に対抗することができない。

（信託財産に属する財産の占有の瑕疵の承継）

第15条　受託者は、信託財産に属する財産の占有について、委託者の占有の瑕疵を承継する。

（信託財産の範囲）

第16条　信託行為において信託財産に属すべきものと定められた財産のほか、次に掲げる財産は、信託財産に属する。

一　信託財産に属する財産の管理、処分、滅失、損傷その他の事由により受託者が得た財産

二　次条、第18条、第19条（第84条の規定により読み替えて適用する場合を含む。以下この号において同じ。）、第226条第3項、第228条第3項及び第254条第2項の規定により信託財産に属することとなった財産（第18条第1項（同条第3項において準用する場合を含む。）の規定により信託財産に属するものとみなされた共有持分及び第19条の規定による分割によって信託財産に属することとされた財産を含む。）

（信託財産に属する財産の付合等）

第17条　信託財産に属する財産と固有財産若しくは他の信託の信託財産に属する財産との付合若しくは混和又はこれらの財産を材料とする加工があった場合には、各信託の信託財産及び固有財産に属する財産は各別の所有者に属するものとみなして、民法第242条から第248条までの規定を適用する。

第18条　信託財産に属する財産と固有財産に属する財産とを識別することができなくなった場合（前条に規定する場合を除く。）には、各財産の共有持分が信託財産と固有財産とに属するものとみなす。この場合において、その共有持分の割合は、その識別することができなくなった当時における各財産の価格の割合に応ずる。

2　前項の共有持分は、相等しいものと推定する。

3　前2項の規定は、ある信託の受託者が他の信託の受託者を兼ねる場合において、各信託の信託財産に属する財産を識別することができなくなったとき（前条に規定する場合を除く。）について準用する。この場合において、第1項中「信託財産と固有財産と」とあるのは、「各信託の信託財産」と読み替えるものとする。

（信託財産と固有財産等とに属する共有物の分割）

第19条　受託者に属する特定の財産について、その共有持分が信託財産と固有財産とに属する場合には、次に掲げる方法により、当該財産の分割をすることができる。

一　信託行為において定めた方法

二　受託者と受益者（信託管理人が現に存する場合にあっては、信託管理人）との協議による方法

三　分割をすることが信託の目的の達成のために合理的に必要と認められる場合であって、受益者の利益を害しないことが明らかであるとき、又は当該分割の信託財産に与える影響、当該分割の目的及び態様、受託者の受益者との実質的な利害関係の状況その他の事情に照らして正当な理由があるときは、受託者が決する方法

2　前項に規定する場合において、同項第2号の協議が調わないときその他同項各号に掲げる方法による分割をすることができないときは、受託者又は受益者（信託管理人が現に存する場合にあっては、信託管理人）は、裁判所に対し、同項の共有物の分割を請求することができる。

3　受託者に属する特定の財産について、その共有持分が信託財産と他の信託の信託財産とに属する場合には、次に掲げる方法により、当該財産の分割をすることができる。

一　各信託の信託行為において定めた方法

二　各信託の受益者（信託管理人が現に存する場合にあっては、信託管理人）の協議による方法

三　各信託について、分割をすることが信託の目的の達成のために合理的に必要と認められる場合であって、受益者の利益を害しないことが明らかであるとき、又は当該分割の信託財産に与える影響、当該分割の目的及び態様、受託者の受益者との実質的な利害関係の状況その他の事情に照らして正当な理由があるときは、各信託の受託者が決する方法

4　前項に規定する場合において、同項第2号の協議が調わないときその他同項各号に掲げる方法による分割をすることができないときは、各信託の受益者（信託管理人が現に存する場合にあっては、信託管理人）は、裁判所に対し、同項の共有物の分割を請求することができる。

（信託財産に属する財産についての混同の特例）

第20条　同一物について所有権及び他の物権が信託

財産と固有財産又は他の信託の信託財産とにそれぞれ帰属した場合には、民法第179条第１項本文の規定にかかわらず、当該他の物権は、消滅しない。
2　所有権以外の物権及びこれを目的とする他の権利が信託財産と固有財産又は他の信託の信託財産とにそれぞれ帰属した場合には、民法第179条第２項前段の規定にかかわらず、当該他の権利は、消滅しない。
3　次に掲げる場合には、民法第520条本文の規定にかかわらず、当該債権は、消滅しない。
一　信託財産に属する債権に係る債務が受託者に帰属した場合（信託財産責任負担債務となった場合を除く。）
二　信託財産責任負担債務に係る債権が受託者に帰属した場合（当該債権が信託財産に属することとなった場合を除く。）
三　固有財産又は他の信託の信託財産に属する債権に係る債務が受託者に帰属した場合（信託財産責任負担債務となった場合に限る。）
四　受託者の債務（信託財産責任負担債務を除く。）に係る債権が受託者に帰属した場合（当該債権が信託財産に属することとなった場合に限る。）

（信託財産責任負担債務の範囲）
第21条　次に掲げる権利に係る債務は、信託財産責任負担債務となる。
一　受益債権
二　信託財産に属する財産について信託前の原因によって生じた権利
三　信託前に生じた委託者に対する債権であって、当該債権に係る債務を信託財産責任負担債務とする旨の信託行為の定めがあるもの
四　第103条第１項又は第２項の規定による受益権取得請求権
五　信託財産のためにした行為であって受託者の権限に属するものによって生じた権利
六　信託財産のためにした行為であって受託者の権限に属しないもののうち、次に掲げるものによって生じた権利
イ　第27条第１項又は第２項（これらの規定を第75条第４項において準用する場合を含む。ロにおいて同じ。）の規定により取り消すことができない行為（当該行為の相手方が、当該行為の当時、当該行為が信託財産のためにされたものであることを知らなかったもの（信託財産に属する財産について権利を設定し又は移転する行為を除く。）を除く。）
ロ　第27条第１項又は第２項の規定により取り消すことができる行為であって取り消されていないもの
七　第31条第６項に規定する処分その他の行為又は同条第７項に規定する行為のうち、これらの規定により取り消すことができない行為又はこれらの規定により取り消すことができる行為であって取り消されていないものによって生じた権利
八　受託者が信託事務を処理するについてした不法行為によって生じた権利
九　第５号から前号までに掲げるもののほか、信託事務の処理について生じた権利
2　信託財産責任負担債務のうち次に掲げる権利に係る債務について、受託者は、信託財産に属する財産のみをもってその履行の責任を負う。
一　受益債権
二　信託行為に第216条第１項の定めがあり、かつ、第232条の定めるところにより登記がされた場合における信託債権（信託財産責任負担債務に係る債権であって、受益債権でないものをいう。以下同じ。）
三　前２号に掲げる場合のほか、この法律の規定により信託財産に属する財産のみをもってその履行の責任を負うものとされる場合における信託債権
四　信託債権を有する者（以下「信託債権者」という。）との間で信託財産に属する財産のみをもってその履行の責任を負う旨の合意がある場合における信託債権

（信託財産に属する債権等についての相殺の制限）
第22条　受託者が固有財産又は他の信託の信託財産（第１号において「固有財産等」という。）に属する財産のみをもって履行する責任を負う債務（第１号及び第２号において「固有財産等責任負担債務」という。）に係る債権を有する者は、当該債権をもって信託財産に属する債権に係る債務と相殺をすることができない。ただし、次に掲げる場合は、この限りでない。
一　当該固有財産等責任負担債務に係る債権を有する者が、当該債権を取得した時又は当該信託財産に属する債権に係る債務を負担した時のいずれか遅い時において、当該信託財産に属する債権が固有財産等に属するものでないことを知らず、かつ、知らなかったことにつき過失がなかった場合
二　当該固有財産等責任負担債務に係る債権を有する者が、当該債権を取得した時又は当該信託財産に属する債権に係る債務を負担した時のいずれか遅い時において、当該固有財産等責任負担債務が信託財産責任負担債務でないことを知らず、かつ、知らなかったことにつき過失がなかった場合
2　前項本文の規定は、第31条第２項各号に掲げる場合において、受託者が前項の相殺を承認したときは、適用しない。
3　信託財産責任負担債務（信託財産に属する財産のみをもってその履行の責任を負うものに限る。）に係る債権を有する者は、当該債権をもって固有財産に属する債権に係る債務と相殺をすることができない。ただし、当該信託財産責任負担債務に係る債権を有する者が、当該債権を取得した時又は当該固有財産に属する債権に係る債務を負担した時のいずれか遅い時において、当該固有財産に属する債権が信託財産に属するものでないことを知らず、かつ、知らなかったことにつき過失がなかった場合は、この限りでない。
4　前項本文の規定は、受託者が同項の相殺を承認したときは、適用しない。

（信託財産に属する財産に対する強制執行等の制限等）
第23条　信託財産責任負担債務に係る債権（信託財産

に属する財産について生じた権利を含む。次項において同じ。）に基づく場合を除き、信託財産に属する財産に対しては、強制執行、仮差押え、仮処分若しくは担保権の実行若しくは競売（担保権の実行としてのものを除く。以下同じ。）又は国税滞納処分（その例による処分を含む。以下同じ。）をすることができない。

2　第３条第３号に掲げる方法によって信託がされた場合において、委託者がその債権者を害することを知って当該信託をしたときは、前項の規定にかかわらず、信託財産責任負担債務に係る債権を有する債権者のほか、当該委託者（受託者であるものに限る。）に対する債権で信託前に生じたものを有する者は、信託財産に属する財産に対し、強制執行、仮差押え、仮処分若しくは担保権の実行若しくは競売又は国税滞納処分をすることができる。

3　第11条第１項ただし書、第７項及び第８項の規定は、前項の規定の適用について準用する。

4　前２項の規定は、第２項の信託がされた時から２年間を経過したときは、適用しない。

5　第１項又は第２項の規定に違反してされた強制執行、仮差押え、仮処分又は担保権の実行若しくは競売に対しては、受託者又は受益者は、異議を主張することができる。この場合においては、民事執行法（昭和54年法律第４号）第38条及び民事保全法（平成元年法律第91号）第45条の規定を準用する。

6　第１項又は第２項の規定に違反してされた国税滞納処分に対しては、受託者又は受益者は、異議を主張することができる。この場合においては、当該異議の主張は、当該国税滞納処分について不服の申立てをする方法でする。

（費用又は報酬の支弁等）

第24条　前条第５項又は第６項の規定による異議に係る訴えを提起した受益者が勝訴（一部勝訴を含む。）した場合において、当該訴えに係る訴訟に関し、必要な費用（訴訟費用を除く。）を支出したとき、又は弁護士、弁護士法人、弁護士・外国法事務弁護士共同法人、司法書士若しくは司法書士法人に報酬を支払うべきときは、その費用又は報酬は、その額の範囲内で相当と認められる額を限度として、信託財産から支弁する。

2　前項の訴えを提起した受益者が敗訴した場合であっても、悪意があったときを除き、当該受益者は、受託者に対し、これによって生じた損害を賠償する義務を負わない。

（信託財産と受託者の破産手続等との関係等）

第25条　受託者が破産手続開始の決定を受けた場合であっても、信託財産に属する財産は、破産財団に属しない。

2　前項の場合には、受益債権は、破産債権とならない。信託債権であって受託者が信託財産に属する財産のみをもってその履行の責任を負うものも、同様とする。

3　第１項の場合には、破産法第252条第１項の免責許可の決定による信託債権（前項に規定する信託債権を除く。）に係る債務の免責は、信託財産との関係においては、その効力を主張することができない。

4　受託者が再生手続開始の決定を受けた場合であっても、信託財産に属する財産は、再生債務者財産に属しない。

5　前項の場合には、受益債権は、再生債権とならない。信託債権であって受託者が信託財産に属する財産のみをもってその履行の責任を負うものも、同様とする。

6　第４項の場合には、再生計画、再生計画認可の決定又は民事再生法第235条第１項の免責の決定による信託債権（前項に規定する信託債権を除く。）に係る債務の免責又は変更は、信託財産との関係においては、その効力を主張することができない。

7　前３項の規定は、受託者が更生手続開始の決定を受けた場合について準用する。この場合において、第４項中「再生債務者財産」とあるのは「更生会社財産（会社更生法第２条第14項に規定する更生会社財産又は金融機関等の更生手続の特例等に関する法律第169条第14項に規定する更生会社財産をいう。）又は更生協同組織金融機関財産（同法第４条第14項に規定する更生協同組織金融機関財産をいう。）」と、第５項中「再生債権」とあるのは「更生債権又は更生担保権」と、前項中「再生計画、再生計画認可の決定又は民事再生法第235条第１項の免責の決定」とあるのは「更生計画又は更生計画認可の決定」と読み替えるものとする。

第３章　受託者等

第１節　受託者の権限

（受託者の権限の範囲）

第26条　受託者は、信託財産に属する財産の管理又は処分及びその他の信託の目的の達成のために必要な行為をする権限を有する。ただし、信託行為によりその権限に制限を加えることを妨げない。

（受託者の権限違反行為の取消し）

第27条　受託者が信託財産のためにした行為がその権限に属しない場合において、次のいずれにも該当するときは、受益者は、当該行為を取り消すことができる。

一　当該行為の相手方が、当該行為の当時、当該行為が信託財産のためにされたものであることを知っていたこと。

二　当該行為の相手方が、当該行為の当時、当該行為が受託者の権限に属しないことを知っていたこと又は知らなかったことにつき重大な過失があったこと。

2　前項の規定にかかわらず、受託者が信託財産に属する財産（第14条の信託の登記又は登録をすることができるものに限る。）について権利を設定し又は移転した行為がその権限に属しない場合には、次のいずれにも該当するときに限り、受益者は、当該行為を取り消すことができる。

一　当該行為の当時、当該信託財産に属する財産について第14条の信託の登記又は登録がされていたこと。

二　当該行為の相手方が、当該行為の当時、当該行為が受託者の権限に属しないことを知っていたこと又は知らなかったことにつき重大な過失があったこと。

3　二人以上の受益者のうちの一人が前2項の規定による取消権を行使したときは、その取消しは、他の受益者のためにも、その効力を生ずる。

4　第1項又は第2項の規定による取消権は、受益者（信託管理人が現に存する場合にあっては、信託管理人）が取消しの原因があることを知った時から3箇月間行使しないときは、時効によって消滅する。行為の時から1年を経過したときも、同様とする。

（信託事務の処理の第三者への委託）

第28条　受託者は、次に掲げる場合には、信託事務の処理を第三者に委託することができる。

一　信託行為に信託事務の処理を第三者に委託する旨又は委託することができる旨の定めがあるとき。

二　信託行為に信託事務の処理の第三者への委託に関する定めがない場合において、信託事務の処理を第三者に委託することが信託の目的に照らして相当であると認められるとき。

三　信託行為に信託事務の処理を第三者に委託してはならない旨の定めがある場合において、信託事務の処理を第三者に委託することにつき信託の目的に照らしてやむを得ない事由があると認められるとき。

第2節　受託者の義務等

（受託者の注意義務）

第29条　受託者は、信託の本旨に従い、信託事務を処理しなければならない。

2　受託者は、信託事務を処理するに当たっては、善良な管理者の注意をもって、これをしなければならない。ただし、信託行為に別段の定めがあるときは、その定めるところによる注意をもって、これをするものとする。

（忠実義務）

第30条　受託者は、受益者のため忠実に信託事務の処理その他の行為をしなければならない。

（利益相反行為の制限）

第31条　受託者は、次に掲げる行為をしてはならない。

一　信託財産に属する財産（当該財産に係る権利を含む。）を固有財産に帰属させ、又は固有財産に属する財産（当該財産に係る権利を含む。）を信託財産に帰属させること。

二　信託財産に属する財産（当該財産に係る権利を含む。）を他の信託の信託財産に帰属させること。

三　第三者との間において信託財産のためにする行為であって、自己が当該第三者の代理人となって行うもの

四　信託財産に属する財産につき固有財産に属する財産のみをもって履行する責任を負う債務に係る債権を被担保債権とする担保権を設定することその他第三者との間において信託財産のためにする行為であって受託者又はその利害関係人と受益者との利益が相反することとなるもの

2　前項の規定にかかわらず、次のいずれかに該当するときは、同項各号に掲げる行為をすることができる。ただし、第2号に掲げる事由にあっては、同号に該当する場合でも当該行為をすることができない旨の信託行為の定めがあるときは、この限りでない。

一　信託行為に当該行為をすることを許容する旨の定めがあるとき。

二　受託者が当該行為について重要な事実を開示して受益者の承認を得たとき。

三　相続その他の包括承継により信託財産に属する財産に係る権利が固有財産に帰属したとき。

四　受託者が当該行為をすることが信託の目的の達成のために合理的に必要と認められる場合であって、受益者の利益を害しないことが明らかであるとき、又は当該行為の信託財産に与える影響、当該行為の目的及び態様、受託者の受益者との実質的な利害関係の状況その他の事情に照らして正当な理由があるとき。

3　受託者は、第1項各号に掲げる行為をしたときは、受益者に対し、当該行為についての重要な事実を通知しなければならない。ただし、信託行為に別段の定めがあるときは、その定めるところによる。

4　第1項及び第2項の規定に違反して第1項第1号又は第2号に掲げる行為がされた場合には、これらの行為は、無効とする。

5　前項の行為は、受益者の追認により、当該行為の時にさかのぼってその効力を生ずる。

6　第4項に規定する場合において、受託者が第三者との間において第1項第1号又は第2号の財産について処分その他の行為をしたときは、当該第三者が同項及び第2項の規定に違反して第1項第1号又は第2号に掲げる行為がされたことを知っていたとき又は知らなかったことにつき重大な過失があったときに限り、受益者は、当該処分その他の行為を取り消すことができる。この場合においては、第27条第3項及び第4項の規定を準用する。

7　第1項及び第2項の規定に違反して第1項第3号又は第4号に掲げる行為がされた場合には、当該第三者がこれを知っていたとき又は知らなかったことにつき重大な過失があったときに限り、受益者は、当該行為を取り消すことができる。この場合においては、第27条第3項及び第4項の規定を準用する。

第32条　受託者は、受託者として有する権限に基づいて信託事務の処理としてすることができる行為であってこれをしないことが受益者の利益に反するものについては、これを固有財産又は受託者の利害関係人の計算でしてはならない。

2　前項の規定にかかわらず、次のいずれかに該当するときは、同項に規定する行為を固有財産又は受託者の利害関係人の計算ですることができる。ただし、第2号に掲げる事由にあっては、同号に該当する場合でも当該行為を固有財産又は受託者の利害関係人の計算ですることができない旨の信託行為の定めがあるときは、この限りでない。

一　信託行為に当該行為を固有財産又は受託者の利害関係人の計算ですることを許容する旨の定めがあるとき。

二　受託者が当該行為を固有財産又は受託者の利害関係人の計算ですることについて重要な事実を開示して受益者の承認を得たとき。

3　受託者は、第1項に規定する行為を固有財産又は受託者の利害関係人の計算でした場合には、受益者に対し、当該行為についての重要な事実を通知しなければならない。ただし、信託行為に別段の定めがあるときは、その定めるところによる。

4　第1項及び第2項の規定に違反して受託者が第1項に規定する行為をした場合には、受益者は、当該行為は信託財産のためにされたものとみなすことができる。ただし、第三者の権利を害することはできない。

5　前項の規定による権利は、当該行為の時から1年を経過したときは、消滅する。

（公平義務）

第33条　受益者が二人以上ある信託においては、受託者は、受益者のために公平にその職務を行わなければならない。

（分別管理義務）

第34条　受託者は、信託財産に属する財産と固有財産及び他の信託の信託財産に属する財産とを、次の各号に掲げる財産の区分に応じ、当該各号に定める方法により、分別して管理しなければならない。ただし、分別して管理する方法について、信託行為に別段の定めがあるときは、その定めるところによる。

一　第14条の信託の登記又は登録をすることができる財産（第3号に掲げるものを除く。）　当該信託の登記又は登録

二　第14条の信託の登記又は登録をすることができない財産（次号に掲げるものを除く。）　次のイ又はロに掲げる財産の区分に応じ、当該イ又はロに定める方法

イ　動産（金銭を除く。）　信託財産に属する財産と固有財産及び他の信託の信託財産に属する財産とを外形上区別することができる状態で保管する方法

ロ　金銭その他のイに掲げる財産以外の財産　その計算を明らかにする方法

三　法務省令で定める財産　当該財産を適切に分別して管理する方法として法務省令で定めるもの

2　前項ただし書の規定にかかわらず、同項第1号に掲げる財産について第14条の信託の登記又は登録をする義務は、これを免除することができない。

（信託事務の処理の委託における第三者の選任及び監督に関する義務）

第35条　第28条の規定により信託事務の処理を第三者に委託するときは、受託者は、信託の目的に照らして適切な者に委託しなければならない。

2　第28条の規定により信託事務の処理を第三者に委託したときは、受託者は、当該第三者に対し、信託の目的の達成のために必要かつ適切な監督を行わなければならない。

3　受託者が信託事務の処理を次に掲げる第三者に委託したときは、前2項の規定は、適用しない。ただし、受託者は、当該第三者が不適任若しくは不誠実であること又は当該第三者による事務の処理が不適切であることを知ったときは、その旨の受益者に対する通知、当該第三者への委託の解除その他の必要な措置をとらなければならない。

一　信託行為において指名された第三者

二　信託行為において受託者が委託者又は受益者の指名に従い信託事務の処理を第三者に委託する旨の定めがある場合において、当該定めに従い指名された第三者

4　前項ただし書の規定にかかわらず、信託行為に別段の定めがあるときは、その定めるところによる。

（信託事務の処理の状況についての報告義務）

第36条　委託者又は受益者は、受託者に対し、信託事務の処理の状況並びに信託財産に属する財産及び信託財産責任負担債務の状況について報告を求めることができる。

（帳簿等の作成等、報告及び保存の義務）

第37条　受託者は、信託事務に関する計算並びに信託財産に属する財産及び信託財産責任負担債務の状況を明らかにするため、法務省令で定めるところにより、信託財産に係る帳簿その他の書類又は電磁的記録を作成しなければならない。

2　受託者は、毎年1回、一定の時期に、法務省令で定めるところにより、貸借対照表、損益計算書その他の法務省令で定める書類又は電磁的記録を作成しなければならない。

3　受託者は、前項の書類又は電磁的記録を作成したときは、その内容について受益者（信託管理人が現に存する場合にあっては、信託管理人）に報告しなければならない。ただし、信託行為に別段の定めがあるときは、その定めるところによる。

4　受託者は、第1項の書類又は電磁的記録を作成した場合には、その作成の日から10年間（当該期間内に信託の清算の結了があったときは、その日までの間。次項において同じ。）、当該書類（当該書類に代えて電磁的記録を法務省令で定める方法により作成した場合にあっては、当該電磁的記録）又は電磁的記録（当該電磁的記録に代えて書面を作成した場合にあっては、当該書面）を保存しなければならない。ただし、受益者（二人以上の受益者が現に存する場合にあってはそのすべての受益者、信託管理人が現に存する場合にあっては信託管理人。第6項ただし書において同じ。）に対し、当該書類若しくはその写しを交付し、又は当該電磁的記録

に記録された事項を法務省令で定める方法により提供したときは、この限りでない。

5　受託者は、信託財産に属する財産の処分に係る契約書その他の信託事務の処理に関する書類又は電磁的記録を作成し、又は取得した場合には、その作成又は取得の日から10年間、当該書類（当該書類に代えて電磁的記録を法務省令で定める方法により作成した場合にあっては、当該電磁的記録）又は電磁的記録（当該電磁的記録に代えて書面を作成した場合にあっては、当該書面）を保存しなければならない。この場合においては、前項ただし書の規定を準用する。

6　受託者は、第2項の書類又は電磁的記録を作成した場合には、信託の清算の結了の日までの間、当該書類（当該書類に代えて電磁的記録を法務省令で定める方法により作成した場合にあっては、当該電磁的記録）又は電磁的記録（当該電磁的記録に代えて書面を作成した場合にあっては、当該書面）を保存しなければならない。ただし、その作成の日から10年間を経過した後において、受益者に対し、当該書類若しくはその写しを交付し、又は当該電磁的記録に記録された事項を法務省令で定める方法により提供したときは、この限りでない。

（帳簿等の閲覧等の請求）

第38条　受益者は、受託者に対し、次に掲げる請求をすることができる。この場合においては、当該請求の理由を明らかにしてしなければならない。

一　前条第1項又は第5項の書類の閲覧又は謄写の請求

二　前条第1項又は第5項の電磁的記録に記録された事項を法務省令で定める方法により表示したものの閲覧又は謄写の請求

2　前項の請求があったときは、受託者は、次のいずれかに該当すると認められる場合を除き、これを拒むことができない。

一　当該請求を行う者（以下この項において「請求者」という。）がその権利の確保又は行使に関する調査以外の目的で請求を行ったとき。

二　請求者が不適当な時に請求を行ったとき。

三　請求者が信託事務の処理を妨げ、又は受益者の共同の利益を害する目的で請求を行ったとき。

四　請求者が当該信託に係る業務と実質的に競争関係にある事業を営み、又はこれに従事するものであるとき。

五　請求者が前項の規定による閲覧又は謄写によって知り得た事実を利益を得て第三者に通報するため請求したとき。

六　請求者が、過去2年以内において、前項の規定による閲覧又は謄写によって知り得た事実を利益を得て第三者に通報したことがあるものであるとき。

3　前項（第1号及び第2号を除く。）の規定は、受益者が二人以上ある信託のすべての受益者から第1項の請求があったとき、又は受益者が一人である信託の当該受益者から同項の請求があったときは、適用しない。

4　信託行為において、次に掲げる情報以外の情報について、受益者が同意をしたときは第1項の規定による閲覧又は謄写の請求をすることができない旨の定めがある場合には、当該同意をした受益者（その承継人を含む。以下この条において同じ。）は、その同意を撤回することができない。

一　前条第2項の書類又は電磁的記録の作成に欠くことのできない情報その他の信託に関する重要な情報

二　当該受益者以外の者の利益を害するおそれのない情報

5　受託者は、前項の同意をした受益者から第1項の規定による閲覧又は謄写の請求があったときは、前項各号に掲げる情報に該当する部分を除き、これを拒むことができる。

6　利害関係人は、受託者に対し、次に掲げる請求をすることができる。

一　前条第2項の書類の閲覧又は謄写の請求

二　前条第2項の電磁的記録に記録された事項を法務省令で定める方法により表示したものの閲覧又は謄写の請求

（他の受益者の氏名等の開示の請求）

第39条　受益者が二人以上ある信託においては、受益者は、受託者に対し、次に掲げる事項を相当な方法により開示することを請求することができる。この場合においては、当該請求の理由を明らかにしてしなければならない。

一　他の受益者の氏名又は名称及び住所

二　他の受益者が有する受益権の内容

2　前項の請求があったときは、受託者は、次のいずれかに該当すると認められる場合を除き、これを拒むことができない。

一　当該請求を行う者（以下この項において「請求者」という。）がその権利の確保又は行使に関する調査以外の目的で請求を行ったとき。

二　請求者が不適当な時に請求を行ったとき。

三　請求者が信託事務の処理を妨げ、又は受益者の共同の利益を害する目的で請求を行ったとき。

四　請求者が前項の規定による開示によって知り得た事実を利益を得て第三者に通報するため請求を行ったとき。

五　請求者が、過去2年以内において、前項の規定による開示によって知り得た事実を利益を得て第三者に通報したことがあるものであるとき。

3　前2項の規定にかかわらず、信託行為に別段の定めがあるときは、その定めるところによる。

第3節　受託者の責任等

（受託者の損失てん補責任等）

第40条　受託者がその任務を怠ったことによって次の各号に掲げる場合に該当するに至ったときは、受益者は、当該受託者に対し、当該各号に定める措置を請求することができる。ただし、第2号に定める措置にあっては、原状の回復が著しく困難であるとき、原状の回復をするのに過分の費用を要するとき、その他受託者に原状の回復をさせることを不適当とする特別の事情があるときは、この限りでない。

一　信託財産に損失が生じた場合　当該損失のてん補

二　信託財産に変更が生じた場合　原状の回復

2　受託者が第28条の規定に違反して信託事務の処理を第三者に委託した場合において、信託財産に損失又は変更を生じたときは、受託者は、第三者に委託をしなかったとしても損失又は変更が生じたことを証明しなければ、前項の責任を免れることができない。

3　受託者が第30条、第31条第１項及び第２項又は第32条第１項及び第２項の規定に違反する行為をした場合には、受託者は、当該行為によって受託者又はその利害関係人が得た利益の額と同額の損失を信託財産に生じさせたものと推定する。

4　受託者が第34条の規定に違反して信託財産に属する財産を管理した場合において、信託財産に損失又は変更を生じたときは、受託者は、同条の規定に従い分別して管理をしたとしても損失又は変更が生じたことを証明しなければ、第１項の責任を免れることができない。

（法人である受託者の役員の連帯責任）

第41条　法人である受託者の理事、取締役若しくは執行役又はこれらに準ずる者は、当該法人が前条の規定による責任を負う場合において、当該法人が行った法令又は信託行為の定めに違反する行為につき悪意又は重大な過失があるときは、受益者に対し、当該法人と連帯して、損失のてん補又は原状の回復をする責任を負う。

（損失てん補責任等の免除）

第42条　受益者は、次に掲げる責任を免除することができる。

一　第40条の規定による責任

二　前条の規定による責任

（損失塡補責任等に係る債権の期間の制限）

第43条　第40条の規定による責任に係る債権の消滅時効は、債務の不履行によって生じた責任に係る債権の消滅時効の例による。

2　第41条の規定による責任に係る債権は、次に掲げる場合には、時効によって消滅する。

一　受益者が当該債権を行使することができることを知った時から５年間行使しないとき。

二　当該債権を行使することができる時から10年間行使しないとき。

3　第40条又は第41条の規定による責任に係る受益者の債権の消滅時効は、受益者が受益者としての指定を受けたことを知るに至るまでの間（受益者が現に存しない場合にあっては、信託管理人が選任されるまでの間）は、進行しない。

4　前項に規定する債権は、受託者がその任務を怠ったことによって信託財産に損失又は変更が生じた時から20年を経過したときは、消滅する。

（受益者による受託者の行為の差止め）

第44条　受託者が法令若しくは信託行為の定めに違反する行為をし、又はこれらの行為をするおそれがある場合において、当該行為によって信託財産に著しい損害が生ずるおそれがあるときは、受益者は、当該受託者に対し、当該行為をやめることを請求することができる。

2　受託者が第33条の規定に違反する行為をし、又はこれをするおそれがある場合において、当該行為によって一部の受益者に著しい損害が生ずるおそれがあるときは、当該受益者は、当該受託者に対し、当該行為をやめることを請求することができる。

（費用又は報酬の支弁等）

第45条　第40条、第41条又は前条の規定による請求に係る訴えを提起した受益者が勝訴（一部勝訴を含む。）した場合において、当該訴えに係る訴訟に関し、必要な費用（訴訟費用を除く。）を支出したとき、又は弁護士、弁護士法人、弁護士・外国法事務弁護士共同法人、司法書士若しくは司法書士法人に報酬を支払うべきときは、その費用又は報酬は、その額の範囲内で相当と認められる額を限度として、信託財産から支弁する。

2　前項の訴えを提起した受益者が敗訴した場合であっても、悪意があったときを除き、当該受益者は、受託者に対し、これによって生じた損害を賠償する義務を負わない。

（検査役の選任）

第46条　受託者の信託事務の処理に関し、不正の行為又は法令若しくは信託行為の定めに違反する重大な事実があることを疑うに足りる事由があるときは、受益者は、信託事務の処理の状況並びに信託財産に属する財産及び信託財産責任負担債務の状況を調査させるため、裁判所に対し、検査役の選任の申立てをすることができる。

2　前項の申立てがあった場合には、裁判所は、これを不適法として却下する場合を除き、検査役を選任しなければならない。

3　第１項の申立てを却下する裁判には、理由を付さなければならない。

4　第１項の規定による検査役の選任の裁判に対しては、不服を申し立てることができない。

5　第２項の検査役は、信託財産から裁判所が定める報酬を受けることができる。

6　前項の規定による検査役の報酬を定める裁判をする場合には、受託者及び第２項の検査役の陳述を聴かなければならない。

7　第５項の規定による検査役の報酬を定める裁判に対しては、受託者及び第２項の検査役に限り、即時抗告をすることができる。

第47条　前条第２項の検査役は、その職務を行うため必要があるときは、受託者に対し、信託事務の処理の状況並びに信託財産に属する財産及び信託財産責任負担債務の状況について報告を求め、又は当該信託に係る帳簿、書類その他の物件を調査することができる。

2　前条第２項の検査役は、必要な調査を行い、当該調査の結果を記載し、又は記録した書面又は電磁的記録（法務省令で定めるものに限る。）を裁判所に提供して報告をしなければならない。

3　裁判所は、前項の報告について、その内容を明瞭(りよう)にし、又はその根拠を確認するため必要があると認めるときは、前条第２項の検査役に対し、更に前項の報告を求めることができる。

4　前条第２項の検査役は、第２項の報告をしたときは、受託者及び同条第１項の申立てをした受益者に対し、第２項の書面の写しを交付し、又は同項の電磁的記録に記録された事項を法務省令で定める方法により提供しなければならない。

5　受託者は、前項の規定による書面の写しの交付又は電磁的記録に記録された事項の法務省令で定める方法による提供があったときは、直ちに、その旨を受益者（前条第１項の申立てをしたものを除く。次項において同じ。）に通知しなければならない。ただし、信託行為に別段の定めがあるときは、その定めるところによる。

6　裁判所は、第２項の報告があった場合において、必要があると認めるときは、受託者に対し、同項の調査の結果を受益者に通知することその他の当該報告の内容を周知するための適切な措置をとるべきことを命じなければならない。

第４節　受託者の費用等及び信託報酬等

（信託財産からの費用等の償還等）

第48条　受託者は、信託事務を処理するのに必要と認められる費用を固有財産から支出した場合には、信託財産から当該費用及び支出の日以後におけるその利息（以下「費用等」という。）の償還を受けることができる。ただし、信託行為に別段の定めがあるときは、その定めるところによる。

2　受託者は、信託事務を処理するについて費用を要するときは、信託財産からその前払を受けることができる。ただし、信託行為に別段の定めがあるときは、その定めるところによる。

3　受託者は、前項本文の規定により信託財産から費用の前払を受けるには、受益者に対し、前払を受ける額及びその算定根拠を通知しなければならない。ただし、信託行為に別段の定めがあるときは、その定めるところによる。

4　第１項又は第２項の規定にかかわらず、費用等の償還又は費用の前払は、受託者が第40条の規定による責任を負う場合には、これを履行した後でなければ、受けることができない。ただし、信託行為に別段の定めがあるときは、その定めるところによる。

5　第１項又は第２項の場合には、受託者が受益者との間の合意に基づいて当該受益者から費用等の償還又は費用の前払を受けることを妨げない。

（費用等の償還等の方法）

第49条　受託者は、前条第１項又は第２項の規定により信託財産から費用等の償還又は費用の前払を受けることができる場合には、その額の限度で、信託財産に属する金銭を固有財産に帰属させることができる。

2　前項に規定する場合において、必要があるときは、受託者は、信託財産に属する財産（当該財産を処分することにより信託の目的を達成することができないこととなるものを除く。）を処分することができる。ただし、信託行為に別段の定めがあるときは、その定めるところによる。

3　第１項に規定する場合において、第31条第２項各号のいずれかに該当するときは、受託者は、第１項の規定により有する権利の行使に代えて、信託財産に属する財産で金銭以外のものを固有財産に帰属させることができる。ただし、信託行為に別段の定めがあるときは、その定めるところによる。

4　第１項の規定により受託者が有する権利は、信託財産に属する財産に対し強制執行又は担保権の実行の手続が開始したときは、これらの手続との関係においては、金銭債権とみなす。

5　前項の場合には、同項に規定する権利の存在を証する文書により当該権利を有することを証明した受託者も、同項の強制執行又は担保権の実行の手続において、配当要求をすることができる。

6　各債権者（信託財産責任負担債務に係る債権を有する債権者に限る。以下この項及び次項において同じ。）の共同の利益のためにされた信託財産に属する財産の保存、清算又は配当に関する費用等について第１項の規定により受託者が有する権利は、第４項の強制執行又は担保権の実行の手続において、他の債権者（当該費用等がすべての債権者に有益でなかった場合にあっては、当該費用等によって利益を受けていないものを除く。）の権利に優先する。この場合においては、その順位は、民法第307条第１項に規定する先取特権と同順位とする。

7　次の各号に該当する費用等について第１項の規定により受託者が有する権利は、当該各号に掲げる区分に応じ、当該各号の財産に係る第４項の強制執行又は担保権の実行の手続において、当該各号に定める金額について、他の債権者の権利に優先する。

一　信託財産に属する財産の保存のために支出した金額その他の当該財産の価値の維持のために必要であると認められるもの　その金額

二　信託財産に属する財産の改良のために支出した金額その他の当該財産の価値の増加に有益であると認められるもの　その金額又は現に存する増価額のいずれか低い金額

（信託財産責任負担債務の弁済による受託者の代位）

第50条　受託者は、信託財産責任負担債務を固有財産をもって弁済した場合において、これにより前条第１項の規定による権利を有することとなったときは、当該信託財産責任負担債務に係る債権を有する債権者に代位する。この場合においては、同項の規定により受託者が有する権利は、その代位との関係においては、金銭債権とみなす。
2　前項の規定により受託者が同項の債権者に代位するときは、受託者は、遅滞なく、当該債権者の有する債権が信託財産責任負担債務に係る債権である旨及びこれを固有財産をもって弁済した旨を当該債権者に通知しなければならない。

（費用等の償還等と同時履行）
第51条　受託者は、第49条第１項の規定により受託者が有する権利が消滅するまでは、受益者又は第182条第１項第２号に規定する帰属権利者に対する信託財産に係る給付をすべき債務の履行を拒むことができる。ただし、信託行為に別段の定めがあるときは、その定めるところによる。

（信託財産が費用等の償還等に不足している場合の措置）
第52条　受託者は、第48条第１項又は第２項の規定により信託財産から費用等の償還又は費用の前払を受けるのに信託財産（第49条第２項の規定により処分することができないものを除く。第１号及び第４項において同じ。）が不足している場合において、委託者及び受益者に対し次に掲げる事項を通知し、第２号の相当の期間を経過しても委託者又は受益者から費用等の償還又は費用の前払を受けなかったときは、信託を終了させることができる。
一　信託財産が不足しているため費用等の償還又は費用の前払を受けることができない旨
二　受託者の定める相当の期間内に委託者又は受益者から費用等の償還又は費用の前払を受けないときは、信託を終了させる旨
2　委託者が現に存しない場合における前項の規定の適用については、同項中「委託者及び受益者」とあり、及び「委託者又は受益者」とあるのは、「受益者」とする。
3　受益者が現に存しない場合における第１項の規定の適用については、同項中「委託者及び受益者」とあり、及び「委託者又は受益者」とあるのは、「委託者」とする。
4　第48条第１項又は第２項の規定により信託財産から費用等の償還又は費用の前払を受けるのに信託財産が不足している場合において、委託者及び受益者が現に存しないときは、受託者は、信託を終了させることができる。

（信託財産からの損害の賠償）
第53条　受託者は、次の各号に掲げる場合には、当該各号に定める損害の額について、信託財産からその賠償を受けることができる。ただし、信託行為に別段の定めがあるときは、その定めるところによる。
一　受託者が信託事務を処理するため自己に過失なく損害を受けた場合　当該損害の額
二　受託者が信託事務を処理するため第三者の故意又は過失によって損害を受けた場合（前号に掲げる場合を除く。）　当該第三者に対し賠償を請求することができる額
2　第48条第４項及び第５項、第49条（第６項及び第７項を除く。）並びに前２条の規定は、前項の規定による信託財産からの損害の賠償について準用する。

（受託者の信託報酬）
第54条　受託者は、信託の引受けについて商法（明治32年法律第48号）第512条の規定の適用がある場合のほか、信託行為に受託者が信託財産から信託報酬（信託事務の処理の対価として受託者の受ける財産上の利益をいう。以下同じ。）を受ける旨の定めがある場合に限り、信託財産から信託報酬を受けることができる。
2　前項の場合には、信託報酬の額は、信託行為に信託報酬の額又は算定方法に関する定めがあるときはその定めるところにより、その定めがないときは相当の額とする。
3　前項の定めがないときは、受託者は、信託財産から信託報酬を受けるには、受益者に対し、信託報酬の額及びその算定の根拠を通知しなければならない。
4　第48条第４項及び第５項、第49条（第６項及び第７項を除く。）、第51条並びに第52条並びに民法第648条第２項及び第３項並びに第648条の２の規定は、受託者の信託報酬について準用する。

（受託者による担保権の実行）
第55条　担保権が信託財産である信託において、信託行為において受益者が当該担保権によって担保される債権に係る債権者とされている場合には、担保権者である受託者は、信託事務として、当該担保権の実行の申立てをし、売却代金の配当又は弁済金の交付を受けることができる。

第５節　受託者の変更等

第１款　受託者の任務の終了

（受託者の任務の終了事由）
第56条　受託者の任務は、信託の清算が結了した場合のほか、次に掲げる事由によって終了する。ただし、第２号又は第３号に掲げる事由による場合にあっては、信託行為に別段の定めがあるときは、その定めるところによる。
一　受託者である個人の死亡
二　受託者である個人が後見開始又は保佐開始の審判を受けたこと。
三　受託者（破産手続開始の決定により解散するものを除く。）が破産手続開始の決定を受けたこと。
四　受託者である法人が合併以外の理由により解散したこと。
五　次条の規定による受託者の辞任
六　第58条の規定による受託者の解任
七　信託行為において定めた事由
2　受託者である法人が合併をした場合における合併後存続する法人又は合併により設立する法人は、受託者の任務を引き継ぐものとする。受託者である法人が分割をした場合における分割により受託者としての権利義務を承継する法人も、同様とする。

3　前項の規定にかかわらず、信託行為に別段の定めがあるときは、その定めるところによる。
4　第1項第3号に掲げる事由が生じた場合において、同項ただし書の定めにより受託者の任務が終了しないときは、受託者の職務は、破産者が行う。
5　受託者の任務は、受託者が再生手続開始の決定を受けたことによっては、終了しない。ただし、信託行為に別段の定めがあるときは、その定めるところによる。
6　前項本文に規定する場合において、管財人があるときは、受託者の職務の遂行並びに信託財産に属する財産の管理及び処分をする権利は、管財人に専属する。保全管理人があるときも、同様とする。
7　前2項の規定は、受託者が更生手続開始の決定を受けた場合について準用する。この場合において、前項中「管財人があるとき」とあるのは、「管財人があるとき（会社更生法第74条第2項（金融機関等の更生手続の特例等に関する法律第47条及び第213条において準用する場合を含む。）の期間を除く。）」と読み替えるものとする。

（受託者の辞任）
第57条　受託者は、委託者及び受益者の同意を得て、辞任することができる。ただし、信託行為に別段の定めがあるときは、その定めるところによる。
2　受託者は、やむを得ない事由があるときは、裁判所の許可を得て、辞任することができる。
3　受託者は、前項の許可の申立てをする場合には、その原因となる事実を疎明しなければならない。
4　第2項の許可の申立てを却下する裁判には、理由を付さなければならない。
5　第2項の規定による辞任の許可の裁判に対しては、不服を申し立てることができない。
6　委託者が現に存しない場合には、第1項本文の規定は、適用しない。

（受託者の解任）
第58条　委託者及び受益者は、いつでも、その合意により、受託者を解任することができる。
2　委託者及び受益者が受託者に不利な時期に受託者を解任したときは、委託者及び受益者は、受託者の損害を賠償しなければならない。ただし、やむを得ない事由があったときは、この限りでない。
3　前2項の規定にかかわらず、信託行為に別段の定めがあるときは、その定めるところによる。
4　受託者がその任務に違反して信託財産に著しい損害を与えたことその他重要な事由があるときは、裁判所は、委託者又は受益者の申立てにより、受託者を解任することができる。
5　裁判所は、前項の規定により受託者を解任する場合には、受託者の陳述を聴かなければならない。
6　第4項の申立てについての裁判には、理由を付さなければならない。
7　第4項の規定による解任の裁判に対しては、委託者、受託者又は受益者に限り、即時抗告をすることができる。
8　委託者が現に存しない場合には、第1項及び第2項の規定は、適用しない。

第2款　前受託者の義務等

（前受託者の通知及び保管の義務等）
第59条　第56条第1項第3号から第7号までに掲げる事由により受託者の任務が終了した場合には、受託者であった者（以下「前受託者」という。）は、受益者に対し、その旨を通知しなければならない。ただし、信託行為に別段の定めがあるときは、その定めるところによる。
2　第56条第1項第3号に掲げる事由により受託者の任務が終了した場合には、前受託者は、破産管財人に対し、信託財産に属する財産の内容及び所在、信託財産責任負担債務の内容その他の法務省令で定める事項を通知しなければならない。
3　第56条第1項第4号から第7号までに掲げる事由により受託者の任務が終了した場合には、前受託者は、新たな受託者（第64条第1項の規定により信託財産管理者が選任された場合にあっては、信託財産管理者。以下この節において「新受託者等」という。）が信託事務の処理をすることができるに至るまで、引き続き信託財産に属する財産の保管をし、かつ、信託事務の引継ぎに必要な行為をしなければならない。ただし、信託行為に別段の定めがあるときは、その義務を加重することができる。
4　前項の規定にかかわらず、第56条第1項第5号に掲げる事由（第57条第1項の規定によるものに限る。）により受託者の任務が終了した場合には、前受託者は、新受託者等が信託事務の処理をすることができるに至るまで、引き続き受託者としての権利義務を有する。ただし、信託行為に別段の定めがあるときは、この限りでない。
5　第3項の場合（前項本文に規定する場合を除く。）において、前受託者が信託財産に属する財産の処分をしようとするときは、受益者は、前受託者に対し、当該財産の処分をやめることを請求することができる。ただし、新受託者等が信託事務の処理をすることができるに至った後は、この限りでない。

（前受託者の相続人等の通知及び保管の義務等）
第60条　第56条第1項第1号又は第2号に掲げる事由により受託者の任務が終了した場合において、前受託者の相続人（法定代理人が現に存する場合にあっては、その法定代理人）又は成年後見人若しくは保佐人（以下この節において「前受託者の相続人等」と総称する。）がその事実を知っているときは、前受託者の相続人等は、知れている受益者に対し、これを通知しなければならない。ただし、信託行為に別段の定めがあるときは、その定めるところによる。
2　第56条第1項第1号又は第2号に掲げる事由により受託者の任務が終了した場合には、前受託者の相続人等は、新受託者等又は信託財産法人管理人が信託事務の処理をすることができるに至るまで、信託財産に属する財産の保管をし、かつ、信託事務の引継ぎに必要な行為をしなければならない。

3　前項の場合において、前受託者の相続人等が信託財産に属する財産の処分をしようとするときは、受益者は、これらの者に対し、当該財産の処分をやめることを請求することができる。ただし、新受託者等又は信託財産法人管理人が信託事務の処理をすることができるに至った後は、この限りでない。

4　第56条第1項第3号に掲げる事由により受託者の任務が終了した場合には、破産管財人は、新受託者等が信託事務を処理することができるに至るまで、信託財産に属する財産の保管をし、かつ、信託事務の引継ぎに必要な行為をしなければならない。

5　前項の場合において、破産管財人が信託財産に属する財産の処分をしようとするときは、受益者は、破産管財人に対し、当該財産の処分をやめることを請求することができる。ただし、新受託者等が信託事務の処理をすることができるに至った後は、この限りでない。

6　前受託者の相続人等又は破産管財人は、新受託者等又は信託財産法人管理人に対し、第1項、第2項又は第4項の規定による行為をするために支出した費用及び支出の日以後におけるその利息の償還を請求することができる。

7　第49条第6項及び第7項の規定は、前項の規定により前受託者の相続人等又は破産管財人が有する権利について準用する。

（費用又は報酬の支弁等）

第61条　第59条第5項又は前条第3項若しくは第5項の規定による請求に係る訴えを提起した受益者が勝訴（一部勝訴を含む。）した場合において、当該訴えに係る訴訟に関し、必要な費用（訴訟費用を除く。）を支出したとき、又は弁護士、弁護士法人、弁護士・外国法事務弁護士共同法人、司法書士若しくは司法書士法人に報酬を支払うべきときは、その費用又は報酬は、その額の範囲内で相当と認められる額を限度として、信託財産から支弁する。

2　前項の訴えを提起した受益者が敗訴した場合であっても、悪意があったときを除き、当該受益者は、受託者に対し、これによって生じた損害を賠償する義務を負わない。

第3款　新受託者の選任

第62条　第56条第1項各号に掲げる事由により受託者の任務が終了した場合において、信託行為に新たな受託者（以下「新受託者」という。）に関する定めがないとき、又は信託行為の定めにより新受託者となるべき者として指定された者が信託の引受けをせず、若しくはこれをすることができないときは、委託者及び受益者は、その合意により、新受託者を選任することができる。

2　第56条第1項各号に掲げる事由により受託者の任務が終了した場合において、信託行為に新受託者となるべき者を指定する定めがあるときは、利害関係人は、新受託者となるべき者として指定された者に対し、相当の期間を定めて、その期間内に就任の承諾をするかどうかを確答すべき旨を催告することができる。ただし、当該定めに停止条件又は始期が付されているときは、当該停止条件が成就し、又は当該始期が到来した後に限る。

3　前項の規定による催告があった場合において、新受託者となるべき者として指定された者は、同項の期間内に委託者及び受益者（二人以上の受益者が現に存する場合にあってはその一人、信託管理人が現に存する場合にあっては信託管理人）に対し確答をしないときは、就任の承諾をしなかったものとみなす。

4　第1項の場合において、同項の合意に係る協議の状況その他の事情に照らして必要があると認めるときは、裁判所は、利害関係人の申立てにより、新受託者を選任することができる。

5　前項の申立てについての裁判には、理由を付さなければならない。

6　第4項の規定による新受託者の選任の裁判に対しては、委託者若しくは受益者又は現に存する受託者に限り、即時抗告をすることができる。

7　前項の即時抗告は、執行停止の効力を有する。

8　委託者が現に存しない場合における前各項の規定の適用については、第1項中「委託者及び受益者は、その合意により」とあるのは「受益者は」と、第3項中「委託者及び受益者」とあるのは「受益者」と、第4項中「同項の合意に係る協議の状況」とあるのは「受益者の状況」とする。

第4款　信託財産管理者等

（信託財産管理命令）

第63条　第56条第1項各号に掲げる事由により受託者の任務が終了した場合において、新受託者が選任されておらず、かつ、必要があると認めるときは、新受託者が選任されるまでの間、裁判所は、利害関係人の申立てにより、信託財産管理者による管理を命ずる処分（以下この款において「信託財産管理命令」という。）をすることができる。

2　前項の申立てを却下する裁判には、理由を付さなければならない。

3　裁判所は、信託財産管理命令を変更し、又は取り消すことができる。

4　信託財産管理命令及び前項の規定による決定に対しては、利害関係人に限り、即時抗告をすることができる。

（信託財産管理者の選任等）

第64条　裁判所は、信託財産管理命令をする場合には、当該信託財産管理命令において、信託財産管理者を選任しなければならない。

2　前項の規定による信託財産管理者の選任の裁判に対しては、不服を申し立てることができない。

3　裁判所は、第1項の規定による信託財産管理者の選任の裁判をしたときは、直ちに、次に掲げる事項を公告しなければならない。
一　信託財産管理者を選任した旨
二　信託財産管理者の氏名又は名称
4　前項第２号の規定は、同号に掲げる事項に変更を生じた場合について準用する。
5　信託財産管理命令があった場合において、信託財産に属する権利で登記又は登録がされたものがあることを知ったときは、裁判所書記官は、職権で、遅滞なく、信託財産管理命令の登記又は登録を嘱託しなければならない。
6　信託財産管理命令を取り消す裁判があったとき、又は信託財産管理命令があった後に新受託者が選任された場合において当該新受託者が信託財産管理命令の登記若しくは登録の抹消の嘱託の申立てをしたときは、裁判所書記官は、職権で、遅滞なく、信託財産管理命令の登記又は登録の抹消を嘱託しなければならない。

（前受託者がした法律行為の効力）
第65条　前受託者が前条第１項の規定による信託財産管理者の選任の裁判があった後に信託財産に属する財産に関してした法律行為は、信託財産との関係においては、その効力を主張することができない。
2　前受託者が前条第１項の規定による信託財産管理者の選任の裁判があった日にした法律行為は、当該裁判があった後にしたものと推定する。

（信託財産管理者の権限）
第66条　第64条第１項の規定により信託財産管理者が選任された場合には、受託者の職務の遂行並びに信託財産に属する財産の管理及び処分をする権利は、信託財産管理者に専属する。
2　二人以上の信託財産管理者があるときは、これらの者が共同してその権限に属する行為をしなければならない。ただし、裁判所の許可を得て、それぞれ単独にその職務を行い、又は職務を分掌することができる。
3　二人以上の信託財産管理者があるときは、第三者の意思表示は、その一人に対してすれば足りる。
4　信託財産管理者が次に掲げる行為の範囲を超える行為をするには、裁判所の許可を得なければならない。
一　保存行為
二　信託財産に属する財産の性質を変えない範囲内において、その利用又は改良を目的とする行為
5　前項の規定に違反して行った信託財産管理者の行為は、無効とする。ただし、信託財産管理者は、これをもって善意の第三者に対抗することができない。
6　信託財産管理者は、第２項ただし書又は第４項の許可の申立てをする場合には、その原因となる事実を疎明しなければならない。
7　第２項ただし書又は第４項の許可の申立てを却下する裁判には、理由を付さなければならない。
8　第２項ただし書又は第４項の規定による許可の裁判に対しては、不服を申し立てることができない。

（信託財産に属する財産の管理）
第67条　信託財産管理者は、就職の後直ちに信託財産に属する財産の管理に着手しなければならない。

（当事者適格）
第68条　信託財産に関する訴えについては、信託財産管理者を原告又は被告とする。

（信託財産管理者の義務等）
第69条　信託財産管理者は、その職務を行うに当たっては、受託者と同一の義務及び責任を負う。

（信託財産管理者の辞任及び解任）
第70条　第57条第２項から第５項までの規定は信託財産管理者の辞任について、第58条第４項から第７項までの規定は信託財産管理者の解任について、それぞれ準用する。この場合において、第57条第２項中「やむを得ない事由」とあるのは、「正当な事由」と読み替えるものとする。

（信託財産管理者の報酬等）
第71条　信託財産管理者は、信託財産から裁判所が定める額の費用の前払及び報酬を受けることができる。
2　前項の規定による費用又は報酬の額を定める裁判をする場合には、信託財産管理者の陳述を聴かなければならない。
3　第１項の規定による費用又は報酬の額を定める裁判に対しては、信託財産管理者に限り、即時抗告をすることができる。

（信託財産管理者による新受託者への信託事務の引継ぎ等）
第72条　第77条の規定は、信託財産管理者の選任後に新受託者が就任した場合について準用する。この場合において、同条第１項中「受益者（二人以上の受益者が現に存する場合にあってはそのすべての受益者、信託管理人が現に存する場合にあっては信託管理人）」とあり、同条第２項中「受益者（信託管理人が現に存する場合にあっては、信託管理人。次項において同じ。）」とあり、及び同条第３項中「受益者」とあるのは「新受託者」と、同条第２項中「当該受益者」とあるのは「当該新受託者」と読み替えるものとする。

（受託者の職務を代行する者の権限）
第73条　第66条の規定は、受託者の職務を代行する者を選任する仮処分命令により選任された受託者の職務を代行する者について準用する。

（受託者の死亡により任務が終了した場合の信託財産の帰属等）
第74条　第56条第１項第１号に掲げる事由により受託者の任務が終了した場合には、信託財産は、法人とする。
2　前項に規定する場合において、必要があると認めるときは、裁判所は、利害関係人の申立てにより、信託財産法人管理人による管理を命ずる処分（第６項において「信託財産法人管理命令」という。）をすることができる。
3　第63条第２項から第４項までの規定は、前項の申立てに係る事件について準用する。
4　新受託者が就任したときは、第１項の法人は、成

立しなかったものとみなす。ただし、信託財産法人管理人がその権限内でした行為の効力を妨げない。
5　信託財産法人管理人の代理権は、新受託者が信託事務の処理をすることができるに至った時に消滅する。
6　第64条の規定は信託財産法人管理命令をする場合について、第66条から第72条までの規定は信託財産法人管理人について、それぞれ準用する。

第５款　受託者の変更に伴う権利義務の承継等

（信託に関する権利義務の承継等）
第75条　第56条第１項各号に掲げる事由により受託者の任務が終了した場合において、新受託者が就任したときは、新受託者は、前受託者の任務が終了した時に、その時に存する信託に関する権利義務を前受託者から承継したものとみなす。
2　前項の規定にかかわらず、第56条第１項第５号に掲げる事由（第57条第１項の規定によるものに限る。）により受託者の任務が終了した場合（第59条第４項ただし書の場合を除く。）には、新受託者は、新受託者等が就任した時に、その時に存する信託に関する権利義務を前受託者から承継したものとみなす。
3　前２項の規定は、新受託者が就任するに至るまでの間に前受託者、信託財産管理者又は信託財産法人管理人がその権限内でした行為の効力を妨げない。
4　第27条の規定は、新受託者等が就任するに至るまでの間に前受託者がその権限に属しない行為をした場合について準用する。
5　前受託者（その相続人を含む。以下この条において同じ。）が第40条の規定による責任を負う場合又は法人である前受託者の理事、取締役若しくは執行役若しくはこれらに準ずる者（以下この項において「理事等」と総称する。）が第41条の規定による責任を負う場合には、新受託者等又は信託財産法人管理人は、前受託者又は理事等に対し、第40条又は第41条の規定による請求をすることができる。
6　前受託者が信託財産から費用等の償還若しくは損害の賠償を受けることができ、又は信託報酬を受けることができる場合には、前受託者は、新受託者等又は信託財産法人管理人に対し、費用等の償還若しくは損害の賠償又は信託報酬の支払を請求することができる。ただし、新受託者等又は信託財産法人管理人は、信託財産に属する財産のみをもってこれを履行する責任を負う。
7　第48条第４項並びに第49条第６項及び第７項の規定は、前項の規定により前受託者が有する権利について準用する。
8　新受託者が就任するに至るまでの間に信託財産に属する財産に対し既にされている強制執行、仮差押え若しくは仮処分の執行又は担保権の実行若しくは競売の手続は、新受託者に対し続行することができる。
9　前受託者は、第６項の規定による請求に係る債権の弁済を受けるまで、信託財産に属する財産を留置することができる。

（承継された債務に関する前受託者及び新受託者の責任）
第76条　前条第１項又は第２項の規定により信託債権に係る債務が新受託者に承継された場合にも、前受託者は、自己の固有財産をもって、その承継された債務を履行する責任を負う。ただし、信託財産に属する財産のみをもって当該債務を履行する責任を負うときは、この限りでない。
2　新受託者は、前項本文に規定する債務を承継した場合には、信託財産に属する財産のみをもってこれを履行する責任を負う。

（前受託者による新受託者等への信託事務の引継ぎ等）
第77条　新受託者等が就任した場合には、前受託者は、遅滞なく、信託事務に関する計算を行い、受益者（二人以上の受益者が現に存する場合にあってはそのすべての受益者、信託管理人が現に存する場合にあっては信託管理人）に対しその承認を求めるとともに、新受託者等が信託事務の処理を行うのに必要な信託事務の引継ぎをしなければならない。
2　受益者（信託管理人が現に存する場合にあっては、信託管理人。次項において同じ。）が前項の計算を承認した場合には、同項の規定による当該受益者に対する信託事務の引継ぎに関する責任は、免除されたものとみなす。ただし、前受託者の職務の執行に不正の行為があったときは、この限りでない。
3　受益者が前受託者から第１項の計算の承認を求められた時から１箇月以内に異議を述べなかった場合には、当該受益者は、同項の計算を承認したものとみなす。

（前受託者の相続人等又は破産管財人による新受託者等への信託事務の引継ぎ等）
第78条　前条の規定は、第56条第１項第１号又は第２号に掲げる事由により受託者の任務が終了した場合における前受託者の相続人等及び同項第３号に掲げる事由により受託者の任務が終了した場合における破産管財人について準用する。

第６節　受託者が二人以上ある信託の特例

（信託財産の合有）
第79条　受託者が二人以上ある信託においては、信託財産は、その合有とする。

（信託事務の処理の方法）
第80条　受託者が二人以上ある信託においては、信託事務の処理については、受託者の過半数をもって決する。
2　前項の規定にかかわらず、保存行為については、各受託者が単独で決することができる。
3　前２項の規定により信託事務の処理について決定がされた場合には、各受託者は、当該決定に基づいて信託事務を執行することができる。

4　前３項の規定にかかわらず、信託行為に受託者の職務の分掌に関する定めがある場合には、各受託者は、その定めに従い、信託事務の処理について決し、これを執行する。
5　前２項の規定による信託事務の処理についての決定に基づく信託財産のためにする行為については、各受託者は、他の受託者を代理する権限を有する。
6　前各項の規定にかかわらず、信託行為に別段の定めがあるときは、その定めるところによる。
7　受託者が二人以上ある信託においては、第三者の意思表示は、その一人に対してすれば足りる。ただし、受益者の意思表示については、信託行為に別段の定めがあるときは、その定めるところによる。

（職務分掌者の当事者適格）

第81条　前条第４項に規定する場合には、信託財産に関する訴えについて、各受託者は、自己の分掌する職務に関し、他の受託者のために原告又は被告となる。

（信託事務の処理についての決定の他の受託者への委託）

第82条　受託者が二人以上ある信託においては、各受託者は、信託行為に別段の定めがある場合又はやむを得ない事由がある場合を除き、他の受託者に対し、信託事務（常務に属するものを除く。）の処理についての決定を委託することができない。

（信託事務の処理に係る債務の負担関係）

第83条　受託者が二人以上ある信託において、信託事務を処理するに当たって各受託者が第三者に対し債務を負担した場合には、各受託者は、連帯債務者とする。
2　前項の規定にかかわらず、信託行為に受託者の職務の分掌に関する定めがある場合において、ある受託者がその定めに従い信託事務を処理するに当たって第三者に対し債務を負担したときは、他の受託者は、信託財産に属する財産のみをもってこれを履行する責任を負う。ただし、当該第三者が、その債務の負担の原因である行為の当時、当該行為が信託事務の処理としてされたこと及び受託者が二人以上ある信託であることを知っていた場合であって、信託行為に受託者の職務の分掌に関する定めがあることを知らず、かつ、知らなかったことにつき過失がなかったときは、当該他の受託者は、これをもって当該第三者に対抗することができない。

（信託財産と固有財産等とに属する共有物の分割の特例）

第84条　受託者が二人以上ある信託における第19条の規定の適用については、同条第１項中「場合には」とあるのは「場合において、当該信託財産に係る信託に受託者が二人以上あるときは」と、同項第２号中「受託者」とあるのは「固有財産に共有持分が属する受託者」と、同項第３号中「受託者の」とあるのは「固有財産に共有持分が属する受託者の」と、同条第２項中「受託者」とあるのは「固有財産に共有持分が属する受託者」と、同条第３項中「場合には」とあるのは「場合において、当該信託財産に係る信託又は他の信託財産に係る信託に受託者が二人以上あるときは」と、同項第３号中「受託者の」とあるのは「各信託財産の共有持分が属する受託者の」と、「受託者が決する」とあるのは「受託者の協議による」と、同条第４項中「第２号」とあるのは「第２号又は第３号」とする。

（受託者の責任等の特例）

第85条　受託者が二人以上ある信託において、二人以上の受託者がその任務に違反する行為をしたことにより第40条の規定による責任を負う場合には、当該行為をした各受託者は、連帯債務者とする。
2　受託者が二人以上ある信託における第40条第１項及び第41条の規定の適用については、これらの規定中「受益者」とあるのは、「受益者又は他の受託者」とする。
3　受託者が二人以上ある信託において第42条の規定により第40条又は第41条の規定による責任が免除されたときは、他の受託者は、これらの規定によれば当該責任を負うべき者に対し、当該責任の追及に係る請求をすることができない。ただし、信託行為に別段の定めがあるときは、その定めるところによる。
4　受託者が二人以上ある信託における第44条の規定の適用については、同条第１項中「受益者」とあるのは「受益者又は他の受託者」と、同条第２項中「当該受益者」とあるのは「当該受益者又は他の受託者」とする。

（受託者の変更等の特例）

第86条　受託者が二人以上ある信託における第59条の規定の適用については、同条第１項中「受益者」とあるのは「受益者及び他の受託者」と、同条第３項及び第４項中「受託者の任務」とあるのは「すべての受託者の任務」とする。
2　受託者が二人以上ある信託における第60条の規定の適用については、同条第１項中「受益者」とあるのは「受益者及び他の受託者」と、同条第２項及び第４項中「受託者の任務」とあるのは「すべての受託者の任務」とする。
3　受託者が二人以上ある信託における第74条第１項の規定の適用については、同項中「受託者の任務」とあるのは、「すべての受託者の任務」とする。
4　受託者が二人以上ある信託においては、第75条第１項及び第２項の規定にかかわらず、その一人の任務が第56条第１項各号に掲げる事由により終了した場合には、その任務が終了した時に存する信託に関する権利義務は他の受託者が当然に承継し、その任務は他の受託者が行う。ただし、信託行為に別段の定めがあるときは、その定めるところによる。

（信託の終了の特例）

第87条　受託者が二人以上ある信託における第163条第３号の規定の適用については、同号中「受託者が欠けた場合」とあるのは、「すべての受託者が欠けた場合」とする。
2　受託者が二人以上ある信託においては、受託者の一部が欠けた場合であって、前条第4項ただし書の規定によりその任務が他の受託者によって行われず、かつ、新受託者が就任しない状態が1年間継続したときも、信託は、終了する。

第4章　受益者等

第1節　受益者の権利の取得及び行使

（受益権の取得）
第88条　信託行為の定めにより受益者となるべき者として指定された者（次条第1項に規定する受益者指定権等の行使により受益者又は変更後の受益者として指定された者を含む。）は、当然に受益権を取得する。ただし、信託行為に別段の定めがあるときは、その定めるところによる。
2　受託者は、前項に規定する受益者となるべき者として指定された者が同項の規定により受益権を取得したことを知らないときは、その者に対し、遅滞なく、その旨を通知しなければならない。ただし、信託行為に別段の定めがあるときは、その定めるところによる。
（受益者指定権等）
第89条　受益者を指定し、又はこれを変更する権利（以下この条において「受益者指定権等」という。）を有する者の定めのある信託においては、受益者指定権等は、受託者に対する意思表示によって行使する。
2　前項の規定にかかわらず、受益者指定権等は、遺言によって行使することができる。
3　前項の規定により遺言によって受益者指定権等が行使された場合において、受託者がこれを知らないときは、これにより受益者となったことをもって当該受託者に対抗することができない。
4　受託者は、受益者を変更する権利が行使されたことにより受益者であった者がその受益権を失ったときは、その者に対し、遅滞なく、その旨を通知しなければならない。ただし、信託行為に別段の定めがあるときは、その定めるところによる。
5　受益者指定権等は、相続によって承継されない。ただし、信託行為に別段の定めがあるときは、その定めるところによる。
6　受益者指定権等を有する者が受託者である場合における第1項の規定の適用については、同項中「受託者」とあるのは、「受益者となるべき者」とする。
（委託者の死亡の時に受益権を取得する旨の定めのある信託等の特例）
第90条　次の各号に掲げる信託においては、当該各号の委託者は、受益者を変更する権利を有する。ただし、信託行為に別段の定めがあるときは、その定めるところによる。
一　委託者の死亡の時に受益者となるべき者として指定された者が受益権を取得する旨の定めのある信託
二　委託者の死亡の時以後に受益者が信託財産に係る給付を受ける旨の定めのある信託
2　前項第2号の受益者は、同号の委託者が死亡するまでは、受益者としての権利を有しない。ただし、信託行為に別段の定めがあるときは、その定めるところによる。
（受益者の死亡により他の者が新たに受益権を取得する旨の定めのある信託の特例）
第91条　受益者の死亡により、当該受益者の有する受益権が消滅し、他の者が新たな受益権を取得する旨の定め（受益者の死亡により順次他の者が受益権を取得する旨の定めを含む。）のある信託は、当該信託がされた時から30年を経過した時以後に現に存する受益者が当該定めにより受益権を取得した場合であって当該受益者が死亡するまで又は当該受益権が消滅するまでの間、その効力を有する。
（信託行為の定めによる受益者の権利行使の制限の禁止）
第92条　受益者による次に掲げる権利の行使は、信託行為の定めにより制限することができない。
一　この法律の規定による裁判所に対する申立権
二　第5条第1項の規定による催告権
三　第23条第5項又は第6項の規定による異議を主張する権利
四　第24条第1項の規定による支払の請求権
五　第27条第1項又は第2項（これらの規定を第75条第4項において準用する場合を含む。）の規定による取消権
六　第31条第6項又は第7項の規定による取消権
七　第36条の規定による報告を求める権利
八　第38条第1項又は第6項の規定による閲覧又は謄写の請求権
九　第40条の規定による損失のてん補又は原状の回復の請求権
十　第41条の規定による損失のてん補又は原状の回復の請求権
十一　第44条の規定による差止めの請求権
十二　第45条第1項の規定による支払の請求権
十三　第59条第5項の規定による差止めの請求権
十四　第60条第3項又は第5項の規定による差止めの請求権
十五　第61条第1項の規定による支払の請求権
十六　第62条第2項の規定による催告権
十七　第99条第1項の規定による受益権を放棄する権利
十八　第103条第1項又は第2項の規定による受益権取得請求権
十九　第131条第2項の規定による催告権
二十　第138条第2項の規定による催告権
二十一　第187条第1項の規定による交付又は提供の請求権
二十二　第190条第2項の規定による閲覧又は謄写の請求権
二十三　第198条第1項の規定による記載又は記録の請求権
二十四　第226条第1項の規定による金銭のてん補

又は支払の請求権
二十五　第228条第１項の規定による金銭のてん補又は支払の請求権
二十六　第254条第１項の規定による損失のてん補の請求権

第２節　受益権等

第１款　受益権の譲渡等

（受益権の譲渡性）
第93条　受益者は、その有する受益権を譲り渡すことができる。ただし、その性質がこれを許さないときは、この限りでない。
２　前項の規定にかかわらず、受益権の譲渡を禁止し、又は制限する旨の信託行為の定め（以下この項において「譲渡制限の定め」という。）は、その譲渡制限の定めがされたことを知り、又は重大な過失によって知らなかった譲受人その他の第三者に対抗することができる。
（受益権の譲渡の対抗要件）
第94条　受益権の譲渡は、譲渡人が受託者に通知をし、又は受託者が承諾をしなければ、受託者その他の第三者に対抗することができない。
２　前項の通知及び承諾は、確定日付のある証書によってしなければ、受託者以外の第三者に対抗することができない。
（受益権の譲渡における受託者の抗弁）
第95条　受託者は、前条第１項の通知又は承諾がされるまでに譲渡人に対し生じた事由をもって譲受人に対抗することができる。
（共同相続における受益権の承継の対抗要件）
第95条の２　相続により受益権が承継された場合において、民法第900条及び第901条の規定により算定した相続分を超えて当該受益権を承継した共同相続人が当該受益権に係る遺言の内容（遺産の分割により当該受益権を承継した場合にあっては、当該受益権に係る遺産の分割の内容）を明らかにして受託者にその承継の通知をしたときは、共同相続人の全員が受託者に通知をしたものとみなして、同法第899条の２第１項の規定を適用する。
（受益権の質入れ）
第96条　受益者は、その有する受益権に質権を設定することができる。ただし、その性質がこれを許さないときは、この限りでない。
２　前項の規定にかかわらず、受益権の質入れを禁止し、又は制限する旨の信託行為の定め（以下この項において「質入制限の定め」という。）は、その質入制限の定めがされたことを知り、又は重大な過失によって知らなかった質権者その他の第三者に対抗することができる。
（受益権の質入れの効果）
第97条　受益権を目的とする質権は、次に掲げる金銭等（金銭その他の財産をいう。以下この条及び次条において同じ。）について存在する。
一　当該受益権を有する受益者が受託者から信託財産に係る給付として受けた金銭等
二　第103条第６項に規定する受益権取得請求によって当該受益権を有する受益者が受ける金銭等
三　信託の変更による受益権の併合又は分割によって当該受益権を有する受益者が受ける金銭等
四　信託の併合又は分割（信託の併合又は信託の分割をいう。以下同じ。）によって当該受益権を有する受益者が受ける金銭等
五　前各号に掲げるもののほか、当該受益権を有する受益者が当該受益権に代わるものとして受ける金銭等
第98条　受益権の質権者は、前条の金銭等（金銭に限る。）を受領し、他の債権者に先立って自己の債権の弁済に充てることができる。
２　前項の債権の弁済期が到来していないときは、受益権の質権者は、受託者に同項に規定する金銭等に相当する金額を供託させることができる。この場合において、質権は、その供託金について存在する。

第２款　受益権の放棄

第99条　受益者は、受託者に対し、受益権を放棄する旨の意思表示をすることができる。ただし、受益者が信託行為の当事者である場合は、この限りでない。
２　受益者は、前項の規定による意思表示をしたときは、当初から受益権を有していなかったものとみなす。ただし、第三者の権利を害することはできない。

第３款　受益債権

（受益債権に係る受託者の責任）
第100条　受益債権に係る債務については、受託者は、信託財産に属する財産のみをもってこれを履行する責任を負う。
（受益債権と信託債権との関係）
第101条　受益債権は、信託債権に後れる。
（受益債権の期間の制限）
第102条　受益債権の消滅時効は、次項及び第３項に定める事項を除き、債権の消滅時効の例による。
２　受益債権の消滅時効は、受益者が受益者としての指定を受けたことを知るに至るまでの間（受益者が現に存しない場合にあっては、信託管理人が選任されるまでの間）は、進行しない。
３　受益債権の消滅時効は、次に掲げる場合に限り、援用することができる。
一　受託者が、消滅時効の期間の経過後、遅滞なく、受益者に対し受益債権の存在及びその内容を相当の期間を定めて通知し、かつ、受益者からその期間内に履行の請求を受けなかったとき。
二　消滅時効の期間の経過時において受益者の所在が不明であるとき、その他信託行為の定め、受益者の状況、関係資料の滅失その他の事情に照らし

て、受益者に対し前号の規定による通知をしないことについて正当な理由があるとき。
4　受益債権は、これを行使することができる時から20年を経過したときは、消滅する。

第４款　受益権取得請求権

（受益権取得請求）
第103条　次に掲げる事項に係る信託の変更（第３項において「重要な信託の変更」という。）がされる場合には、これにより損害を受けるおそれのある受益者は、受託者に対し、自己の有する受益権を公正な価格で取得することを請求することができる。ただし、第１号又は第２号に掲げる事項に係る信託の変更がされる場合にあっては、これにより損害を受けるおそれのあることを要しない。
一　信託の目的の変更
二　受益権の譲渡の制限
三　受託者の義務の全部又は一部の減免（当該減免について、その範囲及びその意思決定の方法につき信託行為に定めがある場合を除く。）
四　受益債権の内容の変更（当該内容の変更について、その範囲及びその意思決定の方法につき信託行為に定めがある場合を除く。）
五　信託行為において定めた事項
2　信託の併合又は分割がされる場合には、これらにより損害を受けるおそれのある受益者は、受託者に対し、自己の有する受益権を公正な価格で取得することを請求することができる。ただし、前項第１号又は第２号に掲げる事項に係る変更を伴う信託の併合又は分割がされる場合にあっては、これらにより損害を受けるおそれのあることを要しない。
3　前２項の受益者が、重要な信託の変更又は信託の併合若しくは信託の分割（以下この章において「重要な信託の変更等」という。）の意思決定に関与し、その際に当該重要な信託の変更等に賛成する旨の意思を表示したときは、前２項の規定は、当該受益者については、適用しない。
4　受託者は、重要な信託の変更等の意思決定の日から20日以内に、受益者に対し、次に掲げる事項を通知しなければならない。
一　重要な信託の変更等をする旨
二　重要な信託の変更等がその効力を生ずる日（次条第１項において「効力発生日」という。）
三　重要な信託の変更等の中止に関する条件を定めたときは、その条件
5　前項の規定による通知は、官報による公告をもって代えることができる。
6　第１項又は第２項の規定による請求（以下この款において「受益権取得請求」という。）は、第４項の規定による通知又は前項の規定による公告の日から20日以内に、その受益権取得請求に係る受益権の内容を明らかにしてしなければならない。
7　受益権取得請求をした受益者は、受託者の承諾を得た場合に限り、その受益権取得請求を撤回することができる。
8　重要な信託の変更等が中止されたときは、受益権取得請求は、その効力を失う。

（受益権の価格の決定等）
第104条　受益権取得請求があった場合において、受益権の価格の決定について、受託者と受益者との間に協議が調ったときは、受託者は、受益権取得請求の日から60日を経過する日（その日までに効力発生日が到来していない場合にあっては、効力発生日）までにその支払をしなければならない。
2　受益権の価格の決定について、受益権取得請求の日から30日以内に協議が調わないときは、受託者又は受益者は、その期間の満了の日後30日以内に、裁判所に対し、価格の決定の申立てをすることができる。
3　裁判所は、前項の規定により価格の決定をする場合には、同項の申立てをすることができる者の陳述を聴かなければならない。
4　第２項の申立てについての裁判には、理由を付さなければならない。
5　第２項の規定による価格の決定の裁判に対しては、申立人及び同項の申立てをすることができる者に限り、即時抗告をすることができる。
6　前項の即時抗告は、執行停止の効力を有する。
7　前条第７項の規定にかかわらず、第２項に規定する場合において、受益権取得請求の日から60日以内に同項の申立てがないときは、その期間の満了後は、受益者は、いつでも、受益権取得請求を撤回することができる。
8　第１項の受託者は、裁判所の決定した価格に対する同項の期間の満了の日後の利息をも支払わなければならない。
9　受託者は、受益権の価格の決定があるまでは、受益者に対し、当該受託者が公正な価格と認める額を支払うことができる。
10　受益権取得請求に係る受託者による受益権の取得は、当該受益権の価格に相当する金銭の支払の時に、その効力を生ずる。
11　受益証券（第185条第１項に規定する受益証券をいう。以下この章において同じ。）が発行されている受益権について受益権取得請求があったときは、当該受益証券と引換えに、その受益権取得請求に係る受益権の価格に相当する金銭を支払わなければならない。
12　受益権取得請求に係る債務については、受託者は、信託財産に属する財産のみをもってこれを履行する責任を負う。ただし、信託行為又は当該重要な信託の変更等の意思決定において別段の定めがされたときは、その定めるところによる。
13　前条第１項又は第２項の規定により受託者が受益権を取得したときは、その受益権は、消滅する。ただし、信託行為又は当該重要な信託の変更等の意思決定において別段の定めがされたときは、その定めるところによる。

第3節　二人以上の受益者による意思決定の方法の特例

第1款　総則

第105条　受益者が二人以上ある信託における受益者の意思決定（第92条各号に掲げる権利の行使に係るものを除く。）は、すべての受益者の一致によってこれを決する。ただし、信託行為に別段の定めがあるときは、その定めるところによる。
2　前項ただし書の場合において、信託行為に受益者集会における多数決による旨の定めがあるときは、次款の定めるところによる。ただし、信託行為に別段の定めがあるときは、その定めるところによる。
3　第1項ただし書又は前項の規定にかかわらず、第42条の規定による責任の免除に係る意思決定の方法についての信託行為の定めは、次款の定めるところによる受益者集会における多数決による旨の定めに限り、その効力を有する。
4　第1項ただし書及び前2項の規定は、次に掲げる責任の免除については、適用しない。
一　第42条の規定による責任の全部の免除
二　第42条第1号の規定による責任（受託者がその任務を行うにつき悪意又は重大な過失があった場合に生じたものに限る。）の一部の免除
三　第42条第2号の規定による責任の一部の免除

第2款　受益者集会

（受益者集会の招集）
第106条　受益者集会は、必要がある場合には、いつでも、招集することができる。
2　受益者集会は、受託者（信託監督人が現に存する場合にあっては、受託者又は信託監督人）が招集する。
（受益者による招集の請求）
第107条　受益者は、受託者（信託監督人が現に存する場合にあっては、受託者又は信託監督人）に対し、受益者集会の目的である事項及び招集の理由を示して、受益者集会の招集を請求することができる。
2　次に掲げる場合において、信託財産に著しい損害を生ずるおそれがあるときは、前項の規定による請求をした受益者は、受益者集会を招集することができる。
一　前項の規定による請求の後遅滞なく招集の手続が行われない場合
二　前項の規定による請求があった日から8週間以内の日を受益者集会の日とする受益者集会の招集の通知が発せられない場合
（受益者集会の招集の決定）
第108条　受益者集会を招集する者（以下この款において「招集者」という。）は、受益者集会を招集する場合には、次に掲げる事項を定めなければならない。
一　受益者集会の日時及び場所
二　受益者集会の目的である事項があるときは、当該事項
三　受益者集会に出席しない受益者が電磁的方法（電子情報処理組織を使用する方法その他の情報通信の技術を利用する方法であって法務省令で定めるものをいう。以下この款において同じ。）によって議決権を行使することができることとするときは、その旨
四　前3号に掲げるもののほか、法務省令で定める事項
（受益者集会の招集の通知）
第109条　受益者集会を招集するには、招集者は、受益者集会の日の2週間前までに、知れている受益者及び受託者（信託監督人が現に存する場合にあっては、知れている受益者、受託者及び信託監督人）に対し、書面をもってその通知を発しなければならない。
2　招集者は、前項の書面による通知の発出に代えて、政令で定めるところにより、同項の通知を受けるべき者の承諾を得て、電磁的方法により通知を発することができる。この場合において、当該招集者は、同項の書面による通知を発したものとみなす。
3　前2項の通知には、前条各号に掲げる事項を記載し、又は記録しなければならない。
4　無記名式の受益証券が発行されている場合において、受益者集会を招集するには、招集者は、受益者集会の日の3週間前までに、受益者集会を招集する旨及び前条各号に掲げる事項を官報により公告しなければならない。
（受益者集会参考書類及び議決権行使書面の交付等）
第110条　招集者は、前条第1項の通知に際しては、法務省令で定めるところにより、知れている受益者に対し、議決権の行使について参考となるべき事項を記載した書類（以下この条において「受益者集会参考書類」という。）及び受益者が議決権を行使するための書面（以下この款において「議決権行使書面」という。）を交付しなければならない。
2　招集者は、前条第2項の承諾をした受益者に対し同項の電磁的方法による通知を発するときは、前項の規定による受益者集会参考書類及び議決権行使書面の交付に代えて、これらの書類に記載すべき事項を電磁的方法により提供することができる。ただし、受益者の請求があったときは、これらの書類を当該受益者に交付しなければならない。
3　招集者は、前条第4項の規定による公告をした場合において、受益者集会の日の1週間前までに無記名受益権（無記名式の受益証券が発行されている受益権をいう。第8章において同じ。）の受益者の請求があったときは、直ちに、受益者集会参考書類及び議決権行使書面を当該受益者に交付しなければならない。
4　招集者は、前項の規定による受益者集会参考書類及び議決権行使書面の交付に代えて、政令で定めるところにより、受益者の承諾を得て、これらの書類に記載すべき事項を電磁的方法により提供することができる。この場合において、当該招集者は、同項の規定によるこれらの書類の交付をしたものとみなす。

第111条　招集者は、第108条第３号に掲げる事項を定めた場合には、第109条第２項の承諾をした受益者に対する電磁的方法による通知に際して、法務省令で定めるところにより、受益者に対し、議決権行使書面に記載すべき事項を当該電磁的方法により提供しなければならない。

2　招集者は、第108条第３号に掲げる事項を定めた場合において、第109条第２項の承諾をしていない受益者から受益者集会の日の１週間前までに議決権行使書面に記載すべき事項の電磁的方法による提供の請求があったときは、法務省令で定めるところにより、直ちに、当該受益者に対し、当該事項を電磁的方法により提供しなければならない。

（受益者の議決権）

第112条　受益者は、受益者集会において、次の各号に掲げる区分に従い、当該各号に定めるものに応じて、議決権を有する。

一　各受益権の内容が均等である場合　受益権の個数

二　前号に掲げる場合以外の場合　受益者集会の招集の決定の時における受益権の価格

2　前項の規定にかかわらず、受益権が当該受益権に係る信託の信託財産に属するときは、受託者は、当該受益権については、議決権を有しない。

（受益者集会の決議）

第113条　受益者集会の決議は、議決権を行使することができる受益者の議決権の過半数を有する受益者が出席し、出席した当該受益者の議決権の過半数をもって行う。

2　前項の規定にかかわらず、次に掲げる事項に係る受益者集会の決議は、当該受益者集会において議決権を行使することができる受益者の議決権の過半数を有する受益者が出席し、出席した当該受益者の議決権の３分の２以上に当たる多数をもって行わなければならない。

一　第42条の規定による責任の免除（第105条第４項各号に掲げるものを除く。）

二　第136条第１項第１号に規定する合意

三　第143条第１項第１号に規定する合意

四　第149条第１項若しくは第２項第１号に規定する合意又は同条第３項に規定する意思表示

五　第151条第１項又は第２項第１号に規定する合意

六　第155条第１項又は第２項第１号に規定する合意

七　第159条第１項又は第２項第１号に規定する合意

八　第164条第１項に規定する合意

3　前２項の規定にかかわらず、第103条第１項第２号から第４号までに掲げる事項（同号に掲げる事項にあっては、受益者間の権衡に変更を及ぼすものを除く。）に係る重要な信託の変更等に係る受益者集会の決議は、当該受益者集会において議決権を行使することができる受益者の半数以上であって、当該受益者の議決権の３分の２以上に当たる多数をもって行わなければならない。

4　前３項の規定にかかわらず、第103条第１項第１号又は第４号に掲げる事項（同号に掲げる事項にあっては、受益者間の権衡に変更を及ぼすものに限る。）に係る重要な信託の変更等に係る受益者集会の決議は、総受益者の半数以上であって、総受益者の議決権の４分の３以上に当たる多数をもって行わなければならない。

5　受益者集会は、第108条第２号に掲げる事項以外の事項については、決議をすることができない。

（議決権の代理行使）

第114条　受益者は、代理人によってその議決権を行使することができる。この場合においては、当該受益者又は代理人は、代理権を証明する書面を招集者に提出しなければならない。

2　前項の代理権の授与は、受益者集会ごとにしなければならない。

3　第１項の受益者又は代理人は、代理権を証明する書面の提出に代えて、政令で定めるところにより、招集者の承諾を得て、当該書面に記載すべき事項を電磁的方法により提供することができる。この場合において、当該受益者又は代理人は、当該書面を提出したものとみなす。

4　受益者が第109条第２項の承諾をした者である場合には、招集者は、正当な理由がなければ、前項の承諾をすることを拒んではならない。

（書面による議決権の行使）

第115条　受益者集会に出席しない受益者は、書面によって議決権を行使することができる。

2　書面による議決権の行使は、議決権行使書面に必要な事項を記載し、法務省令で定める時までに当該記載をした議決権行使書面を招集者に提出して行う。

3　前項の規定により書面によって行使した議決権は、出席した議決権者の行使した議決権とみなす。

（電磁的方法による議決権の行使）

第116条　電磁的方法による議決権の行使は、政令で定めるところにより、招集者の承諾を得て、法務省令で定める時までに議決権行使書面に記載すべき事項を、電磁的方法により当該招集者に提供して行う。

2　受益者が第109条第２項の承諾をした者である場合には、招集者は、正当な理由がなければ、前項の承諾をすることを拒んではならない。

3　第１項の規定により電磁的方法によって行使した議決権は、出席した議決権者の行使した議決権とみなす。

（議決権の不統一行使）

第117条　受益者は、その有する議決権を統一しないで行使することができる。この場合においては、受益者集会の日の３日前までに、招集者に対しその旨及びその理由を通知しなければならない。

2　招集者は、前項の受益者が他人のために受益権を有する者でないときは、当該受益者が同項の規定によりその有する議決権を統一しないで行使することを拒むことができる。

（受託者の出席等）

第118条　受託者（法人である受託者にあっては、その代表者又は代理人。次項において同じ。）は、受益者集会に出席し、又は書面により意見を述べることができる。

2　受益者集会又は招集者は、必要があると認めるときは、受託者に対し、その出席を求めることができる。この場合において、受益者集会にあっては、これをする旨の決議を経なければならない。

（延期又は続行の決議）

第119条　受益者集会においてその延期又は続行について決議があった場合には、第108条及び第109条の規定は、適用しない。

（議事録）

第120条　受益者集会の議事については、招集者は、法務省令で定めるところにより、議事録を作成しなければならない。

（受益者集会の決議の効力）

第121条　受益者集会の決議は、当該信託のすべての受益者に対してその効力を有する。

（受益者集会の費用の負担）

第122条　受益者集会に関する必要な費用を支出した者は、受託者に対し、その償還を請求することができる。

2　前項の規定による請求に係る債務については、受託者は、信託財産に属する財産のみをもってこれを履行する責任を負う。

第４節　信託管理人等

第１款　信託管理人

（信託管理人の選任）

第123条　信託行為においては、受益者が現に存しない場合に信託管理人となるべき者を指定する定めを設けることができる。

2　信託行為に信託管理人となるべき者を指定する定めがあるときは、利害関係人は、信託管理人となるべき者として指定された者に対し、相当の期間を定めて、その期間内に就任の承諾をするかどうかを確答すべき旨を催告することができる。ただし、当該定めに停止条件又は始期が付されているときは、当該停止条件が成就し、又は当該始期が到来した後に限る。

3　前項の規定による催告があった場合において、信託管理人となるべき者として指定された者は、同項の期間内に委託者（委託者が現に存しない場合にあっては、受託者）に対し確答をしないときは、就任の承諾をしなかったものとみなす。

4　受益者が現に存しない場合において、信託行為に信託管理人に関する定めがないとき、又は信託行為の定めにより信託管理人となるべき者として指定された者が就任の承諾をせず、若しくはこれをすることができないときは、裁判所は、利害関係人の申立てにより、信託管理人を選任することができる。

5　前項の規定による信託管理人の選任の裁判があったときは、当該信託管理人について信託行為に第1項の定めが設けられたものとみなす。

6　第４項の申立てについての裁判には、理由を付さなければならない。

7　第４項の規定による信託管理人の選任の裁判に対しては、委託者若しくは受託者又は既に存する信託管理人に限り、即時抗告をすることができる。

8　前項の即時抗告は、執行停止の効力を有する。

（信託管理人の資格）

第124条　次に掲げる者は、信託管理人となることができない。

一　未成年者

二　当該信託の受託者である者

（信託管理人の権限）

第125条　信託管理人は、受益者のために自己の名をもって受益者の権利に関する一切の裁判上又は裁判外の行為をする権限を有する。ただし、信託行為に別段の定めがあるときは、その定めるところによる。

2　二人以上の信託管理人があるときは、これらの者が共同してその権限に属する行為をしなければならない。ただし、信託行為に別段の定めがあるときは、その定めるところによる。

3　この法律の規定により受益者に対してすべき通知は、信託管理人があるときは、信託管理人に対してしなければならない。

（信託管理人の義務）

第126条　信託管理人は、善良な管理者の注意をもって、前条第1項の権限を行使しなければならない。

2　信託管理人は、受益者のために、誠実かつ公平に前条第1項の権限を行使しなければならない。

（信託管理人の費用等及び報酬）

第127条　信託管理人は、その事務を処理するのに必要と認められる費用及び支出の日以後におけるその利息を受託者に請求することができる。

2　信託管理人は、次の各号に掲げる場合には、当該各号に定める損害の額について、受託者にその賠償を請求することができる。

一　信託管理人がその事務を処理するため自己に過失なく損害を受けた場合　当該損害の額

二　信託管理人がその事務を処理するため第三者の故意又は過失によって損害を受けた場合（前号に掲げる場合を除く。）　当該第三者に対し賠償を請求することができる額

3　信託管理人は、商法第512条の規定の適用がある場合のほか、信託行為に信託管理人が報酬を受ける旨の定めがある場合に限り、受託者に報酬を請求することができる。

4　前３項の規定による請求に係る債務については、受託者は、信託財産に属する財産のみをもってこれを履行する責任を負う。

5　第３項の場合には、報酬の額は、信託行為に報酬の額又は算定方法に関する定めがあるときはその定めるところにより、その定めがないときは相当の額と

する。

6　裁判所は、第123条第４項の規定により信託管理人を選任した場合には、信託管理人の報酬を定めることができる。

7　前項の規定による信託管理人の報酬の裁判があったときは、当該信託管理人について信託行為に第３項の定め及び第５項の報酬の額に関する定めがあったものとみなす。

8　第６項の規定による信託管理人の報酬の裁判をする場合には、受託者及び信託管理人の陳述を聴かなければならない。

9　第６項の規定による信託管理人の報酬の裁判に対しては、受託者及び信託管理人に限り、即時抗告をすることができる。

（信託管理人の任務の終了）

第128条　第56条の規定は、信託管理人の任務の終了について準用する。この場合において、同条第１項第５号中「次条」とあるのは「第128条第２項において準用する次条」と、同項第６号中「第58条」とあるのは「第128条第２項において準用する第58条」と読み替えるものとする。

2　第57条の規定は信託管理人の辞任について、第58条の規定は信託管理人の解任について、それぞれ準用する。

（新信託管理人の選任等）

第129条　第62条の規定は、前条第１項において準用する第56条第１項各号の規定により信託管理人の任務が終了した場合における新たな信託管理人（次項において「新信託管理人」という。）の選任について準用する。

2　新信託管理人が就任した場合には、信託管理人であった者は、遅滞なく、新信託管理人がその事務の処理を行うのに必要な事務の引継ぎをしなければならない。

3　前項の信託管理人であった者は、受益者が存するに至った後においてその受益者となった者を知ったときは、遅滞なく、当該受益者となった者に対しその事務の経過及び結果を報告しなければならない。

（信託管理人による事務の処理の終了等）

第130条　信託管理人による事務の処理は、次に掲げる事由により終了する。ただし、第２号に掲げる事由による場合にあっては、信託行為に別段の定めがあるときは、その定めるところによる。

一　受益者が存するに至ったこと。

二　委託者が信託管理人に対し事務の処理を終了する旨の意思表示をしたこと。

三　信託行為において定めた事由

2　前項の規定により信託管理人による事務の処理が終了した場合には、信託管理人であった者は、遅滞なく、受益者に対しその事務の経過及び結果を報告しなければならない。ただし、受益者が存するに至った後においてその受益者となった者を知った場合に限る。

第２款　信託監督人

（信託監督人の選任）

第131条　信託行為においては、受益者が現に存する場合に信託監督人となるべき者を指定する定めを設けることができる。

2　信託行為に信託監督人となるべき者を指定する定めがあるときは、利害関係人は、信託監督人となるべき者として指定された者に対し、相当の期間を定めて、その期間内に就任の承諾をするかどうかを確答すべき旨を催告することができる。ただし、当該定めに停止条件又は始期が付されているときは、当該停止条件が成就し、又は当該始期が到来した後に限る。

3　前項の規定による催告があった場合において、信託監督人となるべき者として指定された者は、同項の期間内に委託者（委託者が現に存しない場合にあっては、受託者）に対し確答をしないときは、就任の承諾をしなかったものとみなす。

4　受益者が受託者の監督を適切に行うことができない特別の事情がある場合において、信託行為に信託監督人に関する定めがないとき、又は信託行為の定めにより信託監督人となるべき者として指定された者が就任の承諾をせず、若しくはこれをすることができないときは、裁判所は、利害関係人の申立てにより、信託監督人を選任することができる。

5　前項の規定による信託監督人の選任の裁判があったときは、当該信託監督人について信託行為に第１項の定めが設けられたものとみなす。

6　第４項の申立てについての裁判には、理由を付さなければならない。

7　第４項の規定による信託監督人の選任の裁判に対しては、委託者、受託者若しくは受益者又は既に存する信託監督人に限り、即時抗告をすることができる。

8　前項の即時抗告は、執行停止の効力を有する。

（信託監督人の権限）

第132条　信託監督人は、受益者のために自己の名をもって第92条各号（第17号、第18号、第21号及び第23号を除く。）に掲げる権利に関する一切の裁判上又は裁判外の行為をする権限を有する。ただし、信託行為に別段の定めがあるときは、その定めるところによる。

2　二人以上の信託監督人があるときは、これらの者が共同してその権限に属する行為をしなければならない。ただし、信託行為に別段の定めがあるときは、その定めるところによる。

（信託監督人の義務）

第133条　信託監督人は、善良な管理者の注意をもって、前条第１項の権限を行使しなければならない。

2　信託監督人は、受益者のために、誠実かつ公平に前条第１項の権限を行使しなければならない。

（信託監督人の任務の終了）

第134条　第56条の規定は、信託監督人の任務の終了について準用する。この場合において、同条第１

項第5号中「次条」とあるのは「第134条第2項において準用する次条」と、同項第6号中「第58条」とあるのは「第134条第2項において準用する第58条」と読み替えるものとする。
2　第57条の規定は信託監督人の辞任について、第58条の規定は信託監督人の解任について、それぞれ準用する。
（新信託監督人の選任等）
第135条　第62条の規定は、前条第1項において準用する第56条第1項各号の規定により信託監督人の任務が終了した場合における新たな信託監督人（次項において「新信託監督人」という。）の選任について準用する。
2　新信託監督人が就任した場合には、信託監督人であった者は、遅滞なく、受益者に対しその事務の経過及び結果を報告し、新信託監督人がその事務の処理を行うのに必要な事務の引継ぎをしなければならない。
（信託監督人による事務の処理の終了等）
第136条　信託監督人による事務の処理は、信託の清算の結了のほか、次に掲げる事由により終了する。ただし、第1号に掲げる事由による場合にあっては、信託行為に別段の定めがあるときは、その定めるところによる。
一　委託者及び受益者が信託監督人による事務の処理を終了する旨の合意をしたこと。
二　信託行為において定めた事由
2　前項の規定により信託監督人による事務の処理が終了した場合には、信託監督人であった者は、遅滞なく、受益者に対しその事務の経過及び結果を報告しなければならない。
3　委託者が現に存しない場合には、第1項第1号の規定は、適用しない。
（信託管理人に関する規定の準用）
第137条　第124条及び第127条の規定は、信託監督人について準用する。この場合において、同条第6項中「第123条第4項」とあるのは、「第131条第4項」と読み替えるものとする。

第3款　受益者代理人

（受益者代理人の選任）
第138条　信託行為においては、その代理する受益者を定めて、受益者代理人となるべき者を指定する定めを設けることができる。
2　信託行為に受益者代理人となるべき者を指定する定めがあるときは、利害関係人は、受益者代理人となるべき者として指定された者に対し、相当の期間を定めて、その期間内に就任の承諾をするかどうかを確答すべき旨を催告することができる。ただし、当該定めに停止条件又は始期が付されているときは、当該停止条件が成就し、又は当該始期が到来した後に限る。
3　前項の規定による催告があった場合において、受益者代理人となるべき者として指定された者は、同項の期間内に委託者（委託者が現に存しない場合にあっては、受託者）に対し確答をしないときは、就任の承諾をしなかったものとみなす。
（受益者代理人の権限等）
第139条　受益者代理人は、その代理する受益者のために当該受益者の権利（第42条の規定による責任の免除に係るものを除く。）に関する一切の裁判上又は裁判外の行為をする権限を有する。ただし、信託行為に別段の定めがあるときは、その定めるところによる。
2　受益者代理人がその代理する受益者のために裁判上又は裁判外の行為をするときは、その代理する受益者の範囲を示せば足りる。
3　一人の受益者につき二人以上の受益者代理人があるときは、これらの者が共同してその権限に属する行為をしなければならない。ただし、信託行為に別段の定めがあるときは、その定めるところによる。
4　受益者代理人があるときは、当該受益者代理人に代理される受益者は、第92条各号に掲げる権利及び信託行為において定めた権利を除き、その権利を行使することができない。
（受益者代理人の義務）
第140条　受益者代理人は、善良な管理者の注意をもって、前条第1項の権限を行使しなければならない。
2　受益者代理人は、その代理する受益者のために、誠実かつ公平に前条第1項の権限を行使しなければならない。
（受益者代理人の任務の終了）
第141条　第56条の規定は、受益者代理人の任務の終了について準用する。この場合において、同条第1項第5号中「次条」とあるのは「第141条第2項において準用する次条」と、同項第6号中「第58条」とあるのは「第141条第2項において準用する第58条」と読み替えるものとする。
2　第57条の規定は受益者代理人の辞任について、第58条の規定は受益者代理人の解任について、それぞれ準用する。
（新受益者代理人の選任等）
第142条　第62条の規定は、前条第1項において準用する第56条第1項各号の規定により受益者代理人の任務が終了した場合における新たな受益者代理人（次項において「新受益者代理人」という。）の選任について準用する。この場合において、第62条第2項及び第4項中「利害関係人」とあるのは、「委託者又は受益者代理人に代理される受益者」と読み替えるものとする。
2　新受益者代理人が就任した場合には、受益者代理人であった者は、遅滞なく、その代理する受益者に対しその事務の経過及び結果を報告し、新受益者代理人がその事務の処理を行うのに必要な事務の引継ぎをしなければならない。
（受益者代理人による事務の処理の終了等）
第143条　受益者代理人による事務の処理は、信託の清算の結了のほか、次に掲げる事由により終了する。ただし、第１号に掲げる事由による場合にあっては、信託行為に別段の定めがあるときは、その定めるところによる。

一　委託者及び受益者代理人に代理される受益者が受益者代理人による事務の処理を終了する旨の合意をしたこと。

二　信託行為において定めた事由

2　前項の規定により受益者代理人による事務の処理が終了した場合には、受益者代理人であった者は、遅滞なく、その代理した受益者に対しその事務の経過及び結果を報告しなければならない。

3　委託者が現に存しない場合には、第１項第１号の規定は、適用しない。

（信託管理人に関する規定の準用）

第144条　第124条及び第127条第１項から第５項までの規定は、受益者代理人について準用する。

第５章　委託者

（委託者の権利等）

第145条　信託行為においては、委託者がこの法律の規定によるその権利の全部又は一部を有しない旨を定めることができる。

2　信託行為においては、委託者も次に掲げる権利の全部又は一部を有する旨を定めることができる。

一　第23条第５項又は第６項の規定による異議を主張する権利

二　第27条第１項又は第２項（これらの規定を第75条第４項において準用する場合を含む。）の規定による取消権

三　第31条第６項又は第７項の規定による取消権

四　第32条第４項の規定による権利

五　第38条第１項の規定による閲覧又は謄写の請求権

六　第39条第１項の規定による開示の請求権

七　第40条の規定による損失のてん補又は原状の回復の請求権

八　第41条の規定による損失のてん補又は原状の回復の請求権

九　第44条の規定による差止めの請求権

十　第46条第１項の規定による検査役の選任の申立権

十一　第59条第５項の規定による差止めの請求権

十二　第60条第３項又は第５項の規定による差止めの請求権

十三　第226条第１項の規定による金銭のてん補又は支払の請求権

十四　第228条第１項の規定による金銭のてん補又は支払の請求権

十五　第254条第１項の規定による損失のてん補の請求権

3　前項第１号、第７号から第９号まで又は第11号から第15号までに掲げる権利について同項の信託行為の定めがされた場合における第24条、第45条（第226条第６項、第228条第６項及び第254条第３項において準用する場合を含む。）又は第61条の規定の適用については、これらの規定中「受益者」とあるのは、「委託者又は受益者」とする。

4　信託行為においては、受託者が次に掲げる義務を負う旨を定めることができる。

一　この法律の規定により受託者が受益者（信託管理人が現に存する場合にあっては、信託管理人。次号において同じ。）に対し通知すべき事項を委託者に対しても通知する義務

二　この法律の規定により受託者が受益者に対し報告すべき事項を委託者に対しても報告する義務

三　第77条第１項又は第184条第１項の規定により受託者がする計算の承認を委託者に対しても求める義務

5　委託者が二人以上ある信託における第１項、第２項及び前項の規定の適用については、これらの規定中「委託者」とあるのは、「委託者の全部又は一部」とする。

（委託者の地位の移転）

第146条　委託者の地位は、受託者及び受益者の同意を得て、又は信託行為において定めた方法に従い、第三者に移転することができる。

2　委託者が二人以上ある信託における前項の規定の適用については、同項中「受託者及び受益者」とあるのは、「他の委託者、受託者及び受益者」とする。

（遺言信託における委託者の相続人）

第147条　第３条第２号に掲げる方法によって信託がされた場合には、委託者の相続人は、委託者の地位を相続により承継しない。ただし、信託行為に別段の定めがあるときは、その定めるところによる。

（委託者の死亡の時に受益権を取得する旨の定めのある信託等の特例）

第148条　第90条第１項各号に掲げる信託において、その信託の受益者が現に存せず、又は同条第２項の規定により受益者としての権利を有しないときは、委託者が第145条第２項各号に掲げる権利を有し、受託者が同条第４項各号に掲げる義務を負う。ただし、信託行為に別段の定めがあるときは、その定めるところによる。

第６章　信託の変更、併合及び分割

第１節　信託の変更

（関係当事者の合意等）

第149条　信託の変更は、委託者、受託者及び受益者の合意によってすることができる。この場合においては、変更後の信託行為の内容を明らかにしてしなければならない。

2　前項の規定にかかわらず、信託の変更は、次の各号に掲げる場合には、当該各号に定めるものによりすることができる。この場合において、受託者は、第１号に掲げるときは委託者に対し、第２号に掲げ

るときは委託者及び受益者に対し、遅滞なく、変更後の信託行為の内容を通知しなければならない。

一　信託の目的に反しないことが明らかであるとき　受託者及び受益者の合意

二　信託の目的に反しないこと及び受益者の利益に適合することが明らかであるとき　受託者の書面又は電磁的記録によってする意思表示

3　前2項の規定にかかわらず、信託の変更は、次の各号に掲げる場合には、当該各号に定める者による受託者に対する意思表示によってすることができる。この場合において、第2号に掲げるときは、受託者は、委託者に対し、遅滞なく、変更後の信託行為の内容を通知しなければならない。

一　受託者の利益を害しないことが明らかであるとき　委託者及び受益者

二　信託の目的に反しないこと及び受託者の利益を害しないことが明らかであるとき　受益者

4　前3項の規定にかかわらず、信託行為に別段の定めがあるときは、その定めるところによる。

5　委託者が現に存しない場合においては、第1項及び第3項第1号の規定は適用せず、第2項中「第1号に掲げるときは委託者に対し、第2号に掲げるときは委託者及び受益者に対し」とあるのは、「第2号に掲げるときは、受益者に対し」とする。

（特別の事情による信託の変更を命ずる裁判）

第150条　信託行為の当時予見することのできなかった特別の事情により、信託事務の処理の方法に係る信託行為の定めが信託の目的及び信託財産の状況その他の事情に照らして受益者の利益に適合しなくなるに至ったときは、裁判所は、委託者、受託者又は受益者の申立てにより、信託の変更を命ずることができる。

2　前項の申立ては、当該申立てに係る変更後の信託行為の定めを明らかにしてしなければならない。

3　裁判所は、第1項の申立てについての裁判をする場合には、受託者の陳述を聴かなければならない。ただし、不適法又は理由がないことが明らかであるとして申立てを却下する裁判をするときは、この限りでない。

4　第1項の申立てについての裁判には、理由の要旨を付さなければならない。

5　第1項の申立てについての裁判に対しては、委託者、受託者又は受益者に限り、即時抗告をすることができる。

6　前項の即時抗告は、執行停止の効力を有する。

第2節　信託の併合

（関係当事者の合意等）

第151条　信託の併合は、従前の各信託の委託者、受託者及び受益者の合意によってすることができる。この場合においては、次に掲げる事項を明らかにしてしなければならない。

一　信託の併合後の信託行為の内容

二　信託行為において定める受益権の内容に変更があるときは、その内容及び変更の理由

三　信託の併合に際して受益者に対し金銭その他の財産を交付するときは、当該財産の内容及びその価額

四　信託の併合がその効力を生ずる日

五　その他法務省令で定める事項

2　前項の規定にかかわらず、信託の併合は、次の各号に掲げる場合には、当該各号に定めるものによってすることができる。この場合において、受託者は、第1号に掲げるときは委託者に対し、第2号に掲げるときは委託者及び受益者に対し、遅滞なく、同項各号に掲げる事項を通知しなければならない。

一　信託の目的に反しないことが明らかであるとき　受託者及び受益者の合意

二　信託の目的に反しないこと及び受益者の利益に適合することが明らかであるとき　受託者の書面又は電磁的記録によってする意思表示

3　前2項の規定にかかわらず、各信託行為に別段の定めがあるときは、その定めるところによる。

4　委託者が現に存しない場合においては、第1項の規定は適用せず、第2項中「第1号に掲げるときは委託者に対し、第2号に掲げるときは委託者及び受益者に対し」とあるのは、「第2号に掲げるときは、受益者に対し」とする。

（債権者の異議）

第152条　信託の併合をする場合には、従前の信託の信託財産責任負担債務に係る債権を有する債権者は、受託者に対し、信託の併合について異議を述べることができる。ただし、信託の併合をしても当該債権者を害するおそれのないことが明らかであるときは、この限りでない。

2　前項の規定により同項の債権者の全部又は一部が異議を述べることができる場合には、受託者は、次に掲げる事項を官報に公告し、かつ、同項の債権者で知れているものには、各別にこれを催告しなければならない。ただし、第2号の期間は、1箇月を下ることができない。

一　信託の併合をする旨

二　前項の債権者が一定の期間内に異議を述べることができる旨

三　その他法務省令で定める事項

3　前項の規定にかかわらず、法人である受託者は、公告（次に掲げる方法によるものに限る。）をもって同項の規定による各別の催告に代えることができる。

一　時事に関する事項を掲載する日刊新聞紙に掲載する方法

二　電子公告（公告の方法のうち、電磁的方法（会社法（平成17年法律第86号）第2条第34号に規定する電磁的方法をいう。）により不特定多数の者が公告すべき内容である情報の提供を受けることができる状態に置く措置であって同号に規定するものをとる方法をいう。次節において同じ。）

4　第1項の債権者が第2項第2号の期間内に異議を述べなかったときは、当該債権者は、当該信託の併

合について承認をしたものとみなす。

5　第1項の債権者が第2項第2号の期間内に異議を述べたときは、受託者は、当該債権者に対し、弁済し、若しくは相当の担保を提供し、又は当該債権者に弁済を受けさせることを目的として信託会社等（信託会社及び信託業務を営む金融機関（金融機関の信託業務の兼営等に関する法律（昭和18年法律第43号）第1条第1項の認可を受けた金融機関をいう。）をいう。次節において同じ。）に相当の財産を信託しなければならない。ただし、当該信託の併合をしても当該債権者を害するおそれがないときは、この限りでない。

（信託の併合後の信託の信託財産責任負担債務の範囲等）

第153条　信託の併合がされた場合において、従前の信託の信託財産責任負担債務であった債務は、信託の併合後の信託の信託財産責任負担債務となる。

第154条　信託の併合がされた場合において、前条に規定する従前の信託の信託財産責任負担債務のうち信託財産限定責任負担債務（受託者が信託財産に属する財産のみをもって履行する責任を負う信託財産責任負担債務をいう。以下この章において同じ。）であるものは、信託の併合後の信託の信託財産限定責任負担債務となる。

第3節　信託の分割

第1款　吸収信託分割

（関係当事者の合意等）

第155条　吸収信託分割は、委託者、受託者及び受益者の合意によってすることができる。この場合においては、次に掲げる事項を明らかにしてしなければならない。

一　吸収信託分割後の信託行為の内容

二　信託行為において定める受益権の内容に変更があるときは、その内容及び変更の理由

三　吸収信託分割に際して受益者に対し金銭その他の財産を交付するときは、当該財産の内容及びその価額

四　吸収信託分割がその効力を生ずる日

五　移転する財産の内容

六　吸収信託分割によりその信託財産の一部を他の信託に移転する信託（以下この款において「分割信託」という。）の信託財産責任負担債務でなくなり、分割信託からその信託財産の一部の移転を受ける信託（以下「承継信託」という。）の信託財産責任負担債務となる債務があるときは、当該債務に係る事項

七　その他法務省令で定める事項

2　前項の規定にかかわらず、吸収信託分割は、次の各号に掲げる場合には、当該各号に定めるものによってすることができる。この場合において、受託者は、第1号に掲げるときは委託者に対し、第2号に掲げるときは委託者及び受益者に対し、遅滞なく、同項各号に掲げる事項を通知しなければならない。

一　信託の目的に反しないことが明らかであるとき　受託者及び受益者の合意

二　信託の目的に反しないこと及び受益者の利益に適合することが明らかであるとき　受託者の書面又は電磁的記録によってする意思表示

3　前2項の規定にかかわらず、各信託行為に別段の定めがあるときは、その定めるところによる。

4　委託者が現に存しない場合においては、第1項の規定は適用せず、第2項中「第1号に掲げるときは委託者に対し、第2号に掲げるときは委託者及び受益者に対し」とあるのは、「第2号に掲げるときは、受益者に対し」とする。

（債権者の異議）

第156条　吸収信託分割をする場合には、分割信託又は承継信託の信託財産責任負担債務に係る債権を有する債権者は、受託者に対し、吸収信託分割について異議を述べることができる。ただし、吸収信託分割をしても当該債権者を害するおそれのないことが明らかであるときは、この限りでない。

2　前項の規定により同項の債権者の全部又は一部が異議を述べることができる場合には、受託者は、次に掲げる事項を官報に公告し、かつ、同項の債権者で知れているものには、各別にこれを催告しなければならない。ただし、第2号の期間は、1箇月を下ることができない。

一　吸収信託分割をする旨

二　前項の債権者が一定の期間内に異議を述べることができる旨

三　その他法務省令で定める事項

3　前項の規定にかかわらず、法人である受託者は、公告（次に掲げる方法によるものに限る。）をもって同項の規定による各別の催告に代えることができる。

一　時事に関する事項を掲載する日刊新聞紙に掲載する方法

二　電子公告

4　第1項の債権者が第2項第2号の期間内に異議を述べなかったときは、当該債権者は、当該吸収信託分割について承認をしたものとみなす。

5　第1項の債権者が第2項第2号の期間内に異議を述べたときは、受託者は、当該債権者に対し、弁済し、若しくは相当の担保を提供し、又は当該債権者に弁済を受けさせることを目的として信託会社等に相当の財産を信託しなければならない。ただし、当該吸収信託分割をしても当該債権者を害するおそれがないときは、この限りでない。

（吸収信託分割後の分割信託及び承継信託の信託財産責任負担債務の範囲等）

第157条　吸収信託分割がされた場合において、第155条第1項第6号の債務は、吸収信託分割後の分割信託の信託財産責任負担債務でなくなり、吸収信託分割後の承継信託の信託財産責任負担債務となる。この場合において、分割信託の信託財産限定責任負担債務であった債務は、承継信託の信託財産限定責任負担債務となる。

第158条　第156条第1項の規定により異議を述べる

ことができる債権者（同条第２項の規定により各別の催告をしなければならないものに限る。）は、同条第２項の催告を受けなかった場合には、吸収信託分割前から有する次の各号に掲げる債権に基づき、受託者に対し、当該各号に定める財産をもって当該債権に係る債務を履行することを請求することもできる。ただし、第１号に定める財産に対しては吸収信託分割がその効力を生ずる日における承継信託の移転を受ける財産の価額を、第２号に定める財産に対しては当該日における分割信託の信託財産の価額を限度とする。

一　分割信託の信託財産責任負担債務に係る債権（第155条第１項第６号の債務に係る債権を除く。）　吸収信託分割後の承継信託の信託財産に属する財産

二　承継信託の信託財産責任負担債務に係る債権（第155条第１項第６号の債務に係る債権に限る。）　吸収信託分割後の分割信託の信託財産に属する財産

第２款　新規信託分割

（関係当事者の合意等）

第159条　新規信託分割は、委託者、受託者及び受益者の合意によってすることができる。この場合においては、次に掲げる事項を明らかにしてしなければならない。

一　新規信託分割後の信託行為の内容

二　信託行為において定める受益権の内容に変更があるときは、その内容及び変更の理由

三　新規信託分割に際して受益者に対し金銭その他の財産を交付するときは、当該財産の内容及びその価額

四　新規信託分割がその効力を生ずる日

五　移転する財産の内容

六　新規信託分割により従前の信託の信託財産責任負担債務でなくなり、新たな信託の信託財産責任負担債務となる債務があるときは、当該債務に係る事項

七　その他法務省令で定める事項

2　前項の規定にかかわらず、新規信託分割は、次の各号に掲げる場合には、当該各号に定めるものによってすることができる。この場合において、受託者は、第１号に掲げるときは委託者に対し、第２号に掲げるときは委託者及び受益者に対し、遅滞なく、同項各号に掲げる事項を通知しなければならない。

一　信託の目的に反しないことが明らかであるとき　受託者及び受益者の合意

二　信託の目的に反しないこと及び受益者の利益に適合することが明らかであるとき　受託者の書面又は電磁的記録によってする意思表示

3　前２項の規定にかかわらず、各信託行為に別段の定めがあるときは、その定めるところによる。

4　委託者が現に存しない場合においては、第１項の規定は適用せず、第２項中「第１号に掲げるときは委託者に対し、第２号に掲げるときは委託者及び受益者に対し」とあるのは、「第２号に掲げるときは、受益者に対し」とする。

（債権者の異議）

第160条　新規信託分割をする場合には、従前の信託の信託財産責任負担債務に係る債権を有する債権者は、受託者に対し、新規信託分割について異議を述べることができる。ただし、新規信託分割をしても当該債権者を害するおそれのないことが明らかであるときは、この限りでない。

2　前項の規定により同項の債権者の全部又は一部が異議を述べることができる場合には、受託者は、次に掲げる事項を官報に公告し、かつ、同項の債権者で知れているものには、各別に催告しなければならない。ただし、第２号の期間は、１箇月を下ることができない。

一　新規信託分割をする旨

二　前項の債権者が一定の期間内に異議を述べることができる旨

三　その他法務省令で定める事項

3　前項の規定にかかわらず、法人である受託者は、公告（次に掲げる方法によるものに限る。）をもって同項の規定による各別の催告に代えることができる。

一　時事に関する事項を掲載する日刊新聞紙に掲載する方法

二　電子公告

4　第１項の債権者が第２項第２号の期間内に異議を述べなかったときは、当該債権者は、当該新規信託分割について承認をしたものとみなす。

5　第１項の債権者が第２項第２号の期間内に異議を述べたときは、受託者は、当該債権者に対し、弁済し、若しくは相当の担保を提供し、又は当該債権者に弁済を受けさせることを目的として信託会社等に相当の財産を信託しなければならない。ただし、当該新規信託分割をしても当該債権者を害するおそれがないときは、この限りでない。

（新規信託分割後の従前の信託及び新たな信託の信託財産責任負担債務の範囲等）

第161条　新規信託分割がされた場合において、第159条第１項第６号の債務は、新規信託分割後の従前の信託の信託財産責任負担債務でなくなり、新規信託分割後の新たな信託の信託財産責任負担債務となる。この場合において、従前の信託の信託財産限定責任負担債務であった債務は、新たな信託の信託財産限定責任負担債務となる。

第162条　第160条第１項の規定により異議を述べることができる債権者（同条第２項の規定により各別の催告をしなければならないものに限る。）は、同条第２項の催告を受けなかった場合には、新規信託分割前から有する次の各号に掲げる債権に基づき、受託者に対し、当該各号に定める財産をもって当該債権に係る債務を履行することを請求することもできる。ただし、第１号に定める財産に対しては新規信託分割がその効力を生ずる日における新たな信託の信託財産の価額を、第２号に定める財産に対しては当該日における従前の信託の信託財産の価額を限度とする。

一　従前の信託の信託財産責任負担債務に係る債権（第159条第１項第６号の債務に係る債権を除く。）　新規信託分割後の新たな信託の信託財産に属する財産

二　新たな信託の信託財産責任負担債務に係る債権となった債権（第159条第１項第６号の債務に係る債権に限る。）　新規信託分割後の従前の信託の信託財産に属する財産

第７章　信託の終了及び清算

第１節　信託の終了

（信託の終了事由）

第163条　信託は、次条の規定によるほか、次に掲げる場合に終了する。

一　信託の目的を達成したとき、又は信託の目的を達成することができなくなったとき。

二　受託者が受益権の全部を固有財産で有する状態が１年間継続したとき。

三　受託者が欠けた場合であって、新受託者が就任しない状態が１年間継続したとき。

四　受託者が第52条（第53条第２項及び第54条第４項において準用する場合を含む。）の規定により信託を終了させたとき。

五　信託の併合がされたとき。

六　第165条又は第166条の規定により信託の終了を命ずる裁判があったとき。

七　信託財産についての破産手続開始の決定があったとき。

八　委託者が破産手続開始の決定、再生手続開始の決定又は更生手続開始の決定を受けた場合において、破産法第53条第１項、民事再生法第49条第１項又は会社更生法第61条第１項（金融機関等の更生手続の特例等に関する法律第41条第１項及び第206条第１項において準用する場合を含む。）の規定による信託契約の解除がされたとき。

九　信託行為において定めた事由が生じたとき。

（委託者及び受益者の合意等による信託の終了）

第164条　委託者及び受益者は、いつでも、その合意により、信託を終了することができる。

2　委託者及び受益者が受託者に不利な時期に信託を終了したときは、委託者及び受益者は、受託者の損害を賠償しなければならない。ただし、やむを得ない事由があったときは、この限りでない。

3　前２項の規定にかかわらず、信託行為に別段の定めがあるときは、その定めるところによる。

4　委託者が現に存しない場合には、第１項及び第２項の規定は、適用しない。

（特別の事情による信託の終了を命ずる裁判）

第165条　信託行為の当時予見することのできなかった特別の事情により、信託を終了することが信託の目的及び信託財産の状況その他の事情に照らして受益者の利益に適合するに至ったことが明らかであるときは、裁判所は、委託者、受託者又は受益者の申立てにより、信託の終了を命ずることができる。

2　裁判所は、前項の申立てについての裁判をする場合には、受託者の陳述を聴かなければならない。ただし、不適法又は理由がないことが明らかであるとして申立てを却下する裁判をするときは、この限りでない。

3　第１項の申立てについての裁判には、理由を付さなければならない。

4　第１項の申立てについての裁判に対しては、委託者、受託者又は受益者に限り、即時抗告をすることができる。

5　前項の即時抗告は、執行停止の効力を有する。

（公益の確保のための信託の終了を命ずる裁判）

第166条　裁判所は、次に掲げる場合において、公益を確保するため信託の存立を許すことができないと認めるときは、法務大臣又は委託者、受益者、信託債権者その他の利害関係人の申立てにより、信託の終了を命ずることができる。

一　不法な目的に基づいて信託がされたとき。

二　受託者が、法令若しくは信託行為で定めるその権限を逸脱し若しくは濫用する行為又は刑罰法令に触れる行為をした場合において、法務大臣から書面による警告を受けたにもかかわらず、なお継続的に又は反覆して当該行為をしたとき。

2　裁判所は、前項の申立てについての裁判をする場合には、受託者の陳述を聴かなければならない。ただし、不適法又は理由がないことが明らかであるとして申立てを却下する裁判をするときは、この限りでない。

3　第１項の申立てについての裁判には、理由を付さなければならない。

4　第１項の申立てについての裁判に対しては、同項の申立てをした者又は委託者、受託者若しくは受益者に限り、即時抗告をすることができる。

5　前項の即時抗告は、執行停止の効力を有する。

6　委託者、受益者、信託債権者その他の利害関係人が第１項の申立てをしたときは、裁判所は、受託者の申立てにより、同項の申立てをした者に対し、相当の担保を立てるべきことを命ずることができる。

7　受託者は、前項の規定による申立てをするには、第１項の申立てが悪意によるものであることを疎明しなければならない。

8　民事訴訟法（平成８年法律第109号）第75条第５項及び第７項並びに第76条から第80条までの規定は、第６項の規定により第１項の申立てについて立てるべき担保について準用する。

（官庁等の法務大臣に対する通知義務）

第167条　裁判所その他の官庁、検察官又は吏員は、その職務上前条第１項の申立て又は同項第２号の警告をすべき事由があることを知ったときは、法務大臣にその旨を通知しなければならない。

（法務大臣の関与）

第168条　裁判所は、第166条第１項の申立てについての裁判をする場合には、法務大臣に対し、意見を

求めなければならない。
2　法務大臣は、裁判所が前項の申立てに係る事件について審問をするときは、当該審問に立ち会うことができる。
3　裁判所は、法務大臣に対し、第１項の申立てに係る事件が係属したこと及び前項の審問の期日を通知しなければならない。
4　第１項の申立てを却下する裁判に対しては、第166条第４項に規定する者のほか、法務大臣も、即時抗告をすることができる。

（信託財産に関する保全処分）

第169条　裁判所は、第166条第１項の申立てがあった場合には、法務大臣若しくは委託者、受益者、信託債権者その他の利害関係人の申立てにより又は職権で、同項の申立てにつき決定があるまでの間、信託財産に関し、管理人による管理を命ずる処分（次条において「管理命令」という。）その他の必要な保全処分を命ずることができる。
2　裁判所は、前項の規定による保全処分を変更し、又は取り消すことができる。
3　第１項の規定による保全処分及び前項の規定による決定に対しては、利害関係人に限り、即時抗告をすることができる。

第170条　裁判所は、管理命令をする場合には、当該管理命令において、管理人を選任しなければならない。
2　前項の管理人は、裁判所が監督する。
3　裁判所は、第１項の管理人に対し、信託財産に属する財産及び信託財産責任負担債務の状況の報告をし、かつ、その管理の計算をすることを命ずることができる。
4　第64条から第72条までの規定は、第１項の管理人について準用する。この場合において、第65条中「前受託者」とあるのは、「受託者」と読み替えるものとする。
5　信託財産に属する権利で登記又は登録がされたものに関し前条第１項の規定による保全処分（管理命令を除く。）があったときは、裁判所書記官は、職権で、遅滞なく、当該保全処分の登記又は登録を嘱託しなければならない。
6　前項の規定は、同項に規定する保全処分の変更若しくは取消しがあった場合又は当該保全処分が効力を失った場合について準用する。

（保全処分に関する費用の負担）

第171条　裁判所が第169条第１項の規定による保全処分をした場合には、非訟事件の手続の費用は、受託者の負担とする。当該保全処分について必要な費用も、同様とする。
2　前項の保全処分又は第169条第１項の申立てを却下する裁判に対して即時抗告があった場合において、抗告裁判所が当該即時抗告を理由があると認めて原裁判を取り消したときは、その抗告審における手続に要する裁判費用及び抗告人が負担した前審における手続に要する裁判費用は、受託者の負担とする。

（保全処分に関する資料の閲覧等）

第172条　利害関係人は、裁判所書記官に対し、第170条第３項の報告又は計算に関する資料の閲覧を請求することができる。
2　利害関係人は、裁判所書記官に対し、前項の資料の謄写又はその正本、謄本若しくは抄本の交付を請求することができる。
3　前項の規定は、第１項の資料のうち録音テープ又はビデオテープ（これらに準ずる方法により一定の事項を記録した物を含む。）に関しては、適用しない。この場合において、これらの物について利害関係人の請求があるときは、裁判所書記官は、その複製を許さなければならない。
4　法務大臣は、裁判所書記官に対し、第１項の資料の閲覧を請求することができる。
5　民事訴訟法第91条第５項の規定は、第１項の資料について準用する。

（新受託者の選任）

第173条　裁判所は、第166条第１項の規定により信託の終了を命じた場合には、法務大臣若しくは委託者、受益者、信託債権者その他の利害関係人の申立てにより又は職権で、当該信託の清算のために新受託者を選任しなければならない。
2　前項の規定による新受託者の選任の裁判に対しては、不服を申し立てることができない。
3　第１項の規定により新受託者が選任されたときは、前受託者の任務は、終了する。
4　第１項の新受託者は、信託財産から裁判所が定める額の費用の前払及び報酬を受けることができる。
5　前項の規定による費用又は報酬の額を定める裁判をする場合には、第１項の新受託者の陳述を聴かなければならない。
6　第４項の規定による費用又は報酬の額を定める裁判に対しては、第１項の新受託者に限り、即時抗告をすることができる。

（終了した信託に係る吸収信託分割の制限）

第174条　信託が終了した場合には、当該信託を承継信託とする吸収信託分割は、することができない。

第２節　信託の清算

（清算の開始原因）

第175条　信託は、当該信託が終了した場合（第163条第５号に掲げる事由によって終了した場合及び信託財産についての破産手続開始の決定により終了した場合であって当該破産手続が終了していない場合を除く。）には、この節の定めるところにより、清算をしなければならない。

（信託の存続の擬制）

第176条　信託は、当該信託が終了した場合においても、清算が結了するまではなお存続するものとみなす。

（清算受託者の職務）

第177条　信託が終了した時以後の受託者（以下「清

算受託者」という。）は、次に掲げる職務を行う。
一　現務の結了
二　信託財産に属する債権の取立て及び信託債権に係る債務の弁済
三　受益債権（残余財産の給付を内容とするものを除く。）に係る債務の弁済
四　残余財産の給付

（清算受託者の権限等）
第178条　清算受託者は、信託の清算のために必要な一切の行為をする権限を有する。ただし、信託行為に別段の定めがあるときは、その定めるところによる。
2　清算受託者は、次に掲げる場合には、信託財産に属する財産を競売に付することができる。
一　受益者又は第182条第1項第2号に規定する帰属権利者（以下この条において「受益者等」と総称する。）が信託財産に属する財産を受領することを拒み、又はこれを受領することができない場合において、相当の期間を定めてその受領の催告をしたとき。
二　受益者等の所在が不明である場合
3　前項第1号の規定により信託財産に属する財産を競売に付したときは、遅滞なく、受益者等に対しその旨の通知を発しなければならない。
4　損傷その他の事由による価格の低落のおそれがある物は、第2項第1号の催告をしないで競売に付することができる。

（清算中の信託財産についての破産手続の開始）
第179条　清算中の信託において、信託財産に属する財産がその債務を完済するのに足りないことが明らかになったときは、清算受託者は、直ちに信託財産についての破産手続開始の申立てをしなければならない。
2　信託財産についての破産手続開始の決定がされた場合において、清算受託者が既に信託財産責任負担債務に係る債権を有する債権者に支払ったものがあるときは、破産管財人は、これを取り戻すことができる。

（条件付債権等に係る債務の弁済）
第180条　清算受託者は、条件付債権、存続期間が不確定な債権その他その額が不確定な債権に係る債務を弁済することができる。この場合においては、これらの債権を評価させるため、裁判所に対し、鑑定人の選任の申立てをしなければならない。
2　前項の場合には、清算受託者は、同項の鑑定人の評価に従い同項の債権に係る債務を弁済しなければならない。
3　第1項の鑑定人の選任の手続に関する費用は、清算受託者の負担とする。当該鑑定人による鑑定のための呼出し及び質問に関する費用についても、同様とする。
4　第1項の申立てを却下する裁判には、理由を付さなければならない。
5　第1項の規定による鑑定人の選任の裁判に対しては、不服を申し立てることができない。
6　前各項の規定は、清算受託者、受益者、信託債権者及び第182条第1項第2号に規定する帰属権利者の間に別段の合意がある場合には、適用しない。

（債務の弁済前における残余財産の給付の制限）
第181条　清算受託者は、第177条第2号及び第3号の債務を弁済した後でなければ、信託財産に属する財産を次条第2項に規定する残余財産受益者等に給付することができない。ただし、当該債務についてその弁済をするために必要と認められる財産を留保した場合は、この限りでない。

（残余財産の帰属）
第182条　残余財産は、次に掲げる者に帰属する。
一　信託行為において残余財産の給付を内容とする受益債権に係る受益者（次項において「残余財産受益者」という。）となるべき者として指定された者
二　信託行為において残余財産の帰属すべき者（以下この節において「帰属権利者」という。）となるべき者として指定された者
2　信託行為に残余財産受益者若しくは帰属権利者（以下この項において「残余財産受益者等」と総称する。）の指定に関する定めがない場合又は信託行為の定めにより残余財産受益者等として指定を受けた者のすべてがその権利を放棄した場合には、信託行為に委託者又はその相続人その他の一般承継人を帰属権利者として指定する旨の定めがあったものとみなす。
3　前2項の規定により残余財産の帰属が定まらないときは、残余財産は、清算受託者に帰属する。

（帰属権利者）
第183条　信託行為の定めにより帰属権利者となるべき者として指定された者は、当然に残余財産の給付をすべき債務に係る債権を取得する。ただし、信託行為に別段の定めがあるときは、その定めるところによる。
2　第88条第2項の規定は、前項に規定する帰属権利者となるべき者として指定された者について準用する。
3　信託行為の定めにより帰属権利者となった者は、受託者に対し、その権利を放棄する旨の意思表示をすることができる。ただし、信託行為の定めにより帰属権利者となった者が信託行為の当事者である場合は、この限りでない。
4　前項本文に規定する帰属権利者となった者は、同項の規定による意思表示をしたときは、当初から帰属権利者としての権利を取得していなかったものとみなす。ただし、第三者の権利を害することはできない。
5　第100条及び第102条の規定は、帰属権利者が有する債権で残余財産の給付をすべき債務に係るものについて準用する。
6　帰属権利者は、信託の清算中は、受益者とみなす。

（清算受託者の職務の終了等）
第184条　清算受託者は、その職務を終了したときは、遅滞なく、信託事務に関する最終の計算を行い、信託が終了した時における受益者（信託管理人が現に存

する場合にあっては、信託管理人）及び帰属権利者（以下この条において「受益者等」と総称する。）のすべてに対し、その承認を求めなければならない。

2　受益者等が前項の計算を承認した場合には、当該受益者等に対する清算受託者の責任は、免除されたものとみなす。ただし、清算受託者の職務の執行に不正の行為があったときは、この限りでない。

3　受益者等が清算受託者から第1項の計算の承認を求められた時から1箇月以内に異議を述べなかった場合には、当該受益者等は、同項の計算を承認したものとみなす。

第8章　受益証券発行信託の特例

第1節　総則

（受益証券の発行に関する信託行為の定め）

第185条　信託行為においては、この章の定めるところにより、1又は2以上の受益権を表示する証券（以下「受益証券」という。）を発行する旨を定めることができる。

2　前項の規定は、当該信託行為において特定の内容の受益権については受益証券を発行しない旨を定めることを妨げない。

3　第1項の定めのある信託（以下「受益証券発行信託」という。）においては、信託の変更によって前2項の定めを変更することはできない。

4　第1項の定めのない信託においては、信託の変更によって同項又は第2項の定めを設けることはできない。

（受益権原簿）

第186条　受益証券発行信託の受託者は、遅滞なく、受益権原簿を作成し、これに次に掲げる事項（以下この章において「受益権原簿記載事項」という。）を記載し、又は記録しなければならない。

一　各受益権に係る受益債権の内容その他の受益権の内容を特定するものとして法務省令で定める事項

二　各受益権に係る受益証券の番号、発行の日、受益証券が記名式か又は無記名式かの別及び無記名式の受益証券の数

三　各受益権に係る受益者（無記名受益権の受益者を除く。）の氏名又は名称及び住所

四　前号の受益者が各受益権を取得した日

五　前各号に掲げるもののほか、法務省令で定める事項

（受益権原簿記載事項を記載した書面の交付等）

第187条　第185条第2項の定めのある受益権の受益者は、受益証券発行信託の受託者に対し、当該受益者についての受益権原簿に記載され、若しくは記録された受益権原簿記載事項を記載した書面の交付又は当該受益権原簿記載事項を記録した電磁的記録の提供を請求することができる。

2　前項の書面には、受益証券発行信託の受託者（法人である受託者にあっては、その代表者。次項において同じ。）が署名し、又は記名押印しなければならない。

3　第1項の電磁的記録には、受益証券発行信託の受託者が法務省令で定める署名又は記名押印に代わる措置をとらなければならない。

4　受益証券発行信託の受託者が二人以上ある場合における前2項の規定の適用については、これらの規定中「受益証券発行信託の受託者」とあるのは、「受益証券発行信託のすべての受託者」とする。

（受益権原簿管理人）

第188条　受益証券発行信託の受託者は、受益権原簿管理人（受益証券発行信託の受託者に代わって受益権原簿の作成及び備置きその他の受益権原簿に関する事務を行う者をいう。以下同じ。）を定め、当該事務を行うことを委託することができる。

（基準日）

第189条　受益証券発行信託の受託者は、一定の日（以下この条において「基準日」という。）を定めて、基準日において受益権原簿に記載され、又は記録されている受益者（以下この条において「基準日受益者」という。）をその権利を行使することができる者と定めることができる。

2　前項の規定は、無記名受益権の受益者については、適用しない。

3　基準日を定める場合には、受益証券発行信託の受託者は、基準日受益者が行使することができる権利（基準日から3箇月以内に行使するものに限る。）の内容を定めなければならない。

4　受益証券発行信託の受託者は、基準日を定めたときは、当該基準日の2週間前までに、当該基準日及び前項の規定により定めた事項を官報に公告しなければならない。ただし、信託行為に当該基準日及び基準日受益者が行使することができる権利の内容について定めがあるときは、この限りでない。

5　第1項、第3項及び前項本文の規定にかかわらず、信託行為に別段の定めがあるときは、その定めるところによる。

（受益権原簿の備置き及び閲覧等）

第190条　受益証券発行信託の受託者は、受益権原簿をその住所（当該受託者が法人である場合（受益権原簿管理人が現に存する場合を除く。）にあってはその主たる事務所、受益権原簿管理人が現に存する場合にあってはその営業所）に備え置かなければならない。

2　委託者、受益者その他の利害関係人は、受益証券発行信託の受託者に対し、次に掲げる請求をすることができる。この場合においては、当該請求の理由を明らかにしてしなければならない。

一　受益権原簿が書面をもって作成されているときは、当該書面の閲覧又は謄写の請求

二　受益権原簿が電磁的記録をもって作成されているときは、当該電磁的記録に記録された事項を法務省令で定める方法により表示したものの閲覧又は謄写の請求

3　前項の請求があったときは、受益証券発行信託の

受託者は、次のいずれかに該当すると認められる場合を除き、これを拒むことができない。
一　当該請求を行う者（以下この項において「請求者」という。）がその権利の確保又は行使に関する調査以外の目的で請求を行ったとき。
二　請求者が不適当な時に請求を行ったとき。
三　請求者が信託事務の処理を妨げ、又は受益者の共同の利益を害する目的で請求を行ったとき。
四　請求者が前項の規定による閲覧又は謄写によって知り得た事実を利益を得て第三者に通報するため請求を行ったとき。
五　請求者が、過去2年以内において、前項の規定による閲覧又は謄写によって知り得た事実を利益を得て第三者に通報したことがあるものであるとき。

4　第186条第3号又は第4号に掲げる事項（第185条第2項の定めのない受益権に係るものに限る。）について第2項の請求があった場合において、信託行為に別段の定めがあるときは、その定めるところによる。

（受益者に対する通知等）
第191条　受益証券発行信託の受託者が受益者に対してする通知又は催告は、受益権原簿に記載し、又は記録した当該受益者の住所（当該受益者が別に通知又は催告を受ける場所又は連絡先を当該受託者に通知した場合にあっては、その場所又は連絡先）にあてて発すれば足りる。
2　前項の通知又は催告は、その通知又は催告が通常到達すべきであった時に、到達したものとみなす。
3　受益証券発行信託の受益権が二人以上の者の共有に属するときは、共有者は、受益証券発行信託の受託者が受益者に対してする通知又は催告を受領する者一人を定め、当該受託者に対し、その者の氏名又は名称を通知しなければならない。この場合においては、その者を受益者とみなして、前2項の規定を適用する。
4　前項の規定による共有者の通知がない場合には、受益証券発行信託の受託者が受益権の共有者に対してする通知又は催告は、そのうちの一人に対してすれば足りる。
5　この法律の規定により受益証券発行信託の受託者が無記名受益権の受益者に対してすべき通知は、当該受益者のうち当該受託者に氏名又は名称及び住所の知れている者に対してすれば足りる。この場合においては、当該受託者は、その通知すべき事項を官報に公告しなければならない。

（無記名受益権の受益者による権利の行使）
第192条　無記名受益権の受益者は、受益証券発行信託の受託者その他の者に対しその権利を行使しようとするときは、その受益証券を当該受託者その他の者に提示しなければならない。
2　無記名受益権の受益者は、受益者集会において議決権を行使しようとするときは、受益者集会の日の1週間前までに、その受益証券を第108条に規定する招集者に提示しなければならない。

（共有者による権利の行使）
第193条　受益証券発行信託の受益権が二人以上の者の共有に属するときは、共有者は、当該受益権についての権利を行使する者一人を定め、受益証券発行信託の受託者に対し、その者の氏名又は名称を通知しなければ、当該受益権についての権利を行使することができない。ただし、当該受託者が当該権利を行使することに同意した場合は、この限りでない。

第2節　受益権の譲渡等の特例

（受益証券の発行された受益権の譲渡）
第194条　受益証券発行信託の受益権（第185条第2項の定めのある受益権を除く。）の譲渡は、当該受益権に係る受益証券を交付しなければ、その効力を生じない。

（受益証券発行信託における受益権の譲渡の対抗要件）
第195条　受益証券発行信託の受益権の譲渡は、その受益権を取得した者の氏名又は名称及び住所を受益権原簿に記載し、又は記録しなければ、受益証券発行信託の受託者に対抗することができない。
2　第185条第2項の定めのある受益権に関する前項の規定の適用については、同項中「受託者」とあるのは、「受託者その他の第三者」とする。
3　第1項の規定は、無記名受益権については、適用しない。

（権利の推定等）
第196条　受益証券の占有者は、当該受益証券に係る受益権を適法に有するものと推定する。
2　受益証券の交付を受けた者は、当該受益証券に係る受益権についての権利を取得する。ただし、その者に悪意又は重大な過失があるときは、この限りでない。

（受益者の請求によらない受益権原簿記載事項の記載又は記録）
第197条　受益証券発行信託の受託者は、次の各号に掲げる場合には、法務省令で定めるところにより、当該各号の受益権の受益者に係る受益権原簿記載事項を受益権原簿に記載し、又は記録しなければならない。
一　受益証券発行信託の受益権を取得した場合において、当該受益権が消滅しなかったとき。
二　前号の受益証券発行信託の受益権を処分したとき。

2　受益証券発行信託の受託者は、信託の変更によって受益権の併合がされた場合には、併合された受益権について、その受益権の受益者に係る受益権原簿記載事項を受益権原簿に記載し、又は記録しなければならない。
3　受益証券発行信託の受託者は、信託の変更によって受益権の分割がされた場合には、分割された受益権について、その受益権の受益者に係る受益権原簿記載事項を受益権原簿に記載し、又は記録しなければならない。
4　前3項の規定は、無記名受益権については、適用しない。

（受益者の請求による受益権原簿記載事項の記載又は記録）

第198条　受益証券発行信託の受益権を受益証券発行信託の受託者以外の者から取得した者（当該受託者を除く。）は、受益証券発行信託の受託者に対し、当該受益権に係る受益権原簿記載事項を受益権原簿に記載し、又は記録することを請求することができる。

2　前項の規定による請求は、利害関係人の利益を害するおそれがないものとして法務省令で定める場合を除き、その取得した受益権の受益者として受益権原簿に記載され、若しくは記録された者又はその相続人その他の一般承継人と共同してしなければならない。

3　前2項の規定は、無記名受益権については、適用しない。

（受益証券の発行された受益権の質入れ）

第199条　受益証券発行信託の受益権（第185条第2項の定めのある受益権を除く。）の質入れは、当該受益権に係る受益証券を交付しなければ、その効力を生じない。

（受益証券発行信託における受益権の質入れの対抗要件）

第200条　受益証券発行信託の受益権（第185条第2項の定めのある受益権を除く。）の質権者は、継続して当該受益権に係る受益証券を占有しなければ、その質権をもって受益証券発行信託の受託者その他の第三者に対抗することができない。

2　第185条第2項の定めのある受益権の質入れは、その質権者の氏名又は名称及び住所を受益権原簿に記載し、又は記録しなければ、受益証券発行信託の受託者その他の第三者に対抗することができない。

（質権に関する受益権原簿の記載等）

第201条　受益証券発行信託の受益権に質権を設定した者は、受益証券発行信託の受託者に対し、次に掲げる事項を受益権原簿に記載し、又は記録することを請求することができる。

一　質権者の氏名又は名称及び住所

二　質権の目的である受益権

2　前項の規定は、無記名受益権については、適用しない。

（質権に関する受益権原簿の記載事項を記載した書面の交付等）

第202条　前条第1項各号に掲げる事項が受益権原簿に記載され、又は記録された質権者（以下この節において「登録受益権質権者」という。）は、受益証券発行信託の受託者に対し、当該登録受益権質権者についての受益権原簿に記載され、若しくは記録された同項各号に掲げる事項を記載した書面の交付又は当該事項を記録した電磁的記録の提供を請求することができる。

2　前項の書面には、受益証券発行信託の受託者（法人である受託者にあっては、その代表者。次項において同じ。）が署名し、又は記名押印しなければならない。

3　第1項の電磁的記録には、受益証券発行信託の受託者が法務省令で定める署名又は記名押印に代わる措置をとらなければならない。

4　受益証券発行信託の受託者が二人以上ある場合における前2項の規定の適用については、これらの規定中「受益証券発行信託の受託者」とあるのは、「受益証券発行信託のすべての受託者」とする。

（登録受益権質権者に対する通知等）

第203条　受益証券発行信託の受託者が登録受益権質権者に対してする通知又は催告は、受益権原簿に記載し、又は記録した当該登録受益権質権者の住所（当該登録受益権質権者が別に通知又は催告を受ける場所又は連絡先を当該受託者に通知した場合にあっては、その場所又は連絡先）にあてて発すれば足りる。

2　前項の通知又は催告は、その通知又は催告が通常到達すべきであった時に、到達したものとみなす。

（受益権の併合又は分割に係る受益権原簿の記載等）

第204条　受益証券発行信託の受託者は、信託の変更によって受益権の併合がされた場合において、当該受益権を目的とする質権の質権者が登録受益権質権者であるときは、併合された受益権について、その質権者の氏名又は名称及び住所を受益権原簿に記載し、又は記録しなければならない。

2　受益証券発行信託の受託者は、信託の変更によって受益権の分割がされた場合において、当該受益権を目的とする質権の質権者が登録受益権質権者であるときは、分割された受益権について、その質権者の氏名又は名称及び住所を受益権原簿に記載し、又は記録しなければならない。

第205条　受益証券発行信託の受託者は、前条第1項に規定する場合には、併合された受益権に係る受益証券を登録受益権質権者に引き渡さなければならない。

2　受益証券発行信託の受託者は、前条第2項に規定する場合には、分割された受益権に係る受益証券を登録受益権質権者に引き渡さなければならない。

（受益証券の発行されない受益権についての対抗要件等）

第206条　第185条第2項の定めのある受益権で他の信託の信託財産に属するものについては、当該受益権が信託財産に属する旨を受益権原簿に記載し、又は記録しなければ、当該受益権が信託財産に属することを受益証券発行信託の受託者その他の第三者に対抗することができない。

2　前項の受益権が属する他の信託の受託者は、受益証券発行信託の受託者に対し、当該受益権が信託財産に属する旨を受益権原簿に記載し、又は記録することを請求することができる。

3　受益権原簿に前項の規定による記載又は記録がされた場合における第187条の規定の適用については、同条第1項中「第185条第2項の定めのある受益権の受益者」とあるのは「第206条第1項の受益権が属する他の信託の受託者」と、「当該受益者」とあるのは「当該受益権」と、「記録された受益権原簿記載事項」とあるのは「記録された受益権原簿記載事項（当該受益権が信託財産に属する旨を含む。）」とする。

第3節　受益証券

（受益証券の発行）
第207条　受益証券発行信託の受託者は、信託行為の定めに従い、遅滞なく、当該受益権に係る受益証券を発行しなければならない。

（受益証券不所持の申出）
第208条　受益証券発行信託の受益者は、受益証券発行信託の受託者に対し、当該受益者の有する受益権に係る受益証券の所持を希望しない旨を申し出ることができる。ただし、信託行為に別段の定めがあるときは、その定めるところによる。
2　前項の規定による申出は、その申出に係る受益権の内容を明らかにしてしなければならない。この場合において、当該受益権に係る受益証券が発行されているときは、当該受益者は、当該受益証券を受益証券発行信託の受託者に提出しなければならない。
3　第1項の規定による申出を受けた受益証券発行信託の受託者は、遅滞なく、前項前段の受益権に係る受益証券を発行しない旨を受益権原簿に記載し、又は記録しなければならない。
4　受益証券発行信託の受託者は、前項の規定による記載又は記録をしたときは、第2項前段の受益権に係る受益証券を発行することができない。
5　第2項後段の規定により提出された受益証券は、第3項の規定による記載又は記録をした時において、無効となる。
6　第1項の規定による申出をした受益者は、いつでも、受益証券発行信託の受託者に対し、第2項前段の受益権に係る受益証券を発行することを請求することができる。この場合において、同項後段の規定により提出された受益証券があるときは、受益証券の発行に要する費用は、当該受益者の負担とする。
7　前各項の規定は、無記名受益権については、適用しない。

（受益証券の記載事項）
第209条　受益証券には、次に掲げる事項及びその番号を記載し、受益証券発行信託の受託者（法人である受託者にあっては、その代表者）がこれに署名し、又は記名押印しなければならない。
一　受益証券発行信託の受益証券である旨
二　当初の委託者及び受益証券発行信託の受託者の氏名又は名称及び住所
三　記名式の受益証券にあっては、受益者の氏名又は名称
四　各受益権に係る受益債権の内容その他の受益権の内容を特定するものとして法務省令で定める事項
五　受益証券発行信託の受託者に対する費用等の償還及び損害の賠償に関する信託行為の定め
六　信託報酬の計算方法並びにその支払の方法及び時期
七　記名式の受益証券をもって表示される受益権について譲渡の制限があるときは、その旨及びその内容
八　受益者の権利の行使に関する信託行為の定め（信託監督人及び受益者代理人に係る事項を含む。）
九　その他法務省令で定める事項
2　受益証券発行信託の受託者が二人以上ある場合における前項の規定の適用については、同項中「受益証券発行信託の受託者」とあるのは、「受益証券発行信託のすべての受託者」とする。

（記名式と無記名式との間の転換）
第210条　受益証券が発行されている受益権の受益者は、いつでも、その記名式の受益証券を無記名式とし、又はその無記名式の受益証券を記名式とすることを請求することができる。ただし、信託行為に別段の定めがあるときは、その定めるところによる。

（受益証券の喪失）
第211条　受益証券は、非訟事件手続法（平成23年法律第51号）第100条に規定する公示催告手続によって無効とすることができる。
2　受益証券を喪失した者は、非訟事件手続法第106条第1項に規定する除権決定を得た後でなければ、その再発行を請求することができない。
3　受益証券を喪失した者が非訟事件手続法第114条に規定する公示催告の申立てをしたときは、当該受益証券を喪失した者は、相当の担保を供して、受益証券発行信託の受託者に当該受益証券に係る債務を履行させることができる。

第4節　関係当事者の権利義務等の特例

（受益証券発行信託の受託者の義務の特例）
第212条　受益証券発行信託においては、第29条第2項ただし書の規定にかかわらず、信託行為の定めにより同項本文の義務を軽減することはできない。
2　受益証券発行信託においては、第35条第4項の規定は、適用しない。

（受益者の権利行使の制限に関する信託行為の定めの特例）
第213条　受益証券発行信託においては、第92条第1号、第5号、第6号及び第8号の規定にかかわらず、次に掲げる権利の全部又は一部について、総受益者の議決権の100分の3（これを下回る割合を信託行為において定めた場合にあっては、その割合。以下この項において同じ。）以上の割合の受益権を有する受益者又は現に存する受益権の総数の100分の3以上の数の受益権を有する受益者に限り当該権利を行使することができる旨の信託行為の定めを設けることができる。
一　第27条第1項又は第2項（これらの規定を第75条第4項において準用する場合を含む。）の規定による取消権
二　第31条第6項又は第7項の規定による取消権
三　第38条第1項の規定による閲覧又は謄写の請求権

四　第46条第１項の規定による検査役の選任の申立権

2　受益証券発行信託においては、第92条第１号の規定にかかわらず、次に掲げる権利の全部又は一部について、総受益者の議決権の10分の１（これを下回る割合を信託行為において定めた場合にあっては、その割合。以下この項において同じ。）以上の割合の受益権を有する受益者又は現に存する受益権の総数の10分の１以上の数の受益権を有する受益者に限り当該権利を行使することができる旨の信託行為の定めを設けることができる。

一　第150条第１項の規定による信託の変更を命ずる裁判の申立権

二　第165条第１項の規定による信託の終了を命ずる裁判の申立権

3　受益証券発行信託において、第39条第１項の規定による開示が同条第３項の信託行為の定めにより制限されているときは、前２項の規定は、適用しない。

4　受益証券発行信託においては、第92条第11号の規定にかかわらず、６箇月（これを下回る期間を信託行為において定めた場合にあっては、その期間）前から引き続き受益権を有する受益者に限り第44条第１項の規定による差止めの請求権を行使することができる旨の信託行為の定めを設けることができる。

（二人以上の受益者による意思決定の方法の特例）

第214条　受益者が二人以上ある受益証券発行信託においては、信託行為に別段の定めがない限り、信託行為に受益者の意思決定（第92条各号に掲げる権利の行使に係るものを除く。）は第４章第３節第２款の定めるところによる受益者集会における多数決による旨の定めがあるものとみなす。

（委託者の権利の特例）

第215条　受益証券発行信託においては、この法律の規定による委託者の権利のうち次に掲げる権利は、受益者がこれを行使する。

一　第36条の規定による報告を求める権利

二　第58条第４項（第134条第２項及び第141条第２項において準用する場合を含む。）、第62条第４項（第135条第１項及び第142条第１項において準用する場合を含む。）、第63条第１項、第74条第２項、第131条第４項、第150条第１項、第165条第１項、第166条第１項、第169条第１項又は第173条第１項の規定による申立権

三　第62条第２項、第131条第２項又は第138条第２項の規定による催告権

四　第172条第１項、第２項又は第３項後段の規定による閲覧、謄写若しくは交付又は複製の請求権

五　第190条第２項の規定による閲覧又は謄写の請求権

第９章　限定責任信託の特例

第１節　総則

（限定責任信託の要件）

第216条　限定責任信託は、信託行為においてそのすべての信託財産責任負担債務について受託者が信託財産に属する財産のみをもってその履行の責任を負う旨の定めをし、第232条の定めるところにより登記をすることによって、限定責任信託としての効力を生ずる。

2　前項の信託行為においては、次に掲げる事項を定めなければならない。

一　限定責任信託の目的

二　限定責任信託の名称

三　委託者及び受託者の氏名又は名称及び住所

四　限定責任信託の主たる信託事務の処理を行うべき場所（第３節において「事務処理地」という。）

五　信託財産に属する財産の管理又は処分の方法

六　その他法務省令で定める事項

（固有財産に属する財産に対する強制執行等の制限）

第217条　限定責任信託においては、信託財産責任負担債務（第21条第１項第８号に掲げる権利に係る債務を除く。）に係る債権に基づいて固有財産に属する財産に対し強制執行、仮差押え、仮処分若しくは担保権の実行若しくは競売又は国税滞納処分をすることはできない。

2　前項の規定に違反してされた強制執行、仮差押え、仮処分又は担保権の実行若しくは競売に対しては、受託者は、異議を主張することができる。この場合においては、民事執行法第38条及び民事保全法第45条の規定を準用する。

3　第１項の規定に違反してされた国税滞納処分に対しては、受託者は、異議を主張することができる。この場合においては、当該異議の主張は、当該国税滞納処分について不服の申立てをする方法でする。

（限定責任信託の名称等）

第218条　限定責任信託には、その名称中に限定責任信託という文字を用いなければならない。

2　何人も、限定責任信託でないものについて、その名称又は商号中に、限定責任信託であると誤認されるおそれのある文字を用いてはならない。

3　何人も、不正の目的をもって、他の限定責任信託であると誤認されるおそれのある名称又は商号を使用してはならない。

4　前項の規定に違反する名称又は商号の使用によって事業に係る利益を侵害され、又は侵害されるおそれがある限定責任信託の受託者は、その利益を侵害する者又は侵害するおそれがある者に対し、その侵害の停止又は予防を請求することができる。

（取引の相手方に対する明示義務）

第219条　受託者は、限定責任信託の受託者として取引をするに当たっては、その旨を取引の相手方に示さなければ、これを当該取引の相手方に対し主張することができない。

（登記の効力）

第220条　この章の規定により登記すべき事項は、登記の後でなければ、これをもって善意の第三者に対抗することができない。登記の後であっても、第三

者が正当な事由によってその登記があることを知らなかったときは、同様とする。

2　この章の規定により登記すべき事項につき故意又は過失によって不実の事項を登記した者は、その事項が不実であることをもって善意の第三者に対抗することができない。

（限定責任信託の定めを廃止する旨の信託の変更）

第221条　第216条第1項の定めを廃止する旨の信託の変更がされ、第235条の終了の登記がされたときは、その変更後の信託については、この章の規定は、適用しない。

第2節　計算等の特例

（帳簿等の作成等、報告及び保存の義務等の特例）

第222条　限定責任信託における帳簿その他の書類又は電磁的記録の作成、内容の報告及び保存並びに閲覧及び謄写については、第37条及び第38条の規定にかかわらず、次項から第9項までに定めるところによる。

2　受託者は、法務省令で定めるところにより、限定責任信託の会計帳簿を作成しなければならない。

3　受託者は、限定責任信託の効力が生じた後速やかに、法務省令で定めるところにより、その効力が生じた日における限定責任信託の貸借対照表を作成しなければならない。

4　受託者は、毎年、法務省令で定める一定の時期において、法務省令で定めるところにより、限定責任信託の貸借対照表及び損益計算書並びにこれらの附属明細書その他の法務省令で定める書類又は電磁的記録を作成しなければならない。

5　受託者は、前項の書類又は電磁的記録を作成したときは、その内容について受益者（信託管理人が現に存する場合にあっては、信託管理人）に報告しなければならない。ただし、信託行為に別段の定めがあるときは、その定めるところによる。

6　受託者は、第2項の会計帳簿を作成した場合には、その作成の日から10年間（当該期間内に信託の清算の結了があったときは、その日までの間。次項において同じ。）、当該会計帳簿（書面に代えて電磁的記録を法務省令で定める方法により作成した場合にあっては当該電磁的記録、電磁的記録に代えて書面を作成した場合にあっては当該書面）を保存しなければならない。ただし、受益者（二人以上の受益者が現に存する場合にあってはそのすべての受益者、信託管理人が現に存する場合にあっては信託管理人。第8項において同じ。）に対し、当該書類若しくはその写しを交付し、又は当該電磁的記録に記録された事項を法務省令で定める方法により提供したときは、この限りでない。

7　受託者は、信託財産に属する財産の処分に係る契約書その他の信託事務の処理に関する書類又は電磁的記録を作成し、又は取得した場合には、その作成又は取得の日から10年間、当該書類又は電磁的記録（書類に代えて電磁的記録を法務省令で定める方法により作成した場合にあっては当該電磁的記録、電磁的記録に代えて書面を作成した場合にあっては当該書面）を保存しなければならない。この場合においては、前項ただし書の規定を準用する。

8　受託者は、第3項の貸借対照表及び第4項の書類又は電磁的記録（以下この項及び第224条第2項第1号において「貸借対照表等」という。）を作成した場合には、信託の清算の結了の日までの間、当該貸借対照表等（書類に代えて電磁的記録を法務省令で定める方法により作成した場合にあっては当該電磁的記録、電磁的記録に代えて書面を作成した場合にあっては当該書面）を保存しなければならない。ただし、その作成の日から10年間を経過した後において、受益者に対し、当該書類若しくはその写しを交付し、又は当該電磁的記録に記録された事項を法務省令で定める方法により提供したときは、この限りでない。

9　限定責任信託における第38条の規定の適用については、同条第1項各号中「前条第1項又は第5項」とあるのは「第222条第2項又は第7項」と、同条第4項第1号及び第6項各号中「前条第2項」とあるのは「第222条第3項又は第4項」とする。

（裁判所による提出命令）

第223条　裁判所は、申立てにより又は職権で、訴訟の当事者に対し、前条第2項から第4項までの書類の全部又は一部の提出を命ずることができる。

（受託者の第三者に対する責任）

第224条　限定責任信託において、受託者が信託事務を行うについて悪意又は重大な過失があったときは、当該受託者は、これによって第三者に生じた損害を賠償する責任を負う。

2　限定責任信託の受託者が、次に掲げる行為をしたときも、前項と同様とする。ただし、受託者が当該行為をすることについて注意を怠らなかったことを証明したときは、この限りでない。

一　貸借対照表等に記載し、又は記録すべき重要な事項についての虚偽の記載又は記録

二　虚偽の登記

三　虚偽の公告

3　前2項の場合において、当該損害を賠償する責任を負う他の受託者があるときは、これらの者は、連帯債務者とする。

（受益者に対する信託財産に係る給付の制限）

第225条　限定責任信託においては、受益者に対する信託財産に係る給付は、その給付可能額（受益者に対し給付をすることができる額として純資産額の範囲内において法務省令で定める方法により算定される額をいう。以下この節において同じ。）を超えてすることはできない。

（受益者に対する信託財産に係る給付に関する責任）

第226条　受託者が前条の規定に違反して受益者に対する信託財産に係る給付をした場合には、次の各号に掲げる者は、連帯して（第2号に掲げる受益者にあっては、現に受けた個別の給付額の限度で連帯して）、当該各号に定める義務を負う。ただし、受託者がその職務を行うについて注意を怠らなかったことを証明した場合は、この限りでない。

一　受託者　当該給付の帳簿価額（以下この節において「給付額」という。）に相当する金銭の信託財産に対するてん補の義務
二　当該給付を受けた受益者　現に受けた個別の給付額に相当する金銭の受託者に対する支払の義務
2　受託者が前項第1号に定める義務の全部又は一部を履行した場合には、同項第2号に掲げる受益者は、当該履行された金額に同号の給付額の同項第1号の給付額に対する割合を乗じて得た金額の限度で同項第2号に定める義務を免れ、受益者が同号に定める義務の全部又は一部を履行した場合には、受託者は、当該履行された金額の限度で同項第1号に定める義務を免れる。
3　第1項（第2号に係る部分に限る。）の規定により受益者から受託者に対し支払われた金銭は、信託財産に帰属する。
4　第1項に規定する義務は、免除することができない。ただし、当該給付をした日における給付可能額を限度として当該義務を免除することについて総受益者の同意がある場合は、この限りでない。
5　第1項本文に規定する場合において、同項第1号の義務を負う他の受託者があるときは、これらの者は、連帯債務者とする。
6　第45条の規定は、第1項の規定による請求に係る訴えについて準用する。

（受益者に対する求償権の制限等）
第227条　前条第1項本文に規定する場合において、当該給付を受けた受益者は、給付額が当該給付をした日における給付可能額を超えることにつき善意であるときは、当該給付額について、受託者からの求償の請求に応ずる義務を負わない。
2　前条第1項本文に規定する場合には、信託債権者は、当該給付を受けた受益者に対し、給付額（当該給付額が当該信託債権者の債権額を超える場合にあっては、当該債権額）に相当する金銭を支払わせることができる。

（欠損が生じた場合の責任）
第228条　受託者が受益者に対する信託財産に係る給付をした場合において、当該給付をした日後最初に到来する第222条第4項の時期に欠損額（貸借対照表上の負債の額が資産の額を上回る場合において、当該負債の額から当該資産の額を控除して得た額をいう。以下この項において同じ。）が生じたときは、次の各号に掲げる者は、連帯して（第2号に掲げる受益者にあっては、現に受けた個別の給付額の限度で連帯して）、当該各号に定める義務を負う。ただし、受託者がその職務を行うについて注意を怠らなかったことを証明した場合は、この限りでない。
一　受託者　その欠損額（当該欠損額が給付額を超える場合にあっては、当該給付額）に相当する金銭の信託財産に対するてん補の義務
二　当該給付を受けた受益者　欠損額（当該欠損額が現に受けた個別の給付額を超える場合にあっては、当該給付額）に相当する金銭の受託者に対する支払の義務
2　受託者が前項第1号に定める義務の全部又は一部を履行した場合には、同項第2号に掲げる受益者は、当該履行された金額に同号の給付額の同項第1号の給付額に対する割合を乗じて得た金額の限度で同項第2号に定める義務を免れ、受益者が同号に定める義務の全部又は一部を履行した場合には、受託者は、当該履行された金額の限度で同項第1号に定める義務を免れる。
3　第1項（第2号に係る部分に限る。）の規定により受益者から受託者に対し支払われた金銭は、信託財産に帰属する。
4　第1項に規定する義務は、総受益者の同意がなければ、免除することができない。
5　第1項本文に規定する場合において、同項第1号の義務を負う他の受託者があるときは、これらの者は、連帯債務者とする。
6　第45条の規定は、第1項の規定による請求に係る訴えについて準用する。

（債権者に対する公告）
第229条　限定責任信託の清算受託者は、その就任後遅滞なく、信託債権者に対し、一定の期間内にその債権を申し出るべき旨を官報に公告し、かつ、知れている信託債権者には、各別にこれを催告しなければならない。ただし、当該期間は、2箇月を下ることができない。
2　前項の規定による公告には、当該信託債権者が当該期間内に申出をしないときは清算から除斥される旨を付記しなければならない。

（債務の弁済の制限）
第230条　限定責任信託の清算受託者は、前条第1項の期間内は、清算中の限定責任信託の債務の弁済をすることができない。この場合において、清算受託者は、その債務の不履行によって生じた責任を免れることができない。
2　前項の規定にかかわらず、清算受託者は、前条第1項の期間内であっても、裁判所の許可を得て、少額の債権、清算中の限定責任信託の信託財産に属する財産につき存する担保権によって担保される債権その他これを弁済しても他の債権者を害するおそれがない債権に係る債務について、その弁済をすることができる。この場合において、当該許可の申立ては、清算受託者が二人以上あるときは、その全員の同意によってしなければならない。
3　清算受託者は、前項の許可の申立てをする場合には、その原因となる事実を疎明しなければならない。
4　第2項の許可の申立てを却下する裁判には、理由を付さなければならない。
5　第2項の規定による弁済の許可の裁判に対しては、不服を申し立てることができない。

（清算からの除斥）
第231条　清算中の限定責任信託の信託債権者（知れているものを除く。）であって第229条第1項の期間内にその債権の申出をしなかったものは、清算から除斥される。
2　前項の規定により清算から除斥された信託債権者は、給付がされていない残余財産に対してのみ、弁

済を請求することができる。

3　二人以上の受益者がある場合において、清算中の限定責任信託の残余財産の給付を受益者の一部に対してしたときは、当該受益者の受けた給付と同一の割合の給付を当該受益者以外の受益者に対してするために必要な財産は、前項の残余財産から控除する。

第３節　限定責任信託の登記

（限定責任信託の定めの登記）

第232条　信託行為において第216条第１項の定めがされたときは、限定責任信託の定めの登記は、２週間以内に、次に掲げる事項を登記してしなければならない。

一　限定責任信託の目的

二　限定責任信託の名称

三　受託者の氏名又は名称及び住所

四　限定責任信託の事務処理地

五　第64条第１項（第74条第６項において準用する場合を含む。）の規定により信託財産管理者又は信託財産法人管理人が選任されたときは、その氏名又は名称及び住所

六　第163条第９号の規定による信託の終了についての信託行為の定めがあるときは、その定め

七　会計監査人設置信託（第248条第３項に規定する会計監査人設置信託をいう。第240条第３号において同じ。）であるときは、その旨及び会計監査人の氏名又は名称

（変更の登記）

第233条　限定責任信託の事務処理地に変更があったときは、２週間以内に、旧事務処理地においてはその変更の登記をし、新事務処理地においては前条各号に掲げる事項を登記しなければならない。

2　同一の登記所の管轄区域内において限定責任信託の事務処理地に変更があったときは、その変更の登記をすれば足りる。

3　前条各号（第４号を除く。）に掲げる事項に変更があったときは、２週間以内に、その変更の登記をしなければならない。

（職務執行停止の仮処分命令等の登記）

第234条　限定責任信託の受託者の職務の執行を停止し、若しくはその職務を代行する者を選任する仮処分命令又はその仮処分命令を変更し、若しくは取り消す決定がされたときは、その事務処理地において、その登記をしなければならない。

（終了の登記）

第235条　第163条（第６号及び第７号に係る部分を除く。）若しくは第164条第１項若しくは第３項の規定により限定責任信託が終了したとき、又は第216条第１項の定めを廃止する旨の信託の変更がされたときは、２週間以内に、終了の登記をしなければならない。

（清算受託者の登記）

第236条　限定責任信託が終了した場合において、限定責任信託が終了した時における受託者が清算受託者となるときは、終了の日から、２週間以内に、清算受託者の氏名又は名称及び住所を登記しなければならない。

2　信託行為の定め又は第62条第１項若しくは第４項若しくは第173条第１項の規定により清算受託者が選任されたときも、前項と同様とする。

3　第233条第３項の規定は、前２項の規定による登記について準用する。

（清算結了の登記）

第237条　限定責任信託の清算が結了したときは、第184条第１項の計算の承認の日から、２週間以内に、清算結了の登記をしなければならない。

（管轄登記所及び登記簿）

第238条　限定責任信託の登記に関する事務は、限定責任信託の事務処理地を管轄する法務局若しくは地方法務局若しくはこれらの支局又はこれらの出張所が管轄登記所としてつかさどる。

2　登記所に、限定責任信託登記簿を備える。

（登記の申請）

第239条　第232条及び第233条の規定による登記は受託者の申請によって、第235条から第237条までの規定による登記は清算受託者の申請によってする。

2　前項の規定にかかわらず、信託財産管理者又は信託財産法人管理人が選任されている場合には、第232条及び第233条の規定による登記（第246条の規定によるものを除く。）は、信託財産管理者又は信託財産法人管理人の申請によってする。

（限定責任信託の定めの登記の添付書面）

第240条　限定責任信託の定めの登記の申請書には、次に掲げる書面を添付しなければならない。

一　限定責任信託の信託行為を証する書面

二　受託者が法人であるときは、当該法人の登記事項証明書。ただし、当該登記所の管轄区域内に当該法人の本店又は主たる事務所がある場合を除く。

三　会計監査人設置信託においては、次に掲げる書面

イ　就任を承諾したことを証する書面

ロ　会計監査人が法人であるときは、当該法人の登記事項証明書。ただし、当該登記所の管轄区域内に当該法人の主たる事務所がある場合を除く。

ハ　会計監査人が法人でないときは、第249条第１項に規定する者であることを証する書面

（変更の登記の添付書面）

第241条　事務処理地の変更又は第232条各号（第４号を除く。）に掲げる事項の変更の登記の申請書には、事務処理地の変更又は登記事項の変更を証する書面を添付しなければならない。

2　法人である新受託者の就任による変更の登記の申請書には、前条第２号に掲げる書面を添付しなければならない。

3　会計監査人の就任による変更の登記の申請書には、前条第３号ロ又はハに掲げる書面を添付しなければならない。

（終了の登記の添付書面）
第242条　限定責任信託の終了の登記の申請書には、その事由の発生を証する書面を添付しなければならない。
（清算受託者の登記の添付書面）
第243条　次の各号に掲げる者が清算受託者となった場合の清算受託者の登記の申請書には、当該各号に定める書面を添付しなければならない。
一　信託行為の定めにより選任された者　次に掲げる書面
イ　当該信託行為の定めがあることを証する書面
ロ　選任された者が就任を承諾したことを証する書面
二　第62条第1項の規定により選任された者　次に掲げる書面
イ　第62条第1項の合意があったことを証する書面
ロ　前号ロに掲げる書面
三　第62条第4項又は第173条第1項の規定により裁判所が選任した者　その選任を証する書面
2　第240条（第2号に係る部分に限る。）の規定は、清算受託者が法人である場合の清算受託者の登記について準用する。
（清算受託者に関する変更の登記の添付書面）
第244条　清算受託者の退任による変更の登記の申請書には、退任を証する書面を添付しなければならない。
2　第236条第1項に規定する事項の変更の登記の申請書には、登記事項の変更を証する書面を添付しなければならない。
3　第241条第2項の規定は、法人である清算受託者の就任による変更の登記について準用する。
（清算結了の登記の添付書面）
第245条　清算結了の登記の申請書には、第184条第1項の計算の承認があったことを証する書面を添付しなければならない。
（裁判による登記の嘱託）
第246条　次に掲げる場合には、裁判所書記官は、職権で、遅滞なく、限定責任信託の事務処理地を管轄する登記所にその登記を嘱託しなければならない。
一　次に掲げる裁判があったとき。
イ　第58条第4項（第70条（第74条第6項において準用する場合を含む。）において準用する場合を含む。）の規定による受託者又は信託財産管理者若しくは信託財産法人管理人の解任の裁判
ロ　第64条第1項（第74条第6項において準用する場合を含む。）の規定による信託財産管理者又は信託財産法人管理人の選任の裁判
二　次に掲げる裁判が確定したとき。
イ　前号イに掲げる裁判を取り消す裁判
ロ　第165条又は第166条の規定による信託の終了を命ずる裁判
（商業登記法及び民事保全法の準用）
第247条　限定責任信託の登記については、商業登記法（昭和38年法律第125号）第2条から第5条まで、第7条から第15条まで、第17条から第19条の3まで、第21条から第24条まで、第26条、第27条、第51条から第53条まで、第71条第1項、第132条から第137条まで並びに第139条から第148条まで並びに民事保全法第56条の規定を準用する。この場合において、商業登記法第51条第1項中「本店」とあるのは「事務処理地（信託法（平成18年法律第108号）第216条第2項第4号に規定する事務処理地をいう。以下同じ。）」と、「移転した」とあるのは「変更した」と、同項並びに同法第52条第2項、第3項及び第5項中「新所在地」とあるのは「新事務処理地」と、同法第51条第1項及び第2項並びに第52条中「旧所在地」とあるのは「旧事務処理地」と、同法第71条第1項中「解散」とあるのは「限定責任信託の終了」と、民事保全法第56条中「法人を代表する者その他法人の役員」とあるのは「限定責任信託の受託者又は清算受託者」と、「法人の本店又は主たる事務所の所在地（外国法人にあっては、各事務所の所在地）」とあるのは「限定責任信託の事務処理地（信託法（平成18年法律第108号）第216条第2項第4号に規定する事務処理地をいう。）」と読み替えるものとする。

第10章　受益証券発行限定責任信託の特例

（会計監査人の設置等）
第248条　受益証券発行信託である限定責任信託（以下「受益証券発行限定責任信託」という。）においては、信託行為の定めにより、会計監査人を置くことができる。
2　受益証券発行限定責任信託であって最終の貸借対照表（直近の第222条第4項の時期において作成された貸借対照表をいう。）の負債の部に計上した額の合計額が200億円以上であるものにおいては、会計監査人を置かなければならない。
3　第1項の信託行為の定めのある信託及び前項に規定する信託（以下「会計監査人設置信託」と総称する。）においては、信託行為に会計監査人を指定する定めを設けなければならない。
（会計監査人の資格等）
第249条　会計監査人は、公認会計士（外国公認会計士（公認会計士法（昭和23年法律第103号）第16条の2第5項に規定する外国公認会計士をいう。）を含む。第3項第2号において同じ。）又は監査法人でなければならない。
2　会計監査人に選任された監査法人は、その社員の中から会計監査人の職務を行うべき者を選定し、これを受託者に通知しなければならない。この場合においては、次項第2号に掲げる者を選定することはできない。
3　次に掲げる者は、会計監査人となることができない。
一　公認会計士法の規定により、第222条第4項に規定する書類又は電磁的記録について監査をすることができない者

二　受託者若しくはその利害関係人から公認会計士若しくは監査法人の業務以外の業務により継続的な報酬を受けている者又はその配偶者
三　監査法人でその社員の半数以上が前号に掲げる者であるもの

（会計監査人が欠けた場合の措置）
第250条　会計監査人設置信託において、会計監査人が欠けたときは、委託者及び受益者は、会計監査人が欠けた時から２箇月以内に、その合意により、新たな会計監査人（以下この条において「新会計監査人」という。）を選任しなければならない。
2　前項に規定する場合において、委託者が現に存しないとき、又は会計監査人が欠けた時から２箇月を経過しても同項の合意が調わないときは、新会計監査人の選任は、受益者のみでこれをすることができる。
3　前２項に規定する場合において、受益者が二人以上あるときは、受託者（信託監督人が現に存する場合にあっては、受託者又は信託監督人）は、前２項の規定により新会計監査人を選任するため、遅滞なく、受益者集会を招集しなければならない。
4　第１項又は第２項の規定により新会計監査人が選任されたときは、当該新会計監査人について信託行為に第248条第３項の定めが設けられたものとみなす。
5　会計監査人が欠けた場合には、辞任により退任した会計監査人は、新会計監査人が選任されるまで、なお会計監査人としての権利義務を有する。

（会計監査人の辞任及び解任）
第251条　第57条第１項本文の規定は会計監査人の辞任について、第58条第１項及び第２項の規定は会計監査人の解任について、それぞれ準用する。

（会計監査人の権限等）
第252条　会計監査人は、第222条第４項の書類又は電磁的記録を監査する。この場合において、会計監査人は、法務省令で定めるところにより、会計監査報告を作成しなければならない。
2　会計監査人は、いつでも、次に掲げるものの閲覧及び謄写をし、又は受託者に対し、会計に関する報告を求めることができる。
一　会計帳簿又はこれに関する資料が書面をもって作成されているときは、当該書面
二　会計帳簿又はこれに関する資料が電磁的記録をもって作成されているときは、当該電磁的記録に記録された事項を法務省令で定める方法により表示したもの
3　会計監査人は、その職務を行うに当たっては、次のいずれかに該当する者を使用してはならない。
一　第249条第３項第１号又は第２号に掲げる者
二　受託者又はその利害関係人
三　受託者又はその利害関係人から公認会計士又は監査法人の業務以外の業務により継続的な報酬を受けている者
4　会計監査人設置信託における第222条第４項、第５項及び第８項の規定の適用については、同条第４項中「作成しなければ」とあるのは「作成し、第252条第１項の会計監査を受けなければ」と、同条第５項中「その内容」とあるのは「その内容及び会計監査報告」と、同条第８項中「作成した場合には」とあるのは「作成し、第252条第１項の会計監査を受けた場合には」と、「当該書面）」とあるのは「当該書面）及び当該会計監査報告」とする。

（会計監査人の注意義務）
第253条　会計監査人は、その職務を行うに当たっては、善良な管理者の注意をもって、これをしなければならない。

（会計監査人の損失てん補責任等）
第254条　会計監査人がその任務を怠ったことによって信託財産に損失が生じた場合には、受益者は、当該会計監査人に対し、当該損失のてん補をすることを請求することができる。
2　前項の規定による損失のてん補として会計監査人が受託者に対し交付した金銭その他の財産は、信託財産に帰属する。
3　第42条（第１号に係る部分に限る。）並びに第105条第３項及び第４項（第３号を除く。）の規定は第１項の規定による責任の免除について、第43条の規定は第１項の規定による責任に係る債権について、第45条の規定は第１項の規定による請求に係る訴えについて、それぞれ準用する。この場合において、第105条第４項第２号中「受託者がその任務」とあるのは、「会計監査人がその職務」と読み替えるものとする。

（会計監査人の第三者に対する責任）
第255条　会計監査人設置信託において、会計監査人がその職務を行うについて悪意又は重大な過失があったときは、当該会計監査人は、これによって第三者に生じた損害を賠償する責任を負う。
2　会計監査人設置信託の会計監査人が、第252条第１項の会計監査報告に記載し、又は記録すべき重要な事項について虚偽の記載又は記録をしたときも、前項と同様とする。ただし、会計監査人が当該行為をすることについて注意を怠らなかったことを証明したときは、この限りでない。
3　前２項の場合において、当該損害を賠償する責任を負う他の会計監査人があるときは、これらの者は、連帯債務者とする。

（会計監査人の費用等及び報酬）
第256条　第127条第１項から第５項までの規定は、会計監査人の費用及び支出の日以後におけるその利息、損害の賠償並びに報酬について準用する。

（受益者集会の特例）
第257条　会計監査人設置信託に係る信託行為に第214条の別段の定めがない場合における第118条の規定の適用については、同条第１項中「同じ。）」とあるのは「同じ。）及び会計監査人」と、同条第２項中「受託者」とあるのは「受託者又は会計監査人」とする。

第11章　受益者の定めのない信託の特例

（受益者の定めのない信託の要件）

第258条　受益者の定め（受益者を定める方法の定めを含む。以下同じ。）のない信託は、第３条第１号又は第２号に掲げる方法によってすることができる。

2　受益者の定めのない信託においては、信託の変更によって受益者の定めを設けることはできない。

3　受益者の定めのある信託においては、信託の変更によって受益者の定めを廃止することはできない。

4　第３条第２号に掲げる方法によって受益者の定めのない信託をするときは、信託管理人を指定する定めを設けなければならない。この場合においては、信託管理人の権限のうち第145条第２項各号（第６号を除く。）に掲げるものを行使する権限を制限する定めを設けることはできない。

5　第３条第２号に掲げる方法によってされた受益者の定めのない信託において信託管理人を指定する定めがない場合において、遺言執行者の定めがあるときは、当該遺言執行者は、信託管理人を選任しなければならない。この場合において、当該遺言執行者が信託管理人を選任したときは、当該信託管理人について信託行為に前項前段の定めが設けられたものとみなす。

6　第３条第２号に掲げる方法によってされた受益者の定めのない信託において信託管理人を指定する定めがない場合において、遺言執行者の定めがないとき、又は遺言執行者となるべき者として指定された者が信託管理人の選任をせず、若しくはこれをすることができないときは、裁判所は、利害関係人の申立てにより、信託管理人を選任することができる。この場合において、信託管理人の選任の裁判があったときは、当該信託管理人について信託行為に第４項前段の定めが設けられたものとみなす。

7　第123条第６項から第８項までの規定は、前項の申立てについての裁判について準用する。

8　第３条第２号に掲げる方法によってされた受益者の定めのない信託において、信託管理人が欠けた場合であって、信託管理人が就任しない状態が１年間継続したときは、当該信託は、終了する。

（受益者の定めのない信託の存続期間）

第259条　受益者の定めのない信託の存続期間は、20年を超えることができない。

（受益者の定めのない信託における委託者の権利）

第260条　第３条第１号に掲げる方法によってされた受益者の定めのない信託においては、委託者（委託者が二人以上ある場合にあっては、そのすべての委託者）が第145条第２項各号（第６号を除く。）に掲げる権利を有する旨及び受託者が同条第４項各号に掲げる義務を負う旨の定めが設けられたものとみなす。この場合においては、信託の変更によってこれを変更することはできない。

2　第３条第２号に掲げる方法によってされた受益者の定めのない信託であって、第258条第５項後段又は第６項後段の規定により同条第４項前段の定めが設けられたものとみなされるものにおいては、信託の変更によって信託管理人の権限のうち第145条第２項各号（第６号を除く。）に掲げるものを行使する権限を制限することはできない。

（この法律の適用関係）

第261条　受益者の定めのない信託に関する次の表の上欄に掲げるこの法律の規定の適用については、これらの規定中同表の中欄に掲げる字句は、同表の下欄に掲げる字句とする。

（上欄）	（中欄）	（下欄）
第19条第１項第３号及び第３項第３号	受益者の利益を害しない	信託の目的の達成の支障とならない
	受益者との	信託の目的に関して有する
第19条第３項第２号	各信託の受益者（信託管理人が現に存する場合にあっては、信託管理人）の協議	受益者の定めのない信託の信託管理人と他の信託の受益者（信託管理人が現に存する場合にあっては、信託管理人）との協議又は受益者の定めのない各信託の信託管理人の協議
第30条	受益者	信託の目的の達成
第31条第１項第４号	受託者又はその利害関係人と受益者との利益が相反する	受託者又はその利害関係人の利益となり、かつ、信託の目的の達成の支障となる
第31条第２項第４号	受益者の利益を害しない	信託の目的の達成の支障とならない
	受益者との	信託の目的に関して有する
第32条第１項	受益者の利益に反する	信託の目的の達成の支障となる
第37条第４項ただし書	受益者	委託者
	信託管理人。	信託管理人又は委託者。

第37条第６項ただし書	受益者	委託者
第38条第２項第３号	受益者の共同の利益を害する	信託の目的の達成を妨げる
第57条第１項	委託者及び受益者	委託者（信託管理人が現に存する場合にあっては、委託者及び信託管理人）
第58条第１項	委託者及び受益者は、いつでも、その合意により	委託者は、いつでも（信託管理人が現に存する場合にあっては、委託者及び信託管理人は、いつでも、その合意により）
第58条第２項	委託者及び受益者が	委託者（信託管理人が現に存する場合にあっては、委託者及び信託管理人）が
	委託者及び受益者は	委託者は
第62条第１項	委託者及び受益者は、その合意により	委託者は（信託管理人が現に存する場合にあっては、委託者及び信託管理人は、その合意により）
第62条第３項	委託者及び受益者（二人以上の受益者が現に存する場合にあってはその一人、信託管理人が現に存する場合にあっては信託管理人）	委託者（信託管理人が現に存する場合にあっては、委託者及び信託管理人）
第62条第４項	同項の合意に係る協議の状況	委託者の状況（信託管理人が現に存する場合にあっては、同項の合意に係る協議の状況）
第62条第８項	「受益者は」	「信託管理人は」
	「受益者」	「信託管理人」
	「受益者の状況」	「信託管理人の状況」
第125条第１項	受益者のために	信託の目的の達成のために
第126条第２項	受益者	信託の目的の達成
第146条第１項	受託者及び受益者	受託者
第146条第２項	他の委託者、受託者及び受益者	他の委託者及び受託者
第149条第１項	委託者、受託者及び受益者	委託者及び受託者（信託管理人が現に存する場合にあっては、委託者、受託者及び信託管理人）
第149条第２項（第１号を除く。）	委託者及び受益者	委託者（信託管理人が現に存する場合にあっては、委託者及び信託管理人）
	信託の目的に反しないこと及び受益者の利益に適合すること	信託の目的の達成のために必要であること
第149条第３項第１号	委託者及び受益者	委託者（信託管理人が現に存する場合にあっては、委託者及び信託管理人）
第149条第５項	、受益者に対し	、信託管理人に対し
第150条第１項	受益者の利益に適合しなくなる	信託の目的の達成の支障となる
第151条第１項	委託者、受託者及び受益者	委託者及び受託者（信託管理人が現に存する場合にあっては、委託者、受託者及び信託管理人）
第151条第２項（第１号を除く。）	委託者及び受益者	委託者（信託管理人が現に存する場合にあっては、委託者及び信託管理人）
	信託の目的に反しないこと及び受益者の利益に適合すること	信託の目的の達成のために必要であること
第151条第４項	、受益者に対し	、信託管理人に対し

第155条第1項	委託者、受託者及び受益者	委託者及び受託者（信託管理人が現に存する場合にあっては、委託者、受託者及び信託管理人）
第155条第2項（第1号を除く。）	委託者及び受益者	委託者（信託管理人が現に存する場合にあっては、委託者及び信託管理人）
	信託の目的に反しないこと及び受益者の利益に適合すること	信託の目的の達成のために必要であること
第155条第4項	、受益者に対し	、信託管理人に対し
第159条第1項	委託者、受託者及び受益者	委託者及び受託者（信託管理人が現に存する場合にあっては、委託者、受託者及び信託管理人）
第159条第2項（第1号を除く。）	委託者及び受益者	委託者（信託管理人が現に存する場合にあっては、委託者及び信託管理人）
	信託の目的に反しないこと及び受益者の利益に適合すること	信託の目的の達成のために必要であること
第159条第4項	、受益者に対し	、信託管理人に対し
第164条第1項	委託者及び受益者は、いつでも、その合意により	委託者は、いつでも（信託管理人が現に存する場合にあっては、委託者及び信託管理人は、いつでも、その合意により）
第164条第2項	委託者及び受益者が	委託者（信託管理人が現に存する場合にあっては、委託者及び信託管理人）が
	委託者及び受益者は	委託者は
第165条第1項	受益者の利益に適合する	相当となる
第222条第6項ただし書	受益者	委託者
	信託管理人。	信託管理人又は委託者。
第222条第8項ただし書	受益者	委託者
第243条第1項第2号イ	合意	委託者の意思表示（信託管理人が現に存する場合にあっては、委託者及び信託管理人の合意）

2　受益者の定めのない信託に係る受託者の費用等、損害の賠償及び信託報酬については、第48条第5項（第53条第2項及び第54条第4項において準用する場合を含む。）の規定は、適用しない。

3　受益者の定めのない信託に係る信託の変更については、第149条第2項第1号及び第3項第2号の規定は、適用しない。

4　受益者の定めのない信託に係る信託の併合については、第151条第2項第1号の規定は、適用しない。

5　受益者の定めのない信託に係る信託の分割については、第155条第2項第1号及び第159条第2項第1号の規定は、適用しない。

第12章　雑則

第1節　非訟

（信託に関する非訟事件の管轄）

第262条　この法律の規定による非訟事件は、この条に特別の定めがある場合を除き、受託者の住所地を管轄する地方裁判所の管轄に属する。

2　受託者が二人以上ある場合における前項の規定の適用については、同項中「住所地」とあるのは、「いずれかの住所地」とする。

3　受託者の任務の終了後新受託者の就任前におけるこの法律の規定による裁判所に対する申立てに係る事件は、前受託者の住所地を管轄する地方裁判所の管轄に属する。

4　受託者が二人以上ある場合における前項の規定の適用については、同項中「受託者の任務」とあるのは、「すべての受託者の任務」とし、前受託者が二人以上ある場合における同項の規定の適用については、同項中「住所地」とあるのは、「いずれかの住所地」とする。

5　第6条第1項又は第258条第6項の申立てに係る事件は、遺言者の最後の住所地を管轄する地方裁判所の管轄に属する。

（信託に関する非訟事件の手続の特例）

第263条　この法律の規定による非訟事件については、非訟事件手続法第40条及び第57条第2項第2号の規定は、適用しない。

（最高裁判所規則）

第264条　この法律に定めるもののほか、この法律の規定による非訟事件の手続に関し必要な事項は、最高裁判所規則で定める。

第2節　公告等

（法人である受託者についての公告の方法）

第265条　この法律の規定（第152条第2項、第156条第2項、第160条第2項及び第229条第1項を除く。）による公告は、受託者（受託者の任務の終了後新受託者の就任前にあっては、前受託者）が法人である場合には、当該法人における公告の方法（公告の期間を含む。）によりしなければならない。

（法人である受託者の合併等についての公告の手続等の特例）

第266条　会社法その他の法律の規定によりある法人が組織変更、合併その他の行為をするときは当該法人の債権者が当該行為について公告、催告その他の手続を経て異議を述べることができることとされている場合において、法人である受託者が当該行為をしようとするときは、受託者が信託財産に属する財産のみをもって履行する責任を負う信託財産責任負担債務に係る債権を有する債権者は、当該行為についてこれらの手続を経て異議を述べることができる債権者に含まれないものとする。

2　会社法その他の法律の規定による法人の事業の譲渡に関する規定の適用については、第3条第3号に掲げる方法によってする信託は、その適用の対象となる行為に含まれるものとする。ただし、当該法律に別段の定めがあるときは、この限りでない。

第13章　罰則

（受益証券発行限定責任信託の受託者等の贈収賄罪）

第267条　次に掲げる者が、その職務に関して、賄賂を収受し、又はその要求若しくは約束をしたときは、3年以下の懲役又は300万円以下の罰金に処する。これによって不正の行為をし、又は相当の行為をしないときは、5年以下の懲役又は500万円以下の罰金に処する。

一　受益証券発行限定責任信託の受託者（前受託者又は清算受託者を含む。以下同じ。）

二　受益証券発行限定責任信託の信託財産管理者

三　受益証券発行限定責任信託の民事保全法第56条に規定する仮処分命令により選任された受託者の職務を代行する者

四　受益証券発行限定責任信託の信託財産法人管理人

五　受益証券発行限定責任信託の信託管理人

六　受益証券発行限定責任信託の信託監督人

七　受益証券発行限定責任信託の受益者代理人

八　受益証券発行限定責任信託の検査役

九　会計監査人

2　前項に規定する賄賂を供与し、又はその申込み若しくは約束をした者は、3年以下の懲役又は300万円以下の罰金に処する。

3　第1項の場合において、犯人の収受した賄賂は、没収する。その全部又は一部を没収することができないときは、その価額を追徴する。

（国外犯）

第268条　前条第1項の罪は、日本国外においてこれらの罪を犯した者にも適用する。

2　前条第2項の罪は、刑法（明治40年法律第45号）第2条の例に従う。

（法人における罰則の適用）

第269条　第267条第1項に規定する者が法人であるときは、同項の規定は、その行為をした取締役、執行役その他業務を執行する役員又は支配人に対してそれぞれ適用する。

（過料に処すべき行為）

第270条　受託者、第60条第1項に規定する前受託者の相続人等、信託財産管理者、民事保全法第56条に規定する仮処分命令により選任された受託者の職務を代行する者、信託財産法人管理人、信託管理人、信託監督人、受益者代理人又は検査役は、次のいずれかに該当する場合には、100万円以下の過料に処する。ただし、その行為について刑を科すべきときは、この限りでない。

一　この法律の規定による公告若しくは通知をすることを怠ったとき、又は不正の公告若しくは通知をしたとき。

二　この法律の規定による開示をすることを怠ったとき。

三　この法律の規定に違反して、正当な理由がないのに、書類又は電磁的記録に記録された事項を法務省令で定める方法により表示したものの閲覧又は謄写を拒んだとき。

四　この法律の規定による報告をせず、又は虚偽の報告をしたとき。

五　この法律の規定による調査を妨げたとき。

六　第37条第1項、第2項若しくは第5項の書類若しくは電磁的記録又は第120条の議事録（信託行為に第4章第3節第2款の定めるところによる受益者集会における多数決による旨の定めがある場合に限る。）を作成せず、若しくは保存せず、又はこれらに記載し、若しくは記録すべき事項を記載せず、若しくは記録せず、若しくは虚偽の記載若しくは記録をしたとき。

七　第152条第2項若しくは第5項、第156条第2項若しくは第5項又は第160条第2項若しくは第5項の規定に違反して、信託の併合又は分割をしたとき。

八　第179条第1項の規定に違反して、破産手続開始の申立てをすることを怠ったとき。

九　第181条の規定に違反して、清算中の信託財産に属する財産の給付をしたとき。

2　受益証券発行信託の受託者、信託財産管理者、民

事保全法第56条に規定する仮処分命令により選任された受託者の職務を代行する者、信託財産法人管理人、信託監督人又は受益権原簿管理人は、次のいずれかに該当する場合には、100万円以下の過料に処する。ただし、その行為について刑を科すべきときは、この限りでない。

一　第120条の議事録（信託行為に第214条の別段の定めがない場合に限る。）又は第186条の受益権原簿を作成せず、若しくは保存せず、又はこれらに記載し、若しくは記録すべき事項を記載せず、若しくは記録せず、若しくは虚偽の記載若しくは記録をしたとき。

二　第187条第１項又は第202条第１項の規定に違反して、書面の交付又は電磁的記録の提供を拒んだとき。

三　第190条第１項の規定に違反して、第186条の受益権原簿を備え置かなかったとき。

四　第207条の規定に違反して、遅滞なく、受益証券を発行しなかったとき。

五　第209条の規定に違反して、受益証券に記載すべき事項を記載せず、又は虚偽の記載をしたとき。

3　限定責任信託の受託者、信託財産管理者、民事保全法第56条に規定する仮処分命令により選任された受託者の職務を代行する者又は信託財産法人管理人は、次のいずれかに該当する場合には、100万円以下の過料に処する。ただし、その行為について刑を科すべきときは、この限りでない。

一　第９章第３節の規定による登記をすることを怠ったとき。

二　第222条第２項の会計帳簿、同条第３項の貸借対照表又は同条第４項若しくは第７項の書類若しくは電磁的記録を作成せず、若しくは保存せず、又はこれらに記載し、若しくは記録すべき事項を記載せず、若しくは記録せず、若しくは虚偽の記載若しくは記録をしたとき。

三　清算の結了を遅延させる目的で、第229条第１項の期間を不当に定めたとき。

四　第230条第１項の規定に違反して、債務の弁済をしたとき。

4　会計監査人設置信託の受託者、信託財産管理者、民事保全法第56条に規定する仮処分命令により選任された受託者の職務を代行する者、信託財産法人管理人又は信託監督人は、第250条第３項の規定に違反して、会計監査人の選任の手続をすることを怠ったときは、100万円以下の過料に処する。ただし、その行為について刑を科すべきときは、この限りでない。

第271条　次のいずれかに該当する者は、100万円以下の過料に処する。

一　第218条第１項の規定に違反して、限定責任信託の名称中に限定責任信託という文字を用いなかった者

二　第218条第２項の規定に違反して、限定責任信託であると誤認されるおそれのある文字をその名称又は商号中に使用した者

三　第218条第３項の規定に違反して、他の限定責任信託であると誤認されるおそれのある名称又は商号を使用した者

会社法

平成17年法律第86号
最終改正　令和５年法律第53号

目次

会社法

第1編　総則

第1章　通則

（趣旨）
第1条　会社の設立、組織、運営及び管理については、他の法律に特別の定めがある場合を除くほか、この法律の定めるところによる。

（定義）
第2条　この法律において、次の各号に掲げる用語の意義は、当該各号に定めるところによる。
一　会社　株式会社、合名会社、合資会社又は合同会社をいう。
二　外国会社　外国の法令に準拠して設立された法人その他の外国の団体であって、会社と同種のもの又は会社に類似するものをいう。
三　子会社　会社がその総株主の議決権の過半数を有する株式会社その他の当該会社がその経営を支配している法人として法務省令で定めるものをいう。
三の二　子会社等　次のいずれかに該当する者をいう。
イ　子会社
ロ　会社以外の者がその経営を支配している法人として法務省令で定めるもの
四　親会社　株式会社を子会社とする会社その他の当該株式会社の経営を支配している法人として法務省令で定めるものをいう。
四の二　親会社等　次のいずれかに該当する者をいう。
イ　親会社
ロ　株式会社の経営を支配している者（法人であるものを除く。）として法務省令で定めるもの
五　公開会社　その発行する全部又は一部の株式の内容として譲渡による当該株式の取得について株式会社の承認を要する旨の定款の定めを設けていない株式会社をいう。
六　大会社　次に掲げる要件のいずれかに該当する株式会社をいう。
イ　最終事業年度に係る貸借対照表（第439条前段に規定する場合にあっては、同条の規定により定時株主総会に報告された貸借対照表をいい、株式会社の成立後最初の定時株主総会までの間においては、第435条第1項の貸借対照表をいう。ロにおいて同じ。）に資本金として計上した額が5億円以上であること。
ロ　最終事業年度に係る貸借対照表の負債の部に計上した額の合計額が200億円以上であること。
七　取締役会設置会社　取締役会を置く株式会社又はこの法律の規定により取締役会を置かなければならない株式会社をいう。
八　会計参与設置会社　会計参与を置く株式会社をいう。
九　監査役設置会社　監査役を置く株式会社（その監査役の監査の範囲を会計に関するものに限定する旨の定款の定めがあるものを除く。）又はこの法律の規定により監査役を置かなければならない株式会社をいう。
十　監査役会設置会社　監査役会を置く株式会社又はこの法律の規定により監査役会を置かなければならない株式会社をいう。
十一　会計監査人設置会社　会計監査人を置く株式会社又はこの法律の規定により会計監査人を置かなければならない株式会社をいう。
十一の二　監査等委員会設置会社　監査等委員会を置く株式会社をいう。
十二　指名委員会等設置会社　指名委員会、監査委員会及び報酬委員会（以下「指名委員会等」という。）を置く株式会社をいう。

十三　種類株式発行会社　剰余金の配当その他の第108条第１項各号<異なる種類の株式>に掲げる事項について内容の異なる２以上の種類の株式を発行する株式会社をいう。

十四　種類株主総会　種類株主（種類株式発行会社におけるある種類の株式の株主をいう。以下同じ。）の総会をいう。

十五　社外取締役　株式会社の取締役であって、次に掲げる要件のいずれにも該当するものをいう。

イ　当該株式会社又はその子会社の業務執行取締役（株式会社の第363条第１項各号に掲げる取締役及び当該株式会社の業務を執行したその他の取締役をいう。以下同じ。）若しくは執行役又は支配人その他の使用人（以下「業務執行取締役等」という。）でなく、かつ、その就任の前10年間当該株式会社又はその子会社の業務執行取締役等であったことがないこと。

ロ　その就任の前10年内のいずれかの時において当該株式会社又はその子会社の取締役、会計参与（会計参与が法人であるときは、その職務を行うべき社員）又は監査役であったことがある者（業務執行取締役等であったことがあるものを除く。）にあっては、当該取締役、会計参与又は監査役への就任の前10年間当該株式会社又はその子会社の業務執行取締役等であったことがないこと。

ハ　当該株式会社の親会社等（自然人であるものに限る。）又は親会社等の取締役若しくは執行役若しくは支配人その他の使用人でないこと。

ニ　当該株式会社の親会社等の子会社等（当該株式会社及びその子会社を除く。）の業務執行取締役等でないこと。

ホ　当該株式会社の取締役若しくは執行役若しくは支配人その他の重要な使用人又は親会社等（自然人であるものに限る。）の配偶者又は２親等内の親族でないこと。

十六　社外監査役　株式会社の監査役であって、次に掲げる要件のいずれにも該当するものをいう。

イ　その就任の前10年間当該株式会社又はその子会社の取締役、会計参与（会計参与が法人であるときは、その職務を行うべき社員。ロにおいて同じ。）若しくは執行役又は支配人その他の使用人であったことがないこと。

ロ　その就任の前10年内のいずれかの時において当該株式会社又はその子会社の監査役であったことがある者にあっては、当該監査役への就任の前10年間当該株式会社又はその子会社の取締役、会計参与若しくは執行役又は支配人その他の使用人であったことがないこと。

ハ　当該株式会社の親会社等（自然人であるものに限る。）又は親会社等の取締役、監査役若しくは執行役若しくは支配人その他の使用人でないこと。

ニ　当該株式会社の親会社等の子会社等（当該株式会社及びその子会社を除く。）の業務執行取締役等でないこと。

ホ　当該株式会社の取締役若しくは支配人その他の重要な使用人又は親会社等（自然人であるものに限る。）の配偶者又は２親等内の親族でないこと。

十七　譲渡制限株式　株式会社がその発行する全部又は一部の株式の内容として譲渡による当該株式の取得について当該株式会社の承認を要する旨の定めを設けている場合における当該株式をいう。

十八　取得請求権付株式　株式会社がその発行する全部又は一部の株式の内容として株主が当該株式会社に対して当該株式の取得を請求することができる旨の定めを設けている場合における当該株式をいう。

十九　取得条項付株式　株式会社がその発行する全部又は一部の株式の内容として当該株式会社が一定の事由が生じたことを条件として当該株式を取得することができる旨の定めを設けている場合における当該株式をいう。

二十　単元株式数　株式会社がその発行する株式について、一定の数の株式をもって株主が株主総会又は種類株主総会において１個の議決権を行使することができる１単元の株式とする旨の定款の定めを設けている場合における当該一定の数をいう。

二十一　新株予約権　株式会社に対して行使することにより当該株式会社の株式の交付を受けることができる権利をいう。

二十二　新株予約権付社債　新株予約権を付した社債をいう。

二十三　社債　この法律の規定により会社が行う割当てにより発生する当該会社を債務者とする金銭債権であって、第676条各号<募集社債に関する事項の決定>に掲げる事項についての定めに従い償還されるものをいう。

二十四　最終事業年度　各事業年度に係る第435条第２項<計算書類等の作成>に規定する計算書類につき第438条第２項<計算書類についての定時株主総会の承認>の承認（第439条前段<計算書類等の承認における会計監査人設置会社の特則>に規定する場合にあっては、第436条第３項<計算書類等の取締役会の承認>の承認）を受けた場合における当該各事業年度のうち最も遅いものをいう。

二十五　配当財産　株式会社が剰余金の配当をする場合における配当する財産をいう。

二十六　組織変更　次のイ又はロに掲げる会社がその組織を変更することにより当該イ又はロに定める会社となることをいう。

イ　株式会社　合名会社、合資会社又は合同会社

ロ　合名会社、合資会社又は合同会社　株式会社

二十七　吸収合併　会社が他の会社とする合併であって、合併により消滅する会社の権利義務の全部を合併後存続する会社に承継させるものをいう。

二十八　新設合併　２以上の会社がする合併であって、合併により消滅する会社の権利義務の全部を合併により設立する会社に承継させるものをいう。

二十九　吸収分割　株式会社又は合同会社がその事業に関して有する権利義務の全部又は一部を分割後他の会社に承継させることをいう。

三十　新設分割　１又は２以上の株式会社又は合同会社がその事業に関して有する権利義務の全部又は一部を分割により設立する会社に承継させることをいう。

三十一　株式交換　株式会社がその発行済株式（株式会社が発行している株式をいう。以下同じ。）の全部を他の株式会社又は合同会社に取得させることをいう。

三十二　株式移転　１又は２以上の株式会社がその発行済株式の全部を新たに設立する株式会社に取得させることをいう。

三十二の二　株式交付　株式会社が他の株式会社をその子会社（法務省令で定めるものに限る。第774条の３第２項において同じ。）とするために当該他の株式会社の株式を譲り受け、当該株式の譲渡人に対して当該株式の対価として当該株式会社の株式を交付することをいう。

三十三　公告方法　会社（外国会社を含む。）が公告（この法律又は他の法律の規定により官報に掲載する方法によりしなければならないものとされているものを除く。）をする方法をいう。

三十四　電子公告　公告方法のうち、電磁的方法（電子情報処理組織を使用する方法その他の情報通信の技術を利用する方法であって法務省令で定めるものをいう。以下同じ。）により不特定多数の者が公告すべき内容である情報の提供を受けることができる状態に置く措置であって法務省令で定めるものをとる方法をいう。

（法人格）

第３条　会社は、法人とする。

（住所）

第４条　会社の住所は、その本店の所在地にあるものとする。

（商行為）

第５条　会社（外国会社を含む。次条第１項、第８条及び第９条において同じ。）がその事業としてする行為及びその事業のためにする行為は、商行為とする。

第２章　会社の商号

（商号）

第６条　会社は、その名称を商号とする。

２　会社は、株式会社、合名会社、合資会社又は合同会社の種類に従い、それぞれその商号中に株式会社、合名会社、合資会社又は合同会社という文字を用いなければならない。

３　会社は、その商号中に、他の種類の会社であると誤認されるおそれのある文字を用いてはならない。

（会社と誤認させる名称等の使用の禁止）

第７条　会社でない者は、その名称又は商号中に、会社であると誤認されるおそれのある文字を用いてはならない。

第８条　何人も、不正の目的をもって、他の会社であると誤認されるおそれのある名称又は商号を使用してはならない。

２　前項の規定に違反する名称又は商号の使用によって営業上の利益を侵害され、又は侵害されるおそれがある会社は、その営業上の利益を侵害する者又は侵害するおそれがある者に対し、その侵害の停止又は予防を請求することができる。

（自己の商号の使用を他人に許諾した会社の責任）

第9条　自己の商号を使用して事業又は営業を行うことを他人に許諾した会社は、当該会社が当該事業を行うものと誤認して当該他人と取引をした者に対し、当該他人と連帯して、当該取引によって生じた債務を弁済する責任を負う。

第3章　会社の使用人等

第1節　会社の使用人

（支配人）

第10条　会社（外国会社を含む。以下この編において同じ。）は、支配人を選任し、その本店又は支店において、その事業を行わせることができる。

（支配人の代理権）

第11条　支配人は、会社に代わってその事業に関する一切の裁判上又は裁判外の行為をする権限を有する。

2　支配人は、他の使用人を選任し、又は解任することができる。

3　支配人の代理権に加えた制限は、善意の第三者に対抗することができない。

（支配人の競業の禁止）

第12条　支配人は、会社の許可を受けなければ、次に掲げる行為をしてはならない。

一　自ら営業を行うこと。

二　自己又は第三者のために会社の事業の部類に属する取引をすること。

三　他の会社又は商人（会社を除く。第24条において同じ。）の使用人となること。

四　他の会社の取締役、執行役又は業務を執行する社員となること。

2　支配人が前項の規定に違反して同項第2号に掲げる行為をしたときは、当該行為によって支配人又は第三者が得た利益の額は、会社に生じた損害の額と推定する。

（表見支配人）

第13条　会社の本店又は支店の事業の主任者であることを示す名称を付した使用人は、当該本店又は支店の事業に関し、一切の裁判外の行為をする権限を有するものとみなす。ただし、相手方が悪意であったときは、この限りでない。

（ある種類又は特定の事項の委任を受けた使用人）

第14条　事業に関するある種類又は特定の事項の委任を受けた使用人は、当該事項に関する一切の裁判外の行為をする権限を有する。

2　前項に規定する使用人の代理権に加えた制限は、善意の第三者に対抗することができない。

（物品の販売等を目的とする店舗の使用人）

第15条　物品の販売等（販売、賃貸その他これらに類する行為をいう。以下この条において同じ。）を目的とする店舗の使用人は、その店舗に在る物品の販売等をする権限を有するものとみなす。ただし、相手方が悪意であったときは、この限りでない。

第2節　会社の代理商

（通知義務）

第16条　代理商（会社のためにその平常の事業の部類に属する取引の代理又は媒介をする者で、その会社の使用人でないものをいう。以下この節において同じ。）は、取引の代理又は媒介をしたときは、遅滞なく、会社に対して、その旨の通知を発しなければならない。

（代理商の競業の禁止）

第17条　代理商は、会社の許可を受けなければ、次に掲げる行為をしてはならない。

一　自己又は第三者のために会社の事業の部類に属する取引をすること。

二　会社の事業と同種の事業を行う他の会社の取締役、執行役又は業務を執行する社員となること。

2　代理商が前項の規定に違反して同項第1号に掲げる行為をしたときは、当該行為によって代理商又は第三者が得た利益の額は、会社に生じた損害の額と推定する。

（通知を受ける権限）

第18条　物品の販売又はその媒介の委託を受けた代理商は、商法（明治32年法律第48号）第526条第2項<買主による目的物の検査及び通知>の通知その他の売買に関する通知を受ける権限を有する。

（契約の解除）

第19条　会社及び代理商は、契約の期間を定めなかったときは、2箇月前までに予告し、その契約を解除することができる。

2　前項の規定にかかわらず、やむを得ない事由があるときは、会社及び代理商は、いつでもその契約を解除することができる。

（代理商の留置権）

第20条　代理商は、取引の代理又は媒介をしたことによって生じた債権の弁済期が到来しているときは、その弁済を受けるまでは、会社のために当該代理商が占有する物又は有価証券を留置することができる。ただし、当事者が別段の意思表示をしたときは、この限りでない。

第４章　事業の譲渡をした場合の競業の禁止等

（譲渡会社の競業の禁止）

第21条　事業を譲渡した会社（以下この章において「譲渡会社」という。）は、当事者の別段の意思表示がない限り、同一の市町村（特別区を含むものとし、地方自治法（昭和22年法律第67号）第252条の19第１項の指定都市にあっては、区又は総合区。以下この項において同じ。）の区域内及びこれに隣接する市町村の区域内においては、その事業を譲渡した日から20年間は、同一の事業を行ってはならない。

2　譲渡会社が同一の事業を行わない旨の特約をした場合には、その特約は、その事業を譲渡した日から30年の期間内に限り、その効力を有する。

3　前２項の規定にかかわらず、譲渡会社は、不正の競争の目的をもって同一の事業を行ってはならない。

（譲渡会社の商号を使用した譲受会社の責任等）

第22条　事業を譲り受けた会社（以下この章において「譲受会社」という。）が譲渡会社の商号を引き続き使用する場合には、その譲受会社も、譲渡会社の事業によって生じた債務を弁済する責任を負う。

2　前項の規定は、事業を譲り受けた後、遅滞なく、譲受会社がその本店の所在地において譲渡会社の債務を弁済する責任を負わない旨を登記した場合には、適用しない。事業を譲り受けた後、遅滞なく、譲受会社及び譲渡会社から第三者に対しその旨の通知をした場合において、その通知を受けた第三者についても、同様とする。

3　譲受会社が第１項の規定により譲渡会社の債務を弁済する責任を負う場合には、譲渡会社の責任は、事業を譲渡した日後２年以内に請求又は請求の予告をしない債権者に対しては、その期間を経過した時に消滅する。

4　第１項に規定する場合において、譲渡会社の事業によって生じた債権について、譲受会社にした弁済は、弁済者が善意でかつ重大な過失がないときは、その効力を有する。

（譲受会社による債務の引受け）

第23条　譲受会社が譲渡会社の商号を引き続き使用しない場合においても、譲渡会社の事業によって生じた債務を引き受ける旨の広告をしたときは、譲渡会社の債権者は、その譲受会社に対して弁済の請求をすることができる。

2　譲受会社が前項の規定により譲渡会社の債務を弁済する責任を負う場合には、譲渡会社の責任は、同項の広告があった日後２年以内に請求又は請求の予告をしない債権者に対しては、その期間を経過した時に消滅する。

（詐害事業譲渡に係る譲受会社に対する債務の履行の請求）

第23条の２　譲渡会社が譲受会社に承継されない債務の債権者（以下この条において「残存債権者」という。）を害することを知って事業を譲渡した場合には、残存債権者は、その譲受会社に対して、承継した財産の価額を限度として、当該債務の履行を請求することができる。ただし、その譲受会社が事業の譲渡の効力が生じた時において残存債権者を害することを知らなかったときは、この限りでない。

2　譲受会社が前項の規定により同項の債務を履行する責任を負う場合には、当該責任は、譲渡会社が残存債権者を害することを知って事業を譲渡したことを知った時から２年以内に請求又は請求の予告をしない残存債権者に対しては、その期間を経過した時に消滅する。事業の譲渡の効力が生じた日から10年を経過したときも、同様とする。

3　譲渡会社について破産手続開始の決定、再生手続開始の決定又は更生手続開始の決定があったときは、残存債権者は、譲受会社に対して第１項の規定による請求をする権利を行使することができない。

（商人との間での事業の譲渡又は譲受け）

第24条　会社が商人に対してその事業を譲渡した場合には、当該会社を商法第16条第１項<営業譲渡人の競業の禁止>に規定する譲渡人とみなして、同法第17条<譲渡人の商号を使用した譲受人の責任等>から第18条の２<詐害営業譲渡に係る譲受人に対する債務の履行の請求>までの規定を適用する。この場合において、同条第３項中「又は再生手続開始の決定」とあるのは、「、再生手続開始の決定又は更生手続開始の決定」とする。

2　会社が商人の営業を譲り受けた場合には、当該商人を譲渡会社とみなして、前３条の規定を適用する。この場合において、前条第３項中「、再生手続開始の決定又は更生手続開始の決定」とあるのは、「又は再生手続開始の決定」とする。

第2編　株式会社

第1章　設立

第1節　総則

第25条　株式会社は、次に掲げるいずれかの方法により設立することができる。
一　次節<定款の作成>から第８節<発起人等の責任>までに規定するところにより、発起人が設立時発行株式（株式会社の設立に際して発行する株式をいう。以下同じ。）の全部を引き受ける方法
二　次節<定款の作成>、第３節<出資>、第39条<設立時役員等の人数及び資格>及び第６節<設立時代表取締役等の選定等>から第９節<募集による設立>までに規定するところにより、発起人が設立時発行株式を引き受けるほか、設立時発行株式を引き受ける者の募集をする方法
2　各発起人は、株式会社の設立に際し、設立時発行株式を１株以上引き受けなければならない。

第2節　定款の作成

（定款の作成）
第26条　株式会社を設立するには、発起人が定款を作成し、その全員がこれに署名し、又は記名押印しなければならない。
2　前項の定款は、電磁的記録（電子的方式、磁気的方式その他人の知覚によっては認識することができない方式で作られる記録であって、電子計算機による情報処理の用に供されるものとして法務省令で定めるものをいう。以下同じ。）をもって作成することができる。この場合において、当該電磁的記録に記録された情報については、法務省令で定める署名又は記名押印に代わる措置をとらなければならない。

（定款の記載又は記録事項）
第27条　株式会社の定款には、次に掲げる事項を記載し、又は記録しなければならない。
一　目的
二　商号
三　本店の所在地
四　設立に際して出資される財産の価額又はその最低額
五　発起人の氏名又は名称及び住所

第28条　株式会社を設立する場合には、次に掲げる事項は、第26条第１項<定款の作成>の定款に記載し、又は記録しなければ、その効力を生じない。
一　金銭以外の財産を出資する者の氏名又は名称、当該財産及びその価額並びにその者に対して割り当てる設立時発行株式の数（設立しようとする株式会社が種類株式発行会社である場合にあっては、設立時発行株式の種類及び種類ごとの数。第32条第１項第１号において同じ。）
二　株式会社の成立後に譲り受けることを約した財産及びその価額並びにその譲渡人の氏名又は名称
三　株式会社の成立により発起人が受ける報酬その他の特別の利益及びその発起人の氏名又は名称
四　株式会社の負担する設立に関する費用（定款の認証の手数料その他株式会社に損害を与えるおそれがないものとして法務省令で定めるものを除く。）

第29条　第27条各号<定款の絶対的記載事項>及び前条各号<変態設立事項>に掲げる事項のほか、株式会社の定款には、この法律の規定により定款の定めがなければその効力を生じない事項及びその他の事項でこの法律の規定に違反しないものを記載し、又は記録することができる。

（定款の認証）
第30条　第26条第１項<定款の作成>の定款は、公証人の認証を受けなければ、その効力を生じない。
2　前項の公証人の認証を受けた定款は、株式会社の成立前は、第33条第７項若しくは第９項<変態設立事項が不当な場合の変更等>又は第37条第１項若しくは第２項<発行可能株式総数の定め等>の規定による場合を除き、これを変更することができない。

（定款の備置き及び閲覧等）
第31条　発起人（株式会社の成立後にあっては、当該株式会社）は、定款を発起人が定めた場所（株式会社の成立後にあっては、その本店及び支店）に備え置かなければならない。
2　発起人（株式会社の成立後にあっては、その株主及び債権者）は、発起人が定めた時間（株式会社の成立後にあっては、その営業時間）内は、いつでも、次に掲げる請求をすることができる。ただし、第２号又は第４号に掲げる請求をするには、発起人（株式会社の成立後にあっては、当該株式会社）の定めた費用を支払わなければならない。
一　定款が書面をもって作成されているときは、当該書面の閲覧の請求

二　前号の書面の謄本又は抄本の交付の請求

三　定款が電磁的記録をもって作成されているときは、当該電磁的記録に記録された事項を法務省令で定める方法により表示したものの閲覧の請求

四　前号の電磁的記録に記録された事項を電磁的方法であって発起人（株式会社の成立後にあっては、当該株式会社）の定めたものにより提供することの請求又はその事項を記載した書面の交付の請求

3　株式会社の成立後において、当該株式会社の親会社社員（親会社の株主その他の社員をいう。以下同じ。）がその権利を行使するため必要があるときは、当該親会社社員は、裁判所の許可を得て、当該株式会社の定款について前項各号に掲げる請求をすることができる。ただし、同項第２号又は第４号に掲げる請求をするには、当該株式会社の定めた費用を支払わなければならない。

4　定款が電磁的記録をもって作成されている場合であって、支店における第２項第３号及び第４号に掲げる請求に応じることを可能とするための措置として法務省令で定めるものをとっている株式会社についての第１項の規定の適用については、同項中「本店及び支店」とあるのは、「本店」とする。

第3節　出資

（設立時発行株式に関する事項の決定）

第32条　発起人は、株式会社の設立に際して次に掲げる事項（定款に定めがある事項を除く。）を定めようとするときは、その全員の同意を得なければならない。

一　発起人が割当てを受ける設立時発行株式の数

二　前号の設立時発行株式と引換えに払い込む金銭の額

三　成立後の株式会社の資本金及び資本準備金の額に関する事項

2　設立しようとする株式会社が種類株式発行会社である場合において、前項第１号の設立時発行株式が第108条第３項前段<種類株式の内容の決定の委任>の規定による定款の定めがあるものであるときは、発起人は、その全員の同意を得て、当該設立時発行株式の内容を定めなければならない。

（定款の記載又は記録事項に関する検査役の選任）

第33条　発起人は、定款に第28条各号<変態設立事項>に掲げる事項についての記載又は記録があるときは、第30条第１項<定款の認証>の公証人の認証の後遅滞なく、当該事項を調査させるため、裁判所に対し、検査役の選任の申立てをしなければならない。

2　前項の申立てがあった場合には、裁判所は、これを不適法として却下する場合を除き、検査役を選任しなければならない。

3　裁判所は、前項の検査役を選任した場合には、成立後の株式会社が当該検査役に対して支払う報酬の額を定めることができる。

4　第２項の検査役は、必要な調査を行い、当該調査の結果を記載し、又は記録した書面又は電磁的記録（法務省令で定めるものに限る。）を裁判所に提供して報告をしなければならない。

5　裁判所は、前項の報告について、その内容を明瞭にし、又はその根拠を確認するため必要があると認めるときは、第２項の検査役に対し、更に前項の報告を求めることができる。

6　第２項の検査役は、第４項の報告をしたときは、発起人に対し、同項の書面の写しを交付し、又は同項の電磁的記録に記録された事項を法務省令で定める方法により提供しなければならない。

7　裁判所は、第４項の報告を受けた場合において、第28条各号<変態設立事項>に掲げる事項（第２項の検査役の調査を経ていないものを除く。）を不当と認めたときは、これを変更する決定をしなければならない。

8　発起人は、前項の決定により第28条各号<変態設立事項>に掲げる事項の全部又は一部が変更された場合には、当該決定の確定後１週間以内に限り、その設立時発行株式の引受けに係る意思表示を取り消すことができる。

9　前項に規定する場合には、発起人は、その全員の同意によって、第７項の決定の確定後１週間以内に限り、当該決定により変更された事項についての定めを廃止する定款の変更をすることができる。

10　前各項の規定は、次の各号に掲げる場合には、当該各号に定める事項については、適用しない。

一　第28条第１号及び第２号<現物出資事項等>の財産（以下この章において「現物出資財産等」という。）について定款に記載され、又は記録された価額

の総額が500万円を超えない場合　同条第1号及び第2号に掲げる事項

二　現物出資財産等のうち、市場価格のある有価証券（金融商品取引法（昭和23年法律第25号）第2条第1項に規定する有価証券をいい、同条第2項の規定により有価証券とみなされる権利を含む。以下同じ。）について定款に記載され、又は記録された価額が当該有価証券の市場価格として法務省令で定める方法により算定されるものを超えない場合　当該有価証券についての第28条第1号又は第2号<現物出資事項等>に掲げる事項

三　現物出資財産等について定款に記載され、又は記録された価額が相当であることについて弁護士、弁護士法人、弁護士・外国法事務弁護士共同法人、公認会計士（外国公認会計士（公認会計士法（昭和23年法律第103号）第16条の2第5項に規定する外国公認会計士をいう。）を含む。以下同じ。）、監査法人、税理士又は税理士法人の証明（現物出資財産等が不動産である場合にあっては、当該証明及び不動産鑑定士の鑑定評価。以下この号において同じ。）を受けた場合　第28条第1号又は第2号<現物出資事項等>に掲げる事項（当該証明を受けた現物出資財産等に係るものに限る。）

11　次に掲げる者は、前項第3号に規定する証明をすることができない。

一　発起人

二　第28条第2号<財産引受の場合の定款への記載・記録事項>の財産の譲渡人

三　設立時取締役（第38条第1項<設立時取締役の選任>に規定する設立時取締役をいう。）又は設立時監査役（同条第3項第2号に規定する設立時監査役をいう。）

四　業務の停止の処分を受け、その停止の期間を経過しない者

五　弁護士法人、弁護士・外国法事務弁護士共同法人、監査法人又は税理士法人であって、その社員の半数以上が第1号から第3号までに掲げる者のいずれかに該当するもの

（出資の履行）

第34条　発起人は、設立時発行株式の引受け後遅滞なく、その引き受けた設立時発行株式につき、その出資に係る金銭の全額を払い込み、又はその出資に係る金銭以外の財産の全部を給付しなければならない。ただし、発起人全員の同意があるときは、登記、登録その他権利の設定又は移転を第三者に対抗するために必要な行為は、株式会社の成立後にすることを妨げない。

2　前項の規定による払込みは、発起人が定めた銀行等（銀行（銀行法（昭和56年法律第59号）第2条第1項に規定する銀行をいう。第703条第1号において同じ。）、信託会社（信託業法（平成16年法律第154号）第2条第2項に規定する信託会社をいう。以下同じ。）その他これに準ずるものとして法務省令で定めるものをいう。以下同じ。）の払込みの取扱いの場所においてしなければならない。

（設立時発行株式の株主となる権利の譲渡）

第35条　前条第1項の規定による払込み又は給付（以下この章において「出資の履行」という。）をすることにより設立時発行株式の株主となる権利の譲渡は、成立後の株式会社に対抗することができない。

（設立時発行株式の株主となる権利の喪失）

第36条　発起人のうち出資の履行をしていないものがある場合には、発起人は、当該出資の履行をしていない発起人に対して、期日を定め、その期日までに当該出資の履行をしなければならない旨を通知しなければならない。

2　前項の規定による通知は、同項に規定する期日の2週間前までにしなければならない。

3　第1項の規定による通知を受けた発起人は、同項に規定する期日までに出資の履行をしないときは、当該出資の履行をすることにより設立時発行株式の株主となる権利を失う。

（発行可能株式総数の定め等）

第37条　発起人は、株式会社が発行することができる株式の総数（以下「発行可能株式総数」という。）を定款で定めていない場合には、株式会社の成立の時までに、その全員の同意によって、定款を変更して発行可能株式総数の定めを設けなければならない。

2　発起人は、発行可能株式総数を定款で定めている場合には、株式会社の成立の時までに、その全員の同意によって、発行可能株式総数についての定款の変更をすることができる。

3　設立時発行株式の総数は、発行可能株式総数の4分の1を下ることができない。ただし、設立しようとする株式会社が公開会社でない場合は、この限りでない。

第4節　設立時役員等の選任及び解任

（設立時役員等の選任）

第38条　発起人は、出資の履行が完了した後、遅滞なく、設立時取締役（株式会社の設立に際して取締役となる者をいう。以下同じ。）を選任しなければならない。

2　設立しようとする株式会社が監査等委員会設置会社である場合には、前項の規定による設立時取締役の選任は、設立時監査等委員（株式会社の設立に際して監査等委員（監査等委員会の委員をいう。以下同じ。）となる者をいう。以下同じ。）である設立時取締役とそれ以外の設立時取締役とを区別してしなければならない。

3　次の各号に掲げる場合には、発起人は、出資の履行が完了した後、遅滞なく、当該各号に定める者を選任しなければならない。

一　設立しようとする株式会社が会計参与設置会社である場合　設立時会計参与（株式会社の設立に際して会計参与となる者をいう。以下同じ。）

二　設立しようとする株式会社が監査役設置会社（監査役の監査の範囲を会計に関するものに限定する旨の定款の定めがある株式会社を含む。）である場合　設立時監査役（株式会社の設立に際して監査役となる者をいう。以下同じ。）

三　設立しようとする株式会社が会計監査人設置会社である場合　設立時会計監査人（株式会社の設立に際して会計監査人となる者をいう。以下同じ。）

4　定款で設立時取締役（設立しようとする株式会社が監査等委員会設置会社である場合にあっては、設立時監査等委員である設立時取締役又はそれ以外の設立時取締役。以下この項において同じ。）、設立時会計参与、設立時監査役又は設立時会計監査人として定められた者は、出資の履行が完了した時に、それぞれ設立時取締役、設立時会計参与、設立時監査役又は設立時会計監査人に選任されたものとみなす。

第39条　設立しようとする株式会社が取締役会設置会社である場合には、設立時取締役は、３人以上でなければならない。

2　設立しようとする株式会社が監査役会設置会社である場合には、設立時監査役は、３人以上でなければならない。

3　設立しようとする株式会社が監査等委員会設置会社である場合には、設立時監査等委員である設立時取締役は、３人以上でなければならない。

4　第331条第１項<取締役の資格等>（第335条第１項において準用する場合を含む。）、第333条第１項若しくは第３項<会計参与の資格等>又は第337条第１項若しくは第３項の規定<会計監査人の資格等>により成立後の株式会社の取締役（監査等委員会設置会社にあっては、監査等委員である取締役又はそれ以外の取締役）、会計参与、監査役又は会計監査人となることができない者は、それぞれ設立時取締役（成立後の株式会社が監査等委員会設置会社である場合にあっては、設立時監査等委員である設立時取締役又はそれ以外の設立時取締役）、設立時会計参与、設立時監査役又は設立時会計監査人（以下この節において「設立時役員等」という。）となることができない。

5　第331条の２<取締役の資格等>の規定は、設立時取締役及び設立時監査役について準用する。

（設立時役員等の選任の方法）

第40条　設立時役員等の選任は、発起人の議決権の過半数をもって決定する。

2　前項の場合には、発起人は、出資の履行をした設立時発行株式１株につき１個の議決権を有する。ただし、単元株式数を定款で定めている場合には、１単元の設立時発行株式につき１個の議決権を有する。

3　前項の規定にかかわらず、設立しようとする株式会社が種類株式発行会社である場合において、取締役の全部又は一部の選任について議決権を行使することができないものと定められた種類の設立時発行株式を発行するときは、当該種類の設立時発行株式については、発起人は、当該取締役となる設立時取締役の選任についての議決権を行使することができない。

4　設立しようとする株式会社が監査等委員会設置会社である場合における前項の規定の適用については、同項中「、取締役」とあるのは「、監査等委員である取締役又はそれ以外の取締役」と、「当該取締役」とあるのは「これらの取締役」とする。

5　第３項の規定は、設立時会計参与、設立時監査役及び設立時会計監査人の選任について準用する。

（設立時役員等の選任の方法の特則）

第41条　前条第１項の規定にかかわらず、株式会社の設立に際して第108条第１項第９号<種類株主総会により取締役・監査役を選任できる株式>に掲げる事項（取締役（監査等委員会設置会社にあっては、監査等委員である取締役又はそれ以外の取締役）に関するものに限る。）についての定めがある種類の株式を発行する場合には、設立時取締役（設立しようとする株式会社が監査等委員会設置会社である場合にあっては、設立時監査等委員である設立時取締役又はそれ以外の設立時取締役）の選任は、同条第２項第９号<種類株主総会における取締役等の選任に関する定款の定め>に定める事項についての定款の定めの例に従い、当該種類の設立時発行株式を引き受けた発起人の議決権（当該種類の設立時発行株式についての議決権に限る。）の過半数をもって決定する。

2　前項の場合には、発起人は、出資の履行をした種類の設立時発行株式1株につき1個の議決権を有する。ただし、単元株式数を定款で定めている場合には、1単元の種類の設立時発行株式につき1個の議決権を有する。

3　前2項の規定は、株式会社の設立に際して第108条第1項第9号<種類株主総会により取締役・監査役を選任できる株式>に掲げる事項（監査役に関するものに限る。）についての定めがある種類の株式を発行する場合について準用する。

（設立時役員等の解任）

第42条　発起人は、株式会社の成立の時までの間、その選任した設立時役員等（第38条第4項の規定により設立時役員等に選任されたものとみなされたものを含む。）を解任することができる。

（設立時役員等の解任の方法）

第43条　設立時役員等の解任は、発起人の議決権の過半数（設立時監査等委員である設立時取締役又は設立時監査役を解任する場合にあっては、3分の2以上に当たる多数）をもって決定する。

2　前項の場合には、発起人は、出資の履行をした設立時発行株式1株につき1個の議決権を有する。ただし、単元株式数を定款で定めている場合には、1単元の設立時発行株式につき1個の議決権を有する。

3　前項の規定にかかわらず、設立しようとする株式会社が種類株式発行会社である場合において、取締役の全部又は一部の解任について議決権を行使することができないものと定められた種類の設立時発行株式を発行するときは、当該種類の設立時発行株式については、発起人は、当該取締役となる設立時取締役の解任についての議決権を行使することができない。

4　設立しようとする株式会社が監査等委員会設置会社である場合における前項の規定の適用については、同項中「、取締役」とあるのは「、監査等委員である取締役又はそれ以外の取締役」と、「当該取締役」とあるのは「これらの取締役」とする。

5　第3項の規定は、設立時会計参与、設立時監査役及び設立時会計監査人の解任について準用する。

（設立時取締役等の解任の方法の特則）

第44条　前条第1項の規定にかかわらず、第41条第1項<設立時取締役の選任の方法の特則>の規定により選任された設立時取締役（設立時監査等委員である設立時取締役を除く。次項及び第4項において同じ。）の解任は、その選任に係る発起人の議決権の過半数をもって決定する。

2　前項の規定にかかわらず、第41条第1項<設立時取締役の選任の方法の特則>の規定により又は種類創立総会（第84条に規定する種類創立総会をいう。）若しくは種類株主総会において選任された取締役（監査等委員である取締役を除く。第4項において同じ。）を株主総会の決議によって解任することができる旨の定款の定めがある場合には、第41条第1項<設立時取締役の選任の方法の特則>の規定により選任された設立時取締役の解任は、発起人の議決権の過半数をもって決定する。

3　前2項の場合には、発起人は、出資の履行をした種類の設立時発行株式1株につき1個の議決権を有する。ただし、単元株式数を定款で定めている場合には、1単元の種類の設立時発行株式につき1個の議決権を有する。

4　前項の規定にかかわらず、第2項の規定により設立時取締役を解任する場合において、取締役の全部又は一部の解任について議決権を行使することができないものと定められた種類の設立時発行株式を発行するときは、当該種類の設立時発行株式については、発起人は、当該取締役となる設立時取締役の解任についての議決権を行使することができない。

5　前各項の規定は、第41条第1項<設立時取締役の選任の方法の特則>の規定により選任された設立時監査等委員である設立時取締役及び同条第3項において準用する同条第1項の規定により選任された設立時監査役の解任について準用する。この場合において、第1項及び第2項中「過半数」とあるのは、「3分の2以上に当たる多数」と読み替えるものとする。

（設立時役員等の選任又は解任の効力についての特則）

第45条　株式会社の設立に際して第108条第1項第8号<拒否権付種類株式>に掲げる事項についての定めがある種類の株式を発行する場合において、当該種類の株式の内容として次の各号に掲げる事項について種類株主総会の決議があることを必要とする旨の定款の定めがあるときは、当該各号に定める事項は、定款の定めに従い、第40条第1項<設立時役員等の選任の方法>又は第43条第1項<設立時役員等の解任の方法>の規定による決定のほか、当該種類の設立時発行株式を引き受けた発起人の議決権（当該種類の設立時発行株式についての議決権に限る。）の過半数をもってする決定がなければ、その効力を生じない。

一　取締役（監査等委員会設置会社の取締役を除く。）の全部又は一部の選任又は解任　当該取締役となる設立時取締役の選任又は解任

二　監査等委員である取締役又はそれ以外の取締役の全部又は一部の選任又は解任　これらの取締役となる設立時取締役の選任又は解任

三　会計参与の全部又は一部の選任又は解任　当該会計参与となる設立時会計参与の選任又は解任

四　監査役の全部又は一部の選任又は解任　当該監査役となる設立時監査役の選任又は解任

五　会計監査人の全部又は一部の選任又は解任　当該会計監査人となる設立時会計監査人の選任又は解任

2　前項の場合には、発起人は、出資の履行をした種類の設立時発行株式１株につき１個の議決権を有する。ただし、単元株式数を定款で定めている場合には、１単元の種類の設立時発行株式につき１個の議決権を有する。

第５節　設立時取締役等による調査

第46条　設立時取締役（設立しようとする株式会社が監査役設置会社である場合にあっては、設立時取締役及び設立時監査役。以下この条において同じ。）は、その選任後遅滞なく、次に掲げる事項を調査しなければならない。

一　第33条第10項第１号<少額免除>又は第２号<有価証券免除>に掲げる場合における現物出資財産等（同号に掲げる場合にあっては、同号の有価証券に限る。）について定款に記載され、又は記録された価額が相当であること。

二　第33条第10項第３号<現物出資財産の価額等に関する弁護士等の証明>に規定する証明が相当であること。

三　出資の履行が完了していること。

四　前３号に掲げる事項のほか、株式会社の設立の手続が法令又は定款に違反していないこと。

2　設立時取締役は、前項の規定による調査により、同項各号に掲げる事項について法令若しくは定款に違反し、又は不当な事項があると認めるときは、発起人にその旨を通知しなければならない。

3　設立しようとする株式会社が指名委員会等設置会社である場合には、設立時取締役は、第１項の規定による調査を終了したときはその旨を、前項の規定による通知をしたときはその旨及びその内容を、設立時代表執行役（第48条第１項第３号に規定する設立時代表執行役をいう。）に通知しなければならない。

第６節　設立時代表取締役等の選定等

（設立時代表取締役の選定等）

第47条　設立時取締役は、設立しようとする株式会社が取締役会設置会社（指名委員会等設置会社を除く。）である場合には、設立時取締役（設立しようとする株式会社が監査等委員会設置会社である場合にあっては、設立時監査等委員である設立時取締役を除く。）の中から株式会社の設立に際して代表取締役（株式会社を代表する取締役をいう。以下同じ。）となる者（以下「設立時代表取締役」という。）を選定しなければならない。

2　設立時取締役は、株式会社の成立の時までの間、設立時代表取締役を解職することができる。

3　前２項の規定による設立時代表取締役の選定及び解職は、設立時取締役の過半数をもって決定する。

（設立時委員の選定等）

第48条　設立しようとする株式会社が指名委員会等設置会社である場合には、設立時取締役は、次に掲げる措置をとらなければならない。

一　設立時取締役の中から次に掲げる者（次項において「設立時委員」という。）を選定すること。

イ　株式会社の設立に際して指名委員会の委員となる者

ロ　株式会社の設立に際して監査委員会の委員となる者

ハ　株式会社の設立に際して報酬委員会の委員となる者

二　株式会社の設立に際して執行役となる者（以下「設立時執行役」という。）を選任すること。

三　設立時執行役の中から株式会社の設立に際して代表執行役となる者（以下「設立時代表執行役」という。）を選定すること。ただし、設立時執行役が一人であるときは、その者が設立時代表執行役に選定されたものとする。

2　設立時取締役は、株式会社の成立の時までの間、設立時委員若しくは設立時代表執行役を解職し、又は設立時執行役を解任することができ

る。
3　前2項の規定による措置は、設立時取締役の過半数をもって決定する。

第7節　株式会社の成立

（株式会社の成立）
第49条　株式会社は、その本店の所在地において設立の登記をすることによって成立する。
（株式の引受人の権利）
第50条　発起人は、株式会社の成立の時に、出資の履行をした設立時発行株式の株主となる。
2　前項の規定により株主となる権利の譲渡は、成立後の株式会社に対抗することができない。
（引受けの無効又は取消しの制限）
第51条　民法（明治29年法律第89号）第93条第1項ただし書<心裡留保>及び第94条第1項<虚偽表示>の規定は、設立時発行株式の引受けに係る意思表示については、適用しない。
2　発起人は、株式会社の成立後は、錯誤、詐欺又は強迫を理由として設立時発行株式の引受けの取消しをすることができない。

第8節　発起人等の責任等

（出資された財産等の価額が不足する場合の責任）
第52条　株式会社の成立の時における現物出資財産等の価額が当該現物出資財産等について定款に記載され、又は記録された価額（定款の変更があった場合にあっては、変更後の価額）に著しく不足するときは、発起人及び設立時取締役は、当該株式会社に対し、連帯して、当該不足額を支払う義務を負う。
2　前項の規定にかかわらず、次に掲げる場合には、発起人（第28条第1号の財産を給付した者又は同条第2号の財産の譲渡人を除く。第2号において同じ。）及び設立時取締役は、現物出資財産等について同項の義務を負わない。
一　第28条第1号又は第2号<現物出資事項等>に掲げる事項について第33条第2項<裁判所による検査役の選任>の検査役の調査を経た場合
二　当該発起人又は設立時取締役がその職務を行うについて注意を怠らなかったことを証明した場合
3　第1項に規定する場合には、第33条第10項第3号<現物出資財産の価額等に関する弁護士等の証明>に規定する証明をした者（以下この項において「証明者」という。）は、第1項の義務を負う者と連帯して、同項の不足額を支払う義務を負う。ただし、当該証明者が当該証明をするについて注意を怠らなかったことを証明した場合は、この限りでない。
（出資の履行を仮装した場合の責任等）
第52条の2　発起人は、次の各号に掲げる場合には、株式会社に対し、当該各号に定める行為をする義務を負う。
一　第34条第1項<発起人の出資の履行>の規定による払込みを仮装した場合　払込みを仮装した出資に係る金銭の全額の支払
二　第34条第1項<発起人の出資の履行>の規定による給付を仮装した場合　給付を仮装した出資に係る金銭以外の財産の全部の給付（株式会社が当該給付に代えて当該財産の価額に相当する金銭の支払を請求した場合にあっては、当該金銭の全額の支払）
2　前項各号に掲げる場合には、発起人がその出資の履行を仮装することに関与した発起人又は設立時取締役として法務省令で定める者は、株式会社に対し、当該各号に規定する支払をする義務を負う。ただし、その者（当該出資の履行を仮装したものを除く。）がその職務を行うについて注意を怠らなかったことを証明した場合は、この限りでない。
3　発起人が第1項各号に規定する支払をする義務を負う場合において、前項に規定する者が同項の義務を負うときは、これらの者は、連帯債務者とする。
4　発起人は、第1項各号に掲げる場合には、当該各号に定める支払若しくは給付又は第2項の規定による支払がされた後でなければ、出資の履行を仮装した設立時発行株式について、設立時株主（第65条第1項に規定する設立時株主をいう。次項において同じ。）及び株主の権利を行使することができない。
5　前項の設立時発行株式又はその株主となる権利を譲り受けた者は、当該設立時発行株式についての設立時株主及び株主の権利を行使することができる。ただし、その者に悪意又は重大な過失があるときは、この限りでない。
（発起人等の損害賠償責任）
第53条　発起人、設立時取締役又は設立時監査役は、株式会社の設立についてその任務を怠ったときは、当該株式会社に対し、これによって生じた損害を賠償する責任を負う。
2　発起人、設立時取締役又は設立時監査役がその職務を行うについて悪意又は重大な過失があったときは、当該発起人、設立時取締役又は設立時監査役は、これによって第三者に生じた損害を賠償する責任を負う。

（発起人等の連帯責任）

第54条　発起人、設立時取締役又は設立時監査役が株式会社又は第三者に生じた損害を賠償する責任を負う場合において、他の発起人、設立時取締役又は設立時監査役も当該損害を賠償する責任を負うときは、これらの者は、連帯債務者とする。

（責任の免除）

第55条　第52条第１項<出資された財産等の価額が不足する場合の責任>の規定により発起人又は設立時取締役の負う義務、第52条の２第１項の規定<出資の履行を仮装した場合の責任>により発起人の負う義務、同条第２項<出資の履行の仮装に関与した場合の責任>の規定により発起人又は設立時取締役の負う義務及び第53条第１項<発起人等の損害賠償責任>の規定により発起人、設立時取締役又は設立時監査役の負う責任は、総株主の同意がなければ、免除することができない。

（株式会社不成立の場合の責任）

第56条　株式会社が成立しなかったときは、発起人は、連帯して、株式会社の設立に関してした行為についてその責任を負い、株式会社の設立に関して支出した費用を負担する。

第９節　募集による設立

第１款　設立時発行株式を引き受ける者の募集

（設立時発行株式を引き受ける者の募集）

第57条　発起人は、この款の定めるところにより、設立時発行株式を引き受ける者の募集をする旨を定めることができる。

2　発起人は、前項の募集をする旨を定めようとするときは、その全員の同意を得なければならない。

（設立時募集株式に関する事項の決定）

第58条　発起人は、前条第１項の募集をしようとするときは、その都度、設立時募集株式（同項の募集に応じて設立時発行株式の引受けの申込みをした者に対して割り当てる設立時発行株式をいう。以下この節において同じ。）について次に掲げる事項を定めなければならない。

一　設立時募集株式の数（設立しようとする株式会社が種類株式発行会社である場合にあっては、その種類及び種類ごとの数。以下この款において同じ。）

二　設立時募集株式の払込金額（設立時募集株式１株と引換えに払い込む金銭の額をいう。以下この款において同じ。）

三　設立時募集株式と引換えにする金銭の払込みの期日又はその期間

四　一定の日までに設立の登記がされない場合において、設立時募集株式の引受けの取消しをすることができることとするときは、その旨及びその一定の日

2　発起人は、前項各号に掲げる事項を定めようとするときは、その全員の同意を得なければならない。

3　設立時募集株式の払込金額その他の前条第１項の募集の条件は、当該募集（設立しようとする株式会社が種類株式発行会社である場合にあっては、種類及び当該募集）ごとに、均等に定めなければならない。

（設立時募集株式の申込み）

第59条　発起人は、第57条第１項<設立時発行株式を引き受ける者の募集>の募集に応じて設立時募集株式の引受けの申込みをしようとする者に対し、次に掲げる事項を通知しなければならない。

一　定款の認証の年月日及びその認証をした公証人の氏名

二　第27条各号<定款の絶対的記載事項>、第28条各号<変態設立事項>、第32条第１項各号<設立時発行株式に関する事項の決定>及び前条第１項各号<設立時募集株式に関する事項の決定>に掲げる事項

三　発起人が出資した財産の価額

四　第63条第１項<設立時募集株式の払込金額の払込み>の規定による払込みの取扱いの場所

五　前各号に掲げるもののほか、法務省令で定める事項

2　発起人のうち出資の履行をしていないものがある場合には、発起人は、第36条第１項<失権手続における通知>に規定する期日後でなければ、前項の規定による通知をすることができない。

3　第57条第１項<設立時発行株式を引き受ける者の募集>の募集に応じて設立時募集株式の引受けの申込みをする者は、次に掲げる事項を記載した書面を発起人に交付しなければならない。

一　申込みをする者の氏名又は名称及び住所

二　引き受けようとする設立時募集株式の数

4　前項の申込みをする者は、同項の書面の交付に代えて、政令で定めるところにより、発起人の承諾を得て、同項の書面に記載すべき事項を

電磁的方法により提供することができる。この場合において、当該申込みをした者は、同項の書面を交付したものとみなす。

5　発起人は、第1項各号に掲げる事項について変更があったときは、直ちに、その旨及び当該変更があった事項を第3項の申込みをした者（以下この款において「申込者」という。）に通知しなければならない。

6　発起人が申込者に対してする通知又は催告は、第3項第1号の住所（当該申込者が別に通知又は催告を受ける場所又は連絡先を発起人に通知した場合にあっては、その場所又は連絡先）にあてて発すれば足りる。

7　前項の通知又は催告は、その通知又は催告が通常到達すべきであった時に、到達したものとみなす。

（設立時募集株式の割当て）

第60条　発起人は、申込者の中から設立時募集株式の割当てを受ける者を定め、かつ、その者に割り当てる設立時募集株式の数を定めなければならない。この場合において、発起人は、当該申込者に割り当てる設立時募集株式の数を、前条第3項第2号<引き受けようとする設立時募集株式の数>の数よりも減少することができる。

2　発起人は、第58条第1項第3号<設立時募集株式と引換えにする金銭の払込みの期日又はその期間>の期日（同号の期間を定めた場合にあっては、その期間の初日）の前日までに、申込者に対し、当該申込者に割り当てる設立時募集株式の数を通知しなければならない。

（設立時募集株式の申込み及び割当てに関する特則）

第61条　前2条の規定は、設立時募集株式を引き受けようとする者がその総数の引受けを行う契約を締結する場合には、適用しない。

（設立時募集株式の引受け）

第62条　次の各号に掲げる者は、当該各号に定める設立時募集株式の数について設立時募集株式の引受人となる。

一　申込者　発起人の割り当てた設立時募集株式の数

二　前条の契約により設立時募集株式の総数を引き受けた者　その者が引き受けた設立時募集株式の数

（設立時募集株式の払込金額の払込み）

第63条　設立時募集株式の引受人は、第58条第1項第3号<設立時募集株式と引換えにする金銭の払込みの期日又はその期間>の期日又は同号の期間内に、発起人が定めた銀行等の払込みの取扱いの場所において、それぞれの設立時募集株式の払込金額の全額の払込みを行わなければならない。

2　前項の規定による払込みをすることにより設立時発行株式の株主となる権利の譲渡は、成立後の株式会社に対抗することができない。

3　設立時募集株式の引受人は、第1項の規定による払込みをしないときは、当該払込みをすることにより設立時募集株式の株主となる権利を失う。

（払込金の保管証明）

第64条　第57条第1項<設立時発行株式を引き受ける者の募集>の募集をした場合には、発起人は、第34条第1項<発起人の出資の履行>及び前条第1項<設立時募集株式の払込金額の払込み>の規定による払込みの取扱いをした銀行等に対し、これらの規定により払い込まれた金額に相当する金銭の保管に関する証明書の交付を請求することができる。

2　前項の証明書を交付した銀行等は、当該証明書の記載が事実と異なること又は第34条第1項<発起人の出資の履行>若しくは前条第1項<設立時募集株式の払込金額の払込み>の規定により払い込まれた金銭の返還に関する制限があることをもって成立後の株式会社に対抗することができない。

第2款　創立総会等

（創立総会の招集）

第65条　第57条第1項<設立時発行株式を引き受ける者の募集>の募集をする場合には、発起人は、第58条第1項第3号<設立時募集株式と引換えにする金銭の払込みの期日又はその期間>の期日又は同号の期間の末日のうち最も遅い日以後、遅滞なく、設立時株主（第50条第1項又は第102条第2項の規定により株式会社の株主となる者をいう。以下同じ。）の総会（以下「創立総会」という。）を招集しなければならない。

2　発起人は、前項に規定する場合において、必要があると認めるときは、いつでも、創立総会を招集することができる。

（創立総会の権限）

第66条　創立総会は、この節に規定する事項及び株式会社の設立の廃止、創立総会の終結その他株式会社の設立に関する事項に限り、決議をすることができる。

（創立総会の招集の決定）

第67条　発起人は、創立総会を招集する場合には、次に掲げる事項を定めなければならない。

一　創立総会の日時及び場所
二　創立総会の目的である事項
三　創立総会に出席しない設立時株主が書面によって議決権を行使することができることとするときは、その旨
四　創立総会に出席しない設立時株主が電磁的方法によって議決権を行使することができることとするときは、その旨
五　前各号に掲げるもののほか、法務省令で定める事項

2　発起人は、設立時株主（創立総会において決議をすることができる事項の全部につき議決権を行使することができない設立時株主を除く。次条から第71条までにおいて同じ。）の数が1000人以上である場合には、前項第３号に掲げる事項を定めなければならない。

（創立総会の招集の通知）

第68条　創立総会を招集するには、発起人は、創立総会の日の２週間（前条第１項第３号又は第４号に掲げる事項を定めたときを除き、設立しようとする株式会社が公開会社でない場合にあっては、１週間（当該設立しようとする株式会社が取締役会設置会社以外の株式会社である場合において、これを下回る期間を定款で定めた場合にあっては、その期間））前までに、設立時株主に対してその通知を発しなければならない。

2　次に掲げる場合には、前項の通知は、書面でしなければならない。
一　前条第１項第３号又は第４号<書面等による議決権の行使>に掲げる事項を定めた場合
二　設立しようとする株式会社が取締役会設置会社である場合

3　発起人は、前項の書面による通知の発出に代えて、政令で定めるところにより、設立時株主の承諾を得て、電磁的方法により通知を発することができる。この場合において、当該発起人は、同項の書面による通知を発したものとみなす。

4　前２項の通知には、前条第１項各号<創立総会の招集の決定>に掲げる事項を記載し、又は記録しなければならない。

5　発起人が設立時株主に対してする通知又は催告は、第27条第５号<定款記載事項たる発起人の氏名・住所等>又は第59条第３項第１号<設立時募集株式の引受けの申込みをする者が交付する書面に記載された当該申込者の氏名・住所等>の住所（当該設立時株主が別に通知又は催告を受ける場所又は連絡先を発起人に通知した場合にあっては、その場所又は連絡先）にあてて発すれば足りる。

6　前項の通知又は催告は、その通知又は催告が通常到達すべきであった時に、到達したものとみなす。

7　前２項の規定は、第１項の通知に際して設立時株主に書面を交付し、又は当該書面に記載すべき事項を電磁的方法により提供する場合について準用する。この場合において、前項中「到達したもの」とあるのは、「当該書面の交付又は当該事項の電磁的方法による提供があったもの」と読み替えるものとする。

（招集手続の省略）

第69条　前条の規定にかかわらず、創立総会は、設立時株主の全員の同意があるときは、招集の手続を経ることなく開催することができる。ただし、第67条第１項第３号又は第４号<書面等による議決権行使>に掲げる事項を定めた場合は、この限りでない。

（創立総会参考書類及び議決権行使書面の交付等）

第70条　発起人は、第67条第１項第３号<書面による議決権行使>に掲げる事項を定めた場合には、第68条第１項<創立総会の招集の通知>の通知に際して、法務省令で定めるところにより、設立時株主に対し、議決権の行使について参考となるべき事項を記載した書類（以下この款において「創立総会参考書類」という。）及び設立時株主が議決権を行使するための書面（以下この款において「議決権行使書面」という。）を交付しなければならない。

2　発起人は、第68条第３項<電磁的方法による創立総会の招集の通知>の承諾をした設立時株主に対し同項の電磁的方法による通知を発するときは、前項の規定による創立総会参考書類及び議決権行使書面の交付に代えて、これらの書類に記載すべき事項を電磁的方法により提供することができる。ただし、設立時株主の請求があったときは、これらの書類を当該設立時株主に交付しなければならない。

第71条　発起人は、第67条第１項第４号<電磁的方法による議決権の行使>に掲げる事項を定めた場合には、第68条第１項<創立総会の招集の通知>の通知に際して、法務省令で定めるところにより、設立時株主に対し、創立総会参考書類を交付しなければならない。

2　発起人は、第68条第３項<電磁的方法による創立総会の招集の通知>の承諾をした設立時株主に対し同項の電磁的方法による通知を発するときは、前項の規定による創立総会参考書類の交付に代えて、当該創立総会参考書類に記載すべき事項を

電磁的方法により提供することができる。ただし、設立時株主の請求があったときは、創立総会参考書類を当該設立時株主に交付しなければならない。

3　発起人は、第1項に規定する場合には、第68条第3項<電磁的方法による創立総会の招集の通知>の承諾をした設立時株主に対する同項の電磁的方法による通知に際して、法務省令で定めるところにより、設立時株主に対し、議決権行使書面に記載すべき事項を当該電磁的方法により提供しなければならない。

4　発起人は、第1項に規定する場合において、第68条第3項<電磁的方法による創立総会の招集の通知>の承諾をしていない設立時株主から創立総会の日の1週間前までに議決権行使書面に記載すべき事項の電磁的方法による提供の請求があったときは、法務省令で定めるところにより、直ちに、当該設立時株主に対し、当該事項を電磁的方法により提供しなければならない。

（議決権の数）

第72条　設立時株主（成立後の株式会社がその総株主の議決権の4分の1以上を有することその他の事由を通じて成立後の株式会社がその経営を実質的に支配することが可能となる関係にあるものとして法務省令で定める設立時株主を除く。）は、創立総会において、その引き受けた設立時発行株式1株につき1個の議決権を有する。ただし、単元株式数を定款で定めている場合には、1単元の設立時発行株式につき1個の議決権を有する。

2　設立しようとする株式会社が種類株式発行会社である場合において、株主総会において議決権を行使することができる事項について制限がある種類の設立時発行株式を発行するときは、創立総会において、設立時株主は、株主総会において議決権を行使することができる事項に相当する事項に限り、当該設立時発行株式について議決権を行使することができる。

3　前項の規定にかかわらず、株式会社の設立の廃止については、設立時株主は、その引き受けた設立時発行株式について議決権を行使することができる。

（創立総会の決議）

第73条　創立総会の決議は、当該創立総会において議決権を行使することができる設立時株主の議決権の過半数であって、出席した当該設立時株主の議決権の3分の2以上に当たる多数をもって行う。

2　前項の規定にかかわらず、その発行する全部の株式の内容として譲渡による当該株式の取得について当該株式会社の承認を要する旨の定款の定めを設ける定款の変更を行う場合（設立しようとする株式会社が種類株式発行会社である場合を除く。）には、当該定款の変更についての創立総会の決議は、当該創立総会において議決権を行使することができる設立時株主の半数以上であって、当該設立時株主の議決権の3分の2以上に当たる多数をもって行わなければならない。

3　定款を変更してその発行する全部の株式の内容として第107条第1項第3号<全部の株式の内容としての取得条項付株式>に掲げる事項についての定款の定めを設け、又は当該事項についての定款の変更（当該事項についての定款の定めを廃止するものを除く。）をしようとする場合（設立しようとする株式会社が種類株式発行会社である場合を除く。）には、設立時株主全員の同意を得なければならない。

4　創立総会は、第67条第1項第2号<創立総会の目的である事項>に掲げる事項以外の事項については、決議をすることができない。ただし、定款の変更又は株式会社の設立の廃止については、この限りでない。

（議決権の代理行使）

第74条　設立時株主は、代理人によってその議決権を行使することができる。この場合においては、当該設立時株主又は代理人は、代理権を証明する書面を発起人に提出しなければならない。

2　前項の代理権の授与は、創立総会ごとにしなければならない。

3　第1項の設立時株主又は代理人は、代理権を証明する書面の提出に代えて、政令で定めるところにより、発起人の承諾を得て、当該書面に記載すべき事項を電磁的方法により提供することができる。この場合において、当該設立時株主又は代理人は、当該書面を提出したものとみなす。

4　設立時株主が第68条第3項<電磁的方法による創立総会の招集の通知>の承諾をした者である場合には、発起人は、正当な理由がなければ、前項の承諾をすることを拒んではならない。

5　発起人は、創立総会に出席することができる代理人の数を制限することができる。

6　発起人（株式会社の成立後にあっては、当該株式会社。次条第3項及び第76条第4項において同じ。）は、創立総会の日から3箇月間、代理権を証明する書面及び第

3項の電磁的方法により提供された事項が記録された電磁的記録を発起人が定めた場所（株式会社の成立後にあっては、その本店。次条第3項及び第76条第4項において同じ。）に備え置かなければならない。

7　設立時株主（株式会社の成立後にあっては、その株主。次条第4項及び第76条第5項において同じ。）は、発起人が定めた時間（株式会社の成立後にあっては、その営業時間。次条第4項及び第76条第5項において同じ。）内は、いつでも、次に掲げる請求をすることができる。

一　代理権を証明する書面の閲覧又は謄写の請求

二　前項の電磁的記録に記録された事項を法務省令で定める方法により表示したものの閲覧又は謄写の請求

（書面による議決権の行使）

第75条　書面による議決権の行使は、議決権行使書面に必要な事項を記載し、法務省令で定める時までに当該議決権行使書面を発起人に提出して行う。

2　前項の規定により書面によって行使した議決権の数は、出席した設立時株主の議決権の数に算入する。

3　発起人は、創立総会の日から3箇月間、第1項の規定により提出された議決権行使書面を発起人が定めた場所に備え置かなければならない。

4　設立時株主は、発起人が定めた時間内は、いつでも、第1項の規定により提出された議決権行使書面の閲覧又は謄写の請求をすることができる。

（電磁的方法による議決権の行使）

第76条　電磁的方法による議決権の行使は、政令で定めるところにより、発起人の承諾を得て、法務省令で定める時までに議決権行使書面に記載すべき事項を、電磁的方法により当該発起人に提供して行う。

2　設立時株主が第68条第3項<電磁的方法による創立総会の招集の通知>の承諾をした者である場合には、発起人は、正当な理由がなければ、前項の承諾をすることを拒んではならない。

3　第1項の規定により電磁的方法によって行使した議決権の数は、出席した設立時株主の議決権の数に算入する。

4　発起人は、創立総会の日から3箇月間、第1項の規定により提供された事項を記録した電磁的記録を発起人が定めた場所に備え置かなければならない。

5　設立時株主は、発起人が定めた時間内は、いつでも、前項の電磁的記録に記録された事項を法務省令で定める方法により表示したものの閲覧又は謄写の請求をすることができる。

（議決権の不統一行使）

第77条　設立時株主は、その有する議決権を統一しないで行使することができる。この場合においては、創立総会の日の3日前までに、発起人に対してその旨及びその理由を通知しなければならない。

2　発起人は、前項の設立時株主が他人のために設立時発行株式を引き受けた者でないときは、当該設立時株主が同項の規定によりその有する議決権を統一しないで行使することを拒むことができる。

（発起人の説明義務）

第78条　発起人は、創立総会において、設立時株主から特定の事項について説明を求められた場合には、当該事項について必要な説明をしなければならない。ただし、当該事項が創立総会の目的である事項に関しないものである場合、その説明をすることにより設立時株主の共同の利益を著しく害する場合その他正当な理由がある場合として法務省令で定める場合は、この限りでない。

（議長の権限）

第79条　創立総会の議長は、当該創立総会の秩序を維持し、議事を整理する。

2　創立総会の議長は、その命令に従わない者その他当該創立総会の秩序を乱す者を退場させることができる。

（延期又は続行の決議）

第80条　創立総会においてその延期又は続行について決議があった場合には、第67条<創立総会の招集の決定>及び第68条<創立総会招集の通知>の規定は、適用しない。

（議事録）

第81条　創立総会の議事については、法務省令で定めるところにより、議事録を作成しなければならない。

2　発起人（株式会社の成立後にあっては、当該株式会社。次条第2項において同じ。）は、創立総会の日から10年間、前項の議事録を発起人が定めた場所（株式会社の成立後にあっては、その本店。同条第2項において同じ。）に備え置かなければならない。

3　設立時株主（株式会社の成立後にあっては、その株主及び債権者。次条第3項において同じ。）は、発起人が定めた時間（株式会社の成立後にあっては、その営業時間。同項において同じ。）内は、いつでも、次に掲げる請求をすることができる。

一　第１項の議事録が書面をもって作成されているときは、当該書面の閲覧又は謄写の請求

二　第１項の議事録が電磁的記録をもって作成されているときは、当該電磁的記録に記録された事項を法務省令で定める方法により表示したものの閲覧又は謄写の請求

4　株式会社の成立後において、当該株式会社の親会社社員は、その権利を行使するため必要があるときは、裁判所の許可を得て、第１項の議事録について前項各号に掲げる請求をすることができる。

（創立総会の決議の省略）

第82条　発起人が創立総会の目的である事項について提案をした場合において、当該提案につき設立時株主（当該事項について議決権を行使することができるものに限る。）の全員が書面又は電磁的記録により同意の意思表示をしたときは、当該提案を可決する旨の創立総会の決議があったものとみなす。

2　発起人は、前項の規定により創立総会の決議があったものとみなされた日から10年間、同項の書面又は電磁的記録を発起人が定めた場所に備え置かなければならない。

3　設立時株主は、発起人が定めた時間内は、いつでも、次に掲げる請求をすることができる。

一　前項の書面の閲覧又は謄写の請求

二　前項の電磁的記録に記録された事項を法務省令で定める方法により表示したものの閲覧又は謄写の請求

4　株式会社の成立後において、当該株式会社の親会社社員は、その権利を行使するため必要があるときは、裁判所の許可を得て、第２項の書面又は電磁的記録について前項各号に掲げる請求をすることができる。

（創立総会への報告の省略）

第83条　発起人が設立時株主の全員に対して創立総会に報告すべき事項を通知した場合において、当該事項を創立総会に報告することを要しないことにつき設立時株主の全員が書面又は電磁的記録により同意の意思表示をしたときは、当該事項の創立総会への報告があったものとみなす。

（種類株主総会の決議を必要とする旨の定めがある場合）

第84条　設立しようとする株式会社が種類株式発行会社である場合において、その設立に際して発行するある種類の株式の内容として、株主総会において決議すべき事項について、当該決議のほか、当該種類の株式の種類株主を構成員とする種類株主総会の決議があることを必要とする旨の定めがあるときは、当該事項は、その定款の定めの例に従い、創立総会の決議のほか、当該種類の設立時発行株式の設立時種類株主（ある種類の設立時発行株式の設立時株主をいう。以下この節において同じ。）を構成員とする種類創立総会（ある種類の設立時発行株式の設立時種類株主の総会をいう。以下同じ。）の決議がなければ、その効力を生じない。ただし、当該種類創立総会において議決権を行使することができる設立時種類株主が存しない場合は、この限りでない。

（種類創立総会の招集及び決議）

第85条　前条、第90条第１項＜種類創立総会の決議による設立時取締役の選任＞（同条第２項において準用する場合を含む。）、第92条第１項＜種類創立総会の決議により選任された設立時取締役の解任＞（同条第４項において準用する場合を含む。）、第100条第１項＜譲渡制限種類株式、全部取得条項付種類株式の創設＞又は第101条第１項＜設立時種類株主に損害を及ぼすおそれのある定款変更＞の規定により種類創立総会の決議をする場合には、発起人は、種類創立総会を招集しなければならない。

2　種類創立総会の決議は、当該種類創立総会において議決権を行使することができる設立時種類株主の議決権の過半数であって、出席した当該設立時種類株主の議決権の３分の２以上に当たる多数をもって行う。

3　前項の規定にかかわらず、第100条第１項＜譲渡制限種類株式、全部取得条項付種類株式の創設＞の決議は、同項に規定する種類創立総会において議決権を行使することができる設立時種類株主の半数以上であって、当該設立時種類株主の議決権の３分の２以上に当たる多数をもって行わなければならない。

（創立総会に関する規定の準用）

第86条　第67条＜創立総会の招集の決定＞から第71条＜発起人の設立時株主に対する情報提供＞まで、第72条第１項＜創立総会における議決権の数＞及び第74条＜議決権の代理行使＞から第82条＜創立総会の決議の省略＞までの規定は、種類創立総会について準用する。この場合において、第67条第１項第３号及び第４号並びに第２項＜創立総会の招集の決定＞、第68条第１項及び第３項＜創立総会の招集の通知＞、第69条＜招集

手続の省略>から第71条<発起人の設立時株主に対する情報提供>まで、第72条第1項<創立総会における議決権の数>、第74条第1項、第3項及び第4項<議決権の代理行使>、第75条第2項<書面による議決権の行使>、第76条第2項及び第3項<電磁的方法による議決権の行使>、第77条<議決権の不統一行使>、第78条本文<発起人の説明義務>並びに第82条第1項<創立総会の決議の省略>中「設立時株主」とあるのは、「設立時種類株主（ある種類の設立時発行株式の設立時株主をいう。）」と読み替えるものとする。

第3款　設立に関する事項の報告

第87条　発起人は、株式会社の設立に関する事項を創立総会に報告しなければならない。

2　発起人は、次の各号に掲げる場合には、当該各号に定める事項を記載し、又は記録した書面又は電磁的記録を創立総会に提出し、又は提供しなければならない。

一　定款に第28条各号<変態設立事項>に掲げる事項（第33条第10項各号に掲げる場合における当該各号に定める事項を除く。）の定めがある場合　第33条第2項<裁判所による検査役の選任>の検査役の同条第4項<検査役が裁判所に対してする報告>の報告の内容

二　第33条第10項第3号<現物出資財産の価額等に関する弁護士等の証明>に掲げる場合　同号に規定する証明の内容

第4款　設立時取締役等の選任及び解任

（設立時取締役等の選任）

第88条　第57条第1項<設立時発行株式を引き受ける者の募集>の募集をする場合には、設立時取締役、設立時会計参与、設立時監査役又は設立時会計監査人の選任は、創立総会の決議によって行わなければならない。

2　設立しようとする株式会社が監査等委員会設置会社である場合には、前項の規定による設立時取締役の選任は、設立時監査等委員である設立時取締役とそれ以外の設立時取締役とを区別してしなければならない。

（累積投票による設立時取締役の選任）

第89条　創立総会の目的である事項が二人以上の設立時取締役（設立しようとする株式会社が監査等委員会設置会社である場合にあっては、設立時監査等委員である設立時取締役又はそれ以外の設立時取締役。以下この条において同じ。）の選任である場合には、設立時株主（設立時取締役の選任について議決権を行使することができる設立時株主に限る。以下この条において同じ。）は、定款に別段の定めがあるときを除き、発起人に対し、第3項から第5項までに規定するところにより設立時取締役を選任すべきことを請求することができる。

2　前項の規定による請求は、同項の創立総会の日の5日前までにしなければならない。

3　第72条第1項<創立総会における議決権の数>の規定にかかわらず、第1項の規定による請求があった場合には、設立時取締役の選任の決議については、設立時株主は、その引き受けた設立時発行株式1株（単元株式数を定款で定めている場合にあっては、1単元の設立時発行株式）につき、当該創立総会において選任する設立時取締役の数と同数の議決権を有する。この場合においては、設立時株主は、一人のみに投票し、又は二人以上に投票して、その議決権を行使することができる。

4　前項の場合には、投票の最多数を得た者から順次設立時取締役に選任されたものとする。

5　前2項に定めるもののほか、第1項の規定による請求があった場合における設立時取締役の選任に関し必要な事項は、法務省令で定める。

（種類創立総会の決議による設立時取締役等の選任）

第90条　第88条<設立時取締役等の選任>の規定にかかわらず、株式会社の設立に際して第108条第1項第9号<種類株主総会により取締役・監査役を選任できる株式>に掲げる事項（取締役（設立しようとする株式会社が監査等委員会設置会社である場合にあっては、監査等委員である取締役又はそれ以外の取締役）に関するものに限る。）についての定めがある種類の株式を発行する場合には、設立時取締役（設立しようとする株式会社が監査等委員会設置会社である場合にあっては、設立時監査等委員である設立時取締役又はそれ以外の設立時取締役）は、同条第2項第9号<種類株主総会における取締役等の選任に関する定款の定め>に定める事項についての定款の定めの例に従い、当該種類の設立時発行株式の設立時種類株主を構成員とする種類創立総会の決議によって選任しなければならない。

2　前項の規定は、株式会社の設立に際して第108条第1項第9号<種類株主総会により取締役・監査役を選任できる株式>に掲げる事項（監査役に関するものに限る。）についての定めがある種類の株式を発行する場合について準用する。

（設立時取締役等の解任）

第91条　第88条<設立時取締役等の選任>の規定によ

り選任された設立時取締役、設立時会計参与、設立時監査役又は設立時会計監査人は、株式会社の成立の時までの間、創立総会の決議によって解任することができる。

第92条　第90条第１項<種類創立総会の決議による設立時取締役の選任>の規定により選任された設立時取締役は、株式会社の成立の時までの間、その選任に係る種類の設立時発行株式の設立時種類株主を構成員とする種類創立総会の決議によって解任することができる。

2　前項の規定にかかわらず、第41条第１項<設立時取締役の選任の方法の特則>の規定により又は種類創立総会若しくは種類株主総会において選任された取締役を株主総会の決議によって解任することができる旨の定款の定めがある場合には、第90条第１項<種類創立総会の決議による設立時取締役の選任>の規定により選任された設立時取締役は、株式会社の成立の時までの間、創立総会の決議によって解任することができる。

3　設立しようとする株式会社が監査等委員会設置会社である場合における前項の規定の適用については、同項中「取締役を」とあるのは「監査等委員である取締役又はそれ以外の取締役を」と、「設立時取締役」とあるのは「設立時監査等委員である設立時取締役又はそれ以外の設立時取締役」とする。

4　第１項及び第２項の規定は、第90条第２項<種類創立総会の決議による設立時監査役の選任>において準用する同条第１項<種類創立総会の決議による設立時取締役の選任>の規定により選任された設立時監査役について準用する。

第５款　設立時取締役等による調査

（設立時取締役等による調査）

第93条　設立時取締役（設立しようとする株式会社が監査役設置会社である場合にあっては、設立時取締役及び設立時監査役。以下この条において同じ。）は、その選任後遅滞なく、次に掲げる事項を調査しなければならない。

一　第33条第10項第１号<少額免除>又は第２号<有価証券免除>に掲げる場合における現物出資財産等（同号に掲げる場合にあっては、同号の有価証券に限る。）について定款に記載され、又は記録された価額が相当であること。

二　第33条第10項第３号<現物出資財産の価額等に関する弁護士等の証明>に規定する証明が相当であること。

三　発起人による出資の履行及び第63条第１項<設立時募集株式の払込金額の払込み>の規定による払込みが完了していること。

四　前３号に掲げる事項のほか、株式会社の設立の手続が法令又は定款に違反していないこと。

2　設立時取締役は、前項の規定による調査の結果を創立総会に報告しなければならない。

3　設立時取締役は、創立総会において、設立時株主から第１項の規定による調査に関する事項について説明を求められた場合には、当該事項について必要な説明をしなければならない。

（設立時取締役等が発起人である場合の特則）

第94条　設立時取締役（設立しようとする株式会社が監査役設置会社である場合にあっては、設立時取締役及び設立時監査役）の全部又は一部が発起人である場合には、創立総会においては、その決議によって、前条第１項各号<設立時取締役等による調査>に掲げる事項を調査する者を選任することができる。

2　前項の規定により選任された者は、必要な調査を行い、当該調査の結果を創立総会に報告しなければならない。

第６款　定款の変更

（発起人による定款の変更の禁止）

第95条　第57条第１項<設立時発行株式を引き受ける者の募集>の募集をする場合には、発起人は、第58条第１項第３号<設立時募集株式と引換えにする金銭の払込みの期日又はその期間>の期日又は同号の期間の初日のうち最も早い日以後は、第33条第９項<変態設立事項について裁判所が変更した定めを廃止する定款変更>並びに第37条第１項及び第２項<発行可能株式総数の定め等>の規定にかかわらず、定款の変更をすることができない。

（創立総会における定款の変更）

第96条　第30条第２項<定款の認証>の規定にかかわらず、創立総会においては、その決議によって、定款の変更をすることができる。

（設立時発行株式の引受けの取消し）

第97条　創立総会において、第28条各号<変態設立事項>に掲げる事項を変更する定款の変更の決議をした場合には、当該創立総会においてその変更に反対した設立時株主は、当該決議後２週間以内に限り、その設立時発行株式の引受けに係る意思表示を取り消すことができる。

（創立総会の決議による発行可能株式総数の定め）

第98条　第57条第１項<設立時発行株式を引き受ける者の募集>の募集をする場合において、発行可能株式総数を定款で定めていないときは、株式会社の成立の時までに、創立総会の決議によって、定款を変更して発行可能株式総数の定めを設けなければならない。

（定款の変更の手続の特則）

第99条　設立しようとする会社が種類株式発行会社である場合において、次の各号に掲げるときは、当該各号の種類の設立時発行株式の設立時種類株主全員の同意を得なければならない。

一　ある種類の株式の内容として第108条第１項第６号<一部の株式の内容としての取得条項付株式>に掲げる事項についての定款の定めを設け、又は当該事項についての定款の変更（当該事項についての定款の定めを廃止するものを除く。）をしようとするとき。

二　ある種類の株式について第322条第２項<種類株主総会決議を不要とする定款の定め>の規定による定款の定めを設けようとするとき。

第100条　設立しようとする株式会社が種類株式発行会社である場合において、定款を変更してある種類の株式の内容として第108条第１項第４号<一部の株式の内容としての譲渡制限株式>又は第７号<全部取得条項付種類株式>に掲げる事項についての定款の定めを設けるときは、当該定款の変更は、次に掲げる設立時種類株主を構成員とする種類創立総会（当該設立時種類株主に係る設立時発行株式の種類が２以上ある場合にあっては、当該２以上の設立時発行株式の種類別に区分された設立時種類株主を構成員とする各種類創立総会。以下この条において同じ。）の決議がなければ、その効力を生じない。ただし、当該種類創立総会において議決権を行使することができる設立時種類株主が存しない場合は、この限りでない。

一　当該種類の設立時発行株式の設立時種類株主

二　第108条第２項第５号ロ<取得請求権付株式の対価として他の株式を交付する場合の定款の定め>の他の株式を当該種類の株式とする定めがある取得請求権付株式の設立時種類株主

三　第108条第２項第６号ロ<取得条項付株式の対価として他の株式を交付する場合の定款の定め>の他の株式を当該種類の株式とする定めがある取得条項付株式の設立時種類株主

2　前項に規定する種類創立総会において当該定款の変更に反対した設立時種類株主は、当該種類創立総会の決議後２週間以内に限り、その設立時発行株式の引受けに係る意思表示を取り消すことができる。

第101条　設立しようとする株式会社が種類株式発行会社である場合において、次に掲げる事項についての定款の変更をすることにより、ある種類の設立時発行株式の設立時種類株主に損害を及ぼすおそれがあるときは、当該定款の変更は、当該種類の設立時発行株式の設立時種類株主を構成員とする種類創立総会（当該設立時種類株主に係る設立時発行株式の種類が２以上ある場合にあっては、当該２以上の設立時発行株式の種類別に区分された設立時種類株主を構成員とする各種類創立総会）の決議がなければ、その効力を生じない。ただし、当該種類創立総会において議決権を行使することができる設立時種類株主が存しない場合は、この限りでない。

一　株式の種類の追加

二　株式の内容の変更

三　発行可能株式総数又は発行可能種類株式総数（株式会社が発行することができる一の種類の株式の総数をいう。以下同じ。）の増加

2　前項の規定は、単元株式数についての定款の変更であって、当該定款の変更について第322条第２項<種類株主総会決議を不要とする定款の定め>の規定による定款の定めがある場合における当該種類の設立時発行株式の設立時種類株主を構成員とする種類創立総会については、適用しない。

第７款　設立手続等の特則等

（設立手続等の特則）

第102条　設立時募集株式の引受人は、発起人が定めた時間内は、いつでも、第31条第２項各号<定款の閲覧請求等>に掲げる請求をすることができる。ただし、同項第２号又は第４号<定款が書面等をもって作成された場合の謄本等の交付請求>に掲げる請求をするには、発起人の定めた費用を支払わなければならない。

2　設立時募集株式の引受人は、株式会社の成立の時に、第63条第１項<設立時募集株式の払込金額の払込み>の規定による払込みを行った設立時発行株式の株主となる。

3　設立時募集株式の引受人は、第63条第１項<

設立時募集株式の払込金額の払込み>の規定による払込みを仮装した場合には、次条第１項<払込みを仮装した設立時募集株式の引受人の責任>又は第103条第２項<払込みの仮装に関与した発起人・設立時取締役の責任>の規定による支払がされた後でなければ、払込みを仮装した設立時発行株式について、設立時株主及び株主の権利を行使することができない。

4　前項の設立時発行株式又はその株主となる権利を譲り受けた者は、当該設立時発行株式についての設立時株主及び株主の権利を行使することができる。ただし、その者に悪意又は重大な過失があるときは、この限りでない。

5　民法第93条第１項ただし書<心裡留保>及び第94条第１項<虚偽表示>の規定は、設立時募集株式の引受けの申込み及び割当て並びに第61条<設立時募集株式の申込み及び割当てに関する特則>の契約に係る意思表示については、適用しない。

6　設立時募集株式の引受人は、株式会社の成立後又は創立総会若しくは種類創立総会においてその議決権を行使した後は、錯誤、詐欺又は強迫を理由として設立時発行株式の引受けの取消しをすることができない。

（払込みを仮装した設立時募集株式の引受人の責任）

第102条の２　設立時募集株式の引受人は、前条第３項<設立時募集株式の引受人による仮装払込み>に規定する場合には、株式会社に対し、払込みを仮装した払込金額の全額の支払をする義務を負う。

2　前項の規定により設立時募集株式の引受人の負う義務は、総株主の同意がなければ、免除することができない。

（発起人の責任等）

第103条　第57条第１項<設立時発行株式を引き受ける者の募集>の募集をした場合における第52条第２項<出資された財産等の価額が不足する場合に責任を負わない場合>の規定の適用については、同項中「次に」とあるのは、「第１号に」とする。

2　第102条第３項<設立時募集株式の引受人による仮装払込み>に規定する場合には、払込みを仮装することに関与した発起人又は設立時取締役として法務省令で定める者は、株式会社に対し、前条第１項<払込みを仮装した設立時募集株式の引受人の責任>の引受人と連帯して、同項に規定する支払をする義務を負う。ただし、その者（当該払込みを仮装したものを除く。）がその職務を行うについて注意を怠らなかったことを証明した場合は、この限りでない。

3　前項の規定により発起人又は設立時取締役の負う義務は、総株主の同意がなければ、免除することができない。

4　第57条第１項<設立時発行株式を引き受ける者の募集>の募集をした場合において、当該募集の広告その他当該募集に関する書面又は電磁的記録に自己の氏名又は名称及び株式会社の設立を賛助する旨を記載し、又は記録することを承諾した者（発起人を除く。）は、発起人とみなして、前節<発起人等の責任>及び前３項の規定を適用する。

第２章　株式

第１節　総則

（株主の責任）

第104条　株主の責任は、その有する株式の引受価額を限度とする。

（株主の権利）

第105条　株主は、その有する株式につき次に掲げる権利その他この法律の規定により認められた権利を有する。

一　剰余金の配当を受ける権利

二　残余財産の分配を受ける権利

三　株主総会における議決権

2　株主に前項第１号及び第２号に掲げる権利の全部を与えない旨の定款の定めは、その効力を有しない。

（共有者による権利の行使）

第106条　株式が２以上の者の共有に属するときは、共有者は、当該株式についての権利を行使する者一人を定め、株式会社に対し、その者の氏名又は名称を通知しなければ、当該株式についての権利を行使することができない。ただし、株式会社が当該権利を行使することに同意した場合は、この限りでない。

（株式の内容についての特別の定め）

第107条　株式会社は、その発行する全部の株式の内容として次に掲げる事項を定めることができる。

一　譲渡による当該株式の取得について当該株式会社の承認を要すること。

二　当該株式について、株主が当該株式会社に対してその取得を請求することができること。

三　当該株式について、当該株式会社が一定の事由が生じたことを条件としてこれを取得することができること。

2　株式会社は、全部の株式の内容として次の各号に掲げる事項を定めるときは、当該各号に定める事項を定款で定めなければならない。

一　譲渡による当該株式の取得について当該株式会社の承認を要すること　次に掲げる事項

イ　当該株式を譲渡により取得することについて当該株式会社の承認を要する旨

ロ　一定の場合においては株式会社が第136条<譲渡制限株式の株主からの承認の請求>又は第137条第1項<譲渡制限株式取得者からの承認の請求>の承認をしたものとみなすときは、その旨及び当該一定の場合

二　当該株式について、株主が当該株式会社に対してその取得を請求することができること　次に掲げる事項

イ　株主が当該株式会社に対して当該株主の有する株式を取得することを請求することができる旨

ロ　イの株式1株を取得するのと引換えに当該株主に対して当該株式会社の社債（新株予約権付社債についてのものを除く。）を交付するときは、当該社債の種類（第681条第1号に規定する種類をいう。以下この編において同じ。）及び種類ごとの各社債の金額の合計額又はその算定方法

ハ　イの株式1株を取得するのと引換えに当該株主に対して当該株式会社の新株予約権（新株予約権付社債に付されたものを除く。）を交付するときは、当該新株予約権の内容及び数又はその算定方法

ニ　イの株式1株を取得するのと引換えに当該株主に対して当該株式会社の新株予約権付社債を交付するときは、当該新株予約権付社債についてのロに規定する事項及び当該新株予約権付社債に付された新株予約権についてのハに規定する事項

ホ　イの株式1株を取得するのと引換えに当該株主に対して当該株式会社の株式等（株式、社債及び新株予約権をいう。以下同じ。）以外の財産を交付するときは、当該財産の内容及び数若しくは額又はこれらの算定方法

ヘ　株主が当該株式会社に対して当該株式を取得することを請求することができる期間

三　当該株式について、当該株式会社が一定の事由が生じたことを条件としてこれを取得することができること　次に掲げる事項

イ　一定の事由が生じた日に当該株式会社がその株式を取得する旨及びその事由

ロ　当該株式会社が別に定める日が到来することをもってイの事由とするときは、その旨

ハ　イの事由が生じた日にイの株式の一部を取得することとするときは、その旨及び取得する株式の一部の決定の方法

ニ　イの株式1株を取得するのと引換えに当該株主に対して当該株式会社の社債（新株予約権付社債についてのものを除く。）を交付するときは、当該社債の種類及び種類ごとの各社債の金額の合計額又はその算定方法

ホ　イの株式1株を取得するのと引換えに当該株主に対して当該株式会社の新株予約権（新株予約権付社債に付されたものを除く。）を交付するときは、当該新株予約権の内容及び数又はその算定方法

ヘ　イの株式1株を取得するのと引換えに当該株主に対して当該株式会社の新株予約権付社債を交付するときは、当該新株予約権付社債についてのニに規定する事項及び当該新株予約権付社債に付された新株予約権についてのホに規定する事項

ト　イの株式1株を取得するのと引換えに当該株主に対して当該株式会社の株式等以外の財産を交付するときは、当該財産の内容及び数若しくは額又はこれらの算定方法

（異なる種類の株式）

第108条　株式会社は、次に掲げる事項について異なる定めをした内容の異なる2以上の種類の株式を発行することができる。ただし、指名委員会等設置会社及び公開会社は、第9号に掲げる事項についての定めがある種類の株式を発行することができない。

一　剰余金の配当

二　残余財産の分配

三　株主総会において議決権を行使することができる事項

四　譲渡による当該種類の株式の取得について当該株式会社の承認を要すること。

五　当該種類の株式について、株主が当該株式会社に対してその取得を請求することができること。

六　当該種類の株式について、当該株式会社

が一定の事由が生じたことを条件としてこれを取得することができること。

七　当該種類の株式について、当該株式会社が株主総会の決議によってその全部を取得すること。

八　株主総会（取締役会設置会社にあっては株主総会又は取締役会、清算人会設置会社（第478条第8項に規定する清算人会設置会社をいう。以下この条において同じ。）にあっては株主総会又は清算人会）において決議すべき事項のうち、当該決議のほか、当該種類の株式の種類株主を構成員とする種類株主総会の決議があることを必要とするもの

九　当該種類の株式の種類株主を構成員とする種類株主総会において取締役（監査等委員会設置会社にあっては、監査等委員である取締役又はそれ以外の取締役。次項第9号及び第112条第1項において同じ。）又は監査役を選任すること。

2　株式会社は、次の各号に掲げる事項について内容の異なる2以上の種類の株式を発行する場合には、当該各号に定める事項及び発行可能種類株式総数を定款で定めなければならない。

一　剰余金の配当　当該種類の株主に交付する配当財産の価額の決定の方法、剰余金の配当をする条件その他剰余金の配当に関する取扱いの内容

二　残余財産の分配　当該種類の株主に交付する残余財産の価額の決定の方法、当該残余財産の種類その他残余財産の分配に関する取扱いの内容

三　株主総会において議決権を行使することができる事項　次に掲げる事項

イ　株主総会において議決権を行使することができる事項

ロ　当該種類の株式につき議決権の行使の条件を定めるときは、その条件

四　譲渡による当該種類の株式の取得について当該株式会社の承認を要すること　当該種類の株式についての前条第2項第1号<全部の株式の内容として譲渡により取得することについて当該株式会社の承認を要する場合の定款の定め>に定める事項

五　当該種類の株式について、株主が当該株式会社に対してその取得を請求することができること　次に掲げる事項

イ　当該種類の株式についての前条第2項第2号<全部の株式の内容として取得請求権付株式を設ける場合の定款の定め>に定める事項

ロ　当該種類の株式1株を取得するのと引換えに当該株主に対して当該株式会社の他の株式を交付するときは、当該他の株式の種類及び種類ごとの数又はその算定方法

六　当該種類の株式について、当該株式会社が一定の事由が生じたことを条件としてこれを取得することができること　次に掲げる事項

イ　当該種類の株式についての前条第2項第3号<全部の株式の内容として取得条項付株式を設ける場合の定款の定め>に定める事項

ロ　当該種類の株式1株を取得するのと引換えに当該株主に対して当該株式会社の他の株式を交付するときは、当該他の株式の種類及び種類ごとの数又はその算定方法

七　当該種類の株式について、当該株式会社が株主総会の決議によってその全部を取得すること　次に掲げる事項

イ　第171条第1項第1号<全部取得条項付種類株式の取得対価>に規定する取得対価の価額の決定の方法

ロ　当該株主総会の決議をすることができるか否かについての条件を定めるときは、その条件

八　株主総会（取締役会設置会社にあっては株主総会又は取締役会、清算人会設置会社にあっては株主総会又は清算人会）において決議すべき事項のうち、当該決議のほか、当該種類の株式の種類株主を構成員とする種類株主総会の決議があることを必要とするもの　次に掲げる事項

イ　当該種類株主総会の決議があることを必要とする事項

ロ　当該種類株主総会の決議を必要とする条件を定めるときは、その条件

九　当該種類の株式の種類株主を構成員とする種類株主総会において取締役又は監査役を選任すること　次に掲げる事項

イ　当該種類株主を構成員とする種類株主総会において取締役又は監査役を選任すること及び選任する取締役又は監査役の数

ロ　イの定めにより選任することができる取締役又は監査役の全部又は一部を他の種類株主と共同して選任することとするときは、当該他の種類株主の有する株式の種類及び共同して選任する取締役又は監査役の数

ハ　イ又はロに掲げる事項を変更する条件が

あるときは、その条件及びその条件が成就した場合における変更後のイ又はロに掲げる事項

ニ　イからハまでに掲げるもののほか、法務省令で定める事項

3　前項の規定にかかわらず、同項各号に定める事項（剰余金の配当について内容の異なる種類の種類株主が配当を受けることができる額その他法務省令で定める事項に限る。）の全部又は一部については、当該種類の株式を初めて発行する時までに、株主総会（取締役会設置会社にあっては株主総会又は取締役会、清算人会設置会社にあっては株主総会又は清算人会）の決議によって定める旨を定款で定めることができる。この場合においては、その内容の要綱を定款で定めなければならない。

（株主の平等）

第109条　株式会社は、株主を、その有する株式の内容及び数に応じて、平等に取り扱わなければならない。

2　前項の規定にかかわらず、公開会社でない株式会社は、第105条第1項各号＜株主の権利＞に掲げる権利に関する事項について、株主ごとに異なる取扱いを行う旨を定款で定めることができる。

3　前項の規定による定款の定めがある場合には、同項の株主が有する株式を同項の権利に関する事項について内容の異なる種類の株式とみなして、この編＜株式会社＞及び第5編＜組織変更、合併、会社分割、株式交換、株式移転及び株式交付＞の規定を適用する。

（定款の変更の手続の特則）

第110条　定款を変更してその発行する全部の株式の内容として第107条第1項第3号＜全部の株式の内容としての取得条項付株式＞に掲げる事項についての定款の定めを設け、又は当該事項についての定款の変更（当該事項についての定款の定めを廃止するものを除く。）をしようとする場合（株式会社が種類株式発行会社である場合を除く。）には、株主全員の同意を得なければならない。

第111条　種類株式発行会社がある種類の株式の発行後に定款を変更して当該種類の株式の内容として第108条第1項第6号＜一定の事由が生じたことを条件とする取得条項付株式＞に掲げる事項についての定款の定めを設け、又は当該事項についての定款の変更（当該事項についての定款の定めを廃止するものを除く。）をしようとするときは、当該種類の株式を有する株主全員の同意を得なければならない。

2　種類株式発行会社がある種類の株式の内容として第108条第1項第4号＜一部の株式の内容としての譲渡制限株式＞又は第7号＜全部取得条項付種類株式＞に掲げる事項についての定款の定めを設ける場合には、当該定款の変更は、次に掲げる種類株主を構成員とする種類株主総会（当該種類株主に係る株式の種類が2以上ある場合にあっては、当該2以上の株式の種類別に区分された種類株主を構成員とする各種類株主総会。以下この条において同じ。）の決議がなければ、その効力を生じない。ただし、当該種類株主総会において議決権を行使することができる種類株主が存しない場合は、この限りでない。

一　当該種類の株式の種類株主

二　第108条第2項第5号ロ＜取得請求権付株式の対価として他の株式を交付する場合の定款の定め＞の他の株式を当該種類の株式とする定めがある取得請求権付株式の種類株主

三　第108条第2項第6号ロ＜取得条項付株式の対価として他の株式を交付する場合の定款の定め＞の他の株式を当該種類の株式とする定めがある取得条項付株式の種類株主

（取締役の選任等に関する種類株式の定款の定めの廃止の特則）

第112条　第108条第2項第9号＜種類株主総会における取締役等の選任に関する定款の定め＞に掲げる事項（取締役に関するものに限る。）についての定款の定めは、この法律又は定款で定めた取締役の員数を欠いた場合において、そのために当該員数に足りる数の取締役を選任することができないときは、廃止されたものとみなす。

2　前項の規定は、第108条第2項第9号＜種類株主総会における取締役等の選任に関する定款の定め＞に掲げる事項（監査役に関するものに限る。）についての定款の定めについて準用する。

（発行可能株式総数）

第113条　株式会社は、定款を変更して発行可能株式総数についての定めを廃止することができない。

2　定款を変更して発行可能株式総数を減少するときは、変更後の発行可能株式総数は、当該定款の変更が効力を生じた時における発行済株式の総数を下ることができない。

3　次に掲げる場合には、当該定款の変更後の発行可能株式総数は、当該定款の変更が効力を生じた時における発行済株式の総数の4倍を超えることができない。

一　公開会社が定款を変更して発行可能株式総数を増加する場合
二　公開会社でない株式会社が定款を変更して公開会社となる場合
4　新株予約権（第236条第1項第4号の期間の初日が到来していないものを除く。）の新株予約権者が第282条第1項<株主となる時期>の規定により取得することとなる株式の数は、発行可能株式総数から発行済株式（自己株式（株式会社が有する自己の株式をいう。以下同じ。）を除く。）の総数を控除して得た数を超えてはならない。

（発行可能種類株式総数）
第114条　定款を変更してある種類の株式の発行可能種類株式総数を減少するときは、変更後の当該種類の株式の発行可能種類株式総数は、当該定款の変更が効力を生じた時における当該種類の発行済株式の総数を下ることができない。
2　ある種類の株式についての次に掲げる数の合計数は、当該種類の株式の発行可能種類株式総数から当該種類の発行済株式（自己株式を除く。）の総数を控除して得た数を超えてはならない。
一　取得請求権付株式（第107条第2項第2号への期間の初日が到来していないものを除く。）の株主（当該株式会社を除く。）が第167条第2項<取得請求権付株式による取得請求の効力発生>の規定により取得することとなる同項第4号<取得請求権付株式の対価として交付する他の株式>に規定する他の株式の数
二　取得条項付株式の株主（当該株式会社を除く。）が第170条第2項<取得条項付株式の効力の発生等>の規定により取得することとなる同項第4号<取得条項付株式の対価として交付する他の株式>に規定する他の株式の数
三　新株予約権（第236条第1項第4号<新株予約権を行使することができる期間>の期間の初日が到来していないものを除く。）の新株予約権者が第282条第1項<株主となる時期>の規定により取得することとなる株式の数

（議決権制限株式の発行数）
第115条　種類株式発行会社が公開会社である場合において、株主総会において議決権を行使することができる事項について制限のある種類の株式（以下この条において「議決権制限株式」という。）の数が発行済株式の総数の2分の1を超えるに至ったときは、株式会社は、直ちに、議決権制限株式の数を発行済株式の総数の2分の1以下にするための必要な措置をとらなければならない。

（反対株主の株式買取請求）
第116条　次の各号に掲げる場合には、反対株主は、株式会社に対し、自己の有する当該各号に定める株式を公正な価格で買い取ることを請求することができる。
一　その発行する全部の株式の内容として第107条第1項第1号<全部の株式の内容としての譲渡制限株式>に掲げる事項についての定めを設ける定款の変更をする場合　全部の株式
二　ある種類の株式の内容として第108条第1項第4号<一部の株式の内容としての譲渡制限株式>又は第7号<全部取得条項付種類株式>に掲げる事項についての定めを設ける定款の変更をする場合第111条第2項各号<種類株式に譲渡制限、全部取得条項を付する場合における定款変更>に規定する株式
三　次に掲げる行為をする場合において、ある種類の株式（第322条第2項の規定による定款の定めがあるものに限る。）を有する種類株主に損害を及ぼすおそれがあるとき　当該種類の株式
イ　株式の併合又は株式の分割
ロ　第185条<株式無償割当て>に規定する株式無償割当て
ハ　単元株式数についての定款の変更
ニ　当該株式会社の株式を引き受ける者の募集（第202条第1項各号<株主に株式の割当てを受ける権利を与える場合>に掲げる事項を定めるものに限る。）
ホ　当該株式会社の新株予約権を引き受ける者の募集（第241条第1項各号<株主に新株予約権の割当てを受ける権利を与える場合>に掲げる事項を定めるものに限る。）
ヘ　第277条<新株予約権無償割当て>に規定する新株予約権無償割当て
2　前項に規定する「反対株主」とは、次の各号に掲げる場合における当該各号に定める株主をいう。
一　前項各号の行為をするために株主総会（種類株主総会を含む。）の決議を要する場合　次に掲げる株主
イ　当該株主総会に先立って当該行為に反対する旨を当該株式会社に対し通知し、かつ、当該株主総会において当該行為に反対した株主（当該株主総会において議決権を行使することができるものに限る。）
ロ　当該株主総会において議決権を行使することができない株主

二　前号に規定する場合以外の場合　すべての株主
3　第1項各号の行為をしようとする株式会社は、当該行為が効力を生ずる日（以下この条及び次条において「効力発生日」という。）の20日前までに、同項各号に定める株式の株主に対し、当該行為をする旨を通知しなければならない。
4　前項の規定による通知は、公告をもってこれに代えることができる。
5　第1項の規定による請求（以下この節において「株式買取請求」という。）は、効力発生日の20日前の日から効力発生日の前日までの間に、その株式買取請求に係る株式の数（種類株式発行会社にあっては、株式の種類及び種類ごとの数）を明らかにしてしなければならない。
6　株券が発行されている株式について株式買取請求をしようとするときは、当該株式の株主は、株式会社に対し、当該株式に係る株券を提出しなければならない。ただし、当該株券について第223条<株券喪失登録の請求>の規定による請求をした者については、この限りでない。
7　株式買取請求をした株主は、株式会社の承諾を得た場合に限り、その株式買取請求を撤回することができる。
8　株式会社が第1項各号の行為を中止したときは、株式買取請求は、その効力を失う。
9　第133条<株主の請求による株主名簿記載事項の記載又は記録>の規定は、株式買取請求に係る株式については、適用しない。

（株式の価格の決定等）

第117条　株式買取請求があった場合において、株式の価格の決定について、株主と株式会社との間に協議が調ったときは、株式会社は、効力発生日から60日以内にその支払をしなければならない。
2　株式の価格の決定について、効力発生日から30日以内に協議が調わないときは、株主又は株式会社は、その期間の満了の日後30日以内に、裁判所に対し、価格の決定の申立てをすることができる。
3　前条第7項の規定にかかわらず、前項に規定する場合において、効力発生日から60日以内に同項の申立てがないときは、その期間の満了後は、株主は、いつでも、株式買取請求を撤回することができる。
4　株式会社は、裁判所の決定した価格に対する第1項の期間の満了の日後の法定利率による利息をも支払わなければならない。
5　株式会社は、株式の価格の決定があるまでは、株主に対し、当該株式会社が公正な価格と認める額を支払うことができる。
6　株式買取請求に係る株式の買取りは、効力発生日に、その効力を生ずる。
7　株券発行会社（その株式（種類株式発行会社にあっては、全部の種類の株式）に係る株券を発行する旨の定款の定めがある株式会社をいう。以下同じ。）は、株券が発行されている株式について株式買取請求があったときは、株券と引換えに、その株式買取請求に係る株式の代金を支払わなければならない。

（新株予約権買取請求）

第118条　次の各号に掲げる定款の変更をする場合には、当該各号に定める新株予約権の新株予約権者は、株式会社に対し、自己の有する新株予約権を公正な価格で買い取ることを請求することができる。
一　その発行する全部の株式の内容として第107条第1項第1号<全部の株式の内容としての譲渡制限株式>に掲げる事項についての定めを設ける定款の変更　全部の新株予約権
二　ある種類の株式の内容として第108条第1項第4号<一部の株式の内容としての譲渡制限株式>又は第7号<全部取得条項付種類株式>に掲げる事項についての定款の定めを設ける定款の変更　当該種類の株式を目的とする新株予約権
2　新株予約権付社債に付された新株予約権の新株予約権者は、前項の規定による請求（以下この節において「新株予約権買取請求」という。）をするときは、併せて、新株予約権付社債についての社債を買い取ることを請求しなければならない。ただし、当該新株予約権付社債に付された新株予約権について別段の定めがある場合は、この限りでない。
3　第1項各号に掲げる定款の変更をしようとする株式会社は、当該定款の変更が効力を生ずる日（以下この条及び次条において「定款変更日」という。）の20日前までに、同項各号に定める新株予約権の新株予約権者に対し、当該定款の変更を行う旨を通知しなければならない。
4　前項の規定による通知は、公告をもってこれに代えることができる。
5　新株予約権買取請求は、定款変更日の20日前の日から定款変更日の前日までの間に、その新株予約権買取請求に係る新株予約権の内容及び数を明らかにしてしなければならない。

6　新株予約権証券が発行されている新株予約権について新株予約権買取請求をしようとするときは、当該新株予約権の新株予約権者は、株式会社に対し、その新株予約権証券を提出しなければならない。ただし、当該新株予約権証券について非訟事件手続法（平成23年法律第51号）第114条＜有価証券無効宣言公示催告の申立権者＞に規定する公示催告の申立てをした者については、この限りでない。

7　新株予約権付社債券（第249条第2号に規定する新株予約権付社債券をいう。以下この項及び次条第8項において同じ。）が発行されている新株予約権付社債に付された新株予約権について新株予約権買取請求をしようとするときは、当該新株予約権の新株予約権者は、株式会社に対し、その新株予約権付社債券を提出しなければならない。ただし、当該新株予約権付社債券について非訟事件手続法第114条＜有価証券無効宣言公示催告の申立権者＞に規定する公示催告の申立てをした者については、この限りでない。

8　新株予約権買取請求をした新株予約権者は、株式会社の承諾を得た場合に限り、その新株予約権買取請求を撤回することができる。

9　株式会社が第1項各号に掲げる定款の変更を中止したときは、新株予約権買取請求は、その効力を失う。

10　第260条＜新株予約権者の請求による新株予約権原簿記載事項の記載又は記録＞の規定は、新株予約権買取請求に係る新株予約権については、適用しない。

（新株予約権の価格の決定等）

第119条　新株予約権買取請求があった場合において、新株予約権（当該新株予約権が新株予約権付社債に付されたものである場合において、当該新株予約権付社債についての社債の買取りの請求があったときは、当該社債を含む。以下この条において同じ。）の価格の決定について、新株予約権者と株式会社との間に協議が調ったときは、株式会社は、定款変更日から60日以内にその支払をしなければならない。

2　新株予約権の価格の決定について、定款変更日から30日以内に協議が調わないときは、新株予約権者又は株式会社は、その期間の満了の日後30日以内に、裁判所に対し、価格の決定の申立てをすることができる。

3　前条第8項の規定にかかわらず、前項に規定する場合において、定款変更日から60日以内に同項の申立てがないときは、その期間の満了後は、新株予約権者は、いつでも、新株予約権買取請求を撤回することができる。

4　株式会社は、裁判所の決定した価格に対する第1項の期間の満了の日後の法定利率による利息をも支払わなければならない。

5　株式会社は、新株予約権の価格の決定があるまでは、新株予約権者に対し、当該株式会社が公正な価格と認める額を支払うことができる。

6　新株予約権買取請求に係る新株予約権の買取りは、定款変更日に、その効力を生ずる。

7　株式会社は、新株予約権証券が発行されている新株予約権について新株予約権買取請求があったときは、新株予約権証券と引換えに、その新株予約権買取請求に係る新株予約権の代金を支払わなければならない。

8　株式会社は、新株予約権付社債券が発行されている新株予約権付社債に付された新株予約権について新株予約権買取請求があったときは、その新株予約権付社債券と引換えに、その新株予約権買取請求に係る新株予約権の代金を支払わなければならない。

（株主等の権利の行使に関する利益の供与）

第120条　株式会社は、何人に対しても、株主の権利、当該株式会社に係る適格旧株主（第847条の2第9項に規定する適格旧株主をいう。）の権利又は当該株式会社の最終完全親会社等（第847条の3第1項に規定する最終完全親会社等をいう。）の株主の権利の行使に関し、財産上の利益の供与（当該株式会社又はその子会社の計算においてするものに限る。以下この条において同じ。）をしてはならない。

2　株式会社が特定の株主に対して無償で財産上の利益の供与をしたときは、当該株式会社は、株主の権利の行使に関し、財産上の利益の供与をしたものと推定する。株式会社が特定の株主に対して有償で財産上の利益の供与をした場合において、当該株式会社又はその子会社の受けた利益が当該財産上の利益に比して著しく少ないときも、同様とする。

3　株式会社が第1項の規定に違反して財産上の利益の供与をしたときは、当該利益の供与を受けた者は、これを当該株式会社又はその子会社に返還しなければならない。この場合において、当該利益の供与を受けた者は、当該株式会社又はその子会社に対して当該利益と引換えに給付をしたものがあるときは、その返還を受けることができる。

4　株式会社が第1項の規定に違反して財産上の利益の供与をしたときは、当該利益の供与をすることに関与した取締役（指名委員会等設置会社にあっては、執行役を含む。以下この項において同じ。）として法務省令で定める者は、当該株式会社に対して、連帯して、供与した利益の価額に相当する額を支払う義務を負う。ただし、その者（当該利益の供与をした取締役を除く。）がその職務を行うについて注意を怠らなかったことを証明した場合は、この限りでない。

5　前項の義務は、総株主の同意がなければ、免除することができない。

第2節　株主名簿

（株主名簿）

第121条　株式会社は、株主名簿を作成し、これに次に掲げる事項（以下「株主名簿記載事項」という。）を記載し、又は記録しなければならない。

一　株主の氏名又は名称及び住所

二　前号の株主の有する株式の数（種類株式発行会社にあっては、株式の種類及び種類ごとの数）

三　第1号の株主が株式を取得した日

四　株式会社が株券発行会社である場合には、第2号の株式（株券が発行されているものに限る。）に係る株券の番号

（株主名簿記載事項を記載した書面の交付等）

第122条　前条第1号<株主名簿に記載すべき株主の氏名等>の株主は、株式会社に対し、当該株主についての株主名簿に記載され、若しくは記録された株主名簿記載事項を記載した書面の交付又は当該株主名簿記載事項を記録した電磁的記録の提供を請求することができる。

2　前項の書面には、株式会社の代表取締役（指名委員会等設置会社にあっては、代表執行役。次項において同じ。）が署名し、又は記名押印しなければならない。

3　第1項の電磁的記録には、株式会社の代表取締役が法務省令で定める署名又は記名押印に代わる措置をとらなければならない。

4　前3項の規定は、株券発行会社については、適用しない。

（株主名簿管理人）

第123条　株式会社は、株主名簿管理人（株式会社に代わって株主名簿の作成及び備置きその他の株主名簿に関する事務を行う者をいう。以下同じ。）を置く旨を定款で定め、当該事務を行うことを委託することができる。

（基準日）

第124条　株式会社は、一定の日（以下この章において「基準日」という。）を定めて、基準日において株主名簿に記載され、又は記録されている株主（以下この条において「基準日株主」という。）をその権利を行使することができる者と定めることができる。

2　基準日を定める場合には、株式会社は、基準日株主が行使することができる権利（基準日から3箇月以内に行使するものに限る。）の内容を定めなければならない。

3　株式会社は、基準日を定めたときは、当該基準日の2週間前までに、当該基準日及び前項の規定により定めた事項を公告しなければならない。ただし、定款に当該基準日及び当該事項について定めがあるときは、この限りでない。

4　基準日株主が行使することができる権利が株主総会又は種類株主総会における議決権である場合には、株式会社は、当該基準日後に株式を取得した者の全部又は一部を当該権利を行使することができる者と定めることができる。ただし、当該株式の基準日株主の権利を害することができない。

5　第1項から第3項までの規定は、第149条第1項<登録株式質権者についての株主名簿の記載事項を記載した書面の交付等>に規定する登録株式質権者について準用する。

（株主名簿の備置き及び閲覧等）

第125条　株式会社は、株主名簿をその本店（株主名簿管理人がある場合にあっては、その営業所）に備え置かなければならない。

2　株主及び債権者は、株式会社の営業時間内は、いつでも、次に掲げる請求をすることができる。この場合においては、当該請求の理由を明らかにしてしなければならない。

一　株主名簿が書面をもって作成されているときは、当該書面の閲覧又は謄写の請求

二　株主名簿が電磁的記録をもって作成されているときは、当該電磁的記録に記録された事項を法務省令で定める方法により表示したものの閲覧又は謄写の請求

3　株式会社は、前項の請求があったときは、次のいずれかに該当する場合を除き、これを拒むことができない。

一　当該請求を行う株主又は債権者（以下この項において「請求者」という。）がその権利の確保又は行使に関する調査以外の目的で請求を行ったとき。

二　請求者が当該株式会社の業務の遂行を妨

げ、又は株主の共同の利益を害する目的で請求を行ったとき。

三　請求者が株主名簿の閲覧又は謄写によって知り得た事実を利益を得て第三者に通報するため請求を行ったとき。

四　請求者が、過去２年以内において、株主名簿の閲覧又は謄写によって知り得た事実を利益を得て第三者に通報したことがあるものであるとき。

4　株式会社の親会社社員は、その権利を行使するため必要があるときは、裁判所の許可を得て、当該株式会社の株主名簿について第２項各号に掲げる請求をすることができる。この場合においては、当該請求の理由を明らかにしてしなければならない。

5　前項の親会社社員について第３項各号のいずれかに規定する事由があるときは、裁判所は、前項の許可をすることができない。

（株主に対する通知等）

第126条　株式会社が株主に対してする通知又は催告は、株主名簿に記載し、又は記録した当該株主の住所（当該株主が別に通知又は催告を受ける場所又は連絡先を当該株式会社に通知した場合にあっては、その場所又は連絡先）にあてて発すれば足りる。

2　前項の通知又は催告は、その通知又は催告が通常到達すべきであった時に、到達したものとみなす。

3　株式が２以上の者の共有に属するときは、共有者は、株式会社が株主に対してする通知又は催告を受領する者一人を定め、当該株式会社に対し、その者の氏名又は名称を通知しなければならない。この場合においては、その者を株主とみなして、前２項の規定を適用する。

4　前項の規定による共有者の通知がない場合には、株式会社が株式の共有者に対してする通知又は催告は、そのうちの一人に対してすれば足りる。

5　前各項の規定は、第299条第１項<株主総会の招集の通知>（第325条において準用する場合を含む。）の通知に際して株主に書面を交付し、又は当該書面に記載すべき事項を電磁的方法により提供する場合について準用する。この場合において、第２項中「到達したもの」とあるのは、「当該書面の交付又は当該事項の電磁的方法による提供があったもの」と読み替えるものとする。

第３節　株式の譲渡等

第１款　株式の譲渡

（株式の譲渡）

第127条　株主は、その有する株式を譲渡することができる。

（株券発行会社の株式の譲渡）

第128条　株券発行会社の株式の譲渡は、当該株式に係る株券を交付しなければ、その効力を生じない。ただし、自己株式の処分による株式の譲渡については、この限りでない。

2　株券の発行前にした譲渡は、株券発行会社に対し、その効力を生じない。

（自己株式の処分に関する特則）

第129条　株券発行会社は、自己株式を処分した日以後遅滞なく、当該自己株式を取得した者に対し、株券を交付しなければならない。

2　前項の規定にかかわらず、公開会社でない株券発行会社は、同項の者から請求がある時までは、同項の株券を交付しないことができる。

（株式の譲渡の対抗要件）

第130条　株式の譲渡は、その株式を取得した者の氏名又は名称及び住所を株主名簿に記載し、又は記録しなければ、株式会社その他の第三者に対抗することができない。

2　株券発行会社における前項の規定の適用については、同項中「株式会社その他の第三者」とあるのは、「株式会社」とする。

（権利の推定等）

第131条　株券の占有者は、当該株券に係る株式についての権利を適法に有するものと推定する。

2　株券の交付を受けた者は、当該株券に係る株式についての権利を取得する。ただし、その者に悪意又は重大な過失があるときは、この限りでない。

（株主の請求によらない株主名簿記載事項の記載又は記録）

第132条　株式会社は、次の各号に掲げる場合には、当該各号の株式の株主に係る株主名簿記載事項を株主名簿に記載し、又は記録しなければならない。

一　株式を発行した場合

二　当該株式会社の株式を取得した場合

三　自己株式を処分した場合

2　株式会社は、株式の併合をした場合には、併合した株式について、その株式の株主に係る株主名簿記載事項を株主名簿に記載し、又は記録しなければならない。

3　株式会社は、株式の分割をした場合には、分割した株式について、その株式の株主に係る株主名簿記載事項を株主名簿に記載し、又は記録しなければならない。

（株主の請求による株主名簿記載事項の記載又は記録）

第133条　株式を当該株式を発行した株式会社以外の者から取得した者（当該株式会社を除く。以下この節において「株式取得者」という。）は、当該株式会社に対し、当該株式に係る株主名簿記載事項を株主名簿に記載し、又は記録することを請求することができる。

2　前項の規定による請求は、利害関係人の利益を害するおそれがないものとして法務省令で定める場合を除き、その取得した株式の株主として株主名簿に記載され、若しくは記録された者又はその相続人その他の一般承継人と共同してしなければならない。

第134条　前条の規定は、株式取得者が取得した株式が譲渡制限株式である場合には、適用しない。ただし、次のいずれかに該当する場合は、この限りでない。

一　当該株式取得者が当該譲渡制限株式を取得することについて第136条＜譲渡制限株式の株主からの承認の請求＞の承認を受けていること。

二　当該株式取得者が当該譲渡制限株式を取得したことについて第137条第１項＜譲渡制限株式取得者からの承認の請求＞の承認を受けていること。

三　当該株式取得者が第140条第４項＜株式会社による指定買取人の指定＞に規定する指定買取人であること。

四　当該株式取得者が相続その他の一般承継により譲渡制限株式を取得した者であること。

（親会社株式の取得の禁止）

第135条　子会社は、その親会社である株式会社の株式（以下この条において「親会社株式」という。）を取得してはならない。

2　前項の規定は、次に掲げる場合には、適用しない。

一　他の会社（外国会社を含む。）の事業の全部を譲り受ける場合において当該他の会社の有する親会社株式を譲り受ける場合

二　合併後消滅する会社から親会社株式を承継する場合

三　吸収分割により他の会社から親会社株式を承継する場合

四　新設分割により他の会社から親会社株式を承継する場合

五　前各号に掲げるもののほか、法務省令で定める場合

3　子会社は、相当の時期にその有する親会社株式を処分しなければならない。

第２款　株式の譲渡に係る承認手続

（株主からの承認の請求）

第136条　譲渡制限株式の株主は、その有する譲渡制限株式を他人（当該譲渡制限株式を発行した株式会社を除く。）に譲り渡そうとするときは、当該株式会社に対し、当該他人が当該譲渡制限株式を取得することについて承認をするか否かの決定をすることを請求することができる。

（株式取得者からの承認の請求）

第137条　譲渡制限株式を取得した株式取得者は、株式会社に対し、当該譲渡制限株式を取得したことについて承認をするか否かの決定をすることを請求することができる。

2　前項の規定による請求は、利害関係人の利益を害するおそれがないものとして法務省令で定める場合を除き、その取得した株式の株主として株主名簿に記載され、若しくは記録された者又はその相続人その他の一般承継人と共同してしなければならない。

（譲渡等承認請求の方法）

第138条　次の各号に掲げる請求（以下この款において「譲渡等承認請求」という。）は、当該各号に定める事項を明らかにしてしなければならない。

一　第136条＜譲渡制限株式の株主からの承認の請求＞の規定による請求　次に掲げる事項

イ　当該請求をする株主が譲り渡そうとする譲渡制限株式の数（種類株式発行会社にあっては、譲渡制限株式の種類及び種類ごとの数）

ロ　イの譲渡制限株式を譲り受ける者の氏名又は名称

ハ　株式会社が第136条＜譲渡制限株式の株主からの承認の請求＞の承認をしない旨の決定をする場合において、当該株式会社又は第140条第４項＜株式会社による指定買取人の指定＞に規定する指定買取人がイの譲渡制限株式を買い取ることを請求するときは、その旨

二　前条第１項の規定による請求　次に掲げる

事項

イ　当該請求をする株式取得者の取得した譲渡制限株式の数（種類株式発行会社にあっては、譲渡制限株式の種類及び種類ごとの数）

ロ　イの株式取得者の氏名又は名称

ハ　株式会社が前条第１項の承認をしない旨の決定をする場合において、当該株式会社又は第140条第４項<株式会社による指定買取人の指定>に規定する指定買取人がイの譲渡制限株式を買い取ることを請求するときは、その旨

（譲渡等の承認の決定等）

第139条　株式会社が第136条<譲渡制限株式の株主からの承認の請求>又は第137条第１項<譲渡制限株式取得者からの承認の請求>の承認をするか否かの決定をするには、株主総会（取締役会設置会社にあっては、取締役会）の決議によらなければならない。ただし、定款に別段の定めがある場合は、この限りでない。

2　株式会社は、前項の決定をしたときは、譲渡等承認請求をした者（以下この款において「譲渡等承認請求者」という。）に対し、当該決定の内容を通知しなければならない。

（株式会社又は指定買取人による買取り）

第140条　株式会社は、第138条第１号ハ又は第２号ハ<譲渡制限株式の譲渡を承認しない場合の株主又は株式取得者からの買取請求>の請求を受けた場合において、第136条<譲渡制限株式の株主からの承認の請求>又は第137条第１項<譲渡制限株式取得者からの承認の請求>の承認をしない旨の決定をしたときは、当該譲渡等承認請求に係る譲渡制限株式（以下この款において「対象株式」という。）を買い取らなければならない。この場合においては、次に掲げる事項を定めなければならない。

一　対象株式を買い取る旨

二　株式会社が買い取る対象株式の数（種類株式発行会社にあっては、対象株式の種類及び種類ごとの数）

2　前項各号に掲げる事項の決定は、株主総会の決議によらなければならない。

3　譲渡等承認請求者は、前項の株主総会において議決権を行使することができない。ただし、当該譲渡等承認請求者以外の株主の全部が同項の株主総会において議決権を行使することができない場合は、この限りでない。

4　第１項の規定にかかわらず、同項に規定する場合には、株式会社は、対象株式の全部又は一部を買い取る者（以下この款において「指定買取人」という。）を指定することができる。

5　前項の規定による指定は、株主総会（取締役会設置会社にあっては、取締役会）の決議によらなければならない。ただし、定款に別段の定めがある場合は、この限りでない。

（株式会社による買取りの通知）

第141条　株式会社は、前条第１項各号<株式会社又は指定買取人による買取りの際に定める事項>に掲げる事項を決定したときは、譲渡等承認請求者に対し、これらの事項を通知しなければならない。

2　株式会社は、前項の規定による通知をしようとするときは、１株当たり純資産額（１株当たりの純資産額として法務省令で定める方法により算定される額をいう。以下同じ。）に前条第１項第２号<株式会社が買い取る対象株式の数>の対象株式の数を乗じて得た額をその本店の所在地の供託所に供託し、かつ、当該供託を証する書面を譲渡等承認請求者に交付しなければならない。

3　対象株式が株券発行会社の株式である場合には、前項の書面の交付を受けた譲渡等承認請求者は、当該交付を受けた日から１週間以内に、前条第１項第２号<株式会社が買い取る対象株式の数>の対象株式に係る株券を当該株券発行会社の本店の所在地の供託所に供託しなければならない。この場合においては、当該譲渡等承認請求者は、当該株券発行会社に対し、遅滞なく、当該供託をした旨を通知しなければならない。

4　前項の譲渡等承認請求者が同項の期間内に同項の規定による供託をしなかったときは、株券発行会社は、前条第１項第２号<株式会社が買い取る対象株式の数>の対象株式の売買契約を解除することができる。

（指定買取人による買取りの通知）

第142条　指定買取人は、第140条第４項<株式会社による指定買取人の指定>の規定による指定を受けたときは、譲渡等承認請求者に対し、次に掲げる事項を通知しなければならない。

一　指定買取人として指定を受けた旨

二　指定買取人が買い取る対象株式の数（種類株式発行会社にあっては、対象株式の種類及び種類ごとの数）

2　指定買取人は、前項の規定による通知をしようとするときは、１株当たり純資産額に同項第２号の対象株式の数を乗じて得た額を株式会社の本店の所在地の供託所に供託し、かつ、当該供託を証する書面を譲渡等承認請求者に交付しなければならない。

3　対象株式が株券発行会社の株式である場合

には、前項の書面の交付を受けた譲渡等承認請求者は、当該交付を受けた日から1週間以内に、第1項第2号の対象株式に係る株券を当該株券発行会社の本店の所在地の供託所に供託しなければならない。この場合においては、当該譲渡等承認請求者は、指定買取人に対し、遅滞なく、当該供託をした旨を通知しなければならない。

4　前項の譲渡等承認請求者が同項の期間内に同項の規定による供託をしなかったときは、指定買取人は、第1項第2号の対象株式の売買契約を解除することができる。

（譲渡等承認請求の撤回）

第143条　第138条第1号ハ又は第2号ハ<譲渡制限株式の譲渡を承認しない場合の株主又は株式取得者からの買取請求>の請求をした譲渡等承認請求者は、第141条第1項<株式会社による買取りの通知>の規定による通知を受けた後は、株式会社の承諾を得た場合に限り、その請求を撤回することができる。

2　第138条第1号ハ又は第2号ハ<譲渡制限株式の譲渡を承認しない場合の株主又は株式取得者からの買取請求>の請求をした譲渡等承認請求者は、前条第1項の規定による通知を受けた後は、指定買取人の承諾を得た場合に限り、その請求を撤回することができる。

（売買価格の決定）

第144条　第141条第1項<株式会社による買取りの通知>の規定による通知があった場合には、第140条第1項第2号<株式会社が買い取る対象株式の数>の対象株式の売買価格は、株式会社と譲渡等承認請求者との協議によって定める。

2　株式会社又は譲渡等承認請求者は、第141条第1項<株式会社による買取りの通知>の規定による通知があった日から20日以内に、裁判所に対し、売買価格の決定の申立てをすることができる。

3　裁判所は、前項の決定をするには、譲渡等承認請求の時における株式会社の資産状態その他一切の事情を考慮しなければならない。

4　第1項の規定にかかわらず、第2項の期間内に同項の申立てがあったときは、当該申立てにより裁判所が定めた額をもって第140条第1項第2号<株式会社が買い取る対象株式の数>の対象株式の売買価格とする。

5　第1項の規定にかかわらず、第2項の期間内に同項の申立てがないとき（当該期間内に第1項の協議が調った場合を除く。）は、1株当たり純資産額に第140条第1項第2号<株式会社が買い取る対象株式の数>の対象株式の数を乗じて得た額をもって当該対象株式の売買価格とする。

6　第141条第2項<株式会社による買取り額の供託>の規定による供託をした場合において、第140条第1項第2号<株式会社が買い取る対象株式の数>の対象株式の売買価格が確定したときは、株式会社は、供託した金銭に相当する額を限度として、売買代金の全部又は一部を支払ったものとみなす。

7　前各項の規定は、第142条第1項<指定買取人による買取りの通知>の規定による通知があった場合について準用する。この場合において、第1項中「第140条第1項第2号」とあるのは「第142条第1項第2号<指定買取人が通知する買い取る対象株式の数>」と、「株式会社」とあるのは「指定買取人」と、第2項中「株式会社」とあるのは「指定買取人」と、第4項及び第5項中「第140条第1項第2号」とあるのは「第142条第1項第2号」と、前項中「第141条第2項」とあるのは「第142条第2項<指定買取人による供託・書面の交付>」と、「第140条第1項第2号」とあるのは「同条第1項第2号」と、「株式会社」とあるのは「指定買取人」と読み替えるものとする。

（株式会社が承認をしたとみなされる場合）

第145条　次に掲げる場合には、株式会社は、第136条<譲渡制限株式の株主からの承認の請求>又は第137条第1項<譲渡制限株式取得者からの承認の請求>の承認をする旨の決定をしたものとみなす。ただし、株式会社と譲渡等承認請求者との合意により別段の定めをしたときは、この限りでない。

一　株式会社が第136条<譲渡制限株式の株主からの承認の請求>又は第137条第1項<譲渡制限株式取得者からの承認の請求>の規定による請求の日から2週間（これを下回る期間を定款で定めた場合にあっては、その期間）以内に第139条第2項<譲渡等承認請求をした者に対する承認決定の内容の通知>の規定による通知をしなかった場合

二　株式会社が第139条第2項<譲渡等承認請求をした者に対する承認決定の内容の通知>の規定による通知の日から40日（これを下回る期間を定款で定めた場合にあっては、その期間）以内に第141条第1項<株式会社による買取りの通知>の規定による通知をしなかった場合（指定買取人が第139条第2項の規定による通知の日から10日（これを下回る期間を定款で定めた場合にあっては、その期間）以内に第142条第1項の規定による通知をした場合を除く。）

三　前2号に掲げる場合のほか、法務省令で定める場合

第３款　株式の質入れ

（株式の質入れ）
第146条　株主は、その有する株式に質権を設定することができる。
２　株券発行会社の株式の質入れは、当該株式に係る株券を交付しなければ、その効力を生じない。

（株式の質入れの対抗要件）
第147条　株式の質入れは、その質権者の氏名又は名称及び住所を株主名簿に記載し、又は記録しなければ、株式会社その他の第三者に対抗することができない。
２　前項の規定にかかわらず、株券発行会社の株式の質権者は、継続して当該株式に係る株券を占有しなければ、その質権をもって株券発行会社その他の第三者に対抗することができない。
３　民法第364条<債権を目的とする質権の対抗要件>の規定は、株式については、適用しない。

（株主名簿の記載等）
第148条　株式に質権を設定した者は、株式会社に対し、次に掲げる事項を株主名簿に記載し、又は記録することを請求することができる。
一　質権者の氏名又は名称及び住所
二　質権の目的である株式

（株主名簿の記載事項を記載した書面の交付等）
第149条　前条各号<株主名簿の記載等>に掲げる事項が株主名簿に記載され、又は記録された質権者（以下「登録株式質権者」という。）は、株式会社に対し、当該登録株式質権者についての株主名簿に記載され、若しくは記録された同条各号に掲げる事項を記載した書面の交付又は当該事項を記録した電磁的記録の提供を請求することができる。
２　前項の書面には、株式会社の代表取締役（指名委員会等設置会社にあっては、代表執行役。次項において同じ。）が署名し、又は記名押印しなければならない。
３　第１項の電磁的記録には、株式会社の代表取締役が法務省令で定める署名又は記名押印に代わる措置をとらなければならない。
４　前３項の規定は、株券発行会社については、適用しない。

（登録株式質権者に対する通知等）
第150条　株式会社が登録株式質権者に対してする通知又は催告は、株主名簿に記載し、又は記録した当該登録株式質権者の住所（当該登録株式質権者が別に通知又は催告を受ける場所又は連絡先を当該株式会社に通知した場合にあっては、その場所又は連絡先）にあてて発すれば足りる。
２　前項の通知又は催告は、その通知又は催告が通常到達すべきであった時に、到達したものとみなす。

（株式の質入れの効果）
第151条　株式会社が次に掲げる行為をした場合には、株式を目的とする質権は、当該行為によって当該株式の株主が受けることのできる金銭等（金銭その他の財産をいう。以下同じ。）について存在する。
一　第167条第１項<取得請求権付株式の取得日>の規定による取得請求権付株式の取得
二　第170条第１項<取得条項付株式の取得日>の規定による取得条項付株式の取得
三　第173条第１項<全部取得条項付種類株式の取得日>の規定による第171条第１項<全部取得条項付種類株式の取得に関する決定>に規定する全部取得条項付種類株式の取得
四　株式の併合
五　株式の分割
六　第185条<株式無償割当て>に規定する株式無償割当て
七　第277条<新株予約権無償割当て>に規定する新株予約権無償割当て
八　剰余金の配当
九　残余財産の分配
十　組織変更
十一　合併（合併により当該株式会社が消滅する場合に限る。）
十二　株式交換
十三　株式移転
十四　株式の取得（第１号から第３号までに掲げる行為を除く。）
２　特別支配株主（第179条第１項に規定する特別支配株主をいう。第154条第３項において同じ。）が株式売渡請求（第179条第２項に規定する株式売渡請求をいう。）により売渡株式（第179条の２第１項第２号に規定する売渡株式をいう。以下この項において同じ。）の取得をした場合には、売渡株式を目的とする質権は、当該取得によって当該売渡株式の株主が受けることのできる金銭について存在する。

第152条　株式会社（株券発行会社を除く。以下この条において同じ。）は、前条第１項第１号から第３号まで<取得請求権付株式、取得条項付株式、全部取得条項付種類株式の取得>に掲げる行為をした場合（これらの行為に際して当該株式会社が株式を交付する場合に限る。）又は同項第６号<株式の無償割当て>に掲げる行為をした場合において、同項の質権の質権者が登録株式質権者（第218条第５項の規定による請求により第148条各号に掲げる事項が株主名簿に記載され、又は記録されたものを除く。以下この款において同じ。）であるときは、前条第１項の株主が受けることができる株式について、その質権者の氏名又は名称及び住所を株主名簿に記載し、又は記録しなければならない。

2　株式会社は、株式の併合をした場合において、前条第１項の質権の質権者が登録株式質権者であるときは、併合した株式について、その質権者の氏名又は名称及び住所を株主名簿に記載し、又は記録しなければならない。

3　株式会社は、株式の分割をした場合において、前条第１項の質権の質権者が登録株式質権者であるときは、分割した株式について、その質権者の氏名又は名称及び住所を株主名簿に記載し、又は記録しなければならない。

第153条　株券発行会社は、前条第１項に規定する場合には、第151条第１項<株式の質入の効果>の株主が受ける株式に係る株券を登録株式質権者に引き渡さなければならない。

2　株券発行会社は、前条第２項に規定する場合には、併合した株式に係る株券を登録株式質権者に引き渡さなければならない。

3　株券発行会社は、前条第３項に規定する場合には、分割した株式について新たに発行する株券を登録株式質権者に引き渡さなければならない。

第154条　登録株式質権者は、第151条第１項<株式の質入の効果>の金銭等（金銭に限る。）又は同条第２項の金銭を受領し、他の債権者に先立って自己の債権の弁済に充てることができる。

2　株式会社が次の各号に掲げる行為をした場合において、前項の債権の弁済期が到来していないときは、登録株式質権者は、当該各号に定める者に同項に規定する金銭等に相当する金額を供託させることができる。この場合において、質権は、その供託金について存在する。

一　第151条第１項第１号から第６号まで、第８号、第９号又は第14号に掲げる行為　当該株式会社

二　組織変更　第744条第１項第１号に規定する組織変更後持分会社

三　合併（合併により当該株式会社が消滅する場合に限る。）　第749条第１項に規定する吸収合併存続会社又は第753条第１項に規定する新設合併設立会社

四　株式交換　第767条に規定する株式交換完全親会社

五　株式移転　第773条第１項第１号に規定する株式移転設立完全親会社

3　第151条第２項<特別支配株主が株式売渡請求により売渡株式の取得をした場合の株式の買入れの効果>に規定する場合において、第１項の債権の弁済期が到来していないときは、登録株式質権者は、当該特別支配株主に同条第２項の金銭に相当する金額を供託させることができる。この場合において、質権は、その供託金について存在する。

第４款　信託財産に属する株式についての対抗要件等

第154条の２　株式については、当該株式が信託財産に属する旨を株主名簿に記載し、又は記録しなければ、当該株式が信託財産に属することを株式会社その他の第三者に対抗することができない。

2　第121条第１号の株主は、その有する株式が信託財産に属するときは、株式会社に対し、その旨を株主名簿に記載し、又は記録することを請求することができる。

3　株主名簿に前項の規定による記載又は記録がされた場合における第122条第１項及び第132条の規定の適用については、第122条第１項中「記録された株主名簿記載事項」とあるのは「記録された株主名簿記載事項（当該株主の有する株式が信託財産に属する旨を含む。）」と、第132条中「株主名簿記載事項」とあるのは「株主名簿記載事項（当該株主の有する株式が信託財産に属する旨を含む。）」とする。

4　前３項の規定は、株券発行会社については、適用しない。

第４節　株式会社による自己の株式の取得

第１款　総則

第155条　株式会社は、次に掲げる場合に限り、当該株式会社の株式を取得することができる。

一　第107条第２項第３号イ<取得条項付株式である旨及び取得事由についての定款の定め>の事由が生じた場合

二　第138条第1号ハ又は第2号ハ<譲渡制限株式の譲渡を承認しない場合の株主又は株式取得者からの買取請求>の請求があった場合
三　次条第1項の決議があった場合
四　第166条第1項<取得請求権付株式の取得の請求>の規定による請求があった場合
五　第171条第1項<全部取得条項付種類株式の取得に関する決定>の決議があった場合
六　第176条第1項<相続人等に対する売渡しの請求>の規定による請求をした場合
七　第192条第1項<単元未満株式の買取りの請求>の規定による請求があった場合
八　第197条第3項各号<所在不明株主等の株式の会社による買取り>に掲げる事項を定めた場合
九　第234条第4項各号<1株未満の端数処理としての会社による買取り>（第235条第2項において準用する場合を含む。）に掲げる事項を定めた場合
十　他の会社（外国会社を含む。）の事業の全部を譲り受ける場合において当該他の会社が有する当該株式会社の株式を取得する場合
十一　合併後消滅する会社から当該株式会社の株式を承継する場合
十二　吸収分割をする会社から当該株式会社の株式を承継する場合
十三　前各号に掲げる場合のほか、法務省令で定める場合

第2款　株主との合意による取得

第1目　総則

（株式の取得に関する事項の決定）
第156条　株式会社が株主との合意により当該株式会社の株式を有償で取得するには、あらかじめ、株主総会の決議によって、次に掲げる事項を定めなければならない。ただし、第3号の期間は、1年を超えることができない。
一　取得する株式の数（種類株式発行会社にあっては、株式の種類及び種類ごとの数）
二　株式を取得するのと引換えに交付する金銭等（当該株式会社の株式等を除く。以下この款において同じ。）の内容及びその総額
三　株式を取得することができる期間
2　前項の規定は、前条第1号及び第2号並びに第4号から第13号までに掲げる場合には、適用しない。

（取得価格等の決定）
第157条　株式会社は、前条第1項の規定による決定に従い株式を取得しようとするときは、その都度、次に掲げる事項を定めなければならない。
一　取得する株式の数（種類株式発行会社にあっては、株式の種類及び数）
二　株式1株を取得するのと引換えに交付する金銭等の内容及び数若しくは額又はこれらの算定方法
三　株式を取得するのと引換えに交付する金銭等の総額
四　株式の譲渡しの申込みの期日
2　取締役会設置会社においては、前項各号に掲げる事項の決定は、取締役会の決議によらなければならない。
3　第1項の株式の取得の条件は、同項の規定による決定ごとに、均等に定めなければならない。

（株主に対する通知等）
第158条　株式会社は、株主（種類株式発行会社にあっては、取得する株式の種類の種類株主）に対し、前条第1項各号に掲げる事項を通知しなければならない。
2　公開会社においては、前項の規定による通知は、公告をもってこれに代えることができる。

（譲渡しの申込み）
第159条　前条第1項の規定による通知を受けた株主は、その有する株式の譲渡しの申込みをしようとするときは、株式会社に対し、その申込みに係る株式の数（種類株式発行会社にあっては、株式の種類及び数）を明らかにしなければならない。
2　株式会社は、第157条第1項第4号<自己株式についての株式の譲渡しの申込みの期日>の期日において、前項の株主が申込みをした株式の譲受けを承諾したものとみなす。ただし、同項の株主が申込みをした株式の総数（以下この項において「申込総数」という。）が同条第1項第1号<取得する自己株式の数>の数（以下この項において「取得総数」という。）を超えるときは、取得総数を申込総数で除して得た数に前項の株主が申込みをした株式の数を乗じて得た数（その数に1に満たない端数がある場合にあっては、これを切り捨てるものとする。）の株式の譲受けを承諾したものとみなす。

第2目　特定の株主からの取得

（特定の株主からの取得）
第160条　株式会社は、第156条第1項各号<自己

株式の取得に関する事項の決定>に掲げる事項の決定に併せて、同項の株主総会の決議によって、第158条第１項<自己株式取得に際しての株主に対する通知>の規定による通知を特定の株主に対して行う旨を定めることができる。

2　株式会社は、前項の規定による決定をしようとするときは、法務省令で定める時までに、株主（種類株式発行会社にあっては、取得する株式の種類の種類株主）に対し、次項の規定による請求をすることができる旨を通知しなければならない。

3　前項の株主は、第１項の特定の株主に自己をも加えたものを同項の株主総会の議案とすることを、法務省令で定める時までに、請求することができる。

4　第１項の特定の株主は、第156条第１項<自己株式の取得に関する事項の決定>の株主総会において議決権を行使することができない。ただし、第１項の特定の株主以外の株主の全部が当該株主総会において議決権を行使することができない場合は、この限りでない。

5　第１項の特定の株主を定めた場合における第158条第１項<自己株式取得に際しての株主に対する通知>の規定の適用については、同項中「株主（種類株式発行会社にあっては、取得する株式の種類の種類株主）」とあるのは、「第160条第１項の特定の株主」とする。

（市場価格のある株式の取得の特則）

第161条　前条第２項及び第３項の規定は、取得する株式が市場価格のある株式である場合において、当該株式１株を取得するのと引換えに交付する金銭等の額が当該株式１株の市場価格として法務省令で定める方法により算定されるものを超えないときは、適用しない。

（相続人等からの取得の特則）

第162条　第160条第２項<売主追加請求ができる旨の他の株主への通知>及び第３項<売主追加請求権>の規定は、株式会社が株主の相続人その他の一般承継人からその相続その他の一般承継により取得した当該株式会社の株式を取得する場合には、適用しない。ただし、次のいずれかに該当する場合は、この限りでない。

一　株式会社が公開会社である場合

二　当該相続人その他の一般承継人が株主総会又は種類株主総会において当該株式について議決権を行使した場合

（子会社からの株式の取得）

第163条　株式会社がその子会社の有する当該株式会社の株式を取得する場合における第156条第１項<自己株式の取得に関する事項の決定>の規定の適用については、同項中「株主総会」とあるのは、「株主総会（取締役会設置会社にあっては、取締役会）」とする。この場合においては、第157条<取得価格等の決定>から第160条<特定の株主からの取得>までの規定は、適用しない。

（特定の株主からの取得に関する定款の定め）

第164条　株式会社は、株式（種類株式発行会社にあっては、ある種類の株式。次項において同じ。）の取得について第160条第１項<特定の株主からの自己株式の取得>の規定による決定をするときは同条第２項<売主追加請求ができる旨の他の株主への通知>及び第３項<売主追加請求権>の規定を適用しない旨を定款で定めることができる。

2　株式の発行後に定款を変更して当該株式について前項の規定による定款の定めを設け、又は当該定めについての定款の変更（同項の定款の定めを廃止するものを除く。）をしようとするときは、当該株式を有する株主全員の同意を得なければならない。

第３目　市場取引等による株式の取得

第165条　第157条<取得価格等の決定>から第160条<特定の株主からの取得>までの規定は、株式会社が市場において行う取引又は金融商品取引法第27条の２第６項に規定する公開買付けの方法（以下この条において「市場取引等」という。）により当該株式会社の株式を取得する場合には、適用しない。

2　取締役会設置会社は、市場取引等により当該株式会社の株式を取得することを取締役会の決議によって定めることができる旨を定款で定めることができる。

3　前項の規定による定款の定めを設けた場合における第156条第１項<自己株式の取得に関する事項の決定>の規定の適用については、同項中「株主総会」とあるのは、「株主総会（第165条第１項に規定する場合にあっては、株主総会又は取締役会）」とする。

第３款　取得請求権付株式及び取得条項付株式の取得

第１目　取得請求権付株式の取得の請求

（取得の請求）

第166条　取得請求権付株式の株主は、株式会社に対して、当該株主の有する取得請求権付株式を取得することを請求することができる。ただし、当該取得請求権付株式を取得するのと引換えに第107条第２項第２号ロからホ<取得請求権付株式と引換えに交付する財産についての定款の定め>までに規定する財産を交付する場合において、これらの財産の帳簿価額が当該請求の日における第461条第２項<剰余金の配当に関する分配可能額>の分配可能額を超えているときは、この限りでない。

2　前項の規定による請求は、その請求に係る取得請求権付株式の数（種類株式発行会社にあっては、取得請求権付株式の種類及び種類ごとの数）を明らかにしてしなければならない。

3　株券発行会社の株主がその有する取得請求権付株式について第１項の規定による請求をしようとするときは、当該取得請求権付株式に係る株券を株券発行会社に提出しなければならない。ただし、当該取得請求権付株式に係る株券が発行されていない場合は、この限りでない。

（効力の発生）

第167条　株式会社は、前条第１項の規定による請求の日に、その請求に係る取得請求権付株式を取得する。

2　次の各号に掲げる場合には、前条第１項の規定による請求をした株主は、その請求の日に、第107条第２項第２号<全部の株式の内容として取得請求権付株式を設ける場合の定款の定め>（種類株式発行会社にあっては、第108条第２項第５号）に定める事項についての定めに従い、当該各号に定める者となる。

一　第107条第２項第２号ロ<取得請求権付株式の対価として社債を交付する場合の定款の定め>に掲げる事項についての定めがある場合　同号ロの社債の社債権者

二　第107条第２項第２号ハ<取得請求権付株式の対価として新株予約権を交付する場合の定款の定め>に掲げる事項についての定めがある場合　同号ハの新株予約権の新株予約権者

三　第107条第２項第２号ニ<取得請求権付株式の対価として新株予約権付社債を交付する場合の定款の定め>に掲げる事項についての定めがある場合　同号ニの新株予約権付社債についての社債の社債権者及び当該新株予約権付社債に付された新株予約権の新株予約権者

四　第108条第２項第５号ロ<取得請求権付株式の対価として他の株式を交付する場合の定款の定め>に掲げる事項についての定めがある場合　同号ロの他の株式の株主

3　前項第４号に掲げる場合において、同号に規定する他の株式の数に１株に満たない端数があるときは、これを切り捨てるものとする。この場合においては、株式会社は、定款に別段の定めがある場合を除き、次の各号に掲げる場合の区分に応じ、当該各号に定める額にその端数を乗じて得た額に相当する金銭を前条第１項の規定による請求をした株主に対して交付しなければならない。

一　当該株式が市場価格のある株式である場合　当該株式１株の市場価格として法務省令で定める方法により算定される額

二　前号に掲げる場合以外の場合　１株当たり純資産額

4　前項の規定は、当該株式会社の社債及び新株予約権について端数がある場合について準用する。この場合において、同項第２号中「１株当たり純資産額」とあるのは、「法務省令で定める額」と読み替えるものとする。

第２目　取得条項付株式の取得

（取得する日の決定）

第168条　第107条第２項第３号ロ<別に定めた日の到来を取得事由とする旨の定款の定め>に掲げる事項についての定めがある場合には、株式会社は、同号ロ<別に定めた日の到来を取得事由とする旨の定款の定め>の日を株主総会（取締役会設置会社にあっては、取締役会）の決議によって定めなければならない。ただし、定款に別段の定めがある場合は、この限りでない。

2　第107条第２項第３号ロ<別に定めた日の到来を取得事由とする旨の定款の定め>の日を定めたときは、株式会社は、取得条項付株式の株主（同号ハに掲げる事項についての定めがある場合にあっては、次条第１項の規定により決定した取得条項付株式の株主）及びその登録株式質権者に対し、当該日の２週間前までに、当該日を通知しなければならない。

3　前項の規定による通知は、公告をもってこれに代えることができる。

（取得する株式の決定等）

第169条　株式会社は、第107条第２項第３号ハ<取得事由が生じた日に株式の一部を取得する旨等の定款の定め>に掲げる事項についての定めがある場合において、取得条項付株式を取得しようとするときは、その取得する取得条項付株式を決定しなければならない。

2　前項の取得条項付株式は、株主総会（取締役会設置会社にあっては、取締役会）の決議によって定めなければならない。ただし、定款に別段の定めがある場合は、この限りでない。
3　第1項の規定による決定をしたときは、株式会社は、同項の規定により決定した取得条項付株式の株主及びその登録株式質権者に対し、直ちに、当該取得条項付株式を取得する旨を通知しなければならない。
4　前項の規定による通知は、公告をもってこれに代えることができる。

（効力の発生等）

第170条　株式会社は、第107条第2項第3号イ<取得条項付株式である旨及び取得事由についての定款の定め>の事由が生じた日（同号ハに掲げる事項についての定めがある場合にあっては、第1号に掲げる日又は第2号に掲げる日のいずれか遅い日。次項及び第5項において同じ。）に、取得条項付株式（同条第2項第3号ハに掲げる事項についての定めがある場合にあっては、前条第1項の規定により決定したもの。次項において同じ。）を取得する。
一　第107条第2項第3号イ<取得条項付株式である旨及び取得事由についての定款の定め>の事由が生じた日
二　前条第3項の規定による通知の日又は同条第4項の公告の日から2週間を経過した日
2　次の各号に掲げる場合には、取得条項付株式の株主（当該株式会社を除く。）は、第107条第2項第3号イ<取得条項付株式である旨及び取得事由についての定款の定め>の事由が生じた日に、同号（種類株式発行会社にあっては、第108条第2項第6号）に定める事項についての定めに従い、当該各号に定める者となる。
一　第107条第2項第3号ニ<取得条項付株式の対価として社債を交付する場合の定款の定め>に掲げる事項についての定めがある場合　同号ニの社債の社債権者
二　第107条第2項第3号ホ<取得条項付株式の対価として新株予約権を交付する場合の定款の定め>に掲げる事項についての定めがある場合　同号ホの新株予約権の新株予約権者
三　第107条第2項第3号ヘ<取得条項付株式の対価として新株予約権付社債を交付する場合の定款の定め>に掲げる事項についての定めがある場合　同号への新株予約権付社債についての社債の社債権者及び当該新株予約権付社債に付された新株予約権の新株予約権者
四　第108条第2項第6号ロ<取得条項付株式の対価として他の株式を交付する場合の定款の定め>に掲げる事項についての定めがある場合　同号ロの他の株式の株主
3　株式会社は、第107条第2項第3号イ<取得条項付株式である旨及び取得事由についての定款の定め>の事由が生じた後、遅滞なく、取得条項付株式の株主及びその登録株式質権者（同号ハに掲げる事項についての定めがある場合にあっては、前条第1項の規定により決定した取得条項付株式の株主及びその登録株式質権者）に対し、当該事由が生じた旨を通知しなければならない。ただし、第168条第2項<取得日の株主に対する通知>の規定による通知又は同条第3項<通知に代わる公告>の公告をしたときは、この限りでない。
4　前項本文の規定による通知は、公告をもってこれに代えることができる。
5　前各項の規定は、取得条項付株式を取得するのと引換えに第107条第2項第3号ニからトまでに規定する財産を交付する場合において、これらの財産の帳簿価額が同号イの事由が生じた日における第461条第2項<剰余金の配当に関する分配可能額>の分配可能額を超えているときは、適用しない。

第4款　全部取得条項付種類株式の取得

（全部取得条項付種類株式の取得に関する決定）

第171条　全部取得条項付種類株式（第108条第1項第7号に掲げる事項についての定めがある種類の株式をいう。以下この款において同じ。）を発行した種類株式発行会社は、株主総会の決議によって、全部取得条項付種類株式の全部を取得することができる。この場合においては、当該株主総会の決議によって、次に掲げる事項を定めなければならない。
一　全部取得条項付種類株式を取得するのと引換えに金銭等を交付するときは、当該金銭等（以下この条において「取得対価」という。）についての次に掲げる事項
イ　当該取得対価が当該株式会社の株式であるときは、当該株式の種類及び種類ごとの数又はその数の算定方法
ロ　当該取得対価が当該株式会社の社債（新株予約権付社債についてのものを除く。）であるときは、当該社債の種類及び種類ごとの各社債の金額の合計額又はその算定方法
ハ　当該取得対価が当該株式会社の新株予約権（新株予約権付社債に付されたものを除く。）であるときは、当該新株予約権の内容及び数又

はその算定方法
ニ　当該取得対価が当該株式会社の新株予約権付社債であるときは、当該新株予約権付社債についてのロに規定する事項及び当該新株予約権付社債に付された新株予約権についてのハに規定する事項
ホ　当該取得対価が当該株式会社の株式等以外の財産であるときは、当該財産の内容及び数若しくは額又はこれらの算定方法
二　前号に規定する場合には、全部取得条項付種類株式の株主に対する取得対価の割当てに関する事項
三　株式会社が全部取得条項付種類株式を取得する日（以下この款において「取得日」という。）
2　前項第2号に掲げる事項についての定めは、株主（当該株式会社を除く。）の有する全部取得条項付種類株式の数に応じて取得対価を割り当てることを内容とするものでなければならない。
3　取締役は、第1項の株主総会おいて、全部取得条項付種類株式の全部を取得することを必要とする理由を説明しなければならない。

（全部取得条項付種類株式の取得対価等に関する書面等の備置き及び閲覧等）
第171条の2　全部取得条項付種類株式を取得する株式会社は、次に掲げる日のいずれか早い日から取得日後6箇月を経過する日までの間、前条第1項各号に掲げる事項その他法務省令で定める事項を記載し、又は記録した書面又は電磁的記録をその本店に備え置かなければならない。
一　前条第1項の株主総会の日の2週間前の日（第319条第1項<株主総会の決議の省略>の場合にあっては、同項の提案があった日）
二　第172条第2項<全部取得条項付種類株式の取得に関する通知>の規定による通知の日又は同条第3項の公告の日のいずれか早い日
2　全部取得条項付種類株式を取得する株式会社の株主は、当該株式会社に対して、その営業時間内は、いつでも、次に掲げる請求をすることができる。ただし、第2号又は第4号に掲げる請求をするには、当該株式会社の定めた費用を支払わなければならない。
一　前項の書面の閲覧の請求
二　前項の書面の謄本又は抄本の交付の請求
三　前項の電磁的記録に記録された事項を法務省令で定める方法により表示したものの閲覧の請求
四　前項の電磁的記録に記録された事項を電磁的方法であって株式会社の定めたものにより提供することの請求又はその事項を記載した書面の交付の請求

（全部取得条項付種類株式の取得をやめることの請求）
第171条の3　第171条第1項<全部取得条項付種類株式の取得に関する決定>の規定による全部取得条項付種類株式の取得が法令又は定款に違反する場合において、株主が不利益を受けるおそれがあるときは、株主は、株式会社に対し、当該全部取得条項付種類株式の取得をやめることを請求することができる。

（裁判所に対する価格の決定の申立て）
第172条　第171条第1項各号に掲げる事項を定めた場合には、次に掲げる株主は、取得日の20日前の日から取得日の前日までの間に、裁判所に対し、株式会社による全部取得条項付種類株式の取得の価格の決定の申立てをすることができる。
一　当該株主総会に先立って当該株式会社による全部取得条項付種類株式の取得に反対する旨を当該株式会社に対し通知し、かつ、当該株主総会において当該取得に反対した株主（当該株主総会において議決権を行使することができるものに限る。）
二　当該株主総会において議決権を行使することができない株主
2　株式会社は、取得日の20日前までに、全部取得条項付種類株式の株主に対し、当該全部取得条項付種類株式の全部を取得する旨を通知しなければならない。
3　前項の規定による通知は、公告をもってこれに代えることができる。
4　株式会社は、裁判所の決定した価格に対する取得日後の法定利率による利息をも支払わなければならない。
5　株式会社は、全部取得条項付種類株式の取得の価格の決定があるまでは、株主に対し、当該株式会社がその公正な価格と認める額を支払うことができる。

（効力の発生）
第173条　株式会社は、取得日に、全部取得条項付種類株式の全部を取得する。
2　次の各号に掲げる場合には、当該株式会社以外の全部取得条項付種類株式の株主（前条第1項の申立てをした株主を除く。）は、取得日に、第171条第

1項<全部取得条項付種類株式の取得に関する決定>の株主総会の決議による定めに従い、当該各号に定める者となる。

一　第171条第1項第1号イ<取得対価が株式である場合の定め>に掲げる事項についての定めがある場合　同号イの株式の株主

二　第171条第1項第1号ロ<取得対価が社債である場合の定め>に掲げる事項についての定めがある場合　同号ロの社債の社債権者

三　第171条第1項第1号ハ<取得対価が新株予約権である場合の定め>に掲げる事項についての定めがある場合　同号ハの新株予約権の新株予約権者

四　第171条第1項第1号ニ<取得対価が新株予約権付社債である場合の定め>に掲げる事項についての定めがある場合　同号ニの新株予約権付社債についての社債の社債権者及び当該新株予約権付社債に付された新株予約権の新株予約権者

（全部取得条項付種類株式の取得に関する書面等の備置き及び閲覧等）

第173条の2　株式会社は、取得日後遅滞なく、株式会社が取得した全部取得条項付種類株式の数その他の全部取得条項付種類株式の取得に関する事項として法務省令で定める事項を記載し、又は記録した書面又は電磁的記録を作成しなければならない。

2　株式会社は、取得日から6箇月間、前項の書面又は電磁的記録をその本店に備え置かなければならない。

3　全部取得条項付種類株式を取得した株式会社の株主又は取得日に全部取得条項付種類株式の株主であった者は、当該株式会社に対して、その営業時間内は、いつでも、次に掲げる請求をすることができる。ただし、第2号又は第4号に掲げる請求をするには、当該株式会社の定めた費用を支払わなければならない。

一　前項の書面の閲覧の請求

二　前項の書面の謄本又は抄本の交付の請求

三　前項の電磁的記録に記録された事項を法務省令で定める方法により表示したものの閲覧の請求

四　前項の電磁的記録に記録された事項を電磁的方法であって株式会社の定めたものにより提供することの請求又はその事項を記載した書面の交付の請求

第5款　相続人等に対する売渡しの請求

（相続人等に対する売渡しの請求に関する定款の定め）

第174条　株式会社は、相続その他の一般承継により当該株式会社の株式（譲渡制限株式に限る。）を取得した者に対し、当該株式を当該株式会社に売り渡すことを請求することができる旨を定款で定めることができる。

（売渡しの請求の決定）

第175条　株式会社は、前条の規定による定款の定めがある場合において、次条第1項の規定による請求をしようとするときは、その都度、株主総会の決議によって、次に掲げる事項を定めなければならない。

一　次条第1項の規定による請求をする株式の数（種類株式発行会社にあっては、株式の種類及び種類ごとの数）

二　前号の株式を有する者の氏名又は名称

2　前項第2号の者は、同項の株主総会において議決権を行使することができない。ただし、同号の者以外の株主の全部が当該株主総会において議決権を行使することができない場合は、この限りでない。

（売渡しの請求）

第176条　株式会社は、前条第1項各号<相続人等に対する譲渡制限株式の売渡しの請求>に掲げる事項を定めたときは、同項第2号<譲渡制限株式を有する相続人等>の者に対し、同項第1号<相続人等に対する売渡しの請求をする株式の数>の株式を当該株式会社に売り渡すことを請求することができる。ただし、当該株式会社が相続その他の一般承継があったことを知った日から1年を経過したときは、この限りでない。

2　前項の規定による請求は、その請求に係る株式の数（種類株式発行会社にあっては、株式の種類及び種類ごとの数）を明らかにしてしなければならない。

3　株式会社は、いつでも、第1項の規定による請求を撤回することができる。

（売買価格の決定）

第177条　前条第1項の規定による請求があった場合には、第175条第1項第1号<相続人等に対する売渡しの請求をする株式の数>の株式の売買価格は、株式会社と同項第2号<譲渡制限株式を有する相続人等>の者との協議によって定める

2　株式会社又は第175条第1項第2号<譲渡制限株式を有する相続人等>の者は、前条第1項の規定によ

る請求があった日から20日以内に、裁判所に対し、売買価格の決定の申立てをすることができる。

3　裁判所は、前項の決定をするには、前条第1項の規定による請求の時における株式会社の資産状態その他一切の事情を考慮しなければならない。

4　第1項の規定にかかわらず、第2項の期間内に同項の申立てがあったときは、当該申立てにより裁判所が定めた額をもって第175条第1項第1号<相続人等に対する売渡しの請求をする株式の数>の株式の売買価格とする。

5　第2項の期間内に同項の申立てがないとき（当該期間内に第1項の協議が調った場合を除く。）は、前条第1項の規定による請求は、その効力を失う。

第6款　株式の消却

第178条　株式会社は、自己株式を消却することができる。この場合においては、消却する自己株式の数（種類株式発行会社にあっては、自己株式の種類及び種類ごとの数）を定めなければならない。

2　取締役会設置会社においては、前項後段の規定による決定は、取締役会の決議によらなければならない。

第4節の2　特別支配株主の株式等売渡請求

（株式等売渡請求）

第179条　株式会社の特別支配株主（株式会社の総株主の議決権の10分の9（これを上回る割合を当該株式会社の定款で定めた場合にあっては、その割合）以上を当該株式会社以外の者及び当該者が発行済株式の全部を有する株式会社その他これに準ずるものとして法務省令で定める法人（以下この条及び次条第1項において「特別支配株主完全子法人」という。）が有している場合における当該者をいう。以下同じ。）は、当該株式会社の株主（当該株式会社及び当該特別支配株主を除く。）の全員に対し、その有する当該株式会社の株式の全部を当該特別支配株主に売り渡すことを請求することができる。ただし、特別支配株主完全子法人に対しては、その請求をしないことができる。

2　特別支配株主は、前項の規定による請求（以下この章及び第846条の2第2項第1号において「株式売渡請求」という。）をするときは、併せて、その株式売渡請求に係る株式を発行している株式会社（以下「対象会社」という。）の新株予約権の新株予約権者（対象会社及び当該特別支配株主を除く。）の全員に対し、その有する対象会社の新株予約権の全部を当該特別支配株主に売り渡すことを請求することができる。ただし、特別支配株主完全子法人に対しては、その請求をしないことができる。

3　特別支配株主は、新株予約権付社債に付された新株予約権について前項の規定による請求（以下「新株予約権売渡請求」という。）をするときは、併せて、新株予約権付社債についての社債の全部を当該特別支配株主に売り渡すことを請求しなければならない。ただし、当該新株予約権付社債に付された新株予約権について別段の定めがある場合は、この限りでない。

（株式等売渡請求の方法）

第179条の2　株式売渡請求は、次に掲げる事項を定めてしなければならない。

一　特別支配株主完全子法人に対して株式売渡請求をしないこととするときは、その旨及び当該特別支配株主完全子法人の名称

二　株式売渡請求によりその有する対象会社の株式を売り渡す株主（以下「売渡株主」という。）に対して当該株式（以下この章において「売渡株式」という。）の対価として交付する金銭の額又はその算定方法

三　売渡株主に対する前号の金銭の割当てに関する事項

四　株式売渡請求に併せて新株予約権売渡請求（その新株予約権売渡請求に係る新株予約権が新株予約権付社債に付されたものである場合における前条第3項の規定による請求を含む。以下同じ。）をするときは、その旨及び次に掲げる事項

イ　特別支配株主完全子法人に対して新株予約権売渡請求をしないこととするときは、その旨及び当該特別支配株主完全子法人の名称

ロ　新株予約権売渡請求によりその有する対象会社の新株予約権を売り渡す新株予約権者（以下「売渡新株予約権者」という。）に対して当該新株予約権（当該新株予約権が新株予約権付社債に付されたものである場合において、前条第3項の規定による請求をするときは、当該新株予約権付社債についての社債を含む。以下この編において「売渡新株予約権」という。）の対価として交付する金銭の額又はその算定方法

ハ　売渡新株予約権者に対するロの金銭の割当てに関する事項

五　特別支配株主が売渡株式（株式売渡請求に併せ

て新株予約権売渡請求をする場合にあっては、売渡株式及び売渡新株予約権。以下「売渡株式等」という。）を取得する日（以下この節において「取得日」という。）

六　前各号に掲げるもののほか、法務省令で定める事項

2　対象会社が種類株式発行会社である場合には、特別支配株主は、対象会社の発行する種類の株式の内容に応じ、前項第3号に掲げる事項として、同項第2号の金銭の割当てについて売渡株式の種類ごとに異なる取扱いを行う旨及び当該異なる取扱いの内容を定めることができる。

3　第1項第3号に掲げる事項についての定めは、売渡株主の有する売渡株式の数（前項に規定する定めがある場合にあっては、各種類の売渡株式の数）に応じて金銭を交付することを内容とするものでなければならない。

（対象会社の承認）

第179条の3　特別支配株主は、株式売渡請求（株式売渡請求に併せて新株予約権売渡請求をする場合にあっては、株式売渡請求及び新株予約権売渡請求。以下「株式等売渡請求」という。）をしようとするときは、対象会社に対し、その旨及び前条第1項各号に掲げる事項を通知し、その承認を受けなければならない。

2　対象会社は、特別支配株主が株式売渡請求に併せて新株予約権売渡請求をしようとするときは、新株予約権売渡請求のみを承認することはできない。

3　取締役会設置会社が第1項の承認をするか否かの決定をするには、取締役会の決議によらなければならない。

4　対象会社は、第1項の承認をするか否かの決定をしたときは、特別支配株主に対し、当該決定の内容を通知しなければならない。

（売渡株主等に対する通知等）

第179条の4　対象会社は、前条第1項の承認をしたときは、取得日の20日前までに、次の各号に掲げる者に対し、当該各号に定める事項を通知しなければならない。

一　売渡株主（特別支配株主が株式売渡請求に併せて新株予約権売渡請求をする場合にあっては、売渡株主及び売渡新株予約権者。以下この節において「売渡株主等」という。）
当該承認をした旨、特別支配株主の氏名又は名称及び住所、第179条の2第1項第1号から第5号まで<株式等売渡請求において定める事項>に掲げる事項その他法務省令で定める事項

二　売渡株式の登録株式質権者（特別支配株主が株式売渡請求に併せて新株予約権売渡請求をする場合にあっては、売渡株式の登録株式質権者及び売渡新株予約権の登録新株予約権質権者（第270条第1項に規定する登録新株予約権質権者をいう。））　当該承認をした旨

2　前項の規定による通知（売渡株主に対してするものを除く。）は、公告をもってこれに代えることができる。

3　対象会社が第1項の規定による通知又は前項の公告をしたときは、特別支配株主から売渡株主等に対し、株式等売渡請求がされたものとみなす。

4　第1項の規定による通知又は第2項の公告の費用は、特別支配株主の負担とする。

（株式等売渡請求に関する書面等の備置き及び閲覧等）

第179条の5　対象会社は、前条第1項第1号の規定による通知の日又は同条第2項の公告の日のいずれか早い日から取得日後6箇月（対象会社が公開会社でない場合にあっては、取得日後1年）を経過する日までの間、次に掲げる事項を記載し、又は記録した書面又は電磁的記録をその本店に備え置かなければならない。

一　特別支配株主の氏名又は名称及び住所

二　第179条の2第1項各号<株式等売渡請求において定める事項>に掲げる事項

三　第179条の3第1項<特別支配株主による株式売渡請求の通知及び対象会社の承認>の承認をした旨

四　前3号に掲げるもののほか、法務省令で定める事項

2　売渡株主等は、対象会社に対して、その営業時間内は、いつでも、次に掲げる請求をすることができる。ただし、第2号又は第4号に掲げる請求をするには、当該対象会社の定めた費用を支払わなければならない。

一　前項の書面の閲覧の請求

二　前項の書面の謄本又は抄本の交付の請求

三　前項の電磁的記録に記録された事項を法務省令で定める方法により表示したものの閲覧の請求

四　前項の電磁的記録に記録された事項を電磁的方法であって対象会社の定めたものにより提供することの請求又はその事項を記載した書面の交付の請求

（株式等売渡請求の撤回）

第179条の6　特別支配株主は、第179条の3第1項<特別支配株主による株式売渡請求の通知及び対象会社の承認>の承認を受けた後は、取得日の前日までに

対象会社の承諾を得た場合に限り、売渡株式等の全部について株式等売渡請求を撤回することができる。

2　取締役会設置会社が前項の承諾をするか否かの決定をするには、取締役会の決議によらなければならない。

3　対象会社は、第1項の承諾をするか否かの決定をしたときは、特別支配株主に対し、当該決定の内容を通知しなければならない。

4　対象会社は、第1項の承諾をしたときは、遅滞なく、売渡株主等に対し、当該承諾をした旨を通知しなければならない。

5　前項の規定による通知は、公告をもってこれに代えることができる。

6　対象会社が第4項の規定による通知又は前項の公告をしたときは、株式等売渡請求は、売渡株式等の全部について撤回されたものとみなす。

7　第4項の規定による通知又は第5項の公告の費用は、特別支配株主の負担とする。

8　前各項の規定は、新株予約権売渡請求のみを撤回する場合について準用する。この場合において、第4項中「売渡株主等」とあるのは、「売渡新株予約権者」と読み替えるものとする。

（売渡株式等の取得をやめることの請求）

第179条の7　次に掲げる場合において、売渡株主が不利益を受けるおそれがあるときは、売渡株主は、特別支配株主に対し、株式等売渡請求に係る売渡株式等の全部の取得をやめることを請求することができる。

一　株式売渡請求が法令に違反する場合

二　対象会社が第179条の4第1項第1号<売渡株主等に対する通知事項>（売渡株主に対する通知に係る部分に限る。）又は第179条の5<株式等売渡請求に関する書面等の備置き及び閲覧等>の規定に違反した場合

三　第179条の2第1項第2号<売渡株式の対価として交付する金銭の額又はその算定方法>又は第3号<売渡株式の対価として交付する金銭の割当てに関する事項>に掲げる事項が対象会社の財産の状況その他の事情に照らして著しく不当である場合

2　次に掲げる場合において、売渡新株予約権者が不利益を受けるおそれがあるときは、売渡新株予約権者は、特別支配株主に対し、株式等売渡請求に係る売渡株式等の全部の取得をやめることを請求することができる。

一　新株予約権売渡請求が法令に違反する場合

二　対象会社が第179条の4第1項第1号<売渡株主等に対する通知事項>（売渡新株予約権者に対する通知に係る部分に限る。）又は第179条の5<株式等売渡請求に関する書面等の備置き及び閲覧等>の規定に違反した場合

三　第179条の2第1項第4号ロ<売渡新株予約権の対価として交付する金銭の額又はその算定方法>又はハ<売渡新株予約権の対価として交付する金銭の割当てに関する事項>に掲げる事項が対象会社の財産の状況その他の事情に照らして著しく不当である場合

（売買価格の決定の申立て）

第179条の8　株式等売渡請求があった場合には、売渡株主等は、取得日の20日前の日から取得日の前日までの間に、裁判所に対し、その有する売渡株式等の売買価格の決定の申立てをすることができる。

2　特別支配株主は、裁判所の決定した売買価格に対する取得日後の法定利率による利息をも支払わなければならない。

3　特別支配株主は、売渡株式等の売買価格の決定があるまでは、売渡株主等に対し、当該特別支配株主が公正な売買価格と認める額を支払うことができる。

（売渡株式等の取得）

第179条の9　株式等売渡請求をした特別支配株主は、取得日に、売渡株式等の全部を取得する。

2　前項の規定により特別支配株主が取得した売渡株式等が譲渡制限株式又は譲渡制限新株予約権（第243条第2項第2号に規定する譲渡制限新株予約権をいう。）であるときは、対象会社は、当該特別支配株主が当該売渡株式等を取得したことについて、第137条第1項<譲渡制限株式取得者からの承認の請求>又は第263条第1項<新株予約権取得者からの承認の請求>の承認をする旨の決定をしたものとみなす。

（売渡株式等の取得に関する書面等の備置き及び閲覧等）

第179条の10　対象会社は、取得日後遅滞なく、株式等売渡請求により特別支配株主が取得した売渡株式等の数その他の株式等売渡請求に係る売渡株式等の取得に関する事項として法務省令で定める事項を記載し、又は記録した書面又は電磁的記録を作成しなければならない。

2　対象会社は、取得日から6箇月間（対象会社が公開会社でない場合にあっては、取得日から1年間）、前項の

書面又は電磁的記録をその本店に備え置かなければならない。
3　取得日に売渡株主等であった者は、対象会社に対して、その営業時間内は、いつでも、次に掲げる請求をすることができる。ただし、第2号又は第4号に掲げる請求をするには、当該対象会社の定めた費用を支払わなければならない。
一　前項の書面の閲覧の請求
二　前項の書面の謄本又は抄本の交付の請求
三　前項の電磁的記録に記録された事項を法務省令で定める方法により表示したものの閲覧の請求
四　前項の電磁的記録に記録された事項を電磁的方法であって対象会社の定めたものにより提供することの請求又はその事項を記載した書面の交付の請求

第5節　株式の併合等

第1款　株式の併合

（株式の併合）
第180条　株式会社は、株式の併合をすることができる。
2　株式会社は、株式の併合をしようとするときは、その都度、株主総会の決議によって、次に掲げる事項を定めなければならない。
一　併合の割合
二　株式の併合がその効力を生ずる日（以下この款において「効力発生日」という。）
三　株式会社が種類株式発行会社である場合には、併合する株式の種類
四　効力発生日における発行可能株式総数
3　前項第4号の発行可能株式総数は、効力発生日における発行済株式の総数の4倍を超えることができない。ただし、株式会社が公開会社でない場合は、この限りでない。
4　取締役は、第2項の株主総会において、株式の併合をすることを必要とする理由を説明しなければならない。
（株主に対する通知等）
第181条　株式会社は、効力発生日の2週間前までに、株主（種類株式発行会社にあっては、前条第2項第3号の種類の種類株主。以下この款において同じ。）及びその登録株式質権者に対し、同項各号<株式の併合をする場合の株主総会決議事項>に掲げる事項を通知しなければならない。
2　前項の規定による通知は、公告をもってこれに代えることができる。
（効力の発生）
第182条　株主は、効力発生日に、その日の前日に有する株式（種類株式発行会社にあっては、第180条第2項第3号の種類の株式。以下この項において同じ。）の数に同条第2項第1号<併合の割合>の割合を乗じて得た数の株式の株主となる。
2　株式の併合をした株式会社は、効力発生日に、第180条第2項第4号<株式併合の効力発生日における発行可能株式総数>に掲げる事項についての定めに従い、当該事項に係る定款の変更をしたものとみなす。
（株式の併合に関する事項に関する書面等の備置き及び閲覧等）
第182条の2　株式の併合（単元株式数（種類株式発行会社にあっては、第180条第2項第3号の種類の株式の単元株式数。以下この項において同じ。）を定款で定めている場合にあっては、当該単元株式数に同条第2項第1号の割合を乗じて得た数に1に満たない端数が生ずるものに限る。以下この款において同じ。）をする株式会社は、次に掲げる日のいずれか早い日から効力発生日後6箇月を経過する日までの間、同項各号に掲げる事項その他法務省令で定める事項を記載し、又は記録した書面又は電磁的記録をその本店に備え置かなければならない。
一　第180条第2項<株式の併合において定める事項>の株主総会（株式の併合をするために種類株主総会の決議を要する場合にあっては、当該種類株主総会を含む。第182条の4第2項において同じ。）の日の2週間前の日（第319条第1項の場合にあっては、同項の提案があった日）
二　第182条の4第3項<株式の併合における反対株主に対する通知>の規定により読み替えて適用する第181条第1項の規定による株主に対する通知の日又は第181条第2項の公告の日のいずれか早い日
2　株式の併合をする株式会社の株主は、当該株式会社に対して、その営業時間内は、いつでも、次に掲げる請求をすることができる。ただし、第2号又は第4号に掲げる請求をするには、当該株式会社の定めた費用を支払わなければならない。
一　前項の書面の閲覧の請求
二　前項の書面の謄本又は抄本の交付の請求
三　前項の電磁的記録に記録された事項を法務省令で定める方法により表示したものの閲

会社法

覧の請求
四　前項の電磁的記録に記録された事項を電磁的方法であって株式会社の定めたものにより提供することの請求又はその事項を記載した書面の交付の請求

（株式の併合をやめることの請求）
第182条の3　株式の併合が法令又は定款に違反する場合において、株主が不利益を受けるおそれがあるときは、株主は、株式会社に対し、当該株式の併合をやめることを請求することができる。

（反対株主の株式買取請求）
第182条の4　株式会社が株式の併合をすることにより株式の数に1株に満たない端数が生ずる場合には、反対株主は、当該株式会社に対し、自己の有する株式のうち1株に満たない端数となるものの全部を公正な価格で買い取ることを請求することができる。
2　前項に規定する「反対株主」とは、次に掲げる株主をいう。
一　第180条第2項<株式の併合において定める事項>の株主総会に先立って当該株式の併合に反対する旨を当該株式会社に対し通知し、かつ、当該株主総会において当該株式の併合に反対した株主（当該株主総会において議決権を行使することができるものに限る。）
二　当該株主総会において議決権を行使することができない株主
3　株式会社が株式の併合をする場合における株主に対する通知についての第181条第1項の規定の適用については、同項中「2週間」とあるのは、「20日」とする。
4　第1項の規定による請求（以下この款において「株式買取請求」という。）は、効力発生日の20日前の日から効力発生日の前日までの間に、その株式買取請求に係る株式の数（種類株式発行会社にあっては、株式の種類及び種類ごとの数）を明らかにしてしなければならない。
5　株券が発行されている株式について株式買取請求をしようとするときは、当該株式の株主は、株式会社に対し、当該株式に係る株券を提出しなければならない。ただし、当該株券について第223条<株券喪失登録の請求>の規定による請求をした者については、この限りでない。
6　株式買取請求をした株主は、株式会社の承諾を得た場合に限り、その株式買取請求を撤回することができる。
7　第133条<株主の請求による株主名簿記載事項の記載又は記録>の規定は、株式買取請求に係る株式については、適用しない。

（株式の価格の決定等）
第182条の5　株式買取請求があった場合において、株式の価格の決定について、株主と株式会社との間に協議が調ったときは、株式会社は、効力発生日から60日以内にその支払をしなければならない。
2　株式の価格の決定について、効力発生日から30日以内に協議が調わないときは、株主又は株式会社は、その期間の満了の日後30日以内に、裁判所に対し、価格の決定の申立てをすることができる。
3　前条第6項の規定にかかわらず、前項に規定する場合において、効力発生日から60日以内に同項の申立てがないときは、その期間の満了後は、株主は、いつでも、株式買取請求を撤回することができる。
4　株式会社は、裁判所の決定した価格に対する第1項の期間の満了の日後の法定利率による利息をも支払わなければならない。
5　株式会社は、株式の価格の決定があるまでは、株主に対し、当該株式会社が公正な価格と認める額を支払うことができる。
6　株式買取請求に係る株式の買取りは、効力発生日に、その効力を生ずる。
7　株券発行会社は、株券が発行されている株式について株式買取請求があったときは、株券と引換えに、その株式買取請求に係る株式の代金を支払わなければならない。

（株式の併合に関する書面等の備置き及び閲覧等）
第182条の6　株式の併合をした株式会社は、効力発生日後遅滞なく、株式の併合が効力を生じた時における発行済株式（種類株式発行会社にあっては、第180条第2項第3号の種類の発行済株式）の総数その他の株式の併合に関する事項として法務省令で定める事項を記載し、又は記録した書面又は電磁的記録を作成しなければならない。
2　株式会社は、効力発生日から6箇月間、前項の書面又は電磁的記録をその本店に備え置かなければならない。
3　株式の併合をした株式会社の株主又は効力発生日に当該株式会社の株主であった者は、当該株式会社に対して、その営業時間内は、いつでも、次に掲げる請求をすることができる。ただし、第２号又は第４号に掲げる請求をするには、当該株式会社の定めた費用を支払わなければならない。

一　前項の書面の閲覧の請求

二　前項の書面の謄本又は抄本の交付の請求

三　前項の電磁的記録に記録された事項を法務省令で定める方法により表示したものの閲覧の請求

四　前項の電磁的記録に記録された事項を電磁的方法であって株式会社の定めたものにより提供することの請求又はその事項を記載した書面の交付の請求

第２款　株式の分割

（株式の分割）

第183条　株式会社は、株式の分割をすることができる。

2　株式会社は、株式の分割をしようとするときは、その都度、株主総会（取締役会設置会社にあっては、取締役会）の決議によって、次に掲げる事項を定めなければならない。

一　株式の分割により増加する株式の総数の株式の分割前の発行済株式（種類株式発行会社にあっては、第３号の種類の発行済株式）の総数に対する割合及び当該株式の分割に係る基準日

二　株式の分割がその効力を生ずる日

三　株式会社が種類株式発行会社である場合には、分割する株式の種類

（効力の発生等）

第184条　基準日において株主名簿に記載され、又は記録されている株主（種類株式発行会社にあっては、基準日において株主名簿に記載され、又は記録されている前条第２項第３号の種類の種類株主）は、同項第２号<株式の分割がその効力を生ずる日>の日に、基準日に有する株式（種類株式発行会社にあっては、同項第３号の種類の株式。以下この項において同じ。）の数に同条第２項第１号<分割の割合および基準日>の割合を乗じて得た数の株式を取得する。

2　株式会社（現に２以上の種類の株式を発行しているものを除く。）は、第466条<定款の変更>の規定にかかわらず、株主総会の決議によらないで、前条第２項第２号<株式の分割が効力を生ずる日>の日における発行可能株式総数をその日の前日の発行可能株式総数に同項第１号<分割の割合および基準日>の割合を乗じて得た数の範囲内で増加する定款の変更をすることができる。

第３款　株式無償割当て

（株式無償割当て）

第185条　株式会社は、株主（種類株式発行会社にあっては、ある種類の種類株主）に対して新たに払込みをさせないで当該株式会社の株式の割当て（以下この款において「株式無償割当て」という。）をすることができる。

（株式無償割当てに関する事項の決定）

第186条　株式会社は、株式無償割当てをしようとするときは、その都度、次に掲げる事項を定めなければならない。

一　株主に割り当てる株式の数（種類株式発行会社にあっては、株式の種類及び種類ごとの数）又はその数の算定方法

二　当該株式無償割当てがその効力を生ずる日

三　株式会社が種類株式発行会社である場合には、当該株式無償割当てを受ける株主の有する株式の種類

2　前項第１号に掲げる事項についての定めは、当該株式会社以外の株主（種類株式発行会社にあっては、同項第３号の種類の種類株主）の有する株式（種類株式発行会社にあっては、同項第３号の種類の株式）の数に応じて同項第１号の株式を割り当てることを内容とするものでなければならない。

3　第１項各号に掲げる事項の決定は、株主総会（取締役会設置会社にあっては、取締役会）の決議によらなければならない。ただし、定款に別段の定めがある場合は、この限りでない。

（株式無償割当ての効力の発生等）

第187条　前条第１項第１号<株主に割り当てる株式の数等>の株式の割当てを受けた株主は、同項第２号<株式の無償割当ての効力発生日>の日に、同項第１号<株主に割り当てる株式の数等>の株式の株主となる。

2　株式会社は、前条第１項第２号<株式の無償割当ての効力発生日>の日後遅滞なく、株主（種類株式発行会社にあっては、同項第３号の種類の種類株主）及びその登録株式質権者に対し、当該株主が割当てを受けた株式の数（種類株式発行会社にあっては、株式の種類及び種類ごとの数）を通知しなければならない。

第６節　単元株式数

第１款　総則

（単元株式数）

第188条　株式会社は、その発行する株式について、一定の数の株式をもって株主が株主総会又は種類株主総会において1個の議決権を行使することができる1単元の株式とする旨を定款で定めることができる。

2　前項の一定の数は、法務省令で定める数を超えることはできない。

3　種類株式発行会社においては、単元株式数は、株式の種類ごとに定めなければならない。

（単元未満株式についての権利の制限等）

第189条　単元株式数に満たない数の株式（以下「単元未満株式」という。）を有する株主（以下「単元未満株主」という。）は、その有する単元未満株式について、株主総会及び種類株主総会において議決権を行使することができない。

2　株式会社は、単元未満株主が当該単元未満株式について次に掲げる権利以外の権利の全部又は一部を行使することができない旨を定款で定めることができる。

一　第171条第1項第1号＜全部取得条項付種類株式の取得対価＞に規定する取得対価の交付を受ける権利

二　株式会社による取得条項付株式の取得と引換えに金銭等の交付を受ける権利

三　第185条＜株式無償割当て＞に規定する株式無償割当てを受ける権利

四　第192条第1項＜単元未満株式の買取りの請求＞の規定により単元未満株式を買い取ることを請求する権利

五　残余財産の分配を受ける権利

六　前各号に掲げるもののほか、法務省令で定める権利

3　株券発行会社は、単元未満株式に係る株券を発行しないことができる旨を定款で定めることができる。

（理由の開示）

第190条　単元株式数を定める場合には、取締役は、当該単元株式数を定める定款の変更を目的とする株主総会において、当該単元株式数を定めることを必要とする理由を説明しなければならない。

（定款変更手続の特則）

第191条　株式会社は、次のいずれにも該当する場合には、第466条＜定款の変更＞の規定にかかわらず、株主総会の決議によらないで、単元株式数（種類株式発行会社にあっては、各種類の株式の単元株式数。以下この条において同じ。）を増加し、又は単元株式数についての定款の定めを設ける定款の変更をすることができる。

一　株式の分割と同時に単元株式数を増加し、又は単元株式数についての定款の定めを設けるものであること。

二　イに掲げる数がロに掲げる数を下回るものでないこと。

イ　当該定款の変更後において各株主がそれぞれ有する株式の数を単元株式数で除して得た数

ロ　当該定款の変更前において各株主がそれぞれ有する株式の数（単元株式数を定めている場合にあっては、当該株式の数を単元株式数で除して得た数）

第2款　単元未満株主の買取請求

（単元未満株式の買取りの請求）

第192条　単元未満株主は、株式会社に対し、自己の有する単元未満株式を買い取ることを請求することができる。

2　前項の規定による請求は、その請求に係る単元未満株式の数（種類株式発行会社にあっては、単元未満株式の種類及び種類ごとの数）を明らかにしてしなければならない。

3　第1項の規定による請求をした単元未満株主は、株式会社の承諾を得た場合に限り、当該請求を撤回することができる。

（単元未満株式の価格の決定）

第193条　前条第1項の規定による請求があった場合には、次の各号に掲げる場合の区分に応じ、当該各号に定める額をもって当該請求に係る単元未満株式の価格とする。

一　当該単元未満株式が市場価格のある株式である場合　当該単元未満株式の市場価格として法務省令で定める方法により算定される額

二　前号に掲げる場合以外の場合　株式会社と前条第1項の規定による請求をした単元未満株主との協議によって定める額

2　前項第2号に掲げる場合には、前条第1項の規定による請求をした単元未満株主又は株式会社は、当該請求をした日から20日以内に、裁判所に対し、価格の決定の申立てをすることができる。

3　裁判所は、前項の決定をするには、前条第1項の規定による請求の時における株式会社の資

産状態その他一切の事情を考慮しなければならない。

4　第1項の規定にかかわらず、第2項の期間内に同項の申立てがあったときは、当該申立てにより裁判所が定めた額をもって当該単元未満株式の価格とする。

5　第1項の規定にかかわらず、同項第2号に掲げる場合において、第2項の期間内に同項の申立てがないとき（当該期間内に第1項第2号の協議が調った場合を除く。）は、1株当たり純資産額に前条第1項の規定による請求に係る単元未満株式の数を乗じて得た額をもって当該単元未満株式の価格とする。

6　前条第1項の規定による請求に係る株式の買取りは、当該株式の代金の支払の時に、その効力を生ずる。

7　株券発行会社は、株券が発行されている株式につき前条第1項の規定による請求があったときは、株券と引換えに、その請求に係る株式の代金を支払わなければならない。

第3款　単元未満株主の売渡請求

第194条　株式会社は、単元未満株主が当該株式会社に対して単元未満株式売渡請求（単元未満株主が有する単元未満株式の数と併せて単元株式数となる数の株式を当該単元未満株主に売り渡すことを請求することをいう。以下この条において同じ。）をすることができる旨を定款で定めることができる。

2　単元未満株式売渡請求は、当該単元未満株主に売り渡す単元未満株式の数（種類株式発行会社にあっては、単元未満株式の種類及び種類ごとの数）を明らかにしてしなければならない。

3　単元未満株式売渡請求を受けた株式会社は、当該単元未満株式売渡請求を受けた時に前項の単元未満株式の数に相当する数の株式を有しない場合を除き、自己株式を当該単元未満株主に売り渡さなければならない。

4　第192条第3項<単元未満株主の買取請求の撤回>及び前条第1項から第6項まで<単元未満株式の価格の決定>の規定は、単元未満株式売渡請求について準用する。

第4款　単元株式数の変更等

第195条　株式会社は、第466条<定款の変更>の規定にかかわらず、取締役の決定（取締役会設置会社にあっては、取締役会の決議）によって、定款を変更して単元株式数を減少し、又は単元株式数についての定款の定めを廃止することができる。

2　前項の規定により定款の変更をした場合には、株式会社は、当該定款の変更の効力が生じた日以後遅滞なく、その株主（種類株式発行会社にあっては、同項の規定により単元株式数を変更した種類の種類株主）に対し、当該定款の変更をした旨を通知しなければならない。

3　前項の規定による通知は、公告をもってこれに代えることができる。

第7節　株主に対する通知の省略等

（株主に対する通知の省略）

第196条　株式会社が株主に対してする通知又は催告が5年以上継続して到達しない場合には、株式会社は、当該株主に対する通知又は催告をすることを要しない。

2　前項の場合には、同項の株主に対する株式会社の義務の履行を行う場所は、株式会社の住所地とする。

3　前2項の規定は、登録株式質権者について準用する。

（株式の競売）

第197条　株式会社は、次のいずれにも該当する株式を競売し、かつ、その代金をその株式の株主に交付することができる。

一　その株式の株主に対して前条第1項又は第294条第2項の規定により通知及び催告をすることを要しないもの

二　その株式の株主が継続して5年間剰余金の配当を受領しなかったもの

2　株式会社は、前項の規定による競売に代えて、市場価格のある同項の株式については市場価格として法務省令で定める方法により算定される額をもって、市場価格のない同項の株式については裁判所の許可を得て競売以外の方法により、これを売却することができる。この場合において、当該許可の申立ては、取締役が二人以上あるときは、その全員の同意によってしなければならない。

3　株式会社は、前項の規定により売却する株式の全部又は一部を買い取ることができる。この場合においては、次に掲げる事項を定めなければならない。

一　買い取る株式の数（種類株式発行会社にあっては、

株式の種類及び種類ごとの数）
二　前号の株式の買取りをするのと引換えに交付する金銭の総額
4　取締役会設置会社においては、前項各号に掲げる事項の決定は、取締役会の決議によらなければならない。
5　第1項及び第2項の規定にかかわらず、登録株式質権者がある場合には、当該登録株式質権者が次のいずれにも該当する者であるときに限り、株式会社は、第1項の規定による競売又は第2項の規定による売却をすることができる。
一　前条第3項において準用する同条第1項の規定により通知又は催告をすることを要しない者
二　継続して5年間第154条第1項の規定により受領することができる剰余金の配当を受領しなかった者

（利害関係人の異議）
第198条　前条第1項の規定による競売又は同条第2項の規定による売却をする場合には、株式会社は、同条第1項の株式の株主その他の利害関係人が一定の期間内に異議を述べることができる旨その他法務省令で定める事項を公告し、かつ、当該株式の株主及びその登録株式質権者には、各別にこれを催告しなければならない。ただし、当該期間は、3箇月を下ることができない。
2　第126条第1項及び第150条第1項の規定にかかわらず、前項の規定による催告は、株主名簿に記載し、又は記録した当該株主及び登録株式質権者の住所（当該株主又は登録株式質権者が別に通知又は催告を受ける場所又は連絡先を当該株式会社に通知した場合にあっては、その場所又は連絡先を含む。）にあてて発しなければならない。
3　第126条第3項及び第4項の規定にかかわらず、株式が2以上の者の共有に属するときは、第1項の規定による催告は、共有者に対し、株主名簿に記載し、又は記録した住所（当該共有者が別に通知又は催告を受ける場所又は連絡先を当該株式会社に通知した場合にあっては、その場所又は連絡先を含む。）にあてて発しなければならない。
4　第196条第1項（同条第3項において準用する場合を含む。）の規定は、第1項の規定による催告については、適用しない。
5　第1項の規定による公告をした場合（前条第1項の株式に係る株券が発行されている場合に限る。）において、第1項の期間内に利害関係人が異議を述べなかったときは、当該株式に係る株券は、当該期間の末日に無効となる。

第8節　募集株式の発行等

第1款　募集事項の決定等

（募集事項の決定）
第199条　株式会社は、その発行する株式又はその処分する自己株式を引き受ける者の募集をしようとするときは、その都度、募集株式（当該募集に応じてこれらの株式の引受けの申込みをした者に対して割り当てる株式をいう。以下この節において同じ。）について次に掲げる事項を定めなければならない。
一　募集株式の数（種類株式発行会社にあっては、募集株式の種類及び数。以下この節において同じ。）
二　募集株式の払込金額（募集株式1株と引換えに払い込む金銭又は給付する金銭以外の財産の額をいう。以下この節において同じ。）又はその算定方法
三　金銭以外の財産を出資の目的とするときは、その旨並びに当該財産の内容及び価額
四　募集株式と引換えにする金銭の払込み又は前号の財産の給付の期日又はその期間
五　株式を発行するときは、増加する資本金及び資本準備金に関する事項
2　前項各号に掲げる事項（以下この節において「募集事項」という。）の決定は、株主総会の決議によらなければならない。
3　第1項第2号の払込金額が募集株式を引き受ける者に特に有利な金額である場合には、取締役は、前項の株主総会において、当該払込金額でその者の募集をすることを必要とする理由を説明しなければならない。
4　種類株式発行会社において、第1項第1号の募集株式の種類が譲渡制限株式であるときは、当該種類の株式に関する募集事項の決定は、当該種類の株式を引き受ける者の募集について当該種類の株式の種類株主を構成員とする種類株主総会の決議を要しない旨の定款の定めがある場合を除き、当該種類株主総会の決議がなければ、その効力を生じない。ただし、当該種類株主総会において議決権を行使することができる種類株主が存しない場合は、この限りでない。
5　募集事項は、第1項の募集ごとに、均等に定めなければならない。

（募集事項の決定の委任）
第200条　前条第2項及び第4項の規定にかか

わらず、株主総会においては、その決議によって、募集事項の決定を取締役（取締役会設置会社にあっては、取締役会）に委任することができる。この場合においては、その委任に基づいて募集事項の決定をすることができる募集株式の数の上限及び払込金額の下限を定めなければならない。

2　前項の払込金額の下限が募集株式を引き受ける者に特に有利な金額である場合には、取締役は、同項の株主総会において、当該払込金額でその者の募集をすることを必要とする理由を説明しなければならない。

3　第１項の決議は、前条第１項第４号<募集株式と引換えにする金銭の払込み又は金銭以外の財産の給付の期日又はその期間>の期日（同号の期間を定めた場合にあっては、その期間の末日）が当該決議の日から１年以内の日である同項の募集についてのみその効力を有する。

4　種類株式発行会社において、第１項の募集株式の種類が譲渡制限株式であるときは、当該種類の株式に関する募集事項の決定の委任は、当該種類の株式について前条第４項の定款の定めがある場合を除き、当該種類の株式の種類株主を構成員とする種類株主総会の決議がなければ、その効力を生じない。ただし、当該種類株主総会において議決権を行使することができる種類株主が存しない場合は、この限りでない。

（公開会社における募集事項の決定の特則）

第201条　第199条第３項<募集株式が有利発行される場合における取締役の説明義務>に規定する場合を除き、公開会社における同条第２項<株主総会決議による募集事項の決定>の規定の適用については、同項中「株主総会」とあるのは、「取締役会」とする。この場合においては、前条の規定は、適用しない。

2　前項の規定により読み替えて適用する第199条第２項<株主総会決議による募集事項の決定>の取締役会の決議によって募集事項を定める場合において、市場価格のある株式を引き受ける者の募集をするときは、同条第１項第２号<募集株式の払込金額又はその算定方法>に掲げる事項に代えて、公正な価額による払込みを実現するために適当な払込金額の決定の方法を定めることができる。

3　公開会社は、第１項の規定により読み替えて適用する第199条第２項<募集事項の株主総会決議による決定>の取締役会の決議によって募集事項を定めたときは、同条第１項第４号<募集株式と引換えにする金銭の払込み又は金銭以外の財産の給付の期日又はその期間>の期日（同号の期間を定めた場合にあっては、その期間の初日）の２週間前までに、株主に対し、当該募集事項（前項の規定により払込金額の決定の方法を定めた場合にあっては、その方法を含む。以下この節において同じ。）を通知しなければならない。

4　前項の規定による通知は、公告をもってこれに代えることができる。

5　第３項の規定は、株式会社が募集事項について同項に規定する期日の２週間前までに金融商品取引法第４条第１項から第３項までの届出をしている場合その他の株主の保護に欠けるおそれがないものとして法務省令で定める場合には、適用しない。

（株主に株式の割当てを受ける権利を与える場合）

第202条　株式会社は、第199条第１項<募集事項の決定>の募集において、株主に株式の割当てを受ける権利を与えることができる。この場合においては、募集事項のほか、次に掲げる事項を定めなければならない。

一　株主に対し、次条第２項の申込みをすることにより当該株式会社の募集株式（種類株式発行会社にあっては、当該株主の有する種類の株式と同一の種類のもの）の割当てを受ける権利を与える旨

二　前号の募集株式の引受けの申込みの期日

2　前項の場合には、同項第１号の株主（当該株式会社を除く。）は、その有する株式の数に応じて募集株式の割当てを受ける権利を有する。ただし、当該株主が割当てを受ける募集株式の数に１株に満たない端数があるときは、これを切り捨てるものとする。

3　第１項各号に掲げる事項を定める場合には、募集事項及び同項各号に掲げる事項は、次の各号に掲げる場合の区分に応じ、当該各号に定める方法によって定めなければならない。

一　当該募集事項及び第１項各号に掲げる事項を取締役の決定によって定めることができる旨の定款の定めがある場合（株式会社が取締役会設置会社である場合を除く。）　取締役の決定

二　当該募集事項及び第１項各号に掲げる事項を取締役会の決議によって定めることができる旨の定款の定めがある場合（次号に掲げる場合を除く。）　取締役会の決議

三　株式会社が公開会社である場合　取締役会の決議

四　前３号に掲げる場合以外の場合　株主総会の決議

4　株式会社は、第1項各号に掲げる事項を定めた場合には、同項第2号の期日の2週間前までに、同項第1号の株主（当該株式会社を除く。）に対し、次に掲げる事項を通知しなければならない。
一　募集事項
二　当該株主が割当てを受ける募集株式の数
三　第1項第2号の期日
5　第199条第2項から第4項<募集事項の決定等>まで及び前2条の規定<募集事項の決定の委任、公開会社における募集事項の決定の特則>は、第1項から第3項までの規定により株主に株式の割当てを受ける権利を与える場合には、適用しない。

（取締役の報酬等に係る募集事項の決定の特則）
第202条の2　金融商品取引法第2条第16項に規定する金融商品取引所に上場されている株式を発行している株式会社は、定款又は株主総会の決議による第361条第1項第3号<取締役の報酬等のうち当該株式会社の募集株式の数の上限等>に掲げる事項についての定めに従いその発行する株式又はその処分する自己株式を引き受ける者の募集をするときは、第199条第1項第2号及び第4号<募集株式の払込金額又はその算定方法、及び金銭の払込み又は現物出資の期日又はその期間>に掲げる事項を定めることを要しない。この場合において、当該株式会社は、募集株式について次に掲げる事項を定めなければならない。
一　取締役の報酬等（第361条第1項に規定する報酬等をいう。第236条第3項第1号<取締役の報酬等として当該新株予約権を発行する場合>において同じ。）として当該募集に係る株式の発行又は自己株式の処分をするものであり、募集株式と引換えにする金銭の払込み又は第199条第1項第3号<現物出資である旨と当該財産の内容及び価額>の財産の給付を要しない旨
二　募集株式を割り当てる日（以下この節において「割当日」という。）
2　前項各号に掲げる事項を定めた場合における第199条第2項<株主総会決議による募集事項の決定>の規定の適用については、同項中「前項各号」とあるのは、「前項各号（第2号及び第4号を除く。）及び第202条の2第1項各号」とする。この場合においては、第200条<募集事項の決定の委任>及び前条<株主に株式の割当てを受ける権利を与える場合>の規定は、適用しない。
3　指名委員会等設置会社における第1項の規定の適用については、同項中「定款又は株主総会の決議による第361条第1項第3号に掲げる事項についての定め」とあるのは「報酬委員会による第409条第3項第3号に定める事項についての決定」と、「取締役」とあるのは「執行役又は取締役」とする。

第2款　募集株式の割当て

（募集株式の申込み）
第203条　株式会社は、第199条第1項<募集事項の決定>の募集に応じて募集株式の引受けの申込みをしようとする者に対し、次に掲げる事項を通知しなければならない。
一　株式会社の商号
二　募集事項
三　金銭の払込みをすべきときは、払込みの取扱いの場所
四　前3号に掲げるもののほか、法務省令で定める事項
2　第199条第1項<募集事項の決定>の募集に応じて募集株式の引受けの申込みをする者は、次に掲げる事項を記載した書面を株式会社に交付しなければならない。
一　申込みをする者の氏名又は名称及び住所
二　引き受けようとする募集株式の数
3　前項の申込みをする者は、同項の書面の交付に代えて、政令で定めるところにより、株式会社の承諾を得て、同項の書面に記載すべき事項を電磁的方法により提供することができる。この場合において、当該申込みをした者は、同項の書面を交付したものとみなす。
4　第1項の規定は、株式会社が同項各号に掲げる事項を記載した金融商品取引法第2条第10項に規定する目論見書を第1項の申込みをしようとする者に対して交付している場合その他募集株式の引受けの申込みをしようとする者の保護に欠けるおそれがないものとして法務省令で定める場合には、適用しない。
5　株式会社は、第1項各号に掲げる事項について変更があったときは、直ちに、その旨及び当該変更があった事項を第2項の申込みをした者（以下この款において「申込者」という。）に通知しなければならない。
6　株式会社が申込者に対してする通知又は催告は、第2項第1号の住所（当該申込者が別に通知又は催告を受ける場所又は連絡先を当該株式会社に通知した場合にあっては、その場所又は連絡先）にあてて発すれば足りる。
7　前項の通知又は催告は、その通知又は催告が

通常到達すべきであった時に、到達したものとみなす。

（募集株式の割当て）

第204条　株式会社は、申込者の中から募集株式の割当てを受ける者を定め、かつ、その者に割り当てる募集株式の数を定めなければならない。この場合において、株式会社は、当該申込者に割り当てる募集株式の数を、前条第２項第２号<引き受けようとする募集株式の数>の数よりも減少することができる。

2　募集株式が譲渡制限株式である場合には、前項の規定による決定は、株主総会（取締役会設置会社にあっては、取締役会）の決議によらなければならない。ただし、定款に別段の定めがある場合は、この限りでない。

3　株式会社は、第199条第１項第４号<払込み又は給付の期日>の期日（同号の期間を定めた場合にあっては、その期間の初日）の前日までに、申込者に対し、当該申込者に割り当てる募集株式の数を通知しなければならない。

4　第202条<株主に株式の割当てを受ける権利を与える場合>の規定により株主に株式の割当てを受ける権利を与えた場合において、株主が同条第１項第２号<募集株式の引受けの申込みの期日>の期日までに前条第２項の申込みをしないときは、当該株主は、募集株式の割当てを受ける権利を失う。

（募集株式の申込み及び割当てに関する特則）

第205条　前２条<募集株式の申込み、募集株式の割当て>の規定は、募集株式を引き受けようとする者がその総数の引受けを行う契約を締結する場合には、適用しない。

2　前項に規定する場合において、募集株式が譲渡制限株式であるときは、株式会社は、株主総会（取締役会設置会社にあっては、取締役会）の決議によって、同項の契約の承認を受けなければならない。ただし、定款に別段の定めがある場合は、この限りでない。

3　第202条の２第１項後段<取締役の報酬等に係る募集事項の決定の特則>の規定による同項各号に掲げる事項についての定めがある場合には、定款又は株主総会の決議による第361条第１項第３号<取締役の報酬等としての当該株式会社の募集株式>に掲げる事項についての定めに係る取締役（取締役であった者を含む。）以外の者は、第203条第２項<募集株式の引受け>の申込みをし、又は第１項の契約を締結することができない。

4　前項に規定する場合における前条第３項並びに第206条の２第１項、第３項及び第４項の規定の適用については、前条第３項及び第206条の２第１項中「第199条第１項第４号の期日（同号の期間を定めた場合にあっては、その期間の初日）」とあり、同条第３項中「同項に規定する期日」とあり、並びに同条第４項中「第１項に規定する期日」とあるのは、「割当日」とする。

5　指名委員会等設置会社における第３項の規定の適用については、同項中「定款又は株主総会の決議による第361条第１項第３号に掲げる事項についての定め」とあるのは「報酬委員会による第409条第３項第３号に定める事項についての決定」と、「取締役」とあるのは「執行役又は取締役」とする。

（募集株式の引受け）

第206条　次の各号に掲げる者は、当該各号に定める募集株式の数について募集株式の引受人となる。

一　申込者　株式会社の割り当てた募集株式の数

二　前条第１項の契約により募集株式の総数を引き受けた者　その者が引き受けた募集株式の数

（公開会社における募集株式の割当て等の特則）

第206条の２　公開会社は、募集株式の引受人について、第１号に掲げる数の第２号に掲げる数に対する割合が２分の１を超える場合には、第199条第１項第４号<募集株式と引換えにする金銭の払込み又は金銭以外の財産の給付の期日又はその期間>の期日（同号の期間を定めた場合にあっては、その期間の初日）の２週間前までに、株主に対し、当該引受人（以下この項及び第４項において「特定引受人」という。）の氏名又は名称及び住所、当該特定引受人についての第１号に掲げる数その他の法務省令で定める事項を通知しなければならない。ただし、当該特定引受人が当該公開会社の親会社等である場合又は第202条の規定により株主に株式の割当てを受ける権利を与えた場合は、この限りでない。

一　当該引受人（その子会社等を含む。）がその引き受けた募集株式の株主となった場合に有することとなる議決権の数

二　当該募集株式の引受人の全員がその引き受けた募集株式の株主となった場合における総株主の議決権の数

2　前項の規定による通知は、公告をもってこれに代えることができる。

3　第１項の規定にかかわらず、株式会社が同項

の事項について同項に規定する期日の２週間前までに金融商品取引法第４条第１項から第３項までの届出をしている場合その他の株主の保護に欠けるおそれがないものとして法務省令で定める場合には、第１項の規定による通知は、することを要しない。

4　総株主（この項の株主総会において議決権を行使することができない株主を除く。）の議決権の10分の１（これを下回る割合を定款で定めた場合にあっては、その割合）以上の議決権を有する株主が第１項の規定による通知又は第２項の公告の日（前項の場合にあっては、法務省令で定める日）から２週間以内に特定引受人（その子会社等を含む。以下この項において同じ。）による募集株式の引受けに反対する旨を公開会社に対し通知したときは、当該公開会社は、第１項に規定する期日の前日までに、株主総会の決議によって、当該特定引受人に対する募集株式の割当て又は当該特定引受人との間の第205条第１項の契約の承認を受けなければならない。ただし、当該公開会社の財産の状況が著しく悪化している場合において、当該公開会社の事業の継続のため緊急の必要があるときは、この限りでない。

5　第309条第１項の規定にかかわらず、前項の株主総会の決議は、議決権を行使することができる株主の議決権の過半数（３分の１以上の割合を定款で定めた場合にあっては、その割合以上）を有する株主が出席し、出席した当該株主の議決権の過半数（これを上回る割合を定款で定めた場合にあっては、その割合以上）をもって行わなければならない。

第３款　金銭以外の財産の出資

第207条　株式会社は、第199条第１項第３号<現物出資である旨と当該財産の内容及び価額>に掲げる事項を定めたときは、募集事項の決定の後遅滞なく、同号の財産（以下この節において「現物出資財産」という。）の価額を調査させるため、裁判所に対し、検査役の選任の申立てをしなければならない。

2　前項の申立てがあった場合には、裁判所は、これを不適法として却下する場合を除き、検査役を選任しなければならない。

3　裁判所は、前項の検査役を選任した場合には、株式会社が当該検査役に対して支払う報酬の額を定めることができる。

4　第２項の検査役は、必要な調査を行い、当該調査の結果を記載し、又は記録した書面又は電磁的記録（法務省令で定めるものに限る。）を裁判所に提供して報告をしなければならない。

5　裁判所は、前項の報告について、その内容を明瞭にし、又はその根拠を確認するため必要があると認めるときは、第２項の検査役に対し、更に前項の報告を求めることができる。

6　第２項の検査役は、第４項の報告をしたときは、株式会社に対し、同項の書面の写しを交付し、又は同項の電磁的記録に記録された事項を法務省令で定める方法により提供しなければならない。

7　裁判所は、第４項の報告を受けた場合において、現物出資財産について定められた第199条第１項第３号<現物出資である旨と当該財産の内容及び価額>の価額（第２項の検査役の調査を経ていないものを除く。）を不当と認めたときは、これを変更する決定をしなければならない。

8　募集株式の引受人（現物出資財産を給付する者に限る。以下この条において同じ。）は、前項の決定により現物出資財産の価額の全部又は一部が変更された場合には、当該決定の確定後１週間以内に限り、その募集株式の引受けの申込み又は第205条第１項<募集株式の申込み及び割当てに関する特則>の契約に係る意思表示を取り消すことができる。

9　前各項の規定は、次の各号に掲げる場合には、当該各号に定める事項については、適用しない。

一　募集株式の引受人に割り当てる株式の総数が発行済株式の総数の10分の１を超えない場合　当該募集株式の引受人が給付する現物出資財産の価額

二　現物出資財産について定められた第199条第１項第３号<現物出資である旨と当該財産の内容及び価額>の価額の総額が500万円を超えない場合　当該現物出資財産の価額

三　現物出資財産のうち、市場価格のある有価証券について定められた第199条第１項第３号<現物出資である旨と当該財産の内容及び価額>の価額が当該有価証券の市場価格として法務省令で定める方法により算定されるものを超えない場合　当該有価証券についての現物出資財産の価額

四　現物出資財産について定められた第199条第１項第３号<現物出資である旨と当該財産の内容及び価額>の価額が相当であることについて弁護士、弁護士法人、弁護士・外国法事務弁護士共同法人、公認会計士、監査法人、税理士又は税理士法人の証明（現物出資財産が不動産で

ある場合にあっては、当該証明及び不動産鑑定士の鑑定評価。以下この号において同じ。）を受けた場合　当該証明を受けた現物出資財産の価額

五　現物出資財産が株式会社に対する金銭債権（弁済期が到来しているものに限る。）であって、当該金銭債権について定められた第199条第1項第3号<現物出資である旨と当該財産の内容及び価額>の価額が当該金銭債権に係る負債の帳簿価額を超えない場合　当該金銭債権についての現物出資財産の価額

10　次に掲げる者は、前項第4号に規定する証明をすることができない。

一　取締役、会計参与、監査役若しくは執行役又は支配人その他の使用人

二　募集株式の引受人

三　業務の停止の処分を受け、その停止の期間を経過しない者

四　弁護士法人、弁護士・外国法事務弁護士共同法人、監査法人又は税理士法人であって、その社員の半数以上が第1号又は第2号に掲げる者のいずれかに該当するもの

第4款　出資の履行等

（出資の履行）

第208条　募集株式の引受人（現物出資財産を給付する者を除く。）は、第199条第1項第4号<募集株式と引換えにする金銭の払込又は金銭以外の財産の給付の期日又はその期間>の期日又は同号の期間内に、株式会社が定めた銀行等の払込みの取扱いの場所において、それぞれの募集株式の払込金額の全額を払い込まなければならない。

2　募集株式の引受人（現物出資財産を給付する者に限る。）は、第199条第1項第4号<募集株式と引換えにする金銭の払込又は金銭以外の財産の給付の期日又はその期間>の期日又は同号の期間内に、それぞれの募集株式の払込金額の全額に相当する現物出資財産を給付しなければならない。

3　募集株式の引受人は、第1項の規定による払込み又は前項の規定による給付（以下この款において「出資の履行」という。）をする債務と株式会社に対する債権とを相殺することができない。

4　出資の履行をすることにより募集株式の株主となる権利の譲渡は、株式会社に対抗することができない。

5　募集株式の引受人は、出資の履行をしないときは、当該出資の履行をすることにより募集株式の株主となる権利を失う。

（株主となる時期等）

第209条　募集株式の引受人は、次の各号に掲げる場合には、当該各号に定める日に、出資の履行をした募集株式の株主となる。

一　第199条第1項第4号<募集株式と引換えにする金銭の払込又は金銭以外の財産の給付の期日又はその期間>の期日を定めた場合　当該期日

二　第199条第1項第4号<募集株式と引換えにする金銭の払込又は金銭以外の財産の給付の期日又はその期間>の期間を定めた場合　出資の履行をした日

2　募集株式の引受人は、第213条の2第1項各号<出資の履行を仮装した募集株式の引受人の責任>に掲げる場合には、当該各号に定める支払若しくは給付又は第213条の3第1項<出資の履行を仮装した場合の取締役等の責任>の規定による支払がされた後でなければ、出資の履行を仮装した募集株式について、株主の権利を行使することができない。

3　前項の募集株式を譲り受けた者は、当該募集株式についての株主の権利を行使することができる。ただし、その者に悪意又は重大な過失があるときは、この限りでない。

4　第1項の規定にかかわらず、第202条の2第1項後段<取締役の報酬等に係る募集事項の決定の特則>の規定による同項各号に掲げる事項についての定めがある場合には、募集株式の引受人は、割当日に、その引き受けた募集株式の株主となる。

第5款　募集株式の発行等をやめることの請求

第210条　次に掲げる場合において、株主が不利益を受けるおそれがあるときは、株主は、株式会社に対し、第199条第1項<募集事項の決定>の募集に係る株式の発行又は自己株式の処分をやめることを請求することができる。

一　当該株式の発行又は自己株式の処分が法令又は定款に違反する場合

二　当該株式の発行又は自己株式の処分が著しく不公正な方法により行われる場合

第6款　募集に係る責任等

（引受けの無効又は取消しの制限）

第211条　民法第93条第1項ただし書<心裡留保>及び第94条第1項<虚偽表示>の規定は、募集株式の引受けの申込み及び割当て並びに第205条第1項<募集株式の申込み及び割当てに関する特則>の契

約に係る意思表示については、適用しない。

2　募集株式の引受人は、第209条第1項<株主となる時期>の規定により株主となった日から1年を経過した後又はその株式について権利を行使した後は、錯誤、詐欺又は強迫を理由として募集株式の引受けの取消しをすることができない。

（不公正な払込金額で株式を引き受けた者等の責任）

第212条　募集株式の引受人は、次の各号に掲げる場合には、株式会社に対し、当該各号に定める額を支払う義務を負う。

一　取締役（指名委員会等設置会社にあっては、取締役又は執行役）と通じて著しく不公正な払込金額で募集株式を引き受けた場合　当該払込金額と当該募集株式の公正な価額との差額に相当する金額

二　第209条第1項<株主となる時期>の規定により募集株式の株主となった時におけるその給付した現物出資財産の価額がこれについて定められた第199条第1項第3号<現物出資である旨と当該財産の内容及び価額>の価額に著しく不足する場合　当該不足額

2　前項第2号に掲げる場合において、現物出資財産を給付した募集株式の引受人が当該現物出資財産の価額がこれについて定められた第199条第1項第3号<現物出資である旨と当該財産の内容及び価額>の価額に著しく不足することにつき善意でかつ重大な過失がないときは、募集株式の引受けの申込み又は第205条第1項<募集株式の申込み及び割当てに関する特則>の契約に係る意思表示を取り消すことができる。

（出資された財産等の価額が不足する場合の取締役等の責任）

第213条　前条第1項第2号<現物出資財産の価額が著しく不足する場合の引受人の不足額支払義務>に掲げる場合には、次に掲げる者（以下この条において「取締役等」という。）は、株式会社に対し、同号に定める額を支払う義務を負う。

一　当該募集株式の引受人の募集に関する職務を行った業務執行取締役（指名委員会等設置会社にあっては、執行役。以下この号において同じ。）その他当該業務執行取締役の行う業務の執行に職務上関与した者として法務省令で定めるもの

二　現物出資財産の価額の決定に関する株主総会の決議があったときは、当該株主総会に議案を提案した取締役として法務省令で定めるもの

三　現物出資財産の価額の決定に関する取締役会の決議があったときは、当該取締役会に議案を提案した取締役（指名委員会等設置会社にあっては、取締役又は執行役）として法務省令で定めるもの

2　前項の規定にかかわらず、次に掲げる場合には、取締役等は、現物出資財産について同項の義務を負わない。

一　現物出資財産の価額について第207条第2項<現物出資財産の調査のため裁判所が選任した検査役>の検査役の調査を経た場合

二　当該取締役等がその職務を行うについて注意を怠らなかったことを証明した場合

3　第1項に規定する場合には、第207条第9項第4号<現物出資財産の価額が相当であることについて弁護士等の証明を受けたとして検査役の調査が不要となる場合>に規定する証明をした者（以下この条において「証明者」という。）は、株式会社に対し前条第1項第2号<現物出資財産の価額が著しく不足する場合の引受人の不足額支払義務>に定める額を支払う義務を負う。ただし、当該証明者が当該証明をするについて注意を怠らなかったことを証明したときは、この限りでない。

4　募集株式の引受人がその給付した現物出資財産についての前条第1項第2号<現物出資財産の価額が著しく不足する場合の引受人の不足額支払義務>に定める額を支払う義務を負う場合において、次の各号に掲げる者が当該現物出資財産について当該各号に定める義務を負うときは、これらの者は、連帯債務者とする。

一　取締役等　第1項の義務

二　証明者　前項本文の義務

（出資の履行を仮装した募集株式の引受人の責任）

第213条の2　募集株式の引受人は、次の各号に掲げる場合には、株式会社に対し、当該各号に定める行為をする義務を負う。

一　第208条第1項<募集株式の引受人の出資の履行>の規定による払込みを仮装した場合　払込みを仮装した払込金額の全額の支払

二　第208条第2項<現物出資における募集株式の引受人の出資の履行>の規定による給付を仮装した場合　給付を仮装した現物出資財産の給付（株式会社が当該給付に代えて当該現物出資財産の価額に相当する金銭の支払を請求した場合にあっては、当該金銭の全額の支払）

2　前項の規定により募集株式の引受人の負う義

務は、総株主の同意がなければ、免除することができない。

（出資の履行を仮装した場合の取締役等の責任）

第213条の3　前条第1項各号<出資の履行を仮装した募集株式の引受人の責任>に掲げる場合には、募集株式の引受人が出資の履行を仮装することに関与した取締役（指名委員会等設置会社にあっては、執行役を含む。）として法務省令で定める者は、株式会社に対し、当該各号に規定する支払をする義務を負う。ただし、その者（当該出資の履行を仮装したものを除く。）がその職務を行うについて注意を怠らなかったことを証明した場合は、この限りでない。

2　募集株式の引受人が前条第1項各号<出資の履行を仮装した募集株式の引受人の責任>に規定する支払をする義務を負う場合において、前項に規定する者が同項の義務を負うときは、これらの者は、連帯債務者とする。

第9節　株券

第1款　総則

（株券を発行する旨の定款の定め）

第214条　株式会社は、その株式（種類株式発行会社にあっては、全部の種類の株式）に係る株券を発行する旨を定款で定めることができる。

（株券の発行）

第215条　株券発行会社は、株式を発行した日以後遅滞なく、当該株式に係る株券を発行しなければならない。

2　株券発行会社は、株式の併合をしたときは、第180条第2項第2号<株式の併合がその効力を生ずる日>の日以後遅滞なく、併合した株式に係る株券を発行しなければならない。

3　株券発行会社は、株式の分割をしたときは、第183条第2項第2号<株式の分割がその効力を生ずる日>の日以後遅滞なく、分割した株式に係る株券（既に発行されているものを除く。）を発行しなければならない。

4　前3項の規定にかかわらず、公開会社でない株券発行会社は、株主から請求がある時までは、これらの規定の株券を発行しないことができる。

（株券の記載事項）

第216条　株券には、次に掲げる事項及びその番号を記載し、株券発行会社の代表取締役（指名委員会等設置会社にあっては、代表執行役）がこれに署名し、又は記名押印しなければならない。

一　株券発行会社の商号

二　当該株券に係る株式の数

三　譲渡による当該株券に係る株式の取得について株式会社の承認を要することを定めたときは、その旨

四　種類株式発行会社にあっては、当該株券に係る株式の種類及びその内容

（株券不所持の申出）

第217条　株券発行会社の株主は、当該株券発行会社に対し、当該株主の有する株式に係る株券の所持を希望しない旨を申し出ることができる。

2　前項の規定による申出は、その申出に係る株式の数（種類株式発行会社にあっては、株式の種類及び種類ごとの数）を明らかにしてしなければならない。この場合において、当該株式に係る株券が発行されているときは、当該株主は、当該株券を株券発行会社に提出しなければならない。

3　第1項の規定による申出を受けた株券発行会社は、遅滞なく、前項前段の株式に係る株券を発行しない旨を株主名簿に記載し、又は記録しなければならない。

4　株券発行会社は、前項の規定による記載又は記録をしたときは、第2項前段の株式に係る株券を発行することができない。

5　第2項後段の規定により提出された株券は、第3項の規定による記載又は記録をした時において、無効となる。

6　第1項の規定による申出をした株主は、いつでも、株券発行会社に対し、第2項前段の株式に係る株券を発行することを請求することができる。この場合において、第2項後段の規定により提出された株券があるときは、株券の発行に要する費用は、当該株主の負担とする。

（株券を発行する旨の定款の定めの廃止）

第218条　株券発行会社は、その株式（種類株式発行会社にあっては、全部の種類の株式）に係る株券を発行する旨の定款の定めを廃止する定款の変更をしようとするときは、当該定款の変更の効力が生ずる日の2週間前までに、次に掲げる事項を公告し、かつ、株主及び登録株式質権者には、各別にこれを通知しなければならない。

一　その株式（種類株式発行会社にあっては、全部の種類の株式）に係る株券を発行する旨の定款の定めを廃止する旨

二　定款の変更がその効力を生ずる日

三　前号の日において当該株式会社の株券は無効となる旨

2　株券発行会社の株式に係る株券は、前項第2号の日に無効となる。

3　第1項の規定にかかわらず、株式の全部について株券を発行していない株券発行会社がその株式（種類株式発行会社にあっては、全部の種類の株式）に係る株券を発行する旨の定款の定めを廃止する定款の変更をしようとする場合には、同項第2号の日の2週間前までに、株主及び登録株式質権者に対し、同項第1号及び第2号に掲げる事項を通知すれば足りる。

4　前項の規定による通知は、公告をもってこれに代えることができる。

5　第1項に規定する場合には、株式の質権者（登録株式質権者を除く。）は、同項第2号の日の前日までに、株券発行会社に対し、第148条各号<株主名簿の記載等>に掲げる事項を株主名簿に記載し、又は記録することを請求することができる。

第2款　株券の提出等

（株券の提出に関する公告等）

第219条　株券発行会社は、次の各号に掲げる行為をする場合には、当該行為の効力が生ずる日（第4号の2に掲げる行為をする場合にあっては、第179条の2第1項第5号に規定する取得日。以下この条において「株券提出日」という。）までに当該株券発行会社に対し当該各号に定める株式に係る株券を提出しなければならない旨を株券提出日の1箇月前までに、公告し、かつ、当該株式の株主及びその登録株式質権者には、各別にこれを通知しなければならない。ただし、当該株式の全部について株券を発行していない場合は、この限りでない。

一　第107条第1項第1号<全部の株式の内容としての譲渡制限株式>に掲げる事項についての定款の定めを設ける定款の変更　全部の株式（種類株式発行会社にあっては、当該事項についての定めを設ける種類の株式）

二　株式の併合　全部の株式（種類株式発行会社にあっては、第180条第2項第3号<種類株式発行会社が併合する株式の種類>の種類の株式）

三　第171条第1項<全部取得条項付種類株式の取得に関する決定>に規定する全部取得条項付種類株式の取得　当該全部取得条項付種類株式

四　取得条項付株式の取得　当該取得条項付株式

四の二　第179条の3第1項<特別支配株主による株式売渡請求の通知及び対象会社の承認>の承認　売渡株式

五　組織変更　全部の株式

六　合併（合併により当該株式会社が消滅する場合に限る。）　全部の株式

七　株式交換　全部の株式

八　株式移転　全部の株式

2　株券発行会社が次の各号に掲げる行為をする場合において、株券提出日までに当該株券発行会社に対して株券を提出しない者があるときは、当該各号に定める者は、当該株券の提出があるまでの間、当該行為（第2号に掲げる行為をする場合にあっては、株式売渡請求に係る売渡株式の取得）によって当該株券に係る株式の株主が受けることのできる金銭等の交付を拒むことができる。

一　前項第1号から第4号までに掲げる行為　当該株券発行会社

二　第179条の3第1項<特別支配株主による株式売渡請求の通知及び対象会社の承認>の承認　特別支配株主

三　組織変更　第744条第1項第1号に規定する組織変更後持分会社

四　合併（合併により当該株式会社が消滅する場合に限る。）　第749条第1項に規定する吸収合併存続会社又は第753条第1項に規定する新設合併設立会社

五　株式交換　第767条に規定する株式交換完全親会社

六　株式移転　第773条第1項第1号に規定する株式移転設立完全親会社

3　第1項各号に定める株式に係る株券は、株券提出日に無効となる。

4　第1項第4号の2の規定による公告及び通知の費用は、特別支配株主の負担とする。

（株券の提出をすることができない場合）

第220条　前条第1項各号<株券の提出に関する公告等>に掲げる行為をした場合において、株券を提出することができない者があるときは、株券発行会社は、その者の請求により、利害関係人に対し異議があれば一定の期間内にこれを述べることができる旨を公告することができる。ただし、当該期間は、3箇月を下ることができない。

2　株券発行会社が前項の規定による公告をした場合において、同項の期間内に利害関係人が異議を述べなかったときは、前条第2項各号<株券

を提出しない者に対する金銭等の交付の拒否>に定める者は、前項の請求をした者に対し、同条第２項の金銭等を交付することができる。

3　第１項の規定による公告の費用は、同項の請求をした者の負担とする。

第３款　株券喪失登録

（株券喪失登録簿）

第221条　株券発行会社（株式会社がその株式（種類株式発行会社にあっては、全部の種類の株式）に係る株券を発行する旨の定款の定めを廃止する定款の変更をした日の翌日から起算して１年を経過していない場合における当該株式会社を含む。以下この款（第223条、第227条及び第228条第２項を除く。）において同じ。）は、株券喪失登録簿を作成し、これに次に掲げる事項（以下この款において「株券喪失登録簿記載事項」という。）を記載し、又は記録しなければならない。

一　第223条<株券喪失登録の請求>の規定による請求に係る株券（第218条第２項又は第219条第３項の規定により無効となった株券及び株式の発行又は自己株式の処分の無効の訴えに係る請求を認容する判決が確定した場合における当該株式に係る株券を含む。以下この款（第228条を除く。）において同じ。）の番号

二　前号の株券を喪失した者の氏名又は名称及び住所

三　第１号の株券に係る株式の株主又は登録株式質権者として株主名簿に記載され、又は記録されている者（以下この款において「名義人」という。）の氏名又は名称及び住所

四　第１号の株券につき前３号に掲げる事項を記載し、又は記録した日（以下この款において「株券喪失登録日」という。）

（株券喪失登録簿に関する事務の委託）

第222条　株券発行会社における第123条<株主名簿管理人>の規定の適用については、同条中「株主名簿の」とあるのは「株主名簿及び株券喪失登録簿の」と、「株主名簿に」とあるのは「株主名簿及び株券喪失登録簿に」とする。

（株券喪失登録の請求）

第223条　株券を喪失した者は、法務省令で定めるところにより、株券発行会社に対し、当該株券についての株券喪失登録簿記載事項を株券喪失登録簿に記載し、又は記録すること（以下「株券喪失登録」という。）を請求することができる。

（名義人等に対する通知）

第224条　株券発行会社が前条の規定による請求に応じて株券喪失登録をした場合において、当該請求に係る株券を喪失した者として株券喪失登録簿に記載され、又は記録された者（以下この款において「株券喪失登録者」という。）が当該株券に係る株式の名義人でないときは、株券発行会社は、遅滞なく、当該名義人に対し、当該株券について株券喪失登録をした旨並びに第221条第１号<請求に係る株券の番号>、第２号<株券喪失者の氏名・住所>及び第４号<株券喪失登録日>に掲げる事項を通知しなければならない。

2　株式についての権利を行使するために株券が株券発行会社に提出された場合において、当該株券について株券喪失登録がされているときは、株券発行会社は、遅滞なく、当該株券を提出した者に対し、当該株券について株券喪失登録がされている旨を通知しなければならない。

（株券を所持する者による抹消の申請）

第225条　株券喪失登録がされた株券を所持する者（その株券についての株券喪失登録者を除く。）は、法務省令で定めるところにより、株券発行会社に対し、当該株券喪失登録の抹消を申請することができる。ただし、株券喪失登録日の翌日から起算して１年を経過したときは、この限りでない。

2　前項の規定による申請をしようとする者は、株券発行会社に対し、同項の株券を提出しなければならない。

3　第１項の規定による申請を受けた株券発行会社は、遅滞なく、同項の株券喪失登録者に対し、同項の規定による申請をした者の氏名又は名称及び住所並びに同項の株券の番号を通知しなければならない。

4　株券発行会社は、前項の規定による通知の日から２週間を経過した日に、第２項の規定により提出された株券に係る株券喪失登録を抹消しなければならない。この場合においては、株券発行会社は、当該株券を第１項の規定による申請をした者に返還しなければならない。

（株券喪失登録者による抹消の申請）

第226条　株券喪失登録者は、法務省令で定めるところにより、株券発行会社に対し、株券喪失登録（その株式（種類株式発行会社にあっては、全部の種類の株式）に係る株券を発行する旨の定款の定めを廃止する定款の変更をした場合にあっては、前条第２項の規定により提出された株券についての株券喪失登録を除く。）の抹消を申請することができる。

2　前項の規定による申請を受けた株券発行会社

は、当該申請を受けた日に、当該申請に係る株券喪失登録を抹消しなければならない。

（株券を発行する旨の定款の定めを廃止した場合における株券喪失登録の抹消）

第227条　その株式（種類株式発行会社にあっては、全部の種類の株式）に係る株券を発行する旨の定款の定めを廃止する定款の変更をする場合には、株券発行会社は、当該定款の変更の効力が生ずる日に、株券喪失登録（当該株券喪失登録がされた株券に係る株式の名義人が株券喪失登録者であるものに限り、第225条第2項の規定により提出された株券についてのものを除く。）を抹消しなければならない。

（株券の無効）

第228条　株券喪失登録（抹消されたものを除く。）がされた株券は、株券喪失登録日の翌日から起算して1年を経過した日に無効となる。

2　前項の規定により株券が無効となった場合には、株券発行会社は、当該株券についての株券喪失登録者に対し、株券を再発行しなければならない。

（異議催告手続との関係）

第229条　株券喪失登録者が第220条第1項＜株券の提出をすることができない場合＞の請求をした場合には、株券発行会社は、同項の期間の末日が株券喪失登録日の翌日から起算して1年を経過する日前に到来するときに限り、同項の規定による公告をすることができる。

2　株券発行会社が第220条第1項＜株券の提出をすることができない場合＞の規定による公告をするときは、当該株券発行会社は、当該公告をした日に、当該公告に係る株券についての株券喪失登録を抹消しなければならない。

（株券喪失登録の効力）

第230条　株券発行会社は、次に掲げる日のいずれか早い日（以下この条において「登録抹消日」という。）までの間は、株券喪失登録がされた株券に係る株式を取得した者の氏名又は名称及び住所を株主名簿に記載し、又は記録することができない。

一　当該株券喪失登録が抹消された日

二　株券喪失登録日の翌日から起算して1年を経過した日

2　株券発行会社は、登録抹消日後でなければ、株券喪失登録がされた株券を再発行することができない。

3　株券喪失登録者が株券喪失登録をした株券に係る株式の名義人でないときは、当該株式の株主は、登録抹消日までの間は、株主総会又は種類株主総会において議決権を行使することができない。

4　株券喪失登録がされた株券に係る株式については、第197条第1項＜所在不明株主等の株式の競売＞の規定による競売又は同条第2項＜所在不明株主等の株式の競売以外の方法による売却＞の規定による売却をすることができない。

（株券喪失登録簿の備置き及び閲覧等）

第231条　株券発行会社は、株券喪失登録簿をその本店（株主名簿管理人がある場合にあっては、その営業所）に備え置かなければならない。

2　何人も、株券発行会社の営業時間内は、いつでも、株券喪失登録簿（利害関係がある部分に限る。）について、次に掲げる請求をすることができる。この場合においては、当該請求の理由を明らかにしてしなければならない。

一　株券喪失登録簿が書面をもって作成されているときは、当該書面の閲覧又は謄写の請求

二　株券喪失登録簿が電磁的記録をもって作成されているときは、当該電磁的記録に記録された事項を法務省令で定める方法により表示したものの閲覧又は謄写の請求

（株券喪失登録者に対する通知等）

第232条　株券発行会社が株券喪失登録者に対してする通知又は催告は、株券喪失登録簿に記載し、又は記録した当該株券喪失登録者の住所（当該株券喪失登録者が別に通知又は催告を受ける場所又は連絡先を株券発行会社に通知した場合にあっては、その場所又は連絡先）にあてて発すれば足りる。

2　前項の通知又は催告は、その通知又は催告が通常到達すべきであった時に、到達したものとみなす。

（適用除外）

第233条　非訟事件手続法第4編の規定は、株券については、適用しない。

第10節　雑則

（1に満たない端数の処理）

第234条　次の各号に掲げる行為に際して当該各号に定める者に当該株式会社の株式を交付する場合において、その者に対し交付しなければならない当該株式会社の株式の数に1株に満たない端数があるときは、その端数の合計数（その合計数に1に満たない端数がある場合にあっては、これを切り捨てるものとする。）に相当する数の株式を競売し、

かつ、その端数に応じてその競売により得られた代金を当該者に交付しなければならない。

一　第170条第１項<取得条項付株式の取得日>の規定による株式の取得　当該株式会社の株主

二　第173条第１項<全部取得条項付種類株式の取得日>の規定による株式の取得　当該株式会社の株主

三　第185条<株式無償割当て>に規定する株式無償割当て　当該株式会社の株主

四　第275条第１項<取得条項付新株予約権を取得する日>の規定による新株予約権の取得　第236条第１項第７号イ<取得条項付新株予約権を一定の事由が生じた日に取得することとするとき>の新株予約権の新株予約権者

五　合併（合併により当該株式会社が存続する場合に限る。）　合併後消滅する会社の株主又は社員

六　合併契約に基づく設立時発行株式の発行　合併後消滅する会社の株主又は社員

七　株式交換による他の株式会社の発行済株式全部の取得　株式交換をする株式会社の株主

八　株式移転計画に基づく設立時発行株式の発行　株式移転をする株式会社の株主

九　株式交付　株式交付親会社（第774条の３第１項第１号に規定する株式交付親会社をいう。）に株式交付に際して株式交付子会社（同号に規定する株式交付子会社をいう。）の株式又は新株予約権等（同項第７号に規定する新株予約権等をいう。）を譲り渡した者

2　株式会社は、前項の規定による競売に代えて、市場価格のある同項の株式については市場価格として法務省令で定める方法により算定される額をもって、市場価格のない同項の株式については裁判所の許可を得て競売以外の方法により、これを売却することができる。この場合において、当該許可の申立ては、取締役が二人以上あるときは、その全員の同意によってしなければならない。

3　前項の規定により第１項の株式を売却した場合における同項の規定の適用については、同項中「競売により」とあるのは、「売却により」とする。

4　株式会社は、第２項の規定により売却する株式の全部又は一部を買い取ることができる。この場合においては、次に掲げる事項を定めなければならない。

一　買い取る株式の数（種類株式発行会社にあっては、株式の種類及び種類ごとの数）

二　前号の株式の買取りをするのと引換えに交付する金銭の総額

5　取締役会設置会社においては、前項各号に掲げる事項の決定は、取締役会の決議によらなければならない。

6　第１項から第４項までの規定は、第１項各号に掲げる行為に際して当該各号に定める者に当該株式会社の社債又は新株予約権を交付するときについて準用する。

第235条　株式会社が株式の分割又は株式の併合をすることにより株式の数に１株に満たない端数が生ずるときは、その端数の合計数（その合計数に１に満たない端数が生ずる場合にあっては、これを切り捨てるものとする。）に相当する数の株式を競売し、かつ、その端数に応じてその競売により得られた代金を株主に交付しなければならない。

2　前条第２項から第５項までの規定は、前項の場合について準用する。

第３章　新株予約権

第１節　総則

（新株予約権の内容）

第236条　株式会社が新株予約権を発行するときは、次に掲げる事項を当該新株予約権の内容としなければならない。

一　当該新株予約権の目的である株式の数（種類株式発行会社にあっては、株式の種類及び種類ごとの数）又はその数の算定方法

二　当該新株予約権の行使に際して出資される財産の価額又はその算定方法

三　金銭以外の財産を当該新株予約権の行使に際してする出資の目的とするときは、その旨並びに当該財産の内容及び価額

四　当該新株予約権を行使することができる期間

五　当該新株予約権の行使により株式を発行する場合における増加する資本金及び資本準備金に関する事項

六　譲渡による当該新株予約権の取得について当該株式会社の承認を要することとするときは、その旨

七　当該新株予約権について、当該株式会社が一定の事由が生じたことを条件としてこれを取得することができることとするときは、次に掲げる事項

イ　一定の事由が生じた日に当該株式会社がその新株予約権を取得する旨及びその事由
ロ　当該株式会社が別に定める日が到来することをもってイの事由とするときは、その旨
ハ　イの事由が生じた日にイの新株予約権の一部を取得することとするときは、その旨及び取得する新株予約権の一部の決定の方法
ニ　イの新株予約権を取得するのと引換えに当該新株予約権の新株予約権者に対して当該株式会社の株式を交付するときは、当該株式の数（種類株式発行会社にあっては、株式の種類及び種類ごとの数）又はその算定方法
ホ　イの新株予約権を取得するのと引換えに当該新株予約権の新株予約権者に対して当該株式会社の社債（新株予約権付社債についてのものを除く。）を交付するときは、当該社債の種類及び種類ごとの各社債の金額の合計額又はその算定方法
ヘ　イの新株予約権を取得するのと引換えに当該新株予約権の新株予約権者に対して当該株式会社の他の新株予約権（新株予約権付社債に付されたものを除く。）を交付するときは、当該他の新株予約権の内容及び数又はその算定方法
ト　イの新株予約権を取得するのと引換えに当該新株予約権の新株予約権者に対して当該株式会社の新株予約権付社債を交付するときは、当該新株予約権付社債についてのホに規定する事項及び当該新株予約権付社債に付された新株予約権についてのへに規定する事項
チ　イの新株予約権を取得するのと引換えに当該新株予約権の新株予約権者に対して当該株式会社の株式等以外の財産を交付するときは、当該財産の内容及び数若しくは額又はこれらの算定方法

八　当該株式会社が次のイからホまでに掲げる行為をする場合において、当該新株予約権の新株予約権者に当該イからホまでに定める株式会社の新株予約権を交付することとするときは、その旨及びその条件
イ　合併（合併により当該株式会社が消滅する場合に限る。）　合併後存続する株式会社又は合併により設立する株式会社
ロ　吸収分割　吸収分割をする株式会社がその事業に関して有する権利義務の全部又は一部を承継する株式会社
ハ　新設分割　新設分割により設立する株式会社
ニ　株式交換　株式交換をする株式会社の発行済株式の全部を取得する株式会社
ホ　株式移転　株式移転により設立する株式会社

九　新株予約権を行使した新株予約権者に交付する株式の数に１株に満たない端数がある場合において、これを切り捨てるものとするときは、その旨

十　当該新株予約権（新株予約権付社債に付されたものを除く。）に係る新株予約権証券を発行することとするときは、その旨

十一　前号に規定する場合において、新株予約権者が第290条<記名式と無記名式との間の転換>の規定による請求の全部又は一部をすることができないこととするときは、その旨

2　新株予約権付社債に付された新株予約権の数は、当該新株予約権付社債についての社債の金額ごとに、均等に定めなければならない。

3　金融商品取引法第２条第16項に規定する金融商品取引所に上場されている株式を発行している株式会社は、定款又は株主総会の決議による第361条第１項第４号又は第５号ロ<取締役の報酬等のうち当該株式会社の募集新株予約権の数の上限等>に掲げる事項についての定めに従い新株予約権を発行するときは、第１項第２号に掲げる事項を当該新株予約権の内容とすることを要しない。この場合において、当該株式会社は、次に掲げる事項を当該新株予約権の内容としなければならない。

一　取締役の報酬等として又は取締役の報酬等をもってする払込みと引換えに当該新株予約権を発行するものであり、当該新株予約権の行使に際してする金銭の払込み又は第１項第３号の財産の給付を要しない旨

二　定款又は株主総会の決議による第361条第１項第４号又は第５号ロ<取締役の報酬等のうち当該株式会社の募集新株予約権の数の上限等>に掲げる事項についての定めに係る取締役（取締役であった者を含む。）以外の者は、当該新株予約権を行使することができない旨

4　指名委員会等設置会社における前項の規定の適用については、同項中「定款又は株主総会の

決議による第361条第１項第４号又は第５号ロに掲げる事項についての定め」とあるのは「報酬委員会による第409条第３項第４号又は第５号ロに定める事項についての決定」と、同項第１号中「取締役」とあるのは「執行役若しくは取締役」と、同項第２号中「取締役」とあるのは「執行役又は取締役」とする。

（共有者による権利の行使）

第237条　新株予約権が２以上の者の共有に属するときは、共有者は、当該新株予約権についての権利を行使する者一人を定め、株式会社に対し、その者の氏名又は名称を通知しなければ、当該新株予約権についての権利を行使することができない。ただし、株式会社が当該権利を行使することに同意した場合は、この限りでない。

第２節　新株予約権の発行

第１款　募集事項の決定等

（募集事項の決定）

第238条　株式会社は、その発行する新株予約権を引き受ける者の募集をしようとするときは、その都度、募集新株予約権（当該募集に応じて当該新株予約権の引受けの申込みをした者に対して割り当てる新株予約権をいう。以下この章において同じ。）について次に掲げる事項（以下この節において「募集事項」という。）を定めなければならない。

一　募集新株予約権の内容及び数

二　募集新株予約権と引換えに金銭の払込みを要しないこととする場合には、その旨

三　前号に規定する場合以外の場合には、募集新株予約権の払込金額（募集新株予約権１個と引換えに払い込む金銭の額をいう。以下この章において同じ。）又はその算定方法

四　募集新株予約権を割り当てる日（以下この節において「割当日」という。）

五　募集新株予約権と引換えにする金銭の払込みの期日を定めるときは、その期日

六　募集新株予約権が新株予約権付社債に付されたものである場合には、第676条各号<募集社債に関する事項の決定>に掲げる事項

七　前号に規定する場合において、同号の新株予約権付社債に付された募集新株予約権についての第118条第１項<定款変更する場合の新株予約権買取請求>、第179条第２項<特別支配株主の新株予約権売渡請求>、第777条第１項<組織変更する場合の新株予約権買取請求>、第787条第１項<吸収合併、吸収分割、株式交換をする場合の新株予約権買取請求>又は第808条第１項<新設合併、新設分割、株式移転をする場合の新株予約権買取請求>の規定による請求の方法につき別段の定めをするときは、その定め

２　募集事項の決定は、株主総会の決議によらなければならない。

３　次に掲げる場合には、取締役は、前項の株主総会において、第１号の条件又は第２号の金額で募集新株予約権を引き受ける者の募集をすることを必要とする理由を説明しなければならない。

一　第１項第２号に規定する場合において、金銭の払込みを要しないこととすることが当該者に特に有利な条件であるとき。

二　第１項第３号に規定する場合において、同号の払込金額が当該者に特に有利な金額であるとき。

４　種類株式発行会社において、募集新株予約権の目的である株式の種類の全部又は一部が譲渡制限株式であるときは、当該募集新株予約権に関する募集事項の決定は、当該種類の株式を目的とする募集新株予約権を引き受ける者の募集について当該種類の株式の種類株主を構成員とする種類株主総会の決議を要しない旨の定款の定めがある場合を除き、当該種類株主総会の決議がなければ、その効力を生じない。ただし、当該種類株主総会において議決権を行使することができる種類株主が存しない場合は、この限りでない。

５　募集事項は、第１項の募集ごとに、均等に定めなければならない。

（募集事項の決定の委任）

第239条　前条第２項及び第４項の規定にかかわらず、株主総会においては、その決議によって、募集事項の決定を取締役（取締役会設置会社にあっては、取締役会）に委任することができる。この場合においては、次に掲げる事項を定めなければならない。

一　その委任に基づいて募集事項の決定をすることができる募集新株予約権の内容及び数の上限

二　前号の募集新株予約権につき金銭の払込みを要しないこととする場合には、その旨

三　前号に規定する場合以外の場合には、募

集新株予約権の払込金額の下限

2　次に掲げる場合には、取締役は、前項の株主総会において、第1号の条件又は第2号の金額で募集新株予約権を引き受ける者の募集をすることを必要とする理由を説明しなければならない。

一　前項第2号に規定する場合において、金銭の払込みを要しないこととすることが当該者に特に有利な条件であるとき。

二　前項第3号に規定する場合において、同号の払込金額の下限が当該者に特に有利な金額であるとき。

3　第1項の決議は、割当日が当該決議の日から1年以内の日である前条第1項の募集についてのみその効力を有する。

4　種類株式発行会社において、募集新株予約権の目的である株式の種類の全部又は一部が譲渡制限株式であるときは、当該募集新株予約権に関する募集事項の決定の委任は、前条第4項の定款の定めがある場合を除き、当該種類株主総会の決議がなければ、その効力を生じない。ただし、当該種類株主総会において議決権を行使することができる種類株主が存しない場合は、この限りでない。

（公開会社における募集事項の決定の特則）

第240条　第238条第3項各号<新株予約権の有利発行>に掲げる場合を除き、公開会社における同条第2項<新株予約権の募集事項の決定>の規定の適用については、同項中「株主総会」とあるのは、「取締役会」とする。この場合においては、前条の規定は、適用しない。

2　公開会社は、前項の規定により読み替えて適用する第238条第2項<新株予約権の募集事項の決定>の取締役会の決議によって募集事項を定めた場合には、割当日の2週間前までに、株主に対し、当該募集事項を通知しなければならない。

3　前項の規定による通知は、公告をもってこれに代えることができる。

4　第2項の規定は、株式会社が募集事項について割当日の2週間前までに金融商品取引法第4条第1項から第3項までの届出をしている場合その他の株主の保護に欠けるおそれがないものとして法務省令で定める場合には、適用しない。

（株主に新株予約権の割当てを受ける権利を与える場合）

第241条　株式会社は、第238条第1項<募集事項の決定>の募集において、株主に新株予約権の割当てを受ける権利を与えることができる。この場合においては、募集事項のほか、次に掲げる事項を定めなければならない。

一　株主に対し、次条第2項の申込みをすることにより当該株式会社の募集新株予約権（種類株式発行会社にあっては、その目的である株式の種類が当該株主の有する種類の株式と同一の種類のもの）の割当てを受ける権利を与える旨

二　前号の募集新株予約権の引受けの申込みの期日

2　前項の場合には、同項第1号の株主（当該株式会社を除く。）は、その有する株式の数に応じて募集新株予約権の割当てを受ける権利を有する。ただし、当該株主が割当てを受ける募集新株予約権の数に1に満たない端数があるときは、これを切り捨てるものとする。

3　第1項各号に掲げる事項を定める場合には、募集事項及び同項各号に掲げる事項は、次の各号に掲げる場合の区分に応じ、当該各号に定める方法によって定めなければならない。

一　当該募集事項及び第1項各号に掲げる事項を取締役の決定によって定めることができる旨の定款の定めがある場合（株式会社が取締役会設置会社である場合を除く。）　取締役の決定

二　当該募集事項及び第1項各号に掲げる事項を取締役会の決議によって定めることができる旨の定款の定めがある場合（次号に掲げる場合を除く。）　取締役会の決議

三　株式会社が公開会社である場合　取締役会の決議

四　前3号に掲げる場合以外の場合　株主総会の決議

4　株式会社は、第1項各号に掲げる事項を定めた場合には、同項第2号の期日の2週間前までに、同項第1号の株主（当該株式会社を除く。）に対し、次に掲げる事項を通知しなければならない。

一　募集事項

二　当該株主が割当てを受ける募集新株予約権の内容及び数

三　第1項第2号の期日

5　第238条第2項から第4項<募集事項の決定に必要な決議>まで及び前2条<募集事項の決定の委任、公開会社における募集事項の決定の特則>の規定は、第1項から第3項までの規定により株主に新株予約権の割当てを受ける権利を与える場合には、適用しない。

第２款　募集新株予約権の割当て

（募集新株予約権の申込み）

第242条　株式会社は、第238条第１項<募集事項の決定>の募集に応じて募集新株予約権の引受けの申込みをしようとする者に対し、次に掲げる事項を通知しなければならない。

一　株式会社の商号

二　募集事項

三　新株予約権の行使に際して金銭の払込みをすべきときは、払込みの取扱いの場所

四　前３号に掲げるもののほか、法務省令で定める事項

2　第238条第１項<募集事項の決定>の募集に応じて募集新株予約権の引受けの申込みをする者は、次に掲げる事項を記載した書面を株式会社に交付しなければならない。

一　申込みをする者の氏名又は名称及び住所

二　引き受けようとする募集新株予約権の数

3　前項の申込みをする者は、同項の書面の交付に代えて、政令で定めるところにより、株式会社の承諾を得て、同項の書面に記載すべき事項を電磁的方法により提供することができる。この場合において、当該申込みをした者は、同項の書面を交付したものとみなす。

4　第１項の規定は、株式会社が同項各号に掲げる事項を記載した金融商品取引法第２条第10項に規定する目論見書を第１項の申込みをしようとする者に対して交付している場合その他募集新株予約権の引受けの申込みをしようとする者の保護に欠けるおそれがないものとして法務省令で定める場合には、適用しない。

5　株式会社は、第１項各号に掲げる事項について変更があったときは、直ちに、その旨及び当該変更があった事項を第２項の申込みをした者（以下この款において「申込者」という。）に通知しなければならない。

6　募集新株予約権が新株予約権付社債に付されたものである場合には、申込者（募集新株予約権のみの申込みをした者に限る。）は、その申込みに係る募集新株予約権を付した新株予約権付社債の引受けの申込みをしたものとみなす。

7　株式会社が申込者に対してする通知又は催告は、第２項第１号の住所（当該申込者が別に通知又は催告を受ける場所又は連絡先を当該株式会社に通知した場合にあっては、その場所又は連絡先）にあてて発すれば足りる。

8　前項の通知又は催告は、その通知又は催告が通常到達すべきであった時に、到達したものとみなす。

（募集新株予約権の割当て）

第243条　株式会社は、申込者の中から募集新株予約権の割当てを受ける者を定め、かつその者に割り当てる募集新株予約権の数を定めなければならない。この場合において、株式会社は、当該申込者に割り当てる募集新株予約権の数を、前条第２項第２号<引き受けようとする募集新株予約権の数>の数よりも減少することができる。

2　次に掲げる場合には、前項の規定による決定は、株主総会（取締役会設置会社にあっては、取締役会）の決議によらなければならない。ただし、定款に別段の定めがある場合は、この限りでない。

一　募集新株予約権の目的である株式の全部又は一部が譲渡制限株式である場合

二　募集新株予約権が譲渡制限新株予約権（新株予約権であって、譲渡による当該新株予約権の取得について株式会社の承認を要する旨の定めがあるものをいう。以下この章において同じ。）である場合

3　株式会社は、割当日の前日までに、申込者に対し、当該申込者に割り当てる募集新株予約権の数（当該募集新株予約権が新株予約権付社債に付されたものである場合にあっては、当該新株予約権付社債についての社債の種類及び各社債の金額の合計額を含む。）を通知しなければならない。

4　第241条<株主に新株予約権の割当てを受ける権利を与える場合>の規定により株主に新株予約権の割当てを受ける権利を与えた場合において、株主が同条第１項第２号<募集新株予約権の引受けの申込みの期日>の期日までに前条第２項の申込みをしないときは、当該株主は、募集新株予約権の割当てを受ける権利を失う。

（募集新株予約権の申込み及び割当てに関する特則）

第244条　前２条<募集新株予約権の申込み・割当て>の規定は、募集新株予約権を引き受けようとする者がその総数の引受けを行う契約を締結する場合には、適用しない。

2　募集新株予約権が新株予約権付社債に付されたものである場合における前項の規定の適用については、同項中「の引受け」とあるのは、「及び当該募集新株予約権を付した社債の総額の引受け」とする。

3　第１項に規定する場合において、次に掲げるときは、株式会社は、株主総会（取締役会設置会社にあっては、取締役会）の決議によって、同項の契約

の承認を受けなければならない。ただし、定款に別段の定めがある場合は、この限りでない。
一　募集新株予約権の目的である株式の全部又は一部が譲渡制限株式であるとき。
二　募集新株予約権が譲渡制限新株予約権であるとき。

（公開会社における募集新株予約権の割当て等の特則）

第244条の2　公開会社は、募集新株予約権の割当てを受けた申込者又は前条第１項の契約により募集新株予約権の総数を引き受けた者（以下この項において「引受人」と総称する。）について、第１号に掲げる数の第２号に掲げる数に対する割合が２分の１を超える場合には、割当日の２週間前までに、株主に対し、当該引受人（以下この項及び第５項において「特定引受人」という。）の氏名又は名称及び住所、当該特定引受人についての第１号に掲げる数その他の法務省令で定める事項を通知しなければならない。ただし、当該特定引受人が当該公開会社の親会社等である場合又は第241条<株主に新株予約権の割当てを受ける権利を与える場合>の規定により株主に新株予約権の割当てを受ける権利を与えた場合は、この限りでない。
一　当該引受人（その子会社等を含む。）がその引き受けた募集新株予約権に係る交付株式の株主となった場合に有することとなる最も多い議決権の数
二　前号に規定する場合における最も多い総株主の議決権の数

2　前項第１号に規定する「交付株式」とは、募集新株予約権の目的である株式、募集新株予約権の内容として第236条第１項第７号ニ<取得条項付新株予約権の取得対価として株式を交付するとき>に掲げる事項についての定めがある場合における同号ニの株式その他募集新株予約権の新株予約権者が交付を受ける株式として法務省令で定める株式をいう。

3　第１項の規定による通知は、公告をもってこれに代えることができる。

4　第１項の規定にかかわらず、株式会社が同項の事項について割当日の２週間前までに金融商品取引法第４条第１項から第３項までの届出をしている場合その他の株主の保護に欠けるおそれがないものとして法務省令で定める場合には、第１項の規定による通知は、することを要しない。

5　総株主（この項の株主総会において議決権を行使することができない株主を除く。）の議決権の10分の１（これを下回る割合を定款で定めた場合にあっては、その割合）以上の議決権を有する株主が第１項の規定による通知又は第３項の公告の日（前項の場合にあっては、法務省令で定める日）から２週間以内に特定引受人（その子会社等を含む。以下この項において同じ。）による募集新株予約権の引受けに反対する旨を公開会社に対し通知したときは、当該公開会社は、割当日の前日までに、株主総会の決議によって、当該特定引受人に対する募集新株予約権の割当て又は当該特定引受人との間の前条第１項の契約の承認を受けなければならない。ただし、当該公開会社の財産の状況が著しく悪化している場合において、当該公開会社の事業の継続のため緊急の必要があるときは、この限りでない。

6　第309条第１項<株主総会の普通決議>の規定にかかわらず、前項の株主総会の決議は、議決権を行使することができる株主の議決権の過半数（３分の１以上の割合を定款で定めた場合にあっては、その割合以上）を有する株主が出席し、出席した当該株主の議決権の過半数（これを上回る割合を定款で定めた場合にあっては、その割合以上）をもって行わなければならない。

（新株予約権者となる日）

第245条　次の各号に掲げる者は、割当日に、当該各号に定める募集新株予約権の新株予約権者となる。
一　申込者　株式会社の割り当てた募集新株予約権
二　第244条第１項の契約により募集新株予約権の総数を引き受けた者　その者が引き受けた募集新株予約権

2　募集新株予約権が新株予約権付社債に付されたものである場合には、前項の規定により募集新株予約権の新株予約権者となる者は、当該募集新株予約権を付した新株予約権付社債についての社債の社債権者となる。

第３款　募集新株予約権に係る払込み

第246条　第238条第１項第３号<新株予約権の払込金額又はその算定方法>に規定する場合には、新株予約権者は、募集新株予約権についての第236条第１項第４号<新株予約権を行使することができる期間>の期間の初日の前日（第238条第１項第５号に規定する場合にあっては、同号の期日。第３項において「払込期日」という。）までに、株式会社が定めた銀行等の払込みの取

扱いの場所において、それぞれの募集新株予約権の払込金額の全額を払い込まなければならない。

2　前項の規定にかかわらず、新株予約権者は、株式会社の承諾を得て、同項の規定による払込みに代えて、払込金額に相当する金銭以外の財産を給付し、又は当該株式会社に対する債権をもって相殺することができる。

3　第238条第1項第3号<新株予約権の払込金額又はその算定方法>に規定する場合には、新株予約権者は、募集新株予約権についての払込期日までに、それぞれの募集新株予約権の払込金額の全額の払込み（当該払込みに代えてする金銭以外の財産の給付又は当該株式会社に対する債権をもってする相殺を含む。）をしないときは、当該募集新株予約権を行使することができない。

第4款　募集新株予約権の発行をやめることの請求

第247条　次に掲げる場合において、株主が不利益を受けるおそれがあるときは、株主は株式会社に対し、第238条第1項<募集事項の決定>の募集に係る新株予約権の発行をやめることを請求することができる。

一　当該新株予約権の発行が法令又は定款に違反する場合

二　当該新株予約権の発行が著しく不公正な方法により行われる場合

第5款　雑則

第248条　第676条から第680条まで<募集社債の発行手続に関する規定>の規定は、新株予約権付社債についての社債を引き受ける者の募集については、適用しない。

第3節　新株予約権原簿

（新株予約権原簿）

第249条　株式会社は、新株予約権を発行した日以後遅滞なく、新株予約権原簿を作成し、次の各号に掲げる新株予約権の区分に応じ、当該各号に定める事項（以下「新株予約権原簿記載事項」という。）を記載し、又は記録しなければならない。

一　無記名式の新株予約権証券が発行されている新株予約権（以下この章において「無記名新株予約権」という。）　当該新株予約権証券の番号並びに当該無記名新株予約権の内容及び数

二　無記名式の新株予約権付社債券（証券発行新株予約権付社債（新株予約権付社債であって、当該新株予約権付社債についての社債につき社債券を発行する旨の定めがあるものをいう。以下この章において同じ。）に係る社債券をいう。以下同じ。）が発行されている新株予約権付社債（以下この章において「無記名新株予約権付社債」という。）に付された新株予約権　当該新株予約権付社債券の番号並びに当該新株予約権の内容及び数

三　前2号に掲げる新株予約権以外の新株予約権　次に掲げる事項

イ　新株予約権者の氏名又は名称及び住所

ロ　イの新株予約権者の有する新株予約権の内容及び数

ハ　イの新株予約権者が新株予約権を取得した日

ニ　ロの新株予約権が証券発行新株予約権（新株予約権（新株予約権付社債に付されたものを除く。）であって、当該新株予約権に係る新株予約権証券を発行する旨の定めがあるものをいう。以下この章において同じ。）であるときは、当該新株予約権（新株予約権証券が発行されているものに限る。）に係る新株予約権証券の番号

ホ　ロの新株予約権が証券発行新株予約権付社債に付されたものであるときは、当該新株予約権を付した新株予約権付社債（新株予約権付社債券が発行されているものに限る。）に係る新株予約権付社債券の番号

（新株予約権原簿記載事項を記載した書面の交付等）

第250条　前条第3号イ<新株予約権者の氏名又は名称及び住所>の新株予約権者は、株式会社に対し、当該新株予約権者についての新株予約権原簿に記載され、若しくは記録された新株予約権原簿記載事項を記載した書面の交付又は当該新株予約権原簿記載事項を記録した電磁的記録の提供を請求することができる。

2　前項の書面には、株式会社の代表取締役（指名委員会等設置会社にあっては、代表執行役。次項において同じ。）が署名し、又は記名押印しなければならない。

3　第1項の電磁的記録には、株式会社の代表取締役が法務省令で定める署名又は記名押印に代わる措置をとらなければならない。

4　前3項の規定は、証券発行新株予約権及び証

券発行新株予約権付社債に付された新株予約権については、適用しない。

（新株予約権原簿の管理）

第251条　株式会社が新株予約権を発行している場合における第123条<株主名簿管理人>の規定の適用については、同条中「株主名簿の」とあるのは「株主名簿及び新株予約権原簿の」と、「株主名簿に」とあるのは「株主名簿及び新株予約権原簿に」とする。

（新株予約権原簿の備置き及び閲覧等）

第252条　株式会社は、新株予約権原簿をその本店（株主名簿管理人がある場合にあっては、その営業所）に備え置かなければならない。

2　株主及び債権者は、株式会社の営業時間内は、いつでも、次に掲げる請求をすることができる。この場合においては、当該請求の理由を明らかにしてしなければならない。

一　新株予約権原簿が書面をもって作成されているときは、当該書面の閲覧又は謄写の請求

二　新株予約権原簿が電磁的記録をもって作成されているときは、当該電磁的記録に記録された事項を法務省令で定める方法により表示したものの閲覧又は謄写の請求

3　株式会社は、前項の請求があったときは、次のいずれかに該当する場合を除き、これを拒むことができない。

一　当該請求を行う株主又は債権者（以下この項において「請求者」という。）がその権利の確保又は行使に関する調査以外の目的で請求を行ったとき。

二　請求者が当該株式会社の業務の遂行を妨げ、又は株主の共同の利益を害する目的で請求を行ったとき。

三　請求者が新株予約権原簿の閲覧又は謄写によって知り得た事実を利益を得て第三者に通報するため請求を行ったとき。

四　請求者が、過去2年以内において、新株予約権原簿の閲覧又は謄写によって知り得た事実を利益を得て第三者に通報したことがあるものであるとき。

4　株式会社の親会社社員は、その権利を行使するため必要があるときは、裁判所の許可を得て、当該株式会社の新株予約権原簿について第2項各号に掲げる請求をすることができる。この場合においては、当該請求の理由を明らかにしてしなければならない。

5　前項の親会社社員について第3項各号のいずれかに規定する事由があるときは、裁判所は、前項の許可をすることができない。

（新株予約権者に対する通知等）

第253条　株式会社が新株予約権者に対してする通知又は催告は、新株予約権原簿に記載し、又は記録した当該新株予約権者の住所（当該新株予約権者が別に通知又は催告を受ける場所又は連絡先を当該株式会社に通知した場合にあっては、その場所又は連絡先）にあてて発すれば足りる。

2　前項の通知又は催告は、その通知又は催告が通常到達すべきであった時に、到達したものとみなす。

3　新株予約権が2以上の者の共有に属するときは、共有者は、株式会社が新株予約権者に対してする通知又は催告を受領する者一人を定め、当該株式会社に対し、その者の氏名又は名称を通知しなければならない。この場合においては、その者を新株予約権者とみなして、前2項の規定を適用する。

4　前項の規定による共有者の通知がない場合には、株式会社が新株予約権の共有者に対してする通知又は催告は、そのうちの一人に対してすれば足りる。

第4節　新株予約権の譲渡等

第1款　新株予約権の譲渡

（新株予約権の譲渡）

第254条　新株予約権者は、その有する新株予約権を譲渡することができる。

2　前項の規定にかかわらず、新株予約権付社債に付された新株予約権のみを譲渡することはできない。ただし、当該新株予約権付社債についての社債が消滅したときは、この限りでない。

3　新株予約権付社債についての社債のみを譲渡することはできない。ただし、当該新株予約権付社債に付された新株予約権が消滅したときは、この限りでない。

（証券発行新株予約権の譲渡）

第255条　証券発行新株予約権の譲渡は、当該証券発行新株予約権に係る新株予約権証券を交付しなければ、その効力を生じない。ただし、自己新株予約権（株式会社が有する自己の新株予約権をいう。以下この章において同じ。）の処分による証券発行新株予約権の譲渡については、この限りでない。

2　証券発行新株予約権付社債に付された新株予約権の譲渡は、当該証券発行新株予約権付社債に係る新株予約権付社債券を交付しなければ、その効力を生じない。ただし、自己新株予約権付社債（株式会社が有する自己の新株予約権付社債をいう。以下この条及び次条において同じ。）の処分による当該自己新株予約権付社債に付された新株予約権の譲渡については、この限りでない。

（自己新株予約権の処分に関する特則）

第256条　株式会社は、自己新株予約権（証券発行新株予約権に限る。）を処分した日以後遅滞なく、当該自己新株予約権を取得した者に対し、新株予約権証券を交付しなければならない。

2　前項の規定にかかわらず、株式会社は、同項の者から請求がある時までは、同項の新株予約権証券を交付しないことができる。

3　株式会社は、自己新株予約権付社債（証券発行新株予約権付社債に限る。）を処分した日以後遅滞なく、当該自己新株予約権付社債を取得した者に対し、新株予約権付社債券を交付しなければならない。

4　第687条<社債券を発行する場合の社債の譲渡>の規定は、自己新株予約権付社債の処分による当該自己新株予約権付社債についての社債の譲渡については、適用しない。

（新株予約権の譲渡の対抗要件）

第257条　新株予約権の譲渡は、その新株予約権を取得した者の氏名又は名称及び住所を新株予約権原簿に記載し、又は記録しなければ、株式会社その他の第三者に対抗することができない。

2　記名式の新株予約権証券が発行されている証券発行新株予約権及び記名式の新株予約権付社債券が発行されている証券発行新株予約権付社債に付された新株予約権についての前項の規定の適用については、同項中「株式会社その他の第三者」とあるのは、「株式会社」とする。

3　第1項の規定は、無記名新株予約権及び無記名新株予約権付社債に付された新株予約権については、適用しない。

（権利の推定等）

第258条　新株予約権証券の占有者は、当該新株予約権証券に係る証券発行新株予約権についての権利を適法に有するものと推定する。

2　新株予約権証券の交付を受けた者は、当該新株予約権証券に係る証券発行新株予約権についての権利を取得する。ただし、その者に悪意又は重大な過失があるときは、この限りでない。

3　新株予約権付社債券の占有者は、当該新株予約権付社債券に係る証券発行新株予約権付社債に付された新株予約権についての権利を適法に有するものと推定する。

4　新株予約権付社債券の交付を受けた者は、当該新株予約権付社債券に係る証券発行新株予約権付社債に付された新株予約権についての権利を取得する。ただし、その者に悪意又は重大な過失があるときは、この限りでない。

（新株予約権者の請求によらない新株予約権原簿記載事項の記載又は記録）

第259条　株式会社は、次の各号に掲げる場合には、当該各号の新株予約権の新株予約権者に係る新株予約権原簿記載事項を新株予約権原簿に記載し、又は記録しなければならない。

一　当該株式会社の新株予約権を取得した場合

二　自己新株予約権を処分した場合

2　前項の規定は、無記名新株予約権及び無記名新株予約権付社債に付された新株予約権については、適用しない。

（新株予約権者の請求による新株予約権原簿記載事項の記載又は記録）

第260条　新株予約権を当該新株予約権を発行した株式会社以外の者から取得した者（当該株式会社を除く。以下この節において「新株予約権取得者」という。）は、当該株式会社に対し、当該新株予約権に係る新株予約権原簿記載事項を新株予約権原簿に記載し、又は記録することを請求することができる。

2　前項の規定による請求は、利害関係人の利益を害するおそれがないものとして法務省令で定める場合を除き、その取得した新株予約権の新株予約権者として新株予約権原簿に記載され、若しくは記録された者又はその相続人その他の一般承継人と共同してしなければならない。

3　前2項の規定は、無記名新株予約権及び無記名新株予約権付社債に付された新株予約権については、適用しない。

第261条　前条の規定は、新株予約権取得者が取得した新株予約権が譲渡制限新株予約権である場合には、適用しない。ただし、次のいずれかに該当する場合は、この限りでない。

一　当該新株予約権取得者が当該譲渡制限新株予約権を取得することについて次条の承認を受けていること。

二　当該新株予約権取得者が当該譲渡制限新株予約権を取得したことについて第263条第１項<新株予約権取得者からの承認の請求>の承認を受けていること。

三　当該新株予約権取得者が相続その他の一般承継により譲渡制限新株予約権を取得した者であること。

第２款　新株予約権の譲渡の制限

（新株予約権者からの承認の請求）

第262条　譲渡制限新株予約権の新株予約権者は、その有する譲渡制限新株予約権を他人（当該譲渡制限新株予約権を発行した株式会社を除く。）に譲り渡そうとするときは、当該株式会社に対し、当該他人が当該譲渡制限新株予約権を取得することについて承認をするか否かの決定をすることを請求することができる。

（新株予約権取得者からの承認の請求）

第263条　譲渡制限新株予約権を取得した新株予約権取得者は、株式会社に対し、当該譲渡制限新株予約権を取得したことについて承認をするか否かの決定をすることを請求することができる。

2　前項の規定による請求は、利害関係人の利益を害するおそれがないものとして法務省令で定める場合を除き、その取得した新株予約権の新株予約権者として新株予約権原簿に記載され、若しくは記録された者又はその相続人その他の一般承継人と共同してしなければならない。

（譲渡等承認請求の方法）

第264条　次の各号に掲げる請求（以下この款において「譲渡等承認請求」という。）は、当該各号に定める事項を明らかにしてしなければならない。

一　第262条<新株予約権者からの承認の請求>の規定による請求　次に掲げる事項

イ　当該請求をする新株予約権者が譲り渡そうとする譲渡制限新株予約権の内容及び数

ロ　イの譲渡制限新株予約権を譲り受ける者の氏名又は名称

二　前条第１項の規定による請求　次に掲げる事項

イ　当該請求をする新株予約権取得者の取得した譲渡制限新株予約権の内容及び数

ロ　イの新株予約権取得者の氏名又は名称

（譲渡等の承認の決定等）

第265条　株式会社が第262条<新株予約権者からの承認の請求>又は第263条第１項<新株予約権取得者からの承認の請求>の承認をするか否かの決定をするには、株主総会（取締役会設置会社にあっては、取締役会）の決議によらなければならない。ただし、新株予約権の内容として別段の定めがある場合は、この限りでない。

2　株式会社は、前項の決定をしたときは、譲渡等承認請求をした者に対し、当該決定の内容を通知しなければならない。

（株式会社が承認をしたとみなされる場合）

第266条　株式会社が譲渡等承認請求の日から２週間（これを下回る期間を定款で定めた場合にあっては、その期間）以内に前条第２項の規定による通知をしなかった場合には、第262条<新株予約権者からの承認の請求>又は第263条第１項<新株予約権取得者からの承認の請求>の承認をしたものとみなす。ただし、当該株式会社と当該譲渡等承認請求をした者との合意により別段の定めをしたときは、この限りでない。

第３款　新株予約権の質入れ

（新株予約権の質入れ）

第267条　新株予約権者は、その有する新株予約権に質権を設定することができる。

2　前項の規定にかかわらず、新株予約権付社債に付された新株予約権のみに質権を設定することはできない。ただし、当該新株予約権付社債についての社債が消滅したときは、この限りでない。

3　新株予約権付社債についての社債のみに質権を設定することはできない。ただし、当該新株予約権付社債に付された新株予約権が消滅したときは、この限りでない。

4　証券発行新株予約権の質入れは、当該証券発行新株予約権に係る新株予約権証券を交付しなければ、その効力を生じない。

5　証券発行新株予約権付社債に付された新株予約権の質入れは、当該証券発行新株予約権付社債に係る新株予約権付社債券を交付しなければ、その効力を生じない。

（新株予約権の質入れの対抗要件）

第268条　新株予約権の質入れは、その質権者の氏名又は名称及び住所を新株予約権原簿に記載し、又は記録しなければ、株式会社その他の第三者に対抗することができない。

2　前項の規定にかかわらず、証券発行新株予約権の質権者は、継続して当該証券発行新株予約権に係る新株予約権証券を占有しなければ、その質権をもって株式会社その他の第三者に対抗することができない。

3　第1項の規定にかかわらず、証券発行新株予約権付社債に付された新株予約権の質権者は、継続して当該証券発行新株予約権付社債に係る新株予約権付社債券を占有しなければ、その質権をもって株式会社その他の第三者に対抗することができない。

（新株予約権原簿の記載等）

第269条　新株予約権に質権を設定した者は、株式会社に対し、次に掲げる事項を新株予約権原簿に記載し、又は記録することを請求することができる。

一　質権者の氏名又は名称及び住所

二　質権の目的である新株予約権

2　前項の規定は、無記名新株予約権及び無記名新株予約権付社債に付された新株予約権については、適用しない。

（新株予約権原簿の記載事項を記載した書面の交付等）

第270条　前条第1項各号<新株予約権原簿の記載等>に掲げる事項が新株予約権原簿に記載され、又は記録された質権者（以下「登録新株予約権質権者」という。）は、株式会社に対し、当該登録新株予約権質権者についての新株予約権原簿に記載され、若しくは記録された同項各号に掲げる事項を記載した書面の交付又は当該事項を記録した電磁的記録の提供を請求することができる。

2　前項の書面には、株式会社の代表取締役（指名委員会等設置会社にあっては、代表執行役。次項において同じ。）が署名し、又は記名押印しなければならない。

3　第1項の電磁的記録には、株式会社の代表取締役が法務省令で定める署名又は記名押印に代わる措置をとらなければならない。

4　前3項の規定は、証券発行新株予約権及び証券発行新株予約権付社債に付された新株予約権については、適用しない。

（登録新株予約権質権者に対する通知等）

第271条　株式会社が登録新株予約権質権者に対してする通知又は催告は、新株予約権原簿に記載し、又は記録した当該登録新株予約権質権者の住所（当該登録新株予約権質権者が別に通知又は催告を受ける場所又は連絡先を当該株式会社に通知した場合にあっては、その場所又は連絡先）にあてて発すれば足りる。

2　前項の通知又は催告は、その通知又は催告が通常到達すべきであった時に、到達したものとみなす。

（新株予約権の質入れの効果）

第272条　株式会社が次に掲げる行為をした場合には、新株予約権を目的とする質権は、当該行為によって当該新株予約権の新株予約権者が受けることのできる金銭等について存在する。

一　新株予約権の取得

二　組織変更

三　合併（合併により当該株式会社が消滅する場合に限る。）

四　吸収分割

五　新設分割

六　株式交換

七　株式移転

2　登録新株予約権質権者は、前項の金銭等（金銭に限る。）を受領し、他の債権者に先立って自己の債権の弁済に充てることができる。

3　株式会社が次の各号に掲げる行為をした場合において、前項の債権の弁済期が到来していないときは、登録新株予約権質権者は、当該各号に定める者に同項に規定する金銭等に相当する金額を供託させることができる。この場合において、質権は、その供託金について存在する。

一　新株予約権の取得　当該株式会社

二　組織変更　第744条第1項第1号に規定する組織変更後持分会社

三　合併（合併により当該株式会社が消滅する場合に限る。）　第749条第1項に規定する吸収合併存続会社又は第753条第1項に規定する新設合併設立会社

4　前3項の規定は、特別支配株主が新株予約権売渡請求により売渡新株予約権の取得をした場合について準用する。この場合において、前項中「当該各号に定める者」とあるのは、「当該特別支配株主」と読み替えるものとする。

5　新株予約権付社債に付された新株予約権（第236条第1項第3号の財産が当該新株予約権付社債についての社債であるものであって、当該社債の償還額が当該新株予約権についての同項第2号の価額以上であるものに限る。）を目的とする質権は、当該新株予約権の行使をすることにより当該新株予約権の新株予約権者が交付を受ける株式について存在する。

第4款　信託財産に属する新株予約権についての対抗要件等

第272条の2　新株予約権については、当該新株予約権が信託財産に属する旨を新株予約権原簿に記載し、又は記録しなければ、当該新株予約権が信託財産に属することを株式会社その他の第三者に対抗することができない。

2　第249条第3号イの新株予約権者は、その有する新株予約権が信託財産に属するときは、株式会社に対し、その旨を新株予約権原簿に記載し、又は記録することを請求することができる。

3　新株予約権原簿に前項の規定による記載又は記録がされた場合における第250条第1項及び第259条第1項の規定の適用については、第250条第1項中「記録された新株予約権原簿記載事項」とあるのは「記録された新株予約権原簿記載事項（当該新株予約権者の有する新株予約権が信託財産に属する旨を含む。）」と、第259条第1項中「新株予約権原簿記載事項」とあるのは「新株予約権原簿記載事項（当該新株予約権者の有する新株予約権が信託財産に属する旨を含む。）」とする。

4　前3項の規定は、証券発行新株予約権及び証券発行新株予約権付社債に付された新株予約権については、適用しない。

第5節　株式会社による自己の新株予約権の取得

第1款　募集事項の定めに基づく新株予約権の取得

（取得する日の決定）

第273条　取得条項付新株予約権（第236条第1項第7号イに掲げる事項についての定めがある新株予約権をいう。以下この章において同じ。）の内容として同号ロ<取得条項付新株予約権を別に定める日に取得することとするとき>に掲げる事項についての定めがある場合には、株式会社は、同号ロ<取得条項付新株予約権を別に定める日に取得することとするとき>の日を株主総会（取締役会設置会社にあっては、取締役会）の決議によって定めなければならない。ただし、当該取得条項付新株予約権の内容として別段の定めがある場合は、この限りでない。

2　第236条第1項第7号ロの日を定めたときは、株式会社は、取得条項付新株予約権の新株予約権者（同号ハに掲げる事項についての定めがある場合にあっては、次条第1項の規定により決定した取得条項付新株予約権の新株予約権者）及びその登録新株予約権質権者に対し、当該日の2週間前までに、当該日を通知しなければならない。

3　前項の規定による通知は、公告をもってこれに代えることができる。

（取得する新株予約権の決定等）

第274条　株式会社は、新株予約権の内容として第236条第1項第7号ハ<一定の事由が生じた日に取得条項付新株予約権の一部を取得するとき>に掲げる事項についての定めがある場合において、取得条項付新株予約権を取得しようとするときは、その取得する取得条項付新株予約権を決定しなければならない。

2　前項の取得条項付新株予約権は、株主総会（取締役会設置会社にあっては、取締役会）の決議によって定めなければならない。ただし、当該取得条項付新株予約権の内容として別段の定めがある場合は、この限りでない。

3　第1項の規定による決定をしたときは、株式会社は、同項の規定により決定した取得条項付新株予約権の新株予約権者及びその登録新株予約権質権者に対し、直ちに、当該取得条項付新株予約権を取得する旨を通知しなければならない。

4　前項の規定による通知は、公告をもってこれに代えることができる。

（効力の発生等）

第275条　株式会社は、第236条第1項第7号イ<取得条項付新株予約権を一定の事由が生じた日に取得することとするとき>の事由が生じた日（同号ハに掲げる事項についての定めがある場合にあっては、第1号に掲げる日又は第2号に掲げる日のいずれか遅い日。次項及び第3項において同じ。）に、取得条項付新株予約権（同条第1項第7号ハに掲げる事項についての定めがある場合にあっては、前条第1項の規定により決定したもの。次項及び第3項において同じ。）を取得する。

一　第236条第1項第7号イ<取得条項付新株予約権を一定の事由が生じた日に取得することとするとき>の事由が生じた日

二　前条第3項の規定による通知の日又は同条第4項の公告の日から2週間を経過した日

2　前項の規定により株式会社が取得する取得条項付新株予約権が新株予約権付社債に付されたものである場合には、株式会社は、第236条第1項第7号イ<取得条項付新株予約権を一定の事由が生じた日に取得することとするとき>の事由が生じた日に、当該新株予約権付社債についての社債を取得する。

3　次の各号に掲げる場合には、取得条項付新株予約権の新株予約権者（当該株式会社を除く。）は、第236条第１項第７号イ<取得条項付新株予約権を一定の事由が生じた日に取得することとするとき>の事由が生じた日に、同号に定める事項についての定めに従い、当該各号に定める者となる。

一　第236条第１項第７号ニ<取得条項付新株予約権の取得対価として株式を交付するとき>に掲げる事項についての定めがある場合　同号ニの株式の株主

二　第236条第１項第７号ホ<取得条項付新株予約権の取得対価として社債を交付するとき>に掲げる事項についての定めがある場合　同号ホの社債の社債権者

三　第236条第１項第７号へ<取得条項付新株予約権の取得対価として他の新株予約権を交付するとき>に掲げる事項についての定めがある場合　同号への他の新株予約権の新株予約権者

四　第236条第１項第７号ト<取得条項付新株予約権の取得対価として新株予約権付社債を交付するとき>に掲げる事項についての定めがある場合　同号トの新株予約権付社債についての社債の社債権者及び当該新株予約権付社債に付された新株予約権の新株予約権者

4　株式会社は、第236条第１項第７号イ<取得条項付新株予約権を一定の事由が生じた日に取得することとするとき>の事由が生じた後、遅滞なく、取得条項付新株予約権の新株予約権者及びその登録新株予約権質権者（同号ハに掲げる事項についての定めがある場合にあっては、前条第１項の規定により決定した取得条項付新株予約権の新株予約権者及びその登録新株予約権質権者）に対し、当該事由が生じた旨を通知しなければならない。ただし、第273条第２項<取得日の通知>の規定による通知又は同条第３項<取得日の公告>の公告をしたときは、この限りでない。

5　前項本文の規定による通知は、公告をもってこれに代えることができる。

第２款　新株予約権の消却

第276条　株式会社は、自己新株予約権を消却することができる。この場合においては、消却する自己新株予約権の内容及び数を定めなければならない。

2　取締役会設置会社においては、前項後段の規定による決定は、取締役会の決議によらなければならない。

第６節　新株予約権無償割当て

（新株予約権無償割当て）

第277条　株式会社は、株主（種類株式発行会社にあっては、ある種類の種類株主）に対して新たに払込みをさせないで当該株式会社の新株予約権の割当て（以下この節において「新株予約権無償割当て」という。）をすることができる。

（新株予約権無償割当てに関する事項の決定）

第278条　株式会社は、新株予約権無償割当てをしようとするときは、その都度、次に掲げる事項を定めなければならない。

一　株主に割り当てる新株予約権の内容及び数又はその算定方法

二　前号の新株予約権が新株予約権付社債に付されたものであるときは、当該新株予約権付社債についての社債の種類及び各社債の金額の合計額又はその算定方法

三　当該新株予約権無償割当てがその効力を生ずる日

四　株式会社が種類株式発行会社である場合には、当該新株予約権無償割当てを受ける株主の有する株式の種類

2　前項第１号及び第２号に掲げる事項についての定めは、当該株式会社以外の株主（種類株式発行会社にあっては、同項第４号の種類の種類株主）の有する株式（種類株式発行会社にあっては、同項第４号の種類の株式）の数に応じて同項第１号の新株予約権及び同項第２号の社債を割り当てることを内容とするものでなければならない。

3　第１項各号に掲げる事項の決定は、株主総会（取締役会設置会社にあっては、取締役会）の決議によらなければならない。ただし、定款に別段の定めがある場合は、この限りでない。

（新株予約権無償割当ての効力の発生等）

第279条　前条第１項第１号<株主に割り当てる新株予約権の内容等>の新株予約権の割当てを受けた株主は、同項第３号<新株予約権無償割当ての効力発生日>の日に、同項第１号<株主に割り当てる新株予約権の内容等>の新株予約権の新株予約権者（同項第２号に規定する場合にあっては、同項第１号の新株予約権の新株予約権者及び同項第２号の社債の社債権者）となる。

2　株式会社は、前条第１項第３号<新株予約権無償割当ての効力発生日>の日後遅滞なく、株主（種類株式

発行会社にあっては、同項第4号の種類の種類株主）及びその登録株式質権者に対し、当該株主が割当てを受けた新株予約権の内容及び数（同項第2号に規定する場合にあっては、当該株主が割当てを受けた社債の種類及び各社債の金額の合計額を含む。）を通知しなければならない。

3　前項の規定による通知がされた場合において、前条第1項第1号<株主に割り当てる新株予約権の内容等>の新株予約権についての第236条第1項第4号<新株予約権を行使することができる期間>の期間の末日が当該通知の日から2週間を経過する日前に到来するときは、同号の期間は、当該通知の日から2週間を経過する日まで延長されたものとみなす。

第7節　新株予約権の行使

第1款　総則

（新株予約権の行使）

第280条　新株予約権の行使は、次に掲げる事項を明らかにしてしなければならない。

一　その行使に係る新株予約権の内容及び数

二　新株予約権を行使する日

2　証券発行新株予約権を行使しようとするときは、当該証券発行新株予約権の新株予約権者は、当該証券発行新株予約権に係る新株予約権証券を株式会社に提出しなければならない。ただし、当該新株予約権証券が発行されていないときは、この限りでない。

3　証券発行新株予約権付社債に付された新株予約権を行使しようとする場合には、当該新株予約権の新株予約権者は、当該新株予約権を付した新株予約権付社債に係る新株予約権付社債券を株式会社に提示しなければならない。この場合において、当該株式会社は、当該新株予約権付社債券に当該証券発行新株予約権付社債に付された新株予約権が消滅した旨を記載しなければならない。

4　前項の規定にかかわらず、証券発行新株予約権付社債に付された新株予約権を行使しようとする場合において、当該新株予約権の行使により当該証券発行新株予約権付社債についての社債が消滅するときは、当該新株予約権の新株予約権者は、当該新株予約権を付した新株予約権付社債に係る新株予約権付社債券を株式会社に提出しなければならない。

5　第3項の規定にかかわらず、証券発行新株予約権付社債についての社債の償還後に当該証券発行新株予約権付社債に付された新株予約権を行使しようとする場合には、当該新株予約権の新株予約権者は、当該新株予約権を付した新株予約権付社債に係る新株予約権付社債券を株式会社に提出しなければならない。

6　株式会社は、自己新株予約権を行使することができない。

（新株予約権の行使に際しての払込み）

第281条　金銭を新株予約権の行使に際してする出資の目的とするときは、新株予約権者は、前条第1項第2号<新株予約権を行使する日>の日に、株式会社が定めた銀行等の払込みの取扱いの場所において、その行使に係る新株予約権についての第236条第1項第2号<新株予約権の行使に際して出資される財産の価額又はその算定方法>の価額の全額を払い込まなければならない。

2　金銭以外の財産を新株予約権の行使に際してする出資の目的とするときは、新株予約権者は、前条第1項第2号<新株予約権を行使する日>の日に、その行使に係る新株予約権についての第236条第1項第3号<新株予約権の行使時に出資される金銭以外の財産>の財産を給付しなければならない。この場合において、当該財産の価額が同項第2号<新株予約権の行使に際して出資される財産の価額又はその算定方法>の価額に足りないときは、前項の払込みの取扱いの場所においてその差額に相当する金銭を払い込まなければならない。

3　新株予約権者は、第1項の規定による払込み又は前項の規定による給付をする債務と株式会社に対する債権とを相殺することができない。

（株主となる時期等）

第282条　新株予約権を行使した新株予約権者は、当該新株予約権を行使した日に、当該新株予約権の目的である株式の株主となる。

2　新株予約権を行使した新株予約権者であって第286条の2第1項各号<新株予約権に係る払込み等を仮装した新株予約権者の責任>に掲げる者に該当するものは、当該各号に定める支払若しくは給付又は第286条の3第1項<新株予約権に係る払込み等を仮装した場合の取締役等の責任>の規定による支払がされた後でなければ、第286条の2第1項各号<新株予約権に係る払込み等を仮装した新株予約権者の責任>の払込み又は給付が仮装された新株予約権の目的である株式について、株主の権利を行使することができない。

3　前項の株式を譲り受けた者は、当該株式についての株主の権利を行使することができる。ただし、その者に悪意又は重大な過失があるときは、この限りでない。

（1に満たない端数の処理）

第283条　新株予約権を行使した場合において、当該新株予約権の新株予約権者に交付する株式の数に1株に満たない端数があるときは、株式会社は、当該新株予約権者に対し、次の各号に掲げる場合の区分に応じ、当該各号に定める額にその端数を乗じて得た額に相当する金銭を交付しなければならない。ただし、第236条第1項第9号<新株予約権者に交付する株式の数に1株に満たない端数がある場合>に掲げる事項についての定めがある場合は、この限りでない。

一　当該株式が市場価格のある株式である場合　当該株式1株の市場価格として法務省令で定める方法により算定される額

二　前号に掲げる場合以外の場合　1株当たり純資産額

第2款　金銭以外の財産の出資

第284条　株式会社は、第236条第1項第3号<新株予約権の行使時に出資される金銭以外の財産>に掲げる事項についての定めがある新株予約権が行使された場合には、第281条第2項<金銭以外の財産を出資の目的とするときの新株予約権の行使に際しての給付>の規定による給付があった後、遅滞なく、同号の財産（以下この節において「現物出資財産」という。）の価額を調査させるため、裁判所に対し、検査役の選任の申立てをしなければならない。

2　前項の申立てがあった場合には、裁判所は、これを不適法として却下する場合を除き、検査役を選任しなければならない。

3　裁判所は、前項の検査役を選任した場合には、株式会社が当該検査役に対して支払う報酬の額を定めることができる。

4　第2項の検査役は、必要な調査を行い、当該調査の結果を記載し、又は記録した書面又は電磁的記録（法務省令で定めるものに限る。）を裁判所に提供して報告をしなければならない。

5　裁判所は、前項の報告について、その内容を明瞭にし、又はその根拠を確認するため必要があると認めるときは、第2項の検査役に対し、更に前項の報告を求めることができる。

6　第2項の検査役は、第4項の報告をしたときは、株式会社に対し、同項の書面の写しを交付し、又は同項の電磁的記録に記録された事項を法務省令で定める方法により提供しなければならない。

7　裁判所は、第4項の報告を受けた場合において、現物出資財産について定められた第236条第1項第3号<新株予約権の行使時に出資される金銭以外の財産>の価額（第2項の検査役の調査を経ていないものを除く。）を不当と認めたときは、これを変更する決定をしなければならない。

8　第1項の新株予約権の新株予約権者は、前項の決定により現物出資財産の価額の全部又は一部が変更された場合には、当該決定の確定後1週間以内に限り、その新株予約権の行使に係る意思表示を取り消すことができる。

9　前各項の規定は、次の各号に掲げる場合には、当該各号に定める事項については、適用しない。

一　行使された新株予約権の新株予約権者が交付を受ける株式の総数が発行済株式の総数の10分の1を超えない場合　当該新株予約権者が給付する現物出資財産の価額

二　現物出資財産について定められた第236条第1項第3号<新株予約権の行使時に出資される金銭以外の財産>の価額の総額が500万円を超えない場合　当該現物出資財産の価額

三　現物出資財産のうち、市場価格のある有価証券について定められた第236条第1項第3号<新株予約権の行使時に出資される金銭以外の財産>の価額が当該有価証券の市場価格として法務省令で定める方法により算定されるものを超えない場合　当該有価証券についての現物出資財産の価額

四　現物出資財産について定められた第236条第1項第3号<新株予約権の行使時に出資される金銭以外の財産>の価額が相当であることについて弁護士、弁護士法人、弁護士・外国法事務弁護士共同法人、公認会計士、監査法人、税理士又は税理士法人の証明（現物出資財産が不動産である場合にあっては、当該証明及び不動産鑑定士の鑑定評価。以下この号において同じ。）を受けた場合　当該証明を受けた現物出資財産の価額

五　現物出資財産が株式会社に対する金銭債権（弁済期が到来しているものに限る。）であって、当該金銭債権について定められた第236条第1項第3号<新株予約権の行使時に出資される金銭以外の財産>の価額が当該金銭債権に係る負債の帳簿

価額を超えない場合　当該金銭債権についての現物出資財産の価額

10　次に掲げる者は、前項第４号に規定する証明をすることができない。

一　取締役、会計参与、監査役若しくは執行役又は支配人その他の使用人

二　新株予約権者

三　業務の停止の処分を受け、その停止の期間を経過しない者

四　弁護士法人、弁護士・外国法事務弁護士共同法人、監査法人又は税理士法人であって、その社員の半数以上が第１号又は第２号に掲げる者のいずれかに該当するもの

第３款　責任

（不公正な払込金額で新株予約権を引き受けた者等の責任）

第285条　新株予約権を行使した新株予約権者は、次の各号に掲げる場合には、株式会社に対し、当該各号に定める額を支払う義務を負う。

一　第238条第１項第２号<募集新株予約権と引換えに金銭の払込みを要しないこととする場合>に規定する場合において、募集新株予約権につき金銭の払込みを要しないこととすることが著しく不公正な条件であるとき（取締役（指名委員会等設置会社にあっては、取締役又は執行役。次号において同じ。）と通じて新株予約権を引き受けた場合に限る。）　当該新株予約権の公正な価額

二　第238条第１項第３号<新株予約権の払込金額又はその算定方法>に規定する場合において、取締役と通じて著しく不公正な払込金額で新株予約権を引き受けたとき　当該払込金額と当該新株予約権の公正な価額との差額に相当する金額

三　第282条第１項<株主となる時期>の規定により株主となった時におけるその給付した現物出資財産の価額がこれについて定められた第236条第１項第３号<新株予約権の行使時に出資される金銭以外の財産>の価額に著しく不足する場合　当該不足額

2　前項第３号に掲げる場合において、現物出資財産を給付した新株予約権者が当該現物出資財産の価額がこれについて定められた第236条第１項第３号<新株予約権の行使時に出資される金銭以外の財産>の価額に著しく不足することにつき善意でかつ重大な過失がないときは、新株予約権の行使に係る意思表示を取り消すことができる。

（出資された財産等の価額が不足する場合の取締役等の責任）

第286条　前条第１項第３号<現物出資財産が著しく不足する場合の新株予約権者の支払義務>に掲げる場合には、次に掲げる者（以下この条において「取締役等」という。）は、株式会社に対し、同号に定める額を支払う義務を負う。

一　当該新株予約権者の募集に関する職務を行った業務執行取締役（指名委員会等設置会社にあっては、執行役。以下この号において同じ。）その他当該業務執行取締役の行う業務の執行に職務上関与した者として法務省令で定めるもの

二　現物出資財産の価額の決定に関する株主総会の決議があったときは、当該株主総会に議案を提案した取締役として法務省令で定めるもの

三　現物出資財産の価額の決定に関する取締役会の決議があったときは、当該取締役会に議案を提案した取締役（指名委員会等設置会社にあっては、取締役又は執行役）として法務省令で定めるもの

2　前項の規定にかかわらず、次に掲げる場合には、取締役等は、現物出資財産について同項の義務を負わない。

一　現物出資財産の価額について第284条第２項<現物出資財産の検査役の選任>の検査役の調査を経た場合

二　当該取締役等がその職務を行うについて注意を怠らなかったことを証明した場合

3　第１項に規定する場合には、第284条第９項第４号<現物出資財産の価額等に関する弁護士等の証明>に規定する証明をした者（以下この条において「証明者」という。）は、株式会社に対し前条第１項第３号<現物出資財産が著しく不足する場合の新株予約権者の支払義務>に定める額を支払う義務を負う。ただし、当該証明者が当該証明をするについて注意を怠らなかったことを証明したときは、この限りでない。

4　新株予約権者がその給付した現物出資財産についての前条第１項第３号<現物出資財産が著しく不足する場合の新株予約権者の支払義務>に定める額を支払う義務を負う場合において、次に掲げる者が当該現物出資財産について当該各号に定める義務を負うときは、これらの者は、連帯債務者とする。

一　取締役等　第１項の義務
二　証明者　前項本文の義務

（新株予約権に係る払込み等を仮装した新株予約権者等の責任）

第286条の２　新株予約権を行使した新株予約権者であって次の各号に掲げる者に該当するものは、株式会社に対し、当該各号に定める行為をする義務を負う。

一　第246条第１項<募集新株予約権に係る払込み>の規定による払込み（同条第２項の規定により当該払込みに代えてする金銭以外の財産の給付を含む。）を仮装した者又は当該払込みが仮装されたことを知って、若しくは重大な過失により知らないで募集新株予約権を譲り受けた者　払込みが仮装された払込金額の全額の支払（当該払込みに代えてする金銭以外の財産の給付が仮装された場合にあっては、当該財産の給付（株式会社が当該給付に代えて当該財産の価額に相当する金銭の支払を請求した場合にあっては、当該金銭の全額の支払））

二　第281条第１項<金銭を出資の目的とするときの新株予約権の行使に際しての払込み>又は第２項後段<新株予約権の行使に際し金銭以外の財産を出資の目的とした場合における不足額払込義務>の規定による払込みを仮装した者　払込みを仮装した金銭の全額の支払

三　第281条第２項前段<金銭以外の財産を出資の目的とするときの新株予約権の行使に際しての給付>の規定による給付を仮装した者　給付を仮装した金銭以外の財産の給付（株式会社が当該給付に代えて当該財産の価額に相当する金銭の支払を請求した場合にあっては、当該金銭の全額の支払）

２　前項の規定により同項に規定する新株予約権者の負う義務は、総株主の同意がなければ、免除することができない。

（新株予約権に係る払込み等を仮装した場合の取締役等の責任）

第286条の３　新株予約権を行使した新株予約権者であって前条第１項各号<新株予約権に係る払込み等を仮装した新株予約権者の責任>に掲げる者に該当するものが当該各号に定める行為をする義務を負う場合には、当該各号の払込み又は給付を仮装することに関与した取締役（指名委員会等設置会社にあっては、執行役を含む。）として法務省令で定める者は、株式会社に対し、当該各号に規定する支払をする義務を負う。ただし、その者（当該払込み又は当該給付を仮装したものを除く。）がその職務を行うについて注意を怠らなかったことを証明した場合は、この限りでない。

２　新株予約権を行使した新株予約権者であって前条第１項各号<新株予約権に係る払込み等を仮装した新株予約権者の責任>に掲げる者に該当するものが当該各号に規定する支払をする義務を負う場合において、前項に規定する者が同項の義務を負うときは、これらの者は、連帯債務者とする。

第４款　雑則

第287条　第276条第１項<新株予約権の消却>の場合のほか、新株予約権者がその有する新株予約権を行使することができなくなったときは、当該新株予約権は、消滅する。

第８節　新株予約権に係る証券

第１款　新株予約権証券

（新株予約権証券の発行）

第288条　株式会社は、証券発行新株予約権を発行した日以後遅滞なく、当該証券発行新株予約権に係る新株予約権証券を発行しなければならない。

２　前項の規定にかかわらず、株式会社は、新株予約権者から請求がある時までは、同項の新株予約権証券を発行しないことができる。

（新株予約権証券の記載事項）

第289条　新株予約権証券には、次に掲げる事項及びその番号を記載し、株式会社の代表取締役（指名委員会等設置会社にあっては、代表執行役）がこれに署名し、又は記名押印しなければならない。

一　株式会社の商号
二　当該新株予約権証券に係る証券発行新株予約権の内容及び数

（記名式と無記名式との間の転換）

第290条　証券発行新株予約権の新株予約権者は、第236条第１項第11号<新株予約権証券を発行する場合において記名式と無記名式との間の転換を請求することができないとする旨>に掲げる事項についての定めによりすることができないこととされている場合を除き、いつでも、その記名式の新株予約権証券を無記名式とし、又はその無記名式の新株予約権証券を記名式とすることを請求することができる。

（新株予約権証券の喪失）

第291条　新株予約権証券は、非訟事件手続法

第100条に規定する公示催告手続によって無効とすることができる。

2　新株予約権証券を喪失した者は、非訟事件手続法第106条第1項に規定する除権決定を得た後でなければ、その再発行を請求することができない。

第2款　新株予約権付社債券

第292条　証券発行新株予約権付社債に係る新株予約権付社債券には、第697条第1項<社債券の記載事項>の規定により記載すべき事項のほか、当該証券発行新株予約権付社債に付された新株予約権の内容及び数を記載しなければならない。

2　証券発行新株予約権付社債についての社債の償還をする場合において、当該証券発行新株予約権付社債に付された新株予約権が消滅していないときは、株式会社は、当該証券発行新株予約権付社債に係る新株予約権付社債券と引換えに社債の償還をすることを請求することができない。この場合においては、株式会社は、社債の償還をするのと引換えに、当該新株予約権付社債券の提示を求め、当該新株予約権付社債券に社債の償還をした旨を記載することができる。

第3款　新株予約権証券等の提出

（新株予約権証券の提出に関する公告等）

第293条　株式会社が次の各号に掲げる行為をする場合において、当該各号に定める新株予約権に係る新株予約権証券（当該新株予約権が新株予約権付社債に付されたものである場合にあっては、当該新株予約権付社債に係る新株予約権付社債券。以下この款において同じ。）を発行しているときは、当該株式会社は、当該行為の効力が生ずる日（第1号に掲げる行為をする場合にあっては、第179条の2第1項第5号に規定する取得日。以下この条において「新株予約権証券提出日」という。）までに当該株式会社に対し当該新株予約権証券を提出しなければならない旨を新株予約権証券提出日の1箇月前までに、公告し、かつ、当該新株予約権の新株予約権者及びその登録新株予約権質権者には、各別にこれを通知しなければならない。

一　第179条の3第1項<特別支配株主による株式売渡請求の通知及び対象会社の承認>の承認　売渡新株予約権

一の二　取得条項付新株予約権の取得　当該取得条項付新株予約権

二　組織変更　全部の新株予約権

三　合併（合併により当該株式会社が消滅する場合に限る。）　全部の新株予約権

四　吸収分割　第758条第5号イ<吸収分割契約新株予約権の内容>に規定する吸収分割契約新株予約権

五　新設分割　第763条第1項第10号イ<新設分割計画新株予約権の内容>に規定する新設分割計画新株予約権

六　株式交換　第768条第1項第4号イ<株式交換契約新株予約権の内容>に規定する株式交換契約新株予約権

七　株式移転　第773条第1項第9号イ<株式移転計画新株予約権の内容>に規定する株式移転計画新株予約権

2　株式会社が次の各号に掲げる行為をする場合において、新株予約権証券提出日までに当該株式会社に対して新株予約権証券を提出しない者があるときは、当該各号に定める者は、当該新株予約権証券の提出があるまでの間、当該行為（第1号に掲げる行為をする場合にあっては、新株予約権売渡請求に係る売渡新株予約権の取得）によって当該新株予約権証券に係る新株予約権の新株予約権者が交付を受けることができる金銭等の交付を拒むことができる。

一　第179条の3第1項<特別支配株主による株式売渡請求の通知及び対象会社の承認>の承認　特別支配株主

二　取得条項付新株予約権の取得　当該株式会社

三　組織変更　第744条第1項第1号に規定する組織変更後持分会社

四　合併（合併により当該株式会社が消滅する場合に限る。）　第749条第1項に規定する吸収合併存続会社又は第753条第1項に規定する新設合併設立会社

五　吸収分割　第758条第1号に規定する吸収分割承継株式会社

六　新設分割　第763条第1項第1号に規定する新設分割設立株式会社

七　株式交換　第768条第1項第1号に規定する株式交換完全親株式会社

八　株式移転　第773条第1項第1号に規定する株式移転設立完全親会社

3　第1項各号に定める新株予約権に係る新株予約権証券は、新株予約権証券提出日に無効となる。

4　第1項第1号の規定による公告及び通知の費用は、特別支配株主の負担とする。

5　第220条<株券の提出をすることができない場合>の規定は、第1項各号に掲げる行為をした場合において、新株予約権証券を提出することができない者があるときについて準用する。この場合において、同条第2項中「前条第2項各号」とあるのは、「第293条第2項各号」と読み替えるものとする。

（無記名式の新株予約権証券等が提出されない場合）

第294条　第132条<株主の請求によらない株主名簿記載事項の記載又は記録>の規定にかかわらず、前条第1項第1号の2<取得条項付新株予約権の取得>に掲げる行為をする場合（株式会社が新株予約権を取得するのと引換えに当該新株予約権の新株予約権者に対して当該株式会社の株式を交付する場合に限る。）において、同項の規定により新株予約権証券（無記名式のものに限る。以下この条において同じ。）が提出されないときは、株式会社は、当該新株予約権証券を有する者が交付を受けることができる株式に係る第121条第1号<株主名簿に記載すべき株主の氏名等>に掲げる事項を株主名簿に記載し、又は記録することを要しない。

2　前項に規定する場合には、株式会社は、前条第1項の規定により提出しなければならない新株予約権証券を有する者が交付を受けることができる株式の株主に対する通知又は催告をすることを要しない。

3　第249条<新株予約権原簿>及び第259条第1項<新株予約権者の請求によらない新株予約権原簿事項の記載又は記録>の規定にかかわらず、前条第1項第1号の2<取得条項付新株予約権の取得>に掲げる行為をする場合（株式会社が新株予約権を取得するのと引換えに当該新株予約権の新株予約権者に対して当該株式会社の他の新株予約権（新株予約権付社債に付されたものを除く。）を交付する場合に限る。）において、同項の規定により新株予約権証券が提出されないときは、株式会社は、当該新株予約権証券を有する者が交付を受けることができる当該他の新株予約権（無記名新株予約権を除く。）に係る第249条第3号イ<新株予約権者の氏名又は名称及び住所>に掲げる事項を新株予約権原簿に記載し、又は記録することを要しない。

4　前項に規定する場合には、株式会社は、前条第1項の規定により提出しなければならない新株予約権証券を有する者が交付を受けることができる新株予約権の新株予約権者に対する通知又は催告をすることを要しない。

5　第249条<新株予約権原簿>及び第259条第1項<新株予約権者の請求によらない新株予約権原簿事項の記載又は記録>の規定にかかわらず、前条第1項第1号の2<取得条項付新株予約権の取得>に掲げる行為をする場合（株式会社が新株予約権を取得するのと引換えに当該新株予約権の新株予約権者に対して当該株式会社の新株予約権付社債を交付する場合に限る。）において、同項の規定により新株予約権証券が提出されないときは、株式会社は、当該新株予約権証券を有する者が交付を受けることができる新株予約権付社債（無記名新株予約権付社債を除く。）に付された新株予約権に係る第249条第3号イ<新株予約権者の氏名又は名称及び住所>に掲げる事項を新株予約権原簿に記載し、又は記録することを要しない。

6　前項に規定する場合には、株式会社は、前条第1項の規定により提出しなければならない新株予約権証券を有する者が交付を受けることができる新株予約権付社債に付された新株予約権の新株予約権者に対する通知又は催告をすることを要しない。

第4章　機関

第1節　株主総会及び種類株主総会等

第1款　株主総会

（株主総会の権限）

第295条　株主総会は、この法律に規定する事項及び株式会社の組織、運営、管理その他株式会社に関する一切の事項について決議をすることができる。

2　前項の規定にかかわらず、取締役会設置会社においては、株主総会は、この法律に規定する事項及び定款で定めた事項に限り、決議をすることができる。

3　この法律の規定により株主総会の決議を必要とする事項について、取締役、執行役、取締役会その他の株主総会以外の機関が決定することができることを内容とする定款の定めは、その効力を有しない。

（株主総会の招集）

第296条　定時株主総会は、毎事業年度の終了後一定の時期に招集しなければならない。

2　株主総会は、必要がある場合には、いつでも、招集することができる。

3　株主総会は、次条第4項の規定により招集する場合を除き、取締役が招集する。

（株主による招集の請求）

第297条　総株主の議決権の100分の3（これを下回る割合を定款で定めた場合にあっては、その割合）以上の議決権を6箇月（これを下回る期間を定款で定めた場合にあっては、その期間）前から引き続き有する株主は、取締役に対し、株主総会の目的である事項（当該株主が議決権を行使することができる事項に限る。）及び招集の理由を示して、株主総会の招集を請求することができる。

2　公開会社でない株式会社における前項の規定の適用については、同項中「6箇月（これを下回る期間を定款で定めた場合にあっては、その期間）前から引き続き有する」とあるのは、「有する」とする。

3　第1項の株主総会の目的である事項について議決権を行使することができない株主が有する議決権の数は、同項の総株主の議決権の数に算入しない。

4　次に掲げる場合には、第1項の規定による請求をした株主は、裁判所の許可を得て、株主総会を招集することができる。

一　第1項の規定による請求の後遅滞なく招集の手続が行われない場合

二　第1項の規定による請求があった日から8週間（これを下回る期間を定款で定めた場合にあっては、その期間）以内の日を株主総会の日とする株主総会の招集の通知が発せられない場合

（株主総会の招集の決定）

第298条　取締役（前条第4項の規定により株主が株主総会を招集する場合にあっては、当該株主。次項本文及び次条から第302条までにおいて同じ。）は、株主総会を招集する場合には、次に掲げる事項を定めなければならない。

一　株主総会の日時及び場所

二　株主総会の目的である事項があるときは、当該事項

三　株主総会に出席しない株主が書面によって議決権を行使することができることとするときは、その旨

四　株主総会に出席しない株主が電磁的方法によって議決権を行使することができることとするときは、その旨

五　前各号に掲げるもののほか、法務省令で定める事項

2　取締役は、株主（株主総会において決議をすることができる事項の全部につき議決権を行使することができない株主を除く。次条から第302条までにおいて同じ。）の数が1000人以上である場合には、前項第3号に掲げる事項を定めなければならない。ただし、当該株式会社が金融商品取引法第2条第16項に規定する金融商品取引所に上場されている株式を発行している株式会社であって法務省令で定めるものである場合は、この限りでない。

3　取締役会設置会社における前項の規定の適用については、同項中「株主総会において決議をすることができる事項」とあるのは、「前項第2号に掲げる事項」とする。

4　取締役会設置会社においては、前条第4項の規定により株主が株主総会を招集するときを除き、第1項各号に掲げる事項の決定は、取締役会の決議によらなければならない。

（株主総会の招集の通知）

第299条　株主総会を招集するには、取締役は、株主総会の日の2週間（前条第1項第3号又は第4号に掲げる事項を定めたときを除き、公開会社でない株式会社にあっては、1週間（当該株式会社が取締役会設置会社以外の株式会社である場合において、これを下回る期間を定款で定めた場合にあっては、その期間））前までに、株主に対してその通知を発しなければならない。

2　次に掲げる場合には、前項の通知は、書面でしなければならない。

一　前条第1項第3号<書面による議決権の行使ができる旨定めたとき>又は第4号<電磁的方法による議決権の行使ができる旨定めたとき>に掲げる事項を定めた場合

二　株式会社が取締役会設置会社である場合

3　取締役は、前項の書面による通知の発出に代えて、政令で定めるところにより、株主の承諾を得て、電磁的方法により通知を発することができる。この場合において、当該取締役は、同項の書面による通知を発したものとみなす。

4　前2項の通知には、前条第1項各号<株主総会を招集する場合に定めなければならない事項>に掲げる事項を記載し、又は記録しなければならない。

（招集手続の省略）

第300条　前条の規定にかかわらず、株主総会は、株主の全員の同意があるときは、招集の手続を経ることなく開催することができる。ただし、第298条第1項第3号<書面による議決権の行使ができる旨定めたとき>又は第4号<電磁的方法による議決権の行使ができる旨定めたとき>に掲げる事項を定めた場

合は、この限りでない。

（株主総会参考書類及び議決権行使書面の交付等）

第301条　取締役は、第298条第１項第３号<書面による議決権の行使ができる旨定めたとき>に掲げる事項を定めた場合には、第299条第１項<株主総会の招集の通知>の通知に際して、法務省令で定めるところにより、株主に対し、議決権の行使について参考となるべき事項を記載した書類（以下この節において「株主総会参考書類」という。）及び株主が議決権を行使するための書面（以下この節において「議決権行使書面」という。）を交付しなければならない。

2　取締役は、第299条第３項<電磁的方法による株主総会の招集の通知>の承諾をした株主に対し同項の電磁的方法による通知を発するときは、前項の規定による株主総会参考書類及び議決権行使書面の交付に代えて、これらの書類に記載すべき事項を電磁的方法により提供することができる。ただし、株主の請求があったときは、これらの書類を当該株主に交付しなければならない。

第302条　取締役は、第298条第１項第４号<電磁的方法による議決権の行使ができる旨定めたとき>に掲げる事項を定めた場合には、第299条第１項<株主総会の招集の通知>の通知に際して、法務省令で定めるところにより、株主に対し、株主総会参考書類を交付しなければならない。

2　取締役は、第299条第３項<電磁的方法による株主総会の招集の通知>の承諾をした株主に対し同項の電磁的方法による通知を発するときは、前項の規定による株主総会参考書類の交付に代えて、当該株主総会参考書類に記載すべき事項を電磁的方法により提供することができる。ただし、株主の請求があったときは、株主総会参考書類を当該株主に交付しなければならない。

3　取締役は、第１項に規定する場合には、第299条第３項<電磁的方法による株主総会の招集の通知>の承諾をした株主に対する同項の電磁的方法による通知に際して、法務省令で定めるところにより、株主に対し、議決権行使書面に記載すべき事項を当該電磁的方法により提供しなければならない。

4　取締役は、第１項に規定する場合において、第299条第３項<電磁的方法による株主総会の招集の通知>の承諾をしていない株主から株主総会の日の１週間前までに議決権行使書面に記載すべき事項の電磁的方法による提供の請求があったときは、法務省令で定めるところにより、直ちに、当該株主に対し、当該事項を電磁的方法により提供しなければならない。

（株主提案権）

第303条　株主は、取締役に対し、一定の事項（当該株主が議決権を行使することができる事項に限る。次項において同じ。）を株主総会の目的とすることを請求することができる。

2　前項の規定にかかわらず、取締役会設置会社においては、総株主の議決権の100分の１（これを下回る割合を定款で定めた場合にあっては、その割合）以上の議決権又は300個（これを下回る数を定款で定めた場合にあっては、その個数）以上の議決権を６箇月（これを下回る期間を定款で定めた場合にあっては、その期間）前から引き続き有する株主に限り、取締役に対し、一定の事項を株主総会の目的とすることを請求することができる。この場合において、その請求は、株主総会の日の８週間（これを下回る期間を定款で定めた場合にあっては、その期間）前までにしなければならない。

3　公開会社でない取締役会設置会社における前項の規定の適用については、同項中「６箇月（これを下回る期間を定款で定めた場合にあっては、その期間）前から引き続き有する」とあるのは、「有する」とする。

4　第２項の一定の事項について議決権を行使することができない株主が有する議決権の数は、同項の総株主の議決権の数に算入しない。

第304条　株主は、株主総会において、株主総会の目的である事項（当該株主が議決権を行使することができる事項に限る。次条第１項において同じ。）につき議案を提出することができる。ただし、当該議案が法令若しくは定款に違反する場合又は実質的に同一の議案につき株主総会において総株主（当該議案について議決権を行使することができない株主を除く。）の議決権の10分の１（これを下回る割合を定款で定めた場合にあっては、その割合）以上の賛成を得られなかった日から３年を経過していない場合は、この限りでない。

第305条　株主は、取締役に対し、株主総会の日の８週間（これを下回る期間を定款で定めた場合にあっては、その期間）前までに、株主総会の目的である事項につき当該株主が提出しようとする議案の要領を株主に通知すること（第299条第２項又は第３項の通知をする場合にあっては、その通知に記載し、又は記録すること）を請求することができる。ただし、取締役会設置会社においては、総株主の議決権の100分の１（これを下回る割合を定款で定めた場合にあっては、その割合）以上の議決権又は300個（これを下回る数を定款で定めた場合にあっては、その個数）以上の議決権を6箇月（これを下回る期間を定款で定めた場合にあっては、その期間）前から引き続き有する株主に限り、当該請求をすることができる。

2　公開会社でない取締役会設置会社における前項ただし書の規定の適用については、同項ただし書中「6箇月（これを下回る期間を定款で定めた場合にあっては、その期間）前から引き続き有する」とあるのは、「有する」とする。

3　第1項の株主総会の目的である事項について議決権を行使することができない株主が有する議決権の数は、同項ただし書の総株主の議決権の数に算入しない。

4　取締役会設置会社の株主が第1項の規定による請求をする場合において、当該株主が提出しようとする議案の数が10を超えるときは、前3項の規定は、10を超える数に相当することとなる数の議案については、適用しない。この場合において、当該株主が提出しようとする次の各号に掲げる議案の数については、当該各号に定めるところによる。

一　取締役、会計参与、監査役又は会計監査人（次号において「役員等」という。）の選任に関する議案　当該議案の数にかかわらず、これを一の議案とみなす。

二　役員等の解任に関する議案　当該議案の数にかかわらず、これを一の議案とみなす。

三　会計監査人を再任しないことに関する議案　当該議案の数にかかわらず、これを一の議案とみなす。

四　定款の変更に関する2以上の議案　当該2以上の議案について異なる議決がされたとすれば当該議決の内容が相互に矛盾する可能性がある場合には、これらを一の議案とみなす。

5　前項前段の10を超える数に相当することとなる数の議案は、取締役がこれを定める。ただし、第1項の規定による請求をした株主が当該請求と併せて当該株主が提出しようとする2以上の議案の全部又は一部につき議案相互間の優先順位を定めている場合には、取締役は、当該優先順位に従い、これを定めるものとする。

6　第1項から第3項までの規定は、第1項の議案が法令若しくは定款に違反する場合又は実質的に同一の議案につき株主総会において総株主（当該議案について議決権を行使することができない株主を除く。）の議決権の10分の1（これを下回る割合を定款で定めた場合にあっては、その割合）以上の賛成を得られなかった日から3年を経過していない場合には、適用しない。

（株主総会の招集手続等に関する検査役の選任）

第306条　株式会社又は総株主（株主総会において決議をすることができる事項の全部につき議決権を行使することができない株主を除く。）の議決権の100分の1（これを下回る割合を定款で定めた場合にあっては、その割合）以上の議決権を有する株主は、株主総会に係る招集の手続及び決議の方法を調査させるため、当該株主総会に先立ち、裁判所に対し、検査役の選任の申立てをすることができる。

2　公開会社である取締役会設置会社における前項の規定の適用については、同項中「株主総会において決議をすることができる事項」とあるのは「第298条第1項第2号に掲げる事項」と、「有する」とあるのは「6箇月（これを下回る期間を定款で定めた場合にあっては、その期間）前から引き続き有する」とし、公開会社でない取締役会設置会社における同項の規定の適用については、同項中「株主総会において決議をすることができる事項」とあるのは、「第298条第1項第2号に掲げる事項」とする。

3　前2項の規定による検査役の選任の申立てがあった場合には、裁判所は、これを不適法として却下する場合を除き、検査役を選任しなければならない。

4　裁判所は、前項の検査役を選任した場合には、株式会社が当該検査役に対して支払う報酬の額を定めることができる。

5　第3項の検査役は、必要な調査を行い、当該調査の結果を記載し、又は記録した書面又は電磁的記録（法務省令で定めるものに限る。）を裁判所に提供して報告をしなければならない。

6　裁判所は、前項の報告について、その内容を明瞭にし、又はその根拠を確認するため必要があると認めるときは、第3項の検査役に対し、更に前項の報告を求めることができる。

7　第3項の検査役は、第5項の報告をしたときは、株式会社（検査役の選任の申立てをした者が当該株式会社でない場合にあっては、当該株式会社及びその者）に対し、同項の書面の写しを交付し、又は同項の電磁的記録に記録された事項を法務省令で定める方法により提供しなければならない。

（裁判所による株主総会招集等の決定）

第307条　裁判所は、前条第5項の報告があった場合において、必要があると認めるときは、取締役に対し、次に掲げる措置の全部又は一部を命じなければならない。

一　一定の期間内に株主総会を招集すること。

二　前条第5項の調査の結果を株主に通知すること。

2　裁判所が前項第1号に掲げる措置を命じた場合には、取締役は、前条第5項の報告の内容を同号の株主総会において開示しなければならない。

3　前項に規定する場合には、取締役（監査役設置会社にあっては、取締役及び監査役）は、前条第5項の報告の内容を調査し、その結果を第1項第1号の株主総会に報告しなければならない。

（議決権の数）

第308条　株主（株式会社がその総株主の議決権の4分の1以上を有することその他の事由を通じて株式会社がその経営を実質的に支配することが可能な関係にあるものとして法務省令で定める株主を除く。）は、株主総会において、その有する株式1株につき1個の議決権を有する。ただし、単元株式数を定款で定めている場合には、1単元の株式につき1個の議決権を有する。

2　前項の規定にかかわらず、株式会社は、自己株式については、議決権を有しない。

（株主総会の決議）

第309条　株主総会の決議は、定款に別段の定めがある場合を除き、議決権を行使することができる株主の議決権の過半数を有する株主が出席し、出席した当該株主の議決権の過半数をもって行う。

2　前項の規定にかかわらず、次に掲げる株主総会の決議は、当該株主総会において議決権を行使することができる株主の議決権の過半数（3分の1以上の割合を定款で定めた場合にあっては、その割合以上）を有する株主が出席し、出席した当該株主の議決権の3分の2（これを上回る割合を定款で定めた場合にあっては、その割合）以上に当たる多数をもって行わなければならない。この場合においては、当該決議の要件に加えて、一定の数以上の株主の賛成を要する旨その他の要件を定款で定めることを妨げない。

一　第140条第2項及び第5項＜譲渡制限株式の株式会社又は指定買取人による買取り＞の株主総会

二　第156条第1項＜自己株式の取得に関する事項の決定＞の株主総会（第160条第1項の特定の株主を定める場合に限る。）

三　第171条第1項＜全部取得条項付種類株式の取得に関する決定＞及び第175条第1項＜相続人等に対する譲渡制限株式の売渡しの請求＞の株主総会

四　第180条第2項＜株式の併合において定める事項＞の株主総会

五　第199条第2項＜株主総会決議による募集事項の決定＞、第200条第1項＜募集事項の決定の委任＞、第202条第3項第4号＜非公開会社における株主割当＞、第204条第2項＜募集株式が譲渡制限株式である場合の割当＞及び第205条第2項＜募集株式が譲渡制限株式の場合における引受人のその総数の引受け＞の株主総会

六　第238条第2項＜新株予約権の募集事項の決定＞、第239条第1項＜新株予約権の募集事項の決定の委任＞、第241条第3項第4号＜定款に特段の定めのない非公開会社の募集事項等の決定＞、第243条第2項＜募集新株予約権の目的である株式が譲渡制限株式である場合等の割当ての決定＞及び第244条第3項＜募集新株予約権の目的が譲渡制限株式である場合及び募集新株予約権が譲渡制限新株予約権の場合＞の株主総会

七　第339条第1項＜役員及び会計監査人の解任＞の株主総会（第342条第3項から第5項まで＜累積投票による取締役の選任＞の規定により選任された取締役（監査等委員である取締役を除く。）を解任する場合又は監査等委員である取締役若しくは監査役を解任する場合に限る。）

八　第425条第1項＜役員等の株式会社に対する責任の一部免除＞の株主総会

九　第447条第1項＜資本金の額の減少における株主総会決議事項＞の株主総会（次のいずれにも該当する場合を除く。）

イ　定時株主総会において第447条第1項各号＜資本金の額の減少における株主総会決議事項＞に掲げる事項を定めること。

ロ　第447条第1項第1号＜減少する資本金の額＞の額がイの定時株主総会の日（第439条前段に規定する場合にあっては、第436条第3項の承認があった日）における欠損の額として法務省令で定める方法により算定される額を超えないこと。

十　第454条第4項＜配当財産が金銭以外の財産である場合の決定事項＞の株主総会（配当財産が金銭以外の財産であり、かつ、株主に対して同項第1号に規定する金銭分配請求権を与えないこととする場合に限る。）

十一　第6章＜定款の変更＞から第8章＜解散＞までの規定により株主総会の決議を要する場合における当該株主総会

十二　第5編＜組織変更、合併、会社分割、株式交換、株式移転及び株式交付＞の規定により株主総会の決議を要する場合における当該株主総会

3　前2項の規定にかかわらず、次に掲げる株主総会（種類株式発行会社の株主総会を除く。）の決議は、当該株主総会において議決権を行使することができる株主の半数以上（これを上回る割合を定款で定めた場合にあっては、その割合以上）であって、当該株主の議決権の3分の2（これを上回る割合を定款で定めた場合にあっては、その割合）以上に当たる多数をもって行わなければならない。

一　その発行する全部の株式の内容として譲渡による当該株式の取得について当該株式会社の承認を要する旨の定款の定めを設ける定款の変更を行う株主総会

二　第783条第1項<吸収合併契約等の承認>の株主総会（合併により消滅する株式会社又は株式交換をする株式会社が公開会社であり、かつ、当該株式会社の株主に対して交付する金銭等の全部又は一部が譲渡制限株式等（同条第3項に規定する譲渡制限株式等をいう。次号において同じ。）である場合における当該株主総会に限る。）

三　第804条第1項<新設合併契約等の承認>の株主総会（合併又は株式移転をする株式会社が公開会社であり、かつ、当該株式会社の株主に対して交付する金銭等の全部又は一部が譲渡制限株式等である場合における当該株主総会に限る。）

4　前3項の規定にかかわらず、第109条第2項<非公開会社における株主ごとの異なる取扱い>の規定による定款の定めについての定款の変更（当該定款の定めを廃止するものを除く。）を行う株主総会の決議は、総株主の半数以上（これを上回る割合を定款で定めた場合にあっては、その割合以上）であって、総株主の議決権の4分の3（これを上回る割合を定款で定めた場合にあっては、その割合）以上に当たる多数をもって行わなければならない。

5　取締役会設置会社においては、株主総会は、第298条第1項第2号<株主総会の目的である事項>に掲げる事項以外の事項については、決議をすることができない。ただし、第316条第1項若しくは第2項<株主総会に提出された資料等の調査>に規定する者の選任又は第398条第2項<定時株主総会における会計監査人の意見の陳述>の会計監査人の出席を求めることについては、この限りでない。

（議決権の代理行使）

第310条　株主は、代理人によってその議決権を行使することができる。この場合においては、当該株主又は代理人は、代理権を証明する書面を株式会社に提出しなければならない。

2　前項の代理権の授与は、株主総会ごとにしなければならない。

3　第1項の株主又は代理人は、代理権を証明する書面の提出に代えて、政令で定めるところにより、株式会社の承諾を得て、当該書面に記載すべき事項を電磁的方法により提供することができる。この場合において、当該株主又は代理人は、当該書面を提出したものとみなす。

4　株主が第299条第3項<電磁的方法による株主総会の招集の通知>の承諾をした者である場合には、株式会社は、正当な理由がなければ、前項の承諾をすることを拒んではならない。

5　株式会社は、株主総会に出席することができる代理人の数を制限することができる。

6　株式会社は、株主総会の日から3箇月間、代理権を証明する書面及び第3項の電磁的方法により提供された事項が記録された電磁的記録をその本店に備え置かなければならない。

7　株主（前項の株主総会において決議をした事項の全部につき議決権を行使することができない株主を除く。次条第4項及び第312条第5項において同じ。）は、株式会社の営業時間内は、いつでも、次に掲げる請求をすることができる。この場合においては、当該請求の理由を明らかにしてしなければならない。

一　代理権を証明する書面の閲覧又は謄写の請求

二　前項の電磁的記録に記録された事項を法務省令で定める方法により表示したものの閲覧又は謄写の請求

8　株式会社は、前項の請求があったときは、次のいずれかに該当する場合を除き、これを拒むことができない。

一　当該請求を行う株主（以下この項において「請求者」という。）がその権利の確保又は行使に関する調査以外の目的で請求を行ったとき。

二　請求者が当該株式会社の業務の遂行を妨げ、又は株主の共同の利益を害する目的で請求を行ったとき。

三　請求者が代理権を証明する書面の閲覧若しくは謄写又は前項第2号の電磁的記録に記録された事項を法務省令で定める方法により表示したものの閲覧若しくは謄写によって知り得た事実を利益を得て第三者に通報するため請求を行ったとき。

四　請求者が、過去2年以内において、代理権を証明する書面の閲覧若しくは謄写又は前項第2号の電磁的記録に記録された事項を法務省令で定める方法により表示したものの閲覧若しくは謄写によって知り得た事実を利益を得て第三者に通報したことがあるものであるとき。

（書面による議決権の行使）

第311条　書面による議決権の行使は、議決権行使書面に必要な事項を記載し、法務省令で定める時までに当該記載をした議決権行使書面を株式会社に提出して行う。

2　前項の規定により書面によって行使した議決権の数は、出席した株主の議決権の数に算入する。

3　株式会社は、株主総会の日から3箇月間、第1項の規定により提出された議決権行使書面をその本店に備え置かなければならない。

4　株主は、株式会社の営業時間内は、いつでも、第1項の規定により提出された議決権行使書面の閲覧又は謄写の請求をすることができる。この場合においては、当該請求の理由を明らかにしてしなければならない。

5　株式会社は、前項の請求があったときは、次のいずれかに該当する場合を除き、これを拒むことができない。

一　当該請求を行う株主（以下この項において「請求者」という。）がその権利の確保又は行使に関する調査以外の目的で請求を行ったとき。

二　請求者が当該株式会社の業務の遂行を妨げ、又は株主の共同の利益を害する目的で請求を行ったとき。

三　請求者が第1項の規定により提出された議決権行使書面の閲覧又は謄写によって知り得た事実を利益を得て第三者に通報するため請求を行ったとき。

四　請求者が、過去2年以内において、第1項の規定により提出された議決権行使書面の閲覧又は謄写によって知り得た事実を利益を得て第三者に通報したことがあるものであるとき。

（電磁的方法による議決権の行使）

第312条　電磁的方法による議決権の行使は、政令で定めるところにより、株式会社の承諾を得て、法務省令で定める時までに議決権行使書面に記載すべき事項を、電磁的方法により当該株式会社に提供して行う。

2　株主が第299条第3項<電磁的方法による株主総会の招集の通知>の承諾をした者である場合には、株式会社は、正当な理由がなければ、前項の承諾をすることを拒んではならない。

3　第1項の規定により電磁的方法によって行使した議決権の数は、出席した株主の議決権の数に算入する。

4　株式会社は、株主総会の日から3箇月間、第1項の規定により提供された事項を記録した電磁的記録をその本店に備え置かなければならない。

5　株主は、株式会社の営業時間内は、いつでも、前項の電磁的記録に記録された事項を法務省令で定める方法により表示したものの閲覧又は謄写の請求をすることができる。この場合においては、当該請求の理由を明らかにしてしなければならない。

6　株式会社は、前項の請求があったときは、次のいずれかに該当する場合を除き、これを拒むことができない。

一　当該請求を行う株主（以下この項において「請求者」という。）がその権利の確保又は行使に関する調査以外の目的で請求を行ったとき。

二　請求者が当該株式会社の業務の遂行を妨げ、又は株主の共同の利益を害する目的で請求を行ったとき。

三　請求者が前項の電磁的記録に記録された事項を法務省令で定める方法により表示したものの閲覧又は謄写によって知り得た事実を利益を得て第三者に通報するため請求を行ったとき。

四　請求者が、過去2年以内において、前項の電磁的記録に記録された事項を法務省令で定める方法により表示したものの閲覧又は謄写によって知り得た事実を利益を得て第三者に通報したことがあるものであるとき。

（議決権の不統一行使）

第313条　株主は、その有する議決権を統一しないで行使することができる。

2　取締役会設置会社においては、前項の株主は、株主総会の日の3日前までに、取締役会設置会社に対してその有する議決権を統一しないで行使する旨及びその理由を通知しなければならない。

3　株式会社は、第1項の株主が他人のために株式を有する者でないときは、当該株主が同項の規定によりその有する議決権を統一しないで行使することを拒むことができる。

（取締役等の説明義務）

第314条　取締役、会計参与、監査役及び執行役は、株主総会において、株主から特定の事項について説明を求められた場合には、当該事項について必要な説明をしなければならない。ただし、当該事項が株主総会の目的である事項に関しないものである場合、その説明をすることにより株主の共同の利益を著しく害する場合その他正当な理由がある場合として法務省令で定める場合は、この限りでない。

（議長の権限）

第315条　株主総会の議長は、当該株主総会の秩序を維持し、議事を整理する。

2　株主総会の議長は、その命令に従わない者その他当該株主総会の秩序を乱す者を退場させることができる。

（株主総会に提出された資料等の調査）

第316条　株主総会においては、その決議によって、取締役、会計参与、監査役、監査役会及び会計監査人が当該株主総会に提出し、又は提供した資料を調査する者を選任することができる。

2　第297条<少数株主による株主総会の招集の請求>の規定により招集された株主総会においては、その決議によって、株式会社の業務及び財産の状況を調査する者を選任することができる。

（延期又は続行の決議）

第317条　株主総会においてその延期又は続行について決議があった場合には、第298条<株主総会の招集の決定>及び第299条<株主総会の招集の通知>の規定は、適用しない。

（議事録）

第318条　株主総会の議事については、法務省令で定めるところにより、議事録を作成しなければならない。

2　株式会社は、株主総会の日から10年間、前項の議事録をその本店に備え置かなければならない。

3　株式会社は、株主総会の日から５年間、第１項の議事録の写しをその支店に備え置かなければならない。ただし、当該議事録が電磁的記録をもって作成されている場合であって、支店における次項第２号に掲げる請求に応じることを可能とするための措置として法務省令で定めるものをとっているときは、この限りでない。

4　株主及び債権者は、株式会社の営業時間内は、いつでも、次に掲げる請求をすることができる。

一　第１項の議事録が書面をもって作成されているときは、当該書面又は当該書面の写しの閲覧又は謄写の請求

二　第１項の議事録が電磁的記録をもって作成されているときは、当該電磁的記録に記録された事項を法務省令で定める方法により表示したものの閲覧又は謄写の請求

5　株式会社の親会社社員は、その権利を行使するため必要があるときは、裁判所の許可を得て、第１項の議事録について前項各号に掲げる請求をすることができる。

（株主総会の決議の省略）

第319条　取締役又は株主が株主総会の目的である事項について提案をした場合において、当該提案につき株主（当該事項について議決権を行使することができるものに限る。）の全員が書面又は電磁的記録により同意の意思表示をしたときは、当該提案を可決する旨の株主総会の決議があったものとみなす。

2　株式会社は、前項の規定により株主総会の決議があったものとみなされた日から10年間、同項の書面又は電磁的記録をその本店に備え置かなければならない。

3　株主及び債権者は、株式会社の営業時間内は、いつでも、次に掲げる請求をすることができる。

一　前項の書面の閲覧又は謄写の請求

二　前項の電磁的記録に記録された事項を法務省令で定める方法により表示したものの閲覧又は謄写の請求

4　株式会社の親会社社員は、その権利を行使するため必要があるときは、裁判所の許可を得て、第２項の書面又は電磁的記録について前項各号に掲げる請求をすることができる。

5　第１項の規定により定時株主総会の目的である事項のすべてについての提案を可決する旨の株主総会の決議があったものとみなされた場合には、その時に当該定時株主総会が終結したものとみなす。

（株主総会への報告の省略）

第320条　取締役が株主の全員に対して株主総会に報告すべき事項を通知した場合において、当該事項を株主総会に報告することを要しないことにつき株主の全員が書面又は電磁的記録により同意の意思表示をしたときは、当該事項の株主総会への報告があったものとみなす。

第２款　種類株主総会

（種類株主総会の権限）

第321条　種類株主総会は、この法律に規定する事項及び定款で定めた事項に限り、決議をすることができる。

（ある種類の種類株主に損害を及ぼすおそれがある場合の種類株主総会）

第322条　種類株式発行会社が次に掲げる行為をする場合において、ある種類の株式の種類株主に損害を及ぼすおそれがあるときは、当該行為は、当該種類の株式の種類株主を構成員とする種類株主総会（当該種類株主に係る株式の種類が2以上ある場合にあっては、当該2以上の株式の種類別に区分された種類株主を構成員とする各種類株主総会。以下この条において同じ。）の決議がなければ、その効力を生じない。ただし、当該種類株主総会において議決権を行使することができる種類株主が存しない場合は、この限りでない。

一　次に掲げる事項についての定款の変更（第111条第1項又は第2項に規定するものを除く。）

イ　株式の種類の追加

ロ　株式の内容の変更

ハ　発行可能株式総数又は発行可能種類株式総数の増加

一の二　第179条の3第1項<特別支配株主による株式売渡請求の通知及び対象会社の承認>の承認

二　株式の併合又は株式の分割

三　第185条<株式無償割当て>に規定する株式無償割当て

四　当該株式会社の株式を引き受ける者の募集（第202条第1項各号に掲げる事項を定めるものに限る。）

五　当該株式会社の新株予約権を引き受ける者の募集（第241条第1項各号に掲げる事項を定めるものに限る。）

六　第277条<新株予約権無償割当て>に規定する新株予約権無償割当て

七　合併

八　吸収分割

九　吸収分割による他の会社がその事業に関して有する権利義務の全部又は一部の承継

十　新設分割

十一　株式交換

十二　株式交換による他の株式会社の発行済株式全部の取得

十三　株式移転

十四　株式交付

2　種類株式発行会社は、ある種類の株式の内容として、前項の規定による種類株主総会の決議を要しない旨を定款で定めることができる。

3　第1項の規定は、前項の規定による定款の定めがある種類の株式の種類株主を構成員とする種類株主総会については、適用しない。ただし、第1項第1号に規定する定款の変更（単元株式数についてのものを除く。）を行う場合は、この限りでない。

4　ある種類の株式の発行後に定款を変更して当該種類の株式について第2項の規定による定款の定めを設けようとするときは、当該種類の種類株主全員の同意を得なければならない。

（種類株主総会の決議を必要とする旨の定めがある場合）

第323条　種類株式発行会社において、ある種類の株式の内容として、株主総会（取締役会設置会社にあっては株主総会又は取締役会、第478条第8項に規定する清算人会設置会社にあっては株主総会又は清算人会）において決議すべき事項について、当該決議のほか、当該種類の株式の種類株主を構成員とする種類株主総会の決議があることを必要とする旨の定めがあるときは、当該事項は、その定款の定めに従い、株主総会、取締役会又は清算人会の決議のほか、当該種類の株式の種類株主を構成員とする種類株主総会の決議がなければ、その効力を生じない。ただし、当該種類株主総会において議決権を行使することができる種類株主が存しない場合は、この限りでない。

（種類株主総会の決議）

第324条　種類株主総会の決議は、定款に別段の定めがある場合を除き、その種類の株式の総株主の議決権の過半数を有する株主が出席し、出席した当該株主の議決権の過半数をもって行う。

2　前項の規定にかかわらず、次に掲げる種類株主総会の決議は、当該種類株主総会において議決権を行使することができる株主の議決権の過半数（3分の1以上の割合を定款で定めた場合にあっては、その割合以上）を有する株主が出席し、出席した当該株主の議決権の3分の2（これを上回る割合を定款で定めた場合にあっては、その割合）以上に当たる多数をもって行わなければならない。この場合においては、当該決議の要件に加えて、一定の数以上の株主の賛成を要する旨その他の要件を定款で定めることを妨げない。

一　第111条第2項<種類株式に譲渡制限、全部取得条項を付する場合における定款変更>の種類株主総会（ある種類の株式の内容として第108条第1項第7号に掲げる事項についての定款の定めを設ける場合に限る。）

二　第199条第4項<募集株式の種類が譲渡制限株式であ

る場合に必要とされる種類株主総会特別決議>及び第200条第4項<募集株式の種類が譲渡制限株式であり募集事項の決定の委任をする場合に必要とされる種類株主総会特別決議>の種類株主総会

三　第238条第4項<種類株式発行会社において募集新株予約権の目的である株式の種類が譲渡制限株式である場合の募集事項の決定にあたっての種類株主総会の決議>及び第239条第4項<種類株式発行会社において募集新株予約権の目的である株式の種類が譲渡制限株式である場合の募集事項の委任にあたっての種類株主総会決議>の種類株主総会

四　第322条第1項<ある種類の種類株主に損害を及ぼすおそれがある場合の種類株主総会>の種類株主総会

五　第347条第2項<種類株主総会における取締役又は監査役の選任等>の規定により読み替えて適用する第339条第1項<役員及び会計監査人の解任>の種類株主総会

六　第795条第4項<吸収合併契約等の承認等における種類株主総会決議>の種類株主総会

七　第816条の3第3項<株式交付計画の承認等における種類株主総会>の種類株主総会

3　前2項の規定にかかわらず、次に掲げる種類株主総会の決議は、当該種類株主総会において議決権を行使することができる株主の半数以上（これを上回る割合を定款で定めた場合にあっては、その割合以上）であって、当該株主の議決権の3分の2（これを上回る割合を定款で定めた場合にあっては、その割合）以上に当たる多数をもって行わなければならない。

一　第111条第2項<種類株式に譲渡制限、全部取得条項を付する場合における定款変更>の種類株主総会（ある種類の株式の内容として第108条第1項第4号に掲げる事項についての定款の定めを設ける場合に限る。）

二　第783条第3項<吸収合併等により合併対価として譲渡制限株式等が交付される場合>及び第804条第3項<新設合併等により合併対価として譲渡制限株式等が交付される場合>の種類株主総会

（株主総会に関する規定の準用）

第325条　前款（第295条第1項及び第2項、第296条第1項及び第2項並びに第309条を除く。）の規定は、種類株主総会について準用する。この場合において、第297条第1項中「総株主」とあるのは「総株主（ある種類の株式の株主に限る。以下この款（第308条第1項を除く。）において同じ。）」と、「株主は」とあるのは「株主（ある種類の株式の株主に限る。以下この款（第318条第4項及び第319条第3項を除く。）において同じ。）は」と読み替えるものとする。

第3款　電子提供措置

（電子提供措置をとる旨の定款の定め）

第325条の2　株式会社は、取締役が株主総会（種類株主総会を含む。）の招集の手続を行うときは、次に掲げる資料（以下この款において「株主総会参考書類等」という。）の内容である情報について、電子提供措置（電磁的方法により株主（種類株主総会を招集する場合にあっては、ある種類の株主に限る。）が情報の提供を受けることができる状態に置く措置であって、法務省令で定めるものをいう。以下この款、第911条第3項第12号の2及び第976条第19号において同じ。）をとる旨を定款で定めることができる。この場合において、その定款には、電子提供措置をとる旨を定めれば足りる。

一　株主総会参考書類

二　議決権行使書面

三　第437条の計算書類及び事業報告

四　第444条第6項の連結計算書類

（電子提供措置）

第325条の3　電子提供措置をとる旨の定款の定めがある株式会社の取締役は、第299条第2項各号<株主総会の招集の通知を書面でしなければならない場合>に掲げる場合には、株主総会の日の3週間前の日又は同条第1項の通知を発した日のいずれか早い日（以下この款において「電子提供措置開始日」という。）から株主総会の日後3箇月を経過する日までの間（以下この款において「電子提供措置期間」という。）、次に掲げる事項に係る情報について継続して電子提供措置をとらなければならない。

一　第298条第1項各号<株主総会を招集する場合に定めなければならない事項>に掲げる事項

二　第301条第1項に規定する場合には、株主総会参考書類及び議決権行使書面に記載すべき事項

三　第302条第1項に規定する場合には、株主総会参考書類に記載すべき事項

四　第305条第1項の規定による請求があった場合には、同項の議案の要領

五　株式会社が取締役会設置会社である場合において、取締役が定時株主総会を招集するときは、第437条の計算書類及び事業報告に記載され、又は記録された事項

六　株式会社が会計監査人設置会社（取締役会設置会社に限る。）である場合において、取締役が定時株主総会を招集するときは、第444条第6項の連結計算書類に記載され、又は記録された事項

七　前各号に掲げる事項を修正したときは、その旨及び修正前の事項

2　前項の規定にかかわらず、取締役が第299条第1項<株主総会の招集の通知>の通知に際して株主に対し議決権行使書面を交付するときは、議決権行使書面に記載すべき事項に係る情報については、前項の規定により電子提供措置をとることを要しない。

3　第1項の規定にかかわらず、金融商品取引法第24条第1項の規定によりその発行する株式について有価証券報告書を内閣総理大臣に提出しなければならない株式会社が、電子提供措置開始日までに第1項各号に掲げる事項（定時株主総会に係るものに限り、議決権行使書面に記載すべき事項を除く。）を記載した有価証券報告書（添付書類及びこれらの訂正報告書を含む。）の提出の手続を同法第27条の30の2に規定する開示用電子情報処理組織（以下この款において単に「開示用電子情報処理組織」という。）を使用して行う場合には、当該事項に係る情報については、同項の規定により電子提供措置をとることを要しない。

（株主総会の招集の通知等の特則）

第325条の4　前条第1項の規定により電子提供措置をとる場合における第299条第1項<株主総会の招集の通知>の規定の適用については、同項中「2週間（前条第1項第3号又は第4号に掲げる事項を定めたときを除き、公開会社でない株式会社にあっては、1週間（当該株式会社が取締役会設置会社以外の株式会社である場合において、これを下回る期間を定款で定めた場合にあっては、その期間））」とあるのは、「2週間」とする。

2　第299条第4項の規定にかかわらず、前条第1項の規定により電子提供措置をとる場合には、第299条第2項又は第3項の通知には、第298条第1項第5号<法務省令で定める事項>に掲げる事項を記載し、又は記録することを要しない。この場合において、当該通知には、同項第1号から第4号までに掲げる事項のほか、次に掲げる事項を記載し、又は記録しなければならない。

一　電子提供措置をとっているときは、その旨

二　前条第3項の手続を開示用電子情報処理組織を使用して行ったときは、その旨

三　前2号に掲げるもののほか、法務省令で定める事項

3　第301条第1項、第302条第1項、第437条及び第444条第6項の規定にかかわらず、電子提供措置をとる旨の定款の定めがある株式会社においては、取締役は、第299条第1項<株主総会の招集の通知>の通知に際して、株主に対し、株主総会参考書類等を交付し、又は提供することを要しない。

4　電子提供措置をとる旨の定款の定めがある株式会社における第305条第1項<議案要領通知請求権>の規定の適用については、同項中「その通知に記載し、又は記録する」とあるのは、「当該議案の要領について第325条の2に規定する電子提供措置をとる」とする。

（書面交付請求）

第325条の5　電子提供措置をとる旨の定款の定めがある株式会社の株主（第299条第3項<電磁的方法による株主総会の招集の通知>（第325条において準用する場合を含む。）の承諾をした株主を除く。）は、株式会社に対し、第325条の3第1項各号（第325条の7において準用する場合を含む。）に掲げる事項（以下この条において「電子提供措置事項」という。）を記載した書面の交付を請求することができる。

2　取締役は、第325条の3第1項の規定により電子提供措置をとる場合には、第299条第1項<株主総会の招集の通知>の通知に際して、前項の規定による請求（以下この条において「書面交付請求」という。）をした株主（当該株主総会において議決権を行使することができる者を定めるための基準日（第124条第1項に規定する基準日をいう。）を定めた場合にあっては、当該基準日までに書面交付請求をした者に限る。）に対し、当該株主総会に係る電子提供措置事項を記載した書面を交付しなければならない。

3　株式会社は、電子提供措置事項のうち法務省令で定めるものの全部又は一部については、前項の規定により交付する書面に記載することを要しない旨を定款で定めることができる。

4　書面交付請求をした株主がある場合において、その書面交付請求の日（当該株主が次項ただし書の規定により異議を述べた場合にあっては、当該異議を述べた日）から1年を経過したときは、株式会社は、当該株主に対し、第2項の規定による書面の交付を終了する旨を通知し、かつ、これに異議のある場合には一定の期間（以下この条において「催告期間」という。）内に異議を述べるべき旨を催告することができる。ただし、催告期間は、1箇月を下ることができない。

5　前項の規定による通知及び催告を受けた株主がした書面交付請求は、催告期間を経過した時にその効力を失う。ただし、当該株主が催告期間内に異議を述べたときは、この限りでない。

（電子提供措置の中断）

第325条の6　第325条の3第1項の規定にかかわらず、電子提供措置期間中に電子提供措置の中断（株主が提供を受けることができる状態に置かれた情報がその状態に置かれないこととなったこと又は当該情報がその状態に置かれた後改変されたこと（同項第7号の規定により修正されたことを除く。）をいう。以下この条において同じ。）が生じた場合において、次の各号のいずれにも該当するときは、その電子提供措置の中断は、当該電子提供措置の効力に影響を及ぼさない。

一　電子提供措置の中断が生ずることにつき株式会社が善意でかつ重大な過失がないこと又は株式会社に正当な事由があること。

二　電子提供措置の中断が生じた時間の合計が電子提供措置期間の10分の1を超えないこと。

三　電子提供措置開始日から株主総会の日までの期間中に電子提供措置の中断が生じたときは、当該期間中に電子提供措置の中断が生じた時間の合計が当該期間の10分の1を超えないこと。

四　株式会社が電子提供措置の中断が生じたことを知った後速やかにその旨、電子提供措置の中断が生じた時間及び電子提供措置の中断の内容について当該電子提供措置に付して電子提供措置をとったこと。

（株主総会に関する規定の準用）

第325条の7　第325条の3から前条まで（第325条の3第1項（第5号及び第6号に係る部分に限る。）及び第3項並びに第325条の5第1項及び第3項から第5項までを除く。）の規定は、種類株主総会について準用する。この場合において、第325条の3第1項中「第299条第2項各号」とあるのは「第325条において準用する第299条第2項各号」と、「同条第1項」とあるのは「同条第1項（第325条において準用する場合に限る。次項、次条及び第325条の5において同じ。）」と、「第298条第1項各号」とあるのは「第298条第1項各号（第325条において準用する場合に限る。）」と、「第301条第1項」とあるのは「第325条において準用する第301条第1項」と、「第302条第1項」とあるのは「第325条において準用する第302条第1項」と、「第305条第1項」とあるのは「第305条第1項（第325条において準用する場合に限る。次条第4項において同じ。）」と、同条第2項中「株主」とあるのは「株主（ある種類の株式の株主に限る。次条から第325条の6までにおいて同じ。）」と、第325条の4第2項中「第299条第4項」とあるのは「第325条において準用する第299条第4項」と、「第299条第2項」とあるのは「第325条において準用する第299条第2項」と、「第298条第1項第5号」とあるのは「第325条において準用する第298条第1項第5号」と、「同項第1号から第4号まで」とあるのは「第325条において準用する同項第1号から第4号まで」と、同条第3項中「第301条第1項、第302条第1項、第437条及び第444条第6項」とあるのは「第325条において準用する第301条第1項及び第302条第1項」と読み替えるものとする。

第2節　株主総会以外の機関の設置

（株主総会以外の機関の設置）

第326条　株式会社には、一人又は二人以上の取締役を置かなければならない。

2　株式会社は、定款の定めによって、取締役会、会計参与、監査役、監査役会、会計監査人、監査等委員会又は指名委員会等を置くことができる。

（取締役会等の設置義務等）

第327条　次に掲げる株式会社は、取締役会を置かなければならない。

一　公開会社

二　監査役会設置会社

三　監査等委員会設置会社

四　指名委員会等設置会社

2　取締役会設置会社（監査等委員会設置会社及び指名委員会等設置会社を除く。）は、監査役を置かなければならない。ただし、公開会社でない会計参与設置会社については、この限りでない。

3　会計監査人設置会社（監査等委員会設置会社及び指名委員会等設置会社を除く。）は、監査役を置かなければならない。

4　監査等委員会設置会社及び指名委員会等設置会社は、監査役を置いてはならない。

5　監査等委員会設置会社及び指名委員会等設置会社は、会計監査人を置かなければならない。

6　指名委員会等設置会社は、監査等委員会を置いてはならない。

（社外取締役の設置義務）

第327条の2　監査役会設置会社（公開会社であり、かつ、大会社であるものに限る。）であって金融商品取引法第24条第1項の規定によりその発行する株式について有価証券報告書を内閣総理大臣に提出しなければならないものは、社外取締役を置かなければならない。

（大会社における監査役会等の設置義務）

第328条　大会社（公開会社でないもの、監査等委員会設置会社及び指名委員会等設置会社を除く。）は、監査役会及び会計監査人を置かなければならない。

2　公開会社でない大会社は、会計監査人を置かなければならない。

第3節　役員及び会計監査人の選任及び解任

第1款　選任

（選任）

第329条　役員（取締役、会計参与及び監査役をいう。以下この節、第371条第4項及び第394条第3項において同じ。）及び会計監査人は、株主総会の決議によって選任する。

2　監査等委員会設置会社においては、前項の規定による取締役の選任は、監査等委員である取締役とそれ以外の取締役とを区別してしなければならない。

3　第1項の決議をする場合には、法務省令で定めるところにより、役員（監査等委員会設置会社にあっては、監査等委員である取締役若しくはそれ以外の取締役又は会計参与。以下この項において同じ。）が欠けた場合又はこの法律若しくは定款で定めた役員の員数を欠くこととなるときに備えて補欠の役員を選任することができる。

（株式会社と役員等との関係）

第330条　株式会社と役員及び会計監査人との関係は、委任に関する規定に従う。

（取締役の資格等）

第331条　次に掲げる者は、取締役となることができない。

一　法人

二　削除

三　この法律若しくは一般社団法人及び一般財団法人に関する法律（平成18年法律第48号）の規定に違反し、又は金融商品取引法第197条、第197条の2第1号から第10号の3まで若しくは第13号から第15号まで、第198条第8号、第199条、第200条第1号から第12号の2まで、第20号若しくは第21号、第203条第3項若しくは第205条第1号から第6号まで、第19号若しくは第20号の罪、民事再生法（平成11年法律第225号）第255条、第256条、第258条から第260条まで若しくは第262条の罪、外国倒産処理手続の承認援助に関する法律（平成12年法律第129号）第65条、第66条、第68条若しくは第69条の罪、会社更生法（平成14年法律第154号）第266条、第267条、第269条から第271条まで若しくは第273条の罪若しくは破産法（平成16年法律第75号）第265条、第266条、第268条から第272条まで若しくは第274条の罪を犯し、刑に処せられ、その執行を終わり、又はその執行を受けることがなくなった日から2年を経過しない者

四　前号に規定する法律の規定以外の法令の規定に違反し、禁錮以上の刑に処せられ、その執行を終わるまで又はその執行を受けることがなくなるまでの者（刑の執行猶予中の者を除く。）

2　株式会社は、取締役が株主でなければならない旨を定款で定めることができない。ただし、公開会社でない株式会社においては、この限りでない。

3　監査等委員である取締役は、監査等委員会設置会社若しくはその子会社の業務執行取締役若しくは支配人その他の使用人又は当該子会社の会計参与（会計参与が法人であるときは、その職務を行うべき社員）若しくは執行役を兼ねることができない。

4　指名委員会等設置会社の取締役は、当該指名委員会等設置会社の支配人その他の使用人を兼ねることができない。

5　取締役会設置会社においては、取締役は、3人以上でなければならない。

6　監査等委員会設置会社においては、監査等委員である取締役は、3人以上で、その過半数は、社外取締役でなければならない。

第331条の2　成年被後見人が取締役に就任するには、その成年後見人が、成年被後見人の同意（後見監督人がある場合にあっては、成年被後見人及び後見監督人の同意）を得た上で、成年被後見人に代わって就任の承諾をしなければならない。

2　被保佐人が取締役に就任するには、その保佐人の同意を得なければならない。

3　第1項の規定は、保佐人が民法第876条の4第1項の代理権を付与する旨の審判に基づき被保佐人に代わって就任の承諾をする場合について準用する。この場合において、第1項中「成年被後見人の同意（後見監督人がある場合にあっては、成年被後見人及び後見監督人の同意）」とあるのは、「被保佐人の同意」と読み替えるものとする。

4　成年被後見人又は被保佐人がした取締役の資格に基づく行為は、行為能力の制限によって

会社法

は取り消すことができない。

（取締役の任期）

第332条　取締役の任期は、選任後２年以内に終了する事業年度のうち最終のものに関する定時株主総会の終結の時までとする。ただし、定款又は株主総会の決議によって、その任期を短縮することを妨げない。

2　前項の規定は、公開会社でない株式会社（監査等委員会設置会社及び指名委員会等設置会社を除く。）において、定款によって、同項の任期を選任後10年以内に終了する事業年度のうち最終のものに関する定時株主総会の終結の時まで伸長することを妨げない。

3　監査等委員会設置会社の取締役（監査等委員であるものを除く。）についての第１項の規定の適用については、同項中「２年」とあるのは、「１年」とする。

4　監査等委員である取締役の任期については、第１項ただし書の規定は、適用しない。

5　第１項本文の規定は、定款によって、任期の満了前に退任した監査等委員である取締役の補欠として選任された監査等委員である取締役の任期を退任した監査等委員である取締役の任期の満了する時までとすることを妨げない。

6　指名委員会等設置会社の取締役についての第１項の規定の適用については、同項中「２年」とあるのは、「１年」とする。

7　前各項の規定にかかわらず、次に掲げる定款の変更をした場合には、取締役の任期は、当該定款の変更の効力が生じた時に満了する。

一　監査等委員会又は指名委員会等を置く旨の定款の変更

二　監査等委員会又は指名委員会等を置く旨の定款の定めを廃止する定款の変更

三　その発行する株式の全部の内容として譲渡による当該株式の取得について当該株式会社の承認を要する旨の定款の定めを廃止する定款の変更（監査等委員会設置会社及び指名委員会等設置会社がするものを除く。）

（会計参与の資格等）

第333条　会計参与は、公認会計士若しくは監査法人又は税理士若しくは税理士法人でなければならない。

2　会計参与に選任された監査法人又は税理士法人は、その社員の中から会計参与の職務を行うべき者を選定し、これを株式会社に通知しなければならない。この場合においては、次項各号に掲げる者を選定することはできない。

3　次に掲げる者は、会計参与となることができない。

一　株式会社又はその子会社の取締役、監査役若しくは執行役又は支配人その他の使用人

二　業務の停止の処分を受け、その停止の期間を経過しない者

三　税理士法（昭和26年法律第237号）第43条の規定により同法第２条第２項に規定する税理士業務を行うことができない者

（会計参与の任期）

第334条　第332条＜取締役の任期＞（第４項及び第５項を除く。次項において同じ。）の規定は、会計参与の任期について準用する。

2　前項において準用する第332条＜取締役の任期＞の規定にかかわらず、会計参与設置会社が会計参与を置く旨の定款の定めを廃止する定款の変更をした場合には、会計参与の任期は、当該定款の変更の効力が生じた時に満了する。

（監査役の資格等）

第335条　第331条第１項及び第２項＜取締役の資格等＞並びに第331条の２の規定は、監査役について準用する。

2　監査役は、株式会社若しくはその子会社の取締役若しくは支配人その他の使用人又は当該子会社の会計参与（会計参与が法人であるときは、その職務を行うべき社員）若しくは執行役を兼ねることができない。

3　監査役会設置会社においては、監査役は、３人以上で、そのうち半数以上は、社外監査役でなければならない。

（監査役の任期）

第336条　監査役の任期は、選任後４年以内に終了する事業年度のうち最終のものに関する定時株主総会の終結の時までとする。

2　前項の規定は、公開会社でない株式会社において、定款によって、同項の任期を選任後10年以内に終了する事業年度のうち最終のものに関する定時株主総会の終結の時まで伸長することを妨げない。

3　第１項の規定は、定款によって、任期の満了前に退任した監査役の補欠として選任された監査役の任期を退任した監査役の任期の満了する時までとすることを妨げない。

4　前３項の規定にかかわらず、次に掲げる定款の変更をした場合には、監査役の任期は、当該定款の変更の効力が生じた時に満了する。

一　監査役を置く旨の定款の定めを廃止する定款の変更
二　監査等委員会又は指名委員会等を置く旨の定款の変更
三　監査役の監査の範囲を会計に関するものに限定する旨の定款の定めを廃止する定款の変更
四　その発行する全部の株式の内容として譲渡による当該株式の取得について当該株式会社の承認を要する旨の定款の定めを廃止する定款の変更

（会計監査人の資格等）
第337条　会計監査人は、公認会計士又は監査法人でなければならない。
2　会計監査人に選任された監査法人は、その社員の中から会計監査人の職務を行うべき者を選定し、これを株式会社に通知しなければならない。この場合においては、次項第２号に掲げる者を選定することはできない。
3　次に掲げる者は、会計監査人となることができない。
一　公認会計士法の規定により、第435条第２項<計算書類等の作成>に規定する計算書類について監査をすることができない者
二　株式会社の子会社若しくはその取締役、会計参与、監査役若しくは執行役から公認会計士若しくは監査法人の業務以外の業務により継続的な報酬を受けている者又はその配偶者
三　監査法人でその社員の半数以上が前号に掲げる者であるもの

（会計監査人の任期）
第338条　会計監査人の任期は、選任後１年以内に終了する事業年度のうち最終のものに関する定時株主総会の終結の時までとする。
2　会計監査人は、前項の定時株主総会において別段の決議がされなかったときは、当該定時株主総会において再任されたものとみなす。
3　前２項の規定にかかわらず、会計監査人設置会社が会計監査人を置く旨の定款の定めを廃止する定款の変更をした場合には、会計監査人の任期は、当該定款の変更の効力が生じた時に満了する。

第２款　解任

（解任）
第339条　役員及び会計監査人は、いつでも、株主総会の決議によって解任することができる。
2　前項の規定により解任された者は、その解任について正当な理由がある場合を除き、株式会社に対し、解任によって生じた損害の賠償を請求することができる。

（監査役等による会計監査人の解任）
第340条　監査役は、会計監査人が次のいずれかに該当するときは、その会計監査人を解任することができる。
一　職務上の義務に違反し、又は職務を怠ったとき。
二　会計監査人としてふさわしくない非行があったとき。
三　心身の故障のため、職務の執行に支障があり、又はこれに堪えないとき。
2　前項の規定による解任は、監査役が二人以上ある場合には、監査役の全員の同意によって行わなければならない。
3　第１項の規定により会計監査人を解任したときは、監査役（監査役が二人以上ある場合にあっては、監査役の互選によって定めた監査役）は、その旨及び解任の理由を解任後最初に招集される株主総会に報告しなければならない。
4　監査役会設置会社における前３項の規定の適用については、第１項中「監査役」とあるのは「監査役会」と、第２項中「監査役が二人以上ある場合には、監査役」とあるのは「監査役」と、前項中「監査役（監査役が二人以上ある場合にあっては、監査役の互選によって定めた監査役）」とあるのは「監査役会が選定した監査役」とする。
5　監査等委員会設置会社における第１項から第３項までの規定の適用については、第１項中「監査役」とあるのは「監査等委員会」と、第２項中「監査役が二人以上ある場合には、監査役」とあるのは「監査等委員」と、第３項中「監査役（監査役が二人以上ある場合にあっては、監査役の互選によって定めた監査役）」とあるのは「監査等委員会が選定した監査等委員」とする。
6　指名委員会等設置会社における第１項から第３項までの規定の適用については、第１項中「監査役」とあるのは「監査委員会」と、第２項中「監査役が二人以上ある場合には、監査役」とあるのは「監査委員会の委員」と、第３項中「監査役（監査役が二人以上ある場合にあっては、監査役の互選によって定めた監査役）」とあるのは「監査委員会が選定した監査委員会の委員」とする。

会社法

会社法

第3款　選任及び解任の手続に関する特則

（役員の選任及び解任の株主総会の決議）

第341条　第309条第1項<株主総会の普通決議>の規定にかかわらず、役員を選任し、又は解任する株主総会の決議は、議決権を行使することができる株主の議決権の過半数（3分の1以上の割合を定款で定めた場合にあっては、その割合以上）を有する株主が出席し、出席した当該株主の議決権の過半数（これを上回る割合を定款で定めた場合にあっては、その割合以上）をもって行わなければならない。

（累積投票による取締役の選任）

第342条　株主総会の目的である事項が二人以上の取締役（監査等委員会設置会社にあっては、監査等委員である取締役又はそれ以外の取締役。以下この条において同じ。）の選任である場合には、株主（取締役の選任について議決権を行使することができる株主に限る。以下この条において同じ。）は、定款に別段の定めがあるときを除き、株式会社に対し、第3項から第5項までに規定するところにより取締役を選任すべきことを請求することができる。

2　前項の規定による請求は、同項の株主総会の日の5日前までにしなければならない。

3　第308条第1項<議決権の数>の規定にかかわらず、第1項の規定による請求があった場合には、取締役の選任の決議については、株主は、その有する株式1株（単元株式数を定款で定めている場合にあっては、1単元の株式）につき、当該株主総会において選任する取締役の数と同数の議決権を有する。この場合においては、株主は、一人のみに投票し、又は二人以上に投票して、その議決権を行使することができる。

4　前項の場合には、投票の最多数を得た者から順次取締役に選任されたものとする。

5　前2項に定めるもののほか、第1項の規定による請求があった場合における取締役の選任に関し必要な事項は、法務省令で定める。

6　前条の規定は、前3項に規定するところにより選任された取締役の解任の決議については、適用しない。

（監査等委員である取締役等の選任等についての意見の陳述）

第342条の2　監査等委員である取締役は、株主総会において、監査等委員である取締役の選任若しくは解任又は辞任について意見を述べることができる。

2　監査等委員である取締役を辞任した者は、辞任後最初に招集される株主総会に出席して、辞任した旨及びその理由を述べることができる。

3　取締役は、前項の者に対し、同項の株主総会を招集する旨及び第298条第1項第1号<株主総会の日時及び場所>に掲げる事項を通知しなければならない。

4　監査等委員会が選定する監査等委員は、株主総会において、監査等委員である取締役以外の取締役の選任若しくは解任又は辞任について監査等委員会の意見を述べることができる。

（監査役の選任に関する監査役の同意等）

第343条　取締役は、監査役がある場合において、監査役の選任に関する議案を株主総会に提出するには、監査役（監査役が二人以上ある場合にあっては、その過半数）の同意を得なければならない。

2　監査役は、取締役に対し、監査役の選任を株主総会の目的とすること又は監査役の選任に関する議案を株主総会に提出することを請求することができる。

3　監査役会設置会社における前2項の規定の適用については、第1項中「監査役（監査役が二人以上ある場合にあっては、その過半数）」とあるのは「監査役会」と、前項中「監査役は」とあるのは「監査役会は」とする。

4　第341条<役員の選任及び解任の株主総会の決議>の規定は、監査役の解任の決議については、適用しない。

（会計監査人の選任等に関する議案の内容の決定）

第344条　監査役設置会社においては、株主総会に提出する会計監査人の選任及び解任並びに会計監査人を再任しないことに関する議案の内容は、監査役が決定する。

2　監査役が二人以上ある場合における前項の規定の適用については、同項中「監査役が」とあるのは、「監査役の過半数をもって」とする。

3　監査役会設置会社における第1項の規定の適用については、同項中「監査役」とあるのは、「監査役会」とする。

（監査等委員である取締役の選任に関する監査等委員会の同意等）

第344条の2　取締役は、監査等委員会がある場合において、監査等委員である取締役の選任に関する議案を株主総会に提出するには、監査等委員会の同意を得なければならない。

2　監査等委員会は、取締役に対し、監査等委員である取締役の選任を株主総会の目的とすること又は監査等委員である取締役の選任に関する議案を株主総会に提出することを請求することができる。

3　第341条の規定は、監査等委員である取締役の解任の決議については、適用しない。

（会計参与等の選任等についての意見の陳述）

第345条　会計参与は、株主総会において、会計参与の選任若しくは解任又は辞任について意見を述べることができる。

2　会計参与を辞任した者は、辞任後最初に招集される株主総会に出席して、辞任した旨及びその理由を述べることができる。

3　取締役は、前項の者に対し、同項の株主総会を招集する旨及び第298条第1項第1号<株主総会の日時及び場所>に掲げる事項を通知しなければならない。

4　第1項の規定は監査役について、前2項の規定は監査役を辞任した者について、それぞれ準用する。この場合において、第1項中「会計参与の」とあるのは、「監査役の」と読み替えるものとする。

5　第1項の規定は会計監査人について、第2項及び第3項の規定は会計監査人を辞任した者及び第340条第1項<監査役等による会計監査人の解任>の規定により会計監査人を解任された者について、それぞれ準用する。この場合において、第1項中「株主総会において、会計参与の選任若しくは解任又は辞任について」とあるのは「会計監査人の選任、解任若しくは不再任又は辞任について、株主総会に出席して」と、第2項中「辞任後」とあるのは「解任後又は辞任後」と、「辞任した旨及びその理由」とあるのは「辞任した旨及びその理由又は解任についての意見」と読み替えるものとする。

（役員等に欠員を生じた場合の措置）

第346条　役員（監査等委員会設置会社にあっては、監査等委員である取締役若しくはそれ以外の取締役又は会計参与。以下この条において同じ。）が欠けた場合又はこの法律若しくは定款で定めた役員の員数が欠けた場合には、任期の満了又は辞任により退任した役員は、新たに選任された役員（次項の一時役員の職務を行うべき者を含む。）が就任するまで、なお役員としての権利義務を有する。

2　前項に規定する場合において、裁判所は、必要があると認めるときは、利害関係人の申立てにより、一時役員の職務を行うべき者を選任することができる。

3　裁判所は、前項の一時役員の職務を行うべき者を選任した場合には、株式会社がその者に対して支払う報酬の額を定めることができる。

4　会計監査人が欠けた場合又は定款で定めた会計監査人の員数が欠けた場合において、遅滞なく会計監査人が選任されないときは、監査役は、一時会計監査人の職務を行うべき者を選任しなければならない。

5　第337条<会計監査人の資格等>及び第340条<監査役等による会計監査人の解任>の規定は、前項の一時会計監査人の職務を行うべき者について準用する。

6　監査役会設置会社における第4項の規定の適用については、同項中「監査役」とあるのは、「監査役会」とする。

7　監査等委員会設置会社における第4項の規定の適用については、同項中「監査役」とあるのは、「監査等委員会」とする。

8　指名委員会等設置会社における第4項の規定の適用については、同項中「監査役」とあるのは、「監査委員会」とする。

（種類株主総会における取締役又は監査役の選任等）

第347条　第108条第1項第9号<種類株主総会により取締役・監査役を選任できる株式>に掲げる事項（取締役（監査等委員会設置会社にあっては、監査等委員である取締役又はそれ以外の取締役）に関するものに限る。）についての定めがある種類の株式を発行している場合における第329条第1項<役員及び会計監査人の選任>、第332条第1項<取締役の任期>、第339条第1項<役員及び会計監査人の解任>、第341条<役員の選任及び解任の株主総会の決議>並びに第344条の2第1項及び第2項<監査等委員である取締役の選任に関する監査等委員会の同意等>の規定の適用については、第329条第1項中「株主総会」とあるのは「株主総会（取締役（監査等委員会設置会社にあっては、監査等委員である取締役又はそれ以外の取締役）については、第108条第2項第9号に定める事項についての定款の定めに従い、各種類の株式の種類株主を構成員とする種類株主総会）」と、第332条第1項及び第339条第1項中「株主総会の決議」とあるのは「株主総会（第41条第1項の規定により又は第90条第1項の種類創立総会若しくは第347条第1項の規定により読み替えて適用する第329条第1項の種類株主総会において選任された取締役（監査等委員会設置会社にあっては、監査等委員である取締役又はそれ以外の取締役。以下この項において同じ。）については、当該取締役の選任に係る種類の株式の種類株主を構成員とする種類株主総会（定款に別段の定めがある場合又は当該取締役の任期満了前に当該種類株主総会において議決権を行使することができる株主が存在しなくなった場合にあっては、株主総会））の決議」と、第341条中「第309条第１項」とあるのは「第309条第１項及び第324条」と、「株主総会」とあるのは「株主総会（第347条第１項の規定により読み替えて適用する第329条第１項及び第339条第１項の種類株主総会を含む。）」と、第344条の２第１項及び第２項中「株主総会」とあるのは「第347条第１項の規定により読み替えて適用する第329条第１項の種類株主総会」とする。

２　第108条第１項第９号<種類株主総会により取締役・監査役を選任できる株式>に掲げる事項（監査役に関するものに限る。）についての定めがある種類の株式を発行している場合における第329条第１項<役員及び会計監査人の選任>、第339条第１項<役員及び会計監査人の解任>、第341条<役員の選任及び解任の株主総会の決議>並びに第343条第１項及び第２項<監査役の選任に関する監査役の同意等>の規定の適用については、第329条第１項中「株主総会」とあるのは「株主総会（監査役については、第108条第２項第９号に定める事項についての定款の定めに従い、各種類の株式の種類株主を構成員とする種類株主総会）」と、第339条第１項中「株主総会」とあるのは「株主総会（第41条第３項において準用する同条第１項の規定により又は第90条第２項において準用する同条第１項の種類創立総会若しくは第347条第２項の規定により読み替えて適用する第329条第１項の種類株主総会において選任された監査役については、当該監査役の選任に係る種類の株式の種類株主を構成員とする種類株主総会（定款に別段の定めがある場合又は当該監査役の任期満了前に当該種類株主総会において議決権を行使することができる株主が存在しなくなった場合にあっては、株主総会））」と、第341条中「第309条第１項」とあるのは「第309条第１項及び第324条」と、「株主総会」とあるのは「株主総会（第347条第２項の規定により読み替えて適用する第329条第１項の種類株主総会を含む。）」と、第343条第１項及び第２項中「株主総会」とあるのは「第347条第２項の規定により読み替えて適用する第329条第１項の種類株主総会」とする。

第４節　取締役

（業務の執行）

第348条　取締役は、定款に別段の定めがある場合を除き、株式会社（取締役会設置会社を除く。以下この条において同じ。）の業務を執行する。

２　取締役が二人以上ある場合には、株式会社の業務は、定款に別段の定めがある場合を除き、取締役の過半数をもって決定する。

３　前項の場合には、取締役は、次に掲げる事項についての決定を各取締役に委任することができない。

一　支配人の選任及び解任

二　支店の設置、移転及び廃止

三　第298条第１項各号<株主総会の招集の決定>（第325条において準用する場合を含む。）に掲げる事項

四　取締役の職務の執行が法令及び定款に適合することを確保するための体制その他株式会社の業務並びに当該株式会社及びその子会社から成る企業集団の業務の適正を確保するために必要なものとして法務省令で定める体制の整備

五　第426条第１項<取締役等による免除に関する定款の定め>の規定による定款の定めに基づく第423条第１項<役員等の株式会社に対する損害賠償責任>の責任の免除

４　大会社においては、取締役は、前項第４号に掲げる事項を決定しなければならない。

（業務の執行の社外取締役への委託）

第348条の２　株式会社（指名委員会等設置会社を除く。）が社外取締役を置いている場合において、当該株式会社と取締役との利益が相反する状況にあるとき、その他取締役が当該株式会社の業務を執行することにより株主の利益を損なうおそれがあるときは、当該株式会社は、その都度、取締役の決定（取締役会設置会社にあっては、取締役会の決議）によって、当該株式会社の業務を執行することを社外取締役に委託することができる。

２　指名委員会等設置会社と執行役との利益が相反する状況にあるとき、その他執行役が指名委員会等設置会社の業務を執行することにより株主の利益を損なうおそれがあるときは、当該指名委員会等設置会社は、その都度、取締役会の決議によって、当該指名委員会等設置会社の業務を執行することを社外取締役に委託することができる。

３　前２項の規定により委託された業務の執行は、第２条第15号イ<社外取締役の要件>に規定する株式会社の業務の執行に該当しないものとする。ただし、社外取締役が業務執行取締役（指名委員会等設置会社にあっては、執行役）の指揮命令により当該委託された業務を執行したときは、この限りでない。

（株式会社の代表）

第349条　取締役は、株式会社を代表する。ただし、他に代表取締役その他株式会社を代表する者を定めた場合は、この限りでない。
2　前項本文の取締役が二人以上ある場合には、取締役は、各自、株式会社を代表する。
3　株式会社（取締役会設置会社を除く。）は、定款、定款の定めに基づく取締役の互選又は株主総会の決議によって、取締役の中から代表取締役を定めることができる。
4　代表取締役は、株式会社の業務に関する一切の裁判上又は裁判外の行為をする権限を有する。
5　前項の権限に加えた制限は、善意の第三者に対抗することができない。

（代表者の行為についての損害賠償責任）
第350条　株式会社は、代表取締役その他の代表者がその職務を行うについて第三者に加えた損害を賠償する責任を負う。

（代表取締役に欠員を生じた場合の措置）
第351条　代表取締役が欠けた場合又は定款で定めた代表取締役の員数が欠けた場合には、任期の満了又は辞任により退任した代表取締役は、新たに選定された代表取締役（次項の一時代表取締役の職務を行うべき者を含む。）が就任するまで、なお代表取締役としての権利義務を有する。
2　前項に規定する場合において、裁判所は、必要があると認めるときは、利害関係人の申立てにより、一時代表取締役の職務を行うべき者を選任することができる。
3　裁判所は、前項の一時代表取締役の職務を行うべき者を選任した場合には、株式会社がその者に対して支払う報酬の額を定めることができる。

（取締役の職務を代行する者の権限）
第352条　民事保全法（平成元年法律第91号）第56条に規定する仮処分命令により選任された取締役又は代表取締役の職務を代行する者は、仮処分命令に別段の定めがある場合を除き、株式会社の常務に属しない行為をするには、裁判所の許可を得なければならない。
2　前項の規定に違反して行った取締役又は代表取締役の職務を代行する者の行為は、無効とする。ただし、株式会社は、これをもって善意の第三者に対抗することができない。

（株式会社と取締役との間の訴えにおける会社の代表）
第353条　第349条第4項<代表取締役の権限>の規定にかかわらず、株式会社が取締役（取締役であった者を含む。以下この条において同じ。）に対し、又は取締役が株式会社に対して訴えを提起する場合には、株主総会は、当該訴えについて株式会社を代表する者を定めることができる。

（表見代表取締役）
第354条　株式会社は、代表取締役以外の取締役に社長、副社長その他株式会社を代表する権限を有するものと認められる名称を付した場合には、当該取締役がした行為について、善意の第三者に対してその責任を負う。

（忠実義務）
第355条　取締役は、法令及び定款並びに株主総会の決議を遵守し、株式会社のため忠実にその職務を行わなければならない。

（競業及び利益相反取引の制限）
第356条　取締役は、次に掲げる場合には、株主総会において、当該取引につき重要な事実を開示し、その承認を受けなければならない。
一　取締役が自己又は第三者のために株式会社の事業の部類に属する取引をしようとするとき。
二　取締役が自己又は第三者のために株式会社と取引をしようとするとき。
三　株式会社が取締役の債務を保証することその他取締役以外の者との間において株式会社と当該取締役との利益が相反する取引をしようとするとき。
2　民法第108条<自己契約及び双方代理>の規定は、前項の承認を受けた同項第2号又は第3号の取引については、適用しない。

（取締役の報告義務）
第357条　取締役は、株式会社に著しい損害を及ぼすおそれのある事実があることを発見したときは、直ちに、当該事実を株主（監査役設置会社にあっては、監査役）に報告しなければならない。
2　監査役会設置会社における前項の規定の適用については、同項中「株主（監査役設置会社にあっては、監査役）」とあるのは、「監査役会」とする。
3　監査等委員会設置会社における第1項の規定の適用については、同項中「株主（監査役設置会社にあっては、監査役）」とあるのは、「監査等委員会」とする。

（業務の執行に関する検査役の選任）
第358条　株式会社の業務の執行に関し、不正の行為又は法令若しくは定款に違反する重大な事実があることを疑うに足りる事由があるとき

会社法

は、次に掲げる株主は、当該株式会社の業務及び財産の状況を調査させるため、裁判所に対し、検査役の選任の申立てをすることができる。
一　総株主（株主総会において決議をすることができる事項の全部につき議決権を行使することができない株主を除く。）の議決権の100分の3（これを下回る割合を定款で定めた場合にあっては、その割合）以上の議決権を有する株主
二　発行済株式（自己株式を除く。）の100分の3（これを下回る割合を定款で定めた場合にあっては、その割合）以上の数の株式を有する株主
2　前項の申立てがあった場合には、裁判所は、これを不適法として却下する場合を除き、検査役を選任しなければならない。
3　裁判所は、前項の検査役を選任した場合には、株式会社が当該検査役に対して支払う報酬の額を定めることができる。
4　第2項の検査役は、その職務を行うため必要があるときは、株式会社の子会社の業務及び財産の状況を調査することができる。
5　第2項の検査役は、必要な調査を行い、当該調査の結果を記載し、又は記録した書面又は電磁的記録（法務省令で定めるものに限る。）を裁判所に提供して報告をしなければならない。
6　裁判所は、前項の報告について、その内容を明瞭にし、又はその根拠を確認するため必要があると認めるときは、第2項の検査役に対し、更に前項の報告を求めることができる。
7　第2項の検査役は、第5項の報告をしたときは、株式会社及び検査役の選任の申立てをした株主に対し、同項の書面の写しを交付し、又は同項の電磁的記録に記録された事項を法務省令で定める方法により提供しなければならない。

（裁判所による株主総会招集等の決定）

第359条　裁判所は、前条第5項の報告があった場合において、必要があると認めるときは、取締役に対し、次に掲げる措置の全部又は一部を命じなければならない。
一　一定の期間内に株主総会を招集すること。
二　前条第5項の調査の結果を株主に通知すること。
2　裁判所が前項第1号に掲げる措置を命じた場合には、取締役は、前条第5項の報告の内容を同号の株主総会において開示しなければならない。
3　前項に規定する場合には、取締役（監査役設置会社にあっては、取締役及び監査役）は、前条第5項の報告の内容を調査し、その結果を第1項第1号の株主総会に報告しなければならない。

（株主による取締役の行為の差止め）

第360条　6箇月（これを下回る期間を定款で定めた場合にあっては、その期間）前から引き続き株式を有する株主は、取締役が株式会社の目的の範囲外の行為その他法令若しくは定款に違反する行為をし、又はこれらの行為をするおそれがある場合において、当該行為によって当該株式会社に著しい損害が生ずるおそれがあるときは、当該取締役に対し、当該行為をやめることを請求することができる。
2　公開会社でない株式会社における前項の規定の適用については、同項中「6箇月（これを下回る期間を定款で定めた場合にあっては、その期間）前から引き続き株式を有する株主」とあるのは、「株主」とする。
3　監査役設置会社、監査等委員会設置会社又は指名委員会等設置会社における第1項の規定の適用については、同項中「著しい損害」とあるのは、「回復することができない損害」とする。

（取締役の報酬等）

第361条　取締役の報酬、賞与その他の職務執行の対価として株式会社から受ける財産上の利益（以下この章において「報酬等」という。）についての次に掲げる事項は、定款に当該事項を定めていないときは、株主総会の決議によって定める。
一　報酬等のうち額が確定しているものについては、その額
二　報酬等のうち額が確定していないものについては、その具体的な算定方法
三　報酬等のうち当該株式会社の募集株式（第199条第1項に規定する募集株式をいう。以下この項及び第409条第3項＜報酬委員会による報酬の決定方法等＞において同じ。）については、当該募集株式の数（種類株式発行会社にあっては、募集株式の種類及び種類ごとの数）の上限その他法務省令で定める事項
四　報酬等のうち当該株式会社の募集新株予約権（第238条第1項に規定する募集新株予約権をいう。以下この項及び第409条第3項＜報酬委員会による報酬の決定方法等＞において同じ。）については、当該募集新株予約権の数の上限その他法務省令で定める事項
五　報酬等のうち次のイ又はロに掲げるものと引換えにする払込みに充てるための金銭については、当該イ又はロに定める事項
イ　当該株式会社の募集株式　取締役が引

き受ける当該募集株式の数（種類株式発行会社にあっては、募集株式の種類及び種類ごとの数）の上限その他法務省令で定める事項
ロ　当該株式会社の募集新株予約権　取締役が引き受ける当該募集新株予約権の数の上限その他法務省令で定める事項
六　報酬等のうち金銭でないもの（当該株式会社の募集株式及び募集新株予約権を除く。）については、その具体的な内容
2　監査等委員会設置会社においては、前項各号に掲げる事項は、監査等委員である取締役とそれ以外の取締役とを区別して定めなければならない。
3　監査等委員である各取締役の報酬等について定款の定め又は株主総会の決議がないときは、当該報酬等は、第1項の報酬等の範囲内において、監査等委員である取締役の協議によって定める。
4　第1項各号に掲げる事項を定め、又はこれを改定する議案を株主総会に提出した取締役は、当該株主総会において、当該事項を相当とする理由を説明しなければならない。
5　監査等委員である取締役は、株主総会において、監査等委員である取締役の報酬等について意見を述べることができる。
6　監査等委員会が選定する監査等委員は、株主総会において、監査等委員である取締役以外の取締役の報酬等について監査等委員会の意見を述べることができる。
7　次に掲げる株式会社の取締役会は、取締役（監査等委員である取締役を除く。以下この項において同じ。）の報酬等の内容として定款又は株主総会の決議による第1項各号に掲げる事項についての定めがある場合には、当該定めに基づく取締役の個人別の報酬等の内容についての決定に関する方針として法務省令で定める事項を決定しなければならない。ただし、取締役の個人別の報酬等の内容が定款又は株主総会の決議により定められているときは、この限りでない。
一　監査役会設置会社（公開会社であり、かつ、大会社であるものに限る。）であって、金融商品取引法第24条第1項の規定によりその発行する株式について有価証券報告書を内閣総理大臣に提出しなければならないもの
二　監査等委員会設置会社

第5節　取締役会

第1款　権限等

（取締役会の権限等）

第362条　取締役会は、すべての取締役で組織する。
2　取締役会は、次に掲げる職務を行う。
一　取締役会設置会社の業務執行の決定
二　取締役の職務の執行の監督
三　代表取締役の選定及び解職
3　取締役会は、取締役の中から代表取締役を選定しなければならない。
4　取締役会は、次に掲げる事項その他の重要な業務執行の決定を取締役に委任することができない。
一　重要な財産の処分及び譲受け
二　多額の借財
三　支配人その他の重要な使用人の選任及び解任
四　支店その他の重要な組織の設置、変更及び廃止
五　第676条第1号<募集社債の総額>に掲げる事項その他の社債を引き受ける者の募集に関する重要な事項として法務省令で定める事項
六　取締役の職務の執行が法令及び定款に適合することを確保するための体制その他株式会社の業務並びに当該株式会社及びその子会社から成る企業集団の業務の適正を確保するために必要なものとして法務省令で定める体制の整備
七　第426条第1項<取締役等による免除に関する定款の定め>の規定による定款の定めに基づく第423条第1項<役員等の株式会社に対する損害賠償責任>の責任の免除
5　大会社である取締役会設置会社においては、取締役会は、前項第6号に掲げる事項を決定しなければならない。

（取締役会設置会社の取締役の権限）

第363条　次に掲げる取締役は、取締役会設置会社の業務を執行する。
一　代表取締役
二　代表取締役以外の取締役であって、取締役会の決議によって取締役会設置会社の業務を執行する取締役として選定されたもの
2　前項各号に掲げる取締役は、3箇月に1回以上、自己の職務の執行の状況を取締役会に報告

しなければならない。

（取締役会設置会社と取締役との間の訴えにおける会社の代表）

第364条　第353条<株式会社と取締役との間の訴えにおける会社の代表>に規定する場合には、取締役会は、同条の規定による株主総会の定めがある場合を除き、同条の訴えについて取締役会設置会社を代表する者を定めることができる。

（競業及び取締役会設置会社との取引等の制限）

第365条　取締役会設置会社における第356条<競業及び利益相反取引の制限>の規定の適用については、同条第1項中「株主総会」とあるのは、「取締役会」とする。

2　取締役会設置会社においては、第356条第1項各号<競業及び利益相反取引の制限>の取引をした取締役は、当該取引後、遅滞なく、当該取引についての重要な事実を取締役会に報告しなければならない。

第2款　運営

（招集権者）

第366条　取締役会は、各取締役が招集する。ただし、取締役会を招集する取締役を定款又は取締役会で定めたときは、その取締役が招集する。

2　前項ただし書に規定する場合には、同項ただし書の規定により定められた取締役（以下この章において「招集権者」という。）以外の取締役は、招集権者に対し、取締役会の目的である事項を示して、取締役会の招集を請求することができる。

3　前項の規定による請求があった日から5日以内に、その請求があった日から2週間以内の日を取締役会の日とする取締役会の招集の通知が発せられない場合には、その請求をした取締役は、取締役会を招集することができる。

（株主による招集の請求）

第367条　取締役会設置会社（監査役設置会社、監査等委員会設置会社及び指名委員会等設置会社を除く。）の株主は、取締役が取締役会設置会社の目的の範囲外の行為その他法令若しくは定款に違反する行為をし、又はこれらの行為をするおそれがあると認めるときは、取締役会の招集を請求することができる。

2　前項の規定による請求は、取締役（前条第1項ただし書に規定する場合にあっては、招集権者）に対し、取締役会の目的である事項を示して行わなければならない。

3　前条第3項の規定は、第1項の規定による請求があった場合について準用する。

4　第1項の規定による請求を行った株主は、当該請求に基づき招集され、又は前項において準用する前条第3項の規定により招集した取締役会に出席し、意見を述べることができる。

（招集手続）

第368条　取締役会を招集する者は、取締役会の日の1週間（これを下回る期間を定款で定めた場合にあっては、その期間）前までに、各取締役（監査役設置会社にあっては、各取締役及び各監査役）に対してその通知を発しなければならない。

2　前項の規定にかかわらず、取締役会は、取締役（監査役設置会社にあっては、取締役及び監査役）の全員の同意があるときは、招集の手続を経ることなく開催することができる。

（取締役会の決議）

第369条　取締役会の決議は、議決に加わることができる取締役の過半数（これを上回る割合を定款で定めた場合にあっては、その割合以上）が出席し、その過半数（これを上回る割合を定款で定めた場合にあっては、その割合以上）をもって行う。

2　前項の決議について特別の利害関係を有する取締役は、議決に加わることができない。

3　取締役会の議事については、法務省令で定めるところにより、議事録を作成し、議事録が書面をもって作成されているときは、出席した取締役及び監査役は、これに署名し、又は記名押印しなければならない。

4　前項の議事録が電磁的記録をもって作成されている場合における当該電磁的記録に記録された事項については、法務省令で定める署名又は記名押印に代わる措置をとらなければならない。

5　取締役会の決議に参加した取締役であって第3項の議事録に異議をとどめないものは、その決議に賛成したものと推定する。

（取締役会の決議の省略）

第370条　取締役会設置会社は、取締役が取締役会の決議の目的である事項について提案をした場合において、当該提案につき取締役（当該事項について議決に加わることができるものに限る。）の全員が書面又は電磁的記録により同意の意思表示をしたとき（監査役設置会社にあっては、監査役が当該提案について異議を述べたときを除く。）は、当該提案を可決する旨の取締役会の決議があったものとみなす旨を定款で定めることができる。

(議事録等)

第371条　取締役会設置会社は、取締役会の日(前条の規定により取締役会の決議があったものとみなされた日を含む。)から10年間、第369条第3項の議事録又は前条の意思表示を記載し、若しくは記録した書面若しくは電磁的記録(以下この条において「議事録等」という。)をその本店に備え置かなければならない。

2　株主は、その権利を行使するため必要があるときは、株式会社の営業時間内は、いつでも、次に掲げる請求をすることができる。

一　前項の議事録等が書面をもって作成されているときは、当該書面の閲覧又は謄写の請求

二　前項の議事録等が電磁的記録をもって作成されているときは、当該電磁的記録に記録された事項を法務省令で定める方法により表示したものの閲覧又は謄写の請求

3　監査役設置会社、監査等委員会設置会社又は指名委員会等設置会社における前項の規定の適用については、同項中「株式会社の営業時間内は、いつでも」とあるのは、「裁判所の許可を得て」とする。

4　取締役会設置会社の債権者は、役員又は執行役の責任を追及するため必要があるときは、裁判所の許可を得て、当該取締役会設置会社の議事録等について第2項各号に掲げる請求をすることができる。

5　前項の規定は、取締役会設置会社の親会社社員がその権利を行使するため必要があるときについて準用する。

6　裁判所は、第3項において読み替えて適用する第2項各号に掲げる請求又は第4項(前項において準用する場合を含む。以下この項において同じ。)の請求に係る閲覧又は謄写をすることにより、当該取締役会設置会社又はその親会社若しくは子会社に著しい損害を及ぼすおそれがあると認めるときは、第3項において読み替えて適用する第2項の許可又は第4項の許可をすることができない。

(取締役会への報告の省略)

第372条　取締役、会計参与、監査役又は会計監査人が取締役(監査役設置会社にあっては、取締役及び監査役)の全員に対して取締役会に報告すべき事項を通知したときは、当該事項を取締役会へ報告することを要しない。

2　前項の規定は、第363条第2項<代表取締役等の取締役会に対する報告>の規定による報告については、適用しない。

3　指名委員会等設置会社についての前2項の規定の適用については、第1項中「監査役又は会計監査人」とあるのは「会計監査人又は執行役」と、「取締役(監査役設置会社にあっては、取締役及び監査役)」とあるのは「取締役」と、前項中「第363条第2項」とあるのは「第417条第4項<執行役の取締役会に対する報告>」とする。

(特別取締役による取締役会の決議)

第373条　第369条第1項<取締役会の決議>の規定にかかわらず、取締役会設置会社(指名委員会等設置会社を除く。)が次に掲げる要件のいずれにも該当する場合(監査等委員会設置会社にあっては、第399条の13第5項に規定する場合又は同条第6項の規定による定款の定めがある場合を除く。)には、取締役会は、第362条第4項第1号及び第2号<重要な財産の処分及び譲受け、多額の借財>又は第399条の13第4項第1号及び第2号<重要な財産の処分及び譲受け、多額の借財>に掲げる事項についての取締役会の決議については、あらかじめ選定した3人以上の取締役(以下この章において「特別取締役」という。)のうち、議決に加わることができるものの過半数(これを上回る割合を取締役会で定めた場合にあっては、その割合以上)が出席し、その過半数(これを上回る割合を取締役会で定めた場合にあっては、その割合以上)をもって行うことができる旨を定めることができる。

一　取締役の数が6人以上であること。

二　取締役のうち一人以上が社外取締役であること。

2　前項の規定による特別取締役による議決の定めがある場合には、特別取締役以外の取締役は、第362条第4項第1号及び第2号<重要な財産の処分及び譲受け、多額の借財>又は第399条の13第4項第1号及び第2号<重要な財産の処分及び譲受け、多額の借財>に掲げる事項の決定をする取締役会に出席することを要しない。この場合における第366条第1項本文<取締役会の招集権者>及び第368条<取締役会の招集手続>の規定の適用については、第366条第1項本文中「各取締役」とあるのは「各特別取締役(第373条第1項に規定する特別取締役をいう。第368条において同じ。)」と、第368条第1項中「定款」とあるのは「取締役会」と、「各取締役」とあるのは「各特別取締役」と、同条第2項中「取締役(」とあるのは「特別取締役(」と、「取締役及び」とあるのは「特別取締役及び」とする。

3　特別取締役の互選によって定められた者は、

前項の取締役会の決議後、遅滞なく、当該決議の内容を特別取締役以外の取締役に報告しなければならない。

4　第366条<取締役会の招集権者>（第１項本文を除く。）、第367条<株主による取締役会の招集請求>、第369条第１項<取締役会の決議>、第370条<取締役会の決議の省略>及び第399条の14<監査等委員会による取締役会の招集>の規定は、第２項の取締役会については、適用しない。

第６節　会計参与

（会計参与の権限）

第374条　会計参与は、取締役と共同して、計算書類（第435条第２項に規定する計算書類をいう。以下この章において同じ。）及びその附属明細書、臨時計算書類（第441条第１項に規定する臨時計算書類をいう。以下この章において同じ。）並びに連結計算書類（第444条第１項に規定する連結計算書類をいう。第396条第１項において同じ。）を作成する。この場合において、会計参与は、法務省令で定めるところにより、会計参与報告を作成しなければならない。

2　会計参与は、いつでも、次に掲げるものの閲覧及び謄写をし、又は取締役及び支配人その他の使用人に対して会計に関する報告を求めることができる。

一　会計帳簿又はこれに関する資料が書面をもって作成されているときは、当該書面

二　会計帳簿又はこれに関する資料が電磁的記録をもって作成されているときは、当該電磁的記録に記録された事項を法務省令で定める方法により表示したもの

3　会計参与は、その職務を行うため必要があるときは、会計参与設置会社の子会社に対して会計に関する報告を求め、又は会計参与設置会社若しくはその子会社の業務及び財産の状況の調査をすることができる。

4　前項の子会社は、正当な理由があるときは、同項の報告又は調査を拒むことができる。

5　会計参与は、その職務を行うに当たっては、第333条第３項第２号<業務の停止の処分を受け、その停止の期間を経過しない者>又は第３号<税理士法により税理士業務を行うことができない者>に掲げる者を使用してはならない。

6　指名委員会等設置会社における第１項及び第２項の規定の適用については、第１項中「取締役」とあるのは「執行役」と、第２項中「取締役及び」とあるのは「執行役及び取締役並びに」とする。

（会計参与の報告義務）

第375条　会計参与は、その職務を行うに際して取締役の職務の執行に関し不正の行為又は法令若しくは定款に違反する重大な事実があることを発見したときは、遅滞なく、これを株主（監査役設置会社にあっては、監査役）に報告しなければならない。

2　監査役会設置会社における前項の規定の適用については、同項中「株主（監査役設置会社にあっては、監査役）」とあるのは、「監査役会」とする。

3　監査等委員会設置会社における第１項の規定の適用については、同項中「株主（監査役設置会社にあっては、監査役）」とあるのは、「監査等委員会」とする。

4　指名委員会等設置会社における第１項の規定の適用については、同項中「取締役」とあるのは「執行役又は取締役」と、「株主（監査役設置会社にあっては、監査役）」とあるのは「監査委員会」とする。

（取締役会への出席）

第376条　取締役会設置会社の会計参与（会計参与が監査法人又は税理士法人である場合にあっては、その職務を行うべき社員。以下この条において同じ。）は、第436条第３項<計算書類等の取締役会の承認>、第441条第３項<臨時計算書類の取締役会の承認>又は第444条第５項<連結計算書類の取締役会の承認>の承認をする取締役会に出席しなければならない。この場合において、会計参与は、必要があると認めるときは、意見を述べなければならない。

2　会計参与設置会社において、前項の取締役会を招集する者は、当該取締役会の日の１週間（これを下回る期間を定款で定めた場合にあっては、その期間）前までに、各会計参与に対してその通知を発しなければならない。

3　会計参与設置会社において、第368条第２項<取締役会の招集手続の省略>の規定により第１項の取締役会を招集の手続を経ることなく開催するときは、会計参与の全員の同意を得なければならない。

（株主総会における意見の陳述）

第377条　第374条第１項<会計参与の権限>に規定する書類の作成に関する事項について会計参与が取締役と意見を異にするときは、会計参与（会計参与が監査法人又は税理士法人である場合にあっては、その職務を行うべき社員）は、株主総会において意見を

述べることができる。

2　指名委員会等設置会社における前項の規定の適用については、同項中「取締役」とあるのは、「執行役」とする。

（会計参与による計算書類等の備置き等）

第378条　会計参与は、次の各号に掲げるものを、当該各号に定める期間、法務省令で定めるところにより、当該会計参与が定めた場所に備え置かなければならない。

一　各事業年度に係る計算書類及びその附属明細書並びに会計参与報告　定時株主総会の日の１週間（取締役会設置会社にあっては、２週間）前の日（第319条第１項の場合にあっては、同項の提案があった日）から５年間

二　臨時計算書類及び会計参与報告　臨時計算書類を作成した日から５年間

2　会計参与設置会社の株主及び債権者は、会計参与設置会社の営業時間内（会計参与が請求に応ずることが困難な場合として法務省令で定める場合を除く。）は、いつでも、会計参与に対し、次に掲げる請求をすることができる。ただし、第２号又は第４号に掲げる請求をするには、当該会計参与の定めた費用を支払わなければならない。

一　前項各号に掲げるものが書面をもって作成されているときは、当該書面の閲覧の請求

二　前号の書面の謄本又は抄本の交付の請求

三　前項各号に掲げるものが電磁的記録をもって作成されているときは、当該電磁的記録に記録された事項を法務省令で定める方法により表示したものの閲覧の請求

四　前号の電磁的記録に記録された事項を電磁的方法であって会計参与の定めたものにより提供することの請求又はその事項を記載した書面の交付の請求

3　会計参与設置会社の親会社社員は、その権利を行使するため必要があるときは、裁判所の許可を得て、当該会計参与設置会社の第１項各号に掲げるものについて前項各号に掲げる請求をすることができる。ただし、同項第２号又は第４号に掲げる請求をするには、当該会計参与の定めた費用を支払わなければならない。

（会計参与の報酬等）

第379条　会計参与の報酬等は、定款にその額を定めていないときは、株主総会の決議によって定める。

2　会計参与が二人以上ある場合において、各会計参与の報酬等について定款の定め又は株主総会の決議がないときは、当該報酬等は、前項の報酬等の範囲内において、会計参与の協議によって定める。

3　会計参与（会計参与が監査法人又は税理士法人である場合にあっては、その職務を行うべき社員）は、株主総会において、会計参与の報酬等について意見を述べることができる。

（費用等の請求）

第380条　会計参与がその職務の執行について会計参与設置会社に対して次に掲げる請求をしたときは、当該会計参与設置会社は、当該請求に係る費用又は債務が当該会計参与の職務の執行に必要でないことを証明した場合を除き、これを拒むことができない。

一　費用の前払の請求

二　支出した費用及び支出の日以後におけるその利息の償還の請求

三　負担した債務の債権者に対する弁済（当該債務が弁済期にない場合にあっては、相当の担保の提供）の請求

第７節　監査役

（監査役の権限）

第381条　監査役は、取締役（会計参与設置会社にあっては、取締役及び会計参与）の職務の執行を監査する。この場合において、監査役は、法務省令で定めるところにより、監査報告を作成しなければならない。

2　監査役は、いつでも、取締役及び会計参与並びに支配人その他の使用人に対して事業の報告を求め、又は監査役設置会社の業務及び財産の状況の調査をすることができる。

3　監査役は、その職務を行うため必要があるときは、監査役設置会社の子会社に対して事業の報告を求め、又はその子会社の業務及び財産の状況の調査をすることができる。

4　前項の子会社は、正当な理由があるときは、同項の報告又は調査を拒むことができる。

（取締役への報告義務）

第382条　監査役は、取締役が不正の行為をし、若しくは当該行為をするおそれがあると認めるとき、又は法令若しくは定款に違反する事実若しくは著しく不当な事実があると認めるときは、遅滞なく、その旨を取締役（取締役会設置会社にあっては、取締役会）に報告しなければならない。

（取締役会への出席義務等）

第383条　監査役は、取締役会に出席し、必要があると認めるときは、意見を述べなければならない。ただし、監査役が二人以上ある場合において、第373条第１項<特別取締役による取締役会の決議>の規定による特別取締役による議決の定めがあるときは、監査役の互選によって、監査役の中から特に同条第２項<特別取締役以外の取締役の取締役会への不出席>の取締役会に出席する監査役を定めることができる。

2　監査役は、前条に規定する場合において、必要があると認めるときは、取締役（第366条第１項ただし書に規定する場合にあっては、招集権者）に対し、取締役会の招集を請求することができる。

3　前項の規定による請求があった日から５日以内に、その請求があった日から２週間以内の日を取締役会の日とする取締役会の招集の通知が発せられない場合は、その請求をした監査役は、取締役会を招集することができる。

4　前２項の規定は、第373条第２項<特別取締役以外の取締役の取締役会への不出席>の取締役会については、適用しない。

（株主総会に対する報告義務）

第384条　監査役は、取締役が株主総会に提出しようとする議案、書類その他法務省令で定めるものを調査しなければならない。この場合において、法令若しくは定款に違反し、又は著しく不当な事項があると認めるときは、その調査の結果を株主総会に報告しなければならない。

（監査役による取締役の行為の差止め）

第385条　監査役は、取締役が監査役設置会社の目的の範囲外の行為その他法令若しくは定款に違反する行為をし、又はこれらの行為をするおそれがある場合において、当該行為によって当該監査役設置会社に著しい損害が生ずるおそれがあるときは、当該取締役に対し、当該行為をやめることを請求することができる。

2　前項の場合において、裁判所が仮処分をもって同項の取締役に対し、その行為をやめることを命ずるときは、担保を立てさせないものとする。

（監査役設置会社と取締役との間の訴えにおける会社の代表等）

第386条　第349条第４項<代表取締役の権限>、第353条<株式会社と取締役との間の訴えにおける会社の代表>及び第364条<取締役会設置会社と取締役との間の訴えにおける会社の代表>の規定にかかわらず、次の各号に掲げる場合には、当該各号の訴えについては、監査役が監査役設置会社を代表する。

一　監査役設置会社が取締役（取締役であった者を含む。以下この条において同じ。）に対し、又は取締役が監査役設置会社に対して訴えを提起する場合

二　株式交換等完全親会社（第849条第２項第１号に規定する株式交換等完全親会社をいう。次項第３号において同じ。）である監査役設置会社がその株式交換等完全子会社（第847条の２第１項に規定する株式交換等完全子会社をいう。次項第３号において同じ。）の取締役、執行役（執行役であった者を含む。以下この条において同じ。）又は清算人（清算人であった者を含む。以下この条において同じ。）の責任（第847条の２第１項各号に掲げる行為の効力が生じた時までにその原因となった事実が生じたものに限る。）を追及する訴えを提起する場合

三　最終完全親会社等（第847条の３第１項に規定する最終完全親会社等をいう。次項第４号において同じ。）である監査役設置会社がその完全子会社等（同条第２項第２号に規定する完全子会社等をいい、同条第３項の規定により当該完全子会社等とみなされるものを含む。次項第４号において同じ。）である株式会社の取締役、執行役又は清算人に対して特定責任追及の訴え（同条第１項に規定する特定責任追及の訴えをいう。）を提起する場合

2　第349条第４項<代表取締役の権限>の規定にかかわらず、次に掲げる場合には、監査役が監査役設置会社を代表する。

一　監査役設置会社が第847条第１項<責任追及等の訴えの提起の請求>、第847条の２第１項若しくは第３項<最終完全親会社等の株主による特定責任追及の訴えの提起の請求>（同条第４項及び第５項において準用する場合を含む。）又は第847条の３第１項<最終完全親会社等の株主による特定責任追及の訴えの提起の請求>の規定による請求（取締役の責任を追及する訴えの提起の請求に限る。）を受ける場合

二　監査役設置会社が第849条第４項<責任追及等の訴えを提起したときの株式会社への訴訟告知>の訴訟告知（取締役の責任を追及する訴えに係るものに限る。）並びに第850条第２項<和解の内容の通知、催告>の規定による通知及び催告（取締役の責任を追及する訴えに係る訴訟における和解に関するものに限る。）を受ける場合

三　株式交換等完全親会社である監査役設置会社が第847条第１項<責任追及等の訴えの提起の請求>の規定による請求（前項第２号に規定する訴えの提起の請求に限る。）をする場合又は第849条第６

項の規定による通知（その株式交換等完全子会社の取締役、執行役又は清算人の責任を追及する訴えに係るものに限る。）を受ける場合

四　最終完全親会社等である監査役設置会社が第847条第１項<責任追及等の訴えの提起の請求>の規定による請求（前項第３号に規定する特定責任追及の訴えの提起の請求に限る。）をする場合又は第849条第７項の規定による通知（その完全子会社等である株式会社の取締役、執行役又は清算人の責任を追及する訴えに係るものに限る。）を受ける場合

（監査役の報酬等）

第387条　監査役の報酬等は、定款にその額を定めていないときは、株主総会の決議によって定める。

2　監査役が二人以上ある場合において、各監査役の報酬等について定款の定め又は株主総会の決議がないときは、当該報酬等は、前項の報酬等の範囲内において、監査役の協議によって定める。

3　監査役は、株主総会において、監査役の報酬等について意見を述べることができる。

（費用等の請求）

第388条　監査役がその職務の執行について監査役設置会社（監査役の監査の範囲を会計に関するものに限定する旨の定款の定めがある株式会社を含む。）に対して次に掲げる請求をしたときは、当該監査役設置会社は、当該請求に係る費用又は債務が当該監査役の職務の執行に必要でないことを証明した場合を除き、これを拒むことができない。

一　費用の前払の請求

二　支出した費用及び支出の日以後におけるその利息の償還の請求

三　負担した債務の債権者に対する弁済（当該債務が弁済期にない場合にあっては、相当の担保の提供）の請求

（定款の定めによる監査範囲の限定）

第389条　公開会社でない株式会社（監査役会設置会社及び会計監査人設置会社を除く。）は、第381条第１項<監査役の権限>の規定にかかわらず、その監査役の監査の範囲を会計に関するものに限定する旨を定款で定めることができる。

2　前項の規定による定款の定めがある株式会社の監査役は、法務省令で定めるところにより、監査報告を作成しなければならない。

3　前項の監査役は、取締役が株主総会に提出しようとする会計に関する議案、書類その他の法務省令で定めるものを調査し、その調査の結果を株主総会に報告しなければならない。

4　第２項の監査役は、いつでも、次に掲げるものの閲覧及び謄写をし、又は取締役及び会計参与並びに支配人その他の使用人に対して会計に関する報告を求めることができる。

一　会計帳簿又はこれに関する資料が書面をもって作成されているときは、当該書面

二　会計帳簿又はこれに関する資料が電磁的記録をもって作成されているときは、当該電磁的記録に記録された事項を法務省令で定める方法により表示したもの

5　第２項の監査役は、その職務を行うため必要があるときは、株式会社の子会社に対して会計に関する報告を求め、又は株式会社若しくはその子会社の業務及び財産の状況の調査をすることができる。

6　前項の子会社は、正当な理由があるときは、同項の規定による報告又は調査を拒むことができる。

7　第381条から第386条まで<業務監査権限の規定>の規定は、第１項の規定による定款の定めがある株式会社については、適用しない。

第８節　監査役会

第１款　権限等

第390条　監査役会は、すべての監査役で組織する。

2　監査役会は、次に掲げる職務を行う。ただし、第３号の決定は、監査役の権限の行使を妨げることはできない。

一　監査報告の作成

二　常勤の監査役の選定及び解職

三　監査の方針、監査役会設置会社の業務及び財産の状況の調査の方法その他の監査役の職務の執行に関する事項の決定

3　監査役会は、監査役の中から常勤の監査役を選定しなければならない。

4　監査役は、監査役会の求めがあるときは、いつでもその職務の執行の状況を監査役会に報告しなければならない。

第２款　運営

（招集権者）

第391条　監査役会は、各監査役が招集する。

（招集手続）

第392条　監査役会を招集するには、監査役は、監査役会の日の１週間（これを下回る期間を定款で定めた場合にあっては、その期間）前までに、各監査役に対してその通知を発しなければならない。

2　前項の規定にかかわらず、監査役会は、監査役の全員の同意があるときは、招集の手続を経ることなく開催することができる。

（監査役会の決議）

第393条　監査役会の決議は、監査役の過半数をもって行う。

2　監査役会の議事については、法務省令で定めるところにより、議事録を作成し、議事録が書面をもって作成されているときは、出席した監査役は、これに署名し、又は記名押印しなければならない。

3　前項の議事録が電磁的記録をもって作成されている場合における当該電磁的記録に記録された事項については、法務省令で定める署名又は記名押印に代わる措置をとらなければならない。

4　監査役会の決議に参加した監査役であって第２項の議事録に異議をとどめないものは、その決議に賛成したものと推定する。

（議事録）

第394条　監査役会設置会社は、監査役会の日から10年間、前条第２項の議事録をその本店に備え置かなければならない。

2　監査役会設置会社の株主は、その権利を行使するため必要があるときは、裁判所の許可を得て、次に掲げる請求をすることができる。

一　前項の議事録が書面をもって作成されているときは、当該書面の閲覧又は謄写の請求

二　前項の議事録が電磁的記録をもって作成されているときは、当該電磁的記録に記録された事項を法務省令で定める方法により表示したものの閲覧又は謄写の請求

3　前項の規定は、監査役会設置会社の債権者が役員の責任を追及するため必要があるとき及び親会社社員がその権利を行使するため必要があるときについて準用する。

4　裁判所は、第２項（前項において準用する場合を含む。以下この項において同じ。）の請求に係る閲覧又は謄写をすることにより、当該監査役会設置会社又はその親会社若しくは子会社に著しい損害を及ぼすおそれがあると認めるときは、第２項の許可をすることができない。

（監査役会への報告の省略）

第395条　取締役、会計参与、監査役又は会計監査人が監査役の全員に対して監査役会に報告すべき事項を通知したときは、当該事項を監査役会へ報告することを要しない。

第９節　会計監査人

（会計監査人の権限等）

第396条　会計監査人は、次章の定めるところにより、株式会社の計算書類及びその附属明細書、臨時計算書類並びに連結計算書類を監査する。この場合において、会計監査人は、法務省令で定めるところにより、会計監査報告を作成しなければならない。

2　会計監査人は、いつでも、次に掲げるものの閲覧及び謄写をし、又は取締役及び会計参与並びに支配人その他の使用人に対し、会計に関する報告を求めることができる。

一　会計帳簿又はこれに関する資料が書面をもって作成されているときは、当該書面

二　会計帳簿又はこれに関する資料が電磁的記録をもって作成されているときは、当該電磁的記録に記録された事項を法務省令で定める方法により表示したもの

3　会計監査人は、その職務を行うため必要があるときは、会計監査人設置会社の子会社に対して会計に関する報告を求め、又は会計監査人設置会社若しくはその子会社の業務及び財産の状況の調査をすることができる。

4　前項の子会社は、正当な理由があるときは、同項の報告又は調査を拒むことができる。

5　会計監査人は、その職務を行うに当たっては、次のいずれかに該当する者を使用してはならない。

一　第337条第３項第１号又は第２号<会計監査人となることができない者>に掲げる者

二　会計監査人設置会社又はその子会社の取締役、会計参与、監査役若しくは執行役又は支配人その他の使用人である者

三　会計監査人設置会社又はその子会社から公認会計士又は監査法人の業務以外の業務により継続的な報酬を受けている者

6　指名委員会等設置会社における第２項の規定の適用については、同項中「取締役」とあるのは、「執行役、取締役」とする。

（監査役に対する報告）

第397条　会計監査人は、その職務を行うに際

して取締役の職務の執行に関し不正の行為又は法令若しくは定款に違反する重大な事実があることを発見したときは、遅滞なく、これを監査役に報告しなければならない。

2　監査役は、その職務を行うため必要があるときは、会計監査人に対し、その監査に関する報告を求めることができる。

3　監査役会設置会社における第1項の規定の適用については、同項中「監査役」とあるのは、「監査役会」とする。

4　監査等委員会設置会社における第1項及び第2項の規定の適用については、第1項中「監査役」とあるのは「監査等委員会」と、第2項中「監査役」とあるのは「監査等委員会が選定した監査等委員」とする。

5　指名委員会等設置会社における第1項及び第2項の規定の適用については、第1項中「取締役」とあるのは「執行役又は取締役」と、「監査役」とあるのは「監査委員会」と、第2項中「監査役」とあるのは「監査委員会が選定した監査委員会の委員」とする。

（定時株主総会における会計監査人の意見の陳述）

第398条　第396条第1項<会計監査人による計算書類等の監査、会計監査報告の作成>に規定する書類が法令又は定款に適合するかどうかについて会計監査人が監査役と意見を異にするときは、会計監査人（会計監査人が監査法人である場合にあっては、その職務を行うべき社員。次項において同じ。）は、定時株主総会に出席して意見を述べることができる。

2　定時株主総会において会計監査人の出席を求める決議があったときは、会計監査人は、定時株主総会に出席して意見を述べなければならない。

3　監査役会設置会社における第1項の規定の適用については、同項中「監査役」とあるのは、「監査役会又は監査役」とする。

4　監査等委員会設置会社における第1項の規定の適用については、同項中「監査役」とあるのは、「監査等委員会又は監査等委員」とする。

5　指名委員会等設置会社における第1項の規定の適用については、同項中「監査役」とあるのは、「監査委員会又はその委員」とする。

（会計監査人の報酬等の決定に関する監査役の関与）

第399条　取締役は、会計監査人又は一時会計監査人の職務を行うべき者の報酬等を定める場合には、監査役（監査役が二人以上ある場合にあっては、その過半数）の同意を得なければならない。

2　監査役会設置会社における前項の規定の適用については、同項中「監査役（監査役が二人以上ある場合にあっては、その過半数）」とあるのは、「監査役会」とする。

3　監査等委員会設置会社における第1項の規定の適用については、同項中「監査役（監査役が二人以上ある場合にあっては、その過半数）」とあるのは、「監査等委員会」とする。

4　指名委員会等設置会社における第1項の規定の適用については、同項中「監査役（監査役が二人以上ある場合にあっては、その過半数）」とあるのは、「監査委員会」とする。

第9節の2　監査等委員会

第1款　権限等

（監査等委員会の権限等）

第399条の2　監査等委員会は、全ての監査等委員で組織する。

2　監査等委員は、取締役でなければならない。

3　監査等委員会は、次に掲げる職務を行う。

一　取締役（会計参与設置会社にあっては、取締役及び会計参与）の職務の執行の監査及び監査報告の作成

二　株主総会に提出する会計監査人の選任及び解任並びに会計監査人を再任しないことに関する議案の内容の決定

三　第342条の2第4項<監査等委員である取締役以外の取締役の選任等についての監査等委員会の意見陳述>及び第361条第6項<監査等委員である取締役以外の取締役の報酬等についての監査等委員会の意見陳述>に規定する監査等委員会の意見の決定

4　監査等委員がその職務の執行（監査等委員会の職務の執行に関するものに限る。以下この項において同じ。）について監査等委員会設置会社に対して次に掲げる請求をしたときは、当該監査等委員会設置会社は、当該請求に係る費用又は債務が当該監査等委員の職務の執行に必要でないことを証明した場合を除き、これを拒むことができない。

一　費用の前払の請求

二　支出をした費用及び支出の日以後におけるその利息の償還の請求

三　負担した債務の債権者に対する弁済（当該債務が弁済期にない場合にあっては、相当の担保の提供）の

会社法

請求

（監査等委員会による調査）

第399条の3　監査等委員会が選定する監査等委員は、いつでも、取締役（会計参与設置会社にあっては、取締役及び会計参与）及び支配人その他の使用人に対し、その職務の執行に関する事項の報告を求め、又は監査等委員会設置会社の業務及び財産の状況の調査をすることができる。

2　監査等委員会が選定する監査等委員は、監査等委員会の職務を執行するため必要があるときは、監査等委員会設置会社の子会社に対して事業の報告を求め、又はその子会社の業務及び財産の状況の調査をすることができる。

3　前項の子会社は、正当な理由があるときは、同項の報告又は調査を拒むことができる。

4　第1項及び第2項の監査等委員は、当該各項の報告の徴収又は調査に関する事項についての監査等委員会の決議があるときは、これに従わなければならない。

（取締役会への報告義務）

第399条の4　監査等委員は、取締役が不正の行為をし、若しくは当該行為をするおそれがあると認めるとき、又は法令若しくは定款に違反する事実若しくは著しく不当な事実があると認めるときは、遅滞なく、その旨を取締役会に報告しなければならない。

（株主総会に対する報告義務）

第399条の5　監査等委員は、取締役が株主総会に提出しようとする議案、書類その他法務省令で定めるものについて法令若しくは定款に違反し、又は著しく不当な事項があると認めるときは、その旨を株主総会に報告しなければならない。

（監査等委員による取締役の行為の差止め）

第399条の6　監査等委員は、取締役が監査等委員会設置会社の目的の範囲外の行為その他法令若しくは定款に違反する行為をし、又はこれらの行為をするおそれがある場合において、当該行為によって当該監査等委員会設置会社に著しい損害が生ずるおそれがあるときは、当該取締役に対し、当該行為をやめることを請求することができる。

2　前項の場合において、裁判所が仮処分をもって同項の取締役に対し、その行為をやめることを命ずるときは、担保を立てさせないものとする。

（監査等委員会設置会社と取締役との間の訴えにおける会社の代表等）

第399条の7　第349条第4項<代表取締役の権限>、第353条<株式会社と取締役との間の訴えにおける会社の代表>及び第364条<取締役会設置会社と取締役との間の訴えにおける会社の代表>の規定にかかわらず、監査等委員会設置会社が取締役（取締役であった者を含む。以下この条において同じ。）に対し、又は取締役が監査等委員会設置会社に対して訴えを提起する場合には、当該訴えについては、次の各号に掲げる場合の区分に応じ、当該各号に定める者が監査等委員会設置会社を代表する。

一　監査等委員が当該訴えに係る訴訟の当事者である場合　取締役会が定める者（株主総会が当該訴えについて監査等委員会設置会社を代表する者を定めた場合にあっては、その者）

二　前号に掲げる場合以外の場合　監査等委員会が選定する監査等委員

2　前項の規定にかかわらず、取締役が監査等委員会設置会社に対して訴えを提起する場合には、監査等委員（当該訴えを提起する者であるものを除く。）に対してされた訴状の送達は、当該監査等委員会設置会社に対して効力を有する。

3　第349条第4項<代表取締役の権限>、第353条<株式会社と取締役との間の訴えにおける会社の代表>及び第364条<取締役会設置会社と取締役との間の訴えにおける会社の代表>の規定にかかわらず、次の各号に掲げる株式会社が監査等委員会設置会社である場合において、当該各号に定める訴えを提起するときは、当該訴えについては、監査等委員会が選定する監査等委員が当該監査等委員会設置会社を代表する。

一　株式交換等完全親会社（第849条第2項第1号に規定する株式交換等完全親会社をいう。次項第1号及び第5項第3号において同じ。）　その株式交換等完全子会社（第847条の2第1項に規定する株式交換等完全子会社をいう。第5項第3号において同じ。）の取締役、執行役（執行役であった者を含む。以下この条において同じ。）又は清算人（清算人であった者を含む。以下この条において同じ。）の責任（第847条の2第1項各号に掲げる行為の効力が生じた時までにその原因となった事実が生じたものに限る。）を追及する訴え

二　最終完全親会社等（第847条の3第1項に規定する最終完全親会社等をいう。次項第2号及び第5項第4号において同じ。）　その完全子会社等（同条第2項第2号に規定する完全子会社等をいい、同条第3項の規定により当該完全子会社等とみなされるものを含む。第5項第4号において同じ。）である株式会社の取締役、執行役又は

清算人に対する特定責任追及の訴え（同条第1項に規定する特定責任追及の訴えをいう。）

4　第349条第4項<代表取締役の権限>の規定にかかわらず、次の各号に掲げる株式会社が監査等委員会設置会社である場合において、当該各号に定める請求をするときは、監査等委員会が選定する監査等委員が当該監査等委員会設置会社を代表する。

一　株式交換等完全親会社　第847条第1項<株主による責任追及等の訴えの提起の請求>の規定による請求（前項第1号に規定する訴えの提起の請求に限る。）

二　最終完全親会社等　第847条第1項<株主による責任追及等の訴えの提起の請求>の規定による請求（前項第2号に規定する特定責任追及の訴えの提起の請求に限る。）

5　第349条第4項の規定にかかわらず、次に掲げる場合には、監査等委員が監査等委員会設置会社を代表する。

一　監査等委員会設置会社が第847条第1項<株主による責任追及等の訴えの提起の請求>、第847条の2第1項若しくは第3項<旧株主による責任追及等の訴えの提起の請求>（同条第4項及び第5項において準用する場合を含む。）又は第847条の3第1項<最終完全親会社等の株主による特定責任追及の訴えの提起の請求>の規定による請求（取締役の責任を追及する訴えの提起の請求に限る。）を受ける場合（当該監査等委員が当該訴えに係る訴訟の相手方となる場合を除く。）

二　監査等委員会設置会社が第849条第4項<責任追及等の訴えを提起したときの株式会社への訴訟告知>の訴訟告知（取締役の責任を追及する訴えに係るものに限る。）並びに第850条第2項<和解の内容の通知・催告>の規定による通知及び催告（取締役の責任を追及する訴えに係る訴訟における和解に関するものに限る。）を受ける場合（当該監査等委員がこれらの訴えに係る訴訟の当事者である場合を除く。）

三　株式交換等完全親会社である監査等委員会設置会社が第849条第6項<責任追及等の訴えを提起したときの株式交換等完全親会社への訴訟告知>の規定による通知（その株式交換等完全子会社の取締役、執行役又は清算人の責任を追及する訴えに係るものに限る。）を受ける場合

四　最終完全親会社等である監査等委員会設置会社が第849条第7項<責任追及等の訴えを提起したときの最終完全親会社等への訴訟告知>の規定による通知（その完全子会社等である株式会社の取締役、執行役又は清算人の責任を追及する訴えに係るものに限る。）を受ける場合

第2款　運営

（招集権者）

第399条の8　監査等委員会は、各監査等委員が招集する。

（招集手続等）

第399条の9　監査等委員会を招集するには、監査等委員は、監査等委員会の日の1週間（これを下回る期間を定款で定めた場合にあっては、その期間）前までに、各監査等委員に対してその通知を発しなければならない。

2　前項の規定にかかわらず、監査等委員会は、監査等委員の全員の同意があるときは、招集の手続を経ることなく開催することができる。

3　取締役（会計参与設置会社にあっては、取締役及び会計参与）は、監査等委員会の要求があったときは、監査等委員会に出席し、監査等委員会が求めた事項について説明をしなければならない。

（監査等委員会の決議）

第399条の10　監査等委員会の決議は、議決に加わることができる監査等委員の過半数が出席し、その過半数をもって行う。

2　前項の決議について特別の利害関係を有する監査等委員は、議決に加わることができない。

3　監査等委員会の議事については、法務省令で定めるところにより、議事録を作成し、議事録が書面をもって作成されているときは、出席した監査等委員は、これに署名し、又は記名押印しなければならない。

4　前項の議事録が電磁的記録をもって作成されている場合における当該電磁的記録に記録された事項については、法務省令で定める署名又は記名押印に代わる措置をとらなければならない。

5　監査等委員会の決議に参加した監査等委員であって第3項の議事録に異議をとどめないものは、その決議に賛成したものと推定する。

（議事録）

第399条の11　監査等委員会設置会社は、監査等委員会の日から10年間、前条第3項の議事録をその本店に備え置かなければならない。

2　監査等委員会設置会社の株主は、その権利を行使するため必要があるときは、裁判所の許可を得て、次に掲げる請求をすることができる。

一　前項の議事録が書面をもって作成されているときは、当該書面の閲覧又は謄写の請求

二　前項の議事録が電磁的記録をもって作成されているときは、当該電磁的記録に記録され

た事項を法務省令で定める方法により表示したものの閲覧又は謄写の請求

3　前項の規定は、監査等委員会設置会社の債権者が取締役又は会計参与の責任を追及するため必要があるとき及び親会社社員がその権利を行使するため必要があるときについて準用する。

4　裁判所は、第2項（前項において準用する場合を含む。以下この項において同じ。）の請求に係る閲覧又は謄写をすることにより、当該監査等委員会設置会社又はその親会社若しくは子会社に著しい損害を及ぼすおそれがあると認めるときは、第2項の許可をすることができない。

（監査等委員会への報告の省略）

第399条の12　取締役、会計参与又は会計監査人が監査等委員の全員に対して監査等委員会に報告すべき事項を通知したときは、当該事項を監査等委員会へ報告することを要しない。

第3款　監査等委員会設置会社の取締役会の権限等

（監査等委員会設置会社の取締役会の権限）

第399条の13　監査等委員会設置会社の取締役会は、第362条<取締役会の権限等>の規定にかかわらず、次に掲げる職務を行う。

一　次に掲げる事項その他監査等委員会設置会社の業務執行の決定
　イ　経営の基本方針
　ロ　監査等委員会の職務の執行のため必要なものとして法務省令で定める事項
　ハ　取締役の職務の執行が法令及び定款に適合することを確保するための体制その他株式会社の業務並びに当該株式会社及びその子会社から成る企業集団の業務の適正を確保するために必要なものとして法務省令で定める体制の整備
二　取締役の職務の執行の監督
三　代表取締役の選定及び解職

2　監査等委員会設置会社の取締役会は、前項第1号イからハまでに掲げる事項を決定しなければならない。

3　監査等委員会設置会社の取締役会は、取締役（監査等委員である取締役を除く。）の中から代表取締役を選定しなければならない。

4　監査等委員会設置会社の取締役会は、次に掲げる事項その他の重要な業務執行の決定を取締役に委任することができない。

一　重要な財産の処分及び譲受け
二　多額の借財
三　支配人その他の重要な使用人の選任及び解任
四　支店その他の重要な組織の設置、変更及び廃止
五　第676条第1号<募集社債の総額>に掲げる事項その他の社債を引き受ける者の募集に関する重要な事項として法務省令で定める事項
六　第426条第1項<取締役等による免除に関する定款の定め>の規定による定款の定めに基づく第423条第1項<役員等の株式会社に対する損害賠償責任>の責任の免除

5　前項の規定にかかわらず、監査等委員会設置会社の取締役の過半数が社外取締役である場合には、当該監査等委員会設置会社の取締役会は、その決議によって、重要な業務執行の決定を取締役に委任することができる。ただし、次に掲げる事項については、この限りでない。

一　第136条<譲渡制限株式の株主からの承認の請求>又は第137条第1項<譲渡制限株式取得者からの承認の請求>の決定及び第140条第4項<株式会社による指定買取人の指定>の規定による指定
二　第165条第3項<市場取引等による自己株式の取得>において読み替えて適用する第156条第1項各号<自己株式の取得に関する事項の決定>に掲げる事項の決定
三　第262条<新株予約権者からの承認の請求>又は第263条第1項<新株予約権取得者からの承認の請求>の決定
四　第298条第1項各号<株主総会の招集の決定>に掲げる事項の決定
五　株主総会に提出する議案（会計監査人の選任及び解任並びに会計監査人を再任しないことに関するものを除く。）の内容の決定
六　第348条の2第1項<業務の執行の社外取締役への委託>の規定による委託
七　第361条第7項<社外取締役の設置が義務付けられている株式会社の取締役会による報酬等の決定方針の決定>の規定による同項の事項の決定
八　第365条第1項<競業及び取締役会設置会社との取引等の制限>において読み替えて適用する第356条第1項<競業及び利益相反取引の制限>の承認
九　第366条第1項ただし書<取締役会を招集する取締役を定めたとき>の規定による取締役会を招集する取締役の決定

十　第399条の7第1項第1号<監査等委員会設置会社と取締役との間の訴えにおける会社の代表>の規定による監査等委員会設置会社を代表する者の決定
十一　前項第6号に掲げる事項
十二　補償契約（第430条の2第1項に規定する補償契約をいう。第416条第4項第14号において同じ。）の内容の決定
十三　役員等賠償責任保険契約（第430条の3第1項に規定する役員等賠償責任保険契約をいう。第416条第4項第15号において同じ。）の内容の決定
十四　第436条第3項<計算書類等の取締役会の承認>、第441条第3項<臨時計算書類の取締役会の承認>及び第444条第5項<連結計算書類の取締役会の承認>の承認
十五　第454条第5項<取締役会設置会社における中間配当>において読み替えて適用する同条第1項の規定により定めなければならないとされる事項の決定
十六　第467条第1項各号<事業譲渡等の株主総会による承認>に掲げる行為に係る契約（当該監査等委員会設置会社の株主総会の決議による承認を要しないものを除く。）の内容の決定
十七　合併契約（当該監査等委員会設置会社の株主総会の決議による承認を要しないものを除く。）の内容の決定
十八　吸収分割契約（当該監査等委員会設置会社の株主総会の決議による承認を要しないものを除く。）の内容の決定
十九　新設分割計画（当該監査等委員会設置会社の株主総会の決議による承認を要しないものを除く。）の内容の決定
二十　株式交換契約（当該監査等委員会設置会社の株主総会の決議による承認を要しないものを除く。）の内容の決定
二十一　株式移転計画の内容の決定
二十二　株式交付計画（当該監査等委員会設置会社の株主総会の決議による承認を要しないものを除く。）の内容の決定

6　前2項の規定にかかわらず、監査等委員会設置会社は、取締役会の決議によって重要な業務執行（前項各号に掲げる事項を除く。）の決定の全部又は一部を取締役に委任することができる旨を定款で定めることができる。

（監査等委員会による取締役会の招集）
第399条の14　監査等委員会設置会社においては、招集権者の定めがある場合であっても、監査等委員会が選定する監査等委員は、取締役会を招集することができる。

第10節　指名委員会等及び執行役

第1款　委員の選定、執行役の選任等

（委員の選定等）
第400条　指名委員会、監査委員会又は報酬委員会の各委員会（以下この条、次条及び第911条第3項第23号ロにおいて単に「各委員会」という。）は、委員3人以上で組織する。
2　各委員会の委員は、取締役の中から、取締役会の決議によって選定する。
3　各委員会の委員の過半数は、社外取締役でなければならない。
4　監査委員会の委員（以下「監査委員」という。）は、指名委員会等設置会社若しくはその子会社の執行役若しくは業務執行取締役又は指名委員会等設置会社の子会社の会計参与（会計参与が法人であるときは、その職務を行うべき社員）若しくは支配人その他の使用人を兼ねることができない。

（委員の解職等）
第401条　各委員会の委員は、いつでも、取締役会の決議によって解職することができる。
2　前条第1項に規定する各委員会の委員の員数（定款で4人以上の員数を定めたときは、その員数）が欠けた場合には、任期の満了又は辞任により退任した委員は、新たに選定された委員（次項の一時委員の職務を行うべき者を含む。）が就任するまで、なお委員としての権利義務を有する。
3　前項に規定する場合において、裁判所は、必要があると認めるときは、利害関係人の申立てにより、一時委員の職務を行うべき者を選任することができる。
4　裁判所は、前項の一時委員の職務を行うべき者を選任した場合には、指名委員会等設置会社がその者に対して支払う報酬の額を定めることができる。

（執行役の選任等）
第402条　指名委員会等設置会社には、一人又は二人以上の執行役を置かなければならない。
2　執行役は、取締役会の決議によって選任する。
3　指名委員会等設置会社と執行役との関係は、委任に関する規定に従う。
4　第331条第1項及び第331条の2<取締役の資格等>の規定は、執行役について準用する。

5　株式会社は、執行役が株主でなければならない旨を定款で定めることができない。ただし、公開会社でない指名委員会等設置会社については、この限りでない。

6　執行役は、取締役を兼ねることができる。

7　執行役の任期は、選任後1年以内に終了する事業年度のうち最終のものに関する定時株主総会の終結後最初に招集される取締役会の終結の時までとする。ただし、定款によって、その任期を短縮することを妨げない。

8　前項の規定にかかわらず、指名委員会等設置会社が指名委員会等を置く旨の定款の定めを廃止する定款の変更をした場合には、執行役の任期は、当該定款の変更の効力が生じた時に満了する。

（執行役の解任等）

第403条　執行役は、いつでも、取締役会の決議によって解任することができる。

2　前項の規定により解任された執行役は、その解任について正当な理由がある場合を除き、指名委員会等設置会社に対し、解任によって生じた損害の賠償を請求することができる。

3　第401条第2項から第4項まで<各委員会の委員の員数が欠けた場合の措置>の規定は、執行役が欠けた場合又は定款で定めた執行役の員数が欠けた場合について準用する。

第2款　指名委員会等の権限等

（指名委員会等の権限等）

第404条　指名委員会は、株主総会に提出する取締役（会計参与設置会社にあっては、取締役及び会計参与）の選任及び解任に関する議案の内容を決定する。

2　監査委員会は、次に掲げる職務を行う。

一　執行役等（執行役及び取締役をいい、会計参与設置会社にあっては、執行役、取締役及び会計参与をいう。以下この節において同じ。）の職務の執行の監査及び監査報告の作成

二　株主総会に提出する会計監査人の選任及び解任並びに会計監査人を再任しないことに関する議案の内容の決定

3　報酬委員会は、第361条第1項<取締役の報酬等>並びに第379条第1項及び第2項<会計参与の報酬等>の規定にかかわらず、執行役等の個人別の報酬等の内容を決定する。執行役が指名委員会等設置会社の支配人その他の使用人を兼ねているときは、当該支配人その他の使用人の報酬等の内容についても、同様とする。

4　委員がその職務の執行（当該委員が所属する指名委員会等の職務の執行に関するものに限る。以下この項において同じ。）について指名委員会等設置会社に対して次に掲げる請求をしたときは、当該指名委員会等設置会社は、当該請求に係る費用又は債務が当該委員の職務の執行に必要でないことを証明した場合を除き、これを拒むことができない。

一　費用の前払の請求

二　支出をした費用及び支出の日以後におけるその利息の償還の請求

三　負担した債務の債権者に対する弁済（当該債務が弁済期にない場合にあっては、相当の担保の提供）の請求

（監査委員会による調査）

第405条　監査委員会が選定する監査委員は、いつでも、執行役等及び支配人その他の使用人に対し、その職務の執行に関する事項の報告を求め、又は指名委員会等設置会社の業務及び財産の状況の調査をすることができる。

2　監査委員会が選定する監査委員は、監査委員会の職務を執行するため必要があるときは、指名委員会等設置会社の子会社に対して事業の報告を求め、又はその子会社の業務及び財産の状況の調査をすることができる。

3　前項の子会社は、正当な理由があるときは、同項の報告又は調査を拒むことができる。

4　第1項及び第2項の監査委員は、当該各項の報告の徴収又は調査に関する事項についての監査委員会の決議があるときは、これに従わなければならない。

（取締役会への報告義務）

第406条　監査委員は、執行役又は取締役が不正の行為をし、若しくは当該行為をするおそれがあると認めるとき、又は法令若しくは定款に違反する事実若しくは著しく不当な事実があると認めるときは、遅滞なく、その旨を取締役会に報告しなければならない。

（監査委員による執行役等の行為の差止め）

第407条　監査委員は、執行役又は取締役が指名委員会等設置会社の目的の範囲外の行為その他法令若しくは定款に違反する行為をし、又はこれらの行為をするおそれがある場合において、当該行為によって当該指名委員会等設置会社に著しい損害が生ずるおそれがあるときは、当該執行役又は取締役に対し、当該行為をやめ

ることを請求することができる。

2　前項の場合において、裁判所が仮処分をもって同項の執行役又は取締役に対し、その行為をやめることを命ずるときは、担保を立てさせないものとする。

（指名委員会等設置会社と執行役又は取締役との間の訴えにおける会社の代表等）

第408条　第420条第３項<代表執行役に関する準用規定>において準用する第349条第４項<代表取締役の権限>の規定並びに第353条<株式会社と取締役との間の訴えにおける会社の代表>及び第364条<取締役会設置会社と取締役との間の訴えにおける会社の代表>の規定にかかわらず、指名委員会等設置会社が執行役（執行役であった者を含む。以下この条において同じ。）若しくは取締役（取締役であった者を含む。以下この条において同じ。）に対し、又は執行役若しくは取締役が指名委員会等設置会社に対して訴えを提起する場合には、当該訴えについては、次の各号に掲げる場合の区分に応じ、当該各号に定める者が指名委員会等設置会社を代表する。

一　監査委員が当該訴えに係る訴訟の当事者である場合　取締役会が定める者（株主総会が当該訴えについて指名委員会等設置会社を代表する者を定めた場合にあっては、その者）

二　前号に掲げる場合以外の場合　監査委員会が選定する監査委員

2　前項の規定にかかわらず、執行役又は取締役が指名委員会等設置会社に対して訴えを提起する場合には、監査委員（当該訴えを提起する者であるものを除く。）に対してされた訴状の送達は、当該指名委員会等設置会社に対して効力を有する。

3　第420条第３項<代表執行役に関する準用規定>において準用する第349条第４項<代表取締役の権限>の規定並びに第353条<株式会社と取締役との間の訴えにおける会社の代表>及び第364条<取締役会設置会社と取締役との間の訴えにおける会社の代表>の規定にかかわらず、次の各号に掲げる株式会社が指名委員会等設置会社である場合において、当該各号に定める訴えを提起するときは、当該訴えについては、監査委員会が選定する監査委員が当該指名委員会等設置会社を代表する。

一　株式交換等完全親会社（第849条第２項第１号に規定する株式交換等完全親会社をいう。次項第１号及び第５項第３号において同じ。）　その株式交換等完全子会社（第847条の２第１項に規定する株式交換等完全子会社をいう。第５項第３号において同じ。）の取締役、執行役又は清算人（清算人であった者を含む。以下この条において同じ。）の責任（第847条の２第１項各号に掲げる行為の効力が生じた時までにその原因となった事実が生じたものに限る。）を追及する訴え

二　最終完全親会社等（第847条の３第１項に規定する最終完全親会社等をいう。次項第２号及び第５項第４号において同じ。）　その完全子会社等（同条第２項第２号に規定する完全子会社等をいい、同条第３項の規定により当該完全子会社等とみなされるものを含む。第５項第４号において同じ。）である株式会社の取締役、執行役又は清算人に対する特定責任追及の訴え（同条第１項に規定する特定責任追及の訴えをいう。）

4　第420条第３項<代表執行役に関する準用規定>において準用する第349条第４項<代表取締役の権限>の規定にかかわらず、次の各号に掲げる株式会社が指名委員会等設置会社である場合において、当該各号に定める請求をするときは、監査委員会が選定する監査委員が当該指名委員会等設置会社を代表する。

一　株式交換等完全親会社　第847条第１項<株主による責任追及等の訴えの提起の請求>の規定による請求（前項第１号に規定する訴えの提起の請求に限る。）

二　最終完全親会社等　第847条第１項<株主による責任追及等の訴えの提起の請求>の規定による請求（前項第２号に規定する特定責任追及の訴えの提起の請求に限る。）

5　第420条第３項<代表執行役に関する準用規定>において準用する第349条第４項<代表取締役の権限>の規定にかかわらず、次に掲げる場合には、監査委員が指名委員会等設置会社を代表する。

一　指名委員会等設置会社が第847条第１項<株主による責任追及等の訴えの提起の請求>、第847条の２第１項若しくは第３項<旧株主による責任追及等の訴えの提起の請求>（同条第４項及び第５項において準用する場合を含む。）又は第847条の３第１項<最終完全親会社等の株主による特定責任追及の訴えの提起の請求>の規定による請求（執行役又は取締役の責任を追及する訴えの提起の請求に限る。）を受ける場合（当該監査委員が当該訴えに係る訴訟の相手方となる場合を除く。）

二　指名委員会等設置会社が第849条第４項<責任追及等の訴えを提起したときの株式会社への訴訟告知>の訴訟告知（執行役又は取締役の責任を追及する訴えに係るものに限る。）並びに第850条第２項<和解の内容の通知、催告>の規定による通知及び催告（執行役又は取締役の責任を追及する訴えに係る訴訟における和解に関するものに限る。）を受ける場合（当該監査委員がこれらの訴えに係る訴訟の当事者である場合を除く。）

三　株式交換等完全親会社である指名委員会

等設置会社が第849条第６項<責任追及等の訴えを提起したときの株式交換等完全親会社への訴訟告知>の規定による通知（その株式交換等完全子会社の取締役、執行役又は清算人の責任を追及する訴えに係るものに限る。）を受ける場合

四　最終完全親会社等である指名委員会等設置会社が第849条第７項<責任追及等の訴えを提起したときの最終完全親会社等への訴訟告知>の規定による通知（その完全子会社等である株式会社の取締役、執行役又は清算人の責任を追及する訴えに係るものに限る。）を受ける場合

（報酬委員会による報酬の決定の方法等）

第409条　報酬委員会は、執行役等の個人別の報酬等の内容に係る決定に関する方針を定めなければならない。

２　報酬委員会は、第404条第３項<報酬委員会の権限等>の規定による決定をするには、前項の方針に従わなければならない。

３　報酬委員会は、次の各号に掲げるものを執行役等の個人別の報酬等とする場合には、その内容として、当該各号に定める事項について決定しなければならない。ただし、会計参与の個人別の報酬等は、第１号に掲げるものでなければならない。

一　額が確定しているもの　個人別の額

二　額が確定していないもの　個人別の具体的な算定方法

三　当該株式会社の募集株式　当該募集株式の数（種類株式発行会社にあっては、募集株式の種類及び種類ごとの数）その他法務省令で定める事項

四　当該株式会社の募集新株予約権　当該募集新株予約権の数その他法務省令で定める事項

五　次のイ又はロに掲げるものと引換えにする払込みに充てるための金銭　当該イ又はロに定める事項

イ　当該株式会社の募集株式　執行役等が引き受ける当該募集株式の数（種類株式発行会社にあっては、募集株式の種類及び種類ごとの数）その他法務省令で定める事項

ロ　当該株式会社の募集新株予約権　執行役等が引き受ける当該募集新株予約権の数その他法務省令で定める事項

六　金銭でないもの（当該株式会社の募集株式及び募集新株予約権を除く。）　個人別の具体的な内容

第３款　指名委員会等の運営

（招集権者）

第410条　指名委員会等は、当該指名委員会等の各委員が招集する。

（招集手続等）

第411条　指名委員会等を招集するには、その委員は、指名委員会等の日の１週間（これを下回る期間を取締役会で定めた場合にあっては、その期間）前までに、当該指名委員会等の各委員に対してその通知を発しなければならない。

２　前項の規定にかかわらず、指名委員会等は、当該指名委員会等の委員の全員の同意があるときは、招集の手続を経ることなく開催することができる。

３　執行役等は、指名委員会等の要求があったときは、当該指名委員会等に出席し、当該指名委員会等が求めた事項について説明をしなければならない。

（指名委員会等の決議）

第412条　指名委員会等の決議は、議決に加わることができるその委員の過半数（これを上回る割合を取締役会で定めた場合にあっては、その割合以上）が出席し、その過半数（これを上回る割合を取締役会で定めた場合にあっては、その割合以上）をもって行う。

２　前項の決議について特別の利害関係を有する委員は、議決に加わることができない。

３　指名委員会等の議事については、法務省令で定めるところにより、議事録を作成し、議事録が書面をもって作成されているときは、出席した委員は、これに署名し、又は記名押印しなければならない。

４　前項の議事録が電磁的記録をもって作成されている場合における当該電磁的記録に記録された事項については、法務省令で定める署名又は記名押印に代わる措置をとらなければならない。

５　指名委員会等の決議に参加した委員であって第３項の議事録に異議をとどめないものは、その決議に賛成したものと推定する。

（議事録）

第413条　指名委員会等設置会社は、指名委員会等の日から10年間、前条第３項の議事録をその本店に備え置かなければならない。

２　指名委員会等設置会社の取締役は、次に掲げるものの閲覧及び謄写をすることができる。

一　前項の議事録が書面をもって作成されているときは、当該書面

二　前項の議事録が電磁的記録をもって作成されているときは、当該電磁的記録に記録され

た事項を法務省令で定める方法により表示したもの

3　指名委員会等設置会社の株主は、その権利を行使するため必要があるときは、裁判所の許可を得て、第1項の議事録について前項各号に掲げるものの閲覧又は謄写の請求をすることができる。

4　前項の規定は、指名委員会等設置会社の債権者が委員の責任を追及するため必要があるとき及び親会社社員がその権利を行使するため必要があるときについて準用する。

5　裁判所は、第3項（前項において準用する場合を含む。以下この項において同じ。）の請求に係る閲覧又は謄写をすることにより、当該指名委員会等設置会社又はその親会社若しくは子会社に著しい損害を及ぼすおそれがあると認めるときは、第3項の許可をすることができない。

（指名委員会等への報告の省略）

第414条　執行役、取締役、会計参与又は会計監査人が委員の全員に対して指名委員会等に報告すべき事項を通知したときは、当該事項を指名委員会等へ報告することを要しない。

第4款　指名委員会等設置会社の取締役の権限等

（指名委員会等設置会社の取締役の権限）

第415条　指名委員会等設置会社の取締役は、この法律又はこの法律に基づく命令に別段の定めがある場合を除き、指名委員会等設置会社の業務を執行することができない。

（指名委員会等設置会社の取締役会の権限）

第416条　指名委員会等設置会社の取締役会は、第362条<取締役会の権限等>の規定にかかわらず、次に掲げる職務を行う。

一　次に掲げる事項その他指名委員会等設置会社の業務執行の決定

イ　経営の基本方針

ロ　監査委員会の職務の執行のため必要なものとして法務省令で定める事項

ハ　執行役が二人以上ある場合における執行役の職務の分掌及び指揮命令の関係その他の執行役相互の関係に関する事項

ニ　次条第2項の規定による取締役会の招集の請求を受ける取締役

ホ　執行役の職務の執行が法令及び定款に適合することを確保するための体制その他株式会社の業務並びに当該株式会社及びその子会社から成る企業集団の業務の適正を確保するために必要なものとして法務省令で定める体制の整備

二　執行役等の職務の執行の監督

2　指名委員会等設置会社の取締役会は、前項第1号イからホまでに掲げる事項を決定しなければならない。

3　指名委員会等設置会社の取締役会は、第1項各号に掲げる職務の執行を取締役に委任することができない。

4　指名委員会等設置会社の取締役会は、その決議によって、指名委員会等設置会社の業務執行の決定を執行役に委任することができる。ただし、次に掲げる事項については、この限りでない。

一　第136条<譲渡制限株式の株主からの承認の請求>又は第137条第1項<譲渡制限株式取得者からの承認の請求>の決定及び第140条第4項<株式会社による指定買取人の指定>の規定による指定

二　第165条第3項<市場取引等による自己株式の取得>において読み替えて適用する第156条第1項各号<自己株式の取得に関する事項の決定>に掲げる事項の決定

三　第262条<新株予約権者からの承認の請求>又は第263条第1項<新株予約権取得者からの承認の請求>の決定

四　第298条第1項各号<株主総会の招集の決定>に掲げる事項の決定

五　株主総会に提出する議案（取締役、会計参与及び会計監査人の選任及び解任並びに会計監査人を再任しないことに関するものを除く。）の内容の決定

六　第348条の2第2項<業務の執行の社外取締役への委託>の規定による委託

七　第365条第1項<競業及び取締役会設置会社との取引等の制限>において読み替えて適用する第356条第1項<競業及び利益相反取引の制限>（第419条第2項<競業及び利益相反取引の制限等の執行役への準用>において読み替えて準用する場合を含む。）の承認

八　第366条第1項ただし書<取締役会を招集する取締役を定めたとき>の規定による取締役会を招集する取締役の決定

九　第400条第2項<委員の選定>の規定による委員の選定及び第401条第1項<委員の解職>の規定による委員の解職

十　第402条第2項<執行役の選任>の規定による執行役の選任及び第403条第1項<執行役の解任

>の規定による執行役の解任
十一　第408条第1項第1号<指名委員会等設置会社と執行役又は取締役との間の訴えにおける会社の代表等>の規定による指名委員会等設置会社を代表する者の決定
十二　第420条第1項前段<代表執行役の選定>の規定による代表執行役の選定及び同条第2項<代表執行役の解職>の規定による代表執行役の解職
十三　第426条第1項<取締役等による免除に関する定款の定め>の規定による定款の定めに基づく第423条第1項<役員等の株式会社に対する損害賠償責任>の責任の免除
十四　補償契約の内容の決定
十五　役員等賠償責任保険契約の内容の決定
十六　第436条第3項<計算書類等の取締役会の承認>、第441条第3項<臨時計算書類の取締役会の承認>及び第444条第5項<連結計算書類の取締役会の承認>の承認
十七　第454条第5項<取締役会設置会社における中間配当>において読み替えて適用する同条第1項<剰余金の配当に関する株主総会決議事項>の規定により定めなければならないとされる事項の決定
十八　第467条第1項各号<事業譲渡等の株主総会による承認>に掲げる行為に係る契約（当該指名委員会等設置会社の株主総会の決議による承認を要しないものを除く。）の内容の決定
十九　合併契約（当該指名委員会等設置会社の株主総会の決議による承認を要しないものを除く。）の内容の決定
二十　吸収分割契約（当該指名委員会等設置会社の株主総会の決議による承認を要しないものを除く。）の内容の決定
二十一　新設分割計画（当該指名委員会等設置会社の株主総会の決議による承認を要しないものを除く。）の内容の決定
二十二　株式交換契約（当該指名委員会等設置会社の株主総会の決議による承認を要しないものを除く。）の内容の決定
二十三　株式移転計画の内容の決定
二十四　株式交付計画（当該指名委員会等設置会社の株主総会の決議による承認を要しないものを除く。）の内容の決定

（指名委員会等設置会社の取締役会の運営）
第417条　指名委員会等設置会社においては、招集権者の定めがある場合であっても、指名委員会等がその委員の中から選定する者は、取締役会を招集することができる。
2　執行役は、前条第1項第1号ニ<取締役会の招集の請求を受ける取締役>の取締役に対し、取締役会の目的である事項を示して、取締役会の招集を請求することができる。この場合において、当該請求があった日から5日以内に、当該請求があった日から2週間以内の日を取締役会の日とする取締役会の招集の通知が発せられないときは、当該執行役は、取締役会を招集することができる。
3　指名委員会等がその委員の中から選定する者は、遅滞なく、当該指名委員会等の職務の執行の状況を取締役会に報告しなければならない。
4　執行役は、3箇月に1回以上、自己の職務の執行の状況を取締役会に報告しなければならない。この場合において、執行役は、代理人（他の執行役に限る。）により当該報告をすることができる。
5　執行役は、取締役会の要求があったときは、取締役会に出席し、取締役会が求めた事項について説明をしなければならない。

第5款　執行役の権限等

（執行役の権限）
第418条　執行役は、次に掲げる職務を行う。
一　第416条第4項<業務執行の執行役への委任>の規定による取締役会の決議によって委任を受けた指名委員会等設置会社の業務の執行の決定
二　指名委員会等設置会社の業務の執行

（執行役の監査委員に対する報告義務等）
第419条　執行役は、指名委員会等設置会社に著しい損害を及ぼすおそれのある事実を発見したときは、直ちに、当該事実を監査委員に報告しなければならない。
2　第355条<取締役の忠実義務>、第356条<競業及び利益相反取引の制限>及び第365条第2項<競業及び取締役会設置会社との取引をした場合の取締役会への報告>の規定は、執行役について準用する。この場合において、第356条第1項中「株主総会」とあるのは「取締役会」と、第365条第2項中「取締役会設置会社においては、第356条第1項各号」とあるのは「第356条第1項各号」と読み替えるものとする。
3　第357条<取締役の報告義務>の規定は、指名委員会等設置会社については、適用しない。

（代表執行役）

第420条　取締役会は、執行役の中から代表執行役を選定しなければならない。この場合において、執行役が一人のときは、その者が代表執行役に選定されたものとする。
2　代表執行役は、いつでも、取締役会の決議によって解職することができる。
3　第349条第4項<代表取締役の権限>及び第5項<代表取締役の権限に加えた制限の対抗>の規定は代表執行役について、第352条<取締役の職務を代行する者の権限>の規定は民事保全法第56条に規定する仮処分命令により選任された執行役又は代表執行役の職務を代行する者について、第401条第2項から第4項<各委員会の委員の員数が欠けた場合の措置>までの規定は代表執行役が欠けた場合又は定款で定めた代表執行役の員数が欠けた場合について、それぞれ準用する。

（表見代表執行役）
第421条　指名委員会等設置会社は、代表執行役以外の執行役に社長、副社長その他指名委員会等設置会社を代表する権限を有するものと認められる名称を付した場合には、当該執行役がした行為について、善意の第三者に対してその責任を負う。

（株主による執行役の行為の差止め）
第422条　6箇月（これを下回る期間を定款で定めた場合にあっては、その期間）前から引き続き株式を有する株主は、執行役が指名委員会等設置会社の目的の範囲外の行為その他法令若しくは定款に違反する行為をし、又はこれらの行為をするおそれがある場合において、当該行為によって当該指名委員会等設置会社に回復することができない損害が生ずるおそれがあるときは、当該執行役に対し、当該行為をやめることを請求することができる。
2　公開会社でない指名委員会等設置会社における前項の規定の適用については、同項中「6箇月（これを下回る期間を定款で定めた場合にあっては、その期間）前から引き続き株式を有する株主」とあるのは、「株主」とする。

第11節　役員等の損害賠償責任

（役員等の株式会社に対する損害賠償責任）
第423条　取締役、会計参与、監査役、執行役又は会計監査人（以下この章において「役員等」という。）は、その任務を怠ったときは、株式会社に対し、これによって生じた損害を賠償する責任を負う。
2　取締役又は執行役が第356条第1項<競業及び利益相反取引の制限>（第419条第2項<競業及び利益相反取引の制限等の執行役への準用>において準用する場合を含む。以下この項において同じ。）の規定に違反して第356条第1項第1号<競業取引の制限>の取引をしたときは、当該取引によって取締役、執行役又は第三者が得た利益の額は、前項の損害の額と推定する。
3　第356条第1項第2号<取締役が利益相反取引をする場合>又は第3号<取締役が間接取引により利益相反取引をする場合>（これらの規定を第419条第2項<競業及び利益相反取引の制限等の執行役への準用>において準用する場合を含む。）の取引によって株式会社に損害が生じたときは、次に掲げる取締役又は執行役は、その任務を怠ったものと推定する。
一　第356条第1項<競業及び利益相反取引の制限>（第419条第2項<競業及び利益相反取引の制限等の執行役への準用>において準用する場合を含む。）の取締役又は執行役
二　株式会社が当該取引をすることを決定した取締役又は執行役
三　当該取引に関する取締役会の承認の決議に賛成した取締役（指名委員会等設置会社においては、当該取引が指名委員会等設置会社と取締役との間の取引又は指名委員会等設置会社と取締役との利益が相反する取引である場合に限る。）
4　前項の規定は、第356条第1項第2号<取締役が利益相反取引をする場合>又は第3号<取締役が間接取引により利益相反取引をする場合>に掲げる場合において、同項の取締役（監査等委員であるものを除く。）が当該取引につき監査等委員会の承認を受けたときは、適用しない。

（株式会社に対する損害賠償責任の免除）
第424条　前条第1項の責任は、総株主の同意がなければ、免除することができない。

（責任の一部免除）
第425条　前条の規定にかかわらず、第423条第1項<役員等の株式会社に対する損害賠償責任>の責任は、当該役員等が職務を行うにつき善意でかつ重大な過失がないときは、賠償の責任を負う額から次に掲げる額の合計額（第427条第1項<責任限定契約>において「最低責任限度額」という。）を控除して得た額を限度として、株主総会（株式会社に最終完全親会社等（第847条の3第1項に規定する最終完全親会社等をいう。以下この節において同じ。）がある場合において、当該責任が特定責任（第847条の3第4項に規定する特定責任をいう。以下この節において同じ。）であるときにあっては、当該株式会社及び当

該最終完全親会社等の株主総会。以下この条において同じ。）の決議によって免除することができる。

一　当該役員等がその在職中に株式会社から職務執行の対価として受け、又は受けるべき財産上の利益の1年間当たりの額に相当する額として法務省令で定める方法により算定される額に、次のイからハまでに掲げる役員等の区分に応じ、当該イからハまでに定める数を乗じて得た額

イ　代表取締役又は代表執行役　6

ロ　代表取締役以外の取締役（業務執行取締役等であるものに限る。）又は代表執行役以外の執行役　4

ハ　取締役（イ及びロに掲げるものを除く。）、会計参与、監査役又は会計監査人　2

二　当該役員等が当該株式会社の新株予約権を引き受けた場合（第238条第3項各号に掲げる場合に限る。）における当該新株予約権に関する財産上の利益に相当する額として法務省令で定める方法により算定される額

2　前項の場合には、取締役（株式会社に最終完全親会社等がある場合において、同項の規定により免除しようとする責任が特定責任であるときにあっては、当該株式会社及び当該最終完全親会社等の取締役）は、同項の株主総会において次に掲げる事項を開示しなければならない。

一　責任の原因となった事実及び賠償の責任を負う額

二　前項の規定により免除することができる額の限度及びその算定の根拠

三　責任を免除すべき理由及び免除額

3　監査役設置会社、監査等委員会設置会社又は指名委員会等設置会社においては、取締役（これらの会社に最終完全親会社等がある場合において、第1項の規定により免除しようとする責任が特定責任であるときにあっては、当該会社及び当該最終完全親会社等の取締役）は、第423条第1項<役員等の株式会社に対する損害賠償責任>の責任の免除（取締役（監査等委員又は監査委員であるものを除く。）及び執行役の責任の免除に限る。）に関する議案を株主総会に提出するには、次の各号に掲げる株式会社の区分に応じ、当該各号に定める者の同意を得なければならない。

一　監査役設置会社　監査役（監査役が二人以上ある場合にあっては、各監査役）

二　監査等委員会設置会社　各監査等委員

三　指名委員会等設置会社　各監査委員

4　第1項の決議があった場合において、株式会社が当該決議後に同項の役員等に対し退職慰労金その他の法務省令で定める財産上の利益を与えるときは、株主総会の承認を受けなければならない。当該役員等が同項第2号の新株予約権を当該決議後に行使し、又は譲渡するときも同様とする。

5　第1項の決議があった場合において、当該役員等が前項の新株予約権を表示する新株予約権証券を所持するときは、当該役員等は、遅滞なく、当該新株予約権証券を株式会社に対し預託しなければならない。この場合において、当該役員等は、同項の譲渡について同項の承認を受けた後でなければ、当該新株予約権証券の返還を求めることができない。

（取締役等による免除に関する定款の定め）

第426条　第424条<株式会社に対する損害賠償責任の免除>の規定にかかわらず、監査役設置会社（取締役が二人以上ある場合に限る。）、監査等委員会設置会社又は指名委員会等設置会社は、第423条第1項<役員等の株式会社に対する損害賠償責任>の責任について、当該役員等が職務を行うにつき善意でかつ重大な過失がない場合において、責任の原因となった事実の内容、当該役員等の職務の執行の状況その他の事情を勘案して特に必要と認めるときは、前条第1項の規定により免除することができる額を限度として取締役（当該責任を負う取締役を除く。）の過半数の同意（取締役会設置会社にあっては、取締役会の決議）によって免除することができる旨を定款で定めることができる。

2　前条第3項の規定は、定款を変更して前項の規定による定款の定め（取締役（監査等委員又は監査委員であるものを除く。）及び執行役の責任を免除することができる旨の定めに限る。）を設ける議案を株主総会に提出する場合、同項の規定による定款の定めに基づく責任の免除（取締役（監査等委員又は監査委員であるものを除く。）及び執行役の責任の免除に限る。）についての取締役の同意を得る場合及び当該責任の免除に関する議案を取締役会に提出する場合について準用する。この場合において、同条第3項中「取締役（これらの会社に最終完全親会社等がある場合において、第1項の規定により免除しようとする責任が特定責任であるときにあっては、当該会社及び当該最終完全親会社等の取締役）」とあるのは、「取締役」と読み替えるものとする。

3　第1項の規定による定款の定めに基づいて役員等の責任を免除する旨の同意（取締役会設置会社にあっては、取締役会の決議）を行ったときは、取締役は、遅滞なく、前条第2項各号に掲げる事項及び責任を免除することに異議がある場合には一

定の期間内に当該異議を述べるべき旨を公告し、又は株主に通知しなければならない。ただし、当該期間は、１箇月を下ることができない。

4　公開会社でない株式会社における前項の規定の適用については、同項中「公告し、又は株主に通知し」とあるのは、「株主に通知し」とする。

5　株式会社に最終完全親会社等がある場合において、第３項の規定による公告又は通知（特定責任の免除に係るものに限る。）がされたときは、当該最終完全親会社等の取締役は、遅滞なく、前条第２項各号に掲げる事項及び責任を免除することに異議がある場合には一定の期間内に当該異議を述べるべき旨を公告し、又は株主に通知しなければならない。ただし、当該期間は、１箇月を下ることができない。

6　公開会社でない最終完全親会社等における前項の規定の適用については、同項中「公告し、又は株主に通知し」とあるのは、「株主に通知し」とする。

7　総株主（第３項の責任を負う役員等であるものを除く。）の議決権の100分の３（これを下回る割合を定款で定めた場合にあっては、その割合）以上の議決権を有する株主が同項の期間内に同項の異議を述べたとき（株式会社に最終完全親会社等がある場合において、第１項の規定による定款の定めに基づき免除しようとする責任が特定責任であるときにあっては、当該株式会社の総株主（第３項の責任を負う役員等であるものを除く。）の議決権の100分の３（これを下回る割合を定款で定めた場合にあっては、その割合）以上の議決権を有する株主又は当該最終完全親会社等の総株主（第３項の責任を負う役員等であるものを除く。）の議決権の100分の３（これを下回る割合を定款で定めた場合にあっては、その割合）以上の議決権を有する株主が第３項又は第５項の期間内に当該各項の異議を述べたとき）は、株式会社は、第１項の規定による定款の定めに基づく免除をしてはならない。

8　前条第４項及び第５項の規定は、第１項の規定による定款の定めに基づき責任を免除した場合について準用する。

（責任限定契約）

第427条　第424条<株式会社に対する損害賠償責任の免除>の規定にかかわらず、株式会社は、取締役（業務執行取締役等であるものを除く。）、会計参与、監査役又は会計監査人（以下この条及び第911条第３項第25号において「非業務執行取締役等」という。）の第423条第１項<役員等の株式会社に対する損害賠償責任>の責任について、当該非業務執行取締役等が職務を行うにつき善意でかつ重大な過失がないときは、定款で定めた額の範囲内であらかじめ株式会社が定めた額と最低責任限度額とのいずれか高い額を限度とする旨の契約を非業務執行取締役等と締結することができる旨を定款で定めることができる。

2　前項の契約を締結した非業務執行取締役等が当該株式会社の業務執行取締役等に就任したときは、当該契約は、将来に向かってその効力を失う。

3　第425条第３項<監査役設置会社、監査等委員会設置会社又は指名委員会等設置会社における役員等の責任の免除に関する議案の株主総会への提出>の規定は、定款を変更して第１項の規定による定款の定め（同項に規定する取締役（監査等委員又は監査委員であるものを除く。）と契約を締結することができる旨の定めに限る。）を設ける議案を株主総会に提出する場合について準用する。この場合において、同条第３項中「取締役（これらの会社に最終完全親会社等がある場合において、第１項の規定により免除しようとする責任が特定責任であるときにあっては、当該会社及び当該最終完全親会社等の取締役）」とあるのは、「取締役」と読み替えるものとする。

4　第１項の契約を締結した株式会社が、当該契約の相手方である非業務執行取締役等が任務を怠ったことにより損害を受けたことを知ったときは、その後最初に招集される株主総会（当該株式会社に最終完全親会社等がある場合において、当該損害が特定責任に係るものであるときにあっては、当該株式会社及び当該最終完全親会社等の株主総会）において次に掲げる事項を開示しなければならない。

一　第425条第２項第１号<責任の原因となった事実及び賠償の責任を負う額>及び第２号<免除することができる額の限度及び算定の根拠>に掲げる事項

二　当該契約の内容及び当該契約を締結した理由

三　第423条第１項<役員等の株式会社に対する損害賠償責任>の損害のうち、当該非業務執行取締役等が賠償する責任を負わないとされた額

5　第425条第４項<役員等の責任の免除の決議があった場合に役員等に財産上の利益を与えるとき>及び第５項<役員等の責任の免除の決議があった場合に新株予約権証券を所持するとき>の規定は、非業務執行取締役等が第１項の契約によって同項に規定する限度を超える部分について損害を賠償する責任を負わないとされた場合について準用する。

（取締役が自己のためにした取引に関する特則）

第428条　第356条第１項第２号<取締役が利益相反取引をする場合>（第419条第２項<競業及び利益相反取引の制限等の執行役への準用>において準用する場合を含む。）の取

引（自己のためにした取引に限る。）をした取締役又は執行役の第423条第１項<役員等の株式会社に対する損害賠償責任>の責任は、任務を怠ったことが当該取締役又は執行役の責めに帰することができない事由によるものであることをもって免れることができない。

2　前３条<責任一部免除、取締役等による免除に関する定款の定め、責任限定契約>の規定は、前項の責任については、適用しない。

（役員等の第三者に対する損害賠償責任）

第429条　役員等がその職務を行うについて悪意又は重大な過失があったときは、当該役員等は、これによって第三者に生じた損害を賠償する責任を負う。

2　次の各号に掲げる者が、当該各号に定める行為をしたときも、前項と同様とする。ただし、その者が当該行為をすることについて注意を怠らなかったことを証明したときは、この限りでない。

一　取締役及び執行役　次に掲げる行為

イ　株式、新株予約権、社債若しくは新株予約権付社債を引き受ける者の募集をする際に通知しなければならない重要な事項についての虚偽の通知又は当該募集のための当該株式会社の事業その他の事項に関する説明に用いた資料についての虚偽の記載若しくは記録

ロ　計算書類及び事業報告並びにこれらの附属明細書並びに臨時計算書類に記載し、又は記録すべき重要な事項についての虚偽の記載又は記録

ハ　虚偽の登記

ニ　虚偽の公告（第440条第３項に規定する措置を含む。）

二　会計参与　計算書類及びその附属明細書、臨時計算書類並びに会計参与報告に記載し、又は記録すべき重要な事項についての虚偽の記載又は記録

三　監査役、監査等委員及び監査委員　監査報告に記載し、又は記録すべき重要な事項についての虚偽の記載又は記録

四　会計監査人　会計監査報告に記載し、又は記録すべき重要な事項についての虚偽の記載又は記録

（役員等の連帯責任）

第430条　役員等が株式会社又は第三者に生じた損害を賠償する責任を負う場合において、他の役員等も当該損害を賠償する責任を負うときは、これらの者は、連帯債務者とする。

第12節　補償契約及び役員等のために締結される保険契約

（補償契約）

第430条の２　株式会社が、役員等に対して次に掲げる費用等の全部又は一部を当該株式会社が補償することを約する契約（以下この条において「補償契約」という。）の内容の決定をするには、株主総会（取締役会設置会社にあっては、取締役会）の決議によらなければならない。

一　当該役員等が、その職務の執行に関し、法令の規定に違反したことが疑われ、又は責任の追及に係る請求を受けたことに対処するために支出する費用

二　当該役員等が、その職務の執行に関し、第三者に生じた損害を賠償する責任を負う場合における次に掲げる損失

イ　当該損害を当該役員等が賠償することにより生ずる損失

ロ　当該損害の賠償に関する紛争について当事者間に和解が成立したときは、当該役員等が当該和解に基づく金銭を支払うことにより生ずる損失

2　株式会社は、補償契約を締結している場合であっても、当該補償契約に基づき、次に掲げる費用等を補償することができない。

一　前項第１号に掲げる費用のうち通常要する費用の額を超える部分

二　当該株式会社が前項第２号の損害を賠償するとすれば当該役員等が当該株式会社に対して第423条第１項<役員等の株式会社に対する損害賠償責任>の責任を負う場合には、同号に掲げる損失のうち当該責任に係る部分

三　役員等がその職務を行うにつき悪意又は重大な過失があったことにより前項第２号の責任を負う場合には、同号に掲げる損失の全部

3　補償契約に基づき第１項第１号に掲げる費用を補償した株式会社が、当該役員等が自己若しくは第三者の不正な利益を図り、又は当該株式会社に損害を加える目的で同号の職務を執行したことを知ったときは、当該役員等に対し、補償した金額に相当する金銭を返還することを請求することができる。

4　取締役会設置会社においては、補償契約に基

づく補償をした取締役及び当該補償を受けた取締役は、遅滞なく、当該補償についての重要な事実を取締役会に報告しなければならない。

5　前項の規定は、執行役について準用する。この場合において、同項中「取締役会設置会社においては、補償契約」とあるのは、「補償契約」と読み替えるものとする。

6　第356条第１項<競業及び利益相反取引の制限>及び第365条第２項<競業及び取締役会設置会社との取引をした場合の取締役会への報告>（これらの規定を第419条第２項<競業及び利益相反取引の制限等の執行役への準用>において準用する場合を含む。）、第423条第３項<任務懈怠の推定>並びに第428条第１項<自己のためにした利益相反取引の無過失責任>の規定は、株式会社と取締役又は執行役との間の補償契約については、適用しない。

7　民法第108条<自己契約及び双方代理等>の規定は、第１項の決議によってその内容が定められた前項の補償契約の締結については、適用しない。

（役員等のために締結される保険契約）

第430条の３　株式会社が、保険者との間で締結する保険契約のうち役員等がその職務の執行に関し責任を負うこと又は当該責任の追及に係る請求を受けることによって生ずることのある損害を保険者が塡補することを約するものであって、役員等を被保険者とするもの（当該保険契約を締結することにより被保険者である役員等の職務の執行の適正性が著しく損なわれるおそれがないものとして法務省令で定めるものを除く。第３項ただし書において「役員等賠償責任保険契約」という。）の内容の決定をするには、株主総会（取締役会設置会社にあっては、取締役会）の決議によらなければならない。

2　第356条第１項<競業及び利益相反取引の制限>及び第365条第２項<競業及び取締役会設置会社との取引をした場合の取締役会への報告>（これらの規定を第419条第２項<競業及び利益相反取引の制限等の執行役への準用>において準用する場合を含む。）並びに第423条第３項<任務懈怠の推定>の規定は、株式会社が保険者との間で締結する保険契約のうち役員等がその職務の執行に関し責任を負うこと又は当該責任の追及に係る請求を受けることによって生ずることのある損害を保険者が塡補することを約するものであって、取締役又は執行役を被保険者とするものの締結については、適用しない。

3　民法第108条<自己契約及び双方代理等>の規定は、前項の保険契約の締結については、適用しない。ただし、当該契約が役員等賠償責任保険契約である場合には、第１項の決議によってその内容が定められたときに限る。

第５章　計算等

第１節　会計の原則

第431条　株式会社の会計は、一般に公正妥当と認められる企業会計の慣行に従うものとする。

第２節　会計帳簿等

第１款　会計帳簿

（会計帳簿の作成及び保存）

第432条　株式会社は、法務省令で定めるところにより、適時に、正確な会計帳簿を作成しなければならない。

2　株式会社は、会計帳簿の閉鎖の時から10年間、その会計帳簿及びその事業に関する重要な資料を保存しなければならない。

（会計帳簿の閲覧等の請求）

第433条　総株主（株主総会において決議をすることができる事項の全部につき議決権を行使することができない株主を除く。）の議決権の100分の３（これを下回る割合を定款で定めた場合にあっては、その割合）以上の議決権を有する株主又は発行済株式（自己株式を除く。）の100分の３（これを下回る割合を定款で定めた場合にあっては、その割合）以上の数の株式を有する株主は、株式会社の営業時間内は、いつでも、次に掲げる請求をすることができる。この場合においては、当該請求の理由を明らかにしてしなければならない。

一　会計帳簿又はこれに関する資料が書面をもって作成されているときは、当該書面の閲覧又は謄写の請求

二　会計帳簿又はこれに関する資料が電磁的記録をもって作成されているときは、当該電磁的記録に記録された事項を法務省令で定める方法により表示したものの閲覧又は謄写の請求

2　前項の請求があったときは、株式会社は、次のいずれかに該当すると認められる場合を除き、これを拒むことができない。

一　当該請求を行う株主（以下この項において「請求者」という。）がその権利の確保又は行使に関する調査以外の目的で請求を行ったとき。

二　請求者が当該株式会社の業務の遂行を妨

げ、株主の共同の利益を害する目的で請求を行ったとき。

三　請求者が当該株式会社の業務と実質的に競争関係にある事業を営み、又はこれに従事するものであるとき。

四　請求者が会計帳簿又はこれに関する資料の閲覧又は謄写によって知り得た事実を利益を得て第三者に通報するため請求したとき。

五　請求者が、過去2年以内において、会計帳簿又はこれに関する資料の閲覧又は謄写によって知り得た事実を利益を得て第三者に通報したことがあるものであるとき。

3　株式会社の親会社社員は、その権利を行使するため必要があるときは、裁判所の許可を得て、会計帳簿又はこれに関する資料について第1項各号に掲げる請求をすることができる。この場合においては、当該請求の理由を明らかにしてしなければならない。

4　前項の親会社社員について第2項各号のいずれかに規定する事由があるときは、裁判所は、前項の許可をすることができない。

（会計帳簿の提出命令）

第434条　裁判所は、申立てにより又は職権で、訴訟の当事者に対し、会計帳簿の全部又は一部の提出を命ずることができる。

第2款　計算書類等

（計算書類等の作成及び保存）

第435条　株式会社は、法務省令で定めるところにより、その成立の日における貸借対照表を作成しなければならない。

2　株式会社は、法務省令で定めるところにより、各事業年度に係る計算書類（貸借対照表、損益計算書その他株式会社の財産及び損益の状況を示すために必要かつ適当なものとして法務省令で定めるものをいう。以下この章において同じ。）及び事業報告並びにこれらの附属明細書を作成しなければならない。

3　計算書類及び事業報告並びにこれらの附属明細書は、電磁的記録をもって作成することができる。

4　株式会社は、計算書類を作成した時から10年間、当該計算書類及びその附属明細書を保存しなければならない。

（計算書類等の監査等）

第436条　監査役設置会社（監査役の監査の範囲を会計に関するものに限定する旨の定款の定めがある株式会社を含み、会計監査人設置会社を除く。）においては、前条第2項の計算書類及び事業報告並びにこれらの附属明細書は、法務省令で定めるところにより、監査役の監査を受けなければならない。

2　会計監査人設置会社においては、次の各号に掲げるものは、法務省令で定めるところにより、当該各号に定める者の監査を受けなければならない。

一　前条第2項の計算書類及びその附属明細書　監査役（監査等委員会設置会社にあっては監査等委員会、指名委員会等設置会社にあっては監査委員会）及び会計監査人

二　前条第2項の事業報告及びその附属明細書　監査役（監査等委員会設置会社にあっては監査等委員会、指名委員会等設置会社にあっては監査委員会）

3　取締役会設置会社においては、前条第2項の計算書類及び事業報告並びにこれらの附属明細書（第1項又は前項の規定の適用がある場合にあっては、第1項又は前項の監査を受けたもの）は、取締役会の承認を受けなければならない。

（計算書類等の株主への提供）

第437条　取締役会設置会社においては、取締役は、定時株主総会の招集の通知に際して、法務省令で定めるところにより、株主に対し、前条第3項の承認を受けた計算書類及び事業報告（同条第1項又は第2項の規定の適用がある場合にあっては、監査報告又は会計監査報告を含む。）を提供しなければならない。

（計算書類等の定時株主総会への提出等）

第438条　次の各号に掲げる株式会社においては、取締役は、当該各号に定める計算書類及び事業報告を定時株主総会に提出し、又は提供しなければならない。

一　第436条第1項<計算書類等の監査役の監査>に規定する監査役設置会社（取締役会設置会社を除く。）　第436条第1項<計算書類等の監査役の監査>の監査を受けた計算書類及び事業報告

二　会計監査人設置会社（取締役会設置会社を除く。）　第436条第2項<計算書類等の監査役・会計監査人等による監査>の監査を受けた計算書類及び事業報告

三　取締役会設置会社　第436条第3項<計算書類等の取締役会の承認>の承認を受けた計算書類及び事業報告

四　前3号に掲げるもの以外の株式会社　第435条第2項<計算書類等の作成>の計算書類及び事業報告

2　前項の規定により提出され、又は提供された計算書類は、定時株主総会の承認を受けなければならない。

3　取締役は、第１項の規定により提出され、又は提供された事業報告の内容を定時株主総会に報告しなければならない。

（会計監査人設置会社の特則）

第439条　会計監査人設置会社については、第436条第３項<計算書類等の取締役会の承認>の承認を受けた計算書類が法令及び定款に従い株式会社の財産及び損益の状況を正しく表示しているものとして法務省令で定める要件に該当する場合には、前条第２項の規定は、適用しない。この場合においては、取締役は、当該計算書類の内容を定時株主総会に報告しなければならない。

（計算書類の公告）

第440条　株式会社は、法務省令で定めるところにより、定時株主総会の終結後遅滞なく、貸借対照表（大会社にあっては、貸借対照表及び損益計算書）を公告しなければならない。

2　前項の規定にかかわらず、その公告方法が第939条第１項第１号<官報に掲載する方法>又は第２号<時事に関する事項を掲載する日刊新聞紙に掲載する方法>に掲げる方法である株式会社は、前項に規定する貸借対照表の要旨を公告することで足りる。

3　前項の株式会社は、法務省令で定めるところにより、定時株主総会の終結後遅滞なく、第１項に規定する貸借対照表の内容である情報を、定時株主総会の終結の日後５年を経過する日までの間、継続して電磁的方法により不特定多数の者が提供を受けることができる状態に置く措置をとることができる。この場合においては、前２項の規定は、適用しない。

4　金融商品取引法第24条第１項の規定により有価証券報告書を内閣総理大臣に提出しなければならない株式会社については、前３項の規定は、適用しない。

（臨時計算書類）

第441条　株式会社は、最終事業年度の直後の事業年度に属する一定の日（以下この項において「臨時決算日」という。）における当該株式会社の財産の状況を把握するため、法務省令で定めるところにより、次に掲げるもの（以下「臨時計算書類」という。）を作成することができる。

一　臨時決算日における貸借対照表

二　臨時決算日の属する事業年度の初日から臨時決算日までの期間に係る損益計算書

2　第436条第１項<計算書類等の監査役の監査>に規定する監査役設置会社又は会計監査人設置会社においては、臨時計算書類は、法務省令で定めるところにより、監査役又は会計監査人（監査等委員会設置会社にあっては監査等委員会及び会計監査人、指名委員会等設置会社にあっては監査委員会及び会計監査人）の監査を受けなければならない。

3　取締役会設置会社においては、臨時計算書類（前項の規定の適用がある場合にあっては、同項の監査を受けたもの）は、取締役会の承認を受けなければならない。

4　次の各号に掲げる株式会社においては、当該各号に定める臨時計算書類は、株主総会の承認を受けなければならない。ただし、臨時計算書類が法令及び定款に従い株式会社の財産及び損益の状況を正しく表示しているものとして法務省令で定める要件に該当する場合は、この限りでない。

一　第436条第１項<計算書類等の監査役の監査>に規定する監査役設置会社又は会計監査人設置会社（いずれも取締役会設置会社を除く。）　第２項の監査を受けた臨時計算書類

二　取締役会設置会社　前項の承認を受けた臨時計算書類

三　前２号に掲げるもの以外の株式会社　第１項の臨時計算書類

（計算書類等の備置き及び閲覧等）

第442条　株式会社は、次の各号に掲げるもの（以下この条において「計算書類等」という。）を、当該各号に定める期間、その本店に備え置かなければならない。

一　各事業年度に係る計算書類及び事業報告並びにこれらの附属明細書（第436条第１項又は第２項の規定の適用がある場合にあっては、監査報告又は会計監査報告を含む。）　定時株主総会の日の１週間（取締役会設置会社にあっては、２週間）前の日（第319条第１項の場合にあっては、同項の提案があった日）から５年間

二　臨時計算書類（前条第２項の規定の適用がある場合にあっては、監査報告又は会計監査報告を含む。）　臨時計算書類を作成した日から５年間

2　株式会社は、次の各号に掲げる計算書類等の写しを、当該各号に定める期間、その支店に備え置かなければならない。ただし、計算書類等が電磁的記録で作成されている場合であって、支店における次項第３号及び第４号に掲げる請求に応じることを可能とするための措置として

法務省令で定めるものをとっているときは、この限りでない。

一　前項第１号に掲げる計算書類等　定時株主総会の日の１週間（取締役会設置会社にあっては、２週間）前の日（第319条第１項の場合にあっては、同項の提案があった日）から３年間

二　前項第２号に掲げる計算書類等　同号の臨時計算書類を作成した日から３年間

3　株主及び債権者は、株式会社の営業時間内は、いつでも、次に掲げる請求をすることができる。ただし、第２号又は第４号に掲げる請求をするには、当該株式会社の定めた費用を支払わなければならない。

一　計算書類等が書面をもって作成されているときは、当該書面又は当該書面の写しの閲覧の請求

二　前号の書面の謄本又は抄本の交付の請求

三　計算書類等が電磁的記録をもって作成されているときは、当該電磁的記録に記録された事項を法務省令で定める方法により表示したものの閲覧の請求

四　前号の電磁的記録に記録された事項を電磁的方法であって株式会社の定めたものにより提供することの請求又はその事項を記載した書面の交付の請求

4　株式会社の親会社社員は、その権利を行使するため必要があるときは、裁判所の許可を得て、当該株式会社の計算書類等について前項各号に掲げる請求をすることができる。ただし、同項第２号又は第４号に掲げる請求をするには、当該株式会社の定めた費用を支払わなければならない。

（計算書類等の提出命令）

第443条　裁判所は、申立てにより又は職権で、訴訟の当事者に対し、計算書類及びその附属明細書の全部又は一部の提出を命ずることができる。

第３款　連結計算書類

第444条　会計監査人設置会社は、法務省令で定めるところにより、各事業年度に係る連結計算書類（当該会計監査人設置会社及びその子会社から成る企業集団の財産及び損益の状況を示すために必要かつ適当なものとして法務省令で定めるものをいう。以下同じ。）を作成することができる。

2　連結計算書類は、電磁的記録をもって作成することができる。

3　事業年度の末日において大会社であって金融商品取引法第24条第１項の規定により有価証券報告書を内閣総理大臣に提出しなければならないものは、当該事業年度に係る連結計算書類を作成しなければならない。

4　連結計算書類は、法務省令で定めるところにより、監査役（監査等委員会設置会社にあっては監査等委員会、指名委員会等設置会社にあっては監査委員会）及び会計監査人の監査を受けなければならない。

5　会計監査人設置会社が取締役会設置会社である場合には、前項の監査を受けた連結計算書類は、取締役会の承認を受けなければならない。

6　会計監査人設置会社が取締役会設置会社である場合には、取締役は、定時株主総会の招集の通知に際して、法務省令で定めるところにより、株主に対し、前項の承認を受けた連結計算書類を提供しなければならない。

7　次の各号に掲げる会計監査人設置会社においては、取締役は、当該各号に定める連結計算書類を定時株主総会に提出し、又は提供しなければならない。この場合においては、当該各号に定める連結計算書類の内容及び第４項の監査の結果を定時株主総会に報告しなければならない。

一　取締役会設置会社である会計監査人設置会社　第５項の承認を受けた連結計算書類

二　前号に掲げるもの以外の会計監査人設置会社　第４項の監査を受けた連結計算書類

第３節　資本金の額等

第１款　総則

（資本金の額及び準備金の額）

第445条　株式会社の資本金の額は、この法律に別段の定めがある場合を除き、設立又は株式の発行に際して株主となる者が当該株式会社に対して払込み又は給付をした財産の額とする。

2　前項の払込み又は給付に係る額の２分の１を超えない額は、資本金として計上しないことができる。

3　前項の規定により資本金として計上しないこととした額は、資本準備金として計上しなければならない。

4　剰余金の配当をする場合には、株式会社は、

法務省令で定めるところにより、当該剰余金の配当により減少する剰余金の額に10分の１を乗じて得た額を資本準備金又は利益準備金（以下「準備金」と総称する。）として計上しなければならない。

5　合併、吸収分割、新設分割、株式交換、株式移転又は株式交付に際して資本金又は準備金として計上すべき額については、法務省令で定める。

6　定款又は株主総会の決議による第361条第１項第３号、第４号若しくは第５号ロ<取締役の報酬等のうち当該株式会社の募集株式・募集新株予約権の数の上限を定めた場合>に掲げる事項についての定め又は報酬委員会による第409条第３項第３号、第４号若しくは第５号ロ<執行役等の個人別の報酬等として当該株式会社の募集株式・募集新株予約権の数を定めた場合>に定める事項についての決定に基づく株式の発行により資本金又は準備金として計上すべき額については、法務省令で定める。

（剰余金の額）

第446条　株式会社の剰余金の額は、第１号から第４号までに掲げる額の合計額から第５号から第７号までに掲げる額の合計額を減じて得た額とする。

一　最終事業年度の末日におけるイ及びロに掲げる額の合計額からハからホまでに掲げる額の合計額を減じて得た額

イ　資産の額

ロ　自己株式の帳簿価額の合計額

ハ　負債の額

ニ　資本金及び準備金の額の合計額

ホ　ハ及びニに掲げるもののほか、法務省令で定める各勘定科目に計上した額の合計額

二　最終事業年度の末日後に自己株式の処分をした場合における当該自己株式の対価の額から当該自己株式の帳簿価額を控除して得た額

三　最終事業年度の末日後に資本金の額の減少をした場合における当該減少額（次条第１項第２号の額を除く。）

四　最終事業年度の末日後に準備金の額の減少をした場合における当該減少額（第448条第１項第２号の額を除く。）

五　最終事業年度の末日後に第178条第１項<株式の消却>の規定により自己株式の消却をした場合における当該自己株式の帳簿価額

六　最終事業年度の末日後に剰余金の配当をした場合における次に掲げる額の合計額

イ　第454条第１項第１号<配当財産の種類及び帳簿価額の総額>の配当財産の帳簿価額の総額（同条第４項第１号に規定する金銭分配請求権を行使した株主に割り当てた当該配当財産の帳簿価額を除く。）

ロ　第454条第４項第１号<株主に対して与える金銭分配請求権>に規定する金銭分配請求権を行使した株主に交付した金銭の額の合計額

ハ　第456条<基準株式数を定めた場合の処理>に規定する基準未満株式の株主に支払った金銭の額の合計額

七　前２号に掲げるもののほか、法務省令で定める各勘定科目に計上した額の合計額

第２款　資本金の額の減少等

第１目　資本金の額の減少等

（資本金の額の減少）

第447条　株式会社は、資本金の額を減少することができる。この場合においては、株主総会の決議によって、次に掲げる事項を定めなければならない。

一　減少する資本金の額

二　減少する資本金の額の全部又は一部を準備金とするときは、その旨及び準備金とする額

三　資本金の額の減少がその効力を生ずる日

2　前項第１号の額は、同項第３号の日における資本金の額を超えてはならない。

3　株式会社が株式の発行と同時に資本金の額を減少する場合において、当該資本金の額の減少の効力が生ずる日後の資本金の額が当該日前の資本金の額を下回らないときにおける第１項の規定の適用については、同項中「株主総会の決議」とあるのは、「取締役の決定（取締役会設置会社にあっては、取締役会の決議）」とする。

（準備金の額の減少）

第448条　株式会社は、準備金の額を減少することができる。この場合においては、株主総会の決議によって、次に掲げる事項を定めなければならない。

一　減少する準備金の額

二　減少する準備金の額の全部又は一部を資本金とするときは、その旨及び資本金とする

額
三　準備金の額の減少がその効力を生ずる日
2　前項第1号の額は、同項第3号の日における準備金の額を超えてはならない。
3　株式会社が株式の発行と同時に準備金の額を減少する場合において、当該準備金の額の減少の効力が生ずる日後の準備金の額が当該日前の準備金の額を下回らないときにおける第1項の規定の適用については、同項中「株主総会の決議」とあるのは、「取締役の決定（取締役会設置会社にあっては、取締役会の決議）」とする。

（債権者の異議）
第449条　株式会社が資本金又は準備金（以下この条において「資本金等」という。）の額を減少する場合（減少する準備金の額の全部を資本金とする場合を除く。）には、当該株式会社の債権者は、当該株式会社に対し、資本金等の額の減少について異議を述べることができる。ただし、準備金の額のみを減少する場合であって、次のいずれにも該当するときは、この限りでない。
一　定時株主総会において前条第1項各号<準備金の額を減少する場合の株主総会決議事項>に掲げる事項を定めること。
二　前条第1項第1号<減少する準備金の額>の額が前号の定時株主総会の日（第439条前段<計算書類等の承認における会計監査人設置会社の特則>に規定する場合にあっては、第436条第3項<計算書類等の取締役会の承認>の承認があった日）における欠損の額として法務省令で定める方法により算定される額を超えないこと。
2　前項の規定により株式会社の債権者が異議を述べることができる場合には、当該株式会社は、次に掲げる事項を官報に公告し、かつ、知れている債権者には、各別にこれを催告しなければならない。ただし、第3号の期間は、1箇月を下ることができない。
一　当該資本金等の額の減少の内容
二　当該株式会社の計算書類に関する事項として法務省令で定めるもの
三　債権者が一定の期間内に異議を述べることができる旨
3　前項の規定にかかわらず、株式会社が同項の規定による公告を、官報のほか、第939条第1項<会社の公告方法>の規定による定款の定めに従い、同項第2号<時事に関する事項を掲載する日刊新聞紙に掲載する方法>又は第3号<電子公告>に掲げる公告方法によりするときは、前項の規定による各別の催告は、することを要しない。
4　債権者が第2項第3号の期間内に異議を述べなかったときは、当該債権者は、当該資本金等の額の減少について承認をしたものとみなす。
5　債権者が第2項第3号の期間内に異議を述べたときは、株式会社は、当該債権者に対し、弁済し、若しくは相当の担保を提供し、又は当該債権者に弁済を受けさせることを目的として信託会社等（信託会社及び信託業務を営む金融機関（金融機関の信託業務の兼営等に関する法律（昭和18年法律第43号）第1条第1項の認可を受けた金融機関をいう。）をいう。以下同じ。）に相当の財産を信託しなければならない。ただし、当該資本金等の額の減少をしても当該債権者を害するおそれがないときは、この限りでない。
6　次の各号に掲げるものは、当該各号に定める日にその効力を生ずる。ただし、第2項から前項までの規定による手続が終了していないときは、この限りでない。
一　資本金の額の減少　第447条第1項第3号<資本金の額の減少が効力を生ずる日>の日
二　準備金の額の減少　前条第1項第3号<準備金の額の減少が効力を生ずる日>の日
7　株式会社は、前項各号に定める日前は、いつでも当該日を変更することができる。

第2目　資本金の額の増加等

（資本金の額の増加）
第450条　株式会社は、剰余金の額を減少して、資本金の額を増加することができる。この場合においては、次に掲げる事項を定めなければならない。
一　減少する剰余金の額
二　資本金の額の増加がその効力を生ずる日
2　前項各号に掲げる事項の決定は、株主総会の決議によらなければならない。
3　第1項第1号の額は、同項第2号の日における剰余金の額を超えてはならない。
（準備金の額の増加）
第451条　株式会社は、剰余金の額を減少して、準備金の額を増加することができる。この場合においては、次に掲げる事項を定めなければならない。
一　減少する剰余金の額
二　準備金の額の増加がその効力を生ずる日
2　前項各号に掲げる事項の決定は、株主総会の決議によらなければならない。

3　第1項第1号の額は、同項第2号の日における剰余金の額を超えてはならない。

第3目　剰余金についてのその他の処分

第452条　株式会社は、株主総会の決議によって、損失の処理、任意積立金の積立てその他の剰余金の処分（前目に定めるもの及び剰余金の配当その他株式会社の財産を処分するものを除く。）をすることができる。この場合においては、当該剰余金の処分の額その他の法務省令で定める事項を定めなければならない。

第4節　剰余金の配当

（株主に対する剰余金の配当）

第453条　株式会社は、その株主（当該株式会社を除く。）に対し、剰余金の配当をすることができる。

（剰余金の配当に関する事項の決定）

第454条　株式会社は、前条の規定による剰余金の配当をしようとするときは、その都度、株主総会の決議によって、次に掲げる事項を定めなければならない。

一　配当財産の種類（当該株式会社の株式等を除く。）及び帳簿価額の総額

二　株主に対する配当財産の割当てに関する事項

三　当該剰余金の配当がその効力を生ずる日

2　前項に規定する場合において、剰余金の配当について内容の異なる2以上の種類の株式を発行しているときは、株式会社は、当該種類の株式の内容に応じ、同項第2号に掲げる事項として、次に掲げる事項を定めることができる。

一　ある種類の株式の株主に対して配当財産の割当てをしないこととするときは、その旨及び当該株式の種類

二　前号に掲げる事項のほか、配当財産の割当てについて株式の種類ごとに異なる取扱いを行うこととするときは、その旨及び当該異なる取扱いの内容

3　第1項第2号に掲げる事項についての定めは、株主（当該株式会社及び前項第1号の種類の株式の株主を除く。）の有する株式の数（前項第2号に掲げる事項についての定めがある場合にあっては、各種類の株式の数）に応じて配当財産を割り当てることを内容とするものでなければならない。

4　配当財産が金銭以外の財産であるときは、株式会社は、株主総会の決議によって、次に掲げる事項を定めることができる。ただし、第1号の期間の末日は、第1項第3号の日以前の日でなければならない。

一　株主に対して金銭分配請求権（当該配当財産に代えて金銭を交付することを株式会社に対して請求する権利をいう。以下この章において同じ。）を与えるときは、その旨及び金銭分配請求権を行使することができる期間

二　一定の数未満の数の株式を有する株主に対して配当財産の割当てをしないこととするときは、その旨及びその数

5　取締役会設置会社は、1事業年度の途中において1回に限り取締役会の決議によって剰余金の配当（配当財産が金銭であるものに限る。以下この項において「中間配当」という。）をすることができる旨を定款で定めることができる。この場合における中間配当についての第1項の規定の適用については、同項中「株主総会」とあるのは、「取締役会」とする。

（金銭分配請求権の行使）

第455条　前条第4項第1号＜株主に対して与える金銭分配請求権＞に規定する場合には、株式会社は、同号の期間の末日の20日前までに、株主に対し、同号に掲げる事項を通知しなければならない。

2　株式会社は、金銭分配請求権を行使した株主に対し、当該株主が割当てを受けた配当財産に代えて、当該配当財産の価額に相当する金銭を支払わなければならない。この場合においては、次の各号に掲げる場合の区分に応じ、当該各号に定める額をもって当該配当財産の価額とする。

一　当該配当財産が市場価格のある財産である場合　当該配当財産の市場価格として法務省令で定める方法により算定される額

二　前号に掲げる場合以外の場合　株式会社の申立てにより裁判所が定める額

（基準株式数を定めた場合の処理）

第456条　第454条第4項第2号＜一定の数未満の数の株式を有する株主に対して配当財産の割当てをしないこととするとき＞の数（以下この条において「基準株式数」という。）を定めた場合には、株式会社は、基準株式数に満たない数の株式（以下この条において「基準未満株式」という。）を有する株主に対し、前条第2項後段の規定の例により基準株式数の株式を有する株主が割当てを受けた配当財産の価額として定めた額に当該基準未満株式の数の基準株式数に対

する割合を乗じて得た額に相当する金銭を支払わなければならない。

（配当財産の交付の方法等）

第457条　配当財産（第455条第2項<金銭分配請求権の行使>の規定により支払う金銭及び前条の規定により支払う金銭を含む。以下この条において同じ。）は、株主名簿に記載し、又は記録した株主（登録株式質権者を含む。以下この条において同じ。）の住所又は株主が株式会社に通知した場所（第3項において「住所等」という。）において、これを交付しなければならない。

2　前項の規定による配当財産の交付に要する費用は、株式会社の負担とする。ただし、株主の責めに帰すべき事由によってその費用が増加したときは、その増加額は、株主の負担とする。

3　前2項の規定は、日本に住所等を有しない株主に対する配当財産の交付については、適用しない。

（適用除外）

第458条　第453条から前条まで<剰余金配当についての規定>の規定は、株式会社の純資産額が300万円を下回る場合には、適用しない。

第5節　剰余金の配当等を決定する機関の特則

（剰余金の配当等を取締役会が決定する旨の定款の定め）

第459条　会計監査人設置会社（取締役（監査等委員会設置会社にあっては、監査等委員である取締役以外の取締役）の任期の末日が選任後1年以内に終了する事業年度のうち最終のものに関する定時株主総会の終結の日後の日であるもの及び監査役設置会社であって監査役会設置会社でないものを除く。）は、次に掲げる事項を取締役会（第2号に掲げる事項については第436条第3項の取締役会に限る。）が定めることができる旨を定款で定めることができる。

一　第160条第1項<特定の株主からの自己株式の取得>の規定による決定をする場合以外の場合における第156条第1項各号<自己株式の取得に関する事項の決定>に掲げる事項

二　第449条第1項第2号<準備金の額を減少する場合だが債権者が異議を述べられない場合>に該当する場合における第448条第1項第1号<減少する準備金の額>及び第3号<準備金の額の減少がその効力を生ずる日>に掲げる事項

三　第452条後段<剰余金の処分の額その他の事項>の事項

四　第454条第1項各号<剰余金の配当に関する株主総会決議事項>及び同条第4項各号<配当財産が金銭以外の財産である場合の決定事項>に掲げる事項。ただし、配当財産が金銭以外の財産であり、かつ、株主に対して金銭分配請求権を与えないこととする場合を除く。

2　前項の規定による定款の定めは、最終事業年度に係る計算書類が法令及び定款に従い株式会社の財産及び損益の状況を正しく表示しているものとして法務省令で定める要件に該当する場合に限り、その効力を有する。

3　第1項の規定による定款の定めがある場合における第449条第1項第1号<準備金の額を減少する場合だが債権者が異議を述べられない場合>の規定の適用については、同号中「定時株主総会」とあるのは、「定時株主総会又は第436条第3項<計算書類等の取締役会の承認>の取締役会」とする。

（株主の権利の制限）

第460条　前条第1項の規定による定款の定めがある場合には、株式会社は、同項各号に掲げる事項を株主総会の決議によっては定めない旨を定款で定めることができる。

2　前項の規定による定款の定めは、最終事業年度に係る計算書類が法令及び定款に従い株式会社の財産及び損益の状況を正しく表示しているものとして法務省令で定める要件に該当する場合に限り、その効力を有する。

第6節　剰余金の配当等に関する責任

（配当等の制限）

第461条　次に掲げる行為により株主に対して交付する金銭等（当該株式会社の株式を除く。以下この節において同じ。）の帳簿価額の総額は、当該行為がその効力を生ずる日における分配可能額を超えてはならない。

一　第138条第1号ハ<譲渡制限株式の株主からの買取請求>又は第2号ハ<譲渡制限株式の株式取得者からの買取請求>の請求に応じて行う当該株式会社の株式の買取り

二　第156条第1項<自己株式の取得に関する事項の決定>の規定による決定に基づく当該株式会社の株式の取得（第163条<子会社からの自己株式の取得>に規定する場合又は第165条第1項<市場取引等による自己株式の取得>に規定する場合における当該株式会社による株式の取得に限る。）

三　第157条第1項<自己株式の取得価格の決定>の規定による決定に基づく当該株式会社の株式の

取得

四　第173条第１項<全部取得条項付種類株式の取得日>の規定による当該株式会社の株式の取得

五　第176条第１項<相続人等に対する売渡しの請求>の規定による請求に基づく当該株式会社の株式の買取り

六　第197条第３項<所在不明株主等の株式の会社による買取り>の規定による当該株式会社の株式の買取り

七　第234条第４項<１株未満の端数処理としての会社による買取り>（第235条第２項において準用する場合を含む。）の規定による当該株式会社の株式の買取り

八　剰余金の配当

2　前項に規定する「分配可能額」とは、第１号及び第２号に掲げる額の合計額から第３号から第６号までに掲げる額の合計額を減じて得た額をいう（以下この節において同じ。）。

一　剰余金の額

二　臨時計算書類につき第441条第４項<臨時計算書類に対する株主総会の承認>の承認（同項ただし書に規定する場合にあっては、同条第３項<臨時計算書類の取締役会の承認>の承認）を受けた場合における次に掲げる額

イ　第441条第１項第２号<臨時決算日の属する事業年度の初日から臨時決算日までの期間>の期間の利益の額として法務省令で定める各勘定科目に計上した額の合計額

ロ　第441条第１項第２号<臨時決算日の属する事業年度の初日から臨時決算日までの期間>の期間内に自己株式を処分した場合における当該自己株式の対価の額

三　自己株式の帳簿価額

四　最終事業年度の末日後に自己株式を処分した場合における当該自己株式の対価の額

五　第２号に規定する場合における第441条第１項第２号<臨時決算日の属する事業年度の初日から臨時決算日までの期間>の期間の損失の額として法務省令で定める各勘定科目に計上した額の合計額

六　前３号に掲げるもののほか、法務省令で定める各勘定科目に計上した額の合計額

（剰余金の配当等に関する責任）

第462条　前条第１項の規定に違反して株式会社が同項各号に掲げる行為をした場合には、当該行為により金銭等の交付を受けた者並びに当該行為に関する職務を行った業務執行者（業務執行取締役（指名委員会等設置会社にあっては、執行役。以下この項において同じ。）その他当該業務執行取締役の行う業務の執行に職務上関与した者として法務省令で定めるものをいう。以下この節において同じ。）及び当該行為が次の各号に掲げるものである場合における当該各号に定める者は、当該株式会社に対し、連帯して、当該金銭等の交付を受けた者が交付を受けた金銭等の帳簿価額に相当する金銭を支払う義務を負う。

一　前条第１項第２号<自己株式の取得>に掲げる行為　次に掲げる者

イ　第156条第１項<自己株式の取得に関する事項の決定>の規定による決定に係る株主総会の決議があった場合（当該決議によって定められた同項第２号の金銭等の総額が当該決議の日における分配可能額を超える場合に限る。）における当該株主総会に係る総会議案提案取締役（当該株主総会に議案を提案した取締役として法務省令で定めるものをいう。以下この項において同じ。）

ロ　第156条第１項<自己株式の取得に関する事項の決定>の規定による決定に係る取締役会の決議があった場合（当該決議によって定められた同項第２号の金銭等の総額が当該決議の日における分配可能額を超える場合に限る。）における当該取締役会に係る取締役会議案提案取締役（当該取締役会に議案を提案した取締役（指名委員会等設置会社にあっては、取締役又は執行役）として法務省令で定めるものをいう。以下この項において同じ。）

二　前条第１項第３号<自己株式の取得価格の決定に基づく株式の取得>に掲げる行為　次に掲げる者

イ　第157条第１項<自己株式の取得価格の決定>の規定による決定に係る株主総会の決議があった場合（当該決議によって定められた同項第３号の総額が当該決議の日における分配可能額を超える場合に限る。）における当該株主総会に係る総会議案提案取締役

ロ　第157条第１項<自己株式の取得価格の決定>の規定による決定に係る取締役会の決議があった場合（当該決議によって定められた同項第３号の総額が当該決議の日における分配可能額を超える場合に限る。）における当該取締役会に係る取締役会議案提案取締役

三　前条第１項第４号<全部取得条項付種類株式の取得>に掲げる行為　第171条第１項<全部取得条項付種類株式の取得に関する決定>の株主総会（当該株主総会の決議によって定められた同項第１号に規定する取得対価の総額が当該決議の日における分配可能額を超える場合における当該株主総会に限る。）に係る総会議案提案取

締役

四　前条第１項第６号<所在不明株主等の株式の会社による買取り>に掲げる行為　次に掲げる者

イ　第197条第３項後段<所在不明株主等の株式を株式会社が買い取る場合の決定事項>の規定による決定に係る株主総会の決議があった場合（当該決議によって定められた同項第２号の総額が当該決議の日における分配可能額を超える場合に限る。）における当該株主総会に係る総会議案提案取締役

ロ　第197条第３項後段<所在不明株主等の株式を株式会社が買い取る場合の決定事項>の規定による決定に係る取締役会の決議があった場合（当該決議によって定められた同項第２号<株式の買取りと引換えに交付する金銭の総額>の総額が当該決議の日における分配可能額を超える場合に限る。）における当該取締役会に係る取締役会議案提案取締役

五　前条第１項第７号<１株未満の端数処理時としての会社による買取り>に掲げる行為　次に掲げる者

イ　第234条第４項後段<１株未満の端数処理における株式を株式会社が買い取る場合の決定事項>（第235条第２項において準用する場合を含む。）の規定による決定に係る株主総会の決議があった場合（当該決議によって定められた第234条第４項第２号（第235条第２項において準用する場合を含む。）の総額が当該決議の日における分配可能額を超える場合に限る。）における当該株主総会に係る総会議案提案取締役

ロ　第234条第４項後段<１株未満の端数処理における株式を株式会社が買い取る場合の決定事項>（第235条第２項において準用する場合を含む。）の規定による決定に係る取締役会の決議があった場合（当該決議によって定められた第234条第４項第２号（第235条第２項において準用する場合を含む。）の総額が当該決議の日における分配可能額を超える場合に限る。）における当該取締役会に係る取締役会議案提案取締役

六　前条第１項第８号<剰余金の配当>に掲げる行為　次に掲げる者

イ　第454条第１項<剰余金の配当に関する株主総会決議事項>の規定による決定に係る株主総会の決議があった場合（当該決議によって定められた配当財産の帳簿価額が当該決議の日における分配可能額を超える場合に限る。）における当該株主総会に係る総会議案提案取締役

ロ　第454条第１項<剰余金の配当に関する株主総会決議事項>の規定による決定に係る取締役会の決議があった場合（当該決議によって定められた配当財産の帳簿価額が当該決議の日における分配可能額を超える場合に限る。）における当該取締役会に係る取締役会議案提案取締役

２　前項の規定にかかわらず、業務執行者及び同項各号に定める者は、その職務を行うについて注意を怠らなかったことを証明したときは、同項の義務を負わない。

３　第１項の規定により業務執行者及び同項各号に定める者の負う義務は、免除することができない。ただし、前条第１項各号<配当等の制限>に掲げる行為の時における分配可能額を限度として当該義務を免除することについて総株主の同意がある場合は、この限りでない。

（株主に対する求償権の制限等）

第463条　前条第１項に規定する場合において、株式会社が第461条第１項各号<配当等の制限>に掲げる行為により株主に対して交付に掲げる行為により株主に対して交付した金銭等の帳簿価額の総額が当該行為がその効力を生じた日における分配可能額を超えることにつき善意の株主は、当該株主が交付を受けた金銭等について、前条第１項の金銭を支払った業務執行者及び同項各号に定める者からの求償の請求に応ずる義務を負わない。

２　前条第１項に規定する場合には、株式会社の債権者は、同項の規定により義務を負う株主に対し、その交付を受けた金銭等の帳簿価額（当該額が当該債権者の株式会社に対して有する債権額を超える場合にあっては、当該債権額）に相当する金銭を支払わせることができる。

（買取請求に応じて株式を取得した場合の責任）

第464条　株式会社が第116条第１項<反対株主の株式買取請求>又は第182条の４第１項の規定による請求に応じて株式を取得する場合において、当該請求をした株主に対して支払った金銭の額が当該支払の日における分配可能額を超えるときは、当該株式の取得に関する職務を行った業務執行者は、株式会社に対し、連帯して、その超過額を支払う義務を負う。ただし、その者がその職務を行うについて注意を怠らなかったことを証明した場合は、この限りでない。

２　前項の義務は、総株主の同意がなければ、免除することができない。

（欠損が生じた場合の責任）

第465条　株式会社が次の各号に掲げる行為をした場合において、当該行為をした日の属する事業年度（その事業年度の直前の事業年度が最終事業年度で

ないときは、その事業年度の直前の事業年度）に係る計算書類につき第438条第２項<計算書類に対する定時株主総会の承認>の承認（第439条前段に規定する場合にあっては、第436条第３項の承認）を受けた時における第461条第２項第３号<自己株式の帳簿価額>、第４号<最終事業年度の末日後に自己株式を処分した場合における当該自己株式の対価の額>及び第６号<法務省令で定める各勘定科目に計上した額の合計額>に掲げる額の合計額が同項第１号<剰余金の額>に掲げる額を超えるときは、当該各号に掲げる行為に関する職務を行った業務執行者は、当該株式会社に対し、連帯して、その超過額（当該超過額が当該各号に定める額を超える場合にあっては、当該各号に定める額）を支払う義務を負う。ただし、当該業務執行者がその職務を行うについて注意を怠らなかったことを証明した場合は、この限りでない。

一　第138条第１号ハ<譲渡制限株式の株主からの買取請求>又は第２号ハ<譲渡制限株式の株式取得者からの買取請求>の請求に応じて行う当該株式会社の株式の買取り　当該株式の買取りにより株主に対して交付した金銭等の帳簿価額の総額

二　第156条第１項<自己株式の取得に関する事項の決定>の規定による決定に基づく当該株式会社の株式の取得（第163条に規定する場合又は第165条第１項に規定する場合における当該株式会社による株式の取得に限る。）　当該株式の取得により株主に対して交付した金銭等の帳簿価額の総額

三　第157条第１項<自己株式の取得価格の決定>の規定による決定に基づく当該株式会社の株式の取得　当該株式の取得により株主に対して交付した金銭等の帳簿価額の総額

四　第167条第１項<取得請求権付株式の取得日>の規定による当該株式会社の株式の取得　当該株式の取得により株主に対して交付した金銭等の帳簿価額の総額

五　第170条第１項<取得条項付株式の取得日>の規定による当該株式会社の株式の取得　当該株式の取得により株主に対して交付した金銭等の帳簿価額の総額

六　第173条第１項<全部取得条項付種類株式の取得日>の規定による当該株式会社の株式の取得　当該株式の取得により株主に対して交付した金銭等の帳簿価額の総額

七　第176条第１項<相続人等に対する売渡しの請求>の規定による請求に基づく当該株式会社の株式の買取り　当該株式の買取りにより株主に対して交付した金銭等の帳簿価額の総額

八　第197条第３項<所在不明株主等の株式の会社による買取り>の規定による当該株式会社の株式の買取り　当該株式の買取りにより株主に対して交付した金銭等の帳簿価額の総額

九　次のイ又はロに掲げる規定による当該株式会社の株式の買取り　当該株式の買取りにより当該イ又はロに定める者に対して交付した金銭等の帳簿価額の総額

イ　第234条第４項<１株未満の端数処理としての会社による買取り>　同条第１項各号<端数に応じた代金を交付される者>に定める者

ロ　第235条第２項<株式の分割又は併合をすることにより生ずる端数の処理>において準用する第234条第４項<１株未満の端数処理としての会社による買取り>　株主

十　剰余金の配当（次のイからハまでに掲げるものを除く。）　当該剰余金の配当についての第446条第６号イからハまで<配当財産の帳簿価額の総額、株主に対して与える金銭分配請求権を行使した株主に交付した金銭の額の合計額、基準未満株式の株主に支払った金銭の額の合計額>に掲げる額の合計額

イ　定時株主総会（第439条前段に規定する場合にあっては、定時株主総会又は第436条第３項の取締役会）において第454条第１項各号<剰余金の配当に関する株主総会決議事項>に掲げる事項を定める場合における剰余金の配当

ロ　第447条第１項各号<資本金の額の減少における株主総会決議事項>に掲げる事項を定めるための株主総会において第454条第１項各号<剰余金の配当に関する株主総会決議事項>に掲げる事項を定める場合（同項第１号の額（第456条の規定により基準未満株式の株主に支払う金銭があるときは、その額を合算した額）が第447条第１項第１号の額を超えない場合であって、同項第２号に掲げる事項についての定めがない場合に限る。）における剰余金の配当

ハ　第448条第１項各号<準備金の額を減少する場合の株主総会決議事項>に掲げる事項を定めるための株主総会において第454条第１項各号<剰余金の配当に関する株主総会決議事項>に掲げる事項を定める場合（同項第１号の額（第456条の規定により基準未満株式の株主に支払う金銭があるときは、その額を合算した額）が第448条第１項第１号の額を超えない場合であって、同項第２号に掲げる事項についての定めがない場合に限る。）における剰余金の配当

２　前項の義務は、総株主の同意がなければ、免除することができない。

第6章　定款の変更

第466条　株式会社は、その成立後、株主総会の決議によって、定款を変更することができる。

第7章　事業の譲渡等

（事業譲渡等の承認等）

第467条　株式会社は、次に掲げる行為をする場合には、当該行為がその効力を生ずる日（以下この章において「効力発生日」という。）の前日までに、株主総会の決議によって、当該行為に係る契約の承認を受けなければならない。

一　事業の全部の譲渡

二　事業の重要な一部の譲渡（当該譲渡により譲り渡す資産の帳簿価額が当該株式会社の総資産額として法務省令で定める方法により算定される額の5分の1（これを下回る割合を定款で定めた場合にあっては、その割合）を超えないものを除く。）

二の二　その子会社の株式又は持分の全部又は一部の譲渡（次のいずれにも該当する場合における譲渡に限る。）

イ　当該譲渡により譲り渡す株式又は持分の帳簿価額が当該株式会社の総資産額として法務省令で定める方法により算定される額の5分の1（これを下回る割合を定款で定めた場合にあっては、その割合）を超えるとき。

ロ　当該株式会社が、効力発生日において当該子会社の議決権の総数の過半数の議決権を有しないとき。

三　他の会社（外国会社その他の法人を含む。次条において同じ。）の事業の全部の譲受け

四　事業の全部の賃貸、事業の全部の経営の委任、他人と事業上の損益の全部を共通にする契約その他これらに準ずる契約の締結、変更又は解約

五　当該株式会社（第25条第1項各号に掲げる方法により設立したものに限る。以下この号において同じ。）の成立後2年以内におけるその成立前から存在する財産であってその事業のために継続して使用するものの取得。ただし、イに掲げる額のロに掲げる額に対する割合が5分の1（これを下回る割合を当該株式会社の定款で定めた場合にあっては、その割合）を超えない場合を除く。

イ　当該財産の対価として交付する財産の帳簿価額の合計額

ロ　当該株式会社の純資産額として法務省令で定める方法により算定される額

2　前項第3号に掲げる行為をする場合において、当該行為をする株式会社が譲り受ける資産に当該株式会社の株式が含まれるときは、取締役は、同項の株主総会において、当該株式に関する事項を説明しなければならない。

（事業譲渡等の承認を要しない場合）

第468条　前条の規定は、同条第1項第1号から第4号までに掲げる行為（以下この章において「事業譲渡等」という。）に係る契約の相手方が当該事業譲渡等をする株式会社の特別支配会社（ある株式会社の総株主の議決権の10分の9（これを上回る割合を当該株式会社の定款で定めた場合にあっては、その割合）以上を他の会社及び当該他の会社が発行済株式の全部を有する株式会社その他これに準ずるものとして法務省令で定める法人が有している場合における当該他の会社をいう。以下同じ。）である場合には、適用しない。

2　前条の規定は、同条第1項第3号<他の会社の事業の全部の譲受け>に掲げる行為をする場合において、第1号に掲げる額の第2号に掲げる額に対する割合が5分の1（これを下回る割合を定款で定めた場合にあっては、その割合）を超えないときは、適用しない。

一　当該他の会社の事業の全部の対価として交付する財産の帳簿価額の合計額

二　当該株式会社の純資産額として法務省令で定める方法により算定される額

3　前項に規定する場合において、法務省令で定める数の株式（前条第1項の株主総会において議決権を行使することができるものに限る。）を有する株主が次条第3項の規定による通知又は同条第4項の公告の日から2週間以内に前条第1項第3号<他の会社の事業の全部の譲受け>に掲げる行為に反対する旨を当該行為をする株式会社に対し通知したときは、当該株式会社は、効力発生日の前日までに、株主総会の決議によって、当該行為に係る契約の承認を受けなければならない。

（反対株主の株式買取請求）

第469条　事業譲渡等をする場合（次に掲げる場合を除く。）には、反対株主は、事業譲渡等をする株式会社に対し、自己の有する株式を公正な価格で買い取ることを請求することができる。

一　第467条第1項第1号<事業の全部の譲渡>に掲げる行為をする場合において、同項の株主総会の決議と同時に第471条第3号<株主総会の決議による解散>の株主総会の決議がされたとき。

二　前条第２項に規定する場合（同条第３項に規定する場合を除く。）

2　前項に規定する「反対株主」とは、次の各号に掲げる場合における当該各号に定める株主をいう。

一　事業譲渡等をするために株主総会（種類株主総会を含む。）の決議を要する場合　次に掲げる株主

イ　当該株主総会に先立って当該事業譲渡等に反対する旨を当該株式会社に対し通知し、かつ、当該株主総会において当該事業譲渡等に反対した株主（当該株主総会において議決権を行使することができるものに限る。）

ロ　当該株主総会において議決権を行使することができない株主

二　前号に規定する場合以外の場合　全ての株主（前条第１項に規定する場合における当該特別支配会社を除く。）

3　事業譲渡等をしようとする株式会社は、効力発生日の20日前までに、その株主（前条第１項に規定する場合における当該特別支配会社を除く。）に対し、事業譲渡等をする旨（第467条第２項に規定する場合にあっては、同条第１項第３号に掲げる行為をする旨及び同条第２項の株式に関する事項）を通知しなければならない。

4　次に掲げる場合には、前項の規定による通知は、公告をもってこれに代えることができる。

一　事業譲渡等をする株式会社が公開会社である場合

二　事業譲渡等をする株式会社が第467条第１項＜事業譲渡等の株主総会による承認＞の株主総会の決議によって事業譲渡等に係る契約の承認を受けた場合

5　第１項の規定による請求（以下この章において「株式買取請求」という。）は、効力発生日の20日前の日から効力発生日の前日までの間に、その株式買取請求に係る株式の数（種類株式発行会社にあっては、株式の種類及び種類ごとの数）を明らかにしてしなければならない。

6　株券が発行されている株式について株式買取請求をしようとするときは、当該株式の株主は、事業譲渡等をする株式会社に対し、当該株式に係る株券を提出しなければならない。ただし、当該株券について第223条＜株券喪失登録の請求＞の規定による請求をした者については、この限りでない。

7　株式買取請求をした株主は、事業譲渡等をする株式会社の承諾を得た場合に限り、その株式買取請求を撤回することができる。

8　事業譲渡等を中止したときは、株式買取請求は、その効力を失う。

9　第133条＜株主の請求による株主名簿記載事項の記載又は記録＞の規定は、株式買取請求に係る株式については、適用しない。

（株式の価格の決定等）

第470条　株式買取請求があった場合において、株式の価格の決定について、株主と事業譲渡等をする株式会社との間に協議が調ったときは、当該株式会社は、効力発生日から60日以内にその支払をしなければならない。

2　株式の価格の決定について、効力発生日から30日以内に協議が調わないときは、株主又は前項の株式会社は、その期間の満了の日後30日以内に、裁判所に対し、価格の決定の申立てをすることができる。

3　前条第７項の規定にかかわらず、前項に規定する場合において、効力発生日から60日以内に同項の申立てがないときは、その期間の満了後は、株主は、いつでも、株式買取請求を撤回することができる。

4　第１項の株式会社は、裁判所の決定した価格に対する同項の期間の満了の日後の法定利率による利息をも支払わなければならない。

5　第１項の株式会社は、株式の価格の決定があるまでは、株主に対し、当該株式会社が公正な価格と認める額を支払うことができる。

6　株式買取請求に係る株式の買取りは、効力発生日に、その効力を生ずる。

7　株券発行会社は、株券が発行されている株式について株式買取請求があったときは、株券と引換えに、その株式買取請求に係る株式の代金を支払わなければならない。

第８章　解散

（解散の事由）

第471条　株式会社は、次に掲げる事由によって解散する。

一　定款で定めた存続期間の満了

二　定款で定めた解散の事由の発生

三　株主総会の決議

四　合併（合併により当該株式会社が消滅する場合に限る。）

五　破産手続開始の決定

六　第824条第１項＜株主等の申立てによる裁判所の会社解散命令＞又は第833条第１項＜会社の解散の訴え＞

の規定による解散を命ずる裁判

（休眠会社のみなし解散）

第472条　休眠会社（株式会社であって、当該株式会社に関する登記が最後にあった日から12年を経過したものをいう。以下この条において同じ。）は、法務大臣が休眠会社に対し２箇月以内に法務省令で定めるところによりその本店の所在地を管轄する登記所に事業を廃止していない旨の届出をすべき旨を官報に公告した場合において、その届出をしないときは、その２箇月の期間の満了の時に、解散したものとみなす。ただし、当該期間内に当該休眠会社に関する登記がされたときは、この限りでない。

2　登記所は、前項の規定による公告があったときは、休眠会社に対し、その旨の通知を発しなければならない。

（株式会社の継続）

第473条　株式会社は、第471条第１号から第３号まで<定款で定めた存続期間の満了等の株式会社の解散の事由>に掲げる事由によって解散した場合（前条第１項の規定により解散したものとみなされた場合を含む。）には、次章の規定による清算が結了するまで（同項の規定により解散したものとみなされた場合にあっては、解散したものとみなされた後３年以内に限る。）、株主総会の決議によって、株式会社を継続することができる。

（解散した株式会社の合併等の制限）

第474条　株式会社が解散した場合には、当該株式会社は、次に掲げる行為をすることができない。

一　合併（合併により当該株式会社が存続する場合に限る。）

二　吸収分割による他の会社がその事業に関して有する権利義務の全部又は一部の承継

第９章　清算

第１節　総則

第１款　清算の開始

（清算の開始原因）

第475条　株式会社は、次に掲げる場合には、この章の定めるところにより、清算をしなければならない。

一　解散した場合（第471条第４号<合併>に掲げる事由によって解散した場合及び破産手続開始の決定により解散した場合であって当該破産手続が終了していない場合を除く。）

二　設立の無効の訴えに係る請求を認容する判決が確定した場合

三　株式移転の無効の訴えに係る請求を認容する判決が確定した場合

（清算株式会社の能力）

第476条　前条の規定により清算をする株式会社（以下「清算株式会社」という。）は、清算の目的の範囲内において、清算が結了するまではなお存続するものとみなす。

第２款　清算株式会社の機関

第１目　株主総会以外の機関の設置

第477条　清算株式会社には、一人又は二人以上の清算人を置かなければならない。

2　清算株式会社は、定款の定めによって、清算人会、監査役又は監査役会を置くことができる。

3　監査役会を置く旨の定款の定めがある清算株式会社は、清算人会を置かなければならない。

4　第475条各号に掲げる場合に該当することとなった時において公開会社又は大会社であった清算株式会社は、監査役を置かなければならない。

5　第475条各号に掲げる場合に該当することとなった時において監査等委員会設置会社であった清算株式会社であって、前項の規定の適用があるものにおいては、監査等委員である取締役が監査役となる。

6　第475条各号に掲げる場合に該当することとなった時において指名委員会等設置会社であった清算株式会社であって、第４項の規定の適用があるものにおいては、監査委員が監査役となる。

7　第４章第２節の規定は、清算株式会社については、適用しない。

第２目　清算人の就任及び解任並びに監査役の退任

（清算人の就任）

第478条　次に掲げる者は、清算株式会社の清算人となる。

一　取締役（次号又は第３号に掲げる者がある場合を除く。）

二　定款で定める者

三　株主総会の決議によって選任された者

2　前項の規定により清算人となる者がないときは、裁判所は、利害関係人の申立てにより、清算人を選任する。

3　前２項の規定にかかわらず、第471条第６号<解散を命ずる裁判>に掲げる事由によって解散した清算株式会社については、裁判所は、利害関係人若しくは法務大臣の申立てにより又は職権で、清算人を選任する。
4　第１項及び第２項の規定にかかわらず、第475条第２号又は第３号に掲げる場合に該当することとなった清算株式会社については、裁判所は、利害関係人の申立てにより、清算人を選任する。
5　第475条各号に掲げる場合に該当することとなった時において監査等委員会設置会社であった清算株式会社における第１項第１号の規定の適用については、同号中「取締役」とあるのは、「監査等委員である取締役以外の取締役」とする。
6　第475条各号に掲げる場合に該当することとなった時において指名委員会等設置会社であった清算株式会社における第１項第１号の規定の適用については、同号中「取締役」とあるのは、「監査委員以外の取締役」とする。
7　第335条第３項の規定にかかわらず、第475条各号に掲げる場合に該当することとなった時において監査等委員会設置会社又は指名委員会等設置会社であった清算株式会社である監査役会設置会社においては、監査役は、３人以上で、そのうち半数以上は、次に掲げる要件のいずれにも該当するものでなければならない。
　一　その就任の前10年間当該監査等委員会設置会社若しくは指名委員会等設置会社又はその子会社の取締役（社外取締役を除く。）、会計参与（会計参与が法人であるときは、その職務を行うべき社員。次号において同じ。）若しくは執行役又は支配人その他の使用人であったことがないこと。
　二　その就任の前10年内のいずれかの時において当該監査等委員会設置会社若しくは指名委員会等設置会社又はその子会社の社外取締役又は監査役であったことがある者にあっては、当該社外取締役又は監査役への就任の前10年間当該監査等委員会設置会社若しくは指名委員会等設置会社又はその子会社の取締役（社外取締役を除く。）、会計参与若しくは執行役又は支配人その他の使用人であったことがないこと。
　三　第２条第16号ハからホまでに掲げる要件
8　第330条、第331条第１項及び第331条の２<取締役の資格等>の規定は清算人について、第331条第５項の規定は清算人会設置会社（清算人会を置く清算株式会社又はこの法律の規定により清算人会を置かなければならない清算株式会社をいう。以下同じ。）について、それぞれ準用する。この場合において、同項中「取締役は」とあるのは、「清算人は」と読み替えるものとする。

（清算人の解任）
第479条　清算人（前条第２項から第４項までの規定により裁判所が選任したものを除く。）は、いつでも、株主総会の決議によって解任することができる。
2　重要な事由があるときは、裁判所は、次に掲げる株主の申立てにより、清算人を解任することができる。
　一　総株主（次に掲げる株主を除く。）の議決権の100分の３（これを下回る割合を定款で定めた場合にあっては、その割合）以上の議決権を６箇月（これを下回る期間を定款で定めた場合にあっては、その期間）前から引き続き有する株主（次に掲げる株主を除く。）
　　イ　清算人を解任する旨の議案について議決権を行使することができない株主
　　ロ　当該申立てに係る清算人である株主
　二　発行済株式（次に掲げる株主の有する株式を除く。）の100分の３（これを下回る割合を定款で定めた場合にあっては、その割合）以上の数の株式を６箇月（これを下回る期間を定款で定めた場合にあっては、その期間）前から引き続き有する株主（次に掲げる株主を除く。）
　　イ　当該清算株式会社である株主
　　ロ　当該申立てに係る清算人である株主
3　公開会社でない清算株式会社における前項各号の規定の適用については、これらの規定中「６箇月（これを下回る期間を定款で定めた場合にあっては、その期間）前から引き続き有する」とあるのは、「有する」とする。
4　第346条第１項から第３項までの規定は、清算人について準用する。

（監査役の退任）
第480条　清算株式会社の監査役は、当該清算株式会社が次に掲げる定款の変更をした場合には、当該定款の変更の効力が生じた時に退任する。
　一　監査役を置く旨の定款の定めを廃止する定款の変更
　二　監査役の監査の範囲を会計に関するものに限定する旨の定款の定めを廃止する定款の変更
2　第336条の規定は、清算株式会社の監査役については、適用しない。

第3目　清算人の職務等

（清算人の職務）
第481条　清算人は、次に掲げる職務を行う。
一　現務の結了
二　債権の取立て及び債務の弁済
三　残余財産の分配

（業務の執行）
第482条　清算人は、清算株式会社（清算人会設置会社を除く。以下この条において同じ。）の業務を執行する。
2　清算人が二人以上ある場合には、清算株式会社の業務は、定款に別段の定めがある場合を除き、清算人の過半数をもって決定する。
3　前項の場合には、清算人は、次に掲げる事項についての決定を各清算人に委任することができない。
一　支配人の選任及び解任
二　支店の設置、移転及び廃止
三　第298条第1項各号（第325条において準用する場合を含む。）に掲げる事項
四　清算人の職務の執行が法令及び定款に適合することを確保するための体制その他清算株式会社の業務の適正を確保するために必要なものとして法務省令で定める体制の整備
4　第353条から第357条（第3項を除く。）まで、第360条並びに第361条第1項及び第4項の規定は、清算人（同条の規定については、第478条第2項から第4項までの規定により裁判所が選任したものを除く。）について準用する。この場合において、第353条中「第349条第4項」とあるのは「第483条第6項において準用する第349条第4項」と、第354条中「代表取締役」とあるのは「代表清算人（第483条第1項に規定する代表清算人をいう。）」と、第360条第3項中「監査役設置会社、監査等委員会設置会社又は指名委員会等設置会社」とあるのは「監査役設置会社」と読み替えるものとする。

（清算株式会社の代表）
第483条　清算人は、清算株式会社を代表する。ただし、他に代表清算人（清算株式会社を代表する清算人をいう。以下同じ。）その他清算株式会社を代表する者を定めた場合は、この限りでない。
2　前項本文の清算人が二人以上ある場合には、清算人は、各自、清算株式会社を代表する。
3　清算株式会社（清算人会設置会社を除く。）は、定款、定款の定めに基づく清算人（第478条第2項から第4項までの規定により裁判所が選任したものを除く。以下この項において同じ。）の互選又は株主総会の決議によって、清算人の中から代表清算人を定めることができる。
4　第478条第1項第1号の規定により取締役が清算人となる場合において、代表取締役を定めていたときは、当該代表取締役が代表清算人となる。
5　裁判所は、第478条第2項から第4項までの規定により清算人を選任する場合には、その清算人の中から代表清算人を定めることができる。
6　第349条第4項及び第5項並びに第351条の規定は代表清算人について、第352条の規定は民事保全法第56条に規定する仮処分命令により選任された清算人又は代表清算人の職務を代行する者について、それぞれ準用する。

（清算株式会社についての破産手続の開始）
第484条　清算株式会社の財産がその債務を完済するのに足りないことが明らかになったときは、清算人は、直ちに破産手続開始の申立てをしなければならない。
2　清算人は、清算株式会社が破産手続開始の決定を受けた場合において、破産管財人にその事務を引き継いだときは、その任務を終了したものとする。
3　前項に規定する場合において、清算株式会社が既に債権者に支払い、又は株主に分配したものがあるときは、破産管財人は、これを取り戻すことができる。

（裁判所の選任する清算人の報酬）
第485条　裁判所は、第478条第2項から第4項までの規定により清算人を選任した場合には、清算株式会社が当該清算人に対して支払う報酬の額を定めることができる。

（清算人の清算株式会社に対する損害賠償責任）
第486条　清算人は、その任務を怠ったときは、清算株式会社に対し、これによって生じた損害を賠償する責任を負う。
2　清算人が第482条第4項において準用する第356条第1項の規定に違反して同項第1号の取引をしたときは、当該取引により清算人又は第三者が得た利益の額は、前項の損害の額と推定する。
3　第482条第4項において準用する第356条第1項第2号又は第3号の取引によって清算株式会社に損害が生じたときは、次に掲げる清算人は、その任務を怠ったものと推定する。

一　第482条第４項において準用する第356条第１項の清算人
二　清算株式会社が当該取引をすることを決定した清算人
三　当該取引に関する清算人会の承認の決議に賛成した清算人
4　第424条及び第428条第１項の規定は、清算人の第１項の責任について準用する。この場合において、同条第１項中「第356条第１項第２号（第419条第２項において準用する場合を含む。）」とあるのは、「第482条第４項において準用する第356条第１項第２号」と読み替えるものとする。

（清算人の第三者に対する損害賠償責任）

第487条　清算人がその職務を行うについて悪意又は重大な過失があったときは、当該清算人は、これによって第三者に生じた損害を賠償する責任を負う。
2　清算人が、次に掲げる行為をしたときも、前項と同様とする。ただし、当該清算人が当該行為をすることについて注意を怠らなかったことを証明したときは、この限りでない。
一　株式、新株予約権、社債若しくは新株予約権付社債を引き受ける者の募集をする際に通知しなければならない重要な事項についての虚偽の通知又は当該募集のための当該清算株式会社の事業その他の事項に関する説明に用いた資料についての虚偽の記載若しくは記録
二　第492条第１項に規定する財産目録等並びに第494条第１項の貸借対照表及び事務報告並びにこれらの附属明細書に記載し、又は記録すべき重要な事項についての虚偽の記載又は記録
三　虚偽の登記
四　虚偽の公告

（清算人及び監査役の連帯責任）

第488条　清算人又は監査役が清算株式会社又は第三者に生じた損害を賠償する責任を負う場合において、他の清算人又は監査役も当該損害を賠償する責任を負うときは、これらの者は、連帯債務者とする。
2　前項の場合には、第430条の規定は、適用しない。

第４目　清算人会

（清算人会の権限等）

第489条　清算人会は、すべての清算人で組織する。
2　清算人会は、次に掲げる職務を行う。
一　清算人会設置会社の業務執行の決定
二　清算人の職務の執行の監督
三　代表清算人の選定及び解職
3　清算人会は、清算人の中から代表清算人を選定しなければならない。ただし、他に代表清算人があるときは、この限りでない。
4　清算人会は、その選定した代表清算人及び第483条第４項の規定により代表清算人となった者を解職することができる。
5　第483条第５項の規定により裁判所が代表清算人を定めたときは、清算人会は、代表清算人を選定し、又は解職することができない。
6　清算人会は、次に掲げる事項その他の重要な業務執行の決定を清算人に委任することができない。
一　重要な財産の処分及び譲受け
二　多額の借財
三　支配人その他の重要な使用人の選任及び解任
四　支店その他の重要な組織の設置、変更及び廃止
五　第676条第１号に掲げる事項その他の社債を引き受ける者の募集に関する重要な事項として法務省令で定める事項
六　清算人の職務の執行が法令及び定款に適合することを確保するための体制その他清算株式会社の業務の適正を確保するために必要なものとして法務省令で定める体制の整備
7　次に掲げる清算人は、清算人会設置会社の業務を執行する。
一　代表清算人
二　代表清算人以外の清算人であって、清算人会の決議によって清算人会設置会社の業務を執行する清算人として選定されたもの
8　第363条第２項、第364条及び第365条の規定は、清算人会設置会社について準用する。この場合において、第363条第２項中「前項各号」とあるのは「第489条第７項各号」と、「取締役は」とあるのは「清算人は」と、「取締役会」とあるのは「清算人会」と、第364条中「第353条」とあるのは「第482条第４項において準用する第353条」と、「取締役会は」とあるのは「清算人会は」と、第365条第１項中「第356条」とあるのは「第482条第４項において準用する第

356条」と、「「取締役会」とあるのは「「清算人会」と、同条第2項中「第356条第1項各号」とあるのは「第482条第4項において準用する第356条第1項各号」と、「取締役は」とあるのは「清算人は」と、「取締役会に」とあるのは「清算人会に」と読み替えるものとする。

（清算人会の運営）

第490条　清算人会は、各清算人が招集する。ただし、清算人会を招集する清算人を定款又は清算人会で定めたときは、その清算人が招集する。

2　前項ただし書に規定する場合には、同項ただし書の規定により定められた清算人（以下この項において「招集権者」という。）以外の清算人は、招集権者に対し、清算人会の目的である事項を示して、清算人会の招集を請求することができる。

3　前項の規定による請求があった日から5日以内に、その請求があった日から2週間以内の日を清算人会の日とする清算人会の招集の通知が発せられない場合には、その請求をした清算人は、清算人会を招集することができる。

4　第367条及び第368条の規定は、清算人会設置会社における清算人会の招集について準用する。この場合において、第367条第1項中「監査役設置会社、監査等委員会設置会社及び指名委員会等設置会社」とあるのは「監査役設置会社」と、「取締役が」とあるのは「清算人が」と、同条第2項中「取締役（前条第1項ただし書に規定する場合にあっては、招集権者）」とあるのは「清算人（第490条第1項ただし書に規定する場合にあっては、同条第2項に規定する招集権者）」と、同条第3項及び第4項中「前条第3項」とあるのは「第490条第3項」と、第368条第1項中「各取締役」とあるのは「各清算人」と、同条第2項中「取締役（」とあるのは「清算人（」と、「取締役及び」とあるのは「清算人及び」と読み替えるものとする。

5　第369条から第371条までの規定は、清算人会設置会社における清算人会の決議について準用する。この場合において、第369条第1項中「取締役の」とあるのは「清算人の」と、同条第2項中「取締役」とあるのは「清算人」と、同条第3項中「取締役及び」とあるのは「清算人及び」と、同条第5項中「取締役であって」とあるのは「清算人であって」と、第370条中「取締役が」とあるのは「清算人が」と、「取締役（」とあるのは「清算人（」と、第371条第3項中「監査役設置会社、監査等委員会設置会社又は指名委員会等設置会社」とあるのは「監査役設置会社」と、同条第4項中「役員又は執行役」とあるのは「清算人又は監査役」と読み替えるものとする。

6　第372条第1項及び第2項の規定は、清算人会設置会社における清算人会への報告について準用する。この場合において、同条第1項中「取締役、会計参与、監査役又は会計監査人」とあるのは「清算人又は監査役」と、「取締役（」とあるのは「清算人（」と、「取締役及び」とあるのは「清算人及び」と、同条第2項中「第363条第2項」とあるのは「第489条第8項において準用する第363条第2項」と読み替えるものとする。

第5目　取締役等に関する規定の適用

第491条　清算株式会社については、第2章（第155条を除く。）、第3章、第4章第1節、第335条第2項、第343条第1項及び第2項、第345条第4項において準用する同条第3項、第359条、同章第7節及び第8節並びに第7章の規定中取締役、代表取締役、取締役会又は取締役会設置会社に関する規定は、それぞれ清算人、代表清算人、清算人会又は清算人会設置会社に関する規定として清算人、代表清算人、清算人会又は清算人会設置会社に適用があるものとする。

第3款　財産目録等

（財産目録等の作成等）

第492条　清算人（清算人会設置会社にあっては、第489条第7項各号に掲げる清算人）は、その就任後遅滞なく、清算株式会社の財産の現況を調査し、法務省令で定めるところにより、第475条各号に掲げる場合に該当することとなった日における財産目録及び貸借対照表（以下この条及び次条において「財産目録等」という。）を作成しなければならない。

2　清算人会設置会社においては、財産目録等は、清算人会の承認を受けなければならない。

3　清算人は、財産目録等（前項の規定の適用がある場合にあっては、同項の承認を受けたもの）を株主総会に提出し、又は提供し、その承認を受けなければならない。

4　清算株式会社は、財産目録等を作成した時からその本店の所在地における清算結了の登記の時までの間、当該財産目録等を保存しなければならない。

（財産目録等の提出命令）

第493条　裁判所は、申立てにより又は職権で、訴訟の当事者に対し、財産目録等の全部又は一部の提出を命ずることができる。

（貸借対照表等の作成及び保存）

第494条　清算株式会社は、法務省令で定めるところにより、各清算事務年度（第475条各号に掲げる場合に該当することとなった日の翌日又はその後毎年その日に応当する日（応当する日がない場合にあっては、その前日）から始まる各1年の期間をいう。）に係る貸借対照表及び事務報告並びにこれらの附属明細書を作成しなければならない。

2　前項の貸借対照表及び事務報告並びにこれらの附属明細書は、電磁的記録をもって作成することができる。

3　清算株式会社は、第1項の貸借対照表を作成した時からその本店の所在地における清算結了の登記の時までの間、当該貸借対照表及びその附属明細書を保存しなければならない。

（貸借対照表等の監査等）

第495条　監査役設置会社（監査役の監査の範囲を会計に関するものに限定する旨の定款の定めがある株式会社を含む。）においては、前条第1項の貸借対照表及び事務報告並びにこれらの附属明細書は、法務省令で定めるところにより、監査役の監査を受けなければならない。

2　清算人会設置会社においては、前条第1項の貸借対照表及び事務報告並びにこれらの附属明細書（前項の規定の適用がある場合にあっては、同項の監査を受けたもの）は、清算人会の承認を受けなければならない。

（貸借対照表等の備置き及び閲覧等）

第496条　清算株式会社は、第494条第1項に規定する各清算事務年度に係る貸借対照表及び事務報告並びにこれらの附属明細書（前条第1項の規定の適用がある場合にあっては、監査報告を含む。以下この条において「貸借対照表等」という。）を、定時株主総会の日の1週間前の日（第319条第1項の場合にあっては、同項の提案があった日）からその本店の所在地における清算結了の登記の時までの間、その本店に備え置かなければならない。

2　株主及び債権者は、清算株式会社の営業時間内は、いつでも、次に掲げる請求をすることができる。ただし、第2号又は第4号に掲げる請求をするには、当該清算株式会社の定めた費用を支払わなければならない。

一　貸借対照表等が書面をもって作成されているときは、当該書面の閲覧の請求

二　前号の書面の謄本又は抄本の交付の請求

三　貸借対照表等が電磁的記録をもって作成されているときは、当該電磁的記録に記録された事項を法務省令で定める方法により表示したものの閲覧の請求

四　前号の電磁的記録に記録された事項を電磁的方法であって清算株式会社の定めたものにより提供することの請求又はその事項を記載した書面の交付の請求

3　清算株式会社の親会社社員は、その権利を行使するため必要があるときは、裁判所の許可を得て、当該清算株式会社の貸借対照表等について前項各号に掲げる請求をすることができる。ただし、同項第2号又は第4号に掲げる請求をするには、当該清算株式会社の定めた費用を支払わなければならない。

（貸借対照表等の定時株主総会への提出等）

第497条　次の各号に掲げる清算株式会社においては、清算人は、当該各号に定める貸借対照表及び事務報告を定時株主総会に提出し、又は提供しなければならない。

一　第495条第1項に規定する監査役設置会社（清算人会設置会社を除く。）　同項の監査を受けた貸借対照表及び事務報告

二　清算人会設置会社　第495条第2項の承認を受けた貸借対照表及び事務報告

三　前2号に掲げるもの以外の清算株式会社　第494条第1項の貸借対照表及び事務報告

2　前項の規定により提出され、又は提供された貸借対照表は、定時株主総会の承認を受けなければならない。

3　清算人は、第1項の規定により提出され、又は提供された事務報告の内容を定時株主総会に報告しなければならない。

（貸借対照表等の提出命令）

第498条　裁判所は、申立てにより又は職権で、訴訟の当事者に対し、第494条第1項の貸借対照表及びその附属明細書の全部又は一部の提出を命ずることができる。

第4款　債務の弁済等

（債権者に対する公告等）

第499条　清算株式会社は、第475条各号に掲げる場合に該当することとなった後、遅滞なく、

当該清算株式会社の債権者に対し、一定の期間内にその債権を申し出るべき旨を官報に公告し、かつ、知れている債権者には、各別にこれを催告しなければならない。ただし、当該期間は、2箇月を下ることができない。

2　前項の規定による公告には、当該債権者が当該期間内に申出をしないときは清算から除斥される旨を付記しなければならない。

（債務の弁済の制限）

第500条　清算株式会社は、前条第1項の期間内は、債務の弁済をすることができない。この場合において、清算株式会社は、その債務の不履行によって生じた責任を免れることができない。

2　前項の規定にかかわらず、清算株式会社は、前条第1項の期間内であっても、裁判所の許可を得て、少額の債権、清算株式会社の財産につき存する担保権によって担保される債権その他これを弁済しても他の債権者を害するおそれがない債権に係る債務について、その弁済をすることができる。この場合において、当該許可の申立ては、清算人が二人以上あるときは、その全員の同意によってしなければならない。

（条件付債権等に係る債務の弁済）

第501条　清算株式会社は、条件付債権、存続期間が不確定な債権その他その額が不確定な債権に係る債務を弁済することができる。この場合においては、これらの債権を評価させるため、裁判所に対し、鑑定人の選任の申立てをしなければならない。

2　前項の場合には、清算株式会社は、同項の鑑定人の評価に従い同項の債権に係る債務を弁済しなければならない。

3　第1項の鑑定人の選任の手続に関する費用は、清算株式会社の負担とする。当該鑑定人による鑑定のための呼出し及び質問に関する費用についても、同様とする。

（債務の弁済前における残余財産の分配の制限）

第502条　清算株式会社は、当該清算株式会社の債務を弁済した後でなければ、その財産を株主に分配することができない。ただし、その存否又は額について争いのある債権に係る債務についてその弁済をするために必要と認められる財産を留保した場合は、この限りでない。

（清算からの除斥）

第503条　清算株式会社の債権者（知れている債権者を除く。）であって第499条第1項の期間内にその債権の申出をしなかったものは、清算から除斥される。

2　前項の規定により清算から除斥された債権者は、分配がされていない残余財産に対してのみ、弁済を請求することができる。

3　清算株式会社の残余財産を株主の一部に分配した場合には、当該株主の受けた分配と同一の割合の分配を当該株主以外の株主に対してするために必要な財産は、前項の残余財産から控除する。

第5款　残余財産の分配

（残余財産の分配に関する事項の決定）

第504条　清算株式会社は、残余財産の分配をしようとするときは、清算人の決定（清算人会設置会社にあっては、清算人会の決議）によって、次に掲げる事項を定めなければならない。

一　残余財産の種類

二　株主に対する残余財産の割当てに関する事項

2　前項に規定する場合において、残余財産の分配について内容の異なる2以上の種類の株式を発行しているときは、清算株式会社は、当該種類の株式の内容に応じ、同項第2号に掲げる事項として、次に掲げる事項を定めることができる。

一　ある種類の株式の株主に対して残余財産の割当てをしないこととするときは、その旨及び当該株式の種類

二　前号に掲げる事項のほか、残余財産の割当てについて株式の種類ごとに異なる取扱いを行うこととするときは、その旨及び当該異なる取扱いの内容

3　第1項第2号に掲げる事項についての定めは、株主（当該清算株式会社及び前項第1号の種類の株式の株主を除く。）の有する株式の数（前項第2号に掲げる事項についての定めがある場合にあっては、各種類の株式の数）に応じて残余財産を割り当てることを内容とするものでなければならない。

（残余財産が金銭以外の財産である場合）

第505条　株主は、残余財産が金銭以外の財産であるときは、金銭分配請求権（当該残余財産に代えて金銭を交付することを清算株式会社に対して請求する権利をいう。以下この条において同じ。）を有する。この場合において、清算株式会社は、清算人の決定（清算人会設置会社にあっては、清算人会の決議）によって、次に

掲げる事項を定めなければならない。

一　金銭分配請求権を行使することができる期間

二　一定の数未満の数の株式を有する株主に対して残余財産の割当てをしないこととするときは、その旨及びその数

2　前項に規定する場合には、清算株式会社は、同項第1号の期間の末日の20日前までに、株主に対し、同号に掲げる事項を通知しなければならない。

3　清算株式会社は、金銭分配請求権を行使した株主に対し、当該株主が割当てを受けた残余財産に代えて、当該残余財産の価額に相当する金銭を支払わなければならない。この場合においては、次の各号に掲げる場合の区分に応じ、当該各号に定める額をもって当該残余財産の価額とする。

一　当該残余財産が市場価格のある財産である場合　当該残余財産の市場価格として法務省令で定める方法により算定される額

二　前号に掲げる場合以外の場合　清算株式会社の申立てにより裁判所が定める額

（基準株式数を定めた場合の処理）

第506条　前条第1項第2号の数（以下この条において「基準株式数」という。）を定めた場合には、清算株式会社は、基準株式数に満たない数の株式（以下この条において「基準未満株式」という。）を有する株主に対し、前条第3項後段の規定の例により基準株式数の株式を有する株主が割当てを受けた残余財産の価額として定めた額に当該基準未満株式の数の基準株式数に対する割合を乗じて得た額に相当する金銭を支払わなければならない。

第6款　清算事務の終了等

第507条　清算株式会社は、清算事務が終了したときは、遅滞なく、法務省令で定めるところにより、決算報告を作成しなければならない。

2　清算人会設置会社においては、決算報告は、清算人会の承認を受けなければならない。

3　清算人は、決算報告（前項の規定の適用がある場合にあっては、同項の承認を受けたもの）を株主総会に提出し、又は提供し、その承認を受けなければならない。

4　前項の承認があったときは、任務を怠ったことによる清算人の損害賠償の責任は、免除されたものとみなす。ただし、清算人の職務の執行に関し不正の行為があったときは、この限りでない。

第7款　帳簿資料の保存

第508条　清算人（清算人会設置会社にあっては、第489条第7項各号に掲げる清算人）は、清算株式会社の本店の所在地における清算結了の登記の時から10年間、清算株式会社の帳簿並びにその事業及び清算に関する重要な資料（以下この条において「帳簿資料」という。）を保存しなければならない。

2　裁判所は、利害関係人の申立てにより、前項の清算人に代わって帳簿資料を保存する者を選任することができる。この場合においては、同項の規定は、適用しない。

3　前項の規定により選任された者は、清算株式会社の本店の所在地における清算結了の登記の時から10年間、帳簿資料を保存しなければならない。

4　第2項の規定による選任の手続に関する費用は、清算株式会社の負担とする。

第8款　適用除外等

第509条　次に掲げる規定は、清算株式会社については、適用しない。

一　第155条

二　第5章第2節第2款（第435条第4項、第440条第3項、第442条及び第443条を除く。）及び第3款並びに第3節から第5節まで

三　第5編第4章及び第4章の2並びに同編第5章中株式交換、株式移転及び株式交付の手続に係る部分

2　第2章第4節の2の規定は、対象会社が清算株式会社である場合には、適用しない。

3　清算株式会社は、無償で取得する場合その他法務省令で定める場合に限り、当該清算株式会社の株式を取得することができる。

第2節　特別清算

第1款　特別清算の開始

（特別清算開始の原因）

第510条　裁判所は、清算株式会社に次に掲げる事由があると認めるときは、第514条の規定に基づき、申立てにより、当該清算株式会社に対

し特別清算の開始を命ずる。

一　清算の遂行に著しい支障を来すべき事情があること。

二　債務超過（清算株式会社の財産がその債務を完済するのに足りない状態をいう。次条第２項において同じ。）の疑いがあること。

（特別清算開始の申立て）

第511条　債権者、清算人、監査役又は株主は、特別清算開始の申立てをすることができる。

2　清算株式会社に債務超過の疑いがあるときは、清算人は、特別清算開始の申立てをしなければならない。

（他の手続の中止命令等）

第512条　裁判所は、特別清算開始の申立てがあった場合において、必要があると認めるときは、債権者、清算人、監査役若しくは株主の申立てにより又は職権で、特別清算開始の申立てにつき決定があるまでの間、次に掲げる手続又は処分の中止を命ずることができる。ただし、第１号に掲げる破産手続については破産手続開始の決定がされていない場合に限り、第２号に掲げる手続又は第３号に掲げる処分についてはその手続の申立人である債権者又はその処分を行う者に不当な損害を及ぼすおそれがない場合に限る。

一　清算株式会社についての破産手続

二　清算株式会社の財産に対して既にされている強制執行、仮差押え又は仮処分の手続（一般の先取特権その他一般の優先権がある債権に基づくものを除く。）

三　清算株式会社の財産に対して既にされている共助対象外国租税（租税条約等の実施に伴う所得税法、法人税法及び地方税法の特例等に関する法律（昭和44年法律第46号。第518条の２及び第571条第４項において「租税条約等実施特例法」という。）第11条第１項に規定する共助対象外国租税をいう。以下同じ。）の請求権に基づき国税滞納処分の例によってする処分（第515条第１項において「外国租税滞納処分」という。）

2　特別清算開始の申立てを却下する決定に対して第890条第５項の即時抗告がされたときも、前項と同様とする。

（特別清算開始の申立ての取下げの制限）

第513条　特別清算開始の申立てをした者は、特別清算開始の命令前に限り、当該申立てを取り下げることができる。この場合において、前条の規定による中止の命令、第540条第２項の規定による保全処分又は第541条第２項の規定による処分がされた後は、裁判所の許可を得なければならない。

（特別清算開始の命令）

第514条　裁判所は、特別清算開始の申立てがあった場合において、特別清算開始の原因となる事由があると認めるときは、次のいずれかに該当する場合を除き、特別清算開始の命令をする。

一　特別清算の手続の費用の予納がないとき。

二　特別清算によっても清算を結了する見込みがないことが明らかであるとき。

三　特別清算によることが債権者の一般の利益に反することが明らかであるとき。

四　不当な目的で特別清算開始の申立てがされたとき、その他申立てが誠実にされたものでないとき。

（他の手続の中止等）

第515条　特別清算開始の命令があったときは、破産手続開始の申立て、清算株式会社の財産に対する強制執行、仮差押え、仮処分若しくは外国租税滞納処分又は財産開示手続（民事執行法（昭和54年法律第４号）第197条第１項の申立てによるものに限る。以下この項において同じ。）若しくは第三者からの情報取得手続（同法第205条第１項第１号、第206条第１項又は第207条第１項の申立てによるものに限る。以下この項において同じ。）の申立てはすることができず、破産手続（破産手続開始の決定がされていないものに限る。）、清算株式会社の財産に対して既にされている強制執行、仮差押え及び仮処分の手続並びに外国租税滞納処分並びに財産開示手続及び第三者からの情報取得手続は中止する。ただし、一般の先取特権その他一般の優先権がある債権に基づく強制執行、仮差押え、仮処分又は財産開示手続若しくは第三者からの情報取得手続については、この限りでない。

2　特別清算開始の命令が確定したときは、前項の規定により中止した手続又は処分は、特別清算の手続の関係においては、その効力を失う。

3　特別清算開始の命令があったときは、清算株式会社の債権者の債権（一般の先取特権その他一般の優先権がある債権、特別清算の手続のために清算株式会社に対して生じた債権及び特別清算の手続に関する清算株式会社に対する費用請求権を除く。以下この節において「協定債権」という。）については、第938条第１項第２号又は第３号に規定する特別清算開始の取消しの登記又は特別清算終結の登記の日から２箇月を経過する日までの間は、時効は、完成しない。

（担保権の実行の手続等の中止命令）
第516条　裁判所は、特別清算開始の命令があった場合において、債権者の一般の利益に適合し、かつ、担保権の実行の手続等（清算株式会社の財産につき存する担保権の実行の手続、企業担保権の実行の手続又は清算株式会社の財産に対して既にされている一般の先取特権その他一般の優先権がある債権に基づく強制執行の手続をいう。以下この条において同じ。）の申立人に不当な損害を及ぼすおそれがないものと認めるときは、清算人、監査役、債権者若しくは株主の申立てにより又は職権で、相当の期間を定めて、担保権の実行の手続等の中止を命ずることができる。

（相殺の禁止）
第517条　協定債権を有する債権者（以下この節において「協定債権者」という。）は、次に掲げる場合には、相殺をすることができない。
一　特別清算開始後に清算株式会社に対して債務を負担したとき。
二　支払不能（清算株式会社が、支払能力を欠くために、その債務のうち弁済期にあるものにつき、一般的かつ継続的に弁済することができない状態をいう。以下この款において同じ。）になった後に契約によって負担する債務を専ら協定債権をもってする相殺に供する目的で清算株式会社の財産の処分を内容とする契約を清算株式会社との間で締結し、又は清算株式会社に対して債務を負担する者の債務を引き受けることを内容とする契約を締結することにより清算株式会社に対して債務を負担した場合であって、当該契約の締結の当時、支払不能であったことを知っていたとき。
三　支払の停止があった後に清算株式会社に対して債務を負担した場合であって、その負担の当時、支払の停止があったことを知っていたとき。ただし、当該支払の停止があった時において支払不能でなかったときは、この限りでない。
四　特別清算開始の申立てがあった後に清算株式会社に対して債務を負担した場合であって、その負担の当時、特別清算開始の申立てがあったことを知っていたとき。
2　前項第2号から第4号までの規定は、これらの規定に規定する債務の負担が次に掲げる原因のいずれかに基づく場合には、適用しない。
一　法定の原因
二　支払不能であったこと又は支払の停止若しくは特別清算開始の申立てがあったことを協定債権者が知った時より前に生じた原因
三　特別清算開始の申立てがあった時より1年以上前に生じた原因

第518条　清算株式会社に対して債務を負担する者は、次に掲げる場合には、相殺をすることができない。
一　特別清算開始後に他人の協定債権を取得したとき。
二　支払不能になった後に協定債権を取得した場合であって、その取得の当時、支払不能であったことを知っていたとき。
三　支払の停止があった後に協定債権を取得した場合であって、その取得の当時、支払の停止があったことを知っていたとき。ただし、当該支払の停止があった時において支払不能でなかったときは、この限りでない。
四　特別清算開始の申立てがあった後に協定債権を取得した場合であって、その取得の当時、特別清算開始の申立てがあったことを知っていたとき。
2　前項第2号から第4号までの規定は、これらの規定に規定する協定債権の取得が次に掲げる原因のいずれかに基づく場合には、適用しない。
一　法定の原因
二　支払不能であったこと又は支払の停止若しくは特別清算開始の申立てがあったことを清算株式会社に対して債務を負担する者が知った時より前に生じた原因
三　特別清算開始の申立てがあった時より1年以上前に生じた原因
四　清算株式会社に対して債務を負担する者と清算株式会社との間の契約

（共助対象外国租税債権者の手続参加）
第518条の2　協定債権者は、共助対象外国租税の請求権をもって特別清算の手続に参加するには、租税条約等実施特例法第11条第1項に規定する共助実施決定を得なければならない。

第2款　裁判所による監督及び調査

（裁判所による監督）
第519条　特別清算開始の命令があったときは、清算株式会社の清算は、裁判所の監督に属する。
2　裁判所は、必要があると認めるときは、清算株式会社の業務を監督する官庁に対し、当該清算株式会社の特別清算の手続について意見の陳述を求め、又は調査を嘱託することができる。

3　前項の官庁は、裁判所に対し、当該清算株式会社の特別清算の手続について意見を述べることができる。

（裁判所による調査）

第520条　裁判所は、いつでも、清算株式会社に対し、清算事務及び財産の状況の報告を命じ、その他清算の監督上必要な調査をすることができる。

（裁判所への財産目録等の提出）

第521条　特別清算開始の命令があった場合には、清算株式会社は、第492条第３項の承認があった後遅滞なく、財産目録等（同項に規定する財産目録等をいう。以下この条において同じ。）を裁判所に提出しなければならない。ただし、財産目録等が電磁的記録をもって作成されているときは、当該電磁的記録に記録された事項を記載した書面を裁判所に提出しなければならない。

（調査命令）

第522条　裁判所は、特別清算開始後において、清算株式会社の財産の状況を考慮して必要があると認めるときは、清算人、監査役、債権の申出をした債権者その他清算株式会社に知れている債権者の債権の総額の10分の１以上に当たる債権を有する債権者若しくは総株主（株主総会において決議をすることができる事項の全部につき議決権を行使することができない株主を除く。）の議決権の100分の３（これを下回る割合を定款で定めた場合にあっては、その割合）以上の議決権を６箇月（これを下回る期間を定款で定めた場合にあっては、その期間）前から引き続き有する株主若しくは発行済株式（自己株式を除く。）の100分の３（これを下回る割合を定款で定めた場合にあっては、その割合）以上の数の株式を６箇月（これを下回る期間を定款で定めた場合にあっては、その期間）前から引き続き有する株主の申立てにより又は職権で、次に掲げる事項について、調査委員による調査を命ずる処分（第533条において「調査命令」という。）をすることができる。

一　特別清算開始に至った事情

二　清算株式会社の業務及び財産の状況

三　第540条第１項の規定による保全処分をする必要があるかどうか。

四　第542条第１項の規定による保全処分をする必要があるかどうか。

五　第545条第１項に規定する役員等責任査定決定をする必要があるかどうか。

六　その他特別清算に必要な事項で裁判所の指定するもの

2　清算株式会社の財産につき担保権（特別の先取特権、質権、抵当権又はこの法律若しくは商法の規定による留置権に限る。）を有する債権者がその担保権の行使によって弁済を受けることができる債権の額は、前項の債権の額に算入しない。

3　公開会社でない清算株式会社における第１項の規定の適用については、同項中「６箇月（これを下回る期間を定款で定めた場合にあっては、その期間）前から引き続き有する」とあるのは、「有する」とする。

第３款　清算人

（清算人の公平誠実義務）

第523条　特別清算が開始された場合には、清算人は、債権者、清算株式会社及び株主に対し、公平かつ誠実に清算事務を行う義務を負う。

（清算人の解任等）

第524条　裁判所は、清算人が清算事務を適切に行っていないとき、その他重要な事由があるときは、債権者若しくは株主の申立てにより又は職権で、清算人を解任することができる。

2　清算人が欠けたときは、裁判所は、清算人を選任する。

3　清算人がある場合においても、裁判所は、必要があると認めるときは、更に清算人を選任することができる。

（清算人代理）

第525条　清算人は、必要があるときは、その職務を行わせるため、自己の責任で一人又は二人以上の清算人代理を選任することができる。

2　前項の清算人代理の選任については、裁判所の許可を得なければならない。

（清算人の報酬等）

第526条　清算人は、費用の前払及び裁判所が定める報酬を受けることができる。

2　前項の規定は、清算人代理について準用する。

第４款　監督委員

（監督委員の選任等）

第527条　裁判所は、一人又は二人以上の監督委員を選任し、当該監督委員に対し、第535条第１項の許可に代わる同意をする権限を付与することができる。
2　法人は、監督委員となることができる。
（監督委員に対する監督等）
第528条　監督委員は、裁判所が監督する。
2　裁判所は、監督委員が清算株式会社の業務及び財産の管理の監督を適切に行っていないとき、その他重要な事由があるときは、利害関係人の申立てにより又は職権で、監督委員を解任することができる。
（二人以上の監督委員の職務執行）
第529条　監督委員が二人以上あるときは、共同してその職務を行う。ただし、裁判所の許可を得て、それぞれ単独にその職務を行い、又は職務を分掌することができる。
（監督委員による調査等）
第530条　監督委員は、いつでも、清算株式会社の清算人及び監査役並びに支配人その他の使用人に対し、事業の報告を求め、又は清算株式会社の業務及び財産の状況を調査することができる。
2　監督委員は、その職務を行うため必要があるときは、清算株式会社の子会社に対し、事業の報告を求め、又はその子会社の業務及び財産の状況を調査することができる。
（監督委員の注意義務）
第531条　監督委員は、善良な管理者の注意をもって、その職務を行わなければならない。
2　監督委員が前項の注意を怠ったときは、その監督委員は、利害関係人に対し、連帯して損害を賠償する責任を負う。
（監督委員の報酬等）
第532条　監督委員は、費用の前払及び裁判所が定める報酬を受けることができる。
2　監督委員は、その選任後、清算株式会社に対する債権又は清算株式会社の株式を譲り受け、又は譲り渡すには、裁判所の許可を得なければならない。
3　監督委員は、前項の許可を得ないで同項に規定する行為をしたときは、費用及び報酬の支払を受けることができない。

第５款　調査委員

（調査委員の選任等）
第533条　裁判所は、調査命令をする場合には、当該調査命令において、一人又は二人以上の調査委員を選任し、調査委員が調査すべき事項及び裁判所に対して調査の結果の報告をすべき期間を定めなければならない。
（監督委員に関する規定の準用）
第534条　前款（第527条第１項及び第529条ただし書を除く。）の規定は、調査委員について準用する。

第６款　清算株式会社の行為の制限等

（清算株式会社の行為の制限）
第535条　特別清算開始の命令があった場合には、清算株式会社が次に掲げる行為をするには、裁判所の許可を得なければならない。ただし、第527条第１項の規定により監督委員が選任されているときは、これに代わる監督委員の同意を得なければならない。
一　財産の処分（次条第１項各号に掲げる行為を除く。）
二　借財
三　訴えの提起
四　和解又は仲裁合意（仲裁法（平成15年法律第138号）第２条第１項に規定する仲裁合意をいう。）
五　権利の放棄
六　その他裁判所の指定する行為
2　前項の規定にかかわらず、同項第１号から第５号までに掲げる行為については、次に掲げる場合には、同項の許可を要しない。
一　最高裁判所規則で定める額以下の価額を有するものに関するとき。
二　前号に掲げるもののほか、裁判所が前項の許可を要しないものとしたものに関するとき。
3　第１項の許可又はこれに代わる監督委員の同意を得ないでした行為は、無効とする。ただし、これをもって善意の第三者に対抗することができない。
（事業の譲渡の制限等）
第536条　特別清算開始の命令があった場合には、清算株式会社が次に掲げる行為をするには、裁判所の許可を得なければならない。
一　事業の全部の譲渡
二　事業の重要な一部の譲渡（当該譲渡により譲り渡す資産の帳簿価額が当該清算株式会社の総資産額として法務省令で定める方法により算定される額の５分の１（これを下回る割合を定款で定めた場合にあっては、その割合）を超えないものを除く。）
三　その子会社の株式又は持分の全部又は一部の譲渡（次のいずれにも該当する場合における譲渡に限る。）
イ　当該譲渡により譲り渡す株式又は持分の

帳簿価額が当該清算株式会社の総資産額として法務省令で定める方法により算定される額の５分の１（これを下回る割合を定款で定めた場合にあっては、その割合）を超えるとき。

ロ　当該清算株式会社が、当該譲渡がその効力を生ずる日において当該子会社の議決権の総数の過半数の議決権を有しないとき。

2　前条第３項の規定は、前項の許可を得ないでした行為について準用する。

3　第７章（第467条第１項第５号を除く。）の規定は、特別清算の場合には、適用しない。

（債務の弁済の制限）

第537条　特別清算開始の命令があった場合には、清算株式会社は、協定債権者に対して、その債権額の割合に応じて弁済をしなければならない。

2　前項の規定にかかわらず、清算株式会社は、裁判所の許可を得て、少額の協定債権、清算株式会社の財産につき存する担保権によって担保される協定債権その他これを弁済しても他の債権者を害するおそれがない協定債権に係る債務について、債権額の割合を超えて弁済をすることができる。

（換価の方法）

第538条　清算株式会社は、民事執行法その他強制執行の手続に関する法令の規定により、その財産の換価をすることができる。この場合においては、第535条第１項第１号の規定は、適用しない。

2　清算株式会社は、民事執行法その他強制執行の手続に関する法令の規定により、第522条第２項に規定する担保権（以下この条及び次条において単に「担保権」という。）の目的である財産の換価をすることができる。この場合においては、当該担保権を有する者（以下この条及び次条において「担保権者」という。）は、その換価を拒むことができない。

3　前２項の場合には、民事執行法第63条及び第129条（これらの規定を同法その他強制執行の手続に関する法令において準用する場合を含む。）の規定は、適用しない。

4　第２項の場合において、担保権者が受けるべき金額がまだ確定していないときは、清算株式会社は、代金を別に寄託しなければならない。この場合においては、担保権は、寄託された代金につき存する。

（担保権者が処分をすべき期間の指定）

第539条　担保権者が法律に定められた方法によらないで担保権の目的である財産の処分をする権利を有するときは、裁判所は、清算株式会社の申立てにより、担保権者がその処分をすべき期間を定めることができる。

2　担保権者は、前項の期間内に処分をしないときは、同項の権利を失う。

第７款　清算の監督上必要な処分等

（清算株式会社の財産に関する保全処分）

第540条　裁判所は、特別清算開始の命令があった場合において、清算の監督上必要があると認めるときは、債権者、清算人、監査役若しくは株主の申立てにより又は職権で、清算株式会社の財産に関し、その財産の処分禁止の仮処分その他の必要な保全処分を命ずることができる。

2　裁判所は、特別清算開始の申立てがあった時から当該申立てについての決定があるまでの間においても、必要があると認めるときは、債権者、清算人、監査役若しくは株主の申立てにより又は職権で、前項の規定による保全処分をすることができる。特別清算開始の申立てを却下する決定に対して第890条第５項の即時抗告がされたときも、同様とする。

3　裁判所が前２項の規定により清算株式会社が債権者に対して弁済その他の債務を消滅させる行為をすることを禁止する旨の保全処分を命じた場合には、債権者は、特別清算の関係においては、当該保全処分に反してされた弁済その他の債務を消滅させる行為の効力を主張することができない。ただし、債権者が、その行為の当時、当該保全処分がされたことを知っていたときに限る。

（株主名簿の記載等の禁止）

第541条　裁判所は、特別清算開始の命令があった場合において、清算の監督上必要があると認めるときは、債権者、清算人、監査役若しくは株主の申立てにより又は職権で、清算株式会社が株主名簿記載事項を株主名簿に記載し、又は記録することを禁止することができる。

2　裁判所は、特別清算開始の申立てがあった時から当該申立てについての決定があるまでの間においても、必要があると認めるときは、債権者、清算人、監査役若しくは株主の申立てにより又は職権で、前項の規定による処分をすることができる。特別清算開始の申立てを却下する決定に対して第890条第５項の即時抗告がされたときも、同様とする。

（役員等の財産に対する保全処分）

第542条　裁判所は、特別清算開始の命令があった場合において、清算の監督上必要があると認めるときは、清算株式会社の申立てにより又は職権で、発起人、設立時取締役、設立時監査役、第423条第１項に規定する役員等又は清算人（以下この款において「対象役員等」という。）の責任に基づく損害賠償請求権につき、当該対象役員等の財産に対する保全処分をすることができる。

2　裁判所は、特別清算開始の申立てがあった時から当該申立てについての決定があるまでの間においても、緊急の必要があると認めるときは、清算株式会社の申立てにより又は職権で、前項の規定による保全処分をすることができる。特別清算開始の申立てを却下する決定に対して第890条第５項の即時抗告がされたときも、同様とする。

（役員等の責任の免除の禁止）

第543条　裁判所は、特別清算開始の命令があった場合において、清算の監督上必要があると認めるときは、債権者、清算人、監査役若しくは株主の申立てにより又は職権で、対象役員等の責任の免除の禁止の処分をすることができる。

（役員等の責任の免除の取消し）

第544条　特別清算開始の命令があったときは、清算株式会社は、特別清算開始の申立てがあった後又はその前１年以内にした対象役員等の責任の免除を取り消すことができる。不正の目的によってした対象役員等の責任の免除についても、同様とする。

2　前項の規定による取消権は、訴え又は抗弁によって、行使する。

3　第１項の規定による取消権は、特別清算開始の命令があった日から２年を経過したときは、行使することができない。当該対象役員等の責任の免除の日から20年を経過したときも、同様とする。

（役員等責任査定決定）

第545条　裁判所は、特別清算開始の命令があった場合において、必要があると認めるときは、清算株式会社の申立てにより又は職権で、対象役員等の責任に基づく損害賠償請求権の査定の裁判（以下この条において「役員等責任査定決定」という。）をすることができる。

2　裁判所は、職権で役員等責任査定決定の手続を開始する場合には、その旨の決定をしなければならない。

3　第１項の申立て又は前項の決定があったときは、時効の完成猶予及び更新に関しては、裁判上の請求があったものとみなす。

4　役員等責任査定決定の手続（役員等責任査定決定があった後のものを除く。）は、特別清算が終了したときは、終了する。

第８款　債権者集会

（債権者集会の招集）

第546条　債権者集会は、特別清算の実行上必要がある場合には、いつでも、招集することができる。

2　債権者集会は、次条第３項の規定により招集する場合を除き、清算株式会社が招集する。

（債権者による招集の請求）

第547条　債権の申出をした協定債権者その他清算株式会社に知れている協定債権者の協定債権の総額の10分の１以上に当たる協定債権を有する協定債権者は、清算株式会社に対し、債権者集会の目的である事項及び招集の理由を示して、債権者集会の招集を請求することができる。

2　清算株式会社の財産につき第522条第２項に規定する担保権を有する協定債権者がその担保権の行使によって弁済を受けることができる協定債権の額は、前項の協定債権の額に算入しない。

3　次に掲げる場合には、第１項の規定による請求をした協定債権者は、裁判所の許可を得て、債権者集会を招集することができる。

一　第１項の規定による請求の後遅滞なく招集の手続が行われない場合

二　第１項の規定による請求があった日から６週間以内の日を債権者集会の日とする債権者集会の招集の通知が発せられない場合

（債権者集会の招集等の決定）

第548条　債権者集会を招集する者（以下この款において「招集者」という。）は、債権者集会を招集する場合には、次に掲げる事項を定めなければならない。

一　債権者集会の日時及び場所

二　債権者集会の目的である事項
三　債権者集会に出席しない協定債権者が電磁的方法によって議決権を行使することができることとするときは、その旨
四　前３号に掲げるもののほか、法務省令で定める事項
2　清算株式会社が債権者集会を招集する場合には、当該清算株式会社は、各協定債権について債権者集会における議決権の行使の許否及びその額を定めなければならない。
3　清算株式会社以外の者が債権者集会を招集する場合には、その招集者は、清算株式会社に対し、前項に規定する事項を定めることを請求しなければならない。この場合において、その請求があったときは、清算株式会社は、同項に規定する事項を定めなければならない。
4　清算株式会社の財産６につき第522条第２項に規定する担保権を有する協定債権者は、その担保権の行使によって弁済を受けることができる協定債権の額については、議決権を有しない。
5　協定債権者は、共助対象外国租税の請求権については、議決権を有しない。

（債権者集会の招集の通知）
第549条　債権者集会を招集するには、招集者は、債権者集会の日の２週間前までに、債権の申出をした協定債権者その他清算株式会社に知れている協定債権者及び清算株式会社に対して、書面をもってその通知を発しなければならない。
2　招集者は、前項の書面による通知の発出に代えて、政令で定めるところにより、同項の通知を受けるべき者の承諾を得て、電磁的方法により通知を発することができる。この場合において、当該招集者は、同項の書面による通知を発したものとみなす。
3　前２項の通知には、前条第１項各号に掲げる事項を記載し、又は記録しなければならない。
4　前３項の規定は、債権の申出をした債権者その他清算株式会社に知れている債権者であって一般の先取特権その他一般の優先権がある債権、特別清算の手続のために清算株式会社に対して生じた債権又は特別清算の手続に関する清算株式会社に対する費用請求権を有するものについて準用する。

（債権者集会参考書類及び議決権行使書面の交付等）
第550条　招集者は、前条第１項の通知に際しては、法務省令で定めるところにより、債権の申出をした協定債権者その他清算株式会社に知れている協定債権者に対し、当該協定債権者が有する協定債権について第548条第２項又は第３項の規定により定められた事項及び議決権の行使について参考となるべき事項を記載した書類（次項において「債権者集会参考書類」という。）並びに協定債権者が議決権を行使するための書面（以下この款において「議決権行使書面」という。）を交付しなければならない。
2　招集者は、前条第２項の承諾をした協定債権者に対し同項の電磁的方法による通知を発するときは、前項の規定による債権者集会参考書類及び議決権行使書面の交付に代えて、これらの書類に記載すべき事項を電磁的方法により提供することができる。ただし、協定債権者の請求があったときは、これらの書類を当該協定債権者に交付しなければならない。
第551条　招集者は、第548条第１項第３号に掲げる事項を定めた場合には、第549条第２項の承諾をした協定債権者に対する電磁的方法による通知に際して、法務省令で定めるところにより、協定債権者に対し、議決権行使書面に記載すべき事項を当該電磁的方法により提供しなければならない。
2　招集者は、第548条第１項第３号に掲げる事項を定めた場合において、第549条第２項の承諾をしていない協定債権者から債権者集会の日の１週間前までに議決権行使書面に記載すべき事項の電磁的方法による提供の請求があったときは、法務省令で定めるところにより、直ちに、当該協定債権者に対し、当該事項を電磁的方法により提供しなければならない。

（債権者集会の指揮等）
第552条　債権者集会は、裁判所が指揮する。
2　債権者集会を招集しようとするときは、招集者は、あらかじめ、第548条第１項各号に掲げる事項及び同条第２項又は第３項の規定により定められた事項を裁判所に届け出なければならない。

（異議を述べられた議決権の取扱い）
第553条　債権者集会において、第548条第２項又は第３項の規定により各協定債権について定められた事項について、当該協定債権を有する者又は他の協定債権者が異議を述べたときは、裁判所がこれを定める。

（債権者集会の決議）

第554条　債権者集会において決議をする事項を可決するには、次に掲げる同意のいずれもがなければならない。

一　出席した議決権者（議決権を行使することができる協定債権者をいう。以下この款及び次款において同じ。）の過半数の同意

二　出席した議決権者の議決権の総額の2分の1を超える議決権を有する者の同意

2　第558条第1項の規定によりその有する議決権の一部のみを前項の事項に同意するものとして行使した議決権者（その余の議決権を行使しなかったものを除く。）があるときの同項第1号の規定の適用については、当該議決権者一人につき、出席した議決権者の数に1を、同意をした議決権者の数に2分の1を、それぞれ加算するものとする。

3　債権者集会は、第548条第1項第2号に掲げる事項以外の事項については、決議をすることができない。

（議決権の代理行使）

第555条　協定債権者は、代理人によってその議決権を行使することができる。この場合においては、当該協定債権者又は代理人は、代理権を証明する書面を招集者に提出しなければならない。

2　前項の代理権の授与は、債権者集会ごとにしなければならない。

3　第1項の協定債権者又は代理人は、代理権を証明する書面の提出に代えて、政令で定めるところにより、招集者の承諾を得て、当該書面に記載すべき事項を電磁的方法により提供することができる。この場合において、当該協定債権者又は代理人は、当該書面を提出したものとみなす。

4　協定債権者が第549条第2項の承諾をした者である場合には、招集者は、正当な理由がなければ、前項の承諾をすることを拒んではならない。

（書面による議決権の行使）

第556条　債権者集会に出席しない協定債権者は、書面によって議決権を行使することができる。

2　書面による議決権の行使は、議決権行使書面に必要な事項を記載し、法務省令で定める時までに当該記載をした議決権行使書面を招集者に提出して行う。

3　前項の規定により書面によって議決権を行使した議決権者は、第554条第1項及び第567条第1項の規定の適用については、債権者集会に出席したものとみなす。

（電磁的方法による議決権の行使）

第557条　電磁的方法による議決権の行使は、政令で定めるところにより、招集者の承諾を得て、法務省令で定める時までに議決権行使書面に記載すべき事項を、電磁的方法により当該招集者に提供して行う。

2　協定債権者が第549条第2項の承諾をした者である場合には、招集者は、正当な理由がなければ、前項の承諾をすることを拒んではならない。

3　第1項の規定により電磁的方法によって議決権を行使した議決権者は、第554条第1項及び第567条第1項の規定の適用については、債権者集会に出席したものとみなす。

（議決権の不統一行使）

第558条　協定債権者は、その有する議決権を統一しないで行使することができる。この場合においては、債権者集会の日の3日前までに、招集者に対してその旨及びその理由を通知しなければならない。

2　招集者は、前項の協定債権者が他人のために協定債権を有する者でないときは、当該協定債権者が同項の規定によりその有する議決権を統一しないで行使することを拒むことができる。

（担保権を有する債権者等の出席等）

第559条　債権者集会又は招集者は、次に掲げる債権者の出席を求め、その意見を聴くことができる。この場合において、債権者集会にあっては、これをする旨の決議を経なければならない。

一　第522条第2項に規定する担保権を有する債権者

二　一般の先取特権その他一般の優先権がある債権、特別清算の手続のために清算株式会社に対して生じた債権又は特別清算の手続に関する清算株式会社に対する費用請求権を有する債権者

（延期又は続行の決議）

第560条　債権者集会においてその延期又は続行について決議があった場合には、第548条（第4項を除く。）及び第549条の規定は、適用しない。

（議事録）

第561条　債権者集会の議事については、招集者は、法務省令で定めるところにより、議事録

会社法

を作成しなければならない。

(清算人の調査結果等の債権者集会に対する報告)

第562条　特別清算開始の命令があった場合において、第492条第１項に規定する清算人が清算株式会社の財産の現況についての調査を終了して財産目録等(同項に規定する財産目録等をいう。以下この条において同じ。)を作成したときは、清算株式会社は、遅滞なく、債権者集会を招集し、当該債権者集会に対して、清算株式会社の業務及び財産の状況の調査の結果並びに財産目録等の要旨を報告するとともに、清算の実行の方針及び見込みに関して意見を述べなければならない。ただし、債権者集会に対する報告及び意見の陳述以外の方法によりその報告すべき事項及び当該意見の内容を債権者に周知させることが適当であると認めるときは、この限りでない。

第９款　協定

(協定の申出)

第563条　清算株式会社は、債権者集会に対し、協定の申出をすることができる。

(協定の条項)

第564条　協定においては、協定債権者の権利(第522条第２項に規定する担保権を除く。)の全部又は一部の変更に関する条項を定めなければならない。

2　協定債権者の権利の全部又は一部を変更する条項においては、債務の減免、期限の猶予その他の権利の変更の一般的基準を定めなければならない。

(協定による権利の変更)

第565条　協定による権利の変更の内容は、協定債権者の間では平等でなければならない。ただし、不利益を受ける協定債権者の同意がある場合又は少額の協定債権について別段の定めをしても衡平を害しない場合その他協定債権者の間に差を設けても衡平を害しない場合は、この限りでない。

(担保権を有する債権者等の参加)

第566条　清算株式会社は、協定案の作成に当たり必要があると認めるときは、次に掲げる債権者の参加を求めることができる。

一　第522条第２項に規定する担保権を有する債権者

二　一般の先取特権その他一般の優先権がある債権を有する債権者

(協定の可決の要件)

第567条　第554条第１項の規定にかかわらず、債権者集会において協定を可決するには、次に掲げる同意のいずれもがなければならない。

一　出席した議決権者の過半数の同意

二　議決権者の議決権の総額の３分の２以上の議決権を有する者の同意

2　第554条第２項の規定は、前項第１号の規定の適用について準用する。

(協定の認可の申立て)

第568条　協定が可決されたときは、清算株式会社は、遅滞なく、裁判所に対し、協定の認可の申立てをしなければならない。

(協定の認可又は不認可の決定)

第569条　前条の申立てがあった場合には、裁判所は、次項の場合を除き、協定の認可の決定をする。

2　裁判所は、次のいずれかに該当する場合には、協定の不認可の決定をする。

一　特別清算の手続又は協定が法律の規定に違反し、かつ、その不備を補正することができないものであるとき。ただし、特別清算の手続が法律の規定に違反する場合において、当該違反の程度が軽微であるときは、この限りでない。

二　協定が遂行される見込みがないとき。

三　協定が不正の方法によって成立するに至ったとき。

四　協定が債権者の一般の利益に反するとき。

(協定の効力発生の時期)

第570条　協定は、認可の決定の確定により、その効力を生ずる。

(協定の効力範囲)

第571条　協定は、清算株式会社及びすべての協定債権者のために、かつ、それらの者に対して効力を有する。

2　協定は、第522条第２項に規定する債権者が有する同項に規定する担保権、協定債権者が清算株式会社の保証人その他清算株式会社と共に債務を負担する者に対して有する権利及び清算株式会社以外の者が協定債権者のために提供した担保に影響を及ぼさない。

3　協定の認可の決定が確定したときは、協定債権者の権利は、協定の定めに従い、変更される。

4　前項の規定にかかわらず、共助対象外国租税の請求権についての協定による権利の変更の効力は、租税条約等実施特例法第11条第１項の規定による共助との関係においてのみ主張することができる。

（協定の内容の変更）

第572条　協定の実行上必要があるときは、協定の内容を変更することができる。この場合においては、第563条から前条までの規定を準用する。

第10款　特別清算の終了

（特別清算終結の決定）

第573条　裁判所は、特別清算開始後、次に掲げる場合には、清算人、監査役、債権者、株主又は調査委員の申立てにより、特別清算終結の決定をする。

一　特別清算が結了したとき。

二　特別清算の必要がなくなったとき。

（破産手続開始の決定）

第574条　裁判所は、特別清算開始後、次に掲げる場合において、清算株式会社に破産手続開始の原因となる事実があると認めるときは、職権で、破産法に従い、破産手続開始の決定をしなければならない。

一　協定の見込みがないとき。

二　協定の実行の見込みがないとき。

三　特別清算によることが債権者の一般の利益に反するとき。

2　裁判所は、特別清算開始後、次に掲げる場合において、清算株式会社に破産手続開始の原因となる事実があると認めるときは、職権で、破産法に従い、破産手続開始の決定をすることができる。

一　協定が否決されたとき。

二　協定の不認可の決定が確定したとき。

3　前２項の規定により破産手続開始の決定があった場合における破産法第71条第１項第４号並びに第２項第２号及び第３号、第72条第１項第４号並びに第２項第２号及び第３号、第160条（第１項第１号を除く。）、第162条（第１項第２号を除く。）、第163条第２項、第164条第１項（同条第２項において準用する場合を含む。）、第166条並びに第167条第２項（同法第170条第２項において準用する場合を含む。）の規定の適用については、次の各号に掲げる区分に応じ、当該各号に定める申立てがあった時に破産手続開始の申立てがあったものとみなす。

一　特別清算開始の申立ての前に特別清算開始の命令の確定によって効力を失った破産手続における破産手続開始の申立てがある場合　当該破産手続開始の申立て

二　前号に掲げる場合以外の場合　特別清算開始の申立て

4　第１項又は第２項の規定により破産手続開始の決定があったときは、特別清算の手続のために清算株式会社に対して生じた債権及び特別清算の手続に関する清算株式会社に対する費用請求権は、財団債権とする。

第３編　持分会社

第１章　設立

（定款の作成）

第575条　合名会社、合資会社又は合同会社（以下「持分会社」と総称する。）を設立するには、その社員になろうとする者が定款を作成し、その全員がこれに署名し、又は記名押印しなければならない。

2　前項の定款は、電磁的記録をもって作成することができる。この場合において、当該電磁的記録に記録された情報については、法務省令で定める署名又は記名押印に代わる措置をとらなければならない。

（定款の記載又は記録事項）

第576条　持分会社の定款には、次に掲げる事項を記載し、又は記録しなければならない。

一　目的

二　商号

三　本店の所在地

四　社員の氏名又は名称及び住所

五　社員が無限責任社員又は有限責任社員のいずれであるかの別

六　社員の出資の目的（有限責任社員にあっては、金銭等に限る。）及びその価額又は評価の標準

2　設立しようとする持分会社が合名会社である場合には、前項第５号に掲げる事項として、その社員の全部を無限責任社員とする旨を記載し、又は記録しなければならない。

3　設立しようとする持分会社が合資会社である場合には、第１項第５号に掲げる事項として、その社員の一部を無限責任社員とし、その他の社員を有限責任社員とする旨を記載し、又は記録しなければならない。

4　設立しようとする持分会社が合同会社である場合には、第１項第５号に掲げる事項として、

その社員の全部を有限責任社員とする旨を記載し、又は記録しなければならない。

第577条　前条に規定するもののほか、持分会社の定款には、この法律の規定により定款の定めがなければその効力を生じない事項及びその他の事項でこの法律の規定に違反しないものを記載し、又は記録することができる。

（合同会社の設立時の出資の履行）

第578条　設立しようとする持分会社が合同会社である場合には、当該合同会社の社員になろうとする者は、定款の作成後、合同会社の設立の登記をする時までに、その出資に係る金銭の全額を払い込み、又はその出資に係る金銭以外の財産の全部を給付しなければならない。ただし、合同会社の社員になろうとする者全員の同意があるときは、登記、登録その他権利の設定又は移転を第三者に対抗するために必要な行為は、合同会社の成立後にすることを妨げない。

（持分会社の成立）

第579条　持分会社は、その本店の所在地において設立の登記をすることによって成立する。

第2章　社員

第1節　社員の責任等

（社員の責任）

第580条　社員は、次に掲げる場合には、連帯して、持分会社の債務を弁済する責任を負う。

一　当該持分会社の財産をもってその債務を完済することができない場合

二　当該持分会社の財産に対する強制執行がその効を奏しなかった場合（社員が、当該持分会社に弁済をする資力があり、かつ、強制執行が容易であることを証明した場合を除く。）

2　有限責任社員は、その出資の価額（既に持分会社に対し履行した出資の価額を除く。）を限度として、持分会社の債務を弁済する責任を負う。

（社員の抗弁）

第581条　社員が持分会社の債務を弁済する責任を負う場合には、社員は、持分会社が主張することができる抗弁をもって当該持分会社の債権者に対抗することができる。

2　前項に規定する場合において、持分会社がその債権者に対して相殺権、取消権又は解除権を有するときは、これらの権利の行使によって持分会社がその債務を免れるべき限度において、社員は、当該債権者に対して債務の履行を拒むことができる。

（社員の出資に係る責任）

第582条　社員が金銭を出資の目的とした場合において、その出資をすることを怠ったときは、当該社員は、その利息を支払うほか、損害の賠償をしなければならない。

2　社員が債権を出資の目的とした場合において、当該債権の債務者が弁済期に弁済をしなかったときは、当該社員は、その弁済をする責任を負う。この場合においては、当該社員は、その利息を支払うほか、損害の賠償をしなければならない。

（社員の責任を変更した場合の特則）

第583条　有限責任社員が無限責任社員となった場合には、当該無限責任社員となった者は、その者が無限責任社員となる前に生じた持分会社の債務についても、無限責任社員としてこれを弁済する責任を負う。

2　有限責任社員（合同会社の社員を除く。）が出資の価額を減少した場合であっても、当該有限責任社員は、その旨の登記をする前に生じた持分会社の債務については、従前の責任の範囲内でこれを弁済する責任を負う。

3　無限責任社員が有限責任社員となった場合であっても、当該有限責任社員となった者は、その旨の登記をする前に生じた持分会社の債務については、無限責任社員として当該債務を弁済する責任を負う。

4　前2項の責任は、前2項の登記後2年以内に請求又は請求の予告をしない持分会社の債権者に対しては、当該登記後2年を経過した時に消滅する。

（無限責任社員となることを許された未成年者の行為能力）

第584条　持分会社の無限責任社員となることを許された未成年者は、社員の資格に基づく行為に関しては、行為能力者とみなす。

第2節　持分の譲渡等

（持分の譲渡）

第585条　社員は、他の社員の全員の承諾がなければ、その持分の全部又は一部を他人に譲渡することができない。

2　前項の規定にかかわらず、業務を執行しない有限責任社員は、業務を執行する社員の全員の承諾があるときは、その持分の全部又は一部を他人に譲渡することができる。
3　第637条<定款の変更>の規定にかかわらず、業務を執行しない有限責任社員の持分の譲渡に伴い定款の変更を生ずるときは、その持分の譲渡による定款の変更は、業務を執行する社員の全員の同意によってすることができる。
4　前3項の規定は、定款で別段の定めをすることを妨げない。

（持分の全部の譲渡をした社員の責任）
第586条　持分の全部を他人に譲渡した社員は、その旨の登記をする前に生じた持分会社の債務について、従前の責任の範囲内でこれを弁済する責任を負う。
2　前項の責任は、同項の登記後2年以内に請求又は請求の予告をしない持分会社の債権者に対しては、当該登記後2年を経過した時に消滅する。

第587条　持分会社は、その持分の全部又は一部を譲り受けることができない。
2　持分会社が当該持分会社の持分を取得した場合には、当該持分は、当該持分会社がこれを取得した時に、消滅する。

第3節　誤認行為の責任

（無限責任社員であると誤認させる行為等をした有限責任社員の責任）
第588条　合資会社の有限責任社員が自己を無限責任社員であると誤認させる行為をしたときは、当該有限責任社員は、その誤認に基づいて合資会社と取引をした者に対し、無限責任社員と同一の責任を負う。
2　合資会社又は合同会社の有限責任社員がその責任の限度を誤認させる行為（前項の行為を除く。）をしたときは、当該有限責任社員は、その誤認に基づいて合資会社又は合同会社と取引をした者に対し、その誤認させた責任の範囲内で当該合資会社又は合同会社の債務を弁済する責任を負う。

（社員であると誤認させる行為をした者の責任）
第589条　合名会社又は合資会社の社員でない者が自己を無限責任社員であると誤認させる行為をしたときは、当該社員でない者は、その誤認に基づいて合名会社又は合資会社と取引をした者に対し、無限責任社員と同一の責任を負う。
2　合資会社又は合同会社の社員でない者が自己を有限責任社員であると誤認させる行為をしたときは、当該社員でない者は、その誤認に基づいて合資会社又は合同会社と取引をした者に対し、その誤認させた責任の範囲内で当該合資会社又は合同会社の債務を弁済する責任を負う。

第3章　管理

第1節　総則

（業務の執行）
第590条　社員は、定款に別段の定めがある場合を除き、持分会社の業務を執行する。
2　社員が二人以上ある場合には、持分会社の業務は、定款に別段の定めがある場合を除き、社員の過半数をもって決定する。
3　前項の規定にかかわらず、持分会社の常務は、各社員が単独で行うことができる。ただし、その完了前に他の社員が異議を述べた場合は、この限りでない。

（業務を執行する社員を定款で定めた場合）
第591条　業務を執行する社員を定款で定めた場合において、業務を執行する社員が二人以上あるときは、持分会社の業務は、定款に別段の定めがある場合を除き、業務を執行する社員の過半数をもって決定する。この場合における前条第3項の規定の適用については、同項中「社員」とあるのは、「業務を執行する社員」とする。
2　前項の規定にかかわらず、同項に規定する場合には、支配人の選任及び解任は、社員の過半数をもって決定する。ただし、定款で別段の定めをすることを妨げない。
3　業務を執行する社員を定款で定めた場合において、その業務を執行する社員の全員が退社したときは、当該定款の定めは、その効力を失う。
4　業務を執行する社員を定款で定めた場合には、その業務を執行する社員は、正当な事由がなければ、辞任することができない。
5　前項の業務を執行する社員は、正当な事由がある場合に限り、他の社員の一致によって解任することができる。
6　前2項の規定は、定款で別段の定めをすることを妨げない。

（社員の持分会社の業務及び財産状況に関する調査）
第592条　業務を執行する社員を定款で定めた場合には、各社員は、持分会社の業務を執行する権利を有しないときであっても、その業務及び財産の状況を調査することができる。

2　前項の規定は、定款で別段の定めをすることを妨げない。ただし、定款によっても、社員が事業年度の終了時又は重要な事由があるときに同項の規定による調査をすることを制限する旨を定めることができない。

第2節　業務を執行する社員

（業務を執行する社員と持分会社との関係）

第593条　業務を執行する社員は、善良な管理者の注意をもって、その職務を行う義務を負う。

2　業務を執行する社員は、法令及び定款を遵守し、持分会社のため忠実にその職務を行わなければならない。

3　業務を執行する社員は、持分会社又は他の社員の請求があるときは、いつでもその職務の執行の状況を報告し、その職務が終了した後は、遅滞なくその経過及び結果を報告しなければならない。

4　民法第646条から第650条<受任者の権利・義務・責任>までの規定は、業務を執行する社員と持分会社との関係について準用する。この場合において、同法第646条第１項<受任者による受取物の引渡し>、第648条第２項<受任者の報酬請求>、第648条の２<成果等に対する報酬>、第649条<受任者による費用の前払請求>及び第650条<受任者による費用等の償還請求等>中「委任事務」とあるのは「その職務」と、同法第648条第３項<受任者の履行割合に応じた報酬請求>第１号中「委任事務」とあり、及び同項第２号中「委任」とあるのは「前項の職務」と読み替えるものとする。

5　前２項の規定は、定款で別段の定めをすることを妨げない。

（競業の禁止）

第594条　業務を執行する社員は、当該社員以外の社員の全員の承認を受けなければ、次に掲げる行為をしてはならない。ただし、定款に別段の定めがある場合は、この限りでない。

一　自己又は第三者のために持分会社の事業の部類に属する取引をすること。

二　持分会社の事業と同種の事業を目的とする会社の取締役、執行役又は業務を執行する社員となること。

2　業務を執行する社員が前項の規定に違反して同項第１号に掲げる行為をしたときは、当該行為によって当該業務を執行する社員又は第三者が得た利益の額は、持分会社に生じた損害の額と推定する。

（利益相反取引の制限）

第595条　業務を執行する社員は、次に掲げる場合には、当該取引について当該社員以外の社員の過半数の承認を受けなければならない。ただし、定款に別段の定めがある場合は、この限りでない。

一　業務を執行する社員が自己又は第三者のために持分会社と取引をしようとするとき。

二　持分会社が業務を執行する社員の債務を保証することその他社員でない者との間において持分会社と当該社員との利益が相反する取引をしようとするとき。

2　民法第108条<自己契約及び双方代理>の規定は、前項の承認を受けた同項各号の取引については、適用しない。

（業務を執行する社員の持分会社に対する損害賠償責任）

第596条　業務を執行する社員は、その任務を怠ったときは、持分会社に対し、連帯して、これによって生じた損害を賠償する責任を負う。

（業務を執行する有限責任社員の第三者に対する損害賠償責任）

第597条　業務を執行する有限責任社員がその職務を行うについて悪意又は重大な過失があったときは、当該有限責任社員は、連帯して、これによって第三者に生じた損害を賠償する責任を負う。

（法人が業務を執行する社員である場合の特則）

第598条　法人が業務を執行する社員である場合には、当該法人は、当該業務を執行する社員の職務を行うべき者を選任し、その者の氏名及び住所を他の社員に通知しなければならない。

2　第593条から前条まで<業務を執行する社員と持分会社との関係に関する規定>の規定は、前項の規定により選任された社員の職務を行うべき者について準用する。

（持分会社の代表）

第599条　業務を執行する社員は、持分会社を代表する。ただし、他に持分会社を代表する社員その他持分会社を代表する者を定めた場合は、この限りでない。

2　前項本文の業務を執行する社員が二人以上ある場合には、業務を執行する社員は、各自、持分会社を代表する。

3　持分会社は、定款又は定款の定めに基づく社員の互選によって、業務を執行する社員の中から持分会社を代表する社員を定めることができる。

4　持分会社を代表する社員は、持分会社の業務に関する一切の裁判上又は裁判外の行為をする権限を有する。

5　前項の権限に加えた制限は、善意の第三者に対抗することができない。

（持分会社を代表する社員等の行為についての損害賠償責任）

第600条　持分会社は、持分会社を代表する社員その他の代表者がその職務を行うについて第三者に加えた損害を賠償する責任を負う。

（持分会社と社員との間の訴えにおける会社の代表）

第601条　第599条第４項<持分会社を代表する社員の権限>の規定にかかわらず、持分会社が社員に対し、又は社員が持分会社に対して訴えを提起する場合において、当該訴えについて持分会社を代表する者（当該社員を除く。）が存しないときは、当該社員以外の社員の過半数をもって、当該訴えについて持分会社を代表する者を定めることができる。

第602条　第599条第１項<持分会社の代表>の規定にかかわらず、社員が持分会社に対して社員の責任を追及する訴えの提起を請求した場合において、持分会社が当該請求の日から60日以内に当該訴えを提起しないときは、当該請求をした社員は、当該訴えについて持分会社を代表することができる。ただし、当該訴えが当該社員若しくは第三者の不正な利益を図り又は当該持分会社に損害を加えることを目的とする場合は、この限りでない。

第３節　業務を執行する社員の職務を代行する者

第603条　民事保全法第56条に規定する仮処分命令により選任された業務を執行する社員又は持分会社を代表する社員の職務を代行する者は、仮処分命令に別段の定めがある場合を除き、持分会社の常務に属しない行為をするには、裁判所の許可を得なければならない。

2　前項の規定に違反して行った業務を執行する社員又は持分会社を代表する社員の職務を代行する者の行為は、無効とする。ただし、持分会社は、これをもって善意の第三者に対抗することができない。

第４章　社員の加入及び退社

第１節　社員の加入

（社員の加入）

第604条　持分会社は、新たに社員を加入させることができる。

2　持分会社の社員の加入は、当該社員に係る定款の変更をした時に、その効力を生ずる。

3　前項の規定にかかわらず、合同会社が新たに社員を加入させる場合において、新たに社員となろうとする者が同項の定款の変更をした時にその出資に係る払込み又は給付の全部又は一部を履行していないときは、その者は、当該払込み又は給付を完了した時に、合同会社の社員となる。

（加入した社員の責任）

第605条　持分会社の成立後に加入した社員は、その加入前に生じた持分会社の債務についても、これを弁済する責任を負う。

第２節　社員の退社

（任意退社）

第606条　持分会社の存続期間を定款で定めなかった場合又はある社員の終身の間持分会社が存続することを定款で定めた場合には、各社員は、事業年度の終了の時において退社をすることができる。この場合においては、各社員は、６箇月前までに持分会社に退社の予告をしなければならない。

2　前項の規定は、定款で別段の定めをすることを妨げない。

3　前２項の規定にかかわらず、各社員は、やむを得ない事由があるときは、いつでも退社することができる。

（法定退社）

第607条　社員は、前条、第609条第１項<持分の差押債権者による退社>、第642条第２項<持分会社の継続の同意をしなかった社員の退社>及び第845条<持分会社の設立の無効又は取消しの判決の効力>の場合のほか、次に掲げる事由によって退社する。

一　定款で定めた事由の発生

二　総社員の同意

三　死亡
四　合併（合併により当該法人である社員が消滅する場合に限る。）
五　破産手続開始の決定
六　解散（前２号に掲げる事由によるものを除く。）
七　後見開始の審判を受けたこと。
八　除名

2　持分会社は、その社員が前項第５号から第７号までに掲げる事由の全部又は一部によっては退社しない旨を定めることができる。

（相続及び合併の場合の特則）

第608条　持分会社は、その社員が死亡した場合又は合併により消滅した場合における当該社員の相続人その他の一般承継人が当該社員の持分を承継する旨を定款で定めることができる。

2　第604条第２項<持分会社の社員の加入の効力発生時期>の規定にかかわらず、前項の規定による定款の定めがある場合には、同項の一般承継人（社員以外のものに限る。）は、同項の持分を承継した時に、当該持分を有する社員となる。

3　第１項の定款の定めがある場合には、持分会社は、同項の一般承継人が持分を承継した時に、当該一般承継人に係る定款の変更をしたものとみなす。

4　第１項の一般承継人（相続により持分を承継したものであって、出資に係る払込み又は給付の全部又は一部を履行していないものに限る。）が二人以上ある場合には、各一般承継人は、連帯して当該出資に係る払込み又は給付の履行をする責任を負う。

5　第１項の一般承継人（相続により持分を承継したものに限る。）が二人以上ある場合には、各一般承継人は、承継した持分についての権利を行使する者一人を定めなければ、当該持分についての権利を行使することができない。ただし、持分会社が当該権利を行使することに同意した場合は、この限りでない。

（持分の差押債権者による退社）

第609条　社員の持分を差し押さえた債権者は、事業年度の終了時において当該社員を退社させることができる。この場合においては、当該債権者は、６箇月前までに持分会社及び当該社員にその予告をしなければならない。

2　前項後段の予告は、同項の社員が、同項の債権者に対し、弁済し、又は相当の担保を提供したときは、その効力を失う。

3　第１項後段の予告をした同項の債権者は、裁判所に対し、持分の払戻しの請求権の保全に関し必要な処分をすることを申し立てることができる。

（退社に伴う定款のみなし変更）

第610条　第606条<任意退社>、第607条第１項<法定退社>、前条第１項<持分の差押債権者による退社>又は第642条第２項<持分会社の継続の同意をしなかった社員の退社>の規定により社員が退社した場合（第845条の規定により社員が退社したものとみなされる場合を含む。）には、持分会社は、当該社員が退社した時に、当該社員に係る定款の定めを廃止する定款の変更をしたものとみなす。

（退社に伴う持分の払戻し）

第611条　退社した社員は、その出資の種類を問わず、その持分の払戻しを受けることができる。ただし、第608条第１項及び第２項<相続及び合併の場合の特則>の規定により当該社員の一般承継人が社員となった場合は、この限りでない。

2　退社した社員と持分会社との間の計算は、退社の時における持分会社の財産の状況に従ってしなければならない。

3　退社した社員の持分は、その出資の種類を問わず、金銭で払い戻すことができる。

4　退社の時にまだ完了していない事項については、その完了後に計算をすることができる。

5　社員が除名により退社した場合における第２項及び前項の規定の適用については、これらの規定中「退社の時」とあるのは、「除名の訴えを提起した時」とする。

6　前項に規定する場合には、持分会社は、除名の訴えを提起した日後の法定利率による利息をも支払わなければならない。

7　社員の持分の差押えは、持分の払戻しを請求する権利に対しても、その効力を有する。

（退社した社員の責任）

第612条　退社した社員は、その登記をする前に生じた持分会社の債務について、従前の責任の範囲内でこれを弁済する責任を負う。

2　前項の責任は、同項の登記後２年以内に請求又は請求の予告をしない持分会社の債権者に対しては、当該登記後２年を経過した時に消滅する。

（商号変更の請求）

第613条　持分会社がその商号中に退社した社員の氏若しくは氏名又は名称を用いているときは、当該退社した社員は、当該持分会社に対し、その氏若しくは氏名又は名称の使用をやめることを請求することができる。

第5章　計算等

第1節　会計の原則

第614条　持分会社の会計は、一般に公正妥当と認められる企業会計の慣行に従うものとする。

第2節　会計帳簿

（会計帳簿の作成及び保存）

第615条　持分会社は、法務省令で定めるところにより、適時に、正確な会計帳簿を作成しなければならない。

2　持分会社は、会計帳簿の閉鎖の時から10年間、その会計帳簿及びその事業に関する重要な資料を保存しなければならない。

（会計帳簿の提出命令）

第616条　裁判所は、申立てにより又は職権で、訴訟の当事者に対し、会計帳簿の全部又は一部の提出を命ずることができる。

第3節　計算書類

（計算書類の作成及び保存）

第617条　持分会社は、法務省令で定めるところにより、その成立の日における貸借対照表を作成しなければならない。

2　持分会社は、法務省令で定めるところにより、各事業年度に係る計算書類（貸借対照表その他持分会社の財産の状況を示すために必要かつ適切なものとして法務省令で定めるものをいう。以下この章において同じ。）を作成しなければならない。

3　計算書類は、電磁的記録をもって作成することができる。

4　持分会社は、計算書類を作成した時から10年間、これを保存しなければならない。

（計算書類の閲覧等）

第618条　持分会社の社員は、当該持分会社の営業時間内は、いつでも、次に掲げる請求をすることができる。

一　計算書類が書面をもって作成されているときは、当該書面の閲覧又は謄写の請求

二　計算書類が電磁的記録をもって作成されているときは、当該電磁的記録に記録された事項を法務省令で定める方法により表示したものの閲覧又は謄写の請求

2　前項の規定は、定款で別段の定めをすることを妨げない。ただし、定款によっても、社員が事業年度の終了時に同項各号に掲げる請求をすることを制限する旨を定めることができない。

（計算書類の提出命令）

第619条　裁判所は、申立てにより又は職権で、訴訟の当事者に対し、計算書類の全部又は一部の提出を命ずることができる。

第4節　資本金の額の減少

第620条　持分会社は、損失のてん補のために、その資本金の額を減少することができる。

2　前項の規定により減少する資本金の額は、損失の額として法務省令で定める方法により算定される額を超えることができない。

第5節　利益の配当

（利益の配当）

第621条　社員は、持分会社に対し、利益の配当を請求することができる。

2　持分会社は、利益の配当を請求する方法その他の利益の配当に関する事項を定款で定めることができる。

3　社員の持分の差押えは、利益の配当を請求する権利に対しても、その効力を有する。

（社員の損益分配の割合）

第622条　損益分配の割合について定款の定めがないときは、その割合は、各社員の出資の価額に応じて定める。

2　利益又は損失の一方についてのみ分配の割合についての定めを定款で定めたときは、その割合は、利益及び損失の分配に共通であるものと推定する。

（有限責任社員の利益の配当に関する責任）

第623条　持分会社が利益の配当により有限責任社員に対して交付した金銭等の帳簿価額（以下この項において「配当額」という。）が当該利益の配当をする日における利益額（持分会社の利益の額として法務省令で定める方法により算定される額をいう。以下この章において同じ。）を超える場合には、当該利益の配当を受けた有限責任社員は、当該持分会社に対し、連帯して、当該配当額に相当する金銭を支払う義務を負う。

2　前項に規定する場合における同項の利益の配

会社法

当を受けた有限責任社員についての第580条第２項<有限責任社員の責任>の規定の適用については、同項中「を限度として」とあるのは、「及び第623条第１項の配当額が同項の利益額を超過する額（同項の義務を履行した額を除く。）の合計額を限度として」とする。

第６節　出資の払戻し

第624条　社員は、持分会社に対し、既に出資として払込み又は給付をした金銭等の払戻し（以下この編において「出資の払戻し」という。）を請求することができる。この場合において、当該金銭等が金銭以外の財産であるときは、当該財産の価額に相当する金銭の払戻しを請求することを妨げない。

2　持分会社は、出資の払戻しを請求する方法その他の出資の払戻しに関する事項を定款で定めることができる。

3　社員の持分の差押えは、出資の払戻しを請求する権利に対しても、その効力を有する。

第７節　合同会社の計算等に関する特則

第１款　計算書類の閲覧に関する特則

第625条　合同会社の債権者は、当該合同会社の営業時間内は、いつでも、その計算書類（作成した日から５年以内のものに限る。）について第618条第１項各号<計算書類の閲覧等>に掲げる請求をすることができる。

第２款　資本金の額の減少に関する特則

（出資の払戻し又は持分の払戻しを行う場合の資本金の額の減少）

第626条　合同会社は、第620条第１項<損失てん補のための資本金の額の減少>の場合のほか、出資の払戻し又は持分の払戻しのために、その資本金の額を減少することができる。

2　前項の規定により出資の払戻しのために減少する資本金の額は、第632条第２項<出資の払戻しの制限>に規定する出資払戻額から出資の払戻しをする日における剰余金額を控除して得た額を超えてはならない。

3　第１項の規定により持分の払戻しのために減少する資本金の額は、第635条第１項<持分の払戻しに対する債権者の異議>に規定する持分払戻額から持分の払戻しをする日における剰余金額を控除して得た額を超えてはならない。

4　前２項に規定する「剰余金額」とは、第１号に掲げる額から第２号から第４号までに掲げる額の合計額を減じて得た額をいう（第４款及び第５款において同じ。）。

一　資産の額

二　負債の額

三　資本金の額

四　前２号に掲げるもののほか、法務省令で定める各勘定科目に計上した額の合計額

（債権者の異議）

第627条　合同会社が資本金の額を減少する場合には、当該合同会社の債権者は、当該合同会社に対し、資本金の額の減少について異議を述べることができる。

2　前項に規定する場合には、合同会社は、次に掲げる事項を官報に公告し、かつ、知れている債権者には、各別にこれを催告しなければならない。ただし、第２号の期間は、１箇月を下ることができない。

一　当該資本金の額の減少の内容

二　債権者が一定の期間内に異議を述べることができる旨

3　前項の規定にかかわらず、合同会社が同項の規定による公告を、官報のほか、第939条第１項<会社の公告方法>の規定による定款の定めに従い、同項第２号<時事に関する事項を掲載する日刊新聞紙に掲載する方法>又は第３号<電子公告>に掲げる公告方法によりするときは、前項の規定による各別の催告は、することを要しない。

4　債権者が第２項第２号の期間内に異議を述べなかったときは、当該債権者は、当該資本金の額の減少について承認をしたものとみなす。

5　債権者が第２項第２号の期間内に異議を述べたときは、合同会社は、当該債権者に対し、弁済し、若しくは相当の担保を提供し、又は当該債権者に弁済を受けさせることを目的として信託会社等に相当の財産を信託しなければならない。ただし、当該資本金の額の減少をしても当該債権者を害するおそれがないときは、この限りでない。

6　資本金の額の減少は、前各項の手続が終了した日に、その効力を生ずる。

第３款　利益の配当に関する特則

（利益の配当の制限）

第628条　合同会社は、利益の配当により社員に対して交付する金銭等の帳簿価額（以下この款において「配当額」という。）が当該利益の配当をする日における利益額を超える場合には、当該利益の配当をすることができない。この場合においては、合同会社は、第621条第１項<持分会社の利益の配当>の規定による請求を拒むことができる。

（利益の配当に関する責任）

第629条　合同会社が前条の規定に違反して利益の配当をした場合には、当該利益の配当に関する業務を執行した社員は、当該合同会社に対し、当該利益の配当を受けた社員と連帯して、当該配当額に相当する金銭を支払う義務を負う。ただし、当該業務を執行した社員がその職務を行うについて注意を怠らなかったことを証明した場合は、この限りでない。

2　前項の義務は、免除することができない。ただし、利益の配当をした日における利益額を限度として当該義務を免除することについて総社員の同意がある場合は、この限りでない。

（社員に対する求償権の制限等）

第630条　前条第１項に規定する場合において、利益の配当を受けた社員は、配当額が利益の配当をした日における利益額を超えることにつき善意であるときは、当該配当額について、当該利益の配当に関する業務を執行した社員からの求償の請求に応ずる義務を負わない。

2　前条第１項に規定する場合には、合同会社の債権者は、利益の配当を受けた社員に対し、配当額（当該配当額が当該債権者の合同会社に対して有する債権額を超える場合にあっては、当該債権額）に相当する金銭を支払わせることができる。

3　第623条第２項<持分会社における有限責任社員の利益配当に関する責任>の規定は、合同会社の社員については、適用しない。

（欠損が生じた場合の責任）

第631条　合同会社が利益の配当をした場合において、当該利益の配当をした日の属する事業年度の末日に欠損額（合同会社の欠損の額として法務省令で定める方法により算定される額をいう。以下この項において同じ。）が生じたときは、当該利益の配当に関する業務を執行した社員は、当該合同会社に対し、当該利益の配当を受けた社員と連帯して、その欠損額（当該欠損額が配当額を超えるときは、当該配当額）を支払う義務を負う。ただし、当該業務を執行した社員がその職務を行うについて注意を怠らなかったことを証明した場合は、この限りでない。

2　前項の義務は、総社員の同意がなければ、免除することができない。

第４款　出資の払戻しに関する特則

（出資の払戻しの制限）

第632条　第624条第１項<持分会社における出資の払戻し>の規定にかかわらず、合同会社の社員は、定款を変更してその出資の価額を減少する場合を除き、同項前段の規定による請求をすることができない。

2　合同会社が出資の払戻しにより社員に対して交付する金銭等の帳簿価額（以下この款において「出資払戻額」という。）が、第624条第１項前段<持分会社における出資の払戻し>の規定による請求をした日における剰余金額（第626条第１項の資本金の額の減少をした場合にあっては、その減少をした後の剰余金額。以下この款において同じ。）又は前項の出資の価額を減少した額のいずれか少ない額を超える場合には、当該出資の払戻しをすることができない。この場合においては、合同会社は、第624条第１項前段<持分会社における出資の払戻し>の規定による請求を拒むことができる。

（出資の払戻しに関する社員の責任）

第633条　合同会社が前条の規定に違反して出資の払戻しをした場合には、当該出資の払戻しに関する業務を執行した社員は、当該合同会社に対し、当該出資の払戻しを受けた社員と連帯して、当該出資払戻額に相当する金銭を支払う義務を負う。ただし、当該業務を執行した社員がその職務を行うについて注意を怠らなかったことを証明した場合は、この限りでない。

2　前項の義務は、免除することができない。ただし、出資の払戻しをした日における剰余金額を限度として当該義務を免除することについて総社員の同意がある場合は、この限りでない。

（社員に対する求償権の制限等）

第634条　前条第１項に規定する場合において、出資の払戻しを受けた社員は、出資払戻額が出資の払戻しをした日における剰余金額を超えることにつき善意であるときは、当該出資払戻額について、当該出資の払戻しに関する業務を執行した社員からの求償の請求に応ずる義務を負わない。

2　前条第１項に規定する場合には、合同会社の債権者は、出資の払戻しを受けた社員に対し、出資払戻額（当該出資払戻額が当該債権者の合同会社に対して有する債権額を超える場合にあっては、当該債権額）に相当する金銭を支払わせることができる。

第5款　退社に伴う持分の払戻しに関する特則

（債権者の異議）

第635条　合同会社が持分の払戻しにより社員に対して交付する金銭等の帳簿価額（以下この款において「持分払戻額」という。）が当該持分の払戻しをする日における剰余金額を超える場合には、当該合同会社の債権者は、当該合同会社に対し、持分の払戻しについて異議を述べることができる。

2　前項に規定する場合には、合同会社は、次に掲げる事項を官報に公告し、かつ、知れている債権者には、各別にこれを催告しなければならない。ただし、第2号の期間は、1箇月（持分払戻額が当該合同会社の純資産額として法務省令で定める方法により算定される額を超える場合にあっては、2箇月）を下ることができない。

一　当該剰余金額を超える持分の払戻しの内容

二　債権者が一定の期間内に異議を述べることができる旨

3　前項の規定にかかわらず、合同会社が同項の規定による公告を、官報のほか、第939条第1項<会社の公告方法>の規定による定款の定めに従い、同項第2号<時事に関する事項を掲載する日刊新聞紙に掲載する方法>又は第3号<電子公告>に掲げる公告方法によりするときは、前項の規定による各別の催告は、することを要しない。ただし、持分払戻額が当該合同会社の純資産額として法務省令で定める方法により算定される額を超える場合は、この限りでない。

4　債権者が第2項第2号の期間内に異議を述べなかったときは、当該債権者は、当該持分の払戻しについて承認をしたものとみなす。

5　債権者が第2項第2号の期間内に異議を述べたときは、合同会社は、当該債権者に対し、弁済し、若しくは相当の担保を提供し、又は当該債権者に弁済を受けさせることを目的として信託会社等に相当の財産を信託しなければならない。ただし、持分払戻額が当該合同会社の純資産額として法務省令で定める方法により算定される額を超えない場合において、当該持分の払戻しをしても当該債権者を害するおそれがないときは、この限りでない。

（業務を執行する社員の責任）

第636条　合同会社が前条の規定に違反して持分の払戻しをした場合には、当該持分の払戻しに関する業務を執行した社員は、当該合同会社に対し、当該持分の払戻しを受けた社員と連帯して、当該持分払戻額に相当する金銭を支払う義務を負う。ただし、持分の払戻しに関する業務を執行した社員がその職務を行うについて注意を怠らなかったことを証明した場合は、この限りでない。

2　前項の義務は、免除することができない。ただし、持分の払戻しをした時における剰余金額を限度として当該義務を免除することについて総社員の同意がある場合は、この限りでない。

第6章　定款の変更

（定款の変更）

第637条　持分会社は、定款に別段の定めがある場合を除き、総社員の同意によって、定款の変更をすることができる。

（定款の変更による持分会社の種類の変更）

第638条　合名会社は、次の各号に掲げる定款の変更をすることにより、当該各号に定める種類の持分会社となる。

一　有限責任社員を加入させる定款の変更　合資会社

二　その社員の一部を有限責任社員とする定款の変更　合資会社

三　その社員の全部を有限責任社員とする定款の変更　合同会社

2　合資会社は、次の各号に掲げる定款の変更をすることにより、当該各号に定める種類の持分会社となる。

一　その社員の全部を無限責任社員とする定款の変更　合名会社

二　その社員の全部を有限責任社員とする定款の変更　合同会社

3　合同会社は、次の各号に掲げる定款の変更をすることにより、当該各号に定める種類の持分会社となる。

一　その社員の全部を無限責任社員とする定款の変更　合名会社

二　無限責任社員を加入させる定款の変更　合資会社

三　その社員の一部を無限責任社員とする定款の変更　合資会社

（合資会社の社員の退社による定款のみなし変更）

第639条　合資会社の有限責任社員が退社したことにより当該合資会社の社員が無限責任社員のみとなった場合には、当該合資会社は、合名会社となる定款の変更をしたものとみなす。

2　合資会社の無限責任社員が退社したことにより当該合資会社の社員が有限責任社員のみとなった場合には、当該合資会社は、合同会社となる定款の変更をしたものとみなす。

（定款の変更時の出資の履行）

第640条　第638条第1項第3号<合名会社がその社員の全部を有限責任社員とする旨の定款変更>又は第2項第2号<合資会社がその社員の全部を有限責任社員とする旨の定款変更>に掲げる定款の変更をする場合において、当該定款の変更をする持分会社の社員が当該定款の変更後の合同会社に対する出資に係る払込み又は給付の全部又は一部を履行していないときは、当該定款の変更は、当該払込み及び給付が完了した日に、その効力を生ずる。

2　前条第2項の規定により合同会社となる定款の変更をしたものとみなされた場合において、社員がその出資に係る払込み又は給付の全部又は一部を履行していないときは、当該定款の変更をしたものとみなされた日から1箇月以内に、当該払込み又は給付を完了しなければならない。ただし、当該期間内に、合名会社又は合資会社となる定款の変更をした場合は、この限りでない。

第7章　解散

（解散の事由）

第641条　持分会社は、次に掲げる事由によって解散する。

一　定款で定めた存続期間の満了

二　定款で定めた解散の事由の発生

三　総社員の同意

四　社員が欠けたこと。

五　合併（合併により当該持分会社が消滅する場合に限る。）

六　破産手続開始の決定

七　第824条第1項<株主等の申立てによる裁判所の会社解散命令>又は第833条第2項<会社の解散の訴え>の規定による解散を命ずる裁判

（持分会社の継続）

第642条　持分会社は、前条第1号から第3号まで<定款で定めた存続期間の満了等の持分会社の解散事由>に掲げる事由によって解散した場合には、次章の規定による清算が結了するまで、社員の全部又は一部の同意によって、持分会社を継続することができる。

2　前項の場合には、持分会社を継続することについて同意しなかった社員は、持分会社が継続することとなった日に、退社する。

（解散した持分会社の合併等の制限）

第643条　持分会社が解散した場合には、当該持分会社は、次に掲げる行為をすることができない。

一　合併（合併により当該持分会社が存続する場合に限る。）

二　吸収分割による他の会社がその事業に関して有する権利義務の全部又は一部の承継

第8章　清算

第1節　清算の開始

（清算の開始原因）

第644条　持分会社は、次に掲げる場合には、この章の定めるところにより、清算をしなければならない。

一　解散した場合（第641条第5号<合併>に掲げる事由によって解散した場合及び破産手続開始の決定により解散した場合であって当該破産手続が終了していない場合を除く。）

二　設立の無効の訴えに係る請求を認容する判決が確定した場合

三　設立の取消しの訴えに係る請求を認容する判決が確定した場合

（清算持分会社の能力）

第645条　前条の規定により清算をする持分会社（以下「清算持分会社」という。）は、清算の目的の範囲内において、清算が結了するまではなお存続するものとみなす。

第2節　清算人

（清算人の設置）

第646条　清算持分会社には、一人又は二人以上の清算人を置かなければならない。

（清算人の就任）

第647条　次に掲げる者は、清算持分会社の清算人となる。

一　業務を執行する社員（次号又は第3号に掲げる者

がある場合を除く。)
二　定款で定める者
三　社員(業務を執行する社員を定款で定めた場合にあっては、その社員)の過半数の同意によって定める者
2　前項の規定により清算人となる者がないときは、裁判所は、利害関係人の申立てにより、清算人を選任する。
3　前2項の規定にかかわらず、第641条第4号又は第7号に掲げる事由によって解散した清算持分会社については、裁判所は、利害関係人若しくは法務大臣の申立てにより又は職権で、清算人を選任する。
4　第1項及び第2項の規定にかかわらず、第644条第2号又は第3号に掲げる場合に該当することとなった清算持分会社については、裁判所は、利害関係人の申立てにより、清算人を選任する。

(清算人の解任)
第648条　清算人(前条第2項から第4項までの規定により裁判所が選任したものを除く。)は、いつでも、解任することができる。
2　前項の規定による解任は、定款に別段の定めがある場合を除き、社員の過半数をもって決定する。
3　重要な事由があるときは、裁判所は、社員その他利害関係人の申立てにより、清算人を解任することができる。

(清算人の職務)
第649条　清算人は、次に掲げる職務を行う。
一　現務の結了
二　債権の取立て及び債務の弁済
三　残余財産の分配

(業務の執行)
第650条　清算人は、清算持分会社の業務を執行する。
2　清算人が二人以上ある場合には、清算持分会社の業務は、定款に別段の定めがある場合を除き、清算人の過半数をもって決定する。
3　前項の規定にかかわらず、社員が二人以上ある場合には、清算持分会社の事業の全部又は一部の譲渡は、社員の過半数をもって決定する。

(清算人と清算持分会社との関係)
第651条　清算持分会社と清算人との関係は、委任に関する規定に従う。
2　第593条第2項、第594条及び第595条の規定は、清算人について準用する。この場合において、第594条第1項及び第595条第1項中「当該社員以外の社員」とあるのは、「社員(当該清算人が社員である場合にあっては、当該清算人以外の社員)」と読み替えるものとする。

(清算人の清算持分会社に対する損害賠償責任)
第652条　清算人は、その任務を怠ったときは、清算持分会社に対し、連帯して、これによって生じた損害を賠償する責任を負う。

(清算人の第三者に対する損害賠償責任)
第653条　清算人がその職務を行うについて悪意又は重大な過失があったときは、当該清算人は、連帯して、これによって第三者に生じた損害を賠償する責任を負う。

(法人が清算人である場合の特則)
第654条　法人が清算人である場合には、当該法人は、当該清算人の職務を行うべき者を選任し、その者の氏名及び住所を社員に通知しなければならない。
2　前3条の規定は、前項の規定により選任された清算人の職務を行うべき者について準用する。

(清算持分会社の代表)
第655条　清算人は、清算持分会社を代表する。ただし、他に清算持分会社を代表する清算人その他清算持分会社を代表する者を定めた場合は、この限りでない。
2　前項本文の清算人が二人以上ある場合には、清算人は、各自、清算持分会社を代表する。
3　清算持分会社は、定款又は定款の定めに基づく清算人(第647条第2項から第4項までの規定により裁判所が選任したものを除く。以下この項において同じ。)の互選によって、清算人の中から清算持分会社を代表する清算人を定めることができる。
4　第647条第1項第1号の規定により業務を執行する社員が清算人となる場合において、持分会社を代表する社員を定めていたときは、当該持分会社を代表する社員が清算持分会社を代表する清算人となる。
5　裁判所は、第647条第2項から第4項までの規定により清算人を選任する場合には、その清算人の中から清算持分会社を代表する清算人を定めることができる。
6　第599条第4項及び第5項の規定は清算持分会社を代表する清算人について、第603条の規定は民事保全法第56条に規定する仮処分命令により選任された清算人又は清算持分会社を代表する清算人の職務を代行する者について、それぞれ準用する。

（清算持分会社についての破産手続の開始）
第656条　清算持分会社の財産がその債務を完済するのに足りないことが明らかになったときは、清算人は、直ちに破産手続開始の申立てをしなければならない。
2　清算人は、清算持分会社が破産手続開始の決定を受けた場合において、破産管財人にその事務を引き継いだときは、その任務を終了したものとする。
3　前項に規定する場合において、清算持分会社が既に債権者に支払い、又は社員に分配したものがあるときは、破産管財人は、これを取り戻すことができる。
（裁判所の選任する清算人の報酬）
第657条　裁判所は、第647条第２項から第４項までの規定により清算人を選任した場合には、清算持分会社が当該清算人に対して支払う報酬の額を定めることができる。

第３節　財産目録等

（財産目録等の作成等）
第658条　清算人は、その就任後遅滞なく、清算持分会社の財産の現況を調査し、法務省令で定めるところにより、第644条各号に掲げる場合に該当することとなった日における財産目録及び貸借対照表（以下この節において「財産目録等」という。）を作成し、各社員にその内容を通知しなければならない。
2　清算持分会社は、財産目録等を作成した時からその本店の所在地における清算結了の登記の時までの間、当該財産目録等を保存しなければならない。
3　清算持分会社は、社員の請求により、毎月清算の状況を報告しなければならない。
（財産目録等の提出命令）
第659条　裁判所は、申立てにより又は職権で、訴訟の当事者に対し、財産目録等の全部又は一部の提出を命ずることができる。

第４節　債務の弁済等

（債権者に対する公告等）
第660条　清算持分会社（合同会社に限る。以下この項及び次条において同じ。）は、第644条各号に掲げる場合に該当することとなった後、遅滞なく、当該清算持分会社の債権者に対し、一定の期間内にその債権を申し出るべき旨を官報に公告し、かつ、知れている債権者には、各別にこれを催告しなければならない。ただし、当該期間は、２箇月を下ることができない。
2　前項の規定による公告には、当該債権者が当該期間内に申出をしないときは清算から除斥される旨を付記しなければならない。
（債務の弁済の制限）
第661条　清算持分会社は、前条第１項の期間内は、債務の弁済をすることができない。この場合において、清算持分会社は、その債務の不履行によって生じた責任を免れることができない。
2　前項の規定にかかわらず、清算持分会社は、前条第１項の期間内であっても、裁判所の許可を得て、少額の債権、清算持分会社の財産につき存する担保権によって担保される債権その他これを弁済しても他の債権者を害するおそれがない債権に係る債務について、その弁済をすることができる。この場合において、当該許可の申立ては、清算人が二人以上あるときは、その全員の同意によってしなければならない。
（条件付債権等に係る債務の弁済）
第662条　清算持分会社は、条件付債権、存続期間が不確定な債権その他その額が不確定な債権に係る債務を弁済することができる。この場合においては、これらの債権を評価させるため、裁判所に対し、鑑定人の選任の申立てをしなければならない。
2　前項の場合には、清算持分会社は、同項の鑑定人の評価に従い同項の債権に係る債務を弁済しなければならない。
3　第１項の鑑定人の選任の手続に関する費用は、清算持分会社の負担とする。当該鑑定人による鑑定のための呼出し及び質問に関する費用についても、同様とする。
（出資の履行の請求）
第663条　清算持分会社に現存する財産がその債務を完済するのに足りない場合において、その出資の全部又は一部を履行していない社員があるときは、当該出資に係る定款の定めにかかわらず、当該清算持分会社は、当該社員に出資させることができる。
（債務の弁済前における残余財産の分配の制限）
第664条　清算持分会社は、当該清算持分会社の債務を弁済した後でなければ、その財産を社員に分配することができない。ただし、その存

会社法

否又は額について争いのある債権に係る債務についてその弁済をするために必要と認められる財産を留保した場合は、この限りでない。

（清算からの除斥）

第665条　清算持分会社（合同会社に限る。以下この条において同じ。）の債権者（知れている債権者を除く。）であって第660条第１項の期間内にその債権の申出をしなかったものは、清算から除斥される。

2　前項の規定により清算から除斥された債権者は、分配がされていない残余財産に対してのみ、弁済を請求することができる。

3　清算持分会社の残余財産を社員の一部に分配した場合には、当該社員の受けた分配と同一の割合の分配を当該社員以外の社員に対してするために必要な財産は、前項の残余財産から控除する。

第５節　残余財産の分配

（残余財産の分配の割合）

第666条　残余財産の分配の割合について定款の定めがないときは、その割合は、各社員の出資の価額に応じて定める。

第６節　清算事務の終了等

第667条　清算持分会社は、清算事務が終了したときは、遅滞なく、清算に係る計算をして、社員の承認を受けなければならない。

2　社員が１箇月以内に前項の計算について異議を述べなかったときは、社員は、当該計算の承認をしたものとみなす。ただし、清算人の職務の執行に不正の行為があったときは、この限りでない。

第７節　任意清算

（財産の処分の方法）

第668条　持分会社（合名会社及び合資会社に限る。以下この節において同じ。）は、定款又は総社員の同意によって、当該持分会社が第641条第１号から第３号までに掲げる事由によって解散した場合における当該持分会社の財産の処分の方法を定めることができる。

2　第２節から前節までの規定は、前項の財産の処分の方法を定めた持分会社については、適用しない。

（財産目録等の作成）

第669条　前条第１項の財産の処分の方法を定めた持分会社が第641条第１号から第３号までに掲げる事由によって解散した場合には、清算持分会社（合名会社及び合資会社に限る。以下この節において同じ。）は、解散の日から２週間以内に、法務省令で定めるところにより、解散の日における財産目録及び貸借対照表を作成しなければならない。

2　前条第１項の財産の処分の方法を定めていない持分会社が第641条第１号から第３号までに掲げる事由によって解散した場合において、解散後に同項の財産の処分の方法を定めたときは、清算持分会社は、当該財産の処分の方法を定めた日から２週間以内に、法務省令で定めるところにより、解散の日における財産目録及び貸借対照表を作成しなければならない。

（債権者の異議）

第670条　持分会社が第668条第１項の財産の処分の方法を定めた場合には、その解散後の清算持分会社の債権者は、当該清算持分会社に対し、当該財産の処分の方法について異議を述べることができる。

2　前項に規定する場合には、清算持分会社は、解散の日（前条第２項に規定する場合にあっては、当該財産の処分の方法を定めた日）から２週間以内に、次に掲げる事項を官報に公告し、かつ、知れている債権者には、各別にこれを催告しなければならない。ただし、第２号の期間は、１箇月を下ることができない。

一　第668条第１項の財産の処分の方法に従い清算をする旨

二　債権者が一定の期間内に異議を述べることができる旨

3　前項の規定にかかわらず、清算持分会社が同項の規定による公告を、官報のほか、第939条第１項の規定による定款の定めに従い、同項第２号又は第３号に掲げる公告方法によりするときは、前項の規定による各別の催告は、することを要しない。

4　債権者が第２項第２号の期間内に異議を述べなかったときは、当該債権者は、当該財産の処分の方法について承認をしたものとみなす。

5　債権者が第２項第２号の期間内に異議を述べたときは、清算持分会社は、当該債権者に対し、弁済し、若しくは相当の担保を提供し、又は当該債権者に弁済を受けさせることを目的として信託会社等に相当の財産を信託しなければならない。

（持分の差押債権者の同意等）

第671条　持分会社が第668条第１項の財産の処分の方法を定めた場合において、社員の持分を差し押さえた債権者があるときは、その解散後の清算持分会社がその財産の処分をするには、その債権者の同意を得なければならない。

2　前項の清算持分会社が同項の規定に違反してその財産の処分をしたときは、社員の持分を差し押さえた債権者は、当該清算持分会社に対し、その持分に相当する金額の支払を請求することができる。

第８節　帳簿資料の保存

第672条　清算人（第668条第１項の財産の処分の方法を定めた場合にあっては、清算持分会社を代表する社員）は、清算持分会社の本店の所在地における清算結了の登記の時から10年間、清算持分会社の帳簿並びにその事業及び清算に関する重要な資料（以下この条において「帳簿資料」という。）を保存しなければならない。

2　前項の規定にかかわらず、定款で又は社員の過半数をもって帳簿資料を保存する者を定めた場合には、その者は、清算持分会社の本店の所在地における清算結了の登記の時から10年間、帳簿資料を保存しなければならない。

3　裁判所は、利害関係人の申立てにより、第１項の清算人又は前項の規定により帳簿資料を保存する者に代わって帳簿資料を保存する者を選任することができる。この場合においては、前２項の規定は、適用しない。

4　前項の規定により選任された者は、清算持分会社の本店の所在地における清算結了の登記の時から10年間、帳簿資料を保存しなければならない。

5　第３項の規定による選任の手続に関する費用は、清算持分会社の負担とする。

第９節　社員の責任の消滅時効

第673条　第580条に規定する社員の責任は、清算持分会社の本店の所在地における解散の登記をした後５年以内に請求又は請求の予告をしない清算持分会社の債権者に対しては、その登記後５年を経過した時に消滅する。

2　前項の期間の経過後であっても、社員に分配していない残余財産があるときは、清算持分会社の債権者は、清算持分会社に対して弁済を請求することができる。

第10節　適用除外等

（適用除外）

第674条　次に掲げる規定は、清算持分会社については、適用しない。

一　第４章第１節

二　第606条、第607条第１項（第３号及び第４号を除く。）及び第609条

三　第５章第３節（第617条第４項、第618条及び第619条を除く。）から第６節まで及び第７節第２款

四　第638条第１項第３号及び第２項第２号

（相続及び合併による退社の特則）

第675条　清算持分会社の社員が死亡した場合又は合併により消滅した場合には、第608条第１項の定款の定めがないときであっても、当該社員の相続人その他の一般承継人は、当該社員の持分を承継する。この場合においては、同条第４項及び第５項の規定を準用する。

第４編　社債

第１章　総則

（募集社債に関する事項の決定）

第676条　会社は、その発行する社債を引き受ける者の募集をしようとするときは、その都度、募集社債（当該募集に応じて当該社債の引受けの申込みをした者に対して割り当てる社債をいう。以下この編において同じ。）について次に掲げる事項を定めなければならない。

一　募集社債の総額

二　各募集社債の金額

三　募集社債の利率

四　募集社債の償還の方法及び期限

五　利息支払の方法及び期限

六　社債券を発行するときは、その旨

七　社債権者が第698条<記名式と無記名式との間の転換>の規定による請求の全部又は一部をすることができないこととするときは、その旨

七の二　社債管理者を定めないこととするときは、その旨

八　社債管理者が社債権者集会の決議によら

ずに第706条第1項第2号<社債管理者のなす当該社債の全部についてする訴訟行為等>に掲げる行為をすることができることとするときは、その旨

八の二　社債管理補助者を定めることとするときは、その旨

九　各募集社債の払込金額（各募集社債と引換えに払い込む金銭の額をいう。以下この章において同じ。）若しくはその最低金額又はこれらの算定方法

十　募集社債と引換えにする金銭の払込みの期日

十一　一定の日までに募集社債の総額について割当てを受ける者を定めていない場合において、募集社債の全部を発行しないこととするときは、その旨及びその一定の日

十二　前各号に掲げるもののほか、法務省令で定める事項

（募集社債の申込み）

第677条　会社は、前条の募集に応じて募集社債の引受けの申込みをしようとする者に対し、次に掲げる事項を通知しなければならない。

一　会社の商号

二　当該募集に係る前条各号に掲げる事項

三　前2号に掲げるもののほか、法務省令で定める事項

2　前条の募集に応じて募集社債の引受けの申込みをする者は、次に掲げる事項を記載した書面を会社に交付しなければならない。

一　申込みをする者の氏名又は名称及び住所

二　引き受けようとする募集社債の金額及び金額ごとの数

三　会社が前条第9号<各募集社債の払込金額等>の最低金額を定めたときは、希望する払込金額

3　前項の申込みをする者は、同項の書面の交付に代えて、政令で定めるところにより、会社の承諾を得て、同項の書面に記載すべき事項を電磁的方法により提供することができる。この場合において、当該申込みをした者は、同項の書面を交付したものとみなす。

4　第1項の規定は、会社が同項各号に掲げる事項を記載した金融商品取引法第2条第10項に規定する目論見書を第1項の申込みをしようとする者に対して交付している場合その他募集社債の引受けの申込みをしようとする者の保護に欠けるおそれがないものとして法務省令で定める場合には、適用しない。

5　会社は、第1項各号に掲げる事項について変更があったときは、直ちに、その旨及び当該変更があった事項を第2項の申込みをした者（以下この章において「申込者」という。）に通知しなければならない。

6　会社が申込者に対してする通知又は催告は、第2項第1号の住所（当該申込者が別に通知又は催告を受ける場所又は連絡先を当該会社に通知した場合にあっては、その場所又は連絡先）にあてて発すれば足りる。

7　前項の通知又は催告は、その通知又は催告が通常到達すべきであった時に、到達したものとみなす。

（募集社債の割当て）

第678条　会社は、申込者の中から募集社債の割当てを受ける者を定め、かつ、その者に割り当てる募集社債の金額及び金額ごとの数を定めなければならない。この場合において、会社は、当該申込者に割り当てる募集社債の金額ごとの数を、前条第2項第2号<引受けの申込みをする者が引き受けようとする募集社債の金額及び金額ごとの数>の数よりも減少することができる。

2　会社は、第676条第10号<募集社債と引換えにする金銭の払込みの期日>の期日の前日までに、申込者に対し、当該申込者に割り当てる募集社債の金額及び金額ごとの数を通知しなければならない。

（募集社債の申込み及び割当てに関する特則）

第679条　前2条の規定は、募集社債を引き受けようとする者がその総額の引受けを行う契約を締結する場合には、適用しない。

（募集社債の社債権者）

第680条　次の各号に掲げる者は、当該各号に定める募集社債の社債権者となる。

一　申込者　会社の割り当てた募集社債

二　前条の契約により募集社債の総額を引き受けた者　その者が引き受けた募集社債

（社債原簿）

第681条　会社は、社債を発行した日以後遅滞なく、社債原簿を作成し、これに次に掲げる事項（以下この章において「社債原簿記載事項」という。）を記載し、又は記録しなければならない。

一　第676条第3号から第8号の2まで<募集社債の利率等>に掲げる事項その他の社債の内容を特定するものとして法務省令で定める事項（以下この編において「種類」という。）

二　種類ごとの社債の総額及び各社債の金額

三　各社債と引換えに払い込まれた金銭の額及び払込みの日

四　社債権者（無記名社債（無記名式の社債券が発行されている社債をいう。以下この編において同じ。）の社債権者を

除く。）の氏名又は名称及び住所
五　前号の社債権者が各社債を取得した日
六　社債券を発行したときは、社債券の番号、発行の日、社債券が記名式か、又は無記名式かの別及び無記名式の社債券の数
七　前各号に掲げるもののほか、法務省令で定める事項

（社債原簿記載事項を記載した書面の交付等）

第682条　社債権者（無記名社債の社債権者を除く。）は、社債を発行した会社（以下この編において「社債発行会社」という。）に対し、当該社債権者についての社債原簿に記載され、若しくは記録された社債原簿記載事項を記載した書面の交付又は当該社債原簿記載事項を記録した電磁的記録の提供を請求することができる。
2　前項の書面には、社債発行会社の代表者が署名し、又は記名押印しなければならない。
3　第1項の電磁的記録には、社債発行会社の代表者が法務省令で定める署名又は記名押印に代わる措置をとらなければならない。
4　前3項の規定は、当該社債について社債券を発行する旨の定めがある場合には、適用しない。

（社債原簿管理人）

第683条　会社は、社債原簿管理人（会社に代わって社債原簿の作成及び備置きその他の社債原簿に関する事務を行う者をいう。以下同じ。）を定め、当該事務を行うことを委託することができる。

（社債原簿の備置き及び閲覧等）

第684条　社債発行会社は、社債原簿をその本店（社債原簿管理人がある場合にあっては、その営業所）に備え置かなければならない。
2　社債権者その他の法務省令で定める者は、社債発行会社の営業時間内は、いつでも、次に掲げる請求をすることができる。この場合においては、当該請求の理由を明らかにしてしなければならない。
一　社債原簿が書面をもって作成されているときは、当該書面の閲覧又は謄写の請求
二　社債原簿が電磁的記録をもって作成されているときは、当該電磁的記録に記録された事項を法務省令で定める方法により表示したものの閲覧又は謄写の請求
3　社債発行会社は、前項の請求があったときは、次のいずれかに該当する場合を除き、これを拒むことができない。
一　当該請求を行う者がその権利の確保又は行使に関する調査以外の目的で請求を行ったとき。
二　当該請求を行う者が社債原簿の閲覧又は謄写によって知り得た事実を利益を得て第三者に通報するため請求を行ったとき。
三　当該請求を行う者が、過去2年以内において、社債原簿の閲覧又は謄写によって知り得た事実を利益を得て第三者に通報したことがあるものであるとき。
4　社債発行会社が株式会社である場合には、当該社債発行会社の親会社社員は、その権利を行使するため必要があるときは、裁判所の許可を得て、当該社債発行会社の社債原簿について第2項各号に掲げる請求をすることができる。この場合においては、当該請求の理由を明らかにしてしなければならない。
5　前項の親会社社員について第3項各号のいずれかに規定する事由があるときは、裁判所は、前項の許可をすることができない。

（社債権者に対する通知等）

第685条　社債発行会社が社債権者に対してする通知又は催告は、社債原簿に記載し、又は記録した当該社債権者の住所（当該社債権者が別に通知又は催告を受ける場所又は連絡先を当該社債発行会社に通知した場合にあっては、その場所又は連絡先）にあてて発すれば足りる。
2　前項の通知又は催告は、その通知又は催告が通常到達すべきであった時に、到達したものとみなす。
3　社債が2以上の者の共有に属するときは、共有者は、社債発行会社が社債権者に対してする通知又は催告を受領する者一人を定め、当該社債発行会社に対し、その者の氏名又は名称を通知しなければならない。この場合においては、その者を社債権者とみなして、前2項の規定を適用する。
4　前項の規定による共有者の通知がない場合には、社債発行会社が社債の共有者に対してする通知又は催告は、そのうちの一人に対してすれば足りる。
5　前各項の規定は、第720条第1項<社債権者集会の招集の通知>の通知に際して社債権者に書面を交付し、又は当該書面に記載すべき事項を電磁的方法により提供する場合について準用する。この場合において、第2項中「到達したもの」とあるのは、「当該書面の交付又は当該事項の電磁的方法による提供があったもの」と読み替えるものとする。

（共有者による権利の行使）
第686条　社債が２以上の者の共有に属するときは、共有者は、当該社債についての権利を行使する者一人を定め、会社に対し、その者の氏名又は名称を通知しなければ、当該社債についての権利を行使することができない。ただし、会社が当該権利を行使することに同意した場合は、この限りでない。

（社債券を発行する場合の社債の譲渡）
第687条　社債券を発行する旨の定めがある社債の譲渡は、当該社債に係る社債券を交付しなければ、その効力を生じない。

（社債の譲渡の対抗要件）
第688条　社債の譲渡は、その社債を取得した者の氏名又は名称及び住所を社債原簿に記載し、又は記録しなければ、社債発行会社その他の第三者に対抗することができない。
2　当該社債について社債券を発行する旨の定めがある場合における前項の規定の適用については、同項中「社債発行会社その他の第三者」とあるのは、「社債発行会社」とする。
3　前２項の規定は、無記名社債については、適用しない。

（権利の推定等）
第689条　社債券の占有者は、当該社債券に係る社債についての権利を適法に有するものと推定する。
2　社債券の交付を受けた者は、当該社債券に係る社債についての権利を取得する。ただし、その者に悪意又は重大な過失があるときは、この限りでない。

（社債権者の請求によらない社債原簿記載事項の記載又は記録）
第690条　社債発行会社は、次の各号に掲げる場合には、当該各号の社債の社債権者に係る社債原簿記載事項を社債原簿に記載し、又は記録しなければならない。
一　当該社債発行会社の社債を取得した場合
二　当該社債発行会社が有する自己の社債を処分した場合
2　前項の規定は、無記名社債については、適用しない。

（社債権者の請求による社債原簿記載事項の記載又は記録）
第691条　社債を社債発行会社以外の者から取得した者（当該社債発行会社を除く。）は、当該社債発行会社に対し、当該社債に係る社債原簿記載事項を社債原簿に記載し、又は記録することを請求することができる。
2　前項の規定による請求は、利害関係人の利益を害するおそれがないものとして法務省令で定める場合を除き、その取得した社債の社債権者として社債原簿に記載され、若しくは記録された者又はその相続人その他の一般承継人と共同してしなければならない。
3　前２項の規定は、無記名社債については、適用しない。

（社債券を発行する場合の社債の質入れ）
第692条　社債券を発行する旨の定めがある社債の質入れは、当該社債に係る社債券を交付しなければ、その効力を生じない。

（社債の質入れの対抗要件）
第693条　社債の質入れは、その質権者の氏名又は名称及び住所を社債原簿に記載し、又は記録しなければ、社債発行会社その他の第三者に対抗することができない。
2　前項の規定にかかわらず、社債券を発行する旨の定めがある社債の質権者は、継続して当該社債に係る社債券を占有しなければ、その質権をもって社債発行会社その他の第三者に対抗することができない。

（質権に関する社債原簿の記載等）
第694条　社債に質権を設定した者は、社債発行会社に対し、次に掲げる事項を社債原簿に記載し、又は記録することを請求することができる。
一　質権者の氏名又は名称及び住所
二　質権の目的である社債
2　前項の規定は、社債券を発行する旨の定めがある場合には、適用しない。

（質権に関する社債原簿の記載事項を記載した書面の交付等）
第695条　前条第１項各号に掲げる事項が社債原簿に記載され、又は記録された質権者は、社債発行会社に対し、当該質権者についての社債原簿に記載され、若しくは記録された同項各号に掲げる事項を記載した書面の交付又は当該事項を記録した電磁的記録の提供を請求することができる。
2　前項の書面には、社債発行会社の代表者が署名し、又は記名押印しなければならない。
3　第１項の電磁的記録には、社債発行会社の代表者が法務省令で定める署名又は記名押印に代わる措置をとらなければならない。

（信託財産に属する社債についての対抗要件等）

第695条の2　社債については、当該社債が信託財産に属する旨を社債原簿に記載し、又は記録しなければ、当該社債が信託財産に属することを社債発行会社その他の第三者に対抗することができない。

2　第681条第4号の社債権者は、その有する社債が信託財産に属するときは、社債発行会社に対し、その旨を社債原簿に記載し、又は記録することを請求することができる。

3　社債原簿に前項の規定による記載又は記録がされた場合における第682条第1項及び第690条第1項の規定の適用については、第682条第1項中「記録された社債原簿記載事項」とあるのは「記録された社債原簿記載事項（当該社債権者の有する社債が信託財産に属する旨を含む。）」と、第690条第1項中「社債原簿記載事項」とあるのは「社債原簿記載事項（当該社債権者の有する社債が信託財産に属する旨を含む。）」とする。

4　前3項の規定は、社債券を発行する旨の定めがある社債については、適用しない。

（社債券の発行）

第696条　社債発行会社は、社債券を発行する旨の定めがある社債を発行した日以後遅滞なく、当該社債に係る社債券を発行しなければならない。

（社債券の記載事項）

第697条　社債券には、次に掲げる事項及びその番号を記載し、社債発行会社の代表者がこれに署名し、又は記名押印しなければならない。

一　社債発行会社の商号

二　当該社債券に係る社債の金額

三　当該社債券に係る社債の種類

2　社債券には、利札を付することができる。

（記名式と無記名式との間の転換）

第698条　社債券が発行されている社債の社債権者は、第676条第7号<記名式と無記名式との間の転換の請求をすることができないとする旨>に掲げる事項についての定めによりすることができないこととされている場合を除き、いつでも、その記名式の社債券を無記名式とし、又はその無記名式の社債券を記名式とすることを請求することができる。

（社債券の喪失）

第699条　社債券は、非訟事件手続法第100条に規定する公示催告手続によって無効とすることができる。

2　社債券を喪失した者は、非訟事件手続法第106条第1項に規定する除権決定を得た後でなければ、その再発行を請求することができない。

（利札が欠けている場合における社債の償還）

第700条　社債発行会社は、社債券が発行されている社債をその償還の期限前に償還する場合において、これに付された利札が欠けているときは、当該利札に表示される社債の利息の請求権の額を償還額から控除しなければならない。ただし、当該請求権が弁済期にある場合は、この限りでない。

2　前項の利札の所持人は、いつでも、社債発行会社に対し、これと引換えに同項の規定により控除しなければならない額の支払を請求することができる。

（社債の償還請求権等の消滅時効）

第701条　社債の償還請求権は、これを行使することができる時から10年間行使しないときは、時効によって消滅する。

2　社債の利息の請求権及び前条第2項の規定による請求権は、これらを行使することができる時から5年間行使しないときは、時効によって消滅する。

第2章　社債管理者

（社債管理者の設置）

第702条　会社は、社債を発行する場合には、社債管理者を定め、社債権者のために、弁済の受領、債権の保全その他の社債の管理を行うことを委託しなければならない。ただし、各社債の金額が1億円以上である場合その他社債権者の保護に欠けるおそれがないものとして法務省令で定める場合は、この限りでない。

（社債管理者の資格）

第703条　社債管理者は、次に掲げる者でなければならない。

一　銀行

二　信託会社

三　前2号に掲げるもののほか、これらに準ずるものとして法務省令で定める者

（社債管理者の義務）

第704条　社債管理者は、社債権者のために、公平かつ誠実に社債の管理を行わなければならない。

2　社債管理者は、社債権者に対し、善良な管理者の注意をもって社債の管理を行わなければな

らない。

（社債管理者の権限等）

第705条　社債管理者は、社債権者のために社債に係る債権の弁済を受け、又は社債に係る債権の実現を保全するために必要な一切の裁判上又は裁判外の行為をする権限を有する。

2　社債管理者が前項の弁済を受けた場合には、社債権者は、その社債管理者に対し、社債の償還額及び利息の支払を請求することができる。この場合において、社債券を発行する旨の定めがあるときは、社債権者は、社債券と引換えに当該償還額の支払を、利札と引換えに当該利息の支払を請求しなければならない。

3　前項前段の規定による請求権は、これを行使することができる時から10年間行使しないときは、時効によって消滅する。

4　社債管理者は、その管理の委託を受けた社債につき第1項の行為をするために必要があるときは、裁判所の許可を得て、社債発行会社の業務及び財産の状況を調査することができる。

第706条　社債管理者は、社債権者集会の決議によらなければ、次に掲げる行為をしてはならない。ただし、第2号に掲げる行為については、第676条第8号<社債管理者が社債権者集会の決議によらずに社債の全部について訴訟行為できる旨の定め>に掲げる事項についての定めがあるときは、この限りでない。

一　当該社債の全部についてするその支払の猶予、その債務若しくはその債務の不履行によって生じた責任の免除又は和解（次号に掲げる行為を除く。）

二　当該社債の全部についてする訴訟行為又は破産手続、再生手続、更生手続若しくは特別清算に関する手続に属する行為（前条第1項の行為を除く。）

2　社債管理者は、前項ただし書の規定により社債権者集会の決議によらずに同項第2号に掲げる行為をしたときは、遅滞なく、その旨を公告し、かつ、知れている社債権者には、各別にこれを通知しなければならない。

3　前項の規定による公告は、社債発行会社における公告の方法によりしなければならない。ただし、その方法が電子公告であるときは、その公告は、官報に掲載する方法でしなければならない。

4　社債管理者は、その管理の委託を受けた社債につき第1項各号に掲げる行為をするために必要があるときは、裁判所の許可を得て、社債発行会社の業務及び財産の状況を調査することができる。

（特別代理人の選任）

第707条　社債権者と社債管理者との利益が相反する場合において、社債権者のために裁判上又は裁判外の行為をする必要があるときは、裁判所は、社債権者集会の申立てにより、特別代理人を選任しなければならない。

（社債管理者等の行為の方式）

第708条　社債管理者又は前条の特別代理人が社債権者のために裁判上又は裁判外の行為をするときは、個別の社債権者を表示することを要しない。

（2以上の社債管理者がある場合の特則）

第709条　2以上の社債管理者があるときは、これらの者が共同してその権限に属する行為をしなければならない。

2　前項に規定する場合において、社債管理者が第705条第1項<社債管理者の権限等>の弁済を受けたときは、社債管理者は、社債権者に対し、連帯して、当該弁済の額を支払う義務を負う。

（社債管理者の責任）

第710条　社債管理者は、この法律又は社債権者集会の決議に違反する行為をしたときは、社債権者に対し、連帯して、これによって生じた損害を賠償する責任を負う。

2　社債管理者は、社債発行会社が社債の償還若しくは利息の支払を怠り、若しくは社債発行会社について支払の停止があった後又はその前3箇月以内に、次に掲げる行為をしたときは、社債権者に対し、損害を賠償する責任を負う。ただし、当該社債管理者が誠実にすべき社債の管理を怠らなかったこと又は当該損害が当該行為によって生じたものでないことを証明したときは、この限りでない。

一　当該社債管理者の債権に係る債務について社債発行会社から担保の供与又は債務の消滅に関する行為を受けること。

二　当該社債管理者と法務省令で定める特別の関係がある者に対して当該社債管理者の債権を譲り渡すこと（当該特別の関係がある者が当該債権に係る債務について社債発行会社から担保の供与又は債務の消滅に関する行為を受けた場合に限る。）。

三　当該社債管理者が社債発行会社に対する債権を有する場合において、契約によって負担する債務を専ら当該債権をもってする相殺に供する目的で社債発行会社の財産の処分を内容とする契約を社債発行会社との間で締結し、又は社債発行会社に対して債務を負担する者の債務を引き受けることを内容とする契約を締結し、かつ、これにより社債発行会社に対し負担した債務と当該債権とを相殺すること。

四　当該社債管理者が社債発行会社に対して債務を負担する場合において、社債発行会社に対する債権を譲り受け、かつ、当該債務と当該債権とを相殺すること。

（社債管理者の辞任）

第711条　社債管理者は、社債発行会社及び社債権者集会の同意を得て辞任することができる。この場合において、他に社債管理者がないときは、当該社債管理者は、あらかじめ、事務を承継する社債管理者を定めなければならない。

2　前項の規定にかかわらず、社債管理者は、第702条<社債管理者の設置>の規定による委託に係る契約に定めた事由があるときは、辞任することができる。ただし、当該契約に事務を承継する社債管理者に関する定めがないときは、この限りでない。

3　第１項の規定にかかわらず、社債管理者は、やむを得ない事由があるときは、裁判所の許可を得て、辞任することができる。

（社債管理者が辞任した場合の責任）

第712条　第710条第２項<社債管理者の利益相反行為に基づく責任>の規定は、社債発行会社が社債の償還若しくは利息の支払を怠り、若しくは社債発行会社について支払の停止があった後又はその前３箇月以内に前条第２項の規定により辞任した社債管理者について準用する。

（社債管理者の解任）

第713条　裁判所は、社債管理者がその義務に違反したとき、その事務処理に不適任であるときその他正当な理由があるときは、社債発行会社又は社債権者集会の申立てにより、当該社債管理者を解任することができる。

（社債管理者の事務の承継）

第714条　社債管理者が次のいずれかに該当することとなった場合において、他に社債管理者がないときは、社債発行会社は、事務を承継する社債管理者を定め、社債権者のために、社債の管理を行うことを委託しなければならない。この場合においては、社債発行会社は、社債権者集会の同意を得るため、遅滞なく、これを招集し、かつ、その同意を得ることができなかったときは、その同意に代わる裁判所の許可の申立てをしなければならない。

一　第703条各号<社債管理者の資格>に掲げる者でなくなったとき。

二　第711条第３項<裁判所の許可に基づく社債管理者の辞任>の規定により辞任したとき。

三　前条の規定により解任されたとき。

四　解散したとき。

2　社債発行会社は、前項前段に規定する場合において、同項各号のいずれかに該当することとなった日後２箇月以内に、同項後段の規定による招集をせず、又は同項後段の申立てをしなかったときは、当該社債の総額について期限の利益を喪失する。

3　第１項前段に規定する場合において、やむを得ない事由があるときは、利害関係人は、裁判所に対し、事務を承継する社債管理者の選任の申立てをすることができる。

4　社債発行会社は、第１項前段の規定により事務を承継する社債管理者を定めた場合（社債権者集会の同意を得た場合を除く。）又は前項の規定による事務を承継する社債管理者の選任があった場合には、遅滞なく、その旨を公告し、かつ、知れている社債権者には、各別にこれを通知しなければならない。

第２章の２　社債管理補助者

（社債管理補助者の設置）

第714条の２　会社は、第702条ただし書<社債管理者の設置が不要である場合>に規定する場合には、社債管理補助者を定め、社債権者のために、社債の管理の補助を行うことを委託することができる。ただし、当該社債が担保付社債である場合は、この限りでない。

（社債管理補助者の資格）

第714条の３　社債管理補助者は、第703条<社債管理者の資格>各号に掲げる者その他法務省令で定める者でなければならない。

（社債管理補助者の権限等）

第714条の４　社債管理補助者は、社債権者のために次に掲げる行為をする権限を有する。

一　破産手続参加、再生手続参加又は更生手続参加

二　強制執行又は担保権の実行の手続におけ

会社法

る配当要求

三　第499条第１項<清算株式会社の債権者に対する公告等>の期間内に債権の申出をすること。

2　社債管理補助者は、第714条の２の規定による委託に係る契約に定める範囲内において、社債権者のために次に掲げる行為をする権限を有する。

一　社債に係る債権の弁済を受けること。

二　第705条第１項<社債管理者の権限等>の行為（前項各号及び前号に掲げる行為を除く。）

三　第706条第１項各号<社債管理者が社債権者集会決議によらなければ行うことができない行為>に掲げる行為

四　社債発行会社が社債の総額について期限の利益を喪失することとなる行為

3　前項の場合において、社債管理補助者は、社債権者集会の決議によらなければ、次に掲げる行為をしてはならない。

一　前項第２号に掲げる行為であって、次に掲げるもの

イ　当該社債の全部についてするその支払の請求

ロ　当該社債の全部に係る債権に基づく強制執行、仮差押え又は仮処分

ハ　当該社債の全部についてする訴訟行為又は破産手続、再生手続、更生手続若しくは特別清算に関する手続に属する行為（イ及びロに掲げる行為を除く。）

二　前項第３号及び第４号に掲げる行為

4　社債管理補助者は、第714条の２の規定による委託に係る契約に従い、社債の管理に関する事項を社債権者に報告し、又は社債権者がこれを知ることができるようにする措置をとらなければならない。

5　第705条第２項<社債管理者が社債に係る債権の弁済を受けた場合>及び第３項<社債の償還額及び利息の支払請求権の消滅時効>の規定は、第２項第１号に掲げる行為をする権限を有する社債管理補助者について準用する。

（２以上の社債管理補助者がある場合の特則）

第714条の５　２以上の社債管理補助者があるときは、社債管理補助者は、各自、その権限に属する行為をしなければならない。

2　社債管理補助者が社債権者に生じた損害を賠償する責任を負う場合において、他の社債管理補助者も当該損害を賠償する責任を負うときは、これらの者は、連帯債務者とする。

（社債管理者等との関係）

第714条の６　第702条<社債管理者の設置>の規定による委託に係る契約又は担保付社債信託法（明治38年法律第52号）第２条第１項に規定する信託契約の効力が生じた場合には、第714条の２の規定による委託に係る契約は、終了する。

（社債管理者に関する規定の準用）

第714条の７　第704条<社債管理者の義務>、第707条<特別代理人の選任>、第708条<社債管理者等の行為の方式>、第710条第１項<社債管理者の責任>、第711条<社債管理者の辞任>、第713条<社債管理者の解任>及び第714条<社債管理者の事務の承継>の規定は、社債管理補助者について準用する。この場合において、第704条中「社債の管理」とあるのは「社債の管理の補助」と、同項中「社債権者に対し、連帯して」とあるのは「社債権者に対し」と、第711条第１項中「において、他に社債管理者がないときは」とあるのは「において」と、同条第２項中「第702条」とあるのは「第714条の２」と、第714条第１項中「において、他に社債管理者がないときは」とあるのは「には」と、「社債の管理」とあるのは「社債の管理の補助」と、「第703条各号に掲げる」とあるのは「第714条の３に規定する」と、「解散した」とあるのは「死亡し、又は解散した」と読み替えるものとする。

第３章　社債権者集会

（社債権者集会の構成）

第715条　社債権者は、社債の種類ごとに社債権者集会を組織する。

（社債権者集会の権限）

第716条　社債権者集会は、この法律に規定する事項及び社債権者の利害に関する事項について決議をすることができる。

（社債権者集会の招集）

第717条　社債権者集会は、必要がある場合には、いつでも、招集することができる。

2　社債権者集会は、次項又は次条第３項の規定により招集する場合を除き、社債発行会社又は社債管理者が招集する。

3　次に掲げる場合には、社債管理補助者は、社債権者集会を招集することができる。

一　次条第１項の規定による請求があった場合

二　第714条の７において準用する第711条第１項<社債管理者の辞任>の社債権者集会の同意を得るため必要がある場合

（社債権者による招集の請求）

第718条　ある種類の社債の総額（償還済みの額を除く。）の10分の１以上に当たる社債を有する社債権者は、社債発行会社、社債管理者又は社債管理補助者に対し、社債権者集会の目的である事項及び招集の理由を示して、社債権者集会の招集を請求することができる。

2　社債発行会社が有する自己の当該種類の社債の金額の合計額は、前項に規定する社債の総額に算入しない。

3　次に掲げる場合には、第１項の規定による請求をした社債権者は、裁判所の許可を得て、社債権者集会を招集することができる。

一　第１項の規定による請求の後遅滞なく招集の手続が行われない場合

二　第１項の規定による請求があった日から８週間以内の日を社債権者集会の日とする社債権者集会の招集の通知が発せられない場合

4　第１項の規定による請求又は前項の規定による招集をしようとする無記名社債の社債権者は、その社債券を社債発行会社、社債管理者又は社債管理補助者に提示しなければならない。

（社債権者集会の招集の決定）

第719条　社債権者集会を招集する者（以下この章において「招集者」という。）は、社債権者集会を招集する場合には、次に掲げる事項を定めなければならない。

一　社債権者集会の日時及び場所

二　社債権者集会の目的である事項

三　社債権者集会に出席しない社債権者が電磁的方法によって議決権を行使することができることとするときは、その旨

四　前３号に掲げるもののほか、法務省令で定める事項

（社債権者集会の招集の通知）

第720条　社債権者集会を招集するには、招集者は、社債権者集会の日の２週間前までに、知れている社債権者及び社債発行会社並びに社債管理者又は社債管理補助者がある場合にあっては社債管理者又は社債管理補助者に対して、書面をもってその通知を発しなければならない。

2　招集者は、前項の書面による通知の発出に代えて、政令で定めるところにより、同項の通知を受けるべき者の承諾を得て、電磁的方法により通知を発することができる。この場合において、当該招集者は、同項の書面による通知を発したものとみなす。

3　前２項の通知には、前条各号<社債権者集会を招集するに際して決定する事項>に掲げる事項を記載し、又は記録しなければならない。

4　社債発行会社が無記名式の社債券を発行している場合において、社債権者集会を招集するには、招集者は、社債権者集会の日の３週間前までに、社債権者集会を招集する旨及び前条各号に掲げる事項を公告しなければならない。

5　前項の規定による公告は、社債発行会社における公告の方法によりしなければならない。ただし、招集者が社債発行会社以外の者である場合において、その方法が電子公告であるときは、その公告は、官報に掲載する方法でしなければならない。

（社債権者集会参考書類及び議決権行使書面の交付等）

第721条　招集者は、前条第１項の通知に際しては、法務省令で定めるところにより、知れている社債権者に対し、議決権の行使について参考となるべき事項を記載した書類（以下この条において「社債権者集会参考書類」という。）及び社債権者が議決権を行使するための書面（以下この章において「議決権行使書面」という。）を交付しなければならない。

2　招集者は、前条第２項の承諾をした社債権者に対し同項の電磁的方法による通知を発するときは、前項の規定による社債権者集会参考書類及び議決権行使書面の交付に代えて、これらの書類に記載すべき事項を電磁的方法により提供することができる。ただし、社債権者の請求があったときは、これらの書類を当該社債権者に交付しなければならない。

3　招集者は、前条第４項の規定による公告をした場合において、社債権者集会の日の１週間前までに無記名社債の社債権者の請求があったときは、直ちに、社債権者集会参考書類及び議決権行使書面を当該社債権者に交付しなければならない。

4　招集者は、前項の規定による社債権者集会参考書類及び議決権行使書面の交付に代えて、政令で定めるところにより、社債権者の承諾を得て、これらの書類に記載すべき事項を電磁的方法により提供することができる。この場合において、当該招集者は、同項の規定によるこれらの書類の交付をしたものとみなす。

第722条　招集者は、第719条第３号<社債権者が電磁的方法により議決権を行使できることとする旨の定め>に掲げる事項を定めた場合には、第720条第２項<電磁的方法による社債権者集会の招集の通知>の承諾をした社債権者に対する電磁的方法による通知に際して、法務省令で定めるところにより、社債権者に対し、議決権行使書面に記載すべき事項を当該電磁的方法により提供しなければならない。

2　招集者は、第719条第３号<社債権者が電磁的方法により議決権を行使できることとする旨の定め>に掲げる事項を定めた場合において、第720条第２項<電磁的方法による社債権者集会の招集の通知>の承諾をしていない社債権者から社債権者集会の日の１週間前までに議決権行使書面に記載すべき事項の電磁的方法による提供の請求があったときは、法務省令で定めるところにより、直ちに、当該社債権者に対し、当該事項を電磁的方法により提供しなければならない。

（議決権の額等）

第723条　社債権者は、社債権者集会において、その有する当該種類の社債の金額の合計額（償還済みの額を除く。）に応じて、議決権を有する。

2　前項の規定にかかわらず、社債発行会社は、その有する自己の社債については、議決権を有しない。

3　議決権を行使しようとする無記名社債の社債権者は、社債権者集会の日の１週間前までに、その社債券を招集者に提示しなければならない。

（社債権者集会の決議）

第724条　社債権者集会において決議をする事項を可決するには、出席した議決権者（議決権を行使することができる社債権者をいう。以下この章において同じ。）の議決権の総額の２分の１を超える議決権を有する者の同意がなければならない。

2　前項の規定にかかわらず、社債権者集会において次に掲げる事項を可決するには、議決権者の議決権の総額の５分の１以上で、かつ、出席した議決権者の議決権の総額の３分の２以上の議決権を有する者の同意がなければならない。

一　第706条第１項各号<社債管理者が社債権者集会決議によらなければ行うことができない行為>に掲げる行為に関する事項

二　第706条第１項<社債管理者が社債権者集会決議によらなければ行うことができない行為>、第714条の４第３項<社債管理補助者が社債権者集会決議によらなければ行うことができない行為>（同条第２項第３号に掲げる行為<第706条第１項各号に掲げる行為>に係る部分に限る。）、第736条第１項<代表社債権者の選任等>、第737条第１項ただし書<社債権者集会の決議の執行>及び第738条<代表社債権者等の解任等>の規定により社債権者集会の決議を必要とする事項

3　社債権者集会は、第719条第２号<社債権者集会の目的である事項>に掲げる事項以外の事項については、決議をすることができない。

（議決権の代理行使）

第725条　社債権者は、代理人によってその議決権を行使することができる。この場合においては、当該社債権者又は代理人は、代理権を証明する書面を招集者に提出しなければならない。

2　前項の代理権の授与は、社債権者集会ごとにしなければならない。

3　第１項の社債権者又は代理人は、代理権を証明する書面の提出に代えて、政令で定めるところにより、招集者の承諾を得て、当該書面に記載すべき事項を電磁的方法により提供することができる。この場合において、当該社債権者又は代理人は、当該書面を提出したものとみなす。

4　社債権者が第720条第２項<電磁的方法による社債権者集会の招集の通知>の承諾をした者である場合には、招集者は、正当な理由がなければ、前項の承諾をすることを拒んではならない。

（書面による議決権の行使）

第726条　社債権者集会に出席しない社債権者は、書面によって議決権を行使することができる。

2　書面による議決権の行使は、議決権行使書面に必要な事項を記載し、法務省令で定める時までに当該記載をした議決権行使書面を招集者に提出して行う。

3　前項の規定により書面によって行使した議決権の額は、出席した議決権者の議決権の額に算入する。

（電磁的方法による議決権の行使）

第727条　電磁的方法による議決権の行使は、政令で定めるところにより、招集者の承諾を得て、法務省令で定める時までに議決権行使書面に記載すべき事項を、電磁的方法により当該招集者に提供して行う。

2　社債権者が第720条第２項<電磁的方法による社債権者集会の招集の通知>の承諾をした者である場合には、招集者は、正当な理由がなければ、前項の承諾をすることを拒んではならない。

3　第１項の規定により電磁的方法によって行使した議決権の額は、出席した議決権者の議決権の額に算入する。

（議決権の不統一行使）

第728条　社債権者は、その有する議決権を統一しないで行使することができる。この場合においては、社債権者集会の日の３日前までに、招集者に対してその旨及びその理由を通知しなければならない。

2　招集者は、前項の社債権者が他人のために社債を有する者でないときは、当該社債権者が同項の規定によりその有する議決権を統一しないで行使することを拒むことができる。

（社債発行会社の代表者の出席等）

第729条　社債発行会社、社債管理者又は社債管理補助者は、その代表者若しくは代理人を社債権者集会に出席させ、又は書面により意見を述べることができる。ただし、社債管理者又は社債管理補助者にあっては、その社債権者集会が第707条＜特別代理人の選任＞（第714条の７において準用する場合を含む。）の特別代理人の選任について招集されたものであるときは、この限りでない。

2　社債権者集会又は招集者は、必要があると認めるときは、社債発行会社に対し、その代表者又は代理人の出席を求めることができる。この場合において、社債権者集会にあっては、これをする旨の決議を経なければならない。

（延期又は続行の決議）

第730条　社債権者集会においてその延期又は続行について決議があった場合には、第719条＜債権者集会の招集の決定＞及び第720条＜社債権者集会の招集の通知＞の規定は、適用しない。

（議事録）

第731条　社債権者集会の議事については、招集者は、法務省令で定めるところにより、議事録を作成しなければならない。

2　社債発行会社は、社債権者集会の日から10年間、前項の議事録をその本店に備え置かなければならない。

3　社債管理者、社債管理補助者及び社債権者は、社債発行会社の営業時間内は、いつでも、次に掲げる請求をすることができる。

一　第１項の議事録が書面をもって作成されているときは、当該書面の閲覧又は謄写の請求

二　第１項の議事録が電磁的記録をもって作成されているときは、当該電磁的記録に記録された事項を法務省令で定める方法により表示したものの閲覧又は謄写の請求

（社債権者集会の決議の認可の申立て）

第732条　社債権者集会の決議があったときは、招集者は、当該決議があった日から１週間以内に、裁判所に対し、当該決議の認可の申立てをしなければならない。

（社債権者集会の決議の不認可）

第733条　裁判所は、次のいずれかに該当する場合には、社債権者集会の決議の認可をすることができない。

一　社債権者集会の招集の手続又はその決議の方法が法令又は第676条＜募集社債に関する事項の決定＞の募集のための当該社債発行会社の事業その他の事項に関する説明に用いた資料に記載され、若しくは記録された事項に違反するとき。

二　決議が不正の方法によって成立するに至ったとき。

三　決議が著しく不公正であるとき。

四　決議が社債権者の一般の利益に反するとき。

（社債権者集会の決議の効力）

第734条　社債権者集会の決議は、裁判所の認可を受けなければ、その効力を生じない。

2　社債権者集会の決議は、当該種類の社債を有するすべての社債権者に対してその効力を有する。

（社債権者集会の決議の認可又は不認可の決定の公告）

第735条　社債発行会社は、社債権者集会の決議の認可又は不認可の決定があった場合には、遅滞なく、その旨を公告しなければならない。

（社債権者集会の決議の省略）

第735条の２　社債発行会社、社債管理者、社債管理補助者又は社債権者が社債権者集会の目的である事項について（社債管理補助者にあっては、第714条の７において準用する第711条第１項＜社債管理者の辞任＞の社債権者集会の同意をすることについて）提案をした場合において、当該提案につき議決権者の全員が書面又は電磁的記録により同意の意思表示をしたときは、当該提案を可決する旨の社債権者集会の決議があったものとみなす。

2　社債発行会社は、前項の規定により社債権者集会の決議があったものとみなされた日から10年間、同項の書面又は電磁的記録をその本店に備え置かなければならない。

3　社債管理者、社債管理補助者及び社債権者

は、社債発行会社の営業時間内は、いつでも、次に掲げる請求をすることができる。
一　前項の書面の閲覧又は謄写の請求
二　前項の電磁的記録に記録された事項を法務省令で定める方法により表示したものの閲覧又は謄写の請求
4　第1項の規定により社債権者集会の決議があったものとみなされる場合には、第732条から前条<社債権者集会の決議の認可の申立て・社債権者集会の決議の不認可・社債権者集会の決議の効力・社債権者集会の決議の認可又は不認可の決定の公告>まで（第734条第2項<社債権者集会の決議の効力はすべての社債権者に及ぶ>を除く。）の規定は、適用しない。

（代表社債権者の選任等）
第736条　社債権者集会においては、その決議によって、当該種類の社債の総額（償還済みの額を除く。）の1000分の1以上に当たる社債を有する社債権者の中から、一人又は二人以上の代表社債権者を選任し、これに社債権者集会において決議をする事項についての決定を委任することができる。
2　第718条第2項<自己の社債の不算入>の規定は、前項に規定する社債の総額について準用する。
3　代表社債権者が二人以上ある場合において、社債権者集会において別段の定めを行わなかったときは、第1項に規定する事項についての決定は、その過半数をもって行う。

（社債権者集会の決議の執行）
第737条　社債権者集会の決議は、次の各号に掲げる場合の区分に応じ、当該各号に定める者が執行する。ただし、社債権者集会の決議によって別に社債権者集会の決議を執行する者を定めたときは、この限りでない。
一　社債管理者がある場合　社債管理者
二　社債管理補助者がある場合において、社債管理補助者の権限に属する行為に関する事項を可決する旨の社債権者集会の決議があったとき　社債管理補助者
三　前2号に掲げる場合以外の場合　代表社債権者
2　第705条第1項から第3項まで<社債管理者の権限等>、第708条<社債管理者等の行為の方式>及び第709条<2以上の社債管理者がある場合の特則>の規定は、代表社債権者又は前項ただし書の規定により定められた社債権者集会の決議を執行する者（以下この章において「決議執行者」という。）が社債権者集会の決議を執行する場合について準用する。

（代表社債権者等の解任等）
第738条　社債権者集会においては、その決議によって、いつでも、代表社債権者若しくは決議執行者を解任し、又はこれらの者に委任した事項を変更することができる。

（社債の利息の支払等を怠ったことによる期限の利益の喪失）
第739条　社債発行会社が社債の利息の支払を怠ったとき、又は定期に社債の一部を償還しなければならない場合においてその償還を怠ったときは、社債権者集会の決議に基づき、当該決議を執行する者は、社債発行会社に対し、一定の期間内にその弁済をしなければならない旨及び当該期間内にその弁済をしないときは当該社債の総額について期限の利益を喪失する旨を書面により通知することができる。ただし、当該期間は、2箇月を下ることができない。
2　前項の決議を執行する者は、同項の規定による書面による通知に代えて、政令で定めるところにより、社債発行会社の承諾を得て、同項の規定により通知する事項を電磁的方法により提供することができる。この場合において、当該決議を執行する者は、当該書面による通知をしたものとみなす。
3　社債発行会社は、第1項の期間内に同項の弁済をしなかったときは、当該社債の総額について期限の利益を喪失する。

（債権者の異議手続の特則）
第740条　第449条<資本金等の額の減少における債権者異議>、第627条<合同会社が資本金の額を減少する場合における債権者の異議>、第635条<持分の払戻しにおける債権者異議>、第670条<持分会社の任意清算における債権者の異議>、第779条<株式会社が組織変更をする場合における債権者の異議>（第781条第2項において準用する場合を含む。）、第789条<吸収合併等における債権者異議>（第793条第2項において準用する場合を含む。）、第799条<吸収合併等をする場合における存続株式会社等に対する債権者の異議>（第802条第2項において準用する場合を含む。）、第810条<新設合併等における債権者異議>（第813条第2項において準用する場合を含む。）又は第816条の8<株式交付における債権者異議>の規定により社債権者が異議を述べるには、社債権者集会の決議によらなければならない。この場合においては、裁判所は、利害関係人の申立てにより、社債権者のために異議を述べることができる期間を伸長することができる。
2　前項の規定にかかわらず、社債管理者は、社

債権者のために、異議を述べることができる。ただし、第702条<社債管理者の設置>の規定による委託に係る契約に別段の定めがある場合は、この限りでない。

3　社債発行会社における第449条第２項<資本金等の額の減少における債権者異議のための公告・催告>、第627条第２項<合同会社資本金減少時の債権者異議のための公告・催告>、第635条第２項<持分の払戻しにおける債権者異議のための公告・催告>、第670条第２項<持分会社の任意清算における債権者異議のための公告・催告>、第779条第２項<組織変更をする株式会社の公告・催告>（第781条第２項において準用する場合を含む。以下この項において同じ。）、第789条第２項<吸収合併等における債権者異議のための公告・催告>（第793条第２項において準用する場合を含む。以下この項において同じ。）、第799条第２項<持分会社の吸収合併等における債権者異議のための公告・催告>（第802条第２項において準用する場合を含む。以下この項において同じ。）、第810条第２項<株式会社が新設合併等をするに際して債権者が消滅株式会社等に対して異議を述べることができる場合の公告・催告>（第813条第２項において準用する場合を含む。以下この項において同じ。）及び第816条の８第２項<株式交付における債権者異議のための公告・催告>の規定の適用については、第449条第２項、第627条第２項、第635条第２項、第670条第２項、第779条第２項、第799条第２項及び第816条の８第２項中「知れている債権者」とあるのは「知れている債権者（社債管理者又は社債管理補助者がある場合にあっては、当該社債管理者又は社債管理補助者を含む。）」と、第789条第２項及び第810条第２項中「知れている債権者（同項の規定により異議を述べることができるものに限る。）」とあるのは「知れている債権者（同項の規定により異議を述べることができるものに限り、社債管理者又は社債管理補助者がある場合にあっては当該社債管理者又は社債管理補助者を含む。）」とする。

（社債管理者等の報酬等）

第741条　社債管理者、社債管理補助者、代表社債権者又は決議執行者に対して与えるべき報酬、その事務処理のために要する費用及びその支出の日以後における利息並びにその事務処理のために自己の過失なくして受けた損害の賠償額は、社債発行会社との契約に定めがある場合を除き、裁判所の許可を得て、社債発行会社の負担とすることができる。

2　前項の許可の申立ては、社債管理者、社債管理補助者、代表社債権者又は決議執行者がする。

3　社債管理者、社債管理補助者、代表社債権者又は決議執行者は、第１項の報酬、費用及び利息並びに損害の賠償額に関し、第705条第１項<社債管理者の権限等>（第737条第２項において準用する場合を含む。）又は第714条の４第２項第１号の弁済を受けた額について、社債権者に先立って弁済を受ける権利を有する。

（社債権者集会等の費用の負担）

第742条　社債権者集会に関する費用は、社債発行会社の負担とする。

2　第732条<社債権者集会の決議の認可の申立て>の申立てに関する費用は、社債発行会社の負担とする。ただし、裁判所は、社債発行会社その他利害関係人の申立てにより又は職権で、当該費用の全部又は一部について、招集者その他利害関係人の中から別に負担者を定めることができる。

第５編　組織変更、合併、会社分割、株式交換、株式移転及び株式交付

第１章　組織変更

第１節　通則

（組織変更計画の作成）

第743条　会社は、組織変更をすることができる。この場合においては、組織変更計画を作成しなければならない。

第２節　株式会社の組織変更

（株式会社の組織変更計画）

第744条　株式会社が組織変更をする場合には、当該株式会社は、組織変更計画において、次に掲げる事項を定めなければならない。

一　組織変更後の持分会社（以下この編において「組織変更後持分会社」という。）が合名会社、合資会社又は合同会社のいずれであるかの別

二　組織変更後持分会社の目的、商号及び本店の所在地

三　組織変更後持分会社の社員についての次に掲げる事項

イ　当該社員の氏名又は名称及び住所

ロ　当該社員が無限責任社員又は有限責任社員のいずれであるかの別

ハ　当該社員の出資の価額

四　前２号に掲げるもののほか、組織変更後持

分会社の定款で定める事項

五　組織変更後持分会社が組織変更に際して組織変更をする株式会社の株主に対してその株式に代わる金銭等（組織変更後持分会社の持分を除く。以下この号及び次号において同じ。）を交付するときは、当該金銭等についての次に掲げる事項

イ　当該金銭等が組織変更後持分会社の社債であるときは、当該社債の種類（第107条第2項第2号ロに規定する社債の種類をいう。以下この編において同じ。）及び種類ごとの各社債の金額の合計額又はその算定方法

ロ　当該金銭等が組織変更後持分会社の社債以外の財産であるときは、当該財産の内容及び数若しくは額又はこれらの算定方法

六　前号に規定する場合には、組織変更をする株式会社の株主（組織変更をする株式会社を除く。）に対する同号の金銭等の割当てに関する事項

七　組織変更をする株式会社が新株予約権を発行しているときは、組織変更後持分会社が組織変更に際して当該新株予約権の新株予約権者に対して交付する当該新株予約権に代わる金銭の額又はその算定方法

八　前号に規定する場合には、組織変更をする株式会社の新株予約権の新株予約権者に対する同号の金銭の割当てに関する事項

九　組織変更がその効力を生ずる日（以下この章において「効力発生日」という。）

2　組織変更後持分会社が合名会社であるときは、前項第3号ロに掲げる事項として、その社員の全部を無限責任社員とする旨を定めなければならない。

3　組織変更後持分会社が合資会社であるときは、第1項第3号ロに掲げる事項として、その社員の一部を無限責任社員とし、その他の社員を有限責任社員とする旨を定めなければならない。

4　組織変更後持分会社が合同会社であるときは、第1項第3号ロに掲げる事項として、その社員の全部を有限責任社員とする旨を定めなければならない。

（株式会社の組織変更の効力の発生等）

第745条　組織変更をする株式会社は、効力発生日に、持分会社となる。

2　組織変更をする株式会社は、効力発生日に、前条第1項第2号から第4号まで<組織変更後持分会社の目的等>に掲げる事項についての定めに従い、当該事項に係る定款の変更をしたものとみなす。

3　組織変更をする株式会社の株主は、効力発生日に、前条第1項第3号<組織変更後持分会社の社員についての事項>に掲げる事項についての定めに従い、組織変更後持分会社の社員となる。

4　前条第1項第5号イ<組織変更する株式会社の株主に対する社債の交付>に掲げる事項についての定めがある場合には、組織変更をする株式会社の株主は、効力発生日に、同項第6号<組織変更する株式会社の株主に対する金銭等の割当てに関する事項>に掲げる事項についての定めに従い、同項第5号イの社債の社債権者となる。

5　組織変更をする株式会社の新株予約権は、効力発生日に、消滅する。

6　前各項の規定は、第779条<株式会社が組織変更をする場合における債権者の異議>の規定による手続が終了していない場合又は組織変更を中止した場合には、適用しない。

第3節　持分会社の組織変更

（持分会社の組織変更計画）

第746条　持分会社が組織変更をする場合には、当該持分会社は、組織変更計画において、次に掲げる事項を定めなければならない。

一　組織変更後の株式会社（以下この条において「組織変更後株式会社」という。）の目的、商号、本店の所在地及び発行可能株式総数

二　前号に掲げるもののほか、組織変更後株式会社の定款で定める事項

三　組織変更後株式会社の取締役の氏名

四　次のイからハまでに掲げる場合の区分に応じ、当該イからハまでに定める事項

イ　組織変更後株式会社が会計参与設置会社である場合　組織変更後株式会社の会計参与の氏名又は名称

ロ　組織変更後株式会社が監査役設置会社（監査役の監査の範囲を会計に関するものに限定する旨の定款の定めがある株式会社を含む。）である場合　組織変更後株式会社の監査役の氏名

ハ　組織変更後株式会社が会計監査人設置会社である場合　組織変更後株式会社の会計監査人の氏名又は名称

五　組織変更をする持分会社の社員が組織変更に際して取得する組織変更後株式会社の株式の数（種類株式発行会社にあっては、株式の種類及

び種類ごとの数）又はその数の算定方法

六　組織変更をする持分会社の社員に対する前号の株式の割当てに関する事項

七　組織変更後株式会社が組織変更に際して組織変更をする持分会社の社員に対してその持分に代わる金銭等（組織変更後株式会社の株式を除く。以下この号及び次号において同じ。）を交付するときは、当該金銭等についての次に掲げる事項

イ　当該金銭等が組織変更後株式会社の社債（新株予約権付社債についてのものを除く。）であるときは、当該社債の種類及び種類ごとの各社債の金額の合計額又はその算定方法

ロ　当該金銭等が組織変更後株式会社の新株予約権（新株予約権付社債に付されたものを除く。）であるときは、当該新株予約権の内容及び数又はその算定方法

ハ　当該金銭等が組織変更後株式会社の新株予約権付社債であるときは、当該新株予約権付社債についてのイに規定する事項及び当該新株予約権付社債に付された新株予約権についてのロに規定する事項

ニ　当該金銭等が組織変更後株式会社の社債等（社債及び新株予約権をいう。以下この編において同じ。）以外の財産であるときは、当該財産の内容及び数若しくは額又はこれらの算定方法

八　前号に規定する場合には、組織変更をする持分会社の社員に対する同号の金銭等の割当てに関する事項

九　効力発生日

2　組織変更後株式会社が監査等委員会設置会社である場合には、前項第3号に掲げる事項は、監査等委員である取締役とそれ以外の取締役とを区別して定めなければならない。

（持分会社の組織変更の効力の発生等）

第747条　組織変更をする持分会社は、効力発生日に、株式会社となる。

2　組織変更をする持分会社は、効力発生日に、前条第1項第1号及び第2号<組織変更後株式会社の目的等>に掲げる事項についての定めに従い、当該事項に係る定款の変更をしたものとみなす。

3　組織変更をする持分会社の社員は、効力発生日に、前条第1項第6号<組織変更をする持分会社の社員に対する株式の割当てに関する事項>に掲げる事項についての定めに従い、同項第5号<組織変更する持分会社の社員が組織変更に際して取得する組織変更後株式会社の株式の数>の株式の株主となる。

4　次の各号に掲げる場合には、組織変更をする持分会社の社員は、効力発生日に、前条第1項第8号<金銭等の割り当てについて>に掲げる事項についての定めに従い、当該各号に定める者となる。

一　前条第1項第7号イ<組織変更する持分会社の社員に対する社債の交付>に掲げる事項についての定めがある場合　同号イの社債の社債権者

二　前条第1項第7号ロ<組織変更する持分会社の社員に対する新株予約権の交付>に掲げる事項についての定めがある場合　同号ロの新株予約権の新株予約権者

三　前条第1項第7号ハ<組織変更する持分会社の社員に対する新株予約権付社債の交付>に掲げる事項についての定めがある場合　同号ハの新株予約権付社債についての社債の社債権者及び当該新株予約権付社債に付された新株予約権の新株予約権者

5　前各項の規定は、第781条第2項<持分会社が組織変更する場合における債権者の異議>において準用する第779条<株式会社が組織変更をする場合における債権者の異議>（第2項第2号を除く。）の規定による手続が終了していない場合又は組織変更を中止した場合には、適用しない。

第2章　合併

第1節　通則

（合併契約の締結）

第748条　会社は、他の会社と合併をすることができる。この場合においては、合併をする会社は、合併契約を締結しなければならない。

第2節　吸収合併

第1款　株式会社が存続する吸収合併

（株式会社が存続する吸収合併契約）

第749条　会社が吸収合併をする場合において、吸収合併後存続する会社（以下この編において「吸収合併存続会社」という。）が株式会社であるときは、吸収合併契約において、次に掲げる事項を定めなければならない。

一　株式会社である吸収合併存続会社（以下この編において「吸収合併存続株式会社」という。）及び吸収合併により消滅する会社（以下この編において「吸収合併消滅会社」という。）の商号及び住所

二　吸収合併存続株式会社が吸収合併に際して株式会社である吸収合併消滅会社（以下この編において「吸収合併消滅株式会社」という。）の株主又は持分会社である吸収合併消滅会社（以下この編において「吸収合併消滅持分会社」という。）の社員に対してその株式又は持分に代わる金銭等を交付するときは、当該金銭等についての次に掲げる事項

イ　当該金銭等が吸収合併存続株式会社の株式であるときは、当該株式の数（種類株式発行会社にあっては、株式の種類及び種類ごとの数）又はその数の算定方法並びに当該吸収合併存続株式会社の資本金及び準備金の額に関する事項

ロ　当該金銭等が吸収合併存続株式会社の社債（新株予約権付社債についてのものを除く。）であるときは、当該社債の種類及び種類ごとの各社債の金額の合計額又はその算定方法

ハ　当該金銭等が吸収合併存続株式会社の新株予約権（新株予約権付社債に付されたものを除く。）であるときは、当該新株予約権の内容及び数又はその算定方法

ニ　当該金銭等が吸収合併存続株式会社の新株予約権付社債であるときは、当該新株予約権付社債についてのロに規定する事項及び当該新株予約権付社債に付された新株予約権についてのハに規定する事項

ホ　当該金銭等が吸収合併存続株式会社の株式等以外の財産であるときは、当該財産の内容及び数若しくは額又はこれらの算定方法

三　前号に規定する場合には、吸収合併消滅株式会社の株主（吸収合併消滅株式会社及び吸収合併存続株式会社を除く。）又は吸収合併消滅持分会社の社員（吸収合併存続株式会社を除く。）に対する同号の金銭等の割当てに関する事項

四　吸収合併消滅株式会社が新株予約権を発行しているときは、吸収合併存続株式会社が吸収合併に際して当該新株予約権の新株予約権者に対して交付する当該新株予約権に代わる当該吸収合併存続株式会社の新株予約権又は金銭についての次に掲げる事項

イ　当該吸収合併消滅株式会社の新株予約権の新株予約権者に対して吸収合併存続株式会社の新株予約権を交付するときは、当該新株予約権の内容及び数又はその算定方法

ロ　イに規定する場合において、イの吸収合併消滅株式会社の新株予約権が新株予約権付社債に付された新株予約権であるときは、吸収合併存続株式会社が当該新株予約権付社債についての社債に係る債務を承継する旨並びにその承継に係る社債の種類及び種類ごとの各社債の金額の合計額又はその算定方法

ハ　当該吸収合併消滅株式会社の新株予約権の新株予約権者に対して金銭を交付するときは、当該金銭の額又はその算定方法

五　前号に規定する場合には、吸収合併消滅株式会社の新株予約権の新株予約権者に対する同号の吸収合併存続株式会社の新株予約権又は金銭の割当てに関する事項

六　吸収合併がその効力を生ずる日（以下この節において「効力発生日」という。）

2　前項に規定する場合において、吸収合併消滅株式会社が種類株式発行会社であるときは、吸収合併存続株式会社及び吸収合併消滅株式会社は、吸収合併消滅株式会社の発行する種類の株式の内容に応じ、同項第3号に掲げる事項として次に掲げる事項を定めることができる。

一　ある種類の株式の株主に対して金銭等の割当てをしないこととするときは、その旨及び当該株式の種類

二　前号に掲げる事項のほか、金銭等の割当てについて株式の種類ごとに異なる取扱いを行うこととするときは、その旨及び当該異なる取扱いの内容

3　第1項に規定する場合には、同項第3号に掲げる事項についての定めは、吸収合併消滅株式会社の株主（吸収合併消滅株式会社及び吸収合併存続株式会社並びに前項第1号の種類の株式の株主を除く。）の有する株式の数（前項第2号に掲げる事項についての定めがある場合にあっては、各種類の株式の数）に応じて金銭等を交付することを内容とするものでなければならない。

（株式会社が存続する吸収合併の効力の発生等）

第750条　吸収合併存続株式会社は、効力発生日に、吸収合併消滅会社の権利義務を承継する。

2　吸収合併消滅会社の吸収合併による解散は、吸収合併の登記の後でなければ、これをもって第三者に対抗することができない。

3　次の各号に掲げる場合には、吸収合併消滅株式会社の株主又は吸収合併消滅持分会社の社

員は、効力発生日に、前条第１項第３号<金銭等の割当てに関する事項>に掲げる事項についての定めに従い、当該各号に定める者となる。

一　前条第１項第２号イ<吸収合併消滅会社の株主等に対する株式の交付>に掲げる事項についての定めがある場合　同号イの株式の株主

二　前条第１項第２号ロ<吸収合併存続株式会社の社債を交付する場合>に掲げる事項についての定めがある場合　同号ロの社債の社債権者

三　前条第１項第２号ハ<吸収合併存続株式会社の新株予約権を交付する場合>に掲げる事項についての定めがある場合　同号ハの新株予約権の新株予約権者

四　前条第１項第２号ニ<吸収合併存続株式会社の新株予約権付社債を交付する場合>に掲げる事項についての定めがある場合　同号ニの新株予約権付社債についての社債の社債権者及び当該新株予約権付社債に付された新株予約権の新株予約権者

4　吸収合併消滅株式会社の新株予約権は、効力発生日に、消滅する。

5　前条第１項第４号イ<吸収合併消滅会社の新株予約権者に対して吸収合併存続会社の新株予約権を交付する場合>に規定する場合には、吸収合併消滅株式会社の新株予約権の新株予約権者は、効力発生日に、同項第５号<吸収合併存続会社の新株予約権等の割当てに関する事項>に掲げる事項についての定めに従い、同項第４号イの吸収合併存続株式会社の新株予約権の新株予約権者となる。

6　前各項の規定は、第789条<吸収合併等における債権者異議>（第１項第３号及び第２項第３号を除き、第793条第２項において準用する場合を含む。）若しくは第799条<吸収合併等をする場合における存続株式会社等に対する債権者の異議>の規定による手続が終了していない場合又は吸収合併を中止した場合には、適用しない。

第２款　持分会社が存続する吸収合併

（持分会社が存続する吸収合併契約）

第751条　会社が吸収合併をする場合において、吸収合併存続会社が持分会社であるときは、吸収合併契約において、次に掲げる事項を定めなければならない。

一　持分会社である吸収合併存続会社（以下この節において「吸収合併存続持分会社」という。）及び吸収合併消滅会社の商号及び住所

二　吸収合併消滅株式会社の株主又は吸収合併消滅持分会社の社員が吸収合併に際して吸収合併存続持分会社の社員となるときは、次のイからハまでに掲げる吸収合併存続持分会社の区分に応じ、当該イからハまでに定める事項

イ　合名会社　当該社員の氏名又は名称及び住所並びに出資の価額

ロ　合資会社　当該社員の氏名又は名称及び住所、当該社員が無限責任社員又は有限責任社員のいずれであるかの別並びに当該社員の出資の価額

ハ　合同会社　当該社員の氏名又は名称及び住所並びに出資の価額

三　吸収合併存続持分会社が吸収合併に際して吸収合併消滅株式会社の株主又は吸収合併消滅持分会社の社員に対してその株式又は持分に代わる金銭等（吸収合併存続持分会社の持分を除く。）を交付するときは、当該金銭等についての次に掲げる事項

イ　当該金銭等が吸収合併存続持分会社の社債であるときは、当該社債の種類及び種類ごとの各社債の金額の合計額又はその算定方法

ロ　当該金銭等が吸収合併存続持分会社の社債以外の財産であるときは、当該財産の内容及び数若しくは額又はこれらの算定方法

四　前号に規定する場合には、吸収合併消滅株式会社の株主（吸収合併消滅株式会社及び吸収合併存続持分会社を除く。）又は吸収合併消滅持分会社の社員（吸収合併存続持分会社を除く。）に対する同号の金銭等の割当てに関する事項

五　吸収合併消滅株式会社が新株予約権を発行しているときは、吸収合併存続持分会社が吸収合併に際して当該新株予約権の新株予約権者に対して交付する当該新株予約権に代わる金銭の額又はその算定方法

六　前号に規定する場合には、吸収合併消滅株式会社の新株予約権の新株予約権者に対する同号の金銭の割当てに関する事項

七　効力発生日

2　前項に規定する場合において、吸収合併消滅株式会社が種類株式発行会社であるときは、吸収合併存続持分会社及び吸収合併消滅株式会社は、吸収合併消滅株式会社の発行する種類の株式の内容に応じ、同項第４号に掲げる事項として次に掲げる事項を定めることができる。

一　ある種類の株式の株主に対して金銭等の割当てをしないこととするときは、その旨及び当該株式の種類
二　前号に掲げる事項のほか、金銭等の割当てについて株式の種類ごとに異なる取扱いを行うこととするときは、その旨及び当該異なる取扱いの内容

3　第1項に規定する場合には、同項第4号に掲げる事項についての定めは、吸収合併消滅株式会社の株主（吸収合併消滅株式会社及び吸収合併存続持分会社並びに前項第1号の種類の株式の株主を除く。）の有する株式の数（前項第2号に掲げる事項についての定めがある場合にあっては、各種類の株式の数）に応じて金銭等を交付することを内容とするものでなければならない。

（持分会社が存続する吸収合併の効力の発生等）

第752条　吸収合併存続持分会社は、効力発生日に、吸収合併消滅会社の権利義務を承継する。

2　吸収合併消滅会社の吸収合併による解散は、吸収合併の登記の後でなければ、これをもって第三者に対抗することができない。

3　前条第1項第2号<吸収合併消滅会社の株主等が吸収合併存続持分会社の社員となるとき>に規定する場合には、吸収合併消滅株式会社の株主又は吸収合併消滅持分会社の社員は、効力発生日に、同号に掲げる事項についての定めに従い、吸収合併存続持分会社の社員となる。この場合においては、吸収合併存続持分会社は、効力発生日に、同号の社員に係る定款の変更をしたものとみなす。

4　前条第1項第3号イ<吸収合併存続持分会社の社債を交付する場合>に掲げる事項についての定めがある場合には、吸収合併消滅株式会社の株主又は吸収合併消滅持分会社の社員は、効力発生日に、同項第4号<吸収合併消滅会社の株主等に対する金銭等の交付>に掲げる事項についての定めに従い、同項第3号イ<吸収合併存続持分会社の社債を交付する場合>の社債の社債権者となる。

5　吸収合併消滅株式会社の新株予約権は、効力発生日に、消滅する。

6　前各項の規定は、第789条<吸収合併等における債権者異議>（第1項第3号及び第2項第3号を除き、第793条第2項において準用する場合を含む。）若しくは第802条第2項<持分会社が吸収合併等をする場合における存続会社等に対する債権者の異議等>において準用する第799条<吸収合併等をする場合における存続株式会社等に対する債権者の異議>（第2項第3号を除く。）の規定による手続が終了していない場合又は吸収合併を中止した場合には、適用しない。

第3節　新設合併

第1款　株式会社を設立する新設合併

（株式会社を設立する新設合併契約）

第753条　2以上の会社が新設合併をする場合において、新設合併により設立する会社（以下この編において「新設合併設立会社」という。）が株式会社であるときは、新設合併契約において、次に掲げる事項を定めなければならない。

一　新設合併により消滅する会社（以下この編において「新設合併消滅会社」という。）の商号及び住所
二　株式会社である新設合併設立会社（以下この編において「新設合併設立株式会社」という。）の目的、商号、本店の所在地及び発行可能株式総数
三　前号に掲げるもののほか、新設合併設立株式会社の定款で定める事項
四　新設合併設立株式会社の設立時取締役の氏名
五　次のイからハまでに掲げる場合の区分に応じ、当該イからハまでに定める事項
イ　新設合併設立株式会社が会計参与設置会社である場合　新設合併設立株式会社の設立時会計参与の氏名又は名称
ロ　新設合併設立株式会社が監査役設置会社（監査役の監査の範囲を会計に関するものに限定する旨の定款の定めがある株式会社を含む。）である場合　新設合併設立株式会社の設立時監査役の氏名
ハ　新設合併設立株式会社が会計監査人設置会社である場合　新設合併設立株式会社の設立時会計監査人の氏名又は名称
六　新設合併設立株式会社が新設合併に際して株式会社である新設合併消滅会社（以下この編において「新設合併消滅株式会社」という。）の株主又は持分会社である新設合併消滅会社（以下この編において「新設合併消滅持分会社」という。）の社員に対して交付するその株式又は持分に代わる当該新設合併設立株式会社の株式の数（種類株式発行会社にあっては、株式の種類及び種類ごとの数）又はその数の算定方法並びに当該新設合併設立株式会社の資本金及び準備金の額に関する事項

七　新設合併消滅株式会社の株主（新設合併消滅株式会社を除く。）又は新設合併消滅持分会社の社員に対する前号の株式の割当てに関する事項
八　新設合併設立株式会社が新設合併に際して新設合併消滅株式会社の株主又は新設合併消滅持分会社の社員に対してその株式又は持分に代わる当該新設合併設立株式会社の社債等を交付するときは、当該社債等についての次に掲げる事項
イ　当該社債等が新設合併設立株式会社の社債（新株予約権付社債についてのものを除く。）であるときは、当該社債の種類及び種類ごとの各社債の金額の合計額又はその算定方法
ロ　当該社債等が新設合併設立株式会社の新株予約権（新株予約権付社債に付されたものを除く。）であるときは、当該新株予約権の内容及び数又はその算定方法
ハ　当該社債等が新設合併設立株式会社の新株予約権付社債であるときは、当該新株予約権付社債についてのイに規定する事項及び当該新株予約権付社債に付された新株予約権についてのロに規定する事項
九　前号に規定する場合には、新設合併消滅株式会社の株主（新設合併消滅株式会社を除く。）又は新設合併消滅持分会社の社員に対する同号の社債等の割当てに関する事項
十　新設合併消滅株式会社が新株予約権を発行しているときは、新設合併設立株式会社が新設合併に際して当該新株予約権の新株予約権者に対して交付する当該新株予約権に代わる当該新設合併設立株式会社の新株予約権又は金銭についての次に掲げる事項
イ　当該新設合併消滅株式会社の新株予約権の新株予約権者に対して新設合併設立株式会社の新株予約権を交付するときは、当該新株予約権の内容及び数又はその算定方法
ロ　イに規定する場合において、イの新設合併消滅株式会社の新株予約権が新株予約権付社債に付された新株予約権であるときは、新設合併設立株式会社が当該新株予約権付社債についての社債に係る債務を承継する旨並びにその承継に係る社債の種類及び種類ごとの各社債の金額の合計額又はその算定方法
ハ　当該新設合併消滅株式会社の新株予約権の新株予約権者に対して金銭を交付するときは、当該金銭の額又はその算定方法
十一　前号に規定する場合には、新設合併消滅株式会社の新株予約権の新株予約権者に対する同号の新設合併設立株式会社の新株予約権又は金銭の割当てに関する事項

2　新設合併設立株式会社が監査等委員会設置会社である場合には、前項第４号に掲げる事項は、設立時監査等委員である設立時取締役とそれ以外の設立時取締役とを区別して定めなければならない。

3　第１項に規定する場合において、新設合併消滅株式会社の全部又は一部が種類株式発行会社であるときは、新設合併消滅会社は、新設合併消滅株式会社の発行する種類の株式の内容に応じ、同項第７号に掲げる事項（新設合併消滅株式会社の株主に係る事項に限る。次項において同じ。）として次に掲げる事項を定めることができる。
一　ある種類の株式の株主に対して新設合併設立株式会社の株式の割当てをしないこととするときは、その旨及び当該株式の種類
二　前号に掲げる事項のほか、新設合併設立株式会社の株式の割当てについて株式の種類ごとに異なる取扱いを行うこととするときは、その旨及び当該異なる取扱いの内容

4　第１項に規定する場合には、同項第７号に掲げる事項についての定めは、新設合併消滅株式会社の株主（新設合併消滅会社及び前項第１号の種類の株式の株主を除く。）の有する株式の数（前項第２号に掲げる事項についての定めがある場合にあっては、各種類の株式の数）に応じて新設合併設立株式会社の株式を交付することを内容とするものでなければならない。

5　前２項の規定は、第１項第９号に掲げる事項について準用する。この場合において、前２項中「新設合併設立株式会社の株式」とあるのは、「新設合併設立株式会社の社債等」と読み替えるものとする。

（株式会社を設立する新設合併の効力の発生等）

第754条　新設合併設立株式会社は、その成立の日に、新設合併消滅会社の権利義務を承継する。

2　前条第１項に規定する場合には、新設合併消滅株式会社の株主又は新設合併消滅持分会社の社員は、新設合併設立株式会社の成立の日に、同項第７号<新設合併消滅株式会社の株主又は新設合併消滅持分会社の社員に対する株式の割当てに関する事項>に

会社法

掲げる事項についての定めに従い、同項第６号<新設合併消滅株式会社の株主又は新設合併消滅持分会社の社員に対して交付する新設合併設立会社の株式等>の株式の株主となる。

3　次の各号に掲げる場合には、新設合併消滅株式会社の株主又は新設合併消滅持分会社の社員は、新設合併設立株式会社の成立の日に、前条第１項第９号<新設合併消滅株式会社の株主又は新設合併消滅持分会社の社員に対する社債等の割当てに関する事項>に掲げる事項についての定めに従い、当該各号に定める者となる。

一　前条第１項第８号イ<新設合併設立株式会社の社債を交付する場合>に掲げる事項についての定めがある場合　同号イの社債の社債権者

二　前条第１項第８号ロ<新設合併設立株式会社の新株予約権を交付する場合>に掲げる事項についての定めがある場合　同号ロの新株予約権の新株予約権者

三　前条第１項第８号ハ<新設合併設立株式会社の新株予約権付社債を交付する場合>に掲げる事項についての定めがある場合　同号ハの新株予約権付社債についての社債の社債権者及び当該新株予約権付社債に付された新株予約権の新株予約権者

4　新設合併消滅株式会社の新株予約権は、新設合併設立株式会社の成立の日に、消滅する。

5　前条第１項第10号イ<新設合併設立株式会社が新設合併消滅株式会社の新株予約権者に交付する新設合併設立株式会社の新株予約権の内容等>に規定する場合には、新設合併消滅株式会社の新株予約権の新株予約権者は、新設合併設立株式会社の成立の日に、同項第11号<新設合併設立株式会社の新株予約権等の割当てに関する事項>に掲げる事項についての定めに従い、同項第10号イ<新設合併設立株式会社が新設合併消滅株式会社の新株予約権者に交付する新設合併設立株式会社の新株予約権の内容等>の新設合併設立株式会社の新株予約権の新株予約権者となる。

第２款　持分会社を設立する新設合併

（持分会社を設立する新設合併契約）

第755条　２以上の会社が新設合併をする場合において、新設合併設立会社が持分会社であるときは、新設合併契約において、次に掲げる事項を定めなければならない。

一　新設合併消滅会社の商号及び住所

二　持分会社である新設合併設立会社（以下この編において「新設合併設立持分会社」という。）が合名会社、合資会社又は合同会社のいずれであるかの別

三　新設合併設立持分会社の目的、商号及び本店の所在地

四　新設合併設立持分会社の社員についての次に掲げる事項

イ　当該社員の氏名又は名称及び住所

ロ　当該社員が無限責任社員又は有限責任社員のいずれであるかの別

ハ　当該社員の出資の価額

五　前２号に掲げるもののほか、新設合併設立持分会社の定款で定める事項

六　新設合併設立持分会社が新設合併に際して新設合併消滅株式会社の株主又は新設合併消滅持分会社の社員に対してその株式又は持分に代わる当該新設合併設立持分会社の社債を交付するときは、当該社債の種類及び種類ごとの各社債の金額の合計額又はその算定方法

七　前号に規定する場合には、新設合併消滅株式会社の株主（新設合併消滅株式会社を除く。）又は新設合併消滅持分会社の社員に対する同号の社債の割当てに関する事項

八　新設合併消滅株式会社が新株予約権を発行しているときは、新設合併設立持分会社が新設合併に際して当該新株予約権の新株予約権者に対して交付する当該新株予約権に代わる金銭の額又はその算定方法

九　前号に規定する場合には、新設合併消滅株式会社の新株予約権の新株予約権者に対する同号の金銭の割当てに関する事項

2　新設合併設立持分会社が合名会社であるときは、前項第４号ロに掲げる事項として、その社員の全部を無限責任社員とする旨を定めなければならない。

3　新設合併設立持分会社が合資会社であるときは、第１項第４号ロに掲げる事項として、その社員の一部を無限責任社員とし、その他の社員を有限責任社員とする旨を定めなければならない。

4　新設合併設立持分会社が合同会社であるときは、第１項第４号ロに掲げる事項として、その社員の全部を有限責任社員とする旨を定めなければならない。

（持分会社を設立する新設合併の効力の発生等）

第756条　新設合併設立持分会社は、その成

立の日に、新設合併消滅会社の権利義務を承継する。

2　前条第1項に規定する場合には、新設合併消滅株式会社の株主又は新設合併消滅持分会社の社員は、新設合併設立持分会社の成立の日に、同項第4号<新設合併設立持分会社の社員についての決定事項>に掲げる事項についての定めに従い、当該新設合併設立持分会社の社員となる。

3　前条第1項第6号<新設合併設立持分会社の社債を交付する場合>に掲げる事項についての定めがある場合には、新設合併消滅株式会社の株主又は新設合併消滅持分会社の社員は、新設合併設立持分会社の成立の日に、同項第7号<新設合併消滅会社の株主又は社員に対する新設合併設立持分会社の社債の割当て事項>に掲げる事項についての定めに従い、同項第6号<新設合併持分会社の社債を交付する場合>の社債の社債権者となる。

4　新設合併消滅株式会社の新株予約権は、新設合併設立持分会社の成立の日に、消滅する。

第3章　会社分割

第1節　吸収分割

第1款　通則

（吸収分割契約の締結）

第757条　会社（株式会社又は合同会社に限る。）は、吸収分割をすることができる。この場合においては、当該会社がその事業に関して有する権利義務の全部又は一部を当該会社から承継する会社（以下この編において「吸収分割承継会社」という。）との間で、吸収分割契約を締結しなければならない。

第2款　株式会社に権利義務を承継させる吸収分割

（株式会社に権利義務を承継させる吸収分割契約）

第758条　会社が吸収分割をする場合において、吸収分割承継会社が株式会社であるときは、吸収分割契約において、次に掲げる事項を定めなければならない。

一　吸収分割をする会社（以下この編において「吸収分割会社」という。）及び株式会社である吸収分割承継会社（以下この編において「吸収分割承継株式会社」という。）の商号及び住所

二　吸収分割承継株式会社が吸収分割により吸収分割会社から承継する資産、債務、雇用契約その他の権利義務（株式会社である吸収分割会社（以下この編において「吸収分割株式会社」という。）及び吸収分割承継株式会社の株式並びに吸収分割株式会社の新株予約権に係る義務を除く。）に関する事項

三　吸収分割により吸収分割株式会社又は吸収分割承継株式会社の株式を吸収分割承継株式会社に承継させるときは、当該株式に関する事項

四　吸収分割承継株式会社が吸収分割に際して吸収分割会社に対してその事業に関する権利義務の全部又は一部に代わる金銭等を交付するときは、当該金銭等についての次に掲げる事項

イ　当該金銭等が吸収分割承継株式会社の株式であるときは、当該株式の数（種類株式発行会社にあっては、株式の種類及び種類ごとの数）又はその数の算定方法並びに当該吸収分割承継株式会社の資本金及び準備金の額に関する事項

ロ　当該金銭等が吸収分割承継株式会社の社債（新株予約権付社債についてのものを除く。）であるときは、当該社債の種類及び種類ごとの各社債の金額の合計額又はその算定方法

ハ　当該金銭等が吸収分割承継株式会社の新株予約権（新株予約権付社債に付されたものを除く。）であるときは、当該新株予約権の内容及び数又はその算定方法

ニ　当該金銭等が吸収分割承継株式会社の新株予約権付社債であるときは、当該新株予約権付社債についてのロに規定する事項及び当該新株予約権付社債に付された新株予約権についてのハに規定する事項

ホ　当該金銭等が吸収分割承継株式会社の株式等以外の財産であるときは、当該財産の内容及び数若しくは額又はこれらの算定方法

五　吸収分割承継株式会社が吸収分割に際して吸収分割株式会社の新株予約権の新株予約権者に対して当該新株予約権に代わる当該吸収分割承継株式会社の新株予約権を交付するときは、当該新株予約権についての次に掲げる事項

イ　当該吸収分割承継株式会社の新株予約権の交付を受ける吸収分割株式会社の新

会社法

株予約権の新株予約権者の有する新株予約権（以下この編において「吸収分割契約新株予約権」という。）の内容

ロ　吸収分割契約新株予約権の新株予約権者に対して交付する吸収分割承継株式会社の新株予約権の内容及び数又はその算定方法

ハ　吸収分割契約新株予約権が新株予約権付社債に付された新株予約権であるときは、吸収分割承継株式会社が当該新株予約権付社債についての社債に係る債務を承継する旨並びにその承継に係る社債の種類及び種類ごとの各社債の金額の合計額又はその算定方法

六　前号に規定する場合には、吸収分割契約新株予約権の新株予約権者に対する同号の吸収分割承継株式会社の新株予約権の割当てに関する事項

七　吸収分割がその効力を生ずる日（以下この節において「効力発生日」という。）

八　吸収分割株式会社が効力発生日に次に掲げる行為をするときは、その旨

イ　第171条第１項<全部取得条項付種類株式の取得に関する決定>の規定による株式の取得（同項第１号に規定する取得対価が吸収分割承継株式会社の株式（吸収分割株式会社が吸収分割をする前から有するものを除き、吸収分割承継株式会社の株式に準ずるものとして法務省令で定めるものを含む。ロにおいて同じ。）のみであるものに限る。）

ロ　剰余金の配当（配当財産が吸収分割承継株式会社の株式のみであるものに限る。）

（株式会社に権利義務を承継させる吸収分割の効力の発生等）

第759条　吸収分割承継株式会社は、効力発生日に、吸収分割契約の定めに従い、吸収分割会社の権利義務を承継する。

2　前項の規定にかかわらず、第789条第１項第２号<株式会社が吸収分割をする場合の債権者の異議>（第793条第２項において準用する場合を含む。次項において同じ。）の規定により異議を述べることができる吸収分割会社の債権者であって、第789条第２項<吸収合併等における債権者異議のための公告・催告>（第３号を除き、第793条第２項において準用する場合を含む。次項において同じ。）の各別の催告を受けなかったもの（第789条第３項（第793条第２項において準用する場合を含む。）に規定する場合にあっては、不法行為によって生じた債務の債権者であるものに限る。次項において同じ。）は、吸収分割契約において吸収分割後に吸収分割会社に対して債務の履行を請求することができないものとされているときであっても、吸収分割会社に対して、吸収分割会社が効力発生日に有していた財産の価額を限度として、当該債務の履行を請求することができる。

3　第１項の規定にかかわらず、第789条第１項第２号<株式会社が吸収分割をする場合の債権者の異議>の規定により異議を述べることができる吸収分割会社の債権者であって、同条第２項<株式会社における吸収合併消滅会社等の債権者の異議を述べることができる場合の公告・催告>の各別の催告を受けなかったものは、吸収分割契約において吸収分割後に吸収分割承継株式会社に対して債務の履行を請求することができないものとされているときであっても、吸収分割承継株式会社に対して、承継した財産の価額を限度として、当該債務の履行を請求することができる。

4　第１項の規定にかかわらず、吸収分割会社が吸収分割承継株式会社に承継されない債務の債権者（以下この条において「残存債権者」という。）を害することを知って吸収分割をした場合には、残存債権者は、吸収分割承継株式会社に対して、承継した財産の価額を限度として、当該債務の履行を請求することができる。ただし、吸収分割承継株式会社が吸収分割の効力が生じた時において残存債権者を害することを知らなかったときは、この限りでない。

5　前項の規定は、前条第８号に掲げる事項についての定めがある場合には、適用しない。

6　吸収分割承継株式会社が第４項の規定により同項の債務を履行する責任を負う場合には、当該責任は、吸収分割会社が残存債権者を害することを知って吸収分割をしたことを知った時から２年以内に請求又は請求の予告をしない残存債権者に対しては、その期間を経過した時に消滅する。効力発生日から10年を経過したときも、同様とする。

7　吸収分割会社について破産手続開始の決定、再生手続開始の決定又は更生手続開始の決定があったときは、残存債権者は、吸収分割承継株式会社に対して第４項の規定による請求をする権利を行使することができない。

8　次の各号に掲げる場合には、吸収分割会社は、効力発生日に、吸収分割契約の定めに従い、当該各号に定める者となる。

一　前条第４号イ<吸収分割会社に対して吸収分割承継

株式会社の株式を交付するとき>に掲げる事項についての定めがある場合　同号イの株式の株主

二　前条第4号ロ<吸収分割会社に対して吸収分割承継株式会社の社債を交付するとき>に掲げる事項についての定めがある場合　同号ロの社債の社債権者

三　前条第4号ハ<吸収分割会社に対して吸収分割承継株式会社の新株予約権を交付するとき>に掲げる事項についての定めがある場合　同号ハの新株予約権の新株予約権者

四　前条第4号ニ<吸収分割会社に対して吸収分割承継株式会社の新株予約権付社債を交付するとき>に掲げる事項についての定めがある場合　同号ニの新株予約権付社債についての社債の社債権者及び当該新株予約権付社債に付された新株予約権の新株予約権者

9　前条第5号<吸収分割株式会社の新株予約権者に対する新株予約権の交付>に規定する場合には、効力発生日に、吸収分割契約新株予約権は、消滅し、当該吸収分割契約新株予約権の新株予約権者は、同条第6号<吸収分割承継株式会社の新株予約権の割当てに関する事項>に掲げる事項についての定めに従い、同条第5号ロ<吸収分割株式会社の新株予約権者に交付する新株予約権の内容等>の吸収分割承継株式会社の新株予約権の新株予約権者となる。

10　前各項の規定は、第789条<吸収合併等をする場合における消滅株式会社等に対する債権者の異議>（第1項第3号及び第2項第3号を除き、第793条第2項において準用する場合を含む。）若しくは第799条<吸収合併等をする場合における存続株式会社等に対する債権者の異議>の規定による手続が終了していない場合又は吸収分割を中止した場合には、適用しない。

第3款　持分会社に権利義務を承継させる吸収分割

（持分会社に権利義務を承継させる吸収分割契約）

第760条　会社が吸収分割をする場合において、吸収分割承継会社が持分会社であるときは、吸収分割契約において、次に掲げる事項を定めなければならない。

一　吸収分割会社及び持分会社である吸収分割承継会社（以下この節において「吸収分割承継持分会社」という。）の商号及び住所

二　吸収分割承継持分会社が吸収分割により吸収分割会社から承継する資産、債務、雇用契約その他の権利義務（吸収分割株式会社の株式及び新株予約権に係る義務を除く。）に関する事項

三　吸収分割により吸収分割株式会社の株式を吸収分割承継持分会社に承継させるときは、当該株式に関する事項

四　吸収分割会社が吸収分割に際して吸収分割承継持分会社の社員となるときは、次のイからハまでに掲げる吸収分割承継持分会社の区分に応じ、当該イからハまでに定める事項

イ　合名会社　当該社員の氏名又は名称及び住所並びに出資の価額

ロ　合資会社　当該社員の氏名又は名称及び住所、当該社員が無限責任社員又は有限責任社員のいずれであるかの別並びに当該社員の出資の価額

ハ　合同会社　当該社員の氏名又は名称及び住所並びに出資の価額

五　吸収分割承継持分会社が吸収分割に際して吸収分割会社に対してその事業に関する権利義務の全部又は一部に代わる金銭等（吸収分割承継持分会社の持分を除く。）を交付するときは、当該金銭等についての次に掲げる事項

イ　当該金銭等が吸収分割承継持分会社の社債であるときは、当該社債の種類及び種類ごとの各社債の金額の合計額又はその算定方法

ロ　当該金銭等が吸収分割承継持分会社の社債以外の財産であるときは、当該財産の内容及び数若しくは額又はこれらの算定方法

六　効力発生日

七　吸収分割株式会社が効力発生日に次に掲げる行為をするときは、その旨

イ　第171条第1項<全部取得条項付種類株式の取得に関する決定>の規定による株式の取得（同項第1号に規定する取得対価が吸収分割承継持分会社の持分（吸収分割株式会社が吸収分割をする前から有するものを除き、吸収分割承継持分会社の持分に準ずるものとして法務省令で定めるものを含む。ロにおいて同じ。）のみであるものに限る。）

ロ　剰余金の配当（配当財産が吸収分割承継持分会社の持分のみであるものに限る。）

（持分会社に権利義務を承継させる吸収分割の効力の発生等）

第761条　吸収分割承継持分会社は、効力発生日に、吸収分割契約の定めに従い、吸収分割

会社の権利義務を承継する。

2　前項の規定にかかわらず、第789条第1項第2号<株式会社が吸収分割をする場合の債権者の異議>（第793条第2項において準用する場合を含む。次項において同じ。）の規定により異議を述べることができる吸収分割会社の債権者であって、第789条第2項<吸収合併等における債権者異議のための公告・催告>（第3号を除き、第793条第2項において準用する場合を含む。次項において同じ。）の各別の催告を受けなかったもの（第789条第3項（第793条第2項において準用する場合を含む。）に規定する場合にあっては、不法行為によって生じた債務の債権者であるものに限る。次項において同じ。）は、吸収分割契約において吸収分割後に吸収分割会社に対して債務の履行を請求することができないものとされているときであっても、吸収分割会社に対して、吸収分割会社が効力発生日に有していた財産の価額を限度として、当該債務の履行を請求することができる。

3　第1項の規定にかかわらず、第789条第1項第2号<株式会社の吸収分割をする場合の債権者の異議>の規定により異議を述べることができる吸収分割会社の債権者であって、同条第2項<吸収合併等における債権者異議のための公告・催告>の各別の催告を受けなかったものは、吸収分割契約において吸収分割後に吸収分割承継持分会社に対して債務の履行を請求することができないものとされているときであっても、吸収分割承継持分会社に対して、承継した財産の価額を限度として、当該債務の履行を請求することができる。

4　第1項の規定にかかわらず、吸収分割会社が吸収分割承継持分会社に承継されない債務の債権者（以下この条において「残存債権者」という。）を害することを知って吸収分割をした場合には、残存債権者は、吸収分割承継持分会社に対して、承継した財産の価額を限度として、当該債務の履行を請求することができる。ただし、吸収分割承継持分会社が吸収分割の効力が生じた時において残存債権者を害することを知らなかったときは、この限りでない。

5　前項の規定は、前条第7号に掲げる事項についての定めがある場合には、適用しない。

6　吸収分割承継持分会社が第4項の規定により同項の債務を履行する責任を負う場合には、当該責任は、吸収分割会社が残存債権者を害することを知って吸収分割をしたことを知った時から2年以内に請求又は請求の予告をしない残存債権者に対しては、その期間を経過した時に消滅する。効力発生日から10年を経過したときも、同様とする。

7　吸収分割会社について破産手続開始の決定、再生手続開始の決定又は更生手続開始の決定があったときは、残存債権者は、吸収分割承継持分会社に対して第4項の規定による請求をする権利を行使することができない。

8　前条第4号<吸収分割会社が吸収分割に際して吸収分割承継持分会社の社員となるとき>に規定する場合には、吸収分割会社は、効力発生日に、同号に掲げる事項についての定めに従い、吸収分割承継持分会社の社員となる。この場合においては、吸収分割承継持分会社は、効力発生日に、同号の社員に係る定款の変更をしたものとみなす。

9　前条第5号イ<吸収分割承継持分会社が吸収分割会社に社債を交付するとき>に掲げる事項についての定めがある場合には、吸収分割会社は、効力発生日に、吸収分割契約の定めに従い、同号イの社債の社債権者となる。

10　前各項の規定は、第789条<吸収合併等における債権者異議>（第1項第3号及び第2項第3号を除き、第793条第2項において準用する場合を含む。）若しくは第802条第2項<持分会社が吸収合併等をする場合における存続会社等に対する債権者の異議等>において準用する第799条<吸収合併等をする場合における存続株式会社等に対する債権者の異議>（第2項第3号を除く。）の規定による手続が終了していない場合又は吸収分割を中止した場合には、適用しない。

第2節　新設分割

第1款　通則

（新設分割計画の作成）

第762条　1又は2以上の株式会社又は合同会社は、新設分割をすることができる。この場合においては、新設分割計画を作成しなければならない。

2　2以上の株式会社又は合同会社が共同して新設分割をする場合には、当該2以上の株式会社又は合同会社は、共同して新設分割計画を作成しなければならない。

第2款　株式会社を設立する新設分割

（株式会社を設立する新設分割計画）

第763条　1又は2以上の株式会社又は合同会

社が新設分割をする場合において、新設分割により設立する会社（以下この編において「新設分割設立会社」という。）が株式会社であるときは、新設分割計画において、次に掲げる事項を定めなければならない。

一　株式会社である新設分割設立会社（以下この編において「新設分割設立株式会社」という。）の目的、商号、本店の所在地及び発行可能株式総数

二　前号に掲げるもののほか、新設分割設立株式会社の定款で定める事項

三　新設分割設立株式会社の設立時取締役の氏名

四　次のイからハまでに掲げる場合の区分に応じ、当該イからハまでに定める事項

イ　新設分割設立株式会社が会計参与設置会社である場合　新設分割設立株式会社の設立時会計参与の氏名又は名称

ロ　新設分割設立株式会社が監査役設置会社（監査役の監査の範囲を会計に関するものに限定する旨の定款の定めがある株式会社を含む。）である場合　新設分割設立株式会社の設立時監査役の氏名

ハ　新設分割設立株式会社が会計監査人設置会社である場合　新設分割設立株式会社の設立時会計監査人の氏名又は名称

五　新設分割設立株式会社が新設分割により新設分割をする会社（以下この編において「新設分割会社」という。）から承継する資産、債務、雇用契約その他の権利義務（株式会社である新設分割会社（以下この編において「新設分割株式会社」という。）の株式及び新株予約権に係る義務を除く。）に関する事項

六　新設分割設立株式会社が新設分割に際して新設分割会社に対して交付するその事業に関する権利義務の全部又は一部に代わる当該新設分割設立株式会社の株式の数（種類株式発行会社にあっては、株式の種類及び種類ごとの数）又はその数の算定方法並びに当該新設分割設立株式会社の資本金及び準備金の額に関する事項

七　２以上の株式会社又は合同会社が共同して新設分割をするときは、新設分割会社に対する前号の株式の割当てに関する事項

八　新設分割設立株式会社が新設分割に際して新設分割会社に対してその事業に関する権利義務の全部又は一部に代わる当該新設分割設立株式会社の社債等を交付するときは、当該社債等についての次に掲げる事項

イ　当該社債等が新設分割設立株式会社の社債（新株予約権付社債についてのものを除く。）であるときは、当該社債の種類及び種類ごとの各社債の金額の合計額又はその算定方法

ロ　当該社債等が新設分割設立株式会社の新株予約権（新株予約権付社債に付されたものを除く。）であるときは、当該新株予約権の内容及び数又はその算定方法

ハ　当該社債等が新設分割設立株式会社の新株予約権付社債であるときは、当該新株予約権付社債についてのイに規定する事項及び当該新株予約権付社債に付された新株予約権についてのロに規定する事項

九　前号に規定する場合において、２以上の株式会社又は合同会社が共同して新設分割をするときは、新設分割会社に対する同号の社債等の割当てに関する事項

十　新設分割設立株式会社が新設分割に際して新設分割株式会社の新株予約権の新株予約権者に対して当該新株予約権に代わる当該新設分割設立株式会社の新株予約権を交付するときは、当該新株予約権についての次に掲げる事項

イ　当該新設分割設立株式会社の新株予約権の交付を受ける新設分割株式会社の新株予約権の新株予約権者の有する新株予約権（以下この編において「新設分割計画新株予約権」という。）の内容

ロ　新設分割計画新株予約権の新株予約権者に対して交付する新設分割設立株式会社の新株予約権の内容及び数又はその算定方法

ハ　新設分割計画新株予約権が新株予約権付社債に付された新株予約権であるときは、新設分割設立株式会社が当該新株予約権付社債についての社債に係る債務を承継する旨並びにその承継に係る社債の種類及び種類ごとの各社債の金額の合計額又はその算定方法

十一　前号に規定する場合には、新設分割計画新株予約権の新株予約権者に対する同号の新設分割設立株式会社の新株予約権の割当てに関する事項

十二　新設分割株式会社が新設分割設立株式会社の成立の日に次に掲げる行為をするときは、その旨

イ　第171条第１項＜全部取得条項付種類株式の取得

に関する決定>の規定による株式の取得（同項第1号に規定する取得対価が新設分割設立株式会社の株式（これに準ずるものとして法務省令で定めるものを含む。ロにおいて同じ。）のみであるものに限る。）

ロ　剰余金の配当（配当財産が新設分割設立株式会社の株式のみであるものに限る。）

2　新設分割設立株式会社が監査等委員会設置会社である場合には、前項第３号に掲げる事項は、設立時監査等委員である設立時取締役とそれ以外の設立時取締役とを区別して定めなければならない。

（株式会社を設立する新設分割の効力の発生等）

第764条　新設分割設立株式会社は、その成立の日に、新設分割計画の定めに従い、新設分割会社の権利義務を承継する。

2　前項の規定にかかわらず、第810条第１項第２号<株式会社における新設分割をする場合の債権者の異議>（第813条第２項において準用する場合を含む。次項において同じ。）の規定により異議を述べることができる新設分割会社の債権者であって、第810条第２項<新設合併等における債権者異議のための公告・催告>（第３号を除き、第813条第２項において準用する場合を含む。次項において同じ。）の各別の催告を受けなかったもの（第810条第３項（第813条第２項において準用する場合を含む。）に規定する場合にあっては、不法行為によって生じた債務の債権者であるものに限る。次項において同じ。）は、新設分割計画において新設分割後に新設分割会社に対して債務の履行を請求することができないものとされているときであっても、新設分割会社に対して、新設分割会社が新設分割設立株式会社の成立の日に有していた財産の価額を限度として、当該債務の履行を請求することができる。

3　第１項の規定にかかわらず、第810条第１項第２号<株式会社における新設分割をする場合の債権者の異議>の規定により異議を述べることができる新設分割会社の債権者であって、同条第２項<新設合併等における債権者異議のための公告・催告>の各別の催告を受けなかったものは、新設分割計画において新設分割後に新設分割設立株式会社に対して債務の履行を請求することができないものとされているときであっても、新設分割設立株式会社に対して、承継した財産の価額を限度として、当該債務の履行を請求することができる。

4　第１項の規定にかかわらず、新設分割会社が新設分割設立株式会社に承継されない債務の債権者（以下この条において「残存債権者」という。）を害することを知って新設分割をした場合には、残存債権者は、新設分割設立株式会社に対して、承継した財産の価額を限度として、当該債務の履行を請求することができる。

5　前項の規定は、前条第１項第12号に掲げる事項についての定めがある場合には、適用しない。

6　新設分割設立株式会社が第４項の規定により同項の債務を履行する責任を負う場合には、当該責任は、新設分割会社が残存債権者を害することを知って新設分割をしたことを知った時から２年以内に請求又は請求の予告をしない残存債権者に対しては、その期間を経過した時に消滅する。新設分割設立株式会社の成立の日から10年を経過したときも、同様とする。

7　新設分割会社について破産手続開始の決定、再生手続開始の決定又は更生手続開始の決定があったときは、残存債権者は、新設分割設立株式会社に対して第４項の規定による請求をする権利を行使することができない。

8　前条第１項に規定する場合には、新設分割会社は、新設分割設立株式会社の成立の日に、新設分割計画の定めに従い、同項第６号の株式の株主となる。

9　次の各号に掲げる場合には、新設分割会社は、新設分割設立株式会社の成立の日に、新設分割計画の定めに従い、当該各号に定める者となる。

一　前条第１項第８号イに掲げる事項についての定めがある場合　同号イの社債の社債権者

二　前条第１項第８号ロに掲げる事項についての定めがある場合　同号ロの新株予約権の新株予約権者

三　前条第１項第８号ハに掲げる事項についての定めがある場合　同号ハの新株予約権付社債についての社債の社債権者及び当該新株予約権付社債に付された新株予約権の新株予約権者

10　２以上の株式会社又は合同会社が共同して新設分割をする場合における前２項の規定の適用については、第８項中「新設分割計画の定め」とあるのは「同項第７号に掲げる事項についての定め」と、前項中「新設分割計画の定め」とあるのは「前条第１項第９号に掲げる事項についての定め」とする。

11　前条第１項第10号に規定する場合には、新設分割設立株式会社の成立の日に、新設分割計画新株予約権は、消滅し、当該新設分割計画新株予約権の新株予約権者は、同項第11号に掲げる事項についての定めに従い、同項第10号ロの新設分割設立株式会社の新株予約権の新株予約権者となる。

第3款　持分会社を設立する新設分割

（持分会社を設立する新設分割計画）

第765条　1又は2以上の株式会社又は合同会社が新設分割をする場合において、新設分割設立会社が持分会社であるときは、新設分割計画において、次に掲げる事項を定めなければならない。

一　持分会社である新設分割設立会社（以下この編において「新設分割設立持分会社」という。）が合名会社、合資会社又は合同会社のいずれであるかの別

二　新設分割設立持分会社の目的、商号及び本店の所在地

三　新設分割設立持分会社の社員についての次に掲げる事項

イ　当該社員の名称及び住所

ロ　当該社員が無限責任社員又は有限責任社員のいずれであるかの別

ハ　当該社員の出資の価額

四　前2号に掲げるもののほか、新設分割設立持分会社の定款で定める事項

五　新設分割設立持分会社が新設分割により新設分割会社から承継する資産、債務、雇用契約その他の権利義務（新設分割株式会社の株式及び新株予約権に係る義務を除く。）に関する事項

六　新設分割設立持分会社が新設分割に際して新設分割会社に対してその事業に関する権利義務の全部又は一部に代わる当該新設分割設立持分会社の社債を交付するときは、当該社債の種類及び種類ごとの各社債の金額の合計額又はその算定方法

七　前号に規定する場合において、2以上の株式会社又は合同会社が共同して新設分割をするときは、新設分割会社に対する同号の社債の割当てに関する事項

八　新設分割株式会社が新設分割設立持分会社の成立の日に次に掲げる行為をするときは、その旨

イ　第171条第1項<全部取得条項付種類株式の取得に関する決定>の規定による株式の取得（同項第1号に規定する取得対価が新設分割設立持分会社の持分（これに準ずるものとして法務省令で定めるものを含む。ロにおいて同じ。）のみであるものに限る。）

ロ　剰余金の配当（配当財産が新設分割設立持分会社の持分のみであるものに限る。）

2　新設分割設立持分会社が合名会社であるときは、前項第3号ロに掲げる事項として、その社員の全部を無限責任社員とする旨を定めなければならない。

3　新設分割設立持分会社が合資会社であるときは、第1項第3号ロに掲げる事項として、その社員の一部を無限責任社員とし、その他の社員を有限責任社員とする旨を定めなければならない。

4　新設分割設立持分会社が合同会社であるときは、第1項第3号ロに掲げる事項として、その社員の全部を有限責任社員とする旨を定めなければならない。

（持分会社を設立する新設分割の効力の発生等）

第766条　新設分割設立持分会社は、その成立の日に、新設分割計画の定めに従い、新設分割会社の権利義務を承継する。

2　前項の規定にかかわらず、第810条第1項第2号<株式会社における新設分割をする場合の債権者の異議>（第813条第2項において準用する場合を含む。次項において同じ。）の規定により異議を述べることができる新設分割会社の債権者であって、第810条第2項<新設合併等における債権者異議のための公告・催告>（第3号を除き、第813条第2項において準用する場合を含む。次項において同じ。）の各別の催告を受けなかったもの（第810条第3項（第813条第2項において準用する場合を含む。）に規定する場合にあっては、不法行為によって生じた債務の債権者であるものに限る。次項において同じ。）は、新設分割計画において新設分割後に新設分割会社に対して債務の履行を請求することができないものとされているときであっても、新設分割会社に対して、新設分割会社が新設分割設立持分会社の成立の日に有していた財産の価額を限度として、当該債務の履行を請求することができる。

3　第1項の規定にかかわらず、第810条第1項第2号<株式会社における新設分割をする場合の債権者の異議>の規定により異議を述べることができる新設分割会社の債権者であって、同条第2項<新設合併等における債権者異議のための公告・催告>の各別の催告を受けなかったものは、新設分割計画において新設分割後に新設分割設立持分会社に対して債務の履行を請求することができないものとされているときであっても、新設分割設立持分会

社に対して、承継した財産の価額を限度として、当該債務の履行を請求することができる。

4　第1項の規定にかかわらず、新設分割会社が新設分割設立持分会社に承継されない債務の債権者（以下この条において「残存債権者」という。）を害することを知って新設分割をした場合には、残存債権者は、新設分割設立持分会社に対して、承継した財産の価額を限度として、当該債務の履行を請求することができる。

5　前項の規定は、前条第1項第8号に掲げる事項についての定めがある場合には、適用しない。

6　新設分割設立持分会社が第4項の規定により同項の債務を履行する責任を負う場合には、当該責任は、新設分割会社が残存債権者を害することを知って新設分割をしたことを知った時から2年以内に請求又は請求の予告をしない残存債権者に対しては、その期間を経過した時に消滅する。新設分割設立持分会社の成立の日から10年を経過したときも、同様とする。

7　新設分割会社について破産手続開始の決定、再生手続開始の決定又は更生手続開始の決定があったときは、残存債権者は、新設分割設立持分会社に対して第4項の規定による請求をする権利を行使することができない。

8　前条第1項に規定する場合には、新設分割会社は、新設分割設立持分会社の成立の日に、同項第3号<新設分割設立持分会社の社員の名称等>に掲げる事項についての定めに従い、当該新設分割設立持分会社の社員となる。

9　前条第1項第6号<新設分割設立持分会社が新設分割会社に新設分割設立持分会社の社債を交付するとき>に掲げる事項についての定めがある場合には、新設分割会社は、新設分割設立持分会社の成立の日に、新設分割計画の定めに従い、同号の社債の社債権者となる。

10　2以上の株式会社又は合同会社が共同して新設分割をする場合における前項の規定の適用については、同項中「新設分割計画の定めに従い、同号」とあるのは、「同項第7号に掲げる事項についての定めに従い、同項第6号」とする。

第4章　株式交換及び株式移転

第1節　株式交換

第1款　通則

（株式交換契約の締結）

第767条　株式会社は、株式交換をすることができる。この場合においては、当該株式会社の発行済株式の全部を取得する会社（株式会社又は合同会社に限る。以下この編において「株式交換完全親会社」という。）との間で、株式交換契約を締結しなければならない。

第2款　株式会社に発行済株式を取得させる株式交換

（株式会社に発行済株式を取得させる株式交換契約）

第768条　株式会社が株式交換をする場合において、株式交換完全親会社が株式会社であるときは、株式交換契約において、次に掲げる事項を定めなければならない。

一　株式交換をする株式会社（以下この編において「株式交換完全子会社」という。）及び株式会社である株式交換完全親会社（以下この編において「株式交換完全親株式会社」という。）の商号及び住所

二　株式交換完全親株式会社が株式交換に際して株式交換完全子会社の株主に対してその株式に代わる金銭等を交付するときは、当該金銭等についての次に掲げる事項

イ　当該金銭等が株式交換完全親株式会社の株式であるときは、当該株式の数（種類株式発行会社にあっては、株式の種類及び種類ごとの数）又はその数の算定方法並びに当該株式交換完全親株式会社の資本金及び準備金の額に関する事項

ロ　当該金銭等が株式交換完全親株式会社の社債（新株予約権付社債についてのものを除く。）であるときは、当該社債の種類及び種類ごとの各社債の金額の合計額又はその算定方法

ハ　当該金銭等が株式交換完全親株式会社の新株予約権（新株予約権付社債に付されたものを除く。）であるときは、当該新株予約権の内容及び数又はその算定方法

ニ　当該金銭等が株式交換完全親株式会社の新株予約権付社債であるときは、当該新株予約権付社債についてのロに規定する事項及び当該新株予約権付社債に付された新株予約権についてのハに規定する事項

ホ　当該金銭等が株式交換完全親株式会社

の株式等以外の財産であるときは、当該財産の内容及び数若しくは額又はこれらの算定方法

三　前号に規定する場合には、株式交換完全子会社の株主（株式交換完全親株式会社を除く。）に対する同号の金銭等の割当てに関する事項

四　株式交換完全親株式会社が株式交換に際して株式交換完全子会社の新株予約権の新株予約権者に対して当該新株予約権に代わる当該株式交換完全親株式会社の新株予約権を交付するときは、当該新株予約権についての次に掲げる事項

イ　当該株式交換完全親株式会社の新株予約権の交付を受ける株式交換完全子会社の新株予約権の新株予約権者の有する新株予約権（以下この編において「株式交換契約新株予約権」という。）の内容

ロ　株式交換契約新株予約権の新株予約権者に対して交付する株式交換完全親株式会社の新株予約権の内容及び数又はその算定方法

ハ　株式交換契約新株予約権が新株予約権付社債に付された新株予約権であるときは、株式交換完全親株式会社が当該新株予約権付社債についての社債に係る債務を承継する旨並びにその承継に係る社債の種類及び種類ごとの各社債の金額の合計額又はその算定方法

五　前号に規定する場合には、株式交換契約新株予約権の新株予約権者に対する同号の株式交換完全親株式会社の新株予約権の割当てに関する事項

六　株式交換がその効力を生ずる日（以下この節において「効力発生日」という。）

2　前項に規定する場合において、株式交換完全子会社が種類株式発行会社であるときは、株式交換完全子会社及び株式交換完全親株式会社は、株式交換完全子会社の発行する種類の株式の内容に応じ、同項第3号に掲げる事項として次に掲げる事項を定めることができる。

一　ある種類の株式の株主に対して金銭等の割当てをしないこととするときは、その旨及び当該株式の種類

二　前号に掲げる事項のほか、金銭等の割当てについて株式の種類ごとに異なる取扱いを行うこととするときは、その旨及び当該異なる取扱いの内容

3　第1項に規定する場合には、同項第3号に掲げる事項についての定めは、株式交換完全子会社の株主（株式交換完全親株式会社及び前項第1号の種類の株式の株主を除く。）の有する株式の数（前項第2号に掲げる事項についての定めがある場合にあっては、各種類の株式の数）に応じて金銭等を交付することを内容とするものでなければならない。

（株式会社に発行済株式を取得させる株式交換の効力の発生等）

第769条　株式交換完全親株式会社は、効力発生日に、株式交換完全子会社の発行済株式（株式交換完全親株式会社の有する株式交換完全子会社の株式を除く。）の全部を取得する。

2　前項の場合には、株式交換完全親株式会社が株式交換完全子会社の株式（譲渡制限株式に限り、当該株式交換完全親株式会社が効力発生日前から有するものを除く。）を取得したことについて、当該株式交換完全子会社が第137条第1項<譲渡制限株式取得者からの承認の請求>の承認をしたものとみなす。

3　次の各号に掲げる場合には、株式交換完全子会社の株主は、効力発生日に、前条第1項第3号<金銭等の割当てに関する事項>に掲げる事項についての定めに従い、当該各号に定める者となる。

一　前条第1項第2号イ<株式交換の対価としての株式交換完全親会社の株式の交付>に掲げる事項についての定めがある場合　同号イの株式の株主

二　前条第1項第2号ロ<株式交換の対価としての株式交換完全親会社の社債の交付>に掲げる事項についての定めがある場合　同号ロの社債の社債権者

三　前条第1項第2号ハ<株式交換の対価としての株式交換完全親会社の新株予約権の交付>に掲げる事項についての定めがある場合　同号ハの新株予約権の新株予約権者

四　前条第1項第2号ニ<株式交換の対価としての株式交換完全親会社の新株予約権付社債の交付>に掲げる事項についての定めがある場合　同号ニの新株予約権付社債についての社債の社債権者及び当該新株予約権付社債に付された新株予約権の新株予約権者

4　前条第1項第4号<株式交換完全子会社の新株予約権者に対する株式交換完全親株式会社の新株予約権の交付>に規定する場合には、効力発生日に、株式交換契約新株予約権は、消滅し、当該株式交換契約新株予約権の新株予約権者は、同項第5号<株式交換完全親株式会社の新株予約権の割当てに関する事項>に掲げる事項についての定めに従い、同項第4号

ロ<株式交換完全親株式会社が株式交換完全子会社の新株予約権者に交付する株式交換完全親株式会社の新株予約権の内容等>の株式交換完全親株式会社の新株予約権の新株予約権者となる。

5　前条第１項第４号ハ<株式交換契約新株予約権が新株予約権付社債に付された新株予約権であるとき>に規定する場合には、株式交換完全親株式会社は、効力発生日に、同号ハの新株予約権付社債についての社債に係る債務を承継する。

6　前各項の規定は、第789条<吸収合併等における債権者異議>若しくは第799条<吸収合併等をする場合における存続株式会社等に対する債権者の異議>の規定による手続が終了していない場合又は株式交換を中止した場合には、適用しない。

第３款　合同会社に発行済株式を取得させる株式交換

（合同会社に発行済株式を取得させる株式交換契約）

第770条　株式会社が株式交換をする場合において、株式交換完全親会社が合同会社であるときは、株式交換契約において、次に掲げる事項を定めなければならない。

一　株式交換完全子会社及び合同会社である株式交換完全親会社（以下この編において「株式交換完全親合同会社」という。）の商号及び住所

二　株式交換完全子会社の株主が株式交換に際して株式交換完全親合同会社の社員となるときは、当該社員の氏名又は名称及び住所並びに出資の価額

三　株式交換完全親合同会社が株式交換に際して株式交換完全子会社の株主に対してその株式に代わる金銭等（株式交換完全親合同会社の持分を除く。）を交付するときは、当該金銭等についての次に掲げる事項

イ　当該金銭等が当該株式交換完全親合同会社の社債であるときは、当該社債の種類及び種類ごとの各社債の金額の合計額又はその算定方法

ロ　当該金銭等が当該株式交換完全親合同会社の社債以外の財産であるときは、当該財産の内容及び数若しくは額又はこれらの算定方法

四　前号に規定する場合には、株式交換完全子会社の株主（株式交換完全親合同会社を除く。）に対する同号の金銭等の割当てに関する事項

五　効力発生日

2　前項に規定する場合において、株式交換完全子会社が種類株式発行会社であるときは、株式交換完全子会社及び株式交換完全親合同会社は、株式交換完全子会社の発行する種類の株式の内容に応じ、同項第４号に掲げる事項として次に掲げる事項を定めることができる。

一　ある種類の株式の株主に対して金銭等の割当てをしないこととするときは、その旨及び当該株式の種類

二　前号に掲げる事項のほか、金銭等の割当てについて株式の種類ごとに異なる取扱いを行うこととするときは、その旨及び当該異なる取扱いの内容

3　第１項に規定する場合には、同項第４号に掲げる事項についての定めは、株式交換完全子会社の株主（株式交換完全親合同会社及び前項第１号の種類の株式の株主を除く。）の有する株式の数（前項第２号に掲げる事項についての定めがある場合にあっては、各種類の株式の数）に応じて金銭等を交付することを内容とするものでなければならない。

（合同会社に発行済株式を取得させる株式交換の効力の発生等）

第771条　株式交換完全親合同会社は、効力発生日に、株式交換完全子会社の発行済株式（株式交換完全親合同会社の有する株式交換完全子会社の株式を除く。）の全部を取得する。

2　前項の場合には、株式交換完全親合同会社が株式交換完全子会社の株式（譲渡制限株式に限り、当該株式交換完全親合同会社が効力発生日前から有するものを除く。）を取得したことについて、当該株式交換完全子会社が第137条第１項<譲渡制限株式を取得した株式取得者からの承認の請求>の承認をしたものとみなす。

3　前条第１項第２号<株式交換完全子会社の株主が株式交換完全親合同会社の社員となるとき>に規定する場合には、株式交換完全子会社の株主は、効力発生日に、同号に掲げる事項についての定めに従い、株式交換完全親合同会社の社員となる。この場合においては、株式交換完全親合同会社は、効力発生日に、同号の社員に係る定款の変更をしたものとみなす。

4　前条第１項第３号イ<株式交換完全親合同会社が株式交換子会社の株主に社債を交付するとき>に掲げる事項についての定めがある場合には、株式交換完全子会社の株主は、効力発生日に、同項第４号<株式交換完全子会社に対する金銭等の割当てに関する事項>に掲

げる事項についての定めに従い、同項第３号イの社債の社債権者となる。

5　前各項の規定は、第802条第２項<持分会社が吸収合併等をする場合における存続会社等に対する債権者の異議等>において準用する第799条<吸収合併等をする場合における存続株式会社等に対する債権者の異議>（第２項第３号を除く。）の規定による手続が終了していない場合又は株式交換を中止した場合には、適用しない。

第２節　株式移転

（株式移転計画の作成）

第772条　１又は２以上の株式会社は、株式移転をすることができる。この場合においては、株式移転計画を作成しなければならない。

2　２以上の株式会社が共同して株式移転をする場合には、当該２以上の株式会社は、共同して株式移転計画を作成しなければならない。

（株式移転計画）

第773条　１又は２以上の株式会社が株式移転をする場合には、株式移転計画において、次に掲げる事項を定めなければならない。

一　株式移転により設立する株式会社（以下この編において「株式移転設立完全親会社」という。）の目的、商号、本店の所在地及び発行可能株式総数

二　前号に掲げるもののほか、株式移転設立完全親会社の定款で定める事項

三　株式移転設立完全親会社の設立時取締役の氏名

四　次のイからハまでに掲げる場合の区分に応じ、当該イからハまでに定める事項

イ　株式移転設立完全親会社が会計参与設置会社である場合　株式移転設立完全親会社の設立時会計参与の氏名又は名称

ロ　株式移転設立完全親会社が監査役設置会社（監査役の監査の範囲を会計に関するものに限定する旨の定款の定めがある株式会社を含む。）である場合　株式移転設立完全親会社の設立時監査役の氏名

ハ　株式移転設立完全親会社が会計監査人設置会社である場合　株式移転設立完全親会社の設立時会計監査人の氏名又は名称

五　株式移転設立完全親会社が株式移転に際して株式移転をする株式会社（以下この編において「株式移転完全子会社」という。）の株主に対して交付するその株式に代わる当該株式移転設立完全親会社の株式の数（種類株式発行会社にあっては、株式の種類及び種類ごとの数）又はその数の算定方法並びに当該株式移転設立完全親会社の資本金及び準備金の額に関する事項

六　株式移転完全子会社の株主に対する前号の株式の割当てに関する事項

七　株式移転設立完全親会社が株式移転に際して株式移転完全子会社の株主に対してその株式に代わる当該株式移転設立完全親会社の社債等を交付するときは、当該社債等についての次に掲げる事項

イ　当該社債等が株式移転設立完全親会社の社債（新株予約権付社債についてのものを除く。）であるときは、当該社債の種類及び種類ごとの各社債の金額の合計額又はその算定方法

ロ　当該社債等が株式移転設立完全親会社の新株予約権（新株予約権付社債に付されたものを除く。）であるときは、当該新株予約権の内容及び数又はその算定方法

ハ　当該社債等が株式移転設立完全親会社の新株予約権付社債であるときは、当該新株予約権付社債についてのイに規定する事項及び当該新株予約権付社債に付された新株予約権についてのロに規定する事項

八　前号に規定する場合には、株式移転完全子会社の株主に対する同号の社債等の割当てに関する事項

九　株式移転設立完全親会社が株式移転に際して株式移転完全子会社の新株予約権の新株予約権者に対して当該新株予約権に代わる当該株式移転設立完全親会社の新株予約権を交付するときは、当該新株予約権についての次に掲げる事項

イ　当該株式移転設立完全親会社の新株予約権の交付を受ける株式移転完全子会社の新株予約権の新株予約権者の有する新株予約権（以下この編において「株式移転計画新株予約権」という。）の内容

ロ　株式移転計画新株予約権の新株予約権者に対して交付する株式移転設立完全親会社の新株予約権の内容及び数又はその算定方法

ハ　株式移転計画新株予約権が新株予約権付社債に付された新株予約権であるとき

は、株式移転設立完全親会社が当該新株予約権付社債についての社債に係る債務を承継する旨並びにその承継に係る社債の種類及び種類ごとの各社債の金額の合計額又はその算定方法

十　前号に規定する場合には、株式移転計画新株予約権の新株予約権者に対する同号の株式移転設立完全親会社の新株予約権の割当てに関する事項

2　株式移転設立完全親会社が監査等委員会設置会社である場合には、前項第3号に掲げる事項は、設立時監査等委員である設立時取締役とそれ以外の設立時取締役とを区別して定めなければならない。

3　第1項に規定する場合において、株式移転完全子会社が種類株式発行会社であるときは、株式移転完全子会社は、その発行する種類の株式の内容に応じ、同項第6号に掲げる事項として次に掲げる事項を定めることができる。

一　ある種類の株式の株主に対して株式移転設立完全親会社の株式の割当てをしないこととするときは、その旨及び当該株式の種類

二　前号に掲げる事項のほか、株式移転設立完全親会社の株式の割当てについて株式の種類ごとに異なる取扱いを行うこととするときは、その旨及び当該異なる取扱いの内容

4　第1項に規定する場合には、同項第6号に掲げる事項についての定めは、株式移転完全子会社の株主（前項第1号の種類の株式の株主を除く。）の有する株式の数（前項第2号に掲げる事項についての定めがある場合にあっては、各種類の株式の数）に応じて株式移転設立完全親会社の株式を交付することを内容とするものでなければならない。

5　前2項の規定は、第1項第8号に掲げる事項について準用する。この場合において、前2項中「株式移転設立完全親会社の株式」とあるのは、「株式移転設立完全親会社の社債等」と読み替えるものとする。

（株式移転の効力の発生等）

第774条　株式移転設立完全親会社は、その成立の日に、株式移転完全子会社の発行済株式の全部を取得する。

2　株式移転完全子会社の株主は、株式移転設立完全親会社の成立の日に、前条第1項第6号<株式移転完全子会社の株主に対する株式の割当てに関する事項>に掲げる事項についての定めに従い、同項第5号<株式移転設立完全親会社が株式移転完全子会社の株主に対して交付する株式の数等>の株式の株主となる。

3　次の各号に掲げる場合には、株式移転完全子会社の株主は、株式移転設立完全親会社の成立の日に、前条第1項第8号<社債等の割当てに関する事項>に掲げる事項についての定めに従い、当該各号に定める者となる。

一　前条第1項第7号イ<株式移転の対価としての社債の交付>に掲げる事項についての定めがある場合　同号イの社債の社債権者

二　前条第1項第7号ロ<株式移転の対価としての新株予約権の交付>に掲げる事項についての定めがある場合　同号ロの新株予約権の新株予約権者

三　前条第1項第7号ハ<株式移転の対価としての新株予約権付社債の交付>に掲げる事項についての定めがある場合　同号ハの新株予約権付社債についての社債の社債権者及び当該新株予約権付社債に付された新株予約権の新株予約権者

4　前条第1項第9号<株式移転完全子会社の新株予約権者に対する株式移転完全親株式会社の新株予約権の交付>に規定する場合には、株式移転設立完全親会社の成立の日に、株式移転計画新株予約権は、消滅し、当該株式移転計画新株予約権の新株予約権者は、同項第10号<株式移転設立完全親会社の新株予約権の割当てに関する事項>に掲げる事項についての定めに従い、同項第9号ロの株式移転設立完全親会社の新株予約権の新株予約権者となる。

5　前条第1項第9号ハ<株式移転設立完全親会社が新株予約権付社債についての社債に係る債務を承継する旨等>に規定する場合には、株式移転設立完全親会社は、その成立の日に、同号ハの新株予約権付社債についての社債に係る債務を承継する。

第4章の2　株式交付

（株式交付計画の作成）

第774条の2　株式会社は、株式交付をすることができる。この場合においては、株式交付計画を作成しなければならない。

（株式交付計画）

第774条の3　株式会社が株式交付をする場合には、株式交付計画において、次に掲げる事項を定めなければならない。

一　株式交付子会社（株式交付親会社（株式交付をする株式会社をいう。以下同じ。）が株式交付に際して譲り受ける株式を発行する株式会社をいう。以下同じ。）の商号及び

住所
二　株式交付親会社が株式交付に際して譲り受ける株式交付子会社の株式の数（株式交付子会社が種類株式発行会社である場合にあっては、株式の種類及び種類ごとの数）の下限
三　株式交付親会社が株式交付に際して株式交付子会社の株式の譲渡人に対して当該株式の対価として交付する株式交付親会社の株式の数（種類株式発行会社にあっては、株式の種類及び種類ごとの数）又はその数の算定方法並びに当該株式交付親会社の資本金及び準備金の額に関する事項
四　株式交付子会社の株式の譲渡人に対する前号の株式交付親会社の株式の割当てに関する事項
五　株式交付親会社が株式交付に際して株式交付子会社の株式の譲渡人に対して当該株式の対価として金銭等（株式交付親会社の株式を除く。以下この号及び次号において同じ。）を交付するときは、当該金銭等についての次に掲げる事項
イ　当該金銭等が株式交付親会社の社債（新株予約権付社債についてのものを除く。）であるときは、当該社債の種類及び種類ごとの各社債の金額の合計額又はその算定方法
ロ　当該金銭等が株式交付親会社の新株予約権（新株予約権付社債に付されたものを除く。）であるときは、当該新株予約権の内容及び数又はその算定方法
ハ　当該金銭等が株式交付親会社の新株予約権付社債であるときは、当該新株予約権付社債についてのイに規定する事項及び当該新株予約権付社債に付された新株予約権についてのロに規定する事項
ニ　当該金銭等が株式交付親会社の社債及び新株予約権以外の財産であるときは、当該財産の内容及び数若しくは額又はこれらの算定方法
六　前号に規定する場合には、株式交付子会社の株式の譲渡人に対する同号の金銭等の割当てに関する事項
七　株式交付親会社が株式交付に際して株式交付子会社の株式と併せて株式交付子会社の新株予約権（新株予約権付社債に付されたものを除く。）又は新株予約権付社債（以下「新株予約権等」と総称する。）を譲り受けるときは、当該新株予約権等の内容及び数又はその算定方法
八　前号に規定する場合において、株式交付親会社が株式交付に際して株式交付子会社の新株予約権等の譲渡人に対して当該新株予約権等の対価として金銭等を交付するときは、当該金銭等についての次に掲げる事項
イ　当該金銭等が株式交付親会社の株式であるときは、当該株式の数（種類株式発行会社にあっては、株式の種類及び種類ごとの数）又はその数の算定方法並びに当該株式交付親会社の資本金及び準備金の額に関する事項
ロ　当該金銭等が株式交付親会社の社債（新株予約権付社債についてのものを除く。）であるときは、当該社債の種類及び種類ごとの各社債の金額の合計額又はその算定方法
ハ　当該金銭等が株式交付親会社の新株予約権（新株予約権付社債に付されたものを除く。）であるときは、当該新株予約権の内容及び数又はその算定方法
ニ　当該金銭等が株式交付親会社の新株予約権付社債であるときは、当該新株予約権付社債についてのロに規定する事項及び当該新株予約権付社債に付された新株予約権についてのハに規定する事項
ホ　当該金銭等が株式交付親会社の株式等以外の財産であるときは、当該財産の内容及び数若しくは額又はこれらの算定方法
九　前号に規定する場合には、株式交付子会社の新株予約権等の譲渡人に対する同号の金銭等の割当てに関する事項
十　株式交付子会社の株式及び新株予約権等の譲渡しの申込みの期日
十一　株式交付がその効力を生ずる日（以下この章において「効力発生日」という。）
2　前項に規定する場合には、同項第2号<株式交付親会社が株式交付に際して譲り受ける株式交付子会社の株式の数の下限>に掲げる事項についての定めは、株式交付子会社が効力発生日において株式交付親会社の子会社となる数を内容とするものでなければならない。
3　第1項に規定する場合において、株式交付子会社が種類株式発行会社であるときは、株式交付親会社は、株式交付子会社の発行する種類の株式の内容に応じ、同項第4号に掲げる事項として次に掲げる事項を定めることができる。
一　ある種類の株式の譲渡人に対して株式交付親会社の株式の割当てをしないこととするときは、その旨及び当該株式の種類
二　前号に掲げる事項のほか、株式交付親会

社の株式の割当てについて株式の種類ごとに異なる取扱いを行うこととするときは、その旨及び当該異なる取扱いの内容

4　第1項に規定する場合には、同項第4号に掲げる事項についての定めは、株式交付子会社の株式の譲渡人（前項第1号の種類の株式の譲渡人を除く。）が株式交付親会社に譲り渡す株式交付子会社の株式の数（前項第2号に掲げる事項についての定めがある場合にあっては、各種類の株式の数）に応じて株式交付親会社の株式を交付することを内容とするものでなければならない。

5　前2項の規定は、第1項第6号に掲げる事項について準用する。この場合において、前2項中「株式交付親会社の株式」とあるのは、「金銭等（株式交付親会社の株式を除く。）」と読み替えるものとする。

（株式交付子会社の株式の譲渡しの申込み）

第774条の4　株式交付親会社は、株式交付子会社の株式の譲渡しの申込みをしようとする者に対し、次に掲げる事項を通知しなければならない。

一　株式交付親会社の商号

二　株式交付計画の内容

三　前2号に掲げるもののほか、法務省令で定める事項

2　株式交付子会社の株式の譲渡しの申込みをする者は、前条第1項第10号<譲渡しの申込み>の期日までに、次に掲げる事項を記載した書面を株式交付親会社に交付しなければならない。

一　申込みをする者の氏名又は名称及び住所

二　譲り渡そうとする株式交付子会社の株式の数（株式交付子会社が種類株式発行会社である場合にあっては、株式の種類及び種類ごとの数）

3　前項の申込みをする者は、同項の書面の交付に代えて、政令で定めるところにより、株式交付親会社の承諾を得て、同項の書面に記載すべき事項を電磁的方法により提供することができる。この場合において、当該申込みをした者は、同項の書面を交付したものとみなす。

4　第1項の規定は、株式交付親会社が同項各号に掲げる事項を記載した金融商品取引法第2条第10項に規定する目論見書を第1項の申込みをしようとする者に対して交付している場合その他株式交付子会社の株式の譲渡しの申込みをしようとする者の保護に欠けるおそれがないものとして法務省令で定める場合には、適用しない。

5　株式交付親会社は、第1項各号に掲げる事項について変更があったとき（第816条の9第1項の規定により効力発生日を変更したとき及び同条第5項の規定により前条第1項第10号の期日を変更したときを含む。）は、直ちに、その旨及び当該変更があった事項を第2項の申込みをした者（以下この章において「申込者」という。）に通知しなければならない。

6　株式交付親会社が申込者に対してする通知又は催告は、第2項第1号の住所（当該申込者が別に通知又は催告を受ける場所又は連絡先を当該株式交付親会社に通知した場合にあっては、その場所又は連絡先）に宛てて発すれば足りる。

7　前項の通知又は催告は、その通知又は催告が通常到達すべきであった時に、到達したものとみなす。

（株式交付親会社が譲り受ける株式交付子会社の株式の割当て）

第774条の5　株式交付親会社は、申込者の中から当該株式交付親会社が株式交付子会社の株式を譲り受ける者を定め、かつ、その者に割り当てる当該株式交付親会社が譲り受ける株式交付子会社の株式の数（株式交付子会社が種類株式発行会社である場合にあっては、株式の種類ごとの数。以下この条において同じ。）を定めなければならない。この場合において、株式交付親会社は、申込者に割り当てる当該株式の数の合計が第774条の3第1項第2号の下限の数を下回らない範囲内で、当該株式の数を、前条第2項第2号の数よりも減少することができる。

2　株式交付親会社は、効力発生日の前日までに、申込者に対し、当該申込者から当該株式交付親会社が譲り受ける株式交付子会社の株式の数を通知しなければならない。

（株式交付子会社の株式の譲渡しの申込み及び株式交付親会社が譲り受ける株式交付子会社の株式の割当てに関する特則）

第774条の6　前2条の規定は、株式交付子会社の株式を譲り渡そうとする者が、株式交付親会社が株式交付に際して譲り受ける株式交付子会社の株式の総数の譲渡しを行う契約を締結する場合には、適用しない。

（株式交付子会社の株式の譲渡し）

第774条の7　次の各号に掲げる者は、当該各号に定める株式交付子会社の株式の数について株式交付における株式交付子会社の株式の譲渡人となる。

一　申込者　第774条の5第2項<株式交付子会社

の株式の割当て>の規定により通知を受けた株式交付子会社の株式の数

二　前条の契約により株式交付親会社が株式交付に際して譲り受ける株式交付子会社の株式の総数を譲り渡すことを約した者　その者が譲り渡すことを約した株式交付子会社の株式の数

2　前項各号の規定により株式交付子会社の株式の譲渡人となった者は、効力発生日に、それぞれ当該各号に定める数の株式交付子会社の株式を株式交付親会社に給付しなければならない。

（株式交付子会社の株式の譲渡しの無効又は取消しの制限）

第774条の8　民法第93条第1項ただし書<心裡留保>及び第94条第1項<虚偽表示>の規定は、第774条の4第2項の申込み、第774条の5第1項の規定による割当て及び第774条の6の契約に係る意思表示については、適用しない。

2　株式交付における株式交付子会社の株式の譲渡人は、第774条の11第2項の規定により株式交付親会社の株式の株主となった日から1年を経過した後又はその株式について権利を行使した後は、錯誤、詐欺又は強迫を理由として株式交付子会社の株式の譲渡しの取消しをすることができない。

（株式交付子会社の株式の譲渡しに関する規定の準用）

第774条の9　第774条の4から前条までの規定は、第774条の3第1項第7号に規定する場合における株式交付子会社の新株予約権等の譲渡しについて準用する。この場合において、第774条の4第2項第2号中「数（株式交付子会社が種類株式発行会社である場合にあっては、株式の種類及び種類ごとの数）」とあるのは「内容及び数」と、第774条の5第1項中「数（株式交付子会社が種類株式発行会社である場合にあっては、株式の種類ごとの数。以下この条において同じ。）」とあるのは「数」と、「申込者に割り当てる当該株式の数の合計が第774条の3第1項第2号の下限の数を下回らない範囲内で、当該株式」とあるのは「当該新株予約権等」と、前条第2項中「第774条の11第2項」とあるのは「第774条の11第4項第1号」と読み替えるものとする。

（申込みがあった株式交付子会社の株式の数が下限の数に満たない場合）

第774条の10　第774条の5<株式交付親会社が譲り受ける株式交付子会社の株式の割当て>及び第774条の7<株式交付子会社の株式の譲渡し>（第1項第2号に係る部分を除く。）（これらの規定を前条において準用する場合を含む。）の規定は、第774条の3第1項第10号<譲渡しの申込み>の期日において、申込者が譲渡しの申込みをした株式交付子会社の株式の総数が同項第2号の下限の数に満たない場合には、適用しない。この場合においては、株式交付親会社は、申込者に対し、遅滞なく、株式交付をしない旨を通知しなければならない。

（株式交付の効力の発生等）

第774条の11　株式交付親会社は、効力発生日に、第774条の7第2項（第774条の9において準用する場合を含む。）の規定による給付を受けた株式交付子会社の株式及び新株予約権等を譲り受ける。

2　第774条の7第2項の規定による給付をした株式交付子会社の株式の譲渡人は、効力発生日に、第774条の3第1項第4号に掲げる事項についての定めに従い、同項第3号の株式交付親会社の株式の株主となる。

3　次の各号に掲げる場合には、第774条の7第2項の規定による給付をした株式交付子会社の株式の譲渡人は、効力発生日に、第774条の3第1項第6号に掲げる事項についての定めに従い、当該各号に定める者となる。

一　第774条の3第1項第5号イに掲げる事項についての定めがある場合　同号イの社債の社債権者

二　第774条の3第1項第5号ロに掲げる事項についての定めがある場合　同号ロの新株予約権の新株予約権者

三　第774条の3第1項第5号ハに掲げる事項についての定めがある場合　同号ハの新株予約権付社債についての社債の社債権者及び当該新株予約権付社債に付された新株予約権の新株予約権者

4　次の各号に掲げる場合には、第774条の9において準用する第774条の7第2項の規定による給付をした株式交付子会社の新株予約権等の譲渡人は、効力発生日に、第774条の3第1項第9号に掲げる事項についての定めに従い、当該各号に定める者となる。

一　第774条の3第1項第8号イに掲げる事項についての定めがある場合　同号イの株式の株主

二　第774条の3第1項第8号ロに掲げる事項

についての定めがある場合　同号ロの社債の社債権者
三　第774条の３第１項第８号ハに掲げる事項についての定めがある場合　同号ハの新株予約権の新株予約権者
四　第774条の３第１項第８号ニに掲げる事項についての定めがある場合　同号ニの新株予約権付社債についての社債の社債権者及び当該新株予約権付社債に付された新株予約権の新株予約権者
5　前各項の規定は、次に掲げる場合には、適用しない。
一　効力発生日において第816条の８<債権者異議手続>の規定による手続が終了していない場合
二　株式交付を中止した場合
三　効力発生日において株式交付親会社が第774条の７第２項の規定による給付を受けた株式交付子会社の株式の総数が第774条の３第１項第２号の下限の数に満たない場合
四　効力発生日において第２項の規定により第774条の３第１項第３号の株式交付親会社の株式の株主となる者がない場合
6　前項各号に掲げる場合には、株式交付親会社は、第774条の７第１項各号（第774条の９において準用する場合を含む。）に掲げる者に対し、遅滞なく、株式交付をしない旨を通知しなければならない。この場合において、第774条の７第２項（第774条の９において準用する場合を含む。）の規定による給付を受けた株式交付子会社の株式又は新株予約権等があるときは、株式交付親会社は、遅滞なく、これらをその譲渡人に返還しなければならない。

第５章　組織変更、合併、会社分割、株式交換、株式移転及び株式交付の手続

第１節　組織変更の手続

第１款　株式会社の手続

（組織変更計画に関する書面等の備置き及び閲覧等）
第775条　組織変更をする株式会社は、組織変更計画備置開始日から組織変更がその効力を生ずる日（以下この節において「効力発生日」という。）までの間、組織変更計画の内容その他法務省令で定める事項を記載し、又は記録した書面又は電磁的記録をその本店に備え置かなければならない。
2　前項に規定する「組織変更計画備置開始日」とは、次に掲げる日のいずれか早い日をいう。
一　組織変更計画について組織変更をする株式会社の総株主の同意を得た日
二　組織変更をする株式会社が新株予約権を発行しているときは、第777条第３項<新株予約権者への組織変更をする旨の通知>の規定による通知の日又は同条第４項<組織変更をする旨の通知に代わる公告>の公告の日のいずれか早い日
三　第779条第２項<組織変更をする株式会社の公告・催告>の規定による公告の日又は同項の規定による催告の日のいずれか早い日
3　組織変更をする株式会社の株主及び債権者は、当該株式会社に対して、その営業時間内は、いつでも、次に掲げる請求をすることができる。ただし、第２号又は第４号に掲げる請求をするには、当該株式会社の定めた費用を支払わなければならない。
一　第１項の書面の閲覧の請求
二　第１項の書面の謄本又は抄本の交付の請求
三　第１項の電磁的記録に記録された事項を法務省令で定める方法により表示したものの閲覧の請求
四　第１項の電磁的記録に記録された事項を電磁的方法であって株式会社の定めたものにより提供することの請求又はその事項を記載した書面の交付の請求

（株式会社の組織変更計画の承認等）
第776条　組織変更をする株式会社は、効力発生日の前日までに、組織変更計画について当該株式会社の総株主の同意を得なければならない。
2　組織変更をする株式会社は、効力発生日の20日前までに、その登録株式質権者及び登録新株予約権質権者に対し、組織変更をする旨を通知しなければならない。
3　前項の規定による通知は、公告をもってこれに代えることができる。

（新株予約権買取請求）
第777条　株式会社が組織変更をする場合には、組織変更をする株式会社の新株予約権の新株予約権者は、当該株式会社に対し、自己の

有する新株予約権を公正な価格で買い取ることを請求することができる。

2　新株予約権付社債に付された新株予約権の新株予約権者は、前項の規定による請求（以下この款において「新株予約権買取請求」という。）をするときは、併せて、新株予約権付社債についての社債を買い取ることを請求しなければならない。ただし、当該新株予約権付社債に付された新株予約権について別段の定めがある場合は、この限りでない。

3　組織変更をしようとする株式会社は、効力発生日の20日前までに、その新株予約権の新株予約権者に対し、組織変更をする旨を通知しなければならない。

4　前項の規定による通知は、公告をもってこれに代えることができる。

5　新株予約権買取請求は、効力発生日の20日前の日から効力発生日の前日までの間に、その新株予約権買取請求に係る新株予約権の内容及び数を明らかにしてしなければならない。

6　新株予約権証券が発行されている新株予約権について新株予約権買取請求をしようとするときは、当該新株予約権の新株予約権者は、組織変更をする株式会社に対し、その新株予約権証券を提出しなければならない。ただし、当該新株予約権証券について非訟事件手続法第114条に規定する公示催告の申立てをした者については、この限りでない。

7　新株予約権付社債券が発行されている新株予約権付社債に付された新株予約権について新株予約権買取請求をしようとするときは、当該新株予約権の新株予約権者は、組織変更をする株式会社に対し、その新株予約権付社債券を提出しなければならない。ただし、当該新株予約権付社債券について非訟事件手続法第114条に規定する公示催告の申立てをした者については、この限りでない。

8　新株予約権買取請求をした新株予約権者は、組織変更をする株式会社の承諾を得た場合に限り、その新株予約権買取請求を撤回することができる。

9　組織変更を中止したときは、新株予約権買取請求は、その効力を失う。

10　第260条の規定は、新株予約権買取請求に係る新株予約権については、適用しない。

（新株予約権の価格の決定等）

第778条　新株予約権買取請求があった場合において、新株予約権（当該新株予約権が新株予約権付社債に付されたものである場合において、当該新株予約権付社債についての社債の買取りの請求があったときは、当該社債を含む。以下この条において同じ。）の価格の決定について、新株予約権者と組織変更をする株式会社（効力発生日後にあっては、組織変更後持分会社。以下この条において同じ。）との間に協議が調ったときは、当該株式会社は、効力発生日から60日以内にその支払をしなければならない。

2　新株予約権の価格の決定について、効力発生日から30日以内に協議が調わないときは、新株予約権者又は組織変更後持分会社は、その期間の満了の日後30日以内に、裁判所に対し、価格の決定の申立てをすることができる。

3　前条第８項の規定にかかわらず、前項に規定する場合において、効力発生日から60日以内に同項の申立てがないときは、その期間の満了後は、新株予約権者は、いつでも、新株予約権買取請求を撤回することができる。

4　組織変更後持分会社は、裁判所の決定した価格に対する第１項の期間の満了の日後の法定利率による利息をも支払わなければならない。

5　組織変更をする株式会社は、新株予約権の価格の決定があるまでは、新株予約権者に対し、当該株式会社が公正な価格と認める額を支払うことができる。

6　新株予約権買取請求に係る新株予約権の買取りは、効力発生日に、その効力を生ずる。

7　組織変更をする株式会社は、新株予約権証券が発行されている新株予約権について新株予約権買取請求があったときは、新株予約権証券と引換えに、その新株予約権買取請求に係る新株予約権の代金を支払わなければならない。

8　組織変更をする株式会社は、新株予約権付社債券が発行されている新株予約権付社債に付された新株予約権について新株予約権買取請求があったときは、新株予約権付社債券と引換えに、その新株予約権買取請求に係る新株予約権の代金を支払わなければならない。

（債権者の異議）

第779条　組織変更をする株式会社の債権者は、当該株式会社に対し、組織変更について異議を述べることができる。

2　組織変更をする株式会社は、次に掲げる事項を官報に公告し、かつ、知れている債権者には、各別にこれを催告しなければならない。ただし、第３号の期間は、１箇月を下ることができない。

一　組織変更をする旨
二　組織変更をする株式会社の計算書類（第435条第２項に規定する計算書類をいう。以下この章において同じ。）に関する事項として法務省令で定めるもの
三　債権者が一定の期間内に異議を述べることができる旨

3　前項の規定にかかわらず、組織変更をする株式会社が同項の規定による公告を、官報のほか、第939条第１項<会社の公告方法>の規定による定款の定めに従い、同項第２号<時事に関する事項を掲載する日刊新聞紙に掲載する方法>又は第３号<電子公告>に掲げる公告方法によりするときは、前項の規定による各別の催告は、することを要しない。

4　債権者が第２項第３号の期間内に異議を述べなかったときは、当該債権者は、当該組織変更について承認をしたものとみなす。

5　債権者が第２項第３号の期間内に異議を述べたときは、組織変更をする株式会社は、当該債権者に対し、弁済し、若しくは相当の担保を提供し、又は当該債権者に弁済を受けさせることを目的として信託会社等に相当の財産を信託しなければならない。ただし、当該組織変更をしても当該債権者を害するおそれがないときは、この限りでない。

（組織変更の効力発生日の変更）

第780条　組織変更をする株式会社は、効力発生日を変更することができる。

2　前項の場合には、組織変更をする株式会社は、変更前の効力発生日（変更後の効力発生日が変更前の効力発生日前の日である場合にあっては、当該変更後の効力発生日）の前日までに、変更後の効力発生日を公告しなければならない。

3　第１項の規定により効力発生日を変更したときは、変更後の効力発生日を効力発生日とみなして、この款及び第745条<株式会社の組織変更の効力の発生等>の規定を適用する。

第２款　持分会社の手続

第781条　組織変更をする持分会社は、効力発生日の前日までに、組織変更計画について当該持分会社の総社員の同意を得なければならない。ただし、定款に別段の定めがある場合は、この限りでない。

2　第779条<株式会社が組織変更をする場合における債権者の異議>（第２項第２号を除く。）及び前条の規定は、組織変更をする持分会社について準用する。この場合において、第779条第３項中「組織変更をする株式会社」とあるのは「組織変更をする持分会社（合同会社に限る。）」と、前条第３項中「及び第745条」とあるのは「並びに第747条及び次条第１項」と読み替えるものとする。

第２節　吸収合併等の手続

第１款　吸収合併消滅会社、吸収分割会社及び株式交換完全子会社の手続

第１目　株式会社の手続

（吸収合併契約等に関する書面等の備置き及び閲覧等）

第782条　次の各号に掲げる株式会社（以下この目において「消滅株式会社等」という。）は、吸収合併契約等備置開始日から吸収合併、吸収分割又は株式交換（以下この節において「吸収合併等」という。）がその効力を生ずる日（以下この節において「効力発生日」という。）後６箇月を経過する日（吸収合併消滅株式会社にあっては、効力発生日）までの間、当該各号に定めるもの（以下この節において「吸収合併契約等」という。）の内容その他法務省令で定める事項を記載し、又は記録した書面又は電磁的記録をその本店に備え置かなければならない。
一　吸収合併消滅株式会社　吸収合併契約
二　吸収分割株式会社　吸収分割契約
三　株式交換完全子会社　株式交換契約

2　前項に規定する「吸収合併契約等備置開始日」とは、次に掲げる日のいずれか早い日をいう。
一　吸収合併契約等について株主総会（種類株主総会を含む。）の決議によってその承認を受けなければならないときは、当該株主総会の日の２週間前の日（第319条第１項の場合にあっては、同項の提案があった日）
二　第785条第３項<消滅株式会社等の株主に対する吸収合併等をする旨等の通知>の規定による通知を受けるべき株主があるときは、同項の規定による通知の日又は同条第４項<消滅株式会社等の株主に対する吸収合併等をする旨等の通知に代わる公告>の公告の日のいずれか早い日
三　第787条第３項<消滅株式会社等の新株予約権者に対する吸収合併等をする旨等の通知>の規定による通知を受けるべき新株予約権者があるときは、同

項の規定による通知の日又は同条第４項<通知に代わる公告>の公告の日のいずれか早い日
四　第789条<吸収合併等における債権者異議>の規定による手続をしなければならないときは、同条第２項<吸収合併等における債権者異議のための公告・催告>の規定による公告の日又は同項の規定による催告の日のいずれか早い日
五　前各号に規定する場合以外の場合には、吸収分割契約又は株式交換契約の締結の日から２週間を経過した日
3　消滅株式会社等の株主及び債権者（株式交換完全子会社にあっては、株主及び新株予約権者）は、消滅株式会社等に対して、その営業時間内は、いつでも、次に掲げる請求をすることができる。ただし、第２号又は第４号に掲げる請求をするには、当該消滅株式会社等の定めた費用を支払わなければならない。
一　第１項の書面の閲覧の請求
二　第１項の書面の謄本又は抄本の交付の請求
三　第１項の電磁的記録に記録された事項を法務省令で定める方法により表示したものの閲覧の請求
四　第１項の電磁的記録に記録された事項を電磁的方法であって消滅株式会社等の定めたものにより提供することの請求又はその事項を記載した書面の交付の請求

（吸収合併契約等の承認等）
第783条　消滅株式会社等は、効力発生日の前日までに、株主総会の決議によって、吸収合併契約等の承認を受けなければならない。
2　前項の規定にかかわらず、吸収合併消滅株式会社又は株式交換完全子会社が種類株式発行会社でない場合において、吸収合併消滅株式会社又は株式交換完全子会社の株主に対して交付する金銭等（以下この条及び次条第１項において「合併対価等」という。）の全部又は一部が持分等（持分会社の持分その他これに準ずるものとして法務省令で定めるものをいう。以下この条において同じ。）であるときは、吸収合併契約又は株式交換契約について吸収合併消滅株式会社又は株式交換完全子会社の総株主の同意を得なければならない。
3　吸収合併消滅株式会社又は株式交換完全子会社が種類株式発行会社である場合において、合併対価等の全部又は一部が譲渡制限株式等（譲渡制限株式その他これに準ずるものとして法務省令で定めるものをいう。以下この章において同じ。）であるときは、吸収合併又は株式交換は、当該譲渡制限株式等の割当てを受ける種類の株式（譲渡制限株式を除く。）の種類株主を構成員とする種類株主総会（当該種類株主に係る株式の種類が２以上ある場合にあっては、当該２以上の株式の種類別に区分された種類株主を構成員とする各種類株主総会）の決議がなければ、その効力を生じない。ただし、当該種類株主総会において議決権を行使することができる株主が存しない場合は、この限りでない。
4　吸収合併消滅株式会社又は株式交換完全子会社が種類株式発行会社である場合において、合併対価等の全部又は一部が持分等であるときは、吸収合併又は株式交換は、当該持分等の割当てを受ける種類の株主の全員の同意がなければ、その効力を生じない。
5　消滅株式会社等は、効力発生日の20日前までに、その登録株式質権者（次条第２項に規定する場合における登録株式質権者を除く。）及び第787条第３項各号<消滅株式会社等の新株予約権者に対する吸収合併等をする旨等の通知>に定める新株予約権の登録新株予約権質権者に対し、吸収合併等をする旨を通知しなければならない。
6　前項の規定による通知は、公告をもってこれに代えることができる。

（吸収合併契約等の承認を要しない場合）
第784条　前条第１項の規定は、吸収合併存続会社、吸収分割承継会社又は株式交換完全親会社（以下この目において「存続会社等」という。）が消滅株式会社等の特別支配会社である場合には、適用しない。ただし、吸収合併又は株式交換における合併対価等の全部又は一部が譲渡制限株式等である場合であって、消滅株式会社等が公開会社であり、かつ、種類株式発行会社でないときは、この限りでない。
2　前条の規定は、吸収分割により吸収分割承継会社に承継させる資産の帳簿価額の合計額が吸収分割株式会社の総資産額として法務省令で定める方法により算定される額の５分の１（これを下回る割合を吸収分割株式会社の定款で定めた場合にあっては、その割合）を超えない場合には、適用しない。

（吸収合併等をやめることの請求）
第784条の2　次に掲げる場合において、消滅株式会社等の株主が不利益を受けるおそれがあるときは、消滅株式会社等の株主は、消滅株式会社等に対し、吸収合併等をやめることを請求することができる。ただし、前条第２項に規定する場合は、この限りでない。

会社法

一　当該吸収合併等が法令又は定款に違反する場合

二　前条第１項本文に規定する場合において、第749条第１項第２号若しくは第３号<吸収合併消滅会社の株主等に対する金銭等の交付>、第751条第１項第３号若しくは第４号<吸収合併消滅会社の株主等に対する金銭等の交付>、第758条第４号<吸収分割会社に対する金銭等の交付>、第760条第４号若しくは第５号<吸収分割会社に対する金銭等の交付>、第768条第１項第２号若しくは第３号<株式交換完全子会社の株主に対する金銭等の交付>又は第770条第１項第３号若しくは第４号<株式交換完全子会社の株主に対する金銭等の交付>に掲げる事項が消滅株式会社等又は存続会社等の財産の状況その他の事情に照らして著しく不当であるとき。

（反対株主の株式買取請求）

第785条　吸収合併等をする場合（次に掲げる場合を除く。）には、反対株主は、消滅株式会社等に対し、自己の有する株式を公正な価格で買い取ることを請求することができる。

一　第783条第２項<吸収合併消滅株式会社等の総株主の同意を必要とする場合>に規定する場合

二　第784条第２項<簡易分割の場合>に規定する場合

2　前項に規定する「反対株主」とは、次の各号に掲げる場合における当該各号に定める株主（第783条第４項<持分等の割当てを受ける種類の株主の全員の同意を必要とする場合>に規定する場合における同項に規定する持分等の割当てを受ける株主を除く。）をいう。

一　吸収合併等をするために株主総会（種類株主総会を含む。）の決議を要する場合　次に掲げる株主

イ　当該株主総会に先立って当該吸収合併等に反対する旨を当該消滅株式会社等に対し通知し、かつ、当該株主総会において当該吸収合併等に反対した株主（当該株主総会において議決権を行使することができるものに限る。）

ロ　当該株主総会において議決権を行使することができない株主

二　前号に規定する場合以外の場合　全ての株主（第784条第１項本文に規定する場合における当該特別支配会社を除く。）

3　消滅株式会社等は、効力発生日の20日前までに、その株主（第783条第４項に規定する場合における同項に規定する持分等の割当てを受ける株主及び第784条第１項本文に規定する場合における当該特別支配会社を除く。）に対し、吸収合併等をする旨並びに存続会社等の商号及び住所を通知しなければならない。ただし、第１項各号に掲げる場合は、この限りでない。

4　次に掲げる場合には、前項の規定による通知は、公告をもってこれに代えることができる。

一　消滅株式会社等が公開会社である場合

二　消滅株式会社等が第783条第１項<吸収合併契約等の承認>の株主総会の決議によって吸収合併契約等の承認を受けた場合

5　第１項の規定による請求（以下この目において「株式買取請求」という。）は、効力発生日の20日前の日から効力発生日の前日までの間に、その株式買取請求に係る株式の数（種類株式発行会社にあっては、株式の種類及び種類ごとの数）を明らかにしてしなければならない。

6　株券が発行されている株式について株式買取請求をしようとするときは、当該株式の株主は、消滅株式会社等に対し、当該株式に係る株券を提出しなければならない。ただし、当該株券について第223条<株券喪失登録の請求>の規定による請求をした者については、この限りでない。

7　株式買取請求をした株主は、消滅株式会社等の承諾を得た場合に限り、その株式買取請求を撤回することができる。

8　吸収合併等を中止したときは、株式買取請求は、その効力を失う。

9　第133条<株主の請求による株主名簿記載事項の記載又は記録>の規定は、株式買取請求に係る株式については、適用しない。

（株式の価格の決定等）

第786条　株式買取請求があった場合において、株式の価格の決定について、株主と消滅株式会社等（吸収合併をする場合における効力発生日後にあっては、吸収合併存続会社。以下この条において同じ。）との間に協議が調ったときは、消滅株式会社等は、効力発生日から60日以内にその支払をしなければならない。

2　株式の価格の決定について、効力発生日から30日以内に協議が調わないときは、株主又は消滅株式会社等は、その期間の満了の日後30日以内に、裁判所に対し、価格の決定の申立てをすることができる。

3　前条第７項の規定にかかわらず、前項に規定する場合において、効力発生日から60日以内に同項の申立てがないときは、その期間の満了後は、株主は、いつでも、株式買取請求を撤回することができる。

4　消滅株式会社等は、裁判所の決定した価格に

対する第１項の期間の満了の日後の法定利率による利息をも支払わなければならない。

5　消滅株式会社等は、株式の価格の決定があるまでは、株主に対し、当該消滅株式会社等が公正な価格と認める額を支払うことができる。

6　株式買取請求に係る株式の買取りは、効力発生日に、その効力を生ずる。

7　株券発行会社は、株券が発行されている株式について株式買取請求があったときは、株券と引換えに、その株式買取請求に係る株式の代金を支払わなければならない。

（新株予約権買取請求）

第787条　次の各号に掲げる行為をする場合には、当該各号に定める消滅株式会社等の新株予約権の新株予約権者は、消滅株式会社等に対し、自己の有する新株予約権を公正な価格で買い取ることを請求することができる。

一　吸収合併　第749条第１項第４号<吸収合併消滅会社の新株予約権者に対して吸収合併存続会社の新株予約権を交付する場合>又は第５号<吸収合併存続会社の新株予約権等の割当てに関する事項>に掲げる事項についての定めが第236条第１項第８号<合併等に際して交付する新株予約権等>の条件（同号イに関するものに限る。）に合致する新株予約権以外の新株予約権

二　吸収分割（吸収分割承継会社が株式会社である場合に限る。）　次に掲げる新株予約権のうち、第758条第５号<吸収分割株式会社の新株予約権者に対する新株予約権の交付>又は第６号<吸収分割承継株式会社の新株予約権の割当てに関する事項>に掲げる事項についての定めが第236条第１項第８号<合併等に際して交付する新株予約権等>の条件（同号ロに関するものに限る。）に合致する新株予約権以外の新株予約権

イ　吸収分割契約新株予約権

ロ　吸収分割契約新株予約権以外の新株予約権であって、吸収分割をする場合において当該新株予約権の新株予約権者に吸収分割承継株式会社の新株予約権を交付することとする旨の定めがあるもの

三　株式交換（株式交換完全親会社が株式会社である場合に限る。）　次に掲げる新株予約権のうち、第768条第１項第４号<株式交換完全親株式会社が株式交換完全子会社の新株予約権者に交付する新株予約権>又は第５号<株式交換完全親株式会社の新株予約権の割当てに関する事項>に掲げる事項についての定めが第236条第１項第８号<合併等に際して交付する新株予約権等>の条件（同号ニに関するものに限る。）に合致する新株予約権以外の新株予約権

イ　株式交換契約新株予約権

ロ　株式交換契約新株予約権以外の新株予約権であって、株式交換をする場合において当該新株予約権の新株予約権者に株式交換完全親株式会社の新株予約権を交付することとする旨の定めがあるもの

2　新株予約権付社債に付された新株予約権の新株予約権者は、前項の規定による請求（以下この目において「新株予約権買取請求」という。）をするときは、併せて、新株予約権付社債についての社債を買い取ることを請求しなければならない。ただし、当該新株予約権付社債に付された新株予約権について別段の定めがある場合は、この限りでない。

3　次の各号に掲げる消滅株式会社等は、効力発生日の20日前までに、当該各号に定める新株予約権の新株予約権者に対し、吸収合併等をする旨並びに存続会社等の商号及び住所を通知しなければならない。

一　吸収合併消滅株式会社　全部の新株予約権

二　吸収分割承継会社が株式会社である場合における吸収分割株式会社　次に掲げる新株予約権

イ　吸収分割契約新株予約権

ロ　吸収分割契約新株予約権以外の新株予約権であって、吸収分割をする場合において当該新株予約権の新株予約権者に吸収分割承継株式会社の新株予約権を交付することとする旨の定めがあるもの

三　株式交換完全親会社が株式会社である場合における株式交換完全子会社　次に掲げる新株予約権

イ　株式交換契約新株予約権

ロ　株式交換契約新株予約権以外の新株予約権であって、株式交換をする場合において当該新株予約権の新株予約権者に株式交換完全親株式会社の新株予約権を交付することとする旨の定めがあるもの

4　前項の規定による通知は、公告をもってこれに代えることができる。

5　新株予約権買取請求は、効力発生日の20日前の日から効力発生日の前日までの間に、その新株予約権買取請求に係る新株予約権の内容及び数を明らかにしてしなければならない。

6　新株予約権証券が発行されている新株予約権について新株予約権買取請求をしようとするときは、当該新株予約権の新株予約権者は、消滅株式会社等に対し、その新株予約権証券を提出しなければならない。ただし、当該新株予約権証券について非訟事件手続法第114条に規定する公示催告の申立てをした者については、この限りでない。

7　新株予約権付社債券が発行されている新株予約権付社債に付された新株予約権について新株予約権買取請求をしようとするときは、当該新株予約権の新株予約権者は、消滅株式会社等に対し、その新株予約権付社債券を提出しなければならない。ただし、当該新株予約権付社債券について非訟事件手続法第114条に規定する公示催告の申立てをした者については、この限りでない。

8　新株予約権買取請求をした新株予約権者は、消滅株式会社等の承諾を得た場合に限り、その新株予約権買取請求を撤回することができる。

9　吸収合併等を中止したときは、新株予約権買取請求は、その効力を失う。

10　第260条<新株予約権者の請求による新株予約権原簿記載事項の記載又は記録>の規定は、新株予約権買取請求に係る新株予約権については、適用しない。

（新株予約権の価格の決定等）

第788条　新株予約権買取請求があった場合において、新株予約権（当該新株予約権が新株予約権付社債に付されたものである場合において、当該新株予約権付社債についての社債の買取りの請求があったときは、当該社債を含む。以下この条において同じ。）の価格の決定について、新株予約権者と消滅株式会社等（吸収合併をする場合における効力発生日後にあっては、吸収合併存続会社。以下この条において同じ。）との間に協議が調ったときは、消滅株式会社等は、効力発生日から60日以内にその支払をしなければならない。

2　新株予約権の価格の決定について、効力発生日から30日以内に協議が調わないときは、新株予約権者又は消滅株式会社等は、その期間の満了の日後30日以内に、裁判所に対し、価格の決定の申立てをすることができる。

3　前条第８項の規定にかかわらず、前項に規定する場合において、効力発生日から60日以内に同項の申立てがないときは、その期間の満了後は、新株予約権者は、いつでも、新株予約権買取請求を撤回することができる。

4　消滅株式会社等は、裁判所の決定した価格に対する第１項の期間の満了の日後の法定利率による利息をも支払わなければならない。

5　消滅株式会社等は、新株予約権の価格の決定があるまでは、新株予約権者に対し、当該消滅株式会社等が公正な価格と認める額を支払うことができる。

6　新株予約権買取請求に係る新株予約権の買取りは、効力発生日に、その効力を生ずる。

7　消滅株式会社等は、新株予約権証券が発行されている新株予約権について新株予約権買取請求があったときは、新株予約権証券と引換えに、その新株予約権買取請求に係る新株予約権の代金を支払わなければならない。

8　消滅株式会社等は、新株予約権付社債券が発行されている新株予約権付社債に付された新株予約権について新株予約権買取請求があったときは、新株予約権付社債券と引換えに、その新株予約権買取請求に係る新株予約権の代金を支払わなければならない。

（債権者の異議）

第789条　次の各号に掲げる場合には、当該各号に定める債権者は、消滅株式会社等に対し、吸収合併等について異議を述べることができる。

一　吸収合併をする場合　吸収合併消滅株式会社の債権者

二　吸収分割をする場合　吸収分割後吸収分割株式会社に対して債務の履行（当該債務の保証人として吸収分割承継会社と連帯して負担する保証債務の履行を含む。）を請求することができない吸収分割株式会社の債権者（第758条第８号又は第760条第７号に掲げる事項についての定めがある場合<人的分割の場合>にあっては、吸収分割株式会社の債権者）

三　株式交換契約新株予約権が新株予約権付社債に付された新株予約権である場合　当該新株予約権付社債についての社債権者

2　前項の規定により消滅株式会社等の債権者の全部又は一部が異議を述べることができる場合には、消滅株式会社等は、次に掲げる事項を官報に公告し、かつ、知れている債権者（同項の規定により異議を述べることができるものに限る。）には、各別にこれを催告しなければならない。ただし、第４号の期間は、１箇月を下ることができない。

一　吸収合併等をする旨

二　存続会社等の商号及び住所

三　消滅株式会社等及び存続会社等（株式会社に限る。）の計算書類に関する事項として法務省

令で定めるもの
四　債権者が一定の期間内に異議を述べることができる旨
3　前項の規定にかかわらず、消滅株式会社等が同項の規定による公告を、官報のほか、第939条第１項<会社の公告方法>の規定による定款の定めに従い、同項第２号<時事に関する事項を掲載する日刊新聞紙に掲載する方法>又は第３号<電子公告>に掲げる公告方法によりするときは、前項の規定による各別の催告（吸収分割をする場合における不法行為によって生じた吸収分割株式会社の債務の債権者に対するものを除く。）は、することを要しない。
4　債権者が第２項第４号の期間内に異議を述べなかったときは、当該債権者は、当該吸収合併等について承認をしたものとみなす。
5　債権者が第２項第４号の期間内に異議を述べたときは、消滅株式会社等は、当該債権者に対し、弁済し、若しくは相当の担保を提供し、又は当該債権者に弁済を受けさせることを目的として信託会社等に相当の財産を信託しなければならない。ただし、当該吸収合併等をしても当該債権者を害するおそれがないときは、この限りでない。

（吸収合併等の効力発生日の変更）

第790条　消滅株式会社等は、存続会社等との合意により、効力発生日を変更することができる。
2　前項の場合には、消滅株式会社等は、変更前の効力発生日（変更後の効力発生日が変更前の効力発生日前の日である場合にあっては、当該変更後の効力発生日）の前日までに、変更後の効力発生日を公告しなければならない。
3　第１項の規定により効力発生日を変更したときは、変更後の効力発生日を効力発生日とみなして、この節並びに第750条、第752条、第759条、第761条、第769条及び第771条の規定を適用する。

（吸収分割又は株式交換に関する書面等の備置き及び閲覧等）

第791条　吸収分割株式会社又は株式交換完全子会社は、効力発生日後遅滞なく、吸収分割承継会社又は株式交換完全親会社と共同して、次の各号に掲げる区分に応じ、当該各号に定めるものを作成しなければならない。
一　吸収分割株式会社　吸収分割により吸収分割承継会社が承継した吸収分割株式会社の権利義務その他の吸収分割に関する事項として法務省令で定める事項を記載し、又は記録した書面又は電磁的記録
二　株式交換完全子会社　株式交換により株式交換完全親会社が取得した株式交換完全子会社の株式の数その他の株式交換に関する事項として法務省令で定める事項を記載し、又は記録した書面又は電磁的記録
2　吸収分割株式会社又は株式交換完全子会社は、効力発生日から６箇月間、前項各号の書面又は電磁的記録をその本店に備え置かなければならない。
3　吸収分割株式会社の株主、債権者その他の利害関係人は、吸収分割株式会社に対して、その営業時間内は、いつでも、次に掲げる請求をすることができる。ただし、第２号又は第４号に掲げる請求をするには、当該吸収分割株式会社の定めた費用を支払わなければならない。
一　前項の書面の閲覧の請求
二　前項の書面の謄本又は抄本の交付の請求
三　前項の電磁的記録に記録された事項を法務省令で定める方法により表示したものの閲覧の請求
四　前項の電磁的記録に記録された事項を電磁的方法であって吸収分割株式会社の定めたものにより提供することの請求又はその事項を記載した書面の交付の請求
4　前項の規定は、株式交換完全子会社について準用する。この場合において、同項中「吸収分割株式会社の株主、債権者その他の利害関係人」とあるのは、「効力発生日に株式交換完全子会社の株主又は新株予約権者であった者」と読み替えるものとする。

（剰余金の配当等に関する特則）

第792条　第445条第４項<剰余金の配当をする場合の準備金の計上（積立て）>、第458条<株式会社の純資産額が300万円を下回る場合における剰余金の配当の禁止>及び第２編第５章第６節<分配可能額規制その他剰余金の配当等に関する責任>の規定は、次に掲げる行為については、適用しない。
一　第758条第８号イ<吸収分割株式会社による全部取得条項付種類株式の取得であって、取得対価が吸収分割承継株式会社の株式のみであるもの>又は第760条第７号イ<吸収分割株式会社による全部取得条項付種類株式の取得であって、取得対価が吸収分割承継持分会社の持分のみであるもの>の株式の取得
二　第758条第８号ロ<吸収分割株式会社による剰余金の配当であって、配当財産が吸収分割承継株式会社の株式の

会社法

みであるもの>又は第760条第７号ロ<吸収分割株式会社による剰余金の配当であって、配当財産が吸収分割承継持分会社の持分のみであるもの>の剰余金の配当

第２目　持分会社の手続

第793条　次に掲げる行為をする持分会社は、効力発生日の前日までに、吸収合併契約等について当該持分会社の総社員の同意を得なければならない。ただし、定款に別段の定めがある場合は、この限りでない。

一　吸収合併（吸収合併により当該持分会社が消滅する場合に限る。）

二　吸収分割（当該持分会社（合同会社に限る。）がその事業に関して有する権利義務の全部を他の会社に承継させる場合に限る。）

2　第789条<吸収合併等における債権者異議>（第１項第３号及び第２項第３号を除く。）及び第790条<吸収合併等の効力発生日の変更>の規定は、吸収合併消滅持分会社又は合同会社である吸収分割会社（以下この節において「吸収分割合同会社」という。）について準用する。この場合において、第789条第１項第２号中「債権者（第758条第８号又は第760条第７号に掲げる事項についての定めがある場合にあっては、吸収分割株式会社の債権者）」とあるのは「債権者」と、同条第３項中「消滅株式会社等」とあるのは「吸収合併消滅持分会社（吸収合併存続会社が株式会社又は合同会社である場合にあっては、合同会社に限る。）又は吸収分割合同会社」と読み替えるものとする。

第２款　吸収合併存続会社、吸収分割承継会社及び株式交換完全親会社の手続

第１目　株式会社の手続

（吸収合併契約等に関する書面等の備置き及び閲覧等）

第794条　吸収合併存続株式会社、吸収分割承継株式会社又は株式交換完全親株式会社（以下この目において「存続株式会社等」という。）は、吸収合併契約等備置開始日から効力発生日後６箇月を経過する日までの間、吸収合併契約等の内容その他法務省令で定める事項を記載し、又は記録した書面又は電磁的記録をその本店に備え置かなければならない。

2　前項に規定する「吸収合併契約等備置開始日」とは、次に掲げる日のいずれか早い日をいう。

一　吸収合併契約等について株主総会（種類株主総会を含む。）の決議によってその承認を受けなければならないときは、当該株主総会の日の２週間前の日（第319条第１項の場合にあっては、同項の提案があった日）

二　第797条第３項<存続株式会社等の株主に対する通知>の規定による通知の日又は同条第４項<存続株式会社等の株主に対する通知に代わる公告>の公告の日のいずれか早い日

三　第799条<吸収合併等をする場合における存続株式会社等に対する債権者の異議>の規定による手続をしなければならないときは、同条第２項<持分会社の吸収合併等における債権者異議のための公告・催告>の規定による公告の日又は同項の規定による催告の日のいずれか早い日

3　存続株式会社等の株主及び債権者（株式交換完全子会社の株主に対して交付する金銭等が株式交換完全親株式会社の株式その他これに準ずるものとして法務省令で定めるもののみである場合（第768条第１項第４号ハに規定する場合を除く。）にあっては、株主）は、存続株式会社等に対して、その営業時間内は、いつでも、次に掲げる請求をすることができる。ただし、第２号又は第４号に掲げる請求をするには、当該存続株式会社等の定めた費用を支払わなければならない。

一　第１項の書面の閲覧の請求

二　第１項の書面の謄本又は抄本の交付の請求

三　第１項の電磁的記録に記録された事項を法務省令で定める方法により表示したものの閲覧の請求

四　第１項の電磁的記録に記録された事項を電磁的方法であって存続株式会社等の定めたものにより提供することの請求又はその事項を記載した書面の交付の請求

（吸収合併契約等の承認等）

第795条　存続株式会社等は、効力発生日の前日までに、株主総会の決議によって、吸収合併契約等の承認を受けなければならない。

2　次に掲げる場合には、取締役は、前項の株主総会において、その旨を説明しなければならない。

一　吸収合併存続株式会社又は吸収分割承継株式会社が承継する吸収合併消滅会社又は吸収分割会社の債務の額として法務省令で定める額（次号において「承継債務額」という。）が吸収合併存続株式会社又は吸収分割承継株式

会社が承継する吸収合併消滅会社又は吸収分割会社の資産の額として法務省令で定める額（同号において「承継資産額」という。）を超える場合

二　吸収合併存続株式会社又は吸収分割承継株式会社が吸収合併消滅株式会社の株主、吸収合併消滅持分会社の社員又は吸収分割会社に対して交付する金銭等（吸収合併存続株式会社又は吸収分割承継株式会社の株式等を除く。）の帳簿価額が承継資産額から承継債務額を控除して得た額を超える場合

三　株式交換完全親株式会社が株式交換完全子会社の株主に対して交付する金銭等（株式交換完全親株式会社の株式等を除く。）の帳簿価額が株式交換完全親株式会社が取得する株式交換完全子会社の株式の額として法務省令で定める額を超える場合

3　承継する吸収合併消滅会社又は吸収分割会社の資産に吸収合併存続株式会社又は吸収分割承継株式会社の株式が含まれる場合には、取締役は、第1項の株主総会において、当該株式に関する事項を説明しなければならない。

4　存続株式会社等が種類株式発行会社である場合において、次の各号に掲げる場合には、吸収合併等は、当該各号に定める種類の株式（譲渡制限株式であって、第199条第4項の定款の定めがないものに限る。）の種類株主を構成員とする種類株主総会（当該種類株主に係る株式の種類が2以上ある場合にあっては、当該2以上の株式の種類別に区分された種類株主を構成員とする各種類株主総会）の決議がなければ、その効力を生じない。ただし、当該種類株主総会において議決権を行使することができる株主が存しない場合は、この限りでない。

一　吸収合併消滅株式会社の株主又は吸収合併消滅持分会社の社員に対して交付する金銭等が吸収合併存続株式会社の株式である場合　第749条第1項第2号イ＜吸収合併消滅株式会社の株主又は吸収合併消滅持分会社の社員に対して吸収合併存続株式会社の株式を交付する場合＞の種類の株式

二　吸収分割会社に対して交付する金銭等が吸収分割承継株式会社の株式である場合　第758条第4号イ＜吸収分割会社に対して吸収分割承継株式会社の株式を交付するとき＞の種類の株式

三　株式交換完全子会社の株主に対して交付する金銭等が株式交換完全親株式会社の株式である場合　第768条第1項第2号イ＜株式交換の対価としての株式交換完全親株式会社の株式の交付＞の種類の株式

（吸収合併契約等の承認を要しない場合等）

第796条　前条第1項から第3項までの規定は、吸収合併消滅会社、吸収分割会社又は株式交換完全子会社（以下この目において「消滅会社等」という。）が存続株式会社等の特別支配会社である場合には、適用しない。ただし、吸収合併消滅株式会社若しくは株式交換完全子会社の株主、吸収合併消滅持分会社の社員又は吸収分割会社に対して交付する金銭等の全部又は一部が存続株式会社等の譲渡制限株式である場合であって、存続株式会社等が公開会社でないときは、この限りでない。

2　前条第1項から第3項までの規定は、第1号に掲げる額の第2号に掲げる額に対する割合が5分の1（これを下回る割合を存続株式会社等の定款で定めた場合にあっては、その割合）を超えない場合には、適用しない。ただし、同条第2項各号に掲げる場合又は前項ただし書に規定する場合は、この限りでない。

一　次に掲げる額の合計額

イ　吸収合併消滅株式会社若しくは株式交換完全子会社の株主、吸収合併消滅持分会社の社員又は吸収分割会社（以下この号において「消滅会社等の株主等」という。）に対して交付する存続株式会社等の株式の数に1株当たり純資産額を乗じて得た額

ロ　消滅会社等の株主等に対して交付する存続株式会社等の社債、新株予約権又は新株予約権付社債の帳簿価額の合計額

ハ　消滅会社等の株主等に対して交付する存続株式会社等の株式等以外の財産の帳簿価額の合計額

二　存続株式会社等の純資産額として法務省令で定める方法により算定される額

3　前項本文に規定する場合において、法務省令で定める数の株式（前条第1項の株主総会において議決権を行使することができるものに限る。）を有する株主が第797条第3項の規定による通知又は同条第4項の公告の日から2週間以内に吸収合併等に反対する旨を存続株式会社等に対し通知したときは、当該存続株式会社等は、効力発生日の前日までに、株主総会の決議によって、吸収合併契約等の承認を受けなければならない。

（吸収合併等をやめることの請求）

第796条の2　次に掲げる場合において、存続

株式会社等の株主が不利益を受けるおそれがあるときは、存続株式会社等の株主は、存続株式会社等に対し、吸収合併等をやめることを請求することができる。ただし、前条第２項本文<吸収合併契約等の承認を要しない場合等>に規定する場合（第795条第２項各号に掲げる場合及び前条第１項ただし書又は第３項に規定する場合を除く。）は、この限りでない。

一　当該吸収合併等が法令又は定款に違反する場合

二　前条第１項本文に規定する場合において、第749条第１項第２号若しくは第３号<吸収合併消滅会社の株主等に対する金銭等の交付>、第758条第４号<吸収分割会社に対する金銭等の交付>又は第768条第１項第２号若しくは第３号<株式交換完全子会社の株主に対する金銭等の交付>に掲げる事項が存続株式会社等又は消滅会社等の財産の状況その他の事情に照らして著しく不当であるとき。

（反対株主の株式買取請求）

第797条　吸収合併等をする場合には、反対株主は、存続株式会社等に対し、自己の有する株式を公正な価格で買い取ることを請求することができる。ただし、第796条第２項本文<株主に及ぼす影響が小さい場合の吸収合併契約等の承認>に規定する場合（第795条第２項各号に掲げる場合及び第796条第１項ただし書又は第３項に規定する場合を除く。）は、この限りでない。

2　前項に規定する「反対株主」とは、次の各号に掲げる場合における当該各号に定める株主をいう。

一　吸収合併等をするために株主総会（種類株主総会を含む。）の決議を要する場合　次に掲げる株主

イ　当該株主総会に先立って当該吸収合併等に反対する旨を当該存続株式会社等に対し通知し、かつ、当該株主総会において当該吸収合併等に反対した株主（当該株主総会において議決権を行使することができるものに限る。）

ロ　当該株主総会において議決権を行使することができない株主

二　前号に規定する場合以外の場合　全ての株主（第796条第１項本文に規定する場合における当該特別支配会社を除く。）

3　存続株式会社等は、効力発生日の20日前までに、その株主（第796条第１項本文に規定する場合における当該特別支配会社を除く。）に対し、吸収合併等をする旨並びに消滅会社等の商号及び住所（第795条第３項に規定する場合にあっては、吸収合併等をする旨、消滅会社等の商号及び住所並びに同項の株式に関する事項）を通知しなければならない。

4　次に掲げる場合には、前項の規定による通知は、公告をもってこれに代えることができる。

一　存続株式会社等が公開会社である場合

二　存続株式会社等が第795条第１項<吸収合併契約等の承認>の株主総会の決議によって吸収合併契約等の承認を受けた場合

5　第１項の規定による請求（以下この目において「株式買取請求」という。）は、効力発生日の20日前の日から効力発生日の前日までの間に、その株式買取請求に係る株式の数（種類株式発行会社にあっては、株式の種類及び種類ごとの数）を明らかにしてしなければならない。

6　株券が発行されている株式について株式買取請求をしようとするときは、当該株式の株主は、存続株式会社等に対し、当該株式に係る株券を提出しなければならない。ただし、当該株券について第223条<株券喪失登録の請求>の規定による請求をした者については、この限りでない。

7　株式買取請求をした株主は、存続株式会社等の承諾を得た場合に限り、その株式買取請求を撤回することができる。

8　吸収合併等を中止したときは、株式買取請求は、その効力を失う。

9　第133条<株主の請求による株主名簿記載事項の記載又は記録>の規定は、株式買取請求に係る株式については、適用しない。

（株式の価格の決定等）

第798条　株式買取請求があった場合において、株式の価格の決定について、株主と存続株式会社等との間に協議が調ったときは、存続株式会社等は、効力発生日から60日以内にその支払をしなければならない。

2　株式の価格の決定について、効力発生日から30日以内に協議が調わないときは、株主又は存続株式会社等は、その期間の満了の日後30日以内に、裁判所に対し、価格の決定の申立てをすることができる。

3　前条第７項の規定にかかわらず、前項に規定する場合において、効力発生日から60日以内に同項の申立てがないときは、その期間の満了後は、株主は、いつでも、株式買取請求を撤回することができる。

4　存続株式会社等は、裁判所の決定した価格に対する第１項の期間の満了の日後の法定利率に

よる利息をも支払わなければならない。
5　存続株式会社等は、株式の価格の決定があるまでは、株主に対し、当該存続株式会社等が公正な価格と認める額を支払うことができる。
6　株式買取請求に係る株式の買取りは、効力発生日に、その効力を生ずる。
7　株券発行会社は、株券が発行されている株式について株式買取請求があったときは、株券と引換えに、その株式買取請求に係る株式の代金を支払わなければならない。

（債権者の異議）

第799条　次の各号に掲げる場合には、当該各号に定める債権者は、存続株式会社等に対し、吸収合併等について異議を述べることができる。
一　吸収合併をする場合　吸収合併存続株式会社の債権者
二　吸収分割をする場合　吸収分割承継株式会社の債権者
三　株式交換をする場合において、株式交換完全子会社の株主に対して交付する金銭等が株式交換完全親株式会社の株式その他これに準ずるものとして法務省令で定めるもののみである場合以外の場合又は第768条第1項第4号ハ<株式交換契約新株予約権が新株予約権付社債に付された新株予約権であるとき>に規定する場合　株式交換完全親株式会社の債権者
2　前項の規定により存続株式会社等の債権者が異議を述べることができる場合には、存続株式会社等は、次に掲げる事項を官報に公告し、かつ、知れている債権者には、各別にこれを催告しなければならない。ただし、第4号の期間は、1箇月を下ることができない。
一　吸収合併等をする旨
二　消滅会社等の商号及び住所
三　存続株式会社等及び消滅会社等（株式会社に限る。）の計算書類に関する事項として法務省令で定めるもの
四　債権者が一定の期間内に異議を述べることができる旨
3　前項の規定にかかわらず、存続株式会社等が同項の規定による公告を、官報のほか、第939条第1項<会社の公告方法>の規定による定款の定めに従い、同項第2号<時事に関する事項を掲載する日刊新聞紙に掲載する方法>又は第3号<電子公告>に掲げる公告方法によりするときは、前項の規定による各別の催告は、することを要しない。
4　債権者が第2項第4号の期間内に異議を述べなかったときは、当該債権者は、当該吸収合併等について承認をしたものとみなす。
5　債権者が第2項第4号の期間内に異議を述べたときは、存続株式会社等は、当該債権者に対し、弁済し、若しくは相当の担保を提供し、又は当該債権者に弁済を受けさせることを目的として信託会社等に相当の財産を信託しなければならない。ただし、当該吸収合併等をしても当該債権者を害するおそれがないときは、この限りでない。

（消滅会社等の株主等に対して交付する金銭等が存続株式会社等の親会社株式である場合の特則）

第800条　第135条第1項<親会社株式の取得の禁止>の規定にかかわらず、吸収合併消滅株式会社若しくは株式交換完全子会社の株主、吸収合併消滅持分会社の社員又は吸収分割会社（以下この項において「消滅会社等の株主等」という。）に対して交付する金銭等の全部又は一部が存続株式会社等の親会社株式（同条第1項に規定する親会社株式をいう。以下この条において同じ。）である場合には、当該存続株式会社等は、吸収合併等に際して消滅会社等の株主等に対して交付する当該親会社株式の総数を超えない範囲において当該親会社株式を取得することができる。
2　第135条第3項<子会社による親会社株式の処分>の規定にかかわらず、前項の存続株式会社等は、効力発生日までの間は、存続株式会社等の親会社株式を保有することができる。ただし、吸収合併等を中止したときは、この限りでない。

（吸収合併等に関する書面等の備置き及び閲覧等）

第801条　吸収合併存続株式会社は、効力発生日後遅滞なく、吸収合併により吸収合併存続株式会社が承継した吸収合併消滅会社の権利義務その他の吸収合併に関する事項として法務省令で定める事項を記載し、又は記録した書面又は電磁的記録を作成しなければならない。
2　吸収分割承継株式会社（合同会社が吸収分割をする場合における当該吸収分割承継株式会社に限る。）は、効力発生日後遅滞なく、吸収分割合同会社と共同して、吸収分割により吸収分割承継株式会社が承継した吸収分割合同会社の権利義務その他の吸収分割に関する事項として法務省令で定める事項を記載し、又は記録した書面又は電磁的記録を作成しなければならない。

3　次の各号に掲げる存続株式会社等は、効力発生日から6箇月間、当該各号に定めるものをその本店に備え置かなければならない。
　一　吸収合併存続株式会社　第1項の書面又は電磁的記録
　二　吸収分割承継株式会社　前項又は第791条第1項第1号<吸収分割承継株式会社が承継した吸収分割株式会社の権利義務その他の吸収分割に関する事項を記載等した書面等>の書面又は電磁的記録
　三　株式交換完全親株式会社　第791条第1項第2号<株式交換完全親会社が取得した株式交換完全子会社の株式交換に関する事項を記載等した書面等>の書面又は電磁的記録
4　吸収合併存続株式会社の株主及び債権者は、吸収合併存続株式会社に対して、その営業時間内は、いつでも、次に掲げる請求をすることができる。ただし、第2号又は第4号に掲げる請求をするには、当該吸収合併存続株式会社の定めた費用を支払わなければならない。
　一　前項第1号の書面の閲覧の請求
　二　前項第1号の書面の謄本又は抄本の交付の請求
　三　前項第1号の電磁的記録に記録された事項を法務省令で定める方法により表示したものの閲覧の請求
　四　前項第1号の電磁的記録に記録された事項を電磁的方法であって吸収合併存続株式会社の定めたものにより提供することの請求又はその事項を記載した書面の交付の請求
5　前項の規定は、吸収分割承継株式会社について準用する。この場合において、同項中「株主及び債権者」とあるのは「株主、債権者その他の利害関係人」と、同項各号中「前項第1号」とあるのは「前項第2号」と読み替えるものとする。
6　第4項の規定は、株式交換完全親株式会社について準用する。この場合において、同項中「株主及び債権者」とあるのは「株主及び債権者（株式交換完全子会社の株主に対して交付する金銭等が株式交換完全親株式会社の株式その他これに準ずるものとして法務省令で定めるもののみである場合（第768条第1項第4号ハに規定する場合を除く。）にあっては、株式交換完全親株式会社の株主）」と、同項各号中「前項第1号」とあるのは「前項第3号」と読み替えるものとする。

第2目　持分会社の手続

第802条　次の各号に掲げる行為をする持分会社（以下この条において「存続持分会社等」という。）は、当該各号に定める場合には、効力発生日の前日までに、吸収合併契約等について存続持分会社等の総社員の同意を得なければならない。ただし、定款に別段の定めがある場合は、この限りでない。
　一　吸収合併（吸収合併により当該持分会社が存続する場合に限る。）　第751条第1項第2号<吸収合併消滅会社の株主等が吸収合併存続持分会社の社員となるとき>に規定する場合
　二　吸収分割による他の会社がその事業に関して有する権利義務の全部又は一部の承継　第760条第4号<吸収分割会社が吸収分割に際して吸収分割承継持分会社の社員となるとき>に規定する場合
　三　株式交換による株式会社の発行済株式の全部の取得　第770条第1項第2号<株式交換完全子会社の株主が株式交換完全親合同会社の社員となるとき>に規定する場合
2　第799条<吸収合併等をする場合における存続株式会社等に対する債権者の異議>（第2項第3号を除く。）及び第800条<三角合併における親会社株式取得等の特則>の規定は、存続持分会社等について準用する。この場合において、第799条第1項第3号中「株式交換完全親株式会社の株式」とあるのは「株式交換完全親合同会社の持分」と、「場合又は第768条第1項第4号ハに規定する場合」とあるのは「場合」と読み替えるものとする。

第3節　新設合併等の手続

第1款　新設合併消滅会社、新設分割会社及び株式移転完全子会社の手続

第1目　株式会社の手続

（新設合併契約等に関する書面等の備置き及び閲覧等）
第803条　次の各号に掲げる株式会社（以下この目において「消滅株式会社等」という。）は、新設合併契約等備置開始日から新設合併設立会社、新設分割設立会社又は株式移転設立完全親会社（以下この目において「設立会社」という。）の成立の日後6箇月を経過する日（新設合併消滅株式会社にあっては、新設合併設立会社の成立の日）までの間、当該各号に定めるもの（以下この節において「新設合併契約等」という。）の内容その他法務省令で定める事項を記載し、又

は記録した書面又は電磁的記録をその本店に備え置かなければならない。
一　新設合併消滅株式会社　新設合併契約
二　新設分割株式会社　新設分割計画
三　株式移転完全子会社　株式移転計画
2　前項に規定する「新設合併契約等備置開始日」とは、次に掲げる日のいずれか早い日をいう。
一　新設合併契約等について株主総会（種類株主総会を含む。）の決議によってその承認を受けなければならないときは、当該株主総会の日の２週間前の日（第319条第１項の場合にあっては、同項の提案があった日）
二　第806条第３項<新設合併等にする旨等の通知>の規定による通知を受けるべき株主があるときは、同項の規定による通知の日又は同条第４項<通知に代わる公告>の公告の日のいずれか早い日
三　第808条第３項<新設合併等をする旨等の通知>の規定による通知を受けるべき新株予約権者があるときは、同項の規定による通知の日又は同条第４項<通知に代わる公告>の公告の日のいずれか早い日
四　第810条<新設合併等における債権者異議>の規定による手続をしなければならないときは、同条第２項<新設合併等における債権者異議のための公告・催告>の規定による公告の日又は同項の規定による催告の日のいずれか早い日
五　前各号に規定する場合以外の場合には、新設分割計画の作成の日から２週間を経過した日
3　消滅株式会社等の株主及び債権者（株式移転完全子会社にあっては、株主及び新株予約権者）は、消滅株式会社等に対して、その営業時間内は、いつでも、次に掲げる請求をすることができる。ただし、第２号又は第４号に掲げる請求をするには、当該消滅株式会社等の定めた費用を支払わなければならない。
一　第１項の書面の閲覧の請求
二　第１項の書面の謄本又は抄本の交付の請求
三　第１項の電磁的記録に記録された事項を法務省令で定める方法により表示したものの閲覧の請求
四　第１項の電磁的記録に記録された事項を電磁的方法であって消滅株式会社等の定めたものにより提供することの請求又はその事項を記載した書面の交付の請求

（新設合併契約等の承認）
第804条　消滅株式会社等は、株主総会の決議によって、新設合併契約等の承認を受けなければならない。
2　前項の規定にかかわらず、新設合併設立会社が持分会社である場合には、新設合併契約について新設合併消滅株式会社の総株主の同意を得なければならない。
3　新設合併消滅株式会社又は株式移転完全子会社が種類株式発行会社である場合において、新設合併消滅株式会社又は株式移転完全子会社の株主に対して交付する新設合併設立株式会社又は株式移転設立完全親会社の株式等の全部又は一部が譲渡制限株式等であるときは、当該新設合併又は株式移転は、当該譲渡制限株式等の割当てを受ける種類の株式（譲渡制限株式を除く。）の種類株主を構成員とする種類株主総会（当該種類株主に係る株式の種類が２以上ある場合にあっては、当該２以上の株式の種類別に区分された種類株主を構成員とする各種類株主総会）の決議がなければ、その効力を生じない。ただし、当該種類株主総会において議決権を行使することができる株主が存しない場合は、この限りでない。
4　消滅株式会社等は、第１項の株主総会の決議の日（第２項に規定する場合にあっては、同項の総株主の同意を得た日）から２週間以内に、その登録株式質権者（次条に規定する場合における登録株式質権者を除く。）及び第808条第３項各号<新設合併等をする旨等の通知>に定める新株予約権の登録新株予約権質権者に対し、新設合併、新設分割又は株式移転（以下この節において「新設合併等」という。）をする旨を通知しなければならない。
5　前項の規定による通知は、公告をもってこれに代えることができる。

（新設分割計画の承認を要しない場合）
第805条　前条第１項の規定は、新設分割により新設分割設立会社に承継させる資産の帳簿価額の合計額が新設分割株式会社の総資産額として法務省令で定める方法により算定される額の５分の１（これを下回る割合を新設分割株式会社の定款で定めた場合にあっては、その割合）を超えない場合には、適用しない。

（新設合併等をやめることの請求）
第805条の2　新設合併等が法令又は定款に違反する場合において、消滅株式会社等の株主が不利益を受けるおそれがあるときは、消滅株

式会社等の株主は、消滅株式会社等に対し、当該新設合併等をやめることを請求することができる。ただし、前条に規定する場合は、この限りでない。

（反対株主の株式買取請求）

第806条　新設合併等をする場合（次に掲げる場合を除く。）には、反対株主は、消滅株式会社等に対し、自己の有する株式を公正な価格で買い取ることを請求することができる。

一　第804条第2項<新設合併設立会社が持分会社の場合における新設合併消滅会社の総株主の同意>に規定する場合

二　第805条<簡易手続による場合>に規定する場合

2　前項に規定する「反対株主」とは、次に掲げる株主をいう。

一　第804条第1項<新設合併契約等の承認>の株主総会（新設合併等をするために種類株主総会の決議を要する場合にあっては、当該種類株主総会を含む。）に先立って当該新設合併等に反対する旨を当該消滅株式会社等に対し通知し、かつ、当該株主総会において当該新設合併等に反対した株主（当該株主総会において議決権を行使することができるものに限る。）

二　当該株主総会において議決権を行使することができない株主

3　消滅株式会社等は、第804条第1項<新設合併契約等の承認>の株主総会の決議の日から2週間以内に、その株主に対し、新設合併等をする旨並びに他の新設合併消滅会社、新設分割会社又は株式移転完全子会社（以下この節において「消滅会社等」という。）及び設立会社の商号及び住所を通知しなければならない。ただし、第1項各号に掲げる場合は、この限りでない。

4　前項の規定による通知は、公告をもってこれに代えることができる。

5　第1項の規定による請求（以下この目において「株式買取請求」という。）は、第3項の規定による通知又は前項の公告をした日から20日以内に、その株式買取請求に係る株式の数（種類株式発行会社にあっては、株式の種類及び種類ごとの数）を明らかにしてしなければならない。

6　株券が発行されている株式について株式買取請求をしようとするときは、当該株式の株主は、消滅株式会社等に対し、当該株式に係る株券を提出しなければならない。ただし、当該株券について第223条<株券喪失登録の請求>の規定による請求をした者については、この限りでない。

7　株式買取請求をした株主は、消滅株式会社等の承諾を得た場合に限り、その株式買取請求を撤回することができる。

8　新設合併等を中止したときは、株式買取請求は、その効力を失う。

9　第133条<株主の請求による株主名簿記載事項の記載又は記録>の規定は、株式買取請求に係る株式については、適用しない。

（株式の価格の決定等）

第807条　株式買取請求があった場合において、株式の価格の決定について、株主と消滅株式会社等（新設合併をする場合における新設合併設立会社の成立の日後にあっては、新設合併設立会社。以下この条において同じ。）との間に協議が調ったときは、消滅株式会社等は、設立会社の成立の日から60日以内にその支払をしなければならない。

2　株式の価格の決定について、設立会社の成立の日から30日以内に協議が調わないときは、株主又は消滅株式会社等は、その期間の満了の日後30日以内に、裁判所に対し、価格の決定の申立てをすることができる。

3　前条第7項の規定にかかわらず、前項に規定する場合において、設立会社の成立の日から60日以内に同項の申立てがないときは、その期間の満了後は、株主は、いつでも、株式買取請求を撤回することができる。

4　消滅株式会社等は、裁判所の決定した価格に対する第1項の期間の満了の日後の法定利率による利息をも支払わなければならない。

5　消滅株式会社等は、株式の価格の決定があるまでは、株主に対し、当該消滅株式会社等が公正な価格と認める額を支払うことができる。

6　株式買取請求に係る株式の買取りは、設立会社の成立の日に、その効力を生ずる。

7　株券発行会社は、株券が発行されている株式について株式買取請求があったときは、株券と引換えに、その株式買取請求に係る株式の代金を支払わなければならない。

（新株予約権買取請求）

第808条　次の各号に掲げる行為をする場合には、当該各号に定める消滅株式会社等の新株予約権の新株予約権者は、消滅株式会社等に対し、自己の有する新株予約権を公正な価格で買い取ることを請求することができる。

一　新設合併　第753条第1項第10号<新設合併消滅会社の新株予約権者に交付する新株予約権等>又は第11号<新設合併設立株式会社の新株予約権等の割当てに関

する事項＞に掲げる事項についての定めが第236条第1項第8号＜合併等に際して交付する新株予約権等＞の条件（同号イ＜合併の場合＞に関するものに限る。）に合致する新株予約権以外の新株予約権

二　新設分割（新設分割設立会社が株式会社である場合に限る。）　次に掲げる新株予約権のうち、第763条第1項第10号＜新設分割株式会社の新株予約権者に対する新株予約権の交付＞又は第11号＜新設分割設立会社の新株予約権の割当てに関する事項＞に掲げる事項についての定めが第236条第1項第8号＜合併等に際して交付する新株予約権等＞の条件（同号ハに関するものに限る。）に合致する新株予約権以外の新株予約権

イ　新設分割計画新株予約権

ロ　新設分割計画新株予約権以外の新株予約権であって、新設分割をする場合において当該新株予約権の新株予約権者に新設分割設立株式会社の新株予約権を交付することとする旨の定めがあるもの

三　株式移転　次に掲げる新株予約権のうち、第773条第1項第9号＜株式移転完全子会社の新株予約権者に対する株式移転完全親会社の新株予約権の交付＞又は第10号＜株式移転設立完全親会社の新株予約権の割当てに関する事項＞に掲げる事項についての定めが第236条第1項第8号＜合併等に際して交付する新株予約権等＞の条件（同号ホに関するものに限る。）に合致する新株予約権以外の新株予約権

イ　株式移転計画新株予約権

ロ　株式移転計画新株予約権以外の新株予約権であって、株式移転をする場合において当該新株予約権の新株予約権者に株式移転設立完全親会社の新株予約権を交付することとする旨の定めがあるもの

2　新株予約権付社債に付された新株予約権の新株予約権者は、前項の規定による請求（以下この目において「新株予約権買取請求」という。）をするときは、併せて、新株予約権付社債についての社債を買い取ることを請求しなければならない。ただし、当該新株予約権付社債に付された新株予約権について別段の定めがある場合は、この限りでない。

3　次の各号に掲げる消滅株式会社等は、第804条第1項＜新設合併契約等の承認＞の株主総会の決議の日（同条第2項に規定する場合にあっては同項の総株主の同意を得た日、第805条に規定する場合にあっては新設分割計画の作成の日）から2週間以内に、当該各号に定める新株予約権の新株予約権者に対し、新設合併等をする旨並びに他の消滅会社等及び設立会社の商号及び住所を通知しなければならない。

一　新設合併消滅株式会社　全部の新株予約権

二　新設分割設立会社が株式会社である場合における新設分割株式会社　次に掲げる新株予約権

イ　新設分割計画新株予約権

ロ　新設分割計画新株予約権以外の新株予約権であって、新設分割をする場合において当該新株予約権の新株予約権者に新設分割設立株式会社の新株予約権を交付することとする旨の定めがあるもの

三　株式移転完全子会社　次に掲げる新株予約権

イ　株式移転計画新株予約権

ロ　株式移転計画新株予約権以外の新株予約権であって、株式移転をする場合において当該新株予約権の新株予約権者に株式移転設立完全親会社の新株予約権を交付することとする旨の定めがあるもの

4　前項の規定による通知は、公告をもってこれに代えることができる。

5　新株予約権買取請求は、第3項の規定による通知又は前項の公告をした日から20日以内に、その新株予約権買取請求に係る新株予約権の内容及び数を明らかにしてしなければならない。

6　新株予約権証券が発行されている新株予約権について新株予約権買取請求をしようとするときは、当該新株予約権の新株予約権者は、消滅株式会社等に対し、その新株予約権証券を提出しなければならない。ただし、当該新株予約権証券について非訟事件手続法第114条に規定する公示催告の申立てをした者については、この限りでない。

7　新株予約権付社債券が発行されている新株予約権付社債に付された新株予約権について新株予約権買取請求をしようとするときは、当該新株予約権の新株予約権者は、消滅株式会社等に対し、その新株予約権付社債券を提出しなければならない。ただし、当該新株予約権付社債券について非訟事件手続法第114条に規定する公示催告の申立てをした者については、この限りでない。

8　新株予約権買取請求をした新株予約権者は、消滅株式会社等の承諾を得た場合に限り、その新株予約権買取請求を撤回することができる。

9　新設合併等を中止したときは、新株予約権買取請求は、その効力を失う。

10　第260条<新株予約権者の請求による新株予約権原簿記載事項の記載又は記録>の規定は、新株予約権買取請求に係る新株予約権については、適用しない。

（新株予約権の価格の決定等）

第809条　新株予約権買取請求があった場合において、新株予約権（当該新株予約権が新株予約権付社債に付されたものである場合において、当該新株予約権付社債についての社債の買取りの請求があったときは、当該社債を含む。以下この条において同じ。）の価格の決定について、新株予約権者と消滅株式会社等（新設合併をする場合における新設合併設立会社の成立の日後にあっては、新設合併設立会社。以下この条において同じ。）との間に協議が調ったときは、消滅株式会社等は、設立会社の成立の日から60日以内にその支払をしなければならない。

2　新株予約権の価格の決定について、設立会社の成立の日から30日以内に協議が調わないときは、新株予約権者又は消滅株式会社等は、その期間の満了の日後30日以内に、裁判所に対し、価格の決定の申立てをすることができる。

3　前条第8項の規定にかかわらず、前項に規定する場合において、設立会社の成立の日から60日以内に同項の申立てがないときは、その期間の満了後は、新株予約権者は、いつでも、新株予約権買取請求を撤回することができる。

4　消滅株式会社等は、裁判所の決定した価格に対する第1項の期間の満了の日後の法定利率による利息をも支払わなければならない。

5　消滅株式会社等は、新株予約権の価格の決定があるまでは、新株予約権者に対し、当該消滅株式会社等が公正な価格と認める額を支払うことができる。

6　新株予約権買取請求に係る新株予約権の買取りは、設立会社の成立の日に、その効力を生ずる。

7　消滅株式会社等は、新株予約権証券が発行されている新株予約権について新株予約権買取請求があったときは、新株予約権証券と引換えに、その新株予約権買取請求に係る新株予約権の代金を支払わなければならない。

8　消滅株式会社等は、新株予約権付社債券が発行されている新株予約権付社債に付された新株予約権について新株予約権買取請求があったときは、新株予約権付社債券と引換えに、その新株予約権買取請求に係る新株予約権の代金を支払わなければならない。

（債権者の異議）

第810条　次の各号に掲げる場合には、当該各号に定める債権者は、消滅株式会社等に対し、新設合併等について異議を述べることができる。

一　新設合併をする場合　新設合併消滅株式会社の債権者

二　新設分割をする場合　新設分割後新設分割株式会社に対して債務の履行（当該債務の保証人として新設分割設立会社と連帯して負担する保証債務の履行を含む。）を請求することができない新設分割株式会社の債権者（第763条第1項第12号又は第765条第1項第8号に掲げる事項についての定めがある場合<人的分割の場合>にあっては、新設分割株式会社の債権者）

三　株式移転計画新株予約権が新株予約権付社債に付された新株予約権である場合　当該新株予約権付社債についての社債権者

2　前項の規定により消滅株式会社等の債権者の全部又は一部が異議を述べることができる場合には、消滅株式会社等は、次に掲げる事項を官報に公告し、かつ、知れている債権者（同項の規定により異議を述べることができるものに限る。）には、各別にこれを催告しなければならない。ただし、第4号の期間は、1箇月を下ることができない。

一　新設合併等をする旨

二　他の消滅会社等及び設立会社の商号及び住所

三　消滅株式会社等の計算書類に関する事項として法務省令で定めるもの

四　債権者が一定の期間内に異議を述べることができる旨

3　前項の規定にかかわらず、消滅株式会社等が同項の規定による公告を、官報のほか、第939条第1項<会社の公告方法>の規定による定款の定めに従い、同項第2号<時事に関する事項を掲載する日刊新聞紙に掲載する方法>又は第3号<電子公告>に掲げる公告方法によりするときは、前項の規定による各別の催告（新設分割をする場合における不法行為によって生じた新設分割株式会社の債務の債権者に対するものを除く。）は、することを要しない。

4　債権者が第2項第4号の期間内に異議を述べなかったときは、当該債権者は、当該新設合併等について承認をしたものとみなす。

5　債権者が第2項第4号の期間内に異議を述べたときは、消滅株式会社等は、当該債権者に対し、弁済し、若しくは相当の担保を提供し、又は当該債権者に弁済を受けさせることを目的として信託会社等に相当の財産を信託しなければならない。ただし、当該新設合併等をしても当該債権者を害するおそれがないときは、この限りでない。

（新設分割又は株式移転に関する書面等の備置き及び閲覧等）

第811条　新設分割株式会社又は株式移転完全子会社は、新設分割設立会社又は株式移転設立完全親会社の成立の日後遅滞なく、新設分割設立会社又は株式移転設立完全親会社と共同して、次の各号に掲げる区分に応じ、当該各号に定めるものを作成しなければならない。

一　新設分割株式会社　新設分割により新設分割設立会社が承継した新設分割株式会社の権利義務その他の新設分割に関する事項として法務省令で定める事項を記載し、又は記録した書面又は電磁的記録

二　株式移転完全子会社　株式移転により株式移転設立完全親会社が取得した株式移転完全子会社の株式の数その他の株式移転に関する事項として法務省令で定める事項を記載し、又は記録した書面又は電磁的記録

2　新設分割株式会社又は株式移転完全子会社は、新設分割設立会社又は株式移転設立完全親会社の成立の日から6箇月間、前項各号の書面又は電磁的記録をその本店に備え置かなければならない。

3　新設分割株式会社の株主、債権者その他の利害関係人は、新設分割株式会社に対して、その営業時間内は、いつでも、次に掲げる請求をすることができる。ただし、第2号又は第4号に掲げる請求をするには、当該新設分割株式会社の定めた費用を支払わなければならない。

一　前項の書面の閲覧の請求

二　前項の書面の謄本又は抄本の交付の請求

三　前項の電磁的記録に記録された事項を法務省令で定める方法により表示したものの閲覧の請求

四　前項の電磁的記録に記録された事項を電磁的方法であって新設分割株式会社の定めたものにより提供することの請求又はその事項を記載した書面の交付の請求

4　前項の規定は、株式移転完全子会社について準用する。この場合において、同項中「新設分割株式会社の株主、債権者その他の利害関係人」とあるのは、「株式移転設立完全親会社の成立の日に株式移転完全子会社の株主又は新株予約権者であった者」と読み替えるものとする。

（剰余金の配当等に関する特則）

第812条　第445条第4項<剰余金の配当をする場合の準備金の計上（積立て）>、第458条<株式会社の純資産額が300万円を下回る場合における剰余金の配当の禁止>及び第2編第5章第6節<分配可能額規制その他剰余金の配当等に関する責任>の規定は、次に掲げる行為については、適用しない。

一　第763条第1項第12号イ<新設分割株式会社による全部取得条項付種類株式の取得であって、取得対価が新設分割設立株式会社の株式のみであるもの>又は第765条第1項第8号イ<新設分割株式会社による全部取得条項付種類株式の取得であって、取得対価が新設分割設立持分会社の持分のみであるもの>の株式の取得

二　第763条第1項第12号ロ<新設分割株式会社による剰余金の配当であって、配当財産が新設分割設立株式会社の株式のみであるもの>又は第765条第1項第8号ロ<新設分割株式会社による剰余金の配当であって、配当財産が新設分割設立持分会社の持分のみであるもの>の剰余金の配当

第2目　持分会社の手続

第813条　次に掲げる行為をする持分会社は、新設合併契約等について当該持分会社の総社員の同意を得なければならない。ただし、定款に別段の定めがある場合は、この限りでない。

一　新設合併

二　新設分割（当該持分会社（合同会社に限る。）がその事業に関して有する権利義務の全部を他の会社に承継させる場合に限る。）

2　第810条<新設合併等における債権者異議>（第1項第3号及び第2項第3号を除く。）の規定は、新設合併消滅持分会社又は合同会社である新設分割会社（以下この節において「新設分割合同会社」という。）について準用する。この場合において、同条第1項第2号中「債権者（第763条第1項第12号又は第765条第1項第8号に掲げる事項についての定めがある場合にあっては、新設分割株式会社の債権者）」とあるのは「債権者」と、同条第3項中「消滅株式会社等」とあるのは「新設合併消滅持分会社（新設合併設立会社が株式会社又は合同会社である場合にあっては、合同会社に限る。）又は新設分割合同会社」と読み替えるものとする。

第２款　新設合併設立会社、新設分割設立会社及び株式移転設立完全親会社の手続

第１目　株式会社の手続

（株式会社の設立の特則）

第814条　第２編第１章<株式会社の設立>（第27条（第４号及び第５号を除く。）、第29条、第31条、第37条第３項、第39条、第６節及び第49条を除く。）の規定は、新設合併設立株式会社、新設分割設立株式会社又は株式移転設立完全親会社（以下この目において「設立株式会社」という。）の設立については、適用しない。

２　設立株式会社の定款は、消滅会社等が作成する。

（新設合併契約等に関する書面等の備置き及び閲覧等）

第815条　新設合併設立株式会社は、その成立の日後遅滞なく、新設合併により新設合併設立株式会社が承継した新設合併消滅会社の権利義務その他の新設合併に関する事項として法務省令で定める事項を記載し、又は記録した書面又は電磁的記録を作成しなければならない。

２　新設分割設立株式会社（１又は２以上の合同会社のみが新設分割をする場合における当該新設分割設立株式会社に限る。）は、その成立の日後遅滞なく、新設分割合同会社と共同して、新設分割により新設分割設立株式会社が承継した新設分割合同会社の権利義務その他の新設分割に関する事項として法務省令で定める事項を記載し、又は記録した書面又は電磁的記録を作成しなければならない。

３　次の各号に掲げる設立株式会社は、その成立の日から６箇月間、当該各号に定めるものをその本店に備え置かなければならない。

一　新設合併設立株式会社　第１項の書面又は電磁的記録及び新設合併契約の内容その他法務省令で定める事項を記載し、又は記録した書面又は電磁的記録

二　新設分割設立株式会社　前項又は第811条第１項第１号<新設分割株式会社が新設分割設立会社と共同して作成する新設分割に関する事項を記載等した書面等>の書面又は電磁的記録

三　株式移転設立完全親会社　第811条第１項第２号<株式移転完全子会社が株式移転設立完全親会社と共同して作成した株式移転に関する事項を記載等した書面等>の書面又は電磁的記録

４　新設合併設立株式会社の株主及び債権者は、新設合併設立株式会社に対して、その営業時間内は、いつでも、次に掲げる請求をすることができる。ただし、第２号又は第４号に掲げる請求をするには、当該新設合併設立株式会社の定めた費用を支払わなければならない。

一　前項第１号の書面の閲覧の請求

二　前項第１号の書面の謄本又は抄本の交付の請求

三　前項第１号の電磁的記録に記録された事項を法務省令で定める方法により表示したものの閲覧の請求

四　前項第１号の電磁的記録に記録された事項を電磁的方法であって新設合併設立株式会社の定めたものにより提供することの請求又はその事項を記載した書面の交付の請求

５　前項の規定は、新設分割設立株式会社について準用する。この場合において、同項中「株主及び債権者」とあるのは「株主、債権者その他の利害関係人」と、同項各号中「前項第１号」とあるのは「前項第２号」と読み替えるものとする。

６　第４項の規定は、株式移転設立完全親会社について準用する。この場合において、同項中「株主及び債権者」とあるのは「株主及び新株予約権者」と、同項各号中「前項第１号」とあるのは「前項第３号」と読み替えるものとする。

第２目　持分会社の手続

（持分会社の設立の特則）

第816条　第575条<持分会社の定款の作成>及び第578条<合同会社の設立時の出資の履行>の規定は、新設合併設立持分会社又は新設分割設立持分会社（次項において「設立持分会社」という。）の設立については、適用しない。

２　設立持分会社の定款は、消滅会社等が作成する。

第４節　株式交付の手続

（株式交付計画に関する書面等の備置き及び閲覧等）

第816条の２　株式交付親会社は、株式交付計画備置開始日から株式交付がその効力を生ずる日（以下この節において「効力発生日」という。）後６箇月を経過する日までの間、株式交付計画の内容その他法務省令で定める事項を記載し、又は記録

した書面又は電磁的記録をその本店に備え置かなければならない。

2　前項に規定する「株式交付計画備置開始日」とは、次に掲げる日のいずれか早い日をいう。

一　株式交付計画について株主総会（種類株主総会を含む。）の決議によってその承認を受けなければならないときは、当該株主総会の日の2週間前の日（第319条第1項＜株主総会の決議の省略＞の場合にあっては、同項の提案があった日）

二　第816条の6第3項＜反対株主の株式買取請求＞の規定による通知の日又は同条第4項の公告の日のいずれか早い日

三　第816条の8＜債権者の異議＞の規定による手続をしなければならないときは、同条第2項の規定による公告の日又は同項の規定による催告の日のいずれか早い日

3　株式交付親会社の株主（株式交付に際して株式交付子会社の株式及び新株予約権等の譲渡人に対して交付する金銭等（株式交付親会社の株式を除く。）が株式交付親会社の株式に準ずるものとして法務省令で定めるもののみである場合以外の場合にあっては、株主及び債権者）は、株式交付親会社に対して、その営業時間内は、いつでも、次に掲げる請求をすることができる。ただし、第2号又は第4号に掲げる請求をするには、当該株式交付親会社の定めた費用を支払わなければならない。

一　第1項の書面の閲覧の請求

二　第1項の書面の謄本又は抄本の交付の請求

三　第1項の電磁的記録に記録された事項を法務省令で定める方法により表示したものの閲覧の請求

四　第1項の電磁的記録に記録された事項を電磁的方法であって株式交付親会社の定めたものにより提供することの請求又はその事項を記載した書面の交付の請求

（株式交付計画の承認等）

第816条の3　株式交付親会社は、効力発生日の前日までに、株主総会の決議によって、株式交付計画の承認を受けなければならない。

2　株式交付親会社が株式交付子会社の株式及び新株予約権等の譲渡人に対して交付する金銭等（株式交付親会社の株式等を除く。）の帳簿価額が株式交付親会社が譲り受ける株式交付子会社の株式及び新株予約権等の額として法務省令で定める額を超える場合には、取締役は、前項の株主総会において、その旨を説明しなければならない。

3　株式交付親会社が種類株式発行会社である場合において、次の各号に掲げるときは、株式交付は、当該各号に定める種類の株式（譲渡制限株式であって、第199条第4項＜募集株式の種類が譲渡制限株式である場合に必要とされる種類株主総会特別決議＞の定款の定めがないものに限る。）の種類株主を構成員とする種類株主総会（当該種類株主に係る株式の種類が2以上ある場合にあっては、当該2以上の株式の種類別に区分された種類株主を構成員とする各種類株主総会）の決議がなければ、その効力を生じない。ただし、当該種類株主総会において議決権を行使することができる株主が存しない場合は、この限りでない。

一　株式交付子会社の株式の譲渡人に対して交付する金銭等が株式交付親会社の株式であるとき　第774条の3第1項第3号の種類の株式

二　株式交付子会社の新株予約権等の譲渡人に対して交付する金銭等が株式交付親会社の株式であるとき　第774条の3第1項第8号イの種類の株式

（株式交付計画の承認を要しない場合等）

第816条の4　前条第1項及び第2項の規定は、第1号に掲げる額の第2号に掲げる額に対する割合が5分の1（これを下回る割合を株式交付親会社の定款で定めた場合にあっては、その割合）を超えない場合には、適用しない。ただし、同項に規定する場合又は株式交付親会社が公開会社でない場合は、この限りでない。

一　次に掲げる額の合計額

イ　株式交付子会社の株式及び新株予約権等の譲渡人に対して交付する株式交付親会社の株式の数に1株当たり純資産額を乗じて得た額

ロ　株式交付子会社の株式及び新株予約権等の譲渡人に対して交付する株式交付親会社の社債、新株予約権又は新株予約権付社債の帳簿価額の合計額

ハ　株式交付子会社の株式及び新株予約権等の譲渡人に対して交付する株式交付親会社の株式等以外の財産の帳簿価額の合計額

二　株式交付親会社の純資産額として法務省令で定める方法により算定される額

2　前項本文に規定する場合において、法務省令で定める数の株式（前条第1項の株主総会において議決権を行使することができるものに限る。）を有する株主が第

816条の６第３項<反対株主の株式買取請求>の規定による通知又は同条第４項の公告の日から２週間以内に株式交付に反対する旨を株式交付親会社に対し通知したときは、当該株式交付親会社は、効力発生日の前日までに、株主総会の決議によって、株式交付計画の承認を受けなければならない。

（株式交付をやめることの請求）

第816条の５　株式交付が法令又は定款に違反する場合において、株式交付親会社の株主が不利益を受けるおそれがあるときは、株式交付親会社の株主は、株式交付親会社に対し、株式交付をやめることを請求することができる。ただし、前条第１項本文<簡易手続による株式交付>に規定する場合（同項ただし書又は同条第２項に規定する場合を除く。）は、この限りでない。

（反対株主の株式買取請求）

第816条の６　株式交付をする場合には、反対株主は、株式交付親会社に対し、自己の有する株式を公正な価格で買い取ることを請求することができる。ただし、第816条の４第１項本文<簡易手続による株式交付>に規定する場合（同項ただし書又は同条第２項に規定する場合を除く。）は、この限りでない。

2　前項に規定する「反対株主」とは、次の各号に掲げる場合における当該各号に定める株主をいう。

一　株式交付をするために株主総会（種類株主総会を含む。）の決議を要する場合　次に掲げる株主

イ　当該株主総会に先立って当該株式交付に反対する旨を当該株式交付親会社に対し通知し、かつ、当該株主総会において当該株式交付に反対した株主（当該株主総会において議決権を行使することができるものに限る。）

ロ　当該株主総会において議決権を行使することができない株主

二　前号に掲げる場合以外の場合　全ての株主

3　株式交付親会社は、効力発生日の20日前までに、その株主に対し、株式交付をする旨並びに株式交付子会社の商号及び住所を通知しなければならない。

4　次に掲げる場合には、前項の規定による通知は、公告をもってこれに代えることができる。

一　株式交付親会社が公開会社である場合

二　株式交付親会社が第816条の３第１項の株主総会の決議によって株式交付計画の承認を受けた場合

5　第１項の規定による請求（以下この節において「株式買取請求」という。）は、効力発生日の20日前の日から効力発生日の前日までの間に、その株式買取請求に係る株式の数（種類株式発行会社にあっては、株式の種類及び種類ごとの数）を明らかにしてしなければならない。

6　株券が発行されている株式について株式買取請求をしようとするときは、当該株式の株主は、株式交付親会社に対し、当該株式に係る株券を提出しなければならない。ただし、当該株券について第223条<株券喪失登録の請求>の規定による請求をした者については、この限りでない。

7　株式買取請求をした株主は、株式交付親会社の承諾を得た場合に限り、その株式買取請求を撤回することができる。

8　株式交付を中止したときは、株式買取請求は、その効力を失う。

9　第133条<株主の請求による株主名簿記載事項の記載又は記録>の規定は、株式買取請求に係る株式については、適用しない。

（株式の価格の決定等）

第816条の７　株式買取請求があった場合において、株式の価格の決定について、株主と株式交付親会社との間に協議が調ったときは、株式交付親会社は、効力発生日から60日以内にその支払をしなければならない。

2　株式の価格の決定について、効力発生日から30日以内に協議が調わないときは、株主又は株式交付親会社は、その期間の満了の日後30日以内に、裁判所に対し、価格の決定の申立てをすることができる。

3　前条第７項の規定にかかわらず、前項に規定する場合において、効力発生日から60日以内に同項の申立てがないときは、その期間の満了後は、株主は、いつでも、株式買取請求を撤回することができる。

4　株式交付親会社は、裁判所の決定した価格に対する第１項の期間の満了の日後の法定利率による利息をも支払わなければならない。

5　株式交付親会社は、株式の価格の決定があるまでは、株主に対し、当該株式交付親会社が公正な価格と認める額を支払うことができる。

6　株式買取請求に係る株式の買取りは、効力発生日に、その効力を生ずる。

7　株券発行会社は、株券が発行されている株式

について株式買取請求があったときは、株券と引換えに、その株式買取請求に係る株式の代金を支払わなければならない。

（債権者の異議）

第816条の8　株式交付に際して株式交付子会社の株式及び新株予約権等の譲渡人に対して交付する金銭等（株式交付親会社の株式を除く。）が株式交付親会社の株式に準ずるものとして法務省令で定めるもののみである場合以外の場合には、株式交付親会社の債権者は、株式交付親会社に対し、株式交付について異議を述べることができる。

2　前項の規定により株式交付親会社の債権者が異議を述べることができる場合には、株式交付親会社は、次に掲げる事項を官報に公告し、かつ、知れている債権者には、各別にこれを催告しなければならない。ただし、第4号の期間は、1箇月を下ることができない。

一　株式交付をする旨

二　株式交付子会社の商号及び住所

三　株式交付親会社及び株式交付子会社の計算書類に関する事項として法務省令で定めるもの

四　債権者が一定の期間内に異議を述べることができる旨

3　前項の規定にかかわらず、株式交付親会社が同項の規定による公告を、官報のほか、第939条第1項<会社の公告方法>の規定による定款の定めに従い、同項第2号又は第3号に掲げる公告方法によりするときは、前項の規定による各別の催告は、することを要しない。

4　債権者が第2項第4号の期間内に異議を述べなかったときは、当該債権者は、当該株式交付について承認をしたものとみなす。

5　債権者が第2項第4号の期間内に異議を述べたときは、株式交付親会社は、当該債権者に対し、弁済し、若しくは相当の担保を提供し、又は当該債権者に弁済を受けさせることを目的として信託会社等に相当の財産を信託しなければならない。ただし、当該株式交付をしても当該債権者を害するおそれがないときは、この限りでない。

（株式交付の効力発生日の変更）

第816条の9　株式交付親会社は、効力発生日を変更することができる。

2　前項の規定による変更後の効力発生日は、株式交付計画において定めた当初の効力発生日から3箇月以内の日でなければならない。

3　第1項の場合には、株式交付親会社は、変更前の効力発生日（変更後の効力発生日が変更前の効力発生日前の日である場合にあっては、当該変更後の効力発生日）の前日までに、変更後の効力発生日を公告しなければならない。

4　第1項の規定により効力発生日を変更したときは、変更後の効力発生日を効力発生日とみなして、この節（第2項を除く。）及び前章（第774条の3第1項第11号を除く。）の規定を適用する。

5　株式交付親会社は、第1項の規定による効力発生日の変更をする場合には、当該変更と同時に第774条の3第1項第10号<譲渡しの申込み>の期日を変更することができる。

6　第3項及び第4項の規定は、前項の規定による第774条の3第1項第10号<譲渡しの申込み>の期日の変更について準用する。この場合において、第4項中「この節（第2項を除く。）及び前章（第774条の3第1項第11号を除く。）」とあるのは、「第774条の4、第774条の10及び前項」と読み替えるものとする。

（株式交付に関する書面等の備置き及び閲覧等）

第816条の10　株式交付親会社は、効力発生日後遅滞なく、株式交付に際して株式交付親会社が譲り受けた株式交付子会社の株式の数その他の株式交付に関する事項として法務省令で定める事項を記載し、又は記録した書面又は電磁的記録を作成しなければならない。

2　株式交付親会社は、効力発生日から6箇月間、前項の書面又は電磁的記録をその本店に備え置かなければならない。

3　株式交付親会社の株主（株式交付に際して株式交付子会社の株式及び新株予約権等の譲渡人に対して交付する金銭等（株式交付親会社の株式を除く。）が株式交付親会社の株式に準ずるものとして法務省令で定めるもののみである場合以外の場合にあっては、株主及び債権者）は、株式交付親会社に対して、その営業時間内は、いつでも、次に掲げる請求をすることができる。ただし、第2号又は第4号に掲げる請求をするには、当該株式交付親会社の定めた費用を支払わなければならない。

一　前項の書面の閲覧の請求

二　前項の書面の謄本又は抄本の交付の請求

三　前項の電磁的記録に記録された事項を法務省令で定める方法により表示したものの閲覧の請求

四　前項の電磁的記録に記録された事項を電

磁的方法であって株式交付親会社の定めたものにより提供することの請求又はその事項を記載した書面の交付の請求

第6編　外国会社

（外国会社の日本における代表者）

第817条　外国会社は、日本において取引を継続してしようとするときは、日本における代表者を定めなければならない。この場合において、その日本における代表者のうち一人以上は、日本に住所を有する者でなければならない。

2　外国会社の日本における代表者は、当該外国会社の日本における業務に関する一切の裁判上又は裁判外の行為をする権限を有する。

3　前項の権限に加えた制限は、善意の第三者に対抗することができない。

4　外国会社は、その日本における代表者がその職務を行うについて第三者に加えた損害を賠償する責任を負う。

（登記前の継続取引の禁止等）

第818条　外国会社は、外国会社の登記をするまでは、日本において取引を継続してすることができない。

2　前項の規定に違反して取引をした者は、相手方に対し、外国会社と連帯して、当該取引によって生じた債務を弁済する責任を負う。

（貸借対照表に相当するものの公告）

第819条　外国会社の登記をした外国会社（日本における同種の会社又は最も類似する会社が株式会社であるものに限る。）は、法務省令で定めるところにより、第438条第2項の承認と同種の手続又はこれに類似する手続の終結後遅滞なく、貸借対照表に相当するものを日本において公告しなければならない。

2　前項の規定にかかわらず、その公告方法が第939条第1項第1号又は第2号に掲げる方法である外国会社は、前項に規定する貸借対照表に相当するものの要旨を公告することで足りる。

3　前項の外国会社は、法務省令で定めるところにより、第1項の手続の終結後遅滞なく、同項に規定する貸借対照表に相当するものの内容である情報を、当該手続の終結の日後5年を経過する日までの間、継続して電磁的方法により日本において不特定多数の者が提供を受けることができる状態に置く措置をとることができる。この場合においては、前2項の規定は、適用しない。

4　金融商品取引法第24条第1項の規定により有価証券報告書を内閣総理大臣に提出しなければならない外国会社については、前3項の規定は、適用しない。

（日本に住所を有する日本における代表者の退任）

第820条　外国会社の登記をした外国会社は、日本における代表者（日本に住所を有するものに限る。）の全員が退任しようとするときは、当該外国会社の債権者に対し異議があれば一定の期間内にこれを述べることができる旨を官報に公告し、かつ、知れている債権者には、各別にこれを催告しなければならない。ただし、当該期間は、1箇月を下ることができない。

2　債権者が前項の期間内に異議を述べたときは、同項の外国会社は、当該債権者に対し、弁済し、若しくは相当の担保を提供し、又は当該債権者に弁済を受けさせることを目的として信託会社等に相当の財産を信託しなければならない。ただし、同項の退任をしても当該債権者を害するおそれがないときは、この限りでない。

3　第1項の退任は、前2項の手続が終了した後にその登記をすることによって、その効力を生ずる。

（擬似外国会社）

第821条　日本に本店を置き、又は日本において事業を行うことを主たる目的とする外国会社は、日本において取引を継続してすることができない。

2　前項の規定に違反して取引をした者は、相手方に対し、外国会社と連帯して、当該取引によって生じた債務を弁済する責任を負う。

（日本にある外国会社の財産についての清算）

第822条　裁判所は、次に掲げる場合には、利害関係人の申立てにより又は職権で、日本にある外国会社の財産の全部について清算の開始を命ずることができる。

一　外国会社が第827条第1項の規定による命令を受けた場合

二　外国会社が日本において取引を継続してすることをやめた場合

2　前項の場合には、裁判所は、清算人を選任する。

3　第476条、第2編第9章第1節第2款、第492条、同節第4款及び第508条の規定並びに同章第2節（第510条、第511条及び第514条を除く。）の規定は、その性質上許されないものを除き、第1項の規定による日本にある外国会社の財産についての清算について準用する。

4　第820条の規定は、外国会社が第1項の清算の開始を命じられた場合において、当該外国会社の日本における代表者（日本に住所を有するものに限る。）の全員が退任しようとするときは、適用しない。

（他の法律の適用関係）

第823条　外国会社は、他の法律の適用については、日本における同種の会社又は最も類似する会社とみなす。ただし、他の法律に別段の定めがあるときは、この限りでない。

第7編　雑則

第1章　会社の解散命令等

第1節　会社の解散命令

（会社の解散命令）

第824条　裁判所は、次に掲げる場合において、公益を確保するため会社の存立を許すことができないと認めるときは、法務大臣又は株主、社員、債権者その他の利害関係人の申立てにより、会社の解散を命ずることができる。

一　会社の設立が不法な目的に基づいてされたとき。

二　会社が正当な理由がないのにその成立の日から1年以内にその事業を開始せず、又は引き続き1年以上その事業を休止したとき。

三　業務執行取締役、執行役又は業務を執行する社員が、法令若しくは定款で定める会社の権限を逸脱し若しくは濫用する行為又は刑罰法令に触れる行為をした場合において、法務大臣から書面による警告を受けたにもかかわらず、なお継続的に又は反覆して当該行為をしたとき。

2　株主、社員、債権者その他の利害関係人が前項の申立てをしたときは、裁判所は、会社の申立てにより、同項の申立てをした者に対し、相当の担保を立てるべきことを命ずることができる。

3　会社は、前項の規定による申立てをするには、第1項の申立てが悪意によるものであることを疎明しなければならない。

4　民事訴訟法（平成8年法律第109号）第75条第5項及び第7項並びに第76条から第80条までの規定は、第2項の規定により第1項の申立てについて立てるべき担保について準用する。

（会社の財産に関する保全処分）

第825条　裁判所は、前条第1項の申立てがあった場合には、法務大臣若しくは株主、社員、債権者その他の利害関係人の申立てにより又は職権で、同項の申立てにつき決定があるまでの間、会社の財産に関し、管理人による管理を命ずる処分（次項において「管理命令」という。）その他の必要な保全処分を命ずることができる。

2　裁判所は、管理命令をする場合には、当該管理命令において、管理人を選任しなければならない。

3　裁判所は、法務大臣若しくは株主、社員、債権者その他の利害関係人の申立てにより又は職権で、前項の管理人を解任することができる。

4　裁判所は、第2項の管理人を選任した場合には、会社が当該管理人に対して支払う報酬の額を定めることができる。

5　第2項の管理人は、裁判所が監督する。

6　裁判所は、第2項の管理人に対し、会社の財産の状況の報告をし、かつ、その管理の計算をすることを命ずることができる。

7　民法第644条、第646条、第647条及び第650条の規定は、第2項の管理人について準用する。この場合において、同法第646条、第647条及び第650条中「委任者」とあるのは、「会社」と読み替えるものとする。

（官庁等の法務大臣に対する通知義務）

第826条　裁判所その他の官庁、検察官又は吏員は、その職務上第824条第1項の申立て又は同項第3号の警告をすべき事由があることを知ったときは、法務大臣にその旨を通知しなければならない。

第2節　外国会社の取引継続禁止又は営業所閉鎖の命令

第827条　裁判所は、次に掲げる場合には、法務大臣又は株主、社員、債権者その他の利害関係人の申立てにより、外国会社が日本において取引を継続してすることの禁止又はその日本に設けられた営業所の閉鎖を命ずることができる。

一　外国会社の事業が不法な目的に基づいて行われたとき。

二　外国会社が正当な理由がないのに外国会社の登記の日から1年以内にその事業を開始せず、又は引き続き1年以上その事業を休止したとき。
三　外国会社が正当な理由がないのに支払を停止したとき。
四　外国会社の日本における代表者その他その業務を執行する者が、法令で定める外国会社の権限を逸脱し若しくは濫用する行為又は刑罰法令に触れる行為をした場合において、法務大臣から書面による警告を受けたにもかかわらず、なお継続的に又は反復して当該行為をしたとき。

2　第824条第2項から第4項まで及び前2条の規定は、前項の場合について準用する。この場合において、第824条第2項中「前項」とあり、同条第3項及び第4項中「第1項」とあり、並びに第825条第1項中「前条第1項」とあるのは「第827条第1項」と、前条中「第824条第1項」とあるのは「次条第1項」と、「同項第3号」とあるのは「同項第4号」と読み替えるものとする。

第2章　訴訟

第1節　会社の組織に関する訴え

（会社の組織に関する行為の無効の訴え）

第828条　次の各号に掲げる行為の無効は、当該各号に定める期間に、訴えをもってのみ主張することができる。
一　会社の設立　会社の成立の日から2年以内
二　株式会社の成立後における株式の発行　株式の発行の効力が生じた日から6箇月以内（公開会社でない株式会社にあっては、株式の発行の効力が生じた日から1年以内）
三　自己株式の処分　自己株式の処分の効力が生じた日から6箇月以内（公開会社でない株式会社にあっては、自己株式の処分の効力が生じた日から1年以内）
四　新株予約権（当該新株予約権が新株予約権付社債に付されたものである場合にあっては、当該新株予約権付社債についての社債を含む。以下この章において同じ。）の発行　新株予約権の発行の効力が生じた日から6箇月以内（公開会社でない株式会社にあっては、新株予約権の発行の効力が生じた日から1年以内）
五　株式会社における資本金の額の減少　資本金の額の減少の効力が生じた日から6箇月以内
六　会社の組織変更　組織変更の効力が生じた日から6箇月以内
七　会社の吸収合併　吸収合併の効力が生じた日から6箇月以内
八　会社の新設合併　新設合併の効力が生じた日から6箇月以内
九　会社の吸収分割　吸収分割の効力が生じた日から6箇月以内
十　会社の新設分割　新設分割の効力が生じた日から6箇月以内
十一　株式会社の株式交換　株式交換の効力が生じた日から6箇月以内
十二　株式会社の株式移転　株式移転の効力が生じた日から6箇月以内
十三　株式会社の株式交付　株式交付の効力が生じた日から6箇月以内

2　次の各号に掲げる行為の無効の訴えは、当該各号に定める者に限り、提起することができる。
一　前項第1号に掲げる行為　設立する株式会社の株主等（株主、取締役又は清算人（監査役設置会社にあっては株主、取締役、監査役又は清算人、指名委員会等設置会社にあっては株主、取締役、執行役又は清算人）をいう。以下この節において同じ。）又は設立する持分会社の社員等（社員又は清算人をいう。以下この項において同じ。）
二　前項第2号に掲げる行為　当該株式会社の株主等
三　前項第3号に掲げる行為　当該株式会社の株主等
四　前項第4号に掲げる行為　当該株式会社の株主等又は新株予約権者
五　前項第5号に掲げる行為　当該株式会社の株主等、破産管財人又は資本金の額の減少について承認をしなかった債権者
六　前項第6号に掲げる行為　当該行為の効力が生じた日において組織変更をする会社の株主等若しくは社員等であった者又は組織変更後の会社の株主等、社員等、破産管財人若しくは組織変更について承認をしなかった債権者
七　前項第7号に掲げる行為　当該行為の効力が生じた日において吸収合併をする会社の株主等若しくは社員等であった者又は吸収合併後存続する会社の株主等、社員等、破産管財人若しくは吸収合併について承認をしな

かった債権者

八　前項第8号に掲げる行為　当該行為の効力が生じた日において新設合併をする会社の株主等若しくは社員等であった者又は新設合併により設立する会社の株主等、社員等、破産管財人若しくは新設合併について承認をしなかった債権者

九　前項第9号に掲げる行為　当該行為の効力が生じた日において吸収分割契約をした会社の株主等若しくは社員等であった者又は吸収分割契約をした会社の株主等、社員等、破産管財人若しくは吸収分割について承認をしなかった債権者

十　前項第10号に掲げる行為　当該行為の効力が生じた日において新設分割をする会社の株主等若しくは社員等であった者又は新設分割をする会社若しくは新設分割により設立する会社の株主等、社員等、破産管財人若しくは新設分割について承認をしなかった債権者

十一　前項第11号に掲げる行為　当該行為の効力が生じた日において株式交換契約をした会社の株主等若しくは社員等であった者又は株式交換契約をした会社の株主等、社員等、破産管財人若しくは株式交換について承認をしなかった債権者

十二　前項第12号に掲げる行為　当該行為の効力が生じた日において株式移転をする株式会社の株主等であった者又は株式移転により設立する株式会社の株主等、破産管財人若しくは株式移転について承認をしなかった債権者

十三　前項第13号に掲げる行為　当該行為の効力が生じた日において株式交付親会社の株主等であった者、株式交付に際して株式交付親会社に株式交付子会社の株式若しくは新株予約権等を譲り渡した者又は株式交付親会社の株主等、破産管財人若しくは株式交付について承認をしなかった債権者

（新株発行等の不存在の確認の訴え）

第829条　次に掲げる行為については、当該行為が存在しないことの確認を、訴えをもって請求することができる。

一　株式会社の成立後における株式の発行

二　自己株式の処分

三　新株予約権の発行

（株主総会等の決議の不存在又は無効の確認の訴え）

第830条　株主総会若しくは種類株主総会又は創立総会若しくは種類創立総会（以下この節及び第937条第1項第1号トにおいて「株主総会等」という。）の決議については、決議が存在しないことの確認を、訴えをもって請求することができる。

2　株主総会等の決議については、決議の内容が法令に違反することを理由として、決議が無効であることの確認を、訴えをもって請求することができる。

（株主総会等の決議の取消しの訴え）

第831条　次の各号に掲げる場合には、株主等（当該各号の株主総会等が創立総会又は種類創立総会である場合にあっては、株主等、設立時株主、設立時取締役又は設立時監査役）は、株主総会等の決議の日から3箇月以内に、訴えをもって当該決議の取消しを請求することができる。当該決議の取消しにより株主（当該決議が創立総会の決議である場合にあっては、設立時株主）又は取締役（監査等委員会設置会社にあっては、監査等委員である取締役又はそれ以外の取締役。以下この項において同じ。）、監査役若しくは清算人（当該決議が株主総会又は種類株主総会の決議である場合にあっては第346条第1項<役員等に欠員を生じた場合の措置>（第479条第4項<役員等に欠員が生じた場合の規定の清算人への準用>において準用する場合を含む。）の規定により取締役、監査役又は清算人としての権利義務を有する者を含み、当該決議が創立総会又は種類創立総会の決議である場合にあっては設立時取締役（設立しようとする株式会社が監査等委員会設置会社である場合にあっては、設立時監査等委員である設立時取締役又はそれ以外の設立時取締役）又は設立時監査役を含む。）となる者も、同様とする。

一　株主総会等の招集の手続又は決議の方法が法令若しくは定款に違反し、又は著しく不公正なとき。

二　株主総会等の決議の内容が定款に違反するとき。

三　株主総会等の決議について特別の利害関係を有する者が議決権を行使したことによって、著しく不当な決議がされたとき。

2　前項の訴えの提起があった場合において、株主総会等の招集の手続又は決議の方法が法令又は定款に違反するときであっても、裁判所は、その違反する事実が重大でなく、かつ、決議に影響を及ぼさないものであると認めるときは、同項の規定による請求を棄却することができる。

（持分会社の設立の取消しの訴え）

第832条　次の各号に掲げる場合には、当該各号に定める者は、持分会社の成立の日から2年以内に、訴えをもって持分会社の設立の取消し

を請求することができる。
一　社員が民法その他の法律の規定により設立に係る意思表示を取り消すことができるとき　当該社員
二　社員がその債権者を害することを知って持分会社を設立したとき　当該債権者

（会社の解散の訴え）

第833条　次に掲げる場合において、やむを得ない事由があるときは、総株主（株主総会において決議をすることができる事項の全部につき議決権を行使することができない株主を除く。）の議決権の10分の1（これを下回る割合を定款で定めた場合にあっては、その割合）以上の議決権を有する株主又は発行済株式（自己株式を除く。）の10分の1（これを下回る割合を定款で定めた場合にあっては、その割合）以上の数の株式を有する株主は、訴えをもって株式会社の解散を請求することができる。
一　株式会社が業務の執行において著しく困難な状況に至り、当該株式会社に回復することができない損害が生じ、又は生ずるおそれがあるとき。
二　株式会社の財産の管理又は処分が著しく失当で、当該株式会社の存立を危うくするとき。
2　やむを得ない事由がある場合には、持分会社の社員は、訴えをもって持分会社の解散を請求することができる。

（被告）

第834条　次の各号に掲げる訴え（以下この節において「会社の組織に関する訴え」と総称する。）については、当該各号に定める者を被告とする。
一　会社の設立の無効の訴え　設立する会社
二　株式会社の成立後における株式の発行の無効の訴え（第840条第1項において「新株発行の無効の訴え」という。）　株式の発行をした株式会社
三　自己株式の処分の無効の訴え　自己株式の処分をした株式会社
四　新株予約権の発行の無効の訴え　新株予約権の発行をした株式会社
五　株式会社における資本金の額の減少の無効の訴え　当該株式会社
六　会社の組織変更の無効の訴え　組織変更後の会社
七　会社の吸収合併の無効の訴え　吸収合併後存続する会社
八　会社の新設合併の無効の訴え　新設合併により設立する会社
九　会社の吸収分割の無効の訴え　吸収分割契約をした会社
十　会社の新設分割の無効の訴え　新設分割をする会社及び新設分割により設立する会社
十一　株式会社の株式交換の無効の訴え　株式交換契約をした会社
十二　株式会社の株式移転の無効の訴え　株式移転をする株式会社及び株式移転により設立する株式会社
十二の二　株式会社の株式交付の無効の訴え　株式交付親会社
十三　株式会社の成立後における株式の発行が存在しないことの確認の訴え　株式の発行をした株式会社
十四　自己株式の処分が存在しないことの確認の訴え　自己株式の処分をした株式会社
十五　新株予約権の発行が存在しないことの確認の訴え　新株予約権の発行をした株式会社
十六　株主総会等の決議が存在しないこと又は株主総会等の決議の内容が法令に違反することを理由として当該決議が無効であることの確認の訴え　当該株式会社
十七　株主総会等の決議の取消しの訴え　当該株式会社
十八　第832条第1号<社員が設立に係る意思表示を取り消すことができるとき>の規定による持分会社の設立の取消しの訴え　当該持分会社
十九　第832条第2号<社員がその債権者を害することを知って持分会社を設立したとき>の規定による持分会社の設立の取消しの訴え　当該持分会社及び同号の社員
二十　株式会社の解散の訴え　当該株式会社
二十一　持分会社の解散の訴え　当該持分会社

（訴えの管轄及び移送）

第835条　会社の組織に関する訴えは、被告となる会社の本店の所在地を管轄する地方裁判所の管轄に専属する。
2　前条第9号から第12号まで<会社の吸収分割、新設分割、株式会社の株式交換、株式移転の無効の訴え>の規定により2以上の地方裁判所が管轄権を有するときは、当該各号に掲げる訴えは、先に訴えの提起があった地方裁判所が管轄する。
3　前項の場合には、裁判所は、当該訴えに係る訴訟がその管轄に属する場合においても、著しい損害又は遅滞を避けるため必要があると認め

るときは、申立てにより又は職権で、訴訟を他の管轄裁判所に移送することができる。

（担保提供命令）

第836条　会社の組織に関する訴えであって、株主又は設立時株主が提起することができるものについては、裁判所は、被告の申立てにより、当該会社の組織に関する訴えを提起した株主又は設立時株主に対し、相当の担保を立てるべきことを命ずることができる。ただし、当該株主が取締役、監査役、執行役若しくは清算人であるとき、又は当該設立時株主が設立時取締役若しくは設立時監査役であるときは、この限りでない。

2　前項の規定は、会社の組織に関する訴えであって、債権者又は株式交付に際して株式交付親会社に株式交付子会社の株式若しくは新株予約権等を譲り渡した者が提起することができるものについて準用する。

3　被告は、第1項（前項において準用する場合を含む。）の申立てをするには、原告の訴えの提起が悪意によるものであることを疎明しなければならない。

（弁論等の必要的併合）

第837条　同一の請求を目的とする会社の組織に関する訴えに係る訴訟が数個同時に係属するときは、その弁論及び裁判は、併合してしなければならない。

（認容判決の効力が及ぶ者の範囲）

第838条　会社の組織に関する訴えに係る請求を認容する確定判決は、第三者に対してもその効力を有する。

（無効又は取消しの判決の効力）

第839条　会社の組織に関する訴え（第834条第1号から第12号の2まで、第18号及び第19号に掲げる訴えに限る。）に係る請求を認容する判決が確定したときは、当該判決において無効とされ、又は取り消された行為（当該行為によって会社が設立された場合にあっては当該設立を含み、当該行為に際して株式又は新株予約権が交付された場合にあっては当該株式又は新株予約権を含む。）は、将来に向かってその効力を失う。

（新株発行の無効判決の効力）

第840条　新株発行の無効の訴えに係る請求を認容する判決が確定したときは、当該株式会社は、当該判決の確定時における当該株式に係る株主に対し、払込みを受けた金額又は給付を受けた財産の給付の時における価額に相当する金銭を支払わなければならない。この場合において、当該株式会社が株券発行会社であるときは、当該株式会社は、当該株主に対し、当該金銭の支払をするのと引換えに、当該株式に係る旧株券（前条の規定により効力を失った株式に係る株券をいう。以下この節において同じ。）を返還することを請求することができる。

2　前項の金銭の金額が同項の判決が確定した時における会社財産の状況に照らして著しく不相当であるときは、裁判所は、同項前段の株式会社又は株主の申立てにより、当該金額の増減を命ずることができる。

3　前項の申立ては、同項の判決が確定した日から6箇月以内にしなければならない。

4　第1項前段に規定する場合には、同項前段の株式を目的とする質権は、同項の金銭について存在する。

5　第1項前段に規定する場合には、前項の質権の登録株式質権者は、第1項前段の株式会社から同項の金銭を受領し、他の債権者に先立って自己の債権の弁済に充てることができる。

6　前項の債権の弁済期が到来していないときは、同項の登録株式質権者は、第1項前段の株式会社に同項の金銭に相当する金額を供託させることができる。この場合において、質権は、その供託金について存在する。

（自己株式の処分の無効判決の効力）

第841条　自己株式の処分の無効の訴えに係る請求を認容する判決が確定したときは、当該株式会社は、当該判決の確定時における当該自己株式に係る株主に対し、払込みを受けた金額又は給付を受けた財産の給付の時における価額に相当する金銭を支払わなければならない。この場合において、当該株式会社が株券発行会社であるときは、当該株式会社は、当該株主に対し、当該金銭の支払をするのと引換えに、当該自己株式に係る旧株券を返還することを請求することができる。

2　前条第2項から第6項までの規定は、前項の場合について準用する。この場合において、同条第4項中「株式」とあるのは、「自己株式」と読み替えるものとする。

（新株予約権発行の無効判決の効力）

第842条　新株予約権の発行の無効の訴えに係る請求を認容する判決が確定したときは、当該株式会社は、当該判決の確定時における当該新株予約権に係る新株予約権者に対し、払込みを受けた金額又は給付を受けた財産の給付の時における価額に相当する金銭を支払わなければならない。この場合において、当該新株予約権に係る新株予約権証券（当該新株予約権が新株予約権付社債に付されたものである場合にあっては、当該新株予約権付社債に係る新株予約権付社債券。以下この項において同じ。）を発行しているときは、当該株式会社は、当該新株予約権者に対し、当該金銭の支払をするのと引換えに、第839条<無効又は取消しの判決の効力>の規定により効力を失った新株予約権に係る新株予約権証券を返還することを請求することができる。

2　第840条第２項から第６項まで<新株発行の無効判決の効力に関する規定>の規定は、前項の場合について準用する。この場合において、同条第２項中「株主」とあるのは「新株予約権者」と、同条第４項中「株式」とあるのは「新株予約権」と、同条第５項及び第６項中「登録株式質権者」とあるのは「登録新株予約権質権者」と読み替えるものとする。

（合併又は会社分割の無効判決の効力）

第843条　次の各号に掲げる行為の無効の訴えに係る請求を認容する判決が確定したときは、当該行為をした会社は、当該行為の効力が生じた日後に当該各号に定める会社が負担した債務について、連帯して弁済する責任を負う。

一　会社の吸収合併　吸収合併後存続する会社

二　会社の新設合併　新設合併により設立する会社

三　会社の吸収分割　吸収分割をする会社がその事業に関して有する権利義務の全部又は一部を当該会社から承継する会社

四　会社の新設分割　新設分割により設立する会社

2　前項に規定する場合には、同項各号に掲げる行為の効力が生じた日後に当該各号に定める会社が取得した財産は、当該行為をした会社の共有に属する。ただし、同項第４号に掲げる行為を一の会社がした場合には、同号に定める会社が取得した財産は、当該行為をした一の会社に属する。

3　第１項及び前項本文に規定する場合には、各会社の第１項の債務の負担部分及び前項本文の財産の共有持分は、各会社の協議によって定める。

4　各会社の第１項の債務の負担部分又は第２項本文の財産の共有持分について、前項の協議が調わないときは、裁判所は、各会社の申立てにより、第１項各号に掲げる行為の効力が生じた時における各会社の財産の額その他一切の事情を考慮して、これを定める。

（株式交換又は株式移転の無効判決の効力）

第844条　株式会社の株式交換又は株式移転の無効の訴えに係る請求を認容する判決が確定した場合において、株式交換又は株式移転をする株式会社（以下この条において「旧完全子会社」という。）の発行済株式の全部を取得する株式会社（以下この条において「旧完全親会社」という。）が当該株式交換又は株式移転に際して当該旧完全親会社の株式（以下この条において「旧完全親会社株式」という。）を交付したときは、当該旧完全親会社は、当該判決の確定時における当該旧完全親会社株式に係る株主に対し、当該株式交換又は株式移転の際に当該旧完全親会社株式の交付を受けた者が有していた旧完全子会社の株式（以下この条において「旧完全子会社株式」という。）を交付しなければならない。この場合において、旧完全親会社が株券発行会社であるときは、当該旧完全親会社は、当該株主に対し、当該旧完全子会社株式を交付するのと引換えに、当該旧完全親会社株式に係る旧株券を返還することを請求することができる。

2　前項前段に規定する場合には、旧完全親会社株式を目的とする質権は、旧完全子会社株式について存在する。

3　前項の質権の質権者が登録株式質権者であるときは、旧完全親会社は、第１項の判決の確定後遅滞なく、旧完全子会社に対し、当該登録株式質権者についての第148条各号<株主名簿の記載等>に掲げる事項を通知しなければならない。

4　前項の規定による通知を受けた旧完全子会社は、その株主名簿に同項の登録株式質権者の質権の目的である株式に係る株主名簿記載事項を記載し、又は記録した場合には、直ちに、当該株主名簿に当該登録株式質権者についての第148条各号<株主名簿の記載等>に掲げる事項を記載し、又は記録しなければならない。

5　第３項に規定する場合において、同項の旧完全子会社が株券発行会社であるときは、旧完全親会社は、登録株式質権者に対し、第２項の旧完全子会社株式に係る株券を引き渡さなければならない。ただし、第１項前段の株主が旧完全子会社株式の交付を受けるために旧完全親会社株式に係る旧株券を提出しなければならない場合において、旧株券の提出があるまでの間は、この限りでない。

（株式交付の無効判決の効力）

第844条の2　株式会社の株式交付の無効の訴えに係る請求を認容する判決が確定した場合において、株式交付親会社が当該株式交付に際して当該株式交付親会社の株式（以下この条において「旧株式交付親会社株式」という。）を交付したときは、当該株式交付親会社は、当該判決の確定時における当該旧株式交付親会社株式に係る株主に対し、当該株式交付の際に当該旧株式交付親会社株式の交付を受けた者から給付を受けた株式交付子会社の株式及び新株予約権等（以下この条において「旧株式交付子会社株式等」という。）を返還しなければならない。この場合において、株式交付親会社が株券発行会社であるときは、当該株式交付親会社は、当該株主に対し、当該旧株式交付子会社株式等を返還するのと引換えに、当該旧株式交付親会社株式に係る旧株券を返還することを請求することができる。

2　前項前段に規定する場合には、旧株式交付親会社株式を目的とする質権は、旧株式交付子会社株式等について存在する。

（持分会社の設立の無効又は取消しの判決の効力）

第845条　持分会社の設立の無効又は取消しの訴えに係る請求を認容する判決が確定した場合において、その無効又は取消しの原因が一部の社員のみにあるときは、他の社員の全員の同意によって、当該持分会社を継続することができる。この場合においては、当該原因がある社員は、退社したものとみなす。

（原告が敗訴した場合の損害賠償責任）

第846条　会社の組織に関する訴えを提起した原告が敗訴した場合において、原告に悪意又は重大な過失があったときは、原告は、被告に対し、連帯して損害を賠償する責任を負う。

第１節の２　売渡株式等の取得の無効の訴え

（売渡株式等の取得の無効の訴え）

第846条の2　株式等売渡請求に係る売渡株式等の全部の取得の無効は、取得日（第179条の２第１項第５号に規定する取得日をいう。以下この条において同じ。）から６箇月以内（対象会社が公開会社でない場合にあっては、当該取得日から１年以内）に、訴えをもってのみ主張することができる。

2　前項の訴え（以下この節において「売渡株式等の取得の無効の訴え」という。）は、次に掲げる者に限り、提起することができる。

一　取得日において売渡株主（株式売渡請求に併せて新株予約権売渡請求がされた場合にあっては、売渡株主又は売渡新株予約権者。第846条の５第１項において同じ。）であった者

二　取得日において対象会社の取締役（監査役設置会社にあっては取締役又は監査役、指名委員会等設置会社にあっては取締役又は執行役。以下この号において同じ。）であった者又は対象会社の取締役若しくは清算人

（被告）

第846条の3　売渡株式等の取得の無効の訴えについては、特別支配株主を被告とする。

（訴えの管轄）

第846条の4　売渡株式等の取得の無効の訴えは、対象会社の本店の所在地を管轄する地方裁判所の管轄に専属する。

（担保提供命令）

第846条の5　売渡株式等の取得の無効の訴えについては、裁判所は、被告の申立てにより、当該売渡株式等の取得の無効の訴えを提起した売渡株主に対し、相当の担保を立てるべきことを命ずることができる。ただし、当該売渡株主が対象会社の取締役、監査役、執行役又は清算人であるときは、この限りでない。

2　被告は、前項の申立てをするには、原告の訴えの提起が悪意によるものであることを疎明しなければならない。

（弁論等の必要的併合）

第846条の6　同一の請求を目的とする売渡株式等の取得の無効の訴えに係る訴訟が数個同時に係属するときは、その弁論及び裁判は、併合してしなければならない。

（認容判決の効力が及ぶ者の範囲）

第846条の7　売渡株式等の取得の無効の訴えに係る請求を認容する確定判決は、第三者に対してもその効力を有する。

（無効の判決の効力）

第846条の8　売渡株式等の取得の無効の訴えに係る請求を認容する判決が確定したときは、当該判決において無効とされた売渡株式等の全部の取得は、将来に向かってその効力を失う。

（原告が敗訴した場合の損害賠償責任）

第846条の9　売渡株式等の取得の無効の訴えを提起した原告が敗訴した場合において、原告

に悪意又は重大な過失があったときは、原告は、被告に対し、連帯して損害を賠償する責任を負う。

第2節　株式会社における責任追及等の訴え

（株主による責任追及等の訴え）

第847条　6箇月（これを下回る期間を定款で定めた場合にあっては、その期間）前から引き続き株式を有する株主（第189条第2項の定款の定めによりその権利を行使することができない単元未満株主を除く。）は、株式会社に対し、書面その他の法務省令で定める方法により、発起人、設立時取締役、設立時監査役、役員等（第423条第1項に規定する役員等をいう。）若しくは清算人（以下この節において「発起人等」という。）の責任を追及する訴え、第102条の2第1項<払込みを仮装した設立時募集株式の引受人の責任>、第212条第1項<不公正な払込金額で株式を引き受けた者等の責任>若しくは第285条第1項<不公正な払込金額で新株予約権を引き受けた者等の責任>の規定による支払を求める訴え、第120条第3項<株主の権利の行使に関して利益の供与をした場合の利益の返還>の利益の返還を求める訴え又は第213条の2第1項<出資の履行を仮装した募集株式の引受人の責任>若しくは第286条の2第1項<新株予約権に係る払込み等を仮装した新株予約権者の責任>の規定による支払若しくは給付を求める訴え（以下この節において「責任追及等の訴え」という。）の提起を請求することができる。ただし、責任追及等の訴えが当該株主若しくは第三者の不正な利益を図り又は当該株式会社に損害を加えることを目的とする場合は、この限りでない。

2　公開会社でない株式会社における前項の規定の適用については、同項中「6箇月（これを下回る期間を定款で定めた場合にあっては、その期間）前から引き続き株式を有する株主」とあるのは、「株主」とする。

3　株式会社が第1項の規定による請求の日から60日以内に責任追及等の訴えを提起しないときは、当該請求をした株主は、株式会社のために、責任追及等の訴えを提起することができる。

4　株式会社は、第1項の規定による請求の日から60日以内に責任追及等の訴えを提起しない場合において、当該請求をした株主又は同項の発起人等から請求を受けたときは、当該請求をした者に対し、遅滞なく、責任追及等の訴えを提起しない理由を書面その他の法務省令で定める方法により通知しなければならない。

5　第1項及び第3項の規定にかかわらず、同項の期間の経過により株式会社に回復することができない損害が生ずるおそれがある場合には、第1項の株主は、株式会社のために、直ちに責任追及等の訴えを提起することができる。ただし、同項ただし書に規定する場合は、この限りでない。

（旧株主による責任追及等の訴え）

第847条の2　次の各号に掲げる行為の効力が生じた日の6箇月（これを下回る期間を定款で定めた場合にあっては、その期間）前から当該日まで引き続き株式会社の株主であった者（第189条第2項<単元未満株式についての株主権の制限>の定款の定めによりその権利を行使することができない単元未満株主であった者を除く。以下この条において「旧株主」という。）は、当該株式会社の株主でなくなった場合であっても、当該各号に定めるときは、当該株式会社（第2号に定める場合にあっては、同号の吸収合併後存続する株式会社。以下この節において「株式交換等完全子会社」という。）に対し、書面その他の法務省令で定める方法により、責任追及等の訴え（次の各号に掲げる行為の効力が生じた時までにその原因となった事実が生じた責任又は義務に係るものに限る。以下この条において同じ。）の提起を請求することができる。ただし、責任追及等の訴えが当該旧株主若しくは第三者の不正な利益を図り又は当該株式交換等完全子会社若しくは次の各号の完全親会社（特定の株式会社の発行済株式の全部を有する株式会社その他これと同等のものとして法務省令で定める株式会社をいう。以下この節において同じ。）に損害を加えることを目的とする場合は、この限りでない。

一　当該株式会社の株式交換又は株式移転　当該株式交換又は株式移転により当該株式会社の完全親会社の株式を取得し、引き続き当該株式を有するとき。

二　当該株式会社が吸収合併により消滅する会社となる吸収合併　当該吸収合併により、吸収合併後存続する株式会社の完全親会社の株式を取得し、引き続き当該株式を有するとき。

2　公開会社でない株式会社における前項の規定の適用については、同項中「次の各号に掲げる行為の効力が生じた日の6箇月（これを下回る期間を定款で定めた場合にあっては、その期間）前から当該日まで引き続き」とあるのは、「次の各号に掲げる行為の効力が生じた日において」とする。

3　旧株主は、第1項各号の完全親会社の株主でなくなった場合であっても、次に掲げるときは、株式交換等完全子会社に対し、書面その他の法務省令で定める方法により、責任追及等の訴えの提起を請求することができる。ただし、責任追及等の訴えが当該旧株主若しくは第三者の不正な利益を図り又は当該株式交換等完全子会社若しくは次の各号の株式を発行している株式会社に損害を加えることを目的とする場合は、この限りでない。

一　当該完全親会社の株式交換又は株式移転により当該完全親会社の完全親会社の株式を取得し、引き続き当該株式を有するとき。

二　当該完全親会社が合併により消滅する会社となる合併により、合併により設立する株式会社又は合併後存続する株式会社若しくはその完全親会社の株式を取得し、引き続き当該株式を有するとき。

4　前項の規定は、同項第1号（この項又は次項において準用する場合を含む。以下この項において同じ。）に掲げる場合において、旧株主が同号の株式の株主でなくなったときについて準用する。

5　第3項の規定は、同項第2号（前項又はこの項において準用する場合を含む。以下この項において同じ。）に掲げる場合において、旧株主が同号の株式の株主でなくなったときについて準用する。この場合において、第3項（前項又はこの項において準用する場合を含む。）中「当該完全親会社」とあるのは、「合併により設立する株式会社又は合併後存続する株式会社若しくはその完全親会社」と読み替えるものとする。

6　株式交換等完全子会社が第1項又は第3項（前2項において準用する場合を含む。以下この条において同じ。）の規定による請求（以下この条において「提訴請求」という。）の日から60日以内に責任追及等の訴えを提起しないときは、当該提訴請求をした旧株主は、株式交換等完全子会社のために、責任追及等の訴えを提起することができる。

7　株式交換等完全子会社は、提訴請求の日から60日以内に責任追及等の訴えを提起しない場合において、当該提訴請求をした旧株主又は当該提訴請求に係る責任追及等の訴えの被告となることとなる発起人等から請求を受けたときは、当該請求をした者に対し、遅滞なく、責任追及等の訴えを提起しない理由を書面その他の法務省令で定める方法により通知しなければならない。

8　第1項、第3項及び第6項の規定にかかわらず、同項の期間の経過により株式交換等完全子会社に回復することができない損害が生ずるおそれがある場合には、提訴請求をすることができる旧株主は、株式交換等完全子会社のために、直ちに責任追及等の訴えを提起することができる。

9　株式交換等完全子会社に係る適格旧株主（第1項本文又は第3項本文の規定によれば提訴請求をすることができることとなる旧株主をいう。以下この節において同じ。）がある場合において、第1項各号に掲げる行為の効力が生じた時までにその原因となった事実が生じた責任又は義務を免除するときにおける第55条<発起人等の責任の免除>、第102条の2第2項<払込みを仮装した設立時募集株式の引受人の責任の免除>、第103条第3項<払込みの仮装に関与した発起人・設立時取締役の責任の免除>、第120条第5項<株主の権利の行使に関する利益の供与に対する取締役の責任の免除>、第213条の2第2項<出資の履行を仮装した募集株式の引受人の責任の免除>、第286条の2第2項、第424条<株式会社に対する損害賠償責任の免除>（第486条第4項において準用する場合を含む。）、第462条第3項ただし書、第464条第2項及び第465条第2項の規定の適用については、これらの規定中「総株主」とあるのは、「総株主及び第847条の2第9項に規定する適格旧株主の全員」とする。

（最終完全親会社等の株主による特定責任追及の訴え）

第847条の3　6箇月（これを下回る期間を定款で定めた場合にあっては、その期間）前から引き続き株式会社の最終完全親会社等（当該株式会社の完全親会社等であって、その完全親会社等がないものをいう。以下この節において同じ。）の総株主（株主総会において決議をすることができる事項の全部につき議決権を行使することができない株主を除く。）の議決権の100分の1（これを下回る割合を定款で定めた場合にあっては、その割合）以上の議決権を有する株主又は当該最終完全親会社等の発行済株式（自己株式を除く。）の100分の1（これを下回る割合を定款で定めた場合にあっては、その割合）以上の数の株式を有する株主は、当該株式会社に対し、書面その他の法務省令で定める方法により、特定責任に係る責任追及等の訴え（以下この節において「特定責任追及の訴え」という。）の提起を請求することができる。ただし、次のいずれかに該当する場合は、この限りでない。

一　特定責任追及の訴えが当該株主若しくは第三者の不正な利益を図り又は当該株式会社若しくは当該最終完全親会社等に損害を加えることを目的とする場合

二　当該特定責任の原因となった事実によって当該最終完全親会社等に損害が生じていない場合

2　前項に規定する「完全親会社等」とは、次に掲げる株式会社をいう。

一　完全親会社

二　株式会社の発行済株式の全部を他の株式会社及びその完全子会社等（株式会社がその株式又は持分の全部を有する法人をいう。以下この条及び第849条第3項において同じ。）又は他の株式会社の完全子会社等が有する場合における当該他の株式会社（完全親会社を除く。）

3　前項第2号の場合において、同号の他の株式会社及びその完全子会社等又は同号の他の株式会社の完全子会社等が他の法人の株式又は持分の全部を有する場合における当該他の法人は、当該他の株式会社の完全子会社等とみなす。

4　第1項に規定する「特定責任」とは、当該株式会社の発起人等の責任の原因となった事実が生じた日において最終完全親会社等及びその完全子会社等（前項の規定により当該完全子会社等とみなされるものを含む。次項及び第849条第3項において同じ。）における当該株式会社の株式の帳簿価額が当該最終完全親会社等の総資産額として法務省令で定める方法により算定される額の5分の1（これを下回る割合を定款で定めた場合にあっては、その割合）を超える場合における当該発起人等の責任をいう（第10項及び同条第7項において同じ。）。

5　最終完全親会社等が、発起人等の責任の原因となった事実が生じた日において最終完全親会社等であった株式会社をその完全子会社等としたものである場合には、前項の規定の適用については、当該最終完全親会社等であった株式会社を同項の最終完全親会社等とみなす。

6　公開会社でない最終完全親会社等における第1項の規定の適用については、同項中「6箇月（これを下回る期間を定款で定めた場合にあっては、その期間）前から引き続き株式会社」とあるのは、「株式会社」とする。

7　株式会社が第1項の規定による請求の日から60日以内に特定責任追及の訴えを提起しないときは、当該請求をした最終完全親会社等の株主は、株式会社のために、特定責任追及の訴えを提起することができる。

8　株式会社は、第1項の規定による請求の日から60日以内に特定責任追及の訴えを提起しない場合において、当該請求をした最終完全親会社等の株主又は当該請求に係る特定責任追及の訴えの被告となることとなる発起人等から請求を受けたときは、当該請求をした者に対し、遅滞なく、特定責任追及の訴えを提起しない理由を書面その他の法務省令で定める方法により通知しなければならない。

9　第1項及び第7項の規定にかかわらず、同項の期間の経過により株式会社に回復することができない損害が生ずるおそれがある場合には、第1項に規定する株主は、株式会社のために、直ちに特定責任追及の訴えを提起することができる。ただし、同項ただし書に規定する場合は、この限りでない。

10　株式会社に最終完全親会社等がある場合において、特定責任を免除するときにおける第55条、第103条第3項、第120条第5項<株主の権利の行使に関する利益の供与に対する取締役の責任の免除>、第424条<役員等の株式会社に対する損害賠償責任の免除>（第486条第4項において準用する場合を含む。）、第462条第3項ただし書、第464条第2項<買取請求に応じて株式を取得した場合の責任の免除>及び第465条第2項<欠損が生じた場合の責任の免除>の規定の適用については、これらの規定中「総株主」とあるのは、「総株主及び株式会社の第847条の3第1項に規定する最終完全親会社等の総株主」とする。

（責任追及等の訴えに係る訴訟費用等）

第847条の4　第847条第3項若しくは第5項<株主による責任追及等の訴えの提起>、第847条の2第6項若しくは第8項<旧株主による責任追及等の訴えの提起の請求>又は前条第7項若しくは第9項の責任追及等の訴えは、訴訟の目的の価額の算定については、財産権上の請求でない請求に係る訴えとみなす。

2　株主等（株主、適格旧株主又は最終完全親会社等の株主をいう。以下この節において同じ。）が責任追及等の訴えを提起したときは、裁判所は、被告の申立てにより、当該株主等に対し、相当の担保を立てるべきことを命ずることができる。

3　被告が前項の申立てをするには、責任追及等の訴えの提起が悪意によるものであることを疎明しなければならない。

（訴えの管轄）

第848条　責任追及等の訴えは、株式会社又は株式交換等完全子会社（以下この節において「株式会社等」という。）の本店の所在地を管轄する地方裁判所の管轄に専属する。

（訴訟参加）

第849条　株主等又は株式会社等は、共同訴訟人として、又は当事者の一方を補助するため、責任追及等の訴え（適格旧株主にあっては第847条の２第１項各号に掲げる行為の効力が生じた時までにその原因となった事実が生じた責任又は義務に係るものに限り、最終完全親会社等の株主にあっては特定責任追及の訴えに限る。）に係る訴訟に参加することができる。ただし、不当に訴訟手続を遅延させることとなるとき、又は裁判所に対し過大な事務負担を及ぼすこととなるときは、この限りでない。

2　次の各号に掲げる者は、株式会社等の株主でない場合であっても、当事者の一方を補助するため、当該各号に定める者が提起した責任追及等の訴えに係る訴訟に参加することができる。ただし、前項ただし書に規定するときは、この限りでない。

一　株式交換等完全親会社（第847条の２第１項各号に定める場合又は同条第３項第１号（同条第４項及び第５項において準用する場合を含む。以下この号において同じ。）若しくは第２号（同条第４項及び第５項において準用する場合を含む。以下この号において同じ。）に掲げる場合における株式交換等完全子会社の完全親会社（同条第１項各号に掲げる行為又は同条第３項第１号の株式交換若しくは株式移転若しくは同項第２号の合併の効力が生じた時においてその完全親会社があるものを除く。）であって、当該完全親会社の株式交換若しくは株式移転又は当該完全親会社が合併により消滅する会社となる合併によりその完全親会社となった株式会社がないものをいう。以下この条において同じ。）　適格旧株主

二　最終完全親会社等　当該最終完全親会社等の株主

3　株式会社等、株式交換等完全親会社又は最終完全親会社等が、当該株式会社等、当該株式交換等完全親会社の株式交換等完全子会社又は当該最終完全親会社等の完全子会社等である株式会社の取締役（監査等委員及び監査委員を除く。）、執行役及び清算人並びにこれらの者であった者を補助するため、責任追及等の訴えに係る訴訟に参加するには、次の各号に掲げる株式会社の区分に応じ、当該各号に定める者の同意を得なければならない。

一　監査役設置会社　監査役（監査役が二人以上ある場合にあっては、各監査役）

二　監査等委員会設置会社　各監査等委員

三　指名委員会等設置会社　各監査委員

4　株主等は、責任追及等の訴えを提起したときは、遅滞なく、当該株式会社等に対し、訴訟告知をしなければならない。

5　株式会社等は、責任追及等の訴えを提起したとき、又は前項の訴訟告知を受けたときは、遅滞なく、その旨を公告し、又は株主に通知しなければならない。

6　株式会社等に株式交換等完全親会社がある場合であって、前項の責任追及等の訴え又は訴訟告知が第847条の２第１項各号<旧株主による責任追及等の訴えの提起の請求>に掲げる行為の効力が生じた時までにその原因となった事実が生じた責任又は義務に係るものであるときは、当該株式会社等は、前項の規定による公告又は通知のほか、当該株式交換等完全親会社に対し、遅滞なく、当該責任追及等の訴えを提起し、又は当該訴訟告知を受けた旨を通知しなければならない。

7　株式会社等に最終完全親会社等がある場合であって、第５項の責任追及等の訴え又は訴訟告知が特定責任に係るものであるときは、当該株式会社等は、同項の規定による公告又は通知のほか、当該最終完全親会社等に対し、遅滞なく、当該責任追及等の訴えを提起し、又は当該訴訟告知を受けた旨を通知しなければならない。

8　第６項の株式交換等完全親会社が株式交換等完全子会社の発行済株式の全部を有する場合における同項の規定及び前項の最終完全親会社等が株式会社の発行済株式の全部を有する場合における同項の規定の適用については、これらの規定中「のほか」とあるのは、「に代えて」とする。

9　公開会社でない株式会社等における第５項から第７項までの規定の適用については、第５項中「公告し、又は株主に通知し」とあるのは「株主に通知し」と、第６項及び第７項中「公告又は通知」とあるのは「通知」とする。

10　次の各号に掲げる場合には、当該各号に規定する株式会社は、遅滞なく、その旨を公告し、又は当該各号に定める者に通知しなければならない。

一　株式交換等完全親会社が第６項の規定による通知を受けた場合　適格旧株主

二　最終完全親会社等が第７項の規定による通知を受けた場合　当該最終完全親会社等の株主

11　前項各号に規定する株式会社が公開会社でない場合における同項の規定の適用について

は、同項中「公告し、又は当該各号に定める者に通知し」とあるのは、「当該各号に定める者に通知し」とする。

（和解）

第849条の2　株式会社等が、当該株式会社等の取締役（監査等委員及び監査委員を除く。）、執行役及び清算人並びにこれらの者であった者の責任を追及する訴えに係る訴訟における和解をするには、次の各号に掲げる株式会社の区分に応じ、当該各号に定める者の同意を得なければならない。

一　監査役設置会社　監査役（監査役が二人以上ある場合にあっては、各監査役）

二　監査等委員会設置会社　各監査等委員

三　指名委員会等設置会社　各監査委員

第850条　民事訴訟法第267条＜和解調書等の確定判決と同一の効力＞の規定は、株式会社等が責任追及等の訴えに係る訴訟における和解の当事者でない場合には、当該訴訟における訴訟の目的については、適用しない。ただし、当該株式会社等の承認がある場合は、この限りでない。

2　前項に規定する場合において、裁判所は、株式会社等に対し、和解の内容を通知し、かつ、当該和解に異議があるときは2週間以内に異議を述べるべき旨を催告しなければならない。

3　株式会社等が前項の期間内に書面により異議を述べなかったときは、同項の規定による通知の内容で株主等が和解をすることを承認したものとみなす。

4　第55条＜発起人等の責任の免除＞、第102条の2第2項、第103条第3項、第120条第5項＜株主の権利の行使に関する利益の供与に対する取締役の責任の免除＞、第213条の2第2項＜出資の履行を仮装した募集株式の引受人の責任の免除＞、第286条の2第2項＜新株予約権に係る払込み等を仮装した新株予約権者の責任の免除＞、第424条＜役員等の株式会社に対する損害賠償責任の免除＞（第486条第4項において準用する場合を含む。）、第462条第3項＜剰余金の配当等に関する責任の免除＞（同項ただし書に規定する分配可能額を超えない部分について負う義務に係る部分に限る。）、第464条第2項＜買取請求に応じて株式を取得した場合の責任の免除＞及び第465条第2項＜欠損が生じた場合の責任の免除＞の規定は、責任追及等の訴えに係る訴訟における和解をする場合には、適用しない。

（株主でなくなった者の訴訟追行）

第851条　責任追及等の訴えを提起した株主又は第849条第1項＜訴訟参加＞の規定により共同訴訟人として当該責任追及等の訴えに係る訴訟に参加した株主が当該訴訟の係属中に株主でなくなった場合であっても、次に掲げるときは、その者が、訴訟を追行することができる。

一　その者が当該株式会社の株式交換又は株式移転により当該株式会社の完全親会社の株式を取得したとき。

二　その者が当該株式会社が合併により消滅する会社となる合併により、合併により設立する株式会社又は合併後存続する株式会社若しくはその完全親会社の株式を取得したとき。

2　前項の規定は、同項第1号（この項又は次項において準用する場合を含む。）に掲げる場合において、前項の株主が同項の訴訟の係属中に当該株式会社の完全親会社の株式の株主でなくなったときについて準用する。この場合において、同項（この項又は次項において準用する場合を含む。）中「当該株式会社」とあるのは、「当該完全親会社」と読み替えるものとする。

3　第1項の規定は、同項第2号（前項又はこの項において準用する場合を含む。）に掲げる場合において、第1項の株主が同項の訴訟の係属中に合併により設立する株式会社又は合併後存続する株式会社若しくはその完全親会社の株式の株主でなくなったときについて準用する。この場合において、同項（前項又はこの項において準用する場合を含む。）中「当該株式会社」とあるのは、「合併により設立する株式会社又は合併後存続する株式会社若しくはその完全親会社」と読み替えるものとする。

（費用等の請求）

第852条　責任追及等の訴えを提起した株主等が勝訴（一部勝訴を含む。）した場合において、当該責任追及等の訴えに係る訴訟に関し、必要な費用（訴訟費用を除く。）を支出したとき又は弁護士、弁護士法人若しくは弁護士・外国法事務弁護士共同法人に報酬を支払うべきときは、当該株式会社等に対し、その費用の額の範囲内又はその報酬額の範囲内で相当と認められる額の支払を請求することができる。

2　責任追及等の訴えを提起した株主等が敗訴した場合であっても、悪意があったときを除き、当該株主等は、当該株式会社等に対し、これによって生じた損害を賠償する義務を負わない。

3　前2項の規定は、第849条第1項＜訴訟参加＞の規定により同項の訴訟に参加した株主等について準用する。

（再審の訴え）

第853条　責任追及等の訴えが提起された場合において、原告及び被告が共謀して責任追及等の訴えに係る訴訟の目的である株式会社等の権利を害する目的をもって判決をさせたときは、次の各号に掲げる者は、当該各号に定める訴えに係る確定した終局判決に対し、再審の訴えをもって、不服を申し立てることができる。

一　株主又は株式会社等　責任追及等の訴え

二　適格旧株主　責任追及等の訴え（第847条の2第1項各号に掲げる行為の効力が生じた時までにその原因となった事実が生じた責任又は義務に係るものに限る。）

三　最終完全親会社等の株主　特定責任追及の訴え

2　前条の規定は、前項の再審の訴えについて準用する。

第3節　株式会社の役員の解任の訴え

（株式会社の役員の解任の訴え）

第854条　役員（第329条第1項に規定する役員をいう。以下この節において同じ。）の職務の執行に関し不正の行為又は法令若しくは定款に違反する重大な事実があったにもかかわらず、当該役員を解任する旨の議案が株主総会において否決されたとき又は当該役員を解任する旨の株主総会の決議が第323条<種類株主総会の決議を必要とする旨の定めがある場合>の規定によりその効力を生じないときは、次に掲げる株主は、当該株主総会の日から30日以内に、訴えをもって当該役員の解任を請求することができる。

一　総株主（次に掲げる株主を除く。）の議決権の100分の3（これを下回る割合を定款で定めた場合にあっては、その割合）以上の議決権を6箇月（これを下回る期間を定款で定めた場合にあっては、その期間）前から引き続き有する株主（次に掲げる株主を除く。）

イ　当該役員を解任する旨の議案について議決権を行使することができない株主

ロ　当該請求に係る役員である株主

二　発行済株式（次に掲げる株主の有する株式を除く。）の100分の3（これを下回る割合を定款で定めた場合にあっては、その割合）以上の数の株式を6箇月（これを下回る期間を定款で定めた場合にあっては、その期間）前から引き続き有する株主（次に掲げる株主を除く。）

イ　当該株式会社である株主

ロ　当該請求に係る役員である株主

2　公開会社でない株式会社における前項各号の規定の適用については、これらの規定中「6箇月（これを下回る期間を定款で定めた場合にあっては、その期間）前から引き続き有する」とあるのは、「有する」とする。

3　第108条第1項第9号<種類株主総会により取締役・監査役を選任できる株式>に掲げる事項（取締役（監査等委員会設置会社にあっては、監査等委員である取締役又はそれ以外の取締役）に関するものに限る。）についての定めがある種類の株式を発行している場合における第1項の規定の適用については、同項中「株主総会」とあるのは、「株主総会（第347条第1項の規定により読み替えて適用する第339条第1項の種類株主総会を含む。）」とする。

4　第108条第1項第9号<種類株主総会により取締役・監査役を選任できる株式>に掲げる事項（監査役に関するものに限る。）についての定めがある種類の株式を発行している場合における第1項の規定の適用については、同項中「株主総会」とあるのは、「株主総会（第347条第2項の規定により読み替えて適用する第339条第1項の種類株主総会を含む。）」とする。

（被告）

第855条　前条第1項の訴え（次条及び第937条第1項第1号ヌ<株式会社の役員の解任の訴えにおける登記の嘱託>において「株式会社の役員の解任の訴え」という。）については、当該株式会社及び前条第1項の役員を被告とする。

（訴えの管轄）

第856条　株式会社の役員の解任の訴えは、当該株式会社の本店の所在地を管轄する地方裁判所の管轄に専属する。

第4節　特別清算に関する訴え

（役員等の責任の免除の取消しの訴えの管轄）

第857条　第544条第2項の訴えは、特別清算裁判所（第880条第1項に規定する特別清算裁判所をいう。次条第3項において同じ。）の管轄に専属する。

（役員等責任査定決定に対する異議の訴え）

第858条　役員等責任査定決定（第545条第1項に規定する役員等責任査定決定をいう。以下この条において同じ。）に不服がある者は、第899条第4項の規定による送達を受けた日から1箇月の不変期間内に、異議の訴えを提起することができる。

2　前項の訴えは、これを提起する者が、対象役員等（第542条第1項に規定する対象役員等をいう。以下この項において同じ。）であるときは清算株式会社を、清算株式会社であるときは対象役員等を、それぞれ被告としなければならない。

3　第1項の訴えは、特別清算裁判所の管轄に専属する。

4　第1項の訴えについての判決においては、訴えを不適法として却下する場合を除き、役員等責任査定決定を認可し、変更し、又は取り消す。

5　役員等責任査定決定を認可し、又は変更した判決は、強制執行に関しては、給付を命ずる判決と同一の効力を有する。

6　役員等責任査定決定を認可し、又は変更した判決については、受訴裁判所は、民事訴訟法第259条第1項の定めるところにより、仮執行の宣言をすることができる。

第5節　持分会社の社員の除名の訴え等

（持分会社の社員の除名の訴え）

第859条　持分会社の社員（以下この条及び第861条第1号において「対象社員」という。）について次に掲げる事由があるときは、当該持分会社は、対象社員以外の社員の過半数の決議に基づき、訴えをもって対象社員の除名を請求することができる。

一　出資の義務を履行しないこと。

二　第594条第1項（第598条第2項において準用する場合を含む。）の規定に違反したこと。

三　業務を執行するに当たって不正の行為をし、又は業務を執行する権利がないのに業務の執行に関与したこと。

四　持分会社を代表するに当たって不正の行為をし、又は代表権がないのに持分会社を代表して行為をしたこと。

五　前各号に掲げるもののほか、重要な義務を尽くさないこと。

（持分会社の業務を執行する社員の業務執行権又は代表権の消滅の訴え）

第860条　持分会社の業務を執行する社員（以下この条及び次条第2号において「対象業務執行社員」という。）について次に掲げる事由があるときは、当該持分会社は、対象業務執行社員以外の社員の過半数の決議に基づき、訴えをもって対象業務執行社員の業務を執行する権利又は代表権の消滅を請求することができる。

一　前条各号に掲げる事由があるとき。

二　持分会社の業務を執行し、又は持分会社を代表することに著しく不適任なとき。

（被告）

第861条　次の各号に掲げる訴えについては、当該各号に定める者を被告とする。

一　第859条の訴え（次条及び第937条第1項第1号ルにおいて「持分会社の社員の除名の訴え」という。）　対象社員

二　前条の訴え（次条及び第937条第1項第1号ヲにおいて「持分会社の業務を執行する社員の業務執行権又は代表権の消滅の訴え」という。）　対象業務執行社員

（訴えの管轄）

第862条　持分会社の社員の除名の訴え及び持分会社の業務を執行する社員の業務執行権又は代表権の消滅の訴えは、当該持分会社の本店の所在地を管轄する地方裁判所の管轄に専属する。

第6節　清算持分会社の財産処分の取消しの訴え

（清算持分会社の財産処分の取消しの訴え）

第863条　清算持分会社（合名会社及び合資会社に限る。以下この項において同じ。）が次の各号に掲げる行為をしたときは、当該各号に定める者は、訴えをもって当該行為の取消しを請求することができる。ただし、当該行為がその者を害しないものであるときは、この限りでない。

一　第670条の規定に違反して行った清算持分会社の財産の処分　清算持分会社の債権者

二　第671条第1項の規定に違反して行った清算持分会社の財産の処分　清算持分会社の社員の持分を差し押さえた債権者

2　民法第424条第1項ただし書<詐害行為取消請求>、第424条の5<転得者に対する詐害行為取消請求>、第424条の7第2項<訴訟告知>及び第425条から第426条まで<詐害行為取消権の行使の効果、詐害行為取消権の期間の制限>の規定は、前項の場合について準用する。この場合において、同法第424条第1項ただし書中「その行為によって」とあるのは「会社法（平成17年法律第86号）第863条第1項各号に掲げる行為によって」と、同法第424条の5第1号中「債務者」とあるのは「清算持分会社（会社法第645条に規定する清算持分会社をいい、合名会社及び合資会社に限る。以下同じ。）」と、同条第2号並びに同法第424条の7第2項及び第425条から第426条までの規定中「債務者」とあるのは「清算持分会社」と読み替えるものとする。

（被告）

第864条　前条第1項の訴えについては、同項

各号に掲げる行為の相手方又は転得者を被告とする。

第7節　社債発行会社の弁済等の取消しの訴え

（社債発行会社の弁済等の取消しの訴え）

第865条　社債を発行した会社が社債権者に対してした弁済、社債権者との間でした和解その他の社債権者に対してし、又は社債権者との間でした行為が著しく不公正であるときは、社債管理者は、訴えをもって当該行為の取消しを請求することができる。

2　前項の訴えは、社債管理者が同項の行為の取消しの原因となる事実を知った時から6箇月を経過したときは、提起することができない。同項の行為の時から1年を経過したときも、同様とする。

3　第1項に規定する場合において、社債権者集会の決議があるときは、代表社債権者又は決議執行者（第737条第2項に規定する決議執行者をいう。）も、訴えをもって第1項の行為の取消しを請求することができる。ただし、同項の行為の時から1年を経過したときは、この限りでない。

4　民法第424条第1項ただし書<詐害行為取消請求>、第424条の5<転得者に対する詐害行為取消請求>、第424条の7第2項<訴訟告知>及び第425条から第425条の4まで<詐害行為取消権の行使の効果>の規定は、第1項及び前項本文の場合について準用する。この場合において、同法第424条第1項ただし書中「その行為によって」とあるのは「会社法第865条第1項に規定する行為によって」と、「債権者を害すること」とあるのは「その行為が著しく不公正であること」と、同法第424条の5各号中「債権者を害すること」とあるのは「著しく不公正であること」と、同法第425条中「債権者」とあるのは「社債権者」と読み替えるものとする。

（被告）

第866条　前条第1項又は第3項の訴えについては、同条第1項の行為の相手方又は転得者を被告とする。

（訴えの管轄）

第867条　第865条第1項又は第3項の訴えは、社債を発行した会社の本店の所在地を管轄する地方裁判所の管轄に専属する。

第3章　非訟

第1節　総則

（非訟事件の管轄）

第868条　この法律の規定による非訟事件（次項から第6項までに規定する事件を除く。）は、会社の本店の所在地を管轄する地方裁判所の管轄に属する。

2　親会社社員（会社である親会社の株主又は社員に限る。）によるこの法律の規定により株式会社が作成し、又は備え置いた書面又は電磁的記録についての次に掲げる閲覧等（閲覧、謄写、謄本若しくは抄本の交付、事項の提供又は事項を記載した書面の交付をいう。第870条第2項第1号において同じ。）の許可の申立てに係る事件は、当該株式会社の本店の所在地を管轄する地方裁判所の管轄に属する。

一　当該書面の閲覧若しくは謄写又はその謄本若しくは抄本の交付

二　当該電磁的記録に記録された事項を表示したものの閲覧若しくは謄写又は電磁的方法による当該事項の提供若しくは当該事項を記載した書面の交付

3　第179条の8第1項<売買価格の決定の申立て>の規定による売渡株式等の売買価格の決定の申立てに係る事件は、対象会社の本店の所在地を管轄する地方裁判所の管轄に属する。

4　第705条第4項及び第706条第4項の規定、第707条、第711条第3項、第713条並びに第714条第1項及び第3項（これらの規定を第714条の7において準用する場合を含む。）の規定並びに第718条第3項、第732条、第740条第1項及び第741条第1項の規定による裁判の申立てに係る事件は、社債を発行した会社の本店の所在地を管轄する地方裁判所の管轄に属する。

5　第822条第1項の規定による外国会社の清算に係る事件並びに第827条第1項の規定による裁判及び同条第2項において準用する第825条第1項の規定による保全処分に係る事件は、当該外国会社の日本における営業所の所在地（日本に営業所を設けていない場合にあっては、日本における代表者の住所地）を管轄する地方裁判所の管轄に属する。

6　第843条第4項の申立てに係る事件は、同条第1項各号に掲げる行為の無効の訴えの第一審の受訴裁判所の管轄に属する。

（疎明）

第869条　この法律の規定による許可の申立て

をする場合には、その原因となる事実を疎明しなければならない。

（陳述の聴取）

第870条　裁判所は、この法律の規定（第2編第9章第2節を除く。）による非訟事件についての裁判のうち、次の各号に掲げる裁判をする場合には、当該各号に定める者の陳述を聴かなければならない。ただし、不適法又は理由がないことが明らかであるとして申立てを却下する裁判をするときは、この限りでない。

一　第346条第2項、第351条第2項若しくは第401条第3項（第403条第3項及び第420条第3項において準用する場合を含む。）の規定により選任された一時取締役（監査等委員会設置会社にあっては、監査等委員である取締役又はそれ以外の取締役）、会計参与、監査役、代表取締役、委員（指名委員会、監査委員会又は報酬委員会の委員をいう。第874条第1号において同じ。）、執行役若しくは代表執行役の職務を行うべき者、清算人、第479条第4項において準用する第346条第2項若しくは第483条第6項において準用する第351条第2項の規定により選任された一時清算人若しくは代表清算人の職務を行うべき者、検査役又は第825条第2項（第827条第2項において準用する場合を含む。）の管理人の報酬の額の決定　当該会社（第827条第2項において準用する第825条第2項の管理人の報酬の額の決定にあっては、当該外国会社）及び報酬を受ける者

二　清算人、社債管理者又は社債管理補助者の解任についての裁判　当該清算人、社債管理者又は社債管理補助者

三　第33条第7項の規定による裁判　設立時取締役、第28条第1号の金銭以外の財産を出資する者及び同条第2号の譲渡人

四　第207条第7項又は第284条第7項の規定による裁判　当該株式会社及び第199条第1項第3号又は第236条第1項第3号の規定により金銭以外の財産を出資する者

五　第455条第2項第2号又は第505条第3項第2号の規定による裁判　当該株主

六　第456条又は第506条の規定による裁判　当該株主

七　第732条の規定による裁判　利害関係人

八　第740条第1項の規定による申立てを認容する裁判　社債を発行した会社

九　第741条第1項の許可の申立てについての裁判　社債を発行した会社

十　第824条第1項の規定による裁判　当該会社

十一　第827条第1項の規定による裁判　当該外国会社

2　裁判所は、次の各号に掲げる裁判をする場合には、審問の期日を開いて、申立人及び当該各号に定める者の陳述を聴かなければならない。ただし、不適法又は理由がないことが明らかであるとして申立てを却下する裁判をするときは、この限りでない。

一　この法律の規定により株式会社が作成し、又は備え置いた書面又は電磁的記録についての閲覧等の許可の申立てについての裁判　当該株式会社

二　第117条第2項、第119条第2項、第182条の5第2項、第193条第2項（第194条第4項において準用する場合を含む。）、第470条第2項、第778条第2項、第786条第2項、第788条第2項、第798条第2項、第807条第2項、第809条第2項又は第816条の7第2項の規定による株式又は新株予約権（当該新株予約権が新株予約権付社債に付されたものである場合において、当該新株予約権付社債についての社債の買取りの請求があったときは、当該社債を含む。）の価格の決定　価格の決定の申立てをすることができる者（申立人を除く。）

三　第144条第2項（同条第7項において準用する場合を含む。）又は第177条第2項の規定による株式の売買価格の決定　売買価格の決定の申立てをすることができる者（申立人を除く。）

四　第172条第1項の規定による株式の価格の決定　当該株式会社

五　第179条の8第1項<売買価格の決定の申立て>の規定による売渡株式等の売買価格の決定　特別支配株主

六　第843条第4項の申立てについての裁判　同項に規定する行為をした会社

（申立書の写しの送付等）

第870条の2　裁判所は、前条第2項各号に掲げる裁判の申立てがあったときは、当該各号に定める者に対し、申立書の写しを送付しなければならない。

2　前項の規定により申立書の写しを送付することができない場合には、裁判長は、相当の期間を定め、その期間内に不備を補正すべきことを命じなければならない。申立書の写しの送付に必要な費用を予納しない場合も、同様とする。

3　前項の場合において、申立人が不備を補正しないときは、裁判長は、命令で、申立書を却下

しなければならない。

4　前項の命令に対しては、即時抗告をすることができる。

5　裁判所は、第1項の申立てがあった場合において、当該申立てについての裁判をするときは、相当の猶予期間を置いて、審理を終結する日を定め、申立人及び前条第2項各号に定める者に告知しなければならない。ただし、これらの者が立ち会うことができる期日においては、直ちに審理を終結する旨を宣言することができる。

6　裁判所は、前項の規定により審理を終結したときは、裁判をする日を定め、これを同項の者に告知しなければならない。

7　裁判所は、第1項の申立てが不適法であるとき、又は申立てに理由がないことが明らかなときは、同項及び前2項の規定にかかわらず、直ちに申立てを却下することができる。

8　前項の規定は、前条第2項各号に掲げる裁判の申立てがあった裁判所が民事訴訟費用等に関する法律（昭和46年法律第40号）の規定に従い当該各号に定める者に対する期日の呼出しに必要な費用の予納を相当の期間を定めて申立人に命じた場合において、その予納がないときについて準用する。

（理由の付記）

第871条　この法律の規定による非訟事件についての裁判には、理由を付さなければならない。ただし、次に掲げる裁判については、この限りでない。

一　第870条第1項第1号に掲げる裁判

二　第874条各号に掲げる裁判

（即時抗告）

第872条　次の各号に掲げる裁判に対しては、当該各号に定める者に限り、即時抗告をすることができる。

一　第609条第3項又は第825条第1項（第827条第2項において準用する場合を含む。）の規定による保全処分についての裁判　利害関係人

二　第840条第2項（第841条第2項において準用する場合を含む。）の規定による申立てについての裁判　申立人、株主及び株式会社

三　第842条第2項において準用する第840条第2項の規定による申立てについての裁判　申立人、新株予約権者及び株式会社

四　第870条第1項各号に掲げる裁判　申立人及び当該各号に定める者（同項第1号、第3号及び第4号に掲げる裁判にあっては、当該各号に定める者）

五　第870条第2項各号に掲げる裁判　申立人及び当該各号に定める者

（抗告状の写しの送付等）

第872条の2　裁判所は、第870条第2項各号に掲げる裁判に対する即時抗告があったときは、申立人及び当該各号に定める者（抗告人を除く。）に対し、抗告状の写しを送付しなければならない。この場合においては、第870条の2第2項及び第3項の規定を準用する。

2　第870条の2第5項から第8項までの規定は、前項の即時抗告があった場合について準用する。

（原裁判の執行停止）

第873条　第872条の即時抗告は、執行停止の効力を有する。ただし、第870条第1項第1号から第4号まで及び第8号に掲げる裁判に対するものについては、この限りでない。

（不服申立ての制限）

第874条　次に掲げる裁判に対しては、不服を申し立てることができない。

一　第870条第1項第1号に規定する一時取締役、会計参与、監査役、代表取締役、委員、執行役若しくは代表執行役の職務を行うべき者、清算人、代表清算人、清算持分会社を代表する清算人、同号に規定する一時清算人若しくは代表清算人の職務を行うべき者、検査役、第501条第1項（第822条第3項において準用する場合を含む。）若しくは第662条第1項の鑑定人、第508条第2項（第822条第3項において準用する場合を含む。）若しくは第672条第3項の帳簿資料の保存をする者、社債管理者若しくは社債管理補助者の特別代理人又は第714条第3項（第714条の7において準用する場合を含む。）の事務を承継する社債管理者若しくは社債管理補助者の選任又は選定の裁判

二　第825条第2項（第827条第2項において準用する場合を含む。）の管理人の選任又は解任についての裁判

三　第825条第6項（第827条第2項において準用する場合を含む。）の規定による裁判

四　この法律の規定による許可の申立てを認容する裁判（第870条第1項第9号及び第2項第1号に掲げる裁判を除く。）

（非訟事件手続法の規定の適用除外）

第875条　この法律の規定による非訟事件については、非訟事件手続法第40条及び第57条第2項第2号の規定は、適用しない。

会社法

（最高裁判所規則）
第876条　この法律に定めるもののほか、この法律の規定による非訟事件の手続に関し必要な事項は、最高裁判所規則で定める。

第２節　新株発行の無効判決後の払戻金増減の手続に関する特則

（審問等の必要的併合）
第877条　第840条第２項（第841条第２項及び第842条第２項において準用する場合を含む。）の申立てに係る事件が数個同時に係属するときは、審問及び裁判は、併合してしなければならない。

（裁判の効力）
第878条　第840条第２項（第841条第２項において準用する場合を含む。）の申立てについての裁判は、総株主に対してその効力を生ずる。

２　第842条第２項において準用する第840条第２項の申立てについての裁判は、総新株予約権者に対してその効力を生ずる。

第３節　特別清算の手続に関する特則

第１款　通則

（特別清算事件の管轄）
第879条　第868条第１項の規定にかかわらず、法人が株式会社の総株主（株主総会において決議をすることができる事項の全部につき議決権を行使することができない株主を除く。次項において同じ。）の議決権の過半数を有する場合には、当該法人（以下この条において「親法人」という。）について特別清算事件、破産事件、再生事件又は更生事件（以下この条において「特別清算事件等」という。）が係属しているときにおける当該株式会社についての特別清算開始の申立ては、親法人の特別清算事件等が係属している地方裁判所にもすることができる。

２　前項に規定する株式会社又は親法人及び同項に規定する株式会社が他の株式会社の総株主の議決権の過半数を有する場合には、当該他の株式会社についての特別清算開始の申立ては、親法人の特別清算事件等が係属している地方裁判所にもすることができる。

３　前２項の規定の適用については、第308条第１項の法務省令で定める株主は、その有する株式について、議決権を有するものとみなす。

４　第868条第１項の規定にかかわらず、株式会社が最終事業年度について第444条の規定により当該株式会社及び他の株式会社に係る連結計算書類を作成し、かつ、当該株式会社の定時株主総会においてその内容が報告された場合には、当該株式会社について特別清算事件等が係属しているときにおける当該他の株式会社についての特別清算開始の申立ては、当該株式会社の特別清算事件等が係属している地方裁判所にもすることができる。

（特別清算開始後の通常清算事件の管轄及び移送）
第880条　第868条第１項の規定にかかわらず、清算株式会社について特別清算開始の命令があったときは、当該清算株式会社についての第２編第９章第１節（第508条を除く。）の規定による申立てに係る事件（次項において「通常清算事件」という。）は、当該清算株式会社の特別清算事件が係属する地方裁判所（以下この節において「特別清算裁判所」という。）が管轄する。

２　通常清算事件が係属する地方裁判所以外の地方裁判所に同一の清算株式会社について特別清算事件が係属し、かつ、特別清算開始の命令があった場合において、当該通常清算事件を処理するために相当と認めるときは、裁判所（通常清算事件を取り扱う一人の裁判官又は裁判官の合議体をいう。）は、職権で、当該通常清算事件を特別清算裁判所に移送することができる。

（疎明）
第881条　第２編第９章第２節（第547条第３項を除く。）の規定による許可の申立てについては、第869条の規定は、適用しない。

（理由の付記）
第882条　特別清算の手続に関する決定で即時抗告をすることができるものには、理由を付さなければならない。ただし、第526条第１項（同条第２項において準用する場合を含む。）及び第532条第１項（第534条において準用する場合を含む。）の規定による決定については、この限りでない。

２　特別清算の手続に関する決定については、第871条の規定は、適用しない。

（裁判書の送達）
第883条　この節の規定による裁判書の送達については、民事訴訟法第１編第５章第４節（第104条を除く。）の規定を準用する。

（不服申立て）
第884条　特別清算の手続に関する裁判につき利害関係を有する者は、この節に特別の定めがある場合に限り、当該裁判に対し即時抗告をすることができる。

2　前項の即時抗告は、この節に特別の定めがある場合を除き、執行停止の効力を有する。

（公告）

第885条　この節の規定による公告は、官報に掲載してする。

2　前項の公告は、掲載があった日の翌日に、その効力を生ずる。

（事件に関する文書の閲覧等）

第886条　利害関係人は、裁判所書記官に対し、第2編第9章第2節若しくはこの節又は非訟事件手続法第2編（特別清算開始の命令があった場合にあっては、同章第1節若しくは第2節若しくは第1節（同章第1節の規定による申立てに係る事件に係る部分に限る。）若しくはこの節又は非訟事件手続法第2編）の規定（これらの規定において準用するこの法律その他の法律の規定を含む。）に基づき、裁判所に提出され、又は裁判所が作成した文書その他の物件（以下この条及び次条第1項において「文書等」という。）の閲覧を請求することができる。

2　利害関係人は、裁判所書記官に対し、文書等の謄写、その正本、謄本若しくは抄本の交付又は事件に関する事項の証明書の交付を請求することができる。

3　前項の規定は、文書等のうち録音テープ又はビデオテープ（これらに準ずる方法により一定の事項を記録した物を含む。）に関しては、適用しない。この場合において、これらの物について利害関係人の請求があるときは、裁判所書記官は、その複製を許さなければならない。

4　前3項の規定にかかわらず、次の各号に掲げる者は、当該各号に定める命令、保全処分、処分又は裁判のいずれかがあるまでの間は、前3項の規定による請求をすることができない。ただし、当該者が特別清算開始の申立人である場合は、この限りでない。

一　清算株式会社以外の利害関係人　第512条の規定による中止の命令、第540条第2項の規定による保全処分、第541条第2項の規定による処分又は特別清算開始の申立てについての裁判

二　清算株式会社　特別清算開始の申立てに関する清算株式会社を呼び出す審問の期日の指定の裁判又は前号に定める命令、保全処分、処分若しくは裁判

5　非訟事件手続法第32条第1項から第4項までの規定は、特別清算の手続には、適用しない。

（支障部分の閲覧等の制限）

第887条　次に掲げる文書等について、利害関係人がその閲覧若しくは謄写、その正本、謄本若しくは抄本の交付又はその複製（以下この条において「閲覧等」という。）を行うことにより、清算株式会社の清算の遂行に著しい支障を生ずるおそれがある部分（以下この条において「支障部分」という。）があることにつき疎明があった場合には、裁判所は、当該文書等を提出した清算株式会社又は調査委員の申立てにより、支障部分の閲覧等の請求をすることができる者を、当該申立てをした者及び清算株式会社に限ることができる。

一　第520条の規定による報告又は第522条第1項に規定する調査の結果の報告に係る文書等

二　第535条第1項又は第536条第1項の許可を得るために裁判所に提出された文書等

2　前項の申立てがあったときは、その申立てについての裁判が確定するまで、利害関係人（同項の申立てをした者及び清算株式会社を除く。次項において同じ。）は、支障部分の閲覧等の請求をすることができない。

3　支障部分の閲覧等の請求をしようとする利害関係人は、特別清算裁判所に対し、第1項に規定する要件を欠くこと又はこれを欠くに至ったことを理由として、同項の規定による決定の取消しの申立てをすることができる。

4　第1項の申立てを却下する決定及び前項の申立てについての裁判に対しては、即時抗告をすることができる。

5　第1項の規定による決定を取り消す決定は、確定しなければその効力を生じない。

第2款　特別清算の開始の手続に関する特則

（特別清算開始の申立て）

第888条　債権者又は株主が特別清算開始の申立てをするときは、特別清算開始の原因となる事由を疎明しなければならない。

2　債権者が特別清算開始の申立てをするときは、その有する債権の存在をも疎明しなければならない。

3　特別清算開始の申立てをするときは、申立人は、第514条第1号に規定する特別清算の手続の費用として裁判所の定める金額を予納しなければならない。

4　前項の費用の予納に関する決定に対しては、

即時抗告をすることができる。

（他の手続の中止命令）

第889条　裁判所は、第512条の規定による中止の命令を変更し、又は取り消すことができる。

2　前項の中止の命令及び同項の規定による決定に対しては、即時抗告をすることができる。

3　前項の即時抗告は、執行停止の効力を有しない。

4　第2項に規定する裁判及び同項の即時抗告についての裁判があった場合には、その裁判書を当事者に送達しなければならない。

（特別清算開始の命令）

第890条　裁判所は、特別清算開始の命令をしたときは、直ちに、その旨を公告し、かつ、特別清算開始の命令の裁判書を清算株式会社に送達しなければならない。

2　特別清算開始の命令は、清算株式会社に対する裁判書の送達がされた時から、効力を生ずる。

3　特別清算開始の命令があったときは、特別清算の手続の費用は、清算株式会社の負担とする。

4　特別清算開始の命令に対しては、清算株式会社に限り、即時抗告をすることができる。

5　特別清算開始の申立てを却下した裁判に対しては、申立人に限り、即時抗告をすることができる。

6　特別清算開始の命令をした裁判所は、第4項の即時抗告があった場合において、当該命令を取り消す決定が確定したときは、直ちに、その旨を公告しなければならない。

（担保権の実行の手続等の中止命令）

第891条　裁判所は、第516条の規定による中止の命令を発する場合には、同条に規定する担保権の実行の手続等の申立人の陳述を聴かなければならない。

2　裁判所は、前項の中止の命令を変更し、又は取り消すことができる。

3　第1項の中止の命令及び前項の規定による変更の決定に対しては、第1項の申立人に限り、即時抗告をすることができる。

4　前項の即時抗告は、執行停止の効力を有しない。

5　第3項に規定する裁判及び同項の即時抗告についての裁判があった場合には、その裁判書を当事者に送達しなければならない。

第3款　特別清算の実行の手続に関する特則

（調査命令）

第892条　裁判所は、調査命令（第522条第1項に規定する調査命令をいう。次項において同じ。）を変更し、又は取り消すことができる。

2　調査命令及び前項の規定による決定に対しては、即時抗告をすることができる。

3　前項の即時抗告は、執行停止の効力を有しない。

4　第2項に規定する裁判及び同項の即時抗告についての裁判があった場合には、その裁判書を当事者に送達しなければならない。

（清算人の解任及び報酬等）

第893条　裁判所は、第524条第1項の規定により清算人を解任する場合には、当該清算人の陳述を聴かなければならない。

2　第524条第1項の規定による解任の裁判に対しては、即時抗告をすることができる。

3　前項の即時抗告は、執行停止の効力を有しない。

4　第526条第1項（同条第2項において準用する場合を含む。）の規定による決定に対しては、即時抗告をすることができる。

（監督委員の解任及び報酬等）

第894条　裁判所は、監督委員を解任する場合には、当該監督委員の陳述を聴かなければならない。

2　第532条第1項の規定による決定に対しては、即時抗告をすることができる。

（調査委員の解任及び報酬等）

第895条　前条の規定は、調査委員について準用する。

（事業の譲渡の許可の申立て）

第896条　清算人は、第536条第1項の許可の申立てをする場合には、知れている債権者の意見を聴き、その内容を裁判所に報告しなければならない。

2　裁判所は、第536条第1項の許可をする場合には、労働組合等（清算株式会社の使用人その他の従業者の過半数で組織する労働組合があるときはその労働組合、清算株式会社の使用人その他の従業者の過半数で組織する労働組合がないときは清算株式会社の使用人その他の従業者の過半数を代表する者をいう。）の意見を聴かなければならない。

（担保権者が処分をすべき期間の指定）

第897条　第539条第1項の申立てについての裁判に対しては、即時抗告をすることができる。

2　前項の裁判及び同項の即時抗告についての裁判があった場合には、その裁判書を当事者に送達しなければならない。

（清算株式会社の財産に関する保全処分等）

第898条　裁判所は、次に掲げる裁判を変更し、又は取り消すことができる。

一　第540条第１項又は第２項の規定による保全処分

二　第541条第１項又は第２項の規定による処分

三　第542条第１項又は第２項の規定による保全処分

四　第543条の規定による処分

2　前項各号に掲げる裁判及び同項の規定による決定に対しては、即時抗告をすることができる。

3　前項の即時抗告は、執行停止の効力を有しない。

4　第２項に規定する裁判及び同項の即時抗告についての裁判があった場合には、その裁判書を当事者に送達しなければならない。

5　裁判所は、第１項第２号に掲げる裁判をしたときは、直ちに、その旨を公告しなければならない。当該裁判を変更し、又は取り消す決定があったときも、同様とする。

（役員等責任査定決定）

第899条　清算株式会社は、第545条第１項の申立てをするときは、その原因となる事実を疎明しなければならない。

2　役員等責任査定決定（第545条第１項に規定する役員等責任査定決定をいう。以下この条において同じ。）及び前項の申立てを却下する決定には、理由を付さなければならない。

3　裁判所は、前項に規定する裁判をする場合には、対象役員等（第542条第１項に規定する対象役員等をいう。）の陳述を聴かなければならない。

4　役員等責任査定決定があった場合には、その裁判書を当事者に送達しなければならない。

5　第858条第１項の訴えが、同項の期間内に提起されなかったとき、又は却下されたときは、役員等責任査定決定は、給付を命ずる確定判決と同一の効力を有する。

（債権者集会の招集の許可の申立てについての裁判）

第900条　第547条第３項の許可の申立てを却下する決定に対しては、即時抗告をすることができる。

（協定の認可又は不認可の決定）

第901条　利害関係人は、第568条の申立てに係る協定を認可すべきかどうかについて、意見を述べることができる。

2　共助対象外国租税の請求権について、協定において減免その他権利に影響を及ぼす定めをする場合には、徴収の権限を有する者の意見を聴かなければならない。

3　第569条第１項の協定の認可の決定をしたときは、裁判所は、直ちに、その旨を公告しなければならない。

4　第568条の申立てについての裁判に対しては、即時抗告をすることができる。この場合において、前項の協定の認可の決定に対する即時抗告の期間は、同項の規定による公告が効力を生じた日から起算して２週間とする。

5　前各項の規定は、第572条の規定により協定の内容を変更する場合について準用する。

第４款　特別清算の終了の手続に関する特則

（特別清算終結の申立てについての裁判）

第902条　特別清算終結の決定をしたときは、裁判所は、直ちに、その旨を公告しなければならない。

2　特別清算終結の申立てについての裁判に対しては、即時抗告をすることができる。この場合において、特別清算終結の決定に対する即時抗告の期間は、前項の規定による公告が効力を生じた日から起算して２週間とする。

3　特別清算終結の決定は、確定しなければその効力を生じない。

4　特別清算終結の決定をした裁判所は、第２項の即時抗告があった場合において、当該決定を取り消す決定が確定したときは、直ちに、その旨を公告しなければならない。

第４節　外国会社の清算の手続に関する特則

（特別清算の手続に関する規定の準用）

第903条　前節の規定は、その性質上許されないものを除き、第822条第１項の規定による日本にある外国会社の財産についての清算について準用する。

第５節　会社の解散命令等の手続に関する特則

（法務大臣の関与）

第904条　裁判所は、第824条第1項又は第827条第1項の申立てについての裁判をする場合には、法務大臣に対し、意見を求めなければならない。

2　法務大臣は、裁判所が前項の申立てに係る事件について審問をするときは、当該審問に立ち会うことができる。

3　裁判所は、法務大臣に対し、第1項の申立てに係る事件が係属したこと及び前項の審問の期日を通知しなければならない。

4　第1項の申立てを却下する裁判に対しては、第872条第4号に定める者のほか、法務大臣も、即時抗告をすることができる。

（会社の財産に関する保全処分についての特則）

第905条　裁判所が第825条第1項（第827条第2項において準用する場合を含む。）の保全処分をした場合には、非訟事件の手続の費用は、会社又は外国会社の負担とする。当該保全処分について必要な費用も、同様とする。

2　前項の保全処分又は第825条第1項（第827条第2項において準用する場合を含む。）の規定による申立てを却下する裁判に対して即時抗告があった場合において、抗告裁判所が当該即時抗告を理由があると認めて原裁判を取り消したときは、その抗告審における手続に要する裁判費用及び抗告人が負担した前審における手続に要する裁判費用は、会社又は外国会社の負担とする。

第906条　利害関係人は、裁判所書記官に対し、第825条第6項（第827条第2項において準用する場合を含む。）の報告又は計算に関する資料の閲覧を請求することができる。

2　利害関係人は、裁判所書記官に対し、前項の資料の謄写又はその正本、謄本若しくは抄本の交付を請求することができる。

3　前項の規定は、第1項の資料のうち録音テープ又はビデオテープ（これらに準ずる方法により一定の事項を記録した物を含む。）に関しては、適用しない。この場合において、これらの物について利害関係人の請求があるときは、裁判所書記官は、その複製を許さなければならない。

4　法務大臣は、裁判所書記官に対し、第1項の資料の閲覧を請求することができる。

5　民事訴訟法第91条第5項の規定は、第1項の資料について準用する。

第4章　登記

第1節　総則

（通則）

第907条　この法律の規定により登記すべき事項（第938条第3項の保全処分の登記に係る事項を除く。）は、当事者の申請又は裁判所書記官の嘱託により、商業登記法（昭和38年法律第125号）の定めるところに従い、商業登記簿にこれを登記する。

（登記の効力）

第908条　この法律の規定により登記すべき事項は、登記の後でなければ、これをもって善意の第三者に対抗することができない。登記の後であっても、第三者が正当な事由によってその登記があることを知らなかったときは、同様とする。

2　故意又は過失によって不実の事項を登記した者は、その事項が不実であることをもって善意の第三者に対抗することができない。

（変更の登記及び消滅の登記）

第909条　この法律の規定により登記した事項に変更が生じ、又はその事項が消滅したときは、当事者は、遅滞なく、変更の登記又は消滅の登記をしなければならない。

（登記の期間）

第910条　この法律の規定により登記すべき事項のうち官庁の許可を要するものの登記の期間については、その許可書の到達した日から起算する。

第2節　会社の登記

（株式会社の設立の登記）

第911条　株式会社の設立の登記は、その本店の所在地において、次に掲げる日のいずれか遅い日から2週間以内にしなければならない。

一　第46条第1項<設立時取締役等による調査>の規定による調査が終了した日（設立しようとする株式会社が指名委員会等設置会社である場合にあっては、設立時代表執行役が同条第3項の規定による通知を受けた日）

二　発起人が定めた日

2　前項の規定にかかわらず、第57条第1項<設立時発行株式を引き受ける者の募集>の募集をする場合には、前項の登記は、次に掲げる日のいずれか遅い日から2週間以内にしなければならない。

一　創立総会の終結の日

二　第84条<種類株主総会の決議を必要とする旨の定めがある場合>の種類創立総会の決議をしたときは、当該決議の日

三　第97条<設立時発行株式の引受けの取消し>の創立総会の決議をしたときは、当該決議の日から２週間を経過した日

四　第100条第１項<譲渡制限種類株式、全部取得条項付種類株式の創設>の種類創立総会の決議をしたときは、当該決議の日から２週間を経過した日

五　第101条第１項<設立時種類株主に損害を及ぼすおそれのある定款変更>の種類創立総会の決議をしたときは、当該決議の日

3　第１項の登記においては、次に掲げる事項を登記しなければならない。

一　目的

二　商号

三　本店及び支店の所在場所

四　株式会社の存続期間又は解散の事由についての定款の定めがあるときは、その定め

五　資本金の額

六　発行可能株式総数

七　発行する株式の内容（種類株式発行会社にあっては、発行可能種類株式総数及び発行する各種類の株式の内容）

八　単元株式数についての定款の定めがあるときは、その単元株式数

九　発行済株式の総数並びにその種類及び種類ごとの数

十　株券発行会社であるときは、その旨

十一　株主名簿管理人を置いたときは、その氏名又は名称及び住所並びに営業所

十二　新株予約権を発行したときは、次に掲げる事項

イ　新株予約権の数

ロ　第236条第１項第１号から第４号まで<新株予約権の目的である株式の数等>（ハに規定する場合にあっては、第２号を除く。）に掲げる事項

ハ　第236条第３項各号<取締役の報酬等として募集新株予約権を発行する場合>に掲げる事項を定めたときは、その定め

ニ　ロ及びハに掲げる事項のほか、新株予約権の行使の条件を定めたときは、その条件

ホ　第236条第１項第７号<取得条項付新株予約権>及び第238条第１項第２号<募集新株予約権と引換えに金銭の払込みを要しないこととする場合にはその旨>に掲げる事項

ヘ　第238条第１項第３号に掲げる事項を定めたときは、募集新株予約権（同項に規定する募集新株予約権をいう。以下ヘにおいて同じ。）の払込金額（同号に規定する払込金額をいう。以下ヘにおいて同じ。）（同号に掲げる事項として募集新株予約権の払込金額の算定方法を定めた場合において、登記の申請の時までに募集新株予約権の払込金額が確定していないときは、当該算定方法）

十二の二　第325条の２の規定による電子提供措置をとる旨の定款の定めがあるときは、その定め

十三　取締役（監査等委員会設置会社の取締役を除く。）の氏名

十四　代表取締役の氏名及び住所（第23号に規定する場合を除く。）

十五　取締役会設置会社であるときは、その旨

十六　会計参与設置会社であるときは、その旨並びに会計参与の氏名又は名称及び第378条第１項<会計参与による計算書類等の備置き場所>の場所

十七　監査役設置会社（監査役の監査の範囲を会計に関するものに限定する旨の定款の定めがある株式会社を含む。）であるときは、その旨及び次に掲げる事項

イ　監査役の監査の範囲を会計に関するものに限定する旨の定款の定めがある株式会社であるときは、その旨

ロ　監査役の氏名

十八　監査役会設置会社であるときは、その旨及び監査役のうち社外監査役であるものについて社外監査役である旨

十九　会計監査人設置会社であるときは、その旨及び会計監査人の氏名又は名称

二十　第346条第４項<監査役による一時会計監査人の職務を行うべき者の選任>の規定により選任された一時会計監査人の職務を行うべき者を置いたときは、その氏名又は名称

二十一　第373条第１項<特別取締役による取締役会の決議>の規定による特別取締役による議決の定めがあるときは、次に掲げる事項

イ　第373条第１項<特別取締役による取締役会の決議>の規定による特別取締役による議決の定めがある旨

ロ　特別取締役の氏名

ハ　取締役のうち社外取締役であるものについて、社外取締役である旨

二十二　監査等委員会設置会社であるときは、その旨及び次に掲げる事項

イ　監査等委員である取締役及びそれ以外の取締役の氏名
ロ　取締役のうち社外取締役であるものについて、社外取締役である旨
ハ　第399条の13第６項<監査等委員会設置会社の取締役会の権限>の規定による重要な業務執行の決定の取締役への委任についての定款の定めがあるときは、その旨

二十三　指名委員会等設置会社であるときは、その旨及び次に掲げる事項
イ　取締役のうち社外取締役であるものについて、社外取締役である旨
ロ　各委員会の委員及び執行役の氏名
ハ　代表執行役の氏名及び住所

二十四　第426条第１項<取締役等による免除に関する定款の定め>の規定による取締役、会計参与、監査役、執行役又は会計監査人の責任の免除についての定款の定めがあるときは、その定め

二十五　第427条第１項<責任限定契約>の規定による非業務執行取締役等が負う責任の限度に関する契約の締結についての定款の定めがあるときは、その定め

二十六　第440条第３項<電磁的方法による貸借対照表の内容である情報の提供>の規定による措置をとることとするときは、同条第１項に規定する貸借対照表の内容である情報について不特定多数の者がその提供を受けるために必要な事項であって法務省令で定めるもの

二十七　第939条第１項<会社の公告方法>の規定による公告方法についての定款の定めがあるときは、その定め

二十八　前号の定款の定めが電子公告を公告方法とする旨のものであるときは、次に掲げる事項
イ　電子公告により公告すべき内容である情報について不特定多数の者がその提供を受けるために必要な事項であって法務省令で定めるもの
ロ　第939条第３項後段<電子的公告による公告をすることができない場合の公告方法>の規定による定款の定めがあるときは、その定め

二十九　第27号の定款の定めがないときは、第939条第４項<官報に掲載する方法とする場合>の規定により官報に掲載する方法を公告方法とする旨

（合名会社の設立の登記）

第912条　合名会社の設立の登記は、その本店の所在地において、次に掲げる事項を登記してしなければならない。

一　目的
二　商号
三　本店及び支店の所在場所
四　合名会社の存続期間又は解散の事由についての定款の定めがあるときは、その定め
五　社員の氏名又は名称及び住所
六　合名会社を代表する社員の氏名又は名称（合名会社を代表しない社員がある場合に限る。）
七　合名会社を代表する社員が法人であるときは、当該社員の職務を行うべき者の氏名及び住所
八　第939条第１項<会社の公告方法>の規定による公告方法についての定款の定めがあるときは、その定め
九　前号の定款の定めが電子公告を公告方法とする旨のものであるときは、次に掲げる事項
イ　電子公告により公告すべき内容である情報について不特定多数の者がその提供を受けるために必要な事項であって法務省令で定めるもの
ロ　第939条第３項後段<電子的公告による公告をすることができない場合の公告方法>の規定による定款の定めがあるときは、その定め
十　第８号の定款の定めがないときは、第939条第４項<官報に掲載する方法とする場合>の規定により官報に掲載する方法を公告方法とする旨

（合資会社の設立の登記）

第913条　合資会社の設立の登記は、その本店の所在地において、次に掲げる事項を登記してしなければならない。

一　目的
二　商号
三　本店及び支店の所在場所
四　合資会社の存続期間又は解散の事由についての定款の定めがあるときは、その定め
五　社員の氏名又は名称及び住所
六　社員が有限責任社員又は無限責任社員のいずれであるかの別
七　有限責任社員の出資の目的及びその価額並びに既に履行した出資の価額
八　合資会社を代表する社員の氏名又は名称（合資会社を代表しない社員がある場合に限る。）
九　合資会社を代表する社員が法人であるとき

は、当該社員の職務を行うべき者の氏名及び住所

十　第939条第１項<会社の公告方法>の規定による公告方法についての定款の定めがあるときは、その定め

十一　前号の定款の定めが電子公告を公告方法とする旨のものであるときは、次に掲げる事項

イ　電子公告により公告すべき内容である情報について不特定多数の者がその提供を受けるために必要な事項であって法務省令で定めるもの

ロ　第939条第３項後段<電子的公告による公告をすることができない場合の公告方法>の規定による定款の定めがあるときは、その定め

十二　第10号の定款の定めがないときは、第939条第４項<官報に掲載する方法とする場合>の規定により官報に掲載する方法を公告方法とする旨

（合同会社の設立の登記）

第914条　合同会社の設立の登記は、その本店の所在地において、次に掲げる事項を登記してしなければならない。

一　目的

二　商号

三　本店及び支店の所在場所

四　合同会社の存続期間又は解散の事由についての定款の定めがあるときは、その定め

五　資本金の額

六　合同会社の業務を執行する社員の氏名又は名称

七　合同会社を代表する社員の氏名又は名称及び住所

八　合同会社を代表する社員が法人であるときは、当該社員の職務を行うべき者の氏名及び住所

九　第939条第１項<会社の公告方法>の規定による公告方法についての定款の定めがあるときは、その定め

十　前号の定款の定めが電子公告を公告方法とする旨のものであるときは、次に掲げる事項

イ　電子公告により公告すべき内容である情報について不特定多数の者がその提供を受けるために必要な事項であって法務省令で定めるもの

ロ　第939条第３項後段<電子的公告による公告をすることができない場合の公告方法>の規定による定款の定めがあるときは、その定め

十一　第９号の定款の定めがないときは、第939条第４項<官報に掲載する方法とする場合>の規定により官報に掲載する方法を公告方法とする旨

（変更の登記）

第915条　会社において第911条第３項各号<株式会社の設立の登記>又は前３条各号<合名、合資、合同会社の設立の登記>に掲げる事項に変更が生じたときは、２週間以内に、その本店の所在地において、変更の登記をしなければならない。

２　前項の規定にかかわらず、第199条第１項第４号<募集株式と引換えにする金銭の払込み又は金銭以外の財産の給付の期日又はその期間>の期間を定めた場合における株式の発行による変更の登記は、当該期間の末日現在により、当該末日から２週間以内にすれば足りる。

３　第１項の規定にかかわらず、次に掲げる事由による変更の登記は、毎月末日現在により、当該末日から２週間以内にすれば足りる。

一　新株予約権の行使

二　第166条第１項<取得請求権付株式の取得の請求>の規定による請求（株式の内容として第107条第２項第２号ハ<取得請求権付株式の対価として新株予約権を交付する場合の定款の定め>若しくはニ<取得請求権付株式の対価として新株予約権付社債を交付する場合の定款の定め>又は第108条第２項第５号ロ<取得請求権付株式の対価として他の株式を交付する場合の定款の定め>に掲げる事項についての定めがある場合に限る。）

（他の登記所の管轄区域内への本店の移転の登記）

第916条　会社がその本店を他の登記所の管轄区域内に移転したときは、２週間以内に、旧所在地においては移転の登記をし、新所在地においては次の各号に掲げる会社の区分に応じ当該各号に定める事項を登記しなければならない。

一　株式会社　第911条第３項各号に掲げる事項

二　合名会社　第912条各号に掲げる事項

三　合資会社　第913条各号に掲げる事項

四　合同会社　第914条各号に掲げる事項

（職務執行停止の仮処分等の登記）

第917条　次の各号に掲げる会社の区分に応じ、当該各号に定める者の職務の執行を停止し、若しくはその職務を代行する者を選任する仮処分

命令又はその仮処分命令を変更し、若しくは取り消す決定がされたときは、その本店の所在地において、その登記をしなければならない。

一　株式会社　取締役（監査等委員会設置会社にあっては、監査等委員である取締役又はそれ以外の取締役）、会計参与、監査役、代表取締役、委員（指名委員会、監査委員会又は報酬委員会の委員をいう。）、執行役又は代表執行役

二　合名会社　社員

三　合資会社　社員

四　合同会社　業務を執行する社員

（支配人の登記）

第918条　会社が支配人を選任し、又はその代理権が消滅したときは、その本店の所在地において、その登記をしなければならない。

（持分会社の種類の変更の登記）

第919条　持分会社が第638条<定款変更による持分会社の種類の変更>の規定により他の種類の持分会社となったときは、同条に規定する定款の変更の効力が生じた日から２週間以内に、その本店の所在地において、種類の変更前の持分会社については解散の登記をし、種類の変更後の持分会社については設立の登記をしなければならない。

（組織変更の登記）

第920条　会社が組織変更をしたときは、その効力が生じた日から２週間以内に、その本店の所在地において、組織変更前の会社については解散の登記をし、組織変更後の会社については設立の登記をしなければならない。

（吸収合併の登記）

第921条　会社が吸収合併をしたときは、その効力が生じた日から２週間以内に、その本店の所在地において、吸収合併により消滅する会社については解散の登記をし、吸収合併後存続する会社については変更の登記をしなければならない。

（新設合併の登記）

第922条　２以上の会社が新設合併をする場合において、新設合併により設立する会社が株式会社であるときは、次の各号に掲げる場合の区分に応じ、当該各号に定める日から２週間以内に、その本店の所在地において、新設合併により消滅する会社については解散の登記をし、新設合併により設立する会社については設立の登記をしなければならない。

一　新設合併により消滅する会社が株式会社のみである場合　次に掲げる日のいずれか遅い日

イ　第804条第１項<新設合併契約等の承認>の株主総会の決議の日

ロ　新設合併をするために種類株主総会の決議を要するときは、当該決議の日

ハ　第806条第３項<新設合併等をする旨等の通知>の規定による通知又は同条第４項<通知に代わる公告>の公告をした日から20日を経過した日

ニ　新設合併により消滅する会社が新株予約権を発行しているときは、第808条第３項<新設合併等をする旨等の通知>の規定による通知又は同条第４項<通知に代わる公告>の公告をした日から20日を経過した日

ホ　第810条<新設合併等における債権者異議>の規定による手続が終了した日

ヘ　新設合併により消滅する会社が合意により定めた日

二　新設合併により消滅する会社が持分会社のみである場合　次に掲げる日のいずれか遅い日

イ　第813条第１項<持分会社が新設合併等をする場合の総社員の同意>の総社員の同意を得た日（同項ただし書に規定する場合にあっては、定款の定めによる手続を終了した日）

ロ　第813条第２項<持分会社の新設合併等における債権者異議>において準用する第810条<新設合併等における債権者異議>の規定による手続が終了した日

ハ　新設合併により消滅する会社が合意により定めた日

三　新設合併により消滅する会社が株式会社及び持分会社である場合　前２号に定める日のいずれか遅い日

２　２以上の会社が新設合併をする場合において、新設合併により設立する会社が持分会社であるときは、次の各号に掲げる場合の区分に応じ、当該各号に定める日から２週間以内に、その本店の所在地において、新設合併により消滅する会社については解散の登記をし、新設合併により設立する会社については設立の登記をしなければならない。

一　新設合併により消滅する会社が株式会社のみである場合　次に掲げる日のいずれか遅い日

イ　第804条第２項<新設合併設立会社が持分会社の

場合における新設合併消滅会社の総株主の同意>の総株主の同意を得た日

ロ　新設合併により消滅する会社が新株予約権を発行しているときは、第808条第３項<新設合併等をする旨等の通知>の規定による通知又は同条第４項<通知に代わる公告>の公告をした日から20日を経過した日

ハ　第810条<新設合併等における債権者異議>の規定による手続が終了した日

ニ　新設合併により消滅する会社が合意により定めた日

二　新設合併により消滅する会社が持分会社のみである場合　次に掲げる日のいずれか遅い日

イ　第813条第１項<持分会社が新設合併等をする場合の総社員の同意>の総社員の同意を得た日（同項ただし書に規定する場合にあっては、定款の定めによる手続を終了した日）

ロ　第813条第２項<持分会社の新設合併等における債権者異議>において準用する第810条<株式会社が新設合併等をする場合における消滅株式会社等の債権者に対する異議>の規定による手続が終了した日

ハ　新設合併により消滅する会社が合意により定めた日

三　新設合併により消滅する会社が株式会社及び持分会社である場合　前２号に定める日のいずれか遅い日

（吸収分割の登記）

第923条　会社が吸収分割をしたときは、その効力が生じた日から２週間以内に、その本店の所在地において、吸収分割をする会社及び当該会社がその事業に関して有する権利義務の全部又は一部を当該会社から承継する会社についての変更の登記をしなければならない。

（新設分割の登記）

第924条　１又は２以上の株式会社又は合同会社が新設分割をする場合において、新設分割により設立する会社が株式会社であるときは、次の各号に掲げる場合の区分に応じ、当該各号に定める日から２週間以内に、その本店の所在地において、新設分割をする会社については変更の登記をし、新設分割により設立する会社については設立の登記をしなければならない。

一　新設分割をする会社が株式会社のみである場合　次に掲げる日のいずれか遅い日

イ　第805条<新設分割計画の承認を要しない場合>に規定する場合以外の場合には、第804条第１項<新設合併契約等の承認>の株主総会の決議の日

ロ　新設分割をするために種類株主総会の決議を要するときは、当該決議の日

ハ　第805条<新設分割計画の承認を要しない場合>に規定する場合以外の場合には、第806条第３項<新設合併等をする旨等の通知>の規定による通知又は同条第４項<通知に代わる公告>の公告をした日から20日を経過した日

ニ　第808条第３項<新設合併等をする旨等の通知>の規定による通知を受けるべき新株予約権者があるときは、同項の規定による通知又は同条第４項<消滅株式会社等の新株予約権者に対する新設合併をする旨等の通知に代わる公告>の公告をした日から20日を経過した日

ホ　第810条<新設合併等における債権者異議>の規定による手続をしなければならないときは、当該手続が終了した日

ヘ　新設分割をする株式会社が定めた日（２以上の株式会社が共同して新設分割をする場合にあっては、当該２以上の新設分割をする株式会社が合意により定めた日）

二　新設分割をする会社が合同会社のみである場合　次に掲げる日のいずれか遅い日

イ　第813条第１項<持分会社が新設合併等をする場合の総社員の同意>の総社員の同意を得た日（同項ただし書の場合にあっては、定款の定めによる手続を終了した日）

ロ　第813条第２項<持分会社の新設合併等における債権者異議>において準用する第810条<新設合併等における債権者異議>の規定による手続をしなければならないときは、当該手続が終了した日

ハ　新設分割をする合同会社が定めた日（２以上の合同会社が共同して新設分割をする場合にあっては、当該２以上の新設分割をする合同会社が合意により定めた日）

三　新設分割をする会社が株式会社及び合同会社である場合　前２号に定める日のいずれか遅い日

２　１又は２以上の株式会社又は合同会社が新設分割をする場合において、新設分割により設立する会社が持分会社であるときは、次の各号に掲げる場合の区分に応じ、当該各号に定める日から２週間以内に、その本店の所在地において、新設分割をする会社については変更の登記を

し、新設分割により設立する会社については設立の登記をしなければならない。

一　新設分割をする会社が株式会社のみである場合　次に掲げる日のいずれか遅い日

イ　第805条<新設分割計画の承認を要しない場合>に規定する場合以外の場合には、第804条第１項<新設合併契約等の承認>の株主総会の決議の日

ロ　新設分割をするために種類株主総会の決議を要するときは、当該決議の日

ハ　第805条<新設分割計画の承認を要しない場合>に規定する場合以外の場合には、第806条第３項<新設合併等をする旨等の通知>の規定による通知又は同条第４項<通知に代わる公告>の公告をした日から20日を経過した日

ニ　第810条<新設合併等における債権者異議>の規定による手続をしなければならないときは、当該手続が終了した日

ホ　新設分割をする株式会社が定めた日（２以上の株式会社が共同して新設分割をする場合にあっては、当該２以上の新設分割をする株式会社が合意により定めた日）

二　新設分割をする会社が合同会社のみである場合　次に掲げる日のいずれか遅い日

イ　第813条第１項<持分会社が新設合併等をする場合の総社員の同意>の総社員の同意を得た日（同項ただし書の場合にあっては、定款の定めによる手続を終了した日）

ロ　第813条第２項<持分会社の新設合併等における債権者異議>において準用する第810条<新設合併等における債権者異議>の規定による手続をしなければならないときは、当該手続が終了した日

ハ　新設分割をする合同会社が定めた日（２以上の合同会社が共同して新設分割をする場合にあっては、当該２以上の新設分割をする合同会社が合意により定めた日）

三　新設分割をする会社が株式会社及び合同会社である場合　前２号に定める日のいずれか遅い日

（株式移転の登記）

第925条　１又は２以上の株式会社が株式移転をする場合には、次に掲げる日のいずれか遅い日から２週間以内に、株式移転により設立する株式会社について、その本店の所在地において、設立の登記をしなければならない。

一　第804条第１項<新設合併契約等の承認>の株主総会の決議の日

二　株式移転をするために種類株主総会の決議を要するときは、当該決議の日

三　第806条第３項<新設合併等をする旨等の通知>の規定による通知又は同条第４項<通知に代わる公告>の公告をした日から20日を経過した日

四　第808条第３項<新設合併等をする旨等の通知>の規定による通知を受けるべき新株予約権者があるときは、同項の規定による通知をした日又は同条第４項<通知に代わる公告>の公告をした日から20日を経過した日

五　第810条<新設合併等における債権者異議>の規定による手続をしなければならないときは、当該手続が終了した日

六　株式移転をする株式会社が定めた日（２以上の株式会社が共同して株式移転をする場合にあっては、当該２以上の株式移転をする株式会社が合意により定めた日）

（解散の登記）

第926条　第471条第１号から第３号まで<定款で定めた存続期間の満了等の株式会社の解散事由>又は第641条第１号から第４号まで<定款で定めた存続期間の満了等の持分会社の解散事由>の規定により会社が解散したときは、２週間以内に、その本店の所在地において、解散の登記をしなければならない。

（継続の登記）

第927条　第473条、第642条第１項又は第845条の規定により会社が継続したときは、２週間以内に、その本店の所在地において、継続の登記をしなければならない。

（清算人の登記）

第928条　第478条第１項第１号に掲げる者が清算株式会社の清算人となったときは、解散の日から２週間以内に、その本店の所在地において、次に掲げる事項を登記しなければならない。

一　清算人の氏名

二　代表清算人の氏名及び住所

三　清算株式会社が清算人会設置会社であるときは、その旨

２　第647条第１項第１号に掲げる者が清算持分会社の清算人となったときは、解散の日から２週間以内に、その本店の所在地において、次に掲げる事項を登記しなければならない。

一　清算人の氏名又は名称及び住所

二　清算持分会社を代表する清算人の氏名又は名称（清算持分会社を代表しない清算人がある場合に限る。）

三　清算持分会社を代表する清算人が法人で

あるときは、清算人の職務を行うべき者の氏名及び住所

3　清算人が選任されたときは、２週間以内に、その本店の所在地において、清算株式会社にあっては第１項各号に掲げる事項を、清算持分会社にあっては前項各号に掲げる事項を登記しなければならない。

4　第915条第１項の規定は前３項の規定による登記について、第917条の規定は清算人、代表清算人又は清算持分会社を代表する清算人について、それぞれ準用する。

（清算結了の登記）

第929条　清算が結了したときは、次の各号に掲げる会社の区分に応じ、当該各号に定める日から２週間以内に、その本店の所在地において、清算結了の登記をしなければならない。

一　清算株式会社　第507条第３項の承認の日

二　清算持分会社（合名会社及び合資会社に限る。）　第667条第１項の承認の日（第668条第１項の財産の処分の方法を定めた場合にあっては、その財産の処分を完了した日）

三　清算持分会社（合同会社に限る。）　第667条第１項の承認の日

第930条～第932条　削除

第３節　外国会社の登記

（外国会社の登記）

第933条　外国会社が第817条第１項の規定により初めて日本における代表者を定めたときは、３週間以内に、次の各号に掲げる場合の区分に応じ、当該各号に定める地において、外国会社の登記をしなければならない。

一　日本に営業所を設けていない場合　日本における代表者（日本に住所を有するものに限る。以下この節において同じ。）の住所地

二　日本に営業所を設けた場合　当該営業所の所在地

2　外国会社の登記においては、日本における同種の会社又は最も類似する会社の種類に従い、第911条第３項各号又は第912条から第914条までの各号に掲げる事項を登記するほか、次に掲げる事項を登記しなければならない。

一　外国会社の設立の準拠法

二　日本における代表者の氏名及び住所

三　日本における同種の会社又は最も類似する会社が株式会社であるときは、第１号に規定する準拠法の規定による公告をする方法

四　前号に規定する場合において、第819条第３項に規定する措置をとることとするときは、同条第１項に規定する貸借対照表に相当するものの内容である情報について不特定多数の者がその提供を受けるために必要な事項であって法務省令で定めるもの

五　第939条第２項の規定による公告方法についての定めがあるときは、その定め

六　前号の定めが電子公告を公告方法とする旨のものであるときは、次に掲げる事項

イ　電子公告により公告すべき内容である情報について不特定多数の者がその提供を受けるために必要な事項であって法務省令で定めるもの

ロ　第939条第３項後段の規定による定めがあるときは、その定め

七　第５号の定めがないときは、第939条第４項の規定により官報に掲載する方法を公告方法とする旨

3　外国会社が日本に設けた営業所に関する前項の規定の適用については、当該営業所を第911条第３項第３号、第912条第３号、第913条第３号又は第914条第３号に規定する支店とみなす。

4　第915条及び第918条から第929条までの規定は、外国会社について準用する。この場合において、これらの規定中「２週間」とあるのは「３週間」と、「本店の所在地」とあるのは「日本における代表者（日本に住所を有するものに限る。）の住所地（日本に営業所を設けた外国会社にあっては、当該営業所の所在地）」と読み替えるものとする。

5　前各項の規定により登記すべき事項が外国において生じたときは、登記の期間は、その通知が日本における代表者に到達した日から起算する。

（日本における代表者の選任の登記等）

第934条　日本に営業所を設けていない外国会社が外国会社の登記後に日本における代表者を新たに定めた場合（その住所地が登記がされた他の日本における代表者の住所地を管轄する登記所の管轄区域内にある場合を除く。）には、３週間以内に、その新たに定めた日本における代表者の住所地においても、外国会社の登記をしなければならない。

2　日本に営業所を設けた外国会社が外国会社の登記後に日本に営業所を新たに設けた場合（その所在地が登記がされた他の営業所の所在地を管轄する登記所の管轄区域内にある場合を除く。）には、３週間以内に、

その新たに設けた日本における営業所の所在地においても、外国会社の登記をしなければならない。

（日本における代表者の住所の移転の登記等）

第935条　日本に営業所を設けていない外国会社の日本における代表者が外国会社の登記後にその住所を他の登記所の管轄区域内に移転したときは、旧住所地においては３週間以内に移転の登記をし、新住所地においては４週間以内に外国会社の登記をしなければならない。ただし、登記がされた他の日本における代表者の住所地を管轄する登記所の管轄区域内に住所を移転したときは、新住所地においては、その住所を移転したことを登記すれば足りる。

２　日本に営業所を設けた外国会社が外国会社の登記後に営業所を他の登記所の管轄区域内に移転したときは、旧所在地においては３週間以内に移転の登記をし、新所在地においては４週間以内に外国会社の登記をしなければならない。ただし、登記がされた他の営業所の所在地を管轄する登記所の管轄区域内に営業所を移転したときは、新所在地においては、その営業所を移転したことを登記すれば足りる。

（日本における営業所の設置の登記等）

第936条　日本に営業所を設けていない外国会社が外国会社の登記後に日本に営業所を設けたときは、日本における代表者の住所地においては３週間以内に営業所を設けたことを登記し、その営業所の所在地においては４週間以内に外国会社の登記をしなければならない。ただし、登記がされた日本における代表者の住所地を管轄する登記所の管轄区域内に営業所を設けたときは、その営業所を設けたことを登記すれば足りる。

２　日本に営業所を設けた外国会社が外国会社の登記後にすべての営業所を閉鎖した場合には、その外国会社の日本における代表者の全員が退任しようとするときを除き、その営業所の所在地においては３週間以内に営業所を閉鎖したことを登記し、日本における代表者の住所地においては４週間以内に外国会社の登記をしなければならない。ただし、登記がされた営業所の所在地を管轄する登記所の管轄区域内に日本における代表者の住所地があるときは、すべての営業所を閉鎖したことを登記すれば足りる。

第４節　登記の嘱託

（裁判による登記の嘱託）

第937条　次に掲げる場合には、裁判所書記官は、職権で、遅滞なく、会社の本店の所在地を管轄する登記所にその登記を嘱託しなければならない。

一　次に掲げる訴えに係る請求を認容する判決が確定したとき。

　イ　会社の設立の無効の訴え

　ロ　株式会社の成立後における株式の発行の無効の訴え

　ハ　新株予約権（当該新株予約権が新株予約権付社債に付されたものである場合にあっては、当該新株予約権付社債についての社債を含む。以下この節において同じ。）の発行の無効の訴え

　ニ　株式会社における資本金の額の減少の無効の訴え

　ホ　株式会社の成立後における株式の発行が存在しないことの確認の訴え

　ヘ　新株予約権の発行が存在しないことの確認の訴え

　ト　株主総会等の決議した事項についての登記があった場合における次に掲げる訴え

　　(1)　株主総会等の決議が存在しないこと又は株主総会等の決議の内容が法令に違反することを理由として当該決議が無効であることの確認の訴え

　　(2)　株主総会等の決議の取消しの訴え

　チ　持分会社の設立の取消しの訴え

　リ　会社の解散の訴え

　ヌ　株式会社の役員の解任の訴え

　ル　持分会社の社員の除名の訴え

　ヲ　持分会社の業務を執行する社員の業務執行権又は代表権の消滅の訴え

二　次に掲げる裁判があったとき。

　イ　第346条第２項、第351条第２項又は第401条第３項（第403条第３項及び第420条第３項において準用する場合を含む。）の規定による一時取締役（監査等委員会設置会社にあっては、監査等委員である取締役又はそれ以外の取締役）、会計参与、監査役、代表取締役、委員（指名委員会、監査委員会又は報酬委員会の委員をいう。）、執行役又は代表執行役の職務を行うべき者の選任の裁判

　ロ　第479条第４項において準用する第346条第２項又は第483条第６項において準用する第351条第２項の規定による一時清算人又は代表清算人の職務を行うべき者の選任の裁判（次条第２項第１号に規定する裁判を除く。）

ハ　イ又はロに掲げる裁判を取り消す裁判（次条第２項第２号に規定する裁判を除く。）
ニ　清算人又は代表清算人若しくは清算持分会社を代表する清算人の選任又は選定の裁判を取り消す裁判（次条第２項第３号に規定する裁判を除く。）
ホ　清算人の解任の裁判（次条第２項第４号に規定する裁判を除く。）

三　次に掲げる裁判が確定したとき。
イ　前号ホに掲げる裁判を取り消す裁判
ロ　第824条第１項の規定による会社の解散を命ずる裁判

2　第827条第１項の規定による外国会社の日本における取引の継続の禁止又は営業所の閉鎖を命ずる裁判が確定したときは、裁判所書記官は、職権で、遅滞なく、次の各号に掲げる外国会社の区分に応じ、当該各号に定める地を管轄する登記所にその登記を嘱託しなければならない。
一　日本に営業所を設けていない外国会社　日本における代表者（日本に住所を有するものに限る。）の住所地
二　日本に営業所を設けている外国会社　当該営業所の所在地

3　次の各号に掲げる訴えに係る請求を認容する判決が確定した場合には、裁判所書記官は、職権で、遅滞なく、各会社の本店の所在地を管轄する登記所に当該各号に定める登記を嘱託しなければならない。
一　会社の組織変更の無効の訴え　組織変更後の会社についての解散の登記及び組織変更をする会社についての回復の登記
二　会社の吸収合併の無効の訴え　吸収合併後存続する会社についての変更の登記及び吸収合併により消滅する会社についての回復の登記
三　会社の新設合併の無効の訴え　新設合併により設立する会社についての解散の登記及び新設合併により消滅する会社についての回復の登記
四　会社の吸収分割の無効の訴え　吸収分割をする会社及び当該会社がその事業に関して有する権利義務の全部又は一部を当該会社から承継する会社についての変更の登記
五　会社の新設分割の無効の訴え　新設分割をする会社についての変更の登記及び新設分割により設立する会社についての解散の登記
六　株式会社の株式交換の無効の訴え　株式交換をする株式会社（第768条第１項第４号に掲げる事項についての定めがある場合に限る。）及び株式交換をする株式会社の発行済株式の全部を取得する会社についての変更の登記
七　株式会社の株式移転の無効の訴え　株式移転をする株式会社（第773条第１項第９号に掲げる事項についての定めがある場合に限る。）についての変更の登記及び株式移転により設立する株式会社についての解散の登記
八　株式会社の株式交付の無効の訴え　株式交付親会社についての変更の登記

（特別清算に関する裁判による登記の嘱託）

第938条　次の各号に掲げる場合には、裁判所書記官は、職権で、遅滞なく、清算株式会社の本店の所在地を管轄する登記所に当該各号に定める登記を嘱託しなければならない。
一　特別清算開始の命令があったとき　特別清算開始の登記
二　特別清算開始の命令を取り消す決定が確定したとき　特別清算開始の取消しの登記
三　特別清算終結の決定が確定したとき　特別清算終結の登記

2　次に掲げる場合には、裁判所書記官は、職権で、遅滞なく、清算株式会社の本店の所在地を管轄する登記所にその登記を嘱託しなければならない。
一　特別清算開始後における第479条第４項において準用する第346条第２項又は第483条第６項において準用する第351条第２項の規定による一時清算人又は代表清算人の職務を行うべき者の選任の裁判があったとき。
二　前号の裁判を取り消す裁判があったとき。
三　特別清算開始後における清算人又は代表清算人の選任又は選定の裁判を取り消す裁判があったとき。
四　特別清算開始後における清算人の解任の裁判があったとき。
五　前号の裁判を取り消す裁判が確定したとき。

3　次に掲げる場合には、裁判所書記官は、職権で、遅滞なく、当該保全処分の登記を嘱託しなければならない。
一　清算株式会社の財産に属する権利で登記されたものに関し第540条第１項又は第２項の規定による保全処分があったとき。
二　登記のある権利に関し第542条第１項又は

第2項の規定による保全処分があったとき。
4　前項の規定は、同項に規定する保全処分の変更若しくは取消しがあった場合又は当該保全処分が効力を失った場合について準用する。
5　前2項の規定は、登録のある権利について準用する。
6　前各項の規定は、その性質上許されないものを除き、第822条第1項の規定による日本にある外国会社の財産についての清算について準用する。

第5章　公告

第1節　総則

（会社の公告方法）
第939条　会社は、公告方法として、次に掲げる方法のいずれかを定款で定めることができる。
一　官報に掲載する方法
二　時事に関する事項を掲載する日刊新聞紙に掲載する方法
三　電子公告
2　外国会社は、公告方法として、前項各号に掲げる方法のいずれかを定めることができる。
3　会社又は外国会社が第1項第3号に掲げる方法を公告方法とする旨を定める場合には、電子公告を公告方法とする旨を定めれば足りる。この場合においては、事故その他やむを得ない事由によって電子公告による公告をすることができない場合の公告方法として、同項第1号又は第2号に掲げる方法のいずれかを定めることができる。
4　第1項又は第2項の規定による定めがない会社又は外国会社の公告方法は、第1項第1号の方法とする。

（電子公告の公告期間等）
第940条　株式会社又は持分会社が電子公告によりこの法律の規定による公告をする場合には、次の各号に掲げる公告の区分に応じ、当該各号に定める日までの間、継続して電子公告による公告をしなければならない。
一　この法律の規定により特定の日の一定の期間前に公告しなければならない場合における当該公告　当該特定の日
二　第440条第1項<計算書類の公告>の規定による公告　同項の定時株主総会の終結の日後5年を経過する日
三　公告に定める期間内に異議を述べることができる旨の公告　当該期間を経過する日
四　前3号に掲げる公告以外の公告　当該公告の開始後1箇月を経過する日
2　外国会社が電子公告により第819条第1項<貸借対照表に相当するものの公告>の規定による公告をする場合には、同項の手続の終結の日後5年を経過する日までの間、継続して電子公告による公告をしなければならない。
3　前2項の規定にかかわらず、これらの規定により電子公告による公告をしなければならない期間（以下この章において「公告期間」という。）中公告の中断（不特定多数の者が提供を受けることができる状態に置かれた情報がその状態に置かれないこととなったこと又はその情報がその状態に置かれた後改変されたことをいう。以下この項において同じ。）が生じた場合において、次のいずれにも該当するときは、その公告の中断は、当該公告の効力に影響を及ぼさない。
一　公告の中断が生ずることにつき会社が善意でかつ重大な過失がないこと又は会社に正当な事由があること。
二　公告の中断が生じた時間の合計が公告期間の10分の1を超えないこと。
三　会社が公告の中断が生じたことを知った後速やかにその旨、公告の中断が生じた時間及び公告の中断の内容を当該公告に付して公告したこと。

第2節　電子公告調査機関

（電子公告調査）
第941条　この法律又は他の法律の規定による公告（第440条第1項の規定による公告を除く。以下この節において同じ。）を電子公告によりしようとする会社は、公告期間中、当該公告の内容である情報が不特定多数の者が提供を受けることができる状態に置かれているかどうかについて、法務省令で定めるところにより、法務大臣の登録を受けた者（以下この節において「調査機関」という。）に対し、調査を行うことを求めなければならない。

（登録）
第942条　前条の登録（以下この節において単に「登録」という。）は、同条の規定による調査（以下この節において「電子公告調査」という。）を行おうとする者の申請により行う。
2　登録を受けようとする者は、実費を勘案して政令で定める額の手数料を納付しなければならない。

（欠格事由）

第943条　次のいずれかに該当する者は、登録を受けることができない。

一　この節の規定若しくは農業協同組合法（昭和22年法律第132号）第97条の4第5項、金融商品取引法第50条の2第10項及び第66条の40第6項、公認会計士法第34条の20第6項及び第34条の23第4項、消費生活協同組合法（昭和23年法律第200号）第26条第6項、水産業協同組合法（昭和23年法律第242号）第126条の4第5項、中小企業等協同組合法（昭和24年法律第181号）第33条第7項（輸出水産業の振興に関する法律（昭和29年法律第154号）第20条並びに中小企業団体の組織に関する法律（昭和32年法律第185号）第5条の23第3項及び第47条第2項において準用する場合を含む。）、弁護士法（昭和24年法律第205号）第30条の28第6項（同法第43条第3項並びに外国弁護士による法律事務の取扱い等に関する法律（昭和61年法律第66号）第67条第2項、第80条第1項及び第82条第3項において準用する場合を含む。）、船主相互保険組合法（昭和25年法律第177号）第55条第3項、司法書士法（昭和25年法律第197号）第45条の2第6項、土地家屋調査士法（昭和25年法律第228号）第40条の2第6項、商品先物取引法（昭和25年法律第239号）第11条第9項、行政書士法（昭和26年法律第4号）第13条の20の2第6項、投資信託及び投資法人に関する法律（昭和26年法律第198号）第25条第2項（同法第59条において準用する場合を含む。）及び第186条の2第4項、税理士法第48条の19の2第6項（同法第49条の12第3項において準用する場合を含む。）、信用金庫法（昭和26年法律第238号）第87条の4第4項、輸出入取引法（昭和27年法律第299号）第15条第6項（同法第19条の6において準用する場合を含む。）、中小漁業融資保証法（昭和27年法律第346号）第55条第5項、労働金庫法（昭和28年法律第227号）第91条の4第4項、技術研究組合法（昭和36年法律第81号）第16条第8項、農業信用保証保険法（昭和36年法律第204号）第48条の3第5項（同法第48条の9第7項において準用する場合を含む。）、社会保険労務士法（昭和43年法律第89号）第25条の23の2第6項、森林組合法（昭和53年法律第36号）第8条の2第5項、銀行法第49条の2第2項及び第52条の60の36第7項（協同組合による金融事業に関する法律（昭和24年法律第183号）第6条の5第1項及び信用金庫法第89条第7項において準用する場合を含む。）、保険業法（平成7年法律第105号）第67条の2及び第217条第3項、資産の流動化に関する法律（平成10年法律第105号）第194条第4項、弁理士法（平成12年法律第49号）第53条の2第6項、農林中央金庫法（平成13年法律第93号）第96条の2第4項、信託業法第57条第6項、一般社団法人及び一般財団法人に関する法律第333条、資金決済に関する法律（平成21年法律第59号）第20条第4項、第61条第7項、第62条の25第7項及び第63条の20第7項並びに労働者協同組合法（令和2年法律第78号）第29条第6項（同法第111条第2項において準用する場合を含む。）（以下この節において「電子公告関係規定」と総称する。）において準用する第955条第1項の規定又はこの節の規定に基づく命令に違反し、罰金以上の刑に処せられ、その執行を終わり、又は執行を受けることがなくなった日から2年を経過しない者

二　第954条の規定により登録を取り消され、その取消しの日から2年を経過しない者

三　法人であって、その業務を行う理事等（理事、取締役、執行役、業務を執行する社員、監事若しくは監査役又はこれらに準ずる者をいう。第947条において同じ。）のうちに前2号のいずれかに該当する者があるもの

（登録基準）

第944条　法務大臣は、第942条第1項の規定により登録を申請した者が、次に掲げる要件のすべてに適合しているときは、その登録をしなければならない。この場合において、登録に関して必要な手続は、法務省令で定める。

一　電子公告調査に必要な電子計算機（入出力装置を含む。以下この号において同じ。）及びプログラム（電子計算機に対する指令であって、一の結果を得ることができるように組み合わされたものをいう。以下この号において同じ。）であって次に掲げる要件のすべてに適合するものを用いて電子公告調査を行うものであること。

イ　当該電子計算機及びプログラムが電子公告により公告されている情報をインターネットを利用して閲覧することができるものであること。

ロ　当該電子計算機若しくはその用に供する電磁的記録を損壊し、若しくは当該電子計算機に虚偽の情報若しくは不正な指令を与え、又はその他の方法により、当該電子計算機に使用目的に沿うべき動作をさせず、又は使用目的に反する動作をさせることを防ぐために必要な措置が講じられていること

と。
ハ　当該電子計算機及びプログラムがその電子公告調査を行う期間を通じて当該電子計算機に入力された情報及び指令並びにインターネットを利用して提供を受けた情報を保存する機能を有していること。
二　電子公告調査を適正に行うために必要な実施方法が定められていること。

2　登録は、調査機関登録簿に次に掲げる事項を記載し、又は記録してするものとする。
一　登録年月日及び登録番号
二　登録を受けた者の氏名又は名称及び住所並びに法人にあっては、その代表者の氏名
三　登録を受けた者が電子公告調査を行う事業所の所在地

（登録の更新）
第945条　登録は、3年を下らない政令で定める期間ごとにその更新を受けなければ、その期間の経過によって、その効力を失う。
2　前3条の規定は、前項の登録の更新について準用する。

（調査の義務等）
第946条　調査機関は、電子公告調査を行うことを求められたときは、正当な理由がある場合を除き、電子公告調査を行わなければならない。
2　調査機関は、公正に、かつ、法務省令で定める方法により電子公告調査を行わなければならない。
3　調査機関は、電子公告調査を行う場合には、法務省令で定めるところにより、電子公告調査を行うことを求めた者（以下この節において「調査委託者」という。）の商号その他の法務省令で定める事項を法務大臣に報告しなければならない。
4　調査機関は、電子公告調査の後遅滞なく、調査委託者に対して、法務省令で定めるところにより、当該電子公告調査の結果を通知しなければならない。

（電子公告調査を行うことができない場合）
第947条　調査機関は、次に掲げる者の電子公告による公告又はその者若しくはその理事等が電子公告による公告に関与した場合として法務省令で定める場合における当該公告については、電子公告調査を行うことができない。
一　当該調査機関
二　当該調査機関が株式会社である場合における親株式会社（当該調査機関を子会社とする株式会社をいう。）
三　理事等又は職員（過去2年間にそのいずれかであった者を含む。次号において同じ。）が当該調査機関の理事等に占める割合が2分の1を超える法人
四　理事等又は職員のうちに当該調査機関（法人であるものを除く。）又は当該調査機関の代表権を有する理事等が含まれている法人

（事業所の変更の届出）
第948条　調査機関は、電子公告調査を行う事業所の所在地を変更しようとするときは、変更しようとする日の2週間前までに、法務大臣に届け出なければならない。

（業務規程）
第949条　調査機関は、電子公告調査の業務に関する規程（次項において「業務規程」という。）を定め、電子公告調査の業務の開始前に、法務大臣に届け出なければならない。これを変更しようとするときも、同様とする。
2　業務規程には、電子公告調査の実施方法、電子公告調査に関する料金その他の法務省令で定める事項を定めておかなければならない。

（業務の休廃止）
第950条　調査機関は、電子公告調査の業務の全部又は一部を休止し、又は廃止しようとするときは、法務省令で定めるところにより、あらかじめ、その旨を法務大臣に届け出なければならない。

（財務諸表等の備置き及び閲覧等）
第951条　調査機関は、毎事業年度経過後3箇月以内に、その事業年度の財産目録、貸借対照表及び損益計算書又は収支計算書並びに事業報告書（これらの作成に代えて電磁的記録の作成がされている場合における当該電磁的記録を含む。次項において「財務諸表等」という。）を作成し、5年間事業所に備え置かなければならない。
2　調査委託者その他の利害関係人は、調査機関に対し、その業務時間内は、いつでも、次に掲げる請求をすることができる。ただし、第2号又は第4号に掲げる請求をするには、当該調査機関の定めた費用を支払わなければならない。
一　財務諸表等が書面をもって作成されているときは、当該書面の閲覧又は謄写の請求
二　前号の書面の謄本又は抄本の交付の請求
三　財務諸表等が電磁的記録をもって作成されているときは、当該電磁的記録に記録された事項を法務省令で定める方法により表示したものの閲覧又は謄写の請求
四　前号の電磁的記録に記録された事項を電

磁的方法であって調査機関の定めたものにより提供することの請求又は当該事項を記載した書面の交付の請求

（適合命令）

第952条　法務大臣は、調査機関が第944条第１項各号のいずれかに適合しなくなったと認めるときは、その調査機関に対し、これらの規定に適合するため必要な措置をとるべきことを命ずることができる。

（改善命令）

第953条　法務大臣は、調査機関が第946条の規定に違反していると認めるときは、その調査機関に対し、電子公告調査を行うべきこと又は電子公告調査の方法その他の業務の方法の改善に関し必要な措置をとるべきことを命ずることができる。

（登録の取消し等）

第954条　法務大臣は、調査機関が次のいずれかに該当するときは、その登録を取り消し、又は期間を定めて電子公告調査の業務の全部若しくは一部の停止を命ずることができる。

一　第943条第１号又は第３号に該当するに至ったとき。

二　第947条（電子公告関係規定において準用する場合を含む。）から第950条まで、第951条第１項又は次条第１項（電子公告関係規定において準用する場合を含む。）の規定に違反したとき。

三　正当な理由がないのに第951条第２項各号又は次条第２項各号（電子公告関係規定において準用する場合を含む。）の規定による請求を拒んだとき。

四　第952条又は前条（電子公告関係規定において準用する場合を含む。）の命令に違反したとき。

五　不正の手段により第941条の登録を受けたとき。

（調査記録簿等の記載等）

第955条　調査機関は、法務省令で定めるところにより、調査記録又はこれに準ずるものとして法務省令で定めるもの（以下この条において「調査記録簿等」という。）を備え、電子公告調査に関し法務省令で定めるものを記載し、又は記録し、及び当該調査記録簿等を保存しなければならない。

2　調査委託者その他の利害関係人は、調査機関に対し、その業務時間内は、いつでも、当該調査機関が前項又は次条第２項の規定により保存している調査記録簿等（利害関係がある部分に限る。）について、次に掲げる請求をすることができる。ただし、当該請求をするには、当該調査機関の定めた費用を支払わなければならない。

一　調査記録簿等が書面をもって作成されているときは、当該書面の写しの交付の請求

二　調査記録簿等が電磁的記録をもって作成されているときは、当該電磁的記録に記録された事項を電磁的方法であって調査機関の定めたものにより提供することの請求又は当該事項を記載した書面の交付の請求

（調査記録簿等の引継ぎ）

第956条　調査機関は、電子公告調査の業務の全部の廃止をしようとするとき、又は第954条の規定により登録が取り消されたときは、その保存に係る前条第１項（電子公告関係規定において準用する場合を含む。）の調査記録簿等を他の調査機関に引き継がなければならない。

2　前項の規定により同項の調査記録簿等の引継ぎを受けた調査機関は、法務省令で定めるところにより、その調査記録簿等を保存しなければならない。

（法務大臣による電子公告調査の業務の実施）

第957条　法務大臣は、登録を受ける者がないとき、第950条の規定による電子公告調査の業務の全部又は一部の休止又は廃止の届出があったとき、第954条の規定により登録を取り消し、又は調査機関に対し電子公告調査の業務の全部若しくは一部の停止を命じたとき、調査機関が天災その他の事由によって電子公告調査の業務の全部又は一部を実施することが困難となったとき、その他必要があると認めるときは、当該電子公告調査の業務の全部又は一部を自ら行うことができる。

2　法務大臣が前項の規定により電子公告調査の業務の全部又は一部を自ら行う場合における電子公告調査の業務の引継ぎその他の必要な事項については、法務省令で定める。

3　第１項の規定により法務大臣が行う電子公告調査を求める者は、実費を勘案して政令で定める額の手数料を納付しなければならない。

（報告及び検査）

第958条　法務大臣は、この法律の施行に必要な限度において、調査機関に対し、その業務若しくは経理の状況に関し報告をさせ、又はその職員に、調査機関の事務所若しくは事業所に立ち入り、業務の状況若しくは帳簿、書類その他の物件を検査させることができる。

2　前項の規定により職員が立入検査をする場合

には、その身分を示す証明書を携帯し、関係人にこれを提示しなければならない。

3　第１項の規定による立入検査の権限は、犯罪捜査のために認められたものと解釈してはならない。

（公示）

第959条　法務大臣は、次に掲げる場合には、その旨を官報に公示しなければならない。

一　登録をしたとき。

二　第945条第１項の規定により登録が効力を失ったことを確認したとき。

三　第948条又は第950条の届出があったとき。

四　第954条の規定により登録を取り消し、又は電子公告調査の業務の全部若しくは一部の停止を命じたとき。

五　第957条第１項の規定により法務大臣が電子公告調査の業務の全部若しくは一部を自ら行うものとするとき、又は自ら行っていた電子公告調査の業務の全部若しくは一部を行わないこととするとき。

第８編　罰則

（取締役等の特別背任罪）

第960条　次に掲げる者が、自己若しくは第三者の利益を図り又は株式会社に損害を加える目的で、その任務に背く行為をし、当該株式会社に財産上の損害を加えたときは、10年以下の懲役若しくは1000万円以下の罰金に処し、又はこれを併科する。

一　発起人

二　設立時取締役又は設立時監査役

三　取締役、会計参与、監査役又は執行役

四　民事保全法第56条に規定する仮処分命令により選任された取締役、監査役又は執行役の職務を代行する者

五　第346条第２項＜裁判所による一時役員の選任＞、第351条第２項＜裁判所による一時代表取締役の選任＞又は第401条第３項＜裁判所による一時委員の選任＞（第403条第３項及び第420条第３項において準用する場合を含む。）の規定により選任された一時取締役（監査等委員会設置会社にあっては、監査等委員である取締役又はそれ以外の取締役）、会計参与、監査役、代表取締役、委員（指名委員会、監査委員会又は報酬委員会の委員をいう。）、執行役又は代表執行役の職務を行うべき者

六　支配人

七　事業に関するある種類又は特定の事項の委任を受けた使用人

八　検査役

2　次に掲げる者が、自己若しくは第三者の利益を図り又は清算株式会社に損害を加える目的で、その任務に背く行為をし、当該清算株式会社に財産上の損害を加えたときも、前項と同様とする。

一　清算株式会社の清算人

二　民事保全法第56条に規定する仮処分命令により選任された清算株式会社の清算人の職務を代行する者

三　第479条第４項において準用する第346条第２項又は第483条第６項において準用する第351条第２項の規定により選任された一時清算人又は代表清算人の職務を行うべき者

四　清算人代理

五　監督委員

六　調査委員

（代表社債権者等の特別背任罪）

第961条　代表社債権者又は決議執行者（第737条第２項に規定する決議執行者をいう。以下同じ。）が、自己若しくは第三者の利益を図り又は社債権者に損害を加える目的で、その任務に背く行為をし、社債権者に財産上の損害を加えたときは、５年以下の懲役若しくは500万円以下の罰金に処し、又はこれを併科する。

（未遂罪）

第962条　前２条の罪の未遂は、罰する。

（会社財産を危うくする罪）

第963条　第960条第１項第１号又は第２号＜発起人、設立時取締役又は設立時監査役＞に掲げる者が、第34条第１項＜発起人の出資の履行＞若しくは第63条第１項＜設立時募集株式の払込金額の払込み＞の規定による払込み若しくは給付について、又は第28条各号＜変態設立事項＞に掲げる事項について、裁判所又は創立総会若しくは種類創立総会に対し、虚偽の申述を行い、又は事実を隠ぺいしたときは、５年以下の懲役若しくは500万円以下の罰金に処し、又はこれを併科する。

2　第960条第１項第３号から第５号＜取締役、会計参与、監査役又は執行役等＞までに掲げる者が、第199条第１項第３号＜現物出資である旨と当該財産の内容及び価額＞又は第236条第１項第３号＜新株予約権の行使時に出資される金銭以外の財産＞に掲げる事項について、裁判所又は株主総会若しくは種類株主総会に対し、虚偽の申述を行い、又は事実を隠ぺいし

たときも、前項と同様とする。

3　検査役が、第28条各号<変態設立事項>、第199条第1項第3号<現物出資である旨と当該財産の内容及び価額>又は第236条第1項第3号<新株予約権の行使時に出資される金銭以外の財産>に掲げる事項について、裁判所に対し、虚偽の申述を行い、又は事実を隠ぺいしたときも、第1項と同様とする。

4　第94条第1項<設立時取締役等が発起人である場合の調査>の規定により選任された者が、第34条第1項<発起人の出資の履行>若しくは第63条第1項<設立時募集株式の払込金額の払込み>の規定による払込み若しくは給付について、又は第28条各号<変態設立事項>に掲げる事項について、創立総会に対し、虚偽の申述を行い、又は事実を隠ぺいしたときも、第1項と同様とする。

5　第960条第1項第3号から第7号<取締役、会計参与、監査役又は執行役等>までに掲げる者が、次のいずれかに該当する場合にも、第1項と同様とする。

一　何人の名義をもってするかを問わず、株式会社の計算において不正にその株式を取得したとき。

二　法令又は定款の規定に違反して、剰余金の配当をしたとき。

三　株式会社の目的の範囲外において、投機取引のために株式会社の財産を処分したとき。

（虚偽文書行使等の罪）

第964条　次に掲げる者が、株式、新株予約権、社債又は新株予約権付社債を引き受ける者の募集をするに当たり、会社の事業その他の事項に関する説明を記載した資料若しくは当該募集の広告その他の当該募集に関する文書であって重要な事項について虚偽の記載のあるものを行使し、又はこれらの書類の作成に代えて電磁的記録の作成がされている場合における当該電磁的記録であって重要な事項について虚偽の記録のあるものをその募集の事務の用に供したときは、5年以下の懲役若しくは500万円以下の罰金に処し、又はこれを併科する。

一　第960条第1項第1号から第7号まで<発起人等>に掲げる者

二　持分会社の業務を執行する社員

三　民事保全法第56条に規定する仮処分命令により選任された持分会社の業務を執行する社員の職務を代行する者

四　株式、新株予約権、社債又は新株予約権付社債を引き受ける者の募集の委託を受けた者

2　株式、新株予約権、社債又は新株予約権付社債の売出しを行う者が、その売出しに関する文書であって重要な事項について虚偽の記載のあるものを行使し、又は当該文書の作成に代えて電磁的記録の作成がされている場合における当該電磁的記録であって重要な事項について虚偽の記録のあるものをその売出しの事務の用に供したときも、前項と同様とする。

（預合いの罪）

第965条　第960条第1項第1号から第7号まで<発起人等>に掲げる者が、株式の発行に係る払込みを仮装するため預合いを行ったときは、5年以下の懲役若しくは500万円以下の罰金に処し、又はこれを併科する。預合いに応じた者も、同様とする。

（株式の超過発行の罪）

第966条　次に掲げる者が、株式会社が発行することができる株式の総数を超えて株式を発行したときは、5年以下の懲役又は500万円以下の罰金に処する。

一　発起人

二　設立時取締役又は設立時執行役

三　取締役、執行役又は清算株式会社の清算人

四　民事保全法第56条に規定する仮処分命令により選任された取締役、執行役又は清算株式会社の清算人の職務を代行する者

五　第346条第2項<裁判所による一時役員の選任>（第479条第4項において準用する場合を含む。）又は第403条第3項<執行役が欠けた場合における委員が欠けた場合の規定の準用>において準用する第401条第3項<裁判所による一時委員の選任>の規定により選任された一時取締役（監査等委員会設置会社にあっては、監査等委員である取締役又はそれ以外の取締役）、執行役又は清算株式会社の清算人の職務を行うべき者

（取締役等の贈収賄罪）

第967条　次に掲げる者が、その職務に関し、不正の請託を受けて、財産上の利益を収受し、又はその要求若しくは約束をしたときは、5年以下の懲役又は500万円以下の罰金に処する。

一　第960条第1項各号<発起人等>又は第2項各号<清算株式会社の清算人等>に掲げる者

二　第961条<代表社債権者等の特別背任罪>に規定する者

三　会計監査人又は第346条第4項<監査役による

一時会計監査人の職務を行うべき者の選任>の規定により選任された一時会計監査人の職務を行うべき者

2　前項の利益を供与し、又はその申込み若しくは約束をした者は、3年以下の懲役又は300万円以下の罰金に処する。

（株主等の権利の行使に関する贈収賄罪）

第968条　次に掲げる事項に関し、不正の請託を受けて、財産上の利益を収受し、又はその要求若しくは約束をした者は、5年以下の懲役又は500万円以下の罰金に処する。

一　株主総会若しくは種類株主総会、創立総会若しくは種類創立総会、社債権者集会又は債権者集会における発言又は議決権の行使

二　第210条<募集株式の発行等の差止請求>若しくは第247条<募集新株予約権の発行の差止請求>、第297条第1項若しくは第4項<少数株主による株主総会の招集の請求>、第303条第1項若しくは第2項<株主の議題提案権>、第304条<株主の議案提出権>、第305条第1項<株主の議案の要領の通知請求権>若しくは第306条第1項若しくは第2項<株主総会の招集手続等に関する検査役の選任の申立て>（これらの規定を第325条において準用する場合を含む。）、第358条第1項<業務の執行に関する検査役の選任の申立て>、第360条第1項若しくは第2項<株主による取締役の行為の差止め>（これらの規定を第482条第4項<取締役に関する規定の清算人への準用>において準用する場合を含む。）、第422条第1項若しくは第2項<株主による執行役の行為の差止め>、第426条第7項<株主による責任の免除に対する異議>、第433条第1項<会計帳簿の閲覧等の請求>若しくは第479条第2項<株主の申立てにより裁判所がなす清算人の解任>に規定する株主の権利の行使、第511条第1項<特別清算開始の申立て>若しくは第522条第1項<裁判所による特別清算の調査命令>に規定する株主若しくは債権者の権利の行使又は第547条第1項若しくは第3項<特別清算における債権者集会の招集>に規定する債権者の権利の行使

三　社債の総額（償還済みの額を除く。）の10分の1以上に当たる社債を有する社債権者の権利の行使

四　第828条第1項<会社の組織に関する行為の無効の訴え>、第829条から第831条まで<新株発行等の不存在の確認の訴え、株主総会等の決議の不存在又は無効の確認の訴え、株主総会等の決議の取消しの訴え>、第833条第1項<会社の解散の訴え>、第847条第3項若しくは第5項<株主による責任追及等の訴えの提起>、第847条の2第6項若しくは第8項<旧株主による責任追及等の訴えの提起>、第847条の3第7項若しくは第9項<最終完全親会社等の株主による特定責任追及の訴えの提起>、第853条<再審の訴え>、第854条<株式会社の役員の解任の訴え>又は第858条<役員等責任査定決定に対する異議の訴え>に規定する訴えの提起（株主等（第847条の4第2項に規定する株主等をいう。次号において同じ。）、株式会社の債権者又は新株予約権若しくは新株予約権付社債を有する者がするものに限る。）

五　第849条第1項<訴訟参加>の規定による株主等の訴訟参加

2　前項の利益を供与し、又はその申込み若しくは約束をした者も、同項と同様とする。

（没収及び追徴）

第969条　第967条第1項<取締役等の贈収賄罪>又は前条第1項の場合において、犯人の収受した利益は、没収する。その全部又は一部を没収することができないときは、その価額を追徴する。

（株主等の権利の行使に関する利益供与の罪）

第970条　第960条第1項第3号から第6号までに掲げる者又はその他の株式会社の使用人が、株主の権利、当該株式会社に係る適格旧株主（第847条の2第9項<適格旧株主がいる場合における役員等の株式会社に対する損害賠償責任の免除>に規定する適格旧株主をいう。第3項において同じ。）の権利又は当該株式会社の最終完全親会社等（第847条の3第1項に規定する最終完全親会社等をいう。第3項において同じ。）の株主の権利の行使に関し、当該株式会社又はその子会社の計算において財産上の利益を供与したときは、3年以下の懲役又は300万円以下の罰金に処する。

2　情を知って、前項の利益の供与を受け、又は第三者にこれを供与させた者も、同項と同様とする。

3　株主の権利、株式会社に係る適格旧株主の権利又は株式会社の最終完全親会社等の株主の権利の行使に関し、当該株式会社又はその子会社の計算において第1項の利益を自己又は第三者に供与することを同項に規定する者に要求した者も、同項と同様とする。

4　前2項の罪を犯した者が、その実行について第1項に規定する者に対し威迫の行為をしたときは、5年以下の懲役又は500万円以下の罰金に処する。

5　前3項の罪を犯した者には、情状により、懲役及び罰金を併科することができる。

6　第１項の罪を犯した者が自首したときは、その刑を減軽し、又は免除することができる。

（国外犯）

第971条　第960条から第963条まで、第965条、第966条、第967条第１項、第968条第１項及び前条第１項の罪は、日本国外においてこれらの罪を犯した者にも適用する。

2　第967条第２項、第968条第２項及び前条第２項から第４項までの罪は、刑法（明治40年法律第45号）第２条の例に従う。

（法人における罰則の適用）

第972条　第960条、第961条、第963条から第966条まで、第967条第１項又は第970条第１項に規定する者が法人であるときは、これらの規定及び第962条の規定は、その行為をした取締役、執行役その他業務を執行する役員又は支配人に対してそれぞれ適用する。

（業務停止命令違反の罪）

第973条　第954条の規定による電子公告調査（第942条第１項に規定する電子公告調査をいう。以下同じ。）の業務の全部又は一部の停止の命令に違反した者は、１年以下の懲役若しくは100万円以下の罰金に処し、又はこれを併科する。

（虚偽届出等の罪）

第974条　次のいずれかに該当する者は、30万円以下の罰金に処する。

一　第950条の規定による届出をせず、又は虚偽の届出をした者

二　第955条第１項の規定に違反して、調査記録簿等（同項に規定する調査記録簿等をいう。以下この号において同じ。）に同項に規定する電子公告調査に関し法務省令で定めるものを記載せず、若しくは記録せず、若しくは虚偽の記載若しくは記録をし、又は同項若しくは第956条第２項の規定に違反して調査記録簿等を保存しなかった者

三　第958条第１項の規定による報告をせず、若しくは虚偽の報告をし、又は同項の規定による検査を拒み、妨げ、若しくは忌避した者

（両罰規定）

第975条　法人の代表者又は法人若しくは人の代理人、使用人その他の従業者が、その法人又は人の業務に関し、前２条の違反行為をしたときは、行為者を罰するほか、その法人又は人に対しても、各本条の罰金刑を科する。

（過料に処すべき行為）

第976条　発起人、設立時取締役、設立時監査役、設立時執行役、取締役、会計参与若しくはその職務を行うべき社員、監査役、執行役、会計監査人若しくはその職務を行うべき社員、清算人、清算人代理、持分会社の業務を執行する社員、民事保全法第56条に規定する仮処分命令により選任された取締役、監査役、執行役、清算人若しくは持分会社の業務を執行する社員の職務を代行する者、第960条第１項第５号に規定する一時取締役、会計参与、監査役、代表取締役、委員、執行役若しくは代表執行役の職務を行うべき者、同条第２項第３号に規定する一時清算人若しくは代表清算人の職務を行うべき者、第967条第１項第３号に規定する一時会計監査人の職務を行うべき者、検査役、監督委員、調査委員、株主名簿管理人、社債原簿管理人、社債管理者、事務を承継する社債管理者、社債管理補助者、事務を承継する社債管理補助者、代表社債権者、決議執行者、外国会社の日本における代表者又は支配人は、次のいずれかに該当する場合には、100万円以下の過料に処する。ただし、その行為について刑を科すべきときは、この限りでない。

一　この法律の規定による登記をすることを怠ったとき。

二　この法律の規定による公告若しくは通知をすることを怠ったとき、又は不正の公告若しくは通知をしたとき。

三　この法律の規定による開示をすることを怠ったとき。

四　この法律の規定に違反して、正当な理由がないのに、書類若しくは電磁的記録に記録された事項を法務省令で定める方法により表示したものの閲覧若しくは謄写又は書類の謄本若しくは抄本の交付、電磁的記録に記録された事項を電磁的方法により提供すること若しくはその事項を記載した書面の交付を拒んだとき。

五　この法律の規定による調査を妨げたとき。

六　官庁、株主総会若しくは種類株主総会、創立総会若しくは種類創立総会、社債権者集会又は債権者集会に対し、虚偽の申述を行い、又は事実を隠蔽したとき。

七　定款、株主名簿、株券喪失登録簿、新株予約権原簿、社債原簿、議事録、財産目録、会計帳簿、貸借対照表、損益計算書、事業報告、事務報告、第435条第２項若しくは第494条第１項の附属明細書、会計参与報告、

監査報告、会計監査報告、決算報告又は第122条第1項、第149条第1項、第171条の2第1項、第173条の2第1項、第179条の5第1項、第179条の10第1項、第182条の2第1項、第182条の6第1項、第250条第1項、第270条第1項、第682条第1項、第695条第1項、第782条第1項、第791条第1項、第794条第1項、第801条第1項若しくは第2項、第803条第1項、第811条第1項、第815条第1項若しくは第2項、第816条の2第1項若しくは第816条の10第1項の書面若しくは電磁的記録に記載し、若しくは記録すべき事項を記載せず、若しくは記録せず、又は虚偽の記載若しくは記録をしたとき。

八　第31条第1項の規定、第74条第6項、第75条第3項、第76条第4項、第81条第2項若しくは第82条第2項（これらの規定を第86条において準用する場合を含む。）、第125条第1項、第171条の2第1項、第173条の2第2項、第179条の5第1項、第179条の10第2項、第182条の2第1項、第182条の6第2項、第231条第1項若しくは第252条第1項、第310条第6項、第311条第3項、第312条第4項、第318条第2項若しくは第3項若しくは第319条第2項（これらの規定を第325条において準用する場合を含む。）、第371条第1項（第490条第5項において準用する場合を含む。）、第378条第1項、第394条第1項、第399条の11第1項、第413条第1項、第442条第1項若しくは第2項、第496条第1項、第684条第1項、第731条第2項、第782条第1項、第791条第2項、第794条第1項、第801条第3項、第803条第1項、第811条第2項、第815条第3項、第816条の2第1項又は第816条の10第2項の規定に違反して、帳簿又は書類若しくは電磁的記録を備え置かなかったとき。

九　正当な理由がないのに、株主総会若しくは種類株主総会又は創立総会若しくは種類創立総会において、株主又は設立時株主の求めた事項について説明をしなかったとき。

十　第135条第1項の規定に違反して株式を取得したとき、又は同条第3項の規定に違反して株式の処分をすることを怠ったとき。

十一　第178条第1項又は第2項の規定に違反して、株式の消却をしたとき。

十二　第197条第1項又は第2項の規定に違反して、株式の競売又は売却をしたとき。

十三　株式、新株予約権又は社債の発行の日前に株券、新株予約権証券又は社債券を発行したとき。

十四　第215条第1項、第288条第1項又は第696条の規定に違反して、遅滞なく、株券、新株予約権証券又は社債券を発行しなかったとき。

十五　株券、新株予約権証券又は社債券に記載すべき事項を記載せず、又は虚偽の記載をしたとき。

十六　第225条第4項、第226条第2項、第227条又は第229条第2項の規定に違反して、株券喪失登録を抹消しなかったとき。

十七　第230条第1項の規定に違反して、株主名簿に記載し、又は記録したとき。

十八　第296条第1項の規定又は第307条第1項第1号（第325条において準用する場合を含む。）若しくは第359条第1項第1号の規定による裁判所の命令に違反して、株主総会を招集しなかったとき。

十八の二　第303条第1項又は第2項（これらの規定を第325条において準用する場合を含む。）の規定による請求があった場合において、その請求に係る事項を株主総会又は種類株主総会の目的としなかったとき。

十九　第325条の3第1項（第325条の7において準用する場合を含む。）の規定に違反して、電子提供措置をとらなかったとき。

十九の二　第327条の2の規定に違反して、社外取締役を選任しなかったとき。

十九の三　第331条第6項の規定に違反して、社外取締役を監査等委員である取締役の過半数に選任しなかったとき。

二十　第335条第3項の規定に違反して、社外監査役を監査役の半数以上に選任しなかったとき。

二十一　第343条第2項（第347条第2項の規定により読み替えて適用する場合を含む。）又は第344条の2第2項（第347条第1項の規定により読み替えて適用する場合を含む。）の規定による請求があった場合において、その請求に係る事項を株主総会若しくは種類株主総会の目的とせず、又はその請求に係る議案を株主総会若しくは種類株主総会に提出しなかったとき。

二十二　取締役（監査等委員会設置会社にあっては、監査等委員である取締役又はそれ以外の取締役）、会計参与、監査役、執行役又は会計監査人がこの法律又は定款で定めたその員数を欠くこととなった場合において、その選任（一時会計監査人の職務を行うべき者の選任を含む。）の手続をすることを怠ったとき。

二十三　第365条第２項（第419条第２項及び第489条第８項において準用する場合を含む。）又は第430条の２第４項（同条第５項において準用する場合を含む。）の規定に違反して、取締役会又は清算人会に報告せず、又は虚偽の報告をしたとき。

二十四　第390条第３項の規定に違反して、常勤の監査役を選定しなかったとき。

二十五　第445条第３項若しくは第４項の規定に違反して資本準備金若しくは準備金を計上せず、又は第448条の規定に違反して準備金の額の減少をしたとき。

二十六　第449条第２項若しくは第５項、第627条第２項若しくは第５項、第635条第２項若しくは第５項、第670条第２項若しくは第５項、第779条第２項若しくは第５項（これらの規定を第781条第２項において準用する場合を含む。）、第789条第２項若しくは第５項（これらの規定を第793条第２項において準用する場合を含む。）、第799条第２項若しくは第５項（これらの規定を第802条第２項において準用する場合を含む。）、第810条第２項若しくは第５項（これらの規定を第813条第２項において準用する場合を含む。）、第816条の８第２項若しくは第５項又は第820条第１項若しくは第２項の規定に違反して、資本金若しくは準備金の額の減少、持分の払戻し、持分会社の財産の処分、組織変更、吸収合併、新設合併、吸収分割、新設分割、株式交換、株式移転、株式交付又は外国会社の日本における代表者の全員の退任をしたとき。

二十七　第484条第１項若しくは第656条第１項の規定に違反して破産手続開始の申立てを怠ったとき、又は第511条第２項の規定に違反して特別清算開始の申立てをすることを怠ったとき。

二十八　清算の結了を遅延させる目的で、第499条第１項、第660条第１項又は第670条第２項の期間を不当に定めたとき。

二十九　第500条第１項、第537条第１項又は第661条第１項の規定に違反して、債務の弁済をしたとき。

三十　第502条又は第664条の規定に違反して、清算株式会社又は清算持分会社の財産を分配したとき。

三十一　第535条第１項又は第536条第１項の規定に違反したとき。

三十二　第540条第１項若しくは第２項又は第542条第１項若しくは第２項の規定による保全処分に違反したとき。

三十三　第702条の規定に違反して社債を発行し、又は第714条第１項（第714条の７において準用する場合を含む。）の規定に違反して事務を承継する社債管理者若しくは社債管理補助者を定めなかったとき。

三十四　第827条第１項の規定による裁判所の命令に違反したとき。

三十五　第941条の規定に違反して、電子公告調査を求めなかったとき。

第977条　次のいずれかに該当する者は、100万円以下の過料に処する。

一　第946条第３項の規定に違反して、報告をせず、又は虚偽の報告をした者

二　第951条第１項の規定に違反して、財務諸表等（同項に規定する財務諸表等をいう。以下同じ。）を備え置かず、又は財務諸表等に記載し、若しくは記録すべき事項を記載せず、若しくは記録せず、若しくは虚偽の記載若しくは記録をした者

三　正当な理由がないのに、第951条第２項各号又は第955条第２項各号に掲げる請求を拒んだ者

第978条　次のいずれかに該当する者は、100万円以下の過料に処する。

一　第６条第３項の規定に違反して、他の種類の会社であると誤認されるおそれのある文字をその商号中に用いた者

二　第７条の規定に違反して、会社であると誤認されるおそれのある文字をその名称又は商号中に使用した者

三　第８条第１項の規定に違反して、他の会社（外国会社を含む。）であると誤認されるおそれのある名称又は商号を使用した者

第979条　会社の成立前に当該会社の名義を使用して事業をした者は、会社の設立の登録免許税の額に相当する過料に処する。

2　第818条第１項又は第821条第１項の規定に違反して取引をした者も、前項と同様とする。

会社法

会社法の施行に伴う関係法律の整備等に関する法律　抄

平成17年法律第87号
最終改正　令和元年法律第71号

目次

第1章　法律の廃止等

第1節　商法中署名すべき場合に関する法律等の廃止

第1条　次に掲げる法律は、廃止する。
一　商法中署名すべき場合に関する法律（明治33年法律第17号）
二　商法中改正法律施行法（昭和13年法律第73号）
三　有限会社法（昭和13年法律第74号）
四　銀行等の事務の簡素化に関する法律（昭和18年法律第42号）
五　会社の配当する利益又は利息の支払に関する法律（昭和23年法律第64号）
六　法務局及び地方法務局設置に伴う関係法律の整理等に関する法律（昭和24年法律第137号）
七　商法の一部を改正する法律施行法（昭和26年法律第210号）
八　株式会社の監査等に関する商法の特例に関する法律（昭和49年法律第22号）
九　銀行持株会社の創設のための銀行等に係る合併手続の特例等に関する法律（平成9年法律第121号）

第2節　有限会社法の廃止に伴う経過措置

第1款　旧有限会社の存続

第2条　前条第3号の規定による廃止前の有限会社法（以下「旧有限会社法」という。）の規定による有限会社であってこの法律の施行の際現に存するもの（以下「旧有限会社」という。）は、この法律の施行の日（以下「施行日」という。）以後は、この節の定めるところにより、会社法（平成17年法律第86号）の規定による株式会社として存続するものとする。
2　前項の場合においては、旧有限会社の定款、社員、持分及び出資一口を、それぞれ同項の規定により存続する株式会社の定款、株主、株式及び1株とみなす。
3　第1項の規定により存続する株式会社の施行日における発行可能株式総数及び発行済株式の総数は、同項の旧有限会社の資本の総額を当該旧有限会社の出資一口の金額で除して得た数とする。

第2款　経過措置及び特例有限会社に関する会社法の特則

（商号に関する特則）
第3条　前条第1項の規定により存続する株式会社は、会社法第6条第2項の規定にかかわらず、その商号中に有限会社という文字を用いなければならない。
2　前項の規定によりその商号中に有限会社という文字を用いる前条第1項の規定により存続する株式会社（以下「特例有限会社」という。）は、その商号中に特例有限会社である株式会社以外の株式会社、合名会社、合資会社又は合同会社であると誤認されるおそれのある文字を用いてはならない。
3　特例有限会社である株式会社以外の株式会社、合名会社、合資会社又は合同会社は、その商号中に、特例有限会社であると誤認されるおそれのある文字を用いてはならない。
4　前2項の規定に違反して、他の種類の会社であると誤認されるおそれのある文字をその商号中に用いた者は、100万円以下の過料に処する。

（旧有限会社の設立手続等の効力）
第4条　旧有限会社の設立、資本の増加、合併（合併後存続する会社又は合併によって設立する会社が旧有限会社であるものに限る。）、新設分割、吸収分割（分割によって営業を承継する会社が旧有限会社であるものに限る。）又は旧有限会社法第64条第1項若しくは第67条第1項の規定による組織変更について施行日前に行った社員総会又は株主総会の決議その他の手続は、施行日前にこれらの行為の効力が生じない場合には、その効力を失う。

（定款の記載等に関する経過措置）
第5条　旧有限会社の定款における旧有限会社法第6条第1項第1号、第2号及び第7号に掲げる事項の記載又は記録はそれぞれ第２条第１項の規定により存続する株式会社の定款における会社法第27条第１号から第３号までに掲げる事項の記載又は記録とみなし、旧有限会社の定款における旧有限会社法第６条第１項第３号から第６号までに掲げる事項の記載又は記録は第２条第１項の規定により存続する株式会社の定款に記載又は記録がないものとみなす。

2　旧有限会社における旧有限会社法第88条第３項第１号又は第２号に掲げる定款の定めは、第２条第１項の規定により存続する株式会社の定款における会社法第939条第１項の規定による公告方法の定めとみなす。

3　旧有限会社における旧有限会社法第88条第３項第３号に掲げる定款の定めは、第２条第１項の規定により存続する株式会社の定款における会社法第939条第３項後段の規定による定めとみなす。

4　前２項の規定にかかわらず、この法律の施行の際現に旧有限会社が旧有限会社法第88条第１項に規定する公告について異なる２以上の方法の定款の定めを設けている場合には、施行日に、当該定款の定めはその効力を失う。

5　会社法第27条第４号及び第５号の規定は、第２条第１項の規定により存続する株式会社には、適用しない。

（定款の備置き及び閲覧等に関する特則）

第６条　第２条第１項の規定により存続する株式会社は、会社法第31条第２項各号に掲げる請求に応じる場合には、当該請求をした者に対し、定款に記載又は記録がないものであっても、この節の規定により定款に定めがあるものとみなされる事項を示さなければならない。

（出資の引受けの意思表示の効力）

第７条　第２条第１項の規定により存続する株式会社の株主は、当該株主がした旧有限会社の出資の引受けの意思表示について、民法（明治29年法律第89号）第93条ただし書、第94条第１項若しくは第95条の規定によりその無効を主張し、又は詐欺若しくは強迫を理由としてその取消しをすることができない。

（社員名簿に関する経過措置）

第８条　旧有限会社の社員名簿は、会社法第121条の株主名簿とみなす。

2　前項の社員名簿における次の各号に掲げる事項の記載又は記録は、同項の株主名簿における当該各号に定める規定に掲げる事項の記載又は記録とみなす。

一　社員の氏名又は名称及び住所　会社法第121条第１号

二　社員の出資の口数　会社法第121条第２号

（株式の譲渡制限の定めに関する特則）

第９条　特例有限会社の定款には、その発行する全部の株式の内容として当該株式を譲渡により取得することについて当該特例有限会社の承認を要する旨及び当該特例有限会社の株主が当該株式を譲渡により取得する場合においては当該特例有限会社が会社法第136条又は第137条第１項の承認をしたものとみなす旨の定めがあるものとみなす。

2　特例有限会社は、その発行する全部又は一部の株式の内容として前項の定めと異なる内容の定めを設ける定款の変更をすることができない。

（持分に関する定款の定めに関する経過措置）

第10条　この法律の施行の際旧有限会社の定款に現に次の各号に掲げる規定に規定する別段の定めがある場合における当該定めに係る持分は、第２条第１項の規定により存続する株式会社における当該各号に定める規定に掲げる事項についての定めがある種類の株式とみなす。

一　旧有限会社法第39条第１項ただし書　会社法第108条第１項第３号

二　旧有限会社法第44条　会社法第108条第１項第１号

三　旧有限会社法第73条　会社法第108条第１項第２号

（持分の譲渡の承認手続に関する経過措置）

第11条　施行日前に旧有限会社法第19条第３項又は第７項の規定による請求がされた場合における当該請求に係る手続については、なお従前の例による。

（自己の持分の取得に関する経過措置）

第12条　施行日前に定時社員総会の招集の手続が開始された場合におけるその定時社員総会の決議を要する自己の持分の取得に相当する自己の株式の取得については、なお従前の例による。

（持分の消却に関する経過措置）

第13条　施行日前に社員総会の招集の手続が開始された場合におけるその社員総会の決議を要する持分の消却に相当する株式の消却（資本の減少の規定に従う場合を除く。）については、なお従前の例による。ただし、株式の消却に関する登記の登記事項については、会社法の定めるところによる。

（株主総会に関する特則）

第14条　特例有限会社の総株主の議決権の10分の１以上を有する株主は、取締役に対し、株主総会の目的である事項及び招集の理由を示して、株主総会の招集を請求することができる。ただし、定款に別段の定めがある場合は、この限りでない。

2　次に掲げる場合には、前項本文の規定による請求をした株主は、裁判所の許可を得て、株主総会を招集することができる。

一　前項本文の規定による請求の後遅滞なく招集の手続が行われない場合

二　前項本文の規定による請求があった日から８週間（これを下回る期間を定款で定めた場合にあっては、その期間）以内の日を株主総会の日とする株主総会の招集の通知が発せられない場合

3　特例有限会社の株主総会の決議については、会社法第309条第２項中「当該株主総会において議決権を行使することができる株主の議決権の過半数（３分の１以上の割合を定款で定めた場合にあっては、その割合以上）を有する株主が出席し、出席した当該株主の議決権

の3分の2」とあるのは、「総株主の半数以上（これを上回る割合を定款で定めた場合にあっては、その割合以上）であって、当該株主の議決権の4分の3」とする。

4　特例有限会社は、会社法第108条第1項第3号に掲げる事項についての定めがある種類の株式に関し、その株式を有する株主が総株主の議決権の10分の1以上を有する株主の権利の行使についての規定の全部又は一部の適用については議決権を有しないものとする旨を定款で定めることができる。

5　特例有限会社については、会社法第297条及び第301条から第307条までの規定は、適用しない。

（社員総会の権限及び手続に関する経過措置）

第15条　施行日前に社員総会の招集の手続が開始された場合における当該社員総会に相当する株主総会の権限及び手続については、なお従前の例による。

（社員総会の決議に関する経過措置）

第16条　施行日前に社員総会が旧有限会社法の規定に基づいてした取締役又は監査役の選任その他の事項に関する決議は、当該決議があった日に、第2条第1項の規定により存続する株式会社の株主総会が会社法の相当規定に基づいてした決議とみなす。

（株主総会以外の機関の設置に関する特則）

第17条　特例有限会社の株主総会以外の機関の設置については、会社法第326条第2項中「取締役会、会計参与、監査役、監査役会、会計監査人、監査等委員会又は指名委員会等」とあるのは、「監査役」とする。

2　特例有限会社については、会社法第328条第2項の規定は、適用しない。

（取締役の任期等に関する規定の適用除外）

第18条　特例有限会社については、会社法第332条、第336条及び第343条の規定は、適用しない。

（取締役等の資格に関する経過措置）

第19条　会社法第331条第1項（同法第335条第1項、第402条第4項及び第478条第8項において準用する場合を含む。）の規定の適用については、旧有限会社法の規定（この節の規定によりなお従前の例によることとされる場合における旧有限会社法の規定を含む。）に違反し、刑に処せられた者は、会社法の規定に違反し、刑に処せられたものとみなす。

2　会社法第331条第1項第3号（同法第335条第1項及び第478条第8項において準用する場合を含む。）の規定は、この法律の施行の際現に旧有限会社の取締役、監査役又は清算人である者が施行日前に犯した証券取引法等の一部を改正する法律の施行に伴う関係法律の整備等に関する法律（平成18年法律第66号）第205条の規定による改正前の会社法（第58条第2項、第94条第2項並びに第211条第3項及び第6項において「旧会社法」という。）第331条第1項第3号に規定する証券取引法（昭和23年法律第25号）、民事再生法（平成11年法律第225号）、外国倒産処理手続の承認援助に関する法律（平成12年法律第129号）、会社更生法（平成14年法律第154号）又は破産法（平成16年法律第75号）の罪により刑に処せられた場合におけるその者の第2条第1項の規定により存続する株式会社の取締役、監査役又は清算人としての継続する在任については、適用しない。

（役員等の行為に関する経過措置）

第20条　ある者が旧有限会社の取締役、監査役又は清算人として施行日前にした又はすべきであった旧有限会社法又は旧有限会社法において準用する第64条の規定による改正前の商法（明治32年法律第48号。以下「旧商法」という。）に規定する行為については、当該行為をした又はすべきであった日に、それぞれその者が第2条第1項の規定により存続する株式会社の取締役、監査役又は清算人としてした又はすべきであった会社法の相当規定に規定する行為とみなす。

（取締役に関する規定の適用除外）

第21条　特例有限会社については、会社法第348条第3項及び第4項並びに第357条の規定は、適用しない。

（業務の執行に関する検査役の選任に関する経過措置）

第22条　会社法第358条の規定の適用については、施行日前に旧有限会社がした業務の執行は、当該業務の執行の日に、第2条第1項の規定により存続する株式会社がしたものとみなす。

（業務の執行に関する検査役の選任に関する特則）

第23条　特例有限会社の業務の執行に関する検査役の選任については、会社法第358条第1項中「次に掲げる株主」とあるのは、「総株主の議決権の10分の1以上の議決権を有する株主」とする。

（監査役の監査範囲に関する特則）

第24条　監査役を置く旨の定款の定めのある特例有限会社の定款には、会社法第389条第1項の規定による定めがあるものとみなす。

（取締役等の損害賠償責任に関する経過措置）

第25条　旧有限会社の取締役、監査役又は清算人の施行日前の行為に基づく損害賠償責任については、なお従前の例による。

（会計帳簿の閲覧等の請求等に関する特則）

第26条　特例有限会社の会計帳簿の閲覧等の請求については、会社法第433条第1項中「総株主（株主総会において決議をすることができる事項の全部につき議決権を行使することができない株主を除く。）の議決権の100分の3（これを下回る割合を定款で定めた場合にあっては、その割合）以上の議決権を有する株主又は発行済株式（自己株式を除く。）の100分の3（これを下回る割合を定款で定めた場合にあっては、その割合）以上の数の株式を有する株主」とあるのは「総株主の議決権の10分の1以上の議決権を有する株主」と、同条第3項中「親会社社員」とあるのは「親会社社員であって当該親会社の総株主の議決権の10分の1以上を有するもの」とする。

2　この法律の施行の際現に旧有限会社法第44条ノ2第2項の規定による定款の定めがある特例有限会社における附属明細書の作成については、なお従前の例による。

（計算書類の作成等に関する経過措置）

第27条　旧有限会社が旧有限会社法の規定（旧有限会

社法において準用する旧商法の規定を含む。）に基づいて施行日前に作成した会計帳簿、計算書類その他の会計又は経理に関する書類は、その作成の日に、第２条第１項の規定により存続する株式会社が会社法の相当規定に基づいて作成したものとみなす。

2　施行日前に到来した最終の決算期（第30条において「直前決算期」という。）に係る旧有限会社法第43条第１項各号に掲げるもの及びこれらの附属明細書の作成、監査及び承認の方法については、なお従前の例による。

3　第１項の規定は、前項の規定により作成した旧有限会社法第43条第１項各号に掲げるもの及びこれらの附属明細書について準用する。

（計算書類の公告等に関する規定の適用除外）

第28条　特例有限会社については、会社法第440条及び第442条第２項の規定は、適用しない。

（資本等の減少に関する経過措置）

第29条　施行日前に社員総会の招集の手続が開始された場合におけるその社員総会の決議を要する資本又は資本準備金若しくは利益準備金の減少については、なお従前の例による。ただし、資本の減少に関する登記の登記事項については、会社法の定めるところによる。

（利益の配当に関する経過措置）

第30条　直前決算期以前の決算期に係る剰余金の配当については、なお従前の例による。

（営業の譲渡等に関する経過措置）

第31条　施行日前に旧有限会社法第40条第１項（同条第３項において準用する場合を含む。）の決議をするための社員総会の招集の手続が開始された場合における同条第１項各号に掲げる行為（旧有限会社法第41条において準用する旧商法第245条ノ２の規定による持分の買取請求の手続を含む。）及び旧有限会社法第40条第３項に規定する行為については、なお従前の例による。

（休眠会社のみなし解散に関する規定の適用除外）

第32条　特例有限会社については、会社法第472条の規定は、適用しない。

（清算株式会社である特例有限会社に関する特則）

第33条　清算株式会社である特例有限会社の株主総会以外の機関の設置については、会社法第477条第２項中「清算人会、監査役又は監査役会」とあるのは、「監査役」とする。

2　清算株式会社である特例有限会社の清算人の解任については、会社法第479条第２項各号列記以外の部分中「次に掲げる株主」とあるのは、「株主」とする。

（旧有限会社が解散した場合における会社の継続及び清算に関する経過措置）

第34条　施行日前に生じた旧有限会社法第69条第１項各号に掲げる事由により旧有限会社が解散した場合における第２条第１項の規定により存続する株式会社の継続及び清算については、なお従前の例による。ただし、継続及び清算に関する登記の登記事項については、会社法の定めるところによる。

（特別清算に関する規定の適用除外）

第35条　特例有限会社については、会社法第２編第９章第２節の規定は、適用しない。

（合併等に関する経過措置）

第36条　施行日前に社員総会又は株主総会の招集の手続が開始された場合におけるその社員総会又は株主総会の決議を要する合併（合併後存続する会社又は合併により設立する会社が株式会社であるものに限る。）及び吸収分割（分割により営業を承継する会社が株式会社であるものに限る。）については、なお従前の例による。ただし、合併及び吸収分割に関する登記の登記事項については、会社法の定めるところによる。

（合併等の制限）

第37条　特例有限会社は、会社法第749条第１項に規定する吸収合併存続会社又は同法第757条に規定する吸収分割承継会社となることができない。

（株式交換、株式移転及び株式交付に関する規定の適用除外）

第38条　特例有限会社については、会社法第５編第４章及び第４章の２並びに同編第５章中株式交換、株式移転及び株式交付の手続に係る部分の規定は、適用しない。

（役員の解任の訴えに関する特則）

第39条　特例有限会社の役員の解任の訴えについては、会社法第854条第１項各号列記以外の部分中「次に掲げる株主」とあるのは、「総株主の議決権の10分の１以上の議決権を有する株主」とする。

（有限会社の組織に関する訴え等に関する経過措置）

第40条　施行日前に提起された、自己の持分の処分の無効の訴え、取締役若しくは監査役の解任の訴え、社員総会の決議の取消しの訴え、社員総会の決議の不存在若しくは無効の確認の訴え、資本準備金若しくは利益準備金の減少の無効の訴え、資本増加の無効の訴え、資本減少の無効の訴え、合併の無効の訴え、新設分割若しくは吸収分割の無効の訴え、旧有限会社の解散の訴え又は旧有限会社の設立の無効若しくは取消しの訴えについては、なお従前の例による。

2　施行日前に社員が旧有限会社法第31条第１項の訴えの提起を請求した場合における当該訴えについては、なお従前の例による。

3　施行日前に提起された旧有限会社の設立の無効の訴えに係る請求を認容する判決が確定した場合における第２条第１項の規定により存続する株式会社の清算については、なお従前の例による。ただし、清算に関する登記の登記事項については、会社法の定めるところによる。

4　施行日前に提起された旧有限会社の設立の取消しの訴えに係る請求を認容する判決が確定した場合における第２条第１項の規定により存続する株式会社の継続及び清算についても、前項と同様とする。

（非訟事件に関する経過措置）

第41条　施行日前に申立て又は裁判があった旧有限会社法（旧有限会社法において準用する旧商法を含む。）及び

第119条の規定による改正前の非訟事件手続法（明治31年法律第14号）の規定による非訟事件（清算に関する事件を除く。次項において同じ。）の手続については、なお従前の例による。

2　この款の規定によりなお従前の例によることとされる場合における非訟事件の手続についても、前項と同様とする。

（登記に関する経過措置）

第42条　旧有限会社法の規定による旧有限会社の資本の総額の登記は、会社法の規定による特例有限会社の資本金の額の登記とみなす。

2　前項に規定するもののほか、旧有限会社法の規定による旧有限会社の登記は、会社法の相当規定（次条の規定により読み替えて適用する場合を含む。）による特例有限会社の登記とみなす。

3　特例有限会社については、施行日に、その本店の所在地において、会社法第911条第3項第6号及び第9号に掲げる事項として、第2条第3項の規定による発行可能株式総数及び発行済株式の総数が登記されたものとみなす。

4　特例有限会社については、施行日に、その本店の所在地において、会社法第911条第3項第7号に掲げる事項として、第9条第1項の規定によりあるものとみなされた定款の定めが登記されたものとみなす。

5　旧有限会社が旧有限会社法第88条第3項第1号又は第2号に掲げる定款の定めの登記をしている場合には、施行日に、特例有限会社について、その本店の所在地において、会社法第911条第3項第28号及び第29号イに掲げる事項として、第5条第2項の規定によりみなされた公告方法の定めが登記されたものとみなす。

6　旧有限会社が旧有限会社法第88条第3項第3号に掲げる定款の定めの登記をしている場合には、施行日に、特例有限会社について、その本店の所在地において、会社法第911条第3項第29号ロに掲げる事項として、第5条第3項の規定によりみなされた同法第939条第3項後段の規定による定めが登記されたものとみなす。

7　旧有限会社が旧有限会社法第88条第3項第1号若しくは第2号に掲げる定款の定めの登記をしていない場合又は第5条第4項の規定に該当する場合には、施行日に、特例有限会社について、その本店の所在地において、会社法第911条第3項第30号に掲げる事項が登記されたものとみなす。

8　特例有限会社は、第10条の規定によりみなされた種類の株式がある場合には、施行日から6箇月以内に、会社法第911条第3項第7号及び第9号に掲げる事項の登記をしなければならない。

9　特例有限会社は、前項の登記をするまでに他の登記をするときは、当該他の登記と同時に、同項の登記をしなければならない。

10　第8項の登記をするまでに同項に規定する事項に変更を生じたときは、遅滞なく、当該変更に係る登記と同時に、変更前の事項の登記をしなければならない。

11　特例有限会社の取締役又は清算人は、前3項の規定に違反した場合には、100万円以下の過料に処する。

（登記に関する特則）

第43条　特例有限会社の登記については、会社法第911条第3項第13号中「氏名」とあるのは「氏名及び住所」と、同項第14号中「氏名及び住所」とあるのは「氏名（特例有限会社を代表しない取締役がある場合に限る。）」と、同項第17号中「その旨及び次に掲げる事項」とあるのは「監査役の氏名及び住所」とする。

2　特例有限会社の清算人の登記については、会社法第928条第1項第1号中「氏名」とあるのは「氏名及び住所」と、同項第2号中「氏名及び住所」とあるのは「氏名（特例有限会社を代表しない清算人がある場合に限る。）」とする。

（旧有限会社法の規定の読替え等）

第44条　この節の規定によりなお従前の例によることとされる場合においては、旧有限会社法中「社員」とあるのは「株主」と、「社員総会」とあるのは「株主総会」と、「社員名簿」とあるのは「株主名簿」とするほか、必要な技術的読替えは、法務省令で定める。

第3款　商号変更による通常の株式会社への移行

（株式会社への商号変更）

第45条　特例有限会社は、第3条第1項の規定にかかわらず、定款を変更してその商号中に株式会社という文字を用いる商号の変更をすることができる。

2　前項の規定による定款の変更は、次条の登記（本店の所在地におけるものに限る。）をすることによって、その効力を生ずる。

（特例有限会社の通常の株式会社への移行の登記）

第46条　特例有限会社が前条第1項の規定による定款の変更をする株主総会の決議をしたときは、2週間以内に、その本店の所在地において、当該特例有限会社については解散の登記をし、同項の商号の変更後の株式会社については設立の登記をしなければならない。この場合においては、会社法第915条第1項の規定は、適用しない。

第3節　会社の配当する利益又は利息の支払に関する法律の廃止に伴う経過措置

第47条　施行日前に第1条第5号の規定による廃止前の会社の配当する利益又は利息の支払に関する法律第1項の規定により同項に規定する株主が旧商法の規定による株式会社であってこの法律の施行の際現に存するもの（以下「旧株式会社」という。）に通知した場所は、会社法第457条第1項の規定により同項に規定する株主が第66条第1項前段の規定により存続する株式会社に通知した場所とみなす。

第４節　株式会社の監査等に関する商法の特例に関する法律の廃止に伴う経過措置

（会計帳簿等に関する経過措置）

第48条　旧株式会社が第１条第８号の規定による廃止前の株式会社の監査等に関する商法の特例に関する法律（以下「旧商法特例法」という。）の規定に基づいて施行日前に作成した会計帳簿、計算書類その他の会計又は経理に関する書類は、その作成の日に、第66条第１項の規定により存続する株式会社（以下この節において「新株式会社」という。）が会社法の相当規定に基づいて作成したものとみなす。

（株主総会の決議に関する経過措置）

第49条　旧株式会社の株主総会が旧商法特例法の規定に基づいて施行日前にした会計監査人の選任その他の事項に関する決議は、当該決議があった日に、新株式会社の株主総会が会社法の相当規定に基づいてした決議とみなす。

（役員等の行為に関する経過措置）

第50条　ある者が旧株式会社の発起人、取締役、代表取締役、監査役、会計監査人、執行役、代表執行役又は清算人として施行日前にした又はすべきであった旧商法特例法及び旧商法特例法において準用する旧商法に規定する行為については、当該行為をした又はすべきであった日に、それぞれその者が新株式会社の発起人、取締役、代表取締役、監査役、会計監査人、執行役、代表執行役又は清算人としてした又はすべきであった会社法の相当規定に規定する行為とみなす。

（取締役会等の決議等に関する経過措置）

第51条　旧株式会社の取締役会、監査役会又は委員会が旧商法特例法の規定に基づいて施行日前にした執行役の選任の決議その他の権限の行使は、当該権限の行使がされた日に、新株式会社の取締役会、監査役会又は委員会が会社法の相当規定に基づいてした権限の行使とみなす。

（旧大会社等の定款に関する経過措置）

第52条　旧株式会社がこの法律の施行の際現に旧商法特例法第１条の２第１項に規定する大会社（以下「旧大会社」という。）若しくは同条第３項第２号に規定するみなし大会社（以下「旧みなし大会社」という。）であって旧委員会等設置会社（同項に規定する委員会等設置会社をいう。以下この節において同じ。）でない場合又は第66条第１項後段に規定する株式会社が旧商法特例法の適用があるとするならば旧大会社若しくは旧みなし大会社に該当し旧委員会等設置会社でない場合における新株式会社の定款には、監査役会及び会計監査人を置く旨の定めがあるものとみなす。

（監査役の権限の範囲に関する経過措置）

第53条　旧株式会社がこの法律の施行の際現に旧商法特例法第１条の２第２項に規定する小会社（以下「旧小会社」という。）である場合又は第66条第１項後段に規定する株式会社が旧商法特例法の適用があるとするならば旧小会社に該当する場合における新株式会社の定款には、会社法第389条第１項の規定による定めがあるものとみなす。

（重要財産委員会に関する経過措置）

第54条　旧株式会社がこの法律の施行の際現に旧商法特例法第１条の３に規定する重要財産委員会を置いている場合における新株式会社においては、当該重要財産委員会を組織する取締役を会社法第373条第１項に規定する特別取締役に選定した同項の規定による取締役会の定めがあるものとみなす。

（会計監査人の損害賠償責任に関する経過措置）

第55条　旧商法特例法の規定による会計監査人の施行日前の行為に基づく損害賠償責任については、なお従前の例による。

（連結計算書類に関する経過措置）

第56条　施行日前に到来した最終の決算期に係る旧商法特例法第19条の２第１項に規定する連結計算書類の作成、承認、監査及び同条第４項の規定による報告の方法については、なお従前の例による。

（委員会等設置会社に関する経過措置）

第57条　旧株式会社がこの法律の施行の際現に旧委員会等設置会社である場合又は第66条第１項後段に規定する株式会社が旧委員会等設置会社である場合における新株式会社の定款には、取締役会、委員会及び会計監査人を置く旨、会社法第459条第１項第２号から第４号までに掲げる事項を取締役会が定めることができる旨並びに当該事項を株主総会の決議によっては定めない旨の定めがあるものとみなす。

（取締役等の資格等に関する経過措置）

第58条　会社法第331条第１項（同法第335条第１項、第402条第４項及び第478条第８項において準用する場合を含む。）の規定の適用については、旧商法特例法の規定（この節の規定によりなお従前の例によることとされる場合における旧商法特例法の規定を含む。）に違反し、刑に処せられた者は、会社法の規定に違反し、刑に処せられたものとみなす。

2　会社法第402条第４項において準用する同法第331条第１項第３号の規定は、この法律の施行の際現に旧商法特例法の規定による執行役である者が施行日前に犯した旧会社法第331条第１項第３号に規定する証券取引法、民事再生法、外国倒産処理手続の承認援助に関する法律、会社更生法又は破産法の罪により刑に処せられた場合におけるその者の第66条第１項前段の規定により存続する株式会社の執行役としての継続する在任については、適用しない。

3　旧商法特例法の規定による執行役の施行日前の行為に基づく損害賠償責任については、なお従前の例による。

（一時執行役の職務を行うべき者の選任に関する経過措置）

第59条　施行日前にした申立てに係る旧商法特例法第21条の14第７項第５号において準用する旧商法第258条第２項の規定による請求の手続については、なお従前の例による。

（代表訴訟に関する経過措置）

第60条　施行日前に株主が旧商法特例法第21条の25

第２項において準用する旧商法第267条第１項の規定により訴えの提起を請求した場合における当該訴えについては、なお従前の例による。

（登記に関する経過措置）

第61条　旧商法特例法の規定による委員会等設置会社の登記は、新株式会社の会社法第911条第３項第22号の規定による登記とみなす。

2　前項に規定するもののほか、旧商法特例法の規定による旧株式会社の登記は、会社法の相当規定による新株式会社の登記とみなす。

3　第66条第１項前段の規定により存続する株式会社は、次の各号に掲げる場合には、施行日から６箇月以内に、その本店の所在地において、当該各号に定める事項の登記をしなければならない。

一　監査役会設置会社である場合　監査役会設置会社である旨及び監査役のうち社外監査役であるものについて社外監査役である旨

二　会計監査人設置会社である場合　会計監査人設置会社である旨及び会計監査人の氏名又は名称

4　第42条第９項及び第10項の規定は、前項の登記について準用する。

5　新株式会社の代表取締役、代表執行役又は清算人は、前２項の規定に違反した場合には、100万円以下の過料に処する。

（旧商法特例法の規定の読替え等）

第62条　この節の規定によりなお従前の例によることとされる場合において必要な技術的読替えは、法務省令で定める。

第５節　銀行持株会社の創設のための銀行等に係る合併手続の特例等に関する法律の廃止に伴う経過措置

第63条　施行日前に第１条第９号の規定による廃止前の銀行持株会社の創設のための銀行等に係る合併手続の特例等に関する法律（以下この条において「旧合併特例法」という。）第12条第１項の申請書に係る申請がされた場合における銀行法（昭和56年法律第59号）第52条の17第１項の認可及び同法第４条第１項の免許並びに旧合併特例法第３条第１項の規定による条件が定められた合併については、なお従前の例による。

第12章　罰則に関する経過措置及び政令への委任

（罰則に関する経過措置）

第527条　施行日前にした行為及びこの法律の規定によりなお従前の例によることとされる場合における施行日以後にした行為に対する罰則の適用については、なお従前の例による。

（政令への委任）

第528条　この法律に定めるもののほか、この法律の規定による法律の廃止又は改正に伴い必要な経過措置は、政令で定める。

会社法施行規則

平成18年法務省令第12号
最終改正　令和６年法務省令第11号

目次

第1編　総則

第1章　通則

（目的）

第1条　この省令は、会社法（平成17年法律第86号。以下「法」という。）の委任に基づく事項その他法の施行に必要な事項を定めることを目的とする。

（定義）

第2条　この省令において、「会社」、「外国会社」、「子会社」、「子会社等」、「親会社」、「親会社等」、「公開会社」、「取締役会設置会社」、「会計参与設置会社」、「監査役設置会社」、「監査役会設置会社」、「会計監査人設置会社」、「監査等委員会設置会社」、「指名委員会等設置会社」、「種類株式発行会社」、「種類株主総会」、「社外取締役」、「社外監査役」、「譲渡制限株式」、「取得条項付株式」、「単元株式数」、「新株予約権」、「新株予約権付社債」、「社債」、「配当財産」、「組織変更」、「吸収合併」、「新設合併」、「吸収分割」、「新設分割」、「株式交換」、「株式移転」、「株式交付」又は「電子公告」とは、それぞれ法第2条に規定する会社、外国会社、子会社、子会社等、親会社、親会社等、公開会社、取締役会設置会社、会計参与設置会社、監査役設置会社、監査役会設置会社、会計監査人設置会社、監査等委員会設置会社、指名委員会等設置会社、種類株式発行会社、種類株主総会、社外取締役、社外監査役、譲渡制限株式、取得条項付株式、単元株式数、新株予約権、新株予約権付社債、社債、配当財産、組織変更、吸収合併、新設合併、吸収分割、新設分割、株式交換、株式移転、株式交付又は電子公告をいう。

2　この省令において、次の各号に掲げる用語の意義は、当該各号に定めるところによる。

一　指名委員会等　法第2条第12号に規定する指名委員会等をいう。

二　種類株主　法第2条第14号に規定する種類株主

をいう。
三　業務執行取締役　法第２条第15号イに規定する業務執行取締役をいう。
四　業務執行取締役等　法第２条第15号イに規定する業務執行取締役等をいう。
五　発行済株式　法第２条第31号に規定する発行済株式をいう。
六　電磁的方法　法第２条第34号に規定する電磁的方法をいう。
七　設立時発行株式　法第25条第１項第１号に規定する設立時発行株式をいう。
八　有価証券　法第33条第10項第２号に規定する有価証券をいう。
九　銀行等　法第34条第２項に規定する銀行等をいう。
十　発行可能株式総数　法第37条第１項に規定する発行可能株式総数をいう。
十一　設立時取締役　法第38条第１項に規定する設立時取締役をいう。
十二　設立時監査等委員　法第38条第２項に規定する設立時監査等委員をいう。
十三　監査等委員　法第38条第２項に規定する監査等委員をいう。
十四　設立時会計参与　法第38条第３項第１号に規定する設立時会計参与をいう。
十五　設立時監査役　法第38条第３項第２号に規定する設立時監査役をいう。
十六　設立時会計監査人　法第38条第３項第３号に規定する設立時会計監査人をいう。
十七　代表取締役　法第47条第１項に規定する代表取締役をいう。
十八　設立時執行役　法第48条第１項第２号に規定する設立時執行役をいう。
十九　設立時募集株式　法第58条第１項に規定する設立時募集株式をいう。
二十　設立時株主　法第65条第１項に規定する設立時株主をいう。
二十一　創立総会　法第65条第１項に規定する創立総会をいう。
二十二　創立総会参考書類　法第70条第１項に規定する創立総会参考書類をいう。
二十三　種類創立総会　法第84条に規定する種類創立総会をいう。
二十四　発行可能種類株式総数　法第101条第１項第３号に規定する発行可能種類株式総数をいう。
二十五　株式等　法第107条第２項第２号ホに規定する株式等をいう。
二十六　自己株式　法第113条第４項に規定する自己株式をいう。
二十七　株券発行会社　法第117条第７項に規定する株券発行会社をいう。
二十八　株主名簿記載事項　法第121条に規定する株主名簿記載事項をいう。
二十九　株主名簿管理人　法第123条に規定する株主名簿管理人をいう。
三十　株式取得者　法第133条第１項に規定する株式取得者をいう。
三十一　親会社株式　法第135条第１項に規定する親会社株式をいう。
三十二　譲渡等承認請求者　法第139条第２項に規定する譲渡等承認請求者をいう。
三十三　対象株式　法第140条第１項に規定する対象株式をいう。
三十四　指定買取人　法第140条第４項に規定する指定買取人をいう。
三十五　１株当たり純資産額　法第141条第２項に規定する１株当たり純資産額をいう。
三十六　登録株式質権者　法第149条第１項に規定する登録株式質権者をいう。
三十七　金銭等　法第151条第１項に規定する金銭等をいう。
三十八　全部取得条項付種類株式　法第171条第１項に規定する全部取得条項付種類株式をいう。
三十九　特別支配株主　法第179条第１項に規定する特別支配株主をいう。
四十　株式売渡請求　法第179条第２項に規定する株式売渡請求をいう。
四十一　対象会社　法第179条第２項に規定する対象会社をいう。
四十二　新株予約権売渡請求　法第179条第３項に規定する新株予約権売渡請求をいう。
四十三　売渡株式　法第179条の２第１項第２号に規定する売渡株式をいう。
四十四　売渡新株予約権　法第179条の２第１項第４号ロに規定する売渡新株予約権をいう。
四十五　売渡株式等　法第179条の２第１項第５号に規定する売渡株式等をいう。
四十六　株式等売渡請求　法第179条の３第１項に規定する株式等売渡請求をいう。
四十七　売渡株主等　法第179条の４第１項第１号に規定する売渡株主等をいう。
四十八　単元未満株式売渡請求　法第194条第１項に規定する単元未満株式売渡請求をいう。
四十九　募集株式　法第199条第１項に規定する募集株式をいう。
五十　株券喪失登録日　法第221条第４号に規定する株券喪失登録日をいう。
五十一　株券喪失登録　法第223条に規定する株券喪失登録をいう。
五十二　株券喪失登録者　法第224条第１項に規定する株券喪失登録者をいう。
五十三　募集新株予約権　法第238条第１項に規定する募集新株予約権をいう。
五十四　新株予約権付社債券　法第249条第２号に規定する新株予約権付社債券をいう。
五十五　証券発行新株予約権付社債　法第249条第２号に規定する証券発行新株予約権付社債をいう。

五十六　証券発行新株予約権　法第249条第３号ニに規定する証券発行新株予約権をいう。
五十七　自己新株予約権　法第255条第１項に規定する自己新株予約権をいう。
五十八　新株予約権取得者　法第260条第１項に規定する新株予約権取得者をいう。
五十九　取得条項付新株予約権　法第273条第１項に規定する取得条項付新株予約権をいう。
六十　新株予約権無償割当て　法第277条に規定する新株予約権無償割当てをいう。
六十一　株主総会参考書類　法第301条第１項に規定する株主総会参考書類をいう。
六十二　電子提供措置　法第325条の２に規定する電子提供措置をいう。
六十三　報酬等　法第361条第１項に規定する報酬等をいう。
六十四　議事録等　法第371条第１項に規定する議事録等をいう。
六十五　執行役等　法第404条第２項第１号に規定する執行役等をいう。
六十六　役員等　法第423条第１項に規定する役員等をいう。
六十七　補償契約　法第430条の２第１項に規定する補償契約をいう。
六十八　役員等賠償責任保険契約　法第430条の３第１項に規定する役員等賠償責任保険契約をいう。
六十九　臨時決算日　法第441条第１項に規定する臨時決算日をいう。
七十　臨時計算書類　法第441条第１項に規定する臨時計算書類をいう。
七十一　連結計算書類　法第444条第１項に規定する連結計算書類をいう。
七十二　分配可能額　法第461条第２項に規定する分配可能額をいう。
七十三　事業譲渡等　法第468条第１項に規定する事業譲渡等をいう。
七十四　清算株式会社　法第476条に規定する清算株式会社をいう。
七十五　清算人会設置会社　法第478条第８項に規定する清算人会設置会社をいう。
七十六　財産目録等　法第492条第１項に規定する財産目録等をいう。
七十七　各清算事務年度　法第494条第１項に規定する各清算事務年度をいう。
七十八　貸借対照表等　法第496条第１項に規定する貸借対照表等をいう。
七十九　協定債権　法第515条第３項に規定する協定債権をいう。
八十　協定債権者　法第517条第１項に規定する協定債権者をいう。
八十一　債権者集会参考書類　法第550条第１項に規定する債権者集会参考書類をいう。
八十二　持分会社　法第575条第１項に規定する持分会社をいう。
八十三　清算持分会社　法第645条に規定する清算持分会社をいう。
八十四　募集社債　法第676条に規定する募集社債をいう。
八十五　社債発行会社　法第682条第１項に規定する社債発行会社をいう。
八十六　社債原簿管理人　法第683条に規定する社債原簿管理人をいう。
八十七　社債権者集会参考書類　法第721条第１項に規定する社債権者集会参考書類をいう。
八十八　組織変更後持分会社　法第744条第１項第１号に規定する組織変更後持分会社をいう。
八十九　社債等　法第746条第１項第７号ニに規定する社債等をいう。
九十　吸収合併消滅会社　法第749条第１項第１号に規定する吸収合併消滅会社をいう。
九十一　吸収合併存続会社　法第749条第１項に規定する吸収合併存続会社をいう。
九十二　吸収合併存続株式会社　法第749条第１項第１号に規定する吸収合併存続株式会社をいう。
九十三　吸収合併消滅株式会社　法第749条第１項第２号に規定する吸収合併消滅株式会社をいう。
九十四　吸収合併存続持分会社　法第751条第１項第１号に規定する吸収合併存続持分会社をいう。
九十五　新設合併設立会社　法第753条第１項に規定する新設合併設立会社をいう。
九十六　新設合併消滅会社　法第753条第１項第１号に規定する新設合併消滅会社をいう。
九十七　新設合併設立株式会社　法第753条第１項第２号に規定する新設合併設立株式会社をいう。
九十八　新設合併消滅株式会社　法第753条第１項第６号に規定する新設合併消滅株式会社をいう。
九十九　吸収分割承継会社　法第757条に規定する吸収分割承継会社をいう。
百　吸収分割会社　法第758条第１号に規定する吸収分割会社をいう。
百一　吸収分割承継株式会社　法第758条第１号に規定する吸収分割承継株式会社をいう。
百二　吸収分割株式会社　法第758条第２号に規定する吸収分割株式会社をいう。
百三　吸収分割承継持分会社　法第760条第１号に規定する吸収分割承継持分会社をいう。
百四　新設分割会社　法第763条第１項第５号に規定する新設分割会社をいう。
百五　新設分割株式会社　法第763条第１項第５号に規定する新設分割株式会社をいう。
百六　新設分割設立会社　法第763条第１項に規定する新設分割設立会社をいう。
百七　新設分割設立株式会社　法第763条第１項第１号に規定する新設分割設立株式会社をいう。
百八　新設分割設立持分会社　法第765条第１項第１号に規定する新設分割設立持分会社をいう。
百九　株式交換完全親会社　法第767条に規定する

株式交換完全親会社をいう。
百十　株式交換完全子会社　法第768条第1項第1号に規定する株式交換完全子会社をいう。
百十一　株式交換完全親株式会社　法第768条第1項第1号に規定する株式交換完全親株式会社をいう。
百十二　株式交換完全親合同会社　法第770条第1項第1号に規定する株式交換完全親合同会社をいう。
百十三　株式移転設立完全親会社　法第773条第1項第1号に規定する株式移転設立完全親会社をいう。
百十四　株式移転完全子会社　法第773条第1項第5号に規定する株式移転完全子会社をいう。
百十五　株式交付親会社　法第774条の3第1項第1号に規定する株式交付親会社をいう。
百十六　株式交付子会社　法第774条の3第1項第1号に規定する株式交付子会社をいう。
百十七　吸収分割合同会社　法第793条第2項に規定する吸収分割合同会社をいう。
百十八　存続株式会社等　法第794条第1項に規定する存続株式会社等をいう。
百十九　新設分割合同会社　法第813条第2項に規定する新設分割合同会社をいう。
百二十　責任追及等の訴え　法第847条第1項に規定する責任追及等の訴えをいう。
百二十一　株式交換等完全子会社　法第847条の2第1項に規定する株式交換等完全子会社をいう。
百二十二　最終完全親会社等　法第847条の3第1項に規定する最終完全親会社等をいう。
百二十三　特定責任追及の訴え　法第847条の3第1項に規定する特定責任追及の訴えをいう。
百二十四　完全親会社等　法第847条の3第2項に規定する完全親会社等をいう。
百二十五　完全子会社等　法第847条の3第2項第2号に規定する完全子会社等をいう。
百二十六　特定責任　法第847条の3第4項に規定する特定責任をいう。
百二十七　株式交換等完全親会社　法第849条第2項第1号に規定する株式交換等完全親会社をいう。

3　この省令において、次の各号に掲げる用語の意義は、当該各号に定めるところによる。
一　法人等　法人その他の団体をいう。
二　会社等　会社（外国会社を含む。）、組合（外国における組合に相当するものを含む。）その他これらに準ずる事業体をいう。
三　役員　取締役、会計参与、監査役、執行役、理事、監事その他これらに準ずる者をいう。
四　会社役員　当該株式会社の取締役、会計参与、監査役及び執行役をいう。
五　社外役員　会社役員のうち、次のいずれにも該当するものをいう。
イ　当該会社役員が社外取締役又は社外監査役であること。
ロ　当該会社役員が次のいずれかの要件に該当すること。
(1)　当該会社役員が法第327条の2、第331条第6項、第373条第1項第2号、第399条の13第5項又は第400条第3項の社外取締役であること。
(2)　当該会社役員が法第335条第3項の社外監査役であること。
(3)　当該会社役員を当該株式会社の社外取締役又は社外監査役であるものとして計算関係書類、事業報告、株主総会参考書類その他当該株式会社が法令その他これに準ずるものの規定に基づき作成する資料に表示していること。
六　業務執行者　次に掲げる者をいう。
イ　業務執行取締役、執行役その他の法人等の業務を執行する役員（法第348条の2第1項及び第2項の規定による委託を受けた社外取締役を除く。）
ロ　業務を執行する社員、法第598条第1項の職務を行うべき者その他これに相当する者
ハ　使用人
七　社外取締役候補者　次に掲げるいずれにも該当する候補者をいう。
イ　当該候補者が当該株式会社の取締役に就任した場合には、社外取締役となる見込みであること。
ロ　次のいずれかの要件に該当すること。
(1)　当該候補者を法第327条の2、第331条第6項、第373条第1項第2号、第399条の13第5項又は第400条第3項の社外取締役であるものとする予定があること。
(2)　当該候補者を当該株式会社の社外取締役であるものとして計算関係書類、事業報告、株主総会参考書類その他株式会社が法令その他これに準ずるものの規定に基づき作成する資料に表示する予定があること。
八　社外監査役候補者　次に掲げるいずれにも該当する候補者をいう。
イ　当該候補者が当該株式会社の監査役に就任した場合には、社外監査役となる見込みであること。
ロ　次のいずれかの要件に該当すること。
(1)　当該候補者を法第335条第3項の社外監査役であるものとする予定があること。
(2)　当該候補者を当該株式会社の社外監査役であるものとして計算関係書類、事業報告、株主総会参考書類その他株式会社が法令その他これに準ずるものの規定に基づき作成する資料に表示する予定があること。
九　最終事業年度　次のイ又はロに掲げる会社の区分に応じ、当該イ又はロに定めるものをいう。
イ　株式会社　法第2条第24号に規定する最終事業年度

ロ　持分会社　各事業年度に係る法第617条第２項に規定する計算書類を作成した場合における当該各事業年度のうち最も遅いもの

十　計算書類　次のイ又はロに掲げる会社の区分に応じ、当該イ又はロに定めるものをいう。

イ　株式会社　法第435条第２項に規定する計算書類

ロ　持分会社　法第617条第２項に規定する計算書類

十一　計算関係書類　株式会社についての次に掲げるものをいう。

イ　成立の日における貸借対照表

ロ　各事業年度に係る計算書類及びその附属明細書

ハ　臨時計算書類

ニ　連結計算書類

十二　計算書類等　次のイ又はロに掲げる会社の区分に応じ、当該イ又はロに定めるものをいう。

イ　株式会社　各事業年度に係る計算書類及び事業報告（法第436条第１項又は第２項の規定の適用がある場合にあっては、監査報告又は会計監査報告を含む。）

ロ　持分会社　法第617条第２項に規定する計算書類

十三　臨時計算書類等　法第441条第１項に規定する臨時計算書類（同条第２項の規定の適用がある場合にあっては、監査報告又は会計監査報告を含む。）をいう。

十四　新株予約権等　新株予約権その他当該法人等に対して行使することにより当該法人等の株式その他の持分の交付を受けることができる権利（株式引受権（会社計算規則（平成18年法務省令第13号）第２条第３項第34号に規定する株式引受権をいう。以下同じ。）を除く。）をいう。

十五　公開買付け等　金融商品取引法（昭和23年法律第25号）第27条の２第６項（同法第27条の22の２第２項において準用する場合を含む。）に規定する公開買付け及びこれに相当する外国の法令に基づく制度をいう。

十六　社債取得者　社債を社債発行会社以外の者から取得した者（当該社債発行会社を除く。）をいう。

十七　信託社債　信託の受託者が発行する社債であって、信託財産（信託法（平成18年法律第108号）第２条第３項に規定する信託財産をいう。以下同じ。）のために発行するものをいう。

十八　設立時役員等　設立時取締役、設立時会計参与、設立時監査役及び設立時会計監査人をいう。

十九　特定関係事業者　次に掲げるものをいう。

イ　次の(1)又は(2)に掲げる場合の区分に応じ、当該(1)又は(2)に定めるもの

(1)　当該株式会社に親会社等がある場合　当該親会社等並びに当該親会社等の子会社等（当該株式会社を除く。）及び関連会社（当該親会社等が会社でない場合におけるその関連会社に相当するものを含む。）

(2)　当該株式会社に親会社等がない場合　当該株式会社の子会社及び関連会社

ロ　当該株式会社の主要な取引先である者（法人以外の団体を含む。）

二十　関連会社　会社計算規則第２条第３項第21号に規定する関連会社をいう。

二十一　連結配当規制適用会社　会社計算規則第２条第３項第55号に規定する連結配当規制適用会社をいう。

二十二　組織変更株式交換　保険業法（平成７年法律第105号）第96条の５第１項に規定する組織変更株式交換をいう。

二十三　組織変更株式移転　保険業法第96条の８第１項に規定する組織変更株式移転をいう。

第２章　子会社等及び親会社等（子会社及び親会社）

第３条　法第２条第３号に規定する法務省令で定めるものは、同号に規定する会社が他の会社等の財務及び事業の方針の決定を支配している場合における当該他の会社等とする。

２　法第２条第４号に規定する法務省令で定めるものは、会社等が同号に規定する株式会社の財務及び事業の方針の決定を支配している場合における当該会社等とする。

３　前２項に規定する「財務及び事業の方針の決定を支配している場合」とは、次に掲げる場合（財務上又は事業上の関係からみて他の会社等の財務又は事業の方針の決定を支配していないことが明らかであると認められる場合を除く。）をいう（以下この項において同じ。）。

一　他の会社等（次に掲げる会社等であって、有効な支配従属関係が存在しないと認められるものを除く。以下この項において同じ。）の議決権の総数に対する自己（その子会社及び子法人等（会社以外の会社等が他の会社等の財務及び事業の方針の決定を支配している場合における当該他の会社等をいう。）を含む。以下この項において同じ。）の計算において所有している議決権の数の割合が100分の50を超えている場合

イ　民事再生法（平成11年法律第225号）の規定による再生手続開始の決定を受けた会社等

ロ　会社更生法（平成14年法律第154号）の規定による更生手続開始の決定を受けた株式会社

ハ　破産法（平成16年法律第75号）の規定による破産手続開始の決定を受けた会社等

ニ　その他イからハまでに掲げる会社等に準ずる会社等

二　他の会社等の議決権の総数に対する自己の計算において所有している議決権の数の割合が100分の40以上である場合（前号に掲げる場合を除く。）であって、次に掲げるいずれかの要件に該当する場合

イ　他の会社等の議決権の総数に対する自己所有等議決権数（次に掲げる議決権の数の合計数をいう。次号において同じ。）の割合が100分の50を超えていること。

(1)　自己の計算において所有している議決権
(2)　自己と出資、人事、資金、技術、取引等において緊密な関係があることにより自己の意思と同一の内容の議決権を行使すると認められる者が所有している議決権
(3)　自己の意思と同一の内容の議決権を行使することに同意している者が所有している議決権
ロ　他の会社等の取締役会その他これに準ずる機関の構成員の総数に対する次に掲げる者（当該他の会社等の財務及び事業の方針の決定に関して影響を与えることができるものに限る。）の数の割合が100分の50を超えていること。
(1)　自己の役員
(2)　自己の業務を執行する社員
(3)　自己の使用人
(4)　(1)から(3)までに掲げる者であった者
ハ　自己が他の会社等の重要な財務及び事業の方針の決定を支配する契約等が存在すること。
ニ　他の会社等の資金調達額（貸借対照表の負債の部に計上されているものに限る。）の総額に対する自己が行う融資（債務の保証及び担保の提供を含む。ニにおいて同じ。）の額（自己と出資、人事、資金、技術、取引等において緊密な関係のある者が行う融資の額を含む。）の割合が100分の50を超えていること。
ホ　その他自己が他の会社等の財務及び事業の方針の決定を支配していることが推測される事実が存在すること。
三　他の会社等の議決権の総数に対する自己所有等議決権数の割合が100分の50を超えている場合（自己の計算において議決権を所有していない場合を含み、前2号に掲げる場合を除く。）であって、前号ロからホまでに掲げるいずれかの要件に該当する場合
4　法第135条第1項の親会社についての第2項の規定の適用については、同条第1項の子会社を第2項の法第2条第4号に規定する株式会社とみなす。

（子会社等及び親会社等）

第3条の2　法第2条第3号の2ロに規定する法務省令で定めるものは、同号ロに規定する者が他の会社等の財務及び事業の方針の決定を支配している場合における当該他の会社等とする。
2　法第2条第4号の2ロに規定する法務省令で定めるものは、ある者（会社等であるものを除く。）が同号ロに規定する株式会社の財務及び事業の方針の決定を支配している場合における当該ある者とする。
3　前2項に規定する「財務及び事業の方針の決定を支配している場合」とは、次に掲げる場合（財務上又は事業上の関係からみて他の会社等の財務又は事業の方針の決定を支配していないことが明らかであると認められる場合を除く。）をいう（以下この項において同じ。）。
一　他の会社等（次に掲げる会社等であって、有効な支配従属関係が存在しないと認められるものを除く。以下この項において同じ。）の議決権の総数に対する自己（その子会社等を含む。以下この項において同じ。）の計算において所有している議決権の数の割合が100分の50を超えている場合
イ　民事再生法の規定による再生手続開始の決定を受けた会社等
ロ　会社更生法の規定による更生手続開始の決定を受けた株式会社
ハ　破産法の規定による破産手続開始の決定を受けた会社等
ニ　その他イからハまでに掲げる会社等に準ずる会社等
二　他の会社等の議決権の総数に対する自己の計算において所有している議決権の数の割合が100分の40以上である場合（前号に掲げる場合を除く。）であって、次に掲げるいずれかの要件に該当する場合
イ　他の会社等の議決権の総数に対する自己所有等議決権数（次に掲げる議決権の数の合計数をいう。次号において同じ。）の割合が100分の50を超えていること。
(1)　自己の計算において所有している議決権
(2)　自己と出資、人事、資金、技術、取引等において緊密な関係があることにより自己の意思と同一の内容の議決権を行使すると認められる者が所有している議決権
(3)　自己の意思と同一の内容の議決権を行使することに同意している者が所有している議決権
(4)　自己（自然人であるものに限る。）の配偶者又は2親等内の親族が所有している議決権
ロ　他の会社等の取締役会その他これに準ずる機関の構成員の総数に対する次に掲げる者（当該他の会社等の財務及び事業の方針の決定に関して影響を与えることができるものに限る。）の数の割合が100分の50を超えていること。
(1)　自己（自然人であるものに限る。）
(2)　自己の役員
(3)　自己の業務を執行する社員
(4)　自己の使用人
(5)　(2)から(4)までに掲げる者であった者
(6)　自己（自然人であるものに限る。）の配偶者又は2親等内の親族
ハ　自己が他の会社等の重要な財務及び事業の方針の決定を支配する契約等が存在すること。
ニ　他の会社等の資金調達額（貸借対照表の負債の部に計上されているものに限る。）の総額に対する自己が行う融資（債務の保証及び担保の提供を含む。ニにおいて同じ。）の額（自己と出資、人事、資金、技術、取引等において緊密な関係のある者及び自己（自然人であるものに限る。）の配偶者又は2親等内の親族が行う融資の額を含む。）の割合が100分の50を超えていること。
ホ　その他自己が他の会社等の財務及び事業の方針の決定を支配していることが推測される事実が存在すること。
三　他の会社等の議決権の総数に対する自己所有等議決権数の割合が100分の50を超えている場合（自

己の計算において議決権を所有していない場合を含み、前2号に掲げる場合を除く。）であって、前号ロからホまでに掲げるいずれかの要件に該当する場合

（特別目的会社の特則）

第4条　第3条の規定にかかわらず、特別目的会社（資産の流動化に関する法律（平成10年法律第105号）第2条第3項に規定する特定目的会社及び事業の内容の変更が制限されているこれと同様の事業を営む事業体をいう。以下この条において同じ。）については、次に掲げる要件のいずれにも該当する場合には、当該特別目的会社に資産を譲渡した会社の子会社に該当しないものと推定する。

一　当該特別目的会社が適正な価額で譲り受けた資産から生ずる収益をその発行する証券（当該証券に表示されるべき権利を含む。）の所有者（資産の流動化に関する法律第2条第12項に規定する特定借入れに係る債権者及びこれと同様の借入れに係る債権者を含む。）に享受させることを目的として設立されていること。

二　当該特別目的会社の事業がその目的に従って適切に遂行されていること。

（株式交付子会社）

第4条の2　法第2条第32号の2に規定する法務省令で定めるものは、同条第3号に規定する会社が他の会社等の財務及び事業の方針の決定を支配している場合（第3条第3項第1号に掲げる場合に限る。）における当該他の会社等とする。

第2編　株式会社

第1章　設立

第1節　通則

（設立費用）

第5条　法第28条第4号に規定する法務省令で定めるものは、次に掲げるものとする。

一　定款に係る印紙税

二　設立時発行株式と引換えにする金銭の払込みの取扱いをした銀行等に支払うべき手数料及び報酬

三　法第33条第3項の規定により決定された検査役の報酬

四　株式会社の設立の登記の登録免許税

（検査役の調査を要しない市場価格のある有価証券）

第6条　法第33条第10項第2号に規定する法務省令で定める方法は、次に掲げる額のうちいずれか高い額をもって同号に規定する有価証券の価格とする方法とする。

一　法第30条第1項の認証の日における当該有価証券を取引する市場における最終の価格（当該日に売買取引がない場合又は当該日が当該市場の休業日に当たる場合にあっては、その後最初になされた売買取引の成立価格）

二　法第30条第1項の認証の日において当該有価証券が公開買付け等の対象であるときは、当該日における当該公開買付け等に係る契約における当該有価証券の価格

（銀行等）

第7条　法第34条第2項に規定する法務省令で定めるものは、次に掲げるものとする。

一　株式会社商工組合中央金庫

二　農業協同組合法（昭和22年法律第132号）第10条第1項第3号の事業を行う農業協同組合又は農業協同組合連合会

三　水産業協同組合法（昭和23年法律第242号）第11条第1項第4号、第87条第1項第4号、第93条第1項第2号又は第97条第1項第2号の事業を行う漁業協同組合、漁業協同組合連合会、水産加工業協同組合又は水産加工業協同組合連合会

四　信用協同組合又は中小企業等協同組合法（昭和24年法律第181号）第9条の9第1項第1号の事業を行う協同組合連合会

五　信用金庫又は信用金庫連合会

六　労働金庫又は労働金庫連合会

七　農林中央金庫

（出資の履行の仮装に関して責任をとるべき発起人等）

第7条の2　法第52条の2第2項に規定する法務省令で定める者は、次に掲げる者とする。

一　出資の履行（法第35条に規定する出資の履行をいう。次号において同じ。）の仮装に関する職務を行った発起人及び設立時取締役

二　出資の履行の仮装が創立総会の決議に基づいて行われたときは、次に掲げる者

イ　当該創立総会に当該出資の履行の仮装に関する議案を提案した発起人

ロ　イの議案の提案の決定に同意した発起人

ハ　当該創立総会において当該出資の履行の仮装に関する事項について説明をした発起人及び設立時取締役

第2節　募集設立

（申込みをしようとする者に対して通知すべき事項）

第8条　法第59条第1項第5号に規定する法務省令で定める事項は、次に掲げる事項とする。

一　発起人が法第32条第1項第1号の規定により割当てを受けた設立時発行株式（出資の履行をしたものに限る。）及び引き受けた設立時募集株式の数（設立しようとする株式会社が種類株式発行会社である場合にあっては、種類及び種類ごとの数）

二　法第32条第2項の規定による決定の内容

三　株主名簿管理人を置く旨の定款の定めがあるときは、その氏名又は名称及び住所並びに営業所

四　定款に定められた事項（法第59条第1項第1号から第4号まで及び前号に掲げる事項を除く。）であって、発起人に対して設立時募集株式の引受けの申込みをしようとする者が当該者に対して通知することを請求した事項

（招集の決定事項）

第9条　法第67条第1項第5号に規定する法務省令で

定める事項は、次に掲げる事項とする。
一　法第67条第1項第3号又は第4号に掲げる事項を定めたときは、次に掲げる事項
イ　次条第1項の規定により創立総会参考書類に記載すべき事項
ロ　法第67条第1項第3号に掲げる事項を定めたときは、書面による議決権の行使の期限（創立総会の日時以前の時であって、法第68条第1項の規定による通知を発した日から2週間を経過した日以後の時に限る。）
ハ　法第67条第1項第4号に掲げる事項を定めたときは、電磁的方法による議決権の行使の期限（創立総会の日時以前の時であって、法第68条第1項の規定による通知を発した日から2週間を経過した日以後の時に限る。）
ニ　第11条第1項第2号の取扱いを定めるときは、その取扱いの内容
ホ　一の設立時株主が同一の議案につき次に掲げる場合の区分に応じ、次に定める規定により重複して議決権を行使した場合において、当該同一の議案に対する議決権の行使の内容が異なるものであるときにおける当該設立時株主の議決権の行使の取扱いに関する事項を定めるとき（次号に規定する場合を除く。）は、その事項
(1)　法第67条第1項第3号に掲げる事項を定めた場合　法第75条第1項
(2)　法第67条第1項第4号に掲げる事項を定めた場合　法第76条第1項
二　法第67条第1項第3号及び第4号に掲げる事項を定めたときは、次に掲げる事項
イ　法第68条第3項の承諾をした設立時株主の請求があった時に当該設立時株主に対して法第70条第1項の規定による議決権行使書面（同項に規定する議決権行使書面をいう。以下この節において同じ。）の交付（当該交付に代えて行う同条第2項の規定による電磁的方法による提供を含む。）をすることとするときは、その旨
ロ　一の設立時株主が同一の議案につき法第75条第1項又は第76条第1項の規定により重複して議決権を行使した場合において、当該同一の議案に対する議決権の行使の内容が異なるものであるときにおける当該設立時株主の議決権の行使の取扱いに関する事項を定めるときは、その事項
三　第1号に規定する場合以外の場合において、次に掲げる事項が創立総会の目的である事項であるときは、当該事項に係る議案の概要
イ　設立時役員等の選任
ロ　定款の変更

（創立総会参考書類）
第10条　法第70条第1項又は第71条第1項の規定により交付すべき創立総会参考書類に記載すべき事項は、次に掲げる事項とする。
一　議案及び提案の理由
二　議案が設立時取締役（設立しようとする株式会社が監査等委員会設置会社である場合にあっては、設立時監査等委員である設立時取締役を除く。）の選任に関する議案であるときは、当該設立時取締役についての第74条に規定する事項
三　議案が設立時監査等委員である設立時取締役の選任に関する議案であるときは、当該設立時監査等委員である設立時取締役についての第74条の3に規定する事項
四　議案が設立時会計参与の選任に関する議案であるときは、当該設立時会計参与についての第75条に規定する事項
五　議案が設立時監査役の選任に関する議案であるときは、当該設立時監査役についての第76条に規定する事項
六　議案が設立時会計監査人の選任に関する議案であるときは、当該設立時会計監査人についての第77条に規定する事項
七　議案が設立時役員等の解任に関する議案であるときは、解任の理由
八　前各号に掲げるもののほか、設立時株主の議決権の行使について参考となると認める事項
2　法第67条第1項第3号及び第4号に掲げる事項を定めた発起人が行った創立総会参考書類の交付（当該交付に代えて行う電磁的方法による提供を含む。）は、法第70条第1項及び第71条第1項の規定による創立総会参考書類の交付とする。

（議決権行使書面）
第11条　法第70条第1項の規定により交付すべき議決権行使書面に記載すべき事項又は法第71条第3項若しくは第4項の規定により電磁的方法により提供すべき議決権行使書面に記載すべき事項は、次に掲げる事項とする。
一　各議案（次のイ又はロに掲げる場合にあっては、当該イ又はロに定めるもの）についての賛否（棄権の欄を設ける場合にあっては、棄権を含む。）を記載する欄
イ　2以上の設立時役員等の選任に関する議案である場合　各候補者の選任
ロ　2以上の設立時役員等の解任に関する議案である場合　各設立時役員等の解任
二　第9条第1号ニに掲げる事項を定めたときは、前号の欄に記載がない議決権行使書面が発起人に提出された場合における各議案についての賛成、反対又は棄権のいずれかの意思の表示があったものとする取扱いの内容
三　第9条第1号ホ又は第2号ロに掲げる事項を定めたときは、当該事項
四　議決権の行使の期限
五　議決権を行使すべき設立時株主の氏名又は名称及び行使することができる議決権の数（次のイ又はロに掲げる場合にあっては、当該イ又はロに定める事項を含む。）
イ　議案ごとに行使することができる議決権の数が異なる場合　議案ごとの議決権の数
ロ　一部の議案につき議決権を行使することがで

きない場合　議決権を行使することができる議案又は議決権を行使することができない議案

2　第9条第2号イに掲げる事項を定めた場合には、発起人は、法第68条第3項の承諾をした設立時株主の請求があった時に、当該設立時株主に対して、法第70条第1項の規定による議決権行使書面の交付（当該交付に代えて行う同条第2項の規定による電磁的方法による提供を含む。）をしなければならない。

（実質的に支配することが可能となる関係）

第12条　法第72条第1項に規定する法務省令で定める設立時株主は、成立後の株式会社（当該株式会社の子会社を含む。）が、当該成立後の株式会社の株主となる設立時株主である会社等の議決権（法第308条第1項その他これに準ずる法以外の法令（外国の法令を含む。）の規定により行使することができないとされる議決権を含み、役員等（会計監査人を除く。）の選任及び定款の変更に関する議案（これらの議案に相当するものを含む。）の全部につき株主総会（これに相当するものを含む。）において議決権を行使することができない株式（これに相当するものを含む。）に係る議決権を除く。）の総数の4分の1以上を有することとなる場合における当該成立後の株式会社の株主となる設立時株主である会社等（当該設立時株主であるもの以外の者が当該創立総会の議案につき議決権を行使することができない場合（当該議案を決議する場合に限る。）における当該設立時株主を除く。）とする。

（書面による議決権行使の期限）

第13条　法第75条第1項に規定する法務省令で定める時は、第9条第1号ロの行使の期限とする。

（電磁的方法による議決権行使の期限）

第14条　法第76条第1項に規定する法務省令で定める時は、第9条第1号ハの行使の期限とする。

（発起人の説明義務）

第15条　法第78条に規定する法務省令で定める場合は、次に掲げる場合とする。

一　設立時株主が説明を求めた事項について説明をするために調査をすることが必要である場合（次に掲げる場合を除く。）

イ　当該設立時株主が創立総会の日より相当の期間前に当該事項を発起人に対して通知した場合

ロ　当該事項について説明をするために必要な調査が著しく容易である場合

二　設立時株主が説明を求めた事項について説明をすることにより成立後の株式会社その他の者（当該設立時株主を除く。）の権利を侵害することとなる場合

三　設立時株主が当該創立総会において実質的に同一の事項について繰り返して説明を求める場合

四　前3号に掲げる場合のほか、設立時株主が説明を求めた事項について説明をしないことにつき正当な事由がある場合

（創立総会の議事録）

第16条　法第81条第1項の規定による創立総会の議事録の作成については、この条の定めるところによる。

2　創立総会の議事録は、書面又は電磁的記録（法第26条第2項に規定する電磁的記録をいう。第7編第4章第2節を除き、以下同じ。）をもって作成しなければならない。

3　創立総会の議事録は、次に掲げる事項を内容とするものでなければならない。

一　創立総会が開催された日時及び場所

二　創立総会の議事の経過の要領及びその結果

三　創立総会に出席した発起人、設立時取締役（設立しようとする株式会社が監査等委員会設置会社である場合にあっては、設立時監査等委員である設立時取締役又はそれ以外の設立時取締役）、設立時執行役、設立時会計参与、設立時監査役又は設立時会計監査人の氏名又は名称

四　創立総会の議長が存するときは、議長の氏名

五　議事録の作成に係る職務を行った発起人の氏名又は名称

4　次の各号に掲げる場合には、創立総会の議事録は、当該各号に定める事項を内容とするものとする。

一　法第82条第1項の規定により創立総会の決議があったものとみなされた場合　次に掲げる事項

イ　創立総会の決議があったものとみなされた事項の内容

ロ　イの事項の提案をした者の氏名又は名称

ハ　創立総会の決議があったものとみなされた日

ニ　議事録の作成に係る職務を行った発起人の氏名又は名称

二　法第83条の規定により創立総会への報告があったものとみなされた場合　次に掲げる事項

イ　創立総会への報告があったものとみなされた事項の内容

ロ　創立総会への報告があったものとみなされた日

ハ　議事録の作成に係る職務を行った発起人の氏名又は名称

（種類創立総会）

第17条　次の各号に掲げる規定は、当該各号に定めるものについて準用する。

一　第9条　法第86条において準用する法第67条第1項第5号に規定する法務省令で定める事項

二　第10条　種類創立総会の創立総会参考書類

三　第11条　種類創立総会の議決権行使書面

四　第12条　法第86条において準用する法第72条第1項に規定する法務省令で定める設立時株主

五　第13条　法第86条において準用する法第75条第1項に規定する法務省令で定める時

六　第14条　法第86条において準用する法第76条第1項に規定する法務省令で定める時

七　第15条　法第86条において準用する法第78条に規定する法務省令で定める場合

八　前条　法第86条において準用する法第81条第1項の規定による議事録の作成

（累積投票による設立時取締役の選任）

第18条　法第89条第5項の規定により法務省令で定めるべき事項は、この条の定めるところによる。

2　法第89条第1項の規定による請求があった場合に

は、発起人（創立総会の議長が存する場合にあっては、議長）は、同項の創立総会における設立時取締役（設立しようとする株式会社が監査等委員会設置会社である場合にあっては、設立時監査等委員である設立時取締役又はそれ以外の設立時取締役。以下この条において同じ。）の選任の決議に先立ち、法第89条第３項から第５項までに規定するところにより設立時取締役を選任することを明らかにしなければならない。

3　法第89条第４項の場合において、投票の同数を得た者が二人以上存することにより同条第１項の創立総会において選任する設立時取締役の数の設立時取締役について投票の最多数を得た者から順次設立時取締役に選任されたものとすることができないときは、当該創立総会において選任する設立時取締役の数以下の数であって投票の最多数を得た者から順次設立時取締役に選任されたものとすることができる数の範囲内で、投票の最多数を得た者から順次設立時取締役に選任されたものとする。

4　前項に規定する場合において、法第89条第１項の創立総会において選任する設立時取締役の数から前項の規定により設立時取締役に選任されたものとされた者の数を減じて得た数の設立時取締役は、同条第３項及び第４項に規定するところによらないで、創立総会の決議により選任する。

（払込みの仮装に関して責任をとるべき発起人等）

第18条の２　法第103条第２項に規定する法務省令で定める者は、次に掲げる者とする。

一　払込み（法第63条第１項の規定による払込みをいう。次号において同じ。）の仮装に関する職務を行った発起人及び設立時取締役

二　払込みの仮装が創立総会の決議に基づいて行われたときは、次に掲げる者

イ　当該創立総会に当該払込みの仮装に関する議案を提案した発起人

ロ　イの議案の提案の決定に同意した発起人

ハ　当該創立総会において当該払込みの仮装に関する事項について説明をした発起人及び設立時取締役

第２章　株式

第１節　総則

（種類株主総会における取締役又は監査役の選任）

第19条　法第108条第２項第９号ニに規定する法務省令で定める事項は、次に掲げる事項とする。

一　当該種類の株式の種類株主を構成員とする種類株主総会において取締役（監査等委員会設置会社にあっては、監査等委員である取締役又はそれ以外の取締役）を選任することができる場合にあっては、次に掲げる事項

イ　当該種類株主総会において社外取締役（監査等委員会設置会社にあっては、監査等委員である社外取締役又はそれ以外の社外取締役。イ及びロにおいて同じ。）を選任しなければならないこととするときは、その旨及び選任しなければならない社外取締役の数

ロ　イの定めにより選任しなければならない社外取締役の全部又は一部を他の種類株主と共同して選任することとするときは、当該他の種類株主の有する株式の種類及び共同して選任する社外取締役の数

ハ　イ又はロに掲げる事項を変更する条件があるときは、その条件及びその条件が成就した場合における変更後のイ又はロに掲げる事項

二　当該種類の株式の種類株主を構成員とする種類株主総会において監査役を選任することができる場合にあっては、次に掲げる事項

イ　当該種類株主総会において社外監査役を選任しなければならないこととするときは、その旨及び選任しなければならない社外監査役の数

ロ　イの定めにより選任しなければならない社外監査役の全部又は一部を他の種類株主と共同して選任することとするときは、当該他の種類株主の有する株式の種類及び共同して選任する社外監査役の数

ハ　イ又はロに掲げる事項を変更する条件があるときは、その条件及びその条件が成就した場合における変更後のイ又はロに掲げる事項

（種類株式の内容）

第20条　法第108条第３項に規定する法務省令で定める事項は、次の各号に掲げる事項について内容の異なる種類の株式の内容のうち、当該各号に定める事項以外の事項とする。

一　剰余金の配当　配当財産の種類

二　残余財産の分配　残余財産の種類

三　株主総会において議決権を行使することができる事項　法第108条第２項第３号イに掲げる事項

四　譲渡による当該種類の株式の取得について当該株式会社の承認を要すること　法第107条第２項第１号イに掲げる事項

五　当該種類の株式について、株主が当該株式会社に対してその取得を請求することができること　次に掲げる事項

イ　法第107条第２項第２号イに掲げる事項

ロ　当該種類の株式１株を取得するのと引換えに当該種類の株主に対して交付する財産の種類

六　当該種類の株式について、当該株式会社が一定の事由が生じたことを条件としてこれを取得することができること　次に掲げる事項

イ　一定の事由が生じた日に当該株式会社がその株式を取得する旨

ロ　法第107条第２項第３号ロに規定する場合における同号イの事由

ハ　法第107条第２項第３号ハに掲げる事項（当該種類の株式の株主の有する当該種類の株式の数に応じて定めるものを除く。）

ニ　当該種類の株式１株を取得するのと引換えに

当該種類の株主に対して交付する財産の種類
七　当該種類の株式について、当該株式会社が株主総会の決議によってその全部を取得すること　法第108条第２項第７号イに掲げる事項
八　株主総会（取締役会設置会社にあっては株主総会又は取締役会、清算人会設置会社にあっては株主総会又は清算人会）において決議すべき事項のうち、当該決議のほか、当該種類の株式の種類株主を構成員とする種類株主総会の決議があることを必要とするもの　法第108条第２項第８号イに掲げる事項
九　当該種類の株式の種類株主を構成員とする種類株主総会において取締役（監査等委員会設置会社にあっては、監査等委員である取締役又はそれ以外の取締役）又は監査役を選任すること　法第108条第２項第９号イ及びロに掲げる事項

2　次に掲げる事項は、前項の株式の内容に含まれるものと解してはならない。
一　法第164条第１項に規定する定款の定め
二　法第167条第３項に規定する定款の定め
三　法第168条第１項及び第169条第２項に規定する定款の定め
四　法第174条に規定する定款の定め
五　法第189条第２項及び第194条第１項に規定する定款の定め
六　法第199条第４項及び第238条第４項に規定する定款の定め

（利益の供与に関して責任をとるべき取締役等）
第21条　法第120条第４項に規定する法務省令で定める者は、次に掲げる者とする。
一　利益の供与（法第120条第１項に規定する利益の供与をいう。以下この条において同じ。）に関する職務を行った取締役及び執行役
二　利益の供与が取締役会の決議に基づいて行われたときは、次に掲げる者
イ　当該取締役会の決議に賛成した取締役
ロ　当該取締役会に当該利益の供与に関する議案を提案した取締役及び執行役
三　利益の供与が株主総会の決議に基づいて行われたときは、次に掲げる者
イ　当該株主総会に当該利益の供与に関する議案を提案した取締役
ロ　イの議案の提案の決定に同意した取締役（取締役会設置会社の取締役を除く。）
ハ　イの議案の提案が取締役会の決議に基づいて行われたときは、当該取締役会の決議に賛成した取締役
ニ　当該株主総会において当該利益の供与に関する事項について説明をした取締役及び執行役

第２節　株式の譲渡等

（株主名簿記載事項の記載等の請求）
第22条　法第133条第２項に規定する法務省令で定める場合は、次に掲げる場合とする。
一　株式取得者が、株主として株主名簿に記載若しくは記録がされた者又はその一般承継人に対して当該株式取得者の取得した株式に係る法第133条第１項の規定による請求をすべきことを命ずる確定判決を得た場合において、当該確定判決の内容を証する書面その他の資料を提供して請求をしたとき。
二　株式取得者が前号の確定判決と同一の効力を有するものの内容を証する書面その他の資料を提供して請求をしたとき。
三　株式取得者が指定買取人である場合において、譲渡等承認請求者に対して売買代金の全部を支払ったことを証する書面その他の資料を提供して請求をしたとき。
四　株式取得者が一般承継により当該株式会社の株式を取得した者である場合において、当該一般承継を証する書面その他の資料を提供して請求をしたとき。
五　株式取得者が当該株式会社の株式を競売により取得した者である場合において、当該競売により取得したことを証する書面その他の資料を提供して請求をしたとき。
六　株式取得者が株式売渡請求により当該株式会社の発行する売渡株式の全部を取得した者である場合において、当該株式取得者が請求をしたとき。
七　株式取得者が株式交換（組織変更株式交換を含む。）により当該株式会社の発行済株式の全部を取得した会社である場合において、当該株式取得者が請求をしたとき。
八　株式取得者が株式移転（組織変更株式移転を含む。）により当該株式会社の発行済株式の全部を取得した株式会社である場合において、当該株式取得者が請求をしたとき。
九　株式取得者が法第197条第１項の株式を取得した者である場合において、同条第２項の規定による売却に係る代金の全部を支払ったことを証する書面その他の資料を提供して請求をしたとき。
十　株式取得者が株券喪失登録者である場合において、当該株式取得者が株券喪失登録日の翌日から起算して１年を経過した日以降に、請求をしたとき（株券喪失登録が当該日前に抹消された場合を除く。）。
十一　株式取得者が法第234条第２項（法第235条第２項において準用する場合を含む。）の規定による売却に係る株式を取得した者である場合において、当該売却に係る代金の全部を支払ったことを証する書面その他の資料を提供して請求をしたとき。

2　前項の規定にかかわらず、株式会社が株券発行会社である場合には、法第133条第２項に規定する法務省令で定める場合は、次に掲げる場合とする。
一　株式取得者が株券を提示して請求をした場合
二　株式取得者が株式売渡請求により当該株式会社の発行する売渡株式の全部を取得した者である場合において、当該株式取得者が請求をしたとき。
三　株式取得者が株式交換（組織変更株式交換を含む。）

により当該株式会社の発行済株式の全部を取得した会社である場合において、当該株式取得者が請求をしたとき。

四　株式取得者が株式移転（組織変更株式移転を含む。）により当該株式会社の発行済株式の全部を取得した株式会社である場合において、当該株式取得者が請求をしたとき。

五　株式取得者が法第197条第１項の株式を取得した者である場合において、同項の規定による競売又は同条第２項の規定による売却に係る代金の全部を支払ったことを証する書面その他の資料を提供して請求をしたとき。

六　株式取得者が法第234条第１項若しくは第235条第１項の規定による競売又は法第234条第２項（法第235条第２項において準用する場合を含む。）の規定による売却に係る株式を取得した者である場合において、当該競売又は当該売却に係る代金の全部を支払ったことを証する書面その他の資料を提供して請求をしたとき。

（子会社による親会社株式の取得）

第23条　法第135条第２項第５号に規定する法務省令で定める場合は、次に掲げる場合とする。

一　吸収分割（法以外の法令（外国の法令を含む。以下この条において同じ。）に基づく吸収分割に相当する行為を含む。）に際して親会社株式の割当てを受ける場合

二　株式交換（法以外の法令に基づく株式交換に相当する行為を含む。）に際してその有する自己の株式（持分その他これに準ずるものを含む。以下この条において同じ。）と引換えに親会社株式の割当てを受ける場合

三　株式移転（法以外の法令に基づく株式移転に相当する行為を含む。）に際してその有する自己の株式と引換えに親会社株式の割当てを受ける場合

四　他の法人等が行う株式交付（法以外の法令に基づく株式交付に相当する行為を含む。）に際して親会社株式の割当てを受ける場合

五　親会社株式を無償で取得する場合

六　その有する他の法人等の株式につき当該他の法人等が行う剰余金の配当又は残余財産の分配（これらに相当する行為を含む。）により親会社株式の交付を受ける場合

七　その有する他の法人等の株式につき当該他の法人等が行う次に掲げる行為に際して当該株式と引換えに当該親会社株式の交付を受ける場合

イ　組織の変更

ロ　合併

ハ　株式交換（法以外の法令に基づく株式交換に相当する行為を含む。）

ニ　株式移転（法以外の法令に基づく株式移転に相当する行為を含む。）

ホ　取得条項付株式（これに相当する株式を含む。）の取得

ヘ　全部取得条項付種類株式（これに相当する株式を含む。）の取得

八　その有する他の法人等の新株予約権等を当該他の法人等が当該新株予約権等の定めに基づき取得することと引換えに親会社株式の交付をする場合において、当該親会社株式の交付を受けるとき。

九　法第135条第１項の子会社である者（会社を除く。）が行う次に掲げる行為に際して当該者がその対価として親会社株式を交付するために、その対価として交付すべき当該親会社株式の総数を超えない範囲において当該親会社株式を取得する場合

イ　組織の変更

ロ　合併

ハ　法以外の法令に基づく吸収分割に相当する行為による他の法人等がその事業に関して有する権利義務の全部又は一部の承継

ニ　法以外の法令に基づく株式交換に相当する行為による他の法人等が発行している株式の全部の取得

十　他の法人等（会社及び外国会社を除く。）の事業の全部を譲り受ける場合において、当該他の法人等の有する親会社株式を譲り受けるとき。

十一　合併後消滅する法人等（会社を除く。）から親会社株式を承継する場合

十二　吸収分割又は新設分割に相当する行為により他の法人等（会社を除く。）から親会社株式を承継する場合

十三　親会社株式を発行している株式会社（連結配当規制適用会社に限る。）の他の子会社から当該親会社株式を譲り受ける場合

十四　その権利の実行に当たり目的を達成するために親会社株式を取得することが必要かつ不可欠である場合（前各号に掲げる場合を除く。）

（株式取得者からの承認の請求）

第24条　法第137条第２項に規定する法務省令で定める場合は、次に掲げる場合とする。

一　株式取得者が、株主として株主名簿に記載若しくは記録がされた者又はその一般承継人に対して当該株式取得者の取得した株式に係る法第137条第１項の規定による請求をすべきことを命ずる確定判決を得た場合において、当該確定判決の内容を証する書面その他の資料を提供して請求をしたとき。

二　株式取得者が前号の確定判決と同一の効力を有するものの内容を証する書面その他の資料を提供して請求をしたとき。

三　株式取得者が当該株式会社の株式を競売により取得した者である場合において、当該競売により取得したことを証する書面その他の資料を提供して請求をしたとき。

四　株式取得者が組織変更株式交換により当該株式会社の株式の全部を取得した会社である場合において、当該株式取得者が請求をしたとき。

五　株式取得者が株式移転（組織変更株式移転を含む。）により当該株式会社の発行済株式の全部を取得した株式会社である場合において、当該株式取得者が請求をしたとき。

六　株式取得者が法第197条第１項の株式を取得した者である場合において、同条第２項の規定による売却に係る代金の全部を支払ったことを証する書面その他の資料を提供して請求をしたとき。
七　株式取得者が株券喪失登録者である場合において、当該株式取得者が株券喪失登録日の翌日から起算して１年を経過した日以降に、請求をしたとき（株券喪失登録が当該日前に抹消された場合を除く。）。
八　株式取得者が法第234条第２項（法第235条第２項において準用する場合を含む。）の規定による売却に係る株式を取得した者である場合において、当該売却に係る代金の全部を支払ったことを証する書面その他の資料を提供して請求をしたとき。
2　前項の規定にかかわらず、株式会社が株券発行会社である場合には、法第137条第２項に規定する法務省令で定める場合は、次に掲げる場合とする。
一　株式取得者が株券を提示して請求をした場合
二　株式取得者が組織変更株式交換により当該株式会社の株式の全部を取得した会社である場合において、当該株式取得者が請求をしたとき。
三　株式取得者が株式移転（組織変更株式移転を含む。）により当該株式会社の発行済株式の全部を取得した株式会社である場合において、当該株式取得者が請求をしたとき。
四　株式取得者が法第197条第１項の株式を取得した者である場合において、同項の規定による競売又は同条第２項の規定による売却に係る代金の全部を支払ったことを証する書面その他の資料を提供して請求をしたとき。
五　株式取得者が法第234条第１項若しくは第235条第１項の規定による競売又は法第234条第２項（法第235条第２項において準用する場合を含む。）の規定による売却に係る株式を取得した者である場合において、当該競売又は当該売却に係る代金の全部を支払ったことを証する書面その他の資料を提供して請求をしたとき。

（１株当たり純資産額）

第25条　法第141条第２項に規定する法務省令で定める方法は、基準純資産額を基準株式数で除して得た額に１株当たり純資産額を算定すべき株式についての株式係数を乗じて得た額をもって当該株式の１株当たりの純資産額とする方法とする。
2　当該株式会社が算定基準日において清算株式会社である場合における前項の規定の適用については、同項中「基準純資産額」とあるのは、「法第492条第１項の規定により作成した貸借対照表の資産の部に計上した額から負債の部に計上した額を減じて得た額（０未満である場合にあっては、０）」とする。
3　第１項に規定する「基準純資産額」とは、算定基準日における第１号から第７号までに掲げる額の合計額から第８号に掲げる額を減じて得た額（０未満である場合にあっては、０）をいう。
一　資本金の額
二　資本準備金の額
三　利益準備金の額
四　法第446条に規定する剰余金の額
五　最終事業年度（法第461条第２項第２号に規定する場合にあっては、法第441条第１項第２号の期間（当該期間が２以上ある場合にあっては、その末日が最も遅いもの））の末日（最終事業年度がない場合にあっては、株式会社の成立の日）における評価・換算差額等に係る額
六　株式引受権の帳簿価額
七　新株予約権の帳簿価額
八　自己株式及び自己新株予約権の帳簿価額の合計額
4　第１項に規定する「基準株式数」とは、次に掲げる場合の区分に応じ、当該各号に定める数をいう。
一　種類株式発行会社でない場合　発行済株式（自己株式を除く。）の総数
二　種類株式発行会社である場合　株式会社が発行している各種類の株式（自己株式を除く。）の数に当該種類の株式に係る株式係数を乗じて得た数の合計数
5　第１項及び前項第２号に規定する「株式係数」とは、１（種類株式発行会社において、定款である種類の株式についての第１項及び前項の適用に関して当該種類の株式１株を１とは異なる数の株式として取り扱うために１以外の数を定めた場合にあっては、当該数）をいう。
6　第２項及び第３項に規定する「算定基準日」とは、次の各号に掲げる規定に規定する１株当たり純資産額を算定する場合における当該各号に定める日をいう。
一　法第141条第２項　同条第１項の規定による通知の日
二　法第142条第２項　同条第１項の規定による通知の日
三　法第144条第５項　法第141条第１項の規定による通知の日
四　法第144条第７項において準用する同条第５項　法第142条第１項の規定による通知の日
五　法第167条第３項第２号　法第166条第１項本文の規定による請求の日
六　法第193条第５項　法第192条第１項の規定による請求の日
七　法第194条第４項において準用する法第193条第５項　単元未満株式売渡請求の日
八　法第283条第２号　新株予約権の行使の日
九　法第796条第２項第１号イ　吸収合併契約、吸収分割契約又は株式交換契約を締結した日（当該契約により当該契約を締結した日と異なる時（当該契約を締結した日後から当該吸収合併、吸収分割又は株式交換の効力が生ずる時の直前までの間の時に限る。）を定めた場合にあっては、当該時）
十　法第816条の４第１項第１号イ　株式交付計画を作成した日（当該株式交付計画により当該株式交付計画を作成した日と異なる時（当該株式交付計画を作成した日後から当該株式交付の効力が生ずる時の直前までの間の時に限る。）を定めた場合にあっては、当該時）

十一　第33条第２号　法第166条第１項本文の規定による請求の日

（承認したものとみなされる場合）

第26条　法第145条第３号に規定する法務省令で定める場合は、次に掲げる場合とする。

一　株式会社が法第139条第２項の規定による通知の日から40日（これを下回る期間を定款で定めた場合にあっては、その期間）以内に法第141条第１項の規定による通知をした場合において、当該期間内に譲渡等承認請求者に対して同条第２項の書面を交付しなかったとき（指定買取人が法第139条第２項の規定による通知の日から10日（これを下回る期間を定款で定めた場合にあっては、その期間）以内に法第142条第１項の規定による通知をした場合を除く。）。

二　指定買取人が法第139条第２項の規定による通知の日から10日（これを下回る期間を定款で定めた場合にあっては、その期間）以内に法第142条第１項の規定による通知をした場合において、当該期間内に譲渡等承認請求者に対して同条第２項の書面を交付しなかったとき。

三　譲渡等承認請求者が当該株式会社又は指定買取人との間の対象株式に係る売買契約を解除した場合

第３節　株式会社による自己の株式の取得

（自己の株式を取得することができる場合）

第27条　法第155条第13号に規定する法務省令で定める場合は、次に掲げる場合とする。

一　当該株式会社の株式を無償で取得する場合

二　当該株式会社が有する他の法人等の株式（持分その他これに準ずるものを含む。以下この条において同じ。）につき当該他の法人等が行う剰余金の配当又は残余財産の分配（これらに相当する行為を含む。）により当該株式会社の株式の交付を受ける場合

三　当該株式会社が有する他の法人等の株式につき当該他の法人等が行う次に掲げる行為に際して当該株式と引換えに当該株式会社の株式の交付を受ける場合

イ　組織の変更

ロ　合併

ハ　株式交換（法以外の法令（外国の法令を含む。）に基づく株式交換に相当する行為を含む。）

ニ　取得条項付株式（これに相当する株式を含む。）の取得

ホ　全部取得条項付種類株式（これに相当する株式を含む。）の取得

四　当該株式会社が有する他の法人等の新株予約権等を当該他の法人等が当該新株予約権等の定めに基づき取得することと引換えに当該株式会社の株式の交付をする場合において、当該株式会社の株式の交付を受けるとき。

五　当該株式会社が法第116条第５項、第182条の４第４項、第469条第５項、第785条第５項、第797条第５項、第806条第５項又は第816条の６第５項（これらの規定を株式会社について他の法令において準用する場合を含む。）に規定する株式買取請求に応じて当該株式会社の株式を取得する場合

六　合併後消滅する法人等（会社を除く。）から当該株式会社の株式を承継する場合

七　他の法人等（会社及び外国会社を除く。）の事業の全部を譲り受ける場合において、当該他の法人等の有する当該株式会社の株式を譲り受けるとき。

八　その権利の実行に当たり目的を達成するために当該株式会社の株式を取得することが必要かつ不可欠である場合（前各号に掲げる場合を除く。）

（特定の株主から自己の株式を取得する際の通知時期）

第28条　法第160条第２項に規定する法務省令で定める時は、法第156条第１項の株主総会の日の２週間前とする。ただし、次の各号に掲げる場合には、当該各号に定める時とする。

一　法第299条第１項の規定による通知を発すべき時が当該株主総会の日の２週間を下回る期間（１週間以上の期間に限る。）前である場合　当該通知を発すべき時

二　法第299条第１項の規定による通知を発すべき時が当該株主総会の日の１週間を下回る期間前である場合　当該株主総会の日の１週間前

三　法第300条の規定により招集の手続を経ることなく当該株主総会を開催する場合　当該株主総会の日の１週間前

（議案の追加の請求の時期）

第29条　法第160条第３項に規定する法務省令で定める時は、法第156条第１項の株主総会の日の５日（定款でこれを下回る期間を定めた場合にあっては、その期間）前とする。ただし、前条各号に掲げる場合には、３日（定款でこれを下回る期間を定めた場合にあっては、その期間）前とする。

（市場価格を超えない額の対価による自己の株式の取得）

第30条　法第161条に規定する法務省令で定める方法は、次に掲げる額のうちいずれか高い額をもって同条に規定する株式の価格とする方法とする。

一　法第156条第１項の決議の日の前日における当該株式を取引する市場における最終の価格（当該日に売買取引がない場合又は当該日が当該市場の休業日に当たる場合にあっては、その後最初になされた売買取引の成立価格）

二　法第156条第１項の決議の日の前日において当該株式が公開買付け等の対象であるときは、当該日における当該公開買付け等に係る契約における当該株式の価格

（取得請求権付株式の行使により株式の数に端数が生ずる場合）

第31条　法第167条第３項第１号に規定する法務省令で定める方法は、次に掲げる額のうちいずれか高い額をもって同号に規定する株式の価格とする方法とする。

一　法第166条第1項の規定による請求の日（以下この条において「請求日」という。）における当該株式を取引する市場における最終の価格（当該請求日に売買取引がない場合又は当該請求日が当該市場の休業日に当たる場合にあっては、その後最初になされた売買取引の成立価格）

二　請求日において当該株式が公開買付け等の対象であるときは、当該請求日における当該公開買付け等に係る契約における当該株式の価格

（取得請求権付株式の行使により市場価格のある社債等に端数が生ずる場合）

第32条　法第167条第4項において準用する同条第3項第1号に規定する法務省令で定める方法は、次の各号に掲げる財産の区分に応じ、当該各号に定める額をもって当該財産の価格とする方法とする。

一　社債（新株予約権付社債についてのものを除く。以下この号において同じ。）　法第166条第1項の規定による請求の日（以下この条において「請求日」という。）における当該社債を取引する市場における最終の価格（当該請求日に売買取引がない場合又は当該請求日が当該市場の休業日に当たる場合にあっては、その後最初になされた売買取引の成立価格）

二　新株予約権（当該新株予約権が新株予約権付社債に付されたものである場合にあっては、当該新株予約権付社債。以下この号において同じ。）　次に掲げる額のうちいずれか高い額

イ　請求日における当該新株予約権を取引する市場における最終の価格（当該請求日に売買取引がない場合又は当該請求日が当該市場の休業日に当たる場合にあっては、その後最初になされた売買取引の成立価格）

ロ　請求日において当該新株予約権が公開買付け等の対象であるときは、当該請求日における当該公開買付け等に係る契約における当該新株予約権の価格

（取得請求権付株式の行使により市場価格のない社債等に端数が生ずる場合）

第33条　法第167条第4項において準用する同条第3項第2号に規定する法務省令で定める額は、次の各号に掲げる場合の区分に応じ、当該各号に定める額とする。

一　社債について端数がある場合　当該社債の金額

二　新株予約権について端数がある場合　当該新株予約権につき会計帳簿に付すべき価額（当該価額を算定することができないときは、当該新株予約権の目的である各株式についての1株当たり純資産額の合計額から当該新株予約権の行使に際して出資される財産の価額を減じて得た額（0未満である場合にあっては、0））

（全部取得条項付種類株式の取得に関する事前開示事項）

第33条の2　法第171条の2第1項に規定する法務省令で定める事項は、次に掲げる事項とする。

一　取得対価（法第171条第1項第1号に規定する取得対価をいう。以下この条において同じ。）の相当性に関する事項

二　取得対価について参考となるべき事項

三　計算書類等に関する事項

四　備置開始日（法第171条の2第1項各号に掲げる日のいずれか早い日をいう。第4項第1号において同じ。）後株式会社が全部取得条項付種類株式の全部を取得する日までの間に、前3号に掲げる事項に変更が生じたときは、変更後の当該事項

2　前項第1号に規定する「取得対価の相当性に関する事項」とは、次に掲げる事項その他の法第171条第1項第1号及び第2号に掲げる事項についての定め（当該定めがない場合にあっては、当該定めがないこと）の相当性に関する事項とする。

一　取得対価の総数又は総額の相当性に関する事項

二　取得対価として当該種類の財産を選択した理由

三　全部取得条項付種類株式を取得する株式会社に親会社等がある場合には、当該株式会社の株主（当該親会社等を除く。）の利益を害さないように留意した事項（当該事項がない場合にあっては、その旨）

四　法第234条の規定により1に満たない端数の処理をすることが見込まれる場合における次に掲げる事項

イ　次に掲げる事項その他の当該処理の方法に関する事項

(1)　法第234条第1項又は第2項のいずれの規定による処理を予定しているかの別及びその理由

(2)　法第234条第1項の規定による処理を予定している場合には、競売の申立てをする時期の見込み（当該見込みに関する取締役（取締役会設置会社にあっては、取締役会。(3)及び(4)において同じ。）の判断及びその理由を含む。）

(3)　法第234条第2項の規定による処理（市場において行う取引による売却に限る。）を予定している場合には、売却する時期及び売却により得られた代金を株主に交付する時期の見込み（当該見込みに関する取締役の判断及びその理由を含む。）

(4)　法第234条第2項の規定による処理（市場において行う取引による売却を除く。）を予定している場合には、売却に係る株式を買い取る者となると見込まれる者の氏名又は名称、当該者が売却に係る代金の支払のための資金を確保する方法及び当該方法の相当性並びに売却する時期及び売却により得られた代金を株主に交付する時期の見込み（当該見込みに関する取締役の判断及びその理由を含む。）

ロ　当該処理により株主に交付することが見込まれる金銭の額及び当該額の相当性に関する事項

3　第1項第2号に規定する「取得対価について参考となるべき事項」とは、次の各号に掲げる場合の区分に応じ、当該各号に定める事項その他これに準ずる事項（法第171条の2第1項に規定する書面又は電磁的記録にこれらの事項の全部又は一部の記載又は記録をしないことにつき全部取得条項付種類株式を取得する株式会社の総株主の同意がある場合にあっては、当該同意があったものを除く。）とする。

一　取得対価の全部又は一部が当該株式会社の株式である場合　次に掲げる事項

イ　当該株式の内容
ロ　次に掲げる事項その他の取得対価の換価の方法に関する事項
(1)　取得対価を取引する市場
(2)　取得対価の取引の媒介、取次ぎ又は代理を行う者
(3)　取得対価の譲渡その他の処分に制限があるときは、その内容
ハ　取得対価に市場価格があるときは、その価格に関する事項
二　取得対価の全部又は一部が法人等の株式、持分その他これらに準ずるもの（当該株式会社の株式を除く。）である場合　次に掲げる事項（当該事項が日本語以外の言語で表示されている場合にあっては、当該事項（氏名又は名称を除く。）を日本語で表示した事項）
イ　当該法人等の定款その他これに相当するものの定め
ロ　当該法人等が会社でないときは、次に掲げる権利に相当する権利その他の取得対価に係る権利（重要でないものを除く。）の内容
(1)　剰余金の配当を受ける権利
(2)　残余財産の分配を受ける権利
(3)　株主総会における議決権
(4)　合併その他の行為がされる場合において、自己の有する株式を公正な価格で買い取ることを請求する権利
(5)　定款その他の資料（当該資料が電磁的記録をもって作成されている場合にあっては、当該電磁的記録に記録された事項を表示したもの）の閲覧又は謄写を請求する権利
ハ　当該法人等が、その株主、社員その他これらに相当する者（以下この号において「株主等」という。）に対し、日本語以外の言語を使用して情報の提供をすることとされているときは、当該言語
ニ　当該株式会社が全部取得条項付種類株式の全部を取得する日に当該法人等の株主総会その他これに相当するものの開催があるものとした場合における当該法人等の株主等が有すると見込まれる議決権その他これに相当する権利の総数
ホ　当該法人等について登記（当該法人等が外国の法令に準拠して設立されたものである場合にあっては、法第933条第1項の外国会社の登記又は外国法人の登記及び夫婦財産契約の登記に関する法律（明治31年法律第14号）第2条の外国法人の登記に限る。）がされていないときは、次に掲げる事項
(1)　当該法人等を代表する者の氏名又は名称及び住所
(2)　当該法人等の役員（(1)の者を除く。）の氏名又は名称
ヘ　当該法人等の最終事業年度（当該法人等が会社以外のものである場合にあっては、最終事業年度に相当するもの。以下この号において同じ。）に係る計算書類（最終事業年度がない場合にあっては、当該法人等の成立の日における貸借対照表）その他これに相当するものの内容（当該計算書類その他これに相当するものについて監査役、監査等委員会、監査委員会、会計監査人その他これらに相当するものの監査を受けている場合にあっては、監査報告その他これに相当するものの内容の概要を含む。）
ト　次に掲げる場合の区分に応じ、次に定める事項
(1)　当該法人等が株式会社である場合　当該法人等の最終事業年度に係る事業報告の内容（当該事業報告について監査役、監査等委員会又は監査委員会の監査を受けている場合にあっては、監査報告の内容を含む。）
(2)　当該法人等が株式会社以外のものである場合　当該法人等の最終事業年度に係る第118条各号及び第119条各号に掲げる事項に相当する事項の内容の概要（当該事項について監査役、監査等委員会、監査委員会その他これらに相当するものの監査を受けている場合にあっては、監査報告その他これに相当するものの内容の概要を含む。）
チ　当該法人等の過去5年間にその末日が到来した各事業年度（次に掲げる事業年度を除く。）に係る貸借対照表その他これに相当するものの内容
(1)　最終事業年度
(2)　ある事業年度に係る貸借対照表その他これに相当するものの内容につき、法令の規定に基づく公告（法第440条第3項の措置に相当するものを含む。）をしている場合における当該事業年度
(3)　ある事業年度に係る貸借対照表その他これに相当するものの内容につき、金融商品取引法第24条第1項の規定により有価証券報告書を内閣総理大臣に提出している場合における当該事業年度
リ　前号ロ及びハに掲げる事項
ヌ　取得対価が自己株式の取得、持分の払戻しその他これらに相当する方法により払戻しを受けることができるものであるときは、その手続に関する事項
三　取得対価の全部又は一部が当該株式会社の社債、新株予約権又は新株予約権付社債である場合　第1号ロ及びハに掲げる事項
四　取得対価の全部又は一部が法人等の社債、新株予約権、新株予約権付社債その他これらに準ずるもの（当該株式会社の社債、新株予約権又は新株予約権付社債を除く。）である場合　次に掲げる事項（当該事項が日本語以外の言語で表示されている場合にあっては、当該事項（氏名又は名称を除く。）を日本語で表示した事項）
イ　第1号ロ及びハに掲げる事項
ロ　第2号イ及びホからチまでに掲げる事項
五　取得対価の全部又は一部が当該株式会社その他の法人等の株式、持分、社債、新株予約権、新株予約権付社債その他これらに準ずるもの及び金銭以外の財産である場合　第1号ロ及びハに掲げる事項

4　第1項第3号に規定する「計算書類等に関する事項」とは、次に掲げる事項とする。
一　全部取得条項付種類株式を取得する株式会社（清算株式会社を除く。以下この項において同じ。）において最終事業年度の末日（最終事業年度がない場合にあっては、当該株式会社の成立の日）後に重要な財産の処分、重大な債務の負担その他の会社財産の状況に重要な影響を与える事象が生じたときは、その内容（備置開始日後当該株式会社が全部取得条項付種類株式の全部を取得する日までの間に新たな最終事業年度が存することとなる場合にあっては、当該新たな最終事業年度の末日後に生じた事象の内容に限る。）
二　全部取得条項付種類株式を取得する株式会社において最終事業年度がないときは、当該株式会社の成立の日における貸借対照表

（全部取得条項付種類株式の取得に関する事後開示事項）
第33条の3　法第173条の2第1項に規定する法務省令で定める事項は、次に掲げる事項とする。
一　株式会社が全部取得条項付種類株式の全部を取得した日
二　法第171条の3の規定による請求に係る手続の経過
三　法第172条の規定による手続の経過
四　株式会社が取得した全部取得条項付種類株式の数
五　前各号に掲げるもののほか、全部取得条項付種類株式の取得に関する重要な事項

第3節の2　特別支配株主の株式等売渡請求

（特別支配株主完全子法人）
第33条の4　法第179条第1項に規定する法務省令で定める法人は、次に掲げるものとする。
一　法第179条第1項に規定する者がその持分の全部を有する法人（株式会社を除く。）
二　法第179条第1項に規定する者及び特定完全子法人（当該者が発行済株式の全部を有する株式会社及び前号に掲げる法人をいう。以下この項において同じ。）又は特定完全子法人がその持分の全部を有する法人
2　前項第2号の規定の適用については、同号に掲げる法人は、同号に規定する特定完全子法人とみなす。

（株式等売渡請求に際して特別支配株主が定めるべき事項）
第33条の5　法第179条の2第1項第6号に規定する法務省令で定める事項は、次に掲げる事項とする。
一　株式売渡対価（株式売渡請求に併せて新株予約権売渡請求（その新株予約権売渡請求に係る新株予約権が新株予約権付社債に付されたものである場合における法第179条第3項の規定による請求を含む。以下同じ。）をする場合にあっては、株式売渡対価及び新株予約権売渡対価）の支払のための資金を確保する方法
二　法第179条の2第1項第1号から第5号までに掲げる事項のほか、株式等売渡請求に係る取引条件を定めるときは、その取引条件
2　前項第1号に規定する「株式売渡対価」とは、法第179条の2第1項第2号の金銭をいう（第33条の7第1号イ及び第2号において同じ。）。
3　第1項第1号に規定する「新株予約権売渡対価」とは、法第179条の2第1項第4号ロの金銭をいう（第33条の7第1号イ及び第2号において同じ。）。

（売渡株主等に対して通知すべき事項）
第33条の6　法第179条の4第1項第1号に規定する法務省令で定める事項は、前条第1項第2号に掲げる事項とする。

（対象会社の事前開示事項）
第33条の7　法第179条の5第1項第4号に規定する法務省令で定める事項は、次に掲げる事項とする。
一　次に掲げる事項その他の法第179条の2第1項第2号及び第3号に掲げる事項（株式売渡請求に併せて新株予約権売渡請求をする場合にあっては、同項第2号及び第3号並びに第4号ロ及びハに掲げる事項）についての定めの相当性に関する事項（当該相当性に関する対象会社の取締役（取締役会設置会社にあっては、取締役会。次号及び第3号において同じ。）の判断及びその理由を含む。）
イ　株式売渡対価の総額（株式売渡請求に併せて新株予約権売渡請求をする場合にあっては、株式売渡対価の総額及び新株予約権売渡対価の総額）の相当性に関する事項
ロ　法第179条の3第1項の承認に当たり売渡株主等の利益を害さないように留意した事項（当該事項がない場合にあっては、その旨）
二　第33条の5第1項第1号に掲げる事項についての定めの相当性その他の株式売渡対価（株式売渡請求に併せて新株予約権売渡請求をする場合にあっては、株式売渡対価及び新株予約権売渡対価）の交付の見込みに関する事項（当該見込みに関する対象会社の取締役の判断及びその理由を含む。）
三　第33条の5第1項第2号に掲げる事項についての定めがあるときは、当該定めの相当性に関する事項（当該相当性に関する対象会社の取締役の判断及びその理由を含む。）
四　対象会社についての次に掲げる事項
イ　対象会社において最終事業年度の末日（最終事業年度がない場合にあっては、対象会社の成立の日）後に重要な財産の処分、重大な債務の負担その他の会社財産の状況に重要な影響を与える事象が生じたときは、その内容（法第179条の4第1項第1号の規定による通知の日又は同条第2項の公告の日のいずれか早い日（次号において「備置開始日」という。）後特別支配株主が売渡株式等の全部を取得する日までの間に新たな最終事業年度が存することとなる場合にあっては、当該新たな最終事業年度の末日後に生じた事象の内容に限る。）
ロ　対象会社において最終事業年度がないときは、対象会社の成立の日における貸借対照表
五　備置開始日後特別支配株主が売渡株式等の全部を取得する日までの間に、前各号に掲げる事項に変更が生じたときは、変更後の当該事項

（対象会社の事後開示事項）

第33条の8　法第179条の10第1項に規定する法務省令で定める事項は、次に掲げる事項とする。

一　特別支配株主が売渡株式等の全部を取得した日

二　法第179条の7第1項又は第2項の規定による請求に係る手続の経過

三　法第179条の8の規定による手続の経過

四　株式売渡請求により特別支配株主が取得した売渡株式の数（対象会社が種類株式発行会社であるときは、売渡株式の種類及び種類ごとの数）

五　新株予約権売渡請求により特別支配株主が取得した売渡新株予約権の数

六　前号の売渡新株予約権が新株予約権付社債に付されたものである場合には、当該新株予約権付社債についての各社債（特別支配株主が新株予約権売渡請求により取得したものに限る。）の金額の合計額

七　前各号に掲げるもののほか、株式等売渡請求に係る売渡株式等の取得に関する重要な事項

第3節の3　株式の併合

（株式の併合に関する事前開示事項）

第33条の9　法第182条の2第1項に規定する法務省令で定める事項は、次に掲げる事項とする。

一　次に掲げる事項その他の法第180条第2項第1号及び第3号に掲げる事項についての定めの相当性に関する事項

イ　株式の併合をする株式会社に親会社等がある場合には、当該株式会社の株主（当該親会社等を除く。）の利益を害さないように留意した事項（当該事項がない場合にあっては、その旨）

ロ　法第235条の規定により1株に満たない端数の処理をすることが見込まれる場合における次に掲げる事項

(1)　次に掲げる事項その他の当該処理の方法に関する事項

(i)　法第235条第1項又は同条第2項において準用する法第234条第2項のいずれの規定による処理を予定しているかの別及びその理由

(ii)　法第235条第1項の規定による処理を予定している場合には、競売の申立てをする時期の見込み（当該見込みに関する取締役（取締役会設置会社にあっては、取締役会。(iii)及び(iv)において同じ。）の判断及びその理由を含む。）

(iii)　法第235条第2項において準用する法第234条第2項の規定による処理（市場において行う取引による売却に限る。）を予定している場合には、売却する時期及び売却により得られた代金を株主に交付する時期の見込み（当該見込みに関する取締役の判断及びその理由を含む。）

(iv)　法第235条第2項において準用する法第234条第2項の規定による処理（市場において行う取引による売却を除く。）を予定している場合には、売却に係る株式を買い取る者となると見込まれる者の氏名又は名称、当該者が売却に係る代金の支払のための資金を確保する方法及び当該方法の相当性並びに売却する時期及び売却により得られた代金を株主に交付する時期の見込み（当該見込みに関する取締役の判断及びその理由を含む。）

(2)　当該処理により株主に交付することが見込まれる金銭の額及び当該額の相当性に関する事項

二　株式の併合をする株式会社（清算株式会社を除く。以下この号において同じ。）についての次に掲げる事項

イ　当該株式会社において最終事業年度の末日（最終事業年度がない場合にあっては、当該株式会社の成立の日）後に重要な財産の処分、重大な債務の負担その他の会社財産の状況に重要な影響を与える事象が生じたときは、その内容（備置開始日（法第182条の2第1項各号に掲げる日のいずれか早い日をいう。次号において同じ。）後株式の併合がその効力を生ずる日までの間に新たな最終事業年度が存することとなる場合にあっては、当該新たな最終事業年度の末日後に生じた事象の内容に限る。）

ロ　当該株式会社において最終事業年度がないときは、当該株式会社の成立の日における貸借対照表

三　備置開始日後株式の併合がその効力を生ずる日までの間に、前2号に掲げる事項に変更が生じたときは、変更後の当該事項

（株式の併合に関する事後開示事項）

第33条の10　法第182条の6第1項に規定する法務省令で定める事項は、次に掲げる事項とする。

一　株式の併合が効力を生じた日

二　法第182条の3の規定による請求に係る手続の経過

三　法第182条の4の規定による手続の経過

四　株式の併合が効力を生じた時における発行済株式（種類株式発行会社にあっては、法第180条第2項第3号の種類の発行済株式）の総数

五　前各号に掲げるもののほか、株式の併合に関する重要な事項

第4節　単元株式数

（単元株式数）

第34条　法第188条第2項に規定する法務省令で定める数は、1000及び発行済株式の総数の200分の1に当たる数とする。

（単元未満株式についての権利）

第35条　法第189条第2項第6号に規定する法務省令で定める権利は、次に掲げるものとする。

一　法第31条第2項各号に掲げる請求をする権利

二　法第122条第1項の規定による株主名簿記載事項（法第154条の2第3項に規定する場合にあっては、当該株

主の有する株式が信託財産に属する旨を含む。）を記載した書面の交付又は当該株主名簿記載事項を記録した電磁的記録の提供を請求する権利
三　法第125条第２項各号に掲げる請求をする権利
四　法第133条第１項の規定による請求（次に掲げる事由により取得した場合における請求に限る。）をする権利
イ　相続その他の一般承継
ロ　株式売渡請求による売渡株式の全部の取得
ハ　吸収分割又は新設分割による他の会社がその事業に関して有する権利義務の承継
ニ　株式交換又は株式移転による他の株式会社の発行済株式の全部の取得
ホ　法第197条第２項の規定による売却
ヘ　法第234条第２項（法第235条第２項において準用する場合を含む。）の規定による売却
ト　競売
五　法第137条第１項の規定による請求（前号イからトまでに掲げる事由により取得した場合における請求に限る。）をする権利
六　株式売渡請求により特別支配株主が売渡株式の取得の対価として交付する金銭の交付を受ける権利
七　株式会社が行う次に掲げる行為により金銭等の交付を受ける権利
イ　株式の併合
ロ　株式の分割
ハ　新株予約権無償割当て
ニ　剰余金の配当
ホ　組織変更
八　株式会社が行う次の各号に掲げる行為により当該各号に定める者が交付する金銭等の交付を受ける権利
イ　吸収合併（会社以外の者と行う合併を含み、合併により当該株式会社が消滅する場合に限る。）　当該吸収合併後存続するもの
ロ　新設合併（会社以外の者と行う合併を含む。）　当該新設合併により設立されるもの
ハ　株式交換　株式交換完全親会社
ニ　株式移転　株式移転設立完全親会社
2　前項の規定にかかわらず、株式会社が株券発行会社である場合には、法第189条第２項第６号に規定する法務省令で定める権利は、次に掲げるものとする。
一　前項第１号、第３号及び第６号から第８号までに掲げる権利
二　法第133条第１項の規定による請求をする権利
三　法第137条第１項の規定による請求をする権利
四　法第189条第３項の定款の定めがある場合以外の場合における法第215条第４項及び第217条第６項の規定による株券の発行を請求する権利
五　法第189条第３項の定款の定めがある場合以外の場合における法第217条第１項の規定による株券の所持を希望しない旨の申出をする権利

（市場価格のある単元未満株式の買取りの価格）
第36条　法第193条第１項第１号に規定する法務省令で定める方法は、次に掲げる額のうちいずれか高い額をもって同号に規定する株式の価格とする方法とする。
一　法第192条第１項の規定による請求の日（以下この条において「請求日」という。）における当該株式を取引する市場における最終の価格（当該請求日に売買取引がない場合又は当該請求日が当該市場の休業日に当たる場合にあっては、その後最初になされた売買取引の成立価格）
二　請求日において当該株式が公開買付け等の対象であるときは、当該請求日における当該公開買付け等に係る契約における当該株式の価格

（市場価格のある単元未満株式の売渡しの価格）
第37条　法第194条第４項において準用する法第193条第１項第１号に規定する法務省令で定める方法は、次に掲げる額のうちいずれか高い額をもって単元未満株式売渡請求に係る株式の価格とする方法とする。
一　単元未満株式売渡請求の日（以下この条において「請求日」という。）における当該株式を取引する市場における最終の価格（当該請求日に売買取引がない場合又は当該請求日が当該市場の休業日に当たる場合にあっては、その後最初になされた売買取引の成立価格）
二　請求日において当該株式が公開買付け等の対象であるときは、当該請求日における当該公開買付け等に係る契約における当該株式の価格

第５節　株主に対する通知の省略等

（市場価格のある株式の売却価格）
第38条　法第197条第２項に規定する法務省令で定める方法は、次の各号に掲げる場合の区分に応じ、当該各号に定める額をもって同項に規定する株式の価格とする方法とする。
一　当該株式を市場において行う取引によって売却する場合　当該取引によって売却する価格
二　前号に掲げる場合以外の場合　次に掲げる額のうちいずれか高い額
イ　法第197条第２項の規定により売却する日（以下この条において「売却日」という。）における当該株式を取引する市場における最終の価格（当該売却日に売買取引がない場合又は当該売却日が当該市場の休業日に当たる場合にあっては、その後最初になされた売買取引の成立価格）
ロ　売却日において当該株式が公開買付け等の対象であるときは、当該売却日における当該公開買付け等に係る契約における当該株式の価格

（公告事項）
第39条　法第198条第１項に規定する法務省令で定める事項は、次に掲げるものとする。
一　法第197条第１項の株式（以下この条において「競売対象株式」という。）の競売又は売却をする旨
二　競売対象株式の株主として株主名簿に記載又は記録がされた者の氏名又は名称及び住所
三　競売対象株式の数（種類株式発行会社にあっては、競

売対象株式の種類及び種類ごとの数）
四　競売対象株式につき株券が発行されているときは、当該株券の番号

第6節　募集株式の発行等

（募集事項の通知を要しない場合）
第40条　法第201条第5項に規定する法務省令で定める場合は、株式会社が同条第3項に規定する期日の2週間前までに、金融商品取引法の規定に基づき次に掲げる書類（同項に規定する募集事項に相当する事項をその内容とするものに限る。）の届出又は提出をしている場合（当該書類に記載すべき事項を同法の規定に基づき電磁的方法により提供している場合を含む。）であって、内閣総理大臣が当該期日の2週間前の日から当該期日まで継続して同法の規定に基づき当該書類を公衆の縦覧に供しているときとする。
一　金融商品取引法第4条第1項から第3項までの届出をする場合における同法第5条第1項の届出書（訂正届出書を含む。）
二　金融商品取引法第23条の3第1項に規定する発行登録書及び同法第23条の8第1項に規定する発行登録追補書類（訂正発行登録書を含む。）
三　金融商品取引法第24条第1項に規定する有価証券報告書（訂正報告書を含む。）
四　金融商品取引法第24条の5第1項に規定する半期報告書（訂正報告書を含む。）
五　金融商品取引法第24条の5第4項に規定する臨時報告書（訂正報告書を含む。）

（申込みをしようとする者に対して通知すべき事項）
第41条　法第203条第1項第4号に規定する法務省令で定める事項は、次に掲げる事項とする。
一　発行可能株式総数（種類株式発行会社にあっては、各種類の株式の発行可能種類株式総数を含む。）
二　株式会社（種類株式発行会社を除く。）が発行する株式の内容として法第107条第1項各号に掲げる事項を定めているときは、当該株式の内容
三　株式会社（種類株式発行会社に限る。）が法第108条第1項各号に掲げる事項につき内容の異なる株式を発行することとしているときは、各種類の株式の内容（ある種類の株式につき同条第3項の定款の定めがある場合において、当該定款の定めにより株式会社が当該種類の株式の内容を定めていないときは、当該種類の株式の内容の要綱）
四　単元株式数についての定款の定めがあるときは、その単元株式数（種類株式発行会社にあっては、各種類の株式の単元株式数）
五　次に掲げる定款の定めがあるときは、その規定
イ　法第139条第1項、第140条第5項又は第145条第1号若しくは第2号に規定する定款の定め
ロ　法第164条第1項に規定する定款の定め
ハ　法第167条第3項に規定する定款の定め
ニ　法第168条第1項又は第169条第2項に規定する定款の定め
ホ　法第174条に規定する定款の定め
ヘ　法第347条に規定する定款の定め
ト　第26条第1号又は第2号に規定する定款の定め
六　株主名簿管理人を置く旨の定款の定めがあるときは、その氏名又は名称及び住所並びに営業所
七　電子提供措置をとる旨の定款の定めがあるときは、その規定
八　定款に定められた事項（法第203条第1項第1号から第3号まで及び前各号に掲げる事項を除く。）であって、当該株式会社に対して募集株式の引受けの申込みをしようとする者が当該者に対して通知することを請求した事項

（申込みをしようとする者に対する通知を要しない場合）
第42条　法第203条第4項に規定する法務省令で定める場合は、次に掲げる場合であって、株式会社が同条第1項の申込みをしようとする者に対して同項各号に掲げる事項を提供している場合とする。
一　当該株式会社が金融商品取引法の規定に基づき目論見書に記載すべき事項を電磁的方法により提供している場合
二　当該株式会社が外国の法令に基づき目論見書その他これに相当する書面その他の資料を提供している場合

（株主に対して通知すべき事項）
第42条の2　法第206条の2第1項に規定する法務省令で定める事項は、次に掲げる事項とする。
一　特定引受人（法第206条の2第1項に規定する特定引受人をいう。以下この条において同じ。）の氏名又は名称及び住所
二　特定引受人（その子会社等を含む。第5号及び第7号において同じ。）がその引き受けた募集株式の株主となった場合に有することとなる議決権の数
三　前号の募集株式に係る議決権の数
四　募集株式の引受人の全員がその引き受けた募集株式の株主となった場合における総株主の議決権の数
五　特定引受人に対する募集株式の割当て又は特定引受人との間の法第205条第1項の契約の締結に関する取締役会の判断及びその理由
六　社外取締役を置く株式会社において、前号の取締役会の判断が社外取締役の意見と異なる場合には、その意見
七　特定引受人に対する募集株式の割当て又は特定引受人との間の法第205条第1項の契約の締結に関する監査役、監査等委員会又は監査委員会の意見

（株主に対する通知を要しない場合）
第42条の3　法第206条の2第3項に規定する法務省令で定める場合は、株式会社が同条第1項に規定する期日の2週間前までに、金融商品取引法の規定に基づき第40条各号に掲げる書類（前条各号に掲げる事項に相当する事項をその内容とするものに限る。）の届出又は提

出をしている場合（当該書類に記載すべき事項を同法の規定に基づき電磁的方法により提供している場合を含む。）であって、内閣総理大臣が当該期日の２週間前の日から当該期日まで継続して同法の規定に基づき当該書類を公衆の縦覧に供しているときとする。

（株主に対する通知を要しない場合における反対通知の期間の初日）

第42条の４　法第206条の２第４項に規定する法務省令で定める日は、株式会社が金融商品取引法の規定に基づき前条の書類の届出又は提出（当該書類に記載すべき事項を同法の規定に基づき電磁的方法により提供した場合にあっては、その提供）をした日とする。

（検査役の調査を要しない市場価格のある有価証券）

第43条　法第207条第９項第３号に規定する法務省令で定める方法は、次に掲げる額のうちいずれか高い額をもって同号に規定する有価証券の価格とする方法とする。

一　法第199条第１項第３号の価額を定めた日（以下この条において「価額決定日」という。）における当該有価証券を取引する市場における最終の価格（当該価額決定日に売買取引がない場合又は当該価額決定日が当該市場の休業日に当たる場合にあっては、その後最初になされた売買取引の成立価格）

二　価額決定日において当該有価証券が公開買付け等の対象であるときは、当該価額決定日における当該公開買付け等に係る契約における当該有価証券の価格

（出資された財産等の価額が不足する場合に責任をとるべき取締役等）

第44条　法第213条第１項第１号に規定する法務省令で定めるものは、次に掲げる者とする。

一　現物出資財産（法第207条第１項に規定する現物出資財産をいう。以下この条から第46条までにおいて同じ。）の価額の決定に関する職務を行った取締役及び執行役

二　現物出資財産の価額の決定に関する株主総会の決議があったときは、当該株主総会において当該現物出資財産の価額に関する事項について説明をした取締役及び執行役

三　現物出資財産の価額の決定に関する取締役会の決議があったときは、当該取締役会の決議に賛成した取締役

第45条　法第213条第１項第２号に規定する法務省令で定めるものは、次に掲げる者とする。

一　株主総会に現物出資財産の価額の決定に関する議案を提案した取締役

二　前号の議案の提案の決定に同意した取締役（取締役会設置会社の取締役を除く。）

三　第１号の議案の提案が取締役会の決議に基づいて行われたときは、当該取締役会の決議に賛成した取締役

第46条　法第213条第１項第３号に規定する法務省令で定めるものは、取締役会に現物出資財産の価額の決定に関する議案を提案した取締役及び執行役とする。

（出資の履行の仮装に関して責任をとるべき取締役等）

第46条の２　法第213条の３第１項に規定する法務省令で定める者は、次に掲げる者とする。

一　出資の履行（法第208条第３項に規定する出資の履行をいう。以下この条において同じ。）の仮装に関する職務を行った取締役及び執行役

二　出資の履行の仮装が取締役会の決議に基づいて行われたときは、次に掲げる者

イ　当該取締役会の決議に賛成した取締役

ロ　当該取締役会に当該出資の履行の仮装に関する議案を提案した取締役及び執行役

三　出資の履行の仮装が株主総会の決議に基づいて行われたときは、次に掲げる者

イ　当該株主総会に当該出資の履行の仮装に関する議案を提案した取締役

ロ　イの議案の提案の決定に同意した取締役（取締役会設置会社の取締役を除く。）

ハ　イの議案の提案が取締役会の決議に基づいて行われたときは、当該取締役会の決議に賛成した取締役

ニ　当該株主総会において当該出資の履行の仮装に関する事項について説明をした取締役及び執行役

第７節　株券

（株券喪失登録請求）

第47条　法第223条の規定による請求（以下この条において「株券喪失登録請求」という。）は、この条に定めるところにより、行わなければならない。

２　株券喪失登録請求は、株券喪失登録請求をする者（次項において「株券喪失登録請求者」という。）の氏名又は名称及び住所並びに喪失した株券の番号を明らかにしてしなければならない。

３　株券喪失登録請求者が株券喪失登録請求をしようとするときは、次の各号に掲げる場合の区分に応じ、当該各号に定める資料を株式会社に提供しなければならない。

一　株券喪失登録請求者が当該株券に係る株式の株主又は登録株式質権者として株主名簿に記載又は記録がされている者である場合　株券の喪失の事実を証する資料

二　前号に掲げる場合以外の場合　次に掲げる資料

イ　株券喪失登録請求者が株券喪失登録請求に係る株券を、当該株券に係る株式につき法第121条第３号の取得の日として株主名簿に記載又は記録がされている日以後に所持していたことを証する資料

ロ　株券の喪失の事実を証する資料

４　株券喪失登録に係る株券が会社法の施行に伴う関係法律の整備等に関する法律の施行に伴う経過措置を定める政令（平成17年政令第367号）第２条の規定により法第121条第３号の規定が適用されない株式に係る

ものである場合における前項第２号の規定の適用については、同号中「次に」とあるのは、「ロに」とする。

（株券を所持する者による抹消の申請）

第48条　法第225条第１項の規定による申請は、株券を提示し、当該申請をする者の氏名又は名称及び住所を明らかにしてしなければならない。

（株券喪失登録者による抹消の申請）

第49条　法第226条第１項の規定による申請は、当該申請をする株券喪失登録者の氏名又は名称及び住所並びに当該申請に係る株券喪失登録がされた株券の番号を明らかにしてしなければならない。

第８節　雑則

（株式の発行等により１に満たない株式の端数を処理する場合における市場価格）

第50条　法第234条第２項に規定する法務省令で定める方法は、次の各号に掲げる場合の区分に応じ、当該各号に定める額をもって同項に規定する株式の価格とする方法とする。

一　当該株式を市場において行う取引によって売却する場合　当該取引によって売却する価格

二　前号に掲げる場合以外の場合　次に掲げる額のうちいずれか高い額

イ　法第234条第２項の規定により売却する日（以下この条において「売却日」という。）における当該株式を取引する市場における最終の価格（当該売却日に売買取引がない場合又は当該売却日が当該市場の休業日に当たる場合にあっては、その後最初になされた売買取引の成立価格）

ロ　売却日において当該株式が公開買付け等の対象であるときは、当該売却日における当該公開買付け等に係る契約における当該株式の価格

（１に満たない社債等の端数を処理する場合における市場価格）

第51条　法第234条第６項において準用する同条第２項に規定する法務省令で定める方法は、次の各号に掲げる場合の区分に応じ、当該各号に定める額をもって同条第６項において準用する同条第２項の規定により売却する財産の価格とする方法とする。

一　法第234条第６項に規定する社債又は新株予約権を市場において行う取引によって売却する場合　当該取引によって売却する価格

二　前号に掲げる場合以外の場合において、社債（新株予約権付社債についての社債を除く。以下この号において同じ。）を売却するとき　法第234条第６項において準用する同条第２項の規定により売却する日（以下この条において「売却日」という。）における当該社債を取引する市場における最終の価格（当該売却日に売買取引がない場合又は当該売却日が当該市場の休業日に当たる場合にあっては、その後最初になされた売買取引の成立価格）

三　第１号に掲げる場合以外の場合において、新株予約権（当該新株予約権が新株予約権付社債に付されたものである場合にあっては、当該新株予約権付社債。以下この号において同じ。）を売却するとき　次に掲げる額のうちいずれか高い額

イ　売却日における当該新株予約権を取引する市場における最終の価格（当該売却日に売買取引がない場合又は当該売却日が当該市場の休業日に当たる場合にあっては、その後最初になされた売買取引の成立価格）

ロ　売却日において当該新株予約権が公開買付け等の対象であるときは、当該売却日における当該公開買付け等に係る契約における当該新株予約権の価格

（株式の分割等により１に満たない株式の端数を処理する場合における市場価格）

第52条　法第235条第２項において準用する法第234条第２項に規定する法務省令で定める方法は、次の各号に掲げる場合の区分に応じ、当該各号に定める額をもって法第235条第２項において準用する法第234条第２項に規定する株式の価格とする方法とする。

一　当該株式を市場において行う取引によって売却する場合　当該取引によって売却する価格

二　前号に掲げる場合以外の場合　次に掲げる額のうちいずれか高い額

イ　法第235条第２項において準用する法第234条第２項の規定により売却する日（以下この条において「売却日」という。）における当該株式を取引する市場における最終の価格（当該売却日に売買取引がない場合又は当該売却日が当該市場の休業日に当たる場合にあっては、その後最初になされた売買取引の成立価格）

ロ　売却日において当該株式が公開買付け等の対象であるときは、当該売却日における当該公開買付け等に係る契約における当該株式の価格

第３章　新株予約権

（募集事項の通知を要しない場合）

第53条　法第240条第４項に規定する法務省令で定める場合は、株式会社が割当日（法第238条第１項第４号に規定する割当日をいう。第55条の４において同じ。）の２週間前までに、金融商品取引法の規定に基づき次に掲げる書類（法第238条第１項に規定する募集事項に相当する事項をその内容とするものに限る。）の届出又は提出をしている場合（当該書類に記載すべき事項を同法の規定に基づき電磁的方法により提供している場合を含む。）であって、内閣総理大臣が当該割当日の２週間前の日から当該割当日まで継続して同法の規定に基づき当該書類を公衆の縦覧に供しているときとする。

一　金融商品取引法第４条第１項から第３項までの届出をする場合における同法第５条第１項の届出書（訂正届出書を含む。）

二　金融商品取引法第23条の３第１項に規定する発行登録書及び同法第23条の８第１項に規定する発行登録追補書類（訂正発行登録書を含む。）

三　金融商品取引法第24条第１項に規定する有価証券報告書（訂正報告書を含む。）

四　金融商品取引法第24条の5第1項に規定する半期報告書（訂正報告書を含む。）
五　金融商品取引法第24条の5第4項に規定する臨時報告書（訂正報告書を含む。）

（申込みをしようとする者に対して通知すべき事項）
第54条　法第242条第1項第4号に規定する法務省令で定める事項は、次に掲げる事項とする。
一　発行可能株式総数（種類株式発行会社にあっては、各種類の株式の発行可能種類株式総数を含む。）
二　株式会社（種類株式発行会社を除く。）が発行する株式の内容として法第107条第1項各号に掲げる事項を定めているときは、当該株式の内容
三　株式会社（種類株式発行会社に限る。）が法第108条第1項各号に掲げる事項につき内容の異なる株式を発行することとしているときは、各種類の株式の内容（ある種類の株式につき同条第3項の定款の定めがある場合において、当該定款の定めにより株式会社が当該種類の株式の内容を定めていないときは、当該種類の株式の内容の要綱）
四　単元株式数についての定款の定めがあるときは、その単元株式数（種類株式発行会社にあっては、各種類の株式の単元株式数）
五　次に掲げる定款の定めがあるときは、その規定
イ　法第139条第1項、第140条第5項又は第145条第1号若しくは第2号に規定する定款の定め
ロ　法第164条第1項に規定する定款の定め
ハ　法第167条第3項に規定する定款の定め
ニ　法第168条第1項又は第169条第2項に規定する定款の定め
ホ　法第174条に規定する定款の定め
ヘ　法第347条に規定する定款の定め
ト　第26条第1号又は第2号に規定する定款の定め
六　株主名簿管理人を置く旨の定款の定めがあるときは、その氏名又は名称及び住所並びに営業所
七　電子提供措置をとる旨の定款の定めがあるときは、その規定
八　定款に定められた事項（法第242条第1項第1号から第3号まで及び前各号に掲げる事項を除く。）であって、当該株式会社に対して募集新株予約権の引受けの申込みをしようとする者が当該者に対して通知することを請求した事項

（申込みをしようとする者に対する通知を要しない場合）
第55条　法第242条第4項に規定する法務省令で定める場合は、次に掲げる場合であって、株式会社が同条第1項の申込みをしようとする者に対して同項各号に掲げる事項を提供している場合とする。
一　当該株式会社が金融商品取引法の規定に基づき目論見書に記載すべき事項を電磁的方法により提供している場合
二　当該株式会社が外国の法令に基づき目論見書その他これに相当する書面その他の資料を提供している場合

（株主に対して通知すべき事項）
第55条の2　法第244条の2第1項に規定する法務省令で定める事項は、次に掲げる事項とする。
一　特定引受人（法第244条の2第1項に規定する特定引受人をいう。以下この条及び次条第3項において同じ。）の氏名又は名称及び住所
二　特定引受人（その子会社等を含む。以下この条及び次条第3項において同じ。）がその引き受けた募集新株予約権に係る交付株式（法第244条の2第2項に規定する交付株式をいう。次号及び次条第3項において同じ。）の株主となった場合に有することとなる最も多い議決権の数
三　前号の交付株式に係る最も多い議決権の数
四　第2号に規定する場合における最も多い総株主の議決権の数
五　特定引受人に対する募集新株予約権の割当て又は特定引受人との間の法第244条第1項の契約の締結に関する取締役会の判断及びその理由
六　社外取締役を置く株式会社において、前号の取締役会の判断が社外取締役の意見と異なる場合には、その意見
七　特定引受人に対する募集新株予約権の割当て又は特定引受人との間の法第244条第1項の契約の締結に関する監査役、監査等委員会又は監査委員会の意見

（交付株式）
第55条の3　法第244条の2第2項に規定する法務省令で定める株式は、次に掲げる株式とする。
一　募集新株予約権の内容として次のイ又はロに掲げる事項についての定めがある場合における当該イ又はロに定める新株予約権（次号及び次項において「取得対価新株予約権」という。）の目的である株式
イ　法第236条第1項第7号ヘに掲げる事項　同号ヘの他の新株予約権
ロ　法第236条第1項第7号トに掲げる事項　同号トの新株予約権付社債に付された新株予約権
二　取得対価新株予約権の内容として法第236条第1項第7号ニに掲げる事項についての定めがある場合における同号ニの株式
2　前項の規定の適用については、取得対価新株予約権の内容として同項第1号イ又はロに掲げる事項についての定めがある場合における当該イ又はロに定める新株予約権は、取得対価新株予約権とみなす。
3　交付株式の数が特定引受人に対する募集新株予約権の割当ての決定又は特定引受人との間の法第244条第1項の契約の締結の日（以下この項において「割当等決定日」という。）後のいずれか一の日の市場価額その他の指標に基づき決定する方法その他の算定方法により決定される場合における当該交付株式の数は、割当等決定日の前日に当該交付株式が交付されたものとみなして計算した数とする。

（株主に対する通知を要しない場合）
第55条の4　法第244条の2第4項に規定する法務省令で定める場合は、株式会社が割当日の2週間前ま

でに、金融商品取引法の規定に基づき第53条各号に掲げる書類（第55条の２各号に掲げる事項に相当する事項をその内容とするものに限る。）の届出又は提出をしている場合（当該書類に記載すべき事項を同法の規定に基づき電磁的方法により提供している場合を含む。）であって、内閣総理大臣が当該割当日の２週間前の日から当該割当日まで継続して同法の規定に基づき当該書類を公衆の縦覧に供しているときとする。

（株主に対する通知を要しない場合における反対通知の期間の初日）

第55条の５　法第244条の２第５項に規定する法務省令で定める日は、株式会社が金融商品取引法の規定に基づき前条の書類の届出又は提出（当該書類に記載すべき事項を同法の規定に基づき電磁的方法により提供した場合にあっては、その提供）をした日とする。

（新株予約権原簿記載事項の記載等の請求）

第56条　法第260条第２項に規定する法務省令で定める場合は、次に掲げる場合とする。

一　新株予約権取得者が、新株予約権者として新株予約権原簿に記載若しくは記録がされた者又はその一般承継人に対して当該新株予約権取得者の取得した新株予約権に係る法第260条第１項の規定による請求をすべきことを命ずる確定判決を得た場合において、当該確定判決の内容を証する書面その他の資料を提供して請求をしたとき。

二　新株予約権取得者が前号の確定判決と同一の効力を有するものの内容を証する書面その他の資料を提供して請求をしたとき。

三　新株予約権取得者が一般承継により当該株式会社の新株予約権を取得した者である場合において、当該一般承継を証する書面その他の資料を提供して請求をしたとき。

四　新株予約権取得者が当該株式会社の新株予約権を競売により取得した者である場合において、当該競売により取得したことを証する書面その他の資料を提供して請求をしたとき。

五　新株予約権取得者が新株予約権売渡請求により当該株式会社の発行する売渡新株予約権の全部を取得した者である場合において、当該新株予約権取得者が請求をしたとき。

2　前項の規定にかかわらず、新株予約権取得者が取得した新株予約権が証券発行新株予約権又は証券発行新株予約権付社債に付された新株予約権である場合には、法第260条第２項に規定する法務省令で定める場合は、次に掲げる場合とする。

一　新株予約権取得者が新株予約権証券又は新株予約権付社債券を提示して請求をした場合

二　新株予約権取得者が新株予約権売渡請求により当該株式会社の発行する売渡新株予約権の全部を取得した者である場合において、当該新株予約権取得者が請求をしたとき。

（新株予約権取得者からの承認の請求）

第57条　法第263条第２項に規定する法務省令で定める場合は、次に掲げる場合とする。

一　新株予約権取得者が、新株予約権者として新株予約権原簿に記載若しくは記録がされた者又はその一般承継人に対して当該新株予約権取得者の取得した新株予約権に係る法第263条第１項の規定による請求をすべきことを命ずる確定判決を得た場合において、当該確定判決の内容を証する書面その他の資料を提供して請求をしたとき。

二　新株予約権取得者が前号の確定判決と同一の効力を有するものの内容を証する書面その他の資料を提供して請求をしたとき。

三　新株予約権取得者が当該株式会社の新株予約権を競売により取得した者である場合において、当該競売により取得したことを証する書面その他の資料を提供して請求をしたとき。

2　前項の規定にかかわらず、新株予約権取得者が取得した新株予約権が証券発行新株予約権又は証券発行新株予約権付社債に付された新株予約権である場合には、法第263条第２項に規定する法務省令で定める場合は、新株予約権取得者が新株予約権証券又は新株予約権付社債券を提示して請求をした場合とする。

（新株予約権の行使により株式に端数が生じる場合）

第58条　法第283条第１号に規定する法務省令で定める方法は、次に掲げる額のうちいずれか高い額をもって同号に規定する株式の価格とする方法とする。

一　新株予約権の行使の日（以下この条において「行使日」という。）における当該株式を取引する市場における最終の価格（当該行使日に売買取引がない場合又は当該行使日が当該市場の休業日に当たる場合にあっては、その後最初になされた売買取引の成立価格）

二　行使日において当該株式が公開買付け等の対象であるときは、当該行使日における当該公開買付け等に係る契約における当該株式の価格

（検査役の調査を要しない市場価格のある有価証券）

第59条　法第284条第９項第３号に規定する法務省令で定める方法は、次に掲げる額のうちいずれか高い額をもって同号に規定する有価証券の価格とする方法とする。

一　新株予約権の行使の日（以下この条において「行使日」という。）における当該有価証券を取引する市場における最終の価格（当該行使日に売買取引がない場合又は当該行使日が当該市場の休業日に当たる場合にあっては、その後最初になされた売買取引の成立価格）

二　行使日において当該有価証券が公開買付け等の対象であるときは、当該行使日における当該公開買付け等に係る契約における当該有価証券の価格

（出資された財産等の価額が不足する場合に責任をとるべき取締役等）

第60条　法第286条第１項第１号に規定する法務省令で定めるものは、次に掲げる者とする。

一　現物出資財産（法第284条第１項に規定する現物出資財産をいう。以下この条から第62条までにおいて同じ。）の価額の決定に関する職務を行った取締役及び執行役

二　現物出資財産の価額の決定に関する株主総会の

決議があったときは、当該株主総会において当該現物出資財産の価額に関する事項について説明をした取締役及び執行役

三　現物出資財産の価額の決定に関する取締役会の決議があったときは、当該取締役会の決議に賛成した取締役

第61条　法第286条第1項第2号に規定する法務省令で定めるものは、次に掲げる者とする。

一　株主総会に現物出資財産の価額の決定に関する議案を提案した取締役

二　前号の議案の提案の決定に同意した取締役（取締役会設置会社の取締役を除く。）

三　第1号の議案の提案が取締役会の決議に基づいて行われたときは、当該取締役会の決議に賛成した取締役

第62条　法第286条第1項第3号に規定する法務省令で定めるものは、取締役会に現物出資財産の価額の決定に関する議案を提案した取締役及び執行役とする。

（新株予約権に係る払込み等の仮装に関して責任をとるべき取締役等）

第62条の2　法第286条の3第1項に規定する法務省令で定める者は、次に掲げる者とする。

一　払込み等（法第286条の2第1項各号の払込み又は給付をいう。以下この条において同じ。）の仮装に関する職務を行った取締役及び執行役

二　払込み等の仮装が取締役会の決議に基づいて行われたときは、次に掲げる者

イ　当該取締役会の決議に賛成した取締役

ロ　当該取締役会に当該払込み等の仮装に関する議案を提案した取締役及び執行役

三　払込み等の仮装が株主総会の決議に基づいて行われたときは、次に掲げる者

イ　当該株主総会に当該払込み等の仮装に関する議案を提案した取締役

ロ　イの議案の提案の決定に同意した取締役（取締役会設置会社の取締役を除く。）

ハ　イの議案の提案が取締役会の決議に基づいて行われたときは、当該取締役会の決議に賛成した取締役

ニ　当該株主総会において当該払込み等の仮装に関する事項について説明をした取締役及び執行役

第4章　機関

第1節　株主総会及び種類株主総会等

第1款　通則

（招集の決定事項）

第63条　法第298条第1項第5号に規定する法務省令で定める事項は、次に掲げる事項とする。

一　法第298条第1項第1号に規定する株主総会が定時株主総会である場合において、同号の日が次に掲げる要件のいずれかに該当するときは、その日時を決定した理由（ロに該当する場合にあっては、その日時を決定したことにつき特に理由がある場合における当該理由に限る。）

イ　当該日が前事業年度に係る定時株主総会の日に応当する日と著しく離れた日であること。

ロ　株式会社が公開会社である場合において、当該日と同一の日において定時株主総会を開催する他の株式会社（公開会社に限る。）が著しく多いこと。

二　法第298条第1項第1号に規定する株主総会の場所が過去に開催した株主総会のいずれの場所とも著しく離れた場所であるとき（次に掲げる場合を除く。）は、その場所を決定した理由

イ　当該場所が定款で定められたものである場合

ロ　当該場所で開催することについて株主総会に出席しない株主全員の同意がある場合

三　法第298条第1項第3号又は第4号に掲げる事項を定めたときは、次に掲げる事項（定款にロからニまで及びヘに掲げる事項についての定めがある場合又はこれらの事項の決定を取締役に委任する旨を決定した場合における当該事項を除く。）

イ　次款の規定により株主総会参考書類に記載すべき事項（第85条の2第3号、第85条の3第3号、第86条第3号及び第4号、第87条第3号及び第4号、第88条第3号及び第4号、第89条第3号、第90条第3号、第91条第3号、第91条の2第3号並びに第92条第3号に掲げる事項を除く。）

ロ　特定の時（株主総会の日時以前の時であって、法第299条第1項の規定により通知を発した日から2週間を経過した日以後の時に限る。）をもって書面による議決権の行使の期限とする旨を定めるときは、その特定の時

ハ　特定の時（株主総会の日時以前の時であって、法第299条第1項の規定により通知を発した日から2週間を経過した日以後の時に限る。）をもって電磁的方法による議決権の行使の期限とする旨を定めるときは、その特定の時

ニ　第66条第1項第2号の取扱いを定めるときは、その取扱いの内容

ホ　第94条第1項の措置をとることにより株主に対して提供する株主総会参考書類に記載しないものとする事項

ヘ　一の株主が同一の議案につき次に掲げる場合の区分に応じ、次に定める規定により重複して議決権を行使した場合において、当該同一の議案に対する議決権の行使の内容が異なるものであるときにおける当該株主の議決権の行使の取扱いに関する事項を定めるとき（次号に規定する場合を除く。）は、その事項

(1)　法第298条第1項第3号に掲げる事項を定めた場合　法第311条第1項

(2)　法第298条第1項第4号に掲げる事項を定

めた場合　法第312条第1項

ト　株主総会参考書類に記載すべき事項のうち、法第325条の5第3項の規定による定款の定めに基づき同条第2項の規定により交付する書面（第95条の4において「電子提供措置事項記載書面」という。）に記載しないものとする事項

四　法第298条第1項第3号及び第4号に掲げる事項を定めたときは、次に掲げる事項（定款にイからハまでに掲げる事項についての定めがある場合における当該事項を除く。）

イ　法第299条第3項の承諾をした株主の請求があった時に当該株主に対して法第301条第1項の規定による議決権行使書面（法第301条第1項に規定する議決権行使書面をいう。以下この節において同じ。）の交付（当該交付に代えて行う同条第2項の規定による電磁的方法による提供を含む。）をすることとするときは、その旨

ロ　一の株主が同一の議案につき法第311条第1項又は第312条第1項の規定により重複して議決権を行使した場合において、当該同一の議案に対する議決権の行使の内容が異なるものであるときにおける当該株主の議決権の行使の取扱いに関する事項を定めるときは、その事項

ハ　電子提供措置をとる旨の定款の定めがある場合において、法第299条第3項の承諾をした株主の請求があった時に議決権行使書面に記載すべき事項（当該株主に係る事項に限る。第66条第3項において同じ。）に係る情報について電子提供措置をとることとするときは、その旨

五　法第310条第1項の規定による代理人による議決権の行使について、代理権（代理人の資格を含む。）を証明する方法、代理人の数その他代理人による議決権の行使に関する事項を定めるとき（定款に当該事項についての定めがある場合を除く。）は、その事項

六　法第313条第2項の規定による通知の方法を定めるとき（定款に当該通知の方法についての定めがある場合を除く。）は、その方法

七　第3号に規定する場合以外の場合において、次に掲げる事項が株主総会の目的である事項であるときは、当該事項に係る議案の概要（議案が確定していない場合にあっては、その旨）

イ　役員等の選任

ロ　役員等の報酬等

ハ　全部取得条項付種類株式の取得

ニ　株式の併合

ホ　法第199条第3項又は第200条第2項に規定する場合における募集株式を引き受ける者の募集

ヘ　法第238条第3項各号又は第239条第2項各号に掲げる場合における募集新株予約権を引き受ける者の募集

ト　事業譲渡等

チ　定款の変更

リ　合併

ヌ　吸収分割

ル　吸収分割による他の会社がその事業に関して有する権利義務の全部又は一部の承継

ヲ　新設分割

ワ　株式交換

カ　株式交換による他の株式会社の発行済株式全部の取得

ヨ　株式移転

タ　株式交付

（書面による議決権の行使について定めることを要しない株式会社）

第64条　法第298条第2項に規定する法務省令で定めるものは、株式会社の取締役（法第297条第4項の規定により株主が株主総会を招集する場合にあっては、当該株主）が法第298条第2項（同条第3項の規定により読み替えて適用する場合を含む。）に規定する株主の全部に対して金融商品取引法の規定に基づき株主総会の通知に際して委任状の用紙を交付することにより議決権の行使を第三者に代理させることを勧誘している場合における当該株式会社とする。

（株主総会参考書類）

第65条　法第301条第1項又は第302条第1項の規定により交付すべき株主総会参考書類に記載すべき事項は、次款の定めるところによる。

2　法第298条第1項第3号及び第4号に掲げる事項を定めた株式会社が行った株主総会参考書類の交付（当該交付に代えて行う電磁的方法による提供を含む。）は、法第301条第1項及び第302条第1項の規定による株主総会参考書類の交付とする。

3　取締役は、株主総会参考書類に記載すべき事項について、招集通知（法第299条第2項又は第3項の規定による通知をいう。以下この節において同じ。）を発出した日から株主総会の前日までの間に修正をすべき事情が生じた場合における修正後の事項を株主に周知させる方法を、当該招集通知と併せて通知することができる。

（議決権行使書面）

第66条　法第301条第1項の規定により交付すべき議決権行使書面に記載すべき事項又は法第302条第3項若しくは第4項の規定により電磁的方法により提供すべき議決権行使書面に記載すべき事項は、次に掲げる事項とする。

一　各議案（次のイからハまでに掲げる場合にあっては、当該イからハまでに定めるもの）についての賛否（棄権の欄を設ける場合にあっては、棄権を含む。）を記載する欄

イ　2以上の役員等の選任に関する議案である場合　各候補者の選任

ロ　2以上の役員等の解任に関する議案である場合　各役員等の解任

ハ　2以上の会計監査人の不再任に関する議案である場合　各会計監査人の不再任

二　第63条第3号ニに掲げる事項についての定めがあるときは、第1号の欄に記載がない議決権行使書面が株式会社に提出された場合における各議案についての賛成、反対又は棄権のいずれかの意思の表示があったものとする取扱いの内容

三　第63条第３号ヘ又は第４号ロに掲げる事項についての定めがあるときは、当該事項
四　議決権の行使の期限
五　議決権を行使すべき株主の氏名又は名称及び行使することができる議決権の数（次のイ又はロに掲げる場合にあっては、当該イ又はロに定める事項を含む。）
イ　議案ごとに当該株主が行使することができる議決権の数が異なる場合　議案ごとの議決権の数
ロ　一部の議案につき議決権を行使することができない場合　議決権を行使することができる議案又は議決権を行使することができない議案

2　第63条第４号イに掲げる事項についての定めがある場合には、株式会社は、法第299条第３項の承諾をした株主の請求があった時に、当該株主に対して、法第301条第１項の規定による議決権行使書面の交付（当該交付に代えて行う同条第２項の規定による電磁的方法による提供を含む。）をしなければならない。

3　第63条第４号ハに掲げる事項についての定めがある場合には、株式会社は、法第299条第３項の承諾をした株主の請求があった時に、議決権行使書面に記載すべき事項に係る情報について電子提供措置をとらなければならない。ただし、当該株主に対して、法第325条の３第２項の規定による議決権行使書面の交付をする場合は、この限りでない。

4　同一の株主総会に関して株主に対して提供する招集通知の内容とすべき事項のうち、議決権行使書面に記載している事項がある場合には、当該事項は、招集通知の内容とすることを要しない。

5　同一の株主総会に関して株主に対して提供する議決権行使書面に記載すべき事項（第１項第２号から第４号までに掲げる事項に限る。）のうち、招集通知の内容としている事項がある場合には、当該事項は、議決権行使書面に記載することを要しない。

（実質的に支配することが可能となる関係）

第67条　法第308条第１項に規定する法務省令で定める株主は、株式会社（当該株式会社の子会社を含む。）が、当該株式会社の株主である会社等の議決権（同項その他これに準ずる法以外の法令（外国の法令を含む。）の規定により行使することができないとされる議決権を含み、役員等（会計監査人を除く。）の選任及び定款の変更に関する議案（これらの議案に相当するものを含む。）の全部につき株主総会（これに相当するものを含む。）において議決権を行使することができない株式（これに相当するものを含む。）に係る議決権を除く。以下この条において「相互保有対象議決権」という。）の総数の４分の１以上を有する場合における当該株主であるもの（当該株主であるもの以外の者が当該株式会社の株主総会の議案につき議決権を行使することができない場合（当該議案を決議する場合に限る。）における当該株主を除く。）とする。

2　前項の場合には、株式会社及びその子会社の有する相互保有対象議決権の数並びに相互保有対象議決権の総数（以下この条において「対象議決権数」という。）は、当該株式会社の株主総会の日における対象議決権数とする。

3　前項の規定にかかわらず、特定基準日（当該株主総会において議決権を行使することができる者を定めるための法第124条第１項に規定する基準日をいう。以下この条において同じ。）を定めた場合には、対象議決権数は、当該特定基準日における対象議決権数とする。ただし、次の各号に掲げる場合には、当該各号に定める日における対象議決権数とする。
一　特定基準日後に当該株式会社又はその子会社が株式交換、株式移転その他の行為により相互保有対象議決権の全部を取得した場合　当該行為の効力が生じた日
二　対象議決権数の増加又は減少が生じた場合（前号に掲げる場合を除く。）において、当該増加又は減少により第１項の株主であるものが有する当該株式会社の株式につき議決権を行使できることとなること又は議決権を行使できないこととなることを特定基準日から当該株主総会についての法第298条第１項各号に掲げる事項の全部を決定した日（株式会社が当該日後の日を定めた場合にあっては、その日）までの間に当該株式会社が知ったとき　当該株式会社が知った日

4　前項第２号の規定にかかわらず、当該株式会社は、当該株主総会についての法第298条第１項各号に掲げる事項の全部を決定した日（株式会社が当該日後の日を定めた場合にあっては、その日）から当該株主総会の日までの間に生じた事項（当該株式会社が前項第２号の増加又は減少の事実を知ったことを含む。）を勘案して、対象議決権数を算定することができる。

（欠損の額）

第68条　法第309条第２項第９号ロに規定する法務省令で定める方法は、次に掲げる額のうちいずれか高い額をもって欠損の額とする方法とする。
一　０
二　０から分配可能額を減じて得た額

（書面による議決権行使の期限）

第69条　法第311条第１項に規定する法務省令で定める時は、株主総会の日時の直前の営業時間の終了時（第63条第３号ロに掲げる事項についての定めがある場合にあっては、同号ロの特定の時）とする。

（電磁的方法による議決権行使の期限）

第70条　法第312条第１項に規定する法務省令で定める時は、株主総会の日時の直前の営業時間の終了時（第63条第３号ハに掲げる事項についての定めがある場合にあっては、同号ハの特定の時）とする。

（取締役等の説明義務）

第71条　法第314条に規定する法務省令で定める場合は、次に掲げる場合とする。
一　株主が説明を求めた事項について説明をするために調査をすることが必要である場合（次に掲げる場合を除く。）
イ　当該株主が株主総会の日より相当の期間前に当該事項を株式会社に対して通知した場合
ロ　当該事項について説明をするために必要な調査が著しく容易である場合

二　株主が説明を求めた事項について説明をすることにより株式会社その他の者（当該株主を除く。）の権利を侵害することとなる場合
三　株主が当該株主総会において実質的に同一の事項について繰り返して説明を求める場合
四　前３号に掲げる場合のほか、株主が説明を求めた事項について説明をしないことにつき正当な理由がある場合

（議事録）
第72条　法第318条第１項の規定による株主総会の議事録の作成については、この条の定めるところによる。
2　株主総会の議事録は、書面又は電磁的記録をもって作成しなければならない。
3　株主総会の議事録は、次に掲げる事項を内容とするものでなければならない。
一　株主総会が開催された日時及び場所（当該場所に存しない取締役（監査等委員会設置会社にあっては、監査等委員である取締役又はそれ以外の取締役。第４号において同じ。）、執行役、会計参与、監査役、会計監査人又は株主が株主総会に出席をした場合における当該出席の方法を含む。）
二　株主総会の議事の経過の要領及びその結果
三　次に掲げる規定により株主総会において述べられた意見又は発言があるときは、その意見又は発言の内容の概要
イ　法第342条の２第１項
ロ　法第342条の２第２項
ハ　法第342条の２第４項
ニ　法第345条第１項（同条第４項及び第５項において準用する場合を含む。）
ホ　法第345条第２項（同条第４項及び第５項において準用する場合を含む。）
ヘ　法第361条第５項
ト　法第361条第６項
チ　法第377条第１項
リ　法第379条第３項
ヌ　法第384条
ル　法第387条第３項
ヲ　法第389条第３項
ワ　法第398条第１項
カ　法第398条第２項
ヨ　法第399条の５
四　株主総会に出席した取締役、執行役、会計参与、監査役又は会計監査人の氏名又は名称
五　株主総会の議長が存するときは、議長の氏名
六　議事録の作成に係る職務を行った取締役の氏名
4　次の各号に掲げる場合には、株主総会の議事録は、当該各号に定める事項を内容とするものとする。
一　法第319条第１項の規定により株主総会の決議があったものとみなされた場合　次に掲げる事項
イ　株主総会の決議があったものとみなされた事項の内容
ロ　イの事項の提案をした者の氏名又は名称
ハ　株主総会の決議があったものとみなされた日
ニ　議事録の作成に係る職務を行った取締役の氏名
二　法第320条の規定により株主総会への報告があったものとみなされた場合　次に掲げる事項
イ　株主総会への報告があったものとみなされた事項の内容
ロ　株主総会への報告があったものとみなされた日
ハ　議事録の作成に係る職務を行った取締役の氏名

第２款　株主総会参考書類

第１目　通則

第73条　株主総会参考書類には、次に掲げる事項を記載しなければならない。
一　議案
二　提案の理由（議案が取締役の提出にかかわるものに限り、株主総会において一定の事項を説明しなければならない議案の場合における当該説明すべき内容を含む。）
三　議案につき法第384条、第389条第３項又は第399条の５の規定により株主総会に報告をすべきときは、その報告の内容の概要
2　株主総会参考書類には、この節に定めるもののほか、株主の議決権の行使について参考となると認める事項を記載することができる。
3　同一の株主総会に関して株主に対して提供する株主総会参考書類に記載すべき事項のうち、他の書面に記載している事項又は電磁的方法により提供する事項がある場合には、これらの事項は、株主に対して提供する株主総会参考書類に記載することを要しない。この場合においては、他の書面に記載している事項又は電磁的方法により提供する事項があることを明らかにしなければならない。
4　同一の株主総会に関して株主に対して提供する招集通知又は法第437条の規定により株主に対して提供する事業報告の内容とすべき事項のうち、株主総会参考書類に記載している事項がある場合には、当該事項は、株主に対して提供する招集通知又は法第437条の規定により株主に対して提供する事業報告の内容とすることを要しない。

第２目　役員の選任

（取締役の選任に関する議案）
第74条　取締役が取締役（株式会社が監査等委員会設置会社である場合にあっては、監査等委員である取締役を除く。次項第２号において同じ。）の選任に関する議案を提出する場合には、株主総会参考書類には、次に掲げる事項を記載しなければならない。
一　候補者の氏名、生年月日及び略歴
二　就任の承諾を得ていないときは、その旨
三　株式会社が監査等委員会設置会社である場合

において、法第342条の２第４項の規定による監査等委員会の意見があるときは、その意見の内容の概要

四　候補者と当該株式会社との間で法第427条第１項の契約を締結しているとき又は当該契約を締結する予定があるときは、その契約の内容の概要

五　候補者と当該株式会社との間で補償契約を締結しているとき又は補償契約を締結する予定があるときは、その補償契約の内容の概要

六　候補者を被保険者とする役員等賠償責任保険契約を締結しているとき又は当該役員等賠償責任保険契約を締結する予定があるときは、その役員等賠償責任保険契約の内容の概要

2　前項に規定する場合において、株式会社が公開会社であるときは、株主総会参考書類には、次に掲げる事項を記載しなければならない。

一　候補者の有する当該株式会社の株式の数（種類株式発行会社にあっては、株式の種類及び種類ごとの数）

二　候補者が当該株式会社の取締役に就任した場合において第121条第８号に定める重要な兼職に該当する事実があることとなるときは、その事実

三　候補者と株式会社との間に特別の利害関係があるときは、その事実の概要

四　候補者が現に当該株式会社の取締役であるときは、当該株式会社における地位及び担当

3　第１項に規定する場合において、株式会社が公開会社であって、かつ、他の者の子会社等であるときは、株主総会参考書類には、次に掲げる事項を記載しなければならない。

一　候補者が現に当該他の者（自然人であるものに限る。）であるときは、その旨

二　候補者が現に当該他の者（当該他の者の子会社等（当該株式会社を除く。）を含む。以下この項において同じ。）の業務執行者であるときは、当該他の者における地位及び担当

三　候補者が過去10年間に当該他の者の業務執行者であったことを当該株式会社が知っているときは、当該他の者における地位及び担当

4　第１項に規定する場合において、候補者が社外取締役候補者であるときは、株主総会参考書類には、次に掲げる事項（株式会社が公開会社でない場合にあっては、第４号から第８号までに掲げる事項を除く。）を記載しなければならない。

一　当該候補者が社外取締役候補者である旨

二　当該候補者を社外取締役候補者とした理由

三　当該候補者が社外取締役（社外役員に限る。以下この項において同じ。）に選任された場合に果たすことが期待される役割の概要

四　当該候補者が現に当該株式会社の社外取締役である場合において、当該候補者が最後に選任された後在任中に当該株式会社において法令又は定款に違反する事実その他不当な業務の執行が行われた事実（重要でないものを除く。）があるときは、その事実並びに当該事実の発生の予防のために当該候補者が行った行為及び当該事実の発生後の対応として行った行為の概要

五　当該候補者が過去５年間に他の株式会社の取締役、執行役又は監査役に就任していた場合において、その在任中に当該他の株式会社において法令又は定款に違反する事実その他不当な業務の執行が行われた事実があることを当該株式会社が知っているときは、その事実（重要でないものを除き、当該候補者が当該他の株式会社における社外取締役又は監査役であったときは、当該事実の発生の予防のために当該候補者が行った行為及び当該事実の発生後の対応として行った行為の概要を含む。）

六　当該候補者が過去に社外取締役又は社外監査役（社外役員に限る。）となること以外の方法で会社（外国会社を含む。）の経営に関与していない者であるときは、当該経営に関与したことがない候補者であっても社外取締役としての職務を適切に遂行することができるものと当該株式会社が判断した理由

七　当該候補者が次のいずれかに該当することを当該株式会社が知っているときは、その旨

イ　過去に当該株式会社又はその子会社の業務執行者又は役員（業務執行者であるものを除く。ハ及びホ(2)において同じ。）であったことがあること。

ロ　当該株式会社の親会社等（自然人であるものに限る。ロ及びホ(1)において同じ。）であり、又は過去10年間に当該株式会社の親会社等であったことがあること。

ハ　当該株式会社の特定関係事業者の業務執行者若しくは役員であり、又は過去10年間に当該株式会社の特定関係事業者（当該株式会社の子会社を除く。）の業務執行者若しくは役員であったことがあること。

ニ　当該株式会社又は当該株式会社の特定関係事業者から多額の金銭その他の財産（これらの者の取締役、会計参与、監査役、執行役その他これらに類する者としての報酬等を除く。）を受ける予定があり、又は過去２年間に受けていたこと。

ホ　次に掲げる者の配偶者、３親等以内の親族その他これに準ずる者であること（重要でないものを除く。）。

(1)　当該株式会社の親会社等

(2)　当該株式会社又は当該株式会社の特定関係事業者の業務執行者又は役員

ヘ　過去２年間に合併、吸収分割、新設分割又は事業の譲受け（へ、第74条の３第４項第７号へ及び第76条第４項第６号へにおいて「合併等」という。）により他の株式会社がその事業に関して有する権利義務を当該株式会社が承継又は譲受けをした場合において、当該合併等の直前に当該株式会社の社外取締役又は監査役でなく、かつ、当該他の株式会社の業務執行者であったこと。

八　当該候補者が現に当該株式会社の社外取締役又は監査役であるときは、これらの役員に就任し

てからの年数
九　前各号に掲げる事項に関する記載についての当該候補者の意見があるときは、その意見の内容

第74条の2　削除

(監査等委員である取締役の選任に関する議案)

第74条の3　取締役が監査等委員である取締役の選任に関する議案を提出する場合には、株主総会参考書類には、次に掲げる事項を記載しなければならない。
一　候補者の氏名、生年月日及び略歴
二　株式会社との間に特別の利害関係があるときは、その事実の概要
三　就任の承諾を得ていないときは、その旨
四　議案が法第344条の2第2項の規定による請求により提出されたものであるときは、その旨
五　法第342条の2第1項の規定による監査等委員である取締役の意見があるときは、その意見の内容の概要
六　候補者と当該株式会社との間で法第427条第1項の契約を締結しているとき又は当該契約を締結する予定があるときは、その契約の内容の概要
七　候補者と当該株式会社との間で補償契約を締結しているとき又は補償契約を締結する予定があるときは、その補償契約の内容の概要
八　候補者を被保険者とする役員等賠償責任保険契約を締結しているとき又は当該役員等賠償責任保険契約を締結する予定があるときは、その役員等賠償責任保険契約の内容の概要

2　前項に規定する場合において、株式会社が公開会社であるときは、株主総会参考書類には、次に掲げる事項を記載しなければならない。
一　候補者の有する当該株式会社の株式の数(種類株式発行会社にあっては、株式の種類及び種類ごとの数)
二　候補者が当該株式会社の監査等委員である取締役に就任した場合において第121条第8号に定める重要な兼職に該当する事実があることとなるときは、その事実
三　候補者が現に当該株式会社の監査等委員である取締役であるときは、当該株式会社における地位及び担当

3　第1項に規定する場合において、株式会社が公開会社であり、かつ、他の者の子会社等であるときは、株主総会参考書類には、次に掲げる事項を記載しなければならない。
一　候補者が現に当該他の者(自然人であるものに限る。)であるときは、その旨
二　候補者が現に当該他の者(当該他の者の子会社等(当該株式会社を除く。)を含む。以下この項において同じ。)の業務執行者であるときは、当該他の者における地位及び担当
三　候補者が過去10年間に当該他の者の業務執行者であったことを当該株式会社が知っているときは、当該他の者における地位及び担当

4　第1項に規定する場合において、候補者が社外取締役候補者であるときは、株主総会参考書類には、次に掲げる事項(株式会社が公開会社でない場合にあっては、第4号から第8号までに掲げる事項を除く。)を記載しなければならない。
一　当該候補者が社外取締役候補者である旨
二　当該候補者を社外取締役候補者とした理由
三　当該候補者が社外取締役(社外役員に限る。以下この項において同じ。)に選任された場合に果たすことが期待される役割の概要
四　当該候補者が現に当該株式会社の社外取締役である場合において、当該候補者が最後に選任された後在任中に当該株式会社において法令又は定款に違反する事実その他不当な業務の執行が行われた事実(重要でないものを除く。)があるときは、その事実並びに当該事実の発生の予防のために当該候補者が行った行為及び当該事実の発生後の対応として行った行為の概要
五　当該候補者が過去5年間に他の株式会社の取締役、執行役又は監査役に就任していた場合において、その在任中に当該他の株式会社において法令又は定款に違反する事実その他不当な業務の執行が行われた事実があることを当該株式会社が知っているときは、その事実(重要でないものを除き、当該候補者が当該他の株式会社における社外取締役又は監査役であったときは、当該事実の発生の予防のために当該候補者が行った行為及び当該事実の発生後の対応として行った行為の概要を含む。)
六　当該候補者が過去に社外取締役又は社外監査役(社外役員に限る。)となること以外の方法で会社(外国会社を含む。)の経営に関与していない者であるときは、当該経営に関与したことがない候補者であっても監査等委員である社外取締役としての職務を適切に遂行することができるものと当該株式会社が判断した理由
七　当該候補者が次のいずれかに該当することを当該株式会社が知っているときは、その旨
イ　過去に当該株式会社又はその子会社の業務執行者又は役員(業務執行者であるものを除く。ハ及びホ(2)において同じ。)であったことがあること。
ロ　当該株式会社の親会社等(自然人であるものに限る。ロ及びホ(1)において同じ。)であり、又は過去10年間に当該株式会社の親会社等であったことがあること。
ハ　当該株式会社の特定関係事業者の業務執行者若しくは役員であり、又は過去10年間に当該株式会社の特定関係事業者(当該株式会社の子会社を除く。)の業務執行者若しくは役員であったことがあること。
ニ　当該株式会社又は当該株式会社の特定関係事業者から多額の金銭その他の財産(これらの者の取締役、会計参与、監査役、執行役その他これらに類する者としての報酬等を除く。)を受ける予定があり、又は過去2年間に受けていたこと。
ホ　次に掲げる者の配偶者、3親等以内の親族そ

の他これに準ずる者であること（重要でないものを除く。）
(1)　当該株式会社の親会社等
(2)　当該株式会社又は当該株式会社の特定関係事業者の業務執行者又は役員
ヘ　過去２年間に合併等により他の株式会社がその事業に関して有する権利義務を当該株式会社が承継又は譲受けをした場合において、当該合併等の直前に当該株式会社の社外取締役又は監査役でなく、かつ、当該他の株式会社の業務執行者であったこと。
八　当該候補者が現に当該株式会社の社外取締役又は監査等委員である取締役であるときは、これらの役員に就任してからの年数
九　前各号に掲げる事項に関する記載についての当該候補者の意見があるときは、その意見の内容

（会計参与の選任に関する議案）

第75条　取締役が会計参与の選任に関する議案を提出する場合には、株主総会参考書類には、次に掲げる事項を記載しなければならない。
一　次のイ又はロに掲げる場合の区分に応じ、当該イ又はロに定める事項
イ　候補者が公認会計士（公認会計士法（昭和23年法律第103号）第16条の２第５項に規定する外国公認会計士を含む。以下同じ。）又は税理士である場合　その氏名、事務所の所在場所、生年月日及び略歴
ロ　候補者が監査法人又は税理士法人である場合　その名称、主たる事務所の所在場所及び沿革
二　就任の承諾を得ていないときは、その旨
三　法第345条第１項の規定による会計参与の意見があるときは、その意見の内容の概要
四　候補者と当該株式会社との間で法第427条第１項の契約を締結しているとき又は当該契約を締結する予定があるときは、その契約の内容の概要
五　候補者と当該株式会社との間で補償契約を締結しているとき又は補償契約を締結する予定があるときは、その補償契約の内容の概要
六　候補者を被保険者とする役員等賠償責任保険契約を締結しているとき又は当該役員等賠償責任保険契約を締結する予定があるときは、その役員等賠償責任保険契約の内容の概要
七　当該候補者が過去２年間に業務の停止の処分を受けた者である場合における当該処分に係る事項のうち、当該株式会社が株主総会参考書類に記載することが適切であるものと判断した事項

（監査役の選任に関する議案）

第76条　取締役が監査役の選任に関する議案を提出する場合には、株主総会参考書類には、次に掲げる事項を記載しなければならない。
一　候補者の氏名、生年月日及び略歴
二　株式会社との間に特別の利害関係があるときは、その事実の概要
三　就任の承諾を得ていないときは、その旨
四　議案が法第343条第２項の規定による請求により提出されたものであるときは、その旨
五　法第345条第４項において準用する同条第１項の規定による監査役の意見があるときは、その意見の内容の概要
六　候補者と当該株式会社との間で法第427条第１項の契約を締結しているとき又は当該契約を締結する予定があるときは、その契約の内容の概要
七　候補者と当該株式会社との間で補償契約を締結しているとき又は補償契約を締結する予定があるときは、その補償契約の内容の概要
八　候補者を被保険者とする役員等賠償責任保険契約を締結しているとき又は当該役員等賠償責任保険契約を締結する予定があるときは、その役員等賠償責任保険契約の内容の概要
2　前項に規定する場合において、株式会社が公開会社であるときは、株主総会参考書類には、次に掲げる事項を記載しなければならない。
一　候補者の有する当該株式会社の株式の数（種類株式発行会社にあっては、株式の種類及び種類ごとの数）
二　候補者が当該株式会社の監査役に就任した場合において第121条第８号に定める重要な兼職に該当する事実があることとなるときは、その事実
三　候補者が現に当該株式会社の監査役であるときは、当該株式会社における地位
3　第１項に規定する場合において、株式会社が公開会社であり、かつ、他の者の子会社等であるときは、株主総会参考書類には、次に掲げる事項を記載しなければならない。
一　候補者が現に当該他の者（自然人であるものに限る。）であるときは、その旨
二　候補者が現に当該他の者（当該他の者の子会社等（当該株式会社を除く。）を含む。以下この項において同じ。）の業務執行者であるときは、当該他の者における地位及び担当
三　候補者が過去10年間に当該他の者の業務執行者であったことを当該株式会社が知っているときは、当該他の者における地位及び担当
4　第１項に規定する場合において、候補者が社外監査役候補者であるときは、株主総会参考書類には、次に掲げる事項（株式会社が公開会社でない場合にあっては、第３号から第７号までに掲げる事項を除く。）を記載しなければならない。
一　当該候補者が社外監査役候補者である旨
二　当該候補者を社外監査役候補者とした理由
三　当該候補者が現に当該株式会社の社外監査役（社外役員に限る。以下この項において同じ。）である場合において、当該候補者が最後に選任された後在任中に当該株式会社において法令又は定款に違反する事実その他不正な業務の執行が行われた事実（重要でないものを除く。）があるときは、その事実並びに当該事実の発生の予防のために当該候補者が行った行為及び当該事実の発生後の対応として行った行為の概要

四　当該候補者が過去５年間に他の株式会社の取締役、執行役又は監査役に就任していた場合において、その在任中に当該他の株式会社において法令又は定款に違反する事実その他不正な業務の執行が行われた事実があることを当該株式会社が知っているときは、その事実（重要でないものを除き、当該候補者が当該他の株式会社における社外取締役（社外役員に限る。次号において同じ。）又は監査役であったときは、当該事実の発生の予防のために当該候補者が行った行為及び当該事実の発生後の対応として行った行為の概要を含む。）

五　当該候補者が過去に社外取締役又は社外監査役となること以外の方法で会社（外国会社を含む。）の経営に関与していない者であるときは、当該経営に関与したことがない候補者であっても社外監査役としての職務を適切に遂行することができるものと当該株式会社が判断した理由

六　当該候補者が次のいずれかに該当することを当該株式会社が知っているときは、その旨

イ　過去に当該株式会社又はその子会社の業務執行者又は役員（業務執行者であるものを除く。ハ及びホ(2)において同じ。）であったことがあること。

ロ　当該株式会社の親会社等（自然人であるものに限る。ロ及びホ(1)において同じ。）であり、又は過去10年間に当該株式会社の親会社等であったことがあること。

ハ　当該株式会社の特定関係事業者の業務執行者若しくは役員であり、又は過去10年間に当該株式会社の特定関係事業者（当該株式会社の子会社を除く。）の業務執行者若しくは役員であったことがあること。

ニ　当該株式会社又は当該株式会社の特定関係事業者から多額の金銭その他の財産（これらの者の監査役としての報酬等を除く。）を受ける予定があり、又は過去２年間に受けていたこと。

ホ　次に掲げる者の配偶者、３親等以内の親族その他これに準ずる者であること（重要でないものを除く。）。

(1)　当該株式会社の親会社等

(2)　当該株式会社又は当該株式会社の特定関係事業者の業務執行者又は役員

ヘ　過去２年間に合併等により他の株式会社がその事業に関して有する権利義務を当該株式会社が承継又は譲受けをした場合において、当該合併等の直前に当該株式会社の社外監査役でなく、かつ、当該他の株式会社の業務執行者であったこと。

七　当該候補者が現に当該株式会社の監査役であるときは、監査役に就任してからの年数

八　前各号に掲げる事項に関する記載についての当該候補者の意見があるときは、その意見の内容

（会計監査人の選任に関する議案）

第77条　取締役が会計監査人の選任に関する議案を提出する場合には、株主総会参考書類には、次に掲げる事項を記載しなければならない。

一　次のイ又はロに掲げる場合の区分に応じ、当該イ又はロに定める事項

イ　候補者が公認会計士である場合　その氏名、事務所の所在場所、生年月日及び略歴

ロ　候補者が監査法人である場合　その名称、主たる事務所の所在場所及び沿革

二　就任の承諾を得ていないときは、その旨

三　監査役（監査役会設置会社にあっては監査役会、監査等委員会設置会社にあっては監査等委員会、指名委員会等設置会社にあっては監査委員会）が当該候補者を会計監査人の候補者とした理由

四　法第345条第５項において準用する同条第１項の規定による会計監査人の意見があるときは、その意見の内容の概要

五　候補者と当該株式会社との間で法第427条第１項の契約を締結しているとき又は当該契約を締結する予定があるときは、その契約の内容の概要

六　候補者と当該株式会社との間で補償契約を締結しているとき又は補償契約を締結する予定があるときは、その補償契約の内容の概要

七　候補者を被保険者とする役員等賠償責任保険契約を締結しているとき又は当該役員等賠償責任保険契約を締結する予定があるときは、その役員等賠償責任保険契約の内容の概要

八　当該候補者が現に業務の停止の処分を受け、その停止の期間を経過しない者であるときは、当該処分に係る事項

九　当該候補者が過去２年間に業務の停止の処分を受けた者である場合における当該処分に係る事項のうち、当該株式会社が株主総会参考書類に記載することが適切であるものと判断した事項

十　株式会社が公開会社である場合において、当該候補者が次のイ又はロに掲げる場合の区分に応じ、当該イ又はロに定めるものから多額の金銭その他の財産上の利益（これらの者から受ける会計監査人（法以外の法令の規定によるこれに相当するものを含む。）としての報酬等及び公認会計士法第２条第１項に規定する業務の対価を除く。）を受ける予定があるとき又は過去２年間に受けていたときは、その内容

イ　当該株式会社に親会社等がある場合　当該株式会社、当該親会社等又は当該親会社等の子会社等（当該株式会社を除く。）若しくは関連会社（当該親会社等が会社でない場合におけるその関連会社に相当するものを含む。）

ロ　当該株式会社に親会社等がない場合　当該株式会社又は当該株式会社の子会社若しくは関連会社

第３目　役員の解任等

（取締役の解任に関する議案）

第78条　取締役が取締役（株式会社が監査等委員会設置会社である場合にあっては、監査等委員である取締役を除く。第１号において同じ。）の解任に関する議案を提出する場合

には、株主総会参考書類には、次に掲げる事項を記載しなければならない。
一　取締役の氏名
二　解任の理由
三　株式会社が監査等委員会設置会社である場合において、法第342条の2第4項の規定による監査等委員会の意見があるときは、その意見の内容の概要

（監査等委員である取締役の解任に関する議案）
第78条の2　取締役が監査等委員である取締役の解任に関する議案を提出する場合には、株主総会参考書類には、次に掲げる事項を記載しなければならない。
一　監査等委員である取締役の氏名
二　解任の理由
三　法第342条の2第1項の規定による監査等委員である取締役の意見があるときは、その意見の内容の概要

（会計参与の解任に関する議案）
第79条　取締役が会計参与の解任に関する議案を提出する場合には、株主総会参考書類には、次に掲げる事項を記載しなければならない。
一　会計参与の氏名又は名称
二　解任の理由
三　法第345条第1項の規定による会計参与の意見があるときは、その意見の内容の概要

（監査役の解任に関する議案）
第80条　取締役が監査役の解任に関する議案を提出する場合には、株主総会参考書類には、次に掲げる事項を記載しなければならない。
一　監査役の氏名
二　解任の理由
三　法第345条第4項において準用する同条第1項の規定による監査役の意見があるときは、その意見の内容の概要

（会計監査人の解任又は不再任に関する議案）
第81条　取締役が会計監査人の解任又は不再任に関する議案を提出する場合には、株主総会参考書類には、次に掲げる事項を記載しなければならない。
一　会計監査人の氏名又は名称
二　監査役（監査役会設置会社にあっては監査役会、監査等委員会設置会社にあっては監査等委員会、指名委員会等設置会社にあっては監査委員会）が議案の内容を決定した理由
三　法第345条第5項において準用する同条第1項の規定による会計監査人の意見があるときは、その意見の内容の概要

第4目　役員の報酬等

（取締役の報酬等に関する議案）
第82条　取締役が取締役（株式会社が監査等委員会設置会社である場合にあっては、監査等委員である取締役を除く。以下この項及び第3項において同じ。）の報酬等に関する議案を提出する場合には、株主総会参考書類には、次に掲げる事項を記載しなければならない。
一　法第361条第1項各号に掲げる事項の算定の基準
二　議案が既に定められている法第361条第1項各号に掲げる事項を変更するものであるときは、変更の理由
三　議案が2以上の取締役についての定めであるときは、当該定めに係る取締役の員数
四　議案が退職慰労金に関するものであるときは、退職する各取締役の略歴
五　株式会社が監査等委員会設置会社である場合において、法第361条第6項の規定による監査等委員会の意見があるときは、その意見の内容の概要

2　前項第4号に規定する場合において、議案が一定の基準に従い退職慰労金の額を決定することを取締役、監査役その他の第三者に一任するものであるときは、株主総会参考書類には、当該一定の基準の内容を記載しなければならない。ただし、各株主が当該基準を知ることができるようにするための適切な措置を講じている場合は、この限りでない。

3　第1項に規定する場合において、株式会社が公開会社であり、かつ、取締役の一部が社外取締役（監査等委員であるものを除き、社外役員に限る。以下この項において同じ。）であるときは、株主総会参考書類には、第1項第1号から第3号までに掲げる事項のうち社外取締役に関するものは、社外取締役以外の取締役と区別して記載しなければならない。

（監査等委員である取締役の報酬等に関する議案）
第82条の2　取締役が監査等委員である取締役の報酬等に関する議案を提出する場合には、株主総会参考書類には、次に掲げる事項を記載しなければならない。
一　法第361条第1項各号に掲げる事項の算定の基準
二　議案が既に定められている法第361条第1項各号に掲げる事項を変更するものであるときは、変更の理由
三　議案が2以上の監査等委員である取締役についての定めであるときは、当該定めに係る監査等委員である取締役の員数
四　議案が退職慰労金に関するものであるときは、退職する各監査等委員である取締役の略歴
五　法第361条第5項の規定による監査等委員である取締役の意見があるときは、その意見の内容の概要

2　前項第4号に規定する場合において、議案が一定の基準に従い退職慰労金の額を決定することを取締役その他の第三者に一任するものであるときは、株主総会参考書類には、当該一定の基準の内容を記載しなければならない。ただし、各株主が当該基準を知ることができるようにするための適切な措置を講じている場合は、この限りでない。

（会計参与の報酬等に関する議案）

第83条　取締役が会計参与の報酬等に関する議案を提出する場合には、株主総会参考書類には、次に掲げる事項を記載しなければならない。

一　法第379条第１項に規定する事項の算定の基準

二　議案が既に定められている法第379条第１項に規定する事項を変更するものであるときは、変更の理由

三　議案が２以上の会計参与についての定めであるときは、当該定めに係る会計参与の員数

四　議案が退職慰労金に関するものであるときは、退職する各会計参与の略歴

五　法第379条第３項の規定による会計参与の意見があるときは、その意見の内容の概要

2　前項第４号に規定する場合において、議案が一定の基準に従い退職慰労金の額を決定することを取締役、監査役その他の第三者に一任するものであるときは、株主総会参考書類には、当該一定の基準の内容を記載しなければならない。ただし、各株主が当該基準を知ることができるようにするための適切な措置を講じている場合は、この限りでない。

（監査役の報酬等に関する議案）

第84条　取締役が監査役の報酬等に関する議案を提出する場合には、株主総会参考書類には、次に掲げる事項を記載しなければならない。

一　法第387条第１項に規定する事項の算定の基準

二　議案が既に定められている法第387条第１項に規定する事項を変更するものであるときは、変更の理由

三　議案が２以上の監査役についての定めであるときは、当該定めに係る監査役の員数

四　議案が退職慰労金に関するものであるときは、退職する各監査役の略歴

五　法第387条第３項の規定による監査役の意見があるときは、その意見の内容の概要

2　前項第４号に規定する場合において、議案が一定の基準に従い退職慰労金の額を決定することを取締役、監査役その他の第三者に一任するものであるときは、株主総会参考書類には、当該一定の基準の内容を記載しなければならない。ただし、各株主が当該基準を知ることができるようにするための適切な措置を講じている場合は、この限りでない。

（責任免除を受けた役員等に対し退職慰労金等を与える議案等）

第84条の２　次の各号に掲げる場合において、取締役が法第425条第４項（法第426条第８項及び第427条第５項において準用する場合を含む。）に規定する承認の決議に関する議案を提出するときは、株主総会参考書類には、責任を免除し、又は責任を負わないとされた役員等が得る第114条各号に規定する額及び当該役員等に与える第115条各号に規定するものの内容を記載しなければならない。

一　法第425条第１項に規定する決議に基づき役員等の責任を免除した場合

二　法第426条第１項の規定による定款の定めに基づき役員等の責任を免除した場合

三　法第427条第１項の契約によって同項に規定する限度を超える部分について同項に規定する非業務執行取締役等が損害を賠償する責任を負わないとされた場合

第５目　計算関係書類の承認

第85条　取締役が計算関係書類の承認に関する議案を提出する場合において、次の各号に掲げるときは、株主総会参考書類には、当該各号に定める事項を記載しなければならない。

一　法第398条第１項の規定による会計監査人の意見がある場合　その意見の内容

二　株式会社が取締役会設置会社である場合において、取締役会の意見があるとき　その意見の内容の概要

第５目の２　全部取得条項付種類株式の取得

第85条の２　取締役が全部取得条項付種類株式の取得に関する議案を提出する場合には、株主総会参考書類には、次に掲げる事項を記載しなければならない。

一　当該全部取得条項付種類株式の取得を行う理由

二　法第171条第１項各号に掲げる事項の内容

三　法第298条第１項の決定をした日における第33条の２第１項各号（第４号を除く。）に掲げる事項があるときは、当該事項の内容の概要

第５目の３　株式の併合

第85条の３　取締役が株式の併合（法第182条の２第１項に規定する株式の併合をいう。第93条第１項第５号ロにおいて同じ。）に関する議案を提出する場合には、株主総会参考書類には、次に掲げる事項を記載しなければならない。

一　当該株式の併合を行う理由

二　法第180条第２項各号に掲げる事項の内容

三　法第298条第１項の決定をした日における第33条の９第１号及び第２号に掲げる事項があるときは、当該事項の内容の概要

第６目　合併契約等の承認

（吸収合併契約の承認に関する議案）

第86条　取締役が吸収合併契約の承認に関する議案を提出する場合には、株主総会参考書類には、次に掲げる事項を記載しなければならない。

一　当該吸収合併を行う理由

二　吸収合併契約の内容の概要

三　当該株式会社が吸収合併消滅株式会社である場合において、法第298条第１項の決定をした日に

おける第182条第１項各号（第５号及び第６号を除く。）に掲げる事項があるときは、当該事項の内容の概要

四　当該株式会社が吸収合併存続株式会社である場合において、法第298条第１項の決定をした日における第191条各号（第６号及び第７号を除く。）に掲げる事項があるときは、当該事項の内容の概要

（吸収分割契約の承認に関する議案）

第87条　取締役が吸収分割契約の承認に関する議案を提出する場合には、株主総会参考書類には、次に掲げる事項を記載しなければならない。

一　当該吸収分割を行う理由

二　吸収分割契約の内容の概要

三　当該株式会社が吸収分割株式会社である場合において、法第298条第１項の決定をした日における第183条各号（第２号、第６号及び第７号を除く。）に掲げる事項があるときは、当該事項の内容の概要

四　当該株式会社が吸収分割承継株式会社である場合において、法第298条第１項の決定をした日における第192条各号（第２号、第７号及び第８号を除く。）に掲げる事項があるときは、当該事項の内容の概要

（株式交換契約の承認に関する議案）

第88条　取締役が株式交換契約の承認に関する議案を提出する場合には、株主総会参考書類には、次に掲げる事項を記載しなければならない。

一　当該株式交換を行う理由

二　株式交換契約の内容の概要

三　当該株式会社が株式交換完全子会社である場合において、法第298条第１項の決定をした日における第184条第１項各号（第５号及び第６号を除く。）に掲げる事項があるときは、当該事項の内容の概要

四　当該株式会社が株式交換完全親株式会社である場合において、法第298条第１項の決定をした日における第193条各号（第５号及び第６号を除く。）に掲げる事項があるときは、当該事項の内容の概要

（新設合併契約の承認に関する議案）

第89条　取締役が新設合併契約の承認に関する議案を提出する場合には、株主総会参考書類には、次に掲げる事項を記載しなければならない。

一　当該新設合併を行う理由

二　新設合併契約の内容の概要

三　当該株式会社が新設合併消滅株式会社である場合において、法第298条第１項の決定をした日における第204条各号（第６号及び第７号を除く。）に掲げる事項があるときは、当該事項の内容の概要

四　新設合併設立株式会社の取締役となる者（新設合併設立株式会社が監査等委員会設置会社である場合にあっては、当該新設合併設立株式会社の監査等委員である取締役となる者を除く。）についての第74条に規定する事項

五　新設合併設立株式会社が監査等委員会設置会社であるときは、当該新設合併設立株式会社の監査等委員である取締役となる者についての第74条の３に規定する事項

六　新設合併設立株式会社が会計参与設置会社であるときは、当該新設合併設立株式会社の会計参与となる者についての第75条に規定する事項

七　新設合併設立株式会社が監査役設置会社（監査役の監査の範囲を会計に関するものに限定する旨の定款の定めがある株式会社を含む。）であるときは、当該新設合併設立株式会社の監査役となる者についての第76条に規定する事項

八　新設合併設立株式会社が会計監査人設置会社であるときは、当該新設合併設立株式会社の会計監査人となる者についての第77条に規定する事項

（新設分割計画の承認に関する議案）

第90条　取締役が新設分割計画の承認に関する議案を提出する場合には、株主総会参考書類には、次に掲げる事項を記載しなければならない。

一　当該新設分割を行う理由

二　新設分割計画の内容の概要

三　当該株式会社が新設分割株式会社である場合において、法第298条第１項の決定をした日における第205条各号（第７号及び第８号を除く。）に掲げる事項があるときは、当該事項の内容の概要

（株式移転計画の承認に関する議案）

第91条　取締役が株式移転計画の承認に関する議案を提出する場合には、株主総会参考書類には、次に掲げる事項を記載しなければならない。

一　当該株式移転を行う理由

二　株式移転計画の内容の概要

三　当該株式会社が株式移転完全子会社である場合において、法第298条第１項の決定をした日における第206条各号（第５号及び第６号を除く。）に掲げる事項があるときは、当該事項の内容の概要

四　株式移転設立完全親会社の取締役となる者（株式移転設立完全親会社が監査等委員会設置会社である場合にあっては、当該株式移転設立完全親会社の監査等委員である取締役となる者を除く。）についての第74条に規定する事項

五　株式移転設立完全親会社が監査等委員会設置会社であるときは、当該株式移転設立完全親会社の監査等委員である取締役となる者についての第74条の３に規定する事項

六　株式移転設立完全親会社が会計参与設置会社であるときは、当該株式移転設立完全親会社の会計参与となる者についての第75条に規定する事項

七　株式移転設立完全親会社が監査役設置会社（監査役の監査の範囲を会計に関するものに限定する旨の定款の定めがある株式会社を含む。）であるときは、当該株式移転設立完全親会社の監査役となる者についての第76条に規定する事項

八　株式移転設立完全親会社が会計監査人設置会社であるときは、当該株式移転設立完全親会社の会計監査人となる者についての第77条に規定する事項

（株式交付計画の承認に関する議案）

第91条の２　取締役が株式交付計画の承認に関する

議案を提出する場合には、株主総会参考書類には、次に掲げる事項を記載しなければならない。
一　当該株式交付を行う理由
二　株式交付計画の内容の概要
三　当該株式会社が株式交付親会社である場合において、法第298条第1項の決定をした日における第213条の2各号（第6号及び第7号を除く。）に掲げる事項があるときは、当該事項の内容の概要

（事業譲渡等に係る契約の承認に関する議案）
第92条　取締役が事業譲渡等に係る契約の承認に関する議案を提出する場合には、株主総会参考書類には、次に掲げる事項を記載しなければならない。
一　当該事業譲渡等を行う理由
二　当該事業譲渡等に係る契約の内容の概要
三　当該契約に基づき当該株式会社が受け取る対価又は契約の相手方に交付する対価の算定の相当性に関する事項の概要

第7目　株主提案の場合における記載事項

第93条　議案が株主の提出に係るものである場合には、株主総会参考書類には、次に掲げる事項（第3号から第5号までに掲げる事項が株主総会参考書類にその全部を記載することが適切でない程度の多数の文字、記号その他のものをもって構成されている場合（株式会社がその全部を記載することが適切であるものとして定めた分量を超える場合を含む。）にあっては、当該事項の概要）を記載しなければならない。
一　議案が株主の提出に係るものである旨
二　議案に対する取締役（取締役会設置会社である場合にあっては、取締役会）の意見があるときは、その意見の内容
三　株主が法第305条第1項の規定による請求に際して提案の理由（当該提案の理由が明らかに虚偽である場合又は専ら人の名誉を侵害し、若しくは侮辱する目的によるものと認められる場合における当該提案の理由を除く。）を株式会社に対して通知したときは、その理由
四　議案が次のイからホまでに掲げる者の選任に関するものである場合において、株主が法第305条第1項の規定による請求に際して当該イからホまでに定める事項（当該事項が明らかに虚偽である場合における当該事項を除く。）を株式会社に対して通知したときは、その内容
イ　取締役（株式会社が監査等委員会設置会社である場合にあっては、監査等委員である取締役を除く。）　第74条に規定する事項
ロ　監査等委員である取締役　第74条の3に規定する事項
ハ　会計参与　第75条に規定する事項
ニ　監査役　第76条に規定する事項
ホ　会計監査人　第77条に規定する事項
五　議案が次のイ又はロに掲げる事項に関するものである場合において、株主が法第305条第1項の規定による請求に際して当該イ又はロに定める事項（当該事項が明らかに虚偽である場合における当該事項を除く。）を株式会社に対して通知したときは、その内容
イ　全部取得条項付種類株式の取得　第85条の2に規定する事項
ロ　株式の併合　第85条の3に規定する事項
2　2以上の株主から同一の趣旨の議案が提出されている場合には、株主総会参考書類には、その議案及びこれに対する取締役（取締役会設置会社である場合にあっては、取締役会）の意見の内容は、各別に記載することを要しない。ただし、2以上の株主から同一の趣旨の提案があった旨を記載しなければならない。
3　2以上の株主から同一の趣旨の提案の理由が提出されている場合には、株主総会参考書類には、その提案の理由は、各別に記載することを要しない。

第8目　株主総会参考書類の記載の特則

第94条　株主総会参考書類に記載すべき事項（次に掲げるものを除く。）に係る情報を、当該株主総会に係る招集通知を発出する時から当該株主総会の日から3箇月が経過する日までの間、継続して電磁的方法により株主が提供を受けることができる状態に置く措置（第222条第1項第1号ロに掲げる方法のうち、インターネットに接続された自動公衆送信装置（公衆の用に供する電気通信回線に接続することにより、その記録媒体のうち自動公衆送信の用に供する部分に記録され、又は当該装置に入力される情報を自動公衆送信する機能を有する装置をいう。以下同じ。）を使用する方法によって行われるものに限る。第3項において同じ。）をとる場合には、当該事項は、当該事項を記載した株主総会参考書類を株主に対して提供したものとみなす。ただし、この項の措置をとる旨の定款の定めがある場合に限る。
一　議案
二　第133条第3項第1号に掲げる事項を株主総会参考書類に記載することとしている場合における当該事項
三　次項の規定により株主総会参考書類に記載すべき事項
四　株主総会参考書類に記載すべき事項（前各号に掲げるものを除く。）につきこの項の措置をとることについて監査役、監査等委員会又は監査委員会が異議を述べている場合における当該事項
2　前項の場合には、株主に対して提供する株主総会参考書類に、同項の措置をとるために使用する自動公衆送信装置のうち当該措置をとるための用に供する部分をインターネットにおいて識別するための文字、記号その他の符号又はこれらの結合であって、情報の提供を受ける者がその使用に係る電子計算機に入力することによって当該情報の内容を閲覧し、当該電子計算機に備えられたファイルに当該情報を記録することができるものを記載しなければならない。
3　第1項の規定は、同項各号に掲げる事項に係る情報についても、電磁的方法により株主が提供を受け

ることができる状態に置く措置をとることを妨げるものではない。

第3款　種類株主総会

第95条　次の各号に掲げる規定は、当該各号に定めるものについて準用する。
一　第63条（第1号を除く。）　法第325条において準用する法第298条第1項第5号に規定する法務省令で定める事項
二　第64条　法第325条において準用する法第298条第2項に規定する法務省令で定めるもの
三　第65条及び前款　種類株主総会の株主総会参考書類
四　第66条　種類株主総会の議決権行使書面
五　第67条　法第325条において準用する法第308条第1項に規定する法務省令で定める株主
六　第69条　法第325条において準用する法第311条第1項に規定する法務省令で定める時
七　第70条　法第325条において準用する法第312条第1項に規定する法務省令で定める時
八　第71条　法第325条において準用する法第314条に規定する法務省令で定める場合
九　第72条　法第325条において準用する法第318条第1項の規定による議事録の作成

第4款　電子提供措置

（電子提供措置）
第95条の2　法第325条の2に規定する法務省令で定めるものは、第222条第1項第1号ロに掲げる方法のうち、インターネットに接続された自動公衆送信装置を使用するものによる措置とする。

（電子提供措置をとる場合における招集通知の記載事項）
第95条の3　法第325条の4第2項第3号に規定する法務省令で定める事項は、次に掲げる事項とする。
一　電子提供措置をとっているときは、電子提供措置をとるために使用する自動公衆送信装置のうち当該電子提供措置をとるための用に供する部分をインターネットにおいて識別するための文字、記号その他の符号又はこれらの結合であって、情報の提供を受ける者がその使用に係る電子計算機に入力することによって当該情報の内容を閲覧し、当該電子計算機に備えられたファイルに当該情報を記録することができるものその他の当該者が当該情報の内容を閲覧し、当該電子計算機に備えられたファイルに当該情報を記録するために必要な事項
二　法第325条の3第3項に規定する場合には、同項の手続であって、金融商品取引法施行令（昭和40年政令第321号）第14条の12の規定によりインターネットを利用して公衆の縦覧に供されるものをインターネットにおいて識別するための文字、記号その他の符号又はこれらの結合であって、情報の提供を受ける者がその使用に係る電子計算機に入力することによって当該情報の内容を閲覧することができるものその他の当該者が当該情報の内容を閲覧するために必要な事項
2　法第325条の7において読み替えて準用する法第325条の4第2項第3号に規定する法務省令で定める事項は、前項第1号に掲げる事項とする。

（電子提供措置事項記載書面に記載することを要しない事項）
第95条の4　法第325条の5第3項に規定する法務省令で定めるものは、次に掲げるものとする。
一　株主総会参考書類に記載すべき事項（次に掲げるものを除く。）
イ　議案
ロ　株主総会参考書類に記載すべき事項（イに掲げるものを除く。）につき電子提供措置事項記載書面に記載しないことについて監査役、監査等委員会又は監査委員会が異議を述べている場合における当該事項
二　事業報告（法第437条に規定する事業報告をいう。以下この号において同じ。）に記載され、又は記録された事項（次に掲げるものを除く。）
イ　第120条第1項第5号及び第7号並びに第121条第1号、第2号及び第4号から第6号の3までに掲げる事項
ロ　事業報告に記載され、又は記録された事項（イに掲げるものを除く。）につき電子提供措置事項記載書面に記載しないことについて監査役、監査等委員会又は監査委員会が異議を述べている場合における当該事項
三　法第437条に規定する計算書類に記載され、又は記録された事項
四　法第444条第6項に規定する連結計算書類に記載され、又は記録された事項
2　次の各号に掲げる事項の全部又は一部を電子提供措置事項記載書面に記載しないときは、取締役は、当該各号に定める事項を株主（電子提供措置事項記載書面の交付を受ける株主に限る。以下この項において同じ。）に対して通知しなければならない。
一　前項第2号に掲げる事項　監査役、監査等委員会又は監査委員会が、電子提供措置事項記載書面に記載された事項（事業報告に記載され、又は記録された事項に限る。）が監査報告を作成するに際して監査をした事業報告に記載され、又は記録された事項の一部である旨を株主に対して通知すべきことを取締役に請求したときは、その旨
二　前項第3号に掲げる事項　監査役、会計監査人、監査等委員会又は監査委員会が、電子提供措置事項記載書面に記載された事項（計算書類に記載され、又は記録された事項に限る。）が監査報告又は会計監査報告を作成するに際して監査をした計算書類に記載され、又は記録された事項の一部である旨を株主に対して通知すべきことを取締役に請求

したときは、その旨

三　前項第４号に掲げる事項　監査役、会計監査人、監査等委員会又は監査委員会が、電子提供措置事項記載書面に記載された事項（連結計算書類に記載され、又は記録された事項に限る。）が監査報告又は会計監査報告を作成するに際して監査をした連結計算書類に記載され、又は記録された事項の一部である旨を株主に対して通知すべきことを取締役に請求したときは、その旨

第２節　会社役員の選任

（補欠の会社役員の選任）

第96条　法第329条第３項の規定による補欠の会社役員（執行役を除き、監査等委員会設置会社にあっては、監査等委員である取締役若しくはそれ以外の取締役又は会計参与。以下この条において同じ。）の選任については、この条の定めるところによる。

2　法第329条第３項に規定する決議により補欠の会社役員を選任する場合には、次に掲げる事項も併せて決定しなければならない。

一　当該候補者が補欠の会社役員である旨

二　当該候補者を補欠の社外取締役として選任するときは、その旨

三　当該候補者を補欠の社外監査役として選任するときは、その旨

四　当該候補者を一人又は二人以上の特定の会社役員の補欠の会社役員として選任するときは、その旨及び当該特定の会社役員の氏名（会計参与である場合にあっては、氏名又は名称）

五　同一の会社役員（２以上の会社役員の補欠として選任した場合にあっては、当該２以上の会社役員）につき二人以上の補欠の会社役員を選任するときは、当該補欠の会社役員相互間の優先順位

六　補欠の会社役員について、就任前にその選任の取消しを行う場合があるときは、その旨及び取消しを行うための手続

3　補欠の会社役員の選任に係る決議が効力を有する期間は、定款に別段の定めがある場合を除き、当該決議後最初に開催する定時株主総会の開始の時までとする。ただし、株主総会（当該補欠の会社役員を法第108条第１項第９号に掲げる事項についての定めに従い種類株主総会の決議によって選任する場合にあっては、当該種類株主総会）の決議によってその期間を短縮することを妨げない。

（累積投票による取締役の選任）

第97条　法第342条第５項の規定により法務省令で定めるべき事項は、この条の定めるところによる。

2　法第342条第１項の規定による請求があった場合には、取締役（株主総会の議長が存する場合にあっては議長、取締役及び議長が存しない場合にあっては当該請求をした株主）は、同項の株主総会における取締役（監査等委員会設置会社にあっては、監査等委員である取締役又はそれ以外の取締役。以下この条において同じ。）の選任の決議に先立ち、法第342条第３項から第５項までに規定するところにより取締役を選任することを明らかにしなければならない。

3　法第342条第４項の場合において、投票の同数を得た者が二人以上存することにより同条第１項の株主総会において選任する取締役の数の取締役について投票の最多数を得た者から順次取締役に選任されたものとすることができないときは、当該株主総会において選任する取締役の数以下の数であって投票の最多数を得た者から順次取締役に選任されたものとすることができる数の範囲内で、投票の最多数を得た者から順次取締役に選任されたものとする。

4　前項に規定する場合において、法第342条第１項の株主総会において選任する取締役の数から前項の規定により取締役に選任されたものとされた者の数を減じて得た数の取締役は、同条第３項及び第４項に規定するところによらないで、株主総会の決議により選任する。

第３節　取締役

（業務の適正を確保するための体制）

第98条　法第348条第３項第４号に規定する法務省令で定める体制は、当該株式会社における次に掲げる体制とする。

一　当該株式会社の取締役の職務の執行に係る情報の保存及び管理に関する体制

二　当該株式会社の損失の危険の管理に関する規程その他の体制

三　当該株式会社の取締役の職務の執行が効率的に行われることを確保するための体制

四　当該株式会社の使用人の職務の執行が法令及び定款に適合することを確保するための体制

五　次に掲げる体制その他の当該株式会社並びにその親会社及び子会社から成る企業集団における業務の適正を確保するための体制

イ　当該株式会社の子会社の取締役、執行役、業務を執行する社員、法第598条第１項の職務を行うべき者その他これらの者に相当する者（ハ及びニにおいて「取締役等」という。）の職務の執行に係る事項の当該株式会社への報告に関する体制

ロ　当該株式会社の子会社の損失の危険の管理に関する規程その他の体制

ハ　当該株式会社の子会社の取締役等の職務の執行が効率的に行われることを確保するための体制

ニ　当該株式会社の子会社の取締役等及び使用人の職務の執行が法令及び定款に適合することを確保するための体制

2　取締役が二人以上ある株式会社である場合には、前項に規定する体制には、業務の決定が適正に行われることを確保するための体制を含むものとする。

3　監査役設置会社以外の株式会社である場合には、第１項に規定する体制には、取締役が株主に報告すべき事項の報告をするための体制を含むものとする。

4　監査役設置会社（監査役の監査の範囲を会計に関するものに限定する旨の定款の定めがある株式会社を含む。）である場合には、第1項に規定する体制には、次に掲げる体制を含むものとする。
一　当該監査役設置会社の監査役がその職務を補助すべき使用人を置くことを求めた場合における当該使用人に関する事項
二　前号の使用人の当該監査役設置会社の取締役からの独立性に関する事項
三　当該監査役設置会社の監査役の第1号の使用人に対する指示の実効性の確保に関する事項
四　次に掲げる体制その他の当該監査役設置会社の監査役への報告に関する体制
イ　当該監査役設置会社の取締役及び会計参与並びに使用人が当該監査役設置会社の監査役に報告をするための体制
ロ　当該監査役設置会社の子会社の取締役、会計参与、監査役、執行役、業務を執行する社員、法第598条第1項の職務を行うべき者その他これらの者に相当する者及び使用人又はこれらの者から報告を受けた者が当該監査役設置会社の監査役に報告をするための体制
五　前号の報告をした者が当該報告をしたことを理由として不利な取扱いを受けないことを確保するための体制
六　当該監査役設置会社の監査役の職務の執行について生ずる費用の前払又は償還の手続その他の当該職務の執行について生ずる費用又は債務の処理に係る方針に関する事項
七　その他当該監査役設置会社の監査役の監査が実効的に行われることを確保するための体制

（取締役の報酬等のうち株式会社の募集株式について定めるべき事項）

第98条の2　法第361条第1項第3号に規定する法務省令で定める事項は、同号の募集株式に係る次に掲げる事項とする。
一　一定の事由が生ずるまで当該募集株式を他人に譲り渡さないことを取締役に約させることとするときは、その旨及び当該一定の事由の概要
二　一定の事由が生じたことを条件として当該募集株式を当該株式会社に無償で譲り渡すことを取締役に約させることとするときは、その旨及び当該一定の事由の概要
三　前2号に掲げる事項のほか、取締役に対して当該募集株式を割り当てる条件を定めるときは、その条件の概要

（取締役の報酬等のうち株式会社の募集新株予約権について定めるべき事項）

第98条の3　法第361条第1項第4号に規定する法務省令で定める事項は、同号の募集新株予約権に係る次に掲げる事項とする。
一　法第236条第1項第1号から第4号までに掲げる事項（同条第3項の場合には、同条第1項第1号、第3号及び第4号に掲げる事項並びに同条第3項各号に掲げる事項）
二　一定の資格を有する者が当該募集新株予約権を行使することができることとするときは、その旨及び当該一定の資格の内容の概要
三　前2号に掲げる事項のほか、当該募集新株予約権の行使の条件を定めるときは、その条件の概要
四　法第236条第1項第6号に掲げる事項
五　法第236条第1項第7号に掲げる事項の内容の概要
六　取締役に対して当該募集新株予約権を割り当てる条件を定めるときは、その条件の概要

（取締役の報酬等のうち株式等と引換えにする払込みに充てるための金銭について定めるべき事項）

第98条の4　法第361条第1項第5号イに規定する法務省令で定める事項は、同号イの募集株式に係る次に掲げる事項とする。
一　一定の事由が生ずるまで当該募集株式を他人に譲り渡さないことを取締役に約させることとするときは、その旨及び当該一定の事由の概要
二　一定の事由が生じたことを条件として当該募集株式を当該株式会社に無償で譲り渡すことを取締役に約させることとするときは、その旨及び当該一定の事由の概要
三　前2号に掲げる事項のほか、取締役に対して当該募集株式と引換えにする払込みに充てるための金銭を交付する条件又は取締役に対して当該募集株式を割り当てる条件を定めるときは、その条件の概要

2　法第361条第1項第5号ロに規定する法務省令で定める事項は、同号ロの募集新株予約権に係る次に掲げる事項とする。
一　法第236条第1項第1号から第4号までに掲げる事項（同条第3項の場合には、同条第1項第1号、第3号及び第4号に掲げる事項並びに同条第3項各号に掲げる事項）
二　一定の資格を有する者が当該募集新株予約権を行使することができることとするときは、その旨及び当該一定の資格の内容の概要
三　前2号に掲げる事項のほか、当該募集新株予約権の行使の条件を定めるときは、その条件の概要
四　法第236条第1項第6号に掲げる事項
五　法第236条第1項第7号に掲げる事項の内容の概要
六　取締役に対して当該募集新株予約権と引換えにする払込みに充てるための金銭を交付する条件又は取締役に対して当該募集新株予約権を割り当てる条件を定めるときは、その条件の概要

（取締役の個人別の報酬等の内容についての決定に関する方針）

第98条の5　法第361条第7項に規定する法務省令で定める事項は、次に掲げる事項とする。
一　取締役（監査等委員である取締役を除く。以下この条において同じ。）の個人別の報酬等（次号に規定する業績連動報酬等及び第3号に規定する非金銭報酬等のいずれでもないものに限る。）の額又はその算定方法の決定に関する方針

二　取締役の個人別の報酬等のうち、利益の状況を示す指標、株式の市場価格の状況を示す指標その他の当該株式会社又はその関係会社（会社計算規則第2条第3項第25号に規定する関係会社をいう。）の業績を示す指標（以下この号及び第121条第5号の2において「業績指標」という。）を基礎としてその額又は数が算定される報酬等（以下この条並びに第121条第4号及び第5号の2において「業績連動報酬等」という。）がある場合には、当該業績連動報酬等に係る業績指標の内容及び当該業績連動報酬等の額又は数の算定方法の決定に関する方針

三　取締役の個人別の報酬等のうち、金銭でないもの（募集株式又は募集新株予約権と引換えにする払込みに充てるための金銭を取締役の報酬等とする場合における当該募集株式又は募集新株予約権を含む。以下この条並びに第121条第4号及び第5号の3において「非金銭報酬等」という。）がある場合には、当該非金銭報酬等の内容及び当該非金銭報酬等の額若しくは数又はその算定方法の決定に関する方針

四　第1号の報酬等の額、業績連動報酬等の額又は非金銭報酬等の額の取締役の個人別の報酬等の額に対する割合の決定に関する方針

五　取締役に対し報酬等を与える時期又は条件の決定に関する方針

六　取締役の個人別の報酬等の内容についての決定の全部又は一部を取締役その他の第三者に委任することとするときは、次に掲げる事項

イ　当該委任を受ける者の氏名又は当該株式会社における地位及び担当

ロ　イの者に委任する権限の内容

ハ　イの者によりロの権限が適切に行使されるようにするための措置を講ずることとするときは、その内容

七　取締役の個人別の報酬等の内容についての決定の方法（前号に掲げる事項を除く。）

八　前各号に掲げる事項のほか、取締役の個人別の報酬等の内容についての決定に関する重要な事項

第4節　取締役会

（社債を引き受ける者の募集に際して取締役会が定めるべき事項）

第99条　法第362条第4項第5号に規定する法務省令で定める事項は、次に掲げる事項とする。

一　2以上の募集（法第676条の募集をいう。以下この条において同じ。）に係る法第676条各号に掲げる事項の決定を委任するときは、その旨

二　募集社債の総額の上限（前号に規定する場合にあっては、各募集に係る募集社債の総額の上限の合計額）

三　募集社債の利率の上限その他の利率に関する事項の要綱

四　募集社債の払込金額（法第676条第9号に規定する払込金額をいう。以下この号において同じ。）の総額の最低金額その他の払込金額に関する事項の要綱

2　前項の規定にかかわらず、信託社債（当該信託社債について信託財産に属する財産のみをもってその履行の責任を負うものに限る。）の募集に係る法第676条各号に掲げる事項の決定を委任する場合には、法第362条第4項第5号に規定する法務省令で定める事項は、当該決定を委任する旨とする。

（業務の適正を確保するための体制）

第100条　法第362条第4項第6号に規定する法務省令で定める体制は、当該株式会社における次に掲げる体制とする。

一　当該株式会社の取締役の職務の執行に係る情報の保存及び管理に関する体制

二　当該株式会社の損失の危険の管理に関する規程その他の体制

三　当該株式会社の取締役の職務の執行が効率的に行われることを確保するための体制

四　当該株式会社の使用人の職務の執行が法令及び定款に適合することを確保するための体制

五　次に掲げる体制その他の当該株式会社並びにその親会社及び子会社から成る企業集団における業務の適正を確保するための体制

イ　当該株式会社の子会社の取締役、執行役、業務を執行する社員、法第598条第1項の職務を行うべき者その他これらの者に相当する者（ハ及びニにおいて「取締役等」という。）の職務の執行に係る事項の当該株式会社への報告に関する体制

ロ　当該株式会社の子会社の損失の危険の管理に関する規程その他の体制

ハ　当該株式会社の子会社の取締役等の職務の執行が効率的に行われることを確保するための体制

ニ　当該株式会社の子会社の取締役等及び使用人の職務の執行が法令及び定款に適合することを確保するための体制

2　監査役設置会社以外の株式会社である場合には、前項に規定する体制には、取締役が株主に報告すべき事項の報告をするための体制を含むものとする。

3　監査役設置会社（監査役の監査の範囲を会計に関するものに限定する旨の定款の定めがある株式会社を含む。）である場合には、第1項に規定する体制には、次に掲げる体制を含むものとする。

一　当該監査役設置会社の監査役がその職務を補助すべき使用人を置くことを求めた場合における当該使用人に関する事項

二　前号の使用人の当該監査役設置会社の取締役からの独立性に関する事項

三　当該監査役設置会社の監査役の第1号の使用人に対する指示の実効性の確保に関する事項

四　次に掲げる体制その他の当該監査役設置会社の監査役への報告に関する体制

イ　当該監査役設置会社の取締役及び会計参与並びに使用人が当該監査役設置会社の監査役に報告をするための体制

ロ　当該監査役設置会社の子会社の取締役、会

計参与、監査役、執行役、業務を執行する社員、法第598条第１項の職務を行うべき者その他これらの者に相当する者及び使用人又はこれらの者から報告を受けた者が当該監査役設置会社の監査役に報告をするための体制

五　前号の報告をした者が当該報告をしたことを理由として不利な取扱いを受けないことを確保するための体制

六　当該監査役設置会社の監査役の職務の執行について生ずる費用の前払又は償還の手続その他の当該職務の執行について生ずる費用又は債務の処理に係る方針に関する事項

七　その他当該監査役設置会社の監査役の監査が実効的に行われることを確保するための体制

（取締役会の議事録）

第101条　法第369条第３項の規定による取締役会の議事録の作成については、この条の定めるところによる。

2　取締役会の議事録は、書面又は電磁的記録をもって作成しなければならない。

3　取締役会の議事録は、次に掲げる事項を内容とするものでなければならない。

一　取締役会が開催された日時及び場所（当該場所に存しない取締役（監査等委員会設置会社にあっては、監査等委員である取締役又はそれ以外の取締役）、執行役、会計参与、監査役、会計監査人又は株主が取締役会に出席をした場合における当該出席の方法を含む。）

二　取締役会が法第373条第２項の取締役会であるときは、その旨

三　取締役会が次に掲げるいずれかのものに該当するときは、その旨

イ　法第366条第２項の規定による取締役の請求を受けて招集されたもの

ロ　法第366条第３項の規定により取締役が招集したもの

ハ　法第367条第１項の規定による株主の請求を受けて招集されたもの

ニ　法第367条第３項において準用する法第366条第３項の規定により株主が招集したもの

ホ　法第383条第２項の規定による監査役の請求を受けて招集されたもの

ヘ　法第383条第３項の規定により監査役が招集したもの

ト　法第399条の14の規定により監査等委員会が選定した監査等委員が招集したもの

チ　法第417条第１項の規定により指名委員会等の委員の中から選定された者が招集したもの

リ　法第417条第２項前段の規定による執行役の請求を受けて招集されたもの

ヌ　法第417条第２項後段の規定により執行役が招集したもの

四　取締役会の議事の経過の要領及びその結果

五　決議を要する事項について特別の利害関係を有する取締役があるときは、当該取締役の氏名

六　次に掲げる規定により取締役会において述べられた意見又は発言があるときは、その意見又は発言の内容の概要

イ　法第365条第２項（法第419条第２項において準用する場合を含む。）

ロ　法第367条第４項

ハ　法第376条第１項

ニ　法第382条

ホ　法第383条第１項

ヘ　法第399条の４

ト　法第406条

チ　法第430条の２第４項

七　取締役会に出席した執行役、会計参与、会計監査人又は株主の氏名又は名称

八　取締役会の議長が存するときは、議長の氏名

4　次の各号に掲げる場合には、取締役会の議事録は、当該各号に定める事項を内容とするものとする。

一　法第370条の規定により取締役会の決議があったものとみなされた場合　次に掲げる事項

イ　取締役会の決議があったものとみなされた事項の内容

ロ　イの事項の提案をした取締役の氏名

ハ　取締役会の決議があったものとみなされた日

ニ　議事録の作成に係る職務を行った取締役の氏名

二　法第372条第１項（同条第３項の規定により読み替えて適用する場合を含む。）の規定により取締役会への報告を要しないものとされた場合　次に掲げる事項

イ　取締役会への報告を要しないものとされた事項の内容

ロ　取締役会への報告を要しないものとされた日

ハ　議事録の作成に係る職務を行った取締役の氏名

第５節　会計参与

（会計参与報告の内容）

第102条　法第374条第１項の規定により作成すべき会計参与報告は、次に掲げる事項を内容とするものでなければならない。

一　会計参与が職務を行うにつき会計参与設置会社と合意した事項のうち主なもの

二　計算関係書類のうち、取締役又は執行役と会計参与が共同して作成したものの種類

三　会計方針（会社計算規則第２条第３項第62号に規定する会計方針をいう。）に関する次に掲げる事項（重要性の乏しいものを除く。）

イ　資産の評価基準及び評価方法

ロ　固定資産の減価償却の方法

ハ　引当金の計上基準

ニ　収益及び費用の計上基準

ホ　その他計算関係書類の作成のための基本となる重要な事項

四　計算関係書類の作成に用いた資料の種類その他

計算関係書類の作成の過程及び方法

五　前号に規定する資料が次に掲げる事由に該当するときは、その旨及びその理由

イ　当該資料が著しく遅滞して作成されたとき。

ロ　当該資料の重要な事項について虚偽の記載がされていたとき。

六　計算関係書類の作成に必要な資料が作成されていなかったとき又は適切に保存されていなかったときは、その旨及びその理由

七　会計参与が計算関係書類の作成のために行った報告の徴収及び調査の結果

八　会計参与が計算関係書類の作成に際して取締役又は執行役と協議した主な事項

（計算書類等の備置き）

第103条　法第378条第１項の規定により会計参与が同項各号に掲げるものを備え置く場所（以下この条において「会計参与報告等備置場所」という。）を定める場合には、この条の定めるところによる。

2　会計参与は、当該会計参与である公認会計士若しくは監査法人又は税理士若しくは税理士法人の事務所（会計参与が税理士法（昭和26年法律第237号）第２条第３項の規定により税理士又は税理士法人の補助者として当該税理士の税理士事務所に勤務し、又は当該税理士法人に所属し、同項に規定する業務に従事する者であるときは、その勤務する税理士事務所又は当該税理士法人の事務所）の場所の中から会計参与報告等備置場所を定めなければならない。

3　会計参与は、会計参与報告等備置場所として会計参与設置会社の本店又は支店と異なる場所を定めなければならない。

4　会計参与は、会計参与報告等備置場所を定めた場合には、遅滞なく、会計参与設置会社に対して、会計参与報告等備置場所を通知しなければならない。

（計算書類の閲覧）

第104条　法第378条第２項に規定する法務省令で定める場合とは、会計参与である公認会計士若しくは監査法人又は税理士若しくは税理士法人の業務時間外である場合とする。

第６節　監査役

（監査報告の作成）

第105条　法第381条第１項の規定により法務省令で定める事項については、この条の定めるところによる。

2　監査役は、その職務を適切に遂行するため、次に掲げる者との意思疎通を図り、情報の収集及び監査の環境の整備に努めなければならない。この場合において、取締役又は取締役会は、監査役の職務の執行のための必要な体制の整備に留意しなければならない。

一　当該株式会社の取締役、会計参与及び使用人

二　当該株式会社の子会社の取締役、会計参与、執行役、業務を執行する社員、法第598条第１項の職務を行うべき者その他これらの者に相当する者及び使用人

三　その他監査役が適切に職務を遂行するに当たり意思疎通を図るべき者

3　前項の規定は、監査役が公正不偏の態度及び独立の立場を保持することができなくなるおそれのある関係の創設及び維持を認めるものと解してはならない。

4　監査役は、その職務の遂行に当たり、必要に応じ、当該株式会社の他の監査役、当該株式会社の親会社及び子会社の監査役その他これらに相当する者との意思疎通及び情報の交換を図るよう努めなければならない。

（監査役の調査の対象）

第106条　法第384条に規定する法務省令で定めるものは、電磁的記録その他の資料とする。

（監査報告の作成）

第107条　法第389条第２項の規定により法務省令で定める事項については、この条の定めるところによる。

2　監査役は、その職務を適切に遂行するため、次に掲げる者との意思疎通を図り、情報の収集及び監査の環境の整備に努めなければならない。この場合において、取締役又は取締役会は、監査役の職務の執行のための必要な体制の整備に留意しなければならない。

一　当該株式会社の取締役、会計参与及び使用人

二　当該株式会社の子会社の取締役、会計参与、執行役、業務を執行する社員、法第598条第１項の職務を行うべき者その他これらの者に相当する者及び使用人

三　その他監査役が適切に職務を遂行するに当たり意思疎通を図るべき者

3　前項の規定は、監査役が公正不偏の態度及び独立の立場を保持することができなくなるおそれのある関係の創設及び維持を認めるものと解してはならない。

4　監査役は、その職務の遂行に当たり、必要に応じ、当該株式会社の他の監査役、当該株式会社の親会社及び子会社の監査役その他これらに相当する者との意思疎通及び情報の交換を図るよう努めなければならない。

（監査の範囲が限定されている監査役の調査の対象）

第108条　法第389条第３項に規定する法務省令で定めるものは、次に掲げるものとする。

一　計算関係書類

二　次に掲げる議案が株主総会に提出される場合における当該議案

イ　当該株式会社の株式の取得に関する議案（当該取得に際して交付する金銭等の合計額に係る部分に限る。）

ロ　剰余金の配当に関する議案（剰余金の配当に際して交付する金銭等の合計額に係る部分に限る。）

ハ　法第447条第１項の資本金の額の減少に関する議案

ニ　法第448条第1項の準備金の額の減少に関する議案
ホ　法第450条第1項の資本金の額の増加に関する議案
ヘ　法第451条第1項の準備金の額の増加に関する議案
ト　法第452条に規定する剰余金の処分に関する議案
三　次に掲げる事項を含む議案が株主総会に提出される場合における当該事項
イ　法第199条第1項第5号の増加する資本金及び資本準備金に関する事項
ロ　法第236条第1項第5号の増加する資本金及び資本準備金に関する事項
ハ　法第749条第1項第2号イの資本金及び準備金の額に関する事項
ニ　法第753条第1項第6号の資本金及び準備金の額に関する事項
ホ　法第758条第4号イの資本金及び準備金の額に関する事項
ヘ　法第763条第1項第6号の資本金及び準備金の額に関する事項
ト　法第768条第1項第2号イの資本金及び準備金の額に関する事項
チ　法第773条第1項第5号の資本金及び準備金の額に関する事項
リ　法第774条の3第1項第3号の資本金及び準備金の額に関する事項
ヌ　法第774条の3第1項第8号イの資本金及び準備金の額に関する事項
四　前3号に掲げるもののほか、これらに準ずるもの

第7節　監査役会

第109条　法第393条第2項の規定による監査役会の議事録の作成については、この条の定めるところによる。
2　監査役会の議事録は、書面又は電磁的記録をもって作成しなければならない。
3　監査役会の議事録は、次に掲げる事項を内容とするものでなければならない。
一　監査役会が開催された日時及び場所（当該場所に存しない監査役、取締役、会計参与又は会計監査人が監査役会に出席をした場合における当該出席の方法を含む。）
二　監査役会の議事の経過の要領及びその結果
三　次に掲げる規定により監査役会において述べられた意見又は発言があるときは、その意見又は発言の内容の概要
イ　法第357条第2項の規定により読み替えて適用する同条第1項（法第482条第4項において準用する場合を含む。）
ロ　法第375条第2項の規定により読み替えて適用する同条第1項
ハ　法第397条第3項の規定により読み替えて適用する同条第1項
四　監査役会に出席した取締役、会計参与又は会計監査人の氏名又は名称
五　監査役会の議長が存するときは、議長の氏名
4　法第395条の規定により監査役会への報告を要しないものとされた場合には、監査役会の議事録は、次の各号に掲げる事項を内容とするものとする。
一　監査役会への報告を要しないものとされた事項の内容
二　監査役会への報告を要しないものとされた日
三　議事録の作成に係る職務を行った監査役の氏名

第8節　会計監査人

第110条　法第396条第1項後段の規定により法務省令で定める事項については、この条の定めるところによる。
2　会計監査人は、その職務を適切に遂行するため、次に掲げる者との意思疎通を図り、情報の収集及び監査の環境の整備に努めなければならない。ただし、会計監査人が公正不偏の態度及び独立の立場を保持することができなくなるおそれのある関係の創設及び維持を認めるものと解してはならない。
一　当該株式会社の取締役、会計参与及び使用人
二　当該株式会社の子会社の取締役、会計参与、執行役、業務を執行する社員、法第598条第1項の職務を行うべき者その他これらの者に相当する者及び使用人
三　その他会計監査人が適切に職務を遂行するに当たり意思疎通を図るべき者

第8節の2　監査等委員会

（監査等委員の報告の対象）
第110条の2　法第399条の5に規定する法務省令で定めるものは、電磁的記録その他の資料とする。
（監査等委員会の議事録）
第110条の3　法第399条の10第3項の規定による監査等委員会の議事録の作成については、この条の定めるところによる。
2　監査等委員会の議事録は、書面又は電磁的記録をもって作成しなければならない。
3　監査等委員会の議事録は、次に掲げる事項を内容とするものでなければならない。
一　監査等委員会が開催された日時及び場所（当該場所に存しない監査等委員、取締役（監査等委員であるものを除く。）、会計参与又は会計監査人が監査等委員会に出席をした場合における当該出席の方法を含む。）
二　監査等委員会の議事の経過の要領及びその結果
三　決議を要する事項について特別の利害関係を有する監査等委員があるときは、その氏名
四　次に掲げる規定により監査等委員会において述

べられた意見又は発言があるときは、その意見又は発言の内容の概要
イ　法第357条第3項の規定により読み替えて適用する同条第1項
ロ　法第375条第3項の規定により読み替えて適用する同条第1項
ハ　法第397条第4項の規定により読み替えて適用する同条第1項
五　監査等委員会に出席した取締役（監査等委員であるものを除く。）、会計参与又は会計監査人の氏名又は名称
六　監査等委員会の議長が存するときは、議長の氏名
4　法第399条の12の規定により監査等委員会への報告を要しないものとされた場合には、監査等委員会の議事録は、次の各号に掲げる事項を内容とするものとする。
一　監査等委員会への報告を要しないものとされた事項の内容
二　監査等委員会への報告を要しないものとされた日
三　議事録の作成に係る職務を行った監査等委員の氏名

（業務の適正を確保するための体制）
第110条の4　法第399条の13第1項第1号ロに規定する法務省令で定めるものは、次に掲げるものとする。
一　当該株式会社の監査等委員会の職務を補助すべき取締役及び使用人に関する事項
二　前号の取締役及び使用人の当該株式会社の他の取締役（監査等委員である取締役を除く。）からの独立性に関する事項
三　当該株式会社の監査等委員会の第1号の取締役及び使用人に対する指示の実効性の確保に関する事項
四　次に掲げる体制その他の当該株式会社の監査等委員会への報告に関する体制
イ　当該株式会社の取締役（監査等委員である取締役を除く。）及び会計参与並びに使用人が当該株式会社の監査等委員会に報告をするための体制
ロ　当該株式会社の子会社の取締役、会計参与、監査役、執行役、業務を執行する社員、法第598条第1項の職務を行うべき者その他これらの者に相当する者及び使用人又はこれらの者から報告を受けた者が当該株式会社の監査等委員会に報告をするための体制
五　前号の報告をした者が当該報告をしたことを理由として不利な取扱いを受けないことを確保するための体制
六　当該株式会社の監査等委員の職務の執行（監査等委員会の職務の執行に関するものに限る。）について生ずる費用の前払又は償還の手続その他の当該職務の執行について生ずる費用又は債務の処理に係る方針に関する事項
七　その他当該株式会社の監査等委員会の監査が実効的に行われることを確保するための体制
2　法第399条の13第1項第1号ハに規定する法務省令で定める体制は、当該株式会社における次に掲げる体制とする。
一　当該株式会社の取締役の職務の執行に係る情報の保存及び管理に関する体制
二　当該株式会社の損失の危険の管理に関する規程その他の体制
三　当該株式会社の取締役の職務の執行が効率的に行われることを確保するための体制
四　当該株式会社の使用人の職務の執行が法令及び定款に適合することを確保するための体制
五　次に掲げる体制その他の当該株式会社並びにその親会社及び子会社から成る企業集団における業務の適正を確保するための体制
イ　当該株式会社の子会社の取締役、執行役、業務を執行する社員、法第598条第1項の職務を行うべき者その他これらの者に相当する者（ハ及びニにおいて「取締役等」という。）の職務の執行に係る事項の当該株式会社への報告に関する体制
ロ　当該株式会社の子会社の損失の危険の管理に関する規程その他の体制
ハ　当該株式会社の子会社の取締役等の職務の執行が効率的に行われることを確保するための体制
ニ　当該株式会社の子会社の取締役等及び使用人の職務の執行が法令及び定款に適合することを確保するための体制

（社債を引き受ける者の募集に際して取締役会が定めるべき事項）
第110条の5　法第399条の13第4項第5号に規定する法務省令で定める事項は、次に掲げる事項とする。
一　2以上の募集（法第676条の募集をいう。以下この条において同じ。）に係る法第676条各号に掲げる事項の決定を委任するときは、その旨
二　募集社債の総額の上限（前号に規定する場合にあっては、各募集に係る募集社債の総額の上限の合計額）
三　募集社債の利率の上限その他の利率に関する事項の要綱
四　募集社債の払込金額（法第676条第9号に規定する払込金額をいう。以下この号において同じ。）の総額の最低金額その他の払込金額に関する事項の要綱
2　前項の規定にかかわらず、信託社債（当該信託社債について信託財産に属する財産のみをもってその履行の責任を負うものに限る。）の募集に係る法第676条各号に掲げる事項の決定を委任する場合には、法第399条の13第4項第5号に規定する法務省令で定める事項は、当該決定を委任する旨とする。

第9節　指名委員会等及び執行役

（執行役等の報酬等のうち株式会社の募集株式について定めるべき事項）

第111条　法第409条第３項第３号に規定する法務省令で定める事項は、同号の募集株式に係る次に掲げる事項とする。
一　一定の事由が生ずるまで当該募集株式を他人に譲り渡さないことを執行役等に約させることとするときは、その旨及び当該一定の事由
二　一定の事由が生じたことを条件として当該募集株式を当該株式会社に無償で譲り渡すことを執行役等に約させることとするときは、その旨及び当該一定の事由
三　前２号に掲げる事項のほか、執行役等に対して当該募集株式を割り当てる条件を定めるときは、その条件

（執行役等の報酬等のうち株式会社の募集新株予約権について定めるべき事項）

第111条の2　法第409条第３項第４号に規定する法務省令で定める事項は、同号の募集新株予約権に係る次に掲げる事項とする。
一　法第236条第１項第１号から第４号までに掲げる事項（同条第３項（同条第４項の規定により読み替えて適用する場合に限る。以下この号において同じ。）の場合には、同条第１項第１号、第３号及び第４号に掲げる事項並びに同条第３項各号に掲げる事項）
二　一定の資格を有する者が当該募集新株予約権を行使することができることとするときは、その旨及び当該一定の資格の内容
三　前２号に掲げる事項のほか、当該募集新株予約権の行使の条件を定めるときは、その条件
四　法第236条第１項第６号に掲げる事項
五　法第236条第１項第７号に掲げる事項の内容
六　執行役等に対して当該募集新株予約権を割り当てる条件を定めるときは、その条件

（執行役等の報酬等のうち株式等と引換えにする払込みに充てるための金銭について定めるべき事項）

第111条の3　法第409条第３項第５号イに規定する法務省令で定める事項は、同号イの募集株式に係る次に掲げる事項とする。
一　一定の事由が生ずるまで当該募集株式を他人に譲り渡さないことを執行役等に約させることとするときは、その旨及び当該一定の事由
二　一定の事由が生じたことを条件として当該募集株式を当該株式会社に無償で譲り渡すことを執行役等に約させることとするときは、その旨及び当該一定の事由
三　前２号に掲げる事項のほか、執行役等に対して当該募集株式と引換えにする払込みに充てるための金銭を交付する条件又は執行役等に対して当該募集株式を割り当てる条件を定めるときは、その条件

2　法第409条第３項第５号ロに規定する法務省令で定める事項は、同号ロの募集新株予約権に係る次に掲げる事項とする。
一　法第236条第１項第１号から第４号までに掲げる事項（同条第３項（同条第４項の規定により読み替えて適用する場合に限る。以下この号において同じ。）の場合には、同条第１項第１号、第３号及び第４号に掲げる事項並びに同条第３項各号に掲げる事項）
二　一定の資格を有する者が当該募集新株予約権を行使することができることとするときは、その旨及び当該一定の資格の内容
三　前２号に掲げる事項のほか、当該募集新株予約権の行使の条件を定めるときは、その条件
四　法第236条第１項第６号に掲げる事項
五　法第236条第１項第７号に掲げる事項の内容
六　執行役等に対して当該募集新株予約権と引換えにする払込みに充てるための金銭を交付する条件又は執行役等に対して当該募集新株予約権を割り当てる条件を定めるときは、その条件

（指名委員会等の議事録）

第111条の4　法第412条第３項の規定による指名委員会等の議事録の作成については、この条の定めるところによる。

2　指名委員会等の議事録は、書面又は電磁的記録をもって作成しなければならない。

3　指名委員会等の議事録は、次に掲げる事項を内容とするものでなければならない。
一　指名委員会等が開催された日時及び場所（当該場所に存しない取締役、執行役、会計参与又は会計監査人が指名委員会等に出席をした場合における当該出席の方法を含む。）
二　指名委員会等の議事の経過の要領及びその結果
三　決議を要する事項について特別の利害関係を有する委員があるときは、その氏名
四　指名委員会等が監査委員会である場合において、次に掲げる意見又は発言があるときは、その意見又は発言の内容の概要
イ　法第375条第４項の規定により読み替えて適用する同条第１項の規定により監査委員会において述べられた意見又は発言
ロ　法第397条第５項の規定により読み替えて適用する同条第１項の規定により監査委員会において述べられた意見又は発言
ハ　法第419条第１項の規定により行うべき監査委員に対する報告が監査委員会において行われた場合における当該報告に係る意見又は発言
五　指名委員会等に出席した取締役（当該指名委員会等の委員であるものを除く。）、執行役、会計参与又は会計監査人の氏名又は名称
六　指名委員会等の議長が存するときは、議長の氏名

4　法第414条の規定により指名委員会等への報告を要しないものとされた場合には、指名委員会等の議事録は、次の各号に掲げる事項を内容とするものとする。
一　指名委員会等への報告を要しないものとされた事項の内容
二　指名委員会等への報告を要しないものとされた日
三　議事録の作成に係る職務を行った委員の氏名

（業務の適正を確保するための体制）
第112条　法第416条第1項第1号ロに規定する法務省令で定めるものは、次に掲げるものとする。
一　当該株式会社の監査委員会の職務を補助すべき取締役及び使用人に関する事項
二　前号の取締役及び使用人の当該株式会社の執行役からの独立性に関する事項
三　当該株式会社の監査委員会の第1号の取締役及び使用人に対する指示の実効性の確保に関する事項
四　次に掲げる体制その他の当該株式会社の監査委員会への報告に関する体制
イ　当該株式会社の取締役（監査委員である取締役を除く。）、執行役及び会計参与並びに使用人が当該株式会社の監査委員会に報告をするための体制
ロ　当該株式会社の子会社の取締役、会計参与、監査役、執行役、業務を執行する社員、法第598条第1項の職務を行うべき者その他これらの者に相当する者及び使用人又はこれらの者から報告を受けた者が当該株式会社の監査委員会に報告をするための体制
五　前号の報告をした者が当該報告をしたことを理由として不利な取扱いを受けないことを確保するための体制
六　当該株式会社の監査委員の職務の執行（監査委員会の職務の執行に関するものに限る。）について生ずる費用の前払又は償還の手続その他の当該職務の執行について生ずる費用又は債務の処理に係る方針に関する事項
七　その他当該株式会社の監査委員会の監査が実効的に行われることを確保するための体制
2　法第416条第1項第1号ホに規定する法務省令で定める体制は、当該株式会社における次に掲げる体制とする。
一　当該株式会社の執行役の職務の執行に係る情報の保存及び管理に関する体制
二　当該株式会社の損失の危険の管理に関する規程その他の体制
三　当該株式会社の執行役の職務の執行が効率的に行われることを確保するための体制
四　当該株式会社の使用人の職務の執行が法令及び定款に適合することを確保するための体制
五　次に掲げる体制その他の当該株式会社並びにその親会社及び子会社から成る企業集団における業務の適正を確保するための体制
イ　当該株式会社の子会社の取締役、執行役、業務を執行する社員、法第598条第1項の職務を行うべき者その他これらの者に相当する者（ハ及びニにおいて「取締役等」という。）の職務の執行に係る事項の当該株式会社への報告に関する体制
ロ　当該株式会社の子会社の損失の危険の管理に関する規程その他の体制
ハ　当該株式会社の子会社の取締役等の職務の執行が効率的に行われることを確保するための体制
ニ　当該株式会社の子会社の取締役等及び使用人の職務の執行が法令及び定款に適合することを確保するための体制

第10節　役員等の損害賠償責任

（報酬等の額の算定方法）
第113条　法第425条第1項第1号に規定する法務省令で定める方法により算定される額は、次に掲げる額の合計額とする。
一　役員等がその在職中に報酬、賞与その他の職務執行の対価（当該役員等が当該株式会社の取締役、執行役又は支配人その他の使用人を兼ねている場合における当該取締役、執行役又は支配人その他の使用人の報酬、賞与その他の職務執行の対価を含む。）として株式会社から受け、又は受けるべき財産上の利益（次号に定めるものを除く。）の額の事業年度（次のイからハまでに掲げる場合の区分に応じ、当該イからハまでに定める日を含む事業年度及びその前の各事業年度に限る。）ごとの合計額（当該事業年度の期間が1年でない場合にあっては、当該合計額を1年当たりの額に換算した額）のうち最も高い額
イ　法第425条第1項の株主総会の決議を行った場合　当該株主総会（株式会社に最終完全親会社等がある場合において、同項の規定により免除しようとする責任が特定責任であるときにあっては、当該株式会社の株主総会）の決議の日
ロ　法第426条第1項の規定による定款の定めに基づいて責任を免除する旨の同意（取締役会設置会社にあっては、取締役会の決議。ロにおいて同じ。）を行った場合　当該同意のあった日
ハ　法第427条第1項の契約を締結した場合　責任の原因となる事実が生じた日（2以上の日がある場合にあっては、最も遅い日）
二　イに掲げる額をロに掲げる数で除して得た額
イ　次に掲げる額の合計額
(1)　当該役員等が当該株式会社から受けた退職慰労金の額
(2)　当該役員等が当該株式会社の取締役、執行役又は支配人その他の使用人を兼ねていた場合における当該取締役若しくは執行役としての退職慰労金又は支配人その他の使用人としての退職手当のうち当該役員等を兼ねていた期間の職務執行の対価である部分の額
(3)　(1)又は(2)に掲げるものの性質を有する財産上の利益の額
ロ　当該役員等がその職に就いていた年数（当該役員等が次に掲げるものに該当する場合における次に定める数が当該年数を超えている場合にあっては、当該数）
(1)　代表取締役又は代表執行役　6
(2)　代表取締役以外の取締役（業務執行取締役等であるものに限る。）又は代表執行役以外の執行役　4

(3)　取締役（(1)及び(2)に掲げるものを除く。）、会計参与、監査役又は会計監査人　2

（特に有利な条件で引き受けた職務執行の対価以外の新株予約権）

第114条　法第425条第1項第2号に規定する法務省令で定める方法により算定される額は、次の各号に掲げる場合の区分に応じ、当該各号に定める額とする。

一　当該役員等が就任後に新株予約権（当該役員等が職務執行の対価として株式会社から受けたものを除く。以下この条において同じ。）を行使した場合　イに掲げる額からロに掲げる額を減じて得た額（0未満である場合にあっては、0）に当該新株予約権の行使により当該役員等が交付を受けた当該株式会社の株式の数を乗じて得た額

イ　当該新株予約権の行使時における当該株式の1株当たりの時価

ロ　当該新株予約権についての法第236条第1項第2号の価額及び法第238条第1項第3号の払込金額の合計額の当該新株予約権の目的である株式1株当たりの額

二　当該役員等が就任後に新株予約権を譲渡した場合　当該新株予約権の譲渡価額から法第238条第1項第3号の払込金額を減じて得た額に当該新株予約権の数を乗じた額

（責任の免除の決議後に受ける退職慰労金等）

第115条　法第425条第4項（法第426条第8項及び第427条第5項において準用する場合を含む。）に規定する法務省令で定める財産上の利益とは、次に掲げるものとする。

一　退職慰労金

二　当該役員等が当該株式会社の取締役又は執行役を兼ねていたときは、当該取締役又は執行役としての退職慰労金

三　当該役員等が当該株式会社の支配人その他の使用人を兼ねていたときは、当該支配人その他の使用人としての退職手当のうち当該役員等を兼ねていた期間の職務執行の対価である部分

四　前3号に掲げるものの性質を有する財産上の利益

第11節　役員等のために締結される保険契約

第115条の2　法第430条の3第1項に規定する法務省令で定めるものは、次に掲げるものとする。

一　被保険者に保険者との間で保険契約を締結する株式会社を含む保険契約であって、当該株式会社がその業務に関連し第三者に生じた損害を賠償する責任を負うこと又は当該責任の追及に係る請求を受けることによって当該株式会社に生ずることのある損害を保険者が塡補することを主たる目的として締結されるもの

二　役員等が第三者に生じた損害を賠償する責任を負うこと又は当該責任の追及に係る請求を受けることによって当該役員等に生ずることのある損害（役員等がその職務上の義務に違反し若しくは職務を怠ったことによって第三者に生じた損害を賠償する責任を負うこと又は当該責任の追及に係る請求を受けることによって当該役員等に生ずることのある損害を除く。）を保険者が塡補することを目的として締結されるもの

第5章　計算等

第1節　計算関係書類

第116条　次に掲げる規定に規定する法務省令で定めるべき事項（事業報告及びその附属明細書に係るものを除く。）は、会社計算規則の定めるところによる。

一　法第432条第1項
二　法第435条第1項及び第2項
三　法第436条第1項及び第2項
四　法第437条
五　法第439条
六　法第440条第1項及び第3項
七　法第441条第1項、第2項及び第4項
八　法第444条第1項、第4項及び第6項
九　法第445条第4項から第6項まで
十　法第446条第1号ホ及び第7号
十一　法第452条
十二　法第459条第2項
十三　法第460条第2項
十四　法第461条第2項第2号イ、第5号及び第6号
十五　法第462条第1項

第2節　事業報告

第1款　通則

第117条　次の各号に掲げる規定に規定する法務省令で定めるべき事項（事業報告及びその附属明細書に係るものに限る。）は、当該各号に定める規定の定めるところによる。ただし、他の法令に別段の定めがある場合は、この限りでない。

一　法第435条第2項　次款
二　法第436条第1項及び第2項　第3款
三　法第437条　第4款

第2款　事業報告等の内容

第1目　通則

第118条　事業報告は、次に掲げる事項をその内容としなければならない。

一　当該株式会社の状況に関する重要な事項（計算書類及びその附属明細書並びに連結計算書類の内容となる事項を除く。）

二　法第348条第3項第4号、第362条第4項第6号、第399条の13第1項第1号ロ及びハ並びに第416条第1項第1号ロ及びホに規定する体制の整備につ

いての決定又は決議があるときは、その決定又は決議の内容の概要及び当該体制の運用状況の概要

三　株式会社が当該株式会社の財務及び事業の方針の決定を支配する者の在り方に関する基本方針（以下この号において「基本方針」という。）を定めているときは、次に掲げる事項

イ　基本方針の内容の概要

ロ　次に掲げる取組みの具体的な内容の概要

(1)　当該株式会社の財産の有効な活用、適切な企業集団の形成その他の基本方針の実現に資する特別な取組み

(2)　基本方針に照らして不適切な者によって当該株式会社の財務及び事業の方針の決定が支配されることを防止するための取組み

ハ　ロの取組みの次に掲げる要件への該当性に関する当該株式会社の取締役（取締役会設置会社にあっては、取締役会）の判断及びその理由（当該理由が社外役員の存否に関する事項のみである場合における当該事項を除く。）

(1)　当該取組みが基本方針に沿うものであること。

(2)　当該取組みが当該株式会社の株主の共同の利益を損なうものではないこと。

(3)　当該取組みが当該株式会社の会社役員の地位の維持を目的とするものではないこと。

四　当該株式会社（当該事業年度の末日において、その完全親会社等があるものを除く。）に特定完全子会社（当該事業年度の末日において、当該株式会社及びその完全子会社等（法第847条の3第3項の規定により当該完全子会社等とみなされるものを含む。以下この号において同じ。）における当該株式会社のある完全子会社等（株式会社に限る。）の株式の帳簿価額が当該株式会社の当該事業年度に係る貸借対照表の資産の部に計上した額の合計額の5分の1（法第847条の3第4項の規定により5分の1を下回る割合を定款で定めた場合にあっては、その割合）を超える場合における当該ある完全子会社等をいう。以下この号において同じ。）がある場合には、次に掲げる事項

イ　当該特定完全子会社の名称及び住所

ロ　当該株式会社及びその完全子会社等における当該特定完全子会社の株式の当該事業年度の末日における帳簿価額の合計額

ハ　当該株式会社の当該事業年度に係る貸借対照表の資産の部に計上した額の合計額

五　当該株式会社とその親会社等との間の取引（当該株式会社と第三者との間の取引で当該株式会社とその親会社等との間の利益が相反するものを含む。）であって、当該株式会社の当該事業年度に係る個別注記表において会社計算規則第112条第1項に規定する注記を要するもの（同項ただし書の規定により同項第4号から第6号まで及び第8号に掲げる事項を省略するものを除く。）があるときは、当該取引に係る次に掲げる事項

イ　当該取引をするに当たり当該株式会社の利益を害さないように留意した事項（当該事項がない場合にあっては、その旨）

ロ　当該取引が当該株式会社の利益を害さないかどうかについての当該株式会社の取締役（取締役会設置会社にあっては、取締役会。ハにおいて同じ。）の判断及びその理由

ハ　社外取締役を置く株式会社において、ロの取締役の判断が社外取締役の意見と異なる場合には、その意見

第2目　公開会社における事業報告の内容

（公開会社の特則）

第119条　株式会社が当該事業年度の末日において公開会社である場合には、次に掲げる事項を事業報告の内容に含めなければならない。

一　株式会社の現況に関する事項

二　株式会社の会社役員に関する事項

二の二　株式会社の役員等賠償責任保険契約に関する事項

三　株式会社の株式に関する事項

四　株式会社の新株予約権等に関する事項

（株式会社の現況に関する事項）

第120条　前条第1号に規定する「株式会社の現況に関する事項」とは、次に掲げる事項（当該株式会社の事業が2以上の部門に分かれている場合にあっては、部門別に区別することが困難である場合を除き、その部門別に区別された事項）とする。

一　当該事業年度の末日における主要な事業内容

二　当該事業年度の末日における主要な営業所及び工場並びに使用人の状況

三　当該事業年度の末日において主要な借入先があるときは、その借入先及び借入額

四　当該事業年度における事業の経過及びその成果

五　当該事業年度における次に掲げる事項についての状況（重要なものに限る。）

イ　資金調達

ロ　設備投資

ハ　事業の譲渡、吸収分割又は新設分割

ニ　他の会社（外国会社を含む。）の事業の譲受け

ホ　吸収合併（会社以外の者との合併（当該合併後当該株式会社が存続するものに限る。）を含む。）又は吸収分割による他の法人等の事業に関する権利義務の承継

ヘ　他の会社（外国会社を含む。）の株式その他の持分又は新株予約権等の取得又は処分

六　直前3事業年度（当該事業年度の末日において3事業年度が終了していない株式会社にあっては、成立後の各事業年度）の財産及び損益の状況

七　重要な親会社及び子会社の状況（当該親会社と当該株式会社との間に当該株式会社の重要な財務及び事業の方針に関する契約等が存在する場合には、その内容の概要を含む。）

八　対処すべき課題

九　前各号に掲げるもののほか、当該株式会社の現

況に関する重要な事項

2　株式会社が当該事業年度に係る連結計算書類を作成している場合には、前項各号に掲げる事項については、当該株式会社及びその子会社から成る企業集団の現況に関する事項とすることができる。この場合において、当該事項に相当する事項が連結計算書類の内容となっているときは、当該事項を事業報告の内容としないことができる。

3　第1項第6号に掲げる事項については、当該事業年度における過年度事項（当該事業年度より前の事業年度に係る貸借対照表、損益計算書又は株主資本等変動計算書に表示すべき事項をいう。）が会計方針の変更その他の正当な理由により当該事業年度より前の事業年度に係る定時株主総会において承認又は報告をしたものと異なっているときは、修正後の過年度事項を反映した事項とすることを妨げない。

（株式会社の会社役員に関する事項）

第121条　第119条第2号に規定する「株式会社の会社役員に関する事項」とは、次に掲げる事項とする。ただし、当該事業年度の末日において監査役会設置会社（公開会社であり、かつ、大会社であるものに限る。）であって金融商品取引法第24条第1項の規定によりその発行する株式について有価証券報告書を内閣総理大臣に提出しなければならないもの、監査等委員会設置会社又は指名委員会等設置会社でない株式会社にあっては、第6号の2に掲げる事項を省略することができる。

一　会社役員（直前の定時株主総会の終結の日の翌日以降に在任していた者に限る。次号から第3号の2まで、第8号及び第9号並びに第128条第2項において同じ。）の氏名（会計参与にあっては、氏名又は名称）

二　会社役員の地位及び担当

三　会社役員（取締役又は監査役に限る。以下この号において同じ。）と当該株式会社との間で法第427条第1項の契約を締結しているときは、当該契約の内容の概要（当該契約によって当該会社役員の職務の執行の適正性が損なわれないようにするための措置を講じている場合にあっては、その内容を含む。）

三の二　会社役員（取締役、監査役又は執行役に限る。以下この号において同じ。）と当該株式会社との間で補償契約を締結しているときは、次に掲げる事項

イ　当該会社役員の氏名

ロ　当該補償契約の内容の概要（当該補償契約によって当該会社役員の職務の執行の適正性が損なわれないようにするための措置を講じている場合にあっては、その内容を含む。）

三の三　当該株式会社が会社役員（取締役、監査役又は執行役に限り、当該事業年度の前事業年度の末日までに退任した者を含む。以下この号及び次号において同じ。）に対して補償契約に基づき法第430条の2第1項第1号に掲げる費用を補償した場合において、当該株式会社が、当該事業年度において、当該会社役員が同号の職務の執行に関し法令の規定に違反したこと又は責任を負うことを知ったときは、その旨

三の四　当該株式会社が会社役員に対して補償契約に基づき法第430条の2第1項第2号に掲げる損失を補償したときは、その旨及び補償した金額

四　当該事業年度に係る会社役員の報酬等について、次のイからハまでに掲げる場合の区分に応じ、当該イからハまでに定める事項

イ　会社役員の全部につき取締役（監査等委員会設置会社にあっては、監査等委員である取締役又はそれ以外の取締役。イ及びハにおいて同じ。）、会計参与、監査役又は執行役ごとの報酬等の総額（当該報酬等が業績連動報酬等又は非金銭報酬等を含む場合には、業績連動報酬等の総額、非金銭報酬等の総額及びそれら以外の報酬等の総額。イ及びハ並びに第124条第5号イ及びハにおいて同じ。）を掲げることとする場合　取締役、会計参与、監査役又は執行役ごとの報酬等の総額及び員数

ロ　会社役員の全部につき当該会社役員ごとの報酬等の額（当該報酬等が業績連動報酬等又は非金銭報酬等を含む場合には、業績連動報酬等の額、非金銭報酬等の額及びそれら以外の報酬等の額。ロ及びハ並びに第124条第5号ロ及びハにおいて同じ。）を掲げることとする場合　当該会社役員ごとの報酬等の額

ハ　会社役員の一部につき当該会社役員ごとの報酬等の額を掲げることとする場合　当該会社役員ごとの報酬等の額並びにその他の会社役員についての取締役、会計参与、監査役又は執行役ごとの報酬等の総額及び員数

五　当該事業年度において受け、又は受ける見込みの額が明らかとなった会社役員の報酬等（前号の規定により当該事業年度に係る事業報告の内容とする報酬等及び当該事業年度前の事業年度に係る事業報告の内容とした報酬等を除く。）について、同号イからハまでに掲げる場合の区分に応じ、当該イからハまでに定める事項

五の二　前2号の会社役員の報酬等の全部又は一部が業績連動報酬等である場合には、次に掲げる事項

イ　当該業績連動報酬等の額又は数の算定の基礎として選定した業績指標の内容及び当該業績指標を選定した理由

ロ　当該業績連動報酬等の額又は数の算定方法

ハ　当該業績連動報酬等の額又は数の算定に用いたイの業績指標に関する実績

五の三　第4号及び第5号の会社役員の報酬等の全部又は一部が非金銭報酬等である場合には、当該非金銭報酬等の内容

五の四　会社役員の報酬等についての定款の定め又は株主総会の決議による定めに関する次に掲げる事項

イ　当該定款の定めを設けた日又は当該株主総会の決議の日

ロ　当該定めの内容の概要

ハ　当該定めに係る会社役員の員数

六　法第361条第7項の方針又は法第409条第1項の

方針を定めているときは、次に掲げる事項
イ　当該方針の決定の方法
ロ　当該方針の内容の概要
ハ　当該事業年度に係る取締役（監査等委員である取締役を除き、指名委員会等設置会社にあっては、執行役等）の個人別の報酬等の内容が当該方針に沿うものであると取締役会（指名委員会等設置会社にあっては、報酬委員会）が判断した理由
六の二　各会社役員の報酬等の額又はその算定方法に係る決定に関する方針（前号の方針を除く。）を定めているときは、当該方針の決定の方法及びその方針の内容の概要
六の三　株式会社が当該事業年度の末日において取締役会設置会社（指名委員会等設置会社を除く。）である場合において、取締役会から委任を受けた取締役その他の第三者が当該事業年度に係る取締役（監査等委員である取締役を除く。）の個人別の報酬等の内容の全部又は一部を決定したときは、その旨及び次に掲げる事項
イ　当該委任を受けた者の氏名並びに当該内容を決定した日における当該株式会社における地位及び担当
ロ　イの者に委任された権限の内容
ハ　イの者にロの権限を委任した理由
ニ　イの者によりロの権限が適切に行使されるようにするための措置を講じた場合にあっては、その内容
七　辞任した会社役員又は解任された会社役員（株主総会又は種類株主総会の決議によって解任されたものを除く。）があるときは、次に掲げる事項（当該事業年度前の事業年度に係る事業報告の内容としたものを除く。）
イ　当該会社役員の氏名（会計参与にあっては、氏名又は名称）
ロ　法第342条の２第１項若しくは第４項又は第345条第１項（同条第４項において読み替えて準用する場合を含む。）の意見があるときは、その意見の内容
ハ　法第342条の２第２項又は第345条第２項（同条第４項において読み替えて準用する場合を含む。）の理由があるときは、その理由
八　当該事業年度に係る当該株式会社の会社役員（会計参与を除く。）の重要な兼職の状況
九　会社役員のうち監査役、監査等委員又は監査委員が財務及び会計に関する相当程度の知見を有しているものであるときは、その事実
十　次のイ又はロに掲げる場合の区分に応じ、当該イ又はロに定める事項
イ　株式会社が当該事業年度の末日において監査等委員会設置会社である場合　常勤の監査等委員の選定の有無及びその理由
ロ　株式会社が当該事業年度の末日において指名委員会等設置会社である場合　常勤の監査委員の選定の有無及びその理由
十一　前各号に掲げるもののほか、株式会社の会社役員に関する重要な事項

（株式会社の役員等賠償責任保険契約に関する事項）
第121条の2　第119条第２号の２に規定する「株式会社の役員等賠償責任保険契約に関する事項」とは、当該株式会社が保険者との間で役員等賠償責任保険契約を締結しているときにおける次に掲げる事項とする。
一　当該役員等賠償責任保険契約の被保険者の範囲
二　当該役員等賠償責任保険契約の内容の概要（被保険者が実質的に保険料を負担している場合にあってはその負担割合、填補の対象とされる保険事故の概要及び当該役員等賠償責任保険契約によって被保険者である役員等（当該株式会社の役員等に限る。）の職務の執行の適正性が損なわれないようにするための措置を講じている場合にあってはその内容を含む。）

（株式会社の株式に関する事項）
第122条　第119条第３号に規定する「株式会社の株式に関する事項」とは、次に掲げる事項とする。
一　当該事業年度の末日において発行済株式（自己株式を除く。次項において同じ。）の総数に対するその有する株式の数の割合が高いことにおいて上位となる10名の株主の氏名又は名称、当該株主の有する株式の数（種類株式発行会社にあっては、株式の種類及び種類ごとの数を含む。）及び当該株主の有する株式に係る当該割合
二　当該事業年度中に当該株式会社の会社役員（会社役員であった者を含む。）に対して当該株式会社が交付した当該株式会社の株式（職務執行の対価として交付したものに限り、当該株式会社が会社役員に対して職務執行の対価として募集株式と引換えにする払込みに充てるための金銭を交付した場合において、当該金銭の払込みと引換えに当該株式会社の株式を交付したときにおける当該株式を含む。以下この号において同じ。）があるときは、次に掲げる者（次に掲げる者であった者を含む。）の区分ごとの株式の数（種類株式発行会社にあっては、株式の種類及び種類ごとの数）及び株式の交付を受けた者の人数
イ　当該株式会社の取締役（監査等委員である取締役及び社外役員を除き、執行役を含む。）
ロ　当該株式会社の社外取締役（監査等委員である取締役を除き、社外役員に限る。）
ハ　当該株式会社の監査等委員である取締役
ニ　当該株式会社の取締役（執行役を含む。）以外の会社役員
三　前２号に掲げるもののほか、株式会社の株式に関する重要な事項
2　当該事業年度に関する定時株主総会において議決権を行使することができる者を定めるための法第124条第１項に規定する基準日を定めた場合において、当該基準日が当該事業年度の末日後の日であるときは、前項第１号に掲げる事項については、当該基準日において発行済株式の総数に対するその有する株式の数の割合が高いことにおいて上位となる10名の株主の氏名又は名称、当該株主の有する株式の数（種

類株式発行会社にあっては、株式の種類及び種類ごとの数を含む。）及び当該株主の有する株式に係る当該割合とすることができる。この場合においては、当該基準日を明らかにしなければならない。

（株式会社の新株予約権等に関する事項）

第123条　第119条第４号に規定する「株式会社の新株予約権等に関する事項」とは、次に掲げる事項とする。

一　当該事業年度の末日において当該株式会社の会社役員（当該事業年度の末日において在任している者に限る。以下この条において同じ。）が当該株式会社の新株予約権等（職務執行の対価として当該株式会社が交付したものに限り、当該株式会社が会社役員に対して職務執行の対価として募集新株予約権と引換えにする払込みに充てるための金銭を交付した場合において、当該金銭の払込みと引換えに当該株式会社の新株予約権を交付したときにおける当該新株予約権を含む。以下この号及び次号において同じ。）を有しているときは、次に掲げる者の区分ごとの当該新株予約権等の内容の概要及び新株予約権等を有する者の人数

イ　当該株式会社の取締役（監査等委員であるもの及び社外役員を除き、執行役を含む。）

ロ　当該株式会社の社外取締役（監査等委員であるものを除き、社外役員に限る。）

ハ　当該株式会社の監査等委員である取締役

ニ　当該株式会社の取締役（執行役を含む。）以外の会社役員

二　当該事業年度中に次に掲げる者に対して当該株式会社が交付した新株予約権等があるときは、次に掲げる者の区分ごとの当該新株予約権等の内容の概要及び交付した者の人数

イ　当該株式会社の使用人（当該株式会社の会社役員を兼ねている者を除く。）

ロ　当該株式会社の子会社の役員及び使用人（当該株式会社の会社役員又はイに掲げる者を兼ねている者を除く。）

三　前２号に掲げるもののほか、当該株式会社の新株予約権等に関する重要な事項

（社外役員等に関する特則）

第124条　会社役員のうち社外役員である者が存する場合には、株式会社の会社役員に関する事項には、第121条に規定する事項のほか、次に掲げる事項を含むものとする。

一　社外役員（直前の定時株主総会の終結の日の翌日以降に在任していた者に限る。次号から第４号までにおいて同じ。）が他の法人等の業務執行者であることが第121条第８号に定める重要な兼職に該当する場合は、当該株式会社と当該他の法人等との関係

二　社外役員が他の法人等の社外役員その他これに類する者を兼任していることが第121条第８号に定める重要な兼職に該当する場合は、当該株式会社と当該他の法人等との関係

三　社外役員が次に掲げる者の配偶者、３親等以内の親族その他これに準ずる者であることを当該株式会社が知っているときは、その事実（重要でないものを除く。）

イ　当該株式会社の親会社等（自然人であるものに限る。）

ロ　当該株式会社又は当該株式会社の特定関係事業者の業務執行者又は役員（業務執行者であるものを除く。）

四　各社外役員の当該事業年度における主な活動状況（次に掲げる事項を含む。）

イ　取締役会（当該社外役員が次に掲げる者である場合にあっては、次に定めるものを含む。ロにおいて同じ。）への出席の状況

(1)　監査役会設置会社の社外監査役　監査役会

(2)　監査等委員会設置会社の監査等委員　監査等委員会

(3)　指名委員会等設置会社の監査委員　監査委員会

ロ　取締役会における発言の状況

ハ　当該社外役員の意見により当該株式会社の事業の方針又は事業その他の事項に係る決定が変更されたときは、その内容（重要でないものを除く。）

ニ　当該事業年度中に当該株式会社において法令又は定款に違反する事実その他不当な業務の執行（当該社外役員が社外監査役である場合にあっては、不正な業務の執行）が行われた事実（重要でないものを除く。）があるときは、各社外役員が当該事実の発生の予防のために行った行為及び当該事実の発生後の対応として行った行為の概要

ホ　当該社外役員が社外取締役であるときは、当該社外役員が果たすことが期待される役割に関して行った職務の概要（イからニまでに掲げる事項を除く。）

五　当該事業年度に係る社外役員の報酬等について、次のイからハまでに掲げる場合の区分に応じ、当該イからハまでに定める事項

イ　社外役員の全部につき報酬等の総額を掲げることとする場合　社外役員の報酬等の総額及び員数

ロ　社外役員の全部につき当該社外役員ごとの報酬等の額を掲げることとする場合　当該社外役員ごとの報酬等の額

ハ　社外役員の一部につき当該社外役員ごとの報酬等の額を掲げることとする場合　当該社外役員ごとの報酬等の額並びにその他の社外役員についての報酬等の総額及び員数

六　当該事業年度において受け、又は受ける見込みの額が明らかとなった社外役員の報酬等（前号の規定により当該事業年度に係る事業報告の内容とする報酬等及び当該事業年度前の事業年度に係る事業報告の内容とした報酬等を除く。）について、同号イからハまでに掲げる場合の区分に応じ、当該イからハまでに定める事項

七　社外役員が次のイ又はロに掲げる場合の区分に

応じ、当該イ又はロに定めるものから当該事業年度において役員としての報酬等を受けているときは、当該報酬等の総額（社外役員であった期間に受けたものに限る。）

イ　当該株式会社に親会社等がある場合　当該親会社等又は当該親会社等の子会社等（当該株式会社を除く。）

ロ　当該株式会社に親会社等がない場合　当該株式会社の子会社

八　社外役員についての前各号に掲げる事項の内容に対して当該社外役員の意見があるときは、その意見の内容

第3目　会計参与設置会社における事業報告の内容

第125条　株式会社が当該事業年度の末日において会計参与設置会社である場合には、次に掲げる事項を事業報告の内容としなければならない。

一　会計参与と当該株式会社との間で法第427条第1項の契約を締結しているときは、当該契約の内容の概要（当該契約によって当該会計参与の職務の執行の適正性が損なわれないようにするための措置を講じている場合にあっては、その内容を含む。）

二　会計参与と当該株式会社との間で補償契約を締結しているときは、次に掲げる事項

イ　当該会計参与の氏名又は名称

ロ　当該補償契約の内容の概要（当該補償契約によって当該会計参与の職務の執行の適正性が損なわれないようにするための措置を講じている場合にあっては、その内容を含む。）

三　当該株式会社が会計参与（当該事業年度の前事業年度の末日までに退任した者を含む。以下この号及び次号において同じ。）に対して補償契約に基づき法第430条の2第1項第1号に掲げる費用を補償した場合において、当該株式会社が、当該事業年度において、当該会計参与が同号の職務の執行に関し法令の規定に違反したこと又は責任を負うことを知ったときは、その旨

四　当該株式会社が会計参与に対して補償契約に基づき法第430条の2第1項第2号に掲げる損失を補償したときは、その旨及び補償した金額

第4目　会計監査人設置会社における事業報告の内容

第126条　株式会社が当該事業年度の末日において会計監査人設置会社である場合には、次に掲げる事項（株式会社が当該事業年度の末日において公開会社でない場合にあっては、第2号から第4号までに掲げる事項を除く。）を事業報告の内容としなければならない。

一　会計監査人の氏名又は名称

二　当該事業年度に係る各会計監査人の報酬等の額及び当該報酬等について監査役（監査役会設置会社にあっては監査役会、監査等委員会設置会社にあっては監査等委員会、指名委員会等設置会社にあっては監査委員会）が法第399条第1項の同意をした理由

三　会計監査人に対して公認会計士法第2条第1項の業務以外の業務（以下この号において「非監査業務」という。）の対価を支払っているときは、その非監査業務の内容

四　会計監査人の解任又は不再任の決定の方針

五　会計監査人が現に業務の停止の処分を受け、その停止の期間を経過しない者であるときは、当該処分に係る事項

六　会計監査人が過去2年間に業務の停止の処分を受けた者である場合における当該処分に係る事項のうち、当該株式会社が事業報告の内容とすることが適切であるものと判断した事項

七　会計監査人と当該株式会社との間で法第427条第1項の契約を締結しているときは、当該契約の内容の概要（当該契約によって当該会計監査人の職務の執行の適正性が損なわれないようにするための措置を講じている場合にあっては、その内容を含む。）

七の二　会計監査人と当該株式会社との間で補償契約を締結しているときは、次に掲げる事項

イ　当該会計監査人の氏名又は名称

ロ　当該補償契約の内容の概要（当該補償契約によって当該会計監査人の職務の執行の適正性が損なわれないようにするための措置を講じている場合にあっては、その内容を含む。）

七の三　当該株式会社が会計監査人（当該事業年度の前事業年度の末日までに退任した者を含む。以下この号及び次号において同じ。）に対して補償契約に基づき法第430条の2第1項第1号に掲げる費用を補償した場合において、当該株式会社が、当該事業年度において、当該会計監査人が同号の職務の執行に関し法令の規定に違反したこと又は責任を負うことを知ったときは、その旨

七の四　当該株式会社が会計監査人に対して補償契約に基づき法第430条の2第1項第2号に掲げる損失を補償したときは、その旨及び補償した金額

八　株式会社が法第444条第3項に規定する大会社であるときは、次に掲げる事項

イ　当該株式会社の会計監査人である公認会計士（公認会計士法第16条の2第5項に規定する外国公認会計士を含む。以下この条において同じ。）又は監査法人に当該株式会社及びその子会社が支払うべき金銭その他の財産上の利益の合計額（当該事業年度に係る連結損益計算書に計上すべきものに限る。）

ロ　当該株式会社の会計監査人以外の公認会計士又は監査法人（外国におけるこれらの資格に相当する資格を有する者を含む。）が当該株式会社の子会社（重要なものに限る。）の計算関係書類（これに相当するものを含む。）の監査（法又は金融商品取引法（これらの法律に相当する外国の法令を含む。）の規定によるものに限る。）をしているときは、その事実

九　辞任した会計監査人又は解任された会計監査人（株主総会の決議によって解任されたものを除く。）があると

きは、次に掲げる事項（当該事業年度前の事業年度に係る事業報告の内容としたものを除く。）
イ　当該会計監査人の氏名又は名称
ロ　法第340条第3項の理由があるときは、その理由
ハ　法第345条第5項において読み替えて準用する同条第1項の意見があるときは、その意見の内容
ニ　法第345条第5項において読み替えて準用する同条第2項の理由又は意見があるときは、その理由又は意見
十　法第459条第1項の規定による定款の定めがあるときは、当該定款の定めにより取締役会に与えられた権限の行使に関する方針

第127条　削除

第5目　事業報告の附属明細書の内容

第128条　事業報告の附属明細書は、事業報告の内容を補足する重要な事項をその内容とするものでなければならない。
2　株式会社が当該事業年度の末日において公開会社であるときは、他の法人等の業務執行取締役、執行役、業務を執行する社員又は法第598条第1項の職務を行うべき者その他これに類する者を兼ねることが第121条第8号の重要な兼職に該当する会社役員（会計参与を除く。）についての当該兼職の状況の明細（重要でないものを除く。）を事業報告の附属明細書の内容としなければならない。この場合において、当該他の法人等の事業が当該株式会社の事業と同一の部類のものであるときは、その旨を付記しなければならない。
3　当該株式会社とその親会社等との間の取引（当該株式会社と第三者との間の取引で当該株式会社とその親会社等との間の利益が相反するものを含む。）であって、当該株式会社の当該事業年度に係る個別注記表において会社計算規則第112条第1項に規定する注記を要するもの（同項ただし書の規定により同項第4号から第6号まで及び第8号に掲げる事項を省略するものに限る。）があるときは、当該取引に係る第118条第5号イからハまでに掲げる事項を事業報告の附属明細書の内容としなければならない。

第3款　事業報告等の監査

（監査役の監査報告の内容）
第129条　監査役は、事業報告及びその附属明細書を受領したときは、次に掲げる事項（監査役会設置会社の監査役の監査報告にあっては、第1号から第6号までに掲げる事項）を内容とする監査報告を作成しなければならない。
一　監査役の監査（計算関係書類に係るものを除く。以下この款において同じ。）の方法及びその内容
二　事業報告及びその附属明細書が法令又は定款に従い当該株式会社の状況を正しく示しているかどうかについての意見
三　当該株式会社の取締役（当該事業年度中に当該株式会社が指名委員会等設置会社であった場合にあっては、執行役を含む。）の職務の遂行に関し、不正の行為又は法令若しくは定款に違反する重大な事実があったときは、その事実
四　監査のため必要な調査ができなかったときは、その旨及びその理由
五　第118条第2号に掲げる事項（監査の範囲に属さないものを除く。）がある場合において、当該事項の内容が相当でないと認めるときは、その旨及びその理由
六　第118条第3号若しくは第5号に規定する事項が事業報告の内容となっているとき又は前条第3項に規定する事項が事業報告の附属明細書の内容となっているときは、当該事項についての意見
七　監査報告を作成した日
2　前項の規定にかかわらず、監査役の監査の範囲を会計に関するものに限定する旨の定款の定めがある株式会社の監査役は、同項各号に掲げる事項に代えて、事業報告を監査する権限がないことを明らかにした監査報告を作成しなければならない。

（監査役会の監査報告の内容等）
第130条　監査役会は、前条第1項の規定により監査役が作成した監査報告（以下この条において「監査役監査報告」という。）に基づき、監査役会の監査報告（以下この条において「監査役会監査報告」という。）を作成しなければならない。
2　監査役会監査報告は、次に掲げる事項を内容とするものでなければならない。この場合において、監査役は、当該事項に係る監査役会監査報告の内容と当該事項に係る当該監査役の監査役監査報告の内容が異なる場合には、当該事項に係る監査役監査報告の内容を監査役会監査報告に付記することができる。
一　監査役及び監査役会の監査の方法及びその内容
二　前条第1項第2号から第6号までに掲げる事項
三　監査役会監査報告を作成した日
3　監査役会が監査役会監査報告を作成する場合には、監査役会は、1回以上、会議を開催する方法又は情報の送受信により同時に意見の交換をすることができる方法により、監査役会監査報告の内容（前項後段の規定による付記の内容を除く。）を審議しなければならない。

（監査等委員会の監査報告の内容等）
第130条の2　監査等委員会は、事業報告及びその附属明細書を受領したときは、次に掲げる事項を内容とする監査報告を作成しなければならない。この場合において、監査等委員は、当該事項に係る監査報告の内容が当該監査等委員の意見と異なる場合には、その意見を監査報告に付記することができる。
一　監査等委員会の監査の方法及びその内容
二　第129条第1項第2号から第6号までに掲げる事

項

三　監査報告を作成した日

2　前項に規定する監査報告の内容（同項後段の規定による付記の内容を除く。）は、監査等委員会の決議をもって定めなければならない。

（監査委員会の監査報告の内容等）

第131条　監査委員会は、事業報告及びその附属明細書を受領したときは、次に掲げる事項を内容とする監査報告を作成しなければならない。この場合において、監査委員は、当該事項に係る監査報告の内容が当該監査委員の意見と異なる場合には、その意見を監査報告に付記することができる。

一　監査委員会の監査の方法及びその内容

二　第129条第1項第2号から第6号までに掲げる事項

三　監査報告を作成した日

2　前項に規定する監査報告の内容（同項後段の規定による付記の内容を除く。）は、監査委員会の決議をもって定めなければならない。

（監査役監査報告等の通知期限）

第132条　特定監査役は、次に掲げる日のいずれか遅い日までに、特定取締役に対して、監査報告（監査役会設置会社にあっては、第130条第1項の規定により作成した監査役会の監査報告に限る。以下この条において同じ。）の内容を通知しなければならない。

一　事業報告を受領した日から4週間を経過した日

二　事業報告の附属明細書を受領した日から1週間を経過した日

三　特定取締役及び特定監査役の間で合意した日

2　事業報告及びその附属明細書については、特定取締役が前項の規定による監査報告の内容の通知を受けた日に、監査役（監査等委員会設置会社にあっては監査等委員会、指名委員会等設置会社にあっては監査委員会）の監査を受けたものとする。

3　前項の規定にかかわらず、特定監査役が第1項の規定により通知をすべき日までに同項の規定による監査報告の内容の通知をしない場合には、当該通知をすべき日に、事業報告及びその附属明細書については、監査役（監査等委員会設置会社にあっては監査等委員会、指名委員会等設置会社にあっては監査委員会）の監査を受けたものとみなす。

4　第1項及び第2項に規定する「特定取締役」とは、次の各号に掲げる場合の区分に応じ、当該各号に定める者をいう。

一　第1項の規定による通知を受ける者を定めた場合　当該通知を受ける者と定められた者

二　前号に掲げる場合以外の場合　事業報告及びその附属明細書の作成に関する職務を行った取締役又は執行役

5　第1項及び第3項に規定する「特定監査役」とは、次の各号に掲げる株式会社の区分に応じ、当該各号に定める者とする。

一　監査役設置会社（監査役の監査の範囲を会計に関するものに限定する旨の定款の定めがある株式会社を含み、監査役会設置会社を除く。）　次のイからハまでに掲げる場合の区分に応じ、当該イからハまでに定める者

イ　2以上の監査役が存する場合において、第1項の規定による監査報告の内容の通知をすべき監査役を定めたとき　当該通知をすべき監査役として定められた監査役

ロ　2以上の監査役が存する場合において、第1項の規定による監査報告の内容の通知をすべき監査役を定めていないとき　全ての監査役

ハ　イ又はロに掲げる場合以外の場合　監査役

二　監査役会設置会社　次のイ又はロに掲げる場合の区分に応じ、当該イ又はロに定める者

イ　監査役会が第1項の規定による監査報告の内容の通知をすべき監査役を定めた場合　当該通知をすべき監査役として定められた監査役

ロ　イに掲げる場合以外の場合　全ての監査役

三　監査等委員会設置会社　次のイ又はロに掲げる場合の区分に応じ、当該イ又はロに定める者

イ　監査等委員会が第1項の規定による監査報告の内容の通知をすべき監査等委員を定めた場合　当該通知をすべき監査等委員として定められた監査等委員

ロ　イに掲げる場合以外の場合　監査等委員のうちいずれかの者

四　指名委員会等設置会社　次のイ又はロに掲げる場合の区分に応じ、当該イ又はロに定める者

イ　監査委員会が第1項の規定による監査報告の内容の通知をすべき監査委員を定めた場合　当該通知をすべき監査委員として定められた監査委員

ロ　イに掲げる場合以外の場合　監査委員のうちいずれかの者

第4款　事業報告等の株主への提供

（事業報告等の提供）

第133条　法第437条の規定により株主に対して行う提供事業報告（次の各号に掲げる株式会社の区分に応じ、当該各号に定めるものをいう。以下この条において同じ。）の提供に関しては、この条に定めるところによる。

一　株式会社（監査役設置会社、監査等委員会設置会社及び指名委員会等設置会社を除く。）　事業報告

二　監査役設置会社、監査等委員会設置会社及び指名委員会等設置会社　次に掲げるもの

イ　事業報告

ロ　事業報告に係る監査役（監査役会設置会社にあっては監査役会、監査等委員会設置会社にあっては監査等委員会、指名委員会等設置会社にあっては監査委員会）の監査報告があるときは、当該監査報告（2以上の監査役が存する株式会社（監査役会設置会社を除く。）の各監査役の監査報告の内容（監査報告を作成した日を除く。）が同一である場合にあっては、1又は2以上の監査役の監査報告）

ハ　前条第3項の規定により監査を受けたものと

みなされたときは、その旨を記載又は記録をした書面又は電磁的記録

2　定時株主総会の招集通知（法第299条第２項又は第３項の規定による通知をいう。以下この条において同じ。）を次の各号に掲げる方法により行う場合には、提供事業報告は、当該各号に定める方法により提供しなければならない。

一　書面の提供　次のイ又はロに掲げる場合の区分に応じ、当該イ又はロに定める方法

イ　提供事業報告が書面をもって作成されている場合　当該書面に記載された事項を記載した書面の提供

ロ　提供事業報告が電磁的記録をもって作成されている場合　当該電磁的記録に記録された事項を記載した書面の提供

二　電磁的方法による提供　次のイ又はロに掲げる場合の区分に応じ、当該イ又はロに定める方法

イ　提供事業報告が書面をもって作成されている場合　当該書面に記載された事項の電磁的方法による提供

ロ　提供事業報告が電磁的記録をもって作成されている場合　当該電磁的記録に記録された事項の電磁的方法による提供

3　提供事業報告に表示すべき事項（次に掲げるものを除く。）に係る情報を、定時株主総会に係る招集通知を発出する時から定時株主総会の日から３箇月が経過する日までの間、継続して電磁的方法により株主が提供を受けることができる状態に置く措置（第222条第１項第１号ロに掲げる方法のうち、インターネットに接続された自動公衆送信装置を使用する方法によって行われるものに限る。第７項において同じ。）をとる場合における前項の規定の適用については、当該事項につき同項各号に掲げる場合の区分に応じ、当該各号に定める方法により株主に対して提供したものとみなす。ただし、この項の措置をとる旨の定款の定めがある場合に限る。

一　第120条第１項第５号及び第７号並びに第121条第１号、第２号及び第４号から第６号の３までに掲げる事項

二　提供事業報告に表示すべき事項（前号に掲げるものを除く。）につきこの項の措置をとることについて監査役、監査等委員会又は監査委員会が異議を述べている場合における当該事項

4　前項の場合には、取締役は、同項の措置をとるために使用する自動公衆送信装置のうち当該措置をとるための用に供する部分をインターネットにおいて識別するための文字、記号その他の符号又はこれらの結合であって、情報の提供を受ける者がその使用に係る電子計算機に入力することによって当該情報の内容を閲覧し、当該電子計算機に備えられたファイルに当該情報を記録することができるものを株主に対して通知しなければならない。

5　第３項の規定により提供事業報告に表示した事項の一部が株主に対して第２項各号に定める方法により提供したものとみなされた場合において、監査役、監査等委員会又は監査委員会が、現に株主に対して提供される事業報告が監査報告を作成するに際して監査をした事業報告の一部であることを株主に対して通知すべき旨を取締役に請求したときは、取締役は、その旨を株主に対して通知しなければならない。

6　取締役は、事業報告の内容とすべき事項について、定時株主総会の招集通知を発出した日から定時株主総会の前日までの間に修正をすべき事情が生じた場合における修正後の事項を株主に周知させる方法を、当該招集通知と併せて通知することができる。

7　第３項の規定は、同項各号に掲げる事項に係る情報についても、電磁的方法により株主が提供を受けることができる状態に置く措置をとることを妨げるものではない。

（事業報告等の提供の特則）

第133条の2　前条第３項の規定にかかわらず、株式会社の取締役が定時株主総会の招集の手続を行う場合において、提供事業報告（同条第１項に規定する提供事業報告をいう。以下この条において同じ。）に表示すべき事項（次に掲げるものを除く。以下この条において同じ。）に係る情報を、定時株主総会に係る招集通知（法第299条第２項又は第３項の規定による通知をいう。以下この条において同じ。）を発出する時から定時株主総会の日から３箇月が経過する日までの間、継続して電磁的方法により株主が提供を受けることができる状態に置く措置（第222条第１項第１号ロに掲げる方法のうち、インターネットに接続された自動公衆送信装置を使用する方法によって行われるものに限る。）をとるときにおける前条第２項の規定の適用については、当該事項につき同項各号に掲げる場合の区分に応じ、当該各号に定める方法により株主に対して提供したものとみなす。ただし、同条第３項の措置をとる旨の定款の定めがある場合に限る。

一　第120条第１項第５号及び第７号、第121条第１号、第２号及び第３号の２から第６号の３まで、第121条の２、第125条第２号から第４号まで並びに第126条第７号の２から第７号の４までに掲げる事項

二　事業報告に表示すべき事項（前号に掲げるものを除く。）につきこの項の措置をとることについて監査役、監査等委員会又は監査委員会が異議を述べている場合における当該事項

2　前項の場合には、取締役は、同項の措置をとるために使用する自動公衆送信装置のうち当該措置をとるための用に供する部分をインターネットにおいて識別するための文字、記号その他の符号又はこれらの結合であって、情報の提供を受ける者がその使用に係る電子計算機に入力することによって当該情報の内容を閲覧し、当該電子計算機に備えられたファイルに当該情報を記録することができるものを株主に対して通知しなければならない。

3　第１項の規定により提供事業報告に表示すべき事項が株主に対して前条第２項各号に定める方法により提供したものとみなされる場合において、監査役、監査等委員会又は監査委員会が、現に株主に対して

提供される事業報告が監査報告を作成するに際して監査をした事業報告の一部であることを株主に対して通知すべき旨を取締役に請求したときは、取締役は、その旨を株主に対して通知しなければならない。
4　取締役は、提供事業報告に表示すべき事項（前条第3項の事業報告に表示すべき事項を除く。）に係る情報について第1項の措置をとる場合には、株主の利益を不当に害することがないよう特に配慮しなければならない。

第6章　事業の譲渡等

（総資産額）
第134条　法第467条第1項第2号及び第2号の2イに規定する法務省令で定める方法は、算定基準日（同項第2号又は第2号の2に規定する譲渡に係る契約を締結した日（当該契約により当該契約を締結した日と異なる時（当該契約を締結した日後から当該譲渡の効力が生ずる時の直前までの間の時に限る。）を定めた場合にあっては、当該時）をいう。以下この条において同じ。）における第1号から第9号までに掲げる額の合計額から第10号に掲げる額を減じて得た額をもって株式会社の総資産額とする方法とする。
一　資本金の額
二　資本準備金の額
三　利益準備金の額
四　法第446条に規定する剰余金の額
五　最終事業年度（法第461条第2項第2号に規定する場合にあっては、法第441条第1項第2号の期間（当該期間が2以上ある場合にあっては、その末日が最も遅いもの）。以下この項において同じ。）の末日（最終事業年度がない場合にあっては、株式会社の成立の日。以下この条において同じ。）における評価・換算差額等に係る額
六　株式引受権の帳簿価額
七　新株予約権の帳簿価額
八　最終事業年度の末日において負債の部に計上した額
九　最終事業年度の末日後に吸収合併、吸収分割による他の会社の事業に係る権利義務の承継又は他の会社（外国会社を含む。）の事業の全部の譲受けをしたときは、これらの行為により承継又は譲受けをした負債の額
十　自己株式及び自己新株予約権の帳簿価額の合計額
2　前項の規定にかかわらず、算定基準日において法第467条第1項第2号又は第2号の2に規定する譲渡をする株式会社が清算株式会社である場合における同項第2号及び第2号の2イに規定する法務省令で定める方法は、法第492条第1項の規定により作成した貸借対照表の資産の部に計上した額をもって株式会社の総資産額とする方法とする。

（純資産額）
第135条　法第467条第1項第5号ロに規定する法務省令で定める方法は、算定基準日（同号に規定する取得に係る契約を締結した日（当該契約により当該契約を締結した日と異なる時（当該契約を締結した日後から当該取得の効力が生ずる時の直前までの間の時に限る。）を定めた場合にあっては、当該時）をいう。以下この条において同じ。）における第1号から第7号までに掲げる額の合計額から第8号に掲げる額を減じて得た額（当該額が500万円を下回る場合にあっては、500万円）をもって株式会社の純資産額とする方法とする。
一　資本金の額
二　資本準備金の額
三　利益準備金の額
四　法第446条に規定する剰余金の額
五　最終事業年度（法第461条第2項第2号に規定する場合にあっては、法第441条第1項第2号の期間（当該期間が2以上ある場合にあっては、その末日が最も遅いもの）。以下この号において同じ。）の末日（最終事業年度がない場合にあっては、株式会社の成立の日）における評価・換算差額等に係る額
六　株式引受権の帳簿価額
七　新株予約権の帳簿価額
八　自己株式及び自己新株予約権の帳簿価額の合計額
2　前項の規定にかかわらず、算定基準日において法第467条第1項第5号に規定する取得をする株式会社が清算株式会社である場合における同号ロに規定する法務省令で定める方法は、法第492条第1項の規定により作成した貸借対照表の資産の部に計上した額から負債の部に計上した額を減じて得た額（当該額が500万円を下回る場合にあっては、500万円）をもって株式会社の純資産額とする方法とする。

（特別支配会社）
第136条　法第468条第1項に規定する法務省令で定める法人は、次に掲げるものとする。
一　法第468条第1項に規定する他の会社がその持分の全部を有する法人（株式会社を除く。）
二　法第468条第1項に規定する他の会社及び特定完全子法人（当該他の会社が発行済株式の全部を有する株式会社及び前号に掲げる法人をいう。以下この項において同じ。）又は特定完全子法人がその持分の全部を有する法人
2　前項第2号の規定の適用については、同号に掲げる法人は、同号に規定する特定完全子法人とみなす。

（純資産額）
第137条　法第468条第2項第2号に規定する法務省令で定める方法は、算定基準日（法第467条第1項第3号に規定する譲受けに係る契約を締結した日（当該契約により当該契約を締結した日と異なる時（当該契約を締結した日後から当該譲受けの効力が生ずる時の直前までの間の時に限る。）を定めた場合にあっては、当該時）をいう。以下この条において同じ。）における第1号から第7号までに掲げる額の合計額から第8号に掲げる額を減じて得た額（当該額が500万円を下回る場合にあっては、500万円）をもって株式会社の純資産額とする方法とする。
一　資本金の額
二　資本準備金の額

三　利益準備金の額
四　法第446条に規定する剰余金の額
五　最終事業年度（法第461条第2項第2号に規定する場合にあっては、法第441条第1項第2号の期間（当該期間が2以上ある場合にあっては、その末日が最も遅いもの）。以下この号において同じ。）の末日（最終事業年度がない場合にあっては、株式会社の成立の日）における評価・換算差額等に係る額
六　株式引受権の帳簿価額
七　新株予約権の帳簿価額
八　自己株式及び自己新株予約権の帳簿価額の合計額

2　前項の規定にかかわらず、算定基準日において法第467条第1項第3号に規定する譲受けをする株式会社が清算株式会社である場合における法第468条第2項第2号に規定する法務省令で定める方法は、法第492条第1項の規定により作成した貸借対照表の資産の部に計上した額から負債の部に計上した額を減じて得た額（当該額が500万円を下回る場合にあっては、500万円）をもって株式会社の純資産額とする方法とする。

（事業譲渡等につき株主総会の承認を要する場合）

第138条　法第468条第3項に規定する法務省令で定める数は、次に掲げる数のいずれか小さい数とする。
一　特定株式（法第468条第3項に規定する行為に係る株主総会において議決権を行使することができることを内容とする株式をいう。以下この条において同じ。）の総数に2分の1（当該株主総会の決議が成立するための要件として当該特定株式の議決権の総数の一定の割合以上の議決権を有する株主が出席しなければならない旨の定款の定めがある場合にあっては、当該一定の割合）を乗じて得た数に3分の1（当該株主総会の決議が成立するための要件として当該株主総会に出席した当該特定株主（特定株式の株主をいう。以下この条において同じ。）の有する議決権の総数の一定の割合以上の多数が賛成しなければならない旨の定款の定めがある場合にあっては、1から当該一定の割合を減じて得た割合）を乗じて得た数に1を加えた数
二　法第468条第3項に規定する行為に係る決議が成立するための要件として一定の数以上の特定株主の賛成を要する旨の定款の定めがある場合において、特定株主の総数から株式会社に対して当該行為に反対する旨の通知をした特定株主の数を減じて得た数が当該一定の数未満となるときにおける当該行為に反対する旨の通知をした特定株主の有する特定株式の数
三　法第468条第3項に規定する行為に係る決議が成立するための要件として前2号の定款の定め以外の定款の定めがある場合において、当該行為に反対する旨の通知をした特定株主の全部が同項に規定する株主総会において反対したとすれば当該決議が成立しないときは、当該行為に反対する旨の通知をした特定株主の有する特定株式の数
四　定款で定めた数

第7章　解散

第139条　法第472条第1項の届出（以下この条において単に「届出」という。）は、書面でしなければならない。

2　前項の書面には、次に掲げる事項を記載しなければならない。
一　当該株式会社の商号及び本店並びに代表者の氏名及び住所
二　代理人によって届出をするときは、その氏名及び住所
三　まだ事業を廃止していない旨
四　届出の年月日
五　登記所の表示

3　代理人によって届出をするには、第1項の書面にその権限を証する書面を添付しなければならない。

第8章　清算

第1節　総則

（清算株式会社の業務の適正を確保するための体制）

第140条　法第482条第3項第4号に規定する法務省令で定める体制は、次に掲げる体制とする。
一　清算人の職務の執行に係る情報の保存及び管理に関する体制
二　損失の危険の管理に関する規程その他の体制
三　使用人の職務の執行が法令及び定款に適合することを確保するための体制

2　清算人が二人以上ある清算株式会社である場合には、前項に規定する体制には、業務の決定が適正に行われることを確保するための体制を含むものとする。

3　監査役設置会社以外の清算株式会社である場合には、第1項に規定する体制には、清算人が株主に報告すべき事項の報告をするための体制を含むものとする。

4　監査役設置会社（監査役の監査の範囲を会計に関するものに限定する旨の定款の定めがある清算株式会社を含む。）である場合には、第1項に規定する体制には、次に掲げる体制を含むものとする。
一　監査役がその職務を補助すべき使用人を置くことを求めた場合における当該使用人に関する体制
二　前号の使用人の清算人からの独立性に関する事項
三　監査役の第1号の使用人に対する指示の実効性の確保に関する事項
四　清算人及び使用人が監査役に報告をするための体制その他の監査役への報告に関する体制
五　前号の報告をした者が当該報告をしたことを理由として不利な取扱いを受けないことを確保するための体制
六　監査役の職務の執行について生ずる費用の前払又は償還の手続その他の当該職務の執行について生ずる費用又は債務の処理に係る方針に関する事

項

七　その他監査役の監査が実効的に行われることを確保するための体制

（社債を引き受ける者の募集に際して清算人会が定めるべき事項）

第141条　法第489条第６項第５号に規定する法務省令で定める事項は、次に掲げる事項とする。

一　２以上の募集（法第676条の募集をいう。以下この条において同じ。）に係る法第676条各号に掲げる事項の決定を委任するときは、その旨

二　募集社債の総額の上限（前号に規定する場合にあっては、各募集に係る募集社債の総額の上限の合計額）

三　募集社債の利率の上限その他の利率に関する事項の要綱

四　募集社債の払込金額（法第676条第９号に規定する払込金額をいう。以下この号において同じ。）の総額の最低金額その他の払込金額に関する事項の要綱

（清算人会設置会社の業務の適正を確保するための体制）

第142条　法第489条第６項第６号に規定する法務省令で定める体制は、次に掲げる体制とする。

一　清算人の職務の執行に係る情報の保存及び管理に関する体制

二　損失の危険の管理に関する規程その他の体制

三　使用人の職務の執行が法令及び定款に適合することを確保するための体制

2　監査役設置会社以外の清算株式会社である場合には、前項に規定する体制には、清算人が株主に報告すべき事項の報告をするための体制を含むものとする。

3　監査役設置会社（監査役の監査の範囲を会計に関するものに限定する旨の定款の定めがある清算株式会社を含む。）である場合には、第１項に規定する体制には、次に掲げる体制を含むものとする。

一　監査役がその職務を補助すべき使用人を置くことを求めた場合における当該使用人に関する体制

二　前号の使用人の清算人からの独立性に関する事項

三　監査役の第１号の使用人に対する指示の実効性の確保に関する事項

四　清算人及び使用人が監査役に報告をするための体制その他の監査役への報告に関する体制

五　前号の報告をした者が当該報告をしたことを理由として不利な取扱いを受けないことを確保するための体制

六　監査役の職務の執行について生ずる費用の前払又は償還の手続その他の当該職務の執行について生ずる費用又は債務の処理に係る方針に関する事項

七　その他監査役の監査が実効的に行われることを確保するための体制

（清算人会の議事録）

第143条　法第490条第５項において準用する法第369条第３項の規定による清算人会の議事録の作成については、この条の定めるところによる。

2　清算人会の議事録は、書面又は電磁的記録をもって作成しなければならない。

3　清算人会の議事録は、次に掲げる事項を内容とするものでなければならない。

一　清算人会が開催された日時及び場所（当該場所に存しない清算人、監査役又は株主が清算人会に出席をした場合における当該出席の方法を含む。）

二　清算人会が次に掲げるいずれかのものに該当するときは、その旨

イ　法第490条第２項の規定による清算人の請求を受けて招集されたもの

ロ　法第490条第３項の規定により清算人が招集したもの

ハ　法第490条第４項において準用する法第367条第１項の規定による株主の請求を受けて招集されたもの

ニ　法第490条第４項において準用する法第367条第３項において読み替えて準用する法第490条第３項の規定により株主が招集したもの

ホ　法第383条第２項の規定による監査役の請求を受けて招集されたもの

ヘ　法第383条第３項の規定により監査役が招集したもの

三　清算人会の議事の経過の要領及びその結果

四　決議を要する事項について特別の利害関係を有する清算人があるときは、その氏名

五　次に掲げる規定により清算人会において述べられた意見又は発言があるときは、その意見又は発言の内容の概要

イ　法第382条

ロ　法第383条第１項

ハ　法第489条第８項において準用する法第365条第２項

ニ　法第490条第４項において準用する法第367条第４項

六　清算人会に出席した監査役又は株主の氏名又は名称

七　清算人会の議長が存するときは、議長の氏名

4　次の各号に掲げる場合には、清算人会の議事録は、当該各号に定める事項を内容とするものとする。

一　法第490条第５項において準用する法第370条の規定により清算人会の決議があったものとみなされた場合　次に掲げる事項

イ　清算人会の決議があったものとみなされた事項の内容

ロ　イの事項の提案をした清算人の氏名

ハ　清算人会の決議があったものとみなされた日

ニ　議事録の作成に係る職務を行った清算人の氏名

二　法第490条第６項において準用する法第372条第１項の規定により清算人会への報告を要しないものとされた場合　次に掲げる事項

イ　清算人会への報告を要しないものとされた事

項の内容
ロ　清算人会への報告を要しないものとされた日
ハ　議事録の作成に係る職務を行った清算人の氏名

（財産目録）

第144条　法第492条第1項の規定により作成すべき財産目録については、この条の定めるところによる。

2　前項の財産目録に計上すべき財産については、その処分価格を付すことが困難な場合を除き、法第475条各号に掲げる場合に該当することとなった日における処分価格を付さなければならない。この場合において、清算株式会社の会計帳簿については、財産目録に付された価格を取得価額とみなす。

3　第1項の財産目録は、次に掲げる部に区分して表示しなければならない。この場合において、第1号及び第2号に掲げる部は、その内容を示す適当な名称を付した項目に細分することができる。
一　資産
二　負債
三　正味資産

（清算開始時の貸借対照表）

第145条　法第492条第1項の規定により作成すべき貸借対照表については、この条の定めるところによる。

2　前項の貸借対照表は、財産目録に基づき作成しなければならない。

3　第1項の貸借対照表は、次に掲げる部に区分して表示しなければならない。この場合において、第1号及び第2号に掲げる部は、その内容を示す適当な名称を付した項目に細分することができる。
一　資産
二　負債
三　純資産

4　処分価格を付すことが困難な資産がある場合には、第1項の貸借対照表には、当該資産に係る財産評価の方針を注記しなければならない。

（各清算事務年度に係る貸借対照表）

第146条　法第494条第1項の規定により作成すべき貸借対照表は、各清算事務年度に係る会計帳簿に基づき作成しなければならない。

2　前条第3項の規定は、前項の貸借対照表について準用する。

3　法第494条第1項の規定により作成すべき貸借対照表の附属明細書は、貸借対照表の内容を補足する重要な事項をその内容としなければならない。

（各清算事務年度に係る事務報告）

第147条　法第494条第1項の規定により作成すべき事務報告は、清算に関する事務の執行の状況に係る重要な事項をその内容としなければならない。

2　法第494条第1項の規定により作成すべき事務報告の附属明細書は、事務報告の内容を補足する重要な事項をその内容としなければならない。

（清算株式会社の監査報告）

第148条　法第495条第1項の規定による監査については、この条の定めるところによる。

2　清算株式会社の監査役は、各清算事務年度に係る貸借対照表及び事務報告並びにこれらの附属明細書を受領したときは、次に掲げる事項（監査役会設置会社の監査役の監査報告にあっては、第1号から第5号までに掲げる事項）を内容とする監査報告を作成しなければならない。
一　監査役の監査の方法及びその内容
二　各清算事務年度に係る貸借対照表及びその附属明細書が当該清算株式会社の財産の状況を全ての重要な点において適正に表示しているかどうかについての意見
三　各清算事務年度に係る事務報告及びその附属明細書が法令又は定款に従い当該清算株式会社の状況を正しく示しているかどうかについての意見
四　清算人の職務の遂行に関し、不正の行為又は法令若しくは定款に違反する重大な事実があったときは、その事実
五　監査のため必要な調査ができなかったときは、その旨及びその理由
六　監査報告を作成した日

3　前項の規定にかかわらず、監査役の監査の範囲を会計に関するものに限定する旨の定款の定めがある清算株式会社の監査役は、同項第3号及び第4号に掲げる事項に代えて、これらの事項を監査する権限がないことを明らかにした監査報告を作成しなければならない。

4　清算株式会社の監査役会は、第2項の規定により清算株式会社の監査役が作成した監査報告に基づき、監査役会の監査報告を作成しなければならない。

5　清算株式会社の監査役会の監査報告は、次に掲げる事項を内容とするものでなければならない。
一　監査役及び監査役会の監査の方法及びその内容
二　第2項第2号から第5号までに掲げる事項
三　監査報告を作成した日

6　特定監査役は、第146条第1項の貸借対照表及び前条第1項の事務報告の全部を受領した日から4週間を経過した日（特定清算人（次の各号に掲げる場合の区分に応じ、当該各号に定める者をいう。以下この条において同じ。）及び特定監査役の間で合意した日がある場合にあっては、当該日）までに、特定清算人に対して、監査報告（監査役会設置会社にあっては、第4項の規定により作成した監査役会の監査報告に限る。）の内容を通知しなければならない。
一　この項の規定による通知を受ける者を定めた場合　当該通知を受ける者として定められた者
二　前号に掲げる場合以外の場合　第146条第1項の貸借対照表及び前条第1項の事務報告並びにこれらの附属明細書の作成に関する職務を行った清算人

7　第146条第1項の貸借対照表及び前条第1項の事務報告並びにこれらの附属明細書については、特定清算人が前項の規定による監査報告の内容の通知を受けた日に、監査役の監査を受けたものとする。

8　前項の規定にかかわらず、特定監査役が第６項の規定により通知をすべき日までに同項の規定による監査報告の内容の通知をしない場合には、当該通知をすべき日に、第146条第１項の貸借対照表及び前条第１項の事務報告並びにこれらの附属明細書については、監査役の監査を受けたものとみなす。
9　第６項及び前項に規定する「特定監査役」とは、次の各号に掲げる清算株式会社の区分に応じ、当該各号に定める者とする。
一　監査役設置会社（監査役の監査の範囲を会計に関するものに限定する旨の定款の定めがある清算株式会社を含み、監査役会設置会社を除く。）　次のイからハまでに掲げる場合の区分に応じ、当該イからハまでに定める者
イ　２以上の監査役が存する場合において、第６項の規定による監査報告の内容の通知をすべき監査役を定めたとき　当該通知をすべき監査役として定められた監査役
ロ　２以上の監査役が存する場合において、第６項の規定による監査報告の内容の通知をすべき監査役を定めていないとき　全ての監査役
ハ　イ又はロに掲げる場合以外の場合　監査役
二　監査役会設置会社　次のイ又はロに掲げる場合の区分に応じ、当該イ又はロに定める者
イ　監査役会が第６項の規定による監査報告の内容の通知をすべき監査役を定めた場合　当該通知をすべき監査役として定められた監査役
ロ　イに掲げる場合以外の場合　全ての監査役

（金銭分配請求権が行使される場合における残余財産の価格）
第149条　法第505条第３項第１号に規定する法務省令で定める方法は、次に掲げる額のうちいずれか高い額をもって同号に規定する残余財産の価格とする方法とする。
一　法第505条第１項第１号の期間の末日（以下この項において「行使期限日」という。）における当該残余財産を取引する市場における最終の価格（当該行使期限日に売買取引がない場合又は当該行使期限日が当該市場の休業日に当たる場合にあっては、その後最初になされた売買取引の成立価格）
二　行使期限日において当該残余財産が公開買付け等の対象であるときは、当該行使期限日における当該公開買付け等に係る契約における当該残余財産の価格
2　法第506条の規定により法第505条第３項後段の規定の例によることとされる場合における前項第１号の規定の適用については、同号中「法第505条第１項第１号の期間の末日」とあるのは、「残余財産の分配をする日」とする。

（決算報告）
第150条　法第507条第１項の規定により作成すべき決算報告は、次に掲げる事項を内容とするものでなければならない。この場合において、第１号及び第２号に掲げる事項については、適切な項目に細分することができる。
一　債権の取立て、資産の処分その他の行為によって得た収入の額
二　債務の弁済、清算に係る費用の支払その他の行為による費用の額
三　残余財産の額（支払税額がある場合には、その税額及び当該税額を控除した後の財産の額）
四　１株当たりの分配額（種類株式発行会社にあっては、各種類の株式１株当たりの分配額）
2　前項第４号に掲げる事項については、次に掲げる事項を注記しなければならない。
一　残余財産の分配を完了した日
二　残余財産の全部又は一部が金銭以外の財産である場合には、当該財産の種類及び価額

（清算株式会社が自己の株式を取得することができる場合）
第151条　法第509条第３項に規定する法務省令で定める場合は、次に掲げる場合とする。
一　当該清算株式会社が有する他の法人等の株式（持分その他これに準ずるものを含む。以下この条において同じ。）につき当該他の法人等が行う剰余金の配当又は残余財産の分配（これらに相当する行為を含む。）により当該清算株式会社の株式の交付を受ける場合
二　当該清算株式会社が有する他の法人等の株式につき当該他の法人等が行う次に掲げる行為に際して当該株式と引換えに当該清算株式会社の株式の交付を受ける場合
イ　組織変更
ロ　合併
ハ　株式交換（法以外の法令（外国の法令を含む。）に基づく株式交換に相当する行為を含む。）
ニ　取得条項付株式（これに相当する株式を含む。）の取得
ホ　全部取得条項付種類株式（これに相当する株式を含む。）の取得
三　当該清算株式会社が有する他の法人等の新株予約権等を当該他の法人等が当該新株予約権等の定めに基づき取得することと引換えに当該清算株式会社の株式の交付をする場合
四　当該清算株式会社が法第785条第５項又は第806条第５項（これらの規定を株式会社について他の法令において準用する場合を含む。）に規定する株式買取請求（合併に際して行使されるものに限る。）に応じて当該清算株式会社の株式を取得する場合
五　当該清算株式会社が法第116条第５項、第182条の４第４項、第469条第５項、第785条第５項、第797条第５項、第806条第５項又は第816条の６第５項（これらの規定を株式会社について他の法令において準用する場合を含む。）に規定する株式買取請求（清算株式会社となる前にした行為に際して行使されたものに限る。）に応じて当該清算株式会社の株式を取得する場合
六　当該清算株式会社が清算株式会社となる前に法第192条第１項の規定による請求があった場合における当該請求に係る同条第２項の株式を取得する

場合

第2節　特別清算

（総資産額）

第152条　法第536条第１項第２号及び第３号イに規定する法務省令で定める方法は、法第492条第１項の規定により作成した貸借対照表の資産の部に計上した額を総資産額とする方法とする。

（債権者集会の招集の決定事項）

第153条　法第548条第１項第４号に規定する法務省令で定める事項は、次に掲げる事項とする。

一　次条の規定により債権者集会参考書類に記載すべき事項（同条第１項第１号に掲げる事項を除く。）

二　書面による議決権の行使の期限（債権者集会（法第２編第９章第２節第８款の規定の適用のある債権者の集会をいう。以下この節において同じ。）の日時以前の時であって、法第549条第１項の規定による通知を発した日から２週間を経過した日以後の時に限る。）

三　一の協定債権者が同一の議案につき法第556条第１項（法第548条第１項第３号に掲げる事項を定めた場合にあっては、法第556条第１項又は第557条第１項）の規定により重複して議決権を行使した場合において、当該同一の議案に対する議決権の行使の内容が異なるものであるときにおける当該協定債権者の議決権の行使の取扱いに関する事項を定めるときは、その事項

四　第155条第１項第３号の取扱いを定めるときは、その取扱いの内容

五　法第548条第１項第３号に掲げる事項を定めたときは、次に掲げる事項

イ　電磁的方法による議決権の行使の期限（債権者集会の日時以前の時であって、法第549条第１項の規定による通知を発した日から２週間を経過した日以後の時に限る。）

ロ　法第549条第２項の承諾をした協定債権者の請求があった時に当該協定債権者に対して法第550条第１項の規定による議決権行使書面（同項に規定する議決権行使書面をいう。以下この節において同じ。）の交付（当該交付に代えて行う同条第２項の規定による電磁的方法による提供を含む。）をすることとするときは、その旨

（債権者集会参考書類）

第154条　債権者集会参考書類には、次に掲げる事項を記載しなければならない。

一　当該債権者集会参考書類の交付を受けるべき協定債権者が有する協定債権について法第548条第２項又は第３項の規定により定められた事項

二　議案

2　債権者集会参考書類には、前項に定めるもののほか、協定債権者の議決権の行使について参考となると認める事項を記載することができる。

3　同一の債権者集会に関して協定債権者に対して提供する債権者集会参考書類に記載すべき事項（第１項第２号に掲げる事項に限る。）のうち、他の書面に記載している事項又は電磁的方法により提供している事項がある場合には、これらの事項は、債権者集会参考書類に記載することを要しない。

4　同一の債権者集会に関して協定債権者に対して提供する招集通知（法第549条第１項又は第２項の規定による通知をいう。以下この節において同じ。）の内容とすべき事項のうち、債権者集会参考書類に記載している事項がある場合には、当該事項は、招集通知の内容とすることを要しない。

（議決権行使書面）

第155条　法第550条第１項の規定により交付すべき議決権行使書面に記載すべき事項又は法第551条第１項若しくは第２項の規定により電磁的方法により提供すべき議決権行使書面に記載すべき事項は、次に掲げる事項とする。

一　各議案についての同意の有無（棄権の欄を設ける場合にあっては、棄権を含む。）を記載する欄

二　第153条第３号に掲げる事項を定めたときは、当該事項

三　第153条第４号に掲げる事項を定めたときは、第１号の欄に記載がない議決権行使書面が招集者（法第548条第１項に規定する招集者をいう。以下この条において同じ。）に提出された場合における各議案についての賛成、反対又は棄権のいずれかの意思の表示があったものとする取扱いの内容

四　議決権の行使の期限

五　議決権を行使すべき協定債権者の氏名又は名称及び当該協定債権者について法第548条第２項又は第３項の規定により定められた事項

2　第153条第５号ロに掲げる事項を定めた場合には、招集者は、法第549条第２項の承諾をした協定債権者の請求があった時に、当該協定債権者に対して、法第550条第１項の規定による議決権行使書面の交付（当該交付に代えて行う同条第２項の規定による電磁的方法による提供を含む。）をしなければならない。

3　同一の債権者集会に関して協定債権者に対して提供する招集通知の内容とすべき事項のうち、議決権行使書面に記載している事項がある場合には、当該事項は、招集通知の内容とすることを要しない。

4　同一の債権者集会に関して協定債権者に対して提供する議決権行使書面に記載すべき事項（第１項第２号から第４号までに掲げる事項に限る。）のうち、招集通知の内容としている事項がある場合には、当該事項は、議決権行使書面に記載することを要しない。

（書面による議決権行使の期限）

第156条　法第556条第２項に規定する法務省令で定める時は、第153条第２号の行使の期限とする。

（電磁的方法による議決権行使の期限）

第157条　法第557条第１項に規定する法務省令で定める時は、第153条第５号イの行使の期限とする。

（債権者集会の議事録）

第158条　法第561条の規定による債権者集会の議事録の作成については、この条の定めるところによる。

2　債権者集会の議事録は、書面又は電磁的記録をも

って作成しなければならない。
3　債権者集会の議事録は、次に掲げる事項を内容とするものでなければならない。
一　債権者集会が開催された日時及び場所
二　債権者集会の議事の経過の要領及びその結果
三　法第559条の規定により債権者集会において述べられた意見があるときは、その意見の内容の概要
四　法第562条の規定により債権者集会に対する報告及び意見の陳述がされたときは、その報告及び意見の内容の概要
五　債権者集会に出席した清算人の氏名
六　債権者集会の議長が存するときは、議長の氏名
七　議事録の作成に係る職務を行った者の氏名又は名称

第3編　持分会社

第1章　計算等

第159条　次に掲げる規定に規定する法務省令で定めるべき事項は、会社計算規則の定めるところによる。
一　法第615条第1項
二　法第617条第1項及び第2項
三　法第620条第2項
四　法第623条第1項
五　法第626条第4項第4号
六　法第631条第1項
七　法第635条第2項、第3項及び第5項

第2章　清算

（財産目録）
第160条　法第658条第1項又は第669条第1項若しくは第2項の規定により作成すべき財産目録については、この条の定めるところによる。
2　前項の財産目録に計上すべき財産については、その処分価格を付すことが困難な場合を除き、法第644条各号に掲げる場合に該当することとなった日における処分価格を付さなければならない。この場合において、清算持分会社の会計帳簿については、財産目録に付された価格を取得価額とみなす。
3　第1項の財産目録は、次に掲げる部に区分して表示しなければならない。この場合において、第1号及び第2号に掲げる部は、その内容を示す適当な名称を付した項目に細分することができる。
一　資産
二　負債
三　正味資産

（清算開始時の貸借対照表）
第161条　法第658条第1項又は第669条第1項若しくは第2項の規定により作成すべき貸借対照表については、この条の定めるところによる。
2　前項の貸借対照表は、財産目録に基づき作成しなければならない。
3　第1項の貸借対照表は、次に掲げる部に区分して表示しなければならない。この場合において、第1号及び第2号に掲げる部は、その内容を示す適当な名称を付した項目に細分することができる。
一　資産
二　負債
三　純資産
4　処分価格を付すことが困難な資産がある場合には、第1項の貸借対照表には、当該資産に係る財産評価の方針を注記しなければならない。

第4編　社債

第1章　総則

（募集事項）
第162条　法第676条第12号に規定する法務省令で定める事項は、次に掲げる事項とする。
一　数回に分けて募集社債と引換えに金銭の払込みをさせるときは、その旨及び各払込みの期日における払込金額（法第676条第9号に規定する払込金額をいう。）
二　他の会社と合同して募集社債を発行するときは、その旨及び各会社の負担部分
三　募集社債と引換えにする金銭の払込みに代えて金銭以外の財産を給付する旨の契約を締結するときは、その契約の内容
四　法第702条の規定による委託に係る契約において法に規定する社債管理者の権限以外の権限を定めるときは、その権限の内容
五　法第711条第2項本文（法第714条の7において読み替えて準用する場合を含む。）に規定するときは、同項本文に規定する事由
六　法第714条の2の規定による委託に係る契約において法第714条の4第2項各号に掲げる行為をする権限の全部若しくは一部又は法に規定する社債管理補助者の権限以外の権限を定めるときは、その権限の内容
七　法第714条の2の規定による委託に係る契約における法第714条の4第4項の規定による報告又は同項に規定する措置に係る定めの内容
八　募集社債が信託社債であるときは、その旨及び当該信託社債についての信託を特定するために必要な事項

（申込みをしようとする者に対して通知すべき事項）
第163条　法第677条第1項第3号に規定する法務省令で定める事項は、次に掲げる事項とする。
一　社債管理者を定めたときは、その名称及び住所
二　社債管理補助者を定めたときは、その氏名又は名称及び住所
三　社債原簿管理人を定めたときは、その氏名又は名称及び住所

（申込みをしようとする者に対する通知を要しない場合）

第164条　法第677条第４項に規定する法務省令で定める場合は、次に掲げる場合であって、会社が同条第１項の申込みをしようとする者に対して同項各号に掲げる事項を提供している場合とする。

一　当該会社が金融商品取引法の規定に基づき目論見書に記載すべき事項を電磁的方法により提供している場合

二　当該会社が外国の法令に基づき目論見書その他これに相当する書面その他の資料を提供している場合

三　長期信用銀行法（昭和27年法律第187号）第11条第４項の規定に基づく公告により同項各号の事項を提供している場合

四　株式会社商工組合中央金庫法（平成19年法律第74号）第36条第３項の規定に基づく公告により同項各号の事項を提供している場合

（社債の種類）

第165条　法第681条第１号に規定する法務省令で定める事項は、次に掲げる事項とする。

一　社債の利率

二　社債の償還の方法及び期限

三　利息支払の方法及び期限

四　社債券を発行するときは、その旨

五　社債権者が法第698条の規定による請求の全部又は一部をすることができないこととするときは、その旨

六　社債管理者を定めないこととするときは、その旨

七　社債管理者が社債権者集会の決議によらずに法第706条第１項第２号に掲げる行為をすることができることとするときは、その旨

八　社債管理補助者を定めることとするときは、その旨

九　他の会社と合同して募集社債を発行するときは、その旨及び各会社の負担部分

十　社債管理者を定めたときは、その名称及び住所並びに法第702条の規定による委託に係る契約の内容

十一　社債管理補助者を定めたときは、その氏名又は名称及び住所並びに法第714条の２の規定による委託に係る契約の内容

十二　社債原簿管理人を定めたときは、その氏名又は名称及び住所

十三　社債が担保付社債であるときは、担保付社債信託法（明治38年法律第52号）第19条第１項第１号、第11号及び第13号に掲げる事項

十四　社債が信託社債であるときは、当該信託社債についての信託を特定するために必要な事項

（社債原簿記載事項）

第166条　法第681条第７号に規定する法務省令で定める事項は、次に掲げる事項とする。

一　募集社債と引換えにする金銭の払込みに代えて金銭以外の財産の給付があったときは、その財産の価額及び給付の日

二　社債権者が募集社債と引換えにする金銭の払込みをする債務と会社に対する債権とを相殺したときは、その債権の額及び相殺をした日

（閲覧権者）

第167条　法第684条第２項に規定する法務省令で定める者は、社債権者その他の社債発行会社の債権者及び社債発行会社の株主又は社員とする。

（社債原簿記載事項の記載等の請求）

第168条　法第691条第２項に規定する法務省令で定める場合は、次に掲げる場合とする。

一　社債取得者が、社債権者として社債原簿に記載若しくは記録がされた者又はその一般承継人に対して当該社債取得者の取得した社債に係る法第691条第１項の規定による請求をすべきことを命ずる確定判決を得た場合において、当該確定判決の内容を証する書面その他の資料を提供して請求をしたとき。

二　社債取得者が前号の確定判決と同一の効力を有するものの内容を証する書面その他の資料を提供して請求をしたとき。

三　社債取得者が一般承継により当該会社の社債を取得した者である場合において、当該一般承継を証する書面その他の資料を提供して請求をしたとき。

四　社債取得者が当該会社の社債を競売により取得した者である場合において、当該競売により取得したことを証する書面その他の資料を提供して請求をしたとき。

五　社債取得者が法第179条第３項の規定による請求により当該会社の社債を取得した者である場合において、当該社債取得者が請求をしたとき。

2　前項の規定にかかわらず、社債取得者が取得した社債が社債券を発行する定めがあるものである場合には、法第691条第２項に規定する法務省令で定める場合は、次に掲げる場合とする。

一　社債取得者が社債券を提示して請求をした場合

二　社債取得者が法第179条第３項の規定による請求により当該会社の社債を取得した者である場合において、当該社債取得者が請求をしたとき。

第２章　社債管理者等

（社債管理者を設置することを要しない場合）

第169条　法第702条に規定する法務省令で定める場合は、ある種類（法第681条第１号に規定する種類をいう。以下この条において同じ。）の社債の総額を当該種類の各社債の金額の最低額で除して得た数が50を下回る場合とする。

（社債管理者の資格）

第170条　法第703条第３号に規定する法務省令で定める者は、次に掲げる者とする。

一　担保付社債信託法第３条の免許を受けた者

二　株式会社商工組合中央金庫
三　農業協同組合法第10条第1項第2号及び第3号の事業を併せ行う農業協同組合又は農業協同組合連合会
四　信用協同組合又は中小企業等協同組合法第9条の9第1項第1号の事業を行う協同組合連合会
五　信用金庫又は信用金庫連合会
六　労働金庫連合会
七　長期信用銀行法第2条に規定する長期信用銀行
八　保険業法第2条第2項に規定する保険会社
九　農林中央金庫

（特別の関係）
第171条　法第710条第2項第2号（法第712条において準用する場合を含む。）に規定する法務省令で定める特別の関係は、次に掲げる関係とする。
一　法人の総社員又は総株主の議決権の100分の50を超える議決権を有する者（以下この条において「支配社員」という。）と当該法人（以下この条において「被支配法人」という。）との関係
二　被支配法人とその支配社員の他の被支配法人との関係
2　支配社員とその被支配法人が合わせて他の法人の総社員又は総株主の議決権の100分の50を超える議決権を有する場合には、当該他の法人も、当該支配社員の被支配法人とみなして前項の規定を適用する。

（社債管理補助者の資格）
第171条の2　法第714条の3に規定する法務省令で定める者は、次に掲げる者とする。
一　弁護士
二　弁護士法人
三　弁護士・外国法事務弁護士共同法人

第3章　社債権者集会

（社債権者集会の招集の決定事項）
第172条　法第719条第4号に規定する法務省令で定める事項は、次に掲げる事項とする。
一　次条の規定により社債権者集会参考書類に記載すべき事項
二　書面による議決権の行使の期限（社債権者集会の日時以前の時であって、法第720条第1項の規定による通知を発した日から2週間を経過した日以後の時に限る。）
三　一の社債権者が同一の議案につき法第726条第1項（法第719条第3号に掲げる事項を定めた場合にあっては、法第726条第1項又は第727条第1項）の規定により重複して議決権を行使した場合において、当該同一の議案に対する議決権の行使の内容が異なるものであるときにおける当該社債権者の議決権の行使の取扱いに関する事項を定めるときは、その事項
四　第174条第1項第3号の取扱いを定めるときは、その取扱いの内容
五　法第719条第3号に掲げる事項を定めたときは、次に掲げる事項
イ　電磁的方法による議決権の行使の期限（社債権者集会の日時以前の時であって、法第720条第1項の規定による通知を発した日から2週間を経過した日以後の時に限る。）
ロ　法第720条第2項の承諾をした社債権者の請求があった時に当該社債権者に対して法第721条第1項の規定による議決権行使書面（同項に規定する議決権行使書面をいう。以下この章において同じ。）の交付（当該交付に代えて行う同条第2項の規定による電磁的方法による提供を含む。）をすることとするときは、その旨

（社債権者集会参考書類）
第173条　社債権者集会参考書類には、次に掲げる事項を記載しなければならない。
一　議案及び提案の理由
二　議案が代表社債権者の選任に関する議案であるときは、次に掲げる事項
イ　候補者の氏名又は名称
ロ　候補者の略歴又は沿革
ハ　候補者が社債発行会社、社債管理者又は社債管理補助者と特別の利害関係があるときは、その事実の概要
2　社債権者集会参考書類には、前項に定めるもののほか、社債権者の議決権の行使について参考となると認める事項を記載することができる。
3　同一の社債権者集会に関して社債権者に対して提供する社債権者集会参考書類に記載すべき事項のうち、他の書面に記載している事項又は電磁的方法により提供している事項がある場合には、これらの事項は、社債権者集会参考書類に記載することを要しない。
4　同一の社債権者集会に関して社債権者に対して提供する招集通知（法第720条第1項又は第2項の規定による通知をいう。以下この章において同じ。）の内容とすべき事項のうち、社債権者集会参考書類に記載している事項がある場合には、当該事項は、招集通知の内容とすることを要しない。

（議決権行使書面）
第174条　法第721条第1項の規定により交付すべき議決権行使書面に記載すべき事項又は法第722条第1項若しくは第2項の規定により電磁的方法により提供すべき議決権行使書面に記載すべき事項は、次に掲げる事項とする。
一　各議案についての賛否（棄権の欄を設ける場合にあっては、棄権を含む。）を記載する欄
二　第172条第3号に掲げる事項を定めたときは、当該事項
三　第172条第4号に掲げる事項を定めたときは、第1号の欄に記載がない議決権行使書面が招集者（法第719条に規定する招集者をいう。以下この条において同じ。）に提出された場合における各議案についての賛成、反対又は棄権のいずれかの意思の表示があったものとする取扱いの内容
四　議決権の行使の期限

五　議決権を行使すべき社債権者の氏名又は名称及び行使することができる議決権の額

2　第172条第5号ロに掲げる事項を定めた場合には、招集者は、法第720条第2項の承諾をした社債権者の請求があった時に、当該社債権者に対して、法第721条第1項の規定による議決権行使書面の交付（当該交付に代えて行う同条第2項の規定による電磁的方法による提供を含む。）をしなければならない。

3　同一の社債権者集会に関して社債権者に対して提供する議決権行使書面に記載すべき事項（第1項第2号から第4号までに掲げる事項に限る。）のうち、招集通知の内容としている事項がある場合には、当該事項は、社債権者に対して提供する議決権行使書面に記載することを要しない。

4　同一の社債権者集会に関して社債権者に対して提供する招集通知の内容とすべき事項のうち、議決権行使書面に記載している事項がある場合には、当該事項は、社債権者に対して提供する招集通知の内容とすることを要しない。

（書面による議決権行使の期限）

第175条　法第726条第2項に規定する法務省令で定める時は、第172条第2号の行使の期限とする。

（電磁的方法による議決権行使の期限）

第176条　法第727条第1項に規定する法務省令で定める時は、第172条第5号イの行使の期限とする。

（社債権者集会の議事録）

第177条　法第731条第1項の規定による社債権者集会の議事録の作成については、この条の定めるところによる。

2　社債権者集会の議事録は、書面又は電磁的記録をもって作成しなければならない。

3　社債権者集会の議事録は、次に掲げる事項を内容とするものでなければならない。

一　社債権者集会が開催された日時及び場所

二　社債権者集会の議事の経過の要領及びその結果

三　法第729条第1項の規定により社債権者集会において述べられた意見があるときは、その意見の内容の概要

四　社債権者集会に出席した社債発行会社の代表者又は代理人の氏名

五　社債権者集会に出席した社債管理者の代表者若しくは代理人の氏名又は社債管理補助者若しくはその代表者若しくは代理人の氏名

六　社債権者集会の議長が存するときは、議長の氏名

七　議事録の作成に係る職務を行った者の氏名又は名称

4　法第735条の2第1項の規定により社債権者集会の決議があったものとみなされた場合には、社債権者集会の議事録は、次の各号に掲げる事項を内容とするものとする。

一　社債権者集会の決議があったものとみなされた事項の内容

二　前号の事項の提案をした者の氏名又は名称

三　社債権者集会の決議があったものとみなされた日

四　議事録の作成に係る職務を行った者の氏名又は名称

第5編　組織変更、合併、会社分割、株式交換、株式移転及び株式交付

第1章　吸収分割契約及び新設分割計画

第1節　吸収分割契約

第178条　法第758条第8号イ及び第760条第7号イに規定する法務省令で定めるものは、次に掲げるものとする。

一　イに掲げる額からロに掲げる額を減じて得た額がハに掲げる額よりも小さい場合における吸収分割に際して吸収分割株式会社が吸収分割承継会社から取得した金銭等であって、法第758条第8号又は第760条第7号の定めに従い取得対価（法第171条第1項第1号に規定する取得対価をいう。以下この条において同じ。）又は配当財産として交付する承継会社株式等（吸収分割承継株式会社の株式又は吸収分割承継持分会社の持分をいう。以下この号において同じ。）以外の金銭等

イ　法第758条第8号イ若しくはロ又は第760条第7号イ若しくはロに掲げる行為により吸収分割株式会社の株主に対して交付する金銭等（法第758条第8号イ又は第760条第7号イに掲げる行為（次号において「特定株式取得」という。）をする場合にあっては、取得対価として交付する吸収分割株式会社の株式を除く。）の合計額

ロ　イに規定する金銭等のうち承継会社株式等の価額の合計額

ハ　イに規定する金銭等の合計額に20分の1を乗じて得た額

二　特定株式取得をする場合における取得対価として交付する吸収分割株式会社の株式

第2節　新設分割計画

第179条　法第763条第1項第12号イ及び第765条第1項第8号イに規定する法務省令で定めるものは、次に掲げるものとする。

一　イに掲げる額からロに掲げる額を減じて得た額がハに掲げる額よりも小さい場合における新設分割に際して新設分割株式会社が新設分割設立会社から取得した金銭等であって、法第763条第1項第12号又は第765条第1項第8号の定めに従い取得対価（法第171条第1項第1号に規定する取得対価をいう。以下この条において同じ。）又は配当財産として交付する設立会社株式等（新設分割設立株式会社の株式又は新設分割設立持分会社の持分をいう。以下この号において同

じ。）以外の金銭等

イ　法第763条第１項第12号イ若しくはロ又は第765条第１項第８号イ若しくはロに掲げる行為により新設分割株式会社の株主に対して交付する金銭等（法第763条第１項第12号イ又は第765条第１項第８号イに掲げる行為（次号において「特定株式取得」という。）をする場合にあっては、取得対価として交付する新設分割株式会社の株式を除く。）の合計額

ロ　イに規定する金銭等のうち設立会社株式等の価額の合計額

ハ　イに規定する金銭等の合計額に20分の１を乗じて得た額

二　特定株式取得をする場合における取得対価として交付する新設分割株式会社の株式

第１章の２　株式交付子会社の株式の譲渡しの申込み

（申込みをしようとする者に対して通知すべき事項）

第179条の２　法第774条の４第１項第３号（法第774条の９において準用する場合を含む。）に規定する法務省令で定める事項は、次に掲げる事項とする。

一　交付対価について参考となるべき事項

二　株式交付親会社の計算書類等に関する事項

2　この条において「交付対価」とは、株式交付親会社が株式交付に際して株式交付子会社の株式、新株予約権（新株予約権付社債に付されたものを除く。以下この条において同じ。）又は新株予約権付社債の譲渡人に対して当該株式、新株予約権又は新株予約権付社債の対価として交付する金銭等をいう。

3　第１項第１号に規定する「交付対価について参考となるべき事項」とは、次に掲げる事項その他これに準ずる事項（これらの事項の全部又は一部を通知しないことにつき法第774条の４第１項（法第774条の９において準用する場合を含む。）の申込みをしようとする者の同意がある場合にあっては、当該同意があったものを除く。）とする。

一　交付対価として交付する株式交付親会社の株式に関する次に掲げる事項

イ　当該株式交付親会社の定款の定め

ロ　次に掲げる事項その他の交付対価の換価の方法に関する事項

(1)　交付対価を取引する市場

(2)　交付対価の取引の媒介、取次ぎ又は代理を行う者

(3)　交付対価の譲渡その他の処分に制限があるときは、その内容

ハ　交付対価に市場価格があるときは、その価格に関する事項

ニ　株式交付親会社の過去５年間にその末日が到来した各事業年度（次に掲げる事業年度を除く。）に係る貸借対照表の内容

(1)　最終事業年度

(2)　ある事業年度に係る貸借対照表の内容につき、法令の規定に基づく公告（法第440条第３項の措置に相当するものを含む。）をしている場合における当該事業年度

(3)　ある事業年度に係る貸借対照表の内容につき、金融商品取引法第24条第１項の規定により有価証券報告書を内閣総理大臣に提出している場合における当該事業年度

二　交付対価の一部が法人等の株式、持分その他これらに準ずるもの（株式交付親会社の株式を除く。）であるときは、次に掲げる事項（当該事項が日本語以外の言語で表示されている場合にあっては、当該事項（氏名又は名称を除く。）を日本語で表示した事項）

イ　当該法人等の定款その他これに相当するものの定め

ロ　当該法人等が会社でないときは、次に掲げる権利に相当する権利その他の交付対価に係る権利（重要でないものを除く。）の内容

(1)　剰余金の配当を受ける権利

(2)　残余財産の分配を受ける権利

(3)　株主総会における議決権

(4)　合併その他の行為がされる場合において、自己の有する株式を公正な価格で買い取ることを請求する権利

(5)　定款その他の資料（当該資料が電磁的記録をもって作成されている場合にあっては、当該電磁的記録に記録された事項を表示したもの）の閲覧又は謄写を請求する権利

ハ　当該法人等が、その株主、社員その他これらに相当する者（以下この号、第182条第４項第２号及び第184条第４項第２号において「株主等」という。）に対し、日本語以外の言語を使用して情報の提供をすることとされているときは、当該言語

ニ　株式交付が効力を生ずる日に当該法人等の株主総会その他これに相当するものの開催があるものとした場合における当該法人等の株主等が有すると見込まれる議決権その他これに相当する権利の総数

ホ　当該法人等について登記（当該法人等が外国の法令に準拠して設立されたものである場合にあっては、法第933条第１項の外国会社の登記又は外国法人の登記及び夫婦財産契約の登記に関する法律第２条の外国法人の登記に限る。）がされていないときは、次に掲げる事項

(1)　当該法人等を代表する者の氏名又は名称及び住所

(2)　当該法人等の役員（(1)の者を除く。）の氏名又は名称

ヘ　当該法人等の最終事業年度（当該法人等が会社以外のものである場合にあっては、最終事業年度に相当するもの。以下この号において同じ。）に係る計算書類（最終事業年度がない場合にあっては、当該法人等の成立の日における貸借対照表）その他これに相当するものの内容（当該計算書類その他これに相当するものについて監査役、監査等委員会、監査委員会、会計監査人その他これらに相当するものの監査を受けている場合にあっては、監査報告その他これに相当するものの内容の概要を含む。）

ト　次に掲げる場合の区分に応じ、次に定める事項
(1)　当該法人等が株式会社である場合　当該法人等の最終事業年度に係る事業報告の内容（当該事業報告について監査役、監査等委員会又は監査委員会の監査を受けている場合にあっては、監査報告の内容を含む。）
(2)　当該法人等が株式会社以外のものである場合　当該法人等の最終事業年度に係る第118条各号及び第119条各号に掲げる事項に相当する事項の内容の概要（当該事項について監査役、監査等委員会、監査委員会その他これらに相当するものの監査を受けている場合にあっては、監査報告その他これに相当するものの内容の概要を含む。）
チ　当該法人等の過去5年間にその末日が到来した各事業年度（次に掲げる事業年度を除く。）に係る貸借対照表その他これに相当するものの内容
(1)　最終事業年度
(2)　ある事業年度に係る貸借対照表その他これに相当するものの内容につき、法令の規定に基づく公告（法第440条第3項の措置に相当するものを含む。）をしている場合における当該事業年度
(3)　ある事業年度に係る貸借対照表その他これに相当するものの内容につき、金融商品取引法第24条第1項の規定により有価証券報告書を内閣総理大臣に提出している場合における当該事業年度
リ　前号ロ及びハに掲げる事項
ヌ　交付対価が自己株式の取得、持分の払戻しその他これらに相当する方法により払戻しを受けることができるものであるときは、その手続に関する事項
三　交付対価の一部が株式交付親会社の社債、新株予約権又は新株予約権付社債であるときは、第1号ロ及びハに掲げる事項
四　交付対価の一部が法人等の社債、新株予約権、新株予約権付社債その他これらに準ずるもの（株式交付親会社の社債、新株予約権又は新株予約権付社債を除く。）であるときは、次に掲げる事項（当該事項が日本語以外の言語で表示されている場合にあっては、当該事項（氏名又は名称を除く。）を日本語で表示した事項）
イ　第1号ロ及びハに掲げる事項
ロ　第2号イ及びホからチまでに掲げる事項
五　交付対価の一部が株式交付親会社その他の法人等の株式、持分、社債、新株予約権、新株予約権付社債その他これらに準ずるもの及び金銭以外の財産であるときは、第1号ロ及びハに掲げる事項
4　第1項第2号に規定する「株式交付親会社の計算書類等に関する事項」とは、次に掲げる事項とする。
一　最終事業年度に係る計算書類等（最終事業年度がない場合にあっては、株式交付親会社の成立の日における貸借対照表）の内容
二　最終事業年度の末日（最終事業年度がない場合にあっては、株式交付親会社の成立の日。次号において同じ。）後の日を臨時決算日（2以上の臨時決算日がある場合にあっては、最も遅いもの）とする臨時計算書類等があるときは、当該臨時計算書類等の内容
三　最終事業年度の末日後に重要な財産の処分、重大な債務の負担その他の会社財産の状況に重要な影響を与える事象が生じたときは、その内容

（申込みをしようとする者に対する通知を要しない場合）
第179条の3　法第774条の4（法第774条の9において準用する場合を含む。以下この条において同じ。）第4項に規定する法務省令で定める場合は、次に掲げる場合であって、株式交付親会社が法第774条の4第1項の申込みをしようとする者に対して同項各号に掲げる事項を提供している場合とする。
一　当該株式交付親会社が金融商品取引法の規定に基づき目論見書に記載すべき事項を電磁的方法により提供している場合
二　当該株式交付親会社が外国の法令に基づき目論見書その他これに相当する書面その他の資料を提供している場合

第2章　組織変更をする株式会社の手続

（組織変更をする株式会社の事前開示事項）
第180条　法第775条第1項に規定する法務省令で定める事項は、次に掲げる事項とする。
一　組織変更をする株式会社が新株予約権を発行しているときは、法第744条第1項第7号及び第8号に掲げる事項についての定めの相当性に関する事項
二　組織変更をする株式会社において最終事業年度がないときは、当該組織変更をする株式会社の成立の日における貸借対照表
三　組織変更後持分会社の債務の履行の見込みに関する事項
四　法第775条第2項に規定する組織変更計画備置開始日後、前3号に掲げる事項に変更が生じたときは、変更後の当該事項

（計算書類に関する事項）
第181条　法第779条第2項第2号に規定する法務省令で定めるものは、同項の規定による公告の日又は同項の規定による催告の日のいずれか早い日における次の各号に掲げる場合の区分に応じ、当該各号に定めるものとする。
一　最終事業年度に係る貸借対照表又はその要旨につき組織変更をする株式会社が法第440条第1項又は第2項の規定による公告をしている場合　次に掲げるもの
イ　官報で公告をしているときは、当該官報の日付及び当該公告が掲載されている頁
ロ　時事に関する事項を掲載する日刊新聞紙で公告をしているときは、当該日刊新聞紙の名称、

日付及び当該公告が掲載されている頁
ハ　電子公告により公告をしているときは、法第911条第3項第28号イに掲げる事項
二　最終事業年度に係る貸借対照表につき組織変更をする株式会社が法第440条第3項に規定する措置をとっている場合　法第911条第3項第26号に掲げる事項
三　組織変更をする株式会社が法第440条第4項に規定する株式会社である場合において、当該株式会社が金融商品取引法第24条第1項の規定により最終事業年度に係る有価証券報告書を提出しているとき　その旨
四　組織変更をする株式会社が会社法の施行に伴う関係法律の整備等に関する法律（平成17年法律第87号）第28条の規定により法第440条の規定が適用されないものである場合　その旨
五　組織変更をする株式会社につき最終事業年度がない場合　その旨
六　組織変更をする株式会社が清算株式会社である場合　その旨
七　前各号に掲げる場合以外の場合　会社計算規則第6編第2章の規定による最終事業年度に係る貸借対照表の要旨の内容

第3章　吸収合併消滅株式会社、吸収分割株式会社及び株式交換完全子会社の手続

（吸収合併消滅株式会社の事前開示事項）
第182条　法第782条第1項に規定する法務省令で定める事項は、同項に規定する消滅株式会社等が吸収合併消滅株式会社である場合には、次に掲げる事項とする。
一　合併対価の相当性に関する事項
二　合併対価について参考となるべき事項
三　吸収合併に係る新株予約権の定めの相当性に関する事項
四　計算書類等に関する事項
五　吸収合併が効力を生ずる日以後における吸収合併存続会社の債務（法第789条第1項の規定により吸収合併について異議を述べることができる債権者に対して負担する債務に限る。）の履行の見込みに関する事項
六　吸収合併契約等備置開始日（法第782条第2項に規定する吸収合併契約等備置開始日をいう。以下この章において同じ。）後、前各号に掲げる事項に変更が生じたときは、変更後の当該事項
2　この条において「合併対価」とは、吸収合併存続会社が吸収合併に際して吸収合併消滅株式会社の株主に対してその株式に代えて交付する金銭等をいう。
3　第1項第1号に規定する「合併対価の相当性に関する事項」とは、次に掲げる事項その他の法第749条第1項第2号及び第3号に掲げる事項又は法第751条第1項第2号から第4号までに掲げる事項についての定め（当該定めがない場合にあっては、当該定めがないこと）の相当性に関する事項とする。
一　合併対価の総数又は総額の相当性に関する事項
二　合併対価として当該種類の財産を選択した理由
三　吸収合併存続会社と吸収合併消滅株式会社とが共通支配下関係（会社計算規則第2条第3項第36号に規定する共通支配下関係をいう。以下この号及び第184条において同じ。）にあるときは、当該吸収合併消滅株式会社の株主（当該吸収合併消滅株式会社と共通支配下関係にある株主を除く。）の利益を害さないように留意した事項（当該事項がない場合にあっては、その旨）
4　第1項第2号に規定する「合併対価について参考となるべき事項」とは、次の各号に掲げる場合の区分に応じ、当該各号に定める事項その他これに準ずる事項（法第782条第1項に規定する書面又は電磁的記録にこれらの事項の全部又は一部の記載又は記録をしないことにつき吸収合併消滅株式会社の総株主の同意がある場合にあっては、当該同意があったものを除く。）とする。
一　合併対価の全部又は一部が吸収合併存続会社の株式又は持分である場合　次に掲げる事項
イ　当該吸収合併存続会社の定款の定め
ロ　次に掲げる事項その他の合併対価の換価の方法に関する事項
(1)　合併対価を取引する市場
(2)　合併対価の取引の媒介、取次ぎ又は代理を行う者
(3)　合併対価の譲渡その他の処分に制限があるときは、その内容
ハ　合併対価に市場価格があるときは、その価格に関する事項
ニ　吸収合併存続会社の過去5年間にその末日が到来した各事業年度（次に掲げる事業年度を除く。）に係る貸借対照表の内容
(1)　最終事業年度
(2)　ある事業年度に係る貸借対照表の内容につき、法令の規定に基づく公告（法第440条第3項の措置に相当するものを含む。）をしている場合における当該事業年度
(3)　ある事業年度に係る貸借対照表の内容につき、金融商品取引法第24条第1項の規定により有価証券報告書を内閣総理大臣に提出している場合における当該事業年度
二　合併対価の全部又は一部が法人等の株式、持分その他これらに準ずるもの（吸収合併存続会社の株式又は持分を除く。）である場合　次に掲げる事項（当該事項が日本語以外の言語で表示されている場合にあっては、当該事項（氏名又は名称を除く。）を日本語で表示した事項）
イ　当該法人等の定款その他これに相当するものの定め
ロ　当該法人等が会社でないときは、次に掲げる権利に相当する権利その他の合併対価に係る権利（重要でないものを除く。）の内容
(1)　剰余金の配当を受ける権利
(2)　残余財産の分配を受ける権利

(3)　株主総会における議決権
(4)　合併その他の行為がされる場合において、自己の有する株式を公正な価格で買い取ることを請求する権利
(5)　定款その他の資料（当該資料が電磁的記録をもって作成されている場合にあっては、当該電磁的記録に記録された事項を表示したもの）の閲覧又は謄写を請求する権利

ハ　当該法人等がその株主等に対し、日本語以外の言語を使用して情報の提供をすることとされているときは、当該言語

ニ　吸収合併が効力を生ずる日に当該法人等の株主総会その他これに相当するものの開催があるものとした場合における当該法人等の株主等が有すると見込まれる議決権その他これに相当する権利の総数

ホ　当該法人等について登記（当該法人等が外国の法令に準拠して設立されたものである場合にあっては、法第933条第1項の外国会社の登記又は外国法人の登記及び夫婦財産契約の登記に関する法律第2条の外国法人の登記に限る。）がされていないときは、次に掲げる事項
(1)　当該法人等を代表する者の氏名又は名称及び住所
(2)　当該法人等の役員（(1)の者を除く。）の氏名又は名称

ヘ　当該法人等の最終事業年度（当該法人等が会社以外のものである場合にあっては、最終事業年度に相当するもの。以下この号において同じ。）に係る計算書類（最終事業年度がない場合にあっては、当該法人等の成立の日における貸借対照表）その他これに相当するものの内容（当該計算書類その他これに相当するものについて監査役、監査等委員会、監査委員会、会計監査人その他これらに相当するものの監査を受けている場合にあっては、監査報告その他これに相当するものの内容の概要を含む。）

ト　次に掲げる場合の区分に応じ、次に定める事項
(1)　当該法人等が株式会社である場合　当該法人等の最終事業年度に係る事業報告の内容（当該事業報告について監査役、監査等委員会又は監査委員会の監査を受けている場合にあっては、監査報告の内容を含む。）
(2)　当該法人等が株式会社以外のものである場合　当該法人等の最終事業年度に係る第118条各号及び第119条各号に掲げる事項に相当する事項の内容の概要（当該事項について監査役、監査等委員会、監査委員会その他これらに相当するものの監査を受けている場合にあっては、監査報告その他これに相当するものの内容の概要を含む。）

チ　当該法人等の過去5年間にその末日が到来した各事業年度（次に掲げる事業年度を除く。）に係る貸借対照表その他これに相当するものの内容
(1)　最終事業年度
(2)　ある事業年度に係る貸借対照表その他これに相当するものの内容につき、法令の規定に基づく公告（法第440条第3項の措置に相当するものを含む。）をしている場合における当該事業年度
(3)　ある事業年度に係る貸借対照表その他これに相当するものの内容につき、金融商品取引法第24条第1項の規定により有価証券報告書を内閣総理大臣に提出している場合における当該事業年度

リ　前号ロ及びハに掲げる事項

ヌ　合併対価が自己株式の取得、持分の払戻しその他これらに相当する方法により払戻しを受けることができるものであるときは、その手続に関する事項

三　合併対価の全部又は一部が吸収合併存続会社の社債、新株予約権又は新株予約権付社債である場合　第1号イからニまでに掲げる事項

四　合併対価の全部又は一部が法人等の社債、新株予約権、新株予約権付社債その他これらに準ずるもの（吸収合併存続会社の社債、新株予約権又は新株予約権付社債を除く。）である場合　次に掲げる事項（当該事項が日本語以外の言語で表示されている場合にあっては、当該事項（氏名又は名称を除く。）を日本語で表示した事項）
イ　第1号ロ及びハに掲げる事項
ロ　第2号イ及びホからチまでに掲げる事項

五　合併対価の全部又は一部が吸収合併存続会社その他の法人等の株式、持分、社債、新株予約権、新株予約権付社債その他これらに準ずるもの及び金銭以外の財産である場合　第1号ロ及びハに掲げる事項

5　第1項第3号に規定する「吸収合併に係る新株予約権の定めの相当性に関する事項」とは、次の各号に掲げる場合の区分に応じ、当該各号に定める定めの相当性に関する事項とする。
一　吸収合併存続会社が株式会社である場合　法第749条第1項第4号及び第5号に掲げる事項についての定め
二　吸収合併存続会社が持分会社である場合　法第751条第1項第5号及び第6号に掲げる事項についての定め

6　第1項第4号に規定する「計算書類等に関する事項」とは、次に掲げる事項とする。
一　吸収合併存続会社についての次に掲げる事項
イ　最終事業年度に係る計算書類等（最終事業年度がない場合にあっては、吸収合併存続会社の成立の日における貸借対照表）の内容
ロ　最終事業年度の末日（最終事業年度がない場合にあっては、吸収合併存続会社の成立の日。ハにおいて同じ。）後の日を臨時決算日（2以上の臨時決算日がある場合にあっては、最も遅いもの）とする臨時計算書類等があるときは、当該臨時計算書類等の内容
ハ　最終事業年度の末日後に重要な財産の処分、重大な債務の負担その他の会社財産の状況に重要な影響を与える事象が生じたときは、その内容（吸収合併契約等備置開始日後吸収合併の効力が生ずる

日までの間に新たな最終事業年度が存することとなる場合にあっては、当該新たな最終事業年度の末日後に生じた事象の内容に限る。）

二　吸収合併消滅株式会社（清算株式会社を除く。以下この号において同じ。）についての次に掲げる事項

イ　吸収合併消滅株式会社において最終事業年度の末日（最終事業年度がない場合にあっては、吸収合併消滅株式会社の成立の日）後に重要な財産の処分、重大な債務の負担その他の会社財産の状況に重要な影響を与える事象が生じたときは、その内容（吸収合併契約等備置開始日後吸収合併の効力が生ずる日までの間に新たな最終事業年度が存することとなる場合にあっては、当該新たな最終事業年度の末日後に生じた事象の内容に限る。）

ロ　吸収合併消滅株式会社において最終事業年度がないときは、吸収合併消滅株式会社の成立の日における貸借対照表

（吸収分割株式会社の事前開示事項）

第183条　法第782条第１項に規定する法務省令で定める事項は、同項に規定する消滅株式会社等が吸収分割株式会社である場合には、次に掲げる事項とする。

一　次のイ又はロに掲げる場合の区分に応じ、当該イ又はロに定める定め（当該定めがない場合にあっては、当該定めがないこと）の相当性に関する事項

イ　吸収分割承継会社が株式会社である場合　法第758条第４号に掲げる事項についての定め

ロ　吸収分割承継会社が持分会社である場合　法第760条第４号及び第５号に掲げる事項についての定め

二　法第758条第８号又は第760条第７号に掲げる事項を定めたときは、次に掲げる事項

イ　法第758条第８号イ又は第760条第７号イに掲げる行為をする場合において、法第171条第１項の決議が行われているときは、同項各号に掲げる事項

ロ　法第758条第８号ロ又は第760条第７号ロに掲げる行為をする場合において、法第454条第１項の決議が行われているときは、同項第１号及び第２号に掲げる事項

三　吸収分割株式会社が法第787条第３項第２号に定める新株予約権を発行している場合において、吸収分割承継会社が株式会社であるときは、法第758条第５号及び第６号に掲げる事項についての定めの相当性に関する事項（当該新株予約権に係る事項に限る。）

四　吸収分割承継会社についての次に掲げる事項

イ　最終事業年度に係る計算書類等（最終事業年度がない場合にあっては、吸収分割承継会社の成立の日における貸借対照表）の内容

ロ　最終事業年度の末日（最終事業年度がない場合にあっては、吸収分割承継会社の成立の日。ハにおいて同じ。）後の日を臨時決算日（２以上の臨時決算日がある場合にあっては、最も遅いもの）とする臨時計算書類等があるときは、当該臨時計算書類等の内容

ハ　最終事業年度の末日後に重要な財産の処分、重大な債務の負担その他の会社財産の状況に重要な影響を与える事象が生じたときは、その内容（吸収合併契約等備置開始日後吸収分割の効力が生ずる日までの間に新たな最終事業年度が存することとなる場合にあっては、当該新たな最終事業年度の末日後に生じた事象の内容に限る。）

五　吸収分割株式会社（清算株式会社を除く。以下この号において同じ。）についての次に掲げる事項

イ　吸収分割株式会社において最終事業年度の末日（最終事業年度がない場合にあっては、吸収分割株式会社の成立の日）後に重要な財産の処分、重大な債務の負担その他の会社財産の状況に重要な影響を与える事象が生じたときは、その内容（吸収合併契約等備置開始日後吸収分割の効力が生ずる日までの間に新たな最終事業年度が存することとなる場合にあっては、当該新たな最終事業年度の末日後に生じた事象の内容に限る。）

ロ　吸収分割株式会社において最終事業年度がないときは、吸収分割株式会社の成立の日における貸借対照表

六　吸収分割が効力を生ずる日以後における吸収分割株式会社の債務及び吸収分割承継会社の債務（吸収分割株式会社が吸収分割により吸収分割承継会社に承継させるものに限る。）の履行の見込みに関する事項

七　吸収合併契約等備置開始日後吸収分割が効力を生ずる日までの間に、前各号に掲げる事項に変更が生じたときは、変更後の当該事項

（株式交換完全子会社の事前開示事項）

第184条　法第782条第１項に規定する法務省令で定める事項は、同項に規定する消滅株式会社等が株式交換完全子会社である場合には、次に掲げる事項とする。

一　交換対価の相当性に関する事項

二　交換対価について参考となるべき事項

三　株式交換に係る新株予約権の定めの相当性に関する事項

四　計算書類等に関する事項

五　法第789条第１項の規定により株式交換について異議を述べることができる債権者があるときは、株式交換が効力を生ずる日以後における株式交換完全親会社の債務（当該債権者に対して負担する債務に限る。）の履行の見込みに関する事項

六　吸収合併契約等備置開始日後株式交換が効力を生ずる日までの間に、前各号に掲げる事項に変更が生じたときは、変更後の当該事項

2　この条において「交換対価」とは、株式交換完全親会社が株式交換に際して株式交換完全子会社の株主に対してその株式に代えて交付する金銭等をいう。

3　第１項第１号に規定する「交換対価の相当性に関する事項」とは、次に掲げる事項その他の法第768条第１項第２号及び第３号に掲げる事項又は法第

770条第1項第2号から第4号までに掲げる事項についての定め（当該定めがない場合にあっては、当該定めがないこと）の相当性に関する事項とする。

一　交換対価の総数又は総額の相当性に関する事項
二　交換対価として当該種類の財産を選択した理由
三　株式交換完全親会社と株式交換完全子会社とが共通支配下関係にあるときは、当該株式交換完全子会社の株主（当該株式交換完全子会社と共通支配下関係にある株主を除く。）の利益を害さないように留意した事項（当該事項がない場合にあっては、その旨）

4　第1項第2号に規定する「交換対価について参考となるべき事項」とは、次の各号に掲げる場合の区分に応じ、当該各号に定める事項その他これに準ずる事項（法第782条第1項に規定する書面又は電磁的記録にこれらの事項の全部又は一部の記載又は記録をしないことにつき株式交換完全子会社の総株主の同意がある場合にあっては、当該同意があったものを除く。）とする。

一　交換対価の全部又は一部が株式交換完全親会社の株式又は持分である場合　次に掲げる事項
　イ　当該株式交換完全親会社の定款の定め
　ロ　次に掲げる事項その他の交換対価の換価の方法に関する事項
　　(1)　交換対価を取引する市場
　　(2)　交換対価の取引の媒介、取次ぎ又は代理を行う者
　　(3)　交換対価の譲渡その他の処分に制限があるときは、その内容
　ハ　交換対価に市場価格があるときは、その価格に関する事項
　ニ　株式交換完全親会社の過去5年間にその末日が到来した各事業年度（次に掲げる事業年度を除く。）に係る貸借対照表の内容
　　(1)　最終事業年度
　　(2)　ある事業年度に係る貸借対照表の内容につき、法令の規定に基づく公告（法第440条第3項の措置に相当するものを含む。）をしている場合における当該事業年度
　　(3)　ある事業年度に係る貸借対照表の内容につき、金融商品取引法第24条第1項の規定により有価証券報告書を内閣総理大臣に提出している場合における当該事業年度

二　交換対価の全部又は一部が法人等の株式、持分その他これらに準ずるもの（株式交換完全親会社の株式又は持分を除く。）である場合　次に掲げる事項（当該事項が日本語以外の言語で表示されている場合にあっては、当該事項（氏名又は名称を除く。）を日本語で表示した事項）
　イ　当該法人等の定款その他これに相当するものの定め
　ロ　当該法人等が会社でないときは、次に掲げる権利に相当する権利その他の交換対価に係る権利（重要でないものを除く。）の内容
　　(1)　剰余金の配当を受ける権利
　　(2)　残余財産の分配を受ける権利
　　(3)　株主総会における議決権
　　(4)　合併その他の行為がされる場合において、自己の有する株式を公正な価格で買い取ることを請求する権利
　　(5)　定款その他の資料（当該資料が電磁的記録をもって作成されている場合にあっては、当該電磁的記録に記録された事項を表示したもの）の閲覧又は謄写を請求する権利
　ハ　当該法人等がその株主等に対し、日本語以外の言語を使用して情報の提供をすることとされているときは、当該言語
　ニ　株式交換が効力を生ずる日に当該法人等の株主総会その他これに相当するものの開催があるものとした場合における当該法人等の株主等が有すると見込まれる議決権その他これに相当する権利の総数
　ホ　当該法人等について登記（当該法人等が外国の法令に準拠して設立されたものである場合にあっては、法第933条第1項の外国会社の登記又は外国法人の登記及び夫婦財産契約の登記に関する法律第2条の外国法人の登記に限る。）がされていないときは、次に掲げる事項
　　(1)　当該法人等を代表する者の氏名又は名称及び住所
　　(2)　当該法人等の役員（(1)の者を除く。）の氏名又は名称
　ヘ　当該法人等の最終事業年度（当該法人等が会社以外のものである場合にあっては、最終事業年度に相当するもの。以下この号において同じ。）に係る計算書類（最終事業年度がない場合にあっては、当該法人等の成立の日における貸借対照表）その他これに相当するものの内容（当該計算書類その他これに相当するものについて監査役、監査等委員会、監査委員会、会計監査人その他これらに相当するものの監査を受けている場合にあっては、監査報告その他これに相当するものの内容の概要を含む。）
　ト　次に掲げる場合の区分に応じ、次に定める事項
　　(1)　当該法人等が株式会社である場合　当該法人等の最終事業年度に係る事業報告の内容（当該事業報告について監査役、監査等委員会又は監査委員会の監査を受けている場合にあっては、監査報告の内容を含む。）
　　(2)　当該法人等が株式会社以外のものである場合　当該法人等の最終事業年度に係る第118条各号及び第119条各号に掲げる事項に相当する事項の内容の概要（当該事項について監査役、監査等委員会、監査委員会その他これらに相当するものの監査を受けている場合にあっては、監査報告その他これに相当するものの内容の概要を含む。）
　チ　当該法人等の過去5年間にその末日が到来した各事業年度（次に掲げる事業年度を除く。）に係る貸借対照表その他これに相当するものの内容
　　(1)　最終事業年度
　　(2)　ある事業年度に係る貸借対照表その他これに相当するものの内容につき、法令の規定に

基づく公告（法第440条第３項の措置に相当するものを含む。）をしている場合における当該事業年度

(3)　ある事業年度に係る貸借対照表その他これに相当するものの内容につき、金融商品取引法第24条第１項の規定により有価証券報告書を内閣総理大臣に提出している場合における当該事業年度

リ　前号ロ及びハに掲げる事項

ヌ　交換対価が自己株式の取得、持分の払戻しその他これらに相当する方法により払戻しを受けることができるものであるときは、その手続に関する事項

三　交換対価の全部又は一部が株式交換完全親会社の社債、新株予約権又は新株予約権付社債である場合　第１号イからニまでに掲げる事項

四　交換対価の全部又は一部が法人等の社債、新株予約権、新株予約権付社債その他これらに準ずるもの（株式交換完全親会社の社債、新株予約権又は新株予約権付社債を除く。）である場合　次に掲げる事項（当該事項が日本語以外の言語で表示されている場合にあっては、当該事項（氏名又は名称を除く。）を日本語で表示した事項）

イ　第１号ロ及びハに掲げる事項

ロ　第２号イ及びホからチまでに掲げる事項

五　交換対価の全部又は一部が株式交換完全親会社その他の法人等の株式、持分、社債、新株予約権、新株予約権付社債その他これらに準ずるもの及び金銭以外の財産である場合　第１号ロ及びハに掲げる事項

5　第１項第３号に規定する「株式交換に係る新株予約権の定めの相当性に関する事項」とは、株式交換完全子会社が法第787条第３項第３号に定める新株予約権を発行している場合（株式交換完全親会社が株式会社であるときに限る。）における法第768条第１項第４号及び第５号に掲げる事項についての定めの相当性に関する事項（当該新株予約権に係る事項に限る。）とする。

6　第１項第４号に規定する「計算書類等に関する事項」とは、次に掲げる事項とする。

一　株式交換完全親会社についての次に掲げる事項

イ　最終事業年度に係る計算書類等（最終事業年度がない場合にあっては、株式交換完全親会社の成立の日における貸借対照表）の内容

ロ　最終事業年度の末日（最終事業年度がない場合にあっては、株式交換完全親会社の成立の日。ハにおいて同じ。）後の日を臨時決算日（２以上の臨時決算日がある場合にあっては、最も遅いもの）とする臨時計算書類等があるときは、当該臨時計算書類等の内容

ハ　最終事業年度の末日後に重要な財産の処分、重大な債務の負担その他の会社財産の状況に重要な影響を与える事象が生じたときは、その内容（吸収合併契約等備置開始日後株式交換の効力が生ずる日までの間に新たな最終事業年度が存することとなる場合にあっては、当該新たな最終事業年度の末日後に生じた事象の内容に限る。）

二　株式交換完全子会社についての次に掲げる事項

イ　株式交換完全子会社において最終事業年度の末日（最終事業年度がない場合にあっては、株式交換完全子会社の成立の日）後に重要な財産の処分、重大な債務の負担その他の会社財産の状況に重要な影響を与える事象が生じたときは、その内容（吸収合併契約等備置開始日後株式交換の効力が生ずる日までの間に新たな最終事業年度が存することとなる場合にあっては、当該新たな最終事業年度の末日後に生じた事象の内容に限る。）

ロ　株式交換完全子会社において最終事業年度がないときは、株式交換完全子会社の成立の日における貸借対照表

（持分等）

第185条　法第783条第２項に規定する法務省令で定めるものは、権利の移転又は行使に債務者その他第三者の承諾を要するもの（持分会社の持分及び譲渡制限株式を除く。）とする。

（譲渡制限株式等）

第186条　法第783条第３項に規定する法務省令で定めるものは、次の各号に掲げる場合の区分に応じ、当該各号に定める株式会社の取得条項付株式（当該取得条項付株式に係る法第108条第２項第６号ロの他の株式の種類が当該各号に定める株式会社の譲渡制限株式であるものに限る。）又は取得条項付新株予約権（当該取得条項付新株予約権に係る法第236条第１項第７号ニの株式が当該各号に定める株式会社の譲渡制限株式であるものに限る。）とする。

一　吸収合併をする場合　吸収合併存続株式会社

二　株式交換をする場合　株式交換完全親株式会社

三　新設合併をする場合　新設合併設立株式会社

四　株式移転をする場合　株式移転設立完全親会社

（総資産の額）

第187条　法第784条第２項に規定する法務省令で定める方法は、算定基準日（吸収分割契約を締結した日（当該吸収分割契約により当該吸収分割契約を締結した日と異なる時（当該吸収分割契約を締結した日後から当該吸収分割の効力が生ずる時の直前までの間の時に限る。）を定めた場合にあっては、当該時）をいう。以下この条において同じ。）における第１号から第９号までに掲げる額の合計額から第10号に掲げる額を減じて得た額をもって吸収分割株式会社の総資産額とする方法とする。

一　資本金の額

二　資本準備金の額

三　利益準備金の額

四　法第446条に規定する剰余金の額

五　最終事業年度（法第461条第２項第２号に規定する場合にあっては、法第441条第１項第２号の期間（当該期間が２以上ある場合にあっては、その末日が最も遅いもの）。以下この項において同じ。）の末日（最終事業年度がない場合にあっては、吸収分割株式会社の成立の日。以下この項において同じ。）における評価・換算差額等に係る額

六　株式引受権の帳簿価額
七　新株予約権の帳簿価額
八　最終事業年度の末日において負債の部に計上した額
九　最終事業年度の末日後に吸収合併、吸収分割による他の会社の事業に係る権利義務の承継又は他の会社（外国会社を含む。）の事業の全部の譲受けをしたときは、これらの行為により承継又は譲受けをした負債の額
十　自己株式及び自己新株予約権の帳簿価額の合計額

2　前項の規定にかかわらず、算定基準日において吸収分割株式会社が清算株式会社である場合における法第784条第２項に規定する法務省令で定める方法は、法第492条第１項の規定により作成した貸借対照表の資産の部に計上した額をもって吸収分割株式会社の総資産額とする方法とする。

（計算書類に関する事項）

第188条　法第789条第２項第３号に規定する法務省令で定めるものは、同項の規定による公告の日又は同項の規定による催告の日のいずれか早い日における次の各号に掲げる場合の区分に応じ、当該各号に定めるものとする。

一　最終事業年度に係る貸借対照表又はその要旨につき公告対象会社（法第789条第２項第３号の株式会社をいう。以下この条において同じ。）が法第440条第１項又は第２項の規定による公告をしている場合　次に掲げるもの
　イ　官報で公告をしているときは、当該官報の日付及び当該公告が掲載されている頁
　ロ　時事に関する事項を掲載する日刊新聞紙で公告をしているときは、当該日刊新聞紙の名称、日付及び当該公告が掲載されている頁
　ハ　電子公告により公告をしているときは、法第911条第３項第28号イに掲げる事項
二　最終事業年度に係る貸借対照表につき公告対象会社が法第440条第３項に規定する措置をとっている場合　法第911条第３項第26号に掲げる事項
三　公告対象会社が法第440条第４項に規定する株式会社である場合において、当該株式会社が金融商品取引法第24条第１項の規定により最終事業年度に係る有価証券報告書を提出しているとき　その旨
四　公告対象会社が会社法の施行に伴う関係法律の整備等に関する法律第28条の規定により法第440条の規定が適用されないものである場合　その旨
五　公告対象会社につき最終事業年度がない場合　その旨
六　公告対象会社が清算株式会社である場合　その旨
七　前各号に掲げる場合以外の場合　会社計算規則第６編第２章の規定による最終事業年度に係る貸借対照表の要旨の内容

（吸収分割株式会社の事後開示事項）

第189条　法第791条第１項第１号に規定する法務省令で定める事項は、次に掲げる事項とする。

一　吸収分割が効力を生じた日
二　吸収分割株式会社における次に掲げる事項
　イ　法第784条の２の規定による請求に係る手続の経過
　ロ　法第785条、第787条及び第789条の規定による手続の経過
三　吸収分割承継会社における次に掲げる事項
　イ　法第796条の２の規定による請求に係る手続の経過
　ロ　法第797条の規定及び法第799条（法第802条第２項において準用する場合を含む。）の規定による手続の経過
四　吸収分割により吸収分割承継会社が吸収分割株式会社から承継した重要な権利義務に関する事項
五　法第923条の変更の登記をした日
六　前各号に掲げるもののほか、吸収分割に関する重要な事項

（株式交換完全子会社の事後開示事項）

第190条　法第791条第１項第２号に規定する法務省令で定める事項は、次に掲げる事項とする。

一　株式交換が効力を生じた日
二　株式交換完全子会社における次に掲げる事項
　イ　法第784条の２の規定による請求に係る手続の経過
　ロ　法第785条、第787条及び第789条の規定による手続の経過
三　株式交換完全親会社における次に掲げる事項
　イ　法第796条の２の規定による請求に係る手続の経過
　ロ　法第797条の規定及び法第799条（法第802条第２項において準用する場合を含む。）の規定による手続の経過
四　株式交換により株式交換完全親会社に移転した株式交換完全子会社の株式の数（株式交換完全子会社が種類株式発行会社であるときは、株式の種類及び種類ごとの数）
五　前各号に掲げるもののほか、株式交換に関する重要な事項

第４章　吸収合併存続株式会社、吸収分割承継株式会社及び株式交換完全親株式会社の手続

（吸収合併存続株式会社の事前開示事項）

第191条　法第794条第１項に規定する法務省令で定める事項は、同項に規定する存続株式会社等が吸収合併存続株式会社である場合には、次に掲げる事項とする。

一　法第749条第１項第２号及び第３号に掲げる事項についての定め（当該定めがない場合にあっては、当該定めがないこと）の相当性に関する事項

二　法第749条第１項第４号及び第５号に掲げる事項を定めたときは、当該事項についての定め（全部の新株予約権の新株予約権者に対して交付する吸収合併存続株式会社の新株予約権の数及び金銭の額を0とする旨の定めを除く。）の相当性に関する事項
三　吸収合併消滅会社（清算株式会社及び清算持分会社を除く。）についての次に掲げる事項
　イ　最終事業年度に係る計算書類等（最終事業年度がない場合にあっては、吸収合併消滅会社の成立の日における貸借対照表）の内容
　ロ　最終事業年度の末日（最終事業年度がない場合にあっては、吸収合併消滅会社の成立の日。ハにおいて同じ。）後の日を臨時決算日（２以上の臨時決算日がある場合にあっては、最も遅いもの）とする臨時計算書類等があるときは、当該臨時計算書類等の内容
　ハ　最終事業年度の末日後に重要な財産の処分、重大な債務の負担その他の会社財産の状況に重要な影響を与える事象が生じたときは、その内容（吸収合併契約等備置開始日（法第794条第２項に規定する吸収合併契約等備置開始日をいう。以下この章において同じ。）後吸収合併の効力が生ずる日までの間に新たな最終事業年度が存することとなる場合にあっては、当該新たな最終事業年度の末日後に生じた事象の内容に限る。）
四　吸収合併消滅会社（清算株式会社又は清算持分会社に限る。）が法第492条第１項又は第658条第１項若しくは第669条第１項若しくは第２項の規定により作成した貸借対照表
五　吸収合併存続株式会社についての次に掲げる事項
　イ　吸収合併存続株式会社において最終事業年度の末日（最終事業年度がない場合にあっては、吸収合併存続株式会社の成立の日）後に重要な財産の処分、重大な債務の負担その他の会社財産の状況に重要な影響を与える事象が生じたときは、その内容（吸収合併契約等備置開始日後吸収合併の効力が生ずる日までの間に新たな最終事業年度が存することとなる場合にあっては、当該新たな最終事業年度の末日後に生じた事象の内容に限る。）
　ロ　吸収合併存続株式会社において最終事業年度がないときは、吸収合併存続株式会社の成立の日における貸借対照表
六　吸収合併が効力を生ずる日以後における吸収合併存続株式会社の債務（法第799条第１項の規定により吸収合併について異議を述べることができる債権者に対して負担する債務に限る。）の履行の見込みに関する事項
七　吸収合併契約等備置開始日後吸収合併が効力を生ずる日までの間に、前各号に掲げる事項に変更が生じたときは、変更後の当該事項

（吸収分割承継株式会社の事前開示事項）

第192条　法第794条第１項に規定する法務省令で定める事項は、同項に規定する存続株式会社等が吸収分割承継株式会社である場合には、次に掲げる事項とする。
一　法第758条第４号に掲げる事項についての定め（当該定めがない場合にあっては、当該定めがないこと）の相当性に関する事項
二　法第758条第８号に掲げる事項を定めたときは、次に掲げる事項
　イ　法第758条第８号イに掲げる行為をする場合において、法第171条第１項の決議が行われているときは、同項各号に掲げる事項
　ロ　法第758条第８号ロに掲げる行為をする場合において、法第454条第１項の決議が行われているときは、同項第１号及び第２号に掲げる事項
三　法第758条第５号及び第６号に掲げる事項を定めたときは、当該事項についての定めの相当性に関する事項
四　吸収分割会社（清算株式会社及び清算持分会社を除く。）についての次に掲げる事項
　イ　最終事業年度に係る計算書類等（最終事業年度がない場合にあっては、吸収分割会社の成立の日における貸借対照表）の内容
　ロ　最終事業年度の末日（最終事業年度がない場合にあっては、吸収分割会社の成立の日。ハにおいて同じ。）後の日を臨時決算日（２以上の臨時決算日がある場合にあっては、最も遅いもの）とする臨時計算書類等があるときは、当該臨時計算書類等の内容
　ハ　最終事業年度の末日後に重要な財産の処分、重大な債務の負担その他の会社財産の状況に重要な影響を与える事象が生じたときは、その内容（吸収合併契約等備置開始日後吸収分割の効力が生ずる日までの間に新たな最終事業年度が存することとなる場合にあっては、当該新たな最終事業年度の末日後に生じた事象の内容に限る。）
五　吸収分割会社（清算株式会社又は清算持分会社に限る。）が法第492条第１項又は第658条第１項若しくは第669条第１項若しくは第２項の規定により作成した貸借対照表
六　吸収分割承継株式会社についての次に掲げる事項
　イ　吸収分割承継株式会社において最終事業年度の末日（最終事業年度がない場合にあっては、吸収分割承継株式会社の成立の日）後に重要な財産の処分、重大な債務の負担その他の会社財産の状況に重要な影響を与える事象が生じたときは、その内容（吸収合併契約等備置開始日後吸収分割の効力が生ずる日までの間に新たな最終事業年度が存することとなる場合にあっては、当該新たな最終事業年度の末日後に生じた事象の内容に限る。）
　ロ　吸収分割承継株式会社において最終事業年度がないときは、吸収分割承継株式会社の成立の日における貸借対照表
七　吸収分割が効力を生ずる日以後における吸収分割承継株式会社の債務（法第799条第１項の規定により吸収分割について異議を述べることができる債権者に対して負担する債務に限る。）の履行の見込みに関する事項
八　吸収合併契約等備置開始日後吸収分割が効力

を生ずる日までの間に、前各号に掲げる事項に変更が生じたときは、変更後の当該事項

（株式交換完全親株式会社の事前開示事項）

第193条　法第794条第１項に規定する法務省令で定める事項は、同項に規定する存続株式会社等が株式交換完全親株式会社である場合には、次に掲げる事項とする。

一　法第768条第１項第２号及び第３号に掲げる事項についての定め（当該定めがない場合にあっては、当該定めがないこと）の相当性に関する事項

二　法第768条第１項第４号及び第５号に掲げる事項を定めたときは、当該事項についての定めの相当性に関する事項

三　株式交換完全子会社についての次に掲げる事項

イ　最終事業年度に係る計算書類等（最終事業年度がない場合にあっては、株式交換完全子会社の成立の日における貸借対照表）の内容

ロ　最終事業年度の末日（最終事業年度がない場合にあっては、株式交換完全子会社の成立の日。ハにおいて同じ。）後の日を臨時決算日（２以上の臨時決算日がある場合にあっては、最も遅いもの）とする臨時計算書類等があるときは、当該臨時計算書類等の内容

ハ　最終事業年度の末日後に重要な財産の処分、重大な債務の負担その他の会社財産の状況に重要な影響を与える事象が生じたときは、その内容（吸収合併契約等備置開始日後株式交換の効力が生ずる日までの間に新たな最終事業年度が存することとなる場合にあっては、当該新たな最終事業年度の末日後に生じた事象の内容に限る。）

四　株式交換完全親株式会社についての次に掲げる事項

イ　株式交換完全親株式会社において最終事業年度の末日（最終事業年度がない場合にあっては、株式交換完全親株式会社の成立の日）後に重要な財産の処分、重大な債務の負担その他の会社財産の状況に重要な影響を与える事象が生じたときは、その内容（吸収合併契約等備置開始日後株式交換の効力が生ずる日までの間に新たな最終事業年度が存することとなる場合にあっては、当該新たな最終事業年度の末日後に生じた事象の内容に限る。）

ロ　株式交換完全親株式会社において最終事業年度がないときは、株式交換完全親株式会社の成立の日における貸借対照表

五　法第799条第１項の規定により株式交換について異議を述べることができる債権者があるときは、株式交換が効力を生ずる日以後における株式交換完全親株式会社の債務（当該債権者に対して負担する債務に限る。）の履行の見込みに関する事項

六　吸収合併契約等備置開始日後株式交換が効力を生ずる日までの間に、前各号に掲げる事項に変更が生じたときは、変更後の当該事項

（株式交換完全親株式会社の株式に準ずるもの）

第194条　法第794条第３項に規定する法務省令で定めるものは、第１号に掲げる額から第２号に掲げる額を減じて得た額が第３号に掲げる額よりも小さい場合における法第768条第１項第２号及び第３号の定めに従い交付する株式交換完全親株式会社の株式以外の金銭等とする。

一　株式交換完全子会社の株主に対して交付する金銭等の合計額

二　前号に規定する金銭等のうち株式交換完全親株式会社の株式の価額の合計額

三　第１号に規定する金銭等の合計額に20分の１を乗じて得た額

（資産の額等）

第195条　法第795条第２項第１号に規定する債務の額として法務省令で定める額は、第１号に掲げる額から第２号に掲げる額を減じて得た額とする。

一　吸収合併又は吸収分割の直後に吸収合併存続株式会社又は吸収分割承継株式会社の貸借対照表の作成があったものとする場合における当該貸借対照表の負債の部に計上すべき額から法第795条第２項第２号の株式等（社債（吸収合併又は吸収分割の直前に吸収合併存続株式会社又は吸収分割承継株式会社が有していた社債を除く。）に限る。）につき会計帳簿に付すべき額を減じて得た額

二　吸収合併又は吸収分割の直前に吸収合併存続株式会社又は吸収分割承継株式会社の貸借対照表の作成があったものとする場合における当該貸借対照表の負債の部に計上すべき額

２　法第795条第２項第１号に規定する資産の額として法務省令で定める額は、第１号に掲げる額から第２号に掲げる額を減じて得た額とする。

一　吸収合併又は吸収分割の直後に吸収合併存続株式会社又は吸収分割承継株式会社の貸借対照表の作成があったものとする場合における当該貸借対照表の資産の部に計上すべき額

二　吸収合併又は吸収分割の直前に吸収合併存続株式会社又は吸収分割承継株式会社の貸借対照表の作成があったものとする場合における当該貸借対照表の資産の部に計上すべき額から法第795条第２項第２号に規定する金銭等（同号の株式等のうち吸収合併又は吸収分割の直前に吸収合併存続株式会社又は吸収分割承継株式会社が有していた社債を含む。）の帳簿価額を減じて得た額

３　前項の規定にかかわらず、吸収合併存続株式会社が連結配当規制適用会社である場合において、吸収合併消滅会社が吸収合併存続株式会社の子会社であるときは、法第795条第２項第１号に規定する資産の額として法務省令で定める額は、次に掲げる額のうちいずれか高い額とする。

一　第１項第１号に掲げる額から同項第２号に掲げる額を減じて得た額

二　前項第１号に掲げる額から同項第２号に掲げる額を減じて得た額

４　第２項の規定にかかわらず、吸収分割承継株式会社が連結配当規制適用会社である場合において、吸収分割会社が吸収分割承継株式会社の子会社であ

るときは、法第795条第２項第１号に規定する資産の額として法務省令で定める額は、次に掲げる額のうちいずれか高い額とする。
一　第１項第１号に掲げる額から同項第２号に掲げる額を減じて得た額
二　第２項第１号に掲げる額から同項第２号に掲げる額を減じて得た額
5　法第795条第２項第３号に規定する法務省令で定める額は、第１号及び第２号に掲げる額の合計額から第３号に掲げる額を減じて得た額とする。
一　株式交換完全親株式会社が株式交換により取得する株式交換完全子会社の株式につき会計帳簿に付すべき額
二　会社計算規則第11条の規定により計上したのれんの額
三　会社計算規則第12条の規定により計上する負債の額（株式交換完全子会社が株式交換完全親株式会社（連結配当規制適用会社に限る。）の子会社である場合にあっては、0）

（純資産の額）

第196条　法第796条第２項第２号に規定する法務省令で定める方法は、算定基準日（吸収合併契約、吸収分割契約又は株式交換契約を締結した日（当該契約により当該契約を締結した日と異なる時（当該契約を締結した日後から当該吸収合併、吸収分割又は株式交換の効力が生ずる時の直前までの間の時に限る。）を定めた場合にあっては、当該時）をいう。）における第１号から第７号までに掲げる額の合計額から第８号に掲げる額を減じて得た額（当該額が500万円を下回る場合にあっては、500万円）をもって存続株式会社等（法第794条第１項に規定する存続株式会社等をいう。以下この条において同じ。）の純資産額とする方法とする。
一　資本金の額
二　資本準備金の額
三　利益準備金の額
四　法第446条に規定する剰余金の額
五　最終事業年度（法第461条第２項第２号に規定する場合にあっては、法第441条第１項第２号の期間（当該期間が２以上ある場合にあっては、その末日が最も遅いもの））の末日（最終事業年度がない場合にあっては、存続株式会社等の成立の日）における評価・換算差額等に係る額
六　株式引受権の帳簿価額
七　新株予約権の帳簿価額
八　自己株式及び自己新株予約権の帳簿価額の合計額

（株式の数）

第197条　法第796条第３項に規定する法務省令で定める数は、次に掲げる数のうちいずれか小さい数とする。
一　特定株式（法第796条第３項に規定する行為に係る株主総会において議決権を行使することができることを内容とする株式をいう。以下この条において同じ。）の総数に２分の１（当該株主総会の決議が成立するための要件として当該特定株式の議決権の総数の一定の割合以上の議決権を有する株主が出席しなければならない旨の定款の定めがある場合にあっては、当該一定の割合）を乗じて得た数に３分の１（当該株主総会の決議が成立するための要件として当該株主総会に出席した当該特定株主（特定株式の株主をいう。以下この条において同じ。）の有する議決権の総数の一定の割合以上の多数が賛成しなければならない旨の定款の定めがある場合にあっては、１から当該一定の割合を減じて得た割合）を乗じて得た数に１を加えた数
二　法第796条第３項に規定する行為に係る決議が成立するための要件として一定の数以上の特定株主の賛成を要する旨の定款の定めがある場合において、特定株主の総数から株式会社に対して当該行為に反対する旨の通知をした特定株主の数を減じて得た数が当該一定の数未満となるときにおける当該行為に反対する旨の通知をした特定株主の有する特定株式の数
三　法第796条第３項に規定する行為に係る決議が成立するための要件として前２号の定款の定め以外の定款の定めがある場合において、当該行為に反対する旨の通知をした特定株主の全部が同項に規定する株主総会において反対したとすれば当該決議が成立しないときは、当該行為に反対する旨の通知をした特定株主の有する特定株式の数
四　定款で定めた数

（株式交換完全親株式会社の株式に準ずるもの）

第198条　法第799条第１項第３号に規定する法務省令で定めるものは、第１号に掲げる額から第２号に掲げる額を減じて得た額が第３号に掲げる額よりも小さい場合における法第768条第１項第２号及び第３号の定めに従い交付する株式交換完全親株式会社の株式以外の金銭等とする。
一　株式交換完全子会社の株主に対して交付する金銭等の合計額
二　前号に規定する金銭等のうち株式交換完全親株式会社の株式の価額の合計額
三　第１号に規定する金銭等の合計額に20分の１を乗じて得た額

（計算書類に関する事項）

第199条　法第799条第２項第３号に規定する法務省令で定めるものは、同項の規定による公告の日又は同項の規定による催告の日のいずれか早い日における次の各号に掲げる場合の区分に応じ、当該各号に定めるものとする。
一　最終事業年度に係る貸借対照表又はその要旨につき公告対象会社（法第799条第２項第３号の株式会社をいう。以下この条において同じ。）が法第440条第１項又は第２項の規定による公告をしている場合　次に掲げるもの
イ　官報で公告をしているときは、当該官報の日付及び当該公告が掲載されている頁
ロ　時事に関する事項を掲載する日刊新聞紙で公告をしているときは、当該日刊新聞紙の名称、日付及び当該公告が掲載されている頁
ハ　電子公告により公告をしているときは、法第911条第３項第28号イに掲げる事項

二　最終事業年度に係る貸借対照表につき公告対象会社が法第440条第３項に規定する措置をとっている場合　法第911条第３項第26号に掲げる事項
三　公告対象会社が法第440条第４項に規定する株式会社である場合において、当該株式会社が金融商品取引法第24条第１項の規定により最終事業年度に係る有価証券報告書を提出しているとき　その旨
四　公告対象会社が会社法の施行に伴う関係法律の整備等に関する法律第28条の規定により法第440条の規定が適用されないものである場合　その旨
五　公告対象会社につき最終事業年度がない場合　その旨
六　公告対象会社が清算株式会社である場合　その旨
七　前各号に掲げる場合以外の場合　会社計算規則第６編第２章の規定による最終事業年度に係る貸借対照表の要旨の内容

（吸収合併存続株式会社の事後開示事項）

第200条　法第801条第１項に規定する法務省令で定める事項は、次に掲げる事項とする。
一　吸収合併が効力を生じた日
二　吸収合併消滅会社における次に掲げる事項
イ　法第784条の２の規定による請求に係る手続の経過
ロ　法第785条及び第787条の規定並びに法第789条（法第793条第２項において準用する場合を含む。）の規定による手続の経過
三　吸収合併存続株式会社における次に掲げる事項
イ　法第796条の２の規定による請求に係る手続の経過
ロ　法第797条及び第799条の規定による手続の経過
四　吸収合併により吸収合併存続株式会社が吸収合併消滅会社から承継した重要な権利義務に関する事項
五　法第782条第１項の規定により吸収合併消滅株式会社が備え置いた書面又は電磁的記録に記載又は記録がされた事項（吸収合併契約の内容を除く。）
六　法第921条の変更の登記をした日
七　前各号に掲げるもののほか、吸収合併に関する重要な事項

（吸収分割承継株式会社の事後開示事項）

第201条　法第801条第２項に規定する法務省令で定める事項は、次に掲げる事項とする。
一　吸収分割が効力を生じた日
二　吸収分割合同会社における法第793条第２項において準用する法第789条の規定による手続の経過
三　吸収分割承継株式会社における次に掲げる事項
イ　法第796条の２の規定による請求に係る手続の経過
ロ　法第797条及び第799条の規定による手続の経過
四　吸収分割により吸収分割承継株式会社が吸収分割合同会社から承継した重要な権利義務に関する事項
五　法第923条の変更の登記をした日
六　前各号に掲げるもののほか、吸収分割に関する重要な事項

（株式交換完全親株式会社の株式に準ずるもの）

第202条　法第801条第６項において準用する同条第４項に規定する法務省令で定めるものは、第１号に掲げる額から第２号に掲げる額を減じて得た額が第３号に掲げる額よりも小さい場合における法第768条第１項第２号及び第３号の定めに従い交付する株式交換完全親株式会社の株式以外の金銭等とする。
一　株式交換完全子会社の株主に対して交付する金銭等の合計額
二　前号に規定する金銭等のうち株式交換完全親株式会社の株式の価額の合計額
三　第１号に規定する金銭等の合計額に20分の１を乗じて得た額

（株式交換完全親合同会社の持分に準ずるもの）

第203条　法第802条第２項において準用する法第799条第１項第３号に規定する法務省令で定めるものは、第１号に掲げる額から第２号に掲げる額を減じて得た額が第３号に掲げる額よりも小さい場合における法第768条第１項第２号及び第３号の定めに従い交付する株式交換完全親合同会社の持分以外の金銭等とする。
一　株式交換完全子会社の株主に対して交付する金銭等の合計額
二　前号に規定する金銭等のうち株式交換完全親合同会社の持分の価額の合計額
三　第１号に規定する金銭等の合計額に20分の１を乗じて得た額

第５章　新設合併消滅株式会社、新設分割株式会社及び株式移転完全子会社の手続

（新設合併消滅株式会社の事前開示事項）

第204条　法第803条第１項に規定する法務省令で定める事項は、同項に規定する消滅株式会社等が新設合併消滅株式会社である場合には、次に掲げる事項とする。
一　次のイ又はロに掲げる場合の区分に応じ、当該イ又はロに定める定めの相当性に関する事項
イ　新設合併設立会社が株式会社である場合　法第753条第１項第６号から第９号までに掲げる事項についての定め
ロ　新設合併設立会社が持分会社である場合　法第755条第１項第４号、第６号及び第７号に掲げる事項についての定め
二　新設合併消滅株式会社の全部又は一部が新株予約権を発行しているときは、次のイ又はロに掲げる場合の区分に応じ、当該イ又はロに定める定

めの相当性に関する事項
イ　新設合併設立会社が株式会社である場合　法第753条第１項第10号及び第11号に掲げる事項についての定め
ロ　新設合併設立会社が持分会社である場合　法第755条第１項第８号及び第９号に掲げる事項についての定め
三　他の新設合併消滅会社（清算株式会社及び清算持分会社を除く。以下この号において同じ。）についての次に掲げる事項
イ　最終事業年度に係る計算書類等（最終事業年度がない場合にあっては、他の新設合併消滅会社の成立の日における貸借対照表）の内容
ロ　最終事業年度の末日（最終事業年度がない場合にあっては、他の新設合併消滅会社の成立の日）後の日を臨時決算日（２以上の臨時決算日がある場合にあっては、最も遅いもの）とする臨時計算書類等があるときは、当該臨時計算書類等の内容
ハ　他の新設合併消滅会社において最終事業年度の末日（最終事業年度がない場合にあっては、他の新設合併消滅会社の成立の日）後に重要な財産の処分、重大な債務の負担その他の会社財産の状況に重要な影響を与える事象が生じたときは、その内容（新設合併契約等備置開始日（法第803条第２項に規定する新設合併契約等備置開始日をいう。以下この章において同じ。）後新設合併の効力が生ずる日までの間に新たな最終事業年度が存することとなる場合にあっては、当該新たな最終事業年度の末日後に生じた事象の内容に限る。）
四　他の新設合併消滅会社（清算株式会社又は清算持分会社に限る。）が法第492条第１項又は第658条第１項若しくは第669条第１項若しくは第２項の規定により作成した貸借対照表
五　当該新設合併消滅株式会社（清算株式会社を除く。以下この号において同じ。）についての次に掲げる事項
イ　当該新設合併消滅株式会社において最終事業年度の末日（最終事業年度がない場合にあっては、当該新設合併消滅株式会社の成立の日）後に重要な財産の処分、重大な債務の負担その他の会社財産の状況に重要な影響を与える事象が生じたときは、その内容（新設合併契約等備置開始日後新設合併の効力が生ずる日までの間に新たな最終事業年度が存することとなる場合にあっては、当該新たな最終事業年度の末日後に生じた事象の内容に限る。）
ロ　当該新設合併消滅株式会社において最終事業年度がないときは、当該新設合併消滅株式会社の成立の日における貸借対照表
六　新設合併が効力を生ずる日以後における新設合併設立会社の債務（他の新設合併消滅会社から承継する債務を除く。）の履行の見込みに関する事項
七　新設合併契約等備置開始日後、前各号に掲げる事項に変更が生じたときは、変更後の当該事項

（新設分割株式会社の事前開示事項）

第205条　法第803条第１項に規定する法務省令で定める事項は、同項に規定する消滅株式会社等が新設分割株式会社である場合には、次に掲げる事項とする。
一　次のイ又はロに掲げる場合の区分に応じ、当該イ又はロに定める定めの相当性に関する事項
イ　新設分割設立会社が株式会社である場合　法第763条第１項第６号から第９号までに掲げる事項についての定め
ロ　新設分割設立会社が持分会社である場合　法第765条第１項第３号、第６号及び第７号に掲げる事項についての定め
二　法第763条第１項第12号又は第765条第１項第８号に掲げる事項を定めたときは、次に掲げる事項
イ　法第763条第１項第12号イ又は第765条第１項第８号イに掲げる行為をする場合において、法第171条第１項の決議が行われているときは、同項各号に掲げる事項
ロ　法第763条第１項第12号ロ又は第765条第１項第８号ロに掲げる行為をする場合において、法第454条第１項の決議が行われているときは、同項第１号及び第２号に掲げる事項
三　新設分割株式会社の全部又は一部が法第808条第３項第２号に定める新株予約権を発行している場合において、新設分割設立会社が株式会社であるときは、法第763条第１項第10号及び第11号に掲げる事項についての定めの相当性に関する事項（当該新株予約権に係る事項に限る。）
四　他の新設分割会社（清算株式会社及び清算持分会社を除く。以下この号において同じ。）についての次に掲げる事項
イ　最終事業年度に係る計算書類等（最終事業年度がない場合にあっては、他の新設分割会社の成立の日における貸借対照表）の内容
ロ　最終事業年度の末日（最終事業年度がない場合にあっては、他の新設分割会社の成立の日）後の日を臨時決算日（２以上の臨時決算日がある場合にあっては、最も遅いもの）とする臨時計算書類等があるときは、当該臨時計算書類等の内容
ハ　他の新設分割会社において最終事業年度の末日（最終事業年度がない場合にあっては、他の新設分割会社の成立の日）後に重要な財産の処分、重大な債務の負担その他の会社財産の状況に重要な影響を与える事象が生じたときは、その内容（新設合併契約等備置開始日後新設分割の効力が生ずる日までの間に新たな最終事業年度が存することとなる場合にあっては、当該新たな最終事業年度の末日後に生じた事象の内容に限る。）
五　他の新設分割会社（清算株式会社又は清算持分会社に限る。）が法第492条第１項又は第658条第１項若しくは第669条第１項若しくは第２項の規定により作成した貸借対照表
六　当該新設分割株式会社（清算株式会社を除く。以下この号において同じ。）についての次に掲げる事項
イ　当該新設分割株式会社において最終事業年度の末日（最終事業年度がない場合にあっては、当該新設

分割株式会社の成立の日）後に重要な財産の処分、重大な債務の負担その他の会社財産の状況に重要な影響を与える事象が生じたときは、その内容（新設合併契約等備置開始日後新設分割の効力が生ずる日までの間に新たな最終事業年度が存することとなる場合にあっては、当該新たな最終事業年度の末日後に生じた事象の内容に限る。）

ロ　当該新設分割株式会社において最終事業年度がないときは、当該新設分割株式会社の成立の日における貸借対照表

七　新設分割が効力を生ずる日以後における当該新設分割株式会社の債務及び新設分割設立会社の債務（当該新設分割株式会社が新設分割により新設分割設立会社に承継させるものに限る。）の履行の見込みに関する事項

八　新設合併契約等備置開始日後新設分割が効力を生ずる日までの間に、前各号に掲げる事項に変更が生じたときは、変更後の当該事項

（株式移転完全子会社の事前開示事項）

第206条　法第803条第１項に規定する法務省令で定める事項は、同項に規定する消滅株式会社等が株式移転完全子会社である場合には、次に掲げる事項とする。

一　法第773条第１項第５号から第８号までに掲げる事項についての定めの相当性に関する事項

二　株式移転完全子会社の全部又は一部が法第808条第３項第３号に定める新株予約権を発行している場合には、法第773条第１項第９号及び第10号に掲げる事項についての定めの相当性に関する事項（当該新株予約権に係る事項に限る。）

三　他の株式移転完全子会社についての次に掲げる事項

イ　最終事業年度に係る計算書類等（最終事業年度がない場合にあっては、他の株式移転完全子会社の成立の日における貸借対照表）の内容

ロ　最終事業年度の末日（最終事業年度がない場合にあっては、他の株式移転完全子会社の成立の日）後の日を臨時決算日（２以上の臨時決算日がある場合にあっては、最も遅いもの）とする臨時計算書類等があるときは、当該臨時計算書類等の内容

ハ　他の株式移転完全子会社において最終事業年度の末日（最終事業年度がない場合にあっては、他の株式移転完全子会社の成立の日）後に重要な財産の処分、重大な債務の負担その他の会社財産の状況に重要な影響を与える事象が生じたときは、その内容（新設合併契約等備置開始日後株式移転の効力が生ずる日までの間に新たな最終事業年度が存することとなる場合にあっては、当該新たな最終事業年度の末日後に生じた事象の内容に限る。）

四　当該株式移転完全子会社についての次に掲げる事項

イ　当該株式移転完全子会社において最終事業年度の末日（最終事業年度がない場合にあっては、当該株式移転完全子会社の成立の日）後に重要な財産の処分、重大な債務の負担その他の会社財産の状況に重要な影響を与える事象が生じたときは、その内容（新設合併契約等備置開始日後株式移転の効力が生ずる日までの間に新たな最終事業年度が存することとなる場合にあっては、当該新たな最終事業年度の末日後に生じた事象の内容に限る。）

ロ　当該株式移転完全子会社において最終事業年度がないときは、当該株式移転完全子会社の成立の日における貸借対照表

五　法第810条の規定により株式移転について異議を述べることができる債権者があるときは、株式移転が効力を生ずる日以後における株式移転設立完全親会社の債務（他の株式移転完全子会社から承継する債務を除き、当該異議を述べることができる債権者に対して負担する債務に限る。）の履行の見込みに関する事項

六　新設合併契約等備置開始日後株式移転が効力を生ずる日までの間に、前各号に掲げる事項に変更が生じたときは、変更後の当該事項

（総資産の額）

第207条　法第805条に規定する法務省令で定める方法は、算定基準日（新設分割計画を作成した日（当該新設分割計画により当該新設分割計画を作成した日と異なる時（当該新設分割計画を作成した日後から当該新設分割の効力が生ずる時の直前までの間の時に限る。）を定めた場合にあっては、当該時）をいう。以下この条において同じ。）における第１号から第９号までに掲げる額の合計額から第10号に掲げる額を減じて得た額をもって新設分割株式会社の総資産額とする方法とする。

一　資本金の額

二　資本準備金の額

三　利益準備金の額

四　法第446条に規定する剰余金の額

五　最終事業年度（法第461条第２項第２号に規定する場合にあっては、法第441条第１項第２号の期間（当該期間が２以上ある場合にあっては、その末日が最も遅いもの）。以下この項において同じ。）の末日（最終事業年度がない場合にあっては、新設分割株式会社の成立の日。以下この項において同じ。）における評価・換算差額等に係る額

六　株式引受権の帳簿価額

七　新株予約権の帳簿価額

八　最終事業年度の末日において負債の部に計上した額

九　最終事業年度の末日後に吸収合併、吸収分割による他の会社の事業に係る権利義務の承継又は他の会社（外国会社を含む。）の事業の全部の譲受けをしたときは、これらの行為により承継又は譲受けをした負債の額

十　自己株式及び自己新株予約権の帳簿価額の合計額

２　前項の規定にかかわらず、算定基準日において新設分割株式会社が清算株式会社である場合における法第805条に規定する法務省令で定める方法は、法第492条第１項の規定により作成した貸借対照表の資産の部に計上した額をもって新設分割株式会社の

総資産額とする方法とする。

（計算書類に関する事項）

第208条　法第810条第2項第3号に規定する法務省令で定めるものは、同項の規定による公告の日又は同項の規定による催告の日のいずれか早い日における次の各号に掲げる場合の区分に応じ、当該各号に定めるものとする。

一　最終事業年度に係る貸借対照表又はその要旨につき公告対象会社（法第810条第2項第3号の株式会社をいう。以下この条において同じ。）が法第440条第1項又は第2項の規定による公告をしている場合　次に掲げるもの

イ　官報で公告をしているときは、当該官報の日付及び当該公告が掲載されている頁

ロ　時事に関する事項を掲載する日刊新聞紙で公告をしているときは、当該日刊新聞紙の名称、日付及び当該公告が掲載されている頁

ハ　電子公告により公告をしているときは、法第911条第3項第28号イに掲げる事項

二　最終事業年度に係る貸借対照表につき公告対象会社が法第440条第3項に規定する措置をとっている場合　法第911条第3項第26号に掲げる事項

三　公告対象会社が法第440条第4項に規定する株式会社である場合において、当該株式会社が金融商品取引法第24条第1項の規定により最終事業年度に係る有価証券報告書を提出しているとき　その旨

四　公告対象会社が会社法の施行に伴う関係法律の整備等に関する法律第28条の規定により法第440条の規定が適用されないものである場合　その旨

五　公告対象会社につき最終事業年度がない場合　その旨

六　公告対象会社が清算株式会社である場合　その旨

七　前各号に掲げる場合以外の場合　会社計算規則第6編第2章の規定による最終事業年度に係る貸借対照表の要旨の内容

（新設分割株式会社の事後開示事項）

第209条　法第811条第1項第1号に規定する法務省令で定める事項は、次に掲げる事項とする。

一　新設分割が効力を生じた日

二　法第805条の2の規定による請求に係る手続の経過

三　法第806条及び第808条の規定並びに法第810条（法第813条第2項において準用する場合を含む。）の規定による手続の経過

四　新設分割により新設分割設立会社が新設分割会社から承継した重要な権利義務に関する事項

五　前各号に掲げるもののほか、新設分割に関する重要な事項

（株式移転完全子会社の事後開示事項）

第210条　法第811条第1項第2号に規定する法務省令で定める事項は、次に掲げる事項とする。

一　株式移転が効力を生じた日

二　法第805条の2の規定による請求に係る手続の経過

三　法第806条、第808条及び第810条の規定による手続の経過

四　株式移転により株式移転設立完全親会社に移転した株式移転完全子会社の株式の数（株式移転完全子会社が種類株式発行会社であるときは、株式の種類及び種類ごとの数）

五　前各号に掲げるもののほか、株式移転に関する重要な事項

第6章　新設合併設立株式会社、新設分割設立株式会社及び株式移転設立完全親会社の手続

（新設合併設立株式会社の事後開示事項）

第211条　法第815条第1項に規定する法務省令で定める事項は、次に掲げる事項とする。

一　新設合併が効力を生じた日

二　法第805条の2の規定による請求に係る手続の経過

三　法第806条及び第808条の規定並びに法第810条（法第813条第2項において準用する場合を含む。）の規定による手続の経過

四　新設合併により新設合併設立株式会社が新設合併消滅会社から承継した重要な権利義務に関する事項

五　前各号に掲げるもののほか、新設合併に関する重要な事項

（新設分割設立株式会社の事後開示事項）

第212条　法第815条第2項に規定する法務省令で定める事項は、次に掲げる事項とする。

一　新設分割が効力を生じた日

二　法第813条第2項において準用する法第810条の規定による手続の経過

三　新設分割により新設分割設立株式会社が新設分割合同会社から承継した重要な権利義務に関する事項

四　前3号に掲げるもののほか、新設分割に関する重要な事項

（新設合併設立株式会社の事後開示事項）

第213条　法第815条第3項第1号に規定する法務省令で定める事項は、法第803条第1項の規定により新設合併消滅株式会社が備え置いた書面又は電磁的記録に記載又は記録がされた事項（新設合併契約の内容を除く。）とする。

第7章　株式交付親会社の手続

（株式交付親会社の事前開示事項）

第213条の2　法第816条の2第1項に規定する法務省令で定める事項は、次に掲げる事項とする。

一　法第774条の3第1項第2号に掲げる事項についての定めが同条第2項に定める要件を満たすと株

式交付親会社が判断した理由
二　法第774条の3第1項第3号から第6号までに掲げる事項についての定めの相当性に関する事項
三　法第774条の3第1項第7号に掲げる事項を定めたときは、同項第8号及び第9号に掲げる事項についての定めの相当性に関する事項
四　株式交付子会社についての次に掲げる事項を株式交付親会社が知っているときは、当該事項
イ　最終事業年度に係る計算書類等（最終事業年度がない場合にあっては、株式交付子会社の成立の日における貸借対照表）の内容
ロ　最終事業年度の末日（最終事業年度がない場合にあっては、株式交付子会社の成立の日。ハにおいて同じ。）後の日を臨時決算日（2以上の臨時決算日がある場合にあっては、最も遅いもの）とする臨時計算書類等があるときは、当該臨時計算書類等の内容
ハ　最終事業年度の末日後に重要な財産の処分、重大な債務の負担その他の会社財産の状況に重要な影響を与える事象が生じたときは、その内容（株式交付計画備置開始日（法第816条の2第2項に規定する株式交付計画備置開始日をいう。以下この条において同じ。）後株式交付の効力が生ずる日までの間に新たな最終事業年度が存することとなる場合にあっては、当該新たな最終事業年度の末日後に生じた事象の内容に限る。）
五　株式交付親会社についての次に掲げる事項
イ　株式交付親会社において最終事業年度の末日（最終事業年度がない場合にあっては、株式交付親会社の成立の日）後に重要な財産の処分、重大な債務の負担その他の会社財産の状況に重要な影響を与える事象が生じたときは、その内容（株式交付計画備置開始日後株式交付の効力が生ずる日までの間に新たな最終事業年度が存することとなる場合にあっては、当該新たな最終事業年度の末日後に生じた事象の内容に限る。）
ロ　株式交付親会社において最終事業年度がないときは、株式交付親会社の成立の日における貸借対照表
六　法第816条の8第1項の規定により株式交付について異議を述べることができる債権者があるときは、株式交付が効力を生ずる日以後における株式交付親会社の債務（当該債権者に対して負担する債務に限る。）の履行の見込みに関する事項
七　株式交付計画備置開始日後株式交付が効力を生ずる日までの間に、前各号に掲げる事項に変更が生じたときは、変更後の当該事項

（株式交付親会社の株式に準ずるもの）
第213条の3　法第816条の2第3項に規定する法務省令で定めるものは、第1号に掲げる額から第2号に掲げる額を減じて得た額が第3号に掲げる額よりも小さい場合における法第774条の3第1項第5号、第6号、第8号及び第9号の定めに従い交付する株式交付親会社の株式以外の金銭等とする。
一　株式交付子会社の株式、新株予約権（新株予約権付社債に付されたものを除く。）又は新株予約権付社債の譲渡人に対して交付する金銭等の合計額
二　前号に規定する金銭等のうち株式交付親会社の株式の価額の合計額
三　第1号に規定する金銭等の合計額に20分の1を乗じて得た額

（株式交付親会社が譲り受ける株式交付子会社の株式等の額）
第213条の4　法第816条の3第2項に規定する法務省令で定める額は、第1号及び第2号に掲げる額の合計額から第3号に掲げる額を減じて得た額とする。
一　株式交付親会社が株式交付に際して譲り受ける株式交付子会社の株式、新株予約権（新株予約権付社債に付されたものを除く。）及び新株予約権付社債につき会計帳簿に付すべき額
二　会社計算規則第11条の規定により計上したのれんの額
三　会社計算規則第12条の規定により計上する負債の額（株式交付子会社が株式交付親会社（連結配当規制適用会社に限る。）の子会社である場合にあっては、0）

（純資産の額）
第213条の5　法第816条の4第1項第2号に規定する法務省令で定める方法は、算定基準日（株式交付計画を作成した日（当該株式交付計画により当該計画を作成した日と異なる時（当該株式交付計画を作成した日後から当該株式交付の効力が生ずる時の直前までの間の時に限る。）を定めた場合にあっては、当該時）をいう。）における第1号から第7号までに掲げる額の合計額から第8号に掲げる額を減じて得た額（当該額が500万円を下回る場合にあっては、500万円）をもって株式交付親会社の純資産額とする方法とする。
一　資本金の額
二　資本準備金の額
三　利益準備金の額
四　法第446条に規定する剰余金の額
五　最終事業年度（法第461条第2項第2号に規定する場合にあっては、法第441条第1項第2号の期間（当該期間が2以上ある場合にあっては、その末日が最も遅いもの））の末日（最終事業年度がない場合にあっては、株式交付親会社の成立の日）における評価・換算差額等に係る額
六　株式引受権の帳簿価額
七　新株予約権の帳簿価額
八　自己株式及び自己新株予約権の帳簿価額の合計額

（株式の数）
第213条の6　法第816条の4第2項に規定する法務省令で定める数は、次に掲げる数のうちいずれか小さい数とする。
一　特定株式（法第816条の4第2項に規定する行為に係る株主総会において議決権を行使することができることを内容とする株式をいう。以下この条において同じ。）の総数に2分の1（当該株主総会の決議が成立するための要件として当該特定株式の議決権の総数の一定の割合以上の議決権を有する株主が出席しなければならない旨の定款の定めがある場合にあっては、当該一定の割合）を乗じて得た数に3分の1（当該株主総会の決議が成立するための要件として当該株主総会

に出席した当該特定株主（特定株式の株主をいう。以下この条において同じ。）の有する議決権の総数の一定の割合以上の多数が賛成しなければならない旨の定款の定めがある場合にあっては、1から当該一定の割合を減じて得た割合）を乗じて得た数に1を加えた数

二　法第816条の4第2項に規定する行為に係る決議が成立するための要件として一定の数以上の特定株主の賛成を要する旨の定款の定めがある場合において、特定株主の総数から株式会社に対して当該行為に反対する旨の通知をした特定株主の数を減じて得た数が当該一定の数未満となるときにおける当該行為に反対する旨の通知をした特定株主の有する特定株式の数

三　法第816条の4第2項に規定する行為に係る決議が成立するための要件として前2号の定款の定め以外の定款の定めがある場合において、当該行為に反対する旨の通知をした特定株主の全部が同項に規定する株主総会において反対したとすれば当該決議が成立しないときは、当該行為に反対する旨の通知をした特定株主の有する特定株式の数

四　定款で定めた数

（株式交付親会社の株式に準ずるもの）

第213条の7　法第816条の8第1項に規定する法務省令で定めるものは、第1号に掲げる額から第2号に掲げる額を減じて得た額が第3号に掲げる額よりも小さい場合における法第774条の3第1項第5号、第6号、第8号及び第9号の定めに従い交付する株式交付親会社の株式以外の金銭等とする。

一　株式交付子会社の株式、新株予約権（新株予約権付社債に付されたものを除く。）及び新株予約権付社債の譲渡人に対して交付する金銭等の合計額

二　前号に規定する金銭等のうち株式交付親会社の株式の価額の合計額

三　第1号に規定する金銭等の合計額に20分の1を乗じて得た額

（計算書類に関する事項）

第213条の8　法第816条の8第2項第3号に規定する法務省令で定めるものは、同項の規定による公告の日又は同項の規定による催告の日のいずれか早い日における次の各号に掲げる場合の区分に応じ、当該各号に定めるものとする。

一　最終事業年度に係る貸借対照表又はその要旨につき公告対象会社（法第816条の8第2項第3号の株式交付親会社及び株式交付子会社をいう。以下この条において同じ。）が法第440条第1項又は第2項の規定による公告をしている場合　次に掲げるもの

イ　官報で公告をしているときは、当該官報の日付及び当該公告が掲載されている頁

ロ　時事に関する事項を掲載する日刊新聞紙で公告をしているときは、当該日刊新聞紙の名称、日付及び当該公告が掲載されている頁

ハ　電子公告により公告をしているときは、法第911条第3項第28号イに掲げる事項

二　最終事業年度に係る貸借対照表につき公告対象会社が法第440条第3項に規定する措置をとっている場合　法第911条第3項第26号に掲げる事項

三　公告対象会社が法第440条第4項に規定する株式会社である場合において、当該株式会社が金融商品取引法第24条第1項の規定により最終事業年度に係る有価証券報告書を提出しているとき　その旨

四　公告対象会社が会社法の施行に伴う関係法律の整備等に関する法律第28条の規定により法第440条の規定が適用されないものである場合　その旨

五　公告対象会社につき最終事業年度がない場合（株式交付親会社が株式交付子会社の最終事業年度の存否を知らない場合を含む。）　その旨

六　前各号に掲げる場合以外の場合　会社計算規則第6編第2章の規定による最終事業年度に係る貸借対照表の要旨の内容（株式交付子会社の当該貸借対照表の要旨の内容にあっては、株式交付親会社がその内容を知らないときは、その旨）

（株式交付親会社の事後開示事項）

第213条の9　法第816条の10第1項に規定する法務省令で定める事項は、次に掲げる事項とする。

一　株式交付が効力を生じた日

二　株式交付親会社における次に掲げる事項

イ　法第816条の5の規定による請求に係る手続の経過

ロ　法第816条の6及び第816条の8の規定による手続の経過

三　株式交付に際して株式交付親会社が譲り受けた株式交付子会社の株式の数（株式交付子会社が種類株式発行会社であるときは、株式の種類及び種類ごとの数）

四　株式交付に際して株式交付親会社が譲り受けた株式交付子会社の新株予約権の数

五　前号の新株予約権が新株予約権付社債に付されたものである場合には、当該新株予約権付社債についての各社債（株式交付親会社が株式交付に際して取得したものに限る。）の金額の合計額

六　前各号に掲げるもののほか、株式交付に関する重要な事項

（株式交付親会社の株式に準ずるもの）

第213条の10　法第816条の10第3項に規定する法務省令で定めるものは、第1号に掲げる額から第2号に掲げる額を減じて得た額が第3号に掲げる額よりも小さい場合における法第774条の3第1項第5号、第6号、第8号及び第9号の定めに従い交付する株式交付親会社の株式以外の金銭等とする。

一　株式交付子会社の株式、新株予約権（新株予約権付社債に付されたものを除く。）及び新株予約権付社債の譲渡人に対して交付する金銭等の合計額

二　前号に規定する金銭等のうち株式交付親会社の株式の価額の合計額

三　第1号に規定する金銭等の合計額に20分の1を乗じて得た額

第6編　外国会社

（計算書類の公告）

第214条　外国会社が法第819条第１項の規定により貸借対照表に相当するもの（以下この条において「外国貸借対照表」という。）の公告をする場合には、外国貸借対照表に関する注記（注記に相当するものを含む。）の部分を省略することができる。

2　法第819条第２項に規定する外国貸借対照表の要旨とは、外国貸借対照表を次に掲げる項目（当該項目に相当するものを含む。）に区分したものをいう。

一　資産の部

イ　流動資産

ロ　固定資産

ハ　その他

二　負債の部

イ　流動負債

ロ　固定負債

ハ　その他

三　純資産の部

イ　資本金及び資本剰余金

ロ　利益剰余金

ハ　その他

3　外国会社が法第819条第１項の規定による外国貸借対照表の公告又は同条第２項の規定による外国貸借対照表の要旨の公告をする場合において、当該外国貸借対照表が日本語以外の言語で作成されているときは、当該外国会社は、当該公告を日本語をもってすることを要しない。

4　外国貸借対照表が存しない外国会社については、当該外国会社に会社計算規則の規定を適用することとしたならば作成されることとなるものを外国貸借対照表とみなして、前３項の規定を適用する。

（法第819条第3項の規定による措置）

第215条　法第819条第３項の規定による措置は、第222条第１項第１号ロに掲げる方法のうち、インターネットに接続された自動公衆送信装置を使用する方法によって行わなければならない。

（日本にある外国会社の財産についての清算に関する事項）

第216条　第140条、第142条から第145条まで及び第２編第８章第２節の規定は、その性質上許されないものを除き、法第822条第３項において準用する法第482条第３項第４号、第489条第６項第６号、第492条第１項、第536条第１項第２号及び第３号イ、第548条第１項第４号、第550条第１項、第551条第１項及び第２項、第556条第２項、第557条第１項並びに第561条の規定により法務省令で定めるべき事項について準用する。

第7編　雑則

第1章　訴訟

（株主による責任追及等の訴えの提起の請求方法）

第217条　法第847条第１項の法務省令で定める方法は、次に掲げる事項を記載した書面の提出又は当該事項の電磁的方法による提供とする。

一　被告となるべき者

二　請求の趣旨及び請求を特定するのに必要な事実

（株式会社が責任追及等の訴えを提起しない理由の通知方法）

第218条　法第847条第４項の法務省令で定める方法は、次に掲げる事項を記載した書面の提出又は当該事項の電磁的方法による提供とする。

一　株式会社が行った調査の内容（次号の判断の基礎とした資料を含む。）

二　法第847条第１項の規定による請求に係る訴えについての前条第１号に掲げる者の責任又は義務の有無についての判断及びその理由

三　前号の者に責任又は義務があると判断した場合において、責任追及等の訴えを提起しないときは、その理由

（旧株主による責任追及等の訴えの提起の請求方法）

第218条の2　法第847条の２第１項及び第３項（同条第４項及び第５項において準用する場合を含む。第218条の４第２号において同じ。）の法務省令で定める方法は、次に掲げる事項を記載した書面の提出又は当該事項の電磁的方法による提供とする。

一　被告となるべき者

二　請求の趣旨及び請求を特定するのに必要な事実

三　株式交換等完全親会社の名称及び住所並びに当該株式交換等完全親会社の株主である旨

（完全親会社）

第218条の3　法第847条の２第１項に規定する法務省令で定める株式会社は、ある株式会社及び当該ある株式会社の完全子会社（当該ある株式会社が発行済株式の全部を有する株式会社をいう。以下この条において同じ。）又は当該ある株式会社の完全子会社が法第847条の２第１項の特定の株式会社の発行済株式の全部を有する場合における当該ある株式会社とする。

2　前項の規定の適用については、同項のある株式会社及び当該ある株式会社の完全子会社又は当該ある株式会社の完全子会社が他の株式会社の発行済株式の全部を有する場合における当該他の株式会社は、完全子会社とみなす。

（株式交換等完全子会社が責任追及等の訴えを提起しない理由の通知方法）

第218条の4　法第847条の２第７項の法務省令で定める方法は、次に掲げる事項を記載した書面の提出又は当該事項の電磁的方法による提供とする。

一　株式交換等完全子会社が行った調査の内容（次号の判断の基礎とした資料を含む。）

二　法第847条の２第１項又は第３項の規定による請求に係る訴えについての第218条の２第１号に掲げる者の責任又は義務の有無についての判断及びその理由

三　前号の者に責任又は義務があると判断した場合において、責任追及等の訴えを提起しないときは、その理由

（特定責任追及の訴えの提起の請求方法）

第218条の5　法第847条の3第1項の法務省令で定める方法は、次に掲げる事項を記載した書面の提出又は当該事項の電磁的方法による提供とする。

一　被告となるべき者

二　請求の趣旨及び請求を特定するのに必要な事実

三　最終完全親会社等の名称及び住所並びに当該最終完全親会社等の株主である旨

（総資産額）

第218条の6　法第847条の3第4項に規定する法務省令で定める方法は、同項の日（以下この条において「算定基準日」という。）における株式会社の最終完全親会社等の第1号から第9号までに掲げる額の合計額から第10号に掲げる額を減じて得た額をもって当該最終完全親会社等の総資産額とする方法とする。

一　資本金の額

二　資本準備金の額

三　利益準備金の額

四　法第446条に規定する剰余金の額

五　最終事業年度（法第461条第2項第2号に規定する場合にあっては、法第441条第1項第2号の期間（当該期間が2以上ある場合にあっては、その末日が最も遅いもの）。以下この項において同じ。）の末日（最終事業年度がない場合にあっては、当該最終完全親会社等の成立の日。以下この条において同じ。）における評価・換算差額等に係る額

六　株式引受権の帳簿価額

七　新株予約権の帳簿価額

八　最終事業年度の末日において負債の部に計上した額

九　最終事業年度の末日後に吸収合併、吸収分割による他の会社の事業に係る権利義務の承継又は他の会社（外国会社を含む。）の事業の全部の譲受けをしたときは、これらの行為により承継又は譲受けをした負債の額

十　自己株式及び自己新株予約権の帳簿価額の合計額

2　前項の規定にかかわらず、算定基準日において当該最終完全親会社等が清算株式会社である場合における法第847条の3第4項に規定する法務省令で定める方法は、法第492条第1項の規定により作成した貸借対照表の資産の部に計上した額をもって株式会社の総資産額とする方法とする。

（株式会社が特定責任追及の訴えを提起しない理由の通知方法）

第218条の7　法第847条の3第8項の法務省令で定める方法は、次に掲げる事項を記載した書面の提出又は当該事項の電磁的方法による提供とする。

一　株式会社が行った調査の内容（次号の判断の基礎とした資料を含む。）

二　法第847条の3第1項の規定による請求に係る訴えについての第218条の5第1号に掲げる者の責任又は義務の有無についての判断及びその理由

三　前号の者に責任又は義務があると判断した場合において、特定責任追及の訴えを提起しないときは、その理由

第219条　削除

第2章　登記

第220条　次の各号に掲げる規定に規定する法務省令で定めるものは、当該各号に定める行為をするために使用する自動公衆送信装置のうち当該行為をするための用に供する部分をインターネットにおいて識別するための文字、記号その他の符号又はこれらの結合であって、情報の提供を受ける者がその使用に係る電子計算機に入力することによって当該情報の内容を閲覧し、当該電子計算機に備えられたファイルに当該情報を記録することができるものとする。

一　法第911条第3項第26号　法第440条第3項の規定による措置

二　法第911条第3項第28号イ　株式会社が行う電子公告

三　法第912条第9号イ　合名会社が行う電子公告

四　法第913条第11号イ　合資会社が行う電子公告

五　法第914条第10号イ　合同会社が行う電子公告

六　法第933条第2項第4号　法第819条第3項に規定する措置

七　法第933条第2項第6号イ　外国会社が行う電子公告

2　法第911条第3項第28号に規定する場合には、同号イに掲げる事項であって、決算公告（法第440条第1項の規定による公告をいう。以下この項において同じ。）の内容である情報の提供を受けるためのものを、当該事項であって決算公告以外の公告の内容である情報の提供を受けるためのものと別に登記することができる。

第3章　公告

第221条　次に掲げる規定に規定する法務省令で定めるべき事項は、電子公告規則（平成18年法務省令第14号）の定めるところによる。

一　法第941条

二　法第944条第1項（法第945条第2項において準用する場合を含む。）

三　法第946条第2項から第4項まで

四　法第947条

五　法第949条第2項

六　法第950条

七　法第951条第2項第3号

八　法第955条第1項

九　法第956条第2項

十　法第957条第2項

第４章　電磁的方法及び電磁的記録等

第１節　電磁的方法及び電磁的記録等

（電磁的方法）
第222条　法第２条第34号に規定する電子情報処理組織を使用する方法その他の情報通信の技術を利用する方法であって法務省令で定めるものは、次に掲げる方法とする。
一　電子情報処理組織を使用する方法のうちイ又はロに掲げるもの
イ　送信者の使用に係る電子計算機と受信者の使用に係る電子計算機とを接続する電気通信回線を通じて送信し、受信者の使用に係る電子計算機に備えられたファイルに記録する方法
ロ　送信者の使用に係る電子計算機に備えられたファイルに記録された情報の内容を電気通信回線を通じて情報の提供を受ける者の閲覧に供し、当該情報の提供を受ける者の使用に係る電子計算機に備えられたファイルに当該情報を記録する方法
二　電磁的記録媒体（第224条に規定する電磁的記録媒体をいう。）をもって調製するファイルに情報を記録したものを交付する方法
2　前項各号に掲げる方法は、受信者がファイルへの記録を出力することにより書面を作成することができるものでなければならない。

（電子公告を行うための電磁的方法）
第223条　法第２条第34号に規定する措置であって法務省令で定めるものは、前条第１項第１号ロに掲げる方法のうち、インターネットに接続された自動公衆送信装置を使用するものによる措置とする。

（電磁的記録）
第224条　法第26条第２項に規定する法務省令で定めるものは、電子計算機に備えられたファイル又は電磁的記録媒体（電子的方式、磁気的方式その他人の知覚によっては認識することができない方式で作られる記録であって電子計算機による情報処理の用に供されるものに係る記録媒体をいう。第228条を除き、以下この章において同じ。）をもって調製するファイルに情報を記録したものとする。

（電子署名）
第225条　次に掲げる規定に規定する法務省令で定める署名又は記名押印に代わる措置は、電子署名とする。
一　法第26条第２項
二　法第122条第３項
三　法第149条第３項
四　法第250条第３項
五　法第270条第３項
六　法第369条第４項（法第490条第５項において準用する場合を含む。）
七　法第393条第３項
八　法第399条の10第４項
九　法第412条第４項
十　法第575条第２項
十一　法第682条第３項
十二　法第695条第３項
2　前項に規定する「電子署名」とは、電磁的記録に記録することができる情報について行われる措置であって、次の要件のいずれにも該当するものをいう。
一　当該情報が当該措置を行った者の作成に係るものであることを示すためのものであること。
二　当該情報について改変が行われていないかどうかを確認することができるものであること。

（電磁的記録に記録された事項を表示する方法）
第226条　次に掲げる規定に規定する法務省令で定める方法は、次に掲げる規定の電磁的記録に記録された事項を紙面又は映像面に表示する方法とする。
一　法第31条第２項第３号
二　法第74条第７項第２号（法第86条において準用する場合を含む。）
三　法第76条第５項（法第86条において準用する場合を含む。）
四　法第81条第３項第２号（法第86条において準用する場合を含む。）
五　法第82条第３項第２号（法第86条において準用する場合を含む。）
六　法第125条第２項第２号
七　法第171条の２第２項第３号
八　法第173条の２第３項第３号
九　法第179条の５第２項第３号
十　法第179条の10第３項第３号
十一　法第182条の２第２項第３号
十二　法第182条の６第３項第３号
十三　法第231条第２項第２号
十四　法第252条第２項第２号
十五　法第310条第７項第２号（法第325条において準用する場合を含む。）
十六　法第312条第５項（法第325条において準用する場合を含む。）
十七　法第318条第４項第２号（法第325条において準用する場合を含む。）
十八　法第319条第３項第２号（法第325条において準用する場合を含む。）
十九　法第371条第２項第２号（法第490条第５項において準用する場合を含む。）
二十　法第374条第２項第２号
二十一　法第378条第２項第３号
二十二　法第389条第４項第２号
二十三　法第394条第２項第２号（同条第３項において準用する場合を含む。）
二十四　法第396条第２項第２号
二十五　法第399条の11第２項第２号（同条第３項において準用する場合を含む。）
二十六　法第413条第２項第２号
二十七　法第433条第１項第２号
二十八　法第442条第３項第３号
二十九　法第496条第２項第３号

三十　法第618条第１項第２号
三十一　法第684条第２項第２号
三十二　法第731条第３項第２号
三十三　法第735条の２第３項第２号
三十四　法第775条第３項第３号
三十五　法第782条第３項第３号
三十六　法第791条第３項第３号（同条第４項において準用する場合を含む。）
三十七　法第794条第３項第３号
三十八　法第801条第４項第３号（同条第５項及び第６項において準用する場合を含む。）
三十九　法第803条第３項第３号
四十　法第811条第３項第３号（同条第４項において準用する場合を含む。）
四十一　法第815条第４項第３号（同条第５項及び第６項において準用する場合を含む。）
四十二　法第816条の２第３項第３号
四十三　法第816条の10第３項第３号

（電磁的記録の備置きに関する特則）
第227条　次に掲げる規定に規定する法務省令で定めるものは、会社の使用に係る電子計算機を電気通信回線で接続した電子情報処理組織を使用する方法であって、当該電子計算機に備えられたファイルに記録された情報の内容を電気通信回線を通じて会社の支店において使用される電子計算機に備えられたファイルに当該情報を記録するものによる措置とする。
一　法第31条第４項
二　法第318条第３項（法第325条において準用する場合を含む。）
三　法第442条第２項

（検査役が提供する電磁的記録）
第228条　次に掲げる規定に規定する法務省令で定めるものは、商業登記規則（昭和39年法務省令第23号）第36条第１項に規定する電磁的記録媒体（電磁的記録に限る。）及び次に掲げる規定により電磁的記録の提供を受ける者が定める電磁的記録とする。
一　法第33条第４項
二　法第207条第４項
三　法第284条第４項
四　法第306条第５項（法第325条において準用する場合を含む。）
五　法第358条第５項

（検査役による電磁的記録に記録された事項の提供）
第229条　次に掲げる規定（以下この条において「検査役提供規定」という。）に規定する法務省令で定める方法は、電磁的方法のうち、検査役提供規定により当該検査役提供規定の電磁的記録に記録された事項の提供を受ける者が定めるものとする。
一　法第33条第６項
二　法第207条第６項
三　法第284条第６項
四　法第306条第７項（法第325条において準用する場合を含む。）
五　法第358条第７項

（会社法施行令に係る電磁的方法）
第230条　会社法施行令（平成17年政令第364号）第１条第１項又は第２条第１項の規定により示すべき電磁的方法の種類及び内容は、次に掲げるものとする。
一　次に掲げる方法のうち、送信者が使用するもの
イ　電子情報処理組織を使用する方法のうち次に掲げるもの
⑴　送信者の使用に係る電子計算機と受信者の使用に係る電子計算機とを接続する電気通信回線を通じて送信し、受信者の使用に係る電子計算機に備えられたファイルに記録する方法
⑵　送信者の使用に係る電子計算機に備えられたファイルに記録された情報の内容を電気通信回線を通じて情報の提供を受ける者の閲覧に供し、当該情報の提供を受ける者の使用に係る電子計算機に備えられたファイルに当該情報を記録する方法
ロ　電磁的記録媒体をもって調製するファイルに情報を記録したものを交付する方法
二　ファイルへの記録の方式

第２節　情報通信の技術の利用

（定義）
第231条　この節において使用する用語は、民間事業者等が行う書面の保存等における情報通信の技術の利用に関する法律（平成16年法律第149号。以下この節において「電子文書法」という。）において使用する用語の例による。

（保存の指定）
第232条　電子文書法第３条第１項の主務省令で定める保存は、次に掲げる保存とする。
一　法第74条第６項（法第86条において準用する場合を含む。）の規定による代理権を証明する書面の保存
二　法第75条第３項（法第86条において準用する場合を含む。）の規定による議決権行使書面（法第70条第１項に規定する議決権行使書面をいう。）の保存
三　法第81条第２項（法第86条において準用する場合を含む。）の規定による創立総会の議事録の保存
四　法第82条第２項（法第86条において準用する場合を含む。）の規定による法第82条第１項の書面の保存
五　法第173条の２第２項の規定による同条第１項の書面の保存
六　法第179条の10第２項の規定による同条第１項の書面の保存
七　法第182条の６第２項の規定による同条第１項の書面の保存
八　法第310条第６項（法第325条において準用する場合を含む。）の規定による代理権を証明する書面の保存
九　法第311条第３項（法第325条において準用する場合を含む。）の規定による議決権行使書面（法第301条第１項に規定する議決権行使書面をいう。）の保存

十　法第318条第２項（法第325条において準用する場合を含む。）の規定による株主総会の議事録の保存
十一　法第318条第３項（法第325条において準用する場合を含む。）の規定による株主総会の議事録の写しの保存
十二　法第319条第２項（法第325条において準用する場合を含む。）の規定による法第319条第１項の書面の保存
十三　法第371条第１項（法第490条第５項において準用する場合を含む。）の規定による議事録等の保存
十四　法第378条第１項第１号の規定による計算書類、その附属明細書又は会計参与報告の保存
十五　法第378条第１項第２号の規定による臨時計算書類及び会計参与報告の保存
十六　法第394条第１項の規定による監査役会の議事録の保存
十七　法第399条の11第１項の規定による監査等委員会の議事録の保存
十八　法第413条第１項の規定による指名委員会等の議事録の保存
十九　法第432条第２項の規定による会計帳簿及び資料の保存
二十　法第435条第４項の規定による計算書類及びその附属明細書の保存
二十一　法第442条第１項の規定による計算書類等の保存
二十二　法第442条第２項の規定による計算書類等の写しの保存
二十三　法第492条第４項の規定による財産目録等の保存
二十四　法第494条第３項の規定による貸借対照表及びその附属明細書の保存
二十五　法第496条第１項の規定による貸借対照表等の保存
二十六　法第508条第１項及び第３項の規定による帳簿資料の保存
二十七　法第615条第２項の規定による会計帳簿の保存
二十八　法第617条第４項の規定による計算書類の保存
二十九　法第672条第１項、第２項又は第４項の規定による帳簿資料の保存
三十　法第731条第２項の規定による社債権者集会の議事録の保存
三十一　法第735条の２第２項の規定による同条第１項の書面の保存
三十二　法第791条第２項の規定による同条第１項の書面の保存
三十三　法第801条第３項の規定による同項各号に定める書面の保存
三十四　法第811条第２項の規定による同条第１項の書面の保存
三十五　法第815条第３項の規定による同項各号に定める書面の保存
三十六　法第816条の10第２項の規定による同条第１項の書面の保存

（保存の方法）

第233条　民間事業者等が電子文書法第３条第１項の規定に基づき、前条各号に掲げる保存に代えて当該保存すべき書面に係る電磁的記録の保存を行う場合には、当該書面に記載されている事項をスキャナ（これに準ずる画像読取装置を含む。）により読み取ってできた電磁的記録を民間事業者等の使用に係る電子計算機に備えられたファイル又は電磁的記録媒体をもって調製するファイルにより保存する方法により行わなければならない。

2　民間事業者等が前項の規定による電磁的記録の保存を行う場合には、必要に応じ電磁的記録に記録された事項を出力することにより、直ちに明瞭かつ整然とした形式で、その使用に係る電子計算機その他の機器に表示することができるための措置及び書面を作成することができるための措置を講じなければならない。

（縦覧等の指定）

第234条　電子文書法第５条第１項の主務省令で定める縦覧等は、次に掲げる縦覧等とする。
一　法第31条第２項第１号の規定による定款の縦覧等
二　法第31条第３項の規定による定款の縦覧等
三　法第74条第７項第１号（法第86条において準用する場合を含む。）の規定による代理権を証する書面の縦覧等
四　法第75条第４項（法第86条において準用する場合を含む。）の規定による議決権行使書面（法第70条第１項に規定する議決権行使書面をいう。）の縦覧等
五　法第81条第３項第１号（法第86条において準用する場合を含む。）の規定による創立総会の議事録の縦覧等
六　法第81条第４項（法第86条において準用する場合を含む。）の規定による創立総会の議事録の縦覧等
七　法第82条第３項第１号（法第86条において準用する場合を含む。）の規定による法第82条第２項の書面の縦覧等
八　法第82条第４項（法第86条において準用する場合を含む。）の規定による法第82条第２項の書面の縦覧等
九　法第125条第２項第１号の規定による株主名簿の縦覧等
十　法第125条第４項の規定による株主名簿の縦覧等
十一　法第171条の２第２項第１号の規定による同条第１項の書面の縦覧等
十二　法第173条の２第３項第１号の規定による同条第２項の書面の縦覧等
十三　法第179条の５第２項第１号の規定による同条第１項の書面の縦覧等
十四　法第179条の10第３項第１号の規定による同条第２項の書面の縦覧等
十五　法第182条の２第２項第１号の規定による同条

第1項の書面の縦覧等
十六　法第182条の6第3項第1号の規定による同条第2項の書面の縦覧等
十七　法第231条第2項第1号の規定による株券喪失登録簿の縦覧等
十八　法第252条第2項第1号の規定による新株予約権原簿の縦覧等
十九　法第252条第4項の規定による新株予約権原簿の縦覧等
二十　法第310条第7項第1号（法第325条において準用する場合を含む。）の規定による代理権を証する書面の縦覧等
二十一　法第311条第4項（法第325条において準用する場合を含む。）の規定による議決権行使書面（法第301条第1項に規定する議決権行使書面をいう。）の縦覧等
二十二　法第318条第4項第1号（法第325条において準用する場合を含む。）の規定による株主総会の議事録又はその写しの縦覧等
二十三　法第318条第5項（法第325条において準用する場合を含む。）の規定による株主総会の議事録の縦覧等
二十四　法第319条第3項第1号（法第325条において準用する場合を含む。）の規定による法第319条第2項の書面の縦覧等
二十五　法第371条第2項第1号（法第490条第5項において準用する場合を含む。）の規定による議事録等の縦覧等
二十六　法第371条第4項（同条第5項（法第490条第5項において準用する場合を含む。）及び法第490条第5項において準用する場合を含む。）の規定による議事録等の縦覧等
二十七　法第374条第2項第1号の規定による会計帳簿又はこれに関する資料の縦覧等
二十八　法第378条第2項第1号の規定による計算書類及びその附属明細書、会計参与報告並びに臨時計算書類の縦覧等
二十九　法第389条第4項第1号の規定による会計帳簿又はこれに関する資料の縦覧等
三十　法第394条第2項第1号（同条第3項において準用する場合を含む。）の規定による監査役会の議事録の縦覧等
三十一　法第399条の11第2項第1号（同条第3項において準用する場合を含む。）の規定による監査等委員会の議事録の縦覧等
三十二　法第413条第2項第1号の規定による指名委員会等の議事録の縦覧等
三十三　法第413条第3項（同条第4項において準用する場合を含む。）の規定による指名委員会等の議事録の縦覧等
三十四　法第433条第1項第1号の規定による会計帳簿又はこれに関する資料の縦覧等
三十五　法第442条第3項第1号の規定による計算書類等又はその写しの縦覧等
三十六　法第442条第4項の規定による計算書類等又はその写しの縦覧等
三十七　法第496条第2項第1号の規定による貸借対照表等の縦覧等
三十八　法第496条第3項の規定による貸借対照表等の縦覧等
三十九　法第618条第1項第1号の規定による計算書類の縦覧等
四十　法第625条の規定による計算書類の縦覧等
四十一　法第684条第2項第1号の規定による社債原簿の縦覧等
四十二　法第684条第4項の規定による社債原簿の縦覧等
四十三　法第731条第3項第1号の規定による社債権者集会の議事録の縦覧等
四十四　法第735条の2第3項第1号の規定による同条第2項の書面の縦覧等
四十五　法第775条第3項第1号の規定による同条第1項の書面の縦覧等
四十六　法第782条第3項第1号の規定による同条第1項の書面の縦覧等
四十七　法第791条第3項第1号の規定による同条第2項の書面の縦覧等
四十八　法第794条第3項第1号の規定による同条第1項の書面の縦覧等
四十九　法第801条第4項第1号（同条第5項及び第6項において準用する場合を含む。）の規定による同条第3項第1号の書面（同条第5項において準用する場合にあっては同条第3項第2号の書面、同条第6項において準用する場合にあっては同条第3項第3号の書面）の縦覧等
五十　法第803条第3項第1号の規定による同条第1項の書面の縦覧等
五十一　法第811条第3項第1号（同条第4項において準用する場合を含む。）の規定による同条第2項の書面の縦覧等
五十二　法第815条第4項第1号（同条第5項及び第6項において準用する場合を含む。）の規定による同条第3項第1号の書面（同条第5項において準用する場合にあっては同条第3項第2号の書面、同条第6項において準用する場合にあっては同条第3項第3号の書面）の縦覧等
五十三　法第816条の2第3項第1号の規定による同条第1項の書面の縦覧等
五十四　法第816条の10第3項第1号の規定による同条第2項の書面の縦覧等

（縦覧等の方法）
第235条　民間事業者等が、電子文書法第5条第1項の規定に基づき、前条各号に掲げる縦覧等に代えて当該縦覧等をすべき書面に係る電磁的記録の縦覧等を行う場合は、民間事業者等の事務所に備え置く電子計算機の映像面に当該縦覧等に係る事項を表示する方法又は電磁的記録に記録されている当該事項を記載した書面を縦覧等に供する方法により行わなければならない。

（交付等の指定）
第236条　電子文書法第6条第1項の主務省令で定

める交付等は、次に掲げる交付等とする。

一　法第31条第２項第２号の規定による定款の謄本又は抄本の交付等

二　法第31条第３項の規定による定款の謄本又は抄本の交付等

三　法第33条第６項の規定による同条第４項の書面の写しの交付等

四　法第171条の２第２項第２号の規定による同条第１項の書面の謄本又は抄本の交付等

五　法第173条の２第３項第２号の規定による同条第２項の書面の謄本又は抄本の交付等

六　法第179条の５第２項第２号の規定による同条第１項の書面の謄本又は抄本の交付等

七　法第179条の10第３項第２号の規定による同条第２項の書面の謄本又は抄本の交付等

八　法第182条の２第２項第２号の規定による同条第１項の書面の謄本又は抄本の交付等

九　法第182条の６第３項第２号の規定による同条第２項の書面の謄本又は抄本の交付等

十　法第207条第６項の規定による同条第４項の書面の写しの交付等

十一　法第306条第７項（法第325条において準用する場合を含む。）の規定による法第306条第５項の書面の写しの交付等

十二　法第358条第７項の規定による同条第５項の書面の写しの交付等

十三　法第378条第２項第２号の規定による同条第１項各号に掲げる書面の謄本又は抄本の交付等

十四　法第378条第３項の規定による同条第１項各号に掲げる書面の謄本又は抄本の交付等

十五　法第442条第３項第２号の規定による計算書類等の謄本又は抄本の交付等

十六　法第442条第４項の規定による計算書類等の謄本又は抄本の交付等

十七　法第496条第２項第２号の規定による貸借対照表等の謄本又は抄本の交付等

十八　法第496条第３項の規定による貸借対照表等の謄本又は抄本の交付等

十九　法第775条第３項第２号の規定による同条第１項の書面の謄本又は抄本の交付等

二十　法第782条第３項第２号の規定による同条第１項の書面の謄本又は抄本の交付等

二十一　法第791条第３項第２号の規定による同条第２項の書面の謄本又は抄本の交付等

二十二　法第794条第３項第２号の規定による同条第１項の書面の謄本又は抄本の交付等

二十三　法第801条第４項第２号（同条第５項及び第６項において準用する場合を含む。）の規定による同条第３項第１号の書面（同条第５項において準用する場合にあっては、同条第３項第２号の書面、同条第６項において準用する場合にあっては同条第３項第３号の書面）の謄本又は抄本の交付等

二十四　法第803条第３項第２号の規定による同条第１項の書面の謄本又は抄本の交付等

二十五　法第811条第３項第２号（同条第４項において準用する場合を含む。）の規定による同条第２項の書面の謄本又は抄本の交付等

二十六　法第815条第４項第２号（同条第５項及び第６項において準用する場合を含む。）の規定による同条第３項第１号の書面（同条第５項において準用する場合にあっては同条第３項第２号の書面、同条第６項において準用する場合にあっては同条第３項第３号の書面）の謄本又は抄本の交付等

二十七　法第816条の２第３項第２号の規定による同条第１項の書面の謄本又は抄本の交付等

二十八　法第816条の10第３項第２号の規定による同条第２項の書面の謄本又は抄本の交付等

（交付等の方法）

第237条　民間事業者等が、電子文書法第６条第１項の規定に基づき、前条各号に掲げる交付等に代えて当該交付等をすべき書面に係る電磁的記録の交付等を行う場合は、次に掲げる方法により行わなければならない。

一　電子情報処理組織を使用する方法のうちイ又はロに掲げるもの

イ　民間事業者等の使用に係る電子計算機と交付等の相手方の使用に係る電子計算機とを接続する電気通信回線を通じて送信し、受信者の使用に係る電子計算機に備えられたファイルに記録する方法

ロ　民間事業者等の使用に係る電子計算機に備えられたファイルに記録された当該交付等に係る事項を電気通信回線を通じて交付等の相手方の閲覧に供し、当該相手方の使用に係る電子計算機に備えられたファイルに当該事項を記録する方法（電子文書法第６条第１項に規定する方法による交付等を受ける旨の承諾又は受けない旨の申出をする場合にあっては、民間事業者等の使用に係る電子計算機に備えられたファイルにその旨を記録する方法）

二　電磁的記録媒体をもって調製するファイルに当該交付等に係る事項を記録したものを交付する方法

2　前項に掲げる方法は、交付等の相手方がファイルへの記録を出力することにより書面を作成することができるものでなければならない。

（交付等の承諾）

第238条　民間事業者等が行う書面の保存等における情報通信の技術の利用に関する法律施行令（平成17年政令第８号）第２条第１項の規定により示すべき方法の種類及び内容は、次に掲げる事項とする。

一　前条第１項に規定する方法のうち民間事業者等が使用するもの

二　ファイルへの記録の方式

会社計算規則　抜粋

平成18年法務省令第13号
最終改正　令和６年法務省令第12号

第２編　会計帳簿

第２章　資産及び負債

第１節　資産及び負債の評価

第１款　通則

（資産の評価）
第５条　資産については、この省令又は法以外の法令に別段の定めがある場合を除き、会計帳簿にその取得価額を付さなければならない。
２　償却すべき資産については、事業年度の末日（事業年度の末日以外の日において評価すべき場合にあっては、その日。以下この条、次条第２項及び第55条第６項第１号において同じ。）において、相当の償却をしなければならない。
３　次の各号に掲げる資産については、事業年度の末日において当該各号に定める価格を付すべき場合には、当該各号に定める価格を付さなければならない。
一　事業年度の末日における時価がその時の取得原価より著しく低い資産（当該資産の時価がその時の取得原価まで回復すると認められるものを除く。）　事業年度の末日における時価
二　事業年度の末日において予測することができない減損が生じた資産又は減損損失を認識すべき資産　その時の取得原価から相当の減額をした額
４　取立不能のおそれのある債権については、事業年度の末日においてその時に取り立てることができないと見込まれる額を控除しなければならない。
５　債権については、その取得価額が債権金額と異なる場合その他相当の理由がある場合には、適正な価格を付すことができる。
６　次に掲げる資産については、事業年度の末日においてその時の時価又は適正な価格を付すことができる。
一　事業年度の末日における時価がその時の取得原価より低い資産
二　市場価格のある資産（子会社及び関連会社の株式並びに満期保有目的の債券を除く。）
三　前２号に掲げる資産のほか、事業年度の末日においてその時の時価又は適正な価格を付すことが適当な資産

第３章　純資産

第１節　株式会社の株主資本

第１款　株式の交付等

（通則）
第13条　株式会社がその成立後に行う株式の交付（法第445条第５項に掲げる行為に際しての株式の交付を除く。）による株式会社の資本金等増加限度額（同条第１項に規定する株主となる者が当該株式会社に対して払込み又は給付をした財産の額をいう。以下この節において同じ。）、その他資本剰余金及びその他利益剰余金の額並びに自己株式対価額（第150条第２項第８号及び第158条第８号ハ並びに法第446条第２号並びに第461条第２項第２号ロ及び第４号に規定する自己株式の対価の額をいう。以下この章において同じ。）については、この款の定めるところによる。
２　前項に規定する「成立後に行う株式の交付」とは、株式会社がその成立後において行う次に掲げる場合における株式の発行及び自己株式の処分（第８号、第９号、第12号、第14号及び第15号に掲げる場合にあっては、自己株式の処分）をいう。
一　法第２編第２章第８節の定めるところにより募集株式を引き受ける者の募集を行う場合（法第202条の２第１項（同条第３項の規定により読み替えて適用する場合を含む。）の規定により募集株式を引き受ける者の募集を行う場合を除く。次条第１項において同じ。）
二　取得請求権付株式（法第108条第２項第５号ロに掲げる事項についての定めがあるものに限る。以下この章において同じ。）の取得をする場合
三　取得条項付株式（法第108条第２項第６号ロに掲げる事項についての定めがあるものに限る。以下この章において同じ。）の取得をする場合
四　全部取得条項付種類株式（当該全部取得条項付種類株式を取得するに際して法第171条第１項第１号イに掲げる事項についての定めをした場合における当該全部取得条項付種類株式に限る。以下この章において同じ。）の取得をする場合
五　株式無償割当てをする場合
六　新株予約権の行使があった場合
七　取得条項付新株予約権（法第236条第１項第７号ニに掲げる事項についての定めがあるものに限る。以下この章において同じ。）の取得をする場合
八　単元未満株式売渡請求を受けた場合
九　株式会社が当該株式会社の株式を取得したことにより生ずる法第462条第１項に規定する義務を履行する株主（株主と連帯して義務を負う者を含む。）に対して当該株主から取得した株式に相当する株式を交付すべき場合
十　吸収合併後当該株式会社が存続する場合
十一　吸収分割による他の会社がその事業に関して有する権利義務の全部又は一部の承継をする場合
十二　吸収分割により吸収分割会社（株式会社に限る。）が自己株式を吸収分割承継会社に承継させる場合
十三　株式交換による他の株式会社の発行済株式の全部の取得をする場合
十四　株式交換に際して自己株式を株式交換完全親会社に取得される場合
十五　株式移転に際して自己株式を株式移転設立完全親会社に取得される場合

十六　株式交付に際して他の株式会社の株式又は新株予約権等の譲受けをする場合

（募集株式を引き受ける者の募集を行う場合）

第14条　法第2編第2章第8節の定めるところにより募集株式を引き受ける者の募集を行う場合には、資本金等増加限度額は、第1号及び第2号に掲げる額の合計額から第3号に掲げる額を減じて得た額に株式発行割合（当該募集に際して発行する株式の数を当該募集に際して発行する株式の数及び処分する自己株式の数の合計数で除して得た割合をいう。以下この条において同じ。）を乗じて得た額から第4号に掲げる額を減じて得た額（0未満である場合にあっては、0）とする。

一　法第208条第1項の規定により払込みを受けた金銭の額（次のイ又はロに掲げる場合における金銭にあっては、当該イ又はロに定める額）

イ　外国の通貨をもって金銭の払込みを受けた場合（ロに掲げる場合を除く。）　当該外国の通貨につき法第199条第1項第4号の期日（同号の期間を定めた場合にあっては、法第208条第1項の規定により払込みを受けた日）の為替相場に基づき算出された額

ロ　当該払込みを受けた金銭の額（イに定める額を含む。）により資本金等増加限度額を計算することが適切でない場合　当該金銭の当該払込みをした者における当該払込みの直前の帳簿価額

二　法第208条第2項の規定により現物出資財産（法第207条第1項に規定する現物出資財産をいう。以下この条において同じ。）の給付を受けた場合にあっては、当該現物出資財産の法第199条第1項第4号の期日（同号の期間を定めた場合にあっては、法第208条第2項の規定により給付を受けた日）における価額（次のイ又はロに掲げる場合における現物出資財産にあっては、当該イ又はロに定める額）

イ　当該株式会社と当該現物出資財産の給付をした者が共通支配下関係にある場合（当該現物出資財産に時価を付すべき場合を除く。）　当該現物出資財産の当該給付をした者における当該給付の直前の帳簿価額

ロ　イに掲げる場合以外の場合であって、当該給付を受けた現物出資財産の価額により資本金等増加限度額を計算することが適切でないとき　イに定める帳簿価額

三　法第199条第1項第5号に掲げる事項として募集株式の交付に係る費用の額のうち、株式会社が資本金等増加限度額から減ずるべき額と定めた額

四　イに掲げる額からロに掲げる額を減じて得た額が0以上であるときは、当該額

イ　当該募集に際して処分する自己株式の帳簿価額

ロ　第1号及び第2号に掲げる額の合計額から前号に掲げる額を減じて得た額（0未満である場合にあっては、0）に自己株式処分割合（1から株式発行割合を減じて得た割合をいう。以下この条において同じ。）を乗じて得た額

2　前項に規定する場合には、同項の行為後の次の各号に掲げる額は、同項の行為の直前の当該額に、当該各号に定める額を加えて得た額とする。

一　その他資本剰余金の額　イ及びロに掲げる額の合計額からハに掲げる額を減じて得た額

イ　前項第1号及び第2号に掲げる額の合計額から同項第3号に掲げる額を減じて得た額に自己株式処分割合を乗じて得た額

ロ　次に掲げる額のうちいずれか少ない額

(1)　前項第4号に掲げる額

(2)　前項第1号及び第2号に掲げる額の合計額から同項第3号に掲げる額を減じて得た額に株式発行割合を乗じて得た額（0未満である場合にあっては、0）

ハ　当該募集に際して処分する自己株式の帳簿価額

二　その他利益剰余金の額　前項第1号及び第2号に掲げる額の合計額から同項第3号に掲げる額を減じて得た額が0未満である場合における当該額に株式発行割合を乗じて得た額

3　第1項に規定する場合には、自己株式対価額は、第1項第1号及び第2号に掲げる額の合計額から同項第3号に掲げる額を減じて得た額に自己株式処分割合を乗じて得た額とする。

4　第2項第1号ロに掲げる額は、第150条第2項第8号及び第158条第8号ハ並びに法第446条第2号並びに第461条第2項第2号ロ及び第4号の規定の適用については、当該額も、自己株式対価額に含まれるものとみなす。

5　第1項第2号の規定の適用については、現物出資財産について法第199条第1項第2号に掲げる額及び同項第3号に掲げる価額と、当該現物出資財産の帳簿価額（当該出資に係る資本金及び資本準備金の額を含む。）とが同一の額でなければならないと解してはならない。

（株式の取得に伴う株式の発行等をする場合）

第15条　次に掲げる場合には、資本金等増加限度額は、0とする。

一　取得請求権付株式の取得をする場合

二　取得条項付株式の取得をする場合

三　全部取得条項付種類株式の取得をする場合

2　前項各号に掲げる場合には、自己株式対価額は、当該各号に掲げる場合において処分する自己株式の帳簿価額とする。

（取得条項付新株予約権の取得をする場合）

第18条　取得条項付新株予約権の取得をする場合には、資本金等増加限度額は、第1号に掲げる額から第2号及び第3号に掲げる額の合計額を減じて得た額に株式発行割合（当該取得に際して発行する株式の数を当該取得に際して発行する株式の数及び処分する自己株式の数の合計数で除して得た割合をいう。以下この条において同じ。）を乗じて得た額から第4号に掲げる額を減じて得た額（0未満である場合にあっては、0）とする。

一　当該取得時における当該取得条項付新株予約権（当該取得条項付新株予約権が新株予約権付社債（これに準ず

るものを含む。以下この号において同じ。）に付されたものである場合にあっては、当該新株予約権付社債についての社債（これに準ずるものを含む。）を含む。以下この項において同じ。）の価額

二　当該取得条項付新株予約権の取得と引換えに行う株式の交付に係る費用の額のうち、株式会社が資本金等増加限度額から減ずるべき額と定めた額

三　株式会社が当該取得条項付新株予約権を取得するのと引換えに交付する財産（当該株式会社の株式を除く。）の帳簿価額（当該財産が社債（自己社債を除く。）又は新株予約権（自己新株予約権を除く。）である場合にあっては、会計帳簿に付すべき額）の合計額

四　イに掲げる額からロに掲げる額を減じて得た額が0以上であるときは、当該額

イ　当該取得に際して処分する自己株式の帳簿価額

ロ　第１号に掲げる額から第２号及び前号に掲げる額の合計額を減じて得た額（0未満である場合にあっては、0）に自己株式処分割合（1から株式発行割合を減じて得た割合をいう。以下この条において同じ。）を乗じて得た額

2　前項に規定する場合には、取得条項付新株予約権の取得後の次の各号に掲げる額は、取得条項付新株予約権の取得の直前の当該額に、当該各号に定める額を加えて得た額とする。

一　その他資本剰余金の額　イ及びロに掲げる額の合計額からハに掲げる額を減じて得た額

イ　前項第１号に掲げる額から同項第２号及び第３号に掲げる額の合計額を減じて得た額に自己株式処分割合を乗じて得た額

ロ　次に掲げる額のうちいずれか少ない額

(1) 前項第４号に掲げる額

(2) 前項第１号に掲げる額から同項第２号及び第３号に掲げる額の合計額を減じて得た額に株式発行割合を乗じて得た額（0未満である場合にあっては、0）

ハ　当該取得に際して処分する自己株式の帳簿価額

二　その他利益剰余金の額　前項第１号に掲げる額から同項第２号及び第３号に掲げる額の合計額を減じて得た額が0未満である場合における当該額に株式発行割合を乗じて得た額

3　第１項に規定する場合には、自己株式対価額は、同項第１号に掲げる額から同項第２号及び第３号に掲げる額の合計額を減じて得た額に自己株式処分割合を乗じて得た額とする。

4　第２項第１号ロに掲げる額は、第150条第２項第８号及び第158条第８号ハ並びに法第446条第２号並びに第461条第２項第２号ロ及び第４号の規定の適用については、当該額も、自己株式対価額に含まれるものとみなす。

（設立時又は成立後の株式の交付に伴う義務が履行された場合）

第21条　次に掲げる義務が履行された場合には、株式会社のその他資本剰余金の額は、当該義務の履行により株式会社に対して支払われた金銭又は給付された金銭以外の財産の額が増加するものとする。

一　法第52条第１項の規定により同項に定める額を支払う義務（当該義務を履行した者が法第28条第１号の財産を給付した発起人である場合における当該義務に限る。）

二　法第52条の２第１項各号に掲げる場合において同項の規定により当該各号に定める行為をする義務

三　法第102条の２第１項の規定により同項に規定する支払をする義務

四　法第212条第１項各号に掲げる場合において同項の規定により当該各号に定める額を支払う義務

五　法第213条の２第１項各号に掲げる場合において同項の規定により当該各号に定める行為をする義務

六　法第285条第１項各号に掲げる場合において同項の規定により当該各号に定める額を支払う義務

七　新株予約権を行使した新株予約権者であって法第286条の２第１項各号に掲げる者に該当するものが同項の規定により当該各号に定める行為をする義務

第２款　剰余金の配当

（法第445条第4項の規定による準備金の計上）

第22条　株式会社が剰余金の配当をする場合には、剰余金の配当後の資本準備金の額は、当該剰余金の配当の直前の資本準備金の額に、次の各号に掲げる場合の区分に応じ、当該各号に定める額を加えて得た額とする。

一　当該剰余金の配当をする日における準備金の額が当該日における基準資本金額（資本金の額に４分の１を乗じて得た額をいう。以下この条において同じ。）以上である場合　0

二　当該剰余金の配当をする日における準備金の額が当該日における基準資本金額未満である場合　イ又はロに掲げる額のうちいずれか少ない額に資本剰余金配当割合（次条第１号イに掲げる額を法第446条第６号に掲げる額で除して得た割合をいう。）を乗じて得た額

イ　当該剰余金の配当をする日における準備金計上限度額（基準資本金額から準備金の額を減じて得た額をいう。以下この条において同じ。）

ロ　法第446条第６号に掲げる額に10分の１を乗じて得た額

2　株式会社が剰余金の配当をする場合には、剰余金の配当後の利益準備金の額は、当該剰余金の配当の直前の利益準備金の額に、次の各号に掲げる場合の区分に応じ、当該各号に定める額を加えて得た額とする。

一　当該剰余金の配当をする日における準備金の額が当該日における基準資本金額以上である場合　0

二　当該剰余金の配当をする日における準備金の額が当該日における基準資本金額未満である場合　イ又はロに掲げる額のうちいずれか少ない額に利益剰余金配当割合（次条第２号イに掲げる額を法第446条第６号に掲げる額で除して得た割合をいう。）を乗じて得た額
イ　当該剰余金の配当をする日における準備金計上限度額
ロ　法第446条第６号に掲げる額に10分の１を乗じて得た額

第４款　株式会社の資本金等の額の増減

（資本金の額）
第25条　株式会社の資本金の額は、第１款並びに第４節及び第５節の２に定めるところのほか、次の各号に掲げる場合に限り、当該各号に定める額が増加するものとする。
一　法第448条の規定により準備金の額を減少する場合（同条第１項第２号に掲げる事項を定めた場合に限る。）　同号の資本金とする額に相当する額
二　法第450条の規定により剰余金の額を減少する場合　同条第１項第１号の減少する剰余金の額に相当する額
2　株式会社の資本金の額は、法第447条の規定による場合に限り、同条第１項第１号の額に相当する額が減少するものとする。この場合において、次に掲げる場合には、資本金の額が減少するものと解してはならない。
一　新株の発行の無効の訴えに係る請求を認容する判決が確定した場合
二　自己株式の処分の無効の訴えに係る請求を認容する判決が確定した場合
三　会社の吸収合併、吸収分割、株式交換又は株式交付の無効の訴えに係る請求を認容する判決が確定した場合
四　設立時発行株式又は募集株式の引受けに係る意思表示その他の株式の発行又は自己株式の処分に係る意思表示が無効とされ、又は取り消された場合
五　株式交付子会社の株式又は新株予約権等の譲渡しに係る意思表示その他の株式交付に係る意思表示が無効とされ、又は取り消された場合

（資本準備金の額）
第26条　株式会社の資本準備金の額は、第１款及び第２款並びに第４節及び第５節の２に定めるところのほか、次の各号に掲げる場合に限り、当該各号に定める額が増加するものとする。
一　法第447条の規定により資本金の額を減少する場合（同条第１項第２号に掲げる事項を定めた場合に限る。）　同号の準備金とする額に相当する額
二　法第451条の規定により剰余金の額を減少する場合　同条第１項第１号の額（その他資本剰余金に係る額に限る。）に相当する額
2　株式会社の資本準備金の額は、法第448条の規定による場合に限り、同条第１項第１号の額（資本準備金に係る額に限る。）に相当する額が減少するものとする。この場合においては、前条第２項後段の規定を準用する。

第２節　持分会社の社員資本

（資本金の額）
第30条　持分会社の資本金の額は、第４節に定めるところのほか、次の各号に掲げる場合に限り、当該各号に定める額の範囲内で持分会社が資本金の額に計上するものと定めた額が増加するものとする。
一　社員が出資の履行をした場合（履行をした出資に係る次号の債権が資産として計上されていた場合を除く。）　イ及びロに掲げる額の合計額からハに掲げる額の合計額を減じて得た額（０未満である場合にあっては、０）
イ　当該社員が履行した出資により持分会社に対し払込み又は給付がされた財産（当該財産がロに規定する財産に該当する場合における当該財産を除く。）の価額
ロ　当該社員が履行した出資により持分会社に対し払込み又は給付がされた財産（当該財産の持分会社における帳簿価額として、当該財産の払込み又は給付をした者における当該払込み又は給付の直前の帳簿価額を付すべき場合における当該財産に限る。）の払込み又は給付をした者における当該払込み又は給付の直前の帳簿価額の合計額
ハ　当該出資の履行の受領に係る費用の額のうち、持分会社が資本金又は資本剰余金から減ずるべき額と定めた額
二　持分会社が社員に対して出資の履行をすべきことを請求する権利に係る債権を資産として計上することと定めた場合　当該債権の価額
三　持分会社が資本剰余金の額の全部又は一部を資本金の額とするものと定めた場合　当該資本剰余金の額
2　持分会社の資本金の額は、次の各号に掲げる場合に限り、当該各号に定める額が減少するものとする。
一　持分会社が退社する社員に対して持分の払戻しをする場合（合同会社にあっては、法第627条の規定による手続をとった場合に限る。）　当該退社する社員の出資につき資本金の額に計上されていた額
二　持分会社が社員に対して出資の払戻しをする場合（合同会社にあっては、法第627条の規定による手続をとった場合に限る。）　当該出資の払戻しにより払戻しをする出資の価額の範囲内で、資本金の額から減ずるべき額と定めた額（当該社員の出資につき資本金の額に計上されていた額以下の額に限る。）
三　持分会社（合同会社を除く。）が資産として計上している前項第２号の債権を資産として計上しないことと定めた場合　当該債権につき資本金に計上されていた額
四　持分会社（合同会社を除く。）が資本金の額の全部

又は一部を資本剰余金の額とするものと定めた場合　当該資本剰余金の額とするものと定めた額に相当する額

五　損失のてん補に充てる場合（合同会社にあっては、法第627条の規定による手続をとった場合に限る。）持分会社が資本金の額の範囲内で損失のてん補に充てるものとして定めた額

第４節　吸収合併、吸収分割、株式交換及び株式交付に際しての株主資本及び社員資本

第１款　吸収合併

（吸収型再編対価の全部又は一部が吸収合併存続会社の株式又は持分である場合における吸収合併存続会社の株主資本等の変動額）

第35条　吸収型再編対価の全部又は一部が吸収合併存続会社の株式又は持分である場合には、吸収合併存続会社において変動する株主資本等の総額（次項において「株主資本等変動額」という。）は、次の各号に掲げる場合の区分に応じ、当該各号に定める方法に従い定まる額とする。

一　当該吸収合併が支配取得に該当する場合（吸収合併消滅会社による支配取得に該当する場合を除く。）吸収型再編対価時価又は吸収型再編対象財産の時価を基礎として算定する方法

二　吸収合併存続会社と吸収合併消滅会社が共通支配下関係にある場合　吸収型再編対象財産の吸収合併の直前の帳簿価額を基礎として算定する方法（前号に定める方法によるべき部分にあっては、当該方法）

三　前２号に掲げる場合以外の場合　前号に定める方法

2　前項の場合には、吸収合併存続会社の資本金及び資本剰余金の増加額は、株主資本等変動額の範囲内で、吸収合併存続会社が吸収合併契約の定めに従いそれぞれ定めた額とし、利益剰余金の額は変動しないものとする。ただし、株主資本等変動額が０未満の場合には、当該株主資本等変動額のうち、対価自己株式の処分により生ずる差損の額をその他資本剰余金（当該吸収合併存続会社が持分会社の場合にあっては、資本剰余金。次条において同じ。）の減少額とし、その余の額をその他利益剰余金（当該吸収合併存続会社が持分会社の場合にあっては、利益剰余金。次条において同じ。）の減少額とし、資本金、資本準備金及び利益準備金の額は変動しないものとする。

第３款　株式交換

第39条　吸収型再編対価の全部又は一部が株式交換完全親会社の株式又は持分である場合には、株式交換完全親会社において変動する株主資本等の総額（以下この条において「株主資本等変動額」という。）は、次の各号に掲げる場合の区分に応じ、当該各号に定める方法に従い定まる額とする。

一　当該株式交換が支配取得に該当する場合（株式交換完全子会社による支配取得に該当する場合を除く。）吸収型再編対価時価又は株式交換完全子会社の株式の時価を基礎として算定する方法

二　株式交換完全親会社と株式交換完全子会社が共通支配下関係にある場合　株式交換完全子会社の財産の株式交換の直前の帳簿価額を基礎として算定する方法（前号に定める方法によるべき部分にあっては、当該方法）

三　前２号に掲げる場合以外の場合　前号に定める方法

2　前項の場合には、株式交換完全親会社の資本金及び資本剰余金の増加額は、株主資本等変動額の範囲内で、株式交換完全親会社が株式交換契約の定めに従い定めた額とし、利益剰余金の額は変動しないものとする。ただし、法第799条（法第802条第２項において読み替えて準用する場合を含む。）の規定による手続をとっている場合以外の場合にあっては、株式交換完全親会社の資本金及び資本準備金の増加額は、株主資本等変動額に対価自己株式の帳簿価額を加えて得た額に株式発行割合（当該株式交換に際して発行する株式の数を当該株式の数及び対価自己株式の数の合計数で除して得た割合をいう。）を乗じて得た額から株主資本等変動額まで（株主資本等変動額に対価自己株式の帳簿価額を加えて得た額に株式発行割合を乗じて得た額が株主資本等変動額を上回る場合にあっては、株主資本等変動額）の範囲内で、株式交換完全親会社が株式交換契約の定めに従いそれぞれ定めた額（株式交換完全親会社が持分会社である場合にあっては、株主資本等変動額）とし、当該額の合計額を株主資本等変動額から減じて得た額をその他資本剰余金の変動額とする。

3　前項の規定にかかわらず、株主資本等変動額が０未満の場合には、当該株主資本等変動額のうち、対価自己株式の処分により生ずる差損の額をその他資本剰余金（当該株式交換完全親会社が持分会社の場合にあっては、資本剰余金）の減少額とし、その余の額をその他利益剰余金（当該株式交換完全親会社が持分会社の場合にあっては、利益剰余金）の減少額とし、資本金、資本準備金及び利益準備金の額は変動しないものとする。

第６節　設立時の株主資本及び社員資本

第１款　通常の設立

（株式会社の設立時の株主資本）

第43条　法第25条第１項各号に掲げる方法により株式会社を設立する場合における株式会社の設立時に行う株式の発行に係る法第445条第１項に規定する株主となる者が当該株式会社に対して払込み又は給付をした財産の額とは、第１号及び第２号に掲げる額の合計額から第３号に掲げる額を減じて得た額（０未満である場合にあっては、０）とする。

一　法第34条第１項又は第63条第１項の規定により

払込みを受けた金銭の額（次のイ又はロに掲げる場合における金銭にあっては、当該イ又はロに定める額）

イ　外国の通貨をもって金銭の払込みを受けた場合（ロに掲げる場合を除く。）　当該外国の通貨につき払込みがあった日の為替相場に基づき算出された金額

ロ　当該払込みを受けた金銭の額（イに定める額を含む。）により資本金又は資本準備金の額として計上すべき額を計算することが適切でない場合　当該金銭の当該払込みをした者における当該払込みの直前の帳簿価額

二　法第34条第１項の規定により金銭以外の財産（以下この条において「現物出資財産」という。）の給付を受けた場合にあっては、当該現物出資財産の給付があった日における価額（次のイ又はロに掲げる場合における現物出資財産にあっては、当該イ又はロに定める額）

イ　当該株式会社と当該現物出資財産の給付をした者が共通支配下関係となる場合（当該現物出資財産に時価を付すべき場合を除く。）　当該現物出資財産の当該給付をした者における当該給付の直前の帳簿価額

ロ　イに掲げる場合以外の場合であって、当該給付を受けた現物出資財産の価額により資本金又は資本準備金の額として計上すべき額を計算することが適切でないとき　イに定める帳簿価額

三　法第32条第１項第３号に掲げる事項として、設立に要した費用の額のうち設立に際して資本金又は資本準備金の額として計上すべき額から減ずるべき額と定めた額

2　設立（法第25条第１項各号に掲げる方法によるものに限る。以下この条において同じ。）時の株式会社のその他資本剰余金の額は、０とする。

3　設立時の株式会社の利益準備金の額は、０とする。

4　設立時の株式会社のその他利益剰余金の額は、０（第１項第１号及び第２号に掲げる額の合計額から同項第３号に掲げる額を減じて得た額が０未満である場合にあっては、当該額）とする。

5　第１項第２号の規定の適用については、現物出資財産について定款に定めた額と、当該現物出資財産の帳簿価額（当該出資に係る資本金及び資本準備金の額を含む。）とが同一の額でなければならないと解してはならない。

（持分会社の設立時の社員資本）

第44条　持分会社の設立（新設合併及び新設分割による設立を除く。以下この条において同じ。）時の資本金の額は、第１号に掲げる額から第２号に掲げる額を減じて得た額（０未満である場合にあっては、０）の範囲内で、社員になろうとする者が定めた額（０以上の額に限る。）とする。

一　設立に際して出資の履行として持分会社が払込み又は給付を受けた財産（以下この条において「出資財産」という。）の出資時における価額（次のイ又はロに掲げる場合における出資財産にあっては、当該イ又はロに定める額）

イ　当該持分会社と当該出資財産の給付をした者が共通支配下関係となる場合（当該出資財産に時価を付すべき場合を除く。）　当該出資財産の当該払込み又は給付をした者における当該払込み又は給付の直前の帳簿価額

ロ　イに掲げる場合以外の場合であって、当該給付を受けた出資財産の価額により資本金又は資本剰余金の額として計上すべき額を計算することが適切でないとき　イに定める帳簿価額

二　設立時の社員になろうとする者が設立に要した費用のうち、設立に際して資本金又は資本剰余金の額として計上すべき額から減ずるべき額と定めた額

2　持分会社の設立時の資本剰余金の額は、第１号に掲げる額から第２号に掲げる額を減じて得た額とする。

一　出資財産の価額

二　設立時の資本金の額

3　持分会社の設立時の利益剰余金の額は、０（第１項第１号に掲げる額から同項第２号に掲げる額を減じて得た額が０未満である場合にあっては、当該額）とする。

第３編　計算関係書類

第１章　総則

第４節　持分会社の計算書類

（成立の日の貸借対照表）

第70条　法第617条第１項の規定により作成すべき貸借対照表は、持分会社の成立の日における会計帳簿に基づき作成しなければならない。

（各事業年度に係る計算書類）

第71条　法第617条第２項に規定する法務省令で定めるものは、次の各号に掲げる持分会社の区分に応じ、当該各号に定めるものとする。

一　合名会社及び合資会社　当該合名会社及び合資会社が損益計算書、社員資本等変動計算書又は個別注記表の全部又は一部をこの編の規定に従い作成するものと定めた場合におけるこの編の規定に従い作成される損益計算書、社員資本等変動計算書又は個別注記表

二　合同会社　この編の規定に従い作成される損益計算書、社員資本等変動計算書及び個別注記表

2　各事業年度に係る計算書類の作成に係る期間は、当該事業年度の前事業年度の末日の翌日（当該事業年度の前事業年度がない場合にあっては、成立の日）から当該事業年度の末日までの期間とする。この場合において、当該期間は、１年（事業年度の末日を変更する場合における変更後の最初の事業年度については、１年６箇月）を超えることができない。

3　法第617条第２項の規定により作成すべき各事業年度に係る計算書類は、当該事業年度に係る会計帳簿に基づき作成しなければならない。

第2章　貸借対照表等

（貸借対照表等の区分）

第73条　貸借対照表等は、次に掲げる部に区分して表示しなければならない。

一　資産
二　負債
三　純資産

2　資産の部又は負債の部の各項目は、当該項目に係る資産又は負債を示す適当な名称を付さなければならない。

3　連結会社が2以上の異なる種類の事業を営んでいる場合には、連結貸借対照表の資産の部及び負債の部は、その営む事業の種類ごとに区分することができる。

（資産の部の区分）

第74条　資産の部は、次に掲げる項目に区分しなければならない。この場合において、各項目（第2号に掲げる項目を除く。）は、適当な項目に細分しなければならない。

一　流動資産
二　固定資産
三　繰延資産

2　固定資産に係る項目は、次に掲げる項目に区分しなければならない。この場合において、各項目は、適当な項目に細分しなければならない。

一　有形固定資産
二　無形固定資産
三　投資その他の資産

3　次の各号に掲げる資産は、当該各号に定めるものに属するものとする。

一　次に掲げる資産　流動資産

イ　現金及び預金（1年内に期限の到来しない預金を除く。）

ロ　受取手形（通常の取引（当該会社の事業目的のための営業活動において、経常的に又は短期間に循環して発生する取引をいう。以下この章において同じ。）に基づいて発生した手形債権（破産更生債権等（破産債権、再生債権、更生債権その他これらに準ずる債権をいう。以下この号において同じ。）で1年内に弁済を受けることができないことが明らかなものを除く。）をいう。）

ハ　売掛金（通常の取引に基づいて発生した事業上の未収金（当該未収金に係る債権が破産更生債権等で1年内に弁済を受けることができないことが明らかなものである場合における当該未収金を除く。）をいう。）

ニ　所有権移転ファイナンス・リース取引におけるリース債権のうち、通常の取引に基づいて発生したもの（破産更生債権等で1年内に回収されないことが明らかなものを除く。）及び通常の取引以外の取引に基づいて発生したもので1年内に期限が到来するもの

ホ　所有権移転外ファイナンス・リース取引におけるリース投資資産のうち、通常の取引に基づいて発生したもの（破産更生債権等で1年内に回収されないことが明らかなものを除く。）及び通常の取引以外の取引に基づいて発生したもので1年内に期限が到来するもの

ヘ　売買目的有価証券及び1年内に満期の到来する有価証券

ト　商品（販売の目的をもって所有する土地、建物その他の不動産を含む。）

チ　製品、副産物及び作業くず

リ　半製品（自製部分品を含む。）

ヌ　原料及び材料（購入部分品を含む。）

ル　仕掛品及び半成工事

ヲ　消耗品、消耗工具、器具及び備品その他の貯蔵品であって、相当な価額以上のもの

ワ　前渡金（商品及び原材料（これらに準ずるものを含む。）の購入のための前渡金（当該前渡金に係る債権が破産更生債権等で1年内に弁済を受けることができないことが明らかなものである場合における当該前渡金を除く。）をいう。）

カ　前払費用であって、1年内に費用となるべきもの

ヨ　未収収益

タ　その他の資産であって、1年内に現金化することができると認められるもの

二　次に掲げる資産（ただし、イからチまでに掲げる資産については、事業の用に供するものに限る。）　有形固定資産

イ　建物及び暖房、照明、通風等の付属設備

ロ　構築物（ドック、橋、岸壁、さん橋、軌道、貯水池、坑道、煙突その他土地に定着する土木設備又は工作物をいう。）

ハ　機械及び装置並びにホイスト、コンベヤー、起重機等の搬送設備その他の付属設備

ニ　船舶及び水上運搬具

ホ　鉄道車両、自動車その他の陸上運搬具

ヘ　工具、器具及び備品（耐用年数が1年以上のものに限る。）

ト　土地

チ　リース資産（当該会社がファイナンス・リース取引におけるリース物件の借主である資産であって、当該リース物件がイからトまで及びヌに掲げるものである場合に限る。）

リ　建設仮勘定（イからトまでに掲げる資産で事業の用に供するものを建設した場合における支出及び当該建設の目的のために充当した材料をいう。）

ヌ　その他の有形資産であって、有形固定資産に属する資産とすべきもの

三　次に掲げる資産　無形固定資産

イ　特許権

ロ　借地権（地上権を含む。）

ハ　商標権

ニ　実用新案権

ホ　意匠権

ヘ　鉱業権

ト　漁業権（入漁権を含む。）

チ　ソフトウエア

リ　のれん

ヌ　リース資産（当該会社がファイナンス・リース取引に

おけるリース物件の借主である資産であって、当該リース物件がイからチまで及びルに掲げるものである場合に限る。)

ル　その他の無形資産であって、無形固定資産に属する資産とすべきもの

四　次に掲げる資産　投資その他の資産

イ　関係会社の株式(売買目的有価証券に該当する株式を除く。以下同じ。)その他流動資産に属しない有価証券

ロ　出資金

ハ　長期貸付金

ニ　前払年金費用(連結貸借対照表にあっては、退職給付に係る資産)

ホ　繰延税金資産

ヘ　所有権移転ファイナンス・リース取引におけるリース債権のうち第1号ニに掲げるもの以外のもの

ト　所有権移転外ファイナンス・リース取引におけるリース投資資産のうち第1号ホに掲げるもの以外のもの

チ　その他の資産であって、投資その他の資産に属する資産とすべきもの

リ　その他の資産であって、流動資産、有形固定資産、無形固定資産又は繰延資産に属しないもの

五　繰延資産として計上することが適当であると認められるもの　繰延資産

4　前項に規定する「1年内」とは、次の各号に掲げる貸借対照表等の区分に応じ、当該各号に定める日から起算して1年以内の日をいう(以下この編において同じ。)。

一　成立の日における貸借対照表　会社の成立の日

二　事業年度に係る貸借対照表　事業年度の末日の翌日

三　臨時計算書類の貸借対照表　臨時決算日の翌日

四　連結貸借対照表　連結会計年度の末日の翌日

(負債の部の区分)

第75条　負債の部は、次に掲げる項目に区分しなければならない。この場合において、各項目は、適当な項目に細分しなければならない。

一　流動負債

二　固定負債

2　次の各号に掲げる負債は、当該各号に定めるものに属するものとする。

一　次に掲げる負債　流動負債

イ　支払手形(通常の取引に基づいて発生した手形債務をいう。)

ロ　買掛金(通常の取引に基づいて発生した事業上の未払金をいう。)

ハ　前受金(受注工事、受注品等に対する前受金をいう。)

ニ　引当金(資産に係る引当金及び1年内に使用されないと認められるものを除く。)

ホ　通常の取引に関連して発生する未払金又は預り金で一般の取引慣行として発生後短期間に支払われるもの

ヘ　未払費用

ト　前受収益

チ　ファイナンス・リース取引におけるリース債務のうち、1年内に期限が到来するもの

リ　資産除去債務のうち、1年内に履行されると認められるもの

ヌ　その他の負債であって、1年内に支払われ、又は返済されると認められるもの

二　次に掲げる負債　固定負債

イ　社債

ロ　長期借入金

ハ　引当金(資産に係る引当金、前号ニに掲げる引当金及びニに掲げる退職給付引当金を除く。)

ニ　退職給付引当金(連結貸借対照表にあっては、退職給付に係る負債)

ホ　繰延税金負債

ヘ　のれん

ト　ファイナンス・リース取引におけるリース債務のうち、前号チに掲げるもの以外のもの

チ　資産除去債務のうち、前号リに掲げるもの以外のもの

リ　その他の負債であって、流動負債に属しないもの

(純資産の部の区分)

第76条　純資産の部は、次の各号に掲げる貸借対照表等の区分に応じ、当該各号に定める項目に区分しなければならない。

一　株式会社の貸借対照表　次に掲げる項目

イ　株主資本

ロ　評価・換算差額等

ハ　株式引受権

ニ　新株予約権

二　株式会社の連結貸借対照表　次に掲げる項目

イ　株主資本

ロ　次に掲げるいずれかの項目

(1)　評価・換算差額等

(2)　その他の包括利益累計額

ハ　株式引受権

ニ　新株予約権

ホ　非支配株主持分

三　持分会社の貸借対照表　次に掲げる項目

イ　社員資本

ロ　評価・換算差額等

2　株主資本に係る項目は、次に掲げる項目に区分しなければならない。この場合において、第5号に掲げる項目は、控除項目とする。

一　資本金

二　新株式申込証拠金

三　資本剰余金

四　利益剰余金

五　自己株式

六　自己株式申込証拠金

3　社員資本に係る項目は、次に掲げる項目に区分しなければならない。

一　資本金
二　出資金申込証拠金
三　資本剰余金
四　利益剰余金

4　株式会社の貸借対照表の資本剰余金に係る項目は、次に掲げる項目に区分しなければならない。
一　資本準備金
二　その他資本剰余金

5　株式会社の貸借対照表の利益剰余金に係る項目は、次に掲げる項目に区分しなければならない。
一　利益準備金
二　その他利益剰余金

6　第4項第2号及び前項第2号に掲げる項目は、適当な名称を付した項目に細分することができる。

7　評価・換算差額等又はその他の包括利益累計額に係る項目は、次に掲げる項目その他適当な名称を付した項目に細分しなければならない。ただし、第4号及び第5号に掲げる項目は、連結貸借対照表に限る。
一　その他有価証券評価差額金
二　繰延ヘッジ損益
三　土地再評価差額金
四　為替換算調整勘定
五　退職給付に係る調整累計額

8　新株予約権に係る項目は、自己新株予約権に係る項目を控除項目として区分することができる。

9　連結貸借対照表についての次の各号に掲げるものに計上すべきものは、当該各号に定めるものとする。
一　第2項第5号の自己株式　次に掲げる額の合計額
　イ　当該株式会社が保有する当該株式会社の株式の帳簿価額
　ロ　連結子会社並びに持分法を適用する非連結子会社及び関連会社が保有する当該株式会社の株式の帳簿価額のうち、当該株式会社のこれらの会社に対する持分に相当する額
二　第7項第4号の為替換算調整勘定　外国にある子会社又は関連会社の資産及び負債の換算に用いる為替相場と純資産の換算に用いる為替相場とが異なることによって生じる換算差額
三　第7項第5号の退職給付に係る調整累計額　次に掲げる項目の額の合計額
　イ　未認識数理計算上の差異
　ロ　未認識過去勤務費用
　ハ　その他退職給付に係る調整累計額に計上することが適当であると認められるもの

第4編　計算関係書類の監査

第2章　会計監査人設置会社以外の株式会社における監査

（監査役の監査報告の内容）
第122条　監査役（会計監査人設置会社の監査役を除く。以下この章において同じ。）は、計算関係書類を受領したときは、次に掲げる事項（監査役会設置会社の監査役の監査報告にあっては、第1号から第4号までに掲げる事項）を内容とする監査報告を作成しなければならない。
一　監査役の監査の方法及びその内容
二　計算関係書類が当該株式会社の財産及び損益の状況を全ての重要な点において適正に表示しているかどうかについての意見
三　監査のため必要な調査ができなかったときは、その旨及びその理由
四　追記情報
五　監査報告を作成した日

2　前項第4号に規定する「追記情報」とは、次に掲げる事項その他の事項のうち、監査役の判断に関して説明を付す必要がある事項又は計算関係書類の内容のうち強調する必要がある事項とする。
一　会計方針の変更
二　重要な偶発事象
三　重要な後発事象

（監査報告の通知期限等）
第124条　特定監査役は、次の各号に掲げる監査報告（監査役会設置会社にあっては、前条第1項の規定により作成された監査役会の監査報告に限る。以下この条において同じ。）の区分に応じ、当該各号に定める日までに、特定取締役に対し、当該監査報告の内容を通知しなければならない。
一　各事業年度に係る計算書類及びその附属明細書についての監査報告　次に掲げる日のいずれか遅い日
　イ　当該計算書類の全部を受領した日から4週間を経過した日
　ロ　当該計算書類の附属明細書を受領した日から1週間を経過した日
　ハ　特定取締役及び特定監査役が合意により定めた日があるときは、その日
二　臨時計算書類についての監査報告　次に掲げる日のいずれか遅い日
　イ　当該臨時計算書類の全部を受領した日から4週間を経過した日
　ロ　特定取締役及び特定監査役が合意により定めた日があるときは、その日

2　計算関係書類については、特定取締役が前項の規定による監査報告の内容の通知を受けた日に、監査役の監査を受けたものとする。

3　前項の規定にかかわらず、特定監査役が第1項の規定により通知をすべき日までに同項の規定による監査報告の内容の通知をしない場合には、当該通知をすべき日に、計算関係書類については、監査役の監査を受けたものとみなす。

4　第1項及び第2項に規定する「特定取締役」とは、次の各号に掲げる場合の区分に応じ、当該各号に定める者（当該株式会社が会計参与設置会社である場合にあっては、当該各号に定める者及び会計参与）をいう。
一　第1項の規定による通知を受ける者を定めた場

合　当該通知を受ける者として定められた者
二　前号に掲げる場合以外の場合　監査を受けるべき計算関係書類の作成に関する職務を行った取締役
5　第1項及び第3項に規定する「特定監査役」とは、次の各号に掲げる株式会社の区分に応じ、当該各号に定める者とする。
一　監査役設置会社（監査役の監査の範囲を会計に関するものに限定する旨の定款の定めがある株式会社を含み、監査役会設置会社及び会計監査人設置会社を除く。）　次のイからハまでに掲げる場合の区分に応じ、当該イからハまでに定める者
イ　2以上の監査役が存する場合において、第1項の規定による監査報告の内容の通知をすべき監査役を定めたとき　当該通知をすべき監査役として定められた監査役
ロ　2以上の監査役が存する場合において、第1項の規定による監査報告の内容の通知をすべき監査役を定めていないとき　全ての監査役
ハ　イ又はロに掲げる場合以外の場合　監査役
二　監査役会設置会社（会計監査人設置会社を除く。）　次のイ又はロに掲げる場合の区分に応じ、当該イ又はロに定める者
イ　監査役会が第1項の規定による監査報告の内容の通知をすべき監査役を定めた場合　当該通知をすべき監査役として定められた監査役
ロ　イに掲げる場合以外の場合　全ての監査役

第5編　計算書類の株主への提供及び承認の特則に関する要件

第1章　計算書類等の株主への提供

（計算書類等の提供）
第133条　法第437条の規定により株主に対して行う提供計算書類（次の各号に掲げる株式会社の区分に応じ、当該各号に定めるものをいう。以下この条において同じ。）の提供に関しては、この条に定めるところによる。
一　株式会社（監査役設置会社（監査役の監査の範囲を会計に関するものに限定する旨の定款の定めがある株式会社を含む。次号において同じ。）及び会計監査人設置会社を除く。）　計算書類
二　会計監査人設置会社以外の監査役設置会社　次に掲げるもの
イ　計算書類
ロ　計算書類に係る監査役（監査役会設置会社にあっては、監査役会）の監査報告があるときは、当該監査報告（2以上の監査役が存する株式会社（監査役会設置会社を除く。）の各監査役の監査報告の内容（監査報告を作成した日を除く。）が同一である場合にあっては、1又は2以上の監査役の監査報告）
ハ　第124条第3項の規定により監査を受けたものとみなされたときは、その旨の記載又は記録をした書面又は電磁的記録
三　会計監査人設置会社　次に掲げるもの
イ　計算書類
ロ　計算書類に係る会計監査報告があるときは、当該会計監査報告
ハ　会計監査人が存しないとき（法第346条第4項の一時会計監査人の職務を行うべき者が存する場合を除く。）は、会計監査人が存しない旨の記載又は記録をした書面又は電磁的記録
ニ　第130条第3項の規定により監査を受けたものとみなされたときは、その旨の記載又は記録をした書面又は電磁的記録
ホ　計算書類に係る監査役（監査役会設置会社にあっては監査役会、監査等委員会設置会社にあっては監査等委員会、指名委員会等設置会社にあっては監査委員会）の監査報告があるときは、当該監査報告（2以上の監査役が存する株式会社（監査役会設置会社を除く。）の各監査役の監査報告の内容（監査報告を作成した日を除く。）が同一である場合にあっては、1又は2以上の監査役の監査報告）
ヘ　前条第3項の規定により監査を受けたものとみなされたときは、その旨の記載又は記録をした書面又は電磁的記録
2　定時株主総会の招集通知（法第299条第2項又は第3項の規定による通知をいう。以下同じ。）を次の各号に掲げる方法により行う場合にあっては、提供計算書類は、当該各号に定める方法により提供しなければならない。
一　書面の提供　次のイ又はロに掲げる場合の区分に応じ、当該イ又はロに定める方法
イ　提供計算書類が書面をもって作成されている場合　当該書面に記載された事項を記載した書面の提供
ロ　提供計算書類が電磁的記録をもって作成されている場合　当該電磁的記録に記録された事項を記載した書面の提供
二　電磁的方法による提供　次のイ又はロに掲げる場合の区分に応じ、当該イ又はロに定める方法
イ　提供計算書類が書面をもって作成されている場合　当該書面に記載された事項の電磁的方法による提供
ロ　提供計算書類が電磁的記録をもって作成されている場合　当該電磁的記録に記録された事項の電磁的方法による提供
3　提供計算書類を提供する際には、当該事業年度より前の事業年度に係る貸借対照表、損益計算書又は株主資本等変動計算書に表示すべき事項（以下この項において「過年度事項」という。）を併せて提供することができる。この場合において、提供計算書類の提供をする時における過年度事項が会計方針の変更その他の正当な理由により当該事業年度より前の事業年度に係る定時株主総会において承認又は報告をしたものと異なるものとなっているときは、修正後の過年度事項を提供することを妨げない。
4　提供計算書類に表示すべき事項に係る情報を、定

時株主総会に係る招集通知を発出する時から定時株主総会の日から３箇月が経過する日までの間、継続して電磁的方法により株主が提供を受けることができる状態に置く措置（会社法施行規則第222条第１項第１号ロに掲げる方法のうち、インターネットに接続された自動公衆送信装置（公衆の用に供する電気通信回線に接続することにより、その記録媒体のうち自動公衆送信の用に供する部分に記録され、又は当該装置に入力される情報を自動公衆送信する機能を有する装置をいう。以下この章において同じ。）を使用する方法によって行われるものに限る。）をとる場合における第２項の規定の適用については、当該事項につき同項各号に掲げる場合の区分に応じ、当該各号に定める方法により株主に対して提供したものとみなす。ただし、この項の措置をとる旨の定款の定めがある場合に限る。

5　前項の場合には、取締役は、同項の措置をとるために使用する自動公衆送信装置のうち当該措置をとるための用に供する部分をインターネットにおいて識別するための文字、記号その他の符号又はこれらの結合であって、情報の提供を受ける者がその使用に係る電子計算機に入力することによって当該情報の内容を閲覧し、当該電子計算機に備えられたファイルに当該情報を記録することができるものを株主に対して通知しなければならない。

6　第４項の規定により提供計算書類に表示した事項の一部が株主に対して第２項各号に定める方法により提供したものとみなされる場合において、監査役、会計監査人、監査等委員会又は監査委員会が、現に株主に対して提供された計算書類が監査報告又は会計監査報告を作成するに際して監査をした計算書類の一部であることを株主に対して通知すべき旨を取締役に請求したときは、取締役は、その旨を株主に対して通知しなければならない。

7　取締役は、計算書類の内容とすべき事項について、定時株主総会の招集通知を発出した日から定時株主総会の前日までの間に修正をすべき事情が生じた場合における修正後の事項を株主に周知させる方法を当該招集通知と併せて通知することができる。

第６編　計算書類の公告等

第１章　計算書類の公告

第136条　株式会社が法第440条第１項の規定による公告（同条第３項の規定による措置を含む。以下この項において同じ。）をする場合には、次に掲げる事項を当該公告において明らかにしなければならない。この場合において、第１号から第７号までに掲げる事項は、当該事業年度に係る個別注記表に表示した注記に限るものとする。

一　継続企業の前提に関する注記
二　重要な会計方針に係る事項に関する注記
三　貸借対照表に関する注記
四　税効果会計に関する注記
五　関連当事者との取引に関する注記
六　１株当たり情報に関する注記
七　重要な後発事象に関する注記
八　当期純損益金額

2　株式会社が法第440条第１項の規定により損益計算書の公告をする場合における前項の規定の適用については、同項中「次に」とあるのは、「第１号から第７号までに」とする。

3　前項の規定は、株式会社が損益計算書の内容である情報について法第440条第３項に規定する措置をとる場合について準用する。

第３章　雑則

（貸借対照表等の電磁的方法による公開の方法）

第147条　法第440条第３項の規定による措置は、会社法施行規則第222条第１項第１号ロに掲げる方法のうち、インターネットに接続された自動公衆送信装置（公衆の用に供する電気通信回線に接続することにより、その記録媒体のうち自動公衆送信の用に供する部分に記録され、又は当該装置に入力される情報を自動公衆送信する機能を有する装置をいう。）を使用する方法によって行わなければならない。

第７編　株式会社の計算に係る計数等に関する事項

第２章　資本金等の額の減少

（欠損の額）

第151条　法第449条第１項第２号に規定する法務省令で定める方法は、次に掲げる額のうちいずれか高い額をもって欠損の額とする方法とする。

一　0
二　0から分配可能額を減じて得た額

（計算書類に関する事項）

第152条　法第449条第２項第２号に規定する法務省令で定めるものは、同項の規定による公告の日又は同項の規定による催告の日のいずれか早い日における次の各号に掲げる場合の区分に応じ、当該各号に定めるものとする。

一　最終事業年度に係る貸借対照表又はその要旨につき公告対象会社（法第449条第２項第２号の株式会社をいう。以下この条において同じ。）が法第440条第１項又は第２項の規定による公告をしている場合　次に掲げるもの
　イ　官報で公告をしているときは、当該官報の日付及び当該公告が掲載されている頁
　ロ　時事に関する事項を掲載する日刊新聞紙で公告をしているときは、当該日刊新聞紙の名称、日付及び当該公告が掲載されている頁
　ハ　電子公告により公告をしているときは、法第911条第３項第28号イに掲げる事項
二　最終事業年度に係る貸借対照表につき公告対象会社が法第440条第３項に規定する措置をとって

いる場合　法第911条第３項第26号に掲げる事項

三　公告対象会社が法第440条第４項に規定する株式会社である場合において、当該株式会社が金融商品取引法第24条第１項の規定により最終事業年度に係る有価証券報告書を提出している場合　その旨

四　公告対象会社が会社法の施行に伴う関係法律の整備等に関する法律（平成17年法律第87号）第28条の規定により法第440条の規定が適用されないものである場合　その旨

五　公告対象会社につき最終事業年度がない場合　その旨

六　前各号に掲げる場合以外の場合　前編第２章の規定による最終事業年度に係る貸借対照表の要旨の内容

第６章　分配可能額

（臨時計算書類の損失の額）

第157条　法第461条第２項第５号に規定する法務省令で定める各勘定科目に計上した額の合計額は、０から臨時計算書類の損益計算書に計上された当期純損益金額（０未満の額に限る。）を減じて得た額とする。

（その他減ずるべき額）

第158条　法第461条第２項第６号に規定する法務省令で定める各勘定科目に計上した額の合計額は、第１号から第８号までに掲げる額の合計額から第９号及び第10号に掲げる額の合計額を減じて得た額とする。

一　最終事業年度（法第461条第２項第２号に規定する場合にあっては、法第441条第１項第２号の期間（当該期間が２以上ある場合にあっては、その末日が最も遅いもの）。以下この号から第３号まで、第６号ハ、第８号イ及びロ並びに第９号において同じ。）の末日（最終事業年度がない場合（法第461条第２項第２号に規定する場合を除く。）にあっては、成立の日。以下この号から第３号まで、第６号ハ、第８号イ及びロ並びに第９号において同じ。）におけるのれん等調整額（資産の部に計上したのれんの額を２で除して得た額及び繰延資産の部に計上した額の合計額をいう。以下この号及び第４号において同じ。）が次のイからハまでに掲げる場合に該当する場合における当該イからハまでに定める額

イ　当該のれん等調整額が資本等金額（最終事業年度の末日における資本金の額及び準備金の額の合計額をいう。以下この号において同じ。）以下である場合　０

ロ　当該のれん等調整額が資本等金額及び最終事業年度の末日におけるその他資本剰余金の額の合計額以下である場合（イに掲げる場合を除く。）　当該のれん等調整額から資本等金額を減じて得た額

ハ　当該のれん等調整額が資本等金額及び最終事業年度の末日におけるその他資本剰余金の額の合計額を超えている場合　次に掲げる場合の区分に応じ、次に定める額

(1)　最終事業年度の末日におけるのれんの額を２で除して得た額が資本等金額及び最終事業年度の末日におけるその他資本剰余金の額の合計額以下の場合　当該のれん等調整額から資本等金額を減じて得た額

(2)　最終事業年度の末日におけるのれんの額を２で除して得た額が資本等金額及び最終事業年度の末日におけるその他資本剰余金の額の合計額を超えている場合　最終事業年度の末日におけるその他資本剰余金の額及び繰延資産の部に計上した額の合計額

二　最終事業年度の末日における貸借対照表のその他有価証券評価差額金の項目に計上した額（当該額が０以上である場合にあっては、０）を０から減じて得た額

三　最終事業年度の末日における貸借対照表の土地再評価差額金の項目に計上した額（当該額が０以上である場合にあっては、０）を０から減じて得た額

四　株式会社が連結配当規制適用会社であるとき（第２条第３項第55号のある事業年度が最終事業年度である場合に限る。）は、イに掲げる額からロ及びハに掲げる額の合計額を減じて得た額（当該額が０未満である場合にあっては、０）

イ　最終事業年度の末日における貸借対照表の(1)から(3)までに掲げる額の合計額から(4)に掲げる額を減じて得た額

(1)　株主資本の額

(2)　その他有価証券評価差額金の項目に計上した額（当該額が０以上である場合にあっては、０）

(3)　土地再評価差額金の項目に計上した額（当該額が０以上である場合にあっては、０）

(4)　のれん等調整額（当該のれん等調整額が資本金の額、資本剰余金の額及び利益準備金の額の合計額を超えている場合にあっては、資本金の額、資本剰余金の額及び利益準備金の額の合計額）

ロ　最終事業年度の末日後に子会社から当該株式会社の株式を取得した場合における当該株式の取得直前の当該子会社における帳簿価額のうち、当該株式会社の当該子会社に対する持分に相当する額

ハ　最終事業年度の末日における連結貸借対照表の(1)から(3)までに掲げる額の合計額から(4)に掲げる額を減じて得た額

(1)　株主資本の額

(2)　その他有価証券評価差額金の項目に計上した額（当該額が０以上である場合にあっては、０）

(3)　土地再評価差額金の項目に計上した額（当該額が０以上である場合にあっては、０）

(4)　のれん等調整額（当該のれん等調整額が資本金の額及び資本剰余金の額の合計額を超えている場合にあっては、資本金の額及び資本剰余金の額の合計額）

五　最終事業年度の末日（最終事業年度がない場合にあっては、成立の日。第７号及び第10号において同じ。）後に２以上の臨時計算書類を作成した場合における最終の臨時計算書類以外の臨時計算書類に係る法第

461条第２項第２号に掲げる額（同号ロに掲げる額のうち、吸収型再編受入行為及び特定募集（次の要件のいずれにも該当する場合におけるロの募集をいう。以下この条において同じ。）に際して処分する自己株式に係るものを除く。）から同項第５号に掲げる額を減じて得た額

イ　最終事業年度の末日後に法第173条第１項の規定により当該株式会社の株式の取得（株式の取得に際して当該株式の株主に対してロの募集により当該株式会社が払込み又は給付を受けた財産のみを交付する場合における当該株式の取得に限る。）をすること。

ロ　法第２編第２章第８節の規定によりイの株式（当該株式の取得と同時に当該取得した株式の内容を変更する場合にあっては、当該変更後の内容の株式）の全部又は一部を引き受ける者の募集をすること。

ハ　イの株式の取得に係る法第171条第１項第３号の日とロの募集に係る法第199条第１項第４号の期日が同一の日であること。

六　300万円に相当する額から次に掲げる額の合計額を減じて得た額（当該額が０未満である場合にあっては、０）

イ　資本金の額及び準備金の額の合計額

ロ　株式引受権の額

ハ　新株予約権の額

ニ　最終事業年度の末日の貸借対照表の評価・換算差額等の各項目に計上した額（当該項目に計上した額が０未満である場合にあっては、０）の合計額

七　最終事業年度の末日後株式会社が吸収型再編受入行為又は特定募集に際して処分する自己株式に係る法第461条第２項第２号ロに掲げる額

八　次に掲げる額の合計額

イ　最終事業年度の末日後に第21条の規定により増加したその他資本剰余金の額

ロ　最終事業年度の末日後に第42条の２第５項第１号の規定により変動したその他資本剰余金の額

ハ　最終事業年度がない株式会社が成立の日後に自己株式を処分した場合における当該自己株式の対価の額

九　最終事業年度の末日後に株式会社が当該株式会社の株式を取得した場合（法第155条第12号に掲げる場合以外の場合において、当該株式の取得と引換えに当該株式の株主に対して当該株式会社の株式を交付するときに限る。）における当該取得した株式の帳簿価額から次に掲げる額の合計額を減じて得た額

イ　当該取得に際して当該取得した株式の株主に交付する当該株式会社の株式以外の財産（社債等（自己社債及び自己新株予約権を除く。ロにおいて同じ。）を除く。）の帳簿価額

ロ　当該取得に際して当該取得した株式の株主に交付する当該株式会社の社債等に付すべき帳簿価額

十　最終事業年度の末日後に株式会社が吸収型再編受入行為又は特定募集に際して処分する自己株式に係る法第461条第２項第４号（最終事業年度がない場合にあっては、第８号）に掲げる額

商法　抄

明治32年法律第48号
最終改正　平成30年法律第29号

目次

第1編　総則

第1章　通則

（趣旨等）
第1条　商人の営業、商行為その他商事については、他の法律に特別の定めがあるものを除くほか、この法律の定めるところによる。
2　商事に関し、この法律に定めがない事項については商慣習に従い、商慣習がないときは、民法（明治29年法律第89号）の定めるところによる。

（公法人の商行為）
第2条　公法人が行う商行為については、法令に別段の定めがある場合を除き、この法律の定めるところによる。

（一方的商行為）
第3条　当事者の一方のために商行為となる行為については、この法律をその双方に適用する。
2　当事者の一方が二人以上ある場合において、その一人のために商行為となる行為については、この法律をその全員に適用する。

第2章　商人

（定義）
第4条　この法律において「商人」とは、自己の名をもって商行為をすることを業とする者をいう。
2　店舗その他これに類似する設備によって物品を販売することを業とする者又は鉱業を営む者は、商行為を行うことを業としない者であっても、これを商人とみなす。

（未成年者登記）
第5条　未成年者が前条の営業を行うときは、その登記をしなければならない。

（後見人登記）
第6条　後見人が被後見人のために第4条の営業を行うときは、その登記をしなければならない。
2　後見人の代理権に加えた制限は、善意の第三者に対抗することができない。

（小商人）
第7条　第5条、前条、次章、第11条第2項、第15条第2項、第17条第2項前段、第5章及び第22条の規定は、小商人（商人のうち、法務省令で定めるその営業のために使用する財産の価額が法務省令で定める金額を超えないものをいう。）については、適用しない。

第3章　商業登記

（通則）
第8条　この編の規定により登記すべき事項は、当事者の申請により、商業登記法（昭和38年法律第125号）の定めるところに従い、商業登記簿にこれを登記する。

（登記の効力）
第9条　この編の規定により登記すべき事項は、登記の後でなければ、これをもって善意の第三者に対抗することができない。登記の後であっても、第三者が正当な事由によってその登記があることを知らなかったときは、同様とする。
2　故意又は過失によって不実の事項を登記した

商
法

者は、その事項が不実であることをもって善意の第三者に対抗することができない。

（変更の登記及び消滅の登記）

第10条　この編の規定により登記した事項に変更が生じ、又はその事項が消滅したときは、当事者は、遅滞なく、変更の登記又は消滅の登記をしなければならない。

第4章　商号

（商号の選定）

第11条　商人（会社及び外国会社を除く。以下この編において同じ。）は、その氏、氏名その他の名称をもってその商号とすることができる。

2　商人は、その商号の登記をすることができる。

（他の商人と誤認させる名称等の使用の禁止）

第12条　何人も、不正の目的をもって、他の商人であると誤認されるおそれのある名称又は商号を使用してはならない。

2　前項の規定に違反する名称又は商号の使用によって営業上の利益を侵害され、又は侵害されるおそれがある商人は、その営業上の利益を侵害する者又は侵害するおそれがある者に対し、その侵害の停止又は予防を請求することができる。

（過料）

第13条　前条第1項の規定に違反した者は、100万円以下の過料に処する。

（自己の商号の使用を他人に許諾した商人の責任）

第14条　自己の商号を使用して営業又は事業を行うことを他人に許諾した商人は、当該商人が当該営業を行うものと誤認して当該他人と取引をした者に対し、当該他人と連帯して、当該取引によって生じた債務を弁済する責任を負う。

（商号の譲渡）

第15条　商人の商号は、営業とともにする場合又は営業を廃止する場合に限り、譲渡することができる。

2　前項の規定による商号の譲渡は、登記をしなければ、第三者に対抗することができない。

（営業譲渡人の競業の禁止）

第16条　営業を譲渡した商人（以下この章において「譲渡人」という。）は、当事者の別段の意思表示がない限り、同一の市町村（特別区を含むものとし、地方自治法（昭和22年法律第67号）第252条の19第1項の指定都市にあっては、区又は総合区。以下同じ。）の区域内及びこれに隣接する市町村の区域内においては、その営業を譲渡した日から20年間は、同一の営業を行ってはならない。

2　譲渡人が同一の営業を行わない旨の特約をした場合には、その特約は、その営業を譲渡した日から30年の期間内に限り、その効力を有する。

3　前2項の規定にかかわらず、譲渡人は、不正の競争の目的をもって同一の営業を行ってはならない。

（譲渡人の商号を使用した譲受人の責任等）

第17条　営業を譲り受けた商人（以下この章において「譲受人」という。）が譲渡人の商号を引き続き使用する場合には、その譲受人も、譲渡人の営業によって生じた債務を弁済する責任を負う。

2　前項の規定は、営業を譲渡した後、遅滞なく、譲受人が譲渡人の債務を弁済する責任を負わない旨を登記した場合には、適用しない。営業を譲渡した後、遅滞なく、譲受人及び譲渡人から第三者に対しその旨の通知をした場合において、その通知を受けた第三者についても、同様とする。

3　譲受人が第1項の規定により譲渡人の債務を弁済する責任を負う場合には、譲渡人の責任は、営業を譲渡した日後2年以内に請求又は請求の予告をしない債権者に対しては、その期間を経過した時に消滅する。

4　第1項に規定する場合において、譲渡人の営業によって生じた債権について、その譲受人にした弁済は、弁済者が善意でかつ重大な過失がないときは、その効力を有する。

（譲受人による債務の引受け）

第18条　譲受人が譲渡人の商号を引き続き使用しない場合においても、譲渡人の営業によって生じた債務を引き受ける旨の広告をしたときは、譲渡人の債権者は、その譲受人に対して弁済の請求をすることができる。

2　譲受人が前項の規定により譲渡人の債務を弁済する責任を負う場合には、譲渡人の責任は、同項の広告があった日後2年以内に請求又は請求の予告をしない債権者に対しては、その期間を経過した時に消滅する。

（詐害営業譲渡に係る譲受人に対する債務の履行の請求）

第18条の2　譲渡人が譲受人に承継されない債務の債権者（以下この条において「残存債権者」という。）を害することを知って営業を譲渡した場合には、残存債権者は、その譲受人に対して、承継した財産の価額を限度として、当該債務の履行を請求することができる。ただし、その譲受人が営業の譲渡の効力が生じた時において残存債権者を害することを知らなかったときは、この限りでない。

2　譲受人が前項の規定により同項の債務を履行する責任を負う場合には、当該責任は、譲渡人が残存債権者を害することを知って営業を譲渡したことを知った時から２年以内に請求又は請求の予告をしない残存債権者に対しては、その期間を経過した時に消滅する。営業の譲渡の効力が生じた日から10年を経過したときも、同様とする。

3　譲渡人について破産手続開始の決定又は再生手続開始の決定があったときは、残存債権者は、譲受人に対して第１項の規定による請求をする権利を行使することができない。

第５章　商業帳簿

第19条　商人の会計は、一般に公正妥当と認められる会計の慣行に従うものとする。

2　商人は、その営業のために使用する財産について、法務省令で定めるところにより、適時に、正確な商業帳簿（会計帳簿及び貸借対照表をいう。以下この条において同じ。）を作成しなければならない。

3　商人は、帳簿閉鎖の時から10年間、その商業帳簿及びその営業に関する重要な資料を保存しなければならない。

4　裁判所は、申立てにより又は職権で、訴訟の当事者に対し、商業帳簿の全部又は一部の提出を命ずることができる。

第６章　商業使用人

（支配人）

第20条　商人は、支配人を選任し、その営業所において、その営業を行わせることができる。

（支配人の代理権）

第21条　支配人は、商人に代わってその営業に関する一切の裁判上又は裁判外の行為をする権限を有する。

2　支配人は、他の使用人を選任し、又は解任することができる。

3　支配人の代理権に加えた制限は、善意の第三者に対抗することができない。

（支配人の登記）

第22条　商人が支配人を選任したときは、その登記をしなければならない。支配人の代理権の消滅についても、同様とする。

（支配人の競業の禁止）

第23条　支配人は、商人の許可を受けなければ、次に掲げる行為をしてはならない。

一　自ら営業を行うこと。

二　自己又は第三者のためにその商人の営業の部類に属する取引をすること。

三　他の商人又は会社若しくは外国会社の使用人となること。

四　会社の取締役、執行役又は業務を執行する社員となること。

2　支配人が前項の規定に違反して同項第２号に掲げる行為をしたときは、当該行為によって支配人又は第三者が得た利益の額は、商人に生じた損害の額と推定する。

（表見支配人）

第24条　商人の営業所の営業の主任者であることを示す名称を付した使用人は、当該営業所の営業に関し、一切の裁判外の行為をする権限を有するものとみなす。ただし、相手方が悪意であったときは、この限りでない。

（ある種類又は特定の事項の委任を受けた使用人）

第25条　商人の営業に関するある種類又は特定の事項の委任を受けた使用人は、当該事項に関する一切の裁判外の行為をする権限を有する。

2　前項の使用人の代理権に加えた制限は、善意の第三者に対抗することができない。

（物品の販売等を目的とする店舗の使用人）

第26条　物品の販売等（販売、賃貸その他これらに類する行為をいう。以下この条において同じ。）を目的とする店舗の使用人は、その店舗に在る物品の販売等をする権限を有するものとみなす。ただし、相手方が悪意であったときは、この限りでない。

第７章　代理商

（通知義務）

第27条　代理商（商人のためにその平常の営業の部類に属する取引の代理又は媒介をする者で、その商人の使用人でないものをいう。以下この章において同じ。）は、取引の代理又は媒介をしたときは、遅滞なく、商人に対して、その旨の通知を発しなければならない。

（代理商の競業の禁止）
第28条　代理商は、商人の許可を受けなければ、次に掲げる行為をしてはならない。
一　自己又は第三者のためにその商人の営業の部類に属する取引をすること。
二　その商人の営業と同種の事業を行う会社の取締役、執行役又は業務を執行する社員となること。
2　代理商が前項の規定に違反して同項第1号に掲げる行為をしたときは、当該行為によって代理商又は第三者が得た利益の額は、商人に生じた損害の額と推定する。

（通知を受ける権限）
第29条　物品の販売又はその媒介の委託を受けた代理商は、第526条第2項の通知その他売買に関する通知を受ける権限を有する。

（契約の解除）
第30条　商人及び代理商は、契約の期間を定めなかったときは、2箇月前までに予告し、その契約を解除することができる。
2　前項の規定にかかわらず、やむを得ない事由があるときは、商人及び代理商は、いつでもその契約を解除することができる。

（代理商の留置権）
第31条　代理商は、取引の代理又は媒介をしたことによって生じた債権の弁済期が到来しているときは、その弁済を受けるまでは、商人のために当該代理商が占有する物又は有価証券を留置することができる。ただし、当事者が別段の意思表示をしたときは、この限りでない。
第32条～第500条　削除

第2編　商行為

第1章　総則

（絶対的商行為）
第501条　次に掲げる行為は、商行為とする。
一　利益を得て譲渡する意思をもってする動産、不動産若しくは有価証券の有償取得又はその取得したものの譲渡を目的とする行為
二　他人から取得する動産又は有価証券の供給契約及びその履行のためにする有償取得を目的とする行為
三　取引所においてする取引
四　手形その他の商業証券に関する行為

（営業的商行為）
第502条　次に掲げる行為は、営業としてするときは、商行為とする。ただし、専ら賃金を得る目的で物を製造し、又は労務に従事する者の行為は、この限りでない。
一　賃貸する意思をもってする動産若しくは不動産の有償取得若しくは賃借又はその取得し若しくは賃借したものの賃貸を目的とする行為
二　他人のためにする製造又は加工に関する行為
三　電気又はガスの供給に関する行為
四　運送に関する行為
五　作業又は労務の請負
六　出版、印刷又は撮影に関する行為
七　客の来集を目的とする場屋における取引
八　両替その他の銀行取引
九　保険
十　寄託の引受け
十一　仲立ち又は取次ぎに関する行為
十二　商行為の代理の引受け
十三　信託の引受け

（附属的商行為）
第503条　商人がその営業のためにする行為は、商行為とする。
2　商人の行為は、その営業のためにするものと推定する。

（商行為の代理）
第504条　商行為の代理人が本人のためにすることを示さないでこれをした場合であっても、その行為は、本人に対してその効力を生ずる。ただし、相手方が、代理人が本人のためにすることを知らなかったときは、代理人に対して履行の請求をすることを妨げない。

（商行為の委任）
第505条　商行為の受任者は、委任の本旨に反しない範囲内において、委任を受けていない行為をすることができる。

（商行為の委任による代理権の消滅事由の特例）
第506条　商行為の委任による代理権は、本人の死亡によっては、消滅しない。
第507条　削除

（隔地者間における契約の申込み）
第508条　商人である隔地者の間において承諾の期間を定めないで契約の申込みを受けた者が相当の期間内に承諾の通知を発しなかったときは、その申込みは、その効力を失う。
2　民法第524条の規定は、前項の場合について

準用する。

（契約の申込みを受けた者の諾否通知義務）

第509条　商人が平常取引をする者からその営業の部類に属する契約の申込みを受けたときは、遅滞なく、契約の申込みに対する諾否の通知を発しなければならない。

2　商人が前項の通知を発することを怠ったときは、その商人は、同項の契約の申込みを承諾したものとみなす。

（契約の申込みを受けた者の物品保管義務）

第510条　商人がその営業の部類に属する契約の申込みを受けた場合において、その申込みとともに受け取った物品があるときは、その申込みを拒絶したときであっても、申込者の費用をもってその物品を保管しなければならない。ただし、その物品の価額がその費用を償うのに足りないとき、又は商人がその保管によって損害を受けるときは、この限りでない。

（多数当事者間の債務の連帯）

第511条　数人の者がその一人又は全員のために商行為となる行為によって債務を負担したときは、その債務は、各自が連帯して負担する。

2　保証人がある場合において、債務が主たる債務者の商行為によって生じたものであるとき、又は保証が商行為であるときは、主たる債務者及び保証人が各別の行為によって債務を負担したときであっても、その債務は、各自が連帯して負担する。

（報酬請求権）

第512条　商人がその営業の範囲内において他人のために行為をしたときは、相当な報酬を請求することができる。

（利息請求権）

第513条　商人間において金銭の消費貸借をしたときは、貸主は、法定利息を請求することができる。

2　商人がその営業の範囲内において他人のために金銭の立替えをしたときは、その立替えの日以後の法定利息を請求することができる。

第514条　削除

（契約による質物の処分の禁止の適用除外）

第515条　民法第349条の規定は、商行為によって生じた債権を担保するために設定した質権については、適用しない。

（債務の履行の場所）

第516条　商行為によって生じた債務の履行をすべき場所がその行為の性質又は当事者の意思表示によって定まらないときは、特定物の引渡しはその行為の時にその物が存在した場所において、その他の債務の履行は債権者の現在の営業所（営業所がない場合にあっては、その住所）において、それぞれしなければならない。

第517条～第520条　削除

（商人間の留置権）

第521条　商人間においてその双方のために商行為となる行為によって生じた債権が弁済期にあるときは、債権者は、その債権の弁済を受けるまで、その債務者との間における商行為によって自己の占有に属した債務者の所有する物又は有価証券を留置することができる。ただし、当事者の別段の意思表示があるときは、この限りでない。

第522条～第523条　削除

第2章　売買

（売主による目的物の供託及び競売）

第524条　商人間の売買において、買主がその目的物の受領を拒み、又はこれを受領することができないときは、売主は、その物を供託し、又は相当の期間を定めて催告をした後に競売に付することができる。この場合において、売主がその物を供託し、又は競売に付したときは、遅滞なく、買主に対してその旨の通知を発しなければならない。

2　損傷その他の事由による価格の低落のおそれがある物は、前項の催告をしないで競売に付することができる。

3　前2項の規定により売買の目的物を競売に付したときは、売主は、その代価を供託しなければならない。ただし、その代価の全部又は一部を代金に充当することを妨げない。

（定期売買の履行遅滞による解除）

第525条　商人間の売買において、売買の性質又は当事者の意思表示により、特定の日時又は一定の期間内に履行をしなければ契約をした目的を達することができない場合において、当事者の一方が履行をしないでその時期を経過したときは、相手方は、直ちにその履行の請求をした場合を除き、契約の解除をしたものとみなす。

（買主による目的物の検査及び通知）

第526条　商人間の売買において、買主は、その売買の目的物を受領したときは、遅滞なく、その物を検査しなければならない。

2　前項に規定する場合において、買主は、同項の規定による検査により売買の目的物が種類、品質又は数量に関して契約の内容に適合しないことを発見したときは、直ちに売主に対してその旨の通知を発しなければ、その不適合を理由とする履行の追完の請求、代金の減額の請求、損害賠償の請求及び契約の解除をすることができない。売買の目的物が種類又は品質に関して契約の内容に適合しないことを直ちに発見することができない場合において、買主が6箇月以内にその不適合を発見したときも、同様とする。

3　前項の規定は、売買の目的物が種類、品質又は数量に関して契約の内容に適合しないことにつき売主が悪意であった場合には、適用しない。

（買主による目的物の保管及び供託）

第527条　前条第1項に規定する場合においては、買主は、契約の解除をしたときであっても、売主の費用をもって売買の目的物を保管し、又は供託しなければならない。ただし、その物について滅失又は損傷のおそれがあるときは、裁判所の許可を得てその物を競売に付し、かつ、その代価を保管し、又は供託しなければならない。

2　前項ただし書の許可に係る事件は、同項の売買の目的物の所在地を管轄する地方裁判所が管轄する。

3　第1項の規定により買主が売買の目的物を競売に付したときは、遅滞なく、売主に対してその旨の通知を発しなければならない。

4　前3項の規定は、売主及び買主の営業所（営業所がない場合にあっては、その住所）が同一の市町村の区域内にある場合には、適用しない。

第528条　前条の規定は、売主から買主に引き渡した物品が注文した物品と異なる場合における当該売主から買主に引き渡した物品及び売主から買主に引き渡した物品の数量が注文した数量を超過した場合における当該超過した部分の数量の物品について準用する。

第3章　交互計算

（交互計算）

第529条　交互計算は、商人間又は商人と商人でない者との間で平常取引をする場合において、一定の期間内の取引から生ずる債権及び債務の総額について相殺をし、その残額の支払をすることを約することによって、その効力を生ずる。

（商業証券に係る債権債務に関する特則）

第530条　手形その他の商業証券から生じた債権及び債務を交互計算に組み入れた場合において、その商業証券の債務者が弁済をしないときは、当事者は、その債務に関する項目を交互計算から除外することができる。

（交互計算の期間）

第531条　当事者が相殺をすべき期間を定めなかったときは、その期間は、6箇月とする。

（交互計算の承認）

第532条　当事者は、債権及び債務の各項目を記載した計算書の承認をしたときは、当該各項目について異議を述べることができない。ただし、当該計算書の記載に錯誤又は脱漏があったときは、この限りでない。

（残額についての利息請求権等）

第533条　相殺によって生じた残額については、債権者は、計算の閉鎖の日以後の法定利息を請求することができる。

2　前項の規定は、当該相殺に係る債権及び債務の各項目を交互計算に組み入れた日からこれに利息を付することを妨げない。

（交互計算の解除）

第534条　各当事者は、いつでも交互計算の解除をすることができる。この場合において、交互計算の解除をしたときは、直ちに、計算を閉鎖して、残額の支払を請求することができる。

第4章　匿名組合

（匿名組合契約）

第535条　匿名組合契約は、当事者の一方が相手方の営業のために出資をし、その営業から生ずる利益を分配することを約することによって、その効力を生ずる。

（匿名組合員の出資及び権利義務）

第536条　匿名組合員の出資は、営業者の財産に属する。

2　匿名組合員は、金銭その他の財産のみをその出資の目的とすることができる。

3　匿名組合員は、営業者の業務を執行し、又は営業者を代表することができない。

4　匿名組合員は、営業者の行為について、第三者に対して権利及び義務を有しない。

（自己の氏名等の使用を許諾した匿名組合員の責任）

第537条　匿名組合員は、自己の氏若しくは氏名を営業者の商号中に用いること又は自己の商号を営業者の商号として使用することを許諾したときは、その使用以後に生じた債務については、営業者と連帯してこれを弁済する責任を負う。

（利益の配当の制限）

第538条　出資が損失によって減少したときは、その損失をてん補した後でなければ、匿名組合員は、利益の配当を請求することができない。

（貸借対照表の閲覧等並びに業務及び財産状況に関する検査）

第539条　匿名組合員は、営業年度の終了時において、営業者の営業時間内に、次に掲げる請求をし、又は営業者の業務及び財産の状況を検査することができる。

一　営業者の貸借対照表が書面をもって作成されているときは、当該書面の閲覧又は謄写の請求

二　営業者の貸借対照表が電磁的記録（電子的方式、磁気的方式その他人の知覚によっては認識することができない方式で作られる記録であって、電子計算機による情報処理の用に供されるもので法務省令で定めるものをいう。）をもって作成されているときは、当該電磁的記録に記録された事項を法務省令で定める方法により表示したものの閲覧又は謄写の請求

2　匿名組合員は、重要な事由があるときは、いつでも、裁判所の許可を得て、営業者の業務及び財産の状況を検査することができる。

3　前項の許可に係る事件は、営業者の営業所の所在地（営業所がない場合にあっては、営業者の住所地）を管轄する地方裁判所が管轄する。

（匿名組合契約の解除）

第540条　匿名組合契約で匿名組合の存続期間を定めなかったとき、又はある当事者の終身の間匿名組合が存続すべきことを定めたときは、各当事者は、営業年度の終了時において、契約の解除をすることができる。ただし、6箇月前にその予告をしなければならない。

2　匿名組合の存続期間を定めたか否かにかかわらず、やむを得ない事由があるときは、各当事者は、いつでも匿名組合契約の解除をすることができる。

（匿名組合契約の終了事由）

第541条　前条の場合のほか、匿名組合契約は、次に掲げる事由によって終了する。

一　匿名組合の目的である事業の成功又はその成功の不能

二　営業者の死亡又は営業者が後見開始の審判を受けたこと。

三　営業者又は匿名組合員が破産手続開始の決定を受けたこと。

（匿名組合契約の終了に伴う出資の価額の返還）

第542条　匿名組合契約が終了したときは、営業者は、匿名組合員にその出資の価額を返還しなければならない。ただし、出資が損失によって減少したときは、その残額を返還すれば足りる。

第5章　仲立営業

（定義）

第543条　この章において「仲立人」とは、他人間の商行為の媒介をすることを業とする者をいう。

（当事者のために給付を受けることの制限）

第544条　仲立人は、その媒介により成立させた行為について、当事者のために支払その他の給付を受けることができない。ただし、当事者の別段の意思表示又は別段の慣習があるときは、この限りでない。

（見本保管義務）

第545条　仲立人がその媒介に係る行為について見本を受け取ったときは、その行為が完了するまで、これを保管しなければならない。

（結約書の交付義務等）

第546条　当事者間において媒介に係る行為が成立したときは、仲立人は、遅滞なく、次に掲げる事項を記載した書面（以下この章において「結約書」という。）を作成し、かつ、署名し、又は記名押印した後、これを各当事者に交付しなければならない。

一　各当事者の氏名又は名称

二　当該行為の年月日及びその要領

2　前項の場合においては、当事者が直ちに履行をすべきときを除き、仲立人は、各当事者に結約書に署名させ、又は記名押印させた後、これをその相手方に交付しなければならない。

3　前2項の場合において、当事者の一方が結約書を受領せず、又はこれに署名若しくは記名押印をしないときは、仲立人は、遅滞なく、相手方に対してその旨の通知を発しなければならない。

（帳簿記載義務等）

第547条　仲立人は、その帳簿に前条第1項各号に掲げる事項を記載しなければならない。
2　当事者は、いつでも、仲立人がその媒介により当該当事者のために成立させた行為について、前項の帳簿の謄本の交付を請求することができる。

（当事者の氏名等を相手方に示さない場合）
第548条　当事者がその氏名又は名称を相手方に示してはならない旨を仲立人に命じたときは、仲立人は、結約書及び前条第2項の謄本にその氏名又は名称を記載することができない。

第549条　仲立人は、当事者の一方の氏名又は名称をその相手方に示さなかったときは、当該相手方に対して自ら履行をする責任を負う。

（仲立人の報酬）
第550条　仲立人は、第546条の手続を終了した後でなければ、報酬を請求することができない。
2　仲立人の報酬は、当事者双方が等しい割合で負担する。

第6章　問屋営業

（定義）
第551条　この章において「問屋」とは、自己の名をもって他人のために物品の販売又は買入れをすることを業とする者をいう。

（問屋の権利義務）
第552条　問屋は、他人のためにした販売又は買入れにより、相手方に対して、自ら権利を取得し、義務を負う。
2　問屋と委託者との間の関係については、この章に定めるもののほか、委任及び代理に関する規定を準用する。

（問屋の担保責任）
第553条　問屋は、委託者のためにした販売又は買入れにつき相手方がその債務を履行しないときに、自らその履行をする責任を負う。ただし、当事者の別段の意思表示又は別段の慣習があるときは、この限りでない。

（問屋が委託者の指定した金額との差額を負担する場合の販売又は買入れの効力）
第554条　問屋が委託者の指定した金額より低い価格で販売をし、又は高い価格で買入れをした場合において、自らその差額を負担するときは、その販売又は買入れは、委託者に対してその効力を生ずる。

（介入権）
第555条　問屋は、取引所の相場がある物品の販売又は買入れの委託を受けたときは、自ら買主又は売主となることができる。この場合において、売買の代価は、問屋が買主又は売主となったことの通知を発した時における取引所の相場によって定める。
2　前項の場合においても、問屋は、委託者に対して報酬を請求することができる。

（問屋が買い入れた物品の供託及び競売）
第556条　問屋が買入れの委託を受けた場合において、委託者が買い入れた物品の受領を拒み、又はこれを受領することができないときは、第524条の規定を準用する。

（代理商に関する規定の準用）
第557条　第27条及び第31条の規定は、問屋について準用する。

（準問屋）
第558条　この章の規定は、自己の名をもって他人のために販売又は買入れ以外の行為をすることを業とする者について準用する。

第7章　運送取扱営業

（定義等）
第559条　この章において「運送取扱人」とは、自己の名をもって物品運送の取次ぎをすることを業とする者をいう。
2　運送取扱人については、この章に別段の定めがある場合を除き、第551条に規定する問屋に関する規定を準用する。

（運送取扱人の責任）
第560条　運送取扱人は、運送品の受取から荷受人への引渡しまでの間にその運送品が滅失し若しくは損傷し、若しくはその滅失若しくは損傷の原因が生じ、又は運送品が延着したときは、これによって生じた損害を賠償する責任を負う。ただし、運送取扱人がその運送品の受取、保管及び引渡し、運送人の選択その他の運送の取次ぎについて注意を怠らなかったことを証明したときは、この限りでない。

（運送取扱人の報酬）
第561条　運送取扱人は、運送品を運送人に引き渡したときは、直ちにその報酬を請求することができる。
2　運送取扱契約で運送賃の額を定めたときは、運送取扱人は、特約がなければ、別に報酬を請求することができない。

（運送取扱人の留置権）

第562条　運送取扱人は、運送品に関して受け取るべき報酬、付随の費用及び運送賃その他の立替金についてのみ、その弁済を受けるまで、その運送品を留置することができる。

（介入権）

第563条　運送取扱人は、自ら運送をすることができる。この場合において、運送取扱人は、運送人と同一の権利義務を有する。

2　運送取扱人が委託者の請求によって船荷証券又は複合運送証券を作成したときは、自ら運送をするものとみなす。

（物品運送に関する規定の準用）

第564条　第572条、第577条、第579条（第３項を除く。）、第581条、第585条、第586条、第587条（第577条及び第585条の規定の準用に係る部分に限る。）及び第588条の規定は、運送取扱営業について準用する。この場合において、第579条第２項中「前の運送人」とあるのは「前の運送取扱人又は運送人」と、第585条第１項中「運送品の引渡し」とあるのは「荷受人に対する運送品の引渡し」と読み替えるものとする。

第565条～第568条　削除

第８章　運送営業

第１節　総則

第569条　この法律において、次の各号に掲げる用語の意義は、当該各号に定めるところによる。

一　運送人　陸上運送、海上運送又は航空運送の引受けをすることを業とする者をいう。

二　陸上運送　陸上における物品又は旅客の運送をいう。

三　海上運送　第684条に規定する船舶（第747条に規定する非航海船を含む。）による物品又は旅客の運送をいう。

四　航空運送　航空法（昭和27年法律第231号）第２条第１項に規定する航空機による物品又は旅客の運送をいう。

第２節　物品運送

（物品運送契約）

第570条　物品運送契約は、運送人が荷送人からある物品を受け取りこれを運送して荷受人に引き渡すことを約し、荷送人がその結果に対してその運送賃を支払うことを約することによって、その効力を生ずる。

（送り状の交付義務等）

第571条　荷送人は、運送人の請求により、次に掲げる事項を記載した書面（次項において「送り状」という。）を交付しなければならない。

一　運送品の種類

二　運送品の容積若しくは重量又は包若しくは個品の数及び運送品の記号

三　荷造りの種類

四　荷送人及び荷受人の氏名又は名称

五　発送地及び到達地

2　前項の荷送人は、送り状の交付に代えて、法務省令で定めるところにより、運送人の承諾を得て、送り状に記載すべき事項を電磁的方法（電子情報処理組織を使用する方法その他の情報通信の技術を利用する方法であって法務省令で定めるものをいう。以下同じ。）により提供することができる。この場合において、当該荷送人は、送り状を交付したものとみなす。

（危険物に関する通知義務）

第572条　荷送人は、運送品が引火性、爆発性その他の危険性を有するものであるときは、その引渡しの前に、運送人に対し、その旨及び当該運送品の品名、性質その他の当該運送品の安全な運送に必要な情報を通知しなければならない。

（運送賃）

第573条　運送賃は、到達地における運送品の引渡しと同時に、支払わなければならない。

2　運送品がその性質又は瑕疵によって滅失し、又は損傷したときは、荷送人は、運送賃の支払を拒むことができない。

（運送人の留置権）

第574条　運送人は、運送品に関して受け取るべき運送賃、付随の費用及び立替金（以下この節において「運送賃等」という。）についてのみ、その弁済を受けるまで、その運送品を留置することができる。

（運送人の責任）

第575条　運送人は、運送品の受取から引渡しまでの間にその運送品が滅失し若しくは損傷し、若しくはその滅失若しくは損傷の原因が生じ、又は運送品が延着したときは、これによって生じた損害を賠償する責任を負う。ただし、運送人がその運送品の受取、運送、保管及び引渡しについて注意を怠らなかったことを証明したときは、この限りでない。

（損害賠償の額）

第576条　運送品の滅失又は損傷の場合における損害賠償の額は、その引渡しがされるべき地及び時における運送品の市場価格（取引所の相場がある物品については、その相場）によって定める。ただし、市場価格がないときは、その地及び時における同種類で同一の品質の物品の正常な価格によって定める。

2　運送品の滅失又は損傷のために支払うことを要しなくなった運送賃その他の費用は、前項の損害賠償の額から控除する。

3　前2項の規定は、運送人の故意又は重大な過失によって運送品の滅失又は損傷が生じたときは、適用しない。

（高価品の特則）

第577条　貨幣、有価証券その他の高価品については、荷送人が運送を委託するに当たりその種類及び価額を通知した場合を除き、運送人は、その滅失、損傷又は延着について損害賠償の責任を負わない。

2　前項の規定は、次に掲げる場合には、適用しない。

一　物品運送契約の締結の当時、運送品が高価品であることを運送人が知っていたとき。

二　運送人の故意又は重大な過失によって高価品の滅失、損傷又は延着が生じたとき。

（複合運送人の責任）

第578条　陸上運送、海上運送又は航空運送のうち2以上の運送を一の契約で引き受けた場合における運送品の滅失等（運送品の滅失、損傷又は延着をいう。以下この節において同じ。）についての運送人の損害賠償の責任は、それぞれの運送においてその運送品の滅失等の原因が生じた場合に当該運送ごとに適用されることとなる我が国の法令又は我が国が締結した条約の規定に従う。

2　前項の規定は、陸上運送であってその区間ごとに異なる2以上の法令が適用されるものを一の契約で引き受けた場合について準用する。

（相次運送人の権利義務）

第579条　数人の運送人が相次いで陸上運送をするときは、後の運送人は、前の運送人に代わってその権利を行使する義務を負う。

2　前項の場合において、後の運送人が前の運送人に弁済をしたときは、後の運送人は、前の運送人の権利を取得する。

3　ある運送人が引き受けた陸上運送についてその荷送人のために他の運送人が相次いで当該陸上運送の一部を引き受けたときは、各運送人は、運送品の滅失等につき連帯して損害賠償の責任を負う。

4　前3項の規定は、海上運送及び航空運送について準用する。

（荷送人による運送の中止等の請求）

第580条　荷送人は、運送人に対し、運送の中止、荷受人の変更その他の処分を請求することができる。この場合において、運送人は、既にした運送の割合に応じた運送賃、付随の費用、立替金及びその処分によって生じた費用の弁済を請求することができる。

（荷受人の権利義務等）

第581条　荷受人は、運送品が到達地に到着し、又は運送品の全部が滅失したときは、物品運送契約によって生じた荷送人の権利と同一の権利を取得する。

2　前項の場合において、荷受人が運送品の引渡し又はその損害賠償の請求をしたときは、荷送人は、その権利を行使することができない。

3　荷受人は、運送品を受け取ったときは、運送人に対し、運送賃等を支払う義務を負う。

（運送品の供託及び競売）

第582条　運送人は、荷受人を確知することができないときは、運送品を供託することができる。

2　前項に規定する場合において、運送人が荷送人に対し相当の期間を定めて運送品の処分につき指図をすべき旨を催告したにもかかわらず、荷送人がその指図をしないときは、運送人は、その運送品を競売に付することができる。

3　損傷その他の事由による価格の低落のおそれがある運送品は、前項の催告をしないで競売に付することができる。

4　前2項の規定により運送品を競売に付したときは、運送人は、その代価を供託しなければならない。ただし、その代価の全部又は一部を運送賃等に充当することを妨げない。

5　運送人は、第1項から第3項までの規定により運送品を供託し、又は競売に付したときは、遅滞なく、荷送人に対してその旨の通知を発しなければならない。

第583条　前条の規定は、荷受人が運送品の受取を拒み、又はこれを受け取ることができない場合について準用する。この場合において、同条第２項中「運送人が」とあるのは「運送人が、荷受人に対し相当の期間を定めて運送品の受取を催告し、かつ、その期間の経過後に」と、同条第５項中「荷送人」とあるのは「荷送人及び荷受人」と読み替えるものとする。

（運送人の責任の消滅）

第584条　運送品の損傷又は一部滅失についての運送人の責任は、荷受人が異議をとどめないで運送品を受け取ったときは、消滅する。ただし、運送品に直ちに発見することができない損傷又は一部滅失があった場合において、荷受人が引渡しの日から２週間以内に運送人に対してその旨の通知を発したときは、この限りでない。

2　前項の規定は、運送品の引渡しの当時、運送人がその運送品に損傷又は一部滅失があることを知っていたときは、適用しない。

3　運送人が更に第三者に対して運送を委託した場合において、荷受人が第１項ただし書の期間内に運送人に対して同項ただし書の通知を発したときは、運送人に対する第三者の責任に係る同項ただし書の期間は、運送人が当該通知を受けた日から２週間を経過する日まで延長されたものとみなす。

第585条　運送品の滅失等についての運送人の責任は、運送品の引渡しがされた日（運送品の全部滅失の場合にあっては、その引渡しがされるべき日）から１年以内に裁判上の請求がされないときは、消滅する。

2　前項の期間は、運送品の滅失等による損害が発生した後に限り、合意により、延長することができる。

3　運送人が更に第三者に対して運送を委託した場合において、運送人が第１項の期間内に損害を賠償し又は裁判上の請求をされたときは、運送人に対する第三者の責任に係る同項の期間は、運送人が損害を賠償し又は裁判上の請求をされた日から３箇月を経過する日まで延長されたものとみなす。

（運送人の債権の消滅時効）

第586条　運送人の荷送人又は荷受人に対する債権は、これを行使することができる時から１年間行使しないときは、時効によって消滅する。

（運送人の不法行為責任）

第587条　第576条、第577条、第584条及び第585条の規定は、運送品の滅失等についての運送人の荷送人又は荷受人に対する不法行為による損害賠償の責任について準用する。ただし、荷受人があらかじめ荷送人の委託による運送を拒んでいたにもかかわらず荷送人から運送を引き受けた運送人の荷受人に対する責任については、この限りでない。

（運送人の被用者の不法行為責任）

第588条　前条の規定により運送品の滅失等についての運送人の損害賠償の責任が免除され、又は軽減される場合には、その責任が免除され、又は軽減される限度において、その運送品の滅失等についての運送人の被用者の荷送人又は荷受人に対する不法行為による損害賠償の責任も、免除され、又は軽減される。

2　前項の規定は、運送人の被用者の故意又は重大な過失によって運送品の滅失等が生じたときは、適用しない。

第３節　旅客運送

（旅客運送契約）

第589条　旅客運送契約は、運送人が旅客を運送することを約し、相手方がその結果に対してその運送賃を支払うことを約することによって、その効力を生ずる。

（運送人の責任）

第590条　運送人は、旅客が運送のために受けた損害を賠償する責任を負う。ただし、運送人が運送に関し注意を怠らなかったことを証明したときは、この限りでない。

（特約禁止）

第591条　旅客の生命又は身体の侵害による運送人の損害賠償の責任（運送の遅延を主たる原因とするものを除く。）を免除し、又は軽減する特約は、無効とする。

2　前項の規定は、次に掲げる場合には、適用しない。

一　大規模な火災、震災その他の災害が発生し、又は発生するおそれがある場合において運送を行うとき。

二　運送に伴い通常生ずる振動その他の事情により生命又は身体に重大な危険が及ぶおそれがある者の運送を行うとき。

（引渡しを受けた手荷物に関する運送人の責任等）

第592条　運送人は、旅客から引渡しを受けた手荷物については、運送賃を請求しないときであっても、物品運送契約における運送人と同一の責任を負う。

2　運送人の被用者は、前項に規定する手荷物について、物品運送契約における運送人の被用者と同一の責任を負う。
3　第１項に規定する手荷物が到達地に到着した日から１週間以内に旅客がその引渡しを請求しないときは、運送人は、その手荷物を供託し、又は相当の期間を定めて催告をした後に競売に付することができる。この場合において、運送人がその手荷物を供託し、又は競売に付したときは、遅滞なく、旅客に対してその旨の通知を発しなければならない。
4　損傷その他の事由による価格の低落のおそれがある手荷物は、前項の催告をしないで競売に付することができる。
5　前２項の規定により手荷物を競売に付したときは、運送人は、その代価を供託しなければならない。ただし、その代価の全部又は一部を運送賃に充当することを妨げない。
6　旅客の住所又は居所が知れないときは、第３項の催告及び通知は、することを要しない。

（引渡しを受けていない手荷物に関する運送人の責任等）
第593条　運送人は、旅客から引渡しを受けていない手荷物（身の回り品を含む。）の滅失又は損傷については、故意又は過失がある場合を除き、損害賠償の責任を負わない。
2　第576条第１項及び第３項、第584条第１項、第585条第１項及び第２項、第587条（第576条第１項及び第３項、第584条第１項並びに第585条第１項及び第２項の規定の準用に係る部分に限る。）並びに第588条の規定は、運送人が前項に規定する手荷物の滅失又は損傷に係る損害賠償の責任を負う場合について準用する。この場合において、第576条第１項中「その引渡しがされるべき」とあるのは「その運送が終了すべき」と、第584条第１項中「荷受人が異議をとどめないで運送品を受け取った」とあるのは「旅客が運送の終了の時までに異議をとどめなかった」と、「荷受人が引渡しの日」とあるのは「旅客が運送の終了の日」と、第585条第１項中「運送品の引渡しがされた日（運送品の全部滅失の場合にあっては、その引渡しがされるべき日）」とあるのは「運送の終了の日」と読み替えるものとする。

（運送人の債権の消滅時効）
第594条　第586条の規定は、旅客運送について準用する。

第９章　寄託

第１節　総則

（受寄者の注意義務）
第595条　商人がその営業の範囲内において寄託を受けた場合には、報酬を受けないときであっても、善良な管理者の注意をもって、寄託物を保管しなければならない。

（場屋営業者の責任）
第596条　旅館、飲食店、浴場その他の客の来集を目的とする場屋における取引をすることを業とする者（以下この節において「場屋営業者」という。）は、客から寄託を受けた物品の滅失又は損傷については、不可抗力によるものであったことを証明しなければ、損害賠償の責任を免れることができない。
2　客が寄託していない物品であっても、場屋の中に携帯した物品が、場屋営業者が注意を怠ったことによって滅失し、又は損傷したときは、場屋営業者は、損害賠償の責任を負う。
3　客が場屋の中に携帯した物品につき責任を負わない旨を表示したときであっても、場屋営業者は、前２項の責任を免れることができない。

（高価品の特則）
第597条　貨幣、有価証券その他の高価品については、客がその種類及び価額を通知してこれを場屋営業者に寄託した場合を除き、場屋営業者は、その滅失又は損傷によって生じた損害を賠償する責任を負わない。

（場屋営業者の責任に係る債権の消滅時効）
第598条　前２条の場屋営業者の責任に係る債権は、場屋営業者が寄託を受けた物品を返還し、又は客が場屋の中に携帯した物品を持ち去った時（物品の全部滅失の場合にあっては、客が場屋を去った時）から１年間行使しないときは、時効によって消滅する。
2　前項の規定は、場屋営業者が同項に規定する物品の滅失又は損傷につき悪意であった場合には、適用しない。

第２節　倉庫営業

（定義）
第599条　この節において「倉庫営業者」とは、他人のために物品を倉庫に保管することを業とする者をいう。

（倉荷証券の交付義務）

第600条　倉庫営業者は、寄託者の請求により、寄託物の倉荷証券を交付しなければならない。

（倉荷証券の記載事項）

第601条　倉荷証券には、次に掲げる事項及びその番号を記載し、倉庫営業者がこれに署名し、又は記名押印しなければならない。

一　寄託物の種類、品質及び数量並びにその荷造りの種類、個数及び記号

二　寄託者の氏名又は名称

三　保管場所

四　保管料

五　保管期間を定めたときは、その期間

六　寄託物を保険に付したときは、保険金額、保険期間及び保険者の氏名又は名称

七　作成地及び作成の年月日

（帳簿記載義務）

第602条　倉庫営業者は、倉荷証券を寄託者に交付したときは、その帳簿に次に掲げる事項を記載しなければならない。

一　前条第1号、第2号及び第4号から第6号までに掲げる事項

二　倉荷証券の番号及び作成の年月日

（寄託物の分割請求）

第603条　倉荷証券の所持人は、倉庫営業者に対し、寄託物の分割及びその各部分に対する倉荷証券の交付を請求することができる。この場合において、所持人は、その所持する倉荷証券を倉庫営業者に返還しなければならない。

2　前項の規定による寄託物の分割及び倉荷証券の交付に関する費用は、所持人が負担する。

（倉荷証券の不実記載）

第604条　倉庫営業者は、倉荷証券の記載が事実と異なることをもって善意の所持人に対抗することができない。

（寄託物に関する処分）

第605条　倉荷証券が作成されたときは、寄託物に関する処分は、倉荷証券によってしなければならない。

（倉荷証券の譲渡又は質入れ）

第606条　倉荷証券は、記名式であるときであっても、裏書によって、譲渡し、又は質権の目的とすることができる。ただし、倉荷証券に裏書を禁止する旨を記載したときは、この限りでない。

（倉荷証券の引渡しの効力）

第607条　倉荷証券により寄託物を受け取ることができる者に倉荷証券を引き渡したときは、その引渡しは、寄託物について行使する権利の取得に関しては、寄託物の引渡しと同一の効力を有する。

（倉荷証券の再交付）

第608条　倉荷証券の所持人は、その倉荷証券を喪失したときは、相当の担保を供して、その再交付を請求することができる。この場合において、倉庫営業者は、その旨を帳簿に記載しなければならない。

（寄託物の点検等）

第609条　寄託者又は倉荷証券の所持人は、倉庫営業者の営業時間内は、いつでも、寄託物の点検若しくはその見本の提供を求め、又はその保存に必要な処分をすることができる。

（倉庫営業者の責任）

第610条　倉庫営業者は、寄託物の保管に関し注意を怠らなかったことを証明しなければ、その滅失又は損傷につき損害賠償の責任を免れることができない。

（保管料等の支払時期）

第611条　倉庫営業者は、寄託物の出庫の時以後でなければ、保管料及び立替金その他寄託物に関する費用（第616条第1項において「保管料等」という。）の支払を請求することができない。ただし、寄託物の一部を出庫するときは、出庫の割合に応じて、その支払を請求することができる。

（寄託物の返還の制限）

第612条　当事者が寄託物の保管期間を定めなかったときは、倉庫営業者は、寄託物の入庫の日から6箇月を経過した後でなければ、その返還をすることができない。ただし、やむを得ない事由があるときは、この限りでない。

（倉荷証券が作成された場合における寄託物の返還請求）

第613条　倉荷証券が作成されたときは、これと引換えでなければ、寄託物の返還を請求することができない。

（倉荷証券を質入れした場合における寄託物の一部の返還請求）

第614条　倉荷証券を質権の目的とした場合において、質権者の承諾があるときは、寄託者は、当該質権の被担保債権の弁済期前であっても、寄託物の一部の返還を請求することができる。この場合において、倉庫営業者は、返還した寄託物の種類、品質及び数量を倉荷証券に記載

し、かつ、その旨を帳簿に記載しなければならない。

（寄託物の供託及び競売）

第615条　第524条第１項及び第２項の規定は、寄託者又は倉荷証券の所持人が寄託物の受領を拒み、又はこれを受領することができない場合について準用する。

（倉庫営業者の責任の消滅）

第616条　寄託物の損傷又は一部滅失についての倉庫営業者の責任は、寄託者又は倉荷証券の所持人が異議をとどめないで寄託物を受け取り、かつ、保管料等を支払ったときは、消滅する。ただし、寄託物に直ちに発見することができない損傷又は一部滅失があった場合において、寄託者又は倉荷証券の所持人が引渡しの日から２週間以内に倉庫営業者に対してその旨の通知を発したときは、この限りでない。

2　前項の規定は、倉庫営業者が寄託物の損傷又は一部滅失につき悪意であった場合には、適用しない。

（倉庫営業者の責任に係る債権の消滅時効）

第617条　寄託物の滅失又は損傷についての倉庫営業者の責任に係る債権は、寄託物の出庫の日から１年間行使しないときは、時効によって消滅する。

2　前項の期間は、寄託物の全部滅失の場合においては、倉庫営業者が倉荷証券の所持人（倉荷証券を作成していないとき又は倉荷証券の所持人が知れないときは、寄託者）に対してその旨の通知を発した日から起算する。

3　前２項の規定は、倉庫営業者が寄託物の滅失又は損傷につき悪意であった場合には、適用しない。

第３編　海商　省略〔第684条から第850条まで省略〕

一般社団法人及び一般財団法人に関する法律

平成18年法律第48号
最終改正　令和５年法律第53号

目次

第１章　総則

第１節　通則

（趣旨）

第１条　一般社団法人及び一般財団法人の設立、組織、運営及び管理については、他の法律に特別の定めがある場合を除くほか、この法律の定めるところによる。

（定義）

第２条　この法律において、次の各号に掲げる用語の意義は、当該各号に定めるところによる。

一　一般社団法人等　一般社団法人又は一般財団法人をいう。

二　大規模一般社団法人　最終事業年度（各事業年度に係る第123条第２項に規定する計算書類につき第126条第２項の承認（第127条前段に規定する場合にあっては、第124条第３項の承認）を受けた場合における当該各事業年度のうち最も遅いものをいう。）に係る貸借対照表（第127条前段に規定する場合にあっては、同条の規定により定時社員総会に報告された貸借対照表をいい、一般社団法人の成立後最初の定時社員総会までの間においては、第123条第１項の貸借対照表をいう。）の負債の部に計上した額の合計額が200億円以上である一般社団法人をいう。

三　大規模一般財団法人　最終事業年度（各事業年度に係る第199条において準用する第123条第２項に規定する計算書類につき第199条において準用する第126条第２項の承認（第199条において準用する第127条前段に規定する場合にあっては、第199条において準用する第124条第３項の承認）を受けた場合における当該各事業年度のうち最も遅いものをいう。）に係る貸借対照表（第199条において準用する第127条前段に規定する場合にあっては、同条の規定により定時評議員会に報告された貸借対照表をいい、一般財団法人の成立後最初の定時評議員会までの間においては、第199条において準用する第123条第１項の貸借対照表をいう。）の負債の部に計上した額の合計額が200億円以上である一般財団法人をいう。

四　子法人　一般社団法人又は一般財団法人がその経営を支配している法人として法務省令で定めるものをいう。

五　吸収合併　一般社団法人又は一般財団法人が他の一般社団法人又は一般財団法人とする合併であって、合併により消滅する法人の権利義務の全部を合併後存続する法人に承継させるものをいう。

六　新設合併　２以上の一般社団法人又は一般財団法人がする合併であって、合併により消滅する法人の権利義務の全部を合併により設立する法人に承継させるものをいう。

七　公告方法　一般社団法人又は一般財団法人が公告（この法律又は他の法律の規定により官報に掲載する方法によりしなければならないものとされているものを除く。）をする方法をいう。

（法人格）

第３条　一般社団法人及び一般財団法人は、法人とする。

（住所）

第４条　一般社団法人及び一般財団法人の住所は、その主たる事務所の所在地にあるものとする。

第２節　法人の名称

（名称）

第５条　一般社団法人又は一般財団法人は、その種類に従い、その名称中に一般社団法人又は一般財団法人という文字を用いなければならない。

２　一般社団法人は、その名称中に、一般財団法人であると誤認されるおそれのある文字を用いてはならない。

３　一般財団法人は、その名称中に、一般社団法人であると誤認されるおそれのある文字を用いてはならない。

（一般社団法人又は一般財団法人と誤認させる名称等の使用の禁止）

第６条　一般社団法人又は一般財団法人でない者は、その名称又は商号中に、一般社団法人又は一般財団法人であると誤認されるおそれのある文字を用いてはならない。

第７条　何人も、不正の目的をもって、他の一般社団法人又は一般財団法人であると誤認されるおそれのある名称又は商号を使用してはならない。

２　前項の規定に違反する名称又は商号の使用によって事業に係る利益を侵害され、又は侵害されるおそれがある一般社団法人又は一般財団法人は、その利益を侵害する者又は侵害するおそれがある者に対し、その侵害の停止又は予防を請求することができる。

（自己の名称の使用を他人に許諾した一般社団法人又は一般財団法人の責任）

第８条　自己の名称を使用して事業又は営業を行うことを他人に許諾した一般社団法人又は一般財団法人は、当該一般社団法人又は一般財団法人が当該事業を行うものと誤認して当該他人と取引をした者に対し、当該他人と連帯して、当該取引によって生じた債務を弁済する責任を負う。

第３節　商法の規定の不適用

第９条　商法（明治32年法律第48号）第11条から第15条まで及び第19条から第24条までの規定は、一般社団法人及び一般財団法人については、適用しない。

第２章　一般社団法人

第１節　設立

第１款　定款の作成

（定款の作成）

第10条　一般社団法人を設立するには、その社員になろうとする者（以下「設立時社員」という。）が、共同して定款を作成し、その全員がこれに署名し、又は記名押印しなければならない。

２　前項の定款は、電磁的記録（電子的方式、磁気的方式その他人の知覚によっては認識することができない方式で作られる記録であって、電子計算機による情報処理の用に供されるものとして法務省令で定めるものをいう。以下同じ。）をもって作成することができる。この場合において、当該電磁的記録に記録された情報については、法務省令で定める署名又は記名押印に代わる措置をとらなければならない。

（定款の記載又は記録事項）

第11条　一般社団法人の定款には、次に掲げる事項を記載し、又は記録しなければならない。

一　目的
二　名称
三　主たる事務所の所在地
四　設立時社員の氏名又は名称及び住所
五　社員の資格の得喪に関する規定
六　公告方法
七　事業年度

２　社員に剰余金又は残余財産の分配を受ける権利を与える旨の定款の定めは、その効力を有しない。

第12条　前条第１項各号に掲げる事項のほか、一般社団法人の定款には、この法律の規定により定款の定めがなければその効力を生じない事項及びその他の事項でこの法律の規定に違反しないものを記載し、又は記録することができる。

（定款の認証）

第13条　第10条第１項の定款は、公証人の認証を受けなければ、その効力を生じない。

（定款の備置き及び閲覧等）

第14条　設立時社員（一般社団法人の成立後にあっては、当該一般社団法人）は、定款を設立時社員が定めた場所（一般社団法人の成立後にあっては、その主たる事務所及び従たる事務所）に備え置かなければならない。

２　設立時社員（一般社団法人の成立後にあっては、その社員及び債権者）は、設立時社員が定めた時間（一般社団法人の成立後にあっては、その業務時間）内は、いつでも、次に掲げる請求をすることができる。ただし、第２号又は第４号に掲げる請求をするには、設立時社員（一般社団法人の成立後にあっては、当該一般社団法人）の定めた費用を支払わなければならない。

一　定款が書面をもって作成されているときは、当該書面の閲覧の請求
二　前号の書面の謄本又は抄本の交付の請求
三　定款が電磁的記録をもって作成されているときは、当該電磁的記録に記録された事項を法務省令で定める方法により表示したものの閲覧の請求
四　前号の電磁的記録に記録された事項を電磁的方法（電子情報処理組織を使用する方法その他の情報通信の技術を利用する方法であって法務省令で定めるものをいう。以下同じ。）であって設立時社員（一般社団法人の成立後にあっては、当該一般社団法人）の定めたものにより提供することの請求又はその事項を記載した書面の交付の請求

３　定款が電磁的記録をもって作成されている場合であって、従たる事務所における前項第３号及び第４号に掲げる請求に応じることを可能とするための措置として法務省令で定めるものをとっている一般社団法人についての第１項の規定の適用については、同項中「主たる事務所及び従たる事務所」とあるのは、「主たる事務所」とする。

第２款　設立時役員等の選任及び解任

（設立時役員等の選任）

第15条　定款で設立時理事（一般社団法人の設立に際して理事となる者をいう。以下この章、第278条及び第318条第２項において同じ。）を定めなかったときは、設立時社員は、第13条の公証人の認証の後遅滞なく、設立時理事を選任しなければならない。

２　設立しようとする一般社団法人が次の各号に掲げるものである場合において、定款で当該各号に定める者を定めなかったときは、設立時社員は、第13条の公証人の認証の後遅滞なく、これらの者を選任しなければならない。

一　監事設置一般社団法人（監事を置く一般社団法人又はこの法律の規定により監事を置かなければならない一般社団法人をいう。以下同じ。）　設立時監事（一般社団法人の設立に際して監事となる者をいう。以下この章、第254条第６号及び第318条第２項第３号において同じ。）
二　会計監査人設置一般社団法人（会計監査人を置く一般社団法人又はこの法律の規定により会計監査人を置かなければならない一般社団法人をいう。以下同じ。）　設立時会計監査人（一般社団法人の設立に際して会計監査人となる者をいう。次条第２項及び第318条第２項第４号において同じ。）

第16条　設立しようとする一般社団法人が理事会設置一般社団法人（理事会を置く一般社団法人をいう。以下同じ。）である場合には、設立時理事は、３人以上でなければならない。

２　第65条第１項又は第68条第１項若しくは第３項の

規定により成立後の一般社団法人の理事、監事又は会計監査人となることができない者は、それぞれ設立時理事、設立時監事又は設立時会計監査人（以下この款において「設立時役員等」という。）となることができない。

3　第65条の2の規定は、設立時理事及び設立時監事について準用する。

（設立時役員等の選任の方法）

第17条　設立時役員等の選任は、設立時社員の議決権の過半数をもって決定する。

2　前項の場合には、設立時社員は、各1個の議決権を有する。ただし、定款で別段の定めをすることを妨げない。

（設立時役員等の解任）

第18条　設立時社員は、一般社団法人の成立の時までの間、設立時役員等を解任することができる。

（設立時役員等の解任の方法）

第19条　設立時役員等の解任は、設立時社員の議決権の過半数（設立時監事を解任する場合にあっては、3分の2以上に当たる多数）をもって決定する。

2　第17条第2項の規定は、前項の場合について準用する。

第3款　設立時理事等による調査

第20条　設立時理事（設立しようとする一般社団法人が監事設置一般社団法人である場合にあっては、設立時理事及び設立時監事。次項において同じ。）は、その選任後遅滞なく、一般社団法人の設立の手続が法令又は定款に違反していないことを調査しなければならない。

2　設立時理事は、前項の規定による調査により、一般社団法人の設立の手続が法令若しくは定款に違反し、又は不当な事項があると認めるときは、設立時社員にその旨を通知しなければならない。

第4款　設立時代表理事の選定等

第21条　設立時理事は、設立しようとする一般社団法人が理事会設置一般社団法人である場合には、設立時理事の中から一般社団法人の設立に際して代表理事（一般社団法人を代表する理事をいう。以下この章及び第301条第2項第6号において同じ。）となる者（以下この条及び第318条第2項において「設立時代表理事」という。）を選定しなければならない。

2　設立時理事は、一般社団法人の成立の時までの間、設立時代表理事を解職することができる。

3　前2項の規定による設立時代表理事の選定及び解職は、設立時理事の過半数をもって決定する。

第5款　一般社団法人の成立

第22条　一般社団法人は、その主たる事務所の所在地において設立の登記をすることによって成立する。

第6款　設立時社員等の責任

（設立時社員等の損害賠償責任）

第23条　設立時社員、設立時理事又は設立時監事は、一般社団法人の設立についてその任務を怠ったときは、当該一般社団法人に対し、これによって生じた損害を賠償する責任を負う。

2　設立時社員、設立時理事又は設立時監事がその職務を行うについて悪意又は重大な過失があったときは、当該設立時社員、設立時理事又は設立時監事は、これによって第三者に生じた損害を賠償する責任を負う。

（設立時社員等の連帯責任）

第24条　設立時社員、設立時理事又は設立時監事が一般社団法人又は第三者に生じた損害を賠償する責任を負う場合において、他の設立時社員、設立時理事又は設立時監事も当該損害を賠償する責任を負うときは、これらの者は、連帯債務者とする。

（責任の免除）

第25条　第23条第1項の規定により設立時社員、設立時理事又は設立時監事の負う責任は、総社員の同意がなければ、免除することができない。

（一般社団法人不成立の場合の責任）

第26条　一般社団法人が成立しなかったときは、設立時社員は、連帯して、一般社団法人の設立に関してした行為についてその責任を負い、一般社団法人の設立に関して支出した費用を負担する。

第2節　社員

第1款　総則

（経費の負担）

第27条　社員は、定款で定めるところにより、一般社団法人に対し、経費を支払う義務を負う。

（任意退社）

第28条　社員は、いつでも退社することができる。ただし、定款で別段の定めをすることを妨げない。

2　前項ただし書の規定による定款の定めがある場合であっても、やむを得ない事由があるときは、社員は、いつでも退社することができる。

（法定退社）

第29条　前条の場合のほか、社員は、次に掲げる事由によって退社する。

一　定款で定めた事由の発生

二　総社員の同意

三　死亡又は解散

四　除名

（除名）

第30条　社員の除名は、正当な事由があるときに限り、社員総会の決議によってすることができる。この場合において、一般社団法人は、当該社員に対し、当該社員総会の日から1週間前までにその旨を通知し、かつ、社員総会において弁明する機会を与えなければならない。

2　除名は、除名した社員にその旨を通知しなければ、これをもって当該社員に対抗することができない。

第2款　社員名簿等

（社員名簿）

第31条　一般社団法人は、社員の氏名又は名称及び住所を記載し、又は記録した名簿（以下「社員名簿」という。）を作成しなければならない。

（社員名簿の備置き及び閲覧等）

第32条　一般社団法人は、社員名簿をその主たる事務所に備え置かなければならない。

2　社員は、一般社団法人の業務時間内は、いつでも、次に掲げる請求をすることができる。この場合においては、当該請求の理由を明らかにしてしなければならない。

一　社員名簿が書面をもって作成されているときは、当該書面の閲覧又は謄写の請求

二　社員名簿が電磁的記録をもって作成されているときは、当該電磁的記録に記録された事項を法務省令で定める方法により表示したものの閲覧又は謄写の請求

3　一般社団法人は、前項の請求があったときは、次のいずれかに該当する場合を除き、これを拒むことができない。

一　当該請求を行う社員（以下この項において「請求者」という。）がその権利の確保又は行使に関する調査以外の目的で請求を行ったとき。

二　請求者が当該一般社団法人の業務の遂行を妨げ、又は社員の共同の利益を害する目的で請求を行ったとき。

三　請求者が社員名簿の閲覧又は謄写によって知り得た事実を利益を得て第三者に通報するため請求を行ったとき。

四　請求者が、過去2年以内において、社員名簿の閲覧又は謄写によって知り得た事実を利益を得て第三者に通報したことがあるものであるとき。

（社員に対する通知等）

第33条　一般社団法人が社員に対してする通知又は催告は、社員名簿に記載し、又は記録した当該社員の住所（当該社員が別に通知又は催告を受ける場所又は連絡先を当該一般社団法人に通知した場合にあっては、その場所又は連絡先）にあてて発すれば足りる。

2　前項の通知又は催告は、その通知又は催告が通常到達すべきであった時に、到達したものとみなす。

3　前2項の規定は、第39条第1項の通知に際して社員に書面を交付し、又は当該書面に記載すべき事項を電磁的方法により提供する場合について準用する。この場合において、前項中「到達したもの」とあるのは、「当該書面の交付又は当該事項の電磁的方法による提供があったもの」と読み替えるものとする。

（社員に対する通知の省略）

第34条　一般社団法人が社員に対してする通知又は催告が5年以上継続して到達しない場合には、一般社団法人は、当該社員に対する通知又は催告をすることを要しない。

2　前項の場合には、同項の社員に対する一般社団法人の義務の履行を行う場所は、一般社団法人の住所地とする。

第3節　機関

第1款　社員総会

（社員総会の権限）

第35条　社員総会は、この法律に規定する事項及び一般社団法人の組織、運営、管理その他一般社団法人に関する一切の事項について決議をすることができる。

2　前項の規定にかかわらず、理事会設置一般社団法人においては、社員総会は、この法律に規定する事項及び定款で定めた事項に限り、決議をすることができる。

3　前2項の規定にかかわらず、社員総会は、社員に剰余金を分配する旨の決議をすることができない。

4　この法律の規定により社員総会の決議を必要とする事項について、理事、理事会その他の社員総会以外の機関が決定することができることを内容とする定款の定めは、その効力を有しない。

（社員総会の招集）

第36条　定時社員総会は、毎事業年度の終了後一定の時期に招集しなければならない。

2　社員総会は、必要がある場合には、いつでも、招集することができる。

3　社員総会は、次条第2項の規定により招集する場合を除き、理事が招集する。

（社員による招集の請求）

第37条　総社員の議決権の10分の1（5分の1以下の割合を定款で定めた場合にあっては、その割合）以上の議決権を有する社員は、理事に対し、社員総会の目的である事項及び招集の理由を示して、社員総会の招集を請求することができる。

2　次に掲げる場合には、前項の規定による請求をした社員は、裁判所の許可を得て、社員総会を招集することができる。

一　前項の規定による請求の後遅滞なく招集の手続が行われない場合

二　前項の規定による請求があった日から6週間（これを下回る期間を定款で定めた場合にあっては、その期間）以内の日を社員総会の日とする社員総会の招集の通知が発せられない場合

（社員総会の招集の決定）

第38条　理事（前条第2項の規定により社員が社員総会を招集する場合にあっては、当該社員。次条から第42条までにおいて同じ。）は、社員総会を招集する場合には、次に掲げる事項を定めなければならない。

一　社員総会の日時及び場所

二　社員総会の目的である事項があるときは、当該事項

三　社員総会に出席しない社員が書面によって議決権を行使することができることとするときは、その旨

四　社員総会に出席しない社員が電磁的方法によって議決権を行使することができることとするときは、その旨

五　前各号に掲げるもののほか、法務省令で定める事項

2　理事会設置一般社団法人においては、前条第2項の規定により社員が社員総会を招集するときを除き、前項各号に掲げる事項の決定は、理事会の決議によらなければならない。

（社員総会の招集の通知）

第39条　社員総会を招集するには、理事は、社員総会の日の1週間（理事会設置一般社団法人以外の一般社団法人において、これを下回る期間を定款で定めた場合にあっては、その期間）前までに、社員に対してその通知を発しなければならない。ただし、前条第1項第3号又は第4号に掲げる事項を定めた場合には、社員総会の日の2週間前までにその通知を発しなければならない。

2　次に掲げる場合には、前項の通知は、書面でしなければならない。

一　前条第1項第3号又は第4号に掲げる事項を定めた場合

二　一般社団法人が理事会設置一般社団法人である場合

3　理事は、前項の書面による通知の発出に代えて、政令で定めるところにより、社員の承諾を得て、電磁的方法により通知を発することができる。この場合において、当該理事は、同項の書面による通知を発したものとみなす。

4　前2項の通知には、前条第1項各号に掲げる事項を記載し、又は記録しなければならない。

（招集手続の省略）

第40条　前条の規定にかかわらず、社員総会は、社員の全員の同意があるときは、招集の手続を経ることなく開催することができる。ただし、第38条第1項第3号又は第4号に掲げる事項を定めた場合は、この限りでない。

（社員総会参考書類及び議決権行使書面の交付等）

第41条　理事は、第38条第1項第3号に掲げる事項を定めた場合には、第39条第1項の通知に際して、法務省令で定めるところにより、社員に対し、議決権の行使について参考となるべき事項を記載した書類（以下この款において「社員総会参考書類」という。）及び社員が議決権を行使するための書面（以下この款において「議決権行使書面」という。）を交付しなければならない。

2　理事は、第39条第3項の承諾をした社員に対し同項の電磁的方法による通知を発するときは、前項の規定による社員総会参考書類及び議決権行使書面の交付に代えて、これらの書類に記載すべき事項を電磁的方法により提供することができる。ただし、社員の請求があったときは、これらの書類を当該社員に交付しなければならない。

第42条　理事は、第38条第1項第4号に掲げる事項を定めた場合には、第39条第1項の通知に際して、法務省令で定めるところにより、社員に対し、社員総会参考書類を交付しなければならない。

2　理事は、第39条第3項の承諾をした社員に対し同項の電磁的方法による通知を発するときは、前項の規定による社員総会参考書類の交付に代えて、当該社員総会参考書類に記載すべき事項を電磁的方法により提供することができる。ただし、社員の請求があったときは、社員総会参考書類を当該社員に交付しなければならない。

3　理事は、第1項に規定する場合には、第39条第3項の承諾をした社員に対する同項の電磁的方法による通知に際して、法務省令で定めるところにより、社員に対し、議決権行使書面に記載すべき事項を当該電磁的方法により提供しなければならない。

4　理事は、第1項に規定する場合において、第39条第3項の承諾をしていない社員から社員総会の日の1週間前までに議決権行使書面に記載すべき事項の電磁的方法による提供の請求があったときは、法務省令で定めるところにより、直ちに、当該社員に対し、当該事項を電磁的方法により提供しなければならない。

（社員提案権）

第43条　社員は、理事に対し、一定の事項を社員総会の目的とすることを請求することができる。

2　前項の規定にかかわらず、理事会設置一般社団法人においては、総社員の議決権の30分の1（これを下回る割合を定款で定めた場合にあっては、その割合）以上の議決権を有する社員に限り、理事に対し、一定の事項を社員総会の目的とすることを請求することができる。この場合において、その請求は、社員総会の日の6週間（これを下回る期間を定款で定めた場合にあっては、その期間）前までにしなければならない。

第44条　社員は、社員総会において、社員総会の目的である事項につき議案を提出することができる。ただし、当該議案が法令若しくは定款に違反する場合又は実質的に同一の議案につき社員総会において総社員の議決権の10分の1（これを下回る割合を定款で定めた場合にあっては、その割合）以上の賛成を得られなかった日から3年を経過していない場合は、この限りでない。

第45条　社員は、理事に対し、社員総会の日の6週間（これを下回る期間を定款で定めた場合にあっては、その期間）前までに、社員総会の目的である事項につき当該社員が提出しようとする議案の要領を社員に通知すること（第39条第2項又は第3項の通知をする場合にあっては、その通知に記載し、又は記録すること）を請求することができる。ただし、理事会設置一般社団法人においては、総社員の議決権の30分の1（これを下回る割合を定款で定めた場合にあっては、その割合）以上の議決権を有する社員に限り、当該請求をすることができる。

2　前項の規定は、同項の議案が法令若しくは定款に違反する場合又は実質的に同一の議案につき社員総会において総社員の議決権の10分の１（これを下回る割合を定款で定めた場合にあっては、その割合）以上の賛成を得られなかった日から３年を経過していない場合には、適用しない。

（社員総会の招集手続等に関する検査役の選任）

第46条　一般社団法人又は総社員の議決権の30分の１（これを下回る割合を定款で定めた場合にあっては、その割合）以上の議決権を有する社員は、社員総会に係る招集の手続及び決議の方法を調査させるため、当該社員総会に先立ち、裁判所に対し、検査役の選任の申立てをすることができる。

2　前項の規定による検査役の選任の申立てがあった場合には、裁判所は、これを不適法として却下する場合を除き、検査役を選任しなければならない。

3　裁判所は、前項の検査役を選任した場合には、一般社団法人が当該検査役に対して支払う報酬の額を定めることができる。

4　第２項の検査役は、必要な調査を行い、当該調査の結果を記載し、又は記録した書面又は電磁的記録（法務省令で定めるものに限る。）を裁判所に提供して報告をしなければならない。

5　裁判所は、前項の報告について、その内容を明瞭にし、又はその根拠を確認するため必要があると認めるときは、第２項の検査役に対し、更に前項の報告を求めることができる。

6　第２項の検査役は、第４項の報告をしたときは、一般社団法人（検査役の選任の申立てをした者が当該一般社団法人でない場合にあっては、当該一般社団法人及びその者）に対し、同項の書面の写しを交付し、又は同項の電磁的記録に記録された事項を法務省令で定める方法により提供しなければならない。

（裁判所による社員総会招集等の決定）

第47条　裁判所は、前条第４項の報告があった場合において、必要があると認めるときは、理事に対し、次に掲げる措置の全部又は一部を命じなければならない。

一　一定の期間内に社員総会を招集すること。

二　前条第４項の調査の結果を社員に通知すること。

2　裁判所が前項第１号に掲げる措置を命じた場合には、理事は、前条第４項の報告の内容を同号の社員総会において開示しなければならない。

3　前項に規定する場合には、理事（監事設置一般社団法人にあっては、理事及び監事）は、前条第４項の報告の内容を調査し、その結果を第１項第１号の社員総会に報告しなければならない。

（電子提供措置をとる旨の定め）

第47条の２　一般社団法人は、理事が社員総会の招集の手続を行うときは、次に掲げる資料（第47条の４第３項において「社員総会参考書類等」という。）の内容である情報について、電子提供措置（電磁的方法により社員が情報の提供を受けることができる状態に置く措置であって、法務省令で定めるものをいう。以下この款、第301条第２項第４号の２及び第342条第10号の２において同じ。）をとる旨を定款で定めることができる。この場合において、その定款には、電子提供措置をとる旨を定めれば足りる。

一　社員総会参考書類

二　議決権行使書面

三　第125条の計算書類及び事業報告並びに監査報告

（電子提供措置）

第47条の３　電子提供措置をとる旨の定款の定めがある一般社団法人の理事は、第39条第２項各号に掲げる場合には、社員総会の日の３週間前の日又は同条第１項の通知を発した日のいずれか早い日（第47条の６第３号において「電子提供措置開始日」という。）から社員総会の日後３箇月を経過する日までの間（第47条の６において「電子提供措置期間」という。）、次に掲げる事項に係る情報について継続して電子提供措置をとらなければならない。

一　第38条第１項各号に掲げる事項

二　第41条第１項に規定する場合には、社員総会参考書類及び議決権行使書面に記載すべき事項

三　第42条第１項に規定する場合には、社員総会参考書類に記載すべき事項

四　第45条第１項の規定による請求があった場合には、同項の議案の要領

五　一般社団法人が理事会設置一般社団法人である場合において、理事が定時社員総会を招集するときは、第125条の計算書類及び事業報告並びに監査報告に記載され、又は記録された事項

六　前各号に掲げる事項を修正したときは、その旨及び修正前の事項

2　前項の規定にかかわらず、理事が第39条第１項の通知に際して社員に対し議決権行使書面を交付するときは、議決権行使書面に記載すべき事項に係る情報については、前項の規定により電子提供措置をとることを要しない。

（社員総会の招集の通知等の特則）

第47条の４　前条第１項の規定により電子提供措置をとる場合における第39条第１項の規定の適用については、同項中「社員総会の日の１週間（理事会設置一般社団法人以外の一般社団法人において、これを下回る期間を定款で定めた場合にあっては、その期間）前までに、社員に対してその通知を発しなければならない。ただし、前条第１項第３号又は第４号に掲げる事項を定めた場合には、社員総会の日」とあるのは、「社員総会の日」とする。

2　第39条第４項の規定にかかわらず、前条第１項の規定により電子提供措置をとる場合には、第39条第２項又は第３項の通知には、第38条第１項第５号に掲げる事項を記載し、又は記録することを要しない。この場合において、当該通知には、同項第１号から第４号までに掲げる事項のほか、電子提供措置をとっている旨その他法務省令で定める事項を記載し、又は記録しなければならない。

3　第41条第1項、第42条第1項及び第125条の規定にかかわらず、電子提供措置をとる旨の定款の定めがある一般社団法人においては、理事は、第39条第1項の通知に際して、社員に対し、社員総会参考書類等を交付し、又は提供することを要しない。
4　電子提供措置をとる旨の定款の定めがある一般社団法人における第45条第1項の規定の適用については、同項中「その通知に記載し、又は記録する」とあるのは、「当該議案の要領について第47条の2に規定する電子提供措置をとる」とする。

（書面交付請求）

第47条の5　電子提供措置をとる旨の定款の定めがある一般社団法人の社員（第39条第3項の承諾をした社員を除く。）は、一般社団法人に対し、第47条の3第1項各号に掲げる事項（次項において「電子提供措置事項」という。）を記載した書面の交付を請求することができる。
2　理事は、第47条の3第1項の規定により電子提供措置をとる場合には、第39条第1項の通知に際して、前項の規定による請求（以下この条において「書面交付請求」という。）をした社員に対し、当該社員総会に係る電子提供措置事項を記載した書面を交付しなければならない。
3　書面交付請求をした社員がある場合において、その書面交付請求の日（当該社員が次項ただし書の規定により異議を述べた場合にあっては、当該異議を述べた日）から1年を経過したときは、一般社団法人は、当該社員に対し、前項の規定による書面の交付を終了する旨を通知し、かつ、これに異議のある場合には一定の期間（以下この条において「催告期間」という。）内に異議を述べるべき旨を催告することができる。ただし、催告期間は、1箇月を下ることができない。
4　前項の規定による通知及び催告を受けた社員がした書面交付請求は、催告期間を経過した時にその効力を失う。ただし、当該社員が催告期間内に異議を述べたときは、この限りでない。

（電子提供措置の中断）

第47条の6　第47条の3第1項の規定にかかわらず、電子提供措置期間中に電子提供措置の中断（社員が提供を受けることができる状態に置かれた情報がその状態に置かれないこととなったこと又は当該情報がその状態に置かれた後改変されたこと（同項第6号の規定により修正されたことを除く。）をいう。以下この条において同じ。）が生じた場合において、次の各号のいずれにも該当するときは、その電子提供措置の中断は、当該電子提供措置の効力に影響を及ぼさない。
一　電子提供措置の中断が生ずることにつき一般社団法人が善意でかつ重大な過失がないこと又は一般社団法人に正当な事由があること。
二　電子提供措置の中断が生じた時間の合計が電子提供措置期間の10分の1を超えないこと。
三　電子提供措置開始日から社員総会の日までの期間中に電子提供措置の中断が生じたときは、当該期間中に電子提供措置の中断が生じた時間の合計が当該期間の10分の1を超えないこと。
四　一般社団法人が電子提供措置の中断が生じたことを知った後速やかにその旨、電子提供措置の中断が生じた時間及び電子提供措置の中断の内容について当該電子提供措置に付して電子提供措置をとったこと。

（議決権の数）

第48条　社員は、各1個の議決権を有する。ただし、定款で別段の定めをすることを妨げない。
2　前項ただし書の規定にかかわらず、社員総会において決議をする事項の全部につき社員が議決権を行使することができない旨の定款の定めは、その効力を有しない。

（社員総会の決議）

第49条　社員総会の決議は、定款に別段の定めがある場合を除き、総社員の議決権の過半数を有する社員が出席し、出席した当該社員の議決権の過半数をもって行う。
2　前項の規定にかかわらず、次に掲げる社員総会の決議は、総社員の半数以上であって、総社員の議決権の3分の2（これを上回る割合を定款で定めた場合にあっては、その割合）以上に当たる多数をもって行わなければならない。
一　第30条第1項の社員総会
二　第70条第1項の社員総会（監事を解任する場合に限る。）
三　第113条第1項の社員総会
四　第146条の社員総会
五　第147条の社員総会
六　第148条第3号及び第150条の社員総会
七　第247条、第251条第1項及び第257条の社員総会
3　理事会設置一般社団法人においては、社員総会は、第38条第1項第2号に掲げる事項以外の事項については、決議をすることができない。ただし、第55条第1項若しくは第2項に規定する者の選任又は第109条第2項の会計監査人の出席を求めることについては、この限りでない。

（議決権の代理行使）

第50条　社員は、代理人によってその議決権を行使することができる。この場合においては、当該社員又は代理人は、代理権を証明する書面を一般社団法人に提出しなければならない。
2　前項の代理権の授与は、社員総会ごとにしなければならない。
3　第1項の社員又は代理人は、代理権を証明する書面の提出に代えて、政令で定めるところにより、一般社団法人の承諾を得て、当該書面に記載すべき事項を電磁的方法により提供することができる。この場合において、当該社員又は代理人は、当該書面を提出したものとみなす。
4　社員が第39条第3項の承諾をした者である場合には、一般社団法人は、正当な理由がなければ、前項の承諾をすることを拒んではならない。
5　一般社団法人は、社員総会の日から3箇月間、代

理権を証明する書面及び第３項の電磁的方法により提供された事項が記録された電磁的記録をその主たる事務所に備え置かなければならない。

6　社員は、一般社団法人の業務時間内は、いつでも、次に掲げる請求をすることができる。この場合においては、当該請求の理由を明らかにしてしなければならない。

一　代理権を証明する書面の閲覧又は謄写の請求

二　前項の電磁的記録に記録された事項を法務省令で定める方法により表示したものの閲覧又は謄写の請求

7　一般社団法人は、前項の請求があったときは、次のいずれかに該当する場合を除き、これを拒むことができない。

一　当該請求を行う社員（以下この項において「請求者」という。）がその権利の確保又は行使に関する調査以外の目的で請求を行ったとき。

二　請求者が当該一般社団法人の業務の遂行を妨げ、又は社員の共同の利益を害する目的で請求を行ったとき。

三　請求者が代理権を証明する書面の閲覧若しくは謄写又は前項第２号の電磁的記録に記録された事項を法務省令で定める方法により表示したものの閲覧若しくは謄写によって知り得た事実を利益を得て第三者に通報するため請求を行ったとき。

四　請求者が、過去２年以内において、代理権を証明する書面の閲覧若しくは謄写又は前項第２号の電磁的記録に記録された事項を法務省令で定める方法により表示したものの閲覧若しくは謄写によって知り得た事実を利益を得て第三者に通報したことがあるものであるとき。

（書面による議決権の行使）

第51条　書面による議決権の行使は、議決権行使書面に必要な事項を記載し、法務省令で定める時までに当該記載をした議決権行使書面を一般社団法人に提出して行う。

2　前項の規定により書面によって行使した議決権の数は、出席した社員の議決権の数に算入する。

3　一般社団法人は、社員総会の日から３箇月間、第１項の規定により提出された議決権行使書面をその主たる事務所に備え置かなければならない。

4　社員は、一般社団法人の業務時間内は、いつでも、第１項の規定により提出された議決権行使書面の閲覧又は謄写の請求をすることができる。この場合においては、当該請求の理由を明らかにしてしなければならない。

5　一般社団法人は、前項の請求があったときは、次のいずれかに該当する場合を除き、これを拒むことができない。

一　当該請求を行う社員（以下この項において「請求者」という。）がその権利の確保又は行使に関する調査以外の目的で請求を行ったとき。

二　請求者が当該一般社団法人の業務の遂行を妨げ、又は社員の共同の利益を害する目的で請求を行ったとき。

三　請求者が第１項の規定により提出された議決権行使書面の閲覧又は謄写によって知り得た事実を利益を得て第三者に通報するため請求を行ったとき。

四　請求者が、過去２年以内において、第１項の規定により提出された議決権行使書面の閲覧又は謄写によって知り得た事実を利益を得て第三者に通報したことがあるものであるとき。

（電磁的方法による議決権の行使）

第52条　電磁的方法による議決権の行使は、政令で定めるところにより、一般社団法人の承諾を得て、法務省令で定める時までに議決権行使書面に記載すべき事項を、電磁的方法により当該一般社団法人に提供して行う。

2　社員が第39条第３項の承諾をした者である場合には、一般社団法人は、正当な理由がなければ、前項の承諾をすることを拒んではならない。

3　第１項の規定により電磁的方法によって行使した議決権の数は、出席した社員の議決権の数に算入する。

4　一般社団法人は、社員総会の日から３箇月間、第１項の規定により提供された事項を記録した電磁的記録をその主たる事務所に備え置かなければならない。

5　社員は、一般社団法人の業務時間内は、いつでも、前項の電磁的記録に記録された事項を法務省令で定める方法により表示したものの閲覧又は謄写の請求をすることができる。この場合においては、当該請求の理由を明らかにしてしなければならない。

6　一般社団法人は、前項の請求があったときは、次のいずれかに該当する場合を除き、これを拒むことができない。

一　当該請求を行う社員（以下この項において「請求者」という。）がその権利の確保又は行使に関する調査以外の目的で請求を行ったとき。

二　請求者が当該一般社団法人の業務の遂行を妨げ、又は社員の共同の利益を害する目的で請求を行ったとき。

三　請求者が前項の電磁的記録に記録された事項を法務省令で定める方法により表示したものの閲覧又は謄写によって知り得た事実を利益を得て第三者に通報するため請求を行ったとき。

四　請求者が、過去２年以内において、前項の電磁的記録に記録された事項を法務省令で定める方法により表示したものの閲覧又は謄写によって知り得た事実を利益を得て第三者に通報したことがあるものであるとき。

（理事等の説明義務）

第53条　理事（監事設置一般社団法人にあっては、理事及び監事）は、社員総会において、社員から特定の事項について説明を求められた場合には、当該事項について必要な説明をしなければならない。ただし、当該事項が社員総会の目的である事項に関しないものである場合、その説明をすることにより社員の共同の利益を著しく害する場合その他正当な理由がある場合として法務省令で定める場合は、この限りでない。

（議長の権限）

第54条　社員総会の議長は、当該社員総会の秩序を維持し、議事を整理する。

2　社員総会の議長は、その命令に従わない者その他当該社員総会の秩序を乱す者を退場させることができる。

（社員総会に提出された資料等の調査）

第55条　社員総会においては、その決議によって、理事、監事及び会計監査人が当該社員総会に提出し、又は提供した資料を調査する者を選任することができる。

2　第37条の規定により招集された社員総会においては、その決議によって、一般社団法人の業務及び財産の状況を調査する者を選任することができる。

（延期又は続行の決議）

第56条　社員総会においてその延期又は続行について決議があった場合には、第38条及び第39条の規定は、適用しない。

（議事録）

第57条　社員総会の議事については、法務省令で定めるところにより、議事録を作成しなければならない。

2　一般社団法人は、社員総会の日から10年間、前項の議事録をその主たる事務所に備え置かなければならない。

3　一般社団法人は、社員総会の日から５年間、第１項の議事録の写しをその従たる事務所に備え置かなければならない。ただし、当該議事録が電磁的記録をもって作成されている場合であって、従たる事務所における次項第２号に掲げる請求に応じることを可能とするための措置として法務省令で定めるものをとっているときは、この限りでない。

4　社員及び債権者は、一般社団法人の業務時間内は、いつでも、次に掲げる請求をすることができる。

一　第１項の議事録が書面をもって作成されているときは、当該書面又は当該書面の写しの閲覧又は謄写の請求

二　第１項の議事録が電磁的記録をもって作成されているときは、当該電磁的記録に記録された事項を法務省令で定める方法により表示したものの閲覧又は謄写の請求

（社員総会の決議の省略）

第58条　理事又は社員が社員総会の目的である事項について提案をした場合において、当該提案につき社員の全員が書面又は電磁的記録により同意の意思表示をしたときは、当該提案を可決する旨の社員総会の決議があったものとみなす。

2　一般社団法人は、前項の規定により社員総会の決議があったものとみなされた日から10年間、同項の書面又は電磁的記録をその主たる事務所に備え置かなければならない。

3　社員及び債権者は、一般社団法人の業務時間内は、いつでも、次に掲げる請求をすることができる。

一　前項の書面の閲覧又は謄写の請求

二　前項の電磁的記録に記録された事項を法務省令で定める方法により表示したものの閲覧又は謄写の請求

4　第１項の規定により定時社員総会の目的である事項のすべてについての提案を可決する旨の社員総会の決議があったものとみなされた場合には、その時に当該定時社員総会が終結したものとみなす。

（社員総会への報告の省略）

第59条　理事が社員の全員に対して社員総会に報告すべき事項を通知した場合において、当該事項を社員総会に報告することを要しないことにつき社員の全員が書面又は電磁的記録により同意の意思表示をしたときは、当該事項の社員総会への報告があったものとみなす。

第２款　社員総会以外の機関の設置

（社員総会以外の機関の設置）

第60条　一般社団法人には、一人又は二人以上の理事を置かなければならない。

2　一般社団法人は、定款の定めによって、理事会、監事又は会計監査人を置くことができる。

（監事の設置義務）

第61条　理事会設置一般社団法人及び会計監査人設置一般社団法人は、監事を置かなければならない。

（会計監査人の設置義務）

第62条　大規模一般社団法人は、会計監査人を置かなければならない。

第３款　役員等の選任及び解任

（選任）

第63条　役員（理事及び監事をいう。以下この款において同じ。）及び会計監査人は、社員総会の決議によって選任する。

2　前項の決議をする場合には、法務省令で定めるところにより、役員が欠けた場合又はこの法律若しくは定款で定めた役員の員数を欠くこととなるときに備えて補欠の役員を選任することができる。

（一般社団法人と役員等との関係）

第64条　一般社団法人と役員及び会計監査人との関係は、委任に関する規定に従う。

（役員の資格等）

第65条　次に掲げる者は、役員となることができない。

一　法人

二　削除

三　この法律若しくは会社法（平成17年法律第86号）の規定に違反し、又は民事再生法（平成11年法律第225号）第255条、第256条、第258条から第260条まで若しくは第262条の罪、外国倒産処理手続の承認

援助に関する法律（平成12年法律第129号）第65条、第66条、第68条若しくは第69条の罪、会社更生法（平成14年法律第154号）第266条、第267条、第269条から第271条まで若しくは第273条の罪若しくは破産法（平成16年法律第75号）第265条、第266条、第268条から第272条まで若しくは第274条の罪を犯し、刑に処せられ、その執行を終わり、又はその執行を受けることがなくなった日から２年を経過しない者

四　前号に規定する法律の規定以外の法令の規定に違反し、禁錮以上の刑に処せられ、その執行を終わるまで又はその執行を受けることがなくなるまでの者（刑の執行猶予中の者を除く。）

2　監事は、一般社団法人又はその子法人の理事又は使用人を兼ねることができない。

3　理事会設置一般社団法人においては、理事は、３人以上でなければならない。

第65条の２　成年被後見人が役員に就任するには、その成年後見人が、成年被後見人の同意（後見監督人がある場合にあっては、成年被後見人及び後見監督人の同意）を得た上で、成年被後見人に代わって就任の承諾をしなければならない。

2　被保佐人が役員に就任するには、その保佐人の同意を得なければならない。

3　第１項の規定は、保佐人が民法（明治29年法律第89号）第876条の４第１項の代理権を付与する旨の審判に基づき被保佐人に代わって就任の承諾をする場合について準用する。この場合において、第１項中「成年被後見人の同意（後見監督人がある場合にあっては、成年被後見人及び後見監督人の同意）」とあるのは、「被保佐人の同意」と読み替えるものとする。

4　成年被後見人又は被保佐人がした役員の資格に基づく行為は、行為能力の制限によっては取り消すことができない。

（理事の任期）

第66条　理事の任期は、選任後２年以内に終了する事業年度のうち最終のものに関する定時社員総会の終結の時までとする。ただし、定款又は社員総会の決議によって、その任期を短縮することを妨げない。

（監事の任期）

第67条　監事の任期は、選任後４年以内に終了する事業年度のうち最終のものに関する定時社員総会の終結の時までとする。ただし、定款によって、その任期を選任後２年以内に終了する事業年度のうち最終のものに関する定時社員総会の終結の時までとすることを限度として短縮することを妨げない。

2　前項の規定は、定款によって、任期の満了前に退任した監事の補欠として選任された監事の任期を退任した監事の任期の満了する時までとすることを妨げない。

3　前２項の規定にかかわらず、監事を置く旨の定款の定めを廃止する定款の変更をした場合には、監事の任期は、当該定款の変更の効力が生じた時に満了する。

（会計監査人の資格等）

第68条　会計監査人は、公認会計士（外国公認会計士（公認会計士法（昭和23年法律第103号）第16条の２第５項に規定する外国公認会計士をいう。）を含む。以下同じ。）又は監査法人でなければならない。

2　会計監査人に選任された監査法人は、その社員の中から会計監査人の職務を行うべき者を選定し、これを一般社団法人に通知しなければならない。この場合においては、次項第２号に掲げる者を選定することはできない。

3　次に掲げる者は、会計監査人となることができない。

一　公認会計士法の規定により、第123条第２項に規定する計算書類について監査をすることができない者

二　一般社団法人の子法人若しくはその理事若しくは監事から公認会計士若しくは監査法人の業務以外の業務により継続的な報酬を受けている者又はその配偶者

三　監査法人でその社員の半数以上が前号に掲げる者であるもの

（会計監査人の任期）

第69条　会計監査人の任期は、選任後１年以内に終了する事業年度のうち最終のものに関する定時社員総会の終結の時までとする。

2　会計監査人は、前項の定時社員総会において別段の決議がされなかったときは、当該定時社員総会において再任されたものとみなす。

3　前２項の規定にかかわらず、会計監査人設置一般社団法人が会計監査人を置く旨の定款の定めを廃止する定款の変更をした場合には、会計監査人の任期は、当該定款の変更の効力が生じた時に満了する。

（解任）

第70条　役員及び会計監査人は、いつでも、社員総会の決議によって解任することができる。

2　前項の規定により解任された者は、その解任について正当な理由がある場合を除き、一般社団法人に対し、解任によって生じた損害の賠償を請求することができる。

（監事による会計監査人の解任）

第71条　監事は、会計監査人が次のいずれかに該当するときは、その会計監査人を解任することができる。

一　職務上の義務に違反し、又は職務を怠ったとき。

二　会計監査人としてふさわしくない非行があったとき。

三　心身の故障のため、職務の執行に支障があり、又はこれに堪えないとき。

2　前項の規定による解任は、監事が二人以上ある場合には、監事の全員の同意によって行わなければならない。

3　第１項の規定により会計監査人を解任したときは、監事（監事が二人以上ある場合にあっては、監事の互選によって定めた監事）は、その旨及び解任の理由を解任後最初に招集される社員総会に報告しなければならない。

（監事の選任に関する監事の同意等）

第72条　理事は、監事がある場合において、監事の選任に関する議案を社員総会に提出するには、監事（監事が二人以上ある場合にあっては、その過半数）の同意を得なければならない。

2　監事は、理事に対し、監事の選任を社員総会の目的とすること又は監事の選任に関する議案を社員総会に提出することを請求することができる。

（会計監査人の選任等に関する議案の内容の決定）

第73条　監事設置一般社団法人においては、社員総会に提出する会計監査人の選任及び解任並びに会計監査人を再任しないことに関する議案の内容は、監事が決定する。

2　監事が二人以上ある場合における前項の規定の適用については、同項中「監事が」とあるのは、「監事の過半数をもって」とする。

（監事等の選任等についての意見の陳述）

第74条　監事は、社員総会において、監事の選任若しくは解任又は辞任について意見を述べることができる。

2　監事を辞任した者は、辞任後最初に招集される社員総会に出席して、辞任した旨及びその理由を述べることができる。

3　理事は、前項の者に対し、同項の社員総会を招集する旨及び第38条第1項第1号に掲げる事項を通知しなければならない。

4　第1項の規定は会計監査人について、前2項の規定は会計監査人を辞任した者及び第71条第1項の規定により会計監査人を解任された者について、それぞれ準用する。この場合において、第1項中「社員総会において、監事の選任若しくは解任又は辞任について」とあるのは「会計監査人の選任、解任若しくは不再任又は辞任について、社員総会に出席して」と、第2項中「辞任後」とあるのは「解任後又は辞任後」と、「辞任した旨及びその理由」とあるのは「辞任した旨及びその理由又は解任についての意見」と読み替えるものとする。

（役員等に欠員を生じた場合の措置）

第75条　役員が欠けた場合又はこの法律若しくは定款で定めた役員の員数が欠けた場合には、任期の満了又は辞任により退任した役員は、新たに選任された役員（次項の一時役員の職務を行うべき者を含む。）が就任するまで、なお役員としての権利義務を有する。

2　前項に規定する場合において、裁判所は、必要があると認めるときは、利害関係人の申立てにより、一時役員の職務を行うべき者を選任することができる。

3　裁判所は、前項の一時役員の職務を行うべき者を選任した場合には、一般社団法人がその者に対して支払う報酬の額を定めることができる。

4　会計監査人が欠けた場合又は定款で定めた会計監査人の員数が欠けた場合において、遅滞なく会計監査人が選任されないときは、監事は、一時会計監査人の職務を行うべき者を選任しなければならない。

5　第68条及び第71条の規定は、前項の一時会計監査人の職務を行うべき者について準用する。

第4款　理事

（業務の執行）

第76条　理事は、定款に別段の定めがある場合を除き、一般社団法人（理事会設置一般社団法人を除く。以下この条において同じ。）の業務を執行する。

2　理事が二人以上ある場合には、一般社団法人の業務は、定款に別段の定めがある場合を除き、理事の過半数をもって決定する。

3　前項の場合には、理事は、次に掲げる事項についての決定を各理事に委任することができない。

一　従たる事務所の設置、移転及び廃止

二　第38条第1項各号に掲げる事項

三　理事の職務の執行が法令及び定款に適合することを確保するための体制その他一般社団法人の業務の適正を確保するために必要なものとして法務省令で定める体制の整備

四　第114条第1項の規定による定款の定めに基づく第111条第1項の責任の免除

4　大規模一般社団法人においては、理事は、前項第3号に掲げる事項を決定しなければならない。

（一般社団法人の代表）

第77条　理事は、一般社団法人を代表する。ただし、他に代表理事その他一般社団法人を代表する者を定めた場合は、この限りでない。

2　前項本文の理事が二人以上ある場合には、理事は、各自、一般社団法人を代表する。

3　一般社団法人（理事会設置一般社団法人を除く。）は、定款、定款の定めに基づく理事の互選又は社員総会の決議によって、理事の中から代表理事を定めることができる。

4　代表理事は、一般社団法人の業務に関する一切の裁判上又は裁判外の行為をする権限を有する。

5　前項の権限に加えた制限は、善意の第三者に対抗することができない。

（代表者の行為についての損害賠償責任）

第78条　一般社団法人は、代表理事その他の代表者がその職務を行うについて第三者に加えた損害を賠償する責任を負う。

（代表理事に欠員を生じた場合の措置）

第79条　代表理事が欠けた場合又は定款で定めた代表理事の員数が欠けた場合には、任期の満了又は辞任により退任した代表理事は、新たに選定された代表理事（次項の一時代表理事の職務を行うべき者を含む。）が就任するまで、なお代表理事としての権利義務を有する。

2　前項に規定する場合において、裁判所は、必要があると認めるときは、利害関係人の申立てにより、一時代表理事の職務を行うべき者を選任することができる。

3　裁判所は、前項の一時代表理事の職務を行うべき者を選任した場合には、一般社団法人がその者に対して支払う報酬の額を定めることができる。

（理事の職務を代行する者の権限）

第80条　民事保全法（平成元年法律第91号）第56条に規定する仮処分命令により選任された理事又は代表理事の職務を代行する者は、仮処分命令に別段の定めがある場合を除き、一般社団法人の常務に属しない行為をするには、裁判所の許可を得なければならない。

2　前項の規定に違反して行った理事又は代表理事の職務を代行する者の行為は、無効とする。ただし、一般社団法人は、これをもって善意の第三者に対抗することができない。

（一般社団法人と理事との間の訴えにおける法人の代表）

第81条　第77条第4項の規定にかかわらず、一般社団法人が理事（理事であった者を含む。以下この条において同じ。）に対し、又は理事が一般社団法人に対して訴えを提起する場合には、社員総会は、当該訴えについて一般社団法人を代表する者を定めることができる。

（表見代表理事）

第82条　一般社団法人は、代表理事以外の理事に理事長その他一般社団法人を代表する権限を有するものと認められる名称を付した場合には、当該理事がした行為について、善意の第三者に対してその責任を負う。

（忠実義務）

第83条　理事は、法令及び定款並びに社員総会の決議を遵守し、一般社団法人のため忠実にその職務を行わなければならない。

（競業及び利益相反取引の制限）

第84条　理事は、次に掲げる場合には、社員総会において、当該取引につき重要な事実を開示し、その承認を受けなければならない。

一　理事が自己又は第三者のために一般社団法人の事業の部類に属する取引をしようとするとき。

二　理事が自己又は第三者のために一般社団法人と取引をしようとするとき。

三　一般社団法人が理事の債務を保証することその他理事以外の者との間において一般社団法人と当該理事との利益が相反する取引をしようとするとき。

2　民法第108条の規定は、前項の承認を受けた同項第2号又は第3号の取引については、適用しない。

（理事の報告義務）

第85条　理事は、一般社団法人に著しい損害を及ぼすおそれのある事実があることを発見したときは、直ちに、当該事実を社員（監事設置一般社団法人にあっては、監事）に報告しなければならない。

（業務の執行に関する検査役の選任）

第86条　一般社団法人の業務の執行に関し、不正の行為又は法令若しくは定款に違反する重大な事実があることを疑うに足りる事由があるときは、総社員の議決権の10分の1（これを下回る割合を定款で定めた場合にあっては、その割合）以上の議決権を有する社員は、当該一般社団法人の業務及び財産の状況を調査させるため、裁判所に対し、検査役の選任の申立てをすることができる。

2　前項の申立てがあった場合には、裁判所は、これを不適法として却下する場合を除き、検査役を選任しなければならない。

3　裁判所は、前項の検査役を選任した場合には、一般社団法人が当該検査役に対して支払う報酬の額を定めることができる。

4　第2項の検査役は、その職務を行うため必要があるときは、一般社団法人の子法人の業務及び財産の状況を調査することができる。

5　第2項の検査役は、必要な調査を行い、当該調査の結果を記載し、又は記録した書面又は電磁的記録（法務省令で定めるものに限る。）を裁判所に提供して報告をしなければならない。

6　裁判所は、前項の報告について、その内容を明瞭にし、又はその根拠を確認するため必要があると認めるときは、第2項の検査役に対し、更に前項の報告を求めることができる。

7　第2項の検査役は、第5項の報告をしたときは、一般社団法人及び検査役の選任の申立てをした社員に対し、同項の書面の写しを交付し、又は同項の電磁的記録に記録された事項を法務省令で定める方法により提供しなければならない。

（裁判所による社員総会招集等の決定）

第87条　裁判所は、前条第5項の報告があった場合において、必要があると認めるときは、理事に対し、次に掲げる措置の全部又は一部を命じなければならない。

一　一定の期間内に社員総会を招集すること。

二　前条第5項の調査の結果を社員に通知すること。

2　裁判所が前項第1号に掲げる措置を命じた場合には、理事は、前条第5項の報告の内容を同号の社員総会において開示しなければならない。

3　前項に規定する場合には、理事（監事設置一般社団法人にあっては、理事及び監事）は、前条第5項の報告の内容を調査し、その結果を第1項第1号の社員総会に報告しなければならない。

（社員による理事の行為の差止め）

第88条　社員は、理事が一般社団法人の目的の範囲外の行為その他法令若しくは定款に違反する行為をし、又はこれらの行為をするおそれがある場合において、当該行為によって当該一般社団法人に著しい損害が生ずるおそれがあるときは、当該理事に対し、当該行為をやめることを請求することができる。

2　監事設置一般社団法人における前項の規定の適用については、同項中「著しい損害」とあるのは、「回復することができない損害」とする。

（理事の報酬等）

第89条　理事の報酬等（報酬、賞与その他の職務執行の対価として一般社団法人等から受ける財産上の利益をいう。以下同じ。）は、定款にその額を定めていないときは、社員総会の決議によって定める。

第5款　理事会

（理事会の権限等）

第90条　理事会は、すべての理事で組織する。

2　理事会は、次に掲げる職務を行う。

一　理事会設置一般社団法人の業務執行の決定

二　理事の職務の執行の監督

三　代表理事の選定及び解職

3　理事会は、理事の中から代表理事を選定しなければならない。

4　理事会は、次に掲げる事項その他の重要な業務執行の決定を理事に委任することができない。

一　重要な財産の処分及び譲受け

二　多額の借財

三　重要な使用人の選任及び解任

四　従たる事務所その他の重要な組織の設置、変更及び廃止

五　理事の職務の執行が法令及び定款に適合することを確保するための体制その他一般社団法人の業務の適正を確保するために必要なものとして法務省令で定める体制の整備

六　第114条第1項の規定による定款の定めに基づく第111条第1項の責任の免除

5　大規模一般社団法人である理事会設置一般社団法人においては、理事会は、前項第5号に掲げる事項を決定しなければならない。

（理事会設置一般社団法人の理事の権限）

第91条　次に掲げる理事は、理事会設置一般社団法人の業務を執行する。

一　代表理事

二　代表理事以外の理事であって、理事会の決議によって理事会設置一般社団法人の業務を執行する理事として選定されたもの

2　前項各号に掲げる理事は、3箇月に1回以上、自己の職務の執行の状況を理事会に報告しなければならない。ただし、定款で毎事業年度に4箇月を超える間隔で2回以上その報告をしなければならない旨を定めた場合は、この限りでない。

（競業及び理事会設置一般社団法人との取引等の制限）

第92条　理事会設置一般社団法人における第84条の規定の適用については、同条第1項中「社員総会」とあるのは、「理事会」とする。

2　理事会設置一般社団法人においては、第84条第1項各号の取引をした理事は、当該取引後、遅滞なく、当該取引についての重要な事実を理事会に報告しなければならない。

（招集権者）

第93条　理事会は、各理事が招集する。ただし、理事会を招集する理事を定款又は理事会で定めたときは、その理事が招集する。

2　前項ただし書に規定する場合には、同項ただし書の規定により定められた理事（以下この項及び第101条第2項において「招集権者」という。）以外の理事は、招集権者に対し、理事会の目的である事項を示して、理事会の招集を請求することができる。

3　前項の規定による請求があった日から5日以内に、その請求があった日から2週間以内の日を理事会の日とする理事会の招集の通知が発せられない場合には、その請求をした理事は、理事会を招集することができる。

（招集手続）

第94条　理事会を招集する者は、理事会の日の1週間（これを下回る期間を定款で定めた場合にあっては、その期間）前までに、各理事及び各監事に対してその通知を発しなければならない。

2　前項の規定にかかわらず、理事会は、理事及び監事の全員の同意があるときは、招集の手続を経ることなく開催することができる。

（理事会の決議）

第95条　理事会の決議は、議決に加わることができる理事の過半数（これを上回る割合を定款で定めた場合にあっては、その割合以上）が出席し、その過半数（これを上回る割合を定款で定めた場合にあっては、その割合以上）をもって行う。

2　前項の決議について特別の利害関係を有する理事は、議決に加わることができない。

3　理事会の議事については、法務省令で定めるところにより、議事録を作成し、議事録が書面をもって作成されているときは、出席した理事（定款で議事録に署名し、又は記名押印しなければならない者を当該理事会に出席した代表理事とする旨の定めがある場合にあっては、当該代表理事）及び監事は、これに署名し、又は記名押印しなければならない。

4　前項の議事録が電磁的記録をもって作成されている場合における当該電磁的記録に記録された事項については、法務省令で定める署名又は記名押印に代わる措置をとらなければならない。

5　理事会の決議に参加した理事であって第3項の議事録に異議をとどめないものは、その決議に賛成したものと推定する。

（理事会の決議の省略）

第96条　理事会設置一般社団法人は、理事が理事会の決議の目的である事項について提案をした場合において、当該提案につき理事（当該事項について議決に加わることができるものに限る。）の全員が書面又は電磁的記録により同意の意思表示をしたとき（監事が当該提案について異議を述べたときを除く。）は、当該提案を可決する旨の理事会の決議があったものとみなす旨を定款で定めることができる。

（議事録等）

第97条　理事会設置一般社団法人は、理事会の日（前条の規定により理事会の決議があったものとみなされた日を含む。）から10年間、第95条第3項の議事録又は前条の意思表示を記載し、若しくは記録した書面若しくは

電磁的記録（以下この条において「議事録等」という。）をその主たる事務所に備え置かなければならない。

2　社員は、その権利を行使するため必要があるときは、裁判所の許可を得て、次に掲げる請求をすることができる。

一　前項の議事録等が書面をもって作成されているときは、当該書面の閲覧又は謄写の請求

二　前項の議事録等が電磁的記録をもって作成されているときは、当該電磁的記録に記録された事項を法務省令で定める方法により表示したものの閲覧又は謄写の請求

3　債権者は、理事又は監事の責任を追及するため必要があるときは、裁判所の許可を得て、第1項の議事録等について前項各号に掲げる請求をすることができる。

4　裁判所は、前2項の請求に係る閲覧又は謄写をすることにより、当該理事会設置一般社団法人に著しい損害を及ぼすおそれがあると認めるときは、前2項の許可をすることができない。

（理事会への報告の省略）

第98条　理事、監事又は会計監査人が理事及び監事の全員に対して理事会に報告すべき事項を通知したときは、当該事項を理事会へ報告することを要しない。

2　前項の規定は、第91条第2項の規定による報告については、適用しない。

第6款　監事

（監事の権限）

第99条　監事は、理事の職務の執行を監査する。この場合において、監事は、法務省令で定めるところにより、監査報告を作成しなければならない。

2　監事は、いつでも、理事及び使用人に対して事業の報告を求め、又は監事設置一般社団法人の業務及び財産の状況の調査をすることができる。

3　監事は、その職務を行うため必要があるときは、監事設置一般社団法人の子法人に対して事業の報告を求め、又はその子法人の業務及び財産の状況の調査をすることができる。

4　前項の子法人は、正当な理由があるときは、同項の報告又は調査を拒むことができる。

（理事への報告義務）

第100条　監事は、理事が不正の行為をし、若しくは当該行為をするおそれがあると認めるとき、又は法令若しくは定款に違反する事実若しくは著しく不当な事実があると認めるときは、遅滞なく、その旨を理事（理事会設置一般社団法人にあっては、理事会）に報告しなければならない。

（理事会への出席義務等）

第101条　監事は、理事会に出席し、必要があると認めるときは、意見を述べなければならない。

2　監事は、前条に規定する場合において、必要があると認めるときは、理事（第93条第1項ただし書に規定する場合にあっては、招集権者）に対し、理事会の招集を請求することができる。

3　前項の規定による請求があった日から5日以内に、その請求があった日から2週間以内の日を理事会の日とする理事会の招集の通知が発せられない場合は、その請求をした監事は、理事会を招集することができる。

（社員総会に対する報告義務）

第102条　監事は、理事が社員総会に提出しようとする議案、書類その他法務省令で定めるものを調査しなければならない。この場合において、法令若しくは定款に違反し、又は著しく不当な事項があると認めるときは、その調査の結果を社員総会に報告しなければならない。

（監事による理事の行為の差止め）

第103条　監事は、理事が監事設置一般社団法人の目的の範囲外の行為その他法令若しくは定款に違反する行為をし、又はこれらの行為をするおそれがある場合において、当該行為によって当該監事設置一般社団法人に著しい損害が生ずるおそれがあるときは、当該理事に対し、当該行為をやめることを請求することができる。

2　前項の場合において、裁判所が仮処分をもって同項の理事に対し、その行為をやめることを命ずるときは、担保を立てさせないものとする。

（監事設置一般社団法人と理事との間の訴えにおける法人の代表）

第104条　第77条第4項及び第81条の規定にかかわらず、監事設置一般社団法人が理事（理事であった者を含む。以下この条において同じ。）に対し、又は理事が監事設置一般社団法人に対して訴えを提起する場合には、当該訴えについては、監事が監事設置一般社団法人を代表する。

2　第77条第4項の規定にかかわらず、次に掲げる場合には、監事が監事設置一般社団法人を代表する。

一　監事設置一般社団法人が第278条第1項の訴えの提起の請求（理事の責任を追及する訴えの提起の請求に限る。）を受ける場合

二　監事設置一般社団法人が第280条第3項の訴訟告知（理事の責任を追及する訴えに係るものに限る。）並びに第281条第2項の規定による通知及び催告（理事の責任を追及する訴えに係る訴訟における和解に関するものに限る。）を受ける場合

（監事の報酬等）

第105条　監事の報酬等は、定款にその額を定めていないときは、社員総会の決議によって定める。

2　監事が二人以上ある場合において、各監事の報酬等について定款の定め又は社員総会の決議がないときは、当該報酬等は、前項の報酬等の範囲内において、監事の協議によって定める。

3　監事は、社員総会において、監事の報酬等について意見を述べることができる。

（費用等の請求）

第106条　監事がその職務の執行について監事設置

一般社団法人に対して次に掲げる請求をしたときは、当該監事設置一般社団法人は、当該請求に係る費用又は債務が当該監事の職務の執行に必要でないことを証明した場合を除き、これを拒むことができない。
一　費用の前払の請求
二　支出した費用及び支出の日以後におけるその利息の償還の請求
三　負担した債務の債権者に対する弁済（当該債務が弁済期にない場合にあっては、相当の担保の提供）の請求

第７款　会計監査人

（会計監査人の権限等）
第107条　会計監査人は、次節の定めるところにより、一般社団法人の計算書類（第123条第２項に規定する計算書類をいう。第117条第２項第１号イにおいて同じ。）及びその附属明細書を監査する。この場合において、会計監査人は、法務省令で定めるところにより、会計監査報告を作成しなければならない。
2　会計監査人は、いつでも、次に掲げるものの閲覧及び謄写をし、又は理事及び使用人に対し、会計に関する報告を求めることができる。
一　会計帳簿又はこれに関する資料が書面をもって作成されているときは、当該書面
二　会計帳簿又はこれに関する資料が電磁的記録をもって作成されているときは、当該電磁的記録に記録された事項を法務省令で定める方法により表示したもの
3　会計監査人は、その職務を行うため必要があるときは、会計監査人設置一般社団法人の子法人に対して会計に関する報告を求め、又は会計監査人設置一般社団法人若しくはその子法人の業務及び財産の状況の調査をすることができる。
4　前項の子法人は、正当な理由があるときは、同項の報告又は調査を拒むことができる。
5　会計監査人は、その職務を行うに当たっては、次のいずれかに該当する者を使用してはならない。
一　第68条第３項第１号又は第２号に掲げる者
二　会計監査人設置一般社団法人又はその子法人の理事、監事又は使用人である者
三　会計監査人設置一般社団法人又はその子法人から公認会計士又は監査法人の業務以外の業務により継続的な報酬を受けている者

（監事に対する報告）
第108条　会計監査人は、その職務を行うに際して理事の職務の執行に関し不正の行為又は法令若しくは定款に違反する重大な事実があることを発見したときは、遅滞なく、これを監事に報告しなければならない。
2　監事は、その職務を行うため必要があるときは、会計監査人に対し、その監査に関する報告を求めることができる。

（定時社員総会における会計監査人の意見の陳述）
第109条　第107条第１項に規定する書類が法令又は定款に適合するかどうかについて会計監査人が監事と意見を異にするときは、会計監査人（会計監査人が監査法人である場合にあっては、その職務を行うべき社員。次項において同じ。）は、定時社員総会に出席して意見を述べることができる。
2　定時社員総会において会計監査人の出席を求める決議があったときは、会計監査人は、定時社員総会に出席して意見を述べなければならない。

（会計監査人の報酬等の決定に関する監事の関与）
第110条　理事は、会計監査人又は一時会計監査人の職務を行うべき者の報酬等を定める場合には、監事（監事が二人以上ある場合にあっては、その過半数）の同意を得なければならない。

第８款　役員等の損害賠償責任

（役員等の一般社団法人に対する損害賠償責任）
第111条　理事、監事又は会計監査人（以下この節及び第301条第２項第11号において「役員等」という。）は、その任務を怠ったときは、一般社団法人に対し、これによって生じた損害を賠償する責任を負う。
2　理事が第84条第１項の規定に違反して同項第１号の取引をしたときは、当該取引によって理事又は第三者が得た利益の額は、前項の損害の額と推定する。
3　第84条第１項第２号又は第３号の取引によって一般社団法人に損害が生じたときは、次に掲げる理事は、その任務を怠ったものと推定する。
一　第84条第１項の理事
二　一般社団法人が当該取引をすることを決定した理事
三　当該取引に関する理事会の承認の決議に賛成した理事

（一般社団法人に対する損害賠償責任の免除）
第112条　前条第１項の責任は、総社員の同意がなければ、免除することができない。

（責任の一部免除）
第113条　前条の規定にかかわらず、役員等の第111条第１項の責任は、当該役員等が職務を行うにつき善意でかつ重大な過失がないときは、第１号に掲げる額から第２号に掲げる額（第115条第１項において「最低責任限度額」という。）を控除して得た額を限度として、社員総会の決議によって免除することができる。
一　賠償の責任を負う額
二　当該役員等がその在職中に一般社団法人から職務執行の対価として受け、又は受けるべき財産上の利益の１年間当たりの額に相当する額として法務省令で定める方法により算定される額に、次のイからハまでに掲げる役員等の区分に応じ、当該イからハまでに定める数を乗じて得た額
イ　代表理事　6
ロ　代表理事以外の理事であって、次に掲げるもの　4
(1)　理事会の決議によって一般社団法人の業務を執行する理事として選定されたもの

(2)　当該一般社団法人の業務を執行した理事（(1)に掲げる理事を除く。）
(3)　当該一般社団法人の使用人
ハ　理事（イ及びロに掲げるものを除く。）、監事又は会計監査人　2

2　前項の場合には、理事は、同項の社員総会において次に掲げる事項を開示しなければならない。
一　責任の原因となった事実及び賠償の責任を負う額
二　前項の規定により免除することができる額の限度及びその算定の根拠
三　責任を免除すべき理由及び免除額

3　監事設置一般社団法人においては、理事は、第111条第1項の責任の免除（理事の責任の免除に限る。）に関する議案を社員総会に提出するには、監事（監事が二人以上ある場合にあっては、各監事）の同意を得なければならない。

4　第1項の決議があった場合において、一般社団法人が当該決議後に同項の役員等に対し退職慰労金その他の法務省令で定める財産上の利益を与えるときは、社員総会の承認を受けなければならない。

（理事等による免除に関する定款の定め）

第114条　第112条の規定にかかわらず、監事設置一般社団法人（理事が二人以上ある場合に限る。）は、第111条第1項の責任について、役員等が職務を行うにつき善意でかつ重大な過失がない場合において、責任の原因となった事実の内容、当該役員等の職務の執行の状況その他の事情を勘案して特に必要と認めるときは、前条第1項の規定により免除することができる額を限度として理事（当該責任を負う理事を除く。）の過半数の同意（理事会設置一般社団法人にあっては、理事会の決議）によって免除することができる旨を定款で定めることができる。

2　前条第3項の規定は、定款を変更して前項の規定による定款の定め（理事の責任を免除することができる旨の定めに限る。）を設ける議案を社員総会に提出する場合、同項の規定による定款の定めに基づく責任の免除（理事の責任の免除に限る。）についての理事の同意を得る場合及び当該責任の免除に関する議案を理事会に提出する場合について準用する。

3　第1項の規定による定款の定めに基づいて役員等の責任を免除する旨の同意（理事会設置一般社団法人にあっては、理事会の決議）を行ったときは、理事は、遅滞なく、前条第2項各号に掲げる事項及び責任を免除することに異議がある場合には一定の期間内に当該異議を述べるべき旨を社員に通知しなければならない。ただし、当該期間は、1箇月を下ることができない。

4　総社員（前項の責任を負う役員等であるものを除く。）の議決権の10分の1（これを下回る割合を定款で定めた場合にあっては、その割合）以上の議決権を有する社員が同項の期間内に同項の異議を述べたときは、一般社団法人は、第1項の規定による定款の定めに基づく免除をしてはならない。

5　前条第4項の規定は、第1項の規定による定款の定めに基づき責任を免除した場合について準用する。

（責任限定契約）

第115条　第112条の規定にかかわらず、一般社団法人は、理事（業務執行理事（代表理事、代表理事以外の理事であって理事会の決議によって一般社団法人の業務を執行する理事として選定されたもの及び当該一般社団法人の業務を執行したその他の理事をいう。次項及び第141条第3項において同じ。）又は当該一般社団法人の使用人でないものに限る。）、監事又は会計監査人（以下この条及び第301条第2項第12号において「非業務執行理事等」という。）の第111条第1項の責任について、当該非業務執行理事等が職務を行うにつき善意でかつ重大な過失がないときは、定款で定めた額の範囲内であらかじめ一般社団法人が定めた額と最低責任限度額とのいずれか高い額を限度とする旨の契約を非業務執行理事等と締結することができる旨を定款で定めることができる。

2　前項の契約を締結した非業務執行理事等が当該一般社団法人の業務執行理事又は使用人に就任したときは、当該契約は、将来に向かってその効力を失う。

3　第113条第3項の規定は、定款を変更して第1項の規定による定款の定め（同項に規定する理事と契約を締結することができる旨の定めに限る。）を設ける議案を社員総会に提出する場合について準用する。

4　第1項の契約を締結した一般社団法人が、当該契約の相手方である非業務執行理事等が任務を怠ったことにより損害を受けたことを知ったときは、その後最初に招集される社員総会において次に掲げる事項を開示しなければならない。
一　第113条第2項第1号及び第2号に掲げる事項
二　当該契約の内容及び当該契約を締結した理由
三　第111条第1項の損害のうち、当該非業務執行理事等が賠償する責任を負わないとされた額

5　第113条第4項の規定は、非業務執行理事等が第1項の契約によって同項に規定する限度を超える部分について損害を賠償する責任を負わないとされた場合について準用する。

（理事が自己のためにした取引に関する特則）

第116条　第84条第1項第2号の取引（自己のためにした取引に限る。）をした理事の第111条第1項の責任は、任務を怠ったことが当該理事の責めに帰することができない事由によるものであることをもって免れることができない。

2　前3条の規定は、前項の責任については、適用しない。

（役員等の第三者に対する損害賠償責任）

第117条　役員等がその職務を行うについて悪意又は重大な過失があったときは、当該役員等は、これによって第三者に生じた損害を賠償する責任を負う。

2　次の各号に掲げる者が、当該各号に定める行為をしたときも、前項と同様とする。ただし、その者が当該行為をすることについて注意を怠らなかったことを証明したときは、この限りでない。

一　理事　次に掲げる行為
イ　計算書類及び事業報告並びにこれらの附属明細書に記載し、又は記録すべき重要な事項についての虚偽の記載又は記録
ロ　基金（第131条に規定する基金をいう。）を引き受ける者の募集をする際に通知しなければならない重要な事項についての虚偽の通知又は当該募集のための当該一般社団法人の事業その他の事項に関する説明に用いた資料についての虚偽の記載若しくは記録
ハ　虚偽の登記
ニ　虚偽の公告（第128条第3項に規定する措置を含む。）
二　監事　監査報告に記載し、又は記録すべき重要な事項についての虚偽の記載又は記録
三　会計監査人　会計監査報告に記載し、又は記録すべき重要な事項についての虚偽の記載又は記録

（役員等の連帯責任）
第118条　役員等が一般社団法人又は第三者に生じた損害を賠償する責任を負う場合において、他の役員等も当該損害を賠償する責任を負うときは、これらの者は、連帯債務者とする。

第9款　補償契約及び役員等のために締結される保険契約

（補償契約）
第118条の2　一般社団法人が、役員等に対して次に掲げる費用等の全部又は一部を当該一般社団法人が補償することを約する契約（以下この条において「補償契約」という。）の内容の決定をするには、社員総会（理事会設置一般社団法人にあっては、理事会）の決議によらなければならない。
一　当該役員等が、その職務の執行に関し、法令の規定に違反したことが疑われ、又は責任の追及に係る請求を受けたことに対処するために支出する費用
二　当該役員等が、その職務の執行に関し、第三者に生じた損害を賠償する責任を負う場合における次に掲げる損失
イ　当該損害を当該役員等が賠償することにより生ずる損失
ロ　当該損害の賠償に関する紛争について当事者間に和解が成立したときは、当該役員等が当該和解に基づく金銭を支払うことにより生ずる損失
2　一般社団法人は、補償契約を締結している場合であっても、当該補償契約に基づき、次に掲げる費用等を補償することができない。
一　前項第1号に掲げる費用のうち通常要する費用の額を超える部分
二　当該一般社団法人が前項第2号の損害を賠償するとすれば当該役員等が当該一般社団法人に対して第111条第1項の責任を負う場合には、同号に掲げる損失のうち当該責任に係る部分
三　役員等がその職務を行うにつき悪意又は重大な過失があったことにより前項第2号の責任を負う場合には、同号に掲げる損失の全部
3　補償契約に基づき第1項第1号に掲げる費用を補償した一般社団法人が、当該役員等が自己若しくは第三者の不正な利益を図り、又は当該一般社団法人に損害を加える目的で同号の職務を執行したことを知ったときは、当該役員等に対し、補償した金額に相当する金銭を返還することを請求することができる。
4　理事会設置一般社団法人においては、補償契約に基づく補償をした理事及び当該補償を受けた理事は、遅滞なく、当該補償についての重要な事実を理事会に報告しなければならない。
5　第84条第1項、第92条第2項、第111条第3項及び第116条第1項の規定は、一般社団法人と理事との間の補償契約については、適用しない。
6　民法第108条の規定は、第1項の決議によってその内容が定められた前項の補償契約の締結については、適用しない。

（役員等のために締結される保険契約）
第118条の3　一般社団法人が、保険者との間で締結する保険契約のうち役員等がその職務の執行に関し責任を負うこと又は当該責任の追及に係る請求を受けることによって生ずることのある損害を保険者が塡補することを約するものであって、役員等を被保険者とするもの（当該保険契約を締結することにより被保険者である役員等の職務の執行の適正性が著しく損なわれるおそれがないものとして法務省令で定めるものを除く。第3項ただし書において「役員等賠償責任保険契約」という。）の内容の決定をするには、社員総会（理事会設置一般社団法人にあっては、理事会）の決議によらなければならない。
2　第84条第1項、第92条第2項及び第111条第3項の規定は、一般社団法人が保険者との間で締結する保険契約のうち役員等がその職務の執行に関し責任を負うこと又は当該責任の追及に係る請求を受けることによって生ずることのある損害を保険者が塡補することを約するものであって、理事を被保険者とするものの締結については、適用しない。
3　民法第108条の規定は、前項の保険契約の締結については、適用しない。ただし、当該契約が役員等賠償責任保険契約である場合には、第1項の決議によってその内容が定められたときに限る。

第4節　計算

第1款　会計の原則

第119条　一般社団法人の会計は、その行う事業に応じて、一般に公正妥当と認められる会計の慣行に従うものとする。

第2款　会計帳簿

（会計帳簿の作成及び保存）

第120条　一般社団法人は、法務省令で定めるところにより、適時に、正確な会計帳簿を作成しなければならない。

2　一般社団法人は、会計帳簿の閉鎖の時から10年間、その会計帳簿及びその事業に関する重要な資料を保存しなければならない。

（会計帳簿の閲覧等の請求）

第121条　総社員の議決権の10分の1（これを下回る割合を定款で定めた場合にあっては、その割合）以上の議決権を有する社員は、一般社団法人の業務時間内は、いつでも、次に掲げる請求をすることができる。この場合においては、当該請求の理由を明らかにしてしなければならない。

一　会計帳簿又はこれに関する資料が書面をもって作成されているときは、当該書面の閲覧又は謄写の請求

二　会計帳簿又はこれに関する資料が電磁的記録をもって作成されているときは、当該電磁的記録に記録された事項を法務省令で定める方法により表示したものの閲覧又は謄写の請求

2　一般社団法人は、前項の請求があったときは、次のいずれかに該当する場合を除き、これを拒むことができない。

一　当該請求を行う社員（以下この項において「請求者」という。）がその権利の確保又は行使に関する調査以外の目的で請求を行ったとき。

二　請求者が当該一般社団法人の業務の遂行を妨げ、又は社員の共同の利益を害する目的で請求を行ったとき。

三　請求者が当該一般社団法人の業務と実質的に競争関係にある事業を営み、又はこれに従事するものであるとき。

四　請求者が会計帳簿又はこれに関する資料の閲覧又は謄写によって知り得た事実を利益を得て第三者に通報するため請求を行ったとき。

五　請求者が、過去2年以内において、会計帳簿又はこれに関する資料の閲覧又は謄写によって知り得た事実を利益を得て第三者に通報したことがあるものであるとき。

（会計帳簿の提出命令）

第122条　裁判所は、申立てにより又は職権で、訴訟の当事者に対し、会計帳簿の全部又は一部の提出を命ずることができる。

第3款　計算書類等

（計算書類等の作成及び保存）

第123条　一般社団法人は、法務省令で定めるところにより、その成立の日における貸借対照表を作成しなければならない。

2　一般社団法人は、法務省令で定めるところにより、各事業年度に係る計算書類（貸借対照表及び損益計算書をいう。以下この款において同じ。）及び事業報告並びにこれらの附属明細書を作成しなければならない。

3　計算書類及び事業報告並びにこれらの附属明細書は、電磁的記録をもって作成することができる。

4　一般社団法人は、計算書類を作成した時から10年間、当該計算書類及びその附属明細書を保存しなければならない。

（計算書類等の監査等）

第124条　監事設置一般社団法人においては、前条第2項の計算書類及び事業報告並びにこれらの附属明細書は、法務省令で定めるところにより、監事の監査を受けなければならない。

2　前項の規定にかかわらず、会計監査人設置一般社団法人においては、次の各号に掲げるものは、法務省令で定めるところにより、当該各号に定める者の監査を受けなければならない。

一　前条第2項の計算書類及びその附属明細書　監事及び会計監査人

二　前条第2項の事業報告及びその附属明細書　監事

3　理事会設置一般社団法人においては、第1項又は前項の監査を受けた計算書類及び事業報告並びにこれらの附属明細書は、理事会の承認を受けなければならない。

（計算書類等の社員への提供）

第125条　理事会設置一般社団法人においては、理事は、定時社員総会の招集の通知に際して、法務省令で定めるところにより、社員に対し、前条第3項の承認を受けた計算書類及び事業報告並びに監査報告（同条第2項の規定の適用がある場合にあっては、会計監査報告を含む。）を提供しなければならない。

（計算書類等の定時社員総会への提出等）

第126条　次の各号に掲げる一般社団法人においては、理事は、当該各号に定める計算書類及び事業報告を定時社員総会に提出し、又は提供しなければならない。

一　監事設置一般社団法人（理事会設置一般社団法人及び会計監査人設置一般社団法人を除く。）　第124条第1項の監査を受けた計算書類及び事業報告

二　会計監査人設置一般社団法人（理事会設置一般社団法人を除く。）　第124条第2項の監査を受けた計算書類及び事業報告

三　理事会設置一般社団法人　第124条第3項の承認を受けた計算書類及び事業報告

四　前3号に掲げるもの以外の一般社団法人　第123条第2項の計算書類及び事業報告

2　前項の規定により提出され、又は提供された計算書類は、定時社員総会の承認を受けなければならない。

3　理事は、第1項の規定により提出され、又は提供された事業報告の内容を定時社員総会に報告しなければならない。

（会計監査人設置一般社団法人の特則）

第127条　会計監査人設置一般社団法人については、第124条第3項の承認を受けた計算書類が法令及び

定款に従い一般社団法人の財産及び損益の状況を正しく表示しているものとして法務省令で定める要件に該当する場合には、前条第２項の規定は、適用しない。この場合においては、理事は、当該計算書類の内容を定時社員総会に報告しなければならない。

（貸借対照表等の公告）

第128条　一般社団法人は、法務省令で定めるところにより、定時社員総会の終結後遅滞なく、貸借対照表（大規模一般社団法人にあっては、貸借対照表及び損益計算書）を公告しなければならない。

2　前項の規定にかかわらず、その公告方法が第331条第１項第１号又は第２号に掲げる方法である一般社団法人は、前項に規定する貸借対照表の要旨を公告することで足りる。

3　前項の一般社団法人は、法務省令で定めるところにより、定時社員総会の終結後遅滞なく、第１項に規定する貸借対照表の内容である情報を、定時社員総会の終結の日後５年を経過する日までの間、継続して電磁的方法により不特定多数の者が提供を受けることができる状態に置く措置をとることができる。この場合においては、前２項の規定は、適用しない。

（計算書類等の備置き及び閲覧等）

第129条　一般社団法人は、計算書類等（各事業年度に係る計算書類及び事業報告並びにこれらの附属明細書（第124条第１項又は第２項の規定の適用がある場合にあっては、監査報告又は会計監査報告を含む。）をいう。以下この条において同じ。）を、定時社員総会の日の１週間（理事会設置一般社団法人にあっては、２週間）前の日（第58条第１項の場合にあっては、同項の提案があった日）から５年間、その主たる事務所に備え置かなければならない。

2　一般社団法人は、計算書類等の写しを、定時社員総会の日の１週間（理事会設置一般社団法人にあっては、２週間）前の日（第58条第１項の場合にあっては、同項の提案があった日）から３年間、その従たる事務所に備え置かなければならない。ただし、計算書類等が電磁的記録で作成されている場合であって、従たる事務所における次項第３号及び第４号に掲げる請求に応じることを可能とするための措置として法務省令で定めるものをとっているときは、この限りでない。

3　社員及び債権者は、一般社団法人の業務時間内は、いつでも、次に掲げる請求をすることができる。ただし、第２号又は第４号に掲げる請求をするには、当該一般社団法人の定めた費用を支払わなければならない。

一　計算書類等が書面をもって作成されているときは、当該書面又は当該書面の写しの閲覧の請求

二　前号の書面の謄本又は抄本の交付の請求

三　計算書類等が電磁的記録をもって作成されているときは、当該電磁的記録に記録された事項を法務省令で定める方法により表示したものの閲覧の請求

四　前号の電磁的記録に記録された事項を電磁的方法であって一般社団法人の定めたものにより提供することの請求又はその事項を記載した書面の交付の請求

（計算書類等の提出命令）

第130条　裁判所は、申立てにより又は職権で、訴訟の当事者に対し、計算書類及びその附属明細書の全部又は一部の提出を命ずることができる。

第５節　基金

第１款　基金を引き受ける者の募集

（基金を引き受ける者の募集等に関する定款の定め）

第131条　一般社団法人（一般社団法人の成立前にあっては、設立時社員。次条から第134条まで（第133条第１項第１号を除く。）及び第136条第１号において同じ。）は、基金（この款の規定により一般社団法人に拠出された金銭その他の財産であって、当該一般社団法人が拠出者に対してこの法律及び当該一般社団法人と当該拠出者との間の合意の定めるところに従い返還義務（金銭以外の財産については、拠出時の当該財産の価額に相当する金銭の返還義務）を負うものをいう。以下同じ。）を引き受ける者の募集をすることができる旨を定款で定めることができる。この場合においては、次に掲げる事項を定款で定めなければならない。

一　基金の拠出者の権利に関する規定

二　基金の返還の手続

（募集事項の決定）

第132条　一般社団法人は、前条の募集をしようとするときは、その都度、次に掲げる事項（以下この款において「募集事項」という。）を定めなければならない。

一　募集に係る基金の総額

二　金銭以外の財産を拠出の目的とするときは、その旨並びに当該財産の内容及びその価額

三　基金の拠出に係る金銭の払込み又は前号の財産の給付の期日又はその期間

2　設立時社員は、募集事項を定めようとするときは、その全員の同意を得なければならない。

（基金の申込み）

第133条　一般社団法人は、第131条の募集に応じて基金の引受けの申込みをしようとする者に対し、次に掲げる事項を通知しなければならない。

一　一般社団法人の名称

二　募集事項

三　金銭の払込みをすべきときは、払込みの取扱いの場所

四　前３号に掲げるもののほか、法務省令で定める事項

2　第131条の募集に応じて基金の引受けの申込みをする者は、次に掲げる事項を記載した書面を一般社団法人に交付しなければならない。

一　申込みをする者の氏名又は名称及び住所

二　引き受けようとする基金の額

3　前項の申込みをする者は、同項の書面の交付に代えて、政令で定めるところにより、一般社団法人の承諾を得て、同項の書面に記載すべき事項を電磁的方法により提供することができる。この場合におい

て、当該申込みをした者は、同項の書面を交付したものとみなす。

4　一般社団法人は、第1項各号に掲げる事項について変更があったときは、直ちに、その旨及び当該変更があった事項を第2項の申込みをした者（以下この款において「申込者」という。）に通知しなければならない。

5　一般社団法人が申込者に対してする通知又は催告は、第2項第1号の住所（当該申込者が別に通知又は催告を受ける場所又は連絡先を当該一般社団法人に通知した場合にあっては、その場所又は連絡先）にあてて発すれば足りる。

6　前項の通知又は催告は、その通知又は催告が通常到達すべきであった時に、到達したものとみなす。

（基金の割当て）

第134条　一般社団法人は、申込者の中から基金の割当てを受ける者を定め、かつ、その者に割り当てる基金の額を定めなければならない。この場合において、一般社団法人は、当該申込者に割り当てる基金の額を、前条第2項第2号の額よりも減額することができる。

2　一般社団法人は、第132条第1項第3号の期日（同号の期間を定めた場合にあっては、その期間の初日）の前日までに、申込者に対し、当該申込者に割り当てる基金の額を通知しなければならない。

（基金の申込み及び割当てに関する特則）

第135条　前2条の規定は、基金を引き受けようとする者がその総額の引受けを行う契約を締結する場合には、適用しない。

（基金の引受け）

第136条　次の各号に掲げる者は、当該各号に定める基金の額について基金の引受人となる。

一　申込者　一般社団法人の割り当てた基金の額

二　前条の契約により基金の総額を引き受けた者　その者が引き受けた基金の額

（金銭以外の財産の拠出）

第137条　一般社団法人（一般社団法人の成立前にあっては、設立時社員。第6項において同じ。）は、第132条第1項第2号に掲げる事項を定めたときは、募集事項の決定の後遅滞なく、同号の財産（以下「現物拠出財産」という。）の価額を調査させるため、裁判所に対し、検査役の選任の申立てをしなければならない。

2　前項の申立てがあった場合には、裁判所は、これを不適法として却下する場合を除き、検査役を選任しなければならない。

3　裁判所は、前項の検査役を選任した場合には、一般社団法人が当該検査役に対して支払う報酬の額を定めることができる。

4　第2項の検査役は、必要な調査を行い、当該調査の結果を記載し、又は記録した書面又は電磁的記録（法務省令で定めるものに限る。）を裁判所に提供して報告をしなければならない。

5　裁判所は、前項の報告について、その内容を明瞭にし、又はその根拠を確認するため必要があると認めるときは、第2項の検査役に対し、更に前項の報告を求めることができる。

6　第2項の検査役は、第4項の報告をしたときは、一般社団法人に対し、同項の書面の写しを交付し、又は同項の電磁的記録に記録された事項を法務省令で定める方法により提供しなければならない。

7　裁判所は、第4項の報告を受けた場合において、現物拠出財産について定められた第132条第1項第2号の価額（第2項の検査役の調査を経ていないものを除く。）を不当と認めたときは、これを変更する決定をしなければならない。

8　基金の引受人（現物拠出財産を給付する者に限る。第10項第2号において同じ。）は、前項の決定により現物拠出財産の価額の全部又は一部が変更された場合には、当該決定の確定後1週間以内に限り、その基金の引受けの申込み又は第135条の契約に係る意思表示を取り消すことができる。

9　前各項の規定は、次の各号に掲げる場合には、当該各号に定める事項については、適用しない。

一　現物拠出財産について定められた第132条第1項第2号の価額の総額が500万円を超えない場合　当該現物拠出財産の価額

二　現物拠出財産のうち、市場価格のある有価証券（金融商品取引法（昭和23年法律第25号）第2条第1項に規定する有価証券をいい、同条第2項の規定により有価証券とみなされる権利を含む。以下同じ。）について定められた第132条第1項第2号の価額が当該有価証券の市場価格として法務省令で定める方法により算定されるものを超えない場合　当該有価証券についての現物拠出財産の価額

三　現物拠出財産について定められた第132条第1項第2号の価額が相当であることについて弁護士、弁護士法人、弁護士・外国法事務弁護士共同法人、公認会計士、監査法人、税理士又は税理士法人の証明（現物拠出財産が不動産である場合にあっては、当該証明及び不動産鑑定士の鑑定評価。以下この号において同じ。）を受けた場合　当該証明を受けた現物拠出財産の価額

四　現物拠出財産が一般社団法人に対する金銭債権（弁済期が到来しているものに限る。）であって、当該金銭債権について定められた第132条第1項第2号の価額が当該金銭債権に係る負債の帳簿価額を超えない場合　当該金銭債権についての現物拠出財産の価額

10　次に掲げる者は、前項第3号に規定する証明をすることができない。

一　理事、監事又は使用人（一般社団法人の成立前にあっては、設立時社員、設立時理事又は設立時監事）

二　基金の引受人

三　業務の停止の処分を受け、その停止の期間を経過しない者

四　弁護士法人、弁護士・外国法事務弁護士共同法人、監査法人又は税理士法人であって、その社員の半数以上が第1号又は第2号に掲げる者のいずれかに該当するもの

（基金の拠出の履行）

第138条　基金の引受人（現物拠出財産を給付する者を除く。）は、第132条第１項第３号の期日又は同号の期間内に、一般社団法人（一般社団法人の成立前にあっては、設立時社員）が定めた銀行等（銀行（銀行法（昭和56年法律第59号）第２条第１項に規定する銀行をいう。）、信託会社（信託業法（平成16年法律第154号）第２条第２項に規定する信託会社をいう。第248条第５項において同じ。）その他これに準ずるものとして法務省令で定めるものをいう。第157条第２項において同じ。）の払込みの取扱いの場所において、それぞれの基金の払込金額の全額を払い込まなければならない。

2　基金の引受人（現物拠出財産を給付する者に限る。）は、第132条第１項第３号の期日又は同号の期間内に、それぞれの基金の払込金額に相当する現物拠出財産を給付しなければならない。ただし、一般社団法人の成立前に給付すべき場合において、設立時社員全員の同意があるときは、登記、登録その他の権利の設定又は移転を第三者に対抗するために必要な行為は、一般社団法人の成立後にすることを妨げない。

3　基金の引受人は、第１項の規定による払込み又は前項の規定による給付（以下この款において「拠出の履行」という。）をする債務と一般社団法人に対する債権とを相殺することができない。

4　基金の引受人が拠出の履行をしないときは、基金の引受けは、その効力を失う。

（基金の拠出者となる時期）

第139条　基金の引受人は、次の各号に掲げる場合には、当該各号に定める日に、拠出の履行をした基金の拠出者となる。

一　第132条第１項第３号の期日を定めた場合　当該期日

二　第132条第１項第３号の期間を定めた場合　拠出の履行をした日

2　前項の規定にかかわらず、一般社団法人の成立前に基金を引き受ける者の募集をした場合には、一般社団法人の成立の時に、拠出の履行をした基金の拠出者となる。

（引受けの無効又は取消しの制限）

第140条　民法第93条第１項ただし書及び第94条第１項の規定は、基金の引受けの申込み及び割当て並びに第135条の契約に係る意思表示については、適用しない。

2　基金の引受人は、前条の規定により基金の拠出者となった日から１年を経過した後は、錯誤、詐欺又は強迫を理由として基金の引受けの取消しをすることができない。

第２款　基金の返還

（基金の返還）

第141条　基金の返還は、定時社員総会の決議によって行わなければならない。

2　一般社団法人は、ある事業年度に係る貸借対照表上の純資産額が次に掲げる金額の合計額を超える場合においては、当該事業年度の次の事業年度に関する定時社員総会の日の前日までの間に限り、当該超過額を返還の総額の限度として基金の返還をすることができる。

一　基金（第144条第１項の代替基金を含む。）の総額

二　法務省令で定めるところにより資産につき時価を基準として評価を行っている場合において、その時価の総額がその取得価額の総額を超えるときは、時価を基準として評価を行ったことにより増加した貸借対照表上の純資産額

3　前項の規定に違反して一般社団法人が基金の返還をした場合には、当該返還を受けた者及び当該返還に関する職務を行った業務執行者（業務執行理事その他当該業務執行理事の行う業務の執行に職務上関与した者をいう。次項及び第５項において同じ。）は、当該一般社団法人に対し、連帯して、違法に返還された額を弁済する責任を負う。

4　前項の規定にかかわらず、業務執行者は、その職務を行うについて注意を怠らなかったことを証明したときは、同項の責任を負わない。

5　第３項の業務執行者の責任は、免除することができない。ただし、第２項の超過額を限度として当該責任を免除することについて総社員の同意がある場合は、この限りでない。

6　第２項の規定に違反して基金の返還がされた場合においては、一般社団法人の債権者は、当該返還を受けた者に対し、当該返還の額を当該一般社団法人に対して返還することを請求することができる。

（基金の返還に係る債権の取得の禁止）

第142条　一般社団法人は、次に掲げる場合に限り、自己を債務者とする基金の返還に係る債権を取得することができる。

一　合併又は他の法人の事業の全部の譲受けによる場合

二　一般社団法人の権利の実行に当たり、その目的を達成するために必要な場合

三　無償で取得する場合

2　一般社団法人が前項第１号又は第２号に掲げる場合に同項の債権を取得したときは、民法第520条本文の規定にかかわらず、当該債権は消滅しない。この場合においては、一般社団法人は、当該債権を相当の時期に他に譲渡しなければならない。

（基金利息の禁止）

第143条　基金の返還に係る債権には、利息を付することができない。

（代替基金）

第144条　基金の返還をする場合には、返還をする基金に相当する金額を代替基金として計上しなければならない。

2　前項の代替基金は、取り崩すことができない。

3　合併により消滅する一般社団法人が代替基金を計上している場合において、合併後存続する一般社団法人又は合併により設立する一般社団法人が当該合併に際して代替基金として計上すべき額については、

法務省令で定める。

（破産法の適用の特例）

第145条　一般社団法人が破産手続開始の決定を受けた場合においては、基金の返還に係る債権は、破産法第99条第１項に規定する劣後的破産債権及び同条第２項に規定する約定劣後破産債権に後れる。

第６節　定款の変更

第146条　一般社団法人は、その成立後、社員総会の決議によって、定款を変更することができる。

第７節　事業の譲渡

第147条　一般社団法人が事業の全部の譲渡をするには、社員総会の決議によらなければならない。

第８節　解散

（解散の事由）

第148条　一般社団法人は、次に掲げる事由によって解散する。

一　定款で定めた存続期間の満了
二　定款で定めた解散の事由の発生
三　社員総会の決議
四　社員が欠けたこと。
五　合併（合併により当該一般社団法人が消滅する場合に限る。）
六　破産手続開始の決定
七　第261条第１項又は第268条の規定による解散を命ずる裁判

（休眠一般社団法人のみなし解散）

第149条　休眠一般社団法人（一般社団法人であって、当該一般社団法人に関する登記が最後にあった日から５年を経過したものをいう。以下この条において同じ。）は、法務大臣が休眠一般社団法人に対し２箇月以内に法務省令で定めるところによりその主たる事務所の所在地を管轄する登記所に事業を廃止していない旨の届出をすべき旨を官報に公告した場合において、その届出をしないときは、その２箇月の期間の満了の時に、解散したものとみなす。ただし、当該期間内に当該休眠一般社団法人に関する登記がされたときは、この限りでない。

2　登記所は、前項の規定による公告があったときは、休眠一般社団法人に対し、その旨の通知を発しなければならない。

（一般社団法人の継続）

第150条　一般社団法人は、第148条第１号から第３号までに掲げる事由によって解散した場合（前条第１項の規定により解散したものとみなされた場合を含む。）には、第４章の規定による清算が結了するまで（同項の規定により解散したものとみなされた場合にあっては、解散したものとみなされた後３年以内に限る。）、社員総会の決議によって、一般社団法人を継続することができる。

（解散した一般社団法人の合併の制限）

第151条　一般社団法人が解散した場合には、当該一般社団法人は、当該一般社団法人が合併後存続する一般社団法人となる合併をすることができない。

第３章　一般財団法人

第１節　設立

第１款　定款の作成

（定款の作成）

第152条　一般財団法人を設立するには、設立者（設立者が二人以上あるときは、その全員）が定款を作成し、これに署名し、又は記名押印しなければならない。

2　設立者は、遺言で、次条第１項各号に掲げる事項及び第154条に規定する事項を定めて一般財団法人を設立する意思を表示することができる。この場合においては、遺言執行者は、当該遺言の効力が生じた後、遅滞なく、当該遺言で定めた事項を記載した定款を作成し、これに署名し、又は記名押印しなければならない。

3　第10条第２項の規定は、前２項の定款について準用する。

（定款の記載又は記録事項）

第153条　一般財団法人の定款には、次に掲げる事項を記載し、又は記録しなければならない。

一　目的
二　名称
三　主たる事務所の所在地
四　設立者の氏名又は名称及び住所
五　設立に際して設立者（設立者が二人以上あるときは、各設立者）が拠出をする財産及びその価額
六　設立時評議員（一般財団法人の設立に際して評議員となる者をいう。以下同じ。）、設立時理事（一般財団法人の設立に際して理事となる者をいう。以下この節及び第319条第２項において同じ。）及び設立時監事（一般財団法人の設立に際して監事となる者をいう。以下この節、第254条第７号及び同項において同じ。）の選任に関する事項
七　設立しようとする一般財団法人が会計監査人設置一般財団法人（会計監査人を置く一般財団法人又はこの法律の規定により会計監査人を置かなければならない一般財団法人をいう。以下同じ。）であるときは、設立時会計監査人（一般財団法人の設立に際して会計監査人となる者をいう。以下この節及び第319条第２項第６号において同じ。）の選任に関する事項
八　評議員の選任及び解任の方法
九　公告方法
十　事業年度

2　前項第５号の財産の価額の合計額は、300万円を下回ってはならない。

3　次に掲げる定款の定めは、その効力を有しない。

一　第１項第８号の方法として、理事又は理事会が評議員を選任し、又は解任する旨の定款の定め

二　設立者に剰余金又は残余財産の分配を受ける権利を与える旨の定款の定め

第154条　前条第1項各号に掲げる事項のほか、一般財団法人の定款には、この法律の規定により定款の定めがなければその効力を生じない事項及びその他の事項でこの法律の規定に違反しないものを記載し、又は記録することができる。

（定款の認証）

第155条　第152条第1項及び第2項の定款は、公証人の認証を受けなければ、その効力を生じない。

（定款の備置き及び閲覧等）

第156条　設立者（一般財団法人の成立後にあっては、当該一般財団法人）は、定款を設立者が定めた場所（一般財団法人の成立後にあっては、その主たる事務所及び従たる事務所）に備え置かなければならない。

2　設立者（一般財団法人の成立後にあっては、その評議員及び債権者）は、設立者が定めた時間（一般財団法人の成立後にあっては、その業務時間）内は、いつでも、次に掲げる請求をすることができる。ただし、債権者が第2号又は第4号に掲げる請求をするには、設立者（一般財団法人の成立後にあっては、当該一般財団法人）の定めた費用を支払わなければならない。

一　定款が書面をもって作成されているときは、当該書面の閲覧の請求

二　前号の書面の謄本又は抄本の交付の請求

三　定款が電磁的記録をもって作成されているときは、当該電磁的記録に記録された事項を法務省令で定める方法により表示したものの閲覧の請求

四　前号の電磁的記録に記録された事項を電磁的方法であって設立者（一般財団法人の成立後にあっては、当該一般財団法人）の定めたものにより提供することの請求又はその事項を記載した書面の交付の請求

3　定款が電磁的記録をもって作成されている場合であって、従たる事務所における前項第3号及び第4号に掲げる請求に応じることを可能とするための措置として法務省令で定めるものをとっている一般財団法人についての第1項の規定の適用については、同項中「主たる事務所及び従たる事務所」とあるのは、「主たる事務所」とする。

第2款　財産の拠出

（財産の拠出の履行）

第157条　設立者（第152条第2項の場合にあっては、遺言執行者。以下この条、第161条第2項、第166条から第168条まで、第200条第2項、第319条第3項及び第7章において同じ。）は、第155条の公証人の認証の後遅滞なく、第153条第1項第5号に規定する拠出に係る金銭の全額を払い込み、又は同号に規定する拠出に係る金銭以外の財産の全部を給付しなければならない。ただし、設立者が定めたとき（設立者が二人以上あるときは、その全員の同意があるとき）は、登記、登録その他権利の設定又は移転を第三者に対抗するために必要な行為は、一般財団法人の成立後にすることを妨げない。

2　前項の規定による払込みは、設立者が定めた銀行等の払込みの取扱いの場所においてしなければならない。

（贈与又は遺贈に関する規定の準用）

第158条　生前の処分で財産の拠出をするときは、その性質に反しない限り、民法の贈与に関する規定を準用する。

2　遺言で財産の拠出をするときは、その性質に反しない限り、民法の遺贈に関する規定を準用する。

第3款　設立時評議員等の選任

第159条　定款で設立時評議員、設立時理事又は設立時監事を定めなかったときは、第157条第1項の規定による払込み又は給付（以下「財産の拠出の履行」という。）が完了した後、遅滞なく、定款で定めるところにより、これらの者を選任しなければならない。

2　設立しようとする一般財団法人が会計監査人設置一般財団法人である場合において、定款で設立時会計監査人を定めなかったときは、財産の拠出の履行が完了した後、遅滞なく、定款で定めるところにより、設立時会計監査人を選任しなければならない。

第160条　設立時評議員及び設立時理事は、それぞれ3人以上でなければならない。

2　第173条第1項において準用する第65条第1項の規定又は第177条において準用する第65条第1項若しくは第68条第1項若しくは第3項の規定により成立後の一般財団法人の評議員、理事、監事又は会計監査人となることができない者は、それぞれ設立時評議員、設立時理事、設立時監事又は設立時会計監査人となることができない。

3　第65条の2の規定は、設立時評議員、設立時理事及び設立時監事について準用する。

第4款　設立時理事等による調査

第161条　設立時理事及び設立時監事は、その選任後遅滞なく、次に掲げる事項を調査しなければならない。

一　財産の拠出の履行が完了していること。

二　前号に掲げる事項のほか、一般財団法人の設立の手続が法令又は定款に違反していないこと。

2　設立時理事及び設立時監事は、前項の規定による調査により、同項各号に掲げる事項について法令若しくは定款に違反し、又は不当な事項があると認めるときは、設立者にその旨を通知しなければならない。

第5款　設立時代表理事の選定等

第162条　設立時理事は、設立時理事の中から一般財団法人の設立に際して代表理事（一般財団法人を代表する理事をいう。第302条第2項第6号において同じ。）となる者（以下この条及び第319条第2項において「設立時代表理事」

という。）を選定しなければならない。

2　設立時理事は、一般財団法人の成立の時までの間、設立時代表理事を解職することができる。

3　前2項の規定による設立時代表理事の選定及び解職は、設立時理事の過半数をもって決定する。

第6款　一般財団法人の成立

（一般財団法人の成立）

第163条　一般財団法人は、その主たる事務所の所在地において設立の登記をすることによって成立する。

（財産の帰属時期）

第164条　生前の処分で財産の拠出をしたときは、当該財産は、一般財団法人の成立の時から当該一般財団法人に帰属する。

2　遺言で財産の拠出をしたときは、当該財産は、遺言が効力を生じた時から一般財団法人に帰属したものとみなす。

（財産の拠出の取消しの制限）

第165条　設立者（第152条第2項の場合にあっては、その相続人）は、一般財団法人の成立後は、錯誤、詐欺又は強迫を理由として財産の拠出の取消しをすることができない。

第7款　設立者等の責任

（設立者等の損害賠償責任）

第166条　設立者、設立時理事又は設立時監事は、一般財団法人の設立についてその任務を怠ったときは、当該一般財団法人に対し、これによって生じた損害を賠償する責任を負う。

2　設立者、設立時理事又は設立時監事がその職務を行うについて悪意又は重大な過失があったときは、当該設立者、設立時理事又は設立時監事は、これによって第三者に生じた損害を賠償する責任を負う。

（設立者等の連帯責任）

第167条　設立者、設立時理事又は設立時監事が一般財団法人又は第三者に生じた損害を賠償する責任を負う場合において、他の設立者、設立時理事又は設立時監事も当該損害を賠償する責任を負うときは、これらの者は、連帯債務者とする。

（責任の免除）

第168条　第166条第1項の規定により設立者、設立時理事又は設立時監事の負う責任は、総評議員の同意がなければ、免除することができない。

（一般財団法人不成立の場合の責任）

第169条　一般財団法人が成立しなかったときは、第152条第1項の設立者は、連帯して、一般財団法人の設立に関してした行為についてその責任を負い、一般財団法人の設立に関して支出した費用を負担する。

第2節　機関

第1款　機関の設置

（機関の設置）

第170条　一般財団法人は、評議員、評議員会、理事、理事会及び監事を置かなければならない。

2　一般財団法人は、定款の定めによって、会計監査人を置くことができる。

（会計監査人の設置義務）

第171条　大規模一般財団法人は、会計監査人を置かなければならない。

第2款　評議員等の選任及び解任

（一般財団法人と評議員等との関係）

第172条　一般財団法人と評議員、理事、監事及び会計監査人との関係は、委任に関する規定に従う。

2　理事は、一般財団法人の財産のうち一般財団法人の目的である事業を行うために不可欠なものとして定款で定めた基本財産があるときは、定款で定めるところにより、これを維持しなければならず、かつ、これについて一般財団法人の目的である事業を行うことを妨げることとなる処分をしてはならない。

（評議員の資格等）

第173条　第65条第1項及び第65条の2の規定は、評議員について準用する。

2　評議員は、一般財団法人又はその子法人の理事、監事又は使用人を兼ねることができない。

3　評議員は、3人以上でなければならない。

（評議員の任期）

第174条　評議員の任期は、選任後4年以内に終了する事業年度のうち最終のものに関する定時評議員会の終結の時までとする。ただし、定款によって、その任期を選任後6年以内に終了する事業年度のうち最終のものに関する定時評議員会の終結の時まで伸長することを妨げない。

2　前項の規定は、定款によって、任期の満了前に退任した評議員の補欠として選任された評議員の任期を退任した評議員の任期の満了する時までとすることを妨げない。

（評議員に欠員を生じた場合の措置）

第175条　この法律又は定款で定めた評議員の員数が欠けた場合には、任期の満了又は辞任により退任した評議員は、新たに選任された評議員（次項の一時評議員の職務を行うべき者を含む。）が就任するまで、なお評議員としての権利義務を有する。

2　前項に規定する場合において、裁判所は、必要があると認めるときは、利害関係人の申立てにより、一時評議員の職務を行うべき者を選任することができる。

3　裁判所は、前項の一時評議員の職務を行うべき者を選任した場合には、一般財団法人がその者に対して支払う報酬の額を定めることができる。

（理事、監事又は会計監査人の解任）

第176条　理事又は監事が次のいずれかに該当するときは、評議員会の決議によって、その理事又は監事を解任することができる。

一　職務上の義務に違反し、又は職務を怠ったとき。

二　心身の故障のため、職務の執行に支障があり、又はこれに堪えないとき。

2　会計監査人が第71条第1項各号のいずれかに該当するときは、評議員会の決議によって、その会計監査人を解任することができる。

（一般社団法人に関する規定の準用）

第177条　前章第3節第3款（第64条、第67条第3項及び第70条を除く。）の規定は、一般財団法人の理事、監事及び会計監査人の選任及び解任について準用する。この場合において、これらの規定（第66条ただし書を除く。）中「社員総会」とあるのは「評議員会」と、第66条ただし書中「定款又は社員総会の決議によって」とあるのは「定款によって」と、第68条第3項第1号中「第123条第2項」とあるのは「第199条において準用する第123条第2項」と、第74条第3項中「第38条第1項第1号」とあるのは「第181条第1項第1号」と読み替えるものとする。

第3款　評議員及び評議員会

（評議員会の権限等）

第178条　評議員会は、すべての評議員で組織する。

2　評議員会は、この法律に規定する事項及び定款で定めた事項に限り、決議をすることができる。

3　この法律の規定により評議員会の決議を必要とする事項について、理事、理事会その他の評議員会以外の機関が決定することができることを内容とする定款の定めは、その効力を有しない。

（評議員会の招集）

第179条　定時評議員会は、毎事業年度の終了後一定の時期に招集しなければならない。

2　評議員会は、必要がある場合には、いつでも、招集することができる。

3　評議員会は、次条第2項の規定により招集する場合を除き、理事が招集する。

（評議員による招集の請求）

第180条　評議員は、理事に対し、評議員会の目的である事項及び招集の理由を示して、評議員会の招集を請求することができる。

2　次に掲げる場合には、前項の規定による請求をした評議員は、裁判所の許可を得て、評議員会を招集することができる。

一　前項の規定による請求の後遅滞なく招集の手続が行われない場合

二　前項の規定による請求があった日から6週間（これを下回る期間を定款で定めた場合にあっては、その期間）以内の日を評議員会の日とする評議員会の招集の通知が発せられない場合

（評議員会の招集の決定）

第181条　評議員会を招集する場合には、理事会の決議によって、次に掲げる事項を定めなければならない。

一　評議員会の日時及び場所

二　評議員会の目的である事項があるときは、当該事項

三　前2号に掲げるもののほか、法務省令で定める事項

2　前項の規定にかかわらず、前条第2項の規定により評議員が評議員会を招集する場合には、当該評議員は、前項各号に掲げる事項を定めなければならない。

（評議員会の招集の通知）

第182条　評議員会を招集するには、理事（第180条第2項の規定により評議員が評議員会を招集する場合にあっては、当該評議員。次項において同じ。）は、評議員会の日の1週間（これを下回る期間を定款で定めた場合にあっては、その期間）前までに、評議員に対して、書面でその通知を発しなければならない。

2　理事は、前項の書面による通知の発出に代えて、政令で定めるところにより、評議員の承諾を得て、電磁的方法により通知を発することができる。この場合において、当該理事は、同項の書面による通知を発したものとみなす。

3　前2項の通知には、前条第1項各号に掲げる事項を記載し、又は記録しなければならない。

（招集手続の省略）

第183条　前条の規定にかかわらず、評議員会は、評議員の全員の同意があるときは、招集の手続を経ることなく開催することができる。

（評議員提案権）

第184条　評議員は、理事に対し、一定の事項を評議員会の目的とすることを請求することができる。この場合において、その請求は、評議員会の日の4週間（これを下回る期間を定款で定めた場合にあっては、その期間）前までにしなければならない。

第185条　評議員は、評議員会において、評議員会の目的である事項につき議案を提出することができる。ただし、当該議案が法令若しくは定款に違反する場合又は実質的に同一の議案につき評議員会において議決に加わることができる評議員の10分の1（これを下回る割合を定款で定めた場合にあっては、その割合）以上の賛成を得られなかった日から3年を経過していない場合は、この限りでない。

第186条　評議員は、理事に対し、評議員会の日の4週間（これを下回る期間を定款で定めた場合にあっては、その期間）前までに、評議員会の目的である事項につき当該評議員が提出しようとする議案の要領を第182条第1項又は第2項の通知に記載し、又は記録して評議員に通知することを請求することができる。

2　前項の規定は、同項の議案が法令若しくは定款に違反する場合又は実質的に同一の議案につき評議員会において議決に加わることができる評議員の10分の1（これを下回る割合を定款で定めた場合にあっては、その割

合）以上の賛成を得られなかった日から３年を経過していない場合には、適用しない。

（評議員会の招集手続等に関する検査役の選任）

第187条　一般財団法人又は評議員は、評議員会に係る招集の手続及び決議の方法を調査させるため、当該評議員会に先立ち、裁判所に対し、検査役の選任の申立てをすることができる。

2　前項の規定による検査役の選任の申立てがあった場合には、裁判所は、これを不適法として却下する場合を除き、検査役を選任しなければならない。

3　裁判所は、前項の検査役を選任した場合には、一般財団法人が当該検査役に対して支払う報酬の額を定めることができる。

4　第２項の検査役は、必要な調査を行い、当該調査の結果を記載し、又は記録した書面又は電磁的記録（法務省令で定めるものに限る。）を裁判所に提供して報告をしなければならない。

5　裁判所は、前項の報告について、その内容を明瞭にし、又はその根拠を確認するため必要があると認めるときは、第２項の検査役に対し、更に前項の報告を求めることができる。

6　第２項の検査役は、第４項の報告をしたときは、一般財団法人（検査役の選任の申立てをした者が当該一般財団法人でない場合にあっては、当該一般財団法人及びその者）に対し、同項の書面の写しを交付し、又は同項の電磁的記録に記録された事項を法務省令で定める方法により提供しなければならない。

（裁判所による評議員会招集等の決定）

第188条　裁判所は、前条第４項の報告があった場合において、必要があると認めるときは、理事に対し、次に掲げる措置の全部又は一部を命じなければならない。

一　一定の期間内に評議員会を招集すること。

二　前条第４項の調査の結果を評議員に通知すること。

2　裁判所が前項第１号に掲げる措置を命じた場合には、理事は、前条第４項の報告の内容を同号の評議員会において開示しなければならない。

3　前項に規定する場合には、理事及び監事は、前条第４項の報告の内容を調査し、その結果を第１項第１号の評議員会に報告しなければならない。

（評議員会の決議）

第189条　評議員会の決議は、議決に加わることができる評議員の過半数（これを上回る割合を定款で定めた場合にあっては、その割合以上）が出席し、その過半数（これを上回る割合を定款で定めた場合にあっては、その割合以上）をもって行う。

2　前項の規定にかかわらず、次に掲げる評議員会の決議は、議決に加わることができる評議員の３分の２（これを上回る割合を定款で定めた場合にあっては、その割合）以上に当たる多数をもって行わなければならない。

一　第176条第１項の評議員会（監事を解任する場合に限る。）

二　第198条において準用する第113条第１項の評議員会

三　第200条の評議員会

四　第201条の評議員会

五　第204条の評議員会

六　第247条、第251条第１項及び第257条の評議員会

3　前２項の決議について特別の利害関係を有する評議員は、議決に加わることができない。

4　評議員会は、第181条第１項第２号に掲げる事項以外の事項については、決議をすることができない。ただし、第191条第１項若しくは第２項に規定する者の選任又は第197条において準用する第109条第２項の会計監査人の出席を求めることについては、この限りでない。

（理事等の説明義務）

第190条　理事及び監事は、評議員会において、評議員から特定の事項について説明を求められた場合には、当該事項について必要な説明をしなければならない。ただし、当該事項が評議員会の目的である事項に関しないものである場合その他正当な理由がある場合として法務省令で定める場合は、この限りでない。

（評議員会に提出された資料等の調査）

第191条　評議員会においては、その決議によって、理事、監事及び会計監査人が当該評議員会に提出し、又は提供した資料を調査する者を選任することができる。

2　第180条の規定により招集された評議員会においては、その決議によって、一般財団法人の業務及び財産の状況を調査する者を選任することができる。

（延期又は続行の決議）

第192条　評議員会においてその延期又は続行について決議があった場合には、第181条及び第182条の規定は、適用しない。

（議事録）

第193条　評議員会の議事については、法務省令で定めるところにより、議事録を作成しなければならない。

2　一般財団法人は、評議員会の日から10年間、前項の議事録をその主たる事務所に備え置かなければならない。

3　一般財団法人は、評議員会の日から５年間、第１項の議事録の写しをその従たる事務所に備え置かなければならない。ただし、当該議事録が電磁的記録をもって作成されている場合であって、従たる事務所における次項第２号に掲げる請求に応じることを可能とするための措置として法務省令で定めるものをとっているときは、この限りでない。

4　評議員及び債権者は、一般財団法人の業務時間内は、いつでも、次に掲げる請求をすることができる。

一　第１項の議事録が書面をもって作成されているときは、当該書面又は当該書面の写しの閲覧又は謄写の請求

二　第１項の議事録が電磁的記録をもって作成され

ているときは、当該電磁的記録に記録された事項を法務省令で定める方法により表示したものの閲覧又は謄写の請求

（評議員会の決議の省略）

第194条　理事が評議員会の目的である事項について提案をした場合において、当該提案につき評議員（当該事項について議決に加わることができるものに限る。）の全員が書面又は電磁的記録により同意の意思表示をしたときは、当該提案を可決する旨の評議員会の決議があったものとみなす。

2　一般財団法人は、前項の規定により評議員会の決議があったものとみなされた日から10年間、同項の書面又は電磁的記録をその主たる事務所に備え置かなければならない。

3　評議員及び債権者は、一般財団法人の業務時間内は、いつでも、次に掲げる請求をすることができる。

一　前項の書面の閲覧又は謄写の請求

二　前項の電磁的記録に記録された事項を法務省令で定める方法により表示したものの閲覧又は謄写の請求

4　第1項の規定により定時評議員会の目的である事項のすべてについての提案を可決する旨の評議員会の決議があったものとみなされた場合には、その時に当該定時評議員会が終結したものとみなす。

（評議員会への報告の省略）

第195条　理事が評議員の全員に対して評議員会に報告すべき事項を通知した場合において、当該事項を評議員会に報告することを要しないことにつき評議員の全員が書面又は電磁的記録により同意の意思表示をしたときは、当該事項の評議員会への報告があったものとみなす。

（評議員の報酬等）

第196条　評議員の報酬等の額は、定款で定めなければならない。

第4款　理事、理事会、監事及び会計監査人

第197条　前章第3節第4款（第76条、第77条第1項から第3項まで、第81条及び第88条第2項を除く。）、第5款（第92条第1項を除く。）、第6款（第104条第2項を除く。）及び第7款の規定は、一般財団法人の理事、理事会、監事及び会計監査人について準用する。この場合において、これらの規定（第83条及び第84条第1項を除く。）中「社員総会」とあるのは「評議員会」と、第83条中「定款並びに社員総会の決議」とあるのは「定款」と、第84条第1項中「社員総会」とあるのは「理事会」と、第85条中「社員（監事設置一般社団法人にあっては、監事）」とあるのは「監事」と、第86条第1項中「総社員の議決権の10分の1（これを下回る割合を定款で定めた場合にあっては、その割合）以上の議決権を有する社員」とあり、並びに同条第7項、第87条第1項第2号及び第88条第1項中「社員」とあるのは「評議員」と、同項中「著しい損害」とあるのは「回復することができない損害」と、第90条第4項第6号中「第114条第1項」とあるのは「第198条において準用する第114条第1項」と、「第111条第1項」とあるのは「第198条において準用する第111条第1項」と、第97条第2項中「社員は、その権利を行使するため必要があるときは、裁判所の許可を得て」とあるのは「評議員は、一般財団法人の業務時間内は、いつでも」と、同条第4項中「前2項の請求」とあるのは「前項の請求」と、「前2項の許可」とあるのは「同項の許可」と、第104条第1項中「第77条第4項及び第81条」とあるのは「第77条第4項」と、第107条第1項中「第123条第2項」とあるのは「第199条において準用する第123条第2項」と、「第117条第2項第1号イ」とあるのは「第198条において準用する第117条第2項第1号イ」と、同条第5項第1号中「第68条第3項第1号」とあるのは「第177条において準用する第68条第3項第1号」と読み替えるものとする。

第5款　役員等の損害賠償責任

第198条　前章第3節第8款（第117条第2項第1号ロを除く。）の規定は、一般財団法人の理事、監事及び会計監査人並びに評議員の損害賠償責任について準用する。この場合において、これらの規定中「社員総会」とあるのは「評議員会」と、第111条第1項中「理事、監事又は会計監査人（以下この節及び第301条第2項第11号において「役員等」という。）」とあるのは「理事、監事若しくは会計監査人（以下この款及び第302条第2項第9号において「役員等」という。）又は評議員」と、同条第2項中「第84条第1項」とあるのは「第197条において準用する第84条第1項」と、同条第3項中「第84条第1項第2号」とあるのは「第197条において準用する第84条第1項第2号」と、同項第1号中「第84条第1項」とあるのは「第197条において準用する第84条第1項」と、第112条中「総社員」とあるのは「総評議員」と、第114条第2項中「についての理事の同意を得る場合及び当該責任の免除に関する議案」とあるのは「に関する議案」と、同条第3項中「社員」とあるのは「評議員」と、同条第4項中「総社員（前項の責任を負う役員等であるものを除く。）の議決権の10分の1（これを下回る割合を定款で定めた場合にあっては、その割合）以上の議決権を有する社員が同項」とあるのは「総評議員の10分の1（これを下回る割合を定款で定めた場合にあっては、その割合）以上の評議員が前項」と、第115条第1項中「第301条第2項第12号」とあるのは「第302条第2項第10号」と、第116条第1項中「第84条第1項第2号」とあるのは「第197条において準用する第84条第1項第2号」と、第117条第1項及び第118条中「役員等」とあるのは「役員等又は評議員」と、第117条第2項第1号ニ中「第128条第3項」とあるのは「第199条において準用する第128条第3項」と読み替えるものとする。

第6款　補償契約及び役員等のために締結される保険契約

第198条の2　前章第3節第9款の規定は、一般財団法人について準用する。この場合において、これらの規定中「社員総会（理事会設置一般社団法人にあっては、理事会）」とあるのは「理事会」と、第118条の2第1項中「役員等に」とあるのは「理事、監事又は会計監査人（以下この款において「役員等」という。）に」と、同条第2項第2号中「第111条第1項」とあるのは「第198条において準用する第111条第1項」と、同条第4項中「理事会設置一般社団法人」とあるのは「一般財団法人」と、同条第5項中「第84条第1項、第92条第2項、第111条第3項」とあり、及び第118条の3第2項中「第84条第1項、第92条第2項及び第111条第3項」とあるのは「第197条において準用する第84条第1項及び第92条第2項並びに第198条において準用する第111条第3項」と読み替えるものとする。

第3節　計算

第199条　前章第4節（第121条第1項後段及び第2項並びに第126条第1項第1号、第2号及び第4号を除く。）の規定は、一般財団法人の計算について準用する。この場合において、これらの規定中「社員総会」とあるのは「評議員会」と、第121条第1項中「総社員の議決権の10分の1（これを下回る割合を定款で定めた場合にあっては、その割合）以上の議決権を有する社員」とあり、及び第129条第3項中「社員」とあるのは「評議員」と、第125条中「社員に」とあるのは「評議員に」と、第129条第1項及び第2項中「第58条第1項」とあるのは「第194条第1項」と、同条第3項ただし書中「第2号」とあるのは「債権者が第2号」と読み替えるものとする。

第4節　定款の変更

第200条　一般財団法人は、その成立後、評議員会の決議によって、定款を変更することができる。ただし、第153条第1項第1号及び第8号に掲げる事項に係る定款の定めについては、この限りでない。

2　前項ただし書の規定にかかわらず、設立者が同項ただし書に規定する定款の定めを評議員会の決議によって変更することができる旨を第152条第1項又は第2項の定款で定めたときは、評議員会の決議によって、前項ただし書に規定する定款の定めを変更することができる。

3　一般財団法人は、その設立の当時予見することのできなかった特別の事情により、第1項ただし書に規定する定款の定めを変更しなければその運営の継続が不可能又は著しく困難となるに至ったときは、裁判所の許可を得て、評議員会の決議によって、同項ただし書に規定する定款の定めを変更することができる。

第5節　事業の譲渡

第201条　一般財団法人が事業の全部の譲渡をするには、評議員会の決議によらなければならない。

第6節　解散

（解散の事由）

第202条　一般財団法人は、次に掲げる事由によって解散する。

一　定款で定めた存続期間の満了
二　定款で定めた解散の事由の発生
三　基本財産の滅失その他の事由による一般財団法人の目的である事業の成功の不能
四　合併（合併により当該一般財団法人が消滅する場合に限る。）
五　破産手続開始の決定
六　第261条第1項又は第268条の規定による解散を命ずる裁判

2　一般財団法人は、前項各号に掲げる事由のほか、ある事業年度及びその翌事業年度に係る貸借対照表上の純資産額がいずれも300万円未満となった場合においても、当該翌事業年度に関する定時評議員会の終結の時に解散する。

3　新設合併により設立する一般財団法人は、前項に規定する場合のほか、第199条において準用する第123条第1項の貸借対照表及びその成立の日の属する事業年度に係る貸借対照表上の純資産額がいずれも300万円未満となった場合においても、当該事業年度に関する定時評議員会の終結の時に解散する。

（休眠一般財団法人のみなし解散）

第203条　休眠一般財団法人（一般財団法人であって、当該一般財団法人に関する登記が最後にあった日から5年を経過したものをいう。以下この条において同じ。）は、法務大臣が休眠一般財団法人に対し2箇月以内に法務省令で定めるところによりその主たる事務所の所在地を管轄する登記所に事業を廃止していない旨の届出をすべき旨を官報に公告した場合において、その届出をしないときは、その2箇月の期間の満了の時に、解散したものとみなす。ただし、当該期間内に当該休眠一般財団法人に関する登記がされたときは、この限りでない。

2　登記所は、前項の規定による公告があったときは、休眠一般財団法人に対し、その旨の通知を発しなければならない。

（一般財団法人の継続）

第204条　一般財団法人は、次に掲げる場合には、次章の規定による清算が結了するまで（第2号に掲げる場合にあっては、解散したものとみなされた後3年以内に限る。）、評議員会の決議によって、一般財団法人を継続することができる。

一　第202条第2項又は第3項の規定による解散後、清算事務年度（第227条第1項に規定する清算事務年度をいう。）に係る貸借対照表上の純資産額が300万円以上となった場合
二　前条第1項の規定により解散したものとみなさ

れた場合

（解散した一般財団法人の合併の制限）

第205条　一般財団法人が解散した場合には、当該一般財団法人は、当該一般財団法人が合併後存続する一般財団法人となる合併をすることができない。

第4章　清算

第1節　清算の開始

（清算の開始原因）

第206条　一般社団法人又は一般財団法人は、次に掲げる場合には、この章の定めるところにより、清算をしなければならない。

一　解散した場合（第148条第5号又は第202条第1項第4号に掲げる事由によって解散した場合及び破産手続開始の決定により解散した場合であって当該破産手続が終了していない場合を除く。）

二　設立の無効の訴えに係る請求を認容する判決が確定した場合

三　設立の取消しの訴えに係る請求を認容する判決が確定した場合

（清算法人の能力）

第207条　前条の規定により清算をする一般社団法人又は一般財団法人（以下「清算法人」という。）は、清算の目的の範囲内において、清算が結了するまではなお存続するものとみなす。

第2節　清算法人の機関

第1款　清算法人における機関の設置

第208条　清算法人には、一人又は二人以上の清算人を置かなければならない。

2　清算法人は、定款の定めによって、清算人会又は監事を置くことができる。

3　第206条各号に掲げる場合に該当することとなった時において大規模一般社団法人又は大規模一般財団法人であった清算法人は、監事を置かなければならない。

4　第2章第3節第2款及び前章第2節第1款（評議員及び評議員会に係る部分を除く。）の規定は、清算法人については、適用しない。

第2款　清算人の就任及び解任並びに監事の退任等

（清算人の就任）

第209条　次に掲げる者は、清算法人の清算人となる。

一　理事（次号又は第3号に掲げる者がある場合を除く。）

二　定款で定める者

三　社員総会又は評議員会の決議によって選任された者

2　前項の規定により清算人となる者がないときは、裁判所は、利害関係人の申立てにより、清算人を選任する。

3　前2項の規定にかかわらず、第148条第7号又は第202条第1項第6号に掲げる事由によって解散した清算法人については、裁判所は、利害関係人若しくは法務大臣の申立てにより又は職権で、清算人を選任する。

4　第1項及び第2項の規定にかかわらず、第206条第2号又は第3号に掲げる場合に該当することとなった清算法人については、裁判所は、利害関係人の申立てにより、清算人を選任する。

5　第64条、第65条第1項及び第65条の2の規定は清算人について、第65条第3項の規定は清算人会設置法人（清算人会を置く清算法人をいう。以下同じ。）について、それぞれ準用する。この場合において、同項中「理事は」とあるのは、「清算人は」と読み替えるものとする。

（清算人の解任）

第210条　清算一般社団法人（一般社団法人である清算法人をいう。以下同じ。）の清算人（前条第2項から第4項までの規定により裁判所が選任したものを除く。）は、いつでも、社員総会の決議によって解任することができる。

2　清算一般財団法人（一般財団法人である清算法人をいう。以下同じ。）の清算人（前条第2項から第4項までの規定により裁判所が選任したものを除く。）が次のいずれかに該当するときは、評議員会の決議によって、その清算人を解任することができる。

一　職務上の義務に違反し、又は職務を怠ったとき。

二　心身の故障のため、職務の執行に支障があり、又はこれに堪えないとき。

3　重要な事由があるときは、裁判所は、利害関係人の申立てにより、清算人を解任することができる。

4　第75条第1項から第3項までの規定は、清算人について準用する。

（監事の退任等）

第211条　清算法人の監事は、当該清算法人が監事を置く旨の定款の定めを廃止する定款の変更をした場合には、当該定款の変更の効力が生じた時に退任する。

2　次の各号に掲げる規定は、当該各号に定める清算法人については、適用しない。

一　第67条（第177条において準用する場合を含む。）　清算法人

二　第174条　清算一般財団法人

第3款　清算人の職務等

（清算人の職務）

第212条　清算人は、次に掲げる職務を行う。

一　現務の結了

二　債権の取立て及び債務の弁済

三　残余財産の引渡し

（業務の執行）

第213条　清算人は、清算法人（清算人会設置法人を除く。

次項において同じ。）の業務を執行する。
2　清算人が二人以上ある場合には、清算法人の業務は、定款に別段の定めがある場合を除き、清算人の過半数をもって決定する。
3　前項の場合には、清算人は、次に掲げる事項についての決定を各清算人に委任することができない。
一　従たる事務所の設置、移転及び廃止
二　第38条第1項各号に掲げる事項
三　第181条第1項各号に掲げる事項
四　清算人の職務の執行が法令及び定款に適合することを確保するための体制その他清算法人の業務の適正を確保するために必要なものとして法務省令で定める体制の整備
4　第81条から第85条まで、第88条及び第89条の規定は、清算人（同条の規定については、第209条第2項から第4項までの規定により裁判所が選任したものを除く。）について準用する。この場合において、第81条中「第77条第4項」とあるのは「第214条第7項において準用する第77条第4項」と、同条、第84条第1項及び第89条中「社員総会」とあるのは「社員総会又は評議員会」と、第82条中「代表理事」とあるのは「代表清算人（第214条第1項に規定する代表清算人をいう。）」と、第83条中「並びに社員総会の決議」とあるのは「（清算一般社団法人にあっては、法令及び定款並びに社員総会の決議）」と、第85条及び第88条第1項中「社員」とあるのは「社員又は評議員」と、第85条及び第88条第2項中「監事設置一般社団法人」とあるのは「監事設置清算法人（第214条第6項に規定する監事設置清算法人をいう。）」と読み替えるものとする。

（清算法人の代表）
第214条　清算人は、清算法人を代表する。ただし、他に代表清算人（清算法人を代表する清算人をいう。以下同じ。）その他清算法人を代表する者を定めた場合は、この限りでない。
2　前項本文の清算人が二人以上ある場合には、清算人は、各自、清算法人を代表する。
3　清算法人（清算人会設置法人を除く。）は、定款、定款の定めに基づく清算人（第209条第2項から第4項までの規定により裁判所が選任したものを除く。以下この項において同じ。）の互選又は社員総会若しくは評議員会の決議によって、清算人の中から代表清算人を定めることができる。
4　第209条第1項第1号の規定により理事が清算人となる場合において、代表理事（一般社団法人等を代表する理事をいう。以下この項、第261条第1項第3号、第289条第2号、第293条第1号、第305条、第315条第1項第2号イ及び第320条第1項において同じ。）を定めていたときは、当該代表理事が代表清算人となる。
5　裁判所は、第209条第2項から第4項までの規定により清算人を選任する場合には、その清算人の中から代表清算人を定めることができる。
6　前条第4項において準用する第81条の規定、次項において準用する第77条第4項の規定及び第220条第8項の規定にかかわらず、監事設置清算法人（監事を置く清算法人又はこの法律の規定により監事を置かなければならない清算法人をいう。以下同じ。）が清算人（清算人であった者を含む。以下この項において同じ。）に対し、又は清算人が監事設置清算法人に対して訴えを提起する場合には、当該訴えについては、監事が監事設置清算法人を代表する。
7　第77条第4項及び第5項並びに第79条の規定は代表清算人について、第80条の規定は民事保全法第56条に規定する仮処分命令により選任された清算人又は代表清算人の職務を代行する者について、それぞれ準用する。

（清算法人についての破産手続の開始）
第215条　清算法人の財産がその債務を完済するのに足りないことが明らかになったときは、清算人は、直ちに破産手続開始の申立てをしなければならない。
2　清算人は、清算法人が破産手続開始の決定を受けた場合において、破産管財人にその事務を引き継いだときは、その任務を終了したものとする。
3　前項に規定する場合において、清算法人が既に債権者に支払い、又は残余財産の帰属すべき者に引き渡したものがあるときは、破産管財人は、これを取り戻すことができる。

（裁判所の選任する清算人の報酬）
第216条　裁判所は、第209条第2項から第4項までの規定により清算人を選任した場合には、清算法人が当該清算人に対して支払う報酬の額を定めることができる。

（清算人の清算法人に対する損害賠償責任）
第217条　清算人は、その任務を怠ったときは、清算法人に対し、これによって生じた損害を賠償する責任を負う。
2　清算人が第213条第4項において準用する第84条第1項の規定に違反して同項第1号の取引をしたときは、当該取引により清算人又は第三者が得た利益の額は、前項の損害の額と推定する。
3　第213条第4項において準用する第84条第1項第2号又は第3号の取引によって清算法人に損害が生じたときは、次に掲げる清算人は、その任務を怠ったものと推定する。
一　第213条第4項において準用する第84条第1項の清算人
二　清算法人が当該取引をすることを決定した清算人
三　当該取引に関する清算人会の承認の決議に賛成した清算人
4　第112条及び第116条第1項の規定は、清算人の第1項の責任について準用する。この場合において、第112条中「総社員」とあるのは「総社員又は総評議員」と、第116条第1項中「第84条第1項第2号」とあるのは「第213条第4項において準用する第84条第1項第2号」と読み替えるものとする。

（清算人の第三者に対する損害賠償責任）
第218条　清算人がその職務を行うについて悪意又は重大な過失があったときは、当該清算人は、これによって第三者に生じた損害を賠償する責任を負う。

2　清算人が、次に掲げる行為をしたときも、前項と同様とする。ただし、当該清算人が当該行為をすることについて注意を怠らなかったことを証明したときは、この限りでない。

一　第225条第1項に規定する財産目録等並びに第227条第1項の貸借対照表及び事務報告並びにこれらの附属明細書に記載し、又は記録すべき重要な事項についての虚偽の記載又は記録

二　虚偽の登記

三　虚偽の公告

四　基金を引き受ける者の募集をする際に通知しなければならない重要な事項についての虚偽の通知又は当該募集のための当該清算一般社団法人の事業その他の事項に関する説明に用いた資料についての虚偽の記載若しくは記録

（清算人等の連帯責任）

第219条　清算人、監事又は評議員が清算法人又は第三者に生じた損害を賠償する責任を負う場合において、他の清算人、監事又は評議員も当該損害を賠償する責任を負うときは、これらの者は、連帯債務者とする。

2　前項の場合には、第118条（第198条において準用する場合を含む。）の規定は、適用しない。

第4款　清算人会

（清算人会の権限等）

第220条　清算人会は、すべての清算人で組織する。

2　清算人会は、次に掲げる職務を行う。

一　清算人会設置法人の業務執行の決定

二　清算人の職務の執行の監督

三　代表清算人の選定及び解職

3　清算人会は、清算人の中から代表清算人を選定しなければならない。ただし、他に代表清算人があるときは、この限りでない。

4　清算人会は、その選定した代表清算人及び第214条第4項の規定により代表清算人となった者を解職することができる。

5　第214条第5項の規定により裁判所が代表清算人を定めたときは、清算人会は、代表清算人を選定し、又は解職することができない。

6　清算人会は、次に掲げる事項その他の重要な業務執行の決定を清算人に委任することができない。

一　重要な財産の処分及び譲受け

二　多額の借財

三　重要な使用人の選任及び解任

四　従たる事務所その他の重要な組織の設置、変更及び廃止

五　清算人の職務の執行が法令及び定款に適合することを確保するための体制その他清算法人の業務の適正を確保するために必要なものとして法務省令で定める体制の整備

7　次に掲げる清算人は、清算人会設置法人の業務を執行する。

一　代表清算人

二　代表清算人以外の清算人であって、清算人会の決議によって清算人会設置法人の業務を執行する清算人として選定されたもの

8　第213条第4項において読み替えて準用する第81条に規定する場合には、清算人会は、同条の規定による社員総会又は評議員会の定めがある場合を除き、同条の訴えについて清算人会設置法人を代表する者を定めることができる。

9　第7項各号に掲げる清算人は、3箇月に1回以上、自己の職務の執行の状況を清算人会に報告しなければならない。ただし、定款で毎事業年度に4箇月を超える間隔で2回以上その報告をしなければならない旨を定めた場合は、この限りでない。

10　第92条の規定は、清算人会設置法人について準用する。この場合において、同条第1項中「第84条」とあるのは「第213条第4項において読み替えて準用する第84条」と、「社員総会」とあるのは「社員総会又は評議員会」と、「「理事会」とあるのは「「清算人会」と、同条第2項中「第84条第1項各号」とあるのは「第213条第4項において準用する第84条第1項各号」と、「理事は」とあるのは「清算人は」と、「理事会に」とあるのは「清算人会に」と読み替えるものとする。

（清算人会の運営）

第221条　清算人会は、各清算人が招集する。ただし、清算人会を招集する清算人を定款又は清算人会で定めたときは、その清算人が招集する。

2　前項ただし書に規定する場合には、同項ただし書の規定により定められた清算人（以下この項及び次条第2項において「招集権者」という。）以外の清算人は、招集権者に対し、清算人会の目的である事項を示して、清算人会の招集を請求することができる。

3　前項の規定による請求があった日から5日以内に、その請求があった日から2週間以内の日を清算人会の日とする清算人会の招集の通知が発せられない場合には、その請求をした清算人は、清算人会を招集することができる。

4　第94条の規定は、清算人会設置法人における清算人会の招集について準用する。この場合において、同条第1項中「各理事及び各監事」とあるのは「各清算人（監事設置清算法人（第214条第6項に規定する監事設置清算法人をいう。次項において同じ。）にあっては、各清算人及び各監事）」と、同条第2項中「理事及び監事」とあるのは「清算人（監事設置清算法人にあっては、清算人及び監事）」と読み替えるものとする。

5　第95条及び第96条の規定は、清算人会設置法人における清算人会の決議について準用する。この場合において、第95条第1項中「理事の」とあるのは「清算人の」と、同条第2項中「理事」とあるのは「清算人」と、同条第3項中「理事（」とあるのは「清算人（」と、「代表理事」とあるのは「代表清算人」と、同条第5項中「理事であって」とあるのは「清算人

であって」と、第96条中「理事が」とあるのは「清算人が」と、「理事（」とあるのは「清算人（」と読み替えるものとする。

6　第98条の規定は、清算人会設置法人における清算人会への報告について準用する。この場合において、同条第１項中「理事、監事又は会計監査人」とあるのは「清算人又は監事」と、「理事及び監事」とあるのは「清算人（監事設置清算法人（第214条第６項に規定する監事設置清算法人をいう。）にあっては、清算人及び監事）」と、同条第２項中「第91条第２項」とあるのは「第220条第９項」と読み替えるものとする。

（社員又は評議員による招集の請求）

第222条　清算人会設置法人（監事設置清算法人を除く。）の社員又は評議員は、清算人が清算人会設置法人の目的の範囲外の行為その他法令若しくは定款に違反する行為をし、又はこれらの行為をするおそれがあると認めるときは、清算人会の招集を請求することができる。

2　前項の規定による請求は、清算人（前条第１項ただし書に規定する場合にあっては、招集権者）に対し、清算人会の目的である事項を示して行わなければならない。

3　前条第３項の規定は、第１項の規定による請求があった場合について準用する。

4　第１項の規定による請求を行った社員又は評議員は、当該請求に基づき招集され、又は前項において準用する前条第３項の規定により招集した清算人会に出席し、意見を述べることができる。

（議事録等）

第223条　清算人会設置法人は、清算人会の日（第221条第５項において準用する第96条の規定により清算人会の決議があったものとみなされた日を含む。）から10年間、同項において準用する第95条第３項の議事録又は第221条第５項において準用する第96条の意思表示を記載し、若しくは記録した書面若しくは電磁的記録（以下この条において「議事録等」という。）をその主たる事務所に備え置かなければならない。

2　社員又は評議員は、清算法人の業務時間内は、いつでも、次に掲げる請求をすることができる。ただし、社員については、その権利を行使するため必要があるときに限る。

一　前項の議事録等が書面をもって作成されているときは、当該書面の閲覧又は謄写の請求

二　前項の議事録等が電磁的記録をもって作成されているときは、当該電磁的記録に記録された事項を法務省令で定める方法により表示したものの閲覧又は謄写の請求

3　監事設置清算法人である清算一般社団法人における前項の規定の適用については、同項中「清算法人の業務時間内は、いつでも」とあるのは、「裁判所の許可を得て」とする。

4　債権者は、清算人又は監事の責任を追及するため必要があるときは、裁判所の許可を得て、第１項の議事録等について第２項各号に掲げる請求をすることができる。

5　裁判所は、第３項の規定により読み替えて適用する第２項各号に掲げる請求又は前項の請求に係る閲覧又は謄写をすることにより、当該清算人会設置法人に著しい損害を及ぼすおそれがあると認めるときは、第３項の規定により読み替えて適用する第２項の許可又は前項の許可をすることができない。

第５款　理事等に関する規定の適用

第224条　清算法人については、第65条第２項、第72条及び第74条第３項（これらの規定を第177条において準用する場合を含む。）並びに第87条及び第２章第３節第６款（第104条第１項を除き、これらの規定を第197条において準用する場合を含む。）の規定中理事、理事会又は理事会設置一般社団法人に関する規定は、それぞれ清算人、清算人会又は清算人会設置法人に関する規定として清算人、清算人会又は清算人会設置法人に適用があるものとする。

2　清算一般社団法人については、第２章第３節第１款及び第137条第10項の規定中理事、理事会又は理事会設置一般社団法人に関する規定は、それぞれ清算人、清算人会又は清算人会を置く清算一般社団法人に関する規定として清算人、清算人会又は清算人会を置く清算一般社団法人に適用があるものとする。

3　清算一般財団法人については、第153条第３項第１号、第173条第２項及び前章第２節第３款の規定中理事又は理事会に関する規定は、それぞれ清算人又は清算人会に関する規定として清算人又は清算人会に適用があるものとする。この場合において、第181条第１項中「理事会の決議によって」とあるのは「清算人は」と、「定めなければならない」とあるのは「定めなければならない。ただし、清算人会を置く清算一般財団法人（第210条第２項に規定する清算一般財団法人をいう。）においては、当該事項の決定は、清算人会の決議によらなければならない」とする。

第３節　財産目録等

（財産目録等の作成等）

第225条　清算人（清算人会設置法人にあっては、第220条第７項各号に掲げる清算人）は、その就任後遅滞なく、清算法人の財産の現況を調査し、法務省令で定めるところにより、第206条各号に掲げる場合に該当することとなった日における財産目録及び貸借対照表（以下この条及び次条において「財産目録等」という。）を作成しなければならない。

2　清算人会設置法人においては、財産目録等は、清算人会の承認を受けなければならない。

3　清算人は、財産目録等（前項の規定の適用がある場合にあっては、同項の承認を受けたもの）を社員総会又は評議員会に提出し、又は提供し、その承認を受けなければならない。

4　清算法人は、財産目録等を作成した時からその主たる事務所の所在地における清算結了の登記の時ま

での間、当該財産目録等を保存しなければならない。

（財産目録等の提出命令）

第226条　裁判所は、申立てにより又は職権で、訴訟の当事者に対し、財産目録等の全部又は一部の提出を命ずることができる。

（貸借対照表等の作成及び保存）

第227条　清算法人は、法務省令で定めるところにより、各清算事務年度（第206条各号に掲げる場合に該当することとなった日の翌日又はその後毎年その日に応当する日（応当する日がない場合にあっては、その前日）から始まる各1年の期間をいう。）に係る貸借対照表及び事務報告並びにこれらの附属明細書を作成しなければならない。

2　前項の貸借対照表及び事務報告並びにこれらの附属明細書は、電磁的記録をもって作成することができる。

3　清算法人は、第1項の貸借対照表を作成した時からその主たる事務所の所在地における清算結了の登記の時までの間、当該貸借対照表及びその附属明細書を保存しなければならない。

（貸借対照表等の監査等）

第228条　監事設置清算法人においては、前条第1項の貸借対照表及び事務報告並びにこれらの附属明細書は、法務省令で定めるところにより、監事の監査を受けなければならない。

2　清算人会設置法人においては、前条第1項の貸借対照表及び事務報告並びにこれらの附属明細書（前項の規定の適用がある場合にあっては、同項の監査を受けたもの）は、清算人会の承認を受けなければならない。

（貸借対照表等の備置き及び閲覧等）

第229条　次の各号に掲げる清算法人は、第227条第1項に規定する各清算事務年度に係る貸借対照表及び事務報告並びにこれらの附属明細書（前条第1項の規定の適用がある場合にあっては、監査報告を含む。以下この条において「貸借対照表等」という。）を、当該各号に定める日からその主たる事務所の所在地における清算結了の登記の時までの間、その主たる事務所に備え置かなければならない。

一　清算一般社団法人　定時社員総会の日の1週間前の日（第58条第1項の場合にあっては、同項の提案があった日）

二　清算一般財団法人　定時評議員会の日の1週間前の日（第194条第1項の場合にあっては、同項の提案があった日）

2　社員、評議員及び債権者は、清算法人の業務時間内は、いつでも、次に掲げる請求をすることができる。ただし、社員及び債権者が第2号又は第4号に掲げる請求をするには、当該清算法人の定めた費用を支払わなければならない。

一　貸借対照表等が書面をもって作成されているときは、当該書面の閲覧の請求

二　前号の書面の謄本又は抄本の交付の請求

三　貸借対照表等が電磁的記録をもって作成されているときは、当該電磁的記録に記録された事項を法務省令で定める方法により表示したものの閲覧の請求

四　前号の電磁的記録に記録された事項を電磁的方法であって清算法人の定めたものにより提供することの請求又はその事項を記載した書面の交付の請求

（貸借対照表等の提出等）

第230条　次の各号に掲げる清算法人においては、清算人は、当該各号に定める貸借対照表及び事務報告を定時社員総会又は定時評議員会に提出し、又は提供しなければならない。

一　監事設置清算法人（清算人会設置法人を除く。）　第228条第1項の監査を受けた貸借対照表及び事務報告

二　清算人会設置法人　第228条第2項の承認を受けた貸借対照表及び事務報告

三　前2号に掲げるもの以外の清算法人　第227条第1項の貸借対照表及び事務報告

2　前項の規定により提出され、又は提供された貸借対照表は、定時社員総会又は定時評議員会の承認を受けなければならない。

3　清算人は、第1項の規定により提出され、又は提供された事務報告の内容を定時社員総会又は定時評議員会に報告しなければならない。

（貸借対照表等の提出命令）

第231条　裁判所は、申立てにより又は職権で、訴訟の当事者に対し、第227条第1項の貸借対照表及びその附属明細書の全部又は一部の提出を命ずることができる。

（適用除外）

第232条　第2章第4節第3款（第123条第4項、第128条第3項、第129条及び第130条を除き、第199条において準用する場合を含む。）の規定は、清算法人については、適用しない。

第4節　債務の弁済等

（債権者に対する公告等）

第233条　清算法人は、第206条各号に掲げる場合に該当することとなった後、遅滞なく、当該清算法人の債権者に対し、一定の期間内にその債権を申し出るべき旨を官報に公告し、かつ、知れている債権者には、各別にこれを催告しなければならない。ただし、当該期間は、2箇月を下ることができない。

2　前項の規定による公告には、当該債権者が当該期間内に申出をしないときは清算から除斥される旨を付記しなければならない。

（債務の弁済の制限）

第234条　清算法人は、前条第1項の期間内は、債務の弁済をすることができない。この場合において、清算法人は、その債務の不履行によって生じた責任を免れることができない。

2　前項の規定にかかわらず、清算法人は、前条第1項の期間内であっても、裁判所の許可を得て、少額の債権、清算法人の財産につき存する担保権によっ

て担保される債権その他これを弁済しても他の債権者を害するおそれがない債権に係る債務について、その弁済をすることができる。この場合において、当該許可の申立ては、清算人が二人以上あるときは、その全員の同意によってしなければならない。

（条件付債権等に係る債務の弁済）

第235条　清算法人は、条件付債権、存続期間が不確定な債権その他その額が不確定な債権に係る債務を弁済することができる。この場合においては、これらの債権を評価させるため、裁判所に対し、鑑定人の選任の申立てをしなければならない。

2　前項の場合には、清算法人は、同項の鑑定人の評価に従い同項の債権に係る債務を弁済しなければならない。

3　第1項の鑑定人の選任の手続に関する費用は、清算法人の負担とする。当該鑑定人による鑑定のための呼出し及び質問に関する費用についても、同様とする。

（基金の返還の制限）

第236条　基金の返還に係る債務の弁済は、その余の清算一般社団法人の債務の弁済がされた後でなければ、することができない。

（債務の弁済前における残余財産の引渡しの制限）

第237条　清算法人は、当該清算法人の債務を弁済した後でなければ、その財産の引渡しをすることができない。ただし、その存否又は額について争いのある債権に係る債務についてその弁済をするために必要と認められる財産を留保した場合は、この限りでない。

（清算からの除斥）

第238条　清算法人の債権者（知れている債権者を除く。）であって第233条第1項の期間内にその債権の申出をしなかったものは、清算から除斥される。

2　前項の規定により清算から除斥された債権者は、引渡しがされていない残余財産に対してのみ、弁済を請求することができる。

第5節　残余財産の帰属

第239条　残余財産の帰属は、定款で定めるところによる。

2　前項の規定により残余財産の帰属が定まらないときは、その帰属は、清算法人の社員総会又は評議員会の決議によって定める。

3　前2項の規定により帰属が定まらない残余財産は、国庫に帰属する。

第6節　清算事務の終了等

（清算事務の終了等）

第240条　清算法人は、清算事務が終了したときは、遅滞なく、法務省令で定めるところにより、決算報告を作成しなければならない。

2　清算人会設置法人においては、決算報告は、清算人会の承認を受けなければならない。

3　清算人は、決算報告（前項の規定の適用がある場合にあっては、同項の承認を受けたもの）を社員総会又は評議員会に提出し、又は提供し、その承認を受けなければならない。

4　前項の承認があったときは、任務を怠ったことによる清算人の損害賠償の責任は、免除されたものとみなす。ただし、清算人の職務の執行に関し不正の行為があったときは、この限りでない。

（帳簿資料の保存）

第241条　清算人（清算人会設置法人にあっては、第220条第7項各号に掲げる清算人）は、清算法人の主たる事務所の所在地における清算結了の登記の時から10年間、清算法人の帳簿並びにその事業及び清算に関する重要な資料（以下この条において「帳簿資料」という。）を保存しなければならない。

2　裁判所は、利害関係人の申立てにより、前項の清算人に代わって帳簿資料を保存する者を選任することができる。この場合においては、同項の規定は、適用しない。

3　前項の規定により選任された者は、清算法人の主たる事務所の所在地における清算結了の登記の時から10年間、帳簿資料を保存しなければならない。

4　第2項の規定による選任の手続に関する費用は、清算法人の負担とする。

第5章　合併

第1節　通則

（合併契約の締結）

第242条　一般社団法人又は一般財団法人は、他の一般社団法人又は一般財団法人と合併をすることができる。この場合においては、合併をする法人は、合併契約を締結しなければならない。

（合併の制限）

第243条　次の各号に掲げる場合には、合併後存続する一般社団法人若しくは一般財団法人又は合併により設立する一般社団法人若しくは一般財団法人は、それぞれ当該各号に定める種類の法人でなければならない。

一　合併をする法人が一般社団法人のみである場合　一般社団法人

二　合併をする法人が一般財団法人のみである場合　一般財団法人

2　前項各号に掲げる場合以外の場合において、合併をする一般社団法人が合併契約の締結の日までに基金の全額を返還していないときは、合併後存続する法人又は合併により設立する法人は、一般社団法人でなければならない。

第2節　吸収合併

第1款　吸収合併契約等

（吸収合併契約）

第244条　一般社団法人又は一般財団法人が吸収合併をする場合には、吸収合併契約において、次に掲げる事項を定めなければならない。

一　吸収合併後存続する一般社団法人又は一般財団法人（以下「吸収合併存続法人」という。）及び吸収合併により消滅する一般社団法人又は一般財団法人（以下「吸収合併消滅法人」という。）の名称及び住所

二　吸収合併がその効力を生ずる日（以下この節において「効力発生日」という。）

（吸収合併の効力の発生等）

第245条　吸収合併存続法人は、効力発生日に、吸収合併消滅法人の権利義務を承継する。

2　吸収合併消滅法人の吸収合併による解散は、吸収合併の登記の後でなければ、これをもって第三者に対抗することができない。

3　前２項の規定は、第248条若しくは第252条の規定による手続が終了していない場合又は吸収合併を中止した場合には、適用しない。

第２款　吸収合併消滅法人の手続

（吸収合併契約に関する書面等の備置き及び閲覧等）

第246条　吸収合併消滅法人は、吸収合併契約備置開始日から効力発生日までの間、吸収合併契約の内容その他法務省令で定める事項を記載し、又は記録した書面又は電磁的記録をその主たる事務所に備え置かなければならない。

2　前項に規定する「吸収合併契約備置開始日」とは、次に掲げる日のいずれか早い日をいう。

一　一般社団法人である吸収合併消滅法人にあっては、次条の社員総会の日の２週間前の日（第58条第１項の場合にあっては、同項の提案があった日）

二　一般財団法人である吸収合併消滅法人にあっては、次条の評議員会の日の２週間前の日（第194条第１項の場合にあっては、同項の提案があった日）

三　第248条第２項の規定による公告の日又は同項の規定による催告の日のいずれか早い日

3　吸収合併消滅法人の社員、評議員及び債権者は、吸収合併消滅法人に対して、その業務時間内は、いつでも、次に掲げる請求をすることができる。ただし、社員及び債権者が第２号又は第４号に掲げる請求をするには、当該吸収合併消滅法人の定めた費用を支払わなければならない。

一　第１項の書面の閲覧の請求

二　第１項の書面の謄本又は抄本の交付の請求

三　第１項の電磁的記録に記録された事項を法務省令で定める方法により表示したものの閲覧の請求

四　第１項の電磁的記録に記録された事項を電磁的方法であって吸収合併消滅法人の定めたものにより提供することの請求又はその事項を記載した書面の交付の請求

（吸収合併契約の承認）

第247条　吸収合併消滅法人は、効力発生日の前日までに、社員総会又は評議員会の決議によって、吸収合併契約の承認を受けなければならない。

（債権者の異議）

第248条　吸収合併消滅法人の債権者は、吸収合併消滅法人に対し、吸収合併について異議を述べることができる。

2　吸収合併消滅法人は、次に掲げる事項を官報に公告し、かつ、知れている債権者には、各別にこれを催告しなければならない。ただし、第４号の期間は、１箇月を下ることができない。

一　吸収合併をする旨

二　吸収合併存続法人の名称及び住所

三　吸収合併消滅法人及び吸収合併存続法人の計算書類（第123条第２項（第199条において準用する場合を含む。）に規定する計算書類をいう。以下同じ。）に関する事項として法務省令で定めるもの

四　債権者が一定の期間内に異議を述べることができる旨

3　前項の規定にかかわらず、吸収合併消滅法人が同項の規定による公告を、官報のほか、第331条第１項の規定による定めに従い、同項第２号又は第３号に掲げる方法によりするときは、前項の規定による各別の催告は、することを要しない。

4　債権者が第２項第４号の期間内に異議を述べなかったときは、当該債権者は、当該吸収合併について承認をしたものとみなす。

5　債権者が第２項第４号の期間内に異議を述べたときは、吸収合併消滅法人は、当該債権者に対し、弁済し、若しくは相当の担保を提供し、又は当該債権者に弁済を受けさせることを目的として信託会社等（信託会社及び信託業務を営む金融機関（金融機関の信託業務の兼営等に関する法律（昭和18年法律第43号）第１条第１項の認可を受けた金融機関をいう。）をいう。以下同じ。）に相当の財産を信託しなければならない。ただし、当該吸収合併をしても当該債権者を害するおそれがないときは、この限りでない。

6　前各項の規定は、基金の返還に係る債権の債権者については、適用しない。

（吸収合併の効力発生日の変更）

第249条　吸収合併消滅法人は、吸収合併存続法人との合意により、効力発生日を変更することができる。

2　前項の場合には、吸収合併消滅法人は、変更前の効力発生日（変更後の効力発生日が変更前の効力発生日前の日である場合にあっては、当該変更後の効力発生日）の前日までに、変更後の効力発生日を公告しなければならない。

3　第１項の規定により効力発生日を変更したときは、変更後の効力発生日を効力発生日とみなして、第245条及びこの款の規定を適用する。

第３款　吸収合併存続法人の手続

（吸収合併契約に関する書面等の備置き及び閲覧等）

第250条　吸収合併存続法人は、吸収合併契約備置開始日から効力発生日後６箇月を経過する日までの間、吸収合併契約の内容その他法務省令で定める事項を記載し、又は記録した書面又は電磁的記録をその主たる事務所に備え置かなければならない。

2　前項に規定する「吸収合併契約備置開始日」とは、次に掲げる日のいずれか早い日をいう。

一　一般社団法人である吸収合併存続法人にあっては、次条第１項の社員総会の日の２週間前の日（第58条第１項の場合にあっては、同項の提案があった日）

二　一般財団法人である吸収合併存続法人にあっては、次条第１項の評議員会の日の２週間前の日（第194条第１項の場合にあっては、同項の提案があった日）

三　第252条第２項の規定による公告の日又は同項の規定による催告の日のいずれか早い日

3　吸収合併存続法人の社員、評議員及び債権者は、吸収合併存続法人に対して、その業務時間内は、いつでも、次に掲げる請求をすることができる。ただし、社員及び債権者が第２号又は第４号に掲げる請求をするには、当該吸収合併存続法人の定めた費用を支払わなければならない。

一　第１項の書面の閲覧の請求

二　第１項の書面の謄本又は抄本の交付の請求

三　第１項の電磁的記録に記録された事項を法務省令で定める方法により表示したものの閲覧の請求

四　第１項の電磁的記録に記録された事項を電磁的方法であって吸収合併存続法人の定めたものにより提供することの請求又はその事項を記載した書面の交付の請求

（吸収合併契約の承認）

第251条　吸収合併存続法人は、効力発生日の前日までに、社員総会又は評議員会の決議によって、吸収合併契約の承認を受けなければならない。

2　吸収合併存続法人が承継する吸収合併消滅法人の債務の額として法務省令で定める額が吸収合併存続法人が承継する吸収合併消滅法人の資産の額として法務省令で定める額を超える場合には、理事は、前項の社員総会又は評議員会において、その旨を説明しなければならない。

（債権者の異議）

第252条　吸収合併存続法人の債権者は、吸収合併存続法人に対し、吸収合併について異議を述べることができる。

2　吸収合併存続法人は、次に掲げる事項を官報に公告し、かつ、知れている債権者には、各別にこれを催告しなければならない。ただし、第４号の期間は、１箇月を下ることができない。

一　吸収合併をする旨

二　吸収合併消滅法人の名称及び住所

三　吸収合併存続法人及び吸収合併消滅法人の計算書類に関する事項として法務省令で定めるもの

四　債権者が一定の期間内に異議を述べることができる旨

3　前項の規定にかかわらず、吸収合併存続法人が同項の規定による公告を、官報のほか、第331条第１項の規定による定めに従い、同項第２号又は第３号に掲げる方法によりするときは、前項の規定による各別の催告は、することを要しない。

4　債権者が第２項第４号の期間内に異議を述べなかったときは、当該債権者は、当該吸収合併について承認をしたものとみなす。

5　債権者が第２項第４号の期間内に異議を述べたときは、吸収合併存続法人は、当該債権者に対し、弁済し、若しくは相当の担保を提供し、又は当該債権者に弁済を受けさせることを目的として信託会社等に相当の財産を信託しなければならない。ただし、当該吸収合併をしても当該債権者を害するおそれがないときは、この限りでない。

6　前各項の規定は、基金の返還に係る債権の債権者については、適用しない。

（吸収合併に関する書面等の備置き及び閲覧等）

第253条　吸収合併存続法人は、効力発生日後遅滞なく、吸収合併により吸収合併存続法人が承継した吸収合併消滅法人の権利義務その他の吸収合併に関する事項として法務省令で定める事項を記載し、又は記録した書面又は電磁的記録を作成しなければならない。

2　吸収合併存続法人は、効力発生日から６箇月間、前項の書面又は電磁的記録をその主たる事務所に備え置かなければならない。

3　吸収合併存続法人の社員、評議員及び債権者は、吸収合併存続法人に対して、その業務時間内は、いつでも、次に掲げる請求をすることができる。ただし、社員及び債権者が第２号又は第４号に掲げる請求をするには、当該吸収合併存続法人の定めた費用を支払わなければならない。

一　第１項の書面の閲覧の請求

二　第１項の書面の謄本又は抄本の交付の請求

三　第１項の電磁的記録に記録された事項を法務省令で定める方法により表示したものの閲覧の請求

四　第１項の電磁的記録に記録された事項を電磁的方法であって吸収合併存続法人の定めたものにより提供することの請求又はその事項を記載した書面の交付の請求

第３節　新設合併

第１款　新設合併契約等

（新設合併契約）

第254条　２以上の一般社団法人又は一般財団法人が新設合併をする場合には、新設合併契約において、次に掲げる事項を定めなければならない。

一　新設合併により消滅する一般社団法人又は一般財団法人（以下「新設合併消滅法人」という。）の名称及び住所

二　新設合併により設立する一般社団法人又は一般財団法人（以下「新設合併設立法人」という。）の目的、

名称及び主たる事務所の所在地
三　前号に掲げるもののほか、新設合併設立法人の定款で定める事項
四　新設合併設立法人の設立に際して理事となる者の氏名
五　新設合併設立法人が会計監査人設置一般社団法人又は会計監査人設置一般財団法人であるときは、その設立に際して会計監査人となる者の氏名又は名称
六　新設合併設立法人が監事設置一般社団法人であるときは、設立時監事の氏名
七　新設合併設立法人が一般財団法人であるときは、設立時評議員及び設立時監事の氏名

（新設合併の効力の発生）
第255条　新設合併設立法人は、その成立の日に、新設合併消滅法人の権利義務を承継する。

第２款　新設合併消滅法人の手続

（新設合併契約に関する書面等の備置き及び閲覧等）
第256条　新設合併消滅法人は、新設合併契約備置開始日から新設合併設立法人の成立の日までの間、新設合併契約の内容その他法務省令で定める事項を記載し、又は記録した書面又は電磁的記録をその主たる事務所に備え置かなければならない。
2　前項に規定する「新設合併契約備置開始日」とは、次に掲げる日のいずれか早い日をいう。
一　一般社団法人である新設合併消滅法人にあっては、次条の社員総会の日の２週間前の日（第58条第１項の場合にあっては、同項の提案があった日）
二　一般財団法人である新設合併消滅法人にあっては、次条の評議員会の日の２週間前の日（第194条第１項の場合にあっては、同項の提案があった日）
三　第258条第２項の規定による公告の日又は同項の規定による催告の日のいずれか早い日
3　新設合併消滅法人の社員、評議員及び債権者は、新設合併消滅法人に対して、その業務時間内は、いつでも、次に掲げる請求をすることができる。ただし、社員及び債権者が第２号又は第４号に掲げる請求をするには、当該新設合併消滅法人の定めた費用を支払わなければならない。
一　第１項の書面の閲覧の請求
二　第１項の書面の謄本又は抄本の交付の請求
三　第１項の電磁的記録に記録された事項を法務省令で定める方法により表示したものの閲覧の請求
四　第１項の電磁的記録に記録された事項を電磁的方法であって新設合併消滅法人の定めたものにより提供することの請求又はその事項を記載した書面の交付の請求

（新設合併契約の承認）
第257条　新設合併消滅法人は、社員総会又は評議員会の決議によって、新設合併契約の承認を受けなければならない。

（債権者の異議）
第258条　新設合併消滅法人の債権者は、新設合併消滅法人に対し、新設合併について異議を述べることができる。
2　新設合併消滅法人は、次に掲げる事項を官報に公告し、かつ、知れている債権者には、各別にこれを催告しなければならない。ただし、第４号の期間は、１箇月を下ることができない。
一　新設合併をする旨
二　他の新設合併消滅法人及び新設合併設立法人の名称及び住所
三　新設合併消滅法人の計算書類に関する事項として法務省令で定めるもの
四　債権者が一定の期間内に異議を述べることができる旨
3　前項の規定にかかわらず、新設合併消滅法人が同項の規定による公告を、官報のほか、第331条第１項の規定による定めに従い、同項第２号又は第３号に掲げる方法によりするときは、前項の規定による各別の催告は、することを要しない。
4　債権者が第２項第４号の期間内に異議を述べなかったときは、当該債権者は、当該新設合併について承認をしたものとみなす。
5　債権者が第２項第４号の期間内に異議を述べたときは、新設合併消滅法人は、当該債権者に対し、弁済し、若しくは相当の担保を提供し、又は当該債権者に弁済を受けさせることを目的として信託会社等に相当の財産を信託しなければならない。ただし、当該新設合併をしても当該債権者を害するおそれがないときは、この限りでない。
6　前各項の規定は、基金の返還に係る債権の債権者については、適用しない。

第３款　新設合併設立法人の手続

（設立の特則）
第259条　第２章第１節（第11条（第１項第４号を除く。）、第12条、第14条、第16条、第４款及び第５款を除く。）の規定は、一般社団法人である新設合併設立法人の設立については、適用しない。
2　第３章第１節（第153条第１項第１号から第３号まで及び第８号から第10号まで並びに第３項、第154条、第156条、第160条、第５款並びに第163条を除く。）の規定は、一般財団法人である新設合併設立法人の設立については、適用しない。
3　新設合併設立法人の定款は、新設合併消滅法人が作成する。

（新設合併に関する書面等の備置き及び閲覧等）
第260条　新設合併設立法人は、その成立の日後遅滞なく、新設合併により新設合併設立法人が承継した新設合併消滅法人の権利義務その他の新設合併に関する事項として法務省令で定める事項を記載し、又は記録した書面又は電磁的記録を作成しなければならない。
2　新設合併設立法人は、その成立の日から６箇月間、

前項の書面又は電磁的記録及び新設合併契約の内容その他法務省令で定める事項を記載し、又は記録した書面又は電磁的記録をその主たる事務所に備え置かなければならない。

3　新設合併設立法人の社員、評議員及び債権者は、新設合併設立法人に対して、その業務時間内は、いつでも、次に掲げる請求をすることができる。ただし、社員及び債権者が第2号又は第4号に掲げる請求をするには、当該新設合併設立法人の定めた費用を支払わなければならない。

一　前項の書面の閲覧の請求

二　前項の書面の謄本又は抄本の交付の請求

三　前項の電磁的記録に記録された事項を法務省令で定める方法により表示したものの閲覧の請求

四　前項の電磁的記録に記録された事項を電磁的方法であって新設合併設立法人の定めたものにより提供することの請求又はその事項を記載した書面の交付の請求

第6章　雑則

第1節　解散命令

（解散命令）

第261条　裁判所は、次に掲げる場合において、公益を確保するため一般社団法人等の存立を許すことができないと認めるときは、法務大臣又は社員、評議員、債権者その他の利害関係人の申立てにより、一般社団法人等の解散を命ずることができる。

一　一般社団法人等の設立が不法な目的に基づいてされたとき。

二　一般社団法人等が正当な理由がないのにその成立の日から1年以内にその事業を開始せず、又は引き続き1年以上その事業を休止したとき。

三　業務執行理事（代表理事、代表理事以外の理事であって理事会の決議によって一般社団法人等の業務を執行する理事として選定されたもの及び当該一般社団法人等の業務を執行したその他の理事をいう。）が、法令若しくは定款で定める一般社団法人等の権限を逸脱し若しくは濫用する行為又は刑罰法令に触れる行為をした場合において、法務大臣から書面による警告を受けたにもかかわらず、なお継続的に又は反復して当該行為をしたとき。

2　社員、評議員、債権者その他の利害関係人が前項の申立てをしたときは、裁判所は、一般社団法人等の申立てにより、同項の申立てをした者に対し、相当の担保を立てるべきことを命ずることができる。

3　一般社団法人等は、前項の規定による申立てをするには、第1項の申立てが悪意によるものであることを疎明しなければならない。

4　民事訴訟法（平成8年法律第109号）第75条第5項及び第7項並びに第76条から第80条までの規定は、第2項の規定により第1項の申立てについて立てるべき担保について準用する。

（一般社団法人等の財産に関する保全処分）

第262条　裁判所は、前条第1項の申立てがあった場合には、法務大臣若しくは社員、評議員、債権者その他の利害関係人の申立てにより又は職権で、同項の申立てにつき決定があるまでの間、一般社団法人等の財産に関し、管理人による管理を命ずる処分（次項において「管理命令」という。）その他の必要な保全処分を命ずることができる。

2　裁判所は、管理命令をする場合には、当該管理命令において、管理人を選任しなければならない。

3　裁判所は、法務大臣若しくは社員、評議員、債権者その他の利害関係人の申立てにより又は職権で、前項の管理人を解任することができる。

4　裁判所は、第2項の管理人を選任した場合には、一般社団法人等が当該管理人に対して支払う報酬の額を定めることができる。

5　第2項の管理人は、裁判所が監督する。

6　裁判所は、第2項の管理人に対し、一般社団法人等の財産の状況の報告をし、かつ、その管理の計算をすることを命ずることができる。

7　民法第644条、第646条、第647条及び第650条の規定は、第2項の管理人について準用する。この場合において、同法第646条、第647条及び第650条中「委任者」とあるのは、「一般社団法人又は一般財団法人」と読み替えるものとする。

（官庁等の法務大臣に対する通知義務）

第263条　裁判所その他の官庁、検察官又は吏員は、その職務上第261条第1項の申立て又は同項第3号の警告をすべき事由があることを知ったときは、法務大臣にその旨を通知しなければならない。

第2節　訴訟

第1款　一般社団法人等の組織に関する訴え

（一般社団法人等の組織に関する行為の無効の訴え）

第264条　次の各号に掲げる行為の無効は、当該各号に定める期間に、訴えをもってのみ主張することができる。

一　一般社団法人等の設立　一般社団法人等の成立の日から2年以内

二　一般社団法人等の吸収合併　吸収合併の効力が生じた日から6箇月以内

三　一般社団法人等の新設合併　新設合併の効力が生じた日から6箇月以内

2　次の各号に掲げる行為の無効の訴えは、当該各号に定める者に限り、提起することができる。

一　前項第1号に掲げる行為　設立する一般社団法人等の社員等（社員、評議員、理事、監事又は清算人をいう。以下この款において同じ。）

二　前項第2号に掲げる行為　当該行為の効力が生じた日において吸収合併をする一般社団法人等の社員等であった者又は吸収合併存続法人の社員等、破産管財人若しくは吸収合併について承認を

しなかった債権者

三　前項第3号に掲げる行為　当該行為の効力が生じた日において新設合併をする一般社団法人等の社員等であった者又は新設合併設立法人の社員等、破産管財人若しくは新設合併について承認をしなかった債権者

（社員総会等の決議の不存在又は無効の確認の訴え）

第265条　社員総会又は評議員会（以下この款及び第315条第1項第1号ロにおいて「社員総会等」という。）の決議については、決議が存在しないことの確認を、訴えをもって請求することができる。

2　社員総会等の決議については、決議の内容が法令に違反することを理由として、決議が無効であることの確認を、訴えをもって請求することができる。

（社員総会等の決議の取消しの訴え）

第266条　次に掲げる場合には、社員等は、社員総会等の決議の日から3箇月以内に、訴えをもって当該決議の取消しを請求することができる。当該決議の取消しにより社員等（第75条第1項（第177条及び第210条第4項において準用する場合を含む。）又は第175条第1項の規定により理事、監事、清算人又は評議員としての権利義務を有する者を含む。）となる者も、同様とする。

一　社員総会等の招集の手続又は決議の方法が法令若しくは定款に違反し、又は著しく不公正なとき。

二　社員総会等の決議の内容が定款に違反するとき。

三　社員総会の決議について特別の利害関係を有する社員が議決権を行使したことによって、著しく不当な決議がされたとき。

2　前項の訴えの提起があった場合において、社員総会等の招集の手続又は決議の方法が法令又は定款に違反するときであっても、裁判所は、その違反する事実が重大でなく、かつ、決議に影響を及ぼさないものであると認めるときは、同項の規定による請求を棄却することができる。

（一般社団法人等の設立の取消しの訴え）

第267条　次の各号に掲げる場合には、当該各号に定める者は、一般社団法人等の成立の日から2年以内に、訴えをもって一般社団法人等の設立の取消しを請求することができる。

一　社員又は設立者が民法その他の法律の規定により設立に係る意思表示を取り消すことができるとき　当該社員又は設立者

二　設立者がその債権者を害することを知って一般財団法人を設立したとき　当該債権者

（一般社団法人等の解散の訴え）

第268条　次に掲げる場合において、やむを得ない事由があるときは、総社員の議決権の10分の1（これを下回る割合を定款で定めた場合にあっては、その割合）以上の議決権を有する社員又は評議員は、訴えをもって一般社団法人等の解散を請求することができる。

一　一般社団法人等が業務の執行において著しく困難な状況に至り、当該一般社団法人等に回復することができない損害が生じ、又は生ずるおそれがあるとき。

二　一般社団法人等の財産の管理又は処分が著しく失当で、当該一般社団法人等の存立を危うくするとき。

（被告）

第269条　次の各号に掲げる訴え（以下この節において「一般社団法人等の組織に関する訴え」と総称する。）については、当該各号に定める者を被告とする。

一　一般社団法人等の設立の無効の訴え　設立する一般社団法人等

二　一般社団法人等の吸収合併の無効の訴え　吸収合併存続法人

三　一般社団法人等の新設合併の無効の訴え　新設合併設立法人

四　社員総会等の決議が存在しないこと又は社員総会等の決議の内容が法令に違反することを理由として当該決議が無効であることの確認の訴え　当該一般社団法人等

五　社員総会等の決議の取消しの訴え　当該一般社団法人等

六　第267条第1号の規定による一般社団法人等の設立の取消しの訴え　当該一般社団法人等

七　第267条第2号の規定による一般財団法人の設立の取消しの訴え　当該一般財団法人及び同号の設立者

八　一般社団法人等の解散の訴え　当該一般社団法人等

（訴えの管轄）

第270条　一般社団法人等の組織に関する訴えは、被告となる一般社団法人等の主たる事務所の所在地を管轄する地方裁判所の管轄に専属する。

（担保提供命令）

第271条　一般社団法人等の組織に関する訴えであって、社員が提起することができるものについては、裁判所は、被告の申立てにより、当該一般社団法人等の組織に関する訴えを提起した社員に対し、相当の担保を立てるべきことを命ずることができる。ただし、当該社員が理事、監事又は清算人であるときは、この限りでない。

2　前項の規定は、一般社団法人等の組織に関する訴えであって、債権者が提起することができるものについて準用する。

3　被告は、第1項（前項において準用する場合を含む。）の申立てをするには、原告の訴えの提起が悪意によるものであることを疎明しなければならない。

（弁論等の必要的併合）

第272条　同一の請求を目的とする一般社団法人等の組織に関する訴えに係る2以上の訴訟が同時に係属するときは、その弁論及び裁判は、併合してしなければならない。

（認容判決の効力が及ぶ者の範囲）

第273条　一般社団法人等の組織に関する訴えに係る請求を認容する確定判決は、第三者に対してもそ

の効力を有する。

（無効又は取消しの判決の効力）

第274条　一般社団法人等の組織に関する訴え（第269条第1号から第3号まで、第6号及び第7号に掲げる訴えに限る。）に係る請求を認容する判決が確定したときは、当該判決において無効とされ、又は取り消された行為（当該行為によって一般社団法人等が設立された場合にあっては、当該設立を含む。）は、将来に向かってその効力を失う。

（合併の無効判決の効力）

第275条　次の各号に掲げる行為の無効の訴えに係る請求を認容する判決が確定したときは、当該行為をした一般社団法人等は、当該行為の効力が生じた日後に当該各号に定める一般社団法人等が負担した債務について、連帯して弁済する責任を負う。

一　一般社団法人等の吸収合併　吸収合併存続法人

二　一般社団法人等の新設合併　新設合併設立法人

2　前項に規定する場合には、同項各号に掲げる行為の効力が生じた日後に当該各号に定める一般社団法人等が取得した財産は、当該行為をした一般社団法人等の共有に属する。

3　前2項に規定する場合には、各一般社団法人等の第1項の債務の負担部分及び前項の財産の共有持分は、各一般社団法人等の協議によって定める。

4　各一般社団法人等の第1項の債務の負担部分又は第2項の財産の共有持分について、前項の協議が調わないときは、裁判所は、各一般社団法人等の申立てにより、第1項各号に掲げる行為の効力が生じた時における各一般社団法人等の財産の額その他一切の事情を考慮して、これを定める。

（設立の無効又は取消しの判決の効力）

第276条　一般社団法人の設立の無効又は取消しの訴えに係る請求を認容する判決が確定した場合において、その無効又は取消しの原因が一部の社員のみにあるときは、他の社員の全員の同意によって、当該一般社団法人を継続することができる。この場合においては、当該原因がある社員は、退社したものとみなす。

2　前項前段の規定は、一般財団法人の設立の無効又は取消しの訴えに係る請求を認容する判決が確定した場合について準用する。この場合において、同項中「社員」とあるのは、「設立者」と読み替えるものとする。

（原告が敗訴した場合の損害賠償責任）

第277条　一般社団法人等の組織に関する訴えを提起した原告が敗訴した場合において、原告に悪意又は重大な過失があったときは、原告は、被告に対し、連帯して損害を賠償する責任を負う。

第2款　一般社団法人における責任追及の訴え

（責任追及の訴え）

第278条　社員は、一般社団法人に対し、書面その他の法務省令で定める方法により、設立時社員、設立時理事、役員等（第111条第1項に規定する役員等をいう。第3項において同じ。）又は清算人の責任を追及する訴え（以下この款において「責任追及の訴え」という。）の提起を請求することができる。ただし、責任追及の訴えが当該社員若しくは第三者の不正な利益を図り又は当該一般社団法人に損害を加えることを目的とする場合は、この限りでない。

2　一般社団法人が前項の規定による請求の日から60日以内に責任追及の訴えを提起しないときは、当該請求をした社員は、一般社団法人のために、責任追及の訴えを提起することができる。

3　一般社団法人は、第1項の規定による請求の日から60日以内に責任追及の訴えを提起しない場合において、当該請求をした社員又は同項の設立時社員、設立時理事、役員等若しくは清算人から請求を受けたときは、当該請求をした者に対し、遅滞なく、責任追及の訴えを提起しない理由を書面その他の法務省令で定める方法により通知しなければならない。

4　第1項及び第2項の規定にかかわらず、同項の期間の経過により一般社団法人に回復することができない損害が生ずるおそれがある場合には、第1項の社員は、一般社団法人のために、直ちに責任追及の訴えを提起することができる。ただし、同項ただし書に規定する場合は、この限りでない。

5　第2項又は前項の責任追及の訴えは、訴訟の目的の価額の算定については、財産権上の請求でない請求に係る訴えとみなす。

6　社員が責任追及の訴えを提起したときは、裁判所は、被告の申立てにより、当該社員に対し、相当の担保を立てるべきことを命ずることができる。

7　被告が前項の申立てをするには、責任追及の訴えの提起が悪意によるものであることを疎明しなければならない。

（訴えの管轄）

第279条　責任追及の訴えは、一般社団法人の主たる事務所の所在地を管轄する地方裁判所の管轄に専属する。

（訴訟参加）

第280条　社員又は一般社団法人は、共同訴訟人として、又は当事者の一方を補助するため、責任追及の訴えに係る訴訟に参加することができる。ただし、不当に訴訟手続を遅延させることとなるとき、又は裁判所に対し過大な事務負担を及ぼすこととなるときは、この限りでない。

2　監事設置一般社団法人が、理事及び清算人並びにこれらの者であった者を補助するため、責任追及の訴えに係る訴訟に参加するには、監事（監事が二人以上ある場合にあっては、各監事）の同意を得なければならない。

3　社員は、責任追及の訴えを提起したときは、遅滞なく、一般社団法人に対し、訴訟告知をしなければならない。

4　一般社団法人は、責任追及の訴えを提起したとき、又は前項の訴訟告知を受けたときは、遅滞なく、その旨を社員に通知しなければならない。

（和解）

第280条の2　監事設置一般社団法人が、当該監事設置一般社団法人の理事及び清算人並びにこれらの者であった者の責任を追及する訴えに係る訴訟における和解をするには、監事（監事が二人以上ある場合にあっては、各監事）の同意を得なければならない。

第281条　民事訴訟法第267条の規定は、一般社団法人が責任追及の訴えに係る訴訟における和解の当事者でない場合には、当該訴訟における訴訟の目的については、適用しない。ただし、当該一般社団法人の承認がある場合は、この限りでない。

2　前項に規定する場合において、裁判所は、一般社団法人に対し、和解の内容を通知し、かつ、当該和解に異議があるときは2週間以内に異議を述べるべき旨を催告しなければならない。

3　一般社団法人が前項の期間内に書面により異議を述べなかったときは、同項の規定による通知の内容で社員が和解をすることを承認したものとみなす。

4　第25条、第112条（第217条第4項において準用する場合を含む。）及び第141条第5項（同項ただし書に規定する超過額を超えない部分について負う責任に係る部分に限る。）の規定は、責任追及の訴えに係る訴訟における和解をする場合には、適用しない。

（費用等の請求）

第282条　責任追及の訴えを提起した社員が勝訴（一部勝訴を含む。）した場合において、当該責任追及の訴えに係る訴訟に関し、必要な費用（訴訟費用を除く。）を支出したとき又は弁護士、弁護士法人若しくは弁護士・外国法事務弁護士共同法人に報酬を支払うべきときは、当該一般社団法人に対し、その費用の額の範囲内又はその報酬額の範囲内で相当と認められる額の支払を請求することができる。

2　責任追及の訴えを提起した社員が敗訴した場合であっても、悪意があったときを除き、当該社員は、当該一般社団法人に対し、これによって生じた損害を賠償する義務を負わない。

3　前2項の規定は、第280条第1項の規定により同項の訴訟に参加した社員について準用する。

（再審の訴え）

第283条　責任追及の訴えが提起された場合において、原告及び被告が共謀して責任追及の訴えに係る訴訟の目的である一般社団法人の権利を害する目的をもって判決をさせたときは、一般社団法人又は社員は、確定した終局判決に対し、再審の訴えをもって、不服を申し立てることができる。

2　前条の規定は、前項の再審の訴えについて準用する。

第3款　一般社団法人等の役員等の解任の訴え

（一般社団法人等の役員等の解任の訴え）

第284条　理事、監事又は評議員（以下この款において「役員等」という。）の職務の執行に関し不正の行為又は法令若しくは定款に違反する重大な事実があったにもかかわらず、当該役員等を解任する旨の議案が社員総会又は評議員会において否決されたときは、次に掲げる者は、当該社員総会又は評議員会の日から30日以内に、訴えをもって当該役員等の解任を請求することができる。

一　総社員（当該請求に係る理事又は監事である社員を除く。）の議決権の10分の1（これを下回る割合を定款で定めた場合にあっては、その割合）以上の議決権を有する社員（当該請求に係る理事又は監事である社員を除く。）

二　評議員

（被告）

第285条　前条の訴え（次条及び第315条第1項第1号ニにおいて「一般社団法人等の役員等の解任の訴え」という。）については、当該一般社団法人等及び前条の役員等を被告とする。

（訴えの管轄）

第286条　一般社団法人等の役員等の解任の訴えは、当該一般社団法人等の主たる事務所の所在地を管轄する地方裁判所の管轄に専属する。

第3節　非訟

第1款　総則

（非訟事件の管轄）

第287条　この法律の規定による非訟事件（次項に規定する事件を除く。）は、一般社団法人等の主たる事務所の所在地を管轄する地方裁判所の管轄に属する。

2　第275条第4項の申立てに係る事件は、同条第1項各号に掲げる行為の無効の訴えの第一審の受訴裁判所の管轄に属する。

（疎明）

第288条　この法律の規定による許可の申立てをする場合には、その原因となる事実を疎明しなければならない。

（陳述の聴取）

第289条　裁判所は、この法律の規定による非訟事件についての裁判のうち、次の各号に掲げる裁判をする場合には、当該各号に定める者の陳述を聴かなければならない。ただし、不適法又は理由がないことが明らかであるとして申立てを却下する裁判をするときは、この限りでない。

一　この法律の規定により一般社団法人等が作成し、又は備え置いた書面又は電磁的記録についての閲覧又は謄写の許可の申立てについての裁判　当該一般社団法人等

二　第75条第2項（第177条において準用する場合を含む。）、第79条第2項（第197条において準用する場合を含む。）若しくは第175条第2項の規定により選任された一時理事、監事、代表理事若しくは評議員の職務を行うべき者、清算人、第210条第4項において準用する第75条第2項若しくは第214条第7項にお

いて準用する第79条第2項の規定により選任された一時清算人若しくは代表清算人の職務を行うべき者、検査役又は第262条第2項の管理人の報酬の額の決定　当該一般社団法人等（報酬を受ける者が監事を置く一般社団法人等を代表する者である場合において、他に当該一般社団法人等を代表する者が存しないときは、監事）及び報酬を受ける者

三　第137条第7項の規定による裁判　当該一般社団法人（一般社団法人の成立前にあっては、設立時社員）及び現物拠出財産を給付する者

四　清算人の解任についての裁判　当該清算人

五　第261条第1項の規定による裁判　当該一般社団法人等

六　第275条第4項の申立てについての裁判　同項に規定する行為をした一般社団法人等

（理由の付記）

第290条　この法律の規定による非訟事件についての裁判には、理由を付さなければならない。ただし、次に掲げる裁判については、この限りでない。

一　前条第2号に掲げる裁判

二　第293条各号に掲げる裁判

（即時抗告）

第291条　次の各号に掲げる裁判に対しては、当該各号に定める者に限り、即時抗告をすることができる。

一　第262条第1項の規定による保全処分についての裁判　利害関係人

二　第289条各号に掲げる裁判　申立人及び当該各号に定める者（同条第2号及び第3号に掲げる裁判にあっては、当該各号に定める者）

（原裁判の執行停止）

第292条　前条の即時抗告は、執行停止の効力を有する。ただし、第289条第2号から第4号までに掲げる裁判に対するものについては、この限りでない。

（不服申立ての制限）

第293条　次に掲げる裁判に対しては、不服を申し立てることができない。

一　第289条第2号に規定する一時理事、監事、代表理事若しくは評議員の職務を行うべき者、清算人、代表清算人、同号に規定する一時清算人若しくは代表清算人の職務を行うべき者、検査役、第235条第1項の鑑定人又は第241条第2項の帳簿資料の保存をする者の選任又は選定の裁判

二　第262条第2項の管理人の選任又は解任についての裁判

三　第262条第6項の規定による裁判

四　この法律の規定による許可の申立てを認容する裁判（第289条第1号に掲げる裁判を除く。）

（非訟事件手続法の規定の適用除外）

第294条　この法律の規定による非訟事件については、非訟事件手続法（平成23年法律第51号）第40条及び第57条第2項第2号の規定は、適用しない。

（最高裁判所規則）

第295条　この法律に定めるもののほか、この法律の規定による非訟事件の手続に関し必要な事項は、最高裁判所規則で定める。

第2款　解散命令の手続に関する特則

（法務大臣の関与）

第296条　裁判所は、第261条第1項の申立てについての裁判をする場合には、法務大臣に対し、意見を求めなければならない。

2　法務大臣は、裁判所が前項の申立てに係る事件について審問をするときは、当該審問に立ち会うことができる。

3　裁判所は、法務大臣に対し、第1項の申立てに係る事件が係属したこと及び前項の審問の期日を通知しなければならない。

4　第1項の申立てを却下する裁判に対しては、第291条第2号に定める者のほか、法務大臣も、即時抗告をすることができる。

（一般社団法人等の財産に関する保全処分についての特則）

第297条　裁判所が第262条第1項の保全処分をした場合には、非訟事件の手続の費用は、一般社団法人等の負担とする。当該保全処分について必要な費用も、同様とする。

2　前項の保全処分又は第262条第1項の規定による申立てを却下する裁判に対して即時抗告があった場合において、抗告裁判所が当該即時抗告を理由があると認めて原裁判を取り消したときは、その抗告審における手続に要する裁判費用及び抗告人が負担した前審における手続に要する裁判費用は、一般社団法人等の負担とする。

第298条　利害関係人は、裁判所書記官に対し、第262条第6項の報告又は計算に関する資料の閲覧を請求することができる。

2　利害関係人は、裁判所書記官に対し、前項の資料の謄写又はその正本、謄本若しくは抄本の交付を請求することができる。

3　前項の規定は、第1項の資料のうち録音テープ又はビデオテープ（これらに準ずる方法により一定の事項を記録した物を含む。）に関しては、適用しない。この場合において、これらの物について利害関係人の請求があるときは、裁判所書記官は、その複製を許さなければならない。

4　法務大臣は、裁判所書記官に対し、第1項の資料の閲覧を請求することができる。

5　民事訴訟法第91条第5項の規定は、第1項の資料について準用する。

第4節　登記

第1款　総則

（登記の効力）

第299条　この法律の規定により登記すべき事項は、

登記の後でなければ、これをもって善意の第三者に対抗することができない。登記の後であっても、第三者が正当な事由によってその登記があることを知らなかったときは、同様とする。

2　故意又は過失によって不実の事項を登記した者は、その事項が不実であることをもって善意の第三者に対抗することができない。

（登記の期間）

第300条　この法律の規定により登記すべき事項のうち官庁の許可を要するものの登記の期間については、その許可書の到達した日から起算する。

第2款　主たる事務所の所在地における登記

（一般社団法人の設立の登記）

第301条　一般社団法人の設立の登記は、その主たる事務所の所在地において、次に掲げる日のいずれか遅い日から2週間以内にしなければならない。

一　第20条第1項の規定による調査が終了した日

二　設立時社員が定めた日

2　前項の登記においては、次に掲げる事項を登記しなければならない。

一　目的

二　名称

三　主たる事務所及び従たる事務所の所在場所

四　一般社団法人の存続期間又は解散の事由についての定款の定めがあるときは、その定め

四の二　第47条の2の規定による電子提供措置をとる旨の定款の定めがあるときは、その定め

五　理事の氏名

六　代表理事の氏名及び住所

七　理事会設置一般社団法人であるときは、その旨

八　監事設置一般社団法人であるときは、その旨及び監事の氏名

九　会計監査人設置一般社団法人であるときは、その旨及び会計監査人の氏名又は名称

十　第75条第4項の規定により選任された一時会計監査人の職務を行うべき者を置いたときは、その氏名又は名称

十一　第114条第1項の規定による役員等の責任の免除についての定款の定めがあるときは、その定め

十二　第115条第1項の規定による非業務執行理事等が負う責任の限度に関する契約の締結についての定款の定めがあるときは、その定め

十三　第128条第3項の規定による措置をとることとするときは、同条第1項に規定する貸借対照表の内容である情報について不特定多数の者がその提供を受けるために必要な事項であって法務省令で定めるもの

十四　公告方法

十五　前号の公告方法が電子公告（第331条第1項第3号に規定する電子公告をいう。以下この号及び次条第2項第13号において同じ。）であるときは、次に掲げる事項

イ　電子公告により公告すべき内容である情報について不特定多数の者がその提供を受けるために必要な事項であって法務省令で定めるもの

ロ　第331条第2項後段の規定による定款の定めがあるときは、その定め

（一般財団法人の設立の登記）

第302条　一般財団法人の設立の登記は、その主たる事務所の所在地において、次に掲げる日のいずれか遅い日から2週間以内にしなければならない。

一　第161条第1項の規定による調査が終了した日

二　設立者が定めた日

2　前項の登記においては、次に掲げる事項を登記しなければならない。

一　目的

二　名称

三　主たる事務所及び従たる事務所の所在場所

四　一般財団法人の存続期間又は解散の事由についての定款の定めがあるときは、その定め

五　評議員、理事及び監事の氏名

六　代表理事の氏名及び住所

七　会計監査人設置一般財団法人であるときは、その旨及び会計監査人の氏名又は名称

八　第177条において準用する第75条第4項の規定により選任された一時会計監査人の職務を行うべき者を置いたときは、その氏名又は名称

九　第198条において準用する第114条第1項の規定による役員等の責任の免除についての定款の定めがあるときは、その定め

十　第198条において準用する第115条第1項の規定による非業務執行理事等が負う責任の限度に関する契約の締結についての定款の定めがあるときは、その定め

十一　第199条において準用する第128条第3項の規定による措置をとることとするときは、同条第1項に規定する貸借対照表の内容である情報について不特定多数の者がその提供を受けるために必要な事項であって法務省令で定めるもの

十二　公告方法

十三　前号の公告方法が電子公告であるときは、次に掲げる事項

イ　電子公告により公告すべき内容である情報について不特定多数の者がその提供を受けるために必要な事項であって法務省令で定めるもの

ロ　第331条第2項後段の規定による定款の定めがあるときは、その定め

（変更の登記）

第303条　一般社団法人等において第301条第2項各号又は前条第2項各号に掲げる事項に変更が生じたときは、2週間以内に、その主たる事務所の所在地において、変更の登記をしなければならない。

（他の登記所の管轄区域内への主たる事務所の移転の登記）

第304条　一般社団法人等がその主たる事務所を他の登記所の管轄区域内に移転したときは、2週間以

内に、旧所在地においては移転の登記をし、新所在地においては次の各号に掲げる法人の区分に応じ当該各号に定める事項を登記しなければならない。
一　一般社団法人　第301条第２項各号に掲げる事項
二　一般財団法人　第302条第２項各号に掲げる事項
２　新所在地における登記においては、一般社団法人等の成立の年月日並びに主たる事務所を移転した旨及びその年月日をも登記しなければならない。

（職務執行停止の仮処分等の登記）
第305条　一般社団法人等の理事、監事、代表理事若しくは評議員の職務の執行を停止し、若しくはその職務を代行する者を選任する仮処分命令又はその仮処分命令を変更し、若しくは取り消す決定がされたときは、その主たる事務所の所在地において、その登記をしなければならない。

（吸収合併の登記）
第306条　一般社団法人等が吸収合併をしたときは、その効力が生じた日から２週間以内に、その主たる事務所の所在地において、吸収合併消滅法人については解散の登記をし、吸収合併存続法人については変更の登記をしなければならない。
２　吸収合併による変更の登記においては、吸収合併をした旨並びに吸収合併消滅法人の名称及び主たる事務所をも登記しなければならない。

（新設合併の登記）
第307条　２以上の一般社団法人等が新設合併をするときは、次に掲げる日のいずれか遅い日から２週間以内に、その主たる事務所の所在地において、新設合併消滅法人については解散の登記をし、新設合併設立法人については設立の登記をしなければならない。
一　第257条の社員総会又は評議員会の決議の日
二　第258条の規定による手続が終了した日
三　新設合併消滅法人が合意により定めた日
２　新設合併による設立の登記においては、新設合併をした旨並びに新設合併消滅法人の名称及び主たる事務所をも登記しなければならない。

（解散の登記）
第308条　第148条第１号から第４号まで又は第202条第１項第１号から第３号まで、第２項若しくは第３項の規定により一般社団法人等が解散したときは、２週間以内に、その主たる事務所の所在地において、解散の登記をしなければならない。
２　解散の登記においては、解散の旨並びにその事由及び年月日を登記しなければならない。

（継続の登記）
第309条　第150条、第204条又は第276条の規定により一般社団法人等が継続したときは、２週間以内に、その主たる事務所の所在地において、継続の登記をしなければならない。

（清算人等の登記）
第310条　第209条第１項第１号に掲げる者が清算人となったときは、解散の日から２週間以内に、その主たる事務所の所在地において、次に掲げる事項を登記しなければならない。
一　清算人の氏名
二　代表清算人の氏名及び住所
三　清算法人が清算人会を置くときは、その旨
四　清算一般財団法人が監事を置くときは、その旨
２　清算人が選任されたときは、２週間以内に、その主たる事務所の所在地において、前項各号に掲げる事項を登記しなければならない。
３　第303条の規定は前２項の規定による登記について、第305条の規定は清算人又は代表清算人について、それぞれ準用する。

（清算結了の登記）
第311条　清算が結了したときは、清算法人は、第240条第３項の承認の日から２週間以内に、その主たる事務所の所在地において、清算結了の登記をしなければならない。

第３款　削除

第312条～第314条　削除

第４款　登記の嘱託

第315条　次に掲げる場合には、裁判所書記官は、職権で、遅滞なく、一般社団法人等の主たる事務所の所在地を管轄する登記所にその登記を嘱託しなければならない。
一　次に掲げる訴えに係る請求を認容する判決が確定したとき。
イ　一般社団法人等の設立の無効又は取消しの訴え
ロ　社員総会等の決議した事項についての登記があった場合における次に掲げる訴え
(1)　社員総会等の決議が存在しないこと又は社員総会等の決議の内容が法令に違反することを理由として当該決議が無効であることの確認の訴え
(2)　社員総会等の決議の取消しの訴え
ハ　一般社団法人等の解散の訴え
ニ　一般社団法人等の役員等の解任の訴え
二　次に掲げる裁判があったとき。
イ　第75条第２項（第177条において準用する場合を含む。）、第79条第２項（第197条において準用する場合を含む。）又は第175条第２項の規定による一時理事、監事、代表理事又は評議員の職務を行うべき者の選任の裁判
ロ　第210条第４項において準用する第75条第２項又は第214条第７項において準用する第79条第２項の規定による一時清算人又は代表清算人の職務を行うべき者の選任の裁判
ハ　イ又はロに掲げる裁判を取り消す裁判
ニ　清算人又は代表清算人の選任又は選定の裁

判を取り消す裁判
ホ　清算人の解任の裁判
三　次に掲げる裁判が確定したとき。
イ　前号ホに掲げる裁判を取り消す裁判
ロ　第261条第１項の規定による一般社団法人等の解散を命ずる裁判

2　次の各号に掲げる訴えに係る請求を認容する判決が確定した場合には、裁判所書記官は、職権で、遅滞なく、各一般社団法人等の主たる事務所の所在地を管轄する登記所に当該各号に定める登記を嘱託しなければならない。
一　一般社団法人等の吸収合併の無効の訴え　吸収合併存続法人についての変更の登記及び吸収合併消滅法人についての回復の登記
二　一般社団法人等の新設合併の無効の訴え　新設合併設立法人についての解散の登記及び新設合併消滅法人についての回復の登記

第５款　登記の手続等

（登記簿）
第316条　登記所に、一般社団法人登記簿及び一般財団法人登記簿を備える。

（添付書面の通則）
第317条　登記すべき事項につき社員全員の同意又はある理事若しくは清算人の一致を要するときは、申請書にその同意又は一致があったことを証する書面を添付しなければならない。

2　登記すべき事項につき社員総会、評議員会、理事会又は清算人会の決議を要するときは、申請書にその議事録を添付しなければならない。

3　登記すべき事項につき第58条第１項、第96条（第197条及び第221条第５項において準用する場合を含む。）又は第194条第１項の規定により社員総会、理事会、清算人会又は評議員会の決議があったものとみなされる場合には、申請書に、前項の議事録に代えて、当該場合に該当することを証する書面を添付しなければならない。

（一般社団法人の設立の登記の申請）
第318条　一般社団法人の設立の登記は、当該一般社団法人を代表すべき者の申請によってする。

2　一般社団法人の設立の登記の申請書には、法令に別段の定めがある場合を除き、次に掲げる書面を添付しなければならない。
一　定款
二　設立時理事が設立時代表理事を選定したときは、これに関する書面
三　設立時理事、設立時監事及び設立時代表理事が就任を承諾したことを証する書面
四　設立時会計監査人を選任したときは、次に掲げる書面
イ　就任を承諾したことを証する書面
ロ　設立時会計監査人が法人であるときは、当該法人の登記事項証明書。ただし、当該登記所の管轄区域内に当該法人の主たる事務所がある場合を除く。
ハ　設立時会計監査人が法人でないときは、その者が公認会計士であることを証する書面

3　登記すべき事項につき設立時社員全員の同意又はある設立時社員の一致を要するときは、前項の登記の申請書にその同意又は一致があったことを証する書面を添付しなければならない。

（一般財団法人の設立の登記の申請）
第319条　一般財団法人の設立の登記は、当該一般財団法人を代表すべき者の申請によってする。

2　一般財団法人の設立の登記の申請書には、法令に別段の定めがある場合を除き、次に掲げる書面を添付しなければならない。
一　定款
二　財産の拠出の履行があったことを証する書面
三　設立時評議員、設立時理事及び設立時監事の選任に関する書面
四　設立時代表理事の選定に関する書面
五　設立時評議員、設立時理事、設立時監事及び設立時代表理事が就任を承諾したことを証する書面
六　設立時会計監査人を選任したときは、次に掲げる書面
イ　設立時会計監査人の選任に関する書面
ロ　就任を承諾したことを証する書面
ハ　設立時会計監査人が法人であるときは、当該法人の登記事項証明書。ただし、当該登記所の管轄区域内に当該法人の主たる事務所がある場合を除く。
ニ　設立時会計監査人が法人でないときは、その者が公認会計士であることを証する書面

3　登記すべき事項につき設立者全員の同意又はある設立者の一致を要するときは、前項の登記の申請書にその同意又は一致があったことを証する書面を添付しなければならない。

（理事等の変更の登記の申請）
第320条　理事、監事又は代表理事の就任による変更の登記の申請書には、就任を承諾したことを証する書面を添付しなければならない。

2　評議員の就任による変更の登記の申請書には、その選任に関する書面及び就任を承諾したことを証する書面を添付しなければならない。

3　会計監査人の就任による変更の登記の申請書には、次に掲げる書面を添付しなければならない。
一　就任を承諾したことを証する書面
二　会計監査人が法人であるときは、当該法人の登記事項証明書。ただし、当該登記所の管轄区域内に当該法人の主たる事務所がある場合を除く。
三　会計監査人が法人でないときは、その者が公認会計士であることを証する書面

4　会計監査人が法人であるときは、その名称の変更の登記の申請書には、前項第２号に掲げる書面を添付しなければならない。ただし、同号ただし書に規定する場合は、この限りでない。

5　第1項から第3項までに規定する者の退任による変更の登記の申請書には、これを証する書面を添付しなければならない。

（一時会計監査人の職務を行うべき者の変更の登記の申請）

第321条　第75条第4項（第177条において準用する場合を含む。）の一時会計監査人の職務を行うべき者の就任による変更の登記の申請書には、次に掲げる書面を添付しなければならない。

一　その選任に関する書面

二　就任を承諾したことを証する書面

三　その者が法人であるときは、当該法人の登記事項証明書。ただし、前条第3項第2号ただし書に規定する場合を除く。

四　その者が法人でないときは、その者が公認会計士であることを証する書面

2　前条第4項及び第5項の規定は、一時会計監査人の職務を行うべき者の登記について準用する。

（吸収合併による変更の登記の申請）

第322条　吸収合併による変更の登記の申請書には、次に掲げる書面を添付しなければならない。

一　吸収合併契約書

二　第252条第2項の規定による公告及び催告（同条第3項の規定により公告を官報のほか第331条第1項の規定による定めに従い同項第2号又は第3号に掲げる方法によってした場合にあっては、これらの方法による公告）をしたこと並びに異議を述べた債権者があるときは、当該債権者に対し弁済し若しくは相当の担保を提供し若しくは当該債権者に弁済を受けさせることを目的として相当の財産を信託したこと又は当該吸収合併をしても当該債権者を害するおそれがないことを証する書面

三　吸収合併消滅法人の登記事項証明書。ただし、当該登記所の管轄区域内に吸収合併消滅法人の主たる事務所がある場合を除く。

四　第247条の規定による吸収合併契約の承認があったことを証する書面

五　吸収合併消滅法人において第248条第2項の規定による公告及び催告（同条第3項の規定により公告を官報のほか第331条第1項の規定による定めに従い同項第2号又は第3号に掲げる方法によってした場合にあっては、これらの方法による公告）をしたこと並びに異議を述べた債権者があるときは、当該債権者に対し弁済し若しくは相当の担保を提供し若しくは当該債権者に弁済を受けさせることを目的として相当の財産を信託したこと又は当該吸収合併をしても当該債権者を害するおそれがないことを証する書面

（新設合併による設立の登記の申請）

第323条　新設合併による設立の登記の申請書には、次に掲げる書面を添付しなければならない。

一　新設合併契約書

二　定款

三　第318条第2項第2号から第4号まで又は第319条第2項第4号、第5号及び第6号（イを除く。）に掲げる書面

四　新設合併消滅法人の登記事項証明書。ただし、当該登記所の管轄区域内に新設合併消滅法人の主たる事務所がある場合を除く。

五　第257条の規定による新設合併契約の承認があったことを証する書面

六　新設合併消滅法人において第258条第2項の規定による公告及び催告（同条第3項の規定により公告を官報のほか第331条第1項の規定による定めに従い同項第2号又は第3号に掲げる方法によってした場合にあっては、これらの方法による公告）をしたこと並びに異議を述べた債権者があるときは、当該債権者に対し弁済し若しくは相当の担保を提供し若しくは当該債権者に弁済を受けさせることを目的として相当の財産を信託したこと又は当該新設合併をしても当該債権者を害するおそれがないことを証する書面

（解散の登記の申請）

第324条　定款で定めた解散の事由又は第202条第1項第3号、第2項若しくは第3項に規定する事由の発生による解散の登記の申請書には、その事由の発生を証する書面を添付しなければならない。

2　代表清算人の申請に係る解散の登記の申請書には、その資格を証する書面を添付しなければならない。ただし、当該代表清算人が第209条第1項第1号の規定により清算人となったもの（第214条第4項に規定する場合にあっては、同項の規定により代表清算人となったもの）であるときは、この限りでない。

（継続の登記の申請）

第325条　一般社団法人等の設立の無効又は取消しの訴えに係る請求を認容する判決が確定した場合において、第276条第1項（同条第2項において準用する場合を含む。以下この条において同じ。）の規定により一般社団法人等を継続したときは、継続の登記の申請書には、その判決の謄本及び第276条第1項の同意があったことを証する書面を添付しなければならない。

（清算人の登記の申請）

第326条　清算人の登記の申請書には、定款を添付しなければならない。

2　第209条第1項第2号又は第3号に掲げる者が清算人となった場合の清算人の登記の申請書には、就任を承諾したことを証する書面を添付しなければならない。

3　裁判所が選任した者が清算人となった場合の清算人の登記の申請書には、その選任及び第310条第1項第2号に掲げる事項を証する書面を添付しなければならない。

（清算人に関する変更の登記の申請）

第327条　裁判所が選任した清算人に関する第310条第1項第2号に掲げる事項の変更の登記の申請書には、変更の事由を証する書面を添付しなければならない。

2　清算人の退任による変更の登記の申請書には、これを証する書面を添付しなければならない。

（清算結了の登記の申請）

第328条　清算結了の登記の申請書には、第240条第3項の規定による決算報告の承認があったことを証する書面を添付しなければならない。

第329条　削除

（商業登記法の準用）

第330条　商業登記法（昭和38年法律第125号）第１条の３から第５条まで、第７条から第15条まで（第12条第１項第２号及び第５号を除く。）、第17条から第19条の３まで、第21条から第27条まで、第33条、第51条、第52条、第72条、第82条、第83条、第132条から第137条まで及び第139条から第148条までの規定は、一般社団法人等に関する登記について準用する。この場合において、これらの規定（同法第27条及び第33条第１項中「本店」とある部分を除く。）中「商号」とあるのは「名称」と、「本店」とあるのは「主たる事務所」と、同法第１条の３及び第24条第１号中「営業所」とあるのは「事務所」と、同法第27条及び第33条第１項中「営業所（会社にあつては、本店。以下この条において同じ。）の」とあり、並びに同法第27条並びに第33条第１項第４号及び第２項中「営業所の」とあるのは「主たる事務所の」と、同条第１項第４号中「営業所を」とあるのは「主たる事務所を」と、同法第72条中「会社法第472条第１項本文」とあるのは「一般社団法人及び一般財団法人に関する法律（平成18年法律第48号）第149条第１項本文又は第203条第１項本文」と、同法第146条の２中「商業登記法（」とあるのは「一般社団法人及び一般財団法人に関する法律（平成18年法律第48号）第330条において準用する商業登記法（」と、「商業登記法第145条」とあるのは「一般社団法人及び一般財団法人に関する法律第330条において準用する商業登記法第145条」と読み替えるものとする。

第５節　公告

（公告方法）

第331条　一般社団法人等は、公告方法として、次に掲げる方法のいずれかを定めることができる。

一　官報に掲載する方法

二　時事に関する事項を掲載する日刊新聞紙に掲載する方法

三　電子公告（公告方法のうち、電磁的方法により不特定多数の者が公告すべき内容である情報の提供を受けることができる状態に置く措置であって法務省令で定めるものをとる方法をいう。以下同じ。）

四　前３号に掲げるもののほか、不特定多数の者が公告すべき内容である情報を認識することができる状態に置く措置として法務省令で定める方法

2　一般社団法人等が前項第３号に掲げる方法を公告方法とする旨を定款で定める場合には、その定款には、電子公告を公告方法とする旨を定めれば足りる。この場合においては、事故その他やむを得ない事由によって電子公告による公告をすることができない場合の公告方法として、同項第１号又は第２号に掲げる方法のいずれかを定めることができる。

（電子公告の公告期間）

第332条　一般社団法人等が電子公告により公告をする場合には、次の各号に掲げる公告の区分に応じ、当該各号に定める日までの間、継続して電子公告による公告をしなければならない。

一　第128条第１項の規定による公告　同項の定時社員総会の終結の日後５年を経過する日

二　第199条において準用する第128条第１項の規定による公告　同項の定時評議員会の終結の日後５年を経過する日

三　公告に定める期間内に異議を述べることができる旨の公告　当該期間を経過する日

四　第249条第２項の規定による公告　同項の変更前の効力発生日（変更後の効力発生日が変更前の効力発生日前の日である場合にあっては、当該変更後の効力発生日）

（電子公告の中断及び電子公告調査機関に関する会社法の規定の準用）

第333条　一般社団法人等が電子公告によりこの法律又は他の法律の規定による公告をする場合については、会社法第940条第３項、第941条、第946条、第947条、第951条第２項、第953条及び第955条の規定を準用する。この場合において、同法第940条第３項中「前２項の規定にかかわらず、これらの」とあるのは「一般社団法人及び一般財団法人に関する法律（平成18年法律第48号）第332条の規定にかかわらず、同条の」と、同法第941条中「この法律又は他の法律の規定による公告（第440条第１項」とあるのは「一般社団法人及び一般財団法人に関する法律又は他の法律の規定による公告（一般社団法人及び一般財団法人に関する法律第128条第１項（同法第199条において準用する場合を含む。）」と、同法第946条第３項中「商号」とあるのは「名称」と読み替えるものとする。

第７章　罰則

（理事等の特別背任罪）

第334条　次に掲げる者が、自己若しくは第三者の利益を図り又は一般社団法人等に損害を加える目的で、その任務に背く行為をし、当該一般社団法人等に財産上の損害を加えたときは、７年以下の懲役若しくは500万円以下の罰金に処し、又はこれを併科する。

一　設立時社員

二　設立者

三　設立時理事（一般社団法人等の設立に際して理事となる者をいう。第342条において同じ。）又は設立時監事（一般社団法人等の設立に際して監事となる者をいう。同条において同じ。）

四　理事、監事又は評議員

五　民事保全法第56条に規定する仮処分命令により選任された理事、監事又は評議員の職務を代行する者

六　第75条第２項（第177条において準用する場合を含む。）、第79条第２項（第197条において準用する場合を含む。）又は第175条第２項の規定により選任された一

時理事、監事、代表理事又は評議員の職務を行うべき者
七　事業に関するある種類又は特定の事項の委任を受けた使用人
八　検査役
2　次に掲げる者が、自己若しくは第三者の利益を図り又は清算法人に損害を加える目的で、その任務に背く行為をし、当該清算法人に財産上の損害を加えたときも、前項と同様とする。
一　清算人
二　民事保全法第56条に規定する仮処分命令により選任された清算人の職務を代行する者
三　第210条第４項において準用する第75条第２項又は第214条第７項において準用する第79条第２項の規定により選任された一時清算人又は代表清算人の職務を行うべき者
3　前２項の罪の未遂は、罰する。

（法人財産の処分に関する罪）
第335条　前条第１項第４号から第７号までに掲げる者が、次のいずれかに該当する場合には、３年以下の懲役若しくは100万円以下の罰金に処し、又はこれを併科する。
一　法令又は定款の規定に違反して、基金の返還をしたとき。
二　一般社団法人等の目的の範囲外において、投機取引のために一般社団法人等の財産を処分したとき。

（虚偽文書行使等の罪）
第336条　次に掲げる者が、基金を引き受ける者の募集をするに当たり、一般社団法人の事業その他の事項に関する説明を記載した資料若しくは当該募集の広告その他の当該募集に関する文書であって重要な事項について虚偽の記載のあるものを行使し、又はこれらの書類の作成に代えて電磁的記録の作成がされている場合における当該電磁的記録であって重要な事項について虚偽の記録のあるものをその募集の事務の用に供したときは、３年以下の懲役若しくは100万円以下の罰金に処し、又はこれを併科する。
一　第334条第１項第１号又は第３号から第７号までに掲げる者
二　基金を引き受ける者の募集の委託を受けた者

（理事等の贈収賄罪）
第337条　次に掲げる者が、その職務に関し、不正の請託を受けて、財産上の利益を収受し、又はその要求若しくは約束をしたときは、５年以下の懲役又は500万円以下の罰金に処する。
一　第334条第１項各号又は第２項各号に掲げる者
二　会計監査人又は第75条第４項（第177条において準用する場合を含む。）の規定により選任された一時会計監査人の職務を行うべき者
2　前項の利益を供与し、又はその申込み若しくは約束をした者は、３年以下の懲役又は300万円以下の罰金に処する。
3　第１項の場合において、犯人の収受した利益は、没収する。その全部又は一部を没収することができないときは、その価額を追徴する。

（国外犯）
第338条　第334条、第335条及び前条第１項の罪は、日本国外においてこれらの罪を犯した者にも適用する。
2　前条第２項の罪は、刑法（明治40年法律第45号）第２条の例に従う。

（法人における罰則の適用）
第339条　第334条第１項、第336条又は第337条第１項に規定する者が法人であるときは、これらの規定及び第334条第３項の規定は、その行為をした理事その他業務を執行する者に対してそれぞれ適用する。

（虚偽記載等の罪）
第340条　第333条において準用する会社法第955条第１項の規定に違反して、同項に規定する調査記録簿等に同項に規定する電子公告調査に関し法務省令で定めるものを記載せず、若しくは記録せず、若しくは虚偽の記載若しくは記録をし、又は調査記録簿等を保存しなかった者は、30万円以下の罰金に処する。

（両罰規定）
第341条　法人の代表者又は法人若しくは人の代理人、使用人その他の従業者が、その法人又は人の業務に関し、前条の違反行為をしたときは、行為者を罰するほか、その法人又は人に対しても、同条の罰金刑を科する。

（過料に処すべき行為）
第342条　設立時社員、設立者、設立時理事、設立時監事、設立時評議員、理事、監事、評議員、会計監査人若しくはその職務を行うべき社員、清算人、民事保全法第56条に規定する仮処分命令により選任された理事、監事、評議員若しくは清算人の職務を代行する者、第334条第１項第６号に規定する一時理事、監事、代表理事若しくは評議員の職務を行うべき者、同条第２項第３号に規定する一時清算人若しくは代表清算人の職務を行うべき者、第337条第１項第２号に規定する一時会計監査人の職務を行うべき者又は検査役は、次のいずれかに該当する場合には、100万円以下の過料に処する。ただし、その行為について刑を科すべきときは、この限りでない。
一　この法律の規定による登記をすることを怠ったとき。
二　この法律の規定による公告若しくは通知をすることを怠ったとき、又は不正の公告若しくは通知をしたとき。
三　この法律の規定による開示をすることを怠ったとき。
四　この法律の規定に違反して、正当な理由がないのに、書類若しくは電磁的記録に記録された事項を法務省令で定める方法により表示したものの閲覧若しくは謄写又は書類の謄本若しくは抄本の交付、電磁的記録に記録された事項を電磁的方法に

より提供すること若しくはその事項を記載した書面の交付を拒んだとき。
五　この法律の規定による調査を妨げたとき。
六　官庁又は社員総会若しくは評議員会に対し、虚偽の申述を行い、又は事実を隠蔽したとき。
七　定款、社員名簿、議事録、財産目録、会計帳簿、貸借対照表、損益計算書、事業報告、事務報告、第123条第２項（第199条において準用する場合を含む。）若しくは第227条第１項の附属明細書、監査報告、会計監査報告、決算報告又は第246条第１項、第250条第１項、第253条第１項、第256条第１項若しくは第260条第２項の書面若しくは電磁的記録に記載し、若しくは記録すべき事項を記載せず、若しくは記録せず、又は虚偽の記載若しくは記録をしたとき。
八　第14条第１項、第32条第１項、第50条第５項、第51条第３項、第52条第４項、第57条第２項若しくは第３項、第58条第２項、第97条第１項（第197条において準用する場合を含む。）、第129条第１項若しくは第２項（第199条において準用する場合を含む。）、第156条第１項、第193条第２項若しくは第３項、第194条第２項、第223条第１項、第229条第１項、第246条第１項、第250条第１項、第253条第２項、第256条第１項又は第260条第２項の規定に違反して、帳簿又は書類若しくは電磁的記録を備え置かなかったとき。
九　第36条第１項若しくは第179条第１項の規定又は第47条第１項第１号、第87条第１項第１号（第197条において準用する場合を含む。）若しくは第188条第１項第１号の規定による裁判所の命令に違反して、社員総会又は評議員会を招集しなかったとき。
十　第43条又は第184条の規定による請求があった場合において、その請求に係る事項を社員総会又は評議員会の目的としなかったとき。
十の二　第47条の３第１項の規定に違反して、電子提供措置をとらなかったとき。
十一　正当な理由がないのに、社員総会又は評議員会において、社員又は評議員の求めた事項について説明をしなかったとき。
十二　第72条第２項（第177条において準用する場合を含む。）の規定による請求があった場合において、その請求に係る事項を社員総会若しくは評議員会の目的とせず、又はその請求に係る議案を社員総会若しくは評議員会に提出しなかったとき。
十三　理事、監事、評議員又は会計監査人がこの法律又は定款で定めたその員数を欠くこととなった場合において、その選任（一時会計監査人の職務を行うべき者の選任を含む。）の手続をすることを怠ったとき。
十四　第92条第２項（第197条及び第220条第10項において準用する場合を含む。）又は第118条の２第４項（第198条の２において準用する場合を含む。）の規定に違反して、理事会又は清算人会に報告せず、又は虚偽の報告をしたとき。
十五　第142条第１項の規定に違反して自己を債務者とする基金の返還に係る債権を取得したとき、又は同条第２項の規定に違反して当該債権を相当の時期に他に譲渡することを怠ったとき。
十六　第144条第１項の規定に違反して代替基金を計上せず、又は同条第２項の規定に違反して代替基金を取り崩したとき。
十七　第215条第１項の規定に違反して、破産手続開始の申立てを怠ったとき。
十八　清算の結了を遅延させる目的で、第233条第１項の期間を不当に定めたとき。
十九　第234条第１項の規定に違反して、債務の弁済をしたとき。
二十　第237条の規定に違反して、清算法人の財産を引き渡したとき。
二十一　第248条第２項若しくは第５項、第252条第２項若しくは第５項又は第258条第２項若しくは第５項の規定に違反して、吸収合併又は新設合併をしたとき。
二十二　第333条において準用する会社法第941条の規定に違反して、同条の規定による調査を求めなかったとき。

第343条　次のいずれかに該当する者は、100万円以下の過料に処する。
一　第333条において準用する会社法第946条第３項の規定に違反して、報告をせず、又は虚偽の報告をした者
二　正当な理由がないのに、第333条において準用する会社法第951条第２項各号又は第955条第２項各号に掲げる請求を拒んだ者

第344条　次のいずれかに該当する者は、20万円以下の過料に処する。
一　第５条第２項の規定に違反して、一般財団法人であると誤認されるおそれのある文字をその名称中に用いた者
二　第５条第３項の規定に違反して、一般社団法人であると誤認されるおそれのある文字をその名称中に用いた者
三　第６条の規定に違反して、一般社団法人又は一般財団法人であると誤認されるおそれのある文字をその名称又は商号中に用いた者
四　第７条第１項の規定に違反して、他の一般社団法人又は一般財団法人であると誤認されるおそれのある名称又は商号を使用した者

公益社団法人及び公益財団法人の認定等に関する法律 抜粋

平成18年法律第49号
最終改正　令和4年法律第68号

第2章　公益法人の認定等

第1節　公益法人の認定

（名称等）
第9条　公益認定を受けた一般社団法人又は一般財団法人は、その名称中の一般社団法人又は一般財団法人の文字をそれぞれ公益社団法人又は公益財団法人と変更する定款の変更をしたものとみなす。
2　前項の規定による名称の変更の登記の申請書には、公益認定を受けたことを証する書面を添付しなければならない。
3　公益社団法人又は公益財団法人は、その種類に従い、その名称中に公益社団法人又は公益財団法人という文字を用いなければならない。
4　公益社団法人又は公益財団法人でない者は、その名称又は商号中に、公益社団法人又は公益財団法人であると誤認されるおそれのある文字を用いてはならない。
5　何人も、不正の目的をもって、他の公益社団法人又は公益財団法人であると誤認されるおそれのある名称又は商号を使用してはならない。
6　公益法人については、一般社団・財団法人法第5条第1項の規定は、適用しない。

第3節　公益法人の監督

（公益認定の取消し）
第29条　行政庁は、公益法人が次のいずれかに該当するときは、その公益認定を取り消さなければならない。
一　第6条各号（第2号を除く。）のいずれかに該当するに至ったとき。
二　偽りその他不正の手段により公益認定、第11条第1項の変更の認定又は第25条第1項の認可を受けたとき。
三　正当な理由がなく、前条第3項の規定による命令に従わないとき。
四　公益法人から公益認定の取消しの申請があったとき。
2　行政庁は、公益法人が次のいずれかに該当するときは、その公益認定を取り消すことができる。
一　第5条各号に掲げる基準のいずれかに適合しなくなったとき。
二　前節の規定を遵守していないとき。
三　前2号のほか、法令又は法令に基づく行政機関の処分に違反したとき。
3　前条第5項の規定は、前2項の規定による公益認定の取消しをしようとする場合について準用する。
4　行政庁は、第1項又は第2項の規定により公益認定を取り消したときは、内閣府令で定めるところにより、その旨を公示しなければならない。
5　第1項又は第2項の規定による公益認定の取消しの処分を受けた公益法人は、その名称中の公益社団法人又は公益財団法人という文字をそれぞれ一般社団法人又は一般財団法人と変更する定款の変更をしたものとみなす。
6　行政庁は、第1項又は第2項の規定による公益認定の取消しをしたときは、遅滞なく、当該公益法人の主たる事務所の所在地を管轄する登記所に当該公益法人の名称の変更の登記を嘱託しなければならない。
7　前項の規定による名称の変更の登記の嘱託書には、当該登記の原因となる事由に係る処分を行ったことを証する書面を添付しなければならない。

商業登記法

昭和38年法律第125号
最終改正　令和5年法律第53号

目次

第1章　総則

（目的）
第1条　この法律は、商法（明治32年法律第48号）、会社法（平成17年法律第86号）その他の法律の規定により登記すべき事項を公示するための登記に関する制度について定めることにより、商号、会社等に係る信用の維持を図り、かつ、取引の安全と円滑に資することを目的とする。

（定義）
第1条の2　この法律において、次の各号に掲げる用語の意義は、それぞれ当該各号に定めるところによる。
一　登記簿　商法、会社法その他の法律の規定により登記すべき事項が記録される帳簿であつて、磁気ディスク（これに準ずる方法により一定の事項を確実に記録することができる物を含む。）をもつて調製するものをいう。
二　変更の登記　登記した事項に変更を生じた場合に、商法、会社法その他の法律の規定によりすべき登記をいう。
三　消滅の登記　登記した事項が消滅した場合に、商法、会社法その他の法律の規定によりすべき登記をいう。
四　商号　商法第11条第1項又は会社法第6条第1項に規定する商号をいう。

第1章の2　登記所及び登記官

（登記所）
第1条の3　登記の事務は、当事者の営業所の所在地を管轄する法務局若しくは地方法務局若しくはこれらの支局又はこれらの出張所（以下単に「登記所」という。）がつかさどる。

（事務の委任）
第2条　法務大臣は、一の登記所の管轄に属する事務を他の登記所に委任することができる。

（事務の停止）
第3条　法務大臣は、登記所においてその事務を停止しなければならない事由が生じたときは、期間を定めて、その停止を命ずることができる。

（登記官）
第4条　登記所における事務は、登記官（登記所に勤務する法務事務官のうちから、法務局又は地方法務局の長が指定する者をいう。以下同じ。）が取り扱う。

（登記官の除斥）
第5条　登記官又はその配偶者若しくは4親等内の親族（配偶者又は4親等内の親族であつた者を含む。以下この条において同じ。）が登記の申請人であるときは、当該登記官は、当該登記をすることができない。登記官又はその配偶者若しくは4親等内の親族が申請人を代表して申請するときも、同様とする。

第2章　登記簿等

（商業登記簿）
第6条　登記所に次の商業登記簿を備える。
一　商号登記簿
二　未成年者登記簿
三　後見人登記簿
四　支配人登記簿
五　株式会社登記簿
六　合名会社登記簿
七　合資会社登記簿
八　合同会社登記簿
九　外国会社登記簿

（会社法人等番号）

第７条　登記簿には、法務省令で定めるところにより、会社法人等番号（特定の会社、外国会社その他の商人を識別するための番号をいう。第19条の３において同じ。）を記録する。

（登記簿等の持出禁止）

第７条の２　登記簿及びその附属書類（第17条第３項に規定する電磁的記録（電子的方式、磁気的方式その他人の知覚によつては認識することができない方式で作られる記録であつて、電子計算機による情報処理の用に供されるものをいう。以下同じ。）及び第19条の２に規定する登記の申請書に添付すべき電磁的記録（以下「第19条の２に規定する電磁的記録」という。）を含む。以下この条、第９条、第11条の２、第140条及び第141条において同じ。）は、事変を避けるためにする場合を除き、登記所外に持ち出してはならない。ただし、登記簿の附属書類については、裁判所の命令又は嘱託があつたときは、この限りでない。

（登記簿の滅失と回復）

第８条　登記簿の全部又は一部が滅失したときは、法務大臣は、一定の期間を定めて、登記の回復に必要な処分を命ずることができる。

（登記簿等の滅失防止）

第９条　登記簿又はその附属書類が滅失するおそれがあるときは、法務大臣は、必要な処分を命ずることができる。

（登記事項証明書の交付等）

第10条　何人も、手数料を納付して、登記簿に記録されている事項を証明した書面（以下「登記事項証明書」という。）の交付を請求することができる。

2　前項の交付の請求は、法務省令で定める場合を除き、他の登記所の登記官に対してもすることができる。

3　登記事項証明書の記載事項は、法務省令で定める。

（登記事項の概要を記載した書面の交付）

第11条　何人も、手数料を納付して、登記簿に記録されている事項の概要を記載した書面の交付を請求することができる。

（附属書類の閲覧）

第11条の２　登記簿の附属書類の閲覧について利害関係を有する者は、手数料を納付して、その閲覧を請求することができる。この場合において、第17条第３項に規定する電磁的記録又は第19条の２に規定する電磁的記録に記録された情報の閲覧は、その情報の内容を法務省令で定める方法により表示したものを閲覧する方法により行う。

（印鑑証明）

第12条　次に掲げる者でその印鑑を登記所に提出した者は、手数料を納付して、その印鑑の証明書の交付を請求することができる。

一　第17条第２項の規定により登記の申請書に押印すべき者（委任による代理人によつて登記の申請をする場合には、委任をした者又はその代表者）

二　支配人

三　破産法（平成16年法律第75号）の規定により会社につき選任された破産管財人又は保全管理人

四　民事再生法（平成11年法律第225号）の規定により会社につき選任された管財人又は保全管理人

五　会社更生法（平成14年法律第154号）の規定により選任された管財人又は保全管理人

六　外国倒産処理手続の承認援助に関する法律（平成12年法律第129号）の規定により会社につき選任された承認管財人又は保全管理人

2　第10条第２項の規定は、前項の証明書に準用する。

（電磁的記録の作成者を示す措置の確認に必要な事項等の証明）

第12条の２　前条第１項各号に掲げる者（以下この条において「被証明者」という。）は、この条に規定するところにより次の事項（第２号の期間については、デジタル庁令・法務省令で定めるものに限る。）の証明を請求することができる。ただし、代表権の制限その他の事項でこの項の規定による証明に適しないものとしてデジタル庁令・法務省令で定めるものがあるときは、この限りでない。

一　電磁的記録に記録することができる情報が被証明者の作成に係るものであることを示すために講ずる措置であつて、当該情報が他の情報に改変されているかどうかを確認することができる等被証明者の作成に係るものであることを確実に示すことができるものとしてデジタル庁令・法務省令で定めるものについて、当該被証明者が当該措置を講じたものであることを確認するために必要な事項

二　この項及び第３項の規定により証明した事項について、第８項の規定による証明の請求をすることができる期間

2　前項の規定による証明の請求は、同項各号の事項を明らかにしてしなければならない。

3　第１項の規定により証明を請求した被証明者は、併せて、自己に係る登記事項であつてデジタル庁令・法務省令で定めるものの証明を請求

することができる。

4　第1項の規定により証明を請求する被証明者は、政令で定める場合を除くほか、手数料を納付しなければならない。

5　第1項及び第3項の規定による証明は、法務大臣の指定する登記所の登記官がする。ただし、これらの規定による証明の請求は、当事者の営業所（会社にあつては、本店）の所在地を管轄する登記所を経由してしなければならない。

6　前項の指定は、告示してしなければならない。

7　第1項の規定により証明を請求した被証明者は、同項第2号の期間中において同項第1号の事項が当該被証明者が同号の措置を講じたものであることを確認するために必要な事項でなくなつたときは、第5項本文の登記所に対し、同項ただし書の登記所を経由して、その旨を届け出ることができる。

8　何人でも、第5項本文の登記所に対し、次の事項の証明を請求することができる。

一　第1項及び第3項の規定により証明した事項の変更（デジタル庁令・法務省令で定める軽微な変更を除く。）の有無

二　第1項第2号の期間の経過の有無

三　前項の届出の有無及び届出があつたときはその年月日

四　前3号に準ずる事項としてデジタル庁令・法務省令で定めるもの

9　第1項及び第3項の規定による証明並びに前項の規定による証明及び証明の請求は、デジタル庁令・法務省令で定めるところにより、登記官が使用する電子計算機と請求をする者が使用する電子計算機とを接続する電気通信回線を通じて送信する方法その他の方法によつて行うものとする。

（手数料）

第13条　第10条から前条までの手数料の額は、物価の状況、登記事項証明書の交付等に要する実費その他一切の事情を考慮して、政令で定める。

2　第10条から前条までの手数料の納付は、収入印紙をもつてしなければならない。

第3章　登記手続

第1節　通則

（当事者申請主義）

第14条　登記は、法令に別段の定めがある場合を除くほか、当事者の申請又は官庁の嘱託がなければ、することができない。

（嘱託による登記）

第15条　第5条、第17条から第19条の2まで、第21条、第22条、第23条の2、第24条、第51条第1項及び第2項、第52条、第78条第1項及び第3項、第82条第2項及び第3項、第83条、第87条第1項及び第2項、第88条、第91条第1項及び第2項、第92条、第132条並びに第134条の規定は、官庁の嘱託による登記の手続について準用する。

第16条　削除

（登記申請の方式）

第17条　登記の申請は、書面でしなければならない。

2　申請書には、次の事項を記載し、申請人又はその代表者（当該代表者が法人である場合にあつては、その職務を行うべき者）若しくは代理人が記名押印しなければならない。

一　申請人の氏名及び住所、申請人が会社であるときは、その商号及び本店並びに代表者の氏名又は名称及び住所（当該代表者が法人である場合にあつては、その職務を行うべき者の氏名及び住所を含む。）

二　代理人によつて申請するときは、その氏名及び住所

三　登記の事由

四　登記すべき事項

五　登記すべき事項につき官庁の許可を要するときは、許可書の到達した年月日

六　登録免許税の額及びこれにつき課税標準の金額があるときは、その金額

七　年月日

八　登記所の表示

3　前項第4号に掲げる事項を記録した電磁的記録が法務省令で定める方法により提供されたときは、同項の規定にかかわらず、申請書には、当該電磁的記録に記録された事項を記載することを要しない。

（申請書の添付書面）

第18条　代理人によつて登記を申請するには、申請書（前条第3項に規定する電磁的記録を含む。以下同じ。）にその権限を証する書面を添付しなければならない。

第19条　官庁の許可を要する事項の登記を申請するには、申請書に官庁の許可書又はその認証

がある謄本を添附しなければならない。

（申請書に添付すべき電磁的記録）

第19条の2　登記の申請書に添付すべき定款、議事録若しくは最終の貸借対照表が電磁的記録で作られているとき、又は登記の申請書に添付すべき書面につきその作成に代えて電磁的記録の作成がされているときは、当該電磁的記録に記録された情報の内容を記録した電磁的記録（法務省令で定めるものに限る。）を当該申請書に添付しなければならない。

（添付書面の特例）

第19条の3　この法律の規定により登記の申請書に添付しなければならないとされている登記事項証明書は、申請書に会社法人等番号を記載した場合その他の法務省令で定める場合には、添付することを要しない。

第20条　削除

（受付）

第21条　登記官は、登記の申請書を受け取つたときは、受付帳に登記の種類、申請人の氏名、会社が申請人であるときはその商号、受付の年月日及び受付番号を記載し、申請書に受付の年月日及び受付番号を記載しなければならない。

2　情報通信技術を活用した行政の推進等に関する法律（平成14年法律第151号）第6条第1項の規定により同項に規定する電子情報処理組織を使用してする登記の申請については、前項の規定中申請書への記載に関する部分は、適用しない。

3　登記官は、2以上の登記の申請書を同時に受け取つた場合又は2以上の登記の申請書についてこれを受け取つた時の前後が明らかでない場合には、受付帳にその旨を記載しなければならない。

（受領証）

第22条　登記官は、登記の申請書その他の書面（第19条の2に規定する電磁的記録を含む。）を受け取つた場合において、申請人の請求があつたときは、受領証を交付しなければならない。

（登記の順序）

第23条　登記官は、受附番号の順序に従つて登記をしなければならない。

（登記官による本人確認）

第23条の2　登記官は、登記の申請があつた場合において、申請人となるべき者以外の者が申請していると疑うに足りる相当な理由があると認めるときは、次条の規定により当該申請を却下すべき場合を除き、申請人又はその代表者若しくは代理人に対し、出頭を求め、質問をし、又は文書の提示その他必要な情報の提供を求める方法により、当該申請人の申請の権限の有無を調査しなければならない。

2　登記官は、前項に規定する申請人又はその代表者若しくは代理人が遠隔の地に居住しているとき、その他相当と認めるときは、他の登記所の登記官に同項の調査を嘱託することができる。

（申請の却下）

第24条　登記官は、次の各号のいずれかに掲げる事由がある場合には、理由を付した決定で、登記の申請を却下しなければならない。ただし、当該申請の不備が補正することができるものである場合において、登記官が定めた相当の期間内に、申請人がこれを補正したときは、この限りでない。

一　申請に係る当事者の営業所の所在地が当該申請を受けた登記所の管轄に属しないとき。

二　申請が登記すべき事項以外の事項の登記を目的とするとき。

三　申請に係る登記がその登記所において既に登記されているとき。

四　申請の権限を有しない者の申請によるとき、又は申請の権限を有する者であることの証明がないとき。

五　第21条第3項に規定する場合において、当該申請に係る登記をすることにより同項の登記の申請書のうち他の申請書に係る登記をすることができなくなるとき。

六　申請書がこの法律に基づく命令又はその他の法令の規定により定められた方式に適合しないとき。

七　申請書に必要な書面（第19条の2に規定する電磁的記録を含む。）を添付しないとき。

八　申請書又はその添付書面（第19条の2に規定する電磁的記録を含む。以下同じ。）の記載又は記録が申請書の添付書面又は登記簿の記載又は記録と合致しないとき。

九　登記すべき事項につき無効又は取消しの原因があるとき。

十　申請につき経由すべき登記所を経由しないとき。

十一　同時にすべき他の登記の申請を同時にしないとき。

十二　申請が第27条の規定により登記すること

商登法

がができない商号の登記を目的とするとき。

十三　申請が法令の規定により使用を禁止された商号の登記を目的とするとき。

十四　商号の登記を抹消されている会社が商号の登記をしないで他の登記を申請したとき。

十五　登録免許税を納付しないとき。

（提訴期間経過後の登記）

第25条　登記すべき事項につき訴えをもつてのみ主張することができる無効又は取消しの原因がある場合において、その訴えがその提起期間内に提起されなかつたときは、前条第9号の規定は、適用しない。

2　前項の場合の登記の申請書には、同項の訴えがその提起期間内に提起されなかつたことを証する書面及び登記すべき事項の存在を証する書面を添附しなければならない。この場合には、第18条の書面を除き、他の書面の添附を要しない。

3　会社は、その本店の所在地を管轄する地方裁判所に、第1項の訴えがその提起期間内に提起されなかつたことを証する書面の交付を請求することができる。

（行政区画等の変更）

第26条　行政区画、郡、区、市町村内の町若しくは字又はそれらの名称の変更があつたときは、その変更による登記があつたものとみなす。

第2節　商号の登記

（同一の所在場所における同一の商号の登記の禁止）

第27条　商号の登記は、その商号が他人の既に登記した商号と同一であり、かつ、その営業所（会社にあつては、本店。以下この条において同じ。）の所在場所が当該他人の商号の登記に係る営業所の所在場所と同一であるときは、することができない。

（登記事項等）

第28条　商号の登記は、営業所ごとにしなければならない。

2　商号の登記において登記すべき事項は、次のとおりとする。

一　商号

二　営業の種類

三　営業所

四　商号使用者の氏名及び住所

（変更等の登記）

第29条　商号の登記をした者は、その営業所を他の登記所の管轄区域内に移転したときは、旧所在地においては営業所移転の登記を、新所在地においては前条第2項各号に掲げる事項の登記を申請しなければならない。

2　商号の登記をした者は、前条第2項各号に掲げる事項に変更を生じたとき、又は商号を廃止したときは、その登記を申請しなければならない。

（商号の譲渡又は相続の登記）

第30条　商号の譲渡による変更の登記は、譲受人の申請によつてする。

2　前項の登記の申請書には、譲渡人の承諾書及び商法第15条第1項の規定に該当することを証する書面を添付しなければならない。

3　商号の相続による変更の登記を申請するには、申請書に相続を証する書面を添付しなければならない。

（営業又は事業の譲渡の際の免責の登記）

第31条　商法第17条第2項前段及び会社法第22条第2項前段の登記は、譲受人の申請によつてする。

2　前項の登記の申請書には、譲渡人の承諾書を添付しなければならない。

（相続人による登記）

第32条　相続人が前3条の登記を申請するには、申請書にその資格を証する書面を添附しなければならない。

（商号の登記の抹消）

第33条　次の各号に掲げる場合において、当該商号の登記をした者が当該各号に定める登記をしないときは、当該商号の登記に係る営業所（会社にあつては、本店。以下この条において同じ。）の所在場所において同一の商号を使用しようとする者は、登記所に対し、当該商号の登記の抹消を申請することができる。

一　登記した商号を廃止したとき　当該商号の廃止の登記

二　商号の登記をした者が正当な事由なく2年間当該商号を使用しないとき　当該商号の廃止の登記

三　登記した商号を変更したとき　当該商号の変更の登記

四　商号の登記に係る営業所を移転したとき　当該営業所の移転の登記

2　前項の規定によつて商号の登記の抹消を申請

する者は、申請書に当該商号の登記に係る営業所の所在場所において同一の商号を使用しようとする者であることを証する書面を添付しなければならない。

3　第135条から第137条までの規定は、第１項の申請があつた場合に準用する。

4　登記官は、前項において準用する第136条の規定により異議が理由があるとする決定をしたときは、第１項の申請を却下しなければならない。

（会社の商号の登記）

第34条　会社の商号の登記は、会社の登記簿にする。

2　第28条、第29条並びに第30条第１項及び第２項の規定は、会社については、適用しない。

第３節　未成年者及び後見人の登記

（未成年者登記の登記事項等）

第35条　商法第５条の規定による登記において登記すべき事項は、次のとおりとする。

一　未成年者の氏名、出生の年月日及び住所

二　営業の種類

三　営業所

2　第29条の規定は、未成年者の登記に準用する。

（申請人）

第36条　未成年者の登記は、未成年者の申請によつてする。

2　営業の許可の取消しによる消滅の登記又は営業の許可の制限による変更の登記は、法定代理人も申請することができる。

3　未成年者の死亡による消滅の登記は、法定代理人の申請によつてする。

4　未成年者が成年に達したことによる消滅の登記は、登記官が、職権ですることができる。

（添付書面）

第37条　商法第５条の規定による登記の申請書には、法定代理人の許可を得たことを証する書面を添付しなければならない。ただし、申請書に法定代理人の記名押印があるときは、この限りでない。

2　未成年後見人が未成年被後見人の営業を許可した場合において、未成年後見監督人がないときはその旨を証する書面を、未成年後見監督人があるときはその同意を得たことを証する書面を、前項の申請書に添付しなければならない。

3　前２項の規定は、営業の種類の増加による変更の登記の申請に準用する。

第38条　未成年者がその営業所を他の登記所の管轄区域内に移転した場合の新所在地における登記の申請書には、旧所在地においてした登記を証する書面を添付しなければならない。

第39条　未成年者の死亡による消滅の登記の申請書には、未成年者が死亡したことを証する書面を添付しなければならない。

（後見人登記の登記事項等）

第40条　商法第６条第１項の規定による登記において登記すべき事項は、次のとおりとする。

一　後見人の氏名又は名称及び住所並びに当該後見人が未成年後見人又は成年後見人のいずれであるかの別

二　被後見人の氏名及び住所

三　営業の種類

四　営業所

五　数人の未成年後見人が共同してその権限を行使するとき、又は数人の成年後見人が共同してその権限を行使すべきことが定められたときは、その旨

六　数人の未成年後見人が単独でその権限を行使すべきことが定められたときは、その旨

七　数人の後見人が事務を分掌してその権限を行使すべきことが定められたときは、その旨及び各後見人が分掌する事務の内容

2　第29条の規定は、後見人の登記に準用する。

（申請人）

第41条　後見人の登記は、後見人の申請によつてする。

2　未成年被後見人が成年に達したことによる消滅の登記は、その者も申請することができる。成年被後見人について後見開始の審判が取り消されたことによる消滅の登記の申請についても、同様とする。

3　後見人の退任による消滅の登記は、新後見人も申請することができる。

（添付書面）

第42条　商法第６条第１項の規定による登記の申請書には、次の書面を添付しなければならない。

一　後見監督人がないときは、その旨を証する書面

二　後見監督人があるときは、その同意を得たことを証する書面

三　後見人が法人であるときは、当該法人の登

記事項証明書。ただし、当該登記所の管轄区域内に当該法人の本店又は主たる事務所がある場合を除く。

2　後見人が法人であるときは、第40条第１項第１号に掲げる事項の変更の登記の申請書には、前項第３号に掲げる書面を添付しなければならない。ただし、同号ただし書に規定する場合は、この限りでない。

3　第１項（第１号又は第２号に係る部分に限る。）の規定は、営業の種類の増加による変更の登記について準用する。

4　第38条の規定は、後見人がその営業所を他の登記所の管轄区域内に移転した場合の新所在地における登記について準用する。

5　前条第２項又は第３項の登記の申請書には、未成年被後見人が成年に達したこと、成年被後見人について後見開始の審判が取り消されたこと又は後見人が退任したことを証する書面を添付しなければならない。

商登法

第４節　支配人の登記

（会社以外の商人の支配人の登記）

第43条　商人（会社を除く。以下この項において同じ。）の支配人の登記において登記すべき事項は、次のとおりとする。

一　支配人の氏名及び住所

二　商人の氏名及び住所

三　商人が数個の商号を使用して数種の営業をするときは、支配人が代理すべき営業及びその使用すべき商号

四　支配人を置いた営業所

2　第29条の規定は、前項の登記について準用する。

（会社の支配人の登記）

第44条　会社の支配人の登記は、会社の登記簿にする。

2　前項の登記において登記すべき事項は、次のとおりとする。

一　支配人の氏名及び住所

二　支配人を置いた営業所

3　第29条第２項の規定は、第１項の登記について準用する。

第45条　会社の支配人の選任の登記の申請書には、支配人の選任を証する書面を添付しなければならない。

2　会社の支配人の代理権の消滅の登記の申請書には、これを証する書面を添付しなければならない。

第５節　株式会社の登記

（添付書面の通則）

第46条　登記すべき事項につき株主全員若しくは種類株主全員の同意又はある取締役若しくは清算人の一致を要するときは、申請書にその同意又は一致があつたことを証する書面を添付しなければならない。

2　登記すべき事項につき株主総会若しくは種類株主総会、取締役会又は清算人会の決議を要するときは、申請書にその議事録を添付しなければならない。

3　登記すべき事項につき会社法第319条第１項（同法第325条において準用する場合を含む。）又は第370条（同法第490条第５項において準用する場合を含む。）の規定により株主総会若しくは種類株主総会、取締役会又は清算人会の決議があつたものとみなされる場合には、申請書に、前項の議事録に代えて、当該場合に該当することを証する書面を添付しなければならない。

4　監査等委員会設置会社における登記すべき事項につき、会社法第399条の13第５項又は第６項の取締役会の決議による委任に基づく取締役の決定があつたときは、申請書に、当該取締役会の議事録のほか、当該決定があつたことを証する書面を添付しなければならない。

5　指名委員会等設置会社における登記すべき事項につき、会社法第416条第４項の取締役会の決議による委任に基づく執行役の決定があつたときは、申請書に、当該取締役会の議事録のほか、当該決定があつたことを証する書面を添付しなければならない。

（設立の登記）

第47条　設立の登記は、会社を代表すべき者の申請によつてする。

2　設立の登記の申請書には、法令に別段の定めがある場合を除き、次の書面を添付しなければならない。

一　定款

二　会社法第57条第１項の募集をしたときは、同法第58条第１項に規定する設立時募集株式の引受けの申込み又は同法第61条の契約を証する書面

三　定款に会社法第28条各号に掲げる事項に

ついての記載又は記録があるときは、次に掲げる書面
イ　検査役又は設立時取締役（設立しようとする株式会社が監査役設置会社である場合にあつては、設立時取締役及び設立時監査役）の調査報告を記載した書面及びその附属書類
ロ　会社法第33条第10項第2号に掲げる場合には、有価証券（同号に規定する有価証券をいう。以下同じ。）の市場価格を証する書面
ハ　会社法第33条第10項第3号に掲げる場合には、同号に規定する証明を記載した書面及びその附属書類
四　検査役の報告に関する裁判があつたときは、その謄本
五　会社法第34条第1項の規定による払込みがあつたことを証する書面（同法第57条第1項の募集をした場合にあつては、同法第64条第1項の金銭の保管に関する証明書）
六　株主名簿管理人を置いたときは、その者との契約を証する書面
七　設立時取締役が設立時代表取締役を選定したときは、これに関する書面
八　設立しようとする株式会社が指名委員会等設置会社であるときは、設立時執行役の選任並びに設立時委員及び設立時代表執行役の選定に関する書面
九　創立総会及び種類創立総会の議事録
十　会社法の規定により選任され又は選定された設立時取締役、設立時監査役及び設立時代表取締役（設立しようとする株式会社が監査等委員会設置会社である場合にあつては設立時監査等委員である設立時取締役及びそれ以外の設立時取締役並びに設立時代表取締役、設立しようとする株式会社が指名委員会等設置会社である場合にあつては設立時取締役、設立時委員、設立時執行役及び設立時代表執行役）が就任を承諾したことを証する書面
十一　設立時会計参与又は設立時会計監査人を選任したときは、次に掲げる書面
イ　就任を承諾したことを証する書面
ロ　これらの者が法人であるときは、当該法人の登記事項証明書。ただし、当該登記所の管轄区域内に当該法人の主たる事務所がある場合を除く。
ハ　これらの者が法人でないときは、設立時会計参与にあつては会社法第333条第1項に規定する者であること、設立時会計監査人にあつては同法第337条第1項に規定する者であることを証する書面
十二　会社法第373条第1項の規定による特別取締役（同項に規定する特別取締役をいう。以下同じ。）による議決の定めがあるときは、特別取締役の選定及びその選定された者が就任を承諾したことを証する書面

3　登記すべき事項につき発起人全員の同意又はある発起人の一致を要するときは、前項の登記の申請書にその同意又は一致があつたことを証する書面を添付しなければならない。

4　会社法第82条第1項（同法第86条において準用する場合を含む。）の規定により創立総会又は種類創立総会の決議があつたものとみなされる場合には、第2項の登記の申請書に、同項第9号の議事録に代えて、当該場合に該当することを証する書面を添付しなければならない。

第48条～第50条　削除

（本店移転の登記）

第51条　本店を他の登記所の管轄区域内に移転した場合の新所在地における登記の申請は、旧所在地を管轄する登記所を経由してしなければならない。

2　前項の登記の申請と旧所在地における登記の申請とは、同時にしなければならない。

3　第1項の登記の申請書には、第18条の書面を除き、他の書面の添付を要しない。

第52条　旧所在地を管轄する登記所においては、前条第2項の登記の申請のいずれかにつき第24条各号のいずれかに掲げる事由があるときは、これらの申請を共に却下しなければならない。

2　旧所在地を管轄する登記所においては、前項の場合を除き、遅滞なく、前条第1項の登記の申請書及びその添付書面を新所在地を管轄する登記所に送付しなければならない。

3　新所在地を管轄する登記所においては、前項の申請書の送付を受けた場合において、前条第1項の登記をしたとき、又はその登記の申請を却下したときは、遅滞なく、その旨を旧所在地を管轄する登記所に通知しなければならない。

4　旧所在地を管轄する登記所においては、前項の規定により登記をした旨の通知を受けるまでは、登記をすることができない。

5　新所在地を管轄する登記所において前条第1項の登記の申請を却下したときは、旧所在地における登記の申請は、却下されたものとみなす。

第53条　新所在地における登記においては、会

社成立の年月日並びに本店を移転した旨及びその年月日をも登記しなければならない。

（取締役等の変更の登記）

第54条　取締役、監査役、代表取締役又は特別取締役（監査等委員会設置会社にあつては監査等委員である取締役若しくはそれ以外の取締役、代表取締役又は特別取締役、指名委員会等設置会社にあつては取締役、委員（指名委員会、監査委員会又は報酬委員会の委員をいう。）、執行役又は代表執行役）の就任による変更の登記の申請書には、就任を承諾したことを証する書面を添付しなければならない。

2　会計参与又は会計監査人の就任による変更の登記の申請書には、次の書面を添付しなければならない。

一　就任を承諾したことを証する書面

二　これらの者が法人であるときは、当該法人の登記事項証明書。ただし、当該登記所の管轄区域内に当該法人の主たる事務所がある場合を除く。

三　これらの者が法人でないときは、会計参与にあつては会社法第333条第１項に規定する者であること、会計監査人にあつては同法第337条第１項に規定する者であることを証する書面

3　会計参与又は会計監査人が法人であるときは、その名称の変更の登記の申請書には、前項第２号に掲げる書面を添付しなければならない。ただし、同号ただし書に規定する場合は、この限りでない。

4　第１項又は第２項に規定する者の退任による変更の登記の申請書には、これを証する書面を添付しなければならない。

（一時会計監査人の職務を行うべき者の変更の登記）

第55条　会社法第346条第４項の一時会計監査人の職務を行うべき者の就任による変更の登記の申請書には、次の書面を添付しなければならない。

一　その選任に関する書面

二　就任を承諾したことを証する書面

三　その者が法人であるときは、前条第２項第２号に掲げる書面。ただし、同号ただし書に規定する場合を除く。

四　その者が法人でないときは、その者が公認会計士であることを証する書面

2　前条第３項及び第４項の規定は、一時会計監査人の職務を行うべき者の登記について準用する。

（募集株式の発行による変更の登記）

第56条　募集株式（会社法第199条第１項に規定する募集株式をいう。第１号及び第５号において同じ。）の発行による変更の登記の申請書には、次の書面を添付しなければならない。

一　募集株式の引受けの申込み又は会社法第205条第１項の契約を証する書面

二　金銭を出資の目的とするときは、会社法第208条第１項の規定による払込みがあつたことを証する書面

三　金銭以外の財産を出資の目的とするときは、次に掲げる書面

イ　検査役が選任されたときは、検査役の調査報告を記載した書面及びその附属書類

ロ　会社法第207条第９項第３号に掲げる場合には、有価証券の市場価格を証する書面

ハ　会社法第207条第９項第４号に掲げる場合には、同号に規定する証明を記載した書面及びその附属書類

ニ　会社法第207条第９項第５号に掲げる場合には、同号の金銭債権について記載された会計帳簿

四　検査役の報告に関する裁判があつたときは、その謄本

五　会社法第206条の２第４項の規定による募集株式の引受けに反対する旨の通知があつた場合において、同項の規定により株主総会の決議による承認を受けなければならない場合に該当しないときは、当該場合に該当しないことを証する書面

（新株予約権の行使による変更の登記）

第57条　新株予約権の行使による変更の登記の申請書には、次の書面を添付しなければならない。

一　新株予約権の行使があつたことを証する書面

二　金銭を新株予約権の行使に際してする出資の目的とするときは、会社法第281条第１項の規定による払込みがあつたことを証する書面

三　金銭以外の財産を新株予約権の行使に際してする出資の目的とするときは、次に掲げる書面

イ　検査役が選任されたときは、検査役の調査報告を記載した書面及びその附属書類

ロ　会社法第284条第９項第３号に掲げる場合には、有価証券の市場価格を証する書面
ハ　会社法第284条第９項第４号に掲げる場合には、同号に規定する証明を記載した書面及びその附属書類
ニ　会社法第284条第９項第５号に掲げる場合には、同号の金銭債権について記載された会計帳簿
ホ　会社法第281条第２項後段に規定する場合には、同項後段に規定する差額に相当する金銭の払込みがあつたことを証する書面

四　検査役の報告に関する裁判があつたときは、その謄本

（取得請求権付株式の取得と引換えにする株式の交付による変更の登記）

第58条　取得請求権付株式（株式の内容として会社法第108条第２項第５号ロに掲げる事項についての定めがあるものに限る。）の取得と引換えにする株式の交付による変更の登記の申請書には、当該取得請求権付株式の取得の請求があつたことを証する書面を添付しなければならない。

（取得条項付株式等の取得と引換えにする株式の交付による変更の登記）

第59条　取得条項付株式（株式の内容として会社法第108条第２項第６号ロに掲げる事項についての定めがあるものに限る。）の取得と引換えにする株式の交付による変更の登記の申請書には、次の書面を添付しなければならない。

一　会社法第107条第２項第３号イの事由の発生を証する書面

二　株券発行会社にあつては、会社法第219条第１項本文の規定による公告をしたことを証する書面又は当該株式の全部について株券を発行していないことを証する書面

2　取得条項付新株予約権（新株予約権の内容として会社法第236条第１項第７号ニに掲げる事項についての定めがあるものに限る。）の取得と引換えにする株式の交付による変更の登記の申請書には、次の書面を添付しなければならない。

一　会社法第236条第１項第７号イの事由の発生を証する書面

二　会社法第293条第１項の規定による公告をしたことを証する書面又は同項に規定する新株予約権証券を発行していないことを証する書面

（全部取得条項付種類株式の取得と引換えにする株式の交付による変更の登記）

第60条　株券発行会社が全部取得条項付種類株式（会社法第171条第１項に規定する全部取得条項付種類株式をいう。第68条において同じ。）の取得と引換えにする株式の交付による変更の登記の申請書には、前条第１項第２号に掲げる書面を添付しなければならない。

（株式の併合による変更の登記）

第61条　株券発行会社がする株式の併合による変更の登記の申請書には、第59条第１項第２号に掲げる書面を添付しなければならない。

（株式譲渡制限の定款の定めの設定による変更の登記）

第62条　譲渡による株式の取得について会社の承認を要する旨の定款の定めの設定による変更の登記（株券発行会社がするものに限る。）の申請書には、第59条第１項第２号に掲げる書面を添付しなければならない。

（株券を発行する旨の定款の定めの廃止による変更の登記）

第63条　株券を発行する旨の定款の定めの廃止による変更の登記の申請書には、会社法第218条第１項の規定による公告をしたことを証する書面又は株式の全部について株券を発行していないことを証する書面を添付しなければならない。

（株主名簿管理人の設置による変更の登記）

第64条　株主名簿管理人を置いたことによる変更の登記の申請書には、定款及びその者との契約を証する書面を添付しなければならない。

（新株予約権の発行による変更の登記）

第65条　新株予約権の発行による変更の登記の申請書には、法令に別段の定めがある場合を除き、次の書面を添付しなければならない。

一　募集新株予約権（会社法第238条第１項に規定する募集新株予約権をいう。以下この条において同じ。）の引受けの申込み又は同法第244条第１項の契約を証する書面

二　募集新株予約権と引換えにする金銭の払込みの期日を定めたとき（当該期日が会社法第238条第１項第４号に規定する割当日より前の日であるときに限る。）は、同法第246条第１項の規定による払込み（同条第２項の規定による金銭以外の財産の給付又は会社に対する債権をもつてする相殺を含む。）があつたことを証する書面

三　会社法第244条の２第５項の規定による募集新株予約権の引受けに反対する旨の通知

商登法

があつた場合において、同項の規定により株主総会の決議による承認を受けなければならない場合に該当しないときは、当該場合に該当しないことを証する書面

（取得請求権付株式の取得と引換えにする新株予約権の交付による変更の登記）

第66条　取得請求権付株式（株式の内容として会社法第107条第２項第２号ハ又はニに掲げる事項についての定めがあるものに限る。）の取得と引換えにする新株予約権の交付による変更の登記の申請書には、当該取得請求権付株式の取得の請求があつたことを証する書面を添付しなければならない。

（取得条項付株式等の取得と引換えにする新株予約権の交付による変更の登記）

第67条　取得条項付株式（株式の内容として会社法第107条第２項第３号ホ又はヘに掲げる事項についての定めがあるものに限る。）の取得と引換えにする新株予約権の交付による変更の登記の申請書には、第59条第１項各号に掲げる書面を添付しなければならない。

2　取得条項付新株予約権（新株予約権の内容として会社法第236条第１項第７号ヘ又はトに掲げる事項についての定めがあるものに限る。）の取得と引換えにする新株予約権の交付による変更の登記の申請書には、第59条第２項各号に掲げる書面を添付しなければならない。

（全部取得条項付種類株式の取得と引換えにする新株予約権の交付による変更の登記）

第68条　株券発行会社が全部取得条項付種類株式の取得と引換えにする新株予約権の交付による変更の登記の申請書には、第59条第１項第２号に掲げる書面を添付しなければならない。

（資本金の額の増加による変更の登記）

第69条　資本準備金若しくは利益準備金又は剰余金の額の減少によつてする資本金の額の増加による変更の登記の申請書には、その減少に係る資本準備金若しくは利益準備金又は剰余金の額が計上されていたことを証する書面を添付しなければならない。

（資本金の額の減少による変更の登記）

第70条　資本金の額の減少による変更の登記の申請書には、会社法第449条第２項の規定による公告及び催告（同条第３項の規定により公告を官報のほか時事に関する事項を掲載する日刊新聞紙又は電子公告によつてした場合にあつては、これらの方法による公告）をしたこと並びに異議を述べた債権者があるときは、当該債権者に対し弁済し若しくは相当の担保を提供し若しくは当該債権者に弁済を受けさせることを目的として相当の財産を信託したこと又は当該資本金の額の減少をしても当該債権者を害するおそれがないことを証する書面を添付しなければならない。

（解散の登記）

第71条　解散の登記において登記すべき事項は、解散の旨並びにその事由及び年月日とする。

2　定款で定めた解散の事由の発生による解散の登記の申請書には、その事由の発生を証する書面を添付しなければならない。

3　代表清算人の申請に係る解散の登記の申請書には、その資格を証する書面を添付しなければならない。ただし、当該代表清算人が会社法第478条第１項第１号の規定により清算株式会社の清算人となつたもの（同法第483条第４項に規定する場合にあつては、同項の規定により清算株式会社の代表清算人となつたもの）であるときは、この限りでない。

（職権による解散の登記）

第72条　会社法第472条第１項本文の規定による解散の登記は、登記官が、職権でしなければならない。

（清算人の登記）

第73条　清算人の登記の申請書には、定款を添付しなければならない。

2　会社法第478条第１項第２号又は第３号に掲げる者が清算人となつた場合の清算人の登記の申請書には、就任を承諾したことを証する書面を添付しなければならない。

3　裁判所が選任した者が清算人となつた場合の清算人の登記の申請書には、その選任及び会社法第928条第１項第２号に掲げる事項を証する書面を添付しなければならない。

（清算人に関する変更の登記）

第74条　裁判所が選任した清算人に関する会社法第928条第１項第２号に掲げる事項の変更の登記の申請書には、変更の事由を証する書面を添付しなければならない。

2　清算人の退任による変更の登記の申請書には、退任を証する書面を添付しなければならない。

（清算結了の登記）

第75条　清算結了の登記の申請書には、会社法第507条第３項の規定による決算報告の承認があつたことを証する書面を添付しなければならない。

（組織変更の登記）

第76条　株式会社が組織変更をした場合の組織変更後の持分会社についてする登記においては、会社成立の年月日、株式会社の商号並びに組織変更をした旨及びその年月日をも登記しなければならない。

第77条　前条の登記の申請書には、次の書面を添付しなければならない。
一　組織変更計画書
二　定款
三　会社法第779条第２項の規定による公告及び催告（同条第３項の規定により公告を官報のほか時事に関する事項を掲載する日刊新聞紙又は電子公告によつてした場合にあつては、これらの方法による公告）をしたこと並びに異議を述べた債権者があるときは、当該債権者に対し弁済し若しくは相当の担保を提供し若しくは当該債権者に弁済を受けさせることを目的として相当の財産を信託したこと又は当該組織変更をしても当該債権者を害するおそれがないことを証する書面
四　組織変更をする株式会社が株券発行会社であるときは、第59条第１項第２号に掲げる書面
五　組織変更をする株式会社が新株予約権を発行しているときは、第59条第２項第２号に掲げる書面
六　法人が組織変更後の持分会社を代表する社員となるときは、次に掲げる書面
イ　当該法人の登記事項証明書。ただし、当該登記所の管轄区域内に当該法人の本店又は主たる事務所がある場合を除く。
ロ　当該社員の職務を行うべき者の選任に関する書面
ハ　当該社員の職務を行うべき者が就任を承諾したことを証する書面
七　法人が組織変更後の持分会社の社員（前号に規定する社員を除き、合同会社にあつては、業務を執行する社員に限る。）となるときは、同号イに掲げる書面。ただし、同号イただし書に規定する場合を除く。
八　株式会社が組織変更をして合資会社となるときは、有限責任社員が既に履行した出資の価額を証する書面

第78条　株式会社が組織変更をした場合の株式会社についての登記の申請と組織変更後の持分会社についての登記の申請とは、同時にしなければならない。
2　申請書の添付書面に関する規定は、株式会社についての前項の登記の申請については、適用しない。
3　登記官は、第１項の登記の申請のいずれかにつき第24条各号のいずれかに掲げる事由があるときは、これらの申請を共に却下しなければならない。

（合併の登記）

第79条　吸収合併による変更の登記又は新設合併による設立の登記においては、合併をした旨並びに吸収合併により消滅する会社（以下「吸収合併消滅会社」という。）又は新設合併により消滅する会社（以下「新設合併消滅会社」という。）の商号及び本店をも登記しなければならない。

第80条　吸収合併による変更の登記の申請書には、次の書面を添付しなければならない。
一　吸収合併契約書
二　会社法第796条第１項本文又は第２項本文に規定する場合には、当該場合に該当することを証する書面（同条第３項の規定により吸収合併に反対する旨を通知した株主がある場合にあつては、同項の規定により株主総会の決議による承認を受けなければならない場合に該当しないことを証する書面を含む。）
三　会社法第799条第２項の規定による公告及び催告（同条第３項の規定により公告を官報のほか時事に関する事項を掲載する日刊新聞紙又は電子公告によつてした場合にあつては、これらの方法による公告）をしたこと並びに異議を述べた債権者があるときは、当該債権者に対し弁済し若しくは相当の担保を提供し若しくは当該債権者に弁済を受けさせることを目的として相当の財産を信託したこと又は当該吸収合併をしても当該債権者を害するおそれがないことを証する書面
四　資本金の額が会社法第445条第５項の規定に従つて計上されたことを証する書面
五　吸収合併消滅会社の登記事項証明書。ただし、当該登記所の管轄区域内に吸収合併消滅会社の本店がある場合を除く。
六　吸収合併消滅会社が株式会社であるときは、会社法第783条第１項から第４項までの規定による吸収合併契約の承認その他の手続があつたことを証する書面（同法第784条第１項本文に規定する場合にあつては、当該場合に該当することを証する書面及び取締役の過半数の一致があつたことを証する書面又は取締役会の議事録）
七　吸収合併消滅会社が持分会社であるときは、総社員の同意（定款に別段の定めがある場合にあつては、その定めによる手続）があつたことを証する

商登法

書面

八　吸収合併消滅会社において会社法第789条第２項（第３号を除き、同法第793条第２項において準用する場合を含む。）の規定による公告及び催告（同法第789条第３項（同法第793条第２項において準用する場合を含む。）の規定により公告を官報のほか時事に関する事項を掲載する日刊新聞紙又は電子公告によつてした株式会社又は合同会社にあつては、これらの方法による公告）をしたこと並びに異議を述べた債権者があるときは、当該債権者に対し弁済し若しくは相当の担保を提供し若しくは当該債権者に弁済を受けさせることを目的として相当の財産を信託したこと又は当該吸収合併をしても当該債権者を害するおそれがないことを証する書面

九　吸収合併消滅会社が株券発行会社であるときは、第59条第１項第２号に掲げる書面

十　吸収合併消滅会社が新株予約権を発行しているときは、第59条第２項第２号に掲げる書面

第81条　新設合併による設立の登記の申請書には、次の書面を添付しなければならない。

一　新設合併契約書

二　定款

三　第47条第２項第６号から第８号まで及び第10号から第12号までに掲げる書面

四　前条第４号に掲げる書面

五　新設合併消滅会社の登記事項証明書。ただし、当該登記所の管轄区域内に新設合併消滅会社の本店がある場合を除く。

六　新設合併消滅会社が株式会社であるときは、会社法第804条第１項及び第３項の規定による新設合併契約の承認その他の手続があつたことを証する書面

七　新設合併消滅会社が持分会社であるときは、総社員の同意（定款に別段の定めがある場合にあつては、その定めによる手続）があつたことを証する書面

八　新設合併消滅会社において会社法第810条第２項（第３号を除き、同法第813条第２項において準用する場合を含む。）の規定による公告及び催告（同法第810条第３項（同法第813条第２項において準用する場合を含む。）の規定により公告を官報のほか時事に関する事項を掲載する日刊新聞紙又は電子公告によつてした株式会社又は合同会社にあつては、これらの方法による公告）をしたこと並びに異議を述べた債権者があるときは、当該債権者に対し弁済し若しくは相当の担保を提供し若しくは当該債権者に弁済を受けさせることを目的として相当の財産を信託したこと又は当該新設合併をしても当該債権者を害するおそれがないことを証する書面

九　新設合併消滅会社が株券発行会社であるときは、第59条第１項第２号に掲げる書面

十　新設合併消滅会社が新株予約権を発行しているときは、第59条第２項第２号に掲げる書面

第82条　合併による解散の登記の申請については、吸収合併後存続する会社（以下「吸収合併存続会社」という。）又は新設合併により設立する会社（以下「新設合併設立会社」という。）を代表すべき者が吸収合併消滅会社又は新設合併消滅会社を代表する。

2　前項の登記の申請は、当該登記所の管轄区域内に吸収合併存続会社又は新設合併設立会社の本店がないときは、その本店の所在地を管轄する登記所を経由してしなければならない。

3　第１項の登記の申請と第80条又は前条の登記の申請とは、同時にしなければならない。

4　申請書の添付書面に関する規定は、第１項の登記の申請については、適用しない。

第83条　吸収合併存続会社又は新設合併設立会社の本店の所在地を管轄する登記所においては、前条第３項の登記の申請のいずれかにつき第24条各号のいずれかに掲げる事由があるときは、これらの申請を共に却下しなければならない。

2　吸収合併存続会社又は新設合併設立会社の本店の所在地を管轄する登記所においては、前条第２項の場合において、吸収合併による変更の登記又は新設合併による設立の登記をしたときは、遅滞なく、その登記の日を同項の登記の申請書に記載し、これを吸収合併消滅会社又は新設合併消滅会社の本店の所在地を管轄する登記所に送付しなければならない。

（会社分割の登記）

第84条　吸収分割をする会社がその事業に関して有する権利義務の全部又は一部を当該会社から承継する会社（以下「吸収分割承継会社」という。）がする吸収分割による変更の登記又は新設分割による設立の登記においては、分割をした旨並びに吸収分割をする会社（以下「吸収分割会社」という。）又は新設分割をする会社（以下「新設分割会社」という。）の商号及び本店をも登記しなければならない。

2　吸収分割会社又は新設分割会社がする吸収

分割又は新設分割による変更の登記においては、分割をした旨並びに吸収分割承継会社又は新設分割により設立する会社（以下「新設分割設立会社」という。）の商号及び本店をも登記しなければならない。

第85条　吸収分割承継会社がする吸収分割による変更の登記の申請書には、次の書面を添付しなければならない。

一　吸収分割契約書

二　会社法第796条第1項本文又は第2項本文に規定する場合には、当該場合に該当することを証する書面（同条第3項の規定により吸収分割に反対する旨を通知した株主がある場合にあつては、同項の規定により株主総会の決議による承認を受けなければならない場合に該当しないことを証する書面を含む。）

三　会社法第799条第2項の規定による公告及び催告（同条第3項の規定により公告を官報のほか時事に関する事項を掲載する日刊新聞紙又は電子公告によつてした場合にあつては、これらの方法による公告）をしたこと並びに異議を述べた債権者があるときは、当該債権者に対し弁済し若しくは相当の担保を提供し若しくは当該債権者に弁済を受けさせることを目的として相当の財産を信託したこと又は当該吸収分割をしても当該債権者を害するおそれがないことを証する書面

四　資本金の額が会社法第445条第5項の規定に従つて計上されたことを証する書面

五　吸収分割会社の登記事項証明書。ただし、当該登記所の管轄区域内に吸収分割会社の本店がある場合を除く。

六　吸収分割会社が株式会社であるときは、会社法第783条第1項の規定による吸収分割契約の承認があつたことを証する書面（同法第784条第1項本文又は第2項に規定する場合にあつては、当該場合に該当することを証する書面及び取締役の過半数の一致があつたことを証する書面又は取締役会の議事録）

七　吸収分割会社が合同会社であるときは、総社員の同意（定款に別段の定めがある場合にあつては、その定めによる手続）があつたことを証する書面（当該合同会社がその事業に関して有する権利義務の一部を他の会社に承継させる場合にあつては、社員の過半数の一致があつたことを証する書面）

八　吸収分割会社において会社法第789条第2項（第3号を除き、同法第793条第2項において準用する場合を含む。）の規定による公告及び催告（同法第789条第3項（同法第793条第2項において準用する場合を含む。以下この号において同じ。）の規定により公告を官報のほか時事に関する事項を掲載する日刊新聞紙又は電子公告によつてした場合にあつては、これらの方法による公告（同法第789条第3項の規定により各別の催告をすることを要しない場合以外の場合にあつては、当該公告及び催告））をしたこと並びに異議を述べた債権者があるときは、当該債権者に対し弁済し若しくは相当の担保を提供し若しくは当該債権者に弁済を受けさせることを目的として相当の財産を信託したこと又は当該吸収分割をしても当該債権者を害するおそれがないことを証する書面

九　吸収分割会社が新株予約権を発行している場合であつて、会社法第758条第5号に規定する場合には、第59条第2項第2号に掲げる書面

第86条　新設分割による設立の登記の申請書には、次の書面を添付しなければならない。

一　新設分割計画書

二　定款

三　第47条第2項第6号から第8号まで及び第10号から第12号までに掲げる書面

四　前条第4号に掲げる書面

五　新設分割会社の登記事項証明書。ただし、当該登記所の管轄区域内に新設分割会社の本店がある場合を除く。

六　新設分割会社が株式会社であるときは、会社法第804条第1項の規定による新設分割計画の承認があつたことを証する書面（同法第805条に規定する場合にあつては、当該場合に該当することを証する書面及び取締役の過半数の一致があつたことを証する書面又は取締役会の議事録）

七　新設分割会社が合同会社であるときは、総社員の同意（定款に別段の定めがある場合にあつては、その定めによる手続）があつたことを証する書面（当該合同会社がその事業に関して有する権利義務の一部を他の会社に承継させる場合にあつては、社員の過半数の一致があつたことを証する書面）

八　新設分割会社において会社法第810条第2項（第3号を除き、同法第813条第2項において準用する場合を含む。）の規定による公告及び催告（同法第810条第3項（同法第813条第2項において準用する場合を含む。以下この号において同じ。）の規定により公告を官報のほか時事に関する事項を掲載する日刊新聞紙又は電子公告によつてした場合にあつては、これらの方法による公告（同法第810条第3項の規定により各別の催告をすることを要しない場合以外の場合にあつては、当該公告及び催告））をしたこと並びに異議を述べた債権者があるときは、当該債権者に対し弁済し若しくは相当の担保を提供

し若しくは当該債権者に弁済を受けさせることを目的として相当の財産を信託したこと又は当該新設分割をしても当該債権者を害するおそれがないことを証する書面

九　新設分割会社が新株予約権を発行している場合であつて、会社法第763条第1項第10号に規定する場合には、第59条第2項第2号に掲げる書面

第87条　吸収分割会社又は新設分割会社がする吸収分割又は新設分割による変更の登記の申請は、当該登記所の管轄区域内に吸収分割承継会社又は新設分割設立会社の本店がないときは、その本店の所在地を管轄する登記所を経由してしなければならない。

2　前項の登記の申請と第85条又は前条の登記の申請とは、同時にしなければならない。

3　第1項の登記の申請書には、第18条の書面を除き、他の書面の添付を要しない。

第88条　吸収分割承継会社又は新設分割設立会社の本店の所在地を管轄する登記所においては、前条第2項の登記の申請のいずれかにつき第24条各号のいずれかに掲げる事由があるときは、これらの申請を共に却下しなければならない。

2　吸収分割承継会社又は新設分割設立会社の本店の所在地を管轄する登記所においては、前条第1項の場合において、吸収分割による変更の登記又は新設分割による設立の登記をしたときは、遅滞なく、その登記の日を同項の登記の申請書に記載し、これを吸収分割会社又は新設分割会社の本店の所在地を管轄する登記所に送付しなければならない。

（株式交換の登記）

第89条　株式交換をする株式会社の発行済株式の全部を取得する会社（以下「株式交換完全親会社」という。）がする株式交換による変更の登記の申請書には、次の書面を添付しなければならない。

一　株式交換契約書

二　会社法第796条第1項本文又は第2項本文に規定する場合には、当該場合に該当することを証する書面（同条第3項の規定により株式交換に反対する旨を通知した株主がある場合にあつては、同項の規定により株主総会の決議による承認を受けなければならない場合に該当しないことを証する書面を含む。）

三　会社法第799条第2項の規定による公告及び催告（同条第3項の規定により公告を官報のほか時事に関する事項を掲載する日刊新聞紙又は電子公告によつてした場合にあつては、これらの方法による公告）をしたこと並びに異議を述べた債権者があるときは、当該債権者に対し弁済し若しくは相当の担保を提供し若しくは当該債権者に弁済を受けさせることを目的として相当の財産を信託したこと又は当該株式交換をしても当該債権者を害するおそれがないことを証する書面

四　資本金の額が会社法第445条第5項の規定に従つて計上されたことを証する書面

五　株式交換をする株式会社（以下「株式交換完全子会社」という。）の登記事項証明書。ただし、当該登記所の管轄区域内に株式交換完全子会社の本店がある場合を除く。

六　株式交換完全子会社において会社法第783条第1項から第4項までの規定による株式交換契約の承認その他の手続があつたことを証する書面（同法第784条第1項本文に規定する場合にあつては、当該場合に該当することを証する書面及び取締役の過半数の一致があつたことを証する書面又は取締役会の議事録）

七　株式交換完全子会社において会社法第789条第2項の規定による公告及び催告（同条第3項の規定により公告を官報のほか時事に関する事項を掲載する日刊新聞紙又は電子公告によつてした場合にあつては、これらの方法による公告）をしたこと並びに異議を述べた債権者があるときは、当該債権者に対し弁済し若しくは相当の担保を提供し若しくは当該債権者に弁済を受けさせることを目的として相当の財産を信託したこと又は当該株式交換をしても当該債権者を害するおそれがないことを証する書面

八　株式交換完全子会社が株券発行会社であるときは、第59条第1項第2号に掲げる書面

九　株式交換完全子会社が新株予約権を発行している場合であつて、会社法第768条第1項第4号に規定する場合には、第59条第2項第2号に掲げる書面

（株式移転の登記）

第90条　株式移転による設立の登記の申請書には、次の書面を添付しなければならない。

一　株式移転計画書

二　定款

三　第47条第2項第6号から第8号まで及び第10号から第12号までに掲げる書面

四　前条第4号に掲げる書面

五　株式移転をする株式会社（以下「株式移転完全子会社」という。）の登記事項証明書。ただし、当該登記所の管轄区域内に株式移転完全子会社

社の本店がある場合を除く。

六　株式移転完全子会社において会社法第804条第1項及び第3項の規定による株式移転計画の承認その他の手続があつたことを証する書面

七　株式移転完全子会社において会社法第810条第2項の規定による公告及び催告（同条第3項の規定により公告を官報のほか時事に関する事項を掲載する日刊新聞紙又は電子公告によつてした場合にあつては、これらの方法による公告）をしたこと並びに異議を述べた債権者があるときは、当該債権者に対し弁済し若しくは相当の担保を提供し若しくは当該債権者に弁済を受けさせることを目的として相当の財産を信託したこと又は当該株式移転をしても当該債権者を害するおそれがないことを証する書面

八　株式移転完全子会社が株券発行会社であるときは、第59条第1項第2号に掲げる書面

九　株式移転完全子会社が新株予約権を発行している場合であつて、会社法第773条第1項第9号に規定する場合には、第59条第2項第2号に掲げる書面

（株式交付の登記）

第90条の2　株式交付による変更の登記の申請書には、次の書面を添付しなければならない。

一　株式交付計画書

二　株式の譲渡しの申込み又は会社法第774条の6の契約を証する書面

三　会社法第816条の4第1項本文に規定する場合には、当該場合に該当することを証する書面（同条第2項の規定により株式交付に反対する旨を通知した株主がある場合にあつては、同項の規定により株主総会の決議による承認を受けなければならない場合に該当しないことを証する書面を含む。）

四　会社法第816条の8第2項の規定による公告及び催告（同条第3項の規定により公告を官報のほか時事に関する事項を掲載する日刊新聞紙又は電子公告によつてした場合にあつては、これらの方法による公告）をしたこと並びに異議を述べた債権者があるときは、当該債権者に対し弁済し若しくは相当の担保を提供し若しくは当該債権者に弁済を受けさせることを目的として相当の財産を信託したこと又は当該株式交付をしても当該債権者を害するおそれがないことを証する書面

五　資本金の額が会社法第445条第5項の規定に従つて計上されたことを証する書面

（同時申請）

第91条　会社法第768条第1項第4号又は第773条第1項第9号に規定する場合において、株式交換完全子会社又は株式移転完全子会社がする株式交換又は株式移転による新株予約権の変更の登記の申請は、当該登記所の管轄区域内に株式交換完全親会社又は株式移転により設立する株式会社（以下「株式移転設立完全親会社」という。）の本店がないときは、その本店の所在地を管轄する登記所を経由してしなければならない。

2　会社法第768条第1項第4号又は第773条第1項第9号に規定する場合には、前項の登記の申請と第89条又は第90条の登記の申請とは、同時にしなければならない。

3　第1項の登記の申請書には、第18条の書面を除き、他の書面の添付を要しない。

第92条　株式交換完全親会社又は株式移転設立完全親会社の本店の所在地を管轄する登記所においては、前条第2項の登記の申請のいずれかにつき第24条各号のいずれかに掲げる事由があるときは、これらの申請を共に却下しなければならない。

2　株式交換完全親会社又は株式移転設立完全親会社の本店の所在地を管轄する登記所においては、前条第1項の場合において、株式交換による変更の登記又は株式移転による設立の登記をしたときは、遅滞なく、その登記の日を同項の登記の申請書に記載し、これを株式交換完全子会社又は株式移転完全子会社の本店の所在地を管轄する登記所に送付しなければならない。

第6節　合名会社の登記

（添付書面の通則）

第93条　登記すべき事項につき総社員の同意又はある社員若しくは清算人の一致を要するときは、申請書にその同意又は一致があつたことを証する書面を添付しなければならない。

（設立の登記）

第94条　設立の登記の申請書には、次の書面を添付しなければならない。

一　定款

二　合名会社を代表する社員が法人であるときは、次に掲げる書面

イ　当該法人の登記事項証明書。ただし、当該登記所の管轄区域内に当該法人の本店

又は主たる事務所がある場合を除く。
ロ　当該社員の職務を行うべき者の選任に関する書面
ハ　当該社員の職務を行うべき者が就任を承諾したことを証する書面
三　合名会社の社員（前号に規定する社員を除く。）が法人であるときは、同号イに掲げる書面。ただし、同号イただし書に規定する場合を除く。

（準用規定）
第95条　第47条第１項及び第51条から第53条までの規定は、合名会社の登記について準用する。

（社員の加入又は退社等による変更の登記）
第96条　合名会社の社員の加入又は退社による変更の登記の申請書には、その事実を証する書面（法人である社員の加入の場合にあつては、第94条第２号又は第３号に掲げる書面を含む。）を添付しなければならない。
2　合名会社の社員が法人であるときは、その商号若しくは名称又は本店若しくは主たる事務所の変更の登記の申請書には、第94条第２号イに掲げる書面を添付しなければならない。ただし、同号イただし書に規定する場合は、この限りでない。

（合名会社を代表する社員の職務を行うべき者の変更の登記）
第97条　合名会社を代表する社員が法人である場合の当該社員の職務を行うべき者の就任による変更の登記の申請書には、第94条第２号に掲げる書面を添付しなければならない。ただし、同号イただし書に規定する場合は、同号イに掲げる書面については、この限りでない。
2　前項に規定する社員の職務を行うべき者の退任による変更の登記の申請書には、これを証する書面を添付しなければならない。

（解散の登記）
第98条　解散の登記において登記すべき事項は、解散の旨並びにその事由及び年月日とする。
2　定款で定めた解散の事由の発生による解散の登記の申請書には、その事由の発生を証する書面を添付しなければならない。
3　清算持分会社を代表する清算人の申請に係る解散の登記の申請書には、その資格を証する書面を添付しなければならない。ただし、当該清算持分会社を代表する清算人が会社法第647条第１項第１号の規定により清算持分会社の清算人となつたもの（同法第655条第４項に規定する場合にあつては、同項の規定により清算持分会社を代表する清算人となつたもの）であるときは、この限りでない。

（清算人の登記）
第99条　次の各号に掲げる者が清算持分会社の清算人となつた場合の清算人の登記の申請書には、当該各号に定める書面を添付しなければならない。
一　会社法第647条第１項第１号に掲げる者　定款
二　会社法第647条第１項第２号に掲げる者　定款及び就任を承諾したことを証する書面
三　会社法第647条第１項第３号に掲げる者　就任を承諾したことを証する書面
四　裁判所が選任した者　その選任及び会社法第928条第２項第２号に掲げる事項を証する書面
2　第94条（第２号に係る部分に限る。）の規定は、清算持分会社を代表する清算人（前項第１号又は第４号に掲げる者に限る。）が法人である場合の同項の登記について準用する。
3　第94条（第２号又は第３号に係る部分に限る。）の規定は、清算持分会社の清算人（第１項第２号又は第３号に掲げる者に限る。）が法人である場合の同項の登記について準用する。

（清算人に関する変更の登記）
第100条　清算持分会社の清算人が法人であるときは、その商号若しくは名称又は本店若しくは主たる事務所の変更の登記の申請書には、第94条第２号イに掲げる書面を添付しなければならない。ただし、同号イただし書に規定する場合は、この限りでない。
2　裁判所が選任した清算人に関する会社法第928条第２項第２号に掲げる事項の変更の登記の申請書には、変更の事由を証する書面を添付しなければならない。
3　清算人の退任による変更の登記の申請書には、退任を証する書面を添付しなければならない。

（清算持分会社を代表する清算人の職務を行うべき者の変更の登記）
第101条　第97条の規定は、清算持分会社を代表する清算人が法人である場合の当該清算人の職務を行うべき者の就任又は退任による変更の登記について準用する。

（清算結了の登記）
第102条　清算結了の登記の申請書には、会社法第667条の規定による清算に係る計算の承認があつたことを証する書面（同法第668条第１項の財産の処分の方法を定めた場合にあつては、その財産の処分が完了したことを証する総社員が作成した書面）を添付しなければならない。

（継続の登記）

第103条　合名会社の設立の無効又は取消しの訴えに係る請求を認容する判決が確定した場合において、会社法第845条の規定により合名会社を継続したときは、継続の登記の申請書には、その判決の謄本を添付しなければならない。

（持分会社の種類の変更の登記）

第104条　合名会社が会社法第638条第１項の規定により合資会社又は合同会社となつた場合の合資会社又は合同会社についてする登記においては、会社成立の年月日、合名会社の商号並びに持分会社の種類を変更した旨及びその年月日をも登記しなければならない。

第105条　合名会社が会社法第638条第１項第１号又は第２号の規定により合資会社となつた場合の合資会社についてする登記の申請書には、次の書面を添付しなければならない。

一　定款

二　有限責任社員が既に履行した出資の価額を証する書面

三　有限責任社員を加入させたときは、その加入を証する書面（法人である社員の加入の場合にあつては、第94条第２号又は第３号に掲げる書面を含む。）

2　合名会社が会社法第638条第１項第３号の規定により合同会社となつた場合の合同会社についてする登記の申請書には、次の書面を添付しなければならない。

一　定款

二　会社法第640条第１項の規定による出資に係る払込み及び給付が完了したことを証する書面

第106条　合名会社が会社法第638条第１項の規定により合資会社又は合同会社となつた場合の合名会社についての登記の申請と前条第１項又は第２項の登記の申請とは、同時にしなければならない。

2　申請書の添付書面に関する規定は、合名会社についての前項の登記の申請については、適用しない。

3　登記官は、第１項の登記の申請のいずれかにつき第24条各号のいずれかに掲げる事由があるときは、これらの申請を共に却下しなければならない。

（組織変更の登記）

第107条　合名会社が組織変更をした場合の組織変更後の株式会社についてする登記の申請書には、次の書面を添付しなければならない。

一　組織変更計画書

二　定款

三　組織変更後の株式会社の取締役（組織変更後の株式会社が監査役設置会社（監査役の監査の範囲を会計に関するものに限定する旨の定款の定めがある株式会社を含む。）である場合にあつては取締役及び監査役、組織変更後の株式会社が監査等委員会設置会社である場合にあつては監査等委員である取締役及びそれ以外の取締役）が就任を承諾したことを証する書面

四　組織変更後の株式会社の会計参与又は会計監査人を定めたときは、第54条第２項各号に掲げる書面

五　第47条第２項第６号に掲げる書面

六　会社法第781条第２項において準用する同法第779条第２項（第２号を除く。）の規定による公告及び催告をしたこと並びに異議を述べた債権者があるときは、当該債権者に対し弁済し若しくは相当の担保を提供し若しくは当該債権者に弁済を受けさせることを目的として相当の財産を信託したこと又は当該組織変更をしても当該債権者を害するおそれがないことを証する書面

2　第76条及び第78条の規定は、前項に規定する場合について準用する。

（合併の登記）

第108条　吸収合併による変更の登記の申請書には、次の書面を添付しなければならない。

一　吸収合併契約書

二　第80条第５号から第10号までに掲げる書面

三　会社法第802条第２項において準用する同法第799条第２項（第３号を除く。）の規定による公告及び催告（同法第802条第２項において準用する同法第799条第３項の規定により公告を官報のほか時事に関する事項を掲載する日刊新聞紙又は電子公告によつてした場合にあつては、これらの方法による公告）をしたこと並びに異議を述べた債権者があるときは、当該債権者に対し弁済し若しくは相当の担保を提供し若しくは当該債権者に弁済を受けさせることを目的として相当の財産を信託したこと又は当該吸収合併をしても当該債権者を害するおそれがないことを証する書面

四　法人が吸収合併存続会社の社員となるときは、第94条第２号又は第３号に掲げる書面

2　新設合併による設立の登記の申請書には、次の書面を添付しなければならない。
一　新設合併契約書
二　定款
三　第81条第5号及び第7号から第10号までに掲げる書面
四　新設合併消滅会社が株式会社であるときは、総株主の同意があつたことを証する書面
五　法人が新設合併設立会社の社員となるときは、第94条第2号又は第3号に掲げる書面
3　第79条、第82条及び第83条の規定は、合名会社の登記について準用する。

（会社分割の登記）
第109条　吸収分割承継会社がする吸収分割による変更の登記の申請書には、次の書面を添付しなければならない。
一　吸収分割契約書
二　第85条第5号から第8号までに掲げる書面
三　会社法第802条第2項において準用する同法第799条第2項（第3号を除く。）の規定による公告及び催告（同法第802条第2項において準用する同法第799条第3項の規定により公告を官報のほか時事に関する事項を掲載する日刊新聞紙又は電子公告によつてした場合にあつては、これらの方法による公告）をしたこと並びに異議を述べた債権者があるときは、当該債権者に対し弁済し若しくは相当の担保を提供し若しくは当該債権者に弁済を受けさせることを目的として相当の財産を信託したこと又は当該吸収分割をしても当該債権者を害するおそれがないことを証する書面
四　法人が吸収分割承継会社の社員となるときは、第94条第2号又は第3号に掲げる書面
2　新設分割による設立の登記の申請書には、次の書面を添付しなければならない。
一　新設分割計画書
二　定款
三　第86条第5号から第8号までに掲げる書面
四　法人が新設分割設立会社の社員となるときは、第94条第2号又は第3号に掲げる書面
3　第84条、第87条及び第88条の規定は、合名会社の登記について準用する。

第7節　合資会社の登記

（設立の登記）
第110条　設立の登記の申請書には、有限責任社員が既に履行した出資の価額を証する書面を添付しなければならない。

（準用規定）
第111条　第47条第1項、第51条から第53条まで、第93条、第94条及び第96条から第103条までの規定は、合資会社の登記について準用する。

（出資履行の登記）
第112条　有限責任社員の出資の履行による変更の登記の申請書には、その履行があつたことを証する書面を添付しなければならない。

（持分会社の種類の変更の登記）
第113条　合資会社が会社法第638条第2項第1号又は第639条第1項の規定により合名会社となつた場合の合名会社についてする登記の申請書には、定款を添付しなければならない。
2　合資会社が会社法第638条第2項第2号又は第639条第2項の規定により合同会社となつた場合の合同会社についてする登記の申請書には、次の書面を添付しなければならない。
一　定款
二　会社法第638条第2項第2号の規定により合同会社となつた場合には、同法第640条第1項の規定による出資に係る払込み及び給付が完了したことを証する書面
3　第104条及び第106条の規定は、前2項の場合について準用する。

（組織変更の登記）
第114条　第107条の規定は、合資会社が組織変更をした場合について準用する。

（合併の登記）
第115条　第108条の規定は、合資会社の登記について準用する。
2　第110条の規定は、吸収合併による変更の登記及び新設合併による設立の登記について準用する。

（会社分割の登記）
第116条　第109条の規定は、合資会社の登記について準用する。
2　第110条の規定は、吸収分割承継会社がする吸収分割による変更の登記及び新設分割による設立の登記について準用する。

第8節　合同会社の登記

（設立の登記）
第117条　設立の登記の申請書には、法令に別段の定めがある場合を除き、会社法第578条に

規定する出資に係る払込み及び給付があつたことを証する書面を添付しなければならない。

（準用規定）

第118条　第47条第1項、第51条から第53条まで、第93条、第94条、第96条から第101条まで及び第103条の規定は、合同会社の登記について準用する。

（社員の加入による変更の登記）

第119条　社員の加入による変更の登記の申請書には、会社法第604条第3項に規定する出資に係る払込み又は給付があつたことを証する書面を添付しなければならない。

（資本金の額の減少による変更の登記）

第120条　資本金の額の減少による変更の登記の申請書には、会社法第627条第2項の規定による公告及び催告（同条第3項の規定により公告を官報のほか時事に関する事項を掲載する日刊新聞紙又は電子公告によつてした場合にあつては、これらの方法による公告）をしたこと並びに異議を述べた債権者があるときは、当該債権者に対し弁済し若しくは相当の担保を提供し若しくは当該債権者に弁済を受けさせることを目的として相当の財産を信託したこと又は当該資本金の額の減少をしても当該債権者を害するおそれがないことを証する書面を添付しなければならない。

（清算結了の登記）

第121条　清算結了の登記の申請書には、会社法第667条の規定による清算に係る計算の承認があつたことを証する書面を添付しなければならない。

（持分会社の種類の変更の登記）

第122条　合同会社が会社法第638条第3項第1号の規定により合名会社となつた場合の合名会社についてする登記の申請書には、定款を添付しなければならない。

2　合同会社が会社法第638条第3項第2号又は第3号の規定により合資会社となつた場合の合資会社についてする登記の申請書には、次の書面を添付しなければならない。

一　定款

二　有限責任社員が既に履行した出資の価額を証する書面

三　無限責任社員を加入させたときは、その加入を証する書面（法人である社員の加入の場合にあつては、第94条第2号又は第3号に掲げる書面を含む。）

3　第104条及び第106条の規定は、前2項の場合について準用する。

（組織変更の登記）

第123条　第107条の規定は、合同会社が組織変更をした場合について準用する。この場合において、同条第1項第6号中「公告及び催告」とあるのは、「公告及び催告（同法第781条第2項において準用する同法第779条第3項の規定により公告を官報のほか時事に関する事項を掲載する日刊新聞紙又は電子公告によつてした場合にあつては、これらの方法による公告）」と読み替えるものとする。

（合併の登記）

第124条　第108条の規定は、合同会社の登記について準用する。この場合において、同条第1項第4号及び第2項第5号中「社員」とあるのは、「業務を執行する社員」と読み替えるものとする。

（会社分割の登記）

第125条　第109条の規定は、合同会社の登記について準用する。この場合において、同条第1項第4号及び第2項第4号中「社員」とあるのは、「業務を執行する社員」と読み替えるものとする。

（株式交換の登記）

第126条　株式交換完全親会社がする株式交換による変更の登記の申請書には、次の書面を添付しなければならない。

一　株式交換契約書

二　第89条第5号から第8号までに掲げる書面

三　会社法第802条第2項において準用する同法第799条第2項（第3号を除く。）の規定による公告及び催告（同法第802条第2項において準用する同法第799条第3項の規定により公告を官報のほか時事に関する事項を掲載する日刊新聞紙又は電子公告によつてした場合にあつては、これらの方法による公告）をしたこと並びに異議を述べた債権者があるときは、当該債権者に対し弁済し若しくは相当の担保を提供し若しくは当該債権者に弁済を受けさせることを目的として相当の財産を信託したこと又は当該株式交換をしても当該債権者を害するおそれがないことを証する書面

四　法人が株式交換完全親会社の業務を執行する社員となるときは、第94条第2号又は第3号に掲げる書面

2　第91条及び第92条の規定は、合同会社の登記について準用する。

第9節　外国会社の登記

（管轄の特例）

第127条　日本に営業所を設けていない外国会社の日本における代表者（日本に住所を有するものに限る。第130条第1項を除き、以下この節において同じ。）の住所地は、第1条の3及び第24条第1号の規定の適用については、営業所の所在地とみなす。

（申請人）

第128条　外国会社の登記の申請については、日本における代表者が外国会社を代表する。

（外国会社の登記）

第129条　会社法第933条第1項の規定による外国会社の登記の申請書には、次の書面を添付しなければならない。

一　本店の存在を認めるに足りる書面

二　日本における代表者の資格を証する書面

三　外国会社の定款その他外国会社の性質を識別するに足りる書面

四　会社法第939条第2項の規定による公告方法についての定めがあるときは、これを証する書面

2　前項の書類は、外国会社の本国の管轄官庁又は日本における領事その他権限がある官憲の認証を受けたものでなければならない。

3　第1項の登記の申請書に他の登記所の登記事項証明書で日本における代表者を定めた旨又は日本に営業所を設けた旨の記載があるものを添付したときは、同項の書面の添付を要しない。

（変更の登記）

第130条　日本における代表者の変更又は外国において生じた登記事項の変更についての登記の申請書には、その変更の事実を証する外国会社の本国の管轄官庁又は日本における領事その他権限がある官憲の認証を受けた書面を添付しなければならない。

2　日本における代表者の全員が退任しようとする場合には、その登記の申請書には、前項の書面のほか、会社法第820条第1項の規定による公告及び催告をしたこと並びに異議を述べた債権者があるときは、当該債権者に対し弁済し若しくは相当の担保を提供し若しくは当該債権者に弁済を受けさせることを目的として相当の財産を信託したこと又は退任をしても当該債権者を害するおそれがないことを証する書面を添付しなければならない。ただし、当該外国会社が同法第822条第1項の規定により清算の開始を命じられたときは、この限りでない。

3　前2項の登記の申請書に他の登記所において既に前2項の登記をしたことを証する書面を添付したときは、前2項の書面の添付を要しない。

（準用規定）

第131条　第51条及び第52条の規定は、外国会社がすべての営業所を他の登記所の管轄区域内に移転した場合について準用する。

2　第51条及び第52条の規定は、外国会社がすべての営業所を閉鎖した場合（日本における代表者の全員が退任しようとするときを除く。）について準用する。この場合においては、これらの規定中「新所在地」とあるのは「日本における代表者（日本に住所を有するものに限る。）の住所地」と、「旧所在地」とあるのは「最後に閉鎖した営業所（営業所が複数あるときは、そのいずれか）の所在地」と読み替えるものとする。

3　第51条及び第52条の規定は、日本に営業所を設けていない外国会社の日本における代表者の全員がその住所を他の登記所の管轄区域内に移転した場合について準用する。

4　第51条及び第52条の規定は、日本に営業所を設けていない外国会社が他の登記所の管轄区域内に営業所を設けた場合について準用する。この場合においては、これらの規定中「新所在地」とあるのは「営業所の所在地」と、「旧所在地」とあるのは「日本における代表者（日本に住所を有するものに限る。）の住所地」と読み替えるものとする。

第10節　登記の更正及び抹消

（更正）

第132条　登記に錯誤又は遺漏があるときは、当事者は、その登記の更正を申請することができる。

2　更正の申請書には、錯誤又は遺漏があることを証する書面を添付しなければならない。ただし、氏、名又は住所の更正については、この限りでない。

第133条　登記官は、登記に錯誤又は遺漏があることを発見したときは、遅滞なく、登記をした者にその旨を通知しなければならない。ただし、その錯誤又は遺漏が登記官の過誤によるものであるときは、この限りでない。

2　前項ただし書の場合においては、登記官は、遅滞なく、監督法務局又は地方法務局の長の許可を得て、登記の更正をしなければならない。

（抹消の申請）

第134条　登記が次の各号のいずれかに該当するときは、当事者は、その登記の抹消を申請することができる。
一　第24条第１号から第３号まで又は第５号に掲げる事由があること。
二　登記された事項につき無効の原因があること。ただし、訴えをもつてのみその無効を主張することができる場合を除く。
2　第132条第２項の規定は、前項第２号の場合に準用する。

（職権抹消）
第135条　登記官は、登記が前条第１項各号のいずれかに該当することを発見したときは、登記をした者に、１月をこえない一定の期間内に書面で異議を述べないときは登記を抹消すべき旨を通知しなければならない。
2　登記官は、登記をした者の住所又は居所が知れないときは、前項の通知に代え官報で公告しなければならない。
3　登記官は、官報のほか相当と認める新聞紙に同一の公告を掲載することができる。

第136条　登記官は、異議を述べた者があるときは、その異議につき決定をしなければならない。

第137条　登記官は、異議を述べた者がないとき、又は異議を却下したときは、登記を抹消しなければならない。

第138条　削除

第４章　雑則

（行政手続法の適用除外）
第139条　登記官の処分については、行政手続法（平成５年法律第88号）第２章及び第３章の規定は、適用しない。

（行政機関の保有する情報の公開に関する法律の適用除外）
第140条　登記簿及びその附属書類については、行政機関の保有する情報の公開に関する法律（平成11年法律第42号）の規定は、適用しない。

（個人情報の保護に関する法律の適用除外）
第141条　登記簿及びその附属書類に記録されている保有個人情報（個人情報の保護に関する法律（平成15年法律第57号）第60条第１項に規定する保有個人情報をいう。）については、同法第５章第４節の規定は、適用しない。

（審査請求）
第142条　登記官の処分に不服がある者又は登記官の不作為に係る処分を申請した者は、当該登記官を監督する法務局又は地方法務局の長に審査請求をすることができる。

第143条　審査請求は、登記官を経由してしなければならない。

（審査請求事件の処理）
第144条　登記官は、処分についての審査請求を理由があると認め、又は審査請求に係る不作為に係る処分をすべきものと認めるときは、相当の処分をしなければならない。

第145条　登記官は、前条に規定する場合を除き、審査請求の日から３日内に、意見を付して事件を第142条の法務局又は地方法務局の長に送付しなければならない。この場合において、当該法務局又は地方法務局の長は、当該意見を行政不服審査法（平成26年法律第68号）第11条第２項に規定する審理員に送付するものとする。

第146条　第142条の法務局又は地方法務局の長は、処分についての審査請求を理由があると認め、又は審査請求に係る不作為に係る処分をすべきものと認めるときは、登記官に相当の処分を命じ、その旨を審査請求人のほか登記上の利害関係人に通知しなければならない。
2　第142条の法務局又は地方法務局の長は、審査請求に係る不作為に係る処分についての申請を却下すべきものと認めるときは、登記官に当該申請を却下する処分を命じなければならない。

第146条の２　第142条の審査請求に関する行政不服審査法の規定の適用については、同法第29条第５項中「処分庁等」とあるのは「審査庁」と、「弁明書の提出」とあるのは「商業登記法（昭和38年法律第125号）第145条に規定する意見の送付」と、同法第30条第１項中「弁明書」とあるのは「商業登記法第145条の意見」とする。

（行政不服審査法の適用除外）
第147条　行政不服審査法第13条、第15条第６項、第18条、第21条、第25条第２項から第７項まで、第29条第１項から第４項まで、第31条、第37条、第45条第３項、第46条、第47条、第49条第３項（審査請求に係る不作為が違法又は不当である旨の宣言に係る部分を除く。）から第５項まで及び第52条の規定は、第142条の審査請求については、適用しない。

（省令への委任）
第148条　この法律に定めるもののほか、登記簿の調製、登記申請書の様式及び添付書面その他この法律の施行に関し必要な事項は、法務省令で定める。

商業登記規則

昭和39年法務省令第23号
最終改正　令和５年法務省令第31号

目次

第１章　登記簿等

（登記簿の編成）

第１条　商業登記簿（以下「登記簿」という。）は、登記簿の種類に従い、別表第１から第８までの上欄に掲げる各区に区分した登記記録をもつて編成する。ただし、外国会社登記簿は、日本に成立する会社で当該外国会社と同種のもの又は最も類似するものの登記簿の種類に従い、別表第５から第８までの上欄に掲げる各区に区分した登記記録をもつて編成する。

２　前項の区には、その区分に応じ、別表第１から第８までの下欄に掲げる事項を記録する。

（会社法人等番号の記録）

第１条の２　商業登記法（昭和38年法律第125号。以下「法」という。）第７条に規定する会社法人等番号（以下「会社法人等番号」という。）は、12桁の番号とし、次に掲げる者につき新たに登記記録を起こすときに、登記所及び次の各号に掲げる区分ごとに、登記記録を起こす順序に従つて付したものを記録する。

一　株式会社
二　合名会社、合資会社、合同会社及び外国会社
三　商号使用者、支配人、未成年者及び後見人

２　前項の規定にかかわらず、同項第１号又は第２号に掲げる会社（外国会社を除く。）につき、新たに登記記録を起こす登記（法第79条に規定する新設合併による設立の登記を除く。）と同時に申請された登記により登記記録を閉鎖するときは、新たに起こす登記記録に記録する会社法人等番号は、閉鎖する登記記録に記録されている会社法人等番号と同一のものとする。

３　第１項の規定にかかわらず、外国会社につき新たに登記記録を起こす場合において、当該外国会社につき他の登記所において既に起こされた登記記録であつて、現に効力を有するもの（以下この項において「外国会社先行登記記録」という。）があるときは、新たに起こす登記記録に記録する会社法人等番号は、外国会社先行登記記録に記録されている会社法人等番号と同一のものとする。

４　第１項の規定にかかわらず、同項第３号に掲げる者につき新たに登記記録を起こす場合において、当該登記記録に記録されるべき商号使用者、商人、未成年者又は被後見人の氏名及び住所が次に掲げる登記記録（以下この項において「商人先行登記記録」という。）に記録されているときは、新たに起こす登記記録に記録する会社法人等番号は、商人先行登記記録に記録されている会社法人等番号と同一のものとする。

一　第１項第３号に掲げる者につき既に起こされた他の登記記録であつて、現に効力を有するもの（次号の場合を除く。）
二　第１項第３号に掲げる者がその営業所を他の登記所の管轄区域内に移転した場合にあつては、その旧所在地における登記記録

（閉鎖登記記録）

第２条　閉鎖した登記記録は、他の登記記録と区分して整理しなければならない。

（副登記記録）

第３条　法務大臣は、登記記録に記録されている事項と同一の事項を記録する副登記記録を調製するものとする。

２　登記官は、登記簿に記録した登記記録によつて登記の事務を行うことができないときは、前項の副登記記録によつてこれを行うことができる。この場合において、副登記記録に記録した事項は、登記記録に記録した事項とみなす。

３　登記官は、登記簿に記録した登記記録によつて登記の事務を行うことができるようになつたときは、直ちに、前項の規定により副登記記録に記録した事項を登記記録に記録しなければならない。

（受付番号）

第４条　受付番号は、１年ごとに更新しなければならない。

（印鑑記録等の備付け）

第５条　登記所には、第９条第６項の規定による記録（以下「印鑑記録」という。）及び申請書類つづり込み帳を備える。

（副印鑑記録）

第６条　法務大臣は、印鑑記録に記録されている事項と同一の事項を記録する副印鑑記録を調製するものとする。

２　登記官は、印鑑記録によつて印鑑の事務を行うことができないときは、前項の副印鑑記録によつてこれを行うことができる。この場合において、副印鑑記録に記録した事項は、印鑑記録に記録した事項とみなす。

３　登記官は、印鑑記録によつて印鑑の事務を行うこ

とができるようになつたときは、直ちに、前項の規定により副印鑑記録に記録した事項を印鑑記録に記録しなければならない。

第7条〜第8条　削除

（印鑑の提出等）

第9条　印鑑の提出は、当該印鑑を明らかにした書面をもつてしなければならない。この場合においては、次の各号に掲げる印鑑を提出する者は、その書面にそれぞれ当該各号に定める事項（以下「被証明事項」という。）のほか、氏名、住所、年月日及び登記所の表示を記載し、押印（第5項第2号イ、第4号イ、第6号イ及び第7号イの場合において、当該各号の印鑑を提出する者が押印するときは、当該登記所に提出している印鑑に係るものに限る。）しなければならない。

一　商号使用者、未成年者、後見人（法人である場合を除く。）又は支配人を選任した商人（会社である場合を除く。）　氏名、住所及び出生の年月日

二　後見人である法人の代表者（当該代表者が法人である場合にあつては、当該後見人である法人の代表者の職務を行うべき者）　後見人である旨、商号又は名称、本店又は主たる事務所、資格、氏名及び出生の年月日（当該代表者が法人である場合にあつては、氏名に代え、当該法人の商号又は名称及び本店又は主たる事務所並びに当該後見人である法人の代表者の職務を行うべき者の氏名）

三　支配人　支配人である旨、氏名、出生の年月日、支配人を置いた営業所及び商人の氏名又は商号

四　会社の代表者（当該代表者が法人である場合にあつては、当該会社の代表者の職務を行うべき者）　商号、本店、資格、氏名及び出生の年月日（当該代表者が法人である場合にあつては、氏名に代え、当該法人の商号又は名称及び本店又は主たる事務所並びに当該会社の代表者の職務を行うべき者の氏名）

五　外国会社の日本における代表者（当該代表者が法人である場合にあつては、当該外国会社の日本における代表者の職務を行うべき者）　商号、本店、資格、氏名及び出生の年月日（当該代表者が法人である場合にあつては、氏名に代え、当該法人の商号又は名称及び本店又は主たる事務所並びに当該外国会社の日本における代表者の職務を行うべき者の氏名）

六　破産法（平成16年法律第75号）の規定により会社につき選任された破産管財人若しくは保全管理人、民事再生法（平成11年法律第225号）の規定により会社につき選任された管財人若しくは保全管理人、会社更生法（平成14年法律第154号）の規定により選任された管財人若しくは保全管理人、外国倒産処理手続の承認援助に関する法律（平成12年法律第129号）の規定により会社につき選任された承認管財人若しくは保全管理人、保険業法（平成7年法律第105号）第241条第1項の保険管理人又は預金保険法（昭和46年法律第34号）第74条第1項の金融整理管財人若しくは同法第126条の5第1項の預金保険機構（以下「管財人等」という。）（当該管財人等が法人である場合にあつては、当該管財人等の職務を行うべき者として指名された者）　商号、本店、資格、氏名及び出生の年月日（当該管財人等が法人である場合にあつては、氏名に代え、当該法人の商号又は名称及び本店又は主たる事務所並びに当該指名された者の氏名）

2　前項の書面には、商号使用者にあつては、商号をも記載しなければならない。

3　印鑑の大きさは、辺の長さが1センチメートルの正方形に収まるもの又は辺の長さが3センチメートルの正方形に収まらないものであつてはならない。

4　印鑑は、照合に適するものでなければならない。

5　第1項の書面には、次の各号に掲げる印鑑を提出する者の区分に応じ、それぞれ当該各号に定める書面を添付しなければならない。ただし、同項の書面の提出を受ける登記所において登記がされている法人又は同項の書面に会社法人等番号を記載した法人の代表者の資格を証する書面については、この限りでない。

一　商号使用者、未成年者、後見人（法人である場合を除く。）、支配人を選任した商人（会社である場合を除く。）、会社の代表者（法人である場合を除く。）、外国会社の日本における代表者（法人である場合を除く。）又は管財人等（法人である場合を除く。）　第1項後段の規定により同項の書面に押印した印鑑につき市町村長（特別区の区長を含むものとし、地方自治法（昭和22年法律第67号）第252条の19第1項の指定都市にあつては、市長又は区長若しくは総合区長とする。以下同じ。）の作成した証明書で作成後3月以内のもの。ただし、印鑑の廃止の届出をした商号使用者が当該届出をしたときから2年以内に同一の印鑑を提出した場合を除く。

二　後見人である法人の代表者（当該代表者が法人である場合にあつては、当該後見人である法人の代表者の職務を行うべき者。以下この号において同じ。）　次のイ又はロに掲げる場合の区分に応じ、当該イ又はロに定める書面

イ　当該代表者が登記所に印鑑を提出している場合　登記所の作成した当該代表者の資格を証する書面で作成後3月以内のもの

ロ　当該代表者が登記所に印鑑を提出していない場合　イに定める書面及び第1項後段の規定により同項の書面に押印した印鑑につき市町村長の作成した証明書で作成後3月以内のもの

三　支配人　次のイ又はロに掲げる場合の区分に応じ、当該イ又はロに定める書面

イ　商人（当該商人が会社である場合にあつては、当該会社の代表者（当該代表者が法人である場合にあつては、当該代表者の職務を行うべき者）。以下この号において同じ。）が登記所に印鑑を提出している場合　商人が支配人の印鑑に相違ないことを保証した書面で当該登記所に提出している印鑑を押印したもの

ロ　商人が登記所に印鑑を提出していない場合　商人が支配人の印鑑に相違ないことを保証した書面及び当該書面に押印した印鑑につき市町村長の作成した証明書で作成後3月以内のもの

四　会社の代表者が法人である場合における当該会

社の代表者の職務を行うべき者（当該法人の代表者（当該代表者である法人の代表者が法人である場合にあつては、当該代表者である法人の代表者の職務を行うべき者。以下この号において同じ。）に限る。）　次のイ又はロに掲げる場合の区分に応じ、当該イ又はロに定める書面
イ　当該法人の代表者が登記所に印鑑を提出している場合　登記所の作成した当該法人の代表者の資格を証する書面で作成後3月以内のもの
ロ　当該法人の代表者が登記所に印鑑を提出していない場合　イに定める書面及び第1項後段の規定により同項の書面に押印した印鑑につき市町村長の作成した証明書で作成後3月以内のもの

五　会社の代表者が法人である場合における当該会社の代表者の職務を行うべき者（前号に掲げる者を除く。）　次のイ又はロに掲げる場合の区分に応じ、当該イ又はロに定める書面
イ　当該法人の代表者（当該代表者が法人である場合にあつては、当該代表者の職務を行うべき者。以下この号において同じ。）が登記所に印鑑を提出している場合　登記所の作成した当該法人の代表者の資格を証する書面で作成後3月以内のもの及び当該法人の代表者が当該会社の代表者の職務を行うべき者の印鑑に相違ないことを保証した書面で当該登記所に提出している印鑑を押印したもの
ロ　当該法人の代表者が登記所に印鑑を提出していない場合　登記所の作成した当該法人の代表者の資格を証する書面で作成後3月以内のもの、当該法人の代表者が当該会社の代表者の職務を行うべき者の印鑑に相違ないことを保証した書面及び当該書面に押印した印鑑につき市町村長の作成した証明書で作成後3月以内のもの

六　外国会社の日本における代表者である法人の代表者（当該代表者が法人である場合にあつては、当該外国会社の日本における代表者である法人の代表者の職務を行うべき者。以下この号において同じ。）　次のイ又はロに掲げる場合の区分に応じ、当該イ又はロに定める書面
イ　当該代表者が登記所に印鑑を提出している場合　登記所の作成した当該代表者の資格を証する書面で作成後3月以内のもの
ロ　当該代表者が登記所に印鑑を提出していない場合　イに定める書面及び第1項後段の規定により同項の書面に押印した印鑑につき市町村長の作成した証明書で作成後3月以内のもの

七　管財人等が法人である場合において当該管財人等の職務を行うべき者として指名された者（当該法人の代表者（当該代表者が法人である場合にあつては、当該代表者の職務を行うべき者。以下この号において同じ。）に限る。）　次のイ又はロに掲げる場合の区分に応じ、当該イ又はロに定める書面
イ　当該法人の代表者が登記所に印鑑を提出している場合　登記所の作成した当該代表者の資格を証する書面で作成後3月以内のもの
ロ　当該法人の代表者が登記所に印鑑を提出していない場合　イに定める書面及び第1項後段の規定により同項の書面に押印した印鑑につき市町村長の作成した証明書で作成後3月以内のもの

八　管財人等が法人である場合において当該管財人等の職務を行うべき者として指名された者（前号に掲げる者を除く。）　次のイ又はロに掲げる場合の区分に応じ、当該イ又はロに定める書面
イ　当該法人の代表者（当該代表者が法人である場合にあつては、当該代表者の職務を行うべき者。以下この号において同じ。）が登記所に印鑑を提出している場合　登記所の作成した当該法人の代表者の資格を証する書面で作成後3月以内のもの及び当該法人の代表者が当該指名された者の印鑑に相違ないことを保証した書面で当該登記所に提出している印鑑を押印したもの
ロ　当該法人の代表者が登記所に印鑑を提出していない場合　登記所の作成した当該法人の代表者の資格を証する書面で作成後3月以内のもの、当該法人の代表者が当該指名された者の印鑑に相違ないことを保証した書面及び当該書面に押印した印鑑につき市町村長の作成した証明書で作成後3月以内のもの

6　提出のあつた印鑑及び被証明事項は、磁気ディスク（これに準ずる方法により一定の事項を確実に記録することのできる物を含む。以下同じ。）に記録する。

7　印鑑の提出をした者は、被証明事項のほか、氏名、住所、年月日及び登記所の表示を記載し、当該印鑑を押印した書面で印鑑の廃止の届出をすることができる。この場合において、印鑑カードを提示するときは、押印を要しない。

8　第2項の規定は、前項の場合に準用する。

9　後見人である法人の代表者（当該代表者が法人である場合にあつては、当該後見人である法人の代表者の職務を行うべき者。以下この項において同じ。）であつて印鑑の提出をしたものがその資格を喪失したときは、新たに後見人である法人の代表者となつた者は、その旨の届出をしなければならない。この場合には、当該法人の本店若しくは主たる事務所の所在地を管轄する登記所に届出をする場合又は当該法人の会社法人等番号を提供して届出をする場合を除き、当該法人の登記事項証明書で作成後3月以内のものを提出しなければならない。

10　外国会社の日本における代表者である法人の代表者（当該代表者が法人である場合にあつては、当該外国会社の日本における代表者である法人の代表者の職務を行うべき者。以下この項において同じ。）であつて印鑑の提出をした者がその資格を喪失したときは、新たに外国会社の日本における代表者である法人の代表者となつた者は、その旨の届出をしなければならない。この場合には、当該法人の本店若しくは主たる事務所の所在地を管轄する登記所に届出をする場合又は当該法人の会社法人等番号を提供して届出をする場合を除き、当該法人の登記事項証明書で作成後3月以内のものを提

出しなければならない。

11　管財人等の職務を行うべき者として指名された者であつて印鑑の提出をしたものがその資格を喪失したときは、当該管財人等である法人の代表者（当該代表者が法人である場合にあつては、当該代表者の職務を行うべき者。以下この項において同じ。）は、書面（当該代表者が印鑑を提出している場合にあつては、当該印鑑を押印したものに限る。）でその旨の届出をしなければならない。この場合には、当該代表者が登記所に印鑑を提出している場合を除き、当該書面に押印した印鑑につき市町村長の作成した証明書で作成後３月以内のものを当該書面に添付しなければならない。

12　法第51条第１項（他の規定において準用する場合を含む。）の登記を申請する場合の新所在地を管轄する登記所にする印鑑の提出は、旧所在地を管轄する登記所を経由してしなければならない。

13　旧所在地を管轄する登記所においては、法第52条第１項（他の規定において準用する場合を含む。）に規定する場合を除き、遅滞なく、前項の印鑑を新所在地を管轄する登記所に送付しなければならない。

14　数人の商号使用者が共同して商号を使用している場合にあつては、商号使用者は、他の商号使用者が印鑑を提出していないときに限り、印鑑を提出することができる。

（資格喪失の場合等の印鑑記録の処理）

第９条の２　印鑑の提出をした者がその資格を喪失し、又は改印若しくは印鑑の廃止の届出をしたときは、登記官は、印鑑記録にその旨を記録しなければならない。

2　前条第６項の規定により記録された事項で登記されたものにつき変更の登記又は登記の更正をしたときは、登記官は、印鑑記録にその旨を記録しなければならない。

（改印等の請求）

第９条の３　登記所に提出された印鑑と照合すべき登記の申請書等に押印された印鑑が照合に適さないものであるときは、登記官は、改印その他相当の措置をとることを求めることができる。

（印鑑カードの交付の請求等）

第９条の４　印鑑の提出をした者は、その印鑑を明らかにした上、被証明事項のほか、氏名、住所、年月日及び登記所の表示を記載した書面を提出して、印鑑カードの交付を請求することができる。第９条第２項の規定は、この場合に準用する。

2　後見人である法人の代表者（当該代表者が法人である場合にあつては、当該後見人である法人の代表者の職務を行うべき者）、外国会社の日本における代表者である法人の代表者（当該代表者が法人である場合にあつては、当該外国会社の日本における代表者である法人の代表者の職務を行うべき者）又は管財人等の職務を行うべき者として指名された者が前項の書面を提出するときは、当該法人の本店若しくは主たる事務所の所在地を管轄する登記所に印鑑カードの交付を請求するとき又はその書面に会社法人等番号を記載したときを除き、その書面に当該後見人、当該外国会社の日本における代表者又は当該管財人等である法人の登記事項証明書で作成後３月以内のものを添付しなければならない。

3　印鑑の提出をした者がその資格を喪失し、又は印鑑の廃止をした場合においては、その者に替わつて新たに印鑑を提出する者は、印鑑の提出と同時に申し出ることにより、資格を喪失し、又は印鑑の廃止をした者の印鑑カードを承継して使用することができる。

4　第１項の規定により印鑑カードの交付を請求する場合において、その送付を求めるときは、送付に要する費用を納付しなければならない。

5　前項の場合においては、送付に要する費用は、郵便切手又は民間事業者による信書の送達に関する法律（平成14年法律第99号）第２条第６項に規定する一般信書便事業者若しくは同条第９項に規定する特定信書便事業者（以下「信書便事業者」と総称する。）による同条第２項に規定する信書便（以下「信書便」という。）の役務に関する料金の支払のために使用することができる証票であつて法務大臣の指定するもので納付しなければならない。

6　前項の指定は、告示してしなければならない。

（印鑑カードの交付等）

第９条の５　前条第１項の請求があつた場合には、登記官は、印鑑カードである旨及び印鑑カード番号を記載した磁気帯付きの印鑑カードを作成して、これを申請人に交付しなければならない。

2　登記官は、印鑑カードを交付するときは、印鑑記録及び前条第１項の書面にその印鑑カード番号及び交付の年月日を記録し、又は記載しなければならない。

3　印鑑カードの交付を受けた者は、被証明事項のほか、氏名、住所、年月日及び登記所の表示を記載し、当該印鑑を押印した書面で印鑑カードの廃止の届出をすることができる。この場合において、印鑑カードを提示するときは、押印を要しない。

4　第９条第２項の規定は、前項の場合に準用する。

5　印鑑カードの交付を受けた者は、その資格を喪失したとき、又は印鑑の廃止若しくは印鑑カードの廃止の届出をするときは、印鑑カードを返納しなければならない。ただし、前条第３項に規定する場合は、この限りでない。

6　印鑑カードの磁気的記録が毀損している等相当な理由があるときは、登記官は、印鑑カードの回収その他の必要な措置をとることができる。

（代理人による申請）

第９条の６　第９条第１項及び第７項、第９条の４第１項並びに第９条の５第３項の規定による印鑑の提出等は、代理人によりすることができる。

2　前項の場合には、同項に掲げる各条項に規定する書面にその権限を証する書面を添付しなければならない。

（電磁的記録に代わる書面の作成）

第９条の７　登記官は、法第17条第３項に規定する電磁的記録については、これに代わるものとして保存すべき書面を作成することができる。
2　登記官が前項の書面を作成した場合には、当該書面に係る電磁的記録については、この規則中登記簿の附属書類に関する規定は、適用しない。この場合において、当該書面は、登記簿の附属書類とみなして、この規則の規定を適用する。
3　第1項及び前項の規定は、法第19条の2に規定する電磁的記録について準用する。

(申請書類つづり込み帳)

第10条　申請書、嘱託書、通知書、許可書その他附属書類（この省令の規定により第34条第1項第11号の2の帳簿につづり込むものを除く。）は、申請書類つづり込み帳につづり込まなければならない。
2　登記事件の申請書類つづり込み帳とその他の事件の申請書類つづり込み帳とは別冊とし、その表紙にその種類を示すべき文字を記載しなければならない。

(管轄転属の場合の措置)

第11条　甲登記所の管轄地の一部が乙登記所の管轄に転属したときは、甲登記所は、その部分に関する登記記録、附属書類及び印鑑記録を乙登記所に移送しなければならない。
2　前項の場合において、甲登記所が登記記録を移送したときは、その登記記録を閉鎖しなければならない。
3　甲登記所は、第1項の規定により印鑑記録を移送したときは、印鑑記録にその旨を記録しなければならない。

第12条　削除

(非常持出)

第13条　登記官は、事変を避けるために登記簿又はその附属書類を登記所の外に持ち出したときは、速やかに、その旨を当該登記官を監督する法務局又は地方法務局の長に報告しなければならない。

(裁判所への書類の送付)

第14条　登記官は、裁判所から登記簿の附属書類を送付すべき命令又は嘱託があつたときは、その関係がある部分に限り、送付しなければならない。

(登記簿の滅失の場合)

第15条　登記官は、登記簿の全部又は一部が滅失した場合には、第3条第2項前段に規定する場合を除き、速やかに、その状況を調査した上、滅失の事由、年月日及び滅失した登記簿の種類その他法第8条の処分をするのに必要な事項を記載し、かつ、回復登記の期間を予定し、当該登記官を監督する法務局又は地方法務局の長に報告しなければならない。
2　前項の法務局又は地方法務局の長は、同項の報告を受けたときは、相当の調査をし、法務大臣に対し、意見を述べなければならない。

(登記簿等の滅失のおそれがある場合)

第16条　前条の規定は、登記簿又はその附属書類が滅失するおそれがある場合に準用する。

(帳簿等の廃棄)

第17条　登記所において登記に関する帳簿又は書類若しくは書面（法第17条第3項に規定する電磁的記録（第9条の7第1項の規定によりこれに代わるものとして保存すべき書面が作成された場合を除く。）及び法第19条の2に規定する電磁的記録（第9条の7第3項の規定によりこれに代わるものとして保存すべき書面が作成された場合を除く。）を含む。以下「帳簿等」という。）を廃棄するときは、法務局又は地方法務局の長の認可を受けなければならない。

(登記事項証明書等の請求の通則)

第18条　登記事項証明書若しくは法第11条の書面（以下「登記事項要約書」という。）の交付、登記簿の附属書類の閲覧又は印鑑の証明を請求するには、申請書を提出しなければならない。
2　前項の申請書には、次に掲げる事項を記載しなければならない。
一　申請人又はその代表者（当該代表者が法人である場合にあつては、当該代表者の職務を行うべき者。次章第9節を除き、以下同じ。）若しくは代理人の氏名
二　請求の目的
三　登記事項証明書若しくは登記事項要約書の交付又は印鑑の証明を請求するときは、請求に係る書面の通数
四　手数料の額
五　年月日
六　登記所の表示

(登記事項証明書の請求)

第19条　登記事項証明書の交付の申請書には、請求の目的として、次に掲げる事項を記載しなければならない。
一　登記事項証明書の交付を請求する登記記録
二　交付を請求する登記事項証明書の種類
三　会社の登記記録の一部の区について登記事項証明書の交付を請求するときは、その区（商号区及び会社状態区を除く。）
四　前号の請求に係る区が会社支配人区である場合において、一部の支配人について証明を求めるときは、その支配人の氏名
五　一部の代表者について第30条第1項第4号の代表者事項証明書の交付を請求するときは、その代表者の氏名

(登記事項要約書の請求)

第20条　登記事項要約書の交付の申請書には、請求の目的として、次の事項を記載しなければならない。
一　登記事項要約書の交付を請求する登記記録
二　会社についての登記事項要約書の交付を請求するときは、その請求する区（商号区及び会社状態区を除く。）
2　前項第2号の区の数は、3を超えることができない。

(附属書類の閲覧請求)

第21条　登記簿の附属書類の閲覧の申請書には、請求の目的として、閲覧しようとする部分を記載しなければならない。
2　前項の申請書には、第18条第2項各号（第3号を除く。）に掲げる事項のほか、次に掲げる事項を記載し

なければならない。
一　申請人の住所
二　代理人によつて請求するときは、代理人の住所
三　前項の閲覧しようとする部分について利害関係を明らかにする事由
3　第1項の申請書には、次に掲げる書面を添付しなければならない。
一　申請人が法人であるときは、当該法人（第1項の申請書に会社法人等番号を記載したものを除く。）の代表者の資格を証する書面
二　前項第3号の利害関係を証する書面

（印鑑の証明の請求）
第22条　印鑑の証明の申請書には、請求の目的として、被証明事項を記載し、証明を請求する印鑑を特定しなければならない。この場合においては、第9条第2項及び第9条の4第2項の規定を準用する。
2　前項の申請書を提出する場合には、印鑑カードを提示しなければならない。

第23条～第26条　削除

（代理人による請求）
第27条　第9条の6第2項の規定は、代理人によつて第18条の請求をする場合に準用する。

（手数料等の納付）
第28条　法第13条第2項の規定による法第10条から法第12条までの手数料の納付は、収入印紙を申請書に貼つて、しなければならない。
2　登記事項証明書又は印鑑の証明書の交付を請求する場合において、その送付を求めるときは、送付に要する費用を納付しなければならない。この場合においては、第9条の4第5項及び第6項の規定を準用する。

（申請書の処理等）
第29条　登記官が第18条の申請書を受け取つたときは、申請書に受付の年月日を記載した上、受付の順序に従つて相当の処分をしなければならない。

（登記事項証明書の種類及び記載事項等）
第30条　登記事項証明書の記載事項は、次の各号の区分に応じ、それぞれ当該各号に掲げる事項（第2号及び第3号の場合にあつては、法第133条第2項の規定による登記の更正により抹消する記号を記録された登記事項及びその登記により抹消する記号を記録された登記事項を除く。）とする。
一　現在事項証明書　現に効力を有する登記事項（会社法人等番号を含む。以下この条及び次条において同じ。）、会社成立の年月日、取締役、監査等委員である取締役、会計参与、監査役、代表取締役、特別取締役、委員、執行役、代表執行役及び会計監査人の就任の年月日並びに会社の商号及び本店の登記の変更に係る事項で現に効力を有するものの直前のもの
二　履歴事項証明書　前号の事項、当該証明書の交付の請求があつた日（以下「請求日」という。）の3年前の日の属する年の1月1日（以下「基準日」という。）から請求日までの間に抹消する記号を記録された登記事項及び基準日から請求日までの間に登記された事項で現に効力を有しないもの
三　閉鎖事項証明書　閉鎖した登記記録に記録されている事項
四　代表者事項証明書　会社の代表者の代表権に関する登記事項で現に効力を有するもの
2　会社の登記記録の一部の区について前項第1号から第3号までの登記事項証明書の交付の請求があつたときは、その登記事項証明書には、商号区、会社状態区及び請求に係る区について当該各号に掲げる事項（請求に係る区が会社支配人区である場合において、一部の支配人について証明を求められたときは、当該支配人以外の支配人に係る事項を除く。）を記載し、一部の代表者について同項第4号の登記事項証明書の交付の請求があつたときは、その証明書には、その請求に係る代表者について同号に掲げる事項を記載する。
3　登記官は、登記事項証明書を作成するときは、第1項各号に掲げる事項の全部又は一部である旨の認証文を付した上で、作成の年月日及び職氏名を記載し、職印を押さなければならない。
4　登記簿に記録されている事項を抹消する記号が記録されている場合において、登記事項証明書に抹消する記号を表示するには、抹消に係る事項の下に線を付して記載するものとする。
5　前各項の規定により登記簿に記録されている事項を記載するには、区及び事項ごとに整理してしなければならない。

（登記事項要約書の記載事項等）
第31条　登記事項要約書（次項に掲げる登記事項要約書を除く。）は、現に効力を有する登記事項を記載して作らなければならない。
2　会社についての登記事項要約書は、商号区、会社状態区及び請求に係る区に記録されている事項中現に効力を有する登記事項を記載して作らなければならない。この場合において、役員区については、取締役、監査等委員である取締役、会計参与、監査役、代表取締役、特別取締役、委員、執行役、代表執行役及び会計監査人の就任の年月日をも記載しなければならない。
3　前条第5項の規定は、登記事項要約書に準用する。

（登記事項証明書等の記載事項に関する特例）
第31条の2　登記官は、第30条第1項及び第31条第1項の規定にかかわらず、登記簿に住所が記録されている者（自然人であるものに限る。）であつて、配偶者からの暴力の防止及び被害者の保護等に関する法律（平成13年法律第31号）第1条第2項に規定する被害者であつて更なる暴力によりその生命又は身体に危害を受けるおそれがあるもの、ストーカー行為等の規制等に関する法律（平成12年法律第81号）第6条に規定するストーカー行為等に係る被害を受けた者であつて更に反復して同法第2条第1項に規定するつきまとい等又は同条第3項に規定する位置情報無承諾取得等をされるおそれがあるものその他これらに準ずる者（以下この条において「被害者等」という。）の住所が明らかにされることにより被害を受けるおそれがあるとし

て、被害者等又は登記の申請人（被害者等が登記の申請人である場合を除く。以下この条において同じ。）から申出があつたときは、当該被害者等の住所が記録されている登記簿に係る登記事項証明書又は登記事項要約書に、当該住所を記載しない措置（以下この条において「住所非表示措置」という。）を講ずるものとする。

2　前項の申出は、次に掲げる事項を記載した申出書を登記所に提出してしなければならない。

一　前項の申出が会社又は外国会社の登記に係るものである場合にあつては商号及び本店の所在場所、商号（会社の商号を除く。）の登記に係るものである場合にあつては商号及び営業所、後見人の登記に係るものである場合にあつては後見人の氏名又は名称及び住所、支配人の登記に係るものである場合にあつては支配人の氏名及び住所

二　前項の申出をする者（以下この条において「申出人」という。）の資格、氏名、住所及び連絡先

三　被害者等の資格、氏名、住所及び連絡先

四　代理人によつて申出をするときは、当該代理人の氏名又は名称、住所及び連絡先並びに代理人が法人であるときはその代表者の資格及び氏名

五　住所非表示措置を希望する旨及びその理由

六　申出の年月日

3　前項の申出書には、次に掲げる書面を添付しなければならない。

一　住所が明らかにされることにより被害を受けるおそれがあることを証する書面

二　申出書に記載されている被害者等の氏名及び住所が記載されている市町村長その他の公務員が職務上作成した証明書（被害者等が原本と相違がない旨を記載した謄本を含む。）

三　代理人によつて第1項の申出をするときは、当該代理人の権限を証する書面

4　登記の申請人が第1項の申出をするときは、申出書又は委任による代理人の権限を証する書面に当該申請人が登記所に提出している印鑑を押印しなければならない。

5　登記官は、第1項の申出があつた場合において、住所非表示措置を講ずるに当たつて必要があると認めるときは、被害者等に対し、出頭を求め、質問をし、又は文書の提示その他必要な情報の提供を求めることができる。

6　登記官は、次に掲げる場合には、住所非表示措置を終了させるものとする。

一　被害者等又は登記の申請人から住所非表示措置を希望しない旨の申出があつたとき。

二　住所非表示措置をした年の翌年から3年を経過したとき（登記官が当該住所非表示措置を終了させないことが相当であると認めるときを除く。）。

7　第2項から第5項までの規定（第2項第4号並びに第3項第1号及び第3号を除く。）は、前項第1号の申出について準用する。この場合において、第2項第5号中「住所非表示措置を希望する旨」とあるのは「住所非表示措置を希望しない旨」と、第4項中「申出書又は委任による代理人の権限を証する書面」とあるのは「申出書」と、第5項中「住所非表示措置を講ずる」とあるのは「住所非表示措置を終了させる」と読み替えるものとする。

（閲覧）

第32条　登記簿の附属書類の閲覧は、登記官の面前でさせなければならない。

2　法第11条の2の法務省令で定める方法は、当該電磁的記録に記録された情報の内容を用紙に出力して表示する方法とする。

（印鑑の証明）

第32条の2　登記官は、印鑑の証明書を作成するときは、請求に係る印鑑及び被証明事項を記載した書面に証明文を付した上で、作成の年月日及び職氏名を記載し、職印を押さなければならない。

（登記事項証明書等の交付の記録）

第33条　登記事項証明書、登記事項要約書又は印鑑の証明書を交付するときは、申請書にその枚数又は件数及び交付の年月日を記載しなければならない。

（電子証明書に係る証明の期間）

第33条の2　法第12条の2第1項第2号の期間は、3月の整数倍の期間であつて同項の規定による請求をする者が定めるものとする。ただし、2年3月を超えることができない。

（電子証明書による証明に適しない事項）

第33条の3　法第12条の2第1項ただし書のデジタル庁令・法務省令で定める事項は、次に掲げる事項とする。

一　代表権又は代理権の範囲又は制限に関する定め

二　未成年者登記簿、後見人登記簿又は支配人登記簿に登記された者であること。

三　外国会社の日本における代表者である法人の代表者（当該代表者が法人である場合にあつては、当該外国会社の日本における代表者である法人の代表者の職務を行うべき者）であること。

四　管財人等の職務を行うべき者として指名された者であること。

（電子署名の方法）

第33条の4　法第12条の2第1項第1号のデジタル庁令・法務省令で定める措置は、電磁的記録に記録することができる情報に、産業標準化法（昭和24年法律第185号）に基づく日本産業規格（以下「日本産業規格」という。）X5731―8の附属書Dに適合する方法であつて同附属書に定めるnの長さの値が2048ビットであるものを講ずる措置とする。

（証明する登記事項）

第33条の5　法第12条の2第3項のデジタル庁令・法務省令で定める登記事項は、被証明事項（出生の年月日、支配人である旨及び資格を除く。）とする。ただし、商号使用者にあつては、商号、営業所及び氏名とする。

（電子証明書による証明の請求）

第33条の6　法第12条の2第1項及び第3項の規定による証明（以下「電子証明書による証明」という。）を請求するには、申請書及び電磁的記録（電子的方式、磁気的

方式その他人の知覚によつては認識することができない方式で作られる記録であつて、電子計算機による情報処理の用に供されるものをいう。以下同じ。）を提出しなければならない。

2　前項の申請書には、次に掲げる事項を記載し、申請人又はその代理人が記名しなければならない。

一　被証明事項（商号使用者にあつては、商号、営業所、氏名、出生の年月日及び商号使用者である旨）

二　代理人によつて請求するときは、その氏名及び住所

三　法第12条の2第1項第2号の期間

四　手数料の額

五　年月日

六　登記所の表示

3　第1項の申請書又は委任による代理人の権限を証する書面には、申請人が登記所に提出している印鑑を押印しなければならない。

4　第1項の電磁的記録は、次の各号のいずれかに該当する構造の電磁的記録媒体（電磁的記録に係る記録媒体をいう。以下同じ。）に記録して提出しなければならない。

一　日本産業規格X0606又はX0610に適合する120ミリメートル光ディスク

二　内閣総理大臣及び法務大臣の指定する構造の不揮発性半導体記憶装置

5　第1項の電磁的記録には、内閣総理大臣及び法務大臣の指定する方式に従い、次に掲げる事項を記録しなければならない。

一　第2項第1号及び第3号に掲げる事項（出生の年月日を除く。）

二　第33条の4の附属書Dに定める公開かぎの値

三　第33条の4に定める措置を特定する符号として内閣総理大臣及び法務大臣の指定するもの

四　内閣総理大臣及び法務大臣の指定する方式に従つて申請人が定める識別符号（第33条の13第1項の規定による届出をする者を他の者と区別して識別するためのもの）

6　第1項の電磁的記録には、内閣総理大臣及び法務大臣の指定する方式に従い、当該電磁的記録に記録する商号、その略称若しくは当該電磁的記録に記録する氏名の表音をローマ字その他の符号で表示したもの又は当該商号の訳語若しくはその略称をローマ字その他の符号で表示したものを記録することができる。

7　前項に規定する略称の表音又は訳語若しくはその略称をローマ字その他の符号で表示したものを記録する場合には、第1項の申請書に、定款その他の当該記録する事項を証する書面（法第19条の2に規定する電磁的記録を含む。）を添付しなければならない。

8　第4項第2号、第5項及び第6項の指定は、告示してしなければならない。

（申請書の処理等）

第33条の7　登記官が前条の申請書及び電磁的記録を受け取つたときは、申請書に受付の年月日を記載した上、受付の順序に従つて、電磁的記録に記録された事項その他当該事件の処理に必要な事項を法第12条の2第5項の指定がされた登記所（以下「電子認証登記所」という。）に通知しなければならない。

2　前項の規定による通知を受けた電子認証登記所の登記官は、通知を受けた順序に従つて相当の処分をしなければならない。

（電子証明書）

第33条の8　電子証明書による証明をするには、内閣総理大臣及び法務大臣の指定する方式に従い、電磁的記録に記録することができる情報に電子認証登記所の登記官が第33条の4に定める措置を講じたものを申請人に送信する方法によらなければならない。

2　前項の規定により送信する情報（以下この章において「電子証明書」という。）には、内閣総理大臣及び法務大臣の指定する方式に従い、次に掲げる事項を表さなければならない。

一　第33条の6第5項第1号から第3号まで及び第6項の規定により同条第1項の電磁的記録に記録された事項

二　電子証明書の番号

三　電子証明書の作成年月日時

四　法第12条の2第1項の登記所

五　電子認証登記所及び登記官

六　その他内閣総理大臣及び法務大臣の指定する事項

3　前2項の指定は、告示してしなければならない。

4　内閣総理大臣及び法務大臣は、電子認証登記所の登記官が第1項の措置を講じたものであることを確認するために必要な事項を告示する。

（電子証明書ファイル）

第33条の9　電子認証登記所の登記官は、前条第1項の規定による送信をしたときは、同条第2項に掲げる事項を磁気ディスクをもつて調製された電子証明書ファイルに記録しなければならない。

（電子証明書の使用の廃止の届出）

第33条の10　法第12条の2第7項の規定による届出をするには、書面を提出しなければならない。

2　前項の書面には、次に掲げる事項を記載し、届出人又はその代理人が記名しなければならない。

一　第33条の6第2項第1号及び第2号に掲げる事項

二　電子証明書の番号

三　年月日

四　登記所の表示

3　第33条の6第3項の規定は、第1項の書面について準用する。

4　登記官が第1項の書面を受け取つたときは、当該書面に受付の年月日を記載した上、受付の順序に従つて、電子認証登記所にその旨を通知しなければならない。

5　前項の規定による通知を受けた電子認証登記所の登記官は、電子証明書ファイルにその旨及び通知を受けた年月日時を記録しなければならない。ただし、電子証明書ファイルに第33条の12第1項第2号の登

記に係る記録がされているときは、この限りでない。

（証明事項の軽微な変更）

第33条の11　法第12条の２第８項第１号のデジタル庁令・法務省令で定める軽微な変更は、次に掲げる変更とする。

一　住居表示に関する法律（昭和37年法律第119号）第３条第１項及び第２項又は同法第４条の規定による住居表示の実施又は変更に伴う登記事項の変更

二　行政区画、郡、区、市町村内の町若しくは字若しくはそれらの名称又は地番の変更に伴う登記事項の変更

（電子認証登記所への通知等）

第33条の12　登記官は、次の場合には、電子認証登記所にその旨を通知しなければならない。ただし、電子証明書ファイルに第33条の10第５項本文の規定による記録がされているときは、この限りでない。

一　電子証明書に表された事項に変更（前条に定める軽微な変更を除く。）を生ずべき登記の申請書を受け取つたとき。

二　前号の登記をしたとき。

三　第１号の登記の申請を却下したとき。

2　第33条の10第５項本文の規定は、前項の規定による通知を受けた電子認証登記所の登記官に準用する。

（電子証明書の使用の休止の届出等）

第33条の13　第33条の８第１項の規定による送信を受けた者は、法第12条の２第１項第２号の期間中において、電子証明書の使用を休止したときは、電子認証登記所に対し、その旨を届け出ることができる。

2　前項の規定による届出は、内閣総理大臣及び法務大臣の指定する方式に従い、電子証明書の番号及び第33条の６第５項第４号の識別符号を送信してしなければならない。

3　前項の指定は、告示してしなければならない。

4　第33条の10第５項の規定は、第１項の規定による届出を受けた電子認証登記所の登記官に準用する。

5　第１項の規定による届出をした者は、法第12条の２第１項第２号の期間中において、電子証明書の使用を再開したときは、電子認証登記所に対し、同項の登記所を経由して、その旨を届け出ることができる。

6　第33条の10の規定は、前項の場合に準用する。

（識別符号の変更）

第33条の14　第33条の８第１項の規定による送信を受けた者は、法第12条の２第１項第２号の期間中において、第33条の６第５項第４号の識別符号を変更しようとするときは、電子認証登記所に対し、法第12条の２第１項の登記所を経由して、その旨を届け出ることができる。

2　第33条の６（第２項第３号及び第４号、第５項第１号から第３号まで、第６項並びに第７項を除く。）及び第33条の７の規定は、前項の場合に準用する。

（電子証明書に係る証明）

第33条の15　法第12条の２第８項第４号のデジタル庁令・法務省令で定める事項は、次に掲げる事項とする。

一　第33条の12第１項第１号に規定する場合（同項第３号に規定する場合を除く。）には、その旨

二　第33条の13第１項の規定による届出がある場合（同条第５項の規定による届出がある場合を除く。）には、その旨

2　法第12条の２第８項の規定による証明の請求は、内閣総理大臣及び法務大臣の指定する方式に従い、電子証明書の番号その他の事項を送信する方法によらなければならない。

3　第33条の８第１項、第３項及び第４項の規定は、法第12条の２第８項の規定による証明に準用する。この場合において、送信する情報には、内閣総理大臣及び法務大臣の指定する方式に従い、次に掲げる事項を表さなければならない。

一　電子証明書の番号

二　法第12条の２第８項に掲げる事項

三　年月日

4　前２項の指定は、告示してしなければならない。

（証明が相当でない場合の措置）

第33条の16　登記所の事故その他の事由により法第12条の２第８項の規定による証明をするのが相当でなくなつたときは、電子認証登記所の登記官は、電子証明書ファイルにその旨を記録しなければならない。

2　前項の規定による記録がある場合において、法第12条の２第８項の規定による証明の請求があつたときは、電子認証登記所の登記官は、前条第３項において準用する第33条の８第１項の規定により送信する情報に、当該記録がある旨を表さなければならない。

（電子証明書ファイルの記録の閉鎖）

第33条の17　電子証明書に係る法第12条の２第１項第２号の期間が経過したときは、電子認証登記所の登記官は、当該電子証明書に係る電子証明書ファイルの記録を閉鎖し、これを電子証明書ファイル中に設けた閉鎖電子証明書ファイルに記録しなければならない。

（準用規定）

第33条の18　第９条の６第２項の規定は、代理人によつて、法第12条の２第１項及び第３項の規定による請求又は同条第７項の規定若しくは第33条の13第５項若しくは第33条の14第１項の規定による届出をする場合に準用する。

2　第28条第１項の規定は、法第12条の２の手数料に準用する。

（電子証明書による証明の再度の請求）

第33条の19　法第12条の２（第２項及び第４項を除く。）並びに第33条の２本文、第33条の３から第33条の５まで、第33条の６（第２項第３号及び第４号、第４項、第５項並びに第８項を除く。）、第33条の７から第33条の17まで及び前条第１項の規定は、電子証明書に係る法第12条の２第１項第２号の期間中に第33条の12第１項

第２号の登記がされた場合において、第33条の８第１項の規定による送信を受けた者が電子証明書による証明を再度請求するときについて準用する。この場合において、第33条の２本文中「３月の整数倍の期間であつて同項の規定による請求をする者が定めるもの」とあるのは「電子証明書に係る法第12条の２第１項第２号の期間の残存期間」と、第33条の６第１項中「申請書及び電磁的記録（電子的方式、磁気的方式その他人の知覚によつては認識することができない方式で作られる記録であつて、電子計算機による情報処理の用に供されるものをいう。以下同じ。）」とあるのは「申請書」と、同条第２項中「次に掲げる事項」とあるのは「次に掲げる事項及び電子証明書の番号」と、同条第６項中「電磁的記録には、内閣総理大臣及び法務大臣の指定する方式に従い」とあるのは「申請書には」と、「当該電磁的記録」とあるのは「当該申請書」と、第33条の７第１項中「申請書及び電磁的記録」とあるのは「申請書」と、「電磁的記録に記録された事項」とあるのは「同条第２項第１号及び第６項の規定により申請書に記載された事項（出生の年月日を除く。）」と、第33条の８第２項第１号中「第33条の６第５項第１号から第３号まで」とあるのは「第33条の６第２項第１号」と、「電磁的記録に記録された事項」とあるのは「申請書に記載された事項（出生の年月日を除く。）、法第12条の２第１項第２号の期間並びに電子証明書に係る第33条の６第５項第２号及び第３号に掲げる事項」と読み替えるものとする。

（帳簿等）

第34条　登記所には、法又はこの省令の他の規定に定めるもののほか、次に掲げる帳簿等を備えるものとする。

一　登記関係帳簿保存簿
二　登記事務日記帳
三　登記事項証明書等用紙管理簿
四　印鑑証明書用紙管理簿
五　決定原本つづり込み帳
六　審査請求書類等つづり込み帳
七　清算未了申出書等つづり込み帳
八　印鑑届書等つづり込み帳
九　再使用証明申出書類つづり込み帳
十　登録免許税関係書類つづり込み帳
十一　不正登記防止申出書類つづり込み帳
十一の二　住所非表示措置申出等書類つづり込み帳
十二　整理対象休眠会社等一覧
十三　休眠会社等返戻通知書つづり込み帳
十四　事業を廃止していない旨の届出書つづり込み帳
十五　閉鎖登記記録一覧
十六　諸表つづり込み帳
十七　雑書つづり込み帳

２　次の各号に掲げる帳簿等には、当該各号に定める事項を記載するものとする。

一　登記関係帳簿保存簿　登記簿を除く一切の登記関係帳簿の保存状況
二　登記事務日記帳　受付帳その他の帳簿に記載しない書類の発送及び受領に関する事項
三　登記事項証明書等用紙管理簿　登記事項証明書及び動産及び債権の譲渡の対抗要件に関する民法の特例等に関する法律（平成10年法律第104号）第13条第１項の概要記録事項証明書の作成に使用する用紙の管理に関する事項
四　印鑑証明書用紙管理簿　印鑑証明書の作成に使用する用紙の管理に関する事項
五　整理対象休眠会社等一覧　会社法（平成17年法律第86号）第472条第１項に規定する休眠会社の整理作業を実施するために必要な事項
六　閉鎖登記記録一覧　第81条第１項の規定により閉鎖した登記記録に関する事項

３　次の各号に掲げる帳簿には、当該各号に定める書類又は書面をつづり込むものとする。

一　決定原本つづり込み帳　申請又は申出を却下した決定に係る決定書の原本
二　審査請求書類等つづり込み帳　審査請求書その他の審査請求事件に関する書類
三　清算未了申出書等つづり込み帳　第81条第２項及び第３項に規定する申出に係る書面
四　印鑑届書等つづり込み帳　第９条第１項、第５項、第７項及び第９項から第11項まで、第９条の４第１項及び第２項、第９条の５第３項並びに第９条の６第２項の規定により提出された書面
五　再使用証明申出書類つづり込み帳　登録免許税法（昭和42年法律第35号）第31条第３項に規定する登録免許税の領収証書又は印紙の再使用の申出に関する書類
六　登録免許税関係書類つづり込み帳　登録免許税法第28条第１項の通知に関する書類の写し、同法第31条第１項の通知に関する書類の写し、同条第２項及び第６項の請求に関する書類並びに同条第５項に規定する申出に関する書類（添付書類を含む。）
七　不正登記防止申出書類つづり込み帳　不正な登記の防止の申出に関する書類（添付書面を含む。）
七の二　住所非表示措置申出等書類つづり込み帳　第31条の２第１項及び第６項第１号の申出に関する書類（添付書面を含む。）
八　休眠会社等返戻通知書つづり込み帳　会社法第472条第２項の通知に係る書面を発送した場合において、配達不能等により返戻された当該書面
九　事業を廃止していない旨の届出書つづり込み帳　会社法施行規則（平成18年法務省令第12号）第139条第１項及び第３項に規定する書面
十　諸表つづり込み帳　登記事件及び登記事件以外の事件に関する各種の統計表
十一　雑書つづり込み帳　他の帳簿につづり込まない書類

４　次の各号に掲げる帳簿等の保存期間は、当該各号に定めるとおりとする。

一　登記簿　永久

二　閉鎖した登記記録　閉鎖した日から20年間
三　受付帳　当該年度の翌年から10年間
四　申請書その他の附属書類（次号、第10号及び第22号の2の書類を除く。）　受付の日から10年間
五　登記事件以外の事件の申請書類（第10号の書類を除く。）　受付の日から1年間
六　印鑑記録（次号の印鑑記録を除く。）　永久
七　第9条の2第1項及び第11条第3項の規定による記録をした印鑑記録　当該記録をした日から2年間
八　電子証明書ファイルの記録（次号のファイルの記録を除く。）　永久
九　閉鎖電子証明書ファイルの記録　閉鎖した日から20年間
十　電子証明書に係る申請書類及び電磁的記録　受付の日から13年間
十一　第33条の8第4項に規定する事項に係る記録　同条第1項の措置を講じたものであることを確認することができる期間の満了の日から20年間
十二　登記関係帳簿保存簿　作成の時から30年間
十三　登記事務日記帳　作成した年の翌年から1年間
十四　登記事項証明書等用紙管理簿　作成した年の翌年から1年間
十五　印鑑証明書用紙管理簿　作成した年の翌年から1年間
十六　決定原本つづり込み帳　これにつづり込まれた決定書に係る決定の年の翌年から5年間
十七　審査請求書類等つづり込み帳　これにつづり込まれた審査請求書の受付の年の翌年から5年間
十八　清算未了申出書等つづり込み帳　これにつづり込まれた申出書又は通知書に係る申出又は通知の年の翌年から5年間
十九　印鑑届書等つづり込み帳　これにつづり込まれた書面の受付の年の翌年から3年間
二十　再使用証明申出書類つづり込み帳　作成した年の翌年から5年間
二十一　登録免許税関係書類つづり込み帳　作成した年の翌年から5年間
二十二　不正登記防止申出書類つづり込み帳　作成した年の翌年から3年間
二十二の二　住所非表示措置申出等書類つづり込み帳　作成した年の翌年から3年間
二十三　整理対象休眠会社等一覧　作成した年の翌年から5年間
二十四　休眠会社等返戻通知書つづり込み帳　作成した年の翌年から5年間
二十五　事業を廃止していない旨の届出書つづり込み帳　作成した年の翌年から5年間
二十六　閉鎖登記記録一覧　作成した年の翌年から5年間
二十七　諸表つづり込み帳　作成した年の翌年から3年間
二十八　雑書つづり込み帳　作成した年の翌年から1年間

5　第1項各号に掲げる帳簿等は、不動産登記に関して備えた帳簿等でこれらに相当するものをもつて兼ねることができる。

第2章　登記手続

第1節　通則

（申請書の記載等）
第35条　申請書の記載は、横書きとしなければならない。
2　申請書に記載すべき登記事項は、区ごとに整理して記載するものとする。
3　申請人又はその代表者若しくは代理人は、申請書が2枚以上であるときは、各用紙のつづり目に契印をしなければならない。
4　前項の契印は、申請人又はその代表者若しくは代理人が二人以上であるときは、その一人がすれば足りる。

（申請書等への押印）
第35条の2　申請人又はその代表者が申請書に押印する場合には、登記所に提出している印鑑を押印しなければならない。
2　委任による代理人の権限を証する書面には、前項の印鑑を押印しなければならない。

（電磁的記録の提供の方法）
第35条の3　法第17条第3項の法務省令で定める方法は、次のいずれかの方法とする。
一　法務大臣の指定する方式に従い、法第17条第3項に規定する電磁的記録を記録した電磁的記録媒体（第33条の6第4項第1号に該当する構造の電磁的記録媒体に限る。）を申請書とともに提出する方法
二　情報通信技術を活用した行政の推進等に関する法律（平成14年法律第151号。以下「情報通信技術活用法」という。）第6条第1項に規定する電子情報処理組織を使用して、法第17条第3項に規定する電磁的記録をあらかじめ提供する方法（法務大臣が定める条件に適合するものに限る。）
2　前項第1号の指定は、告示してしなければならない。
3　第1項第1号の電磁的記録媒体には、申請人の氏名（法人にあつては、商号又は名称）を記載し、又は記載した書面を貼り付けなければならない。
4　第1項第2号の方法により電磁的記録を提供した場合にあつては、当該電磁的記録を提供後、速やかに、当該提供に係る登記を申請するものとする。

（申請書に添付すべき電磁的記録）
第36条　法第19条の2の法務省令で定める電磁的記録は、第33条の6第4項第1号に該当する構造の電磁的記録媒体でなければならない。
2　前項の電磁的記録には、法務大臣の指定する方式に従い、法第19条の2に規定する情報を記録しなければならない。

3　前項の情報は、法務大臣の指定する方式に従い、当該情報の作成者（認証を要するものについては、作成者及び認証者。次項において同じ。）が第33条の4に定める措置を講じたものでなければならない。

4　第1項の電磁的記録には、当該電磁的記録に記録された次の各号に掲げる情報の区分に応じ、当該情報の作成者が前項の措置を講じたものであることを確認するために必要な事項を証する情報であつてそれぞれ当該各号に定めるものを、法務大臣の指定する方式に従い、記録しなければならない。

一　委任による代理人の権限を証する情報　次に掲げる電子証明書のいずれか

イ　第33条の8第2項（他の省令において準用する場合を含む。）に規定する電子証明書

ロ　電子署名等に係る地方公共団体情報システム機構の認証業務に関する法律（平成14年法律第153号）第3条第1項の規定により作成された署名用電子証明書

ハ　氏名、住所、出生の年月日その他の事項により当該措置を講じた者を確認することができるものとして法務大臣の指定する電子証明書

二　前号に規定する情報以外の情報　次に掲げる電子証明書のいずれか

イ　前号イ、ロ又はハに掲げる電子証明書

ロ　指定公証人の行う電磁的記録に関する事務に関する省令（平成13年法務省令第24号）第3条第1項に規定する指定公証人電子証明書

ハ　その他法務大臣の指定する電子証明書

5　前3項の方式の指定は、告示してしなければならない。

6　前条第3項の規定は、第1項の電磁的記録媒体に準用する。

（登記事項証明書の有効期間）

第36条の2　申請書に添付すべき登記事項証明書は、その作成後3月以内のものに限る。

（添付書面の特例）

第36条の3　法第19条の3の法務省令で定める場合は、申請書に会社法人等番号を記載した場合とする。

（数個の同時申請）

第37条　同一の登記所に対し同時に数個の申請をする場合において、各申請書に添付すべき書類（法第19条の2に規定する電磁的記録を含む。）に内容が同一であるものがあるときは、1個の申請書のみに1通を添付すれば足りる。

2　前項の場合には、他の各申請書にその旨を付記しなければならない。

（申請書の調査）

第38条　登記官が申請書を受け取つたときは、遅滞なく、申請に関するすべての事項を調査しなければならない。

（受領証の送付）

第38条の2　第9条の4第4項から第6項までの規定は、法第22条の規定による受領証の交付の請求に準用する。

（登記官による本人確認）

第38条の3　登記官は、法第23条の2第1項の規定により申請人の申請の権限の有無を調査したときは、その調査の結果を記録した調書を作成しなければならない。同条第2項の嘱託を受けて調査をした場合についても、同様とする。

2　前項後段の場合には、嘱託を受けて調査をした登記所の登記官は、その調査の結果を記録した調書を嘱託をした登記官に送付しなければならない。

（登記の方法）

第39条　登記をするには、この規則に別段の定めがある場合を除き、登記記録中相当区に登記事項及び登記の年月日を記録するほか、登記官の識別番号を記録しなければならない。

（嘱託による登記）

第40条　官庁の嘱託による登記の手続については、法令に別段の定めがある場合を除き、申請による登記に関する規定を準用する。

2　裁判所の嘱託によつて登記をするには、裁判所の名称及びその裁判があつた年月日又はその裁判の確定した年月日をも記録しなければならない。

（変更の登記）

第41条　変更の登記をする場合には、変更に係る登記事項を抹消する記号を記録しなければならない。

（行政区画等の変更）

第42条　登記簿に記録された行政区画、郡、区、市町村内の町若しくは字又はそれらの名称の変更があつたときは、登記官は、登記簿にその変更があつたことを記録することができる。

2　第39条及び前条の規定は、前項の場合に準用する。

（登記記録の閉鎖）

第43条　登記記録を閉鎖するには、登記記録に閉鎖の事由及びその年月日を記録するほか、登記官の識別番号を記録しなければならない。

（登記事項の閉鎖）

第44条　登記簿に記録された登記事項中、抹消する記号が記録されたもの及び現に効力を有しないものは、履歴事項証明書に記載すべきものを除き、閉鎖しなければならない。

2　前項の規定により閉鎖した登記事項は、これを閉鎖した登記記録とみなす。

（登記記録の復活）

第45条　閉鎖した登記記録に更に登記をする必要がある場合には、その登記記録を復活しなければならない。この場合には、登記記録中登記記録区にその旨及びその年月日を記録して登記官の識別番号を記録し、第43条の規定による記録を抹消する記号を記録しなければならない。

第46条～第47条　削除

（記載の文字）

第48条　申請書その他の登記に関する書面に記載する文字は、字画を明確にしなければならない。

2　前項の書面につき文字の訂正、加入又は削除をしたときは、その旨及びその字数を欄外に記載し、又

は訂正、加入若しくは削除をした文字に括弧その他の記号を付して、その範囲を明らかにし、かつ、当該字数を記載した部分又は当該記号を付した部分に押印しなければならない。この場合において、訂正又は削除をした文字は、なお読むことができるようにしておかなければならない。

（添付書類の還付）

第49条　登記の申請人は、申請書に添付した書類の還付を請求することができる。

2　書類の還付を請求するには、登記の申請書に当該書類と相違がない旨を記載した謄本をも添付しなければならない。ただし、登記の申請が却下された場合において、書類の還付を請求するには、還付請求書に当該書類と相違がない旨を記載した謄本を添付し、これを登記所に提出しなければならない。

3　登記官は、書類を還付したときは、その謄本、登記の申請書又は還付請求書に原本還付の旨を記載して押印しなければならない。

4　代理人によつて第1項の請求をするには、申請書にその権限を証する書面を添付しなければならない。

5　第9条の4第4項から第6項までの規定は、第1項の規定による添付書類の還付の請求に準用する。

第2節　商号の登記

（商号の登記に用いる符号）

第50条　商号を登記するには、ローマ字その他の符号で法務大臣の指定するものを用いることができる。

2　前項の指定は、告示してしなければならない。

（同一当事者の数個の商号の登記）

第51条　同一の当事者から数個の商号の登記の申請があつたときは、各商号について各別の登記記録に登記しなければならない。

（営業所移転の登記の添付書面）

第52条　法第29条第1項の規定による新所在地における登記の申請書には、旧所在地においてした登記を証する書面を添付しなければならない。

（商号の譲渡の登記等の添付書面）

第52条の2　法第30条第1項及び法第31条第1項の登記の申請書には、譲渡人の承諾書に押印した印鑑につき市町村長の作成した証明書を添付しなければならない。ただし、当該印鑑と当該譲渡人が登記所に提出している印鑑とが同一であるときは、この限りでない。

（商号の譲渡又は相続の登記）

第52条の3　商号の譲渡による変更の登記をするには、譲渡人につきその商号の登記記録に商号の譲渡があつた旨、譲受人の氏名及び住所並びに譲渡の年月日を記録し、当該登記記録を閉鎖するとともに、譲受人につき新たに登記記録を起こして次に掲げる事項を記録しなければならない。

一　法第28条第2項各号に掲げる事項

二　商号の譲渡があつた旨

三　譲渡人の氏名及び住所

四　譲渡の年月日

2　前項の規定により登記すべき事項（同項第1号に掲げる事項を除く。）は、各登記記録中の登記記録区に記録しなければならない。

3　前2項の規定は、商号の相続による変更の登記について準用する。

（営業又は事業の譲渡の際の免責の登記）

第53条　商法（明治32年法律第48号）第17条第2項前段の登記は、譲受人の商号の登記記録にしなければならない。

2　会社法第22条第2項前段の登記は、譲受人である会社の登記記録にしなければならない。

（登記記録の閉鎖等）

第54条　次に掲げる登記は、登記記録区にしなければならない。

一　商号廃止の登記

二　商号の登記をした者の営業所が登記所の管轄区域外に移転した場合において、旧所在地においてする営業所移転の登記

三　会社の商号以外の商号の登記の抹消

2　前項各号に掲げる登記をしたときは、その登記記録を閉鎖しなければならない。

第3節　未成年者及び後見人の登記

第55条　次に掲げる登記は、登記記録区にしなければならない。

一　未成年者又は後見人に関する消滅の登記

二　未成年者又は後見人の営業所が登記所の管轄区域外に移転した場合において、旧所在地においてする営業所移転の登記（登記所の管轄区域内に他の営業所がある場合を除く。）

2　前項各号に掲げる登記をしたときは、その登記記録を閉鎖しなければならない。

第4節　支配人の登記

（数人の支配人の登記）

第56条　会社以外の者から数人の支配人の登記の申請があつたときは、各支配人について各別の登記記録に登記をしなければならない。

（登記記録の閉鎖等）

第57条　会社以外の者の支配人に関する次に掲げる登記は、登記記録区にしなければならない。

一　支配人の代理権の消滅の登記

二　支配人を置いた営業所が登記所の管轄区域外に移転した場合において、旧所在地においてする営業所移転の登記（登記所の管轄区域内にその支配人を置いた他の営業所がある場合を除く。）

2　前項各号に掲げる登記をしたときは、その登記記録を閉鎖しなければならない。

（会社の支配人を置いた営業所の移転等の登記）

第58条　会社の支配人を置いた本店又は支店について移転、変更又は廃止があつたときは、本店又は支

店に関する移転、変更又は廃止の登記の申請と支配人を置いた営業所に関する移転、変更又は廃止の登記の申請とは、同時にしなければならない。

（会社の支配人の登記の抹消）

第59条　会社の支配人の登記は、会社の解散の登記をしたときは、抹消する記号を記録しなければならない。

（準用規定）

第60条　第52条の規定は、会社以外の者の支配人の登記について準用する。

第５節　株式会社の登記

（添付書面）

第61条　定款の定め又は裁判所の許可がなければ登記すべき事項につき無効又は取消しの原因が存することとなる申請については、申請書に、定款又は裁判所の許可書を添付しなければならない。

2　登記すべき事項につき次の各号に掲げる者全員の同意を要する場合には、申請書に、当該各号に定める事項を証する書面を添付しなければならない。

一　株主　株主全員の氏名又は名称及び住所並びに各株主が有する株式の数（種類株式発行会社にあつては、株式の種類及び種類ごとの数を含む。次項において同じ。）及び議決権の数

二　種類株主　当該種類株主全員の氏名又は名称及び住所並びに当該種類株主のそれぞれが有する当該種類の株式の数及び当該種類の株式に係る議決権の数

3　登記すべき事項につき株主総会又は種類株主総会の決議を要する場合には、申請書に、総株主（種類株主総会の決議を要する場合にあつては、その種類の株式の総株主）の議決権（当該決議（会社法第319条第１項（同法第325条において準用する場合を含む。）の規定により当該決議があつたものとみなされる場合を含む。）において行使することができるものに限る。以下この項において同じ。）の数に対するその有する議決権の数の割合が高いことにおいて上位となる株主であつて、次に掲げる人数のうちいずれか少ない人数の株主の氏名又は名称及び住所、当該株主のそれぞれが有する株式の数（種類株主総会の決議を要する場合にあつては、その種類の株式の数）及び議決権の数並びに当該株主のそれぞれが有する議決権に係る当該割合を証する書面を添付しなければならない。

一　10名

二　その有する議決権の数の割合を当該割合の多い順に順次加算し、その加算した割合が３分の２に達するまでの人数

4　設立（合併及び組織変更による設立を除く。）の登記の申請書には、設立時取締役が就任を承諾したこと（成年後見人又は保佐人が本人に代わつて承諾する場合にあつては、当該成年後見人又は保佐人が本人に代わつて就任を承諾したこと。以下この項において同じ。）を証する書面に押印した印鑑につき市町村長の作成した証明書を添付しなければならない。取締役の就任（再任を除く。）による変更の登記の申請書に添付すべき取締役が就任を承諾したことを証する書面に押印した印鑑についても、同様とする。

5　取締役会設置会社における前項の規定の適用については、同項中「設立時取締役」とあるのは「設立時代表取締役又は設立時代表執行役」と、同項後段中「取締役」とあるのは「代表取締役又は代表執行役」とする。

6　代表取締役又は代表執行役の就任による変更の登記の申請書には、次の各号に掲げる場合の区分に応じ、それぞれ当該各号に定める印鑑につき市町村長の作成した証明書を添付しなければならない。ただし、当該印鑑と変更前の代表取締役又は代表執行役（取締役を兼ねる者に限る。）が登記所に提出している印鑑とが同一であるときは、この限りでない。

一　株主総会又は種類株主総会の決議によつて代表取締役を定めた場合　議長及び出席した取締役が株主総会又は種類株主総会の議事録に押印した印鑑

二　取締役の互選によつて代表取締役を定めた場合　取締役がその互選を証する書面に押印した印鑑

三　取締役会の決議によつて代表取締役又は代表執行役を選定した場合　出席した取締役及び監査役が取締役会の議事録に押印した印鑑

7　設立の登記又は取締役、監査役若しくは執行役の就任（再任を除く。）による変更の登記の申請書には、設立時取締役、設立時監査役、設立時執行役、取締役、監査役又は執行役（以下この項及び第103条において「取締役等」という。）が就任を承諾したこと（成年後見人又は保佐人が本人に代わつて承諾する場合にあつては、当該成年後見人又は保佐人が本人に代わつて就任を承諾したこと）を証する書面に記載した取締役等の氏名及び住所と同一の氏名及び住所が記載されている市町村長その他の公務員が職務上作成した証明書（当該取締役等（その者の成年後見人又は保佐人が本人に代わつて就任を承諾した場合にあつては、当該成年後見人又は保佐人）が原本と相違がない旨を記載した謄本を含む。）を添付しなければならない。ただし、登記の申請書に第４項（第５項において読み替えて適用される場合を含む。）又は前項の規定により当該取締役等の印鑑につき市町村長の作成した証明書を添付する場合は、この限りでない。

8　代表取締役若しくは代表執行役又は取締役若しくは執行役（登記所に印鑑を提出した者がある場合にあつては当該印鑑を提出した者に限り、登記所に印鑑を提出した者がない場合にあつては会社の代表者に限る。以下この項において「代表取締役等」という。）の辞任による変更の登記の申請書には、当該代表取締役等（その者の成年後見人又は保佐人が本人に代わつて行う場合にあつては、当該成年後見人又は保佐人）が辞任を証する書面に押印した印鑑につき市町村長の作成した証明書を添付しなければならない。ただし、登記所に印鑑を提出した者がある場合であつて、当該書面に押印した印鑑と当該代表取締役等が登記所に提出している印鑑とが同一であるときは、この限りでない。

9　設立の登記又は資本金の額の増加若しくは減少による変更の登記の申請書には、資本金の額が会社法及び会社計算規則（平成18年法務省令第13号）の規定に従つて計上されたことを証する書面を添付しなければならない。

10　登記すべき事項につき会社に一定の分配可能額（会社法第461条第2項に規定する分配可能額をいう。）又は欠損の額が存在することを要するときは、申請書にその事実を証する書面を添付しなければならない。

11　資本準備金の額の減少によつてする資本金の額の増加による変更の登記（会社法第448条第3項に規定する場合に限る。）の申請書には、当該場合に該当することを証する書面を添付しなければならない。

第62条～第64条　削除

（本店移転の登記）

第65条　法第52条第2項の規定による申請書及びその添付書面の送付並びに第9条第13項の規定による印鑑の送付は、書留郵便又は信書便の役務であつて信書便事業者において引受け及び配達の記録を行うものによつてするものとし、申請人が当該郵便物をこれと同一の種類に属する他の郵便物に優先して送達する取扱いの料金に相当する郵便切手又は第9条の4第5項に規定する証票を提出したときは、当該取扱いとしなければならない。

2　本店を他の登記所の管轄区域内に移転した場合の新所在地における登記においては、取締役、監査等委員である取締役、会計参与、監査役、代表取締役、特別取締役、委員、執行役、代表執行役及び会計監査人の就任の年月日をも登記しなければならない。

3　法第53条の規定により登記すべき事項（会社成立の年月日を除く。）は、登記記録中登記記録区に記録しなければならない。

（株主総会の決議の不存在等の登記）

第66条　株主総会又は種類株主総会の決議の不存在、無効又は取消しの登記をする場合には、決議した事項に関する登記を抹消する記号を記録し、その登記により抹消する記号が記録された登記事項があるときは、その登記を回復しなければならない。

2　前項の規定は、創立総会又は種類創立総会の決議の不存在、無効又は取消しの登記について準用する。

（代表取締役等の登記）

第67条　取締役の選任の決議の不存在、無効若しくは取消し又は判決による解任の登記をした場合において、その取締役が代表取締役、特別取締役、委員又は社外取締役であるときは、当該代表取締役、特別取締役、委員又は社外取締役に関する登記を抹消する記号をも記録しなければならない。

2　前項の規定は、監査役の選任の決議の不存在、無効若しくは取消し又は判決による解任の登記をした場合において、その監査役が社外監査役であるときにおける当該社外監査役に関する登記について準用する。

3　第1項の規定は、執行役の選任の決議の不存在、無効若しくは取消し又は判決による解任の登記をした場合において、その執行役が代表執行役であるときにおける当該代表執行役に関する登記について準用する。

（仮取締役又は取締役職務代行者等の登記）

第68条　一時取締役、監査等委員である取締役、会計参与、監査役、代表取締役、委員、執行役、代表執行役又は会計監査人の職務を行うべき者に関する登記は、取締役、監査等委員である取締役、会計参与、監査役、代表取締役、委員、執行役、代表執行役又は会計監査人の就任の登記をしたときは、抹消する記号を記録しなければならない。

2　取締役、監査等委員である取締役、会計参与、監査役、代表取締役、委員、執行役又は代表執行役の職務の執行停止又は職務代行者に関する登記は、その取締役、監査等委員である取締役、会計参与、監査役、代表取締役、委員、執行役又は代表執行役の選任の決議の不存在、無効若しくは取消し又は解任の登記をしたときは、抹消する記号を記録しなければならない。

（発行する株式の内容等の登記）

第69条　種類株式発行会社となつた場合において、発行可能種類株式総数及び発行する各種類の株式の内容の登記をしたときは、発行する株式の内容の登記を抹消する記号を記録しなければならない。

2　種類株式発行会社に該当しなくなつた場合において、発行する株式の内容の登記をしたときは、発行可能種類株式総数及び発行する各種類の株式の内容の登記を抹消する記号を記録しなければならない。

（新株発行の無効等の登記）

第70条　第66条第1項の規定は、会社の成立後における株式の発行の無効若しくは不存在の登記、新株予約権の発行の無効若しくは不存在の登記又は資本金の額の減少の無効の登記について準用する。この場合において、同項中「関する登記」とあるのは、「関する登記（会社の成立後における株式の発行の無効又は不存在の登記をする場合にあつては、資本金の額に関する登記を除く。）」と読み替えるものとする。

（電子公告に関する登記）

第71条　電子公告を公告方法としたことによる変更の登記をしたときは、会社法第911条第3項第26号及び銀行法（昭和56年法律第59号）第57条の4各号（株式会社日本政策投資銀行法（平成19年法律第85号）第10条第1項において準用する場合を含む。）に掲げる事項並びに株式会社商工組合中央金庫法（平成19年法律第74号）第64条に規定する事項の登記を抹消する記号を記録しなければならない。

（解散等の登記）

第72条　会社法第471条（第4号及び第5号を除く。）又は第472条第1項本文の規定による解散の登記をしたときは、次に掲げる登記を抹消する記号を記録しなければならない。

一　取締役会設置会社である旨の登記並びに取締役、代表取締役及び社外取締役に関する登記

二　特別取締役による議決の定めがある旨の登記及び特別取締役に関する登記
三　会計参与設置会社である旨の登記及び会計参与に関する登記
四　会計監査人設置会社である旨の登記及び会計監査人に関する登記
五　監査等委員会設置会社である旨の登記、監査等委員である取締役に関する登記及び重要な業務執行の決定の取締役への委任についての定款の定めがある旨の登記
六　指名委員会等設置会社である旨の登記並びに委員、執行役及び代表執行役に関する登記

2　前項の規定は、設立の無効又は株式移転の無効の登記をした場合について準用する。

（継続の登記）
第73条　会社法第473条の規定による継続の登記をしたときは、解散の登記、清算人会設置会社である旨の登記並びに清算人及び代表清算人に関する登記を抹消する記号を記録しなければならない。

（仮清算人又は清算人職務代行者等の登記）
第74条　第68条の規定は、清算人又は代表清算人について準用する。

（特別清算に関する登記）
第75条　登記官は、次に掲げる場合には、特別清算開始の登記を抹消する記号を記録しなければならない。
一　特別清算開始の取消しの登記をしたとき。
二　特別清算終結の登記をしたとき（特別清算の結了により特別清算終結の決定がされた場合を除く。）。
三　会社法第574条第1項又は第2項の規定により破産手続開始の決定があつた場合において、破産手続開始の登記をしたとき。

（組織変更の登記）
第76条　法第76条の規定により登記すべき事項（会社成立の年月日を除く。）は、登記記録中登記記録区に記録しなければならない。

2　組織変更の無効による回復の登記をしたときは、組織変更による解散の登記を抹消する記号を記録しなければならない。

（合併の登記）
第77条　新設合併による設立の登記において法第79条の規定により登記すべき事項は、登記記録中登記記録区に記録しなければならない。

2　第65条第1項の規定は、法第83条第2項の規定による申請書の送付について準用する。

3　合併の無効による回復の登記をしたときは、合併による解散の登記を抹消する記号を記録しなければならない。

（会社分割の登記）
第78条　新設分割による設立の登記において法第84条第1項の規定により登記すべき事項は、登記記録中登記記録区に記録しなければならない。

2　第65条第1項の規定は、法第88条第2項の規定による申請書の送付について準用する。

（株式交換又は株式移転の登記）
第79条　第65条第1項の規定は、法第92条第2項の規定による申請書の送付について準用する。

（登記記録の閉鎖等）
第80条　次に掲げる登記は、登記記録区にしなければならない。
一　本店を登記所の管轄区域外に移転した場合において、当該本店の旧所在地においてする移転の登記
二　組織変更又は合併による解散の登記
三　組織変更の無効、新設合併の無効又は新設分割の無効による解散の登記
四　清算結了の登記
五　特別清算終結の登記（特別清算の結了により特別清算終結の決定がされた場合に限る。）

2　前項各号に掲げる登記をしたときは、その登記記録を閉鎖しなければならない。

第81条　次に掲げる場合には、登記官は、当該登記記録を閉鎖することができる。
一　解散の登記をした後10年を経過したとき。
二　次項又は第3項に規定する申出後5年を経過したとき。

2　前項第1号又は第2号に掲げる期間が経過する2月前から当該登記記録を閉鎖するまでの間に、会社が本店の所在地を管轄する登記所に清算を結了していない旨の申出をしたときは、登記官は、前項の規定にかかわらず、当該登記記録を閉鎖することができない。

3　第1項の規定により登記記録を閉鎖した後、会社が本店の所在地を管轄する登記所に清算を結了していない旨の申出をしたときは、登記官は、当該登記記録を復活しなければならない。

4　第45条後段の規定は、前項の規定により登記記録を復活する場合について準用する。

（役員等の氏の記録に関する申出等）
第81条の2　会社の代表者は、役員（取締役、監査役、執行役、会計参与又は会計監査人をいう。以下この条において同じ。）又は清算人の一の旧氏（住民基本台帳法施行令（昭和42年政令第292号）第30条の13に規定する旧氏であつて、記録すべき氏と同一であるときを除く。以下同じ。）を登記簿に記録するよう申し出ることができる。この場合において、当該登記簿（閉鎖した登記事項を除く。）にその役員又は清算人について旧氏の記録がされていたことがあるときは、最後に記録されていた旧氏より後に称していた旧氏に限り、登記簿に記録するよう申し出ることができる。

2　前項の申出は、次に掲げる事項を記載した申出書を登記所に提出してしなければならない。
一　申出に係る会社の商号及び本店の所在場所並びに当該会社の代表者の資格、氏名、住所及び連絡先
二　旧氏を記録すべき役員又は清算人の氏名
三　前号の役員又は清算人について記録すべき旧氏
四　代理人によつて申出をするときは、当該代理人

の氏名又は名称、住所及び連絡先並びに代理人が法人であるときはその代表者の資格及び氏名
五　申出の年月日
3　前項の申出書には、次に掲げる書面を添付しなければならない。
一　前項第3号に掲げる事項を証する書面
二　代理人によつて第1項の申出をするときは、当該代理人の権限を証する書面
4　第2項の申出書又は委任による代理人の権限を証する書面には、申出をする会社の代表者が登記所に提出している印鑑を押印しなければならない。
5　第1項の申出があつた場合には、登記官は、同項の申出に係る旧氏を登記簿に記録するものとする。
6　登記官は、旧氏が記録された役員又は清算人の氏の変更の登記の申請があつた場合において、当該旧氏と登記簿に記録すべき氏とが同一であるときは、当該申請により登記簿に氏名を記録すべき役員又は清算人につき、当該旧氏を記録しないものとする。
7　会社の代表者は、当該会社の登記簿に旧氏の記録がされている者について氏の変更の登記がされた場合には、登記簿に記録がされている旧氏を当該変更の登記の直前に称していた旧氏に変更するよう申し出ることができる。
8　第2項から第5項までの規定は、前項の申出について準用する。
9　会社の代表者は、当該会社の登記簿に記録がされている旧氏の記録を希望しない旨を申し出ることができる。
10　第2項から第5項までの規定（第3項第1号を除く。）は、前項の申出について準用する。この場合において、第2項第2号中「旧氏を記録すべき」とあるのは「旧氏の記録を希望しない」と、同項第3号中「清算人について記録すべき旧氏」とあるのは「清算人について記録されている旧氏」と、第5項中「記録するものとする。」とあるのは「記録しないものとする。」と読み替えるものとする。

第6節　合名会社の登記

（添付書面）
第82条　定款の定めがなければ登記すべき事項につき無効の原因が存することとなる申請については、申請書に定款を添付しなければならない。
（社員の業務執行権又は代表権の消滅の登記）
第83条　社員の業務執行権又は代表権の消滅の登記は、その社員の退社の登記をしたときは、抹消する記号を記録しなければならない。
（社員の職務執行停止等の登記）
第84条　社員の職務の執行停止又は職務代行者に関する登記は、その社員の除名又は業務執行権若しくは代表権の消滅の登記をしたときは、抹消する記号を記録しなければならない。
（継続の登記）
第85条　会社法第642条第1項の規定による継続の登記をしたときは、解散の登記並びに清算人及び清算持分会社を代表する清算人に関する登記を抹消する記号を記録しなければならない。
2　会社法第845条の規定による継続の登記をしたときは、設立の無効又は取消しの登記並びに清算人及び清算持分会社を代表する清算人に関する登記を抹消する記号を記録しなければならない。
（清算人の登記）
第86条　会社法第928条第2項又は第3項の規定による清算人の登記をしたときは、代表社員に関する登記を抹消する記号を記録しなければならない。
2　前項の規定は、会社法第641条第4号若しくは第7号の規定による解散の登記をした場合又は設立の無効若しくは取消しの登記をした場合について準用する。
（清算人の職務執行停止等の登記）
第87条　清算人の職務の執行停止又は職務代行者に関する登記は、会社法第648条第3項の規定によるその清算人の解任の登記をしたときは、抹消する記号を記録しなければならない。
（持分会社の種類の変更の登記）
第88条　法第104条の規定により登記すべき事項（会社成立の年月日を除く。）は、登記記録中登記記録区に記録しなければならない。
（社員等の氏の記録に関する申出等）
第88条の2　会社の代表者は、社員若しくは清算人又は合名会社を代表する社員が法人である場合の当該社員の職務を行うべき者若しくは清算持分会社を代表する清算人が法人である場合の当該清算人の職務を行うべき者（以下この条において「職務執行者」という。）の一の旧氏を登記簿に記録するよう申し出ることができる。この場合において、当該登記簿にその社員、清算人又は職務執行者について旧氏の記録がされていたことがあるときは、最後に記録されていた旧氏より後に称していた旧氏に限り、登記簿に記録するよう申し出ることができる。
2　第81条の2第2項から第10項までの規定は、前項の場合に準用する。この場合において、同条第2項第2号及び第3号並びに第6項中「役員又は清算人」とあるのは「社員、清算人又は職務執行者」と、同条第10項中「清算人について記録すべき旧氏」とあるのは「職務執行者について記録すべき旧氏」と、「清算人について記録されている旧氏」とあるのは「職務執行者について記録されている旧氏」と読み替えるものとする。
（準用規定）
第89条　第65条第1項及び第3項、第71条、第76条から第78条まで、第80条（第1項第5号を除く。）並びに第81条の規定は、合名会社の登記について準用する。この場合において、第80条第1項第2号中「組織変更」とあるのは、「持分会社の種類の変更、組織変更」と読み替えるものとする。

第7節　合資会社の登記

第90条　前節の規定は、合資会社の登記について準用する。

第８節　合同会社の登記

（解散等の登記）

第91条　会社法第641条（第５号及び第６号を除く。）の規定による解散の登記をしたときは、業務を執行する社員及び代表社員に関する登記を抹消する記号を記録しなければならない。

２　前項の規定は、設立の無効又は取消しの登記をした場合について準用する。

（準用規定）

第92条　第61条第９項及び第６節（第86条を除く。）の規定は、合同会社について準用する。この場合において、第83条及び第84条中「社員」とあるのは「業務を執行する社員」と、第88条の２第１項中「、社員」とあるのは「、業務を執行する社員」と、同項及び同条第２項中「社員、」とあるのは「業務を執行する社員、」と読み替えるものとする。

第９節　外国会社の登記

（申請書の記載事項）

第93条　会社法第933条第５項の規定により外国において生じた事項の登記を申請するには、申請書にその通知書の到達した年月日を記載しなければならない。

（登記すべき登記記録等）

第94条　外国会社の登記は、その登記をするに最も適する登記簿の種類に従つた登記記録にしなければならない。

２　登記すべき事項の記録は、これに最も適する区に記録しなければならない。

（設立の準拠法等の記録）

第95条　外国会社の設立の準拠法に関する登記は商号区に、外国会社の日本における代表者に関する登記は社員区又は役員区にしなければならない。

（登記記録の閉鎖等）

第96条　次の登記は、登記記録区にしなければならない。

一　営業所を登記所の管轄区域外に移転した場合において、当該営業所の旧所在地においてする移転の登記（登記所の管轄区域内に他の営業所がある場合を除く。）

二　営業所を閉鎖した場合において、当該営業所の旧所在地においてする閉鎖の登記（登記所の管轄区域内に他の営業所がある場合及び登記所の管轄区域内に日本における代表者の住所地がある場合（すべての日本における営業所を閉鎖した場合に限る。）を除く。）

三　日本に営業所を設置している外国会社のすべての日本における代表者（日本に住所を有するものに限る。）の退任の登記（清算の開始の命令がある場合を除く。）

四　日本に営業所を設置していない外国会社の日本における代表者がその住所を登記所の管轄区域外に移転した場合において、当該代表者の旧住所地においてする移転の登記（登記所の管轄区域内に他の日本における代表者の住所地がある場合を除く。）

五　日本に営業所を設置していない外国会社が登記所の管轄区域外に営業所を設置した場合において、当該外国会社の日本における代表者の住所地においてする営業所の設置の登記

六　日本に営業所を設置していない外国会社の日本における代表者の住所地においてする当該代表者の退任の登記（登記所の管轄区域内に他の日本における代表者の住所地がある場合及び清算の開始の命令がある場合を除く。）

七　清算結了の登記

２　前項各号に掲げる登記をしたときは、その登記記録を閉鎖しなければならない。

（準用規定）

第97条　第９条の４第２項の規定は、外国会社の日本における代表者である法人の代表者（当該代表者が法人である場合にあつては、当該外国会社の日本における代表者である法人の代表者の職務を行うべき者）が登記の申請をする場合について準用する。

２　第65条第１項の規定は、法第131条において準用する法第52条第２項の規定による申請書の送付について準用する。

３　第74条及び第75条の規定は、外国会社の登記について準用する。

第10節　登記の更正及び抹消

（更正の申請書の添付書面）

第98条　登記に錯誤又は遺漏があることがその登記の申請書又は添付書類により明らかであるときは、更正の申請書には、錯誤又は遺漏があることを証する書面を添付することを要しない。この場合には、更正の申請書にその旨を記載しなければならない。

（登記の更正）

第99条　登記の更正をする場合には、更正すべき登記事項を抹消する記号を記録し、その登記により抹消する記号が記録された登記事項があるときは、その登記を回復しなければならない。

２　法第133条第２項の規定により登記の更正をする場合には、更正の許可の年月日を記録しなければならない。

（登記の抹消）

第100条　登記の抹消をする場合には、抹消すべき登記事項を抹消する記号を記録し、その登記により抹消する記号が記録された登記事項があるときは、その登記を回復しなければならない。ただし、登記の抹消をすることによつて登記記録を閉鎖すべきときは、この限りでない。

２　法第137条の規定によつて登記の抹消をする場合には、その旨をも記録しなければならない。

３　第98条の規定は、登記の抹消の申請に準用する。

第3章　電子情報処理組織による登記の申請等に関する特例

（電子情報処理組織による登記の申請等）

第101条　次に掲げる申請、申出、提出、届出又は請求（以下「申請等」という。）は、情報通信技術活用法第6条第1項の規定により、同項に規定する電子情報処理組織を使用する方法によつてすることができる。ただし、当該申請等は、法務大臣が定める条件に適合するものでなければならない。

一　登記の申請（これと同時にする受領証の交付の請求を含む。以下同じ。）

一の二　第31条の2第1項及び第6項第1号、第81条の2第1項、第7項及び第9項（第88条の2第2項（第90条及び第92条において準用する場合を含む。）において準用する場合を含む。）並びに第88条の2第1項（第90条及び第92条において準用する場合を含む。）の申出（前号の登記の申請と同時にする場合に限る。以下第105条の2第1項及び第108条第1号において「住所非表示措置等の申出」という。）

二　印鑑の提出又は廃止の届出（第1号の登記の申請と同時にする場合に限る。）

三　電子証明書による証明の請求

四　電子証明書の使用の廃止の届出

五　電子証明書の使用の再開の届出

六　識別符号の変更の届出

七　電子証明書による証明の再度の請求

八　登記事項証明書又は印鑑の証明書の交付の請求

2　前項第8号の規定は、後見人である法人の代表者（当該代表者が法人である場合にあつては、当該後見人である法人の代表者の職務を行うべき者）、外国会社の日本における代表者である法人の代表者（当該代表者が法人である場合にあつては、当該外国会社の日本における代表者である法人の代表者の職務を行うべき者）又は管財人等の職務を行うべき者として指名された者が提出した印鑑の証明書については、適用しない。

3　情報通信技術活用法第6条第1項に規定する主務省令で定める電子情報処理組織は、登記所の使用に係る電子計算機と第1項に規定する申請等をする者の使用に係る電子計算機であつて法務大臣の定める技術的基準に適合するものとを電気通信回線で接続した電子情報処理組織をいう。

4　情報通信技術活用法第6条第6項に規定する主務省令で定める場合は、申請等に係る書面等のうちにその原本を確認する必要があると登記官が認める場合とする。

（登記申請の方法）

第102条　前条第1項第1号の規定により登記の申請をするには、申請人又はその代表者若しくは代理人（以下この章において「申請人等」という。）は、法務大臣の定めるところに従い、法令の規定により申請書に記載すべき事項に係る情報に第33条の4に定める措置を講じたもの（以下「申請書情報」という。）を送信しなければならない。

2　申請人等は、法令の規定により登記の申請書に添付すべき書面（法第19条の2に規定する電磁的記録を含む。）があるときは、法務大臣の定めるところに従い、当該書面に代わるべき情報にその作成者（認証を要するものについては、作成者及び認証者。第5項において同じ。）が前項に規定する措置を講じたもの（以下「添付書面情報」という。）を送信しなければならない。ただし、添付書面情報の送信に代えて、登記所に当該書面を提出し、又は送付することを妨げない。

3　申請人等（委任による代理人を除く。）が登記の申請をする場合において、申請書情報を送信するときは、当該申請人等が第1項に規定する措置を講じたものであることを確認するために必要な事項を証する情報であつて次のいずれかに該当するものを併せて送信しなければならない。

一　第33条の8第2項（他の省令において準用する場合を含む。）に規定する電子証明書

二　電子署名等に係る地方公共団体情報システム機構の認証業務に関する法律第3条第1項の規定により作成された署名用電子証明書

三　電子署名及び認証業務に関する法律（平成12年法律第102号）第8条に規定する認定認証事業者が作成した電子証明書（電子署名及び認証業務に関する法律施行規則（平成13年総務省・法務省・経済産業省令第2号）第4条第1号に規定する電子証明書をいう。）その他の電子証明書であつて、氏名、住所、出生の年月日その他の事項により当該措置を講じた者を確認することができるものとして法務大臣の定めるもの

四　官庁が嘱託する場合にあつては、官庁が作成した電子証明書であつて、登記官が当該措置を講じた者を確認することができるものとして法務大臣の定めるもの

4　委任による代理人によつて登記の申請をする場合において、申請書情報を送信するときは、当該代理人が第1項に規定する措置を講じたものであることを確認するために必要な事項を証する情報であつて次のいずれかに該当するものを併せて送信しなければならない。

一　前項各号に掲げる電子証明書

二　当該措置を講じた者を確認することができる電子証明書であつて、前号に掲げるものに準ずるものとして法務大臣の定めるもの

5　申請人等が添付書面情報を送信するときは、次の各号に掲げる情報の区分に応じ、それぞれ当該情報の作成者が第1項に規定する措置を講じたものであることを確認するために必要な事項を証する情報であつて当該各号に定めるものを併せて送信しなければならない。

一　委任による代理人の権限を証する情報　第3項各号に掲げる電子証明書

二　前号に規定する情報以外の情報　前項各号に掲げる電子証明書又は指定公証人の行う電磁的記録に関する事務に関する省令第3条第1項に規定

する指定公証人電子証明書

（添付書面の特則）

第103条　第101条第1項第1号の規定により登記の申請をする場合において、申請人等が、前条第2項の添付書面情報として、第61条第7項の就任を承諾したことを証する書面に代わるべき情報であつて当該就任を承諾した取締役等（成年後見人又は保佐人が本人に代わつて承諾する場合にあつては、同意をした本人である取締役等。以下この条において同じ。）が第33条の4に定める措置を講じたものを送信し、併せて、前条第5項第2号の規定により同条第3項第2号又は第3号に掲げる電子証明書を送信したときは、当該申請については、当該就任を承諾した取締役等についての第61条第7項の規定は適用しない。

（申請書類つづり込み帳の特則）

第104条　第101条第1項第1号の規定により登記の申請があつたときは、法第11条の2前段の規定による閲覧に供するため、申請書類つづり込み帳に、申請書情報及び添付書面情報の内容を表示した書面をもつづり込まなければならない。

第105条　削除

（住所非表示措置等の申出の方法）

第105条の2　第101条第1項第1号の2の規定により住所非表示措置等の申出をするには、住所非表示措置等の申出をする者又はその代理人（次項において「申出人等」という。）は、法務大臣の定めるところに従い、申出書に記載すべき事項に係る情報に第33条の4に定める措置を講じたものを送信（第3項において「申出情報の送信」という。）しなければならない。

2　申出人等は、申出書に添付すべき書面があるときは、法務大臣の定めるところに従い、当該書面に代わるべき情報にその作成者が前項に規定する措置を講じたものを送信（この項及び次項において「申出に係る添付書面情報の送信」という。）しなければならない。ただし、申出に係る添付書面情報の送信に代えて、登記所に当該書面を提出し、又は送付することを妨げない。

3　第102条第3項の規定は申出情報の送信について、同条第5項の規定は申出に係る添付書面情報の送信について準用する。

（印鑑の提出又は廃止の届出の方法）

第106条　第101条第1項第2号の規定により印鑑の提出又は廃止の届出をするには、印鑑の提出若しくは廃止の届出をする者又はその代理人（次項において「印鑑提出者等」という。）は、法務大臣の定めるところに従い、第9条第1項の書面に記載し若しくは明らかにすべき事項又は同条第7項の書面に記載すべき事項に係る情報に印鑑の提出又は廃止の届出をする者が第33条の4に定める措置を講じたものを送信（第3項において「提出等情報の送信」という。）しなければならない。

2　印鑑提出者等は、第9条第1項又は第7項の書面に添付すべき書面があるときは、法務大臣の定めるところに従い、当該書面に代わるべき情報にその作成者が前項に規定する措置を講じたものを送信（次項において「印鑑の提出又は廃止の届出に係る添付書面情報の送信」という。）しなければならない。

3　第102条第3項の規定は提出等情報の送信について、同条第5項の規定は印鑑の提出又は廃止の届出に係る添付書面情報の送信について準用する。

（電子証明書による証明の請求の方法）

第106条の2　第101条第1項第3号の規定により電子証明書による証明の請求をするには、申請人等は、法務大臣の定めるところに従い、第33条の6第1項の申請書に記載すべき事項に係る情報に第33条の4に定める措置を講じたものを送信（第4項において「証明の請求に係る申請書情報の送信」という。）しなければならない。

2　申請人等は、法務大臣の定めるところに従い、第33条の6第1項の規定により提出すべき電磁的記録及び同条第7項の規定により書面を申請書に添付すべき場合における当該書面に代わるべき情報を送信しなければならない。

3　申請人等は、前項に規定する書面のほか、第33条の6第1項の申請書に添付すべき書面があるときは、法務大臣の定めるところに従い、当該書面に代わるべき情報にその作成者が第1項に規定する措置を講じたものを送信（次項において「証明の請求に係る添付書面情報の送信」という。）しなければならない。

4　第102条第3項及び第4項の規定は証明の請求に係る申請書情報の送信について、同条第5項の規定は証明の請求に係る添付書面情報の送信について準用する。

5　第1項の規定による請求については、第33条の7第1項の規定中申請書への記載に関する部分は、適用しない。

6　第101条第1項に規定する方法により電子証明書による証明の請求をする場合において、手数料を納付するときは、登記官から得た納付情報により納付する方法によつてしなければならない。

（電子証明書の使用の廃止等の届出の方法）

第106条の3　第101条第1項第4号及び第5号の規定による届出をするには、申請人等は、法務大臣の定めるところに従い、第33条の10第1項（第33条の13第6項において準用する場合を含む。次項において同じ。）の書面に記載すべき事項に係る情報に第33条の4に定める措置を講じたものを送信（第3項において「電子証明書の使用の廃止等の届出に係る書面情報の送信」という。）しなければならない。

2　申請人等は、第33条の10第1項の書面に添付すべき書面があるときは、法務大臣の定めるところに従い、当該書面に代わるべき情報にその作成者が第1項に規定する措置を講じたものを送信（次項において「電子証明書の使用の廃止等の届出に係る添付書面情報の送信」という。）しなければならない。

3　第102条第3項及び第4項の規定は電子証明書の使用の廃止等の届出に係る書面情報の送信について、同条第5項の規定は電子証明書の使用の廃止等の届出に係る添付書面情報の送信について準用する。

4　第1項の規定による届出については、第33条の10第4項（第33条の13第6項において準用する場合を含む。）の規定中書面への記載に関する部分は、適用しない。

（識別符号の変更の届出の方法）

第106条の4　第101条第1項第6号の規定による識別符号の変更の届出をするには、申請人等は、法務大臣の定めるところに従い、第33条の14第2項において準用する第33条の6第1項の申請書に記載すべき事項に係る情報に第33条の4に定める措置を講じたものを送信（第4項において「識別符号の変更の届出に係る書面情報の送信」という。）しなければならない。

2　申請人等は、法務大臣の定めるところに従い、第33条の14第2項において準用する第33条の6第1項の規定により提出すべき電磁的記録を送信しなければならない。

3　申請人等は、前項に規定する電磁的記録のほか、第33条の14第2項において準用する第33条の6第1項の申請書に添付すべき書面があるときは、法務大臣の定めるところに従い、当該書面に代わるべき情報にその作成者が第1項に規定する措置を講じたものを送信（次項において「識別符号の変更の届出に係る添付書面情報の送信」という。）しなければならない。

4　第102条第3項及び第4項の規定は識別符号の変更の届出に係る書面情報の送信について、同条第5項の規定は識別符号の変更の届出に係る添付書面情報の送信について準用する。

5　第1項の規定による届出については、第33条の14第2項において準用する第33条の7第1項の規定中申請書への記載に関する部分は、適用しない。

（電子証明書による証明の再度の請求の方法）

第106条の5　第101条第1項第7号の規定により電子証明書による証明の再度の請求をするには、申請人等は、法務大臣の定めるところに従い、第33条の19の規定により読み替えて準用する第33条の6第1項の申請書に記載すべき事項に係る情報に第33条の4に定める措置を講じたものを送信（第4項において「電子証明書による証明の再度の請求に係る申請書情報の送信」という。）しなければならない。

2　申請人等は、法務大臣の定めるところに従い、第33条の19において準用する第33条の6第7項の規定により書面を申請書に添付すべき場合における当該書面に代わるべき情報を送信しなければならない。

3　申請人等は、前項に規定する書面のほか、第33条の19の規定により読み替えて準用する第33条の6第1項の申請書に添付すべき書面があるときは、法務大臣の定めるところに従い、当該書面に代わるべき情報にその作成者が第1項に規定する措置を講じたものを送信（次項において「電子証明書による証明の再度の請求に係る添付書面情報の送信」という。）しなければならない。

4　第102条第3項及び第4項の規定は電子証明書による証明の再度の請求に係る申請書情報の送信について、同条第5項の規定は電子証明書による証明の再度の請求に係る添付書面情報の送信について準用する。

5　第1項の規定による請求については、第33条の19の規定により読み替えて準用する第33条の7第1項の規定中申請書への記載に関する部分は、適用しない。

（登記事項証明書等の交付の請求の方法）

第107条　第101条第1項第8号の規定により登記事項証明書又は印鑑の証明書の交付の請求をするには、申請人等は、法務大臣の定めるところに従い、次の各号に掲げる事項に係る情報（印鑑の証明書の交付の請求にあつては、当該情報に第102条第1項に規定する措置を講じたもの）を送信しなければならない。

一　この規則の規定により申請書に記載すべき事項

二　登記事項証明書の交付を求めるとき（第4号に規定するときを除く。）は、登記所で交付を受ける旨

三　印鑑の証明書の交付を求めるとき（第5号に規定するときを除く。）は、登記所で交付を受ける旨及び印鑑カード番号

四　登記事項証明書の送付を求めるときは、その旨及び送付先の住所

五　印鑑の証明書の送付を求めるときは、その旨、印鑑カード番号及び送付先の住所

2　代理人によつて前項の規定による請求をするときは、法務大臣の定めるところに従い、その権限を証する書面に代わるべき情報（印鑑の証明書の交付の請求にあつては、当該情報にその作成者が第102条第1項に規定する措置を講じたもの）を併せて送信しなければならない。

3　第102条第3項、第4項及び第5項第1号の規定は、第1項の規定により印鑑の証明書の交付の請求をする場合に前2項の情報と併せて送信すべき電子証明書に準用する。

4　第1項の規定による請求については、第22条第2項（印鑑の証明書の交付の請求にあつては、印鑑の証明書の送付を求める場合（以下「印鑑の証明書の送付の請求」という。）に限る。）、第28条第2項及び第33条の規定並びに第29条の規定中申請書への記載に関する部分は、適用しない。

5　第1項の規定により登記事項証明書の交付を受けようとするとき（登記事項証明書の送付を受けようとするときを除く。）は、法務大臣の定める事項を申告しなければならない。

6　第1項の規定による印鑑の証明書の交付の請求（印鑑の証明書の送付の請求を除く。）についての第22条第2項の規定の適用については、同項中「前項の申請書を提出する場合」とあるのは「第107条第1項の規定により印鑑の証明書の交付を受けようとする場合」と、「印鑑カード」とあるのは「法務大臣の定める事項を申告し、及び印鑑カード」とする。

7　第101条第1項に規定する方法により登記事項証明書又は印鑑の証明書の交付の請求をする場合において、手数料を納付するときは、登記官から得た納付情報により納付する方法によつてしなければならない。

（氏名等を明らかにする措置）

第108条　情報通信技術活用法第6条第4項に規定する氏名又は名称を明らかにする措置であつて主務省令で定めるものは、次の各号に掲げる区分に応じ、それぞれ当該各号に定めるものとする。

一　第102条第1項の規定による登記の申請、第105条の2第1項の規定による住所非表示措置等の申出、第106条第1項の規定による印鑑の提出若しくは廃止の届出、第106条の2第1項の規定による電子証明書による証明の請求、第106条の3第1項の規定による電子証明書の使用の廃止若しくは電子証明書の使用の再開の届出、第106条の4第1項の規定による識別符号の変更の届出、第106条の5第1項の規定による電子証明書による証明の再度の請求又は前条第1項の規定による印鑑の証明書の交付の請求　当該署名等をすべき者による第102条第1項に規定する措置

二　前条第1項の規定による登記事項証明書の交付の請求　申請人等の氏名又は名称に係る情報を入力する措置

第4章　雑則

（法務局長等の命令による登記の方法）

第109条　登記官が法務局又は地方法務局の長の命令によつて登記をするときは、命令をした法務局又は地方法務局の長、命令の年月日及び命令によつて登記をする旨をも記録しなければならない。

（合併、会社分割又は株式移転による登記の申請書の記載）

第110条　合併、会社分割又は株式移転につき私的独占の禁止及び公正取引の確保に関する法律（昭和22年法律第54号）第15条第2項、第15条の2第2項若しくは第3項又は第15条の3第2項の規定による届出をした場合においては、合併による変更若しくは設立の登記、吸収分割承継会社がする吸収分割による変更の登記若しくは新設分割による設立の登記又は株式移転による設立の登記の申請書には、届出をした年月日を記載し、同法第15条第3項、第15条の2第4項又は第15条の3第3項において準用する同法第10条第8項ただし書の規定による期間の短縮があつたときは、その期間をも記載しなければならない。

（管財人等による登記の添付書面）

第111条　第9条の4第2項の規定は、管財人等の職務を行うべき者として指名された者が登記の申請をする場合について準用する。

（民事再生に関する登記）

第112条　次に掲げる登記は、社員区又は役員区にしなければならない。

一　民事再生法第54条第1項の規定による処分に関する登記

二　民事再生法第64条第1項の規定による処分に関する登記

三　民事再生法第79条第1項前段（同条第3項において準用する場合を含む。）の規定による処分に関する登記

2　登記官は、次の各号に掲げる場合には、それぞれ当該各号に定める登記を抹消する記号を記録しなければならない。

一　再生手続開始の登記をしたとき　前項第3号に掲げる登記

二　再生手続開始決定取消し又は再生計画不認可の登記をしたとき　再生手続開始の登記並びに前項第1号及び第2号に掲げる登記

三　再生手続の終結、再生手続の廃止又は再生計画取消しの登記をしたとき　再生手続開始の登記、前項第1号及び第2号に掲げる登記並びに再生計画認可の登記

四　民事再生法第54条第1項の規定による処分の取消しの登記をしたとき　前項第1号に掲げる登記

五　民事再生法第79条第1項前段（同条第3項において準用する場合を含む。）の規定による処分の取消しの登記をしたとき　前項第3号に掲げる登記

六　会社更生法第258条第7項において準用する同条第1項の規定により更生計画認可の登記をしたとき　前項各号に掲げる登記

（会社更生に関する登記）

第113条　次に掲げる登記は、役員区にしなければならない。

一　会社更生法第30条第1項又は第35条第1項（これらの規定を同法第44条第2項において準用する場合を含む。）の規定による処分に関する登記

二　会社更生法による管財人に関する登記

三　会社更生法第72条第4項前段の規定による更生計画の定め又は裁判所の決定に関する登記

2　登記官は、次の各号に掲げる場合には、それぞれ当該各号に定める登記を抹消する記号を記録しなければならない。

一　更生手続開始の登記をしたとき　前項第1号に掲げる登記

二　更生手続開始決定取消しの登記をしたとき　更生手続開始の登記及び前項第2号に掲げる登記

三　会社更生法第72条第4項前段の規定による更生計画の定め又は裁判所の決定の取消しの登記をしたとき　前項第3号に掲げる登記

四　更生手続の終結、更生手続の廃止又は更生計画不認可の登記をしたとき　更生手続開始の登記、前項第2号及び第3号に掲げる登記並びに更生計画認可の登記

五　会社更生法第30条第1項又は第35条第1項（これらの規定を同法第44条第2項において準用する場合を含む。）の規定による処分の取消しの登記をしたとき　前項第1号に掲げる登記

（承認援助手続に関する登記）

第114条　次に掲げる登記は、社員区又は役員区にしなければならない。

一　外国倒産処理手続の承認援助に関する法律第32条第1項の規定による処分に関する登記

二　外国倒産処理手続の承認援助に関する法律第51

条第1項（同条第3項において準用する場合を含む。）の規定による処分に関する登記

2　登記官は、次の各号に掲げる場合には、それぞれ当該各号に定める登記を抹消する記号を記録しなければならない。

一　外国倒産処理手続の承認援助に関する法律第9条第3項の規定による取消し又は失効の登記をしたとき　前項各号に掲げる登記

二　外国倒産処理手続の承認援助に関する法律第9条第5項の規定による取消し又は失効の登記をしたとき　同条第4項に規定する中止の命令の登記

（保険管理人に関する登記）

第115条　保険業法第241条第1項の規定による処分に関する登記は、社員区又は役員区にしなければならない。

2　保険業法第248条第1項の規定による取消しの登記をしたときは、前項に掲げる登記を抹消する記号を記録しなければならない。

（金融整理管財人に関する登記）

第116条　前条の規定は、預金保険法第74条第1項又は第126条の5第1項の規定による処分に関する登記について準用する。

（破産に関する登記）

第117条　次に掲げる登記は、社員区又は役員区にしなければならない。

一　破産管財人に関する登記

二　破産法第91条第1項の規定による処分に関する登記

2　登記官は、次の各号に掲げる場合には、それぞれ当該各号に定める登記を抹消する記号を記録しなければならない。

一　破産手続開始の登記をしたとき　前項第2号に掲げる登記

二　破産手続開始決定取消しの登記をしたとき　破産手続開始の登記及び前項第1号に掲げる登記

三　破産法第218条第1項の規定による破産手続の廃止の登記をしたとき　前項第1号に掲げる登記

四　破産法第91条第1項の規定による処分の取消しの登記をしたとき　前項第2号に掲げる登記

五　民事再生法第11条第5項において準用する同条第1項の規定により再生計画認可の登記をしたとき　前項第2号に掲げる登記

六　会社更生法第258条第7項において準用する同条第1項の規定により更生計画認可の登記をしたとき　前項第2号に掲げる登記

3　登記官は、次に掲げる場合には、登記記録を閉鎖しなければならない。

一　破産手続の終結の登記をしたとき。

二　破産法第216条第1項又は第217条第1項の規定による破産手続の廃止の登記をしたとき。

（過料事件の通知）

第118条　登記官は、過料に処せられるべき者があることを職務上知つたときは、遅滞なくその事件を管轄地方裁判所に通知しなければならない。

別表第1（商号登記簿）

区の名称	記録すべき事項
商号区	商号 商号譲渡人の債務に関する免責 営業所 会社法人等番号 商号使用者 営業の種類
登記記録区	登記記録を起こした事由及び年月日 登記記録を閉鎖した事由及び年月日 登記記録を復活した事由及び年月日

別表第2（未成年者登記簿）

区の名称	記録すべき事項
未成年者区	会社法人等番号 未成年者 営業所 営業の種類
登記記録区	登記記録を起こした事由及び年月日 登記記録を閉鎖した事由及び年月日 登記記録を復活した事由及び年月日

別表第3（後見人登記簿）

区の名称	記録すべき事項
後見人区	後見人 会社法人等番号 被後見人 営業所 営業の種類 後見人の権限の行使に関する事項
登記記録区	登記記録を起こした事由及び年月日 登記記録を閉鎖した事由及び年月日 登記記録を復活した事由及び年月日

別表第4（支配人登記簿）

区の名称	記録すべき事項
支配人区	支配人 会社法人等番号 商人 支配人を置いた営業所 支配人が代理すべき営業 支配人が使用すべき商号
登記記録区	登記記録を起こした事由及び年月日 登記記録を閉鎖した事由及び年月日 登記記録を復活した事由及び年月日

別表第5（株式会社登記簿）

区の名称	記録すべき事項
商号区	会社法人等番号 商号 商号譲渡人の債務に関する免責 本店の所在場所 電子提供措置の定め 会社の公告方法 貸借対照表に係る情報の提供を受けるために必要な事項 中間貸借対照表等に係る情報の提供を受けるために必要な事項 会社成立の年月日
目的区	目的
株式・資本区	単元株式数 発行可能株式総数 発行済株式の総数並びにその種類及び種類ごとの数 株券発行会社である旨 資本金の額 発行する株式の内容 発行可能種類株式総数及び発行する各種類の株式の内容 株主名簿管理人の氏名又は名称及び住所並びに営業所 創立費の償却の方法 事業費の償却の方法 その他株式又は資本金に関する事項
役員区	取締役、仮取締役及び取締役職務代行者 監査等委員である取締役、監査等委員である仮取締役及び監査等委員である取締役職務代行者 会計参与、仮会計参与及び会計参与職務代行者並びに計算書類等の備置き場所 監査役、仮監査役及び監査役職務代行者 代表取締役、仮代表取締役及び代表取締役職務代行者 特別取締役 委員、仮委員及び委員職務代行者 執行役、仮執行役及び執行役職務代行者 代表執行役、仮代表執行役及び代表執行役職務代行者 会計監査人及び仮会計監査人 取締役が社外取締役である旨 監査役が社外監査役である旨 清算人、仮清算人及び清算人職務代行者 代表清算人、仮代表清算人及び代表清算人職務代行者 監査役の監査の範囲を会計に関するものに限定する旨の定款の定めがある旨 職務の執行停止 その他役員等に関する事項（役員責任区に記録すべきものを除く。）
役員責任区	取締役、会計参与、監査役、執行役又は会計監査人の会社に対する責任の免除に関する規定 取締役（業務執行取締役等であるものを除く。）、会計参与、監査役又は会計監査人の会社に対する責任の制限に関する規定
会社支配人区	支配人 支配人を置いた営業所
支店区	支店の所在場所
新株予約権区	新株予約権に関する事項
会社履歴区	会社の継続 合併をした旨並びに吸収合併消滅会社の商号及び本店 分割をした旨並びに吸収分割会社の商号及び本店 分割をした旨並びに吸収分割承継会社又は新設分割設立会社の商号及び本店
企業担保権区	企業担保権に関する事項
会社状態区	存続期間の定め 解散の事由の定め 取締役会設置会社である旨 会計参与設置会社である旨 監査役設置会社である旨 監査役会設置会社である旨 特別取締役による議決の定めがある旨 監査等委員会設置会社である旨 重要な業務執行の決定の取締役への委任についての定款の定めがある旨 指名委員会等設置会社である旨 会計監査人設置会社である旨 清算人会設置会社である旨 解散（登記記録区に記録すべき事項を除く。） 設立の無効 株式移転の無効 特別清算に関する事項（役員区及び登記記録区に記録すべきものを除く。） 民事再生に関する事項（他の区に記録すべきものを除く。） 会社更生に関する事項（他の区に記録すべきものを除く。）

	承認援助手続に関する事項（役員区に記録すべきものを除く。） 破産に関する事項（役員区及び登記記録区に記録すべきものを除く。） 業務及び財産の管理の委託に関する事項
登記記録区	登記記録を起こした事由及び年月日 登記記録を閉鎖した事由及び年月日 登記記録を復活した事由及び年月日

別表第6（合名会社登記簿）

区の名称	記録すべき事項
商号区	会社法人等番号 商号 商号譲渡人の債務に関する免責 本店の所在場所 会社の公告方法 会社成立の年月日
目的区	目的
社員区	社員、代表社員、清算人及び代表清算人 社員の業務執行権又は代表権に関する事項
会社支配人区	支配人 支配人を置いた営業所
支店区	支店の所在場所
会社履歴区	会社の継続 合併をした旨並びに吸収合併消滅会社の商号及び本店 分割をした旨並びに吸収分割会社の商号及び本店
会社状態区	存続期間の定め 解散の事由の定め 解散（登記記録区に記録すべき事項を除く。） 設立の無効 設立の取消し 民事再生に関する事項（他の区に記録すべきものを除く。） 承認援助手続に関する事項（社員区に記録すべきものを除く。） 破産に関する事項（社員区及び登記記録区に記録すべきものを除く。） 業務及び財産の管理の委託に関する事項
登記記録区	登記記録を起こした事由及び年月日 登記記録を閉鎖した事由及び年月日 登記記録を復活した事由及び年月日

別表第7（合資会社登記簿）

区の名称	記録すべき事項
商号区	会社法人等番号 商号 商号譲渡人の債務に関する免責 本店の所在場所 会社の公告方法 会社成立の年月日
目的区	目的
社員区	無限責任社員、有限責任社員、代表社員、清算人及び代表清算人 有限責任社員の出資の目的及びその価額並びに既に履行した出資の価額 社員の業務執行権又は代表権に関する事項
会社支配人区	支配人 支配人を置いた営業所
支店区	支店の所在場所
会社履歴区	会社の継続 合併をした旨並びに吸収合併消滅会社の商号及び本店 分割をした旨並びに吸収分割会社の商号及び本店
会社状態区	存続期間の定め 解散の事由の定め 解散（登記記録区に記録すべき事項を除く。） 設立の無効 設立の取消し 民事再生に関する事項（他の区に記録すべきものを除く。） 承認援助手続に関する事項（社員区に記録すべきものを除く。） 破産に関する事項（社員区及び登記記録区に記録すべきものを除く。） 業務及び財産の管理の委託に関する事項
登記記録区	登記記録を起こした事由及び年月日 登記記録を閉鎖した事由及び年月日 登記記録を復活した事由及び年月日

別表第8（合同会社登記簿）

区の名称	記録すべき事項
商号区	会社法人等番号 商号 商号譲渡人の債務に関する免責 本店の所在場所 会社の公告方法 会社成立の年月日
目的区	目的
資本区	資本金の額
社員区	業務執行社員、代表社員、清算人及び代表清算人 社員の業務執行権又は代表権に関する事項
会社支配人区	支配人 支配人を置いた営業所
支店区	支店の所在場所
会社履歴区	会社の継続 合併をした旨並びに吸収合併消滅会社の商号及び本店 分割をした旨並びに吸収分割会社の商号及び本店 分割をした旨並びに吸収分割承継会社又は新設分割設立会社の商号及び本店
会社状態区	存続期間の定め 解散の事由の定め 解散（登記記録区に記録すべき事項を除く。） 設立の無効 設立の取消し 民事再生に関する事項（他の区に記録すべきものを除く。） 承認援助手続に関する事項（社員区に記録すべきものを除く。） 破産に関する事項（社員区及び登記記録区に記録すべきものを除く。）
登記記録区	登記記録を起こした事由及び年月日 登記記録を閉鎖した事由及び年月日 登記記録を復活した事由及び年月日

組合等登記令　抜粋

昭和39年政令第29号
最終改正　令和４年政令第249号

（設立の登記）

第２条　組合等の設立の登記は、その主たる事務所の所在地において、設立の認可、出資の払込みその他設立に必要な手続が終了した日から２週間以内にしなければならない。

２　前項の登記においては、次に掲げる事項を登記しなければならない。

一　目的及び業務

二　名称

三　事務所の所在場所

四　代表権を有する者の氏名、住所及び資格

五　存続期間又は解散の事由を定めたときは、その期間又は事由

六　別表の登記事項の欄に掲げる事項

（変更の登記）

第３条　組合等において前条第２項各号に掲げる事項に変更が生じたときは、２週間以内に、その主たる事務所の所在地において、変更の登記をしなければならない。

２　前項の規定にかかわらず、出資若しくは払い込んだ出資の総額又は出資の総口数の変更の登記は、毎事業年度末日現在により、当該末日から４週間以内にすれば足りる。

３　第１項の規定にかかわらず、資産の総額の変更の登記は、毎事業年度末日現在により、当該末日から３月以内にすれば足りる。

（代理人の登記）

第６条　組合等のうち、別表の根拠法の欄に掲げる法律の規定により主たる事務所又は従たる事務所の業務に関し一切の裁判上又は裁判外の行為をする権限を有する参事その他の代理人を選任することができるものが、当該代理人を選任したときは、２週間以内に、その主たる事務所の所在地において、代理人の氏名及び住所並びに代理人を置いた事務所を登記しなければならない。

２　組合等のうち、別表の根拠法の欄に掲げる法律の規定により業務の一部に関し一切の裁判上又は裁判外の行為をする権限を有する代理人を選任することができるものが、当該代理人を選任したときは、２週間以内に、その主たる事務所の所在地において、代理人の氏名及び住所、代理人を置いた事務所並びに代理権の範囲を登記しなければならない。

３　前２項の規定により登記した事項に変更が生じ、又はこれらの項の代理人の代理権が消滅したときは、２週間以内に、その登記をしなければならない。

（変更の登記の申請）

第17条　第２条第２項各号に掲げる事項の変更の登記の申請書には、その事項の変更を証する書面を添

付しなければならない。ただし、代表権を有する者の氏、名又は住所の変更の登記については、この限りでない。

2　組合等のうち、別表の根拠法の欄に掲げる法律中に、出資一口の金額の減少をする場合には、債権者に対し異議があれば異議を述べるべき旨の公告及び催告をすることを要する旨の規定があるものの出資一口の金額の減少による変更の登記の申請書には、その公告及び催告をしたこと並びに異議を述べた債権者があるときは、当該債権者に対し弁済し、若しくは相当の担保を提供し、若しくは当該債権者に弁済を受けさせることを目的として相当の財産を信託したこと又は当該出資一口の金額の減少をしても当該債権者を害するおそれがないことを証する書面を添付しなければならない。

3　前項の規定にかかわらず、組合等のうち、別表の根拠法の欄に掲げる法律中に、出資一口の金額の減少をする場合には、同項の公告を官報のほか定款に定めた時事に関する事項を掲載する日刊新聞紙又は電子公告（公告の方法のうち、電磁的方法（会社法（平成17年法律第86号）第2条第34号に規定する電磁的方法をいう。）により不特定多数の者が公告すべき内容である情報の提供を受けることができる状態に置く措置であつて同号に規定するものをとる方法をいう。以下同じ。）によつてすることができる旨の規定があるものがこれらの方法による公告をしたときは、同項の登記の申請書には、同項の公告及び催告をしたことを証する書面に代えて、これらの方法による公告をしたことを証する書面を添付しなければならない。

別表（第1条、第2条、第6条、第7条の2、第8条、第14条、第17条、第20条、第21条の3関係）

名称	根拠法	登記事項
委託者保護基金	商品先物取引法（昭和25年法律第239号）	代表権の範囲又は制限に関する定めがあるときは、その定め 資産の総額
医療法人	医療法（昭和23年法律第205号）	資産の総額 医療法第46条の3の6において準用する一般社団法人及び一般財団法人に関する法律第47条の2に規定する電子提供措置をとる旨の定めがあるときは、その定め
外国法事務弁護士法人	外国弁護士による法律事務の取扱い等に関する法律	社員（外国法事務弁護士法人を代表すべき社員を除く。）の氏名及び住所 社員の原資格国法 社員が外国弁護士による法律事務の取扱い等に関する法律第35条第1項の規定による指定法の付記を受けているときは、その指定法 合併の公告の方法についての定めがあるときは、その定め 電子公告を合併の公告の方法とする旨の定めがあるときは、電子公告により公告すべき内容である情報について不特定多数の者がその提供を受けるために必要な事項であつて法務省令で定めるもの（事故その他やむを得ない事由によつて電子公告による公告をすることができない場合の公告の方法についての定めがあるときは、その定めを含む。以下「電子公告関係事項」という。）
貸金業協会	貸金業法（昭和58年法律第32号）	資産の総額
学校法人 私立学校法第64条第4項の法人	私立学校法（昭和24年法律第270号）	代表権の範囲又は制限に関する定めがあるときは、その定め 資産の総額 設置する私立学校、私立専修学校又は私立各種学校の名称
監査法人	公認会計士法（昭和23年法律第103号）	社員（監査法人を代表すべき社員を除く。）の氏名及び住所（社員の全部を有限責任社員とする旨の定めがあるときは、氏名に限る。） 社員が公認会計士法第1条の3第6項に規定する特定社員であるときは、その旨 社員の全部を有限責任社員とする旨の定めがあるときは、資本金の額

		合併の公告の方法についての定めがあるときは、その定め 電子公告を合併の公告の方法とする旨の定めがあるときは、電子公告関係事項
管理組合法人 団地管理組合法人	建物の区分所有等に関する法律	共同代表の定めがあるときは、その定め
行政書士会 日本行政書士会連合会	行政書士法（昭和26年法律第4号）	
行政書士法人	行政書士法	社員（行政書士法人を代表すべき社員を除く。）の氏名及び住所 社員が行政書士法第13条の８第３項第４号に規定する特定社員であるときは、その旨及び当該社員が行うことができる特定業務（同法第13条の６に規定する特定業務をいう。） 代表権の範囲又は制限に関する定めがあるときは、その定め 合併の公告の方法についての定めがあるときは、その定め 電子公告を合併の公告の方法とする旨の定めがあるときは、電子公告関係事項
漁業共済組合 漁業共済組合連合会	漁業災害補償法（昭和39年法律第158号）	地区（漁業共済組合に限る。） 出資の総額
漁業協同組合 漁業生産組合 漁業協同組合連合会 水産加工業協同組合 水産加工業協同組合連合会 共済水産業協同組合連合会	水産業協同組合法	地区（漁業生産組合を除く。） 出資一口の金額及びその払込みの方法（組合員に出資をさせない漁業協同組合及び会員に出資をさせない漁業協同組合連合会を除く。） 出資の総口数及び払い込んだ出資の総額（組合員に出資をさせない漁業協同組合及び会員に出資をさせない漁業協同組合連合会を除く。） 水産業協同組合法第47条の５の２（同法第92条第３項、第96条第３項、第100条第３項及び第105条第３項において準用する場合を含む。）に規定する電子提供措置又は同法第86条第２項において準用する会社法第325条の２に規定する電子提供措置をとる旨の定めがあるときは、その定め 公告の方法 電子公告を公告の方法とする旨の定めがあるときは、電子公告関係事項
漁業信用基金協会	中小漁業融資保証法（昭和27年法律第346号）	区域 出資一口の金額 出資の総額 公告の方法 電子公告を公告の方法とする旨の定めがあるときは、電子公告関係事項
原子力発電環境整備機構	特定放射性廃棄物の最終処分に関する法律（平成12年法律第117号）	資産の総額
広域臨海環境整備センター	広域臨海環境整備センター法（昭和56年法律第76号）	
更生保護法人	更生保護事業法（平成７年法律第86号）	資産の総額
港務局	港湾法（昭和25年法律第218号）	港務局を組織する地方公共団体 港湾区域
司法書士会 日本司法書士会連合会	司法書士法（昭和25年法律第197号）	

司法書士法人	司法書士法	社員（司法書士法人を代表すべき社員を除く。）の氏名及び住所 社員が司法書士法第36条第２項に規定する特定社員であるときは、その旨 代表権の範囲又は制限に関する定めがあるときは、その定め 合併の公告の方法についての定めがあるときは、その定め 電子公告を合併の公告の方法とする旨の定めがあるときは、電子公告関係事項
社会福祉法人	社会福祉法（昭和26年法律第45号）	資産の総額
社会保険労務士会 全国社会保険労務士会連合会	社会保険労務士法（昭和43年法律第89号）	
社会保険労務士法人	社会保険労務士法	社員（社会保険労務士法人を代表すべき社員を除く。）の氏名及び住所 社員が社会保険労務士法第25条の15第２項に規定する特定社員であるときは、その旨 代表権の範囲又は制限に関する定めがあるときは、その定め 合併の公告の方法についての定めがあるときは、その定め 電子公告を合併の公告の方法とする旨の定めがあるときは、電子公告関係事項
商工会議所 日本商工会議所	商工会議所法（昭和28年法律第143号）	地区（商工会議所に限る。）
商工会 商工会連合会	商工会法（昭和35年法律第89号）	地区（商工会に限る。）
使用済燃料再処理機構	原子力発電における使用済燃料の再処理等の実施に関する法律（平成17年法律第48号）	代表権の範囲又は制限に関する定めがあるときは、その定め
商店街振興組合 商店街振興組合連合会	商店街振興組合法（昭和37年法律第141号）	地区 出資一口の金額及びその払込みの方法 出資の総口数及び払い込んだ出資の総額
商品先物取引協会	商品先物取引法	代表権の範囲又は制限に関する定めがあるときは、その定め 資産の総額
職業訓練法人 都道府県職業能力開発協会 中央職業能力開発協会	職業能力開発促進法（昭和44年法律第64号）	資産の総額（職業訓練法人に限る。） 地区（都道府県職業能力開発協会に限る。） 設置する職業訓練施設の名称
信用保証協会	信用保証協会法（昭和28年法律第196号）	資産の総額
森林組合 生産森林組合 森林組合連合会	森林組合法	地区 出資一口の金額及びその払込みの方法 出資の総口数及び払い込んだ出資の総額 森林組合法第60条の３の２（同法第109条第３項において準用する場合を含む。）に規定する電子提供措置又は同法第100条第２項において準用する会社法第325条の２に規定する電子提供措置をとる旨の定めがあるときは、その定め 公告の方法 電子公告を公告の方法とする旨の定めがあるときは、電子公告関係事項

生活衛生同業組合 生活衛生同業小組合 生活衛生同業組合連合会	生活衛生関係営業の運営の適正化及び振興に関する法律（昭和32年法律第164号）	地区（生活衛生同業組合及び生活衛生同業小組合に限る。） 出資一口の金額及びその払込みの方法（組合員に出資をさせる組合、小組合及び会員に出資をさせる連合会に限る。） 出資の総口数及び払い込んだ出資の総額（組合員に出資をさせる組合、小組合及び会員に出資をさせる連合会に限る。）
税理士会 日本税理士会連合会	税理士法（昭和26年法律第237号）	合併の公告の方法についての定めがあるときは、その定め（税理士会に限る。） 電子公告を合併の公告の方法とする旨の定めがあるときは、電子公告関係事項（税理士会に限る。）
税理士法人	税理士法	社員（税理士法人を代表すべき社員を除く。）の氏名及び住所 合併の公告の方法についての定めがあるときは、その定め 電子公告を合併の公告の方法とする旨の定めがあるときは、電子公告関係事項
船員災害防止協会	船員災害防止活動の促進に関する法律（昭和42年法律第61号）	
船主相互保険組合	船主相互保険組合法（昭和25年法律第177号）	出資一口の金額 出資の総口数及び払い込んだ出資の総額 公告の方法 電子公告を公告の方法とする旨の定めがあるときは、電子公告関係事項 設立認可年月日 合併認可年月日
たばこ耕作組合	たばこ耕作組合法（昭和33年法律第135号）	地区（たばこ耕作組合中央会を除く。）
地方住宅供給公社	地方住宅供給公社法（昭和40年法律第124号）	
地方道路公社	地方道路公社法（昭和45年法律第82号）	
地方独立行政法人	地方独立行政法人法（平成15年法律第118号）	資本金
投資者保護基金	金融商品取引法（昭和23年法律第25号）	代表権の範囲又は制限に関する定めがあるときは、その定め 資産の総額
特定非営利活動法人	特定非営利活動促進法（平成10年法律第７号）	代表権の範囲又は制限に関する定めがあるときは、その定め
土地開発公社	公有地の拡大の推進に関する法律（昭和47年法律第66号）	
土地改良事業団体連合会	土地改良法（昭和24年法律第195号）	地区
土地家屋調査士会 日本土地家屋調査士会連合会	土地家屋調査士法（昭和25年法律第228号）	
土地家屋調査士法人	土地家屋調査士法	社員（土地家屋調査士法人を代表すべき社員を除く。）の氏名及び住所 社員が土地家屋調査士法第35条第２項に規定する特定社員であるときは、その旨

		代表権の範囲又は制限に関する定めがあるときは、その定め 合併の公告の方法についての定めがあるときは、その定め 電子公告を合併の公告の方法とする旨の定めがあるときは、電子公告関係事項
内航海運組合 内航海運組合連合会	内航海運組合法（昭和32年法律第162号）	
認可金融商品取引業協会	金融商品取引法	資産の総額 公告の方法
農業共済組合 農業共済組合連合会	農業保険法（昭和22年法律第185号）	区域 公告の方法
農業協同組合 農業協同組合連合会 農事組合法人	農業協同組合法	地区 出資一口の金額及びその払込みの方法（組合員に出資をさせる農業協同組合及び農事組合法人並びに会員に出資をさせる農業協同組合連合会に限る。） 出資の総口数及び払い込んだ出資の総額（組合員に出資をさせる農業協同組合及び農事組合法人並びに会員に出資をさせる農業協同組合連合会に限る。） 農業協同組合法第43条の６の２に規定する電子提供措置をとる旨の定めがあるときは、その定め 公告の方法 電子公告を公告の方法とする旨の定めがあるときは、電子公告関係事項
農業信用基金協会	農業信用保証保険法（昭和36年法律第204号）	区域 公告の方法 電子公告を公告の方法とする旨の定めがあるときは、電子公告関係事項
農住組合	農住組合法（昭和55年法律第86号）	地区 出資一口の金額及びその払込みの方法 出資の総口数及び払い込んだ出資の総額 公告の方法
農林中央金庫	農林中央金庫法（平成13年法律第93号）	出資一口の金額及びその払込みの方法 出資の総口数及び払い込んだ出資の総額 農林中央金庫法第46条の４に規定する電子提供措置をとる旨の定めがあるときは、その定め 公告の方法 電子公告を公告の方法とする旨の定めがあるときは、電子公告関係事項 法人成立の年月日
弁護士法人	弁護士法（昭和24年法律第205号）	社員（弁護士法人を代表すべき社員を除く。）の氏名及び住所 合併の公告の方法についての定めがあるときは、その定め 電子公告を合併の公告の方法とする旨の定めがあるときは、電子公告関係事項
弁護士・外国法事務弁護士共同法人	外国弁護士による法律事務の取扱い等に関する法律	社員（弁護士・外国法事務弁護士共同法人を代表すべき社員を除く。）の氏名及び住所 外国法事務弁護士である社員の原資格国法 外国法事務弁護士である社員が外国弁護士による法律事務の取扱い等に関する法律第35条第１項の規定による指定法の付記を受けているときは、その指定法 合併の公告の方法についての定めがあるときは、その定め

		電子公告を合併の公告の方法とする旨の定めがあるときは、電子公告関係事項
弁理士法人	弁理士法（平成12年法律第49号）	社員（弁理士法人を代表すべき社員を除く。）の氏名及び住所 合併の公告の方法についての定めがあるときは、その定め 電子公告を合併の公告の方法とする旨の定めがあるときは、電子公告関係事項
保険契約者保護機構	保険業法（平成７年法律第105号）	代表権の範囲又は制限に関する定めがあるときは、その定め 資産の総額
防災街区計画整備組合	密集市街地における防災街区の整備の促進に関する法律（平成９年法律第49号）	地区 出資一口の金額及びその払込みの方法 出資の総口数及び払い込んだ出資の総額 公告の方法
水先人会 日本水先人会連合会	水先法（昭和24年法律第121号）	
労働災害防止団体（中央労働災害防止協会及び労働災害防止協会）	労働災害防止団体法（昭和39年法律第118号）	
労働者協同組合 労働者協同組合連合会	労働者協同組合法（令和２年法律第78号）	出資一口の金額及びその払込みの方法（会員に出資をさせない労働者協同組合連合会を除く。） 出資の総口数及び払い込んだ出資の総額（会員に出資をさせない労働者協同組合連合会を除く。） 公告の方法 電子公告を公告の方法とする旨の定めがあるときは、電子公告関係事項

民事訴訟法

平成８年法律第109号
最終改正　令和５年法律第28号

目次

第１編　総則

第１章　通則

（趣旨）
第１条　民事訴訟に関する手続については、他の法令に定めるもののほか、この法律の定めるところによる。

（裁判所及び当事者の責務）
第２条　裁判所は、民事訴訟が公正かつ迅速に行われるように努め、当事者は、信義に従い誠実に民事訴訟を追行しなければならない。

(最高裁判所規則)

第3条　この法律に定めるもののほか、民事訴訟に関する手続に関し必要な事項は、最高裁判所規則で定める。

第2章　裁判所

第1節　日本の裁判所の管轄権

(被告の住所等による管轄権)

第3条の2　裁判所は、人に対する訴えについて、その住所が日本国内にあるとき、住所がない場合又は住所が知れない場合にはその居所が日本国内にあるとき、居所がない場合又は居所が知れない場合には訴えの提起前に日本国内に住所を有していたとき(日本国内に最後に住所を有していた後に外国に住所を有していたときを除く。)は、管轄権を有する。

2　裁判所は、大使、公使その他外国に在ってその国の裁判権からの免除を享有する日本人に対する訴えについて、前項の規定にかかわらず、管轄権を有する。

3　裁判所は、法人その他の社団又は財団に対する訴えについて、その主たる事務所又は営業所が日本国内にあるとき、事務所若しくは営業所がない場合又はその所在地が知れない場合には代表者その他の主たる業務担当者の住所が日本国内にあるときは、管轄権を有する。

(契約上の債務に関する訴え等の管轄権)

第3条の3　次の各号に掲げる訴えは、それぞれ当該各号に定めるときは、日本の裁判所に提起することができる。

一　契約上の債務の履行の請求を目的とする訴え又は契約上の債務に関して行われた事務管理若しくは生じた不当利得に係る請求、契約上の債務の不履行による損害賠償の請求その他契約上の債務に関する請求を目的とする訴え	契約において定められた当該債務の履行地が日本国内にあるとき、又は契約において選択された地の法によれば当該債務の履行地が日本国内にあるとき。
二　手形又は小切手による金銭の支払の請求を目的とする訴え	手形又は小切手の支払地が日本国内にあるとき。
三　財産権上の訴え	請求の目的が日本国内にあるとき、又は当該訴えが金銭の支払を請求するものである場合には差し押さえることができる被告の財産が日本国内にあるとき(その財産の価額が著しく低いときを除く。)。
四　事務所又は営業所を有する者に対する訴えでその事務所又は営業所における業務に関するもの	当該事務所又は営業所が日本国内にあるとき。
五　日本において事業を行う者(日本において取引を継続してする外国会社(会社法(平成17年法律第86号)第2条第2号に規定する外国会社をいう。)を含む。)に対する訴え	当該訴えがその者の日本における業務に関するものであるとき。
六　船舶債権その他船舶を担保とする債権に基づく訴え	船舶が日本国内にあるとき。
七　会社その他の社団又は財団に関する訴えで次に掲げるもの イ　会社その他の社団からの社員若しくは社員であった者に対する訴え、社員からの社員若しくは社員であった者に対する訴え又は社員であった者からの社員に対する訴えで、社員としての資格に基づくもの ロ　社団又は財団からの役員又は役員であった者に対する訴えで役員としての資格に基づくもの ハ　会社からの発起人若しくは発起人であった者又は検査役	社団又は財団が法人である場合にはそれが日本の法令により設立されたものであるとき、法人でない場合にはその主たる事務所又は営業所が日本国内にあるとき。

訴え	管轄権が認められる場合
であった者に対する訴えで発起人又は検査役としての資格に基づくもの	
ロ　会社その他の社団の債権者からの社員又は社員であった者に対する訴えで社員としての資格に基づくもの	
八　不法行為に関する訴え	不法行為があった地が日本国内にあるとき（外国で行われた加害行為の結果が日本国内で発生した場合において、日本国内におけるその結果の発生が通常予見することのできないものであったときを除く。）。
九　船舶の衝突その他海上の事故に基づく損害賠償の訴え	損害を受けた船舶が最初に到達した地が日本国内にあるとき。
十　海難救助に関する訴え	海難救助があった地又は救助された船舶が最初に到達した地が日本国内にあるとき。
十一　不動産に関する訴え	不動産が日本国内にあるとき。
十二　相続権若しくは遺留分に関する訴え又は遺贈その他死亡によって効力を生ずべき行為に関する訴え	相続開始の時における被相続人の住所が日本国内にあるとき、住所がない場合又は住所が知れない場合には相続開始の時における被相続人の居所が日本国内にあるとき、居所がない場合又は居所が知れない場合には被相続人が相続開始の前に日本国内に住所を有していたとき（日本国内に最後に住所を有していた後に外国に住所を有していたときを除く。）。
十三　相続債権その他相続財産の負担に関する訴えで前号に掲げる訴えに該当しないもの	同号に定めるとき。

（消費者契約及び労働関係に関する訴えの管轄権）

第３条の４　消費者（個人（事業として又は事業のために契約の当事者となる場合におけるものを除く。）をいう。以下同じ。）と事業者（法人その他の社団又は財団及び事業として又は事業のために契約の当事者となる場合における個人をいう。以下同じ。）との間で締結される契約（労働契約を除く。以下「消費者契約」という。）に関する消費者からの事業者に対する訴えは、訴えの提起の時又は消費者契約の締結の時における消費者の住所が日本国内にあるときは、日本の裁判所に提起することができる。

2　労働契約の存否その他の労働関係に関する事項について個々の労働者と事業主との間に生じた民事に関する紛争（以下「個別労働関係民事紛争」という。）に関する労働者からの事業主に対する訴えは、個別労働関係民事紛争に係る労働契約における労務の提供の地（その地が定まっていない場合にあっては、労働者を雇い入れた事業所の所在地）が日本国内にあるときは、日本の裁判所に提起することができる。

3　消費者契約に関する事業者からの消費者に対する訴え及び個別労働関係民事紛争に関する事業主からの労働者に対する訴えについては、前条の規定は、適用しない。

（管轄権の専属）

第３条の５　会社法第７編第２章に規定する訴え（同章第４節及び第６節に規定するものを除く。）、一般社団法人及び一般財団法人に関する法律（平成18年法律第48号）第６章第２節に規定する訴えその他これらの法令以外の日本の法令により設立された社団又は財団に関する訴えでこれらに準ずるものの管轄権は、日本の裁判所に専属する。

2　登記又は登録に関する訴えの管轄権は、登記又は登録をすべき地が日本国内にあるときは、日本の裁判所に専属する。

3　知的財産権（知的財産基本法（平成14年法律第122号）第２条第２項に規定する知的財産権をいう。）のうち設定の登録により発生するものの存否又は効力に関する訴えの管轄権は、その登録が日本においてされたものであるときは、日本の裁判所に専属する。

（併合請求における管轄権）

民訴法

第３条の６　一の訴えで数個の請求をする場合において、日本の裁判所が一の請求について管轄権を有し、他の請求について管轄権を有しないときは、当該一の請求と他の請求との間に密接な関連があるときに限り、日本の裁判所にその訴えを提起することができる。ただし、数人からの又は数人に対する訴えについては、第38条前段に定める場合に限る。

（管轄権に関する合意）

第３条の７　当事者は、合意により、いずれの国の裁判所に訴えを提起することができるかについて定めることができる。

2　前項の合意は、一定の法律関係に基づく訴えに関し、かつ、書面でしなければ、その効力を生じない。

3　第１項の合意がその内容を記録した電磁的記録（電子的方式、磁気的方式その他人の知覚によっては認識することができない方式で作られる記録であって、電子計算機による情報処理の用に供されるものをいう。以下同じ。）によってされたときは、その合意は、書面によってされたものとみなして、前項の規定を適用する。

4　外国の裁判所にのみ訴えを提起することができる旨の合意は、その裁判所が法律上又は事実上裁判権を行うことができないときは、これを援用することができない。

5　将来において生ずる消費者契約に関する紛争を対象とする第１項の合意は、次に掲げる場合に限り、その効力を有する。

一　消費者契約の締結の時において消費者が住所を有していた国の裁判所に訴えを提起することができる旨の合意（その国の裁判所にのみ訴えを提起することができる旨の合意については、次号に掲げる場合を除き、その国以外の国の裁判所にも訴えを提起することを妨げない旨の合意とみなす。）であるとき。

二　消費者が当該合意に基づき合意された国の裁判所に訴えを提起したとき、又は事業者が日本若しくは外国の裁判所に訴えを提起した場合において、消費者が当該合意を援用したとき。

6　将来において生ずる個別労働関係民事紛争を対象とする第１項の合意は、次に掲げる場合に限り、その効力を有する。

一　労働契約の終了の時にされた合意であって、その時における労務の提供の地がある国の裁判所に訴えを提起することができる旨を定めたもの（その国の裁判所にのみ訴えを提起することができる旨の合意については、次号に掲げる場合を除き、その国以外の国の裁判所にも訴えを提起することを妨げない旨の合意とみなす。）であるとき。

二　労働者が当該合意に基づき合意された国の裁判所に訴えを提起したとき、又は事業主が日本若しくは外国の裁判所に訴えを提起した場合において、労働者が当該合意を援用したとき。

（応訴による管轄権）

第３条の８　被告が日本の裁判所が管轄権を有しない旨の抗弁を提出しないで本案について弁論をし、又は弁論準備手続において申述をしたときは、裁判所は、管轄権を有する。

（特別の事情による訴えの却下）

第３条の９　裁判所は、訴えについて日本の裁判所が管轄権を有することとなる場合（日本の裁判所にのみ訴えを提起することができる旨の合意に基づき訴えが提起された場合を除く。）においても、事案の性質、応訴による被告の負担の程度、証拠の所在地その他の事情を考慮して、日本の裁判所が審理及び裁判をすることが当事者間の衡平を害し、又は適正かつ迅速な審理の実現を妨げることとなる特別の事情があると認めるときは、その訴えの全部又は一部を却下することができる。

（管轄権が専属する場合の適用除外）

第３条の10　第３条の２から第３条の４まで及び第３条の６から前条までの規定は、訴えについて法令に日本の裁判所の管轄権の専属に関する定めがある場合には、適用しない。

（職権証拠調べ）

第３条の11　裁判所は、日本の裁判所の管轄権に関する事項について、職権で証拠調べをすることができる。

（管轄権の標準時）

第３条の12　日本の裁判所の管轄権は、訴えの提起の時を標準として定める。

第2節　管轄

（普通裁判籍による管轄）

第４条　訴えは、被告の普通裁判籍の所在地を管轄する裁判所の管轄に属する。

2　人の普通裁判籍は、住所により、日本国内に住所がないとき又は住所が知れないときは居所により、日本国内に居所がないとき又は居所が知れないときは最後の住所により定まる。

3　大使、公使その他外国に在ってその国の裁判権からの免除を享有する日本人が前項の規定により普通裁判籍を有しないときは、その者の普通裁判籍は、最高裁判所規則で定める地にあるものとする。

4　法人その他の社団又は財団の普通裁判籍は、その主たる事務所又は営業所により、事務所又は営業所がないときは代表者その他の主たる業務担当者の住所により定まる。

5　外国の社団又は財団の普通裁判籍は、前項の規定にかかわらず、日本における主たる事務所又は営業所により、日本国内に事務所又は営業所がないときは日本における代表者その他の主たる業務担当者の住所により定まる。

6　国の普通裁判籍は、訴訟について国を代表する官庁の所在地により定まる。

（財産権上の訴え等についての管轄）

第5条　次の各号に掲げる訴えは、それぞれ当該各号に定める地を管轄する裁判所に提起することができる。

一　財産権上の訴え	義務履行地
二　手形又は小切手による金銭の支払の請求を目的とする訴え	手形又は小切手の支払地
三　船員に対する財産権上の訴え	船舶の船籍の所在地
四　日本国内に住所（法人にあっては、事務所又は営業所。以下この号において同じ。）がない者又は住所が知れない者に対する財産権上の訴え	請求若しくはその担保の目的又は差し押さえることができる被告の財産の所在地
五　事務所又は営業所を有する者に対する訴えでその事務所又は営業所における業務に関するもの	当該事務所又は営業所の所在地
六　船舶所有者その他船舶を利用する者に対する船舶又は航海に関する訴え	船舶の船籍の所在地
七　船舶債権その他船舶を担保とする債権に基づく訴え	船舶の所在地
八　会社その他の社団又は財団に関する訴えで次に掲げるもの イ　会社その他の社団からの社員若しくは社員であった者に対する訴え、社員からの社員若しくは社員であった者に対する訴え又は社員であった者からの社員に対する訴えで、社員としての資格に基づくもの ロ　社団又は財団からの役員又は役員であった者に対する訴えで役員としての資格に基づくもの ハ　会社からの発起人若しくは発起人であった者又は検査役若しくは検査役であった者に対する訴えで発起人又は検査役としての資格に基づくもの ニ　会社その他の社団の債権者からの社員又は社員であった者に対する訴えで社員としての資格に基づくもの	社団又は財団の普通裁判籍の所在地
九　不法行為に関する訴え	不法行為があった地
十　船舶の衝突その他海上の事故に基づく損害賠償の訴え	損害を受けた船舶が最初に到達した地
十一　海難救助に関する訴え	海難救助があった地又は救助された船舶が最初に到達した地
十二　不動産に関する訴え	不動産の所在地
十三　登記又は登録に関する訴え	登記又は登録をすべき地

十四　相続権若しくは遺留分に関する訴え又は遺贈その他死亡によって効力を生ずべき行為に関する訴え	相続開始の時における被相続人の普通裁判籍の所在地
十五　相続債権その他相続財産の負担に関する訴えで前号に掲げる訴えに該当しないもの	同号に定める地

（特許権等に関する訴え等の管轄）

第6条　特許権、実用新案権、回路配置利用権又はプログラムの著作物についての著作者の権利に関する訴え（以下「特許権等に関する訴え」という。）について、前2条の規定によれば次の各号に掲げる裁判所が管轄権を有すべき場合には、その訴えは、それぞれ当該各号に定める裁判所の管轄に専属する。

一　東京高等裁判所、名古屋高等裁判所、仙台高等裁判所又は札幌高等裁判所の管轄区域内に所在する地方裁判所	東京地方裁判所
二　大阪高等裁判所、広島高等裁判所、福岡高等裁判所又は高松高等裁判所の管轄区域内に所在する地方裁判所	大阪地方裁判所

2　特許権等に関する訴えについて、前2条の規定により前項各号に掲げる裁判所の管轄区域内に所在する簡易裁判所が管轄権を有する場合には、それぞれ当該各号に定める裁判所にも、その訴えを提起することができる。

3　第1項第2号に定める裁判所が第一審としてした特許権等に関する訴えについての終局判決に対する控訴は、東京高等裁判所の管轄に専属する。ただし、第20条の2第1項の規定により移送された訴訟に係る訴えについての終局判決に対する控訴については、この限りでない。

（意匠権等に関する訴えの管轄）

第6条の2　意匠権、商標権、著作者の権利（プログラムの著作物についての著作者の権利を除く。）、出版権、著作隣接権若しくは育成者権に関する訴え又は不正競争（不正競争防止法（平成5年法律第47号）第2条第1項に規定する不正競争又は家畜遺伝資源に係る不正競争の防止に関する法律（令和2年法律第22号）第2条第3項に規定する不正競争をいう。）による営業上の利益の侵害に係る訴えについて、第4条又は第5条の規定により次の各号に掲げる裁判所が管轄権を有する場合には、それぞれ当該各号に定める裁判所にも、その訴えを提起することができる。

一　前条第1項第1号に掲げる裁判所（東京地方裁判所を除く。）	東京地方裁判所
二　前条第1項第2号に掲げる裁判所（大阪地方裁判所を除く。）	大阪地方裁判所

（併合請求における管轄）

第7条　一の訴えで数個の請求をする場合には、第4条から前条まで（第6条第3項を除く。）の規定により一の請求について管轄権を有する裁判所にその訴えを提起することができる。ただし、数人からの又は数人に対する訴えについては、第38条前段に定める場合に限る。

（訴訟の目的の価額の算定）

第8条　裁判所法（昭和22年法律第59号）の規定により管轄が訴訟の目的の価額により定まるときは、その価額は、訴えで主張する利益によって算定する。

2　前項の価額を算定することができないとき、又は極めて困難であるときは、その価額は140万円を超えるものとみなす。

（併合請求の場合の価額の算定）

第9条　一の訴えで数個の請求をする場合には、その価額を合算したものを訴訟の目的の価額とする。ただし、その訴えで主張する利益が各請求について共通である場合におけるその各請求については、この限りでない。

2　果実、損害賠償、違約金又は費用の請求が訴訟の附帯の目的であるときは、その価額は、訴訟の目的の価額に算入しない。

（管轄裁判所の指定）

第10条　管轄裁判所が法律上又は事実上裁判権を行うことができないときは、その裁判所の直近上級の裁判所は、申立てにより、決定で、管轄裁判所を定める。

2　裁判所の管轄区域が明確でないため管轄裁判所が定まらないときは、関係のある裁判所に共通する直近上級の裁判所は、申立てにより、決定で、管轄裁判所を定める。

3　前2項の決定に対しては、不服を申し立てることができない。

（管轄裁判所の特例）

第10条の2　前節の規定により日本の裁判所が

管轄権を有する訴えについて、この法律の他の規定又は他の法令の規定により管轄裁判所が定まらないときは、その訴えは、最高裁判所規則で定める地を管轄する裁判所の管轄に属する。

（管轄の合意）

第11条　当事者は、第一審に限り、合意により管轄裁判所を定めることができる。

2　前項の合意は、一定の法律関係に基づく訴えに関し、かつ、書面でしなければ、その効力を生じない。

3　第1項の合意がその内容を記録した電磁的記録によってされたときは、その合意は、書面によってされたものとみなして、前項の規定を適用する。

（応訴管轄）

第12条　被告が第一審裁判所において管轄違いの抗弁を提出しないで本案について弁論をし、又は弁論準備手続において申述をしたときは、その裁判所は、管轄権を有する。

（専属管轄の場合の適用除外等）

第13条　第4条第1項、第5条、第6条第2項、第6条の2、第7条及び前2条の規定は、訴えについて法令に専属管轄の定めがある場合には、適用しない。

2　特許権等に関する訴えについて、第7条又は前2条の規定によれば第6条第1項各号に定める裁判所が管轄権を有すべき場合には、前項の規定にかかわらず、第7条又は前2条の規定により、その裁判所は、管轄権を有する。

（職権証拠調べ）

第14条　裁判所は、管轄に関する事項について、職権で証拠調べをすることができる。

（管轄の標準時）

第15条　裁判所の管轄は、訴えの提起の時を標準として定める。

（管轄違いの場合の取扱い）

第16条　裁判所は、訴訟の全部又は一部がその管轄に属しないと認めるときは、申立てにより又は職権で、これを管轄裁判所に移送する。

2　地方裁判所は、訴訟がその管轄区域内の簡易裁判所の管轄に属する場合においても、相当と認めるときは、前項の規定にかかわらず、申立てにより又は職権で、訴訟の全部又は一部について自ら審理及び裁判をすることができる。ただし、訴訟がその簡易裁判所の専属管轄（当事者が第11条の規定により合意で定めたものを除く。）に属する場合は、この限りでない。

（遅滞を避ける等のための移送）

第17条　第一審裁判所は、訴訟がその管轄に属する場合においても、当事者及び尋問を受けるべき証人の住所、使用すべき検証物の所在地その他の事情を考慮して、訴訟の著しい遅滞を避け、又は当事者間の衡平を図るため必要があると認めるときは、申立てにより又は職権で、訴訟の全部又は一部を他の管轄裁判所に移送することができる。

（簡易裁判所の裁量移送）

第18条　簡易裁判所は、訴訟がその管轄に属する場合においても、相当と認めるときは、申立てにより又は職権で、訴訟の全部又は一部をその所在地を管轄する地方裁判所に移送することができる。

（必要的移送）

第19条　第一審裁判所は、訴訟がその管轄に属する場合においても、当事者の申立て及び相手方の同意があるときは、訴訟の全部又は一部を申立てに係る地方裁判所又は簡易裁判所に移送しなければならない。ただし、移送により著しく訴訟手続を遅滞させることとなるとき、又はその申立てが、簡易裁判所からその所在地を管轄する地方裁判所への移送の申立て以外のものであって、被告が本案について弁論をし、若しくは弁論準備手続において申述をした後にされたものであるときは、この限りでない。

2　簡易裁判所は、その管轄に属する不動産に関する訴訟につき被告の申立てがあるときは、訴訟の全部又は一部をその所在地を管轄する地方裁判所に移送しなければならない。ただし、その申立ての前に被告が本案について弁論をした場合は、この限りでない。

（専属管轄の場合の移送の制限）

第20条　前3条の規定は、訴訟がその係属する裁判所の専属管轄（当事者が第11条の規定により合意で定めたものを除く。）に属する場合には、適用しない。

2　特許権等に関する訴えに係る訴訟について、第17条又は前条第1項の規定によれば第6条第1項各号に定める裁判所に移送すべき場合には、前項の規定にかかわらず、第17条又は前条第1項の規定を適用する。

（特許権等に関する訴え等に係る訴訟の移送）

第20条の2　第6条第1項各号に定める裁判所は、特許権等に関する訴えに係る訴訟が同項の規定によりその管轄に専属する場合において

民訴法

も、当該訴訟において審理すべき専門技術的事項を欠くことその他の事情により著しい損害又は遅滞を避けるため必要があると認めるときは、申立てにより又は職権で、訴訟の全部又は一部を第４条、第５条若しくは第11条の規定によれば管轄権を有すべき地方裁判所又は第19条第１項の規定によれば移送を受けるべき地方裁判所に移送することができる。

2　東京高等裁判所は、第６条第３項の控訴が提起された場合において、その控訴審において審理すべき専門技術的事項を欠くことその他の事情により著しい損害又は遅滞を避けるため必要があると認めるときは、申立てにより又は職権で、訴訟の全部又は一部を大阪高等裁判所に移送することができる。

（即時抗告）

第21条　移送の決定及び移送の申立てを却下した決定に対しては、即時抗告をすることができる。

（移送の裁判の拘束力等）

第22条　確定した移送の裁判は、移送を受けた裁判所を拘束する。

2　移送を受けた裁判所は、更に事件を他の裁判所に移送することができない。

3　移送の裁判が確定したときは、訴訟は、初めから移送を受けた裁判所に係属していたものとみなす。

第３節　裁判所職員の除斥及び忌避

（裁判官の除斥）

第23条　裁判官は、次に掲げる場合には、その職務の執行から除斥される。ただし、第６号に掲げる場合にあっては、他の裁判所の嘱託により受託裁判官としてその職務を行うことを妨げない。

一　裁判官又はその配偶者若しくは配偶者であった者が、事件の当事者であるとき、又は事件について当事者と共同権利者、共同義務者若しくは償還義務者の関係にあるとき。

二　裁判官が当事者の４親等内の血族、３親等内の姻族若しくは同居の親族であるとき、又はあったとき。

三　裁判官が当事者の後見人、後見監督人、保佐人、保佐監督人、補助人又は補助監督人であるとき。

四　裁判官が事件について証人又は鑑定人となったとき。

五　裁判官が事件について当事者の代理人又は補佐人であるとき、又はあったとき。

六　裁判官が事件について仲裁判断に関与し、又は不服を申し立てられた前審の裁判に関与したとき。

2　前項に規定する除斥の原因があるときは、裁判所は、申立てにより又は職権で、除斥の裁判をする。

（裁判官の忌避）

第24条　裁判官について裁判の公正を妨げるべき事情があるときは、当事者は、その裁判官を忌避することができる。

2　当事者は、裁判官の面前において弁論をし、又は弁論準備手続において申述をしたときは、その裁判官を忌避することができない。ただし、忌避の原因があることを知らなかったとき、又は忌避の原因がその後に生じたときは、この限りでない。

（除斥又は忌避の裁判）

第25条　合議体の構成員である裁判官及び地方裁判所の一人の裁判官の除斥又は忌避についてはその裁判官の所属する裁判所が、簡易裁判所の裁判官の除斥又は忌避についてはその裁判所の所在地を管轄する地方裁判所が、決定で、裁判をする。

2　地方裁判所における前項の裁判は、合議体でする。

3　裁判官は、その除斥又は忌避についての裁判に関与することができない。

4　除斥又は忌避を理由があるとする決定に対しては、不服を申し立てることができない。

5　除斥又は忌避を理由がないとする決定に対しては、即時抗告をすることができる。

（訴訟手続の停止）

第26条　除斥又は忌避の申立てがあったときは、その申立てについての決定が確定するまで訴訟手続を停止しなければならない。ただし、急速を要する行為については、この限りでない。

（裁判所書記官への準用）

第27条　この節の規定は、裁判所書記官について準用する。この場合においては、裁判は、裁判所書記官の所属する裁判所がする。

第３章　当事者

第１節　当事者能力及び訴訟能力

（原則）

第28条　当事者能力、訴訟能力及び訴訟無能力者の法定代理は、この法律に特別の定めがある場合を除き、民法（明治29年法律第89号）その他の法令に従う。訴訟行為をするのに必要な授権についても、同様とする。

（法人でない社団等の当事者能力）

第29条　法人でない社団又は財団で代表者又は管理人の定めがあるものは、その名において訴え、又は訴えられることができる。

（選定当事者）

第30条　共同の利益を有する多数の者で前条の規定に該当しないものは、その中から、全員のために原告又は被告となるべき一人又は数人を選定することができる。

2　訴訟の係属の後、前項の規定により原告又は被告となるべき者を選定したときは、他の当事者は、当然に訴訟から脱退する。

3　係属中の訴訟の原告又は被告と共同の利益を有する者で当事者でないものは、その原告又は被告を自己のためにも原告又は被告となるべき者として選定することができる。

4　第1項又は前項の規定により原告又は被告となるべき者を選定した者（以下「選定者」という。）は、その選定を取り消し、又は選定された当事者（以下「選定当事者」という。）を変更することができる。

5　選定当事者のうち死亡その他の事由によりその資格を喪失した者があるときは、他の選定当事者において全員のために訴訟行為をすることができる。

（未成年者及び成年被後見人の訴訟能力）

第31条　未成年者及び成年被後見人は、法定代理人によらなければ、訴訟行為をすることができない。ただし、未成年者が独立して法律行為をすることができる場合は、この限りでない。

（被保佐人、被補助人及び法定代理人の訴訟行為の特則）

＊第32条　被保佐人、被補助人（訴訟行為をすることにつきその補助人の同意を得ることを要するものに限る。次項及び第40条第4項において同じ。）又は後見人その他の法定代理人が相手方の提起した訴え又は上訴について訴訟行為をするには、保佐人若しくは保佐監督人、補助人若しくは補助監督人又は後見監督人の同意その他の授権を要しない。

2　被保佐人、被補助人又は後見人その他の法定代理人が次に掲げる訴訟行為をするには、特別の授権がなければならない。

一　訴えの取下げ、和解、請求の放棄若しくは認諾又は第48条（第50条第3項及び第51条において準用する場合を含む。）の規定による脱退

二　控訴、上告又は第318条第1項の申立ての取下げ

三　第360条（第367条第2項及び第378条第2項において準用する場合を含む。）の規定による異議の取下げ又はその取下げについての同意

（外国人の訴訟能力の特則）

第33条　外国人は、その本国法によれば訴訟能力を有しない場合であっても、日本法によれば訴訟能力を有すべきときは、訴訟能力者とみなす。

（訴訟能力等を欠く場合の措置等）

第34条　訴訟能力、法定代理権又は訴訟行為をするのに必要な授権を欠くときは、裁判所は、期間を定めて、その補正を命じなければならない。この場合において、遅滞のため損害を生ずるおそれがあるときは、裁判所は、一時訴訟行為をさせることができる。

2　訴訟能力、法定代理権又は訴訟行為をするのに必要な授権を欠く者がした訴訟行為は、これらを有するに至った当事者又は法定代理人の追認により、行為の時にさかのぼってその効力を生ずる。

3　前2項の規定は、選定当事者が訴訟行為をする場合について準用する。

（特別代理人）

第35条　法定代理人がない場合又は法定代理人が代理権を行うことができない場合において、未成年者又は成年被後見人に対し訴訟行為をしようとする者は、遅滞のため損害を受けるおそれがあることを疎明して、受訴裁判所の裁判長に特別代理人の選任を申し立てることができる。

2　裁判所は、いつでも特別代理人を改任することができる。

3　特別代理人が訴訟行為をするには、後見人と同一の授権がなければならない。

（法定代理権の消滅の通知）

第36条　法定代理権の消滅は、本人又は代理人から相手方に通知しなければ、その効力を生じない。

2　前項の規定は、選定当事者の選定の取消し及び変更について準用する。

（法人の代表者等への準用）

第37条　この法律中法定代理及び法定代理人

に関する規定は、法人の代表者及び法人でない社団又は財団でその名において訴え、又は訴えられることができるものの代表者又は管理人について準用する。

第2節　共同訴訟

（共同訴訟の要件）

第38条　訴訟の目的である権利又は義務が数人について共通であるとき、又は同一の事実上及び法律上の原因に基づくときは、その数人は、共同訴訟人として訴え、又は訴えられることができる。訴訟の目的である権利又は義務が同種であって事実上及び法律上同種の原因に基づくときも、同様とする。

（共同訴訟人の地位）

第39条　共同訴訟人の一人の訴訟行為、共同訴訟人の一人に対する相手方の訴訟行為及び共同訴訟人の一人について生じた事項は、他の共同訴訟人に影響を及ぼさない。

（必要的共同訴訟）

第40条　訴訟の目的が共同訴訟人の全員について合一にのみ確定すべき場合には、その一人の訴訟行為は、全員の利益においてのみその効力を生ずる。

2　前項に規定する場合には、共同訴訟人の一人に対する相手方の訴訟行為は、全員に対してその効力を生ずる。

3　第1項に規定する場合において、共同訴訟人の一人について訴訟手続の中断又は中止の原因があるときは、その中断又は中止は、全員についてその効力を生ずる。

4　第32条第1項の規定は、第1項に規定する場合において、共同訴訟人の一人が提起した上訴について他の共同訴訟人である被保佐人若しくは被補助人又は他の共同訴訟人の後見人その他の法定代理人のすべき訴訟行為について準用する。

（同時審判の申出がある共同訴訟）

第41条　共同被告の一方に対する訴訟の目的である権利と共同被告の他方に対する訴訟の目的である権利とが法律上併存し得ない関係にある場合において、原告の申出があったときは、弁論及び裁判は、分離しないでしなければならない。

2　前項の申出は、控訴審の口頭弁論の終結の時までにしなければならない。

3　第1項の場合において、各共同被告に係る控訴事件が同一の控訴裁判所に各別に係属するときは、弁論及び裁判は、併合してしなければならない。

第3節　訴訟参加

（補助参加）

第42条　訴訟の結果について利害関係を有する第三者は、当事者の一方を補助するため、その訴訟に参加することができる。

（補助参加の申出）

第43条　補助参加の申出は、参加の趣旨及び理由を明らかにして、補助参加により訴訟行為をすべき裁判所にしなければならない。

2　補助参加の申出は、補助参加人としてすることができる訴訟行為とともにすることができる。

（補助参加についての異議等）

第44条　当事者が補助参加について異議を述べたときは、裁判所は、補助参加の許否について、決定で、裁判をする。この場合においては、補助参加人は、参加の理由を疎明しなければならない。

2　前項の異議は、当事者がこれを述べないで弁論をし、又は弁論準備手続において申述をした後は、述べることができない。

3　第1項の裁判に対しては、即時抗告をすることができる。

（補助参加人の訴訟行為）

* **第45条**　補助参加人は、訴訟について、攻撃又は防御の方法の提出、異議の申立て、上訴の提起、再審の訴えの提起その他一切の訴訟行為をすることができる。ただし、補助参加の時における訴訟の程度に従いすることができないものは、この限りでない。

2　補助参加人の訴訟行為は、被参加人の訴訟行為と抵触するときは、その効力を有しない。

3　補助参加人は、補助参加について異議があった場合においても、補助参加を許さない裁判が確定するまでの間は、訴訟行為をすることができる。

4　補助参加人の訴訟行為は、補助参加を許さない裁判が確定した場合においても、当事者が援用したときは、その効力を有する。

（補助参加人に対する裁判の効力）

第46条　補助参加に係る訴訟の裁判は、次に掲げる場合を除き、補助参加人に対してもその

民訴法

効力を有する。
一　前条第１項ただし書の規定により補助参加人が訴訟行為をすることができなかったとき。
二　前条第２項の規定により補助参加人の訴訟行為が効力を有しなかったとき。
三　被参加人が補助参加人の訴訟行為を妨げたとき。
四　被参加人が補助参加人のすることができない訴訟行為を故意又は過失によってしなかったとき。

（独立当事者参加）
第47条　訴訟の結果によって権利が害されることを主張する第三者又は訴訟の目的の全部若しくは一部が自己の権利であることを主張する第三者は、その訴訟の当事者の双方又は一方を相手方として、当事者としてその訴訟に参加することができる。
2　前項の規定による参加の申出は、書面でしなければならない。
3　前項の書面は、当事者双方に送達しなければならない。
4　第40条第１項から第３項までの規定は第１項の訴訟の当事者及び同項の規定によりその訴訟に参加した者について、第43条の規定は同項の規定による参加の申出について準用する。

（訴訟脱退）
第48条　前条第１項の規定により自己の権利を主張するため訴訟に参加した者がある場合には、参加前の原告又は被告は、相手方の承諾を得て訴訟から脱退することができる。この場合において、判決は、脱退した当事者に対してもその効力を有する。

（権利承継人の訴訟参加の場合における時効の完成猶予等）
第49条　訴訟の係属中その訴訟の目的である権利の全部又は一部を譲り受けたことを主張する者が第47条第１項の規定により訴訟参加をしたときは、時効の完成猶予に関しては、当該訴訟の係属の初めに、裁判上の請求があったものとみなす。
2　前項に規定する場合には、その参加は、訴訟の係属の初めに遡って法律上の期間の遵守の効力を生ずる。

（義務承継人の訴訟引受け）
第50条　訴訟の係属中第三者がその訴訟の目的である義務の全部又は一部を承継したときは、裁判所は、当事者の申立てにより、決定で、その第三者に訴訟を引き受けさせることができる。
2　裁判所は、前項の決定をする場合には、当事者及び第三者を審尋しなければならない。
3　第41条第１項及び第３項並びに前２条の規定は、第１項の規定により訴訟を引き受けさせる決定があった場合について準用する。

（義務承継人の訴訟参加及び権利承継人の訴訟引受け）
第51条　第47条から第49条までの規定は訴訟の係属中その訴訟の目的である義務の全部又は一部を承継したことを主張する第三者の訴訟参加について、前条の規定は訴訟の係属中第三者がその訴訟の目的である権利の全部又は一部を譲り受けた場合について準用する。

（共同訴訟参加）
第52条　訴訟の目的が当事者の一方及び第三者について合一にのみ確定すべき場合には、その第三者は、共同訴訟人としてその訴訟に参加することができる。
2　第43条並びに第47条第２項及び第３項の規定は、前項の規定による参加の申出について準用する。

（訴訟告知）
第53条　当事者は、訴訟の係属中、参加することができる第三者にその訴訟の告知をすることができる。
2　訴訟告知を受けた者は、更に訴訟告知をすることができる。
3　訴訟告知は、その理由及び訴訟の程度を記載した書面を裁判所に提出してしなければならない。
4　訴訟告知を受けた者が参加しなかった場合においても、第46条の規定の適用については、参加することができた時に参加したものとみなす。

第４節　訴訟代理人及び補佐人

（訴訟代理人の資格）
第54条　法令により裁判上の行為をすることができる代理人のほか、弁護士でなければ訴訟代理人となることができない。ただし、簡易裁判所においては、その許可を得て、弁護士でない者を訴訟代理人とすることができる。
2　前項の許可は、いつでも取り消すことができる。

（訴訟代理権の範囲）

＊**第55条**　訴訟代理人は、委任を受けた事件について、反訴、参加、強制執行、仮差押え及び仮処分に関する訴訟行為をし、かつ、弁済を受領することができる。

2　訴訟代理人は、次に掲げる事項については、特別の委任を受けなければならない。

一　反訴の提起

二　訴えの取下げ、和解、請求の放棄若しくは認諾又は第48条（第50条第３項及び第51条において準用する場合を含む。）の規定による脱退

三　控訴、上告若しくは第318条第１項の申立て又はこれらの取下げ

四　第360条（第367条第２項及び第378条第２項において準用する場合を含む。）の規定による異議の取下げ又はその取下げについての同意

五　代理人の選任

3　訴訟代理権は、制限することができない。ただし、弁護士でない訴訟代理人については、この限りでない。

4　前３項の規定は、法令により裁判上の行為をすることができる代理人の権限を妨げない。

（個別代理）

第56条　訴訟代理人が数人あるときは、各自当事者を代理する。

2　当事者が前項の規定と異なる定めをしても、その効力を生じない。

（当事者による更正）

第57条　訴訟代理人の事実に関する陳述は、当事者が直ちに取り消し、又は更正したときは、その効力を生じない。

（訴訟代理権の不消滅）

第58条　訴訟代理権は、次に掲げる事由によっては、消滅しない。

一　当事者の死亡又は訴訟能力の喪失

二　当事者である法人の合併による消滅

三　当事者である受託者の信託に関する任務の終了

四　法定代理人の死亡、訴訟能力の喪失又は代理権の消滅若しくは変更

2　一定の資格を有する者で自己の名で他人のために訴訟の当事者となるものの訴訟代理人の代理権は、当事者の死亡その他の事由による資格の喪失によっては、消滅しない。

3　前項の規定は、選定当事者が死亡その他の事由により資格を喪失した場合について準用する。

（法定代理の規定の準用）

第59条　第34条第１項及び第２項並びに第36条第１項の規定は、訴訟代理について準用する。

（補佐人）

第60条　当事者又は訴訟代理人は、裁判所の許可を得て、補佐人とともに出頭することができる。

2　前項の許可は、いつでも取り消すことができる。

3　補佐人の陳述は、当事者又は訴訟代理人が直ちに取り消し、又は更正しないときは、当事者又は訴訟代理人が自らしたものとみなす。

第４章　訴訟費用

第１節　訴訟費用の負担

（訴訟費用の負担の原則）

第61条　訴訟費用は、敗訴の当事者の負担とする。

（不必要な行為があった場合等の負担）

第62条　裁判所は、事情により、勝訴の当事者に、その権利の伸張若しくは防御に必要でない行為によって生じた訴訟費用又は行為の時における訴訟の程度において相手方の権利の伸張若しくは防御に必要であった行為によって生じた訴訟費用の全部又は一部を負担させることができる。

（訴訟を遅滞させた場合の負担）

第63条　当事者が適切な時期に攻撃若しくは防御の方法を提出しないことにより、又は期日若しくは期間の不遵守その他当事者の責めに帰すべき事由により訴訟を遅滞させたときは、裁判所は、その当事者に、その勝訴の場合においても、遅滞によって生じた訴訟費用の全部又は一部を負担させることができる。

（一部敗訴の場合の負担）

第64条　一部敗訴の場合における各当事者の訴訟費用の負担は、裁判所が、その裁量で定める。ただし、事情により、当事者の一方に訴訟費用の全部を負担させることができる。

（共同訴訟の場合の負担）

第65条　共同訴訟人は、等しい割合で訴訟費用を負担する。ただし、裁判所は、事情により、共同訴訟人に連帯して訴訟費用を負担させ、又は他の方法により負担させることができる。

2　裁判所は、前項の規定にかかわらず、権利の伸張又は防御に必要でない行為をした当事者

に、その行為によって生じた訴訟費用を負担させることができる。

（補助参加の場合の負担）

第66条　第61条から前条までの規定は、補助参加についての異議によって生じた訴訟費用の補助参加人とその異議を述べた当事者との間における負担の関係及び補助参加によって生じた訴訟費用の補助参加人と相手方との間における負担の関係について準用する。

（訴訟費用の負担の裁判）

第67条　裁判所は、事件を完結する裁判において、職権で、その審級における訴訟費用の全部について、その負担の裁判をしなければならない。ただし、事情により、事件の一部又は中間の争いに関する裁判において、その費用についての負担の裁判をすることができる。

2　上級の裁判所が本案の裁判を変更する場合には、訴訟の総費用について、その負担の裁判をしなければならない。事件の差戻し又は移送を受けた裁判所がその事件を完結する裁判をする場合も、同様とする。

（和解の場合の負担）

第68条　当事者が裁判所において和解をした場合において、和解の費用又は訴訟費用の負担について特別の定めをしなかったときは、その費用は、各自が負担する。

（法定代理人等の費用償還）

第69条　法定代理人、訴訟代理人、裁判所書記官又は執行官が故意又は重大な過失によって無益な訴訟費用を生じさせたときは、受訴裁判所は、申立てにより又は職権で、これらの者に対し、その費用額の償還を命ずることができる。

2　前項の規定は、法定代理人又は訴訟代理人として訴訟行為をした者が、その代理権又は訴訟行為をするのに必要な授権があることを証明することができず、かつ、追認を得ることができなかった場合において、その訴訟行為によって生じた訴訟費用について準用する。

3　第1項（前項において準用する場合を含む。）の規定による決定に対しては、即時抗告をすることができる。

（無権代理人の費用負担）

第70条　前条第2項に規定する場合において、裁判所が訴えを却下したときは、訴訟費用は、代理人として訴訟行為をした者の負担とする。

（訴訟費用額の確定手続）

＊第71条　訴訟費用の負担の額は、その負担の裁判が執行力を生じた後に、申立てにより、第一審裁判所の裁判所書記官が定める。

2　前項の場合において、当事者双方が訴訟費用を負担するときは、最高裁判所規則で定める場合を除き、各当事者の負担すべき費用は、その対当額について相殺があったものとみなす。

3　第1項の申立てに関する処分は、相当と認める方法で告知することによって、その効力を生ずる。

4　前項の処分に対する異議の申立ては、その告知を受けた日から1週間の不変期間内にしなければならない。

5　前項の異議の申立ては、執行停止の効力を有する。

6　裁判所は、第1項の規定による額を定める処分に対する異議の申立てを理由があると認める場合において、訴訟費用の負担の額を定めるべきときは、自らその額を定めなければならない。

7　第4項の異議の申立てについての決定に対しては、即時抗告をすることができる。

（和解の場合の費用額の確定手続）

＊第72条　当事者が裁判所において和解をした場合において、和解の費用又は訴訟費用の負担を定め、その額を定めなかったときは、その額は、申立てにより、第一審裁判所（第275条の和解にあっては、和解が成立した裁判所）の裁判所書記官が定める。この場合においては、前条第2項から第7項までの規定を準用する。

（訴訟が裁判及び和解によらないで完結した場合等の取扱い）

＊第73条　訴訟が裁判及び和解によらないで完結したときは、申立てにより、第一審裁判所は決定で訴訟費用の負担を命じ、その裁判所の裁判所書記官はその決定が執行力を生じた後にその負担の額を定めなければならない。補助参加の申出の取下げ又は補助参加についての異議の取下げがあった場合も、同様とする。

2　第61条から第66条まで及び第71条第7項の規定は前項の申立てについての決定について、同条第2項及び第3項の規定は前項の申立てに関する裁判所書記官の処分について、同条第4項から第7項までの規定はその処分に対する異議の申立てについて準用する。

（費用額の確定処分の更正）

＊第74条　第71条第1項、第72条又は前条第1項の規定による額を定める処分に計算違い、誤記その他これらに類する明白な誤りがあるときは、

民訴法

裁判所書記官は、申立てにより又は職権で、いつでもその処分を更正することができる。
2　第71条第3項から第5項まで及び第7項の規定は、前項の規定による更正の処分及びこれに対する異議の申立てについて準用する。
3　第1項に規定する額を定める処分に対し適法な異議の申立てがあったときは、前項の異議の申立ては、することができない。

第2節　訴訟費用の担保

（担保提供命令）
第75条　原告が日本国内に住所、事務所及び営業所を有しないときは、裁判所は、被告の申立てにより、決定で、訴訟費用の担保を立てるべきことを原告に命じなければならない。その担保に不足を生じたときも、同様とする。
2　前項の規定は、金銭の支払の請求の一部について争いがない場合において、その額が担保として十分であるときは、適用しない。
3　被告は、担保を立てるべき事由があることを知った後に本案について弁論をし、又は弁論準備手続において申述をしたときは、第1項の申立てをすることができない。
4　第1項の申立てをした被告は、原告が担保を立てるまで応訴を拒むことができる。
5　裁判所は、第1項の決定において、担保の額及び担保を立てるべき期間を定めなければならない。
6　担保の額は、被告が全審級において支出すべき訴訟費用の総額を標準として定める。
7　第1項の申立てについての決定に対しては、即時抗告をすることができる。

（担保提供の方法）
第76条　担保を立てるには、担保を立てるべきことを命じた裁判所の所在地を管轄する地方裁判所の管轄区域内の供託所に金銭又は裁判所が相当と認める有価証券（社債、株式等の振替に関する法律（平成13年法律第75号）第278条第1項に規定する振替債を含む。次条において同じ。）を供託する方法その他最高裁判所規則で定める方法によらなければならない。ただし、当事者が特別の契約をしたときは、その契約による。

（担保物に対する被告の権利）
第77条　被告は、訴訟費用に関し、前条の規定により供託した金銭又は有価証券について、他の債権者に先立ち弁済を受ける権利を有する。

（担保不提供の効果）
第78条　原告が担保を立てるべき期間内にこれを立てないときは、裁判所は、口頭弁論を経ないで、判決で、訴えを却下することができる。ただし、判決前に担保を立てたときは、この限りでない。

（担保の取消し）
＊第79条　担保を立てた者が担保の事由が消滅したことを証明したときは、裁判所は、申立てにより、担保の取消しの決定をしなければならない。
2　担保を立てた者が担保の取消しについて担保権利者の同意を得たことを証明したときも、前項と同様とする。
3　訴訟の完結後、裁判所が、担保を立てた者の申立てにより、担保権利者に対し、一定の期間内にその権利を行使すべき旨を催告し、担保権利者がその行使をしないときは、担保の取消しについて担保権利者の同意があったものとみなす。
4　第1項及び第2項の規定による決定に対しては、即時抗告をすることができる。

（担保の変換）
第80条　裁判所は、担保を立てた者の申立てにより、決定で、その担保の変換を命ずることができる。ただし、その担保を契約によって他の担保に変換することを妨げない。

（他の法令による担保への準用）
第81条　第75条第4項、第5項及び第7項並びに第76条から前条までの規定は、他の法令により訴えの提起について立てるべき担保について準用する。

第3節　訴訟上の救助

（救助の付与）
第82条　訴訟の準備及び追行に必要な費用を支払う資力がない者又はその支払により生活に著しい支障を生ずる者に対しては、裁判所は、申立てにより、訴訟上の救助の決定をすることができる。ただし、勝訴の見込みがないとはいえないときに限る。
2　訴訟上の救助の決定は、審級ごとにする。

（救助の効力等）
第83条　訴訟上の救助の決定は、その定めるところに従い、訴訟及び強制執行について、次に掲げる効力を有する。

一　裁判費用並びに執行官の手数料及びその職務の執行に要する費用の支払の猶予
二　裁判所において付添いを命じた弁護士の報酬及び費用の支払の猶予
三　訴訟費用の担保の免除

2　訴訟上の救助の決定は、これを受けた者のためにのみその効力を有する。

3　裁判所は、訴訟の承継人に対し、決定で、猶予した費用の支払を命ずる。

（救助の決定の取消し）

第84条　訴訟上の救助の決定を受けた者が第82条第1項本文に規定する要件を欠くことが判明し、又はこれを欠くに至ったときは、訴訟記録の存する裁判所は、利害関係人の申立てにより又は職権で、決定により、いつでも訴訟上の救助の決定を取り消し、猶予した費用の支払を命ずることができる。

（猶予された費用等の取立方法）

第85条　訴訟上の救助の決定を受けた者に支払を猶予した費用は、これを負担することとされた相手方から直接に取り立てることができる。この場合において、弁護士又は執行官は、報酬又は手数料及び費用について、訴訟上の救助の決定を受けた者に代わり、第71条第1項、第72条又は第73条第1項の申立て及び強制執行をすることができる。

（即時抗告）

第86条　この節に規定する決定に対しては、即時抗告をすることができる。

第5章　訴訟手続

第1節　訴訟の審理等

（口頭弁論の必要性）

第87条　当事者は、訴訟について、裁判所において口頭弁論をしなければならない。ただし、決定で完結すべき事件については、裁判所が、口頭弁論をすべきか否かを定める。

2　前項ただし書の規定により口頭弁論をしない場合には、裁判所は、当事者を審尋することができる。

3　前2項の規定は、特別の定めがある場合には、適用しない。

（映像と音声の送受信による通話の方法による口頭弁論等）

第87条の2　裁判所は、相当と認めるときは、当事者の意見を聴いて、最高裁判所規則で定めるところにより、裁判所及び当事者双方が映像と音声の送受信により相手の状態を相互に認識しながら通話をすることができる方法によって、口頭弁論の期日における手続を行うことができる。

2　裁判所は、相当と認めるときは、当事者の意見を聴いて、最高裁判所規則で定めるところにより、裁判所及び当事者双方が音声の送受信により同時に通話をすることができる方法によって、審尋の期日における手続を行うことができる。

3　前2項の期日に出頭しないでその手続に関与した当事者は、その期日に出頭したものとみなす。

（受命裁判官による審尋）

第88条　裁判所は、審尋をする場合には、受命裁判官にこれを行わせることができる。

（和解の試み等）

＊第89条　裁判所は、訴訟がいかなる程度にあるかを問わず、和解を試み、又は受命裁判官若しくは受託裁判官に和解を試みさせることができる。

2　裁判所は、相当と認めるときは、当事者の意見を聴いて、最高裁判所規則で定めるところにより、裁判所及び当事者双方が音声の送受信により同時に通話をすることができる方法によって、和解の期日における手続を行うことができる。

3　前項の期日に出頭しないで同項の手続に関与した当事者は、その期日に出頭したものとみなす。

（訴訟手続に関する異議権の喪失）

第90条　当事者が訴訟手続に関する規定の違反を知り、又は知ることができた場合において、遅滞なく異議を述べないときは、これを述べる権利を失う。ただし、放棄することができないものについては、この限りでない。

（訴訟記録の閲覧等）

＊第91条　何人も、裁判所書記官に対し、訴訟記録の閲覧を請求することができる。

2　公開を禁止した口頭弁論に係る訴訟記録については、当事者及び利害関係を疎明した第三者に限り、前項の規定による請求をすることができる。

3　当事者及び利害関係を疎明した第三者は、裁判所書記官に対し、訴訟記録の謄写、その正本、謄本若しくは抄本の交付又は訴訟に関する事項の証明書の交付を請求することができる。

4　前項の規定は、訴訟記録中の録音テープ又はビデオテープ（これらに準ずる方法により一定の事項を記録した物を含む。）に関しては、適用しない。この場合において、これらの物について当事者又は利害関係を疎明した第三者の請求があるときは、裁判所書記官は、その複製を許さなければならない。

5　訴訟記録の閲覧、謄写及び複製の請求は、訴訟記録の保存又は裁判所の執務に支障があるときは、することができない。

（秘密保護のための閲覧等の制限）

＊第92条　次に掲げる事由につき疎明があった場合には、裁判所は、当該当事者の申立てにより、決定で、当該訴訟記録中当該秘密が記載され、又は記録された部分の閲覧若しくは謄写、その正本、謄本若しくは抄本の交付又はその複製（以下「秘密記載部分の閲覧等」という。）の請求をすることができる者を当事者に限ることができる。

一　訴訟記録中に当事者の私生活についての重大な秘密が記載され、又は記録されており、かつ、第三者が秘密記載部分の閲覧等を行うことにより、その当事者が社会生活を営むのに著しい支障を生ずるおそれがあること。

二　訴訟記録中に当事者が保有する営業秘密（不正競争防止法第2条第6項に規定する営業秘密をいう。第132条の2第1項第3号及び第2項において同じ。）が記載され、又は記録されていること。

2　前項の申立てがあったときは、その申立てについての裁判が確定するまで、第三者は、秘密記載部分の閲覧等の請求をすることができない。

3　秘密記載部分の閲覧等の請求をしようとする第三者は、訴訟記録の存する裁判所に対し、第1項に規定する要件を欠くこと又はこれを欠くに至ったことを理由として、同項の決定の取消しの申立てをすることができる。

4　第1項の申立てを却下した裁判及び前項の申立てについての裁判に対しては、即時抗告をすることができる。

5　第1項の決定を取り消す裁判は、確定しなければその効力を生じない。

6　第1項の申立て（同項第1号に掲げる事由があることを理由とするものに限る。次項及び第8項において同じ。）があった場合において、当該申立て後に第三者がその訴訟への参加をしたときは、裁判所書記官は、当該申立てをした当事者に対し、その参加後直ちに、その参加があった旨を通知しなければならない。ただし、当該申立てを却下する裁判が確定したときは、この限りでない。

7　前項本文の場合において、裁判所書記官は、同項の規定による通知があった日から2週間を経過する日までの間、その参加をした者に第1項の申立てに係る秘密記載部分の閲覧等をさせてはならない。ただし、第133条の2第2項の申立てがされたときは、この限りでない。

8　前2項の規定は、第6項の参加をした者に第1項の申立てに係る秘密記載部分の閲覧等をさせることについて同項の申立てをした当事者の全ての同意があるときは、適用しない。

第2節　専門委員等

第1款　専門委員

（専門委員の関与）

＊第92条の2　裁判所は、争点若しくは証拠の整理又は訴訟手続の進行に関し必要な事項の協議をするに当たり、訴訟関係を明瞭にし、又は訴訟手続の円滑な進行を図るため必要があると認めるときは、当事者の意見を聴いて、決定で、専門的な知見に基づく説明を聴くために専門委員を手続に関与させることができる。この場合において、専門委員の説明は、裁判長が書面により又は口頭弁論若しくは弁論準備手続の期日において口頭でさせなければならない。

2　裁判所は、証拠調べをするに当たり、訴訟関係又は証拠調べの結果の趣旨を明瞭にするため必要があると認めるときは、当事者の意見を聴いて、決定で、証拠調べの期日において専門的な知見に基づく説明を聴くために専門委員を手続に関与させることができる。この場合において、証人若しくは当事者本人の尋問又は鑑定人質問の期日において専門委員に説明をさせるときは、裁判長は、当事者の同意を得て、訴訟関係又は証拠調べの結果の趣旨を明瞭にするために必要な事項について専門委員が証人、当事者本人又は鑑定人に対し直接に問いを発することを許すことができる。

3　裁判所は、和解を試みるに当たり、必要があると認めるときは、当事者の同意を得て、決定で、当事者双方が立ち会うことができる和解を

民訴法

試みる期日において専門的な知見に基づく説明を聴くために専門委員を手続に関与させることができる。

（音声の送受信による通話の方法による専門委員の関与）

＊第92条の3　裁判所は、前条各項の規定により専門委員を手続に関与させる場合において、専門委員が遠隔の地に居住しているときその他相当と認めるときは、当事者の意見を聴いて、同条各項の期日において、最高裁判所規則で定めるところにより、裁判所及び当事者双方が専門委員との間で音声の送受信により同時に通話をすることができる方法によって、専門委員に同条各項の説明又は発問をさせることができる。

（専門委員の関与の決定の取消し）

第92条の4　裁判所は、相当と認めるときは、申立てにより又は職権で、専門委員を手続に関与させる決定を取り消すことができる。ただし、当事者双方の申立てがあるときは、これを取り消さなければならない。

（専門委員の指定及び任免等）

第92条の5　専門委員の員数は、各事件について一人以上とする。

2　第92条の2の規定により手続に関与させる専門委員は、当事者の意見を聴いて、裁判所が各事件について指定する。

3　専門委員は、非常勤とし、その任免に関し必要な事項は、最高裁判所規則で定める。

4　専門委員には、別に法律で定めるところにより手当を支給し、並びに最高裁判所規則で定める額の旅費、日当及び宿泊料を支給する。

（専門委員の除斥及び忌避）

第92条の6　第23条から第25条まで（同条第2項を除く。）の規定は、専門委員について準用する。

2　専門委員について除斥又は忌避の申立てがあったときは、その専門委員は、その申立てについての決定が確定するまでその申立てがあった事件の手続に関与することができない。

（受命裁判官等の権限）

＊第92条の7　受命裁判官又は受託裁判官が第92条の2各項の手続を行う場合には、同条から第92条の4まで及び第92条の5第2項の規定による裁判所及び裁判長の職務は、その裁判官が行う。ただし、第92条の2第2項の手続を行う場合には、専門委員を手続に関与させる決定、その決定の取消し及び専門委員の指定は、受訴裁判所がする。

第2款　知的財産に関する事件における裁判所調査官の事務等

（知的財産に関する事件における裁判所調査官の事務）

＊第92条の8　裁判所は、必要があると認めるときは、高等裁判所又は地方裁判所において知的財産に関する事件の審理及び裁判に関して調査を行う裁判所調査官に、当該事件において次に掲げる事務を行わせることができる。この場合において、当該裁判所調査官は、裁判長の命を受けて、当該事務を行うものとする。

一　次に掲げる期日又は手続において、訴訟関係を明瞭にするため、事実上及び法律上の事項に関し、当事者に対して問いを発し、又は立証を促すこと。

イ　口頭弁論又は審尋の期日

ロ　争点又は証拠の整理を行うための手続

ハ　文書の提出義務又は検証の目的の提示義務の有無を判断するための手続

ニ　争点又は証拠の整理に係る事項その他訴訟手続の進行に関し必要な事項についての協議を行うための手続

二　証拠調べの期日において、証人、当事者本人又は鑑定人に対し直接に問いを発すること。

三　和解を試みる期日において、専門的な知見に基づく説明をすること。

四　裁判官に対し、事件につき意見を述べること。

（知的財産に関する事件における裁判所調査官の除斥及び忌避）

第92条の9　第23条から第25条までの規定は、前条の事務を行う裁判所調査官について準用する。

2　前条の事務を行う裁判所調査官について除斥又は忌避の申立てがあったときは、その裁判所調査官は、その申立てについての決定が確定するまでその申立てがあった事件に関与することができない。

第3節　期日及び期間

（期日の指定及び変更）

＊第93条　期日は、申立てにより又は職権で、裁判長が指定する。

2　期日は、やむを得ない場合に限り、日曜日その他の一般の休日に指定することができる。

3　口頭弁論及び弁論準備手続の期日の変更は、顕著な事由がある場合に限り許す。ただし、最初の期日の変更は、当事者の合意がある場合にも許す。

4　前項の規定にかかわらず、弁論準備手続を経た口頭弁論の期日の変更は、やむを得ない事由がある場合でなければ、許すことができない。

（期日の呼出し）

＊第94条　期日の呼出しは、呼出状の送達、当該事件について出頭した者に対する期日の告知その他相当と認める方法によってする。

2　呼出状の送達及び当該事件について出頭した者に対する期日の告知以外の方法による期日の呼出しをしたときは、期日に出頭しない当事者、証人又は鑑定人に対し、法律上の制裁その他期日の不遵守による不利益を帰することができない。ただし、これらの者が期日の呼出しを受けた旨を記載した書面を提出したときは、この限りでない。

（期間の計算）

第95条　期間の計算については、民法の期間に関する規定に従う。

2　期間を定める裁判において始期を定めなかったときは、期間は、その裁判が効力を生じた時から進行を始める。

3　期間の末日が日曜日、土曜日、国民の祝日に関する法律（昭和23年法律第178号）に規定する休日、1月2日、1月3日又は12月29日から12月31日までの日に当たるときは、期間は、その翌日に満了する。

（期間の伸縮及び付加期間）

第96条　裁判所は、法定の期間又はその定めた期間を伸長し、又は短縮することができる。ただし、不変期間については、この限りでない。

2　不変期間については、裁判所は、遠隔の地に住所又は居所を有する者のために付加期間を定めることができる。

（訴訟行為の追完）

＊第97条　当事者がその責めに帰することができない事由により不変期間を遵守することができなかった場合には、その事由が消滅した後1週間以内に限り、不変期間内にすべき訴訟行為の追完をすることができる。ただし、外国に在る当事者については、この期間は、2月とする。

2　前項の期間については、前条第1項本文の規定は、適用しない。

第4節　送達

（職権送達の原則等）

第98条　送達は、特別の定めがある場合を除き、職権でする。

2　送達に関する事務は、裁判所書記官が取り扱う。

（送達実施機関）

＊第99条　送達は、特別の定めがある場合を除き、郵便又は執行官によってする。

2　郵便による送達にあっては、郵便の業務に従事する者を送達をする者とする。

（裁判所書記官による送達）

＊第100条　裁判所書記官は、その所属する裁判所の事件について出頭した者に対しては、自ら送達をすることができる。

（交付送達の原則）

＊第101条　送達は、特別の定めがある場合を除き、送達を受けるべき者に送達すべき書類を交付してする。

（訴訟無能力者等に対する送達）

＊第102条　訴訟無能力者に対する送達は、その法定代理人にする。

2　数人が共同して代理権を行うべき場合には、送達は、その一人にすれば足りる。

3　刑事施設に収容されている者に対する送達は、刑事施設の長にする。

（送達場所）

＊第103条　送達は、送達を受けるべき者の住所、居所、営業所又は事務所（以下この節において「住所等」という。）においてする。ただし、法定代理人に対する送達は、本人の営業所又は事務所においてもすることができる。

2　前項に定める場所が知れないとき、又はその場所において送達をするのに支障があるときは、送達は、送達を受けるべき者が雇用、委任その他の法律上の行為に基づき就業する他人の住所等（以下「就業場所」という。）においてすることができる。送達を受けるべき者（次条第1項に規定する者を除く。）が就業場所において送達を受ける旨の申述をしたときも、同様とする。

（送達場所等の届出）

＊第104条　当事者、法定代理人又は訴訟代理人は、送達を受けるべき場所（日本国内に限る。）を受訴裁判所に届け出なければならない。この場合においては、送達受取人をも届け出ることができる。

民訴法

2　前項前段の規定による届出があった場合には、送達は、前条の規定にかかわらず、その届出に係る場所においてする。

3　第1項前段の規定による届出をしない者で次の各号に掲げる送達を受けたものに対するその後の送達は、前条の規定にかかわらず、それぞれ当該各号に定める場所においてする。

一　前条の規定による送達	その送達をした場所
二　次条後段の規定による送達のうち郵便の業務に従事する者が日本郵便株式会社の営業所（郵便の業務を行うものに限る。第106条第1項後段において同じ。）においてするもの及び同項後段の規定による送達	その送達において送達をすべき場所とされていた場所
三　第107条第1項第1号の規定による送達	その送達においてあて先とした場所

（出会送達）

＊**第105条**　前2条の規定にかかわらず、送達を受けるべき者で日本国内に住所等を有することが明らかでないもの（前条第1項前段の規定による届出をした者を除く。）に対する送達は、その者に出会った場所においてすることができる。日本国内に住所等を有することが明らかな者又は同項前段の規定による届出をした者が送達を受けることを拒まないときも、同様とする。

（補充送達及び差置送達）

＊**第106条**　就業場所以外の送達をすべき場所において送達を受けるべき者に出会わないときは、使用人その他の従業者又は同居者であって、書類の受領について相当のわきまえのあるものに書類を交付することができる。郵便の業務に従事する者が日本郵便株式会社の営業所において書類を交付すべきときも、同様とする。

2　就業場所（第104条第1項前段の規定による届出に係る場所が就業場所である場合を含む。）において送達を受けるべき者に出会わない場合において、第103条第2項の他人又はその法定代理人若しくは使用人その他の従業者であって、書類の受領について相当のわきまえのあるものが書類の交付を受けることを拒まないときは、これらの者に書類を交付することができる。

3　送達を受けるべき者又は第1項前段の規定により書類の交付を受けるべき者が正当な理由なくこれを受けることを拒んだときは、送達をすべき場所に書類を差し置くことができる。

（書留郵便等に付する送達）

＊**第107条**　前条の規定により送達をすることができない場合には、裁判所書記官は、次の各号に掲げる区分に応じ、それぞれ当該各号に定める場所にあてて、書類を書留郵便又は民間事業者による信書の送達に関する法律（平成14年法律第99号）第2条第6項に規定する一般信書便事業者若しくは同条第9項に規定する特定信書便事業者の提供する同条第2項に規定する信書便の役務のうち書留郵便に準ずるものとして最高裁判所規則で定めるもの（次項及び第3項において「書留郵便等」という。）に付して発送することができる。

一　第103条の規定による送達をすべき場合	同条第1項に定める場所
二　第104条第2項の規定による送達をすべき場合	同項の場所
三　第104条第3項の規定による送達をすべき場合	同項の場所（その場所が就業場所である場合にあっては、訴訟記録に表れたその者の住所等）

2　前項第2号又は第3号の規定により書類を書留郵便等に付して発送した場合には、その後に送達すべき書類は、同項第2号又は第3号に定める場所にあてて、書留郵便等に付して発送することができる。

3　前2項の規定により書類を書留郵便等に付して発送した場合には、その発送の時に、送達があったものとみなす。

（外国における送達）

＊**第108条**　外国においてすべき送達は、裁判長がその国の管轄官庁又はその国に駐在する日本の大使、公使若しくは領事に嘱託してする。

（送達報告書）

＊**第109条**　送達をした者は、書面を作成し、送達に関する事項を記載して、これを裁判所に提出しなければならない。

（公示送達の要件）

＊**第110条**　次に掲げる場合には、裁判所書記官は、申立てにより、公示送達をすることができる。

一　当事者の住所、居所その他送達をすべき場所が知れない場合

二　第107条第1項の規定により送達をすることができない場合

三　外国においてすべき送達について、第108条の規定によることができず、又はこれによっても送達をすることができないと認めるべき場合

四　第108条の規定により外国の管轄官庁に嘱託を発した後６月を経過してもその送達を証する書面の送付がない場合

2　前項の場合において、裁判所は、訴訟の遅滞を避けるため必要があると認めるときは、申立てがないときであっても、裁判所書記官に公示送達をすべきことを命ずることができる。

3　同一の当事者に対する２回目以降の公示送達は、職権でする。ただし、第１項第４号に掲げる場合は、この限りでない。

（公示送達の方法）

＊**第111条**　公示送達は、裁判所書記官が送達すべき書類を保管し、いつでも送達を受けるべき者に交付すべき旨を裁判所の掲示場に掲示してする。

（公示送達の効力発生の時期）

＊**第112条**　公示送達は、前条の規定による掲示を始めた日から２週間を経過することによって、その効力を生ずる。ただし、第110条第３項の公示送達は、掲示を始めた日の翌日にその効力を生ずる。

2　外国においてすべき送達についてした公示送達にあっては、前項の期間は、６週間とする。

3　前２項の期間は、短縮することができない。

（公示送達による意思表示の到達）

＊**第113条**　訴訟の当事者が相手方の所在を知ることができない場合において、相手方に対する公示送達がされた書類に、その相手方に対しその訴訟の目的である請求又は防御の方法に関する意思表示をする旨の記載があるときは、その意思表示は、第111条の規定による掲示を始めた日から２週間を経過した時に、相手方に到達したものとみなす。この場合においては、民法第98条第３項ただし書の規定を準用する。

第５節　裁判

（既判力の範囲）

第114条　確定判決は、主文に包含するものに限り、既判力を有する。

2　相殺のために主張した請求の成立又は不成立の判断は、相殺をもって対抗した額について既判力を有する。

（確定判決等の効力が及ぶ者の範囲）

第115条　確定判決は、次に掲げる者に対してその効力を有する。

一　当事者

二　当事者が他人のために原告又は被告となった場合のその他人

三　前２号に掲げる者の口頭弁論終結後の承継人

四　前３号に掲げる者のために請求の目的物を所持する者

2　前項の規定は、仮執行の宣言について準用する。

（判決の確定時期）

＊**第116条**　判決は、控訴若しくは上告（第327条第１項（第380条第２項において準用する場合を含む。）の上告を除く。）の提起、第318条第１項の申立て又は第357条（第367条第２項において準用する場合を含む。）若しくは第378条第１項の規定による異議の申立てについて定めた期間の満了前には、確定しないものとする。

2　判決の確定は、前項の期間内にした控訴の提起、同項の上告の提起又は同項の申立てにより、遮断される。

（定期金による賠償を命じた確定判決の変更を求める訴え）

第117条　口頭弁論終結前に生じた損害につき定期金による賠償を命じた確定判決について、口頭弁論終結後に、後遺障害の程度、賃金水準その他の損害額の算定の基礎となった事情に著しい変更が生じた場合には、その判決の変更を求める訴えを提起することができる。ただし、その訴えの提起の日以後に支払期限が到来する定期金に係る部分に限る。

2　前項の訴えは、第一審裁判所の管轄に専属する。

（外国裁判所の確定判決の効力）

第118条　外国裁判所の確定判決は、次に掲げる要件のすべてを具備する場合に限り、その効力を有する。

一　法令又は条約により外国裁判所の裁判権が認められること。

二　敗訴の被告が訴訟の開始に必要な呼出し若しくは命令の送達（公示送達その他これに類する送達を除く。）を受けたこと又はこれを受けなかったが応訴したこと。

三　判決の内容及び訴訟手続が日本における公の秩序又は善良の風俗に反しないこと。

民訴法

四　相互の保証があること。

（決定及び命令の告知）

第119条　決定及び命令は、相当と認める方法で告知することによって、その効力を生ずる。

（訴訟指揮に関する裁判の取消し）

第120条　訴訟の指揮に関する決定及び命令は、いつでも取り消すことができる。

（裁判所書記官の処分に対する異議）

第121条　裁判所書記官の処分に対する異議の申立てについては、その裁判所書記官の所属する裁判所が、決定で、裁判をする。

（判決に関する規定の準用）

第122条　決定及び命令には、その性質に反しない限り、判決に関する規定を準用する。

（判事補の権限）

第123条　判決以外の裁判は、判事補が単独ですることができる。

第6節　訴訟手続の中断及び中止

（訴訟手続の中断及び受継）

第124条　次の各号に掲げる事由があるときは、訴訟手続は、中断する。この場合においては、それぞれ当該各号に定める者は、訴訟手続を受け継がなければならない。

一　当事者の死亡	相続人、相続財産の管理人、相続財産の清算人その他法令により訴訟を続行すべき者
二　当事者である法人の合併による消滅	合併によって設立された法人又は合併後存続する法人
三　当事者の訴訟能力の喪失又は法定代理人の死亡若しくは代理権の消滅	法定代理人又は訴訟能力を有するに至った当事者
四　次のイからハまでに掲げる者の信託に関する任務の終了	当該イからハまでに定める者
イ　当事者である受託者	新たな受託者又は信託財産管理者若しくは信託財産法人管理人
ロ　当事者である信託財産管理者又は信託財産法人管理人	新たな受託者又は新たな信託財産管理者若しくは新たな信託財産法人管理人
ハ　当事者である信託管理人	受益者又は新たな信託管理人
五　一定の資格を有する者で自己の名で他人のために訴訟の当事者となるものの死亡その他の事由による資格の喪失	同一の資格を有する者
六　選定当事者の全員の死亡その他の事由による資格の喪失	選定者の全員又は新たな選定当事者

2　前項の規定は、訴訟代理人がある間は、適用しない。

3　第1項第1号に掲げる事由がある場合においても、相続人は、相続の放棄をすることができる間は、訴訟手続を受け継ぐことができない。

4　第1項第2号の規定は、合併をもって相手方に対抗することができない場合には、適用しない。

5　第1項第3号の法定代理人が保佐人又は補助人である場合にあっては、同号の規定は、次に掲げるときには、適用しない。

一　被保佐人又は被補助人が訴訟行為をすることについて保佐人又は補助人の同意を得ることを要しないとき。

二　被保佐人又は被補助人が前号に規定する同意を得ることを要する場合において、その同意を得ているとき。

第125条　所有者不明土地管理命令（民法第264条の2第1項に規定する所有者不明土地管理命令をいう。以下この項及び次項において同じ。）が発せられたときは、当該所有者不明土地管理命令の対象とされた土地又は共有持分及び当該所有者不明土地管理命令の効力が及ぶ動産並びにその管理、処分その他の事由により所有者不明土地管理人（同条第4項に規定する所有者不明土地管理人をいう。以下この項及び次項において同じ。）が得た財産（以下この項及び次項において「所有者不明土地等」という。）に関する訴訟手続で当該所有者不明土地等の所有者（その共有持分を有する者を含む。同項において同じ。）を当事者とするものは、中断する。この場合においては、所有者不明土地管理人は、訴訟手続を受け継ぐことができる。

2　所有者不明土地管理命令が取り消されたときは、所有者不明土地管理人を当事者とする所有者不明土地等に関する訴訟手続は、中断する。この場合においては、所有者不明土地等の所有者は、訴訟手続を受け継がなければならない。

3　第1項の規定は所有者不明建物管理命令（民法第264条の8第1項に規定する所有者不明建物管理命令をいう。以下この項において同じ。）が発せられた場合について、前項の規定は所有者不明建物管理命令が取り消された場合について準用する。

（相手方による受継の申立て）

第126条　訴訟手続の受継の申立ては、相手方もすることができる。

（受継の通知）

第127条　訴訟手続の受継の申立てがあった場合には、裁判所は、相手方に通知しなければならない。

（受継についての裁判）

＊**第128条**　訴訟手続の受継の申立てがあった場合には、裁判所は、職権で調査し、理由がないと認めるときは、決定で、その申立てを却下しなければならない。

2　判決書又は第254条第2項（第374条第2項において準用する場合を含む。）の調書の送達後に中断した訴訟手続の受継の申立てがあった場合には、その判決をした裁判所は、その申立てについて裁判をしなければならない。

（職権による続行命令）

第129条　当事者が訴訟手続の受継の申立てをしない場合においても、裁判所は、職権で、訴訟手続の続行を命ずることができる。

（裁判所の職務執行不能による中止）

第130条　天災その他の事由によって裁判所が職務を行うことができないときは、訴訟手続は、その事由が消滅するまで中止する。

（当事者の故障による中止）

第131条　当事者が不定期間の故障により訴訟手続を続行することができないときは、裁判所は、決定で、その中止を命ずることができる。

2　裁判所は、前項の決定を取り消すことができる。

（中断及び中止の効果）

第132条　判決の言渡しは、訴訟手続の中断中であっても、することができる。

2　訴訟手続の中断又は中止があったときは、期間は、進行を停止する。この場合においては、訴訟手続の受継の通知又はその続行の時から、新たに全期間の進行を始める。

第6章　訴えの提起前における証拠収集の処分等

（訴えの提起前における照会）

＊**第132条の2**　訴えを提起しようとする者が訴えの被告となるべき者に対し訴えの提起を予告する通知を書面でした場合（以下この章において当該通知を「予告通知」という。）には、その予告通知をした者（以下この章において「予告通知者」という。）は、その予告通知を受けた者に対し、その予告通知をした日から4月以内に限り、訴えの提起前に、訴えを提起した場合の主張又は立証を準備するために必要であることが明らかな事項について、相当の期間を定めて、書面で回答するよう、書面で照会をすることができる。ただし、その照会が次の各号のいずれかに該当するときは、この限りでない。

一　第163条各号のいずれかに該当する照会

二　相手方又は第三者の私生活についての秘密に関する事項についての照会であって、これに回答することにより、その相手方又は第三者が社会生活を営むのに支障を生ずるおそれがあるもの

三　相手方又は第三者の営業秘密に関する事項についての照会

2　前項第2号に規定する第三者の私生活についての秘密又は同項第3号に規定する第三者の営業秘密に関する事項についての照会については、相手方がこれに回答することをその第三者が承諾した場合には、これらの規定は、適用しない。

3　予告通知の書面には、提起しようとする訴えに係る請求の要旨及び紛争の要点を記載しなければならない。

4　第1項の照会は、既にした予告通知と重複する予告通知に基づいては、することができない。

＊**第132条の3**　予告通知を受けた者（以下この章において「被予告通知者」という。）は、予告通知者に対し、その予告通知の書面に記載された前条第3項の請求の要旨及び紛争の要点に対する答弁の要旨を記載した書面でその予告通知に対する返答をしたときは、予告通知者に対し、その予告通知がされた日から4月以内に限り、訴えの提起前に、訴えを提起された場合の主張又は立証を準備するために必要であることが明らかな

事項について、相当の期間を定めて、書面で回答するよう、書面で照会をすることができる。この場合においては、同条第1項ただし書及び同条第2項の規定を準用する。

2　前項の照会は、既にされた予告通知と重複する予告通知に対する返答に基づいては、することができない。

（訴えの提起前における証拠収集の処分）

＊**第132条の4**　裁判所は、予告通知者又は前条第1項の返答をした被予告通知者の申立てにより、当該予告通知に係る訴えが提起された場合の立証に必要であることが明らかな証拠となるべきものについて、申立人がこれを自ら収集することが困難であると認められるときは、その予告通知又は返答の相手方（以下この章において単に「相手方」という。）の意見を聴いて、訴えの提起前に、その収集に係る次に掲げる処分をすることができる。ただし、その収集に要すべき時間又は嘱託を受けるべき者の負担が不相当なものとなることその他の事情により、相当でないと認めるときは、この限りでない。

一　文書（第231条に規定する物件を含む。以下この章において同じ。）の所持者にその文書の送付を嘱託すること。

二　必要な調査を官庁若しくは公署、外国の官庁若しくは公署又は学校、商工会議所、取引所その他の団体（次条第1項第2号において「官公署等」という。）に嘱託すること。

三　専門的な知識経験を有する者にその専門的な知識経験に基づく意見の陳述を嘱託すること。

四　執行官に対し、物の形状、占有関係その他の現況について調査を命ずること。

2　前項の処分の申立ては、予告通知がされた日から4月の不変期間内にしなければならない。ただし、その期間の経過後にその申立てをすることについて相手方の同意があるときは、この限りでない。

3　第1項の処分の申立ては、既にした予告通知と重複する予告通知又はこれに対する返答に基づいては、することができない。

4　裁判所は、第1項の処分をした後において、同項ただし書に規定する事情により相当でないと認められるに至ったときは、その処分を取り消すことができる。

（証拠収集の処分の管轄裁判所等）

＊**第132条の5**　次の各号に掲げる処分の申立ては、それぞれ当該各号に定める地を管轄する地方裁判所にしなければならない。

一　前条第1項第1号の処分の申立て	申立人若しくは相手方の普通裁判籍の所在地又は文書を所持する者の居所
二　前条第1項第2号の処分の申立て	申立人若しくは相手方の普通裁判籍の所在地又は調査の嘱託を受けるべき官公署等の所在地
三　前条第1項第3号の処分の申立て	申立人若しくは相手方の普通裁判籍の所在地又は特定の物につき意見の陳述の嘱託がされるべき場合における当該特定の物の所在地
四　前条第1項第4号の処分の申立て	調査に係る物の所在地

2　第16条第1項、第21条及び第22条の規定は、前条第1項の処分の申立てに係る事件について準用する。

（証拠収集の処分の手続等）

＊**第132条の6**　裁判所は、第132条の4第1項第1号から第3号までの処分をする場合には、嘱託を受けた者が文書の送付、調査結果の報告又は意見の陳述をすべき期間を定めなければならない。

2　第132条の4第1項第2号の嘱託若しくは同項第4号の命令に係る調査結果の報告又は同項第3号の嘱託に係る意見の陳述は、書面でしなければならない。

3　裁判所は、第132条の4第1項の処分に基づいて文書の送付、調査結果の報告又は意見の陳述がされたときは、申立人及び相手方にその旨を通知しなければならない。

4　裁判所は、次条の定める手続による申立人及び相手方の利用に供するため、前項に規定する通知を発した日から1月間、送付に係る文書又は調査結果の報告若しくは意見の陳述に係る書面を保管しなければならない。

5　第180条第1項の規定は第132条の4第1項の処分について、第184条第1項の規定は第132条の4第1項第1号から第3号までの処分について、第213条の規定は同号の処分について準用する。

民訴法

（事件の記録の閲覧等）

＊第132条の7　申立人及び相手方は、裁判所書記官に対し、第132条の4第1項の処分の申立てに係る事件の記録の閲覧若しくは謄写、その正本、謄本若しくは抄本の交付又は当該事件に関する事項の証明書の交付を請求することができる。

2　第91条第4項及び第5項の規定は、前項の記録について準用する。この場合において、同条第4項中「前項」とあるのは「第132条の7第1項」と、「当事者又は利害関係を疎明した第三者」とあるのは「申立人又は相手方」と読み替えるものとする。

（不服申立ての不許）

第132条の8　第132条の4第1項の処分の申立てについての裁判に対しては、不服を申し立てることができない。

（証拠収集の処分に係る裁判に関する費用の負担）

第132条の9　第132条の4第1項の処分の申立てについての裁判に関する費用は、申立人の負担とする。

第7章　電子情報処理組織による申立て等

＊第132条の10　民事訴訟に関する手続における申立てその他の申述（以下「申立て等」という。）のうち、当該申立て等に関するこの法律その他の法令の規定により書面等（書面、書類、文書、謄本、抄本、正本、副本、複本その他文字、図形等人の知覚によって認識することができる情報が記載された紙その他の有体物をいう。以下同じ。）をもってするものとされているものであって、最高裁判所の定める裁判所に対してするもの（当該裁判所の裁判長、受命裁判官、受託裁判官又は裁判所書記官に対してするものを含む。）については、当該法令の規定にかかわらず、最高裁判所規則で定めるところにより、電子情報処理組織（裁判所の使用に係る電子計算機（入出力装置を含む。以下同じ。）と申立て等をする者又は第399条第1項の規定による処分の告知を受ける者の使用に係る電子計算機とを電気通信回線で接続した電子情報処理組織をいう。第397条から第401条までにおいて同じ。）を用いてすることができる。ただし、督促手続に関する申立て等であって、支払督促の申立てが書面をもってされたものについては、この限りでない。

2　前項本文の規定によりされた申立て等については、当該申立て等を書面等をもってするものとして規定した申立て等に関する法令の規定に規定する書面等をもってされたものとみなして、当該申立て等に関する法令の規定を適用する。

3　第1項本文の規定によりされた申立て等は、同項の裁判所の使用に係る電子計算機に備えられたファイルへの記録がされた時に、当該裁判所に到達したものとみなす。

4　第1項本文の場合において、当該申立て等に関する他の法令の規定により署名等（署名、記名、押印その他氏名又は名称を書面等に記載することをいう。以下この項において同じ。）をすることとされているものについては、当該申立て等をする者は、当該法令の規定にかかわらず、当該署名等に代えて、最高裁判所規則で定めるところにより、氏名又は名称を明らかにする措置を講じなければならない。

5　第1項本文の規定によりされた申立て等（督促手続における申立て等を除く。次項において同じ。）が第3項に規定するファイルに記録されたときは、第1項の裁判所は、当該ファイルに記録された情報の内容を書面に出力しなければならない。

6　第1項本文の規定によりされた申立て等に係る第91条第1項又は第3項の規定による訴訟記録の閲覧若しくは謄写又はその正本、謄本若しくは抄本の交付（第401条において「訴訟記録の閲覧等」という。）は、前項の書面をもってするものとする。当該申立て等に係る書類の送達又は送付も、同様とする。

第8章　当事者に対する住所、氏名等の秘匿

（申立人の住所、氏名等の秘匿）

＊第133条　申立て等をする者又はその法定代理人の住所、居所その他その通常所在する場所（以下この項及び次項において「住所等」という。）の全部又は一部が当事者に知られることによって当該申立て等をする者又は当該法定代理人が社会生活を営むのに著しい支障を生ずるおそれがあることにつき疎明があった場合には、裁判所は、申立てにより、決定で、住所等の全部又は一部を秘匿する旨の裁判をすることができる。申立て等をする者又はその法定代理人の氏名その他当該者を特定するに足りる事項（次項において「氏名等」という。）についても、同様とする。

2　前項の申立てをするときは、同項の申立て等をする者又はその法定代理人（以下この章において

「秘匿対象者」という。）の住所等又は氏名等（次条第2項において「秘匿事項」という。）その他最高裁判所規則で定める事項を書面により届け出なければならない。

3　第1項の申立てがあったときは、その申立てについての裁判が確定するまで、当該申立てに係る秘匿対象者以外の者は、前項の規定による届出に係る書面（次条において「秘匿事項届出書面」という。）の閲覧若しくは謄写又はその謄本若しくは抄本の交付の請求をすることができない。

4　第1項の申立てを却下した裁判に対しては、即時抗告をすることができる。

5　裁判所は、秘匿対象者の住所又は氏名について第1項の決定（以下この章において「秘匿決定」という。）をする場合には、当該秘匿決定において、当該秘匿対象者の住所又は氏名に代わる事項を定めなければならない。この場合において、その事項を当該事件並びにその事件についての反訴、参加、強制執行、仮差押え及び仮処分に関する手続において記載したときは、この法律その他の法令の規定の適用については、当該秘匿対象者の住所又は氏名を記載したものとみなす。

（秘匿決定があった場合における閲覧等の制限の特則）

＊第133条の2　秘匿決定があった場合には、秘匿事項届出書面の閲覧若しくは謄写又はその謄本若しくは抄本の交付の請求をすることができる者を当該秘匿決定に係る秘匿対象者に限る。

2　前項の場合において、裁判所は、申立てにより、決定で、訴訟記録等（訴訟記録又は第132条の4第1項の処分の申立てに係る事件の記録をいう。第133条の4第1項及び第2項において同じ。）中秘匿事項届出書面以外のものであって秘匿事項又は秘匿事項を推知することができる事項が記載され、又は記録された部分（次項において「秘匿事項記載部分」という。）の閲覧若しくは謄写、その正本、謄本若しくは抄本の交付又はその複製の請求をすることができる者を当該秘匿決定に係る秘匿対象者に限ることができる。

3　前項の申立てがあったときは、その申立てについての裁判が確定するまで、当該秘匿決定に係る秘匿対象者以外の者は、当該秘匿事項記載部分の閲覧若しくは謄写、その正本、謄本若しくは抄本の交付又はその複製の請求をすることができない。

4　第2項の申立てを却下した裁判に対しては、即時抗告をすることができる。

（送達をすべき場所等の調査嘱託があった場合における閲覧等の制限の特則）

＊第133条の3　裁判所は、当事者又はその法定代理人に対して送達をするため、その者の住所、居所その他送達をすべき場所についての調査を嘱託した場合において、当該嘱託に係る調査結果の報告が記載された書面が閲覧されることにより、当事者又はその法定代理人が社会生活を営むのに著しい支障を生ずるおそれがあることが明らかであると認めるときは、決定で、当該書面及びこれに基づいてされた送達に関する第109条の書面その他これに類する書面の閲覧若しくは謄写又はその謄本若しくは抄本の交付の請求をすることができる者を当該当事者又は当該法定代理人に限ることができる。当事者又はその法定代理人を特定するため、その者の氏名その他当該者を特定するに足りる事項についての調査を嘱託した場合についても、同様とする。

（秘匿決定の取消し等）

＊第133条の4　秘匿決定、第133条の2第2項の決定又は前条の決定（次項及び第7項において「秘匿決定等」という。）に係る者以外の者は、訴訟記録等の存する裁判所に対し、その要件を欠くこと又はこれを欠くに至ったことを理由として、その決定の取消しの申立てをすることができる。

2　秘匿決定等に係る者以外の当事者は、秘匿決定等がある場合であっても、自己の攻撃又は防御に実質的な不利益を生ずるおそれがあるときは、訴訟記録等の存する裁判所の許可を得て、第133条の2第1項若しくは第2項又は前条の規定により閲覧若しくは謄写、その正本、謄本若しくは抄本の交付又はその複製の請求が制限される部分につきその請求をすることができる。

3　裁判所は、前項の規定による許可の申立てがあった場合において、その原因となる事実につき疎明があったときは、これを許可しなければならない。

4　裁判所は、第1項の取消し又は第2項の許可の裁判をするときは、次の各号に掲げる区分に従い、それぞれ当該各号に定める者の意見を聴かなければならない。

一　秘匿決定又は第133条の2第2項の決定に係る裁判をするとき　当該決定に係る秘匿対象者

二　前条の決定に係る裁判をするとき　当該決定に係る当事者又は法定代理人

民訴法

5　第1項の取消しの申立てについての裁判及び第2項の許可の申立てについての裁判に対しては、即時抗告をすることができる。
6　第1項の取消し及び第2項の許可の裁判は、確定しなければその効力を生じない。
7　第2項の許可の裁判があったときは、その許可の申立てに係る当事者又はその法定代理人、訴訟代理人若しくは補佐人は、正当な理由なく、その許可により得られた情報を、当該手続の追行の目的以外の目的のために利用し、又は秘匿決定等に係る者以外の者に開示してはならない。

第2編　第一審の訴訟手続

第1章　訴え

（訴え提起の方式）
第134条　訴えの提起は、訴状を裁判所に提出してしなければならない。
2　訴状には、次に掲げる事項を記載しなければならない。
一　当事者及び法定代理人
二　請求の趣旨及び原因
（証書真否確認の訴え）
第134条の2　確認の訴えは、法律関係を証する書面の成立の真否を確定するためにも提起することができる。
（将来の給付の訴え）
第135条　将来の給付を求める訴えは、あらかじめその請求をする必要がある場合に限り、提起することができる。
（請求の併合）
第136条　数個の請求は、同種の訴訟手続による場合に限り、一の訴えですることができる。
（裁判長の訴状審査権）
＊第137条　訴状が第134条第2項の規定に違反する場合には、裁判長は、相当の期間を定め、その期間内に不備を補正すべきことを命じなければならない。民事訴訟費用等に関する法律（昭和46年法律第40号）の規定に従い訴えの提起の手数料を納付しない場合も、同様とする。
2　前項の場合において、原告が不備を補正しないときは、裁判長は、命令で、訴状を却下しなければならない。
3　前項の命令に対しては、即時抗告をすることができる。
（訴状の送達）
＊第138条　訴状は、被告に送達しなければならない。
2　前条の規定は、訴状の送達をすることができない場合（訴状の送達に必要な費用を予納しない場合を含む。）について準用する。
（口頭弁論期日の指定）
第139条　訴えの提起があったときは、裁判長は、口頭弁論の期日を指定し、当事者を呼び出さなければならない。
（口頭弁論を経ない訴えの却下）
第140条　訴えが不適法でその不備を補正することができないときは、裁判所は、口頭弁論を経ないで、判決で、訴えを却下することができる。
（呼出費用の予納がない場合の訴えの却下）
第141条　裁判所は、民事訴訟費用等に関する法律の規定に従い当事者に対する期日の呼出しに必要な費用の予納を相当の期間を定めて原告に命じた場合において、その予納がないときは、被告に異議がない場合に限り、決定で、訴えを却下することができる。
2　前項の決定に対しては、即時抗告をすることができる。
（重複する訴えの提起の禁止）
第142条　裁判所に係属する事件については、当事者は、更に訴えを提起することができない。
（訴えの変更）
第143条　原告は、請求の基礎に変更がない限り、口頭弁論の終結に至るまで、請求又は請求の原因を変更することができる。ただし、これにより著しく訴訟手続を遅滞させることとなるときは、この限りでない。
2　請求の変更は、書面でしなければならない。
3　前項の書面は、相手方に送達しなければならない。
4　裁判所は、請求又は請求の原因の変更を不当であると認めるときは、申立てにより又は職権で、その変更を許さない旨の決定をしなければならない。
（選定者に係る請求の追加）
第144条　第30条第3項の規定による原告となるべき者の選定があった場合には、その者は、口頭弁論の終結に至るまで、その選定者のために請求の追加をすることができる。
2　第30条第3項の規定による被告となるべき者の選定があった場合には、原告は、口頭弁論の終結に至るまで、その選定者に係る請求の追加をすることができる。

3　前条第1項ただし書及び第2項から第4項までの規定は、前2項の請求の追加について準用する。

（中間確認の訴え）

第145条　裁判が訴訟の進行中に争いとなっている法律関係の成立又は不成立に係るときは、当事者は、請求を拡張して、その法律関係の確認の判決を求めることができる。ただし、その確認の請求が他の裁判所の専属管轄（当事者が第11条の規定により合意で定めたものを除く。）に属するときは、この限りでない。

2　前項の訴訟が係属する裁判所が第6条第1項各号に定める裁判所である場合において、前項の確認の請求が同条第1項の規定により他の裁判所の専属管轄に属するときは、前項ただし書の規定は、適用しない。

3　日本の裁判所が管轄権の専属に関する規定により第1項の確認の請求について管轄権を有しないときは、当事者は、同項の確認の判決を求めることができない。

4　第143条第2項及び第3項の規定は、第1項の規定による請求の拡張について準用する。

（反訴）

第146条　被告は、本訴の目的である請求又は防御の方法と関連する請求を目的とする場合に限り、口頭弁論の終結に至るまで、本訴の係属する裁判所に反訴を提起することができる。ただし、次に掲げる場合は、この限りでない。

一　反訴の目的である請求が他の裁判所の専属管轄（当事者が第11条の規定により合意で定めたものを除く。）に属するとき。

二　反訴の提起により著しく訴訟手続を遅滞させることとなるとき。

2　本訴の係属する裁判所が第6条第1項各号に定める裁判所である場合において、反訴の目的である請求が同項の規定により他の裁判所の専属管轄に属するときは、前項第1号の規定は、適用しない。

3　日本の裁判所が反訴の目的である請求について管轄権を有しない場合には、被告は、本訴の目的である請求又は防御の方法と密接に関連する請求を目的とする場合に限り、第1項の規定による反訴を提起することができる。ただし、日本の裁判所が管轄権の専属に関する規定により反訴の目的である請求について管轄権を有しないときは、この限りでない。

4　反訴については、訴えに関する規定による。

（裁判上の請求による時効の完成猶予等）

第147条　訴えが提起されたとき、又は第143条第2項（第144条第3項及び第145条第4項において準用する場合を含む。）の書面が裁判所に提出されたときは、その時に時効の完成猶予又は法律上の期間の遵守のために必要な裁判上の請求があったものとする。

第2章　計画審理

（訴訟手続の計画的進行）

第147条の2　裁判所及び当事者は、適正かつ迅速な審理の実現のため、訴訟手続の計画的な進行を図らなければならない。

（審理の計画）

第147条の3　裁判所は、審理すべき事項が多数であり又は錯そうしているなど事件が複雑であることその他の事情によりその適正かつ迅速な審理を行うため必要があると認められるときは、当事者双方と協議をし、その結果を踏まえて審理の計画を定めなければならない。

2　前項の審理の計画においては、次に掲げる事項を定めなければならない。

一　争点及び証拠の整理を行う期間

二　証人及び当事者本人の尋問を行う期間

三　口頭弁論の終結及び判決の言渡しの予定時期

3　第1項の審理の計画においては、前項各号に掲げる事項のほか、特定の事項についての攻撃又は防御の方法を提出すべき期間その他の訴訟手続の計画的な進行上必要な事項を定めることができる。

4　裁判所は、審理の現状及び当事者の訴訟追行の状況その他の事情を考慮して必要があると認めるときは、当事者双方と協議をし、その結果を踏まえて第1項の審理の計画を変更することができる。

第3章　口頭弁論及びその準備

第1節　口頭弁論

（裁判長の訴訟指揮権）

第148条　口頭弁論は、裁判長が指揮する。

2　裁判長は、発言を許し、又はその命令に従わない者の発言を禁ずることができる。

（釈明権等）

第149条　裁判長は、口頭弁論の期日又は期日外において、訴訟関係を明瞭にするため、事実上及び法律上の事項に関し、当事者に対して問いを発し、又は立証を促すことができる。

2　陪席裁判官は、裁判長に告げて、前項に規定する処置をすることができる。

3　当事者は、口頭弁論の期日又は期日外において、裁判長に対して必要な発問を求めることができる。

4　裁判長又は陪席裁判官が、口頭弁論の期日外において、攻撃又は防御の方法に重要な変更を生じ得る事項について第１項又は第２項の規定による処置をしたときは、その内容を相手方に通知しなければならない。

（訴訟指揮等に対する異議）

第150条　当事者が、口頭弁論の指揮に関する裁判長の命令又は前条第１項若しくは第２項の規定による裁判長若しくは陪席裁判官の処置に対し、異議を述べたときは、裁判所は、決定で、その異議について裁判をする。

（釈明処分）

＊**第151条**　裁判所は、訴訟関係を明瞭にするため、次に掲げる処分をすることができる。

一　当事者本人又はその法定代理人に対し、口頭弁論の期日に出頭することを命ずること。

二　口頭弁論の期日において、当事者のため事務を処理し、又は補助する者で裁判所が相当と認めるものに陳述をさせること。

三　訴訟書類又は訴訟において引用した文書その他の物件で当事者の所持するものを提出させること。

四　当事者又は第三者の提出した文書その他の物件を裁判所に留め置くこと。

五　検証をし、又は鑑定を命ずること。

六　調査を嘱託すること。

2　前項に規定する検証、鑑定及び調査の嘱託については、証拠調べに関する規定を準用する。

（口頭弁論の併合等）

第152条　裁判所は、口頭弁論の制限、分離若しくは併合を命じ、又はその命令を取り消すことができる。

2　裁判所は、当事者を異にする事件について口頭弁論の併合を命じた場合において、その前に尋問をした証人について、尋問の機会がなかった当事者が尋問の申出をしたときは、その尋問をしなければならない。

（口頭弁論の再開）

第153条　裁判所は、終結した口頭弁論の再開を命ずることができる。

（通訳人の立会い等）

＊**第154条**　口頭弁論に関与する者が日本語に通じないとき、又は耳が聞こえない者若しくは口がきけない者であるときは、通訳人を立ち会わせる。ただし、耳が聞こえない者又は口がきけない者には、文字で問い、又は陳述をさせることができる。

2　鑑定人に関する規定は、通訳人について準用する。

（弁論能力を欠く者に対する措置）

第155条　裁判所は、訴訟関係を明瞭にするために必要な陳述をすることができない当事者、代理人又は補佐人の陳述を禁じ、口頭弁論の続行のため新たな期日を定めることができる。

2　前項の規定により陳述を禁じた場合において、必要があると認めるときは、裁判所は、弁護士の付添いを命ずることができる。

（攻撃防御方法の提出時期）

第156条　攻撃又は防御の方法は、訴訟の進行状況に応じ適切な時期に提出しなければならない。

（審理の計画が定められている場合の攻撃防御方法の提出期間）

第156条の2　第147条の３第１項の審理の計画に従った訴訟手続の進行上必要があると認めるときは、裁判長は、当事者の意見を聴いて、特定の事項についての攻撃又は防御の方法を提出すべき期間を定めることができる。

（時機に後れた攻撃防御方法の却下等）

第157条　当事者が故意又は重大な過失により時機に後れて提出した攻撃又は防御の方法については、これにより訴訟の完結を遅延させることとなると認めたときは、裁判所は、申立てにより又は職権で、却下の決定をすることができる。

2　攻撃又は防御の方法でその趣旨が明瞭でないものについて当事者が必要な釈明をせず、又は釈明をすべき期日に出頭しないときも、前項と同様とする。

（審理の計画が定められている場合の攻撃防御方法の却下）

第157条の2　第147条の３第３項又は第156条の２（第170条第５項において準用する場合を含む。）の規定により特定の事項についての攻撃又は防御の方

民訴法

法を提出すべき期間が定められている場合において、当事者がその期間の経過後に提出した攻撃又は防御の方法については、これにより審理の計画に従った訴訟手続の進行に著しい支障を生ずるおそれがあると認めたときは、裁判所は、申立てにより又は職権で、却下の決定をすることができる。ただし、その当事者がその期間内に当該攻撃又は防御の方法を提出することができなかったことについて相当の理由があることを疎明したときは、この限りでない。

（訴状等の陳述の擬制）

第158条　原告又は被告が最初にすべき口頭弁論の期日に出頭せず、又は出頭したが本案の弁論をしないときは、裁判所は、その者が提出した訴状又は答弁書その他の準備書面に記載した事項を陳述したものとみなし、出頭した相手方に弁論をさせることができる。

（自白の擬制）

第159条　当事者が口頭弁論において相手方の主張した事実を争うことを明らかにしない場合には、その事実を自白したものとみなす。ただし、弁論の全趣旨により、その事実を争ったものと認めるべきときは、この限りでない。

2　相手方の主張した事実を知らない旨の陳述をした者は、その事実を争ったものと推定する。

3　第1項の規定は、当事者が口頭弁論の期日に出頭しない場合について準用する。ただし、その当事者が公示送達による呼出しを受けたものであるときは、この限りでない。

（口頭弁論調書）

＊第160条　裁判所書記官は、口頭弁論について、期日ごとに調書を作成しなければならない。

2　調書の記載について当事者その他の関係人が異議を述べたときは、調書にその旨を記載しなければならない。

3　口頭弁論の方式に関する規定の遵守は、調書によってのみ証明することができる。ただし、調書が滅失したときは、この限りでない。

第2節　準備書面等

（準備書面）

＊第161条　口頭弁論は、書面で準備しなければならない。

2　準備書面には、次に掲げる事項を記載する。

一　攻撃又は防御の方法

二　相手方の請求及び攻撃又は防御の方法に対する陳述

3　相手方が在廷していない口頭弁論においては、準備書面（相手方に送達されたもの又は相手方からその準備書面を受領した旨を記載した書面が提出されたものに限る。）に記載した事実でなければ、主張することができない。

（準備書面等の提出期間）

＊第162条　裁判長は、答弁書若しくは特定の事項に関する主張を記載した準備書面の提出又は特定の事項に関する証拠の申出をすべき期間を定めることができる。

（当事者照会）

＊第163条　当事者は、訴訟の係属中、相手方に対し、主張又は立証を準備するために必要な事項について、相当の期間を定めて、書面で回答するよう、書面で照会をすることができる。ただし、その照会が次の各号のいずれかに該当するときは、この限りでない。

一　具体的又は個別的でない照会

二　相手方を侮辱し、又は困惑させる照会

三　既にした照会と重複する照会

四　意見を求める照会

五　相手方が回答するために不相当な費用又は時間を要する照会

六　第196条又は第197条の規定により証言を拒絶することができる事項と同様の事項についての照会

第3節　争点及び証拠の整理手続

第1款　準備的口頭弁論

（準備的口頭弁論の開始）

第164条　裁判所は、争点及び証拠の整理を行うため必要があると認めるときは、この款に定めるところにより、準備的口頭弁論を行うことができる。

（証明すべき事実の確認等）

第165条　裁判所は、準備的口頭弁論を終了するに当たり、その後の証拠調べにより証明すべき事実を当事者との間で確認するものとする。

2　裁判長は、相当と認めるときは、準備的口頭弁論を終了するに当たり、当事者に準備的口頭弁論における争点及び証拠の整理の結果を要約した書面を提出させることができる。

（当事者の不出頭等による終了）

＊第166条　当事者が期日に出頭せず、又は第

162条の規定により定められた期間内に準備書面の提出若しくは証拠の申出をしないときは、裁判所は、準備的口頭弁論を終了することができる。

（準備的口頭弁論終了後の攻撃防御方法の提出）

第167条　準備的口頭弁論の終了後に攻撃又は防御の方法を提出した当事者は、相手方の求めがあるときは、相手方に対し、準備的口頭弁論の終了前にこれを提出することができなかった理由を説明しなければならない。

第2款　弁論準備手続

（弁論準備手続の開始）

第168条　裁判所は、争点及び証拠の整理を行うため必要があると認めるときは、当事者の意見を聴いて、事件を弁論準備手続に付することができる。

（弁論準備手続の期日）

第169条　弁論準備手続は、当事者双方が立ち会うことができる期日において行う。

2　裁判所は、相当と認める者の傍聴を許すことができる。ただし、当事者が申し出た者については、手続を行うのに支障を生ずるおそれがあると認める場合を除き、その傍聴を許さなければならない。

（弁論準備手続における訴訟行為等）

＊第170条　裁判所は、当事者に準備書面を提出させることができる。

2　裁判所は、弁論準備手続の期日において、証拠の申出に関する裁判その他の口頭弁論の期日外においてすることができる裁判及び文書（第231条に規定する物件を含む。）の証拠調べをすることができる。

3　裁判所は、相当と認めるときは、当事者の意見を聴いて、最高裁判所規則で定めるところにより、裁判所及び当事者双方が音声の送受信により同時に通話をすることができる方法によって、弁論準備手続の期日における手続を行うことができる。

4　前項の期日に出頭しないで同項の手続に関与した当事者は、その期日に出頭したものとみなす。

5　第148条から第151条まで、第152条第1項、第153条から第159条まで、第162条、第165条及び第166条の規定は、弁論準備手続について準用する。

（受命裁判官による弁論準備手続）

＊第171条　裁判所は、受命裁判官に弁論準備手続を行わせることができる。

2　弁論準備手続を受命裁判官が行う場合には、前2条の規定による裁判所及び裁判長の職務（前条第2項に規定する裁判を除く。）は、その裁判官が行う。ただし、同条第5項において準用する第150条の規定による異議についての裁判及び同項において準用する第157条の2の規定による却下についての裁判は、受訴裁判所がする。

3　弁論準備手続を行う受命裁判官は、第186条の規定による調査の嘱託、鑑定の嘱託、文書（第231条に規定する物件を含む。）を提出してする書証の申出及び文書（第229条第2項及び第231条に規定する物件を含む。）の送付の嘱託についての裁判をすることができる。

（弁論準備手続に付する裁判の取消し）

第172条　裁判所は、相当と認めるときは、申立てにより又は職権で、弁論準備手続に付する裁判を取り消すことができる。ただし、当事者双方の申立てがあるときは、これを取り消さなければならない。

（弁論準備手続の結果の陳述）

第173条　当事者は、口頭弁論において、弁論準備手続の結果を陳述しなければならない。

（弁論準備手続終結後の攻撃防御方法の提出）

第174条　第167条の規定は、弁論準備手続の終結後に攻撃又は防御の方法を提出した当事者について準用する。

第3款　書面による準備手続

（書面による準備手続の開始）

＊第175条　裁判所は、当事者が遠隔の地に居住しているときその他相当と認めるときは、当事者の意見を聴いて、事件を書面による準備手続（当事者の出頭なしに準備書面の提出等により争点及び証拠の整理をする手続をいう。以下同じ。）に付することができる。

（書面による準備手続の方法等）

＊第176条　書面による準備手続は、裁判長が行う。ただし、高等裁判所においては、受命裁判官にこれを行わせることができる。

2　裁判長又は高等裁判所における受命裁判官（次項において「裁判長等」という。）は、第162条に規定する期間を定めなければならない。

3　裁判長等は、必要があると認めるときは、最高裁判所規則で定めるところにより、裁判所及び当事者双方が音声の送受信により同時に通話をすることができる方法によって、争点及び証拠の整理に関する事項その他口頭弁論の準備のため必要な事項について、当事者双方と協議をすることができる。この場合においては、協議の結果を裁判所書記官に記録させることができる。

4　第149条（第２項を除く。）、第150条及び第165条第２項の規定は、書面による準備手続について準用する。

（証明すべき事実の確認）

第177条　裁判所は、書面による準備手続の終結後の口頭弁論の期日において、その後の証拠調べによって証明すべき事実を当事者との間で確認するものとする。

（書面による準備手続終結後の攻撃防御方法の提出）

＊第178条　書面による準備手続を終結した事件について、口頭弁論の期日において、第176条第４項において準用する第165条第２項の書面に記載した事項の陳述がされ、又は前条の規定による確認がされた後に攻撃又は防御の方法を提出した当事者は、相手方の求めがあるときは、相手方に対し、その陳述又は確認前にこれを提出することができなかった理由を説明しなければならない。

第４章　証拠

第１節　総則

（証明することを要しない事実）

第179条　裁判所において当事者が自白した事実及び顕著な事実は、証明することを要しない。

（証拠の申出）

第180条　証拠の申出は、証明すべき事実を特定してしなければならない。

2　証拠の申出は、期日前においてもすることができる。

（証拠調べを要しない場合）

第181条　裁判所は、当事者が申し出た証拠で必要でないと認めるものは、取り調べることを要しない。

2　証拠調べについて不定期間の障害があるときは、裁判所は、証拠調べをしないことができる。

（集中証拠調べ）

第182条　証人及び当事者本人の尋問は、できる限り、争点及び証拠の整理が終了した後に集中して行わなければならない。

（当事者の不出頭の場合の取扱い）

第183条　証拠調べは、当事者が期日に出頭しない場合においても、することができる。

（外国における証拠調べ）

第184条　外国においてすべき証拠調べは、その国の管轄官庁又はその国に駐在する日本の大使、公使若しくは領事に嘱託してしなければならない。

2　外国においてした証拠調べは、その国の法律に違反する場合であっても、この法律に違反しないときは、その効力を有する。

（裁判所外における証拠調べ）

＊第185条　裁判所は、相当と認めるときは、裁判所外において証拠調べをすることができる。この場合においては、合議体の構成員に命じ、又は地方裁判所若しくは簡易裁判所に嘱託して証拠調べをさせることができる。

2　前項に規定する嘱託により職務を行う受託裁判官は、他の地方裁判所又は簡易裁判所において証拠調べをすることを相当と認めるときは、更に証拠調べの嘱託をすることができる。

（調査の嘱託）

＊第186条　裁判所は、必要な調査を官庁若しくは公署、外国の官庁若しくは公署又は学校、商工会議所、取引所その他の団体に嘱託することができる。

（参考人等の審尋）

＊第187条　裁判所は、決定で完結すべき事件について、参考人又は当事者本人を審尋することができる。ただし、参考人については、当事者が申し出た者に限る。

2　前項の規定による審尋は、相手方がある事件については、当事者双方が立ち会うことができる審尋の期日においてしなければならない。

（疎明）

第188条　疎明は、即時に取り調べることができる証拠によってしなければならない。

（過料の裁判の執行）

第189条　この章の規定による過料の裁判は、検察官の命令で執行する。この命令は、執行力のある債務名義と同一の効力を有する。

2　過料の裁判の執行は、民事執行法（昭和54年法律第４号）その他強制執行の手続に関する法令の規定に従ってする。ただし、執行をする前に裁判の送達をすることを要しない。

3　刑事訴訟法（昭和23年法律第131号）第7編第2章（第511条及び第513条第6項から第8項までを除く。）の規定は、過料の裁判の執行について準用する。この場合において、同条第1項中「者若しくは裁判の執行の対象となるもの」とあるのは「者」と、「裁判の執行の対象となるもの若しくは裁判」とあるのは「裁判」と読み替えるものとする。

4　過料の裁判の執行があった後に当該裁判（以下この項において「原裁判」という。）に対して即時抗告があった場合において、抗告裁判所が当該即時抗告を理由があると認めて原裁判を取り消して更に過料の裁判をしたときは、その金額の限度において当該過料の裁判の執行があったものとみなす。この場合において、原裁判の執行によって得た金額が当該過料の金額を超えるときは、その超過額は、これを還付しなければならない。

第2節　証人尋問

（証人義務）

第190条　裁判所は、特別の定めがある場合を除き、何人でも証人として尋問することができる。

（公務員の尋問）

第191条　公務員又は公務員であった者を証人として職務上の秘密について尋問する場合には、裁判所は、当該監督官庁（衆議院若しくは参議院の議員又はその職にあった者についてはその院、内閣総理大臣その他の国務大臣又はその職にあった者については内閣）の承認を得なければならない。

2　前項の承認は、公共の利益を害し、又は公務の遂行に著しい支障を生ずるおそれがある場合を除き、拒むことができない。

（不出頭に対する過料等）

第192条　証人が正当な理由なく出頭しないときは、裁判所は、決定で、これによって生じた訴訟費用の負担を命じ、かつ、10万円以下の過料に処する。

2　前項の決定に対しては、即時抗告をすることができる。

（不出頭に対する罰金等）

第193条　証人が正当な理由なく出頭しないときは、10万円以下の罰金又は拘留に処する。

2　前項の罪を犯した者には、情状により、罰金及び拘留を併科することができる。

（勾引）

第194条　裁判所は、正当な理由なく出頭しない証人の勾引を命ずることができる。

2　刑事訴訟法中勾引に関する規定は、前項の勾引について準用する。

（受命裁判官等による証人尋問）

第195条　裁判所は、次に掲げる場合に限り、受命裁判官又は受託裁判官に裁判所外で証人の尋問をさせることができる。

一　証人が受訴裁判所に出頭する義務がないとき、又は正当な理由により出頭することができないとき。

二　証人が受訴裁判所に出頭するについて不相当な費用又は時間を要するとき。

三　現場において証人を尋問することが事実を発見するために必要であるとき。

四　当事者に異議がないとき。

（証言拒絶権）

第196条　証言が証人又は証人と次に掲げる関係を有する者が刑事訴追を受け、又は有罪判決を受けるおそれがある事項に関するときは、証人は、証言を拒むことができる。証言がこれらの者の名誉を害すべき事項に関するときも、同様とする。

一　配偶者、4親等内の血族若しくは3親等内の姻族の関係にあり、又はあったこと。

二　後見人と被後見人の関係にあること。

第197条　次に掲げる場合には、証人は、証言を拒むことができる。

一　第191条第1項の場合

二　医師、歯科医師、薬剤師、医薬品販売業者、助産師、弁護士（外国法事務弁護士を含む。）、弁理士、弁護人、公証人、宗教、祈祷若しくは祭祀の職にある者又はこれらの職にあった者が職務上知り得た事実で黙秘すべきものについて尋問を受ける場合

三　技術又は職業の秘密に関する事項について尋問を受ける場合

2　前項の規定は、証人が黙秘の義務を免除された場合には、適用しない。

（証言拒絶の理由の疎明）

第198条　証言拒絶の理由は、疎明しなければならない。

（証言拒絶についての裁判）

第199条　第197条第1項第1号の場合を除き、証言拒絶の当否については、受訴裁判所が、当事者を審尋して、決定で、裁判をする。

2　前項の裁判に対しては、当事者及び証人は、

即時抗告をすることができる。

（証言拒絶に対する制裁）

第200条　第192条及び第193条の規定は、証言拒絶を理由がないとする裁判が確定した後に証人が正当な理由なく証言を拒む場合について準用する。

（宣誓）

第201条　証人には、特別の定めがある場合を除き、宣誓をさせなければならない。

2　16歳未満の者又は宣誓の趣旨を理解することができない者を証人として尋問する場合には、宣誓をさせることができない。

3　第196条の規定に該当する証人で証言拒絶の権利を行使しないものを尋問する場合には、宣誓をさせないことができる。

4　証人は、自己又は自己と第196条各号に掲げる関係を有する者に著しい利害関係のある事項について尋問を受けるときは、宣誓を拒むことができる。

5　第198条及び第199条の規定は証人が宣誓を拒む場合について、第192条及び第193条の規定は宣誓拒絶を理由がないとする裁判が確定した後に証人が正当な理由なく宣誓を拒む場合について準用する。

（尋問の順序）

第202条　証人の尋問は、その尋問の申出をした当事者、他の当事者、裁判長の順序でする。

2　裁判長は、適当と認めるときは、当事者の意見を聴いて、前項の順序を変更することができる。

3　当事者が前項の規定による変更について異議を述べたときは、裁判所は、決定で、その異議について裁判をする。

（書類に基づく陳述の禁止）

＊第203条　証人は、書類に基づいて陳述することができない。ただし、裁判長の許可を受けたときは、この限りでない。

（付添い）

第203条の2　裁判長は、証人の年齢又は心身の状態その他の事情を考慮し、証人が尋問を受ける場合に著しく不安又は緊張を覚えるおそれがあると認めるときは、その不安又は緊張を緩和するのに適当であり、かつ、裁判長若しくは当事者の尋問若しくは証人の陳述を妨げ、又はその陳述の内容に不当な影響を与えるおそれがないと認める者を、その証人の陳述中、証人に付き添わせることができる。

2　前項の規定により証人に付き添うこととされた者は、その証人の陳述中、裁判長若しくは当事者の尋問若しくは証人の陳述を妨げ、又はその陳述の内容に不当な影響を与えるような言動をしてはならない。

3　当事者が、第1項の規定による裁判長の処置に対し、異議を述べたときは、裁判所は、決定で、その異議について裁判をする。

（遮へいの措置）

第203条の3　裁判長は、事案の性質、証人の年齢又は心身の状態、証人と当事者本人又はその法定代理人との関係（証人がこれらの者が行った犯罪により害を被った者であることを含む。次条第2号において同じ。）その他の事情により、証人が当事者本人又はその法定代理人の面前（同条に規定する方法による場合を含む。）において陳述するときは圧迫を受け精神の平穏を著しく害されるおそれがあると認める場合であって、相当と認めるときは、その当事者本人又は法定代理人とその証人との間で、一方から又は相互に相手の状態を認識することができないようにするための措置をとることができる。

2　裁判長は、事案の性質、証人が犯罪により害を被った者であること、証人の年齢、心身の状態又は名誉に対する影響その他の事情を考慮し、相当と認めるときは、傍聴人とその証人との間で、相互に相手の状態を認識することができないようにするための措置をとることができる。

3　前条第3項の規定は、前2項の規定による裁判長の処置について準用する。

（映像等の送受信による通話の方法による尋問）

＊第204条　裁判所は、次に掲げる場合には、最高裁判所規則で定めるところにより、映像と音声の送受信により相手の状態を相互に認識しながら通話をすることができる方法によって、証人の尋問をすることができる。

一　証人が遠隔の地に居住するとき。

二　事案の性質、証人の年齢又は心身の状態、証人と当事者本人又はその法定代理人との関係その他の事情により、証人が裁判長及び当事者が証人を尋問するために在席する場所において陳述するときは圧迫を受け精神の平穏を著しく害されるおそれがあると認める場合であって、相当と認めるとき。

（尋問に代わる書面の提出）

＊第205条　裁判所は、相当と認める場合におい

て、当事者に異議がないときは、証人の尋問に代え、書面の提出をさせることができる。

（受命裁判官等の権限）

第206条　受命裁判官又は受託裁判官が証人尋問をする場合には、裁判所及び裁判長の職務は、その裁判官が行う。ただし、第202条第3項の規定による異議についての裁判は、受訴裁判所がする。

第3節　当事者尋問

（当事者本人の尋問）

第207条　裁判所は、申立てにより又は職権で、当事者本人を尋問することができる。この場合においては、その当事者に宣誓をさせることができる。

2　証人及び当事者本人の尋問を行うときは、まず証人の尋問をする。ただし、適当と認めるときは、当事者の意見を聴いて、まず当事者本人の尋問をすることができる。

（不出頭等の効果）

第208条　当事者本人を尋問する場合において、その当事者が、正当な理由なく、出頭せず、又は宣誓若しくは陳述を拒んだときは、裁判所は、尋問事項に関する相手方の主張を真実と認めることができる。

（虚偽の陳述に対する過料）

第209条　宣誓した当事者が虚偽の陳述をしたときは、裁判所は、決定で、10万円以下の過料に処する。

2　前項の決定に対しては、即時抗告をすることができる。

3　第1項の場合において、虚偽の陳述をした当事者が訴訟の係属中その陳述が虚偽であることを認めたときは、裁判所は、事情により、同項の決定を取り消すことができる。

（証人尋問の規定の準用）

第210条　第195条、第201条第2項、第202条から第204条まで及び第206条の規定は、当事者本人の尋問について準用する。

（法定代理人の尋問）

第211条　この法律中当事者本人の尋問に関する規定は、訴訟において当事者を代表する法定代理人について準用する。ただし、当事者本人を尋問することを妨げない。

第4節　鑑定

（鑑定義務）

第212条　鑑定に必要な学識経験を有する者は、鑑定をする義務を負う。

2　第196条又は第201条第4項の規定により証言又は宣誓を拒むことができる者と同一の地位にある者及び同条第2項に規定する者は、鑑定人となることができない。

（鑑定人の指定）

第213条　鑑定人は、受訴裁判所、受命裁判官又は受託裁判官が指定する。

（忌避）

第214条　鑑定人について誠実に鑑定をすることを妨げるべき事情があるときは、当事者は、その鑑定人が鑑定事項について陳述をする前に、これを忌避することができる。鑑定人が陳述をした場合であっても、その後に、忌避の原因が生じ、又は当事者がその原因があることを知ったときは、同様とする。

2　忌避の申立ては、受訴裁判所、受命裁判官又は受託裁判官にしなければならない。

3　忌避を理由があるとする決定に対しては、不服を申し立てることができない。

4　忌避を理由がないとする決定に対しては、即時抗告をすることができる。

（鑑定人の陳述の方式等）

＊第215条　裁判長は、鑑定人に、書面又は口頭で、意見を述べさせることができる。

2　裁判所は、鑑定人に意見を述べさせた場合において、当該意見の内容を明瞭にし、又はその根拠を確認するため必要があると認めるときは、申立てにより又は職権で、鑑定人に更に意見を述べさせることができる。

（鑑定人質問）

第215条の2　裁判所は、鑑定人に口頭で意見を述べさせる場合には、鑑定人が意見の陳述をした後に、鑑定人に対し質問をすることができる。

2　前項の質問は、裁判長、その鑑定の申出をした当事者、他の当事者の順序でする。

3　裁判長は、適当と認めるときは、当事者の意見を聴いて、前項の順序を変更することができる。

4　当事者が前項の規定による変更について異議を述べたときは、裁判所は、決定で、その異議について裁判をする。

（映像等の送受信による通話の方法による陳述）

＊第215条の3　裁判所は、鑑定人に口頭で意見

を述べさせる場合において、鑑定人が遠隔の地に居住しているときその他相当と認めるときは、最高裁判所規則で定めるところにより、隔地者が映像と音声の送受信により相手の状態を相互に認識しながら通話をすることができる方法によって、意見を述べさせることができる。

（受命裁判官等の権限）

第215条の4　受命裁判官又は受託裁判官が鑑定人に意見を述べさせる場合には、裁判所及び裁判長の職務は、その裁判官が行う。ただし、第215条の2第4項の規定による異議についての裁判は、受訴裁判所がする。

（証人尋問の規定の準用）

第216条　第191条の規定は公務員又は公務員であった者に鑑定人として職務上の秘密について意見を述べさせる場合について、第197条から第199条までの規定は鑑定人が鑑定を拒む場合について、第201条第1項の規定は鑑定人に宣誓をさせる場合について、第192条及び第193条の規定は鑑定人が正当な理由なく出頭しない場合、鑑定人が宣誓を拒む場合及び鑑定拒絶を理由がないとする裁判が確定した後に鑑定人が正当な理由なく鑑定を拒む場合について準用する。

（鑑定証人）

第217条　特別の学識経験により知り得た事実に関する尋問については、証人尋問に関する規定による。

（鑑定の嘱託）

*第218条　裁判所は、必要があると認めるときは、官庁若しくは公署、外国の官庁若しくは公署又は相当の設備を有する法人に鑑定を嘱託することができる。この場合においては、宣誓に関する規定を除き、この節の規定を準用する。

2　前項の場合において、裁判所は、必要があると認めるときは、官庁、公署又は法人の指定した者に鑑定書の説明をさせることができる。

第5節　書証

（書証の申出）

第219条　書証の申出は、文書を提出し、又は文書の所持者にその提出を命ずることを申し立ててしなければならない。

（文書提出義務）

第220条　次に掲げる場合には、文書の所持者は、その提出を拒むことができない。

一　当事者が訴訟において引用した文書を自ら所持するとき。

二　挙証者が文書の所持者に対しその引渡し又は閲覧を求めることができるとき。

三　文書が挙証者の利益のために作成され、又は挙証者と文書の所持者との間の法律関係について作成されたとき。

四　前3号に掲げる場合のほか、文書が次に掲げるもののいずれにも該当しないとき。

イ　文書の所持者又は文書の所持者と第196条各号に掲げる関係を有する者についての同条に規定する事項が記載されている文書

ロ　公務員の職務上の秘密に関する文書でその提出により公共の利益を害し、又は公務の遂行に著しい支障を生ずるおそれがあるもの

ハ　第197条第1項第2号に規定する事実又は同項第3号に規定する事項で、黙秘の義務が免除されていないものが記載されている文書

ニ　専ら文書の所持者の利用に供するための文書（国又は地方公共団体が所持する文書にあっては、公務員が組織的に用いるものを除く。）

ホ　刑事事件に係る訴訟に関する書類若しくは少年の保護事件の記録又はこれらの事件において押収されている文書

（文書提出命令の申立て）

第221条　文書提出命令の申立ては、次に掲げる事項を明らかにしてしなければならない。

一　文書の表示

二　文書の趣旨

三　文書の所持者

四　証明すべき事実

五　文書の提出義務の原因

2　前条第4号に掲げる場合であることを文書の提出義務の原因とする文書提出命令の申立ては、書証の申出を文書提出命令の申立てによってする必要がある場合でなければ、することができない。

（文書の特定のための手続）

第222条　文書提出命令の申立てをする場合において、前条第1項第1号又は第2号に掲げる事項を明らかにすることが著しく困難であるときは、その申立ての時においては、これらの事項に代えて、文書の所持者がその申立てに係る文書を識別することができる事項を明らかにすれば足りる。この場合においては、裁判所に対

民訴法

し、文書の所持者に当該文書についての同項第1号又は第2号に掲げる事項を明らかにすることを求めるよう申し出なければならない。

2　前項の規定による申出があったときは、裁判所は、文書提出命令の申立てに理由がないことが明らかな場合を除き、文書の所持者に対し、同項後段の事項を明らかにすることを求めることができる。

（文書提出命令等）

第223条　裁判所は、文書提出命令の申立てを理由があると認めるときは、決定で、文書の所持者に対し、その提出を命ずる。この場合において、文書に取り調べる必要がないと認める部分又は提出の義務があると認めることができない部分があるときは、その部分を除いて、提出を命ずることができる。

2　裁判所は、第三者に対して文書の提出を命じようとする場合には、その第三者を審尋しなければならない。

3　裁判所は、公務員の職務上の秘密に関する文書について第220条第4号に掲げる場合であることを文書の提出義務の原因とする文書提出命令の申立てがあった場合には、その申立てに理由がないことが明らかなときを除き、当該文書が同号ロに掲げる文書に該当するかどうかについて、当該監督官庁（衆議院又は参議院の議員の職務上の秘密に関する文書についてはその院、内閣総理大臣その他の国務大臣の職務上の秘密に関する文書については内閣。以下この条において同じ。）の意見を聴かなければならない。この場合において、当該監督官庁は、当該文書が同号ロに掲げる文書に該当する旨の意見を述べるときは、その理由を示さなければならない。

4　前項の場合において、当該監督官庁が当該文書の提出により次に掲げるおそれがあることを理由として当該文書が第220条第4号ロに掲げる文書に該当する旨の意見を述べたときは、裁判所は、その意見について相当の理由があると認めるに足りない場合に限り、文書の所持者に対し、その提出を命ずることができる。

一　国の安全が害されるおそれ、他国若しくは国際機関との信頼関係が損なわれるおそれ又は他国若しくは国際機関との交渉上不利益を被るおそれ

二　犯罪の予防、鎮圧又は捜査、公訴の維持、刑の執行その他の公共の安全と秩序の維持に支障を及ぼすおそれ

5　第3項前段の場合において、当該監督官庁は、当該文書の所持者以外の第三者の技術又は職業の秘密に関する事項に係る記載がされている文書について意見を述べようとするときは、第220条第4号ロに掲げる文書に該当する旨の意見を述べようとするときを除き、あらかじめ、当該第三者の意見を聴くものとする。

6　裁判所は、文書提出命令の申立てに係る文書が第220条第4号イからニまでに掲げる文書のいずれかに該当するかどうかの判断をするため必要があると認めるときは、文書の所持者にその提示をさせることができる。この場合においては、何人も、その提示された文書の開示を求めることができない。

7　文書提出命令の申立てについての決定に対しては、即時抗告をすることができる。

（当事者が文書提出命令に従わない場合等の効果）

第224条　当事者が文書提出命令に従わないときは、裁判所は、当該文書の記載に関する相手方の主張を真実と認めることができる。

2　当事者が相手方の使用を妨げる目的で提出の義務がある文書を滅失させ、その他これを使用することができないようにしたときも、前項と同様とする。

3　前2項に規定する場合において、相手方が、当該文書の記載に関して具体的な主張をすること及び当該文書により証明すべき事実を他の証拠により証明することが著しく困難であるときは、裁判所は、その事実に関する相手方の主張を真実と認めることができる。

（第三者が文書提出命令に従わない場合の過料）

第225条　第三者が文書提出命令に従わないときは、裁判所は、決定で、20万円以下の過料に処する。

2　前項の決定に対しては、即時抗告をすることができる。

（文書送付の嘱託）

第226条　書証の申出は、第219条の規定にかかわらず、文書の所持者にその文書の送付を嘱託することを申し立ててすることができる。ただし、当事者が法令により文書の正本又は謄本の交付を求めることができる場合は、この限りでない。

（文書の留置）

* **第227条**　裁判所は、必要があると認めるときは、提出又は送付に係る文書を留め置くことができる。

（文書の成立）

第228条　文書は、その成立が真正であることを証明しなければならない。

2　文書は、その方式及び趣旨により公務員が職務上作成したものと認めるべきときは、真正に成立した公文書と推定する。

3　公文書の成立の真否について疑いがあるときは、裁判所は、職権で、当該官庁又は公署に照会をすることができる。

4　私文書は、本人又はその代理人の署名又は押印があるときは、真正に成立したものと推定する。

5　第２項及び第３項の規定は、外国の官庁又は公署の作成に係るものと認めるべき文書について準用する。

（筆跡等の対照による証明）

＊**第229条**　文書の成立の真否は、筆跡又は印影の対照によっても、証明することができる。

2　第219条、第223条、第224条第１項及び第２項、第226条並びに第227条の規定は、対照の用に供すべき筆跡又は印影を備える文書その他の物件の提出又は送付について準用する。

3　対照をするのに適当な相手方の筆跡がないときは、裁判所は、対照の用に供すべき文字の筆記を相手方に命ずることができる。

4　相手方が正当な理由なく前項の規定による決定に従わないときは、裁判所は、文書の成立の真否に関する挙証者の主張を真実と認めることができる。書体を変えて筆記したときも、同様とする。

5　第三者が正当な理由なく第２項において準用する第223条第１項の規定による提出の命令に従わないときは、裁判所は、決定で、10万円以下の過料に処する。

6　前項の決定に対しては、即時抗告をすることができる。

（文書の成立の真正を争った者に対する過料）

第230条　当事者又はその代理人が故意又は重大な過失により真実に反して文書の成立の真正を争ったときは、裁判所は、決定で、10万円以下の過料に処する。

2　前項の決定に対しては、即時抗告をすることができる。

3　第１項の場合において、文書の成立の真正を争った当事者又は代理人が訴訟の係属中その文書の成立が真正であることを認めたときは、裁判所は、事情により、同項の決定を取り消すことができる。

（文書に準ずる物件への準用）

第231条　この節の規定は、図面、写真、録音テープ、ビデオテープその他の情報を表すために作成された物件で文書でないものについて準用する。

第６節　検証

（検証の目的の提示等）

＊**第232条**　第219条、第223条、第224条、第226条及び第227条の規定は、検証の目的の提示又は送付について準用する。

2　第三者が正当な理由なく前項において準用する第223条第１項の規定による提示の命令に従わないときは、裁判所は、決定で、20万円以下の過料に処する。

3　前項の決定に対しては、即時抗告をすることができる。

（検証の際の鑑定）

第233条　裁判所又は受命裁判官若しくは受託裁判官は、検証をするに当たり、必要があると認めるときは、鑑定を命ずることができる。

第７節　証拠保全

（証拠保全）

第234条　裁判所は、あらかじめ証拠調べをしておかなければその証拠を使用することが困難となる事情があると認めるときは、申立てにより、この章の規定に従い、証拠調べをすることができる。

（管轄裁判所等）

＊**第235条**　訴えの提起後における証拠保全の申立ては、その証拠を使用すべき審級の裁判所にしなければならない。ただし、最初の口頭弁論の期日が指定され、又は事件が弁論準備手続若しくは書面による準備手続に付された後口頭弁論の終結に至るまでの間は、受訴裁判所にしなければならない。

2　訴えの提起前における証拠保全の申立ては、尋問を受けるべき者若しくは文書を所持する者の居所又は検証物の所在地を管轄する地方裁判所又は簡易裁判所にしなければならない。

3　急迫の事情がある場合には、訴えの提起後であっても、前項の地方裁判所又は簡易裁判所に証拠保全の申立てをすることができる。

（相手方の指定ができない場合の取扱い）
第236条　証拠保全の申立ては、相手方を指定することができない場合においても、することができる。この場合においては、裁判所は、相手方となるべき者のために特別代理人を選任することができる。
（職権による証拠保全）
第237条　裁判所は、必要があると認めるときは、訴訟の係属中、職権で、証拠保全の決定をすることができる。
（不服申立ての不許）
第238条　証拠保全の決定に対しては、不服を申し立てることができない。
（受命裁判官による証拠調べ）
第239条　第235条第1項ただし書の場合には、裁判所は、受命裁判官に証拠調べをさせることができる。
（期日の呼出し）
第240条　証拠調べの期日には、申立人及び相手方を呼び出さなければならない。ただし、急速を要する場合は、この限りでない。
（証拠保全の費用）
第241条　証拠保全に関する費用は、訴訟費用の一部とする。
（口頭弁論における再尋問）
第242条　証拠保全の手続において尋問をした証人について、当事者が口頭弁論における尋問の申出をしたときは、裁判所は、その尋問をしなければならない。

第5章　判決

（終局判決）
第243条　裁判所は、訴訟が裁判をするのに熟したときは、終局判決をする。
2　裁判所は、訴訟の一部が裁判をするのに熟したときは、その一部について終局判決をすることができる。
3　前項の規定は、口頭弁論の併合を命じた数個の訴訟中その一が裁判をするのに熟した場合及び本訴又は反訴が裁判をするのに熟した場合について準用する。
第244条　裁判所は、当事者の双方又は一方が口頭弁論の期日に出頭せず、又は弁論をしないで退廷をした場合において、審理の現状及び当事者の訴訟追行の状況を考慮して相当と認めるときは、終局判決をすることができる。ただし、当事者の一方が口頭弁論の期日に出頭せず、又は弁論をしないで退廷をした場合には、出頭した相手方の申出があるときに限る。
（中間判決）
第245条　裁判所は、独立した攻撃又は防御の方法その他中間の争いについて、裁判をするのに熟したときは、中間判決をすることができる。請求の原因及び数額について争いがある場合におけるその原因についても、同様とする。
（判決事項）
第246条　裁判所は、当事者が申し立てていない事項について、判決をすることができない。
（自由心証主義）
第247条　裁判所は、判決をするに当たり、口頭弁論の全趣旨及び証拠調べの結果をしん酌して、自由な心証により、事実についての主張を真実と認めるべきか否かを判断する。
（損害額の認定）
第248条　損害が生じたことが認められる場合において、損害の性質上その額を立証することが極めて困難であるときは、裁判所は、口頭弁論の全趣旨及び証拠調べの結果に基づき、相当な損害額を認定することができる。
（直接主義）
第249条　判決は、その基本となる口頭弁論に関与した裁判官がする。
2　裁判官が代わった場合には、当事者は、従前の口頭弁論の結果を陳述しなければならない。
3　単独の裁判官が代わった場合又は合議体の裁判官の過半数が代わった場合において、その前に尋問をした証人について、当事者が更に尋問の申出をしたときは、裁判所は、その尋問をしなければならない。
（判決の発効）
第250条　判決は、言渡しによってその効力を生ずる。
（言渡期日）
第251条　判決の言渡しは、口頭弁論の終結の日から2月以内にしなければならない。ただし、事件が複雑であるときその他特別の事情があるときは、この限りでない。
2　判決の言渡しは、当事者が在廷しない場合においても、することができる。
（言渡しの方式）
＊第252条　判決の言渡しは、判決書の原本に基づいてする。
（判決書）

＊**第253条**　判決書には、次に掲げる事項を記載しなければならない。
一　主文
二　事実
三　理由
四　口頭弁論の終結の日
五　当事者及び法定代理人
六　裁判所
2　事実の記載においては、請求を明らかにし、かつ、主文が正当であることを示すのに必要な主張を摘示しなければならない。

（言渡しの方式の特則）
＊**第254条**　次に掲げる場合において、原告の請求を認容するときは、判決の言渡しは、第252条の規定にかかわらず、判決書の原本に基づかないですることができる。
一　被告が口頭弁論において原告の主張した事実を争わず、その他何らの防御の方法をも提出しない場合
二　被告が公示送達による呼出しを受けたにもかかわらず口頭弁論の期日に出頭しない場合（被告の提出した準備書面が口頭弁論において陳述されたものとみなされた場合を除く。）
2　前項の規定により判決の言渡しをしたときは、裁判所は、判決書の作成に代えて、裁判所書記官に、当事者及び法定代理人、主文、請求並びに理由の要旨を、判決の言渡しをした口頭弁論期日の調書に記載させなければならない。

（判決書等の送達）
＊**第255条**　判決書又は前条第２項の調書は、当事者に送達しなければならない。
2　前項に規定する送達は、判決書の正本又は前条第２項の調書の謄本によってする。

（変更の判決）
＊**第256条**　裁判所は、判決に法令の違反があることを発見したときは、その言渡し後１週間以内に限り、変更の判決をすることができる。ただし、判決が確定したとき、又は判決を変更するため事件につき更に弁論をする必要があるときは、この限りでない。
2　変更の判決は、口頭弁論を経ないでする。
3　前項の判決の言渡期日の呼出しにおいては、公示送達による場合を除き、送達をすべき場所にあてて呼出状を発した時に、送達があったものとみなす。

（更正決定）
＊**第257条**　判決に計算違い、誤記その他これらに類する明白な誤りがあるときは、裁判所は、申立てにより又は職権で、いつでも更正決定をすることができる。
2　更正決定に対しては、即時抗告をすることができる。ただし、判決に対し適法な控訴があったときは、この限りでない。

（裁判の脱漏）
第258条　裁判所が請求の一部について裁判を脱漏したときは、訴訟は、その請求の部分については、なおその裁判所に係属する。
2　訴訟費用の負担の裁判を脱漏したときは、裁判所は、申立てにより又は職権で、その訴訟費用の負担について、決定で、裁判をする。この場合においては、第61条から第66条までの規定を準用する。
3　前項の決定に対しては、即時抗告をすることができる。
4　第２項の規定による訴訟費用の負担の裁判は、本案判決に対し適法な控訴があったときは、その効力を失う。この場合においては、控訴裁判所は、訴訟の総費用について、その負担の裁判をする。

（仮執行の宣言）
第259条　財産権上の請求に関する判決については、裁判所は、必要があると認めるときは、申立てにより又は職権で、担保を立てて、又は立てないで仮執行をすることができることを宣言することができる。
2　手形又は小切手による金銭の支払の請求及びこれに附帯する法定利率による損害賠償の請求に関する判決については、裁判所は、職権で、担保を立てないで仮執行をすることができることを宣言しなければならない。ただし、裁判所が相当と認めるときは、仮執行を担保を立てることに係らしめることができる。
3　裁判所は、申立てにより又は職権で、担保を立てて仮執行を免れることができることを宣言することができる。
4　仮執行の宣言は、判決の主文に掲げなければならない。前項の規定による宣言についても、同様とする。
5　仮執行の宣言の申立てについて裁判をしなかったとき、又は職権で仮執行の宣言をすべき場合においてこれをしなかったときは、裁判所は、申立てにより又は職権で、補充の決定をする。第３項の申立てについて裁判をしなかったときも、同様とする。

6　第76条、第77条、第79条及び第80条の規定は、第1項から第3項までの担保について準用する。

（仮執行の宣言の失効及び原状回復等）

第260条　仮執行の宣言は、その宣言又は本案判決を変更する判決の言渡しにより、変更の限度においてその効力を失う。

2　本案判決を変更する場合には、裁判所は、被告の申立てにより、その判決において、仮執行の宣言に基づき被告が給付したものの返還及び仮執行により又はこれを免れるために被告が受けた損害の賠償を原告に命じなければならない。

3　仮執行の宣言のみを変更したときは、後に本案判決を変更する判決について、前項の規定を適用する。

第6章　裁判によらない訴訟の完結

（訴えの取下げ）

＊第261条　訴えは、判決が確定するまで、その全部又は一部を取り下げることができる。

2　訴えの取下げは、相手方が本案について準備書面を提出し、弁論準備手続において申述をし、又は口頭弁論をした後にあっては、相手方の同意を得なければ、その効力を生じない。ただし、本訴の取下げがあった場合における反訴の取下げについては、この限りでない。

3　訴えの取下げは、書面でしなければならない。ただし、口頭弁論、弁論準備手続又は和解の期日（以下この章において「口頭弁論等の期日」という。）においては、口頭ですることを妨げない。

4　第2項本文の場合において、訴えの取下げが書面でされたときはその書面を、訴えの取下げが口頭弁論等の期日において口頭でされたとき（相手方がその期日に出頭したときを除く。）はその期日の調書の謄本を相手方に送達しなければならない。

5　訴えの取下げの書面の送達を受けた日から2週間以内に相手方が異議を述べないときは、訴えの取下げに同意したものとみなす。訴えの取下げが口頭弁論等の期日において口頭でされた場合において、相手方がその期日に出頭したときは訴えの取下げがあった日から、相手方がその期日に出頭しなかったときは前項の謄本の送達があった日から2週間以内に相手方が異議を述べないときも、同様とする。

（訴えの取下げの効果）

第262条　訴訟は、訴えの取下げがあった部分については、初めから係属していなかったものとみなす。

2　本案について終局判決があった後に訴えを取り下げた者は、同一の訴えを提起することができない。

（訴えの取下げの擬制）

第263条　当事者双方が、口頭弁論若しくは弁論準備手続の期日に出頭せず、又は弁論若しくは弁論準備手続における申述をしないで退廷若しくは退席をした場合において、1月以内に期日指定の申立てをしないときは、訴えの取下げがあったものとみなす。当事者双方が、連続して2回、口頭弁論若しくは弁論準備手続の期日に出頭せず、又は弁論若しくは弁論準備手続における申述をしないで退廷若しくは退席をしたときも、同様とする。

（和解条項案の書面による受諾）

＊第264条　当事者が遠隔の地に居住していることその他の事由により出頭することが困難であると認められる場合において、その当事者があらかじめ裁判所又は受命裁判官若しくは受託裁判官から提示された和解条項案を受諾する旨の書面を提出し、他の当事者が口頭弁論等の期日に出頭してその和解条項案を受諾したときは、当事者間に和解が調ったものとみなす。

（裁判所等が定める和解条項）

第265条　裁判所又は受命裁判官若しくは受託裁判官は、当事者の共同の申立てがあるときは、事件の解決のために適当な和解条項を定めることができる。

2　前項の申立ては、書面でしなければならない。この場合においては、その書面に同項の和解条項に服する旨を記載しなければならない。

3　第1項の規定による和解条項の定めは、口頭弁論等の期日における告知その他相当と認める方法による告知によってする。

4　当事者は、前項の告知前に限り、第1項の申立てを取り下げることができる。この場合においては、相手方の同意を得ることを要しない。

5　第3項の告知が当事者双方にされたときは、当事者間に和解が調ったものとみなす。

（請求の放棄又は認諾）

第266条　請求の放棄又は認諾は、口頭弁論等の期日においてする。

2　請求の放棄又は認諾をする旨の書面を提出した当事者が口頭弁論等の期日に出頭しないときは、裁判所又は受命裁判官若しくは受託裁判官は、その旨の陳述をしたものとみなすことができる。

（和解調書等の効力）

＊第267条　和解又は請求の放棄若しくは認諾を調書に記載したときは、その記載は、確定判決と同一の効力を有する。

第７章　大規模訴訟等に関する特則

（大規模訴訟に係る事件における受命裁判官による証人等の尋問）

第268条　裁判所は、大規模訴訟（当事者が著しく多数で、かつ、尋問すべき証人又は当事者本人が著しく多数である訴訟をいう。）に係る事件について、当事者に異議がないときは、受命裁判官に裁判所内で証人又は当事者本人の尋問をさせることができる。

（大規模訴訟に係る事件における合議体の構成）

第269条　地方裁判所においては、前条に規定する事件について、５人の裁判官の合議体で審理及び裁判をする旨の決定をその合議体ですることができる。

２　前項の場合には、判事補は、同時に３人以上合議体に加わり、又は裁判長となることができない。

（特許権等に関する訴えに係る事件における合議体の構成）

第269条の２　第６条第１項各号に定める裁判所においては、特許権等に関する訴えに係る事件について、５人の裁判官の合議体で審理及び裁判をする旨の決定をその合議体ですることができる。ただし、第20条の２第１項の規定により移送された訴訟に係る事件については、この限りでない。

２　前条第２項の規定は、前項の場合について準用する。

第８章　簡易裁判所の訴訟手続に関する特則

（手続の特色）

第270条　簡易裁判所においては、簡易な手続により迅速に紛争を解決するものとする。

（口頭による訴えの提起）

第271条　訴えは、口頭で提起することができる。

（訴えの提起において明らかにすべき事項）

第272条　訴えの提起においては、請求の原因に代えて、紛争の要点を明らかにすれば足りる。

（任意の出頭による訴えの提起等）

第273条　当事者双方は、任意に裁判所に出頭し、訴訟について口頭弁論をすることができる。この場合においては、訴えの提起は、口頭の陳述によってする。

（反訴の提起に基づく移送）

第274条　被告が反訴で地方裁判所の管轄に属する請求をした場合において、相手方の申立てがあるときは、簡易裁判所は、決定で、本訴及び反訴を地方裁判所に移送しなければならない。この場合においては、第22条の規定を準用する。

２　前項の決定に対しては、不服を申し立てることができない。

（訴え提起前の和解）

第275条　民事上の争いについては、当事者は、請求の趣旨及び原因並びに争いの実情を表示して、相手方の普通裁判籍の所在地を管轄する簡易裁判所に和解の申立てをすることができる。

２　前項の和解が調わない場合において、和解の期日に出頭した当事者双方の申立てがあるときは、裁判所は、直ちに訴訟の弁論を命ずる。この場合においては、和解の申立てをした者は、その申立てをした時に、訴えを提起したものとみなし、和解の費用は、訴訟費用の一部とする。

３　申立人又は相手方が第１項の和解の期日に出頭しないときは、裁判所は、和解が調わないものとみなすことができる。

４　第１項の和解については、第264条及び第265条の規定は、適用しない。

（和解に代わる決定）

第275条の２　金銭の支払の請求を目的とする訴えについては、裁判所は、被告が口頭弁論において原告の主張した事実を争わず、その他何らの防御の方法をも提出しない場合において、被告の資力その他の事情を考慮して相当であると認めるときは、原告の意見を聴いて、第３項の期間の経過時から５年を超えない範囲内において、当該請求に係る金銭の支払について、その時期の定め若しくは分割払の定めをし、又はこれと併せて、その時期の定めに従い支払をしたとき、若しくはその分割払の定めによる期限の利益を次項の規定による定めにより失うことなく支払をしたときは訴え提起後の遅延損害金の支払義務を免除する旨の定めをして、当該請求に係る金銭の支払を命ずる決定をすることができる。

2　前項の分割払の定めをするときは、被告が支払を怠った場合における期限の利益の喪失についての定めをしなければならない。

3　第1項の決定に対しては、当事者は、その決定の告知を受けた日から2週間の不変期間内に、その決定をした裁判所に異議を申し立てることができる。

4　前項の期間内に異議の申立てがあったときは、第1項の決定は、その効力を失う。

5　第3項の期間内に異議の申立てがないときは、第1項の決定は、裁判上の和解と同一の効力を有する。

（準備書面の省略等）

＊第276条　口頭弁論は、書面で準備することを要しない。

2　相手方が準備をしなければ陳述をすることができないと認めるべき事項は、前項の規定にかかわらず、書面で準備し、又は口頭弁論前直接に相手方に通知しなければならない。

3　前項に規定する事項は、相手方が在廷していない口頭弁論においては、準備書面（相手方に送達されたもの又は相手方からその準備書面を受領した旨を記載した書面が提出されたものに限る。）に記載し、又は同項の規定による通知をしたものでなければ、主張することができない。

（続行期日における陳述の擬制）

第277条　第158条の規定は、原告又は被告が口頭弁論の続行の期日に出頭せず、又は出頭したが本案の弁論をしない場合について準用する。

（尋問等に代わる書面の提出）

＊第278条　裁判所は、相当と認めるときは、証人若しくは当事者本人の尋問又は鑑定人の意見の陳述に代え、書面の提出をさせることができる。

（司法委員）

第279条　裁判所は、必要があると認めるときは、和解を試みるについて司法委員に補助をさせ、又は司法委員を審理に立ち会わせて事件につきその意見を聴くことができる。

2　司法委員の員数は、各事件について一人以上とする。

3　司法委員は、毎年あらかじめ地方裁判所の選任した者の中から、事件ごとに裁判所が指定する。

4　前項の規定により選任される者の資格、員数その他同項の選任に関し必要な事項は、最高裁判所規則で定める。

5　司法委員には、最高裁判所規則で定める額の旅費、日当及び宿泊料を支給する。

（判決書の記載事項）

＊第280条　判決書に事実及び理由を記載するには、請求の趣旨及び原因の要旨、その原因の有無並びに請求を排斥する理由である抗弁の要旨を表示すれば足りる。

第3編　上訴

第1章　控訴

（控訴をすることができる判決等）

第281条　控訴は、地方裁判所が第一審としてした終局判決又は簡易裁判所の終局判決に対してすることができる。ただし、終局判決後、当事者双方が共に上告をする権利を留保して控訴をしない旨の合意をしたときは、この限りでない。

2　第11条第2項及び第3項の規定は、前項の合意について準用する。

（訴訟費用の負担の裁判に対する控訴の制限）

第282条　訴訟費用の負担の裁判に対しては、独立して控訴をすることができない。

（控訴裁判所の判断を受ける裁判）

第283条　終局判決前の裁判は、控訴裁判所の判断を受ける。ただし、不服を申し立てることができない裁判及び抗告により不服を申し立てることができる裁判は、この限りでない。

（控訴権の放棄）

第284条　控訴をする権利は、放棄することができる。

（控訴期間）

＊第285条　控訴は、判決書又は第254条第2項の調書の送達を受けた日から2週間の不変期間内に提起しなければならない。ただし、その期間前に提起した控訴の効力を妨げない。

（控訴提起の方式）

第286条　控訴の提起は、控訴状を第一審裁判所に提出してしなければならない。

2　控訴状には、次に掲げる事項を記載しなければならない。

一　当事者及び法定代理人

二　第一審判決の表示及びその判決に対して

民訴法

控訴をする旨

（第一審裁判所による控訴の却下）

第287条　控訴が不適法でその不備を補正することができないことが明らかであるときは、第一審裁判所は、決定で、控訴を却下しなければならない。

2　前項の決定に対しては、即時抗告をすることができる。

（裁判長の控訴状審査権）

＊**第288条**　第137条の規定は、控訴状が第286条第2項の規定に違反する場合及び民事訴訟費用等に関する法律の規定に従い控訴の提起の手数料を納付しない場合について準用する。

（控訴状の送達）

第289条　控訴状は、被控訴人に送達しなければならない。

2　第137条の規定は、控訴状の送達をすることができない場合（控訴状の送達に必要な費用を予納しない場合を含む。）について準用する。

（口頭弁論を経ない控訴の却下）

第290条　控訴が不適法でその不備を補正することができないときは、控訴裁判所は、口頭弁論を経ないで、判決で、控訴を却下することができる。

（呼出費用の予納がない場合の控訴の却下）

第291条　控訴裁判所は、民事訴訟費用等に関する法律の規定に従い当事者に対する期日の呼出しに必要な費用の予納を相当の期間を定めて控訴人に命じた場合において、その予納がないときは、決定で、控訴を却下することができる。

2　前項の決定に対しては、即時抗告をすることができる。

（控訴の取下げ）

＊**第292条**　控訴は、控訴審の終局判決があるまで、取り下げることができる。

2　第261条第3項、第262条第1項及び第263条の規定は、控訴の取下げについて準用する。

（附帯控訴）

第293条　被控訴人は、控訴権が消滅した後であっても、口頭弁論の終結に至るまで、附帯控訴をすることができる。

2　附帯控訴は、控訴の取下げがあったとき、又は不適法として控訴の却下があったときは、その効力を失う。ただし、控訴の要件を備えるものは、独立した控訴とみなす。

3　附帯控訴については、控訴に関する規定による。ただし、附帯控訴の提起は、附帯控訴状を控訴裁判所に提出してすることができる。

（第一審判決についての仮執行の宣言）

第294条　控訴裁判所は、第一審判決について不服の申立てがない部分に限り、申立てにより、決定で、仮執行の宣言をすることができる。

（仮執行に関する裁判に対する不服申立て）

第295条　仮執行に関する控訴審の裁判に対しては、不服を申し立てることができない。ただし、前条の申立てを却下する決定に対しては、即時抗告をすることができる。

（口頭弁論の範囲等）

第296条　口頭弁論は、当事者が第一審判決の変更を求める限度においてのみ、これをする。

2　当事者は、第一審における口頭弁論の結果を陳述しなければならない。

（第一審の訴訟手続の規定の準用）

第297条　前編第1章から第7章までの規定は、特別の定めがある場合を除き、控訴審の訴訟手続について準用する。ただし、第269条の規定は、この限りでない。

（第一審の訴訟行為の効力等）

第298条　第一審においてした訴訟行為は、控訴審においてもその効力を有する。

2　第167条の規定は、第一審において準備的口頭弁論を終了し、又は弁論準備手続を終結した事件につき控訴審で攻撃又は防御の方法を提出した当事者について、第178条の規定は、第一審において書面による準備手続を終結した事件につき同条の陳述又は確認がされた場合において控訴審で攻撃又は防御の方法を提出した当事者について準用する。

（第一審の管轄違いの主張の制限）

第299条　控訴審においては、当事者は、第一審裁判所が管轄権を有しないことを主張することができない。ただし、専属管轄（当事者が第11条の規定により合意で定めたものを除く。）については、この限りでない。

2　前項の第一審裁判所が第6条第1項各号に定める裁判所である場合において、当該訴訟が同項の規定により他の裁判所の専属管轄に属するときは、前項ただし書の規定は、適用しない。

（反訴の提起等）

第300条　控訴審においては、反訴の提起は、相手方の同意がある場合に限り、することができる。

2　相手方が異議を述べないで反訴の本案について弁論をしたときは、反訴の提起に同意したものとみなす。

3　前2項の規定は、選定者に係る請求の追加について準用する。

（攻撃防御方法の提出等の期間）

第301条　裁判長は、当事者の意見を聴いて、攻撃若しくは防御の方法の提出、請求若しくは請求の原因の変更、反訴の提起又は選定者に係る請求の追加をすべき期間を定めることができる。

2　前項の規定により定められた期間の経過後に同項に規定する訴訟行為をする当事者は、裁判所に対し、その期間内にこれをすることができなかった理由を説明しなければならない。

（控訴棄却）

第302条　控訴裁判所は、第一審判決を相当とするときは、控訴を棄却しなければならない。

2　第一審判決がその理由によれば不当である場合においても、他の理由により正当であるときは、控訴を棄却しなければならない。

（控訴権の濫用に対する制裁）

第303条　控訴裁判所は、前条第1項の規定により控訴を棄却する場合において、控訴人が訴訟の完結を遅延させることのみを目的として控訴を提起したものと認めるときは、控訴人に対し、控訴の提起の手数料として納付すべき金額の10倍以下の金銭の納付を命ずることができる。

2　前項の規定による裁判は、判決の主文に掲げなければならない。

3　第1項の規定による裁判は、本案判決を変更する判決の言渡しにより、その効力を失う。

4　上告裁判所は、上告を棄却する場合においても、第1項の規定による裁判を変更することができる。

5　第189条の規定は、第1項の規定による裁判について準用する。

（第一審判決の取消し及び変更の範囲）

第304条　第一審判決の取消し及び変更は、不服申立ての限度においてのみ、これをすることができる。

（第一審判決が不当な場合の取消し）

第305条　控訴裁判所は、第一審判決を不当とするときは、これを取り消さなければならない。

（第一審の判決の手続が違法な場合の取消し）

第306条　第一審の判決の手続が法律に違反したときは、控訴裁判所は、第一審判決を取り消さなければならない。

（事件の差戻し）

第307条　控訴裁判所は、訴えを不適法として却下した第一審判決を取り消す場合には、事件を第一審裁判所に差し戻さなければならない。ただし、事件につき更に弁論をする必要がないときは、この限りでない。

第308条　前条本文に規定する場合のほか、控訴裁判所が第一審判決を取り消す場合において、事件につき更に弁論をする必要があるときは、これを第一審裁判所に差し戻すことができる。

2　第一審裁判所における訴訟手続が法律に違反したことを理由として事件を差し戻したときは、その訴訟手続は、これによって取り消されたものとみなす。

（第一審の管轄違いを理由とする移送）

第309条　控訴裁判所は、事件が管轄違いであることを理由として第一審判決を取り消すときは、判決で、事件を管轄裁判所に移送しなければならない。

（控訴審の判決における仮執行の宣言）

第310条　控訴裁判所は、金銭の支払の請求（第259条第2項の請求を除く。）に関する判決については、申立てがあるときは、不必要と認める場合を除き、担保を立てないで仮執行をすることができることを宣言しなければならない。ただし、控訴裁判所が相当と認めるときは、仮執行を担保を立てることに係らしめることができる。

（特許権等に関する訴えに係る控訴事件における合議体の構成）

第310条の2　第6条第1項各号に定める裁判所が第一審としてした特許権等に関する訴えについての終局判決に対する控訴が提起された東京高等裁判所においては、当該控訴に係る事件について、5人の裁判官の合議体で審理及び裁判をする旨の決定をその合議体ですることができる。ただし、第20条の2第1項の規定により移送された訴訟に係る訴えについての終局判決に対する控訴に係る事件については、この限りでない。

第2章　上告

（上告裁判所）

第311条　上告は、高等裁判所が第二審又は第一審としてした終局判決に対しては最高裁判所に、地方裁判所が第二審としてした終局判決に対しては高等裁判所にすることができる。

2　第281条第1項ただし書の場合には、地方裁判所の判決に対しては最高裁判所に、簡易裁判所の判決に対しては高等裁判所に、直ちに上告をすることができる。

（上告の理由）

第312条　上告は、判決に憲法の解釈の誤りがあることその他憲法の違反があることを理由とするときに、することができる。

2　上告は、次に掲げる事由があることを理由とするときも、することができる。ただし、第4号に掲げる事由については、第34条第2項（第59条において準用する場合を含む。）の規定による追認があったときは、この限りでない。

一　法律に従って判決裁判所を構成しなかったこと。

二　法律により判決に関与することができない裁判官が判決に関与したこと。

二の二　日本の裁判所の管轄権の専属に関する規定に違反したこと。

三　専属管轄に関する規定に違反したこと（第6条第1項各号に定める裁判所が第一審の終局判決をした場合において当該訴訟が同項の規定により他の裁判所の専属管轄に属するときを除く。）。

四　法定代理権、訴訟代理権又は代理人が訴訟行為をするのに必要な授権を欠いたこと。

五　口頭弁論の公開の規定に違反したこと。

六　判決に理由を付せず、又は理由に食違いがあること。

3　高等裁判所にする上告は、判決に影響を及ぼすことが明らかな法令の違反があることを理由とするときも、することができる。

（控訴の規定の準用）

第313条　前章の規定は、特別の定めがある場合を除き、上告及び上告審の訴訟手続について準用する。

（上告提起の方式等）

第314条　上告の提起は、上告状を原裁判所に提出してしなければならない。

2　前条において準用する第288条及び第289条第2項の規定による裁判長の職権は、原裁判所の裁判長が行う。

（上告の理由の記載）

第315条　上告状に上告の理由の記載がないときは、上告人は、最高裁判所規則で定める期間内に、上告理由書を原裁判所に提出しなければならない。

2　上告の理由は、最高裁判所規則で定める方式により記載しなければならない。

（原裁判所による上告の却下）

第316条　次の各号に該当することが明らかであるときは、原裁判所は、決定で、上告を却下しなければならない。

一　上告が不適法でその不備を補正することができないとき。

二　前条第1項の規定に違反して上告理由書を提出せず、又は上告の理由の記載が同条第2項の規定に違反しているとき。

2　前項の決定に対しては、即時抗告をすることができる。

（上告裁判所による上告の却下等）

第317条　前条第1項各号に掲げる場合には、上告裁判所は、決定で、上告を却下することができる。

2　上告裁判所である最高裁判所は、上告の理由が明らかに第312条第1項及び第2項に規定する事由に該当しない場合には、決定で、上告を棄却することができる。

（上告受理の申立て）

第318条　上告をすべき裁判所が最高裁判所である場合には、最高裁判所は、原判決に最高裁判所の判例（これがない場合にあっては、大審院又は上告裁判所若しくは控訴裁判所である高等裁判所の判例）と相反する判断がある事件その他の法令の解釈に関する重要な事項を含むものと認められる事件について、申立てにより、決定で、上告審として事件を受理することができる。

2　前項の申立て（以下「上告受理の申立て」という。）においては、第312条第1項及び第2項に規定する事由を理由とすることができない。

3　第1項の場合において、最高裁判所は、上告受理の申立ての理由中に重要でないと認めるものがあるときは、これを排除することができる。

4　第1項の決定があった場合には、上告があったものとみなす。この場合においては、第320条の規定の適用については、上告受理の申立ての理由中前項の規定により排除されたもの以外のものを上告の理由とみなす。

5　第313条から第315条まで及び第316条第1項の規定は、上告受理の申立てについて準用する。

（口頭弁論を経ない上告の棄却）

第319条　上告裁判所は、上告状、上告理由書、答弁書その他の書類により、上告を理由がないと認めるときは、口頭弁論を経ないで、判決で、上告を棄却することができる。

（調査の範囲）

第320条　上告裁判所は、上告の理由に基づき、不服の申立てがあった限度においてのみ調査をする。

（原判決の確定した事実の拘束）

第321条　原判決において適法に確定した事実は、上告裁判所を拘束する。

2　第311条第2項の規定による上告があった場合には、上告裁判所は、原判決における事実の確定が法律に違反したことを理由として、その判決を破棄することができない。

（職権調査事項についての適用除外）

第322条　前2条の規定は、裁判所が職権で調査すべき事項には、適用しない。

（仮執行の宣言）

第323条　上告裁判所は、原判決について不服の申立てがない部分に限り、申立てにより、決定で、仮執行の宣言をすることができる。

（最高裁判所への移送）

第324条　上告裁判所である高等裁判所は、最高裁判所規則で定める事由があるときは、決定で、事件を最高裁判所に移送しなければならない。

（破棄差戻し等）

第325条　第312条第1項又は第2項に規定する事由があるときは、上告裁判所は、原判決を破棄し、次条の場合を除き、事件を原裁判所に差し戻し、又はこれと同等の他の裁判所に移送しなければならない。高等裁判所が上告裁判所である場合において、判決に影響を及ぼすことが明らかな法令の違反があるときも、同様とする。

2　上告裁判所である最高裁判所は、第312条第1項又は第2項に規定する事由がない場合であっても、判決に影響を及ぼすことが明らかな法令の違反があるときは、原判決を破棄し、次条の場合を除き、事件を原裁判所に差し戻し、又はこれと同等の他の裁判所に移送することができる。

3　前2項の規定により差戻し又は移送を受けた裁判所は、新たな口頭弁論に基づき裁判をしなければならない。この場合において、上告裁判所が破棄の理由とした事実上及び法律上の判断は、差戻し又は移送を受けた裁判所を拘束する。

4　原判決に関与した裁判官は、前項の裁判に関与することができない。

（破棄自判）

第326条　次に掲げる場合には、上告裁判所は、事件について裁判をしなければならない。

一　確定した事実について憲法その他の法令の適用を誤ったことを理由として判決を破棄する場合において、事件がその事実に基づき裁判をするのに熟するとき。

二　事件が裁判所の権限に属しないことを理由として判決を破棄するとき。

（特別上告）

第327条　高等裁判所が上告審としてした終局判決に対しては、その判決に憲法の解釈の誤りがあることその他憲法の違反があることを理由とするときに限り、最高裁判所に更に上告をすることができる。

2　前項の上告及びその上告審の訴訟手続には、その性質に反しない限り、第二審又は第一審の終局判決に対する上告及びその上告審の訴訟手続に関する規定を準用する。この場合において、第321条第1項中「原判決」とあるのは、「地方裁判所が第二審としてした終局判決（第311条第2項の規定による上告があった場合にあっては、簡易裁判所の終局判決）」と読み替えるものとする。

第3章　抗告

（抗告をすることができる裁判）

第328条　口頭弁論を経ないで訴訟手続に関する申立てを却下した決定又は命令に対しては、抗告をすることができる。

2　決定又は命令により裁判をすることができない事項について決定又は命令がされたときは、これに対して抗告をすることができる。

（受命裁判官等の裁判に対する不服申立て）

第329条　受命裁判官又は受託裁判官の裁判に対して不服がある当事者は、受訴裁判所に異議の申立てをすることができる。ただし、その裁判が受訴裁判所の裁判であるとした場合に抗告をすることができるものであるときに限る。

2　抗告は、前項の申立てについての裁判に対してすることができる。

3　最高裁判所又は高等裁判所が受訴裁判所である場合における第1項の規定の適用については、同項ただし書中「受訴裁判所」とあるのは、「地方裁判所」とする。

（再抗告）

第330条　抗告裁判所の決定に対しては、その決定に憲法の解釈の誤りがあることその他憲法の違反があること、又は決定に影響を及ぼすことが明らかな法令の違反があることを理由とするときに限り、更に抗告をすることができる。

（控訴又は上告の規定の準用）

第331条　抗告及び抗告裁判所の訴訟手続には、その性質に反しない限り、第1章の規定を準用する。ただし、前条の抗告及びこれに関する訴訟手続には、前章の規定中第二審又は第一審の終局判決に対する上告及びその上告審の訴訟手続に関する規定を準用する。

（即時抗告期間）

第332条　即時抗告は、裁判の告知を受けた日から1週間の不変期間内にしなければならない。

（原裁判所等による更正）

第333条　原裁判をした裁判所又は裁判長は、抗告を理由があると認めるときは、その裁判を更正しなければならない。

（原裁判の執行停止）

第334条　抗告は、即時抗告に限り、執行停止の効力を有する。

2　抗告裁判所又は原裁判をした裁判所若しくは裁判官は、抗告について決定があるまで、原裁判の執行の停止その他必要な処分を命ずることができる。

（口頭弁論に代わる審尋）

第335条　抗告裁判所は、抗告について口頭弁論をしない場合には、抗告人その他の利害関係人を審尋することができる。

（特別抗告）

第336条　地方裁判所及び簡易裁判所の決定及び命令で不服を申し立てることができないもの並びに高等裁判所の決定及び命令に対しては、その裁判に憲法の解釈の誤りがあることその他憲法の違反があることを理由とするときに、最高裁判所に特に抗告をすることができる。

2　前項の抗告は、裁判の告知を受けた日から5日の不変期間内にしなければならない。

3　第1項の抗告及びこれに関する訴訟手続には、その性質に反しない限り、第327条第1項の上告及びその上告審の訴訟手続に関する規定並びに第334条第2項の規定を準用する。

（許可抗告）

第337条　高等裁判所の決定及び命令（第330条の抗告及び次項の申立てについての決定及び命令を除く。）に対しては、前条第1項の規定による場合のほか、その高等裁判所が次項の規定により許可したときに限り、最高裁判所に特に抗告をすることができる。ただし、その裁判が地方裁判所の裁判であるとした場合に抗告をすることができるものであるときに限る。

2　前項の高等裁判所は、同項の裁判について、最高裁判所の判例（これがない場合にあっては、大審院又は上告裁判所若しくは抗告裁判所である高等裁判所の判例）と相反する判断がある場合その他の法令の解釈に関する重要な事項を含むと認められる場合には、申立てにより、決定で、抗告を許可しなければならない。

3　前項の申立てにおいては、前条第1項に規定する事由を理由とすることはできない。

4　第2項の規定による許可があった場合には、第1項の抗告があったものとみなす。

5　最高裁判所は、裁判に影響を及ぼすことが明らかな法令の違反があるときは、原裁判を破棄することができる。

6　第313条、第315条及び前条第2項の規定は第2項の申立てについて、第318条第3項の規定は第2項の規定による許可をする場合について、同条第4項後段及び前条第3項の規定は第2項の規定による許可があった場合について準用する。

第4編　再審

（再審の事由）

＊**第338条**　次に掲げる事由がある場合には、確定した終局判決に対し、再審の訴えをもって、不服を申し立てることができる。ただし、当事者が控訴若しくは上告によりその事由を主張したとき、又はこれを知りながら主張しなかったときは、この限りでない。

一　法律に従って判決裁判所を構成しなかったこと。

二　法律により判決に関与することができない裁判官が判決に関与したこと。

三　法定代理権、訴訟代理権又は代理人が訴訟行為をするのに必要な授権を欠いたこと。

四　判決に関与した裁判官が事件について職務に関する罪を犯したこと。

五　刑事上罰すべき他人の行為により、自白をするに至ったこと又は判決に影響を及ぼすべき攻撃若しくは防御の方法を提出することを妨げられたこと。

六　判決の証拠となった文書その他の物件が偽造又は変造されたものであったこと。
七　証人、鑑定人、通訳人又は宣誓した当事者若しくは法定代理人の虚偽の陳述が判決の証拠となったこと。
八　判決の基礎となった民事若しくは刑事の判決その他の裁判又は行政処分が後の裁判又は行政処分により変更されたこと。
九　判決に影響を及ぼすべき重要な事項について判断の遺脱があったこと。
十　不服の申立てに係る判決が前に確定した判決と抵触すること。

2　前項第4号から第7号までに掲げる事由がある場合においては、罰すべき行為について、有罪の判決若しくは過料の裁判が確定したとき、又は証拠がないという理由以外の理由により有罪の確定判決若しくは過料の確定裁判を得ることができないときに限り、再審の訴えを提起することができる。

3　控訴審において事件につき本案判決をしたときは、第一審の判決に対し再審の訴えを提起することができない。

第339条　判決の基本となる裁判について前条第1項に規定する事由がある場合（同項第4号から第7号までに掲げる事由がある場合にあっては、同条第2項に規定する場合に限る。）には、その裁判に対し独立した不服申立ての方法を定めているときにおいても、その事由を判決に対する再審の理由とすることができる。

（管轄裁判所）
第340条　再審の訴えは、不服の申立てに係る判決をした裁判所の管轄に専属する。

2　審級を異にする裁判所が同一の事件についてした判決に対する再審の訴えは、上級の裁判所が併せて管轄する。

（再審の訴訟手続）
第341条　再審の訴訟手続には、その性質に反しない限り、各審級における訴訟手続に関する規定を準用する。

（再審期間）
第342条　再審の訴えは、当事者が判決の確定した後再審の事由を知った日から30日の不変期間内に提起しなければならない。

2　判決が確定した日（再審の事由が判決の確定した後に生じた場合にあっては、その事由が発生した日）から5年を経過したときは、再審の訴えを提起することができない。

3　前2項の規定は、第338条第1項第3号に掲げる事由のうち代理権を欠いたこと及び同項第10号に掲げる事由を理由とする再審の訴えには、適用しない。

（再審の訴状の記載事項）
第343条　再審の訴状には、次に掲げる事項を記載しなければならない。
一　当事者及び法定代理人
二　不服の申立てに係る判決の表示及びその判決に対して再審を求める旨
三　不服の理由

（不服の理由の変更）
第344条　再審の訴えを提起した当事者は、不服の理由を変更することができる。

（再審の訴えの却下等）
第345条　裁判所は、再審の訴えが不適法である場合には、決定で、これを却下しなければならない。

2　裁判所は、再審の事由がない場合には、決定で、再審の請求を棄却しなければならない。

3　前項の決定が確定したときは、同一の事由を不服の理由として、更に再審の訴えを提起することができない。

（再審開始の決定）
第346条　裁判所は、再審の事由がある場合には、再審開始の決定をしなければならない。

2　裁判所は、前項の決定をする場合には、相手方を審尋しなければならない。

（即時抗告）
第347条　第345条第1項及び第2項並びに前条第1項の決定に対しては、即時抗告をすることができる。

（本案の審理及び裁判）
第348条　裁判所は、再審開始の決定が確定した場合には、不服申立ての限度で、本案の審理及び裁判をする。

2　裁判所は、前項の場合において、判決を正当とするときは、再審の請求を棄却しなければならない。

3　裁判所は、前項の場合を除き、判決を取り消した上、更に裁判をしなければならない。

（決定又は命令に対する再審）
第349条　即時抗告をもって不服を申し立てることができる決定又は命令で確定したものに対しては、再審の申立てをすることができる。

2　第338条から前条までの規定は、前項の申立てについて準用する。

第５編　手形訴訟及び小切手訴訟に関する特則

（手形訴訟の要件）

第350条　手形による金銭の支払の請求及びこれに附帯する法定利率による損害賠償の請求を目的とする訴えについては、手形訴訟による審理及び裁判を求めることができる。

2　手形訴訟による審理及び裁判を求める旨の申述は、訴状に記載してしなければならない。

（反訴の禁止）

第351条　手形訴訟においては、反訴を提起することができない。

（証拠調べの制限）

＊**第352条**　手形訴訟においては、証拠調べは、書証に限りすることができる。

2　文書の提出の命令又は送付の嘱託は、することができない。対照の用に供すべき筆跡又は印影を備える物件の提出の命令又は送付の嘱託についても、同様とする。

3　文書の成立の真否又は手形の提示に関する事実については、申立てにより、当事者本人を尋問することができる。

4　証拠調べの嘱託は、することができない。第186条の規定による調査の嘱託についても、同様とする。

5　前各項の規定は、裁判所が職権で調査すべき事項には、適用しない。

（通常の手続への移行）

＊**第353条**　原告は、口頭弁論の終結に至るまで、被告の承諾を要しないで、訴訟を通常の手続に移行させる旨の申述をすることができる。

2　訴訟は、前項の申述があった時に、通常の手続に移行する。

3　前項の場合には、裁判所は、直ちに、訴訟が通常の手続に移行した旨を記載した書面を被告に送付しなければならない。ただし、第１項の申述が被告の出頭した期日において口頭でされたものであるときは、その送付をすることを要しない。

4　第２項の場合には、手形訴訟のため既に指定した期日は、通常の手続のために指定したものとみなす。

（口頭弁論の終結）

＊**第354条**　裁判所は、被告が口頭弁論において原告が主張した事実を争わず、その他何らの防御の方法をも提出しない場合には、前条第３項の規定による書面の送付前であっても、口頭弁論を終結することができる。

（口頭弁論を経ない訴えの却下）

＊**第355条**　請求の全部又は一部が手形訴訟による審理及び裁判をすることができないものであるときは、裁判所は、口頭弁論を経ないで、判決で、訴えの全部又は一部を却下することができる。

2　前項の場合において、原告が判決書の送達を受けた日から２週間以内に同項の請求について通常の手続により訴えを提起したときは、第147条の規定の適用については、その訴えの提起は、前の訴えの提起の時にしたものとみなす。

（控訴の禁止）

第356条　手形訴訟の終局判決に対しては、控訴をすることができない。ただし、前条第１項の判決を除き、訴えを却下した判決に対しては、この限りでない。

（異議の申立て）

＊**第357条**　手形訴訟の終局判決に対しては、訴えを却下した判決を除き、判決書又は第254条第２項の調書の送達を受けた日から２週間の不変期間内に、その判決をした裁判所に異議を申し立てることができる。ただし、その期間前に申し立てた異議の効力を妨げない。

（異議申立権の放棄）

第358条　異議を申し立てる権利は、その申立て前に限り、放棄することができる。

（口頭弁論を経ない異議の却下）

第359条　異議が不適法でその不備を補正することができないときは、裁判所は、口頭弁論を経ないで、判決で、異議を却下することができる。

（異議の取下げ）

＊**第360条**　異議は、通常の手続による第一審の終局判決があるまで、取り下げることができる。

2　異議の取下げは、相手方の同意を得なければ、その効力を生じない。

3　第261条第３項から第５項まで、第262条第１項及び第263条の規定は、異議の取下げについて準用する。

（異議後の手続）

第361条　適法な異議があったときは、訴訟は、口頭弁論の終結前の程度に復する。この場合においては、通常の手続によりその審理及び裁判をする。

（異議後の判決）

第362条　前条の規定によってすべき判決が手形訴訟の判決と符合するときは、裁判所は、手形訴訟の判決を認可しなければならない。ただし、手形訴訟の判決の手続が法律に違反したものであるときは、この限りでない。

2　前項の規定により手形訴訟の判決を認可する場合を除き、前条の規定によってすべき判決においては、手形訴訟の判決を取り消さなければならない。

（異議後の判決における訴訟費用）

第363条　異議を却下し、又は手形訴訟においてした訴訟費用の負担の裁判を認可する場合には、裁判所は、異議の申立てがあった後の訴訟費用の負担について裁判をしなければならない。

2　第258条第４項の規定は、手形訴訟の判決に対し適法な異議の申立てがあった場合について準用する。

（事件の差戻し）

第364条　控訴裁判所は、異議を不適法として却下した第一審判決を取り消す場合には、事件を第一審裁判所に差し戻さなければならない。ただし、事件につき更に弁論をする必要がないときは、この限りでない。

（訴え提起前の和解の手続から手形訴訟への移行）

第365条　第275条第２項後段の規定により提起があったものとみなされる訴えについては、手形訴訟による審理及び裁判を求める旨の申述は、同項前段の申立ての際にしなければならない。

（督促手続から手形訴訟への移行）

＊**第366条**　第395条又は第398条第１項（第402条第２項において準用する場合を含む。）の規定により提起があったものとみなされる訴えについては、手形訴訟による審理及び裁判を求める旨の申述は、支払督促の申立ての際にしなければならない。

2　第391条第１項の規定による仮執行の宣言があったときは、前項の申述は、なかったものとみなす。

（小切手訴訟）

第367条　小切手による金銭の支払の請求及びこれに附帯する法定利率による損害賠償の請求を目的とする訴えについては、小切手訴訟による審理及び裁判を求めることができる。

2　第350条第２項及び第351条から前条までの規定は、小切手訴訟に関して準用する。

第６編　少額訴訟に関する特則

（少額訴訟の要件等）

第368条　簡易裁判所においては、訴訟の目的の価額が60万円以下の金銭の支払の請求を目的とする訴えについて、少額訴訟による審理及び裁判を求めることができる。ただし、同一の簡易裁判所において同一の年に最高裁判所規則で定める回数を超えてこれを求めることができない。

2　少額訴訟による審理及び裁判を求める旨の申述は、訴えの提起の際にしなければならない。

3　前項の申述をするには、当該訴えを提起する簡易裁判所においてその年に少額訴訟による審理及び裁判を求めた回数を届け出なければならない。

（反訴の禁止）

第369条　少額訴訟においては、反訴を提起することができない。

（一期日審理の原則）

第370条　少額訴訟においては、特別の事情がある場合を除き、最初にすべき口頭弁論の期日において、審理を完了しなければならない。

2　当事者は、前項の期日前又はその期日において、すべての攻撃又は防御の方法を提出しなければならない。ただし、口頭弁論が続行されたときは、この限りでない。

（証拠調べの制限）

第371条　証拠調べは、即時に取り調べることができる証拠に限りすることができる。

（証人等の尋問）

第372条　証人の尋問は、宣誓をさせないですることができる。

2　証人又は当事者本人の尋問は、裁判官が相当と認める順序でする。

3　裁判所は、相当と認めるときは、最高裁判所規則で定めるところにより、裁判所及び当事者双方と証人とが音声の送受信により同時に通話をすることができる方法によって、証人を尋問することができる。

（通常の手続への移行）

第373条　被告は、訴訟を通常の手続に移行させる旨の申述をすることができる。ただし、被告が最初にすべき口頭弁論の期日において弁論をし、又はその期日が終了した後は、この限りでない。

2　訴訟は、前項の申述があった時に、通常の手続に移行する。

3　次に掲げる場合には、裁判所は、訴訟を通常の手続により審理及び裁判をする旨の決定をしなければならない。

一　第368条第1項の規定に違反して少額訴訟による審理及び裁判を求めたとき。

二　第368条第3項の規定によってすべき届出を相当の期間を定めて命じた場合において、その届出がないとき。

三　公示送達によらなければ被告に対する最初にすべき口頭弁論の期日の呼出しをすることができないとき。

四　少額訴訟により審理及び裁判をするのを相当でないと認めるとき。

4　前項の決定に対しては、不服を申し立てることができない。

5　訴訟が通常の手続に移行したときは、少額訴訟のため既に指定した期日は、通常の手続のために指定したものとみなす。

（判決の言渡し）

＊第374条　判決の言渡しは、相当でないと認める場合を除き、口頭弁論の終結後直ちにする。

2　前項の場合には、判決の言渡しは、判決書の原本に基づかないですることができる。この場合においては、第254条第2項及び第255条の規定を準用する。

（判決による支払の猶予）

第375条　裁判所は、請求を認容する判決をする場合において、被告の資力その他の事情を考慮して特に必要があると認めるときは、判決の言渡しの日から3年を超えない範囲内において、認容する請求に係る金銭の支払について、その時期の定め若しくは分割払の定めをし、又はこれと併せて、その時期の定めに従い支払をしたとき、若しくはその分割払の定めによる期限の利益を次項の規定による定めにより失うことなく支払をしたときは訴え提起後の遅延損害金の支払義務を免除する旨の定めをすることができる。

2　前項の分割払の定めをするときは、被告が支払を怠った場合における期限の利益の喪失についての定めをしなければならない。

3　前2項の規定による定めに関する裁判に対しては、不服を申し立てることができない。

（仮執行の宣言）

第376条　請求を認容する判決については、裁判所は、職権で、担保を立てて、又は立てないで仮執行をすることができることを宣言しなければならない。

2　第76条、第77条、第79条及び第80条の規定は、前項の担保について準用する。

（控訴の禁止）

第377条　少額訴訟の終局判決に対しては、控訴をすることができない。

（異議）

＊第378条　少額訴訟の終局判決に対しては、判決書又は第254条第2項（第374条第2項において準用する場合を含む。）の調書の送達を受けた日から2週間の不変期間内に、その判決をした裁判所に異議を申し立てることができる。ただし、その期間前に申し立てた異議の効力を妨げない。

2　第358条から第360条までの規定は、前項の異議について準用する。

（異議後の審理及び裁判）

第379条　適法な異議があったときは、訴訟は、口頭弁論の終結前の程度に復する。この場合においては、通常の手続によりその審理及び裁判をする。

2　第362条、第363条、第369条、第372条第2項及び第375条の規定は、前項の審理及び裁判について準用する。

（異議後の判決に対する不服申立て）

第380条　第378条第2項において準用する第359条又は前条第1項の規定によってした終局判決に対しては、控訴をすることができない。

2　第327条の規定は、前項の終局判決について準用する。

（過料）

第381条　少額訴訟による審理及び裁判を求めた者が第368条第3項の回数について虚偽の届出をしたときは、裁判所は、決定で、10万円以下の過料に処する。

2　前項の決定に対しては、即時抗告をすることができる。

3　第189条の規定は、第1項の規定による過料の裁判について準用する。

第7編　督促手続

第1章　総則

（支払督促の要件）

第382条　金銭その他の代替物又は有価証券の一定の数量の給付を目的とする請求について

は、裁判所書記官は、債権者の申立てにより、支払督促を発することができる。ただし、日本において公示送達によらないでこれを送達することができる場合に限る。

（支払督促の申立て）

第383条　支払督促の申立ては、債務者の普通裁判籍の所在地を管轄する簡易裁判所の裁判所書記官に対してする。

2　次の各号に掲げる請求についての支払督促の申立ては、それぞれ当該各号に定める地を管轄する簡易裁判所の裁判所書記官に対してもすることができる。

一　事務所又は営業所を有する者に対する請求でその事務所又は営業所における業務に関するもの	当該事務所又は営業所の所在地
二　手形又は小切手による金銭の支払の請求及びこれに附帯する請求	手形又は小切手の支払地

（訴えに関する規定の準用）

第384条　支払督促の申立てには、その性質に反しない限り、訴えに関する規定を準用する。

（申立ての却下）

第385条　支払督促の申立てが第382条若しくは第383条の規定に違反するとき、又は申立ての趣旨から請求に理由がないことが明らかなときは、その申立てを却下しなければならない。請求の一部につき支払督促を発することができない場合におけるその一部についても、同様とする。

2　前項の規定による処分は、相当と認める方法で告知することによって、その効力を生ずる。

3　前項の処分に対する異議の申立ては、その告知を受けた日から１週間の不変期間内にしなければならない。

4　前項の異議の申立てについての裁判に対しては、不服を申し立てることができない。

（支払督促の発付等）

第386条　支払督促は、債務者を審尋しないで発する。

2　債務者は、支払督促に対し、これを発した裁判所書記官の所属する簡易裁判所に督促異議の申立てをすることができる。

（支払督促の記載事項）

＊**第387条**　支払督促には、次に掲げる事項を記載し、かつ、債務者が支払督促の送達を受けた日から２週間以内に督促異議の申立てをしないときは債権者の申立てにより仮執行の宣言をする旨を付記しなければならない。

一　第382条の給付を命ずる旨

二　請求の趣旨及び原因

三　当事者及び法定代理人

（支払督促の送達）

＊**第388条**　支払督促は、債務者に送達しなければならない。

2　支払督促の効力は、債務者に送達された時に生ずる。

3　債権者が申し出た場所に債務者の住所、居所、営業所若しくは事務所又は就業場所がないため、支払督促を送達することができないときは、裁判所書記官は、その旨を債権者に通知しなければならない。この場合において、債権者が通知を受けた日から２月の不変期間内にその申出に係る場所以外の送達をすべき場所の申出をしないときは、支払督促の申立てを取り下げたものとみなす。

（支払督促の更正）

第389条　第74条第１項及び第２項の規定は、支払督促について準用する。

2　仮執行の宣言後に適法な督促異議の申立てがあったときは、前項において準用する第74条第１項の規定による更正の処分に対する異議の申立ては、することができない。

（仮執行の宣言前の督促異議）

第390条　仮執行の宣言前に適法な督促異議の申立てがあったときは、支払督促は、その督促異議の限度で効力を失う。

（仮執行の宣言）

＊**第391条**　債務者が支払督促の送達を受けた日から２週間以内に督促異議の申立てをしないときは、裁判所書記官は、債権者の申立てにより、支払督促に手続の費用額を付記して仮執行の宣言をしなければならない。ただし、その宣言前に督促異議の申立てがあったときは、この限りでない。

2　仮執行の宣言は、支払督促に記載し、これを当事者に送達しなければならない。ただし、債権者の同意があるときは、当該債権者に対しては、当該記載をした支払督促を送付することをもって、送達に代えることができる。

3　第385条第２項及び第３項の規定は、第１項の申立てを却下する処分及びこれに対する異議の申立てについて準用する。

4　前項の異議の申立てについての裁判に対しては、即時抗告をすることができる。

5　第260条及び第388条第2項の規定は、第1項の仮執行の宣言について準用する。

（期間の徒過による支払督促の失効）

第392条　債権者が仮執行の宣言の申立てをすることができる時から30日以内にその申立てをしないときは、支払督促は、その効力を失う。

（仮執行の宣言後の督促異議）

＊第393条　仮執行の宣言を付した支払督促の送達を受けた日から2週間の不変期間を経過したときは、債務者は、その支払督促に対し、督促異議の申立てをすることができない。

（督促異議の却下）

第394条　簡易裁判所は、督促異議を不適法であると認めるときは、督促異議に係る請求が地方裁判所の管轄に属する場合においても、決定で、その督促異議を却下しなければならない。

2　前項の決定に対しては、即時抗告をすることができる。

（督促異議の申立てによる訴訟への移行）

第395条　適法な督促異議の申立てがあったときは、督促異議に係る請求については、その目的の価額に従い、支払督促の申立ての時に、支払督促を発した裁判所書記官の所属する簡易裁判所又はその所在地を管轄する地方裁判所に訴えの提起があったものとみなす。この場合においては、督促手続の費用は、訴訟費用の一部とする。

（支払督促の効力）

第396条　仮執行の宣言を付した支払督促に対し督促異議の申立てがないとき、又は督促異議の申立てを却下する決定が確定したときは、支払督促は、確定判決と同一の効力を有する。

第2章　電子情報処理組織による督促手続の特則

（電子情報処理組織による支払督促の申立て）

＊第397条　電子情報処理組織を用いて督促手続を取り扱う裁判所として最高裁判所規則で定める簡易裁判所（以下この章において「指定簡易裁判所」という。）の裁判所書記官に対しては、第383条の規定による場合のほか、同条に規定する簡易裁判所が別に最高裁判所規則で定める簡易裁判所である場合にも、最高裁判所規則で定めるところにより、電子情報処理組織を用いて支払督促の申立てをすることができる。

＊第398条　第132条の10第1項本文の規定により電子情報処理組織を用いてされた支払督促の申立てに係る督促手続における支払督促に対し適法な督促異議の申立てがあったときは、督促異議に係る請求については、その目的の価額に従い、当該支払督促の申立ての時に、第383条に規定する簡易裁判所で支払督促を発した裁判所書記官の所属するもの若しくは前条の別に最高裁判所規則で定める簡易裁判所又はその所在地を管轄する地方裁判所に訴えの提起があったものとみなす。

2　前項の場合において、同項に規定する簡易裁判所又は地方裁判所が2以上あるときは、督促異議に係る請求については、これらの裁判所中に第383条第1項に規定する簡易裁判所又はその所在地を管轄する地方裁判所がある場合にはその裁判所に、その裁判所がない場合には同条第2項第1号に定める地を管轄する簡易裁判所又はその所在地を管轄する地方裁判所に訴えの提起があったものとみなす。

3　前項の規定にかかわらず、債権者が、最高裁判所規則で定めるところにより、第1項に規定する簡易裁判所又は地方裁判所のうち、一の簡易裁判所又は地方裁判所を指定したときは、その裁判所に訴えの提起があったものとみなす。

（電子情報処理組織による処分の告知）

＊第399条　第132条の10第1項本文の規定により電子情報処理組織を用いてされた支払督促の申立てに係る督促手続に関する指定簡易裁判所の裁判所書記官の処分の告知のうち、当該処分の告知に関するこの法律その他の法令の規定により書面等をもってするものとされているものについては、当該法令の規定にかかわらず、最高裁判所規則で定めるところにより、電子情報処理組織を用いてすることができる。

2　第132条の10第2項から第4項までの規定は、前項の規定により指定簡易裁判所の裁判所書記官がする処分の告知について準用する。

3　前項において準用する第132条の10第3項の規定にかかわらず、第1項の規定による処分の告知を受けるべき債権者の同意があるときは、当該処分の告知は、裁判所の使用に係る電子計算機に備えられたファイルに当該処分に係る情報が最高裁判所規則で定めるところにより記録され、かつ、その記録に関する通知が当該債権者に対して発せられた時に、当該債権者に到達したものとみなす。

（電磁的記録による作成等）

＊第400条　指定簡易裁判所の裁判所書記官は、第132条の10第１項本文の規定により電子情報処理組織を用いてされた支払督促の申立てに係る督促手続に関し、この法律その他の法令の規定により裁判所書記官が書面等の作成等（作成又は保管をいう。以下この条及び次条第１項において同じ。）をすることとされているものについては、当該法令の規定にかかわらず、書面等の作成等に代えて、最高裁判所規則で定めるところにより、当該書面等に係る電磁的記録の作成等をすることができる。

２　第132条の10第２項及び第４項の規定は、前項の規定により指定簡易裁判所の裁判所書記官がする電磁的記録の作成等について準用する。

（電磁的記録に係る訴訟記録の取扱い）

＊第401条　督促手続に係る訴訟記録のうち、第132条の10第１項本文の規定により電子情報処理組織を用いてされた申立て等に係る部分又は前条第１項の規定により電磁的記録の作成等がされた部分（以下この条において「電磁的記録部分」と総称する。）について、第91条第１項又は第３項の規定による訴訟記録の閲覧等の請求があったときは、指定簡易裁判所の裁判所書記官は、当該指定簡易裁判所の使用に係る電子計算機に備えられたファイルに記録された電磁的記録部分の内容を書面に出力した上、当該訴訟記録の閲覧等を当該書面をもってするものとする。電磁的記録の作成等に係る書類の送達又は送付も、同様とする。

２　第132条の10第１項本文の規定により電子情報処理組織を用いてされた支払督促の申立てに係る督促手続における支払督促に対し適法な督促異議の申立てがあったときは、第398条の規定により訴えの提起があったものとみなされる裁判所は、電磁的記録部分の内容を書面に出力した上、当該訴訟記録の閲覧等を当該書面をもってするものとする。

（電子情報処理組織による督促手続における所定の方式の書面による支払督促の申立て）

＊第402条　電子情報処理組織（裁判所の使用に係る複数の電子計算機を相互に電気通信回線で接続した電子情報処理組織をいう。）を用いて督促手続を取り扱う裁判所として最高裁判所規則で定める簡易裁判所の裁判所書記官に対しては、第383条の規定による場合のほか、同条に規定する簡易裁判所が別に最高裁判所規則で定める簡易裁判所である場合にも、最高裁判所規則で定める方式に適合する方式により記載された書面をもって支払督促の申立てをすることができる。

２　第398条の規定は、前項に規定する方式により記載された書面をもってされた支払督促の申立てに係る督促手続における支払督促に対し適法な督促異議の申立てがあったときについて準用する。

第８編　執行停止

（執行停止の裁判）

第403条　次に掲げる場合には、裁判所は、申立てにより、決定で、担保を立てさせて、若しくは立てさせないで強制執行の一時の停止を命じ、又はこれとともに、担保を立てて強制執行の開始若しくは続行をすべき旨を命じ、若しくは担保を立てさせて既にした執行処分の取消しを命ずることができる。ただし、強制執行の開始又は続行をすべき旨の命令は、第３号から第６号までに掲げる場合に限り、することができる。

一　第327条第１項（第380条第２項において準用する場合を含む。次条において同じ。）の上告又は再審の訴えの提起があった場合において、不服の理由として主張した事情が法律上理由があるとみえ、事実上の点につき疎明があり、かつ、執行により償うことができない損害が生ずるおそれがあることにつき疎明があったとき。

二　仮執行の宣言を付した判決に対する上告の提起又は上告受理の申立てがあった場合において、原判決の破棄の原因となるべき事情及び執行により償うことができない損害を生ずるおそれがあることにつき疎明があったとき。

三　仮執行の宣言を付した判決に対する控訴の提起又は仮執行の宣言を付した支払督促に対する督促異議の申立て（次号の控訴の提起及び督促異議の申立てを除く。）があった場合において、原判決若しくは支払督促の取消し若しくは変更の原因となるべき事情がないとはいえないこと又は執行により著しい損害を生ずるおそれがあることにつき疎明があったとき。

四　手形又は小切手による金銭の支払の請求及びこれに附帯する法定利率による損害賠償の請求について、仮執行の宣言を付した判決に対する控訴の提起又は仮執行の宣言を付した支払督促に対する督促異議の申立てがあった場合において、原判決又は支払督促の取消し又は変更の原因となるべき事情につき疎明があったとき。

五　仮執行の宣言を付した手形訴訟若しくは小切手訴訟の判決に対する異議の申立て又は仮執行の宣言を付した少額訴訟の判決に対する異議の申立てがあった場合において、原判決の取消し又は変更の原因となるべき事情につき疎明があったとき。

六　第117条第１項の訴えの提起があった場合において、変更のため主張した事情が法律上理由があるとみえ、かつ、事実上の点につき疎明があったとき。

2　前項に規定する申立てについての裁判に対しては、不服を申し立てることができない。

（原裁判所による裁判）

第404条　第327条第１項の上告の提起、仮執行の宣言を付した判決に対する上告の提起若しくは上告受理の申立て又は仮執行の宣言を付した判決に対する控訴の提起があった場合において、訴訟記録が原裁判所に存するときは、その裁判所が、前条第１項に規定する申立てについての裁判をする。

2　前項の規定は、仮執行の宣言を付した支払督促に対する督促異議の申立てがあった場合について準用する。

（担保の提供）

第405条　この編の規定により担保を立てる場合において、供託をするには、担保を立てるべきことを命じた裁判所又は執行裁判所の所在地を管轄する地方裁判所の管轄区域内の供託所にしなければならない。

2　第76条、第77条、第79条及び第80条の規定は、前項の担保について準用する。

令和４年改正民事訴訟法（令和４年5月25日から起算して4年を超えない範囲内において政令で定める日から施行される改正条文のみ抜粋）

（被保佐人、被補助人及び法定代理人の訴訟行為の特則）

第32条　被保佐人、被補助人（訴訟行為をすることにつきその補助人の同意を得ることを要するものに限る。次項及び第40条第４項において同じ。）又は後見人その他の法定代理人が相手方の提起した訴え又は上訴について訴訟行為をするには、保佐人若しくは保佐監督人、補助人若しくは補助監督人又は後見監督人の同意その他の授権を要しない。

2　被保佐人、被補助人又は後見人その他の法定代理人が次に掲げる訴訟行為をするには、特別の授権がなければならない。

一　訴えの取下げ、和解、請求の放棄若しくは認諾又は第48条（第50条第３項及び第51条において準用する場合を含む。）の規定による脱退

二　控訴、上告又は第318条第１項の申立ての取下げ

三　第360条（第367条第２項、第378条第２項及び第381条の７第２項において準用する場合を含む。）の規定による異議の取下げ又はその取下げについての同意

（補助参加人の訴訟行為等）

第45条　補助参加人は、訴訟について、攻撃又は防御の方法の提出、異議の申立て、上訴の提起、再審の訴えの提起その他一切の訴訟行為をすることができる。ただし、補助参加の時における訴訟の程度に従いすることができないものは、この限りでない。

2　補助参加人の訴訟行為は、被参加人の訴訟行為と抵触するときは、その効力を有しない。

3　補助参加人は、補助参加について異議があった場合においても、補助参加を許さない裁判が確定するまでの間は、訴訟行為をすることができる。

4　補助参加人の訴訟行為は、補助参加を許さない裁判が確定した場合においても、当事者が援用したときは、その効力を有する。

5　次に掲げる請求に関する規定の適用については、補助参加人（当事者が前条第１項の異議を述べた場合において補助参加を許す裁判が確定したもの及び当事者が同条第２項の規定により異議を述べることができなくなったものに限る。）を当事者とみなす。

一　非電磁的訴訟記録（第91条第１項に規定する非電磁的訴訟記録をいう。）の閲覧若しくは謄写、その正本、謄本若しくは抄本の交付又はその複製（第92条第１項において「非電磁的訴訟記録の閲覧等」という。）の請求

二　電磁的訴訟記録（第91条の２第１項に規定する電磁的訴訟記録をいう。）の閲覧若しくは複写又はその内容の全部若しくは一部を証明した書面の交付若しくはその内容の全部若しくは一部を証明した電磁的記録の提供（第92条第１項において「電磁的訴訟記録の閲覧等」という。）の請求

三　第91条の３に規定する訴訟に関する事項を証明した書面の交付又は当該事項を証明した電磁的記録の提供の請求

（訴訟代理権の範囲）

第55条　訴訟代理人は、委任を受けた事件について、反訴、参加、強制執行、仮差押え及び仮処分に関する訴訟行為をし、かつ、弁済を受領することができる。

2　訴訟代理人は、次に掲げる事項については、特別の委任を受けなければならない。

一　反訴の提起

二　訴えの取下げ、和解、請求の放棄若しくは認諾又は第48条（第50条第３項及び第51条において準用する場合を含む。）の規定による脱退

三　控訴、上告若しくは第318条第１項の申立て又はこれらの取下げ

四　第360条（第367条第２項、第378条第２項及び第381条の７第２項において準用する場合を含む。）の規定による異議の取下げ又はその取下げについての同意

五　代理人の選任

3　訴訟代理権は、制限することができない。ただし、弁護士でない訴訟代理人については、この限りでない。

4　前３項の規定は、法令により裁判上の行為をすることができる代理人の権限を妨げない。

（訴訟費用額の確定手続）

第71条　訴訟費用の負担の額は、その負担の裁判が執行力を生じた後に、申立てにより、第一審裁判所の裁判所書記官が定める。

2　前項の申立ては、訴訟費用の負担の裁判が確定した日から10年以内にしなければならない。

3　第１項の場合において、当事者双方が訴訟費用を負担するときは、最高裁判所規則で定める場合を除き、各当事者の負担すべき費用は、その対当額について相殺があったものとみなす。

4　第１項の申立てに関する処分は、相当と認める方法で告知することによって、その効力を生ずる。

5　前項の処分に対する異議の申立ては、その告知を受けた日から１週間の不変期間内にしなければならない。

6　前項の異議の申立ては、執行停止の効力を有する。

7　裁判所は、第１項の規定による額を定める処分に対する異議の申立てを理由があると認める場合において、訴訟費用の負担の額を定めるべきときは、自らその額を定めなければならない。

8　第５項の異議の申立てについての決定に対しては、即時抗告をすることができる。

（和解の場合の費用額の確定手続）

第72条　当事者が裁判所において和解をした場合において、和解の費用又は訴訟費用の負担を定め、その額を定めなかったときは、その額は、申立てにより、

第一審裁判所（第275条の和解にあっては、和解が成立した裁判所）の裁判所書記官が定める。この場合においては、前条第2項から第8項までの規定を準用する。

（訴訟が裁判及び和解によらないで完結した場合等の取扱い）

第73条　訴訟が裁判及び和解によらないで完結したときは、申立てにより、第一審裁判所は決定で訴訟費用の負担を命じ、その裁判所の裁判所書記官はその決定が執行力を生じた後にその負担の額を定めなければならない。補助参加の申出の取下げ又は補助参加についての異議の取下げがあった場合も、同様とする。

2　第61条から第66条まで及び第71条第8項の規定は前項の申立てについての決定について、同条第2項の規定は前項の申立てについて、同条第3項及び第4項の規定は前項の申立てに関する裁判所書記官の処分について、同条第5項から第8項までの規定はその処分に対する異議の申立てについて、それぞれ準用する。この場合において、同条第2項中「訴訟費用の負担の裁判が確定した」とあるのは、「訴訟が完結した」と読み替えるものとする。

（費用額の確定処分の更正）

第74条　第71条第1項、第72条又は前条第1項の規定による額を定める処分に計算違い、誤記その他これらに類する明白な誤りがあるときは、裁判所書記官は、申立てにより又は職権で、いつでもその処分を更正することができる。

2　第71条第4項から第6項まで及び第8項の規定は、前項の規定による更正の処分及びこれに対する異議の申立てについて準用する。

3　第1項に規定する額を定める処分に対し適法な異議の申立てがあったときは、前項の異議の申立ては、することができない。

（担保の取消し）

第79条　担保を立てた者が担保の事由が消滅したことを証明したときは、裁判所は、申立てにより、担保の取消しの決定をしなければならない。

2　担保を立てた者が担保の取消しについて担保権利者の同意を得たことを証明したときも、前項と同様とする。

3　訴訟の完結後、裁判所書記官が、担保を立てた者の申立てにより、担保権利者に対し、一定の期間内にその権利を行使すべき旨を催告し、担保権利者がその行使をしないときは、担保の取消しについて担保権利者の同意があったものとみなす。

4　第1項及び第2項の規定による決定に対しては、即時抗告をすることができる。

（和解の試み等）

第89条　裁判所は、訴訟がいかなる程度にあるかを問わず、和解を試み、又は受命裁判官若しくは受託裁判官に和解を試みさせることができる。

2　裁判所は、相当と認めるときは、当事者の意見を聴いて、最高裁判所規則で定めるところにより、裁判所及び当事者双方が音声の送受信により同時に通話をすることができる方法によって、和解の期日における手続を行うことができる。

3　前項の期日に出頭しないで同項の手続に関与した当事者は、その期日に出頭したものとみなす。

4　第148条、第150条、第154条及び第155条の規定は、和解の手続について準用する。

5　受命裁判官又は受託裁判官が和解の試みを行う場合には、第2項の規定並びに前項において準用する第148条、第154条及び第155条の規定による裁判所及び裁判長の職務は、その裁判官が行う。

（非電磁的訴訟記録の閲覧等）

第91条　何人も、裁判所書記官に対し、非電磁的訴訟記録（訴訟記録中次条第1項に規定する電磁的訴訟記録を除いた部分をいう。以下この条において同じ。）の閲覧を請求することができる。

2　公開を禁止した口頭弁論に係る非電磁的訴訟記録については、当事者及び利害関係を疎明した第三者に限り、前項の規定による請求をすることができる。非電磁的訴訟記録中第264条の和解条項案に係る部分、第265条第1項の規定による和解条項の定めに係る部分及び第267条第1項に規定する和解（口頭弁論の期日において成立したものを除く。）に係る部分についても、同様とする。

3　当事者及び利害関係を疎明した第三者は、裁判所書記官に対し、非電磁的訴訟記録の謄写又はその正本、謄本若しくは抄本の交付を請求することができる。

4　前項の規定は、非電磁的訴訟記録中の録音テープ又はビデオテープ（これらに準ずる方法により一定の事項を記録した物を含む。）に関しては、適用しない。この場合において、これらの物について当事者又は利害関係を疎明した第三者の請求があるときは、裁判所書記官は、その複製を許さなければならない。

5　非電磁的訴訟記録の閲覧、謄写及び複製の請求は、非電磁的訴訟記録の保存又は裁判所の執務に支障があるときは、することができない。

（電磁的訴訟記録の閲覧等）

第91条の2　何人も、裁判所書記官に対し、最高裁判所規則で定めるところにより、電磁的訴訟記録（訴訟記録中この法律その他の法令の規定により裁判所の使用に係る電子計算機（入出力装置を含む。以下同じ。）に備えられたファイル（次項及び第3項、次条並びに第109条の3第1項第2号を除き、以下単に「ファイル」という。）に記録された事項（第132条の7及び第133条の2第5項において「ファイル記録事項」という。）に係る部分をいう。以下同じ。）の内容を最高裁判所規則で定める方法により表示したものの閲覧を請求することができる。

2　当事者及び利害関係を疎明した第三者は、裁判所書記官に対し、電磁的訴訟記録に記録されている事項について、最高裁判所規則で定めるところにより、最高裁判所規則で定める電子情報処理組織（裁判所の使用に係る電子計算機と手続の相手方の使用に係る電子計算機とを電気通信回線で接続した電子情報処理組織をいう。以下同じ。）を使用してその者の使用に係る電子計算機に備えられたファイルに記録する方法その他の最高裁判所規則で定める方法による複写を請求することができる。

3　当事者及び利害関係を疎明した第三者は、裁判所書記官に対し、最高裁判所規則で定めるところにより、電磁的訴訟記録に記録されている事項の全部若しくは一部を記載した書面であって裁判所書記官が最高裁判所規則で定める方法により当該書面の内容が電磁的訴訟記録に記録されている事項と同一であることを証明したものを交付し、又は当該事項の全部若しくは一部を記録した電磁的記録であって裁判所書記官が最高裁判所規則で定める方法により当該電磁的記録の内容が電磁的訴訟記録に記録されている事項と同一であることを証明したものを最高裁判所規則で定める電子情報処理組織を使用してその者の使用に係る電子計算機に備えられたファイルに記録する方法その他の最高裁判所規則で定める方法により提供することを請求することができる。

4　前条第２項及び第５項の規定は、第１項及び第２項の規定による電磁的訴訟記録に係る閲覧及び複写の請求について準用する。

（訴訟に関する事項の証明）

第91条の３　当事者及び利害関係を疎明した第三者は、裁判所書記官に対し、最高裁判所規則で定めるところにより、訴訟に関する事項を記載した書面であって裁判所書記官が最高裁判所規則で定める方法により当該事項を証明したものを交付し、又は当該事項を記録した電磁的記録であって裁判所書記官が最高裁判所規則で定める方法により当該事項を証明したものを最高裁判所規則で定める電子情報処理組織を使用してその者の使用に係る電子計算機に備えられたファイルに記録する方法その他の最高裁判所規則で定める方法により提供することを請求することができる。

（秘密保護のための閲覧等の制限）

第92条　次に掲げる事由につき疎明があった場合には、裁判所は、当該当事者の申立てにより、決定で、当該訴訟記録中当該秘密が記載され、又は記録された部分に係る訴訟記録の閲覧等（非電磁的訴訟記録の閲覧等又は電磁的訴訟記録の閲覧等をいう。第133条第３項において同じ。）（以下この条において「秘密記載部分の閲覧等」という。）の請求をすることができる者を当事者に限ることができる。

一　訴訟記録中に当事者の私生活についての重大な秘密が記載され、又は記録されており、かつ、第三者が秘密記載部分の閲覧等を行うことにより、その当事者が社会生活を営むのに著しい支障を生ずるおそれがあること。

二　訴訟記録中に当事者が保有する営業秘密（不正競争防止法第２条第６項に規定する営業秘密をいう。以下同じ。）が記載され、又は記録されていること。

2　前項の申立てがあったときは、その申立てについての裁判が確定するまで、第三者は、秘密記載部分の閲覧等の請求をすることができない。

3　秘密記載部分の閲覧等の請求をしようとする第三者は、訴訟記録の存する裁判所に対し、第１項に規定する要件を欠くこと又はこれを欠くに至ったことを理由として、同項の決定の取消しの申立てをすることができる。

4　第１項の申立てを却下した裁判及び前項の申立てについての裁判に対しては、即時抗告をすることができる。

5　第１項の決定を取り消す裁判は、確定しなければその効力を生じない。

6　第１項の申立て（同項第１号に掲げる事由があることを理由とするものに限る。次項及び第８項において同じ。）があった場合において、当該申立て後に第三者がその訴訟への参加をしたときは、裁判所書記官は、当該申立てをした当事者に対し、その参加後直ちに、その参加があった旨を通知しなければならない。ただし、当該申立てを却下する裁判が確定したときは、この限りでない。

7　前項本文の場合において、裁判所書記官は、同項の規定による通知があった日から２週間を経過する日までの間、その参加をした者に第１項の申立てに係る秘密記載部分の閲覧等をさせてはならない。ただし、第133条の２第２項の申立てがされたときは、この限りでない。

8　前２項の規定は、第６項の参加をした者に第１項の申立てに係る秘密記載部分の閲覧等をさせることについて同項の申立てをした当事者の全ての同意があるときは、適用しない。

9　裁判所は、第１項の申立て（同項第２号に掲げる事由があることを理由とするものに限る。次項において同じ。）があった場合において、当該申立てに係る営業秘密がその訴訟の追行の目的以外の目的で使用され、又は当該営業秘密が開示されることにより、当該営業秘密に基づく当事者の事業活動に支障を生ずるおそれがあり、これを防止するため特に必要があると認めるときは、電磁的訴訟記録中当該営業秘密が記録された部分につき、その内容を書面に出力し、又はこれを他の記録媒体に記録するとともに、当該部分を電磁的訴訟記録から消去する措置その他の当該営業秘密の安全管理のために必要かつ適切なものとして最高裁判所規則で定める措置を講ずることができる。

10　前項の規定による電磁的訴訟記録から消去する措置が講じられた場合において、その後に第１項の申立てを却下する裁判が確定したとき、又は当該申立てに係る決定を取り消す裁判が確定したときは、裁判所書記官は、当該営業秘密が記載され、又は記録された部分をファイルに記録しなければならない。

（専門委員の関与）

第92条の２　裁判所は、争点若しくは証拠の整理又は訴訟手続の進行に関し必要な事項の協議をするに当たり、訴訟関係を明瞭にし、又は訴訟手続の円滑な進行を図るため必要があると認めるときは、当事者の意見を聴いて、決定で、専門的な知見に基づく説明を聴くために専門委員を手続に関与させることができる。この場合において、専門委員の説明は、裁判長が書面により又は口頭弁論若しくは弁論準備手続の期日において口頭でさせなければならない。

2　専門委員は、前項の規定による書面による説明に代えて、最高裁判所規則で定めるところにより、当該書面に記載すべき事項を最高裁判所規則で定める電子情報処理組織を使用してファイルに記録する方法又は当該書面に記載すべき事項に係る電磁的記録を記録した記録媒体を提出する方法により説明を行うことができる。

3　裁判所は、証拠調べをするに当たり、訴訟関係又は証拠調べの結果の趣旨を明瞭にするため必要があると認めるときは、当事者の意見を聴いて、決定で、証拠調べの期日において専門的な知見に基づく説明を聴くために専門委員を手続に関与させることができる。この場合において、証人若しくは当事者本人の尋問又は鑑定人質問の期日において専門委員に説明をさせるときは、裁判長は、当事者の同意を得て、訴訟関係又は証拠調べの結果の趣旨を明瞭にするために必要な事項について専門委員が証人、当事者本人又は鑑定人に対し直接に問いを発することを許すことができる。

4　裁判所は、和解を試みるに当たり、必要があると認めるときは、当事者の同意を得て、決定で、当事者双方が立ち会うことができる和解を試みる期日において専門的な知見に基づく説明を聴くために専門委員を手続に関与させることができる。

（音声の送受信による通話の方法による専門委員の関与）

第92条の３　裁判所は、前条第１項、第３項及び第４項の規定により専門委員を手続に関与させる場合において、相当と認めるときは、当事者の意見を聴いて、同条第１項、第３項及び第４項の期日において、最高裁判所規則で定めるところにより、裁判所及び当事者双方が専門委員との間で音声の送受信により同時に通話をすることができる方法によって、専門委員に同条第１項、第３項及び第４項の説明又は発問をさせることができる。

（受命裁判官等の権限）

第92条の７　受命裁判官又は受託裁判官が第92条の２第１項、第３項及び第４項の手続を行う場合には、同条から第92条の４まで及び第92条の５第２項の規定による裁判所及び裁判長の職務は、その裁判官が行う。ただし、第92条の２第３項の手続を行う場合には、専門委員を手続に関与させる決定、その決定の取消し及び専門委員の指定は、受訴裁判所がする。

（知的財産に関する事件における裁判所調査官の事務）

第92条の８　裁判所は、必要があると認めるときは、高等裁判所又は地方裁判所において知的財産に関する事件の審理及び裁判に関して調査を行う裁判所調査官に、当該事件において次に掲げる事務を行わせることができる。この場合において、当該裁判所調査官は、裁判長の命を受けて、当該事務を行うものとする。

一　次に掲げる期日又は手続において、訴訟関係を明瞭にするため、事実上及び法律上の事項に関し、当事者に対して問いを発し、又は立証を促すこと。

イ　口頭弁論又は審尋の期日

ロ　争点又は証拠の整理を行うための手続

ハ　文書若しくは電磁的記録の提出義務又は検証の目的の提示義務の有無を判断するための手続

ニ　争点又は証拠の整理に係る事項その他訴訟手続の進行に関し必要な事項についての協議を行うための手続

二　証拠調べの期日において、証人、当事者本人又は鑑定人に対し直接に問いを発すること。

三　和解を試みる期日において、専門的な知見に基づく説明をすること。

四　裁判官に対し、事件につき意見を述べること。

（期日の指定及び変更）

第93条　期日の指定及び変更は、申立てにより又は職権で、裁判長が行う。

2　期日は、やむを得ない場合に限り、日曜日その他の一般の休日に指定することができる。

3　口頭弁論及び弁論準備手続の期日の変更は、顕著な事由がある場合に限り許す。ただし、最初の期日の変更は、当事者の合意がある場合にも許す。

4　前項の規定にかかわらず、弁論準備手続を経た口頭弁論の期日の変更は、やむを得ない事由がある場合でなければ、許すことができない。

（期日の呼出し）

第94条　期日の呼出しは、次の各号のいずれかに掲げる方法その他相当と認める方法によってする。

一　ファイルに記録された電子呼出状（裁判所書記官が、最高裁判所規則で定めるところにより、裁判長が指定した期日に出頭すべき旨を告知するために出頭すべき者において出頭すべき日時及び場所を記録して作成した電磁的記録をいう。次項及び第256条第３項において同じ。）を出頭すべき者に対して送達する方法

二　当該事件について出頭した者に対して期日の告知をする方法

2　裁判所書記官は、電子呼出状を作成したときは、最高裁判所規則で定めるところにより、これをファイルに記録しなければならない。

3　第１項各号に規定する方法以外の方法による期日の呼出しをしたときは、期日に出頭しない当事者、証人又は鑑定人に対し、法律上の制裁その他期日の不遵守による不利益を帰することができない。ただし、これらの者が期日の呼出しを受けた旨を記載した書面を提出したときは、この限りでない。

（訴訟行為の追完）

第97条　当事者が裁判所の使用に係る電子計算機の故障その他その責めに帰することができない事由により不変期間を遵守することができなかった場合には、その事由が消滅した後１週間以内に限り、不変期間内にすべき訴訟行為の追完をすることができる。ただし、外国に在る当事者については、この期間は、２月とする。

２　前項の期間については、前条第１項本文の規定は、適用しない。

（訴訟無能力者等に対する送達）

第99条　訴訟無能力者に対する送達は、その法定代理人にする。

２　数人が共同して代理権を行うべき場合には、送達は、その一人にすれば足りる。

３　刑事施設に収容されている者に対する送達は、刑事施設の長にする。

（送達報告書）

第100条　送達をした者は、書面を作成し、送達に関する事項を記載して、これを裁判所に提出しなければならない。

２　前項の場合において、送達をした者は、同項の規定による書面の提出に代えて、最高裁判所規則で定めるところにより、当該書面に記載すべき事項を最高裁判所規則で定める電子情報処理組織を使用してファイルに記録し、又は当該書面に記載すべき事項に係る電磁的記録を記録した記録媒体を提出することができる。この場合において、当該送達をした者は、同項の書面を提出したものとみなす。

（送達実施機関）

第101条　書類の送達は、特別の定めがある場合を除き、郵便又は執行官によってする。

２　郵便による送達にあっては、郵便の業務に従事する者を送達をする者とする。

（裁判所書記官による送達）

第102条　裁判所書記官は、その所属する裁判所の事件について出頭した者に対しては、自ら書類の送達をすることができる。

（交付送達の原則）

第102条の２　書類の送達は、特別の定めがある場合を除き、送達を受けるべき者に送達すべき書類を交付してする。

（送達場所）

第103条　書類の送達は、送達を受けるべき者の住所、居所、営業所又は事務所（以下この款において「住所等」という。）においてする。ただし、法定代理人に対する書類の送達は、本人の営業所又は事務所においてもすることができる。

２　前項に定める場所が知れないとき、又はその場所において送達をするのに支障があるときは、書類の送達は、送達を受けるべき者が雇用、委任その他の法律上の行為に基づき就業する他人の住所等（以下「就業場所」という。）においてすることができる。送達を受けるべき者（次条第１項に規定する者を除く。）が就業場所において書類の送達を受ける旨の申述をしたときも、同様とする。

（送達場所等の届出）

第104条　当事者、法定代理人又は訴訟代理人は、書類の送達を受けるべき場所（日本国内に限る。）を受訴裁判所に届け出なければならない。この場合においては、送達受取人をも届け出ることができる。

２　前項前段の規定による届出があった場合には、書類の送達は、前条の規定にかかわらず、その届出に係る場所においてする。

３　第１項前段の規定による届出をしない者で次の各号に掲げる送達を受けたものに対するその後の書類の送達は、前条の規定にかかわらず、それぞれ当該各号に定める場所においてする。

一　前条の規定による送達	その送達をした場所
二　次条後段の規定による送達のうち郵便の業務に従事する者が日本郵便株式会社の営業所（郵便の業務を行うものに限る。第106条第１項後段において同じ。）においてするもの及び同項後段の規定による送達	その送達において送達をすべき場所とされていた場所
三　第107条第１項第１号の規定による送達	その送達において宛先とした場所

（出会送達）

第105条　前２条の規定にかかわらず、送達を受けるべき者で日本国内に住所等を有することが明らかでないもの（前条第１項前段の規定による届出をした者を除く。）に対する書類の送達は、その者に出会った場所においてすることができる。日本国内に住所等を有することが明らかな者又は同項前段の規定による届出をした者が書類の送達を受けることを拒まないときも、同様とする。

（補充送達及び差置送達）

第106条　就業場所以外の書類の送達をすべき場所において送達を受けるべき者に出会わないときは、使用人その他の従業者又は同居者であって、書類の受領について相当のわきまえのあるものに書類を交付することができる。郵便の業務に従事する者が日本郵便株式会社の営業所において書類を交付すべきときも、同様とする。

２　就業場所（第104条第１項前段の規定による届出に係る場所が就業場所である場合を含む。）において送達を受けるべき者に出会わない場合において、第103条第２項の他人又はその法定代理人若しくは使用人その他の従業者であって、書類の受領について相当のわきまえのあるものが書類の交付を受けることを拒まないときは、これらの者に書類を交付することができる。

３　送達を受けるべき者又は第１項前段の規定により書類の交付を受けるべき者が正当な理由なくこれを受けることを拒んだときは、書類の送達をすべき場所に書類を差し置くことができる。

（書留郵便等に付する送達）

第107条　前条の規定により送達をすることができない場合（第109条の２の規定により送達をすることができる場合を除く。）には、裁判所書記官は、次の各号に掲げる区分に応じ、それぞれ当該各号に定める場所に宛てて、書類を書留郵便又は民間事業者による信書の送達に関する法律（平成14年法律第99号）第２条第６項に規定する一般信書便事業者若しくは同条第９項に規定する特定信書便事業者の提供する同条第２項に規定する信書便の役務のうち書留郵便に準ずるものとして最高裁判所規則で定めるもの（次項及び第３項において「書留郵便等」という。）に付して発送することができる。

一　第103条の規定による送達をすべき場合	同条第１項に定める場所
二　第104条第２項の規定による送達をすべき場合	同項の場所
三　第104条第３項の規定による送達をすべき場合	同項の場所（その場所が就業場所である場合にあっては、訴訟記録に表れたその者の住所等）

2　前項第２号又は第３号の規定により書類を書留郵便等に付して発送した場合には、その後に送達すべき書類は、同項第２号又は第３号に定める場所に宛てて、書留郵便等に付して発送することができる。

3　前２項の規定により書類を書留郵便等に付して発送した場合には、その発送の時に、送達があったものとみなす。

（外国における送達）

第108条　外国においてすべき書類の送達は、裁判長がその国の管轄官庁又はその国に駐在する日本の大使、公使若しくは領事に嘱託してする。

（電磁的記録に記録された事項を出力した書面による送達）

第109条　電磁的記録の送達は、特別の定めがある場合を除き、前款の定めるところにより、この法律その他の法令の規定によりファイルに記録された送達すべき電磁的記録（以下この節において単に「送達すべき電磁的記録」という。）に記録されている事項を出力することにより作成した書面によってする。

（電子情報処理組織による送達）

第109条の２　電磁的記録の送達は、前条の規定にかかわらず、最高裁判所規則で定めるところにより、送達すべき電磁的記録に記録されている事項につき次条第１項第１号の閲覧又は同項第２号の記録をすることができる措置をとるとともに、送達を受けるべき者に対し、最高裁判所規則で定める電子情報処理組織を使用して当該措置がとられた旨の通知を発する方法によりすることができる。ただし、当該送達を受けるべき者が当該方法により送達を受ける旨の最高裁判所規則で定める方式による届出をしている場合に限る。

2　前項ただし書の届出をする場合には、最高裁判所規則で定めるところにより、同項本文の通知を受ける連絡先を受訴裁判所に届け出なければならない。この場合においては、送達受取人をも届け出ることができる。

3　第１項本文の通知は、前項の規定により届け出られた連絡先に宛てて発するものとする。

（電子情報処理組織による送達の効力発生の時期）

第109条の３　前条第１項の規定による送達は、次に掲げる時のいずれか早い時に、その効力を生ずる。

一　送達を受けるべき者が送達すべき電磁的記録に記録されている事項を最高裁判所規則で定める方法により表示をしたものの閲覧をした時

二　送達を受けるべき者が送達すべき電磁的記録に記録されている事項についてその使用に係る電子計算機に備えられたファイルへの記録をした時

三　前条第１項本文の通知が発せられた日から１週間を経過した時

2　送達を受けるべき者がその責めに帰することができない事由によって前項第１号の閲覧又は同項第２号の記録をすることができない期間は、同項第３号の期間に算入しない。

（電子情報処理組織による送達を受ける旨の届出をしなければならない者に関する特例）

第109条の４　第109条の２第１項ただし書の規定にかかわらず、第132条の11第１項各号に掲げる者に対する第109条の２第１項の規定による送達は、その者が同項ただし書の届出をしていない場合であってもすることができる。この場合においては、同項本文の通知を発することを要しない。

2　前項の規定により送達をする場合における前条の規定の適用については、同条第１項第３号中「通知が発せられた」とあるのは、「措置がとられた」とする。

（公示送達の要件）

第110条　次に掲げる場合には、裁判所書記官は、申立てにより、公示送達をすることができる。

一　当事者の住所、居所その他送達をすべき場所が知れない場合（第109条の２の規定により送達をすることができる場合を除く。）

二　第107条第１項の規定により送達をすることができない場合

三　外国においてすべき書類の送達について、第108条の規定によることができず、又はこれによっても送達をすることができないと認めるべき場合

四　第108条の規定により外国の管轄官庁に嘱託を発した後６月を経過してもその送達を証する書面の送付がない場合

2　前項の場合において、裁判所は、訴訟の遅滞を避けるため必要があると認めるときは、申立てがないときであっても、裁判所書記官に公示送達をすべきことを命ずることができる。

3　同一の当事者に対する２回目以降の公示送達は、職権でする。ただし、第１項第４号に掲げる場合は、この限りでない。

（公示送達の方法）

第111条　公示送達は、次の各号に掲げる区分に応じ、それぞれ当該各号に定める事項を最高裁判所規則で定める方法により不特定多数の者が閲覧することができる状態に置く措置をとるとともに、当該事項が記載された書面を裁判所の掲示場に掲示し、又は当該事項を裁判所に設置した電子計算機の映像面に表示したものの閲覧をすることができる状態に置く

措置をとることによってする。

一　書類の公示送達　裁判所書記官が送達すべき書類を保管し、いつでも送達を受けるべき者に交付すべきこと。

二　電磁的記録の公示送達　裁判所書記官が、送達すべき電磁的記録に記録された事項につき、いつでも送達を受けるべき者に第109条の書面を交付し、又は第109条の２第１項本文の規定による措置をとるとともに、同項本文の通知を発すべきこと。

（公示送達の効力発生の時期）

第112条　公示送達は、前条の規定による措置を開始した日から２週間を経過することによって、その効力を生ずる。ただし、第110条第３項の公示送達は、前条の規定による措置を開始した日の翌日にその効力を生ずる。

2　外国においてすべき送達についてした公示送達にあっては、前項の期間は、６週間とする。

3　前２項の期間は、短縮することができない。

（公示送達による意思表示の到達）

第113条　訴訟の当事者が相手方の所在を知ることができない場合において、相手方に対する公示送達がされた書類又は電磁的記録に、その相手方に対しその訴訟の目的である請求又は防御の方法に関する意思表示をする旨の記載又は記録があるときは、その意思表示は、第111条の規定による措置を開始した日から２週間を経過した時に、相手方に到達したものとみなす。この場合においては、民法第98条第３項ただし書の規定を準用する。

（判決の確定時期）

第116条　判決は、控訴若しくは上告（第327条第１項（第380条第２項において準用する場合を含む。）の上告を除く。）の提起、第318条第１項の申立て又は第357条（第367条第２項において準用する場合を含む。）、第378条第１項若しくは第381条の７第１項の規定による異議の申立てについて定めた期間の満了前には、確定しないものとする。

2　判決の確定は、前項の期間内にした控訴の提起、同項の上告の提起又は同項の申立てにより、遮断される。

（受継についての裁判）

第128条　訴訟手続の受継の申立てがあった場合には、裁判所は、職権で調査し、理由がないと認めるときは、決定で、その申立てを却下しなければならない。

2　第255条（第374条第２項において準用する場合を含む。以下この項において同じ。）の規定による第255条第１項に規定する電子判決書又は電子調書の送達後に中断した訴訟手続の受継の申立てがあった場合には、その判決をした裁判所は、その申立てについて裁判をしなければならない。

（訴えの提起前における照会）

第132条の２　訴えを提起しようとする者が訴えの被告となるべき者に対し訴えの提起を予告する通知（以下この章において「予告通知」という。）を書面でした場合には、その予告通知をした者（以下この章において「予告通知者」という。）は、その予告通知を受けた者（以下この章において「被予告通知者」という。）に対し、その予告通知をした日から４月以内に限り、訴えの提起前に、訴えを提起した場合の主張又は立証を準備するために必要であることが明らかな事項について、相当の期間を定めて、書面により、又は被予告通知者の選択により書面若しくは電磁的方法（電子情報処理組織を使用する方法その他の情報通信の技術を利用する方法であって最高裁判所規則で定めるものをいう。以下同じ。）のいずれかにより回答するよう、書面により照会をすることができる。ただし、その照会が次の各号のいずれかに該当するときは、この限りでない。

一　第163条第１項各号のいずれかに該当する照会

二　相手方又は第三者の私生活についての秘密に関する事項についての照会であって、これに回答することにより、その相手方又は第三者が社会生活を営むのに支障を生ずるおそれがあるもの

三　相手方又は第三者の営業秘密に関する事項についての照会

2　前項第２号に規定する第三者の私生活についての秘密又は同項第３号に規定する第三者の営業秘密に関する事項についての照会については、相手方がこれに回答することをその第三者が承諾した場合には、これらの規定は、適用しない。

3　予告通知の書面には、提起しようとする訴えに係る請求の要旨及び紛争の要点を記載しなければならない。

4　予告通知をする者は、第１項の規定による書面による予告通知に代えて、当該予告通知を受ける者の承諾を得て、電磁的方法により予告通知をすることができる。この場合において、当該予告通知をする者は、同項の規定による書面による予告通知をしたものとみなす。

5　予告通知者は、第１項の規定による書面による照会に代えて、被予告通知者の承諾を得て、電磁的方法により照会をすることができる。

6　被予告通知者（第１項の規定により書面又は電磁的方法のいずれかにより回答するよう照会を受けたものを除く。）は、同項の規定による書面による回答に代えて、予告通知者の承諾を得て、電磁的方法により回答をすることができる。この場合において、被予告通知者は、同項の規定による書面による回答をしたものとみなす。

7　第１項の照会は、既にした予告通知と重複する予告通知に基づいては、することができない。

第132条の３　被予告通知者は、予告通知者に対し、当該予告通知者がした予告通知の書面に記載された前条第３項の請求の要旨及び紛争の要点に対する答弁の要旨を記載した書面でその予告通知に対する返答をしたときは、予告通知者に対し、その予告通知がされた日から４月以内に限り、訴えの提起前に、訴えを提起された場合の主張又は立証を準備するために必要であることが明らかな事項について、相当

の期間を定めて、書面により、又は予告通知者の選択により書面若しくは電磁的方法のいずれかにより回答するよう、書面により照会をすることができる。

2　前条第１項ただし書、第２項及び第４項から第６項までの規定は、前項の場合について準用する。この場合において、同条第４項中「書面による予告通知」とあるのは「書面による返答」と、「電磁的方法により予告通知」とあるのは「電磁的方法により返答」と読み替えるものとする。

3　第１項の照会は、既にされた予告通知と重複する予告通知に対する返答に基づいては、することができない。

（訴えの提起前における証拠収集の処分）

第132条の４　裁判所は、予告通知者又は前条第１項の返答をした被予告通知者の申立てにより、当該予告通知に係る訴えが提起された場合の立証に必要であることが明らかな証拠となるべきものについて、申立人がこれを自ら収集することが困難であると認められるときは、その予告通知又は返答の相手方（以下この章において単に「相手方」という。）の意見を聴いて、訴えの提起前に、その収集に係る次に掲げる処分をすることができる。ただし、その収集に要すべき時間又は嘱託を受けるべき者の負担が不相当なものとなることその他の事情により、相当でないと認めるときは、この限りでない。

一　文書（第231条に規定する物件を含む。以下この章において同じ。）の所持者にその文書の送付を嘱託し、又は電磁的記録を利用する権限を有する者にその電磁的記録の送付を嘱託すること。

二　必要な調査を官庁若しくは公署、外国の官庁若しくは公署又は学校、商工会議所、取引所その他の団体（次条第１項第２号において「官公署等」という。）に嘱託すること。

三　専門的な知識経験を有する者にその専門的な知識経験に基づく意見の陳述を嘱託すること。

四　執行官に対し、物の形状、占有関係その他の現況について調査を命ずること。

2　前項の処分の申立ては、予告通知がされた日から４月の不変期間内にしなければならない。ただし、その期間の経過後にその申立てをすることについて相手方の同意があるときは、この限りでない。

3　第１項の処分の申立ては、既にした予告通知と重複する予告通知又はこれに対する返答に基づいては、することができない。

4　裁判所は、第１項の処分をした後において、同項ただし書に規定する事情により相当でないと認められるに至ったときは、その処分を取り消すことができる。

（証拠収集の処分の管轄裁判所等）

第132条の５　次の各号に掲げる処分の申立ては、それぞれ当該各号に定める地を管轄する地方裁判所にしなければならない。

一　前条第１項第１号の処分の申立て	申立人若しくは相手方の普通裁判籍の所在地又は文書を所持する者若しくは電磁的記録を利用する権限を有する者の居所
二　前条第１項第２号の処分の申立て	申立人若しくは相手方の普通裁判籍の所在地又は調査の嘱託を受けるべき官公署等の所在地
三　前条第１項第３号の処分の申立て	申立人若しくは相手方の普通裁判籍の所在地又は特定の物につき意見の陳述の嘱託がされるべき場合における当該特定の物の所在地
四　前条第１項第４号の処分の申立て	調査に係る物の所在地

2　第16条第１項、第21条及び第22条の規定は、前条第１項の処分の申立てに係る事件について準用する。

（証拠収集の処分の手続等）

第132条の６　裁判所は、第132条の４第１項第１号から第３号までの処分をする場合には、嘱託を受けた者が文書若しくは電磁的記録の送付、調査結果の報告又は意見の陳述をすべき期間を定めなければならない。

2　第132条の４第１項第２号の嘱託若しくは同項第４号の命令に係る調査結果の報告又は同項第３号の嘱託に係る意見の陳述は、書面でしなければならない。

3　第132条の４第１項第２号若しくは第３号の嘱託を受けた者又は同項第４号の命令を受けた者（以下この項において「嘱託等を受けた者」という。）は、前項の規定による書面による調査結果の報告又は意見の陳述に代えて、最高裁判所規則で定めるところにより、当該書面に記載すべき事項を最高裁判所規則で定める電子情報処理組織を使用してファイルに記録する方法又は当該事項に係る電磁的記録を記録した記録媒体を提出する方法による調査結果の報告又は意見の陳述を行うことができる。この場合において、当該嘱託等を受けた者は、同項の規定による書面による調査結果の報告又は意見の陳述をしたものとみなす。

4　裁判所は、第132条の４第１項の処分に基づいて文書若しくは電磁的記録の送付、調査結果の報告又は意見の陳述がされたときは、申立人及び相手方にその旨を通知しなければならない。この場合において、送付に係る文書若しくは電磁的記録を記録した記録媒体又は調査結果の報告若しくは意見の陳述に係る書面若しくは電磁的記録を記録した記録媒体については、第132条の13の規定は、適用しない。

5　裁判所は、次条の定める手続による申立人及び相手方の利用に供するため、前項に規定する通知を発した日から１月間、送付に係る文書若しくは電磁的記録又は調査結果の報告若しくは意見の陳述に係る書面若しくは電磁的記録を保管しなければならない。

6　第180条第１項の規定は第132条の４第１項の処分について、第184条第１項の規定は第132条の４第１項第１号から第３号までの処分について、第213条の規定は同号の処分について、第231条の３第２項の規定は第132条の４第１項第１号の処分について、それぞれ準用する。

（事件の記録の閲覧等）

第132条の７　第91条（第２項を除く。）の規定は非電磁的証拠収集処分記録の閲覧等（第132条の４第１項の処分の申立てに係る事件の記録（ファイル記録事項に係る部分を除く。）の閲覧若しくは謄写、その正本、謄本若しくは抄本の交付又はその複製をいう。第133条第３項において同じ。）の請求について、第91条の２の規定は電磁的証拠収集処分記録の閲覧等（第132条の４第１項の処分の申立てに係る事件の記録中ファイル記録事項に係る部分の閲覧若しくは複写又はファイル記録事項の全部若しくは一部を証明した書面の交付若しくはファイル記録事項の全部若しくは一部を証明した電磁的記録の提供をいう。第133条第３項において同じ。）の請求について、第91条の３の規定は第132条の４第１項の処分の申立てに係る事件に関する事項を証明した書面の交付又は当該事項を証明した電磁的記録の提供の請求について、それぞれ準用する。この場合において、第91条第１項及び第91条の２第１項中「何人も」とあるのは「申立人及び相手方は」と、第91条第３項、第91条の２第２項及び第３項並びに第91条の３中「当事者及び利害関係を疎明した第三者」とあるのは「申立人及び相手方」と、第91条第４項中「当事者又は利害関係を疎明した第三者」とあるのは「申立人又は相手方」と読み替えるものとする。

（電子情報処理組織による申立て等）

第132条の10　民事訴訟に関する手続における申立てその他の申述（以下「申立て等」という。）のうち、当該申立て等に関するこの法律その他の法令の規定により書面等（書面、書類、文書、謄本、抄本、正本、副本、複本その他文字、図形等人の知覚によって認識することができる情報が記載された紙その他の有体物をいう。以下この章において同じ。）をもってするものとされているものであって、裁判所に対してするもの（当該裁判所の裁判長、受命裁判官、受託裁判官又は裁判所書記官に対してするものを含む。）については、当該法令の規定にかかわらず、最高裁判所規則で定めるところにより、最高裁判所規則で定める電子情報処理組織を使用して当該書面等に記載すべき事項をファイルに記録する方法により行うことができる。

2　前項の方法によりされた申立て等（以下この条において「電子情報処理組織を使用する申立て等」という。）については、当該申立て等を書面等をもってするものとして規定した申立て等に関する法令の規定に規定する書面等をもってされたものとみなして、当該法令その他の当該申立て等に関する法令の規定を適用する。

3　電子情報処理組織を使用する申立て等は、当該電子情報処理組織を使用する申立て等に係る事項がファイルに記録された時に、当該裁判所に到達したものとみなす。

4　第１項の場合において、当該申立て等に関する他の法令の規定により署名等（署名、記名、押印その他氏名又は名称を書面等に記載することをいう。以下この項において同じ。）をすることとされているものについては、当該申立て等をする者は、当該法令の規定にかかわらず、当該署名等に代えて、最高裁判所規則で定めるところにより、氏名又は名称を明らかにする措置を講じなければならない。

5　電子情報処理組織を使用する申立て等がされたときは、当該電子情報処理組織を使用する申立て等に係る送達は、当該電子情報処理組織を使用する申立て等に係る法令の規定にかかわらず、当該電子情報処理組織を使用する申立て等によりファイルに記録された事項に係る電磁的記録の送達によってする。

6　前項の方法により行われた電子情報処理組織を使用する申立て等に係る送達については、当該電子情報処理組織を使用する申立て等に関する法令の規定に規定する送達の方法により行われたものとみなして、当該送達に関する法令その他の当該電子情報処理組織を使用する申立て等に関する法令の規定を適用する。

（電子情報処理組織による申立て等の特例）

第132条の11　次の各号に掲げる者は、それぞれ当該各号に定める事件の申立て等をするときは、前条第１項の方法により、これを行わなければならない。ただし、口頭ですることができる申立て等について、口頭でするときは、この限りでない。

一　訴訟代理人のうち委任を受けたもの（第54条第１項ただし書の許可を得て訴訟代理人となったものを除く。）　当該委任を受けた事件

二　国の利害に関係のある訴訟についての法務大臣の権限等に関する法律（昭和22年法律第194号）第２条、第５条第１項、第６条第２項、第６条の２第４項若しくは第５項、第６条の３第４項若しくは第５項又は第７条第３項の規定による指定を受けた者　当該指定の対象となった事件

三　地方自治法（昭和22年法律第67号）第153条第１項の規定による委任を受けた職員　当該委任を受けた事件

2　前項各号に掲げる者は、第109条の２第１項ただし書の届出をしなければならない。

3　第１項の規定は、同項各号に掲げる者が裁判所の使用に係る電子計算機の故障その他その責めに帰することができない事由により、電子情報処理組織を使用する方法により申立て等を行うことができない場合には、適用しない。

（書面等による申立て等）

第132条の12　申立て等が書面等により行われたとき（前条第１項の規定に違反して行われたときを除く。）は、裁判所書記官は、当該書面等に記載された事項（次の各号に掲げる場合における当該各号に定める事項を除く。）をファ

イルに記録しなければならない。ただし、当該事項をファイルに記録することにつき困難な事情があるときは、この限りでない。

一　当該申立て等に係る書面等について、当該申立て等とともに第92条第１項の申立て（同項第２号に掲げる事由があることを理由とするものに限る。）がされた場合において、当該書面等に記載された営業秘密がその訴訟の追行の目的以外の目的で使用され、又は当該営業秘密が開示されることにより、当該営業秘密に基づく当事者の事業活動に支障を生ずるおそれがあり、これを防止するため裁判所が特に必要があると認めるとき（当該同項の申立てが却下されたとき又は当該同項の申立てに係る決定を取り消す裁判が確定したときを除く。）　当該書面等に記載された営業秘密

二　書面等により第133条第２項の規定による届出があった場合　当該書面等に記載された事項

三　当該申立て等に係る書面等について、当該申立て等とともに第133条の２第２項の申立てがされた場合において、裁判所が必要があると認めるとき（当該同項の申立てが却下されたとき又は当該同項の申立てに係る決定を取り消す裁判が確定したときを除く。）　当該書面等に記載された同項に規定する秘匿事項記載部分

2　前項の規定によりその記載された事項がファイルに記録された書面等による申立て等に係る送達は、当該申立て等に係る法令の規定にかかわらず、同項の規定によりファイルに記録された事項に係る電磁的記録の送達をもって代えることができる。

3　前項の方法により行われた申立て等に係る送達については、当該申立て等に関する法令の規定に規定する送達の方法により行われたものとみなして、当該送達に関する法令その他の当該申立て等に関する法令の規定を適用する。

（書面等に記録された事項のファイルへの記録等）

第132条の13　裁判所書記官は、前条第１項に規定する申立て等に係る書面等のほか、民事訴訟に関する手続においてこの法律その他の法令の規定に基づき裁判所に提出された書面等又は電磁的記録を記録した記録媒体に記載され、又は記録されている事項（次の各号に掲げる場合における当該各号に定める事項を除く。）をファイルに記録しなければならない。ただし、当該事項をファイルに記録することにつき困難な事情があるときは、この限りでない。

一　当該書面等又は当該記録媒体について、これらの提出とともに第92条第１項の申立て（同項第２号に掲げる事由があることを理由とするものに限る。）がされた場合において、当該書面等若しくは当該記録媒体に記載され、若しくは記録された営業秘密がその訴訟の追行の目的以外の目的で使用され、又は当該営業秘密が開示されることにより、当該営業秘密に基づく当事者の事業活動に支障を生ずるおそれがあり、これを防止するため裁判所が特に必要があると認めるとき（当該申立てが却下されたとき又は当該申立てに係る決定を取り消す裁判が確定したときを除く。）　当該書面等又は当該記録媒体に記載され、又は記録された営業秘密

二　当該記録媒体を提出する方法により次条第２項の規定による届出があった場合　当該記録媒体に記録された事項

三　当該書面等又は当該記録媒体について、これらの提出とともに第133条の２第２項の申立てがされた場合において、裁判所が必要があると認めるとき（当該申立てが却下されたとき又は当該申立てに係る決定を取り消す裁判が確定したときを除く。）　当該書面等又は当該記録媒体に記載され、又は記録された同項に規定する秘匿事項記載部分

四　第133条の３第１項の規定による決定があった場合において、裁判所が必要があると認めるとき（当該決定を取り消す裁判が確定したときを除く。）　当該決定に係る書面等及び電磁的記録を記録した記録媒体に記載され、又は記録された事項

（申立人の住所、氏名等の秘匿）

第133条　申立て等をする者又はその法定代理人の住所、居所その他その通常所在する場所（以下この項及び次項において「住所等」という。）の全部又は一部が当事者に知られることによって当該申立て等をする者又は当該法定代理人が社会生活を営むのに著しい支障を生ずるおそれがあることにつき疎明があった場合には、裁判所は、申立てにより、決定で、住所等の全部又は一部を秘匿する旨の裁判をすることができる。申立て等をする者又はその法定代理人の氏名その他当該者を特定するに足りる事項（次項において「氏名等」という。）についても、同様とする。

2　前項の申立てをするときは、同項の申立て等をする者又はその法定代理人（以下この章において「秘匿対象者」という。）の住所等又は氏名等（次条第２項において「秘匿事項」という。）その他最高裁判所規則で定める事項を書面その他最高裁判所規則で定める方法により届け出なければならない。

3　第１項の申立てがあったときは、その申立てについての裁判が確定するまで、当該申立てに係る秘匿対象者以外の者は、訴訟記録等（訴訟記録又は第132条の４第１項の処分の申立てに係る事件の記録をいう。以下この章において同じ。）中前項の規定による届出に係る部分（次条において「秘匿事項届出部分」という。）について訴訟記録等の閲覧等（訴訟記録の閲覧等、非電磁的証拠収集処分記録の閲覧等又は電磁的証拠収集処分記録の閲覧等をいう。以下この章において同じ。）の請求をすることができない。

4　第１項の申立てを却下した裁判に対しては、即時抗告をすることができる。

5　裁判所は、秘匿対象者の住所又は氏名について第１項の決定（以下この章において「秘匿決定」という。）をする場合には、当該秘匿決定において、当該秘匿対象者の住所又は氏名に代わる事項を定めなければならない。この場合において、その事項を当該事件並びにその事件についての反訴、参加、強制執行、仮差押え及び仮処分に関する手続において記載し、又は記録したときは、この法律その他の法令の規定の適

用については、当該秘匿対象者の住所又は氏名を記載し、又は記録したものとみなす。

（秘匿決定があった場合における閲覧等の制限の特則）

第133条の２　秘匿決定があった場合には、秘匿事項届出部分に係る訴訟記録等の閲覧等の請求をすることができる者を当該秘匿決定に係る秘匿対象者に限る。

2　前項の場合において、裁判所は、申立てにより、決定で、訴訟記録等中秘匿事項届出部分以外のものであって秘匿事項又は秘匿事項を推知することができる事項が記載され、又は記録された部分（以下この条において「秘匿事項記載部分」という。）に係る訴訟記録等の閲覧等の請求をすることができる者を当該秘匿決定に係る秘匿対象者に限ることができる。

3　前項の申立てがあったときは、その申立てについての裁判が確定するまで、当該秘匿決定に係る秘匿対象者以外の者は、当該秘匿事項記載部分に係る訴訟記録等の閲覧等の請求をすることができない。

4　第２項の申立てを却下した裁判に対しては、即時抗告をすることができる。

5　裁判所は、第２項の申立てがあった場合において、必要があると認めるときは、電磁的訴訟記録等（電磁的訴訟記録又は第132条の４第１項の処分の申立てに係る事件の記録中ファイル記録事項に係る部分をいう。以下この項及び次項において同じ。）中当該秘匿事項記載部分につき、その内容を書面に出力し、又はこれを他の記録媒体に記録するとともに、当該部分を電磁的訴訟記録等から消去する措置その他の当該秘匿事項記載部分の安全管理のために必要かつ適切なものとして最高裁判所規則で定める措置を講ずることができる。

6　前項の規定による電磁的訴訟記録等から消去する措置が講じられた場合において、その後に第２項の申立てを却下する裁判が確定したとき、又は当該申立てに係る決定を取り消す裁判が確定したときは、裁判所書記官は、当該秘匿事項記載部分をファイルに記録しなければならない。

（送達をすべき場所等の調査嘱託があった場合における閲覧等の制限の特則）

第133条の３　裁判所は、当事者又はその法定代理人に対して送達をするため、その者の住所、居所その他送達をすべき場所についての調査を嘱託した場合において、当該嘱託に係る調査結果の報告が記載され、又は記録された書面又は電磁的記録が閲覧されることにより、当事者又はその法定代理人が社会生活を営むのに著しい支障を生ずるおそれがあることが明らかであると認めるときは、決定で、当該書面又は電磁的記録及びこれに基づいてされた送達に関する第100条の書面又は電磁的記録その他これに類する書面又は電磁的記録に係る訴訟記録等の閲覧等の請求をすることができる者を当該当事者又は当該法定代理人に限ることができる。当事者又はその法定代理人を特定するため、その者の氏名その他当該者を特定するに足りる事項についての調査を嘱託した場合についても、同様とする。

2　前条第５項及び第６項の規定は、前項の規定による決定があった場合について準用する。

（秘匿決定の取消し等）

第133条の４　秘匿決定、第133条の２第２項の決定又は前条第１項の決定（次項及び第７項において「秘匿決定等」という。）に係る者以外の者は、訴訟記録等の存する裁判所に対し、その要件を欠くこと又はこれを欠くに至ったことを理由として、その決定の取消しの申立てをすることができる。

2　秘匿決定等に係る者以外の当事者は、秘匿決定等がある場合であっても、自己の攻撃又は防御に実質的な不利益を生ずるおそれがあるときは、訴訟記録等の存する裁判所の許可を得て、第133条の２第１項若しくは第２項又は前条第１項の規定により訴訟記録等の閲覧等の請求が制限される部分につきその請求をすることができる。

3　裁判所は、前項の規定による許可の申立てがあった場合において、その原因となる事実につき疎明があったときは、これを許可しなければならない。

4　裁判所は、第１項の取消し又は第２項の許可の裁判をするときは、次の各号に掲げる区分に従い、それぞれ当該各号に定める者の意見を聴かなければならない。

一　秘匿決定又は第133条の２第２項の決定に係る裁判をするとき　当該決定に係る秘匿対象者

二　前条の決定に係る裁判をするとき　当該決定に係る当事者又は法定代理人

5　第１項の取消しの申立てについての裁判及び第２項の許可の申立てについての裁判に対しては、即時抗告をすることができる。

6　第１項の取消し及び第２項の許可の裁判は、確定しなければその効力を生じない。

7　第２項の許可の裁判があったときは、その許可の申立てに係る当事者又はその法定代理人、訴訟代理人若しくは補佐人は、正当な理由なく、その許可により得られた情報を、当該手続の追行の目的以外の目的のために利用し、又は秘匿決定等に係る者以外の者に開示してはならない。

（裁判長の訴状審査権）

第137条　訴状が第134条第２項の規定に違反する場合には、裁判長は、相当の期間を定め、その期間内に不備を補正すべきことを命じなければならない。

2　前項の場合において、原告が不備を補正しないときは、裁判長は、命令で、訴状を却下しなければならない。

3　前項の命令に対しては、即時抗告をすることができる。

（訴えの提起の手数料の納付がない場合の訴状却下）

第137条の２　民事訴訟費用等に関する法律（昭和46年法律第40号）の規定に従い訴えの提起の手数料を納付しない場合には、裁判所書記官は、相当の期間を定め、その期間内に当該手数料を納付すべきことを命ずる処分をしなければならない。

２　前項の処分は、相当と認める方法で告知することによって、その効力を生ずる。

３　第１項の処分に対する異議の申立ては、その告知を受けた日から１週間の不変期間内にしなければならない。

４　前項の異議の申立ては、執行停止の効力を有する。

５　裁判所は、第３項の異議の申立てがあった場合において、第１項の処分において納付を命じた額を超える額の訴えの提起の手数料を納付すべきと認めるときは、相当の期間を定め、その期間内に当該額を納付すべきことを命じなければならない。

６　第１項又は前項の場合において、原告が納付を命じられた手数料を納付しないときは、裁判長は、命令で、訴状を却下しなければならない。

７　前項の命令に対しては、即時抗告をすることができる。ただし、即時抗告をした者が、その者において相当と認める訴訟の目的の価額に応じて算出される民事訴訟費用等に関する法律の規定による訴えの提起の手数料を納付しないときは、この限りでない。

８　前項ただし書の場合には、原裁判所は、その即時抗告を却下しなければならない。

９　前項の規定による決定に対しては、不服を申し立てることができない。

（訴状の送達）

第138条　訴状は、被告に送達しなければならない。

２　第137条の規定は、訴状の送達をすることができない場合（訴状の送達に必要な費用を予納しない場合を含む。）について準用する。

（釈明処分）

第151条　裁判所は、訴訟関係を明瞭にするため、次に掲げる処分をすることができる。

一　当事者本人又はその法定代理人に対し、口頭弁論の期日に出頭することを命ずること。

二　口頭弁論の期日において、当事者のため事務を処理し、又は補助する者で裁判所が相当と認めるものに陳述をさせること。

三　訴訟書類若しくは訴訟において引用した文書その他の物件で当事者の所持するもの又は訴訟においてその記録された情報の内容を引用した電磁的記録で当事者が利用する権限を有するものを提出させること。

四　当事者又は第三者の提出した文書その他の物件を裁判所に留め置くこと。

五　検証をし、又は鑑定を命ずること。

六　調査を嘱託すること。

２　前項の規定による電磁的記録の提出は、最高裁判所規則で定めるところにより、電磁的記録を記録した記録媒体を提出する方法又は最高裁判所規則で定める電子情報処理組織を使用する方法により行う。

３　第１項の規定により提出された文書及び前項の規定により提出された電磁的記録については、第132条の13の規定は、適用しない。

４　第１項に規定する検証、鑑定及び調査の嘱託については、証拠調べに関する規定を準用する。

（通訳人の立会い等）

第154条　口頭弁論に関与する者が日本語に通じないとき、又は耳が聞こえない者若しくは口がきけない者であるときは、通訳人を立ち会わせる。ただし、耳が聞こえない者又は口がきけない者には、文字で問い、又は陳述をさせることができる。

２　裁判所は、相当と認めるときは、当事者の意見を聴いて、最高裁判所規則で定めるところにより、裁判所及び当事者双方が通訳人との間で映像と音声の送受信により相手の状態を相互に認識しながら通話をすることができる方法によって、通訳人に通訳をさせることができる。この場合において、当該方法によることにつき困難な事情があるときは、裁判所及び当事者双方が通訳人との間で音声の送受信により同時に通話をすることができる方法によってすることができる。

３　鑑定人に関する規定は、通訳人について準用する。

（口頭弁論に係る電子調書の作成等）

第160条　裁判所書記官は、口頭弁論について、期日ごとに、最高裁判所規則で定めるところにより、電子調書（期日又は期日外における手続の方式、内容及び経過等の記録及び公証をするためにこの法律その他の法令の規定により裁判所書記官が作成する電磁的記録をいう。以下同じ。）を作成しなければならない。

２　裁判所書記官は、前項の規定により電子調書を作成したときは、最高裁判所規則で定めるところにより、これをファイルに記録しなければならない。

３　前項の規定によりファイルに記録された電子調書の内容に当事者その他の関係人が異議を述べたときは、最高裁判所規則で定めるところにより、その異議があった旨を明らかにする措置を講じなければならない。

４　口頭弁論の方式に関する規定の遵守は、第２項の規定によりファイルに記録された電子調書によってのみ証明することができる。ただし、当該電子調書が滅失したときは、この限りでない。

（口頭弁論に係る電子調書の更正）

第160条の２　前条第２項の規定によりファイルに記録された電子調書の内容に計算違い、誤記その他これらに類する明白な誤りがあるときは、裁判所書記官は、申立てにより又は職権で、いつでも更正することができる。

２　前項の規定による更正の処分は、最高裁判所規則で定めるところにより、その旨をファイルに記録してしなければならない。

３　第71条第４項、第５項及び第８項の規定は、第１項の規定による更正の処分又は同項の申立てを却下する処分及びこれらに対する異議の申立てについて準用する。

（準備書面）

第161条　口頭弁論は、書面で準備しなければならない。

２　準備書面には、次に掲げる事項を記載する。

一　攻撃又は防御の方法

二　相手方の請求及び攻撃又は防御の方法に対する陳述

3　相手方が在廷していない口頭弁論においては、次の各号のいずれかに該当する準備書面に記載した事実でなければ、主張することができない。

一　相手方に送達された準備書面

二　相手方からその準備書面を受領した旨を記載した書面が提出された場合における当該準備書面

三　相手方が第91条の２第１項の規定により準備書面の閲覧をし、又は同条第２項の規定により準備書面の複写をした場合における当該準備書面

（準備書面等の提出期間）

第162条　裁判長は、答弁書若しくは特定の事項に関する主張を記載した準備書面の提出又は特定の事項に関する証拠の申出をすべき期間を定めることができる。

2　前項の規定により定めた期間の経過後に準備書面の提出又は証拠の申出をする当事者は、裁判所に対し、その期間を遵守することができなかった理由を説明しなければならない。

（当事者照会）

第163条　当事者は、訴訟の係属中、相手方に対し、主張又は立証を準備するために必要な事項について、相当の期間を定めて、書面により、又は相手方の選択により書面若しくは電磁的方法のいずれかにより回答するよう、書面により照会をすることができる。ただし、その照会が次の各号のいずれかに該当するときは、この限りでない。

一　具体的又は個別的でない照会

二　相手方を侮辱し、又は困惑させる照会

三　既にした照会と重複する照会

四　意見を求める照会

五　相手方が回答するために不相当な費用又は時間を要する照会

六　第196条又は第197条の規定により証言を拒絶することができる事項と同様の事項についての照会

2　当事者は、前項の規定による書面による照会に代えて、相手方の承諾を得て、電磁的方法により照会をすることができる。

3　相手方（第１項の規定により書面又は電磁的方法のいずれかにより回答するよう照会を受けたものを除く。）は、同項の規定による書面による回答に代えて、当事者の承諾を得て、電磁的方法により回答をすることができる。

（当事者の不出頭等による終了）

第166条　当事者が期日に出頭せず、又は第162条第１項の規定により定められた期間内に準備書面の提出若しくは証拠の申出をしないときは、裁判所は、準備的口頭弁論を終了することができる。

（弁論準備手続における訴訟行為等）

第170条　裁判所は、当事者に準備書面を提出させることができる。

2　裁判所は、弁論準備手続の期日において、証拠の申出に関する裁判その他の口頭弁論の期日外においてすることができる裁判、文書（第231条に規定する物件を含む。）の証拠調べ、第231条の２第１項に規定する電磁的記録に記録された情報の内容に係る証拠調べ並びに第186条第２項、第205条第３項（第278条第２項において準用する場合を含む。）、第215条第４項（第278条第２項において準用する場合を含む。）及び第218条第３項の提示をすることができる。

3　裁判所は、相当と認めるときは、当事者の意見を聴いて、最高裁判所規則で定めるところにより、裁判所及び当事者双方が音声の送受信により同時に通話をすることができる方法によって、弁論準備手続の期日における手続を行うことができる。

4　前項の期日に出頭しないで同項の手続に関与した当事者は、その期日に出頭したものとみなす。

5　第148条から第151条まで、第152条第１項、第153条から第159条まで、第162条、第165条及び第166条の規定は、弁論準備手続について準用する。

（受命裁判官による弁論準備手続）

第171条　裁判所は、受命裁判官に弁論準備手続を行わせることができる。

2　弁論準備手続を受命裁判官が行う場合には、前２条の規定による裁判所及び裁判長の職務（前条第２項に規定する裁判を除く。）は、その裁判官が行う。ただし、同条第５項において準用する第150条の規定による異議についての裁判及び同項において準用する第157条の２の規定による却下についての裁判は、受訴裁判所がする。

3　弁論準備手続を行う受命裁判官は、第186条第１項の規定による調査の嘱託、鑑定の嘱託、文書（第231条に規定する物件を含む。）を提出してする書証の申出及び電磁的記録を提出してする証拠調べの申出並びに文書（第229条第２項及び第231条に規定する物件を含む。）及び電磁的記録の送付の嘱託についての裁判をすることができる。

（書面による準備手続の開始）

第175条　裁判所は、相当と認めるときは、当事者の意見を聴いて、事件を書面による準備手続（当事者の出頭なしに準備書面の提出等により争点及び証拠の整理をする手続をいう。以下同じ。）に付することができる。

（書面による準備手続の方法等）

第176条　裁判長は、書面による準備手続を行う場合には、第162条第１項に規定する期間を定めなければならない。

2　裁判所は、書面による準備手続を行う場合において、必要があると認めるときは、最高裁判所規則で定めるところにより、裁判所及び当事者双方が音声の送受信により同時に通話をすることができる方法によって、争点及び証拠の整理に関する事項その他口頭弁論の準備のため必要な事項について、当事者双方と協議をすることができる。この場合においては、協議の結果を裁判所書記官に記録させることができる。

3　第149条、第150条及び第165条第２項の規定は、書面による準備手続について準用する。

（受命裁判官による書面による準備手続）

第176条の２　裁判所は、受命裁判官に書面による準備手続を行わせることができる。

２　書面による準備手続を受命裁判官が行う場合には、前条の規定による裁判所及び裁判長の職務は、その裁判官が行う。ただし、同条第３項において準用する第150条の規定による異議についての裁判は、受訴裁判所がする。

（書面による準備手続終結後の攻撃防御方法の提出）

第178条　書面による準備手続を終結した事件について、口頭弁論の期日において、第176条第３項において準用する第165条第２項の書面に記載した事項の陳述がされ、又は前条の規定による確認がされた後に攻撃又は防御の方法を提出した当事者は、相手方の求めがあるときは、相手方に対し、その陳述又は確認前にこれを提出することができなかった理由を説明しなければならない。

（裁判所外における証拠調べ）

第185条　裁判所は、相当と認めるときは、裁判所外において証拠調べをすることができる。この場合においては、合議体の構成員に命じ、又は地方裁判所若しくは簡易裁判所に嘱託して証拠調べをさせることができる。

２　前項に規定する嘱託により職務を行う受託裁判官は、他の地方裁判所又は簡易裁判所において証拠調べをすることを相当と認めるときは、更に証拠調べの嘱託をすることができる。

３　裁判所（第１項の規定により職務を行う受命裁判官及び前２項に規定する嘱託により職務を行う受託裁判官を含む。）は、相当と認めるときは、当事者の意見を聴いて、最高裁判所規則で定めるところにより、映像と音声の送受信により相手の状態を相互に認識しながら通話をすることができる方法によって、第１項の規定による証拠調べの手続を行うことができる。

（調査の嘱託）

第186条　裁判所は、必要な調査を官庁若しくは公署、外国の官庁若しくは公署又は学校、商工会議所、取引所その他の団体に嘱託することができる。

２　裁判所は、当事者に対し、前項の嘱託に係る調査の結果の提示をしなければならない。

（参考人等の審尋）

第187条　裁判所は、決定で完結すべき事件について、参考人又は当事者本人を審尋することができる。ただし、参考人については、当事者が申し出た者に限る。

２　前項の規定による審尋は、相手方がある事件については、当事者双方が立ち会うことができる審尋の期日においてしなければならない。

３　裁判所は、相当と認めるときは、最高裁判所規則で定めるところにより、映像と音声の送受信により相手の状態を相互に認識しながら通話をすることができる方法によって、参考人を審尋することができる。この場合において、当事者双方に異議がないときは、裁判所及び当事者双方と参考人とが音声の送受信により同時に通話をすることができる方法によって、参考人を審尋することができる。

４　前項の規定は、当事者本人を審尋する場合について準用する。

（書類等に基づく陳述の禁止）

第203条　証人は、書類その他の物に基づいて陳述することができない。ただし、裁判長の許可を受けたときは、この限りでない。

（映像等の送受信による通話の方法による尋問）

第204条　裁判所は、次に掲げる場合であって、相当と認めるときは、最高裁判所規則で定めるところにより、映像と音声の送受信により相手の状態を相互に認識しながら通話をすることができる方法によって、証人の尋問をすることができる。

一　証人の住所、年齢又は心身の状態その他の事情により、証人が受訴裁判所に出頭することが困難であると認める場合

二　事案の性質、証人の年齢又は心身の状態、証人と当事者本人又はその法定代理人との関係その他の事情により、証人が裁判長及び当事者が証人を尋問するために在席する場所において陳述するときは圧迫を受け精神の平穏を著しく害されるおそれがあると認める場合

三　当事者に異議がない場合

（尋問に代わる書面の提出）

第205条　裁判所は、当事者に異議がない場合であって、相当と認めるときは、証人の尋問に代え、書面の提出をさせることができる。

２　証人は、前項の規定による書面の提出に代えて、最高裁判所規則で定めるところにより、当該書面に記載すべき事項を最高裁判所規則で定める電子情報処理組織を使用してファイルに記録し、又は当該書面に記載すべき事項に係る電磁的記録を記録した記録媒体を提出することができる。この場合において、当該証人は、同項の書面を提出したものとみなす。

３　裁判所は、当事者に対し、第１項の書面に記載された事項又は前項の規定によりファイルに記録された事項若しくは同項の記録媒体に記録された事項の提示をしなければならない。

（鑑定人の陳述の方式等）

第215条　裁判長は、鑑定人に、書面又は口頭で、意見を述べさせることができる。

２　前項の鑑定人は、同項の規定により書面で意見を述べることに代えて、最高裁判所規則で定めるところにより、当該書面に記載すべき事項を最高裁判所規則で定める電子情報処理組織を使用してファイルに記録する方法又は当該書面に記載すべき事項に係る電磁的記録を記録した記録媒体を提出する方法により意見を述べることができる。この場合において、鑑定人は、同項の規定により書面で意見を述べたものとみなす。

３　裁判所は、鑑定人に意見を述べさせた場合において、当該意見の内容を明瞭にし、又はその根拠を確認するため必要があると認めるときは、申立てにより又は職権で、鑑定人に更に意見を述べさせることが

できる。

4　裁判所は、当事者に対し、第１項の書面に記載された事項又は第２項の規定によりファイルに記録された事項若しくは同項の記録媒体に記録された事項の提示をしなければならない。

（映像等の送受信による通話の方法による陳述）

第215条の３　裁判所は、鑑定人に口頭で意見を述べさせる場合において、相当と認めるときは、最高裁判所規則で定めるところにより、映像と音声の送受信により相手の状態を相互に認識しながら通話をすることができる方法によって、意見を述べさせることができる。

（鑑定の嘱託）

第218条　裁判所は、必要があると認めるときは、官庁若しくは公署、外国の官庁若しくは公署又は相当の設備を有する法人に鑑定を嘱託することができる。この場合においては、宣誓に関する規定を除き、この節の規定を準用する。

2　前項の場合において、裁判所は、必要があると認めるときは、官庁、公署又は法人の指定した者に鑑定の結果を記載し、又は記録した書面又は電磁的記録の説明をさせることができる。

3　第１項の場合において、裁判所は、当事者に対し、同項の嘱託に係る鑑定の結果の提示をしなければならない。

（文書の留置等）

第227条　裁判所は、必要があると認めるときは、提出又は送付に係る文書を留め置くことができる。

2　提出又は送付に係る文書については、第132条の13の規定は、適用しない。

（筆跡等の対照による証明）

第229条　文書の成立の真否は、筆跡又は印影の対照によっても、証明することができる。

2　第219条、第223条、第224条第１項及び第２項、第226条並びに第227条第１項の規定は、対照の用に供すべき筆跡又は印影を備える文書その他の物件の提出又は送付について準用する。

3　対照をするのに適当な相手方の筆跡がないときは、裁判所は、対照の用に供すべき文字の筆記を相手方に命ずることができる。

4　相手方が正当な理由なく前項の規定による決定に従わないときは、裁判所は、文書の成立の真否に関する挙証者の主張を真実と認めることができる。書体を変えて筆記したときも、同様とする。

5　第三者が正当な理由なく第２項において準用する第223条第１項の規定による提出の命令に従わないときは、裁判所は、決定で、10万円以下の過料に処する。

6　前項の決定に対しては、即時抗告をすることができる。

（電磁的記録に記録された情報の内容に係る証拠調べの申出）

第231条の２　電磁的記録に記録された情報の内容に係る証拠調べの申出は、当該電磁的記録を提出し、又は当該電磁的記録を利用する権限を有する者にその提出を命ずることを申し立ててしなければならない。

2　前項の規定による電磁的記録の提出は、最高裁判所規則で定めるところにより、電磁的記録を記録した記録媒体を提出する方法又は最高裁判所規則で定める電子情報処理組織を使用する方法により行う。

（書証の規定の準用等）

第231条の３　第220条から第228条まで（同条第４項を除く。）及び第230条の規定は、前条第１項の証拠調べについて準用する。この場合において、第220条、第221条第１項第３号、第222条、第223条第１項及び第４項から第６項まで並びに第226条中「文書の所持者」とあるのは「電磁的記録を利用する権限を有する者」と、第220条第１号中「文書を自ら所持する」とあるのは「電磁的記録を利用する権限を自ら有する」と、同条第２号中「引渡し」とあるのは「提供」と、同条第４号ニ中「所持する文書」とあるのは「利用する権限を有する電磁的記録」と、同号ホ中「書類」とあるのは「電磁的記録」と、「文書」とあるのは「記録媒体に記録された電磁的記録」と、第221条（見出しを含む。）、第222条、第223条の見出し、同条第１項、第３項、第６項及び第７項、第224条の見出し及び同条第１項並びに第225条の見出し及び同条第１項中「文書提出命令」とあるのは「電磁的記録提出命令」と、第224条第１項及び第３項中「文書の記載」とあるのは「電磁的記録に記録された情報の内容」と、第226条中「第219条」とあるのは「第231条の２第１項」と、同条ただし書中「文書の正本又は謄本の交付」とあるのは「電磁的記録に記録された情報の内容の全部を証明した書面の交付又は当該情報の内容の全部を証明した電磁的記録の提供」と、第227条中「文書」とあるのは「電磁的記録を記録した記録媒体」と、第228条第２項中「公文書」とあるのは「もの」と、同条第３項中「公文書」とあるのは「公務所又は公務員が作成すべき電磁的記録」と読み替えるものとする。

2　前項において準用する第223条第１項の命令に係る電磁的記録の提出及び前項において準用する第226条の嘱託に係る電磁的記録の送付は、最高裁判所規則で定めるところにより、当該電磁的記録を記録した記録媒体を提出し、若しくは送付し、又は最高裁判所規則で定める電子情報処理組織を使用する方法により行う。

（検証の目的の提示等）

第232条　第219条、第223条、第224条、第226条及び第227条第１項の規定は、検証の目的の提示又は送付について準用する。

2　第三者が正当な理由なく前項において準用する第223条第１項の規定による提示の命令に従わないときは、裁判所は、決定で、20万円以下の過料に処する。

3　前項の決定に対しては、即時抗告をすることができる。

（映像等の送受信による方法による検証）

第232条の２　裁判所は、当事者に異議がない場合であって、相当と認めるときは、最高裁判所規則で定めるところにより、映像と音声の送受信により検証の目的の状態を認識することができる方法によって、検証をすることができる。

（管轄裁判所等）

第235条　訴えの提起後における証拠保全の申立ては、その証拠を使用すべき審級の裁判所にしなければならない。ただし、最初の口頭弁論の期日が指定され、又は事件が弁論準備手続若しくは書面による準備手続に付された後口頭弁論の終結に至るまでの間は、受訴裁判所にしなければならない。

２　訴えの提起前における証拠保全の申立ては、尋問を受けるべき者、文書を所持する者若しくは電磁的記録を利用する権限を有する者の居所又は検証物の所在地を管轄する地方裁判所又は簡易裁判所にしなければならない。

３　急迫の事情がある場合には、訴えの提起後であっても、前項の地方裁判所又は簡易裁判所に証拠保全の申立てをすることができる。

（電子判決書）

第252条　裁判所は、判決の言渡しをするときは、最高裁判所規則で定めるところにより、次に掲げる事項を記録した電磁的記録（以下「電子判決書」という。）を作成しなければならない。

一　主文

二　事実

三　理由

四　口頭弁論の終結の日

五　当事者及び法定代理人

六　裁判所

２　前項の規定による事実の記録においては、請求を明らかにし、かつ、主文が正当であることを示すのに必要な主張を摘示しなければならない。

（言渡しの方式）

第253条　判決の言渡しは、前条第１項の規定により作成された電子判決書に基づいてする。

２　裁判所は、前項の規定により判決の言渡しをした場合には、最高裁判所規則で定めるところにより、言渡しに係る電子判決書をファイルに記録しなければならない。

（言渡しの方式の特則）

第254条　次に掲げる場合において、原告の請求を認容するときは、判決の言渡しは、前条の規定にかかわらず、電子判決書に基づかないですることができる。

一　被告が口頭弁論において原告の主張した事実を争わず、その他何らの防御の方法をも提出しない場合

二　被告が公示送達による呼出しを受けたにもかかわらず口頭弁論の期日に出頭しない場合（被告の提出した準備書面が口頭弁論において陳述されたものとみなされた場合を除く。）

２　裁判所は、前項の規定により判決の言渡しをしたときは、電子判決書の作成に代えて、裁判所書記官に、当事者及び法定代理人、主文、請求並びに理由の要旨を、判決の言渡しをした口頭弁論期日の電子調書に記録させなければならない。

（電子判決書等の送達）

第255条　電子判決書（第253条第２項の規定によりファイルに記録されたものに限る。次項、第285条、第355条第２項、第357条、第378条第１項及び第381条の７第１項において同じ。）又は前条第２項の規定により当事者及び法定代理人、主文、請求並びに理由の要旨が記録された電子調書（第160条第２項の規定によりファイルに記録されたものに限る。次項、第261条第５項、第285条、第357条及び第378条第１項において同じ。）は、当事者に送達しなければならない。

２　前項に規定する送達は、次に掲げる方法のいずれかによってする。

一　電子判決書又は電子調書に記録されている事項を記載した書面であって裁判所書記官が最高裁判所規則で定める方法により当該書面の内容が当該電子判決書又は当該電子調書に記録されている事項と同一であることを証明したものの送達

二　第109条の２の規定による送達

（変更の判決）

第256条　裁判所は、判決に法令の違反があることを発見したときは、その言渡し後１週間以内に限り、変更の判決をすることができる。ただし、判決が確定したとき、又は判決を変更するため事件につき更に弁論をする必要があるときは、この限りでない。

２　変更の判決は、口頭弁論を経ないでする。

３　電子呼出状（第94条第２項の規定によりファイルに記録されたものに限る。）により前項の判決の言渡期日の呼出しを行う場合においては、次の各号に掲げる送達の区分に応じ、それぞれ当該各号に定める時に、その送達があったものとみなす。

一　第109条の規定による送達　同条の規定により作成した書面を送達すべき場所に宛てて発した時

二　第109条の２の規定による送達　同条第１項本文の通知が発せられた時

（判決の更正決定）

第257条　判決に計算違い、誤記その他これらに類する明白な誤りがあるときは、裁判所は、申立てにより又は職権で、いつでも更正決定をすることができる。

２　前項の更正決定に対しては、即時抗告をすることができる。ただし、判決に対し適法な控訴があったときは、この限りでない。

３　第１項の申立てを不適法として却下した決定に対しては、即時抗告をすることができる。ただし、判決に対し適法な控訴があったときは、この限りでない。

（訴えの取下げ）

第261条　訴えは、判決が確定するまで、その全部又は一部を取り下げることができる。

２　訴えの取下げは、相手方が本案について準備書面を提出し、弁論準備手続において申述をし、又は口

頭弁論をした後にあっては、相手方の同意を得なければ、その効力を生じない。ただし、本訴の取下げがあった場合における反訴の取下げについては、この限りでない。
3　訴えの取下げは、書面でしなければならない。
4　前項の規定にかかわらず、口頭弁論、弁論準備手続又は和解の期日（以下この章において「口頭弁論等の期日」という。）において訴えの取下げをするときは、口頭ですることを妨げない。この場合において、裁判所書記官は、その期日の電子調書に訴えの取下げがされた旨を記録しなければならない。
5　第２項本文の場合において、訴えの取下げが書面でされたときはその書面を、訴えの取下げが口頭弁論等の期日において口頭でされたとき（相手方がその期日に出頭したときを除く。）は前項の規定により訴えの取下げがされた旨が記録された電子調書を相手方に送達しなければならない。
6　訴えの取下げの書面の送達を受けた日から２週間以内に相手方が異議を述べないときは、訴えの取下げに同意したものとみなす。訴えの取下げが口頭弁論等の期日において口頭でされた場合において、相手方がその期日に出頭したときは訴えの取下げがあった日から、相手方がその期日に出頭しなかったときは前項の規定による送達があった日から２週間以内に相手方が異議を述べないときも、同様とする。

（和解条項案の書面による受諾）

第264条　当事者の一方が出頭することが困難であると認められる場合において、その当事者があらかじめ裁判所又は受命裁判官若しくは受託裁判官から提示された和解条項案を受諾する旨の書面を提出し、他の当事者が口頭弁論等の期日に出頭してその和解条項案を受諾したときは、当事者間に和解が調ったものとみなす。
2　当事者双方が出頭することが困難であると認められる場合において、当事者双方があらかじめ裁判所又は受命裁判官若しくは受託裁判官から和解が成立すべき日時を定めて提示された和解条項案を受諾する旨の書面を提出し、その日時が経過したときは、その日時に、当事者間に和解が調ったものとみなす。

（和解等に係る電子調書の効力）

第267条　裁判所書記官が、和解又は請求の放棄若しくは認諾について電子調書を作成し、これをファイルに記録したときは、その記録は、確定判決と同一の効力を有する。
2　前項の規定によりファイルに記録された電子調書は、当事者に送達しなければならない。この場合においては、第255条第２項の規定を準用する。

（和解等に係る電子調書の更正決定）

第267条の２　前条第１項の規定によりファイルに記録された電子調書につきその内容に計算違い、誤記その他これらに類する明白な誤りがあるときは、裁判所は、申立てにより又は職権で、いつでも更正決定をすることができる。
2　前項の更正決定に対しては、即時抗告をすることができる。
3　第１項の申立てを不適法として却下した決定に対しては、即時抗告をすることができる。

（準備書面の省略等）

第276条　口頭弁論は、書面で準備することを要しない。
2　相手方が準備をしなければ陳述をすることができないと認めるべき事項は、前項の規定にかかわらず、書面で準備し、又は口頭弁論前直接に相手方に通知しなければならない。
3　前項に規定する事項は、相手方が在廷していない口頭弁論においては、次の各号のいずれかに該当する準備書面に記載し、又は同項の規定による通知をしたものでなければ、主張することができない。
一　相手方に送達された準備書面
二　相手方からその準備書面を受領した旨を記載した書面が提出された場合における当該準備書面
三　相手方が第91条の２第１項の規定により準備書面の閲覧をし、又は同条第２項の規定により準備書面の複写をした場合における当該準備書面

（映像等の送受信による通話の方法による尋問）

第277条の２　裁判所は、相当と認めるときは、最高裁判所規則で定めるところにより、映像と音声の送受信により相手の状態を相互に認識しながら通話をすることができる方法によって、証人又は当事者本人の尋問をすることができる。

（尋問等に代わる書面の提出）

第278条　裁判所は、相当と認めるときは、証人若しくは当事者本人の尋問又は鑑定人の意見の陳述に代え、書面の提出をさせることができる。
2　第205条第２項及び第３項の規定は前項の規定による証人又は当事者本人の尋問に代わる書面の提出について、第215条第２項及び第４項の規定は前項の規定による鑑定人の意見の陳述に代わる書面の提出について、それぞれ準用する。

（電子判決書の記録事項）

第280条　第252条第１項の規定により同項第２号の事実及び同項第３号の理由を記録する場合には、請求の趣旨及び原因の要旨、その原因の有無並びに請求を排斥する理由である抗弁の要旨を記録すれば足りる。

（控訴期間）

第285条　控訴は、電子判決書又は第254条第２項の規定により当事者及び法定代理人、主文、請求並びに理由の要旨が記録された電子調書の送達を受けた日から２週間の不変期間内に提起しなければならない。ただし、その期間前に提起した控訴の効力を妨げない。

（裁判長の控訴状審査権等）

第288条　第137条の規定は控訴状が第286条第２項の規定に違反する場合について、第137条の２の規定は民事訴訟費用等に関する法律の規定に従い控訴の提起の手数料を納付しない場合について、それぞれ準用する。

（控訴の取下げ）

第292条　控訴は、控訴審の終局判決があるまで、取り下げることができる。

２　第261条第３項及び第４項、第262条第１項並びに第263条の規定は、控訴の取下げについて準用する。

（再審の事由）

第338条　次に掲げる事由がある場合には、確定した終局判決に対し、再審の訴えをもって、不服を申し立てることができる。ただし、当事者が控訴若しくは上告によりその事由を主張したとき、又はこれを知りながら主張しなかったときは、この限りでない。

一　法律に従って判決裁判所を構成しなかったこと。

二　法律により判決に関与することができない裁判官が判決に関与したこと。

三　法定代理権、訴訟代理権又は代理人が訴訟行為をするのに必要な授権を欠いたこと。

四　判決に関与した裁判官が事件について職務に関する罪を犯したこと。

五　刑事上罰すべき他人の行為により、自白をするに至ったこと又は判決に影響を及ぼすべき攻撃若しくは防御の方法を提出することを妨げられたこと。

六　判決の証拠となった文書その他の物件が偽造され若しくは変造されたものであったこと又は判決の証拠となった電磁的記録が不正に作られたものであったこと。

七　証人、鑑定人、通訳人又は宣誓した当事者若しくは法定代理人の虚偽の陳述が判決の証拠となったこと。

八　判決の基礎となった民事若しくは刑事の判決その他の裁判又は行政処分が後の裁判又は行政処分により変更されたこと。

九　判決に影響を及ぼすべき重要な事項について判断の遺脱があったこと。

十　不服の申立てに係る判決が前に確定した判決と抵触すること。

２　前項第４号から第７号までに掲げる事由がある場合においては、罰すべき行為について、有罪の判決若しくは過料の裁判が確定したとき、又は証拠がないという理由以外の理由により有罪の確定判決若しくは過料の確定裁判を得ることができないときに限り、再審の訴えを提起することができる。

３　控訴審において事件につき本案判決をしたときは、第一審の判決に対し再審の訴えを提起することができない。

（証拠調べの制限）

第352条　手形訴訟においては、証拠調べは、書証及び電磁的記録に記録された情報の内容に係る証拠調べに限りすることができる。

２　文書の提出の命令若しくは送付の嘱託又は第231条の３第１項において準用する第223条に規定する命令若しくは同項において準用する第226条に規定する嘱託は、することができない。対照の用に供すべき筆跡又は印影を備える物件の提出の命令又は送付の嘱託についても、同様とする。

３　文書若しくは電磁的記録の成立の真否又は手形の提示に関する事実については、申立てにより、当事者本人を尋問することができる。

４　証拠調べの嘱託は、することができない。第186条第１項の規定による調査の嘱託についても、同様とする。

５　前各項の規定は、裁判所が職権で調査すべき事項には、適用しない。

（通常の手続への移行）

第353条　原告は、口頭弁論の終結に至るまで、被告の承諾を要しないで、訴訟を通常の手続に移行させる旨の申述をすることができる。

２　訴訟は、前項の申述があった時に、通常の手続に移行する。

３　前項の場合には、裁判所は、直ちに、被告に対し、訴訟が通常の手続に移行した旨の通知をしなければならない。ただし、第１項の申述が被告の出頭した期日において口頭でされたものであるときは、その通知をすることを要しない。

４　第２項の場合には、手形訴訟のため既に指定した期日は、通常の手続のために指定したものとみなす。

（口頭弁論の終結）

第354条　裁判所は、被告が口頭弁論において原告が主張した事実を争わず、その他何らの防御の方法をも提出しない場合には、前条第３項の規定による通知をする前であっても、口頭弁論を終結することができる。

（口頭弁論を経ない訴えの却下）

第355条　請求の全部又は一部が手形訴訟による審理及び裁判をすることができないものであるときは、裁判所は、口頭弁論を経ないで、判決で、訴えの全部又は一部を却下することができる。

２　前項の場合において、原告が電子判決書の送達を受けた日から２週間以内に同項の請求について通常の手続により訴えを提起したときは、第147条の規定の適用については、その訴えの提起は、前の訴えの提起の時にしたものとみなす。

（異議の申立て）

第357条　手形訴訟の終局判決に対しては、訴えを却下した判決を除き、電子判決書又は第254条第２項の規定により当事者及び法定代理人、主文、請求並びに理由の要旨が記録された電子調書の送達を受けた日から２週間の不変期間内に、その判決をした裁判所に異議を申し立てることができる。ただし、その期間前に申し立てた異議の効力を妨げない。

（異議の取下げ）

第360条　異議は、通常の手続による第一審の終局判決があるまで、取り下げることができる。

２　異議の取下げは、相手方の同意を得なければ、その効力を生じない。

３　第261条第３項から第６項まで、第262条第１項及び第263条の規定は、異議の取下げについて準用する。

（督促手続から手形訴訟への移行）

第366条　第395条又は第398条第１項の規定により提起があったものとみなされる訴えについては、手形訴訟による審理及び裁判を求める旨の申述は、支払督促の申立ての際にしなければならない。

2　第391条第１項の規定による仮執行の宣言があったときは、前項の申述は、なかったものとみなす。

（判決の言渡し）

第374条　判決の言渡しは、相当でないと認める場合を除き、口頭弁論の終結後直ちにする。

2　前項の場合には、判決の言渡しは、電子判決書に基づかないですることができる。この場合においては、第254条第２項及び第255条の規定を準用する。

（異議）

第378条　少額訴訟の終局判決に対しては、電子判決書又は第254条第２項（第374条第２項において準用する場合を含む。）の規定により当事者及び法定代理人、主文、請求並びに理由の要旨が記録された電子調書の送達を受けた日から２週間の不変期間内に、その判決をした裁判所に異議を申し立てることができる。ただし、その期間前に申し立てた異議の効力を妨げない。

2　第358条から第360条までの規定は、前項の異議について準用する。

（法定審理期間訴訟手続の要件）

第381条の２　当事者は、裁判所に対し、法定審理期間訴訟手続による審理及び裁判を求める旨の申出をすることができる。ただし、次に掲げる訴えに関しては、この限りでない。

一　消費者契約に関する訴え

二　個別労働関係民事紛争に関する訴え

2　当事者の双方が前項の申出をした場合には、裁判所は、事案の性質、訴訟追行による当事者の負担の程度その他の事情に鑑み、法定審理期間訴訟手続により審理及び裁判をすることが当事者間の衡平を害し、又は適正な審理の実現を妨げると認めるときを除き、訴訟を法定審理期間訴訟手続により審理及び裁判をする旨の決定をしなければならない。当事者の一方が同項の申出をした場合において、相手方がその法定審理期間訴訟手続による審理及び裁判をすることに同意したときも、同様とする。

3　第１項の申出及び前項後段の同意は、書面でしなければならない。ただし、口頭弁論又は弁論準備手続の期日においては、口頭ですることを妨げない。

4　訴訟が法定審理期間訴訟手続に移行したときは、通常の手続のために既に指定した期日は、法定審理期間訴訟手続のために指定したものとみなす。

（法定審理期間訴訟手続の審理）

第381条の３　前条第２項の決定があったときは、裁判長は、当該決定の日から２週間以内の間において口頭弁論又は弁論準備手続の期日を指定しなければならない。

2　裁判長は、前項の期日において、当該期日から６月以内の間において当該事件に係る口頭弁論を終結する期日を指定するとともに、口頭弁論を終結する日から１月以内の間において判決言渡しをする期日を指定しなければならない。

3　前条第２項の決定があったときは、当事者は、第１項の期日から５月（裁判所が当事者双方の意見を聴いて、これより短い期間を定めた場合には、その期間）以内に、攻撃又は防御の方法を提出しなければならない。

4　裁判所は、前項の期間が満了するまでに、当事者双方との間で、争点及び証拠の整理の結果に基づいて、法定審理期間訴訟手続の判決において判断すべき事項を確認するものとする。

5　法定審理期間訴訟手続における証拠調べは、第１項の期日から６月（裁判所が当事者双方の意見を聴いて、これより短い期間を定めた場合には、その期間）以内にしなければならない。

6　法定審理期間訴訟手続における期日の変更は、第93条第３項の規定にかかわらず、やむを得ない事由がある場合でなければ、許すことができない。

（通常の手続への移行）

第381条の４　次に掲げる場合には、裁判所は、訴訟を通常の手続により審理及び裁判をする旨の決定をしなければならない。

一　当事者の双方又は一方が訴訟を通常の手続に移行させる旨の申出をしたとき。

二　提出された攻撃又は防御の方法及び審理の現状に照らして法定審理期間訴訟手続により審理及び裁判をするのが困難であると認めるとき。

2　前項の決定に対しては、不服を申し立てることができない。

3　訴訟が通常の手続に移行したときは、法定審理期間訴訟手続のため既に指定した期日は、通常の手続のために指定したものとみなす。

（法定審理期間訴訟手続の電子判決書）

第381条の５　法定審理期間訴訟手続の電子判決書には、事実として、請求の趣旨及び原因並びにその他の攻撃又は防御の方法の要旨を記録するものとし、理由として、第381条の３第４項の規定により当事者双方との間で確認した事項に係る判断の内容を記録するものとする。

（控訴の禁止）

第381条の６　法定審理期間訴訟手続の終局判決に対しては、控訴をすることができない。ただし、訴えを却下した判決に対しては、この限りでない。

（異議）

第381条の７　法定審理期間訴訟手続の終局判決に対しては、訴えを却下した判決を除き、電子判決書の送達を受けた日から２週間の不変期間内に、その判決をした裁判所に異議を申し立てることができる。ただし、その期間前に申し立てた異議の効力を妨げない。

2　第358条から第360条まで及び第364条の規定は、前項の異議について準用する。

（異議後の審理及び裁判）

第381条の８　適法な異議があったときは、訴訟は、口頭弁論の終結前の程度に復する。この場合においては、通常の手続によりその審理及び裁判をする。
2　前項の異議の申立ては、執行停止の効力を有する。
3　裁判所は、異議後の判決があるまで、法定審理期間訴訟手続の終局判決の執行の停止その他必要な処分を命ずることができる。
4　第362条及び第363条の規定は、第１項の審理及び裁判について準用する。

（電子支払督促の記録事項）
第387条　裁判所書記官は、支払督促を発するときは、最高裁判所規則で定めるところにより、電子支払督促（次に掲げる事項を記録し、かつ、債務者がその送達を受けた日から２週間以内に督促異議の申立てをしないときは債権者の申立てにより仮執行の宣言をする旨を併せて記録した電磁的記録をいう。以下この章において同じ。）を作成しなければならない。
一　第382条の給付を命ずる旨
二　請求の趣旨及び原因
三　当事者及び法定代理人
2　裁判所書記官は、前項の規定により電子支払督促を作成したときは、最高裁判所規則で定めるところにより、これをファイルに記録しなければならない。

（電子支払督促の送達）
第388条　電子支払督促（前条第２項の規定によりファイルに記録されたものに限る。以下この章において同じ。）は、債務者に送達しなければならない。
2　支払督促の効力は、債務者に送達された時に生ずる。
3　債権者が申し出た場所に債務者の住所、居所、営業所若しくは事務所又は就業場所がないため、電子支払督促を送達することができないときは、裁判所書記官は、その旨を債権者に通知しなければならない。この場合において、債権者が通知を受けた日から２月の不変期間内にその申出に係る場所以外の送達をすべき場所の申出をしないときは、支払督促の申立てを取り下げたものとみなす。

（仮執行の宣言）
第391条　債務者が電子支払督促の送達を受けた日から２週間以内に督促異議の申立てをしないときは、裁判所書記官は、債権者の申立てにより、電子支払督促に手続の費用額を併せて記録して仮執行の宣言をしなければならない。ただし、その宣言前に督促異議の申立てがあったときは、この限りでない。
2　仮執行の宣言は、最高裁判所規則で定めるところにより、電子支払督促に記録し、これを当事者に送達しなければならない。ただし、債権者の同意があるときは、当該債権者に対しては、当該記録をした電子支払督促に記録された事項を出力することにより作成した書面を送付することをもって、送達に代えることができる。
3　第385条第２項及び第３項の規定は、第１項の申立てを却下する処分及びこれに対する異議の申立てについて準用する。
4　前項の異議の申立てについての裁判に対しては、即時抗告をすることができる。
5　第260条及び第388条第２項の規定は、第１項の仮執行の宣言について準用する。

（仮執行の宣言後の督促異議）
第393条　仮執行の宣言を付した電子支払督促の送達を受けた日から２週間の不変期間を経過したときは、債務者は、その支払督促に対し、督促異議の申立てをすることができない。

（電子情報処理組織による支払督促の申立て）
第397条　この章の規定による督促手続を取り扱う裁判所として最高裁判所規則で定める簡易裁判所（次条第１項及び第399条において「指定簡易裁判所」という。）の裁判所書記官に対しては、第383条の規定による場合のほか、同条に規定する簡易裁判所が別に最高裁判所規則で定める簡易裁判所である場合にも、最高裁判所規則で定めるところにより、最高裁判所規則で定める電子情報処理組織を使用する方法により支払督促の申立てをすることができる。
第398条　指定簡易裁判所の裁判所書記官に対してされた支払督促の申立てに係る督促手続における支払督促に対し適法な督促異議の申立てがあったときは、督促異議に係る請求については、その目的の価額に従い、当該支払督促の申立ての時に、第383条に規定する簡易裁判所で支払督促を発した裁判所書記官の所属するもの若しくは前条の別に最高裁判所規則で定める簡易裁判所又はその所在地を管轄する地方裁判所に訴えの提起があったものとみなす。
2　前項の場合において、同項に規定する簡易裁判所又は地方裁判所が２以上あるときは、督促異議に係る請求については、これらの裁判所中に第383条第１項に規定する簡易裁判所又はその所在地を管轄する地方裁判所がある場合にはその裁判所に、その裁判所がない場合には同条第２項第１号に定める地を管轄する簡易裁判所又はその所在地を管轄する地方裁判所に訴えの提起があったものとみなす。
3　前項の規定にかかわらず、債権者が、最高裁判所規則で定めるところにより、第１項に規定する簡易裁判所又は地方裁判所のうち、一の簡易裁判所又は地方裁判所を指定したときは、その裁判所に訴えの提起があったものとみなす。

（電子情報処理組織による送達の効力発生の時期）
第399条　第109条の３の規定にかかわらず、送達を受けるべき債権者の同意があるときは、指定簡易裁判所の裁判所書記官に対してされた支払督促の申立てに係る督促手続に関する第109条の２第１項の規定による送達は、同項の通知が当該債権者に対して発せられた時に、その効力を生ずる。
第400条から第402条まで　削除

民事訴訟規則

平成８年12月17日最高裁判所規則第５号
最終改正　令和５年９月19日最高裁判所規則第４号

目次

第１編　総則

第１章　通則

（申立て等の方式）
第１条　申立てその他の申述は、特別の定めがある場合を除き、書面又は口頭ですることができる。
2　口頭で申述をするには、裁判所書記官の面前で陳述をしなければならない。この場合においては、裁判所書記官は、調書を作成し、記名押印しなければならない。

（当事者が裁判所に提出すべき書面の記載事項）
第２条　訴状、準備書面その他の当事者又は代理人が裁判所に提出すべき書面には、次に掲げる事項を記載し、当事者又は代理人が記名押印するものとする。
一　当事者の氏名又は名称及び住所並びに代理人の氏名及び住所
二　事件の表示
三　附属書類の表示
四　年月日
五　裁判所の表示
2　前項の規定にかかわらず、当事者又は代理人からその住所を記載した同項の書面が提出されているときは、以後裁判所に提出する同項の書面については、これを記載することを要しない。

（裁判所に提出すべき書面のファクシミリによる提出）
第３条　裁判所に提出すべき書面は、次に掲げるものを除き、ファクシミリを利用して送信することにより提出することができる。
一　民事訴訟費用等に関する法律（昭和46年法律第40号）の規定により手数料を納付しなければならない申立てに係る書面
二　秘匿事項届出書面
三　その提出により訴訟手続の開始、続行、停止又は完結をさせる書面（第1号に該当する書面を除く。）
四　法定代理権、訴訟行為をするのに必要な授権又は訴訟代理人の権限を証明する書面その他の訴訟手続上重要な事項を証明する書面
五　上告理由書、上告受理申立て理由書その他これらに準ずる理由書
2　ファクシミリを利用して書面が提出されたときは、裁判所が受信した時に、当該書面が裁判所に提出されたものとみなす。
3　裁判所は、前項に規定する場合において、必要があると認めるときは、提出者に対し、送信に使用した書面を提出させることができる。

（裁判所に提出する書面に記載した情報の電磁的方法による提供等）
第3条の2　裁判所は、判決書の作成に用いる場合その他必要があると認める場合において、書面を裁判所に提出した者又は提出しようとする者が当該書面に記載した情報の内容を記録した電磁的記録（電子的方式、磁気的方式その他人の知覚によっては認識することができない方式で作られる記録であって、電子計算機による情報処理の用に供されるものをいう。以下この項において同じ。）を有しているときは、その者に対し、当該電磁的記録に記録された情報を電磁的方法（電子情報処理組織を使用する方法その他の情報通信の技術を利用する方法をいう。）であって裁判所の定めるものにより裁判所に提供することを求めることができる。
2　裁判所は、書面を送付しようとするときその他必要があると認めるときは、当該書面を裁判所に提出した者又は提出しようとする者に対し、その写しを提出することを求めることができる。

（催告及び通知）
第4条　民事訴訟に関する手続における催告及び通知は、相当と認める方法によることができる。
2　裁判所書記官は、催告又は通知をしたときは、その旨及び催告又は通知の方法を訴訟記録上明らかにしなければならない。
3　催告は、これを受けるべき者の所在が明らかでないとき、又はその者が外国に在るときは、催告すべき事項を公告してすれば足りる。この場合には、その公告は、催告すべき事項を記載した書面を裁判所の掲示場その他裁判所内の公衆の見やすい場所に掲示して行う。
4　前項の規定による催告は、公告をした日から1週間を経過した時にその効力を生ずる。
5　この規則の規定による通知（第46条（公示送達の方法）第2項の規定による通知を除く。）は、これを受けるべき者の所在が明らかでないとき、又はその者が外国に在るときは、することを要しない。この場合においては、裁判所書記官は、その事由を訴訟記録上明らかにしなければならない。
6　当事者その他の関係人に対する通知は、裁判所書記官にさせることができる。

（訴訟書類の記載の仕方）
第5条　訴訟書類は、簡潔な文章で整然かつ明瞭に記載しなければならない。

第2章　裁判所

第1節　管轄

（普通裁判籍所在地の指定・法第4条）
第6条　民事訴訟法（平成8年法律第109号。以下「法」という。）第4条（普通裁判籍による管轄）第3項の最高裁判所規則で定める地は、東京都千代田区とする。

（管轄裁判所が定まらない場合の裁判籍所在地の指定・法第10条の2）
第6条の2　法第10条の2（管轄裁判所の特例）の最高裁判所規則で定める地は、東京都千代田区とする。

（移送の申立ての方式・法第16条等）
第7条　移送の申立ては、期日においてする場合を除き、書面でしなければならない。
2　前項の申立てをするときは、申立ての理由を明らかにしなければならない。

（裁量移送における取扱い・法第17条等）
第8条　法第17条（遅滞を避ける等のための移送）、第18条（簡易裁判所の裁量移送）又は第20条の2（特許権等に関する訴え等に係る訴訟の移送）の申立てがあったときは、裁判所は、相手方の意見を聴いて決定をするものとする。
2　裁判所は、職権により法第17条、第18条又は第20条の2の規定による移送の決定をするときは、当事者の意見を聴くことができる。

（移送による記録の送付・法第22条）
第9条　移送の裁判が確定したときは、移送の裁判をした裁判所の裁判所書記官は、移送を受けた裁判所の裁判所書記官に対し、訴訟記録を送付しなければならない。

第2節　裁判所職員の除斥、忌避及び回避

（除斥又は忌避の申立ての方式等・法第23条等）
第10条　裁判官に対する除斥又は忌避の申立ては、その原因を明示して、裁判官の所属する裁判所にしなければならない。
2　前項の申立ては、期日においてする場合を除き、書面でしなければならない。
3　除斥又は忌避の原因は、申立てをした日から3日以内に疎明しなければならない。法第24条（裁判官の忌避）第2項ただし書に規定する事実についても、同様とする。

（除斥又は忌避についての裁判官の意見陳述・法第25条）
第11条　裁判官は、その除斥又は忌避の申立てについて意見を述べることができる。

（裁判官の回避）
第12条　裁判官は、法第23条（裁判官の除斥）第1項又は第24条（裁判官の忌避）第1項に規定する場合には、監督権を有する裁判所の許可を得て、回避すること

ができる。

(裁判所書記官への準用等・法第27条)

第13条　この節の規定は、裁判所書記官について準用する。この場合において、簡易裁判所の裁判所書記官の回避の許可は、その裁判所書記官の所属する裁判所の裁判所法（昭和22年法律第59号）第37条（司法行政事務）に規定する裁判官がする。

第3章　当事者

第1節　当事者能力及び訴訟能力

(法人でない社団等の当事者能力の判断資料の提出・法第29条)

第14条　裁判所は、法人でない社団又は財団で代表者又は管理人の定めがあるものとして訴え、又は訴えられた当事者に対し、定款その他の当該当事者の当事者能力を判断するために必要な資料を提出させることができる。

(法定代理権等の証明・法第34条)

第15条　法定代理権又は訴訟行為をするのに必要な授権は、書面で証明しなければならない。選定当事者の選定及び変更についても、同様とする。

(特別代理人の選任及び改任の裁判の告知・法第35条)

第16条　特別代理人の選任及び改任の裁判は、特別代理人にも告知しなければならない。

(法定代理権の消滅等の届出・法第36条)

第17条　法定代理権の消滅の通知をした者は、その旨を裁判所に書面で届け出なければならない。選定当事者の選定の取消し及び変更の通知をした者についても、同様とする。

(法人の代表者等への準用・法第37条)

第18条　この規則中法定代理及び法定代理人に関する規定は、法人の代表者及び法人でない社団又は財団でその名において訴え、又は訴えられることができるものの代表者又は管理人について準用する。

第2節　共同訴訟

(同時審判の申出の撤回等・法第41条)

第19条　法第41条（同時審判の申出がある共同訴訟）第1項の申出は、控訴審の口頭弁論の終結の時までは、いつでも撤回することができる。

2　前項の申出及びその撤回は、期日においてする場合を除き、書面でしなければならない。

第3節　訴訟参加

(補助参加の申出書の送達等・法第43条等)

第20条　補助参加の申出書は、当事者双方に送達しなければならない。

2　前項に規定する送達は、補助参加の申出をした者から提出された副本によってする。

3　前項の規定は、法第47条（独立当事者参加）第1項及び第52条（共同訴訟参加）第1項の規定による参加の申出書の送達について準用する。

(訴訟引受けの申立ての方式・法第50条等)

第21条　訴訟引受けの申立ては、期日においてする場合を除き、書面でしなければならない。

(訴訟告知書の送達等・法第53条)

第22条　訴訟告知の書面は、訴訟告知を受けるべき者に送達しなければならない。

2　前項に規定する送達は、訴訟告知をした当事者から提出された副本によってする。

3　裁判所は、第1項の書面を相手方に送付しなければならない。

第4節　訴訟代理人

(訴訟代理権の証明等・法第54条等)

第23条　訴訟代理人の権限は、書面で証明しなければならない。

2　前項の書面が私文書であるときは、裁判所は、公証人その他の認証の権限を有する公務員の認証を受けるべきことを訴訟代理人に命ずることができる。

3　訴訟代理人の権限の消滅の通知をした者は、その旨を裁判所に書面で届け出なければならない。

(連絡担当訴訟代理人の選任等)

第23条の2　当事者の一方につき訴訟代理人が数人あるとき（共同訴訟人間で訴訟代理人を異にするときを含む。）は、訴訟代理人は、その中から、連絡を担当する訴訟代理人（以下この条において「連絡担当訴訟代理人」という。）を選任することができる。

2　連絡担当訴訟代理人は、これを選任した訴訟代理人のために、裁判所及び相手方との間の連絡、争点及び証拠の整理の準備、和解条項案の作成その他審理が円滑に行われるために必要な行為をすることができる。ただし、訴訟行為については、この限りでない。

3　連絡担当訴訟代理人を選任した訴訟代理人は、その旨を裁判所に書面で届け出るとともに、相手方に通知しなければならない。

第4章　訴訟費用

第1節　訴訟費用の負担

(訴訟費用額の確定等を求める申立ての方式等・法第71条等)

第24条　法第71条（訴訟費用額の確定手続）第1項、第72条（和解の場合の費用額の確定手続）又は第73条（訴訟が裁判及び和解によらないで完結した場合等の取扱い）第1項の申立ては、書面でしなければならない。

2　前項の申立てにより訴訟費用又は和解の費用（以下この節において「訴訟費用等」という。）の負担の額を定める処分を求めるときは、当事者は、費用計算書及び費用額の疎明に必要な書面を裁判所書記官に提出するとともに、同項の書面及び費用計算書について第47条（書類の送付）第1項の直送をしなければならない。

（相手方への催告等・法第71条等）

第25条　裁判所書記官は、訴訟費用等の負担の額を定める処分をする前に、相手方に対し、費用計算書及び費用額の疎明に必要な書面並びに申立人の費用計算書の記載内容についての陳述を記載した書面を、一定の期間内に提出すべき旨を催告しなければならない。ただし、相手方のみが訴訟費用等を負担する場合において、記録上申立人の訴訟費用等についての負担の額が明らかなときは、この限りでない。

2　相手方が前項の期間内に費用計算書又は費用額の疎明に必要な書面を提出しないときは、裁判所書記官は、申立人の費用のみについて、訴訟費用等の負担の額を定める処分をすることができる。ただし、相手方が訴訟費用等の負担の額を定める処分を求める申立てをすることを妨げない。

（費用額の確定処分の方式・法第71条等）

第26条　訴訟費用等の負担の額を定める処分は、これを記載した書面を作成し、その書面に処分をした裁判所書記官が記名押印してしなければならない。

（法第71条第2項の最高裁判所規則で定める場合）

第27条　法第71条（訴訟費用額の確定手続）第2項の最高裁判所規則で定める場合は、相手方が第25条（相手方への催告等）第1項の期間内に同項の費用計算書又は費用額の疎明に必要な書面を提出しない場合とする。

（費用額の確定処分の更正の申立ての方式・法第74条）

第28条　訴訟費用等の負担の額を定める処分の更正の申立ては、書面でしなければならない。

第2節　訴訟費用の担保

（法第76条の最高裁判所規則で定める担保提供の方法）

第29条　法第76条（担保提供の方法）の規定による担保は、裁判所の許可を得て、担保を立てるべきことを命じられた者が銀行、保険会社、株式会社商工組合中央金庫、農林中央金庫、全国を地区とする信用金庫連合会、信用金庫又は労働金庫（以下この条において「銀行等」という。）との間において次に掲げる要件を満たす支払保証委託契約を締結する方法によって立てることができる。

一　銀行等は、担保を立てるべきことを命じられた者のために、裁判所が定めた金額を限度として、担保に係る訴訟費用償還請求権についての債務名義又はその訴訟費用償還請求権の存在を確認するもので、確定判決と同一の効力を有するものに表示された額の金銭を担保権利者に支払うものであること。

二　担保取消しの決定が確定した時に契約の効力が消滅するものであること。

三　契約の変更又は解除をすることができないものであること。

四　担保権利者の申出があったときは、銀行等は、契約が締結されたことを証する文書を担保権利者に交付するものであること。

2　前項の規定は、法第81条（他の法令による担保への準用）、第259条（仮執行の宣言）第6項（法において準用する場合を含む。）、第376条（仮執行の宣言）第2項及び第405条（担保の提供）第2項（他の法令において準用する場合を含む。）並びに他の法令において準用する法第76条（担保提供の方法）の最高裁判所規則で定める担保提供の方法について準用する。この場合において、前項第1号中「訴訟費用償還請求権」とあるのは「請求権」と、「確認するもので、確定判決」とあるのは「確認する確定判決若しくはこれ」と読み替えるものとする。

第3節　訴訟上の救助

（救助の申立ての方式等・法第82条）

第30条　訴訟上の救助の申立ては、書面でしなければならない。

2　訴訟上の救助の事由は、疎明しなければならない。

第5章　訴訟手続

第1節　訴訟の審理等

（映像と音声の送受信による通話の方法による口頭弁論の期日・法第87条の2第1項）

第30条の2　法第87条の2（映像と音声の送受信による通話の方法による口頭弁論等）第1項に規定する方法によって口頭弁論の期日における手続を行うときは、裁判所は、次に掲げる事項を確認しなければならない。

一　通話者

二　通話者の所在する場所の状況が当該方法によって手続を実施するために適切なものであること。

2　前項の手続を行ったときは、その旨及び同項第2号に掲げる事項を口頭弁論の調書に記載しなければならない。

（音声の送受信による通話の方法による審尋の期日・法第87条の2第2項）

第30条の3　前条の規定は、法第87条の2（映像と音声の送受信による通話の方法による口頭弁論等）第2項に規定する方法によって審尋の期日における手続を行う場合について準用する。

（受命裁判官の指定及び裁判所の嘱託の手続）

第31条　受命裁判官にその職務を行わせる場合には、裁判長がその裁判官を指定する。

2　裁判所がする嘱託の手続は、特別の定めがある場合を除き、裁判所書記官がする。

（和解のための処置・法第89条）

第32条　裁判所又は受命裁判官若しくは受託裁判官（以下「裁判所等」という。）は、和解のため、当事者本人又はその法定代理人の出頭を命ずることができる。

2　裁判所等は、相当と認めるときは、裁判所外において和解をすることができる。

3　裁判所等及び当事者双方が音声の送受信により同時に通話をすることができる方法によって和解の期日における手続を行うときは、裁判所等は、次に掲げる事項を確認しなければならない。

一　通話者

二　通話者の所在する場所の状況が当該方法によって手続を実施するために適切なものであること。

4　前項の手続を行い、かつ、裁判所等がその結果について裁判所書記官に調書を作成させるときは、同項の手続を行った旨及び同項第2号に掲げる事項を調書に記載させなければならない。

(訴訟記録の正本等の様式・法第91条等)

第33条　訴訟記録の正本、謄本又は抄本には、正本、謄本又は抄本であることを記載し、裁判所書記官が記名押印しなければならない。

(訴訟記録の閲覧等の請求の方式等・法第91条)

第33条の2　訴訟記録の閲覧若しくは謄写、その正本、謄本若しくは抄本の交付、その複製又は訴訟に関する事項の証明書の交付の請求は、書面でしなければならない。

2　前項の請求(訴訟に関する事項の証明書の交付の請求を除く。)は、訴訟記録中の当該請求に係る部分を特定するに足りる事項を明らかにしてしなければならない。

3　訴訟記録の閲覧又は謄写は、その対象となる書面を提出した者からその写しが提出された場合には、提出された写しによってさせることができる。

(閲覧等の制限の申立ての方式等・法第92条)

第34条　法第92条(秘密保護のための閲覧等の制限)第1項の申立ては、書面で、かつ、秘密記載部分を特定してしなければならない。

2　当事者は、自らが提出する文書その他の物件(以下この条及び第52条の11(法第133条の2第2項の申立ての方式等)において「文書等」という。)について前項の申立てをするときは、当該文書等の提出の際にこれをしなければならない。

3　第1項の申立てをするときは、当該申立てに係る文書等から秘密記載部分を除いたものをも作成し、裁判所に提出しなければならない。ただし、同項の申立てに係る秘密記載部分が当該申立てに係る文書等の全部であるときは、この限りでない。

4　第1項の申立てを認容する決定においては、秘密記載部分を特定しなければならない。

5　前項の決定があったときは、第1項の申立てをした者は、遅滞なく、当該申立てに係る文書等から当該決定において特定された秘密記載部分を除いたものを作成し、裁判所に提出しなければならない。ただし、当該申立てにおいて特定された秘密記載部分と当該決定において特定された秘密記載部分とが同一である場合は、この限りでない。

6　法第92条第3項の申立ては、書面でしなければならない。

7　法第92条第1項の決定の一部を取り消す裁判が確定したときは、第1項の申立てをした者は、遅滞なく、当該申立てに係る文書等から当該決定において特定された秘密記載部分のうち当該決定の一部を取り消す裁判に係る部分以外の部分を除いたものを作成し、裁判所に提出しなければならない。

8　第3項本文、第5項本文又は前項の規定により文書等から秘密記載部分を除いたものが提出された場合には、当該文書等の閲覧、謄写又は複製は、その提出されたものによってさせることができる。

第2節　専門委員等

第1款　専門委員

(進行協議期日における専門委員の関与・法第92条の2)

第34条の2　法第92条の2(専門委員の関与)第1項の決定があった場合には、専門委員の説明は、裁判長が進行協議期日において口頭でさせることができる。

2　法第92条の3(音声の送受信による通話の方法による専門委員の関与)の規定は、前項の規定による進行協議期日における専門委員の説明について準用する。

(専門委員の説明に関する期日外における取扱い・法第92条の2)

第34条の3　裁判長が期日外において専門委員に説明を求めた場合において、その説明を求めた事項が訴訟関係を明瞭にする上で重要な事項であるときは、裁判所書記官は、当事者双方に対し、当該事項を通知しなければならない。

2　専門委員が期日外において説明を記載した書面を提出したときは、裁判所書記官は、当事者双方に対し、その写しを送付しなければならない。

(証拠調べ期日における裁判長の措置等・法第92条の2)

第34条の4　裁判長は、法第92条の2(専門委員の関与)第2項の規定により専門委員が手続に関与する場合において、証人尋問の期日において専門委員に説明をさせるに当たり、必要があると認めるときは、当事者の意見を聴いて、専門委員の説明が証人の証言に影響を及ぼさないための証人の退廷その他適当な措置を採ることができる。

2　当事者は、裁判長に対し、前項の措置を採ることを求めることができる。

(当事者の意見陳述の機会の付与・法第92条の2)

第34条の5　裁判所は、当事者に対し、専門委員がした説明について意見を述べる機会を与えなければならない。

(専門委員に対する準備の指示等・法第92条の2)

第34条の6　裁判長は、法第92条の2(専門委員の関与)又は第34条の2(進行協議期日における専門委員の関与)の規定により専門委員に説明をさせるに当たり、必要があると認めるときは、専門委員に対し、係争物の現況の確認その他の準備を指示することができる。

2　裁判長が前項に規定する指示をしたときは、裁判所書記官は、当事者双方に対し、その旨及びその内容を通知するものとする。

（音声の送受信による通話の方法による専門委員の関与・法第92条の3）

第34条の7　法第92条の2（専門委員の関与）第1項又は第2項の期日において、法第92条の3（音声の送受信による通話の方法による専門委員の関与）に規定する方法によって専門委員に説明又は発問をさせるときは、裁判所は、通話者及び通話先の場所の確認をしなければならない。

2　専門委員に前項の説明又は発問をさせたときは、その旨及び通話先の電話番号を調書に記載しなければならない。この場合においては、通話先の電話番号に加えてその場所を記載することができる。

3　第1項の規定は、法第92条の2第3項の期日又は進行協議期日において第1項の方法によって専門委員に説明をさせる場合について準用する。

（専門委員の関与の決定の取消しの申立ての方式等・法第92条の4）

第34条の8　専門委員を手続に関与させる決定の取消しの申立ては、期日においてする場合を除き、書面でしなければならない。

2　前項の申立てをするときは、申立ての理由を明らかにしなければならない。ただし、当事者双方が同時に申立てをするときは、この限りでない。

（専門委員の除斥、忌避及び回避・法第92条の6）

第34条の9　第10条から第12条まで（除斥又は忌避の申立ての方式等、除斥又は忌避についての裁判官の意見陳述及び裁判官の回避）の規定は、専門委員について準用する。

（受命裁判官等の権限・法第92条の7）

第34条の10　受命裁判官又は受託裁判官が法第92条の2（専門委員の関与）各項の手続を行う場合には、第34条の2（進行協議期日における専門委員の関与）、第34条の4（証拠調べ期日における裁判長の措置等）、第34条の5（当事者の意見陳述の機会の付与）、第34条の6（専門委員に対する準備の指示等）第1項並びに第34条の7（音声の送受信による通話の方法による専門委員の関与）第1項及び第3項の規定による裁判所及び裁判長の職務は、その裁判官が行う。

第2款　知的財産に関する事件における裁判所調査官の除斥、忌避及び回避

（除斥、忌避及び回避に関する規定の準用・法第92条の9）

第34条の11　第10条から第12条まで（除斥又は忌避の申立ての方式等、除斥又は忌避についての裁判官の意見陳述及び裁判官の回避）の規定は、法第92条の8（知的財産に関する事件における裁判所調査官の事務）の事務を行う裁判所調査官について準用する。

第3節　期日及び期間

（受命裁判官等の期日指定・法第93条）

第35条　受命裁判官又は受託裁判官が行う手続の期日は、その裁判官が指定する。

（期日変更の申立て・法第93条）

第36条　期日の変更の申立ては、期日の変更を必要とする事由を明らかにしてしなければならない。

（期日変更の制限・法第93条）

第37条　期日の変更は、次に掲げる事由に基づいては許してはならない。ただし、やむを得ない事由があるときは、この限りでない。

一　当事者の一方につき訴訟代理人が数人ある場合において、その一部の代理人について変更の事由が生じたこと。

二　期日指定後にその期日と同じ日時が他の事件の期日に指定されたこと。

（裁判長等が定めた期間の伸縮・法第96条）

第38条　裁判長、受命裁判官又は受託裁判官は、その定めた期間を伸長し、又は短縮することができる。

第4節　送達等

（送達に関する事務の取扱いの嘱託・法第98条）

第39条　送達に関する事務の取扱いは、送達地を管轄する地方裁判所の裁判所書記官に嘱託することができる。

（送達すべき書類等・法第101条）

第40条　送達すべき書類は、特別の定めがある場合を除き、当該書類の謄本又は副本とする。

2　送達すべき書類の提出に代えて調書を作成したときは、その調書の謄本又は抄本を交付して送達をする。

（送達場所等の届出の方式・法第104条）

第41条　送達を受けるべき場所の届出及び送達受取人の届出は、書面でしなければならない。

2　前項の届出は、できる限り、訴状、答弁書又は支払督促に対する督促異議の申立書に記載してしなければならない。

3　送達を受けるべき場所を届け出る書面には、届出場所が就業場所であることその他の当事者、法定代理人又は訴訟代理人と届出場所との関係を明らかにする事項を記載しなければならない。

（送達場所等の変更の届出・法第104条）

第42条　当事者、法定代理人又は訴訟代理人は、送達を受けるべき場所として届け出た場所又は送達受取人として届け出た者を変更する届出をすることができる。

2　前条（送達場所等の届出の方式）第1項及び第3項の規定は、前項に規定する変更の届出について準用する。

（就業場所における補充送達の通知・法第106条）

第43条　法第106条（補充送達及び差置送達）第2項の規定による補充送達がされたときは、裁判所書記官は、その旨を送達を受けた者に通知しなければならない。

（書留郵便に付する送達の通知・法第107条）

第44条　法第107条（書留郵便に付する送達）第1項又は第2項の規定による書留郵便に付する送達をしたと

きは、裁判所書記官は、その旨及び当該書類について書留郵便に付して発送した時に送達があったものとみなされることを送達を受けた者に通知しなければならない。

（受命裁判官等の外国における送達の権限・法第108条）

第45条　受命裁判官又は受託裁判官が行う手続において外国における送達をすべきときは、その裁判官も法第108条（外国における送達）に規定する嘱託をすることができる。

（公示送達の方法・法第111条）

第46条　呼出状の公示送達は、呼出状を掲示場に掲示してする。

2　裁判所書記官は、公示送達があったことを官報又は新聞紙に掲載することができる。外国においてすべき送達については、裁判所書記官は、官報又は新聞紙への掲載に代えて、公示送達があったことを通知することができる。

（書類の送付）

第47条　直送（当事者の相手方に対する直接の送付をいう。以下同じ。）その他の送付は、送付すべき書類の写しの交付又はその書類のファクシミリを利用しての送信によってする。

2　裁判所が当事者その他の関係人に対し送付すべき書類の送付に関する事務は、裁判所書記官が取り扱う。

3　裁判所が当事者の提出に係る書類の相手方への送付をしなければならない場合（送達をしなければならない場合を除く。）において、当事者がその書類について直送をしたときは、その送付は、することを要しない。

4　当事者が直送をしなければならない書類について、直送を困難とする事由その他相当とする事由があるときは、当該当事者は、裁判所に対し、当該書類の相手方への送付（準備書面については、送達又は送付）を裁判所書記官に行わせるよう申し出ることができる。

5　当事者から前項の書類又は裁判所が当事者に対し送付すべき書類の直送を受けた相手方は、当該書類を受領した旨を記載した書面について直送をするとともに、当該書面を裁判所に提出しなければならない。ただし、同項の書類又は裁判所が当事者に対し送付すべき書類の直送をした当事者が、受領した旨を相手方が記載した当該書類を裁判所に提出したときは、この限りでない。

第5節　裁判

（判決確定証明書・法第116条）

第48条　第一審裁判所の裁判所書記官は、当事者又は利害関係を疎明した第三者の請求により、訴訟記録に基づいて判決の確定についての証明書を交付する。

2　訴訟がなお上訴審に係属中であるときは、前項の規定にかかわらず、上訴裁判所の裁判所書記官が、判決の確定した部分のみについて同項の証明書を交付する。

（法第117条第1項の訴えの訴状の添付書類）

第49条　法第117条（定期金による賠償を命じた確定判決の変更を求める訴え）第1項の訴えの訴状には、変更を求める確定判決の写しを添付しなければならない。

（決定及び命令の方式等・法第119条等）

第50条　決定書及び命令書には、決定又は命令をした裁判官が記名押印しなければならない。

2　決定又は命令の告知がされたときは、裁判所書記官は、その旨及び告知の方法を訴訟記録上明らかにしなければならない。

3　決定及び命令には、前2項に規定するほか、その性質に反しない限り、判決に関する規定を準用する。

（調書決定）

第50条の2　最高裁判所が決定をする場合において、相当と認めるときは、決定書の作成に代えて、決定の内容を調書に記載させることができる。

第6節　訴訟手続の中断

（訴訟手続の受継の申立ての方式・法第124条等）

第51条　訴訟手続の受継の申立ては、書面でしなければならない。

2　前項の書面には、訴訟手続を受け継ぐ者が法第124条（訴訟手続の中断及び受継）第1項各号に定める者であることを明らかにする資料を添付しなければならない。

（訴訟代理人による中断事由の届出・法第124条）

第52条　法第124条（訴訟手続の中断及び受継）第1項各号に掲げる事由が生じたときは、訴訟代理人は、その旨を裁判所に書面で届け出なければならない。

第6章　訴えの提起前における証拠収集の処分等

（予告通知の書面の記載事項等・法第132条の2）

第52条の2　予告通知の書面には、法第132条の2（訴えの提起前における照会）第3項に規定する請求の要旨及び紛争の要点を記載するほか、次に掲げる事項を記載し、予告通知をする者又はその代理人が記名押印するものとする。

一　予告通知をする者及び予告通知の相手方の氏名又は名称及び住所並びにそれらの代理人の氏名及び住所

二　予告通知の年月日

三　法第132条の2第1項の規定による予告通知である旨

2　前項の請求の要旨及び紛争の要点は、具体的に記載しなければならない。

3　予告通知においては、できる限り、訴えの提起の予定時期を明らかにしなければならない。

（予告通知に対する返答の書面の記載事項等・法第132条の3）

第52条の3　予告通知に対する返答の書面には、法

第132条の3（訴えの提起前における照会）第1項に規定する答弁の要旨を記載するほか、前条（予告通知の書面の記載事項等）第1項第1号に規定する事項、返答の年月日及び法第132条の3第1項の規定による返答である旨を記載し、その返答をする者又はその代理人が記名押印するものとする。

2　前項の答弁の要旨は、具体的に記載しなければならない。

（訴えの提起前における照会及び回答の書面の記載事項等・法第132条の2等）

第52条の4　法第132条の2（訴えの提起前における照会）第1項の規定による照会及びこれに対する回答は、照会の書面及び回答の書面を相手方に送付してする。この場合において、相手方に代理人があるときは、照会の書面は、当該代理人に対し送付するものとする。

2　前項の照会の書面には、次に掲げる事項を記載し、照会をする者又はその代理人が記名押印するものとする。

一　照会をする者及び照会を受ける者並びにそれらの代理人の氏名
二　照会の根拠となる予告通知の表示
三　照会の年月日
四　照会をする事項（以下この条において「照会事項」という。）及びその必要性
五　法第132条の2第1項の規定により照会をする旨
六　回答すべき期間
七　照会をする者の住所、郵便番号及びファクシミリの番号

3　第1項の回答の書面には、前項第1号及び第2号に掲げる事項、回答の年月日並びに照会事項に対する回答を記載し、照会を受けた者又はその代理人が記名押印するものとする。この場合において、照会事項中に法第132条の2第1項第1号に掲げる照会に該当することを理由としてその回答を拒絶するものがあるときは、法第163条（当事者照会）各号のいずれに該当するかをも、法第132条の2第1項第2号又は第3号に掲げる照会に該当することを理由としてその回答を拒絶するものがあるときは、そのいずれに該当するかをも記載するものとする。

4　照会事項は、項目を分けて記載するものとし、照会事項に対する回答は、できる限り、照会事項の項目に対応させて、かつ、具体的に記載するものとする。

5　前各項の規定は、法第132条の3（訴えの提起前における照会）第1項の規定による照会及びこれに対する回答について準用する。

（証拠収集の処分の申立ての方式・法第132条の4）

第52条の5　法第132条の4（訴えの提起前における証拠収集の処分）第1項各号の処分の申立ては、書面でしなければならない。

2　前項の書面には、次に掲げる事項を記載しなければならない。

一　申立ての根拠となる申立人がした予告通知又は返答の相手方（以下この章において単に「相手方」という。）の氏名又は名称及び住所
二　申立てに係る処分の内容
三　申立ての根拠となる申立人又は相手方がした予告通知（以下この項並びに次条（証拠収集の処分の申立書の添付書類）第1項各号及び第2項において単に「予告通知」という。）に係る請求の要旨及び紛争の要点
四　予告通知に係る訴えが提起された場合に立証されるべき事実及びこれと申立てに係る処分により得られる証拠となるべきものとの関係
五　申立人が前号の証拠となるべきものを自ら収集することが困難である事由
六　予告通知がされた日から4月の不変期間内にされた申立てであること又はその期間の経過後に申立てをすることについて相手方の同意があること。

3　第1項の書面には、前項各号に掲げる事項のほか、次の各号に掲げる場合の区分に応じ、それぞれ当該各号に定める事項を記載しなければならない。

一　法第132条の4第1項第1号の処分の申立てをする場合	当該文書の所持者の居所
二　法第132条の4第1項第2号の処分の申立てをする場合	当該嘱託を受けるべき同号に規定する官公署等の所在地
三　法第132条の4第1項第3号の処分の申立てをする場合であって、その申立てが特定の物についての意見の陳述の嘱託に係る場合	当該特定の物の所在地
四　法第132条の4第1項第4号の処分の申立てをする場合	当該調査に係る物の所在地

4　法第132条の4第1項第1号の処分の申立てにおける第2項第2号に掲げる事項の記載は、送付を求める文書（法第231条（文書に準ずる物件への準用）に規定する物件を含む。）を特定するに足りる事項を明らかにしてしなければならない。法第132条の4第1項第3号又は第4号の処分の申立てにおける前項第3号又は第4号に定める物についても、同様とする。

5　法第132条の4第1項第2号又は第4号の処分の申立てにおける第2項第2号に掲げる事項の記載は、調査を求める事項を明らかにしてしなければならない。同条第1項第3号の処分の申立てにおける意見の陳述を求める事項についても、同様とする。

6　第2項第5号の事由は、疎明しなければならない。

（証拠収集の処分の申立書の添付書類・法第132条の4）

第52条の6　前条（証拠収集の処分の申立ての方式）第1項の書面（以下この条において「申立書」という。）には、次に掲げる書類を添付しなければならない。

一　予告通知の書面の写し
二　予告通知がされた日から4月の不変期間が経過しているときは、前条第2項第6号の相手方の同

意を証する書面

2　予告通知に対する返答をした被予告通知者が法第132条の4（訴えの提起前における証拠収集の処分）第1項の処分の申立てをするときは、当該申立書には、前項各号に掲げる書類のほか、当該返答の書面の写しを添付しなければならない。

3　法第132条の4第1項第3号の処分の申立てをする場合において、当該処分が特定の物についての意見の陳述を嘱託するものであり、かつ、当該特定の物に関する権利が登記又は登録をすることができるものであるときは、当該申立書には、当該特定の物の登記事項証明書又は登録原簿に記載されている事項を証明した書面を添付しなければならない。同項第4号の処分の申立てをする場合において、調査に係る物に関する権利が登記又は登録をすることができるものであるときも、同様とする。

（証拠収集の処分の手続等・法第132条の6）

第52条の7　裁判所は、必要があると認めるときは、嘱託を受けるべき者その他参考人の意見を聴くことができる。

2　法第132条の4（訴えの提起前における証拠収集の処分）第1項第1号に規定する文書の送付は、原本、正本又は認証のある謄本のほか、裁判所が嘱託を受けるべき者の負担その他の事情を考慮して相当と認めるときは、写しですることができる。

3　第103条（外国における証拠調べの嘱託の手続）の規定は、法第132条の6（証拠収集の処分の手続等）第5項において準用する法第184条（外国における証拠調べ）第1項の規定により外国においてすべき法第132条の4第1項第1号から第3号までの処分に係る嘱託の手続について準用する。

4　執行官は、法第132条の4第1項第4号の調査をするに当たっては、当該調査を実施する日時及び場所を定め、申立人及び相手方に対し、その日時及び場所を通知しなければならない。

5　第4条（催告及び通知）第1項、第2項及び第5項の規定は、前項に規定する通知について準用する。この場合において、同条第2項及び第5項中「裁判所書記官」とあるのは「執行官」と、「訴訟記録上」とあるのは「報告書において」と読み替えるものとする。

6　法第132条の4第1項第4号の調査の結果に関する報告書には、調査をした執行官の氏名、調査に係る物の表示、調査に着手した日時及びこれを終了した日時、調査をした場所、調査に立ち会った者があるときはその氏名、調査を命じられた事項並びに調査の結果を記載しなければならない。

（訴えの提起の予定の有無等の告知）

第52条の8　予告通知者は、予告通知をした日から4月が経過したとき、又はその経過前であっても被予告通知者の求めがあるときは、被予告通知者に対し、その予告通知に係る訴えの提起の予定の有無及びその予定時期を明らかにしなければならない。

第7章　当事者に対する住所、氏名等の秘匿

（申立ての方式）

第52条の9　次に掲げる申立ては、書面でしなければならない。

一　法第133条（申立人の住所、氏名等の秘匿）第1項の申立て

二　法第133条の2（秘匿決定があった場合における閲覧等の制限の特則）第2項の申立て

三　法第133条の4（秘匿決定の取消し等）第1項の取消しの申立て

四　法第133条の4第2項の許可の申立て

（秘匿事項届出書面の記載事項等）

第52条の10　秘匿事項届出書面には、秘匿事項のほか、次に掲げる事項を記載し、秘匿対象者が記名押印しなければならない。

一　秘匿事項届出書面である旨の表示

二　秘匿対象者の郵便番号及び電話番号（ファクシミリの番号を含む。以下「電話番号等」という。）

2　前項（第2号に係る部分に限る。）の規定は、秘匿対象者の郵便番号及び電話番号等を記載した訴状又は答弁書が提出されている場合には、適用しない。

（法第133条の2第2項の申立ての方式等）

第52条の11　法第133条の2（秘匿決定があった場合における閲覧等の制限の特則）第2項の申立ては、秘匿事項記載部分を特定してしなければならない。

2　秘匿対象者は、自らが提出する文書等について前項の申立てをするときは、当該文書等の提出の際にこれをしなければならない。

3　第1項の申立てをするときは、当該申立てに係る文書等から秘匿事項記載部分を除いたものをも作成し、裁判所に提出しなければならない。

4　第1項の申立てを認容する決定においては、秘匿事項記載部分を特定しなければならない。

5　前項の決定があったときは、第1項の申立てをした者は、遅滞なく、当該申立てに係る文書等から当該決定において特定された秘匿事項記載部分を除いたものを作成し、裁判所に提出しなければならない。ただし、当該申立てにおいて特定された秘匿事項記載部分と当該決定において特定された秘匿事項記載部分とが同一である場合は、この限りでない。

6　法第133条の2第2項の決定の一部について法第133条の4（秘匿決定の取消し等）第1項の取消しの裁判が確定したとき又は同条第2項の許可の裁判が確定したときは、第1項の申立てをした者は、遅滞なく、当該申立てに係る文書等から当該法第133条の2第2項の決定において特定された秘匿事項記載部分のうち法第133条の4第1項の取消しの裁判又は同条第2項の許可の裁判に係る部分以外の部分を除いたものを作成し、裁判所に提出しなければならない。

7　第3項、第5項本文又は前項の規定により文書等から秘匿事項記載部分を除いたものが提出された場合には、当該文書等の閲覧、謄写又は複製は、その

提出されたものによってさせることができる。

（押印を必要とする書面の特例等）

第52条の12　氏名について秘匿決定があった場合には、この規則の規定（第52条の10（秘匿事項届出書面の記載事項等）第１項を除く。次項において同じ。）による押印（当該秘匿決定に係る秘匿対象者がするものに限る。）は、することを要しない。

2　住所等について秘匿決定があった場合には、この規則の規定による郵便番号及び電話番号等（当該秘匿決定に係る秘匿対象者に係るものに限る。）の記載は、することを要しない。

（秘匿決定の一部が取り消された場合等の取扱い）

第52条の13　秘匿決定の一部について法第133条の４（秘匿決定の取消し等）第１項の取消しの裁判が確定したとき又は秘匿事項届出書面の一部について同条第２項の許可の裁判が確定したときは、法第133条（申立人の住所、氏名等の秘匿）第１項の申立てをした者は、遅滞なく、既に提出した秘匿事項届出書面から当該取消しの裁判又は当該許可の裁判に係る部分以外の部分（秘匿事項又は秘匿事項を推知することができる事項が記載された部分に限る。）を除いたもの（次項において「閲覧等用秘匿事項届出書面」という。）を作成し、裁判所に提出しなければならない。

2　前項の規定により閲覧等用秘匿事項届出書面が提出された場合には、秘匿事項届出書面の閲覧又は謄写は、当該閲覧等用秘匿事項届出書面によってさせることができる。

第２編　第一審の訴訟手続

第１章　訴え

（訴状の記載事項・法第134条）

第53条　訴状には、請求の趣旨及び請求の原因（請求を特定するのに必要な事実をいう。）を記載するほか、請求を理由づける事実を具体的に記載し、かつ、立証を要する事由ごとに、当該事実に関連する事実で重要なもの及び証拠を記載しなければならない。

2　訴状に事実についての主張を記載するには、できる限り、請求を理由づける事実についての主張と当該事実に関連する事実についての主張とを区別して記載しなければならない。

3　攻撃又は防御の方法を記載した訴状は、準備書面を兼ねるものとする。

4　訴状には、第１項に規定する事項のほか、原告又はその代理人の郵便番号及び電話番号等を記載しなければならない。

（訴えの提起前に証拠保全が行われた場合の訴状の記載事項）

第54条　訴えの提起前に証拠保全のための証拠調べが行われたときは、訴状には、前条（訴状の記載事項）第１項及び第４項に規定する事項のほか、その証拠調べを行った裁判所及び証拠保全事件の表示を記載しなければならない。

（訴状の添付書類）

第55条　次の各号に掲げる事件の訴状には、それぞれ当該各号に定める書類を添付しなければならない。

一　不動産に関する事件　登記事項証明書

二　手形又は小切手に関する事件　手形又は小切手の写し

2　前項に規定するほか、訴状には、立証を要する事由につき、証拠となるべき文書の写し（以下「書証の写し」という。）で重要なものを添付しなければならない。

（訴状の補正の促し・法第137条）

第56条　裁判長は、訴状の記載について必要な補正を促す場合には、裁判所書記官に命じて行わせることができる。

（訴状却下命令に対する即時抗告・法第137条等）

第57条　訴状却下の命令に対し即時抗告をするときは、抗告状には、却下された訴状を添付しなければならない。

（訴状の送達等・法第138条等）

第58条　訴状の送達は、原告から提出された副本によってする。

2　前項の規定は、法第143条（訴えの変更）第２項（法第144条（選定者に係る請求の追加）第３項及び第145条（中間確認の訴え）第４項において準用する場合を含む。）の書面の送達について準用する。

（反訴・法第146条）

第59条　反訴については、訴えに関する規定を適用する。

第２章　口頭弁論及びその準備

第１節　口頭弁論

（最初の口頭弁論期日の指定・法第139条）

第60条　訴えが提起されたときは、裁判長は、速やかに、口頭弁論の期日を指定しなければならない。ただし、事件を弁論準備手続に付する場合（付することについて当事者に異議がないときに限る。）又は書面による準備手続に付する場合は、この限りでない。

2　前項の期日は、特別の事由がある場合を除き、訴えが提起された日から30日以内の日に指定しなければならない。

（最初の口頭弁論期日前における参考事項の聴取）

第61条　裁判長は、最初にすべき口頭弁論の期日前に、当事者から、訴訟の進行に関する意見その他訴訟の進行について参考とすべき事項の聴取をすることができる。

2　裁判長は、前項の聴取をする場合には、裁判所書記官に命じて行わせることができる。

（口頭弁論期日の開始）

第62条　口頭弁論の期日は、事件の呼上げによって開始する。

（期日外釈明の方法・法第149条）

第63条　裁判長又は陪席裁判官は、口頭弁論の期日外において、法第149条（釈明権等）第１項又は第２項の規定による釈明のための処置をする場合には、裁判所書記官に命じて行わせることができる。

2　裁判長又は陪席裁判官が、口頭弁論の期日外において、攻撃又は防御の方法に重要な変更を生じ得る事項について前項の処置をしたときは、裁判所書記官は、その内容を訴訟記録上明らかにしなければならない。

（口頭弁論期日の変更の制限）

第64条　争点及び証拠の整理手続を経た事件についての口頭弁論の期日の変更は、事実及び証拠についての調査が十分に行われていないことを理由としては許してはならない。

（訴訟代理人の陳述禁止等の通知・法第155条）

第65条　裁判所が訴訟代理人の陳述を禁じ、又は弁護士の付添いを命じたときは、裁判所書記官は、その旨を本人に通知しなければならない。

（口頭弁論調書の形式的記載事項・法第160条）

第66条　口頭弁論の調書には、次に掲げる事項を記載しなければならない。

一　事件の表示

二　裁判官及び裁判所書記官の氏名

三　立ち会った検察官の氏名

四　出頭した当事者、代理人、補佐人及び通訳人の氏名

五　弁論の日時及び場所

六　弁論を公開したこと又は公開しなかったときはその旨及びその理由

2　前項の調書には、裁判所書記官が記名押印し、裁判長が認印しなければならない。

3　前項の場合において、裁判長に支障があるときは、陪席裁判官がその事由を付記して認印しなければならない。裁判官に支障があるときは、裁判所書記官がその旨を記載すれば足りる。

（口頭弁論調書の実質的記載事項・法第160条）

第67条　口頭弁論の調書には、弁論の要領を記載し、特に、次に掲げる事項を明確にしなければならない。

一　訴えの取下げ、和解、請求の放棄及び認諾並びに自白

二　法第147条の3（審理の計画）第1項の審理の計画が同項の規定により定められ、又は同条第4項の規定により変更されたときは、その定められ、又は変更された内容

三　証人、当事者本人及び鑑定人の陳述

四　証人、当事者本人及び鑑定人の宣誓の有無並びに証人及び鑑定人に宣誓をさせなかった理由

五　検証の結果

六　裁判長が記載を命じた事項及び当事者の請求により記載を許した事項

七　書面を作成しないでした裁判

八　裁判の言渡し

2　前項の規定にかかわらず、訴訟が裁判によらないで完結した場合には、裁判長の許可を得て、証人、当事者本人及び鑑定人の陳述並びに検証の結果の記載を省略することができる。ただし、当事者が訴訟の完結を知った日から1週間以内にその記載をすべき旨の申出をしたときは、この限りでない。

3　口頭弁論の調書には、弁論の要領のほか、当事者による攻撃又は防御の方法の提出の予定その他訴訟手続の進行に関する事項を記載することができる。

（調書の記載に代わる録音テープ等への記録）

第68条　裁判所書記官は、前条（口頭弁論調書の実質的記載事項）第1項の規定にかかわらず、裁判長の許可があったときは、証人、当事者本人又は鑑定人（以下「証人等」という。）の陳述を録音テープ又はビデオテープ（これらに準ずる方法により一定の事項を記録することができる物を含む。以下「録音テープ等」という。）に記録し、これをもって調書の記載に代えることができる。この場合において、当事者は、裁判長が許可をする際に、意見を述べることができる。

2　前項の場合において、訴訟が完結するまでに当事者の申出があったときは、証人等の陳述を記載した書面を作成しなければならない。訴訟が上訴審に係属中である場合において、上訴裁判所が必要があると認めたときも、同様とする。

（書面等の引用添付）

第69条　口頭弁論の調書には、書面、写真、録音テープ、ビデオテープその他裁判所において適当と認めるものを引用し、訴訟記録に添付して調書の一部とすることができる。

（陳述の速記）

第70条　裁判所は、必要があると認めるときは、申立てにより又は職権で、裁判所速記官その他の速記者に口頭弁論における陳述の全部又は一部を速記させることができる。

（速記録の作成）

第71条　裁判所速記官は、前条（陳述の速記）の規定により速記した場合には、速やかに、速記原本を反訳して速記録を作成しなければならない。ただし、第73条（速記原本の引用添付）の規定により速記原本が調書の一部とされるときその他裁判所が速記録を作成する必要がないと認めるときは、この限りでない。

（速記録の引用添付）

第72条　裁判所速記官が作成した速記録は、調書に引用し、訴訟記録に添付して調書の一部とするものとする。ただし、裁判所が速記録の引用を適当でないと認めるときは、この限りでない。

（速記原本の引用添付）

第73条　証人及び当事者本人の尋問並びに鑑定人の口頭による意見の陳述については、裁判所が相当と認め、かつ、当事者が同意したときは、裁判所速記官が作成した速記原本を引用し、訴訟記録に添付して調書の一部とすることができる。

（速記原本の反訳等）

第74条　裁判所は、次に掲げる場合には、裁判所速記官に前条（速記原本の引用添付）の規定により調書の一部とされた速記原本を反訳して速記録を作成させなければならない。

一　訴訟記録の閲覧、謄写又はその正本、謄本若し

くは抄本の交付を請求する者が反訳を請求したとき。
二　裁判官が代わったとき。
三　上訴の提起又は上告受理の申立てがあったとき。
四　その他必要があると認めるとき。
2　裁判所書記官は、前項の規定により作成された速記録を訴訟記録に添付し、その旨を当事者その他の関係人に通知しなければならない。
3　前項の規定により訴訟記録に添付された速記録は、前条の規定により調書の一部とされた速記原本に代わるものとする。

（速記原本の訳読）
第75条　裁判所速記官は、訴訟記録の閲覧を請求する者が調書の一部とされた速記原本の訳読を請求した場合において裁判所書記官の求めがあったときは、その訳読をしなければならない。

（口頭弁論における陳述の録音）
第76条　裁判所は、必要があると認めるときは、申立てにより又は職権で、録音装置を使用して口頭弁論における陳述の全部又は一部を録取させることができる。この場合において、裁判所が相当と認めるときは、録音テープを反訳した調書を作成しなければならない。

（写真の撮影等の制限）
第77条　民事訴訟に関する手続の期日における写真の撮影、速記、録音、録画又は放送は、裁判長、受命裁判官又は受託裁判官の許可を得なければすることができない。期日外における審尋及び法第176条（書面による準備手続の方法等）第3項に基づく協議についても、同様とする。

（裁判所の審尋等への準用）
第78条　法第160条（口頭弁論調書）及び第66条から第76条まで（口頭弁論調書の形式的記載事項、口頭弁論調書の実質的記載事項、調書の記載に代わる録音テープ等への記録、書面等の引用添付、陳述の速記、速記録の作成、速記録の引用添付、速記原本の引用添付、速記原本の反訳等、速記原本の訳読及び口頭弁論における陳述の録音）の規定は、裁判所の審尋及び口頭弁論の期日外に行う証拠調べ並びに受命裁判官又は受託裁判官が行う手続について準用する。

第2節　準備書面等

（準備書面・法第161条）
第79条　答弁書その他の準備書面は、これに記載した事項について相手方が準備をするのに必要な期間をおいて、裁判所に提出しなければならない。
2　準備書面に事実についての主張を記載する場合には、できる限り、請求を理由づける事実、抗弁事実又は再抗弁事実についての主張とこれらに関連する事実についての主張とを区別して記載しなければならない。
3　準備書面において相手方の主張する事実を否認する場合には、その理由を記載しなければならない。
4　第2項に規定する場合には、立証を要する事由ごとに、証拠を記載しなければならない。

（答弁書）
第80条　答弁書には、請求の趣旨に対する答弁を記載するほか、訴状に記載された事実に対する認否及び抗弁事実を具体的に記載し、かつ、立証を要する事由ごとに、当該事実に関連する事実で重要なもの及び証拠を記載しなければならない。やむを得ない事由によりこれらを記載することができない場合には、答弁書の提出後速やかに、これらを記載した準備書面を提出しなければならない。
2　答弁書には、立証を要する事由につき、重要な書証の写しを添付しなければならない。やむを得ない事由により添付することができない場合には、答弁書の提出後速やかに、これを提出しなければならない。
3　第53条（訴状の記載事項）第4項の規定は、答弁書について準用する。

（答弁に対する反論）
第81条　被告の答弁により反論を要することとなった場合には、原告は、速やかに、答弁書に記載された事実に対する認否及び再抗弁事実を具体的に記載し、かつ、立証を要することとなった事由ごとに、当該事実に関連する事実で重要なもの及び証拠を記載した準備書面を提出しなければならない。当該準備書面には、立証を要することとなった事由につき、重要な書証の写しを添付しなければならない。

（準備書面に引用した文書の取扱い）
第82条　文書を準備書面に引用した当事者は、裁判所又は相手方の求めがあるときは、その写しを提出しなければならない。
2　前項の当事者は、同項の写しについて直送をしなければならない。

（準備書面の直送）
第83条　当事者は、準備書面について、第79条（準備書面）第1項の期間をおいて、直送をしなければならない。

（当事者照会・法第163条）
第84条　法第163条（当事者照会）の規定による照会及びこれに対する回答は、照会書及び回答書を相手方に送付してする。この場合において、相手方に代理人があるときは、照会書は、当該代理人に対し送付するものとする。
2　前項の照会書には、次に掲げる事項を記載し、当事者又は代理人が記名押印するものとする。
一　当事者及び代理人の氏名
二　事件の表示
三　訴訟の係属する裁判所の表示
四　年月日
五　照会をする事項（以下この条において「照会事項」という。）及びその必要性
六　法第163条の規定により照会をする旨
七　回答すべき期間
八　照会をする者の住所、郵便番号及びファクシミ

リの番号

3　第1項の回答書には、前項第1号から第4号までに掲げる事項及び照会事項に対する回答を記載し、当事者又は代理人が記名押印するものとする。この場合において、照会事項中に法第163条各号に掲げる照会に該当することを理由としてその回答を拒絶するものがあるときは、その条項をも記載するものとする。

4　照会事項は、項目を分けて記載するものとし、照会事項に対する回答は、できる限り、照会事項の項目に対応させて、かつ、具体的に記載するものとする。

(調査の義務)

第85条　当事者は、主張及び立証を尽くすため、あらかじめ、証人その他の証拠について事実関係を詳細に調査しなければならない。

第3節　争点及び証拠の整理手続

第1款　準備的口頭弁論

(証明すべき事実の調書記載等・法第165条)

第86条　裁判所は、準備的口頭弁論を終了するに当たり、その後の証拠調べによって証明すべき事実が確認された場合において、相当と認めるときは、裁判所書記官に当該事実を準備的口頭弁論の調書に記載させなければならない。

2　裁判長は、準備的口頭弁論を終了するに当たり、当事者に準備的口頭弁論における争点及び証拠の整理の結果を要約した書面を提出させる場合には、その書面の提出をすべき期間を定めることができる。

(法第167条の規定による当事者の説明の方式)

第87条　法第167条（準備的口頭弁論終了後の攻撃防御方法の提出）の規定による当事者の説明は、期日において口頭でする場合を除き、書面でしなければならない。

2　前項の説明が期日において口頭でされた場合には、相手方は、説明をした当事者に対し、当該説明の内容を記載した書面を交付するよう求めることができる。

第2款　弁論準備手続

(弁論準備手続調書等・法第170条等)

第88条　弁論準備手続の調書には、当事者の陳述に基づき、法第161条（準備書面）第2項に掲げる事項を記載し、特に、証拠については、その申出を明確にしなければならない。

2　裁判所及び当事者双方が音声の送受信により同時に通話をすることができる方法によって弁論準備手続の期日における手続を行うときは、裁判所又は受命裁判官は、次に掲げる事項を確認しなければならない。

一　通話者

二　通話者の所在する場所の状況が当該方法によって手続を実施するために適切なものであること。

3　前項の手続を行ったときは、その旨及び同項第2号に掲げる事項を弁論準備手続の調書に記載しなければならない。

4　第1項及び前項に規定するほか、弁論準備手続の調書については、法第160条（口頭弁論調書）及びこの規則中口頭弁論の調書に関する規定を準用する。

(弁論準備手続の結果の陳述・法第173条)

第89条　弁論準備手続の終結後に、口頭弁論において弁論準備手続の結果を陳述するときは、その後の証拠調べによって証明すべき事実を明らかにしてしなければならない。

(準備的口頭弁論の規定等の準用・法第170条等)

第90条　第63条（期日外釈明の方法）及び第65条（訴訟代理人の陳述禁止等の通知）並びに前款（準備的口頭弁論）の規定は、弁論準備手続について準用する。

第3款　書面による準備手続

(音声の送受信による通話の方法による協議・法第176条)

第91条　裁判長又は高等裁判所における受命裁判官（以下この条において「裁判長等」という。）は、裁判所及び当事者双方が音声の送受信により同時に通話をすることができる方法によって書面による準備手続における協議をする場合には、その協議の日時を指定することができる。

2　前項の方法による協議をしたときは、裁判長等は、裁判所書記官に当該手続についての調書を作成させ、これに協議の結果を記載させることができる。

3　第1項の方法による協議をし、かつ、裁判長等がその結果について裁判所書記官に記録をさせたときは、その記録に同項の方法による協議をした旨及び次項において準用する第88条（弁論準備手続調書等）第2項第2号に掲げる事項を記載させなければならない。

4　第88条第2項の規定は、第1項の方法による協議をする場合について準用する。

(口頭弁論の規定等の準用・法第176条)

第92条　第63条（期日外釈明の方法）及び第86条（証明すべき事実の調書記載等）第2項の規定は、書面による準備手続について準用する。

(証明すべき事実の調書記載・法第177条)

第93条　書面による準備手続を終結した事件について、口頭弁論の期日において、その後の証拠調べによって証明すべき事実の確認がされたときは、当該事実を口頭弁論の調書に記載しなければならない。

(法第178条の規定による当事者の説明の方式)

第94条　法第178条（書面による準備手続終結後の攻撃防御方法の提出）の規定による当事者の説明は、期日において口頭でする場合を除き、書面でしなければならない。

2　第87条（法第167条の規定による当事者の説明の方式）第2項の規定は、前項の説明が期日において口頭でされた場合について準用する。

第4節　進行協議期日

(進行協議期日)
第95条　裁判所は、口頭弁論の期日外において、その審理を充実させることを目的として、当事者双方が立ち会うことができる進行協議期日を指定することができる。この期日においては、裁判所及び当事者は、口頭弁論における証拠調べと争点との関係の確認その他訴訟の進行に関し必要な事項についての協議を行うものとする。
2　訴えの取下げ並びに請求の放棄及び認諾は、進行協議期日においてもすることができる。
3　法第261条(訴えの取下げ)第4項及び第5項の規定は、前項の訴えの取下げについて準用する。
(音声の送受信による通話の方法による進行協議期日)
第96条　裁判所は、相当と認めるときは、当事者の意見を聴いて、裁判所及び当事者双方が音声の送受信により同時に通話をすることができる方法によって、進行協議期日における手続を行うことができる。
2　進行協議期日に出頭しないで前項の手続に関与した当事者は、その期日に出頭したものとみなす。
3　第1項の方法による手続を行い、かつ、裁判所又は受命裁判官がその結果について裁判所書記官に調書を作成させるときは、同項の方法による手続を行った旨及び次項において準用する第88条(弁論準備手続調書等)第2項第2号に掲げる事項を調書に記載させなければならない。
4　第88条第2項の規定は、第1項の手続を行う場合について準用する。
(裁判所外における進行協議期日)
第97条　裁判所は、相当と認めるときは、裁判所外において進行協議期日における手続を行うことができる。
(受命裁判官による進行協議期日)
第98条　裁判所は、受命裁判官に進行協議期日における手続を行わせることができる。

第3章　証拠

第1節　総則

(証拠の申出・法第180条)
第99条　証拠の申出は、証明すべき事実及びこれと証拠との関係を具体的に明示してしなければならない。
2　第83条(準備書面の直送)の規定は、証拠の申出を記載した書面についても適用する。
(証人及び当事者本人の一括申出・法第182条)
第100条　証人及び当事者本人の尋問の申出は、できる限り、一括してしなければならない。
(証拠調べの準備)
第101条　争点及び証拠の整理手続を経た事件については、裁判所は、争点及び証拠の整理手続の終了又は終結後における最初の口頭弁論の期日において、直ちに証拠調べをすることができるようにしなければならない。
(文書等の提出時期)
第102条　証人若しくは当事者本人の尋問又は鑑定人の口頭による意見の陳述において使用する予定の文書は、証人等の陳述の信用性を争うための証拠として使用するものを除き、当該尋問又は意見の陳述を開始する時の相当期間前までに、提出しなければならない。ただし、当該文書を提出することができないときは、その写しを提出すれば足りる。
(外国における証拠調べの嘱託の手続・法第184条)
第103条　外国においてすべき証拠調べの嘱託の手続は、裁判長がする。
(証拠調べの再嘱託の通知・法第185条)
第104条　受託裁判官が他の地方裁判所又は簡易裁判所に更に証拠調べの嘱託をしたときは、受託裁判官の所属する裁判所の裁判所書記官は、その旨を受訴裁判所及び当事者に通知しなければならない。
(嘱託に基づく証拠調べの記録の送付・法第185条)
第105条　受託裁判官の所属する裁判所の裁判所書記官は、受訴裁判所の裁判所書記官に対し、証拠調べに関する記録を送付しなければならない。
(過料の裁判の執行に関する調査・法第189条)
第105条の2　刑事訴訟規則(昭和23年最高裁判所規則第32号)第158条(処罰等の請求)、第295条の6から第295条の10まで(差押え等の令状請求書の記載要件、資料の提供等、身体検査令状の記載要件、令状の返還に関する記載及び鑑定処分許可請求書の記載要件)、第295条の11(準用規定等)第1項、第299条(裁判官に対する取調等の請求)第1項及び第300条(令状の有効期間)の規定は、法第189条(過料の裁判の執行)第3項(法及び他の法令において準用する場合を含む。)において読み替えて準用する刑事訴訟法(昭和23年法律第131号)第7編第2章(第511条及び第513条第6項から第8項までを除く。)の規定による過料の裁判の執行に関する調査について準用する。

第2節　証人尋問

(証人尋問の申出)
第106条　証人尋問の申出は、証人を指定し、かつ、尋問に要する見込みの時間を明らかにしてしなければならない。
(尋問事項書)
第107条　証人尋問の申出をするときは、同時に、尋問事項書(尋問事項を記載した書面をいう。以下同じ。)2通を提出しなければならない。ただし、やむを得ない事由があるときは、裁判長の定める期間内に提出すれば足りる。
2　尋問事項書は、できる限り、個別的かつ具体的に記載しなければならない。
3　第1項の申出をする当事者は、尋問事項書について直送をしなければならない。

（呼出状の記載事項等）
第108条　証人の呼出状には、次に掲げる事項を記載し、尋問事項書を添付しなければならない。
一　当事者の表示
二　出頭すべき日時及び場所
三　出頭しない場合における法律上の制裁

（証人の出頭の確保）
第109条　証人を尋問する旨の決定があったときは、尋問の申出をした当事者は、証人を期日に出頭させるように努めなければならない。

（不出頭の届出）
第110条　証人は、期日に出頭することができない事由が生じたときは、直ちに、その事由を明らかにして届け出なければならない。

（勾引・法第194条）
第111条　刑事訴訟規則中勾引に関する規定は、正当な理由なく出頭しない証人の勾引について準用する。

（宣誓・法第201条）
第112条　証人の宣誓は、尋問の前にさせなければならない。ただし、特別の事由があるときは、尋問の後にさせることができる。
2　宣誓は、起立して厳粛に行わなければならない。
3　裁判長は、証人に宣誓書を朗読させ、かつ、これに署名押印させなければならない。証人が宣誓書を朗読することができないときは、裁判長は、裁判所書記官にこれを朗読させなければならない。
4　裁判長は、相当と認めるときは、前項前段の規定にかかわらず、同項前段に規定する署名押印に代えて、宣誓書に宣誓の趣旨を理解した旨の記載をさせることができる。
5　前2項の宣誓書には、良心に従って真実を述べ、何事も隠さず、また、何事も付け加えないことを誓う旨を記載しなければならない。
6　裁判長は、宣誓の前に、宣誓の趣旨を説明し、かつ、偽証の罰を告げなければならない。

（尋問の順序・法第202条）
第113条　当事者による証人の尋問は、次の順序による。
一　尋問の申出をした当事者の尋問（主尋問）
二　相手方の尋問（反対尋問）
三　尋問の申出をした当事者の再度の尋問（再主尋問）
2　当事者は、裁判長の許可を得て、更に尋問をすることができる。
3　裁判長は、法第202条（尋問の順序）第1項及び第2項の規定によるほか、必要があると認めるときは、いつでも、自ら証人を尋問し、又は当事者の尋問を許すことができる。
4　陪席裁判官は、裁判長に告げて、証人を尋問することができる。

（質問の制限）
第114条　次の各号に掲げる尋問は、それぞれ当該各号に定める事項について行うものとする。
一　主尋問　立証すべき事項及びこれに関連する事項
二　反対尋問　主尋問に現れた事項及びこれに関連する事項並びに証言の信用性に関する事項
三　再主尋問　反対尋問に現れた事項及びこれに関連する事項
2　裁判長は、前項各号に掲げる尋問における質問が同項各号に定める事項以外の事項に関するものであって相当でないと認めるときは、申立てにより又は職権で、これを制限することができる。

第115条　質問は、できる限り、個別的かつ具体的にしなければならない。
2　当事者は、次に掲げる質問をしてはならない。ただし、第2号から第6号までに掲げる質問については、正当な理由がある場合は、この限りでない。
一　証人を侮辱し、又は困惑させる質問
二　誘導質問
三　既にした質問と重複する質問
四　争点に関係のない質問
五　意見の陳述を求める質問
六　証人が直接経験しなかった事実についての陳述を求める質問
3　裁判長は、質問が前項の規定に違反するものであると認めるときは、申立てにより又は職権で、これを制限することができる。

（文書等の質問への利用）
第116条　当事者は、裁判長の許可を得て、文書、図面、写真、模型、装置その他の適当な物件（以下この条において「文書等」という。）を利用して証人に質問することができる。
2　前項の場合において、文書等が証拠調べをしていないものであるときは、当該質問の前に、相手方にこれを閲覧する機会を与えなければならない。ただし、相手方に異議がないときは、この限りでない。
3　裁判長は、調書への添付その他必要があると認めるときは、当事者に対し、文書等の写しの提出を求めることができる。

（異議・法第202条）
第117条　当事者は、第113条（尋問の順序）第2項及び第3項、第114条（質問の制限）第2項、第115条（質問の制限）第3項並びに前条（文書等の質問への利用）第1項の規定による裁判長の裁判に対し、異議を述べることができる。
2　前項の異議に対しては、裁判所は、決定で、直ちに裁判をしなければならない。

（対質）
第118条　裁判長は、必要があると認めるときは、証人と他の証人との対質を命ずることができる。
2　前項の規定により対質を命じたときは、その旨を調書に記載させなければならない。
3　対質を行うときは、裁判長がまず証人を尋問することができる。

（文字の筆記等）
第119条　裁判長は、必要があると認めるときは、証人に文字の筆記その他の必要な行為をさせることができる。
（後に尋問すべき証人の取扱い）
第120条　裁判長は、必要があると認めるときは、後に尋問すべき証人に在廷を許すことができる。
（傍聴人の退廷）
第121条　裁判長は、証人が特定の傍聴人の面前（法第203条の３（遮へいの措置）第２項に規定する措置をとる場合及び法第204条（映像等の送受信による通話の方法による尋問）に規定する方法による場合を含む。）においては威圧され十分な陳述をすることができないと認めるときは、当事者の意見を聴いて、その証人が陳述する間、その傍聴人を退廷させることができる。
（書面による質問又は回答の朗読・法第154条）
第122条　耳が聞こえない証人に書面で質問したとき、又は口がきけない証人に書面で答えさせたときは、裁判長は、裁判所書記官に質問又は回答を記載した書面を朗読させることができる。
（付添い・法第203条の2）
第122条の２　裁判長は、法第203条の２（付添い）第１項に規定する措置をとるに当たっては、当事者及び証人の意見を聴かなければならない。
2　前項の措置をとったときは、その旨並びに証人に付き添った者の氏名及びその者と証人との関係を調書に記載しなければならない。
（遮へいの措置・法第203条の3）
第122条の３　裁判長は、法第203条の３（遮へいの措置）第１項又は第２項に規定する措置をとるに当たっては、当事者及び証人の意見を聴かなければならない。
2　前項の措置をとったときは、その旨を調書に記載しなければならない。
（映像等の送受信による通話の方法による尋問・法第204条）
第123条　法第204条（映像等の送受信による通話の方法による尋問）第１号に掲げる場合における同条に規定する方法による尋問は、当事者の意見を聴いて、当事者を受訴裁判所に出頭させ、証人を当該尋問に必要な装置の設置された他の裁判所に出頭させてする。
2　法第204条第２号に掲げる場合における同条に規定する方法による尋問は、当事者及び証人の意見を聴いて、当事者を受訴裁判所に出頭させ、証人を受訴裁判所又は当該尋問に必要な装置の設置された他の裁判所に出頭させてする。この場合において、証人を受訴裁判所に出頭させるときは、裁判長及び当事者が証人を尋問するために在席する場所以外の場所にその証人を在席させるものとする。
3　前２項の尋問をする場合には、文書の写しを送信してこれを提示することその他の尋問の実施に必要な処置を行うため、ファクシミリを利用することができる。
4　第１項又は第２項の尋問をしたときは、その旨及び証人が出頭した裁判所（当該裁判所が受訴裁判所である場合を除く。）を調書に記載しなければならない。
（書面尋問・法第205条）
第124条　法第205条（尋問に代わる書面の提出）の規定により証人の尋問に代えて書面の提出をさせる場合には、裁判所は、尋問の申出をした当事者の相手方に対し、当該書面において回答を希望する事項を記載した書面を提出させることができる。
2　裁判長は、証人が尋問に代わる書面の提出をすべき期間を定めることができる。
3　証人は、前項の書面に署名押印しなければならない。
（受命裁判官等の権限・法第206条）
第125条　受命裁判官又は受託裁判官が証人尋問をする場合には、裁判所及び裁判長の職務は、その裁判官が行う。

第３節　当事者尋問

（対質）
第126条　裁判長は、必要があると認めるときは、当事者本人と、他の当事者本人又は証人との対質を命ずることができる。
（証人尋問の規定の準用・法第210条）
第127条　前節（証人尋問）の規定は、特別の定めがある場合を除き、当事者本人の尋問について準用する。ただし、第111条（勾引）、第120条（後に尋問すべき証人の取扱い）及び第124条（書面尋問）の規定は、この限りでない。
（法定代理人の尋問・法第211条）
第128条　この規則中当事者本人の尋問に関する規定は、訴訟において当事者を代表する法定代理人について準用する。

第４節　鑑定

（鑑定事項）
第129条　鑑定の申出をするときは、同時に、鑑定を求める事項を記載した書面を提出しなければならない。ただし、やむを得ない事由があるときは、裁判長の定める期間内に提出すれば足りる。
2　前項の申出をする当事者は、同項の書面について直送をしなければならない。
3　相手方は、第１項の書面について意見があるときは、意見を記載した書面を裁判所に提出しなければならない。
4　裁判所は、第１項の書面に基づき、前項の意見も考慮して、鑑定事項を定める。この場合においては、鑑定事項を記載した書面を鑑定人に送付しなければならない。
（鑑定のために必要な事項についての協議）
第129条の２　裁判所は、口頭弁論若しくは弁論準備手続の期日又は進行協議期日において、鑑定事項の内容、鑑定に必要な資料その他鑑定のために必要な事項について、当事者及び鑑定人と協議をすることができる。書面による準備手続においても、同様とする。

（忌避の申立ての方式・法第214条）

第130条　鑑定人に対する忌避の申立ては、期日においてする場合を除き、書面でしなければならない。

2　忌避の原因は、疎明しなければならない。

（宣誓の方式）

第131条　宣誓書には、良心に従って誠実に鑑定をすることを誓う旨を記載しなければならない。

2　鑑定人の宣誓は、宣誓書を裁判所に提出する方式によってもさせることができる。この場合における裁判長による宣誓の趣旨の説明及び虚偽鑑定の罰の告知は、これらの事項を記載した書面を鑑定人に送付する方法によって行う。

（鑑定人の陳述の方式・法第215条）

第132条　裁判長は、鑑定人に、共同して又は各別に、意見を述べさせることができる。

2　裁判長は、鑑定人に書面で意見を述べさせる場合には、鑑定人の意見を聴いて、当該書面を提出すべき期間を定めることができる。

（鑑定人に更に意見を求める事項・法第215条）

第132条の2　法第215条（鑑定人の陳述の方式等）第2項の申立てをするときは、同時に、鑑定人に更に意見を求める事項を記載した書面を提出しなければならない。ただし、やむを得ない事由があるときは、裁判長の定める期間内に提出すれば足りる。

2　裁判所は、職権で鑑定人に更に意見を述べさせるときは、当事者に対し、あらかじめ、鑑定人に更に意見を求める事項を記載した書面を提出させることができる。

3　前2項の書面を提出する当事者は、これらの書面について直送をしなければならない。

4　相手方は、第1項又は第2項の書面について意見があるときは、意見を記載した書面を裁判所に提出しなければならない。

5　裁判所は、第1項又は第2項の書面の内容及び前項の意見を考慮して、鑑定人に更に意見を求める事項を定める。この場合においては、当該事項を記載した書面を鑑定人に送付しなければならない。

（質問の順序・法第215条の2）

第132条の3　裁判長は、法第215条の2（鑑定人質問）第2項及び第3項の規定によるほか、必要があると認めるときは、いつでも、自ら鑑定人に対し質問をし、又は当事者の質問を許すことができる。

2　陪席裁判官は、裁判長に告げて、鑑定人に対し質問をすることができる。

3　当事者の鑑定人に対する質問は、次の順序による。ただし、当事者双方が鑑定の申出をした場合における当事者の質問の順序は、裁判長が定める。

一　鑑定の申出をした当事者の質問

二　相手方の質問

三　鑑定の申出をした当事者の再度の質問

4　当事者は、裁判長の許可を得て、更に質問をすることができる。

（質問の制限・法第215条の2）

第132条の4　鑑定人に対する質問は、鑑定人の意見の内容を明瞭にし、又はその根拠を確認するために必要な事項について行うものとする。

2　質問は、できる限り、具体的にしなければならない。

3　当事者は、次に掲げる質問をしてはならない。ただし、第2号及び第3号に掲げる質問については、正当な理由がある場合は、この限りでない。

一　鑑定人を侮辱し、又は困惑させる質問

二　誘導質問

三　既にした質問と重複する質問

四　第1項に規定する事項に関係のない質問

4　裁判長は、質問が前項の規定に違反するものであると認めるときは、申立てにより又は職権で、これを制限することができる。

（映像等の送受信による通話の方法による陳述・法第215条の3）

第132条の5　法第215条の3（映像等の送受信による通話の方法による陳述）に規定する方法によって鑑定人に意見を述べさせるときは、当事者の意見を聴いて、当事者を受訴裁判所に出頭させ、鑑定人を当該手続に必要な装置の設置された場所であって裁判所が相当と認める場所に出頭させてこれをする。

2　前項の場合には、文書の写しを送信してこれを提示することその他の手続の実施に必要な処置を行うため、ファクシミリを利用することができる。

3　第1項の方法によって鑑定人に意見を述べさせたときは、その旨及び鑑定人が出頭した場所を調書に記載しなければならない。

（鑑定人の発問等）

第133条　鑑定人は、鑑定のため必要があるときは、審理に立ち会い、裁判長に証人若しくは当事者本人に対する尋問を求め、又は裁判長の許可を得て、これらの者に対し直接に問いを発することができる。

（異議・法第215条の2）

第133条の2　当事者は、第132条の3（質問の順序）第1項、第3項ただし書及び第4項、第132条の4（質問の制限）第4項、前条（鑑定人の発問等）並びに第134条（証人尋問の規定の準用）において準用する第116条（文書等の質問への利用）第1項の規定による裁判長の裁判に対し、異議を述べることができる。

2　前項の異議に対しては、裁判所は、決定で、直ちに裁判をしなければならない。

（証人尋問の規定の準用・法第216条）

第134条　第108条（呼出状の記載事項等）の規定は鑑定人の呼出状について、第110条（不出頭の届出）の規定は鑑定人に期日に出頭することができない事由が生じた場合について、第112条（宣誓）第2項から第4項まで及び第6項の規定は鑑定人に宣誓をさせる場合について、第116条（文書等の質問への利用）、第118条（対質）、第119条（文字の筆記等）、第121条（傍聴人の退廷）及び第122条（書面による質問又は回答の朗読）の規定は鑑定人に口頭で意見を述べさせる場合について、第

125条（受命裁判官等の権限）の規定は受命裁判官又は受託裁判官が鑑定人に意見を述べさせる場合について準用する。

（鑑定証人・法第217条）

第135条　鑑定証人の尋問については、証人尋問に関する規定を適用する。

（鑑定の嘱託への準用・法第218条）

第136条　この節の規定は、宣誓に関する規定を除き、鑑定の嘱託について準用する。

第5節　書証

（書証の申出等・法第219条）

第137条　文書を提出して書証の申出をするときは、当該申出をする時までに、その写し２通（当該文書を送付すべき相手方の数が２以上であるときは、その数に１を加えた通数）を提出するとともに、文書の記載から明らかな場合を除き、文書の標目、作成者及び立証趣旨を明らかにした証拠説明書２通（当該書面を送付すべき相手方の数が２以上であるときは、その数に１を加えた通数）を提出しなければならない。ただし、やむを得ない事由があるときは、裁判長の定める期間内に提出すれば足りる。

2　前項の申出をする当事者は、相手方に送付すべき文書の写し及びその文書に係る証拠説明書について直送をすることができる。

（訳文の添付等）

第138条　外国語で作成された文書を提出して書証の申出をするときは、取調べを求める部分についてその文書の訳文を添付しなければならない。この場合において、前条（書証の申出等）第２項の規定による直送をするときは、同時に、その訳文についても直送をしなければならない。

2　相手方は、前項の訳文の正確性について意見があるときは、意見を記載した書面を裁判所に提出しなければならない。

（書証の写しの提出期間・法第162条）

第139条　法第162条（準備書面等の提出期間）の規定により、裁判長が特定の事項に関する書証の申出（文書を提出してするものに限る。）をすべき期間を定めたときは、当事者は、その期間が満了する前に、書証の写しを提出しなければならない。

（文書提出命令の申立ての方式等・法第221条等）

第140条　文書提出命令の申立ては、書面でしなければならない。

2　相手方は、前項の申立てについて意見があるときは、意見を記載した書面を裁判所に提出しなければならない。

3　第99条（証拠の申出）第２項及び前２項の規定は、法第222条（文書の特定のための手続）第１項の規定による申出について準用する。

（提示文書の保管・法第223条）

第141条　裁判所は、必要があると認めるときは、法第223条（文書提出命令等）第６項前段の規定により提示された文書を一時保管することができる。

（受命裁判官等の証拠調べの調書）

第142条　受命裁判官又は受託裁判官に文書の証拠調べをさせる場合には、裁判所は、当該証拠調べについての調書に記載すべき事項を定めることができる。

2　受命裁判官又は受託裁判官の所属する裁判所の裁判所書記官は、前項の調書に同項の文書の写しを添付することができる。

（文書の提出等の方法）

第143条　文書の提出又は送付は、原本、正本又は認証のある謄本でしなければならない。

2　裁判所は、前項の規定にかかわらず、原本の提出を命じ、又は送付をさせることができる。

（録音テープ等の反訳文書の書証の申出があった場合の取扱い）

第144条　録音テープ等を反訳した文書を提出して書証の申出をした当事者は、相手方がその録音テープ等の複製物の交付を求めたときは、相手方にこれを交付しなければならない。

（文書の成立を否認する場合における理由の明示）

第145条　文書の成立を否認するときは、その理由を明らかにしなければならない。

（筆跡等の対照の用に供すべき文書等に係る調書等・法第229条）

第146条　法第229条（筆跡等の対照による証明）第１項に規定する筆跡又は印影の対照の用に供した書類の原本、謄本又は抄本は、調書に添付しなければならない。

2　第141条（提示文書の保管）の規定は、法第229条第２項において準用する法第223条（文書提出命令等）第１項の規定による文書その他の物件の提出について、第142条（受命裁判官等の証拠調べの調書）の規定は、法第229条第２項において準用する法第219条（書証の申出）、第223条第１項及び第226条（文書送付の嘱託）の規定により提出され、又は送付された文書その他の物件の取調べを受命裁判官又は受託裁判官にさせる場合における調書について準用する。

（文書に準ずる物件への準用・法第231条）

第147条　第137条から前条まで（書証の申出等、訳文の添付等、書証の写しの提出期間、文書提出命令の申立ての方式等、提示文書の保管、受命裁判官等の証拠調べの調書、文書の提出等の方法、録音テープ等の反訳文書の書証の申出があった場合の取扱い、文書の成立を否認する場合における理由の明示及び筆跡等の対照の用に供すべき文書等に係る調書等）の規定は、特別の定めがある場合を除き、法第231条（文書に準ずる物件への準用）に規定する物件について準用する。

（写真等の証拠説明書の記載事項）

第148条　写真又は録音テープ等の証拠調べの申出をするときは、その証拠説明書において、撮影、録音、録画等の対象並びにその日時及び場所をも明らかにしなければならない。

（録音テープ等の内容を説明した書面の提出等）

第149条　録音テープ等の証拠調べの申出をした当

事者は、裁判所又は相手方の求めがあるときは、当該録音テープ等の内容を説明した書面（当該録音テープ等を反訳した書面を含む。）を提出しなければならない。
2　前項の当事者は、同項の書面について直送をしなければならない。
3　相手方は、第1項の書面における説明の内容について意見があるときは、意見を記載した書面を裁判所に提出しなければならない。

第6節　検証

（検証の申出の方式）
第150条　検証の申出は、検証の目的を表示してしなければならない。
（検証の目的の提示等・法第232条）
第151条　第141条（提示文書の保管）の規定は、検証の目的の提示について、第142条（受命裁判官等の証拠調べの調書）の規定は、提示又は送付に係る検証の目的の検証を受命裁判官又は受託裁判官にさせる場合における調書について準用する。

第7節　証拠保全

（証拠保全の手続における証拠調べ・法第234条）
第152条　証拠保全の手続における証拠調べについては、この章の規定を適用する。
（証拠保全の申立ての方式・法第235条）
第153条　証拠保全の申立ては、書面でしなければならない。
2　前項の書面には、次に掲げる事項を記載しなければならない。
一　相手方の表示
二　証明すべき事実
三　証拠
四　証拠保全の事由
3　証拠保全の事由は、疎明しなければならない。
（証拠保全の記録の送付）
第154条　証拠保全のための証拠調べが行われた場合には、その証拠調べを行った裁判所の裁判所書記官は、本案の訴訟記録の存する裁判所の裁判所書記官に対し、証拠調べに関する記録を送付しなければならない。

第4章　判決

（言渡しの方式・法第252条等）
第155条　判決の言渡しは、裁判長が主文を朗読してする。
2　裁判長は、相当と認めるときは、判決の理由を朗読し、又は口頭でその要領を告げることができる。
3　前2項の規定にかかわらず、法第254条（言渡しの方式の特則）第1項の規定による判決の言渡しは、裁判長が主文及び理由の要旨を告げてする。
（言渡期日の通知・法第251条）
第156条　判決の言渡期日の日時は、あらかじめ、裁判所書記官が当事者に通知するものとする。ただし、その日時を期日において告知した場合又はその不備を補正することができない不適法な訴えを口頭弁論を経ないで却下する場合は、この限りでない。
（判決書・法第253条）
第157条　判決書には、判決をした裁判官が署名押印しなければならない。
2　合議体の裁判官が判決書に署名押印することに支障があるときは、他の裁判官が判決書にその事由を付記して署名押印しなければならない。
（裁判所書記官への交付等）
第158条　判決書は、言渡し後遅滞なく、裁判所書記官に交付し、裁判所書記官は、これに言渡し及び交付の日を付記して押印しなければならない。
（判決書等の送達・法第255条）
第159条　判決書又は法第254条（言渡しの方式の特則）第2項（法第374条（判決の言渡し）第2項において準用する場合を含む。）の調書（以下「判決書に代わる調書」という。）の送達は、裁判所書記官が判決書の交付を受けた日又は判決言渡しの日から2週間以内にしなければならない。
2　判決書に代わる調書の送達は、その正本によってすることができる。
（更正決定等の方式・法第257条等）
第160条　更正決定は、判決書の原本及び正本に付記しなければならない。ただし、裁判所は、相当と認めるときは、判決書の原本及び正本への付記に代えて、決定書を作成し、その正本を当事者に送達することができる。
2　前項の規定は、法第259条（仮執行の宣言）第5項の規定による補充の決定について準用する。
（法第258条第2項の申立ての方式）
第161条　訴訟費用の負担の裁判を脱漏した場合における訴訟費用の負担の裁判を求める申立ては、書面でしなければならない。

第5章　裁判によらない訴訟の完結

（訴えの取下げがあった場合の取扱い・法第261条）
第162条　訴えの取下げの書面の送達は、取下げをした者から提出された副本によってする。
2　訴えの取下げがあった場合において、相手方の同意を要しないときは、裁判所書記官は、訴えの取下げがあった旨を相手方に通知しなければならない。
（和解条項案の書面による受諾・法第264条）
第163条　法第264条（和解条項案の書面による受諾）の規定に基づき裁判所等が和解条項案を提示するときは、書面に記載してしなければならない。この書面には、同条に規定する効果を付記するものとする。
2　前項の場合において、和解条項案を受諾する旨の書面の提出があったときは、裁判所等は、その書面を提出した当事者の真意を確認しなければならない。

3　法第264条の規定により当事者間に和解が調ったものとみなされたときは、裁判所書記官は、当該和解を調書に記載しなければならない。この場合において、裁判所書記官は、和解条項案を受諾する旨の書面を提出した当事者に対し、遅滞なく、和解が調ったものとみなされた旨を通知しなければならない。

（裁判所等が定める和解条項・法第265条）

第164条　裁判所等は、法第265条（裁判所等が定める和解条項）第1項の規定により和解条項を定めようとするときは、当事者の意見を聴かなければならない。

2　法第265条第5項の規定により当事者間に和解が調ったものとみなされたときは、裁判所書記官は、当該和解を調書に記載しなければならない。

3　前項に規定する場合において、和解条項の定めを期日における告知以外の方法による告知によってしたときは、裁判所等は、裁判所書記官に調書を作成させるものとする。この場合においては、告知がされた旨及び告知の方法をも調書に記載しなければならない。

第6章　削除

第165条～第167条　削除

第7章　簡易裁判所の訴訟手続に関する特則

（反訴の提起に基づく移送による記録の送付・法第274条）

第168条　第9条（移送による記録の送付）の規定は、法第274条（反訴の提起に基づく移送）第1項の規定による移送の裁判が確定した場合について準用する。

（訴え提起前の和解の調書・法第275条）

第169条　訴え提起前の和解が調ったときは、裁判所書記官は、これを調書に記載しなければならない。

（証人等の陳述の調書記載の省略等）

第170条　簡易裁判所における口頭弁論の調書については、裁判官の許可を得て、証人等の陳述又は検証の結果の記載を省略することができる。この場合において、当事者は、裁判官が許可をする際に、意見を述べることができる。

2　前項の規定により調書の記載を省略する場合において、裁判官の命令又は当事者の申出があるときは、裁判所書記官は、当事者の裁判上の利用に供するため、録音テープ等に証人等の陳述又は検証の結果を記録しなければならない。この場合において、当事者の申出があるときは、裁判所書記官は、当該録音テープ等の複製を許さなければならない。

（書面尋問・法第278条）

第171条　第124条（書面尋問）の規定は、法第278条（尋問等に代わる書面の提出）の規定により証人若しくは当事者本人の尋問又は鑑定人の意見の陳述に代えて書面の提出をさせる場合について準用する。

（司法委員の発問）

第172条　裁判官は、必要があると認めるときは、司法委員が証人等に対し直接に問いを発することを許すことができる。

第3編　上訴

第1章　控訴

（控訴権の放棄・法第284条）

第173条　控訴をする権利の放棄は、控訴の提起前にあっては第一審裁判所、控訴の提起後にあっては訴訟記録の存する裁判所に対する申述によってしなければならない。

2　控訴の提起後における前項の申述は、控訴の取下げとともにしなければならない。

3　第1項の申述があったときは、裁判所書記官は、その旨を相手方に通知しなければならない。

（控訴提起による事件送付）

第174条　控訴の提起があった場合には、第一審裁判所は、控訴却下の決定をしたときを除き、遅滞なく、事件を控訴裁判所に送付しなければならない。

2　前項の規定による事件の送付は、第一審裁判所の裁判所書記官が、控訴裁判所の裁判所書記官に対し、訴訟記録を送付してしなければならない。

（攻撃防御方法を記載した控訴状）

第175条　攻撃又は防御の方法を記載した控訴状は、準備書面を兼ねるものとする。

（控訴状却下命令に対する即時抗告・法第288条等）

第176条　第57条（訴状却下命令に対する即時抗告）の規定は、控訴状却下の命令に対し即時抗告をする場合について準用する。

（控訴の取下げ・法第292条）

第177条　控訴の取下げは、訴訟記録の存する裁判所にしなければならない。

2　控訴の取下げがあったときは、裁判所書記官は、その旨を相手方に通知しなければならない。

（附帯控訴・法第293条）

第178条　附帯控訴については、控訴に関する規定を準用する。

（第一審の訴訟手続の規定の準用・法第297条）

第179条　前編（第一審の訴訟手続）第1章から第5章まで（訴え、口頭弁論及びその準備、証拠、判決並びに裁判によらない訴訟の完結）の規定は、特別の定めがある場合を除き、控訴審の訴訟手続について準用する。

（法第167条の規定による説明等の規定の準用・法第298条）

第180条　第87条（法第167条の規定による当事者の説明の方式）の規定は、法第298条（第一審の訴訟行為の効力等）第2項において準用する法第167条（準備的口頭弁論終了後の攻撃防御方法の提出）の規定による当事者の説明について、第94条（法第178条の規定による当事者の説明の方式）の規定は、法第298条第2項において準用する法第178条（書面による準備手続終結後の攻撃防御方法の提出）

の規定による当事者の説明について準用する。

（攻撃防御方法の提出等の期間・法第301条）

第181条　第139条（書証の写しの提出期間）の規定は、法第301条（攻撃防御方法の提出等の期間）第１項の規定により裁判長が書証の申出（文書を提出してするものに限る。）をすべき期間を定めたときについて、第87条（法第167条の規定による当事者の説明の方式）第１項の規定は、法第301条第２項の規定による当事者の説明について準用する。

（第一審判決の取消し事由等を記載した書面）

第182条　控訴状に第一審判決の取消し又は変更を求める事由の具体的な記載がないときは、控訴人は、控訴の提起後50日以内に、これらを記載した書面を控訴裁判所に提出しなければならない。

（反論書）

第183条　裁判長は、被控訴人に対し、相当の期間を定めて、控訴人が主張する第一審判決の取消し又は変更を求める事由に対する被控訴人の主張を記載した書面の提出を命ずることができる。

（第一審の判決書等の引用）

第184条　控訴審の判決書又は判決書に代わる調書における事実及び理由の記載は、第一審の判決書又は判決書に代わる調書を引用してすることができる。

（第一審裁判所への記録の送付）

第185条　控訴審において訴訟が完結したときは、控訴裁判所の裁判所書記官は、第一審裁判所の裁判所書記官に対し、訴訟記録を送付しなければならない。

第２章　上告

（控訴の規定の準用・法第313条）

第186条　前章（控訴）の規定は、特別の定めがある場合を除き、上告及び上告審の訴訟手続について準用する。

（上告提起の場合における費用の予納）

第187条　上告を提起するときは、上告状の送達に必要な費用のほか、上告提起通知書、上告理由書及び裁判書の送達並びに上告裁判所が訴訟記録の送付を受けた旨の通知に必要な費用の概算額を予納しなければならない。

（上告提起と上告受理申立てを1通の書面でする場合の取扱い）

第188条　上告の提起と上告受理の申立てを１通の書面でするときは、その書面が上告状と上告受理申立書を兼ねるものであることを明らかにしなければならない。この場合において、上告の理由及び上告受理の申立ての理由をその書面に記載するときは、これらを区別して記載しなければならない。

（上告提起通知書の送達等）

第189条　上告の提起があった場合においては、上告状却下の命令又は法第316条（原裁判所による上告の却下）第１項第１号の規定による上告却下の決定があったときを除き、当事者に上告提起通知書を送達しなければならない。

2　前項の規定により被上告人に上告提起通知書を送達するときは、同時に、上告状を送達しなければならない。

3　原裁判所の判決書又は判決書に代わる調書の送達前に上告の提起があったときは、第１項の規定による上告提起通知書の送達は、判決書又は判決書に代わる調書とともにしなければならない。

（法第312条第1項及び第2項の上告理由の記載の方式・法第315条）

第190条　判決に憲法の解釈の誤りがあることその他憲法の違反があることを理由とする上告の場合における上告の理由の記載は、憲法の条項を掲記し、憲法に違反する事由を示してしなければならない。この場合において、その事由が訴訟手続に関するものであるときは、憲法に違反する事実を掲記しなければならない。

2　法第312条（上告の理由）第２項各号に掲げる事由があることを理由とする上告の場合における上告の理由の記載は、その条項及びこれに該当する事実を示してしなければならない。

（法第312条第3項の上告理由の記載の方式・法第315条）

第191条　判決に影響を及ぼすことが明らかな法令の違反があることを理由とする上告の場合における上告の理由の記載は、法令及びこれに違反する事由を示してしなければならない。

2　前項の規定により法令を示すには、その法令の条項又は内容（成文法以外の法令については、その趣旨）を掲記しなければならない。

3　第１項の規定により法令に違反する事由を示す場合において、その法令が訴訟手続に関するものであるときは、これに違反する事実を掲記しなければならない。

（判例の摘示）

第192条　前２条（法第312条第１項及び第２項の上告理由の記載の方式並びに法第312条第３項の上告理由の記載の方式）に規定する上告において、判決が最高裁判所の判例（これがない場合にあっては、大審院又は上告裁判所若しくは控訴裁判所である高等裁判所の判例）と相反する判断をしたことを主張するときは、その判例を具体的に示さなければならない。

（上告理由の記載の仕方）

第193条　上告の理由は、具体的に記載しなければならない。

（上告理由書の提出期間・法第315条）

第194条　上告理由書の提出の期間は、上告人が第189条（上告提起通知書の送達等）第１項の規定による上告提起通知書の送達を受けた日から50日とする。

（上告理由を記載した書面の通数）

第195条　上告の理由を記載した書面には、上告裁判所が最高裁判所であるときは被上告人の数に６を加えた数の副本、上告裁判所が高等裁判所であるときは被上告人の数に４を加えた数の副本を添付しなければならない。

(補正命令・法第316条)

第196条　上告状又は第194条（上告理由書の提出期間）の期間内に提出した上告理由書における上告のすべての理由の記載が第190条（法第312条第1項及び第2項の上告理由の記載の方式）又は第191条（法第312条第3項の上告理由の記載の方式）の規定に違反することが明らかなときは、原裁判所は、決定で、相当の期間を定め、その期間内に不備を補正すべきことを命じなければならない。

2　法第316条（原裁判所による上告の却下）第1項第2号の規定による上告却下の決定（上告の理由の記載が法第315条（上告の理由の記載）第2項の規定に違反していることが明らかであることを理由とするものに限る。）は、前項の規定により定めた期間内に上告人が不備の補正をしないときにするものとする。

(上告裁判所への事件送付)

第197条　原裁判所は、上告状却下の命令又は上告却下の決定があった場合を除き、事件を上告裁判所に送付しなければならない。この場合において、原裁判所は、上告人が上告の理由中に示した訴訟手続に関する事実の有無について意見を付することができる。

2　前項の規定による事件の送付は、原裁判所の裁判所書記官が、上告裁判所の裁判所書記官に対し、訴訟記録を送付してしなければならない。

3　上告裁判所の裁判所書記官は、前項の規定による訴訟記録の送付を受けたときは、速やかに、その旨を当事者に通知しなければならない。

(上告理由書の送達)

第198条　上告裁判所が原裁判所から事件の送付を受けた場合において、法第317条（上告裁判所による上告の却下等）第1項の規定による上告却下の決定又は同条第2項の規定による上告棄却の決定をしないときは、被上告人に上告理由書の副本を送達しなければならない。ただし、上告裁判所が口頭弁論を経ないで審理及び裁判をする場合において、その必要がないと認めるときは、この限りでない。

(上告受理の申立て・法第318条)

第199条　上告受理の申立ての理由の記載は、原判決に最高裁判所の判例（これがない場合にあっては、大審院又は上告裁判所若しくは控訴裁判所である高等裁判所の判例）と相反する判断があることその他の法令の解釈に関する重要な事項を含むことを示してしなければならない。この場合においては、第191条（法第312条第3項の上告理由の記載の方式）第2項及び第3項の規定を準用する。

2　第186条（控訴の規定の準用）、第187条（上告提起の場合における費用の予納）、第189条（上告提起通知書の送達等）及び第192条から前条まで（判例の摘示、上告理由の記載の仕方、上告理由書の提出期間、上告理由を記載した書面の通数、補正命令、上告裁判所への事件送付及び上告理由書の送達）の規定は、上告受理の申立てについて準用する。この場合において、第187条、第189条及び第194条中「上告提起通知書」とあるのは「上告受理申立て通知書」と、第189条第2項、第195条及び前条中「被上告人」とあるのは「相手方」と、第196条第1項中「第190条（法第312条第1項及び第2項の上告理由の記載の方式）又は第191条（法第312条第3項の上告理由の記載の方式）とあるのは「第199条（上告受理の申立て）第1項」と読み替えるものとする。

(上告受理の決定・法第318条)

第200条　最高裁判所は、上告審として事件を受理する決定をするときは、当該決定において、上告受理の申立ての理由中法第318条（上告受理の申立て）第3項の規定により排除するものを明らかにしなければならない。

(答弁書提出命令)

第201条　上告裁判所又は上告受理の申立てがあった場合における最高裁判所の裁判長は、相当の期間を定めて、答弁書を提出すべきことを被上告人又は相手方に命ずることができる。

(差戻し等の判決があった場合の記録の送付・法第325条)

第202条　差戻し又は移送の判決があったときは、上告裁判所の裁判所書記官は、差戻し又は移送を受けた裁判所の裁判所書記官に対し、訴訟記録を送付しなければならない。

(最高裁判所への移送・法第324条)

第203条　法第324条（最高裁判所への移送）の規定により、上告裁判所である高等裁判所が事件を最高裁判所に移送する場合は、憲法その他の法令の解釈について、その高等裁判所の意見が最高裁判所の判例（これがない場合にあっては、大審院又は上告裁判所若しくは控訴裁判所である高等裁判所の判例）と相反するときとする。

(特別上告・法第327条等)

第204条　法第327条（特別上告）第1項（法第380条（異議後の判決に対する不服申立て）第2項において準用する場合を含む。）の上告及びその上告審の訴訟手続には、その性質に反しない限り、第二審又は第一審の終局判決に対する上告及びその上告審の訴訟手続に関する規定を準用する。

第3章　抗告

(控訴又は上告の規定の準用・法第331条)

第205条　抗告及び抗告裁判所の訴訟手続には、その性質に反しない限り、第1章（控訴）の規定を準用する。ただし、法第330条（再抗告）の抗告及びこれに関する訴訟手続には、前章（上告）の規定中第二審又は第一審の終局判決に対する上告及びその上告審の訴訟手続に関する規定を準用する。

(抗告裁判所への事件送付)

第206条　抗告を理由がないと認めるときは、原裁判所は、意見を付して事件を抗告裁判所に送付しなければならない。

(原裁判の取消し事由等を記載した書面)

第207条　法第330条（再抗告）の抗告以外の抗告をする場合において、抗告状に原裁判の取消し又は変更を求める事由の具体的な記載がないときは、抗告人は、抗告の提起後14日以内に、これらを記載した書面を原裁判所に提出しなければならない。

（抗告状の写しの送付等）

第207条の2　法第330条（再抗告）の抗告以外の抗告があったときは、抗告裁判所は、相手方に対し、抗告状の写しを送付するものとする。ただし、その抗告が不適法であるとき、抗告に理由がないと認めるとき、又は抗告状の写しを送付することが相当でないと認めるときは、この限りでない。

2　前項の規定により相手方に抗告状の写しを送付するときは、同時に、前条の書面（抗告の提起後14日以内に提出されたものに限る。）の写しを送付するものとする。

（特別抗告・法第336条）

第208条　法第336条（特別抗告）第1項の抗告及びこれに関する訴訟手続には、その性質に反しない限り、法第327条（特別上告）第1項の上告及びその上告審の訴訟手続に関する規定を準用する。

（許可抗告・法第337条）

第209条　第186条（控訴の規定の準用）、第187条（上告提起の場合における費用の予納）、第189条（上告提起通知書の送達等）、第192条（判例の摘示）、第193条（上告理由の記載の仕方）、第195条（上告理由を記載した書面の通数）、第196条（補正命令）及び第199条（上告受理の申立て）第1項の規定は、法第337条（許可抗告）第2項の申立てについて、第200条（上告受理の決定）の規定は、法第337条第2項の規定による許可をする場合について、前条（特別抗告）の規定は、法第337条第2項の規定による許可があった場合について準用する。この場合において、第187条及び第189条中「上告提起通知書」とあるのは、「抗告許可申立て通知書」と読み替えるものとする。

（再抗告等の抗告理由書の提出期間）

第210条　法第330条（再抗告）の抗告及び法第336条（特別抗告）第1項の抗告においては、抗告理由書の提出の期間は、抗告人が第205条（控訴又は上告の規定の準用）ただし書及び第208条（特別抗告）において準用する第189条（上告提起通知書の送達等）第1項の規定による抗告提起通知書の送達を受けた日から14日とする。

2　前項の規定は、法第337条（許可抗告）第2項の申立てに係る理由書の提出の期間について準用する。この場合において、前項中「抗告提起通知書」とあるのは、「抗告許可申立て通知書」と読み替えるものとする。

第4編　再審

（再審の訴訟手続・法第341条）

第211条　再審の訴状には、不服の申立てに係る判決の写しを添付しなければならない。

2　前項に規定するほか、再審の訴訟手続には、その性質に反しない限り、各審級における訴訟手続に関する規定を準用する。

（決定又は命令に対する再審・法第349条）

第212条　前条（再審の訴訟手続）の規定は、法第349条（決定又は命令に対する再審）第1項の再審の申立てについて準用する。

第5編　手形訴訟及び小切手訴訟に関する特則

（最初の口頭弁論期日の指定等）

第213条　手形訴訟による訴えが提起されたときは、裁判長は、直ちに、口頭弁論の期日を指定し、当事者を呼び出さなければならない。

2　当事者に対する前項の期日の呼出状には、期日前にあらかじめ主張、証拠の申出及び証拠調べに必要な準備をすべき旨を記載しなければならない。

3　被告に対する呼出状には、前項に規定する事項のほか、裁判長の定める期間内に答弁書を提出すべき旨及び法第354条（口頭弁論の終結）の規定の趣旨を記載しなければならない。

（一期日審理の原則）

第214条　手形訴訟においては、やむを得ない事由がある場合を除き、最初にすべき口頭弁論の期日において、審理を完了しなければならない。

（期日の変更又は弁論の続行）

第215条　口頭弁論の期日を変更し、又は弁論を続行するときは、次の期日は、やむを得ない事由がある場合を除き、前の期日から15日以内の日に指定しなければならない。

（手形判決の表示）

第216条　手形訴訟の判決書又は判決書に代わる調書には、手形判決と表示しなければならない。

（異議申立ての方式等・法第357条）

第217条　異議の申立ては、書面でしなければならない。

2　裁判所は、前項の書面を相手方に送付しなければならない。

3　法第161条（準備書面）第2項に掲げる事項を記載した第1項の書面は、準備書面を兼ねるものとする。

（異議申立権の放棄及び異議の取下げ・法第358条等）

第218条　異議を申し立てる権利の放棄は、裁判所に対する申述によってしなければならない。

2　前項の申述があったときは、裁判所書記官は、その旨を相手方に通知しなければならない。

3　第162条（訴えの取下げがあった場合の取扱い）第1項の規定は、異議の取下げの書面の送達について準用する。

（手形訴訟の判決書等の引用）

第219条　異議後の訴訟の判決書又は判決書に代わる調書における事実及び理由の記載は、手形訴訟の判決書又は判決書に代わる調書を引用してすることができる。

（督促手続から手形訴訟への移行・法第366条）

第220条　手形訴訟による審理及び裁判を求める旨の申述をして支払督促の申立てをするときは、同時に、手形の写し２通（債務者の数が２以上であるときは、その数に１を加えた通数）を提出しなければならない。
2　前項の規定により提出された手形の写しは、債務者に送達すべき支払督促に添付しなければならない。
3　第１項に規定する場合には、支払督促に同項の申述があった旨を付記しなければならない。

（小切手訴訟・法第367条）
第221条　この編の規定は、小切手訴訟に関して準用する。

第６編　少額訴訟に関する特則

（手続の教示）
第222条　裁判所書記官は、当事者に対し、少額訴訟における最初にすべき口頭弁論の期日の呼出しの際に、少額訴訟による審理及び裁判の手続の内容を説明した書面を交付しなければならない。
2　裁判官は、前項の期日の冒頭において、当事者に対し、次に掲げる事項を説明しなければならない。
一　証拠調べは、即時に取り調べることができる証拠に限りすることができること。
二　被告は、訴訟を通常の手続に移行させる旨の申述をすることができるが、被告が最初にすべき口頭弁論の期日において弁論をし、又はその期日が終了した後は、この限りでないこと。
三　少額訴訟の終局判決に対しては、判決書又は判決書に代わる調書の送達を受けた日から２週間の不変期間内に、その判決をした裁判所に異議を申し立てることができること。

（少額訴訟を求め得る回数・法第368条）
第223条　法第368条（少額訴訟の要件等）第１項ただし書の最高裁判所規則で定める回数は、10回とする。

（当事者本人の出頭命令）
第224条　裁判所は、訴訟代理人が選任されている場合であっても、当事者本人又はその法定代理人の出頭を命ずることができる。

（証人尋問の申出）
第225条　証人尋問の申出をするときは、尋問事項書を提出することを要しない。

（音声の送受信による通話の方法による証人尋問・法第372条）
第226条　裁判所及び当事者双方と証人とが音声の送受信により同時に通話をすることができる方法による証人尋問は、当事者の申出があるときにすることができる。
2　前項の申出は、通話先の電話番号及びその場所を明らかにしてしなければならない。
3　裁判所は、前項の場所が相当でないと認めるときは、第１項の申出をした当事者に対し、その変更を命ずることができる。
4　第１項の尋問をする場合には、文書の写しを送信してこれを提示することその他の尋問の実施に必要な処置を行うため、ファクシミリを利用することができる。
5　第１項の尋問をしたときは、その旨、通話先の電話番号及びその場所を調書に記載しなければならない。
6　第88条（弁論準備手続調書等）第２項の規定は、第１項の尋問をする場合について準用する。

（証人等の陳述の調書記載等）
第227条　調書には、証人等の陳述を記載することを要しない。
2　証人の尋問前又は鑑定人の口頭による意見の陳述前に裁判官の命令又は当事者の申出があるときは、裁判所書記官は、当事者の裁判上の利用に供するため、録音テープ等に証人又は鑑定人の陳述を記録しなければならない。この場合において、当事者の申出があるときは裁判所書記官は、当該録音テープ等の複製を許さなければならない。

（通常の手続への移行・法第373条）
第228条　被告の通常の手続に移行させる旨の申述は、期日においてする場合を除き、書面でしなければならない。
2　前項の申述があったときは、裁判所書記官は、速やかに、その申述により訴訟が通常の手続に移行した旨を原告に通知しなければならない。ただし、その申述が原告の出頭した期日においてされたときは、この限りでない。
3　裁判所が訴訟を通常の手続により審理及び裁判をする旨の決定をしたときは、裁判所書記官は、速やかに、その旨を当事者に通知しなければならない。

（判決・法第374条）
第229条　少額訴訟の判決書又は判決書に代わる調書には、少額訴訟判決と表示しなければならない。
2　第155条（言渡しの方式）第３項の規定は、少額訴訟における原本に基づかないでする判決の言渡しをする場合について準用する。

（異議申立ての方式等・法第378条）
第230条　第217条（異議申立ての方式等）及び第218条（異議申立権の放棄及び異議の取下げ）の規定は、少額訴訟の終局判決に対する異議について準用する。

（異議後の訴訟の判決書等）
第231条　異議後の訴訟の判決書又は判決書に代わる調書には、少額異議判決と表示しなければならない。
2　第219条（手形訴訟の判決書等の引用）の規定は、異議後の訴訟の判決書又は判決書に代わる調書における事実及び理由の記載について準用する。

第７編　督促手続

（訴えに関する規定の準用・法第384条）
第232条　支払督促の申立てには、その性質に反しない限り、訴えに関する規定を準用する。

（支払督促の原本・法第387条）
第233条　支払督促の原本には、これを発した裁判所書記官が記名押印しなければならない。

（支払督促の送達等・法第388条）

第234条　支払督促の債務者に対する送達は、その正本によってする。

2　裁判所書記官は、支払督促を発したときは、その旨を債権者に通知しなければならない。

（仮執行の宣言の申立て等・法第391条）

第235条　仮執行の宣言の申立ては、手続の費用額を明らかにしてしなければならない。

2　法第391条（仮執行の宣言）第2項ただし書に規定する債権者の同意は、仮執行宣言の申立ての時にするものとする。

（仮執行の宣言の方式等・法第391条）

第236条　仮執行の宣言は、支払督促の原本に記載しなければならない。

2　第234条（支払督促の送達等）第1項の規定は、仮執行の宣言が記載された支払督促の当事者に対する送達及び債権者に対する送達に代わる送付について準用する。

（訴訟への移行による記録の送付・法第395条）

第237条　法第395条（督促異議の申立てによる訴訟への移行）の規定により地方裁判所に訴えの提起があったものとみなされたときは、裁判所書記官は、遅滞なく、地方裁判所の裁判所書記官に対し、訴訟記録を送付しなければならない。

第8編　執行停止

（執行停止の申立ての方式・法第403条）

第238条　法第403条（執行停止の裁判）第1項に規定する申立ては、書面でしなければならない。

第9編　雑則

（特許法第150条第6項の規定による嘱託に基づく証拠調べ又は証拠保全）

第239条　特許法（昭和34年法律第121号）第150条（証拠調べ及び証拠保全）第6項（同法及び他の法律において準用する場合を含む。）の規定による嘱託に基づいて地方裁判所又は簡易裁判所の裁判官が行う証拠調べ又は証拠保全については、この規則中証拠調べ又は証拠保全に関する規定を準用する。ただし、証拠の申出又は証拠保全の申立てに関する規定及び証人の勾引に関する規定については、この限りでない。

民事執行法

昭和54年法律第４号
最終改正　令和５年法律第53号

目次

第１章　総則

（趣旨）
第１条　強制執行、担保権の実行としての競売及び民法（明治29年法律第89号）、商法（明治32年法律第48号）その他の法律の規定による換価のための競売並びに債務者の財産状況の調査（以下「民事執行」と総称する。）については、他の法令に定めるもののほか、この法律の定めるところによる。

（執行機関）
第２条　民事執行は、申立てにより、裁判所又は執行官が行う。

（執行裁判所）
第３条　裁判所が行う民事執行に関してはこの法律の規定により執行処分を行うべき裁判所をもつて、執行官が行う執行処分に関してはその執行官の所属する地方裁判所をもつて執行裁判所とする。

（任意的口頭弁論）
第４条　執行裁判所のする裁判は、口頭弁論を経ないですることができる。

（審尋）
第５条　執行裁判所は、執行処分をするに際し、必要があると認めるときは、利害関係を有する者その他参考人を審尋することができる。

（執行官等の職務の執行の確保）
第６条　執行官は、職務の執行に際し抵抗を受けるときは、その抵抗を排除するために、威力を用い、又は警察上の援助を求めることができる。ただし、第64条の２第５項（第188条において準用する場合を含む。）の規定に基づく職務の執行については、この限りでない。
２　執行官以外の者で執行裁判所の命令により民事執行に関する職務を行うものは、職務の執行に際し抵抗を受けるときは、執行官に対し、援助を求めることができる。

（立会人）
第７条　執行官又は執行裁判所の命令により民事執行に関する職務を行う者（以下「執行官等」という。）は、人の住居に立ち入つて職務を執行するに際し、住居主、その代理人又は同居の親族若しくは使用人その他の従業者で相当のわきまえのあるものに出会わないときは、市町村の職員、警察官その他証人として相当と認められる者を立ち会わせなければならない。執行官が前条第１項の規定により威力を用い、又は警察上の援助を受けるときも、同様とする。

（休日又は夜間の執行）
第８条　執行官等は、日曜日その他の一般の休日又は午後７時から翌日の午前７時までの間に人の住居に立ち入つて職務を執行するには、執行裁判所の許可を受けなければならない。
２　執行官等は、職務の執行に当たり、前項の規定により許可を受けたことを証する文書を提示しなければならない。

（身分証明書等の携帯）
第9条　執行官等は、職務を執行する場合には、その身分又は資格を証する文書を携帯し、利害関係を有する者の請求があつたときは、これを提示しなければならない。

（執行抗告）
第10条　民事執行の手続に関する裁判に対しては、特別の定めがある場合に限り、執行抗告をすることができる。

2　執行抗告は、裁判の告知を受けた日から1週間の不変期間内に、抗告状を原裁判所に提出してしなければならない。

3　抗告状に執行抗告の理由の記載がないときは、抗告人は、抗告状を提出した日から1週間以内に、執行抗告の理由書を原裁判所に提出しなければならない。

4　執行抗告の理由は、最高裁判所規則で定めるところにより記載しなければならない。

5　次の各号に該当するときは、原裁判所は、執行抗告を却下しなければならない。

一　抗告人が第3項の規定による執行抗告の理由書の提出をしなかつたとき。

二　執行抗告の理由の記載が明らかに前項の規定に違反しているとき。

三　執行抗告が不適法であつてその不備を補正することができないことが明らかであるとき。

四　執行抗告が民事執行の手続を不当に遅延させることを目的としてされたものであるとき。

6　抗告裁判所は、執行抗告についての裁判が効力を生ずるまでの間、担保を立てさせ、若しくは立てさせないで原裁判の執行の停止若しくは民事執行の手続の全部若しくは一部の停止を命じ、又は担保を立てさせてこれらの続行を命ずることができる。事件の記録が原裁判所に存する間は、原裁判所も、これらの処分を命ずることができる。

7　抗告裁判所は、抗告状又は執行抗告の理由書に記載された理由に限り、調査する。ただし、原裁判に影響を及ぼすべき法令の違反又は事実の誤認の有無については、職権で調査することができる。

8　第5項の規定による決定に対しては、執行抗告をすることができる。

9　第6項の規定による決定に対しては、不服を申し立てることができない。

10　民事訴訟法（平成8年法律第109号）第349条の規定は、執行抗告をすることができる裁判が確定した場合について準用する。

（執行異議）
第11条　執行裁判所の執行処分で執行抗告をすることができないものに対しては、執行裁判所に執行異議を申し立てることができる。執行官の執行処分及びその遅怠に対しても、同様とする。

2　前条第6項前段及び第9項の規定は、前項の規定による申立てがあつた場合について準用する。

（取消決定等に対する執行抗告）
第12条　民事執行の手続を取り消す旨の決定に対しては、執行抗告をすることができる。民事執行の手続を取り消す執行官の処分に対する執行異議の申立てを却下する裁判又は執行官に民事執行の手続の取消しを命ずる決定に対しても、同様とする。

2　前項の規定により執行抗告をすることができる裁判は、確定しなければその効力を生じない。

（代理人）
第13条　民事訴訟法第54条第1項の規定により訴訟代理人となることができる者以外の者は、執行裁判所でする手続については、訴え又は執行抗告に係る手続を除き、執行裁判所の許可を受けて代理人となることができる。

2　執行裁判所は、いつでも前項の許可を取り消すことができる。

（費用の予納等）
第14条　執行裁判所に対し民事執行の申立てをするときは、申立人は、民事執行の手続に必要な費用として裁判所書記官の定める金額を予納しなければならない。予納した費用が不足する場合において、裁判所書記官が相当の期間を定めてその不足する費用の予納を命じたときも、同様とする。

2　前項の規定による裁判所書記官の処分に対しては、その告知を受けた日から1週間の不変期間内に、執行裁判所に異議を申し立てることができる。

3　第1項の規定による裁判所書記官の処分は、確定しなければその効力を生じない。

4　申立人が費用を予納しないときは、執行裁判所は、民事執行の申立てを却下し、又は民事執行の手続を取り消すことができる。

5　前項の規定により申立てを却下する決定に対

しては、執行抗告をすることができる。

（担保の提供）

第15条　この法律の規定により担保を立てるには、担保を立てるべきことを命じた裁判所（以下この項において「発令裁判所」という。）又は執行裁判所の所在地を管轄する地方裁判所の管轄区域内の供託所に金銭又は発令裁判所が相当と認める有価証券（社債、株式等の振替に関する法律（平成13年法律第75号）第278条第1項に規定する振替債を含む。）を供託する方法その他最高裁判所規則で定める方法によらなければならない。ただし、当事者が特別の契約をしたときは、その契約による。

2　民事訴訟法第77条、第79条及び第80条の規定は、前項の担保について準用する。

（送達の特例）

第16条　民事執行の手続について、執行裁判所に対し申立て、申出若しくは届出をし、又は執行裁判所から文書の送達を受けた者は、送達を受けるべき場所（日本国内に限る。）を執行裁判所に届け出なければならない。この場合においては、送達受取人をも届け出ることができる。

2　民事訴訟法第104条第2項及び第3項並びに第107条の規定は、前項前段の場合について準用する。

3　第1項前段の規定による届出をしない者（前項において準用する民事訴訟法第104条第3項に規定する者を除く。）に対する送達は、事件の記録に表れたその者の住所、居所、営業所又は事務所においてする。

4　前項の規定による送達をすべき場合において、第20条において準用する民事訴訟法第106条の規定により送達をすることができないときは、裁判所書記官は、同項の住所、居所、営業所又は事務所にあてて、書類を書留郵便又は民間事業者による信書の送達に関する法律（平成14年法律第99号）第2条第6項に規定する一般信書便事業者若しくは同条第9項に規定する特定信書便事業者の提供する同条第2項に規定する信書便の役務のうち書留郵便に準ずるものとして最高裁判所規則で定めるものに付して発送することができる。この場合においては、民事訴訟法第107条第2項及び第3項の規定を準用する。

（民事執行の事件の記録の閲覧等）

第17条　執行裁判所の行う民事執行について、利害関係を有する者は、裁判所書記官に対し、事件の記録の閲覧若しくは謄写、その正本、謄本若しくは抄本の交付又は事件に関する事項の証明書の交付を請求することができる。

（官庁等に対する援助請求等）

第18条　民事執行のため必要がある場合には、執行裁判所又は執行官は、官庁又は公署に対し、援助を求めることができる。

2　前項に規定する場合には、執行裁判所又は執行官は、民事執行の目的である財産（財産が土地である場合にはその上にある建物を、財産が建物である場合にはその敷地を含む。）に対して課される租税その他の公課について、所管の官庁又は公署に対し、必要な証明書の交付を請求することができる。

3　前項の規定は、民事執行の申立てをしようとする者がその申立てのため同項の証明書を必要とする場合について準用する。

（専属管轄）

第19条　この法律に規定する裁判所の管轄は、専属とする。

（民事訴訟法の準用）

第20条　特別の定めがある場合を除き、民事執行の手続に関しては、その性質に反しない限り、民事訴訟法第1編から第4編までの規定（同法第87条の2の規定を除く。）を準用する。

（最高裁判所規則）

第21条　この法律に定めるもののほか、民事執行の手続に関し必要な事項は、最高裁判所規則で定める。

第2章　強制執行

第1節　総則

（債務名義）

第22条　強制執行は、次に掲げるもの（以下「債務名義」という。）により行う。

一　確定判決

二　仮執行の宣言を付した判決

三　抗告によらなければ不服を申し立てることができない裁判（確定しなければその効力を生じない裁判にあつては、確定したものに限る。）

三の二　仮執行の宣言を付した損害賠償命令

三の三　仮執行の宣言を付した届出債権支払命令

四　仮執行の宣言を付した支払督促

四の二　訴訟費用、和解の費用若しくは非訟事件（他の法令の規定により非訟事件手続法（平成23年法律第51号）の規定を準用することとされる事件を含む。）、家事事件若しくは国際的な子の奪取の民事上の側面に関する条約の実施に関する法律（平成25年法律第48号）第29条に規定する子の返還に関する事件の手続の費用の負担の額を定める裁判所書記官の処分又は第42条第４項に規定する執行費用及び返還すべき金銭の額を定める裁判所書記官の処分（後者の処分にあつては、確定したものに限る。）

五　金銭の一定の額の支払又はその他の代替物若しくは有価証券の一定の数量の給付を目的とする請求について公証人が作成した公正証書で、債務者が直ちに強制執行に服する旨の陳述が記載されているもの（以下「執行証書」という。）

六　確定した執行判決のある外国裁判所の判決（家事事件における裁判を含む。第24条において同じ。）

六の二　確定した執行決定のある仲裁判断

六の三　確定した執行等認可決定のある仲裁法（平成15年法律第138号）第48条に規定する暫定保全措置命令

六の四　確定した執行決定のある国際和解合意

六の五　確定した執行決定のある特定和解

七　確定判決と同一の効力を有するもの（第３号に掲げる裁判を除く。）

（強制執行をすることができる者の範囲）

第23条　執行証書以外の債務名義による強制執行は、次に掲げる者に対し、又はその者のためにすることができる。

一　債務名義に表示された当事者

二　債務名義に表示された当事者が他人のために当事者となつた場合のその他人

三　前２号に掲げる者の債務名義成立後の承継人（前条第１号、第２号又は第６号に掲げる債務名義にあつては口頭弁論終結後の承継人、同条第３号の２に掲げる債務名義又は同条第７号に掲げる債務名義のうち損害賠償命令に係るものにあつては審理終結後の承継人）

2　執行証書による強制執行は、執行証書に表示された当事者又は執行証書作成後のその承継人に対し、若しくはこれらの者のためにすることができる。

3　第１項に規定する債務名義による強制執行は、同項各号に掲げる者のために請求の目的物を所持する者に対しても、することができる。

（外国裁判所の判決の執行判決）

第24条　外国裁判所の判決についての執行判決を求める訴えは、債務者の普通裁判籍の所在地を管轄する地方裁判所（家事事件における裁判に係るものにあつては、家庭裁判所。以下この項において同じ。）が管轄し、この普通裁判籍がないときは、請求の目的又は差し押さえることができる債務者の財産の所在地を管轄する地方裁判所が管轄する。

2　前項に規定する地方裁判所は、同項の訴えの全部又は一部が家庭裁判所の管轄に属する場合においても、相当と認めるときは、同項の規定にかかわらず、申立てにより又は職権で、当該訴えに係る訴訟の全部又は一部について自ら審理及び裁判をすることができる。

3　第１項に規定する家庭裁判所は、同項の訴えの全部又は一部が地方裁判所の管轄に属する場合においても、相当と認めるときは、同項の規定にかかわらず、申立てにより又は職権で、当該訴えに係る訴訟の全部又は一部について自ら審理及び裁判をすることができる。

4　執行判決は、裁判の当否を調査しないでしなければならない。

5　第１項の訴えは、外国裁判所の判決が、確定したことが証明されないとき、又は民事訴訟法第118条各号（家事事件手続法（平成23年法律第52号）第79条の２において準用する場合を含む。）に掲げる要件を具備しないときは、却下しなければならない。

6　執行判決においては、外国裁判所の判決による強制執行を許す旨を宣言しなければならない。

（強制執行の実施）

第25条　強制執行は、執行文の付された債務名義の正本に基づいて実施する。ただし、少額訴訟における確定判決又は仮執行の宣言を付した少額訴訟の判決若しくは支払督促により、これに表示された当事者に対し、又はその者のためにする強制執行は、その正本に基づいて実施する。

（執行文の付与）

第26条　執行文は、申立てにより、執行証書以外の債務名義については事件の記録の存する裁判所の裁判所書記官が、執行証書についてはその原本を保存する公証人が付与する。

2　執行文の付与は、債権者が債務者に対しその債務名義により強制執行をすることができる場合に、その旨を債務名義の正本の末尾に付記する方法により行う。

第27条　請求が債権者の証明すべき事実の到来に係る場合においては、執行文は、債権者がその事実の到来したことを証する文書を提出したときに限り、付与することができる。

2　債務名義に表示された当事者以外の者を債権者又は債務者とする執行文は、その者に対し、又はその者のために強制執行をすることができることが裁判所書記官若しくは公証人に明白であるとき、又は債権者がそのことを証する文書を提出したときに限り、付与することができる。

3　執行文は、債務名義について次に掲げる事由のいずれかがあり、かつ、当該債務名義に基づく不動産の引渡し又は明渡しの強制執行をする前に当該不動産を占有する者を特定することを困難とする特別の事情がある場合において、債権者がこれらを証する文書を提出したときに限り、債務者を特定しないで、付与することができる。

一　債務名義が不動産の引渡し又は明渡しの請求権を表示したものであり、これを本案とする占有移転禁止の仮処分命令（民事保全法（平成元年法律第91号）第25条の2第1項に規定する占有移転禁止の仮処分命令をいう。）が執行され、かつ、同法第62条第1項の規定により当該不動産を占有する者に対して当該債務名義に基づく引渡し又は明渡しの強制執行をすることができるものであること。

二　債務名義が強制競売の手続（担保権の実行としての競売の手続を含む。以下この号において同じ。）における第83条第1項本文（第188条において準用する場合を含む。）の規定による命令（以下「引渡命令」という。）であり、当該強制競売の手続において当該引渡命令の引渡義務者に対し次のイからハまでのいずれかの保全処分及び公示保全処分（第55条第1項に規定する公示保全処分をいう。以下この項において同じ。）が執行され、かつ、第83条の2第1項（第187条第5項又は第188条において準用する場合を含む。）の規定により当該不動産を占有する者に対して当該引渡命令に基づく引渡しの強制執行をすることができるものであること。

イ　第55条第1項第3号（第188条において準用する場合を含む。）に掲げる保全処分及び公示保全処分

ロ　第77条第1項第3号（第188条において準用する場合を含む。）に掲げる保全処分及び公示保全処分

ハ　第187条第1項に規定する保全処分又は公示保全処分（第55条第1項第3号に掲げるものに限る。）

4　前項の執行文の付された債務名義の正本に基づく強制執行は、当該執行文の付与の日から4週間を経過する前であつて、当該強制執行において不動産の占有を解く際にその占有者を特定することができる場合に限り、することができる。

5　第3項の規定により付与された執行文については、前項の規定により当該執行文の付された債務名義の正本に基づく強制執行がされたときは、当該強制執行によつて当該不動産の占有を解かれた者が、債務者となる。

（執行文の再度付与等）

第28条　執行文は、債権の完全な弁済を得るため執行文の付された債務名義の正本が数通必要であるとき、又はこれが滅失したときに限り、更に付与することができる。

2　前項の規定は、少額訴訟における確定判決又は仮執行の宣言を付した少額訴訟の判決若しくは支払督促の正本を更に交付する場合について準用する。

（債務名義等の送達）

第29条　強制執行は、債務名義又は確定により債務名義となるべき裁判の正本又は謄本が、あらかじめ、又は同時に、債務者に送達されたときに限り、開始することができる。第27条の規定により執行文が付与された場合においては、執行文及び同条の規定により債権者が提出した文書の謄本も、あらかじめ、又は同時に、送達されなければならない。

（期限の到来又は担保の提供に係る場合の強制執行）

第30条　請求が確定期限の到来に係る場合においては、強制執行は、その期限の到来後に限り、開始することができる。

2　担保を立てることを強制執行の実施の条件とする債務名義による強制執行は、債権者が担保を立てたことを証する文書を提出したときに限り、開始することができる。

（反対給付又は他の給付の不履行に係る場合の強制執行）

第31条　債務者の給付が反対給付と引換えにすべきものである場合においては、強制執行は、債権者が反対給付又はその提供のあつたことを証明したときに限り、開始することができる。

2　債務者の給付が、他の給付について強制執行の目的を達することができない場合に、他の給付に代えてすべきものであるときは、強制執行は、債権者が他の給付について強制執行の目的を達することができなかつたことを証明したと

きに限り、開始することができる。

（執行文の付与等に関する異議の申立て）

第32条　執行文の付与の申立てに関する処分に対しては、裁判所書記官の処分にあつてはその裁判所書記官の所属する裁判所に、公証人の処分にあつてはその公証人の役場の所在地を管轄する地方裁判所に異議を申し立てることができる。

2　執行文の付与に対し、異議の申立てがあつたときは、裁判所は、異議についての裁判をするまでの間、担保を立てさせ、若しくは立てさせないで強制執行の停止を命じ、又は担保を立てさせてその続行を命ずることができる。急迫の事情があるときは、裁判長も、これらの処分を命ずることができる。

3　第1項の規定による申立てについての裁判及び前項の規定による裁判は、口頭弁論を経ないですることができる。

4　前項に規定する裁判に対しては、不服を申し立てることができない。

5　前各項の規定は、第28条第2項の規定による少額訴訟における確定判決又は仮執行の宣言を付した少額訴訟の判決若しくは支払督促の正本の交付について準用する。

（執行文付与の訴え）

第33条　第27条第1項又は第2項に規定する文書の提出をすることができないときは、債権者は、執行文（同条第3項の規定により付与されるものを除く。）の付与を求めるために、執行文付与の訴えを提起することができる。

2　前項の訴えは、次の各号に掲げる債務名義の区分に応じ、それぞれ当該各号に定める裁判所が管轄する。

一　第22条第1号から第3号まで又は第6号から第6号の5までに掲げる債務名義並びに同条第7号に掲げる債務名義のうち次号、第1号の3及び第6号に掲げるもの以外のもの　第一審裁判所

一の二　第22条第3号の2に掲げる債務名義並びに同条第7号に掲げる債務名義のうち損害賠償命令並びに損害賠償命令事件に関する手続における和解及び請求の認諾に係るもの　損害賠償命令事件が係属していた地方裁判所

一の三　第22条第3号の3に掲げる債務名義並びに同条第7号に掲げる債務名義のうち届出債権支払命令並びに簡易確定手続における届出債権の認否及び和解に係るもの　簡易確定手続が係属していた地方裁判所

二　第22条第4号に掲げる債務名義のうち次号に掲げるもの以外のもの　仮執行の宣言を付した支払督促を発した裁判所書記官の所属する簡易裁判所（仮執行の宣言を付した支払督促に係る請求が簡易裁判所の管轄に属しないものであるときは、その簡易裁判所の所在地を管轄する地方裁判所）

三　第22条第4号に掲げる債務名義のうち民事訴訟法第132条の10第1項本文の規定による支払督促の申立て又は同法第402条第1項に規定する方式により記載された書面をもつてされた支払督促の申立てによるもの　当該支払督促の申立てについて同法第398条（同法第402条第2項において準用する場合を含む。）の規定により訴えの提起があつたものとみなされる裁判所

四　第22条第4号の2に掲げる債務名義　同号の処分をした裁判所書記官の所属する裁判所

五　第22条第5号に掲げる債務名義　債務者の普通裁判籍の所在地を管轄する裁判所（この普通裁判籍がないときは、請求の目的又は差し押さえることができる債務者の財産の所在地を管轄する裁判所）

六　第22条第7号に掲げる債務名義のうち和解若しくは調停（上級裁判所において成立した和解及び調停を除く。）又は労働審判に係るもの（第1号の2及び第1号の3に掲げるものを除く。）　和解若しくは調停が成立した簡易裁判所、地方裁判所若しくは家庭裁判所（簡易裁判所において成立した和解又は調停に係る請求が簡易裁判所の管轄に属しないものであるときは、その簡易裁判所の所在地を管轄する地方裁判所）又は労働審判が行われた際に労働審判事件が係属していた地方裁判所

（執行文付与に対する異議の訴え）

第34条　第27条の規定により執行文が付与された場合において、債権者の証明すべき事実の到来したこと又は債務名義に表示された当事者以外の者に対し、若しくはその者のために強制執行をすることができることについて異議のある債務者は、その執行文の付された債務名義の正本に基づく強制執行の不許を求めるために、執行文付与に対する異議の訴えを提起することができる。

2　異議の事由が数個あるときは、債務者は、同時に、これを主張しなければならない。

3　前条第2項の規定は、第1項の訴えについて

民執法

準用する。

（請求異議の訴え）

第35条　債務名義（第22条第2号又は第3号の2から第4号までに掲げる債務名義で確定前のものを除く。以下この項において同じ。）に係る請求権の存在又は内容について異議のある債務者は、その債務名義による強制執行の不許を求めるために、請求異議の訴えを提起することができる。裁判以外の債務名義の成立について異議のある債務者も、同様とする。

2　確定判決についての異議の事由は、口頭弁論の終結後に生じたものに限る。

3　第33条第2項及び前条第2項の規定は、第1項の訴えについて準用する。

（執行文付与に対する異議の訴え等に係る執行停止の裁判）

第36条　執行文付与に対する異議の訴え又は請求異議の訴えの提起があつた場合において、異議のため主張した事情が法律上理由があるとみえ、かつ、事実上の点について疎明があつたときは、受訴裁判所は、申立てにより、終局判決において次条第1項の裁判をするまでの間、担保を立てさせ、若しくは立てさせないで強制執行の停止を命じ、又はこれとともに、担保を立てさせて強制執行の続行を命じ、若しくは担保を立てさせて既にした執行処分の取消しを命ずることができる。急迫の事情があるときは、裁判長も、これらの処分を命ずることができる。

2　前項の申立てについての裁判は、口頭弁論を経ないですることができる。

3　第1項に規定する事由がある場合において、急迫の事情があるときは、執行裁判所は、申立てにより、同項の規定による裁判の正本を提出すべき期間を定めて、同項に規定する処分を命ずることができる。この裁判は、執行文付与に対する異議の訴え又は請求異議の訴えの提起前においても、することができる。

4　前項の規定により定められた期間を経過したとき、又はその期間内に第1項の規定による裁判が執行裁判所若しくは執行官に提出されたときは、前項の裁判は、その効力を失う。

5　第1項又は第3項の申立てについての裁判に対しては、不服を申し立てることができない。

（終局判決における執行停止の裁判等）

第37条　受訴裁判所は、執行文付与に対する異議の訴え又は請求異議の訴えについての終局判決において、前条第1項に規定する処分を命じ、又は既にした同項の規定による裁判を取り消し、変更し、若しくは認可することができる。この裁判については、仮執行の宣言をしなければならない。

2　前項の規定による裁判に対しては、不服を申し立てることができない。

（第三者異議の訴え）

第38条　強制執行の目的物について所有権その他目的物の譲渡又は引渡しを妨げる権利を有する第三者は、債権者に対し、その強制執行の不許を求めるために、第三者異議の訴えを提起することができる。

2　前項に規定する第三者は、同項の訴えに併合して、債務者に対する強制執行の目的物についての訴えを提起することができる。

3　第1項の訴えは、執行裁判所が管轄する。

4　前2条の規定は、第1項の訴えに係る執行停止の裁判について準用する。

（強制執行の停止）

第39条　強制執行は、次に掲げる文書の提出があつたときは、停止しなければならない。

一　債務名義（執行証書を除く。）若しくは仮執行の宣言を取り消す旨又は強制執行を許さない旨を記載した執行力のある裁判の正本

二　債務名義に係る和解、認諾、調停又は労働審判の効力がないことを宣言する確定判決の正本

三　第22条第2号から第4号の2までに掲げる債務名義が訴えの取下げその他の事由により効力を失つたことを証する調書の正本その他の裁判所書記官の作成した文書

四　強制執行をしない旨又はその申立てを取り下げる旨を記載した裁判上の和解若しくは調停の調書の正本又は労働審判法（平成16年法律第45号）第21条第4項の規定により裁判上の和解と同一の効力を有する労働審判の審判書若しくは同法第20条第7項の調書の正本

五　強制執行を免れるための担保を立てたことを証する文書

六　強制執行の停止及び執行処分の取消しを命ずる旨を記載した裁判の正本

七　強制執行の一時の停止を命ずる旨を記載した裁判の正本

八　債権者が、債務名義の成立後に、弁済を受け、又は弁済の猶予を承諾した旨を記載した文書

2　前項第8号に掲げる文書のうち弁済を受けた旨を記載した文書の提出による強制執行の停止

は、４週間に限るものとする。

3　第１項第８号に掲げる文書のうち弁済の猶予を承諾した旨を記載した文書の提出による強制執行の停止は、２回に限り、かつ、通じて６月を超えることができない。

（執行処分の取消し）

第40条　前条第１項第１号から第６号までに掲げる文書が提出されたときは、執行裁判所又は執行官は、既にした執行処分をも取り消さなければならない。

2　第12条の規定は、前項の規定により執行処分を取り消す場合については適用しない。

（債務者が死亡した場合の強制執行の続行）

第41条　強制執行は、その開始後に債務者が死亡した場合においても、続行することができる。

2　前項の場合において、債務者の相続人の存在又はその所在が明らかでないときは、執行裁判所は、申立てにより、相続財産又は相続人のために、特別代理人を選任することができる。

3　民事訴訟法第35条第２項及び第３項の規定は、前項の特別代理人について準用する。

（執行費用の負担）

第42条　強制執行の費用で必要なもの（以下「執行費用」という。）は、債務者の負担とする。

2　金銭の支払を目的とする債権についての強制執行にあつては、執行費用は、その執行手続において、債務名義を要しないで、同時に、取り立てることができる。

3　強制執行の基本となる債務名義（執行証書を除く。）を取り消す旨の裁判又は債務名義に係る和解、認諾、調停若しくは労働審判の効力がないことを宣言する判決が確定したときは、債権者は、支払を受けた執行費用に相当する金銭を債務者に返還しなければならない。

4　第１項の規定により債務者が負担すべき執行費用で第２項の規定により取り立てられたもの以外のもの及び前項の規定により債権者が返還すべき金銭の額は、申立てにより、執行裁判所の裁判所書記官が定める。

5　前項の申立てについての裁判所書記官の処分に対しては、その告知を受けた日から１週間の不変期間内に、執行裁判所に異議を申し立てることができる。

6　執行裁判所は、第４項の規定による裁判所書記官の処分に対する異議の申立てを理由があると認める場合において、同項に規定する執行費用及び返還すべき金銭の額を定めるべきときは、自らその額を定めなければならない。

7　第５項の規定による異議の申立てについての決定に対しては、執行抗告をすることができる。

8　第４項の規定による裁判所書記官の処分は、確定しなければその効力を生じない。

9　民事訴訟法第74条第１項の規定は、第４項の規定による裁判所書記官の処分について準用する。この場合においては、第５項、第７項及び前項並びに同条第３項の規定を準用する。

第２節　金銭の支払を目的とする債権についての強制執行

第１款　不動産に対する強制執行

第１目　通則

（不動産執行の方法）

第43条　不動産（登記することができない土地の定着物を除く。以下この節において同じ。）に対する強制執行（以下「不動産執行」という。）は、強制競売又は強制管理の方法により行う。これらの方法は、併用することができる。

2　金銭の支払を目的とする債権についての強制執行については、不動産の共有持分、登記された地上権及び永小作権並びにこれらの権利の共有持分は、不動産とみなす。

（執行裁判所）

第44条　不動産執行については、その所在地（前条第２項の規定により不動産とみなされるものにあつては、その登記をすべき地）を管轄する地方裁判所が、執行裁判所として管轄する。

2　建物が数個の地方裁判所の管轄区域にまたがつて存在する場合には、その建物に対する強制執行については建物の存する土地の所在地を管轄する各地方裁判所が、その土地に対する強制執行については土地の所在地を管轄する地方裁判所又は建物に対する強制執行の申立てを受けた地方裁判所が、執行裁判所として管轄する。

3　前項の場合において、執行裁判所は、必要があると認めるときは、事件を他の管轄裁判所に移送することができる。

4　前項の規定による決定に対しては、不服を申し立てることができない。

第２目　強制競売

（開始決定等）

第45条　執行裁判所は、強制競売の手続を開始するには、強制競売の開始決定をし、その開始決定において、債権者のために不動産を差し押さえる旨を宣言しなければならない。

2　前項の開始決定は、債務者に送達しなければならない。

3　強制競売の申立てを却下する裁判に対しては、執行抗告をすることができる。

（差押えの効力）

第46条　差押えの効力は、強制競売の開始決定が債務者に送達された時に生ずる。ただし、差押えの登記がその開始決定の送達前にされたときは、登記がされた時に生ずる。

2　差押えは、債務者が通常の用法に従つて不動産を使用し、又は収益することを妨げない。

（二重開始決定）

第47条　強制競売又は担保権の実行としての競売（以下この節において「競売」という。）の開始決定がされた不動産について強制競売の申立てがあつたときは、執行裁判所は、更に強制競売の開始決定をするものとする。

2　先の開始決定に係る強制競売若しくは競売の申立てが取り下げられたとき、又は先の開始決定に係る強制競売若しくは競売の手続が取り消されたときは、執行裁判所は、後の強制競売の開始決定に基づいて手続を続行しなければならない。

3　前項の場合において、後の強制競売の開始決定が配当要求の終期後の申立てに係るものであるときは、裁判所書記官は、新たに配当要求の終期を定めなければならない。この場合において、既に第50条第1項（第188条において準用する場合を含む。）の届出をした者に対しては、第49条第2項の規定による催告は、要しない。

4　前項の規定による裁判所書記官の処分に対しては、執行裁判所に異議を申し立てることができる。

5　第10条第6項前段及び第9項の規定は、前項の規定による異議の申立てがあつた場合について準用する。

6　先の開始決定に係る強制競売又は競売の手続が停止されたときは、執行裁判所は、申立てにより、後の強制競売の開始決定（配当要求の終期までにされた申立てに係るものに限る。）に基づいて手続を続行する旨の裁判をすることができる。ただし、先の開始決定に係る強制競売又は競売の手続が取り消されたとすれば、第62条第1項第2号に掲げる事項について変更が生ずるときは、この限りでない。

7　前項の申立てを却下する決定に対しては、執行抗告をすることができる。

（差押えの登記の嘱託等）

第48条　強制競売の開始決定がされたときは、裁判所書記官は、直ちに、その開始決定に係る差押えの登記を嘱託しなければならない。

2　登記官は、前項の規定による嘱託に基づいて差押えの登記をしたときは、その登記事項証明書を執行裁判所に送付しなければならない。

（開始決定及び配当要求の終期の公告等）

第49条　強制競売の開始決定に係る差押えの効力が生じた場合（その開始決定前に強制競売又は競売の開始決定がある場合を除く。）においては、裁判所書記官は、物件明細書の作成までの手続に要する期間を考慮して、配当要求の終期を定めなければならない。

2　裁判所書記官は、配当要求の終期を定めたときは、開始決定がされた旨及び配当要求の終期を公告し、かつ、次に掲げるものに対し、債権（利息その他の附帯の債権を含む。）の存否並びにその原因及び額を配当要求の終期までに執行裁判所に届け出るべき旨を催告しなければならない。

一　第87条第1項第3号に掲げる債権者

二　第87条第1項第4号に掲げる債権者（抵当証券の所持人にあつては、知れている所持人に限る。）

三　租税その他の公課を所管する官庁又は公署

3　裁判所書記官は、特に必要があると認めるときは、配当要求の終期を延期することができる。

4　裁判所書記官は、前項の規定により配当要求の終期を延期したときは、延期後の終期を公告しなければならない。

5　第1項又は第3項の規定による裁判所書記官の処分に対しては、執行裁判所に異議を申し立てることができる。

6　第10条第6項前段及び第9項の規定は、前項の規定による異議の申立てがあつた場合について準用する。

（催告を受けた者の債権の届出義務）

第50条　前条第2項の規定による催告を受けた同項第1号又は第2号に掲げる者は、配当要求の終期までに、その催告に係る事項について届出をしなければならない。

2　前項の届出をした者は、その届出に係る債権

民執法

の元本の額に変更があつたときは、その旨の届出をしなければならない。
3　前2項の規定により届出をすべき者は、故意又は過失により、その届出をしなかつたとき、又は不実の届出をしたときは、これによつて生じた損害を賠償する責めに任ずる。

（配当要求）

第51条　第25条の規定により強制執行を実施することができる債務名義の正本（以下「執行力のある債務名義の正本」という。）を有する債権者、強制競売の開始決定に係る差押えの登記後に登記された仮差押債権者及び第181条第1項各号に掲げる文書により一般の先取特権を有することを証明した債権者は、配当要求をすることができる。
2　配当要求を却下する裁判に対しては、執行抗告をすることができる。

（配当要求の終期の変更）

第52条　配当要求の終期から、3月以内に売却許可決定がされないとき、又は3月以内にされた売却許可決定が取り消され、若しくは効力を失つたときは、配当要求の終期は、その終期から3月を経過した日に変更されたものとみなす。ただし、配当要求の終期から3月以内にされた売却許可決定が効力を失つた場合において、第67条の規定による次順位買受けの申出について売却許可決定がされたとき（その決定が取り消され、又は効力を失つたときを除く。）は、この限りでない。

（不動産の滅失等による強制競売の手続の取消し）

第53条　不動産の滅失その他売却による不動産の移転を妨げる事情が明らかとなつたときは、執行裁判所は、強制競売の手続を取り消さなければならない。

（差押えの登記の抹消の嘱託）

第54条　強制競売の申立てが取り下げられたとき、又は強制競売の手続を取り消す決定が効力を生じたときは、裁判所書記官は、その開始決定に係る差押えの登記の抹消を嘱託しなければならない。
2　前項の規定による嘱託に要する登録免許税その他の費用は、その取下げ又は取消決定に係る差押債権者の負担とする。

（売却のための保全処分等）

第55条　執行裁判所は、債務者又は不動産の占有者が価格減少行為（不動産の価格を減少させ、又は減少させるおそれがある行為をいう。以下この項において同じ。）をするときは、差押債権者（配当要求の終期後に強制競売又は競売の申立てをした差押債権者を除く。）の申立てにより、買受人が代金を納付するまでの間、次に掲げる保全処分又は公示保全処分（執行官に、当該保全処分の内容を、不動産の所在する場所に公示書その他の標識を掲示する方法により公示させることを内容とする保全処分をいう。以下同じ。）を命ずることができる。ただし、当該価格減少行為による不動産の価格の減少又はそのおそれの程度が軽微であるときは、この限りでない。
一　当該価格減少行為をする者に対し、当該価格減少行為を禁止し、又は一定の行為をすることを命ずる保全処分（執行裁判所が必要があると認めるときは、公示保全処分を含む。）
二　次に掲げる事項を内容とする保全処分（執行裁判所が必要があると認めるときは、公示保全処分を含む。）
　イ　当該価格減少行為をする者に対し、不動産に対する占有を解いて執行官に引き渡すことを命ずること。
　ロ　執行官に不動産の保管をさせること。
三　次に掲げる事項を内容とする保全処分及び公示保全処分
　イ　前号イ及びロに掲げる事項
　ロ　前号イに規定する者に対し、不動産の占有の移転を禁止することを命じ、及び当該不動産の使用を許すこと。
2　前項第2号又は第3号に掲げる保全処分は、次に掲げる場合のいずれかに該当するときでなければ、命ずることができない。
一　前項の債務者が不動産を占有する場合
二　前項の不動産の占有者の占有の権原が差押債権者、仮差押債権者又は第59条第1項の規定により消滅する権利を有する者に対抗することができない場合
3　執行裁判所は、債務者以外の占有者に対し第1項の規定による決定をする場合において、必要があると認めるときは、その者を審尋しなければならない。
4　執行裁判所が第1項の規定による決定をするときは、申立人に担保を立てさせることができる。ただし、同項第2号に掲げる保全処分については、申立人に担保を立てさせなければ、同項の規定による決定をしてはならない。
5　事情の変更があつたときは、執行裁判所は、申立てにより、第1項の規定による決定を取り消し、又は変更することができる。
6　第1項又は前項の申立てについての裁判に対

しては、執行抗告をすることができる。
7　第5項の規定による決定は、確定しなければその効力を生じない。
8　第1項第2号又は第3号に掲げる保全処分又は公示保全処分を命ずる決定は、申立人に告知された日から2週間を経過したときは、執行してはならない。
9　前項に規定する決定は、相手方に送達される前であつても、執行することができる。
10　第1項の申立て又は同項（第1号を除く。）の規定による決定の執行に要した費用（不動産の保管のために要した費用を含む。）は、その不動産に対する強制競売の手続においては、共益費用とする。

（相手方を特定しないで発する売却のための保全処分等）

第55条の2　前条第1項第2号又は第3号に掲げる保全処分又は公示保全処分を命ずる決定については、当該決定の執行前に相手方を特定することを困難とする特別の事情があるときは、執行裁判所は、相手方を特定しないで、これを発することができる。
2　前項の規定による決定の執行は、不動産の占有を解く際にその占有者を特定することができない場合は、することができない。
3　第1項の規定による決定の執行がされたときは、当該執行によつて不動産の占有を解かれた者が、当該決定の相手方となる。
4　第1項の規定による決定は、前条第8項の期間内にその執行がされなかつたときは、相手方に対して送達することを要しない。この場合において、第15条第2項において準用する民事訴訟法第79条第1項の規定による担保の取消しの決定で前条第4項の規定により立てさせた担保に係るものは、執行裁判所が相当と認める方法で申立人に告知することによつて、その効力を生ずる。

（地代等の代払の許可）

第56条　建物に対し強制競売の開始決定がされた場合において、その建物の所有を目的とする地上権又は賃借権について債務者が地代又は借賃を支払わないときは、執行裁判所は、申立てにより、差押債権者（配当要求の終期後に強制競売又は競売の申立てをした差押債権者を除く。）がその不払の地代又は借賃を債務者に代わつて弁済することを許可することができる。
2　第55条第10項の規定は、前項の申立てに要した費用及び同項の許可を得て支払つた地代又は借賃について準用する。

（現況調査）

第57条　執行裁判所は、執行官に対し、不動産の形状、占有関係その他の現況について調査を命じなければならない。
2　執行官は、前項の調査をするに際し、不動産に立ち入り、又は債務者若しくはその不動産を占有する第三者に対し、質問をし、若しくは文書の提示を求めることができる。
3　執行官は、前項の規定により不動産に立ち入る場合において、必要があるときは、閉鎖した戸を開くため必要な処分をすることができる。
4　執行官は、第1項の調査のため必要がある場合には、市町村（特別区の存する区域にあつては、都）に対し、不動産（不動産が土地である場合にはその上にある建物を、不動産が建物である場合にはその敷地を含む。）に対して課される固定資産税に関して保有する図面その他の資料の写しの交付を請求することができる。
5　執行官は、前項に規定する場合には、電気、ガス又は水道水の供給その他これらに類する継続的給付を行う公益事業を営む法人に対し、必要な事項の報告を求めることができる。

（評価）

第58条　執行裁判所は、評価人を選任し、不動産の評価を命じなければならない。
2　評価人は、近傍同種の不動産の取引価格、不動産から生ずべき収益、不動産の原価その他の不動産の価格形成上の事情を適切に勘案して、遅滞なく、評価をしなければならない。この場合において、評価人は、強制競売の手続において不動産の売却を実施するための評価であることを考慮しなければならない。
3　評価人は、第6条第2項の規定により執行官に対し援助を求めるには、執行裁判所の許可を受けなければならない。
4　第18条第2項並びに前条第2項、第4項及び第5項の規定は、評価人が評価をする場合について準用する。

（売却に伴う権利の消滅等）

第59条　不動産の上に存する先取特権、使用及び収益をしない旨の定めのある質権並びに抵当権は、売却により消滅する。
2　前項の規定により消滅する権利を有する者、差押債権者又は仮差押債権者に対抗することができない不動産に係る権利の取得は、売却によりその効力を失う。

民執法

3　不動産に係る差押え、仮差押えの執行及び第1項の規定により消滅する権利を有する者、差押債権者又は仮差押債権者に対抗することができない仮処分の執行は、売却によりその効力を失う。
4　不動産の上に存する留置権並びに使用及び収益をしない旨の定めのない質権で第2項の規定の適用がないものについては、買受人は、これらによつて担保される債権を弁済する責めに任ずる。
5　利害関係を有する者が次条第1項に規定する売却基準価額が定められる時までに第1項、第2項又は前項の規定と異なる合意をした旨の届出をしたときは、売却による不動産の上の権利の変動は、その合意に従う。

（売却基準価額の決定等）

第60条　執行裁判所は、評価人の評価に基づいて、不動産の売却の額の基準となるべき価額（以下「売却基準価額」という。）を定めなければならない。
2　執行裁判所は、必要があると認めるときは、売却基準価額を変更することができる。
3　買受けの申出の額は、売却基準価額からその10分の2に相当する額を控除した価額（以下「買受可能価額」という。）以上でなければならない。

（一括売却）

第61条　執行裁判所は、相互の利用上不動産を他の不動産（差押債権者又は債務者を異にするものを含む。）と一括して同一の買受人に買い受けさせることが相当であると認めるときは、これらの不動産を一括して売却することを定めることができる。ただし、1個の申立てにより強制競売の開始決定がされた数個の不動産のうち、あるものの買受可能価額で各債権者の債権及び執行費用の全部を弁済することができる見込みがある場合には、債務者の同意があるときに限る。

（物件明細書）

第62条　裁判所書記官は、次に掲げる事項を記載した物件明細書を作成しなければならない。
一　不動産の表示
二　不動産に係る権利の取得及び仮処分の執行で売却によりその効力を失わないもの
三　売却により設定されたものとみなされる地上権の概要
2　裁判所書記官は、前項の物件明細書の写しを執行裁判所に備え置いて一般の閲覧に供し、又は不特定多数の者が当該物件明細書の内容の提供を受けることができるものとして最高裁判所規則で定める措置を講じなければならない。
3　前2項の規定による裁判所書記官の処分に対しては、執行裁判所に異議を申し立てることができる。
4　第10条第6項前段及び第9項の規定は、前項の規定による異議の申立てがあつた場合について準用する。

（剰余を生ずる見込みのない場合等の措置）

第63条　執行裁判所は、次の各号のいずれかに該当すると認めるときは、その旨を差押債権者（最初の強制競売の開始決定に係る差押債権者をいう。ただし、第47条第6項の規定により手続を続行する旨の裁判があつたときは、その裁判を受けた差押債権者をいう。以下この条において同じ。）に通知しなければならない。
一　差押債権者の債権に優先する債権（以下この条において「優先債権」という。）がない場合において、不動産の買受可能価額が執行費用のうち共益費用であるもの（以下「手続費用」という。）の見込額を超えないとき。
二　優先債権がある場合において、不動産の買受可能価額が手続費用及び優先債権の見込額の合計額に満たないとき。
2　差押債権者が、前項の規定による通知を受けた日から1週間以内に、優先債権がない場合にあつては手続費用の見込額を超える額、優先債権がある場合にあつては手続費用及び優先債権の見込額の合計額以上の額（以下この項において「申出額」という。）を定めて、次の各号に掲げる区分に応じ、それぞれ当該各号に定める申出及び保証の提供をしないときは、執行裁判所は、差押債権者の申立てに係る強制競売の手続を取り消さなければならない。ただし、差押債権者が、その期間内に、前項各号のいずれにも該当しないことを証明したとき、又は同項第2号に該当する場合であつて不動産の買受可能価額が手続費用の見込額を超える場合において、不動産の売却について優先債権を有する者（買受可能価額で自己の優先債権の全部の弁済を受けることができる見込みがある者を除く。）の同意を得たことを証明したときは、この限りでない。
一　差押債権者が不動産の買受人になることができる場合　申出額に達する買受けの申出がないときは、自ら申出額で不動産を買い受ける旨の申出及び申出額に相当する保証の提供
二　差押債権者が不動産の買受人になることが

できない場合　買受けの申出の額が申出額に達しないときは、申出額と買受けの申出の額との差額を負担する旨の申出及び申出額と買受可能価額との差額に相当する保証の提供

3　前項第2号の申出及び保証の提供があつた場合において、買受可能価額以上の額の買受けの申出がないときは、執行裁判所は、差押債権者の申立てに係る強制競売の手続を取り消さなければならない。

4　第2項の保証の提供は、執行裁判所に対し、最高裁判所規則で定める方法により行わなければならない。

（売却の方法及び公告）

第64条　不動産の売却は、裁判所書記官の定める売却の方法により行う。

2　不動産の売却の方法は、入札又は競り売りのほか、最高裁判所規則で定める。

3　裁判所書記官は、入札又は競り売りの方法により売却をするときは、売却の日時及び場所を定め、執行官に売却を実施させなければならない。

4　前項の場合においては、第20条において準用する民事訴訟法第93条第1項の規定にかかわらず、売却決定期日は、裁判所書記官が、売却を実施させる旨の処分と同時に指定する。

5　第3項の場合においては、裁判所書記官は、売却すべき不動産の表示、売却基準価額並びに売却の日時及び場所を公告しなければならない。

6　第1項、第3項又は第4項の規定による裁判所書記官の処分に対しては、執行裁判所に異議を申し立てることができる。

7　第10条第6項前段及び第9項の規定は、前項の規定による異議の申立てがあつた場合について準用する。

（内覧）

第64条の2　執行裁判所は、差押債権者（配当要求の終期後に強制競売又は競売の申立てをした差押債権者を除く。）の申立てがあるときは、執行官に対し、内覧（不動産の買受けを希望する者をこれに立ち入らせて見学させることをいう。以下この条において同じ。）の実施を命じなければならない。ただし、当該不動産の占有者の占有の権原が差押債権者、仮差押債権者及び第59条第1項の規定により消滅する権利を有する者に対抗することができる場合で当該占有者が同意しないときは、この限りでない。

2　前項の申立ては、最高裁判所規則で定めるところにより、売却を実施させる旨の裁判所書記官の処分の時までにしなければならない。

3　第1項の命令を受けた執行官は、売却の実施の時までに、最高裁判所規則で定めるところにより内覧への参加の申出をした者（不動産を買い受ける資格又は能力を有しない者その他最高裁判所規則で定める事由がある者を除く。第5項及び第6項において「内覧参加者」という。）のために、内覧を実施しなければならない。

4　執行裁判所は、内覧の円滑な実施が困難であることが明らかであるときは、第1項の命令を取り消すことができる。

5　執行官は、内覧の実施に際し、自ら不動産に立ち入り、かつ、内覧参加者を不動産に立ち入らせることができる。

6　執行官は、内覧参加者であつて内覧の円滑な実施を妨げる行為をするものに対し、不動産に立ち入ることを制限し、又は不動産から退去させることができる。

（売却の場所の秩序維持）

第65条　執行官は、次に掲げる者に対し、売却の場所に入ることを制限し、若しくはその場所から退場させ、又は買受けの申出をさせないことができる。

一　他の者の買受けの申出を妨げ、若しくは不当に価額を引き下げる目的をもつて連合する等売却の適正な実施を妨げる行為をし、又はその行為をさせた者

二　他の民事執行の手続の売却不許可決定において前号に該当する者と認定され、その売却不許可決定の確定の日から2年を経過しない者

三　民事執行の手続における売却に関し刑法（明治40年法律第45号）第95条から第96条の5まで、第197条から第197条の4まで若しくは第198条、組織的な犯罪の処罰及び犯罪収益の規制等に関する法律（平成11年法律第136号）第3条第1項第1号から第4号まで若しくは第2項（同条第1項第1号から第4号までに係る部分に限る。）又は公職にある者等のあっせん行為による利得等の処罰に関する法律（平成12年法律第130号）第1条第1項、第2条第1項若しくは第4条の規定により刑に処せられ、その裁判の確定の日から2年を経過しない者

（暴力団員等に該当しないこと等の陳述）

第65条の2　不動産の買受けの申出は、次の各号のいずれにも該当しない旨を買受けの申出をしようとする者（その者に法定代理人がある場合にあつて

は当該法定代理人、その者が法人である場合にあつてはその代表者）が最高裁判所規則で定めるところにより陳述しなければ、することができない。

一　買受けの申出をしようとする者（その者が法人である場合にあつては、その役員）が暴力団員による不当な行為の防止等に関する法律（平成3年法律第77号）第2条第6号に規定する暴力団員（以下この号において「暴力団員」という。）又は暴力団員でなくなつた日から5年を経過しない者（以下この目において「暴力団員等」という。）であること。

二　自己の計算において当該買受けの申出をさせようとする者（その者が法人である場合にあつては、その役員）が暴力団員等であること。

（買受けの申出の保証）

第66条　不動産の買受けの申出をしようとする者は、最高裁判所規則で定めるところにより、執行裁判所が定める額及び方法による保証を提供しなければならない。

（次順位買受けの申出）

第67条　最高価買受申出人に次いで高額の買受けの申出をした者は、その買受けの申出の額が、買受可能価額以上で、かつ、最高価買受申出人の申出の額から買受けの申出の保証の額を控除した額以上である場合に限り、売却の実施の終了までに、執行官に対し、最高価買受申出人に係る売却許可決定が第80条第1項の規定により効力を失うときは、自己の買受けの申出について売却を許可すべき旨の申出（以下「次順位買受けの申出」という。）をすることができる。

（債務者の買受けの申出の禁止）

第68条　債務者は、買受けの申出をすることができない。

（買受けの申出をした差押債権者のための保全処分等）

第68条の2　執行裁判所は、裁判所書記官が入札又は競り売りの方法により売却を実施させても買受けの申出がなかつた場合において、債務者又は不動産の占有者が不動産の売却を困難にする行為をし、又はその行為をするおそれがあるときは、差押債権者（配当要求の終期後に強制競売又は競売の申立てをした差押債権者を除く。次項において同じ。）の申立てにより、買受人が代金を納付するまでの間、担保を立てさせて、次に掲げる事項を内容とする保全処分（執行裁判所が必要があると認めるときは、公示保全処分を含む。）を命ずることができる。

一　債務者又は不動産の占有者に対し、不動産に対する占有を解いて執行官又は申立人に引き渡すことを命ずること。

二　執行官又は申立人に不動産の保管をさせること。

2　差押債権者は、前項の申立てをするには、買受可能価額以上の額（以下この項において「申出額」という。）を定めて、次の入札又は競り売りの方法による売却の実施において申出額に達する買受けの申出がないときは自ら申出額で不動産を買い受ける旨の申出をし、かつ、申出額に相当する保証の提供をしなければならない。

3　事情の変更があつたときは、執行裁判所は、申立てにより又は職権で、第1項の規定による決定を取り消し、又は変更することができる。

4　第55条第2項の規定は第1項に規定する保全処分について、同条第3項の規定は第1項の規定による決定について、同条第6項の規定は第1項の申立てについての裁判、前項の規定による裁判又は同項の申立てを却下する裁判について、同条第7項の規定は前項の規定による決定について、同条第8項及び第9項並びに第55条の2の規定は第1項に規定する保全処分を命ずる決定について、第55条第10項の規定は第1項の申立て又は同項の規定による決定の執行に要した費用について、第63条第4項の規定は第2項の保証の提供について準用する。

（売却の見込みのない場合の措置）

第68条の3　執行裁判所は、裁判所書記官が入札又は競り売りの方法による売却を3回実施させても買受けの申出がなかつた場合において、不動産の形状、用途、法令による利用の規制その他の事情を考慮して、更に売却を実施させても売却の見込みがないと認めるときは、強制競売の手続を停止することができる。この場合においては、差押債権者に対し、その旨を通知しなければならない。

2　差押債権者が、前項の規定による通知を受けた日から3月以内に、執行裁判所に対し、買受けの申出をしようとする者があることを理由として、売却を実施させるべき旨を申し出たときは、裁判所書記官は、第64条の定めるところにより売却を実施させなければならない。

3　差押債権者が前項の期間内に同項の規定による売却実施の申出をしないときは、執行裁判所は、強制競売の手続を取り消すことができる。同項の規定により裁判所書記官が売却を実施させた場合において買受けの申出がなかつたときも、同様とする。

民執法

（調査の嘱託）

第68条の4　執行裁判所は、最高価買受申出人（その者が法人である場合にあつては、その役員。以下この項において同じ。）が暴力団員等に該当するか否かについて、必要な調査を執行裁判所の所在地を管轄する都道府県警察に嘱託しなければならない。ただし、最高価買受申出人が暴力団員等に該当しないと認めるべき事情があるものとして最高裁判所規則で定める場合は、この限りでない。

2　執行裁判所は、自己の計算において最高価買受申出人に買受けの申出をさせた者があると認める場合には、当該買受けの申出をさせた者（その者が法人である場合にあつては、その役員。以下この項において同じ。）が暴力団員等に該当するか否かについて、必要な調査を執行裁判所の所在地を管轄する都道府県警察に嘱託しなければならない。ただし、買受けの申出をさせた者が暴力団員等に該当しないと認めるべき事情があるものとして最高裁判所規則で定める場合は、この限りでない。

（売却決定期日）

第69条　執行裁判所は、売却決定期日を開き、売却の許可又は不許可を言い渡さなければならない。

（売却の許可又は不許可に関する意見の陳述）

第70条　不動産の売却の許可又は不許可に関し利害関係を有する者は、次条各号に掲げる事由で自己の権利に影響のあるものについて、売却決定期日において意見を陳述することができる。

（売却不許可事由）

第71条　執行裁判所は、次に掲げる事由があると認めるときは、売却不許可決定をしなければならない。

一　強制競売の手続の開始又は続行をすべきでないこと。

二　最高価買受申出人が不動産を買い受ける資格若しくは能力を有しないこと又はその代理人がその権限を有しないこと。

三　最高価買受申出人が不動産を買い受ける資格を有しない者の計算において買受けの申出をした者であること。

四　最高価買受申出人、その代理人又は自己の計算において最高価買受申出人に買受けの申出をさせた者が次のいずれかに該当すること。

イ　その強制競売の手続において第65条第1号に規定する行為をした者

ロ　その強制競売の手続において、代金の納付をしなかつた者又は自己の計算においてその者に買受けの申出をさせたことがある者

ハ　第65条第2号又は第3号に掲げる者

五　最高価買受申出人又は自己の計算において最高価買受申出人に買受けの申出をさせた者が次のいずれかに該当すること。

イ　暴力団員等（買受けの申出がされた時に暴力団員等であつた者を含む。）

ロ　法人でその役員のうちに暴力団員等に該当する者があるもの（買受けの申出がされた時にその役員のうちに暴力団員等に該当する者があつたものを含む。）

六　第75条第1項の規定による売却の不許可の申出があること。

七　売却基準価額若しくは一括売却の決定、物件明細書の作成又はこれらの手続に重大な誤りがあること。

八　売却の手続に重大な誤りがあること。

（売却の実施の終了後に執行停止の裁判等の提出があつた場合の措置）

第72条　売却の実施の終了から売却決定期日の終了までの間に第39条第1項第7号に掲げる文書の提出があつた場合には、執行裁判所は、他の事由により売却不許可決定をするときを除き、売却決定期日を開くことができない。この場合においては、最高価買受申出人又は次順位買受申出人は、執行裁判所に対し、買受けの申出を取り消すことができる。

2　売却決定期日の終了後に前項に規定する文書の提出があつた場合には、その期日にされた売却許可決定が取り消され、若しくは効力を失つたとき、又はその期日にされた売却不許可決定が確定したときに限り、第39条の規定を適用する。

3　売却の実施の終了後に第39条第1項第8号に掲げる文書の提出があつた場合には、その売却に係る売却許可決定が取り消され、若しくは効力を失つたとき、又はその売却に係る売却不許可決定が確定したときに限り、同条の規定を適用する。

（超過売却となる場合の措置）

第73条　数個の不動産を売却した場合において、あるものの買受けの申出の額で各債権者の債権及び執行費用の全部を弁済することができる見込みがあるときは、執行裁判所は、他の不

動産についての売却許可決定を留保しなければならない。
2　前項の場合において、その買受けの申出の額で各債権者の債権及び執行費用の全部を弁済することができる見込みがある不動産が数個あるときは、執行裁判所は、売却の許可をすべき不動産について、あらかじめ、債務者の意見を聴かなければならない。
3　第1項の規定により売却許可決定が留保された不動産の最高価買受申出人又は次順位買受申出人は、執行裁判所に対し、買受けの申出を取り消すことができる。
4　売却許可決定のあつた不動産について代金が納付されたときは、執行裁判所は、前項の不動産に係る強制競売の手続を取り消さなければならない。

（売却の許可又は不許可の決定に対する執行抗告）

第74条　売却の許可又は不許可の決定に対しては、その決定により自己の権利が害されることを主張するときに限り、執行抗告をすることができる。
2　売却許可決定に対する執行抗告は、第71条各号に掲げる事由があること又は売却許可決定の手続に重大な誤りがあることを理由としなければならない。
3　民事訴訟法第338条第1項各号に掲げる事由は、前2項の規定にかかわらず、売却の許可又は不許可の決定に対する執行抗告の理由とすることができる。
4　抗告裁判所は、必要があると認めるときは、抗告人の相手方を定めることができる。
5　売却の許可又は不許可の決定は、確定しなければその効力を生じない。

（不動産が損傷した場合の売却の不許可の申出等）

第75条　最高価買受申出人又は買受人は、買受けの申出をした後天災その他自己の責めに帰することができない事由により不動産が損傷した場合には、執行裁判所に対し、売却許可決定前にあつては売却の不許可の申出をし、売却許可決定後にあつては代金を納付する時までにその決定の取消しの申立てをすることができる。ただし、不動産の損傷が軽微であるときは、この限りでない。
2　前項の規定による売却許可決定の取消しの申立てについての決定に対しては、執行抗告をすることができる。
3　前項に規定する申立てにより売却許可決定を取り消す決定は、確定しなければその効力を生じない。

（買受けの申出後の強制競売の申立ての取下げ等）

第76条　買受けの申出があつた後に強制競売の申立てを取り下げるには、最高価買受申出人又は買受人及び次順位買受申出人の同意を得なければならない。ただし、他に差押債権者（配当要求の終期後に強制競売又は競売の申立てをした差押債権者を除く。）がある場合において、取下げにより第62条第1項第2号に掲げる事項について変更が生じないときは、この限りでない。
2　前項の規定は、買受けの申出があつた後に第39条第1項第4号又は第5号に掲げる文書を提出する場合について準用する。

（最高価買受申出人又は買受人のための保全処分等）

第77条　執行裁判所は、債務者又は不動産の占有者が、価格減少行為等（不動産の価格を減少させ、又は不動産の引渡しを困難にする行為をいう。以下この項において同じ。）をし、又は価格減少行為等をするおそれがあるときは、最高価買受申出人又は買受人の申立てにより、引渡命令の執行までの間、その買受けの申出の額（金銭により第66条の保証を提供した場合にあつては、当該保証の額を控除した額）に相当する金銭を納付させ、又は代金を納付させて、次に掲げる保全処分又は公示保全処分を命ずることができる。
一　債務者又は不動産の占有者に対し、価格減少行為等を禁止し、又は一定の行為をすることを命ずる保全処分（執行裁判所が必要があると認めるときは、公示保全処分を含む。）
二　次に掲げる事項を内容とする保全処分（執行裁判所が必要があると認めるときは、公示保全処分を含む。）
　イ　当該価格減少行為等をし、又はそのおそれがある者に対し、不動産に対する占有を解いて執行官に引き渡すことを命ずること。
　ロ　執行官に不動産の保管をさせること。
三　次に掲げる事項を内容とする保全処分及び公示保全処分
　イ　前号イ及びロに掲げる事項
　ロ　前号イに規定する者に対し、不動産の占有の移転を禁止することを命じ、及び不動産の使用を許すこと。

民執法

2　第55条第２項（第１号に係る部分に限る。）の規定は前項第２号又は第３号に掲げる保全処分について、同条第２項（第２号に係る部分に限る。）の規定は前項に掲げる保全処分について、同条第３項、第４項本文及び第５項の規定は前項の規定による決定について、同条第６項の規定は前項の申立て又はこの項において準用する同条第５項の申立てについての裁判について、同条第７項の規定はこの項において準用する同条第５項の規定による決定について、同条第８項及び第９項並びに第55条の２の規定は前項第２号又は第３号に掲げる保全処分を命ずる決定について準用する。

（代金の納付）

第78条　売却許可決定が確定したときは、買受人は、裁判所書記官の定める期限までに代金を執行裁判所に納付しなければならない。

2　買受人が買受けの申出の保証として提供した金銭及び前条第１項の規定により納付した金銭は、代金に充てる。

3　買受人が第63条第２項第１号又は第68条の２第２項の保証を金銭の納付以外の方法で提供しているときは、執行裁判所は、最高裁判所規則で定めるところによりこれを換価し、その換価代金から換価に要した費用を控除したものを代金に充てる。この場合において、換価に要した費用は、買受人の負担とする。

4　買受人は、売却代金から配当又は弁済を受けるべき債権者であるときは、売却許可決定が確定するまでに執行裁判所に申し出て、配当又は弁済を受けるべき額を差し引いて代金を配当期日又は弁済金の交付の日に納付することができる。ただし、配当期日において、買受人の受けるべき配当の額について異議の申出があつたときは、買受人は、当該配当期日から１週間以内に、異議に係る部分に相当する金銭を納付しなければならない。

5　裁判所書記官は、特に必要があると認めるときは、第１項の期限を変更することができる。

6　第１項又は前項の規定による裁判所書記官の処分に対しては、執行裁判所に異議を申し立てることができる。

7　第10条第６項前段及び第９項の規定は、前項の規定による異議の申立てがあつた場合について準用する。

（不動産の取得の時期）

第79条　買受人は、代金を納付した時に不動産を取得する。

（代金不納付の効果）

第80条　買受人が代金を納付しないときは、売却許可決定は、その効力を失う。この場合においては、買受人は、第66条の規定により提供した保証の返還を請求することができない。

2　前項前段の場合において、次順位買受けの申出があるときは、執行裁判所は、その申出について売却の許可又は不許可の決定をしなければならない。

（法定地上権）

第81条　土地及びその上にある建物が債務者の所有に属する場合において、その土地又は建物の差押えがあり、その売却により所有者を異にするに至つたときは、その建物について、地上権が設定されたものとみなす。この場合においては、地代は、当事者の請求により、裁判所が定める。

（代金納付による登記の嘱託）

第82条　買受人が代金を納付したときは、裁判所書記官は、次に掲げる登記及び登記の抹消を嘱託しなければならない。

一　買受人の取得した権利の移転の登記

二　売却により消滅した権利又は売却により効力を失つた権利の取得若しくは仮処分に係る登記の抹消

三　差押え又は仮差押えの登記の抹消

2　買受人及び買受人から不動産の上に抵当権の設定を受けようとする者が、最高裁判所規則で定めるところにより、代金の納付の時までに申出をしたときは、前項の規定による嘱託は、登記の申請の代理を業とすることができる者で申出人の指定するものに嘱託情報を提供して登記所に提供させる方法によつてしなければならない。この場合において、申出人の指定する者は、遅滞なく、その嘱託情報を登記所に提供しなければならない。

3　第１項の規定による嘱託をするには、その嘱託情報と併せて売却許可決定があつたことを証する情報を提供しなければならない。

4　第１項の規定による嘱託に要する登録免許税その他の費用は、買受人の負担とする。

（引渡命令）

第83条　執行裁判所は、代金を納付した買受人の申立てにより、債務者又は不動産の占有者に対し、不動産を買受人に引き渡すべき旨を命ずることができる。ただし、事件の記録上買受

民執法

人に対抗することができる権原により占有していると認められる者に対しては、この限りでない。

2　買受人は、代金を納付した日から6月（買受けの時に民法第395条第1項に規定する抵当建物使用者が占有していた建物の買受人にあつては、9月）を経過したときは、前項の申立てをすることができない。

3　執行裁判所は、債務者以外の占有者に対し第1項の規定による決定をする場合には、その者を審尋しなければならない。ただし、事件の記録上その者が買受人に対抗することができる権原により占有しているものでないことが明らかであるとき、又は既にその者を審尋しているときは、この限りでない。

4　第1項の申立てについての裁判に対しては、執行抗告をすることができる。

5　第1項の規定による決定は、確定しなければその効力を生じない。

（占有移転禁止の保全処分等の効力）

第83条の2　強制競売の手続において、第55条第1項第3号又は第77条第1項第3号に掲げる保全処分及び公示保全処分を命ずる決定の執行がされ、かつ、買受人の申立てにより当該決定の被申立人に対して引渡命令が発せられたときは、買受人は、当該引渡命令に基づき、次に掲げる者に対し、不動産の引渡しの強制執行をすることができる。

一　当該決定の執行がされたことを知つて当該不動産を占有した者

二　当該決定の執行後に当該執行がされたことを知らないで当該決定の被申立人の占有を承継した者

2　前項の決定の執行後に同項の不動産を占有した者は、その執行がされたことを知つて占有したものと推定する。

3　第1項の引渡命令について同項の決定の被申立人以外の者に対する執行文が付与されたときは、その者は、執行文の付与に対する異議の申立てにおいて、買受人に対抗することができる権原により不動産を占有していること、又は自己が同項各号のいずれにも該当しないことを理由とすることができる。

（売却代金の配当等の実施）

第84条　執行裁判所は、代金の納付があつた場合には、次項に規定する場合を除き、配当表に基づいて配当を実施しなければならない。

2　債権者が一人である場合又は債権者が二人以上であつて売却代金で各債権者の債権及び執行費用の全部を弁済することができる場合には、執行裁判所は、売却代金の交付計算書を作成して、債権者に弁済金を交付し、剰余金を債務者に交付する。

3　代金の納付後に第39条第1項第1号から第6号までに掲げる文書の提出があつた場合において、他に売却代金の配当又は弁済金の交付（以下「配当等」という。）を受けるべき債権者があるときは、執行裁判所は、その債権者のために配当等を実施しなければならない。

4　代金の納付後に第39条第1項第7号又は第8号に掲げる文書の提出があつた場合においても、執行裁判所は、配当等を実施しなければならない。

（配当表の作成）

第85条　執行裁判所は、配当期日において、第87条第1項各号に掲げる各債権者について、その債権の元本及び利息その他の附帯の債権の額、執行費用の額並びに配当の順位及び額を定める。ただし、配当の順位及び額については、配当期日においてすべての債権者間に合意が成立した場合は、この限りでない。

2　執行裁判所は、前項本文の規定により配当の順位及び額を定める場合には、民法、商法その他の法律の定めるところによらなければならない。

3　配当期日には、第1項に規定する債権者及び債務者を呼び出さなければならない。

4　執行裁判所は、配当期日において、第1項本文に規定する事項を定めるため必要があると認めるときは、出頭した債権者及び債務者を審尋し、かつ、即時に取り調べることができる書証の取調べをすることができる。

5　第1項の規定により同項本文に規定する事項（同項ただし書に規定する場合には、配当の順位及び額を除く。）が定められたときは、裁判所書記官は、配当期日において、配当表を作成しなければならない。

6　配当表には、売却代金の額及び第1項本文に規定する事項についての執行裁判所の定めの内容（同項ただし書に規定する場合にあつては、配当の順位及び額については、その合意の内容）を記載しなければならない。

7　第16条第3項及び第4項の規定は、第1項に規定する債権者（同条第1項前段に規定する者を除く。）に対する呼出状の送達について準用する。

（売却代金）

第86条　売却代金は、次に掲げるものとする。
一　不動産の代金
二　第63条第２項第２号の規定により提供した保証のうち申出額から代金の額を控除した残額に相当するもの
三　第80条第１項後段の規定により買受人が返還を請求することができない保証
2　第61条の規定により不動産が一括して売却された場合において、各不動産ごとに売却代金の額を定める必要があるときは、その額は、売却代金の総額を各不動産の売却基準価額に応じて案分して得た額とする。各不動産ごとの執行費用の負担についても、同様とする。
3　第78条第３項の規定は、第１項第２号又は第３号に規定する保証が金銭の納付以外の方法で提供されている場合の換価について準用する。

（配当等を受けるべき債権者の範囲）
第87条　売却代金の配当等を受けるべき債権者は、次に掲げる者とする。
一　差押債権者（配当要求の終期までに強制競売又は一般の先取特権の実行としての競売の申立てをした差押債権者に限る。）
二　配当要求の終期までに配当要求をした債権者
三　差押え（最初の強制競売の開始決定に係る差押えをいう。次号において同じ。）の登記前に登記された仮差押えの債権者
四　差押えの登記前に登記（民事保全法第53条第２項に規定する仮処分による仮登記を含む。）がされた先取特権（第１号又は第２号に掲げる債権者が有する一般の先取特権を除く。）、質権又は抵当権で売却により消滅するものを有する債権者（その抵当権に係る抵当証券の所持人を含む。）
2　前項第４号に掲げる債権者の権利が仮差押えの登記後に登記されたものである場合には、その債権者は、仮差押債権者が本案の訴訟において敗訴し、又は仮差押えがその効力を失つたときに限り、配当等を受けることができる。
3　差押えに係る強制競売の手続が停止され、第47条第６項の規定による手続を続行する旨の裁判がある場合において、執行を停止された差押債権者がその停止に係る訴訟等において敗訴したときは、差押えの登記後続行の裁判に係る差押えの登記前に登記された第１項第４号に規定する権利を有する債権者は、配当等を受けることができる。

（期限付債権の配当等）
第88条　確定期限の到来していない債権は、配当等については、弁済期が到来したものとみなす。
2　前項の債権が無利息であるときは、配当等の日から期限までの配当等の日における法定利率による利息との合算額がその債権の額となるべき元本額をその債権の額とみなして、配当等の額を計算しなければならない。

（配当異議の申出）
第89条　配当表に記載された各債権者の債権又は配当の額について不服のある債権者及び債務者は、配当期日において、異議の申出（以下「配当異議の申出」という。）をすることができる。
2　執行裁判所は、配当異議の申出のない部分に限り、配当を実施しなければならない。

（配当異議の訴え等）
第90条　配当異議の申出をした債権者及び執行力のある債務名義の正本を有しない債権者に対し配当異議の申出をした債務者は、配当異議の訴えを提起しなければならない。
2　前項の訴えは、執行裁判所が管轄する。
3　第１項の訴えは、原告が最初の口頭弁論期日に出頭しない場合には、その責めに帰することができない事由により出頭しないときを除き、却下しなければならない。
4　第１項の訴えの判決においては、配当表を変更し、又は新たな配当表の調製のために、配当表を取り消さなければならない。
5　執行力のある債務名義の正本を有する債権者に対し配当異議の申出をした債務者は、請求異議の訴え又は民事訴訟法第117条第１項の訴えを提起しなければならない。
6　配当異議の申出をした債権者又は債務者が、配当期日（知れていない抵当証券の所持人に対する配当異議の申出にあつては、その所持人を知つた日）から１週間以内（買受人が第78条第４項ただし書の規定により金銭を納付すべき場合にあつては、２週間以内）に、執行裁判所に対し、第１項の訴えを提起したことの証明をしないとき、又は前項の訴えを提起したことの証明及びその訴えに係る執行停止の裁判の正本の提出をしないときは、配当異議の申出は、取り下げたものとみなす。

（配当等の額の供託）
第91条　配当等を受けるべき債権者の債権について次に掲げる事由があるときは、裁判所書記官は、その配当等の額に相当する金銭を供託

しなければならない。

一　停止条件付又は不確定期限付であるとき。

二　仮差押債権者の債権であるとき。

三　第39条第1項第7号又は第183条第1項第6号に掲げる文書が提出されているとき。

四　その債権に係る先取特権、質権又は抵当権（以下この項において「先取特権等」という。）の実行を一時禁止する裁判の正本が提出されているとき。

五　その債権に係る先取特権等につき仮登記又は民事保全法第53条第2項に規定する仮処分による仮登記がされたものであるとき。

六　仮差押え又は執行停止に係る差押えの登記後に登記された先取特権等があるため配当額が定まらないとき。

七　配当異議の訴えが提起されたとき。

2　裁判所書記官は、配当等の受領のために執行裁判所に出頭しなかつた債権者（知れていない抵当証券の所持人を含む。）に対する配当等の額に相当する金銭を供託しなければならない。

（権利確定等に伴う配当等の実施）

第92条　前条第1項の規定による供託がされた場合において、その供託の事由が消滅したときは、執行裁判所は、供託金について配当等を実施しなければならない。

2　前項の規定により配当を実施すべき場合において、前条第1項第1号から第5号までに掲げる事由による供託に係る債権者若しくは同項第6号に掲げる事由による供託に係る仮差押債権者若しくは執行を停止された差押債権者に対して配当を実施することができなくなつたとき、又は同項第7号に掲げる事由による供託に係る債権者が債務者の提起した配当異議の訴えにおいて敗訴したときは、執行裁判所は、配当異議の申出をしなかつた債権者のためにも配当表を変更しなければならない。

第3目　強制管理

（開始決定等）

第93条　執行裁判所は、強制管理の手続を開始するには、強制管理の開始決定をし、その開始決定において、債権者のために不動産を差し押さえる旨を宣言し、かつ、債務者に対し収益の処分を禁止し、及び債務者が賃貸料の請求権その他の当該不動産の収益に係る給付を求める権利（以下「給付請求権」という。）を有するときは、債務者に対して当該給付をする義務を負う者（以下「給付義務者」という。）に対しその給付の目的物を管理人に交付すべき旨を命じなければならない。

2　前項の収益は、後に収穫すべき天然果実及び既に弁済期が到来し、又は後に弁済期が到来すべき法定果実とする。

3　第1項の開始決定は、債務者及び給付義務者に送達しなければならない。

4　給付義務者に対する第1項の開始決定の効力は、開始決定が当該給付義務者に送達された時に生ずる。

5　強制管理の申立てについての裁判に対しては、執行抗告をすることができる。

（二重開始決定）

第93条の2　既に強制管理の開始決定がされ、又は第180条第2号に規定する担保不動産収益執行の開始決定がされた不動産について強制管理の申立てがあつたときは、執行裁判所は、更に強制管理の開始決定をするものとする。

（給付義務者に対する競合する債権差押命令等の陳述の催告）

第93条の3　裁判所書記官は、給付義務者に強制管理の開始決定を送達するに際し、当該給付義務者に対し、開始決定の送達の日から2週間以内に給付請求権に対する差押命令又は差押処分の存否その他の最高裁判所規則で定める事項について陳述すべき旨を催告しなければならない。この場合においては、第147条第2項の規定を準用する。

（給付請求権に対する競合する債権差押命令等の効力の停止等）

第93条の4　第93条第4項の規定により強制管理の開始決定の効力が給付義務者に対して生じたときは、給付請求権に対する差押命令又は差押処分であつて既に効力が生じていたものは、その効力を停止する。ただし、強制管理の開始決定の給付義務者に対する効力の発生が第165条各号（第167条の14第1項において第165条各号（第3号及び第4号を除く。）の規定を準用する場合及び第193条第2項において準用する場合を含む。）に掲げる時後であるときは、この限りでない。

2　第93条第4項の規定により強制管理の開始決定の効力が給付義務者に対して生じたときは、給付請求権に対する仮差押命令であつて既に効力が生じていたものは、その効力を停止する。

3　第1項の差押命令又は差押処分の債権者、同項の差押命令又は差押処分が効力を停止する時までに当該債権執行（第143条に規定する債権執行をいう。）又は少額訴訟債権執行（第167条の2第2項に規定する少額訴訟債権執行をいう。）の手続において配当要求をした債権者及び前項の仮差押命令の債権者は、第107条第4項の規定にかかわらず、前2項の強制管理の手続において配当等を受けることができる。

（管理人の選任）

第94条　執行裁判所は、強制管理の開始決定と同時に、管理人を選任しなければならない。

2　信託会社（信託業法（平成16年法律第154号）第3条又は第53条第1項の免許を受けた者をいう。）、銀行その他の法人は、管理人となることができる。

（管理人の権限）

第95条　管理人は、強制管理の開始決定がされた不動産について、管理並びに収益の収取及び換価をすることができる。

2　管理人は、民法第602条に定める期間を超えて不動産を賃貸するには、債務者の同意を得なければならない。

3　管理人が数人あるときは、共同してその職務を行う。ただし、執行裁判所の許可を受けて、職務を分掌することができる。

4　管理人が数人あるときは、第三者の意思表示は、その一人に対してすれば足りる。

（強制管理のための不動産の占有等）

第96条　管理人は、不動産について、債務者の占有を解いて自らこれを占有することができる。

2　管理人は、前項の場合において、閉鎖した戸を開く必要があると認めるときは、執行官に対し援助を求めることができる。

3　第57条第3項の規定は、前項の規定により援助を求められた執行官について準用する。

（建物使用の許可）

第97条　債務者の居住する建物について強制管理の開始決定がされた場合において、債務者が他に居住すべき場所を得ることができないときは、執行裁判所は、申立てにより、債務者及びその者と生計を一にする同居の親族（婚姻又は縁組の届出をしていないが債務者と事実上夫婦又は養親子と同様の関係にある者を含む。以下「債務者等」という。）の居住に必要な限度において、期間を定めて、その建物の使用を許可することができる。

2　債務者が管理人の管理を妨げたとき、又は事情の変更があつたときは、執行裁判所は、申立てにより、前項の規定による決定を取り消し、又は変更することができる。

3　前2項の申立てについての決定に対しては、執行抗告をすることができる。

（収益等の分与）

第98条　強制管理により債務者の生活が著しく困窮することとなるときは、執行裁判所は、申立てにより、管理人に対し、収益又はその換価代金からその困窮の程度に応じ必要な金銭又は収益を債務者に分与すべき旨を命ずることができる。

2　前条第2項の規定は前項の規定による決定について、同条第3項の規定は前項の申立て又はこの項において準用する前条第2項の申立てについての決定について準用する。

（管理人の監督）

第99条　管理人は、執行裁判所が監督する。

（管理人の注意義務）

第100条　管理人は、善良な管理者の注意をもつてその職務を行わなければならない。

2　管理人が前項の注意を怠つたときは、その管理人は、利害関係を有する者に対し、連帯して損害を賠償する責めに任ずる。

（管理人の報酬等）

第101条　管理人は、強制管理のため必要な費用の前払及び執行裁判所の定める報酬を受けることができる。

2　前項の規定による決定に対しては、執行抗告をすることができる。

（管理人の解任）

第102条　重要な事由があるときは、執行裁判所は、利害関係を有する者の申立てにより、又は職権で、管理人を解任することができる。この場合においては、その管理人を審尋しなければならない。

（計算の報告義務）

第103条　管理人の任務が終了した場合においては、管理人又はその承継人は、遅滞なく、執行裁判所に計算の報告をしなければならない。

（強制管理の停止）

第104条　第39条第1項第7号又は第8号に掲げる文書の提出があつた場合においては、強制管理は、配当等の手続を除き、その時の態様で継続することができる。この場合においては、管理人は、配当等に充てるべき金銭を供託し、その事情を執行裁判所に届け出なければならない。

2　前項の規定により供託された金銭の額で各債権者の債権及び執行費用の全部を弁済することができるときは、執行裁判所は、配当等の手続を除き、強制管理の手続を取り消さなければならない。

（配当要求）

第105条　執行力のある債務名義の正本を有する債権者及び第181条第1項各号に掲げる文書により一般の先取特権を有することを証明した債権者は、執行裁判所に対し、配当要求をすることができる。

2　配当要求を却下する裁判に対しては、執行抗告をすることができる。

（配当等に充てるべき金銭等）

第106条　配当等に充てるべき金銭は、第98条第1項の規定による分与をした後の収益又はその換価代金から、不動産に対して課される租税その他の公課及び管理人の報酬その他の必要な費用を控除したものとする。

2　配当等に充てるべき金銭を生ずる見込みがないときは、執行裁判所は、強制管理の手続を取り消さなければならない。

（管理人による配当等の実施）

第107条　管理人は、前条第1項に規定する費用を支払い、執行裁判所の定める期間ごとに、配当等に充てるべき金銭の額を計算して、配当等を実施しなければならない。

2　債権者が一人である場合又は債権者が二人以上であつて配当等に充てるべき金銭で各債権者の債権及び執行費用の全部を弁済することができる場合には、管理人は、債権者に弁済金を交付し、剰余金を債務者に交付する。

3　前項に規定する場合を除き、配当等に充てるべき金銭の配当について債権者間に協議が調つたときは、管理人は、その協議に従い配当を実施する。

4　配当等を受けるべき債権者は、次に掲げる者とする。

一　差押債権者のうち次のイからハまでのいずれかに該当するもの

イ　第1項の期間の満了までに強制管理の申立てをしたもの

ロ　第1項の期間の満了までに一般の先取特権の実行として第180条第2号に規定する担保不動産収益執行の申立てをしたもの

ハ　第1項の期間の満了までに第180条第2号に規定する担保不動産収益執行の申立てをしたもの（ロに掲げるものを除く。）であつて、当該申立てが最初の強制管理の開始決定に係る差押えの登記前に登記（民事保全法第53条第2項に規定する保全仮登記を含む。）がされた担保権に基づくもの

二　仮差押債権者（第1項の期間の満了までに、強制管理の方法による仮差押えの執行の申立てをしたものに限る。）

三　第1項の期間の満了までに配当要求をした債権者

5　第3項の協議が調わないときは、管理人は、その事情を執行裁判所に届け出なければならない。

（管理人による配当等の額の供託）

第108条　配当等を受けるべき債権者の債権について第91条第1項各号（第7号を除く。）に掲げる事由があるときは、管理人は、その配当等の額に相当する金銭を供託し、その事情を執行裁判所に届け出なければならない。債権者が配当等の受領のために出頭しなかつたときも、同様とする。

（執行裁判所による配当等の実施）

第109条　執行裁判所は、第107条第5項の規定による届出があつた場合には直ちに、第104条第1項又は前条の規定による届出があつた場合には供託の事由が消滅したときに、配当等の手続を実施しなければならない。

（弁済による強制管理の手続の取消し）

第110条　各債権者が配当等によりその債権及び執行費用の全部の弁済を受けたときは、執行裁判所は、強制管理の手続を取り消さなければならない。

（強制競売の規定の準用）

第111条　第46条第1項、第47条第2項、第6項本文及び第7項、第48条、第53条、第54条、第84条第3項及び第4項、第87条第2項及び第3項並びに第88条の規定は強制管理について、第84条第1項及び第2項、第85条並びに第89条から第92条までの規定は第109条の規定により執行裁判所が実施する配当等の手続について準用する。この場合において、第84条第3項及び第4項中「代金の納付後」とあるのは、「第107条第1項の期間の経過後」と読み替えるものとする。

第2款　船舶に対する強制執行

（船舶執行の方法）

民執法

第112条　総トン数20トン以上の船舶（端舟その他ろかい又は主としてろかいをもつて運転する舟を除く。以下この節及び次章において「船舶」という。）に対する強制執行（以下「船舶執行」という。）は、強制競売の方法により行う。

（執行裁判所）

第113条　船舶執行については、強制競売の開始決定の時の船舶の所在地を管轄する地方裁判所が、執行裁判所として管轄する。

（開始決定等）

第114条　執行裁判所は、強制競売の手続を開始するには、強制競売の開始決定をし、かつ、執行官に対し、船舶の国籍を証する文書その他の船舶の航行のために必要な文書（以下「船舶国籍証書等」という。）を取り上げて執行裁判所に提出すべきことを命じなければならない。ただし、その開始決定前にされた開始決定により船舶国籍証書等が取り上げられているときは、執行官に対する命令を要しない。

2　強制競売の開始決定においては、債権者のために船舶を差し押さえる旨を宣言し、かつ、債務者に対し船舶の出航を禁止しなければならない。

3　強制競売の開始決定の送達又は差押えの登記前に執行官が船舶国籍証書等を取り上げたときは、差押えの効力は、その取上げの時に生ずる。

（船舶執行の申立て前の船舶国籍証書等の引渡命令）

第115条　船舶執行の申立て前に船舶国籍証書等を取り上げなければ船舶執行が著しく困難となるおそれがあるときは、その船舶の船籍の所在地（船籍のない船舶にあつては、最高裁判所の指定する地）を管轄する地方裁判所は、申立てにより、債務者に対し、船舶国籍証書等を執行官に引き渡すべき旨を命ずることができる。急迫の事情があるときは、船舶の所在地を管轄する地方裁判所も、この命令を発することができる。

2　前項の規定による裁判は、口頭弁論を経ないですることができる。

3　第1項の申立てをするには、執行力のある債務名義の正本を提示し、かつ、同項に規定する事由を疎明しなければならない。

4　執行官は、船舶国籍証書等の引渡しを受けた日から5日以内に債権者が船舶執行の申立てをしたことを証する文書を提出しないときは、その船舶国籍証書等を債務者に返還しなければならない。

5　第1項の規定による決定に対しては、即時抗告をすることができる。

6　前項の即時抗告は、執行停止の効力を有しない。

7　第55条第8項から第10項までの規定は、第1項の規定による決定について準用する。

（保管人の選任等）

第116条　執行裁判所は、差押債権者の申立てにより、必要があると認めるときは、強制競売の開始決定がされた船舶について保管人を選任することができる。

2　前項の保管人が船舶の保管のために要した費用（第4項において準用する第101条第1項の報酬を含む。）は、手続費用とする。

3　第1項の申立てについての決定に対しては、執行抗告をすることができる。

4　第94条第2項、第96条及び第99条から第103条までの規定は、第1項の保管人について準用する。

（保証の提供による強制競売の手続の取消し）

第117条　差押債権者の債権について、第39条第1項第7号又は第8号に掲げる文書が提出されている場合において、債務者が差押債権者及び保証の提供の時（配当要求の終期後にあつては、その終期）までに配当要求をした債権者の債権及び執行費用の総額に相当する保証を買受けの申出前に提供したときは、執行裁判所は、申立てにより、配当等の手続を除き、強制競売の手続を取り消さなければならない。

2　前項に規定する文書の提出による執行停止がその効力を失つたときは、執行裁判所は、同項の規定により提供された保証について、同項の債権者のために配当等を実施しなければならない。この場合において、執行裁判所は、保証の提供として供託された有価証券を取り戻すことができる。

3　第1項の申立てを却下する裁判に対しては、執行抗告をすることができる。

4　第12条の規定は、第1項の規定による決定については適用しない。

5　第15条の規定は第1項の保証の提供について、第78条第3項の規定は第1項の保証が金銭の供託以外の方法で提供されている場合の換価について準用する。

（航行許可）

第118条　執行裁判所は、営業上の必要その他相当の事由があると認める場合において、各債権者並びに最高価買受申出人又は買受人及び次順位買受申出人の同意があるときは、債務者の申立てにより、船舶の航行を許可することができる。
2　前項の申立てについての裁判に対しては、執行抗告をすることができる。
3　第1項の規定による決定は、確定しなければその効力を生じない。

（事件の移送）
第119条　執行裁判所は、強制競売の開始決定がされた船舶が管轄区域外の地に所在することとなつた場合には、船舶の所在地を管轄する地方裁判所に事件を移送することができる。
2　前項の規定による決定に対しては、不服を申し立てることができない。

（船舶国籍証書等の取上げができない場合の強制競売の手続の取消し）
第120条　執行官が強制競売の開始決定の発せられた日から2週間以内に船舶国籍証書等を取り上げることができないときは、執行裁判所は、強制競売の手続を取り消さなければならない。

（不動産に対する強制競売の規定の準用）
第121条　前款第2目（第45条第1項、第46条第2項、第48条、第54条、第55条第1項第2号、第56条、第64条の2、第65条の2、第68条の4、第71条第5号、第81条及び第82条を除く。）の規定は船舶執行について、第48条、第54条及び第82条の規定は船舶法（明治32年法律第46号）第1条に規定する日本船舶に対する強制執行について、それぞれ準用する。この場合において、第51条第1項中「第181条第1項各号に掲げる文書」とあるのは「文書」と、「一般の先取特権」とあるのは「先取特権」と読み替えるものとする。

第3款　動産に対する強制執行

（動産執行の開始等）
第122条　動産（登記することができない土地の定着物、土地から分離する前の天然果実で1月以内に収穫することが確実であるもの及び裏書の禁止されている有価証券以外の有価証券を含む。以下この節、次章及び第4章において同じ。）に対する強制執行（以下「動産執行」という。）は、執行官の目的物に対する差押えにより開始する。
2　動産執行においては、執行官は、差押債権者のためにその債権及び執行費用の弁済を受領することができる。

（債務者の占有する動産の差押え）
第123条　債務者の占有する動産の差押えは、執行官がその動産を占有して行う。
2　執行官は、前項の差押えをするに際し、債務者の住居その他債務者の占有する場所に立ち入り、その場所において、又は債務者の占有する金庫その他の容器について目的物を捜索することができる。この場合において、必要があるときは、閉鎖した戸及び金庫その他の容器を開くため必要な処分をすることができる。
3　執行官は、相当であると認めるときは、債務者に差し押さえた動産（以下「差押物」という。）を保管させることができる。この場合においては、差押えは、差押物について封印その他の方法で差押えの表示をしたときに限り、その効力を有する。
4　執行官は、前項の規定により債務者に差押物を保管させる場合において、相当であると認めるときは、その使用を許可することができる。
5　執行官は、必要があると認めるときは、第3項の規定により債務者に保管させた差押物を自ら保管し、又は前項の規定による許可を取り消すことができる。

（債務者以外の者の占有する動産の差押え）
第124条　前条第1項及び第3項から第5項までの規定は、債権者又は提出を拒まない第三者の占有する動産の差押えについて準用する。

（二重差押えの禁止及び事件の併合）
第125条　執行官は、差押物又は仮差押えの執行をした動産を更に差し押さえることができない。
2　差押えを受けた債務者に対しその差押えの場所について更に動産執行の申立てがあつた場合においては、執行官は、まだ差し押さえていない動産があるときはこれを差し押さえ、差し押さえるべき動産がないときはその旨を明らかにして、その動産執行事件と先の動産執行事件とを併合しなければならない。仮差押えの執行を受けた債務者に対しその執行の場所について更に動産執行の申立てがあつたときも、同様とする。
3　前項前段の規定により2個の動産執行事件が併合されたときは、後の事件において差し押さえられた動産は、併合の時に、先の事件において差し押さえられたものとみなし、後の事件の申立ては、配当要求の効力を生ずる。先の差押債権者が動産執行の申立てを取り下げたとき、又はその申立てに係る手続が停止され、若しくは取り消されたときは、先の事件において差し押さえられた動産は、併合の時に、後の事件のために差し押さえられたものとみなす。

4　第２項後段の規定により仮差押執行事件と動産執行事件とが併合されたときは、仮差押えの執行がされた動産は、併合の時に、動産執行事件において差し押さえられたものとみなし、仮差押執行事件の申立ては、配当要求の効力を生ずる。差押債権者が動産執行の申立てを取り下げたとき、又はその申立てに係る手続が取り消されたときは、動産執行事件において差し押さえられた動産は、併合の時に、仮差押執行事件において仮差押えの執行がされたものとみなす。

（差押えの効力が及ぶ範囲）

第126条　差押えの効力は、差押物から生ずる天然の産出物に及ぶ。

（差押物の引渡命令）

第127条　差押物を第三者が占有することとなつたときは、執行裁判所は、差押債権者の申立てにより、その第三者に対し、差押物を執行官に引き渡すべき旨を命ずることができる。

2　前項の申立ては、差押物を第三者が占有していることを知つた日から１週間以内にしなければならない。

3　第１項の申立てについての裁判に対しては、執行抗告をすることができる。

4　第55条第８項から第10項までの規定は、第１項の規定による決定について準用する。

（超過差押えの禁止等）

第128条　動産の差押えは、差押債権者の債権及び執行費用の弁済に必要な限度を超えてはならない。

2　差押えの後にその差押えが前項の限度を超えることが明らかとなつたときは、執行官は、その超える限度において差押えを取り消さなければならない。

（剰余を生ずる見込みのない場合の差押えの禁止等）

第129条　差し押さえるべき動産の売得金の額が手続費用の額を超える見込みがないときは、執行官は、差押えをしてはならない。

2　差押物の売得金の額が手続費用及び差押債権者の債権に優先する債権の額の合計額以上となる見込みがないときは、執行官は、差押えを取り消さなければならない。

（売却の見込みのない差押物の差押えの取消し）

第130条　差押物について相当な方法による売却の実施をしてもなお売却の見込みがないときは、執行官は、その差押物の差押えを取り消すことができる。

（差押禁止動産）

第131条　次に掲げる動産は、差し押さえてはならない。

一　債務者等の生活に欠くことができない衣服、寝具、家具、台所用具、畳及び建具

二　債務者等の１月間の生活に必要な食料及び燃料

三　標準的な世帯の２月間の必要生計費を勘案して政令で定める額の金銭

四　主として自己の労力により農業を営む者の農業に欠くことができない器具、肥料、労役の用に供する家畜及びその飼料並びに次の収穫まで農業を続行するために欠くことができない種子その他これに類する農産物

五　主として自己の労力により漁業を営む者の水産物の採捕又は養殖に欠くことができない漁網その他の漁具、えさ及び稚魚その他これに類する水産物

六　技術者、職人、労務者その他の主として自己の知的又は肉体的な労働により職業又は営業に従事する者（前２号に規定する者を除く。）のその業務に欠くことができない器具その他の物（商品を除く。）

七　実印その他の印で職業又は生活に欠くことができないもの

八　仏像、位牌その他礼拝又は祭祀に直接供するため欠くことができない物

九　債務者に必要な系譜、日記、商業帳簿及びこれらに類する書類

十　債務者又はその親族が受けた勲章その他の名誉を表章する物

十一　債務者等の学校その他の教育施設における学習に必要な書類及び器具

十二　発明又は著作に係る物で、まだ公表していないもの

十三　債務者等に必要な義手、義足その他の身体の補足に供する物

十四　建物その他の工作物について、災害の防止又は保安のため法令の規定により設備しなければならない消防用の機械又は器具、避難器具その他の備品

（差押禁止動産の範囲の変更）

第132条　執行裁判所は、申立てにより、債務

者及び債権者の生活の状況その他の事情を考慮して、差押えの全部若しくは一部の取消しを命じ、又は前条各号に掲げる動産の差押えを許すことができる。

2　事情の変更があつたときは、執行裁判所は、申立てにより、前項の規定により差押えが取り消された動産の差押えを許し、又は同項の規定による差押えの全部若しくは一部の取消しを命ずることができる。

3　前2項の規定により差押えの取消しの命令を求める申立てがあつたときは、執行裁判所は、その裁判が効力を生ずるまでの間、担保を立てさせ、又は立てさせないで強制執行の停止を命ずることができる。

4　第1項又は第2項の申立てを却下する決定及びこれらの規定により差押えを許す決定に対しては、執行抗告をすることができる。

5　第3項の規定による決定に対しては、不服を申し立てることができない。

（先取特権者等の配当要求）

第133条　先取特権又は質権を有する者は、その権利を証する文書を提出して、配当要求をすることができる。

（売却の方法）

第134条　執行官は、差押物を売却するには、入札又は競り売りのほか、最高裁判所規則で定める方法によらなければならない。

（売却の場所の秩序維持等に関する規定の準用）

第135条　第65条及び第68条の規定は、差押物を売却する場合について準用する。

（手形等の提示義務）

第136条　執行官は、手形、小切手その他の金銭の支払を目的とする有価証券でその権利の行使のため定められた期間内に引受け若しくは支払のための提示又は支払の請求（以下「提示等」という。）を要するもの（以下「手形等」という。）を差し押さえた場合において、その期間の始期が到来したときは、債務者に代わつて手形等の提示等をしなければならない。

（執行停止中の売却）

第137条　第39条第1項第7号又は第8号に掲げる文書の提出があつた場合において、差押物について著しい価額の減少を生ずるおそれがあるとき、又はその保管のために不相応な費用を要するときは、執行官は、その差押物を売却することができる。

2　執行官は、前項の規定により差押物を売却したときは、その売得金を供託しなければならない。

（有価証券の裏書等）

第138条　執行官は、有価証券を売却したときは、買受人のために、債務者に代わつて裏書又は名義書換えに必要な行為をすることができる。

（執行官による配当等の実施）

第139条　債権者が一人である場合又は債権者が二人以上であつて売得金、差押金銭若しくは手形等の支払金（以下「売得金等」という。）で各債権者の債権及び執行費用の全部を弁済することができる場合には、執行官は、債権者に弁済金を交付し、剰余金を債務者に交付する。

2　前項に規定する場合を除き、売得金等の配当について債権者間に協議が調つたときは、執行官は、その協議に従い配当を実施する。

3　前項の協議が調わないときは、執行官は、その事情を執行裁判所に届け出なければならない。

4　第84条第3項及び第4項並びに第88条の規定は、第1項又は第2項の規定により配当等を実施する場合について準用する。

（配当等を受けるべき債権者の範囲）

第140条　配当等を受けるべき債権者は、差押債権者のほか、売得金については執行官がその交付を受けるまで（第137条又は民事保全法第49条第3項の規定により供託された売得金については、動産執行が続行されることとなるまで）に、差押金銭についてはその差押えをするまでに、手形等の支払金についてはその支払を受けるまでに配当要求をした債権者とする。

（執行官の供託）

第141条　第139条第1項又は第2項の規定により配当等を実施する場合において、配当等を受けるべき債権者の債権について次に掲げる事由があるときは、執行官は、その配当等の額に相当する金銭を供託し、その事情を執行裁判所に届け出なければならない。

一　停止条件付又は不確定期限付であるとき。

二　仮差押債権者の債権であるとき。

三　第39条第1項第7号又は第192条において準用する第183条第1項第6号に掲げる文書が提出されているとき。

四　その債権に係る先取特権又は質権の実行を一時禁止する裁判の正本が提出されているとき。

2　執行官は、配当等の受領のために出頭しなかつた債権者に対する配当等の額に相当する金銭を供託しなければならない。

（執行裁判所による配当等の実施）

第142条　執行裁判所は、第139条第３項の規定による届出があつた場合には直ちに、前条第１項の規定による届出があつた場合には供託の事由が消滅したときに、配当等の手続を実施しなければならない。

2　第84条、第85条及び第88条から第92条までの規定は、前項の規定により執行裁判所が実施する配当等の手続について準用する。

第４款　債権及びその他の財産権に対する強制執行

第１目　債権執行等

（債権執行の開始）

第143条　金銭の支払又は船舶若しくは動産の引渡しを目的とする債権（動産執行の目的となる有価証券が発行されている債権を除く。以下この節において「債権」という。）に対する強制執行（第167条の２第２項に規定する少額訴訟債権執行を除く。以下この節において「債権執行」という。）は、執行裁判所の差押命令により開始する。

（執行裁判所）

第144条　債権執行については、債務者の普通裁判籍の所在地を管轄する地方裁判所が、この普通裁判籍がないときは差し押さえるべき債権の所在地を管轄する地方裁判所が、執行裁判所として管轄する。

2　差し押さえるべき債権は、その債権の債務者（以下「第三債務者」という。）の普通裁判籍の所在地にあるものとする。ただし、船舶又は動産の引渡しを目的とする債権及び物上の担保権により担保される債権は、その物の所在地にあるものとする。

3　差押えに係る債権（差押命令により差し押さえられた債権に限る。以下この目において同じ。）について更に差押命令が発せられた場合において、差押命令を発した執行裁判所が異なるときは、執行裁判所は、事件を他の執行裁判所に移送することができる。

4　前項の規定による決定に対しては、不服を申し立てることができない。

（差押命令）

第145条　執行裁判所は、差押命令において、債務者に対し債権の取立てその他の処分を禁止し、かつ、第三債務者に対し債務者への弁済を禁止しなければならない。

2　差押命令は、債務者及び第三債務者を審尋しないで発する。

3　差押命令は、債務者及び第三債務者に送達しなければならない。

4　裁判所書記官は、差押命令を送達するに際し、債務者に対し、最高裁判所規則で定めるところにより、第153条第１項又は第２項の規定による当該差押命令の取消しの申立てをすることができる旨その他最高裁判所規則で定める事項を教示しなければならない。

5　差押えの効力は、差押命令が第三債務者に送達された時に生ずる。

6　差押命令の申立てについての裁判に対しては、執行抗告をすることができる。

7　執行裁判所は、債務者に対する差押命令の送達をすることができない場合には、差押債権者に対し、相当の期間を定め、その期間内に債務者の住所、居所その他差押命令の送達をすべき場所の申出（第20条において準用する民事訴訟法第110条第１項各号に掲げる場合にあつては、公示送達の申立て。次項において同じ。）をすべきことを命ずることができる。

8　執行裁判所は、前項の申出を命じた場合において、差押債権者が同項の申出をしないときは、差押命令を取り消すことができる。

（差押えの範囲）

第146条　執行裁判所は、差し押さえるべき債権の全部について差押命令を発することができる。

2　差し押さえた債権の価額が差押債権者の債権及び執行費用の額を超えるときは、執行裁判所は、他の債権を差し押さえてはならない。

（第三債務者の陳述の催告）

第147条　差押債権者の申立てがあるときは、裁判所書記官は、差押命令を送達するに際し、第三債務者に対し、差押命令の送達の日から２週間以内に差押えに係る債権の存否その他の最高裁判所規則で定める事項について陳述すべき旨を催告しなければならない。

2　第三債務者は、前項の規定による催告に対して、故意又は過失により、陳述をしなかつたとき、又は不実の陳述をしたときは、これによつて生じた損害を賠償する責めに任ずる。

（債権証書の引渡し）

第148条　差押えに係る債権について証書があ

るときは、債務者は、差押債権者に対し、その証書を引き渡さなければならない。

2　差押債権者は、差押命令に基づいて、第169条に規定する動産の引渡しの強制執行の方法により前項の証書の引渡しを受けることができる。

（差押えが一部競合した場合の効力）

第149条　債権の一部が差し押さえられ、又は仮差押えの執行を受けた場合において、その残余の部分を超えて差押命令が発せられたときは、各差押え又は仮差押えの執行の効力は、その債権の全部に及ぶ。債権の全部が差し押さえられ、又は仮差押えの執行を受けた場合において、その債権の一部について差押命令が発せられたときのその差押えの効力も、同様とする。

（先取特権等によつて担保される債権の差押えの登記等の嘱託）

第150条　登記又は登録（以下「登記等」という。）のされた先取特権、質権又は抵当権によつて担保される債権に対する差押命令が効力を生じたときは、裁判所書記官は、申立てにより、その債権について差押えがされた旨の登記等を嘱託しなければならない。

（継続的給付の差押え）

第151条　給料その他継続的給付に係る債権に対する差押えの効力は、差押債権者の債権及び執行費用の額を限度として、差押えの後に受けるべき給付に及ぶ。

（扶養義務等に係る定期金債権を請求する場合の特例）

第151条の2　債権者が次に掲げる義務に係る確定期限の定めのある定期金債権を有する場合において、その一部に不履行があるときは、第30条第1項の規定にかかわらず、当該定期金債権のうち確定期限が到来していないものについても、債権執行を開始することができる。

一　民法第752条の規定による夫婦間の協力及び扶助の義務

二　民法第760条の規定による婚姻から生ずる費用の分担の義務

三　民法第766条（同法第749条、第771条及び第788条において準用する場合を含む。）の規定による子の監護に関する義務

四　民法第877条から第880条までの規定による扶養の義務

2　前項の規定により開始する債権執行においては、各定期金債権について、その確定期限の到来後に弁済期が到来する給料その他継続的給付に係る債権のみを差し押さえることができる。

（差押禁止債権）

第152条　次に掲げる債権については、その支払期に受けるべき給付の4分の3に相当する部分（その額が標準的な世帯の必要生計費を勘案して政令で定める額を超えるときは、政令で定める額に相当する部分）は、差し押さえてはならない。

一　債務者が国及び地方公共団体以外の者から生計を維持するために支給を受ける継続的給付に係る債権

二　給料、賃金、俸給、退職年金及び賞与並びにこれらの性質を有する給与に係る債権

2　退職手当及びその性質を有する給与に係る債権については、その給付の4分の3に相当する部分は、差し押さえてはならない。

3　債権者が前条第1項各号に掲げる義務に係る金銭債権（金銭の支払を目的とする債権をいう。以下同じ。）を請求する場合における前2項の規定の適用については、前2項中「4分の3」とあるのは、「2分の1」とする。

（差押禁止債権の範囲の変更）

第153条　執行裁判所は、申立てにより、債務者及び債権者の生活の状況その他の事情を考慮して、差押命令の全部若しくは一部を取り消し、又は前条の規定により差し押さえてはならない債権の部分について差押命令を発することができる。

2　事情の変更があつたときは、執行裁判所は、申立てにより、前項の規定により差押命令が取り消された債権を差し押さえ、又は同項の規定による差押命令の全部若しくは一部を取り消すことができる。

3　前2項の申立てがあつたときは、執行裁判所は、その裁判が効力を生ずるまでの間、担保を立てさせ、又は立てさせないで、第三債務者に対し、支払その他の給付の禁止を命ずることができる。

4　第1項又は第2項の規定による差押命令の取消しの申立てを却下する決定に対しては、執行抗告をすることができる。

5　第3項の規定による決定に対しては、不服を申し立てることができない。

（配当要求）

第154条　執行力のある債務名義の正本を有する債権者及び文書により先取特権を有することを証明した債権者は、配当要求をすることができる。

民執法

2　前項の配当要求があつたときは、その旨を記載した文書は、第三債務者に送達しなければならない。
3　配当要求を却下する裁判に対しては、執行抗告をすることができる。

（差押債権者の金銭債権の取立て）

第155条　金銭債権を差し押さえた債権者は、債務者に対して差押命令が送達された日から1週間を経過したときは、その債権を取り立てることができる。ただし、差押債権者の債権及び執行費用の額を超えて支払を受けることができない。
2　差し押さえられた金銭債権が第152条第1項各号に掲げる債権又は同条第2項に規定する債権である場合（差押債権者の債権に第151条の2第1項各号に掲げる義務に係る金銭債権が含まれているときを除く。）における前項の規定の適用については、同項中「1週間」とあるのは、「4週間」とする。
3　差押債権者が第三債務者から支払を受けたときは、その債権及び執行費用は、支払を受けた額の限度で、弁済されたものとみなす。
4　差押債権者は、前項の支払を受けたときは、直ちに、その旨を執行裁判所に届け出なければならない。
5　差押債権者は、第1項の規定により金銭債権を取り立てることができることとなつた日（前項又はこの項の規定による届出をした場合にあつては、最後に当該届出をした日。次項において同じ。）から第3項の支払を受けることなく2年を経過したときは、同項の支払を受けていない旨を執行裁判所に届け出なければならない。
6　第1項の規定により金銭債権を取り立てることができることとなつた日から2年を経過した後4週間以内に差押債権者が前2項の規定による届出をしないときは、執行裁判所は、差押命令を取り消すことができる。
7　差押債権者が前項の規定により差押命令を取り消す旨の決定の告知を受けてから1週間の不変期間内に第4項の規定による届出（差し押さえられた金銭債権の全部の支払を受けた旨の届出を除く。）又は第5項の規定による届出をしたときは、当該決定は、その効力を失う。
8　差押債権者が第5項に規定する期間を経過する前に執行裁判所に第3項の支払を受けていない旨の届出をしたときは、第5項及び第6項の規定の適用については、第5項の規定による届出があつたものとみなす。

（第三債務者の供託）

第156条　第三債務者は、差押えに係る金銭債権（差押命令により差し押さえられた金銭債権に限る。以下この条及び第161条の2において同じ。）の全額に相当する金銭を債務の履行地の供託所に供託することができる。
2　第三債務者は、次条第1項に規定する訴えの訴状の送達を受ける時までに、差押えに係る金銭債権のうち差し押さえられていない部分を超えて発せられた差押命令、差押処分又は仮差押命令の送達を受けたときはその債権の全額に相当する金銭を、配当要求があつた旨を記載した文書の送達を受けたときは差し押さえられた部分に相当する金銭を債務の履行地の供託所に供託しなければならない。
3　第三債務者は、第161条の2第1項に規定する供託命令の送達を受けたときは、差押えに係る金銭債権の全額に相当する金銭を債務の履行地の供託所に供託しなければならない。
4　第三債務者は、前3項の規定による供託をしたときは、その事情を執行裁判所に届け出なければならない。

（取立訴訟）

第157条　差押債権者が第三債務者に対し差し押さえた債権に係る給付を求める訴え（以下「取立訴訟」という。）を提起したときは、受訴裁判所は、第三債務者の申立てにより、他の債権者で訴状の送達の時までにその債権を差し押さえたものに対し、共同訴訟人として原告に参加すべきことを命ずることができる。
2　前項の裁判は、口頭弁論を経ないですることができる。
3　取立訴訟の判決の効力は、第1項の規定により参加すべきことを命じられた差押債権者で参加しなかつたものにも及ぶ。
4　前条第2項又は第3項の規定により供託の義務を負う第三債務者に対する取立訴訟において、原告の請求を認容するときは、受訴裁判所は、請求に係る金銭の支払は供託の方法によりすべき旨を判決の主文に掲げなければならない。
5　強制執行又は競売において、前項に規定する判決の原告が配当等を受けるべきときは、その配当等の額に相当する金銭は、供託しなければならない。

（債権者の損害賠償）

第158条　差押債権者は、債務者に対し、差し押さえた債権の行使を怠つたことによつて生じた損害を賠償する責めに任ずる。

（転付命令）

第159条　執行裁判所は、差押債権者の申立てにより、支払に代えて券面額で差し押さえられた金銭債権を差押債権者に転付する命令（以下「転付命令」という。）を発することができる。

2　転付命令は、債務者及び第三債務者に送達しなければならない。

3　転付命令が第三債務者に送達される時までに、転付命令に係る金銭債権について、他の債権者が差押え、仮差押えの執行又は配当要求をしたときは、転付命令は、その効力を生じない。

4　第1項の申立てについての決定に対しては、執行抗告をすることができる。

5　転付命令は、確定しなければその効力を生じない。

6　差し押さえられた金銭債権が第152条第1項各号に掲げる債権又は同条第2項に規定する債権である場合（差押債権者の債権に第151条の2第1項各号に掲げる義務に係る金銭債権が含まれているときを除く。）における前項の規定の適用については、同項中「確定しなければ」とあるのは、「確定し、かつ、債務者に対して差押命令が送達された日から4週間を経過するまでは、」とする。

7　転付命令が発せられた後に第39条第1項第7号又は第8号に掲げる文書を提出したことを理由として執行抗告がされたときは、抗告裁判所は、他の理由により転付命令を取り消す場合を除き、執行抗告についての裁判を留保しなければならない。

（転付命令の効力）

第160条　転付命令が効力を生じた場合においては、差押債権者の債権及び執行費用は、転付命令に係る金銭債権が存する限り、その券面額で、転付命令が第三債務者に送達された時に弁済されたものとみなす。

（譲渡命令等）

第161条　差し押さえられた債権が、条件付若しくは期限付であるとき、又は反対給付に係ることその他の事由によりその取立てが困難であるときは、執行裁判所は、差押債権者の申立てにより、その債権を執行裁判所が定めた価額で支払に代えて差押債権者に譲渡する命令（以下「譲渡命令」という。）、取立てに代えて、執行裁判所の定める方法によりその債権の売却を執行官に命ずる命令（以下「売却命令」という。）又は管理人を選任してその債権の管理を命ずる命令（以下「管理命令」という。）その他相当な方法による換価を命ずる命令（第167条の10第1項において「譲渡命令等」と総称する。）を発することができる。

2　執行裁判所は、前項の規定による決定をする場合には、債務者を審尋しなければならない。ただし、債務者が外国にあるとき、又はその住所が知れないときは、この限りでない。

3　第1項の申立てについての決定に対しては、執行抗告をすることができる。

4　第1項の規定による決定は、確定しなければその効力を生じない。

5　差し押さえられた債権が第152条第1項各号に掲げる債権又は同条第2項に規定する債権である場合（差押債権者の債権に第151条の2第1項各号に掲げる義務に係る金銭債権が含まれているときを除く。）における前項の規定の適用については、同項中「確定しなければ」とあるのは、「確定し、かつ、債務者に対して差押命令が送達された日から4週間を経過するまでは、」とする。

6　執行官は、差し押さえられた債権を売却したときは、債務者に代わり、第三債務者に対し、確定日付のある証書によりその譲渡の通知をしなければならない。

7　第159条第2項及び第3項並びに前条の規定は譲渡命令について、第159条第7項の規定は譲渡命令に対する執行抗告について、第65条及び第68条の規定は売却命令に基づく執行官の売却について、第159条第2項の規定は管理命令について、第84条第3項及び第4項、第88条、第94条第2項、第95条第1項、第3項及び第4項、第98条から第104条まで並びに第106条から第110条までの規定は管理命令に基づく管理について、それぞれ準用する。この場合において、第84条第3項及び第4項中「代金の納付後」とあるのは、「第161条第7項において準用する第107条第1項の期間の経過後」と読み替えるものとする。

（供託命令）

第161条の2　次の各号のいずれかに掲げる場合には、執行裁判所は、差押債権者の申立てにより、差押えに係る金銭債権の全額に相当する金銭を債務の履行地の供託所に供託すべきことを第三債務者に命ずる命令（以下この条及び第167条の10において「供託命令」という。）を発することができる。

一　差押債権者又はその法定代理人の住所又

は氏名について第20条において準用する民事訴訟法第133条第１項の決定がされたとき。
二　債務名義に民事訴訟法第133条第５項（他の法律において準用する場合を含む。）の規定により定められた差押債権者又はその法定代理人の住所又は氏名に代わる事項が表示されているとき。
2　供託命令は、第三債務者に送達しなければならない。
3　第１項の申立てを却下する決定に対しては、執行抗告をすることができる。
4　供託命令に対しては、不服を申し立てることができない。

（船舶の引渡請求権の差押命令の執行）

第162条　船舶の引渡請求権を差し押さえた債権者は、債務者に対して差押命令が送達された日から１週間を経過したときは、第三債務者に対し、船舶の所在地を管轄する地方裁判所の選任する保管人にその船舶を引き渡すべきことを請求することができる。
2　前項の規定により保管人が引渡しを受けた船舶の強制執行は、船舶執行の方法により行う。
3　第１項に規定する保管人が船舶の引渡しを受けた場合において、その船舶について強制競売の開始決定がされたときは、その保管人は、第116条第１項の規定により選任された保管人とみなす。

（動産の引渡請求権の差押命令の執行）

第163条　動産の引渡請求権を差し押さえた債権者は、債務者に対して差押命令が送達された日から１週間を経過したときは、第三債務者に対し、差押債権者の申立てを受けた執行官にその動産を引き渡すべきことを請求することができる。
2　執行官は、動産の引渡しを受けたときは、動産執行の売却の手続によりこれを売却し、その売得金を執行裁判所に提出しなければならない。

（移転登記等の嘱託）

第164条　第150条に規定する債権について、転付命令若しくは譲渡命令が効力を生じたとき、又は売却命令による売却が終了したときは、裁判所書記官は、申立てにより、その債権を取得した差押債権者又は買受人のために先取特権、質権又は抵当権の移転の登記等を嘱託し、及び同条の規定による登記等の抹消を嘱託しなければならない。
2　前項の規定による嘱託をする場合（次項に規定する場合を除く。）においては、嘱託書に、転付命令若しくは譲渡命令の正本又は売却命令に基づく売却について執行官が作成した文書の謄本を添付しなければならない。
3　第１項の規定による嘱託をする場合において、不動産登記法（平成16年法律第123号）第16条第２項（他の法令において準用する場合を含む。）において準用する同法第18条の規定による嘱託をするときは、その嘱託情報と併せて転付命令若しくは譲渡命令があつたことを証する情報又は売却命令に基づく売却について執行官が作成した文書の内容を証する情報を提供しなければならない。
4　第１項の規定による嘱託に要する登録免許税その他の費用は、同項に規定する差押債権者又は買受人の負担とする。
5　第150条の規定により登記等がされた場合において、差し押さえられた債権について支払又は供託があつたことを証する文書が提出されたときは、裁判所書記官は、申立てにより、その登記等の抹消を嘱託しなければならない。債権執行の申立てが取り下げられたとき、又は差押命令の取消決定が確定したときも、同様とする。
6　前項の規定による嘱託に要する登録免許税その他の費用は、同項前段の場合にあつては債務者の負担とし、同項後段の場合にあつては差押債権者の負担とする。

（配当等を受けるべき債権者の範囲）

第165条　配当等を受けるべき債権者は、次に掲げる時までに差押え、仮差押えの執行又は配当要求をした債権者とする。
一　第三債務者が第156条第１項から第３項までの規定による供託をした時
二　取立訴訟の訴状が第三債務者に送達された時
三　売却命令により執行官が売得金の交付を受けた時
四　動産引渡請求権の差押えの場合にあつては、執行官がその動産の引渡しを受けた時

（配当等の実施）

第166条　執行裁判所は、第161条第７項において準用する第109条に規定する場合のほか、次に掲げる場合には、配当等を実施しなければならない。
一　第156条第１項から第３項まで又は第157条第５項の規定による供託がされた場合
二　売却命令による売却がされた場合

三　第163条第２項の規定により売得金が提出された場合

2　第84条、第85条及び第88条から第92条までの規定は、前項の規定により執行裁判所が実施する配当等の手続について準用する。

3　差し押さえられた債権が第152条第１項各号に掲げる債権又は同条第２項に規定する債権である場合（差押債権者（数人あるときは、そのうち少なくとも一人以上）の債権に第151条の２第１項各号に掲げる義務に係る金銭債権が含まれているときを除く。）には、債務者に対して差押命令が送達された日から４週間を経過するまでは、配当等を実施してはならない。

（その他の財産権に対する強制執行）

第167条　不動産、船舶、動産及び債権以外の財産権（以下この条において「その他の財産権」という。）に対する強制執行については、特別の定めがあるもののほか、債権執行の例による。

2　その他の財産権で権利の移転について登記等を要するものは、強制執行の管轄については、その登記等の地にあるものとする。

3　その他の財産権で第三債務者又はこれに準ずる者がないものに対する差押えの効力は、差押命令が債務者に送達された時に生ずる。

4　その他の財産権で権利の移転について登記等を要するものについて差押えの登記等が差押命令の送達前にされた場合には、差押えの効力は、差押えの登記等がされた時に生ずる。ただし、その他の財産権で権利の処分の制限について登記等をしなければその効力が生じないものに対する差押えの効力は、差押えの登記等が差押命令の送達後にされた場合においても、差押えの登記等がされた時に生ずる。

5　第48条、第54条及び第82条の規定は、権利の移転について登記等を要するその他の財産権の強制執行に関する登記等について準用する。

第２目　少額訴訟債権執行

（少額訴訟債権執行の開始等）

第167条の2　次に掲げる少額訴訟に係る債務名義による金銭債権に対する強制執行は、前目の定めるところにより裁判所が行うほか、第２条の規定にかかわらず、申立てにより、この目の定めるところにより裁判所書記官が行う。

一　少額訴訟における確定判決

二　仮執行の宣言を付した少額訴訟の判決

三　少額訴訟における訴訟費用又は和解の費用の負担の額を定める裁判所書記官の処分

四　少額訴訟における和解又は認諾の調書

五　少額訴訟における民事訴訟法第275条の２第１項の規定による和解に代わる決定

2　前項の規定により裁判所書記官が行う同項の強制執行（以下この目において「少額訴訟債権執行」という。）は、裁判所書記官の差押処分により開始する。

3　少額訴訟債権執行の申立ては、次の各号に掲げる債務名義の区分に応じ、それぞれ当該各号に定める簡易裁判所の裁判所書記官に対してする。

一　第１項第１号に掲げる債務名義　同号の判決をした簡易裁判所

二　第１項第２号に掲げる債務名義　同号の判決をした簡易裁判所

三　第１項第３号に掲げる債務名義　同号の処分をした裁判所書記官の所属する簡易裁判所

四　第１項第４号に掲げる債務名義　同号の和解が成立し、又は同号の認諾がされた簡易裁判所

五　第１項第５号に掲げる債務名義　同号の和解に代わる決定をした簡易裁判所

4　第144条第３項及び第４項の規定は、差押えに係る金銭債権（差押処分により差し押さえられた金銭債権に限る。以下この目において同じ。）について更に差押処分がされた場合について準用する。この場合において、同条第３項中「差押命令を発した執行裁判所」とあるのは「差押処分をした裁判所書記官の所属する簡易裁判所」と、「執行裁判所は」とあるのは「裁判所書記官は」と、「他の執行裁判所」とあるのは「他の簡易裁判所の裁判所書記官」と、同条第４項中「決定」とあるのは「裁判所書記官の処分」と読み替えるものとする。

（執行裁判所）

第167条の3　少額訴訟債権執行の手続において裁判所書記官が行う執行処分に関しては、その裁判所書記官の所属する簡易裁判所をもつて執行裁判所とする。

（裁判所書記官の執行処分の効力等）

第167条の4　少額訴訟債権執行の手続において裁判所書記官が行う執行処分は、特別の定めがある場合を除き、相当と認める方法で告知することによつて、その効力を生ずる。

2　前項に規定する裁判所書記官が行う執行処分に対しては、執行裁判所に執行異議を申し立て

民執法

ることができる。

3　第10条第6項前段及び第9項の規定は、前項の規定による執行異議の申立てがあつた場合について準用する。

（差押処分）

第167条の5　裁判所書記官は、差押処分において、債務者に対し金銭債権の取立てその他の処分を禁止し、かつ、第三債務者に対し債務者への弁済を禁止しなければならない。

2　第145条第2項、第3項、第5項、第7項及び第8項の規定は差押処分について、同条第4項の規定は差押処分を送達する場合について、それぞれ準用する。この場合において、同項中「第153条第1項又は第2項」とあるのは「第167条の8第1項又は第2項」と、同条第7項及び第8項中「執行裁判所」とあるのは「裁判所書記官」と読み替えるものとする。

3　差押処分の申立てについての裁判所書記官の処分に対する執行異議の申立ては、その告知を受けた日から1週間の不変期間内にしなければならない。

4　前項の執行異議の申立てについての裁判に対しては、執行抗告をすることができる。

5　民事訴訟法第74条第1項の規定は、差押処分の申立てについての裁判所書記官の処分について準用する。この場合においては、前2項及び同条第3項の規定を準用する。

6　第2項において読み替えて準用する第145条第8項の規定による裁判所書記官の処分に対する執行異議の申立ては、その告知を受けた日から1週間の不変期間内にしなければならない。

7　前項の執行異議の申立てを却下する裁判に対しては、執行抗告をすることができる。

8　第2項において読み替えて準用する第145条第8項の規定による裁判所書記官の処分は、確定しなければその効力を生じない。

（費用の予納等）

第167条の6　少額訴訟債権執行についての第14条第1項及び第4項の規定の適用については、これらの規定中「執行裁判所」とあるのは、「裁判所書記官」とする。

2　第14条第2項及び第3項の規定は、前項の規定により読み替えて適用する同条第1項の規定による裁判所書記官の処分については、適用しない。

3　第1項の規定により読み替えて適用する第14条第4項の規定による裁判所書記官の処分に対する執行異議の申立ては、その告知を受けた日から1週間の不変期間内にしなければならない。

4　前項の執行異議の申立てを却下する裁判に対しては、執行抗告をすることができる。

5　第1項の規定により読み替えて適用する第14条第4項の規定により少額訴訟債権執行の手続を取り消す旨の裁判所書記官の処分は、確定しなければその効力を生じない。

（第三者異議の訴えの管轄裁判所）

第167条の7　少額訴訟債権執行の不許を求める第三者異議の訴えは、第38条第3項の規定にかかわらず、執行裁判所の所在地を管轄する地方裁判所が管轄する。

（差押禁止債権の範囲の変更）

第167条の8　執行裁判所は、申立てにより、債務者及び債権者の生活の状況その他の事情を考慮して、差押処分の全部若しくは一部を取り消し、又は第167条の14第1項において準用する第152条の規定により差し押さえてはならない金銭債権の部分について差押処分をすべき旨を命ずることができる。

2　事情の変更があつたときは、執行裁判所は、申立てにより、前項の規定により差押処分が取り消された金銭債権について差押処分をすべき旨を命じ、又は同項の規定によりされた差押処分の全部若しくは一部を取り消すことができる。

3　第153条第3項から第5項までの規定は、前2項の申立てがあつた場合について準用する。この場合において、同条第4項中「差押命令」とあるのは、「差押処分」と読み替えるものとする。

（配当要求）

第167条の9　執行力のある債務名義の正本を有する債権者及び文書により先取特権を有することを証明した債権者は、裁判所書記官に対し、配当要求をすることができる。

2　第154条第2項の規定は、前項の配当要求があつた場合について準用する。

3　第1項の配当要求を却下する旨の裁判所書記官の処分に対する執行異議の申立ては、その告知を受けた日から1週間の不変期間内にしなければならない。

4　前項の執行異議の申立てを却下する裁判に対しては、執行抗告をすることができる。

（転付命令等のための移行）

第167条の10　差押えに係る金銭債権について転付命令、譲渡命令等又は供託命令（以下この条において「転付命令等」という。）のいずれかの命令を求めようとするときは、差押債権者は、執行裁判所に対し、転付命令等のうちいずれの命令を求めるかを明らかにして、債権執行の手続に事件を移行させることを求める旨の申立てをしなければならない。
2　前項に規定する命令の種別を明らかにしてされた同項の申立てがあつたときは、執行裁判所は、その所在地を管轄する地方裁判所における債権執行の手続に事件を移行させなければならない。
3　前項の規定による決定が効力を生ずる前に、既にされた執行処分について執行異議の申立て又は執行抗告があつたときは、当該決定は、当該執行異議の申立て又は執行抗告についての裁判が確定するまでは、その効力を生じない。
4　第2項の規定による決定に対しては、不服を申し立てることができない。
5　第1項の申立てを却下する決定に対しては、執行抗告をすることができる。
6　第2項の規定による決定が効力を生じたときは、差押処分の申立て又は第1項の申立てがあつた時に第2項に規定する地方裁判所にそれぞれ差押命令の申立て又は転付命令等の申立てがあつたものとみなし、既にされた執行処分その他の行為は債権執行の手続においてされた執行処分その他の行為とみなす。

（配当等のための移行等）

第167条の11　第167条の14第1項において準用する第156条第1項若しくは第2項又は第157条第5項の規定により供託がされた場合において、債権者が二人以上であつて供託金で各債権者の債権及び執行費用の全部を弁済することができないため配当を実施すべきときは、執行裁判所は、その所在地を管轄する地方裁判所における債権執行の手続に事件を移行させなければならない。
2　前項に規定する場合において、差押えに係る金銭債権について更に差押命令又は差押処分が発せられたときは、執行裁判所は、同項に規定する地方裁判所における債権執行の手続のほか、当該差押命令を発した執行裁判所又は当該差押処分をした裁判所書記官の所属する簡易裁判所の所在地を管轄する地方裁判所における債権執行の手続にも事件を移行させることができる。
3　第1項に規定する供託がされた場合において、債権者が一人であるとき、又は債権者が二人以上であつて供託金で各債権者の債権及び執行費用の全部を弁済することができるときは、裁判所書記官は、供託金の交付計算書を作成して、債権者に弁済金を交付し、剰余金を債務者に交付する。
4　前項に規定する場合において、差押えに係る金銭債権について更に差押命令が発せられたときは、執行裁判所は、同項の規定にかかわらず、その所在地を管轄する地方裁判所又は当該差押命令を発した執行裁判所における債権執行の手続に事件を移行させることができる。
5　差押えに係る金銭債権について更に差押命令が発せられた場合において、当該差押命令を発した執行裁判所が第161条第7項において準用する第109条の規定又は第166条第1項第2号の規定により配当等を実施するときは、執行裁判所は、当該差押命令を発した執行裁判所における債権執行の手続に事件を移行させなければならない。
6　第1項、第2項、第4項又は前項の規定による決定に対しては、不服を申し立てることができない。
7　第84条第3項及び第4項、第88条、第91条（第1項第6号及び第7号を除く。）、第92条第1項並びに第166条第3項の規定は第3項の規定により裁判所書記官が実施する弁済金の交付の手続について、前条第3項の規定は第1項、第2項、第4項又は第5項の規定による決定について、同条第6項の規定は第1項、第2項、第4項又は第5項の規定による決定が効力を生じた場合について、それぞれ準用する。この場合において、第166条第3項中「差押命令」とあるのは、「差押処分」と読み替えるものとする。

（裁量移行）

第167条の12　執行裁判所は、差し押さえるべき金銭債権の内容その他の事情を考慮して相当と認めるときは、その所在地を管轄する地方裁判所における債権執行の手続に事件を移行させることができる。
2　前項の規定による決定に対しては、不服を申し立てることができない。
3　第167条の10第3項の規定は第1項の規定による決定について、同条第6項の規定は第1項の規定による決定が効力を生じた場合について準用する。この場合において、同条第6項中「差押処分の申立て又は第1項の申立て」とあるのは「差押処分の申立て」と、「それぞれ差押命

民執法

令の申立て又は転付命令等の申立て」とあるのは「差押命令の申立て」と読み替えるものとする。

（総則規定の適用関係）

第167条の13　少額訴訟債権執行についての第1章及び第2章第1節の規定の適用については、第13条第1項中「執行裁判所でする手続」とあるのは「第167条の2第2項に規定する少額訴訟債権執行の手続」と、第16条第1項中「執行裁判所」とあるのは「裁判所書記官」と、第17条中「執行裁判所の行う民事執行」とあるのは「第167条の2第2項に規定する少額訴訟債権執行」と、第40条第1項中「執行裁判所又は執行官」とあるのは「裁判所書記官」と、第42条第4項中「執行裁判所の裁判所書記官」とあるのは「裁判所書記官」とする。

（債権執行の規定の準用）

第167条の14　第146条から第152条まで、第155条、第156条（第3項を除く。）、第157条、第158条、第164条第5項及び第6項並びに第165条（第3号及び第4号を除く。）の規定は、少額訴訟債権執行について準用する。この場合において、第146条、第155条第4項から第6項まで及び第8項並びに第156条第4項中「執行裁判所」とあるのは「裁判所書記官」と、第146条第1項中「差押命令を発する」とあるのは「差押処分をする」と、第147条第1項、第148条第2項、第150条、第155条第1項、第6項及び第7項並びに第156条第1項中「差押命令」とあるのは「差押処分」と、第147条第1項及び第148条第1項中「差押えに係る債権」とあるのは「差押えに係る金銭債権」と、第149条中「差押命令が発せられたとき」とあるのは「差押処分がされたとき」と、第155条第7項中「決定」とあるのは「裁判所書記官の処分」と、第164条第5項中「差押命令の取消決定」とあるのは「差押処分の取消決定若しくは差押処分を取り消す旨の裁判所書記官の処分」と、第165条（見出しを含む。）中「配当等」とあるのは「弁済金の交付」と読み替えるものとする。

2　第167条の5第6項から第8項までの規定は、前項において読み替えて準用する第155条第6項の規定による裁判所書記官の処分がされた場合について準用する。

第5款　扶養義務等に係る金銭債権についての強制執行の特例

（扶養義務等に係る金銭債権についての間接強制）

第167条の15　第151条の2第1項各号に掲げる義務に係る金銭債権についての強制執行は、前各款の規定により行うほか、債権者の申立てがあるときは、執行裁判所が第172条第1項に規定する方法により行う。ただし、債務者が、支払能力を欠くためにその金銭債権に係る債務を弁済することができないとき、又はその債務を弁済することによつてその生活が著しく窮迫するときは、この限りでない。

2　前項の規定により同項に規定する金銭債権について第172条第1項に規定する方法により強制執行を行う場合において、債務者が債権者に支払うべき金銭の額を定めるに当たつては、執行裁判所は、債務不履行により債権者が受けるべき不利益並びに債務者の資力及び従前の債務の履行の態様を特に考慮しなければならない。

3　事情の変更があつたときは、執行裁判所は、債務者の申立てにより、その申立てがあつた時（その申立てがあつた後に事情の変更があつたときは、その事情の変更があつた時）までさかのぼつて、第1項の規定による決定を取り消すことができる。

4　前項の申立てがあつたときは、執行裁判所は、その裁判が効力を生ずるまでの間、担保を立てさせ、又は立てさせないで、第1項の規定による決定の執行の停止を命ずることができる。

5　前項の規定による決定に対しては、不服を申し立てることができない。

6　第172条第2項から第5項までの規定は第1項の場合について、同条第3項及び第5項の規定は第3項の場合について、第173条第2項の規定は第1項の執行裁判所について準用する。

（扶養義務等に係る定期金債権を請求する場合の特例）

第167条の16　債権者が第151条の2第1項各号に掲げる義務に係る確定期限の定めのある定期金債権を有する場合において、その一部に不履行があるときは、第30条第1項の規定にかかわらず、当該定期金債権のうち6月以内に確定期限が到来するものについても、前条第1項に規定する方法による強制執行を開始することができる。

第3節　金銭の支払を目的としない請求権についての強制執行

（不動産の引渡し等の強制執行）

第168条　不動産等（不動産又は人の居住する船舶等をいう。以下この条及び次条において同じ。）の引渡し又は明渡しの強制執行は、執行官が債務者の不動産等に対する占有を解いて債権者にその占有を取得させる方法により行う。

2　執行官は、前項の強制執行をするため同項の不動産等の占有者を特定する必要があるときは、当該不動産等に在る者に対し、当該不動産等又はこれに近接する場所において、質問をし、又は文書の提示を求めることができる。

3　第1項の強制執行は、債権者又はその代理人が執行の場所に出頭したときに限り、することができる。

4　執行官は、第1項の強制執行をするに際し、債務者の占有する不動産等に立ち入り、必要があるときは、閉鎖した戸を開くため必要な処分をすることができる。

5　執行官は、第1項の強制執行においては、その目的物でない動産を取り除いて、債務者、その代理人又は同居の親族若しくは使用人その他の従業者で相当のわきまえのあるものに引き渡さなければならない。この場合において、その動産をこれらの者に引き渡すことができないときは、執行官は、最高裁判所規則で定めるところにより、これを売却することができる。

6　執行官は、前項の動産のうちに同項の規定による引渡し又は売却をしなかつたものがあるときは、これを保管しなければならない。この場合においては、前項後段の規定を準用する。

7　前項の規定による保管の費用は、執行費用とする。

8　第5項（第6項後段において準用する場合を含む。）の規定により動産を売却したときは、執行官は、その売得金から売却及び保管に要した費用を控除し、その残余を供託しなければならない。

9　第57条第5項の規定は、第1項の強制執行について準用する。

（明渡しの催告）

第168条の2　執行官は、不動産等の引渡し又は明渡しの強制執行の申立てがあつた場合において、当該強制執行を開始することができるときは、次項に規定する引渡し期限を定めて、明渡しの催告（不動産等の引渡し又は明渡しの催告をいう。以下この条において同じ。）をすることができる。ただし、債務者が当該不動産等を占有していないときは、この限りでない。

2　引渡し期限（明渡しの催告に基づき第6項の規定による強制執行をすることができる期限をいう。以下この条において同じ。）は、明渡しの催告があつた日から1月を経過する日とする。ただし、執行官は、執行裁判所の許可を得て、当該日以後の日を引渡し期限とすることができる。

3　執行官は、明渡しの催告をしたときは、その旨、引渡し期限及び第5項の規定により債務者が不動産等の占有を移転することを禁止されている旨を、当該不動産等の所在する場所に公示書その他の標識を掲示する方法により、公示しなければならない。

4　執行官は、引渡し期限が経過するまでの間においては、執行裁判所の許可を得て、引渡し期限を延長することができる。この場合においては、執行官は、引渡し期限の変更があつた旨及び変更後の引渡し期限を、当該不動産等の所在する場所に公示書その他の標識を掲示する方法により、公示しなければならない。

5　明渡しの催告があつたときは、債務者は、不動産等の占有を移転してはならない。ただし、債権者に対して不動産等の引渡し又は明渡しをする場合は、この限りでない。

6　明渡しの催告後に不動産等の占有の移転があつたときは、引渡し期限が経過するまでの間においては、占有者（第1項の不動産等を占有する者であつて債務者以外のものをいう。以下この条において同じ。）に対して、第1項の申立てに基づく強制執行をすることができる。この場合において、第42条及び前条の規定の適用については、当該占有者を債務者とみなす。

7　明渡しの催告後に不動産等の占有の移転があつたときは、占有者は、明渡しの催告があつたことを知らず、かつ、債務者の占有の承継人でないことを理由として、債権者に対し、強制執行の不許を求める訴えを提起することができる。この場合においては、第36条、第37条及び第38条第3項の規定を準用する。

8　明渡しの催告後に不動産等を占有した占有者は、明渡しの催告があつたことを知つて占有したものと推定する。

9　第6項の規定により占有者に対して強制執行がされたときは、当該占有者は、執行異議の申立てにおいて、債権者に対抗することができる権原により目的物を占有していること、又は明渡しの催告があつたことを知らず、かつ、債務者の占有の承継人でないことを理由とすることができる。

10　明渡しの催告に要した費用は、執行費用とする。

（動産の引渡しの強制執行）

第169条　第168条第１項に規定する動産以外の動産（有価証券を含む。）の引渡しの強制執行は、執行官が債務者からこれを取り上げて債権者に引き渡す方法により行う。

2　第122条第２項、第123条第２項及び第168条第５項から第８項までの規定は、前項の強制執行について準用する。

（目的物を第三者が占有する場合の引渡しの強制執行）

第170条　第三者が強制執行の目的物を占有している場合においてその物を債務者に引き渡すべき義務を負つているときは、物の引渡しの強制執行は、執行裁判所が、債務者の第三者に対する引渡請求権を差し押さえ、請求権の行使を債権者に許す旨の命令を発する方法により行う。

2　第144条、第145条（第４項を除く。）、第147条、第148条、第155条第１項及び第３項並びに第158条の規定は、前項の強制執行について準用する。

（代替執行）

第171条　次の各号に掲げる強制執行は、執行裁判所がそれぞれ当該各号に定める旨を命ずる方法により行う。

一　作為を目的とする債務についての強制執行　債務者の費用で第三者に当該作為をさせること。

二　不作為を目的とする債務についての強制執行　債務者の費用で、債務者がした行為の結果を除去し、又は将来のため適当な処分をすべきこと。

2　前項の執行裁判所は、第33条第２項第１号又は第６号に掲げる債務名義の区分に応じ、それぞれ当該各号に定める裁判所とする。

3　執行裁判所は、第１項の規定による決定をする場合には、債務者を審尋しなければならない。

4　執行裁判所は、第１項の規定による決定をする場合には、申立てにより、債務者に対し、その決定に掲げる行為をするために必要な費用をあらかじめ債権者に支払うべき旨を命ずることができる。

5　第１項の強制執行の申立て又は前項の申立てについての裁判に対しては、執行抗告をすることができる。

6　第６条第２項の規定は、第１項の規定による決定を執行する場合について準用する。

（間接強制）

第172条　作為又は不作為を目的とする債務で前条第１項の強制執行ができないものについての強制執行は、執行裁判所が、債務者に対し、遅延の期間に応じ、又は相当と認める一定の期間内に履行しないときは直ちに、債務の履行を確保するために相当と認める一定の額の金銭を債権者に支払うべき旨を命ずる方法により行う。

2　事情の変更があつたときは、執行裁判所は、申立てにより、前項の規定による決定を変更することができる。

3　執行裁判所は、前２項の規定による決定をする場合には、申立ての相手方を審尋しなければならない。

4　第１項の規定により命じられた金銭の支払があつた場合において、債務不履行により生じた損害の額が支払額を超えるときは、債権者は、その超える額について損害賠償の請求をすることを妨げられない。

5　第１項の強制執行の申立て又は第２項の申立てについての裁判に対しては、執行抗告をすることができる。

6　前条第２項の規定は、第１項の執行裁判所について準用する。

第173条　第168条第１項、第169条第１項、第170条第１項及び第171条第１項に規定する強制執行は、それぞれ第168条から第171条までの規定により行うほか、債権者の申立てがあるときは、執行裁判所が前条第１項に規定する方法により行う。この場合においては、同条第２項から第５項までの規定を準用する。

2　前項の執行裁判所は、第33条第２項各号（第１号の２、第１号の３及び第４号を除く。）に掲げる債務名義の区分に応じ、それぞれ当該債務名義についての執行文付与の訴えの管轄裁判所とする。

（子の引渡しの強制執行）

第174条　子の引渡しの強制執行は、次の各号に掲げる方法のいずれかにより行う。

一　執行裁判所が決定により執行官に子の引渡しを実施させる方法

二　第172条第１項に規定する方法

2　前項第１号に掲げる方法による強制執行の申立ては、次の各号のいずれかに該当するときでなければすることができない。

一　第172条第１項の規定による決定が確定した日から２週間を経過したとき（当該決定において定められた債務を履行すべき一定の期間の経過がこれより後である場合にあつては、その期間を経過したとき）。
二　前項第２号に掲げる方法による強制執行を実施しても、債務者が子の監護を解く見込みがあるとは認められないとき。
三　子の急迫の危険を防止するため直ちに強制執行をする必要があるとき。

3　執行裁判所は、第１項第１号の規定による決定をする場合には、債務者を審尋しなければならない。ただし、子に急迫した危険があるときその他の審尋をすることにより強制執行の目的を達することができない事情があるときは、この限りでない。

4　執行裁判所は、第１項第１号の規定による決定において、執行官に対し、債務者による子の監護を解くために必要な行為をすべきことを命じなければならない。

5　第171条第２項の規定は第１項第１号の執行裁判所について、同条第４項の規定は同号の規定による決定をする場合について、それぞれ準用する。

6　第２項の強制執行の申立て又は前項において準用する第171条第４項の申立てについての裁判に対しては、執行抗告をすることができる。

民執法

（執行官の権限等）

第175条　執行官は、債務者による子の監護を解くために必要な行為として、債務者に対し説得を行うほか、債務者の住居その他債務者の占有する場所において、次に掲げる行為をすることができる。
一　その場所に立ち入り、子を捜索すること。この場合において、必要があるときは、閉鎖した戸を開くため必要な処分をすること。
二　債権者若しくはその代理人と子を面会させ、又は債権者若しくはその代理人と債務者を面会させること。
三　その場所に債権者又はその代理人を立ち入らせること。

2　執行官は、子の心身に及ぼす影響、当該場所及びその周囲の状況その他の事情を考慮して相当と認めるときは、前項に規定する場所以外の場所においても、債務者による子の監護を解くために必要な行為として、当該場所の占有者の同意を得て又は次項の規定による許可を受けて、前項各号に掲げる行為をすることができる。

3　執行裁判所は、子の住居が第１項に規定する場所以外の場所である場合において、債務者と当該場所の占有者との関係、当該占有者の私生活又は業務に与える影響その他の事情を考慮して相当と認めるときは、債権者の申立てにより、当該占有者の同意に代わる許可をすることができる。

4　執行官は、前項の規定による許可を受けて第１項各号に掲げる行為をするときは、職務の執行に当たり、当該許可を受けたことを証する文書を提示しなければならない。

5　第１項又は第２項の規定による債務者による子の監護を解くために必要な行為は、債権者が第１項又は第２項に規定する場所に出頭した場合に限り、することができる。

6　執行裁判所は、債権者が第１項又は第２項に規定する場所に出頭することができない場合であつても、その代理人が債権者に代わつて当該場所に出頭することが、当該代理人と子との関係、当該代理人の知識及び経験その他の事情に照らして子の利益の保護のために相当と認めるときは、前項の規定にかかわらず、債権者の申立てにより、当該代理人が当該場所に出頭した場合においても、第１項又は第２項の規定による債務者による子の監護を解くために必要な行為をすることができる旨の決定をすることができる。

7　執行裁判所は、いつでも前項の決定を取り消すことができる。

8　執行官は、第６条第１項の規定にかかわらず、子に対して威力を用いることはできない。子以外の者に対して威力を用いることが子の心身に有害な影響を及ぼすおそれがある場合においては、当該子以外の者についても、同様とする。

9　執行官は、第１項又は第２項の規定による債務者による子の監護を解くために必要な行為をするに際し、債権者又はその代理人に対し、必要な指示をすることができる。

（執行裁判所及び執行官の責務）

第176条　執行裁判所及び執行官は、第174条第１項第１号に掲げる方法による子の引渡しの強制執行の手続において子の引渡しを実現するに当たつては、子の年齢及び発達の程度その他の事情を踏まえ、できる限り、当該強制執行が子の心身に有害な影響を及ぼさないように配慮しなければならない。

（意思表示の擬制）

第177条　意思表示をすべきことを債務者に命ずる判決その他の裁判が確定し、又は和解、認諾、調停若しくは労働審判に係る債務名義が成立したときは、債務者は、その確定又は成立の時に意思表示をしたものとみなす。ただし、債務者の意思表示が、債権者の証明すべき事実の到来に係るときは第27条第1項の規定により執行文が付与された時に、反対給付との引換え又は債務の履行その他の債務者の証明すべき事実のないことに係るときは次項又は第3項の規定により執行文が付与された時に意思表示をしたものとみなす。

2　債務者の意思表示が反対給付との引換えに係る場合においては、執行文は、債権者が反対給付又はその提供のあつたことを証する文書を提出したときに限り、付与することができる。

3　債務者の意思表示が債務者の証明すべき事実のないことに係る場合において、執行文の付与の申立てがあつたときは、裁判所書記官は、債務者に対し一定の期間を定めてその事実を証明する文書を提出すべき旨を催告し、債務者がその期間内にその文書を提出しないときに限り、執行文を付与することができる。

第178条〜第179条　削除

第3章　担保権の実行としての競売等

(不動産担保権の実行の方法)

第180条　不動産（登記することができない土地の定着物を除き、第43条第2項の規定により不動産とみなされるものを含む。以下この章において同じ。）を目的とする担保権（以下この章において「不動産担保権」という。）の実行は、次に掲げる方法であつて債権者が選択したものにより行う。

一　担保不動産競売（競売による不動産担保権の実行をいう。以下この章において同じ。）の方法

二　担保不動産収益執行（不動産から生ずる収益を被担保債権の弁済に充てる方法による不動産担保権の実行をいう。以下この章において同じ。）の方法

(不動産担保権の実行の開始)

第181条　不動産担保権の実行は、次に掲げる文書が提出されたときに限り、開始する。

一　担保権の存在を証する確定判決若しくは家事事件手続法第75条の審判又はこれらと同一の効力を有するものの謄本

二　担保権の存在を証する公証人が作成した公正証書の謄本

三　担保権の登記（仮登記を除く。）に関する登記事項証明書

四　一般の先取特権にあつては、その存在を証する文書

2　抵当証券の所持人が不動産担保権の実行の申立てをするには、抵当証券を提出しなければならない。

3　担保権について承継があつた後不動産担保権の実行の申立てをする場合には、相続その他の一般承継にあつてはその承継を証する文書を、その他の承継にあつてはその承継を証する裁判の謄本その他の公文書を提出しなければならない。

4　不動産担保権の実行の開始決定がされたときは、裁判所書記官は、開始決定の送達に際し、不動産担保権の実行の申立てにおいて提出された前3項に規定する文書の目録及び第1項第4号に掲げる文書の写しを相手方に送付しなければならない。

(開始決定に対する執行抗告等)

第182条　不動産担保権の実行の開始決定に対する執行抗告又は執行異議の申立てにおいては、債務者又は不動産の所有者（不動産とみなされるものにあつては、その権利者。以下同じ。）は、担保権の不存在又は消滅を理由とすることができる。

(不動産担保権の実行の手続の停止)

第183条　不動産担保権の実行の手続は、次に掲げる文書の提出があつたときは、停止しなければならない。

一　担保権のないことを証する確定判決（確定判決と同一の効力を有するものを含む。次号において同じ。）の謄本

二　第181条第1項第1号に掲げる裁判若しくはこれと同一の効力を有するものを取り消し、若しくはその効力がないことを宣言し、又は同項第3号に掲げる登記を抹消すべき旨を命ずる確定判決の謄本

三　担保権の実行をしない旨、その実行の申立てを取り下げる旨又は債権者が担保権によつて担保される債権の弁済を受け、若しくはその債権の弁済の猶予をした旨を記載した裁判上の和解の調書その他の公文書の謄本

四　担保権の登記の抹消に関する登記事項証明書

五　不動産担保権の実行の手続の停止及び執行処分の取消しを命ずる旨を記載した裁判の謄本

六　不動産担保権の実行の手続の一時の停止を命ずる旨を記載した裁判の謄本
七　担保権の実行を一時禁止する裁判の謄本
2　前項第1号から第5号までに掲げる文書が提出されたときは、執行裁判所は、既にした執行処分をも取り消さなければならない。
3　第12条の規定は、前項の規定による決定については適用しない。

（代金の納付による不動産取得の効果）
第184条　担保不動産競売における代金の納付による買受人の不動産の取得は、担保権の不存在又は消滅により妨げられない。

第185条～第186条　削除

（担保不動産競売の開始決定前の保全処分等）
第187条　執行裁判所は、担保不動産競売の開始決定前であつても、債務者又は不動産の所有者若しくは占有者が価格減少行為（第55条第1項に規定する価格減少行為をいう。以下この項において同じ。）をする場合において、特に必要があるときは、当該不動産につき担保不動産競売の申立てをしようとする者の申立てにより、買受人が代金を納付するまでの間、同条第1項各号に掲げる保全処分又は公示保全処分を命ずることができる。ただし、当該価格減少行為による価格の減少又はそのおそれの程度が軽微であるときは、この限りでない。
2　前項の場合において、第55条第1項第2号又は第3号に掲げる保全処分は、次に掲げる場合のいずれかに該当するときでなければ、命ずることができない。
一　前項の債務者又は同項の不動産の所有者が当該不動産を占有する場合
二　前項の不動産の占有者の占有の権原が同項の規定による申立てをした者に対抗することができない場合
3　第1項の規定による申立てをするには、担保不動産競売の申立てをする場合において第181条第1項から第3項までの規定により提出すべき文書を提示しなければならない。
4　執行裁判所は、申立人が第1項の保全処分を命ずる決定の告知を受けた日から3月以内に同項の担保不動産競売の申立てをしたことを証する文書を提出しないときは、被申立人又は同項の不動産の所有者の申立てにより、その決定を取り消さなければならない。
5　第55条第3項から第5項までの規定は第1項の規定による決定について、同条第6項の規定は第1項又はこの項において準用する同条第5項の申立てについての裁判について、同条第7項の規定はこの項において準用する同条第5項の規定による決定について、同条第8項及び第9項並びに第55条の2の規定は第1項の規定による決定（第55条第1項第1号に掲げる保全処分又は公示保全処分を命ずるものを除く。）について、第55条第10項の規定は第1項の申立て又は同項の規定による決定（同条第1項第1号に掲げる保全処分又は公示保全処分を命ずるものを除く。）の執行に要した費用について、第83条の2の規定は第1項の規定による決定（第55条第1項第3号に掲げる保全処分及び公示保全処分を命ずるものに限る。）の執行がされた場合について準用する。この場合において、第55条第3項中「債務者以外の占有者」とあるのは、「債務者及び不動産の所有者以外の占有者」と読み替えるものとする。

（不動産執行の規定の準用）
第188条　第44条の規定は不動産担保権の実行について、前章第2節第1款第2目（第81条を除く。）の規定は担保不動産競売について、同款第3目の規定は担保不動産収益執行について準用する。

（船舶の競売）
第189条　前章第2節第2款及び第181条から第184条までの規定は、船舶を目的とする担保権の実行としての競売について準用する。この場合において、第115条第3項中「執行力のある債務名義の正本」とあるのは「第189条において準用する第181条第1項から第3項までに規定する文書」と、第181条第1項第4号中「一般の先取特権」とあるのは「先取特権」と読み替えるものとする。

（動産競売の要件）
第190条　動産を目的とする担保権の実行としての競売（以下「動産競売」という。）は、次に掲げる場合に限り、開始する。
一　債権者が執行官に対し当該動産を提出した場合
二　債権者が執行官に対し当該動産の占有者が差押えを承諾することを証する文書を提出した場合
三　債権者が執行官に対し次項の許可の決定書の謄本を提出し、かつ、第192条において準用する第123条第2項の規定による捜索に先立つて又はこれと同時に当該許可の決定が債務者に送達された場合

民執法

2　執行裁判所は、担保権の存在を証する文書を提出した債権者の申立てがあつたときは、当該担保権についての動産競売の開始を許可することができる。ただし、当該動産が第123条第2項に規定する場所又は容器にない場合は、この限りでない。

3　前項の許可の決定は、債務者に送達しなければならない。

4　第2項の申立てについての裁判に対しては、執行抗告をすることができる。

（動産の差押えに対する執行異議）

第191条　動産競売に係る差押えに対する執行異議の申立てにおいては、債務者又は動産の所有者は、担保権の不存在若しくは消滅又は担保権によつて担保される債権の一部の消滅を理由とすることができる。

（動産執行の規定の準用）

第192条　前章第2節第3款（第123条第2項、第128条、第131条及び第132条を除く。）及び第183条の規定は動産競売について、第128条、第131条及び第132条の規定は一般の先取特権の実行としての動産競売について、第123条第2項の規定は第190条第1項第3号に掲げる場合における動産競売について準用する。

（債権及びその他の財産権についての担保権の実行の要件等）

第193条　第143条に規定する債権及び第167条第1項に規定する財産権（以下この項において「その他の財産権」という。）を目的とする担保権の実行は、担保権の存在を証する文書（権利の移転について登記等を要するその他の財産権を目的とする担保権で一般の先取特権以外のものについては、第181条第1項第1号から第3号まで、第2項又は第3項に規定する文書）が提出されたときに限り、開始する。担保権を有する者が目的物の売却、賃貸、滅失若しくは損傷又は目的物に対する物権の設定若しくは土地収用法（昭和26年法律第219号）による収用その他の行政処分により債務者が受けるべき金銭その他の物に対して民法その他の法律の規定によつてするその権利の行使についても、同様とする。

2　前章第2節第4款第1目（第146条第2項、第152条及び第153条を除く。）及び第182条から第184条までの規定は前項に規定する担保権の実行及び行使について、第146条第2項、第152条及び第153条の規定は前項に規定する一般の先取特権の実行及び行使について準用する。

（担保権の実行についての強制執行の総則規定の準用）

第194条　第38条、第41条及び第42条の規定は、担保権の実行としての競売、担保不動産収益執行並びに前条第1項に規定する担保権の実行及び行使について準用する。

（留置権による競売及び民法、商法その他の法律の規定による換価のための競売）

第195条　留置権による競売及び民法、商法その他の法律の規定による換価のための競売については、担保権の実行としての競売の例による。

第4章　債務者の財産状況の調査

第1節　財産開示手続

（管轄）

第196条　この節の規定による債務者の財産の開示に関する手続（以下「財産開示手続」という。）については、債務者の普通裁判籍の所在地を管轄する地方裁判所が、執行裁判所として管轄する。

（実施決定）

第197条　執行裁判所は、次の各号のいずれかに該当するときは、執行力のある債務名義の正本を有する金銭債権の債権者の申立てにより、債務者について、財産開示手続を実施する旨の決定をしなければならない。ただし、当該執行力のある債務名義の正本に基づく強制執行を開始することができないときは、この限りでない。

一　強制執行又は担保権の実行における配当等の手続（申立ての日より6月以上前に終了したものを除く。）において、申立人が当該金銭債権の完全な弁済を得ることができなかつたとき。

二　知れている財産に対する強制執行を実施しても、申立人が当該金銭債権の完全な弁済を得られないことの疎明があつたとき。

2　執行裁判所は、次の各号のいずれかに該当するときは、債務者の財産について一般の先取特権を有することを証する文書を提出した債権者の申立てにより、当該債務者について、財産開示手続を実施する旨の決定をしなければならない。

一　強制執行又は担保権の実行における配当等の手続（申立ての日より6月以上前に終了したものを除く。）において、申立人が当該先取特権の被担保債権の完全な弁済を得ることができなかつたとき。

二　知れている財産に対する担保権の実行を実

施しても、申立人が前号の被担保債権の完全な弁済を得られないことの疎明があつたとき。

3　前2項の規定にかかわらず、債務者（債務者に法定代理人がある場合にあつては当該法定代理人、債務者が法人である場合にあつてはその代表者。第1号において同じ。）が前2項の申立ての日前3年以内に財産開示期日（財産を開示すべき期日をいう。以下同じ。）においてその財産について陳述をしたものであるときは、財産開示手続を実施する旨の決定をすることができない。ただし、次の各号に掲げる事由のいずれかがある場合は、この限りでない。

一　債務者が当該財産開示期日において一部の財産を開示しなかつたとき。

二　債務者が当該財産開示期日の後に新たに財産を取得したとき。

三　当該財産開示期日の後に債務者と使用者との雇用関係が終了したとき。

4　第1項又は第2項の決定がされたときは、当該決定（同項の決定にあつては、当該決定及び同項の文書の写し）を債務者に送達しなければならない。

5　第1項又は第2項の申立てについての裁判に対しては、執行抗告をすることができる。

6　第1項又は第2項の決定は、確定しなければその効力を生じない。

（期日指定及び期日の呼出し）

第198条　執行裁判所は、前条第1項又は第2項の決定が確定したときは、財産開示期日を指定しなければならない。

2　財産開示期日には、次に掲げる者を呼び出さなければならない。

一　申立人

二　債務者（債務者に法定代理人がある場合にあつては当該法定代理人、債務者が法人である場合にあつてはその代表者）

（財産開示期日）

第199条　開示義務者（前条第2項第2号に掲げる者をいう。以下同じ。）は、財産開示期日に出頭し、債務者の財産（第131条第1号又は第2号に掲げる動産を除く。）について陳述しなければならない。

2　前項の陳述においては、陳述の対象となる財産について、第2章第2節の規定による強制執行又は前章の規定による担保権の実行の申立てをするのに必要となる事項その他申立人に開示する必要があるものとして最高裁判所規則で定める事項を明示しなければならない。

3　執行裁判所は、財産開示期日において、開示義務者に対し質問を発することができる。

4　申立人は、財産開示期日に出頭し、債務者の財産の状況を明らかにするため、執行裁判所の許可を得て開示義務者に対し質問を発することができる。

5　執行裁判所は、申立人が出頭しないときであつても、財産開示期日における手続を実施することができる。

6　財産開示期日における手続は、公開しない。

7　民事訴訟法第195条及び第206条の規定は前各項の規定による手続について、同法第201条第1項及び第2項の規定は開示義務者について準用する。

（陳述義務の一部の免除）

第200条　財産開示期日において債務者の財産の一部を開示した開示義務者は、申立人の同意がある場合又は当該開示によつて第197条第1項の金銭債権若しくは同条第2項各号の被担保債権の完全な弁済に支障がなくなつたことが明らかである場合において、執行裁判所の許可を受けたときは、前条第1項の規定にかかわらず、その余の財産について陳述することを要しない。

2　前項の許可の申立てについての裁判に対しては、執行抗告をすることができる。

（財産開示事件の記録の閲覧等の制限）

第201条　財産開示事件の記録中財産開示期日に関する部分についての第17条の規定による請求は、次に掲げる者に限り、することができる。

一　申立人

二　債務者に対する金銭債権について執行力のある債務名義の正本を有する債権者

三　債務者の財産について一般の先取特権を有することを証する文書を提出した債権者

四　債務者又は開示義務者

（財産開示事件に関する情報の目的外利用の制限）

第202条　申立人は、財産開示手続において得られた債務者の財産又は債務に関する情報を、当該債務者に対する債権をその本旨に従つて行使する目的以外の目的のために利用し、又は提供してはならない。

2　前条第2号又は第3号に掲げる者であつて、財産開示事件の記録中の財産開示期日に関する部分の情報を得たものは、当該情報を当該財産開示事件の債務者に対する債権をその本旨に従つて行使する目的以外の目的のために利用し、又は提供してはならない。

（強制執行及び担保権の実行の規定の準用）

第203条　第39条及び第40条の規定は執行力のある債務名義の正本に基づく財産開示手続について、第42条（第２項を除く。）の規定は財産開示手続について、第182条及び第183条の規定は一般の先取特権に基づく財産開示手続について準用する。

第２節　第三者からの情報取得手続

（管轄）

第204条　この節の規定による債務者の財産に係る情報の取得に関する手続（以下「第三者からの情報取得手続」という。）については、債務者の普通裁判籍の所在地を管轄する地方裁判所が、この普通裁判籍がないときはこの節の規定により情報の提供を命じられるべき者の所在地を管轄する地方裁判所が、執行裁判所として管轄する。

（債務者の不動産に係る情報の取得）

第205条　執行裁判所は、次の各号のいずれかに該当するときは、それぞれ当該各号に定める者の申立てにより、法務省令で定める登記所に対し、債務者が所有権の登記名義人である土地又は建物その他これらに準ずるものとして法務省令で定めるものに対する強制執行又は担保権の実行の申立てをするのに必要となる事項として最高裁判所規則で定めるものについて情報の提供をすべき旨を命じなければならない。ただし、第１号に掲げる場合において、同号に規定する執行力のある債務名義の正本に基づく強制執行を開始することができないときは、この限りでない。

一　第197条第１項各号のいずれかに該当する場合　執行力のある債務名義の正本を有する金銭債権の債権者

二　第197条第２項各号のいずれかに該当する場合　債務者の財産について一般の先取特権を有することを証する文書を提出した債権者

2　前項の申立ては、財産開示期日における手続が実施された場合（当該財産開示期日に係る財産開示手続において第200条第１項の許可がされたときを除く。）において、当該財産開示期日から３年以内に限り、することができる。

3　第１項の申立てを認容する決定がされたときは、当該決定（同項第２号に掲げる場合にあつては、当該決定及び同号に規定する文書の写し）を債務者に送達しなければならない。

4　第１項の申立てについての裁判に対しては、執行抗告をすることができる。

5　第１項の申立てを認容する決定は、確定しなければその効力を生じない。

（債務者の給与債権に係る情報の取得）

第206条　執行裁判所は、第197条第１項各号のいずれかに該当するときは、第151条の２第１項各号に掲げる義務に係る請求権又は人の生命若しくは身体の侵害による損害賠償請求権について執行力のある債務名義の正本を有する債権者の申立てにより、次の各号に掲げる者であつて最高裁判所規則で定めるところにより当該債権者が選択したものに対し、それぞれ当該各号に定める事項について情報の提供をすべき旨を命じなければならない。ただし、当該執行力のある債務名義の正本に基づく強制執行を開始することができないときは、この限りでない。

一　市町村（特別区を含む。以下この号において同じ。）　債務者が支払を受ける地方税法（昭和25年法律第226号）第317条の2第1項ただし書に規定する給与に係る債権に対する強制執行又は担保権の実行の申立てをするのに必要となる事項として最高裁判所規則で定めるもの（当該市町村が債務者の市町村民税（特別区民税を含む。）に係る事務に関して知り得たものに限る。）

二　日本年金機構、国家公務員共済組合、国家公務員共済組合連合会、地方公務員共済組合、全国市町村職員共済組合連合会又は日本私立学校振興・共済事業団　債務者（厚生年金保険の被保険者であるものに限る。以下この号において同じ。）が支払を受ける厚生年金保険法（昭和29年法律第115号）第3条第1項第3号に規定する報酬又は同項第4号に規定する賞与に係る債権に対する強制執行又は担保権の実行の申立てをするのに必要となる事項として最高裁判所規則で定めるもの（情報の提供を命じられた者が債務者の厚生年金保険に係る事務に関して知り得たものに限る。）

2　前条第２項から第５項までの規定は、前項の申立て及び当該申立てについての裁判について準用する。

（債務者の預貯金債権等に係る情報の取得）

第207条　執行裁判所は、第197条第１項各号のいずれかに該当するときは、執行力のある債務名義の正本を有する金銭債権の債権者の申立てにより、次の各号に掲げる者であつて最高裁判所規則で定めるところにより当該債権者が選択したものに対し、それぞれ当該各号に定める事項について情報の提供をすべき旨を命じなければならない。ただし、当該執行力のある債務名義の正本に基づく強制執行を開始することができないときは、この限りでない。

一　銀行等（銀行、信用金庫、信用金庫連合会、労働金庫、労働金庫連合会、信用協同組合、信用協同組合連合会、農業協同組合、農業協同組合連合会、漁業協同組合、漁業協同組合連合会、水産加工業協同組合、水産加工業協同組合連合会、農林中央金庫、株式会社商工組合中央金庫又は独立行政法人郵便貯金簡易生命保険管理・郵便局ネットワーク支援機構をいう。以下この号において同じ。）	債務者の当該銀行等に対する預貯金債権（民法第466条の5第1項に規定する預貯金債権をいう。）に対する強制執行又は担保権の実行の申立てをするのに必要となる事項として最高裁判所規則で定めるもの
二　振替機関等（社債、株式等の振替に関する法律第２条第５項に規定する振替機関等をいう。以下この号において同じ。）	債務者の有する振替社債等（同法第279条に規定する振替社債等であつて、当該振替機関等の備える振替口座簿における債務者の口座に記載され、又は記録されたものに限る。）に関する強制執行又は担保権の実行の申立てをするのに必要となる事項として最高裁判所規則で定めるもの

2　執行裁判所は、第197条第２項各号のいずれかに該当するときは、債務者の財産について一般の先取特権を有することを証する文書を提出した債権者の申立てにより、前項各号に掲げる者であつて最高裁判所規則で定めるところにより当該債権者が選択したものに対し、それぞれ当該各号に定める事項について情報の提供をすべき旨を命じなければならない。

3　前２項の申立てを却下する裁判に対しては、執行抗告をすることができる。

（情報の提供の方法等）

第208条　第205条第１項、第206条第１項又は前条第１項若しくは第２項の申立てを認容する決定により命じられた情報の提供は、執行裁判所に対し、書面でしなければならない。

2　前項の情報の提供がされたときは、執行裁判所は、最高裁判所規則で定めるところにより、申立人に同項の書面の写しを送付し、かつ、債務者に対し、同項に規定する決定に基づいてその財産に関する情報の提供がされた旨を通知しなければならない。

（第三者からの情報取得手続に係る事件の記録の閲覧等の制限）

第209条　第205条又は第207条の規定による第三者からの情報取得手続に係る事件の記録中前条第１項の情報の提供に関する部分についての第17条の規定による請求は、次に掲げる者に限り、することができる。

一　申立人

二　債務者に対する金銭債権について執行力のある債務名義の正本を有する債権者

三　債務者の財産について一般の先取特権を有することを証する文書を提出した債権者

四　債務者

五　当該情報の提供をした者

2　第206条の規定による第三者からの情報取得手続に係る事件の記録中前条第１項の情報の提供に関する部分についての第17条の規定による請求は、次に掲げる者に限り、することができる。

一　申立人

二　債務者に対する第151条の２第１項各号に掲げる義務に係る請求権又は人の生命若しくは身体の侵害による損害賠償請求権について執行力のある債務名義の正本を有する債権者

三　債務者

四　当該情報の提供をした者

（第三者からの情報取得手続に係る事件に関する情報の目的外利用の制限）

第210条　申立人は、第三者からの情報取得手続において得られた債務者の財産に関する情報を、当該債務者に対する債権をその本旨に従つて行使する目的以外の目的のために利用し、又は提供してはならない。

2　前条第１項第２号若しくは第３号又は第２項

第２号に掲げる者であつて、第三者からの情報取得手続に係る事件の記録中の第208条第１項の情報の提供に関する部分の情報を得たものは、当該情報を当該事件の債務者に対する債権をその本旨に従つて行使する目的以外の目的のために利用し、又は提供してはならない。

（強制執行及び担保権の実行の規定の準用）

第211条　第39条及び第40条の規定は執行力のある債務名義の正本に基づく第三者からの情報取得手続について、第42条（第２項を除く。）の規定は第三者からの情報取得手続について、第182条及び第183条の規定は一般の先取特権に基づく第三者からの情報取得手続について、それぞれ準用する。

第５章　罰則

（公示書等損壊罪）

第212条　次の各号のいずれかに該当する者は、１年以下の懲役又は100万円以下の罰金に処する。

一　第55条第１項（第１号に係る部分に限る。）、第68条の２第１項若しくは第77条第１項（第１号に係る部分に限る。）（これらの規定を第121条（第189条（第195条の規定によりその例によることとされる場合を含む。）において準用する場合を含む。）及び第188条（第195条の規定によりその例によることとされる場合を含む。）において準用する場合を含む。）又は第187条第１項（第195条の規定によりその例によることとされる場合を含む。）の規定による命令に基づき執行官が公示するために施した公示書その他の標識（刑法第96条に規定する封印及び差押えの表示を除く。）を損壊した者

二　第168条の２第３項又は第４項の規定により執行官が公示するために施した公示書その他の標識を損壊した者

（陳述等拒絶の罪）

第213条　次の各号のいずれかに該当する者は、６月以下の懲役又は50万円以下の罰金に処する。

一　売却基準価額の決定に関し、執行裁判所の呼出しを受けた審尋の期日において、正当な理由なく、出頭せず、若しくは陳述を拒み、又は虚偽の陳述をした者

二　第57条第２項（第121条（第189条（第195条の規定によりその例によることとされる場合を含む。）において準用する場合を含む。）及び第188条（第195条の規定によりその例によることとされる場合を含む。）において準用する場合を含む。）の規定による執行官の質問又は文書の提出の要求に対し、正当な理由なく、陳述をせず、若しくは文書の提示を拒み、又は虚偽の陳述をし、若しくは虚偽の記載をした文書を提示した者

三　第65条の２（第188条（第195条の規定によりその例によることとされる場合を含む。）において準用する場合を含む。）の規定により陳述すべき事項について虚偽の陳述をした者

四　第168条第２項の規定による執行官の質問又は文書の提出の要求に対し、正当な理由なく、陳述をせず、若しくは文書の提示を拒み、又は虚偽の陳述をし、若しくは虚偽の記載をした文書を提示した債務者又は同項に規定する不動産等を占有する第三者

五　執行裁判所の呼出しを受けた財産開示期日において、正当な理由なく、出頭せず、又は宣誓を拒んだ開示義務者

六　第199条第７項において準用する民事訴訟法第201条第１項の規定により財産開示期日において宣誓した開示義務者であつて、正当な理由なく第199条第１項から第４項までの規定により陳述すべき事項について陳述をせず、又は虚偽の陳述をしたもの

２　不動産（登記することができない土地の定着物を除く。以下この項において同じ。）の占有者であつて、その占有の権原を差押債権者、仮差押債権者又は第59条第１項（第188条（第195条の規定によりその例によることとされる場合を含む。）において準用する場合を含む。）の規定により消滅する権利を有する者に対抗することができないものが、正当な理由なく、第64条の２第５項（第188条（第195条の規定によりその例によることとされる場合を含む。）において準用する場合を含む。）の規定による不動産の立入りを拒み、又は妨げたときは、30万円以下の罰金に処する。

（過料に処すべき場合）

第214条　第202条の規定に違反して、同条の情報を同条に規定する目的以外の目的のために利用し、又は提供した者は、30万円以下の過料に処する。

２　第210条の規定に違反して、同条の情報を同条に規定する目的以外の目的のために利用し、又は提供した者も、前項と同様とする。

（管轄）

第215条　前条に規定する過料の事件は、執行裁判所の管轄とする。

民執法

民事執行規則

昭和54年11月８日最高裁判所規則第５号
最終改正　令和４年11月７日最高裁判所規則第17号

目次

第１章　総則

（民事執行の申立ての方式）
第１条　強制執行、担保権の実行及び民法（明治29年法律第89号）、商法（明治32年法律第48号）その他の法律の規定による換価のための競売並びに債務者の財産状況の調査（以下「民事執行」という。）の申立ては、書面でしなければならない。

（裁判を告知すべき者の範囲）
第２条　次に掲げる裁判は、当該裁判が申立てに係る場合にあつてはその裁判の申立人及び相手方に対して、その他の場合にあつては民事執行の申立人及び相手方に対して告知しなければならない。
一　移送の裁判
二　執行抗告をすることができる裁判（申立てを却下する裁判を除く。）
三　民事執行法（昭和54年法律第４号。以下「法」という。）第40条第１項、法第117条第１項又は法第183条第２項（これらを準用し、又はその例による場合を含む。）の規定による裁判
四　次に掲げる裁判
イ　法第11条第２項、法第47条第５項、法第49条第６項、法第62条第４項、法第64条第７項、法第78条第７項又は法第167条の４第３項（これらを準用し、又はその例による場合を含む。）において準用する法第10条第６項前段の規定による裁判及びこの裁判がされた場合における法第11条第１項、法第47条第４項、法第49条第５項、法第62条第３項、法第64条第６項、法第78条第６項又は法第167条の４第２項（これらを準用し、又はその例による場合を含む。）の規定による申立てについての裁判
ロ　法第132条第３項又は法第153条第３項（これらを準用し、又はその例による場合を含む。）の規定による裁判及びこれらの裁判がされた場合における法第132条第１項若しくは第２項、法第153条第１項若しくは第２項又は法第167条の８第１項若しくは第２項（これらを準用し、又はその例による場合を含む。）の申立てを却下する裁判
ハ　法第167条の15第４項の規定による裁判及びこの裁判がされた場合における同条第３項の申立てを却下する裁判
五　法第167条の10第２項、法第167条の11第１項、第２項、第４項若しくは第５項又は法第167条の12第１項の規定による裁判
２　民事執行の手続に関する裁判で前項各号に掲げるもの以外のものは、当該裁判が申立てに係るときは、申立人に対して告知しなければならない。

（催告及び通知）
第３条　民事訴訟規則（平成８年最高裁判所規則第５号）第４条の規定は、民事執行の手続における催告及び通知について準用する。この場合において、同条第２項、第５項及び第６項中「裁判所書記官」とあるのは「裁判所書記官又は執行官」と読み替えるものとする。
２　前項の規定にかかわらず、民事訴訟規則第４条第３項の規定は、法第177条第３項の規定による催告については準用せず、同規則第４条第５項の規定は、第56条第２項又は第59条第３項（これらの規定を準用し、又はその例による場合を含む。）の規定による通知については準用しない。

（公告及び公示）
第４条　民事執行の手続における公告は、公告事項を記載した書面を裁判所の掲示場その他裁判所内の公衆の見やすい場所に掲示して行う。
２　裁判所書記官又は執行官は、公告をしたときは、

その旨及び公告の年月日を記録上明らかにしなければならない。

3　裁判所書記官又は執行官は、相当と認めるときは、次に掲げる事項を、日刊新聞紙に掲載し、又はインターネットを利用する等の方法により公示することができる。

一　公告事項の要旨

二　法又はこの規則の規定により執行裁判所に備え置かれた文書に記録されている情報の全部又は一部

三　前2号に掲げるもののほか、公示することが民事執行の手続の円滑な進行に資することとなる事項

（執行抗告の提起期間の始期の特例）

第5条　執行抗告の提起期間は、執行抗告をすることができる者が裁判の告知を受けるべき者でないときは、その裁判の告知を受けるべきすべての者に告知された日から進行する。

（執行抗告の理由の記載方法）

第6条　執行抗告の理由には、原裁判の取消し又は変更を求める事由を具体的に記載しなければならない。

2　前項の事由が、法令の違反であるときはその法令の条項又は内容及び法令に違反する事由を、事実の誤認であるときは誤認に係る事実を摘示しなければならない。

（執行抗告に係る事件記録の送付）

第7条　執行抗告があつた場合において、執行裁判所が民事執行の事件の記録を送付する必要がないと認めたときは、執行裁判所の裁判所書記官は、抗告事件の記録のみを抗告裁判所の裁判所書記官に送付すれば足りる。

2　前項の規定により抗告事件の記録が送付された場合において、抗告裁判所が民事執行の事件の記録が必要であると認めたときは、抗告裁判所の裁判所書記官は、速やかに、その送付を執行裁判所の裁判所書記官に求めなければならない。

（民事執行事件記録の送付の特例）

第7条の2　法第10条第8項の規定による執行抗告があつたときは、前条の規定にかかわらず、執行裁判所の裁判所書記官は、抗告事件の記録のみを抗告裁判所の裁判所書記官に送付するものとする。

2　前項の場合には、同項の記録に、抗告事件についての執行裁判所の意見を記載した書面及び抗告事件の審理に参考となる資料を添付しなければならない。

（執行異議の申立ての方式）

第8条　執行異議の申立ては、期日においてする場合を除き、書面でしなければならない。

2　執行異議の申立てをするときは、異議の理由を明らかにしなければならない。

（代理人の許可の申立ての方式）

第9条　法第13条第1項の許可の申立ては、代理人となるべき者の氏名、住所、職業及び本人との関係並びにその者を代理人とすることが必要であることの理由を記載した書面でしなければならない。

2　前項の書面には、本人と代理人となるべき者との関係を証する文書を添付しなければならない。

（法第15条第1項の最高裁判所規則で定める担保提供の方法）

第10条　法第15条第1項の規定による担保は、発令裁判所（同項に規定する発令裁判所をいう。以下この条において同じ。）の許可を得て、担保を立てるべきことを命じられた者が銀行、保険会社、株式会社商工組合中央金庫、農林中央金庫、全国を地区とする信用金庫連合会、信用金庫又は労働金庫（以下「銀行等」という。）との間において次に掲げる要件を満たす支払保証委託契約を締結する方法によつて立てることができる。

一　銀行等は、担保を立てるべきことを命じられた者のために、発令裁判所が定めた金額を限度として、担保に係る損害賠償請求権についての債務名義又はその損害賠償請求権の存在を確認する確定判決若しくはこれと同一の効力を有するものに表示された額の金銭を担保権利者に支払うものであること。

二　担保取消しの決定が確定した時に契約の効力が消滅するものであること。

三　契約の変更又は解除をすることができないものであること。

四　担保権利者の申出があつたときは、銀行等は、契約が締結されたことを証する文書を担保権利者に交付するものであること。

（送達場所等の届出の方式等）

第10条の2　民事訴訟規則第41条及び第42条の規定は、法第16条第1項の規定による送達を受けるべき場所の届出及び送達受取人の届出について準用する。

（送達できなかつた場合の調査）

第10条の3　民事執行の手続において文書を送達することができないときは、裁判所書記官は、差押債権者その他当該文書の送達について利害関係を有する者に対し、送達すべき場所について必要な調査を求めることができる。

（執行官が民事執行を開始する日時の指定）

第11条　執行官は、民事執行の申立てがあつたときは、速やかに、民事執行を開始する日時を定め、申立人が通知を要しない旨を申し出た場合を除き、これを申立人に通知しなければならない。

2　前項の規定により定める日は、やむを得ない事由がある場合を除き、申立てがあつた日から1週間以内の日としなければならない。

（民事執行の調書）

第12条　執行裁判所における期日については、裁判所書記官は、調書を作成しなければならない。

2　民事訴訟法（平成8年法律第109号）第160条第2項及び第3項並びに民事訴訟規則第66条（第1項第3号及び第6号を除く。）から第69条までの規定は、前項の調書について準用する。

第13条　執行官は、民事執行を実施したときは、次に掲げる事項を記載した調書を作成しなければなら

ない。

一　民事執行に着手した日時及びこれを終了した日時

二　民事執行の場所及び目的物

三　民事執行に立ち会つた者の表示

四　実施した民事執行の内容

五　民事執行に着手した後これを停止したときは、その事由

六　民事執行に際し抵抗を受けたときは、その旨及びこれに対して採つた措置

七　民事執行の目的を達することができなかつたときは、その事由

八　民事執行を続行することとしたときは、その事由

2　執行官は、民事執行に立ち会つた者に、調書に署名押印させなければならない。この場合において、その者が署名押印しなかつたときは、執行官は、その事由を調書に記載しなければならない。

3　前2項の規定は、配当等（法第84条第3項に規定する配当等をいう。以下同じ。）の実施については、適用しない。

4　第1項及び第2項の規定は、次に掲げる場合について準用する。

一　執行官が法第55条第1項、法第64条の2第1項、法第68条の2第1項、法第77条第1項、法第114条第1項、法第115条第1項、法第127条第1項、法第171条第1項、法第174条第1項第1号若しくは法第187条第1項又は第81条、第89条第1項若しくは第174条第2項（これらを準用し、又はその例による場合を含む。）の規定による決定を執行した場合

二　執行官が法第168条の2第1項の規定による明渡しの催告を実施した場合

（執行裁判所に対する民事執行の申立ての取下げの通知）

第14条　執行裁判所に対する民事執行の申立てが取り下げられたときは、裁判所書記官は、民事執行を開始する決定の送達を受けた相手方に対し、その旨を通知しなければならない。

（執行官がした民事執行の手続の取消しの通知）

第15条　執行官は、民事執行の手続を取り消したときは、民事執行の申立人に対し、その理由を通知しなければならない。

（民事訴訟規則の準用）

第15条の2　特別の定めがある場合を除き、民事執行の手続に関しては、その性質に反しない限り、民事訴訟規則の規定（同規則第30条の2及び第30条の3の規定を除く。）を準用する。

第2章　強制執行

第1節　総則

（執行文付与の申立ての方式等）

第16条　執行文付与の申立ては、次に掲げる事項を記載した書面でしなければならない。

一　債権者及び債務者の氏名又は名称及び住所（債務者を特定することができない場合にあつては、その旨）並びに代理人の氏名及び住所

二　債務名義の表示

三　法第27条第1項から第3項まで又は法第28条第1項の規定による執行文の付与を求めるときは、その旨及びその事由

2　確定しなければその効力を生じない裁判に係る債務名義について前項の申立てをするときは、その裁判が確定したことが記録上明らかであるときを除き、申立書にその裁判の確定を証する文書を添付しなければならない。

3　第1項の規定は、少額訴訟における確定判決又は仮執行の宣言を付した少額訴訟の判決若しくは支払督促の正本の交付を更に求める場合について準用する。

（執行文の記載事項）

第17条　債務名義に係る請求権の一部について執行文を付与するときは、強制執行をすることができる範囲を執行文に記載しなければならない。

2　法第27条第2項の規定により債務名義に表示された当事者以外の者を債権者又は債務者とする執行文を付与する場合において、その者に対し、又はその者のために強制執行をすることができることが裁判所書記官又は公証人に明白であるときは、その旨を執行文に記載しなければならない。

3　法第28条第1項の規定により執行文を付与するときは、その旨を執行文に記載しなければならない。

4　執行文には、付与の年月日を記載して裁判所書記官又は公証人が記名押印しなければならない。

（債務名義の原本への記入）

第18条　裁判所書記官又は公証人は、執行文を付与したときは、債務名義の原本にその旨、付与の年月日及び執行文の通数を記載し、並びに次の各号に掲げる場合に応じ、それぞれ当該各号に定める事項を記載しなければならない。

一　債務名義に係る請求権の一部について付与したとき　強制執行をすることができる範囲

二　債務名義に表示された当事者以外の者が債権者又は債務者であるとき　その旨及びその者の氏名又は名称

三　法第27条第3項の規定により付与したとき　その旨

2　裁判所書記官は、少額訴訟における確定判決又は仮執行の宣言を付した少額訴訟の判決若しくは支払督促の正本を更に交付したときは、当該判決又は当該支払督促の原本にその旨、交付の年月日及び交付した正本の通数を記載しなければならない。

（執行文の再度付与等の通知）

第19条　裁判所書記官又は公証人は、法第28条第1項の規定により執行文を付与したときは、債務者に対し、その旨、その事由及び執行文の通数を通知しなければならない。

2　前項の規定は、少額訴訟における確定判決又は仮

執行の宣言を付した少額訴訟の判決若しくは支払督促の正本を更に交付した場合について準用する。

（公証人法第57条ノ2第1項の最高裁判所規則で定める執行証書の正本等の送達方法）

第20条　公証人法（明治41年法律第53号）第57条ノ２第１項の最高裁判所規則で定める方法は、次項から第４項までの申立てに基づいてされる公証人による送達、執行官による送達及び公示送達とする。

2　債務者が執行証書の作成を公証人に嘱託するためにその役場に出頭したときは、債権者は、当該公証人に対し、当該執行証書に係る公証人法第57条ノ２第１項に規定する書類について、公証人自らがその場で債務者に交付してする送達の申立てをすることができる。

3　債権者は、送達と同時に強制執行を実施することを求めるときその他必要があるときは、執行官に対し、前項の書類の送達の申立てをすることができる。

4　債務者の住所、居所その他送達をすべき場所が知れないとき、若しくは次項及び公証人法第57条ノ２第３項において準用する民事訴訟法第107条第１項の規定による送達をすることができないとき、又は外国においてすべき送達についてその送達が著しく困難であるときは、債権者は、第２項の書類の公示送達について、債務者の普通裁判籍の所在地を管轄する地方裁判所（この普通裁判籍がないときは、請求の目的又は差し押さえることができる債務者の財産の所在地を管轄する地方裁判所）の許可を受けて、その地方裁判所に所属する執行官に対し、その書類の公示送達の申立てをすることができる。

5　民事訴訟法第102条第１項及び第２項の規定は第２項の送達について、同法第101条から第103条まで、第105条、第106条並びに第107条第１項及び第３項並びに民事訴訟規則第43条及び第44条の規定は第３項の送達について、同法第111条及び第112条並びに同規則第46条第２項の規定は前項の公示送達について準用する。

（強制執行の申立書の記載事項及び添付書類）

第21条　強制執行の申立書には、次に掲げる事項を記載し、執行力のある債務名義の正本を添付しなければならない。

一　債権者及び債務者の氏名又は名称及び住所並びに代理人の氏名及び住所

二　債務名義の表示

三　第５号に規定する場合を除き、強制執行の目的とする財産の表示及び求める強制執行の方法

四　金銭の支払を命ずる債務名義に係る請求権の一部について強制執行を求めるときは、その旨及びその範囲

五　法第171条第１項各号、法第172条第１項又は法第174条第１項第１号に規定する方法による強制執行を求めるときは、求める裁判

（強制執行開始後の申立債権者の承継）

第22条　強制執行の開始後に申立債権者に承継があつた場合において、承継人が自己のために強制執行の続行を求めるときは、法第27条第２項に規定する執行文の付された債務名義の正本を提出しなければならない。

2　前項の規定により債務名義の正本が提出されたときは、裁判所書記官又は執行官は、債務者に対し、その旨を通知しなければならない。

（特別代理人についての民事訴訟規則の準用）

第22条の２　民事訴訟規則第16条の規定は、法第41条第２項（法第194条において準用する場合を含む。）の特別代理人について準用する。

（執行費用等の額を定める手続への民事訴訟規則の準用）

第22条の３　民事訴訟規則第24条、第25条第１項及び第26条の規定は法第42条第４項（法第194条、法第203条及び法第211条において準用する場合を含む。以下この条において同じ。）の申立て及び同項の規定による裁判所書記官の処分について、同規則第28条の規定は法第42条第９項（法第194条、法第203条及び法第211条において準用する場合を含む。）において準用する民事訴訟法第74条第１項の申立てについて準用する。

第２節　金銭の支払を目的とする債権についての強制執行

第１款　不動産に対する強制執行

第１目　強制競売

（申立書の添付書類）

第23条　不動産に対する強制競売の申立書には、執行力のある債務名義の正本のほか、次に掲げる書類を添付しなければならない。

一　登記がされた不動産については、登記事項証明書及び登記記録の表題部に債務者以外の者が所有者として記録されている場合にあつては、債務者の所有に属することを証する文書

二　登記がされていない土地又は建物については、次に掲げる書類

イ　債務者の所有に属することを証する文書

ロ　当該土地についての不動産登記令（平成16年政令第379号）第２条第２号に規定する土地所在図及び同条第３号に規定する地積測量図

ハ　当該建物についての不動産登記令第２条第５号に規定する建物図面及び同条第６号に規定する各階平面図並びに同令別表の32の項添付情報欄ハ又はニに掲げる情報を記載した書面

三　土地については、その土地に存する建物及び立木に関する法律（明治42年法律第22号）第１条に規定する立木（以下「立木」という。）の登記事項証明書

四　建物又は立木については、その存する土地の登記事項証明書

五　不動産に対して課される租税その他の公課の額を証する文書

（手続の進行に資する書類の提出）

第23条の2　申立債権者は、執行裁判所に対し、次に掲げる書類を提出するものとする。

一　不動産（不動産が土地である場合にはその上にある建物を、不動産が建物である場合にはその敷地を含む。）に係る不動産登記法（平成16年法律第123号）第14条第1項の地図又は同条第4項の地図に準ずる図面及び同条第1項の建物所在図の写し（当該地図、地図に準ずる図面又は建物所在図が電磁的記録に記録されているときは、当該記録された情報の内容を証明した書面）

二　債務者の住民票の写しその他その住所を証するに足りる文書

三　不動産の所在地に至るまでの通常の経路及び方法を記載した図面

四　申立債権者が不動産の現況の調査又は評価をした場合において当該調査の結果又は評価を記載した文書を保有するときは、その文書

（開始決定の通知）

第24条　強制管理の開始決定がされた不動産について強制競売の開始決定がされたときは、裁判所書記官は、強制管理の差押債権者及び管理人に対し、その旨を通知しなければならない。担保不動産収益執行の開始決定がされた不動産について強制競売の開始決定がされたときも、同様とする。

（二重開始決定等の通知）

第25条　法第47条第1項の規定により開始決定がされたときは、裁判所書記官は、先の開始決定に係る差押債権者に対し、その旨を通知しなければならない。

2　先の開始決定に係る強制競売又は競売の手続が停止されたときは、裁判所書記官は、後の開始決定に係る差押債権者に対し、その旨を通知しなければならない。

3　法第47条第6項の裁判がされたときは、裁判所書記官は、債務者に対し、その旨を通知しなければならない。

（配当要求の方式）

第26条　配当要求は、債権（利息その他の附帯の債権を含む。）の原因及び額を記載した書面でしなければならない。

（配当要求の通知）

第27条　配当要求があつたときは、裁判所書記官は、差押債権者及び債務者に対し、その旨を通知しなければならない。

（売却のための保全処分等の申立ての方式等）

第27条の2　法第55条第1項の申立ては、次に掲げる事項を記載した書面でしなければならない。

一　当事者の氏名又は名称及び住所（相手方を特定することができない場合にあつては、その旨）並びに代理人の氏名及び住所

二　申立ての趣旨及び理由

三　強制競売の申立てに係る事件の表示

四　不動産の表示

2　申立ての理由においては、申立てを理由付ける事実を具体的に記載し、かつ、立証を要する事由ごとに証拠を記載しなければならない。

（公示保全処分の執行方法）

第27条の3　執行官は、法第55条第1項に規定する公示保全処分を執行するときは、滅失又は破損しにくい方法により標識を掲示しなければならない。

2　執行官は、前項の公示保全処分を執行するときは、法第55条第1項に規定する公示書その他の標識に、標識の損壊に対する法律上の制裁その他の執行官が必要と認める事項を記載することができる。

（相手方不特定の保全処分等を執行した場合の届出）

第27条の4　執行官は、法第55条の2第1項（法第68条の2第4項及び法第77条第2項において準用する場合を含む。）の規定による決定を執行したときは、速やかに、法第55条の2第3項（法第68条の2第4項及び法第77条第2項において準用する場合を含む。）の規定により当該決定の相手方となつた者の氏名又は名称その他の当該者を特定するに足りる事項を、執行裁判所に届け出なければならない。

（職務執行区域外における現況調査）

第28条　執行官は、不動産の現況調査のため必要があるときは、所属の地方裁判所の管轄区域外で職務を行うことができる。

（現況調査報告書）

第29条　執行官は、不動産の現況調査をしたときは、次に掲げる事項を記載した現況調査報告書を所定の日までに執行裁判所に提出しなければならない。

一　事件の表示

二　不動産の表示

三　調査の日時、場所及び方法

四　調査の目的物が土地であるときは、次に掲げる事項

イ　土地の形状及び現況地目

ロ　占有者の表示及び占有の状況

ハ　占有者が債務者以外の者であるときは、その者の占有の開始時期、権原の有無及び権原の内容の細目についての関係人の陳述又は関係人の提示に係る文書の要旨及び執行官の意見

ニ　土地に建物が存するときは、その建物の種類、構造、床面積の概略及び所有者の表示

五　調査の目的物が建物であるときは、次に掲げる事項

イ　建物の種類、構造及び床面積の概略

ロ　前号ロ及びハに掲げる事項

ハ　敷地の所有者の表示

ニ　敷地の所有者が債務者以外の者であるときは、債務者の敷地に対する占有の権原の有無及び権原の内容の細目についての関係人の陳述又は関係人の提示に係る文書の要旨及び執行官の意見

六　当該不動産について、債務者の占有を解いて執行官に保管させる仮処分が執行されているときは、その旨及び執行官が保管を開始した年月日

七　その他執行裁判所が定めた事項

2　現況調査報告書には、調査の目的物である土地又

は建物の見取図及び写真を添付しなければならない。

（評価の方法）

第29条の2　評価人は、評価をするに際し、不動産の所在する場所の環境、その種類、規模、構造等に応じ、取引事例比較法、収益還元法、原価法その他の評価の方法を適切に用いなければならない。

（評価書）

第30条　評価人は、不動産の評価をしたときは、次に掲げる事項を記載した評価書を所定の日までに執行裁判所に提出しなければならない。

一　事件の表示

二　不動産の表示

三　不動産の評価額及び評価の年月日

四　不動産の所在する場所の環境の概要

五　評価の目的物が土地であるときは、次に掲げる事項

イ　地積

ロ　都市計画法（昭和43年法律第100号）、建築基準法（昭和25年法律第201号）その他の法令に基づく制限の有無及び内容

ハ　規準とした公示価格その他の評価の参考とした事項

六　評価の目的物が建物であるときは、その種類、構造及び床面積並びに残存耐用年数その他の評価の参考とした事項

七　評価額の算出の過程

八　その他執行裁判所が定めた事項

2　評価書には、不動産の形状を示す図面及び不動産の所在する場所の周辺の概況を示す図面を添付しなければならない。

（執行官及び評価人相互の協力）

第30条の2　執行官及び評価人は、現況調査又は評価をするに際し、それぞれの事務が円滑に処理されるようにするため、相互に必要な協力をしなければならない。

（売却基準価額の変更の方法）

第30条の3　執行裁判所は、裁判所書記官が売却を実施させても適法な買受けの申出がなかつた場合（買受人が代金を納付しなかつた場合を含む。）において、不動産の現況、利用状況、手続の経過その他諸般の事情を考慮して、当該売却基準価額（法第60条第1項に規定する売却基準価額をいう。以下同じ。）により更に売却を実施させても売却の見込みがないと認めるときは、評価書の記載を参考にして、売却基準価額を変更することができる。この場合においては、執行裁判所は、当該評価書を提出した評価人の意見を聴くことができる。

2　執行裁判所は、前項の聴取をするときは、裁判所書記官に命じて行わせることができる。

（物件明細書の内容と売却基準価額の決定の内容との関係についての措置）

第30条の4　執行裁判所は、売却基準価額を定めるに当たり、物件明細書に記載された事項の内容が当該売却基準価額の決定の基礎となる事項の内容と異なると認めるときは、当該売却基準価額の決定において、各事項の内容が異なる旨及びその異なる事項の内容を明らかにしなければならない。

2　前項の場合には、裁判所書記官は、同項に規定する各事項の内容が異なる旨及びその異なる事項の内容の物件明細書への付記、これらを記載した書面の物件明細書への添付その他これらを物件明細書上明らかにするものとして相当と認める措置を講じなければならない。

（物件明細書の内容の公開等）

第31条　法第62条第2項の最高裁判所規則で定める措置は、執行裁判所が使用する電子計算機と情報の提供を受ける者が使用する電子計算機とを電気通信回線で接続した電子情報処理組織を使用する措置であつて、当該電気通信回線を通じて情報が送信され、当該情報の提供を受ける者の使用する電子計算機に備えられたファイルに当該情報が記録されるもののうち、次のいずれにも該当するものとする。

一　当該執行裁判所の使用する電子計算機に備えられたファイルに記録された物件明細書の内容に係る情報を電気通信回線を通じて当該情報の提供を受ける者の閲覧に供し、当該情報の提供を受ける者の使用する電子計算機に備えられたファイルに当該情報を記録するもの

二　インターネットに接続された自動公衆送信装置（著作権法（昭和45年法律第48号）第2条第1項第9号の5イに規定する自動公衆送信装置をいう。）を使用するもの

2　法第62条第2項の規定による物件明細書の写しの備置き又は前項の措置は、売却の実施の日の1週間前までに開始しなければならない。

3　裁判所書記官は、前項の備置き又は措置を実施している期間中、現況調査報告書及び評価書の写しを執行裁判所に備え置いて一般の閲覧に供し、又は当該現況調査報告書及び評価書の内容に係る情報について第1項の措置に準ずる措置を講じなければならない。

4　法第62条第2項及び前項の規定により物件明細書、現況調査報告書及び評価書の内容が公開されたときは、裁判所書記官は、その旨並びに公開の方法及び年月日を記録上明らかにしなければならない。

（剰余を生ずる見込みのない場合等の差押債権者による買受けの申出）

第31条の2　差押債権者は、法第63条第2項第1号の申出をするときは、次に掲げる書類を執行裁判所に提出しなければならない。

一　次に掲げる事項を記載し、差押債権者（その者に法定代理人がある場合にあつては当該法定代理人、その者が法人である場合にあつてはその代表者）が記名押印した陳述書

イ　差押債権者の氏名（振り仮名を付す。）又は名称及び住所

ロ　差押債権者が個人であるときは、その生年月日及び性別

ハ　差押債権者が法人であるときは、その役員の氏名（振り仮名を付す。）、住所、生年月日及び性別
ニ　自己の計算において差押債権者に買受けの申出をさせようとする者がある場合であつて、その者が個人であるときは、その氏名（振り仮名を付す。）、住所、生年月日及び性別
ホ　自己の計算において差押債権者に買受けの申出をさせようとする者がある場合であつて、その者が法人であるときは、その名称及び住所並びにその役員の氏名（振り仮名を付す。）、住所、生年月日及び性別
ヘ　差押債権者（その者が法人である場合にあつては、その役員）及び自己の計算において差押債権者に買受けの申出をさせようとする者（その者が法人である場合にあつては、その役員）が暴力団員等（法第65条の2第1号に規定する暴力団員等をいう。以下この目において同じ。）に該当しないこと。

二　差押債権者が個人であるときは、その住民票の写しその他のその氏名、住所、生年月日及び性別を証するに足りる文書
三　自己の計算において差押債権者に買受けの申出をさせようとする者がある場合であつて、その者が個人であるときは、その住民票の写しその他のその氏名、住所、生年月日及び性別を証するに足りる文書

2　差押債権者は、次の各号に掲げる場合には、当該各号に定める文書の写しを執行裁判所に提出するものとする。
一　差押債権者が第51条の7第3項に規定する指定許認可等を受けて事業を行つている者である場合　その者が当該指定許認可等を受けていることを証する文書
二　自己の計算において差押債権者に買受けの申出をさせようとする者が第51条の7第3項に規定する指定許認可等を受けて事業を行つている者である場合　その者が当該指定許認可等を受けていることを証する文書

（剰余を生ずる見込みがない場合等の保証提供の方法等）
第32条　法第63条第2項の保証は、次に掲げるものを執行裁判所に提出する方法により提供しなければならない。
一　金銭
二　執行裁判所が相当と認める有価証券
三　銀行等が差押債権者のために一定の額の金銭を執行裁判所の催告により納付する旨の期限の定めのない支払保証委託契約が差押債権者と銀行等との間において締結されたことを証する文書

2　民事訴訟法第80条本文の規定は、前項の保証について準用する。

（買受けの申出をすることができる者の制限）
第33条　執行裁判所は、法令の規定によりその取得が制限されている不動産については、買受けの申出をすることができる者を所定の資格を有する者に限ることができる。

（入札の種類）
第34条　不動産を売却するための入札は、入札期日に入札をさせた後開札を行う期日入札及び入札期間内に入札をさせて開札期日に開札を行う期間入札とする。

（入札期日の指定等）
第35条　裁判所書記官は、期日入札の方法により不動産を売却するときは、入札期日を定めなければならない。

2　裁判所書記官は、法第64条第4項の規定により売却決定期日を指定するときは、やむを得ない事由がある場合を除き、入札期日から3週間以内の日を指定しなければならない。

（期日入札の公告等）
第36条　裁判所書記官は、入札期日及び売却決定期日（次条において「入札期日等」という。）を定めたときは、入札期日の2週間前までに、法第64条第5項に規定する事項のほか、次に掲げる事項を公告しなければならない。
一　事件の表示
二　売却決定期日を開く日時及び場所
三　買受可能価額（法第60条第3項に規定する買受可能価額をいう。）
四　買受けの申出の保証の額及び提供の方法
五　法第61条の規定により不動産を一括して売却することを定めたときは、その旨
六　第33条の規定により買受けの申出をすることができる者の資格を制限したときは、その制限の内容
七　不動産に対して課される租税その他の公課の額
八　物件明細書、現況調査報告書及び評価書の内容が入札期日の1週間前までに公開される旨及び公開の方法

2　裁判所書記官は、不動産所在地の市町村に対し、公告事項を記載した書面を当該市町村の掲示場に掲示するよう入札期日の2週間前までに嘱託しなければならない。ただし、公告事項の要旨及び不動産の買受けの申出の参考となるべき事項を公示したときは、この限りでない。

（入札期日等の通知）
第37条　裁判所書記官は、入札期日等を定めたときは、次に掲げる者に対し、入札期日等を開く日時及び場所を通知しなければならない。
一　差押債権者及び債務者
二　配当要求をしている債権者
三　当該不動産について差押えの登記前に登記がされた権利を有する者
四　知れている抵当証券の所持人及び裏書人
五　その他執行裁判所が相当と認める者

（期日入札における入札）
第38条　期日入札における入札は、入札書を執行官に差し出す方法により行う。

2　入札書には、次に掲げる事項を記載しなければな

らない。

一　入札人の氏名又は名称及び住所

二　代理人によつて入札をするときは、代理人の氏名及び住所

三　事件の表示その他の不動産を特定するために必要な事項

四　入札価額

3　法人である入札人は、代表者の資格を証する文書を執行官に提出しなければならない。

4　入札人の代理人は、代理権を証する文書を執行官に提出しなければならない。

5　共同して入札をしようとする者は、あらかじめ、これらの者の関係及び持分を明らかにして執行官の許可を受けなければならない。

6　入札は、変更し、又は取り消すことができない。

7　第31条の2の規定は、期日入札における入札について準用する。この場合において、同条中「差押債権者」とあるのは「入札人」と、「執行裁判所」とあるのは「執行官」と、同条第1項中「法第63条第2項第1号の申出をするときは、次に掲げる書類」とあるのは「次に掲げる書類」と読み替えるものとする。

（期日入札における買受けの申出の保証の額）

第39条　期日入札における買受けの申出の保証の額は、売却基準価額の10分の2とする。

2　執行裁判所は、相当と認めるときは、前項の額を超える保証の額を定めることができる。

（期日入札における買受けの申出の保証の提供方法）

第40条　前条の買受けの申出の保証は、入札書を差し出す際に次に掲げるもの（以下「保証金等」という。）を執行官に提出する方法により提供しなければならない。

一　金銭

二　銀行又は執行裁判所の定める金融機関が自己を支払人として振り出した持参人払式の一般線引小切手で、提示期間の満了までに5日以上の期間のあるもの

三　銀行又は執行裁判所の定める金融機関が執行裁判所の預金口座のある銀行を支払人として振り出した持参人払式の一般線引小切手で、提示期間の満了までに5日以上の期間のあるもの

四　銀行等が買受けの申出をしようとする者のために一定の額の金銭を執行裁判所の催告により納付する旨の期限の定めのない支払保証委託契約が買受けの申出をしようとする者と銀行等との間において締結されたことを証する文書

2　執行裁判所は、相当と認めるときは、金銭を提出する方法により買受けの申出の保証を提供することができない旨を定めることができる。

（入札期日の手続）

第41条　執行官は、入札の催告をした後20分を経過しなければ、入札を締め切つてはならない。

2　執行官は、開札に際しては、入札をした者を立ち会わせなければならない。この場合において、入札をした者が立ち会わないときは、適当と認められる者を立ち会わせなければならない。

3　開札が終わつたときは、執行官は、最高価買受申出人を定め、その氏名又は名称及び入札価額を告げ、かつ、次順位買受けの申出（法第67条に規定する次順位買受けの申出をいう。以下同じ。）をすることができる入札人がある場合にあつては、その氏名又は名称及び入札価額を告げて次順位買受けの申出を催告した後、入札期日の終了を宣しなければならない。

（期日入札における最高価買受申出人等の決定）

第42条　最高の価額で買受けの申出をした入札人が二人以上あるときは、執行官は、これらの者に更に入札をさせて最高価買受申出人を定める。この場合においては、入札人は、先の入札価額に満たない価額による入札をすることができない。

2　前項の入札人の全員が入札をしないときは、くじで最高価買受申出人を定める。同項の入札において最高の価額で買受けの申出をした入札人が二人以上あるときも、同様とする。

3　次順位買受けの申出をした入札人が二人以上あるときは、くじで次順位買受申出人を定める。

（入札期日を開く場所における秩序維持）

第43条　執行官は、入札期日を開く場所における秩序を維持するため必要があると認めるときは、その場所に参集した者に対し身分に関する証明を求め、及び執行裁判所に対し援助を求めることができる。

（期日入札調書）

第44条　執行官は、期日入札を実施したときは、速やかに、次に掲げる事項を記載した期日入札調書を作成し、執行裁判所に提出しなければならない。

一　不動産の表示

二　入札の催告をした日時及び入札を締め切つた日時

三　最高価買受申出人及び次順位買受申出人の氏名又は名称及び住所並びに代理人の氏名及び住所

四　最高価買受申出人及び次順位買受申出人の入札価額及び買受けの申出の保証の提供方法

五　適法な入札がなかつたときは、その旨

六　第41条第2項後段の規定により入札をした者以外の者を開札に立ち会わせたときは、その者の表示

七　第42条の規定により最高価買受申出人又は次順位買受申出人を定めたときは、その旨

八　法第65条に規定する措置を採つたときは、その理由及び採つた措置

2　執行官は、最高価買受申出人及び次順位買受申出人又はこれらの代表者若しくは代理人に、期日入札調書に署名押印させなければならない。この場合においては、第13条第2項後段の規定を準用する。

3　期日入札調書には、入札書を添付しなければならない。

（期日入札における買受けの申出の保証の返還等）

第45条　最高価買受申出人及び次順位買受申出人以外の入札人から入札期日の終了後直ちに申出があつ

たときは、執行官は、速やかに、保証金等を返還しなければならない。

2　保証金等の返還に係る受取証は、期日入札調書に添付しなければならない。

3　第１項の規定により入札人に返還した保証金等以外の保証金等については、執行官は、速やかに、これを執行裁判所に提出しなければならない。

（入札期間及び開札期日の指定等）

第46条　裁判所書記官は、期間入札の方法により不動産を売却するときは、入札期間及び開札期日を定めなければならない。この場合において、入札期間は、１週間以上１月以内の範囲内で定め、開札期日は、入札期間の満了後１週間以内の日としなければならない。

2　裁判所書記官は、法第64条第４項の規定により売却決定期日を指定するときは、やむを得ない事由がある場合を除き、開札期日から３週間以内の日を指定しなければならない。

（期間入札における入札の方法）

第47条　期間入札における入札は、入札書を入れて封をし、開札期日を記載した封筒を執行官に差し出す方法又はその封筒を他の封筒に入れて郵便若しくは民間事業者による信書の送達に関する法律（平成14年法律第99号）第２条第６項に規定する一般信書便事業者若しくは同条第９項に規定する特定信書便事業者による同条第２項に規定する信書便により執行官に送付する方法により行う。

（期間入札における買受けの申出の保証の提供方法）

第48条　期間入札における買受けの申出の保証は、執行裁判所の預金口座に一定の額の金銭を振り込んだ旨の金融機関の証明書又は第40条第１項第４号の文書を、入札書を入れて封をし、開札期日を記載した封筒と共に執行官に提出する方法により提供しなければならない。

（期日入札の規定の準用）

第49条　第36条、第37条、第38条第２項から第７項まで、第39条、第41条第２項及び第３項並びに第42条から第44条（第１項第２号を除く。）までの規定は期間入札について、第45条の規定は期間入札における買受けの申出の保証として第40条第１項第４号の文書が提出された場合について準用する。この場合において、第36条中「入札期日の」とあるのは、「入札期間の開始の日の」と読み替えるものとする。

（競り売り）

第50条　不動産を売却するための競り売りは、競り売り期日に買受けの申出の額を競り上げさせる方法により行う。

2　買受けの申出をした者は、より高額の買受けの申出があるまで、申出の額に拘束される。

3　執行官は、買受けの申出の額のうち最高のものを３回呼び上げた後、その申出をした者を最高価買受申出人と定め、その氏名又は名称及び買受けの申出の額を告げなければならない。

4　第31条の２、第35条から第37条まで、第38条第３項から第５項まで、第39条、第40条、第41条第３項、第43条、第44条第１項（第２号、第６号及び第７号を除く。）及び第２項並びに第45条の規定は、競り売りについて準用する。この場合において、第31条の２中「差押債権者」とあり、並びに第38条第３項及び第４項中「入札人」とあるのは「買受けの申出をしようとする者」と、第31条の２中「執行裁判所」とあるのは「執行官」と、同条第１項中「法第63条第２項第１号の申出をするときは、次に掲げる書類」とあるのは「次に掲げる書類」と、第38条第５項中「入札」とあるのは「買受けの申出」と、第41条第３項中「開札が終わつたときは、執行官は、最高価買受申出人を定め、その氏名又は名称及び入札価額を告げ、かつ」とあるのは、「執行官は」と読み替えるものとする。

（入札又は競り売り以外の方法による売却）

第51条　裁判所書記官は、入札又は競り売りの方法により売却を実施させても適法な買受けの申出がなかつたとき（買受人が代金を納付しなかつたときを含む。）は、執行官に対し、やむを得ない事由がある場合を除き、３月以内の期間を定め、他の方法により不動産の売却を実施すべき旨を命ずることができる。この場合においては、売却の実施の方法その他の条件を付することができる。

2　裁判所書記官は、前項の規定により売却の実施を命じようとするときは、あらかじめ、差押債権者の意見を聴かなければならない。ただし、その者が、強制競売の申立てに際し、当該売却の実施について意見を述べたときは、この限りでない。

3　前項本文に規定する場合には、執行裁判所は、買受けの申出の保証の額を定めなければならない。

4　前項の買受けの申出の保証は、買受けの申出の際に金銭又は執行裁判所が相当と認める有価証券を執行官に提出する方法により提供しなければならない。

5　裁判所書記官は、第１項の規定により売却の実施を命じたときは、各債権者及び債務者に対し、その旨を通知しなければならない。

6　執行官は、第１項の規定による裁判所書記官の処分に基づいて不動産の売却を実施した場合において、買受けの申出があつたときは、速やかに、不動産の表示、買受けの申出をした者の氏名又は名称及び住所並びに買受けの申出の額及び年月日を記載した調書を作成し、保証として提出された金銭又は有価証券と共にこれを執行裁判所に提出しなければならない。

7　前項の調書が提出されたときは、執行裁判所は、遅滞なく、売却決定期日を定めなければならない。

8　前項の規定により売却決定期日が定められたときは、裁判所書記官は、第37条各号に掲げる者及び買受けの申出をした者に対し、その期日を開く日時及び場所を通知しなければならない。

9　第31条の２の規定は執行官が第１項の規定による裁判所書記官の処分に基づいて不動産の売却を実施した場合について、第44条第２項の規定は第６項の調書について準用する。この場合において、第31条の2中「差押債権者」とあるのは「買受けの申出をしようとする者」と、「執行裁判所」とあるのは「執行官」と、同条第1項中「法第63条第2項第1号の申出をするときは、次に掲げる書類」とあるのは「次に掲げる書類」と読み替えるものとする。

（内覧実施命令）

第51条の2　法第64条の2第1項の申立ては、次に掲げる事項を記載した書面でしなければならない。

一　申立人の氏名又は名称及び住所並びに代理人の氏名及び住所

二　事件の表示

三　不動産の表示

四　不動産の占有者を特定するに足りる事項であつて、申立人に知れているもの（占有者がいないときは、その旨）

2　前項の申立ては、各回の売却の実施につき、売却を実施させる旨の裁判所書記官の処分の時までにしなければならない。

3　執行裁判所は、不動産の一部について内覧を実施すべきときは、法第64条の2第1項の命令において、内覧を実施する部分を特定しなければならない。

4　裁判所書記官は、法第64条の2第1項の命令があつたときは、知れている占有者に対し、当該命令の内容を通知しなければならない。法第64条の2第4項の規定により同条第1項の命令を取り消す旨の決定があつたときについても、同様とする。

（執行官による内覧の実施）

第51条の3　執行官は、法第64条の2第1項の命令があつたときは、遅滞なく、内覧への参加の申出をすべき期間及び内覧を実施する日時を定め、これらの事項及び不動産の表示（前条第3項の場合においては、内覧を実施する部分の表示を含む。）を公告し、かつ、不動産の占有者に対して内覧を実施する日時を通知しなければならない。

2　執行官は、前項の規定により内覧への参加の申出をすべき期間を定めるに当たつては、その終期が物件明細書、現況調査報告書及び評価書の内容が公開されてから相当の期間が経過した後となるよう配慮しなければならない。

3　内覧への参加の申出は、内覧の対象となる不動産を特定するに足りる事項並びに当該不動産に立ち入る者の氏名、住所及び電話番号（ファクシミリの番号を含む。）を記載した書面により、第1項の期間内に、執行官に対してしなければならない。

4　法第64条の2第3項の最高裁判所規則で定める事由は、次に掲げるものとする。

一　法第71条第4号イからハまでに掲げる者のいずれかに該当すること。

二　前項の書面に記載した当該不動産に立ち入る者が法第71条第4号イからハまでのいずれかに該当すること。

5　執行官は、内覧を実施する場所における秩序を維持するため必要があると認めるときは、その場所に参集した者に対し、身分に関する証明を求めることができる。

6　法第64条の2第1項の申立てをした差押債権者は、執行官から資料又は情報の提供その他の内覧の円滑な実施のために必要な協力を求められたときは、できる限りこれに応じるよう努めなければならない。

（買受けの申出をした差押債権者のための保全処分等の申立ての方式等）

第51条の4　法第68条の2第1項の申立ては、次に掲げる事項を記載した書面でしなければならない。

一　第27条の2第1項各号に掲げる事項

二　法第68条の2第2項の申出額

三　次の入札又は競り売りの方法による売却の実施において前号の申出額に達する買受けの申出がないときは自ら当該申出額で不動産を買い受ける旨の申出

2　執行裁判所は、法第68条の2第1項の規定により申立人に不動産を保管させるべきことを命じた場合において、必要があると認めるときは、当該申立人に対し、不動産の保管の状況について報告を求め、又は執行官に対し、その保管の状況の点検を命ずることができる。

3　執行官は、前項の点検をしたときは、不動産の損傷の有無及び程度その他の申立人の保管の状況を記載した点検調書を作成し、執行裁判所に提出しなければならない。

4　第27条の2第2項の規定は第1項の書面について、第27条の3の規定は法第68条の2第1項に規定する公示保全処分の執行について、第31条の2の規定は法第68条の2第2項の申出について、第32条の規定は法第68条の2第2項の保証の提供について準用する。この場合において、第31条の2第1項中「差押債権者は、法第63条第2項第1号」とあるのは、「差押債権者（配当要求の終期後に強制競売又は競売の申立てをした差押債権者を除く。以下この条において同じ。）は、法第68条の2第2項」と読み替えるものとする。

（買受けの申出がなかつた場合の調査）

第51条の5　執行裁判所は、裁判所書記官が売却を実施させても適法な買受けの申出がなかつた場合（買受人が代金を納付しなかつた場合を含む。）には、差押債権者に対し、その意見を聴いて、買受けの申出をしようとする者の有無、不動産の売却を困難にしている事情その他売却の円滑な実施に資する事項について、調査を求めることができる。

2　執行裁判所は、前項の調査を求めるときは、裁判所書記官に命じて行わせることができる。

（買受けの申出をしようとする者があることを理由とする売却の実施の申出の方式）

第51条の6　法第68条の3第2項の規定による売却の実施の申出は、次に掲げる事項を記載した書面でしなければならない。

一　事件の表示

二　不動産の表示

三　買受けの申出をしようとする者の氏名又は名称

及び住所

2　前項の書面には、買受けの申出をしようとする者の住民票の写しその他その住所等を証するに足りる文書を添付しなければならない。

（最高価買受申出人が暴力団員等に該当しないと認めるべき事情がある場合）

第51条の7　法第68条の4第1項ただし書の最高裁判所規則で定める場合は、最高価買受申出人が、指定許認可等を受けて事業を行つている者である場合とする。

2　法第68条の4第2項ただし書の最高裁判所規則で定める場合は、自己の計算において最高価買受申出人に買受けの申出をさせた者が、指定許認可等を受けて事業を行つている者である場合とする。

3　前2項の「指定許認可等」とは、許認可等（行政手続法（平成5年法律第88号）第2条第3号に規定する許認可等をいう。）であつて、当該許認可等を受けようとする者（その者が法人である場合にあつては、その役員）が暴力団員等に該当しないことが法令（同条第1号に規定する法令をいう。）において当該許認可等の要件とされているもののうち最高裁判所が指定するものをいう。

4　前項の規定による指定がされたときは、最高裁判所長官は、これを官報で告示しなければならない。

（売却決定期日を開くことができない場合等の通知）

第52条　法第72条第1項の規定により売却決定期日を開くことができないとき、又は法第73条第1項の規定により売却許可決定が留保されたときは、裁判所書記官は、最高価買受申出人及び次順位買受申出人に対し、その旨を通知しなければならない。

（変更後の売却決定期日の通知）

第53条　売却の実施の終了後に売却決定期日が変更されたときは、裁判所書記官は、第37条各号に掲げる者並びに最高価買受申出人及び次順位買受申出人に対し、変更後の期日を通知しなければならない。

（売却許可決定等の告知の効力の発生時期）

第54条　売却の許可又は不許可の決定は、言渡しの時に告知の効力を生ずる。

（売却許可決定の公告）

第55条　売却許可決定が言い渡されたときは、裁判所書記官は、その内容を公告しなければならない。

（最高価買受申出人又は買受人のための保全処分等の申立ての方式等）

第55条の2　法第77条第1項の申立ては、第27条の2第1項各号に掲げる事項を記載した書面でしなければならない。

2　第27条の2第2項の規定は前項の書面について、第27条の3の規定は法第77条第1項に規定する公示保全処分の執行について準用する。

（代金納付期限）

第56条　法第78条第1項の規定による代金納付の期限は、売却許可決定が確定した日から1月以内の日としなければならない。

2　裁判所書記官は、前項の期限を定めたときは、買受人に対し、これを通知しなければならない。法第78条第5項の規定により前項の期限を変更したときも、同様とする。

（保証として提供されたものの換価）

第57条　法第78条第3項（法第86条第3項において準用する場合を含む。次条において同じ。）の規定による有価証券の換価は、執行官にこれを売却させて行う。

2　有価証券の売却を命じられた執行官は、動産執行の手続によりこれを売却し、その売得金を執行裁判所に提出しなければならない。

第58条　第32条第1項第3号又は第40条第1項第4号（第50条第4項において準用する場合を含む。）の文書に係る法第78条第3項の規定による換価は、執行裁判所の催告により所定の額の金銭を銀行等に納付させて行う。

（法第82条第2項の最高裁判所規則で定める申出の方式等）

第58条の2　法第82条第2項の申出は、次に掲げる事項を記載した書面でしなければならない。

一　事件の表示
二　不動産の表示
三　申出人の氏名又は名称及び住所
四　代理人によつて申出をするときは、代理人の氏名及び住所
五　法第82条第2項の申出人の指定する者（以下この条において「被指定者」という。）の氏名、住所及び職業

2　前項の書面には、次に掲げる文書を添付しなければならない。

一　買受人から不動産の上に抵当権の設定を受けようとする者が法人であるときは、代表者の資格を証する文書
二　申出人間の抵当権設定契約書の写し

3　被指定者は、法第82条第2項の規定により嘱託書の交付を受けるに当たり、裁判所書記官に対し、指定を証する文書を提出しなければならない。この場合において、裁判所書記官は、被指定者に対し、その身分又は資格を証する文書の提示を求めることができる。

4　被指定者は、嘱託書を登記所に提出したときは、裁判所書記官に対し、速やかにその旨を書面で届け出なければならない。

（引渡命令の申立ての方式等）

第58条の3　法第83条第1項の申立ては、第27条の2第1項各号に掲げる事項を記載した書面でしなければならない。

2　第27条の2第2項の規定は、前項の書面について準用する。

（配当期日等の指定）

第59条　不動産の代金が納付されたときは、執行裁判所は、配当期日又は弁済金の交付の日（以下「配当期日等」という。）を定めなければならない。法第78条第4項本文の規定による申出があつた場合において、売却許可決定が確定したときも、同様とする。

2　配当期日等は、特別の事情がある場合を除き、前

項前段の場合にあつては代金が納付された日から、同項後段の場合にあつては売却許可決定が確定した日から1月以内の日としなければならない。
3　弁済金の交付の日が定められたときは、裁判所書記官は、各債権者及び債務者に対し、その日時及び場所を通知しなければならない。

（計算書の提出の催告）
第60条　配当期日等が定められたときは、裁判所書記官は、各債権者に対し、その債権の元本及び配当期日等までの利息その他の附帯の債権の額並びに執行費用の額を記載した計算書を1週間以内に執行裁判所に提出するよう催告しなければならない。

（売却代金の交付等の手続）
第61条　各債権者及び債務者に対する売却代金の交付又は供託金の支払委託の手続は、裁判所書記官が行う。

（執行力のある債務名義の正本の交付）
第62条　差押債権者又は執行力のある債務名義の正本により配当要求をした債権者が債権の全額について配当等を受けたときは、債務者は、裁判所書記官に対し、当該債権者に係る執行力のある債務名義の正本の交付を求めることができる。
2　前項に規定する場合を除き、事件が終了したときは、同項の債権者は、裁判所書記官に対し、執行力のある債務名義の正本の交付を求めることができる。
3　前項の規定により執行力のある債務名義の正本の交付を求める債権者が債権の一部について配当等を受けた者であるときは、裁判所書記官は、当該債務名義の正本に配当等を受けた額を記載して、これを交付しなければならない。

第2目　強制管理

（申立書の記載事項）
第63条　強制管理の申立書には、第21条各号に掲げる事項のほか、給付義務者（法第93条第1項に規定する給付義務者をいう。以下この目及び第170条第3項において同じ。）を特定するに足りる事項及び給付請求権（法第93条第1項に規定する給付請求権をいう。以下この目及び第170条第3項において同じ。）の内容であつて申立人に知れているものを記載しなければならない。
2　申立人は、給付義務者を特定するに足りる事項及び給付請求権の内容についての情報収集を行うよう努めなければならない。

（開始決定の通知）
第64条　強制管理の開始決定がされたときは、裁判所書記官は、租税その他の公課を所管する官庁又は公署に対し、その旨を通知しなければならない。

（給付義務者に対し陳述を催告すべき事項等）
第64条の2　法第93条の3前段の最高裁判所規則で定める事項は、次に掲げる事項とする。
一　給付請求権の存否及びこれが存在する場合にはその内容
二　弁済の意思の有無（期限の到来前の給付請求権にあつては、期限の到来後における弁済の意思の有無を含む。）及び弁済する範囲又は弁済しない理由
三　当該給付請求権について差押債権者に優先する権利を有する者があるときは、その者の氏名又は名称及び住所並びにその権利の内容及び優先する範囲
四　当該給付請求権に対する他の債権者の差押え又は仮差押えの執行の有無並びにこれらの執行がされているときは、当該差押命令、差押処分又は仮差押命令の事件の表示、債権者の氏名又は名称及び住所並びに送達の年月日並びにこれらの執行がされた範囲
五　当該給付請求権に対する滞納処分（その例による処分を含む。第135条第1項第5号及び第147条第1項第3号において同じ。）による差押えの有無並びに差押えがされているときは、当該差押えをした徴収職員、徴税吏員その他の滞納処分を執行する権限を有する者（第135条第1項第5号及び第147条第1項第3号において「徴収職員等」という。）の属する庁その他の事務所の名称及び所在、債権差押通知書の送達の年月日並びに差押えがされた範囲
2　法第93条の3前段の規定による催告に対する給付義務者の陳述は、書面でしなければならない。この場合において、給付義務者は、当該書面に押印することを要しない。

（管理人の選任の通知等）
第65条　管理人が選任されたときは、裁判所書記官は、差押債権者、債務者及び給付義務者に対し、管理人の氏名又は名称を通知しなければならない。
2　裁判所書記官は、管理人に対し、その選任を証する文書を交付しなければならない。
3　管理人が解任されたときは、裁判所書記官は、差押債権者、債務者及び給付義務者に対し、その旨を通知しなければならない。

（管理人の辞任）
第66条　管理人は、正当な理由があるときは、執行裁判所の許可を得て辞任することができる。
2　前条第3項の規定は、管理人が辞任した場合について準用する。

（強制管理の申立ての取下げ等の通知）
第67条　強制管理の申立てが取り下げられたとき、又は強制管理の手続を取り消す決定が効力を生じたときは、裁判所書記官は、管理人及び給付義務者に対し、その旨を通知しなければならない。
2　法第39条第1項第7号又は第8号に掲げる文書が提出されたときは、裁判所書記官は、管理人に対し、その旨を通知しなければならない。

（収取した収益等の報告義務）
第68条　管理人は、法第107条第1項の期間の満了後、速やかに、期間内に収取した収益又はその換価代金、法第98条第1項の規定に基づく決定により分与した金銭又は収益並びに法第106条第1項に規定する公課及び費用の明細を執行裁判所に報告しなければならない。

（配当協議の日又は弁済金の交付の日の指定）

第69条　管理人は、法第107条第１項の期間の満了後２週間以内の日を配当協議の日又は弁済金の交付の日と定め、各債権者及び債務者に対し、その日時及び場所を通知しなければならない。

（配当計算書）

第70条　管理人は、配当協議の日までに配当計算書を作成しなければならない。

2　配当計算書には、配当に充てるべき金銭の額のほか、各債権者について、その債権の元本及び利息その他の附帯の債権の額、執行費用の額並びに配当の順位及び額を記載しなければならない。

3　債権者間に配当計算書による配当と異なる配当の協議が調つたときは、管理人は、その協議に従い配当計算書を改めなければならない。

（事情届の方式）

第71条　法第104条第１項又は法第108条の規定による届出は、次に掲げる事項を記載した書面でしなければならない。

一　事件の表示

二　差押債権者及び債務者の氏名又は名称

三　供託の事由及び供託した金額

2　前項の書面には、供託書正本及び配当計算書が作成されている場合にあつては、配当計算書を添付しなければならない。

第72条　法第107条第５項の規定による届出は、次に掲げる事項を記載した書面でしなければならない。

一　前条第１項第１号及び第２号に掲げる事項

二　配当に充てるべき金銭の額

三　配当協議が調わない旨及びその事情の要旨

2　前項の書面には、配当計算書を添付しなければならない。

3　管理人は、第１項の届出をするときは、配当に充てるべき金銭を執行裁判所に提出しなければならない。

（強制競売の規定の準用）

第73条　第23条（第３号及び第４号を除く。）、第23条の２（第４号を除く。）、第25条から第27条まで及び第62条の規定は強制管理について、第59条から第61条までの規定は強制管理につき執行裁判所が実施する配当等の手続について準用する。この場合において、第25条第１項中「法第47条第１項」とあるのは「法第93条の２」と、「差押債権者」とあるのは「差押債権者及び管理人」と、同条第３項中「法第47条第６項」とあるのは「法第111条において準用する法第47条第６項本文」と、「債務者」とあるのは「債務者及び管理人」と、第27条中「及び債務者」とあるのは「、債務者及び管理人」と読み替えるものとする。

第２款　船舶に対する強制執行

（申立書の記載事項及び添付書類）

第74条　船舶執行の申立書には、第21条各号に掲げる事項のほか、船舶の所在する場所並びに船長の氏名及び現在する場所を記載し、執行力のある債務名義の正本のほか、次に掲げる書類を添付しなければならない。

一　登記がされた日本船舶については、登記事項証明書

二　登記がされていない日本船舶については、船舶登記令（平成17年政令第11号）第13条第１項第４号イからホまでに掲げる情報を記載した書面、同令別表１の７の項添付情報欄ロ及びハに掲げる情報を記載した書面及びその船舶が債務者の所有に属することを証する文書

三　日本船舶以外の船舶については、その船舶が法第112条に規定する船舶であることを証する文書及びその船舶が債務者の所有に属することを証する文書

（船舶国籍証書等の取上げ等の通知）

第75条　執行官は、船舶国籍証書等（法第114条第１項に規定する船舶国籍証書等をいう。以下同じ。）を取り上げ、又はその引渡しを受けたときは、直ちに、債務者、船長及び船籍港を管轄する地方運輸局、運輸監理部又は地方運輸局若しくは運輸監理部の運輸支局の長に対し、その旨を通知しなければならない。

（船舶国籍証書等の取上げができない場合の事情届）

第76条　執行官は、船舶国籍証書等を取り上げる職務の執行をした場合において、その目的を達することができなかつたときは、その事情を執行裁判所に届け出なければならない。

（法第115条第1項の地の指定）

第77条　法第115条第１項の最高裁判所の指定する地は、室蘭市、仙台市、東京都千代田区、横浜市、新潟市、名古屋市、大阪市、神戸市、広島市、高松市、北九州市及び那覇市とする。

（法第117条第5項において準用する法第15条第1項の最高裁判所規則で定める保証提供の方法）

第78条　法第117条第１項の保証は、債務者が、執行裁判所の許可を得て、銀行等、船主相互保険組合又は漁船保険組合との間において、これらの者が債務者のために一定の額の金銭を執行裁判所の催告により納付する旨の期限の定めのない支払保証委託契約を締結したことを証する文書を執行裁判所に提出する方法によつて提供することができる。

2　第58条の規定は、前項の文書に係る法第117条第５項において準用する法第78条第３項の規定による換価について準用する。

（現況調査報告書）

第79条　執行官は、船舶の現況調査をしたときは、次に掲げる事項を記載した現況調査報告書を所定の日までに執行裁判所に提出しなければならない。

一　第29条第１項第１号、第３号及び第７号に掲げる事項

二　船舶の表示

三　船舶の所在する場所

四　占有者の表示及び占有の状況

五　当該船舶について、債務者の占有を解いて執行

官に保管させる仮処分が執行されているときは、その旨及び執行官が保管を開始した年月日

2　現況調査報告書には、船舶の写真を添付しなければならない。

（航行許可決定の告知）

第80条　法第118条第1項の規定による決定は、差押債権者以外の債権者並びに最高価買受申出人又は買受人及び次順位買受申出人にも告知しなければならない。

（船舶国籍証書等の再取上命令）

第81条　法第118条第1項の規定による許可に係る船舶の航行が終了した場合において、執行裁判所に船舶国籍証書等が返還されないときは、執行裁判所は、差押債権者、最高価買受申出人若しくは買受人又は次順位買受申出人の申立てにより、執行官に対し、債務者から船舶国籍証書等を取り上げて執行裁判所に提出すべき旨を命ずることができる。

（公告事項の掲示の嘱託）

第82条　執行裁判所が船籍の所在地を管轄する地方裁判所と異なるときは、執行裁判所の裁判所書記官は、その地方裁判所の裁判所書記官に対し、公告事項を記載した書面を当該地方裁判所の掲示場その他裁判所内の公衆の見やすい場所に掲示するよう入札期日、入札期間の開始の日又は競り売り期日の2週間前までに嘱託しなければならない。

（不動産執行の規定の準用等）

第83条　前款第1目（第23条から第24条まで、第29条、第30条第1項第4号及び第5号並びに第2項、第31条の2（第38条第7項（第49条において準用する場合を含む。）、第50条第4項、第51条第9項及び第51条の4第4項において準用する場合を含む。）、第36条第1項第7号及び第2項（第49条及び第50条第4項において準用する場合を含む。）、第51条の2、第51条の3並びに第51条の7を除く。）の規定は船舶執行について、第57条の規定は法第117条第5項において準用する法第78条第3項の規定による有価証券の換価について、第65条第2項及び第3項並びに第66条の規定は船舶執行の保管人について準用する。

2　前項において準用する第36条第1項の規定による公告には、船舶の所在する場所をも掲げなければならない。

3　第1項において準用する第34条に規定する入札における入札人及び同項において準用する第50条第1項に規定する競り売りにおいて買受けの申出をしようとする者は、住民票の写しその他のその住所を証するに足りる文書を執行官に提出するものとする。

第3款　航空機に対する強制執行

（航空機執行についての船舶執行の規定の準用）

第84条　航空法（昭和27年法律第231号）第5条に規定する新規登録がされた飛行機及び回転翼航空機（以下「航空機」という。）に対する強制執行については、法第2章第2節第2款（法第121条において準用する法第57条及び法第62条を除く。）及び前款（第77条、第79条並びに第83条において準用する第28条、第30条の2、第30条の4及び第31条を除く。）の規定を準用する。この場合において、法第114条第1項中「船舶の国籍を証する文書」とあるのは「航空機登録証明書」と、法第115条第1項及び第82条中「船籍の所在地」とあるのは「定置場の所在地」と、法第121条において準用する法第49条第1項中「物件明細書の作成までの手続」とあるのは「評価書の提出」と、第74条中「並びに船長の氏名及び現在する場所を記載し」とあるのは「を記載し」と、第75条中「、船長及び船籍港を管轄する地方運輸局、運輸監理部又は地方運輸局若しくは運輸監理部の運輸支局の長」とあるのは「及び国土交通大臣」と、第83条第1項において準用する第36条第1項第8号中「物件明細書、現況調査報告書及び評価書」とあるのは「評価書」と読み替えるものとする。

（評価書の内容の公開等）

第85条　裁判所書記官は、航空機を入札又は競り売りの方法により売却するときは、一般の閲覧に供するための評価書の写しの執行裁判所における備置き又は当該評価書の内容に係る情報についての第31条第1項の措置に準ずる措置を、売却の実施の日の1週間前までに開始しなければならない。

2　第31条第4項の規定は、前項の規定により評価書の内容が公開された場合について準用する。

第4款　自動車に対する強制執行

（自動車執行の方法）

第86条　道路運送車両法（昭和26年法律第185号）第13条第1項に規定する登録自動車（自動車抵当法（昭和26年法律第187号）第2条ただし書に規定する大型特殊自動車を除く。以下「自動車」という。）に対する強制執行（以下「自動車執行」という。）は、強制競売の方法により行う。

（執行裁判所）

第87条　自動車執行については、その自動車の自動車登録ファイルに登録された使用の本拠の位置（以下「自動車の本拠」という。）を管轄する地方裁判所が、執行裁判所として管轄する。

2　前項の裁判所の管轄は、専属とする。

（申立書の記載事項及び添付書類）

第88条　自動車執行の申立書には、第21条各号に掲げる事項のほか、自動車の本拠を記載し、執行力のある債務名義の正本のほか、自動車登録ファイルに記録されている事項を証明した文書を添付しなければならない。

（開始決定等）

第89条　執行裁判所は、強制競売の手続を開始するには、強制競売の開始決定をし、その開始決定において、債権者のために自動車を差し押さえる旨を宣言し、かつ、債務者に対し、自動車を執行官に引き渡すべき旨を命じなければならない。ただし、当該自動車について次条第1項の規定による届出がされているときは、債務者に対する命令は、要しない。

2　強制競売の開始決定の送達又は差押えの登録前に

執行官が自動車の引渡しを受けたときは、差押えの効力は、その引渡しを受けた時に生ずる。
3　第1項の開始決定に対しては、執行抗告をすることができる。
4　第1項の開始決定による引渡しの執行は、当該開始決定が債務者に送達される前であつても、することができる。

（自動車の引渡しを受けた場合等の届出）
第90条　執行官は、強制競売の開始決定により自動車の引渡しを受けたとき、第97条において準用する法第115条第1項の規定による決定により引渡しを受けた自動車について強制競売の開始決定がされたとき、又は第97条において準用する法第127条第1項の規定による決定を執行したときは、その旨並びに自動車の保管場所及び保管の方法を執行裁判所に届け出なければならない。
2　執行官は、前項の規定による届出をした後に自動車の保管場所又は保管の方法を変更したときは、変更後のこれらの事項を執行裁判所に届け出なければならない。

（自動車の保管の方法）
第91条　執行官は、相当と認めるときは、引渡しを受けた自動車を差押債権者、債務者その他適当と認められる者に保管させることができる。この場合においては、公示書のちよう付その他の方法で当該自動車が執行官の占有に係る旨を明らかにし、かつ、次項の規定により自動車の運行を許す場合を除き、これを運行させないための適当な措置を採らなければならない。
2　執行官は、営業上の必要その他の相当の事由があると認めるときは、利害関係を有する者の申立てにより、その所属する地方裁判所の許可を受けて、自動車の運行を許すことができる。

（回送命令）
第92条　執行裁判所は、必要があると認めるときは、執行官に対し、自動車を一定の場所に回送すべき旨を命ずることができる。

（回送命令の嘱託等）
第93条　執行裁判所以外の地方裁判所に所属する執行官が自動車を占有しているときは、執行裁判所は、次条第1項の規定により事件を移送する場合を除き、その地方裁判所に対し、当該自動車を執行裁判所の管轄区域内の一定の場所に回送してその所属の執行官に引き渡すよう命ずることを嘱託しなければならない。
2　第90条第1項の規定は、前項に規定する回送により執行官が自動車の引渡しを受けた場合について準用する。

（事件の移送）
第94条　執行裁判所は、他の地方裁判所に所属する執行官が自動車を占有している場合において、執行裁判所の管轄区域内への自動車の回送のために不相応な費用を要すると認めるときは、その地方裁判所に事件を移送することができる。
2　前項の規定による決定に対しては、不服を申し立てることができない。

（執行官に売却を実施させる時期）
第95条　裁判所書記官は、その管轄区域内において執行官が自動車の占有を取得した後でなければ、その売却を実施させることができない。

（入札又は競り売り以外の方法による売却）
第96条　裁判所書記官は、相当と認めるときは、執行官に対し、入札又は競り売り以外の方法により自動車の売却を実施すべき旨を命ずることができる。この場合においては、第51条（第1項前段及び第9項（第31条の2の規定を準用する部分に限る。）を除く。）の規定を準用する。
2　第97条において準用する法第64条又は前項の規定にかかわらず、執行裁判所は、相当と認めるときは、買受けの申出をした差押債権者の申立てにより、その者に対する自動車の売却の許可をすることができる。
3　前項の規定による売却許可決定は、差押債権者以外の債権者にも告知しなければならない。

（買受人に対する自動車の引渡し）
第96条の2　買受人が代金を納付したことを証する書面を提出したときは、執行官は、自動車を買受人に引き渡さなければならない。この場合において、その自動車が執行官以外の者の保管に係るものであるときは、執行官は、買受人の同意を得て、保管者に対し買受人にその自動車を引き渡すべき旨を通知する方法により引き渡すことができる。
2　執行官は、買受人に自動車の引渡しをしたときは、その旨及びその年月日を記録上明らかにしなければならない。

（執行停止中の売却）
第96条の3　法第39条第1項第7号又は第8号に掲げる文書が提出されたときは、裁判所書記官は、執行官に対し、その旨を通知しなければならない。
2　執行官が前項の規定による通知を受けた場合において、引渡しを受けた自動車について著しい価額の減少を生ずるおそれがあるとき、又はその保管のために不相応な費用を要するときは、執行官は、差押債権者、債務者及び抵当権者に対し、その旨を通知しなければならない。
3　前項に規定する場合において、差押債権者又は債務者の申立てがあるときは、執行裁判所は、第97条において準用する法第64条又は第96条の定めるところにより自動車を売却する旨を定めることができる。ただし、その自動車に抵当権が設定されているときは、この限りでない。
4　前項の規定による決定がされたときは、裁判所書記官は、同項の申立てをしない差押債権者及び債務者に対し、その旨を通知しなければならない。
5　第3項の規定による決定に基づいて自動車が売却され、その代金が執行裁判所に納付されたときは、裁判所書記官は、売却代金を供託しなければならない。

（自動車執行の申立てが取り下げられた場合等の措置）

第96条の4　自動車執行の申立てが取り下げられたとき、又は強制競売の手続を取り消す決定が効力を生じたときは、裁判所書記官は、執行官に対し、その旨を通知しなければならない。

2　執行官が前項の規定による通知を受けた場合において、自動車を受け取る権利を有する者が債務者以外の者であるときは、執行官は、その者に対し、自動車執行の申立てが取り下げられ、又は強制競売の手続が取り消された旨を通知しなければならない。

3　執行官は、第1項の規定による通知を受けたときは、自動車を受け取る権利を有する者に対し、自動車の所在する場所においてこれを引き渡さなければならない。ただし、自動車を受け取る権利を有する者がこれを保管しているときは、この限りでない。

4　執行官が前項の規定による引渡しをすることができないときは、執行裁判所は、執行官の申立てにより、自動車執行の手続により自動車を売却する旨を定めることができる。

5　前項の規定による決定がされたときは、裁判所書記官は、債務者及び抵当権者に対し、その旨を通知しなければならない。

6　第4項の規定による決定に基づいて自動車が売却され、その代金が執行裁判所に納付されたときは、執行裁判所は、その売却代金から売却及び保管に要した費用を控除し、残余があるときは、売却代金の交付計算書を作成して、抵当権者に弁済金を交付し、剰余金を債務者に交付しなければならない。

7　法第88条、法第91条及び法第92条第1項並びに第59条から第61条までの規定は、前項の規定により弁済金及び剰余金を交付する場合について準用する。

（不動産の強制競売等の規定の準用）

第97条　法第2章第2節第1款第2目（法第45条第1項、法第46条第2項、法第55条から法第57条まで、法第59条第4項、法第61条、法第62条、法第64条の2、法第65条の2、法第66条（第96条第2項の買受けの申出に係る場合に限る。）、法第68条の2、法第68条の4、法第69条（第96条第2項の規定による売却許可決定に係る場合に限る。）、法第71条第5号、法第77条、法第81条、法第83条、法第83条の2及び法第86条第2項を除く。）、法第115条（第1項後段を除く。）、法第120条及び法第127条並びにこの節第1款第1目（第23条から第24条まで、第27条の2から第29条まで、第30条第1項第4号及び第5号並びに第2項、第30条の2、第30条の4、第31条、第31条の2（第38条第7項及び第50条第4項において準用する場合を含む。）、第33条、第34条中期間入札に係る部分、第36条第1項第5号から第7号まで及び第2項（第50条第4項において準用する場合を含む。）、第46条から第49条まで、第51条から第51条の4まで、第51条の7、第54条（第96条第2項の規定による売却許可決定に係る場合に限る。）、第55条（第96条第2項の規定による売却許可決定に係る場合に限る。）、第55条の2並びに第58条の3を除く。）、第85条及び第109条の規定は、自動車執行について準用する。この場合において、法第49条第1項中「物件明細書の作成までの手続」とあるのは「評価書の提出」と、法第78条第4項中「売却許可決定が確定するまで」とあるのは「売却許可決定が確定するまで、又は民事執行規則第96条第2項の買受けの申出の際」と、法第115条第1項及び第4項中「船舶国籍証書等」とあり、及び「船舶の船籍」とあるのは「自動車」と、同項中「5日以内」とあるのは「10日以内」と、法第120条中「2週間以内に船舶国籍証書等」とあるのは「1月以内に自動車」と、法第127条第1項及び第2項中「差押物」とあるのは「差押えの効力が生じた時に債務者が占有していた自動車」と、第36条第1項第8号中「物件明細書、現況調査報告書及び評価書」とあるのは「評価書」と、第109条中「差押物が差押えをした」とあるのは「執行官が占有を取得した自動車が」と読み替えるものとする。

2　前項において準用する第34条（期間入札に係る部分を除く。）に規定する入札における入札人及び同項において準用する第50条第1項に規定する競り売りにおいて買受けの申出をしようとする者は、住民票の写しその他のその住所を証するに足りる文書を執行官に提出するものとする。

第5款　建設機械及び小型船舶に対する強制執行

（建設機械に対する強制執行）

第98条　建設機械抵当法（昭和29年法律第97号）第3条第1項の登記がされた建設機械（以下「建設機械」という。）に対する強制執行については、前款の規定を準用する。この場合において、第87条第1項中「自動車の自動車登録ファイルに登録された使用の本拠の位置（以下「自動車の本拠」という。）」とあり、及び第88条中「自動車の本拠」とあるのは、「建設機械の登記の地」と読み替えるものとする。

（小型船舶に対する強制執行）

第98条の2　小型船舶の登録等に関する法律（平成13年法律第102号）第9条第1項に規定する登録小型船舶（以下「小型船舶」という。）に対する強制執行については、前款の規定を準用する。この場合において、第87条第1項中「自動車の自動車登録ファイルに登録された使用の本拠の位置（以下「自動車の本拠」という。）」とあり、及び第88条中「自動車の本拠」とあるのは、「小型船舶の小型船舶登録原簿に登録された船籍港」と読み替えるものとする。

第6款　動産に対する強制執行

（申立書の記載事項）

第99条　動産執行の申立書には、第21条各号に掲げる事項のほか、差し押さえるべき動産が所在する場所を記載しなければならない。

（差し押さえるべき動産の選択）

第100条　執行官は、差し押さえるべき動産の選択に当たつては、債権者の利益を害しない限り、債務者の利益を考慮しなければならない。

（職務執行区域外における差押え）

第101条　執行官は、同時に差し押さえようとする数個の動産の所在する場所が所属の地方裁判所の管轄区域の内外にまたがつているときは、管轄区域外にある動産についても、差押えをすることができる。

（差押調書の記載事項）

第102条　動産の差押えをしたときに作成すべき差押調書には、第13条第1項各号に掲げる事項のほか、債務者から自己の所有に属しない旨の申出があつた差押物については、その旨を記載しなければならない。

2　差押調書に係る第13条第1項第2号の民事執行の目的物の記載については、種類、材質その他の差押物を特定するに足りる事項のほか、差押物の数量及び評価額（土地から分離する前の天然果実にあつては、その果実の収穫時期、予想収穫量及び収穫時の評価額）を明らかにしなければならない。

（差押えの通知等）

第103条　執行官は、差押えをしたときは、債務者に対し、その旨を通知しなければならない。

2　執行官は、未完成の手形等（法第136条に規定する手形等をいう。以下同じ。）を差し押さえたときは、債務者に対し、期限を定めて、当該手形等に記載すべき事項を補充するよう催告しなければならない。

3　債務者が前項の事項を補充したときは、執行官は、その旨及び補充の内容を記録上明らかにしなければならない。

（差押物の保管の方法等）

第104条　執行官は、法第124条において準用する法第123条第3項前段の場合のほか、相当と認めるときは、差押債権者又は第三者に差押物を保管させることができる。

2　執行官は、差押物を債務者、差押債権者又は第三者に保管させるときは、差押物件封印票による封印若しくは差押物件標目票のちよう付又はこれらの方法によることが困難な場合にあつては、その他の方法によりその物が差押物である旨、差押えの年月日並びに執行官の職及び氏名を表示しておかなければならない。

3　執行官は、差押物を債務者、差押債権者又は第三者に保管させるときは、これらの者に対し、差押物の処分、差押えの表示の損壊その他の行為に対する法律上の制裁を告げなければならない。

4　執行官は、差押物を保管させた者にその使用を許可したときは、その旨を第2項の規定による表示に明らかにしなければならない。

5　執行官は、特に必要があると認めるときは、所属の地方裁判所の管轄区域外で差押物を保管させることができる。

（差押物の保管に関する調書等）

第105条　執行官は、債務者、差押債権者又は第三者に差押物を保管させたときは、保管者の氏名又は名称及び住所、保管させた年月日、場所及び差押物、差押えの表示の方法並びに保管に関する定めを記載した調書を作成し、保管者に署名押印させなければならない。

2　執行官は、保管者から差押物の返還を受けたときは、その旨を記録上明らかにしなければならない。

3　前項に規定する場合において、差押物に不足又は損傷があるときは、執行官は、保管者でない差押債権者及び債務者に対しその旨を通知するとともに、不足する差押物又は差押物の損傷の程度及びこれらの差押物について執行官が採つた措置を記載した調書を作成しなければならない。

（事件併合の通知）

第106条　執行官は、事件を併合したときは、差押債権者、仮差押債権者及び債務者に対し、その旨を通知しなければならない。

（事件併合のための移送）

第107条　法第125条第2項前段の規定により2個の動産執行事件を併合すべき場合において、先に差押えをした執行官と後に動産執行の申立てを受けた執行官とがその所属する地方裁判所を異にするときは、後に動産執行の申立てを受けた執行官は、差押調書又は差し押さえるべき動産がないことを記載した調書を作成した後、先に差押えをした執行官に事件を移送しなければならない。

2　法第125条第2項後段の規定により仮差押執行事件と動産執行事件とを併合すべき場合において、仮差押えの執行をした執行官と動産執行の申立てを受けた執行官とがその所属する地方裁判所を異にするときは、動産執行の申立てを受けた執行官は、仮差押えの執行をした執行官に対し、事件を移送すべき旨を求めなければならない。

3　前項の規定により事件の移送を求められた執行官は、遅滞なく、移送を求めた執行官に当該事件を移送しなければならない。

（差押物の点検）

第108条　執行官は、債務者、差押債権者又は第三者に差押物を保管させた場合において、差押債権者又は債務者の申出があるときその他必要があると認めるときは、差押物の保管の状況を点検することができる。

2　執行官は、差押物の点検をしたときは、差押物の不足又は損傷の有無及び程度並びに不足又は損傷に係る差押物について執行官が採つた措置を記載した点検調書を作成し、かつ、差押物に不足又は損傷があるときは、保管者でない差押債権者及び債務者に対し、その旨を通知しなければならない。

（職務執行区域外における差押物の取戻し）

第109条　差押物が差押えをした執行官の所属する地方裁判所の管轄区域外に所在することとなつた場合において、これを取り戻すため必要があるときは、執行官は、所属の地方裁判所の管轄区域外で職務を行うことができる。

（差押物の引渡命令を執行した場合の措置等）

第110条　法第127条第1項の規定による引渡命令の執行をした執行官は、当該差押物の差押えをした執行官が他の地方裁判所に所属するときは、その執行官に対し、引渡命令の執行をした旨を通知しなければならない。

2　前項の規定による通知を受けた執行官は、差押物を引き取らなければならない。ただし、差押物の引取りのために不相応な費用を要すると認めるときは、引渡命令の執行をした執行官に動産執行事件を移送することができる。

（差押物の評価）

第111条　執行官は、高価な動産を差し押さえたときは、評価人を選任し、その動産の評価をさせなければならない。

2　執行官は、必要があると認めるときは、評価人を選任し、差押物の評価をさせることができる。

3　評価人は、差押物の評価をしたときは、評価書を所定の日までに執行官に提出しなければならない。

（未分離果実の売却）

第112条　土地から分離する前に差し押さえた天然果実は、収穫時期が到来した後でなければ、売却してはならない。

（一括売却）

第113条　執行官は、売却すべき数個の動産の種類、数量等を考慮してこれらの動産を一括して同一の買受人に買い受けさせることが相当であると認めるときは、これらの動産を一括して売却することができる。

（競り売り期日の指定等）

第114条　執行官は、競り売りの方法により動産を売却するときは、競り売り期日を開く日時及び場所を定めなければならない。この場合において、競り売り期日は、やむを得ない事由がある場合を除き、差押えの日から1週間以上1月以内の日としなければならない。

2　執行官は、執行裁判所の許可を受けたときは、所属の地方裁判所の管轄区域外の場所で競り売り期日を開くことができる。

（競り売りの公告等）

第115条　執行官は、競り売り期日を定めたときは、次に掲げる事項を公告し、各債権者及び債務者に対し、第3号に掲げる事項を通知しなければならない。

一　事件の表示

二　売却すべき動産の表示

三　競り売り期日を開く日時及び場所

四　第132条において準用する第33条の規定により買受けの申出をすることができる者の資格を制限したときは、その制限の内容

五　売却すべき動産を競り売り期日前に一般の見分に供するときは、その日時及び場所

六　代金支払の日を定めたときは、買受けの申出の保証の額及び提供の方法並びに代金支払の日

七　売却すべき動産が貴金属又はその加工品であるときは、その貴金属の地金としての価額

（競り売り期日の手続）

第116条　競り売り期日においては、執行官は、買受けの申出の額のうち、最高のものを3回呼び上げた後、その申出をした者の氏名又は名称、買受けの申出の額及びその者に買受けを許す旨を告げなければならない。ただし、買受けの申出の額が不相当と認められるときは、この限りでない。

2　第118条第2項の規定により代金支払の日を定めて数個の動産を売却する場合において、あるものの代金で各債権者の債権及び執行費用の全部を弁済することができる見込みがあるときは、執行官は、他の動産の競り売りを留保しなければならない。

3　第38条第3項から第5項まで、第43条中身分に関する証明に係る部分並びに第50条第1項及び第2項の規定は動産の競り売りについて、第43条中援助の求めに係る部分の規定は執行官がその所属する地方裁判所内において競り売りを実施する場合について準用する。

（競り売りの方法により売却すべき動産の見分）

第117条　執行官は、競り売り期日又はその期日前に、売却すべき動産を一般の見分に供しなければならない。

2　売却すべき動産を競り売り期日前に一般の見分に供する場合において、その動産が債務者の占有する建物内にあるときは、執行官は、見分に立ち会わなければならない。前段に規定する場合以外の場合において、当該動産の保管者から立会いの申出があつたときも、同様とする。

3　執行官は、売却すべき動産を競り売り期日前に一般の見分に供したとき、及び前項の規定により見分に立ち会つたときは、その旨を記録上明らかにしなければならない。

（競り売りにおける代金の支払等）

第118条　競り売り期日において買受けが許されたときは、買受人は、次項の規定により定められた代金支払の日に代金を支払う場合を除き、直ちに代金を支払わなければならない。

2　執行官は、差押物の売却価額が高額になると見込まれるときは、競り売り期日から1週間以内の日を代金支払の日と定めることができる。

3　前項の規定により代金支払の日が定められた場合においては、買受けの申出をしようとする者は、執行官に対し、差押物の評価額の10分の2に相当する額の保証を提供しなければならない。

4　前項の規定により買受人が買受けの申出の保証として提供した金銭は、代金に充てる。

5　執行官は、代金支払の日を定めて競り売りを実施したときは、代金支払の日、買受人の保証の提供の方法及び代金の支払の有無を記録上明らかにしなければならない。

6　買受人は、代金支払の日に代金を支払わなかつたときは、買受けの申出の保証のうち次項の規定により売得金とされた額に相当する部分の返還を請求することができない。

7　買受人が代金支払の日に代金を支払わなかつたため更に動産を売却した場合において、後の売却価額が前の売却価額に満たないときは、前の買受人が提

供した買受けの申出の保証は、その差額を限度として売得金とする。

8　買受けの申出の保証が次項において準用する第40条第１項第４号の文書を提出する方法により提供されている場合において、買受人が代金を支払わなかつたときは、執行官は、銀行等に対し、執行官の定める額の金銭を支払うべき旨を催告しなければならない。

9　第40条の規定は、第３項の買受けの申出の保証について準用する。

（競り売り調書）

第119条　競り売りを実施したときに作成すべき競り売り調書に係る第13条第１項第４号の実施した民事執行の内容の記載については、次に掲げる事項を明らかにしなければならない。

一　買受人の氏名又は名称及び住所、買受けの申出の額並びに代金の支払の有無

二　適法な買受けの申出がなかつたときは、その旨

2　執行官は、第13条第２項に規定する者のほか、買受人又はその代表者若しくは代理人に競り売り調書に署名押印させなければならない。この場合においては、同項後段の規定を準用する。

（入札）

第120条　動産を売却するための入札は、入札期日に入札をさせた後開札を行う方法による。

2　開札が終わつたときは、執行官は、最高の価額で買受けの申出をした入札人の氏名又は名称、入札価額及びその者に買受けを許す旨を告げなければならない。

3　第38条（第７項を除く。）、第41条第１項及び第２項、第42条第１項及び第２項、第43条中身分に関する証明に係る部分、第114条、第115条、第116条第１項ただし書及び第２項並びに前３条の規定は動産の入札について、第43条中援助の求めに係る部分の規定は執行官がその所属する地方裁判所内において入札を実施する場合について準用する。

（競り売り又は入札以外の方法による売却）

第121条　執行官は、動産の種類、数量等を考慮して相当と認めるときは、執行裁判所の許可を受けて、競り売り又は入札以外の方法により差押物の売却を実施することができる。

2　執行官は、前項の許可を受けようとするときは、あらかじめ、差押債権者の意見を聴かなければならない。

3　第１項の許可の申出においては、売却の実施の方法を明らかにしなければならない。

4　執行官は、第１項の許可を受けたときは、各債権者及び債務者に対し、その旨を通知しなければならない。

5　第119条の規定は、第１項の規定により差押物の売却を実施したときに作成すべき調書について準用する。

第122条　執行官は、動産の種類、数量等を考慮して相当と認めるときは、執行裁判所の許可を受けて、執行官以外の者に差押物の売却を実施させることができる。

2　前項の許可の申出においては、売却を実施する者及び売却の実施の方法を明らかにしなければならない。

3　執行官は、売却を実施した者から売得金の交付を受けたときは、売却を実施した者の表示並びに売得金の額及び交付を受けた年月日を記録上明らかにしなければならない。

4　前条第２項及び第４項の規定は、第１項の許可について準用する。

（相場のある有価証券の売却価額等）

第123条　取引所の相場のある有価証券は、その日の相場以上の価額で売却しなければならない。

2　前２条中執行裁判所の許可に係る部分は、前項の有価証券については、適用しない。

（貴金属の売却価額）

第124条　貴金属又はその加工品は、地金としての価額以上の価額で売却しなければならない。

（代金を支払わなかつた買受人の買受けの申出の禁止）

第125条　買受人が代金を支払わなかつたため更に動産を売却するときは、前の買受人は、買受けの申出をすることができない。

（買受人に対する動産の引渡し）

第126条　買受人が代金を支払つたときは、執行官は、売却した動産を買受人に引き渡さなければならない。この場合において、その動産が執行官以外の者の保管に係るものであるときは、執行官は、買受人の同意を得て、買受人に対し売却の事実を証する文書を交付し、かつ、保管者に対し買受人にその動産を引き渡すべき旨を通知する方法により引き渡すことができる。

2　執行官は、売却した動産の引渡しをしたときは、その旨及びその年月日を記録上明らかにしなければならない。

（差押えの取消しの方法等）

第127条　動産の差押えの取消しは、執行官が、債務者その他のその動産を受け取る権利を有する者に対し、差押えを取り消す旨を通知し、その動産の所在する場所においてこれを引き渡して行う。ただし、動産を受け取る権利を有する者がその動産を保管しているときは、その者に対し、差押えを取り消す旨を通知すれば足りる。

2　執行官は、動産の差押えを取り消した場合において、取消しに係る動産を受け取る権利を有する者が債務者以外の者であるときは、債務者に対し、当該動産に係る差押えを取り消した旨を通知しなければならない。

3　差押えの取消しに係る動産を引き渡すことができないときは、執行官は、執行裁判所の許可を受けて、動産執行の手続によりこれを売却することができる。

4　法第168条第８項の規定は、前項の規定により動産を売却した場合について準用する。

（配当協議の日の指定）
第128条　執行官は、売得金の交付を受けた場合、金銭を差し押さえた場合又は手形等について支払を受けた場合においては、法第139条第1項に規定する場合を除き、2週間以内の日を配当協議の日と定め、各債権者に対し、その日時及び場所を通知しなければならない。

（執行力のある債務名義の正本の交付）
第129条　差押債権者の債権の全額について、弁済され、又は配当等がされたときは、債務者は、執行官に対し、執行力のある債務名義の正本の交付を求めることができる。
2　前項に規定する場合を除き、事件が終了したときは、差押債権者は、執行官に対し、執行力のある債務名義の正本の交付を求めることができる。
3　前項の規定により執行力のある債務名義の正本の交付を求める差押債権者が債権の一部について弁済を受け、又は配当等を受けた者であるときは、執行官は、当該債務名義の正本に弁済を受け、又は配当等を受けた額を記載して、これを交付しなければならない。
4　前3項の規定は、法第139条第3項又は法第141条第1項の規定による届出がされた後は、適用しない。

（事情届の方式）
第130条　法第139条第3項の規定による届出は、次に掲げる事項を記載した書面でしなければならない。
一　事件の表示
二　差押債権者及び債務者の氏名又は名称
三　配当に充てるべき金銭の額
四　執行費用の額
五　配当協議が調わない旨及びその事情の要旨
2　前項の書面には、事件の記録を添付しなければならない。

第131条　法第141条第1項の規定による届出は、次に掲げる事項を記載した書面でしなければならない。
一　前条第1項第1号及び第2号に掲げる事項
二　供託の事由及び供託した金額
2　前項の書面には、供託書正本及び事件の記録を添付しなければならない。

（不動産執行の規定の準用）
第132条　第26条、第27条、第33条及び第70条の規定は動産執行について、第59条から第62条までの規定は動産執行につき執行裁判所が実施する配当等の手続について準用する。この場合において、第59条第1項中「不動産の代金が納付された」とあり、及び同条第2項中「代金が納付された」とあるのは、「配当等を実施すべきこととなつた」と読み替えるものとする。

第7款　債権及びその他の財産権に対する強制執行

第1目　債権執行等

（差押命令の申立書の記載事項）
第133条　債権執行についての差押命令の申立書には、第21条各号に掲げる事項のほか、第三債務者の氏名又は名称及び住所を記載しなければならない。
2　前項の申立書に強制執行の目的とする財産を表示するときは、差し押さえるべき債権の種類及び額その他の債権を特定するに足りる事項並びに債権の一部を差し押さえる場合にあつては、その範囲を明らかにしなければならない。

（債務者に対する教示の方式等）
第133条の2　法第145条第4項の規定による教示は、書面でしなければならない。
2　法第145条第4項の最高裁判所規則で定める事項は、法第153条第1項又は第2項の規定による差押命令の取消しの申立てに係る手続の内容とする。

（差押命令の送達の通知）
第134条　差押命令が債務者及び第三債務者に送達されたときは、裁判所書記官は、差押債権者に対し、その旨及び送達の年月日を通知しなければならない。

（第三債務者に対し陳述を催告すべき事項等）
第135条　法第147条第1項の規定により第三債務者に対し陳述を催告すべき事項は、次に掲げる事項とする。
一　差押えに係る債権の存否並びにその債権が存在するときは、その種類及び額（金銭債権以外の債権にあつては、その内容）
二　弁済の意思の有無及び弁済する範囲又は弁済しない理由
三　当該債権について差押債権者に優先する権利を有する者があるときは、その者の氏名又は名称及び住所並びにその権利の種類及び優先する範囲
四　当該債権に対する他の債権者の差押え又は仮差押えの執行の有無並びにこれらの執行がされているときは、当該差押命令、差押処分又は仮差押命令の事件の表示、債権者の氏名又は名称及び住所並びに送達の年月日並びにこれらの執行がされた範囲
五　当該債権に対する滞納処分による差押えの有無並びに差押えがされているときは、当該差押えをした徴収職員等の属する庁その他の事務所の名称及び所在、債権差押通知書の送達の年月日並びに差押えがされた範囲
2　法第147条第1項の規定による催告に対する第三債務者の陳述は、書面でしなければならない。この場合において、第三債務者は、当該書面に押印することを要しない。

（申立ての取下げ等の通知）
第136条　債権執行の申立てが取り下げられたときは、裁判所書記官は、差押命令の送達を受けた第三債務者に対しても、その旨を通知しなければならない。
2　差押命令が第三債務者に送達された場合において、法第39条第1項第7号又は第8号に掲げる文書が提出されたときは、裁判所書記官は、差押債権者及び第三債務者に対し、これらの文書が提出された

旨及びその要旨並びにこれらの文書の提出による執行停止が効力を失うまで、差押債権者は差し押さえた債権について取立て又は引渡しの請求をしてはならず、第三債務者は差し押さえられた債権について支払又は引渡しをしてはならない旨を通知しなければならない。

3　債権執行の手続を取り消す旨の決定がされたときは、裁判所書記官は、差押命令の送達を受けた第三債務者に対し、その旨を通知しなければならない。

（差押債権者の取立届の方式）

第137条　法第155条第４項の規定による届出は、次に掲げる事項を記載した書面でしなければならない。

一　事件の表示

二　債務者及び第三債務者の氏名又は名称

三　第三債務者から支払を受けた額及び年月日

（支払を受けていない旨の届出の方式）

第137条の２　法第155条第５項の規定による届出は、次に掲げる事項を記載した書面でしなければならない。

一　事件の表示

二　債務者及び第三債務者の氏名又は名称

三　第三債務者から支払を受けていない旨

2　前項の書面には、第三債務者から支払を受けていない理由を記載するものとする。

（差押命令の取消しの予告）

第137条の３　執行裁判所が法第155条第６項の規定により差押命令を取り消すに当たつては、裁判所書記官は、あらかじめ、差押債権者に対し、同条第４項又は第５項の規定による届出をしないときは差押命令が取り消されることとなる旨を通知するものとする。

（第三債務者の事情届の方式等）

第138条　法第156条第４項の規定による届出は、次に掲げる事項を記載した書面でしなければならない。この場合において、第三債務者は、当該書面に押印することを要しない。

一　事件の表示

二　差押債権者及び債務者の氏名又は名称

三　供託の事由及び供託した金額

2　前項の書面には、供託書正本を添付しなければならない。

3　差し押さえられた債権について更に差押命令、差押処分又は仮差押命令の送達を受けた場合においては、第１項の届出は、先に送達された差押命令を発した裁判所（差押処分が先に送達された場合にあつては、当該差押処分をした裁判所書記官）に対してしなければならない。

（債権の評価）

第139条　執行裁判所は、法第161条第１項に規定する命令を発する場合において、必要があると認めるときは、評価人を選任し、債権の評価を命ずることができる。

2　評価人は、債権の評価をしたときは、評価書を所定の日までに執行裁判所に提出しなければならない。

（譲渡命令に係る金銭の納付及び交付）

第140条　譲渡命令において定めるべき価額が差押債権者の債権及び執行費用の額を超えるときは、執行裁判所は、譲渡命令を発する前に、差押債権者にその超える額に相当する金銭を納付させなければならない。

2　譲渡命令が効力を生じたときは、執行裁判所は、前項の規定により納付された金銭を債務者に交付しなければならない。

（売却命令に基づく売却）

第141条　執行裁判所は、差し押さえた債権の売得金の額が手続費用及び差押債権者の債権に優先する債権の額の合計額以上となる見込みがないと認めるときは、売却命令を発してはならない。

2　執行官は、手続費用及び差押債権者の債権に優先する債権の額の合計額以上の価額でなければ、債権を売却してはならない。

3　執行官は、代金の支払を受けた後でなければ、買受人に債権証書を引き渡し、及び法第161条第６項の通知をしてはならない。

4　執行官は、売却の手続を終了したときは、速やかに、売得金及び売却に係る調書を執行裁判所に提出しなければならない。

（航空機の引渡請求権に対する差押命令後の執行）

第142条　航空機の引渡しを目的とする債権に対する強制執行については、法第162条の規定を準用する。

（受領調書）

第142条の２　執行官は、法第163条第１項の規定により動産の引渡しを受けたときは、速やかに、次に掲げる事項を記載した受領調書を作成し、執行裁判所に提出しなければならない。

一　債権執行の申立てに係る事件の表示

二　差押債権者、債務者及び第三債務者の氏名又は名称

三　引渡しを受けた動産

四　引渡しをした者の表示

五　引渡しに立ち会つた者の表示

2　執行官は、前項の動産の引渡しが強制執行の方法により行われた場合を除き、動産の引渡しをした者に、受領調書に署名押印させなければならない。この場合においては、第13条第２項後段の規定を準用する。

3　第102条第２項の規定は、第１項第３号の引渡しを受けた動産の記載について準用する。

（自動車等の引渡請求権に対する差押命令後の執行）

第143条　法第163条第１項の規定により執行官が引渡しを受けた自動車、建設機械又は小型船舶の強制執行は、自動車執行又は建設機械若しくは小型船舶に対する強制執行の方法により行う。

（移転登記等の嘱託の申立てについて提出すべき文書）

第144条　転付命令又は譲渡命令が効力を生じた場合において、法第164条第１項の申立てをするときは、記録上明らかな場合を除き、差し押さえられた債権

に関し、これらの命令が第三債務者に送達された時までに他の差押え及び仮差押えの執行がないことを証する文書を提出しなければならない。

(不動産執行等の規定の準用)

第145条　第26条及び第27条の規定は債権執行について、第63条及び第65条から第72条までの規定は管理命令について、第141条第4項中調書に係る部分の規定は執行官が法第163条第2項の規定により動産を売却した場合について、第59条から第62条までの規定は債権執行につき執行裁判所が実施する配当等の手続について準用する。この場合において、第27条中「及び債務者」とあるのは、管理命令が発せられている場合にあつては、「、債務者及び管理人」と、第59条第1項中「不動産の代金が納付された」とあるのは「配当等を実施すべきこととなつた」と、同条第2項中「代金が納付された日から、同項後段」とあるのは「配当等を実施すべきこととなつた日(差し押さえられた債権が法第152条第1項各号に掲げる債権又は同条第2項に規定する債権である場合(差押債権者(数人あるときは、そのうち少なくとも一人以上)の債権に法第151条の2第1項各号に掲げる義務に係る金銭債権が含まれているときを除く。)には、配当等を実施すべきこととなつた日又は債務者に対して差押命令が送達された日から4週間を経過した日のいずれか遅い日)から、前項後段」と読み替えるものとする。

(電話加入権執行の申立書の記載事項及び添付書類)

第146条　電気通信事業法(昭和59年法律第86号)附則第9条第1項又は第2項に規定する権利(以下「電話加入権」という。)に対する差押命令の申立書に強制執行の目的とする財産を表示するときは、東日本電信電話株式会社又は西日本電信電話株式会社において電話に関する現業事務を取り扱う事務所で当該電話加入権に係る契約に関する事務を取り扱うもの(以下「電話取扱局」という。)、電話番号、電話加入権を有する者の氏名又は名称及び住所並びに電話の設置場所を明らかにしなければならない。

2　前項の申立書には、執行力のある債務名義の正本のほか、東日本電信電話株式会社又は西日本電信電話株式会社の電話加入権に関する帳簿に記載した事項を証明した文書を添付しなければならない。

(東日本電信電話株式会社又は西日本電信電話株式会社に対する照会等)

第147条　裁判所書記官は、電話加入権に対する差押命令を送達するときは、東日本電信電話株式会社又は西日本電信電話株式会社に対し、債務者が、その電話加入権を有する者であるときは次に掲げる事項を、電話加入権を有する者でないときはその旨を、差押命令の送達の日から1週間以内に回答すべき旨を催告しなければならない。

一　電話の種類

二　差押え又は仮差押え若しくは仮処分の執行がされているときは、その命令に係る事件の表示、債権者の氏名又は名称及び住所並びに送達の年月日

三　滞納処分による差押えがされているときは、当該差押えをした徴収職員等の属する庁その他の事務所の名称及び所在並びに差押通知書の送達の年月日

四　質権が設定されているときは、その設定(質権の変更がされた場合にあつては、その変更)の登録を請求する書類の受理の年月日、被担保債権の額(その額が限度額であるときは、その旨及び限度額)、弁済期、利息及び違約金又は賠償額の定め並びに質権者の氏名又は名称及び住所

五　未払電話料金があるときは、その額

2　前項の規定による催告に対する回答その他の資料により債務者が当該電話加入権を有する者でないことが明らかになつたときは、執行裁判所は、強制執行の手続を取り消さなければならない。

(電話加入権の質権者に対する通知等)

第148条　差押えに係る電話加入権に質権が設定されているときは、裁判所書記官は、質権者に対し、差押えがされたことを通知し、かつ、その質権の被担保債権の現存額を届け出るべき旨を催告しなければならない。

(電話加入権の売却についての嘱託)

第149条　電話加入権について法第167条第1項によりその例によることとされる法第161条第1項に規定する命令が効力を生じた場合において、執行裁判所と電話取扱局の所在地を管轄する地方裁判所とが異なるときは、執行裁判所は、その地方裁判所に対し、執行官その他の者に電話加入権を売却させるよう嘱託することができる。

(権利移転について登記等を要するその他の財産権に対する強制執行)

第149条の2　第58条の2、第146条第2項、第147条第2項及び前2条の規定は、その他の財産権(法第167条第1項に規定するその他の財産権をいう。以下同じ。)で権利の移転について登記又は登録を要するものに対する強制執行について準用する。この場合において、第148条中「質権」とあるのは「差押えの登記又は登録の前に登記又は登録がされた担保権で換価により消滅するもの」と、「質権者」とあるのは「当該担保権者」と読み替えるものとする。

第2目　少額訴訟債権執行

(裁判所書記官の執行処分を告知すべき者の範囲等)

第149条の3　少額訴訟債権執行の手続において裁判所書記官が行う執行処分のうち、次に掲げるものは、少額訴訟債権執行の申立人及び相手方に対して告知しなければならない。

一　移送の処分

二　少額訴訟債権執行の手続を取り消す旨の処分

2　少額訴訟債権執行の手続において裁判所書記官が行う執行処分のうち、前項各号に掲げるもの以外のもので申立てに係るものは、その申立人に対して告知しなければならない。

3　裁判所書記官は、少額訴訟債権執行の手続における執行処分の告知をしたときは、その旨及び告知の

方法を事件の記録上明らかにしなければならない。

（差押処分の原本及び送達）

第149条の4　差押処分の原本には、当該差押処分をした裁判所書記官が記名押印しなければならない。

2　差押処分の債務者及び第三債務者に対する送達は、その正本によつてする。

（債権執行の手続への移行の手続）

第149条の5　法第167条の10第1項の申立ては、書面でしなければならない。

2　法第167条の10第2項、法第167条の11第1項、第2項、第4項若しくは第5項又は法第167条の12第1項の規定による決定が効力を生じたときは、裁判所書記官は、差押処分の送達を受けた第三債務者に対し、その旨を通知しなければならない。

3　裁判所書記官は、前項に規定する場合には、遅滞なく、法第167条の10第6項（法第167条の11第7項及び法第167条の12第3項において準用する場合を含む。）の規定により差押命令の申立てがあつたものとみなされる地方裁判所の裁判所書記官に対し、事件の記録を送付しなければならない。

（弁済金の交付の手続）

第149条の6　裁判所書記官は、法第167条の11第3項の規定により弁済金及び剰余金を交付するときは、弁済金の交付の日を定めなければならない。

2　弁済金の交付の日は、特別の事情がある場合を除き、弁済金及び剰余金を交付すべきこととなつた日（差し押さえられた債権が法第167条の14第1項において準用する法第152条第1項各号に掲げる債権又は同条第2項に規定する債権である場合（差押債権者（数人あるときは、そのうち少なくとも一人以上）の債権に法第167条の14第1項において準用する法第151条の2第1項各号に掲げる義務に係る金銭債権が含まれているときを除く。）には、弁済金及び剰余金を交付すべきこととなつた日又は債務者に対して差押処分が送達された日から4週間を経過した日のいずれか遅い日）から1月以内の日としなければならない。

3　第59条第3項及び第60条から第62条までの規定は、法第167条の11第3項の規定により裁判所書記官が弁済金及び剰余金を交付する場合について準用する。この場合において、第60条中「配当期日等が定められたときは、裁判所書記官」とあるのは「裁判所書記官は、弁済金の交付の日を定めたとき」と、「配当期日等まで」とあるのは「弁済金の交付の日まで」と、「執行裁判所に提出する」とあるのは「提出する」と、第62条中「配当等」とあるのは「弁済金の交付」と読み替えるものとする。

第149条の7　少額訴訟債権執行についての第1章の規定の適用については、第14条中「執行裁判所に対する民事執行」とあるのは「少額訴訟債権執行」と、「民事執行を開始する決定」とあるのは「差押処分」とする。

（不動産執行及び債権執行の規定の準用）

第150条　第26条、第27条及び第133条から第138条までの規定は、少額訴訟債権執行について準用する。この場合において、第133条第1項、第133条の2第2項、第134条、第136条及び第137条の3中「差押命令」とあるのは「差押処分」と、第133条の2中「法第145条第4項」とあるのは「法第167条の5第2項において準用する法第145条第4項」と、同条第2項中「法第153条第1項又は第2項」とあるのは「法第167条の8第1項又は第2項」と、第135条中「法第147条第1項」とあるのは「法第167条の14第1項において準用する法第147条第1項」と、同条第1項第1号中「差押えに係る債権」とあるのは「差押えに係る金銭債権」と、「その債権」とあるのは「その金銭債権」と、「その種類及び額（金銭債権以外の債権にあつては、その内容）」とあるのは「その種類及び額」と、同項第3号から第5号まで中「当該債権」とあるのは「当該金銭債権」と、第136条第3項中「債権執行の手続を取り消す旨の決定がされたとき」とあるのは「少額訴訟債権執行の手続を取り消す旨の決定がされたとき、又は少額訴訟債権執行の手続を取り消す旨の処分をしたとき」と、第137条中「法第155条第4項」とあるのは「法第167条の14第1項において準用する法第155条第4項」と、第137条の2第1項中「法第155条第5項」とあるのは「法第167条の14第1項において準用する法第155条第5項」と、第137条の3中「執行裁判所が法第155条第6項」とあるのは「法第167条の14第1項において準用する法第155条第6項」と、「同条第4項又は第5項」とあるのは「法第167条の14第1項において準用する法第155条第4項又は第5項」と、第138条第1項中「法第156条第4項」とあるのは「法第167条の14第1項において準用する法第156条第4項」と読み替えるものとする。

第8款　振替社債等に関する強制執行

（振替社債等執行の開始）

第150条の2　社債、株式等の振替に関する法律（平成13年法律第75号）第2条第1項に規定する社債等であつて振替機関（同条第2項に規定する振替機関をいう。以下同じ。）が取り扱うもの（以下この款及び第180条の2において「振替社債等」という。）に関する強制執行（以下「振替社債等執行」という。）は、執行裁判所の差押命令により開始する。

（差押命令）

第150条の3　執行裁判所は、差押命令において、振替社債等に関し、債務者に対し振替若しくは抹消の申請又は取立てその他の処分を禁止し、並びに振替機関等（社債、株式等の振替に関する法律第2条第5項に規定する振替機関等であつて債務者が口座の開設を受けているものをいう。以下この款において同じ。）に対し振替及び抹消を禁止しなければならない。

2　次の各号に掲げる請求に係る振替社債等（以下「買取請求株式等」という。）について当該各号に定める買取口座に記載又は記録がされている場合において、買取請求株式等を差し押さえるときにおける前項の規定の適用については、同項中「振替若しくは抹消の申請又は取立てその他の処分」とあるのは「取立てその他の処分」と、「並びに振替機関等」とあるのは「買取口座開設振替機関等」と、「債務者が口座の開設を受けているもの」とあるのは「振替社債等の発行者（以下「発行者」という。）が当該買取口座の開設を受けているもの」と、「振替及び抹消を禁止しなければならない」とあるのは「振替を禁止し、及び発行者に対し振替の申請その他の処分を禁止しなければならない」とする。

一　社債、株式等の振替に関する法律第155条第1項（同法第228条第1項及び第239条第1項において読み替えて準用する場合を含む。以下この号において同じ。）に規定する株式買取請求、投資口買取請求又は優先出資買取請求　同法第155条第1項に規定する買取口座

二　社債、株式等の振替に関する法律第183条第1項（同法第247条の3第1項において読み替えて準用する場合を含む。以下この号において同じ。）に規定する新株予約権買取請求又は新投資口予約権買取請求同法第183条第1項に規定する買取口座

三　社債、株式等の振替に関する法律第215条第1項に規定する新株予約権付社債買取請求　同項に規定する買取口座

四　社債、株式等の振替に関する法律第259条第1項に規定する株式買取請求　同項に規定する買取口座

五　社債、株式等の振替に関する法律第260条第1項に規定する新株予約権買取請求　同項に規定する買取口座

六　社債、株式等の振替に関する法律第266条第1項に規定する株式買取請求　同項に規定する買取口座

七　社債、株式等の振替に関する法律第267条第1項に規定する新株予約権買取請求同項に規定する買取口座

八　社債、株式等の振替に関する法律第273条第1項に規定する株式買取請求　同項に規定する買取口座

九　社債、株式等の振替に関する法律第274条第1項に規定する新株予約権買取請求同項に規定する買取口座

3　差押命令は、債務者、振替機関等（買取請求株式等に関する強制執行にあつては、買取口座開設振替機関等をいう。次項、第150条の7第6項及び第150条の8を除き、以下同じ。）及び発行者を審尋しないで発する。

4　差押命令は、債務者及び振替機関等（買取請求株式等に関する差押命令にあつては、債務者、買取口座開設振替機関等及び発行者）に送達しなければならない。

5　差押えの効力は、差押命令が振替機関等に送達された時に生ずる。

6　振替債（社債、株式等の振替に関する法律第278条第1項に規定する振替債をいう。以下同じ。）、振替新株予約権付社債（同法第192条第1項に規定する振替新株予約権付社債をいう。以下同じ。）であつて社債の償還済みのものでないもの、振替転換特定社債（同法第250条に規定する振替転換特定社債をいう。以下同じ。）又は振替新優先出資引受権付特定社債（同法第253条に規定する振替新優先出資引受権付特定社債をいう。以下同じ。）であつて社債の償還済みのものでないものに対する差押命令の送達を受けた振替機関等は、直ちに、発行者に対し、次に掲げる事項を通知しなければならない。

一　事件の表示

二　差押債権者及び債務者の氏名又は名称及び住所

三　差し押さえられた振替社債等の銘柄（社債、株式等の振替に関する法律第68条第3項第2号（同法第113条、第115条、第117条、第118条、第120条、第121条、第122条、第124条及び第127条において準用する場合を含む。）、第91条第3項第2号又は第194条第3項第2号（同法第251条第1項及び第254条第1項において準用する場合を含む。）に規定する銘柄をいう。以下同じ。）及び額又は数

四　差押命令が送達された旨及び送達の年月日

7　差押命令の申立てについての裁判に対しては、執行抗告をすることができる。

8　法第145条第7項及び第8項の規定は、振替社債等執行について準用する。

（振替機関等の届出及び振替社債等執行の手続の取消し）

第150条の4　差押えに係る振替社債等が振替機関によつて取り扱われなくなつたときは、振替機関等は、書面でその旨を執行裁判所に届け出なければならない。

2　差押えに係る振替社債等を取り扱う振替機関が社債、株式等の振替に関する法律第22条第1項の規定により同法第3条第1項の指定を取り消された場合若しくは同法第41条第1項の規定により当該指定が効力を失つた場合であつて当該振替機関の振替業を承継する者が存しないことが明らかとなつたとき、又は前項の規定による届出があつたときは、執行裁判所は、振替社債等執行の手続を取り消さなければならない。

（差押債権者の振替債等の取立て等）

第150条の5　振替債、振替新株予約権付社債、振替転換特定社債又は振替新優先出資引受権付特定社債を差し押さえた債権者は、債務者に対して差押命令が送達された日から1週間を経過したときは、当該振替債、第2号に掲げる振替転換特定社債若しくは第3号に掲げる振替新優先出資引受権付特定社債（以下「振替債等」という。）又は第1号に掲げる振替新株予約権付社債についての社債を取り立てることができる。ただし、差押債権者の債権及び執行費用の額を超えて支払を受けることができない。

一　当該振替新株予約権付社債（新株予約権の行使により社債が消滅するものその他の新株の取得により社債を失うものについては、新株予約権が消滅したものに限る。）

二　当該振替転換特定社債（転換を請求することができなくなつたものに限る。）

三　当該振替新優先出資引受権付特定社債（新優先

出資の引受権が消滅したものに限る。）

2　前項の場合において、差押債権者は、差押命令に基づいて、債務者に属する権利であつて、取立てのために必要なものを行使することができる。

3　第1項の規定による取立ては、発行者が取立訴訟（法第157条第1項に規定する取立訴訟をいう。以下同じ。）の訴状の送達を受ける時までに、振替機関等に対して、差押えに係る第1項第1号に掲げる振替新株予約権付社債（次条第2項第1号に規定する新株予約権が消滅した振替新株予約権付社債を除く。）について、その社債の額から差押債権者の債権及び執行費用の額を控除した額を超えて発せられた差押命令若しくは仮差押命令又は配当要求があつた旨を記載した文書の送達があつたときは、することができない。

4　法第155条（第1項及び第2項を除く。）及び法第157条並びに第137条から第137条の3までの規定は、第1項の場合について準用する。この場合において、法第155条第3項並びに法第157条第1項及び第4項並びに第137条第2号及び第3号並びに第137条の2第1項第2号及び第3号並びに第2項中「第三債務者」とあるのは「発行者」と、法第155条第5項及び第6項中「第1項」とあるのは「民事執行規則第150条の5第1項」と、同条第5項中「金銭債権」とあるのは「振替債等（同項に規定する振替債等をいう。以下同じ。）又は同項第1号に掲げる振替新株予約権付社債」と、同条第6項中「金銭債権」とあるのは「振替債等又は同項第1号に掲げる振替新株予約権付社債」と、同条第7項中「金銭債権」とあるのは「振替債等又は民事執行規則第150条の5第1項第1号に掲げる振替新株予約権付社債」と、法第157条第4項中「前条第2項」とあるのは「民事執行規則第150条の6第2項」と、第137条中「法第155条第4項」とあるのは「第150条の5第4項において準用する法第155条第4項」と、第137条の2第1項中「法第155条第5項」とあるのは「第150条の5第4項において準用する法第155条第5項」と、第137条の3中「法第155条第6項」とあるのは「第150条の5第4項において準用する法第155条第6項」と、「同条第4項又は第5項」とあるのは「第150条の5第4項において準用する法第155条第4項又は第5項」と読み替えるものとする。

（発行者の供託）

第150条の6　発行者は、差押えに係る振替債等の全額又は差押えに係る第150条の5第1項第1号に掲げる振替新株予約権付社債についての社債の全額に相当する金銭をその履行地の供託所に供託することができる。

2　発行者は、次の各号に掲げる場合には、当該各号に定める金銭を当該各号に規定する振替債等又は振替新株予約権付社債の履行地の供託所に供託しなければならない。ただし、元本の償還期限が到来するまでの間は、この限りでない。

一　発行者が取立訴訟の訴状の送達を受ける時までに、振替機関等に対して、差押えに係る振替債等又は差押えに係る振替新株予約権付社債であつて新株予約権が消滅したもの（以下「新株予約権が消滅した振替新株予約権付社債」という。）のうち差し押さえられていない部分を超えて発せられた差押命令又は仮差押命令の送達があつた場合　当該振替債等又は新株予約権が消滅した振替新株予約権付社債の全額に相当する金銭

二　発行者が取立訴訟の訴状の送達を受ける時までに、振替機関等に対して、差押えに係る振替債等又は新株予約権が消滅した振替新株予約権付社債について配当要求があつた旨を記載した文書の送達があつた場合　当該振替債等又は新株予約権が消滅した振替新株予約権付社債のうち差し押さえられた部分に相当する金銭

3　発行者は、第150条の8において読み替えて準用する法第161条の2第1項に規定する供託命令の送達を受けたときは、第1項に規定する金銭をその履行地の供託所に供託しなければならない。

4　発行者は、前3項の規定による供託をしたときは、当該供託をしたことを執行裁判所に届け出なければならない。この場合においては、第138条の規定を準用する。

5　差し押さえられた振替債等又は振替新株予約権付社債について第1項から第3項までの供託があつたことを証する文書が提出されたときは、裁判所書記官は、当該供託に係る振替債等又は振替新株予約権付社債について、社債、株式等の振替に関する法律第71条第1項（同法第113条、第115条、第117条、第118条、第120条、第121条、第122条、第124条及び第127条において準用する場合を含む。）、第96条第1項又は第199条第1項（同法第251条第1項及び第254条第1項において準用する場合を含む。）の申請をしなければならない。

（振替社債等譲渡命令等）

第150条の7　執行裁判所は、差押債権者の申立てにより、差押えに係る振替社債等について、次に掲げる命令を発することができる。ただし、当該振替社債等が振替債等又は新株予約権が消滅した振替新株予約権付社債である場合には、元本の償還期限前であるとき又は当該振替社債等の取立てが困難であるときに限る。

一　当該振替社債等を執行裁判所が定めた価額で支払に代えて差押債権者に譲渡する命令（以下「振替社債等譲渡命令」という。）

二　執行官その他の執行裁判所が相当と認める者に対して、当該振替社債等を執行裁判所の定める方法により売却することを命ずる命令（以下「振替社債等売却命令」という。）

2　前項の申立てについての決定に対しては、執行抗告をすることができる。

3　第1項の規定による決定は、確定しなければその効力を生じない。

4　裁判所書記官は、振替社債等譲渡命令が効力を生じたときは、社債、株式等の振替に関する法律第70条第1項（同法第113条、第115条、第117条、第118条、第120条、第121条、第122条、第124条及び第127条において準用する場合を

含む。）、第95条第１項、第127条の７第１項、第132条第１項（同法第228条第１項、第235条第１項及び第239条第１項において準用する場合を含む。）、第168条第１項（同法第247条の３第１項及び第249条第１項において準用する場合を含む。）又は第197条第１項（同法第251条第１項及び第254条第１項において準用する場合を含む。）の申請をしなければならない。

5　第１項第２号に規定する者は、振替社債等売却命令による売却をし、代金の支払を受けたときは、前項の申請をしなければならない。

6　第139条の規定は振替社債等譲渡命令及び振替社債等売却命令について、法第159条第２項及び第３項並びに法第160条並びに第140条の規定は振替社債等譲渡命令について、法第159条第７項の規定は振替社債等譲渡命令に対する執行抗告について、法第68条並びに第141条第１項及び第４項の規定は振替社債等売却命令について、法第65条の規定は振替社債等売却命令に基づく執行官の売却について準用する。この場合において、第139条第１項中「法第161条第１項」とあるのは「第150条の７第１項」と、法第159条第２項中「債務者及び第三債務者」とあるのは「債務者及び振替機関等（買取請求株式等に関する強制執行にあつては、債務者、買取口座開設振替機関等及び発行者）」と、同条第３項及び法第160条中「第三債務者」とあるのは「振替機関等」と、第141条第４項中「執行官」とあるのは「執行官その他の執行裁判所が相当と認める者」と、「調書」とあるのは「調書又は報告書」と読み替えるものとする。

7　前項において読み替えて準用する第141条第４項の報告書を執行裁判所に提出する者は、当該報告書に押印することを要しない。

（債権執行等の規定の準用）

第150条の８　法第144条（第２項ただし書を除く。）、法第146条、法第147条、法第149条、法第154条、法第158条、法第161条の２及び法第166条第１項（第３号を除く。）並びに第26条、第27条、第133条、第134条から第136条まで及び第147条第２項の規定は振替社債等執行について、第150条の３第６項の規定は振替機関等（買取請求株式等に関する強制執行にあつては、買取口座開設振替機関等）が配当要求があつた旨を記載した文書の送達を受けた場合について、法第84条、法第85条、法第88条から法第92条まで及び法第165条（第４号を除く。）並びに第59条から第62条までの規定は振替社債等執行につき執行裁判所が実施する配当等の手続について準用する。この場合において、法第144条第２項中「その債権の債務者（以下「第三債務者」という。）」とあり、並びに法第147条及び法第154条第２項並びに第134条及び第135条中「第三債務者」とあるのは「振替機関等（買取請求株式等に関する強制執行にあつては、買取口座開設振替機関等）」と、法第147条第１項中「差押債権者の申立てがあるときは、裁判所書記官は」とあるのは「裁判所書記官は」と、法第161条の２第１項中「差押えに係る金銭債権」とあるのは「差押えに係る振替債等の全額又は差押えに係る民事執行規則第150条の５第１項第１号に掲げる振替新株予約権付社債についての社債」と、「債務の履行地」とあるのは「その履行地」と、「第三債務者に命ずる命令（以下この条及び第167条の10において「供託命令」という。）」とあるのは「発行者に命ずる命令（以下この条において「振替社債等供託命令」という。）」と、同条第２項中「供託命令は、第三債務者」とあるのは「振替社債等供託命令は、発行者」と、法第166条第１項第１号及び法第165条第１号中「第156条第１項」とあるのは「民事執行規則第150条の６第１項」と、法第166条第１項第１号中「第157条第５項」とあるのは「同規則第150条の５第４項において準用する第157条第５項」と、第133条第１項及び第136条中「第三債務者」とあるのは「振替機関等（買取請求株式等に関する強制執行にあつては、買取口座開設振替機関等及び発行者）」と、第135条中「法第147条第１項」とあるのは「第150条の８において準用する法第147条第１項」と、同条第１項第２号中「弁済の意思」とあるのは「振替又は抹消の申請（買取請求株式等に関する強制執行にあつては、振替の申請）等」と、「弁済する」とあるのは「振替若しくは抹消（買取請求株式等に関する強制執行にあつては、振替）を行う」と、「弁済しない」とあるのは「振替若しくは抹消（買取請求株式等に関する強制執行にあつては、振替）を行わない」と、同項第４号中「仮差押え」とあるのは「仮差押え若しくは仮処分」と、「差押命令、差押処分又は仮差押命令」とあるのは「差押命令又は仮差押命令若しくは仮処分命令」と、第147条第２項中「前項」とあるのは「第150条の８において準用する法第147条第１項」と、法第84条第１項中「代金の納付があつた」とあり、第59条第１項中「不動産の代金が納付された」とあり、及び同条第２項中「代金が納付された」とあるのは「配当等を実施すべきこととなつた」と、法第85条第１項中「第87条第１項各号に掲げる各債権者」とあるのは「民事執行規則第150条の８において準用する第165条に規定する債権者」と、法第165条第１号及び第２号中「第三債務者」とあるのは「発行者」と、同条第３号中「執行官」とあるのは「執行官その他の執行裁判所が相当と認める者」と読み替えるものとする。

第９款　電子記録債権に関する強制執行

（電子記録債権執行の開始）

第150条の９　電子記録債権（電子記録債権法（平成19年法律第102号）第２条第１項に規定する電子記録債権をいう。以下同じ。）に関する強制執行（以下「電子記録債権執行」という。）は、執行裁判所の差押命令により開始する。

（差押命令）

第150条の10　執行裁判所は、差押命令において、電子記録債権に関し、債務者に対し取立てその他の処分又は電子記録（電子記録債権法第２条第１項に規定する電子記録をいう。以下同じ。）の請求を禁止し、当該電子記録債権の債務者（以下この款において「第三債務者」という。）に対し債務者への弁済を禁止し、及び当該電子記録債権の電子記録をしている電子債権記録機関（同条第２項に規定する電子債権記録機関をいう。以下同じ。）に対し電子記録を禁止しなければならない。
2　差押命令は、債務者、第三債務者及び電子債権記録機関を審尋しないで発する。
3　差押命令は、債務者、第三債務者及び電子債権記録機関に送達しなければならない。
4　差押えの効力は、差押命令が電子債権記録機関に送達された時に生ずる。ただし、第三債務者に対する差押えの効力は、差押命令が第三債務者に送達された時に生ずる。
5　債務者は、前項の規定により差押えの効力が生じた場合であつても、次に掲げる電子記録の請求をすることができる。
一　支払等記録（電子記録債権法第24条第１号に規定する支払等であつて差押債権者に対抗することができるものに係るものに限る。）
二　変更記録
三　根質権の担保すべき元本の確定の電子記録
四　差押えに係る電子記録債権のうち差し押さえられていない部分の分割（電子記録債権法第43条第１項に規定する分割をいう。）をする分割記録
五　前各号に掲げるもののほか、差押えに係る電子記録債権のうち差し押さえられていない部分についての電子記録
6　電子債権記録機関は、第４項の規定により差押えの効力が生じた場合であつても、次に掲げる電子記録をすることができる。
一　差押債権者が第150条の15第１項において準用する法第155条第３項の支払を受けたことによる支払等記録
二　質権の順位の変更の電子記録
三　転質の電子記録
四　前項第１号から第４号までに掲げる電子記録
五　前各号に掲げるもののほか、差押えに係る電子記録債権のうち差し押さえられていない部分についての電子記録
7　電子債権記録機関は、差押命令に抵触する電子記録がされているときは、当該電子記録の訂正をしなければならない。ただし、電子記録上の利害関係を有する第三者がある場合にあつては、当該第三者の承諾があるときに限る。
8　電子記録債権法第10条第３項から第５項までの規定は、前項の規定による電子記録の訂正について準用する。
9　電子債権記録機関は、第７項の規定により電子記録の訂正をするときは、当該訂正の年月日をも記録しなければならない。
10　差押命令の申立てについての裁判に対しては、執行抗告をすることができる。
11　法第145条第７項及び第８項の規定は差押命令について、同条第４項及び第133条の２の規定は差押命令を送達する場合について準用する。この場合において、法第145条第４項中「第153条第１項又は第２項」とあるのは「民事執行規則第150条の15第１項において準用する第153条第１項又は第２項」と、第133条の２中「法第145条第４項」とあるのは「第150条の10第11項において準用する法第145条第４項」と、同条第２項中「法第153条第１項又は第２項」とあるのは「第150条の15第１項において準用する法第153条第１項又は第２項」と読み替えるものとする。

（支払等記録の届出等）
第150条の11　電子債権記録機関は、前条第６項第１号の支払等記録をしたときは、直ちに、その旨を執行裁判所に届け出なければならない。
2　前項の規定による届出は、次に掲げる事項を記載した書面でしなければならない。この場合において、電子債権記録機関は、当該書面に押印することを要しない。
一　事件の表示
二　差押債権者、債務者及び第三債務者の氏名又は名称
三　当該支払等記録において記録されている事項
3　第１項の規定による届出又は第150条の15第１項において準用する法第155条第４項の規定による届出により差押債権者の債権及び執行費用の総額に相当する金銭の支払があつたことが明らかになつたときは、裁判所書記官は、電子債権記録機関に対し、当該支払があつた旨を通知しなければならない。

（第三債務者の供託）
第150条の12　第三債務者は、差押えに係る電子記録債権の全額に相当する金銭を債務の履行地の供託所に供託することができる。
2　第三債務者は、取立訴訟の訴状の送達を受ける時までに、差押えに係る電子記録債権のうち差し押さえられていない部分を超えて発せられた差押命令又は仮差押命令の送達を受けたときはその電子記録債権の全額に相当する金銭を、配当要求があつた旨を記載した文書の送達を受けたときは差し押さえられた部分に相当する金銭を債務の履行地の供託所に供託しなければならない。ただし、電子記録債権の元本の支払期日が到来するまでの間は、この限りでない。
3　第三債務者は、第150条の15において読み替えて準用する法第161条の２第１項に規定する供託命令の送達を受けたときは、第１項に規定する金銭を債務の履行地の供託所に供託しなければならない。
4　第三債務者は、前３項の規定による供託をしたときは、当該供託をしたことを執行裁判所に届け出なければならない。この場合においては、第138条の規定を準用する。
5　差押えに係る電子記録債権について第１項から第３項までの供託があつたことを証する文書が提出されたときは、裁判所書記官は、当該供託をしたことによる支払等記録を嘱託しなければならない。

（配当要求があつた旨を記載した文書の送達の通知）
第150条の13　配当要求があつた旨を記載した文書が第三債務者に送達されたときは、裁判所書記官は、

電子債権記録機関に対し、当該文書が送達された旨及びその年月日を通知しなければならない。

（電子記録債権譲渡命令等）

第150条の14　差押えに係る電子記録債権の元本が支払期日前であるとき、又は当該電子記録債権の取立てが困難であるときは、執行裁判所は、差押債権者の申立てにより、次に掲げる命令を発することができる。

一　当該電子記録債権を執行裁判所が定めた価額で支払に代えて差押債権者に譲渡する命令（以下「電子記録債権譲渡命令」という。）

二　執行官その他の執行裁判所が相当と認める者に対して、当該電子記録債権を執行裁判所の定める方法により売却することを命ずる命令（以下「電子記録債権売却命令」という。）

2　執行裁判所は、前項の規定による決定をする場合には、債務者を審尋しなければならない。ただし、債務者が外国にあるとき、又はその住所が知れないときは、この限りでない。

3　第1項の申立てについての決定に対しては、執行抗告をすることができる。

4　第1項の規定による決定は、確定しなければその効力を生じない。

5　裁判所書記官は、電子記録債権譲渡命令が効力を生じたときは、当該電子記録債権譲渡命令に係る電子記録債権が記録されている債権記録（電子記録債権法第2条第4項に規定する債権記録をいう。以下同じ。）に債権者として記録されている者の変更（当該電子記録債権譲渡命令による変更に係る部分に限る。）を内容とする変更記録を嘱託しなければならない。

6　第1項第2号に規定する者は、電子記録債権売却命令による売却をし、代金の支払を受けたときは、当該電子記録債権売却命令に係る電子記録債権が記録されている債権記録に債権者として記録されている者の変更（当該売却による変更に係る部分に限る。）を内容とする変更記録を嘱託しなければならない。

7　第139条の規定は電子記録債権譲渡命令及び電子記録債権売却命令について、法第159条第2項及び第3項並びに法第160条並びに第140条の規定は電子記録債権譲渡命令について、法第159条第7項の規定は電子記録債権譲渡命令に対する執行抗告について、法第68条並びに第141条第1項、第2項及び第4項の規定は電子記録債権売却命令について、法第65条の規定は電子記録債権売却命令に基づく執行官の売却について準用する。この場合において、第139条第1項中「法第161条第1項」とあるのは「第150条の14第1項」と、第141条第2項及び第4項中「執行官」とあるのは「執行官その他の執行裁判所が相当と認める者」と、同項中「調書」とあるのは「調書又は報告書」と読み替えるものとする。

8　前項において読み替えて準用する第141条第4項の報告書を執行裁判所に提出する者は、当該報告書に押印することを要しない。

（債権執行等の規定の準用等）

第150条の15　法第144条（第2項ただし書を除く。）、法第146条、法第147条、法第149条、法第150条、法第153条から法第155条まで（同条第2項を除く。）、法第157条から法第160条まで（法第159条第6項を除く。）、法第161条の2、法第164条及び法第166条第1項（第3号を除く。）並びに第26条、第27条、第133条、第134条から第137条の3まで、第144条及び第147条第2項の規定は電子記録債権執行について、前条第5項の規定は転付命令が効力を生じた場合について、法第84条、法第85条、法第88条から法第92条まで及び法第165条（第4号を除く。）並びに第59条から第62条までの規定は電子記録債権執行につき執行裁判所が実施する配当等の手続について準用する。この場合において、法第144条第2項中「その債権の債務者（以下「第三債務者」という。）」とあるのは「当該電子記録債権の電子記録をしている電子債権記録機関」と、法第147条並びに第133条第1項、第135条並びに第136条第1項及び第3項中「第三債務者」とあるのは「第三債務者及び電子債権記録機関」と、法第147条第1項中「差押債権者の申立てがあるときは、裁判所書記官は」とあるのは「裁判所書記官は」と、法第157条第4項中「前条第2項」とあるのは「民事執行規則第150条の12第2項」と、法第161条の2第1項中「差押えに係る金銭債権」とあるのは「差押えに係る電子記録債権」と、「第三債務者に命ずる命令（以下この条及び第167条の10において「供託命令」という。）」とあるのは「第三債務者に命ずる命令（以下この条において「電子記録債権供託命令」という。）」と、同条第2項中「供託命令」とあるのは「電子記録債権供託命令」と、法第164条第1項及び第5項中「第150条」とあるのは「民事執行規則第150条の15第1項において準用する第150条」と、同条第2項及び第3項並びに法第165条第3号中「執行官」とあるのは「執行官その他の執行裁判所が相当と認める者」と、法第166条第1項第1号及び法第165条第1号中「第156条第1項」とあるのは「民事執行規則第150条の12第1項」と、法第166条第1項第1号中「第157条第5項」とあるのは「同規則第150条の15第1項において準用する第157条第5項」と、第27条中「差押債権者及び債務者」とあるのは「差押債権者、債務者及び電子債権記録機関」と、第134条中「債務者及び第三債務者」とあるのは「債務者、第三債務者及び電子債権記録機関」と、「差押債権者」とあるのは「差押債権者及び電子債権記録機関」と、第135条中「法第147条第1項」とあるのは「第150条の15第1項において準用する法第147条第1項」と、同条第1項中「次に掲げる事項」とあるのは「次に掲げる事項（電子債権記録機関にあつては、第2号に掲げる事項を除く。）」と、同項第1号中「その種類及び額（金銭債権以外の債権にあつては、その内容）」とあるのは「その金額、支払期日及び記録番号（電子記録債権法第16条第1項第7号に規定する記録番号をいう。）その他当該電子記録債権を特定するために必要な事項」と、同項第4号中「仮差押え」とあるのは「仮差押え若しくは仮処分」と、「差押命令、差押処分又は仮差押命令」とあるのは「差押命令又は仮差押命令若しくは仮処分命令」と、第136条第2項中「第三債務者に送達された場合」とあるのは「第三債務者及び電子債権記録機関に送達された場合」と、「差押債権者及び第三債務者」とあるのは「差押債権者、第三債務者及び電子債権記録機関」と、「第三債務者は差し押さえられた債権について支払又は引渡しをしてはならない」とあるのは「第三債務者は差し押さえられた電子記録債権について支払をしてはならず、電子債権記録機関は差し押さえられた電子記録債権について電子記録をしてはならない」と、第137条中「法第155条第4項」とあるのは「第150条の15第1項において準用する法第155条第4項」と、第137条の2第1項中「法第155条第5項」とあるのは「第150条の15第1項において準用する法第155条第5項」と、第137条の3中「法第155条第6項」とあるのは「第150条の15第1項において準用する法第155条第6項」と、「同条第4項又は第5項」とあるのは「第150条の15第1項において準用する法第155条第4項又は第5項」と、第144条中「法第164条第1項」とあるのは「第150条の15第1項において準用する法第164条第1項」と、第147条第2項中「前項」とあるのは「第150条の15第1項において準用する法第147条第1項」と、前条第5項中「電子記録債権譲渡命令」とあるのは「第150条の15第1項において準用する法第159条第1項に規定する転付命令」と、法第84条第1項中「代金の納付があつた」とあり、同条第3項及び第4項中「代金の納付」とあり、第59条第1項中「不動産の代金が納付された」とあり、並びに同条第2項中「代金が納付された」とあるのは「配当等を実施すべきこととなつた」と、法第85条第1項中「第87条第1項各号に掲げる各債権者」とあるのは「民事執行規則第150条の15第1項において準用する第165条に規定する債権者」と読み替えるものとする。

2　前項において準用する法第153条第1項又は第2項の規定による差押命令の一部を取り消す決定が効力を生じたときは、裁判所書記官は、その旨の変更記録を嘱託しなければならない。

（債権執行の手続への移行）

第150条の16　第150条の10第1項の差押命令が発せられている場合において、電子記録債権法第77条第1項の規定により差押えに係る電子記録債権が記録されている債権記録がその効力を失つたときは、事件は、当該電子記録債権の内容をその権利の内容とする債権に対する債権執行の手続に移行する。

2　前項の規定により債権執行の手続に移行したときは、既にされた執行処分その他の行為はなお効力を有する。

3　第三債務者に差押命令が送達されている場合において、電子債権記録機関に差押命令が送達されていないときは、第1項に規定する債権に対する差押えの効力は、同項の規定による移行の時に生ずる。

第3節　金銭の支払を目的としない請求権についての強制執行

（不動産の引渡し等の強制執行の際に採つた措置の通知）

第151条　執行官は、不動産等（法第168条第1項に規定する不動産等をいう。以下この節において同じ。）の引渡し又は明渡しの強制執行をした場合において、不動産等の中に差押え又は仮差押え若しくは仮処分の執行に係る動産があつたときは、これらの執行をした執行官に対し、その旨及び当該動産について採つた措置を通知しなければならない。

（職務執行区域外における不動産の引渡し等の強制執行）

第152条　執行官は、所属の地方裁判所の管轄区域の内外にまたがる不動産等について引渡し又は明渡しの強制執行をするときは、所属の地方裁判所の管轄区域外で職務を行うことができる。

（不動産の引渡し等の執行調書）

第153条　不動産等の引渡し又は明渡しの強制執行をしたときに作成すべき調書には、第13条第1項各号に掲げる事項のほか、次に掲げる事項を記載しなければならない。

一　強制執行の目的物でない動産を法第168条第5項前段に規定する者に引き渡したときは、その旨

二　前号の動産を売却したときは、その旨

三　第1号の動産を保管したときは、その旨及び保管した動産の表示

（不動産の引渡し等の執行終了の通知）

第154条　前条の強制執行が終了したときは、執行官は、債務者に対し、その旨を通知しなければならない。

（強制執行の目的物でない動産の売却の手続等）

第154条の2　法第168条第5項後段（同条第6項後段において準用する場合を含む。）の規定による売却の手続については、この条に定めるもののほか、動産執行の例による。

2　執行官は、不動産等の引渡し又は明渡しの強制執行の申立てがあつた場合において、法第168条の2第1項に規定する明渡しの催告を実施したときは、これと同時に、当該申立てに基づく強制執行の実施予定日を定めた上、当該実施予定日に強制執行の目的物でない動産であつて法第168条第5項の規定による引渡しをすることができなかつたものが生じたときは、当該実施予定日にこれを同項後段の規定により強制執行の場所において売却する旨を決定することができる。この場合において、執行官は、売却すべき動産の表示の公告に代えて、当該実施予定日において法第168条第5項の規定による引渡しをすることができなかつた動産を売却する旨を公告すれば足りる。

3　執行官は、不動産等の引渡し又は明渡しの強制執行を行つた日（以下この項において「断行日」という。）において、強制執行の目的物でない動産であつて法第168

条第5項の規定による引渡しをすることができなかつたものが生じ、かつ、相当の期間内に当該動産を同項前段に規定する者に引き渡すことができる見込みがないときは、即日当該動産を売却し、又は断行日から1週間未満の日を当該動産の売却の実施の日として指定することができる。この場合において、即日当該動産を売却するときは、第115条（第120条第3項において準用する場合を含む。）各号に掲げる事項を公告することを要しない。

4　前項の規定は、高価な動産については、適用しない。

5　執行官は、不動産等の引渡し又は明渡しの強制執行の申立てをした債権者に対し、明渡しの催告の実施又は強制執行の開始の前後を問わず、債務者の占有の状況、引渡し又は明渡しの実現の見込み等についての情報の提供その他の手続の円滑な進行のために必要な協力を求めることができる。

（明渡しの催告等）

第154条の3　法第168条の2第1項に規定する明渡しの催告は、やむを得ない事由がある場合を除き、不動産等の引渡し又は明渡しの強制執行の申立てがあつた日から2週間以内の日に実施するものとする。

2　第27条の3の規定は、法第168条の2第3項の規定による公示をする場合について準用する。

（動産の引渡しの強制執行）

第155条　執行官は、動産（法第169条第1項に規定する動産をいう。以下この条において同じ。）の引渡しの強制執行の場所に債権者又はその代理人が出頭しない場合において、当該動産の種類、数量等を考慮してやむを得ないと認めるときは、強制執行の実施を留保することができる。

2　執行官は、動産の引渡しの強制執行の場所に債権者又はその代理人が出頭しなかつた場合において、債務者から動産を取り上げたときは、これを保管しなければならない。

3　第101条及び第153条から第154条の2（同条第2項を除く。）までの規定は、動産の引渡しの強制執行について準用する。

（目的物を第三者が占有する場合の引渡しの強制執行）

第156条　第133条、第134条及び第135条の規定は、第三者が強制執行の目的物を占有している場合における物の引渡しの強制執行について準用する。

（子の引渡しの強制執行の申立書の記載事項及び添付書類）

第157条　子の引渡しの強制執行（法第174条第1項に規定する子の引渡しの強制執行をいう。以下同じ。）の申立書には、第21条第1号、第2号及び第5号に掲げる事項のほか、次に掲げる事項を記載しなければならない。

一　子の氏名

二　法第174条第1項第1号に掲げる方法による子の引渡しの強制執行を求めるときは、その理由及び子の住所

三　法第174条第2項第2号又は第3号に該当することを理由として同条第1項第1号に掲げる方法による子の引渡しの強制執行を求めるときは、同条第2項第2号又は第3号に掲げる事由に該当する具体的な事実

2　前項の申立書には、次に掲げる書類を添付しなければならない。

一　執行力のある債務名義の正本

二　法第174条第2項第1号に該当することを理由として同条第1項第1号に掲げる方法による子の引渡しの強制執行を求めるときは、法第172条第1項の規定による決定の謄本及び当該決定の確定についての証明書

（引渡実施の申立書の記載事項及び添付書類）

第158条　法第175条第1項又は第2項に規定する子の監護を解くために必要な行為（以下「引渡実施」という。）を求める旨の申立書には、次に掲げる事項を記載しなければならない。

一　債権者及び債務者の氏名又は名称及び住所、代理人の氏名及び住所並びに債権者の生年月日

二　債権者又はその代理人の郵便番号及び電話番号（ファクシミリの番号を含む。）

三　子の氏名、生年月日、性別及び住所

四　債務者の住居その他債務者の占有する場所において引渡実施を求めるときは、当該場所

五　前号に規定する場所以外の場所において引渡実施を求めるときは、当該場所、当該場所の占有者の氏名又は名称及び当該場所において引渡実施を行うことを相当とする理由並びに法第175条第3項の許可があるときは、その旨

六　法第175条第6項の決定があるときは、その旨並びに同項の代理人の氏名及び生年月日

七　引渡実施を希望する期間

2　前項の申立書には、法第174条第1項第1号の規定による決定の正本のほか、次に掲げる書類を添付しなければならない。

一　債務者及び子の写真その他の執行官が引渡実施を行うべき場所においてこれらの者を識別することができる資料

二　債務者及び子の生活状況に関する資料

三　法第175条第3項の許可があるときは、当該許可を受けたことを証する文書

四　法第175条第6項の決定があるときは、当該決定の謄本

（法第175条第1項に規定する場所以外の場所の占有者の同意に代わる許可の申立ての方式等）

第159条　法第175条第3項の申立ては、次に掲げる事項を記載した書面でしなければならない。

一　子の住居及びその占有者の氏名又は名称

二　申立ての理由

2　第27条の2第2項の規定は、前項の書面について準用する。

（法第175条第6項の申立ての方式等）

第160条　法第175条第6項の申立ては、次に掲げる事項を記載した書面でしなければならない。

一　法第175条第６項の代理人となるべき者の氏名及び住所
二　申立ての理由
2　第27条の２第２項の規定は、前項の書面について準用する。

（引渡実施に関する債権者等の協力等）
第161条　執行官は、引渡実施を求める申立てをした債権者に対し、引渡実施を行うべき期日の前後を問わず、債務者及び子の生活状況、引渡実施を行うべき場所の状況並びに引渡実施の実現の見込みについての情報並びに債権者及び法第175条第６項の代理人を識別することができる情報の提供その他の引渡実施に係る手続の円滑な進行のために必要な協力を求めることができる。
2　子の引渡しの申立てに係る事件の係属した裁判所又は子の引渡しの強制執行をした裁判所は、引渡実施に関し、執行官に対し、当該事件又は子の引渡しの強制執行に係る事件に関する情報の提供その他の必要な協力をすることができる。
3　子の引渡しの申立てに係る事件の係属した家庭裁判所又は高等裁判所は、前項の規定による協力をするに際し、必要があると認めるときは、人事訴訟法（平成15年法律第109号）第34条第１項若しくは第２項又は家事事件手続法（平成23年法律第52号）第58条第１項若しくは第２項（同法第93条第１項及び第258条第１項において準用する場合を含む。）の事実の調査をした家庭裁判所調査官及び同法第60条第１項（同法第93条第１項及び第258条第１項において準用する場合を含む。）の診断をした裁判所技官に意見を述べさせることができる。
4　前２項の規定による協力に際して執行官が作成し、又は取得した書類については、その閲覧又はその謄本若しくは抄本の交付の請求をすることができない。

（引渡実施の終了の通知）
第162条　引渡実施が終了したとき（執行官が次条の規定により引渡実施に係る事件を終了させた場合を除く。）は、執行官は、債務者（債務者の住居その他債務者が占有する場所以外の場所において引渡実施を行つたときは、債務者及び当該場所の占有者）に対し、その旨を通知しなければならない。

（引渡実施の目的を達することができない場合の引渡実施に係る事件の終了）
第163条　次に掲げる場合において、引渡実施の目的を達することができないときは、執行官は、引渡実施に係る事件を終了させることができる。
一　引渡実施を行うべき場所において子に出会わないとき。
二　引渡実施を行うべき場所において子に出会つたにもかかわらず、子の監護を解くことができないとき。
三　債権者又はその代理人が法第175条第９項の指示に従わないことその他の事情により、執行官が円滑に引渡実施を行うことができないおそれがあるとき。

（引渡実施に係る調書の記載事項）
第164条　引渡実施を行つたときに作成すべき調書には、第13条第４項第１号において準用する同条第１項第１号及び第３号から第８号までに掲げる事項のほか、次に掲げる事項を記載しなければならない。
一　引渡実施を行つた場所
二　引渡実施を行つた場所が債務者の住居その他債務者の占有する場所以外の場所であり、当該場所における引渡実施を相当と認めた場合には、その事由
三　子の表示

（執行文付与の申立書の記載事項）
第165条　法第177条第２項又は第３項の規定による執行文の付与の申立書には、第16条第１項各号に掲げる事項のほか、これらの規定による執行文の付与を求める旨及びその事由を記載しなければならない。
第166条～第169条　削除

第３章　担保権の実行としての競売等

（担保権の実行の申立書の記載事項）
第170条　担保権の実行（法第193条第１項後段の規定による担保権の行使を含む。次条及び第172条において同じ。）の申立書には、次に掲げる事項を記載しなければならない。
一　債権者、債務者及び担保権の目的である権利の権利者の氏名又は名称及び住所並びに代理人の氏名及び住所
二　担保権及び被担保債権の表示
三　担保権の実行又は行使に係る財産の表示及び求める担保権の実行の方法
四　被担保債権の一部について担保権の実行又は行使をするときは、その旨及びその範囲
2　担保不動産競売の申立書には、申立人が当該担保不動産に係る法第187条第１項の申立てをした場合にあつては、前項各号に掲げる事項のほか、当該申立てに係る事件の表示を記載しなければならない。
3　担保不動産収益執行の申立書には、第１項各号に掲げる事項のほか、給付義務者を特定するに足りる事項及び給付請求権の内容であつて申立人に知れているものを記載しなければならない。

（担保権の実行が開始された後の差押債権者の承継の通知）
第171条　担保権の実行が開始された後の差押債権者の承継についてこれを証する文書が提出されたときは、裁判所書記官又は執行官は、債務者及び担保権の目的である権利の権利者に対し、その旨を通知しなければならない。

（配当要求債権者に対する執行力のある債務名義の正本の交付）
第172条　第62条の規定は、担保権の実行において執行力のある債務名義の正本により配当要求がされた場合について準用する。

（担保不動産競売の開始決定前の保全処分等の申立ての方式等）

第172条の2　法第187条第1項の申立ては、次に掲げる事項を記載した書面でしなければならない。
一　第27条の2第1項第1号、第2号及び第4号に掲げる事項
二　債務者及び不動産の所有者（不動産とみなされるものにあつては、その権利者）の氏名又は名称及び住所（代理人がある場合にあつては、その氏名及び住所）
三　担保権及び被担保債権の表示
2　前項の書面には、次に掲げる文書を添付しなければならない。
一　担保権の目的である不動産の登記事項証明書
二　法第187条第3項の規定による提示に係る文書（法第181条第1項第3号に掲げる文書を除く。）の写し
3　法第187条第4項の文書には、当該担保不動産競売の申立てに係る事件の表示を記載しなければならない。
4　第27条の2第2項の規定は第1項の書面について、第27条の3の規定は法第187条第1項に規定する公示保全処分の執行について、第27条の4の規定は法第187条第5項において準用する法第55条の2第1項の規定による決定を執行した場合について準用する。

（不動産執行の規定の準用）

第173条　前章第2節第1款第1目の規定（次に掲げる規定を除く。）は、担保不動産競売について準用する。
一　第23条中執行力のある債務名義の正本に係る部分
二　第62条
2　前章第2節第1款第2目の規定（次に掲げる規定を除く。）は、担保不動産収益執行について準用する。
一　第63条第1項
二　第73条（前項各号に掲げる規定を準用する部分に限る。）

第173条の2　削除

（船舶の競売）

第174条　船舶を目的とする担保権の実行としての競売の申立書には、第170条第1項各号に掲げる事項のほか、船舶の所在する場所並びに船長の氏名及び現在する場所を記載しなければならない。
2　執行裁判所は、競売の申立人の申立てにより、当該申立人に対抗することができる権原を有しない船舶の占有者に対し、船舶国籍証書等を執行官に引き渡すべき旨を命ずることができる。
3　前項の申立てについての裁判に対しては、執行抗告をすることができる。
4　第2項の規定による決定は、相手方に送達される前であつても、執行することができる。
5　前章第2節第2款（第74条中申立書の記載事項及び執行力のある債務名義の正本に係る部分並びに第83条において準用する第62条を除く。）の規定は、船舶を目的とする担保権の実行としての競売について準用する。

（航空機の競売）

第175条　航空機を目的とする担保権の実行としての競売については、法第181条から法第184条まで並びに前章第2節第3款（第84条において準用する第74条中申立書の記載事項及び執行力のある債務名義の正本に係る部分並びに第84条において準用する第83条において準用する第62条を除く。）及び前条（第5項を除く。）の規定を準用する。この場合において、同条第1項中「並びに船長の氏名及び現在する場所を記載し」とあるのは「を記載し」と、同条第2項中「船舶国籍証書等」とあるのは「航空機登録証明書等」と読み替えるものとする。

（自動車の競売）

第176条　自動車を目的とする担保権の実行としての競売の申立書には、第170条第1項各号に掲げる事項のほか、自動車の本拠を記載し、自動車登録ファイルに記録されている事項を証明した文書を添付しなければならない。
2　法第181条から法第184条まで並びに前章第2節第4款（第88条及び第97条において準用する第62条を除く。）及び第174条第2項から第4項までの規定は、自動車を目的とする担保権の実行としての競売について準用する。この場合において、同条第2項中「船舶国籍証書等」とあるのは、「自動車」と読み替えるものとする。

（建設機械の競売）

第177条　建設機械を目的とする担保権の実行としての競売については、前条の規定を準用する。この場合において、同条第1項中「自動車の本拠」とあり、及び同条第2項において準用する第87条第1項中「自動車の自動車登録ファイルに登録された使用の本拠の位置（以下「自動車の本拠」という。）」とあるのは、「建設機械の登記の地」と読み替えるものとする。

（小型船舶の競売）

第177条の2　小型船舶を目的とする先取特権の実行としての競売については、第176条（同条第2項において準用する法第181条第1項第3号及び第2項並びに法第183条第1項第4号を除く。）の規定を準用する。この場合において、第176条第1項中「自動車の本拠」とあり、及び同条第2項において準用する第87条第1項中「自動車の自動車登録ファイルに登録された使用の本拠の位置（以下「自動車の本拠」という。）」とあるのは「小型船舶の小型船舶登録原簿に登録された船籍港」と、第176条第2項において準用する法第181条第1項第4号中「一般の先取特権」とあるのは「先取特権」と読み替えるものとする。

（動産競売）

第178条　動産競売の申立書には、第170条第1項各号に掲げる事項のほか、差し押さえるべき動産が所在する場所を記載しなければならない。
2　法第190条第2項の許可の申立ては、前項に規定する事項（第170条第1項第4号に掲げる事項を除く。）を記載した書面によらなければならない。
3　前章第2節第6款（第99条、第100条及び第129条を除く。）の規定は動産競売について、第100条の規定は一般の先取特権の実行としての動産競売について準用する。

（債権を目的とする担保権の実行等）

第179条　債権を目的とする担保権の実行又は法第193条第1項後段の規定による担保権の行使の申立

書には、第170条第1項各号に掲げる事項のほか、第三債務者の氏名又は名称及び住所を記載しなければならない。

2　第133条（第1項を除く。）から第145条（同条において準用する第62条を除く。）までの規定は、前項に規定する担保権の実行又は行使について準用する。

（その他の財産権を目的とする担保権の実行）

第180条　電話加入権を目的とする担保権の実行の申立書には、東日本電信電話株式会社又は西日本電信電話株式会社の電話加入権に関する帳簿に記載した事項を証明した文書を添付しなければならない。

2　第146条（第2項を除く。）から第149条までの規定は前項の担保権の実行について、第149条の2（同条において準用する第146条第2項を除く。）及び前項の規定はその他の財産権で権利の移転について登記又は登録を要するものを目的とする担保権の実行について準用する。

（振替社債等に関する担保権の実行）

第180条の2　振替社債等に関する質権の実行の申立書には、社債、株式等の振替に関する法律第277条の規定により交付を受けた当該質権に関する事項を証明した書面を添付しなければならない。

2　法第182条から法第184条まで、法第193条第1項前段及び法第194条並びに前章第2節第8款（第150条の8において準用する法第146条第2項並びに第62条及び第133条第1項を除く。）及び第179条第1項の規定は振替社債等に関する担保権の実行について、法第146条第2項の規定は振替社債等に関する一般の先取特権の実行について準用する。この場合において、第179条第1項中「第三債務者」とあるのは、「第150条の3第1項に規定する振替機関等」と読み替えるものとする。

（電子記録債権に関する担保権の実行等）

第180条の3　電子記録債権に関する担保権の実行は、担保権の存在を証する文書（電子記録債権を目的とする質権については、電子記録債権法第87条第1項の規定により提供を受けた当該質権に関する事項を証明した書面）が提出されたときに限り、開始する。

2　電子記録債権を目的とする質権について承継があつた後当該質権の実行の申立てをする場合には、相続その他の一般承継にあつてはその承継を証する文書を、その他の承継にあつてはその承継を証する裁判の謄本その他の公文書を提出しなければならない。

3　法第193条第1項前段の規定は電子記録債権に対する同項後段に規定する担保権の行使について、法第182条から法第184条まで及び法第194条並びに前章第2節第9款（第150条の15第1項において準用する法第146条第2項及び法第153条並びに第62条及び第133条第1項を除く。）及び第179条第1項の規定は電子記録債権に関する担保権の実行及び電子記録債権に対する法第193条第1項後段に規定する担保権の行使について、法第146条第2項及び法第153条の規定は電子記録債権に関する一般の先取特権の実行及び電子記録債権に対する法第193条第1項後段に規定する一般先取特権の行使について準用する。この場合において、第179条第1項中「第三債務者」とあるのは「第三債務者及び電子債権記録機関」と読み替えるものとする。

（遺産の分割のための競売における換価代金の交付）

第181条　家事事件手続法第194条第1項の規定による裁判に基づいて競売が申し立てられた場合において、換価の手続が終了したときは、執行裁判所又は執行官は、換価代金から競売の費用で必要なものを控除した金銭を、同条第6項又は同法第200条第1項の規定により選任された財産の管理者に交付しなければならない。

第4章　債務者の財産状況の調査

第1節　財産開示手続

（財産開示手続の申立書の記載事項）

第182条　法第197条第1項又は第2項の規定による財産開示手続の申立書には、当事者の氏名又は名称及び住所、代理人の氏名及び住所並びに申立ての理由を記載しなければならない。

2　第27条の2第2項の規定は、前項の申立書について準用する。

（財産目録）

第183条　執行裁判所は、法第198条第1項の規定により財産開示期日を指定するときは、当該財産開示期日以前の日を法第199条第1項に規定する開示義務者が財産目録を執行裁判所に提出すべき期限として定め、これを当該開示義務者に通知しなければならない。

2　前項の開示義務者は、財産開示期日における陳述の対象となる債務者の財産を、財産目録に記載しなければならない。この場合においては、法第199条第2項の規定を準用する。

3　第1項の開示義務者は、同項の期限までに、執行裁判所に財産目録を提出しなければならない。

（財産開示期日における陳述において明示すべき事項）

第184条　法第199条第2項（前条第2項後段において準用する場合を含む。）の最高裁判所規則で定める事項は、次に掲げる事項とする。

一　第2章第2節第3款から第5款まで、第8款及び第9款の規定による強制執行の申立てをするのに必要となる事項

二　第175条から第177条の2まで、第180条の2及び第180条の3の規定による担保権の実行の申立てをするのに必要となる事項

三　債務者の財産が動産である場合にあつては、その所在場所ごとに、主要な品目、その数量及び価格（他から購入した動産にあつては購入時期及び購入価格を含む。）

（開示義務者の宣誓）

第185条　執行裁判所が法第199条第7項において準用する民事訴訟法第201条第1項の規定により開示義

務者に宣誓をさせる場合には、裁判長は、宣誓の前に、開示義務者に対して、宣誓の趣旨及び法第213条第１項第６号の規定の内容を説明しなければならない。

2　民事訴訟規則第112条第１項から第５項までの規定は、開示義務者の宣誓について準用する。

第186条　法第199条第７項において準用する民事訴訟法第195条の規定により受命裁判官又は受託裁判官が財産開示期日における手続を実施する場合における法第200条第１項の許可の申立てについての裁判は、執行裁判所がする。

第２節　第三者からの情報取得手続

（第三者からの情報取得手続の申立書の記載事項及び添付書類）

第187条　法第205条第１項、法第206条第１項又は法第207条第１項若しくは第２項の規定による第三者からの情報取得手続の申立書には、次に掲げる事項を記載しなければならない。

一　申立人、債務者及び情報の提供を命じられるべき者の氏名又は名称及び住所並びに代理人の氏名及び住所

二　申立ての理由

三　法第205条第１項の申立てをするときは、情報の提供を命じられた登記所が検索すべき債務者が所有権の登記名義人である土地等（同項に規定する土地又は建物その他これらに準ずるものとして法務省令で定めるものをいう。第189条において同じ。）の所在地の範囲

2　前項の申立書には、できる限り、債務者の氏名又は名称の振り仮名、生年月日及び性別その他の債務者の特定に資する事項を記載しなければならない。

3　第１項の申立書（法第205条第１項又は法第206条第１項の規定による第三者からの情報取得手続の申立書に限る。）には、申立ての日前３年以内に財産開示期日における手続が実施されたことを証する書面を添付しなければならない。

4　第27条の２第２項の規定は、第１項の申立書について準用する。

（裁判を告知すべき者の範囲）

第188条　第２条の規定にかかわらず、法第208条第１項に規定する決定は、申立人及び当該決定により情報の提供を命じられた者に対して告知しなければならない。

（情報の提供を命じられた者が提供すべき情報）

第189条　法第205条第１項の最高裁判所規則で定める事項は、債務者が所有権の登記名義人である土地等の存否及びその土地等が存在するときは、その土地等を特定するに足りる事項とする。

第190条　法第206条第１項第１号の最高裁判所規則で定める事項は、同号の給与の支払をする者の存否並びにその者が存在するときは、その者の氏名又は名称及び住所（その者が国である場合にあつては、債務者の所属する部局の名称及び所在地）とする。

2　法第206条第１項第２号の最高裁判所規則で定める事項は、同号の報酬又は賞与の支払をする者の存否並びにその者が存在するときは、その者の氏名又は名称及び住所（その者が国である場合にあつては、債務者の所属する部局の名称及び所在地）とする。

第191条　法第207条第１項第１号の最高裁判所規則で定める事項は、同号の預貯金債権の存否並びにその預貯金債権が存在するときは、その預貯金債権を取り扱う店舗並びにその預貯金債権の種別、口座番号及び額とする。

2　法第207条第１項第２号の最高裁判所規則で定める事項は、債務者の有する振替社債等（社債、株式等の振替に関する法律第279条に規定する振替社債等であつて、情報の提供を命じられた振替機関等（法第207条第１項第２号に規定する振替機関等をいう。）の備える振替口座簿における債務者の口座に記載され、又は記録されたものに限る。以下この項において同じ。）の存否並びにその振替社債等が存在するときは、その振替社債等の銘柄及び額又は数とする。

（情報の提供の方法等）

第192条　法第208条第１項の情報の提供をするときは、同時に、同項の書面の写しを提出しなければならない。ただし、申立人にその書面の写しを発送したときは、この限りでない。

2　申立人が法第208条第１項に規定する決定により情報の提供を命じられた者から同項の書面の写しを受領したときは、執行裁判所は、同条第２項の規定による送付をすることを要しない。

3　法第208条第１項の情報の提供をする者は、同項の書面に押印することを要しない。

（申立ての取下げの通知等）

第193条　法第205条第１項、法第206条第１項又は法第207条第１項若しくは第２項の申立てが取り下げられたときは、裁判所書記官は、法第208条第１項に規定する決定の告知を受けた情報の提供を命じられた者及び法第205条第１項又は法第206条第１項の申立てを認容する決定の送達を受けた債務者に対して、その旨を通知しなければならない。

2　法第208条第１項に規定する決定が情報の提供を命じられた者に告知された場合において、法第211条において準用する法第39条第１項第７号若しくは第８号又は法第183条第１項第６号若しくは第７号に掲げる文書が提出されたときは、裁判所書記官は、申立人及び当該情報の提供を命じられた者に対し、これらの文書が提出された旨及びその要旨並びにこれらの文書の提出による執行停止が効力を失うまで、当該情報の提供を命じられた者は債務者の財産に係る情報を提供してはならない旨を通知しなければならない。

3　第２条第１項の規定にかかわらず、法第208条第１項に規定する決定を取り消す旨の決定は、申立人、同項に規定する決定の告知を受けた情報の提供を命じられた者及び法第205条第１項又は法第206条第１項の申立てを認容する決定の送達を受けた債務者に告知しなければならない。

民事保全法

平成元年法律第91号
最終改正　令和５年法律第53号

目次

第１章　総則

（趣旨）
第１条　民事訴訟の本案の権利の実現を保全するための仮差押え及び係争物に関する仮処分並びに民事訴訟の本案の権利関係につき仮の地位を定めるための仮処分（以下「民事保全」と総称する。）については、他の法令に定めるもののほか、この法律の定めるところによる。

（民事保全の機関及び保全執行裁判所）
第２条　民事保全の命令（以下「保全命令」という。）は、申立てにより、裁判所が行う。
2　民事保全の執行（以下「保全執行」という。）は、申立てにより、裁判所又は執行官が行う。
3　裁判所が行う保全執行に関してはこの法律の規定により執行処分を行うべき裁判所をもって、執行官が行う保全執行の執行処分に関してはその執行官の所属する地方裁判所をもって保全執行裁判所とする。

（任意的口頭弁論）
第３条　民事保全の手続に関する裁判は、口頭弁論を経ないですることができる。

（担保の提供）
第４条　この法律の規定により担保を立てるには、担保を立てるべきことを命じた裁判所又は保全執行裁判所の所在地を管轄する地方裁判所の管轄区域内の供託所に金銭又は担保を立てるべきことを命じた裁判所が相当と認める有価証券（社債、株式等の振替に関する法律（平成13年法律第75号）第278条第１項に規定する振替債を含む。）を供託する方法その他最高裁判所規則で定める方法によらなければならない。ただし、当事者が特別の契約をしたときは、その契約による。
2　民事訴訟法（平成８年法律第109号）第77条、第79条及び第80条の規定は、前項の担保について準用する。

（事件の記録の閲覧等）
第５条　保全命令に関する手続又は保全執行に関し裁判所が行う手続について、利害関係を有する者は、裁判所書記官に対し、事件の記録の閲覧若しくは謄写、その正本、謄本若しくは抄本の交付又は事件に関する事項の証明書の交付を請求することができる。ただし、債権者以外の者にあっては、保全命令の申立てに関し口頭弁論若しくは債務者を呼び出す審尋の期日の指定があり、又は債務者に対する保全命令の送達があるまでの間は、この限りでない。

（専属管轄）
第６条　この法律に規定する裁判所の管轄は、専属とする。

（民事訴訟法の準用）
第７条　特別の定めがある場合を除き、民事保全の手続に関しては、その性質に反しない限り、民事訴訟法第１編から第４編までの規定（同法第87条の２の規定を除く。）を準用する。

（最高裁判所規則）
第８条　この法律に定めるもののほか、民事保全の手続に関し必要な事項は、最高裁判所規則で定める。

第２章　保全命令に関する手続

第１節　総則

（釈明処分の特例）
第９条　裁判所は、争いに係る事実関係に関し、当事者の主張を明瞭にさせる必要があるときは、口頭弁論又は審尋の期日において、当事者のため事務を処理し、又は補助する者で、裁判所が相当と認めるものに陳述をさせることができる。

第10条　削除

第2節　保全命令

第1款　通則

（保全命令事件の管轄）

第11条　保全命令の申立ては、日本の裁判所に本案の訴えを提起することができるとき、又は仮に差し押さえるべき物若しくは係争物が日本国内にあるときに限り、することができる。

第12条　保全命令事件は、本案の管轄裁判所又は仮に差し押さえるべき物若しくは係争物の所在地を管轄する地方裁判所が管轄する。

2　本案の訴えが民事訴訟法第6条第1項に規定する特許権等に関する訴えである場合には、保全命令事件は、前項の規定にかかわらず、本案の管轄裁判所が管轄する。ただし、仮に差し押さえるべき物又は係争物の所在地を管轄する地方裁判所が同条第1項各号に定める裁判所であるときは、その裁判所もこれを管轄する。

3　本案の管轄裁判所は、第一審裁判所とする。ただし、本案が控訴審に係属するときは、控訴裁判所とする。

4　仮に差し押さえるべき物又は係争物が債権（民事執行法（昭和54年法律第4号）第143条に規定する債権をいう。以下この条において同じ。）であるときは、その債権は、その債権の債務者（以下「第三債務者」という。）の普通裁判籍の所在地にあるものとする。ただし、船舶（同法第112条に規定する船舶をいう。以下同じ。）又は動産（同法第122条に規定する動産をいう。以下同じ。）の引渡しを目的とする債権及び物上の担保権により担保される債権は、その物の所在地にあるものとする。

5　前項本文の規定は、仮に差し押さえるべき物又は係争物が民事執行法第167条第1項に規定する財産権（以下「その他の財産権」という。）で第三債務者又はこれに準ずる者があるものである場合（次項に規定する場合を除く。）について準用する。

6　仮に差し押さえるべき物又は係争物がその他の財産権で権利の移転について登記又は登録を要するものであるときは、その財産権は、その登記又は登録の地にあるものとする。

（申立て及び疎明）

第13条　保全命令の申立ては、その趣旨並びに保全すべき権利又は権利関係及び保全の必要性を明らかにして、これをしなければならない。

2　保全すべき権利又は権利関係及び保全の必要性は、疎明しなければならない。

（保全命令の担保）

第14条　保全命令は、担保を立てさせて、若しくは相当と認める一定の期間内に担保を立てることを保全執行の実施の条件として、又は担保を立てさせないで発することができる。

2　前項の担保を立てる場合において、遅滞なく第4条第1項の供託所に供託することが困難な事由があるときは、裁判所の許可を得て、債権者の住所地又は事務所の所在地その他裁判所が相当と認める地を管轄する地方裁判所の管轄区域内の供託所に供託することができる。

（裁判長の権限）

第15条　保全命令は、急迫の事情があるときに限り、裁判長が発することができる。

（決定の理由）

第16条　保全命令の申立てについての決定には、理由を付さなければならない。ただし、口頭弁論を経ないで決定をする場合には、理由の要旨を示せば足りる。

（送達）

第17条　保全命令は、当事者に送達しなければならない。

（保全命令の申立ての取下げ）

第18条　保全命令の申立てを取り下げるには、保全異議又は保全取消しの申立てがあった後においても、債務者の同意を得ることを要しない。

（却下の裁判に対する即時抗告）

第19条　保全命令の申立てを却下する裁判に対しては、債権者は、告知を受けた日から2週間の不変期間内に、即時抗告をすることができる。

2　前項の即時抗告を却下する裁判に対しては、更に抗告をすることができない。

3　第16条本文の規定は、第1項の即時抗告についての決定について準用する。

第2款　仮差押命令

（仮差押命令の必要性）

第20条　仮差押命令は、金銭の支払を目的とする債権について、強制執行をすることができなくなるおそれがあるとき、又は強制執行をするのに著しい困難を生ずるおそれがあるときに発することができる。

2　仮差押命令は、前項の債権が条件付又は期限付である場合においても、これを発することができる。

（仮差押命令の対象）

第21条　仮差押命令は、特定の物について発しなければならない。ただし、動産の仮差押命令は、目的物を特定しないで発することができる。

（仮差押解放金）

第22条　仮差押命令においては、仮差押えの執行の停止を得るため、又は既にした仮差押えの執行の取消しを得るために債務者が供託すべき金銭の額を定めなければならない。

2　前項の金銭の供託は、仮差押命令を発した裁判所又は保全執行裁判所の所在地を管轄する地方裁判所の管轄区域内の供託所にしなければならない。

第3款　仮処分命令

（仮処分命令の必要性等）

第23条　係争物に関する仮処分命令は、その現状の変更により、債権者が権利を実行することができなくなるおそれがあるとき、又は権利を実行するのに著しい困難を生ずるおそれがあるときに発することができる。

2　仮の地位を定める仮処分命令は、争いがある権利関係について債権者に生ずる著しい損害又は急迫の危険を避けるためこれを必要とするときに発することができる。

3　第20条第2項の規定は、仮処分命令について準用する。

4　第2項の仮処分命令は、口頭弁論又は債務者が立ち会うことができる審尋の期日を経なければ、これを発することができない。ただし、その期日を経ることにより仮処分命令の申立ての目的を達することができない事情があるときは、この限りでない。

（仮処分の方法）

第24条　裁判所は、仮処分命令の申立ての目的を達するため、債務者に対し一定の行為を命じ、若しくは禁止し、若しくは給付を命じ、又は保管人に目的物を保管させる処分その他の必要な処分をすることができる。

（仮処分解放金）

第25条　裁判所は、保全すべき権利が金銭の支払を受けることをもってその行使の目的を達することができるものであるときに限り、債権者の意見を聴いて、仮処分の執行の停止を得るため、又は既にした仮処分の執行の取消しを得るために債務者が供託すべき金銭の額を仮処分命令において定めることができる。

2　第22条第2項の規定は、前項の金銭の供託について準用する。

（債務者を特定しないで発する占有移転禁止の仮処分命令）

第25条の2　占有移転禁止の仮処分命令（係争物の引渡し又は明渡しの請求権を保全するための仮処分命令のうち、次に掲げる事項を内容とするものをいう。以下この条、第54条の2及び第62条において同じ。）であって、係争物が不動産であるものについては、その執行前に債務者を特定することを困難とする特別の事情があるときは、裁判所は、債務者を特定しないで、これを発することができる。

一　債務者に対し、係争物の占有の移転を禁止し、及び係争物の占有を解いて執行官に引き渡すべきことを命ずること。

二　執行官に、係争物の保管をさせ、かつ、債務者が係争物の占有の移転を禁止されている旨及び執行官が係争物を保管している旨を公示させること。

2　前項の規定による占有移転禁止の仮処分命令の執行がされたときは、当該執行によって係争物である不動産の占有を解かれた者が、債務者となる。

3　第1項の規定による占有移転禁止の仮処分命令は、第43条第2項の期間内にその執行がされなかったときは、債務者に対して送達することを要しない。この場合において、第4条第2項において準用する民事訴訟法第79条第1項の規定による担保の取消しの決定で第14条第1項の規定により立てさせた担保に係るものは、裁判所が相当と認める方法で申立人に告知することによって、その効力を生ずる。

第3節　保全異議

（保全異議の申立て）

第26条　保全命令に対しては、債務者は、その命令を発した裁判所に保全異議を申し立てることができる。

（保全執行の停止の裁判等）

第27条　保全異議の申立てがあった場合において、保全命令の取消しの原因となることが明らかな事情及び保全執行により償うことができない損害を生ずるおそれがあることにつき疎明があったときに限り、裁判所は、申立てにより、保全異議の申立てについての決定において第3項の規定による裁判をするまでの間、担保を立てさせて、又は担保を立てることを条件として保全執行の停止又は既にした執行処分の取消しを命ずることができる。
2　抗告裁判所が保全命令を発した場合において、事件の記録が原裁判所に存するときは、その裁判所も、前項の規定による裁判をすることができる。
3　裁判所は、保全異議の申立てについての決定において、既にした第1項の規定による裁判を取り消し、変更し、又は認可しなければならない。
4　第1項及び前項の規定による裁判に対しては、不服を申し立てることができない。
5　第15条の規定は、第1項の規定による裁判について準用する。

（事件の移送）
第28条　裁判所は、当事者、尋問を受けるべき証人及び審尋を受けるべき参考人の住所その他の事情を考慮して、保全異議事件につき著しい遅滞を避け、又は当事者間の衡平を図るために必要があるときは、申立てにより又は職権で、当該保全命令事件につき管轄権を有する他の裁判所に事件を移送することができる。

（保全異議の審理）
第29条　裁判所は、口頭弁論又は当事者双方が立ち会うことができる審尋の期日を経なければ、保全異議の申立てについての決定をすることができない。

第30条　削除

（審理の終結）
第31条　裁判所は、審理を終結するには、相当の猶予期間を置いて、審理を終結する日を決定しなければならない。ただし、口頭弁論又は当事者双方が立ち会うことができる審尋の期日においては、直ちに審理を終結する旨を宣言することができる。

（保全異議の申立てについての決定）
第32条　裁判所は、保全異議の申立てについての決定においては、保全命令を認可し、変更し、又は取り消さなければならない。
2　裁判所は、前項の決定において、相当と認める一定の期間内に債権者が担保を立てること又は第14条第1項の規定による担保の額を増加した上、相当と認める一定の期間内に債権者がその増加額につき担保を立てることを保全執行の実施又は続行の条件とする旨を定めることができる。
3　裁判所は、第1項の規定による保全命令を取り消す決定について、債務者が担保を立てることを条件とすることができる。
4　第16条本文及び第17条の規定は、第1項の決定について準用する。

（原状回復の裁判）
第33条　仮処分命令に基づき、債権者が物の引渡し若しくは明渡し若しくは金銭の支払を受け、又は物の使用若しくは保管をしているときは、裁判所は、債務者の申立てにより、前条第1項の規定により仮処分命令を取り消す決定において、債権者に対し、債務者が引き渡し、若しくは明け渡した物の返還、債務者が支払った金銭の返還又は債権者が使用若しくは保管をしている物の返還を命ずることができる。

（保全命令を取り消す決定の効力）
第34条　裁判所は、第32条第1項の規定により保全命令を取り消す決定において、その送達を受けた日から2週間を超えない範囲内で相当と認める一定の期間を経過しなければその決定の効力が生じない旨を宣言することができる。ただし、その決定に対して保全抗告をすることができないときは、この限りでない。

（保全異議の申立ての取下げ）
第35条　保全異議の申立てを取り下げるには、債権者の同意を得ることを要しない。

（判事補の権限の特例）
第36条　保全異議の申立てについての裁判は、判事補が単独ですることができない。

第4節　保全取消し

（本案の訴えの不提起等による保全取消し）
第37条　保全命令を発した裁判所は、債務者の申立てにより、債権者に対し、相当と認める一定の期間内に、本案の訴えを提起するとともにその提起を証する書面を提出し、既に本案の訴えを提起しているときはその係属を証する書面を提出すべきことを命じなければならない。
2　前項の期間は、2週間以上でなければならない。

3　債権者が第１項の規定により定められた期間内に同項の書面を提出しなかったときは、裁判所は、債務者の申立てにより、保全命令を取り消さなければならない。

4　第１項の書面が提出された後に、同項の本案の訴えが取り下げられ、又は却下された場合には、その書面を提出しなかったものとみなす。

5　第１項及び第３項の規定の適用については、本案が家事事件手続法（平成23年法律第52号）第257条第１項に規定する事件であるときは家庭裁判所に対する調停の申立てを、本案が労働審判法（平成16年法律第45号）第１条に規定する事件であるときは地方裁判所に対する労働審判手続の申立てを、本案に関し仲裁合意があるときは仲裁手続の開始の手続を、本案が公害紛争処理法（昭和45年法律第108号）第２条に規定する公害に係る被害についての損害賠償の請求に関する事件であるときは同法第42条の12第１項に規定する損害賠償の責任に関する裁定（次項において「責任裁定」という。）の申請を本案の訴えの提起とみなす。

6　前項の調停の事件、同項の労働審判手続、同項の仲裁手続又は同項の責任裁定の手続が調停の成立、労働審判（労働審判法第29条第２項において準用する民事調停法（昭和26年法律第222号）第16条の規定による調停の成立及び労働審判法第24条第１項の規定による労働審判事件の終了を含む。）、仲裁判断又は責任裁定（公害紛争処理法第42条の24第２項の当事者間の合意の成立を含む。）によらないで終了したときは、債権者は、その終了の日から第１項の規定により定められた期間と同一の期間内に本案の訴えを提起しなければならない。

7　第３項の規定は債権者が前項の規定による本案の訴えの提起をしなかった場合について、第４項の規定は前項の本案の訴えが提起され、又は労働審判法第22条第１項（同法第23条第２項及び第24条第２項において準用する場合を含む。）の規定により訴えの提起があったものとみなされた後にその訴えが取り下げられ、又は却下された場合について準用する。

8　第16条本文及び第17条の規定は、第３項（前項において準用する場合を含む。）の規定による決定について準用する。

（事情の変更による保全取消し）

第38条　保全すべき権利若しくは権利関係又は保全の必要性の消滅その他の事情の変更があるときは、保全命令を発した裁判所又は本案の裁判所は、債務者の申立てにより、保全命令を取り消すことができる。

2　前項の事情の変更は、疎明しなければならない。

3　第16条本文、第17条並びに第32条第２項及び第３項の規定は、第１項の申立てについての決定について準用する。

（特別の事情による保全取消し）

第39条　仮処分命令により償うことができない損害を生ずるおそれがあるときその他の特別の事情があるときは、仮処分命令を発した裁判所又は本案の裁判所は、債務者の申立てにより、担保を立てることを条件として仮処分命令を取り消すことができる。

2　前項の特別の事情は、疎明しなければならない。

3　第16条本文及び第17条の規定は、第１項の申立てについての決定について準用する。

（保全異議の規定の準用等）

第40条　第27条から第29条まで、第31条及び第33条から第36条までの規定は、保全取消しに関する裁判について準用する。ただし、第27条から第29条まで、第31条、第33条、第34条及び第36条の規定は、第37条第１項の規定による裁判については、この限りでない。

2　前項において準用する第27条第１項の規定による裁判は、保全取消しの申立てが保全命令を発した裁判所以外の本案の裁判所にされた場合において、事件の記録が保全命令を発した裁判所に存するときは、その裁判所も、これをすることができる。

第５節　保全抗告

（保全抗告）

第41条　保全異議又は保全取消しの申立てについての裁判（第33条（前条第１項において準用する場合を含む。）の規定による裁判を含む。）に対しては、その送達を受けた日から２週間の不変期間内に、保全抗告をすることができる。ただし、抗告裁判所が発した保全命令に対する保全異議の申立てについての裁判に対しては、この限りでない。

2　原裁判所は、保全抗告を受けた場合には、保全抗告の理由の有無につき判断しないで、事件を抗告裁判所に送付しなければならない。

3　保全抗告についての裁判に対しては、更に抗告をすることができない。

民保法

4　第16条本文、第17条並びに第32条第２項及び第３項の規定は保全抗告についての決定について、第27条第１項、第４項及び第５項、第29条、第31条並びに第33条の規定は保全抗告に関する裁判について、民事訴訟法第349条の規定は保全抗告をすることができる裁判が確定した場合について準用する。

5　前項において準用する第27条第１項の規定による裁判は、事件の記録が原裁判所に存するときは、その裁判所も、これをすることができる。

（保全命令を取り消す決定の効力の停止の裁判）

第42条　保全命令を取り消す決定に対して保全抗告があった場合において、原決定の取消しの原因となることが明らかな事情及びその命令の取消しにより償うことができない損害を生ずるおそれがあることにつき疎明があったときに限り、抗告裁判所は、申立てにより、保全抗告についての裁判をするまでの間、担保を立てさせて、又は担保を立てることを条件として保全命令を取り消す決定の効力の停止を命ずることができる。

2　第15条、第27条第４項及び前条第５項の規定は、前項の規定による裁判について準用する。

第３章　保全執行に関する手続

第１節　総則

（保全執行の要件）

第43条　保全執行は、保全命令の正本に基づいて実施する。ただし、保全命令に表示された当事者以外の者に対し、又はその者のためにする保全執行は、執行文の付された保全命令の正本に基づいて実施する。

2　保全執行は、債権者に対して保全命令が送達された日から２週間を経過したときは、これをしてはならない。

3　保全執行は、保全命令が債務者に送達される前であっても、これをすることができる。

（追加担保を提供しないことによる保全執行の取消し）

第44条　第32条第２項（第38条第３項及び第41条第４項において準用する場合を含む。以下この項において同じ。）の規定により担保を立てることを保全執行の続行の条件とする旨の裁判があったときは、債権者は、第32条第２項の規定により定められた期間内に担保を立てたことを証する書面をその期間の末日から１週間以内に保全執行裁判所又は執行官に提出しなければならない。

2　債権者が前項の規定による書面の提出をしない場合において、債務者が同項の裁判の正本を提出したときは、保全執行裁判所又は執行官は、既にした執行処分を取り消さなければならない。

3　民事執行法第40条第２項の規定は、前項の規定により執行処分を取り消す場合について準用する。

（第三者異議の訴えの管轄裁判所の特例）

第45条　高等裁判所が保全執行裁判所としてした保全執行に対する第三者異議の訴えは、仮に差し押さえるべき物又は係争物の所在地を管轄する地方裁判所が管轄する。

（民事執行法の準用）

第46条　この章に特別の定めがある場合を除き、民事執行法第５条から第14条まで、第16条、第18条、第23条第１項、第26条、第27条第２項、第28条、第30条第２項、第32条から第34条まで、第36条から第38条まで、第39条第１項第１号から第４号まで、第６号及び第７号、第40条並びに第41条の規定は、保全執行について準用する。

第２節　仮差押えの執行

（不動産に対する仮差押えの執行）

第47条　民事執行法第43条第１項に規定する不動産（同条第２項の規定により不動産とみなされるものを含む。）に対する仮差押えの執行は、仮差押えの登記をする方法又は強制管理の方法により行う。これらの方法は、併用することができる。

2　仮差押えの登記をする方法による仮差押えの執行については、仮差押命令を発した裁判所が、保全執行裁判所として管轄する。

3　仮差押えの登記は、裁判所書記官が嘱託する。

4　強制管理の方法による仮差押えの執行においては、管理人は、次項において準用する民事執行法第107条第１項の規定により計算した配当等に充てるべき金銭を供託し、その事情を保全執行裁判所に届け出なければならない。

5　民事執行法第46条第２項、第47条第１項、第48条第２項、第53条及び第54条の規定は仮差押えの登記をする方法による仮差押えの執行について、同法第44条、第46条第１項、第47条第２

民保法

項、第６項本文及び第７項、第48条、第53条、第54条、第93条から第93条の３まで、第94条から第104条まで、第106条並びに第107条第１項の規定は強制管理の方法による仮差押えの執行について準用する。

（船舶に対する仮差押えの執行）

第48条　船舶に対する仮差押えの執行は、仮差押えの登記をする方法又は執行官に対し船舶の国籍を証する文書その他の船舶の航行のために必要な文書（以下この条において「船舶国籍証書等」という。）を取り上げて保全執行裁判所に提出すべきことを命ずる方法により行う。これらの方法は、併用することができる。

2　仮差押えの登記をする方法による仮差押えの執行は仮差押命令を発した裁判所が、船舶国籍証書等の取上げを命ずる方法による仮差押えの執行は船舶の所在地を管轄する地方裁判所が、保全執行裁判所として管轄する。

3　前条第３項並びに民事執行法第46条第２項、第47条第１項、第48条第２項、第53条及び第54条の規定は仮差押えの登記をする方法による仮差押えの執行について、同法第45条第３項、第47条第１項、第53条、第116条及び第118条の規定は船舶国籍証書等の取上げを命ずる方法による仮差押えの執行について準用する。

（動産に対する仮差押えの執行）

第49条　動産に対する仮差押えの執行は、執行官が目的物を占有する方法により行う。

2　執行官は、仮差押えの執行に係る金銭を供託しなければならない。仮差押えの執行に係る手形、小切手その他の金銭の支払を目的とする有価証券でその権利の行使のため定められた期間内に引受け若しくは支払のための提示又は支払の請求を要するものについて執行官が支払を受けた金銭についても、同様とする。

3　仮差押えの執行に係る動産について著しい価額の減少を生ずるおそれがあるとき、又はその保管のために不相応な費用を要するときは、執行官は、民事執行法の規定による動産執行の売却の手続によりこれを売却し、その売得金を供託しなければならない。

4　民事執行法第123条から第129条まで、第131条、第132条及び第136条の規定は、動産に対する仮差押えの執行について準用する。

（債権及びその他の財産権に対する仮差押えの執行）

第50条　民事執行法第143条に規定する債権に対する仮差押えの執行は、保全執行裁判所が第三債務者に対し債務者への弁済を禁止する命令を発する方法により行う。

2　前項の仮差押えの執行については、仮差押命令を発した裁判所が、保全執行裁判所として管轄する。

3　第三債務者が仮差押えの執行がされた金銭の支払を目的とする債権の額に相当する金銭を供託した場合には、債務者が第22条第１項の規定により定められた金銭の額に相当する金銭を供託したものとみなす。ただし、その金銭の額を超える部分については、この限りでない。

4　第１項及び第２項の規定は、その他の財産権に対する仮差押えの執行について準用する。

5　民事執行法第145条第２項から第６項まで、第146条から第153条まで、第156条（第３項を除く。）、第164条第５項及び第６項並びに第167条の規定は、第１項の債権及びその他の財産権に対する仮差押えの執行について準用する。

（仮差押解放金の供託による仮差押えの執行の取消し）

第51条　債務者が第22条第１項の規定により定められた金銭の額に相当する金銭を供託したことを証明したときは、保全執行裁判所は、仮差押えの執行を取り消さなければならない。

2　前項の規定による決定は、第46条において準用する民事執行法第12条第２項の規定にかかわらず、即時にその効力を生ずる。

第３節　仮処分の執行

（仮処分の執行）

第52条　仮処分の執行については、この節に定めるもののほか、仮差押えの執行又は強制執行の例による。

2　物の給付その他の作為又は不作為を命ずる仮処分の執行については、仮処分命令を債務名義とみなす。

（不動産の登記請求権を保全するための処分禁止の仮処分の執行）

第53条　不動産に関する権利についての登記（仮登記を除く。）を請求する権利（以下「登記請求権」という。）を保全するための処分禁止の仮処分の執行は、処分禁止の登記をする方法により行う。

2　不動産に関する所有権以外の権利の保存、設定又は変更についての登記請求権を保全するための処分禁止の仮処分の執行は、前項の処分禁止の登記とともに、仮処分による仮登記（以下「保全仮登記」という。）をする方法により行う。

3　第47条第２項及び第３項並びに民事執行法第48条第２項、第53条及び第54条の規定は、前２項の処分禁止の仮処分の執行について準用する。

（不動産に関する権利以外の権利についての登記又は登録請求権を保全するための処分禁止の仮処分の執行）

第54条　前条の規定は、不動産に関する権利以外の権利で、その処分の制限につき登記又は登録を対抗要件又は効力発生要件とするものについての登記（仮登記を除く。）又は登録（仮登録を除く。）を請求する権利を保全するための処分禁止の仮処分の執行について準用する。

（債務者を特定しないで発された占有移転禁止の仮処分命令の執行）

第54条の２　第25条の２第１項の規定による占有移転禁止の仮処分命令の執行は、係争物である不動産の占有を解く際にその占有者を特定することができない場合は、することができない。

（建物収去土地明渡請求権を保全するための建物の処分禁止の仮処分の執行）

第55条　建物の収去及びその敷地の明渡しの請求権を保全するため、その建物の処分禁止の仮処分命令が発せられたときは、その仮処分の執行は、処分禁止の登記をする方法により行う。

2　第47条第２項及び第３項並びに民事執行法第48条第２項、第53条及び第54条の規定は、前項の処分禁止の仮処分の執行について準用する。

（法人の代表者の職務執行停止の仮処分等の登記の嘱託）

第56条　法人を代表する者その他法人の役員として登記された者について、その職務の執行を停止し、若しくはその職務を代行する者を選任する仮処分命令又はその仮処分命令を変更し、若しくは取り消す決定がされた場合には、裁判所書記官は、法人の本店又は主たる事務所の所在地（外国法人にあっては、各事務所の所在地）を管轄する登記所にその登記を嘱託しなければならない。ただし、これらの事項が登記すべきものでないときは、この限りでない。

（仮処分解放金の供託による仮処分の執行の取消し）

第57条　債務者が第25条第１項の規定により定められた金銭の額に相当する金銭を供託したことを証明したときは、保全執行裁判所は、仮処分の執行を取り消さなければならない。

2　第51条第２項の規定は、前項の規定による決定について準用する。

第４章　仮処分の効力

（不動産の登記請求権を保全するための処分禁止の仮処分の効力）

第58条　第53条第１項の処分禁止の登記の後にされた登記に係る権利の取得又は処分の制限は、同項の仮処分の債権者が保全すべき登記請求権に係る登記をする場合には、その登記に係る権利の取得又は消滅と抵触する限度において、その債権者に対抗することができない。

2　前項の場合においては、第53条第１項の仮処分の債権者（同条第２項の仮処分の債権者を除く。）は、同条第１項の処分禁止の登記に後れる登記を抹消することができる。

3　第53条第２項の仮処分の債権者が保全すべき登記請求権に係る登記をするには、保全仮登記に基づく本登記をする方法による。

4　第53条第２項の仮処分の債権者は、前項の規定により登記をする場合において、その仮処分により保全すべき登記請求権に係る権利が不動産の使用又は収益をするものであるときは、不動産の使用若しくは収益をする権利（所有権を除く。）又はその権利を目的とする権利の取得に関する登記で、同条第１項の処分禁止の登記に後れるものを抹消することができる。

（登記の抹消の通知）

第59条　仮処分の債権者が前条第２項又は第４項の規定により登記を抹消するには、あらかじめ、その登記の権利者に対し、その旨を通知しなければならない。

2　前項の規定による通知は、これを発する時の同項の権利者の登記簿上の住所又は事務所にあてて発することができる。この場合には、その通知は、遅くとも、これを発した日から１週間を経過した時に到達したものとみなす。

（仮処分命令の更正等）

第60条　保全仮登記に係る権利の表示がその保全仮登記に基づく本登記をすべき旨の本案の債務名義における権利の表示と符合しないときは、第53条第２項の処分禁止の仮処分の命令を発した裁判所は、債権者の申立てにより、その命令を更正しなければならない。

2　前項の規定による更正決定に対しては、即時抗告をすることができる。
3　第１項の規定による更正決定が確定したときは、裁判所書記官は、保全仮登記の更正を嘱託しなければならない。

（不動産に関する権利以外の権利についての登記又は登録請求権を保全するための処分禁止の仮処分の効力）
第61条　前３条の規定は、第54条に規定する処分禁止の仮処分の効力について準用する。

（占有移転禁止の仮処分命令の効力）
第62条　占有移転禁止の仮処分命令の執行がされたときは、債権者は、本案の債務名義に基づき、次に掲げる者に対し、係争物の引渡し又は明渡しの強制執行をすることができる。
一　当該占有移転禁止の仮処分命令の執行がされたことを知って当該係争物を占有した者
二　当該占有移転禁止の仮処分命令の執行後にその執行がされたことを知らないで当該係争物について債務者の占有を承継した者
2　占有移転禁止の仮処分命令の執行後に当該係争物を占有した者は、その執行がされたことを知って占有したものと推定する。

（執行文の付与に対する異議の申立ての理由）
第63条　前条第１項の本案の債務名義につき同項の債務者以外の者に対する執行文が付与されたときは、その者は、執行文の付与に対する異議の申立てにおいて、債権者に対抗することができる権原により当該物を占有していること、又はその仮処分の執行がされたことを知らず、かつ、債務者の占有の承継人でないことを理由とすることができる。

（建物収去土地明渡請求権を保全するための建物の処分禁止の仮処分の効力）
第64条　第55条第１項の処分禁止の登記がされたときは、債権者は、本案の債務名義に基づき、その登記がされた後に建物を譲り受けた者に対し、建物の収去及びその敷地の明渡しの強制執行をすることができる。

（詐害行為取消権を保全するための仮処分における解放金に対する権利の行使）
第65条　民法（明治29年法律第89号）第424条第１項の規定による詐害行為取消権を保全するための仮処分命令において定められた第25条第１項の金銭の額に相当する金銭が供託されたときは、同法第424条第１項の債務者は、供託金の還付を請求する権利（以下「還付請求権」という。）を取得する。この場合において、その還付請求権は、その仮処分の執行が第57条第１項の規定により取り消され、かつ、保全すべき権利についての本案の判決が確定した後に、その仮処分の債権者が同法第424条第１項の債務者に対する債務名義によりその還付請求権に対し強制執行をするときに限り、これを行使することができる。

第５章　罰則

（公示書等損壊罪）
第66条　第52条第１項の規定によりその例によることとされる民事執行法第168条の２第３項又は第４項の規定により執行官が公示するために施した公示書その他の標識を損壊した者は、１年以下の懲役又は100万円以下の罰金に処する。

（陳述等拒絶の罪）
第67条　第52条第１項の規定によりその例によることとされる民事執行法第168条第２項の規定による執行官の質問又は文書の提出の要求に対し、正当な理由なく、陳述をせず、若しくは文書の提示を拒み、又は虚偽の陳述をし、若しくは虚偽の記載をした文書を提示した債務者又は同項に規定する不動産等を占有する第三者は、６月以下の懲役又は50万円以下の罰金に処する。

民事保全規則

平成２年５月16日最高裁判所規則第３号
最終改正　令和４年11月７日最高裁判所規則第17号

目次

第１章　総則

（申立ての方式）
第１条　次に掲げる申立ては、書面でしなければならない。
一　保全命令の申立て
二　保全命令の申立てを却下する裁判に対する即時抗告
三　保全異議の申立て
四　保全取消しの申立て
五　保全抗告
六　保全執行の申立て

（法第4条第1項の最高裁判所規則で定める担保提供の方法）
第２条　民事保全法（平成元年法律第91号。以下「法」という。）第４条第１項の規定による担保は、担保を立てるべきことを命じた裁判所の許可を得て、これを命じられた者が銀行、保険会社、株式会社商工組合中央金庫、農林中央金庫、全国を地区とする信用金庫連合会、信用金庫又は労働金庫（以下この条において「銀行等」という。）との間において次に掲げる要件を満たす支払保証委託契約を締結する方法によって立てることができる。
一　銀行等は、担保を立てるべきことを命じられた者のために、裁判所が定めた金額を限度として、担保に係る損害賠償請求権についての債務名義又はその損害賠償請求権の存在を確認する確定判決若しくはこれと同一の効力を有するものに表示された額の金銭を担保権利者に支払うものであること。
二　担保取消しの決定が確定した時又は第17条第１項若しくは第４項の許可がされた時に契約の効力が消滅するものであること。
三　契約の変更又は解除をすることができないものであること。
四　担保権利者の申出があったときは、銀行等は、契約が締結されたことを証する文書を担保権利者に交付するものであること。

（口頭弁論又は審尋の期日の呼出し）
第３条　民事保全の手続における口頭弁論又は審尋の期日の呼出しは、相当と認める方法によることができる。
２　前項の呼出しがされたときは、裁判所書記官は、その旨及び呼出しの方法を記録上明らかにしなければならない。

（申立ての取下げの方式等）
第４条　第１条各号に掲げる申立ての取下げは、口頭弁論又は審尋の期日においてする場合を除き、書面でしなければならない。
２　第１条第１号又は第２号に掲げる申立てが取り下げられたときは、裁判所書記官は、口頭弁論若しくは審尋の期日の呼出し又は保全命令の送達を受けた債務者に対し、その旨を通知しなければならない。
３　第１条第３号から第５号までに掲げる申立てが取り下げられたときは、裁判所書記官は、当該申立書の写しの送付を受けた相手方に対し、その旨を通知しなければならない。
４　保全執行裁判所に対する保全執行の申立てが取り下げられたときは、裁判所書記官は、保全執行を開始する決定の送達を受けた債務者に対し、その旨を通知しなければならない。

（催告及び通知）
第５条　民事訴訟規則（平成８年最高裁判所規則第５号）第４条の規定は、民事保全の手続における催告及び通知について準用する。この場合において、同条第２項、第５項及び第６項中「裁判所書記官」とあるのは「裁判所書記官又は執行官」と読み替えるものとする。

（民事訴訟規則の準用）
第６条　特別の定めがある場合を除き、民事保全の手続に関しては、その性質に反しない限り、民事訴訟規則の規定（同規則第30条の２及び同規則第30条の３の規定を除く。）を準用する。

第２章　保全命令に関する手続

第１節　総則

（口頭弁論調書の記載の省略等）
第７条　保全命令に関する手続における口頭弁論の調書については、裁判長の許可を得て、証人、鑑定人若しくは当事者本人の陳述又は検証の結果の記載を省略することができる。
２　前項の規定により調書の記載を省略する場合にお

いて、裁判長の命令又は当事者の申出があるときは、裁判所書記官は、当事者の裁判上の利用に供するため、録音装置を使用して前項の陳述を録取しなければならない。この場合において、当事者の申出があるときは、裁判所書記官は、録音体の複製を許さなければならない。

（審尋調書の作成等）

第８条　第１条第１号又は第２号に掲げる申立てについての手続における審尋の調書は、作成することを要しない。ただし、裁判長が作成を命じたときは、この限りでない。

2　第１条第３号から第５号までに掲げる申立てについての手続における審尋の調書については、裁判長の許可を得て、参考人又は当事者本人の陳述の記載を省略することができる。

3　前条第２項の規定は、前項の規定により調書の記載を省略する場合について準用する。

（決定書の作成）

第９条　第１条第１号から第５号までに掲げる申立てについての決定は、決定書を作成してしなければならない。

2　前項の決定書には、次に掲げる事項を記載し、裁判官が記名押印しなければならない。

一　事件の表示

二　当事者の氏名又は名称及び代理人の氏名

三　保全命令を発する場合にあっては、当事者の住所

四　担保額及び担保提供方法

五　主文

六　理由又は理由の要旨

七　決定の年月日

八　裁判所の表示

3　第１項の決定の理由においては、主要な争点及びこれに対する判断を示さなければならない。

4　第１項の決定の理由においては、口頭弁論又は債務者の審尋を経ないで保全命令を発する場合を除き、保全命令の申立書その他の当事者の主張を記載した書面（以下「主張書面」という。）を引用することができる。

（調書決定）

第10条　第１条第１号から第５号までに掲げる申立てについての決定は、前条の規定にかかわらず、口頭弁論又は審尋の期日において同条第２項第４号から第６号までに掲げる事項を言い渡し、かつ、これを調書に記載させてすることができる。

2　前項の場合において、保全命令を発するときは、同項の調書に当事者の氏名又は名称及び住所並びに代理人の氏名を記載させなければならない。

3　前条第３項及び第４項の規定は、第１項の場合について準用する。

第11条　削除

（担保変換決定の通知）

第12条　保全命令に関する手続において、担保を他の担保に変換する旨の決定があったときは、裁判所書記官は、その旨を担保権利者に通知しなければならない。

第２節　保全命令

第１款　通則

（申立書の記載事項）

第13条　保全命令の申立書には、次に掲げる事項を記載しなければならない。

一　当事者の氏名又は名称及び住所（債務者を特定することができない場合にあっては、その旨）並びに代理人の氏名及び住所

二　申立ての趣旨及び理由

2　保全命令の申立ての理由においては、保全すべき権利又は権利関係及び保全の必要性を具体的に記載し、かつ、立証を要する事由ごとに証拠を記載しなければならない。

（主張書面の提出の方法等）

第14条　保全命令の申立てについての手続において、口頭弁論の期日又は債務者を呼び出す審尋の期日が指定された後に主張書面の提出をするには、これと同時に、その写し１通（相手方の数が２以上であるときは、その数の通数）を提出しなければならない。ただし、やむを得ない事由があるときは、裁判所の定める期間内に提出すれば足りる。

2　保全命令の申立てについての手続において書証の申出をするには、これと同時に、口頭弁論の期日又は債務者を呼び出す審尋の期日が指定される前にあってはその写し１通を、これらの期日が指定された後にあってはその写し２通（相手方の数が２以上であるときは、その数に１を加えた通数）を提出しなければならない。この場合においては、前項ただし書の規定を準用する。

3　口頭弁論の期日又は債務者を呼び出す審尋の期日が指定された後に前２項の写しが提出されたときは、裁判所書記官は、当該写し（前項の写しについては、そのうちの１通を除く。）を相手方に送付しなければならない。

（主張書面等の直送）

第15条　債権者は、保全命令の申立てについての手続において、口頭弁論の期日の呼出し又は債務者を呼び出す審尋の期日の通知を受けたときは、遅滞なく、既に提出した主張書面及び書証について直送をしなければならない。

（保全命令の申立ての却下決定等の告知）

第16条　保全命令の申立てを却下する決定及びこれに対する即時抗告を却下する決定は、債務者に対し口頭弁論又は審尋の期日の呼出しがされた場合を除き、債務者に告知することを要しない。

2　保全命令を発するために担保を立てさせる決定は、債務者に告知することを要しない。

（担保の取戻し）

第17条　保全執行としてする登記若しくは登録又は第三債務者に対する保全命令の送達ができなかった

場合その他保全命令により債務者に損害が生じないことが明らかである場合において、法第43条第２項の期間が経過し、又は保全命令の申立てが取り下げられたときは、債権者は、保全命令を発した裁判所の許可を得て、法第14条第１項の規定により立てた担保を取り戻すことができる。

２　前項の許可を求める申立ては、次に掲げる事項を記載した書面でしなければならない。

一　保全命令事件の表示

二　当事者の氏名又は名称及び住所（債務者を特定することができない場合にあっては、その旨）並びに代理人の氏名及び住所

三　申立ての趣旨及び理由

四　保全命令の正本が担保権利者である債務者以外の債務者に対する保全執行のため執行機関に提出されているときは、その旨

３　前項に規定する申立書には、次に掲げる書面を添付しなければならない。

一　保全命令の正本。ただし、前項第４号に規定する場合における当該正本を除く。

二　前項第４号に規定する場合にあっては、その旨を証する書面

三　事件の記録上明らかである場合を除き、保全命令により債務者に損害が生じないことが明らかであることを証する書面

４　債務者は、第１項の担保に関する債権者の権利を承継したときは、保全命令を発した裁判所の許可を得て、その担保を取り戻すことができる。

５　前項の許可を求める申立ては、第２項第１号から第３号までに掲げる事項を記載した書面でしなければならない。この書面には、債務者が第１項の担保に関する債権者の権利を承継したことを証する書面を添付しなければならない。

第２款　仮差押命令

（申立書の記載事項の特則）

第18条　民事執行法（昭和54年法律第４号）第143条に規定する債権（以下「債権」という。）に対する仮差押命令の申立書には、第三債務者の氏名又は名称及び住所並びに法定代理人の氏名及び住所を記載しなければならない。

２　民事執行規則（昭和54年最高裁判所規則第５号）第150条の２に規定する振替社債等（以下「振替社債等」という。）に関する仮差押命令の申立書には、振替機関等（社債、株式等の振替に関する法律（平成13年法律第75号）第２条第５項に規定する振替機関等であって債務者が口座の開設を受けているものをいう。以下同じ。）の名称及び住所を記載しなければならない。

３　次の各号に掲げる請求に係る振替社債等（以下「買取請求株式等」という。）について当該各号に定める買取口座に記載又は記録がされている場合において、買取請求株式等を仮に差し押さえるときにおける前項の規定の適用については、同項中「振替機関等」とあるのは「買取口座開設振替機関等」と、「債務者が口座の開設を受けているものをいう。以下同じ。）」とあるのは「振替社債等の発行者（以下「発行者」という。）が当該買取口座の開設を受けているものをいう。）及び発行者」とする。

一　社債、株式等の振替に関する法律第155条第１項（同法第228条第１項及び同法第239条第１項において読み替えて準用する場合を含む。以下この号において同じ。）に規定する株式買取請求、投資口買取請求又は優先出資買取請求　同法第155条第１項に規定する買取口座

二　社債、株式等の振替に関する法律第183条第１項（同法第247条の３第１項において読み替えて準用する場合を含む。以下この号において同じ。）に規定する新株予約権買取請求又は新投資口予約権買取請求　同法第183条第１項に規定する買取口座

三　社債、株式等の振替に関する法律第215条第１項に規定する新株予約権付社債買取請求　同項に規定する買取口座

四　社債、株式等の振替に関する法律第259条第１項に規定する株式買取請求　同項に規定する買取口座

五　社債、株式等の振替に関する法律第260条第１項に規定する新株予約権買取請求　同項に規定する買取口座

六　社債、株式等の振替に関する法律第266条第１項に規定する株式買取請求　同項に規定する買取口座

七　社債、株式等の振替に関する法律第267条第１項に規定する新株予約権買取請求　同項に規定する買取口座

八　社債、株式等の振替に関する法律第273条第１項に規定する株式買取請求　同項に規定する買取口座

九　社債、株式等の振替に関する法律第274条第１項に規定する新株予約権買取請求　同項に規定する買取口座

４　民事執行規則第150条の９に規定する電子記録債権（以下「電子記録債権」という。）に関する仮差押命令の申立書には、第三債務者（当該電子記録債権の債務者をいう。第42条の２において同じ。）の氏名又は名称及び住所並びに法定代理人の氏名及び住所並びに当該電子記録債権の電子記録（電子記録債権法（平成19年法律第102号）第２条第１項に規定する電子記録をいう。以下同じ。）をしている電子債権記録機関（同条第２項に規定する電子債権記録機関をいう。以下同じ。）の名称及び住所を記載しなければならない。

（申立ての趣旨の記載方法）

第19条　仮差押命令の申立ての趣旨の記載は、仮に差し押さえるべき物を特定してしなければならない。ただし、仮に差し押さえるべき物が民事執行法第122条第１項に規定する動産（以下「動産」という。）であるときは、その旨を記載すれば足りる。

２　次の各号に掲げる仮差押命令の申立書における仮

に差し押さえるべき物の記載は、当該各号に定める事項を明らかにしてしなければならない。

一　債権に対する仮差押命令　債権の種類及び額その他の債権を特定するに足りる事項

二　民事執行規則第146条第１項に規定する電話加入権（以下「電話加入権」という。）に対する仮差押命令　東日本電信電話株式会社又は西日本電信電話株式会社において電話に関する現業事務を取り扱う事務所で当該電話加入権に係る契約に関する事務を取り扱うもの、電話番号、電話加入権を有する者の氏名又は名称及び電話の設置場所

（申立書の添付書面）

第20条　次の各号に掲げる仮差押命令の申立書には、当該各号に定める書面を添付しなければならない。

一　民事執行法第43条第１項に規定する不動産（以下「不動産」という。）に対する仮差押命令　次に掲げる書面

イ　登記がされた不動産については、登記事項証明書及び登記記録の表題部に債務者以外の者が所有者として記録されている場合にあっては、債務者の所有に属することを証する書面

ロ　登記がされていない土地又は建物については、次に掲げる書面

(1)　債務者の所有に属することを証する書面

(2)　当該土地についての不動産登記令（平成16年政令第379号）第２条第２号に規定する土地所在図及び同条第３号に規定する地積測量図

(3)　当該建物についての不動産登記令第２条第５号に規定する建物図面及び同条第６号に規定する各階平面図並びに同令別表の32の項添付情報欄ハ又はニに掲げる情報を記載した書面

ハ　不動産の価額を証する書面

二　民事執行法第112条に規定する船舶（以下「船舶」という。）に対する仮差押命令　次に掲げる書面

イ　登記がされた日本船舶については、登記事項証明書

ロ　登記がされていない日本船舶については、船舶登記令（平成17年政令第11号）第13条第１項第４号イからホまでに掲げる情報を記載した書面、同令別表１の７の項添付情報欄ロ及びハに掲げる情報を記載した書面及びその船舶が債務者の所有に属することを証する書面

ハ　日本船舶以外の船舶については、その船舶が民事執行法第112条に規定する船舶であることを証する書面及びその船舶が債務者の所有に属することを証する書面

ニ　船舶の価額を証する書面

三　民事執行規則第84条に規定する航空機（以下「航空機」という。）に対する仮差押命令　航空機登録原簿の謄本及び航空機の価額を証する書面

四　民事執行規則第86条に規定する自動車（以下「自動車」という。）に対する仮差押命令　自動車登録ファイルに記録されている事項を証明した書面及び自動車の価額を証する書面

五　民事執行規則第98条に規定する建設機械（以下「建設機械」という。）に対する仮差押命令　登記事項証明書及び建設機械の価額を証する書面

六　民事執行規則第98条の２に規定する小型船舶（以下「小型船舶」という。）に対する仮差押命令　小型船舶の登録等に関する法律（平成13年法律第102号）第14条に規定する原簿の謄本又は原簿のうち磁気ディスクをもって調製された部分に記録されている事項を証明した書面及び小型船舶の価額を証する書面

七　電話加入権に対する仮差押命令　東日本電信電話株式会社又は西日本電信電話株式会社の電話加入権に関する帳簿に記載されている事項を証明した書面

八　民事執行法第167条第１項に規定するその他の財産権（以下「その他の財産権」という。）で権利の移転について登記又は登録を要するものに対する仮差押命令　登記事項証明書又は登録原簿に記載されている事項を証明した書面

第３款　仮処分命令

（仮処分解放金の還付請求権者の記載）

第21条　法第25条第１項の金銭の額を定める場合には、仮処分命令にその金銭の還付を請求することができる者の氏名又は名称及び住所を掲げなければならない。

（保全すべき登記請求権等の記載）

第22条　法第53条第２項の仮処分に係る仮処分命令の決定書又はこれに代わる調書には、保全すべき登記請求権及びこれを保全するための仮処分命令である旨を記載しなければならない。

2　前項の規定は、法第54条の仮処分に係る仮処分命令の決定書又はこれに代わる調書について準用する。

3　法第55条第１項の仮処分命令の決定書又はこれに代わる調書には、同項の請求権を保全するための仮処分命令である旨を記載しなければならない。

（仮差押命令の規定の準用）

第23条　前款（第19条第１項を除く。）の規定は、仮処分命令の申立てについて準用する。

第３節　保全異議

（申立書の記載事項）

第24条　保全異議の申立書には、次に掲げる事項を記載しなければならない。

一　保全命令事件の表示

二　債務者の氏名又は名称及び住所並びに代理人の氏名及び住所

三　債権者の氏名又は名称及び住所

四　申立ての趣旨及び理由

2　保全異議の申立ての趣旨の記載は、保全命令の一

部の取消し又は変更を求める場合にあっては、その範囲を明らかにしてしなければならない。

3　保全異議の申立ての理由においては、保全命令の取消し又は変更を求める事由を具体的に記載し、かつ、立証を要する事由ごとに証拠を記載しなければならない。

（主張書面の提出の方法等）

第25条　保全異議の申立てについての手続において主張書面の提出をするには、これと同時に、その写し１通（相手方の数が２以上であるときは、その数の通数）を提出しなければならない。ただし、やむを得ない事由があるときは、裁判所の定める期間内に提出すれば足りる。

2　保全異議の申立てについての手続において書証の申出をするには、これと同時に、その写し２通（相手方の数が２以上であるときは、その数に１を加えた通数）を提出しなければならない。この場合においては、前項ただし書の規定を準用する。

3　裁判所書記官は、前２項の写し（前項の写しについては、そのうちの１通を除く。）を相手方に送付しなければならない。

（主張書面等の直送）

第26条　債権者は、前条第３項の規定により保全異議の申立書の写しの送付を受けたときは、遅滞なく、保全命令の申立てについての手続において提出した主張書面及び書証について直送をしなければならない。ただし、これらの書面につき保全命令の申立てについての手続において直送又は送付がされているときは、この限りでない。

（決定書等への引用）

第27条　保全異議の申立てについての決定書における第９条第２項第２号又は第６号に掲げる事項の記載は、保全命令の決定書又はこれに代わる調書を引用してすることができる。

2　前項の規定は、保全異議の申立てについて第10条第１項の規定により決定をする場合について準用する。

第４節　保全取消し

（起訴命令の申立ての方式）

第28条　法第37条第１項の申立ては、第24条第１項に掲げる事項を記載した書面でしなければならない。

（保全異議の規定の準用）

第29条　前節（第26条を除く。）の規定は、保全取消しの申立てについての手続について準用する。

第５節　保全抗告

（保全異議の規定の準用）

第30条　第３節（第26条を除く。）の規定は、保全抗告についての手続について準用する。

第３章　保全執行に関する手続

第１節　総則

（民事執行規則の準用）

第31条　民事執行規則第１章（第１条、第３条、第４条、第10条、第14条及び第15条の２を除く。）及び同規則第２章第１節（第16条第２項、第20条及び第22条の３を除く。）の規定は、保全執行について準用する。ただし、同規則第21条の規定は、登記若しくは登録をする方法又は第三債務者若しくはこれに準ずる者に保全命令の送達をする方法による保全執行については、この限りでない。

第２節　仮差押えの執行

（強制管理の方法による不動産に対する仮差押えの執行）

第32条　民事執行規則第23条第１号、第２号及び第５号、同規則第23条の２（第４号を除く。）、同規則第63条、同規則第64条の２から第68条まで、同規則第71条並びに同規則第73条において準用する同規則第25条の規定は、強制管理の方法による不動産に対する仮差押えの執行について準用する。この場合において、同規則第71条第１項中「法第108条」とあるのは、「民事保全法第47条第４項」と読み替えるものとする。

2　強制管理の方法による不動産に対する仮差押えの執行の申立書には、仮差押命令の申立てについての手続においてその執行の申立てをする旨を明示したことを証する書面を添付しなければならない。

（船舶国籍証書等の取上げを命ずる方法による船舶に対する仮差押えの執行）

第33条　前条第２項並びに民事執行規則第74条（各号を除く。）、同規則第75条、同規則第80条及び同規則第81条の規定は船舶国籍証書等（法第48条第１項に規定する船舶国籍証書等をいう。）の取上げを命ずる方法による船舶に対する仮差押えの執行について、同規則第13条第１項及び第２項の規定は執行官が法第48条第１項の規定による決定を執行した場合について、同規則第65条第２項及び第３項並びに同規則第66条の規定は法第48条第３項において準用する民事執行法第116条第１項の保管人について準用する。

（航空機に対する仮差押えの執行）

第34条　航空機に対する仮差押えの執行については、法第48条及び前条の規定を準用する。この場合において、これらの規定並びに前条において準用する民事執行規則第75条及び同規則第81条中「船舶国籍証書等」とあるのは「航空機登録証明書その他の航空機の航行のために必要な書面」と、前条において準用する同規則第74条中「並びに船長の氏名及び現在する場所を記載し」とあるのは「を記載し」と、前条において準用する同規則第75条中「、船長及び船籍港を管轄する地方運輸局、運輸監理部又は地方運輸局若しくは運輸監理部の運輸支局の長」とあるのは「及び国土交通大臣」と読み替えるものとする。

（自動車に対する仮差押えの執行の方法）

第35条　自動車に対する仮差押えの執行は、仮差押えの登録をする方法又は執行官に対し自動車を取り上げて保管すべき旨を命ずる方法により行う。これらの方法は、併用することができる。

（自動車に対する仮差押えの執行の申立書の記載事項）

第36条　自動車の取上げを命ずる方法による仮差押えの執行の申立書には、第31条において準用する民事執行規則第21条各号に掲げる事項のほか、自動車の所在する場所を記載しなければならない。

（仮差押えの執行がされた自動車の売却）

第37条　自動車の取上げを命ずる方法による仮差押えの執行がされた自動車について、著しい価額の減少を生ずるおそれがあるとき、又はその保管のために不相応な費用を要するときは、執行官は、仮差押債権者、債務者及び抵当権者に対し、その旨を通知しなければならない。

2　前項に規定する場合において、仮差押債権者又は債務者の申立てがあるときは、保全執行裁判所は、民事執行規則の規定による自動車執行の手続により自動車を売却する旨を定めることができる。ただし、その自動車に抵当権が設定されているときは、この限りでない。

3　前項の規定による決定がされたときは、裁判所書記官は、同項の申立てをしない仮差押債権者及び債務者に対し、その旨を通知しなければならない。

4　第2項の規定による決定に基づいて自動車が売却され、その代金が保全執行裁判所に納付されたときは、裁判所書記官は、売却代金を供託しなければならない。

（自動車に対する仮差押えの執行についての不動産に対する仮差押えの執行等の規定の準用）

第38条　法第47条第3項及び法第48条第2項並びに民事執行法第46条第2項、同法第47条第1項、同法第48条第2項、同法第53条及び同法第54条の規定は仮差押えの登録をする方法による自動車に対する仮差押えの執行について、法第48条第2項、民事執行法第45条第3項、同法第47条第1項及び同法第53条、第32条第2項並びに民事執行規則第91条、同規則第96条の4及び同規則第97条において準用する同規則第109条の規定は自動車の取上げを命ずる方法による仮差押えの執行について、同規則第13条第1項及び第2項の規定は執行官が第35条の規定による決定を執行した場合について準用する。

（建設機械又は小型船舶に対する仮差押えの執行）

第39条　建設機械に対する仮差押えの執行については、第35条から前条までの規定を準用する。小型船舶に対する仮差押えの執行についても、同様とする。

（動産に対する仮差押えの執行）

第40条　動産に対する仮差押えの執行については、民事執行規則第99条から第106条まで、同規則第107条第1項、同規則第108条から第110条まで及び同規則第127条の規定を準用する。

（債権及びその他の財産権に対する仮差押えの執行）

第41条　仮差押えの執行がされた債権について差押命令又は差押処分の送達を受けた場合においては、法第50条第5項において準用する民事執行法第156条第4項の規定による届出は、差押命令を発した裁判所（差押処分の送達を受けた場合にあっては、当該差押処分をした裁判所書記官）に対してしなければならない。

2　民事執行規則第133条の2、同規則第135条、同規則第136条第1項及び第3項並びに同規則第138条の規定は債権に対する仮差押えの執行について、同規則第147条の規定は電話加入権に対する仮差押えの執行について、同条第2項の規定はその他の財産権で権利の移転について登記又は登録を要するものに対する仮差押えの執行について準用する。この場合において、同規則第133条の2中「法第145条第4項」とあるのは「民事保全法第50条第5項において準用する法第145条第4項」と、同条第2項中「法第153条第1項又は第2項」とあるのは「民事保全法第50条第5項において準用する法第153条第1項又は第2項」と、同規則第138条第3項中「差押命令、差押処分又は仮差押命令」とあるのは「仮差押命令」と、「差押命令を発した裁判所（差押処分が先に送達された場合にあつては、当該差押処分をした裁判所書記官）」とあるのは「仮差押命令を発した裁判所」と読み替えるものとする。

（振替社債等に関する仮差押えの執行）

第42条　振替社債等に関する仮差押えの執行は、振替社債等に関し、保全執行裁判所が振替機関等に対し振替及び抹消を禁止する命令（買取請求株式等に関する仮差押えの執行にあっては、買取口座開設振替機関等に対し振替を禁止し、及び発行者に対し振替の申請その他の処分を禁止する命令）を発する方法により行う。

2　法第50条第2項及び第3項、民事執行法第146条、同法第147条及び同法第149条、第41条第1項並びに民事執行規則第135条、同規則第136条第1項及び第3項、同規則第138条、同規則第147条第2項、同規則第150条の3（第1項、第2項及び第8項を除く。）、同規則第150条の4並びに同規則第150条の6（第3項及び第4項後段を除く。）の規定は、振替社債等に関する仮差押えの執行について準用する。この場合において、法第50条第2項中「前項」とあるのは「民事保全規則第42条第1項」と、同条第3項中「第三債務者」とあるのは「発行者」と、「金銭の支払を目的とする債権」とあるのは「民事執行規則第150条の5第1項に規定する振替債等又は同項第1号に掲げる振替新株予約権付社債についての社債」と、民事執行法第147条第1項中「差押債権者の申立てがあるときは、裁判所書記官は」とあるのは「裁判所書記官は」と、同条及び民事執行規則第135条中「第三債務者」とあるのは「振替機関等（買取請求株式等に関する仮差押えの執行にあつては、買取口座開設振替機関等）」と、第41条第1項中「法第50条第5項において準用する民事執行法第156条第４項」とあるのは「第42条第２項において準用する民事執行規則第150条の６第４項」と、同規則第135条中「法第147条第１項」とあるのは「民事保全規則第42条第２項において準用する法第147条第１項」と、同条第１項第２号中「弁済の意思」とあるのは「振替又は抹消の申請（買取請求株式等に関する仮差押えの執行にあつては、振替の申請）等」と、「弁済する」とあるのは「振替若しくは抹消（買取請求株式等に関する仮差押えの執行にあつては、振替）を行う」と、「弁済しない」とあるのは「振替若しくは抹消（買取請求株式等に関する仮差押えの執行にあつては、振替）を行わない」と、同項第４号中「仮差押え」とあるのは「仮差押え若しくは仮処分」と、「差押命令、差押処分又は仮差押命令」とあるのは「差押命令又は仮差押命令若しくは仮処分命令」と、同規則第136条第１項及び第３項中「第三債務者」とあるのは「振替機関等（買取請求株式等に関する仮差押えの執行にあつては、買取口座開設振替機関等及び発行者）」と、同規則第138条第１項中「法第156条第４項」とあるのは「民事保全規則第42条第２項において準用する第150条の６第４項」と、同条第３項中「差押命令、差押処分又は仮差押命令」とあるのは「仮差押命令」と、「差押命令を発した裁判所（差押処分が先に送達された場合にあつては、当該差押処分をした裁判所書記官）」とあるのは「仮差押命令を発した裁判所」と、同規則第147条第２項中「前項」とあるのは「民事保全規則第42条第２項において準用する法第147条第１項」と読み替えるものとする。

（電子記録債権に関する仮差押えの執行）

第42条の２　電子記録債権に関する仮差押えの執行は、電子記録債権に関し、保全執行裁判所が第三債務者に対し債務者への弁済を禁止し、及び当該電子記録債権の電子記録をしている電子債権記録機関に対し電子記録を禁止する命令を発する方法により行う。

２　法第50条第２項及び第３項、民事執行法第145条第４項、同法第146条、同法第147条、同法第149条、同法第150条、同法第153条並びに同法第164条第５項及び第６項、第41条第１項並びに民事執行規則第133条の２、同規則第135条、同規則第136条第１項及び第３項、同規則第138条、同規則第147条第２項、同規則第150条の10（第１項及び第11項を除く。）、同規則第150条の12（第３項及び第４項後段を除く。）、同規則第150条の15第２項並びに同規則第150条の16の規定は、電子記録債権に関する仮差押えの執行について準用する。この場合において、法第50条第２項中「前項」とあるのは「民事保全規則第42条の２第１項」と、民事執行法第145条第４項中「第153条第１項又は第２項」とあるのは「民事保全規則第42条の２第２項において準用する第153条第１項又は第２項」と、同法第147条第１項中「差押債権者の申立てがあるときは、裁判所書記官は」とあるのは「裁判所書記官は」と、同条並びに民事執行規則第135条並びに同規則第136条第１項及び第３項中「第三債務者」とあるのは「第三債務者及び電子債権記録機関」と、同法第164条第５項中「第150条」とあるのは「民事保全規則第42条の２第２項において準用する第150条」と、第41条第１項中「法第50条第５項において準用する民事執行法第156条第４項」とあるのは「第42条の２第２項において準用する民事執行規則第150条の12第４項」と、同規則第133条の２中「法第145条第４項」とあるのは「民事保全規則第42条の２第２項において準用する法第145条第４項」と、同条第２項中「法第153条第１項又は第２項」とあるのは「民事保全規則第42条の２第２項において準用する法第153条第１項又は第２項」と、同規則第135条中「法第147条第１項」とあるのは「民事保全規則第42条の２第２項において準用する法第147条第１項」と、同条第１項中「次に掲げる事項」とあるのは「次に掲げる事項（電子債権記録機関にあつては、第２号に掲げる事項を除く。）」と、同項第１号中「その種類及び額（金銭債権以外の債権にあつては、その内容）」とあるのは「その金額、支払期日及び記録番号（電子記録債権法第16条第１項第７号に規定する記録番号をいう。）その他当該電子記録債権を特定するために必要な事項」と、同項第４号中「仮差押え」とあるのは「仮差押え若しくは仮処分」と、「差押命令、差押処分又は仮差押命令」とあるのは「差押命令又は仮差押命令若しくは仮処分命令」と、同規則第138条第１項中「法第156条第４項」とあるのは「民事保全規則第42条の２第２項において準用する第150条の12第４項」と、同条第３項中「差押命令、差押処分又は仮差押命令」とあるのは「仮差押命令」と、「差押命令を発した裁判所（差押処分が先に送達された場合にあつては、当該差押処分をした裁判所書記官）」とあるのは「仮差押命令を発した裁判所」と、同規則第147条第２項中「前項」とあるのは「民事保全規則第42条の２第２項において準用する法第147条第１項」と、同規則第150条の15第２項中「前項において準用する法第153条第１項又は第２項」とあるのは「民事保全規則第42条の２第２項において準用する法第153条第１項又は第２項」と読み替えるものとする。

第３節　仮処分の執行

（法人の代表者の職務執行停止の仮処分等の登記の嘱託の添付書面）

第43条　法第56条（他の法律において準用する場合を含む。）の規定による嘱託は、嘱託書に仮処分命令又はこれを変更し、若しくは取り消す決定の決定書又はこれに代わる調書の謄本を添付してしなければならない。

（占有移転禁止の仮処分命令の執行方法）

第44条　執行官は、占有移転禁止の仮処分命令の執行をするときは、はく離しにくい方法により公示書を掲示する方法その他相当の方法により、法第25条の２第１項第２号に規定する公示をしなければならない。この場合においては、民事執行規則第27条の３第２項の規定を準用する。

2　執行官は、占有移転禁止の仮処分命令の執行により引渡しを受けた係争物を債務者に保管させるときは、債務者に対し、当該係争物の処分及び前項の公示書の損壊に対する法律上の制裁その他の執行官が必要と認める事項を告げなければならない。

（債務者不特定の占有移転禁止の仮処分命令を執行した場合の届出）

第44条の２　執行官は、法第25条の２第１項の規定による占有移転禁止の仮処分命令を執行したときは、速やかに、同条第２項の規定によりその債務者となった者の氏名又は名称その他の当該者を特定するに足りる事項を、これを発した裁判所に届け出なければならない。

（振替社債等に関する仮処分の執行）

第45条　振替社債等に関する仮処分の執行については、振替社債等に関する仮差押えの執行又は強制執行の例による。

（電子記録債権に関する仮処分の執行）

第45条の２　電子記録債権に関する仮処分の執行については、電子記録債権に関する仮差押えの執行又は強制執行の例による。

第４章　仮処分の効力

（仮処分命令の更正の申立ての方式）

第46条　法第60条第１項（法第61条において準用する場合を含む。）の申立ては、次に掲げる事項を記載した書面でしなければならない。

一　仮処分命令事件の表示

二　当事者の氏名又は名称及び住所並びに代理人の氏名及び住所

三　申立ての趣旨及び理由

2　前項に規定する申立書には、更正の申立てに係る仮処分命令の本案の債務名義の正本を添付しなければならない。

（保全仮登記等の更正の嘱託の添付書面）

第47条　法第60条第３項（法第61条において準用する場合を含む。）の規定による嘱託をする場合において、債権者から、保全仮登記の更正について登記上利害関係を有する第三者若しくはその更正について利害関係を有する抵当証券の所持人及び裏書人の承諾書又はこれらの者に対抗することができる裁判の謄本が提出されたときは、嘱託書にこれらの書面を添付しなければならない。

（処分禁止の登記等の抹消の嘱託の申立て）

第48条　法第53条第１項の仮処分（同条第２項の仮処分を除く。）により保全された登記請求権に係る登記がされた場合において、不動産登記法（平成16年法律第123号）第111条第３項の規定による処分禁止の登記の抹消がされないときは、債権者は、保全執行裁判所の裁判所書記官に対し、その処分禁止の登記の抹消の嘱託をするよう申し立てることができる。

2　前項の規定は、法第54条の仮処分について準用する。

日本国憲法

昭和21年憲法
施行日　昭和22年5月3日

日本国民は、正当に選挙された国会における代表者を通じて行動し、われらとわれらの子孫のために、諸国民との協和による成果と、わが国全土にわたつて自由のもたらす恵沢を確保し、政府の行為によつて再び戦争の惨禍が起ることのないやうにすることを決意し、ここに主権が国民に存することを宣言し、この憲法を確定する。そもそも国政は、国民の厳粛な信託によるものであつて、その権威は国民に由来し、その権力は国民の代表者がこれを行使し、その福利は国民がこれを享受する。これは人類普遍の原理であり、この憲法は、かかる原理に基くものである。われらは、これに反する一切の憲法、法令及び詔勅を排除する。

日本国民は、恒久の平和を念願し、人間相互の関係を支配する崇高な理想を深く自覚するのであつて、平和を愛する諸国民の公正と信義に信頼して、われらの安全と生存を保持しようと決意した。われらは、平和を維持し、専制と隷従、圧迫と偏狭を地上から永遠に除去しようと努めてゐる国際社会において、名誉ある地位を占めたいと思ふ。われらは、全世界の国民が、ひとしく恐怖と欠乏から免かれ、平和のうちに生存する権利を有することを確認する。

われらは、いづれの国家も、自国のことのみに専念して他国を無視してはならないのであつて、政治道徳の法則は、普遍的なものであり、この法則に従ふことは、自国の主権を維持し、他国と対等関係に立たうとする各国の責務であると信ずる。

日本国民は、国家の名誉にかけ、全力をあげてこの崇高な理想と目的を達成することを誓ふ。

第1章　天皇

第1条　天皇は、日本国の象徴であり日本国民統合の象徴であつて、この地位は、主権の存する日本国民の総意に基く。

第2条　皇位は、世襲のものであつて、国会の議決した皇室典範の定めるところにより、これを継承する。

第3条　天皇の国事に関するすべての行為には、内閣の助言と承認を必要とし、内閣が、その責任を負ふ。

第4条　天皇は、この憲法の定める国事に関する行為のみを行ひ、国政に関する権能を有しない。

②　天皇は、法律の定めるところにより、その国事に関する行為を委任することができる。

第5条　皇室典範の定めるところにより摂政を置くときは、摂政は、天皇の名でその国事に関する行為を行ふ。この場合には、前条第1項の規定を準用する。

第6条　天皇は、国会の指名に基いて、内閣総理大臣を任命する。

②　天皇は、内閣の指名に基いて、最高裁判所の長たる裁判官を任命する。

第7条　天皇は、内閣の助言と承認により、国民のために、左の国事に関する行為を行ふ。

一　憲法改正、法律、政令及び条約を公布すること。
二　国会を召集すること。
三　衆議院を解散すること。
四　国会議員の総選挙の施行を公示すること。
五　国務大臣及び法律の定めるその他の官吏の任免並びに全権委任状及び大使及び公使の信任状を認証すること。
六　大赦、特赦、減刑、刑の執行の免除及び復権を認証すること。
七　栄典を授与すること。
八　批准書及び法律の定めるその他の外交文書を認証すること。
九　外国の大使及び公使を接受すること。
十　儀式を行ふこと。

第8条　皇室に財産を譲り渡し、又は皇室が、財産を譲り受け、若しくは賜与することは、国会の議決に基かなければならない。

第2章　戦争の放棄

第9条　日本国民は、正義と秩序を基調とする国際平和を誠実に希求し、国権の発動たる戦争と、武力による威嚇又は武力の行使は、国際紛争を解決する手段としては、永久にこれを放棄する。

②　前項の目的を達するため、陸海空軍その他の戦力は、これを保持しない。国の交戦権は、これを認めない。

第3章　国民の権利及び義務

第10条　日本国民たる要件は、法律でこれを定める。

第11条　国民は、すべての基本的人権の享有を妨げられない。この憲法が国民に保障する基本的人権は、侵すことのできない永久の権利として、現在及び将来の国民に与へられる。

第12条　この憲法が国民に保障する自由及び権利は、国民の不断の努力によつて、これを保持しなければならない。又、国民は、これを濫用してはならないのであつて、常に公共の福祉のためにこれを利用する責任を負ふ。

第13条　すべて国民は、個人として尊重される。生命、自由及び幸福追求に対する国民の権利については、公共の福祉に反しない限り、立法その他の国政の上で、最大の尊重を必要とする。

第14条　すべて国民は、法の下に平等であつて、人種、信条、性別、社会的身分又は門地により、政治的、経済的又は社会的関係において、差別されない。

② 華族その他の貴族の制度は、これを認めない。

③ 栄誉、勲章その他の栄典の授与は、いかなる特権も伴はない。栄典の授与は、現にこれを有し、又は将来これを受ける者の一代に限り、その効力を有する。

第15条　公務員を選定し、及びこれを罷免することは、国民固有の権利である。

② すべて公務員は、全体の奉仕者であつて、一部の奉仕者ではない。

③ 公務員の選挙については、成年者による普通選挙を保障する。

④ すべて選挙における投票の秘密は、これを侵してはならない。選挙人は、その選択に関し公的にも私的にも責任を問はれない。

第16条　何人も、損害の救済、公務員の罷免、法律、命令又は規則の制定、廃止又は改正その他の事項に関し、平穏に請願する権利を有し、何人も、かかる請願をしたためにいかなる差別待遇も受けない。

第17条　何人も、公務員の不法行為により、損害を受けたときは、法律の定めるところにより、国又は公共団体に、その賠償を求めることができる。

第18条　何人も、いかなる奴隷的拘束も受けない。又、犯罪に因る処罰の場合を除いては、その意に反する苦役に服させられない。

第19条　思想及び良心の自由は、これを侵してはならない。

第20条　信教の自由は、何人に対してもこれを保障する。いかなる宗教団体も、国から特権を受け、又は政治上の権力を行使してはならない。

② 何人も、宗教上の行為、祝典、儀式又は行事に参加することを強制されない。

③ 国及びその機関は、宗教教育その他いかなる宗教的活動もしてはならない。

第21条　集会、結社及び言論、出版その他一切の表現の自由は、これを保障する。

② 検閲は、これをしてはならない。通信の秘密は、これを侵してはならない。

第22条　何人も、公共の福祉に反しない限り、居住、移転及び職業選択の自由を有する。

② 何人も、外国に移住し、又は国籍を離脱する自由を侵されない。

第23条　学問の自由は、これを保障する。

第24条　婚姻は、両性の合意のみに基いて成立し、夫婦が同等の権利を有することを基本として、相互の協力により、維持されなければならない。

② 配偶者の選択、財産権、相続、住居の選定、離婚並びに婚姻及び家族に関するその他の事項に関しては、法律は、個人の尊厳と両性の本質的平等に立脚して、制定されなければならない。

第25条　すべて国民は、健康で文化的な最低限度の生活を営む権利を有する。

② 国は、すべての生活部面について、社会福祉、社会保障及び公衆衛生の向上及び増進に努めなければならない。

第26条　すべて国民は、法律の定めるところにより、その能力に応じて、ひとしく教育を受ける権利を有する。

② すべて国民は、法律の定めるところにより、その保護する子女に普通教育を受けさせる義務を負ふ。義務教育は、これを無償とする。

第27条　すべて国民は、勤労の権利を有し、義務を負ふ。

② 賃金、就業時間、休息その他の勤労条件に関する基準は、法律でこれを定める。

③ 児童は、これを酷使してはならない。

第28条　勤労者の団結する権利及び団体交渉その他の団体行動をする権利は、これを保障する。

第29条　財産権は、これを侵してはならない。
② 財産権の内容は、公共の福祉に適合するやうに、法律でこれを定める。
③ 私有財産は、正当な補償の下に、これを公共のために用ひることができる。
第30条　国民は、法律の定めるところにより、納税の義務を負ふ。
第31条　何人も、法律の定める手続によらなければ、その生命若しくは自由を奪はれ、又はその他の刑罰を科せられない。
第32条　何人も、裁判所において裁判を受ける権利を奪はれない。
第33条　何人も、現行犯として逮捕される場合を除いては、権限を有する司法官憲が発し、且つ理由となつてゐる犯罪を明示する令状によらなければ、逮捕されない。
第34条　何人も、理由を直ちに告げられ、且つ、直ちに弁護人に依頼する権利を与へられなければ、抑留又は拘禁されない。又、何人も、正当な理由がなければ、拘禁されず、要求があれば、その理由は、直ちに本人及びその弁護人の出席する公開の法廷で示されなければならない。
第35条　何人も、その住居、書類及び所持品について、侵入、捜索及び押収を受けることのない権利は、第33条の場合を除いては、正当な理由に基いて発せられ、且つ捜索する場所及び押収する物を明示する令状がなければ、侵されない。
② 捜索又は押収は、権限を有する司法官憲が発する各別の令状により、これを行ふ。
第36条　公務員による拷問及び残虐な刑罰は、絶対にこれを禁ずる。
第37条　すべて刑事事件においては、被告人は、公平な裁判所の迅速な公開裁判を受ける権利を有する。
② 刑事被告人は、すべての証人に対して審問する機会を充分に与へられ、又、公費で自己のために強制的手続により証人を求める権利を有する。
③ 刑事被告人は、いかなる場合にも、資格を有する弁護人を依頼することができる。被告人が自らこれを依頼することができないときは、国でこれを附する。
第38条　何人も、自己に不利益な供述を強要されない。
② 強制、拷問若しくは脅迫による自白又は不当に長く抑留若しくは拘禁された後の自白は、これを証拠とすることができない。
③ 何人も、自己に不利益な唯一の証拠が本人の自白である場合には、有罪とされ、又は刑罰を科せられない。
第39条　何人も、実行の時に適法であつた行為又は既に無罪とされた行為については、刑事上の責任を問はれない。又、同一の犯罪について、重ねて刑事上の責任を問はれない。
第40条　何人も、抑留又は拘禁された後、無罪の裁判を受けたときは、法律の定めるところにより、国にその補償を求めることができる。

第4章　国会

第41条　国会は、国権の最高機関であつて、国の唯一の立法機関である。
第42条　国会は、衆議院及び参議院の両議院でこれを構成する。
第43条　両議院は、全国民を代表する選挙された議員でこれを組織する。
② 両議院の議員の定数は、法律でこれを定める。
第44条　両議院の議員及びその選挙人の資格は、法律でこれを定める。但し、人種、信条、性別、社会的身分、門地、教育、財産又は収入によつて差別してはならない。
第45条　衆議院議員の任期は、4年とする。但し、衆議院解散の場合には、その期間満了前に終了する。
第46条　参議院議員の任期は、6年とし、3年ごとに議員の半数を改選する。
第47条　選挙区、投票の方法その他両議院の議員の選挙に関する事項は、法律でこれを定める。
第48条　何人も、同時に両議院の議員たることはできない。
第49条　両議院の議員は、法律の定めるところにより、国庫から相当額の歳費を受ける。
第50条　両議院の議員は、法律の定める場合を除いては、国会の会期中逮捕されず、会期前に逮捕された議員は、その議院の要求があれば、会期中これを釈放しなければならない。
第51条　両議院の議員は、議院で行つた演説、討論又は表決について、院外で責任を問はれない。
第52条　国会の常会は、毎年1回これを召集する。
第53条　内閣は、国会の臨時会の召集を決定することができる。いづれかの議院の総議員の４分の１以上の要求があれば、内閣は、その召集を決定しなければならない。

第54条　衆議院が解散されたときは、解散の日から40日以内に、衆議院議員の総選挙を行ひ、その選挙の日から30日以内に、国会を召集しなければならない。

② 衆議院が解散されたときは、参議院は、同時に閉会となる。但し、内閣は、国に緊急の必要があるときは、参議院の緊急集会を求めることができる。

③ 前項但書の緊急集会において採られた措置は、臨時のものであつて、次の国会開会の後10日以内に、衆議院の同意がない場合には、その効力を失ふ。

第55条　両議院は、各々その議員の資格に関する争訟を裁判する。但し、議員の議席を失はせるには、出席議員の３分の２以上の多数による議決を必要とする。

第56条　両議院は、各々その総議員の３分の１以上の出席がなければ、議事を開き議決することができない。

② 両議院の議事は、この憲法に特別の定のある場合を除いては、出席議員の過半数でこれを決し、可否同数のときは、議長の決するところによる。

第57条　両議院の会議は、公開とする。但し、出席議員の３分の２以上の多数で議決したときは、秘密会を開くことができる。

② 両議院は、各々その会議の記録を保存し、秘密会の記録の中で特に秘密を要すると認められるもの以外は、これを公表し、且つ一般に頒布しなければならない。

③ 出席議員の５分の１以上の要求があれば、各議員の表決は、これを会議録に記載しなければならない。

第58条　両議院は、各々その議長その他の役員を選任する。

② 両議院は、各々その会議その他の手続及び内部の規律に関する規則を定め、又、院内の秩序をみだした議員を懲罰することができる。但し、議員を除名するには、出席議員の３分の２以上の多数による議決を必要とする。

第59条　法律案は、この憲法に特別の定のある場合を除いては、両議院で可決したとき法律となる。

② 衆議院で可決し、参議院でこれと異なつた議決をした法律案は、衆議院で出席議員の３分の２以上の多数で再び可決したときは、法律となる。

③ 前項の規定は、法律の定めるところにより、衆議院が、両議院の協議会を開くことを求めることを妨げない。

④ 参議院が、衆議院の可決した法律案を受け取つた後、国会休会中の期間を除いて60日以内に、議決しないときは、衆議院は、参議院がその法律案を否決したものとみなすことができる。

第60条　予算は、さきに衆議院に提出しなければならない。

② 予算について、参議院で衆議院と異なつた議決をした場合に、法律の定めるところにより、両議院の協議会を開いても意見が一致しないとき、又は参議院が、衆議院の可決した予算を受け取つた後、国会休会中の期間を除いて30日以内に、議決しないときは、衆議院の議決を国会の議決とする。

第61条　条約の締結に必要な国会の承認については、前条第２項の規定を準用する。

第62条　両議院は、各々国政に関する調査を行ひ、これに関して、証人の出頭及び証言並びに記録の提出を要求することができる。

第63条　内閣総理大臣その他の国務大臣は、両議院の一に議席を有すると有しないとにかかはらず、何時でも議案について発言するため議院に出席することができる。又、答弁又は説明のため出席を求められたときは、出席しなければならない。

第64条　国会は、罷免の訴追を受けた裁判官を裁判するため、両議院の議員で組織する弾劾裁判所を設ける。

② 弾劾に関する事項は、法律でこれを定める。

第５章　内閣

第65条　行政権は、内閣に属する。

第66条　内閣は、法律の定めるところにより、その首長たる内閣総理大臣及びその他の国務大臣でこれを組織する。

② 内閣総理大臣その他の国務大臣は、文民でなければならない。

③ 内閣は、行政権の行使について、国会に対し連帯して責任を負ふ。

第67条　内閣総理大臣は、国会議員の中から国会の議決で、これを指名する。この指名は、他

憲法

のすべての案件に先だつて、これを行ふ。

② 衆議院と参議院とが異なつた指名の議決をした場合に、法律の定めるところにより、両議院の協議会を開いても意見が一致しないとき、又は衆議院が指名の議決をした後、国会休会中の期間を除いて10日以内に、参議院が、指名の議決をしないときは、衆議院の議決を国会の議決とする。

第68条 内閣総理大臣は、国務大臣を任命する。但し、その過半数は、国会議員の中から選ばれなければならない。

② 内閣総理大臣は、任意に国務大臣を罷免することができる。

第69条 内閣は、衆議院で不信任の決議案を可決し、又は信任の決議案を否決したときは、10日以内に衆議院が解散されない限り、総辞職をしなければならない。

第70条 内閣総理大臣が欠けたとき、又は衆議院議員総選挙の後に初めて国会の召集があつたときは、内閣は、総辞職をしなければならない。

第71条 前2条の場合には、内閣は、あらたに内閣総理大臣が任命されるまで引き続きその職務を行ふ。

第72条 内閣総理大臣は、内閣を代表して議案を国会に提出し、一般国務及び外交関係について国会に報告し、並びに行政各部を指揮監督する。

第73条 内閣は、他の一般行政事務の外、左の事務を行ふ。

一　法律を誠実に執行し、国務を総理すること。
二　外交関係を処理すること。
三　条約を締結すること。但し、事前に、時宜によつては事後に、国会の承認を経ることを必要とする。
四　法律の定める基準に従ひ、官吏に関する事務を掌理すること。
五　予算を作成して国会に提出すること。
六　この憲法及び法律の規定を実施するために、政令を制定すること。但し、政令には、特にその法律の委任がある場合を除いては、罰則を設けることができない。
七　大赦、特赦、減刑、刑の執行の免除及び復権を決定すること。

第74条 法律及び政令には、すべて主任の国務大臣が署名し、内閣総理大臣が連署することを必要とする。

第75条 国務大臣は、その在任中、内閣総理大臣の同意がなければ、訴追されない。但し、これがため、訴追の権利は、害されない。

第6章　司法

第76条 すべて司法権は、最高裁判所及び法律の定めるところにより設置する下級裁判所に属する。

② 特別裁判所は、これを設置することができない。行政機関は、終審として裁判を行ふことができない。

③ すべて裁判官は、その良心に従ひ独立してその職権を行ひ、この憲法及び法律にのみ拘束される。

第77条 最高裁判所は、訴訟に関する手続、弁護士、裁判所の内部規律及び司法事務処理に関する事項について、規則を定める権限を有する。

② 検察官は、最高裁判所の定める規則に従はなければならない。

③ 最高裁判所は、下級裁判所に関する規則を定める権限を、下級裁判所に委任することができる。

第78条 裁判官は、裁判により、心身の故障のために職務を執ることができないと決定された場合を除いては、公の弾劾によらなければ罷免されない。裁判官の懲戒処分は、行政機関がこれを行ふことはできない。

第79条 最高裁判所は、その長たる裁判官及び法律の定める員数のその他の裁判官でこれを構成し、その長たる裁判官以外の裁判官は、内閣でこれを任命する。

② 最高裁判所の裁判官の任命は、その任命後初めて行はれる衆議院議員総選挙の際国民の審査に付し、その後10年を経過した後初めて行はれる衆議院議員総選挙の際更に審査に付し、その後も同様とする。

③ 前項の場合において、投票者の多数が裁判官の罷免を可とするときは、その裁判官は、罷免される。

④ 審査に関する事項は、法律でこれを定める。

⑤ 最高裁判所の裁判官は、法律の定める年齢に達した時に退官する。

⑥ 最高裁判所の裁判官は、すべて定期に相当額の報酬を受ける。この報酬は、在任中、これを減額することができない。

第80条 下級裁判所の裁判官は、最高裁判所の指名した者の名簿によつて、内閣でこれを任命する。その裁判官は、任期を10年とし、再任されることができる。但し、法律の定める年齢に達した時には退官する。

② 下級裁判所の裁判官は、すべて定期に相当額の報酬を受ける。この報酬は、在任中、これを減額することができない。

第81条　最高裁判所は、一切の法律、命令、規則又は処分が憲法に適合するかしないかを決定する権限を有する終審裁判所である。

第82条　裁判の対審及び判決は、公開法廷でこれを行ふ。

② 裁判所が、裁判官の全員一致で、公の秩序又は善良の風俗を害する虞があると決した場合には、対審は、公開しないでこれを行ふことができる。但し、政治犯罪、出版に関する犯罪又はこの憲法第３章で保障する国民の権利が問題となつてゐる事件の対審は、常にこれを公開しなければならない。

第７章　財政

第83条　国の財政を処理する権限は、国会の議決に基いて、これを行使しなければならない。

第84条　あらたに租税を課し、又は現行の租税を変更するには、法律又は法律の定める条件によることを必要とする。

第85条　国費を支出し、又は国が債務を負担するには、国会の議決に基くことを必要とする。

第86条　内閣は、毎会計年度の予算を作成し、国会に提出して、その審議を受け議決を経なければならない。

第87条　予見し難い予算の不足に充てるため、国会の議決に基いて予備費を設け、内閣の責任でこれを支出することができる。

② すべて予備費の支出については、内閣は、事後に国会の承諾を得なければならない。

第88条　すべて皇室財産は、国に属する。すべて皇室の費用は、予算に計上して国会の議決を経なければならない。

第89条　公金その他の公の財産は、宗教上の組織若しくは団体の使用、便益若しくは維持のため、又は公の支配に属しない慈善、教育若しくは博愛の事業に対し、これを支出し、又はその利用に供してはならない。

第90条　国の収入支出の決算は、すべて毎年会計検査院がこれを検査し、内閣は、次の年度に、その検査報告とともに、これを国会に提出しなければならない。

② 会計検査院の組織及び権限は、法律でこれを定める。

第91条　内閣は、国会及び国民に対し、定期に、少くとも毎年１回、国の財政状況について報告しなければならない。

第８章　地方自治

第92条　地方公共団体の組織及び運営に関する事項は、地方自治の本旨に基いて、法律でこれを定める。

第93条　地方公共団体には、法律の定めるところにより、その議事機関として議会を設置する。

② 地方公共団体の長、その議会の議員及び法律の定めるその他の吏員は、その地方公共団体の住民が、直接これを選挙する。

第94条　地方公共団体は、その財産を管理し、事務を処理し、及び行政を執行する権能を有し、法律の範囲内で条例を制定することができる。

第95条　一の地方公共団体のみに適用される特別法は、法律の定めるところにより、その地方公共団体の住民の投票においてその過半数の同意を得なければ、国会は、これを制定することができない。

第９章　改正

第96条　この憲法の改正は、各議院の総議員の３分の２以上の賛成で、国会が、これを発議し、国民に提案してその承認を経なければならない。この承認には、特別の国民投票又は国会の定める選挙の際行はれる投票において、その過半数の賛成を必要とする。

② 憲法改正について前項の承認を経たときは、天皇は、国民の名で、この憲法と一体を成すものとして、直ちにこれを公布する。

第10章　最高法規

第97条　この憲法が日本国民に保障する基本的人権は、人類の多年にわたる自由獲得の努力の成果であつて、これらの権利は、過去幾多の試錬に堪へ、現在及び将来の国民に対し、侵すことのできない永久の権利として信託されたものである。

第98条　この憲法は、国の最高法規であつて、その条規に反する法律、命令、詔勅及び国務に関するその他の行為の全部又は一部は、その効力を有しない。

②　日本国が締結した条約及び確立された国際法規は、これを誠実に遵守することを必要とする。

第99条　天皇又は摂政及び国務大臣、国会議員、裁判官その他の公務員は、この憲法を尊重し擁護する義務を負ふ。

第11章　補則

第100条　この憲法は、公布の日から起算して６箇月を経過した日から、これを施行する。

②　この憲法を施行するために必要な法律の制定、参議院議員の選挙及び国会召集の手続並びにこの憲法を施行するために必要な準備手続は、前項の期日よりも前に、これを行ふことができる。

第101条　この憲法施行の際、参議院がまだ成立してゐないときは、その成立するまでの間、衆議院は、国会としての権限を行ふ。

第102条　この憲法による第一期の参議院議員のうち、その半数の者の任期は、これを３年とする。その議員は、法律の定めるところにより、これを定める。

第103条　この憲法施行の際現に在職する国務大臣、衆議院議員及び裁判官並びにその他の公務員で、その地位に相応する地位がこの憲法で認められてゐる者は、法律で特別の定をした場合を除いては、この憲法施行のため、当然にはその地位を失ふことはない。但し、この憲法によつて、後任者が選挙又は任命されたときは、当然その地位を失ふ。

刑法

明治40年法律第45号
最終改正　令和５年法律第66号

目次

第１編　総則

第１章　通則

（国内犯）
第１条　この法律は、日本国内において罪を犯したすべての者に適用する。
2　日本国外にある日本船舶又は日本航空機内において罪を犯した者についても、前項と同様とする。

（すべての者の国外犯）
第２条　この法律は、日本国外において次に掲げる罪を犯したすべての者に適用する。
一　削除
二　第77条から第79条まで（内乱、予備及び陰謀、内乱等幇助）の罪

刑法

三　第81条（外患誘致）、第82条（外患援助）、第87条（未遂罪）及び第88条（予備及び陰謀）の罪
四　第148条（通貨偽造及び行使等）の罪及びその未遂罪
五　第154条（詔書偽造等）、第155条（公文書偽造等）、第157条（公正証書原本不実記載等）、第158条（偽造公文書行使等）及び公務所又は公務員によって作られるべき電磁的記録に係る第161条の2（電磁的記録不正作出及び供用）の罪
六　第162条（有価証券偽造等）及び第163条（偽造有価証券行使等）の罪
七　第163条の2から第163条の5まで（支払用カード電磁的記録不正作出等、不正電磁的記録カード所持、支払用カード電磁的記録不正作出準備、未遂罪）の罪
八　第164条から第166条まで（御璽偽造及び不正使用等、公印偽造及び不正使用等、公記号偽造及び不正使用等）の罪並びに第164条第2項、第165条第2項及び第166条第2項の罪の未遂罪

（国民の国外犯）

第3条　この法律は、日本国外において次に掲げる罪を犯した日本国民に適用する。
一　第108条（現住建造物等放火）及び第109条第1項（非現住建造物等放火）の罪、これらの規定の例により処断すべき罪並びにこれらの罪の未遂罪
二　第119条（現住建造物等浸害）の罪
三　第159条から第161条まで（私文書偽造等、虚偽診断書等作成、偽造私文書等行使）及び前条第5号に規定する電磁的記録以外の電磁的記録に係る第161条の2の罪
四　第167条（私印偽造及び不正使用等）の罪及び同条第2項の罪の未遂罪
五　第176条、第177条及び第179条から第181条まで（不同意わいせつ、不同意性交等、監護者わいせつ及び監護者性交等、未遂罪、不同意わいせつ等致死傷）並びに第184条（重婚）の罪
六　第198条（贈賄）の罪
七　第199条（殺人）の罪及びその未遂罪
八　第204条（傷害）及び第205条（傷害致死）の罪
九　第214条から第216条まで（業務上堕胎及び同致死傷、不同意堕胎、不同意堕胎致死傷）の罪
十　第218条（保護責任者遺棄等）の罪及び同条の罪に係る第219条（遺棄等致死傷）の罪
十一　第220条（逮捕及び監禁）及び第221条（逮捕等致死傷）の罪
十二　第224条から第228条まで（未成年者略取及び誘拐、営利目的等略取及び誘拐、身の代金目的略取等、所在国外移送目的略取及び誘拐、人身売買、被略取者等所在国外移送、被略取者引渡し等、未遂罪）の罪
十三　第230条（名誉毀損）の罪
十四　第235条から第236条まで（窃盗、不動産侵奪、強盗）、第238条から第240条まで（事後強盗、昏酔強盗、強盗致死傷）、第241条第1項及び第3項（強盗・不同意性交等及び同致死）並びに第243条（未遂罪）の罪
十五　第246条から第250条まで（詐欺、電子計算機使用詐欺、背任、準詐欺、恐喝、未遂罪）の罪
十六　第253条（業務上横領）の罪
十七　第256条第2項（盗品譲受け等）の罪

（国民以外の者の国外犯）

第3条の2　この法律は、日本国外において日本国民に対して次に掲げる罪を犯した日本国民以外の者に適用する。
一　第176条、第177条及び第179条から第181条まで（不同意わいせつ、不同意性交等、監護者わいせつ及び監護者性交等、未遂罪、不同意わいせつ等致死傷）の罪
二　第199条（殺人）の罪及びその未遂罪
三　第204条（傷害）及び第205条（傷害致死）の罪
四　第220条（逮捕及び監禁）及び第221条（逮捕等致死傷）の罪
五　第224条から第228条まで（未成年者略取及び誘拐、営利目的等略取及び誘拐、身の代金目的略取等、所在国外移送目的略取及び誘拐、人身売買、被略取者等所在国外移送、被略取者引渡し等、未遂罪）の罪
六　第236条（強盗）、第238条から第240条まで（事後強盗、昏酔強盗、強盗致死傷）並びに第241条第1項及び第3項（強盗・不同意性交等及び同致死）の罪並びにこれらの罪（同条第1項の罪を除く。）の未遂罪

（公務員の国外犯）

第4条　この法律は、日本国外において次に掲げる罪を犯した日本国の公務員に適用する。
一　第101条（看守者等による逃走援助）の罪及びその未遂罪
二　第156条（虚偽公文書作成等）の罪
三　第193条（公務員職権濫用）、第195条第2項（特別公務員暴行陵虐）及び第197条から第197条の4まで（収賄、受託収賄及び事前収賄、第三者供賄、加重収賄及び事後収賄、あっせん収賄）の罪並びに第195条第2項の罪に係る第196条（特別公務員職権濫用等致死傷）の罪

（条約による国外犯）

第4条の2　第2条から前条までに規定するもののほか、この法律は、日本国外において、第

2編の罪であって条約により日本国外において犯したときであっても罰すべきものとされているものを犯したすべての者に適用する。

（外国判決の効力）

第5条　外国において確定裁判を受けた者であっても、同一の行為について更に処罰することを妨げない。ただし、犯人が既に外国において言い渡された刑の全部又は一部の執行を受けたときは、刑の執行を減軽し、又は免除する。

（刑の変更）

第6条　犯罪後の法律によって刑の変更があったときは、その軽いものによる。

（定義）

第7条　この法律において「公務員」とは、国又は地方公共団体の職員その他法令により公務に従事する議員、委員その他の職員をいう。

2　この法律において「公務所」とは、官公庁その他公務員が職務を行う所をいう。

第7条の2　この法律において「電磁的記録」とは、電子的方式、磁気的方式その他人の知覚によっては認識することができない方式で作られる記録であって、電子計算機による情報処理の用に供されるものをいう。

（他の法令の罪に対する適用）

第8条　この編の規定は、他の法令の罪についても、適用する。ただし、その法令に特別の規定があるときは、この限りでない。

第2章　刑

（刑の種類）

第9条　死刑、懲役、禁錮、罰金、拘留及び科料を主刑とし、没収を付加刑とする。

（刑の軽重）

第10条　主刑の軽重は、前条に規定する順序による。ただし、無期の禁錮と有期の懲役とでは禁錮を重い刑とし、有期の禁錮の長期が有期の懲役の長期の2倍を超えるときも、禁錮を重い刑とする。

2　同種の刑は、長期の長いもの又は多額の多いものを重い刑とし、長期又は多額が同じであるときは、短期の長いもの又は寡額の多いものを重い刑とする。

3　2個以上の死刑又は長期若しくは多額及び短期若しくは寡額が同じである同種の刑は、犯情によってその軽重を定める。

（死刑）

第11条　死刑は、刑事施設内において、絞首して執行する。

2　死刑の言渡しを受けた者は、その執行に至るまで刑事施設に拘置する。

（懲役）

第12条　懲役は、無期及び有期とし、有期懲役は、1月以上20年以下とする。

2　懲役は、刑事施設に拘置して所定の作業を行わせる。

（禁錮）

第13条　禁錮は、無期及び有期とし、有期禁錮は、1月以上20年以下とする。

2　禁錮は、刑事施設に拘置する。

（有期の懲役及び禁錮の加減の限度）

第14条　死刑又は無期の懲役若しくは禁錮を減軽して有期の懲役又は禁錮とする場合においては、その長期を30年とする。

2　有期の懲役又は禁錮を加重する場合においては30年にまで上げることができ、これを減軽する場合においては1月未満に下げることができる。

（罰金）

第15条　罰金は、1万円以上とする。ただし、これを減軽する場合においては、1万円未満に下げることができる。

（拘留）

第16条　拘留は、1日以上30日未満とし、刑事施設に拘置する。

（科料）

第17条　科料は、1000円以上1万円未満とする。

（労役場留置）

第18条　罰金を完納することができない者は、1日以上2年以下の期間、労役場に留置する。

2　科料を完納することができない者は、1日以上30日以下の期間、労役場に留置する。

3　罰金を併科した場合又は罰金と科料とを併科した場合における留置の期間は、3年を超えることができない。科料を併科した場合における留置の期間は、60日を超えることができない。

4　罰金又は科料の言渡しをするときは、その言渡しとともに、罰金又は科料を完納することができない場合における留置の期間を定めて言い渡さなければならない。

5　罰金については裁判が確定した後30日以内、科料については裁判が確定した後10日以内は、本人の承諾がなければ留置の執行をすることができない。

6　罰金又は科料の一部を納付した者についての留置の日数は、その残額を留置1日の割合に相当する金額で除して得た日数（その日数に1日未満の端数を生じるときは、これを1日とする。）とする。

（没収）

第19条　次に掲げる物は、没収することができる。

一　犯罪行為を組成した物

二　犯罪行為の用に供し、又は供しようとした物

三　犯罪行為によって生じ、若しくはこれによって得た物又は犯罪行為の報酬として得た物

四　前号に掲げる物の対価として得た物

2　没収は、犯人以外の者に属しない物に限り、これをすることができる。ただし、犯人以外の者に属する物であっても、犯罪の後にその者が情を知って取得したものであるときは、これを没収することができる。

（追徴）

第19条の2　前条第1項第3号又は第4号に掲げる物の全部又は一部を没収することができないときは、その価額を追徴することができる。

（没収の制限）

第20条　拘留又は科料のみに当たる罪については、特別の規定がなければ、没収を科することができない。ただし、第19条第1項第1号に掲げる物の没収については、この限りでない。

（未決勾留日数の本刑算入）

第21条　未決勾留の日数は、その全部又は一部を本刑に算入することができる。

第3章　期間計算

（期間の計算）

第22条　月又は年によって期間を定めたときは、暦に従って計算する。

（刑期の計算）

第23条　刑期は、裁判が確定した日から起算する。

2　拘禁されていない日数は、裁判が確定した後であっても、刑期に算入しない。

（受刑等の初日及び釈放）

第24条　受刑の初日は、時間にかかわらず、1日として計算する。時効期間の初日についても、同様とする。

2　刑期が終了した場合における釈放は、その終了の日の翌日に行う。

第4章　刑の執行猶予

（刑の全部の執行猶予）

第25条　次に掲げる者が3年以下の懲役若しくは禁錮又は50万円以下の罰金の言渡しを受けたときは、情状により、裁判が確定した日から1年以上5年以下の期間、その刑の全部の執行を猶予することができる。

一　前に禁錮以上の刑に処せられたことがない者

二　前に禁錮以上の刑に処せられたことがあっても、その執行を終わった日又はその執行の免除を得た日から5年以内に禁錮以上の刑に処せられたことがない者

2　前に禁錮以上の刑に処せられたことがあってもその刑の全部の執行を猶予された者が1年以下の懲役又は禁錮の言渡しを受け、情状に特に酌量すべきものがあるときも、前項と同様とする。ただし、次条第1項の規定により保護観察に付せられ、その期間内に更に罪を犯した者については、この限りでない。

（刑の全部の執行猶予中の保護観察）

第25条の2　前条第1項の場合においては猶予の期間中保護観察に付することができ、同条第2項の場合においては猶予の期間中保護観察に付する。

2　前項の規定により付せられた保護観察は、行政官庁の処分によって仮に解除することができる。

3　前項の規定により保護観察を仮に解除されたときは、前条第2項ただし書及び第26条の2第2号の規定の適用については、その処分を取り消されるまでの間は、保護観察に付せられなかったものとみなす。

（刑の全部の執行猶予の必要的取消し）

第26条　次に掲げる場合においては、刑の全部の執行猶予の言渡しを取り消さなければならない。ただし、第3号の場合において、猶予の言渡しを受けた者が第25条第1項第2号に掲げる者であるとき、又は次条第3号に該当するときは、この限りでない。

一　猶予の期間内に更に罪を犯して禁錮以上の刑に処せられ、その刑の全部について執行猶予の言渡しがないとき。

二　猶予の言渡し前に犯した他の罪について禁

刑法

錮以上の刑に処せられ、その刑の全部について執行猶予の言渡しがないとき。
三　猶予の言渡し前に他の罪について禁錮以上の刑に処せられたことが発覚したとき。

（刑の全部の執行猶予の裁量的取消し）

第26条の2　次に掲げる場合においては、刑の全部の執行猶予の言渡しを取り消すことができる。
一　猶予の期間内に更に罪を犯し、罰金に処せられたとき。
二　第25条の2第1項の規定により保護観察に付せられた者が遵守すべき事項を遵守せず、その情状が重いとき。
三　猶予の言渡し前に他の罪について禁錮以上の刑に処せられ、その刑の全部の執行を猶予されたことが発覚したとき。

（刑の全部の執行猶予の取消しの場合における他の刑の執行猶予の取消し）

第26条の3　前2条の規定により禁錮以上の刑の全部の執行猶予の言渡しを取り消したときは、執行猶予中の他の禁錮以上の刑についても、その猶予の言渡しを取り消さなければならない。

（刑の全部の執行猶予の猶予期間経過の効果）

第27条　刑の全部の執行猶予の言渡しを取り消されることなくその猶予の期間を経過したときは、刑の言渡しは、効力を失う。

（刑の一部の執行猶予）

第27条の2　次に掲げる者が3年以下の懲役又は禁錮の言渡しを受けた場合において、犯情の軽重及び犯人の境遇その他の情状を考慮して、再び犯罪をすることを防ぐために必要であり、かつ、相当であると認められるときは、1年以上5年以下の期間、その刑の一部の執行を猶予することができる。
一　前に禁錮以上の刑に処せられたことがない者
二　前に禁錮以上の刑に処せられたことがあっても、その刑の全部の執行を猶予された者
三　前に禁錮以上の刑に処せられたことがあっても、その執行を終わった日又はその執行の免除を得た日から5年以内に禁錮以上の刑に処せられたことがない者

2　前項の規定によりその一部の執行を猶予された刑については、そのうち執行が猶予されなかった部分の期間を執行し、当該部分の期間の執行を終わった日又はその執行を受けることがなくなった日から、その猶予の期間を起算する。

3　前項の規定にかかわらず、その刑のうち執行が猶予されなかった部分の期間の執行を終わり、又はその執行を受けることがなくなった時において他に執行すべき懲役又は禁錮があるときは、第1項の規定による猶予の期間は、その執行すべき懲役若しくは禁錮の執行を終わった日又はその執行を受けることがなくなった日から起算する。

（刑の一部の執行猶予中の保護観察）

第27条の3　前条第1項の場合においては、猶予の期間中保護観察に付することができる。

2　前項の規定により付せられた保護観察は、行政官庁の処分によって仮に解除することができる。

3　前項の規定により保護観察を仮に解除されたときは、第27条の5第2号の規定の適用については、その処分を取り消されるまでの間は、保護観察に付せられなかったものとみなす。

（刑の一部の執行猶予の必要的取消し）

第27条の4　次に掲げる場合においては、刑の一部の執行猶予の言渡しを取り消さなければならない。ただし、第3号の場合において、猶予の言渡しを受けた者が第27条の2第1項第3号に掲げる者であるときは、この限りでない。
一　猶予の言渡し後に更に罪を犯し、禁錮以上の刑に処せられたとき。
二　猶予の言渡し前に犯した他の罪について禁錮以上の刑に処せられたとき。
三　猶予の言渡し前に他の罪について禁錮以上の刑に処せられ、その刑の全部について執行猶予の言渡しがないことが発覚したとき。

（刑の一部の執行猶予の裁量的取消し）

第27条の5　次に掲げる場合においては、刑の一部の執行猶予の言渡しを取り消すことができる。
一　猶予の言渡し後に更に罪を犯し、罰金に処せられたとき。
二　第27条の3第1項の規定により保護観察に付せられた者が遵守すべき事項を遵守しなかったとき。

（刑の一部の執行猶予の取消しの場合における他の刑の執行猶予の取消し）

第27条の6　前2条の規定により刑の一部の執行猶予の言渡しを取り消したときは、執行猶予中の他の禁錮以上の刑についても、その猶予の言渡しを取り消さなければならない。

（刑の一部の執行猶予の猶予期間経過の効果）
第27条の7　刑の一部の執行猶予の言渡しを取り消されることなくその猶予の期間を経過したときは、その懲役又は禁錮を執行が猶予されなかった部分の期間を刑期とする懲役又は禁錮に減軽する。この場合においては、当該部分の期間の執行を終わった日又はその執行を受けることがなくなった日において、刑の執行を受け終わったものとする。

第5章　仮釈放

（仮釈放）
第28条　懲役又は禁錮に処せられた者に改悛の状があるときは、有期刑についてはその刑期の3分の1を、無期刑については10年を経過した後、行政官庁の処分によって仮に釈放することができる。
（仮釈放の取消し等）
第29条　次に掲げる場合においては、仮釈放の処分を取り消すことができる。
一　仮釈放中に更に罪を犯し、罰金以上の刑に処せられたとき。
二　仮釈放前に犯した他の罪について罰金以上の刑に処せられたとき。
三　仮釈放前に他の罪について罰金以上の刑に処せられた者に対し、その刑の執行をすべきとき。
四　仮釈放中に遵守すべき事項を遵守しなかったとき。
2　刑の一部の執行猶予の言渡しを受け、その刑について仮釈放の処分を受けた場合において、当該仮釈放中に当該執行猶予の言渡しを取り消されたときは、その処分は、効力を失う。
3　仮釈放の処分を取り消したとき、又は前項の規定により仮釈放の処分が効力を失ったときは、釈放中の日数は、刑期に算入しない。
（仮出場）
第30条　拘留に処せられた者は、情状により、いつでも、行政官庁の処分によって仮に出場を許すことができる。
2　罰金又は科料を完納することができないため留置された者も、前項と同様とする。

第6章　刑の時効及び刑の消滅

（刑の時効）
第31条　刑（死刑を除く。）の言渡しを受けた者は、時効によりその執行の免除を得る。
（時効の期間）
第32条　時効は、刑の言渡しが確定した後、次の期間その執行を受けないことによって完成する。
一　無期の懲役又は禁錮については30年
二　10年以上の有期の懲役又は禁錮については20年
三　3年以上10年未満の懲役又は禁錮については10年
四　3年未満の懲役又は禁錮については5年
五　罰金については3年
六　拘留、科料及び没収については1年
（時効の停止）
第33条　時効は、法令により執行を猶予し、又は停止した期間内は、進行しない。
2　拘禁刑、罰金、拘留及び科料の時効は、刑の言渡しを受けた者が国外にいる場合には、その国外にいる期間は、進行しない。
（時効の中断）
第34条　懲役、禁錮及び拘留の時効は、刑の言渡しを受けた者をその執行のために拘束することによって中断する。
2　罰金、科料及び没収の時効は、執行行為をすることによって中断する。
（刑の消滅）
第34条の2　禁錮以上の刑の執行を終わり又はその執行の免除を得た者が罰金以上の刑に処せられないで10年を経過したときは、刑の言渡しは、効力を失う。罰金以下の刑の執行を終わり又はその執行の免除を得た者が罰金以上の刑に処せられないで5年を経過したときも、同様とする。
2　刑の免除の言渡しを受けた者が、その言渡しが確定した後、罰金以上の刑に処せられないで2年を経過したときは、刑の免除の言渡しは、効力を失う。

第7章　犯罪の不成立及び刑の減免

（正当行為）
第35条　法令又は正当な業務による行為は、罰しない。
（正当防衛）
第36条　急迫不正の侵害に対して、自己又は他人の権利を防衛するため、やむを得ずにした行為は、罰しない。

2　防衛の程度を超えた行為は、情状により、その刑を減軽し、又は免除することができる。

（緊急避難）

第37条　自己又は他人の生命、身体、自由又は財産に対する現在の危難を避けるため、やむを得ずにした行為は、これによって生じた害が避けようとした害の程度を超えなかった場合に限り、罰しない。ただし、その程度を超えた行為は、情状により、その刑を減軽し、又は免除することができる。

2　前項の規定は、業務上特別の義務がある者には、適用しない。

（故意）

第38条　罪を犯す意思がない行為は、罰しない。ただし、法律に特別の規定がある場合は、この限りでない。

2　重い罪に当たるべき行為をしたのに、行為の時にその重い罪に当たることとなる事実を知らなかった者は、その重い罪によって処断することはできない。

3　法律を知らなかったとしても、そのことによって、罪を犯す意思がなかったとすることはできない。ただし、情状により、その刑を減軽することができる。

（心神喪失及び心神耗弱）

第39条　心神喪失者の行為は、罰しない。

2　心神耗弱者の行為は、その刑を減軽する。

第40条　削除

（責任年齢）

第41条　14歳に満たない者の行為は、罰しない。

（自首等）

第42条　罪を犯した者が捜査機関に発覚する前に自首したときは、その刑を減軽することができる。

2　告訴がなければ公訴を提起することができない罪について、告訴をすることができる者に対して自己の犯罪事実を告げ、その措置にゆだねたときも、前項と同様とする。

第8章　未遂罪

（未遂減免）

第43条　犯罪の実行に着手してこれを遂げなかった者は、その刑を減軽することができる。ただし、自己の意思により犯罪を中止したときは、その刑を減軽し、又は免除する。

（未遂罪）

第44条　未遂を罰する場合は、各本条で定める。

第9章　併合罪

（併合罪）

第45条　確定裁判を経ていない2個以上の罪を併合罪とする。ある罪について禁錮以上の刑に処する確定裁判があったときは、その罪とその裁判が確定する前に犯した罪とに限り、併合罪とする。

（併科の制限）

第46条　併合罪のうちの1個の罪について死刑に処するときは、他の刑を科さない。ただし、没収は、この限りでない。

2　併合罪のうちの1個の罪について無期の懲役又は禁錮に処するときも、他の刑を科さない。ただし、罰金、科料及び没収は、この限りでない。

（有期の懲役及び禁錮の加重）

第47条　併合罪のうちの2個以上の罪について有期の懲役又は禁錮に処するときは、その最も重い罪について定めた刑の長期にその2分の1を加えたものを長期とする。ただし、それぞれの罪について定めた刑の長期の合計を超えることはできない。

（罰金の併科等）

第48条　罰金と他の刑とは、併科する。ただし、第46条第1項の場合は、この限りでない。

2　併合罪のうちの2個以上の罪について罰金に処するときは、それぞれの罪について定めた罰金の多額の合計以下で処断する。

（没収の付加）

第49条　併合罪のうちの重い罪について没収を科さない場合であっても、他の罪について没収の事由があるときは、これを付加することができる。

2　2個以上の没収は、併科する。

（余罪の処理）

第50条　併合罪のうちに既に確定裁判を経た罪とまだ確定裁判を経ていない罪とがあるときは、確定裁判を経ていない罪について更に処断する。

（併合罪に係る2個以上の刑の執行）

第51条　併合罪について2個以上の裁判があ

ったときは、その刑を併せて執行する。ただし、死刑を執行すべきときは、没収を除き、他の刑を執行せず、無期の懲役又は禁錮を執行すべきときは、罰金、科料及び没収を除き、他の刑を執行しない。

2　前項の場合における有期の懲役又は禁錮の執行は、その最も重い罪について定めた刑の長期にその2分の1を加えたものを超えることができない。

（一部に大赦があった場合の措置）

第52条　併合罪について処断された者がその一部の罪につき大赦を受けたときは、他の罪について改めて刑を定める。

（拘留及び科料の併科）

第53条　拘留又は科料と他の刑とは、併科する。ただし、第46条の場合は、この限りでない。

2　2個以上の拘留又は科料は、併科する。

（1個の行為が2個以上の罪名に触れる場合等の処理）

第54条　1個の行為が2個以上の罪名に触れ、又は犯罪の手段若しくは結果である行為が他の罪名に触れるときは、その最も重い刑により処断する。

2　第49条第2項の規定は、前項の場合にも、適用する。

第55条　削除

第10章　累犯

（再犯）

第56条　懲役に処せられた者がその執行を終わった日又はその執行の免除を得た日から5年以内に更に罪を犯した場合において、その者を有期懲役に処するときは、再犯とする。

2　懲役に当たる罪と同質の罪により死刑に処せられた者がその執行の免除を得た日又は減刑により懲役に減軽されてその執行を終わった日若しくはその執行の免除を得た日から5年以内に更に罪を犯した場合において、その者を有期懲役に処するときも、前項と同様とする。

3　併合罪について処断された者が、その併合罪のうちに懲役に処すべき罪があったのに、その罪が最も重い罪でなかったため懲役に処せられなかったものであるときは、再犯に関する規定の適用については、懲役に処せられたものとみなす。

（再犯加重）

第57条　再犯の刑は、その罪について定めた懲役の長期の2倍以下とする。

第58条　削除

（3犯以上の累犯）

第59条　3犯以上の者についても、再犯の例による。

第11章　共犯

（共同正犯）

第60条　二人以上共同して犯罪を実行した者は、すべて正犯とする。

（教唆）

第61条　人を教唆して犯罪を実行させた者には、正犯の刑を科する。

2　教唆者を教唆した者についても、前項と同様とする。

（幇助）

第62条　正犯を幇助した者は、従犯とする。

2　従犯を教唆した者には、従犯の刑を科する。

（従犯減軽）

第63条　従犯の刑は、正犯の刑を減軽する。

（教唆及び幇助の処罰の制限）

第64条　拘留又は科料のみに処すべき罪の教唆者及び従犯は、特別の規定がなければ、罰しない。

（身分犯の共犯）

第65条　犯人の身分によって構成すべき犯罪行為に加功したときは、身分のない者であっても、共犯とする。

2　身分によって特に刑の軽重があるときは、身分のない者には通常の刑を科する。

第12章　酌量減軽

（酌量減軽）

第66条　犯罪の情状に酌量すべきものがあるときは、その刑を減軽することができる。

（法律上の加減と酌量減軽）

第67条　法律上刑を加重し、又は減軽する場合であっても、酌量減軽をすることができる。

第13章　加重減軽の方法

（法律上の減軽の方法）

第68条　法律上刑を減軽すべき1個又は2個以上の事由があるときは、次の例による。

一　死刑を減軽するときは、無期の懲役若しくは禁錮又は10年以上の懲役若しくは禁錮とする。
二　無期の懲役又は禁錮を減軽するときは、7年以上の有期の懲役又は禁錮とする。
三　有期の懲役又は禁錮を減軽するときは、その長期及び短期の2分の1を減ずる。
四　罰金を減軽するときは、その多額及び寡額の2分の1を減ずる。
五　拘留を減軽するときは、その長期の2分の1を減ずる。
六　科料を減軽するときは、その多額の2分の1を減ずる。

（法律上の減軽と刑の選択）
第69条　法律上刑を減軽すべき場合において、各本条に2個以上の刑名があるときは、まず適用する刑を定めて、その刑を減軽する。

（端数の切捨て）
第70条　懲役、禁錮又は拘留を減軽することにより1日に満たない端数が生じたときは、これを切り捨てる。

（酌量減軽の方法）
第71条　酌量減軽をするときも、第68条及び前条の例による。

（加重減軽の順序）
第72条　同時に刑を加重し、又は減軽するときは、次の順序による。
一　再犯加重
二　法律上の減軽
三　併合罪の加重
四　酌量減軽

第2編　罪

第1章　削除

第73条～第76条　削除

第2章　内乱に関する罪

（内乱）
第77条　国の統治機構を破壊し、又はその領土において国権を排除して権力を行使し、その他憲法の定める統治の基本秩序を壊乱することを目的として暴動をした者は、内乱の罪とし、次の区別に従って処断する。
一　首謀者は、死刑又は無期禁錮に処する。
二　謀議に参与し、又は群衆を指揮した者は無期又は3年以上の禁錮に処し、その他諸般の職務に従事した者は1年以上10年以下の禁錮に処する。
三　付和随行し、その他単に暴動に参加した者は、3年以下の禁錮に処する。
2　前項の罪の未遂は、罰する。ただし、同項第3号に規定する者については、この限りでない。

（予備及び陰謀）
第78条　内乱の予備又は陰謀をした者は、1年以上10年以下の禁錮に処する。

（内乱等幇助）
第79条　兵器、資金若しくは食糧を供給し、又はその他の行為により、前2条の罪を幇助した者は、7年以下の禁錮に処する。

（自首による刑の免除）
第80条　前2条の罪を犯した者であっても、暴動に至る前に自首したときは、その刑を免除する。

第3章　外患に関する罪

（外患誘致）
第81条　外国と通謀して日本国に対し武力を行使させた者は、死刑に処する。

（外患援助）
第82条　日本国に対して外国から武力の行使があったときに、これに加担して、その軍務に服し、その他これに軍事上の利益を与えた者は、死刑又は無期若しくは2年以上の懲役に処する。

第83条～第86条　削除

（未遂罪）
第87条　第81条及び第82条の罪の未遂は、罰する。

（予備及び陰謀）
第88条　第81条又は第82条の罪の予備又は陰謀をした者は、1年以上10年以下の懲役に処する。

第89条　削除

第4章　国交に関する罪

第90条～第91条　削除

（外国国章損壊等）
第92条　外国に対して侮辱を加える目的で、その国の国旗その他の国章を損壊し、除去し、又は汚損した者は、2年以下の懲役又は20万円以下の罰金に処する。
2　前項の罪は、外国政府の請求がなければ公訴を提起することができない。

（私戦予備及び陰謀）
第93条　外国に対して私的に戦闘行為をする目的で、その予備又は陰謀をした者は、3月以上5年以下の禁錮に処する。ただし、自首した者は、その刑を免除する。

（中立命令違反）
第94条　外国が交戦している際に、局外中立に関する命令に違反した者は、3年以下の禁錮又は50万円以下の罰金に処する。

第5章　公務の執行を妨害する罪

（公務執行妨害及び職務強要）
第95条　公務員が職務を執行するに当たり、これに対して暴行又は脅迫を加えた者は、3年以下の懲役若しくは禁錮又は50万円以下の罰金に処する。
2　公務員に、ある処分をさせ、若しくはさせないため、又はその職を辞させるために、暴行又は脅迫を加えた者も、前項と同様とする。

（封印等破棄）
第96条　公務員が施した封印若しくは差押えの表示を損壊し、又はその他の方法によりその封印若しくは差押えの表示に係る命令若しくは処分を無効にした者は、3年以下の懲役若しくは250万円以下の罰金に処し、又はこれを併科する。

（強制執行妨害目的財産損壊等）
第96条の2　強制執行を妨害する目的で、次の各号のいずれかに該当する行為をした者は、3年以下の懲役若しくは250万円以下の罰金に処し、又はこれを併科する。情を知って、第3号に規定する譲渡又は権利の設定の相手方となった者も、同様とする。
一　強制執行を受け、若しくは受けるべき財産を隠匿し、損壊し、若しくはその譲渡を仮装し、又は債務の負担を仮装する行為
二　強制執行を受け、又は受けるべき財産について、その現状を改変して、価格を減損し、又は強制執行の費用を増大させる行為
三　金銭執行を受けるべき財産について、無償その他の不利益な条件で、譲渡をし、又は権利の設定をする行為

（強制執行行為妨害等）
第96条の3　偽計又は威力を用いて、立入り、占有者の確認その他の強制執行の行為を妨害した者は、3年以下の懲役若しくは250万円以下の罰金に処し、又はこれを併科する。
2　強制執行の申立てをさせず又はその申立てを取り下げさせる目的で、申立権者又はその代理人に対して暴行又は脅迫を加えた者も、前項と同様とする。

（強制執行関係売却妨害）
第96条の4　偽計又は威力を用いて、強制執行において行われ、又は行われるべき売却の公正を害すべき行為をした者は、3年以下の懲役若しくは250万円以下の罰金に処し、又はこれを併科する。

（加重封印等破棄等）
第96条の5　報酬を得、又は得させる目的で、人の債務に関して、第96条から前条までの罪を犯した者は、5年以下の懲役若しくは500万円以下の罰金に処し、又はこれを併科する。

（公契約関係競売等妨害）
第96条の6　偽計又は威力を用いて、公の競売又は入札で契約を締結するためのものの公正を害すべき行為をした者は、3年以下の懲役若しくは250万円以下の罰金に処し、又はこれを併科する。
2　公正な価格を害し又は不正な利益を得る目的で、談合した者も、前項と同様とする。

第6章　逃走の罪

（逃走）
第97条　法令により拘禁された者が逃走したときは、3年以下の懲役に処する。

（加重逃走）
第98条　前条に規定する者が拘禁場若しくは拘束のための器具を損壊し、暴行若しくは脅迫をし、又は二人以上通謀して、逃走したときは、3月以上5年以下の懲役に処する。

（被拘禁者奪取）
第99条　法令により拘禁された者を奪取した者は、3月以上5年以下の懲役に処する。

（逃走援助）
第100条　法令により拘禁された者を逃走させる目的で、器具を提供し、その他逃走を容易にすべき行為をした者は、3年以下の懲役に処する。

2　前項の目的で、暴行又は脅迫をした者は、3月以上5年以下の懲役に処する。

（看守者等による逃走援助）

第101条　法令により拘禁された者を看守し又は護送する者がその拘禁された者を逃走させたときは、1年以上10年以下の懲役に処する。

（未遂罪）

第102条　この章の罪の未遂は、罰する。

第7章　犯人蔵匿及び証拠隠滅の罪

（犯人蔵匿等）

第103条　罰金以上の刑に当たる罪を犯した者又は拘禁中に逃走した者を蔵匿し、又は隠避させた者は、3年以下の懲役又は30万円以下の罰金に処する。

（証拠隠滅等）

第104条　他人の刑事事件に関する証拠を隠滅し、偽造し、若しくは変造し、又は偽造若しくは変造の証拠を使用した者は、3年以下の懲役又は30万円以下の罰金に処する。

（親族による犯罪に関する特例）

第105条　前2条の罪については、犯人又は逃走した者の親族がこれらの者の利益のために犯したときは、その刑を免除することができる。

（証人等威迫）

第105条の2　自己若しくは他人の刑事事件の捜査若しくは審判に必要な知識を有すると認められる者又はその親族に対し、当該事件に関して、正当な理由がないのに面会を強請し、又は強談威迫の行為をした者は、2年以下の懲役又は30万円以下の罰金に処する。

第8章　騒乱の罪

（騒乱）

第106条　多衆で集合して暴行又は脅迫をした者は、騒乱の罪とし、次の区別に従って処断する。

一　首謀者は、1年以上10年以下の懲役又は禁錮に処する。

二　他人を指揮し、又は他人に率先して勢いを助けた者は、6月以上7年以下の懲役又は禁錮に処する。

三　付和随行した者は、10万円以下の罰金に処する。

（多衆不解散）

第107条　暴行又は脅迫をするため多衆が集合した場合において、権限のある公務員から解散の命令を3回以上受けたにもかかわらず、なお解散しなかったときは、首謀者は3年以下の懲役又は禁錮に処し、その他の者は10万円以下の罰金に処する。

第9章　放火及び失火の罪

（現住建造物等放火）

第108条　放火して、現に人が住居に使用し又は現に人がいる建造物、汽車、電車、艦船又は鉱坑を焼損した者は、死刑又は無期若しくは5年以上の懲役に処する。

（非現住建造物等放火）

第109条　放火して、現に人が住居に使用せず、かつ、現に人がいない建造物、艦船又は鉱坑を焼損した者は、2年以上の有期懲役に処する。

2　前項の物が自己の所有に係るときは、6月以上7年以下の懲役に処する。ただし、公共の危険を生じなかったときは、罰しない。

（建造物等以外放火）

第110条　放火して、前2条に規定する物以外の物を焼損し、よって公共の危険を生じさせた者は、1年以上10年以下の懲役に処する。

2　前項の物が自己の所有に係るときは、1年以下の懲役又は10万円以下の罰金に処する。

（延焼）

第111条　第109条第2項又は前条第2項の罪を犯し、よって第108条又は第109条第1項に規定する物に延焼させたときは、3月以上10年以下の懲役に処する。

2　前条第2項の罪を犯し、よって同条第1項に規定する物に延焼させたときは、3年以下の懲役に処する。

（未遂罪）

第112条　第108条及び第109条第1項の罪の未遂は、罰する。

（予備）

第113条　第108条又は第109条第1項の罪を犯す目的で、その予備をした者は、2年以下の懲役に処する。ただし、情状により、その刑を免除することができる。

（消火妨害）

第114条　火災の際に、消火用の物を隠匿し、若しくは損壊し、又はその他の方法により、消火を妨害した者は、1年以上10年以下の懲役に処する。

（差押え等に係る自己の物に関する特例）

第115条　第109条第1項及び第110条第1項に規定する物が自己の所有に係るものであっても、差押えを受け、物権を負担し、賃貸し、配偶者居住権が設定され、又は保険に付したものである場合において、これを焼損したときは、他人の物を焼損した者の例による。

（失火）

第116条　失火により、第108条に規定する物又は他人の所有に係る第109条に規定する物を焼損した者は、50万円以下の罰金に処する。

2　失火により、第109条に規定する物であって自己の所有に係るもの又は第110条に規定する物を焼損し、よって公共の危険を生じさせた者も、前項と同様とする。

（激発物破裂）

第117条　火薬、ボイラーその他の激発すべき物を破裂させて、第108条に規定する物又は他人の所有に係る第109条に規定する物を損壊した者は、放火の例による。第109条に規定する物であって自己の所有に係るもの又は第110条に規定する物を損壊し、よって公共の危険を生じさせた者も、同様とする。

2　前項の行為が過失によるときは、失火の例による。

（業務上失火等）

第117条の2　第116条又は前条第1項の行為が業務上必要な注意を怠ったことによるとき、又は重大な過失によるときは、3年以下の禁錮又は150万円以下の罰金に処する。

（ガス漏出等及び同致死傷）

第118条　ガス、電気又は蒸気を漏出させ、流出させ、又は遮断し、よって人の生命、身体又は財産に危険を生じさせた者は、3年以下の懲役又は10万円以下の罰金に処する。

2　ガス、電気又は蒸気を漏出させ、流出させ、又は遮断し、よって人を死傷させた者は、傷害の罪と比較して、重い刑により処断する。

第10章　出水及び水利に関する罪

（現住建造物等浸害）

第119条　出水させて、現に人が住居に使用し又は現に人がいる建造物、汽車、電車又は鉱坑を浸害した者は、死刑又は無期若しくは3年以上の懲役に処する。

（非現住建造物等浸害）

第120条　出水させて、前条に規定する物以外の物を浸害し、よって公共の危険を生じさせた者は、1年以上10年以下の懲役に処する。

2　浸害した物が自己の所有に係るときは、その物が差押えを受け、物権を負担し、賃貸し、配偶者居住権が設定され、又は保険に付したものである場合に限り、前項の例による。

（水防妨害）

第121条　水害の際に、水防用の物を隠匿し、若しくは損壊し、又はその他の方法により、水防を妨害した者は、1年以上10年以下の懲役に処する。

（過失建造物等浸害）

第122条　過失により出水させて、第119条に規定する物を浸害した者又は第120条に規定する物を浸害し、よって公共の危険を生じさせた者は、20万円以下の罰金に処する。

（水利妨害及び出水危険）

第123条　堤防を決壊させ、水門を破壊し、その他水利の妨害となるべき行為又は出水させるべき行為をした者は、2年以下の懲役若しくは禁錮又は20万円以下の罰金に処する。

第11章　往来を妨害する罪

（往来妨害及び同致死傷）

第124条　陸路、水路又は橋を損壊し、又は閉塞して往来の妨害を生じさせた者は、2年以下の懲役又は20万円以下の罰金に処する。

2　前項の罪を犯し、よって人を死傷させた者は、傷害の罪と比較して、重い刑により処断する。

（往来危険）

第125条　鉄道若しくはその標識を損壊し、又はその他の方法により、汽車又は電車の往来の危険を生じさせた者は、2年以上の有期懲役に処する。

2　灯台若しくは浮標を損壊し、又はその他の方法により、艦船の往来の危険を生じさせた者も、前項と同様とする。

（汽車転覆等及び同致死）

第126条　現に人がいる汽車又は電車を転覆させ、又は破壊した者は、無期又は3年以上の懲役に処する。

2　現に人がいる艦船を転覆させ、沈没させ、又は破壊した者も、前項と同様とする。

3　前2項の罪を犯し、よって人を死亡させた者は、死刑又は無期懲役に処する。

（往来危険による汽車転覆等）

第127条　第125条の罪を犯し、よって汽車若しくは電車を転覆させ、若しくは破壊し、又は艦船を転覆させ、沈没させ、若しくは破壊した者も、前条の例による。

（未遂罪）

第128条　第124条第1項、第125条並びに第126条第1項及び第2項の罪の未遂は、罰する。

（過失往来危険）

第129条　過失により、汽車、電車若しくは艦船の往来の危険を生じさせ、又は汽車若しくは電車を転覆させ、若しくは破壊し、若しくは艦船を転覆させ、沈没させ、若しくは破壊した者は、30万円以下の罰金に処する。

2　その業務に従事する者が前項の罪を犯したときは、3年以下の禁錮又は50万円以下の罰金に処する。

第12章　住居を侵す罪

（住居侵入等）

第130条　正当な理由がないのに、人の住居若しくは人の看守する邸宅、建造物若しくは艦船に侵入し、又は要求を受けたにもかかわらずこれらの場所から退去しなかった者は、3年以下の懲役又は10万円以下の罰金に処する。

第131条　削除

（未遂罪）

第132条　第130条の罪の未遂は、罰する。

第13章　秘密を侵す罪

（信書開封）

第133条　正当な理由がないのに、封をしてある信書を開けた者は、1年以下の懲役又は20万円以下の罰金に処する。

（秘密漏示）

第134条　医師、薬剤師、医薬品販売業者、助産師、弁護士、弁護人、公証人又はこれらの職にあった者が、正当な理由がないのに、その業務上取り扱ったことについて知り得た人の秘密を漏らしたときは、6月以下の懲役又は10万円以下の罰金に処する。

2　宗教、祈祷若しくは祭祀の職にある者又はこれらの職にあった者が、正当な理由がないのに、その業務上取り扱ったことについて知り得た人の秘密を漏らしたときも、前項と同様とする。

（親告罪）

第135条　この章の罪は、告訴がなければ公訴を提起することができない。

第14章　あへん煙に関する罪

（あへん煙輸入等）

第136条　あへん煙を輸入し、製造し、販売し、又は販売の目的で所持した者は、6月以上7年以下の懲役に処する。

（あへん煙吸食器具輸入等）

第137条　あへん煙を吸食する器具を輸入し、製造し、販売し、又は販売の目的で所持した者は、3月以上5年以下の懲役に処する。

（税関職員によるあへん煙輸入等）

第138条　税関職員が、あへん煙又はあへん煙を吸食するための器具を輸入し、又はこれらの輸入を許したときは、1年以上10年以下の懲役に処する。

（あへん煙吸食及び場所提供）

第139条　あへん煙を吸食した者は、3年以下の懲役に処する。

2　あへん煙の吸食のため建物又は室を提供して利益を図った者は、6月以上7年以下の懲役に処する。

（あへん煙等所持）

第140条　あへん煙又はあへん煙を吸食するための器具を所持した者は、1年以下の懲役に処する。

（未遂罪）

第141条　この章の罪の未遂は、罰する。

第15章　飲料水に関する罪

（浄水汚染）

第142条　人の飲料に供する浄水を汚染し、よって使用することができないようにした者は、6月以下の懲役又は10万円以下の罰金に処する。

（水道汚染）

第143条　水道により公衆に供給する飲料の浄水又はその水源を汚染し、よって使用することができないようにした者は、6月以上7年以下の懲役に処する。

（浄水毒物等混入）

第144条　人の飲料に供する浄水に毒物その他人の健康を害すべき物を混入した者は、3年以下の懲役に処する。

（浄水汚染等致死傷）

第145条　前3条の罪を犯し、よって人を死傷させた者は、傷害の罪と比較して、重い刑により処断する。

（水道毒物等混入及び同致死）

第146条　水道により公衆に供給する飲料の浄水又はその水源に毒物その他人の健康を害すべき物を混入した者は、2年以上の有期懲役に処する。よって人を死亡させた者は、死刑又は無期若しくは5年以上の懲役に処する。

（水道損壊及び閉塞）

第147条　公衆の飲料に供する浄水の水道を損壊し、又は閉塞した者は、1年以上10年以下の懲役に処する。

第16章　通貨偽造の罪

（通貨偽造及び行使等）

第148条　行使の目的で、通用する貨幣、紙幣又は銀行券を偽造し、又は変造した者は、無期又は3年以上の懲役に処する。

2　偽造又は変造の貨幣、紙幣又は銀行券を行使し、又は行使の目的で人に交付し、若しくは輸入した者も、前項と同様とする。

（外国通貨偽造及び行使等）

第149条　行使の目的で、日本国内に流通している外国の貨幣、紙幣又は銀行券を偽造し、又は変造した者は、2年以上の有期懲役に処する。

2　偽造又は変造の外国の貨幣、紙幣又は銀行券を行使し、又は行使の目的で人に交付し、若しくは輸入した者も、前項と同様とする。

（偽造通貨等収得）

第150条　行使の目的で、偽造又は変造の貨幣、紙幣又は銀行券を収得した者は、3年以下の懲役に処する。

（未遂罪）

第151条　前3条の罪の未遂は、罰する。

（収得後知情行使等）

第152条　貨幣、紙幣又は銀行券を収得した後に、それが偽造又は変造のものであることを知って、これを行使し、又は行使の目的で人に交付した者は、その額面価格の3倍以下の罰金又は科料に処する。ただし、2000円以下にすることはできない。

（通貨偽造等準備）

第153条　貨幣、紙幣又は銀行券の偽造又は変造の用に供する目的で、器械又は原料を準備した者は、3月以上5年以下の懲役に処する。

第17章　文書偽造の罪

（詔書偽造等）

第154条　行使の目的で、御璽、国璽若しくは御名を使用して詔書その他の文書を偽造し、又は偽造した御璽、国璽若しくは御名を使用して詔書その他の文書を偽造した者は、無期又は3年以上の懲役に処する。

2　御璽若しくは国璽を押し又は御名を署した詔書その他の文書を変造した者も、前項と同様とする。

（公文書偽造等）

第155条　行使の目的で、公務所若しくは公務員の印章若しくは署名を使用して公務所若しくは公務員の作成すべき文書若しくは図画を偽造し、又は偽造した公務所若しくは公務員の印章若しくは署名を使用して公務所若しくは公務員の作成すべき文書若しくは図画を偽造した者は、1年以上10年以下の懲役に処する。

2　公務所又は公務員が押印し又は署名した文書又は図画を変造した者も、前項と同様とする。

3　前2項に規定するもののほか、公務所若しくは公務員の作成すべき文書若しくは図画を偽造し、又は公務所若しくは公務員が作成した文書若しくは図画を変造した者は、3年以下の懲役又は20万円以下の罰金に処する。

（虚偽公文書作成等）

第156条　公務員が、その職務に関し、行使の目的で、虚偽の文書若しくは図画を作成し、又は文書若しくは図画を変造したときは、印章又は署名の有無により区別して、前2条の例による。

（公正証書原本不実記載等）

第157条　公務員に対し虚偽の申立てをして、登記簿、戸籍簿その他の権利若しくは義務に関する公正証書の原本に不実の記載をさせ、又は権利若しくは義務に関する公正証書の原本として用いられる電磁的記録に不実の記録をさせた者は、5年以下の懲役又は50万円以下の罰金に処する。

2　公務員に対し虚偽の申立てをして、免状、鑑札又は旅券に不実の記載をさせた者は、1年以下の懲役又は20万円以下の罰金に処する。
3　前2項の罪の未遂は、罰する。

（偽造公文書行使等）
第158条　第154条から前条までの文書若しくは図画を行使し、又は前条第1項の電磁的記録を公正証書の原本としての用に供した者は、その文書若しくは図画を偽造し、若しくは変造し、虚偽の文書若しくは図画を作成し、又は不実の記載若しくは記録をさせた者と同一の刑に処する。
2　前項の罪の未遂は、罰する。

（私文書偽造等）
第159条　行使の目的で、他人の印章若しくは署名を使用して権利、義務若しくは事実証明に関する文書若しくは図画を偽造し、又は偽造した他人の印章若しくは署名を使用して権利、義務若しくは事実証明に関する文書若しくは図画を偽造した者は、3月以上5年以下の懲役に処する。
2　他人が押印し又は署名した権利、義務又は事実証明に関する文書又は図画を変造した者も、前項と同様とする。
3　前2項に規定するもののほか、権利、義務又は事実証明に関する文書又は図画を偽造し、又は変造した者は、1年以下の懲役又は10万円以下の罰金に処する。

（虚偽診断書等作成）
第160条　医師が公務所に提出すべき診断書、検案書又は死亡証書に虚偽の記載をしたときは、3年以下の禁錮又は30万円以下の罰金に処する。

（偽造私文書等行使）
第161条　前2条の文書又は図画を行使した者は、その文書若しくは図画を偽造し、若しくは変造し、又は虚偽の記載をした者と同一の刑に処する。
2　前項の罪の未遂は、罰する。

（電磁的記録不正作出及び供用）
第161条の2　人の事務処理を誤らせる目的で、その事務処理の用に供する権利、義務又は事実証明に関する電磁的記録を不正に作った者は、5年以下の懲役又は50万円以下の罰金に処する。
2　前項の罪が公務所又は公務員により作られるべき電磁的記録に係るときは、10年以下の懲役又は100万円以下の罰金に処する。
3　不正に作られた権利、義務又は事実証明に関する電磁的記録を、第1項の目的で、人の事務処理の用に供した者は、その電磁的記録を不正に作った者と同一の刑に処する。
4　前項の罪の未遂は、罰する。

第18章　有価証券偽造の罪

（有価証券偽造等）
第162条　行使の目的で、公債証書、官庁の証券、会社の株券その他の有価証券を偽造し、又は変造した者は、3月以上10年以下の懲役に処する。
2　行使の目的で、有価証券に虚偽の記入をした者も、前項と同様とする。

（偽造有価証券行使等）
第163条　偽造若しくは変造の有価証券又は虚偽の記入がある有価証券を行使し、又は行使の目的で人に交付し、若しくは輸入した者は、3月以上10年以下の懲役に処する。
2　前項の罪の未遂は、罰する。

第18章の2　支払用カード電磁的記録に関する罪

（支払用カード電磁的記録不正作出等）
第163条の2　人の財産上の事務処理を誤らせる目的で、その事務処理の用に供する電磁的記録であって、クレジットカードその他の代金又は料金の支払用のカードを構成するものを不正に作った者は、10年以下の懲役又は100万円以下の罰金に処する。預貯金の引出用のカードを構成する電磁的記録を不正に作った者も、同様とする。
2　不正に作られた前項の電磁的記録を、同項の目的で、人の財産上の事務処理の用に供した者も、同項と同様とする。
3　不正に作られた第1項の電磁的記録をその構成部分とするカードを、同項の目的で、譲り渡し、貸し渡し、又は輸入した者も、同項と同様とする。

（不正電磁的記録カード所持）
第163条の3　前条第1項の目的で、同条第3項のカードを所持した者は、5年以下の懲役又は50万円以下の罰金に処する。

（支払用カード電磁的記録不正作出準備）
第163条の4　第163条の2第1項の犯罪行為の用に供する目的で、同項の電磁的記録の情報

刑法

を取得した者は、3年以下の懲役又は50万円以下の罰金に処する。情を知って、その情報を提供した者も、同様とする。

2　不正に取得された第163条の2第1項の電磁的記録の情報を、前項の目的で保管した者も、同項と同様とする。

3　第1項の目的で、器械又は原料を準備した者も、同項と同様とする。

（未遂罪）

第163条の5　第163条の2及び前条第1項の罪の未遂は、罰する。

第19章　印章偽造の罪

（御璽偽造及び不正使用等）

第164条　行使の目的で、御璽、国璽又は御名を偽造した者は、2年以上の有期懲役に処する。

2　御璽、国璽若しくは御名を不正に使用し、又は偽造した御璽、国璽若しくは御名を使用した者も、前項と同様とする。

（公印偽造及び不正使用等）

第165条　行使の目的で、公務所又は公務員の印章又は署名を偽造した者は、3月以上5年以下の懲役に処する。

2　公務所若しくは公務員の印章若しくは署名を不正に使用し、又は偽造した公務所若しくは公務員の印章若しくは署名を使用した者も、前項と同様とする。

（公記号偽造及び不正使用等）

第166条　行使の目的で、公務所の記号を偽造した者は、3年以下の懲役に処する。

2　公務所の記号を不正に使用し、又は偽造した公務所の記号を使用した者も、前項と同様とする。

（私印偽造及び不正使用等）

第167条　行使の目的で、他人の印章又は署名を偽造した者は、3年以下の懲役に処する。

2　他人の印章若しくは署名を不正に使用し、又は偽造した印章若しくは署名を使用した者も、前項と同様とする。

（未遂罪）

第168条　第164条第2項、第165条第2項、第166条第2項及び前条第2項の罪の未遂は、罰する。

第19章の2　不正指令電磁的記録に関する罪

（不正指令電磁的記録作成等）

第168条の2　正当な理由がないのに、人の電子計算機における実行の用に供する目的で、次に掲げる電磁的記録その他の記録を作成し、又は提供した者は、3年以下の懲役又は50万円以下の罰金に処する。

一　人が電子計算機を使用するに際してその意図に沿うべき動作をさせず、又はその意図に反する動作をさせるべき不正な指令を与える電磁的記録

二　前号に掲げるもののほか、同号の不正な指令を記述した電磁的記録その他の記録

2　正当な理由がないのに、前項第1号に掲げる電磁的記録を人の電子計算機における実行の用に供した者も、同項と同様とする。

3　前項の罪の未遂は、罰する。

（不正指令電磁的記録取得等）

第168条の3　正当な理由がないのに、前条第1項の目的で、同項各号に掲げる電磁的記録その他の記録を取得し、又は保管した者は、2年以下の懲役又は30万円以下の罰金に処する。

第20章　偽証の罪

（偽証）

第169条　法律により宣誓した証人が虚偽の陳述をしたときは、3月以上10年以下の懲役に処する。

（自白による刑の減免）

第170条　前条の罪を犯した者が、その証言をした事件について、その裁判が確定する前又は懲戒処分が行われる前に自白したときは、その刑を減軽し、又は免除することができる。

（虚偽鑑定等）

第171条　法律により宣誓した鑑定人、通訳人又は翻訳人が虚偽の鑑定、通訳又は翻訳をしたときは、前2条の例による。

第21章　虚偽告訴の罪

（虚偽告訴等）

第172条　人に刑事又は懲戒の処分を受けさせる目的で、虚偽の告訴、告発その他の申告をした者は、3月以上10年以下の懲役に処する。

（自白による刑の減免）

第173条　前条の罪を犯した者が、その申告をした事件について、その裁判が確定する前又は懲戒処分が行われる前に自白したときは、その刑を減軽し、又は免除することができる。

第22章　わいせつ、不同意性交等及び重婚の罪

（公然わいせつ）

第174条　公然とわいせつな行為をした者は、6月以下の懲役若しくは30万円以下の罰金又は拘留若しくは科料に処する。

（わいせつ物頒布等）

第175条　わいせつな文書、図画、電磁的記録に係る記録媒体その他の物を頒布し、又は公然と陳列した者は、2年以下の懲役若しくは250万円以下の罰金若しくは科料に処し、又は懲役及び罰金を併科する。電気通信の送信によりわいせつな電磁的記録その他の記録を頒布した者も、同様とする。

2　有償で頒布する目的で、前項の物を所持し、又は同項の電磁的記録を保管した者も、同項と同様とする。

（不同意わいせつ）

第176条　次に掲げる行為又は事由その他これらに類する行為又は事由により、同意しない意思を形成し、表明し若しくは全うすることが困難な状態にさせ又はその状態にあることに乗じて、わいせつな行為をした者は、婚姻関係の有無にかかわらず、6月以上10年以下の拘禁刑に処する。

一　暴行若しくは脅迫を用いること又はそれらを受けたこと。

二　心身の障害を生じさせること又はそれがあること。

三　アルコール若しくは薬物を摂取させること又はそれらの影響があること。

四　睡眠その他の意識が明瞭でない状態にさせること又はその状態にあること。

五　同意しない意思を形成し、表明し又は全うするいとまがないこと。

六　予想と異なる事態に直面させて恐怖させ、若しくは驚愕させること又はその事態に直面して恐怖し、若しくは驚愕していること。

七　虐待に起因する心理的反応を生じさせること又はそれがあること。

八　経済的又は社会的関係上の地位に基づく影響力によって受ける不利益を憂慮させること又はそれを憂慮していること。

2　行為がわいせつなものではないとの誤信をさせ、若しくは行為をする者について人違いをさせ、又はそれらの誤信若しくは人違いをしていることに乗じて、わいせつな行為をした者も、前項と同様とする。

3　16歳未満の者に対し、わいせつな行為をした者（当該16歳未満の者が13歳以上である場合については、その者が生まれた日より5年以上前の日に生まれた者に限る。）も、第1項と同様とする。

（不同意性交等）

第177条　前条第1項各号に掲げる行為又は事由その他これらに類する行為又は事由により、同意しない意思を形成し、表明し若しくは全うすることが困難な状態にさせ又はその状態にあることに乗じて、性交、肛門性交、口腔性交又は膣若しくは肛門に身体の一部（陰茎を除く。）若しくは物を挿入する行為であってわいせつなもの（以下この条及び第179条第2項において「性交等」という。）をした者は、婚姻関係の有無にかかわらず、5年以上の有期拘禁刑に処する。

2　行為がわいせつなものではないとの誤信をさせ、若しくは行為をする者について人違いをさせ、又はそれらの誤信若しくは人違いをしていることに乗じて、性交等をした者も、前項と同様とする。

3　16歳未満の者に対し、性交等をした者（当該16歳未満の者が13歳以上である場合については、その者が生まれた日より5年以上前の日に生まれた者に限る。）も、第1項と同様とする。

第178条　削除

（監護者わいせつ及び監護者性交等）

第179条　18歳未満の者に対し、その者を現に監護する者であることによる影響力があることに乗じてわいせつな行為をした者は、第176条第1項の例による。

2　18歳未満の者に対し、その者を現に監護する者であることによる影響力があることに乗じて性交等をした者は、第177条第1項の例による。

（未遂罪）

第180条　第176条、第177条及び前条の罪の未遂は、罰する。

（不同意わいせつ等致死傷）

第181条　第176条若しくは第179条第1項の罪又はこれらの罪の未遂罪を犯し、よって人を死

傷させた者は、無期又は３年以上の懲役に処する。

２　第177条若しくは第179条第２項の罪又はこれらの罪の未遂罪を犯し、よって人を死傷させた者は、無期又は６年以上の懲役に処する。

（16歳未満の者に対する面会要求等）

第182条　わいせつの目的で、16歳未満の者に対し、次の各号に掲げるいずれかの行為をした者（当該16歳未満の者が13歳以上である場合については、その者が生まれた日より５年以上前の日に生まれた者に限る。）は、１年以下の拘禁刑又は50万円以下の罰金に処する。

一　威迫し、偽計を用い又は誘惑して面会を要求すること。

二　拒まれたにもかかわらず、反復して面会を要求すること。

三　金銭その他の利益を供与し、又はその申込み若しくは約束をして面会を要求すること。

２　前項の罪を犯し、よってわいせつの目的で当該16歳未満の者と面会をした者は、２年以下の拘禁刑又は100万円以下の罰金に処する。

３　16歳未満の者に対し、次の各号に掲げるいずれかの行為（第２号に掲げる行為については、当該行為をさせることがわいせつなものであるものに限る。）を要求した者（当該16歳未満の者が13歳以上である場合については、その者が生まれた日より５年以上前の日に生まれた者に限る。）は、１年以下の拘禁刑又は50万円以下の罰金に処する。

一　性交、肛門性交又は口腔性交をする姿態をとってその映像を送信すること。

二　前号に掲げるもののほか、膣又は肛門に身体の一部（陰茎を除く。）又は物を挿入し又は挿入される姿態、性的な部位（性器若しくは肛門若しくはこれらの周辺部、臀部又は胸部をいう。以下この号において同じ。）を触り又は触られる姿態、性的な部位を露出した姿態その他の姿態をとってその映像を送信すること。

（淫行勧誘）

第183条　営利の目的で、淫行の常習のない女子を勧誘して姦淫させた者は、３年以下の懲役又は30万円以下の罰金に処する。

（重婚）

第184条　配偶者のある者が重ねて婚姻をしたときは、２年以下の懲役に処する。その相手方となって婚姻をした者も、同様とする。

第23章　賭博及び富くじに関する罪

（賭博）

第185条　賭博をした者は、50万円以下の罰金又は科料に処する。ただし、一時の娯楽に供する物を賭けたにとどまるときは、この限りでない。

（常習賭博及び賭博場開張等図利）

第186条　常習として賭博をした者は、３年以下の懲役に処する。

２　賭博場を開張し、又は博徒を結合して利益を図った者は、３月以上５年以下の懲役に処する。

（富くじ発売等）

第187条　富くじを発売した者は、２年以下の懲役又は150万円以下の罰金に処する。

２　富くじ発売の取次ぎをした者は、１年以下の懲役又は100万円以下の罰金に処する。

３　前２項に規定するもののほか、富くじを授受した者は、20万円以下の罰金又は科料に処する。

第24章　礼拝所及び墳墓に関する罪

（礼拝所不敬及び説教等妨害）

第188条　神祠、仏堂、墓所その他の礼拝所に対し、公然と不敬な行為をした者は、６月以下の懲役若しくは禁錮又は10万円以下の罰金に処する。

２　説教、礼拝又は葬式を妨害した者は、１年以下の懲役若しくは禁錮又は10万円以下の罰金に処する。

（墳墓発掘）

第189条　墳墓を発掘した者は、２年以下の懲役に処する。

（死体損壊等）

第190条　死体、遺骨、遺髪又は棺に納めてある物を損壊し、遺棄し、又は領得した者は、３年以下の懲役に処する。

（墳墓発掘死体損壊等）

第191条　第189条の罪を犯して、死体、遺骨、遺髪又は棺に納めてある物を損壊し、遺棄し、又は領得した者は、３月以上５年以下の懲役に処する。

（変死者密葬）

第192条　検視を経ないで変死者を葬った者は、10万円以下の罰金又は科料に処する。

第25章　汚職の罪

（公務員職権濫用）

第193条　公務員がその職権を濫用して、人に義務のないことを行わせ、又は権利の行使を妨害したときは、2年以下の懲役又は禁錮に処する。

（特別公務員職権濫用）

第194条　裁判、検察若しくは警察の職務を行う者又はこれらの職務を補助する者がその職権を濫用して、人を逮捕し、又は監禁したときは、6月以上10年以下の懲役又は禁錮に処する。

（特別公務員暴行陵虐）

第195条　裁判、検察若しくは警察の職務を行う者又はこれらの職務を補助する者が、その職務を行うに当たり、被告人、被疑者その他の者に対して暴行又は陵辱若しくは加虐の行為をしたときは、7年以下の懲役又は禁錮に処する。

2　法令により拘禁された者を看守し又は護送する者がその拘禁された者に対して暴行又は陵辱若しくは加虐の行為をしたときも、前項と同様とする。

（特別公務員職権濫用等致死傷）

第196条　前2条の罪を犯し、よって人を死傷させた者は、傷害の罪と比較して、重い刑により処断する。

（収賄、受託収賄及び事前収賄）

第197条　公務員が、その職務に関し、賄賂を収受し、又はその要求若しくは約束をしたときは、5年以下の懲役に処する。この場合において、請託を受けたときは、7年以下の懲役に処する。

2　公務員になろうとする者が、その担当すべき職務に関し、請託を受けて、賄賂を収受し、又はその要求若しくは約束をしたときは、公務員となった場合において、5年以下の懲役に処する。

（第三者供賄）

第197条の2　公務員が、その職務に関し、請託を受けて、第三者に賄賂を供与させ、又はその供与の要求若しくは約束をしたときは、5年以下の懲役に処する。

（加重収賄及び事後収賄）

第197条の3　公務員が前2条の罪を犯し、よって不正な行為をし、又は相当の行為をしなかったときは、1年以上の有期懲役に処する。

2　公務員が、その職務上不正な行為をしたこと又は相当の行為をしなかったことに関し、賄賂を収受し、若しくはその要求若しくは約束をし、又は第三者にこれを供与させ、若しくはその供与の要求若しくは約束をしたときも、前項と同様とする。

3　公務員であった者が、その在職中に請託を受けて職務上不正な行為をしたこと又は相当の行為をしなかったことに関し、賄賂を収受し、又はその要求若しくは約束をしたときは、5年以下の懲役に処する。

（あっせん収賄）

第197条の4　公務員が請託を受け、他の公務員に職務上不正な行為をさせるように、又は相当の行為をさせないようにあっせんをすること又はしたことの報酬として、賄賂を収受し、又はその要求若しくは約束をしたときは、5年以下の懲役に処する。

（没収及び追徴）

第197条の5　犯人又は情を知った第三者が収受した賄賂は、没収する。その全部又は一部を没収することができないときは、その価額を追徴する。

（贈賄）

第198条　第197条から第197条の4までに規定する賄賂を供与し、又はその申込み若しくは約束をした者は、3年以下の懲役又は250万円以下の罰金に処する。

第26章　殺人の罪

（殺人）

第199条　人を殺した者は、死刑又は無期若しくは5年以上の懲役に処する。

第200条　削除

（予備）

第201条　第199条の罪を犯す目的で、その予備をした者は、2年以下の懲役に処する。ただし、情状により、その刑を免除することができる。

（自殺関与及び同意殺人）

第202条　人を教唆し若しくは幇助して自殺させ、又は人をその嘱託を受け若しくはその承諾を得て殺した者は、6月以上7年以下の懲役又は禁錮に処する。

（未遂罪）

第203条　第199条及び前条の罪の未遂は、罰する。

第27章　傷害の罪

（傷害）
第204条　人の身体を傷害した者は、15年以下の懲役又は50万円以下の罰金に処する。
（傷害致死）
第205条　身体を傷害し、よって人を死亡させた者は、3年以上の有期懲役に処する。
（現場助勢）
第206条　前2条の犯罪が行われるに当たり、現場において勢いを助けた者は、自ら人を傷害しなくても、1年以下の懲役又は10万円以下の罰金若しくは科料に処する。
（同時傷害の特例）
第207条　二人以上で暴行を加えて人を傷害した場合において、それぞれの暴行による傷害の軽重を知ることができず、又はその傷害を生じさせた者を知ることができないときは、共同して実行した者でなくても、共犯の例による。
（暴行）
第208条　暴行を加えた者が人を傷害するに至らなかったときは、2年以下の懲役若しくは30万円以下の罰金又は拘留若しくは科料に処する。
（凶器準備集合及び結集）
第208条の2　二人以上の者が他人の生命、身体又は財産に対し共同して害を加える目的で集合した場合において、凶器を準備して又はその準備があることを知って集合した者は、2年以下の懲役又は30万円以下の罰金に処する。
2　前項の場合において、凶器を準備して又はその準備があることを知って人を集合させた者は、3年以下の懲役に処する。

第28章　過失傷害の罪

（過失傷害）
第209条　過失により人を傷害した者は、30万円以下の罰金又は科料に処する。
2　前項の罪は、告訴がなければ公訴を提起することができない。
（過失致死）
第210条　過失により人を死亡させた者は、50万円以下の罰金に処する。
（業務上過失致死傷等）
第211条　業務上必要な注意を怠り、よって人を死傷させた者は、5年以下の懲役若しくは禁錮又は100万円以下の罰金に処する。重大な過失により人を死傷させた者も、同様とする。

第29章　堕胎の罪

（堕胎）
第212条　妊娠中の女子が薬物を用い、又はその他の方法により、堕胎したときは、1年以下の懲役に処する。
（同意堕胎及び同致死傷）
第213条　女子の嘱託を受け、又はその承諾を得て堕胎させた者は、2年以下の懲役に処する。よって女子を死傷させた者は、3月以上5年以下の懲役に処する。
（業務上堕胎及び同致死傷）
第214条　医師、助産師、薬剤師又は医薬品販売業者が女子の嘱託を受け、又はその承諾を得て堕胎させたときは、3月以上5年以下の懲役に処する。よって女子を死傷させたときは、6月以上7年以下の懲役に処する。
（不同意堕胎）
第215条　女子の嘱託を受けないで、又はその承諾を得ないで堕胎させた者は、6月以上7年以下の懲役に処する。
2　前項の罪の未遂は、罰する。
（不同意堕胎致死傷）
第216条　前条の罪を犯し、よって女子を死傷させた者は、傷害の罪と比較して、重い刑により処断する。

第30章　遺棄の罪

（遺棄）
第217条　老年、幼年、身体障害又は疾病のために扶助を必要とする者を遺棄した者は、1年以下の懲役に処する。
（保護責任者遺棄等）
第218条　老年者、幼年者、身体障害者又は病者を保護する責任のある者がこれらの者を遺棄し、又はその生存に必要な保護をしなかったときは、3月以上5年以下の懲役に処する。
（遺棄等致死傷）
第219条　前2条の罪を犯し、よって人を死傷させた者は、傷害の罪と比較して、重い刑により処断する。

第31章　逮捕及び監禁の罪

（逮捕及び監禁）
第220条　不法に人を逮捕し、又は監禁した者は、３月以上７年以下の懲役に処する。

（逮捕等致死傷）
第221条　前条の罪を犯し、よって人を死傷させた者は、傷害の罪と比較して、重い刑により処断する。

第32章　脅迫の罪

（脅迫）
第222条　生命、身体、自由、名誉又は財産に対し害を加える旨を告知して人を脅迫した者は、２年以下の懲役又は30万円以下の罰金に処する。

2　親族の生命、身体、自由、名誉又は財産に対し害を加える旨を告知して人を脅迫した者も、前項と同様とする。

（強要）
第223条　生命、身体、自由、名誉若しくは財産に対し害を加える旨を告知して脅迫し、又は暴行を用いて、人に義務のないことを行わせ、又は権利の行使を妨害した者は、３年以下の懲役に処する。

2　親族の生命、身体、自由、名誉又は財産に対し害を加える旨を告知して脅迫し、人に義務のないことを行わせ、又は権利の行使を妨害した者も、前項と同様とする。

3　前２項の罪の未遂は、罰する。

第33章　略取、誘拐及び人身売買の罪

（未成年者略取及び誘拐）
第224条　未成年者を略取し、又は誘拐した者は、３月以上７年以下の懲役に処する。

（営利目的等略取及び誘拐）
第225条　営利、わいせつ、結婚又は生命若しくは身体に対する加害の目的で、人を略取し、又は誘拐した者は、１年以上10年以下の懲役に処する。

（身の代金目的略取等）
第225条の２　近親者その他略取され又は誘拐された者の安否を憂慮する者の憂慮に乗じてその財物を交付させる目的で、人を略取し、又は誘拐した者は、無期又は３年以上の懲役に処する。

2　人を略取し又は誘拐した者が近親者その他略取され又は誘拐された者の安否を憂慮する者の憂慮に乗じて、その財物を交付させ、又はこれを要求する行為をしたときも、前項と同様とする。

（所在国外移送目的略取及び誘拐）
第226条　所在国外に移送する目的で、人を略取し、又は誘拐した者は、２年以上の有期懲役に処する。

（人身売買）
第226条の２　人を買い受けた者は、３月以上５年以下の懲役に処する。

2　未成年者を買い受けた者は、３月以上７年以下の懲役に処する。

3　営利、わいせつ、結婚又は生命若しくは身体に対する加害の目的で、人を買い受けた者は、１年以上10年以下の懲役に処する。

4　人を売り渡した者も、前項と同様とする。

5　所在国外に移送する目的で、人を売買した者は、２年以上の有期懲役に処する。

（被略取者等所在国外移送）
第226条の３　略取され、誘拐され、又は売買された者を所在国外に移送した者は、２年以上の有期懲役に処する。

（被略取者引渡し等）
第227条　第224条、第225条又は前３条の罪を犯した者を幇助する目的で、略取され、誘拐され、又は売買された者を引き渡し、収受し、輸送し、蔵匿し、又は隠避させた者は、３月以上５年以下の懲役に処する。

2　第225条の２第１項の罪を犯した者を幇助する目的で、略取され又は誘拐された者を引き渡し、収受し、輸送し、蔵匿し、又は隠避させた者は、１年以上10年以下の懲役に処する。

3　営利、わいせつ又は生命若しくは身体に対する加害の目的で、略取され、誘拐され、又は売買された者を引き渡し、収受し、輸送し、又は蔵匿した者は、６月以上７年以下の懲役に処する。

4　第225条の２第１項の目的で、略取され又は誘拐された者を収受した者は、２年以上の有期懲役に処する。略取され又は誘拐された者を収受した者が近親者その他略取され又は誘拐された者の安否を憂慮する者の憂慮に乗じて、その財物を交付させ、又はこれを要求する行為をしたときも、同様とする。

（未遂罪）
第228条　第224条、第225条、第225条の２第１項、第226条から第226条の３まで並びに前条第１項から第３項まで及び第４項前段の罪の未遂は、罰する。
（解放による刑の減軽）
第228条の２　第225条の２又は第227条第２項若しくは第４項の罪を犯した者が、公訴が提起される前に、略取され又は誘拐された者を安全な場所に解放したときは、その刑を減軽する。
（身の代金目的略取等予備）
第228条の３　第225条の２第１項の罪を犯す目的で、その予備をした者は、２年以下の懲役に処する。ただし、実行に着手する前に自首した者は、その刑を減軽し、又は免除する。
（親告罪）
第229条　第224条の罪及び同条の罪を幇助する目的で犯した第227条第１項の罪並びにこれらの罪の未遂罪は、告訴がなければ公訴を提起することができない。

第34章　名誉に対する罪

（名誉毀損）
第230条　公然と事実を摘示し、人の名誉を毀損した者は、その事実の有無にかかわらず、３年以下の懲役若しくは禁錮又は50万円以下の罰金に処する。
２　死者の名誉を毀損した者は、虚偽の事実を摘示することによってした場合でなければ、罰しない。
（公共の利害に関する場合の特例）
第230条の２　前条第１項の行為が公共の利害に関する事実に係り、かつ、その目的が専ら公益を図ることにあったと認める場合には、事実の真否を判断し、真実であることの証明があったときは、これを罰しない。
２　前項の規定の適用については、公訴が提起されるに至っていない人の犯罪行為に関する事実は、公共の利害に関する事実とみなす。
３　前条第１項の行為が公務員又は公選による公務員の候補者に関する事実に係る場合には、事実の真否を判断し、真実であることの証明があったときは、これを罰しない。
（侮辱）
第231条　事実を摘示しなくても、公然と人を侮辱した者は、１年以下の懲役若しくは禁錮若しくは30万円以下の罰金又は拘留若しくは科料に処する。
（親告罪）
第232条　この章の罪は、告訴がなければ公訴を提起することができない。
２　告訴をすることができる者が天皇、皇后、太皇太后、皇太后又は皇嗣であるときは内閣総理大臣が、外国の君主又は大統領であるときはその国の代表者がそれぞれ代わって告訴を行う。

第35章　信用及び業務に対する罪

（信用毀損及び業務妨害）
第233条　虚偽の風説を流布し、又は偽計を用いて、人の信用を毀損し、又はその業務を妨害した者は、３年以下の懲役又は50万円以下の罰金に処する。
（威力業務妨害）
第234条　威力を用いて人の業務を妨害した者も、前条の例による。
（電子計算機損壊等業務妨害）
第234条の２　人の業務に使用する電子計算機若しくはその用に供する電磁的記録を損壊し、若しくは人の業務に使用する電子計算機に虚偽の情報若しくは不正な指令を与え、又はその他の方法により、電子計算機に使用目的に沿うべき動作をさせず、又は使用目的に反する動作をさせて、人の業務を妨害した者は、５年以下の懲役又は100万円以下の罰金に処する。
２　前項の罪の未遂は、罰する。

第36章　窃盗及び強盗の罪

（窃盗）
第235条　他人の財物を窃取した者は、窃盗の罪とし、10年以下の懲役又は50万円以下の罰金に処する。
（不動産侵奪）
第235条の２　他人の不動産を侵奪した者は、10年以下の懲役に処する。
（強盗）
第236条　暴行又は脅迫を用いて他人の財物を強取した者は、強盗の罪とし、５年以上の有期懲役に処する。
２　前項の方法により、財産上不法の利益を得、又は他人にこれを得させた者も、同項と同様とする。

（強盗予備）

第237条　強盗の罪を犯す目的で、その予備をした者は、2年以下の懲役に処する。

（事後強盗）

第238条　窃盗が、財物を得てこれを取り返されることを防ぎ、逮捕を免れ、又は罪跡を隠滅するために、暴行又は脅迫をしたときは、強盗として論ずる。

（昏酔強盗）

第239条　人を昏酔させてその財物を盗取した者は、強盗として論ずる。

（強盗致死傷）

第240条　強盗が、人を負傷させたときは無期又は6年以上の懲役に処し、死亡させたときは死刑又は無期懲役に処する。

（強盗・不同意性交等及び同致死）

第241条　強盗の罪若しくはその未遂罪を犯した者が第177条の罪若しくはその未遂罪をも犯したとき、又は同条の罪若しくはその未遂罪を犯した者が強盗の罪若しくはその未遂罪をも犯したときは、無期又は7年以上の懲役に処する。

2　前項の場合のうち、その犯した罪がいずれも未遂罪であるときは、人を死傷させたときを除き、その刑を減軽することができる。ただし、自己の意思によりいずれかの犯罪を中止したときは、その刑を減軽し、又は免除する。

3　第1項の罪に当たる行為により人を死亡させた者は、死刑又は無期懲役に処する。

（他人の占有等に係る自己の財物）

第242条　自己の財物であっても、他人が占有し、又は公務所の命令により他人が看守するものであるときは、この章の罪については、他人の財物とみなす。

（未遂罪）

第243条　第235条から第236条まで、第238条から第240条まで及び第241条第3項の罪の未遂は、罰する。

（親族間の犯罪に関する特例）

第244条　配偶者、直系血族又は同居の親族との間で第235条の罪、第235条の2の罪又はこれらの罪の未遂罪を犯した者は、その刑を免除する。

2　前項に規定する親族以外の親族との間で犯した同項に規定する罪は、告訴がなければ公訴を提起することができない。

3　前2項の規定は、親族でない共犯については、適用しない。

（電気）

第245条　この章の罪については、電気は、財物とみなす。

第37章　詐欺及び恐喝の罪

（詐欺）

第246条　人を欺いて財物を交付させた者は、10年以下の懲役に処する。

2　前項の方法により、財産上不法の利益を得、又は他人にこれを得させた者も、同項と同様とする。

（電子計算機使用詐欺）

第246条の2　前条に規定するもののほか、人の事務処理に使用する電子計算機に虚偽の情報若しくは不正な指令を与えて財産権の得喪若しくは変更に係る不実の電磁的記録を作り、又は財産権の得喪若しくは変更に係る虚偽の電磁的記録を人の事務処理の用に供して、財産上不法の利益を得、又は他人にこれを得させた者は、10年以下の懲役に処する。

（背任）

第247条　他人のためにその事務を処理する者が、自己若しくは第三者の利益を図り又は本人に損害を加える目的で、その任務に背く行為をし、本人に財産上の損害を加えたときは、5年以下の懲役又は50万円以下の罰金に処する。

（準詐欺）

第248条　未成年者の知慮浅薄又は人の心神耗弱に乗じて、その財物を交付させ、又は財産上不法の利益を得、若しくは他人にこれを得させた者は、10年以下の懲役に処する。

（恐喝）

第249条　人を恐喝して財物を交付させた者は、10年以下の懲役に処する。

2　前項の方法により、財産上不法の利益を得、又は他人にこれを得させた者も、同項と同様とする。

（未遂罪）

第250条　この章の罪の未遂は、罰する。

（準用）

第251条　第242条、第244条及び第245条の規定は、この章の罪について準用する。

第38章　横領の罪

（横領）

第252条　自己の占有する他人の物を横領した者は、5年以下の懲役に処する。

2　自己の物であっても、公務所から保管を命ぜられた場合において、これを横領した者も、前項と同様とする。

（業務上横領）

第253条　業務上自己の占有する他人の物を横領した者は、10年以下の懲役に処する。

（遺失物等横領）

第254条　遺失物、漂流物その他占有を離れた他人の物を横領した者は、1年以下の懲役又は10万円以下の罰金若しくは科料に処する。

（準用）

第255条　第244条の規定は、この章の罪について準用する。

第39章　盗品等に関する罪

（盗品譲受け等）

第256条　盗品その他財産に対する罪に当たる行為によって領得された物を無償で譲り受けた者は、3年以下の懲役に処する。

2　前項に規定する物を運搬し、保管し、若しくは有償で譲り受け、又はその有償の処分のあっせんをした者は、10年以下の懲役及び50万円以下の罰金に処する。

（親族等の間の犯罪に関する特例）

第257条　配偶者との間又は直系血族、同居の親族若しくはこれらの者の配偶者との間で前条の罪を犯した者は、その刑を免除する。

2　前項の規定は、親族でない共犯については、適用しない。

第40章　毀棄及び隠匿の罪

（公用文書等毀棄）

第258条　公務所の用に供する文書又は電磁的記録を毀棄した者は、3月以上7年以下の懲役に処する。

（私用文書等毀棄）

第259条　権利又は義務に関する他人の文書又は電磁的記録を毀棄した者は、5年以下の懲役に処する。

（建造物等損壊及び同致死傷）

第260条　他人の建造物又は艦船を損壊した者は、5年以下の懲役に処する。よって人を死傷させた者は、傷害の罪と比較して、重い刑により処断する。

（器物損壊等）

第261条　前3条に規定するもののほか、他人の物を損壊し、又は傷害した者は、3年以下の懲役又は30万円以下の罰金若しくは科料に処する。

（自己の物の損壊等）

第262条　自己の物であっても、差押えを受け、物権を負担し、賃貸し、又は配偶者居住権が設定されたものを損壊し、又は傷害したときは、前3条の例による。

（境界損壊）

第262条の2　境界標を損壊し、移動し、若しくは除去し、又はその他の方法により、土地の境界を認識することができないようにした者は、5年以下の懲役又は50万円以下の罰金に処する。

（信書隠匿）

第263条　他人の信書を隠匿した者は、6月以下の懲役若しくは禁錮又は10万円以下の罰金若しくは科料に処する。

（親告罪）

第264条　第259条、第261条及び前条の罪は、告訴がなければ公訴を提起することができない。

供託法

明治32年法律第15号
最終改正　平成26年法律第69号

第1条　法令ノ規定ニ依リテ供託スル金銭及ヒ有価証券ハ法務局若ハ地方法務局若ハ此等ノ支局又ハ法務大臣ノ指定スル此等ノ出張所カ供託所トシテ之ヲ保管ス

第1条ノ2　供託所ニ於ケル事務ハ法務局若ハ地方法務局若ハ此等ノ支局又ハ此等ノ出張所ニ勤務スル法務事務官ニシテ法務局又ハ地方法務局ノ長ノ指定シタル者カ供託官トシテ之ヲ取扱フ

第1条ノ3　供託官ノ処分ニ付テハ行政手続法（平成5年法律第88号）第2章ノ規定ハ之ヲ適用セズ

第1条ノ4　供託官ノ処分ニ不服アル者又ハ供託官ノ不作為ニ係ル処分ノ申請ヲ為シタル者ハ監督法務局又ハ地方法務局ノ長ニ審査請求ヲ為スコトヲ得

第1条ノ5　審査請求ハ供託官ヲ経由シテ之ヲ為スコトヲ要ス

第1条ノ6　供託官ハ処分ニ付テノ審査請求ヲ理由アリト認ムルトキ又ハ審査請求ニ係ル不作為ニ係ル処分ヲ為スベキモノト認ムルトキハ相当ノ処分ヲ為シテ其旨ヲ審査請求人ニ通知スルコトヲ要ス

② 供託官ハ前項ニ規定スル場合ヲ除クノ外意見ヲ付シ審査請求アリタル日ヨリ5日内ニ之ヲ監督法務局又ハ地方法務局ノ長ニ送付スルコトヲ要ス此ノ場合ニ於テ監督法務局又ハ地方法務局ノ長ハ当該意見ヲ行政不服審査法（平成26年法律第68号）第11条第2項ニ規定スル審理員ニ送付スルモノトス

第1条ノ7　法務局又ハ地方法務局ノ長ハ処分ニ付テノ審査請求ヲ理由アリト認ムルトキ又ハ審査請求ニ係ル不作為ニ係ル処分ヲ為スベキモノト認ムルトキハ供託官ニ相当ノ処分ヲ命ズルコトヲ要ス

② 法務局又ハ地方法務局ノ長ハ審査請求ニ係ル不作為ニ係ル処分ノ申請ヲ却下スベキモノト認ムルトキハ供託官ニ当該申請ヲ却下スル処分ヲ命ズルコトヲ要ス

第1条ノ8　第1条ノ4ノ審査請求ニ関スル行政不服審査法ノ規定ノ適用ニ付テハ同法第29条第5項中「処分庁等」トアルハ「審査庁」ト、「弁明書の提出」トアルハ「供託法（明治32年法律第15号）第1条ノ6第2項に規定する意見の送付」ト、同法第30条第1項中「弁明書」トアルハ「供託法第1条ノ6第2項の意見」トス

第1条ノ9　行政不服審査法第13条、第18条、第21条、第25条第2項乃至第7項、第29条第1項乃至第4項、第31条、第37条、第45条第3項、第46条、第47条、第49条第3項（審査請求ニ係ル不作為ガ違法又ハ不当ナル旨ノ宣言ニ係ル部分ヲ除ク）乃至第5項及ビ第52条ノ規定ハ第1条ノ4ノ審査請求ニ付テハ之ヲ適用セズ

第2条　供託所ニ供託ヲ為サント欲スル者ハ法務大臣カ定メタル書式ニ依リテ供託書ヲ作リ供託物ニ添ヘテ之ヲ差出タスコトヲ要ス

第3条　供託金ニハ法務省令ノ定ムル所ニ依リ利息ヲ付スルコトヲ要ス

第4条　供託所ハ供託物ヲ受取ルヘキ者ノ請求ニ因リ供託ノ目的タル有価証券ノ償還金、利息又ハ配当金ヲ受取リ供託物ニ代ヘ又ハ其従トシテ之ヲ保管ス但保証金ニ代ヘテ有価証券ヲ供託シタル場合ニ於テハ供託者ハ其利息又ハ配当金ノ払渡ヲ請求スルコトヲ得

第5条　法務大臣ハ法令ノ規定ニ依リテ供託スル金銭又ハ有価証券ニ非サル物品ヲ保管スヘキ倉庫営業者又ハ銀行ヲ指定スルコトヲ得

② 倉庫営業者又ハ銀行ハ其営業ノ部類ニ属スル物ニシテ其保管シ得ヘキ数量ニ限リ之ヲ保管スル義務ヲ負フ

第6条　倉庫営業者又ハ銀行ニ供託ヲ為サント欲スル者ハ法務大臣カ定メタル書式ニ依リテ供託書ヲ作リ供託物ニ添ヘテ之ヲ交付スルコトヲ要ス

第7条　倉庫営業者又ハ銀行ハ第5条第1項ノ規定ニ依ル供託物ヲ受取ルヘキ者ニ対シ一般ニ同種ノ物ニ付テ請求スル保管料ヲ請求スルコトヲ得

第8条　供託物ノ還付ヲ請求スル者ハ法務大臣ノ定ムル所ニ依リ其権利ヲ証明スルコトヲ要ス

② 供託者ハ民法第496条ノ規定ニ依レルコト、供託カ錯誤ニ出テシコト又ハ其原因カ消滅シタルコトヲ証明スルニ非サレハ供託物ヲ取戻スコトヲ得ス

第9条　供託者カ供託物ヲ受取ル権利ヲ有セサル者ヲ指定シタルトキハ其供託ハ無効トス

第10条　供託物ヲ受取ルヘキ者カ反対給付ヲ為スヘキ場合ニ於テハ供託者ノ書面又ハ裁判、公正証書其他ノ公正ノ書面ニ依リ其給付アリタ

ルコトヲ証明スルニ非サレハ供託物ヲ受取ルコトヲ得ス

供託規則

昭和34年法務省令第2号
最終改正　令和5年法務省令第36号

目次

第1章　総則

（趣旨）
第1条　金銭、有価証券及び振替国債（その権利の帰属が社債、株式等の振替に関する法律（平成13年法律第75号）の規定による振替口座簿の記載又は記録により定まるものとされる国債をいう。以下同じ。）の供託に関する手続は、別に定める場合のほか、この省令の定めるところによる。

（供託関係帳簿）
第2条　供託所には、現金出納簿のほか、次の各号に掲げる帳簿を備える。
一　供託有価証券受払日計簿
二　供託振替国債受払日計簿
三　金銭供託元帳
四　有価証券供託元帳
五　振替国債供託元帳
六　譲渡通知書等つづり込帳

（供託有価証券受払日計簿等）
第3条　供託有価証券受払日計簿は第1号書式、供託振替国債受払日計簿は第1号の2書式により、調製しなければならない。
2　供託官は、毎日、供託有価証券又は供託振替国債の受払いを供託有価証券受払日計簿又は供託振替国債受払日計簿に記入しなければならない。
3　供託官は、予算決算及び会計令（昭和22年勅令第165号）の定めるところにより、現金出納簿に供託金及び供託法（明治32年法律第15号）第3条（社債、株式等の振替に関する法律第278条第4項において準用する場合を含む。）の規定による利息（以下「供託金利息」という。）の出納を記入しなければならない。

（金銭供託元帳等）
第4条　金銭供託元帳、有価証券供託元帳及び振替国債供託元帳は、磁気ディスク（これに準ずる方法により一定の事項を確実に記録することができる物を含む。以下同じ。）をもつて会計年度ごとに調製しなければならない。
2　供託官は、金銭、有価証券又は振替国債の供託を受理したときは、それぞれ次に掲げる事項を金銭供託元帳、有価証券供託元帳又は振替国債供託元帳に記録しなければならない。
一　受理年月日
二　供託番号
三　供託の種類
四　供託者の氏名又は名称
五　受入年月日
六　供託金額（金銭供託元帳に限る。）
七　供託有価証券の名称、総額面及び枚数（有価証券供託元帳に限る。）
八　供託振替国債の銘柄及び金額（振替国債供託元帳に限る。）
3　供託官は、前項の供託に係る供託物の払渡しを認可したときは、それぞれ次に掲げる事項を金銭供託元帳、有価証券供託元帳又は振替国債供託元帳に記録しなければならない。
一　払渡年月日
二　還付又は取戻しの別

（譲渡通知書等つづり込帳）
第5条　供託官は、第47条の規定により提出された書面、供託物払渡請求権についての譲渡若しくは質権設定の通知書又は供託物払渡請求権に関する仮差押命令書、仮処分命令書、差押命令書、転付命令書若しくは譲渡命令書その他供託物払渡請求権の移転若しくは処分の制限に関する書類を受け取つたときは、これに受付の旨及びその年月日時分を記載し、受付の順序に従つて、譲渡通知書等つづり込帳に編てつしなければならない。
2　譲渡通知書等つづり込帳には、第4号書式の目録を付さなければならない。

（記載の文字）
第6条　供託書、供託物払渡請求書その他の供託に関する書面に記載する文字は、字画を明確にしなければならない。
2　金銭その他の物の数量を記載するには、アラビア数字を用いなければならない。ただし、縦書をするときは、「壱、弐、参、拾」の文字を用いなければならない。
3　記載した文字は、改変してはならない。
4　第1項の書面につき文字の訂正、加入又は削除をするときは、二線を引いてその近接箇所に正書し、その字数を欄外に記載して押印し、訂正又は削除をした文字は、なお読むことができるようにしておかなければならない。ただし、供託官は、欄外記載及び押印に代えて、訂正、加入又は削除をした文字の前後に括弧を付し、これに押印することもできる。
5　供託官以外の者が、供託書、供託通知書、代供託請求書、附属供託請求書、第22条第2項ただし書若しくは第35条第2項ただし書の規定により押印することを要しない書面又は第26条第4項（第21条の3第3項、第21条の6第2項、第35条第4項、第42条第3項、第48条第3項又は第49条第4項において準用する場合を含む。）の規定により押印することを要しない書面につき文字の訂正、加入又は削除をするときは、前項本文の規定にかかわらず、これらの書面に押印することを要しない。

6　供託書、供託通知書、代供託請求書、附属供託請求書、供託有価証券払渡請求書又は供託有価証券利札請求書に記載した供託金額、有価証券の枚数及び総額面又は請求利札の枚数については、訂正、加入又は削除をしてはならない。

（継続記載）

第7条　供託所に提出すべき書類について書式及び用紙の大きさが定められている場合において、1枚の用紙に記載事項の全部を記載することができないときは、当該用紙と同じ大きさの用紙を用いて適宜の書式により継続して記載することができる。

2　前項の場合には、各用紙に継続の旨を明らかにしなければならない。

（書類への措置）

第8条　供託所に提出すべき書類（供託書、供託通知書、代供託請求書及び附属供託請求書並びに添付書類を除く。）が2枚以上にわたるときは、作成者は、各用紙に総枚数及び当該用紙が何枚目であるかを記載することその他の必要な措置を講じなければならない。

（資格証明書等の有効期間）

第9条　供託所に提出又は提示すべき登記事項証明書（商業登記法（昭和38年法律第125号）第10条第1項（他の法令において準用する場合を含む。）に規定する登記事項証明書をいう。以下第14条第1項及び第4項、第24条第2項、第27条第1項並びに第39条の2において同じ。）その他の代表者若しくは管理人の資格を証する書面又は代理人の権限を証する書面であつて官庁又は公署の作成に係るもの及び印鑑の証明書は、この規則に別段の定めがある場合を除き、その作成後3月以内のものに限る。

（添付書類の原本還付）

第9条の2　供託書、代供託請求書、附属供託請求書、供託物保管替請求書、供託物払渡請求書、供託金利息請求書又は供託有価証券利札請求書に添付した書類については、供託又は請求に際し、還付を請求することができる。ただし、第30条第1項の証明書及び代理人の権限を証する書面（官庁又は公署の作成に係るものを除く。）については、この限りでない。

2　書類の還付を請求するには、供託書又は請求書に原本と相違がない旨を記載した当該書類の謄本をも添付しなければならない。

3　供託官は、書類を還付したときは、その謄本に原本還付の旨を記載して押印しなければならない。

4　委任による代理人によつて供託書、代供託請求書又は附属供託請求書に添付した書類の還付を請求する場合には、代理人の権限を証する書面を提示しなければならない。

5　委任による代理人によつて供託物保管替請求書、供託物払渡請求書、供託金利息請求書又は供託有価証券利札請求書に添付した書類の還付を請求する場合には、請求書に代理人の権限を証する書面を添付しなければならない。この場合には、第15条の規定を準用する。

（保存期間）

第10条　供託官は、供託に関する書類（磁気ディスクをもつて調製した記録及び電磁的記録媒体（電子的方式、磁気的方式その他人の知覚によつては認識することができない方式で作られる記録であつて電子計算機による情報処理の用に供されるものに係る記録媒体をいう。以下同じ。）を含む。次条及び第12条において同じ。）及び帳簿を、次の区別に従つて保存しなければならない。

一　第13条の2第2号（第21条第6項において準用する場合を含む。）の副本ファイルの記録　最終の払渡し又は第21条の4第1項の保管替えをした年度の翌年度から10年

二　支払委託書　最終の払渡しをした年度の翌年度から10年

三　供託書及びその添付書類　供託を受理した年度の翌年度から10年

四　代供託請求書副本及び代供託請求書の添付書類並びに附属供託請求書副本及び附属供託請求書の添付書類　代供託又は附属供託の請求を受理した年度の翌年度から10年

五　供託物払渡請求書（第43条第2項又は第44条第2項に規定する申請書情報の内容を用紙に出力したものを含む。）及びその添付書類、供託物保管替請求書及びその添付書類、第5条に掲げる書類　払渡し又は振替をした年度の翌年度から10年

六　供託金利息請求書（第43条第2項に規定する申請書情報の内容を用紙に出力したものを含む。）及びその添付書類、供託有価証券利札請求書及びその添付書類　払渡しをした年度の翌年度から5年

七　供託有価証券受払日計簿、供託振替国債受払日計簿、金銭供託元帳、有価証券供託元帳、振替国債供託元帳　最終の記載をした年度の翌年度から10年

八　第21条の2第1項の書面　当該書面の提出を受けた年度の翌年度から10年

九　第21条の2第4項の書面　当該書面の作成をした年度の翌年度から10年

十　第13条の3第1項に規定する電磁的記録媒体　受理の日から1年

2　前項の書類又は帳簿は、保存期間の満了した後でも、保存を必要とする特別の事由があるときは、その事由のある間保存しなければならない。

（書類廃棄手続）

第11条　供託所において保存期間の満了した書類又は帳簿を廃棄しようとするときは、その目録を作り、法務局又は地方法務局の長の認可を受けなければならない。

（未完結書類の持出禁止）

第12条　払渡しの完了しない供託、代供託又は附属供託に関する書類は、事変を避けるためにする場合を除き、供託所外に持ち出してはならない。

第2章　供託手続

（供託書）

第13条　金銭又は有価証券の供託をしようとする者は、供託の種類に従い、第１号から第11号までの様式による供託書を供託所に提出しなければならない。

2　前項の供託書には、次の事項を記載しなければならない。

一　供託者の氏名及び住所、供託者が法人であるとき又は法人でない社団若しくは財団であつて、代表者若しくは管理人の定めのあるものであるときは、その名称、主たる事務所及び代表者又は管理人の氏名

二　代理人により供託する場合には、代理人の氏名及び住所、ただし、公務員がその職務上するときは、その官公職、氏名及び所属官公署の名称

三　供託金の額又は供託有価証券の名称、総額面、券面額（券面額のない有価証券についてはその旨）、回記号、番号、枚数並びに附属利賦札及びその最終の渡期

四　供託の原因たる事実

五　供託を義務付け又は許容した法令の条項

六　供託物の還付を請求し得べき者（以下「被供託者」という。）を特定することができるときは、その者の氏名及び住所、その者が法人又は法人でない社団若しくは財団であるときは、その名称及び主たる事務所

七　供託により質権又は抵当権が消滅するときは、その質権又は抵当権の表示

八　反対給付を受けることを要するときは、その反対給付の内容

九　供託物の還付又は取戻しについて官庁の承認、確認又は証明等を要するときは、当該官庁の名称及び事件の特定に必要な事項

十　裁判上の手続に関する供託については、当該裁判所の名称、件名及び事件番号

十一　供託所の表示

十二　供託申請年月日

3　振替国債の供託をしようとする者は、供託の種類に従い、第５号から第９号まで、第11号及び第12号の様式による供託書を供託所に提出しなければならない。

4　第２項の規定は、前項の供託書について準用する。この場合において、第２項第３号中「供託金の額又は供託有価証券の名称、総額面、券面額（券面額のない有価証券についてはその旨）、回記号、番号、枚数並びに附属利賦札及びその最終の渡期」とあるのは、「供託振替国債の銘柄、金額、利息の支払期及び元本の償還期限」と読み替えるものとする。

5　供託書が２枚以上にわたるときは、作成者は、当該供託書の所定の欄に総枚数及び当該供託書が何枚目であるかを記載しなければならない。

（供託書正本の調製等）

第13条の2　供託官は、供託書の提出があつたときは、次に掲げる措置を執らなければならない。

一　第５号から第18号の５までの書式に準じて供託書正本を調製すること。

二　当該供託書に記載された事項を磁気ディスクをもつて調製する副本ファイルに記録すること。

（電磁的記録媒体の添付）

第13条の3　供託をしようとする者は、第13条第２項各号（第２号、第５号、第９号、第11号及び第12号を除き、同条第４項において準用する場合を含む。）に掲げる事項の供託書への記載に代えて、法務大臣の指定する方式に従い当該事項を記録した電磁的記録媒体を当該供託書に添付することができる。この場合には、２枚以上にわたる供託書を提出することができない。

2　前項に規定する電磁的記録媒体は、法務大臣の指定する構造のものでなければならない。

3　前２項の指定は、告示してしなければならない。

（供託カード）

第13条の4　賃料、給料その他の継続的給付に係る金銭の供託をするために供託書を提出する者は、供託カードの交付の申出をすることができる。ただし、前条第１項に規定する場合は、この限りでない。

2　前項の申出があつた場合には、供託官は、当該供託を受理することができないときを除き、供託カードを作成して、申出をした者に交付しなければならない。

3　前項の供託カードには、供託カードである旨及び供託カード番号を記載しなければならない。

4　供託カードの交付を受けた者が、当該供託カードを提示して、当該継続的給付について供託をしようとするときは、第13条第２項の規定にかかわらず、供託書には、次の各号に掲げる事項を記載すれば足りる。

一　供託カード番号

二　供託者の氏名又は名称

三　第13条第２項第２号、第３号及び第12号に掲げる事項（代理人の住所を除く。）

四　供託カードの交付の申出をした際に供託書に記載した事項と同一でない事項

5　前項の規定は、次の各号に掲げる場合には、適用しない。

一　最後に同項の規定による供託をした日から２年を経過したとき。

二　第13条第２項第１号又は第２号に掲げる事項に変更があつたとき。

（資格証明書の提示等）

第14条　登記された法人が供託しようとするときは、代表者の資格を証する登記事項証明書を提示しなければならない。この場合においては、その記載された代表者の資格につき登記官の確認を受けた供託書を提出して、代表者の資格を証する登記事項証明書の提示に代えることができる。

2　前項の法人以外の法人が供託しようとするときは、代表者の資格を証する書面を供託書に添付しなければならない。

3　法人でない社団又は財団であつて、代表者又は管理人の定めのあるものが供託しようとするときは、当該社団又は財団の定款又は寄附行為及び代表者又は

管理人の資格を証する書面を供託書に添付しなければならない。

4　代理人によつて供託しようとする場合には、代理人の権限を証する書面（当該代理人が法人である場合における当該法人の代表者の資格を証する登記事項証明書及び支配人その他登記のある代理人によつて供託しようとする場合における当該支配人その他登記のある代理人の権限を証する登記事項証明書を含む。以下同じ。）を提示しなければならない。この場合には、第1項後段の規定を準用する。

（供託振替国債に関する資料の提供）

第14条の2　供託者が振替国債を供託しようとするときは、その振替国債の銘柄、利息の支払期及び償還期限を確認するために必要な資料を提供しなければならない。

（添付書類の省略）

第15条　同一の供託所に対して同時に数個の供託をする場合において、供託書の添付書類に内容の同一のものがあるときは、1個の供託書に1通を添付すれば足りる。この場合には、他の供託書にその旨を記載しなければならない。

（供託通知書の発送の請求等）

第16条　供託者が被供託者（民法（明治29年法律第89号）第466条の2第1項又は第466条の3の規定による供託をした場合にあつては、譲渡人を含む。以下この条、次条第4項、第18条第3項及び第20条第2項において同じ。）に供託の通知をしなければならない場合には、供託者は、供託官に対し、被供託者に供託通知書を発送することを請求することができる。この場合においては、その旨を供託書に記載しなければならない。

2　前項の請求をするときは、供託者は、被供託者の数に応じて、供託書に、送付に要する費用に相当する郵便切手又は民間事業者による信書の送達に関する法律（平成14年法律第99号）第2条第6項に規定する一般信書便事業者若しくは同条第9項に規定する特定信書便事業者による同条第2項に規定する信書便の役務に関する料金の支払のために使用することができる証票であつて法務大臣の指定するものを付した封筒を添付しなければならない。

3　前項の指定は、告示してしなければならない。

4　第1項の請求があつた場合においては、供託官は、供託の種類に従い、第19号から第21号までの書式に準じて供託通知書を調製しなければならない。

（供託書の特則等）

第16条の2　金銭又は有価証券の供託をしようとする者は、やむを得ない事情があるときは、第13条第1項の規定にかかわらず、同項に規定する供託書を供託所に提出することを要しない。この場合においては、供託の種類に従い、第5号から第18号までの書式による正副2通の供託書を供託所に提出しなければならない。

2　第13条第2項の規定は、前項後段の供託書について準用する。

3　第1項後段の場合においては、第13条第5項、第13条の2第1号、第13条の3及び第13条の4の規定は、適用しない。

4　第1項後段の場合において、前条第1項の請求をするときは、供託者は、被供託者の数に応じて、供託の種類に従い、第19号から第21号までの書式の供託通知書を添付しなければならない。

5　前項の場合においては、前条第1項後段及び第4項の規定は、適用しない。

（記名式有価証券の供託）

第17条　供託者が記名式有価証券（株券を除く。）を供託しようとするときは、その還付を受けた者が直ちに権利を取得することができるように裏書し、又は譲渡証書を添附しなければならない。

2　前項の場合には、裏書する旨又は譲渡証書を添付する旨を供託書に記載しなければならない。

（受理手続）

第18条　供託官は、金銭又は有価証券の供託を受理すべきものと認めるときは、供託書正本に、供託を受理する旨、供託番号、一定の納入期日までに供託物を日本銀行に納入すべき旨及びその期日までに供託物を納入しないときは受理の決定は効力を失う旨を記載して記名押印し、これを、財務大臣の定める保管金払込事務等の取扱いに関する規定又は供託有価証券の取扱いに関する規定に従い作成した保管金払込書又は供託有価証券寄託書とともに供託者に交付しなければならない。

2　供託者が前項の納入期日までに供託物を納入しないときは、受理の決定は効力を失う。

3　供託官は、第16条第1項の請求があつた場合において、日本銀行から財務大臣の定める保管金払込事務等の取扱いに関する規定又は供託有価証券の取扱いに関する規定による供託物受領の証書の送付を受けたときは、被供託者に同条第4項の供託通知書を発送しなければならない。

第19条　供託官は、振替国債の供託を受理すべきものと認めるときは、供託者に対し、供託を受理する旨、供託番号、供託所の口座、一定の納入期日までに当該口座について供託振替国債に係る増額の記載又は記録がされるべき旨及びその期日までに増額の記載又は記録がされないときは受理の決定は効力を失う旨を告知しなければならない。

2　前項の納入期日までに供託所の口座について供託振替国債に係る増額の記載又は記録がされないときは、受理の決定は効力を失う。

3　供託官は、第1項の納入期日までに前項の記載又は記録がされたときは、供託書正本に供託振替国債を受け入れた旨を記載して記名押印し、これを供託者に交付しなければならない。

（供託金受入れの特則）

第20条　供託金の受入れを取り扱う供託所に金銭の供託をしようとする者は、供託書とともに供託金を提出しなければならない。

2　供託官は、前項の供託を受理すべきものと認めるときは、供託書正本に供託を受理する旨、供託番号及び供託金を受領した旨を記載して記名押印し、これを供託者に交付しなければならない。この場合において、第16条第１項の請求があるときは、供託官は、被供託者に同条第４項の供託通知書を発送しなければならない。

第20条の2　供託官は、銀行その他の金融機関に供託金の振込みを受けることができる預金があるときは、金銭の供託をしようとする者の申出により、第18条の規定による供託物の納入又は前条第１項の規定による供託金の提出に代えて、当該預金に供託金の振込みを受けることができる。

2　供託官は、前項の申出があつた場合において、同項の供託を受理すべきものと認めるときは、供託書正本に供託を受理する旨及び供託番号を記載して記名押印し、かつ、供託者に対し、供託を受理した旨、供託番号、一定の振込期日までに供託金を同項の預金に振り込むべき旨及びその期日までに供託金を振り込まないときは受理の決定は効力を失う旨を告知しなければならない。

3　供託者が前項の振込期日までに供託金を振り込まないときは、受理の決定は効力を失う。

4　供託者が第２項の振込期日までに供託金を振り込んだときは、供託官は、供託書正本に供託金を受領した旨を記載して記名押印し、これを供託者に交付しなければならない。この場合には、前条第２項後段の規定を準用する。

第20条の3　供託官は、金銭の供託をしようとする者の申出により、第18条の規定による供託物の納入又は第20条第１項の規定による供託金の提出に代えて、供託官の告知した納付情報による供託金の納付を受けることができる。

2　供託官は、前項の申出があつた場合において、同項の供託を受理すべきものと認めるときは、供託書正本に供託を受理する旨及び供託番号を記載して記名押印し、かつ、供託者に対し、供託を受理した旨、供託番号、同項の納付情報、一定の納付期日までに当該納付情報により供託金を納付すべき旨及びその期日までに供託金を納付しないときは受理の決定は効力を失う旨を告知しなければならない。

3　供託者が前項の納付期日までに第１項の納付情報により供託金を納付しないときは、受理の決定は効力を失う。

4　供託者が第２項の納付期日までに第１項の納付情報により供託金を納付したときは、供託官は、供託書正本に供託金を受領した旨を記載して記名押印し、これを供託者に交付しなければならない。この場合には、第20条第２項後段の規定を準用する。

第20条の4　供託官は、金銭の供託をしようとする者が国である場合には、当該者の申出により、第18条の規定による供託物の納入又は第20条第１項の規定による供託金の提出に代えて、国庫内の移換の手続による供託金の払込みを受けることができる。

2　供託官は、前項の申出があつた場合において、同項の供託を受理すべきものと認めるときは、供託書正本に供託を受理する旨及び供託番号を記載して記名押印し、かつ、供託者に対し、供託を受理した旨、供託番号、一定の払込期日までに同項の手続により供託金を払い込むべき旨及びその期日までに供託金を払い込まないときは受理の決定は効力を失う旨を告知しなければならない。

3　供託者が前項の払込期日までに第１項の手続により供託金を払い込まないときは、受理の決定は効力を失う。

4　供託者が第２項の払込期日までに第１項の手続により供託金を払い込んだときは、供託官は、供託書正本に供託金を受領した旨を記載して記名押印し、これを供託者に交付しなければならない。この場合には、第20条第２項後段の規定を準用する。

（代供託又は附属供託の請求）

第21条　供託の目的たる有価証券の償還金、利息又は配当金の代供託又は附属供託を請求しようとする者は、第22号及び第23号書式による正副２通の代供託請求書又は附属供託請求書を供託所に提出しなければならない。

2　供託有価証券が国債以外の記名式のものであるときは、請求者は、前項の請求書に償還金、利息又は配当金取立のための日本銀行あての委任状を添附しなければならない。

3　前項の場合の取立の費用は、請求者の負担とする。

4　供託官は、第１項の請求を受理すべきものと認めるときは、代供託請求書又は附属供託請求書の正本に請求を受理する旨及び供託番号を記載して記名押印し、これを、第18条の保管金払込書及び財務大臣の定める供託有価証券の取扱に関する規定により作成した払渡請求書とともに請求者に交付しなければならない。

5　第14条及び第15条の規定は、第１項の場合に準用する。

6　第13条の２第２号の規定は、供託所に第１項の規定による正副２通の代供託請求書又は附属供託請求書の提出があつた場合に準用する。

（供託振替国債の償還等）

第21条の2　供託所に対し供託振替国債の元本の償還又は利息の支払をしようとする者は、次に掲げる事項を記載した書面又は当該事項を記録した電磁的記録（電子的方式、磁気的方式その他人の知覚によつては認識することができない方式で作られる記録であつて、電子計算機による情報処理の用に供されるものをいう。以下同じ。）を供託所に提出し、又は送信しなければならない。

一　供託番号
二　供託振替国債の銘柄
三　償還金又は利息（以下「償還金等」という。）の支払をしようとする年月日
四　償還金等の金額
五　償還金又は利息の別

2　供託官は、前項の書面又は電磁的記録の提出又は送信を受けた場合において、当該償還金等の供託を受理することができないと認めるときは、当該支払をしようとする者にその旨を通知しなければならな

い。

3　前項の通知を受けた者は、第1項の支払をすることができない。

4　供託官は、第1項の電磁的記録の送信を受けたときは、これに代わるものとして保存すべき書面を作成しなければならない。

（保管替え）

第21条の3　法令の規定により供託金の保管替えを請求しようとする者は、第24号書式による供託金保管替請求書1通に、供託書正本を添付して、これを当該供託金を供託している供託所に提出しなければならない。

2　数回にわたつて供託されている供託金については、一括して保管替えを請求することができる。

3　第26条及び第27条の規定は、第1項の請求に準用する。

第21条の4　供託官は、保管替えの請求を相当と認めるときは、供託金保管替請求書に保管替えする旨を記載して記名押印し、これを供託書正本とともに保管替えを受ける供託所に送付し、当該保管替えに関する事項を副本ファイルに記録し、かつ、財務大臣の定める保管金払込事務等の取扱いに関する規定に従い、国庫金振替の手続をしなければならない。

2　供託官は、前項の手続をしたときは、金銭供託元帳に保管替えをした旨を記録しなければならない。

3　供託官は、第1項の手続をしたときは、保管替えを受ける供託所に対し、保管替えを受けた供託に関する事項を副本ファイルに記録するために必要な情報を送信しなければならない。

第21条の5　前条第1項の規定による書類の送付を受けた供託所の供託官は、供託書正本に新たに供託番号を記載し、従前の供託番号を朱抹し、かつ、金銭供託元帳に保管替えを受けた旨を記録しなければならない。

2　前条第3項の規定による情報の送信を受けた供託所の供託官は、副本ファイルに保管替えを受けた供託に関する事項を記録しなければならない。

3　日本銀行から国庫金振替済の通知を受けたときは、供託官は、供託書正本に保管替済の旨を記載して記名押印し、これを保管替えの請求をした者に交付しなければならない。

第21条の6　第21条の3第1項及び第2項並びに前2条の規定は、供託振替国債の保管替えについて準用する。この場合において、第21条の3第1項中「第24号書式」とあるのは「第24号の2書式」と、前条第3項中「国庫金振替済」とあるのは「供託振替国債に係る増額の記載又は記録がされた旨」と読み替えるものとする。

2　第26条及び第27条の規定は、前項において準用する第21条の3第1項の請求について準用する。

（却下決定）

第21条の7　供託官は、供託を受理すべきでないと認めるとき又は第21条第1項若しくは第21条の3第1項（前条第1項において準用する場合を含む。）の請求を理由がないと認めるときは、却下決定書を作成し、これを供託者又は請求者に交付しなければならない。

第3章　払渡手続

（供託物払渡請求書）

第22条　供託物の還付を受けようとする者又は供託物の取戻しをしようとする者は、供託物の種類に従い、第25号から第26号の2までの書式による供託物払渡請求書（供託物が有価証券又は振替国債であるときは請求書2通）を提出しなければならない。

2　前項の請求書には次の事項を記載し、請求者又はその代表者若しくは管理人若しくは代理人が記名押印しなければならない。ただし、委任による代理人が同項の請求書（第26号書式による供託物払渡請求書を除く。）に記名したときは、当該請求書に押印することを要しない。

一　供託番号

二　払渡しを請求する供託金の額、供託有価証券の名称、総額面、券面額（券面額のない有価証券についてはその旨）、回記号、番号及び枚数又は供託振替国債の銘柄及び金額（国債の発行等に関する省令（昭和57年大蔵省令第30号）第3条第2項に規定する最低額面金額の整数倍の金額に限る。）

三　払渡請求の事由

四　還付又は取戻しの別

五　隔地払の方法（供託所の保管金取扱店である日本銀行所在地外の日本銀行その他供託官の定める銀行において供託金の払渡しをする方法をいう。）又は預貯金振込みの方法（日本銀行が指定した銀行その他の金融機関の当該請求者又はその代理人の預金又は貯金に振り込む方法をいう。第43条第1項において同じ。）により供託金の払渡しを受けようとするときは、その旨

六　国庫金振替の方法により供託金の払渡しを受けようとするときは、その旨

七　供託振替国債の払渡しを請求するときは、請求者の口座

八　請求者の氏名及び住所、請求者が法人であるとき又は法人でない社団若しくは財団であつて、代表者若しくは管理人の定めのあるものであるときは、その名称、主たる事務所及び代表者又は管理人の氏名

九　請求者が供託者又は被供託者の権利の承継人であるときは、その旨

十　代理人により請求する場合には、代理人の氏名及び住所、ただし、公務員がその職務上するときは、その官公職、氏名及び所属官公署の名称

十一　供託所の表示

十二　払渡請求の年月日

（供託物払渡しの一括請求）

第23条　同一人が数個の供託について同時に供託物の還付を受け、又は取戻しをしようとする場合において、払渡請求の事由が同一であるときは、一括してその請求をすることができる。

（供託振替国債の払渡請求の特則）
第23条の2　供託振替国債について、その償還期限の3日前を経過しているときは、その払渡しを請求することができない。
2　供託振替国債を取り扱う社債、株式等の振替に関する法律第2条第2項に規定する振替機関（同法第48条の規定により振替機関とみなされる日本銀行を含む。）の振替業の休日及び行政機関の休日に関する法律（昭和63年法律第91号）第1条第1項各号に掲げる日は、前項の期間に算入しない。

（還付請求の添付書類）
第24条　供託物の還付を受けようとする者は、供託物払渡請求書に次の各号に掲げる書類を添付しなければならない。
一　還付を受ける権利を有することを証する書面。ただし、副本ファイルの記録により、還付を受ける権利を有することが明らかである場合を除く。
二　反対給付をしなければならないときは、供託法第10条の規定による証明書類
2　前項の規定により供託物払渡請求書に利害関係人の承諾書を添付する場合には、同項に規定する者は、当該承諾書の作成前3月以内又はその作成後に作成された次に掲げる書面を併せて添付しなければならない。
一　当該承諾書に押された印鑑につき市町村長（特別区の区長を含むものとし、地方自治法（昭和22年法律第67号）第252条の19第1項の指定都市にあつては、市長又は区長若しくは総合区長とする。第26条第1項において同じ。）又は登記所の作成した証明書
二　登記された法人が利害関係人となるときは、代表者の資格を証する登記事項証明書
三　前号の法人以外の法人が利害関係人となるときは、代表者の資格を証する書面
四　法人でない社団又は財団であつて代表者又は管理人の定めのあるものが利害関係人となるときは、代表者又は管理人の資格を証する書面

（取戻請求の添付書類）
第25条　供託物の取戻しをしようとする者は、供託物払渡請求書に取戻しをする権利を有することを証する書面を添付しなければならない。ただし、副本ファイルの記録により、取戻しをする権利を有することが明らかである場合は、この限りでない。
2　前条第2項の規定は、前項本文の場合について準用する。

（印鑑証明書の添付等）
第26条　供託物の払渡しを請求する者は、供託物払渡請求書又は委任による代理人の権限を証する書面に押された印鑑につき市町村長又は登記所の作成した証明書を供託物払渡請求書に添付しなければならない。ただし、供託所が法務大臣が指定した法務局若しくは地方法務局若しくはこれらの支局又はこれらの出張所である場合を除き、その印鑑につき登記官の確認があるときは、この限りでない。
2　法定代理人、支配人その他登記のある代理人、法人若しくは法人でない社団若しくは財団の代表者若しくは管理人又は民事再生法（平成11年法律第225号）、会社更生法（平成14年法律第154号）若しくは金融機関等の更生手続の特例等に関する法律（平成8年法律第95号）による管財人若しくは保全管理人若しくは外国倒産処理手続の承認援助に関する法律（平成12年法律第129号）による承認管財人若しくは保全管理人が、本人、法人、法人でない社団若しくは財団又は再生債務者、株式会社、金融機関等の更生手続の特例等に関する法律第2条第2項に規定する協同組織金融機関、相互会社若しくは債務者のために供託物の払渡しを請求する場合には、前項の規定は、その法定代理人、支配人その他登記のある代理人、代表者若しくは管理人又は管財人、承認管財人若しくは保全管理人について適用する。
3　前2項の規定は、次の場合には適用しない。
一　払渡しを請求する者が官庁又は公署であるとき。
二　払渡しを請求する者が個人である場合において、運転免許証（道路交通法（昭和35年法律第105号）第92条第1項に規定する運転免許証をいう。）、個人番号カード（行政手続における特定の個人を識別するための番号の利用等に関する法律（平成25年法律第27号）第2条第7項に規定する個人番号カードをいう。）、在留カード（出入国管理及び難民認定法（昭和26年政令第319号）第19条の3に規定する在留カードをいう。）その他の官庁又は公署から交付を受けた書類その他これに類するもの（氏名、住所及び生年月日の記載があり、本人の写真が貼付されたものに限る。）であつて、その者が本人であることを確認することができるものを提示し、かつ、その写しを添付したとき。
三　供託物の取戻しを請求する場合において、第14条第4項前段の規定により供託官に提示した委任による代理人の権限を証する書面で請求者又は前項に掲げる者が供託物払渡請求書又は委任による代理人の権限を証する書面に押した印鑑と同一の印鑑を押したものを供託物払渡請求書に添付したとき。
四　法令の規定に基づき印鑑を登記所に提出することができる者以外の者が供託物の取戻しを請求する場合において、官庁又は公署から交付を受けた供託の原因が消滅したことを証する書面を供託物払渡請求書（当該請求書に委任による代理人の預金又は貯金に振り込む方法による旨の記載がある場合を除く。次号において同じ。）に添付したとき。
五　前号に規定する者が供託金の払渡しを請求する場合（その額が10万円未満である場合に限る。）において、第30条第1項に規定する証明書を供託物払渡請求書に添付したとき。
六　裁判所によつて選任された者がその職務として供託物の払渡しを請求する場合において、供託物払渡請求書又は委任による代理人の権限を証する書面に押された印鑑につき裁判所書記官が作成した証明書を供託物払渡請求書に添付したとき。

4　第22条第２項本文の規定にかかわらず、請求者又は第２項に掲げる者は、前項第２号、第４号又は第５号に掲げる場合には、供託物払渡請求書（第26号書式による供託物払渡請求書を除く。）に押印することを要しない。

（代理権限を証する書面の添付等）

第27条　代理人によつて供託物の払渡しを請求する場合には、代理人の権限を証する書面を供託物払渡請求書に添付しなければならない。ただし、支配人その他登記のある代理人については、代理人であることを証する登記事項証明書を提示すれば足りる。

2　第14条第１項後段の規定は、前項の場合に準用する。

3　第14条第１項から第３項まで及び第15条の規定は、供託物の払渡請求に準用する。

（払渡しの手続）

第28条　供託官は、供託金の払渡しの請求を理由があると認めるときは、供託物払渡請求書に払渡しを認可する旨を記載して押印しなければならない。この場合には、供託官は、請求者をして当該請求書に受領を証させ、財務大臣の定める保管金の払戻しに関する規定に従い小切手を振り出して、請求者に交付しなければならない。

2　供託物払渡請求書に第22条第２項第５号の記載があるときは、供託官は、前項後段の手続に代えて、財務大臣の定める保管金の払戻しに関する規定に従い、日本銀行に供託金の払渡しをさせるための手続をし、請求者又はその代理人に当該手続をした旨を通知しなければならない。

3　供託物払渡請求書に第22条第２項第６号の記載があるときは、供託官は、第１項後段の手続に代えて、財務大臣の定める国庫内の移換のための払渡しに関する規定に従い、国庫金振替の手続をしなければならない。

第29条　供託官は、供託有価証券の払渡しの請求を理由があると認めるときは、供託物払渡請求書に払渡しを認可する旨を記載し、その１通に記名押印してこれを請求者に交付し、他の１通に押印し、かつ、請求者をして払渡しの認可の記載のある供託物払渡請求書の受領を証させなければならない。

2　供託官は、供託振替国債の払渡しの請求を理由があると認めるときは、供託物払渡請求書に払渡しを認可する旨を記載し、その１通に記名押印してこれを請求者に交付しなければならない。

（配当等の場合の特則）

第30条　配当その他官庁又は公署の決定によつて供託物の払渡しをすべき場合には、当該官庁又は公署は、供託物の種類に従い、供託所に第27号から第28号の２までの書式の支払委託書を送付し、払渡しを受けるべき者に第29号書式の証明書を交付しなければならない。

2　前項に規定する場合において、同項の支払委託書の記載から供託物の払渡しを受けるべき者であることが明らかとならないときは、供託物の払渡しを受けるべき者は、供託物払渡請求書に同項の証明書を添付しなければならない。

（却下決定）

第31条　第21条の７の規定は、第22条第１項の請求を理由がないと認める場合について準用する。

第32条　削除

第４章　供託金利息及び利札

（供託金利息）

第33条　供託金利息は、１年について0.0012パーセントとする。

2　供託金利息は、供託金受入れの月及び払渡しの月については付さない。供託金の全額が１万円未満であるとき、又は供託金に１万円未満の端数があるときは、その全額又はその端数金額に対しても同様とする。

（供託金利息の払渡し）

第34条　供託金利息は、元金と同時に払い渡すものとする。ただし、元金の受取人と供託金利息の受取人とが異なる等元金と同時に払い渡すことができないときは、元金を払い渡した後に払い渡すものとする。

2　保証として金銭を供託した場合には、前項の規定にかかわらず、毎年、供託した月に応当する月の末日後に、同日までの供託金利息を払い渡すことができる。

第35条　前条第１項ただし書又は第２項の規定により供託金利息のみの払渡しを受けようとする者は、第30号書式による供託金利息請求書を供託所に提出しなければならない。

2　前項の請求書には次の事項を記載し、請求者又はその代表者若しくは管理人若しくは代理人が記名押印しなければならない。ただし、委任による代理人が同項の請求書に記名したときは、当該請求書に押印することを要しない。

一　第22条第２項第１号、第５号、第６号、第８号から第12号までに掲げる事項

二　供託金額

3　第１項の請求書には払渡しを受ける権利を有することを証する書面を添付しなければならない。ただし、副本ファイルの記録により、払渡しを受ける権利を有することが明らかである場合は、この限りでない。

4　第23条、第24条第２項及び第26条から第28条までの規定は、供託金利息のみの払渡しについて準用する。

（利札の払渡し）

第36条　保証のため有価証券を供託した者が渡期の到来した利札の払渡しを受けようとするときは、第31号書式による供託有価証券利札請求書２通を供託所に提出しなければならない。

2　前項の請求書には次の事項を記載し、請求者又はその代表者若しくは管理人若しくは代理人が記名押

印しなければならない。

一　第22条第２項第１号、第８号から第12号までに掲げる事項

二　供託有価証券の名称、総額面、券面額（券面額のない有価証券についてはその旨）、回記号、番号、枚数並びに請求利札の渡期及び枚数

3　第23条、第24条第２項、第26条第１項から第３項まで、第27条、第29条及び第35条第３項の規定は、利札の払渡しについて準用する。

（却下決定）

第37条　第21条の７の規定は、第35条第１項又は前条第１項の請求を理由がないと認める場合について準用する。

第５章　電子情報処理組織による供託等に関する特則

（電子情報処理組織による供託等）

第38条　次に掲げる供託又は請求（以下「供託等」という。）は、情報通信技術を活用した行政の推進等に関する法律（平成14年法律第151号。以下「情報通信技術活用法」という。）第６条第１項の規定により、同項に規定する電子情報処理組織を使用してすることができる。ただし、当該供託等は、法務大臣が定める条件に適合するものでなければならない。

一　金銭又は振替国債の供託（これと同時にする第42条第１項の書面の交付又は送付の請求を含む。）

二　供託金、供託金利息又は供託振替国債の払渡しの請求

2　情報通信技術活用法第６条第１項に規定する主務省令で定める電子情報処理組織は、供託官の使用に係る電子計算機と供託等をする者の使用に係る電子計算機であつて法務大臣の定める技術的基準に適合するものとを電気通信回線で接続した電子情報処理組織をいう。

（電子情報処理組織による供託等の方法）

第39条　前条第１項の規定により供託等をするには、供託等をしようとする者又はその代表者若しくは管理人若しくは代理人（以下「申請人等」という。）は、法務大臣の定めるところに従い、法令の規定により供託書又は請求書に記載すべき事項（供託申請又は請求の年月日を除く。）に係る情報（以下「申請書情報」という。）（前条第１項第２号の規定による払渡しの請求にあつては、当該申請書情報に電子署名（電子署名及び認証業務に関する法律（平成12年法律第102号）第２条第１項に規定する電子署名をいう。以下同じ。）を行つたもの）を送信しなければならない。

2　申請人等は、法令の規定により供託書若しくは請求書に添付し、又は提示すべき書面があるときは、法務大臣の定めるところに従い、当該書面に代わるべき情報にその作成者が電子署名を行つたもの（以下「添付書面情報」という。）を送信しなければならない。ただし、添付書面情報の送信に代えて、供託所に当該書面を提出し、又は提示することを妨げない。

3　申請人等は、前２項の情報（第１項の情報にあつては、前条第１項第２号の規定による払渡しの請求に係るものに限る。）を送信するときは、当該情報の作成者が電子署名を行つたものであることを確認するために必要な事項を証する情報であつて次のいずれかに該当するものを併せて送信しなければならない。

一　商業登記規則（昭和39年法務省令第23号）第33条の８第２項（他の省令において準用する場合を含む。）に規定する電子証明書

二　電子署名等に係る地方公共団体情報システム機構の認証業務に関する法律（平成14年法律第153号）第３条第１項の規定により作成された署名用電子証明書

三　電子署名を行つた者を確認することができる電子証明書であつて、前２号に掲げるものに準ずるものとして法務大臣の定めるもの

4　前条第１項第２号の規定による払渡しの請求について、第１項又は第２項の電子署名を行つた者が法令の規定に基づき印鑑を登記所に提出した者であるときは、送信すべき電子証明書は、前項第１号に掲げる電子証明書に限るものとする。ただし、商業登記規則第33条の３各号に掲げる事項がある場合は、この限りでない。

5　登記された法人が前条第１項の規定による供託等をする場合において、当該法人の代表者に係る第３項第１号に掲げる電子証明書が申請書情報（前条第１項第２号の規定による払渡しの請求に係るものに限る。）又は代理人の権限を証する書面に代わるべき情報と併せて送信されたときは、当該供託等については、第14条第１項（第27条第３項（第35条第４項及び第42条第３項において準用する場合を含む。）において準用する場合を含む。）の規定は、適用しない。

6　委任による代理人（当該代理人が登記された法人の場合に限る。）によつて前条第１項第２号の規定による払渡しの請求をする場合において、当該法人の代表者に係る第３項第１号に掲げる電子証明書が申請書情報と併せて送信されたときは、第27条第１項（第35条第４項において準用する場合を含む。）の規定にかかわらず、当該代表者の資格を証する登記事項証明書を添付することを要しない。

7　支配人その他登記のある代理人によつて前条第１項第２号の規定による払渡しの請求をする場合において、その者に係る第３項第１号に掲げる電子証明書が申請書情報と併せて送信されたときは、当該請求については、第27条第１項（第35条第４項において準用する場合を含む。）の規定は、適用しない。

8　前条第１項第１号の規定による金銭の供託をする場合において、第16条第１項の規定による供託通知書の発送の請求をするときは、申請書情報に当該請求をする旨の記録をしなければならない。

（供託をする場合の資格証明書等の提示に関する特則）

第39条の2　登記された法人が第38条第１項第１号の規定による供託をする場合において、その申請書情報に当該法人の代表者が電子署名を行い、かつ、

当該代表者に係る前条第3項第1号に掲げる電子証明書を当該申請書情報と併せて送信したときは、第14条第1項の規定にかかわらず、当該代表者の資格を証する登記事項証明書を提示することを要しない。

2　委任による代理人（当該代理人が登記された法人の場合に限る。）によつて第38条第1項第1号の規定による供託をする場合において、その申請書情報に当該法人の代表者が電子署名を行い、かつ、当該代表者に係る前条第3項第1号に掲げる電子証明書を当該申請書情報と併せて送信したときは、第14条第4項の規定にかかわらず、当該代表者の資格を証する登記事項証明書を提示することを要しない。

3　支配人その他登記のある代理人によつて第38条第1項第1号の規定による供託をする場合において、その申請書情報にその者が電子署名を行い、かつ、その者に係る前条第3項第1号に掲げる電子証明書を当該申請書情報と併せて送信したときは、第14条第4項の規定にかかわらず、代理人の権限を証する登記事項証明書を提示することを要しない。

（金銭供託の受理手続の特則）

第40条　第39条第1項の規定により金銭の供託に係る申請書情報が送信されたときは、第13条第1項の規定により供託書が供託所に提出されたものとみなして、第13条の2及び第16条第4項の規定を適用する。この場合においては、当該供託について、第20条の3第1項の申出（金銭の供託をしようとする者が国である場合には、当該者の選択により、同項の申出又は第20条の4第1項の申出）があつたものとする。

2　前項の場合において、供託者が第20条の3第2項の納付期日までに同条第1項の納付情報により供託金を納付し、又は第20条の4第2項の払込期日までに同条第1項の手続により供託金を払い込み、かつ、法務大臣の定めるところに従い、供託書正本に係る電磁的記録の提供を求めるときは、供託官は、情報通信技術活用法第7条第1項の規定により、情報通信技術活用法第6条第1項に規定する電子情報処理組織を使用して当該電磁的記録を提供しなければならない。

3　供託官は、前項の規定により供託書正本に係る電磁的記録を提供しようとする場合において、供託官の使用に係る電子計算機に備えられたファイルに当該電磁的記録に係る情報が記録され、電子情報処理組織を使用して送信することが可能となつた時から30日以内に当該電磁的記録の提供を受けるべき者がその使用に係る電子計算機に備えられたファイルに当該情報を記録しないときは、同項の規定にかかわらず、当該電磁的記録を提供することを要しない。

（振替国債供託の受理手続の特則）

第41条　前条第2項及び第3項の規定は、第39条第1項の規定により振替国債の供託に係る申請書情報が送信された場合において、第19条の規定により供託所の口座について供託振替国債に係る増額の記載又は記録がされたときについて準用する。

（みなし供託書正本の交付）

第42条　供託者は、第40条第2項（前条において準用する場合を含む。）の規定により供託書正本に係る電磁的記録の提供を求めたときは、供託官に対し、当該電磁的記録に記録された事項を記載して供託官が記名押印した書面の交付を請求することができる。ただし、供託者が既に当該書面の交付を受けているときは、この限りでない。

2　前項の書面の交付を請求しようとする者は、第32号書式による請求書を提出しなければならない。

3　第9条の2第1項から第3項まで及び第5項の規定は請求書に添付した書類の還付について、第26条及び第27条の規定は第1項の書面の交付の請求について準用する。

4　第1項の書面は、第21条の3から第21条の5まで（第21条の6第1項において準用する場合を含む。）及び他の法令の規定の適用については、供託書正本とみなす。

（供託金又は供託金利息の払渡手続の特則）

第43条　第38条第1項第2号の規定により供託金又は供託金利息の払渡しの請求をするときは、預貯金振込みの方法又は国庫金振替の方法によらなければならない。

2　供託官は、第39条第1項の規定により前項の請求に係る申請書情報が送信された場合において、当該請求を理由があると認めるときは、第28条第1項前段（第35条第4項において準用する場合を含む。）の規定にかかわらず、当該申請書情報の内容を用紙に出力したものに払渡しを認可する旨を記載して押印しなければならない。

（供託振替国債の払渡手続の特則）

第44条　第39条第1項の規定により供託振替国債の払渡しの請求に係る申請書情報が送信されたときは、第22条第1項の規定にかかわらず、供託物払渡請求書2通が供託所に提出されたものとみなす。

2　供託官は、前項に規定する場合において、当該請求を理由があると認めるときは、第29条第2項の規定にかかわらず、当該申請書情報の内容を用紙に出力したものに払渡しを認可する旨を記載し、請求者にその旨を通知しなければならない。

（却下手続の特則）

第45条　供託官は、第38条第1項の規定による供託等を却下する場合には、申請人等に対し、情報通信技術活用法第7条第1項の規定により、情報通信技術活用法第6条第1項に規定する電子情報処理組織を使用して却下決定書に係る電磁的記録を提供することができる。

（処分通知等に係る電子情報処理組織）

第45条の2　情報通信技術活用法第7条第1項に規定する主務省令で定める電子情報処理組織は、供託官の使用に係る電子計算機と供託者又は申請人等の使用に係る電子計算機であつて法務大臣の定める技術的基準に適合するものとを電気通信回線で接続した電子情報処理組織をいう。

2　情報通信技術活用法第7条第1項ただし書に規定する主務省令で定める方式は、次のいずれかの方式とする。

一　電子情報処理組織を使用する方法により供託書正本に係る電磁的記録の提供を受けることを希望する旨の法務大臣の定めるところにより行う届出

二　前項の電子情報処理組織を使用して行う識別番号及び暗証コードの入力

（氏名等を明らかにする措置）

第46条　情報通信技術活用法第6条第4項又は第7条第4項に規定する氏名又は名称を明らかにする措置であつて主務省令で定めるものは、当該署名等をすべき者による電子署名（第38条第1項第1号の規定による供託にあつては、申請人等の氏名又は名称に係る情報を入力する措置）とする。

第6章　雑則

（受諾書等の提出）

第47条　弁済供託の債権者は、供託所に対し供託を受諾する旨を記載した書面又は供託を有効と宣告した確定判決の謄本を提出することができる。

（供託に関する書類の閲覧）

第48条　供託につき利害の関係がある者は、供託に関する書類（電磁的記録を用紙に出力したものを含む。）の閲覧を請求することができる。

2　閲覧を請求しようとする者は、第33号書式による申請書を提出しなければならない。

3　第9条の2第1項から第3項まで及び第5項の規定は申請書に添付した書類の還付について、第26条及び第27条の規定は閲覧の請求について準用する。

（供託に関する事項の証明）

第49条　供託につき利害の関係がある者は、供託に関する事項につき証明を請求することができる。

2　証明を請求しようとする者は、第34号書式による申請書を提出しなければならない。

3　前項の申請書には、証明を請求する事項を記載した書面を、証明の請求数に応じ、添付しなければならない。

4　第9条の2第1項から第3項まで及び第5項の規定は申請書に添付した書類の還付について、第26条及び第27条の規定は証明の請求について準用する。

（書面等の送付の請求）

第50条　次の各号に掲げる者は、送付に要する費用を納付して、それぞれ当該各号に定めるものの送付を請求することができる。

一　第9条の2第1項（第42条第3項及び前条第4項において準用する場合を含む。）の規定により書類の還付を請求する者　当該書類

二　第18条第1項の規定により供託書正本及び保管金払込書又は供託有価証券寄託書の交付を受ける者　当該供託書正本及び保管金払込書又は供託有価証券寄託書

三　第19条第3項、第20条第2項前段、第20条の2第4項前段、第20条の3第4項前段、第20条の4第4項前段又は第21条の5第3項（第21条の6第1項において準用する場合を含む。）の規定により供託書正本の交付を受ける者　当該供託書正本

四　第21条第4項の規定により代供託請求書又は附属供託請求書の正本、保管金払込書及び払渡請求書の交付を受ける者　当該正本、保管金払込書及び払渡請求書

五　第29条第2項の規定により供託物払渡請求書の交付を受ける者　当該供託物払渡請求書

六　第42条第1項の規定により同項の書面の交付を請求する者　当該書面

七　前条第1項の規定により証明を請求する者　当該証明に係る書面

2　前項の場合においては、送付に要する費用は、郵便切手又は第16条第2項の証票で納付しなければならない。

書式・様式　省略

滞納処分と強制執行等との手続の調整に関する法律　抜粋

昭和32年法律第94号
最終改正　令和５年法律第53号

第２章　滞納処分による差押えがされている財産に対する強制執行等

第３節　債権又はその他の財産権に対する強制執行等

（第三債務者の供託）
第20条の６　第三債務者は、滞納処分による差押えがされている金銭の支払を目的とする債権（以下「金銭債権」という。）について強制執行による差押命令又は差押処分の送達を受けたときは、その債権の全額に相当する金銭を債務の履行地の供託所に供託することができる。

2　第三債務者は、前項の規定による供託をしたときは、その事情を徴収職員等に届け出なければならない。

3　徴収職員等は、前項の規定による事情の届出を受けたときは、その旨を執行裁判所（差押処分がされている場合にあつては、当該差押処分をした裁判所書記官）に通知しなければならない。

（仮差押えの執行）
第20条の９　第15条、第18条第２項、第20条の３、第20条の４及び第20条の６の規定は、滞納処分による差押えがされている債権に対する仮差押えの執行について準用する。この場合において、第15条中「強制競売の申立てが」とあるのは「第20条の９第１項において準用する第20条の３第２項本文又は第20条の６第３項の規定による通知があつた場合において、仮差押えの執行の申立てが」と、「強制競売の手続」とあるのは「仮差押えの執行」と、第18条第２項中「売却代金」とあるのは「第三債務者からの取立金若しくは第20条の９第１項において準用する第20条の６第１項の規定により供託された金銭の払渡金又は売却代金」と読み替えるものとする。

2　第20条の７第３項の規定は、前項において準用する第18条第２項の規定により取立金若しくは払渡金又は売却代金の残余が交付された場合について準用する。

第３章　強制執行等がされている財産に対する滞納処分

第３節　債権又はその他の財産権に対する滞納処分

（第三債務者の供託義務）
第36条の６　第三債務者は、強制執行による差押えをした債権者が提起した次条に規定する訴えの訴状の送達を受ける時までに、その差押えがされている金銭債権について滞納処分による差押えがされたときは、その債権の全額（強制執行による差押えの前に他の滞納処分による差押えがされているときは、その滞納処分による差押えがされた部分を差し引いた残額）に相当する金銭を債務の履行地の供託所に供託しなければならない。

2　第三債務者は、前項の規定による供託をしたときは、その事情を執行裁判所（差押処分がされている場合にあつては、当該差押処分をした裁判所書記官）に届け出なければならない。

3　前項の規定による事情の届出があつたときは、執行裁判所の裁判所書記官又は差押処分をした裁判所書記官は、その旨を徴収職員等に通知しなければならない。

4　第１項の規定により供託された金銭については、徴収職員等は、強制執行による差押命令若しくは差押処分の申立てが取り下げられた後又は差押命令若しくは差押処分を取り消す決定若しくは差押処分を取り消す旨の裁判所書記官の処分が効力を生じた後でなければ、払渡しを受けることができない。

（仮差押えの執行がされている債権に対する滞納処分）
第36条の12　第18条第２項、第20条の６、第31条及び第36条の４の規定は、仮差押えの執行後に滞納処分による差押えをした債権について準用する。この場合において、第18条第２項中「売却代金」とあるのは「第三債務者からの取立金若しくは第36条の12第１項において準用する第20条の６第１項の規定により供託された金銭の払渡金又は売却代金」と、第31条中「強制競売の申立てが」とあるのは「滞納処分による差押えの通知があつた場合において、仮差押えの執行の申立てが」と、「強制競売の手続」とあるのは「仮差押えの執行」と読み替えるものとする。

2　第20条の７第３項の規定は、前項において準用する第18条第２項の規定により取立金若しくは払渡金又は売却代金の残余が交付された場合について準用する。

司法書士法

昭和25年法律第197号
最終改正　令和５年法律第53号

目次

第１章　総則

（司法書士の使命）

第１条　司法書士は、この法律の定めるところによりその業務とする登記、供託、訴訟その他の法律事務の専門家として、国民の権利を擁護し、もつて自由かつ公正な社会の形成に寄与することを使命とする。

（職責）

第２条　司法書士は、常に品位を保持し、業務に関する法令及び実務に精通して、公正かつ誠実にその業務を行わなければならない。

（業務）

第３条　司法書士は、この法律の定めるところにより、他人の依頼を受けて、次に掲げる事務を行うことを業とする。

一　登記又は供託に関する手続について代理すること。

二　法務局又は地方法務局に提出し、又は提供する書類又は電磁的記録（電子的方式、磁気的方式その他人の知覚によつては認識することができない方式で作られる記録であつて、電子計算機による情報処理の用に供されるものをいう。第４号において同じ。）を作成すること。ただし、同号に掲げる事務を除く。

三　法務局又は地方法務局の長に対する登記又は供託に関する審査請求の手続について代理すること。

四　裁判所若しくは検察庁に提出する書類又は筆界特定の手続（不動産登記法（平成16年法律第123号）第６章第２節の規定による筆界特定の手続又は筆界特定の申請の却下に関する審査請求の手続をいう。第８号において同じ。）において法務局若しくは地方法務局に提出し若しくは提供する書類若しくは電磁的記録を作成すること。

五　前各号の事務について相談に応ずること。

六　簡易裁判所における次に掲げる手続について代理すること。ただし、上訴の提起（自ら代理人として手続に関与している事件の判決、決定又は命令に係るものを除く。）、再審及び強制執行に関する事項（ホに掲げる手続を除く。）については、代理することができない。

イ　民事訴訟法（平成８年法律第109号）の規定による手続（ロに規定する手続及び訴えの提起前における証拠保全手続を除く。）であつて、訴訟の目的の価額が裁判所法（昭和22年法律第59号）第33条第１項第１号に定める額を超えないもの

ロ　民事訴訟法第275条の規定による和解の手続又は同法第７編の規定による支払督促の手続であつて、請求の目的の価額が裁判所法第33条第１項第１号に定める額を超えないもの

ハ　民事訴訟法第２編第４章第７節の規定による訴えの提起前における証拠保全手続又は民事保全法（平成元年法律第91号）の規定による手続であつて、本案の訴訟の目的の価額が裁判所法第33条第１項第１号に定める額を超えないもの

ニ　民事調停法（昭和26年法律第222号）の規定による手続であつて、調停を求める事項の価額が裁判所法第33条第１項第１号に定める額を超えないもの

ホ　民事執行法（昭和54年法律第４号）第２章第２節第４款第２目の規定による少額訴訟債権執行の手続であつて、請求の価額が裁判所法第33条第１項第１号に定める額を超えないもの

七　民事に関する紛争（簡易裁判所における民事訴訟法の規定による訴訟手続の対象となるものに限る。）であつて紛争の目的の価額が裁判所法第33条第１項第１号に定める額を超えないものについて、相談に応じ、又は仲裁事件の手続若しくは裁判外の和解について代理すること。

八　筆界特定の手続であつて対象土地（不動産登

記法第123条第３号に規定する対象土地をいう。）の価額として法務省令で定める方法により算定される額の合計額の２分の１に相当する額に筆界特定によつて通常得られることとなる利益の割合として法務省令で定める割合を乗じて得た額が裁判所法第33条第１項第１号に定める額を超えないものについて、相談に応じ、又は代理すること。

2　前項第６号から第８号までに規定する業務（以下「簡裁訴訟代理等関係業務」という。）は、次のいずれにも該当する司法書士に限り、行うことができる。

一　簡裁訴訟代理等関係業務について法務省令で定める法人が実施する研修であつて法務大臣が指定するものの課程を修了した者であること。

二　前号に規定する者の申請に基づき法務大臣が簡裁訴訟代理等関係業務を行うのに必要な能力を有すると認定した者であること。

三　司法書士会の会員であること。

3　法務大臣は、次のいずれにも該当するものと認められる研修についてのみ前項第１号の指定をするものとする。

一　研修の内容が、簡裁訴訟代理等関係業務を行うのに必要な能力の習得に十分なものとして法務省令で定める基準を満たすものであること。

二　研修の実施に関する計画が、その適正かつ確実な実施のために適切なものであること。

三　研修を実施する法人が、前号の計画を適正かつ確実に遂行するに足りる専門的能力及び経理的基礎を有するものであること。

4　法務大臣は、第２項第１号の研修の適正かつ確実な実施を確保するために必要な限度において、当該研修を実施する法人に対し、当該研修に関して、必要な報告若しくは資料の提出を求め、又は必要な命令をすることができる。

5　司法書士は、第２項第２号の規定による認定を受けようとするときは、政令で定めるところにより、手数料を納めなければならない。

6　第２項に規定する司法書士は、民事訴訟法第54条第１項本文（民事保全法第７条又は民事執行法第20条において準用する場合を含む。）の規定にかかわらず、第１項第６号イからハまで又はホに掲げる手続における訴訟代理人又は代理人となることができる。

7　第２項に規定する司法書士であつて第１項第６号イ及びロに掲げる手続において訴訟代理人になつたものは、民事訴訟法第55条第１項の規定にかかわらず、委任を受けた事件について、強制執行に関する訴訟行為をすることができない。ただし、第２項に規定する司法書士であつて第１項第６号イに掲げる手続のうち少額訴訟の手続において訴訟代理人になつたものが同号ホに掲げる手続についてする訴訟行為については、この限りでない。

8　司法書士は、第１項に規定する業務であつても、その業務を行うことが他の法律において制限されているものについては、これを行うことができない。

（資格）

第４条　次の各号のいずれかに該当する者は、司法書士となる資格を有する。

一　司法書士試験に合格した者

二　裁判所事務官、裁判所書記官、法務事務官若しくは検察事務官としてその職務に従事した期間が通算して10年以上になる者又はこれと同等以上の法律に関する知識及び実務の経験を有する者であつて、法務大臣が前条第１項第１号から第５号までに規定する業務を行うのに必要な知識及び能力を有すると認めたもの

（欠格事由）

第５条　次に掲げる者は、司法書士となる資格を有しない。

一　禁錮以上の刑に処せられ、その執行を終わり、又は執行を受けることがなくなつてから３年を経過しない者

二　未成年者

三　破産手続開始の決定を受けて復権を得ない者

四　公務員であつて懲戒免職の処分を受け、その処分の日から３年を経過しない者

五　第47条の規定により業務の禁止の処分を受け、その処分の日から３年を経過しない者

六　懲戒処分により、公認会計士の登録を抹消され、若しくは土地家屋調査士、弁理士、税理士若しくは行政書士の業務を禁止され、又は税理士であつた者であつて税理士業務の禁止の懲戒処分を受けるべきであつたことについて決定を受け、これらの処分の日から３年を経過しない者

第2章　司法書士試験

（試験の方法及び内容等）

第6条　法務大臣は、毎年1回以上、司法書士試験を行わなければならない。

2　司法書士試験は、次に掲げる事項について筆記及び口述の方法により行う。ただし、口述試験は、筆記試験に合格した者について行う。

一　憲法、民法、商法及び刑法に関する知識

二　登記、供託及び訴訟に関する知識

三　その他第3条第1項第1号から第5号までに規定する業務を行うのに必要な知識及び能力

3　筆記試験に合格した者に対しては、その申請により、次回の司法書士試験の筆記試験を免除する。

4　司法書士試験を受けようとする者は、政令で定めるところにより、受験手数料を納めなければならない。

（司法書士試験委員）

第7条　法務省に、司法書士試験の問題の作成及び採点を行わせるため、司法書士試験委員を置く。

2　司法書士試験委員は、司法書士試験を行うについて必要な学識経験のある者のうちから、試験ごとに、法務大臣が任命する。

3　前2項に定めるもののほか、司法書士試験委員に関し必要な事項は、政令で定める。

第3章　登録

（司法書士名簿の登録）

第8条　司法書士となる資格を有する者が、司法書士となるには、日本司法書士会連合会に備える司法書士名簿に、氏名、生年月日、事務所の所在地、所属する司法書士会その他法務省令で定める事項の登録を受けなければならない。

2　司法書士名簿の登録は、日本司法書士会連合会が行う。

（登録の申請）

第9条　前条第1項の登録を受けようとする者は、その事務所を設けようとする地を管轄する法務局又は地方法務局の管轄区域内に設立された司法書士会を経由して、日本司法書士会連合会に登録申請書を提出しなければならない。

2　前項の登録申請書には、前条第1項の規定により登録を受けるべき事項その他法務省令で定める事項を記載し、司法書士となる資格を有することを証する書類を添付しなければならない。

（登録の拒否）

第10条　日本司法書士会連合会は、前条第1項の規定による登録の申請をした者が司法書士となる資格を有せず、又は次の各号のいずれかに該当すると認めたときは、その登録を拒否しなければならない。この場合において、当該申請者が第2号又は第3号に該当することを理由にその登録を拒否しようとするときは、第67条に規定する登録審査会の議決に基づいてしなければならない。

一　第57条第1項の規定による入会の手続をとらないとき。

二　心身の故障により司法書士の業務を行うことができないとき。

三　司法書士の信用又は品位を害するおそれがあるときその他司法書士の職責に照らし司法書士としての適格性を欠くとき。

2　日本司法書士会連合会は、当該申請者が前項第2号又は第3号に該当することを理由にその登録を拒否しようとするときは、あらかじめ、当該申請者にその旨を通知して、相当の期間内に自ら又はその代理人を通じて弁明する機会を与えなければならない。

（登録に関する通知）

第11条　日本司法書士会連合会は、第9条第1項の規定による登録の申請を受けた場合において、登録をしたときはその旨を、登録を拒否したときはその旨及びその理由を当該申請者に書面により通知しなければならない。

（登録を拒否された場合の審査請求）

第12条　第10条第1項の規定により登録を拒否された者は、当該処分に不服があるときは、法務大臣に対して審査請求をすることができる。

2　第9条第1項の規定による登録の申請をした者は、その申請の日から3月を経過しても当該申請に対して何らの処分がされないときは、当該登録を拒否されたものとして、法務大臣に対して審査請求をすることができる。

3　前2項の場合において、法務大臣は、行政不服審査法（平成26年法律第68号）第25条第2項及び第3項並びに第46条第2項の規定の適用については、日本司法書士会連合会の上級行政庁とみなす。

（所属する司法書士会の変更の登録）

第13条　司法書士は、他の法務局又は地方法務局の管轄区域内に事務所を移転しようとするときは、その管轄区域内に設立された司法書士会を経由して、日本司法書士会連合会に、所属する司法書士会の変更の登録の申請をしなければならない。

2　司法書士は、前項の変更の登録の申請をするときは、現に所属する司法書士会にその旨を届け出なければならない。

3　第１項の申請をした者が第57条第１項の規定による入会の手続をとつていないときは、日本司法書士会連合会は、変更の登録を拒否しなければならない。

4　前２条の規定は、第１項の変更の登録の申請に準用する。

（登録事項の変更の届出）

第14条　司法書士は、司法書士名簿に登録を受けた事項に変更（所属する司法書士会の変更を除く。）が生じたときは、遅滞なく、所属する司法書士会を経由して、日本司法書士会連合会にその旨を届け出なければならない。

（登録の取消し）

第15条　司法書士が次の各号のいずれかに該当する場合には、日本司法書士会連合会は、その登録を取り消さなければならない。

一　その業務を廃止したとき。

二　死亡したとき。

三　司法書士となる資格を有しないことが判明したとき。

四　第５条各号（第２号を除く。）のいずれかに該当するに至つたとき。

2　司法書士が前項各号に該当することとなつたときは、その者又はその法定代理人若しくは相続人は、遅滞なく、当該司法書士が所属し、又は所属していた司法書士会を経由して、日本司法書士会連合会にその旨を届け出なければならない。

第16条　司法書士が次の各号のいずれかに該当する場合には、日本司法書士会連合会は、その登録を取り消すことができる。

一　引き続き２年以上業務を行わないとき。

二　心身の故障により業務を行うことができないとき。

2　司法書士が心身の故障により業務を行うことができないおそれがある場合として法務省令で定める場合に該当することとなつたときは、その者又はその法定代理人若しくは同居の親族は、遅滞なく、当該司法書士が所属する司法書士会を経由して、日本司法書士会連合会にその旨を届け出るものとする。

3　日本司法書士会連合会は、第１項の規定により登録を取り消したときは、その旨及びその理由を当該司法書士に書面により通知しなければならない。

4　第10条第１項後段の規定は、第１項の規定による登録の取消しに準用する。

（登録拒否に関する規定の準用）

第17条　第12条第１項及び第３項の規定は、第15条第１項又は前条第１項の規定による登録の取消しに準用する。この場合において、第12条第３項中「第46条第２項」とあるのは、「第46条第１項」と読み替えるものとする。

（登録及び登録の取消しの公告）

第18条　日本司法書士会連合会は、司法書士の登録をしたとき、及びその登録の取消しをしたときは、遅滞なく、その旨を官報をもつて公告しなければならない。

（登録事務に関する報告等）

第19条　法務大臣は、必要があるときは、日本司法書士会連合会に対し、その登録事務に関し、報告若しくは資料の提出を求め、又は勧告をすることができる。

第４章　司法書士の義務

（事務所）

第20条　司法書士は、法務省令で定める基準に従い、事務所を設けなければならない。

（依頼に応ずる義務）

第21条　司法書士は、正当な事由がある場合でなければ依頼（簡裁訴訟代理等関係業務に関するものを除く。）を拒むことができない。

（業務を行い得ない事件）

第22条　司法書士は、公務員として職務上取り扱つた事件及び仲裁手続により仲裁人として取り扱つた事件については、その業務を行つてはならない。

2　司法書士は、次に掲げる事件については、第３条第１項第４号及び第５号（同項第４号に関する部分に限る。）に規定する業務（以下「裁判書類作成関係業務」という。）を行つてはならない。

一　相手方の依頼を受けて第３条第１項第４号に規定する業務を行つた事件

二　司法書士法人（第３条第１項第１号から第５号までに

規定する業務を行うことを目的として、次章の定めるところにより、司法書士が設立した法人をいう。以下同じ。）の社員又は使用人である司法書士としてその業務に従事していた期間内に、当該司法書士法人が相手方の依頼を受けて前号に規定する業務を行つた事件であつて、自らこれに関与したもの

三　司法書士法人の使用人である場合に、当該司法書士法人が相手方から簡裁訴訟代理等関係業務に関するものとして受任している事件

3　第3条第2項に規定する司法書士は、次に掲げる事件については、裁判書類作成関係業務を行つてはならない。ただし、第3号及び第6号に掲げる事件については、受任している事件の依頼者が同意した場合は、この限りでない。

一　簡裁訴訟代理等関係業務に関するものとして、相手方の協議を受けて賛助し、又はその依頼を承諾した事件

二　簡裁訴訟代理等関係業務に関するものとして相手方の協議を受けた事件で、その協議の程度及び方法が信頼関係に基づくと認められるもの

三　簡裁訴訟代理等関係業務に関するものとして受任している事件の相手方からの依頼による他の事件

四　司法書士法人の社員又は使用人である司法書士としてその業務に従事していた期間内に、当該司法書士法人が、簡裁訴訟代理等関係業務に関するものとして、相手方の協議を受けて賛助し、又はその依頼を承諾した事件であつて、自らこれに関与したもの

五　司法書士法人の社員又は使用人である司法書士としてその業務に従事していた期間内に、当該司法書士法人が簡裁訴訟代理等関係業務に関するものとして相手方の協議を受けた事件で、その協議の程度及び方法が信頼関係に基づくと認められるものであつて、自らこれに関与したもの

六　司法書士法人の使用人である場合に、当該司法書士法人が簡裁訴訟代理等関係業務に関するものとして受任している事件（当該司法書士が自ら関与しているものに限る。）の相手方からの依頼による他の事件

4　第3条第2項に規定する司法書士は、第2項各号及び前項各号に掲げる事件については、簡裁訴訟代理等関係業務を行つてはならない。この場合においては、同項ただし書の規定を準用する。

（会則の遵守義務）

第23条　司法書士は、その所属する司法書士会及び日本司法書士会連合会の会則を守らなければならない。

（秘密保持の義務）

第24条　司法書士又は司法書士であつた者は、正当な事由がある場合でなければ、業務上取り扱つた事件について知ることのできた秘密を他に漏らしてはならない。

（研修）

第25条　司法書士は、その所属する司法書士会及び日本司法書士会連合会が実施する研修を受け、その資質の向上を図るように努めなければならない。

第5章　司法書士法人

（設立）

第26条　司法書士は、この章の定めるところにより、司法書士法人を設立することができる。

（名称）

第27条　司法書士法人は、その名称中に司法書士法人という文字を使用しなければならない。

（社員の資格）

第28条　司法書士法人の社員は、司法書士でなければならない。

2　次に掲げる者は、社員となることができない。

一　第47条の規定により業務の停止の処分を受け、当該業務の停止の期間を経過しない者

二　第48条第1項の規定により司法書士法人が解散又は業務の全部の停止の処分を受けた場合において、その処分を受けた日以前30日内にその社員であつた者でその処分を受けた日から3年（業務の全部の停止の処分を受けた場合にあつては、当該業務の全部の停止の期間）を経過しないもの

三　司法書士会の会員でない者

（業務の範囲）

第29条　司法書士法人は、第3条第1項第1号から第5号までに規定する業務を行うほか、定款で定めるところにより、次に掲げる業務を行うことができる。

一　法令等に基づきすべての司法書士が行うことができるものとして法務省令で定める業務

の全部又は一部
二　簡裁訴訟代理等関係業務
2　簡裁訴訟代理等関係業務は、社員のうちに第3条第2項に規定する司法書士がある司法書士法人（司法書士会の会員であるものに限る。）に限り、行うことができる。

（簡易裁判所における訴訟等の代理事務の取扱い）

第30条　司法書士法人は、第3条第1項第6号に掲げる事務については、依頼者からその社員又は使用人である第3条第2項に規定する司法書士（以下この条において「社員等」という。）に行わせる事務の委託を受けるものとする。この場合において、当該司法書士法人は、依頼者に、当該司法書士法人の社員等のうちからその代理人を選任させなければならない。
2　司法書士法人は、前項に規定する事務についても、社員等がその業務の執行に関し注意を怠らなかつたことを証明しなければ、依頼者に対する損害賠償の責めを免れることはできない。

（登記）

第31条　司法書士法人は、政令で定めるところにより、登記をしなければならない。
2　前項の規定により登記をしなければならない事項は、登記の後でなければ、これをもつて第三者に対抗することができない。

（設立の手続）

第32条　司法書士法人を設立するには、その社員となろうとする司法書士が、定款を定めなければならない。
2　会社法（平成17年法律第86号）第30条第1項の規定は、司法書士法人の定款について準用する。
3　定款には、少なくとも次に掲げる事項を記載しなければならない。
一　目的
二　名称
三　主たる事務所及び従たる事務所の所在地
四　社員の氏名、住所及び第3条第2項に規定する司法書士であるか否かの別
五　社員の出資に関する事項

（成立の時期）

第33条　司法書士法人は、その主たる事務所の所在地において設立の登記をすることによつて成立する。

（成立の届出）

第34条　司法書士法人は、成立したときは、成立の日から2週間以内に、登記事項証明書及び定款の写しを添えて、その旨を、その主たる事務所の所在地を管轄する法務局又は地方法務局の管轄区域内に設立された司法書士会（以下「主たる事務所の所在地の司法書士会」という。）及び日本司法書士会連合会に届け出なければならない。

（定款の変更）

第35条　司法書士法人は、定款に別段の定めがある場合を除き、総社員の同意によつて、定款の変更をすることができる。
2　司法書士法人は、定款を変更したときは、変更の日から2週間以内に、変更に係る事項を、主たる事務所の所在地の司法書士会及び日本司法書士会連合会に届け出なければならない。

（業務の執行）

第36条　司法書士法人の社員は、すべて業務を執行する権利を有し、義務を負う。
2　簡裁訴訟代理等関係業務を行うことを目的とする司法書士法人における簡裁訴訟代理等関係業務については、前項の規定にかかわらず、第3条第2項に規定する司法書士である社員（以下「特定社員」という。）のみが業務を執行する権利を有し、義務を負う。

（法人の代表）

第37条　司法書士法人の社員は、各自司法書士法人を代表する。ただし、定款又は総社員の同意によつて、社員のうち特に司法書士法人を代表すべきものを定めることを妨げない。
2　簡裁訴訟代理等関係業務を行うことを目的とする司法書士法人における簡裁訴訟代理等関係業務については、前項本文の規定にかかわらず、特定社員のみが、各自司法書士法人を代表する。ただし、当該特定社員の全員の同意によつて、当該特定社員のうち特に簡裁訴訟代理等関係業務について司法書士法人を代表すべきものを定めることを妨げない。
3　第1項の規定により司法書士法人を代表する社員は、司法書士法人の業務（前項の簡裁訴訟代理等関係業務を除く。）に関する一切の裁判上又は裁判外の行為をする権限を有する。
4　前項の権限に加えた制限は、善意の第三者に対抗することができない。
5　第1項の規定により司法書士法人を代表する社員は、定款によつて禁止されていないときに限り、特定の行為の代理を他人に委任することができる。

（社員の責任）

第38条　司法書士法人の財産をもつてその債

務を完済することができないときは、各社員は、連帯して、その弁済の責任を負う。
2　司法書士法人の財産に対する強制執行がその効を奏しなかつたときも、前項と同様とする。
3　前項の規定は、社員が司法書士法人に資力があり、かつ、執行が容易であることを証明したときは、適用しない。
4　簡裁訴訟代理等関係業務を行うことを目的とする司法書士法人が簡裁訴訟代理等関係業務に関し依頼者に対して負担することとなつた債務を当該司法書士法人の財産をもつて完済することができないときは、第1項の規定にかかわらず、特定社員（当該司法書士法人を脱退した特定社員を含む。以下この条において同じ。）が、連帯して、その弁済の責任を負う。ただし、当該司法書士法人を脱退した特定社員については、当該債務が脱退後の事由により生じた債務であることを証明した場合は、この限りでない。
5　前項本文に規定する債務についての司法書士法人の財産に対する強制執行がその効を奏しなかつたときは、第2項及び第3項の規定にかかわらず、特定社員が当該司法書士法人に資力があり、かつ、執行が容易であることを証明した場合を除き、前項と同様とする。
6　会社法第612条の規定は、司法書士法人の社員の脱退について準用する。ただし、第4項本文に規定する債務については、この限りでない。

（社員であると誤認させる行為をした者の責任）

第38条の2　社員でない者が自己を社員であると誤認させる行為をしたときは、当該社員でない者は、その誤認に基づいて司法書士法人と取引をした者に対し、社員と同一の責任を負う。

（社員の常駐）

第39条　司法書士法人は、その事務所に、当該事務所の所在地を管轄する法務局又は地方法務局の管轄区域内に設立された司法書士会の会員である社員を常駐させなければならない。

（簡裁訴訟代理等関係業務の取扱い）

第40条　簡裁訴訟代理等関係業務を行うことを目的とする司法書士法人は、特定社員が常駐していない事務所においては、簡裁訴訟代理等関係業務を取り扱うことができない。

（特定の事件についての業務の制限）

第41条　司法書士法人は、次に掲げる事件については、裁判書類作成関係業務を行つてはならない。
一　相手方の依頼を受けて第3条第1項第4号に規定する業務を行つた事件
二　使用人が相手方から簡裁訴訟代理等関係業務に関するものとして受任している事件
三　第22条第1項、第2項第1号若しくは第2号又は第3項第1号から第5号までに掲げる事件として社員の半数以上の者が裁判書類作成関係業務を行つてはならないこととされる事件
2　簡裁訴訟代理等関係業務を行うことを目的とする司法書士法人（過去に簡裁訴訟代理等関係業務を行うことを目的としていたものを含む。）は、次に掲げる事件については、裁判書類作成関係業務を行つてはならない。ただし、第3号に掲げる事件については、受任している事件の依頼者が同意した場合は、この限りでない。
一　簡裁訴訟代理等関係業務に関するものとして、相手方の協議を受けて賛助し、又はその依頼を承諾した事件
二　簡裁訴訟代理等関係業務に関するものとして相手方の協議を受けた事件で、その協議の程度及び方法が信頼関係に基づくと認められるもの
三　簡裁訴訟代理等関係業務に関するものとして受任している事件の相手方からの依頼による他の事件
3　簡裁訴訟代理等関係業務を行うことを目的とする司法書士法人は、次に掲げる事件については、簡裁訴訟代理等関係業務を行つてはならない。ただし、前項第3号に掲げる事件については、受任している事件の依頼者が同意した場合は、この限りでない。
一　第1項各号及び前項各号に掲げる事件
二　第22条第1項に掲げる事件又は同条第4項に規定する同条第2項第1号若しくは第2号若しくは第3項第1号から第5号までに掲げる事件として特定社員の半数以上の者が簡裁訴訟代理等関係業務を行つてはならないこととされる事件

（社員の競業の禁止）

第42条　司法書士法人の社員は、自己若しくは第三者のためにその司法書士法人の業務の範囲に属する業務を行い、又は他の司法書士法人の社員となつてはならない。
2　司法書士法人の社員が前項の規定に違反して自己又は第三者のためにその司法書士法人の業務の範囲に属する業務を行つたときは、当該業

務によつて当該社員又は第三者が得た利益の額は、司法書士法人に生じた損害の額と推定する。

（法定脱退）

第43条　司法書士法人の社員は、次に掲げる理由によつて脱退する。

一　司法書士の登録の取消し
二　定款に定める理由の発生
三　総社員の同意
四　第28条第2項各号のいずれかに該当することとなつたこと。
五　除名

（解散）

第44条　司法書士法人は、次に掲げる理由によつて解散する。

一　定款に定める理由の発生
二　総社員の同意
三　他の司法書士法人との合併
四　破産手続開始の決定
五　解散を命ずる裁判
六　第48条第1項第3号の規定による解散の処分
七　社員の欠亡

2　司法書士法人は、前項第3号の事由以外の事由により解散したときは、解散の日から2週間以内に、その旨を、主たる事務所の所在地の司法書士会及び日本司法書士会連合会に届け出なければならない。

3　司法書士法人の清算人は、司法書士でなければならない。

（司法書士法人の継続）

第44条の2　司法書士法人の清算人は、社員の死亡により前条第1項第7号に該当するに至つた場合に限り、当該社員の相続人（第46条第3項において準用する会社法第675条において準用する同法第608条第5項の規定により社員の権利を行使する者が定められている場合にはその者）の同意を得て、新たに社員を加入させて司法書士法人を継続することができる。

（裁判所による監督）

第44条の3　司法書士法人の解散及び清算は、裁判所の監督に属する。

2　裁判所は、職権で、いつでも前項の監督に必要な検査をすることができる。

3　司法書士法人の解散及び清算を監督する裁判所は、法務大臣に対し、意見を求め、又は調査を嘱託することができる。

4　法務大臣は、前項に規定する裁判所に対し、意見を述べることができる。

（解散及び清算の監督に関する事件の管轄）

第44条の4　司法書士法人の解散及び清算の監督に関する事件は、その主たる事務所の所在地を管轄する地方裁判所の管轄に属する。

（検査役の選任）

第44条の5　裁判所は、司法書士法人の解散及び清算の監督に必要な調査をさせるため、検査役を選任することができる。

2　前項の検査役の選任の裁判に対しては、不服を申し立てることができない。

3　裁判所は、第1項の検査役を選任した場合には、司法書士法人が当該検査役に対して支払う報酬の額を定めることができる。この場合においては、裁判所は、当該司法書士法人及び検査役の陳述を聴かなければならない。

（合併）

第45条　司法書士法人は、総社員の同意があるときは、他の司法書士法人と合併することができる。

2　合併は、合併後存続する司法書士法人又は合併により設立する司法書士法人が、その主たる事務所の所在地において登記することによつて、その効力を生ずる。

3　司法書士法人は、合併したときは、合併の日から2週間以内に、登記事項証明書（合併により設立する司法書士法人にあつては、登記事項証明書及び定款の写し）を添えて、その旨を、主たる事務所の所在地の司法書士会及び日本司法書士会連合会に届け出なければならない。

4　合併後存続する司法書士法人又は合併により設立する司法書士法人は、当該合併により消滅する司法書士法人の権利義務を承継する。

（債権者の異議等）

第45条の2　合併をする司法書士法人の債権者は、当該司法書士法人に対し、合併について異議を述べることができる。

2　合併をする司法書士法人は、次に掲げる事項を官報に公告し、かつ、知れている債権者には、各別にこれを催告しなければならない。ただし、第3号の期間は、1箇月を下ることができない。

一　合併をする旨
二　合併により消滅する司法書士法人及び合併後存続する司法書士法人又は合併により設立する司法書士法人の名称及び主たる事務所の所在地
三　債権者が一定の期間内に異議を述べること

ができる旨

3　前項の規定にかかわらず、合併をする司法書士法人が同項の規定による公告を、官報のほか、第6項において準用する会社法第939条第1項の規定による定款の定めに従い、同項第2号又は第3号に掲げる方法によりするときは、前項の規定による各別の催告は、することを要しない。

4　債権者が第2項第3号の期間内に異議を述べなかつたときは、当該債権者は、当該合併について承認をしたものとみなす。

5　債権者が第2項第3号の期間内に異議を述べたときは、合併をする司法書士法人は、当該債権者に対し、弁済し、若しくは相当の担保を提供し、又は当該債権者に弁済を受けさせることを目的として信託会社等（信託会社及び信託業務を営む金融機関（金融機関の信託業務の兼営等に関する法律（昭和18年法律第43号）第1条第1項の認可を受けた金融機関をいう。）をいう。）に相当の財産を信託しなければならない。ただし、当該合併をしても当該債権者を害するおそれがないときは、この限りでない。

6　会社法第939条第1項（第2号及び第3号に係る部分に限る。）及び第3項、第940条第1項（第3号に係る部分に限る。）及び第3項、第941条、第946条、第947条、第951条第2項、第953条並びに第955条の規定は、司法書士法人が第2項の規定による公告をする場合について準用する。この場合において、同法第939条第1項及び第3項中「公告方法」とあるのは「合併の公告の方法」と、同法第946条第3項中「商号」とあるのは「名称」と読み替えるものとする。

（合併の無効の訴え）

第45条の3　会社法第828条第1項（第7号及び第8号に係る部分に限る。）及び第2項（第7号及び第8号に係る部分に限る。）、第834条（第7号及び第8号に係る部分に限る。）、第835条第1項、第836条第2項及び第3項、第837条から第839条まで、第843条（第1項第3号及び第4号並びに第2項ただし書を除く。）並びに第846条の規定は司法書士法人の合併の無効の訴えについて、同法第868条第6項、第870条第2項（第6号に係る部分に限る。）、第870条の2、第871条本文、第872条（第5号に係る部分に限る。）、第872条の2、第873条本文、第875条及び第876条の規定はこの条において準用する同法第843条第4項の申立てについて、それぞれ準用する。

（司法書士に関する規定等の準用）

第46条　第1条、第2条、第20条、第21条及び第23条の規定は、司法書士法人について準用する。

2　一般社団法人及び一般財団法人に関する法律（平成18年法律第48号）第4条並びに会社法第600条、第614条から第619条まで、第621条及び第622条の規定は司法書士法人について、同法第581条、第582条、第585条第1項及び第4項、第586条、第593条、第595条、第596条、第601条、第605条、第606条、第609条第1項及び第2項、第611条（第1項ただし書を除く。）並びに第613条の規定は司法書士法人の社員について、同法第859条から第862条までの規定は司法書士法人の社員の除名並びに業務を執行する権利及び代表権の消滅の訴えについて、それぞれ準用する。この場合において、同法第613条中「商号」とあるのは「名称」と、同法第859条第2号中「第594条第1項（第598条第2項において準用する場合を含む。）」とあるのは「司法書士法（昭和25年法律第197号）第42条第1項」と読み替えるものとする。

3　会社法第644条（第3号を除く。）、第645条から第649条まで、第650条第1項及び第2項、第651条第1項及び第2項（同法第594条の準用に係る部分を除く。）、第652条、第653条、第655条から第659条まで、第662条から第664条まで、第666条から第673条まで、第675条、第863条、第864条、第868条第1項、第869条、第870条第1項（第1号及び第2号に係る部分に限る。）、第871条、第872条（第4号に係る部分に限る。）、第874条（第1号及び第4号に係る部分に限る。）、第875条並びに第876条の規定は、司法書士法人の解散及び清算について準用する。この場合において、同法第644条第1号中「第641条第5号」とあるのは「司法書士法第44条第1項第3号」と、同法第647条第3項中「第641条第4号又は第7号」とあるのは「司法書士法第44条第1項第5号から第7号まで」と、同法第668条第1項及び第669条中「第641条第1号から第3号まで」とあるのは「司法書士法第44条第1項第1号又は第2号」と、同法第670条第3項中「第939条第1項」とあるのは「司法書士法第45条の2第6項において準用する第939条第1項」と、同法第673条第1項中「第580条」とあるのは「司法書士法第38条」と読み替えるものとする。

4　会社法第824条、第826条、第868条第1項、第870条第1項（第10号に係る部分に限る。）、第871条本文、第872条（第4号に係る部分に限る。）、第873条本文、第875条、第876条、第904条及び第937

条第１項（第３号ロに係る部分に限る。）の規定は司法書士法人の解散の命令について、同法第825条、第868条第１項、第870条第１項（第１号に係る部分に限る。）、第871条、第872条（第１号及び第４号に係る部分に限る。）、第873条、第874条（第２号及び第３号に係る部分に限る。）、第875条、第876条、第905条及び第906条の規定はこの項において準用する同法第824条第１項の申立てがあつた場合における司法書士法人の財産の保全について、それぞれ準用する。

5　会社法第828条第１項（第１号に係る部分に限る。）及び第２項（第１号に係る部分に限る。）、第834条（第１号に係る部分に限る。）、第835条第１項、第837条から第839条まで並びに第846条の規定は、司法書士法人の設立の無効の訴えについて準用する。

6　会社法第833条第２項、第834条（第21号に係る部分に限る。）、第835条第１項、第837条、第838条、第846条及び第937条第１項（第１号リに係る部分に限る。）の規定は、司法書士法人の解散の訴えについて準用する。

7　破産法（平成16年法律第75号）第16条の規定の適用については、司法書士法人は、合名会社とみなす。

第６章　懲戒

（司法書士に対する懲戒）

第47条　司法書士がこの法律又はこの法律に基づく命令に違反したときは、法務大臣は、当該司法書士に対し、次に掲げる処分をすることができる。

一　戒告

二　２年以内の業務の停止

三　業務の禁止

（司法書士法人に対する懲戒）

第48条　司法書士法人がこの法律又はこの法律に基づく命令に違反したときは、法務大臣は、当該司法書士法人に対し、次に掲げる処分をすることができる。

一　戒告

二　２年以内の業務の全部又は一部の停止

三　解散

2　前項の規定による処分の手続に付された司法書士法人は、清算が結了した後においても、この章の規定の適用については、当該手続が結了するまで、なお存続するものとみなす。

（懲戒の手続）

第49条　何人も、司法書士又は司法書士法人にこの法律又はこの法律に基づく命令に違反する事実があると思料するときは、法務大臣に対し、当該事実を通知し、適当な措置をとることを求めることができる。

2　前項の規定による通知があつたときは、法務大臣は、通知された事実について必要な調査をしなければならない。

3　法務大臣は、第47条第１号若しくは第２号又は前条第１項第１号若しくは第２号に掲げる処分をしようとするときは、行政手続法（平成５年法律第88号）第13条第１項の規定による意見陳述のための手続の区分にかかわらず、聴聞を行わなければならない。

4　前項に規定する処分又は第47条第３号若しくは前条第１項第３号の処分に係る行政手続法第15条第１項の通知は、聴聞の期日の１週間前までにしなければならない。

5　前項の聴聞の期日における審理は、当該司法書士又は当該司法書士法人から請求があつたときは、公開により行わなければならない。

（登録取消しの制限等）

第50条　法務大臣は、司法書士に対して第47条各号に掲げる処分をしようとする場合においては、行政手続法第15条第１項の通知を発送し、又は同条第３項前段の掲示をした後直ちに日本司法書士会連合会にその旨を通告しなければならない。

2　日本司法書士会連合会は、司法書士について前項の通告を受けた場合においては、法務大臣から第47条各号に掲げる処分の手続が結了した旨の通知を受けるまでは、当該司法書士について第15条第１項第１号又は第16条第１項各号の規定による登録の取消しをすることができない。

（除斥期間）

第50条の２　懲戒の事由があつたときから７年を経過したときは、第47条又は第48条第１項の規定による処分の手続を開始することができない。

（懲戒処分の公告）

第51条　法務大臣は、第47条又は第48条第１項の規定により処分をしたときは、遅滞なく、その旨を官報をもつて公告しなければならない。

第７章　司法書士会

（設立及び目的等）

第52条　司法書士は、その事務所の所在地を管轄する法務局又は地方法務局の管轄区域ごとに、会則を定めて、1箇の司法書士会を設立しなければならない。
2　司法書士会は、会員の品位を保持し、その業務の改善進歩を図るため、会員の指導及び連絡に関する事務を行うことを目的とする。
3　司法書士会は、法人とする。
4　一般社団法人及び一般財団法人に関する法律第4条及び第78条の規定は、司法書士会について準用する。

（会則）
第53条　司法書士会の会則には、次に掲げる事項を記載しなければならない。
一　名称及び事務所の所在地
二　役員に関する規定
三　会議に関する規定
四　会員の品位保持に関する規定
五　会員の執務に関する規定
六　入会及び退会に関する規定（入会金その他の入会についての特別の負担に関するものを含む。）
七　司法書士の研修に関する規定
八　会員の業務に関する紛議の調停に関する規定
九　司法書士会及び会員に関する情報の公開に関する規定
十　資産及び会計に関する規定
十一　会費に関する規定
十二　その他司法書士会の目的を達成するために必要な規定

（会則の認可）
第54条　司法書士会の会則を定め、又はこれを変更するには、法務大臣の認可を受けなければならない。ただし、前条第1号及び第7号から第11号までに掲げる事項に係る会則の変更については、この限りでない。
2　前項の場合において、法務大臣は、日本司法書士会連合会の意見を聞いて、認可し、又は認可しない旨の処分をしなければならない。

（司法書士会の登記）
第55条　司法書士会は、政令で定めるところにより、登記をしなければならない。
2　前項の規定により登記をしなければならない事項は、登記の後でなければ、これをもつて第三者に対抗することができない。

（司法書士会の役員）
第56条　司法書士会に、会長、副会長及び会則で定めるその他の役員を置く。
2　会長は、司法書士会を代表し、その会務を総理する。
3　副会長は、会長の定めるところにより、会長を補佐し、会長に事故があるときはその職務を代理し、会長が欠員のときはその職務を行なう。

（司法書士の入会及び退会）
第57条　第9条第1項の規定による登録の申請又は第13条第1項の変更の登録の申請をする者は、その申請と同時に、申請を経由すべき司法書士会に入会する手続をとらなければならない。
2　前項の規定により入会の手続をとつた者は、当該登録又は変更の登録の時に、当該司法書士会の会員となる。
3　第13条第1項の変更の登録の申請をした司法書士は、当該申請に基づく変更の登録の時に、従前所属していた司法書士会を退会する。

（司法書士法人の入会及び退会）
第58条　司法書士法人は、その成立の時に、主たる事務所の所在地の司法書士会の会員となる。
2　司法書士法人は、その清算の結了の時又は破産手続開始の決定を受けた時に、所属するすべての司法書士会を退会する。
3　司法書士法人の清算人は、清算が結了したときは、清算結了の登記後速やかに、登記事項証明書を添えて、その旨を、主たる事務所の所在地の司法書士会及び日本司法書士会連合会に届け出なければならない。
4　司法書士法人は、その事務所の所在地を管轄する法務局又は地方法務局の管轄区域外に事務所を設け、又は移転したときは、事務所の新所在地（従たる事務所を設け、又は移転したときにあつては、主たる事務所の所在地）においてその旨の登記をした時に、当該事務所（従たる事務所を設け、又は移転したときにあつては、当該従たる事務所）の所在地を管轄する法務局又は地方法務局の管轄区域内に設立された司法書士会の会員となる。
5　司法書士法人は、その事務所の移転又は廃止により、当該事務所の所在地を管轄する法務局又は地方法務局の管轄区域内に事務所を有しないこととなつたときは、旧所在地（従たる事務所を移転し、又は廃止したときにあつては、主たる事務所の所在地）においてその旨の登記をした時に、当該管轄区域内に設立された司法書士会を退会する。
6　司法書士法人は、第4項の規定により新たに司法書士会の会員となつたときは、会員となつた日から２週間以内に、登記事項証明書及び定款の写しを添えて、その旨を、当該司法書士会及び日本司法書士会連合会に届け出なければならない。

7　司法書士法人は、第５項の規定により司法書士会を退会したときは、退会の日から２週間以内に、その旨を、当該司法書士会及び日本司法書士会連合会に届け出なければならない。

（紛議の調停）

第59条　司法書士会は、所属の会員の業務に関する紛議につき、当該会員又は当事者その他関係人の請求により調停をすることができる。

（法務大臣に対する報告義務）

第60条　司法書士会は、所属の会員が、この法律又はこの法律に基づく命令に違反すると思料するときは、その旨を、法務大臣に報告しなければならない。

（注意勧告）

第61条　司法書士会は、所属の会員がこの法律又はこの法律に基づく命令に違反するおそれがあると認めるときは、会則の定めるところにより、当該会員に対して、注意を促し、又は必要な措置を講ずべきことを勧告することができる。

第８章　日本司法書士会連合会

（設立及び目的）

第62条　全国の司法書士会は、会則を定めて、日本司法書士会連合会を設立しなければならない。

2　日本司法書士会連合会は、司法書士会の会員の品位を保持し、その業務の改善進歩を図るため、司法書士会及びその会員の指導及び連絡に関する事務を行い、並びに司法書士の登録に関する事務を行うことを目的とする。

（会則）

第63条　日本司法書士会連合会の会則には、次に掲げる事項を記載しなければならない。

一　第53条第１号、第７号、第10号及び第11号に掲げる事項

二　第53条第２号及び第３号に掲げる事項

三　司法書士の登録に関する規定

四　日本司法書士会連合会に関する情報の公開に関する規定

五　その他日本司法書士会連合会の目的を達成するために必要な規定

（会則の認可）

第64条　日本司法書士会連合会の会則を定め、又はこれを変更するには、法務大臣の認可を受けなければならない。ただし、前条第１号及び第４号に掲げる事項に係る会則の変更については、この限りでない。

（建議等）

第65条　日本司法書士会連合会は、司法書士又は司法書士法人の業務又は制度について、法務大臣に建議し、又はその諮問に答申することができる。

（司法書士会に関する規定の準用）

第66条　第52条第３項及び第４項、第55条並びに第56条の規定は、日本司法書士会連合会に準用する。

（登録審査会）

第67条　日本司法書士会連合会に、登録審査会を置く。

2　登録審査会は、日本司法書士会連合会の請求により、第10条第１項第２号若しくは第３号の規定による登録の拒否又は第16条第１項の規定による登録の取消しについて審議を行うものとする。

3　登録審査会は、会長及び委員４人をもつて組織する。

4　会長は、日本司法書士会連合会の会長をもつて充てる。

5　委員は、会長が、法務大臣の承認を受けて、司法書士、法務省の職員及び学識経験者のうちから委嘱する。

6　委員の任期は、２年とする。ただし、欠員が生じた場合の補充の委員の任期は、前任者の残任期間とする。

第９章　公共嘱託登記司法書士協会

（設立及び組織）

第68条　その名称中に公共嘱託登記司法書士協会という文字を使用する一般社団法人は、社員である司法書士及び司法書士法人がその専門的能力を結合して官庁、公署その他政令で定める公共の利益となる事業を行う者（以下「官公署等」という。）による不動産の権利に関する登記の嘱託又は申請の適正かつ迅速な実施に寄与することを目的とし、かつ、次に掲げる内容の定款の定めがあるものに限り、設立することができる。

一　社員は、その主たる事務所の所在地を管轄する法務局又は地方法務局の管轄区域内に事務所を有する司法書士又は司法書士法人でなければならないものとすること。
二　前号に規定する司法書士又は司法書士法人が社員になろうとするときは、正当な理由がなければ、これを拒むことができないものとすること。
三　理事の員数の過半数は、社員（社員である司法書士法人の社員を含む。）でなければならないものとすること。

2　前項に規定する定款の定めは、これを変更することができない。

（成立の届出）
第68条の2　前条第1項の一般社団法人（以下「協会」という。）は、成立したときは、成立の日から2週間以内に、登記事項証明書及び定款の写しを添えて、その旨を、その主たる事務所の所在地を管轄する法務局又は地方法務局の長及びその管轄区域内に設立された司法書士会に届け出なければならない。

（業務）
第69条　協会は、第68条第1項に規定する目的を達成するため、官公署等の嘱託を受けて、不動産の権利に関する登記につき第3条第1項第1号から第5号までに掲げる事務を行うことをその業務とする。

2　協会は、その業務に係る前項に規定する事務を、司法書士会に入会している司法書士又は司法書士法人でない者に取り扱わせてはならない。

（協会の業務の監督）
第69条の2　協会の業務は、その主たる事務所の所在地を管轄する法務局又は地方法務局の長の監督に属する。

2　前項の法務局又は地方法務局の長は、協会の業務の適正な実施を確保するため必要があると認めるときは、いつでも、当該業務及び協会の財産の状況を検査し、又は協会に対し、当該業務に関し監督上必要な命令をすることができる。

（司法書士及び司法書士法人に関する規定の準用）
第70条　第21条の規定は協会の業務について、第48条第1項、第49条及び第51条の規定は協会に対する懲戒について、それぞれ準用する。この場合において、第48条第1項、第49条第1項から第3項まで及び第51条中「法務大臣」とあるのは、「第69条の2第1項に規定する法務局又は地方法務局の長」と読み替えるものとする。

（司法書士会の助言）
第71条　司法書士会は、所属の会員が社員である協会に対し、その業務の執行に関し、必要な助言をすることができる。

第10章　雑則

（権限の委任）
第71条の2　この法律に規定する法務大臣の権限は、法務省令で定めるところにより、法務局又は地方法務局の長に委任することができる。

（法務省令への委任）
第72条　この法律に定めるもののほか、この法律の施行に関し司法書士の試験、資格の認定、登録及び業務執行並びに協会の設立及び業務執行について必要な事項は、法務省令で定める。

（非司法書士等の取締り）
第73条　司法書士会に入会している司法書士又は司法書士法人でない者（協会を除く。）は、第3条第1項第1号から第5号までに規定する業務を行つてはならない。ただし、他の法律に別段の定めがある場合は、この限りでない。

2　協会は、その業務の範囲を超えて、第3条第1項第1号から第5号までに規定する業務を行つてはならない。

3　司法書士でない者は、司法書士又はこれに紛らわしい名称を用いてはならない。

4　司法書士法人でない者は、司法書士法人又はこれに紛らわしい名称を用いてはならない。

5　協会でない者は、公共嘱託登記司法書士協会又はこれに紛らわしい名称を用いてはならない。

第11章　罰則

第74条　司法書士となる資格を有しない者が、日本司法書士会連合会に対し、その資格につき虚偽の申請をして司法書士名簿に登録させたときは、1年以下の懲役又は100万円以下の罰金に処する。

第75条　第21条の規定に違反した者は、100万円以下の罰金に処する。

2　司法書士法人が第46条第1項において準用す

る第21条の規定に違反したときは、その違反行為をした司法書士法人の社員又は使用人は、100万円以下の罰金に処する。

3　協会が第70条において準用する第21条の規定に違反したときは、その違反行為をした協会の理事又は職員は、100万円以下の罰金に処する。

第76条　第24条の規定に違反した者は、6月以下の懲役又は50万円以下の罰金に処する。

2　前項の罪は、告訴がなければ公訴を提起することができない。

第77条　協会が第69条第2項の規定に違反したときは、その違反に係る第3条第1項第1号から第5号までに掲げる事務を取り扱い、又は取り扱わせた協会の理事又は職員は、6月以下の懲役又は50万円以下の罰金に処する。

第78条　第73条第1項の規定に違反した者は、1年以下の懲役又は100万円以下の罰金に処する。

2　協会が第73条第2項の規定に違反したときは、その違反行為をした協会の理事又は職員は、1年以下の懲役又は100万円以下の罰金に処する。

第79条　次の各号のいずれかに該当する者は、100万円以下の罰金に処する。

一　第73条第3項の規定に違反した者

二　第73条第4項の規定に違反した者

三　第73条第5項の規定に違反した者

第79条の2　第45条の2第6項において準用する会社法第955条第1項の規定に違反して、同項に規定する調査記録簿等に同項に規定する電子公告調査に関し法務省令で定めるものを記載せず、若しくは記録せず、若しくは虚偽の記載若しくは記録をし、又は当該調査記録簿等を保存しなかつた者は、30万円以下の罰金に処する。

第80条　法人の代表者又は法人若しくは人の代理人、使用人その他の従業者が、その法人又は人の業務に関し、第75条第2項若しくは第3項又は第77条から前条までの違反行為をしたときは、その行為者を罰するほか、その法人又は人に対して各本条の罰金刑を科する。

第81条　司法書士会又は日本司法書士会連合会が第55条第1項（第66条において準用する場合を含む。）の規定に基づく政令に違反して登記をすることを怠つたときは、その司法書士会又は日本司法書士会連合会の代表者は、30万円以下の過料に処する。

第82条　次の各号のいずれかに該当する者は、100万円以下の過料に処する。

一　第45条の2第6項において準用する会社法第946条第3項の規定に違反して、報告をせず、又は虚偽の報告をした者

二　正当な理由がないのに、第45条の2第6項において準用する会社法第951条第2項各号又は第955条第2項各号に掲げる請求を拒んだ者

第83条　次の各号のいずれかに該当する場合には、司法書士法人の社員又は清算人は、30万円以下の過料に処する。

一　この法律に基づく政令の規定に違反して登記をすることを怠つたとき。

二　第45条の2第2項又は第5項の規定に違反して合併をしたとき。

三　第45条の2第6項において準用する会社法第941条の規定に違反して同条の調査を求めなかつたとき。

四　定款又は第46条第2項において準用する会社法第615条第1項の会計帳簿若しくは第46条第2項において準用する同法第617条第1項若しくは第2項の貸借対照表に記載し、若しくは記録すべき事項を記載せず、若しくは記録せず、又は虚偽の記載若しくは記録をしたとき。

五　第46条第3項において準用する会社法第656条第1項の規定に違反して破産手続開始の申立てを怠つたとき。

六　第46条第3項において準用する会社法第664条の規定に違反して財産を分配したとき。

七　第46条第3項において準用する会社法第670条第2項又は第5項の規定に違反して財産を処分したとき。

司法書士法施行令

昭和53年政令第379号
最終改正　令和３年政令第205号

（認定手数料）
第１条　司法書士法（以下「法」という。）第３条第５項の手数料の額は、１万900円とする。

（受験手数料）
第２条　法第６条第４項の受験手数料の額は、8000円とする。

（司法書士試験委員）
第３条　司法書士試験委員は、非常勤とする。

（法第68条第１項の政令で定める公共の利益となる事業を行う者）
第４条　法第68条第１項の政令で定める公共の利益となる事業を行う者は、次の各号に掲げる事業について不動産の権利に関する登記を申請しようとする当該各号に定める者とする。

一　土地改良法（昭和24年法律第195号）による土地改良事業　土地改良区、土地改良区連合、農業協同組合、農業協同組合連合会、農地中間管理機構（農地中間管理事業の推進に関する法律（平成25年法律第101号）第２条第４項に規定する農地中間管理機構をいう。第７号及び第15号において同じ。）又は土地改良法第95条第１項の規定により土地改良事業を行う同法第３条に規定する資格を有する者

二　国土調査法（昭和26年法律第180号）第２条第１項第３号の規定による地籍調査　土地改良区、土地改良区連合、土地区画整理組合、農業協同組合、農業協同組合連合会、森林組合、生産森林組合、森林組合連合会、水害予防組合、水害予防組合連合、漁業協同組合又は漁業協同組合連合会

三　土地区画整理法（昭和29年法律第119号）による土地区画整理事業　土地区画整理組合又は同法第３条第１項若しくは第３項の規定による施行者

四　新住宅市街地開発法（昭和38年法律第134号）による新住宅市街地開発事業　同法第45条第１項の規定による施行者

五　公共用飛行場周辺における航空機騒音による障害の防止等に関する法律（昭和42年法律第110号）第28条第１項第１号、第２号及び第４号の事業　独立行政法人空港周辺整備機構

六　都市再開発法（昭和44年法律第38号）による市街地再開発事業　市街地再開発組合又は同法第２条の２第１項若しくは第３項の規定による施行者

七　農業経営基盤強化促進法（昭和55年法律第65号）第７条各号に掲げる事業　農地中間管理機構

八　農住組合法（昭和55年法律第86号）第７条第１項第１号又は第２項第３号に規定する事業　農住組合

九　密集市街地における防災街区の整備の促進に関する法律（平成９年法律第49号）による防災街区整備事業　防災街区整備事業組合又は同法第119条第１項若しくは第３項の規定による施行者

十　国立研究開発法人森林研究・整備機構法（平成11年法律第198号）第13条第１項第４号の事業　国立研究開発法人森林研究・整備機構

十一　独立行政法人鉄道建設・運輸施設整備支援機構法（平成14年法律第180号）第13条第１項第１号から第６号まで及び第４項の事業　独立行政法人鉄道建設・運輸施設整備支援機構

十二　独立行政法人水資源機構法（平成14年法律第182号）第12条第１項第１号から第４号まで及び第３項の事業　独立行政法人水資源機構

十三　独立行政法人都市再生機構法（平成15年法律第100号）第11条第１項第１号から第16号まで、第２項第１号から第３号まで及び第６号から第８号まで並びに第３項の事業　独立行政法人都市再生機構（土地区画整理法第３条第１項、都市再開発法第２条の２第１項又は密集市街地における防災街区の整備の促進に関する法律第119条第１項の規定による施行者である場合を除く。）

十四　独立行政法人日本高速道路保有・債務返済機構法（平成16年法律第100号）第12条第１項第１号及び第２項第１号の事業　独立行政法人日本高速道路保有・債務返済機構

十五　農地中間管理事業の推進に関する法律第２条第３項に規定する農地中間管理事業　農地中間管理機構

司法書士法施行規則

昭和53年法務省令第55号
最終改正　令和４年法務省令第24号

目次

第１章　総則

（目的）
第１条　司法書士試験、司法書士の資格及び能力の認定、登録、事務所並びに業務執行、司法書士法人の事務所及び業務執行並びに公共嘱託登記司法書士協会（以下「協会」という。）の設立及び業務執行については、司法書士法（昭和25年法律第197号。以下「法」という。）、司法書士法施行令（昭和53年政令第379号）その他の法令に定めるもののほか、この規則の定めるところによる。

（業務に係る対象土地の価額の算定方法等）
第１条の２　法第３条第１項第８号の法務省令で定める方法は、地方税法（昭和25年法律第226号）第341条第９号に掲げる固定資産課税台帳（以下「課税台帳」という。）に登録された価格のある土地については、次の各号に掲げる筆界特定の申請の日の属する日の区分に応じ当該各号に掲げる金額に相当する価額による方法とし、課税台帳に登録された価格のない土地については、当該土地に係る筆界特定の申請の日において当該土地に類似する土地で課税台帳に登録された価格のあるものの次の各号に掲げる当該申請の日の区分に応じ当該各号に掲げる金額を基礎として筆界特定登記官が認定した価額による方法とする。
一　筆界特定の申請の日がその年の１月１日から３月31日までの期間内であるもの　その年の前年12月31日現在において課税台帳に登録された当該土地の価格に100分の100を乗じて計算した金額
二　筆界特定の申請の日がその年の４月１日から12月31日までの期間内であるもの　その年の１月１日現在において課税台帳に登録された当該土地の価格に100分の100を乗じて計算した金額

２　法第３条第１項第８号の法務省令で定める割合は、100分の５とする。

第２章　司法書士試験等

第１節　司法書士試験

（試験期日等の公告）
第２条　法務大臣は、司法書士試験（以下「試験」という。）の期日、場所その他試験の実施に関し必要な事項をあらかじめ官報をもつて公告する。

（受験手続）
第３条　試験を受けようとする者は、受験申請書に、申請者の写真（提出の日前６月以内に撮影された縦4.5センチメートル、横3.5センチメートルの無帽（申請者が宗教上又は医療上の理由により顔の輪郭を識別することができる範囲内において頭部を布等で覆う者である場合を除く。）かつ正面上半身の背景のないもの。以下同じ。）を添えて、試験を受けようとする地を管轄する法務局又は地方法務局の長に提出しなければならない。
２　法第６条第３項の規定により筆記試験の免除を受けようとする者は、前項の受験申請書にその旨を記載しなければならない。
３　法第６条第４項に規定する受験手数料は、受験申請書に受験手数料の額に相当する額の収入印紙をはつて納付しなければならない。
４　前項の受験手数料は、これを納付した者が試験を受けなかつた場合においても、返還しない。

（合格者の公告等）
第４条　法務大臣は、試験に合格した者に合格証書を交付し、その氏名を官報をもつて公告する。

（不正受験者）
第５条　法務大臣は、不正の手段によつて試験を受けようとし、又は受けた者に対して、その試験を受けることを禁止し、又は合格の決定を取り消すことができる。

（試験の運用）
第６条　受験者は、指定された時刻までに試験場内の試験室に出頭せず、又は係員の承認を受けないで試験室から退室したときは、その試験を受けることができない。
２　受験者は、試験場内においては、係員の指示を守らなければならない。

第２節　司法書士となる資格の認定

（司法書士の資格の認定）
第７条　法第４条第２号の規定による法務大臣の認定を受けようとする者（以下この条において「申請者」という。）は、付録様式による申請書を、その所属庁の長（退職している場合にあつては、退職時の所属庁の長とする。以下同じ。）を通じて、事務所を設けようとする地を管轄する法務局又は地方法務局の長に提出しなければならない。

2　前項の申請書には、申請者の履歴書、写真並びに本籍の記載された住民票の写し又は戸籍抄本若しくは戸籍記載事項証明書及び本籍の記載のない住民票の写しを添付しなければならない。
3　所属庁の長（所属庁の長が申請者が事務所を設けようとする地を管轄する法務局又は地方法務局の長である場合を除く。）は、第1項の申請書及び前項の添付書類（以下この項及び次項において「申請書等」という。）の提出を受けたときは、当該申請者に関する法第4条第2号に規定する要件の存否及び同号の規定による認定をすることの可否についての意見を記載した書面を添えて、申請者が事務所を設けようとする地を管轄する法務局又は地方法務局の長に申請書等を送付しなければならない。
4　法務局又は地方法務局の長は、申請書等の提出又は送付を受けたときは、前項の意見を記載した書面を添えて、当該申請書等を法務大臣に送付しなければならない。
5　法務大臣は、申請者に対し、第1項の認定をしたときは認定証書を交付し、同項の認定をしないものとしたときはその旨を通知する。

第3節　簡裁訴訟代理等関係業務を行うのに必要な能力の認定

（研修）
第8条　法第3条第3項第1号の法務省令で定める基準は、次のとおりとする。
一　研修は、次に掲げる事項について、講義及び演習により行うものとする。
イ　事実認定の手法
ロ　立証活動
ハ　弁論及び尋問技術
ニ　訴訟代理人としての倫理
ホ　その他法第3条第2項の簡裁訴訟代理等関係業務を行うのに必要な事項
二　研修の総時間数は、100時間以上とする。
（研修の指定）
第9条　法第3条第2項第1号の規定による法務大臣の指定は、同号の法人（以下「研修実施法人」という。）の申請により行う。
2　研修実施法人は、前項の申請をしようとするときは、前条に規定する基準に適合する研修の日程、内容、修了の要件その他研修の実施に関する計画を記載した書面を添えて、申請書を法務大臣に提出しなければならない。
（修了証明書の交付）
第10条　研修実施法人は、法第3条第2項第1号に規定する研修を実施した場合には、当該研修を修了した者に対し、修了証明書を交付しなければならない。
（能力認定考査）
第11条　法務大臣は、法第3条第2項第1号に規定する研修を修了した者について簡裁訴訟代理等関係業務を行うのに必要な能力を習得したかどうかを判定するための考査（以下「考査」という。）を実施する。
2　法務省に、考査の問題の作成及び採点を行わせるため、考査委員を置く。
3　考査委員は、考査を行うについて必要な学識経験のある者のうちから、考査ごとに、法務大臣が任命する。
4　考査委員は、非常勤とする。
（認定申請）
第12条　法第3条第2項第2号に規定する認定を受けようとする者（以下次項において「認定申請者」という。）は、考査を受けなければならない。
2　認定申請者は、写真及び第10条に規定する修了証明書を添えて、考査を受けようとする地を管轄する法務局又は地方法務局の長に認定申請書を提出しなければならない。
3　法第3条第5項に規定する手数料は、認定申請書に手数料の額に相当する額の収入印紙をはつて納付しなければならない。
4　前項の手数料は、これを納付した後においては、返還しない。
（認定者の公告等）
第13条　法務大臣は、簡裁訴訟代理等関係業務を行うのに必要な能力を有すると認定した者に認定証書を交付し、その氏名を官報をもつて公告する。
（準用）
第14条　第2条、第5条及び第6条の規定は、考査について準用する。

第3章　登録

（司法書士名簿）
第15条　司法書士名簿は、日本司法書士会連合会（以下「連合会」という。）の定める様式により調製する。
2　司法書士名簿には、次の各号に掲げる事項を記載し、又は記録する。
一　氏名、生年月日、本籍（外国人にあつては、国籍等（国籍の属する国又は出入国管理及び難民認定法（昭和26年政令第319号）第2条第5号ロに規定する地域をいう。以下同じ。））、住所及び男女の別
二　司法書士となる資格の取得の事由及び年月日並びに登録番号
三　法第3条第2項第2号に規定する法務大臣の認定を受けている司法書士にあつては、その旨、認定年月日及び認定番号
四　事務所の所在地及び所属する司法書士会
（登録の申請）
第16条　登録申請書は、連合会の定める様式による。
2　登録申請書には、次に掲げる書類を添付しなければならない。
一　司法書士となる資格を有することを証する書面
二　申請者の写真
三　次に掲げるいずれかの書類

イ　本籍の記載のある住民票の写し
ロ　本籍の記載のない住民票の写し及び戸籍抄本又は戸籍記載事項証明書
ハ　申請者が外国人であるときは、国籍等の記載された外国人住民（住民基本台帳法（昭和42年法律第81号）第30条の45に規定する外国人住民をいう。）に係る住民票の写し

（変更の登録の申請等）
第17条　法第13条第1項の変更の登録の申請及び法第14条の規定による変更の届出は、連合会の定める様式による書面でしなければならない。

（登録に関する通知）
第18条　連合会は、司法書士名簿に登録をしたときは登録事項を、登録を取り消したときはその旨を、遅滞なく、当該司法書士の事務所の所在地を管轄する法務局又は地方法務局の長に通知しなければならない。
2　連合会は、所属する司法書士会の変更の登録をしたときは、当該司法書士の従前の事務所の所在地を管轄する法務局又は地方法務局の長にその旨を、新たな事務所の所在地を管轄する法務局又は地方法務局の長に登録事項を、遅滞なく通知しなければならない。
3　連合会は、変更の登録（所属する司法書士会の変更の登録を除く。）をしたときは、その旨を、遅滞なく、当該司法書士の事務所の所在地を管轄する法務局又は地方法務局の長に通知しなければならない。

（心身の故障の届出）
第18条の2　法第16条第2項に規定する法務省令で定める場合は、当該司法書士が精神の機能の障害を有する状態となり司法書士の業務の継続が著しく困難となつた場合又は2年以上の休養を要することとなつた場合とする。
2　法第16条第2項に規定する届出は、その旨を記載した届出書に、病名、障害の程度、病因、病後の経過、治癒の見込みその他参考となる所見を記載した医師の診断書を添付して行わなければならない。

第4章　司法書士の義務

（事務所）
第19条　司法書士は、2以上の事務所を設けることができない。

（表示）
第20条　司法書士は、司法書士会に入会したときは、その司法書士会の会則（以下「会則」という。）の定めるところにより、事務所に司法書士の事務所である旨の表示をしなければならない。
2　司法書士会に入会していない司法書士は、前項の表示又はこれに類する表示をしてはならない。
3　司法書士は、業務の停止の処分を受けたときは、その停止の期間中第1項の表示又はこれに類する表示をしてはならない。

（職印）
第21条　司法書士は、会則の定めるところにより、業務上使用する職印を定めなければならない。

（報酬の基準を明示する義務）
第22条　司法書士は、法第3条第1項各号に掲げる事務を受任しようとする場合には、あらかじめ、依頼をしようとする者に対し、報酬額の算定の方法その他の報酬の基準を示さなければならない。

第23条　削除

（他人による業務取扱いの禁止）
第24条　司法書士は、他人をしてその業務を取り扱わせてはならない。

（補助者）
第25条　司法書士は、その業務の補助をさせるため補助者を置くことができる。
2　司法書士は、補助者を置いたときは、遅滞なく、その旨を所属の司法書士会に届け出なければならない。補助者を置かなくなつたときも、同様とする。
3　司法書士会は、前項の規定による届出があつたときは、その旨をその司法書士会の事務所の所在地を管轄する法務局又は地方法務局の長に通知しなければならない。

（依頼誘致の禁止）
第26条　司法書士は、不当な手段によつて依頼を誘致するような行為をしてはならない。

（依頼の拒否）
第27条　司法書士は、依頼（簡裁訴訟代理等関係業務に関するものを除く。）を拒んだ場合において、依頼者の請求があるときは、その理由書を交付しなければならない。
2　司法書士は、簡裁訴訟代理等関係業務について事件の依頼を承諾しないときは、速やかに、その旨を依頼者に通知しなければならない。

（書類等の作成）
第28条　司法書士は、その作成した書類（法第3条第1項第6号及び第7号に規定する業務に関するものを除く。）の末尾又は欄外に記名し、職印を押さなければならない。
2　司法書士は、その作成した電磁的記録（電子的方式、磁気的方式その他人の知覚によつては認識することができない方式で作られる記録であつて、電子計算機による情報処理の用に供されるものをいう。以下同じ。）に、職名及び氏名を記録し、かつ、電子署名（電子署名及び認証業務に関する法律（平成12年法律第102号）第2条第1項に規定する電子署名であつて、連合会が発行する当該電子署名に係る電子証明書又は連合会が提供する情報に基づき発行された当該電子署名に係る電子証明書（法務大臣が指定するものに限る。）により当該電子署名を行つた者を確認するために用いられる事項が当該者に係るものであることを証明することができるものに限る。）を行わなければならない。
3　前項の指定は、告示してしなければならない。

（領収証）
第29条　司法書士は、依頼者から報酬を受けたときは、領収証正副2通を作成し、正本は、これに記名し、職印を押して依頼者に交付し、副本は、作成の

日から３年間保存しなければならない。

2　前項の領収証は、電磁的記録をもつて作成及び保存をすることができる。

3　第１項の領収証には、受領した報酬額の内訳を詳細に記載し、又は記録しなければならない。

（事件簿）

第30条　司法書士は、連合会の定める様式により事件簿を調製しなければならない。

2　事件簿は、その閉鎖後７年間保存しなければならない。

第５章　司法書士法人

（司法書士法人の業務の範囲）

第31条　法第29条第１項第１号の法務省令で定める業務は、次の各号に掲げるものとする。

一　当事者その他関係人の依頼又は官公署の委嘱により、管財人、管理人その他これらに類する地位に就き、他人の事業の経営、他人の財産の管理若しくは処分を行う業務又はこれらの業務を行う者を代理し、若しくは補助する業務

二　当事者その他関係人の依頼又は官公署の委嘱により、後見人、保佐人、補助人、監督委員その他これらに類する地位に就き、他人の法律行為について、代理、同意若しくは取消しを行う業務又はこれらの業務を行う者を監督する業務

三　司法書士又は司法書士法人の業務に関連する講演会の開催、出版物の刊行その他の教育及び普及の業務

四　競争の導入による公共サービスの改革に関する法律（平成18年法律第51号）第33条の２第１項に規定する特定業務

五　法第３条第１項第１号から第５号まで及び前各号に掲げる業務に附帯し、又は密接に関連する業務

（司法書士法人名簿）

第32条　連合会は、司法書士法人名簿を備え、次条第２項に掲げる事項の登録を行う。

第33条　司法書士法人名簿は、連合会の定める様式により調製する。

2　司法書士法人名簿には、次に掲げる事項を記載し、又は記録する。

一　目的、名称、成立年月日及び登録番号

二　社員の氏名、住所、登録番号、事務所の所在地及び所属する司法書士会

三　主たる事務所の所在地及び当該事務所に常駐する社員の氏名並びに所属する司法書士会

四　従たる事務所を設ける司法書士法人にあつては、その従たる事務所の所在地及び当該事務所に常駐する社員の氏名

五　簡裁訴訟代理等関係業務を行うことを目的とする司法書士法人にあつては、簡裁訴訟代理等関係業務を行う事務所の所在地及び当該事務所に常駐する法第36条第２項に規定する特定社員の氏名

（司法書士法人の成立の届出）

第34条　法第34条に規定する司法書士法人の成立の届出は、連合会の定める様式による書面でしなければならない。

（司法書士法人の定款変更の届出）

第35条　法第35条の規定による定款変更の届出は、連合会の定める様式による書面でしなければならない。

（法務局等の長に対する通知）

第36条　連合会は、司法書士法人名簿に登録をしたときは登録事項を、司法書士法人の登録を取り消したときはその旨を、遅滞なく、当該司法書士法人の事務所の所在地を管轄する法務局又は地方法務局の長に通知しなければならない。

2　連合会は、司法書士法人が所属する司法書士会の変更の登録をしたときは、当該司法書士法人の従前の主たる事務所の所在地を管轄する法務局又は地方法務局の長にその旨を、新たな主たる事務所の所在地を管轄する法務局又は地方法務局の長に登録事項（前項の規定により通知をしている場合における当該通知に係る事項を除く。）を、遅滞なく通知しなければならない。

3　連合会は、司法書士法人名簿に変更の登録をしたときは、その旨を、遅滞なく、当該司法書士法人の事務所の所在地を管轄する法務局又は地方法務局の長に通知しなければならない。ただし、所属する司法書士会の変更の登録をした場合において、前項の通知をしたときにおける当該通知に係る事項については、この限りでない。

（準用）

第37条　第20条から第22条まで及び第24条から第30条までの規定は、司法書士法人について準用する。

（会計帳簿）

第37条の２　法第46条第２項において準用する会社法（平成17年法律第86号）第615条第１項の規定により作成すべき会計帳簿については、この条の定めるところによる。

2　会計帳簿は、書面又は電磁的記録をもつて作成及び保存をしなければならない。

3　司法書士法人の会計帳簿に計上すべき資産については、この省令に別段の定めがある場合を除き、その取得価額を付さなければならない。ただし、取得価額を付すことが適切でない資産については、事業年度の末日における時価又は適正な価格を付すことができる。

4　償却すべき資産については、事業年度の末日（事業年度の末日以外の日において評価すべき場合にあつては、その日。以下この条において同じ。）において、相当の償却をしなければならない。

5　次の各号に掲げる資産については、事業年度の末日において当該各号に定める価格を付すべき場合には、当該各号に定める価格を付さなければならない。

一　事業年度の末日における時価がその時の取得原価より著しく低い資産（当該資産の時価がその時の取得原価まで回復すると認められるものを除く。）　事業年度の

末日における時価

二　事業年度の末日において予測することができない減損が生じた資産又は減損損失を認識すべき資産　その時の取得原価から相当の減額をした額

6　取立不能のおそれのある債権については、事業年度の末日においてその時に取り立てることができないと見込まれる額を控除しなければならない。

7　司法書士法人の会計帳簿に計上すべき負債については、この省令に別段の定めがある場合を除き、債務額を付さなければならない。ただし、債務額を付すことが適切でない負債については、時価又は適正な価格を付すことができる。

8　のれんは、有償で譲り受け、又は合併により取得した場合に限り、資産又は負債として計上することができる。

9　前各項の用語の解釈及び規定の適用に関しては、一般に公正妥当と認められる会計の基準その他の会計の慣行を斟酌しなければならない。

（貸借対照表）

第37条の3　法第46条第2項において準用する会社法第617条第1項及び第2項の規定により作成すべき貸借対照表については、この条の定めるところによる。

2　貸借対照表に係る事項の金額は、1円単位、1000円単位又は100万円単位をもつて表示するものとする。

3　貸借対照表は、日本語をもつて表示するものとする。ただし、その他の言語をもつて表示することが不当でない場合は、この限りでない。

4　法第46条第2項において準用する会社法第617条第1項の規定により作成すべき貸借対照表は、成立の日における会計帳簿に基づき作成しなければならない。

5　法第46条第2項において準用する会社法第617条第2項の規定により作成すべき各事業年度に係る貸借対照表は、当該事業年度に係る会計帳簿に基づき作成しなければならない。

6　各事業年度に係る貸借対照表の作成に係る期間は、当該事業年度の前事業年度の末日の翌日（当該事業年度の前事業年度がない場合にあつては、成立の日）から当該事業年度の末日までの期間とする。この場合において、当該期間は、1年（事業年度の末日を変更する場合における変更後の最初の事業年度については、1年6月）を超えることができない。

7　貸借対照表は、次に掲げる部に区分して表示しなければならない。

一　資産

二　負債

三　純資産

8　前項各号に掲げる部は、適当な項目に細分することができる。この場合において、当該各項目については、資産、負債又は純資産を示す適当な名称を付さなければならない。

9　前各項の用語の解釈及び規定の適用に関しては、一般に公正妥当と認められる会計の基準その他の会計の慣行を斟酌しなければならない。

（電磁的記録に記録された事項を表示する方法）

第37条の4　法第46条第2項において準用する会社法第618条第1項第2号に規定する法務省令で定める方法は、法第46条第2項において準用する会社法第618条第1項第2号の電磁的記録に記録された事項を紙面又は映像面に表示する方法とする。

（財産目録）

第37条の5　法第46条第3項において準用する会社法第658条第1項又は第669条第1項若しくは第2項の規定により作成すべき財産目録については、この条の定めるところによる。

2　前項の財産目録に計上すべき財産については、その処分価格を付すことが困難な場合を除き、法第44条第1項各号又は第2項に掲げる場合に該当することとなつた日における処分価格を付さなければならない。この場合において、司法書士法人の会計帳簿については、財産目録に付された価格を取得価額とみなす。

3　第1項の財産目録は、次に掲げる部に区分して表示しなければならない。この場合において、第1号及び第2号に掲げる部は、その内容を示す適当な名称を付した項目に細分することができる。

一　資産

二　負債

三　正味資産

（清算開始時の貸借対照表）

第37条の6　法第46条第3項において準用する会社法第658条第1項又は第669条第1項若しくは第2項の規定により作成すべき貸借対照表については、この条の定めるところによる。

2　前項の貸借対照表は、財産目録に基づき作成しなければならない。

3　第1項の貸借対照表は、次に掲げる部に区分して表示しなければならない。この場合において、第1号及び第2号に掲げる部は、その内容を示す適当な名称を付した項目に細分することができる。

一　資産

二　負債

三　純資産

4　処分価格を付すことが困難な資産がある場合には、第1項の貸借対照表には、当該資産に係る財産評価の方針を注記しなければならない。

第6章　懲戒

（権限の委任等）

第37条の7　次に掲げる法務大臣の権限は、法務局又は地方法務局の長に委任する。ただし、第2号及び第3号に掲げる権限については、法務大臣が自ら行うことを妨げない。

一　法第49条第1項の規定による通知の受理

二　法第49条第2項の規定による調査

三　法第50条第1項の規定による通告
四　法第60条の規定による報告の受理

第37条の8　法務大臣は、法第49条第3項の規定による聴聞を行おうとするときは、第42条第1項の規定による調査を行つた法務局又は地方法務局の長の意見を聴くものとする。

2　法務大臣は、必要があると認めるときは、法第49条第3項の規定による聴聞の権限を法務局又は地方法務局の長に委任することができる。

（懲戒処分の通知）

第38条　法務大臣は、法第47条第1号若しくは第2号又は第48条第1項第1号若しくは第2号の処分をしたときはその旨を当該司法書士又は司法書士法人の所属する司法書士会に、法第47条第3号又は第48条第1項第3号の処分をしたときはその旨を連合会及び当該司法書士又は司法書士法人の所属する司法書士会に通知する。

第39条　削除

第7章　司法書士会

（入会及び退会の通知）

第40条　司法書士会は、入会し、又は退会した司法書士の氏名、住所、事務所及び登録番号をその司法書士会の事務所の所在地を管轄する法務局又は地方法務局の長に通知しなければならない。ただし、登録に伴う入会又は所属する司法書士会の変更の登録に伴う入会及び退会については、この限りでない。

（注意勧告の報告）

第41条　司法書士会は、所属の司法書士に対し法第61条の規定により注意を促し、又は勧告をしたときは、その旨をその司法書士会の事務所の所在地を管轄する法務局又は地方法務局の長に報告しなければならない。

（司法書士法等違反に関する調査）

第41条の2　法務局又は地方法務局の長は、必要があると認めるときは、法又は法に基づく命令の規定に違反する事実の有無について、法務局又は地方法務局の保有する登記申請書その他の関係資料の調査を、その管轄区域内に設立された司法書士会に委嘱することができる。

2　司法書士会は、前項の規定による調査の委嘱を受けたときは、その調査の結果を、委嘱をした法務局又は地方法務局の長に報告しなければならない。

3　第1項の規定による委嘱に係る調査の事務に従事した司法書士は、前項に規定する司法書士会の報告の用に供する目的以外の目的のために、当該事務に従事した際に知り得た情報を自ら利用し、又は提供してはならない。

（資料及び執務状況の調査）

第42条　法務大臣（法第71条の2の規定により法第49条第1項及び第2項に規定する懲戒の手続に関する権限の委任を受けた法務局又は地方法務局の長を含む。次項及び第3項において同じ。）は、必要があると認めるときは、法第47条又は第48条第1項の規定による処分に関し、司法書士又は司法書士法人の保存する事件簿その他の関係資料若しくは執務状況を調査し、又はその職員にこれをさせることができる。

2　法務大臣は、前項の規定による調査を、司法書士会に委嘱することができる。

3　司法書士会は、前項の規定による調査の委嘱を受けたときは、その調査の結果を、意見を付して、委嘱をした法務大臣に報告しなければならない。

4　司法書士又は司法書士法人は、正当の理由がないのに、第1項及び第2項の規定による調査を拒んではならない。

（司法書士会の所属の会員に対する資料の提供の求め）

第42条の2　司法書士会は、所属の会員に対して、法第60条に規定する報告又は法第61条に規定する注意若しくは勧告に必要な範囲において、当該会員の保存する事件簿その他の関係資料の提供を求めることができる。

（会則の認可）

第43条　法第54条第1項の規定により司法書士会がその会則の認可を申請するには、その司法書士会の事務所の所在地を管轄する法務局又は地方法務局の長を経由して、法務大臣に認可申請書を提出しなければならない。

2　前項の認可申請書には、次に掲げる書面を添えなければならない。
一　認可を受けようとする会則
二　会則の変更の認可を受ける場合には、その変更が会則の定めるところによりなされたことを証する書面

第44条　法務大臣は、法第54条第2項の規定により認可し、又は認可しない旨の処分をしたときは、その旨を当該司法書士会に、その事務所の所在地を管轄する法務局又は地方法務局の長を経由して、通知する。

第8章　日本司法書士会連合会

第45条　法第64条本文の規定により連合会がその会則の認可を申請するには、法務大臣に認可申請書を提出しなければならない。

2　第43条第2項の規定は、前項の場合に準用する。

（連合会への情報提供）

第45条の2　法務大臣は、連合会の求めに応じ、司法書士会の会員の品位を保持するため司法書士会及びその会員の指導に必要な限度において、第42条第2項の規定による調査の委嘱に関する情報を提供することができる。

第9章　公共嘱託登記司法書士協会

第46条～第47条　削除

（協会の領収証）

第48条　協会は、嘱託人から報酬を受けたときは、その年月日、件名並びに報酬額及びその内訳を記載した領収証正副２通を作成し、正本は嘱託人に交付し、副本は作成の日から３年間保存しなければならない。

2　前項の領収証は、電磁的記録をもつて作成及び保存をすることができる。

（協会の事件簿）

第49条　協会は、事件簿を調製し、嘱託を受けた事件について、件名、嘱託人、受託年月日及び事件を取り扱う司法書士を記載しなければならない。

2　第30条第２項の規定は、前項の事件簿について準用する。この場合において、同条第２項中「７年間」とあるのは、「５年間」と読み替えるものとする。

（届出、報告及び検査）

第50条　協会が次の各号のいずれかに該当する場合には、当該協会は、遅滞なく、その旨を、その主たる事務所の所在地を管轄する法務局又は地方法務局の長（以下この条において「管轄局長」という。）及びその管轄区域内に設立された司法書士会に届け出なければならない。

一　一般社団法人及び一般財団法人に関する法律（平成18年法律第48号。以下「一般社団・財団法人法」という。）第６章第４節に規定する登記をしたとき（第３号に該当するとき及び法第68条の２に規定するときを除く。）。

二　定款を変更したとき（前号に該当するときを除く。）。

三　解散したとき（法第70条において読み替えて準用する法第48条第１項第３号の規定による処分があつたときを除く。）。

2　協会は、前項の規定による届出をするときは、次の各号に掲げる場合に応じ、それぞれ当該各号に定める書類を添付しなければならない。

一　前項第２号の場合　新旧定款の対照表及び総会の決議を経たことを証する書面

二　前項第３号の場合　解散の事由の発生を証する書面

3　協会は、事業年度の始めから３月以内に、次の各号に掲げる書類を管轄局長に提出しなければならない。

一　当該事業年度の事業計画の概要を記載した書面

二　前事業年度に係る計算書類及び事業報告並びにこれらの附属明細書（一般社団・財団法人法第123条第２項に規定する計算書類及び事業報告並びにこれらの附属明細書をいう。）

三　前事業年度における社員の異動の状況を記載した書面及び当該事業年度の始めの社員名簿（一般社団・財団法人法第31条に規定する社員名簿をいう。）の写し

4　法第69条の２第２項の法務局又は地方法務局の長は、同項の規定により、協会に対し報告若しくは資料の提出を求め、又はその職員をして協会の業務及び財産の状況を検査させることができる。

5　前項の規定により検査をする職員は、その身分を示す証明書を携帯し、関係人に提示しなければならない。

（協会に対する懲戒処分の通知）

第50条の２　法務局又は地方法務局の長は、法第70条において準用する法第48条第１項又は第２項の処分をしたときは、その旨を当該協会の社員が会員として所属する司法書士会に通知しなければならない。

（準用）

第51条　第26条及び第27条の規定は協会の業務について、第42条の規定は協会に対する懲戒について、それぞれ準用する。この場合において、同条中「法務大臣（法第71条の２の規定により法第49条第１項及び第２項に規定する懲戒の手続に関する権限の委任を受けた法務局又は地方法務局の長を含む。次項及び第３項において同じ。）」とあり、及び「法務大臣」とあるのは「法務局又は地方法務局の長」と、同条第１項中「法第47条又は第48条第１項の規定による処分」とあるのは「法第70条において読み替えて準用する法第48条第１項の規定による処分」と読み替えるものとする。

付録様式（第７条第１項）　省略

〈監　修〉

根本 正次（ねもと しょうじ）

2001年司法書士試験合格。2002年から講師として教壇に立ち、20年以上にわたり初学者から上級者まで幅広く受験生を対象とした講義を企画・担当している。講義方針は、「細かい知識よりもイメージ・考え方」を重視すること。熱血的な講義の随所に小噺・寸劇を交えた受講生を楽しませる「楽しい講義」をする講師でもある。過去問の分析・出題予想に長けており、本試験直前期には「出題予想講座」を企画・実施し、数多くの合格者から絶賛されている。

佐々木 ひろみ（ささき ひろみ）

社会人受験生として「新15ヵ月合格コース」を受講し、短期合格。合格後は簡裁訴訟代理権を取得。現在は講師業に専念し、仕事との両立で短期合格を果たしたノウハウを受講生に伝授している。
現在まで初学者向けの「新15ヵ月合格コース」や学習経験者向けの「精撰答練〈頻出論点マスター編〉」等を幅広く担当。
『いろいろ知りたい司法書士［第２版］～受験の話＆実務の話～』（東京リーガルマインド）監修。

司法書士試験 六法 2025

2022年３月30日　第１版　第１刷発行
2024年７月10日　第３版　第１刷発行

監　修●根本 正次
　　　　佐々木 ひろみ
編　者●株式会社　東京リーガルマインド
　　　　LEC総合研究所　司法書士試験部

発行所●株式会社　東京リーガルマインド
　　　　〒164-0001　東京都中野区中野4-11-10
　　　　アーバンネット中野ビル
　　　　LECコールセンター　0570-064-464
　　　　受付時間　平日9：30～20：00/土・祝10：00～19：00/日10：00～18：00
　　　　※このナビダイヤルは通話料お客様ご負担となります。
　　　　書店様専用受注センター　TEL 048-999-7581 / FAX 048-999-7591
　　　　受付時間　平日9：00～17：00/土・日・祝休み
　　　　www.lec-jp.com/

印刷・製本●図書印刷株式会社

　ISBN978-4-8449-8196-1

司法書士講座のご案内

新15ヵ月合格コース

短期合格のノウハウが詰まったカリキュラム

LECが初めて司法書士試験の学習を始める方に自信をもってお勧めする講座が新15ヵ月合格コースです。司法書士受験指導40年以上の積み重ねたノウハウと、試験傾向の徹底的な分析により、これだけ受講すれば合格できるカリキュラムとなっております。司法書士試験対策は、毎年一発・短期合格を輩出してきたLECにお任せください。

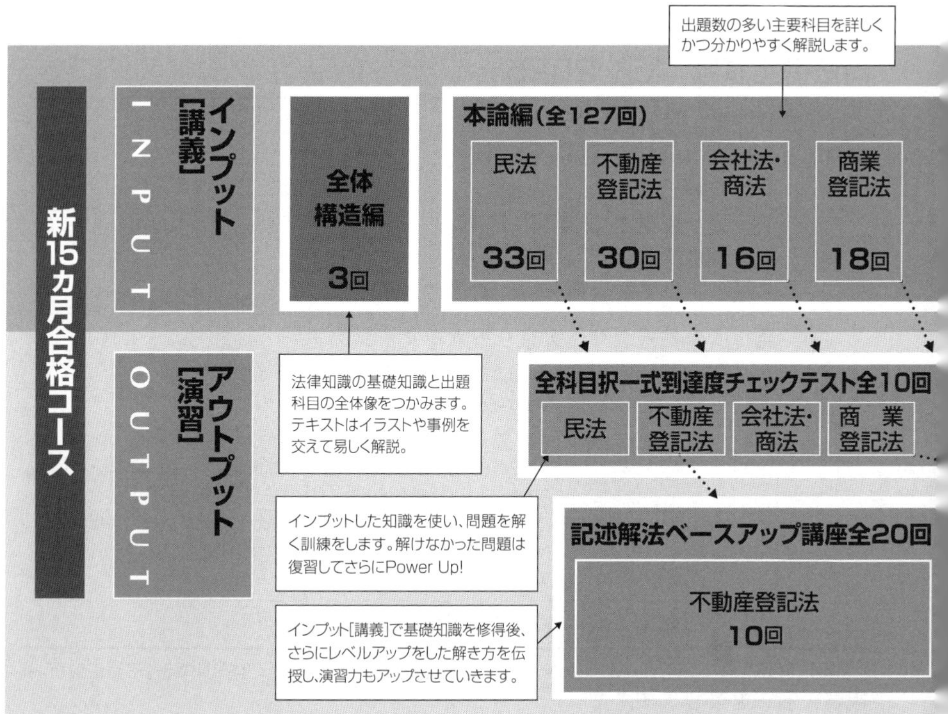

インプットとアウトプットのリンクにより短期合格を可能に！

合格に必要な力は、適切な情報収集（インプット）→知識定着（復習）→実践による知識の確立（アウトプット）という３つの段階を経て身に付くものです。新15ヵ月合格コースではインプット講座に対応したアウトプットを提供し、これにより短期合格が確実なものとなります。

司法書士講座のご案内

スマホで司法書士　S式合格講座

スキマ時間を有効活用！1回15分で続けやすい講座

講義の視聴が**スマホ完結！**

1回15分のユニット制だから**スキマ時間**にいつでもどこでも**手軽に学習可能**です。忙しい方でも続けやすいカリキュラムとなっています。

本講座は、LECが40年以上の司法書士受験指導の中で積み重ねた学習方法、短期合格を果たすためのノウハウを凝縮し、本試験で必ず出題されると言ってもいい重要なポイントに絞って講義をしていきます。

※過去問対策、問題演習対策を独学で行うのが不安な方には、それらの対策ができる講座・コースもご用意しています。

通信専用

初学者向け通信講座

こんな希望をお持ちの方におすすめ
〇これから初めて法律を学習していきたい
〇通勤・通学、家事の合間のスキマ時間を有効活用したい
〇いつでもどこでも手軽に講義を受講したい
〇司法書士試験で重要なポイントに絞って学習したい
〇独学での学習に限界を感じている

過去問対策

過去問
演習講座
15分
×60ユニット

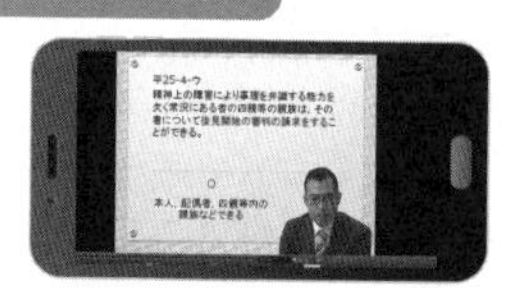

択一式対策

一問一答
オンライン
問題集

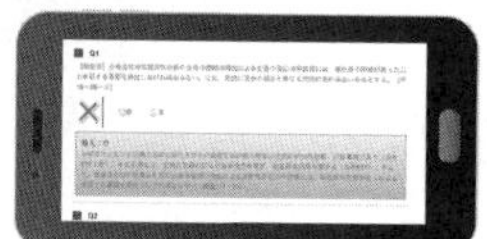

全国スーパー公開模擬試験
全2回

※本カリキュラムは、2023年8月1日現在のものであり、講座の内容・回数等が変更になる場合があります。予めご了承ください。

詳しくはこちら⇒ www.lec-jp.com/shoshi/

■お電話での講座に関するお問い合わせ 平日：9:30～20:00 土祝：10:00～19:00 日：10:00～18:00
※このナビダイヤルは通話料お客様ご負担になります。※固定電話・携帯電話共通（一部のPHS・IP電話からのご利用可能）。

LECコールセンター 

書籍訂正情報のご案内

平素は、LECの講座・書籍をご利用いただき、ありがとうございます。

LECでは、司法書士受験生の皆様に正確な情報をご提供するため、書籍の制作に際しては、慎重なチェックを重ね誤りのないものを制作するよう努めております。しかし、法改正や本試験の出題傾向などの最新情報を、一刻も早く受験生に提供することが求められる受験教材の性格上、残念ながら現時点では、一部の書籍について、若干の誤りや誤字などが生じております。

ご利用の皆様には、ご迷惑をお掛けしますことを深くお詫び申し上げます。

書籍発行後に判明いたしました訂正情報については、以下のウェブサイトの「書籍　訂正情報」に順次掲載させていただきます。

書籍に関する訂正情報につきましては、お手数ですが、こちらにてご確認いただければと存じます。

書籍訂正情報 ウェブサイト

https://www.lec-jp.com/shoshi/book/emend.shtml

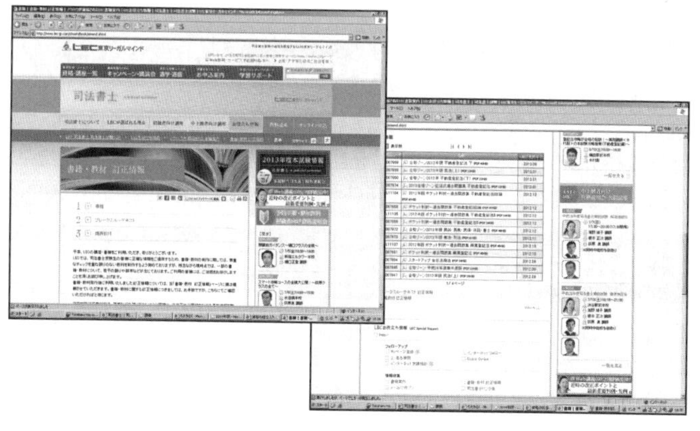

答練・公開模擬試験ラインアップ

40年以上の歴史を誇るLECの「答練・公開模擬試験」。
司法書士受験界において多くの受験生・合格者の支持を受け、メイン答練・公開模試としての役割を担ってきました。レベルや学習目的にあわせた充実のラインアップで、司法書士試験合格を目指します。

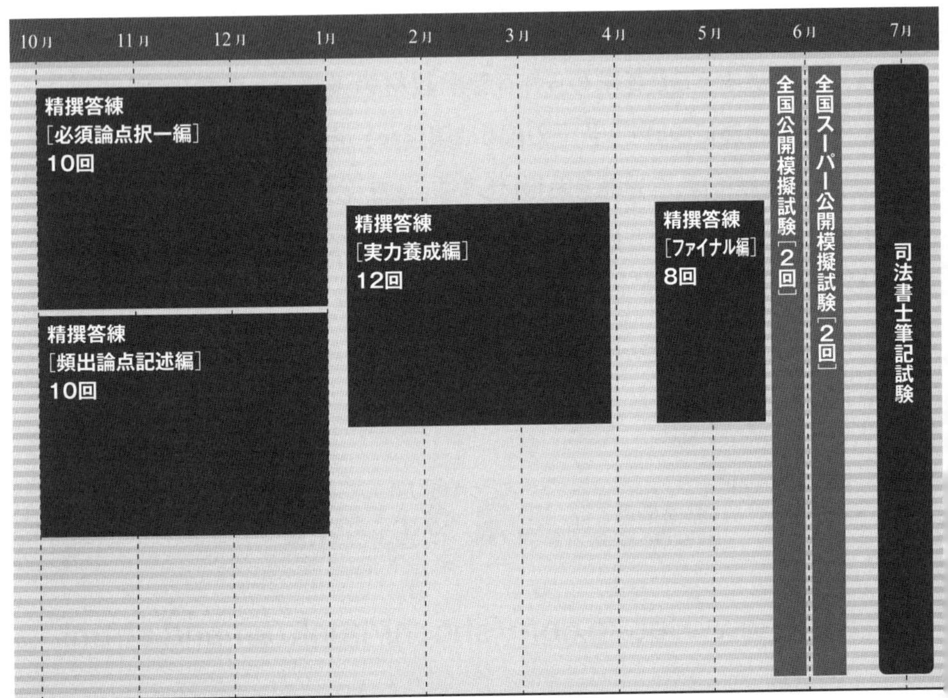

精撰答練［必須論点択一編］（全10回）　〈択一式300問〉

本試験における配点350点のうち210点を占める択一式について、年内に基礎力をつけ、かつ、合格レベルまで引き上げることを目的とした択一答練です。全11科目をひと通り学習していただくことができます。是非、年内に弱点の発見・補強を図ってください。

精撰答練［頻出論点記述編］（全10回）　〈記述式20問〉

本答練では、過去の本試験における記述式問題の傾向を踏まえ、出題頻度の高い論点を中心に構成された問題を提供します。記述対策を改めて見直したい方は、必須論点や問題への適切な「解法手順」（=アプローチ方法）の習得・構築のために、記述対策の仕上げを目指す方は、ご自身の「解法手順」の検証・確認のために、本答練を是非ご活用ください。